제4판

東亞
現代活用玉篇

동아출판

제4판을 내면서

첨단 정보 통신 시대에 한자는 대부분의 젊은이들에게 어렵고 구시대적이며 그들의 정서와는 동떨어진 것으로 받아들여지고 있습니다. 서구의 문화가 우리의 감각을 지배하고 영어가 우리말보다 더 대접받는 시대에 이는 당연한 일이라 할 수도 있을 것입니다.

그러나 면면히 이어져 내려온 우리의 역사와 문화를 새삼 거론하지 않더라도, 여전히 한자는 우리의 언어생활에서 가장 많은 부분을 차지하고 있으며, 필수적으로 알아야 할 문자임은 누구도 부인할 수 없습니다. 한자를 무시하고 한글만으로 의사를 주고받는 것은, 비록 그 전달하는 뜻을 이해한다고 하더라도, 문자로서의 가치는 망각된 불완전한 언어에 불과한 것입니다.

<현대활용옥편>이 독자 여러분의 한자 학습의 동반자가 된 지도 벌써 한 세대를 헤아릴 연륜을 쌓았습니다. 그동안 한자 교육 정책의 부재에 아쉬움만을 토로하던 차에 28년 만에 중고등학교의 한문 교육용 기초 한자를 손질하여 한글 전용론의 득세로 사라질 뻔한 한자 병용을 다시 실시하고자 하는 것은 당연한 조처이며 오히려 때늦은 결정이라고 할 것입니다.

제4판에서는 개정된 한문 교육용 기초 한자를 위주로 독자 여러분의 한자에 대한 종래의 의문점을 풀어 드리고자 하였습니다.

표제 한자의 어원(語源)을 전거(典據)를 들어 정확히 밝힘으로써 난무하던 여러 속설의 오류를 바로잡고, 3판에서 수록하지 못한 필순(筆順)을 따라 쓰기 쉽게 보여 주었습니다.

또한, 표제 한자의 다양한 이체자(異體字)와 중국 간체자(簡體字)를 보여 한자 실력을 배가할 수 있도록 하였고, 유래(由來)가 있는 어휘와 고사(故事)에는 따로 상세한 설명을 덧붙여 한자 공부의 재미를 느낄 수 있도록 구성하였습니다.

한편, 한자의 음만 알아도 한자와 훨씬 친숙할 수 있을 것이라는 생각에서 한자의 대부분을 차지하는 형성자(形聲字)의 원리를 이해할 수 있도록 표제 한자와 다른 한자가 어울려 만들어진 한자의 예를 풍부하게 보여 주었습니다.

한자로 된 말이 우리의 언어생활에서 쓰이는 한, 한자는 한국인이면 누구나 배워야 하고 늘 한글과 같은 위치에서 공유되어야 한다는 것이 우리의 생각입니다. <현대활용옥편>이 이러한 바람에 작은 이바지가 되길 바라며, 여러분의 한자 공부에 튼튼한 밑거름이 되기를 희망합니다. 여러분의 충심 어린 채찍을 기다립니다.

2000년 12월
두산동아 사전편찬실

머 리 말

 날로 발전하는 현대 사회에 있어서 사전의 생명은 이용자 곁에서 늘 함께 호흡하는 언어생활의 동반자 구실을 하는 데에 있습니다.
 <현대활용옥편(現代活用玉篇)>을 펴낸 지도 어언 4반세기(半世紀), 그동안 여러분의 많은 사랑과 관심 속에 몇 차례의 수정(修訂)과 개정(改正), 증보(增補)를 해 오면서 사전의 합리적(合理的) 실용성(實用性)과 편의성(便宜性)에 중점을 두어 왔습니다. 그러나 이러한 작업만으로는 급변하는 시대 조류를 담아 가는 데 한계를 느껴 이번에 전면 개정 증보판을 간행하게 되었습니다.
 이 개정 증보판에는 그동안 이용자 여러분이 보내 주신 의견을 반영하는 한편, 가속화하는 국제화 시대를 맞아 한자 실용국(漢字實用國)과의 교류가 빈번해지는 추세에 맞추어 중국의 간체자(簡體字) 및 주음부호(注音符號)·한어병음표기(漢語拼音表記)는 물론 일본어 음(音)과 훈(訓), 그리고 영역어(英譯語)를 갖추어 실었습니다. 이러한 작업이 이 사전을 꾸준히 애용해 주시는 여러분에게 보답하는 길이라 믿기 때문입니다.
 이 옥편은 다음과 같은 특색(特色)을 가지고 있습니다.
 1. 중고생들을 위시한 젊은이들이 친근하고 흥미롭게 익힐 수 있는 실제적인 학습용 옥편이 되도록 그 내용과 체재를 현대적인 감각에 맞게 엮었습니다.
 2. 5만여에 달하는 한자 가운데, 우리 언어생활에서 두루 쓰이는 7천여 자를 표제자(標題字)로 선정하였습니다. 따라서, 이 옥편만 있으면 일상생활 언어는 물론 각급 학교의 교과서 및 한문으로 된 고전(古典)을 공부하는 데 부족함이 거의 없으리라 믿습니다.
 3. 대표적인 훈(訓)과 음(音)을 앞세운 다음 표제자를 적확(的確)하게 이해할 수 있도록 자해(字解)의 합리적 분류를 시도했을 뿐만 아니라, 다른 자와의 관계 등을 밝혀 흥미 있고도 실용적인 한자 학습을 할 수 있게 엮었습니다.
 4. 베풀어 놓은 자해들이 한자어나 한문에서 실제로 어떻게 쓰이는가를 알 수 있도록 쓸모 있고 알찬 용례(用例)를 수록하였습니다.
 5. 컴퓨터로 조판 작업을 하여 정연하고 선명한 인쇄를 하였습니다.
 6. 일상생활의 편의를 돕고자 대법원에서 선정한 인명용 한자(人名用漢字) 2962자를 모두 표제자로 수록하였습니다.
 위와 같이 우리가 이 사전에서 의도했던 편찬상(編纂上)의 창의성이나 노력에 대한 평가는 이용자 여러분에 의해 결정된다는 것이 우리의 공통된 생각입니다. 그러하기에 우리로서는 보다 많은 활용을 바라는 한편, 애정 어린 질정(叱正)에 힘입어 쉼 없는 수정·보완에 힘쓸 것을 거듭 약속드립니다. 끝으로 컴퓨터 조판 작업에 수고한 맥한도(脈漢圖) 여러분께 감사드립니다.

1994년 9월
동아출판사 편집국

字	뜻/음	쪽	字	뜻/음	쪽	字	뜻/음	쪽
疒	병질엄	550	襾	덮을아(西)	700	首	머리수	812
癶	필발머리	557		**7 획**		香	향기향	812
白	흰백	558	見	볼견	701		**10 획**	
皮	가죽피	561	角	뿔각	704	馬	말마	812
皿	그릇명	561	言	말씀언	705	骨	뼈골	818
目	눈목(罒)	565	谷	골곡	726	高	높을고	819
矛	창모	573	豆	콩두	727	髟	터럭발	819
矢	화살시	573	豕	돼지시	728	鬥	싸울투	820
石	돌석	575	豸	갖은돼지시변	729	鬯	울창주창	821
示	보일시	582	貝	조개패	730	鬲	다리굽은솥력	821
禸	짐승발자국유	589	赤	붉을적	740	鬼	귀신귀	822
禾	벼화	589	走	달릴주	741		**11 획**	
穴	구멍혈	597	足	발족(⻊)	742	魚	물고기어	823
立	설립	601	身	몸신	748	鳥	새조	825
衤	옷의변*	604	車	수레거	749	鹵	짠땅로	830
罒	☞网	648	辛	매울신	755	鹿	사슴록	831
	6 획		辰	별신	757	麥	보리맥	832
竹	대죽(⺮)	609	辶	쉬엄쉬엄갈착	758	麻	삼마	833
米	쌀미	621	邑	고을읍	758		**12 획**	
糸	실사	624	酉	닭유	758	黃	누를황	833
缶	장군부	647	釆	분별할변	763	黍	기장서	833
网	그물망(⺲·罒)	648	里	마을리	763	黑	검을흑	834
羊	양양(羊)	650	臼	☞白	676	黹	바느질할치	836
羽	깃우	653		**8 획**			**13 획**	
老	☞耂	481	金	쇠금	765	黽	맹꽁이맹	836
而	말이을이	655	長	길장	779	鼎	솥정	836
耒	가래뢰	656	門	문문	780	鼓	북고	837
耳	귀이	657	阜	언덕부	785	鼠	쥐서	837
聿	오직율	660	隶	미칠이	785		**14 획**	
肉	고기육(月)	661	隹	새추	785	鼻	코비	837
臣	신하신	673	雨	비우	789	齊	가지런할제	838
自	스스로자	674	青	푸를청	793		**15 획**	
至	이를지	675	非	아닐비	794	齒	이치	838
臼	절구구(臼)	676		**9 획**			**16 획**	
舌	혀설	678	面	낯면	795	龍	용룡	839
舛	어그러질천	678	革	가죽혁	795	龜	거북귀	840
舟	배주	679	韋	다룸가죽위	797		**17 획**	
艮	괘이름간	681	韭	부추구	798	龠	피리약	840
色	빛색	682	音	소리음	798			
艹	초두	682	頁	머리혈	799			
虍	범호엄	683	風	바람풍	805			
虫	벌레훼	685	飛	날비	806			
血	피혈	693	食	밥식(飠)	807			
行	다닐행	693						
衣	옷의	696						

일 러 두 기

◆ 이 사전의 구성

1. 표제자(標題字)
- ○ 수록 글자 : 7,000여 자
- ○ 선정 기준 : ① 교육부 선정 한문 교육용 기초 한자
  ② 대법원 선정 인명용 한자
  ③ 국어 어휘에 많이 쓰이는 한자
  ④ 교양 한문 독해에 필요한 한자

2. 어휘(語彙)
- ○ 수록 어휘 : 30,000여 어휘.
- ○ 선정 기준 : ① 뜻갈래를 이해하는 데 반드시 필요한 어휘
  ② 일상생활에서 많이 쓰이는 어휘
  ③ 널리 인용되는 숙어·고사·속담 등

3. 부록(附錄)
- ○ 인명용 한자 색인(人名用漢字索引) : 교육부 선정 한문 교육용 기초 한자(2000.12.30 확정·공표)와 대법원 선정 인명용 한자(2007.2.15 최종 추가 지정)를 한글 자모순으로 배열한 것.
- ○ 총획색인(總畫索引) : 표제자를 전체 획수순으로 배열한 것
- ○ 자음색인(字音索引) : 표제자를 한글 자모순으로 배열한 것

◆ 표제자란(標題字欄)에 대하여

1. 표제자의 풀이

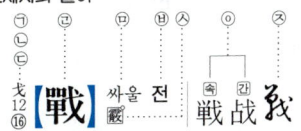

- ㉠ 부수(部首)
- ㉡ 부수(部首) 이외의 획수
- ㉢ 총획수(總畫數)
- ㉣ 표제자(標題字)
- ㉤ 대표훈(代表訓)
- ㉥ 대표음(代表音)
- ㉦ 운통(韻統)
- ㉧ 이체자(異體字)
- ㉨ 초서(草書)
- ㉩ 필순(筆順)
- ㉪ 중학·고등·인명용 한자 약호
- ㉫ 중국어 병음(拼音) 자모(字母)
- ㉬ 일본어의 음(音)과 훈(訓)
- ㉭ 대표훈의 영역(英譯)

2. 표제자의 배열

① 원칙적으로 《강희자전(康熙字典)》의 체제를 따랐다. 단, '人·刀·心·手·水·犬·邑·阜·支·火·艸·衣' 등 12종(種)의 부수(部首)는 찾아보기 편리하도록 글자의 모양에 따라 각각 '人·亻, 刀·刂, 心·忄, 手·扌, 水·氵, 犬·犭, 邑·阝(右), 阜·阝(左), 支·攵, 火·灬, 艸·艹, 衣·衤'으로 나누어 배열하였으며, '老·玉·辵' 등 3종의 부수는 실제로 쓰이는 획수를 감안하여 '耂·王·辶'으로 다루고 모두 4획에 배속하였다.

일러두기 2

② 부수가 같은 자는 획수에 따라, 부수와 획수가 같은 자는 대표음의 한글 자모순에 따라 배열하였다.

3. 자음(字音)의 표시

① 대표훈과 대표음을 익은말처럼 앞세웠다. 단, 본음(本音)이 있는 경우에는 本의 약호 다음에 본음을 밝혔다.

보기 日 날 일   就 나아갈 취 本추

② 본디부터 뜻갈래를 달리하는 것은 ❶, ❷…로 나누었다.

보기 先 ❶먼저 선 ❷앞설 선   易 ❶바꿀 역 ❷쉬울 이

③ 한자의 음이 지니는 성조(聲調)는 사성(四聲) 106운(韻)을 따라 평성(平聲)은, 상성(上聲)은, 거성(去聲)은, 입성(入聲)은 의 약호로써 각각 그 운통(韻統)을 밝혔다.

4. 표제자의 유별(類別)

① 한문 교육용 기초 한자는 [ ] 안에 두고 중·고의 약호로 중학교용과 고등학교용으로 구분하였고, 기초 한자 이외의 한자는 〖 〗안에 두고 대법원 선정 인명용 한자는 명의 약호로 표시하였다.

보기 漢 한수 한   중 ㊥hàn ㊐カン

克 이길 극   고 ㊥kè ……

潼 물 이름 동   명 ㊥tóng ……

② 교육용 기초 한자는 가장 앞세운 대표음이 인명용 음으로, 별도로 명의 약호를 표시하지 않았다. 단, 교육용 기초 한자로 음이 둘 이상인 것 중에서 가장 앞세운 대표음 이외의 음이 인명용으로 쓰일 경우에만 참고의 약호 다음에 그 음이 인명용 음임을 밝혔다.

보기 北 ❶북녘 북 ❷달아날 배
참고 '배'음도 인명용으로 지정됨.

③ 음이 둘 이상인 인명용 한자는 명❶, 명❷, 명왜 따위로 표시하여 특정 음만이 인명용 음임을 밝혔다.

보기 湫 ❶늪 추 ❷낮을 초   명❶ ㊥qiū, jiǎo ……

陜 ❶좁을 협 ❷땅 이름 합   명❷ ㊥xiá ㊐キョウ ……

歪 비뚤 왜·외   명왜 ㊥wāi ……

일러두기 3

④ 인명용 음은 관용음(慣用音)만 허용되므로, 하나의 대표음에 본음(本音)이 따로 있는 글자라 하더라도 인명용 음을 별도로 밝히지 않았다. 단, 관용음 대신 본음이 인명용 음이 되는 경우나 두 음이 모두 인명용 음이 되는 경우에는 참고의 약호 다음에 인명용 음을 밝혔다.

보기 米 ⑪ 【粗】 거칠 조 본추 庚   日 ⑬ 9 【暈】 무리 훈 본운 問
명 中cū ……   ⑬ 中yùn
참고 '운'음도 인명용으로 지정됨.

馬 ⑬ 3 【駄】 짐 실을 태 본타 箇
명타 中duò 日ダ, タ

⑤ 오늘날 새로운 뜻으로 쓰이는 글자에는 新, 우리나라에서 만들었거나 우리나라에서 새로운 뜻을 더하여 쓰는 글자에는 國의 약호로 표시하였다.

보기 口 ⑬ ⑯ 【噸】 톤 톤 新   木 ⑨ 5 【柱】 찌 생 國
中dūn 日トン……   英strip

⑥ 본자(本字)·동자(同字)·속자(俗字)·고자(古字) 등도 표제자로 싣고, 그 글자의 풀이가 되어 있는 면수(面數)를 밝혔다.

보기 寸 ④ ⑦ 【対】 對(194)의 俗字   寸 ⑧ 5 【䦁】 爵(473)과 同字

5. 표제자의 자형(字形)

한문 교육용 기초 한자는 교육부 편수 자료의 자형을 그대로 따랐고, 그 밖의 표제자는 《강희자전》에 준거(準據)하였다.

보기 弓 ⑫ 9 【強】 ❶굳셀 강 陽 ❷힘쓸 강 養   본 強

弓 ⑪ 8 【强】 명 強(231)의 本字

6. 표제자의 이체자(異體字)

표제자의 뜻은 같으나 자형을 달리하여 쓰이는 본자(本字)·동자(同字)·속자(俗字)·고자(古字)·갖은자 등의 이체자와 중국 간체자(簡體字)는 본·동·속·고·갖·간의 약호 아래에 보였고, 초서는 약호 없이 표제어부의 맨 오른쪽에 보였다.

보기 二 ② 0 【二】 두 이 寘   고 弍 갖 貳 二

7. 필순

교육용 기초 한자 1,800자와 주요 상용한자에는 필순을 8단계로 나누어 보였다.

보기 二 ⑧ 6 【亞】 버금 아 禡   亞

一 一 一 一 一 亞 亞 亞

일러두기 4

◎ 해자란(解字欄)에 대하여

1. 자원(字源)

한문 교육용 기초 한자와 주요 상용한자에는 그 표제자의 성립과 발전 과정을 전거를 통하여 명확하게 설명하였다.

보기 二
　　2 【云】 이를 운
　　④　　　　囟

字源 상형자. 雲(구름 운) 자의 원시 형태로서, 본래 구름이 뭉게뭉게 피어오르는 모습을 그린 것이다. 뒤에 '말하다'라는 뜻으로 가차되자, '구름'의 뜻으로는 雨(비 우) 자를 더한 雲 자를 새로 만들어 보충하였다.

2. 자해(字解)

① 뜻갈래는 ①, ②, ③…의 일련 번호로써 표시하였고, 음이나 운통이 달라 ❶, ❷…로 나누어지는 것도 각 항목별로 일련 번호를 매겼다.

보기 見
　　0 【見】 ❶볼 견 囷
　　⑦　　　　❷뵐 현 囷

字解 ❶①볼, 보일(견) ¶ 見聞(견문) ②의견, 생각(견) ¶ 卓見(탁견) ❷①뵐(현) ¶ 謁見(알현) ②나타날, 드러날, 나타낼(현)=現 ¶ 見齒(현치) ③지금(현)=現

② 각각의 뜻갈래에는 그 뜻에 해당되는 대표적 용례를 ¶의 약호 다음에 제시하였다.

보기 糸
　　7 【經】 경서 경
　　⑬　　　　囷

①경서(경) ¶ 經典(경전) ②날, 날실, 세로(경) ¶ 經緯(경위) ③지날, 지낼(경) ¶ 經歷(경력) ④길, 법, 도리(경) ¶ 常經(상경) ⑤다스릴(경) ¶ 經綸(경륜) ⑥월경(경)

③ 여러 가지 어의(語義)를 가지거나 보충 설명이 필요한 뜻갈래에는 ※의 약호를 덧붙인 다음 자세한 풀이를 제시하였다.

보기 斤
　　0 【斤】 근 근 囟
　　④

字解 ①날(근) ※베거나 자르는 데 쓰는 기구의 얇고 날카로운 부분. ②도끼(근) ③근(근) ※무게의 단위. 1斤은 16냥(兩).

④ 뜻갈래 가운데 어느 하나와 같은 뜻으로 쓰이는 글자는 =, 통하여 쓰이는 글자는 늑의 약호로 표시하였다.

보기 氵
　　14 【濱】 물가 빈
　　⑰　　　　眞

字解 ①물가(빈)=瀕 ②다가올(빈)늑瀕

⑤ 오늘날 새롭게 쓰이는 뜻갈래에는 新의 약호로 표시하였다.

보기 口
　　7 【哩】 어조사
　　⑩　　　　리 囷

일러두기 5

字解 ①어조사(리) ②新마일(리) ※거리의 단위인 '마일(mile)'의 약호.

◆ 어휘란(語彙欄)에 대하여

1. 표제자를 머리글자로 하는 어휘를 앞세우고, 표제자가 제2음절 이하에 오는 어휘는 뒤로 모아서 한글 자모순으로 배열하였다.

2. 하나의 어휘에서 음에 따라 뜻이 달라지는 것은 ❶, ❷…로 나누어 풀이하였다.

    보기 '度(법도 **도**)'에서
    【度量 ❶도량 ❷탁량】 ❶①자〔尺〕와 말〔斗〕. ②사물을 너그럽게 용납하여 처리할 수 있는 포용성. ❷헤아림. 사물의 양을 따짐.

3. 특수하게 음이 변하여 쓰이는 것은 '본음(本音) → 변음(變音)'의 형식으로 표시하였다.

    보기 '實(열매 **실**)'에서
    【不實 불실 → 부실】 ①내용이 충실하지 못함. ②몸이 튼튼하지 못함.

4. 일상생활에서 많이 쓰이는 고사는 먼저 그 뜻을 풀이한 다음 별도의 약호 뒤에 고사의 내용을 자세히 밝혔다.

    보기 '塞(변방 **새**)'에서
    【塞翁之馬 새옹지마】 변방 늙은이의 말. '인생의 길흉화복(吉凶禍福)은 변화가 많아 예측하기 어려움'의 비유. 塞翁得失(새옹득실). 塞翁禍福(새옹화복).
    故事 북쪽 변방(邊方)에 사는 어느 늙은이가 기르던 말이 호지(胡地)로 달아났으나, 얼마 뒤에 한 필의 준마(駿馬)를 데리고 돌아왔는데, 아들이 그 준마를 타다가 떨어져 절름발이가 되는 불행을 겪었으나, 뒷날 그 때문에 전쟁터에 나가지 않게 되어 목숨을 보전했다는 고사에서 온 말.

5. 유래가 있는 어휘나 보충 설명을 덧붙일 필요가 있는 어휘는 먼저 그 뜻을 풀이한 다음 의 약호 뒤에 그 유래와 보충 설명을 베풀었다.

    보기 '下(아래 **하**)'에서
    【下馬評 하마평】 관리의 이동·임명에 관한 세간(世間)의 풍설(風說)이나 물망(物望).
    예전에, 관리들을 태워 온 마부들이 상전들이 말에서 내려 관아에 들어가는 일을 보면서 상전들에 대하여 서로 평하였다는 데서 온 말.

    '不(아닐 **불**)'에서
    【不夜城 불야성】 '밤이 낮같이 밝은 곳'의 비유.
    한(漢)나라 때 밤에도 해가 돋았다는, 불야현(不夜縣)에 있던 성의 이름에서 온 말.

6. 어떤 어휘에서, 같은 어휘의 더 자세한 설명이나 의미상 관련된 어휘가 있는 경우에는 참의 약호 다음에 관련된 어휘와 면수를 밝혔다.

    보기 '會(모을 **회**)'에서
    【會稽之恥 회계지치】 회계에서 당한 치욕. '전쟁에서 패한 치욕', 또는 '뼈에 사무치는 치욕'을 이름. 참臥薪嘗膽(와신상담 : 674).

일러두기 6

> 故事 춘추 시대에, 월(越)나라 왕 구천(句踐)이 오(吳)나라 왕 부차(夫差)에게 회계산(會稽山)에서 패하여 갖은 치욕을 받은 데서 온 말.

'臥(누울 와)'에서
【臥薪嘗膽 와신상담】 섶에 누워 자고 쓸개를 맛봄. '원수를 갚고자 온갖 괴로움을 참고 견딤'을 이름.
> 故事 춘추 시대 오(吳)나라 왕 부차(夫差)는 등이 따가운 섶나무 위에 누워 자며 월나라에 복수할 것을 잊지 않고자 애쓰고, 월(越)나라 왕 구천(句踐)은 쓰디쓴 쓸개를 맛보며 오나라에 복수할 일을 잊지 않으려 한 고사에서 온 말.

7. 참고 란을 두어 표제자에 대한 이해를 돕는 다양한 설명을 덧붙였다.

보기

水 ④ 【水】 물 수 紙
0 ④

참고 변에 쓰일 때는 글자 모양이 'ㅣ'으로 되고, 발에 쓰일 때는 '水'로 된다. ☞ ㅣ部(283)

金 9 【鍼】 침 침 侵
⑰

참고 '鍼'은 '針'과 동자이지만, 현재는 침놓는 바늘은 '鍼', 꿰매는 바늘은 '針'으로 구별하여 씀.

竹 3 【竿】 피리 우 虞
⑨

참고 竿(간 : 609)은 딴 자.

◆ 기타(其他)
표제자가 다른 글자와 어울려 또 다른 글자가 만들어지는 예를 보여, 한자의 구성 원리 및 비슷한 음의 여러 한자를 익히는 데 도움이 되도록 하였다.

보기 '令(명령할 령)'에서

'令'이 붙은 한자

冷 찰(랭)	伶 영리할(령)
囹 옥(령)	姈 여자 이름(령)
怜 영리할(령)	泠 맑을(령)
昤 햇빛(령)	玲 옥 소리(령)
苓 복령(령)	羚 영양(령)
翎 깃(령)	蛉 잠자리(령)
鈴 방울(령)	零 떨어질(령)
領 옷깃(령)	鴒 할미새(령)
齡 나이(령)	

一部

一 한 일
音 ㊥yī ㊐イチ, イツ(ひとつ)
㊤one

字源 지사자. 가로 획 하나로 '하나'의 뜻을 나타냈다. 갑골문에서 1에서 4까지의 숫자는 一·二·三·亖의 형태로 가로 획을 하나씩 더해 가며 썼다.

字解 ①한, 하나(일) ¶單一(단일) ②첫째, 처음(일) ¶一等(일등) ③하나로 할, 같을(일) ¶一貫(일관) ④온, 온통(일) ¶一掃(일소)

【一家 일가】①한집안. 한 가족. ②동성동본(同姓同本)의 겨레붙이.
【一刻 일각】①매우 짧은 동안. ②한 시(時)의 첫째 각(刻). 곧, 15분.
【一擧手一投足 일거수일투족】한 번 손을 드는 일과 한 번 발을 옮겨 놓는 일. '사소한 동작이나 행동'을 이름.
【一擧兩得 일거양득】한 가지 일을 하여 두 가지의 이득을 봄. 一石二鳥(일석이조).
【一貫 일관】하나의 방법이나 태도로써 한결같이 함.
【一刀兩斷 일도양단】한칼로 쳐서 둘로 나눔. '머뭇거리지 않고 선뜻 결정함'을 이름.
【一等 일등】첫째. 첫째 등급(等級).
【一律 일률】규율·법도가 한결같음.
【一網打盡 일망타진】한 번 그물을 쳐서 다 잡음. '한꺼번에 모조리 잡음'을 이름.
【一變 일변】아주 바뀜.
【一瞥 일별】한 번 흘깃 봄.
【一掃 일소】모조리 다 쓸어 버림.
【一日三省 일일삼성】하루에 세 가지 일로 자신을 살핌. '끊임없이 자신을 성찰함'의 뜻. 三省(삼성).
  📖 증자(曾子)가 매일 '남을 위하여 충실히 일하였는가, 벗과 사귐에 신의(信義)가 있었는가, 전수(傳受)한 학문을 공부하였는가'라는 세 가지 일을 살핀 데서 온 말.
【一波萬波 일파만파】처음에는 대수롭지 않던 일이 걷잡을 수 없이 복잡해짐.
【一片丹心 일편단심】한 조각의 붉은 마음. '오로지 한 곳으로 향한 정성 어린 마음'을 이름.
【一行 일행】길을 함께 가는 사람.
【一攫千金 일확천금】단번에 천금을 움켜쥠. '힘들이지 않고 많은 재물을 얻음'을 이름.
【單一 단일】단 하나.
【唯一 유일】오직 그 하나밖에 없음.

丁 넷째 천간 정
音 ㊥dīng ㊐テイ, チョウ(ひのと)

字源 상형자. 갑골문·금문에서는 □·▼·●·■ 등으로 썼다. 이는 사람의 정수리[頂(정)]를 그린 것이라는 학설과 못[釘(정)]을 위에서 본 모양이라는 학설이 있다.

字解 ①넷째 천간(정) ¶丁年(정년) ②장정(정) ¶丁男(정남) ③일꾼(정) ※고용되어 일하는 사람. ④당할(정) ¶丁憂(정우)

【丁男 정남】나이가 젊고 기운이 좋은 남자. 壯丁(장정).
【丁年 정년】①천간이 '정(丁)'으로 된 해. 丁丑年·丁卯年 따위. ②'남자 나이 만 20세'를 이름.
【丁寧 정녕】틀림없이. 통叮嚀(정녕).
【丁時 정시】이십사시의 열넷째 시. 곧, 하오 12시 30분~1시 30분.
【丁憂 정우】부모의 상(喪)을 당함.
【壯丁 장정】성년(成年)에 이른 혈기 왕성한 남자.

참고 흔히 '고무래 정'이라고 하는데, 이는 글자 모양이 고무래와 비슷해서 붙여진 훈에 불과하고, 자의(字義)와는 아무 관계가 없음.

'丁'이 붙은 한자
叮 정중할 (정) 汀 물가 (정)
玎 옥소리 (정) 町 밭두둑 (정)
疔 정 (정)   訂 바로잡을 (정)
釘 못 (정)   頂 정수리 (정)

一部 1획

【七】 일곱 칠 柒漆 七

一七

음 ㉠qī ㉡シチ, シツ(ななつ) ㊁seven

字源 지사자. 갑골문·금문에서 7은 '十'으로 쓰고, 10은 'l'로 썼다. 소전에 이르러 十(열 십) 자와 혼동이 되자 가운데 획을 구부려 七로 쓴 것이다. 본래 가운데를 자른다는 뜻이었던 十이 숫자 7로 가차되자, 자른다는 뜻으로는 다시 刀(칼 도)를 더한 切(끊을 절) 자를 새로 만들어 보충하였다.

字解 일곱, 일곱 번(칠)

【七去之惡 칠거지악】 지난날, 아내를 내쫓을 수 있던 일곱 가지 경우. '시부모에게 불순(不順)한 경우, 자식을 못 낳는 경우, 행실이 음탕한 경우, 질투하는 경우, 나쁜 병이 있는 경우, 말이 많은 경우, 도둑질한 경우'를 이름. ㊉三不去(삼불거: 2)

【七步之才 칠보재】'썩 뛰어난 글재주'를 이르는 말.
故事 위(魏)나라의 조식(曹植)이 일곱 걸음을 걷는 동안에 시를 지었다는 고사에서 온 말.

【七顚八起 칠전팔기】 일곱 번 넘어지고 여덟 번 일어남. '여러 번의 실패(失敗)에도 굽히지 않고 다시 일어남'을 이름.

【七顚八倒 칠전팔도】 일곱 번 넘어지고 여덟 번 거꾸러짐. '어려운 고비를 많이 겪음'을 이름.

【七縱七擒 칠종칠금】 일곱 번 놓아주었다가 일곱 번 사로잡음. '적을 감동시켜 심복(心服)하게 함', 또는 '상대를 마음대로 다룸'을 이름.
故事 촉한(蜀漢)의 제갈량(諸葛亮)이 맹획(孟獲)을 일곱 번 사로잡았다가 일곱 번 놓아주어 끝내 복종시킨 고사에서 온 말.

【万】 일만 만 万

명 ㉠wàn ㉡バン, マン(よろず) ㊁ten thousand

字解 일만(만)

참고 '萬(만: 508)'의 속자.

【三】 ❶석 삼 ❷거듭삼 參 三

一二三

음 ㉠sān ㉡サン(みっつ) ㊁three

字源 지사자. 가로 획 셋으로 '셋'의 뜻을 나타냈다. 갑골문에서 4까지의 숫자는 一·二·三·亖의 형태로 가로 획을 하나씩 더해 가며 썼다.

字解 ❶석, 세, 셋(삼) ¶三權(삼권) ❷거듭, 여러 번(삼) ¶再三(재삼)

【三顧草廬 삼고초려】 세 번 초가집을 방문함. '인재를 맞아들이기 위해 몸소 여러 번 찾아가서 예를 다하는 일'을 이름.
故事 촉한(蜀漢)의 유비(劉備)가 제갈량(諸葛亮)의 초가집을 세 번 방문한 끝에 그를 참모(參謀)로 맞아들인 고사에서 온 말.

【三權 삼권】 세 가지 권력. '입법권·사법권·행정권'을 이름.

【三昧境 삼매경】 어떤 일에 열중하여 다른 생각이 없음.

【三伏 삼복】 ①'초복(初伏)·중복(中伏)·말복(末伏)'의 총칭. 三庚(삼경). ②여름철의 가장 더운 기간.

【三不去 삼불거】 지난날, 칠거의 사유가 있는 아내라도 버리지 못하던 세 가지 경우. '부모의 삼년상(三年喪)을 같이 치른 경우, 장가들 때 가난하다가 뒤에 부유해졌을 경우, 돌아가 의지할 곳이 없는 경우'를 이름. ㊉七去之惡(칠거지악: 2)

【三三五五 삼삼오오】 여기저기 무리를 지은 서넛 또는 대여섯 사람.

【三寒四溫 삼한사온】 사흘 동안은 춥고 나흘 동안은 따뜻함.

【再三 재삼】 거듭. 두세 번.

【上】 ❶위 상 ❷오를상 上

丨卜上

음 ㉠shàng, shǎng ㉡ジョウ(うえ) ㊁top

字源 지사자. 갑골문에서는 '二'로 썼다. 한 가로 획을 기준으로 그 위에 다시 한 획을 그어 위쪽을 표시한 것이다. 후에 표시하는 형태가 달라져 '丄'·'·'·'上' 등으로 썼다.

字解 ❶①위(상) ¶上下(상하) ②앞, 첫째(상) ¶上旬(상순) ③임금(상) ¶主上(주상) ④높을(상) ※신분·지위가 높음. ¶上客(상객) ❷①오를(상) ¶浮上(부상) ②올릴, 바칠(상) ¶上書(상서)

【上客 상객】①자기보다 지위가 높은 손. 上賓(상빈). ②혼인 때 신랑이나 신부를 데리고 가는 사람.
【上古 상고】아주 오랜 옛날.
【上納 상납】윗사람에게 금품을 바침.
【上書 상서】윗사람에게 편지를 올림, 또는 그 글.
【上聲 상성】사성(四聲)의 하나. 처음이 낮고 끝이 높은 소리.
【上疏 상소】임금에게 글을 올림, 또는 그 글.
【上旬 상순】매월 1일부터 10일까지의 동안. 初旬(초순).
【上昇 상승】위로 올라감.
【上申 상신】상부 기관 등에 의견 따위를 여쭘.
【上映 상영】영화를 영사(映寫)하여 관객에게 보임.
【上元 상원】음력 정월 보름날.
【上梓 상재】가래나무 판목(版木)에 글을 새김. '책을 출판(出版)하는 일'을 이름.
【上座 상좌】높은 자리. 윗자리.
【上下 상하】①위와 아래. ②윗사람과 아랫사람.
【上廻 상회】어떤 수량(數量)이나 기준(基準)을 웃돎.
【浮上 부상】물 위로 떠오름.
【主上 주상】임금.

【与】 與(677)의 俗字

【丈】 어른 장
一 ナ 丈
日 ㊥zhàng ㊐ジョウ(たけ) ㊄elder

字源 회의자. 손(又(우))으로 지팡이(十)를 쥐고 있다는 뜻으로, 본래는 杖(지팡이 장) 자였다. 후에 도량형 단위로 가차되어 쓰였다.

字解 ①어른(장) ¶丈夫(장부) ②장(장) ※길이의 단위. 1丈은 10尺(척). ③길(장) ※사람의 키. ¶萬丈(만장)

【丈夫 장부】다 자란 씩씩한 남자.
【丈人 장인】아내의 아버지.
【萬丈 만장】만 길이 됨. '매우 높거나 깊음'을 이름.
【査丈 사장】圈사돈집 웃어른에 대한 존칭.
【春府丈 춘부장】남의 아버지에 대한 존칭.

【下】 ❶아래 하 ❷내릴 하
一 丅 下
日 ㊥xià ㊐カ,ゲ(した) ㊄bottom

字源 지사자. 갑골문에서는 '二'로 썼다. 한 가로 획을 기준으로 그 아래에 다시 한 획을 그어 아래쪽을 표시한 것이다. 후에 표시하는 형태가 달라져 '丅'·'下' 등으로 썼다.

字解 ❶①아래, 밑(하) ¶下向(하향) ②아랫사람(하) ¶下剋上(하극상) ③뒤(하) ※시간·순서에서 다음. ¶下略(하략) ❷①내릴, 내려갈(하) ¶下野(하야) ②물리칠(하) ¶却下(각하) ③떨어질(하) ※값·등급 등이 낮아짐. ¶下落(하락) ④낮출(하) ※자신을 낮추어 상대편을 높이는 뜻. ¶下懷(하회)

【下降 하강】높은 데서 낮은 데로 내려옴. 降下(강하).
【下剋上 하극상】아랫사람이 윗사람을 부당한 방법으로 꺾어 누르거나 없앰.
【下落 하락】물가 등이 떨어짐.
【下略 하략】아래에 이어지는 말이나 글을 줄임.
【下馬評 하마평】관리의 이동·임명에 관한 세간(世間)의 풍설(風說)이나 물망(物望).

📖 예전에, 관리들을 태워 온 마부들이 상전들이 말에서 내려 관아에 들어가는 일을 보면서 상전들에 대하여 서로 평하였다는 데서 온 말.
【下賜 하사】 왕이나 국가 원수 등이 아랫사람에게 금품(金品)을 줌.
【下宿 하숙】 일정한 돈을 내고 남의 집에서 먹고 잠.
【下旬 하순】 매월 21일부터 말일까지의 동안. 下浣(하완).
【下野 하야】 시골로 내려감. '관직이나 정계에서 물러남'을 이름.
【下學上達 하학상달】 아래 것부터 배워서 위에 이름. '쉬운 것부터 배워 깊은 이치를 깨달음'을 이름.
【下向 하향】 위에서 아래쪽으로 향함.
【下懷 하회】 주로 어른에게 보내는 편지에서, '자기의 마음이나 뜻'을 낮추어 이르는 말. 下情(하정).
【下厚上薄 하후상박】 아랫사람에게 후하고 윗사람에게 박함.
【却下 각하】 원서(願書)·소장(訴狀) 등의 신청을 받지 않고 물리침.
【閣下 각하】 높은 지위에 있는 사람에 대한 경칭.
【貴下 귀하】 주로 편지에서, 상대를 높여 이름 대신 부르는 말.
【落下 낙하】 높은 곳에서 아래로 떨어져 내림.

【丐】 빌 개 ㉠ 丂

③④
㉮gài ㉯カイ(こう) ㉰beg
字解 ①빌, 구걸할(개) ②거지(개)
【丐乞 개걸】 ①비럭질을 함. ②거지.
【丐命 개명】 목숨을 빎.
【乞丐 걸개】 거지. 乞人(걸인).

【不】 아닐 불·부 ㉠ 丆

③④
一ブオ不
图 ㉮bú, bù ㉯フ, ブ(ず) ㉰not
字解 상형자. 본래 꽃 받침대(柎(부))를 그린 것인데 갑골문에서부터 부정사(否定詞)로 가차되어 쓰였다. ≪설문해자≫에서는 '새가 하늘을 날면서 내려오지 않는 모양'이라는 데서 부정의 뜻을 나타낸다고 하였으나 따르기 어렵다.

字解 아닐, 아니할, 못할, 없을(불) ※ 다음에 오는 글자의 첫소리가 'ㄷ·ㅈ'이면 '부'로 읽음.
【不可 불가】 ①옳지 않음. ②할 수 없음. 안 됨.
【不可分 불가분】 나눌 수 없음.
【不可思議 불가사의】 사람의 생각으로는 헤아려 알 수 없음.
【不可抗力 불가항력】 사람의 힘으로는 어찌할 수 없는 힘이나 사태.
【不立文字 불립문자】 문자로서 세우지 않음. '불도(佛道)는 문자나 말로 전해지는 것이 아니라 마음으로 전해짐'을 이름.
【不問可知 불문가지】 묻지 않아도 알 수 있음.
【不世出 불세출】 세상에 다시없을 만큼 뛰어남.
【不夜城 불야성】 '밤이 낮같이 밝은 곳'의 비유.
📖 한(漢)나라 때 밤에도 해가 돋았다는, 불야현(不夜縣)에 있던 성의 이름에서 온 말.
【不撓不屈 불요불굴】 한번 먹은 마음이 흔들리거나 굽힘이 없음.
【不察 불찰】 잘 살피지 않은 잘못.
【不惑 불혹】 나이 '40세'를 이름.
📖 공자(孔子)가 40세에 이르자 세상일에 미혹(迷惑)되지 않았다고 한 데서 온 말.
【不朽 불후】 썩지 않음. 영원히 없어지지 않음.
【不當 부당】 정당(正當)하지 않음.
【不知不識間 부지불식간】 알지도 깨닫지도 못하는 사이, 또는 자기도 모르는 사이. 不知中(부지중).
【不振 부진】 세력·성적 따위가 움츠러들거나 떨어져 활발하지 못함.
참고 '부'음도 인명용으로 지정됨.

【丑】 소 축 ㉠ 木

③④
ㄱㄲㄐ丑
图 ㉮chǒu ㉯チュウ(うし) ㉰cow
字源 상형자. 손을 그린 것으로서, 손가락이 굽어 있는 모양이다. 갑골문에서 이미 지지(地支)의 두 번째 글자로 가차되면서, '손'의 뜻으로는 쓰이지 않게 되었다.

字解 소, 둘째 지지(축)
【丑時 축시】①십이시의 둘째 시. 곧, 오전 1시~3시. ②이십사시의 셋째 시. 곧, 오전 1시 30분~2시 30분.
참고 중국 인명·지명 등에서는 '추'로 읽음. '公孫丑(공손추)' 따위.

【丘】 언덕 구

丿 ㄏ ㄏ 斤 丘

- 囝 圕qiū 圓キュウ(おか) 圆hill
- **字源** 상형자. 갑골문을 보면 'M'으로 봉우리가 두 개인 산(山)을 그린 모습이다. 산보다 약간 작은 규모의 언덕이나 구릉을 나타냈음을 알 수 있다. 현재의 丘 자는 예서체로서 모양이 많이 바뀌어 글자 모양만 보고는 원뜻을 알 수 없게 되었다.
- **字解** ①언덕 (구)=邱 ¶砂丘(사구) ②무덤 (구) ¶丘墓(구묘)

【丘陵 구릉】언덕. 나직한 산.
【丘木 구목】무덤 주변에 가꾸어 놓은 나무. 墓木(묘목).
【丘墓 구묘】무덤.
【砂丘 사구】모래 언덕.
참고 '丘'는 공자(孔子)의 이름자로서, 함부로 부를 수 없다 하여, '邱(언덕 구)' 자를 따로 만들어 썼음.

【丙】 남녘 병

一 ㄧ 丙 丙 丙

- 囝 圕bǐng 圓ヘイ(ひのえ)
- **字源** 물고기의 꼬리 모양, 물건의 받침대 모양, 궤(几)의 모양 등을 그린 것이라는 설이 있으나 아직 정설이 없다. 갑골문에서 이미 천간(天干)의 세 번째 글자로 가차되어 쓰였다.
- **字解** 남녘, 셋째 천간 (병)

【丙時 병시】이십사시의 열두째 시. 곧, 상오 10시 30분~11시 30분.
【丙夜 병야】오후 11시부터 다음 날 오전 1시 사이. 三更(삼경).
【丙坐 병좌】묏자리·집터 따위가 남쪽을 등진 좌향(坐向).

【丕】 클 비

- 명 圕pī 圓ヒ(おおきい) 圆great
- **字解** ①클(비) ¶丕基(비기) ②으뜸(비) ¶丕子(비자)

【丕基 비기】나라를 다스리는 큰 기초. 丕業(비업). 洪業(홍업).
【丕子 비자】임금의 적자(嫡子).

【世】 대 세

一 十 卅 丗 世

- 명 圕shì 圓セイ, セ(よ) 圆generation
- **字源** 나무의 줄기와 잎을 그린 것으로, 초목의 잎은 세월이 흐르면서 겹쳐 자라기 때문에, 세대(世代)라는 뜻은 여기에서 비롯된 상형자라는 설과 3개의 十(십) 자와 止(지)로 이루어진 글자로, 3개의 十은 30년을 뜻하고 止가 발음 부분인 회의 겸 형성자라는 설이 있다.
- **字解** ①대, 대대, 세대(세) ¶世襲(세습) ②세상(세) ¶世態(세태) ③때, 시대(세) ¶世紀(세기) ④말(세) ¶世孫(세손)

【世紀 세기】서력(西曆)에서 100년을 단위로 세는 시대 구분.
【世代 세대】①약 30년을 한 구분으로 하는 연령층, 또는 그런 사람들의 총체. 한 대. ②어버이·자식·손자로 이어지는 대.
【世孫 세손】임금의 맏손자.
【世襲 세습】재산·직업 등을, 대를 이어 물려주거나 받는 일.
【世子 세자】왕의 자리를 이을 왕자.
【世態 세태】세상의 형편이나 상태.
【世波 세파】세상살이의 풍파.
【末世 말세】정치·도의 따위가 어지러워지고 쇠퇴하여 가는 세상.
【處世 처세】남들과 어울리면서 살아가는 일.

【且】 또 차

一 冂 月 目 且

- 囝 圕jū, qiě 圓ショ(かつ) 圆moreover

一部 5획

字源 제사에 쓰는 그릇을 그린 것, 신주(神主)의 위패(位牌)를 그린 것, 남성의 생식기를 그린 것 따위의 여러 설이 있으나 아직 정설이 없다.

字解 ①또, 또한(차) ②重且大(중차대) ②우선(차) ¶且置(차치) ③장차(차) ④구차할(차)

【且驚且喜 차경차희】 한편으로는 놀라면서, 또 한편으로는 기뻐함.

【且置 차치】 문제로 삼아 따지지 아니하고 우선 내버려 둠.

【苟且 구차】 ①떳떳하지 못하고 구구함. ②매우 가난함.

【重且大 중차대】 중요하고도 큼.

'且'가 붙은 한자

咀 씹을 (저)	姐 누이 (저)
沮 막을 (저)	狙 원숭이 (저)
苴 삼 (저)	疽 등창 (저)
蛆 구더기 (저)	詛 저주할 (저)
齟 어긋날 (저)	俎 도마 (조)
徂 갈 (조)	阻 험할 (조)
殂 죽을 (조)	祖 할아비 (조)
租 구실 (조)	粗 거칠 (조)
組 짤 (조)	

【両】 兩(59)의 俗字

【丞】 정승 승
명 ㊥chéng ㊐ジョウ(たすける) ㊧minister

字解 ①정승(승) ②도울(승)

【丞相 승상】 천자를 보좌하던 중국의 대신. 우리나라의 정승에 해당함.

【政丞 정승】 조선 시대에, 영의정·좌의정·우의정을 일컫던 말.

【並】 竝(602)의 俗字

1 ㅣ 部

【ㅣ】 뚫을 곤
㊥gǔn ㊐コン ㊧pierce

字源 지사자. 위에서 아래로 한 획을 그어 위와 아래를 관통한다는 뜻을 나타낸다. ㅣ부에 속하는 글자 중에 '관통한다'는 뜻이 살아 있는 글자는 串(꿸 관) 자뿐이고, 나머지는 해서체로 정형화(定型化) 되면서 이 부에 들어갔다.

字解 뚫을(곤)

【个】 낱 개
가 ㊌
㊥gě, gè ㊐カ, コ ㊧piece

字解 ①낱(개) ≒個·箇 ※물건의 하나하나. ②개(개) ※낱으로 된 물건을 세는 단위.

【丫】 가장귀 아
㊌
㊥yā ㊐ア(あげまき)

字解 ①가장귀(아) ②가장귀지게 묶은 머리(아)

【丫鬟 아환】 '소녀' 또는 '계집종'을 이름.

📖 지난날, 여자 아이들이 머리를 두 가닥으로 빗어 올려 귀 뒤에서 두 개의 뿔처럼 묶던 데서 온 말.

【中】 ❶가운데 중 ㊀
❷맞을 중 ㊁

중 ㊥zhōng, zhòng ㊐チュウ(なか) ㊧middle

字源 상형자. 갑골문·소전에서는 '𠁦·𠂉' 등으로 썼는데, 깃발을 그린 것이다. 고대에는 큰 일이 있을 때 넓은 곳에 깃발을 세우면 사람들이 그것을 보고 모여들어 자연히 깃발을 세운 곳이 중앙이 된 데서 '가운데'라는 뜻이 나온 것이다.

字解 ❶①가운데(중) ¶中斷(중단) ②안, 속(중) ¶胸中(흉중) ③사이(중) ¶伏中(복중) ❷맞을(중) ※과녁에 들어맞음. ¶的中(적중)

【中間 중간】 ①두 사물이나 현상의

사이. ②한가운데. 中央(중앙).

【中堅 중견】 어떤 단체나 사회에서 중심적 역할을 하는 사람.

【中斷 중단】 중도에서 끊거나 끊어짐.

【中毒 중독】 생물체가 음식·약물의 독성에 의해 기능 장애를 일으키는 일.

【中略 중략】 말이나 글의 중간 부분을 줄임.

【中立 중립】 대립되는 두 편 사이에서 어느 쪽에도 치우치지 않는 중간적인 자리에 섬.

【中性 중성】 서로 반대되는 두 성질의 어느 쪽도 아닌 중간의 성질.

【中心 중심】 한가운데.

【中央 중앙】 ①사방의 중심이 되는 곳. 한가운데. ②서울. 首都(수도).

【中葉 중엽】 시대·세기 따위의 중간 무렵.

【中庸 중용】 ①지나치거나 모자람이 없이 알맞은 상태나 정도. ②사서(四書)의 하나로, 중용의 덕과 인간의 본성에 대하여 풀이한 책.

【中原 중원】 ①넓은 들의 가운데. ②중국 문화의 발원지인 황하(黃河) 중류 지역 일대.

【中興 중흥】 쇠하던 것이 중간에서 다시 일어남.

【的中 적중】 표적이나 예측이 정확히 들어맞음.

【胸中 흉중】 ①가슴속. ②마음에 두고 있는 생각.

丨 4 ⑤ 【丱】 쌍상투 관 [諫]

㊥guàn ㊐カン(あげまき)

[字解] 쌍상투(관) ※두 가닥 지게 묶은 머리.

丨 6 ⑦ 【串】 ❶버릇 관 [諫] ❷꿸 관 [本]천 [霰] ❸곶 곶[國]

[명] ㊥chuàn, guàn ㊐カン(くし) ㊕habit

[字解] ❶버릇, 익을(관) ≒慣 ❷①꿸(관) ≒貫 ②어음쪽(관) ❸곶(곶) ※바다·호수로 가늘게 뻗어 있는 육지의 끝 부분.

【串柿 천시→관시】 껍질을 벗겨 꼬챙이에 꿰어 말린 감. 곶감.

1 丶 部

丶 0 ① 【丶】 점 주 [麌]

㊥zhǔ ㊐チュウ ㊕point

[字源] 상형자. 불꽃을 그린 것이다. 丶부에 속하는 글자는 해서체를 기준으로 한 분류에 따라 이 부에 들어갔을 뿐 원래의 뜻과는 관계없다.

[字解] 점(주)

丶 2 ③ 【丸】 알 환 [寒]

丿 九 丸

[고] ㊥wán ㊐ガン(まる) ㊕ball

[字源] 회의자. 仄(기울 측)자를 뒤집어 놓은 형태이다. 한 쪽으로 기울어져서 돈다는 뜻으로, 厂(엄)과 人(인)으로 이루어진 회의자이다.

[字解] ①알(환) ②둥글(환) ③환(환) ※먹〔墨〕이나 알약 등을 세는 단위.

【丸藥 환약】 알약.

【彈丸 탄환】 총탄·포탄 따위의 총칭. 탄알.

【砲丸 포환】 대포의 탄알.

丶 3 ④ 【丹】 붉을 단 [寒]

丿 冂 冂 丹

[중] ㊥dān ㊐タン(あか) ㊕red

[字源] 지사자. '丹'은 주사(朱砂)가 나는 우물 같은 곳을 나타내고, '丶'는 주사를 표시한 것이다.

[字解] ①붉을(단) ¶ 丹砂(단사) ②정성스러울(단) ¶ 丹心(단심) ③약(단) ¶ 仙丹(선단)

【丹砂 단사】 붉은빛이 나는 광물. 약재로 쓰임. 朱砂(주사).

【丹脣皓齒 단순호치】 붉은 입술과 하얀 이. '여자의 아름다운 얼굴'을 이름.

1획

【丹心 단심】속에서 우러나오는 정성스러운 마음.
【丹粧 단장】머리·옷차림 따위를 아름답게 꾸밈.
【丹靑 단청】옛날식 전각의 벽·기둥·천장 따위에 여러 가지 무늬를 그린 채색.
【仙丹 선단】먹으면 장생불사(長生不死)의 신선이 된다고 하는 영약(靈藥). 丹藥(단약). 仙藥(선약).
참고 '란' 음도 인명용으로 허용되는데, '契丹(글단→거란)·牡丹(목단→모란)' 등의 '란' 음을 따른 것이다.

【主】주인 주

㊀ ⊕zhǔ ⊕シュ(ぬし) ㊨lord
字源 상형자. 본래 촛대 위의 불꽃을 그린 것이다. 뒤에 '주인(主人)'이라는 뜻으로 가차되어 쓰이면서 '불꽃'이라는 뜻으로는 火(불화)를 더한 '炷(심지 주)'자를 새로 만들어 보충하였다.
字解 ①주인(주) ¶主客(주객) ②임금(주) ¶主上(주상) ③우두머리(주) ¶主將(주장) ④주될(주) ¶主導(주도) ⑤위패(주) ¶神主(신주)

【主幹 주간】어떤 일을 주장하여 처리함, 또는 그 사람.
【主客 주객】주인과 손님.
【主管 주관】일을 주장하여 관리함.
【主觀 주관】자기만의 생각.
【主導 주도】주가 되어 이끌거나 지도(指導)함.
【主禮 주례】예식을 주관하여 맡아봄, 또는 그 사람.
【主流 주류】원줄기가 되는 큰 흐름.
【主婦 주부】가장(家長)의 아내.
【主上 주상】신하가 '자기의 임금'을 이르는 말. 主君(주군).
【主審 주심】심사자(審査者) 중의 책임자.
【主義 주의】사상·학설에 대한 일정한 태도나 주장.
【主人 주인】①한 집안을 꾸려 나가는 주되는 사람. ②물건의 임자.
【主將 주장】우두머리가 되는 장수나 선수.
【主題 주제】중심이 되는 문제나 사상(思想).
【主從 주종】①주인과 종자(從者). ②주되는 사물과 그에 딸린 사물.
【主唱 주창】앞장서서 부르짖음.
【主體 주체】사물의 중심이 되는 부분.
【主催 주최】행사·회합 따위를 책임지고 맡아서 엶.
【君主 군주】임금.
【神主 신주】사당에 모시어 두는, 죽은 사람의 위패.
【地主 지주】땅의 주인.

'主'가 붙은 한자

住 살(주)   姓 예쁠(주)
拄 버틸(주) 注 물 댈(주)
柱 기둥(주) 炷 심지(주)
註 주 낼(주) 駐 머무를(주)
往 갈(왕)

1획 　 丿 部

【丿】삐침 별

⊕piě ⊕ヘチ, ヘツ
字源 상형자. 오른쪽에서 왼쪽으로 삐쳐 나간 모습을 그린 것이다. 丿부에 속하는 글자는 해서체를 기준으로 한 분류에 따라 이 부에 들어갔을 뿐 원래의 뜻과는 관계없다.
字解 삐침(별)

【乃】이에 내 㐅 乃

丿 乃
⊕nǎi ⊕ナイ(すなわち) ㊨namely
字源 가슴 부분이 돌출한 사람의 옆모습으로 奶(젖 내)자의 원시 형태, 繩(새끼줄 승)자의 원시 형태, 弓(활 궁)자와 같은 형태 등 여러 학설이 있으나 아직 정설이 없다.

출발선을 표시한다.

字解 ①갈(지) ¶之東之西(지동지서) ②의(지) ※'…의'의 뜻을 나타냄. ¶人之常情(인지상정) ③이(지) ※앞에 나온 물건·사람·장소 등을 지시함.
【之東之西 지동지서】동으로 갔다 서로 갔다 함. '어떤 일에 주견 없이 갈팡질팡함'을 이름.
【人之常情 인지상정】사람이면 누구나 가지는 보통의 생각.

字解 ①이에, 곧(내) ¶人乃天(인내천) ②너(내) ¶乃父(내부) ③접때(내) ¶乃者(내자)
【乃父 내부】네 아비. 아버지가 아들에 대하여 이르는 자칭(自稱).
【乃者 내자】전에. 이전에.
【乃至 내지】①얼마에서 얼마까지. ②또는. 혹은.
【人乃天 인내천】천도교의 종지(宗旨)로, '사람이 곧 하늘'이라는 뜻.

【乂】 벨 예

명 ⊕ài, yì ⊕ガイ(かる) ⊕mow
字解 ①벨, 깎을(예) ≒刈 ②다스릴(예) ≒艾 ③어질(예) ≒艾

【久】 오랠 구

ノ ク 久

명 ⊕jiǔ ⊕キュウ(ひさしい) ⊕long time
字源 회의자. 灸(뜸 둘 구) 자의 원시 형태로, 'ク'는 사람이 병이 들어 누워 있는 모습이고, '乀'은 뜸을 뜨는 것을 나타낸 것이다. 뒤에 '오래되다'의 뜻으로 가차되자, 뜸 뜬다는 뜻으로는 火(불 화)를 더한 灸 자를 새로 만들어 보충하였다.
字解 오랠, 오래갈(구)
【久怨 구원】오래된 원한.
【久遠 구원】아득히 오래고 멂.
【耐久 내구】오래 견딤.
【永久 영구】길고 오램.
【悠久 유구】아득히 오램.
【長久 장구】매우 길고 오램.
【持久力 지구력】오랫동안 버티며 견디는 힘.
【恒久 항구】변함없이 오래감.

【乍】 잠깐 사

명 ⊕zhà ⊕サ(たちまち) ⊕moment
字解 잠깐, 언뜻(사)
【乍晴 사청】비가 오다가 잠깐 갬.

'乍'가 붙은 한자

詐 속일(사)	作 지을(작)
怍 부끄러울(작)	昨 어제(작)
柞 떡갈나무(작)	炸 터질(작)
酢 잔 돌릴(작)	祚 복(조)
窄 좁을(착)	

【乏】 다할 핍

명 ⊕fá ⊕ボウ(とぼしい) ⊕exhaust
字解 ①다할, 모자랄(핍) ¶缺乏(결핍) ②가난할(핍) ¶窮乏(궁핍)
【乏盡 핍진】죄다 없어짐.
【缺乏 결핍】있어야 할 것이 없거나 모자람.
【困乏 곤핍】아무것도 할 기력이 없을 만큼 지쳐 몹시 고단함.
【窮乏 궁핍】곤궁(困窮)하고 가난함.
【耐乏 내핍】가난이나 물자의 부족을 참고 견딤.

【之】 갈 지

丶 亠 ナ 之

명 ⊕zhī ⊕シ(ゆく) ⊕go
字源 회의자. 갑골문을 보면 '止'·'岀'로 썼는데, '∀'(=止)는 발을 그린 상형자로 '가다'라는 뜻을 나타내고, '一'은 지면(地面) 또는

【乎】 온 호

丿 丶 丷 亚 乎

명 ⊕hū ⊕コ(か)
字源 형성자. 갑골문·금문을 보면 'T' 위에 '川'이 있는 모양인데, '川'는 기(氣)가 위로 올라가는 것을 나타낸 것이고, 'T'[=丂(고)]

ノ部 7획

는 발음 부분이다. '부르다'라는 뜻은 여기에서 나온 것이다. 뒤에 어조사로 가차되자, '부르다'라는 뜻으로는 口(입 구)를 더한 呼(호)자를 새로 만들어 보충하였다.
字解 온, 어조사(호) ※㉠의문(疑問)·영탄(詠歎)·반어(反語)·호격(呼格)·강조 등의 뜻을 나타냄. ¶嗟乎(차호) ㉡'…에', '…보다'의 뜻을 나타냄.
【斷乎 단호】결심이나 태도가 딱 끊은 듯이 매우 확고함.
【嗟乎 차호】슬퍼서 탄식할 때 쓰는 말. '아, 슬프도다'의 뜻.
【確乎 확호】확실한 모양.

ノ 7
⑧ 【乖】 어그러질 괴 匣

음 ㉠guāi ㉡カイ(そむく)
㉢deviate
字解 ①어그러질(괴) ¶乖離(괴리) ②까다로울(괴) ¶乖愎(괴팍)
【乖離 괴리】어그러져 동떨어짐.
【乖散 괴산】배반하여 멀리 도망침.
【乖違 괴위】서로 어그러짐.
【乖愎 괴팍 → 괴팎】성미가 까다롭고 별남.

ノ 8
⑨ 【乗】 乘(10)의 俗字

ノ 9
⑩ 【乘】 ❶탈 승
❷수레 승 徑

음 ㉠chéng, shèng ㉡ジョウ(のる) ㉢ride
字解 회의자. 갑골문·금문을 보면 사람이 나무 위에 올라가 있는 모양으로, '오르다'라는 뜻을 나타내는 회의자이다. 한편, 乘이 人(사람 인)과 桀(홰 걸)로 이루어졌다고 보기도 하는데, 桀에서 舛(천)은 사람의 두 발을 그린 것의 변형이므로, '사람(人)이 두 발(舛)로 나무(木(목)〕에 올라가 있는 모양'의 뜻을 담고 있기 때문이다.
字解 ❶①탈(승) ¶乘馬(승마) ②의지할, 기회 탈(승) ¶乘勢(승세) ③곱할, 곱셈(승) ¶乘除(승제)
❷①수레(승) ¶乘輿(승여) ②대(승) ※수레를 세는 단위. ¶萬乘(만승) ③역사(승) ※진(晉)나라의 역사책 이름이 '乘'인 데서 온 말. ¶野乘(야승)
【乘客 승객】배·차·비행기 등에 타거나 탄 손님. 搭客(탑객).
【乘馬 승마】말을 탐.
【乘船 승선】배를 탐. 搭船(탑선).
【乘勢 승세】유리한 형세나 기회를 탐.
【乘勝長驅 승승장구】이긴 기세를 타고 계속하여 적을 몰아침.
【乘除 승제】곱셈과 나눗셈.
【乘車 승차】차를 탐.
【萬乘 만승】①일만 대의 병거(兵車). ②천자, 또는 천자의 자리.
【試乘 시승】시험 삼아 타 봄.
【野乘 야승】민간에서 사사로이 기록한 역사. 野史(야사).
【便乘 편승】기회를 틈타, 세력을 이용하여 이익을 얻음.

1 乙 部

乙 0
① 【乙】 새 을 質

음 ㉠yǐ ㉡オツ(きのと)
字解 물고기의 내장(內腸)·칼·현조(玄鳥), 생산을 상징하는 철새의 모습, 시냇물이 흐르는 모습 등을 그린 것이라는 학설이 있다.
字解 ①새, 제비(을) ②둘째 천간(을) ③아무개(을) ※이름 대신 부르거나 간편히 부르기 위해 씀.
【乙覽 을람】'임금의 독서'를 이름.
△ 임금이 낮에는 정무에 바빠서 을야(乙夜)에 독서한 데서 온 말.
【乙時 을시】이십사시의 여덟째 시. 곧, 상오 6시 30분~7시 30분.
【乙夜 을야】하룻밤을 다섯으로 나누었을 때, 둘째 시간. 오후 9시부터 11시까지의 동안. 二更(이경).
【甲男乙女 갑남을녀】갑이라는 남자와 을이라는 여자. '평범한 보통 사람'을 이름.

乙部 7획

乙2③ 【九】 아홉 구 有

丿 九

㊀ ㊥jiǔ ㊐キュウ, ク(ここのつ) ㊙nine

字源 갈고리 모양을 본뜬 것, 팔꿈치를 본뜬 것으로서 팔꿈치를 굽혔다 폈다 하는 모습, 벌레를 그린 것 등 여러 설이 있다. 다만, 九가 본래 '굴곡(屈曲)'이라는 의미에서 숫자 9로 가차된 것은 분명하다.

字解 아홉, 아홉 번, 많을(구)

【九死一生 구사일생】 여러 차례 죽을 고비를 넘겨서 겨우 살아남.
【九牛一毛 구우일모】 많은 소 가운데 하나의 털. '썩 많은 것 가운데 섞인 아주 적은 것'의 비유.
【九泉 구천】 ①저승. 黃泉(황천). ②깊은 땅속.

乙2③ 【乞】 빌 걸 物

丿𠂉 乞

㊀ ㊥qǐ ㊐キツ(こう) ㊙beg

字源 소전까지는 气(기) 자를 빌려서 썼다. 예서에서 气와 구별하기 위하여 气에서 획 하나를 뺀 乞 자를 새로 만들어 쓰이고 있다.

字解 빌, 구걸할(걸)

【乞食 걸식】 음식을 남에게 빌어먹음.
【乞神 걸신】 빌어먹는 귀신. '음식을 지나치게 탐하는 일'의 비유.
【求乞 구걸】 남에게 돈·물건을 빌어 얻음.
【哀乞 애걸】 애처롭게 사정하여 빎.

乙2③ 【也】 어조사 야 馬

𠃌 ㇉ 也

㊀ ㊥yě ㊐ヤ(なり)

字源 금문이 갑골문 它(타) 자와 거의 같은 데서 뱀을 뜻하는 它(=蛇) 자와 같은 글자라는 설과 주전자[匜(이)]를 그린 상형자라는 설이 있다. ≪설문해자≫에서는 여자의 음부를 그린 상형자라고 하였으나 따르기 어렵다.

字解 ①어조사(야) ※문장의 끝에 붙여 단정·부름·감탄·의문의 뜻을 나타냄. ②또한(야)

乙3④ 【㐣】 명 울 國

字解 (울)

[참고] '울'음을 표기하기 위하여 우리 나라에서 만든 한자. 于(우)+乙(을→ㄹ)→㐣(울)

乙5⑥ 【㐞】 명 땅 이름 國

字解 땅 이름(갈)

[참고] '갈'음을 표기하기 위하여 우리 나라에서 만든 한자. 加(가)+乙(을→ㄹ)→㐞(갈)

乙5⑥ 【乭】 명 사람 이름 돌 國

字解 사람 이름(돌)

[참고] 우리 나라에서 이름 자로 만든 글자. 石(돌→도)+乙(을→ㄹ)→乭

乙6⑦ 【乱】 亂(12)의 俗字

乙7⑧ 【乶】 명 볼 國

字解 (볼)

[참고] '볼'음을 표기하기 위하여 우리 나라에서 만든 한자. 甫(보)+乙(을→ㄹ)→乶(볼)

乙7⑧ 【乷】 명 살 國

字解 (살)

[참고] '살'음을 표기하기 위하여 우리 나라에서 만든 한자. 沙(사)+乙(을→ㄹ)→乷(살)

乙7⑧ 【乳】 젖 유 麌

丿 ⺤ ⺤ ⺤ 乎 乎 乳

㊀ ㊥rǔ ㊐ニュウ(ちち) ㊙milk

字源 상형자. 갑골문을 보면 '㦱'으로 어머니가 아이를 품에 안고 젖을 먹이는 모습을 그린 것이다.

字解 ①젖, 젖통이(유) ¶乳房(유

방) ②약 갈(유) ¶乳鉢(유발)
【乳母 유모】어머니 대신 젖을 먹여 길러 주는 여자. 젖어머니.
【乳鉢 유발】약을 갈아서 가루를 만들 때 쓰는 자그마한 그릇.
【乳房 유방】젖. 젖퉁이.
【乳兒 유아】젖먹이. 嬰兒(영아).
【粉乳 분유】가루 우유.
【授乳 수유】젖을 먹임.
【牛乳 우유】소의 젖.

【乾】 ❶하늘 건 ❷마를 건
고 간 瀧干乾
本 간

十 古 古 古 查 朝 乾 乾

음 中qián, gān
日ケン, カン(かわく) 英heaven

字源 형성자. 乙(을)은 의미 부분이고, 倝(간)은 발음 부분이다. 乙은 물체가 위로 나온다는 뜻이다.

字解 ❶①하늘(건) ¶乾坤一擲(건곤일척) ②괘 이름(건) ¶乾卦(건괘) ③건성(건) ¶乾酒酊(건주정) ❷마를, 말릴(건) ¶乾性(건성)
【乾坤一擲 건곤일척】하늘과 땅을 단 한 번에 내던짐. '운명을 걸고 온 힘을 다하여 마지막 승부를 겨룸'을 이름.
【乾卦 건괘】팔괘의 하나. 하늘·임금·아버지 등을 상징함. 괘형은 ☰.
【乾杯 건배】술 좌석에서 상대편의 건강이나 행운을 빌고 술잔을 비우는 일. 同乾盃(건배).
【乾性 건성】건조한 성질.
【乾時 건시】이십사시의 스물두째 시. 곧, 하오 8시 30분~9시 30분.
【乾燥 건조】물기가 없음. 마름.
【乾酒酊 건주정】취한 체하며 건성으로 하는 주정. 강주정.

【亂】 어지러울 란
속간 乱

음 中luàn 日ラン(みだれる) 英disorderly

字源 회의자. 본래 '다스려지다'라는 뜻이었고, 𤔔(란)과 乙(을)은 모두 의미 부분이다. 𤔔은 본래 기계를 이용해서 한 손으로 실을 풀고 다른 한 손으로 그것을 감는 모습인데, 실을 풀고 감을 때는 당연히 조리(條理)가 있어야 하기 때문에 의미 부분이 된다. 乙은 '다스리다'의 뜻이다.

字解 ①어지러울, 어지럽힐(란) ¶亂世(난세) ②난리(란) ¶戰亂(전란)
【亂局 난국】어지러운 판국.
【亂離 난리】전쟁이나 재변(災變) 따위로 세상이 어지러워진 상태.
【亂立 난립】어지럽게 늘어섬.
【亂麻 난마】뒤얽힌 삼 가닥. '복잡하게 얽힌 사건', 또는 '몹시 어지러운 세상 형편'의 비유.
【亂舞 난무】①뒤섞여 어지럽게 춤을 춤. ②함부로 마구 날뜀.
【亂世 난세】어지러운 세상.
【亂暴 난폭】행동이 거칠고 사나움.
【叛亂 반란】정부나 지배자에게 반항하여 일으키는 저항 활동.
【戰亂 전란】전쟁으로 말미암은 어지러운 현상.
【避亂 피란】난리를 피함.

亅 部

【亅】갈고리 궐
周

中jué 日ケツ 英hook

字源 상형자. 거꾸로 휘어진 갈고리를 그린 것이다. 亅부에 속하는 글자는 글자의 원래 모양과는 상관없이 해서체를 기준으로 한 분류에 따라 이 부에 들어갔을 뿐이다.

字解 갈고리(궐)

【了】마칠 료
釋

フ 了

고 中le, liǎo 日リョウ(おわる) 英complete

字源 상형자. 어린아이를 그린 子(자) 자에서 팔이 없는 모양이다.

二部 0획

字解 ①마칠(료) ¶完了(완료) ②깨달을, 이해할(료) ¶了解(요해) ③어조사(료) ※단정이나 과거의 뜻을 나타냄.
【了結 요결】 일을 끝내어 마침.
【了解 요해】 분명히 깨달음.
【修了 수료】 일정한 학업이나 과정을 마침.
【完了 완료】 완전히 끝마침.
【終了 종료】 일을 끝냄. 끝냄.

【予】 ❶나 여 ❷줄 여

丶フマヱ予

📖 ⓗyú, yǔ ⓙヨ(われ) ⓔI
字源 상형자. 서로 주는 모습을 그린 것이다.
字解 ❶나(여) ≒余 ❷①줄(여) ≒與 ②허락할(여)
【予一人 여일인】 나도 여느 사람과 다름없는 한 인간임. 임금이 자기 자신을 낮추어 이르는 말.
참고 '豫(729)'의 속자로도 쓰임.

'予'가 붙은 한자

序 차례(서)	抒 펼(서)
杼 개구통(서)	舒 펼(서)
野 들(야)	豫 미리(예)
預 참여할(예)	芧 모시(저)

【争】 爭(472)의 俗字

【事】 일 사

一一一一一一一一事事

📖 ⓗshì ⓙジ(こと) ⓔaffair
字源 회의자. 갑골문·금문을 보면 손에 무엇을 쥐고 있는 모습으로, '일하다'라는 뜻을 나타낸다. 쥐고 있는 모습에 대해서는 간서(簡書)를 쥐고 일하는 모습, 붓을 거꾸로 잡고 있는 모습, 창을 잡고 사냥을 하는 모습, 손으로 풀을 땅에 심고 있는 모습 등 여러 설이 있다. 본래 史(사)·事·使(사)·吏(리) 네 글자는 한 글자였다.
字解 ①일(사) ※용무·업무·사건 등의 뜻을 나타냄. ¶事情(사정) ②섬길(사) ¶事大(사대)
【事件 사건】 문제가 되거나 관심을 끌 만한 일.
【事故 사고】 뜻밖에 일어난 사건이나 탈. 變故(변고).
【事君以忠 사군이충】 세속오계(世俗五戒)의 하나로, '충성으로써 임금을 섬겨야 함'을 이름.
【事大 사대】 큰 것을 섬김. '약자가 강자를 붙좇아 섬김'을 이름.
【事例 사례】 일의 전례나 실례.
【事理 사리】 사물의 이치.
【事務 사무】 관공서나 기업체 등에서 문서나 장부 등을 다루는 일.
【事案 사안】 법률적으로 문제가 되어 있는 안건(案件).
【事由 사유】 일의 까닭.
【事情 사정】 일의 형편이나 까닭.
【事親以孝 사친이효】 세속오계(世俗五戒)의 하나로, '효도로써 어버이를 섬겨야 함'을 이름.
【事態 사태】 일이 되어 가는 형편.
【事必歸正 사필귀정】 모든 일은 반드시 바른길로 돌아옴.
【事項 사항】 일의 조목.
【慶事 경사】 축하할 만한 기쁜 일.
【師事 사사】 스승으로 섬김.

二 部

【二】 두 이   고 式 貳

二

📖 ⓗèr ⓙニ(ふたつ) ⓔtwo
字源 지사자. 가로 획 둘로 '둘'의 뜻을 나타냈다. 갑골문에서 1에서 4까지의 숫자는 一·二·三·亖의 형태로 가로 획을 하나씩 더해 가며 썼다.
字解 ①두, 둘, 둘째(이) ②둘로 할(이)

【二毛作 이모작】 한 논밭에서 한 해에 두 가지 작물(作物)을 심어 수확하는 일. 그루갈이.
【二律背反 이율배반】 서로 모순·대립되는 두 명제(命題)가 동등한 타당성을 가지고 주장되는 일.
【二重 이중】 ①겹침. 두 겹. ②거듭함. 重複(중복).
【二次 이차】 ①두 번째. ②본디 것에 대하여 부수적인 것. 副次(부차).
【唯一無二 유일무이】 오직 하나뿐이고 둘은 없음.

【于】 어조사 우 ㉰

一 二 于

음 ㊥yú ㊐ウ(ここに)
字源 상형자. 오늘날 컴퍼스에 해당하는, 원을 그리는 도구를 그린 것이다. 본래 㐅로 썼는데, 위의 一은 기준점을 뜻하고 아래의 丂은 이동하는 것을 의미한다.
字解 ①어조사(우) ※'…까지', '…에', '…에서'의 뜻을 나타냄. ¶ 至于今(지우금) ②시집갈(우) ¶ 于歸(우귀)
【于歸 우귀】 시집감.
【至于今 지우금】 이제까지. 여태껏.
참고 干(간: 216)은 만 자.

'于'가 붙은 한자

吁 탄식할 (우)	宇 집 (우)
盱 클 (우)	杅 바리 (우)
玗 옥돌 (우)	芋 토란 (우)
迂 멀 (우)	盂 바리 (우)
竽 피리 (우)	紆 얽을 (우)
釪 요령 (우)	

【五】 다섯 오 ㉰ 伍 ㄥ

一 丁 五 五

음 ㊥wǔ ㊐ゴ(いつつ) ㊧five
字源 갑골문에서는 '㐅' 또는 '═'로 썼다. ═는 가로 획 다섯으로 '다섯'을 뜻하지만, 㐅가 무엇을 본뜬 것인지에 대해서는 아직 정설이 없다. 현재의 五는 㐅 또는 ㄨ의 예서체로서 숫자 5를 가리키는 글

자로 가차되었다.
字解 다섯, 다섯 번(오)
【五感 오감】 시각(視覺)·청각(聽覺)·후각(嗅覺)·미각(味覺)·촉각(觸覺)의 다섯 감각.
【五穀 오곡】 ①쌀·보리·조·콩·기장의 다섯 가지 곡식. ②'곡식'의 총칭.
【五里霧中 오리무중】 5리에 걸쳐 긴 안개 속에 있음. '어디에 있는지 찾을 길이 막연하거나, 갈피를 잡을 수 없는 상태'를 이름.
故事 후한(後漢)의 장해(張楷)가 도술(道術)을 부려 5리에 걸쳐 안개를 일게 한 뒤 그 속에 숨곤 하였다는 고사에서 온 말.
【五味 오미】 신맛·쓴맛·매운맛·단맛·짠맛의 다섯 가지 맛.
【五福 오복】 다섯 가지 복.
📖 수(壽: 오래 삶)·부(富: 재물이 많음)·강녕(康寧: 몸이 건강하고 편안함)·유호덕(攸好德: 어진 덕을 낙으로 삼음)·고종명(考終命: 명대로 살다 편히 죽음)을 이름.
【五常 오상】 ①사람으로서 마땅히 지켜야 할 다섯 가지 도리. 곧, 인(仁)·의(義)·예(禮)·지(智)·신(信). ②부·모·형·제·자식이 저마다 지켜야 할 도리. 五倫(오륜).
【五十步百步 오십보백보】 싸움터에서 오십보 후퇴한 자가 백보 후퇴한 자를 비웃음. '조금의 차이는 있으나 본질적인 차이는 없음'을 이름.
【五行 오행】 동양 철학에서 일컫는, 만물을 생성·변화시키는 다섯 원소. 곧, 금(金)·목(木)·수(水)·화(火)·토(土).

【云】 이를 운 ㉰ 云

一 二 云 云

음 ㊥yún ㊐ウン(いう) ㊧say
字源 상형자. 雲(구름 운) 자의 원시 형태로서, 본래 구름이 뭉게뭉게 피어오르는 모습을 그린 것이다. 뒤에 '말하다'라는 뜻으로 가차되자, '구름'의 뜻으로는 雨(우) 자를 더한 雲 자를 새로 만들어 보충하였다.
字解 이를, 말할(운)
【云云 운운】 이러이러하다고 말함.

【云謂 운위】 일러 말함, 또는 평함.
【云爾 운이】 '…하다'의 뜻으로, 문장을 맺는 말.
【云何 운하】 어찌하여. 어떠한가.

'云'이 붙은 한자
츐 클 (운)   沄 소용돌이칠 (운)
芸 향풀 (운)   紜 어지러울 (운)
雲 구름 (운)   耘 김맬 (운)
魂 넋 (혼)

二2④ 【井】 우물 정 便

一 二 ‡ 井

音 ㊥jǐng ㊐セイ(い) ㊧well
字解 상형자. 우물 또는 우물의 덮개를 그린 것이다.
解 ①우물(정) ¶油井(유정) ②우물방틀(정) ※'井'자 모양으로 생긴 것. ¶井間(정간) ③별 이름(정) ※이십팔수(二十八宿)의 하나.
【井間 정간】 가로세로로 여러 줄을 그어 '井'자 모양으로 만든 칸살.
【井底蛙 정저와】 우물 안 개구리. '세상 형편을 모르고 견문이 좁은 사람'의 비유. 井中蛙(정중와).
【井中觀天 정중관천】 우물 안에서 하늘을 봄. '견문이 좁음'의 비유. 坐井觀天(좌정관천).
【市井 시정】 인가가 많이 모인 곳. ▒ 고대 중국에서 우물이 있는 곳에 사람이 모여 살았던 데서 온 말.
【油井 유정】 천연 석유를 찾아 뽑아 올리기 위하여 판 우물.

二2④ 【互】 서로 호 匡

一 ㄏ 互 互

音 ㊥hù ㊐ゴ(たがい) ㊧each other
字源 상형자. 본래 '筶'의 이체자인데, 筶는 대나무로 만든, 새끼줄을 감는 도구를 그린 것이다. 뒤에 '서로'라는 뜻으로 가차되어 쓰이면서 본래의 뜻으로는 쓰이지 않게 되었다.
字解 서로, 함께(호)
【互角之勢 호각지세】 서로 뿔을 맞대고 있는 기세. '서로 엇비슷한 세력'을 이름.
【互選 호선】 특정한 사람들이 자기네들 가운데서 서로 선출함, 또는 그 선거.
【互惠 호혜】 서로 도와 편익(便益)을 주고받는 은혜.
【互換 호환】 서로 교환함.
【相互 상호】 서로. 서로서로.

二2④ 【亙】 명 亘❶(15)의 本字

二2④ 【亘】 ❶뻗칠 긍 匡 ❷펼 선 匙 亙 亘

명 ❶ ㊥gèn ㊐コウ(わたる) ㊧extend
字解 ❶뻗칠(긍) ※시간적으로 어느 동안에 걸침. ❷펼(선) ≒宣
【亘古 긍고】 옛날까지 통함.

'亘'이 붙은 한자
宣 펼 (선)   洹 강 이름 (원)
垣 담 (원)   恒 항상 (항)
姮 항아 (항)   桓 굳셀 (환)

二2⑤⑦ 【些】 적을 사 匡

명 ㊥xiē ㊐サ(いささか) ㊧a little
字解 적을, 조금, 약간(사)
【些少 사소】 하찮을것이나 작거나 적음. 하찮음. 些些(사사).

二2⑤⑦ 【亜】 명 亞(15)의 俗字

二2⑥⑧ 【亞】 버금 아 ㊌간 匪 亜 亞

一 ㄷ ㄷ 萨 萨 萨 亞 亞

명 ㊥yà ㊐ア(つぐ) ㊧secondary
字源 사각형에서 모서리 부분이 떨어져 나간 형태. 은왕(殷王) 능묘(陵墓)의 내부 구조의 모양. 고대

二部 7획

대형 취락(聚落) 구조물의 평면도(平面圖), 큰 방 안에 작은 방이 있는 구획을 표시한 것, 네 방향으로 집이 연결되어 있는 형태 등 여러 학설이 있다.
字解 버금 아

【亞流 아류】으뜸가는 사람을 붙좇아 흉내 낼 뿐 독창성이 없는 것, 또는 그러한 사람.
【亞聖 아성】성인(聖人) 다음가는 현인(賢人). 공자(孔子)에 대하여 안자(顏子)와 맹자(孟子)를 이름.
【亞獻 아헌】제사를 지낼 때, 둘째 번으로 술잔을 올리는 일.
【東亞 동아】동아시아.
△ '亞'는 아시아(Asia)의 음역(音譯)인 '亞細亞(아세아)'의 준말.

二 7 (9) 【亟】 ❶빠를 극 ❷자주 기

㊥jí, qì ㊐キョク(すみやか) ㊤swift
字解 ❶①빠를(극) ②급할(극) ❷자주, 여러 번(기)

2획 亠 部

亠 0 (2) 【亠】 돼지해머리
字源 갑골문·금문에 나타나지 않는 글자로 유래를 알 수 없다.

亠 1 (3) 【亡】 ❶망할 망 ❷없을 무

亾 兦 ㄴ 亡
㊥wáng, wú ㊐ボウ(ほろびる) ㊤ruin
字源 칼날을 뜻하는 지사자, 횡격막(橫隔膜)의 단면을 그린 상형자, 入(들 입)과 乚(=隱(숨을 은))으로 이루어진 회의자 등 여러 학설이 있으나 아직 정설이 없다.

字解 ❶①망할(망) ¶亡國(망국) ②달아날(망) ¶逃亡(도망) ③죽을(망) ¶死亡(사망) ④잃을(망) ¶亡羊之歎(망양지탄) ❷없을(무) ≒無

【亡國 망국】①망한 나라. ②나라가 망침. 나라가 망함.
【亡靈 망령】죽은 사람의 넋.
【亡命 망명】정치적 이유 등으로 자기 나라에서 남의 나라로 몸을 피하는 일.
【亡夫 망부】세상을 떠난 남편.
【亡身 망신】잘못을 저질러 자신의 체면이나 명예 등을 망침.
【亡羊之歎 망양지탄】양을 잃은 탄식. '학문의 길이 여러 갈래여서 힘이 미치지 못함'의 비유. 多岐亡羊(다기망양).

故事 달아난 양을 찾다가 길이 여러 갈래로 갈려 마침내 양을 잃었다는 데서 온 말.

【逃亡 도망】달아남. 逃走(도주).
【滅亡 멸망】망하여 없어짐.
【死亡 사망】사람이 죽음.

'亡'이 붙은 한자

妄 망령될(망) 忙 바쁠(망)
邙 산 이름(망) 忘 잊을(망)
芒 까끄라기(망) 盲 소경(맹)
氓 백성(맹) 肓 명치끝(황)

亠 2 (4) 【亢】 ❶높아질 항 ❷목 항

㊁ ㊥kàng, gāng ㊐コウ(たかぶる) ㊤heighten
字解 ❶①높아질(항) ¶亢進(항진) ②맞설, 겨룰(항) ≒抗 ¶亢禮(항례) ③별 이름(항) ※이십팔수(二十八宿)의 하나. ❷목(항) ¶絶亢(절항).

【亢禮 항례】대등한 예로 접대함.
【亢龍 항룡】하늘에 오른 용. '썩 높은 지위'의 비유.
【亢進 항진】①위세 있게 뽐내며 나아감. ②기능·기세 등이 높아져 감. ③병세 따위가 나빠짐.
【絶亢 절항】목을 끊고 죽음.

'亢'이 붙은 한자

忼 강개할 (강)　坑 구덩이 (갱)
阬 구덩이 (갱)　秔 메벼 (갱)
抗 겨룰 (항)　沆 넓을 (항)
伉 짝 (항)　航 배 (항)

【交】 사귈 교 肴

丶 亠 ナ 六 亣 交

음 ⓒjiao ⓙコウ(まじわる) ⓔassociate

字源 상형자. 사람이 다리를 교차시킨 모습을 그린 것이다. '교차(交叉)'·'사귀다'·'사교(社交)' 등의 뜻은 여기에서 나왔다.

字解 ①사귈(교) ¶ 交際(교제) ②섞일(교) ¶ 交流(교류) ③서로(교) ¶ 交換(교환) ④흘레할(교) ¶ 交尾(교미) ⑤엇걸릴(교) ¶ 交錯(교착)

【交代 교대】 서로 번갈아 듦.
【交流 교류】 ①서로 뒤섞여 흐름. ②문화·경제·경험 등을 서로 소개하거나 교환함.
【交尾 교미】 동물의 암수가 교접하는 일. 흘레.
【交涉 교섭】 일을 이루기 위하여 상대편과 절충함.
【交易 교역】 주로, 나라들 사이에 물건을 팔고 사고 하여 서로 바꿈.
【交際 교제】 서로 사귐.
【交叉 교차】 가로세로로 엇갈림.
【交錯 교착】 뒤섞여서 엇걸림.
【交換 교환】 서로 바꿈.
【修交 수교】 나라와 나라 사이에 교제를 맺음.
【絶交 절교】 서로 교제를 끊음.

'交'가 붙은 한자

佼 예쁠 (교)　咬 물 (교)
姣 아름다울 (교)　狡 교활할 (교)
郊 들 (교)　校 학교 (교)
皎 흴 (교)　絞 목맬 (교)
蛟 교룡 (교)　較 비교할 (교)
鉸 가위 (교)　鮫 상어 (교)
效 본받을 (효)

【亦】 또 역 陌

丶 亠 ナ 亣 亦 亦

음 ⓒyì ⓙエキ(また) ⓔalso

字源 지사자. 사람의 정면 모습을 그린 大(대) 자와 겨드랑이를 가리키는 부호인 'ハ'로 이루어져 겨드랑이를 뜻한다. 뒤에 '역시'라는 뜻으로 가차되자, 새로 腋(겨드랑이 액) 자를 만들어 보충하였다.

字解 또, 또한 (역)

【亦是 역시】 또한. 이것도.

【亥】 돼지 해 卦

丶 亠 ナ 亥 亥 亥

음 ⓒhài ⓙガイ(い) ⓔpig

字源 돼지를 그린 상형자, 반은 사람이고 반은 말인 괴수(怪獸)의 모습, 풀뿌리(荄(해))가 땅 밑에 있는 모습 등 여러 학설이 있다.

字解 돼지, 열두째 지지 (해)

【亥時 해시】 ①십이시의 열두째 시. 곧, 하오 9시~11시. ②이십사시의 스물셋째 시. 곧, 하오 9시 30분~10시 30분.

'亥'가 붙은 한자

刻 새길 (각)　咳 기침 (해)
垓 지경 (해)　孩 아이 (해)
該 그 (해)　駭 놀랄 (해)
骸 뼈 (해)　劾 캐물을 (핵)
核 씨 (핵)

【亨】 형통할 형 庚

丶 亠 ナ 古 享 亨

음 ⓒhēng ⓙコウ(とおる) ⓔgo well

字源 상형자. 본래 '盲'으로 썼는데, 종묘(宗廟)의 모습을 그린 것이다. 종묘는 제사를 지내는 곳이기 때문에 '제사'·'바치다'라는 뜻은 여기에서 나왔다. '盲'자는 뒤에 '亨'·'享(누릴 향)'·'烹(삶을 팽)'으로 나뉘어졌는데, 옛날에 이 세 글자는 통용되었다.

字解 형통할(형)
【亨通 형통】①모든 일이 뜻과 같이 잘됨. ②운(運)이 좋아서 출세함.
【元亨利貞 원형이정】①하늘이 갖추고 있는 네 가지 덕. 곧, 봄·여름·가을·겨울의 원리. ②사물의 근본되는 도리.
참고 享(향: 18)은 딴 자.

京 서울 경

亠6 ⑧ 匣

`一 亠 亠 古 古 亨 亨 京 京`

중 ⊕jīng ⊕ケイ, キョウ(みやこ) 英capital

字源 상형자. 갑골문을 보면 '佘'으로, 글자 형태가 高(높을 고) 자와 매우 비슷하다. 高자는 아랫부분이 口로 되어 있고, 京 자는 '丨'로 되어 있는 것이 다를 뿐이다. 두 글자 모두 궁궐의 누대(樓臺)를 그린 것으로, '높다'·'크다'라는 뜻은 여기에서 나왔다.

字解 ①서울(경) ¶京鄕(경향) ②클, 높을(경) ¶京觀(경관) ③경(경) ※수의 단위. 조(兆)의 일만 배.
【京觀 경관】전쟁이 끝난 뒤, 무공을 과시하기 위하여 적의 시체를 쌓아 올리고 흙을 덮은 큰 무덤.
【京城 경성】임금이 있는 곳. 서울. 京師(경사).
【京兆 경조】서울. 首都(수도).
【京鄕 경향】서울과 시골.
【歸京 귀경】서울로 돌아옴.
【上京 상경】시골에서 서울로 올라옴.

'京'이 붙은 한자

倞 굳셀(경)	勍 셀(경)
景 볕(경)	鯨 고래(경)
黥 자자할(경)	涼 서늘할(량)
諒 살필(량)	

享 누릴 향

亠6 ⑧ 匣

`一 亠 亠 古 古 亨 享 享`

고 ⊕xiǎng ⊕キョウ(うける) 英enjoy

字源 상형자. 본래 '亯'으로 썼는데, 종묘(宗廟)의 모습을 그린 것이다. 종묘는 제사를 지내는 곳이기 때문에 '제사'·'바치다'라는 뜻은 여기에서 나왔다. '亯'자는 뒤에 '享(형통할 형)'·'享'·'烹(삶을 팽)'으로 나누어졌는데, 옛날에 이 세 글자는 통용되었다.

字解 ①누릴, 받을(향) ¶享年(향년) ②드릴(향) ¶享禮(향례) ③제사 지낼(향) ¶享祀(향사)
【享年 향년】죽은 이가 한평생 살아서 누린 나이.
【享樂 향락】즐거움을 누림.
【享禮 향례】혼례(婚禮)를 마치고 예물을 드리는 의식.
【享祀 향사】제사를 지냄. 또는 제사.
【享有 향유】누리어 가짐.
【配享 배향】①공신(功臣)의 신주를 종묘에 모시던 일. ②학덕 있는 사람의 신주를 문묘(文廟)나 서원(書院) 등에 모시던 일.
【時享 시향】①해마다 음력 2월·5월·8월·12월에 가묘(家廟)에 지내는 제사. ②해마다 음력 10월에 5대 이상의 조상 산소에 가서 지내는 제사. 時祀(시사). 時祭(시제).
참고 亨(형: 17)은 딴 자.

'享'이 붙은 한자

惇 도타울(돈)	敦 도타울(돈)
淳 순박할(순)	焞 밝을(순)
諄 타이를(순)	醇 순후할(순)
錞 사발종(순)	鶉 메추라기(순)

亮 밝을 량

亠7 ⑨ 匣

명 ⊕liàng ⊕リョウ(あきらか) 英bright

字解 ①밝을(량) ¶亮察(양찰) ②임금의 상중(량) ¶亮陰(양음)
【亮陰 양음】임금이 부모의 상중(喪中)에 있음. 亮闇(양암).
【亮察 양찰】밝게 살핌.
【亮許 양허】사정을 잘 알아서 용서하거나 허락함.
【淸亮 청량】소리가 맑고 깨끗함.

【亭】정자 정

㉠ tíng ㉡テイ ㉢arbor

字源 형성자. 高는 高(높을 고)의 생략형으로 의미 부분이고, 丁(정)은 발음 부분이다. 亭은 옛날 행인들을 위하여 도로 옆에 마련한 숙식(宿食) 제공 장소로서, 오늘날의 여관과 같은 곳이었다.

字解 ①정자, 집(정) ②역마을, 여인숙(정) ¶驛亭(역정) ③곧을(정) ¶亭亭(정정)

【亭子 정자】놀거나 쉬기 위하여, 경치가 좋은 곳에 지은 집.
【亭亭 정정】①늙은 몸이 꾸정꾸정한 모양. ②산이 우뚝 솟은 모양.
【驛亭 역정】역참(驛站), 또는 역참에 있는 정자.

【亭】

亭(19)의 俗字

【亶】믿을 단

명 ㉠dǎn, dàn ㉡タン ㉢credit

字解 ①믿을(단) ②진실로(단)
【亶時 단시】진실로 그 때를 얻음.

【亹】❶힘쓸 미 ❷수문 문

㉠wěi, mén
㉡ビ, モン(つとめる) ㉢endeavor

字解 ❶힘쓸(미) ❷수문, 물 어귀(문)
【亹亹 미미】꾸준히 힘쓰는 모양.

2 人 部

【人】사람 인

ノ 人

점 ㉠rén ㉡ジン, ニン(ひと) ㉢man

字源 상형자. 사람이 옆으로 서 있는 모습을 그린 것이다.

字解 ①사람(인) ¶人權(인권) ②남, 딴 사람(인) ¶與人相約(여인상약) ③인품, 인격(인) ¶爲人(위인) ④백성(인) ¶人民(인민)
【人傑 인걸】매우 뛰어난 인재(人材). 걸출한 인물.
【人格 인격】말이나 행동 등에 나타나는 사람의 품격. 人品(인품).
【人權 인권】사람마다 가지고 있는 기본적인 권리.
【人類 인류】사람을 다른 동물과 구별하여 이르는 말.
【人面獸心 인면수심】사람의 얼굴을 하고서 짐승의 마음을 가짐. '사람의 도리를 지키지 못하는 흉악하고 음탕한 사람'을 이름.
【人民 인민】①사회를 구성하는 사람. ②국가를 구성하는 자연인.
【人事不省 인사불성】사람으로서 해야 할 일을 살피지 못함. '정신을 잃어 의식이 없음, 또는 '예절(禮節)을 차릴 줄 모름'을 이름.
【人死留名 인사유명】사람은 죽어서 이름을 남김.
【人選 인선】많은 사람 가운데서 적당한 인물을 뽑아냄.
【人材 인재】학식과 능력이 뛰어난 사람. 人物(인물).
【人跡 인적】사람이 다닌 발자취.
【與人相約 여인상약】남과 더불어 서로 언약함.
【爲人 위인】사람됨. 사람의 됨됨이.
참고 변에 쓰일 때는 글자 모양이 'イ'으로 된다. ☞亻部(23)

【介】끼일 개

ノ 人 介 介

접 ㉠jiè ㉡カイ(たすける) ㉢lie between

字源 상형자. 사람이 갑옷을 입은 모습을 그린 것이다.
①끼일(개) ¶介入(개입) ②딱지, 단단한 껍데기(개) ¶介殼(개각) ③갑옷(개) ¶介冑(개주) ④소개할

人部 2획

(개) ¶仲介(중개)
【介殼 개각】연체동물의 단단하게 굳은 겉껍데기.
【介甲 개갑】①거북 따위의 단단한 겉껍데기. ②갑옷.
【介入 개입】어떤 일에 끼어들어 관계함.
【介胄 개주】갑옷과 투구.
【紹介 소개】①모르는 사이를 서로 알도록 관계를 맺어 줌. ②잘 알려지지 않은 것을 알게 해 줌.
【仲介 중개】당사자 사이에 들어 일을 주선함.

人2④ 【今】 이제 금 㐭

ノ 人 入 今

중 ㊥jīn ㊐キン, コン(いま) ㊧now
字源 목탁을 그린 상형자. 입 안에 무엇을 물고 있는 모습, 箝(재갈 겸) 자의 원시 형태, 스[=合(합할 합)]과 ㄱ[=及(미칠 급)]으로 이루어진 회의자 등 여러 학설이 있으나 아직 정설이 없다.
字解 ①이제, 오늘(금) ¶昨今(작금) ②바로(금) ¶今始初聞(금시초문)
【今年 금년】올해.
【今明 금명】오늘이나 내일. 머지않아 곧. 今明間(금명간).
【今方 금방】지금 막. 方今(방금).
【今昔之感 금석지감】지금과 옛날을 비교할 때 차이가 너무 심하여 생기는 느낌.
【今始初聞 금시초문】이제야 비로소 처음 들음. 今時初聞(금시초문).
【今日 금일】오늘.
【今週 금주】이 주일. 이번 주간.
【古今 고금】옛날과 지금.
【昨今 작금】①어제와 오늘. ②요사이. 요즈음.

'今'이 붙은 한자

黔 검을(검) 吟 밝을(금)
琴 거문고(금) 衿 옷깃(금)
衾 이불(금) 矜 자랑할(긍)
吟 읊을(음) 岑 산봉우리(잠)
貪 탐낼(탐) 含 머금을(함)

人2④ 【从】 從(239)의 本字

人2④ 【仄】 기울 측 厭 仄

명 ㊥zè ㊐ソク(かたむく) ㊧incline
字解 ①기울, 기울일(측) ≒仄 ¶仄日(측일) ②어렴풋할(측) ¶仄聞(측문) ③측운(측) ※한자의 운(韻)을 평측(平仄)으로 나눌 때의 하나. ¶仄字(측자) ④곁(측) ≒側 ¶仄行(측행)
【仄聞 측문】어렴풋이 풍문에 들음.
【仄韻 측운】평성(平聲) 이외의 운. 곧, 상성(上聲)·거성(去聲)·입성(入聲)에 딸린 운자(韻字).
【仄日 측일】기우는 해. 지는 해.
【仄字 측자】측운(仄韻)에 딸린 글자.
【仄行 측행】모로 걸음. 비뚜로 걸음.

人3⑤ 【仝】 명 同(106)과 同字

人3⑤ 【令】 ❶명령할 령 㐭 ❷하여금 령 庚 令

ノ 人 入 今 令

중 ㊥lìng ㊐レイ(いいつける) ㊧order
字源 회의자. 스과 卩(절)로 이루어졌는데, 卩은 꿇어앉은 사람을 그린 것이다. 스은 '입'이라는 학설과 '목탁'이라는 학설이 있다.
字解 ❶①명령할(령) ¶令狀(영장) ②법률, 규칙(령) ¶法令(법령) ③우두머리(령) ¶縣令(현령) ④높을(령) ※남을 높여서 이르는 말. ¶令愛(영애) ❷①하여금(령) ※'…로 하여금 …하게 하다'의 뜻을 나타냄. ②만일(령) ¶假令(가령)
【令夫人 영부인】지체 높은 사람의 '아내'를 높여서 일컫는 말.
【令息 영식】'남의 아들'을 높여서 이르는 말. 令郞(영랑). 令胤(영윤).
【令愛 영애】'남의 딸'을 높여서 이르는 말. 令孃(영양).
【令狀 영장】명령을 적은 문서.

【假令 가령】 예컨대. 假使(가사).
【命令 명령】 윗사람이 시키는 분부.
【法令 법령】 국가 기관에서 공포하는, 법적 효력을 가진 법규의 총칭.
【縣令 현령】 지난날의 지방 행정 구역인 현(縣)의 우두머리 벼슬.

'令'이 붙은 한자

冷 찰(랭)	伶 영리할(령)
囹 옥(령)	始 여자 이름(령)
怜 영리할(령)	泠 맑을(령)
昤 햇빛(령)	玲 옥 소리(령)
苓 복령(령)	羚 영양(령)
翎 깃(령)	蛉 잠자리(령)
鈴 방울(령)	零 떨어질(령)
領 옷깃(령)	鴒 할미새(령)
齡 나이(령)	

以 써 이

ㅣ ㅣ ㅣ 以 以

음 ⊕yǐ ⊕イ(もって) 英by
字源 耜(쟁기 사)자의 원시 형태, 상형자로 已(이)자를 거꾸로 한 모양 등의 학설이 있으나 아직 정설이 없다.
字解 ①써(이) ※'…로써, …를 가지고'의 뜻을 나타냄. ¶以熱治熱(이열치열) ②부터(이) ¶以來(이래) ③까닭(이) ¶所以(소이) ④생각할(이) ¶以爲(이위)
【以來 이래】 지나간 일정한 때로부터 지금까지.
【以實直告 이실직고】 사실을 바로 고함.
【以心傳心 이심전심】 말을 통하지 않고 마음에서 마음으로 서로 뜻을 전함. 心心相印(심심상인).
【以熱治熱 이열치열】 열로써 열을 다스림. '힘에는 힘으로, 강한 것에는 강한 것으로 상대함'을 이름.
【以外 이외】 어떤 범위의 밖.
【以爲 이위】 생각함. 생각하건대.
【以下 이하】 일정한 표준으로부터 그 아래.
【所以 소이】 까닭.

企 꾀할 기

ノ 人 人 仐 仐 企

고 ⊕qǐ ⊕キ(くわだてる) 英plan
字源 회의 겸 형성자. 사람[人(인)]이 발돋움[止(지)]을 하고 있다는 뜻이다. 止는 발음도 담당한다.
字解 ①꾀할, 계획할(기) ¶企畫(기획) ②발돋움할, 바랄(기) ¶企待(기대)
【企待 기대】 일이 이루어지기를 바라고 기다림.
【企圖 기도】 일을 이루기 위하여 계획(計畫)을 세우거나, 그 계획의 실현을 꾀함.
【企業 기업】 ①사업을 계획함. ②영리 사업을 경영함, 또는 그 조직체.
【企畫 기획】 일을 꾸며 계획함.

会 會(402)의 俗字

来 來(21)의 俗字

余 나 여

ノ 人 ㅅ 스 全 余 余

음 ⊕yú ⊕ヨ(われ) 英I
字源 원시 시대의 지상 주택을 그린 상형자, 화살촉을 그린 상형자, '予(여)'자의 변형, 어떤 농기구를 그린 글자 등 여러 가지의 주장이 있다.
字解 나(여)
【余等 여등】 우리들. 余輩(여배).
참고 '餘(여 : 810)'의 속자로도 쓰임.

來 올 래

一 厂 厂 五 办 办 來

음 ⊕lái ⊕ライ(くる) 英come
字源 상형자. 본래 보리를 그린 것인데, 갑골문부터 이미 '오다'라는 뜻으로 가차되었다.
字解 ①올(래) ¶來訪(내방) ②부터, 에서(래) ¶以來(이래)

人部 6획

【來客 내객】찾아온 손님.
【來年 내년】올해의 다음 해. 明年(명년).
【來到 내도】와서 닿음. 도착함.
【來歷 내력】어떤 사물의 지나온 자취.
【來訪 내방】찾아옴.
【來往 내왕】오고 가고 함.
【來週 내주】다음 주. 次週(차주).
【以來 이래】지나간 일정한 때로부터 이제까지.
【將來 장래】장차 올 앞날.
【傳來 전래】①예로부터 전하여 내려옴. ②외국으로부터 전하여 들어옴.

人6 【侖】 둥글 륜
⑧ 冗冪 륜 간 仑
명 中lún 日ロン, リン 英round
字解 ①둥글(륜) ②조리 세울(륜)

'侖'이 붙은 한자
論 논할(론)   倫 인륜(륜)
崙 산 이름(륜) 淪 빠질(륜)
綸 인끈(륜)   輪 바퀴(륜)

人7 【俎】 도마 조
⑨ 羀   속 俎俎
명 中zǔ 日ソ, ショ(まないた)
字解 ①도마(조) ②적대(조) ※제향 때 희생(犧牲)을 얹는 그릇.
【俎豆 조두】나무로 만든 제기(祭器).
【俎上肉 조상육】도마에 오른 고기. '막다른 처지에 몰려 자기 힘으로는 어찌할 수 없는 운명'의 비유.

人8 【倉】 곳집 창
⑩ 陽   창 仓兦

亻 亽 亽 合 含 슴 倉 倉

고 中cāng 日ソウ(くら) 英granary
字源 형성자→회의자. 갑골문은 뚜껑이 달린 그릇을 뜻하는 合(합)과 발음 부분인 爿(장)으로 이루어진 형성자로 본래 '그릇'을 뜻하였다가 후에 '창고'로 뜻이 넓어진 글자로 본다. 금문은 爿이 日 또는 戶(호)로 바뀌어, 창고에 드나드는 문을 뜻하는 회의자로 보기도 한다.
字解 ①곳집(창) ¶ 倉庫(창고) ②급할, 당황할(창) ¶ 倉卒(창졸)
【倉庫 창고】물자를 저장·보관하기 한 건물.
【倉廩 창름】곡물을 저장하는 창고.
【倉卒 창졸】미처 어쩔할 새 없이 갑작스러움. 倉皇(창황).
【穀倉 곡창】①곡식을 쌓아 두는 창고. ②곡식이 많이 나는 곳. 穀鄕(곡향).
【船倉 선창】배의 짐을 싣는 칸.

'倉'이 붙은 한자
偸 천할(창)   創 비롯할(창)
愴 슬퍼할(창) 搶 빼앗을(창)
滄 푸를(창)   槍 창(창)
蒼 푸를(창)   瘡 부스럼(창)
艙 선창(창)

人10 【傘】 우산 산
⑫ 旱   산 伞夲
명 中sǎn 日サン(かさ) 英umbrella
字解 우산, 일산(산)
【傘壽 산수】나이 '80세'를 이름.
☞ '傘'의 속자인 '仐'을 나누면 '八十'이 되는 데서 온 말.
【傘下 산하】①편 우산의 밑. ②통일적인 기구나 조직의 관할 아래.
【雨傘 우산】비가 올 때 손에 들고 머리 위를 가리는 기구.
【日傘 일산】①지난날, 귀인(貴人)이 쓰던 자루가 긴 양산. ②햇볕을 가리기 위한 큰 양산(陽傘).

人11 【僉】 다 첨
⑬ 鹽   첨 佥亼
명 中qiān 日セン(みな) 英all
字解 다, 모두(첨)
【僉位 첨위】여러분. 僉員(첨원).
【僉意 첨의】여러 사람의 의견.
【僉尊 첨존】'첨위(僉位)'의 존칭.

'僉'이 붙은 한자
儉 검소할(검)   劍 칼(검)
撿 단속할(검)   檢 검사할(검)
斂 거둘(렴)   殮 염할(렴)
簽 서명할(첨)   險 위험할(험)

亻部

【亻】 사람인변

참고 '人'이 변에 쓰일 때의 글자 모양으로, 여기서는 별도의 부수로 다루었다. ☞人部(19)

【仇】 원수 구

명 ㊥chóu ㊐キュウ(あだ)
㊤enemy

字解 ①원수(구) ¶仇敵(구적) ②짝(구) ¶仇匹(구필) ③미워할, 원망할(구) ¶仇恨(구한)

【仇怨 구원】 ①원한. ②원수.
【仇敵 구적】 원수. 적(敵).
【仇匹 구필】 같은 동아리.
【仇恨 구한】 ①원한. ②원수.

【仆】 엎드러질 부

㊥pū ㊐フ(たおれる) ㊤fall

字解 엎드러질, 자빠질(부)

【仆倒 부도】 섰던 것이 넘어짐.
【仆斃 부폐】 넘어져 죽음.

【仏】 佛(29)의 俗字

【仁】 어질 인

ノ 亻 亻 仁

명 ㊥rén ㊐ジン, ニン(ひと)
㊤benevolent

字源 회의 겸 형성자. 본래 '친하다'라는 뜻으로, 人(인)과 二(이)는 모두 의미 부분인데, 人은 발음 부분이기도 하다.

字解 ①어질(인) ¶仁慈(인자) ②씨(인) ※과실의 씨눈. ¶杏仁(행인)

【仁術 인술】 사람을 살리는 어진 기술. 곧, 의술(醫術).
【仁義 인의】 어진 것과 의로운 것.
【仁慈 인자】 어질고 자애로움.
【仁者無敵 인자무적】 어진 사람에게는 적이 없음.
【仁者樂山 인자요산】 어진 사람의 행동은 신중하기가 산과 같아서 산을 좋아함.
【仁兄 인형】 '어진 형'이란 뜻으로, '동년배 친구'에 대한 존칭.
【杏仁 행인】 살구씨.

【仍】 인할 잉

명 ㊥réng ㊐ジョウ(よる, なお)
㊤cause

字解 ①인할, 따를(잉) ②거듭(잉)

【仍用 잉용】 이전 것을 그대로 씀.
【仍任 잉임】 임기가 다된 관리를 거듭 임용(任用)함.
【仍存 잉존】 전의 물건을 그대로 둠.

【什】 ❶세간 집 ❷열 십

명 ㊥shén, shí ㊐ジュウ
㊤household utensils

字解 ❶세간, 가구(집) ❷열, 열 사람(십) ※'十'의 갖은자.

【什器 집기】 살림살이에 쓰는 온갖 그릇. 什物(집물).
【什長 십장】 ①병졸 10명 가운데의 우두머리. ②공사판에서의 감독.

【代】 대신할 대

ノ 亻 仁 代 代

명 ㊥dài ㊐ダイ(かわる)
㊤substitute

字源 형성자. 人(인)은 의미 부분이고, 弋(익)은 발음 부분이다. 옛날에 代와 弋은 발음이 비슷하였다.

字解 ①대신할(대) ¶代案(대안) ②시대(대) ¶現代(현대) ③대(대) ※이어 내려온 가계(家系)·계통(系統) 등을 세는 단위. ¶代代(대대)

【代價 대가】 ①물건의 값으로 대신 치르는 돈. 代金(대금). ②무엇을

희생하여 얻어진 결과.
【代代 대대】①거듭되는 여러 대(代). ②대를 이어 계속.
【代理 대리】어떤 사람이나 직무를 대신함, 또는 그러한 사람.
【代辯 대변】어떤 사람이나 기관을 대신하여 의견이나 태도를 발표함.
【代案 대안】어떤 안을 대신하는 다른 의견이나 방법.
【代役 대역】①남의 일을 대신함. ②어떤 배우의 배역(配役)을 대신하여 연기하는 일, 또는 그런 사람.
【代用 대용】딴 것의 대신으로 씀.
【代行 대행】대신하여 행함.
【時代 시대】역사적으로 구분한 일정한 기간.
【世代 세대】①약 30년을 한 구분으로 하는 연령층. ②어버이·자식·손자로 이어지는 대(代).
【現代 현대】오늘날의 시대.

【付】줄 부

ノイ亻付付

㈜ ㊥fù ㊐フ(つける) ㊆give
字源 회의자. 人(인)과 寸(촌)은 모두 의미 부분이다. 손(寸)에 물건을 가지고 사람(人)을 대한다는 뜻이다.
字解 ①줄(부)≒附 ¶交付(교부) ②청할(부) ¶付託(부탁) ③붙을, 붙일(부)≒附 ¶貼付(첩부)
【付壁 부벽】벽에 붙이는 그림이나 글씨.
【付送 부송】편지 따위를 부쳐 보냄.
【付與 부여】지니게 줌.
【付託 부탁】무슨 일을 해 달라고 맡기거나 청함.
【交付 교부】기관에서 문서·증명서 등을 내어 줌.

'付'가 붙은 한자

咐 분부할 (부)	府 마을 (부)
拊 어루만질 (부)	附 붙을 (부)
苻 귀목풀 (부)	袝 합장할 (부)
符 부신 (부)	駙 곁마 (부)
鮒 붕어 (부)	

【納付 납부】세금이나 공과금 따위를 관계 기관에 냄.
【貼付 첩부】발라서 붙임.

【仕】벼슬 사

ノイ亻什仕

㈜ ㊥shì ㊐シ, ジ(つかえる) ㊆official post
字源 회의 겸 형성자. 人(인)과 士(사)는 모두 의미 부분인데, 士는 발음도 담당한다. 士와 仕는 모두 일을 한다는 뜻이다.
字解 ①벼슬, 벼슬할(사) ¶仕途(사도) ②섬길(사) ¶奉仕(봉사)
【仕官 사관】관리가 되어 종사(從事)함. 仕宦(사환).
【仕途 사도】벼슬길. 仕路(사로).
【奉仕 봉사】나라나 사회 또는 남을 위하여 자신의 몸과 마음을 바쳐 일함.
【出仕 출사】벼슬길에 나감.
【致仕 치사】나이가 많아 벼슬을 사양하고 물러남.

【仙】신선 선

ノイ亻仙仙

㈜ ㊥xiān ㊐セン ㊆hermit
字源 회의 겸 형성자. 仙은 僊의 서체(隸書體)인데, 僊은 본래 오래 살다가 하늘로 올라가는 사람을 뜻하였다. 人(사람 인)과 䙴(옮길 선)은 모두 의미 부분인데, 䙴은 발음도 담당한다. 후에 仙이 널리 쓰이면서, 僊은 쓰이지 않게 되었다.
字解 신선(선)
【仙境 선경】①신선이 산다고 하는 곳. 仙界(선계). 仙鄕(선향). ②경치가 썩 좋고 그윽한 곳.
【仙女 선녀】선경(仙境)에 산다는 아름다운 여자.
【仙藥 선약】①먹으면 신선이 된다는 영약. ②효험이 신비한 약. 丹藥(단약). 仙丹(선단).
【仙風道骨 선풍도골】신선의 풍모와 도사(道士)의 골격(骨格). '남달리 뛰어난 풍채(風采)'를 이름.
【詩仙 시선】시문에 뛰어난 사람이라

는 뜻으로, 당(唐)나라의 시인 '이백(李白)'을 이름.
【神仙 신선】인간 세계를 떠나서 늙지 않고 고통이나 질병 없이 산다는 상상의 사람. 仙人(선인).

【仞】 길 인 震

㊀rèn ㊐ジン(ひろ) ㊁fathom
字解 길(인) ※ 높이·길이의 단위. 7척 또는 8척.
【千仞 천인】천 길. '아주 높거나 깊음'을 이름.

【仭】 仞(25)의 俗字

【仔】 자세할 자 皮紙

㊀zǐ ㊐シ(こ) ㊁minute
字解 ①자세할, 잘(자) ¶仔詳(자상) ②새끼(자) ¶仔蟲(자충)
【仔詳 자상】①차분하고 꼼꼼함. ②아주 자세함.
【仔細 자세】사소한 부분까지 아주 분명함.
【仔蟲 자충】새끼벌레. 幼蟲(유충).

【仗】 의장 장 漾

㊀zhàng ㊐ジョウ ㊁weapon
字解 ①의장, 무기(장) ¶兵仗器(병장기) ②의지할, 짚을(장) ¶仗劍(장검)
【仗劍 장검】칼을 짚음. 칼을 휴대함.
【兵仗器 병장기】전투에 쓰는 여러 가지 기구의 총칭. 兵器(병기).
【儀仗 의장】의식(儀式)에 쓰이는 무기(武器)나 깃발·일산 따위.

【仟】 일천 천 先

㊀qiān ㊐セン ㊁thousand
字解 ①일천(천) ※'千'의 갖은자. ②천 사람의 우두머리(천) ③논두렁(천) =阡
【仟佰 천백】천 사람의 우두머리와 백 사람의 우두머리.

【他】 다를 타 歌

丿 亻 仂 仲 他
㊀tā ㊐タ(ほか) ㊁other
字解 형성자. 人(인)은 의미 부분이고, 也(야)는 발음 부분이다. 그런데 他 자는 본래 它(타)로 썼는데, 이는 蛇(뱀 사) 자의 원시 형태이다. 옛날에 사람들이 수풀에서 살 때 뱀을 두려워하여 서로 안부를 물을 경우 "它가 없느냐"라고 한 데서 오늘날의 "무고(無故)한가?"라는 뜻이 나왔다고 한다. 뒤에 3인칭 대명사로 뜻이 가차되었다.
字解 ①다를(타) ¶他意(타의) ②남(타) ¶自他(자타)
【他界 타계】①다른 세계. 저승. ②'사람의 죽음'을 이름.
【他山之石 타산지석】다른 산의 돌. '자기에게 도움이 될 만한 남의 견이나 반대'를 이름.
📖 시경(詩經)에 나오는 말로, 다른 산에서 나는 나쁜 돌도 자기 산의 옥을 가는데는 도움이 됨의 뜻.
【他殺 타살】남이 죽임. 또는 그 죽음.
【他律 타율】①다른 규율. ②남의 명령·구속에 따라 행동하는 일.
【他意 타의】①다른 생각. ②다른 사람의 뜻.
【他人 타인】다른 사람.
【他鄕 타향】고향이 아닌 다른 곳.
【排他 배타】다른 사람이나 다른 생각 따위를 배척함.
【自他 자타】자기와 남.

【仡】 날랠 흘 物

㊀yì ㊐キツ ㊁valiant
字解 ①날랠(흘) ②높고 클(흘) =屹
【仡仡 흘흘】①힘이 세고 용맹한 모양. ②높고 큰 모양.

【仮】 假(43)의 俗字

【价】 착할 개

명 ㊀jiè ㊐カイ ㊁gentle

亻部 4획

【件】 사건 건

ノ 亻 亻 仁 仁 件

교 中jiàn 日ケン 英article

字源 회의자. 본래 나눈다는 뜻으로, 人(인)과 牛(우)는 모두 의미 부분이다. 소(牛)는 큰 짐승이므로 나누기가 쉽기 때문에 의미 부분으로 쓰인 것이다.

字解 ①사건, 일(건) ¶ 要件(요건) ②건(건) ※사물의 수를 세는 단위. ¶ 一件(일건)

【件數 건수】 사건(事件)의 수.
【事件 사건】 사회적 관심이나 주목을 끌 만한 일.
【要件 요건】 요긴한 일이나 조건.
【用件 용건】 볼일. 用務(용무).
【一件 일건】 ①한 가지, 또는 한 가지 일. ②한 벌.

【伋】 속일 급

명 中jí 日キュウ 英deceive

字解 속일(급)

【伋伋 급급】 남을 속이는 모양.

【伎】 재주 기

명 中jì 日ギ, キ(わざ) 英skill

字解 재주, 기술(기) 늑技

【伎倆 기량】 기술적인 능력이나 재주.

【仿】 ❶彷(235)과 同字
❷髣(820)과 同字

【伐】 칠 벌 月

ノ 亻 亻 代 伐 伐

됨 中fá 日バツ(うつ) 英attack

字源 회의자. 창(戈과)으로 사람(人(인))의 목을 친다는 뜻을 나타낸다.

字解 ①칠(벌) ¶ 征伐(정벌) ②벌(벌) ¶ 伐草(벌초) ③자랑할(벌) ¶ 伐善(벌선)

【伐木 벌목】 나무를 벰.
【伐善 벌선】 자기의 선행을 자랑함.
【伐採 벌채】 나무를 베어 내고 섶을 깎아 냄.
【伐草 벌초】 무덤의 잡풀을 벰.
【征伐 정벌】 군사로써 적군이나 반역도(叛逆徒)를 침. 征討(정토).
【討伐 토벌】 적이나 도둑의 무리를 무력으로써 쳐 없앰.

【伏】 엎드릴 복

ノ 亻 亻 伊 伏 伏

图 中fú 日フク(ふせる) 英prostrate

字源 회의자. 개(犬(견))가 사람(人(인))을 살핀다는 뜻이다. 살피기 위해서는 먼저 잘 지켜야 하므로 '엎드리다'라는 뜻이 파생되었고, 여기에서 '숨다'라는 뜻도 나왔다.

字解 ①엎드릴(복) ¶ 伏拜(복배) ②숨을, 감출(복) ¶ 伏兵(복병) ③굴복할(복) ¶ 降伏(항복) ④절후(복) ¶ 三伏(삼복)

【伏魔殿 복마전】 마귀가 숨어 있는 집. '나쁜 사람이 모여 있는 소굴', 또는 '음모가 꾸며지는 곳'의 비유.
【伏望 복망】 '엎드려 바라건대'라는 뜻으로, 한문(漢文) 투의 편지 글에 쓰는 말.
【伏拜 복배】 엎드려 절함.
【伏兵 복병】 ①적을 갑자기 치기 위하여 요긴한 길목에 숨어 있는 군대. ②'뜻밖의 장애가 되어 나타난 경쟁 상대'의 비유.
【伏線 복선】 ①뒷일에 대비하여 미리 남모르게 베푸는 준비. ②소설·희곡 따위에서, 뒤에 일어날 일을 미리 슬쩍 비쳐 두는 서술.
【屈伏 굴복】 굽히어 복종함.
【三伏 삼복】 초복·중복·말복의 총칭.
【降伏 항복】 전쟁·싸움·경기 등에서 패배를 인정하고 굴복함.

【份】 명 彬(234)의 古字

【仰】 우러를 앙

ノ イ イ 化 仰 仰

图 中yǎng 日ギョウ(あおぐ) 英look up

字源 회의 겸 형성자. 人(인)과 卬(앙)은 모두 의미 부분인데, 卬은 발음도 담당한다.

字解 우러를, 우러러볼(앙)

【仰望 앙망】 우러러 바람.
【仰慕 앙모】 우러러 사모함.
【仰天大笑 앙천대소】 하늘을 쳐다보고 크게 웃음.
【俯仰 부앙】 굽어봄과 쳐다봄.
【信仰 신앙】 종교를 믿고 받듦.

【伍】 대오 오

图 中wǔ 日ゴ 英rank

字解 ①대오, 대열(오) ¶ 落伍(낙오) ②오(오) ※ ㉠중국에서, 다섯 명을 1조로 하던 군대 편성 단위. ㉡중국에서, 다섯 집을 1조로 하던 행정 단위. ¶ 五長(오장) ③다섯(오) ※ '五'의 갖은자.

【伍長 오장】 5명으로 구성된 오(伍)의 우두머리.
【落伍 낙오】 ①대열에서 뒤떨어짐. ②사회나 시대의 진보에 뒤떨어짐.
【隊伍 대오】 군대의 항오(行伍).
【行伍 항오】 군대를 편성한 행렬.

【伊】 저 이

图 中yī 日イ 英he, she

字解 ①저(이) ※ '저 사람[彼]'의 뜻. ②이(이) ※ '이것[是]'의 뜻.

【任】 맡길 임

ノ イ イ 仁 任 任

图 中rèn 日ニン(まかせる) 英charge

字源 형성자. 人(인)은 의미 부분이고, 壬(임)은 발음 부분이다.

字解 ①맡길, 맡을(임) ¶ 任務(임무) ②맡은 일(임) ¶ 責任(책임) ③마음대로 할(임) ¶ 放任(방임)

【任期 임기】 일정한 책임을 맡아보는 기간.
【任命 임명】 직무(職務)를 맡김.
【任務 임무】 맡은 일.
【任用 임용】 직무를 맡겨서 등용함.
【任意 임의】 자기 의사대로 함.
【擔任 담임】 책임지고 임무를 맡음.
【放任 방임】 간섭하지 않고 멋대로 하도록 내버려 둠.
【重任 중임】 ①중대한 임무. ②먼저 일하던 자리에 거듭 임용함.
【責任 책임】 맡아서 해야 할 일.

【伝】 傳(48)의 俗字

【仲】 버금 중

ノ イ 化 仲 仲 仲

图 中zhòng 日チュウ(なか) 英second

字源 회의 겸 형성자. 갑골문·금문에서는 모두 中으로 썼는데, 소전에서 人 자를 더하여 仲 자를 만들었다. 人(인)과 中(중)은 모두 의미 부분인데, 中은 발음도 담당한다.

字解 ①버금, 둘째(중) ¶ 仲兄(중형) ②가운데(중)≒中 ③國거간(중) ¶ 仲媒(중매)

【仲介 중개】 당사자 사이에 들어 일을 주선함.
【仲媒 중매】 혼인을 하도록 소개함, 또는 그렇게 하는 사람.
【仲裁 중재】 서로 다투는 사이에 들어 화해를 붙임.
【仲秋 중추】 가을철 석 달 중 가운데 달. 곧, 음력 8월.
【仲兄 중형】 둘째 형.

【伉】 짝 항

图 中kàng 日コウ 英pair

字解 ①짝, 배필(항) ②굳셀(항)

【伉儷 항려】 남편과 아내로 만나 이루어진 짝.
【伉直 항직】 성품이 굳세고 곧음. 剛直(강직).

【休】 쉴 휴

ノ 亻 仁 什 休 休

음 ⓒxiū ⓙキュウ(やすむ) ⓔrest
字源 회의자. 사람(人(인))이 나무(木(목)) 옆에서 쉰다는 뜻을 나타낸다.
字解 ①쉴(휴) ¶休學(휴학) ②아름다울, 좋을(휴) ¶休德(휴덕)

【休暇 휴가】 학업이나 근무를 일정 기간 쉬는 일, 또는 그 겨를.
【休校 휴교】 학교의 수업을 한동안 쉬는 일.
【休德 휴덕】 아름다운 덕. 美德(미덕).
【休息 휴식】 하던 일을 멈추고 쉼.
【休養 휴양】 편히 쉬면서 마음과 몸을 건강하게 함.
【休日 휴일】 일을 하지 않고 쉬는 날.
【休戰 휴전】 전쟁을 얼마 동안 쉼.
【休職 휴직】 일정 기간 직무를 쉼.
【休學 휴학】 일정 기간 학업을 쉼.
【連休 연휴】 휴일이 계속되는 일.

【伽】 절 가

음 ⓒqié ⓙカ, ガ ⓔtemple
字解 절(가)

【伽藍 가람】 범어 'samgharama'의 음역(音譯)인 '僧伽藍摩(승가람마)'의 준말. 중이 살면서 불도(佛道)를 닦는 집. 절. 寺刹(사찰).
【伽倻 가야】 우리나라 고대 부족 국가의 하나.
【僧伽 승가】 범어 'samgha'의 음역(音譯). ①불도(佛道)를 닦는 사람들의 집단. ②중.

【估】 값 고

음 ⓒgū, gù ⓙコ ⓔprice
字解 ①값(고) ②매매할(고)

【估價 고가】 값. 값어치.
【估客 고객】 장사꾼. 商人(상인).

【佝】 꼽추 구

ⓒ木後 傴痀
ⓒgōu ⓙコウ, ク
ⓔcrookback

字解 꼽추, 곱사등이(구)
【佝僂 구루】 ①꼽추. 곱사등이. ②늙거나 병들어 등이 꼬부라짐.

【佞】 아첨할 녕

字解 ⓒnìng ⓙネイ ⓔflatter
字解 ①아첨할, 간사할(녕) ¶佞臣(영신) ②영리할(녕) ¶不佞(불녕)

【佞臣 영신】 아첨하는 간사한 신하.
【佞人 영인】 간사(奸邪)하고 아첨(阿諂)을 잘하는 사람.
【不佞 불녕】 재주가 없는 사람. '자기'의 겸칭.

【你】 너 니

ⓐ 你
ⓒnǐ ⓙジ ⓔyou
字解 너(니)

【但】 다만 단

ノ 亻 亻 们 但 但 但

음 ⓒdàn ⓙタン(ただし) ⓔonly
字源 형성자. 人(인)은 의미 부분이고, 旦(단)은 발음 부분이다.
字解 다만, 단지(단)

【但書 단서】 본문 다음에 '但'자를 쓰고, 조건·예외를 밝히는 글.
【但只 단지】 다만.

【伶】 영리할 령

음 ⓒlíng ⓙレイ ⓔclever
字解 ①영리할, 똑똑할(령)＝怜 ②광대(령)

【伶俐 영리】 눈치가 빠르고 똑똑함. ⓢ怜悧(영리)
【伶人 영인】 배우. 광대.

【伴】 짝 반

ノ 亻 亻 亻 伴 伴 伴

ⓒ ⓒbàn ⓙハン, バン(ともなう) ⓔcompanion
字源 형성자. 人(인)은 의미 부분이고, 半(반)은 발음 부분이다.

字解 ①짝, 동무(반) ¶伴侶(반려) ②따를(반) ¶伴奏(반주)
【伴侶 반려】 짝이 되는 친구.
【伴奏 반주】 노래나 기악에 맞추어 다른 악기로 보조하는 연주.
【同伴 동반】 함께 가거나 옴.
【隨伴 수반】 ①붙좇아서 따름. ②어떤 일과 함께 일어나거나 나타남.

【伯】 맏 백 陌

丿 亻 亻 ´亻 亻 伯 伯 伯

音 ⊕bó ⊕ハク 英elder
字源 형성자. 人(인)은 의미 부분이고, 白(백)은 발음 부분이다.
字解 ①맏, 첫(백) ¶伯父(백부) ②우두머리(백) ¶方伯(방백) ③작위(백) ¶伯爵(백작)
【伯父 백부】 큰아버지. 世父(세부).
【伯爵 백작】 오등작(五等爵)의 셋째로, 후작(侯爵)의 아래.
【伯仲 백중】 ①맏형과 둘째 형. ②서로 어금지금함.
【伯仲叔季 백중숙계】 네 형제의 차례. '伯'은 맏이, '仲'은 둘째, '叔'은 셋째, '季'는 막내.
【方伯 방백】 조선 시대에, '관찰사(觀察使)'를 이르던 말. 監司(감사). ⇒ '지방(地方)의 우두머리 벼슬'이라는 뜻에서 온 말.
【畵伯 화백】 '화가(畵家)'의 높임말.

【佛】 부처 불 物

丿 亻 亻 亻 佈 佛 佛

音 ⊕fó ⊕ブツ(ほとけ) 英Buddha
字源 형성자. 人(인)은 의미 부분이고, 弗(불)은 발음 부분이다. 불교가 중국에 전해진 이후 'Buddha(붓다)'를 佛陀(불타)로 표기하면서, '佛' 자는 불교 관계 낱말을 대표하는 글자가 되었다.
字解 부처(불)
【佛經 불경】 불교의 경문(經文).
【佛徒 불도】 불교를 믿는 사람.
【佛法僧 불법승】 우주의 진리를 깨달은 '불처', 부처의 가르침인 '불법(佛法)', 불법을 수행(修行)하는

'승려(僧侶)'의 총칭. 三寶(삼보).
【佛像 불상】 부처의 모습을 나타낸 조각이나 그림.
【佛陀 불타】 범어 'Buddha'의 음역(音譯). 불교의 교조(敎祖)인 부처. 浮屠(부도).
【念佛 염불】 부처의 공덕을 생각하면서 부처의 이름을 외는 일.

【似】 같을 사 紙

丿 亻 亻 亻 佀 似 似

音 ⊕shì, sì ⊕シ, ジ(にる) 英alike
字源 형성자. 人(인)은 의미 부분이고, 以(이)는 발음 부분이다. 옛날에 似와 以는 발음이 비슷하였다.
字解 ①같을(사) ②닮을, 비슷할(사)
【似而非 사이비】 겉으로는 같아 보이나 실제로는 다름.
【近似 근사】 ①아주 비슷함. ②썩 그럴듯함.
【類似 유사】 서로 비슷함.
【恰似 흡사】 ①거의 같을 정도로 비슷함. ②마치.

【伺】 엿볼 사 紙

音 ⊕sì ⊕シ(うかがう) 英peep
字解 ①엿볼(사) ②물을(사)
【伺察 사찰】 남의 행동을 은근히 엿보아 살핌.
【伺候 사후】 ①웃어른께 안부를 물음. ②동정을 살펴봄.

【伸】 펼 신 眞

丿 亻 亻 亻 佀 佀 伸

音 ⊕shēn ⊕シン(のびる) 英extend
字源 형성자. 人(인)은 의미 부분이고, 申(신)은 발음 부분이다.
字解 ①펼, 늘일(신) ¶伸縮(신축) ②기지개 켤(신) ¶欠伸(흠신)
【伸寃 신원】 억울하게 뒤집어쓴 죄를 씻음.
【伸張 신장】 길게 늘임.

【伸縮 신축】늘고 줆. 늘이고 줄임.
【屈伸 굴신】굽힘과 폄.
【欠伸 흠신】하품을 하거나 기지개를 켬, 또는 하품과 기지개.

【佑】도울 우

명 中yòu 日ユウ(たすける) 英help
字解 도울(우)≒祐
【保佑 보우】보호하고 도와줌.
【天佑神助 천우신조】하늘이 돕고 신령(神靈)이 도움.

【位】자리 위

丿 亻 亻' 什 位 位 位
명 中wèi 日イ(くらい) 英position
字源 회의자. 人(인)과 立(립)은 모두 의미 부분이다. 본래 조정에서 좌우로 늘어선 자리를 뜻하였다.
字解 ①자리, 위치(위) ≒地位(지위) ②분(위) ※사람을 가리키거나 사람의 수를 셀 때 높이는 뜻으로 쓰이는 말. ¶諸位(제위)
【位階 위계】지위의 등급(等級).
【位置 위치】①자리나 처소. ②사회적인 자리. 地位(지위).
【位牌 위패】신주(神主)의 이름을 적은 나무 패. 位版(위판).
【方位 방위】사방(四方)을 기본으로 하여 정한 방향.
【諸位 제위】여러분.
【地位 지위】개인이 차지하는 사회적 위치.

【佚】❶숨을 일 ❷들뜰 질

명 ❶ 中yì 日イツ(やすんずる) 英hide
字解 ❶①숨을, 달아날(일) ≒逸 ¶佚民(일민) ②편안할(일) ¶佚樂(일락) ❷①들뜰, 방탕할(질)=跌 ¶佚蕩(질탕) ②번갈, 바꿀(질)≒迭 ¶更佚(경질)
【佚樂 일락】편안하게 즐김.
【佚民 일민】세상을 피해 숨어 지내는 사람.
【佚書 일서】흩어져 없어진 책, 또는 세상에 알려지지 않은 책.
【佚蕩 질탕】하는 짓이 들뜨고 실답지 않음. 통跌宕(질탕).
【更佚 경질】어떤 직위에 있는 사람을 갈아 내고 다른 사람으로 바꿈.

【作】지을 작

丿 亻 亻' 亻" 作 作 作
명 中zuò 日サク, サ(つくる) 英make
字源 회의자. 사람〔人(인)〕이 바느질〔乍(사)〕을 하는 모습으로, '옷을 만들다'라는 뜻을 나타낸다. '일하다'라는 뜻은 여기에서 파생되었다.
字解 ①지을, 만들(작) ¶作名(작명) ②일으킬, 일어날(작) ¶振作(진작) ③일할(작) ¶作業(작업) ④작품(작) ¶傑作(걸작) ⑤농사(작) ¶豊作(풍작)
【作家 작가】문학이나 예술 작품을 창작하는 일에 종사하는 사람.
【作故 작고】죽음. 死亡(사망).
【作曲 작곡】악곡(樂曲)을 지음.
【作名 작명】이름을 지음.
【作成 작성】원고·서류 따위를 만듦.
【作業 작업】일정한 목적 아래 하는 노동이나 일.
【作定 작정】어떤 일을 마음으로 결정함, 또는 그 결정.
【作品 작품】①만든 물건. ②그림·조각·소설 등 예술 활동으로 만든 것.
【作況 작황】농사 따위의 잘되고 못된 상황.
【傑作 걸작】매우 뛰어난 작품.
【操作 조작】기계 따위를 다루어 움직이게 함.
【振作 진작】정신을 떨쳐 일으킴.
【豊作 풍작】풍년이 들어 잘된 농사.

【佇】우두커니 저

명 中zhù 日チョ(たたずむ) 英vacantly
字解 우두커니(저) ※잠시 멈추어 서 있는 모양.
【佇見 저견】우두커니 서서 바라봄.
【佇立 저립】잠시 멈추어 섬.

亻部 5획

【低】 낮을 저

丿 亻 亻 仁 化 佗 低 低

- 㖃 ㊥dī ㊐テイ(ひくい) ㊤low
- **字源** 회의 겸 형성자. 人(인)과 氐(근본 저)는 모두 의미 부분인데, 氐는 발음도 담당한다.
- **字解** ①낮을(저) ¶低俗(저속) ②숙일(저) ¶低頭(저두)

【低價 저가】 낮은 값. 廉價(염가).
【低頭 저두】 머리를 숙임.
【低廉 저렴】 값이 낮음. 쌈.
【低俗 저속】 품격이 낮고 속됨.
【低溫 저온】 낮은 온도.
【低調 저조】 활기가 없이 침체함.
【低質 저질】 질이 낮음.
【低下 저하】 ①내려감. ②나빠짐.
【高低 고저】 높고 낮음.
【最低 최저】 가장 낮음.

【佃】 밭 갈 전

- 㖁 ㊥diàn, tián ㊐デン ㊤till
- **字解** ①밭 갈(전) ②사냥할(전)

【佃漁 전어】 사냥을 하는 일과 고기를 잡는 일.

【佔】 覘(702)과 同字

【征】 황급할 정

- 㖁 ㊥zhēng ㊐セイ ㊤urgent
- **字解** 황급할(정)

【佐】 도울 좌

丿 亻 亻 仁 佐 佐 佐

- 㖄 ㊥zuǒ ㊐サ(たすける) ㊤assist
- **字源** 형성 겸 회의자. 人(인)은 의미 부분이고, 左(좌)는 발음 부분이다. 본래 左가 '일하다'·'돕다'라는 뜻을 나타내었는데, 뒤에 左가 왼쪽이라는 뜻으로 굳어지자, '돕다'라는 뜻으로는 人(인)을 더한 佐 자를 새로 만들어 보충하였다.
- **字解** 도울(좌)

【補佐 보좌】 자기보다 지위가 높은 사람의 일을 도와줌. ㊍輔佐(보좌).

【住】 살 주

丿 亻 亻 亻 住 住 住

- 㖃 ㊥zhù ㊐ジュウ(すむ) ㊤dwell
- **字源** 형성자. 人(인)은 의미 부분이고, 主(주)는 발음 부분이다.
- **字解** 살, 사는 곳(주)

【住居 주거】 ①일정한 곳에 자리를 잡고 삶. ②사람이 사는 집.
【住所 주소】 사람이 자리잡고 살고 있는 곳.
【住宅 주택】 살림하는 집.
【安住 안주】 ①자리 잡고 편안하게 삶. ②현재 상태에 만족하고 있음.
【移住 이주】 사는 곳을 옮김.

【体】 ❶몸 체 / ❷용렬할 분

體 体

- ㊥tǐ, bèn ㊐ホン, タイ ㊤body
- **字解** ❶몸(체) ❷①용렬할(분) ②상여꾼(분)

【体夫 분부】 상여꾼.

【佗】 다를 타

- ㊥tuó ㊐タ(ほか) ㊤other
- **字解** ①다를(타)=他 ②짐 실을(타)=駄 ③자득할, 느긋할(타)

【佈】 펼 포

- 㖁 ㊥bù ㊐フ ㊤spread
- **字解** 펼, 널리 알릴(포) 늑布

【佈告 포고】 널리 알림.

【佖】 점잖을 필

- 㖁 ㊥bí ㊐ヒツ ㊤decent
- **字解** ①점잖을(필) ②가득할(필)

【何】 어찌 하

亻部 6획

何
丿 亻 亻 亻 仃 仃 何 何
음 ⓗhé ⓙカ(なに, なん) ⓔwhat
字源 상형자. 본래 사람이 어떤 물건을 짊어지고 있는 모습을 그린 것이다. 뒤에 '무엇'이라는 뜻으로 가차되자 발음이 비슷한 荷(하) 자를 빌려서 '짊어지다'라는 뜻을 담당하게 하였다.
字解 ①어찌, 어느(하) ※의문·반어의 뜻을 나타냄. ¶何必(하필) ②누구(하) ¶誰何(수하) ③얼마(하) ¶幾何(기하)
【何故 하고】무슨 까닭. 왜.
【何等 하등】아무런. 조금도. 아무.
【何如 하여】①어떻게. ②어찌.
【何必 하필】어찌하여 반드시.
【幾何 기하】얼마.
【誰何 수하】누구. 아무개.
【如何 여하】어떠함.

佳
아름다울 가
丿 亻 亻 什 什 住 佳 佳
음 ⓗjiā ⓙカ(よい) ⓔbeautiful
字源 형성자. 人(인)은 의미 부분이고, 圭(규)는 발음 부분이다.
字解 ①아름다울(가) ¶佳景(가경) ②좋을(가) ¶佳作(가작)
【佳客 가객】반갑고 귀한 손님.
【佳景 가경】아름다운 경치.
【佳約 가약】①좋은 언약. ②부부가 되기로 한 약속.
【佳人薄命 가인박명】아름다운 여자는 수명이 짧음. 美人薄命(미인박명).
【佳作 가작】①잘된 작품. 佳篇(가편). ②당선작에 버금가는 작품.
【佳節 가절】좋은 시절.

価
價(50)의 俗字

侃
굳셀 간
명 ⓗkǎn ⓙカン ⓔvigorous
字解 ①굳셀, 강직할(간) ¶侃直(간직) ②화락할(간) ¶侃侃(간간)
【侃侃 간간】①성품이나 행실이 강직한 모양. ②화락(和樂)한 모양.

【侃直 간직】굳세고 바름.

供
이바지할 공
丿 亻 亻 什 什 世 供 供
고 ⓗgōng, gòng ⓙキョウ(そなえる) ⓔoffer
字源 형성자. 人(인)은 의미 부분이고, 共(공)은 발음 부분이다.
字解 ①이바지할, 보내어 줄(공) ¶供給(공급) ②바칠, 올릴(공) ¶供物(공물) ③진술할, 말할(공) ¶供述(공술)
【供給 공급】물품을 대어 줌.
【供物 공물】신이나 부처 앞에 바치는 물건.
【供述 공술】신문에 응해 진술함.
【供養 공양】어른이나 부처에게 음식물을 바침.
【供託 공탁】물건을 보내어 맡김.
【佛供 불공】부처에게 공양하는 일.
【提供 제공】가져다 주어 이바지함.

侊
성할 광
명 ⓗguāng ⓙコウ(ごちそう) ⓔprofuse
字解 성할, 푸짐할(광)
【侊飯 광반】푸짐하게 잘 차린 음식.

佼
예쁠 교
명 ⓗjiāo ⓙコウ ⓔpretty
字解 예쁠, 아름다울(교)
【佼好 교호】예쁨. 아름다움.

佶
건장할 길
명 ⓗjí ⓙキツ ⓔhealthy
字解 ①건장할(길) ②막힐(길)
【佶屈 길굴】막혀서 답답함.

例
법식 례
丿 亻 亻 仃 伢 伢 例 例
음 ⓗlì ⓙレイ(たとえば) ⓔexample

字源 형성자. 人(인)은 의미 부분이고, 列(렬)은 발음 부분이다.
字解 ①법식, 조례(례) ¶例外(예외) ②보기, 예(례) ¶例文(예문)
【例規 예규】관례로 되어 있는 규칙.
【例年 예년】여느 해.
【例文 예문】예로 드는 문장.
【例事 예사】보통으로 있는 일.
【例示 예시】예를 들어 보임.
【例外 예외】일반적인 규정(規定)이나 정례(定例)에서 벗어나는 일.
【例題 예제】연습을 위하여 예로 들어 주는 문장.
【例證 예증】예를 들어서 증명함.
【慣例 관례】이전부터 해 내려와서 습관처럼 되어 버린 일.
【通例 통례】일반적으로 널리 통하는 예. 常例(상례).

【侔】 가지런할 모

⊕móu ⊕ボウ ㊀even

字解 ①가지런할, 고를(모) ②취할, 꾀할(모)≒牟

【侮】 侮(35)의 俗字

【佰】 ①일백 백 ②밭두둑 맥

명 ⊕bǎi ⊕ハク ㊀hundred
字解 ①①일백(백) ※'百'의 갖은자. ②백 사람의 우두머리(백) ②밭두둑(맥)=陌
【仟佰 천백】천 사람의 우두머리와 백 사람의 우두머리.

【倂】 아우를 병

⊕bìng ⊕ヘイ(あわせる) ㊀merge
字解 ①아우를(병) ¶倂合(병합) ②나란할(병)=並 ¶倂用(병용)
【倂用 병용】작용을 함께 함.
【倂呑 병탄】남의 재물이나 영토를 자기에게 강제로 통합시킴.
【倂合 병합】둘 이상의 사물·조직 등을 하나로 합침. 合倂(합병).

【使】 ①하여금 사 ②사신 사

╱ 亻 亻 仁 仨 伂 使 使

고 ⊕shǐ ⊕シ(つかう)
字源 회의 겸 형성자. 갑골문·금문에서는 史(사)·事(사)·吏(리)·使 네 글자는 본래 한 글자로서, 손에 무엇을 잡고 일을 한다는 뜻을 나타낸다. 그러므로 人(인)과 吏는 모두 의미 부분인데, 吏는 발음도 담당한다. 使와 吏는 옛날에는 발음이 비슷하였다.
字解 ①①하여금(사) ※'…로 하여금 …하게 하다'의 뜻을 나타냄. ②시킬, 부릴(사) ¶使役(사역) ②①사신, 심부름꾼(사) ¶密使(밀사) ②가령(사) ¶設使(설사)
【使命 사명】지워진 임무.
【使臣 사신】임금의 명을 받아 외국에 가는 신하.
【使役 사역】부리어 일을 시킴.
【使者 사자】심부름을 하는 사람.
【使節 사절】사명(使命)을 띠고 외국에 파견되는 사람.
【使嗾 사주】부추겨 나쁜 일을 시킴.
【勞使 노사】노동자와 사용자.
【密使 밀사】비밀히 보내는 사자.
【設使 설사】그렇다 하더라도. 假令(가령). 假使(가사). 設惑(설혹).
【特使 특사】특별한 임무를 띠고 파견된 사절.

【侍】 모실 시

╱ 亻 亻 仁 件 侍 侍 侍

고 ⊕shì ⊕ジ(さむらい) ㊀serve
字源 형성자. 人(인)은 의미 부분이고, 寺(사)는 발음 부분이다. 옛날에 侍와 寺는 발음이 비슷하였다.
字解 모실, 받들(시)
【侍女 시녀】지난날, 지체 높은 사람의 시중을 들던 여자.
【侍衛 시위】임금을 모셔 호위함.
【侍醫 시의】임금과 왕족의 진찰과 치료를 담당하던 의사.
【侍下 시하】부모나 조부모가 살아 있

어 모시고 있는 처지.
【內侍 내시】고려·조선 시대에, 궁중의 전교(傳敎)·수문(守門) 등의 일을 맡아보던 벼슬아치. 宦官(환관).

【侁】걷는 모양 신
명 ⊕shēn ⊕シン
字解 ①걷는 모양(신) ②많은 모양(신)

【佯】거짓 양
명 ⊕yáng ⊕ヨウ(いつわる) ⊛false
字解 ①거짓(양) ¶佯狂(양광) ②어정거릴(양) 녹佯 ¶倘佯(상양)
【佯狂 양광】거짓으로 미친 체함.
【倘佯 상양】기운 없이 어정거리며 거닒. 통徜徉(상양).

【侑】권할 유
명 ⊕yòu ⊕ユウ(すすめる) ⊛ask
字解 ①권할(유) ②도울(유)
【侑觴 유상】술잔을 권함.
【侑食 유식】①음식을 권함. ②國제례에서, 종헌(終獻)이 끝나고 첨작(添酌)한 다음 숟가락을 젯메 가운데에 꽂고 젓가락 끝이 동쪽으로 가도록 음식 중앙에 놓는 일.

【依】의지할 의
명 ⊕yī ⊕イ,エ(よる) ⊛depend
字源 회의 겸 형성자. 사람[人(인)]이 옷[衣(의)]을 입는다는 뜻을 나타낸다. 衣는 발음도 담당한다.
字解 ①의지할(의) ¶依存(의존) ②전과 같을(의) ¶依然(의연) ③좇을, 따를(의) ¶依例(의례)
【依據 의거】일정한 사실에 근거함.
【依舊 의구】옛 모양과 다름이 없음.
【依賴 의뢰】①남에게 의지함. ②남에게 부탁함.
【依例 의례】전례를 좇거나 따름.
【依然 의연】전과 다름없음.
【依存 의존】남에게 의지하여 있음.

【依支 의지】다른 것에 몸을 기댐.
【依託 의탁】남에게 의뢰하여 부탁함.
【歸依 귀의】①돌아가 몸을 의지함. ②신이나 부처의 가르침을 믿고 의지함.

【佾】춤 줄 일
명 ⊕yì ⊕イツ
字解 ①춤 줄(일) ※춤을 출 때 늘어선 줄. 가로줄과 세로줄의 사람 수는 같음. ②춤출(일)
【佾舞 일무】여럿의 무용수가 방정(方正)한 줄로 갈라 서서 추는 춤.

【佺】신선 이름 전
명 ⊕quán ⊕セン
字解 신선 이름(전)

【佻】방정맞을 조
⊕tiāo ⊕チョウ ⊛frivolous
字解 방정맞을(조)
【輕佻 경조】가볍고 방정맞음.

【侏】난쟁이 주
명 ⊕zhū ⊕シュ ⊛dwarf
字解 ①난쟁이(주) ②동자기둥(주) ※들보 위에 세우는 짧은 기둥.
【侏儒 주유】①난쟁이. ②동자기둥.

【侄】어리석을 질
명 ⊕zhí ⊕シツ ⊛stupid
字解 ①어리석을(질) ②단단할(질)

【侘】실의할 차
명 ⊕chà ⊕タ ⊛despair
字解 ①실의할(차) ②뽐낼(차)

【侈】사치할 치
명 ⊕chǐ ⊕シ(おごる) ⊛luxurious
字解 사치할(치)
【奢侈 사치】분수에 넘게 호사스러움.

{佩} 찰 패

명 ⊕pèi ⊕ハイ(おびる) 英wear
字解 ①찰, 달(패) ②패물(패)
【佩刀 패도】 칼을 참. 佩劍(패검).
【佩物 패물】 ①몸에 차는 장식물(裝飾物). ②노리개.
【佩玉 패옥】 왕조 시대에, 벼슬아치가 금관조복(金冠朝服)의 좌우에 늘이어 차던 옥.
【佩用 패용】 명패·훈장 따위를 몸에 달거나 참.

{侐} 고요할 혁

명 ⊕xù ⊕キョク 英quiet
字解 고요할(혁)

{侗} 侗(237)와 同字

{俓} 명 徑(237)과 同字

{係} 맬 계

亻 亻 仁 仁 乍 乍 係 係
크 ⊕xì ⊕ケイ(かかる) 英relate
字源 회의 겸 형성자. 人(인)과 系(묶을 계)는 모두 의미 부분인데, 系는 발음도 담당한다.
字解 맬, 이을(계)
【係累 계루】 ①이어서 얽어맴. ②다른 사물에 얽매여 누(累)가 되는 일.
【關係 관계】 사람과 사람, 사람과 사물 등 둘 이상이 서로 걸리는 일.

{侶} 짝 려

명 ⊕lǚ ⊕リョ(とも) 英companion
字解 짝, 벗, 벗할(려)
【伴侶 반려】 짝이 되는 친구.
【僧侶 승려】 불도를 닦는 사람. 중.

{俚} 속될 리

명 ⊕lǐ ⊕リ 英vulgar
字解 속될, 상스러울(리)

【俚言 이언】 상말. 속된 말.
【俚諺 이언】 민중의 지혜가 응축되어 널리 구전되는 격언. 俗談(속담).

{俐} 영리할 리

명 ⊕lì ⊕リ 英clever
字解 영리할, 똑똑할(리)
【伶俐 영리】 눈치가 빠르고 똑똑함. 동怜俐(영리).

{俛} ❶머리 숙일 면 ❷구푸릴 부

⊕miǎn, fú ⊕ベン(ふせる) 英stoop
字解 ❶①머리 숙일(면) ②힘쓸(면) ≒勉 ❷구푸릴(부) ≒俯
【俛仰 면앙】 굽어봄과 쳐다봄.

{侮} 업신여길 모

亻 亻 仁 仁 仁 佢 佢 侮 侮
크 ⊕wǔ ⊕ブ(あなどる) 英insult
字源 형성자. 人(인)은 의미 부분이고, 每(매)는 발음 부분이다.
字解 업신여길, 깔볼(모)
【侮蔑 모멸】 업신여기어 깔봄.
【侮辱 모욕】 깔보아서 욕보임.
【受侮 수모】 남에게 모욕을 당함.

{保} 지킬 보

亻 亻 仁 伊 伊 伊 保 保
명 ⊕bǎo ⊕ホ(たもつ) 英keep
字源 상형자. 갑골문·금문을 보면 '𠈃'로, 사람이 어린아이를 등에 업고 있는 모습을 그린 것이다. 여기에서 '기르다'·'보호하다'라는 뜻이 나왔다.
字解 ①지킬(보) ¶保護(보호) ②맡을, 책임질(보) ¶保證(보증)
【保健 보건】 건강을 지켜 나가는 일.
【保管 보관】 맡아서 관리함.
【保守 보수】 오랜 습관·제도·방법 등을 소중히 여겨 그대로 지킴.
【保育 보육】 보호하여 기름.

【保障 보장】 잘못되는 일이 없도록 보증함.
【保全 보전】 온전하게 잘 간수하여 그대로 유지함.
【保證 보증】 틀림이 없음을 증명하거나 책임을 짐.
【保護 보호】 잘 지킴.
【擔保 담보】 빚을 대신할 수 있는, 신용으로 제공하는 보장.
【安保 안보】 안전하게 보호함.

【俌】 도울 보
명 ⊕fǔ ⊕フ ®aid
字解 도울(보)=輔

【俘】 사로잡을 부
명 ⊕fú ⊕フ(とりこ) ®capture
字解 ①사로잡을(부) ②포로(부)
【俘虜 부로】 전쟁에서 적에게 사로잡힌 군인. 捕虜(포로).

【俟】 기다릴 사
명 ⊕sì ⊕シ(まつ) ®wait for
字解 기다릴(사)
【俟命 사명】 명령을 기다림.

【俗】 풍속 속
명 ⊕sú ⊕ゾク ®custom
字源 형성자. 人(인)은 의미 부분이고, 谷(곡)은 발음 부분이다.
字解 ①풍속, 풍습(속) ¶世俗(세속) ②속될(속) ¶俗語(속어) ③세상(속) ¶俗人(속인)
【俗談 속담】 민중의 지혜가 응축되어 널리 구전(口傳)되는 격언(格言).
【俗世 속세】 속인(俗人)들이 사는 일반의 사회. 世間(세간).
【俗語 속어】 통속적으로 쓰는 속된 말.
【俗人 속인】 ①중이 아닌 일반 사람. ②평범한 일반 사람.
【世俗 세속】 세상, 또는 세상의 풍속.
【風俗 풍속】 전통적으로 지켜져 오는 생활상의 사회적 관습.

【信】 믿을 신
명 ⊕xìn ⊕シン(まこと) ®trust
字源 회의자. '사람(人(인))의 말(言(언))에는 믿음(信)이 있어야 한다' 또는 '사람의 말을 전할 때는 정확하고 성실해야 한다'라는 의미를 나타낸다.
字解 ①믿을, 믿음(신) ¶信賴(신뢰) ②편지, 소식(신) ¶花信(화신) ③표시, 증표(신) ¶信標(신표) ④진실, 성실(신) ¶信義(신의) ⑤분명히 할(신) ¶信賞必罰(신상필벌)
【信念 신념】 굳게 믿는 마음.
【信賴 신뢰】 믿고 의지함.
【信奉 신봉】 믿고 받듦.
【信賞必罰 신상필벌】 공이 있는 사람에게는 꼭 상을 주고, 죄가 있는 사람에게는 꼭 벌을 줌. '상벌을 규정대로 분명히 함'을 이름.
【信仰 신앙】 종교를 믿고 받듦.
【信用 신용】 언행·약속이 틀림없을 것으로 믿음.
【信義 신의】 믿음과 의리.
【信任 신임】 믿고 일을 맡김.
【信標 신표】 뒷날 보고 서로 확인하기 위하여 주고받는 물건.
【信號 신호】 의사를 전달하는 일정한 부호나 표시, 또는 그 일.
【背信 배신】 신의를 저버림.
【書信 서신】 편지(便紙).
【通信 통신】 우편·전신 등으로 소식이나 보도를 전함.
【花信 화신】 꽃이 피었다는 소식.

【俄】 갑자기 아
명 ⊕é ⊕ガ(にわか) ®suddenly
字解 갑자기, 별안간(아)
【俄羅斯 아라사】 '러시아'의 음역어.
【俄然 아연】 갑자기. 갑작스런 모양.

【俉】 맞이할 오
명 ⊕wǔ ⊕ゴ ®welcome
字解 맞이할(오)

亻部 7획

【俑】허수아비 용

㉹ ㉠yǒng ㉡ヨウ
字解 허수아비, 인형(용) ※ 죽은 사람과 함께 묻는 인형.
【作俑 작용】나무 인형을 만듦. '옳지 못한 전례(前例)를 만듦'을 이름.

> 故事 나무 인형을 만들어 죽은 사람과 함께 매장하던 일이 뒷날 순장(殉葬)의 악습(惡習)을 낳은 것을 두고 공자(孔子)가 불인(不仁)한 짓이라고 나무란 데서 온 말.

【俞】

명 兪(59)의 俗字

【俊】준걸 준

亻 亻ˊ 亻ˊ 亻ˊ 亻ˊ 俊 俊

㉹ ㉠jùn ㉡シュン ㉢eminence
字源 형성자. 人(인)은 의미 부분이고, 夋(준)은 발음 부분이다.
字解 ①준걸, 뛰어날(준)＝儁·雋 ¶俊秀(준수) ②클, 높을(준)≒峻 ¶俊德(준덕)
【俊傑 준걸】재주와 지혜가 뛰어남, 또는 그런 사람.
【俊德 준덕】큰 덕.
【俊秀 준수】재주·슬기·풍채 등이 남달리 빼어남.

【促】재촉할 촉

亻 亻ˊ 亻ˊ 亻ˊ 亻ˊ 促 促

㉹ ㉠cù ㉡ソク(うながす) ㉢urge
字源 형성자. 人(인)은 의미 부분이고, 足(족)은 발음 부분이다.
字解 ①재촉할(촉) ¶促進(촉진) ②급할, 가까울(촉) ¶促迫(촉박)
【促急 촉급】촉박하여 몹시 급함.
【促迫 촉박】기한이 밭아서 급함.
【促進 촉진】재촉하여 빨리 진행(進行)되게 함.
【督促 독촉】빨리 하도록 재촉함.

【侵】침노할 침

亻 亻ˊ 亻ˊ 亻ˊ 亻ˊ 侵 侵 侵

㉹ ㉠qīn ㉡シン(おかす) ㉢invade
字源 회의자. 사람(人(인))이 손(又(우))에 빗자루(帚(추))를 들고 있는 모습으로, '청소하다'라는 뜻을 나타낸다. 천천히 앞으로 나아간다는 뜻은 여기에서 나왔다.
字解 ①침노할, 범할(침) ¶侵犯(침범) ②개먹을(침) ¶侵蝕(침식)
【侵攻 침공】남의 나라를 침범하여 공격함.
【侵略 침략】①남의 나라를 불법적으로 쳐들어감. ②개개어서 먹어 듦.
【侵犯 침범】남의 권리·영토 따위를 침노하여 범함.
【侵蝕 침식】조금씩 개먹어 들어감.
【侵入 침입】침범하여 들어오거나 들어감.
【侵害 침해】침범하여 해를 끼침.
【外侵 외침】외부로부터의 침입.

【便】

❶편할 편
(本)변 ㉹
❷오줌 변

亻 亻ˊ 亻ˊ 亻ˊ 亻ˊ 便 便 便

㉹ ㉠biàn, pián ㉡ベン, ビン(たより) ㉢convenient
字源 회의자. 본래 사람(人(인))이 채찍(更(편))을 휘두른다는 뜻을 나타낸다. 뒤에 '편안하다'라는 뜻으로 가차되자, 革(가죽 혁)을 더한 鞭(채찍 편) 자를 새로 만들어 보충하였다.
字解 ❶①편할(편) ¶便安(편안) ②아첨할(편) ¶便辟(편벽) ③소식(편) ¶便紙(편지) ④郵便(우편) ※ 전하여 보내는 데 이용하는 계제. ¶人便(인편) ⑤쪽(편) ¶相對便(상대편) ❷오줌, 똥(변) ¶便器(변기)
【便覽 편람】보기에 편하도록 간명하게 만든 책.
【便利 편리】편하고 쉬움.
【便法 편법】편리한 방법.
【便辟 편벽】남의 뜻을 잘 맞추어 아첨함, 또는 그런 사람.

亻部 7획

【便乘 편승】①남이 타고 가는 승용차 따위를 얻어 탐. ②자기에게 유리한 기회를 포착하여 잘 이용함.
【便安 편안】①편하고 좋음. ②탈 없이 무사함.
【便宜 편의】①이용하는 데 편리함. ②그때그때에 알맞은 처지.
【便益 편익】편리하고 유익함.
【便紙 편지】상대자에게 알리고자 하는 내용을 써서 보내는 글. 書信(서신). ㉠片紙(편지).
【簡便 간편】간단하고 편리함.
【方便 방편】형편에 따라 일을 쉽게 처리할 수 있는 수단과 방법.
【相對便 상대편】서로 상대되는 편.
【郵便 우편】편지·소포 등을 운송하는 국영 사업(國營事業).
【人便 인편】오가는 사람의 편.
【便器 변기】대소변을 받는 그릇.
【便秘 변비】똥이 너무 굳어서 잘 누이지 않는 증세.
【便所 변소】대소변을 볼 수 있게 만들어 놓은 곳. 厠間(측간).
【大小便 대소변】똥과 오줌.
참고 '변'음도 인명용으로 지정됨.

【倪】엿볼 예
⑨
명 ⊕xiàn ⊕ゲン 영peep
字解 ①엿볼(예) ②두려워할(예)
【倪倪 예예】두려워하는 모양.

【俠】호협할 협
⑨
명 ⊕xiá ⊕キョウ 영chivalrous
字解 호협할, 협객(협)
【俠客 협객】호협한 기개를 지닌 사람. 遊俠(유협). 俠士(협사).
【義俠心 의협심】남의 어려운 사정이나 딱한 형편을 도와주기 위하여 자기를 희생하려는 의로운 마음.
【豪俠 호협】호기롭고 씩씩하며 의협심이 강함.

【侯】제후 후
⑨
亻 亻 厂 厃 戸 俣 侯 侯
교 ⊕hóu ⊕コウ(まと) 영feudal lord
字源 회의자. 갑골문·금문을 보면 포장(布帳)을 뜻하는 厂과 矢(화살)로 이루어져 활쏘기를 하는 과녁의 뜻을 나타낸다. 人(인) 자는 소전에서 더하여 썼다.
字解 ①제후(후) ¶王侯(왕후) ②과녁(후) ¶侯鵠(후곡) ③작위(후) ¶侯爵(후작)
【侯鵠 후곡】활의 과녁.
📖 사방 10자의 둘레를 '侯', 그 속의 사방 4자를 '鵠'이라 함.
【侯爵 후작】오등작(五等爵)의 둘째로, 공작(公爵)의 아래.
【王侯 왕후】제왕과 제후.
【諸侯 제후】봉건 시대(封建時代)에, 제왕(帝王)에게서 봉토(封土)를 받아 영내(領內)의 백성을 다스리던 영주(領主).

【俙】소송할 희
⑨
명 ⊕xī ⊕キ
字解 ①소송할(희) ②아첨할(희)

【個】낱 개
⑧
⑩
个個
亻 亻 们 们 佃 個 個 個
종 ⊕gè ⊕コ 영piece
字源 형성자. 人(인)은 의미 부분이고, 固(고)는 발음 부분이다. '個'는 본래 竹(대 죽) 자의 반쪽인 个(개) 자로서 처음에는 대나무를 세거나 화살을 세는 단위(單位)로 쓰였다. 그 후 '个'는 각종 사물을 세는 양사[단위]로 쓰임새가 넓어졌고, 글자 형태도 발음 부분인 固가 더해져 '箇(개)'로 쓰이게 되었다. 근래에는 '箇'가 사람을 세는 단위로 많이 쓰이게 되자 '箇'에서 '竹'을 없애고 대신 '人'을 넣어 현재 사용되는 '個' 자를 만들었다. 현재 중국 간체자(簡體字)에서는 '个'로 쓰는데, 이것은 원래의 모습으로 되돌아간 꼴이다.
字解 ①낱(개) ※물건의 하나하나. ②개(개)=箇 ※낱으로 된 물건을 세는 단위.
【個別 개별】낱낱이. 따로따로.
【個性 개성】개인마다 각각 다르게 형성되는 취미·성격 등의 특성.

【個人 개인】사회의 구성원으로서의 한 사람. 個體(개체).
【各個 각개】하나하나. 낱낱. 各其(각기). 各自(각자).
【別個 별개】딴 것.

【倨】 거만할 거
1획 8획 10획 佫

명 中jù 日キョ 英haughty
字解 ①거만할, 뽐낼(거) ②걸터앉을(거)=踞
【倨慢 거만】겸손하지 못하고 뽐냄.
【箕倨 기거】두 다리를 뻗고 기대어 앉음.

【倞】 ❶굳셀 경 ❷밝을 량
1획 8획 10획 倞

명❶ 中jìng, liàng 日ケイ, リョウ 英strong
字解 ❶①굳셀(경) ②다툴(경) ≒競 ❷①밝을(량) ≒亮 ②찾을(량)

【倥】 ❶어리석을 공 ❷바쁠 공
1획 8획 10획 倥

中kōng, kǒng 日コウ 英foolish
字解 ❶어리석을(공) ❷바쁠(공)
【倥侗 공동】지각(知覺)이 없고 어리석은 모양.
【倥偬 공총】일이 많아서 바쁨.

【俱】 함께 구
1획 8획 10획 俱

亻 仂 仴 仴 俱 俱 俱

고 中jù 日ク, グ(ともに) 英together
字源 형성자. 人(인)은 의미 부분이고, 具(구)는 발음 부분이다.
字解 ①함께, 다(구)≒具 ¶俱慶(구경) ②갖출(구) ¶俱全(구전)
【俱慶 구경】어버이가 다 살아 계시어 경사스러움.
【俱全 구전】모두 갖추어져 온전함.
【俱存 구존】①부모가 모두 살아 계심. ②고루 갖추어져 있음.
【俱現 구현】일정한 내용이 구체적 사실로 나타남, 또는 나타나게 함.

【倔】 굳셀 굴
1획 8획 10획 倔

中jué 日クツ 英tough
字解 굳셀, 굳을(굴)
【倔強 굴강】남에게 굽힘이 없이 의지가 굳셈. 屈強(굴강).

【倦】 게으를 권
1획 8획 10획 倦

명 中juàn 日ケン(うむ) 英lazy
字解 ①게으를(권) ②고달플(권)
【倦厭 권염】게을러지고 싫증이 남.
【倦怠 권태】①게으름이나 싫증. ②심신이 피로하여 나른함.

【倓】 고요할 담
1획 8획 10획 倓

명 中tán 日タン 英silent
字解 고요할(담)

【倘】 ❶혹시 당 ❷어정거릴 상
1획 8획 10획 倘

中cháng, tǎng 日トウ, ショウ 英if
字解 ❶혹시, 아마(당)=儻 ❷어정거릴(상) ≒徜
【倘來 당래】혹은. 만약에.
【倘佯 상양】기운 없이 어정거리며 거닒. ⑧徜徉(상양).

【倒】 ❶넘어질 도 ❷거꾸로 도
1획 8획 10획 倒

亻 亻 仦 仦 倅 倅 倒 倒

고 中dǎo, dào 日トウ(たおれる) 英fall
字源 형성자. 人(인)은 의미 부분이고, 到(도)는 발음 부분이다.
❶넘어질(도) ¶卒倒(졸도) ❷거꾸로(도) ¶倒置(도치)
【倒産 도산】재산을 다 써 없앰. 破産(파산).
【倒錯 도착】상하가 전도되어 뒤섞임.
【倒置 도치】순서를 뒤바꾸어 둠.
【壓倒 압도】①힘·세력 등이 월등히 남을 능가함. ②눌러 넘어뜨림.

亻部 8획

【顚倒 전도】 ①엎어지고 넘어짐. ② 거꾸로 뒤바뀜.
【卒倒 졸도】 갑자기 의식을 잃고 쓰러짐.
【打倒 타도】 쳐서 거꾸러뜨림.

【倈】 倈(238)와 同字

【倆】 재주 량

名 ⊕liǎ ⊕リョウ 英skill
字解 재주, 솜씨(량)
【技倆 기량】 기술적인 능력이나 재능.

【倫】 인류 륜

亻 亻 亻 伦 伦 倫 倫
동 ⊕lún ⊕リン(みち) 英morals
字解 형성자. 人(인)은 의미 부분이고, 侖(륜)은 발음 부분이다.
字解 ①인륜, 도리(륜) ¶倫理(윤리) ②무리, 또래(륜) ¶倫匹(윤필) ③순서, 차례(륜)
【倫理 윤리】 사람이 지켜야 할 도리와 규범.
【倫匹 윤필】 ①나이나 신분이 서로 같거나 비슷한 사람. ②배우자. 아내. 配匹(배필)
【人倫 인륜】 사람으로서 지켜야 할 떳떳한 도리.
【絶倫 절륜】 무리 가운데 가장 뛰어남. 絶等(절등).
【天倫 천륜】 부자·형제 사이에 마땅히 지켜야 할 도리.
【悖倫 패륜】 인간으로서 마땅히 하여야 할 도리에 어그러짐.

【們】 들 문

名 ⊕mén ⊕モン
字解 들, 무리(문) ※인칭 대명사의 뒤에 붙여 복수를 만드는 글자.

【倣】 본받을 방

亻 亻 仁 仿 仿 倣 倣 倣

고 ⊕fǎng ⊕ホウ(ならう) 英imitate
字解 형성자. 人(인)은 의미 부분이고, 放(방)은 발음 부분이다. 倣은 仿(방) 자와 같은 글자로, 소전에서는 仿으로 쓴다.
字解 본받을, 흉내 낼(방)
【倣古 방고】 옛것을 모방함.
【模倣 모방】 다른 것을 본뜨거나 본받음. 摸倣(모방).

【倍】 곱 배

亻 亻 仁 伫 伫 倍 倍 倍
고 ⊕bèi ⊕バイ(ます, そむく) 英double
字解 형성자. 人(인)은 의미 부분이고, 咅(부)는 발음 부분이다.
字解 ①곱, 갑절(배) ②등질, 배반할(배)=背
【倍加 배가】 갑절로 늘어남, 또는 갑절로 늘림.
【倍數 배수】 갑절이 되는 수.
【倍率 배율】 도형이나 상(像) 따위를 확대하거나 축소할 때의 비율.
【倍前 배전】 그 전의 곱, 또는 전보다 한결 더함.

【俳】 광대 배

名 ⊕pái ⊕ハイ 英actor
字解 광대, 배우(배)
【俳優 배우】 ①광대. ②영화·연극 따위에서 어떤 인물로 분장(扮裝)하여 공중(公衆) 앞에서 연기를 하는 사람.

【併】 名 倂(33)의 本字

【俸】 봉급 봉

名 ⊕fēng ⊕ホウ 英salary
字解 봉급, 급료(봉)
【俸給 봉급】 일정한 업무를 한 대가로 받는 보수.
【俸祿 봉록】 벼슬아치에게 봉급으로 주던 쌀·보리·명주·베·돈 따위의 총칭. 祿俸(녹봉).

【減俸 감봉】봉급의 액수를 줄임.
【薄俸 박봉】얼마 안 되는 봉급.
【年俸 연봉】1년을 단위로 정한 봉급.

【俯】구부릴 부

명 ⊕fǔ ⊕フ(ふせる) 英bend
字解 ①구부릴(부) ②엎드릴(부)
【俯瞰 부감】고개를 숙이고 봄. 높은 곳에서 아래를 내려다봄.
【俯仰 부앙】내려다봄과 쳐다봄.

【俾】❶더할 비 ❷흘겨볼 비 ❸페

⊕bǐ ⊕ヒ, ヘイ(しむ)
字解 ❶①더할(비)=裨 ②하여금(비) ※'…로 하여금 …하게 하다'의 뜻을 나타냄.❷흘겨볼(비)≒睥 ❸성가퀴(비)
【俾倪 비예】①흘겨봄. ②성가퀴.

【修】닦을 수

亻 亻 伫 伫 伊 佟 修 修
명 ⊕xiū ⊕シュウ(おさめる) 英cultivate
字源 형성자. 彡(삼)은 의미 부분이고, 攸(유)는 발음 부분이다.
字解 ①닦을, 다스릴(수) ¶修道(수도) ②꾸밀(수) ¶修飾(수식) ③고칠(수) ¶補修(보수) ④길(수)≒脩
【修交 수교】나라와 나라 사이에 교제를 맺음.
【修己治人 수기치인】자기를 잘 수양하여 남을 교화(敎化)함.
【修道 수도】도를 닦음.
【修鍊 수련】닦아서 단련함.
【修了 수료】일정한 학과를 다 배워 끝냄.
【修理 수리】고장난 데나 허름한 데를 손보아 고침.
【修辭 수사】말이나 문장을 수식하여 묘하고 아름답게 함.
【修繕 수선】낡은 물건을 고침.
【修習 수습】학업이나 일을 닦고 익힘.
【修飾 수식】겉모양을 꾸밈.
【修身齊家 수신제가】자기 몸을 잘 수양하여 집안을 다스림.
【修養 수양】신체와 정신을 단련하며, 지성(知性)과 품성(品性)을 닦음.
【修正 수정】바로잡아 고침.
【修學 수학】학업을 닦음.
【修行 수행】①학문·기예·행실 따위를 닦음. ②불도(佛道)를 닦음.
【補修 보수】상하거나 부서진 부분을 손질하여 고침.
【履修 이수】학문의 과정을 순서를 밟아 닦음.

【俶】잠깐 숙

⊕shū ⊕シュク 英moment
字解 잠깐, 언뜻(숙)
【俶瞬 숙순】눈 깜짝하는 사이. 극히 짧은 시간. 잠깐 동안.
【俶忽 숙홀】갑자기. 홀연히.

【倏】倐(41)의 俗字

【倅】버금 쉬

⊕cuì ⊕サイ(せがれ) 英second
字解 ①버금, 다음(쉬) ②國원(쉬) ※조선 시대에, 고을의 수령(守令)을 일컫던 말.
【倅馬 쉬마】수레에 여벌로 끌고 가는 말. 副馬(부마).
【倅貳 쉬이】지휘관의 명을 받아 보좌하는 관리.

【俺】나 엄

명 ⊕ǎn ⊕エン(われ) 英I
字解 나, 자신, 자기(엄)

【倪】어릴 예

명 ⊕ní ⊕ゲイ 英young
字解 ①어릴, 어린이(예) ¶旄倪(모예) ②흘겨볼(예)≒睨 ¶俾倪(비예) ③가, 끝(예) ¶端倪(단예) ④성가퀴(예)≒堄

【端倪 단예】①일의 처음과 끝. 本末(본말). ②추측함. 헤아림.
【旄倪 모예】늙은이와 어린이.
【俾倪 비예】①흘겨봄. ②성가퀴.

【倭】 왜국 왜
本와 俗
⑧ ㊥wō ㊐ワ(やまと) ㊧Japan
字解 ⑥일본(왜)
【倭寇 왜구】지난날의 일본의 해적.
【倭國 왜국】'일본(日本)'을 얕잡아 이르는 말.
【倭亂 왜란】①왜인들이 일으킨 난리(亂離). ②조선 선조 25년(1592)에 일본의 침입으로 비롯된 전란. 壬辰倭亂(임진왜란).
【倭色 왜색】일본의 문화나 생활 양식에서 풍기는 색조.
【倭人 왜인】일본 사람.
【倭政 왜정】일본이 우리나라를 강점하여 다스리던 정치.

【倚】 기댈 의
俗
⑧ ㊥yǐ ㊐イ(よる) ㊧rely
字解 ①기댈(의) ¶倚門而望(의문이망). ②치우칠, 기울(의) ¶倚傾(의경)
【倚傾 의경】한쪽으로 기울어짐.
【倚門而望 의문이망】문에 기대어 기다림. '부모가 그 자녀가 돌아오기를 몹시 기다림'을 이름.

【倧】 신인 종
⑧ ㊥zōng
字解 신인, 한배검(종) ※단군(檀君)을 이름.

【借】 빌릴 차
正
亻 亻 亻 亻 仵 伂 借 借
⑧ ㊥jiè ㊐シャク(かりる) ㊧borrow
字源 형성자. 人(인)은 의미 부분이고, 昔(석)은 발음 부분이다. 옛날에 借와 昔의 발음이 비슷하였다.
字解 ①빌릴(차) ¶借名(차명). ②빌려 줄, 도울(차) ¶假借(가차).
③가령, 시험 삼아(차) ¶借問(차문)
【借款 차관】국제간에 자금을 빌려 쓰고 빌려 줌.
【借名 차명】남의 이름을 빌려 씀.
【借問 차문】시험 삼아 물음.
【借用 차용】물건이나 돈을 빌려 씀.
【借入 차입】돈이나 물건을 빌림.
【假借 가차】육서(六書)의 하나로, 어떤 뜻을 나타내는 한자가 없을 때, 음이 같은 다른 글자를 빌려 쓰는 방법.
【貸借 대차】꾸어 주거나 꾸어 옴.
【賃借 임차】삯을 내고 물건을 빌림.

【倡】 ❶광대 창
❷창도할 창
⑧ ㊥chàng ㊐ショウ ㊧comedian
字解 ❶①광대(창) ¶倡優(창우). ②기생(창) =娼. ¶倡樓(창루) ❷창도할(창) ≒唱. ¶倡義(창의)
【倡導 창도】주장을 내세워 외치면서 앞장서서 이끎.
【倡樓 창루】기생의 집.
【倡優 창우】광대. 배우.
　'倡'은 소리하는 사람, '優'는 놀이하는 사람.
【倡義 창의】의(義)를 창도함. 국난(國難)을 당하여 앞장서서 의병(義兵)을 일으킴.

【倜】 얽매이지 않을 척
⑧ ㊥tì ㊐テキ ㊧unrestrained
字解 얽매이지 않을, 대범할(척)
【倜儻 척당】①다른 것에 구속되지 않음. ②보통 사람보다 뛰어남.

【倩】 ❶예쁠 천
❷빌릴 청
㊥qiàn ㊐セン ㊧pretty
字解 ❶예쁠(천) ¶倩粧(천장). ❷①빌릴(청). ②고용할(청) ※삯을 주고 남을 부림. ¶倩工(청공)
【倩粧 천장】곱게 단장함.

【倩工 청공】임시로 고용(雇用) 계약을 맺은 사람.
【倩人 청인】사람을 고용함, 또는 그 사람. 雇用人(고용인).

【値】 값 치

亻 亻 亻 亻 仠 仠 値 値

고 ⓗzhí ⓙチ(ね、あたい) ⓔvalue
字源 형성자. 人(인)은 의미 부분이고, 直(직)은 발음 부분이다. 옛날에 値와 直은 발음이 비슷하였다.
字解 ①값, 값어치(치) ¶價値(가치) ②만날(치) ¶値遇(치우)
【値遇 치우】서로 만남.
【價値 가치】값. 값어치.
【数値 수치】계산하여 얻은 수의 값.

【倬】 클 탁

명 ⓗzhuō ⓙタク ⓔstately
字解 ①클(탁) ②밝을(탁)

【俵】 나누어 줄 표

명 ⓗbiāo ⓙヒョウ(たわら) ⓔdistribute
字解 나누어 줄, 흩을(표)

【倖】 요행 행

명 ⓗxìng ⓙコウ(さいわい) ⓔluck
字解 요행(행)
【射倖 사행】요행을 노림.
【僥倖 요행】뜻밖의 행운.

【候】 철 후

亻 亻 亻 亻 仠 仠 仟 候 候

고 ⓗhòu ⓙコウ(うかがう) ⓔseason
字源 형성자. 人(인)은 의미 부분이고, 矦〔=侯(후)〕는 발음 부분이다.
字解 ①철, 절기(후) ¶節候(절후) ②망볼, 염탐할(후) ¶斥候(척후) ③조짐(후) ¶徵候(징후) ④기다릴(후) ¶候補(후보)
【候補 후보】장차 어떤 신분·지위에 오를 자격을 갖추고 있음, 또는 그 사람.
【候鳥 후조】철새. 漂鳥(표조).
【氣候 기후】기상 상태. 날씨.
【問候 문후】웃어른의 안부를 물음.
【節候 절후】①24절기. ②철. 계절.
【徵候 징후】어떤 일이 일어날 조짐. 徵兆(징조).
【斥候 척후】적의 형편·지형 등을 정찰하고 수색함.

【假】 거짓 가

亻 亻 亻 亻 仴 仮 仮 假 假

정 ⓗjiǎ ⓙカ(かり) ⓔpretense
字源 형성자. 人(인)은 의미 부분이고, 叚(가)는 발음 부분이다.
字解 ①거짓(가) ¶假飾(가식) ②잠시, 임시(가) ¶假定(가정) ③빌릴(가) ¶假借(가차) ④가령(가) ¶假使(가사)
【假令 가령】가정하여 말한다면.
【假使 가사】가정하여 말한다면. 예를 들어. 假令(가령). 萬一(만일).
【假說 가설】편의상 임시로 설정하여 꾸민 학설(學說).
【假飾 가식】거짓으로 꾸밈.
【假裝 가장】①거짓 꾸밈. ②가면으로 장식함.
【假定 가정】임시로 정함.
【假借 가차】①남의 물건을 빌림. ②육서(六書)의 하나로, 어떤 뜻을 나타내는 한자가 없을 때, 음이 같은 다른 글자를 빌려 쓰는 방법. '구름'을 뜻하던 '云'자가 '말하다'의 뜻으로 쓰인 따위.
【假稱 가칭】①임시로 일컬음. ②거짓으로 일컬음.

【健】 굳셀 건

亻 亻 亻 亻 亻 仴 侓 侓 健 健

고 ⓗjiàn ⓙケン(すこやか) ⓔstrong
字源 형성자. 人(인)은 의미 부분이고, 建(건)은 발음 부분이다.
字解 ①굳셀, 튼튼할(건) ¶健康(건강) ②곧잘(건) ¶健忘(건망)

【健脚 건각】 잘 걷거나 달릴 수 있는 튼튼한 다리, 또는 그런 다리를 가진 사람.
【健康 건강】 몸이 아무 탈 없이 정상적이고 튼튼함.
【健忘 건망】 곧잘 잊어버림.
【健兒 건아】 혈기가 왕성한 건강한 남아(男兒). 용감한 청년.
【健壯 건장】 씩씩하고 굳셈.
【健全 건전】 ①튼튼하고 온전(穩全)함. ②활동·상태 따위가 건실하고 정상임.
【健鬪 건투】 굳세게 잘 싸움.
【剛健 강건】 기상이나 기개가 꿋꿋하고 굳셈.
【保健 보건】 건강을 지켜 나가는 일.

【偈】 중의 글귀 게

명 ㊥jì ㊐ゲ, ケツ ㊍Buddhist hymn
字解 중의 글귀(게)
【偈頌 게송】 부처의 공덕을 찬양한 글귀로 된 노래.

【偄】 高(94)과 同字

【偲】 굳셀 시

명 ㊥sī ㊐シ ㊍strong
字解 ①굳셀(시) ②똑똑할(시)

【倻】 땅이름 야

字解 땅 이름, 나라 이름(야)
【伽倻 가야】 신라(新羅) 유리왕(儒理王) 때 김수로왕(金首露王) 육형제(六兄弟)가 세운 여섯 나라의 총칭.

【偃】 누울 언

명 ㊥yǎn ㊐エン(ふせる) ㊍lie
字解 ①누울, 자빠질(언) ¶偃臥(언와) ②쉴, 편안할(언) ¶偃息(언식) ③거만할(언) ¶偃蹇(언건)
【偃蹇 언건】 ①거만한 모양. ②높이 솟은 모양.
【偃息 언식】 누워서 쉼. 편안히 쉼.
【偃臥 언와】 ①드러누움. ②마음 편하게 지냄.
【偃草 언초】 풀이 바람 부는 방향으로 쓸려 넘어짐. '백성을 교화(教化)함'의 비유.

【偶】 짝 우

㊥ŏu ㊐グウ(たまたま) ㊍couple
字解 형성자. 人(인)은 의미 부분이고, 禺(우)는 발음 부분이다.
字解 ①짝, 배필(우) ¶偶數(우수) ②우연, 뜻밖(우) ¶偶發(우발) ③허수아비(우) ¶偶像(우상)
【偶發 우발】 우연히 일어남.
【偶像 우상】 나무·돌 등으로 만든 사람이나 신의 형상.
【偶數 우수】 짝수.
【偶然 우연】 뜻하지 않게 일어난 일.
【對偶 대우】 둘이 서로 짝을 이룸.
【配偶 배우】 부부로서의 짝. 配匹(배필).
【土偶 토우】 흙으로 만든 인형.

【偉】 위대할 위

㊥wěi ㊐イ(えらい) ㊍great
字解 형성자. 人(인)은 의미 부분이고, 韋(위)는 발음 부분이다.
字解 위대할, 훌륭할(위)
【偉大 위대】 뛰어나고 훌륭함.
【偉業 위업】 위대한 사업이나 업적.
【偉人 위인】 훌륭한 사람.

【偽】 僞(50)의 俗字

【停】 머무를 정

㊥tíng ㊐テイ(とどまる) ㊍stay
字解 형성 겸 회의자. 人(인)은 의미 부분이고, 亭(정)은 발음 부분이다. 본래 여관을 뜻하는 亭 자에서 '멈추다'라는 뜻이 비롯되었으므로 亭

은 의미 부분도 겸하고 있다.
[字解] **머무를, 머무르게 할**(정)
【停車 정거】 차가 멎음. 차를 멈춤.
【停年 정년】 퇴직하도록 정해진 나이.
【停留 정류】 탈것 따위가 머무름.
【停戰 정전】 전쟁 중인 두 편이 한때 전투 행위를 중지함.
【停止 정지】 중도에서 멈추거나 그침.
【停滯 정체】 한곳에 머물러 막힘.
【調停 조정】 분쟁이 해결되지 않을 때, 제삼자가 당사자 사이에 들어서 화해시킴.

亻 9 ⑪ **【偵】** 정탐할 **정** [庚] [간] 侦

[명] ㊥zhēn ㊐テイ(うかがう) ㊇spy
[字解] **정탐할, 엿볼**(정)
【偵察 정찰】 적의 형편을 몰래 살핌.
【偵探 정탐】 몰래 사정을 알아봄.
【密偵 밀정】 몰래 살피는 첩자(諜者).
【探偵 탐정】 비밀 사항이나 범죄 증거를 몰래 조사함, 또는 그런 일을 하는 사람.

亻 9 ⑪ **【做】** 지을 **주** [遇]

[명] ㊥zuò ㊐サク(つくる) ㊇make
[字解] **지을**(주)
【做錯 주착】 [國]잘못인 줄 알면서도 저지른 허물.
【看做 간주】 그렇다고 침.
[참고] 원래 '作(작 : 30)'의 속자로 중국음이 둘 다 같으나, 현재는 넘나들지 않고 구분되어 쓰인다.

亻 9 ⑪ **【側】** 곁 **측** [職] [간] 侧

亻 仴 侟 俱 俱 側 側 側
[고] ㊥cè ㊐ソク(かわ·そば) ㊇side
[字源] **형성자.** 人(인)은 의미 부분이고, 則(칙)은 발음 부분이다.
[字解] **①곁, 옆**(측) ¶ 側近(측근) **②기울일**(측) ¶ 側耳(측이) **③엎드릴, 뒤척거릴**(측) ¶ 反側(반측)
【側近 측근】 곁. 가까운 곳.
【側面 측면】 옆면.
【側目 측목】 ①곁눈으로 봄. ②시기(猜忌)하는 눈으로 봄.
【側耳 측이】 귀를 기울여서 들음.
【反側 반측】 잠을 이루지 못하고 몸을 뒤척거림.
【兩側 양측】 ①두 편. ②양쪽.

亻 9 ⑪ **【偸】** 훔칠 **투** [尤]

[명] ㊥tōu ㊐チュウ(ぬすむ) ㊇steal
[字解] **①훔칠, 도둑질할**(투) ¶ 偸盜(투도) **②구차할**(투) ¶ 偸生(투생)
【偸盜 투도】 남의 물건을 몰래 훔침, 또는 그런 짓을 하는 사람.
【偸生 투생】 죽어야 할 때 죽지 못하고 구차하게 살아감.

亻 9 ⑪ **【偏】** 치우칠 **편** [先]

亻 亻 㑢 㑢 㑢 偏 偏 偏
[고] ㊥piān ㊐ヘン(かたよる) ㊇lean
[字源] **형성자.** 人(인)은 의미 부분이고, 扁(편)은 발음 부분이다.
[字解] **치우칠, 기울**(편)
【偏見 편견】 공평하지 못하고 한쪽으로 치우친 의견.
【偏母 편모】 홀어미. 홀어머니.
【偏傍 편방】 한자의 구성에서 왼쪽 부분인 '편(偏)'과 오른쪽 부분인 '방(傍)'을 아울러 이르는 말.
【偏僻 편벽】 마음이 한쪽으로 치우침.
【偏食 편식】 입맛에 맞는 음식만을 가려 먹음.
【偏愛 편애】 한쪽으로 치우쳐 편벽되게 사랑함.
【偏重 편중】 어느 한쪽만 중히 여김.
【偏執 편집】 유난히 어떤 일에 집착하는 일.
【偏頗 편파】 한편으로 치우쳐 공평하지 못함.
【偏狹 편협】 도량이 좁고 치우침.

亻 9 ⑪ **【偪】** 핍박할 **핍** [本]벽 [職]

㊥bī ㊐ヒツ(せまる) ㊇press
[字解] **핍박할**(핍) =逼

亻 9 ⑪ **【偕】** 함께 **해** [本]개 [佳]

[명] ㊥xié ㊐カイ(ともに) ㊇together

字解 함께, 함께 할(해)
【偕樂 해락】여러 사람이 함께 즐김.
【偕老同穴 해로동혈】살아서는 한평생 함께 늙고, 죽어서는 한 무덤에 묻힘. '부부 사이의 굳은 사랑의 맹세'를 이름.

【傑】뛰어날 걸

고 ⊕jié ⊕ケツ ⊛distinguished
字解 형성자. 亻(인)은 의미 부분이고, 桀(걸)은 발음 부분이다.
字解 뛰어날, 훌륭할(걸)
【傑作 걸작】매우 뛰어난 작품. 名作(명작).
【傑出 걸출】남보다 훨씬 우뚝하게 뛰어남.
【人傑 인걸】뛰어난 사람.
【俊傑 준걸】재주와 슬기가 뛰어난 사람. 俊士(준사). 俊彦(준언).
【豪傑 호걸】도량이 넓고 지혜와 기개가 있는 사람.

【傔】시중들 겸

⊕qiàn ⊕ケン ⊛attend
字解 시중들, 따를(겸)
【傔從 겸종】시중드는 사람. 하인.

【傀】❶꼭두각시 괴 ❷기이할 괴

명 ⊕kuǐ, guī ⊕カイ ⊛puppet
字解 ❶꼭두각시(괴) ¶ 傀儡(괴뢰) ❷기이할(괴) ≒恠. ¶ 傀奇(괴기) ❷클(괴) ¶ 傀然(괴연)
【傀奇 괴기】기이함, 또는 그런 물건.
【傀儡 괴뢰】①꼭두각시. 허수아비. ②남의 앞잡이로 이용당하는 사람.
【傀然 괴연】위대한 모양.

【傍】곁 방

고 ⊕bàng ⊕ボウ(かたわら) ⊛beside
字源 형성 겸 회의자. 亻(인)은 의미 부분이고, 旁(방)은 발음 부분이다. 亻은 사람과 관계될 뿐 '가깝다'라는 뜻은 旁(곁 방)에서 비롯되므로 旁은 의미 부분도 겸하고 있다.
字解 곁, 옆(방)
【傍系 방계】직계(直系)에서 갈라져 나온 계통.
【傍觀 방관】그 일에 관계하지 않고 곁에서 보고만 있음.
【傍若無人 방약무인】곁에 사람이 없는 것같이 함. '남 앞에서 제멋대로 행동함'을 이름.
【傍聽 방청】회의·공판·방송 등을 옆에서 들음.

【傅】스승 부

명 ⊕fù ⊕フ ⊛teacher
字解 ①스승(부) ¶ 師傅(사부) ②도울(부) ¶ 傅佐(부좌)
【傅佐 부좌】남의 도움이 됨, 또는 남을 도와주는 사람.
【師傅 사부】①스승. ②조선 시대에, 세자의 교육을 맡아보던 세자시강원(世子侍講院)의 으뜸 벼슬인 사(師)와 부(傅). 사는 영의정이, 부는 좌·우의정이 겸하였음.
참고 傳(전: 48)은 딴 자.

【備】갖출 비

간 ⊕bèi ⊕ビ(そなえる) ⊛prepare
字源 형성자. 亻(인)은 의미 부분이고, 𤰇(비)는 발음 부분이다.
字解 갖출, 마련할(비)
【備考 비고】참고하기 위하여 갖춤, 또는 그 내용.
【備忘錄 비망록】잊지 않기 위하여 적어 두는 기록.
【備蓄 비축】만일의 경우에 대비하여 미리 모아 둠.
【備置 비치】갖추어 놓음.
【備品 비품】업무용으로 갖추어 두는 물건.
【對備 대비】무엇에 대응(對應)할 준비를 함.

【防備 방비】적의 침공이나 재해 등을 막을 준비를 함. 또는 그 준비.
【守備 수비】지키어 막음.
【裝備 장비】장치와 설비 등을 갖추어 지킴. 또는 그 장치나 비품.

【傛】불안할 용

명 ⓒyǒng ⓙヨウ ⓔanxious
字解 불안할, 근심스러울(용)

【傖】천할 창

ⓒcāng ⓙソウ ⓔmean
字解 천할, 촌뜨기(창)
【傖父 창부】비천한 사람. 시골뜨기.

【傾】기울 경

亻 亻 化 化 佰 佰 佰 傾
고 ⓒqīng ⓙケイ(かたむく) ⓔincline
字源 회의 겸 형성자. 人(인)과 頃(경)은 모두 의미 부분인데, 頃은 발음도 담당한다. 頃은 머리〔頁(혈)〕가 바르지 못하다는 뜻이다.
字解 기울, 기울일(경)
【傾國之色 경국지색】국운(國運)을 기울게 할 미인. '임금이 혹하여 나라가 위태롭게 되어도 모를 만큼 아름다운 미인'을 이름.
【傾斜 경사】비스듬히 기울어짐. 또는 기울어진 정도.
【傾注 경주】① 기울여 붓거나 쏟음. ② 한 가지 일에 마음을 기울임.
【傾聽 경청】귀 기울여 들음.
【傾向 경향】사상·행동이 일정한 방향으로 기울어지는 일.

【傴】곱사등이 구, 우

ⓒyǔ ⓙウ ⓔhunchback
字解 ①곱사등이, 꼽추(구) ≒佝·痀 ¶傴僂(구루) ②구부릴(구) ¶俯傴(부구)
【傴僂 구루】곱사등이. ⓢ痀瘻(구루).
【傴背 구배】곱사등이. 꼽추.

【俯傴 부구】엎드려 굽힘. 절함.

【僅】겨우 근

亻 亻 艹 艹 借 借 僅 僅
고 ⓒjǐn ⓙキン(わずか) ⓔbarely
字源 형성자. 人(인)은 의미 부분이고, 堇(근)은 발음 부분이다.
字解 ①겨우(근) ②적을(근)
【僅僅 근근】겨우. 간신히.
【僅少 근소】아주 적음. 조금. 약간.

【僂】곱사등이 루

ⓒlóu ⓙル, ロウ ⓔhunchback
字解 ①곱사등이(루) ≒瘻 ②구부릴, 꼽을(루)
【僂指 누지】손가락을 꼽아 셈.
【傴僂 구루】곱사등이. 꼽추.

【僇】욕될 륙

ⓒlù ⓙロク, リク ⓔshameful
字解 ①욕될, 욕할(륙) ②죽일(륙) ≒戮

【傷】상할 상

亻 亻 作 作 伊 傷 傷 傷
고 ⓒshāng ⓙショウ(きず) ⓔinjure
字源 형성자. 人(인)은 의미 부분이고, 昜은 발음 부분으로 殤(상)의 생략형이다.
字解 ①상할, 다칠(상) ¶傷處(상처) ②애태울(상) ¶傷心(상심) ③헐뜯을, 비난할(상) ¶中傷(중상)
【傷心 상심】마음 아파함. 애태움.
【傷痍 상이】몸에 입은 상처.
【傷處 상처】다친 자리.
【傷害 상해】남의 몸에 상처를 내어 해를 입힘.
【傷痕 상흔】상처의 흔적.
【負傷 부상】몸에 상처를 입음.
【損傷 손상】깨지거나 상함.
【外傷 외상】몸의 겉에 생긴 상처.
【中傷 중상】터무니없는 말로 남을 헐

亻部 11획

뜯음.
【重傷 중상】몹시 다침.

【僊】춤출 선

명 ⊕xiān ⊕セン 英dance
字解 ①춤출(선) ②신선(선) ≒仙

【傲】거만할 오

亻 仁 仁 伫 仲 俨 傲 傲

고 ⊕ào ⊕ゴウ(おごる) 英arrogant
字源 형성자. 人(인)은 의미 부분이고, 敖(오)는 발음 부분이다.
字解 ①거만할(오) ≒敖 ¶傲慢(오만) ②업신여길(오) ¶傲視(오시)
【傲氣 오기】남에게 지기 싫어하는 마음.
【傲慢 오만】젠체하며 남을 업신여기는 태도가 있음. 倨慢(거만).
【傲霜孤節 오상고절】서릿발 속에서도 굽히지 않고 외로이 지키는 절개. '국화(菊花)'의 비유.
【傲視 오시】깔봄. 남을 업신여김.

【傭】품팔이 용

명 ⊕yōng ⊕ヨウ(やとう) 英employed
字解 품팔이, 품팔이할(용)
【傭兵 용병】보수를 주고 병사를 고용함. 또는 그 병사.
【傭人 용인】품을 파는 사람.
【雇傭 고용】삯을 받고 일을 함.

【傳】❶전할 전 ❷전기 전

伝 传 伝

亻 仁 伊 伸 俥 傳 傳

중 ⊕chuán ⊕デン(つたえる) 英transmit
字源 형성 겸 회의자. 人(인)은 의미 부분이고, 專(전)은 발음 부분이다. 人은 사람과 관계될 뿐 '전하다'라는 뜻은 專에서 비롯되었으므로 專은 의미 부분도 겸하고 있다.
字解 ❶①전할(전) ¶傳來(전래) ②펼(전) ¶宣傳(선전) ③옮길(전) ¶傳染(전염) ❷①전기(전) ¶列傳(열전) ②경서의 주해(전) ¶經傳(경전)
【傳喝 전갈】사람을 시켜 말을 전함.
【傳記 전기】한 개인의 일생의 사적(事蹟)을 적은 기록.
【傳單 전단】선전·광고를 위해 사람들에게 돌리거나 눈에 잘 띄는 곳에 붙이는 종이.
【傳達 전달】전하여 이르게 함.
【傳導 전도】①전하여 인도함. ②열이나 전기가 물체 속을 이동함
【傳來 전래】전하여 내려옴.
【傳送 전송】전하여 보냄.
【傳受 전수】전하여 받음.
【傳承 전승】대대로 전하여 내려옴.
【傳信 전신】소식을 전함.
【傳染 전염】①옮아 물듦. ②병균(病菌)이 옮음.
【傳統 전통】예로부터 내려오는 사상·관습 등의 양식과 그것의 핵심 정신.
【傳播 전파】전하여 널리 퍼뜨림.
【經傳 경전】경서(經書)와 그 경서를 주해(註解)한 글.
【宣傳 선전】사상·이론이나 사물의 효능 따위를 대중에게 널리 알림.
【列傳 열전】많은 사람의 전기(傳記)를 차례로 벌여 적은 책.
참고 傅(부 : 46)는 딴 자.

【債】빚 채

亻 仁 仕 伫 佯 倩 債 債

고 ⊕zhài ⊕サイ(かり) 英debt
字解 회의 겸 형성자. 人(인)과 責(책)은 모두 의미 부분인데, 責은 발음도 담당한다.
字解 빚, 부채(채)
【債券 채권】국가·지방 자치 단체·은행·회사 등이 필요한 자금을 빌릴 경우에 발행하는 유가 증권.
【債權 채권】빌려 준 쪽이 빌린 쪽에 대해 가지는 권리.
【債務 채무】빌린 것을 도로 갚아야 하는 의무.
【負債 부채】빚을 짐, 또는 그 빚.
【私債 사채】개인 사이에 지는 빚.

【催】 재촉할 최

亻 亻' 亻 亻 亻 俳 催 催

국 ⓒcuī ⓙサイ(もよおす) ⓔurge
字源 형성자. 人(인)은 의미 부분이고, 崔(최)는 발음 부분이다.
字解 ①재촉할(최) ¶催促(최촉) ②베풀(최) ¶開催(개최)

【催告 최고】 법률상 일정한 결과를 일으키기 위하여 상대편의 행위를 재촉하는 일.
【催淚 최루】 눈물을 흘리게 함.
【催眠 최면】 잠이 오게 함.
【催促 최촉】 빨리 할 것을 요구함.
【開催 개최】 모임·행사 따위를 엶.
【主催 주최】 행사·회합 따위를 주장하여 엶.

【僄】 가벼울 표

ⓒpiào ⓙヒョウ ⓔlight
字解 ①가벼울(표) ②날랠(표) 늑 嫖

【僄輕 표경】 동작이 가볍고 빠름.
【僄悍 표한】 동작이 날쌔고 사나움.

【僱】 雇(786)와 同字

【僑】 객지에 살 교

명 ⓒqiáo ⓙキョウ
字解 ①객지에 살(교) ②잠시 머물(교)

【僑胞 교포】 외국에 거주하는 동포(同胞). 僑民(교민).
【華僑 화교】 중국 본토 이외의 나라에 거주하는 중국인.

【僮】 하인 동

ⓒtóng, zhuàng ⓙドウ(わらべ) ⓔservant
字解 ①하인, 종(동) ②아이(동) 늑 童

【僮僕 동복】 사내아이 종.
【家僮 가동】 ①한 집안에 매인 종. ②집안 심부름을 맡아 하는 아이.

【僚】 동료 료

국 ⓒliáo ⓙリョウ ⓔcomrade
字源 형성자. 人(인)은 의미 부분이고, 尞(료)는 발음 부분이다.
字解 ①동료(료) ¶僚友(요우) ②관리, 백관(료) ¶官僚(관료)

【僚友 요우】 같은 일자리에서 일하고 있는 벗. 僚輩(요배).
【閣僚 각료】 내각(內閣)을 구성하는 각부(各部)의 장관.
【官僚 관료】 정치적 영향력이 있는 고급 관리.
【同僚 동료】 같은 기관이나 부문에서 함께 일하는 사람.

【僕】 종 복

명 ⓒpú ⓙボク(しもべ) ⓔservant
字解 ①종, 하인(복) ¶奴僕(노복) ②마부(복) ¶僕御(복어) ③저(복) ※ '자기'의 겸칭. ¶僕輩(복배)

【僕輩 복배】 저희들.
【僕御 복어】 말을 다루는 사람. 마차의 앞에 타고 말을 모는 사람.
【公僕 공복】 국가나 사회의 심부름꾼. '공무원'을 이름.
【奴僕 노복】 사내종. 奴子(노자).
【忠僕 충복】 ①상전을 정성껏 섬기는 사내종. ②'어떤 사람을 충직하게 모시는 사람'의 비유.

【像】 형상 상

亻 亻 亻 俨 俨 像 像 像

국 ⓒxiàng ⓙゾウ(かたち) ⓔfigure
字源 회의 겸 형성자. 人(인)과 象(상)은 모두 의미 부분인데, 象은 발음도 담당한다.
字解 ①형상, 모양(상) ¶銅像(동상) ②본뜰(상) ¶像形(상형)

【像形 상형】 어떤 물건의 모양을 본떠서 비슷하게 만듦, 또는 그 모양.
【銅像 동상】 구리로 만든 사람의 형상.
【想像 상상】 머릿속으로 그려 생각함.
【偶像 우상】 ①나무·돌 등으로 만든

亻部 12획

사람이나 신의 형상. ②맹목적인 인기나 추종·존경의 대상.
【肖像 초상】 그림 따위에 나타난 어떤 사람의 얼굴이나 모습.

【僧】 중 승
12(14)
㉠ 中sēng 日ソウ 英bonze
字源 형성자. 人(인)은 의미 부분이고, 曾(증)은 발음 부분이다.
字解 중, 승려(승)
【僧伽 승가】 ①불도를 닦는 사람들의 집단. ②중.
【僧侶 승려】 중. 佛者(불자).
【僧舞 승무】 고깔을 쓰고 장삼을 입은 차림으로 추는 춤.
【高僧 고승】 학덕이 높은 중.
【主僧 주승】 한 절의 주지로 있는 중.

【僥】 요행 요
12(14)
名 中yáo 日ギョウ 英luck
字解 ①요행(요) ②바랄(요)
【僥倖 요행】 ①행운을 바람. ②뜻밖의 행운. 同徼倖(요행)·倖幸(요행).

【僞】 거짓 위
12(14)
㉠ 中wěi 日ギ(いつわる) 英falsehood
字源 형성자. 人(인)은 의미 부분이고, 爲(위)는 발음 부분이다.
字解 거짓, 속일(위)
【僞善 위선】 겉으로만 착한 체함.
【僞裝 위장】 사실과 다르게 거짓 꾸밈, 또는 그 꾸밈새.
【僞造 위조】 물건이나 문서의 가짜를 만듦. 贗造(안조).
【僞證 위증】 ①거짓 증거. ②증인의 허위 진술.
【眞僞 진위】 참과 거짓.
【虛僞 허위】 거짓.

【僔】 모일 준
12(14)
名 中zǔn 日ソン 英gather

字解 ①모일(준) ②많을(준)

【僭】 참람할 참
12(14)
名 中jiàn 日セン 英excessive
字解 참람함, 분에 넘칠(참)
【僭濫 참람】 분수에 맞지 아니하게 지나침. 僭越(참월).
【僭稱 참칭】 제멋대로 스스로 임금이라고 일컬음, 또는 그 칭호.

【僣】 僭(50)의 俗字
12(14)

【僬】 ❶밝게 살필 초
12(14) ❷달릴 초
中ziāo 日ショウ 英clearheaded
字解 ❶①밝게 살필(초) ②나라 이름(초) ❷달릴(초)
【僬僥 초요】 난쟁이가 사는 나라 이름. 僬僚(초료). 同焦僥(초요).
【僬僬 초초】 ①달음질하여 체통을 못차리는 모양. ②밝게 살피는 모양.

【僖】 기쁠 희
12(14)
名 中xī 日キ 英joyful
字解 기쁠, 즐거워할(희) 同喜

【價】 값 가
13(15)
音 中jià 日カ(あたい) 英value
字源 회의 겸 형성자. 人(인)과 賈(가)는 모두 의미 부분인데, 賈는 발음도 담당한다. 賈는 '장사하다'라는 뜻이다.
字解 값, 가치(가)
【價格 가격】 화폐로써 나타낸 상품의 교환 가치.
【價値 가치】 값. 값어치.
【物價 물가】 물건 값.
【時價 시가】 그때의 값. 時勢(시세).
【定價 정가】 정한 값, 또는 값을 매김.
【評價 평가】 사람·사물의 가치를 판단함.

亻部 13획

【僵】 쓰러질 강 陽

㊥jiāng ㊐キョウ(たおれる) ㊧fall

字解 ①쓰러질(강) ②뻣뻣해질(강) ≒殭

【僵立 강립】 뻣뻣이 서서 움직이지 않음.
【僵屍 강시】 ①쓰러져 있는 시체. ②얼어 죽은 송장.

【儉】 검소할 검 琰

㊥jiǎn ㊐ケン(つづまやか) ㊧frugal

字解 형성자. 人(인)은 의미 부분이고, 僉(첨)은 발음 부분이다.

字解 ①검소할(검) ¶儉約(검약) ②흉년(검) ¶儉年(검년)

【儉年 검년】 작물의 결실이 적은 해. 儉歲(검세). 凶年(흉년).
【儉素 검소】 사치하지 않고 수수함.
【儉約 검약】 검소하고 절약함.
【勤儉 근검】 부지런하고 검소함.

【儆】 경계할 경 梗

㊃jǐng ㊐ケイ ㊧guard

字解 경계할(경) ≒警

【儆戒 경계】 경계하여 조심하는 모양.

【儂】 나 농 冬

㊥nóng ㊐ノウ ㊧I

字解 ①나(농) ②저(농)

【儂家 농가】 나의 집.

【儋】 멜 담 覃

㊥dān ㊐タン ㊧shoulder

字解 ①멜(담) ≒擔 ②항아리(담) ③담(담) ※부피의 단위.

【儋石 담석】 ①얼마 되지 않는 곡식. ②얼마 되지 않는 액수(額數).
※ '儋'은 두 항아리의 분량, '石'은 한 항아리의 분량.

【僻】 ❶궁벽할 벽 陌 ❷성가퀴 비 寘

명 ❶ ㊥pì ㊐ヘキ ㊧secluded

字解 ❶①궁벽할(벽)≒후미질(벽) ¶僻地(벽지) ②치우칠(벽) ¶偏僻(편벽) ③피할(벽) ❷성가퀴(비)≒埤·陣 ¶僻倪(비예)

【僻字 벽자】 흔하게 쓰이지 않는, 낯선 글자.
【僻地 벽지】 궁벽한 곳. 외진 곳.
【僻村 벽촌】 외진 곳에 있는 마을.
【僻倪 비예】 성 위에 나지막하게 쌓은 담. 성가퀴.
【窮僻 궁벽】 도회지에서 멀리 떨어져서 후미지고 으슥함.
【偏僻 편벽】 한쪽으로 치우침.

【儧】 잘게 부술 사·새 寘

명 사 ㊥sài ㊐サイ

字解 잘게 부술(사·새)

【儧說 사설·새설】 자질구레한 말, 또는 보잘것없는 이야기.

【億】 억 억 職

亻 亻 俨 俨 倍 億 億 億

명 ㊥yì ㊐オク ㊧hundred million

字源 형성자. 人(인)은 의미 부분이고, 意(의)는 발음 부분이다. 옛날에 億과 意는 발음이 비슷하였다.

字解 억(억) ※수의 단위.

【億劫 억겁】 무한히 긴 오랜 시간.
【億萬長者 억만장자】 셀 수 없을 정도로 많은 재산을 가진 부자.
【億兆蒼生 억조창생】 수많은 백성, 또는 온 세상 사람.

【儀】 거동 의 支

亻 亻 俨 佯 佯 佯 儀 儀

명 ㊥yí ㊐ギ(のり) ㊧manners

字源 형성자. 人(인)은 의미 부분이고, 義(의)는 발음 부분이다.

字解 ①거동(의) ¶威儀(위의) ②

亻部 13획   52

본보기, 모범(의) ¶儀表(의표) ③ 예의, 예법(의) ¶儀式(의식)
【儀禮 의례】형식을 갖춘 예의.
【儀式 의식】의례를 갖추어 베푸는 행사. 式典(식전). 儀典(의전).
【儀仗 의장】지난날, 의식에 쓰던 무기나 일산(日傘)·기(旗) 따위.
【儀表 의표】①모범. 본보기. ②몸을 가지는 태도. 儀容(의용).
【賻儀 부의】초상난 집에 부조(扶助)로 보내는 돈이나 물건.
【禮儀 예의】사회생활에서, 사람이 지켜야 할 예절.
【威儀 위의】위엄이 있는 몸가짐이나 차림새.

亻13【儁】준걸 준 匽
⑮
명 ⊕jùn ⊕ジュン 英eminence
字解 ①준걸(준)=俊·雋 ②영특할(준)

亻13【儈】거간 쾌 本괴 匽
⑮
⊕kuài ⊕カイ 英broker
字解 거간, 중개인, 주릅(쾌)
【家儈 가쾌】가옥의 거간꾼. 가옥 매매의 중개인. 집주름.
【市儈 시쾌】시장에서 흥정을 붙이는 일을 업으로 삼는 사람. 장주릅.

亻13【儇】총명할 현 匽
⑮
명 ⊕xuān ⊕ケン 英bright
字解 ①총명할(현) ②빠를(현)

亻14【儐】인도할 빈 匽
⑯
명 ⊕bīn ⊕ヒン 英guide
字解 ①인도할(빈) ②대접할(빈)

亻14【儒】선비 유 匽
⑯
亻 亻丶 俨 俨 儒 儒 儒
고 ⊕rú ⊕ジュ 英scholar
字源 형성자. 人(인)은 의미 부분이고, 需(수)는 발음 부분이다.
字解 ①선비(유) ¶巨儒(거유) ②

유교(유) ¶儒林(유림)
【儒家 유가】유교를 신봉하고 연구하는 학자나 학파.
【儒敎 유교】공자를 시조(始祖)로 하고 인의(仁義)를 근본으로 하는 유학(儒學)의 가르침.
【儒林 유림】유교 또는 유학을 신봉·연구하는 학자들.
【儒生 유생】유도를 닦는 선비.
【儒學 유학】유교의 학문.
【巨儒 거유】학문과 덕이 높은 큰 선비. 大儒(대유).

亻14【億】기댈 은 畵
⑯
명 ⊕yìn ⊕イン 英lean
字解 기댈(은)

亻14【儕】무리 제 匽
⑯
⊕chái ⊕サイ, セイ (ともがら)
英group
字解 무리, 또래(제)
【儕輩 제배】비슷한 또래. 儕等(제등).

亻14【儔】짝 주 匽
⑯
⊕chóu ⊕チュウ (ともがら)
英companion
字解 ①짝, 무리(주) ②누구(주)
【儔侶 주려】짝. 동료. 儔匹(주필).

亻14【儘】盡(564)과 同字
⑯

亻15【儡】꼭두각시 뢰 匽
⑰
명 ⊕lèi ⊕ライ (でく) 英puppet
字解 ①꼭두각시, 허수아비(뢰) ②피로할(뢰)
【儡儡 뇌뢰】①실패해서 의기소침한 모양. ②지쳐 약해진 모양.
【傀儡 괴뢰】①꼭두각시. 허수아비. ②남의 앞잡이로 이용당하는 사람.

亻15【償】갚을 상 匽
⑰
亻 亻丶 俨 俨 償 償 償

⊙ ㊥cháng ㊐ショウ(つぐなう) ㊧repay
字源 형성자. 人(인)은 의미 부분이고, 賞(상)은 발음 부분이다.
字解 갚음, 물어 줄(상)
【償還 상환】①다른 것으로 대신해서 돌려줌. ②빚을 갚음.
【無償 무상】①한 일에 대하여 보상이 없음. ②대가를 받지 않음.
【賠償 배상】끼친 손해를 물어 줌.
【辨償 변상】①빚을 갚음. ②남에게 입힌 손해를 돈·물건 따위로 물어 줌.
【補償 보상】손해를 금전으로 갚음.

【優】 넉넉할 우

亻 亻 亻 优 俨 偃 優 優

⊙ ㊥yōu ㊐ユウ(やさしい) ㊧ample
字源 형성자. 人(인)은 의미 부분이고, 憂(우)는 발음 부분이다.
字解 ①넉넉할(우) ¶優待(우대) ②품위 있을(우) ¶優雅(우아) ③뛰어날, 나을(우) ¶優等(우등) ④광대(우) ¶俳優(배우) ⑤머뭇거릴(우) ¶優柔不斷(우유부단)
【優待 우대】넉넉히 잘 대우함.
【優等 우등】①뛰어난 등급. ②매우 뛰어남.
【優良 우량】여럿 가운데서 뛰어나게 좋음.
【優秀 우수】여럿 가운데서 특별히 뛰어남.
【優勝 우승】최고의 성적으로 이김.
【優雅 우아】품위가 있고 아름다움.
【優劣 우열】우수함과 열등함.
【優越 우월】남보다 뛰어나게 나음.
【優柔不斷 우유부단】줏대 없이 어물거리기만 하고 딱 잘라 결단을 내리지 못함.
【俳優 배우】①광대. ②연극·영화에서 어떤 인물로 분장하여 연기하는 사람.

【償】 ⊙ 償(53)의 俗字

【儲】 쌓을 저

⊙ ㊥chǔ ㊐チョ(もうけ) ㊧store
字解 ①쌓을(저) ¶儲米(저미) ②버금(저) ¶儲位(저위) ③태자(저) ¶儲君(저군)
【儲君 저군】왕세자(王世子) 또는 황태자(皇太子). 東宮(동궁).
【儲米 저미】급한 일에 쓰기 위하여 미리 저축하여 쌓아 둔 쌀.
【儲位 저위】임금의 다음가는 지위. 곧, 태자(太子).

【儵】 빠를 숙

⊙ ㊥shū ㊐シュク ㊧suddenly
字解 ①빠를(숙) ≒倏 ②검을(숙)
【儵忽 숙홀】①별안간. 극히 짧은 시간. ②번갯불. 電光(전광).

【儺】 역귀 쫓을 나

⊙ ㊥nuó ㊐ダ ㊧exorcise
字解 역귀 쫓을, 푸닥거리(나)
【儺禮 나례】음력 섣달 그믐날, 궁중에서 역귀(疫鬼)를 쫓던 의식.

【儷】 짝 려

⊙ ㊥lì ㊐レイ ㊧pair
字解 짝, 쌍(려)
【儷文 여문】4자 또는 6자로 된, 수사적 대구를 많이 쓰는 한문 문체. 駢儷文(변려문).

【儹】 모을 찬

⊙ ㊥zǎn ㊐サン ㊧gather
字解 모을, 모일(찬)

【儻】 빼어날 당

⊙ ㊥tǎng ㊐トウ ㊧surpassing
字解 ①빼어날(당) ¶倜儻(척당) ②혹시(당) ≒倘 ¶儻或(당혹)
【儻或 당혹】만약. 만일. 혹시.
【倜儻 척당】보통 사람보다 뛰어남.

【儼】 엄전할 엄

⊙ ㊥yǎn ㊐ダン ㊧stern

字解 ①엄전할, 의젓할(엄) 늑嚴 ②삼갈(엄)
【儼恪 엄각】 공손하고 삼감.

2 儿 部

儿⓪② 【儿】 어진 사람 인 匯

㊥ér ㊐ニン

字源 상형자. 人(사람 인)자를 다른 형태로 쓴 글자다. 儿부에 속하는 글자 가운데 '사람'이라는 본래 뜻과 관계있는 글자는 元(으뜸 원)·兄(맏 형)·先(먼저 선)·兒(아이 아) 등이고, 나머지는 해서체를 기준으로 한 분류에 따라 이 부에 들어갔을 뿐이다.

字解 ①어진 사람(인) ②부수의 하나(어진사람인발)

儿①③ 【兀】 우뚝할 올 月

㊅ ㊥wù ㊐コツ ㊉high
字解 ①우뚝할(올) ②발뒤꿈치 벨(올)
【兀立 올립】 높이 우뚝 솟음.
【兀者 올자】 발뒤꿈치를 베는 형벌을 받아 절름발이가 된 사람.
【突兀 돌올】 우뚝 솟은 모양.

儿②④ 【元】 으뜸 원 冠

一 二 元 元

㊅ ㊥yuán ㊐ゲン(もと) ㊉principal
字源 위(上)를 뜻하는 二와 儿(=人)으로 이루어져 머리를 뜻하는 회의자라는 학설과 '二'는 머리 부분을 가리키는 표시이므로 지사자라는 학설이 있다

字解 ①으뜸, 우두머리(원) ¶元首(원수) ②처음, 시초(원) ¶元年(원년) ③근본(원) ¶元素(원소) ④원나라(원) ※칭기즈 칸의 손자 쿠빌라이가 세운 나라 (1271∼1368).

【元氣 원기】 ①마음과 몸의 정력. ②만물의 정기.
【元年 원년】 ①임금이 즉위한 해. ②나라를 세운 해. ③연호(年號)를 정한 첫해.
【元旦 원단】 음력 정월 초하룻날 아침. 설날 아침.
【元老 원로】 ①국가에 큰 공이 있는 신하. ②오랫동안 어떤 일에 종사하여 공로가 있는 사람.
【元素 원소】 물체의 성분을 형성하는 근본. 본바탕.
【元首 원수】 국가의 최고 통치권을 가진 사람.
【元子 원자】 임금의 적자(嫡子).
【元祖 원조】 ①한 겨레의 맨 처음 조상. ②어떤 일을 처음 시작한 사람. 鼻祖(비조).
【元兇 원흉】 흉악(凶惡)한 무리의 우두머리.
【壯元 장원】 과거에 수석(首席)으로 급제함.

'元'이 붙은 한자

刓 깎을(완)   完 완전할(완)
阮 성(완)   玩 놀(완)
翫 익숙할(완) 頑 완고할(완)
沅 강 이름(원)

儿②④ 【允】 진실로 윤 軫

㊅ ㊥yǔn ㊐イン(まこと) ㊉sincere
字解 ①진실로(윤) ②허락할(윤) ③마땅할(윤)
【允當 윤당】 타당함. 마땅함.
【允文允武 윤문윤무】 진실로 문(文)이 있고 무(武)가 있음. '임금이 문무의 덕을 겸비함'을 칭송하는 말.
【允許 윤허】 임금이 허가함.

儿②⑤ 【㫃】 充(56)의 本字

儿③⑤ 【兄】 맏 형 庚

丨 口 口 尸 兄

㊅ ㊥xiōng ㊐ケイ, キョウ(あに) ㊉elder brother

字源 회의자. 儿(인)과 口(구)는 모두 의미 부분이다. 사람의 입(口)을 강조한 모습으로 본래 '자라나다'라는 뜻이었는데, '형'이라는 뜻으로 가차되었다.
字解 ①맏, 형, 언니(형) ¶兄弟(형제) ②높일(형) ※벗을 높여 부르는 말. ¶老兄(노형)
【兄夫 형부】언니의 남편.
【兄弟 형제】형과 아우.
【老兄 노형】동년배 사이에서 상대를 대접하여 부르는 말.
【妹兄 매형】손위 누이의 남편. 妹夫(매부). 姊兄(자형).

儿4⑥【光】빛 광 陽 佺 昳 光

ㅣ ㅑ ㅑ ㅕ ㅕ 光

음 ㊥guāng ㊐コウ(ひかり) ㊨light
字源 회의자. 사람(儿(인)) 머리 위에 불(火(화))이 있는 모습으로, '밝다'라는 뜻을 나타낸다.
字解 ①빛, 빛날(광) ¶光彩(광채) ②영화로울(광) ¶榮光(영광) ③경치, 풍경(광) ¶風光(풍광) ④세월(광) ¶光陰(광음)
【光景 광경】눈에 보이는 경치, 또는 어떤 장면의 모습.
【光明 광명】①밝은 빛. ②장래의 밝은 빛.
【光復 광복】잃었던 국권(國權)을 도로 회복함.
【光速 광속】빛의 속도.
【光陰 광음】시간. 세월.
☞ '光'은 해, '陰'은 달을 뜻함.
【光彩 광채】①찬란한 빛. ②정기 어린 밝은 빛.
【榮光 영광】빛나는 영예(榮譽).
【風光 풍광】자연의 아름다운 모습. 風景(풍경).
【後光 후광】어떤 인물이나 사물을 더욱 빛나게 하는 배경.

'光'이 붙은 한자

侊 성할(광)　　琉 옥피리(광)
洸 물 용솟음할(광)
桄 광랑나무(광)　胱 방광(광)
恍 황홀할(황)　　晃 밝을(황)

儿4⑥【先】❶먼저 선 銑　❷앞설 선 霰 先

ㅣ ㅑ 屮 屮 步 先

음 ㊥xiān ㊐セン(さき) ㊨first
字源 회의자. 갑골문·금문을 보면 사람(儿(인)) 위에 발(㔾=止)이 있는 형태이다. 이에 대해서 止는 발자취를 뜻하고 儿은 후손(後孫)을 뜻하므로 선조(先祖)를 의미한다는 학설과 사람이 발을 들어올린 모습으로 '앞으로 나아가다'라는 뜻을 나타낸다는 학설이 있다.
字解 ❶①먼저(선) ¶先決(선결) ②조상(선) ※흔히 죽은 손윗사람을 이름. ¶先考(선고) ❷앞설(선) ¶先驅(선구)
【先覺 선각】남보다 먼저 깨달음, 또는 그 사람.
【先見之明 선견지명】앞일을 꿰뚫어 보는 슬기.
【先決 선결】다른 일보다 먼저 해결함.
【先考 선고】돌아가신 아버지. 先人(선인). 先親(선친).
【先驅 선구】①어떤 사상이나 일에 있어서 앞선 사람. 先驅者(선구자). ②말 탄 행렬의 앞에 선 사람. 前驅(전구).
【先頭 선두】첫머리.
【先輩 선배】학문·덕행·나이 등이 자기보다 앞선 사람.
【先鋒 선봉】맨 앞장.
【先妣 선비】돌아가신 어머니.
【先烈 선열】정의(正義)를 위해 싸우다 죽은 열사(烈士).
【先塋 선영】조상의 무덤이 있는 곳. 先山(선산).
【先後 선후】먼저와 나중.
【機先 기선】어떤 일이 일어나려는 그 직전.

儿4⑥【兆】조 조 篠 兆

丿 丿 丬 儿 兆 兆

음 ㊥zhào ㊐チョウ(きざし) ㊨trillion
字源 상형자. 거북의 등껍질이 갈라진 모양이다. 은(殷)나라 때는 거

북을 태워 등껍질이 갈라진 것으로 길흉(吉凶)을 점쳤기 때문에 '조짐'·'점치다'라는 뜻을 나타낸다.
字解 ①조(조) ※수의 단위. 억(億)의 만 배. ②많은 수(조) ¶ 兆民(조민) ③점패(조) ¶ 兆占(조점) ④징조, 빌미(조) ¶ 兆朕(조짐) ⑤묏자리(조) ¶ 兆域(조역)

【兆民 조민】 많은 백성.
【兆域 조역】 무덤이 있는 곳. 묏자리. 墓地(묘지).
【兆占 조점】 점, 또는 점을 침.
【兆朕 조짐】 어떤 일이 일어날 기미.
【前兆 전조】 미리 나타나는 조짐. 徵兆(징조).

'兆'가 붙은 한자

挑 돋울(도)   跳 뜀(도)
桃 복숭아(도) 逃 달아날(도)
眺 바라볼(조) 祧 천묘할(조)
窕 안존할(조)

【充】 가득할 충

음 ㊥chōng ㊐シュウ(みちる) ㊦full
字源 형성자. 儿(인)은 의미 부분이고, 亠(돌)은 발음 부분으로 育(육) 자에서 月(육달월)이 생략된 것이다.
字解 ①가득할, 찰(충) ¶ 充滿(충만) ②채울(충) ¶ 充當(충당) ③막을(충) ¶ 充耳(충이)

【充當 충당】 모자라는 것을 채움.
【充滿 충만】 가득 참.
【充實 충실】 내용이 갖추어지고 알참.
【充員 충원】 모자라는 인원을 채움.
【充耳 충이】 ①귀를 막음. ②귀를 가리는 장식물.
【充塡 충전】 빈 곳이나 공간 따위를 채움, 또는 채워서 메움.
【充足 충족】 분량(分量)이 차서 모자람이 없음.
【充血 충혈】 몸의 어느 한 부위에 피가 지나치게 많아짐.
【補充 보충】 부족한 것을 보태어 채워 넣음.

【擴充 확충】 넓혀서 가득 차게 함.

【兇】 흉악할 흉

음 ㊥xiōng ㊐キョウ(わるい) ㊦cruel
字解 ①흉악할(흉) ≒凶 ¶ 兇漢(흉한) ②두려워할(흉) ¶ 兇兇(흉흉)

【兇器 흉기】 사람을 살상하는 데 쓰는 도구. 凶具(흉구).
【兇漢 흉한】 흉악한 사람.
【兇兇 흉흉】 두려워하는 모양.
【元兇 원흉】 흉악한 무리의 우두머리.

【克】 이길 극

一 十 古 古 古 克

고 ㊥kè ㊐コク(かつ) ㊦overcome
字源 북을 치는 방망이를 그린 것, 사람이 머리에 투구를 쓰고 손은 허리를 받치고 있는 모습으로 '맡은 바 임무를 해낸다'는 뜻을 나타낸다는 것 등 여러 학설이 있으나 아직 정설이 없다.
字解 ①이길(극) ≒剋 ②능할(극)

【克己 극기】 자기의 사념(私念)·사욕(私慾) 따위를 눌러 이김.
【克己復禮 극기복례】 사사로운 욕심을 누르고 예의범절을 좇음.
【克明 극명】 속속들이 잘 밝힘.
【克服 극복】 어려움을 이겨 냄.

【免】 免(57)의 本字

【児】 음 兒(57)의 俗字

【兌】 바꿀 태

음 ㊥duì ㊐ダ ㊦exchange
字解 ①바꿀(태) ¶ 兌換(태환) ②괘 이름(태) ¶ 兌卦(태괘)

【兌卦 태괘】 팔괘(八卦)의 하나로, 못·가을·소녀·서쪽을 상징함. 괘형은 ☱.
【兌換 태환】 ①바꿈. ②지폐를 금화(金貨) 따위의 정화(正貨)와 바꿈.

儿部 8획

'兌'가 붙은 한자
說 말씀(설)　帨 수건(세)
稅 세금(세)　悅 기쁠(열)
閱 살펴볼(열)　銳 날카로울(예)
脫 벗을(탈)

儿⁵₍₇₎【兎】 兔(57)와 同字

儿⁶₍₈₎【免】면할 면　^본絻

丿 ク ㄅ 召 召 免 免

중 ⑪miǎn ⑪メン(まぬかれる) ⑳avoid

字源 상형자. 갑골문·금문을 보면 사람이 모자를 쓰고 있는 모습으로, 絻(면류관 면) 자의 원시 형태이다. '멈추다'·'벗어나다'라는 뜻은 뒤에 가차된 것이다.

字解 ①면할, 벗을(면) ¶免稅(면세) ②허가할(면) ¶免許(면허) ③내칠(면) ¶罷免(파면)

【免稅 면세】 과세(課稅)를 면제함.
【免疫 면역】 질병에 잘 걸리지 않는 저항력을 가지는 일.
【免除 면제】 의무·책임을 지우지 아니함.
【免許 면허】 국가 기관에서 어떤 행위·영업을 할 수 있게 허가하는 일.
【放免 방면】 얽매인 상태에 있던 것을 풀어 줌.
【赦免 사면】 죄를 용서하여 형벌을 면제함.
【罷免 파면】 직무를 그만두게 함.

'免'이 붙은 한자
娩 해산할(만)　挽 당길(만)
晩 늦을(만)　鞔 끝(만)
俛 머리 숙일(면)　冕 면류관(면)
勉 힘쓸(면)

儿⁶₍₈₎【兒】아이 아　^속児 ^간儿

丿 イ イ 臼 臼 臼 兒 兒

중 ⑪ér, ní ⑪ジ, ニ(こ) ⑳child

字源 상형자. 어린아이의 머리가 큰 것을 강조하고, 정수리가 아직 닫히지 않은 모습을 그린 것이다.
字解 ①아이, 아기(아) ¶兒童(아동) ②아들(아) ¶豚兒(돈아)
【兒童 아동】 어린이.
【兒役 아역】 영화 따위에서 어린이 역.
【豚兒 돈아】 어리석고 철이 없는 아이. 남에게 '자기의 아들'을 낮추어 이르는 말. 家豚(가돈).
【嬰兒 영아】 젖먹이. 乳兒(유아).
【幼兒 유아】 어린아이.
【育兒 육아】 아이를 기름.

儿⁶₍₈₎【兗】圐 兗(57)의 俗字

儿⁶₍₈₎【兎】 兔(57)의 本字

儿⁶₍₈₎【兔】토끼 토　^본兎 ^동兎 兎

명 ⑪tù ⑪ト(うさぎ) ⑳rabbit

字解 ①토끼(토) ¶狡兔(교토) ②달(토) ※달에 토끼가 산다는 전설에서 온 말. ¶兔影(토영)
【兔死狗烹 토사구팽】 토끼를 다 잡으면 사냥개를 삶아 먹음. '큰 일이 이루어진 뒤에는 그 일에 공이 큰 사람도 죽임을 당하게 됨'의 비유.

故事 한(漢)나라 유방(劉邦)이 천하를 통일한 후 일등 공신 한신(韓信)을 죽이려 하자, 한신이 "토끼가 잡히면 사냥개를 삶아 먹고〔狡兔死良狗烹〕 새를 잡고 나면 활을 치워 버린다."라고 탄식한 데서 온 말.

【兔影 토영】 ①달 그림자. ②달빛.
【狡兔 교토】 교활한 토끼, 또는 토끼의 별칭.

儿⁷₍₉₎【兗】땅 이름 연　^속兖 兖

명 ⑪yǎn ⑪エン

字解 땅 이름(연) ※중국 하(夏)나라 때 구주(九州)의 하나.

儿⁸₍₁₀₎【党】 黨(835)의 俗字

儿部 9획

[兜] 투구 두 囮
⑪⑨
명 ⓒdōu ⓙトウ, ト(かぶと)
ⓔhelmet
字解 ①투구(두) ②쓰개(두) ※여자들이 쓰는 쓰개.

【兜率 두솔→도솔】 범어 'Tusita'의 음역(音譯). 미륵보살이 있다는 정토(淨土). 兜率天(도솔천).

[兢] 조심할 긍 囮
⑭⑫
명 ⓒjīng ⓙキョウ ⓔcautious
字解 조심할, 삼갈(긍)
【兢兢業業 긍긍업업】 항상 조심하여 공경하고 삼감.
【戰戰兢兢 전전긍긍】 매우 두려워하며 조심함.

2획 入 部

[入] 들 입 囮
⓪②
丿 入
명 ⓒrù ⓙニュウ(いる) ⓔenter
字源 상형자. 끝이 날카로운 모양을 그린 것으로 끝이 날카로워야 들어가기 쉽다는 뜻을 나타낸다는 학설과 초목(草木)의 뿌리가 땅속으로 들어가는 모습을 나타낸다는 학설이 있다.
字解 들, 들일(입)
【入閣 입각】 각료(閣僚)의 일원으로 내각(內閣)에 들어감.
【入隊 입대】 군대에 들어감.
【入門 입문】 ①문하(門下)에 들어감. 곧, 제자가 됨. ②어떤 학문을 배우려고 처음 들어감.
【入山 입산】 ①산에 들어감. ②출가하여 중이 됨.
【入選 입선】 출품(出品)한 작품이 심사에 선발됨.
【入聲 입성】 사성(四聲)의 하나로, 짧고 빨리 거두어들이는 소리.
【入寂 입적】 적멸(寂滅)에 듦. 곧, 중이 죽음. 入滅(입멸).
【入籍 입적】 호적(戶籍)에 넣음.
【入港 입항】 배가 항구에 들어옴.
【記入 기입】 적어 넣음. 記載(기재).
【沒入 몰입】 어떤 일에 깊이 빠짐.
【流入 유입】 흘러 들어옴.

[仌] 亡(16)의 本字
③①

[內] 안 내 囮
④②
ㅣ 冂 内 內
명 ⓒnèi ⓙナイ(うち) ⓔinside
字源 회의자. 집(冂(경)) 안에 入(입)이 있는 모습으로, '안으로 들어가다'라는 뜻을 나타낸다.
字解 ①안, 속(내) ¶內紛(내분)
②아내, 부녀자(내) ¶內助(내조)
③몰래(내) ¶內通(내통)
【內簡 내간】 부녀자의 편지.
【內亂 내란】 나라 안에서 일어난 반란이나 소동 따위.
【內幕 내막】 내부의 사정. 일의 속내.
【內紛 내분】 내부에서 저희끼리 일으키는 분쟁. 內訌(내홍).
【內查 내사】 ①비공식적으로 조사함. ②자체에서 하는 조사.
【內需 내수】 국내의 수요(需要).
【內容 내용】 사물의 속내. 실속.
【內憂外患 내우외환】 국내의 걱정스러운 사태와 외국과의 사이에 일어난 어려운 사태.
【內助 내조】 아내가 집안에서 남편을 도움.
【內通 내통】 ①남녀가 남모르게 정을 통함. 私通(사통). ②남몰래 적과 통함. 內應(내응).
【內包 내포】 어떤 속성을 그 자체 안에 포함하고 있음.
【內訓 내훈】 집안의 부녀자들에 대한 가르침.
【構內 구내】 큰 건물이나 시설 따위의 울안.

[全] 온전할 전 囮
⑥④
丿 入 个 仝 仐 全

[중] ㊥quán ㊐ゼン(まったく) ㊧perfect

[字源] **회의자.** 入(입)과 玉(옥)은 모두 의미 부분으로, 순옥(純玉)을 뜻한다.

[字解] **①온전할**(전) ¶ 完全(완전) **②모두, 전부**(전) ¶ 全貌(전모)

【全權 전권】①맡겨진 일을 처리할 수 있는 모든 권한. ②완전한 권리.

【全滅 전멸】모두 다 죽음.

【全貌 전모】전체의 모습.

【全般 전반】통틀어 모두. 전부.

【全部 전부】모두 다. 온통.

【全燒 전소】모조리 불탐.

【全知全能 전지전능】모든 것을 다 알고, 모든 것에 다 능함.

【穩全 온전】본디 그대로 고스란함.

【完全 완전】부족한 점이나 흠이 없이 두루 갖추어져 있음.

入 6 ⑧ 【兩】 ❶두 량 [養] ❷냥 냥 [國] [속] 両 [간] 两

一 丅 丙 帀 帀 丙 兩 兩

[중] ㊥liǎng ㊐リョウ(ふたつ) ㊧both, two

[字源] **회의자.** 두 물체를 합해 놓고 그 사이를 가른 모습이다. 뒤에 도량형의 단위로 가차되어 쓰였다.

[字解] **❶①두, 둘**(량) ¶ 兩立(양립) **②량**(량) ※무게의 단위. 1량은 24수(銖). **❷냥**(냥) ※㉠옛날 돈인 엽전(葉錢)의 단위. 1냥은 100푼. ㉡무게의 단위. 1냥은 3.75g.

【兩家 양가】두 편의 집. 양쪽의 집.

【兩立 양립】①둘이 함께 맞섬. ②두 가지 사실이 동시에 성립됨.

【兩班 양반】①동반(東班)과 서반(西班). 문관(文官)과 무관(武官). ②조선 중기 이후부터 지체나 신분이 높은 상류 계층, 곧 사대부 계층을 이르던 말.

【兩者擇一 양자택일】둘 가운데서 하나를 택함.

【兩側 양측】①두 편. 兩便(양편). ②양쪽.

【兩親 양친】부모. 어버이.

入 7 ⑨ 【兪】 그럴 유 [虞] [속] 俞

[명] ㊥yú ㊐ユ(しかり)

[字解] **①그럴**(유) ※응낙하는 말. **②더욱**(유) ≒愈 **③성**(유)

[참고] 성씨로 이를 때 흔히 '인월도유'라고 하는데, 이는 '劉(류)'와 구별하기 위하여 '人+月+刂'라고 파자(破字)하여 이른 데서 온 것으로, 자의(字義)와는 관계가 없음.

'兪'가 붙은 한자

窬 뙤창(두)	喩 깨우칠(유)
愉 즐거울(유)	揄 희롱할(유)
愈 더욱(유)	楡 느릅나무(유)
逾 넘을(유)	諭 깨우칠(유)
踰 넘을(유)	鍮 놋쇠(유)
瑜 아름다운 옥(유)	

2 八 部

八 0 ② 【八】 여덟 팔 [黠]

丿 八

[중] ㊥bā ㊐ハチ(やっつ) ㊧eight

[字源] **지사자.** 서로 나누어 갈라진 모양을 본떠서, '나누다'라는 뜻을 나타낸다. 뒤에 숫자 8로 가차되자 '나눈다'는 뜻으로는 刀(칼 도)를 더한 分(분) 자를 새로 만들어 보충하였다.

[字解] **여덟, 여덟 번**(팔)

【八等身 팔등신】신장이 머리 길이의 여덟 배가 되는 몸, 또는 그러한 사람. 흔히, 미인의 표준으로 삼음. 八頭身(팔두신).

【八方美人 팔방미인】①어느 모로 보나 아름다운 사람. ②여러 방면에 두루 뛰어난 사람.

【八字 팔자】사람이 출생한 연월일시(年月日時)의 간지(干支) 여덟 글자. '사람의 한평생의 운수(運數)'를 이름.

八部 2획

【公】 공변될 공

八2(4) 医

/ 八公公

음 ⓒgōng ⓙコウ(おおやけ)
ⓔpublic

字源 갑골문·금문을 보면 '㕣'으로 썼는데, '八'은 나눈다는 뜻이고 '口'는 물건을 나타낼 때 쓰는 가장 일반적인 부호이므로 물건을 공평하게 나눈다는 뜻의 지사자라는 학설, 항아리〔甕(옹)〕를 그린 것으로 '공평하다'라는 뜻은 가차된 것이라는 학설 등이 있다.

字解 ①공변될, 공평할(공) ¶公正(공정) ②여러(공) ¶公益(공익) ③관청, 벼슬(공) ¶公職(공직) ④귀인(공) ¶公子(공자) ⑤높일(공) ※남자의 성(姓)·시호·관작 뒤에 붙여 높이는 뜻을 나타냄. ⑥작위(공) ¶公爵(공직)

【公卿大夫 공경대부】 삼공(三公)과 구경(九卿) 및 대부. 곧, 벼슬이 높은 사람들.
【公共 공공】 일반 사회의 공중(公衆)에 다 같이 관계되는 것.
【公設 공설】 관청이나 공공 단체에서 설립함.
【公益 공익】 사회 공중의 이익.
【公子 공자】 귀한 집안의 나이 어린 자제(子弟). 貴公子(귀공자).
【公爵 공작】 오등작(五等爵)의 첫째.
【公正 공정】 공평하고 올바름.
【公主 공주】 정궁(正宮)의 몸에서 난 임금의 딸.
【公衆 공중】 사회의 여러 사람. 일반 사람들.
【公職 공직】 관청이나 단체의 직무.
【公平 공평】 어느 한쪽에 치우치지 않고 공정함.

【六】 여섯 륙

八2(4) 医

' 一ナ六

음 ⓒliù ⓙロク(むつ) ⓔsix

字源 갑골문·금문에서는 '∩'·'𠆢' 등으로 썼는데, 이는 入(입) 자로 뒤에 숫자 6으로 가차되었다는 학설, 야외(野外)의 임시 거처를 그린 것이라는 학설 등이 있다.

字解 여섯, 여섯 번(륙)
【六法 육법】 여섯 가지의 기본 법률. 헌법·형법·민법·상법·형사 소송법·민사 소송법.
【六腑 육부】 '대장·소장·위·담·방광·삼초(三焦)'의 총칭.
【六藝 육예】 선비들이 배워야 할 여섯 가지 기예(技藝). 예(禮)·악(樂)·사(射)·어(御)·서(書)·수(數).

【兮】 어조사 혜

八2(4) 医

/ 八公兮

고 ⓒxī ⓙケイ

字源 兮가 무엇을 본뜬 것인지에 대해서는 아직 정설이 없다. ≪설문해자≫에서는 "兮가 말이 끝났다는 뜻이다. 丂(고)와 八(팔)은 모두 의미 부분이다. 기(氣)가 위로 올라가는 모습이다."라고 하였다.

字解 어조사(혜) ※ 강조·감탄의 뜻을 나타냄.

【共】 함께 공

八4(6) 医

一 十 卄 苎 共 共

음 ⓒgòng ⓙキョウ(とも) ⓔtogether

字源 회의자. 두 손〔廾(공)〕으로 어떤 물건〔卄〕을 받들고 있는 모습이다. 卄이 무엇인지에 대해서는 벽옥(璧玉), 제사 그릇, 항아리 등 여러 학설이 있다.

字解 ①함께, 같이(공) ¶共存(공존) ②같게 할, 한가지로 할(공)
【共感 공감】 남의 생각·의견·감정 등에 대하여 자기도 그러하다고 느낌. 또는 그런 감정.
【共同 공동】 여럿이 함께 같이함.
【共謀 공모】 몇 사람이 함께 좋지 못한 일을 꾀함.
【共犯 공범】 몇 사람이 함께 저지른 범죄. 또는 그 범인.
【共有 공유】 공동으로 소유함.
【共著 공저】 한 책을 두 사람 이상이 함께 지음.
【共存 공존】 함께 존재함.
【共通 공통】 여럿 사이에 두루 통용되거나 관계됨.

【兵】 군사 병

八⁵⁷ 庚

丨 亻 亻 乍 乍 丘 乒 兵

중 ⊕bīng ⊕ヘイ(つわもの) ⊛soldier

字源 회의자. 두 손(廾(공))으로 도끼(斤(근))를 잡고 있는 모습이다. 따라서 '무기(武器)'·'병사(兵士)' 등의 뜻을 나타낸다.

字解 ①군사, 병사(병) ¶兵丁(병정) ②무기(병) ¶兵器(병기) ③전쟁(병) ¶兵火(병화)

【兵器 병기】 전쟁에 쓰는 기구(器具)의 총칭.
【兵亂 병란】 나라 안에서 싸움질하는 난리.
【兵法 병법】 군사 작전의 방법.
【兵役 병역】 병사가 되어 군에 복무함. 軍役(군역)
【兵營 병영】 병사가 집단으로 들어 거주하는 집. 兵舍(병사)
【兵丁 병정】 병역을 치르고 있는 장정(壯丁).
【兵卒 병졸】 군대에서 복무하는 군인. 軍士(군사).
【兵火 병화】 전쟁으로 인하여 일어나는 화재.
【騎兵 기병】 말을 타고 싸우는 군사.
【出兵 출병】 군사를 싸움터로 내보냄.

【具】 갖출 구

八⁶⁸ 遇

丨 冂 冃 目 目 具 具

중 ⊕jù ⊕グ(そなわる) ⊛equip

字源 회의자. 갑골문을 보면 두 손(廾(공))으로 솥(鼎(정))을 받들고 있는 모습인데, 鼎 자는 후대에 貝(패)·目(목) 등으로 간략화되거나 변형되었다. 具는 본래 찬구(饌具)를 가리키는 것이었는데, 제사를 지내려면 찬구를 갖추어야 하므로 '구비(具備)하다'라는 뜻으로 의미가 넓어졌다.

字解 ①갖출(구) ¶具備(구비) ②그릇, 연장(구) ¶道具(도구) ③함께, 같이(구) ≒俱

【具備 구비】 빠짐없이 갖춤.
【具陳 구진】 의견 따위를 상세하게 진술함. 詳述(상술).
【具體 구체】 ①전체를 완전히 갖춤. ②형체를 갖춤.
【具現 구현】 어떤 사실을 구체적인 모양으로 나타냄.
【器具 기구】 '세간·도구' 등의 총칭.
【道具 도구】 어떤 일을 할 때에 쓰이는 연장.

【其】 그 기

八⁶⁸ 支

一 十 十 廿 甘 其 其 其

중 ⊕qí ⊕キ(その, それ) ⊛it

字源 상형자. 곡식을 까부를 때 쓰던 키(箕(기))를 그린 것이다. 뒤에 '그'라는 뜻으로 가차되자, 키의 뜻으로는 竹(대 죽)을 더한 箕자를 새로 만들어 보충하였다.

字解 ①그(기) ②어조사(기) ※어조(語調)를 고르는 말.

【其他 기타】 그것 외에 또 다른 것.

'其'가 붙은 한자	
基 터 (기)	淇 물 이름 (기)
期 기약할 (기)	棋 바둑 (기)
欺 속일 (기)	琪 옥 이름 (기)
萁 콩대 (기)	祺 복 (기)
箕 키 (기)	錤 호미 (기)
騏 털총이 (기)	麒 기린 (기)

【典】 법 전

八⁶⁸ 銑

丨 冂 冂 冊 曲 曲 典 典

중 ⊕diǎn ⊕テン(のり) ⊛law

字源 회의자. 책(冊)을 두 손(廾(공))으로 받들고 있거나 책상 위에 올려놓은 모습으로, 중요한 책을 뜻한다.

字解 ①법, 법칙(전) ¶典範(전범) ②책(전) ¶典籍(전적) ③예, 의식(전) ¶祭典(제전) ④맡을(전) ¶典掌(전장) ⑤전당 잡힐(전)

【典當 전당】 물품을 담보로 하고 돈을 빌리거나 빌려 주는 일.
【典範 전범】 법이 될 만한 모범.
【典掌 전장】 일을 맡음.
【典籍 전적】 서적. 중요한 고서.

【典型 전형】같은 부류의 사물에서 본보기로 삼을 만한 사물.
【古典 고전】①옛날의 의식이나 법식. ②옛날의 서적으로 후세에 남을 만한 가치가 있는 책.
【辭典 사전】단어를 모아서 일정한 순서로 배열하고 뜻·용법 등을 해설한 책. 辭書(사서).
【祭典 제전】①제사의 의식. ②문화·예술·체육 등의 대규모 행사.
【祝典 축전】축하하는 의식이나 식전.

八 8획 【兼】 겸할 겸
10획

ハ 丷 广 笁 争 争 兼 兼

고 ㊥jiān ㊐ケン(かねる)
字源 회의자. 한 손(手(수))으로 벼(禾(화)) 두 포기를 쥐고 있는 모습이다. '아우르다'·'겸하다'라는 뜻은 여기에서 나왔다.
字解 겸할, 아우를(겸)
【兼備 겸비】아울러 갖춤.
【兼愛 겸애】모든 사람을 하나같이 두루 사랑함.
【兼業 겸업】본업 이외에 다른 업종을 겸하여 가짐.
【兼任 겸임】한 사람이 두 가지 이상의 임무를 겸함. 兼職(겸직).

八 10획 【蒹】 兼(62)의 俗字
12획

八 14획 【冀】 바랄 기
16획

명 ㊥jì ㊐キ(こいねがう) ㊁hope
字解 바랄, 하고자 할(기)
【冀圖 기도】바라는 것을 이루려고 꾀함. 企圖(기도).

2 冂 部

冂 0획 【冂】 멀 경
2획

명 ㊥jiōng ㊐キョウ
字源 상형자. 冂은 肩(빗장 경) 자의 원시 형태로, 좌우의 두 획은 문(門)의 두 기둥을 그린 것이고 가로획은 빗장을 그린 것이다. 冂부에 속하는 글자는 글자의 원래 모양과 상관없이 해서체를 기준으로 한 분류에 따라 이 부에 들어갔을 뿐이다.
字解 ①멀(경) ②부수의 하나(멀 경몸)

冂 2획 【内】 內(58)의 俗字
4획

冂 2획 【冄】 冉(62)과 同字
4획

冂 2획 【円】 圓(133)의 俗字
4획
참고 인명용으로는 '엔' 음이 허용되는데, 이는 일본의 화폐 단위인 '엔' 음을 따른 것이다.

冂 3획 【冉】 나아갈 염
5획

㊥rǎn ㊐ゼン ㊁advance
字解 ①나아갈(염) ②부드러울(염)
【冉冉 염염】①세월이 흘러가는 모양. ②부드럽고 약한 모양.

冂 3획 【冊】 책 책
5획

│ 冂 冂 冊 冊

중 ㊥cè ㊐サツ, サク(ふみ) ㊁book
字源 상형자. 옛날 대나무를 엮어 만든 책인 '간책(簡冊)'을 그린 것이다. 세로 획들은 죽간(竹簡)을 표시하고, 가로 획은 이것을 묶은 끈을 나타낸다.
字解 ①책(책) ¶冊子(책자) ②세울, 봉할(책) ¶冊封(책봉) ③권(책) ※서책을 세는 단위.
【冊封 책봉】왕세자(王世子)·왕세손(王世孫)·후(后)·비(妃)·빈(嬪) 등을 봉작(封爵)함. 冊立(책립).
【冊子 책자】책. 書冊(서책).
【別冊 별책】따로 엮은 책.
【分冊 분책】한 권의 책을 여러 권으로 갈라서 제본함.

【冊】 冊(62)과 同字

【再】 두 재
一 ア 丙 丙 再 再
명 ⓒzài ⓙサイ(ふたたび) ⓔagain
字源 篝(불 덮개 구) 자의 원시 형태, 冓(물고기 어) 자의 생략형, 나무를 쌓아 올린 모습인 冓(구) 자의 생략형 등 여러 설이 있으나 아직 정설이 없다.
字解 ①두, 두 번(재) ¶再三(재삼) ②거듭, 재차(재) ¶再建(재건)
【再嫁】 재가 한 번 결혼한 여자가 다시 시집감. 改嫁(개가).
【再建】 재건 다시 일으켜 세움.
【再考】 재고 한번 정한 일을 다시 한 번 생각함.
【再發】 재발 병 따위가 다시 나타남.
【再拜】 재배 두 번 절함.
【再三】 재삼 두세 번. 거듭. 여러 번.
【再次】 재차 두 번째. 거듭.
【再湯】 재탕 ①다시 달임. ②한 번 써먹은 것을 다시 써먹음.
【再會】 재회 다시 만남.

【冏】 빛날 경
명 ⓒjiǒng ⓙケイ ⓔbright
字解 빛날, 밝을(경)

【冐】 冒(63)의 俗字

【冒】 무릅쓸 모
丨 冂 冃 冃 冃 冒 冒 冒
명 ⓒmào ⓙボウ(おかす) ⓔrisk
字源 회의 겸 형성자. 曰(모)와 目(목)은 모두 의미 부분이다. '曰'는 모자를 뜻하므로, 冒는 눈[目] 위에 모자를 쓰고 있다는 뜻이다. '무릅쓰다'라는 뜻은 여기서 나온 것이다. '曰'는 발음도 담당한다.
字解 무릅쓸, 범할(모)
【冒瀆】 모독 범하여 욕되게 함.
【冒頭】 모두 말이나 글의 첫머리.

【冒險】 모험 위험을 무릅씀.

【胄】 투구 주
명 ⓒzhòu ⓙチュウ(かぶと) ⓔhelmet
字解 투구(주)
【胄甲】 주갑 투구와 갑옷. 甲胄(갑주).

【冕】 면류관 면
명 ⓒmiǎn ⓙベン(かんむり) ⓔcrown
字解 면류관, 갓(면)
【冕旒冠】 면류관 임금의 정복(正服)에 갖추어 쓰던 관.

冖 部

【冖】 덮을 멱
명 ⓒmì ⓙミャク(おおう) ⓔcover
字源 상형자. 집 또는 지붕을 그린 것이다. '쓰다'·'덮다'라는 뜻은 여기에서 나왔다. 冖부에 속하는 글자는 대부분 '덮다'라는 뜻과 관계가 있다.
字解 ①덮을(멱) ②부수의 하나(민갓머리)

【冗】 명 冗(178)의 俗字

【写】 寫(190)의 俗字

【冝】 宜(181)와 同字

【冠】 갓 관
冖 冖 冖 冠 冠 冠 冠
명 ⓒguān ⓙカン(かんむり)
字源 회의 겸 형성자. 冖(멱)·元

(원)·寸(촌)은 모두 의미 부분인데, 元은 발음도 담당한다. 一은 '모자(를 쓴다)'의 뜻이고, 元은 머리를 뜻하며, 寸은 손을 뜻하는 又(우) 자와 같다. 따라서 '손으로 모자를 머리에 쓴다'는 의미이다. 여기서 모자의 총칭으로 의미가 발전되었다.

字解 ①갓, 관(관) ¶衣冠(의관) ②어른, 어른 될(관) ¶冠禮(관례) ③으뜸(관) ¶冠絶(관절) ④벼슬(관) ¶鷄冠(계관)

【冠帶 관대→관디】 벼슬아치의 공복(公服). 오늘날에는 전통 혼례 때 신랑이 입음. 官服(관복).
【冠禮 관례】 남자 나이 20세 때 치르는 성인례(成人禮). 이때 처음 관(冠)을 씀.
【冠絶 관절】 가장 뛰어남. 卓越(탁월). 卓絶(탁절).
【冠婚喪祭 관혼상제】 관례·혼례·상례·제례의 총칭. 四禮(사례).
【鷄冠 계관】 닭의 벗.
【衣冠 의관】 옷과 갓.

【寇】 寇(185)의 俗字

【冥】 어두울 명
冖冖冖冖冥冥冥

고 ⊕míng ⊕メイ(くらい) ⊛dark
字源 형성자. 日(일)과 六(륙)의 의미 부분이고, 一(멱)은 발음 부분이다. 옛날에는 날짜를 10일 씩 계산하였는데, 16일째가 되면 달이 기울기 시작하는 데서 어둡다는 뜻이 되었다.
字解 ①어두울(명) ¶冥冥(명명) ②깊숙할, 그윽할(명) ¶冥想(명상) ③저승(명) ¶冥府(명부)
【冥冥 명명】 ①어두운 모양. ②아득하고 그윽한 모양.
【冥福 명복】 죽은 뒤에 저승에서 받는 행복.
【冥府 명부】 ①저승. 黃泉(황천). ②사람이 죽어서 심판을 받는다는 저승의 법정(法廷).
【冥想 명상】 눈을 감고 고요히 생각함, 또는 그렇게 하는 생각.

【冢】 蒙(511)과 同字

【冤】 원통할 원
冤
⊕yuān ⊕エン ⊛grievous
字解 원통할, 억울할(원)
【冤鬼 원귀】 원통하게 죽은 사람의 귀신.
【冤痛 원통】 분하고 억울함. 몹시 원망스러움.
【冤魂 원혼】 원통하게 죽은 사람의 영혼(靈魂).
【伸冤 신원】 억울하게 뒤집어쓴 죄를 씻음.

【冢】 무덤 총
冢
⊕zhǒng ⊕チョウ(つか) ⊛tomb
字解 ①무덤(총) 늑塚 ¶冢壙(총광) ②맏(총) ¶冢子(총자) ③터주(총) ¶冢土(총토)
【冢壙 총광】 시체를 묻은 구덩이.
【冢子 총자】 ①맏아들. 長男(장남). ②태자(太子). 세자(世子).
【冢宰 총재】 ①재상. ②조선 시대에, '이조 판서'를 이르던 말.
【冢土 총토】 토지의 수호신(守護神)을 제사하기 위하여, 임금이 만백성을 대신하여 세운 사당.
참고 冢(몽: 64)은 딴 자.

【冨】 富(187)의 俗字

【寫】 寫(190)의 俗字

【幕】 덮을 멱
幕冪
명 ⊕mì ⊕ベキ ⊛cover
字解 ①덮을(멱) ¶幕冪(멱멱) ②멱(멱) ¶幕數(멱수) ③천막(멱)
【幕冪 멱멱】 구름 따위가 덮여 있는 모양.
【幕數 멱수】 거듭제곱이 되는 수. '세

제곱·네제곱' 따위. 累乘(누승).

冫 部

【冫】얼음 빙
㊀bīng ㊐ヒョウ ㊧ice
字源 상형자. 얼음이 언 모양을 그린 것이다. 冫부에 속하는 글자는 대부분 '얼음'과 관계있는 뜻을 가진다.
字解 ①얼음(빙)＝冰 ②부수의 하나(이수변)

【冬】겨울 동
ノ ク 夂 夂 冬
㊀dōng ㊐トウ(ふゆ) ㊧winter
字源 冬은 終(마칠 종)의 원시 형태이다. 終은 가시나무의 일종으로 '끝'이라는 뜻은 가차된 것이고, '겨울'이라는 뜻의 冬은 '끝'이라는 뜻에서 파생되었다는 학설이 있다. 한편 갑골문·금문에서는 冬을 실 양쪽 끝을 묶은 형태인 '∧', '◠' 등으로 썼는데 실을 끝을 잘 묶어 헝클어지지 않게 걸어 놓은 것은 다 썼다는 뜻이므로 '끝나다'라는 의미의 '終'은 여기에서 비롯된 것이고, 계절의 끝인 '겨울'이라는 뜻도 여기에서 파생되었다는 학설도 있다.
字解 겨울(동)
【冬季 동계】겨울철. 冬期(동기).
【冬眠 동면】동물이 땅속이나 물속에서 겨울 동안 활동을 멈추고 잠자는 상태에 있는 일.
【冬服 동복】겨울옷.
【冬至 동지】이십사절기의 하나. 대설(大雪)과 소한(小寒) 사이로, 12월 22일경.
【嚴冬 엄동】몹시 추운 겨울.
【越冬 월동】겨울을 넘김.
【立冬 입동】이십사절기의 하나. 상강(霜降)과 소설(小雪) 사이로, 11월 8일경.

【冰】氷(457)의 本字

【冲】명 沖(288)의 俗字

【冱】찰 호 [週]
㊀hù ㊐ゴ(こおる) ㊧freeze
字解 찰, 추울(호)
【冱寒 호한】강추위. 酷寒(혹한).

【冷】찰 랭 [硬]
丶 冫 汀 冷 冷 冷
㊂ ㊀lěng ㊐レイ(つめたい) ㊧cold
字源 형성자. 冫(빙)은 의미 부분이고, 令(령)은 발음 부분이다.
字解 ①찰(랭) ¶冷却(냉각) ②쌀쌀할, 냉담할(랭) ¶冷情(냉정) ③깔볼, 업신여길(랭) ¶冷待(냉대)
【冷却 냉각】식어서 차게 됨. 또는 식혀 차게 함.
【冷淡 냉담】①동정심이 없고 쌀쌀함. ②무관심함.
【冷待 냉대】푸대접함. 푸대접.
【冷凍 냉동】인공적으로 얼게 함.
【冷笑 냉소】멸시하여 비웃음.
【冷情 냉정】쌀쌀하여 정이 없음.
【冷靜 냉정】차고 고요함. 이성적이고 침착함.
【冷徹 냉철】사물을 내다보는 데 냉정(冷靜)하고 투철함.
【冷酷 냉혹】인간다운 정이 없고 혹독(酷毒)함.
【寒冷 한랭】매우 추움.

【冶】불릴 야 [馬]
명 ㊀yě ㊐ヤ(いる) ㊧smelt
字解 ①불릴, 단련할(야) ②대장간, 대장장이(야)
【冶金 야금】광석에서 쇠붙이를 골라내거나 합금을 만드는 일.
【冶匠 야장】대장장이. 冶工(야공).
【陶冶 도야】①도자기를 구워 만드는 일과 금속을 주조하는 일. ②훌륭한 품성을 갖추도록 심신을 닦음.

冫部 5획

【況】
況(293)의 俗字

【冽】 맵게 찰 렬 厲
명 ⊕liè ⊕レツ ⊛cold
字解 맵게 찰, 몹시 추울(렬)

【洽】 화할 협 葉
명 ⊕qià ⊕ケフ ⊛mild
字解 ①화할(협) ②젖을(협)

【涇】 찰 경 梗
명 ⊕jīng ⊕ケイ ⊛cold
字解 찰(경)

【凍】 얼 동 送 冻冻
冫冫冫冫冫冰凍凍凍
고 ⊕dòng ⊕トウ(こおる) ⊛freeze
字源 형성자. 冫(빙)은 의미 부분이고, 東(동)은 발음 부분이다.
字解 ①얼(동) ②추울, 찰(동)
【凍結 동결】 얼어붙음. 자산(資産)·자금(資金) 등의 사용 및 이동을 금지함, 또는 그 상태.
【凍死 동사】 얼어 죽음.
【凍傷 동상】 피부가 얼어서 상함, 또는 그 상처.
【凍足放尿 동족방뇨】 언 발에 오줌 누기. '한때 도움이 될 뿐, 곧 더 나쁘게 되는 일'을 이름.
【凍破 동파】 얼어서 터짐.
【解凍 해동】 얼었던 것이 녹아서 풀림.

【涼】 서늘할 량 陽 본凉
冫冫冫广声京京凉
명 ⊕liáng ⊕リョウ(すずしい) ⊛cool
字源 형성자. 소전에서는 凉으로 썼다. 冫(빙)은 의미 부분이고, 京(경)은 발음 부분이다.
字解 ①서늘할(량) ¶ 納涼(납량) ②엷을(량) ¶ 涼德(양덕) ③쓸쓸할(량) ¶ 荒涼(황량)
【涼德 양덕】 엷은 인덕. 薄德(박덕).
【納涼 납량】 여름에 더위를 피하여 서늘한 바람을 쐼.
【清涼 청량】 맑고 서늘함.
【荒涼 황량】 황폐하고 쓸쓸함.

【凌】 능가할 릉 蒸 凌
명 ⊕líng ⊕リョウ(しのぐ) ⊛exceed
字解 ①능가할(릉) 늑陵 ②업신여길(릉) ③범할(릉) ④오를(릉)
【凌駕 능가】 남보다 훨씬 뛰어남.
【凌蔑 능멸】 업신여겨 깔봄.
【凌辱 능욕】 ①업신여겨 욕보임. ②폭력으로 여자를 욕보임.
【凌雲 능운】 ①구름 위로 높이 솟아 오르거나 낢. ②지기(志氣)가 고상하여 세속의 명리를 초탈(超脫)함.

【清】 서늘할 정 本청 敬 凊
명 ⊕qìng ⊕セイ ⊛cool
字解 ①서늘할(정) ②찰(정)
【冬溫夏清 동온하정】 겨울에는 따뜻하게, 여름에는 서늘하게 함. '자식이 부모에게 효성을 다함'을 이름.

【凋】 시들 조 蕭 凋
명 ⊕diāo ⊕チョウ(しぼむ) ⊛wither
字解 시들, 이울, 쇠할(조)
【凋落 조락】 시들어 떨어짐.
【凋殘 조잔】 쇠약해짐. 영락(零落)함.

【准】 승인할 준 軫 准
명 ⊕zhǔn ⊕ジュン(なぞらえる) ⊛grant
字解 ①승인할, 결재할(준) ②견줄, 비길(준) 늑準
【准行 준행】 허가함.
【批准 비준】 ①신하의 상주(上奏)에 대해 임금이 결재·허가하던 일. ②조약의 체결을 국가가 최종적으로 확인하고 동의함.
【認准 인준】 공무원의 임명에 대한 입법부의 승인.
참고 准(회 : 306)는 딴 자.

冫部

凄 쓸쓸할 처
몡 ㊥qī ㊐セイ(すさまじい) ㊤dreary
字解 쓸쓸할, 스산할(처) 凄
【凄凉 처량】 ①날씨가 쓸쓸하고 스산함. ②신세가 초라하고 구슬픔.
【凄然 처연】 쓸쓸함.
【凄切 처절】 몹시 처량함.
【凄絶 처절】 더없이 애처로움.

減
減(307)의 俗字

準
몡 準(314)의 俗字

凛 찰 름
몡 ㊥lǐn ㊐リン ㊤cold
字解 ①찰(름) ②늠름할(름)
【凛冽 늠렬】 추위가 매우 심함.
【凛凛 늠름】 위풍(威風)이 있고 당당함. 씩씩함.

凜
몡 凛(67)의 俗字

凝 엉길 응
ᄀ ㊥níng ㊐ギョウ(こる) ㊤congeal
字源 형성자. 凝은 본래 冰(빙)의 속자(俗字)이다. 冫(빙)은 의미 부분이고, 疑(의)는 발음 부분이다.
字解 ①엉길(응) ¶凝結(응결) ②모을(응) ¶凝視(응시)
【凝結 응결】 한데 엉기어 뭉침.
【凝固 응고】 엉기어 굳어짐.
【凝視 응시】 시선을 모아 눈여겨봄.
【凝集 응집】 ①한데 엉김. ②사물이 한데 모임.
【凝滯 응체】 내려가지 아니하고 걸리거나 막힘.

熙
몡 熙(67)와 同字

凞 화할 희
몡 ㊥xī ㊐キ ㊤harmonious
字解 화할, 누그러질(희)

几部 2획

几 안석 궤
㊥jī ㊐キ(つくえ) ㊤armrest
字源 상형자. 앉아 있을 때 기대는 도구를 그린 것이다. 几부에 속하는 글자는, 凳(걸상 등)을 제외한 나머지 글자들은 원래 모양과는 상관없이 해서체를 기준으로 한 분류에 따라 이 부에 들어갔을 뿐이다.
字解 ①안석(궤) ¶几杖(궤장) ②책상(궤) 늘캐 ¶几案(궤안)
【几案 궤안】 ①의자·사방침(四方枕)·안석 따위의 총칭. ②책상.
【几杖 궤장】 안석(案席)과 지팡이.
참고 儿(인 : 54)은 딴 자.

凡 무릇 범
㊥fán ㊐ボン(およそ) ㊤common
字源 상형자. 다리가 달린 쟁반을 그린 것이다. 뒤에 '무릇'·'두루' 등의 뜻으로 가차되자, '쟁반'의 뜻으로는 槃(반) 자를 새로 만들어서 보충하였다. 한편, 쟁반을 뜻하는 글자〔般·槃〕는 舟(배 주) 자가 들어간 것은 凡과 모양이 비슷하여 혼동하여 쓰이다가 굳어진 결과이다.
字解 ①무릇(범) ¶大凡(대범) ②대강, 개요(범) ¶凡例(범례) ③평범할(범) ¶凡夫(범부) ④모두(범)
【凡例 범례】 책머리에 그 책을 읽을 때 필요한 사항을 본보기로 따서 적은 글. 일러두기.
【凡夫 범부】 평범한 사나이.
【凡常 범상】 대수롭지 않고 예사로움.
【凡俗 범속】 평범하고 속됨.
【大凡 대범】 무릇. 大抵(대저).

【非凡 비범】 평범하지 않음.
【平凡 평범】 뛰어나거나 색다른 것이 없이 예사로움.

几1③ 【 九 】 凡(67)의 俗字

几3⑤ 【 処 】 處(683)의 俗字

几9⑪ 【 凰 】 봉황새 황 | 園
명 中huáng 日オウ(おおとり)
字解 봉황새(황)
【鳳凰 봉황】 상서롭게 여기던 상상의 새.
📖 봉황새의 암컷을 '凰', 수컷을 '鳳'이라 함.

几10⑫ 【 凱 】 개선할 개 | 凱凱
명 中kǎi 日ガイ 英triumph
字解 ①개선할(개) ②온화할, 화락할(개) 늑愷
【凱歌 개가】 개선할 때 부르는 노래. 승리를 축하하는 노래.
【凱旋 개선】 싸움에 이기고 돌아옴.
【凱弟 개제】 화락하고 즐거움.

几12⑭ 【 凳 】 걸상 등 | 凳
中dèng 日トウ 英stool
字解 걸상, 평상(등)
【凳床 등상】 발판이나 걸상으로 쓰는, 나무로 만든 기구. 통凳牀(등상).

2 ㄩ 部

ㄩ0② 【 ㄩ 】 입 벌릴 감 威
日カン
字解 상형자. 땅이 움푹 파인 모습을 그린 것으로, 坎(구덩이 감) 자의 원시 형태이다. ㄩ부에 속하는 글자는, 凶을 제외한 나머지 글자들은 원래 모양과는 상관없이 해서체를 기준으로 한 분류에 따라 이 부에 들어갔을 뿐이다.
字解 ①입 벌릴(감) ②부수의 하나(위튼입구몸)

ㄩ2④ 【 凶 】 흉할 흉 | 凶
丿乂乂凶
중 中xiōng 日キョウ(わるい) 英wicked
字源 지사자. 땅이 움푹 파인[ㄩ] 가운데로 엇갈려 빠진 것[乂]을 표시한 것이다. '흉하다'·'운수가 사납다'라는 뜻은 여기에서 나왔다.
字解 ①흉할, 언짢을(흉) ¶凶夢 (흉몽) ②흉악할(흉) 늑兇 ¶凶測 (흉측) ③해칠, 죽일(흉) ¶凶器 (흉기) ④흉년, 흉년 들(흉) ¶凶作(흉작)
【凶計 흉계】 흉악한 꾀.
【凶器 흉기】 사람을 죽이거나 상해하는 데 쓰는 기구.
【凶年 흉년】 농작물(農作物)이 잘되지 않은 해.
【凶夢 흉몽】 꿈자리가 사나운 꿈.
【凶事 흉사】 ①흉한 일. 불길한 일. ②사람이 죽는 일.
【凶惡 흉악】 ①성질이 거칠고 사나움. ②용모가 험상궂음.
【凶作 흉작】 흉년(凶年)이 들어 잘 안 된 농사.
【凶測 흉측】 몹시 흉악함. 凶惡罔測(흉악망측).
【凶暴 흉포】 몹시 흉악하고 난폭함.
【吉凶 길흉】 좋은 일과 언짢은 일.

ㄩ3⑤ 【 凹 】 오목할 요 | 凹
명 中āo 日オウ(くぼむ) 英hollow
字解 오목할(요)
【凹凸 요철】 오목함과 볼록함.
【凹版 요판】 인쇄되는 부분이 다른 부분보다 오목한 인쇄판(印刷版).

ㄩ3⑤ 【 凸 】 볼록할 철 | 凸
명 中tū 日トツ(でこ) 英protuberant

字解 볼록할(철)
【凸面】철면) 가운데가 볼록해진 면.
【凸版】철판) 인쇄되는 부분이 다른 부분보다 도드라진 인쇄판.

【出】 날 출

ㅣ 卩 屮 出 出

音 ⊕chū ⊕シュツ(でる) 英come out
字源 회의자. '⿱'·'⿱'(갑골문) → '⿱'(금문) → '⿱'(소전). 凵·凵 등은 옛날 사람들이 살던 움집의 구덩이 모양을 그린 것이고, '⿱(止)'는 사람의 발을 그린 것이므로, 出은 '혈거(穴居)로부터 밖으로 나가다'라는 뜻을 나타낸다.
字解 ①날, 낳을(출) ¶ 出産(출산) ②나갈, 떠날(출) ¶ 出發(출발) ③낼, 내보낼(출) ¶ 出品(출품) ④뛰어날(출) ¶ 出衆(출중)
【出嫁】출가) 처녀가 시집을 감.
【出庫】출고) 물품을 창고에서 꺼냄.
【出納】출납) 금전·물품을 내어 주거나 받아들임.
【出馬】출마) ①말을 타고 감. ②선거에 후보자로 나섬.
【出發】출발) ①길을 떠남. ②일을 시작함.
【出仕】출사) 벼슬하여 관아에 나감.
【出産】출산) 아기를 낳음.
【出生】출생) 사람이 태어남.
【出世】출세) 입신하여 훌륭하게 됨.
【出資】출자) 금전 따위를 사업의 자본으로 내놓음.
【出征】출정) 싸움터로 나감.
【出題】출제) 시험 문제를 냄.
【出衆】출중) 뭇사람 속에서 뛰어남.
【出品】출품) 전람회·박람회·품평회 등에 물건을 내놓음.
【出現】출현) 어떤 현상이나 대상이 나타나거나 드러남.
【露出】노출) 겉으로 드러남.
【特出】특출) 남보다 특별히 뛰어남.

【函】 ❶함 함 ❷갑옷 함

名 ⊕hán ⊕カン(はこ) 英box
字解 ❶①함(함) ¶ 函籠(함롱) ②편지(함) ¶ 惠函(혜함) ❷①갑옷(함) ¶ 函人(함인) ②넣을, 용납할(함) ¶ 函丈(함장)
【函籠】함롱) ①함과 농. ②옷을 담는 함처럼 생긴 농.
【函人】함인) 지난날, 갑옷과 투구를 만들던 사람.
【函丈】함장) '스승'의 존칭.
🕮 지난날, 스승과 제자가 동석(同席)할 때 1장(丈)의 사이를 두고 앉은 데서 온 말.
【書函】서함) ①책 상자. ②편지.
【惠函】혜함) '상대편이 보낸 편지'의 높임말.

【凾】 函(69)의 俗字

---

2 刀 部

【刀】 칼 도

ㄱ 刀

音 ⊕dāo ⊕トウ(かたな) 英knife
字源 상형자. 칼을 그린 것이다. 刀는 날이 한 쪽에만 있는 칼을 뜻하고, 劍(검)은 날이 양쪽에 있는 칼을 뜻한다.
字解 칼(도)
【刀圭】도규) ①한방에서, 가루약의 양을 대중하여 뜨는 숟가락. ②'의술(醫術)'의 비유.
【刀筆吏】도필리) 칼이나 붓을 가지고 일하는 이속(吏屬). '아전(衙前)'을 얕잡아 이르던 말.
🕮 지난날, 죽간(竹簡)에 잘못 쓴 글자를 하급 관리들이 칼로 깎아 내고 붓으로 고친 데서 온 말.
【短刀】단도) 짤막한 칼.
【執刀】집도) ①칼을 잡음. ②수술 등을 위하여 메스를 잡음.
참고 방에 쓰일 때는 글자 모양이 '刂'으로 된다. ☞刂部(72)

刀部 0획

刀②【刁】바라 조
㊀diāo ㊁チョウ ㊂small gong
字解 바라, 악기(조)
【刁斗 조두】지난날, 군대에서 밤에 순찰을 돌 때 치던 바라. 구리로 솥처럼 만들어 낮에는 취사용으로 썼음.

刀③【刃】칼날 인 刃双刀
명 ㊀rèn ㊁ジン(やいば) ㊂edge
字解 ①칼날(인) ¶刃傷(인상) ②칼질할, 벨(인) ¶自刃(자인)
【刃傷 인상】칼날 따위에 다침, 또는 그 상처.
【自刃 자인】칼로 자기 목숨을 끊음.

刀③【刄】刃(70)의 俗字

刀④【分】❶나눌 분 ❷분수 분
ノ 八 分 分
중 ㊀fēn, fèn ㊁ブン(わける) ㊂divide
字源 회의자. 본디 '八'로 '나누다'라는 뜻을 나타내었는데, 八이 숫자 8로 가차되자 刀(칼 도) 자를 더해서 分 자를 만든 것이다. 八(팔)과 刀(도)는 모두 의미 부분으로 칼로 물건을 나눈다는 뜻이다.
字解 ①①나눌, 가를(분) ¶分散(분산) ②구별할(분) ¶分別(분별) ③분(분) ※ 길이·무게·시간·각도·넓이·화폐 따위의 단위. ¶分秒(분초) ❷①분수(분) ¶過分(과분) ②몫(분) ¶配分(배분)
【分家 분가】가족의 일부가 딴 집으로 나가 딴살림을 차림.
【分岐 분기】나뉘어서 여러 갈래로 갈라짐, 또는 그 갈래.
【分斷 분단】끊어서 동강을 냄, 또는 두 동강이 남.
【分擔 분담】나누어서 맡음.
【分量 분량】수량의 많고 적음이나 부피의 크고 작은 정도.
【分離 분리】따로 나뉘어 떨어짐.
【分明 분명】흐릿하지 않고 또렷함.
【分配 분배】몫이 나누어 줌.
【分別 분별】서로 다른 것을 구별하여 가름.
【分散 분산】갈라져 흩어짐.
【分數 분수】자기 처지(處地)에 알맞고 마땅한 정도.
【分讓 분양】많은 것이나 큰 덩어리를 갈라서 여럿에게 나누어 줌.
【分裂 분열】찢어져 갈라짐.
【分布 분포】여기저기 흩어져 널리 퍼져 있음.
【分轄 분할】둘 또는 그 이상으로 나누어 쪼갬.
【分解 분해】여러 부분으로 이루어진 것을 낱낱의 부분으로 가름.
【過分 과분】분수에 넘침.
【配分 배분】몫이 나누어 줌.
【職分 직분】마땅히 하여야 할 본분.

'分'이 붙은 한자

盼 돌아볼(반)　頒 반포할(반)
吩 분부할(분)　扮 꾸밀(분)
汾 클(분)　忿 분할(분)
氛 기운(분)　芬 향기(분)
盆 동이(분)　粉 가루(분)
紛 어지러울(분)　雰 안개(분)
貧 가난할(빈)

刀④【切】❶끊을 절 ❷모두 체
一 七 切 切
㊀qiē ㊁セツ, サイ(きる) ㊂cut
字源 형성자. 갑골문에서는 '十'으로 썼는데, 물건의 가운데를 자르는 형태를 표시한 지사자였다. 소전에서 '十'이 숫자 '十(십)'과 비슷하여 혼란이 생기자 세로 획을 구부려서〔七〕구분하였고, 뒤에 七 자가 숫자 7로 가차되자, 다시 刀(칼 도)자를 더한 '切'자를 만들어 '자르다'라는 본래 뜻을 나타내었다. 현재의 切자는 刀(도)는 의미 부분이고 七(칠)은 발음 부분이다.

刀部 13획

字解 ❶①끊음, 벨(절) ¶切開(절개) ②갈, 문지를(절) ¶切齒腐心(절치부심) ③정성스러울(절) ¶親切(친절) ④잘 맞을(절) ¶切實(절실) ⑤엄할, 심할(절) ¶切迫(절박) ❷모두(체) ¶一切(일체)

【切開 절개】칼이나 가위 따위로 몸의 일부를 째어서 엶.
【切斷 절단】베거나 잘라 끊음.
【切迫 절박】시간적으로 몹시 급박함.
【切實 절실】①썩 절박하거나 긴요함. ②실제에 꼭 들어맞음.
【切磋琢磨 절차탁마】깎고 닦고 쪼고 갊. '학문과 기술을 배우고 닦음'을 이름.
【切齒腐心 절치부심】몹시 분하여 이를 갈면서 속을 썩임.
【切親 절친】매우 친함.
【一切】❶일절 ❷일체 ❶아주. 도무지. 결코. ❷모든 것. 온갖 사물.
【適切 적절】아주 알맞음.
【親切 친절】태도가 매우 정답고 고분고분함.
【品切 품절】물품이 다 팔리어 없음.
참고 '체'음도 인명용으로 지정됨.

刀5 ⁄ 7 【劫】 劫(81)과 同字

刀5 ⁄ 7 【初】 처음 초 魚

㐅 ウ オ ネ ネ 初 初

名 ㊥chū ㊐ショ(はじめ) ㊤beginning

字源 회의자. 刀(도)와 衣(의)는 모두 의미 부분이다. 옛날 사람들은 동물의 가죽을 잘라서 옷을 만들어 입었는데, 옷(衣)을 만들려면 먼저 칼(刀)로 잘라야 하기 때문에, '시작'이라는 뜻을 나타내었다.
字解 처음, 첫, 시작(초)

【初級 초급】가장 낮은 등급(等級).
【初期 초기】맨 처음 비롯되는 시기.
【初面 초면】처음으로 대하는 얼굴이나 처지.
【初盤 초반】승부의 첫 단계.
【初步 초보】첫걸음.
【初有 초유】처음으로 있음.
【初志一貫 초지일관】처음에 세운 뜻을 끝까지 밀고 나감.
【年初 연초】새해의 첫머리.
【最初 최초】맨 처음.

刀6 ⁄ 8 【券】 문서 권 願

ˊ ㅗ ㅛ ㅛ 半 失 券 券

㉠ ㊥quàn ㊐ケン ㊤bond

字源 형성자. 刀(도)는 의미 부분이고, 失(권)은 발음 부분이다.
字解 문서, 증서(권)

【旅券 여권】행정 기관에서 외국 여행을 승인하는 증명서.
【債券 채권】국가·회사가 필요 자금을 빌릴 경우에 발행하는 유가 증권.
참고 卷(권: 95)은 딴 자.

刀6 ⁄ 8 【刱】 처음 창 漾

㊥chuàng ㊐ソウ ㊤beginning
字解 처음, 비로소(창) ≒創

【刱意 창의】새로 생각해 냄, 또는 그 의견.

刀7 ⁄ 9 【剏】 刱(71)의 俗字

刀8 ⁄ 10 【剙】 刱(71)의 俗字

刀9 ⁄ 11 【剪】 가위 전 銑

名 ㊥jiǎn ㊐セン(きる) ㊤scissors

字解 ①가위(전) ¶剪刀(전도) ②자를, 벨, 깎을(전) ¶剪枝(전지)

【剪斷 전단】자름. 끊음.
【剪刀 전도】가위. 鋏刀(협도).
【剪裁 전재】옷감을 마름질함.
【剪枝 전지】나무의 가지를 잘라 다듬는 일. 剪定(전정).

刀13 ⁄ 15 【劍】 劍(79)과 同字

刀13 ⁄ 15 【劈】 쪼갤 벽 錫

㊥pī ㊐ヘキ(さく) ㊤rend
字解 쪼갤, 가를(벽)

刀部 14획

【劈開 벽개】결을 따라 쪼갬.
【劈頭 벽두】①글이나 말의 첫머리. ②일이 시작된 맨 처음.

刀 14 ⑯ 【劒】 명 劍(79)과 同字

2획 刂 部

刂 0 ② 【刂】 선칼도방

참고 '刀'가 방에 쓰일 때의 글자 모양으로, 여기서는 별도의 부수로 다루었다. ☞刀部(69)

刂 2 ④ 【刈】 풀 벨 예

명 ⊕yì ⊕カイ(かる) 英mow
字解 풀 벨, 자를(예).
【刈穫 예확】곡물을 베어 거두어들임.

刂 3 ⑤ 【刊】 책 펴낼 간

一 二 干 刊 刊

고 ⊕kān ⊕カン(きざむ) 英publish
字源 형성자. 刀(도)는 의미 부분이고, 干(간)은 발음 부분이다.
字解 ①책 펴낼(간) ②새길(간).
【刊本 간본】'목판본과 활자본'의 총칭(總稱).
【刊行 간행】인쇄하여 발행함.
【季刊 계간】1년에 네 번, 철따라 발간함, 또는 그 간행물.
【發刊 발간】책·신문 등을 박아 펴냄.
【新刊 신간】출판물을 새로 박아 내놓음, 또는 그 출판물.
【廢刊 폐간】신문·잡지 따위의 정기 간행물의 간행을 폐지함.

刂 4 ⑥ 【列】 벌일 렬

一 ブ 歹 歹 列 列

명 ⊕liè ⊕レツ(ならべる) 英arrange

字源 형성자. 歹(도)는 의미 부분이고, 刂(알)은 발음 부분이다.
字解 ①벌일, 늘어놓을(렬) ¶列擧(열거) ②줄(렬) ¶隊列(대열) ③차례, 등급(렬) ¶班列(반열)
【列強 열강】여러 강한 나라들.
【列擧 열거】여러 가지를 죽 들어서 말함.
【列島 열도】길게 줄을 지어 늘어서 있는 섬들.
【列傳 열전】많은 사람의 전기(傳記)를 차례로 벌여 적은 책.
【隊列 대열】줄을 지어 늘어선 줄.
【班列 반열】품계·신분·등급의 차례. 班次(반차).
【序列 서열】①순서를 따라 늘어섬. ②차례. 順序(순서).
【陳列 진열】물건을 죽 벌여 놓음. 羅列(나열).

刂 4 ⑥ 【刘】 劉(79)의 俗字

刂 4 ⑥ 【刎】 목 자를 문

명 ⊕wěn ⊕フン(くびはねる) 英behead
字解 목 자를, 목 벨(문).
【刎頸之交 문경지교】목이 베이는 데 대신 나설 벗. '생사(生死)를 같이 할 만큼 매우 친한 사이'를 이름.

刂 4 ⑥ 【刓】 깎을 완

⊕wán ⊕ガン(けずる) 英round off
字解 깎을(완).
【刓削 완삭】깎음. 네모진 나무를 깎아서 둥글게 함.

刂 4 ⑥ 【刖】 발뒤꿈치 자를 월

⊕yuè ⊕ゲツ(あしきる)
字解 발뒤꿈치 자를, 월형(월).
【刖趾適屨 월지적구】발뒤꿈치를 잘라 신에 맞춤. '본말(本末)이 뒤바뀌거나 잘해 보려던 일이 도리어 나빠짐'을 이름.

【刖刑 월형】지난날, 발뒤꿈치를 자르던 형벌.

【刑】 형벌 형

㉿ ㊥xíng ㊐ケイ(のり) ㊤punishment

字源 형성자. 刀(도)는 의미 부분이고, 幵(견)은 발음 부분이다. 본래 刑은 목을 벤다는 뜻이었고, '벌을 주다'·'형벌' 등의 뜻으로는 '荊(형)'자를 썼으니, '荆'은 법(法)을 뜻하는 井(정)이 의미와 발음을 겸하는 회의 겸 형성자이다. 현재는 '刑'자의 뜻으로 刑을 쓰지만, 원래 이 두 글자는 다른 글자였다.

字解 ①형벌, 벌주다(형) ②법(형)

【刑具 형구】죄인의 처형이나 고문 등에 쓰이는 도구.
【刑量 형량】형벌(刑罰)의 양.
【刑罰 형벌】국가가 죄를 범한 사람에게 법률에 의해 주는 제재.
【刑法 형법】범죄와 형벌에 대한 법.
【刑事 형사】①형법의 적용을 받는 사건. ②범죄를 수사하고 범인을 체포하는 일을 맡은 경찰관.
【刑場 형장】사형을 집행하는 곳.
【減刑 감형】형량(刑量)을 줄임.
【極刑 극형】가장 무거운 형벌. '사형(死刑)'을 이름.
【實刑 실형】실제로 받는 체형(體刑).

【刦】 劫(81)과 同字

【利】 이로울 리

㉿ ㊥lì ㊐リ(きく) ㊤profit

字源 회의 겸 형성자. 갑골문에는 禾(벼 화)와 力(힘 력)으로 이루어져 있는데, 소전에서 力이 刀(도)로 바뀌었다. 力은 쟁기를 그린 상형자이므로 '농기구[力]로 땅을 일구어 벼[禾]를 심는다'는 뜻을 나타내고, 벼를 심으면 얻는 것이 있으므로 '이득'이라는 뜻이 나왔다. 力은 발음 부분의 역할도 한다.

字解 ①이로울(리) ¶利益(이익) ②날카로울(리) ¶銳利(예리) ③이자(리) ¶利率(이율)

【利權 이권】이익을 얻게 되는 권리.
【利器 이기】①날카로운 연장. ②실용에 편리한 기구.
【利尿 이뇨】오줌이 잘 나오게 함.
【利用 이용】물건을 이롭게 씀.
【利潤 이윤】장사하여 남은 돈.
【利率 이율】원금에 대한 이자 비율.
【利益 이익】①이롭고 유익한 일. ②물질적으로 수입이 생기는 일.
【利子 이자】돈을 빌려 쓴 대가로 무는 일정한 비율의 돈. 리식(이식).
【銳利 예리】칼날·감각 따위가 날카로움.
【便利 편리】편하고 이로움.

【別】 다를 별

㉿ ㊥bié ㊐ベツ(わかれる) ㊤different

字源 회의자. 咼(과)와 刀(도)는 모두 의미 부분이다. 칼로 살을 발라낸다는 데서 '나누다'라는 뜻을 나타낸다. 咼는 骨(뼈 골)자의 원시형태로 '고기의 살을 발라낸다'는 뜻인데 뒤에 '剮(과)'로 변하였다.

字解 ①다를(별) ¶別稱(별칭) ②헤어질(별) ¶離別(이별) ③나눌, 가를(별) ¶區別(구별)

【別個 별개】딴것.
【別居 별거】따로 떨어져 삶.
【別味 별미】별다른 맛 또는 음식.
【別世 별세】세상을 떠남. '죽음'을 이름. 他界(타계).
【別莊 별장】경치 좋은 곳이나 피서지 같은 데에 따로 마련한 집.
【別冊 별책】따로 엮은 책. 딴 책.
【別稱 별칭】달리 부르는 이름.
【區別 구별】종류에 따라 나눠 놓음.
【分別 분별】서로 다른 것을 구별하여 가름.
【離別 이별】서로 헤어짐.

【别】 別(73)의 俗字

刂部 5획

【刪】 깎을 산
刂5 ⑦
명 ⊕shān ⊕サン(けずる) ⊛cut
字解 깎을(산)
【刪蔓 산만】 편지에서, 인사를 줄인다는 뜻으로 첫머리에 쓰는 말.
【刪削 산삭】 필요하지 않은 글자나 구절을 지워 버림.

【判】 판단할 판
刂5 ⑦
丶 ハ 厶 乄 半 判 判
동 ⊕pàn ⊕ハン、ベン(わける) ⊛judge
字源 형성자. 刀(도)는 의미 부분이고, 半(반)은 발음 부분이다.
字解 ①판단할(판) ¶判決(판결) ②가를, 나눌(판) ¶判異(판이)
【判決 판결】 시비(是非)나 선악(善惡)을 판단하여 결정함.
【判斷 판단】 사물에 대한 자기의 생각을 마음속으로 정함.
【判讀 판독】 어려운 글귀나 암호 따위를 판단하여 읽음.
【判明 판명】 사실이나 진실이 명백히 밝혀짐.
【判別 판별】 판단하여 구별함.
【判異 판이】 분명하게 아주 다름.
【判定 판정】 판별하여 결정함.
【批判 비판】 비평(批評)하여 판단함.
【裁判 재판】 소송을 해결하기 위하여 법원이나 법관이 내리는 판단.

【刻】 새길 각
刂6 ⑧
一 亠 亥 亥 亥 亥 刻 刻
고 ⊕kè ⊕コク(きざむ) ⊛carve
字源 형성자. 刀(도)는 의미 부분이고, 亥(해)는 발음 부분이다. 옛날에 刻과 亥는 발음이 비슷하였다.
字解 ①새길(각) ¶刻印(각인) ②모질, 몰인정할(각) ¶刻薄(각박) ③심할, 엄할(각) ¶深刻(심각) ④시각(각) ¶正刻(정각)
【刻苦 각고】 몹시 애씀.
【刻骨難忘 각골난망】 입은 은혜에 대한 고마움이 뼈에 새겨져 잊히지 아니함.
【刻薄 각박】 혹독하고 인정이 없음.
【刻印 각인】 도장을 새김.
【刻舟求劍 각주구검】 뱃전에 표시를 새겨 칼을 찾으려 함. '어리석고 미련하여 융통성이 없음'을 이름.
故事 배를 타고 가다가 물속에 칼을 빠뜨린 사람이, 뱃전에 표시를 해 두었다가 배가 포구(浦口)에 이른 뒤 그 표시를 보고 칼을 찾으려 했다는 고사에서 온 말.
【時刻 시각】 ①시간의 흐름 속의 어느 순간. ②짧은 동안.
【深刻 심각】 매우 중대하고 절실함.
【正刻 정각】 틀림없는 그 시각.

【刮】 비빌 괄
刂6 ⑧
명 ⊕guā ⊕カツ(けずる) ⊛rub
字解 ①비빌, 닦을(괄) ②문지를(괄)
【刮磨 괄마】 그릇을 문질러 닦아서 윤을 냄. 刮磨(괄마).
【刮目相待 괄목상대】 눈을 비비고 다시 봄. 손아랫사람의 학식·재주 등이 눈에 띄게 향상된 것을 경탄할 때 쓰는 말. 통刮目相對(괄목상대).

【到】 이를 도
刂6 ⑧
一 厂 云 云 至 至 到 到
동 ⊕dào ⊕トウ(いたる) ⊛reach
字源 회의자 → 형성자. 금문에서는 至(이를 지)와 人(사람 인)으로 이루어진 회의자였는데, 소전에서 人이 刀(도)로 바뀌어 刀가 발음 부분인 형성자가 되었다. 至는 화살이 땅에 꽂힌 모양을 그린 것으로 '…에 다다르다'라는 뜻을 나타내므로 '사람[人]이 어느 곳에 도달하다(至)'라는 뜻이 된다.
字解 ①이를(도) ¶到處(도처) ②주밀할(도) ※빈틈없이 매우 찬찬함. ¶周到(주도)
【到達 도달】 정한 곳에 이름.
【到來 도래】 이름. 와 닿음.
【到着 도착】 목적지에 다다름.
【到處 도처】 가는 곳마다.
【殺到 쇄도】 세차게 몰려듦.
【周到 주도】 빈틈없이 두루 찬찬함.

【刷】 인쇄할 쇄
本살 🔲

丆丆尸尸吊吊刷刷

🇨🇳shuā 🇯🇵サツ(する) 🇬🇧print

字源 형성자. 刀(도)는 의미 부분이고, 屏는 발음 부분으로 啟(설)의 생략형이다.

字解 ①인쇄할, 박을(쇄) ②솔질할, 쓸(쇄)

【刷新 쇄신】 묵은 것을 없애고 새롭게 함. 革新(혁신).
【校正刷 교정쇄】 교정을 보기 위하여 한두 장 찍어 낸 인쇄물.
【印刷 인쇄】 글자나 그림을 종이에 박아 내는 일.

【刺】 ❶찌를 자
眞
❷찌를 척·자 🔲

一丅丆市朿朿刺刺

🇨🇳cī, cì 🇯🇵シ(さす) 🇬🇧pierce

字源 회의 겸 형성자. 刀(도)와 束(가시 자)는 모두 의미 부분인데, 束는 발음도 담당한다.

字解 ❶①찌를(자) ¶刺戟(자극) ②가시(자) ¶芒刺(망자) ③책망할, 헐뜯을(자) ¶諷刺(풍자) ❷①찌를(척·자) ¶刺殺(척살) ②바느질할(척·자) ¶刺繡(자수) ③문신할(척·자) ¶刺字(자자)

【刺客 자객】 사람을 몰래 찔러 죽이는 사람.
【刺戟 자극】 ①어떤 반응이나 작용이 일어나게 함. ②흥분시키는 일.
【刺繡 자수】 수를 놓음, 또는 그 수.
【刺字 자자】 죄인의 얼굴이나 팔뚝에 문신(文身)을 함. 刺文(자문).
【刺殺 척살·자살】 칼로 찔러 죽임.
【芒刺 망자】 까끄라기, 또는 가시.
【諷刺 풍자】 빗대거나 비유하는 말로 남의 결점을 찌름.

참고 '척'음으로 인명용으로 지정됨.

【制】 억제할 제

丿仁仨仨年制制

🇨🇳zhì 🇯🇵セイ 🇬🇧restrain

字源 회의자. 刀(도)와 未(=味)는 모두 의미 부분이다. 未가 의미 부분이 되는 이유는 과실이 잘 익으면 맛[味(미)]이 있게 되고, 그러면 칼[刀(도)]로 잘라 먹을 만하기 때문이다.

字解 ①억제할, 누를(제) ¶制壓(제압) ②법도, 규정(제) ¶制度(제도) ③천자의 말(제) ¶制勅(제칙)

【制度 제도】 ①정해진 법도. ②나라나 사회 구조의 체계.
【制服 제복】 규정에 따라 입도록 정한 옷. 正服(정복).
【制壓 제압】 남을 제어하여 억누름.
【制約 제약】 조건을 붙여 내용을 제한함. 또는 그 제한.
【制御 제어】 억눌러 따르게 함.
【制裁 제재】 법이나 규율을 위반하는 행위에 대하여 가하는 처벌.
【制定 제정】 제도·문물 등을 정함.
【制勅 제칙】 천자(天子)의 명령.
【制覇 제패】 ①패권을 잡음. ②운동·바둑 등의 경기에서 우승함.
【制限 제한】 ①정해 놓은 한도. ②일정한 한도를 넘지 못하게 억제함.
【抑制 억제】 내리눌러서 제어함.
【自制 자제】 자기의 욕망이나 감정을 스스로 억제함.
【統制 통제】 일정한 방침이나 목적에 따라 행위를 제한하거나 제약함.

【刹】 절 찰 🔲

🇨🇳chà 🇯🇵セツ 🇬🇧temple

字解 ①절(찰) ¶寺刹(사찰) ②짧은 시간(찰) ¶刹那(찰나)

【刹那 찰나】 범어 'ksana'의 음역(音譯). 매우 짧은 시간. 瞬間(순간).
【古刹 고찰】 오래된 절. 옛 절.
【寺刹 사찰】 절. 寺院(사원).

【刑】 刑(73)의 本字

【剄】 목 벨 경

🇨🇳jǐng 🇯🇵ケイ(くびきる) 🇬🇧behead

字解 ①목 벨(경) ②셀, 굳셀(경)

【剄殺 경살】 목을 쳐서 죽임.

刂部 7획

【尅】 이길 극

명 ㊥kè ㊐コク(かつ) ㊧overcome
字源 이길(극) 늑克

【相尅 상극】 ①둘 사이에 마음이 서로 화합하지 못하고 항상 충돌함. ②오행설(五行說)에서, 쇠는 나무를, 나무는 흙을, 흙은 물을, 물은 불을, 불은 쇠를 이김을 이름.
【下尅上 하극상】 계급이나 신분이 아래인 사람이 윗사람을 꺾어 누름.

【剆】 칠 라

명 ㊥luǒ ㊐ラ ㊧strike
字源 칠(라)

【剌】 ❶어그러질 랄 ❷수라 라

명 ❶ ㊥là ㊐ラツ ㊧deviate
字解 ❶①어그러질(랄) ②물고기 뛰는 소리(랄) ❷수라(라)

【潑剌 발랄】 ①고기가 물에서 뛰는 모양. ②표정·행동 따위가 밝고 활기 있음.
【水剌 수라】 임금이 먹는 밥.
참고 刺(자 : 75)는 딴 자.

【削】 깎을 삭

고 ㊥xiāo ㊐サク(けずる) ㊧cut
字源 형성자. 刀(도)는 의미 부분이고, 肖(초)는 발음 부분이다. 옛날에 削과 肖는 발음이 비슷하였다.
字解 ①깎을(삭) ¶削髮(삭발) ②빼앗을(삭) ¶削爵(삭탈)

【削減 삭감】 깎고 줄임.
【削髮 삭발】 머리를 박박 깎음.
【削除 삭제】 깎아서 없앰. 지워 버림.
【削奪 삭탈】 죄를 지은 사람의 벼슬과 품계를 빼앗음. 削奪官職(삭탈관직).
【添削 첨삭】 보충하거나 삭제함.

【前】 앞 전

╯╯╭╭╭ 育 育 前 前
명 ㊥qián ㊐ゼン(まえ) ㊧front
字源 회의자. 갑골문을 보면 '止'으로 발(⼷=止) 아래에 쟁반(H=凡)이 있는 형태이다. 본래 발을 쟁반에 넣고 씻는다는 뜻으로, 뒤에 '나아가다'라는 뜻으로 가차되었다.
字解 앞, 앞설(전)

【前科 전과】 이전에 받은 형벌.
【前代未聞 전대미문】 지금까지 들어 본 적이 없음. 未曾有(미증유).
【前衛 전위】 ①본대(本隊)의 앞에 서서 나가는 부대. ②배구·테니스 등에서 앞쪽을 지키는 선수.
【前提 전제】 무슨 일이 이루어지기 위하여 선행(先行)되는 조건.
【前兆 전조】 미리 나타나 보이는 조짐. 徵兆(징조).
【前奏 전주】 악곡(樂曲)의 도입 부분.
【前轍 전철】 앞서 지나간 수레바퀴의 자국. '앞사람의 실패의 경험'을 이름. 覆轍(복철).
【前後 전후】 ①앞뒤. ②먼저와 나중.
【目前 목전】 ①눈앞. ②지금 당장.
【靈前 영전】 영위(靈位)의 앞, 또는 영구(靈柩)의 앞.

【則】 ❶곧 즉 ❷법칙 칙

명 ㊥zé ㊐ソク(のり) ㊧namely
字源 회의자. 금문에서는 '𠟭'으로 썼는데, 칼(刀)로 솥(鼎)에 무늬를 새긴다는 뜻이다. 소전은 鼎이 貝(조개 패)로 바뀌었는데, 貝는 옛 화폐였으므로 본래 '물건에 등급을 매기다'라는 뜻으로도 해석한다.
字解 ❶곧(즉) ※'…하면 곧'의 뜻을 나타냄. ¶然則(연즉) ❷법, 법칙(칙) ¶規則(규칙)

【然則 연즉】 그러면. 그러하니.
【規則 규칙】 사람의 행위나 사무 처리의 표준이 되는 지침(指針).
【法則 법칙】 반드시 지켜야 할 규칙.
【原則 원칙】 근본이 되는 법칙(法則).
【鐵則 철칙】 변경하거나 어길 수 없는 규칙.

刂⁹ 【刹】 刹(75)과 同字

刂⁹ 【剃】 머리 깎을 체 囷

- 명 ⊕tì ⊕テイ(そる) 美tonsure
- 字解 머리 깎을(체)

【剃刀 체도】 머리털을 깎는 칼.
【剃髮 체발】 머리를 박박 깎음.

刂⁸ 【剛】 굳셀 강 | 동 | 간 釭 剛

冂 冂 冂 罔 罔 罔 罔 剛 剛 剛

- 고 ⊕gāng ⊕ゴウ(つよい) 美firm
- 字源 회의 겸 형성자. 갑골문은 罔(그물 망)과 刀(칼 도)로 이루어져 있는데, "칼로 그물을 자르다"라는 뜻을 나타내고, 罔의 발음도 담당한다. 그물을 자르려면 칼날이 강해야 하므로 '굳세다'는 뜻이 여기에서 파생되었다. 금문에서는 罔 아래에 士(사) 또는 火(화) 자가 덧붙여졌는데, 소전에서 이것이 山(산)으로 바뀌면서 현재의 剛과 같은 모양이 되었다.
- 字解 굳셀, 강할(강)

【剛健 강건】 기력이 좋고 건강함.
【剛斷 강단】 ①강기 있게 결단하는 힘. ②어려움을 꿋꿋이 견디는 힘.
【剛毅 강의】 강직하여 굴하지 않음.
【剛直 강직】 마음이 굳세고 곧음.
【外柔內剛 외유내강】 겉으로 보기에는 부드러우나 속은 강함.

刂⁸ 【刣】 새길 기 紙

- ⊕jí ⊕キ 美carve
- 字解 ①새길(기) ②새김칼(기)

【刣劂 기궐】 ①나무판에 글자를 새김. ②조각하는 칼.

刂⁸ 【剝】 벗길 박 覺

- 명 ⊕bāo ⊕ハク(はぐ) 美strip
- 字解 벗길(박)

【剝離 박리】 벗겨 냄.
【剝製 박제】 동물의 살·내장을 발라내고 그 안에 솜이나 심을 넣어 살았을 때의 모양과 같이 만든 것.
【剝奪 박탈】 권력·힘으로 빼앗음.
【剝皮 박피】 껍질을 벗김.

刂⁸ 【剖】 쪼갤 부 囿

- 명 ⊕pōu ⊕ボウ, ホウ(さく) 美split
- 字解 쪼갤, 가를(부)

【剖檢 부검】 시체를 해부(解剖)하여 죽은 원인을 검사하는 일.
【剖棺斬屍 부관참시】 지난날, 죽은 뒤에 큰 죄가 드러났을 때, 죄인의 관을 쪼개고 목을 베던 극형.
【解剖 해부】 생물체의 한 부분 또는 전체를 쪼개거나 쪼개어 헤침.

刂⁸ 【剕】 발꿈치 벨 비 囷

- ⊕fèi ⊕ヒ
- 字解 발꿈치 벨(비) ※지난날, 중국에서 행하던 형벌의 하나.

刂⁸ 【剡】 ❶땅 이름 섬 琰 ❷날카로울 염 琰

- 명 ❶ ⊕shàn, yǎn ⊕セン, エン 美sharp
- 字解 ❶땅 이름(섬) ※저장 성(浙江省)에 있는 현(縣) 이름. ❷①날카로울(염) ②깎을(염)

刂⁸ 【剤】 劑(80)의 俗字

刂⁸ 【剔】 뼈 바를 척 錫

- 명 ⊕tī ⊕テキ, テイ(えぐる) 美debone
- 字解 뼈 바를(척)

【剔抉 척결】 ①뼈를 발라내고 살을 도려냄. ②부정·결함 등의 근원을 파헤쳐 없앰.

刂⁹ 【副】 버금 부 囿

一 亠 戸 戸 畐 畐 副 副

- 고 ⊕fù ⊕フク(そう) 美second

刂部 9획

字源 형성자. 刀(도)는 의미 부분이고, 畐(복)은 발음 부분이다.
字解 버금, 둘째(부) ❶副食(부식) ❷머리 꾸미개(부) ※머리를 땋아 만든 장식품. ❶副笄(부계)
【副笄 부계】지난날, 귀부인의 머리 장식품. 첩지 같은 것.
【副賞 부상】정식의 상 이외에 따로 덧붙여서 주는 상.
【副食 부식】주식(主食)에 곁들여 먹는 음식물. 반찬 따위.
【副審 부심】주심(主審)을 돕는 심판.
【副業 부업】본업(本業) 외에 따로 가지는 직업.
【副作用 부작용】본래의 작용에 곁들여 나타나는 해로운 작용.
【正副 정부】으뜸과 버금.

刂9 【剩】 剩(78)의 俗字
11

刂10 【剴】 ❶맞을 개   剴 剀
12   ❷낫 개
㊥kǎi ㊐ガイ ㊀fit
字解 ❶맞을(개) ❷①낫(개) ②벨(개)
【剴切 개절】알맞고 적절함.

刂10 【剩】 남을 잉   剩 剩
12
㊂㊥shèng ㊐ジョウ(あまる) ㊀surplus
字解 남을, 나머지(잉)
【剩餘 잉여】쓰고 난 나머지.
【過剩 과잉】필요 이상으로 많음.

刂10 【剗】 斷(381)과 同字
12

刂10 【創】 ❶비롯할 창   創 創
12   ❷상할 창

ノ ヘ 夕 刍 戸 倉 創 創
㊂㊥chuàng ㊐ソウ(はじめる) ㊀begin
字源 형성자. 刀(도)는 의미 부분이

고, 倉(창)은 발음 부분이다. 본래 創은 '刅'의 이체자(異體字)인데, '刅'은 '刃(칼날 인)'과 상처를 표시하는 '丶'로 이루어져 상처를 뜻하는 지사자이다. 그래서 옛날에는 '창조하다'의 뜻으로는 剏(창) 자를 주로 썼다.
字解 ❶비롯할, 시작할(창) ❶創刊(창간) ❷상할, 다칠(창) ❶創傷(창상)
【創刊 창간】신문·잡지 따위의 맨 첫번 것을 간행함.
【創團 창단】단체를 처음으로 만듦.
【創立 창립】처음으로 세움.
【創傷 창상】날이 있는 물건에 다침, 또는 그 상처.
【創設 창설】처음으로 설립함.
【創案 창안】처음으로 생각해 냄.
【創痍 창이】병기(兵器)에 다친 상처.
【創作 창작】예술 작품을 독창적으로 만들거나 표현하는 일.
【創製 창제】처음 만들거나 제정함.
【創造 창조】①처음으로 생각해 내어 만듦. ②조물주(造物主)가 처음 우주를 만듦.
【草創 초창】처음 시작함, 또는 시초.

刂10 【割】 나눌 할   割
12   ㊅갈 ㊄

宀 宁 宇 宝 害 害 割 割
㊂㊥gē ㊐カツ(わる) ㊀divide
字源 형성자. 刀(도)는 의미 부분이고, 害(해)는 발음 부분이다. 옛날에 割과 害는 발음이 비슷하였다.
字解 ①나눌(할) ❶割當(할당) ②가를, 벨(할) ❶割腹(할복) ③新할(할) ※수량의 단위. 10분의 1.
【割據 할거】땅을 나누어 차지하여 세력권을 이룸.
【割當 할당】몫을 나누어 분배함.
【割腹 할복】배를 갈라 죽음.
【割賦 할부】여러 번으로 나누어 냄.
【割愛 할애】아끼는 것을 내어 주거나 나누어 줌.
【割讓 할양】땅이나 물건의 한 부분을 떼어 줌.
【割引 할인】일정한 값에서 얼마를 싸게 함.
【分割 분할】둘 또는 여럿으로 나눔.

【剿】 죽일 초

명 ⓒjiāo ⓙショウ ⓔextirpate
字解 죽일, 벨(초)
【剿滅 초멸】 도적 떼를 무찔러 없앰.
【剿討 초토】 도둑의 무리를 토벌함.

【剽】 빼앗을 표

명 ⓒpiāo ⓙヒョウ(おびやかす) ⓔrob
字解 ①빼앗을(표) ¶剽竊(표절) ②빠를(표) ¶僄僄·慓慓 ¶剽悍(표한) ③위협할(표) ¶剽掠(표략)
【剽掠 표략】 위협하여 빼앗음.
【剽竊 표절】 남의 시가·문장·학설 등을 훔치어 제 것으로 함.
【剽悍 표한】 날쌔고 사나움.

【劂】 새김칼 궐

명 ⓒjué ⓙケツ ⓔgouge
字解 새김칼, 새길(궐)
【劂劂 기궐】 ①나무판에 글자를 새김. ②조각하는 칼.

【劃】 그을 획

一 ㄷ ㅌ 聿 書 畫 畫 劃

고 ⓒhuà ⓙカク(かぎる) ⓔdraw
字源 회의 겸 형성자. 刀(도)와 畫(화)는 모두 의미 부분인데, 畫는 발음도 담당한다. 畫는 손에 붓을 잡고 무엇을 그리는 모습이다. 칼로 자르기에 앞서 그 경계를 그려야 하므로 畫가 의미 부분이 된다.
字解 그을, 나눌(획) 늑畫
【劃期的 획기적】 새로운 시대나 기원을 이룰 만한 특출한 것.
【劃定 획정】 명확히 구별하여 정함.
【區劃 구획】 경계를 갈라 정함.

【劍】 칼 검

ㅅ 人 숚 合 僉 㑒 劍 劍

고 ⓒjiàn ⓙケン(つるぎ) ⓔsword
字源 형성자. 刀(도)는 의미 부분이고, 僉(첨)은 발음 부분이다. 소전에서는 刀 대신 刃(인)을 쓴 劒으로 썼다.
字解 칼(검)
【劍客 검객】 검술을 잘하는 사람.
【劍道 검도】 검술(劍術)을 하나의 도로 보고 이르는 말.
【劍舞 검무】 칼춤.
【劍術 검술】 칼을 쓰는 수법.
【銅劍 동검】 구리 따위로 만든 칼.

【劇】 심할 극

亠 广 庐 虍 虖 康 劇

고 ⓒjù ⓙゲキ(はげしい) ⓔviolent
字源 형성자. 刀(도)는 의미 부분이고, 豦(거)는 발음 부분이다.
字解 ①심할(극) ¶劇烈(극렬) ②연극(극) ¶劇本(극본)
【劇烈 극렬】 정도에 지나치게 맹렬함.
【劇本 극본】 연극이나 방송극 등의 대본(臺本).
【劇甚 극심】 아주 심함. 極甚(극심).
【劇藥 극약】 잘못 사용하면 생명이 위태롭게 되는 위험한 약.
【演劇 연극】 배우가 연출자의 지도를 받아 각본대로 무대 위에서 표현하는 종합 예술.
【喜劇 희극】 익살·풍자로 인생을 경쾌한 측면에서 표현하는 연극.

【劉】 성 류

명 ⓒliú ⓙリュウ
字解 ①성(류) ②이길(류)
참고 성씨로 이를 때 흔히 '묘금도 류'라고 하는데, 이는 '兪(유)'와 구별하기 위하여 '卯+金+刂'라고 파자(破字)하여 이른 데서 온 것으로, 자의(字義)와는 관계가 없음.

【劓】 코 벨 의

ⓒyì ⓙギ(はなきる)
字解 코 벨(의) ※지난날, 중국에서 행하던 형벌의 하나.
【劓馘 의괵】 코와 귀를 베는 형벌.

刂部 14획

【劑】 약 지을 제 ⑯
명 ㊥jì ㊐セイ(くすり) ㊤prepare
字解 약 지을, 약(제)
【洗劑 세제】 몸·기구·의류 등에 묻은 물질을 씻어 내는 데 쓰이는 약제.
【藥劑 약제】 여러 가지 약재(藥材)를 섞어서 지은 약.
【錠劑 정제】 가루약을 덩이로 뭉쳐 만든 약. 알약.
【調劑 조제】 약재를 조합하여 약을 지음.

2 力 部

【力】 힘 력 ②
ㄱ 力
종 ㊥lì ㊐リョク, リキ(ちから) ㊤strength
字解 상형자. 쟁기〔耒〕를 그린 것이다. 쟁기로 경작을 하려면 힘을 들여야 하므로, '힘'이라는 뜻은 여기에서 나왔다.
字解 ①힘(력) ¶力量(역량) ②힘쓸(력) ¶力作(역작)
【力量 역량】 일을 해낼 수 있는 정도.
【力拔山氣蓋世 역발산기개세】 힘은 산을 뽑을 만하고 기개는 세상을 뒤덮을 만함.
【力士 역사】 뛰어나게 힘이 센 사람.
【力說 역설】 힘써 주장함.
【力作 역작】 애써 지은 작품.
【力點 역점】 힘을 많이 들이는 주안점(主眼點).
【能力 능력】 일을 해낼 수 있는 힘.
【魅力 매력】 남의 마음을 끌어 흐리는 이상한 힘.

【加】 더할 가 ⑤
ㄱ 力 加 加
종 ㊥jiā ㊐カ(くわえる) ㊤add
字源 회의자. 力(력)과 口(구)는 모두 의미 부분이다. 말이 많아진다는 뜻을 나타낸다.
字解 더할, 보탤(가)
【加減 가감】 보탬과 뺌.
【加工 가공】 제품을 만들기 위해 소재나 원료에 인공(人工)을 더함.
【加擔 가담】 ①어떤 일이나 무리에 한몫 낌. ②편이 되어 힘을 보탬.
【加盟 가맹】 동맹(同盟)이나 연맹(聯盟)에 가입함.
【加味 가미】 ①양념 등을 넣어 음식의 맛을 더함. ②덧붙이거나 곁들임.
【加入 가입】 단체나 조직에 들어감.
【加重 가중】 더 무거워짐.
【倍加 배가】 갑절로 늘어남.
【追加 추가】 나중에 더하여 보탬.

'加'가 붙은 한자
伽 절 (가)   咖 커피 (가)
嘉 아름다울 (가) 茄 가지 (가)
枷 항쇄 (가)   架 시렁 (가)
迦 석가 (가)   痂 헌데 딱지 (가)
笳 호드기 (가)   袈 가사 (가)
跏 책상다리할 (가) 駕 부릴 (가)
賀 하례할 (하)

【功】 공 공 ⑤
一 T 工 功
종 ㊥gōng ㊐コウ(いきお) ㊤merits
字源 회의 겸 형성자. 力(력)과 工(공)은 모두 의미 부분인데, 工은 발음도 담당한다.
字解 ①공(공) ※힘을 들여서 이루어 낸 결과. ¶功勞(공로) ②상제, 복 입을(공) ¶大功(대공)
【功過 공과】 공로와 과오.
【功德 공덕】 공적과 덕행.
【功勞 공로】 일에 애쓴 공적.
【功名 공명】 공을 세워서 얻은 이름.
【功績 공적】 쌓은 공로. 공로의 실적.
【大功 대공】 ①커다란 공적. ②오복(五服)의 하나. 사촌 형제나 백숙부모(伯叔父母)의 상사에 아홉 달 동안 입는 복제(服制).
【武功 무공】 전쟁에서 세운 공적.

力[勤] 강할 근
- 명 ㊥jìn ㊐キン ㊄strong
- **字解** 강할, 힘셀(근)

力[劣] 용렬할 렬
丿 丷 尐 少 劣 劣
- ㊀ ㊥liè ㊐レツ(おとる) ㊄inferior
- **字源** 회의 겸 형성자. 힘[力(력)]이 적다[少(소)]는 뜻이므로, 力과 少는 모두 의미 부분이 되는데, 少는 발음도 담당한다. 옛날에 劣과 少는 발음이 비슷하였다.
- **字解** 용렬할, 낮을, 모자랄(렬)

【劣等 열등】 낮은 등급.
【劣勢 열세】 힘이나 형세가 상대편보다 떨어져 있음. 또는 그런 상태.
【劣惡 열악】 형편 등이 몹시 나쁨.
【卑劣 비열】 성질과 행동이 야비함.
【優劣 우열】 우수함과 열등함.
【庸劣 용렬】 평범하고 재주가 남보다 못함.
【拙劣 졸렬】 서투르고 보잘것없음.

力[劫] 위협할 겁
- 명 ㊥jié ㊐キョウ(おびやかす) ㊄plunder
- **字解** ①위협할, 으를(겁) ¶劫奪(겁탈) ②빼앗을(겁) ③겁(겁) ※불교에서, 천지가 한 번 개벽한 때부터 다음 개벽할 때까지의 동안을 이르는 말. ¶永劫(영겁)

【劫迫 겁박】 위력으로 협박함.
【劫奪 겁탈】 ①위협하여 빼앗음. ②폭력으로 간음함.
【億劫 억겁】 무한히 긴 오랜 동안.
【永劫 영겁】 영원한 세월.

力[劬] 수고할 구
- ㊥qú ㊐ク(つかれる) ㊄laborious
- **字解** 수고할, 힘들일(구)

【劬劬 구구】 바쁘게 수고하는 모양.
【劬勞 구로】 ①자식을 낳고 기르는 수고. ②애써 일함.

力[努] 힘쓸 노
乙 夊 女 奴 奴 努 努
- ㊀ ㊥nǔ ㊐ド(つとめる) ㊄endeavor
- **字源** 형성자. 力(력)은 의미 부분이고, 奴(노)는 발음 부분이다.
- **字解** 힘쓸, 힘들일(노)

【努力 노력】 힘을 씀. 힘을 다함.

力[励] 勵(85)의 俗字

力[劳] 勞(83)의 俗字

力[助] 도울 조
丨 Π 月 目 且 助 助
- 종 ㊥zhù ㊐ジョ(たすける) ㊄help
- **字源** 형성자. 力(력)은 의미 부분이고, 且(차)는 발음 부분이다.
- **字解** 도울(조)

【助言 조언】 거들거나 일깨워 주는 말. 도움말.
【助演 조연】 연극·영화에서, 주인공을 도와서 연기함. 또는 그 사람.
【助長 조장】 의도적으로 어떤 경향이 더 심해지도록 도와서 북돋움.
【內助 내조】 아내가 남편을 도움.
【援助 원조】 도와줌.
【協助 협조】 남의 일을 도와줌.

力[劻] 급할 광
- ㊥kuāng ㊐キョウ(にわか) ㊄haste
- **字解** 급할, 갑자기(광)

【劻勷 광양】 성미가 몹시 조급함.

力[劾] 캐물을 핵
- 명 ㊥hé ㊐ガイ ㊄examine
- **字解** 캐물을, 죄상을 조사할(핵)

【劾論 핵론】 허물을 들어 논박함.
【彈劾 탄핵】 죄상(罪狀)을 조사하여 문책함.

力部 6획

【効】
名 效(374)의 俗字

【勁】 굳셀 경
名 ⓒjìng ⓙケイ(つよい) ⓔstrong
字解 굳셀(경)
【勁健 경건】 ①굳세고 건장함. ②필력(筆力)이 굳세고 힘참.
【勁直 경직】 굳세고 바름.

【勉】 힘쓸 면
ノ ク 产 召 免 免 勉
중 ⓒmiǎn ⓙベン(つとめる) ⓔstrive
字源 형성자. 力(력)은 의미 부분이고, 免(면)은 발음 부분이다.
字解 힘쓸, 부지런할(면)
【勉勵 면려】 ①스스로 힘써 함. ②남을 격려하여 힘쓰도록 함.
【勉學 면학】 학문에 힘씀.
【勤勉 근면】 부지런히 힘씀.

【勃】 우쩍 일어날 발
名 ⓒbó ⓙボツ
字解 ①우쩍 일어날(발) ¶勃起(발기) ②성낼, 발끈할(발) ¶勃然(발연) ③성할(발) ¶勃勃(발발)
【勃起 발기】 별안간 불끈 일어남.
【勃勃 발발】 ①사물이 한창 성한 모양. ②몸이 가쁘하고 민첩한 모양.
【勃發 발발】 일이 갑자기 일어남.
【勃然 발연】 ①우쩍 일어나는 모양. ②발끈 성내는 모양.
【勃興 발흥】 갑자기 일어남. 기운을 얻어 성해짐.

【勇】 날랠 용
フ マ ア 丙 序 甬 勇 勇
중 ⓒyǒng ⓙユウ(いさましい) ⓔbrave
字源 형성자. 力(력)은 의미 부분이고, 甬(용)은 발음 부분이다.
字解 날랠, 날쌜(용)

【勇敢 용감】 씩씩하고 기운참.
【勇氣 용기】 씩씩하고 굳센 기운.
【勇斷 용단】 용기 있게 결단함.
【勇猛 용맹】 날래고 사나움.
【勇士 용사】 ①용감한 병사. ②용기가 있는 사람.
【勇退 용퇴】 용기 있게 물러남. 벼슬 등을 선선히 그만둠.
【武勇 무용】 ①무예와 용맹. ②싸움에서 용맹스러움.

【勅】 칙서 칙
名 ⓒchì ⓙチョク(みことのり)
字解 ①칙서, 조서(칙) ¶詔勅(조칙) ②신칙할, 타이를(칙) ≒飭
【勅命 칙명】 임금의 명령. 勅令(칙령). 勅旨(칙지).
【勅使 칙사】 칙명을 받은 사신.
【勅書 칙서】 임금이 훈계하거나 알릴 일을 적은 문서.
【詔勅 조칙】 임금의 선지(宣旨)를 널리 알리기 위하여 적은 문서. 詔書(조서).

【勍】 셀 경
名 ⓒqíng ⓙギョウ ⓔstrong
字解 셀, 강할(경)

【勉】
勉(82)과 同字

【勘】 헤아릴 감
名 ⓒkān ⓙカン(かんがえる) ⓔconsider
字解 ①헤아릴(감) ②신문할(감)
【勘案 감안】 헤아려 생각함.
【勘罪 감죄】 죄인을 신문하여 처분함.
【校勘 교감】 여러 종류의 이본(異本)을 비교하여 문자(文字)의 이동(異同)을 판단하는 일.

【動】 움직일 동
一 一 百 盲 重 重 動 動
중 ⓒdòng ⓙドウ(うごく) ⓔmove

力部 10획

字源 형성자. 力(력)은 의미 부분이고, 重(중)은 발음 부분이다.
字解 움직일(동)
【動機 동기】 어떤 사태나 행동을 일으키게 하는 계기.
【動亂 동란】 폭동·반란·전쟁 등으로 사회가 질서 없이 소란해짐.
【動搖 동요】 움직이고 흔들림.
【動靜 동정】 ①움직임과 가만히 있음. ②행동·상황 등이 변화되어 가는 낌새나 상태.
【動態 동태】 움직여 변해 가는 상태.
【擧動 거동】 몸을 움직이는 짓이나 태도. 行動擧止(행동거지).
【騷動 소동】 여럿이 소란을 피움.

力 9 【勒】 굴레 륵
⑪ 藏

명 ⊕lè ⊕ロク(くつわ) 英bridle
字解 ①굴레(륵) ②억지로 할(륵) ③다스릴, 제어할(륵)
【勒絆 늑반】 고삐.
【勒兵 늑병】 군대를 통어(統御)함.
【勒葬 늑장】 남의 땅이나 남의 마을 근처에 억지로 장사를 지냄.
【勒奪 늑탈】 억지로 빼앗음.

力 9 【務】 힘쓸 무
⑪ 藏

字源 형성자. 力(력)은 의미 부분이고, 秋(무)는 발음 부분이다.
字解 ①힘쓸(무) ¶務實力行(무실역행) ②일(무) ¶公務(공무)
【務實力行 무실역행】 참되고 실속 있도록 힘써 실행함.
【公務 공무】 공적(公的)인 일.
【服務 복무】 직무를 맡아 일함.
【用務 용무】 볼일. 用件(용건).
【義務 의무】 마땅히 해야 할 직분.
【職務 직무】 맡아서 하는 일.

力 9 【勖】 힘쓸 욱
⑪ 仄

명 ⊕xù ⊕キョク 英strive
字解 힘쓸, 노력할(욱)

力 10 【勞】 ❶수고할 로
⑫ ❷위로할 로

명 ⊕láo ⊕ロウ(つかれる) 英toil
字源 회의자. 力(력)과 炏은 모두 의미 부분이다. 炏은 熒(형)의 생략형으로, 불을 지핀다는 뜻이다. 불이 꺼지지 않도록 힘쓰므로 '수고롭다'는 뜻은 여기에서 나왔다.
字解 ❶①수고할, 힘들일(로) ¶勞苦(노고) ②지칠(로) ¶勞困(노곤) ❷위로할(로)
【勞苦 노고】 힘들여 애쓰는 수고.
【勞困 노곤】 고달프고 피곤함.
【勞動 노동】 몸을 움직여 일을 함.
【勞使 노사】 노동자와 사용자.
【勞心焦思 노심초사】 마음을 괴롭히고 속을 태움.
【勞賃 노임】 품삯. 賃金(임금).
【勞作 노작】 ①힘들여 일함. ②힘들여 만듦, 또는 그 작품.
【勤勞 근로】 부지런히 일함.
【慰勞 위로】 고달픔을 풀도록 따뜻하게 대하여 줌.
【疲勞 피로】 지침. 고단함.

力 10 【勝】 이길 승
⑫ 藏

명 ⊕shèng ⊕ショウ(かつ) 英win
字源 형성자. 力(력)은 의미 부분이고, 朕(짐)은 발음 부분이다. 옛날에 勝과 朕은 발음이 비슷하였다.
字解 ①이길(승) ¶勝訴(승소) ②나을, 훌륭할(승) ¶勝地(승지)
【勝機 승기】 이길 수 있는 기회.
【勝利 승리】 싸움이나 경기에 이김.
【勝算 승산】 이길 가망.
【勝訴 승소】 소송(訴訟)에서 이김.
【勝戰鼓 승전고】 싸움에 이겼을 때 치는 북.
【勝地 승지】 경치나 지형(地形)이 뛰어나게 좋은 곳.
【勝敗 승패】 이김과 짐. 勝負(승부).
【決勝 결승】 마지막 승부를 결정함.
【壓勝 압승】 압도적으로 이김.

力部 10획

力10【勛】 명 勳(84)의 古字
⑫

力11【勧】 勸(85)의 俗字
⑬

力11【勤】 부지런할 근 図 勤
⑬
艹 廿 苩 堇 堇 堇 勤 勤

중 ⊕qín ⊕キン(つとめる) ⊛diligent
字源 형성자. 力(력)은 의미 부분이고, 堇(근)은 발음 부분이다.
字解 ①부지런할(근) ¶勤勉(근면) ②임무, 직책(근) ¶勤續(근속)

【勤儉 근검】 부지런하고 검소함.
【勤勞 근로】 부지런히 일함.
【勤勉 근면】 부지런히 힘씀.
【勤務 근무】 직장에 적을 두고 일을 맡아 함.
【勤續 근속】 한 직장에서 장기간 계속 근무함.
【勤怠 근태】 ①부지런함과 게으름. ②출근(出勤)과 결근(缺勤).
【皆勤 개근】 일정한 기간 동안 하루도 빠짐없이 출근하거나 출석함.
【缺勤 결근】 근무해야 할 날에 나오지 않고 빠짐.
【轉勤 전근】 근무처를 옮김.

力11【募】 모을 모 図 募
⑬
艹 营 营 莫 募 募

고 ⊕mù ⊕ボ(つのる) ⊛enlist
字源 형성자. 力(력)은 의미 부분이고, 莫(막)은 발음 부분이다. 옛날에 募와 莫은 발음이 비슷하였다.
字解 ①모을(모) ②부를(모)

【募金 모금】 기부금을 모음.
【募兵 모병】 군대에서 병사를 뽑음.
【募集 모집】 널리 구하여 모음.
【公募 공모】 널리 공개하여 모집함.
【應募 응모】 모집에 응함.

力11【勢】 형세 세 図 勢 勢
⑬
土 土 查 查 執 執 埶 勢

중 ⊕shì ⊕セイ(いきおい) ⊛force
字源 형성자. 力(력)은 의미 부분이고, 埶(예)는 발음 부분이다.
字解 ①형세(세) ¶情勢(정세) 권세(세) ¶勢道(세도) ③불알(세) ¶去勢(거세)

【勢道 세도】 ①정치의 권세. ②세력을 쓸 수 있는 사회적 지위나 권세.
【勢力 세력】 ①권세의 힘. ②현재 진행되는 힘이나 기세.
【勢不兩立 세불양립】 세력 있는 쌍방이 동시에 존재할 수 없음.
【去勢 거세】 수컷의 불알이나 암컷의 난소(卵巢)를 제거하여 생식 기능을 없애 버리는 일.
【權勢 권세】 권력과 세력.
【氣勢 기세】 기운차게 내뻗는 형세.
【情勢 정세】 일이 되어가는 형세.
【形勢 형세】 일의 형편이나 상태.

力11【勣】 공 적 図 勣
⑬
명 ⊕jī ⊕セキ ⊛merits
字解 공, 업적(적) ≒績

力11【勦】 수고로울 초 図 勦
⑬
⊕chāo ⊕ソウ(つくす) ⊛toil
字解 ①수고로울(초) ②빼앗을(초)

【勦民 초민】 백성을 수고롭게 함.
【勦說 초설】 남의 학설(學說)을 훔치어 자기의 것으로 만듦.

力13【勲】 명 勳(84)의 俗字
⑮

力14【勳】 공 훈 図 勛 勲 勳
⑯
명 ⊕xūn ⊕クン(いさお) ⊛merits
字解 공(훈)

【勳功 훈공】 나라를 위하여 세운 공로. 功勳(공훈).
【勳等 훈등】 훈공의 등급.
【勳章 훈장】 나라에 대한 훈공이나 공로를 표창하기 위하여 내리는 휘장(徽章)이나 기장(紀章).
【敍勳 서훈】 훈등과 훈장을 내림.
【殊勳 수훈】 뛰어난 공훈.

勵 힘쓸 려 〔속갼〕励勵

一厂厂厂厂厈厲勵

⊕lì ⊕レイ(はげむ) 英encourage

字源 회의 겸 형성자. 力(력)과 厲(려)는 모두 의미 부분인데, 厲는 발음도 담당한다. 厲는 칼을 가는 숫돌을 뜻한다.

字解 ①힘쓸(려) ¶勵行(여행) ②권장할(려) ¶激勵(격려)

【勵行 여행】 ①힘써 행함. ②실행하기를 장려함.
【激勵 격려】 용기나 의욕을 북돋아 줌.
【督勵 독려】 감독하고 격려함.
【奬勵 장려】 권하여 힘쓰게 함.

勷 급할 양

⊕ráng ⊕ジョウ 英haste

字解 급할, 바쁠(양)

【勷忙 양망】 성미가 몹시 조급함.

勸 권할 권 〔속갼〕勧 劝 勧

艹艹廿廿廿雚雚勸勸

⊕quàn ⊕カン(すすめる) 英advise

字源 형성자. 力(력)은 의미 부분이고, 雚(관)은 발음 부분이다.

字解 권할(권)

【勸告 권고】 타일러 권함.
【勸農 권농】 농사를 장려함.
【勸善懲惡 권선징악】 착한 행실을 권하고 악한 행실을 징계함.
【勸誘 권유】 어떤 일을 하도록 권하거나 달램.
【勸學 권학】 학문에 힘쓰도록 권함.
【强勸 강권】 억지로 권함.

2 勹 部

勹 쌀 포

⊕bāo ⊕ヒョウ 英cover

字源 상형자. 사람이 등을 구부려 무엇인가를 감싸 안고 있는 모양을 그린 것이다. 勹부에 속하는 글자는 '감싸다'라는 뜻과 관계있는 글자는 包(쌀 포)·匈(오랑캐 흉)·匏(박 포) 등이고 나머지는 해서체를 기준으로 한 분류에 따라 이 부에 들어갔을 뿐이다.

字解 ①쌀(포) ②부수의 하나(쌀포몸)

勺 구기 작

⊕sháo ⊕シャク(ひしゃく) 英ladle

字解 ①구기(작) ※술·기름을 뜰 때 쓰는, 국자 비슷한 기구. ②작(작) ※㉠1홉(合)의 10분의 1. ㉡1평(坪)의 100분의 1.

【勺水不入 작수불입】 한 모금의 물도 넘기지 못함. '음식을 조금도 먹지 못함'을 이름.

'勹'이 붙은 한자

約 맺을(약)   灼 구울(작)
芍 작약(작)   酌 잔질할(작)
的 적실할(적) 釣 낚시(조)
杓 자루(표)   豹 표범(표)

勾 굽을 구

⊕gōu ⊕コウ(まがる) 英bend

字解 굽을(구)

勻 ❶적을 균 ❷고를 균

⊕yún, jūn ⊕イン, キン(ととのう) 英few, even

字解 ❶①적을(균) ②흩어질(균)
❷고를(균)=均

勿 말 물

ノ 勹 勹 勿

⊕wù ⊕ブツ(なかれ) 英not

字源 상형자. 본래 勿은 笏(홀 홀)

勹部 3획

의 원시 형태로 홀을 그린 것이었는데, 후에 '…을 하지 말라'의 뜻으로 가차되었다.

字解 ①말(물) ※금지(禁止)의 뜻을 나타낸. ¶勿(물경) ②없을, 아닐(물) ¶勿論(물론)

【勿驚 물경】놀라지 말라. 엄청난 것을 말할 때 앞세워 이르는 말.
【勿禁 물금】관아(官衙)에서, 금한 것을 특별히 풀어 줌.
【勿論 물론】말할 것도 없음.

勹³⁵ 【包】 쌀 포 肴

ノ 勹 勹 包 包

고 ㊥bāo ㊐ホウ(つつむ) ㊧pack

字源 상형자. 사람이 임신한 모습을 그린 것이다. 勹(포)는 사람이 등을 구부려 무엇인가를 감싸 안은 모양이고, 巳(사)는 아직 형체를 갖추지 못한 태아를 그린 것이다.

字解 쌀, 꾸릴(포)

【包括 포괄】전부 휩싸 하나로 묶음.
【包攝 포섭】상대를 감싸 자기편으로 끌어넣음.
【包容 포용】남을 너그럽게 감싸 받아들임.
【包圍 포위】둘레를 에워쌈.
【包裝 포장】물건을 싸서 꾸림.
【包含 포함】속에 들어 있거나 함께 넣음.
【小包 소포】조그맣게 포장한 물건.

'包'가 붙은 한자

雹 우박(박)　匏 박(포)
咆 으르렁거릴(포)　庖 부엌(포)
抱 안을(포)　泡 물거품(포)
炮 구울(포)　苞 쌀(포)
砲 대포(포)　袍 두루마기(포)
胞 태보(포)　跑 땅 허빌(포)
鉋 대패(포)　飽 배부를(포)
鮑 절인 고기(포)　麭 경단(포)
皰 구울(포)

勹⁴⁶ 【匈】 오랑캐 흉 图

명 ㊥xiōng ㊐キョウ(むね) ㊧savage

字解 ①오랑캐(흉) ②떠들썩할(흉) 늑洶

【匈奴 흉노】기원전 3세기부터 기원전 1세기 사이에 지금의 몽골 지역에서 활약했던 유목 민족.

勹⁷⁹ 【匍】 길 포 虞

명 ㊥pú ㊐ホ ㊧crawl
字解 길(포)

【匍匐 포복】땅에 배를 대고 김.

勹⁹¹¹ 【匐】 길 복 職

명 ㊥fú ㊐フク ㊧crawl
字解 길(복)

【匐枝 복지】기는가지.

勹⁹¹¹ 【匏】 박 포 肴

명 ㊥páo ㊐ホウ(ひさご) ㊧gourd
字解 박(포)

【匏繫 포계】달려만 있고 먹지 못하는 박. '쓸모없는 사람'의 비유.
【匏瓜 포과】박. 바가지.

匕 部

匕⁰² 【匕】 비수 비 紙

명 ㊥bǐ ㊐ヒ(さじ) ㊧dagger

字源 사람이 허리를 굽히거나 엎드려 있는 모습을 본뜬 것이라는 설과 숟가락을 그린 것이라는 설이 있다.

字解 ①비수(비) ②숟가락, 구기(비)

【匕首 비수】썩 잘 드는 단도(短刀).
【匕箸 비저】숟가락과 젓가락. 수저.

匕²⁴ 【化】 화할 화 禡

ノ イ 化 化

동 ㊥huà ㊐カ, ケ(ばける) ㊧change

字源 회의 겸 형성자. 똑바로 선 사람(人인)과 그 반대로 서 있는 사람(化화)으로 이루어졌는데, ヒ는 발음도 담당한다. 사람이 뒤집어졌다는 것은 변화를 뜻하므로 옛날에는 '변화'의 뜻으로는 ヒ를 쓰고 '교화(敎化)'의 뜻으로는 化를 썼으나 뒤에 化만 쓰이게 되었다.
字解 ❶화할, 될 (화) ¶化石(화석) ❷교화할 (화) ¶德化(덕화)
【化石 화석】변하여 된 돌. 동식물의 유해(遺骸) 및 그 유물이 암석 속에 남아 있는 것.
【化育 화육】천지 자연이 만물을 낳고 길러 자라게 함.
【化粧 화장】화장품을 얼굴 따위에 바르고 곱게 꾸밈.
【化學 화학】물질의 조성·구조·성질·변화 따위를 연구하는 과학.
【敎化 교화】가르쳐서 감화시킴.
【德化 덕화】덕으로써 교화함.
【變化 변화】사물의 모양·성질·상태 등이 달라짐.

ヒ⁵₃ 【北】 ❶북녘 북 職 ❷달아날 배 隊

丨 ㅏ ㅓ ㅓ 北

음 ⊕běi, bèi ⊕ホク(きた) ⊛north
字源 회의자. 사람이 서로 등지고 있는 모습을 그린 것으로, '등'·'어긋나다' 따위의 뜻을 나타내었다. 뒤에 '북쪽'이라는 뜻으로 가차되자 '등'의 뜻으로는 肉(육)을 더한 背(배) 자를 새로 만들어 보충하였다.
字解 ❶북녘 (북) ¶北極(북극) ❷달아날 (배) ¶敗北(패배)
【北極 북극】지구(地球)의 북쪽 끝.
【北斗七星 북두칠성】북쪽 하늘에서 보이는, 국자 모양의 일곱 개 별.
【北邙 북망】무덤이 많은 곳, 또는 사람이 죽어서 묻히는 곳.
【北辰 북신】북극성(北極星).
【北緯 북위】적도 이북의 위도(緯度).
【北窓三友 북창삼우】거문고(琴금)·술(酒주)·시(詩)를 이르는 말. 백거이(白居易) 의 시에서 유래함.
【敗北 패배】①싸움에 짐. ②패하여 달아남. 敗走(패주).
참고 '배'음도 인명용으로 지정됨.

ヒ⁹₁₁ 【匙】 숟가락 시 支

명 ⊕chí ⊕シ(さじ) ⊛spoon
字解 숟가락 (시)
【匙箸 시저】숟가락과 젓가락. 수저.
【揷匙 삽시】제사 지낼 때 수저를 밥그릇에 꽂는 일.

2 匚 部

匚⁰₂ 【匚】 상자 방

⊕fāng ⊕ホウ ⊛box
字源 상형자. 물건을 담는 그릇을 그린 것이다. 匚부에 속하는 글자는 대부분 '그릇'·'상자'의 뜻과 관계가 있다.
字解 ①상자(방) ②부수의 하나(튼입구몸)

匚³₅ 【匝】 돌 잡 洽

⊕zā ⊕ソウ(めぐる) ⊛surround
字解 ①돌, 두를 (잡) ②두루, 널리 (잡)
【匝旬 잡순】10일간. 一旬(일순).
【匝洽 잡흡】두루 젖음. 두루 윤택함.

匚⁴₆ 【匡】 바룰 광 陽

명 ⊕kuāng ⊕キョウ(ただす) ⊛correct
字解 ①바룰, 바로잡을 (광) ②두려워할 (광) 늑懼
【匡正 광정】바로잡아 고침.
【匡濟 광제】잘못된 일을 바로잡고 흐트러진 세상을 구제함. 匡救(광구).

匚⁴₆ 【匠】 장인 장

명 ⊕jiàng ⊕ショウ(たくみ) ⊛artisan

匚部 5획

字解 ①장인, 바치(장) ¶ 名匠(명장) ②우두머리(장) ¶ 宗匠(종장) ③고안, 궁리(장) ¶ 意匠(의장)
【匠人 장인】 물건 만드는 일을 업으로 삼는 사람. 匠色(장색).
【巨匠 거장】 학술계나 예술계에서 특히 뛰어난 대가(大家).
【名匠 명장】 이름난 장인.
【意匠 의장】 제작할 물품의 형상·모양·색채 등에 관한 고안.
【宗匠 종장】 공인(工人)의 우두머리.

【匣】 갑 갑 匣

명 ㊥xiá ㊐コウ(はこ) ㊀case
字解 갑, 궤, 상자(갑).
【文匣 문갑】 문서·문구(文具) 따위를 넣어 두는 궤.

【匧】 상자 협 匧

㊥qiè ㊐キョウ(はこ) ㊀trunk
字解 상자(협) =篋.

【匪】 ❶도둑 비 ❷나눌 분 匪

명 ❶ ㊥fěi ㊐ヒ(あらず) ㊀bandit
字解 ❶도둑, 악한(비) ¶ 匪賊(비적) ❷나눌(분) =分 ¶ 匪頒(분반)
【匪賊 비적】 떼를 지어 돌아다니며 재물을 약탈하는 도둑. 匪徒(비도).
【匪頒 분반】 임금이 여러 신하에게 하사물(下賜物)을 나누어 줌.
【共匪 공비】 공산당의 유격대. 중국에서, 국민 정부 시대에 공산당의 지도 아래 활동하던 게릴라를 비적(匪賊)이라고 욕하며 부르던 데서 유래한 말.

【匯】 물 돌 회 汇匯

명 ㊥huì ㊐カイ(めぐる) ㊀whirl
字解 ①물 돌(회) ②新이음(회)
【匯流 회류】 물이 모여서 흐름.

【匱】 궤 궤 匱

㊥kuì ㊐キ(ひつ) ㊀chest
字解 ①궤, 갑(궤) =櫃 ②다할(궤)
【匱乏 궤핍】 물건 따위가 다하여 없어짐, 또는 의식(衣食)이 부족함.

2획 匚部

【匚】 감출 혜

㊥xǐ ㊐ケ ㊀conceal
字源 회의자. ㄴ(=隱)은 감춘다는 뜻이고, 그 위에 一을 써서 그것을 가리고 있음을 나타내었다.
字解 ①감출(혜) ②부수의 하나(감출혜몸)

【区】 區(89)의 俗字

【匹】 짝 필 匹

一 丁 兀 匹

명 ㊥pǐ ㊐ヒツ(ひき) ㊀mate
字源 금문에서는 '㊚'·'㊛'으로 썼는데, 옷감 한 필을 여러 번 접은 모양, 절벽에 긴 물체가 걸려 있는 모양 등 여러 학설이 있다. 소전의 匚(혜)와 八(팔)로 이루어진 것을 보고 옷감을 8번 접어서 한 필이 된다고 하기도 하는데, 금문의 자형과 비교하면 의문이 많다.
字解 ①짝(필) ¶ 配匹(배필) ②맞설, 상대할(필) ¶ 匹敵(필적) ③홀자, 하나(필) ¶ 匹夫(필부) ④필(필) ※피륙·마소를 세는 단위. ¶ 匹馬(필마)
【匹馬 필마】 한 필의 말.
【匹夫 필부】 ①한 사람의 남자. ②대수롭지 않은, 평범한 남자.
【匹夫之勇 필부지용】 혈기만 믿고 함부로 덤비는 소인(小人)의 용기.
【匹夫匹婦 필부필부】 대수롭지 않은, 평범한 남녀.
【匹敵 필적】 상대가 될 만한 적수.
【配匹 배필】 부부(夫婦)로서의 짝.

【医】 醫(762)의 俗字

【區】 구역 구
⼁一ㄱㄱ모무모모區區
訓 中qū 日ク 英district
字源 회의자. 匚(혜) 안에 品(품)이 있는 모습이다. 匚는 감춘다는 뜻이고, 品은 물건이 많다는 뜻이므로, 어떤 공간 안에 물건이 가득 들어차 있다는 뜻을 나타낸다. 물건이 많다 보면 나누게 되고 또 그 차이도 있게 마련이므로, '구역'·'구별'의 뜻이 여기에서 파생되었다.
字解 ①구역(구) ¶區內(구내) ②나눌(구) ¶區別(구별) ③조그마할(구) ¶區區(구구) ④구(구) ※우리나라 지방 행정 구역의 하나. ¶區民(구민)
【區間 구간】 어떤 지점과 다른 지점과의 사이.
【區區 구구】 ①제각각 다름. ②사소한 모양. ③변변치 못한 모양.
【區內 구내】 구역의 안.
【區民 구민】 구(區) 안에 사는 사람.
【區別 구별】 종류에 따라 갈라 놓음.
【區分 구분】 따로따로 갈라서 나눔.
【區域 구역】 일정한 기준에 의하여 갈라 놓은 지역.
【區劃 구획】 경계를 지어 가름.
【地區 지구】 일정하게 정해진 구역.

'區'가 붙은 한자

傴 곱사등이 (구)　嘔 토할 (구)
嫗 할미 (구)　嶇 산 험할 (구)
摳 걷어 들 (구)　漚 담글 (구)
歐 토할 (구)　毆 때릴 (구)
甌 사발 (구)　謳 노래할 (구)
軀 몸 (구)　驅 몰 (구)
鷗 갈매기 (구)

【匿】 숨길 닉
匿
訓 中nì 日トク 英hide
字源 숨길, 숨을 (닉)
【匿名 익명】 이름을 숨김.

【隱匿 은닉】 숨기어서 감춤.

2 十 部

【十】 열 십　拾 十
一十
訓 中shí 日ジュウ(とお) 英ten
字源 갑골문에서는 단순히 'ㅣ'으로 썼다. 금문에서는 '✚'으로 썼는데, 고대 계산기의 표시법, 손바닥을 그린 것, 가로 획 一과 구별하기 위한 표시 등 여러 학설이 있다.
字解 ①열, 열 번(십) ②전부, 모두(십)
【十年減壽 십년감수】 목숨이 10년이나 줄어듦. 몹시 놀랐거나 위험한 고비를 겪었을 때 이르는 말.
【十年知己 십년지기】 10년 동안 사귄, 자기를 알아주는 친구. '오랫동안 사귄 친한 친구'를 이름.
【十目所視 십목소시】 여러 사람이 다 같이 보고 있음. '세상 사람의 눈을 아주 속일 수는 없음'을 이름.
【十匙一飯 십시일반】 열 사람의 한 술 밥이 한 그릇의 밥이 됨. '여럿이 힘을 합하면 한 사람쯤 도와주기는 쉬움'을 이름.
【十人十色 십인십색】 열 사람이 있으면 열 가지 특색이 있음. '생각·취향이 사람마다 다름'을 이름.
【十長生 십장생】 오래 살고 죽지 않는다는 열 가지. 해·산·물·돌·구름·소나무·불로초(不老草)·거북·학(鶴)·사슴.
【十中八九 십중팔구】 열이면 여덟이나 아홉이 그러함.

【卄】 廿(227)과 同字

【千】 일천 천　仟阡 千
一二千
訓 中qiān 日セン(ち) 英thousand

字源 지사자. 人(사람 인) 자에 一획을 더하여 숫자 1000을 가리키도록 하였다. 人과 千은 발음이 비슷하였기 때문에, 人 자의 형태를 빌린 것이다.
字解 ①일천(천) ¶千里眼(천리안) ②많을(천) ¶千秋(천추)
【千軍萬馬 천군만마】 많은 군사와 말.
【千慮一得 천려일득】 천 번을 생각하여 하나를 얻음. '어리석은 사람이라도 많은 생각을 하다 보면 간혹 쓸 만한 것이 있음'을 이름.
【千里馬 천리마】 하루에 천 리를 달린다는 좋은 말.
【千里眼 천리안】 천 리 밖의 것을 볼 수 있는 안력(眼力). '먼 데서 일어난 일을 알아맞히는 능력'을 이름.
【千辛萬苦 천신만고】 온갖 애를 쓰고 고생을 함.
【千載一遇 천재일우】 천 년에 한 번 만남. '좀처럼 만나기 어려운 좋은 기회'를 이름.
【千差萬別 천차만별】 여러 가지 사물이 모두 차이와 구별이 있음.
【千秋 천추】 오래고 긴 세월.
【千態萬象 천태만상】 천 가지 모양과 만 가지 형상. '사물이 제각기 다른 모습을 하고 있음'을 이름.
【千篇一律 천편일률】 많은 시문(詩文)의 내용과 구성이 한결같음. '사물이 판에 박은 듯이 모두 비슷비슷함'을 이름.

【卅】 서른 삽
中 sà 日 ソウ 英 thirty
字源 서른(삽)

【升】 되 승
명 中 shēng 日 ショウ(ます)
英 measure
字解 ①되(승) ※ ㉠곡식·가루 등의 분량을 재는 그릇. ㉡용량의 단위. 1홉(合)의 10배. ¶斗升(두승) ②오를, 올릴(승) ≒昇·陞 ¶升鑑(승감) ③새, 승새(승) ※ 피륙의 날을 세는 단위. 1승은 80올.
【升鑑 승감】 올리오니 보시옵소서. 편지 겉봉의 받을 사람 이름 아래에 쓰는 말. 升啓(승계).
【升堂入室 승당입실】 마루에 오른 다음 방으로 들어감. '모든 일은 순서가 있음', 또는 '학문이 점점 깊어짐'을 이름.
【斗升 두승】 ①말과 되. ②사물을 헤아리는 기준.
【以升量石 이승양석】 되로써 섬을 헤아림. '좁은 소견으로는 큰 사람의 도량을 알 수 없음'을 이름.

【午】 낮 오
中 wǔ 日 ゴ(うま) 英 noon
字源 상형자. 본래 절굿공이〔杵(저)〕를 그린 것이었으나 갑골문에서부터 지지(地支)의 일곱 번째 글자로 가차되었다.
字解 ①낮(오) ②일곱째 지지(오)
【午睡 오수】 낮잠. 午寢(오침).
【午時 오시】 ①십이시의 일곱째 시. 곧, 상오 11시~하오 1시. ②이십사시의 열셋째 시. 곧, 상오 11시 30분~하오 12시 30분.
【午夜 오야】 밤 12시.
【午餐 오찬】 점심.
【上午 상오】 밤 12시부터 낮 12시까지의 동안. 午前(오전).
【正午 정오】 낮 12시.
【下午 하오】 정오(正午)부터 밤 12시까지의 동안. 後後(오후).

【半】 반 반
中 bàn 日 ハン(なかば) 英 half
字源 회의자. 八(팔)과 牛(우)는 모두 의미 부분이다. 몸체가 큰 소〔牛〕는 나누기〔八〕가 쉽기 때문에, 牛를 의미 부분으로 쓴 것이다.
字解 반, 절반(반)
【半減 반감】 절반으로 줆, 또는 줄임.
【半島 반도】 삼면(三面)이 바다로 둘러싸인 육지.
【半白 반백】 센 머리털이 절반이나 되는 머리털.
【半步 반보】 반걸음.

【半信半疑 반신반의】 반은 믿고 반은 의심함.
【半身不隨 반신불수】 몸의 절반이 마비되는 일.
【半額 반액】 정해진 금액의 절반.
【半子 반자】 절반 아들. 곧, 사위.
【折半 절반】 하나를 반으로 가른 그 하나.
【殆半 태반】 거의 절반.

'半'이 붙은 한자
伴 짝 (반)   泮 반궁 (반)
拌 버릴 (반)   畔 물가 (반)
絆 얽을 (반)   胖 살찔 (반)
判 판단할 (판)

【卉】 풀 훼
国 本 卉 卉

명 ㊥huì ㊐キ ㊧plants
字解 풀 (훼) ※ 풀의 총칭.
【卉木 훼목】 풀과 나무. 草木(초목).
【花卉 화훼】 꽃이 피는 풀. 花草(화초).

【卍】 만자 만
顯 卐 卍

명 ㊥wàn ㊐マン(まんじ) ㊧swastika
字解 만자 (만) ※ 부처의 흉상(胸上)에 있는 길상(吉祥)의 표시.
【卍字 만자】 '卍' 자와 같이 된 물건이나 무늬.
【卍字窓 만자창→완자창】 '卍' 자 모양의 창살이 있는 창.
참고 불교에서 흔히 '萬(만)' 자의 대용(代用)으로 씀.

【卋】 世(5)의 俗字

【卉】 卉(91)의 本字

【卑】 ❶낮을 비 ❷하여금 비
支 国

❶ㅂㅐ ㊐ヒ(いやしい) ㊧mean
字源 갑골문·금문을 보면 甲 아래에 又(우) 또는 攴(복)이 있는 형태이다. 甲은 缶(부)로 천한 사람이 가지는 그릇이므로, '천한 사람이 일을 한다'는 뜻을 나타낸다는 학설과, 卑는 椑(술잔 비)의 고문(古文)인데 그것을 한 손으로 쉽게 들 수 있어서 천하게 여겼다는 학설이 있다.
字解 ❶①낮을, 천할(비) ¶卑賤(비천) ②비루할, 치뜰(비) ¶卑屈(비굴) ❷하여금(비) 늑俾 ※ '…로 하여금 …하게 하다'의 뜻을 나타냄.
【卑怯 비겁】 비열하고 겁이 많음.
【卑屈 비굴】 용기가 없고 비겁함.
【卑近 비근】 늘 보고 들을 수 있을 정도로 흔하고 가까움.
【卑陋 비루】 하는 짓이 저속(低俗)하고 더러움.
【卑劣 비열】 성품이나 행동이 천하고 용렬함.
【卑賤 비천】 신분이 낮고 천함.
【野卑 야비】 성질이나 언행이 상스럽고 천함.
【尊卑 존비】 지위·신분의 높음과 낮음.

'卑'가 붙은 한자
俾 더할 (비)   婢 계집종 (비)
陴 성가퀴 (비)   椑 감나무 (비)
鵪 암메추리 (비) 睥 흘겨볼 (비)
碑 비석 (비)   裨 도울 (비)
脾 지라 (비)   髀 넓적다리 (비)
牌 패 (패)   稗 피 (패)

【卒】 ❶군사 졸 ❷마칠 졸 ❸줄 줄
周 本

丶 亠 广 产 产 卆 卒 卒

종 ㊥cù, zú ㊐ソツ(おわる) ㊧soldier
字源 지사자. 갑골문을 보면 衣(옷 의)에 '×'와 같은 표지를 한 모양으로, 보통 옷과는 다르다는 것을 나타낸다. 그래서 본래 노예·급사 등 하층 계급이 입는 옷을 뜻하는데, 뒤에 '말단 병사'를 가리키

十部 6획

는 말로 바뀌었다.
字解 ❶①군사(졸) ¶卒兵(졸병) ②갑자기(졸) 늑猝 ¶卒倒(졸도) ❷①마침, 끝낼(졸) ¶卒業(졸업) ②죽을(졸) ¶卒逝(졸서)
【卒倒 졸도】갑자기 정신을 잃고 쓰러짐.
【卒兵 졸병】지위가 낮은 군사. 兵卒(병졸).
【卒逝 졸서】죽음. 세상을 떠남.
【卒業 졸업】학생이 규정된 교과나 학과의 과정을 마침.
【弱卒 약졸】약한 병졸. 약한 부하.

'卒'이 붙은 한자

碎 부술(쇄)	倅 버금(쉬)
淬 담금질(쉬)	焠 담금질(쉬)
猝 갑자기(졸)	悴 파리할(췌)
萃 모을(췌)	瘁 병들(췌)
翠 푸를(취)	醉 술 취할(취)

十 6
⑧ 【卓】 높을 탁 麗   동 桌 속 㒞

ㅏ ㅏ ㅏ 占 卢 卢 卓

고 ⑪zhuó ⑭タク ⑱lofty
字源 새를 잡는 그물을 그린 것이라는 설이 있으나, 확실하지는 않다.
字解 ①높을, 뛰어날(탁) ¶卓越(탁월) ②책상(탁) ¶卓上(탁상)
【卓見 탁견】뛰어난 의견이나 식견.
【卓上 탁상】책상·식탁 등의 위.
【卓越 탁월】남보다 훨씬 뛰어남.
【卓子 탁자】서랍이 없이 책상 모양으로 만든, 물건을 올려놓게 된 세간.
【圓卓 원탁】둥근 탁자.

'卓'이 붙은 한자

悼 슬퍼할(도)	掉 흔들(도)
棹 노(도)	倬 클(탁)
晫 밝을(탁)	琸 사람 이름(탁)
逴 멀(탁)	

十 6
⑧ 【協】 화합할 협 麗 간 协

ㅏ ㅓ ㅓ 扌 护 协 协 協

图 ⑪xié ⑭キョウ(かなう) ⑱harmonize
字源 회의 겸 형성자. 많은 사람[十(십)]이 힘을 합한다(劦)는 뜻이다. 劦은 발음도 담당한다.
字解 ①화합할, 맞을(협)＝叶 ¶協和(협화) ②합할, 모을(협) ¶協力(협력)
【協同 협동】힘과 마음을 함께 합함.
【協力 협력】힘을 합하여 서로 도움.
【協議 협의】여럿이 모여 의논함.
【協助 협조】남의 일을 거들어 줌.
【協奏 협주】두 개 이상의 악기로써 동시에 연주하는 일. 合奏(합주).
【協和 협화】①협력하여 화합함. ②여러 소리가 동시에 잘 조화되는 일.
【妥協 타협】두 편이 서로 좋도록 절충(折衷)하여 협의함.

十 7
⑨ 【南】 남녘 남 麗   南

一 十 十 内 内 内 南 南

图 ⑪nán ⑭ナン(みなみ) ⑱south
字源 상형자. 본래 질그릇으로 만든 악기를 그린 것이었으나 갑골문에서부터 남쪽 방향을 나타내는 말로 가차되었다.
字解 남녘, 남쪽(남)
【南柯一夢 남가일몽】남쪽 가지 아래에서의 한바탕 꿈. '덧없는 꿈', 또는 '한때의 헛된 부귀영화'를 이름.
故事 당(唐)나라 순우분(淳于棼)이 느티나무의 남쪽 가지 아래서 잠들었다가 꿈속에서 괴안국(槐安國)에 이르러 임금의 딸을 아내로 삼고 남가군(南柯郡)의 태수(太守)가 되어 영화를 누렸다는 고사에서 온 말.
【南男北女 남남북녀】우리나라에서, 남자는 남쪽 지방에, 여자는 북쪽 지방에 잘난 사람이 많다고 예로부터 일러 오는 말.
【南道 남도】경기도 이남 지방.
【南蠻 남만】남쪽 오랑캐. 지난날, 중국 남쪽에 살던 이민족(異民族)을 이르던 말.

十 7
⑨ 【单】 單(121)의 俗字

卜部 7획

十10【博】넓을 박
⑫ 籀

博

十 忄 忄 忄 忄 忄 忄 博 博 博

㈜ ㊥bó ㊐ハク, バク(ひろい)
㋄extensive

字源 회의 겸 형성자. 많다는 뜻의 十(십)과 펼친다는 뜻의 尃(부)를 합하여 널리 통한다는 뜻을 나타낸다. 尃는 발음도 담당한다. 옛날에 博과 尃는 발음이 비슷하였다.

字解 ①넓을(박). ¶博識(박식) ②쌍륙, 장기, 노름(박). ¶賭博(도박)

【博覽 박람】①여러 가지 책을 많이 읽음. ②돌아다니며 여러 가지 사물을 많이 봄.
【博士 박사】①석사(碩士) 위의 학위, 또는 그 학위를 가진 사람. ②널리 아는 것이 많거나 어느 부분에 능통한 사람.
【博識 박식】보고 들은 것이 넓어서 아는 것이 많음.
【博愛 박애】모든 것을 널리 평등하게 사랑함.
【博學多識 박학다식】널리 배워서 아는 것이 많음.
【賭博 도박】노름. 돈내기.
【該博 해박】사물에 대해서 아는 것이 많음.

2 卜 部

卜0【卜】❶점 복
② ❷짐 복

卜

丨 卜

㈜ ㊥bǔ ㊐ボク(うらなう)
㋄divination

字源 상형자. 거북의 등 껍데기를 태워 그것이 갈라진 모양을 그린 것이다. 은(殷)나라에서는 이것을 보고 길흉(吉凶)을 점쳤다고 한다.

字解 ❶점, 점칠(복). ¶卜師(복사)
❷짐, 짐바리(복). ¶卜駄(복태)

【卜師 복사】점을 치는 사람.
【卜筮 복서】점치는 일. 占筮(점서).
【卜駄 복태】말 등에 실은 짐바리.

卜2【卞】조급할 변
④ 籀

卞

㈎ ㊥biàn ㊐ベン ㋄hasty
字解 조급할(변)
【卞急 변급】참을성이 없고 급함.

卜3【占】❶점 점
⑤ ❷차지할 점

占

丨 丨 卜 占 占

㈜ ㊥zhàn, zhān ㊐セン(うらなう)
㋄divination

字源 회의자. 점을 쳐서〔卜(복)〕그 길흉을 말한다〔口(구)〕는 뜻이다.

字解 ❶점, 점칠(점). ¶占術(점술)
❷차지할(점). ¶占有(점유)

【占據 점거】일정한 곳을 차지하여 자리잡음.
【占領 점령】다른 나라의 영토를 무력으로 빼앗아 지배함.
【占辭 점사】점괘의 뜻을 풀이한 말.
【占術 점술】점치는 법.
【占有 점유】자기 소유로 차지함.
【獨占 독점】혼자서 독차지함.

'占'이 붙은 한자

拈 집을 (녈)	帖 고개 (점)
店 가게 (점)	苫 거적자리 (점)
粘 끈끈할 (점)	點 점 (점)
覘 엿볼 (점)	沾 젖을 (점)
帖 문서 (첩)	貼 붙일 (첩)

卜6【卦】점괘 괘
⑧

卦

㈎ ㊥guà ㊐カ, ケ ㋄divination
字解 점괘(괘)
【占卦 점괘】점을 쳐서 나오는 괘.
【八卦 팔괘】복희씨(伏羲氏)가 지었다는 여덟 가지 괘. 건(乾)·태(兌)·이(離)·진(震)·손(巽)·감(坎)·간(艮)·곤(坤).

卜7【卧】卧(674)의 俗字
⑨

卜9 ⑪ 【高】 사람 이름 설 [동][갑] 偰卨嵩
[음] ⊕xiè ⊖セツ
字解 사람 이름(설) ※은(殷)나라 시조(始祖)의 이름.

2획 卩 部

卩0 ② 【卩】 병부 절 [원]
⊕jié ⊖セチ
字源 상형자. 사람이 꿇어앉아 있는 모습을 그린 것으로, 跪(꿇어앉을 궤) 자의 원시 형태이다. 卩부에 속하는 글자는 '사람'과 관계있는 뜻이 많다.
字解 ①병부(절) ②부수의 하나(병부절방)
참고 밑에 쓰일 때는 글자 모양이 'ㄴ'로 된다.

卩3 ⑤ 【卯】 토끼 묘 [음]
丿 ㄴ ㄇ 卯 卯
[음] ⊕mǎo ⊖ボウ(ウ) 英rabbit
字源 칼 두 개가 나란히 세워져 있는 모습, 물건을 자르는 모습, 투구를 그린 것, 문(門)이 닫힌 모양 등 여러 학설이 있으나 아직 정설이 없다.
字解 ①토끼, 넷째 지지(묘) ②장붓구멍(묘)
【卯時 묘시】①십이시의 넷째 시. 곧, 상오 5시~7시. ②이십사시의 일곱째 시. 곧, 상오 5시 30분~6시 30분.
【卯眼 묘안】문장부의 끝을 끼우는 구멍. 장붓구멍. 문둥개.

卩3 ⑤ 【厄】 厄(211)의 本字

卩4 ⑥ 【危】 위태할 위 [음]
丿 ⺈ 厃 产 产 危
[음] ⊕wēi ⊖キ(あやうい) 英dangerous
字源 회의자. 产(위)는 사람이 언덕 위에 있는 모양이고, 㔾(절)은 사람이 꿇어앉은 모양이다. 그러므로 危는 높은 곳에 있어서 무서워한다는 뜻을 나타낸다.
字解 ①위태할(위) ¶危急(위급) ②두려워할(위) ¶危懼(위구) ③높을(위) ¶危樓(위루) ④별 이름(위) ※이십팔수(二十八宿)의 하나.
【危懼 위구】두려움, 또는 두려워함.
【危急 위급】위태롭고 급함.
【危機 위기】위험한 고비.
【危機一髮 위기일발】한 오리의 머리털로 무거운 것을 당기는 것과 같음. '아주 위험한 순간'을 이름.
【危篤 위독】병세가 매우 중하여 생명이 위태로움.
【危樓 위루】매우 높은 누각.
【危殆 위태】①형세가 매우 어려움. ②위험함.
【危險 위험】안전하지 못함.
【安危 안위】편안함과 위태함.

卩4 ⑥ 【印】 도장 인 [원]
丿 ⺊ ㄷ 㔾 印 印
[음] ⊕yìn ⊖イン(しるし) 英seal
字源 회의자. 손(爪(조))으로 사람을 꿇어앉혔다(卩(절))는 의미로, 누르다라는 뜻을 나타낸다. 고대에는 도장을 '새절(璽節)'이라고 하였으므로, 印은 본래 도장과는 관련이 없었으나 도장을 찍는 것이 누르는 것과 마찬가지 일이라는 의미에서 '도장(을 찍다)'라는 뜻으로 쓰이게 되었다. 뒤에 '누르다'라는 뜻으로는 '手(손 수)'를 더한 抑(억) 자를 새로 만들어 보충하였다.
字解 ①도장(인) ¶印章(인장) ②찍을(인) ¶印刷(인쇄)
【印鑑 인감】자기 도장임을 증명할 수 있도록 미리 관공서의 인감부에 등록해 둔 특정한 도장의 인발.
【印本 인본】인쇄한 책.
【印象 인상】마음에 깊이 새겨져 잊혀지지 않는 자취.

【印稅 인세】출판사가 작가나 저작권자에게 지급하는 저작권의 사용료.
【印刷 인쇄】문자나 그림·사진 등을 종이 따위에 옮겨 찍어서 여러 벌의 복제물을 만드는 일.
【印章 인장】①도장. ②찍어 놓은 도장의 흔적. 인발.
【烙印 낙인】①불에 달구어 찍는 쇠도장. 火印(화인). ②불명예스러운 평가나 판정의 비유.
【捺印 날인】도장을 찍음.

【却】 물리칠 각 [본] 却

一 十 土 去 去 却 却

고 ⊕què ⊕キャク(しりぞく) ⊛repel

字源 형성자. 卻의 속자이다. 却 자가 널리 쓰이자 卻 자는 잘 쓰이지 않게 되었다. 卩(절)은 의미 부분이고, 谷(곡)은 발음 부분이다.
字解 ①물리칠(각) ¶却下(각하) ②물러날(각) ¶退却(퇴각) ③어조사(각) ※ 동사 다음에 쓰여 '了(료)'의 뜻을 나타냄. ¶忘却(망각)

【却說 각설】화제를 돌려 다른 말을 꺼낼 때, 그 첫머리에 쓰는 말.
【却下 각하】원서·소송 따위를 받지 아니하고 물리침.
【棄却 기각】제기된 문제나 안건을 무효로 하거나 취소하여 물리침.
【忘却 망각】잊어버림.
【賣却 매각】물건을 팔아 버림.
【退却 퇴각】패하여 뒤로 물러남.

【卵】 알 란 [里] 卵

丨 ㄣ ㄣ 夕 夕 夘 卵

중 ⊕luǎn ⊕ラン(たまご) ⊛egg
字源 상형자. 물고기의 알을 그린 것이다.
字解 ①알(란) ¶卵生(난생) ②기를(란) ¶卵育(난육)

【卵白 난백】알의 흰자위.
【卵生 난생】알에서 태어남.
【卵育 난육】기름. 양육함.
【鷄卵 계란】닭의 알. 달걀.

【産卵 산란】알을 낳음.

【卲】 높을 소 [본] 卲

중 ⊕shào ⊕ショウ ⊛lofty
字解 ①높을(소) ②뛰어날(소)

【即】 곧 즉 [본][속] 即卽卪

一 ㄱ ㅋ 貝 艮 卽 卽

중 ⊕jí ⊕ソク(すなわち) ⊛soon
字源 회의 겸 형성자. 먹을 것이 가득 담긴 그릇(皀)을 앞에 놓고 사람이 꿇어앉아(卩(절)) 막 먹으려고 하는 모습이다. '곧'·'나아가다'의 뜻은 여기에서 비롯되었다. 卩은 발음도 담당한다.
字解 ①곧, 바로(즉) ¶即刻(즉각) ②나아갈(즉) ¶即位(즉위)

【即刻 즉각】당장에 곧. 即時(즉시).
【即決 즉결】그 자리에서 결정함.
【即死 즉사】그 자리에서 곧 죽음.
【即席 즉석】일이 진행되는 바로 그 자리.
【即時 즉시】그때 바로. 당장에.
【即位 즉위】왕위(王位)에 오름.
【即興 즉흥】즉석에서 일어나는 흥취.

【卷】 ❶책 권 [里] ❷접을 권 卷

丿 八 ソ 二 半 失 美 卷

중 ⊕juǎn, juàn ⊕カン(まく) ⊛volume
字源 형성자. 卩(절)은 의미 부분이고, 关(권)은 발음 부분이다. 무릎관절의 굽어지는 뒷부분을 뜻하는데, '굽어지다'의 뜻은 여기에서 비롯되었다. '책'이라는 뜻은, 종이가 발명되기 전에는 비단 등에 기록하였는데, 이를 두루마리 형태로 보관한 데서 비롯된 것이다.
字解 ❶①책(권) ¶卷帙(권질) ②권(권) ※ 책을 세는 단위. ③두루마리(권) ¶卷軸(권축) ❷접을, 말(권) 늑捲 ¶卷尺(권척)

【卷頭 권두】①책의 첫머리. 卷首(권수). ②질로 된 책의 첫째 권.

【卷數 권수】책의 수.
【卷帙 권질】①책. ②책의 편수(篇數)와 부수(部數). 書帙(서질).
【卷尺 권척】강철·헝겊 따위로 만들어 둥근 갑 속에 말아 두는 자. 줄자.
【卷軸 권축】족자 끝에 가로 대는 둥근 막대.
【壓卷 압권】①같은 책 가운데서 가장 잘 지은 글. ②여러 책들 가운데서 가장 잘된 책.
참고 券(권:71)은 딴 자.

【졸】술잔 근
⊕jīn ⊕キン ⊛cup
字解 술잔(근) ※표주박을 둘로 갈라 만든, 혼례 때 쓰는 술잔.
【졸禮 근례】혼인의 의식.
【合졸 합근】전통 혼례에서, 신랑 신부가 잔을 서로 주고받는 일.

【卸】풀 사
⊕xiè ⊕シャ(おろす) ⊛undo
字解 ①풀(사) ②떨어질(사)
【卸甲 사갑】①갑옷을 벗음. ②전장에서 돌아옴.

【卹】恤(246)과 同字

【卻】却(95)의 本字

【卽】명 即(95)의 本字

【卲】即(95)의 俗字

【卿】벼슬 경
⸝ ⸝ 卯 卯 卯 卯 卿 卿
고 ⊕qīng ⊕キョウ, ケイ
⊛government post
字解 회의자. 卿과 鄕(고을 향)은 모두 두 사람(卯)이 밥상(皀)을 가운데 놓고 마주 앉아 있는 모습으로, '같이 밥을 먹다'·'잔치' 등의 뜻을 나타낸다. 뒤에 卿은 임금과 함께 식사를 할 수 있는 사람이라는 뜻에서 벼슬 이름으로 쓰이고, 鄕은 행정 구역의 이름으로 가차되자, 食(식) 자를 더한 饗(잔치 향) 자를 새로 만들어 보충하였다.
字解 ①벼슬, 벼슬 이름(경) ②경(경) ※임금이 이품(二品) 이상의 관원을 부를 때 일컫던 호칭.
【卿士大夫 경사대부】정승(政丞) 이외의 모든 벼슬아치의 총칭.
【公卿 공경】삼공(三公)과 구경(九卿). 높은 벼슬 자리.

【卿】명 卿(96)의 本字

2 厂 部

【厂】언덕 한
⊕hǎn ⊕カン(がんだれ) ⊛hill
字解 상형자. 산의 바위 아래 움푹 들어간 곳을 그린 것이다. 厂부에 속하는 글자들은 '산'·'언덕'이라는 뜻 외에 '집'과도 관련이 있다.
字解 ①언덕(한) ②부수의 하나(민엄호)

【厄】재앙 액
一 厂 厄 厄
고 ⊕è ⊕ヤク ⊛misfortune
字源 형성자. 厄은 卩(액)의 속자이다. 厂(호)는 의미 부분이고 乙(을)은 발음 부분이다.
字解 재앙, 불행(액)
【厄運 액운】재앙을 당할 운수.
【橫厄 횡액】뜻밖에 닥쳐오는 재앙.

【厎】숫돌 지
명 ⊕dǐ ⊕シ ⊛whetstone
字解 ①숫돌(지) =砥 ②이를(지)

厂部 10획

厓 언덕 애
명 ⓗyá ⓙガイ(かけ) ⓔhill
字解 ①언덕, 낭떠러지(애) ≒崖 ②물가(애) ≒涯

厘 리 리
명 ⓗlí ⓙリン
字解 리(리) ≒釐 ※소수(小數)의 단위. 푼(分)의 10분의 1.

厖 클 방 섞일 망
ⓗpáng ⓙボウ ⓔvast
字解 ①클(방) ≒尨 ¶厖大(방대) ②섞일(망) ¶厖雜(방잡)
【厖大 방대】 규모·양 따위가 대단히 크거나 많음.
【厖眉 방미】 ①숱이 많은 눈썹. ②흰 털이 섞인 눈썹. '노인'을 이름.
【厖雜 방잡】 뒤섞임.

厚 두터울 후
명 ⓗhòu ⓙコウ(あつい) ⓔthick
一 厂 厂 厃 厚 厚 厚
字源 厚(후)는 담을 그린 것으로 '담이 두텁다'라는 뜻의 회의자라는 설과, 厂이 의미 부분이고 㫗가 발음 부분인 형성자라는 설이 있다.
字解 ①두터울(후) ¶厚德(후덕) ②짙을, 진할(후) ¶濃厚(농후)
【厚待 후대】 후하게 대접함.
【厚德 후덕】 덕이 두터움.
【厚謝 후사】 후하게 사례함.
【厚生 후생】 사람들의 생활을 윤택하게 하도록 꾀하는 일.
【厚顏無恥 후안무치】 낯가죽이 두꺼워 부끄러움을 모름.
【濃厚 농후】 ①액체가 묽지 않고 진함. ②가능성이 다분히 있음.
【溫厚 온후】 성품이 부드럽고 무던함.

原 근원 원
一 厂 厂 厉 庐 盾 原 原
명 ⓗyuán ⓙゲン(はら) ⓔorigin
字源 회의자. 바위(厂(엄)) 틈에서 샘물(泉(천))이 흘러 내려가는 모습으로, 샘물이 흘러나오는 근원지를 뜻한다. '근원·원천'이라는 뜻은 여기에서 나왔다. 현재는 泉 자의 아랫부분을 小(소) 자처럼 쓰는데, 이는 엄격하게 말하면 잘못된 것이다. 현재 原은 평원(平原)이라는 뜻으로 많이 쓰이고, '근원·원천'의 뜻으로는 氵(삼수변)을 더한 '源(원)' 자를 쓴다.
字解 ①근원, 근본(원) ≒源 ¶原則(원칙) ②둔덕, 벌판(원) ¶高原(고원) ③용서할(원) ¶原宥(원유)
【原告 원고】 소송을 제기하여 재판을 청구한 사람.
【原稿 원고】 글월의 초벌.
【原料 원료】 물건의 제조·가공 때 바탕이 되는 재료.
【原理 원리】 사물의 바탕이 되는 법칙이나 이치.
【原木 원목】 가공하지 아니한 통나무.
【原本 원본】 근본이 되는 서류나 문건.
【原狀 원상】 본디의 상태.
【原色 원색】 모든 빛깔의 바탕이 되는 빛깔. 곧, 빨강·노랑·파랑.
【原始 원시】 문화가 피어나기 전의 자연 그대로의 상태.
【原宥 원유】 죄를 용서함.
【原油 원유】 땅속에서 뽑아낸 그대로의 기름.
【原因 원인】 일이 말미암은 까닭.
【原點 원점】 근본이 되는 본래의 점.
【原則 원칙】 근본이 되는 법칙.
【高原 고원】 높은 지대에 있는 넓은 벌판.
【復原 복원】 원래의 상태로 돌아감, 또는 돌아가게 함. ⑧復元(복원).

厠
명 廁(223)과 同字

厥 ❶그 궐 ❷나라이름 궐
一 厂 厂 严 厥 厥 厥

厂部 10획

고 ⊕jué ⊕ケツ(その) ⊛the
字源 형성자. 본래 돌을 파낸다는 뜻이었다. 바위 절벽을 뜻하는 厂(엄)이 의미 부분이고, 欮(궐)은 발음 부분이다. 뒤에 3인칭 대명사로 가차되었다.
字解 ❶①그, 그것(궐) ¶厥女(궐녀) ②숙일(궐) ¶厥角(궐각) ❷나라 이름(궐) ¶突厥(돌궐)
【厥角 궐각】이마(角)를 땅에 대고 조아리며 절을 함.
【厥女 궐녀】그 여자. 그녀.
【厥者 궐자】그 사람. 그자.
【突厥 돌궐】6세기 중엽에 몽골·중앙 아시아 일대에 터키계의 유목민이 세운 대제국, 또는 그 종족.

厂 ¹⁰ [厨] 廚(225)의 俗字
 ¹²

厂 ¹⁰ [厦] 명 廈(224)의 俗字
 ¹²

厂 ¹¹ [廐] 廐(224)의 俗字
 ¹³

厂 ¹² [厮] 廝(224)의 俗字
 ¹⁴

厂 ¹² [厭]
 ¹⁴
❶싫을 염
❷가릴 안
❸누를 엽
갑 厌 猒

명 ❶ ⊕yàn ⊕エン(あきる) ⊛dislike
字解 ❶①싫을, 싫어할(염) ¶厭世(염세) ②만족할, 물릴(염) ¶厭飫(염어) ❷가릴, 숨길(안) ¶厭然(안연) ❸누를(엽) ¶厭勝(엽승)
【厭世 염세】세상을 귀찮게 여김.
【厭飫 염어】물릴 만큼 배부름.
【厭症 염증】싫은 마음. 싫증.
【厭然 안연】가리거나 숨기는 모양.
【厭勝 엽승】주술(呪術)을 써서 사람을 누름, 또는 그 주술.

厂 ¹² [厰] 廠(225)의 俗字
 ¹⁴

厂 ¹³ [厲] 갈 려
 ¹⁵
숙감 厉 厲

⊕lì ⊕レイ(はげしい) ⊛whet
字解 ①갈(려) ¶厲劍(여검) ②숫돌(려) 늑礪 ¶厲石(여석) ③엄할, 사나울(려) ¶厲民(여민)
【厲劍 여검】칼을 숫돌에 갊.
【厲民 여민】백성을 가혹하게 다스림.
【厲石 여석】숫돌.

厂 ¹⁵ [厳] 嚴(129)의 俗字
 ¹⁷

2획 厶 部

厶 ⁰ [厶]
 ②
❶사사 사
❷아무 모
支 有

⊕sī ⊕シ
字源 私(사사로울 사) 자의 원시 형태로 私 자가 널리 쓰이자 厶 자는 더 이상 쓰이지 않게 되었다는 설이 있으나, 정설은 아직 없다.
字解 ❶私私(사)의 고자. ※私(590)의 고자. ❷①아무(모) = 某 ②부수의 하나(마늘모)

厶 ³ [去]
 ⑤
❶갈 거
❷버릴 거
御 語
去

一 十 土 去 去

중 ⊕qù ⊕キョ, コ(さる) ⊛leave
字源 갑골문·금문을 보면 大와 凵(→厶)로 이루어져 있다. 大는 그릇의 뚜껑이고 凵은 밥그릇이라는 설, 사람(大)이 어떤 구역(凵) 밖에 있으므로 '떠나가다'의 뜻을 나타낸다는 설, 大(대)는 의미 부분이고 凵(감)은 발음 부분이라는 설 등이 있다.
字解 ❶갈, 지날(거) ¶去就(거취) ❷버릴, 없앨(거) ¶去勢(거세)
【去痰 거담】가래를 없앰.

【去頭截尾 거두절미】 머리와 꼬리를 잘라 버림. 앞뒤의 잔사설은 빼고 요점만 말함.
【去來 거래】 상품을 사고팔거나 금전을 주고받는 일.
【去聲 거성】 사성(四聲)의 하나. 가장 높은 소리.
【去勢 거세】 생식기를 제거하여 생식 기능을 없앰.
【去者日疎 거자일소】 떠난 사람은 날이 갈수록 소원해짐. '서로 떨어져 있으면 점점 사이가 멀어지거나 잊게 됨'을 이름.
【去就 거취】 ①가거나 옴. ②일신상의 출처(出處)나 진퇴(進退).
【過去 과거】 지나간 때. 옛날.
【收去 수거】 거두어 감.
【除去 제거】 털어서 없애 버림.
【撤去 철거】 건물·시설 따위를 걷어치워 버림.

【参】 參(99)의 俗字

【參】
❶참여할 참
❷석 삼
❸충날 참
❹별 이름 삼

㊀ @cān, shēn ㊁サン(まいる) ㊂participate in, three
字源 형성자. 별(厶)이 사람(人(인)) 머리 위에 있는 형태로, 세 개의 별이 사람의 머리 위에서 빛남을 뜻한다. 彡(삼)은 발음 부분이다.
字解 ❶①참여할, 낄(참) ¶ 參席(참석) ②뵐(참) ¶ 參拜(참배) ③살필, 헤아릴(참) ¶ 參酌(참작) ❷석, 셋(삼) ※ '三'의 갖은자. ❸충날, 들쭉날쭉할(참) ¶ 參差(참치) ❹별 이름(삼) ※이십팔수(二十八宿)의 하나.
【參加 참가】 모임·단체 등에 참여하거나 가입함.
【參考 참고】 살펴서 도움이 될 만한 재료로 삼음.
【參拜 참배】 신이나 부처에게 배례함.
【參席 참석】 자리·모임 등에 참여함.
【參與 참여】 참가하여 관여함.
【參酌 참작】 참고하여 알맞게 헤아림.
【參照 참조】 참고로 대조하여 봄.
【參差 참치】 가지런하지 못한 모양.
【古參 고참】 오래 전부터 그 일에 종사해 온 사람.
【持參 지참】 돈·물건 등을 가지고 참석함.
참고 '삼'음도 인명용으로 지정됨.

【叄】 參❶(99)의 俗字

又 部

【又】 또 우
㊀ @yòu ㊁ユウ(また) ㊂and
字源 상형자. 갑골문·금문·소전을 보면 'ㅋ'로 오른손을 그린 것이다.
字解 또, 거듭(우)

【叉】 깍지 낄 차
㊀ @chā ㊁サ, シャ
字解 ①깍지 낄(차) ②엇걸릴(차) ③귀신 이름(차)
【交叉 교차】 가로세로로 엇갈림.
【夜叉 야차】 잔인하고 혹독한 귀신. 두억시니.

【及】 미칠 급
㊀ @jí ㊁キュウ(および) ㊂reach
字源 회의자. 손(又(우))으로 사람(人(인))을 붙잡고 있는 모습으로, '붙잡다'·'따라가다'의 뜻은 여기에서 나왔고, 뒤에 '도달하다'·'미치다'라는 뜻으로 의미가 넓어졌다. '및'·'그리고'라는 뜻은 가차

된 것이다.
字解 ①미칠, 이를(급) ②및, 와(급)

【及其也 급기야】 필경에 가서는. 마지막에는.
【及第 급제】 과거(科擧)에 합격함.
【普及 보급】 널리 퍼뜨려 알리거나 사용하게 함.
【言及 언급】 ①하는 말이 거기까지 미침. ②어떤 문제에 대해서 말함.
【波及 파급】 영향이나 여파가 차차 전해져 먼 데까지 미침.

'及'이 붙은 한자

伋 속일(급)   岌 산 높을(급)
扱 미칠(급)   汲 물 길을(급)
笈 책 상자(급) 級 등급(급)
吸 숨 들이쉴(흡)

【反】 ❶돌이킬 반 阮 ❷뒤칠 번 阮

一 厂 反 反

音 ㊥fǎn ㊐ハン, ホン(そる) ㊁react

字源 회의자. 바위 절벽을 뜻하는 厂(엄)과 손을 뜻하는 又(우)로 이루어졌다. 손으로 붙잡고 절벽을 기어오른다는 의미라는 학설과 절벽에서 손으로 밀어 넘어뜨리는 의미라는 학설이 있다.

字解 ❶①돌이킬, 되받을(반) ¶反擊(반격) ②되풀이할(반) ¶反復(반복) ③반대할(반) ¶反駁(반박)
❷뒤집어엎을(번) 늑翻 ¶反耕(번경)

【反擊 반격】 쳐들어오는 적을 되받아 공격함. 또는 그러한 공격.
【反對 반대】 ①사물의 위치·방향·순서 따위가 거꾸로 된 상태. ②의견·제안 등에 찬성하지 않음.
【反亂 반란】 정권을 타도하기 위한 조직적인 폭력 활동. ⑧叛亂(반란).
【反目 반목】 서로 맞서서 미워함.
【反駁 반박】 의견·비난 따위에 맞서 반대하여 말함.
【反復 반복】 되풀이, 또는 되풀이함.

【反應 반응】 어떤 자극을 받아 작용을 일으키는 일.
【反切 반절】 한자의 음을 다른 두 한자로 나타내는 방법. 첫 글자의 초성과 둘째 글자의 중·종성을 따는 것으로, '文'자의 경우 無의 'ㅁ'과 分의 '운'을 합하여 '문'이 되는 따위. '無分切', '無分反'의 형태로 표기함.
【反芻 반추】 ①되새김질. ②어떤 일을 되풀이하여 음미하거나 생각함.
【反耕 번경】 논을 갈아 뒤집음.
【如反掌 여반장】 손바닥을 뒤집는 것과 같음. '일이 썩 쉬움'을 이름.

'反'이 붙은 한자

叛 배반할(반) 返 돌이킬(반)
飯 밥(반)   坂 고개(판)
阪 산비탈(판) 板 널(판)
版 판목(판)   販 팔(판)

【収】 收(372)의 俗字

【双】 雙(788)의 俗字

【友】 벗 우 有

一 ナ 方 友

音 ㊥yǒu ㊐ユウ(とも) ㊁friend

字源 회의자. 2개의 손[又(우)]으로 이루어져 있다. 한 사람의 손에 다른 사람의 손을 더한 것이므로, '협조자'를 뜻한다.

字解 ①벗, 벗할(우) ¶友誼(우의) ②우애 있을(우) ¶友于兄弟(우우형제)

【友邦 우방】 서로 친밀한 관계인 나라.
【友愛 우애】 ①동기간의 사랑. ②벗 사이의 정.
【友于兄弟 우우형제】 형제 사이에 우애가 있음.
【友誼 우의】 친구 사이의 정분. 友情(우정).
【友好 우호】 서로 친함. 사이가 좋음.
【朋友 붕우】 벗. 친구.

【受】 받을 수 ⑥⑧ 甬

哭

一一一一一一一一一一一一一一一一一一一

- 중 ⊕shòu ⊕ジュ(うける) ⊛receive
- **字源** 회의자. 두 손(爪(조)와 又(우)) 사이에 쟁반(冖)이 있는 모습으로, 두 사람이 물건을 주거나 받는다는 뜻을 나타낸다. 본래는 受 자 하나로 주고받는 것을 모두 나타내었는데, 후에 구별할 필요가 생기자 '주다'의 뜻으로는 手(손수)를 더한 授 자를 새로 만들어 나타냈다.
- **字解** 받을, 입을(수)
- 【受講 수강】강습을 받거나 강의를 들음.
- 【受難 수난】재난을 당함.
- 【受諾 수락】요구를 받아들여 승낙함.
- 【受侮 수모】모욕을 당함.
- 【受賞 수상】상을 받음.
- 【受容 수용】받아들임.
- 【受益 수익】이익을 얻음.
- 【受胎 수태】아이를 뱀.
- 【受驗 수험】시험을 치름.
- 【甘受 감수】달게 받음.
- 【授受 수수】주고받음.

【叔】 아재비 숙 ⑥⑧ 國

叔

丨 卜 ㅏ ナ ホ 未 叔 叔

- 중 ⊕shū ⊕シュク ⊛uncle
- **字源** 회의자. 본래 손(又(우))으로 막대기(弋(익))를 잡고 토란(小)을 캔다는 뜻이었고, '아재비'라는 뜻은 가차된 것이다.
- **字解** 아재비(숙)
- 【叔母 숙모】숙부의 아내. 작은어머니.
- 【叔父 숙부】아버지의 동생.
- 【叔姪 숙질】아저씨와 조카.
- 【堂叔 당숙】아버지의 사촌 형제.
- 【外叔 외숙】어머니의 남자 형제. 外三寸(외삼촌).

【取】 취할 취 ⑥⑧ 國

取

一 厂 F F F 耳 耶 取

- 중 ⊕qǔ ⊕シュ(とる) ⊛take
- **字源** 회의자. 손(又(우))으로 귀(耳(이))를 잡고 있는 모습이다. 옛날에는 전쟁 중 잡힌 포로들의 귀를 베어 그 숫자를 세었는데, '가지다'라는 뜻은 여기에서 나왔다.
- **字解** 취할, 가질(취)
- 【取扱 취급】①물건을 다룸. ②사무나 사건 따위를 다루어 처리함.
- 【取得 취득】손에 넣음. 제 것으로 함.
- 【取捨選擇 취사선택】가질 것과 버릴 것을 골라잡음.
- 【取消 취소】기록하거나 진술한 사실을 지워 없앰. 抹消(말소).
- 【取材 취재】기사(記事) 따위의 재료나 제재를 찾아서 얻음, 또는 그 일.
- 【取下 취하】신청하거나 제출하였던 것을 도로 거두어들임.
- 【詐取 사취】거짓으로 속여서 남의 것을 빼앗음.
- 【爭取 쟁취】싸워서 빼앗아 가짐.
- 【奪取 탈취】남의 것을 억지로 빼앗아 가짐.

【叛】 배반할 반 ⑦⑨ 國

叛

一 一 ン 当 半 扌 扩 扩 叛 叛

- 고 ⊕pàn ⊕ハン, ホン(そむく) ⊛rebel
- **字源** 형성 겸 회의자. 본래 나눈다는 뜻으로, 半(반)이 의미 부분이 된다. 또 '배반하다'라는 뜻도 있으므로 反(반)도 의미 부분이 되는데, 反은 발음도 담당한다.
- **字解** 배반할, 저버릴(반)
- 【叛軍 반군】반란을 일으킨 군사.
- 【叛亂 반란】정권을 타도하기 위하여 일으키는 조직적인 폭력 활동.
- 【叛逆 반역】정부를 배반하고 나라를 어지럽게 함.
- 【背叛 배반】믿음과 의리를 저버리고 돌아섬. 背反(배반).

【叙】 펼 서 本 ⑦⑨ 國

敍

ノ ト ᄂ 夲 余 余 叙 叙

- 고 ⊕xù ⊕ジョ(のべる) ⊛state
- **字源** 형성자. 又는 의미 부분이고, 余(여)는 발음 부분이다. 又(우)는

'손으로 무엇을 하다'라는 뜻이다.
字解 ①펼, 진술할(서) ¶敍述(서술) ②줄(서) ※관작을 내림. ¶敍勳(서훈) ③차례(서)
【敍事 서사】 사실을 있는 그대로 서술함. 또는 그 글.
【敍述 서술】 일정한 내용을 차례에 따라 말하거나 적음.
【敍任 서임】 벼슬을 내림.
【敍情 서정】 자기가 느낀 감정(感情)을 나타냄.
【敍勳 서훈】 훈등(勳等)과 훈장(勳章)을 내림.

又 8 【叟】 늙은이 수 囨
⑩
㊥sǒu ㊐ソウ(すきな)
字解 늙은이(수)
【釣叟 조수】 낚시질하는 늙은이.

又 14 【叡】 밝을 예 囝囝
⑯
名 ㊥ruì ㊐エイ ㊥wise
字解 ①밝을, 명철할(예) ②임금(예) ※임금의 언행에 붙여 씀.
【叡覽 예람】 임금이 열람함.
【叡旨 예지】 임금의 뜻.
【叡智 예지】 밝고 지혜로운 생각.

又 16 【叢】 모을 총 囤
⑱
名 ㊥cóng ㊐ソウ(むらがる) ㊥cluster
字解 ①모을(총) ¶叢書(총서) ②떨기, 떼(총) ¶叢生(총생)
【叢論 총론】 갖가지 논설. 또는 그것을 모아 놓은 책.
【叢生 총생】 풀이나 나무가 무더기로 더부룩하게 남.
【叢書 총서】 ①서적을 모음. 또는 그 서적. ②갖가지 책을 모아 한 질을 이룬 것.
【論叢 논총】 논문을 모아 간행한 책.

3 口部

口 ⓞ ③ 【口】 입 구 囿
名 ㊥kǒu ㊐コウ(くち) ㊥mouth
字源 상형자. 사람의 입 모양을 그린 것이다.
字解 ①입(구) ¶口腔(구강) ②말할(구) ¶口頭(구두) ③어귀(구) ¶洞口(동구) ④인구(구) ¶食口(식구)
【口腔 구강】 입 안.
【口徑 구경】 원통형으로 된 물체의 아가리의 직경(直徑).
【口頭 구두】 직접 입으로 하는 말.
【口辯 구변】 말솜씨. 言辯(언변).
【口尙乳臭 구상유취】 입에서 아직 젖내가 남. '말이나 하는 짓이 아직 유치함'을 이름.
【口舌 구설】 시비하거나 헐뜯는 말.
【口實 구실】 핑곗거리.
【口傳 구전】 입으로 전함. 말로 전함.
【洞口 동구】 동네 어귀.
【食口 식구】 가족.
【人口 인구】 ①어떠한 지역 안에 사는 사람의 수효. ②사람들의 입. 세상의 평판이나 소문.
【入口 입구】 들어가는 어귀나 문.

口 ② ⑤ 【可】 옳을 가 哿
名 ㊥kě ㊐カ(よい) ㊥right
字源 상형자→회의 겸 형성자. 갑골문을 보면 ㄱ 또는 可로 썼다. ㄱ는 도끼 자루[柯(가)]를 본뜬 것인데, 뒤에 '옳다'의 뜻으로 가차되었다.
字解 ①옳을, 가할(가) ¶可否(가부) ②허락할(가) ¶認可(인가) ③가히(가) ¶可能(가능)
【可觀 가관】 ①매우 훌륭하여 볼 만함. ②하는 짓이나 모양 따위가 꼴 불견임.
【可決 가결】 회의에서 안건이나 사항을 심의하여 가하다고 결정함.
【可能 가능】 할 수 있거나 될 수 있음.
【可望 가망】 될 만한 희망.
【可否 가부】 ①옳음과 그름. 是非(시

비). ②찬성과 반대.
【認可 인가】 인정하여 허락함.
【裁可 재가】 결재하여 허락함.
【許可 허가】 들어줌. 承諾(승낙).

'可'가 붙은 한자

呵 꾸짖을 (가)　　哥 소리 (가)
柯 가지 (가)　　　苛 가혹할 (가)
舸 큰 배 (가)　　　訶 꾸짖을 (가)
軻 불우할 (가)　　何 어찌 (가)
河 물 (하)

【古】 예 고

一十十古古

훈 ⊕gǔ ⊕コ(ふるい) 영old
字源 회의자. 十(십)과 口(구)는 모두 의미 부분이다. 10세대에 걸쳐 전해 내려온 옛말이라는 뜻이다.
字解 예, 옛 (고)
【古宮 고궁】 옛 궁궐.
【古今 고금】 옛날과 지금.
【古都 고도】 옛 도읍. 옛 서울.
【古來 고래】 예로부터 지금까지. 自古以來(자고이래).
【古色 고색】 ①낡은 빛깔. ②고풍스러운 정치(情致).
【古蹟 고적】 역사상의 유적.
【古稀 고희】 '일흔 살'을 이름.
📖 두보(杜甫)가 '曲江(곡강)'이라는 시에서 '人生七十古來稀(인생칠십고래희: 사람의 나이 일흔은 예로부터 드문 일)'라고 한 데서 온 말.
【考古 고고】 유물·유적을 통해 옛일을 연구함.
【復古 복고】 옛날 상태로 돌아감.
【懷古 회고】 옛일을 돌이켜 생각함.

'古'가 붙은 한자

估 값 (고)　　　固 굳을 (고)
姑 시어미 (고)　沽 팔 (고)
故 연고 (고)　　枯 마를 (고)
苦 괴로울 (고)　罟 그물 (고)
蛄 땅강아지 (고)　詁 주 낼 (고)
鴣 자고 (고)　　怙 믿을 (호)
祜 복 (호)　　　胡 오랑캐 (호)

【叩】 두드릴 고 ⊕구

명 ⊕kòu ⊕コウ(たたく) 영knock
字解 ①두드릴 (고) ②꾸벅거릴 (고) ③물을 (고)
【叩頭 고두】 머리를 조아림.
【叩門 고문】 남을 방문(訪問)하여 문을 두드림.
【叩問 고문】 물어봄. 질문함.

【句】 글귀 구

ノク勹句句

훈 ⊕jù ⊕ク 영phrase
字源 회의 겸 형성자. 口(입 구)와 굽었다는 뜻의 厶(구)로 이루어졌다. 厶는 발음도 담당한다. 본래 굽었다는 뜻으로 쓰였으나 현재 이 뜻으로는 勾(굽을 구) 자를 쓴다.
字解 글귀, 구절 (구)
【句讀 구두】 글을 읽기 편하게 하기 위하여 단어나 구절에 점 또는 부호 등으로 표시하는 방법.
【句節 구절】 긴 글의 한 부분인 한 토막의 말이나 글.
【警句 경구】 사상이나 진리를 간결하고도 날카롭게 나타낸 문구(文句).
【詩句 시구】 시의 구절.
【語句 어구】 말의 구절. 言句(언구).
【字句 자구】 글자와 글귀.
참고 '귀' 음도 인명용으로 허용되는데, '글귀(-句)' 등의 '귀' 음을 따른 것이다.

'句'가 붙은 한자

佝 꼽추 (구)　　劬 수고할 (구)
拘 거리낄 (구)　狗 개 (구)
枸 구기자 (구)　耇 늙을 (구)
苟 진실로 (구)　痀 곱사등이 (구)
鉤 갈고리 (구)　駒 망아지 (구)

【叫】 부르짖을 규 ⊕교

丨口口叫叫

훈 ⊕jiào ⊕キョウ(さけぶ) 영shout
字源 형성자. 口(구)는 의미 부분이고, 丩(구)는 발음 부분이다.

口部 2획

字解 부르짖을, 외칠(규)
【叫喚 규환】부르짖고 외침.
【絕叫 절규】힘을 다하여 부르짖음.

【另】다를 령

⊕lìng ⑪レイ ⑬another
字解 ①다를(령) ②쪼갤(령)
【另居 영거】따로 삶. 別居(별거).
【另日 영일】다른 날. 딴 날.

3획

【司】맡을 사

ㄱ ㄱ ㄱ 司 司

고 ⊕sī ⑪シ(つかさどる) ⑬preside
字源 회의자. 匕(숟가락 비)를 거꾸로 한 'ㄱ'과 입 또는 그릇을 뜻하는 '口'로 이루어져 '먹다'·'먹이다'라는 뜻을 나타낸다. 옛날 제사 때 신(神)에게 제삿밥을 올리는 것을 司라고 하였는데, '어떤 일을 주관하다'라는 뜻은 여기에서 비롯되었다. 뒤에 제사의 뜻으로는 祠(사) 자를 새로 만들어 보충하였다.
字解 ①맡을(사) ¶司書(사서) ②관아, 관청(사) ¶上司(상사)
【司法 사법】법을 적용하는 국가의 행위.
【司書 사서】도서관(圖書館)에서 도서의 정리·보존·열람을 맡아보는 직위, 또는 그 직위에 있는 사람.
【司正 사정】공직에 있는 사람의 규율과 질서를 바로잡는 일.
【司會 사회】회의나 예식의 진행을 맡아봄, 또는 그 사람.
【上司 상사】위 등급의 관아나 기관, 또는 계급이 자기보다 위인 사람.

【史】역사 사

丨 ㅁ 口 史 史

종 ⊕shǐ ⑪シ(ふみ) ⑬history
字源 회의자. 갑골문·금문에서 史·事(사)·使(사)·吏(리) 네 글자는 본래 한 글자로, 손에 무엇을 잡고 일한다는 뜻을 나타낸다. 이에 대해서는 간서(簡書)를 쥐고 있는 모습, 붓을 거꾸로 잡고 있는 모습, 창을 잡고 사냥한다는 뜻 등 여러 설이 있다.
字解 ①역사(사) ②사관(사)
【史官 사관】지난날, 역사를 기록하던 관리.
【史記 사기】①역사적 사실을 적은 책. 史書(사서). ②한(漢)나라 때 사마천(司馬遷)이 쓴 중국 역사서.
【史料 사료】역사 연구와 편찬에 필요한 자료.
【史蹟 사적】역사상으로 남아 있는 사물의 자취.
【史草 사초】지난날, 사관(史官)이 기록하여 둔 사기(史記)의 초고.
【史禍 사화】역사를 기록하는 일로 말미암아 입은 화.
【歷史 역사】인류 사회의 변천과 흥망의 과정, 또는 그 기록.
【野史 야사】민간에서 사사로이 기록한 역사.
【正史 정사】정확한 사실을 바탕으로 편찬한 역사.

【召】부를 소

⊕zhào ⑪ショウ(めす) ⑬call
字源 회의자. 갑골문을 보면 '𣂏'로 썼는데, 이는 두 사람이 숟가락으로 술맛을 보는 모습이다. 주인과 손님이 술을 놓고 상견례(相見禮)를 한다는 뜻으로, 紹(소개할 소) 자의 원시 형태라고 할 수 있다. 召는 이 자형의 간략형이다.
字解 부를, 초래할(소)
【召集 소집】불러서 모음.
【召喚 소환】법원이 피고인·증인 등에게 어디로 올 것을 명령하는 일.
【召還 소환】불러들임.
【應召 응소】소집에 응함.

'召'가 붙은 한자

沼 늪(소)　邵 땅 이름(소)
昭 밝을(소)　韶 아름다울(소)
炤 밝을(소)　紹 이을(소)
詔 고할(조)　怊 슬퍼할(초)
招 부를(초)　迢 멀(초)
貂 담비(초)　超 뛰어넘을(초)
軺 수레(초)

【右】 오른쪽 우
宥 厦

ノナナ右右

음 ㉠yòu ㊐ユウ, ウ(みぎ) ㊍right
字源 상형자 → 형성자. 又(우)는 오른손을 그린 것으로, '오른손'·'돕다' 등의 뜻으로 쓰였다. 뒤에 又가 '또한'의 뜻으로 가차되자, 발음 부분으로 口(구)를 더한 右자를 만들어 '오른손'의 뜻으로 썼고, '돕다'라는 뜻으로는 다시 佑(우)자를 새로 만들어 보충하였다.
字解 ①오른쪽(우) ¶右側(우측) ②숭상할(우) ¶右武(우무)
【右武 우무】 무(武)를 숭상함.
【右腕 우완】 오른팔.
【右往左往 우왕좌왕】 우로 갔다 좌로 갔다 함. '결정을 짓지 못하고 망설임'을 이름.
【右側 우측】 오른쪽. 바른쪽.
【右舷 우현】 배의 고물에서 이물 쪽으로 보아 오른쪽 뱃전.

【叮】 정중할 정
啇

㉠dīng ㊐テイ(ねんごろ) ㊍polite
字解 정중할(정)
【叮嚀 정녕】 ①일에 정성을 다하는 일. 틀림없이. 꼭. 丁寧(정녕). ②틀림없이. 꼭.

【只】 다만 지
秪

ㅣ 口 口 只 只

음 ㉠zhǐ ㊐シ(ただ) ㊍only
字源 회의자. 口(구)와 八(팔)은 모두 의미 부분이다. 八은 기(氣)가 아래로 내려가는 것을 나타낸다. 본래 말이 끝났다는 것을 표시하는 어조사였는데, '단지'·'다만'의 뜻으로 가차되었다.
字解 다만, 단지(지)
【只今 지금】 ①이제. 현재. ②바로 이 시각.
【但只 단지】 다만. 겨우.

【叱】 꾸짖을 질
㕧 叱

㉠chì ㊐シツ(しかる) ㊍scold
字解 꾸짖을, 호통 칠(질)
【叱正 질정】 꾸짖어 바로잡음.
【叱責 질책】 꾸짖어 나무람.
【叱咤 질타】 노기를 띠고 큰 소리로 꾸짖음, 또는 그 소리.

【台】 ❶별 이름 태 灰
❷나 이 支

명 ❶ ㉠tāi, tái ㊐タイ, ダイ
字解 ❶①별 이름(태) ※ '별'이라는 뜻에서, 삼공(三公)의 자리나 남의 높임말로 씀. ②대감(태) ¶台鑑(태감) ❷나(이) ¶台德(이덕)
【台鑑 태감】 지난날, 종이품 이상의 관리에게 보내는 편지·보고서 따위의 겉봉에 존대의 뜻으로 쓰던 말.
【台輔 태보】 '재상(宰相)'의 이칭(異稱). 三公(삼공).
【台德 이덕】 나의 덕(德).
📖 '台'는 임금이 자신을 일컫는 말.
참고 '臺(대 : 676)'의 속자로도 씀.

'台'가 붙은 한자

始 비로소(시)	枲 수삼(시)
怡 기쁠(이)	貽 끼칠(이)
飴 엿(이)	治 다스릴(치)
邰 나라 이름(태)	怠 게으를(태)
殆 위태로울(태)	苔 이끼(태)
迨 미칠(태)	笞 볼기 칠(태)
給 속일(태)	胎 아이 밸(태)
跆 밟을(태)	颱 거센 바람(태)

【叭】 나팔 팔
夙

명 ㉠bā ㊐ハツ ㊍bugle
字解 나팔(팔)
【喇叭 나팔】 끝이 나팔꽃처럼 퍼진 금관 악기의 총칭.

【叶】 화합할 협
蘷

㉠xié ㊐キョウ(かなう) ㊍harmonize
字解 화합할, 맞을(협)=協
【叶韻 협운】 어떤 운(韻)의 문자(文字)가 다른 운에 통용되는 일.

【号】 號(684)의 俗字

【各】 각각 각

ノ ク ク ク 各 各

음 ⓤgè ⓙカク(おのおの) ⓔeach
字源 회의자. 갑골문을 보면 '屳'로 썼다. ㅂ는 옛날 사람들이 주거지로 만든 구덩이를 그린 것이고, 윗부분은 夂(치)로 발을 그린 것이다. 발의 모양이 아래쪽을 향하고 있으므로 '들어오다'·'다다르다'라는 뜻을 나타낸다. 뒤에 '각자'·'각각'의 뜻으로 가차되었다.

字解 ①각각, 제각기(각) ¶各界(각계) ②여러(각) ¶各種(각종)

【各各 각각】 따로따로. 제각기.
【各界 각계】 직업·직무에 따라 갈라진 사회의 각 분야.
【各論 각론】 각각의 부문이나 항목에 대한 논설.
【各別 각별】 유달리 특별함.
【各樣各色 각양각색】 갖가지 모양과 갖가지 색. 여러 가지. 가지가지.
【各自 각자】 저마다. 제각기.
【各種 각종】 여러 가지. 여러 가지.
【各處 각처】 여러 곳. 모든 곳.

'各'이 붙은 한자

咯 토할 (각)	恪 삼갈 (각)
閣 누각 (각)	客 손 (객)
挌 칠 (격)	格 격식 (격)
骼 뼈 (격)	洛 물 이름 (락)
烙 지질 (락)	珞 목걸이 (락)
絡 이을 (락)	酪 유즙 (락)
駱 낙타 (락)	

【吉】 길할 길

一 十 士 吉 吉 吉

음 ⓤjí ⓙキツ, キチ(よい) ⓔlucky
字源 士는 무기를 그린 것이고, 口는 그것을 보관하는 그릇을 그린 것으로서, 병기를 보관하자면 그 그릇이 튼튼해야 하고 튼튼한 것은 '좋은 것'이므로 '길상(吉祥)'이라는 의미가 나왔다는 학설과 士는 남자의 생식기를 그린 것이라는 학설이 있다. 그러므로 현재의 자형을 보고 '선비(士(사))의 말(口(구))'은 좋은 것'이라고 해석해서는 안 된다.

字解 길할, 좋을(길)

【吉夢 길몽】 좋은 일이 생길 징조가 되는 꿈. 祥夢(상몽).
【吉日 길일】 길한 날. 좋은 날.
【吉兆 길조】 운수가 좋을 조짐.
【吉凶 길흉】 좋은 일과 언짢은 일. 행복과 재앙. 禍福(화복).

【同】 한가지 동

丨 冂 冂 冋 同 同

음 ⓤtóng ⓙドウ(おなじ) ⓔsame
字源 회의자. 본래 모인다는 뜻이었다. 凡(범)과 口(구)는 모두 의미 부분이다.

字解 ①한가지, 같을(동) ¶同感(동감) ②화할, 화합할(동) ¶和同(화동)

【同價紅裳 동가홍상】 같은 값이면 다홍치마. '이왕이면 보기 좋은 것으로 골라잡음'을 이름.
【同感 동감】 의견·견해에 있어 같이 생각함. 또는 그러한 생각.
【同苦同樂 동고동락】 괴로움도 즐거움도 함께함.
【同病相憐 동병상련】 같은 처지에 있는 사람끼리 서로 딱하게 여김.
【同封 동봉】 같이 넣어 봉함.
【同床異夢 동상이몽】 같은 잠자리에서 다른 꿈을 꿈. '함께 일을 하면서도 속으로는 각각 딴생각을 함'의 비유.
【同壻 동서】 형제의 아내끼리 또는 자매의 남편끼리 서로를 일컫는 말.
【同情 동정】 남의 불행·슬픔 따위를 자기 일처럼 생각함.
【同寢 동침】 부부 또는 남녀가 잠자리를 같이함.
【同胞 동포】 같은 어머니에게서 태어난 형제자매. 한 겨레. 같은 민족.
【和同 화동】 서로 사이가 벌어졌다가 다시 화합(和合)함.
【混同 혼동】 뒤섞음.

口部 3획

吋 ❶꾸짖을 두 ❷인치 촌

⊕dòu ⊕トウ ⊛scold

字解 ❶꾸짖을, 책망할(두) ❷인치(촌) ※ 길이의 단위인 '인치(inch)'의 약호.

吏 관리 리

一 一 一 一 一 吏 吏

교 ⊕lì ⊕リ(つかへ) ⊛officer

字源 회의자. 갑골문·금문을 보면 손에 무엇을 쥐고 있는 모습으로서, '일하다'라는 뜻을 나타낸다. 쥐고 있는 것이 무엇인지는 분명하지 않다. 본래 史(사)·事(사)·使(사)·吏 네 글자는 한 글자였다.

字解 ①관리, 관원(리) ¶汚吏(오리) ②國아전(리) ¶吏屬(이속)

【吏讀 이두】 삼국 시대부터 한자의 음과 뜻을 빌려서 우리말을 표기하는 데 쓰인 문자. 吏吐(이토).
【吏屬 이속】 아전의 무리.
【官吏 관리】 관직에 있는 사람.
【胥吏 서리】 조선 시대에 지방 관아에 딸렸던 하급 관리. 衙前(아전).
【汚吏 오리】 청렴하지 못한 관리.

名 이름 명

丿 ク 夕 夕 名 名

중 ⊕míng ⊕メイ(な) ⊛name

字源 회의자. 夕과 口로 이루어졌다. 夕은 사물을 뜻하는 '님'의 변형으로 입〔口〕이 사물의 이름을 부르는 형상이라는 학설과, 저녁때〔夕(석)〕는 어두워서 서로 잘 볼 수 없기 때문에 입〔口(구)〕으로 이름을 부르는 것이라는 학설이 있다.

字解 ①이름(명) ¶名札(명찰) ②이름날(명) ¶名曲(명곡) ③명(명) ※ 사람의 수효를 세는 단위.

【名曲 명곡】 뛰어나게 잘된 악곡(樂曲). 유명한 노래나 악곡.
【名單 명단】 관계자의 이름을 적은 표.
【名目 명목】 ①사물을 지정해 부르는 이름. ②표면상의 이유나 구실.
【名分 명분】 ①도덕적으로 지켜야 할 도리. ②표면상의 이유나 구실.
【名聲 명성】 좋은 평판.
【名手 명수】 기능·기술 등에서 뛰어난 솜씨나 재주를 가진 사람.
【名實相符 명실상부】 이름과 실상이 서로 들어맞음.
【名譽 명예】 사회적으로 받는 높은 평가와 이에 따르는 영광.
【名札 명찰】 이름표.
【名牌 명패】 이름이나 직위 따위를 적은 패.
【名銜 명함】 성명·주소·신분 따위를 적은 종이쪽.
【命名 명명】 이름을 지어 줌. 이름 지어 정함.

吁 탄식할 우

⊕xū ⊕ク, ウ(ああ) ⊛lament

字解 탄식할, 한탄할(우)

【吁嗟 우차】 탄식함, 또는 그 모양.

吊 图적 弔(229)의 俗字

吐 토할 토

口 口 口丄 吐

교 ⊕tù ⊕ト(はく) ⊛vomit

字源 형성자. 口(구)는 의미 부분이고, 土(토)는 발음 부분이다.

字解 ①토할, 게울(토) ¶吐瀉(토사) ②드러낼, 말할(토) ¶吐露(토로)

【吐露 토로】 속마음을 드러내어 말함.
【吐瀉 토사】 게우고 설사함.
【吐哺握髮 토포악발】 '현사(賢士)를 얻기 위해 애씀'을 이름.

故事 주(周)나라 주공(周公)이 식사를 하고 있을 때면 음식물을 뱉어 내고, 머리를 감는 중이면 머리카락을 거머쥐고 찾아온 손님을 맞이하였다는 고사에서 온 말.

【嘔吐 구토】 먹은 음식물을 게움. 구역질. 吐逆(토역).
【實吐 실토】 거짓말을 섞지 않고 사실대로 말함.

口部 3획

【合】 ❶합할 합 ❷홉 홉

丿 人 스 수 合 合

음 ㊥hé, gě ㊐ゴウ(あう) ㊧unite
字源 회의자. 그릇(ㅂ)과 그릇의 덮개(스)가 서로 합해진 모습으로, '합하다'라는 뜻을 나타낸다.
字解 ❶①합할, 모을(합) ¶合計(합계) ②맞을, 적절할(합) ¶合法(합법) ❷홉(홉) ※용량의 단위. 升(승)의 10분의 1.

[合格 합격] ①규격 또는 기준에 맞음. ②시험에 통과함.
[合計 합계] 합쳐 계산함.
[合當 합당] 꼭 알맞음.
[合同 합동] 여럿이 모여 하나가 되거나, 모아서 하나로 함.
[合邦 합방] 둘 이상의 나라를 하나로 합침.
[合法 합법] 법령·규칙에 맞음.
[合倂 합병] 둘 이상의 사물·조직을 합하여 하나로 만듦. 倂合(병합).
[合勢 합세] 세력을 한데 합함.
[合心 합심] 많은 사람이 마음을 하나로 합함.
[合意 합의] 서로의 의견이 일치함.
[合議 합의] 어떤 일을 토의하여 의견을 종합함.
[合葬 합장] 둘 이상의 시체를 한 무덤에 묻음.
[合致 합치] 서로 일치함.
[競合 경합] 서로 겨룸.
[保合 보합] 시세가 변동 없이 그대로 계속되는 일.

'合'이 붙은 한자

韐 슬갑(겹)	袷 겹옷(겹)
給 줄(급)	答 대답할(답)
哈 오물거릴(합)	盒 합(합)
蛤 조개(합)	閤 샛문(합)
恰 흡사할(흡)	洽 젖을(흡)

【向】 향할 향

丿 ㄱ 冂 向 向 向

음 ㊥xiàng ㊐コウ(むく) ㊧face
字源 회의자. 집(宀(면))에 창문(冋 또는 口)이 나 있는 모습입니다. 본래는 북쪽으로 난 창문을 뜻하였는데, 뒤에 '향하다'라는 뜻으로 쓰이게 되었다.
字解 ①향할, 대할(향) ¶向方(향방) ②접때, 이전(향) ≒嚮 ¶向時(향시)

[向路 향로] 향하여 가는 길.
[向方 향방] 향하여 나아가는 일정한 방향.
[向背 향배] 좇음과 등짐. 어떤 일이 되어 가는 추세나 어떤 일에 대한 사람들의 태도.
[向上 향상] ①위로 오름. ②생활·기능 등의 수준이 높아짐.
[向時 향시] 접때. 지난번.
[向學 향학] 학문에 뜻을 두고 그 길로 나아감.
[向後 향후] 이 뒤. 此後(차후).
[傾向 경향] 사상·형세 등이 어떤 방향으로 기울어 쏠림, 또는 그 방향.
[動向 동향] ①움직이는 방향. ②마음의 움직임.
[方向 방향] 향하거나 나아가는 쪽.
[意向 의향] 어떻게 할 것인가에 대한 생각.
[趣向 취향] 하고 싶은 마음이 쏠리는 방향.

【后】 왕후 후

음 ㊥hòu ㊐コウ(きさき) ㊧empress
字解 ①왕후(후) ②임금(후) ¶后王(후왕) ③사직(후) ※토지의 신. ¶后土(후토) ④뒤(후) ≒後

[后妃 후비] 임금의 아내.
[后王 후왕] 임금. 天子(천자).
[后土 후토] ①토지의 신. ②토지 또는 국토.
[王后 왕후] 임금의 아내.

【吃】 말더듬을 홀

음 ㊥chī ㊐キツ(どもる) ㊧stammer
字解 말 더듬을, 말더듬이(홀)

[吃語 흘어] 더듬더듬 하는 말.

口[告] ❶고할 고 ❷뵙고청할 곡

` ノ ト 告 生 牛 告 告 `

중 ⊕gào, gù ⊕コク(つげる) ⊛tell
字源 牛(소 우)와 口로 이루어져 있다. 牿(수갑 곡) 자의 원시 형태로 소(牛(우))의 입[口(구)]을 묶어 곡식을 먹지 못하게 한다는 뜻이었는데 후에 '알리다'라는 뜻으로 가차되었다는 학설, 口은 장소·울타리 등을 말하므로 牿(외양간 곡) 자였는데 뒤에 '알리다'라는 뜻으로 가차되었다는 학설, 口가 의미 부분이고 牛가 발음 부분인 형성자로 誥(고할 고) 자와 같다는 학설, 종(鐘)을 거꾸로 놓은 모습이라는 학설 등이 있다.
字解 ❶①고할, 알릴(고) ¶告示(고시) ②고소할(고) ¶告發(고발) ❷뵙고 청할(곡) ¶出必告(출필곡)
【告發 고발】범죄에 직접 관계가 없는 제삼자가 범죄 사실을 신고하여, 기소(起訴)를 구하는 행위.
【告白 고백】마음속에 숨기고 있던 것을 털어놓음.
【告祀 고사】집안이 잘되기를 바라며 신에게 지내는 제사.
【告訴 고소】피해자가 사건을 신고하여 범인의 소추(訴追)를 요구함.
【告示 고시】관청에서 국민들에게 알릴 것을 글로 써서 게시(揭示)함.
【告諭 고유】알려서 깨우쳐 줌.
【告知 고지】어떤 사실을 관계자에게 알림.
【警告 경고】조심하라고 알림.
【密告 밀고】남몰래 일러바침.
【報告 보고】주어진 임무에 대하여 그 결과나 내용을 말이나 글로 알림.
【布告 포고】국가의 결정 의사를 국민에게 발표하는 일.
【出必告 출필곡】외출할 때 반드시 부모를 뵙고 제 가는 곳을 알림.

口[君] 임금 군

` フ フ ヨ 尹 尹 君 君 `

중 ⊕jūn ⊕クン(きみ) ⊛king
字源 회의 겸 형성자. 손에 방망이를 들고[尹(윤)] 말하는[口(구)] 모습으로, '호령하다'·'다스리다'라는 뜻을 나타낸다. '임금'·'통치자' 등의 뜻은 여기에서 나왔다.
字解 ①임금(군) ¶君主(군주) ②그대, 자네(군) ※동배(同輩) 또는 손아랫사람을 부르는 말. ¶諸君(제군) ③높일(군) ※조상·남편 등을 높이는 말. ¶夫君(부군) ④군자(군) ⑤봉작(군) ※종친이나 훈신(勳臣)에게 내리던 봉호(封號). ¶大君(대군)
【君臨 군림】①임금으로서 그 나라를 다스림. ②'일정한 방면에서 절대적인 세력을 가지고 있음'의 비유.
【君師父一體 군사부일체】임금과 스승과 아버지의 은혜는 다 같다는 뜻.
【君臣有義 군신유의】오륜(五倫)의 하나로, '임금과 신하 사이에는 의리가 있어야 함'을 이름.
【君爲臣綱 군위신강】삼강(三綱)의 하나로, 신하는 임금의 벼리가 되어야 함'을 이름.
【君子 군자】①덕행이 높은 사람. ②마음이 착하고 무던한 사람.
【君主 군주】임금. 君王(군왕).
【郞君 낭군】아내가 자기의 남편을 사랑스럽게 이르는 말.
【大君 대군】國조선 시대에, 임금의 정궁(正宮)이 낳은 아들을 이르던 말.
【夫君 부군】상대편을 높여 그의 '남편'을 이르는 말.
【諸君 제군】'여러분'의 뜻으로, 손아랫사람에게 쓰는 말.
【暴君 폭군】포악한 임금.

口[吶] ❶말 더듬을 눌 ❷떠들 납 ❋설

⊕nè, nà ⊕トツ(どもる) ⊛stammer
字解 ❶말 더듬을(눌) ≒訥 ❷떠들, 고함지를(납)
【吶吶 눌눌】말을 더듬는 모양.
【吶吃 눌흘】말을 더듬거림.
【吶喊 납함】여러 사람이 일제히 큰 소리를 지름.

口部 4획

呂 음률 려

口4㋆ ㊥lǚ ㊐リョ, ロ ㊧tune
字解 음률(려) ※음(陰)의 음률(音律).

【六呂 육려】 십이율(十二律) 가운데 음성(陰聲)인, 대려(大呂)·협종(夾鍾)·중려(仲呂)·임종(林鍾)·남려(南呂)·응종(應鍾)을 통틀어 이르는 말. ㊉육률(六律: 237)
【律呂 율려】 음악, 또는 그 가락.

吝 인색할 린

口4㋆ ㊥lìn ㊐リン(おしむ) ㊧stingy
字解 인색할, 아낄(린)

【吝嗇 인색】 재물을 다랍게 아낌.
【吝惜 인석】 재물을 몹시 아낌.

呆 ❶지킬 보 ❷어리석을 매

口4㋆ ㊥dāi, ái ㊐ボウ(あきれる) ㊧keep
字解 ❶지킬(보) ❷어리석을(매)

【癡呆 치매】 ①바보. ②정신이 완전하지 아니하여 말과 동작이 느림.

吻 입술 문

口4㋆ ㊤ ㊥wěn ㊐フン(くちきき) ㊧lips
字解 입술(문)

【吻合 문합】 다문 입술처럼 딱 들어맞음. '사물이 서로 합치함'을 이름.
【接吻 접문】 입맞춤.

否 ❶아니 부 ❷막힐 비

口4㋆ 一フ不不不否否
㊗ ㊥fǒu, pí ㊐ヒ(いな) ㊧not
字源 회의 겸 형성자. 口(구)와 不(불)은 모두 의미 부분인데, 不은 발음도 담당한다.
字解 ❶아니, 아닐(부) ¶否認(부인) ❷①막힐(비) ¶否塞(비색) ②나쁠(비) ¶否運(비운)

【否決 부결】 회의에서, 의안(議案)을 승인하지 않기로 결정함.
【否認 부인】 옳다고 인정(認定) 하지 않음.
【否定 부정】 그렇지 않다고 함. 그렇다고 인정하지 아니함.
【否塞 비색】 ①운수 따위가 꽉 막힘. ②불행하여짐.
【否運 비운】 나쁜 운수.
【可否 가부】 ①옳음과 그름. ②표결(表決)에서의 찬성과 반대.
【拒否 거부】 어떤 사실을 승낙(承諾)하지 않음.
【安否 안부】 ①편안함과 편안하지 아니함. ②편안 여부를 묻는 인사.

吩 분부할 분

口4㋆ ㊥fēn ㊐フン(ふく) ㊧command
字解 분부할, 시킬(분)

【吩咐 분부】 '윗사람의 당부나 명령'의 존칭. ㊎分付(분부).

吮 빨 연

口4㋆ ㊤ ㊥shǔn ㊐セン(すう) ㊧suck
字解 빨, 핥을(연)

【吮癰舐痔 연옹지치】 종기의 고름을 빨고, 치질 앓는 밑을 핥음. '남에게 지나치게 아첨함'을 이름.
【吮疽之仁 연저지인】 종기의 고름까지도 빨아 주는 사랑. '상관이 부하를 끔찍이 아낌'의 비유.

故事 중국 전국 시대(戰國時代) 위(衛)나라의 장군 오기(吳起)가 부하 군사의 종기(腫氣)를 지도 빨아 주어 낫게 했다는 고사에서 온 말.

吾 나 오

口4㋆ 一𠃍五五吾吾吾
㊗ ㊥wú ㊐ゴ(われ) ㊧I
字解 형성자. 口(구)는 의미 부분이고, 五(오)는 발음 부분이다.
字解 나, 자신(오)

【吾等 오등】 우리들.
【吾兄 오형】 '나의 형'이라는 뜻으로, 벗을 친밀하게 부르는 말.

口部 4획

'吾'가 붙은 한자

衙 마을(아)　圄 옥(어)
語 말씀(어)　齬 어긋날(어)
悟 깨달을(오)　晤 만날(오)
梧 오동나무(오)　珸 옥돌(오)

【吳】 오나라 오

명 ㊥wú ㊐ゴ
字解 오나라(오) ※㉠주(周)나라의 제후국. ㉡한(漢)나라 말기에 손권(孫權)이 세운, 삼국(三國)의 하나(222~280).
【吳越同舟 오월동주】 오나라 사람과 월나라 사람이 같은 배를 탐. '서로 적의를 품은 자들이 어려운 처지에 함께 놓여 서로 협력함'을 이름.

【听】 웃을 은

명 ㊥yín ㊐ギン ㊤laugh
字解 웃을(은).

【吟】 읊을 음

ㅣㄱㅁㅁ'吟吟吟
명 ㊥yín ㊐ギン ㊤recite
字源 형성자. 口(구)는 의미 부분이고, 수(금)은 발음 부분이다.
字解 ①읊을(음) ¶吟味(음미) ②끙끙 앓을(음) ¶呻吟(신음)
【吟味 음미】 ①시(詩)나 노래를 읊어 깊은 뜻을 맛봄. ②사물의 의미를 새겨 궁구함.
【吟詠 음영】 시나 노래를 읊음.
【吟風弄月 음풍농월】 맑은 바람을 쐬며 시를 읊고 밝은 달을 즐김. '아름다운 자연의 경치를 시로 읊고 즐김'을 이름.
【呻吟 신음】 끙끙 앓는 소리를 냄.

【呈】 보일 정

명 ㊥chéng ㊐テイ ㊤show
字解 ①보일, 드러낼(정) ¶露呈(노정) ②드릴, 바칠(정) ¶贈呈(증정)

【呈上 정상】 물건을 보내어 드림.
【呈訴 정소】 소장(訴狀)을 냄.
【露呈 노정】 드러내어 보임.
【贈呈 증정】 남에게 물건을 드림.
【獻呈 헌정】 물건을 바침.

【呎】 피트 척 新

명 ㊥chǐ ㊐シャク ㊤feet
字解 피트(척) ※길이의 단위인 '피트(feet)'의 약호.

【吹】 불 취 因

ㅣㄱㅁㅁ'吵吹吹
명 ㊥chuī ㊐スイ(ふく) ㊤blow
字源 회의자. 사람이 입을 벌려(欠 흠) 어떤 물건(口 구)에 입김을 불고 있는 모습으로, '불다'라는 뜻을 나타낸다.
字解 ①불(취) ②부추길(취)
【吹奏 취주】 피리·나팔 따위를 입으로 불어 연주함.
【鼓吹 고취】 ①북을 치고 피리를 붊. ②용기와 기운을 북돋우어 일으킴. 鼓舞(고무).

【呑】 삼킬 탄 冠

명 ㊥tūn ㊐ドン(のむ) ㊤swallow
字解 삼킬, 가로챌(탄)
【甘呑苦吐 감탄고토】 달면 삼키고, 쓰면 뱉음.
【倂呑 병탄】 아울러 삼킴. 남의 재물이나 영토를 강제로 한데 아울러서 제 것으로 삼음.

【吠】 짖을 폐 圂

명 ㊥fèi ㊐ハイ(ほえる) ㊤bark
字解 짖을, 짖는 소리(폐).
【狗吠 구폐】 개가 짖음.

【品】 品(116)의 俗字

【呀】 입 벌릴 하 圂

口部 4획

含 머금을 함

ノ 人 ヘ 今 今 含 含

고 ⊕hán ⊕ガン(ふくむ) ㊀include
字源 형성자. 口(구)는 의미 부분이고, 今(금)은 발음 부분이다.
字解 머금을, 품을(함)

【含量 함량】 들어 있는 양.
【含有 함유】 어떤 성분을 포함(包含)하고 있음.
【含蓄 함축】 말·글 따위에 많은 내용이 집약되어 들어 있음.
【含哺鼓腹 함포고복】 실컷 먹고 배를 두드림. '백성이 배부르게 먹고 평화롭게 삶'을 이름.
【包含 포함】 속에 들어 있거나 함께 넣음.

吼 울 후

명 ⊕hǒu ⊕コウ(ほえる) ㊀roar
字解 울, 외칠(후)

【獅子吼 사자후】 사자가 울부짖음. '기운차게 썩 잘하는 연설' 또는 '모든 것을 승복시키는 부처의 설법'을 이름.

吸 숨 들이쉴 흡

I 口 口 叮 吸 吸

고 ⊕xī ⊕キュウ(すう) ㊀inhale
字源 형성자. 口(구)는 의미 부분이고, 及(급)은 발음 부분이다.
字解 ①숨 들이쉴(흡) ¶呼吸(호흡) ②마실, 빨(흡) ¶吸收(흡수)

【吸收 흡수】 빨아들임.
【吸煙 흡연】 담배를 피움.
【吸入 흡입】 빨아들임.
【吸着 흡착】 달라붙음.
【吸血 흡혈】 피를 빨아 먹음.
【呼吸 호흡】 숨을 내쉼과 들이쉼.

呵 꾸짖을 가

명 ⊕hē ⊕カ(しかる) ㊀scold

字解 ①꾸짖을, 나무랄(가) ¶呵責(가책) ②껄껄거릴, 웃을(가) ¶呵呵大笑(가가대소)
【呵呵大笑 가가대소】 껄껄거리며 한바탕 크게 웃음.
【呵責 가책】 엄하게 꾸짖거나, 꾸짖어 책망함. 苛責(가책).

咖 커피 가

字解 커피(가)

【咖啡 가배】 '커피(coffee)'의 음역(音譯).

呱 울 고

명 ⊕guā ⊕コ ㊀cry
字解 울, 아이 우는 소리(고)

【呱呱 고고】 ①아이가 막 태어나면서 처음으로 우는 소리. ②젖먹이의 우는 소리.

咎 허물 구

명 ⊕jiù ⊕キュウ(とがめる) ㊀blame
字解 ①허물(구) ¶咎悔(구회) ②재앙(구) ¶咎徵(구징) ③꾸짖을(구) ¶誰怨誰咎(수원수구)
【咎徵 구징】 재앙이 있을 징조.
【咎悔 구회】 ①남의 책망을 듣고 스스로 뉘우침. ②잘못과 뉘우침.
【誰怨誰咎 수원수구】 누구를 원망하고 누구를 탓하랴. '남을 원망하거나 책망할 것이 없음'을 이름.

呶 지껄일 노

⊕náo ⊕ド, ドウ ㊀hubbub
字解 지껄일, 시끄러울(노)
【呶呶 노노】 시끄러운 모양.

咄 꾸짖을 돌

⊕duō ⊕トツ(しかる) ㊀scold
字解 ①꾸짖을(돌) ②혀 찰(돌)
【咄咄 돌돌】 ①뜻밖의 일에 놀라 지르는 소리. ②혀를 끌끌 차는 소리.

【啑嗟 돌차】혀를 차면서 탄식함.

【命】 목숨 명

訓 ⑧
丿 人 ㅅ 亽 合 合 命 命

音 ㊥míng ㊐メイ、ミョウ(いのち) ㊀life

字源 회의자. 口(구)와 令(령)은 모두 의미 부분이다. 令은 사람이 꿇어앉아〔卩(절)〕명령〔口〕을 듣는다는 뜻이다. 옛날에 命과 令은 한 글자였다.

字解 ①목숨(명) ¶命脈(명맥) ②운명, 운수(명) ¶薄命(박명) ③명령할(명) ¶天命(천명) ④이름 지을(명) ¶命名(명명) ⑤표적(명) ¶命中(명중)

【命令 명령】윗사람이 아랫사람에게 무엇을 하도록 시킴. 또는 그 내용.
【命脈 명맥】생명. 목숨.
【命名 명명】이름을 지어 붙임.
【命在頃刻 명재경각】목숨이 경각에 달려 있음. '거의 죽을 지경에 이름'의 뜻.
【命題 명제】논리적인 판단을 언어나 기호로 나타낸 것.
【命中 명중】표적을 쏘아 바로 맞힘.
【薄命 박명】운명이 기박함. 또는 기박한 운명.
【生命 생명】목숨.
【壽命 수명】살아 있는 연한(年限).
【運命 운명】태어날 때 이미 정해진 목숨이나 처지.
【殞命 운명】사람의 목숨이 끊어짐. 곧, '죽음'을 이름.
【天命 천명】①하늘의 명령. ②타고난 수명. ③천자의 명령.

【味】 맛 미

訓 ⑧
丨 口 口 吁 吁 味 味

音 ㊥wèi ㊐ミ(あじ) ㊀taste

字源 형성자. 口(구)는 의미 부분이고, 未(미)는 발음 부분이다.

字解 ①맛, 맛볼(미) ¶味覺(미각) ②기분, 느낌(미) ¶興味(흥미) ③의의(미) ¶意味(의미)

【味覺 미각】맛을 느끼는 감각.
【妙味 묘미】①미묘하게 좋은 맛. ②미묘한 흥취.
【意味 의미】말이나 글 따위가 지니는 뜻. 意義(의의).
【眞味 진미】음식의 참맛.
【趣味 취미】마음에 끌리어 일정한 지향성을 가지는 흥미.
【興味 흥미】대상에 이끌려 관심을 가지는 감정.

【咐】 분부할 부

訓 ⑧

音 ㊥fù ㊐フ ㊀command

字解 분부할, 시킬(부)

【咐囑 부촉】분부하여 맡김.
【吩咐 분부】'윗사람의 당부나 명령'의 존칭. ⓑ分付(분부).

【呻】 끙끙거릴 신

訓 ⑧

音 ㊥shēn ㊐シン(うめく) ㊀moan

字解 끙끙거릴(신)

【呻吟 신음】끙끙 앓는 소리를 냄.

【咏】 ⑧ 詠(709)과 同字

【咀】 씹을 저

訓 ⑧

音 ㊥jǔ ㊐ソ(かむ) ㊀chew

字解 ①씹을(저) ②맛볼(저)

【咀嚼 저작】음식물을 씹음.

【呪】 빌 주

訓 ⑧

音 ㊥zhòu ㊐ジュ(のろう) ㊀invoke

字解 ①빌(주) ②저주할(주)

【呪文 주문】술법을 부리거나 귀신을 쫓을 때에 외는 글귀. 眞言(진언).
【呪術 주술】무당 등이 신의 힘이나 신비력으로 재액(災厄)을 물리치거나 복을 내려 달라고 비는 술법.
【詛呪 저주】남에게 재앙이나 불행이 닥치기를 빌고 바람.

【周】 두루 주

⑧
丿 冂 冂 月 用 用 周 周

口部 5획

周 ⓒzhōu ⓙシュウ(まわり) ⓔaround

字源 회의자. 갑골문을 보면 '田'으로 밭(田)에 농작물을 뜻하는 점들이 들어가 있는 모습이다. 밭마다 농작물이 가득 차 있으므로 '주밀(周密)하다'·'주위'·'사방(四方)' 등의 뜻은 모두 여기에서 파생되었다. 금문에서 口(구)가 더해져 오늘날의 周 자가 되었다.

字解 ①두루, 두루 미칠(주) ¶周旋(주선) ②둘레, 두를(주) ¶周邊(주변) ③주나라(주) ※ 무왕(武王)이 은(殷)을 멸하고 세운 나라(B. C. 1066~B. C. 249).

【周到 주도】주의(注意)가 두루 미쳐 빈틈없이 찬찬함.
【周密 주밀】일을 함에 허술한 구석이 없고 자세함.
【周邊 주변】둘레의 언저리.
【周旋 주선】여러 모로 두루 힘씀.
【周圍 주위】①둘레. 四方(사방). ②사람·사물을 둘러싸고 있는 환경.
【周知 주지】두루 앎. 널리 앎.
【一周 일주】한 바퀴를 돎. 또는 그 한 바퀴. ⓢ一週(일주).

'周'가 붙은 한자

凋 시들 (조)	啁 지껄일 (조)
彫 새길 (조)	稠 빽빽할 (조)
調 고를 (조)	雕 새길 (조)
週 돌 (주)	綢 얽을 (주)

咆 으르렁거릴 포

명 ⓒpáo ⓙホウ(ほえる) ⓔroar
字解 ①으르렁거릴(포) ②성낼(포)
【咆哮 포효】①사나운 짐승이 울부짖음. ②성내어 고함을 지름.

哈 웃을 해

명 ⓒhāi ⓙカイ ⓔlaugh
字解 ①웃을(해) ②기뻐할(해)

呟 소리 현

명 ⓒjuǎn ⓙケン ⓔsound

字解 소리, 음성(현)

呼 부를 호

정 ⓒhū ⓙコ(よぶ) ⓔcall
字源 형성 겸 회의자. 口(구)는 의미 부분이고, 乎(호)는 발음 부분이다. 본래 乎가 '부르다'라는 뜻을 나타내었으나, 뒤에 어조사로 가차되자 口(입 구)를 더한 呼(호) 자를 새로 만들어 보충하였다.
字解 ①부를, 외칠(호) ¶呼價(호가) ②숨 내쉴(호) ¶呼吸(호흡) ③탄식하는 소리(호) ¶嗚呼(오호)
【呼價 호가】팔거나 사려는 물건의 값을 얼마라고 부름. 값을 정함.
【呼客 호객】말이나 짓으로 손님을 끎.
【呼名 호명】이름을 부름.
【呼應 호응】①부르고 대답함. ②서로 기맥(氣脈)이 통함.
【呼出 호출】불러냄.
【呼稱 호칭】이름 지어 부름.
【呼吸 호흡】숨을 내쉼과 들이쉼.
【嗚呼 오호】탄식하는 소리. 아아.
【點呼 점호】일일이 이름을 불러 인원을 확인함.
【歡呼 환호】기쁘고 반가워서 큰 소리로 부르짖음.

和 ❶화할 화 ❷답할 화

一 二 千 千 禾 禾 和 和

정 ⓒhé ⓙワ(やわらぐ) ⓔpeaceful
字源 형성자. 口(구)는 의미 부분이고, 禾(화)는 발음 부분이다.
字解 ❶①화할, 화목할(화) ¶和解(화해) ②합칠(화) ¶總和(총화)
❷답할, 응할(화) ¶和答(화답)
【和光同塵 화광동진】빛을 부드럽게 하고 티끌을 같이함. '자기의 재능을 감추고 세속을 좇는 일', 또는 '부처나 보살이 중생을 제도하기 위하여 본색을 감추고 속계에 나타나는 일'을 이름.
【和氣靄靄 화기애애】화목한 분위기가 가득한 모양.

【和答 화답】 맞받아 답함.
【和睦 화목】 서로 뜻이 맞고 정다움.
【和音 화음】 고저가 다른 둘 이상의 소리가 일시에 함께 어울리는 소리.
【和而不同 화이부동】 조화를 이루나 같아지지는 않음. '남과 사이좋게 지내기는 하나, 도리를 어기면서까지 동조하지는 않음'을 이름.
【和暢 화창】 날씨나 마음씨가 온화하고 맑음.
【和合 화합】 서로 화목하게 어울림.
【和解 화해】 다툼질을 그치고 좋은 사이가 됨.
【講和 강화】 전투를 중지하고 조약을 맺어 평화를 회복함.
【宥和 유화】 너그럽게 대하여 화평하게 지냄.
【融和 융화】 서로 어울려 화합함.
【總和 총화】 전체의 화합.

【咯】 토할 각
㊀kā ㊁カク ㊂vomit
字解 토할(각)
【咯痰 각담】 담을 뱉음.
【咯血 각혈】 피를 토함. 喀血(객혈).

【咬】 ❶물 교 ❷새 지저귈 교
명 ㊀yǎo ㊁コウ(かむ) ㊂bite
字解 ❶물, 깨물(교) ❷새 지저귈(교)
【咬咬 교교】 새가 지저귀는 소리.
【咬傷 교상】 짐승·독사·독충 등에 물려 다침, 또는 그 상처.

【哀】 슬플 애
一 亠 亡 古 壱 宦 哀 哀
동 ㊀āi ㊁アイ(あわれ) ㊂grievous
字源 형성자. 口(구)는 의미 부분이고, 衣(의)는 발음 부분이다.
字解 ❶슬플, 슬퍼할(애) ¶ 哀悼(애도) ❷불쌍히 여길(애) ¶ 哀憐(애련)
【哀乞 애걸】 애처롭게 사정하여 빎.
【哀悼 애도】 사람의 죽음을 슬퍼함.
【哀憐 애련】 남의 불행을 애처롭고 가엾게 여김.
【哀惜 애석】 슬프고 아깝게 여김.
【哀愁 애수】 서글픈 마음.
【哀願 애원】 애처롭고 간절히 바람.
【哀子 애자】 ①부모의 상중(喪中)에 있는 아들. ②어머니는 죽고 아버지만 있는 아들.
【哀切 애절】 몹시 애처롭고 슬픔.
【哀歡 애환】 슬픔과 기쁨.
【悲哀 비애】 슬픔과 설움.

【咿】 선웃음 이
㊀yī ㊁イ ㊂forced smile
字解 선웃음(이)
【咿喔 이악】 아첨하여 웃는 모양.

【咽】 ❶목구멍 인 ❷목멜 열
명 ㊀yān, yè ㊁イン(のど) ㊂throat
字解 ❶목구멍(인) ¶ 咽喉(인후) ❷목멜, 흐느낄(열) ¶ 嗚咽(오열)
【咽頭 인두】 입 안의 끝부터 식도의 첫머리 사이에 있는 근육.
【咽喉 인후】 ①목구멍. ②급소.
【哽咽 경열】 몹시 서러워서 목이 메도록 흐느껴 욺.
【嗚咽 오열】 목이 메어 욺.

【咨】 물을 자
명 ㊀zī ㊁シ(はかる) ㊂consult
字解 ❶물을, 상의할(자) =諮 ❷탄식할(자)
【咨問 자문】 남에게 의견을 물어서 어떤 일을 꾀함.
【咨歎 자탄】 아끼고 가엾게 여기어 탄식함, 또는 그러한 탄식.

【哉】 어조사 재
一 十 土 圭 吉 哉 哉 哉
동 ㊀zāi ㊁サイ(かな)
字源 형성자. 口(구)는 의미 부분이

고, 戈(재)는 발음 부분이다.
字解 ①어조사(재) ※감탄·강조·반어·의문의 뜻을 나타냄. ②비롯할(재) ¶ 哉生魄(재생백)
【哉生魄 재생백】달에 처음으로 '魄'이 생김. '음력 16일'을 이름.
📖 '魄'은 달 둘레의 어두운 부분.
【嗚呼痛哉 오호통재】아, 슬프도다. 嗚呼哀哉(오호애재).

【咫】짧을 지 紙

명 ㊥zhǐ ㊊シ ㊌short
字解 ①짧을(지) ②지(지) ※길이의 단위.
【咫尺 지척】매우 가까운 거리.
📖 주대(周代)의 도량형에서 '咫'는 8치, '尺'은 10치를 이름.

【咤】꾸짖을 타 禡

명 ㊥zhà ㊊タ(しかる) ㊌scold
字解 ①꾸짖을, 나무랄(타) ②뽐낼(타)
【叱咤 질타】큰 소리로 꾸짖음.

【品】물건 품 寢

ᅵ ㅁ ㅁ ㅁ 吊 吊 品 品
종 ㊥pǐn ㊊ヒン(しな) ㊌goods
字源 회의자. 口는 물건을 뜻하는데, 세 개를 쓴 것은 많다는 의미이다. 물건이 많으면 분류를 하고 자연히 등급이 매겨지므로, '품질(品質)'·'등급' 등의 뜻은 여기에서 나왔다.
字解 ①물건(품) ¶ 物品(물품) ②등급, 차별(품) ¶ 品數(품수) ③품격(품) ¶ 性品(성품) ④벼슬 차례(품) ¶ 品階(품계).
【品格 품격】품성과 인격.
【品階 품계】왕조 시대에, 벼슬 자리에 대하여 매기던 등급.
【品貴 품귀】물건이 귀함.
【品數 품수】등급으로 나눈 차례.
【品位 품위】사람이나 물건이 지닌 좋은 인상.
【品種 품종】물품의 종류.
【品質 품질】물건의 성질과 바탕.
【品評 품평】물품의 좋고 나쁨과 가치를 평가함.
【品行 품행】품성과 행실. 몸가짐.
【物品 물품】물건이나 제품.
【性品 성품】성질과 됨됨이.

【咸】다 함 咸

ᅡ ᅡ ᅡ ᅡ 咸 咸 咸 咸
고 ㊥xián ㊊カン(みな) ㊌all
字源 회의자. 戌(술)과 口는 모두 의미 부분이다. '도끼(戌)'로 어떤 물건(口)을 내리則다' 즉 '죽이다'라는 뜻을 나타낸다. '모두'라는 뜻은 가차된 것이다.
字解 다, 모두(함)
【咸告 함고】죄다 고함.
【咸氏 함씨】'남의 조카'의 높임말.
【咸池 함지】①해가 멱을 감는다는 천상(天上)의 큰 못. ②요(堯)임금 때의 음악 이름.
【咸興差使 함흥차사】함흥으로 보낸 차사. 심부름을 가서 아주 소식이 없거나 더디 올 때에 이름. '差使'는 임금이 중요한 임무를 맡겨 파견하던 임시 벼슬.

故事 조선 태조 이성계가 왕자의 난을 일으킨 아들 태종 이방원을 미워한 나머지 정종에게 양위하고 함흥으로 가 버렸는데, 2년 뒤 왕위에 오른 태종이 아버지를 서울로 모셔 오기 위하여 함흥으로 차사를 보낼 적마다 태조가 그들을 죽이거나 잡아 가두어 돌려보내지 않은 일에서 온 말.

【哈】❶오물거릴 합 ❷마실 삽

명 ❶ ㊥hā ㊊ソウ ㊌sip
字解 ❶오물거릴(합) ❷마실(삽)

【咳】기침 해

명 ㊥ké ㊊ガイ(せき) ㊌cough
字解 기침, 기침할(해)
【咳嗽 해수】기침. 기침을 함.

口⁶₍₉₎ [哄] 떠들 홍 囨

명 ⊕hōng ⊕コウ ⊛clamor
字解 떠들, 큰 소리로 웃을(홍)

口⁷₍₁₀₎ [哥] 소리 가 歐

명 ⊕gē ⊕カ ⊛song
字解 ①소리, 노래(가)＝歌 ②형(가) ③國가(가) ※성(姓) 뒤에 붙여 그 성임을 나타냄.

口⁷₍₁₀₎ [哿] 좋을 가 哿

명 ⊕gě ⊕カ ⊛nice
字解 좋을, 훌륭할(가)

口⁷₍₁₀₎ [哽] 목멜 경 梗

⊕gěng ⊕コウ(むせぶ) ⊛choked
字解 목멜, 목 막힐, 막힐(경)

口⁷₍₁₀₎ [哭] 울 곡 屋

丶 ⼞ ⼞⼞ ⼞⼞ 哭 哭 哭
고 ⊕kū ⊕コク(なく) ⊛weep
字源 회의자. 개(犬(견))가 짖는다 (吅(현))는 뜻이다. 口(입 구)를 두 개 써서 큰 소리를 냄을 나타내었다. 지금은 '사람이 슬퍼하며 소리내어 운다'는 뜻으로 소리를 내는 주체가 바뀌었다.
字解 울(곡) ※상사(喪事)나 제사 때 일정한 소리를 내면서 욺.
【哭聲 곡성】곡하는 소리.
【痛哭 통곡】소리를 높여 슬피 욺, 또는 그 울음. 慟哭(통곡).

口⁷₍₁₀₎ [㖇] 명 끗 끗 國

字解 끗(끗)
참고 '끗'음을 표기하기 위하여 우리나라에서 만든 한자. 인명용으로 허용된 음은 '말'이다. 末(끝 말→끄)+叱(ㅅ)→㖇(끗)

口⁷₍₁₀₎ [唐] 당나라 당 陽

丶 ⼧ ⼴ ⼴ ⼴ 唐 唐 唐
고 ⊕táng ⊕トウ(から)
字源 형성자. 口(구)는 의미 부분이고, 庚(경)은 발음 부분이다.
字解 ①당나라(당) ※이연(李淵)이 수(隋)를 멸하고 세운 나라 (618～906). ②갑자기(당)
【唐突 당돌】①갑자기, 또는 불의에. ②國꺼리거나 어려워함이 없이 올차고 다부짐.
【唐麵 당면】감자 가루로 만든 국수. 참고 '唐'은 '중국에서 들어온'의 뜻을 나타낸다.
【唐慌 당황】다급하여 어찌할 바를 모름. 魯唐惶(당황).
【荒唐 황당】터무니없고 허황함.

口⁷₍₁₀₎ [哩] 어조사 리

⊕lǐ ⊕リ
字解 ①어조사(리) ②新마일(리) ※거리의 단위인 '마일(mile)'의 약호.

口⁷₍₁₀₎ [唎] 소리 리 寘

⊕lì ⊕リ ⊛sound
字解 소리(리)

口⁷₍₁₀₎ [哱] 바라 발 月

⊕bō ⊕ホツ ⊛bugle
字解 바라(발)
【哱囉 발라→바리】지난날 군대에서 쓰던, 소라고둥의 껍데기로 만든 악기. 螺角(나각).

口⁷₍₁₀₎ [唆] 부추길 사 歐

명 ⊕suō ⊕サ(そそのかす) ⊛incite
字解 부추길, 넌지시 알릴(사)
【敎唆 교사】못된 짓을 하도록 부추김.
【示唆 시사】미리 암시하여 일러 줌.

口⁷₍₁₀₎ [哦] 읊을 아 歐

명 ⊕é, ó ⊕ガ ⊛recite
字解 읊을(아)

口部 7획

【員】 인원 원 员 貟

ㅣ ㅁ ㅁ 口 貝 冒 員 員

고 ⊕yuán 日イン(かず) 美official
字源 회의자. 갑골문에서는 '鼎'으로 썼는데, 소전에서 鼎(정)이 貝(패)로 바뀌었다. 貝은 원형을 뜻하는 것으로, 圓(둥글 원) 자의 원시 형태이다. 鼎(정)이 의미 부분으로 쓰인 이유는 솥의 아가리가 원형인 데서 비롯되었다.
字解 ①인원(원) ¶定員(정원) ②사람(원) ¶社員(사원) ③國벼슬아치(원) ※조선 시대에, 부윤·목사·군수·현감·현령을 두루 일컫던 말.
【減員 감원】인원을 줄임.
【缺員 결원】정원(定員)에 모자람, 또는 모자라는 인원.
【官員 관원】벼슬아치.
【滿員 만원】정한 인원이 다 참.
【社員 사원】회사에 근무하는 사람.
【人員 인원】사람의 수.
【定員 정원】일정한 규칙에 따라 정해진 인원.

【唇】 놀랄 진 唇

명 ⊕chún 日シン 美be surprised
字解 놀랄, 놀라는 소리(진)

【哲】 밝을 철 喆 拮

一 十 才 扩 扩 折 折 哲 哲

고 ⊕zhé 日テツ 美sagacious
字源 형성자. 口(구)는 의미 부분이고, 折(절)은 발음 부분이다.
字解 밝을, 슬기로울(철)
【哲人 철인】학식이 높고 사리에 밝은 사람.
【哲學 철학】인생·세계·지식에 관한 근본 원리를 연구하는 학문.

【哨】 보초 설 초 哨

명 ⊕shào 日ショウ 美guard
字解 보초 설, 망볼(초)
【哨戒 초계】적의 기습에 대비하여 망을 보며 경계하는 일.

【哨所 초소】보초가 서 있는 곳이나, 경계하는 사람이 근무하는 시설.
【步哨 보초】경비하거나 망을 보는 임무, 또는 그런 임무를 띤 병사.

【唄】 염불 소리 패 唄 呗

명 ⊕bài 日バイ(うた) 美prayer
字解 염불 소리(패)
【梵唄 범패】석가여래(釋迦如來)의 공덕을 찬미하는 노래.

【哺】 먹일 포 哺

명 ⊕bǔ 日ホ(ふくむ) 美feed
字解 ①먹일(포) ②씹어 먹을(포)
【哺乳 포유】제 몸의 젖으로 새끼를 먹여 기름.
【反哺之孝 반포지효】자식이 자라서 길러 준 부모의 은혜(恩惠)에 보답하는 효성.
故事 까마귀의 새끼가 자라서 늙은 어미에게 먹이를 물어다 먹인다는 데서 온 말.

【哮】 으르렁거릴 효 哮

명 ⊕xiào 日コウ(ほえる) 美roar
字解 으르렁거릴, 성낼(효)
【咆哮 포효】①사나운 짐승이 울부짖음. ②성내어 고함지름.

口部 8획 【啓】 열 계 启 啓

ノ ァ 戸 戸 戸 户 啓 啓 啓

고 ⊕qǐ 日ケイ(ひらく) 美enlighten
字源 회의자. 戶(호)·攴(복)·口(구)는 모두 의미 부분이다. 손[攴]으로 문[戶]을 연다는 뜻이다.
字解 ①열, 가르칠(계) ¶啓示(계시) ②인도할(계) ¶啓導(계도) ③여쭐, 아뢸(계) ¶謹啓(근계)
【啓導 계도】깨우쳐 이끌어 줌.
【啓明星 계명성】새벽에 동쪽 하늘에 보이는 금성(金星). 샛별.
【啓蒙 계몽】우매한 사람을 가르치고 깨우쳐 줌.
【啓發 계발】사상·지능 따위를 깨우쳐 열어 줌.

【啓示 계시】①깨우쳐 보여 줌. ②사람의 힘으로 알지 못할 일을 신이 알게 해 줌.
【謹啓 근계】'삼가 아뢰니다'의 뜻으로, 편지 첫머리에 쓰는 말.

口 8 ⑪ 【啗】 먹을 담 [勘]

[中]dàn [日]タン(くらう) [英]eat

[字解] 먹을, 먹일(담)
【啗嚼 담작】씹어 먹음.

口 8 ⑪ 【啖】 먹을 담 [感]

[명] [中]dàn [日]タン(くらう) [英]eat

[字解] 먹을, 게걸스러울(담)
【啖啖 담담】①게걸스럽게 먹는 모양. ②한꺼번에 삼키는 모양.
【啖食 담식】게걸스럽게 먹음.

口 8 ⑪ 【唳】 울 려 [霽]

[中]lì [日]レイ [英]honk

[字解] 울, 학 울(려)
【鶴唳 학려】학이 욺, 또는 학의 울음소리.

口 8 ⑪ 【問】 물을 문 [問]　[간] 问

丨 ｢ ｢ ｢ 門 門 問 問

[중] [中]wèn [日]モン(とう) [英]ask

[字源] 형성자. 口(구)는 의미 부분이고, 門(문)은 발음 부분이다.

[字解] ①물을, 물음(문) ¶ 問題(문제) ②방문할, 찾을(문) ¶ 問病(문병)
【問答 문답】물음과 대답.
【問病 문병】병자를 찾아보고 위로함.
【問喪 문상】남의 죽음에 애도의 뜻을 표함. 弔喪(조상).
【問安 문안】윗사람의 안부를 여쭘. 問候(문후).
【問題 문제】①대답을 요하는 물음. ②해결하거나 연구해야 할 사항.
【問責 문책】책임을 물어 따짐.
【問招 문초】죄인을 신문(訊問)함.
【訪問 방문】남을 찾아가 봄.
【審問 심문】자세히 따져서 물음.
【質問 질문】모르는 것이나 알고 싶은 것 따위를 물음.

口 8 ⑪ 【啡】 숨소리 배 [隊]

[中]fēi [日]ハイ, ヒ [英]breath

[字解] ①숨소리(배) ②[新]커피(배)
【咖啡 가배】'커피(coffee)'의 음역.

口 8 ⑪ 【商】 장사 상 [陽]

丶 亠 亠 产 产 产 商 商

[중] [中]shāng [日]ショウ(あきなう) [英]trade

[字源] 辛(언)과 四〔=冏(경)〕으로 이루어진 글자로서, 辛은 형구(刑具)를 그린 상형자이고 四은 받침대를 그린 것인데, 갑골문에서는 주로 지명(地名)으로 쓰였고, 어떻게 해서 '헤아리다'라는 뜻이 되었는지 알 수 없다.

[字解] ①장사, 장사할(상) ¶ 商術(상술) ②장수(상) ¶ 行商(행상) ③헤아릴, 짐작할(상) ¶ 商量(상량) ④나라 이름(상) ※ 은(殷)나라의 이칭(異稱). ⑤음계(상) ※ 동양 오음계의 둘째 음.
【商街 상가】상점(商店)이 많이 늘어서 있는 거리.
【商賈 상고】장사하는 사람.
📖 '商'은 돌아다니며 하는 장사, '賈'는 앉아서 하는 장사.
【商圈 상권】상업상의 세력권.
【商量 상량】헤아려 생각함. 商度(상탁).
【商船 상선】상업을 위해 항해(航海)하는 배.
【商術 상술】장사 솜씨.
【商業 상업】상품을 팔아 이익을 얻기 위한 사업.
【商標 상표】자기 상품을 남의 것과 구별하려고 붙이는 고유의 표지.
【商品 상품】판매를 위해 유통되는 생산물.
【商號 상호】상점이나 회사의 이름.
【通商 통상】나라 사이에 서로 교통하며 상업을 함.
【行商 행상】돌아다니면서 물건을 팖, 또는 그러한 상인.

口部 8획　120

【售】팔아넘길 수

ⓒshòu ⓙシュウ(うる) ⓔsell
字解 ❶팔아넘길(수) ❷값을(수)
【售子 수자】 자식을 팔아넘김. '의붓자식'을 이름.
▷ 여자가 개가(改嫁)해서 데리고 간 자식을 남편의 입장에서 이르는 말.

【啞】❶벙어리 아 ❷놀랄 아

명 ⓒyā, yǎ ⓙア(おし) ⓔdumb
字解 ❶벙어리(아) ¶盲啞(맹아) ❷놀랄(아) ¶啞然(아연)
【啞然 아연】 몹시 놀라서 어안이 벙벙한 모양.
【啞然失色 아연실색】 몹시 놀라서 얼굴빛이 변함.
【聾啞 농아】 귀머거리와 벙어리.
【盲啞 맹아】 장님과 벙어리.

【唵】머금을 암

명 ⓒǎn ⓙオン(ふくむ) ⓔinclude
字解 ❶머금을(암) ❷받아서(암)
※ 범어 'om'의 음역자. 주문(呪文)·진언(眞言)을 욀 때 쓴다.

【唹】웃을 어

명 ⓒyū ⓙヨ ⓔsmile
字解 웃을(어)

【唯】❶오직 유 ❷대답할 유

口 口' 口彳 口彳 吖 咋 咩 唯 唯
명 ⓒwéi ⓙイ, ユイ(ただ) ⓔonly
字源 형성자. 口(구)는 의미 부분이고, 隹(추)는 발음 부분이다.
字解 ❶오직(유) 늑惟 ¶唯一(유일) ❷대답할, 대답 소리(유) ※공손하게 대답하는 말. ¶唯唯(유유)
【唯物 유물】 오직 물질만이 존재한다

고 생각하는 일.
【唯我獨尊 유아독존】 이 세상에서 오직 나만 홀로 높음. '자기 혼자만 잘난 체하는 태도'를 이름.
【唯唯 유유】 '예, 예' 하고 대답하는 소리.
【唯一 유일】 오직 하나밖에 없음.

【啁】❶지껄일 조 ❷새 지저귈 주

ⓒzhāo, zhōu ⓙチュウ ⓔgabble
字解 ❶지껄일(조) ❷비웃을(조) ❸새 지저귈(주)
【啁啾 주즉】 벌레가 찍찍거리는 소리.

【唱】노래 창

口 口! 口口 口日 口月 口日 唱
명 ⓒchàng ⓙショウ(となえる) ⓔsing
字源 형성자. 口(구)는 의미 부분이고, 昌(창)은 발음 부분이다.
字解 ❶노래, 노래 부를(창) ¶唱劇(창극) ❷인도할(창) ¶唱導(창도)
【唱劇 창극】 판소리와 창을 중심으로 꾸민 가극(歌劇).
【唱導 창도】 앞장을 서서 지도함.
【愛唱 애창】 노래를 즐겨 부름.
【提唱 제창】 내세워 주창함.
【齊唱 제창】 여럿이 한목에 소리 내어 부름.
【主唱 주창】 주의나 주장을 앞장서서 부르짖음.

【啜】마실 철

ⓒchuò ⓙセツ(すする) ⓔdrink
字解 ❶마실, 먹을(철) ❷훌쩍거릴, 울(철)
【啜茗 철명】 차를 마심. 喫茶(끽다).
【啜泣 철읍】 소리 내지 않고 훌쩍거리며 욺.

【唾】침 타

명 ⓒtuò ⓙダ(つば) ⓔspit

口部 9획

字解 침, 침 뱉을(타)
【唾具 타구】가래나 침을 뱉도록 마련한 그릇.
【唾棄 타기】침을 뱉듯이 버리고 돌보지 않음.
【唾液 타액】침.

啄 쫄 탁 ㈜ 착 厲
명 ⊕zhuó ⊕タク(ついばむ) ㉔peck
字解 ①쫄(탁) ②두드릴(탁)
【啄木 탁목】딱따구리. 啄木鳥(탁목조).
【啄啄 탁탁】①문을 두드리는 소리. ②닭이 모이를 쪼아 먹는 소리.

唧 衙(770)의 俗字

喝 꾸짖을 갈 厲
명 ⊕hè ⊕カツ(しかる) ㉔rebuke
字解 ①꾸짖을(갈) ¶ 喝破(갈파) ②부를, 소리칠(갈) ¶ 喝采(갈채)
【喝道 갈도】높은 벼슬아치가 행차(行次)할 때, 앞에서 하인이 소리를 질러 행인의 통행을 금하던 일. 辟除(벽제).
【喝采 갈채】찬양·환영의 뜻을 나타내기 위하여 열렬히 외치는 행동.
【喝破 갈파】①큰 소리로 꾸짖음. ②잘못을 바로잡고 진실을 설파함.
【恐喝 공갈】약점·비밀 따위를 이용하여 윽박지르고 을러댐.

喀 토할 객 囮
명 ⊕kā ⊕カク(はく) ㉔vomit
字解 토할(객)
【喀血 객혈】피를 토함. 咯血(각혈).

喬 높을 교 蕭
명 ⊕qiáo ⊕キョウ(たかい) ㉔tall
字解 ①높을(교) ②교만할(교) 늑 驕
【喬木 교목】키가 크고 줄기가 굵은 나무.
【喬松 교송】높이 솟은 소나무.

【喬遷 교천】①높은 곳으로 옮김. ②남의 이사·승진을 축하하는 말.

'喬'가 붙은 한자
僑 객지에 살(교)   嬌 아리따울(교)
嶠 산 뾰쪽할(교)   橋 다리(교)
蕎 메밀(교)   矯 바로잡을(교)
轎 가마(교)   驕 교만할(교)

喫 마실 끽 ㈜긱 囮
명 ⊕chī ⊕キツ ㉔drink
字解 ①마실, 먹을(끽) ¶ 喫煙(끽연) ②당할, 받을(끽) ¶ 喫苦(끽고)
【喫苦 끽고】고생을 겪음.
【喫煙 끽연】연기를 마심. 곧, 담배를 피움. 吸煙(흡연).
【滿喫 만끽】①마음대로 먹고 마심. ②충분히 만족할 만큼 즐김.

喃 재잘거릴 남 囦
명 ⊕nán ⊕ナン ㉔chatter
字解 ①재잘거릴(남)=諵 ②글 읽는 소리(남)
【喃喃 남남】①수다스럽게 말함. ②글 읽는 소리.

單 ❶홑 단 寒 ❷오랑캐 임금 선 旡 单単
口 吅 吊 吊 閂 單 單 單
명 ⊕dān, chán ⊕タン ㉔single
字源 상형자. 干(방패 간)의 양쪽 끝에 돌멩이 같은 것을 달아매고, 그 갈라진 곳을 끈으로 단단히 묶은 사냥 도구를 그린 것이다.
字解 ❶①홑(단) ¶ 單一(단일) ②단자(단) ¶ 傅單(전단) ❷오랑캐 임금(선) ¶ 單于(선우)
【單刀直入 단도직입】①혼자서 칼을 휘두르며 곧장 적진으로 쳐들어감. ②여러 말을 늘어놓지 않고 요지를 곧바로 말함.
【單獨 단독】①혼자. ②단 하나.
【單色 단색】한 가지 빛깔.

【單純 단순】 구조·형식 등이 간단함.
【單位 단위】 길이·넓이·무게 등을 수치(數値)로 나타내기 위하여 정해 놓은 기준.
【單任 단임】 일정 기간 동안 한 차례만 맡음.
【單一 단일】 단 하나.
【單子 단자】 ①부조(扶助)나 선사로 보내는 물품의 품목·수량을 적은 종이. ②사주(四柱)나 폐백을 보낼 때, 그 내용물을 적은 종이.
【單于 선우】 흉노족(匈奴族)의 군장(君長)을 일컫던 말.
【簡單 간단】 까다롭지 않고 단순함.
【傳單 전단】 눈에 띄는 곳에 붙이거나 사람들에게 돌리는 종이.

'單'이 붙은 한자

鄲 땅 이름 (단) 禪 홑옷 (단)
簞 도시락 (단) 嬋 고울 (선)
禪 사양할 (선) 蟬 매미 (선)
戰 싸울 (전) 闡 밝힐 (천)
彈 탄알 (탄) 憚 꺼릴 (탄)
癉 다할 (탄)

口⑨
⑫ 【喇】 나팔 라
명 ㊥lǎ ㊐ラツ, レ ㊧trumpet
字解 ①나팔(라) ②말 재게 할(라)
【喇嘛敎 나마교】 티베트를 중심으로 발전한 불교(佛敎)의 한 파. 라마교(Lama敎).
【喇叭 나팔】 끝이 나팔꽃 모양으로 된 금관 악기의 총칭.

口⑨
⑫ 【喨】 소리 맑을 량
㊥liàng ㊐リョウ ㊧sonorous
字解 소리 맑을(량)

口⑨
⑫ 【喪】 ❶죽을 상 陽
      ❷잃을 상 漾

㊥sāng, sàng ㊐ソウ ㊧lose
字源 형성자→회의 겸 형성자. 갑골문을 보면 桑(뽕나무 상)과 여러 개의 口로 이루어졌는데, '吅(부르짖을 현)'이 의미 부분이고 桑이 발음 부분인 형성자이다. 금문에서는 喪(악)으로 바뀌었고, 소전에서는 喪이 哭(곡)으로 바뀌면서 죽어서〔亡〕소리 내어 운다〔哭〕는 뜻의 회의 겸 형성자로 되었다.
字解 ❶①죽을(상) ②복 입을(상) ¶ 喪服(상복) ③초상(상) ¶ 喪家(상가) ❷잃을, 망할(상) ¶ 喪失(상실)

【喪家 상가】 초상난 집. 상제의 집.
【喪禮 상례】 상중에 행하는 모든 예절. 凶禮(흉례).
【喪服 상복】 상제로 있는 동안 입는 예복. 凶服(흉복).
【喪失 상실】 잃어버림. 喪亡(상망).
【喪心 상심】 근심·걱정으로 마음이 산란하고 맥이 빠짐. 失心(실심).
【喪制 상제】 부모의 상중(喪中)이나 아버지가 세상을 하직한 뒤의 조부모의 상중에 있는 사람.
【居喪 거상】 상중(喪中)에 있음.
【問喪 문상】 남의 죽음에 대하여 애도의 뜻을 표함. 弔喪(조상).
【初喪 초상】 사람이 죽어서 장사 지낼 때까지의 일.
【護喪 호상】 초상에 관한 모든 일을 맡아 보살핌.

口⑨
⑫ 【善】 ❶착할 선 銑
      ❷옳게 여길 선 霰

㊥shàn ㊐ゼン(よい) ㊧good
字源 회의자. 言(언)과 羊(양)은 모두 의미 부분이다. 옛날에 羊은 '상서롭다'·'좋다'는 뜻을 나타내었다.
字解 ❶①착할(선) ¶ 先行(선행) ②좋을, 훌륭할(선) ¶ 最善(최선) ③친할, 사이좋을(선) ¶ 善隣(선린) ④잘할(선) ¶ 善處(선처) ❷옳게 여길(선)

【善男善女 선남선녀】 ①착하고 어진 남자와 여자. ②불교에 귀의(歸依)한 남자와 여자.
【善導 선도】 올바른 길로 인도함.

【善良 선량】 착하고 어짊.
【善隣 선린】 사이좋은 이웃, 또는 이 웃과 사이좋게 지냄.
【善惡 선악】 착함과 악함.
【善處 선처】 어떤 문제를 잘 처리함.
【善行 선행】 착한 행실.
【獨善 독선】 자기만이 옳다고 생각하며 행동함.
【僞善 위선】 겉으로만 착한 체함.
【親善 친선】 친밀하고 사이가 좋음.
【最善 최선】 가장 좋거나 훌륭한 것.

啻 뿐 시

㊥chì ㊎シ(ただ) ㊧only
字解 뿐(시) ※'…뿐 아니라 …'의 뜻을 나타냄.

喔 닭 우는 소리 악

㊥wō ㊎アク ㊧cackling
字解 ①닭 우는 소리(악) ②웃음(악)
【喔喔 악악】 닭이 우는 소리.
【咿喔 이악】 ①닭이 우는 소리. ②아첨하여 웃는 모양.

営

營(466)의 俗字

喟 한숨 쉴 위

㊎귀
㊥kuì ㊎キ ㊧sigh
字解 한숨 쉴(위)
【喟然 위연】 한숨 쉬며 탄식하는 모양.

喩 깨우칠 유

명 ㊥yù ㊎ユ(さとす) ㊧enlighten
字解 ①깨우칠, 가르쳐 줄(유) ②이를, 고할(유) ③비유할(유)
【比喩 비유】 어떤 사물이나 관념을 표현하려고 그와 비슷한 사물이나 관념에 빗대어 설명하는 일.
【隱喩 은유】 본뜻은 숨기고 비유하려는 형상만 드러내어 설명·묘사하는 수사법.
【訓喩 훈유】 가르쳐 타이름.

啼 울 제

㊥tí ㊎テイ(なく) ㊧weep
字解 ①울(제) ②울부짖을(제)
【啼哭 제곡】 큰 소리로 욺.
【啼血 제혈】 ①피를 토하며 욺. ②뻐꾸기가 슬피 우는 소리.

喞 찍찍거릴 즉

㊥jí ㊎ソク(かこつ) ㊧squeak
字解 찍찍거릴(즉)
【喞喞 즉즉】 새·쥐·벌레 따위의 소리.

喘 헐떡일 천

명 ㊥chuǎn ㊎ゼン(あえぐ) ㊧pant
字解 ①헐떡일, 숨찰(천) ②기침(천)
【喘息 천식】 ①헐떡임. 숨참. ②숨이 차고 기침이 나는 병.

喆 图 哲(118)과 同字

喋 말 재게 할 첩

㊥dié ㊎チョウ(しゃべる) ㊧chatter
字解 ①말 재게 할(첩) ②피 흐르는 모양(첩)
【喋喋 첩첩】 말을 거침없이 지껄이는 모양. 말솜씨가 능란한 모양.
【喋血 첩혈】 유혈이 낭자한 모양.

啾 두런거릴 추

㊥jiū ㊎シュウ ㊧murmur
字解 ①두런거릴(추) ②찍찍거릴(추)
【啾啾 추추】 ①두런거리는 소리. ②벌레·새 등이 구슬피 우는 소리.

喊 고함지를 함

명 ㊥hǎn ㊎カン(さけぶ) ㊧shout
字解 고함지를, 외칠(함)
【喊聲 함성】 여럿이 지르는 고함 소리.
【高喊 고함】 크게 외치는 소리.

【喚】 부를 환

명 ⓗhuàn ⓙカン(よぶ) ⓔcall
字解 ①부를(환) ②소리칠(환)
【喚起 환기】 관심이나 기억을 불러일으킴.
【喚聲 환성】 고함 소리.
【叫喚 규환】 큰 소리로 부르짖음.
【召喚 소환】 법원이 피고·증인 등을 어디로 오라고 부름.

【喉】 목구멍 후

명 ⓗhóu ⓙコウ(のど) ⓔthroat
字解 ①목구멍(후) ¶喉頭(후두)
②목, 요해처(후) ¶喉舌(후설)
【喉頭 후두】 호흡기의 한 부분. 숨의 통로가 되고 소리를 내는 기관.
【喉舌 후설】 ①목구멍과 혀. '중요한 곳'의 비유. ②조선 시대에, '승지(承旨)'를 이르던 말.
【咽喉 인후】 목구멍.

【喧】 시끄러울 훤

명 ⓗxuān ⓙゲン(かまびすしい) ⓔboisterous
字解 시끄러울, 떠들(훤) ≒諠
【喧嘩 훤화】 시끄러움, 또는 떠듦. 喧噪(훤조). ⓑ諠譁(훤화).
【喧喧囂囂 훤훤효효】 몹시 시끄러운 모양. 喧囂(훤효).

【喙】 부리 훼

명 ⓗhuì ⓙカイ(くちばし) ⓔbill
字解 부리, 주둥이(훼)
【喙息 훼식】 주둥이로 숨을 쉼.
【容喙 용훼】 말참견을 함.

【喜】 기쁠 희

명 ⓗxǐ ⓙキ(よろこぶ) ⓔpleasure
字源 회의자. 壴(악기 이름 주)와 口(입 구)로 이루어졌다. 壴는 鼓(북 고) 자의 원시 형태이므로, 喜는 '북 치고 노래한다'는 뜻을 나타낸다. '즐겁다'는 뜻은 여기에서 비롯되었다.
字解 기쁠, 기뻐할(희)
【喜劇 희극】 익살과 풍자로 인생의 진실을 명랑하고 쾌활한 측면에서 표현하는 연극.
【喜怒哀樂 희노애락→희로애락】 기쁨과 노여움과 슬픔과 즐거움. '사람의 온갖 감정'을 이름.
【喜悲 희비】 기쁨과 슬픔.
【喜捨 희사】 사람 또는 어떤 일을 위하여 기꺼이 재물을 베풀어 줌.
【喜色 희색】 기뻐하는 얼굴빛.
【喜壽 희수】 77세를 이름.
　'喜' 자의 초서체(草書體)가 '七十七'과 비슷한 데서 온 말.
【喜悅 희열】 기쁨과 즐거움.
【喜鵲 희작】 까치.
　까치가 울면 경사가 난다는 데서 '喜' 자를 씀.
【喜喜樂樂 희희낙락】 매우 기뻐하고 즐거워함.
【歡喜 환희】 즐겁고 기쁨.

【嗛】

❶겸손할 겸
❷부족할 겸
❸넉넉할 협
❹머금을 함

ⓗqiǎn, xiǎn ⓙケン(ふくむ) ⓔmodest
字解 ❶겸손할(겸) ≒謙 ❷부족할(겸) ❸넉넉할(협) ❹머금을(함)
【嗛嗛 ❶겸겸 ❷함함】 ❶①작은 모양. ②겸양(謙讓)하는 모양. ③부족한 모양. ❷원한을 품은 채 참고 견디는 모양.
【嗛志 협지】 마음에 흡족함.

【嗜】 즐길 기

명 ⓗshì ⓙシ(たしなむ) ⓔbe fond of
字解 즐길, 좋아할(기)
【嗜僻 기벽】 편벽되게 즐기는 버릇.
【嗜好 기호】 어떤 사물을 즐기고 좋아함, 또는 그 취미.

口部 11획

【嗣】 이을 사

명 ⓗsì ⓙシ(つぐ) ⓔsucceed
字解 이을, 대 이을(사)
【嗣子 사자】 대를 이을 아들. 맏아들. 長子(장자).
【繼嗣 계사】 양자(養子)를 맞아 뒤를 잇게 함. 繼後(계후).
【後嗣 후사】 대를 잇는 아들.

【嗇】 인색할 색

명 ⓗsè ⓙショク(おしむ) ⓔstingy
字解 ①아낄(색) ②거둘(색)≒穡
【各嗇 인색】 재산을 다랍게 아낌.

【嗚】 탄식할 오

고 ⓗwū ⓙオ ⓔalas
字源 형성자. 口(구)는 의미 부분이고, 烏(오)는 발음 부분이다.
字解 ①탄식할(오) ②노랫소리(오)
【嗚咽 오열】 목메어 욺.
【嗚嗚 오오】 노래를 부르는 소리.
【嗚呼 오호】 슬퍼서 탄식하는 소리.

【嗔】 성낼 진

명 ⓗchēn ⓙシン(いかる) ⓔanger
字解 성낼(진)
【嗔言 진언】 성을 내어 꾸짖는 말.
【嗔責 진책】 성내어 책망함.

【嗟】 탄식할 차

명 ⓗjiē ⓙサ(なげく) ⓔsigh
字解 ①탄식할(차) ②감탄할(차)
【嗟稱 차칭】 감동하여 칭찬함.
【嗟歎 차탄】 탄식하고 한탄함.
【咄嗟 돌차】 혀를 차면서 탄식함.

【嗤】 비웃을 치

명 ⓗchī ⓙシ(わらう) ⓔlaugh at
字解 비웃을, 냉소할(치)≒蚩
【嗤笑 치소】 비웃음. 冷笑(냉소).

【嗃】 엄할 학

명 ⓗhè ⓙカク ⓔsevere
字解 엄할, 냉엄할(학)

【嗅】 냄새맡을 후

명 ⓗxiù ⓙキュウ(かぐ) ⓔsmell
字解 냄새 맡을(후)
【嗅覺 후각】 냄새에 대한 감각.

【嘉】 아름다울 가

명 ⓗjiā ⓙカ(よい) ⓔfine
字解 ①아름다울, 훌륭할(가)≒佳 ¶嘉言(가언) ②즐길, 좋아할(가) ¶嘉納(가납)
【嘉納 가납】 윗사람이, 충고하는 말이나 바치는 물건을 기꺼이 받아들임.
【嘉尙 가상】 착하고 갸륵함. 윗사람이 아랫사람을 칭찬할 때 쓰는 말.
【嘉言 가언】 본받을 만한 좋은 말.
【嘉肴 가효】 맛이 좋은 안주.

【嘔】 토할 구

명 ⓗǒu ⓙオウ(はく) ⓔvomit
字解 토할, 게울(구)＝歐
【嘔逆 구역】 토할 것 같은 느낌.
【嘔吐 구토】 토함. 먹은 것을 게움.

【嘗】 맛볼 상

고 ⓗcháng ⓙショウ(なめる) ⓔtaste
字源 형성자. 旨(지)는 의미 부분이고, 尙(상)은 발음 부분이다. 旨는 맛이 좋다는 뜻이다.
字解 ①맛볼(상) ¶嘗味(상미) ②일찍(상) ¶未嘗不(미상불) ③시험할(상) ¶嘗試(상시)
【嘗膽 상담】 쓸개를 맛봄. '원수를 갚고자 고생을 참고 견딤'의 비유. ⓒ臥薪嘗膽(와신상담: 674)
【嘗味 상미】 맛을 봄. 먹어 봄.
【嘗試 상시】 시험하여 봄.

【未嘗不 미상불】 일찍이 …하지 않은 적이 없음. 아닌 게 아니라 과연.

口 11획 [嗽] 기침할 수 ⑭
명 ⊕sòu ⊕ソウ 英cough
字解 ①기침할(수) ②양치질할(수)≒漱
【咳嗽 해수】 기침.

口 11획 [嗾] 부추길 수·주 ⑭
명 ⊕sǒu ⊕ソウ 英instigate
字解 부추길, 꼬드길(수·주)
【嗾囑 주촉】 남을 꾀어 부추겨 시킴.
【使嗾 사주】 남을 부추겨서 나쁜 일을 시킴.

口 11획 [嘈] 嚼(129)과 同字 ⑭

口 11획 [嘖] 떠들썩할 책 ⑭
명 ⊕zé ⊕サク 英clamorous
字解 떠들썩할, 외칠(책)
【嘖嘖 책책】 떠들썩한 모양.

口 11획 [嘆] 탄식할 탄 ⑭
명 ⊕tàn ⊕タン(なげく) 英sigh
字解 탄식할, 한숨 쉴(탄)≒歎
【嘆息 탄식】 한숨을 쉬며 한탄함.
【悲嘆 비탄】 슬퍼하며 탄식함.

口 11획 [嘏] 클 하 가 ⑭
명 ⊕gǔ ⊕カ 英big
字解 클, 장대할(하)

口 12획 [器] 器(127)의 俗字 ⑮

口 12획 [噴] 뿜을 분 ⑮
명 ⊕pēn ⊕フン(ふく) 英spout
字解 ①뿜을(분) ¶噴火(분화) ②재채기할(분) ¶噴嚔(분체)
【噴霧 분무】 안개처럼 내뿜음.

【噴飯 분반】 밥을 뿜어냄. '몹시 우스워 웃음을 참지 못함'을 이름.
【噴嚔 분체】 재채기.
【噴出 분출】 내뿜음. 뿜어냄.
【噴火 분화】 ①불을 뿜어냄. ②화산이 터져서 활동하는 현상.

口 12획 [嘶] 말 울 시 ⑮
명 ⊕sī ⊕セイ(いななく) 英neigh
字解 ①말 울(시) ②목쉴(시)
【嘶噪 시조】 말이 길게 우는 소리.

口 12획 [噎] 목멜 열 ⑮
명 ⊕yē ⊕エツ(むせぶ) 英be choked
字解 ①목멜(열) ②가려 막을(열)
【噎嘔 열구】 목이 메어 토함.

口 12획 [嘲] 조롱할 조 ⑮
명 ⊕cháo ⊕チョウ(あざける) 英jeer
字解 조롱할, 비웃을(조)
【嘲弄 조롱】 비웃거나 깔보고 놀림.
【嘲笑 조소】 비웃음.
【自嘲 자조】 스스로 자신을 비웃음.

口 12획 [囑] 囑(129)의 俗字 ⑮

口 12획 [嘴] 부리 취 ⑮
명 ⊕zuǐ ⊕シ(くちばし) 英bill
字解 부리(취)
【山嘴 산취】 새의 부리처럼 뾰족한 산꼭대기.

口 12획 [噓] 불 허 ⑮
명 ⊕xū ⊕キョ(うそ) 英puff
字解 ①불, 숨 내쉴(허) ②흐느낄(허)
【吹噓 취허】 숨을 내뿜음.

口 12획 [嘻] 웃을 희 ⑮
명 ⊕yē ⊕キ(ああ) 英laugh

字解 ①웃을, 즐거워할(희) ②탄식하는 소리(희)
【嘻嘻 희희】①스스로 만족하게 여기는 모양. ②화락하게 웃는 소리.

口 13 [噱] 크게 웃을 갹
㊥jué, xué ㊐キャク ㊧laughter
字解 크게 웃을, 껄껄 웃을(갹)

口 13 [噤] 입 다물 금
㊥jìn ㊐キン(つぐむ) ㊧silent
字解 ①입 다물(금) ②닫을(금)
【噤口 금구】입 다물고 말하지 않음.
【噤門 금문】문을 닫음. 閉門(폐문).

口 13 [器] 그릇 기
㊥qì ㊐キ(うつわ) ㊧vessel
字源 네 개의 口와 犬으로 이루어졌다. 品(즙)은 여러 그릇을 뜻하는 의미 부분이고 犬은 발음 부분인 형성자, 狺(개 짖는 소리 은)자의 원시 형태로서 品과 犬이 모두 의미 부분인 회의자, 니는 그릇의 주둥이를 그린 것이고 개(犬)가 그것을 지키고 있다는 뜻의 회의자 등 여러 학설이 있다.
字解 ①그릇(기) ¶器具(기구) ②재능, 국량(기) ¶器量(기량) ③기관(기) ¶臟器(장기)
【器官 기관】생물체를 이루는 한 부분.
【器具 기구】세간·그릇·연장의 총칭.
【器量 기량】사람의 재능과 도량.
【器材 기재】기구와 재료.
【容器 용기】물건을 담는 그릇.
【臟器 장기】내장의 여러 기관.
【祭器 제기】제사 때 쓰는 그릇.

口 13 [噴] 噴(126)의 本字

口 13 [噬] 씹을 서
㊥shì ㊐ゼイ(かむ) ㊧chew
字解 씹을, 깨물(서)

【噬臍莫及 서제막급】배꼽을 물어뜯어도 이미 늦음. '기회를 잃고 후회해도 소용없음'의 비유. ㊂臍(673)

口 13 [嘯] 휘파람 불 소
명 ㊥xiào ㊐ショウ(うそぶく) ㊧whistle
字解 ①휘파람 불(소) ②읊조릴(소)
【嘯詠 소영】시가 따위를 읊조림.
【長嘯 장소】①휘파람을 길게 붊. ②시가(詩歌)를 길게 읊조림.

口 13 [噩] 놀랄 악
㊥è ㊐ガク ㊧startled
字解 ①놀랄(악)=愕 ¶噩夢(악몽) ②엄숙한 모양(악) ¶噩噩(악악)
【噩夢 악몽】①심히 놀란 뒤에 꾸는 꿈. ②불길한 꿈.
【噩噩 악악】①엄숙한 모양. ②밝고 곧은 모양.

口 13 [噪] 떠들 조
㊥zào ㊐ソウ(さわぐ) ㊧noisy
字解 떠들, 시끄러울(조)=譟
【噪急 조급】성격(性格)이 참을성이 없이 급함.
【喧噪 훤조】시끄럽게 떠듦, 또는 그러한 일. 喧囂(훤효).

口 13 [噲] 목구멍 쾌
㊥kuài ㊐カイ ㊧throat
字解 ①목구멍(쾌) ②시원할(쾌) 〓快
【噲噲 쾌쾌】너그럽고 밝은 모양.
【與噲等伍 여쾌등오】번쾌(樊噲)와 더불어 같은 줄에 섬. '벗으로 사귀기를 부끄럽게 여김'을 비유하여 이르는 말.
故事 한(漢)나라의 명장 한신(韓信)이 미천한 출신의 번쾌와 같은 반열(班列)에 서게 된 것을 탄식한 고사에서 온 말.

口部 13획　　128

[噸] 톤 돈 新
13/16
㊥dūn ㊐トン ㊀ton
字解 톤(돈) ※ 무게의 단위인 '톤(ton)'의 음역.

[噫] ❶탄식할 희 因
　　　❷트림할 애 卦
13/16
名 ㊥yī ㊐イ(ああ) ㊀alas
字解 ❶탄식할(희) ¶噫嗚(희오)
❷트림할(애) ¶噫欠(애흠)
【噫嗚 희오】슬피 탄식하며 괴로워하는 모양.
【噫欠 애흠】트림과 하품.

[嚀] 정녕 녕 庚
14/17
㊥níng ㊐ネイ ㊀earnest
字解 정녕, 간절할(녕)
【叮嚀 정녕】①간곡함. ②國틀림없이. 꼭. 丁寧(정녕).

[嚅] 말 머뭇거릴 유 虞
14/17
㊥rú ㊐ジュ ㊀halt
字解 말 머뭇거릴(유)
【嚅唲 유설】우물우물하면서 말을 머뭇거리는 모양.

[嚇] ❶위협할 하 禡
　　　❷꾸짖을 혁
14/17
㊥hè, xià ㊐カク(おどす)
㊀threaten
字解 ❶❶위협할(하) ❷웃을(하)
❷꾸짖을, 성낼(혁)
【嚇怒 혁노】크게 성냄.
【威嚇 위하】위협함.

[嚆] 울 효 肴
14/17
名 ㊥hāo ㊐コウ ㊀whiz
字解 울, 울부짖을(효)
【嚆矢 효시】소리를 내면서 나가는 화살. 우는살. '일의 맨 처음이나 시작'의 비유.

📖 지난날, 전투 시작의 신호로 우는살을 먼저 쏘았다는 데서 온 말.

[嚔] 재채기할 체 霽
15/18
㊥tì ㊐テイ(くさめ) ㊀sneeze
字解 재채기할(체)
【噴嚔 분체】재채기.

[嚧] 부를 로 虞
16/19
名 ㊥lú ㊐ロ
字解 부를, 산돼지 부르는 소리(로)

[嚭] 클 비 紙
16/19
㊥pǐ ㊐ヒ ㊀great
字解 ①클(비) ②기뻐할(비)

[嚬] 찡그릴 빈 眞
16/19
名 ㊥pín ㊐ヒン(ひそめる) ㊀frown
字解 찡그릴, 찌푸릴(빈)
【嚬蹙 빈축】불쾌하게 여겨 눈살을 찡그림.

[嚥] 삼킬 연 霰
16/19
名 ㊥yàn ㊐エン(のむ) ㊀swallow
字解 삼킬(연)
【嚥下 연하】삼킴. 먹어 넘김.

[嚮] 향할 향 漾
16/19
名 ㊥xiàng ㊐キョウ(むかう) ㊀face
字解 ①향할, 대할(향) ≒向 ②접때, 지난번(향) ≒向
【嚮者 향자】접때.

[嚳] 고할 곡 因
17/20
㊥kù ㊐コク ㊀inform
字解 고할, 급히 고할(곡)

[嚶] 새소리 앵 庚
17/20
㊥yīng ㊐オウ ㊀chirp
字解 새소리(앵)

口 17 ⑳ 【嚴】 엄할 엄 [鹽] [속] 厳

[중] [中]yán [英]solemn
[日]ゲン, コン(おごそか)

[字源] 형성자. 吅(현)은 의미 부분이고, 厰(음)은 발음 부분이다.

[字解] ①엄할, 엄숙할(엄) ¶ 嚴正(엄정) ②혹독할(엄) ¶ 嚴冬(엄동)

【嚴格 엄격】 매우 엄함. 嚴峻(엄준).
【嚴禁 엄금】 엄하게 금지함.
【嚴冬 엄동】 혹독하게 추운 겨울.
【嚴命 엄명】 엄하게 명령함, 또는 그 명령.
【嚴父 엄부】 ①엄격한 아버지. ②'자기 아버지'의 높임말. 嚴親(엄친).
【嚴守 엄수】 어기지 않고 꼭 지킴.
【嚴肅 엄숙】 ①엄하고 정숙함. ②가차없고 단호함.
【嚴正 엄정】 엄격하고 공정함.
【嚴重 엄중】 몹시 엄함.
【謹嚴 근엄】 점잖고 엄함.
【森嚴 삼엄】 분위기 따위가 무서우리만큼 엄숙함.
【威嚴 위엄】 의젓하고 엄숙함, 또는 그러한 태도나 기세.

口 18 ㉑ 【囁】 속삭일 섭 [葉] [간] 嗫

[中]niè [日]ショウ(ささやく)
[英]whisper

[字解] ①속삭일(섭) ②말 머뭇거릴(섭)

【囁嚅 섭유】 ①우물우물하면서 말을 머뭇거리는 모양. ②속삭임.

口 18 ㉑ 【嚼】 씹을 작 [藥] [동] 噍

[명] [中]jiáo, jiào [日]シャク(かむ)
[英]chew

[字解] ①씹을(작) ②맛볼(작)

【嚼復嚼 작부작】 ①맛보고 또 맛봄. ②한 잔 또 한 잔. 억지로 술을 권할 때 쓰는 말.
【咀嚼 저작】 음식을 씹음.

口 18 ㉑ 【囀】 지저귈 전 [霰] [간] 啭

[中]zhuàn [日]テン(さえずる)
[英]chirp

[字解] ①지저귈(전) ②가락, 음조(전)

口 18 ㉑ 【囂】 시끄러울 효 [蕭] [간] 嚣

[中]xiāo
[日]キョウ, ゴウ(かまびすしい)
[英]noisy

[字解] 시끄러울, 떠들(효)

【囂煩 효번】 시끄럽고 번거로움.
【喧囂 훤효】 시끄럽게 떠듦.

口 19 ㉒ 【囊】 주머니 낭 [陽]

[명] [中]nāng [日]ノウ(ふくろ) [英]bag

[字解] 주머니, 자루(낭)

【囊中之錐 낭중지추】 주머니 속의 송곳. '유능한 사람은 숨어 있어도 자연히 존재가 드러남'의 비유.
【囊橐 낭탁】 자루. 纏帶(전대).
📖 '囊'은 한쪽 끝만 튼 자루, '橐'은 양쪽 끝을 튼 자루.
【背囊 배낭】 물건을 담아서 등에 질 수 있도록 만든 주머니.
【行囊 행낭】 무엇을 넣어서 가지고 다니는 주머니.

口 19 ㉒ 【囈】 잠꼬대 예 [霽] [간] 呓

[中]yì [日]ゲイ(たわごと)
[英]somniloquy

[字解] 잠꼬대(예)

【囈語 예어】 ①잠꼬대. ②조리(條理)가 없는 허황한 말.

口 19 ㉒ 【囍】 [명] 쌍 희 희 [國]

[字解] 쌍희(희) ※공예품·그릇·베갯머리 등에 무늬로 쓰는 글자.

[참고] '喜'를 겹쳐서 만들었기 때문에 쌍희자(雙喜字)라고도 한다.

口 21 ㉔ 【囑】 부탁할 촉 [沃] [속][간] 嘱

[명] [中]zhǔ [日]ショク(たのむ)
[英]entreat

[字解] 부탁할, 위촉할(촉)

3 획

【囑望 촉망】 잘되기를 바라고 기대함. 희망을 걺. 屬望(촉망).

【囑託 촉탁】 ①일을 부탁하여 맡김. ②관청이나 공공 기관의 임시직, 또는 그 직에 있는 사람.

【委囑 위촉】 남에게 부탁하여 맡김.

3 口 部

口 0 ③ 【口】 ❶에울 위 [微] ❷나라 국 [職]

[中]wéi, guó [日]エ, コク [英]enclose

[字源] 상형자. 둘러싼 모습을 그린 것이다. '둘러싸다'·'주위'라는 뜻으로는 본래 이 글자를 써야 하는데, 圍(위) 자가 널리 쓰이면서 口 자는 쓰이지 않게 되었다. 口부에 속하는 글자는 '울타리'와 관계있는 뜻이 많다.

[字解] ❶①에울(위) ※ 圍(133)의 고자. ②부수의 하나(큰입구몸) ❷나라(국) ※ 國(132)의 고자.

口 2 ⑤ 【四】 넉 사 [寘] | [갖] 肆

[중] [中]sì [日]シ(よつ) [英]four

[字源] 갑골문·금문에서는 '☰'로 숫자 4를 나타냈다. 현재의 四 자는 口는 입이고 八은 기(氣)를 그린 것으로 '숨 쉬다'라는 뜻을 나타내는 상형자라는 학설과, 泗(강 이름 사) 자에서 가차된 것이라는 학설이 있다.

[字解] 넉, 넷(사)

【四顧無親 사고무친】 사방을 둘러보아도 친한 사람이 없음. '믿고 의지할 사람이 없음'을 이름.

【四面楚歌 사면초가】 사방에서 초나라 노래가 들려옴. '사방이 적으로 둘러싸인 형세', 또는 '아무 도움도 받을 수 없는 상태'를 이름.

[故事] 한(漢)나라 유방(劉邦)과 천하를 놓고 싸우던 초(楚)나라 항우(項羽)는 해하(垓下)에서 한나라 군대에 포위되고 말았는데, 그날 밤 사방에서 들려오는 초나라 노랫소리를 듣고 항우는 초나라 군사들이 모두 한나라에 항복한 줄 알고 탄식했다는 고사에서 온 말.

【四分五裂 사분오열】 ①여러 갈래로 갈기갈기 찢어짐. ②뿔뿔이 갈라져 질서가 없어짐.

【四書 사서】 유교의 경전인 '대학(大學)·중용(中庸)·논어(論語)·맹자(孟子)'의 총칭.

【四夷 사이】 지난날, 중국에서 이민족(異民族)을 사방 오랑캐라 하여 이르던 말. 곧, 동이(東夷)·서융(西戎)·남만(南蠻)·북적(北狄).

【四肢 사지】 ①짐승의 네 다리. ②사람의 팔다리. 四體(사체).

【四海 사해】 ①사방의 바다. ②천하. 온 세상.

口 2 ⑤ 【囚】 가둘 수 [尤]

[고] [中]qiú [日]シュウ(とらえる) [英]imprison

[字源] 회의자. 사람〔人(인)〕이 울타리〔口(위)〕 안에 갇혀 있는 모습으로, '가두다'라는 뜻을 나타낸다.

[字解] ①가둘, 갇힐(수) ¶ 囚人(수인) ②죄인(수) ¶ 罪囚(죄수)

【囚虜 수로】 갇힌 포로.

【囚衣 수의】 죄수가 입는 옷.

【囚人 수인】 옥에 갇힌 사람.

【罪囚 죄수】 옥에 갇힌 죄인.

口 3 ⑥ 【団】 團(134)의 俗字

口 3 ⑥ 【因】 인할 인 [眞] | [속] 囙

[중] [中]yīn [日]イン(よる) [英]cause

[字源] 상형자. 돗자리를 그린 것이다. 口는 방석 또는 돗자리를 뜻하고 大는 그 위에 있는 무늬이다. 뒤에 '원인'·'말미암다' 등의 뜻으로

□部 5획

로 가차되자, '돗자리'의 뜻으로는 艹(풀 초)를 더한 茵(인) 자를 새로 만들어 보충하였다.

字解 ①인할, 말미암을(인) ¶因襲(인습) ②까닭(인) ¶原因(원인) ③연고, 연줄(인) ¶因緣(인연)

【因果 인과】 ①원인과 결과. ②인연(因緣)과 과보(果報).
【因襲 인습】 이전부터 전하여 내려오는 풍습.
【因緣 인연】 서로의 연분. 연줄.
【因人成事 인인성사】 남의 힘에 의지하여 일을 이룸.
【因子 인자】 어떤 결과의 원인이 되는 낱낱의 요소.
【起因 기인】 무슨 일을 일으키는 원인.
【原因 원인】 일의 근본이 되는 까닭.

□ 【回】 돌아올 회 迴 囬
3 6

ㅣ 冂 冂 冋 回 回

音 ㊥huí ㊐カイ,エ(まわる) ㊧return
字源 상형자. 연못의 물이 회전(回轉)하는 모양을 그린 것이다.
字解 ①돌아올, 돌(회) ¶回轉(회전) ②돌이킬(회) ¶回顧(회고) ③번, 횟수(회)

【回顧 회고】 지난 일을 돌이켜 생각함. 回想(회상).
【回歸 회귀】 한 바퀴 돌아 다시 제자리로 돌아옴.
【回覽 회람】 차례로 돌려 가면서 봄.
【回復 회복】 이전의 상태로 돌아옴.
【回附 회부】 문제·사건·서류 따위를 절차에 따라 관계 기관에 보내 줌.
【回數 회수】 →횟수(數).
【回信 회신】 회답하는 편지나 전보.
【回轉 회전】 한 곳을 중심으로 하여 그 둘레를 돎.
【回診 회진】 의사가 환자가 있는 곳을 돌아다니며 진찰하는 일.
【回春 회춘】 ①봄이 다시 돌아옴. ②병이 나아 건강이 회복됨.
【回避 회피】 꺼리어 피함.
【旋回 선회】 ①원을 그리며 돎. ②항공기가 곡선을 그리듯 진로를 바꿈.
【撤回 철회】 일단 낸 것이나 보낸 것을 도로 거두어들임.

□ 【囧】 問(63)의 俗字
4 7

□ 【困】 곤할 곤 囯
4 7

ㅣ 冂 冂 冃 用 困 困

音 ㊥kùn ㊐コン(こまる) ㊧distress
字源 회의자. 木(목)과 □(위)는 모두 의미 부분이다. 梱(문지방 곤) 자의 원시 형태로, 뒤에 '피곤'·'곤란' 등의 뜻으로 가차되었다.
字解 ①곤할, 지칠(곤) ¶疲困(피곤) ②어려울(곤) ¶困境(곤경)

【困境 곤경】 어려운 처지나 경우.
【困窮 곤궁】 가난하고 곤란함.
【困難 곤난→곤란】 ①처리하기 어려움. ②생활이 쪼들림. ③괴로움.
【困辱 곤욕】 심한 모욕.
【困惑 곤혹】 곤란한 일을 당하여 난처해함. 쩔쩔맴.
【勞困 노곤】 나른하고 고달픔.
【貧困 빈곤】 가난하여 살기 어려움.
【疲困 피곤】 지쳐서 고단함.

□ 【囯】 國(132)의 俗字
4 7

□ 【図】 圖(134)의 俗字
4 7

□ 【囮】 후림새 와 囮
4 7

㊥é ㊐カ(おとり) ㊧decoy-bird
字解 후림새, 와조(와)

【囮鳥 와조】 다른 새를 잡기 위해 꾀는 데 쓰는 새. 후림새. 媒鳥(매조).

□ 【囲】 圍(133)의 俗字
4 7

□ 【囬】 回(131)의 俗字
4 7

□ 【固】 굳을 고 囯
5 8

ㅣ 冂 冂 冃 甲 田 固 固

音 ㊥gù ㊐コ(かたい) ㊧firm

字源 형성자. 사방이 막혀 있다는 뜻이다. 울타리를 뜻하는 囗(위)는 의미 부분이고, 古(고)는 발음 부분이다.

字解 ①굳을, 단단할(고) ¶固守(고수) ②진실로(고) ¶固所願(고소원) ③완고할, 우길(고) ¶固陋(고루) ④본디(고) ¶固有(고유)

【固陋 고루】 낡은 관념이나 습관에 젖어 고집이 세고 변통성이 없음.
【固辭 고사】 굳이 사양함.
【固所願 고소원】 진실로 바라던 바.
【固守 고수】 굳게 지킴.
【固有 고유】 타고날 때부터 가지고 있거나 그 사물에만 특별히 있음.
【固執 고집】 자기의 의견을 굽히지 아니함.
【固着 고착】 ①굳게 들러붙음. ②옮기지 않고 한 곳에 붙박혀 있음.
【固體 고체】 일정한 형상과 부피를 가지고 있는 물체.
【堅固 견고】 튼튼하고 단단함.
【頑固 완고】 성질이 검질기게 굳고 고집이 셈.
【凝固 응고】 엉기어 굳어짐.
【確固 확고】 확실하고 견고함.

囗[国] 图 國(132)의 俗字

囗[囹] 옥 령
명 ⊕líng ⊕レイ 英prison
字解 옥, 감옥(령)
【囹圄 영어】 감옥, 또는 감옥에 갇혀 있는 상태.

囗[囿] 동산 유
명 ⊕yòu ⊕ユウ(その) 英garden
字解 동산(유)
【囿苑 유원】 새나 짐승을 놓아기르는 동산.
【苑囿 원유】 대궐 안에 있는 동산.

囗[圄] 옥 어
명 ⊕yǔ ⊕ゴ, キョ 英prison
字解 옥, 감옥(어)

【囹圄 영어】 감옥, 또는 감옥에 갇혀 있는 상태.

囗[圃] 채마밭 포
명 ⊕pǔ ⊕ホ 英vegetable garden
字解 채마밭, 남새밭(포)
【圃田 포전】 채소와 과실나무를 심는 밭. 채마밭.
【藥圃 약포】 약초를 심는 밭.

囗[圂] 뒷간 혼
⊕hùn ⊕コン, カン 英toilet
字解 ①뒷간(혼)≒溷 ②돼지우리(혼)

囗[國] 나라 국
명 ⊕guó ⊕コク(くに) 英nation
字源 회의자. 갑골문을 보면 '戓'으로, 창(戈(과))을 가지고 영토(囗(위))를 지킨다는 뜻이다. 금문에서는 영토 부분을 '口' 따위로 나타내었는데, 이를 해서체로 쓰면 '或'·'蜮'·'國' 등이 된다. 이 중에서 或(혹)은 '혹시'·'또는' 등의 뜻으로 가차되었고, 國은 '나라'를 뜻하게 되었다.
字解 나라(국)
【國家 국가】 나라.
【國祿 국록】 나라에서 주는 녹봉.
【國論 국론】 나라 안의 공론(公論). 국민 일반의 의견. 世論(세론).
【國立 국립】 나라에서 세움.
【國民 국민】 한 국가의 통치권(統治權) 밑에서 생활하는 사람.
【國寶 국보】 나라의 보배.
【國費 국비】 국가에서 내는 경비.
【國賓 국빈】 국가의 귀한 손님으로 우대를 받는 사람.
【國史 국사】 ①한 나라의 역사. ②우리나라의 역사. 韓國史(한국사).
【國是 국시】 국민 전체의 의사로 결정된 국정(國政)의 기본 방침.
【國威 국위】 나라의 권위나 위력.
【國政 국정】 나라의 정치.
【國策 국책】 국가의 정책이나 시책.

【國泰民安 국태민안】 나라가 태평하고 국민 생활이 안정됨.
【國號 국호】 나라의 이름. 國名(국명).
【擧國 거국】 온 나라.
【屬國 속국】 다른 나라의 지배 하에 있는 나라. 屬邦(속방).
【愛國 애국】 나라를 사랑함.

【圈】 우리 권

8획 ⑪ 㒰 속 圏
명 ⊕juān ⊕ケン ⊕pen
字解 ①우리(권) ¶圈牢(권뢰) ②둘레, 범위(권) ¶圈內(권내) ③동그라미(권) ¶圈點(권점)
【圈內 권내】 일정한 범위 내.
【圈牢 권뢰】 짐승을 가두어 두는 우리. 圈檻(권함).
【圈點 권점】 ①글의 중요 부분에 찍은 동그라미표. ②조선 시대에, 벼슬아치를 임명할 때 뽑는 이들이 뽑고자 하는 사람의 이름에 찍던 동그라미표. ③한자 옆에 찍어서 사성(四聲)을 나타내는 둥근 점.
【商圈 상권】 상업상의 세력권.

【圉】 마부 어

8획 ⑪ 圄
⊕yǔ ⊕ギョ ⊕groom
字解 ①마부(어) ②괴로울(어)
【圉圉 어어】 ①몸이 굳어 어릿어릿한 모양. ②피로하여 파리한 모양.
【圉者 어자】 말을 기르는 사람. 마부.

【圎】 圓(133)의 俗字

9획 ⑫

【圍】 둘레 위

9획 ⑫ 㐮 속 간 囲
一 冂 冂 冃 固 固 圍 圍
고 ⊕wéi ⊕イ(かこむ) ⊕surround
字源 형성 겸 회의자. □(위)는 의미 부분이고, 韋(위)는 발음 부분이다. 韋는 본래 어떤 구역을 뜻하는 □ 가운데 발(㐮)이 위아래로 엇갈려 있는 모습으로 어떤 구역을 사람이 빙글빙글 돌면서 지킨다는 뜻이다. '주위'·'둘레'의 뜻은 여기에서 나왔기 때문에 韋는 의미 부분이기도 하다.

字解 ①에워쌀, 둘러쌀(위) ¶圍繞(위요) ②둘레(위) ¶周圍(주위)
【圍碁 위기】 바둑, 또는 바둑을 둠.
【圍繞 위요】 에워쌈. 둘러쌈.
【範圍 범위】 ①제한된 둘레의 언저리. ②어떤 힘이 미치는 한계.
【周圍 주위】 둘레. 四圍(사위).
【包圍 포위】 주위를 둘러쌈.

【圓】 둥글 원

10획 ⑬ 圆 속 간 円
丨 冂 冂 冂 冃 周 周 圓 圓
중 ⊕yuán ⊕エン(まる) ⊕round
字源 형성 겸 회의자. □(위)는 의미 부분이고, 員(원)은 발음 부분이다. □는 는 구역을 뜻할 뿐이고, 員은 본래 솥[鼎]의 아가리가 둥근〔口〕 것을 나타낸 회의자이므로 의미 부분이기도 하다.
字解 ①둥글, 원(원) ¶圓卓(원탁) ②둘레(원) ¶一圓(일원) ③원만할(원) ¶圓滑(원활)
【圓丘 원구】 ①둥근 언덕. ②임금이 동짓날에 하늘에 제사 지내던 원형의 단(壇). 圓丘壇(원구단).
【圓滿 원만】 ①인품이나 성격이 너그럽고 결함이 없음. ②일의 진행이 순조로움.
【圓熟 원숙】 ①무르익음. ②충분히 손에 익어 숙련됨.
【圓周 원주】 원의 둘레.
【圓卓 원탁】 둥근 탁자.
【圓形 원형】 둥글게 생긴 모양.
【圓滑 원활】 ①일이 순조로움. ②모나지 않고 부드러움.
【一圓 일원】 어느 지역의 전부.

【園】 동산 원

10획 ⑬ 园 간 园
冂 冂 冃 冃 周 周 南 園 園
중 ⊕yuán ⊕エン ⊕garden
字源 형성자. □(위)는 의미 부분이고, 袁(원)은 발음 부분이다.
字解 ①동산, 뜰(원) ¶田園(전원) ②무덤(원) ¶園陵(원릉) ③밭(원) ¶園藝(원예)
【園頭幕 원두막】 國 참외·수박 따위를 심은 밭을 지키기 위하여 밭 언저

□部 11획

리 또는 중앙에 만든 다락집.
【園陵 원릉】國임금이나 왕후의 묘.
【園所 원소】國왕세자나 왕세자빈 또는 왕의 친척들의 무덤.
【園藝 원예】채소·화초·과목 따위를 심어 가꾸는 일.
【公園 공원】공중의 보건·휴양·오락을 위하여 만들어 놓은 지역.
【田園 전원】①논밭과 동산. ②시골.
【庭園 정원】잘 가꾸어 놓은 뜰.
【學園 학원】'학교와 기타 교육 기관'의 총칭.

3획

【團】둥글 단 団团圐
11
14
厂 门 闩 闬 闱 團 團 團
고 ⊕tuán ⑪ダン 美round
字源 형성 겸 회의자. □(위)는 의미 부분이고, 專(전)은 발음 부분이다. □는 구역을 뜻할 뿐이고, 專은 '둥글다'는 뜻을 나타내므로 의미 부분도 담당한다. 專은 본래 실북(紡塼)을 그린 상형자로, 專자가 구성 요소로 쓰인 글자들은 대체로 '돌아가면서 움직인다'는 뜻을 나타낸다.
字解 ①둥글〔단〕 ¶團扇(단선) ②모일, 모을〔단〕 ¶團結(단결) ③모임, 조직〔단〕 ¶團長(단장)
【團結 단결】많은 사람이 한마음으로 뭉침. 團合(단합).
【團欒 단란】①썩 원만함. ②가족 등의 생활이 화목하고 즐거움.
【團扇 단선】둥근 모양의 부채.
【團束 단속】잡도리를 단단히 함.
【團員 단원】단체의 구성원.
【團長 단장】단(團)의 이름으로 불리는 집단의 우두머리.
【團體 단체】같은 목적을 가진 사람들끼리 모인 집단.
【樂團 악단】음악 연주를 목적으로 조직된 단체.
【集團 집단】사람·동물·물건 등이 많이 모여서 무리를 이룬 상태.

【圖】그림 도 図图圖
11
14
厂 冂 閃 罔 罔 圖 圖 圖
중 ⊕tú ⑪ト, ズ 美picture

字源 회의자. □는 나라(國)를 의미하고, 啚(비)는 鄙(시골 비) 자의 원시 형태이다. 그러므로 나라 전체의 지도(地圖)를 뜻한다.
字解 ①그림, 그릴〔도〕 ¶圖表(도표) ②꾀할, 꾸밀〔도〕 ¶圖謀(도모) ③책, 서적〔도〕 ¶圖書(도서)
【圖錄 도록】그림이나 사진을 넣은 기록.
【圖謀 도모】앞으로 할 일에 대하여 수단과 방법을 꾀함.
【圖書 도서】①서적. 책. ②'서적·글씨·그림'의 총칭.
【圖案 도안】미술 공예품·건축물 따위의 제작이나 장식을 위하여 일정한 모양으로 그려 낸 고안.
【圖讖 도참】미래의 길흉을 예언하는 술법, 또는 그런 내용의 책.
【圖表 도표】그림으로 나타낸 표.
【圖形 도형】①그림의 모양이나 형태. 그림꼴. ②면·선·점 따위가 모여서 이루어진 꼴.
【構圖 구도】조화 있게 배치하는 그림의 짜임새.
【企圖 기도】어떤 일을 이루려고 계획을 세우거나 그것의 실현을 꾀함.
【略圖 약도】중요한 곳만을 간략히 나타낸 그림.
【意圖 의도】무엇을 이루려는 생각이나 계획.

【圜】❶돌 환
13
16   ❷둥글 원   圜
⊕huán, yuán ⑪カン(めぐる)
美round
字解 ❶돌, 에울〔환〕 ¶圜視(환시) ❷둥글〔원〕 늑圓 ¶圜冠(원관)
【圜視 환시】①많은 사람들이 에워싸고 봄. ②사방을 두루 둘러봄. 環視(환시).
【圜繞 환요】에워 두름. 環繞(환요).
【圜冠 원관】둥근 갓.

3 土 部

【土】 흙 토

一 十 土

정 ⊕tǔ ⊕ト, ド(つち) 영soil
字源 상형자. 흙더미를 그린 것이다.
字解 ❶흙(토) ¶土器(토기) ❷땅, 장소(토) ¶土着(토착)
【土窟 토굴】 땅속으로 뚫린 큰 굴.
【土器 토기】 질흙으로 빚어서 구워 만든 그릇.
【土臺 토대】 ①흙으로 쌓은 대. ②건조물의 밑바탕. ③사물의 바탕이 되는 기초.
【土砂 토사】 흙과 모래.
【土壤 토양】 ①흙. ②농작물을 자라게 하는 흙.
【土着 토착】 대(代)를 이어 그 땅에 자리잡고 삶.
【土豪 토호】 그 지방의 토착민으로서 세력이 있는 사람. 그 지방의 호족(豪族).
【國土 국토】 나라의 땅.
【黃土 황토】 누르고 거무스름한 흙.

【圧】 壓(149)의 俗字

【圭】 홀 규

명 ⊕guī ⊕ケイ 영mace
字解 ❶홀(규) ※천자가 제후를 봉할 때 주던 신표(信標). ❷규(규) ※용량의 단위. 한 숟가락 가득한 양. ❸모날, 모(규)
【圭角 규각】 ①옥(玉)의 뾰족한 모서리. ②말과 행동이 모나서 남과 잘 어울리지 않는 일.
【刀圭 도규】 ①한방에서, 가루약의 양을 대중하여 뜨는 숟가락. ②'의술(醫術)'의 이칭(異稱).

'圭'가 붙은 한자

佳 아름다울(가)	街 거리(가)
桂 계수나무(계)	炷 화덕(계)
卦 점괘(괘)	挂 걸(괘)
奎 별(규)	硅 규소(규)
閨 안방(규)	

【圮】 무너질 비

⊕pǐ ⊕ヒ(やぶる) 영collapse
字解 무너질(비)
【圮毁 비훼】 허물어짐.
참고 圯(이 : 135)는 딴 자.

【圬】 흙손 오

⊕wū ⊕オ 영trowel
字解 흙손(오)
【圬人 오인】 벽 바르는 것을 업으로 하는 사람. 미장이.

【圩】 오목할 우

명 ⊕yú ⊕ウ 영hollow
字解 ❶오목할(우) ❷둑(우)

【圪】 담 높을 을

명 ⊕yì ⊕キツ
字解 담 높을(을)

【圯】 흙다리 이

⊕yí ⊕イ
字解 흙다리(이)
【圯橋 이교】 흙을 쌓아 만든 다리.
참고 圮(비 : 135)는 딴 자.

【在】 있을 재

一 ナ 才 才 在 在

정 ⊕zài ⊕ザイ(ある) 영exit
字源 형성 겸 회의자. 土(토)는 의미 부분이고, 才(재)는 발음 부분이다. 在 자는 본래 才(재) 자와 같은 글자로서, 才는 초목의 새싹〔▽〕이 땅〔│〕을 뚫고 솟아 나온 모습을 그린 상형자이다. 그러므로 才는 의미 부분이기도 하다.
字解 ❶있을(재) ❷살, 처할(재)
【在京 재경】 서울에 머물러 있음.
【在庫 재고】 창고에 있음.
【在來 재래】 전부터 있어 내려온 것.
【在野 재야】 초야(草野)에 있음. '벼슬하지 않고 민간에 있음'을 이름.

【在位 재위】임금의 자리에 있음, 또는 그 동안.
【在中 재중】'속에 들어 있음'이란 뜻으로, 주로 편지 겉봉에 쓰는 말.
【在職 재직】직장에 근무하고 있음.
【健在 건재】별 탈 없이 잘 있음.
【散在 산재】흩어져 있음.
【所在 소재】있는 곳.
【存在 존재】실제로 있음.

³⁶ 【地】 땅 지 寘

一 十 土 圠 圠 地

중 ⊕dì ㄓ, ジ(つち) 奧earth
字解 형성자. 土(토)의 의미 부분이고, 也(야)는 발음 부분이다. 옛날에 地와 也는 발음이 비슷하였다.
字解 ①땅(지) ¶地面(지면) ②곳(지) ¶地點(지점) ③자리(지) ¶地位(지위)

【地殼 지각】지구의 표층(表層)을 이루는 단단한 부분.
【地帶 지대】한정된 일정한 구역.
【地面 지면】땅의 표면.
【地名 지명】땅의 이름.
【地盤 지반】건축물 따위를 설치하는 데 기초가 되는 땅.
【地域 지역】일정한 범위의 땅.
【地位 지위】사회적 신분에 따라 개인이 차지하는 자리나 계급.
【地點 지점】일정한 지역 안에서의 구체적인 어떤 곳.
【地支 지지】육십갑자의 아랫부분을 이루는 요소. 十二支(십이지).
【地下 지하】땅속.
【窮地 궁지】매우 어려운 처지.
【盆地 분지】산이나 높은 대지(臺地)로 둘러싸인 평평한 땅.
【處地 처지】처해 있는 형편.
【宅地 택지】주택을 짓기 위한 땅. 집터.

⁴⁷ 【坎】 구덩이 감 感

명 ⊕kǎn ⊕カン(あな) 奧hole
字解 ①구덩이(감) ②괘 이름(감)

【坎卦 감괘】팔괘의 하나. 물·달·북쪽·악인 등을 상징함. 괘형은 ☵.

⁴⁷ 【坑】 구덩이 갱 庚

명 ⊕kēng ⊕コウ(あな) 奧pit
字解 ①구덩이(갱) =阬 ②묻을(갱)

【坑口 갱구】갱도(坑道)의 들머리.
【坑內 갱내】갱 속. 굴속.
【坑道 갱도】①갱내의 길. ②땅속에 뚫어 놓은 길.

⁴⁷ 【均】 고를 균 眞

一 十 土 圴 圴 均 均

중 ⊕jūn ⊕キン(ひとしい) 奧even
字解 회의 겸 형성자. 土(토)와 勻(고를 균)은 모두 의미 부분인데, 勻은 발음도 담당한다.
字解 고를, 평평할(균)

【均等 균등】차별 없이 고름.
【均一 균일】한결같이 고름.
【均霑 균점】이익·혜택 등을 고루 받거나 얻음.
【均衡 균형】치우침이 없이 고름.
【平均 평균】수나 양의 차이가 나지 않게 함, 또는 차이가 없이 고름.

⁴⁷ 【圻】 ❶경기 기 ❷끝 은

명 ⊕qí, yín ⊕キ 奧boundary
字解 ❶경기(기) ≒畿 ※수도를 중심으로 한 사방 천 리의 땅. ❷끝, 지경(은) ≒垠

⁴⁷ 【坍】 물이 언덕 칠 담 覃

명 ⊕tān ⊕タン
字解 물이 언덕 칠(담)

⁴⁷ 【坊】 동네 방 陽

명 ⊕fāng ⊕ボウ 奧village
字解 ①동네(방) ②國방(방) ※조선 시대에, 서울의 오부(五部)를 다시 나눈 행정 구역. 지금의 동(洞)에 해당함.

【坊坊曲曲 방방곡곡】한 군데도 빠짐없는 여러 곳. 골골샅샅.

± 4 ⑦ **【坏】** 날기와 배 坯 ハイ

字解 ①날기와(배) ※아직 굽지 않은 기와. ②벽 바를, 막을(배)

【坏車 배차】 축이 달린 널조각 위에 흙 뭉치를 넣고 돌리면서 도자기를 만들게 된 물레.

【坏土 배토】 ①國질그릇을 만드는 흙. ②얼마 안 되는 흙.

± 4 ⑦ **【坐】** 앉을 좌

𠆢 𠆢 𠆢 𠆢 坐 坐 坐

⊕zuò ⊕ザ(すわる) ⊕sit

字源 회의자. 두 사람[人(인)]이 흙[土(토)] 위에 마주 앉아 있는 모습이다.

字解 ①앉을(좌) ¶ 坐禪(좌선) ②죄 입을(좌) ¶ 連坐(연좌)

【坐骨 좌골】 골반(骨盤)을 이루는 좌우 한 쌍의 뼈.

【坐不安席 좌불안석】 앉아 있어도 편안한 자리가 아님. '불안하거나 걱정스러워 한군데에 오래 앉아 있지 못함'을 이름.

【坐禪 좌선】 가부좌(跏趺坐)를 하고 조용히 참선(參禪)함.

【坐視 좌시】 ①앉아서 봄. ②간섭하지 않고 가만히 두고 보기만 함.

【坐定 좌정】 ①자리잡아 앉음. ②'앉음'의 높임말.

【坐井觀天 좌정관천】 우물 속에 앉아 하늘을 봄. '견문이 좁음'의 비유.

【坐礁 좌초】 배가 암초에 걸림.

【對坐 대좌】 마주 앉음.

【連坐 연좌】 다른 사람의 범죄 사건에 휘말려서 처벌을 받음.

참고 '坐'와 '座'는 본디 동자(同字)였으나, 오늘날에는 주로 '座'는 명사로, '坐'는 동사로 쓰인다.

± 4 ⑦ **【址】** 터 지 阯 址

명 ⊕zhǐ ⊕シ ⊕site

字解 터, 토대(지)

【址臺 지대】 탑이나 집채 등의 아랫도리에 돌로 쌓은 부분.

【寺址 사지】 절이 있던 자리. 절터.
【遺址 유지】 옛 자취가 남아 있는 터.

± 4 ⑦ **【坂】** 고개 판 阪 坂

명 ⊕bǎn ⊕ハン(さか) ⊕slope

字解 ①고개(판) ②산비탈(판)

± 5 ⑧ **【坩】** 도가니 감 坩

⊕gān ⊕カン ⊕melting pot

字解 도가니(감)

【坩堝 감과】 금속이나 철광석을 융해·배소(焙燒)하는 그릇. 도가니.

± 5 ⑧ **【坰】** 들 경 冏 坰

명 ⊕jiōng ⊕ケイ ⊕suburbs

字解 들(경) ※수도에서 멀리 떨어진 곳.

± 5 ⑧ **【坤】** 땅 곤 元 坤

一 十 土 圵 圷 坰 坤 坤

⊕kūn ⊕コン(ひつじさる) ⊕earth

字源 회의자. 土(토)와 申(신)은 모두 의미 부분이다. 土는 지지(地支)의 9번째인 申에 해당한다. 그래서 申이 의미 부분이 된다.

字解 ①땅(곤) ¶ 乾坤(건곤) ②괘 이름(곤) ¶ 坤卦(곤괘)

【坤卦 곤괘】 팔괘의 하나. 땅·여자·신하 등을 상징함. 괘형은 ☷.

【坤時 곤시】 이십사시의 열여섯째 시. 곧, 하오 2시 30분~3시 30분.

【坤輿 곤여】 땅.
📖 '輿'는 수레의 짐을 싣는 곳으로, 만물을 싣고 있는 땅에 비유하여 쓰인 말임.

【乾坤 건곤】 하늘과 땅.

± 5 ⑧ **【坵】** 명 丘(5)의 俗字

± 5 ⑧ **【垈】** 명 터 대 坮

字解 터, 집터(대)

【垈田 대전】①텃밭. ②집터와 밭.
【垈地 대지】집터.

土 5 ⑧【坮】[명] 臺(676)와 同字

土 5 ⑧【垂】드리울 수 [支]

一 二 千 千 乖 乖 垂 垂

[고] ㊥chuí ㊐スイ(たれる) [英]hang down

[字源] 상형자→회의 겸 형성자. 갑골문·금문을 보면 모두 꽃잎이 아래로 늘어진 모양을 그린 상형자였다. 그런데 소전에 이르러 의미 부분으로 土(토)가 더해져 현재의 垂자가 된 것이다. 土 윗부분은 의미와 발음의 역할을 겸하고 있다.

[字解] ①드리울(수) ¶ 垂直(수직) ②거의(수) ¶ 垂成(수성)

【垂簾聽政 수렴청정】발을 드리우고 정사(政事)를 들음. 임금의 나이가 어릴 때 왕대비나 대왕대비가 임금을 대신하여 정사를 돌보던 일.
【垂範 수범】①남의 모범이 됨. ②본보기를 후세에 남김.
【垂成 수성】일이 거의 이루어짐.
【垂直 수직】①똑바로 드리움, 또는 그 상태. ②하나의 평면이나 직선에 대하여 90도 각도를 이루는 일.
【垂訓 수훈】후세에 전하는 교훈.

'垂'가 붙은 한자

陲 변방(수)	睡 졸(수)
郵 우편(우)	捶 매질할(추)
箠 채찍(추)	錘 저울추(추)
唾 침(타)	

土 5 ⑧【坳】팬 곳 요 [效]

㊥ào ㊐オウ(くぼみ) [英]hollow

[字解] 팬 곳, 움푹 팬 곳(요)

【坳堂 요당】마당에 우묵하게 팬 땅.

土 5 ⑧【尭】堯(143)의 俗字

土 5 ⑧【坧】토대 척 [陌]

[명] ㊥zhí ㊐セキ [英]base

[字解] 토대, 기초(척)

土 5 ⑧【坼】터질 탁 [陌]

[명] ㊥chè ㊐タク [英]tear

[字解] 터질, 벌어질(탁)

【坼裂 탁렬】터져 갈라짐.
【坼榜 탁방】[國]①과거에 급제한 사람의 이름을 게시(揭示)하던 일. ②'일의 결말을 냄'의 비유.
[참고] 圻(기 : 136)는 딴 자.

土 5 ⑧【坦】평탄할 탄 [旱]

[명] ㊥tǎn ㊐タン [英]smooth

[字解] ①평탄할, 평평할(탄) ¶ 坦坦大路(탄탄대로) ②너그러울, 수더분할(탄) ¶ 坦率(탄솔)

【坦道 탄도】넓고 평평한 길.
【坦率 탄솔】성품이 너그러워 사소한 예절에 얽매이지 않음.
【坦坦大路 탄탄대로】높낮이가 없이 평탄하고 넓은 큰 길.
【順坦 순탄】①길이 평탄함. ②탈이 없이 순조로움.
【平坦 평탄】①땅바닥이 평평함. ②일이 거침새가 없이 순조로움.

土 5 ⑧【坡】고개 파 [歌]

[명] ㊥pō ㊐ハ(つつみ) [英]slope

[字解] ①고개, 비탈(파) ¶ 坡陀(파타) ②둑, 제방(파) ¶ 坡岸(파안)

【坡岸 파안】제방의 언덕. 제방.
【坡陀 파타】비탈지고 험한 모양.

土 5 ⑧【坪】땅 평평할 평 [庚]

[명] ㊥píng ㊐ヘイ(つぼ) [英]plain

[字解] ①땅 평평할(평) ②평(평) ※넓이의 단위. 사방 6자.

【坪當 평당】한 평에 대한 비율.
【坪數 평수】평(坪)으로 따진 넓이.
【建坪 건평】건물이 자리잡은 터의 평수. 건축 면적.

3 획

土部 7획

【垢】 때 구 宥
⊕gòu ㊐コウ, ク(あか) ㊊dirt
字解 ①때, 때묻을(구) ②수치(구)
【垢汚 구오】①때가 묻어 더러움. ②때. 오물. ③명예가 더러워짐.
【無垢 무구】더러움이 없음. 곧, 때묻지 아니하고 깨끗함.

【峒】 항아리 동 東
㊄ ⊕dòng, tóng ㊐トウ ㊊crock
字解 ①항아리(동) ②國동막이(동) ※둑을 쌓아 막는 일.

【城】 城(139)의 俗字

【垣】 담 원 元
㊄ ⊕yuán ㊐エン(かき) ㊊wall
字解 담(원)
【垣墻 원장】담. 담장.
【垣屛 원병】울타리. 담.

【垠】 끝 은 眞
㊄ ⊕yín ㊐ギン ㊊border
字解 끝, 가장자리(은)

【垞】 언덕 택 麻
㊄ ⊕chá ㊐タ ㊊hill
字解 언덕, 작은 언덕(택)

【垓】 지경 해 本개 灰
㊄ ⊕gāi ㊐ガイ ㊊boundary
字解 지경, 경계(해)
【垓心 해심】①일정한 경계 안의 한 가운데. ②포위된 가운데.
【垓字 해자】①능(陵)이나 묘의 경계. ②성(城) 밖으로 둘러 판 못.

【型】 거푸집 형
㊄ ⊕xíng ㊐ケイ(かた) ㊊mold
字解 ①거푸집(형) ¶鑄型(주형)

②모범, 본보기(형) ¶典型(전형)
【模型 모형】①똑같은 모양의 물건을 만들기 위한 틀. ②실물을 본떠서 만든 물건.
【典型 전형】어떤 사물 중 모범이나 본보기로 삼을 만한 것.
【鑄型 주형】주물(鑄物)의 바탕으로 쓰이는 틀. 거푸집.

【垕】 厚(97)의 古字

【埋】 묻을 매 佳
⊕mái ㊐マイ(うめる) ㊊bury
字源 회의 겸 형성자. 埋는 薶의 속자이다. 薶는 동물(豸(치))을 구덩이 안(里(리))에 넣고 풀(艹(초))로 덮었다는 뜻이다. 貍(리)의 발음도 담당한다. 옛날에는 薶와 貍의 음이 비슷하였기 때문이다. 따라서, 埋에서 土(토)와 里는 모두 의미 부분이며, 里는 발음도 담당한다.
字解 묻을, 묻힐(매)
【埋立 매립】우묵한 땅을 메움, 또는 하천·바다를 메워 육지로 만드는 일.
【埋沒 매몰】파묻음, 또는 파묻힘.
【埋伏 매복】몰래 숨어 있음.
【埋設 매설】지뢰·수도관 따위를 땅속에 파묻어 설치함.
【埋葬 매장】죽은 사람을 땅에 묻음.
【埋藏 매장】①광물 등이 묻혀 있음. ②묻어서 감춤.

【城】 재 성 庚
⊕chéng ㊐ジョウ(しろ) ㊊castle
字源 회의 겸 형성자. 土(토)와 成(성)은 모두 의미 부분인데, 成은 발음도 담당한다. 成은 盛(성) 자와 같은 뜻으로, 성안에 백성들이 많이 모여 산다는 뜻을 나타낸다.
字解 재, 성(성)
【城郭 성곽】①내성(內城)과 외성(外城)의 총칭. ②성(城), 또는 성의 둘레. ⑪城廓(성곽).
【城砦 성채】성과 진터.

【城下之盟 성하지맹】성 밑에서 항복하여 맺는 맹약. '굴욕적인 강화(講和)의 맹약(盟約)'을 이름.
【籠城 농성】①성문을 굳게 닫고 지킴. ②어떤 목적을 이루기 위하여 한자리에 줄곧 머물러 버티는 일.
【長城 장성】길게 둘러쌓은 성.
【築城 축성】성을 쌓음.

【埃】 티끌 애

명 ⊕āi 日アイ(ほこり) 英dust
【土埃 진애】①티끌. 먼지. ②더러운 세속. 속세. 埃塵(애진).

【垸】 바를 완·환

명 완, ⊕wàn, huàn 日カン 英plaster
字解 ①바를(완·환) ※잿물에 옻을 타서 바름. ②둑, 방죽(완·환)

【埇】 길 돋울 용

명 ⊕yǒng 日ヨウ, ユ
字解 길 돋울(용)

【埈】 가파를 준 동陵

명 ⊕jùn 日シュン 英steep
字解 ①가파를(준) ②서두를(준)

【堈】 언덕 강 동罁

명 ⊕gāng 日コウ 英hill
字解 ①언덕(강) ②독(강) ※큰 오지그릇이나 질그릇.

【堅】 굳을 견 간堅

명 ⊕jiān 日ケン(かたい) 英hard
字解 굳을, 굳셀, 튼튼할(견)
【堅甲利兵 견갑이병】튼튼한 갑옷과 날카로운 병기. '강한 군사력(軍事力)'을 이름.
【堅固 견고】단단하고 튼튼함.

【堅實 견실】미덥고 확실함.
【堅忍不拔 견인불발】굳게 참고 버티어 마음이 흔들리지 아니함.
【堅持 견지】굳게 지님.
【中堅 중견】단체나 사회에서 중심이 되거나 중요한 구실을 하는 사람.

【堀】 굴 굴 囲

명 ⊕kū 日クツ(ほり) 英dugout
字解 ①굴(굴) 늑窟 ②팔(굴)=掘
【堀室 굴실】지하실, 또는 석실.
【堀穴 굴혈】굴. 동굴.

【埼】 갑 기 囷

명 ⊕qí 日キ(もとい) 英cape
字解 ①갑, 곶(기) ②산부리(기)

【基】 터 기 囷

一 ㅏ ㅐ ㅑ 甘 甘 其 其 基 基

명 ⊕jī 日キ 英base
字源 형성자. 土(토)는 의미 부분이고, 其(기)는 발음 부분이다.
字解 ①터, 바탕, 토대(기) ②國기(기) ※무덤·탑 등을 세는 단위.
【基金 기금】어떤 목적을 위하여 적립하여 두는 자금.
【基盤 기반】기초가 되는 지반(地盤). 기본이 되는 자리.
【基本 기본】사물(事物)의 가장 중요한 밑바탕.
【基底 기저】기초가 되는 밑바닥.
【基調 기조】사상·작품·학설 등의 기본적인 경향.
【基準 기준】기본이 되는 표준.
【基礎 기초】①건물 따위의 무게를 받치기 위하여 만든 바닥. 土臺(토대). ②사물이 이루어지는 바탕.

【堂】 집 당 陽

丨 丷 丷 丷 甞 堂 堂 堂

명 ⊕táng 日ドウ 英hall
字源 형성자. 土(토)는 의미 부분이고, 尙(상)은 발음 부분이다.

字解 ①집, 대청(당) ¶殿堂(전당) ②번듯할, 정당할(당) ¶堂堂(당당) ③근친(당) ※가까운 친척. ¶堂叔(당숙)

【堂堂 당당】매우 의젓하고 떳떳함.
【堂叔 당숙】아버지의 사촌 형제. 從叔(종숙).
【堂姪 당질】오촌 조카. 곧, 사촌의 아들. 從姪(종질).
【明堂 명당】좋은 집터나 묏자리.
【母堂 모당】'남의 어머니'의 높임말. 大夫人(대부인). 慈堂(자당).
【殿堂 전당】①신불(神佛)을 모시는 집. ②가장 권위 있는 기관.

土⁸/₁₁ 【培】 북돋울 배 园

十 土 ㅗ 圵 圵 坧 培 培

고 ⊕péi ⊕バイ(つちかう) ⊛nourish
字源 형성자. 土(토)는 의미 부분이고, 咅(부)는 발음 부분이다.
字解 북돋울, 가꿀(배)

【培養 배양】식물이나 미생물 따위를 인공적으로 기르는 일.
【栽培 재배】식물을 심어 가꿈.

土⁸/₁₁ 【埠】 선창 부 圂

명 ⊕bù ⊕フ ⊛wharf
字解 선창, 부두(부)

【埠頭 부두】항구에서, 배를 대어 여객이 타고 내리거나 짐을 싣고 부리는 곳. 船艙(선창).

土⁸/₁₁ 【埴】 찰흙 식·치 厦圂

명 식 ⊕zhí ⊕ショク(はに) ⊛clay
字解 찰흙(식·치)

【埴土 식토】점토(粘土)와 모래가 섞인 흙. 질흙.

土⁸/₁₁ 【堊】 흰 흙 악 囅

명 ⊕è, アク ⊕ア, アク ⊛chalk
字解 흰 흙, 백토(악)

【堊室 악실】①벽에 흰 칠을 한 집. ②상주(喪主)가 거처하는 방.

【白堊 백악】빛깔이 희고 잔모래가 많이 섞인 흙. 白土(백토).

土⁸/₁₁ 【埜】 명 野(764)의 古字

土⁸/₁₁ 【域】 지경 역 國

十 土 ㅗ 圹 圹 域 域 域

고 ⊕yù ⊕イキ ⊛boundary
字源 회의 겸 형성자. 土(토)와 或(혹)은 모두 의미 부분인데, 或은 발음도 담당한다. 본래 域은 글자의 이체자이고, 或은 창(戈)과 울타리(□)로 이루어져 國(나라 국)과 같은 글자였다. 뒤에 나라의 뜻은 國자로 굳어지고, 或은 '어떤·또는'의 뜻으로 가차되었으며, 域은 부분적 지역을 뜻하는 글자로 의미가 축소되었다.
字解 지경, 구역(역)

【域內 역내】구역 또는 지역의 안.
【廣域 광역】넓은 구역이나 범위.
【區域 구역】일정한 기준에 의하여 갈라 놓은 지역.
【聖域 성역】①신성한 지역. ②문제 삼지 않기로 한 사항.
【領域 영역】①국가의 주권이 미치는 곳. ②세력이 미치는 범위.
【流域 유역】강물이 흐르는 언저리의 지역.
【異域 이역】①다른 나라의 땅. ②제 고장에서 멀리 떨어진 곳.
【地域 지역】일정한 땅의 구역.
【海域 해역】바다 위의 일정한 구역.

土⁸/₁₁ 【埨】 성가퀴 예 圂

명 ⊕ní ⊕ゲイ ⊛battlement
字解 성가퀴(예) ※성 위에 낮게 쌓은 담.

土⁸/₁₁ 【埶】 명 藝(521)와 同字

土⁸/₁₁ 【堉】 옥토 육 圂

명 ⊕yù ⊕イク ⊛fertile land
字解 옥토(육) ※기름진 땅.

土部 8획

㼇⑪ 다스릴 정
명 ⓒzhēng ⓙソウ ⓔmanage
字解 다스릴(정)

埻⑪ 과녁 준
명 ⓒzhǔn ⓙシュン ⓔtarget
字解 ①과녁, 표적(준) ②법(준)

執⑪ 잡을 집
명 ⓒzhí ⓙシツ(とる) ⓔtake
字解 회의 겸 형성자. 본래는 사람이 꿇어앉아(卩) 있고 두 손이 형틀에 묶여(幸) 있는 모습으로, '죄인을 체포하다'라는 뜻을 나타낸다. '수갑'을 그린 幸(녑) 자와 '운이 좋다'는 뜻의 幸(행) 자는 자형이 비슷하여 예서(隷書)에 이르러 자형이 똑같이 幸으로 되었고, 卩(잡을 극) 자는 丸(환)으로 바뀌었다. 그러므로 執에서 丸과 幸(녑·행)은 모두 의미 부분인데, 幸은 발음도 담당한다.
字解 ①잡을(집) ¶ 執權(집권) ②맡아볼(집) ¶ 執務(집무) ③고집할(집) ¶ 我執(아집)

【執權 집권】정권을 잡음.
【執念 집념】①머리에서 떠나지 않는 생각. ②한 가지 일에 몰두함.
【執刀 집도】①칼을 잡음. ②수술이나 해부를 하기 위해 메스를 잡음.
【執務 집무】사무를 맡아봄.
【執拗 집요】고집이 세고 끈질김.
【執着 집착】한 가지 일에만 마음이 쏠려 떠나지 않음.
【執筆 집필】글이나 글씨를 씀.
【執行 집행】실제로 시행함.
【固執 고집】자기의 생각·의견만을 내세워 굽히지 않음. 또는 그런 성질.
【我執 아집】자기의 좁은 소견에만 사로잡힌 고집.

埰⑪ 영지 채
명 ⓒcài ⓙサイ ⓔfief
字解 영지, 식읍(채) ※임금이 하사한 전지(田地).

堆⑪ 쌓을 퇴
명 ⓒduī ⓙタイ(うずたかい) ⓔheap
字解 쌓을, 쌓일(퇴)
【堆肥 퇴비】풀·짚 등 유기물을 썩혀서 만든 거름. 두엄.
【堆積 퇴적】많이 덮쳐 쌓임.

堪⑫ 견딜 감
명 ⓒkān ⓙカン(たえる) ⓔendure
字解 ①견딜(감) ②하늘(감)
【堪耐 감내】참고 견딤.
【堪當 감당】일을 능히 참고 해냄.
【堪輿 감여】하늘과 땅.

塔⑫ 階(345)와 同字

堺⑫ 명 界(545)와 同字

堝⑫ 도가니 과
명 ⓒguō ⓙカ ⓔcrucible
字解 도가니(과)
【坩堝 감과】도가니.

堵⑫ 담 도
명 ⓒdǔ ⓙト(かき) ⓔwall
字解 ①담(도) ②집(도)
【堵列 도열】담을 두른 것처럼 죽 늘어섬. 또는 늘어선 대열(隊列).
【堵牆 도장】담. 울타리.
【安堵 안도】①집에서 편안히 지냄. ②마음을 놓음.

堗⑫ 부엌 창, 돌
명 ⓒtú ⓙトツ ⓔkitchen funnel
字解 부엌 창(돌) ※부엌에 연기가 빠지도록 낸 창.

塁⑫ 壘(149)의 俗字

土部 9획

【堡】 작은 성 보[획]
⑫
- 음 ⓗbǎo ⓙホ, ホウ(とりで) ⓔfort
- 字解 작은 성, 보루(보)
【堡壘 보루】 ①적을 막기 위해 쌓은 견고한 진지. ②가장 튼튼한 발판.
【橋頭堡 교두보】 ①다리를 엄호하기 위하여 쌓은 보루. ②적군을 공략하기 위한 발판.

【報】 갚을 보[획]
⑫
土 土 井 幸 幸 幸 報 報
- 음 ⓗbào ⓙホウ(むくいる) ⓔreward
- 字源 회의자. 수갑을 그린 幸(녑)과 꿇어앉은 사람(卩(절))그리고 손(又(우))으로 이루어졌다. 즉 사람을 잡았다가 형를 앞에 꿇어앉게 한 모습으로, '죄를 다스린다'는 뜻을 나타낸다.
- 字解 ①갚을(보) ¶報復(보복) ②알릴(보) ¶報告(보고)
【報告 보고】 주어진 임무의 결과를 말 또는 글로 알림.
【報答 보답】 남의 호의(好意)나 은혜 따위를 갚음.
【報道 보도】 신문·통신 등의 뉴스.
【報復 보복】 원수를 갚음. 앙갚음.
【報酬 보수】 노력의 대가나 사례의 뜻으로 주는 돈이나 물품.
【報恩 보은】 은혜를 갚음.
【警報 경보】 경계하도록 알리는 보도.
【朗報 낭보】 반가운 소식.

【堰】 방죽 언[획]
⑫
- 음 ⓗyàn ⓙエン(せき) ⓔdike
- 字解 방죽, 둑, 보(언)
【堰堤 언제】 둑. 방죽. 堤防(제방).

【壖】 빈터 연[획]
⑫
- 음 ⓗruán ⓙゼン
- 字解 빈터(연) ※묘(廟)의 안 담과 바깥 담 사이의 빈터.

【堯】 요임금 요[획]
⑫

- 음 ⓗyáo ⓙギョウ
- 字解 ①요임금(요) ②높을(요)
【堯舜 요순】 중국 고대의 성군(聖君)인 요(堯)임금과 순(舜)임금.
【堯堯 요요】 산이 매우 높은 모양.

> '堯'가 붙은 한자
> 僥 요행(요)   澆 물 댈(요)
> 遶 두를(요)   繞 두를(요)
> 蟯 요충(요)   饒 넉넉할(요)
> 曉 새벽(효)   驍 날랠(효)

【堣】 산모퉁이 우[획]
⑫
- 음 ⓗyú ⓙグ ⓔcorner
- 字解 ①산모퉁이(우) ②구석(우)

【場】 마당 장[획]
⑫
土 土 圹 坦 坦 場 場 場
- 음 ⓗcháng ⓙジョウ(ば) ⓔplace
- 字源 형성자. 土(토)는 의미 부분이고, 昜(양)은 발음 부분이다.
- 字解 ①마당(장) ②곳, 장소(장)
【場面 장면】 어떤 장소에서 벌어진 광경(光景).
【場所 장소】 자리. 곳.
【廣場 광장】 넓은 곳.
【登場 등장】 무대나 장면에 나옴.
【罷場 파장】 섰던 장이 파함.
【刑場 형장】 사형을 집행하는 곳.

【堤】 방죽 제[획]
⑫
土 土 圹 坦 埕 垾 堤 堤
- 음 ⓗdī ⓙテイ(つつみ) ⓔdike
- 字源 형성자. 土(토)는 의미 부분이고, 是(시)는 발음 부분이다. 옛날에 堤와 是는 발음이 비슷하였다.
- 字解 방죽, 둑(제)
【堤防 제방】 둑. 방죽. 堤堰(제언).
【防波堤 방파제】 밀려드는 파도를 막기 위하여 항만(港灣)에 쌓은 둑.

【堞】 성가퀴 첩[획]
⑫
- 음 ⓗdié ⓙチョウ ⓔparapet

【字解】 성가퀴(첩)
【城堞 성첩】 성가퀴.

【堭】 당집 황 陽

명 ㊥huáng ㊐コウ ㊧temple
【字解】 ①당집(황) ②해자(황)=隍

【堠】 돈대 후 有

㊥hòu ㊐コウ ㊧milestone
【字解】 ①돈대(후) ※이수(里數)를 표시하려고 흙을 쌓아 올린 단(壇). ②봉홧둑, 망대(후)
【堠望 후망】 망대(望臺)에 올라가 망을 봄.
【堠碑 후비】 길의 이수(里數)를 표시하여 세운 돌. 里程標(이정표).

【塏】 높은 땅 개 賄

명 ㊥kǎi ㊐ガイ ㊧height
【字解】 높은 땅(개)

【塊】 덩어리 괴 賄

十 土 土' 圹 坤 坤 塊 塊
㊀ ㊥kuài ㊐カイ(かたまり) ㊧lump
【字源】 형성자. 土(토)는 의미 부분이고, 鬼(귀)는 발음 부분이다.
【字解】 덩어리, 흙덩이(괴)
【塊根 괴근】 덩이뿌리.
【塊石 괴석】 돌덩이.
【金塊 금괴】 금덩어리.

【塘】 못 당 陽

명 ㊥táng ㊐トウ(つつみ) ㊧pond
【字解】 ①못, 연못(당) ②방죽(당)
【池塘 지당】 못. 연못.

【塗】 바를 도 虞

氵氵氵氵涂涂涂塗
㊀ ㊥tú ㊐ト(ぬる) ㊧paint
【字源】 형성 겸 회의자. 土(토)는 의미 부분이고, 涂(도)는 발음 부분이다. 옛날에는 '진흙'·'칠하다'·'바르다' 등의 뜻으로 '涂' 자를 쓰기도 하였다. 따라서 '涂'와 '塗'는 고금자(古今字)의 관계이고, '塗'에서 '涂'는 의미도 담당한다.
【字解】 ①바를, 칠할(도) ¶塗裝(도장) ②길(도)≒途 ¶道聽塗說(도청도설) ③진흙(도) ¶塗炭(도탄)
【塗料 도료】 물건을 썩지 않게 하거나 채색하기 위하여 그 겉에 바르는 물질. 페인트·니스 따위.
【塗褙 도배】 벽 따위를 종이로 바름.
【塗裝 도장】 도료를 칠하거나 발라 치장함.
【道聽塗說 도청도설】 길에서 얻어들은 것을 길에서 곧바로 말함. '근거 없는 뜬소문'의 비유.
【塗炭 도탄】 진흙탕에 빠지고 숯불에 타는 괴로움. '몹시 곤란하고 괴로운 지경'을 이름.
【糊塗 호도】 일시적으로 흐리터분하게 얼버무려 넘김.

【塞】 ❶변방 새 ❷막을 색

宀宀宀宀宔寒寒塞塞
㊀ ㊥sài, sè ㊐ソク(ふさぐ) ㊧frontier
【字源】 회의 겸 형성자. 土(토)와 寅(하)는 모두 의미 부분인데, 寅는 발음도 담당한다. 寅는 '틈'이라는 뜻이다.
【字解】 ❶①변방(새) ¶塞翁之馬(새옹지마) ②요새(새) ❷막을, 막힐(색) ¶梗塞(경색)
【塞翁之馬 새옹지마】 변방 늙은이의 말. '인생의 길흉화복은 변화가 많아 예측하기 어려움'의 비유. 塞翁得失(새옹득실). 塞翁禍福(새옹화복).

故事 북쪽 변방(邊方)에 사는 어느 늙은이가 기르던 말이 호지(胡地)로 달아났으나, 얼마 뒤에 한 필의 준마(駿馬)를 데리고 돌아왔고, 아들이 그 준마를 타다가 떨어져 절름발이가 되는 불행을 겪었으나, 뒷날 그 때문에 전쟁터에 나가지 않게 되어 목숨을 보전했다는 고사에서 온 말.

【塞源 색원】근원을 막음.
【要塞 요새】국방상 중요한 지점에 구축한 방어 시설.
【梗塞 경색】꽉 막힘.
【窘塞 군색】①살기가 구차함. ②자유롭지 못하고 거북함.
【窮塞 궁색】아주 가난함.
【窒塞 질색】몹시 싫어하거나 꺼림.
참고 '색'음도 인명용으로 지정됨.

土 10 ⑬ 【塑】 토우 소 | 壞 塑
명 ㉠sù ㉯ソ ㊦clay image
字解 ①토우(소) ※흙으로 만든 상(像). ②흙으로 만들(소)
【塑像 소상】①진흙으로 만든 사람의 형상. ②조각의 원형이 되는 상.
【彫塑 조소】①조각이나 소상. ②소상(塑像)을 만듦, 또는 그 소상.

土 10 ⑬ 【塍】 밭두둑 승 | 塍 塍
명 ㉠chéng ㉯ショウ ㊦ridge
字解 밭두둑(승)

土 10 ⑬ 【塒】 홰 시 | 塒 塒
㉠shí ㉯シ(ねぐら) ㊦perch
字解 홰(시) ※새장이나 닭장 속에 새나 닭이 앉을 수 있도록 가로지른 나무 막대기.

土 10 ⑬ 【塩】 鹽(831)의 俗字

土 10 ⑬ 【塋】 무덤 영 | 塋 塋
명 ㉠yíng ㉯エイ(はか) ㊦grave
字解 무덤, 산소(영)
【先塋 선영】조상(祖上)의 무덤, 또는 무덤이 있는 곳. 先山(선산).

土 10 ⑬ 【塢】 둑 오 | 塢 塢
명 ㉠wù ㉯オ ㊦bank
字解 둑, 작은 성(오)
【塢壁 오벽】흙을 쌓아 올려서 만든 작은 성채.

土 10 ⑬ 【塡】 ❶메울 전 ❷누를 진 | 塡
명 ㉠tián ㉯テン(うずめる) ㊦fill
字解 ❶①메울, 메일(전) ②북소리(전) ❷누를, 평정할(진) ≒鎭
【塡塞 전색】메움. 메워짐.
【補塡 보전】부족을 보충하여 채움. 결손을 메움.
【裝塡 장전】①속에 무엇을 채워 넣음. ②총포에 탄환을 잼.
【充塡 충전】메워 채움.

土 10 ⑬ 【塚】 무덤 총 | 塚
명 ㉠zhǒng ㉯チョウ(つか) ㊦tumulus
字解 무덤(총) ≒冢
【塚墓 총묘】무덤.
【貝塚 패총】조개무지.

土 10 ⑬ 【塔】 탑 탑 | 塔
十 土 圤 圤 塔 塔 塔 塔
고 ㉠tǎ ㉯トウ ㊦tower
字解 형성자. 土(토)는 의미 부분이고, 荅(답)은 발음 부분이다. 塔은 산스크리트인 'stupa'를 중국어로 음역(音譯)한 글자로서, 하나의 음절로 표현하는 중국어의 습관에 따라 's'와 'a'를 뺀 'tup' 부분만을 중국어로 옮긴 것이다.
字解 탑(탑)
【塔碑 탑비】탑과 비석.
【佛塔 불탑】절에 세운 탑.
【石塔 석탑】돌탑.

土 10 ⑬ 【塤】 명 壎(149)과 同字

土 11 ⑭ 【境】 지경 경 | 境
十 土 圹 护 培 境 境 境
고 ㉠jìng ㉯キョウ(さかい) ㊦boundary
字解 형성자. 土(토)는 의미 부분이고, 竟(경)은 발음 부분이다.

字解 ①지경, 경계(경) ¶ 國境(국경) ②형편, 사정(경) ¶ 境遇(경우)
【境界 경계】①지역이 갈라지는 한계. 臨界(임계). ②일정한 표준에 의하여 갈라지는 한계.
【境涯 경애】놓인 사정이나 형편.
【境地 경지】①학문·예술 등의 독자적 방식. ②어떤 단계에 이른 상태.
【國境 국경】나라 사이의 경계.
【祕境 비경】사람이 가 본 적이 없는, 알려지지 않은 지역.
【死境 사경】죽게 된 지경.
【心境 심경】마음의 상태.
【逆境 역경】일이 뜻대로 되지 않는 불우한 처지.
【地境 지경】①땅과 땅의 경계. ②어떤 처지나 형편.
【環境 환경】사람이나 동물에게 영향을 주는 자연적·사회적 조건이나 형편.

土 11획 ⑭ 【墐】 매흙질할 근
名 ㊥jìn ㊐キン ㊞plaster
字解 ①매흙질할(근) ※벽의 거죽에 매흙(고운 흙)을 바름. ②파묻을(근)
【墐戶 근호】입구를 흙을 발라 막음.

土 11획 ⑭ 【墁】 흙손 만
㊥màn ㊐マン ㊞trowel
字解 ①흙손(만) ※방바닥·벽 따위에 흙을 바르고 반반하게 하는 연장. ②벽 바를(만)
【墁治 만치】벽을 새로 바름.

土 11획 ⑭ 【墓】 무덤 묘
一 卄 苩 苢 莫 募 墓 墓
고 ㊥mù ㊐ボ(はか) ㊞grave
字源 형성자. 土(토)는 의미 부분이고, 莫(막)은 발음 부분이다. 옛날에 墓와 莫은 발음이 비슷하였다.
字解 무덤, 묘지(묘).
【墓碑 묘비】무덤 앞에 세우는 비석.
【墓所 묘소】무덤, 또는 무덤이 있는 곳. 山所(산소).

【墓地 묘지】무덤이 있는 땅.
【墓誌 묘지】죽은 사람의 이름·행적 등을 새겨서 무덤 옆에 파묻는 돌, 또는 거기에 새긴 글. 壙誌(광지).
【陵墓 능묘】능과 묘.
💡 '陵'은 임금이나 황후의 무덤, '墓'는 일반 사람의 무덤.
【省墓 성묘】조상의 산소를 찾아가서 살피어 돌봄.

土 11획 ⑭ 【墨】 墨(147)의 俗字

土 11획 ⑭ 【塽】 높고 밝은 땅 상
名 ㊥shuǎng ㊐サウ
字解 높고 밝은 땅(상)

土 11획 ⑭ 【墅】 농막 서
名 ㊥shù ㊐ショ ㊞barn
字解 ①농막(서) ②별장(서)
【山墅 산서】산에 있는 별장.
【別墅 별서】전장(田莊)이 있는 부근에 별장처럼 지은 집.

土 11획 ⑭ 【塾】 글방 숙
名 ㊥shú ㊐ジュク ㊞school
字解 글방(숙)
【私塾 사숙】사사로이 연, 조그만 교육 시설.
【義塾 의숙】공익을 위하여 의연금(義捐金)으로 설치한 교육 기관.

土 11획 ⑭ 【墉】 담 용
名 ㊥yōng ㊐ヨウ ㊞wall
字解 ①담, 벽(용) ②보루(용)

土 11획 ⑭ 【場】 場(143)의 俗字

土 11획 ⑭ 【塼】 벽돌 전
名 ㊥zhuān ㊐セン ㊞brick
字解 벽돌(전)
【塼甓 전벽】벽돌.

土 12획

[增] 增(147)과 同字
土11⑭

[塵] 티끌 진 ｜ 尘(간)
土11⑭ 眞(원)
명 ⊕chén ⊕ジン(ちり) ⊛dust
字解 ①티끌, 먼지(진) ¶塵土(진토) ②속세(진) ¶塵世(진세)
[塵世 진세] 티끌과 같은 이 세상. 俗世(속세). 塵界(진계).
[塵埃 진애] 티끌과 먼지.
[塵土 진토] 먼지와 흙.
[塵合泰山 진합태산] 티끌 모아 태산. '작은 것도 많이 모이면 큰 것이 됨'의 비유.
[風塵 풍진] ①바람과 티끌. ②세상에 일어나는 어지러운 일.

[塹] 구덩이 참 ｜ 堑(간) 塹(원)
土11⑭
명 ⊕qiàn ⊕ザン ⊛pit
字解 ①구덩이(참) ②해자(참)
[塹壕 참호] 적의 공격을 막기 위해 땅에 판, 좁고 긴 구덩이.

[墩] 돈대 돈 ｜ 墩(원)
土12⑮
명 ⊕dūn ⊕トン ⊛mound
字解 돈대(돈)
[墩臺 돈대] ①이정(里程)을 표시하기 위해 높직하게 쌓은 흙 무더기. ②봉홧불을 피우기 위해 쌓은 단.

[墨] 먹 묵 ｜ 墨(속) 墨(원)
土12⑮
丨 冂 罒 罒 黒 黒 墨 墨
명 ⊕mò ⊕ボク(すみ) ⊛Chinese ink
字源 회의 겸 형성자. 土(토)와 黑(흑)은 모두 의미 부분인데, 黑은 발음도 담당한다.
字解 ①먹(묵) ¶墨香(묵향) ②자자할(묵) ¶墨刑(묵형)
[墨客 묵객] 글씨를 쓰거나 그림을 그리는 사람.
[墨守 묵수] 묵적(墨翟)의 지킴. '자기 의견이나 주장을 굳게 지킴', 또는 '전통이나 관습을 굳게 지켜 융통성이 없음'을 이름. 墨翟之守(묵적지수).

故事 춘추 시대에 초(楚)나라가 성을 공격하는 신무기를 만들어 송(宋)나라를 공격하려 하자, 묵적이 초나라로 찾아가서 신무기를 만든 공수반(公輸般)과 성을 공격하고 방어하는 기술에 관하여 논쟁하였는데, 공수반은 온갖 꾀를 다 써서 공격했지만 끝내 묵적의 방어를 뚫지 못했다는 고사에서 온 말.

[墨香 묵향] 먹의 향기.
[墨刑 묵형] 지난날, 이마에 먹물로 새김질하던 형벌.
[墨畵 묵화] 먹으로 그린 동양화.

[墦] 무덤 번 ｜ 墦
土12⑮ 垣(원)
⊕fán ⊕ハン ⊛grave
字解 무덤(번)

[墳] 무덤 분 ｜ 墳坟(본간)墳(원)
土12⑮ 圤(도)
土 圤 圠 圿 圿 墳 墳 墳
고 ⊕fén ⊕フン(はか) ⊛mound
字源 형성자. 土(토)는 의미 부분이고, 賁(분)은 발음 부분이다.
字解 무덤(분)
[墳墓 분묘] 무덤.
[古墳 고분] 고대의 무덤. 옛 무덤.
[封墳 봉분] 흙을 둥글게 쌓아 무덤을 만듦, 또는 그 흙 무더기.

[墡] 흰 흙 선 ｜ 墡(원)
土12⑮
명 ⊕shàn ⊕セン ⊛malm
字解 흰 흙, 백토(선)

[增] 더할 증 ｜ 増(동)
土12⑮ 増(약)
土 圤 圤 圤 圤 圤 增 增
명 ⊕zēng ⊕ゾウ(ます) ⊛increase
字源 형성자. 土(토)는 의미 부분이고, 曾(증)은 발음 부분이다.
字解 더할, 늘(증)
[增減 증감] 늚과 줆. 늘림과 줄임.
[增强 증강] 더 늘려 강화함.
[增大 증대] 더하여 커짐.

【增補 증보】더 보태고 채움.
【增産 증산】생산량을 늘림.
【增殖 증식】불어서 더 늘거나 불려서 더 늘림.
【增額 증액】액수를 늘림.
【增資 증자】자본금(資本金)을 늘림.
【增築 증축】기존 건물을 더 늘려서 지음.
【割增 할증】일정한 금액에 얼마를 더 얹음.

墜 떨어질 추

⊙zhuì ⊙ツイ(おちる) ⊛fall
字解 떨어질, 떨어뜨릴(추)
【墜落 추락】높은 곳에서 떨어짐.
【擊墜 격추】총포·로켓 따위로 비행기 등을 쏘아 떨어뜨림.
【失墜 실추】떨어뜨림. 잃음.

墮 떨어질 타

⊙duò ⊙ダ(おちる) ⊛fall
字源 형성자. 土(토)는 의미 부분이고, 隋(수)는 발음 부분이다. 옛날에 墮와 隋는 발음이 비슷하였다.
字解 떨어질, 떨어뜨릴(타)
【墮落 타락】도덕적으로 잘못된 길로 빠짐.
【墮胎 타태】밴 아이를 인위적인 방법으로 떼어 냄. 落胎(낙태).

墟 터 허

⊙xū ⊙キョ(あと) ⊛site
字解 터, 옛터(허)
【廢墟 폐허】건물이나 성 따위가 허물어져 황폐하게 된 터.

墾 개간할 간

⊙kěn ⊙コン ⊛reclaim
字解 ①개간할 ②밭 갈(간)
【墾田 간전】논밭을 개간함, 또는 개간한 논밭.
【開墾 개간】손대지 아니한 거친 땅을 개척하여 논밭을 만듦.

壞 壞(150)의 俗字

壇 제터 단

⊙tán ⊙ダン ⊛altar
字源 형성자. 土(토)는 의미 부분이고, 亶(단)은 발음 부분이다.
字解 ①제터 ¶祭壇(제단) ②단(단) ※약간 높게 만든 자리. ¶敎壇(교단) ③사회(단) ※특수 사회의 한 무리. ¶文壇(문단)
【壇上 단상】교단이나 강단의 위.
【講壇 강단】강연·설교 등을 할 때 올라서게 만든 자리.
【敎壇 교단】교실에서 선생이 강의할 때 올라서는 단.
【文壇 문단】문학인들의 사회.
【演壇 연단】연설을 하는 사람이 올라서는 단.
【祭壇 제단】제사를 지내기 위하여 만들어 놓은 단.
【花壇 화단】화초를 심기 위하여 뜰 한쪽에 따로 마련한 곳.

壁 벽 벽

⊙bì ⊙ヘキ(かべ) ⊛wall
字源 형성자. 土(토)는 의미 부분이고, 辟(벽)은 발음 부분이다.
字解 ①벽, 바람벽(벽) ¶壁報(벽보) ②별 이름(벽) ※이십팔수(二十八宿)의 하나.
【壁報 벽보】벽에 써 붙여 여러 사람에게 알리는 글.
【壁紙 벽지】벽에 바르는 종이.
【壁畫 벽화】바람벽에 그린 그림.
【面壁 면벽】벽을 마주하고 앉아 참선(參禪)하는 일.
【巖壁 암벽】깎아지른 듯이 솟은 바위.
【障壁 장벽】가리어 막은 벽.
【絶壁 절벽】가파른 낭떠러지.

墳 墳(147)의 本字

土13
⑯ 【墺】 물가 오·욱 墺

명 오 ⊕ào ⊕オウ ⊛shore
字解 ①물가(오·욱) ②언덕(오·욱)

土13
⑯ 【壅】 막힐 옹 壅

명 ⊕yōng ⊕キョウ(ふさぐ) ⊛block
字解 막힐, 막을(옹)
【壅固執 옹고집】 억지가 아주 심한 고집.
【壅塞 옹색】 ①생활이 군색함. ②장소가 비좁음. ③소견이 옹졸함.
【壅拙 옹졸】 성질이 너그럽지 못하고 생각이 좁음.

土13
⑯ 【墻】 담 장 〖동〗 牆 〖간〗 墙

土 圩 圹 圹 圹 墙 墙 墙

고 ⊕qiáng ⊕ショウ(かき) ⊛fence
字源 회의자. 嗇(토)와 嗇(색)은 모두 의미 부분이다. 嗇은 來(나무 성글 력)과 㐭(곳간 름)으로 이루어진 글자이다.
字解 담, 경계, 칸막이(장)
【墻垣 장원】 담. 담장.
【越墻 월장】 담을 넘음.

土14
⑰ 【壔】 작은 성 도 壔

⊕dǎo ⊕トウ ⊛fort
字解 ①작은 성(도) ②둑, 방축(도)

土14
⑰ 【壓】 누를 압 〖속〗 压 压 〖간〗 壓

丿 厂 厂 厅 厣 厭 厭 壓

고 ⊕yā ⊕アツ(おす) ⊛press
字源 형성자. 土(토)는 의미 부분이고, 厭(염)은 발음 부분이다.
字解 누를(압)
【壓卷 압권】 모든 답안을 누름. '여럿 중에서 가장 뛰어난 것'을 이름.
故事 지난날, 과거에서 최우등으로 급제한 사람의 답안(卷)을 가장 나중에 다른 답안 위에 올려놓은 데서 온 말.

【壓倒 압도】 ①상대편을 눌러 넘어뜨림. ②뛰어나게 남을 능가함.
【壓力 압력】 누르는 힘.
【壓迫 압박】 ①내리누름. ②기운을 못 펴게 누르고 구박함.
【壓縮 압축】 압력으로 부피를 줄임.
【抑壓 억압】 억제하여 압박함.
【鎭壓 진압】 억눌러서 가라앉힘.

土14
⑰ 【壑】 골 학 壑

명 ⊕hè ⊕ガク(たに) ⊛valley
字解 ①골, 산골짜기(학) ②구렁(학)
【溝壑 구학】 구렁.
【萬壑千峯 만학천봉】 수많은 골짜기와 수많은 산봉우리.

土14
⑰ 【壕】 해자 호 壕

명 ⊕háo ⊕ゴウ(ほり) ⊛moat
字解 해자(호) ※성 주위에 빙 둘러 판 연못.
【防空壕 방공호】 공습 때 대피하기 위하여 만든 토굴(土窟).
【塹壕 참호】 적의 공격을 막기 위하여 땅에 판, 좁고 긴 구덩이.

土14
⑰ 【壎】 질나발 훈 〖동〗 塤 埙 壎

명 ⊕xūn ⊕ケン
字解 질나발(훈) ※흙으로 구워 만든 나발.
【壎篪 훈지】 피리의 일종.
📖 '壎'은 흙으로 만들고, '篪'는 대로 만듦.

土15
⑱ 【壙】 광 광 壙

명 ⊕kuàng ⊕コウ(あな) ⊛tomb
字解 ①광(광) ※관을 묻기 위하여 판 구덩이. ②텅 빌(광) 늑曠.
【壙中 광중】 시체를 묻는 구덩이 속.
【壙穴 광혈】 시체를 묻는 구덩이.

土15
⑱ 【壘】 진 루 〖속〗〖간〗 垒 壘

명 ⊕lěi ⊕ルイ(とりで) ⊛fort

字解 ①진, 보루(루) ②쌓을(루)
【壘塊 누괴】가슴에 맺힌 감정. 마음 속에 있는 불평.
【堡壘 보루】①적을 막기 위해 쌓은 견고한 진지. ②가장 튼튼한 발판.

【壞】 무너질 괴 〔속〕坏 〔간〕坏

㊀ ⓗuài ⓙカイ(こわす) ⓔcollapse
字源 형성자. 土(토)는 의미 부분이고, 裏(회)는 발음 부분이다.
字解 무너질, 무너뜨릴(괴)
【壞滅 괴멸】①깨뜨려 조갬. 부서져 갈라짐. ②무너져 멸망함.
【崩壞 붕괴】허물어져 무너짐.
【破壞 파괴】부수어 무너뜨림.

【罎】 술병 담

㊀ ⓗtán ⓙタン, ドン ⓔbottle
字解 술병, 술단지(담)

【壟】 밭두둑 롱

㊀ ⓗlǒng ⓙロウ ⓔridge
字解 ①밭두둑(롱) ②언덕(롱)
【壟斷 농단】①땅이 높이 솟은 곳. ② 이익을 독점함.
故事 어떤 장사꾼이 높은 곳에 올라서서 시장을 내려다보고 시세(時勢)를 파악한 다음, 싼 것을 사서 비싸게 팔아 이익을 독차지했다는 고사에서 온 말.
【壟畝 농묘】①밭. ②시골.

【壤】 흙 양 〔繁〕壤

㊀ ⓗrǎng ⓙジョウ(つち) ⓔsoil
字源 형성자. 土(토)는 의미 부분이고, 襄(양)은 발음 부분이다.
字解 ①흙, 부드러운 흙(양) ②땅(양)
【壤土 양토】농경지로 적당한, 모래와 점토가 알맞게 섞인 땅.
【天壤之判 천양지판】하늘과 땅의 차이. '아주 엄청난 차이'를 이름. 天壤之差(천양지차).
【土壤 토양】농작물을 자라게 하는 흙.

③ 士 部

【士】 선비 사 〔紙〕

一 十 士
㊀ ⓗshì ⓙシ(さむらい) ⓔscholar
字源 상형자. 갑골문을 보면 '工'로 썼는데, 소의 생식기를 그린 것이다. 한편, 금문은 도끼를 그린 모양과 같아서, 도끼는 일을 하는 도구이므로 '일을 하다'라는 뜻이 비롯되었다는 학설도 있다.
字解 ①선비(사) ¶士禍(사화) ②사내(사) ※남자의 통칭(通稱). ¶勇士(용사) ③벼슬아치(사) ¶士大夫(사대부) ④군사(사) ¶士兵(사병)
【士氣 사기】①군사(軍士)의 기개. ②일을 이루려는 기개.
【士農工商 사농공상】'선비·농부·장인·상인'의 총칭. 四民(사민).
【士大夫 사대부】벼슬 자리에 있는 사람을 평민에 상대하여 이르던 말.
【士林 사림】유학(儒學)을 공부하는 학자들, 또는 그들의 사회.
【士兵 사병】'하사관(下士官) 이하의 군인'의 총칭.
【士禍 사화】조선 시대에, 선비들이 정치적 반대파에 몰려 입었던 큰 화난(禍難).
【軍士 군사】군대에서 장교의 지휘를 받는 군인. 병사(兵士).
【演士 연사】연설하는 사람.
【勇士 용사】용기가 있는 사람.

【壬】 아홉째 천간 임 〔沁〕

丿 一 千 壬
㊀ ⓗrén ⓙニン, ジン(みずのえ)

字源 양쪽에 날이 있는 도끼를 그린 것, 鑱(돌침 참) 자의 원시 형태, 朕(노곤 등) 자의 고문(古文) 등 여러 학설이 있다.
字解 ①아홉째 천간(임) ②간사할(임)
【壬時 임시】이십사시의 스물넷째 시. 곧, 하오 10시 30분~11시30분.
【壬人 임인】간사한 사람. 佞人(영인).

士 3
6 【壯】 壯(151)의 俗字

士 4
7 【売】 賣(736)의 俗字

士 4
7 【声】 聲(659)의 俗字

士 4
7 【壱】 壹(151)의 俗字

士 4
7 【壯】 씩씩할 장 [속간]壮

ㅣ ㅐ ㅕ ㅕ ㅕ ㅐ 壯

정 ⓒzhuàng ⓙソウ(さかん) ⓔbrave
字解 형성자. 士(사)는 의미 부분이고, 爿(장)은 발음 부분이다.
字解 ①씩씩할(장) ¶壯烈(장렬) ②장할, 클(장) ¶壯觀(장관) ③젊을(장) ¶壯丁(장정)

【壯骨 장골】기운이 세고 큼직하게 생긴 뼈대. 또는 그런 뼈대를 가진 사람.
【壯觀 장관】굉장하여 볼 만한 광경.
【壯年 장년】한창 활동할 나이. 또는 그런 나이의 사람. 壯齡(장령).
【壯談 장담】자신 있게 말함.
【壯途 장도】중대한 사명이나 큰 뜻을 품고 나서는 길.
【壯烈 장렬】의기(意氣)가 씩씩하고 열렬함.
【壯士 장사】몸이 우람하고 힘이 아주 센 사람.
【壯元 장원】과거에서, 갑과(甲科)에 첫째로 급제함.
【壯丁 장정】①기운이 좋고 젊은 남자. ②부역(賦役)이나 군역(軍役)에 소집된 남자.
【健壯 건장】몸이 크고 굳셈.
【宏壯 굉장】①아주 크고 훌륭함. ②보통 이상으로 대단함.
【悲壯 비장】슬프고도 장함.
【雄壯 웅장】크고 으리으리함.

士 9
12 【壻】 사위 서 [동]婿

명 ⓒxù ⓙセイ(むこ) ⓔson-in-law
字解 사위(서)
【壻郞 서랑】'남의 사위'의 높임말.
【翁壻 옹서】장인과 사위.

士 9
12 【壹】 한 일 [속]壱

명 ⓒyī ⓙイチ(ひとつ) ⓔone
字解 ①한, 하나(일) ※'一'의 갖은자. ②오로지(일)

士 9
12 【壺】 병 호 [속]壷

명 ⓒhú ⓙコ(つぼ) ⓔpot
字解 병, 항아리(호)
【壺狀 호상】병이나 항아리처럼 생긴 모양.
【壺中天 호중천】①병 속의 하늘. '별천지'를 이름. ②'아주 비좁음'의 비유.
故事 후한(後漢)의 호공(壺公)이라는 신선이 항아리를 집으로 삼아 살았는데, 그 속이 화려하고 좋은 술과 안주가 가득했다는 고사에서 유래한 말.
【投壺 투호】화살을 항아리에 던져 넣어 승부를 겨루던 전통 놀이.

士 10
13 【壼】 대궐 안 길 곤 [완]壸

ⓒkǔn ⓙコン ⓔcourt corridor
字解 ①대궐 안길(곤) ¶壼政(곤정) ②문지방, 문지방 안(곤) ※여자를 뜻함. ¶壼訓(곤훈)
【壼範 곤범】여자의 모범적인 행실.
【壼政 곤정】①궁중의 정치. ②왕비(王妃)의 일.
【壼訓 곤훈】부녀자(婦女子)의 좋은 교훈.

士部 11획

壽 목숨 수

十士士圭圭壽壽壽

중 ⓗshòu ⓙジュ(ことぶき) ⓔlongevity

字源 형성자. 壽 자는 본래 耂를 의미 부분으로 하고, 그 아래는 음이 '주'인 발음 부분으로 여러 가지의 형태가 있었다. 현재의 자형은 예서체(隸書體)로 본래의 모양에서 많이 바뀐 형태이다.

字解 ①목숨(수) ②나이(수)

【壽命 수명】 목숨.
【壽福康寧 수복강녕】 오래 살고 복되며 건강하고 평안함.
【壽石 수석】 모양·빛깔·무늬가 아름답고 묘한 천연석.
【壽宴 수연】 장수를 축하하는 잔치. 보통 '환갑(還甲)'을 이름.
【長壽 장수】 목숨이 긺. 오래 삶.
【天壽 천수】 타고난 수명.
【祝壽 축수】 장수하기를 빎.

'壽'가 붙은 한자

墥 작은 성(도)　擣 찧을(도)
濤 큰 물결(도)　檮 그루터기(도)
燾 비칠(도)　璹 옥 이름(도)
檮 빌(도)　儔 짝(도)
疇 무리(주)　籌 산가지(주)
躊 머뭇거릴(주)
鑄 부어 만들(주)

3 夊 部

夊 뒤져올 치

ⓗzhī ⓙチ

字源 상형자. 사람의 발을 그린 '𣥂(=止)' 자를 거꾸로 한 것으로, '이동하다'·'움직이다'·'걷다' 등의 뜻을 나타낸다. 본래 夊(쇠) 자와 같은 글자이다.

字解 뒤져올(치)

斈 學(177)과 同字

変 變(725)의 俗字

覔 覺(703)의 俗字

3 夊 部

夊 천천히 걸을 쇠

ⓗsuī ⓙスイ ⓔwalk slowly

字源 상형자. 사람의 발을 그린 '𣥂(=止)'자를 거꾸로 한 것으로, '이동하다'·'움직이다'·'걷다' 등의 뜻을 나타낸다. 본래 夊(치)자와 같은 글자이다.

字解 ①천천히 걸을(쇠) ②부수의 하나(천천히걸을쇠발)

夏 여름 하

一ㄱ广百百頁頁夏夏

중 ⓗxià ⓙカ(なつ) ⓔsummer

字源 상형자. 사람의 머리·손·다리 등을 모두 그린 형태이다. 옛날에는 중원(中原)에 사는 사람들을 지칭하였다. '여름'이라는 뜻은 가차된 것이다.

字解 ①여름(하) ②하나라(하) ※중국의 우(禹)임금이 세운 나라.

【夏季 하계】 여름의 시기(時期). 夏期(하기).
【夏穀 하곡】 보리나 밀 따위와 같이 여름에 거두는 곡식.
【夏爐冬扇 하로동선】 여름의 화로와 겨울의 부채. '격에 맞지 않는 물건'의 비유.
【夏服 하복】 여름철에 입는 옷.
【盛夏 성하】 한여름.
【立夏 입하】 이십사 절기의 하나. 곡우(穀雨)와 소만(小滿) 사이로, 5월 6일경.

攵 18 ㉑ 【夔】 조심할 기 夔夔
명 ⊕kuí ⊕キ ㊌careful
字解 ①조심할(기) ②외발 짐승(기)

攵 20 ㉓ 【夒】 夔(153)와 同字

3 夕 部

夕 0 ③ 【夕】 저녁 석
ノクタ
음 ⊕xī ⊕セキ(ゆうべ) ㊌evening
字源 상형자. 달을 그린 것이다. 갑골문·금문에서는 夕과 月(달 월)의 구별이 없었다.
字解 ①저녁(석) ②저물(석)
【夕刊 석간】저녁때 배달되는 신문. 夕刊新聞(석간신문).
【夕陽 석양】①저녁 해. ②저녁녘.
【朝夕 조석】아침과 저녁.

夕 2 ⑤ 【外】 바깥 외
ノクタ夕外
음 ⊕wài ⊕ガイ, ゲ(そと) ㊌outside
字源 회의자. 갑골문에서는 단지 卜으로만 나타냈다. 저녁때〔夕(석)〕점을 친다〔卜(복)〕는 뜻이다. 점(占)은 평탄한 것을 중시하므로, 저녁때 점을 치는 것은 예외적인 일임을 뜻한다.
字解 ①바깥(외) ¶外泊(외박) ②멀리할(외) ¶外面(외면) ③외가(외) ¶外戚(외척)
【外家 외가】어머니의 친정.
【外界 외계】①사람·사물을 둘러싸고 있는 모든 것. ②지구 밖의 세계.
【外交 외교】외국과의 교제.
【外面 외면】①대면하기를 꺼려 얼굴을 돌림. ②겉쪽. 외양.
【外貌 외모】겉에 나타난 모습.
【外泊 외박】정해진 거처가 아닌 곳에서 잠.
【外勢 외세】외국의 세력.
【外壓 외압】외부로부터 가해지는 압력(壓力).
【外遊 외유】외국을 여행함.
【外地 외지】자기가 사는 곳 밖의 땅. 外方(외방).
【外戚 외척】①외가 쪽의 친척. ②성이 다른 사람으로서의 친척.
【外套 외투】양복 위에 덧입는 방한용(防寒用) 의복.
【外貨 외화】외국의 화폐.
【涉外 섭외】외부와 교섭하는 일.
【場外 장외】일정한 장소의 바깥.

夕 3 ⑥ 【多】 많을 다
ノクタタ多多
음 ⊕duō ⊕タ(おおい) ㊌many
字源 회의자. 夕을 두 번 겹쳐 쓴 모양으로, '겹치다'·'많다' 등의 뜻을 나타낸다. 다만 夕이 무엇을 본뜬 것인가에 대해서는 어떤 물건을 나타내는 '늬'을 비스듬히 놓은 것, 고깃덩어리를 그린 것 등의 여러 학설이 있다.
字解 많을(다)
【多寡 다과】많음과 적음.
【多多益善 다다익선】많으면 많을수록 좋음.
故事 한(漢)나라 명장 한신(韓信)이 고조 유방(劉邦)과 장수의 역량에 대해 얘기할 때 고조는 10만 정도의 병사를 지휘할 수 있는 그릇이지만, 자신은 병사의 수가 많을수록 잘 지휘할 수 있다고 한 고사에서 온 말.
【多發 다발】많이 발생함.
【多事多難 다사다난】일도 많고 어려움도 많음.
【多樣 다양】모양·종류가 많음.
【多才多能 다재다능】재주가 많아 여러 가지에 능함.
【多情多感 다정다감】생각과 느낌이 섬세하고 풍부함.
【過多 과다】지나치게 많음.
【播多 파다】널리 퍼져 있음.

夕部 3획

夙 [夙] 일찍 숙
명 ⊕sù ⊕シュク(はやい) ㊧early
字解 ①일찍, 이를(숙) ¶夙成(숙성) ②새벽(숙) ¶夙夜(숙야)
【夙成 숙성】 나이에 비해 정신적·육체적 성장이 이름.
【夙夜 숙야】 이른 아침과 늦은 밤.
【夙興夜寐 숙흥야매】 아침에 일찍 일어나고 밤에 늦게 잠. '일상생활을 부지런히 함'을 이름.

夜 [夜] 밤 야
명 ⊕yè ⊕ヤ(よる) ㊧night
字源 형성자. 금문을 보면 겨드랑이[亦(역)]에 달[夕(석)]을 끼고 있는 모습으로, '어둡다'는 뜻을 나타낸다. 夕은 의미 부분이고, 亦는 亦의 생략형으로 발음 부분이다. 옛날에 夜와 亦의 발음이 비슷하였다.
字解 밤(야)
【夜景 야경】 밤의 경치.
【夜勤 야근】 밤에 근무함.
【夜襲 야습】 밤에 갑자기 들이침.
【夜深 야심】 밤이 깊음.
【夜陰 야음】 밤의 어둠. 밤중.
【夜學 야학】 밤에 배우는 공부.
【除夜 제야】 섣달 그믐날 밤.
【徹夜 철야】 밤을 새움.

夥 [夥] 많을 과
⊕huǒ ⊕カ(おびただしい) ㊧abundant
字解 많을(과)
【夥多 과다】 많음.

夢 [夢] 꿈 몽
고 ⊕mèng ⊕ム(ゆめ) ㊧dream
字源 형성자. 밝지 않다는 뜻이다. 夕(석)은 의미 부분이고, 瞢은 발음 부분으로 瞢(눈 어두울 몽) 자의 생략형이다.

字解 꿈, 꿈꿀(몽)
【夢寐 몽매】 잠을 자며 꿈을 꿈.
【夢想 몽상】 ①실현성이 없는 헛된 생각. ②꿈속의 생각.
【夢精 몽정】 성적(性的)인 쾌감을 얻는 꿈을 꾸면서 사정(射精)하는 일.
【胎夢 태몽】 아기를 밸 징조(徵兆)로 꾸는 꿈.
【解夢 해몽】 꿈의 길흉을 판단함.

夤 [夤] 조심할 인
⊕yín ⊕イン(つつしむ) ㊧cautious
字解 ①조심할, 공손할(인) ②연관될, 연줄(인)
【夤緣 인연】 뇌물을 쓰거나 연줄을 타서 벼슬 자리에 오름.
【夤畏 인외】 공경하며 두려워함.

大 部

大 ❶클 대 ❷클 태
명 ⊕dà, dài ⊕タイ, ダイ(おおきい) ㊧great
字源 상형자. 사람이 정면으로 서 있는 모습을 그린 것이다. 어린아이를 뜻하는 子(자)의 상대 개념으로, '성인(成人)'·'크다'라는 뜻은 여기에서 나왔다.
字解 ❶클, 큰(대) ❷클(태) ≒太
【大概 대개】 ①대체의 사연. 줄거리. ②대강. ③대체로.
【大權 대권】 국가를 통치하는 권한.
【大器晚成 대기만성】 큰 그릇은 늦게 완성됨. '될 사람은 오랜 노력 끝에 이루어짐'을 이름.
【大膽 대담】 용감하고 담력이 셈.
【大同小異 대동소이】 거의 같고 조금 다름. '서로 비슷비슷함'을 이름.
【大書特筆 대서특필】 큰 글씨로 비중

【大成 대성】 크게 이룸.
【大勢 대세】 ①대체의 형세(形勢). ②큰 세력(勢力).
【大義滅親 대의멸친】 큰 뜻을 위해서는 부모 형제도 돌보지 않음.
【大衆 대중】 ①많은 사람. ②사회의 대다수를 이루는 사람.
【厖大 방대】 규모와 양이 크고 많음.
【肥大 비대】 살이 쪄서 몸집이 크고 뚱뚱함.

【夫】 사내 부

一 二 ナ 夫

음 ㉠fū ㉡フ(おっと) ㉢man
字源 상형자. 본래 大(대)와 같은 글자로, 사람이 정면으로 서 있는 모습을 그린 것이다. 나중에 두 개의 글자로 나누어지고 발음도 다르게 되자 大 자에 一을 더 그어 현재의 夫 자가 되었다.
字解 ①사내(부) ¶丈夫(장부) ②남편(부) ¶夫婦(부부) ③대체로, 대개(부) ※주로 문장의 첫머리에서 발어사로 쓰임.
【夫君 부군】 상대편을 높이어 그의 '남편'을 일컫는 말.
【夫婦有別 부부유별】 오륜(五倫)의 하나로, '남편과 아내 사이에는 구별이 있어야 함'을 이름.
【夫爲婦綱 부위부강】 삼강(三綱)의 하나로, '남편은 아내의 벼리가 되어야 함'을 이름.
【夫人 부인】 '남의 아내'의 높임말.
【夫唱婦隨 부창부수】 남편이 부르면 아내가 따름. '부부가 화목하게 잘 어울리는 도리'를 이름.
【農夫 농부】 농사를 짓는 사람.
【丈夫 장부】 ①다 자란 씩씩한 남자. ②장하고 씩씩한 사나이.

【夭】 일찍 죽을 요

음 ㉠yāo ㉡ヨウ ㉢die young
字解 일찍 죽을(요)
【夭死 요사】 젊은 나이에 죽음.
【夭折 요절】 젊어서 일찍 죽음.

【天】 하늘 천

一 二 テ 天

음 ㉠tiān ㉡テン(そら, あめ) ㉢heaven
字源 상형자. 사람의 머리 부분을 강조하여 그린 것으로, '정수리'를 뜻하였다. 더 이상 오를 곳이 없는 가장 높은 곳이라는 데서 '하늘'이라는 뜻이 나왔다.
字解 ①하늘(천) ¶天罰(천벌) ②자연(천) ¶天然(천연) ③임금(천) ¶天子(천자)
【天干 천간】 육십갑자의 윗부분을 이루는 요소. 十干(십간).
【天高馬肥 천고마비】 하늘은 높고 말은 살찜. '가을'을 수식하는 말.
【天幕 천막】 비바람 따위를 막기 위하여 치는 장막.
【天方地軸 천방지축】 ①종작없이 덤벙거림. ②급하여 허둥지둥 날뛰는 모양.
【天罰 천벌】 하늘이 내리는 형벌.
【天然 천연】 자연 그대로. 타고난 그대로.
【天佑神助 천우신조】 하늘이 돕고 신이 거들어 줌.
【天衣無縫 천의무봉】 천인의 옷에는 솔기가 없음. '시가·문장이 꾸밈없이 퍽 자연스러움'을 이름.
【天子 천자】 천제(天帝)의 명을 받아서 천하를 다스리는 사람. 황제.
【天災地變 천재지변】 자연현상으로 일어나는 재앙이나 괴변.
【天井不知 천정부지】 천장을 알지 못함. '물건 값 등이 자꾸 오르기만 함'을 이름.
【天眞爛漫 천진난만】 조금도 꾸밈이 없이 순진하고 참됨.
【天職 천직】 천성에 알맞은 직업.
【樂天 낙천】 운명이나 처지를 천명으로 알고 좋게 생각하는 일.

【夬】 ❶나눌 쾌 ❷깍지 결

음 ❶ ㉠guài ㉡カイ, ケツ ㉢divide

【字解】❶①나눌, 가를(쾌) ②정할(쾌) ❷깍지(결) ※활을 쏠 때 엄지손가락에 끼는 기구.
【夫夬 쾌쾌】결단하여 의심하지 않는 모양.

太 클 태

一ナ大太

정 中tài 日タイ(ふとい) 英big

【字源】지사자. 大(큰 대) 자에 점을 하나 찍음으로써 大와 다르다는 것을 표시하고, '大보다 더 크다'라는 뜻을 나타낸다.

【字解】①클(태) ¶太泰 ¶太平(태평) ②심히, 매우(태) ¶太甚(태심) ③첫째, 처음(태) ¶太初(태초) ④國콩(태) ¶豆太(두태)

【太古 태고】아주 오랜 옛날.
【太極 태극】①우주 만물 구성의 근원이 되는 본체. ②만물의 근원을 그림으로 나타낸 상징.
【太半 태반】절반을 훨씬 넘긴 수량. '거의 3분의 2를 넘음'을 이름.
【太甚 태심】매우 심함.
【太初 태초】우주의 맨 처음. 천지가 개벽한 처음. 太始(태시).
【太平 태평】나라나 집안이 잘 다스려져 크게 평안함.
【豆太 두태】팥과 콩.

失 잃을 실

丿ㄣ눅失失

정 中shī 日シツ(うしなう) 英lose

【字源】형성자. 手(수)는 의미 부분이고, 乙(을)은 발음 부분이다.

【字解】①잃을, 놓칠(실) ¶失格(실격) ②잘못할(실) ¶失策(실책)

【失脚 실각】①발을 헛디딤. ②실패하여 지위를 잃음.
【失格 실격】자격을 잃음.
【失機 실기】기회를 놓침.
【失禮 실례】언행이 예의에 벗어남.
【失望 실망】일이 뜻대로 되지 않아 낙심함.
【失明 실명】시력(視力)을 잃음.
【失笑 실소】저도 모르게 웃음.
【失言 실언】실수로 말을 잘못함.
【失業 실업】직업을 잃음.
【失戀 실연】사랑이 이루어지지 않음. 연애에 실패함.
【失踪 실종】소재·행방 등을 놓쳐 알 수 없게 됨.
【失策 실책】잘못된 계책이나 잘못된 처리. 失計(실계).
【失敗 실패】일을 그르쳐 헛일이 됨.
【過失 과실】①잘못이나 허물. ②부주의로 말미암은 실수.
【凡失 범실】대수롭지 않은 실수에서 저지르는 실수.
【紛失 분실】잃어버림.
【燒失 소실】불에 타서 없어짐.

'失'이 붙은 한자

佚 숨을(일)　洗 방자할(일)
軼 지나갈(일)　帙 질(질)
迭 갈마들(질)　疾 병(질)
秩 차례(질)　跌 넘어질(질)

央 가운데 앙

丨冂口央央

고 中yāng 日オウ 英center

【字源】회의자. 금문·소전을 보면 사람(大(대))의 목에 H가 걸려 있는 모습이다. 사람이 목에 칼을 쓴 모습으로 殃(재앙 앙) 자의 본자로서 머리가 가운데 있으므로 '가운데'라는 뜻이 파생되어 나온 것이라는 학설과, 사람이 물건을 어깨에 짊어지고 있는 모습으로 물건을 지면 반드시 그 가운데를 들기 마련이므로 '중앙'이라는 뜻이 나왔다는 학설이 있다.

【字解】가운데, 복판(앙)

【中央 중앙】①사방에서 한가운데가 되는 곳. ②'서울'을 일컫는 말.

'央'이 붙은 한자

怏 원망할(앙)　殃 재앙(앙)
盎 동이(앙)　秧 모(앙)
鴦 원앙새(앙)　映 비칠(영)
英 꽃부리(영)

大³⁶ 【夸】 자랑할 과

㊥kuā ㊐カ(ほこる) ㊤boast
字解 자랑할, 뽐낼 (과) ≒誇

大³⁶ 【夷】 오랑캐 이

一 冂 冃 冃 頁 夷 夷

訓 ㊥yí ㊐イ(えびす)
字源 회의자. 본래 중국인들이 동쪽 이민족(異民族)을 '夷'라고 불렀다. 그들이 무예를 숭상해서 언제나 활을 가지고 다녔기 때문에 이 글자를 만들었다고 한다. 大(대)와 弓(궁)은 모두 의미 부분이다.
字解 ①오랑캐, 동쪽 오랑캐 (이) ②상할 (이) ≒痍 ③평평할 (이)

【夷狄 이적】 오랑캐.
📖 '夷'는 중국 동쪽에 살던 이민족을, '狄'은 중국 북쪽에 살던 이민족을 뜻한다.
【陵夷 능이】 ①언덕과 평지. ②차차 쇠퇴함.
【東夷 동이】 동쪽 오랑캐. 중국 사람들이 그들의 동쪽에 사는 이민족을 일컫던 말.
【洋夷 양이】 서양 오랑캐. '서양 사람'의 비칭(卑稱).

大⁴⁷ 【夽】 클 운

訓 ㊥yǔn ㊐グン ㊤big
字解 ①클 (운) ②높을 (운)

大⁴⁷ 【夾】 낄 협 (夹)

訓 ㊥jiā ㊐キョウ(はさむ) ㊤insert
字解 ①낄 (협) ≒挾 ②좁을 (협) ≒狹

【夾室 협실】 안방의 양쪽에 있는 방.

'夾'이 붙은 한자

俠 호협할 (협)	匧 상자 (협)
峽 골짜기 (협)	挾 낄 (협)
浹 두루 (협)	狹 좁을 (협)
陜 좁을 (협)	莢 깍지 (협)
鋏 칼 (협)	頰 뺨 (협)

大⁵⁸ 【奇】 기이할 기

一 ナ 大 ナ 木 木 奇 奇

訓 ㊥jī ㊐キ(めずらしい) ㊤strange
字源 회의 겸 형성자. 大(대)와 可(가)는 모두 의미 부분인데, 可는 발음도 담당한다.
字解 ①기이할 (기) ¶奇怪 (기괴) ②홀수 (기) ¶奇數 (기수) ③운수 사나울 (기) ¶奇薄 (기박) ④갑자기 (기) ¶奇襲 (기습)

【奇怪 기괴】 이상야릇함.
【奇薄 기박】 삶이 기구(崎嶇)하고 복이 없음.
【奇拔 기발】 매우 재치 있고 뛰어남.
【奇想天外 기상천외】 보통으로는 짐작할 수 없을 만큼 생각이 기발하고 엉뚱함.
【奇數 기수】 홀수.
【奇襲 기습】 갑자기 들이침.
【奇異 기이】 기묘하고 야릇함.
【奇人 기인】 성질·언행이 별난 사람.
【奇蹟 기적】 사람의 힘으로는 도저히 할 수 없는 신기한 일.
【神奇 신기】 신묘하고 기이함.
【珍奇 진기】 진귀하고 기이함.

'奇'가 붙은 한자

剞 새길 (기)	埼 갑 (기)
寄 부칠 (기)	崎 산길 험할 (기)
掎 당길 (기)	琦 옥 이름 (기)
畸 떼기밭 (기)	綺 비단 (기)
錡 세발 솥 (기)	騎 말 탈 (기)
倚 기댈 (의)	猗 아름다울 (의)
椅 의자 (의)	

大⁵⁸ 【奈】 ❶어찌 내 ❷나락 나

一 ナ 大 太 大 奈 奈 奈

訓 ㊥nài ㊐ナ ㊤why
字源 형성자. 柰는 柰(능금나무 내)와 같은 자였다. 柰에서 木(목)은 의미 부분이고, 示(시)는 발음 부분이다. 뒤에 '어찌'라는 뜻으로 가차되었다. 奈에서 大(대)는 의미

부분이고 示는 발음 부분이다. 옛날에 奈 즉 柰와 示는 발음이 비슷하였다.

字解 ❶어찌(내)＝柰 ❷나락(나)

【奈何 내하】 어찌.
【奈落 나락】 범어 'Naraka'의 음역(音譯). ①지옥. ②구원할 수 없는 마음의 구렁텅이.
참고 '나'음도 인명용으로 지정됨.

大 5획 【奉】 받들 봉

一二三丰夫表表奉

훈 ㊥fèng ㊐ホウ(たてまつる) ㊤serve

字解 형성자. 手(수)와 廾(공)은 의미 부분이고, 丰(봉)은 발음 부분이다.

字解 받들(봉)

【奉仕 봉사】 ①남의 뜻을 받들어 섬김. ②남을 위하여 일함.
【奉送 봉송】 ①웃어른을 전송함. ②소중한 것을 받들어 보냄.
【奉養 봉양】 집안의 어른을 받들어 모시고 섬김.
【奉祝 봉축】 삼가 축하함.
【奉獻 봉헌】 신불(神佛)이나 존귀한 이에게 물건을 바침.
【信奉 신봉】 믿고 받듦.

大 5획 【奔】 달아날 분

一ナ大木本李李奔

훈 ㊥bēn ㊐ホン(はしる) ㊤run away

字解 회의자. 금문을 보면 '夲'로, 사람이 팔을 휘젓고 있고 그 아래에는 발을 뜻하는 止(지) 자가 세 개 있는 모습이다. 즉, 사람이 뛰어간다는 뜻이다.

字解 ❶달아날, 도망할(분) ¶ 奔忙(분망) ❷달릴(분) ¶ 狂奔(광분)

【奔忙 분망】 매우 바쁨.
【奔放 분방】 ①세차게 내달림. ②정상적인 틀을 벗어나 제멋대로 행동함.
【奔走 분주】 ①몹시 바쁨. ②바삐 돌아다님.
【狂奔 광분】 미쳐 날뜀.

【東奔西走 동분서주】 동으로 달리고 서로 달림. '사방으로 바쁘게 돌아다님'을 이름.

大 8획 【奄】 문득 엄

명 ㊥yǎn ㊐エン(おおう) ㊤suddenly

字解 ❶문득(엄) ¶ 奄忽(엄홀) ❷환관(엄) ¶ 奄人(엄인) ❸덮을(엄)

【奄人 엄인】 환관(宦官).
【奄忽 엄홀】 문득. 갑자기.

'奄'이 붙은 한자	
唵 머금을(암)	庵 초막(암)
晻 어두울(암)	菴 암자(암)
俺 나(엄)	掩 가릴(엄)
淹 담글(엄)	罨 그물(엄)
閹 고자(엄)	

大 9획 【契】 맺을 계

❶맺을 계
❷종족 이름 글
❸사람 이름 설
❹애쓸 결

一三丰打刧刧契契

훈 ㊥qì, xiè, qiè ㊐ケイ(ちぎる) ㊤bond

字解 회의 겸 형성자. '큰 약속'이란 뜻이다. 大(대)와 㓞(갈)은 모두 의미 부분인데, 㓞는 발음도 담당한다. 옛날에는 계약할 때 나무판에 칼로 새겨 그 내용을 적었기 때문에 㓞가 의미 부분이 된다. 옛날에 契와 㓞은 발음이 비슷하였다.

字解 ❶맺을, 신표(계) ¶ 契約(계약) ❷종족 이름(글) ¶ 契丹(글단) ❸사람 이름(설) ※ 상(商)나라의 시조(始祖). ❹①애쓸(결) ②소원할(결)

【契機 계기】 어떤 일이 일어나거나 결정되는 근거나 기회.
【契約 계약】 쌍방이 지켜야 할 의무에 관해 서면이나 구두로 하는 약속.
【契丹 글단→글안·거란】 나라 이름. 야율아보기(耶律阿保機)가 세워 뒤

에 요(遼)로 이름이 바뀌었으며 금(金)나라에 망함.
【契闊 결활】①생활을 위하여 애쓰고 고생함. ②오래 소식이 막힘.
참고 '글·설'음도 인명용으로 지정됨.

大6 ⑨ 【奎】 별 규 支

명 ⊕kuí ⊕ケイ
字解 별, 별 이름(규) ※이십팔수(二十八宿)의 하나로, 문장(文章)·문운(文運)을 주관하는 별.
【奎文 규문】문장. 문학. 문물.
【奎章 규장】임금의 글이나 글씨.

大6 ⑨ 【奔】 奔(158)의 本字

大6 ⑨ 【奏】 아뢸 주 宥

二 三 キ 夫 夫 表 表 奏

괴 ⊕zòu ⊕ソウ(かなでる)
英play music
字源 회의자. 소전을 보면, 夲(도)와 収(수) 그리고 中로 이루어졌는데 모두 의미 부분이다. 夲는 나아간다는 뜻이고, 収는 두 손을 그린 것이며, 中는 무슨 물건을 바친다는 뜻이다. 奏는 곧 두 손으로 물건을 받들고 나아간다는 뜻을 나타낸다. 현재의 奏 자는 예서체로서, 소전에 비해 많이 간략해졌다.
字解 ①아뢸, 여쭐(주) ¶奏請(주청) ②연주할(주) ¶伴奏(반주)
【奏樂 주악】음악을 연주함, 또는 연주하는 음악.
【奏請 주청】임금에게 아뢰어 청함.
【伴奏 반주】성악·기악의 연주에 맞추어 다른 악기로 보조적으로 연주하는 일.
【演奏 연주】여러 사람 앞에서 악기로 음악을 들려 줌.
【吹奏 취주】피리나 나팔 따위를 입으로 불어 연주함.

大6 ⑨ 【奕】 클 혁 陌

명 ⊕yì ⊕エキ 英great
字解 ①클, 성할(혁) ¶奕奕(혁혁)

②여러, 겹칠(혁) ¶奕葉(혁엽) ③바둑(혁) 능弈 ¶博奕(박혁)
【奕葉 혁엽】여러 대. 累代(누대).
【奕奕 혁혁】①큰 모양. ②아름다운 모양. ③성(盛)한 모양.
【博奕 박혁】장기와 바둑.

大6 ⑨ 【奐】 빛날 환 翰

명 ⊕huàn ⊕カン 英shine
字解 ①빛날(환) 능煥 ②성할(환)
【奐爛 환란】밝고 성한 모양.
【奐奐 환환】환히 빛나는 모양.

大7 ⑩ 【奘】 클 장 漾

명 ⊕zàng ⊕ソウ 英big
字解 ①클(장) ②성할(장)

大7 ⑩ 【套】 투식 투 號

명 ⊕tào ⊕トウ 英formal
字解 ①투식, 투(투) ¶語套(어투) ②덮개(투) ¶外套(외투)
【套式 투식】틀에 박힌 법식(法式)이나 양식(樣式).
【封套 봉투】편지 따위를 넣어 봉하는 종이 봉지.
【常套 상투】보통으로 하는 투. 예사의 버릇.
【語套 어투】말버릇. 말투.
【外套 외투】양복 위에 덧입는 방한용(防寒用) 겉옷.

大7 ⑩ 【奚】 어찌 해 齊

一 γ ν ν ν ν 空 至 奚 奚

괴 ⊕xī ⊕ケイ(なんぞ) 英why
字源 회의자. 사람[大(대)]의 땋은 머리를 손[爪(조)]으로 잡아당기고 있는 모습으로, 노예를 뜻한다. '어찌'라는 뜻은 뒤에 가차된 것이다.
字解 ①어찌, 무엇(해) ※의문·반어(反語)의 뜻을 나타냄. ¶奚故(해고) ②종(해) ¶奚奴(해노)
【奚故 해고】무슨 까닭.
【奚奴 해노】종. 下人(하인).

【奢】 사치 사
명 ⊕shē ⊕シャ(おごる) ⊛luxury
字解 사치, 사치할(사)
【奢侈 사치】 지나치게 호사스러움.
【豪奢 호사】 대단한 사치.
【華奢 화사】 ①화려하고 사치스러움. ②밝고 환함.

【奠】 정할 전
명 ⊕diàn ⊕テン(さだめる) ⊛settle
字解 ①정할(전) ②제사 지낼(전) ③바칠, 드릴(전)
【奠居 전거】 있을 곳을 정함.
【奠雁 전안】 혼인 때, 신랑이 나무로 깎은 기러기를 가지고 신부 집에 가서 상 위에 놓고 절하는 예(禮).
【釋奠 석전】 문묘(文廟)에서 공자(孔子)에게 제사 지내는 의식.

【奧】 ❶속 오
❷따스할 욱
명 ❶ ⊕ào ⊕オウ(おく) ⊛interior
字解 ❶①속, 안(오) ②깊을(오)
❷따스할(욱)＝燠
【奧妙 오묘】 심오하고 미묘함.
【奧密稠密 오밀조밀】 ①솜씨가 교묘하고 세밀한 모양. ②마음씨가 자상하고 세밀한 모양.
【奧地 오지】 해안이나 도시에서 멀리 떨어져 내륙 깊숙이 있는 땅.
【深奧 심오】 심원하고 오묘함.

【奬】 奬(160)의 俗字

【奬】 권면할 장
ㅣ ㅑ ㅕ ㅕ 將 將 奬 奬
ㄱ ⊕jiǎng ⊕ショウ(すすめる) ⊛exhort
字解 형성자. 大(대)는 의미 부분이고, 將은 발음 부분이다.
字解 ①권면할(장) ¶ 奬勵(장려) ②칭찬할(장) ¶ 推奬(추장) ③도울(장)
【奬勵 장려】 좋은 일에 힘쓰도록 북돋아 줌.
【奬學 장학】 학문을 장려(奬勵)함, 또는 그 일.
【勸奬 권장】 권하고 장려함.
【推奬 추장】 특별히 추키어 칭찬함.

【奪】 빼앗을 탈
一 ナ 六 木 本 奋 奪 奪 奪
ㄱ ⊕duó ⊕ダツ(うばう) ⊛deprive
字解 회의자. 옷(衣(의)) 안에 있는 새(隹(추))를 손(寸(촌))으로 잡으려는 모습으로, 손에 쥐고 있던 새를 놓쳤다는 뜻이다. 윗부분의 大자는 衣자를 잘못 쓴 것이 굳어진 것이다.
字解 ①빼앗을(탈) ¶ 奪取(탈취) ②잃을(탈) ¶ 奪氣(탈기)
【奪氣 탈기】 놀라거나 겁에 질려 기운이 없어짐.
【奪取 탈취】 남의 것을 억지로 빼앗아 가짐.
【奪還 탈환】 빼앗긴 것을 도로 찾음.
【强奪 강탈】 강제로 빼앗음.
【劫奪 겁탈】 위협하거나 폭력을 써서 빼앗음.
【剝奪 박탈】 지위·자격 등을 권력이나 힘으로 빼앗음.
【掠奪 약탈】 폭력(暴力)으로 남의 것을 빼앗음.
【爭奪 쟁탈】 서로 다투어 빼앗음.
【篡奪 찬탈】 임금의 자리를 빼앗음.

【奭】 ❶클 석
❷붉을 혁
명 ❶ ⊕shì ⊕セキ ⊛prosper
字解 ❶①클(석) ②성할(석) ❷붉을(혁)≒赫

【奫】 물 깊고 넓을 윤
명 ⊕yūn ⊕イン
字解 물 깊고 넓을(윤)

奮 떨칠 분

一 ナ 六 本 奢 奞 奮 奮

고 ⊕fèn ⊕フン(ふるう)
英rouse up

字源 회의자. 옷[衣(의)] 안에 있는 새[隹(추)]가 몸부림을 치며 탈출해서 들[田(전)]로 날아간다는 뜻이다. 윗부분의 大 자는 衣 자를 잘못 쓴 것이 굳어진 것이다.

字解 ①떨칠(분) ¶奮發(분발) ②성낼(분) ¶奮怒(분노)

【奮起 분기】 기운을 떨쳐 일어남.
【奮怒 분노】 분하여 몹시 성냄.
【奮發 분발】 마음을 단단히 먹고 기운을 내어 일어남. 發奮(발분).
【奮戰 분전】 힘껏 싸움.
【奮鬪 분투】 힘을 다하여 싸움.
【激奮 격분】 몹시 흥분함.
【興奮 흥분】 감정이 북받침, 또는 그 감정.

奲 관대할 차

명 ⊕chě ⊕シャ 英generous
字解 관대할(차)

---

3 女 部

女 계집 녀

ㄑ 夕 女

명 ⊕nǚ ⊕ジョ(おんな) 英female
字源 상형자. '旻'(갑골문) → '旻'(금문) → '民'(소전) → 女(해서). 사람이 무릎을 꿇고 두 손을 가지런히 모으고 앉아 있는 모습을 그린 것이다.
字解 ①계집, 여자(녀) ¶女權(여권) ②딸(녀) ¶女息(여식)

【女權 여권】 여성의 권리(權利).
【女流 여류】 '전문적인 일에 능숙한 여성'을 이름.
【女史 여사】 ①사회적 활동에 참여하고 있는 여자. ②결혼한 여자.
【女息 여식】 딸.
【女裝 여장】 남자가 여자 옷차림을 함.
【女丈夫 여장부】 남자같이 굳세고 걸걸한 여자. 女傑(여걸).
【女必從夫 여필종부】 아내는 반드시 남편을 따라야 함.
【淑女 숙녀】 ①정숙하고 품위 있는 여자. ②'다 자란 여자'의 미칭.
【長女 장녀】 맏딸. 큰딸.
【姪女 질녀】 조카딸.

奶 유모 내

⊕nǎi ⊕ダイ 英nurse
字解 ①유모, 젖어미(내) ②젖(내)
【奶娘 내낭】 젖어미. 乳母(유모).

奴 종 노

ㄑ 夕 女 奴 奴

고 ⊕nú ⊕ド(やっこ) 英slave
字源 회의자. 女(녀)와 又(우)는 모두 의미 부분이다. 又는 일을 한다는 뜻이다.
字解 종, 노예(노)

【奴僕 노복】 사내종. 奴子(노자).
【奴婢 노비】 사내종과 계집종.
【奴隷 노예】 ①종. ②자유를 구속당하고 남에게 부림을 받는 사람.
【官奴 관노】 지난날, 관가(官家)에서 부리던 사내종.
【守錢奴 수전노】 돈을 지키는 노예. '돈을 좀처럼 내놓지 않는 인색한 사람'을 이름.

> '奴'가 붙은 한자
> 努 힘쓸(노)　呶 지껄일(노)
> 孥 처자(노)　笯 처자(노)
> 弩 쇠뇌(노)　怒 성낼(노)
> 駑 둔한 말(노)

奸 ❶범할 간 ❷간사할 간

명 ⊕jiān ⊕カン(よこしま) 英wicked

字解 ❶범할(간) ❷간사할(간)

【奸計 간계】 간사한 꾀. 奸謀(간모).
【奸邪 간사】 성질이 능갈치고 행실이 바르지 못함.
【奸臣 간신】 간사한 신하.
【奸惡 간악】 간사하고 악독함.
【弄奸 농간】 간사한 꾀를 써서 남을 속이거나 잘못되게 함.

【妄】 망령될 망

ㆍㅗ 亡 亡 安 妄

国 ⊕wàng ⊕ボウ, モウ(みだり)
英absurd

字解 형성자. 女(녀)는 의미 부분이고, 亡(망)은 발음 부분이다.
字解 망령될, 실없을(망)

【妄靈 망령】 늙거나 정신이 흐려 말이나 행동이 비정상적인 상태.
【妄發 망발】 망령이나 실수로 그릇되게 하는 말이나 행동.
【妄想 망상】 이치에 맞지 않는 망령된 생각. 허황된 생각.
【妄言 망언】 망령된 말.
【輕妄 경망】 언행이 가볍고 방정맞음.
【妖妄 요망】 요사하고 망령됨.
【虛妄 허망】 ①거짓되고 망령됨. ②어이없고 허무함.

【妃】 왕비 비

ㆍㅗ 女 女 妃 妃

国 ⊕fēi ⊕ヒ(きさき) 英queen
字解 형성자. 女(녀)는 의미 부분이고, 己(기)는 발음 부분이다.
字解 ①왕비(비) ②짝, 배필(비)

【妃嬪 비빈】 임금의 정실과 후궁을 아울러 이르는 말.
【王妃 왕비】 임금의 아내. 王后(왕후). 后妃(후비).
【廢妃 폐비】 왕비의 자리에서 물러나게 함, 또는 그 왕비.

【如】 같을 여

ㆍㅗ 女 女 如 如 如

国 ⊕rú ⊕ジョ, ニョ(ごとし) 英like

字解 회의자. 女(녀)와 口(구)는 모두 의미 부분이다.
字解 ①같을(여) ¶如前(여전) ②어찌(여) ¶如何(여하) ③갈(여) ④만일(여) ¶或如(혹여) ⑤어조사(여) ※뒤에 붙어, 사물의 상태나 모양을 나타냄. ❶缺如(결여)

【如反掌 여반장】 손바닥을 뒤집는 것과 같음. '일이 아주 쉬움'을 이름.
【如意 여의】 일이 뜻대로 됨.
【如前 여전】 전과 같음.
【如何 여하】 어떻게. 어찌하여.
【缺如 결여】 응당 있어야 할 것이 부족하거나 없음.
【或如 혹여】 만일. 혹시.

【好】 ❶좋을 호 ❷좋아할 호

ㆍㅗ 女 女 妇 好

国 ⊕hǎo, hào ⊕コウ(よい) 英good
字解 회의자. 女(녀)와 子(자)는 모두 의미 부분이다. '좋다'라는 뜻은 뒤에 생겨난 것이고, 본래는 성(姓)으로 쓰였다.
字解 ❶①좋을(호) ¶好調(호조) ②사이좋을(호) ¶友好(우호) ❷좋아할(호) ¶愛好(애호)

【好感 호감】 좋은 감정. 좋은 인상.
【好奇心 호기심】 신기한 것을 좋아하거나, 모르는 것을 알고 싶어 하는 마음.
【好事多魔 호사다마】 좋은 일에는 흔히 탈이 끼어들기 쉬움.
【好色 호색】 여자를 아주 좋아함.
【好衣好食 호의호식】 잘 입고 잘 먹음, 또는 그런 생활.
【好轉 호전】 잘 되지 않던 일이 잘 되어 감.
【好調 호조】 상태가 좋음, 또는 좋은 상태. 快調(쾌조).
【好況 호황】 경기가 좋음.
【嗜好 기호】 즐기고 좋아함.
【選好 선호】 여럿 중에서 특별히 가려 좋아함.
【愛好 애호】 사랑하고 좋아함.
【友好 우호】 국가나 개인 사이가 서로 친하고 좋음.

女 4 ⑦ 【妗】 ❶외숙모 금 [沁] ❷방정맞을 함 [咸]

中jìn, xiān 日キン, カン 英aunt

[字解] ❶외숙모(금) ❷방정맞을(함)

女 4 ⑦ 【妓】 기생 기 [紙]

[명] 中jì 日ギ 英prostitute

[字解] 기생, 창녀(기)

【妓女 기녀】 ①기생(妓生). ②가무(歌舞)·바느질·의술 등을 배워 익히던 관비(官婢)의 총칭.

【妓生 기생】 노래나 춤 따위를 배워 술자리에 나가 흥을 돋우는 것을 업으로 삼던 여자. 藝妓(예기).

【名妓 명기】 이름난 기생.

【娼妓 창기】 몸을 팔던 천한 기생.

女 4 ⑦ 【妙】 묘할 묘 [嘯] [동] 玅

く 夂 女 如 如 如 妙

[중] 中miào 日ミョウ(たえ) 英exquisite

[字源] 회의 겸 형성자. 女(녀)와 少(소)는 모두 의미 부분이고, 少는 발음도 담당한다.

[字解] ①묘할, 야릇할(묘) ¶ 妙策(묘책) ②예쁠(묘) ¶ 妙態(묘태) ③젊을(묘) ¶ 妙齡(묘령)

【妙技 묘기】 절묘한 재주나 기술.

【妙齡 묘령】 젊은 여자의 꽃다운 나이. 20세 전후의 여자 나이.

【妙味 묘미】 미묘한 맛이나 흥취.

【妙手 묘수】 절묘한 솜씨나 수단.

【妙案 묘안】 절묘한 방안(方案).

【妙藥 묘약】 신통하게 잘 듣는 약.

【妙策 묘책】 매우 절묘한 계책.

【妙態 묘태】 아름다운 맵시.

【巧妙 교묘】 솜씨나 꾀가 재치 있고 약삭빠름.

【微妙 미묘】 섬세하고 묘함.

【絶妙 절묘】 썩 교묘함.

女 4 ⑦ 【妨】 방해할 방 [陽]

く 夂 女 女' 女ㅗ 妨 妨

[고] 中fáng 日ボウ(さまたげる) 英hinder

[字源] 형성자. 女(녀)는 의미 부분이고, 方(방)은 발음 부분이다.

[字解] ①방해할(방) ②거리낄(방)

【妨害 방해】 남의 일에 헤살을 놓아 못하게 함.

【無妨 무방】 지장이 없음. 괜찮음.

女 4 ⑦ 【妣】 죽은어미 비 [紙]

中bǐ 日ヒ 英deceased mother

[字解] 죽은 어미(비)

【先妣 선비】 '남에게 돌아가신 자기 어머니'를 이르는 말.

【顯妣 현비】 '돌아가신 어머니'의 존칭(尊稱). 신주(神主)의 첫머리에 쓰는 말.

女 4 ⑦ 【妤】 여관 여 [魚]

[명] 中yú 日ヨ

[字解] 여관(여) ※한대 궁녀의 벼슬 이름.

女 4 ⑦ 【妍】 姸(167)의 俗字

女 4 ⑦ 【妧】 좋을 완 [翰]

[명] 中wán 日ゲン 英good

[字解] ①좋을(완) ②고울(완)

女 4 ⑦ 【妖】 요망할 요 [蕭]

[명] 中yāo 日ヨウ(あやしい) 英strange

[字解] ①요망할, 괴이할(요) ¶ 妖邪(요사) ②고울, 아름다울(요) ¶ 妖艶(요염)

【妖怪 요괴】 ①요사스럽고 괴이함. ②사람을 해롭게 하는 요사한 귀신.

【妖妄 요망】 요사스럽고 방정맞음.

【妖物 요물】 요사스러운 물건.

【妖婦 요부】 요사스러운 계집.

【妖邪 요사】 요망스럽고 간사함.

【妖術 요술】 사람의 눈을 속여 이상한 일을 나타내 보이는 방술(方術).

【妖艶 요염】 사람을 호릴 만큼 몹시

女部 4획

【妊】아이 밸 임
명 ㊥rèn ㊐ニン(はらむ) ㊧pregnant
字解 아이 밸, 임신할(임)
【妊婦 임부】아이를 밴 여자.
【妊産 임산】아이를 배고 낳는 일.
【妊娠 임신】아이를 뱀. 懷妊(회임).
【避妊 피임】인위적으로 임신을 피함.

【妝】粧(622)과 同字

【妌】안존할 정
명 ㊥jìng ㊐セイ
字解 안존할, 얌전하고 조용할(정)

【妥】온당할 타
고 ㊥tuǒ ㊐ダ ㊧proper
字解 회의자. 손(爪(조))으로 여자〔女(녀)〕를 어루만진다는 뜻을 나타낸다. '안정'·'안무(安撫)' 등의 뜻은 여기에서 나왔다.
字解 온당할, 평온할(타)
【妥結 타결】타협하여 좋도록 일을 마무리 지음.
【妥當 타당】사리에 맞아 마땅함.
【妥協 타협】두 편이 서로 좋도록 절충하여 협의함.

【妒】妬(166)와 同字

【姑】시어미 고
고 ㊥gū ㊐コ(しゅうとめ) ㊧mother-in-law
字源 형성자. 女(녀)는 의미 부분이고, 古(고)는 발음 부분이다. '시어머니'를 뜻하기도 하고 '고모'를 뜻하기도 하는데, 옛날 중국에서는 사촌 간에 결혼이 가능해서 고모가 때로는 시어머니도 될 수 있었기 때문이다.
字解 ①시어미(고) ¶ 姑婦(고부) ②고모(고) ¶ 姑從(고종) ③잠시(고) ¶ 姑息(고식).
【姑母 고모】아버지의 누이.
【姑婦 고부】시어머니와 며느리.
【姑息 고식】일시적인 임시변통.
【姑從 고종】고모의 아들이나 딸. 고종 사촌. 內從(내종).
【舅姑 구고】시아버지와 시어머니.

【妲】여자 이름 달
㊥dá ㊐ダツ
字解 여자 이름(달)
참고 姐(저: 165)는 딴 자.

【妗】여자 이름 령
명 ㊥líng ㊐レイ
字解 ①여자 이름(령) ②교활할(령)

【妹】손아래 누이 매
명 ㊥mèi ㊐マイ(いもうと) ㊧younger sister
字源 형성자. 女(녀)는 의미 부분이고, 未(미)는 발음 부분이다.
字解 손아래 누이, 여동생(매)
【妹夫 매부】①손위 누이의 남편. ②손아래 누이의 남편.
【妹弟 매제】누이동생의 남편.
【妹兄 매형】손위 누이의 남편. 姉兄(자형).
【男妹 남매】오라비와 누이. 오누이.
참고 우리나라에서는 손위·손아래를 가리지 않고 '누이'의 뜻으로 쓰임.

【姆】여스승 모
명 ㊥mǔ ㊐ボ
字解 ①여스승(모) ②유모(모)
【保姆 보모】유치원·보육원 따위에서 보육(保育)에 종사하는 여자.

女部 5획

姒 맏동서 사
⊕sì ⊕シ ⊛sister-in-law
字解 맏동서, 동서(사)
【姒婦 사부】손아래 동서가 맏동서를 일컫는 말.
【姒娣 사제】①손위 누이와 손아래 누이. ②손위 동서와 손아래 동서.

姓 성 성
く ㄠ 女 女' 女丿 姓 姓 姓
图 ⊕xìng ⊕セイ(かばね) ⊛surname
字源 회의 겸 형성자. 女(녀)와 生(생)은 모두 의미 부분인데, 生은 발음도 담당한다.
字解 ①성, 씨족(성) ②백성(성)
【姓名 성명】성과 이름.
【姓氏 성씨】'성(姓)'의 높임말.
【姓銜 성함】'성명(姓名)'의 높임말.
【百姓 백성】①일반 국민. ②문벌이 높지 않은 보통 사람.

始 비로소 시
く ㄠ 女 女' 始 始 始 始
图 ⊕shǐ ⊕シ(はじめる) ⊛begin
字源 형성자. 女(녀)는 의미 부분이고, 台(태·이)는 발음 부분이다.
字解 비로소, 비롯함, 처음(시)
【始動 시동】가동하기 시작함.
【始末 시말】①일의 처음과 끝. ②일의 전말(顛末).
【始作 시작】①처음으로 함. ②어떤 행동·현상의 처음.
【始祖 시조】한 가계나 왕계의 초대(初代)가 되는 사람.
【始終一貫 시종일관】처음부터 끝까지 똑같은 태도로 나감.
【始初 시초】처음. 애초.
【開始 개시】시작함, 또는 처음.

妸 여자의 자 아
명 ⊕ē ⊕ア
字解 여자의 자(아)

委 ❶맡길 위 ❷쌓일 위
一 二 千 千 禾 秃 委 委
囵 ⊕wěi, wēi ⊕イ(ゆだねる) ⊛entrust
字源 회의자. 女(녀)와 禾(화)는 모두 의미 부분이다. 본래 '구부러졌다'는 뜻인데, 이는 벼가 익어 고개를 숙인 모습에서 비롯되었다.
字解 ❶①맡길(위) ¶委任(위임) ②자세할(위) ¶委曲(위곡) ❷쌓일, 쌓을(위) ¶委積(위적)
【委曲 위곡】①자세한 곡절. ②자세하고 찬찬함. 委細(위세).
【委員 위원】위임받은 자로서 임명되거나 선출된 사람.
【委任 위임】일·처리를 남에게 맡김.
【委積 위적】모아 쌓음.
【委託 위탁】맡겨 부탁함.

姉 누이 자
く ㄠ 女 女' 女丿 姉 姉 姉
图 ⊕zǐ ⊕シ(あね) ⊛elder sister
字源 형성자. 姉는 姊(자)의 속자이다. 姊에서 女(녀)의 의미 부분이고, 市는 발음 부분이다.
字解 누이, 맏누이(자)
【姉妹 자매】여자끼리의 동기. 여형제.
【姉兄 자형】손위 누이의 남편. 妹兄(매형).

姊 图 姉(165)의 本字

姐 누이 저
명 ⊕jiě ⊕ソ ⊛elder sister
字解 ①누이(저) ②아가씨(저)
【小姐 소저】아가씨.
참고 姐(달: 164)은 딴 자.

妵 여자 이름 정
명 ⊕zhēng ⊕セイ
字解 ①여자 이름(정) ②단정할(정)

女部 5획

【姝】 예쁠 주 厠
명 ㊥tŏu ㊐トウ ㊙beautiful
字解 예쁠, 아름다울(주)

【妻】
❶아내 처 厲
❷시집보낼 처 圂

一 ᄀ ᄏ ᄏ 亖 亖 妻 妻 妻

명 ㊥qī, qì ㊐サイ(つま) ㊙wife
字解 회의자. 여자(女(녀))가 손(又(우))으로 머리를 매만지거나 비녀(一)를 꽂은 모습이다. 여자가 비녀를 꽂은 것은 결혼을 했다는 의미이므로, 결혼한 여자를 뜻한다.
字解 ❶아내(처) ❷시집보낼(처)

【妻家 처가】 아내의 친정.
【妻男 처남】 아내의 남자 형제(兄弟).
【妻子 처자】 아내와 자식.
【妻弟 처제】 아내의 여동생.
【妻妾 처첩】 아내와 첩. 嫡妾(적첩).
【妻兄 처형】 아내의 언니.
【本妻 본처】 정식으로 혼인하여 맞은 아내. 嫡室(적실). 正室(정실).
【後妻 후처】 나중에 맞은 아내.

【妾】 첩 첩 厲

丶 ᅩ ᅻ 立 立 妾 妾 妾

고 ㊥qiè ㊐ショウ(めかけ) ㊙concubine
字源 상형자. 머리 장식(▽)을 한 여자(女(녀))를 그린 것이다. 갑골문에서는 妻(처) 자와 같은 글자로 '결혼한 여자' 또는 단순히 '여자'를 뜻하였고, 뒤에 '여자 시종'·'후실(後室)' 등의 뜻으로 쓰였다.
字解 ❶첩(첩) ¶ 妾室(첩실) ❷낮출(첩) ※여자가 자기를 낮추어 일컫던 말. ¶ 小妾(소첩)

【妾室 첩실】 첩을 점잖게 일컫는 말.
【小妾 소첩】 여자가 남편이나 정실(正室)에게 자기를 낮추어 일컫던 말.
【臣妾 신첩】 여자가 임금에게 대하여 자기를 낮추어 일컫던 말.
【愛妾 애첩】 사랑하는 첩.
【賤妾 천첩】 ①기생이나 종이었다가 남의 첩이 된 여자. ②여자가 자기를 낮추어 일컫던 말.

【妬】 투기할 투 厲
명 ㊥dù ㊐ト(ねたむ) ㊙envy
字解 투기할, 강샘할(투)

【妬忌 투기】 질투하고 시기함.
【嫉妬 질투】 ①강샘. ②시기(猜忌)하고 미워함.

【姦】 간음할 간 厠

ᄂ 乆 女 大 大 妾 姦 姦

고 ㊥jiān ㊐カン ㊙adultery
字源 회의자. 금문·소전에서 세 개의 女(녀) 자로 이루어져 있다.
字解 ❶간음할(간) ❷간사할(간) ≒奸

【姦婦 간부】 간통한 여자.
【姦淫 간음】 부부 아닌 남녀가 성적 관계를 맺음.
【姦通 간통】 배우자가 있는 사람이 배우자 이외의 이성(異性)과 성적 관계를 가지는 일.
【強姦 강간】 강제로 부녀자를 욕보이는 일.

【姜】 성 강 陽
명 ㊥jiāng ㊐キョウ
字解 ①성(강) ②군셀(강) ≒彊

【姣】 아름다울 교 厠
명 ㊥jiāo ㊐コウ ㊙pretty
字解 아름다울, 예쁠(교)

【姣好 교호】 얼굴이 아름다움.

【姞】 삼갈 길 厠
명 ㊥jí ㊐キツ ㊙discreet
字解 삼갈(길)

【姥】 할미 모 厠
명 ㊥mŭ ㊐ボ ㊙old woman
字解 할미, 노파(모)

【妍】 고울 연

- 명 ⓒyán ⓙケン ⓔbeautiful
- 字解 고울, 아름다울(연)

【妍艶】연염) 몹시 아름다움. 요염함.

【娟】 娟(168)의 俗字

【娃】 예쁠 왜·와

- 명 왜 ⓒwā ⓙアイ ⓔpretty
- 字解 예쁠, 아름다울(왜·와)

【姚】 예쁠 요

- 명 ⓒyáo ⓙヨウ ⓔcharming
- 字解 ①예쁠(요) ②날랠(요)

【姚冶】요야) 용모가 아름다움.
【嫖姚】표요) 날램. 날쌤.

【威】 위엄 위

ノ 厂 厂 厅 反 威 威 威

- 명 ⓒwēi ⓙイ ⓔdignity
- 字源 회의자. 女(녀)와 戌(술)은 모두 의미 부분이다. 戌은 무기로서 '위협하다'라는 뜻을 나타낸다.
- 字解 ①위엄(위) ¶ 威勢(위세) ②힘, 세력(위) ¶ 威脅(위협)

【威力】위력) ①강대한 힘. ②남을 복종시키는 힘.
【威勢】위세) 위엄이 있는 기세.
【威信】위신) 위엄과 신의.
【威壓】위압) 위력으로 억누름.
【威嚴】위엄) 의젓하고 엄숙함.
【威容】위용) 위엄 있는 모습.
【威風堂堂】위풍당당) 풍채(風采)가 의젓하고 떳떳함.
【威脅】위협) 위력으로 협박함.
【國威】국위) 나라의 권위나 위력.
【猛威】맹위) 맹렬한 위세.
【示威】시위) 위력이나 기세를 드러내어 보임.

【姨】 이모 이

- 명 ⓒyí ⓙイ ⓔmother's sister
- 字解 이모(이)

【姨母】이모) 어머니의 자매(姉妹).
【姨從】이종) 이모의 자녀.

【姻】 혼인 인

く 女 女 女 妇 妇 姐 姻

- 고 ⓒyīn ⓙイン ⓔmarriage
- 字源 회의 겸 형성자. 본래 신랑 집을 뜻하였다. 여자(女(녀))가 따라가는(因(인)) 곳이라는 뜻이다. 女와 因은 모두 의미 부분인데, 因은 발음도 담당한다.
- 字解 혼인, 결혼할(인)

【姻戚】인척) 혈연관계가 없으나 혼인으로 맺어진 친족.
【婚姻】혼인) 장가들고 시집감.

【姙】 图 妊(164)과 同字

【姿】 맵시 자

丶 冫 次 次 次 姿 姿

- 고 ⓒzī ⓙシ(すがた) ⓔfigure
- 字源 형성자. 女(녀)는 의미 부분이고, 次(차)는 발음 부분이다.
- 字解 ①맵시, 모습(자) ②바탕(자)

【姿色】자색) 여자의 고운 얼굴.
【姿勢】자세) 몸을 가지는 모양과 그 태도.
【姿態】자태) ①몸을 가지는 태도와 맵시. ②모습 또는 모양.
【容姿】용자) 용모와 자태.

【姝】 예쁠 주

- 명 ⓒshū ⓙシュ ⓔpretty
- 字解 예쁠, 고울(주)

【姝麗】주려) 예쁘고 아름다움.

【姪】 조카 질

く 女 女 女 妒 妒 姪 姪

- 고 ⓒzhí ⓙテツ ⓔnephew
- 字源 형성자. 女(녀)는 의미 부분이

고, 至(지)는 발음 부분이다.
字解 조카(질)
【姪女 질녀】 조카딸.
【姪婦 질부】 조카며느리.
【姪兒 질아】 조카. 姪子(질자).

女6 【姹】 자랑할 차
名 ⓒchà ⓙタ ⓔboast
字解 ①자랑할(차) ②소녀(차)

女6 【姮】 항아 항
名 ⓒhéng ⓙコウ
字解 항아, 선녀(항)
【姮娥 항아】 ①달 속에 있다는 선녀. ②'달'의 이칭(異稱).

女6 【姬】 계집 희
名 ⓒjī ⓙキ(ひめ) ⓔgirl
字解 계집, 아가씨(희)
【姬妾 희첩】 첩. 小室(소실).
【舞姬 무희】 춤추는 일을 업으로 삼는 여자.
【美姬 미희】 아름다운 여자.

女7 【娜】 날씬할 나
名 ⓒnà ⓙダ ⓔslender
字解 날씬할, 아름다울(나)

女7 【娘】 각시 낭
く 女 女 女ᵍ 娓 娓 娘
固 ⓒniáng ⓙジョウ(むすめ) ⓔgirl
字源 형성자. 女(녀)는 의미 부분이고, 良(량)은 발음 부분이다.
字解 ①각시, 아가씨(낭) ②어머니(낭)
【娘娘 낭낭】 ①어머니. ②왕비(王妃).
【娘子 낭자】 처녀. 소녀. 아가씨.

女7 【娩】 해산할 만
名 ⓒmiǎn ⓙベン ⓔbear
字解 ①해산할(만) ②얌전할(만)

【分娩 분만】 아이를 낳음. 解産(해산).
【婉娩 완만】 여자의 태도가 얌전함.

女7 【娑】 춤출 사
名 ⓒsuō ⓙシャ ⓔdance
字解 ①춤출(사) ②사바(사)
【娑婆 사바】 괴로움 많은 이 세상.
【婆娑 파사】 춤추는 모양.

女7 【娍】 아름다울 성
名 ⓒshèng ⓙセイ ⓔpretty
字解 아름다울(성)

女7 【娠】 아이 밸 신
名 ⓒshēn ⓙシン(はらむ) ⓔpregnant
字解 아이 밸, 잉태할(신)
【妊娠 임신】 아이를 뱀. 잉태함.

女7 【娥】 예쁠 아
名 ⓒé ⓙガ ⓔpretty
字解 ①예쁠(아) ②여자 이름(아)
【姮娥 항아】 ①달 속에 있다는 선녀. ②'달'의 이칭(異稱).

女7 【娟】 예쁠 연
名 ⓒjuān ⓙケン, エン ⓔbeautiful
字解 예쁠, 아름다울(연)

女7 【娫】 예쁠 연
名 ⓒyán ⓙエン
字解 예쁠(연)

女7 【娛】 즐거워할 오
く 女 女 女ᵍ 女ᵍ 娓 娛 娛
固 ⓒyú ⓙゴ(たのしむ) ⓔamuse
字源 형성자. 女(녀)는 의미 부분이고, 吳(오)는 발음 부분이다.
字解 즐거워할, 즐거울(오)
【娛樂 오락】 즐겁게 노는 놀이.

女部 8획

女7⑩ **娣** 누이동생 제 園 娣
㊥dì ㊐テイ(いもうと) ㊤younger sister
字解 ①누이동생(제) ②손아래 동서(제)
【娣婦 제부】손아래 동서.
【娣姒 제사】①누이동생과 손위 누이. ②여자의 아래 동서와 위 동서.

女7⑩ **姬** 姬(168)의 俗字

女8⑪ **婪** 탐할 람 圜 婪
㊥lán ㊐ラン(むさぼる) ㊤covet
字解 탐할, 욕심 부릴(람)
【婪酖 남짐】탐내어 게걸스럽게 먹음.
【貪婪 탐람】재물·음식 따위를 탐냄.

女8⑪ **婩** 예쁠 람 園
명 ㊥lǎn ㊐ラン ㊤pretty
字解 예쁠(람)

女8⑪ **婁** 끌 루 虞 婁
명 ㊥lóu ㊐ロウ ㊤trail along
字解 ①끌, 당길(루) ②아로새길(루)
【婁曳 누예】끎. 끌어당김.

┌──────────────────┐
│ '婁'가 붙은 한자   │
│ 僂 곱사등이 (루)   屢 자주 (루) │
│ 樓 다락 (루)   瘻 부스럼 (루) │
│ 褸 남루할 (루)   縷 실 (루)   │
│ 鏤 새길 (루)   髏 해골 (루) │
│ 數 셀 (수)   │
└──────────────────┘

女8⑪ **婦** 며느리 부 囿 妇 婦
く 夂 女 女 婦 婦 婦 婦
명 ㊥fù ㊐フ ㊤daughter-in-law
字源 회의자. 여자(女녀)가 빗자루(帚추)를 들고 청소를 한다는 뜻이다.
字解 ①며느리(부) ¶ 姑婦(고부) ②아내(부) ¶ 夫婦(부부) ③여자(부) ※시집간 여자. ¶ 婦德(부덕)
【婦德 부덕】부녀자로서 지켜야 할 아름다운 덕행.
【婦人 부인】결혼한 여자.
【姑婦 고부】시어머니와 며느리.
【寡婦 과부】남편이 죽어 혼자 사는 여자.
【夫婦 부부】남편과 아내.
【新婦 신부】곧 결혼할 여자나 갓 결혼한 여자.
【子婦 자부】아들의 아내. 며느리.

女8⑪ **婢** 계집종 비 紙 婢
く 夂 女 女ㄧ 妒 婢 婢 婢
㊣ ㊥bì ㊐ヒ ㊤maid servant
字源 회의 겸 형성자. 女(녀)와 卑(비)는 모두 의미 부분인데, 卑는 발음도 담당한다.
字解 ①계집종, 하녀(비) ¶ 奴婢(노비) ②낮출(비) ※여자가 자기를 낮추어 일컫는 말.
【婢僕 비복】계집종과 사내종.
【奴婢 노비】사내종과 계집종.
【侍婢 시비】곁에서 시중드는 여자 종.

女8⑪ **婀** 아리따울 아 圄 婀
명 ㊥ē ㊐ア ㊤pretty
字解 아리따울(아)

女8⑪ **嫛** 명 婀(169)와 同字

女8⑪ **婭** 동서 아 駕 婭
㊥yà ㊐ア ㊤brother-in-law
字解 ①동서(아) ②아양 떨(아)
【婭婿 아서】아내 쪽 자매의 남편. 同 壻(동서).

女8⑪ **婑** ❶정숙할 와 圄 ❷아리따울 유 有
명 ❷ ㊥wǒ ㊐カ, ᆨ ㊤chaste
字解 ❶정숙할(와) ❷아리따울(유)

女部 8획

【婉】 예쁠 완 本원

명 ㊥wǎn ㊐エン ㊤beautiful
字解 ①예쁠, 아름다울(완) ②순할(완) ③은근할(완)
【婉曲 완곡】①드러내지 않고 빙 돌려서 나타냄. ②말씨가 곱고 차근차근함.
【婉娩 완만】여자의 태도가 얌전함.

【婠】 품성 좋을 완

명 ㊥wán ㊐ワン ㊤good-natured
字解 품성 좋을, 수더분할(완)

【婥】 예쁠 작

㊥chuò ㊐シャク ㊤pretty
字解 예쁠, 아리따울(작)
【婥約 작약】①몸매가 호리호리하고 예쁨. ②숙부드러운 모양.

【娼】 창녀 창

명 ㊥chāng ㊐ショウ ㊤prostitute
字解 창녀, 노는계집(창)
【娼妓 창기】몸을 팔던 천한 기생.
【娼女 창녀】몸을 파는 일을 업으로 삼는 여자. 논다니.

【婇】 여자 이름자 채

명 ㊥cǎi ㊐サイ
字解 여자 이름자(채)

【娶】 장가들 취

명 ㊥qǔ ㊐シュ(めとる) ㊤marry
字解 장가들(취)
【娶妻 취처】아내를 얻음. 장가듦.
【嫁娶 가취】시집가고 장가듦.

【婆】 ❶할미 파 ❷사바 바

명 ❶ ㊥pó ㊐バ(ばば) ㊤old woman
字解 ❶①할미(파) ¶ 老婆(노파) ②춤출(파) ¶ 婆娑(파사) ❷사바(바)
【婆娑 파사】춤추는 모양.
【老婆 노파】늙은 여자. 할머니.
【産婆 산파】아이를 받고 산모를 구호하는 일을 업으로 삼는 여자.
【塔婆 탑파】'탑(塔)'의 본딧말.
【娑婆 사바】괴로움 많은 이 세상.

【婋】 영리할 호

명 ㊥xiāo ㊐カウ ㊤clever
字解 영리할(호)

【婚】 혼인할 혼

ㄥ ㄑ 女 妒 妒 娇 婚 婚
명 ㊥hūn ㊐コン ㊤marry
字源 회의 겸 형성자. 女(녀)와 昏(저녁 혼)은 모두 의미 부분인데, 昏은 발음도 담당한다. 옛날에는 결혼식을 저녁때 하였으며 여자는 음(陰)에 해당하므로 昏 자를 썼다.
字解 혼인할, 혼인(혼)
【婚期 혼기】혼인하기에 적당한 나이.
【婚談 혼담】혼인을 하기 위한 의논.
【婚禮 혼례】결혼식.
【婚事 혼사】혼인에 관한 일.
【婚需 혼수】혼인에 드는 물품.
【婚姻 혼인】장가들고 시집가는 일.
【新婚 신혼】갓 혼인함.
【離婚 이혼】부부가 합의나 재판의 청구에 의해 부부 관계를 끊는 일.
【再婚 재혼】두 번째 혼인함.

【媒】 중매 매

ㄥ ㄑ 女 女' 妆 妣 媒 媒 媒
고 ㊥méi ㊐バイ(なかだち)
字源 형성자. 女(녀)는 의미 부분이고, 某(모)는 발음 부분이다.
字解 ①중매, 중매할(매) ¶ 媒婆(매파) ②매개할(매) ¶ 媒體(매체)
【媒介 매개】양편의 중간에 서서 관계를 맺어 줌.
【媒體 매체】어떤 일을 전달하는 데 매개(媒介)가 되는 물체.

【媒婆 매파】혼인을 중매하는 노파.
【仲媒 중매】양가(兩家) 사이에 들어 혼인을 어울리게 하는 일.
【觸媒 촉매】다른 물질의 반응을 촉진하거나 지연시키게 하는 물질.

女9⑫ 【媄】 빛 아름다울 미 紙
명 ⓒměi 日ビ
字解 빛 아름다울(미)

女9⑫ 【媚】 아첨할 미 寘
명 ⓒmèi 日ビ(こびる) 英flatter
字解 ①아첨할, 아양 떨(미) ②아름다울(미)
【媚笑 미소】아양을 부리는 웃음.
【媚態 미태】아양을 떠는 태도.

女9⑫ 【婿】 壻(151)와 同字

女9⑫ 【媟】 무람없을 설 屑
ⓒxiè 日セツ 英familiar
字解 ①무람없을(설) ②깔볼(설)
【媟嫚 설만】너무 친하여 무람없음.

女9⑫ 【媤】 시집 시 國
명 英husband's home
字解 시집, 시댁(시)
【媤家 시가】남편의 집안. 시집.
【媤宅 시댁】'시가(媤家)'의 높임말.
【媤叔 시숙】남편의 형제. 아주버니.

女9⑫ 【媛】 예쁠 원 院
명 ⓒyuán 日エン(ひめ) 英beautiful
字解 ①예쁠(원) ②미인(원)
【才媛 재원】재주가 많은 아가씨.

女9⑫ 【媐】 ❶기쁠 이 支 ❷착할 희 支
명 ❶ ⓒyí, xī 日イ, キ 英happy
字解 ❶기쁠(이) ❷착할(희)

女9⑫ 【婷】 예쁠 정 青
명 ⓒtíng 日テイ 英beautiful
字解 예쁠, 아름다울(정)

女9⑫ 【媞】 예쁠 제·시 齊支
명 ⓒtí, shì 日テイ, シ 英pretty
字解 예쁠(제·시)

女9⑫ 【媓】 어머니 황 陽
명 ⓒhuáng 日コウ 英mother
字解 어머니(황)

女10⑬ 【嫁】 시집갈 가 禡
명 ⓒjià 日カ(よめ) 英marry
字解 ①시집갈(가) ¶出嫁(출가) ②떠넘길(가) ¶轉嫁(전가)
【嫁娶 가취】시집가고 장가듦.
【改嫁 개가】시집갔던 여자가 다시 다른 남자에게 시집감. 再嫁(재가).
【轉嫁 전가】책임·허물 등을 남에게 떠넘김.
【出嫁 출가】처녀가 시집감.

女10⑬ 【媿】 부끄러워할 괴 寘
ⓒkuì 日キ 英ashamed
字解 부끄러워할(괴) ≒愧
【媿辱 괴욕】부끄러움. 羞恥(수치).

女10⑬ 【媾】 결혼인할 구 宥
ⓒgòu 日コウ
字解 ①결혼인할(구) ※사돈 관계에 있는 사람끼리 다시 맺는 혼인. ②화해할(구) ③교접할(구)
【媾合 구합】남녀가 서로 육체적으로 관계함. 性交(성교).
【媾和 구화】싸우던 나라끼리 서로 화친함. 講和(강화).

女10⑬ 【嫋】 예쁠 뇨 篠
명 ⓒniǎo 日ジョウ 英graceful
字解 ①예쁠(뇨) ②휘늘어질(뇨)

女部 10획

【媽】 어미 마 ⑬
⊕mā ⓙボ 英mother
字解 ①어미(마) ②할미(마)
【媽媽 마마】①어머니. ②할미.

【媺】 착하고 아름다울 미 ⑬
⊕měi ⓙビ
字解 착하고 아름다울(미)

【嫂】 형수 수 ⑬
⊕sǎo ⓙソウ 英elder brother's wife
字解 ①형수(수) ②제수(수)
【嫂叔 수숙】형제의 아내와 남편의 형제. 제수나 형수와 시아주버니.
【弟嫂 제수】아우의 아내. 季嫂(계수).
【兄嫂 형수】형의 아내.

【媳】 며느리 식 ⑬
⊕xí ⓙセキ 英daughter-in-law
字解 며느리(식)
【媳婦 식부】며느리.

【媼】 할미 온 ⑬
本오
⊕ǎo ⓙオウ(おうな) 英old woman
字解 할미, 노파(온)
【媼媼 온구】늙은 여자. 老婆(노파).

【媛】 여자 이름 원 ⑬
⊕yuán ⓙゲン
字解 여자 이름(원)

【媵】 잉첩 잉 ⑬
⊕yìng ⓙヨウ(おくる)
字解 ①잉첩(잉) ②전송할(잉)
【媵臣 잉신】귀한 집 여자가 시집갈 때 데리고 가던 남자 하인.
【媵妾 잉첩】귀한 집 여자가 시집갈 때 데리고 가던 여자 하인.

【嫉】 투기할 질 ⑬
⊕jí ⓙシツ(ねたむ) 英envy
字解 ①투기할, 시샘할(질) ¶ 嫉妬(질투) ②미워할(질) ¶ 嫉視(질시)
【嫉視 질시】밉게 봄. 흘겨봄.
【嫉妬 질투】①강샘. ②시기하여 미워함.

【嫌】 싫어할 혐 ⑬
女 女 女´ 妒 妒 婷 婷 嫌
⊕xián ⓙケン(きらう) 英abhor
字源 형성자. 女(녀)는 의미 부분이고, 兼(겸)은 발음 부분이다.
字解 ①싫어할(혐) ②의심할(혐)
【嫌忌 혐기】꺼리고 싫어함.
【嫌惡 혐오】싫어하고 미워함.
【嫌疑 혐의】범죄를 저지른 사실이 있으리라는 의심.

女部 11획

【嫝】 여자 이름자 강 ⑭
⊕kāng ⓙカウ
字解 여자 이름자(강)

【嫗】 할미 구 ⑭
本우
⊕yù ⓙウ(おうな) 英old woman
字解 할미(구)
【老嫗 노구】할멈. 늙은 여자.

【嫢】 예쁠 규 ⑭
⊕guī ⓙキ 英pretty
字解 예쁠(규)

【嫤】 아름다울 근 ⑭
⊕jìn, jǐn ⓙキン 英pretty
字解 아름다울(근)

【嫩】 어릴 눈 ⑭
⊕nèn ⓙドン(わかい) 英young
字解 어릴, 연약할(눈)
【嫩芽 눈아】새로 돋아난 싹.

女11⑭ **【嫠】** 과부 리 夃
- 명 ㊥lí ㊐リ ㊧widow
- 字解 과부, 홀어미(리)

【嫠婦 이부】 홀어미. 과부.

女11⑭ **【嫙】** 예쁠 선 先
- 명 ㊥xuán ㊐セン ㊧pretty
- 字解 예쁠(선)

女11⑭ **【嫣】** 상긋 웃을 언 先
- 명 ㊥yān ㊐エン ㊧charming smile
- 字解 상긋 웃을(언)

女11⑭ **【嫕】** 유순할 예 霽
- 명 ㊥yì ㊐エイ ㊧obedient
- 字解 유순할, 순박할(예)

女11⑭ **【嫡】** 정실 적 錫
- 명 ㊥dí ㊐テキ ㊧legal wife
- 字解 정실, 본마누라(적)

【嫡庶 적서】 적자와 서자.
【嫡室 적실】 정식 혼인하여 맞은 아내. 本妻(본처). 正室(정실).
【嫡子 적자】 정실이 낳은 아들.
【嫡出 적출】 정실(正室)의 소생.

女11⑭ **【嫖】** 재빠를 표 蕭
- 명 ㊥piáo ㊐ヒョウ ㊧agile
- 字解 재빠를, 날랠(표)≒僄

【嫖姚 표요】 날램. 재빠름.

女11⑭ **【嫦】** 명 姮(168)의 俗字

女12⑮ **【嬌】** 아리따울 교 蕭
- 명 ㊥jiāo ㊐キョウ(なまめかしい) ㊧lovely
- 字解 아리따울, 요염할(교)

【嬌態 교태】 아양 부리는 자태.
【愛嬌 애교】 말이나 행동이 남에게 귀엽게 보이는 태도.

女12⑮ **【嬋】** 고울 선 先
- 명 ㊥chán ㊐セン ㊧beautiful
- 字解 고울, 예쁠(선)

女12⑮ **【嬈】** 아리잠직할 연 銑
- 명 ㊥chán ㊐ネン
- 字解 아리잠직할(연) ※키가 작고 얌전하며 어린티가 있다.

女12⑮ **【嬅】** 여자 이름 화 碼
- 명 ㊥huà ㊐カ
- 字解 ①여자 이름(화) ②아름다울(화)

女12⑮ **【嬉】** 즐길 희 支
- 명 ㊥xī ㊐キ ㊧enjoy
- 字解 ①즐길(희) ②희롱할(희)

【嬉笑 희소】 희롱하며 웃음.

女12⑯ **【嬴】** 가득할 영 庚
- 명 ㊥yíng ㊐エイ ㊧full
- 字解 ①가득할, 찰(영) 늑盈 ¶嬴縮(영축) ②남을(영) ¶嬴餘(영여)

【嬴餘 영여】 나머지. 剩餘(잉여).
【嬴縮 영축】 가득 찼다 줄어들었다 함.

女13⑯ **【嬖】** 사랑할 폐 霽
- 명 ㊥bì ㊐ヘイ ㊧favor
- 字解 ①사랑할(폐) ②귀염 받을(폐)

【嬖臣 폐신】 총애를 받는 신하.
【嬖幸 폐행】 천한 신분으로 임금에게 귀여움을 받음, 또는 그 사람.
【嬖姬 폐희】 총애를 받는 여자.

女14⑰ **【嬪】** 궁녀 빈 眞
- 명 ㊥pín ㊐ヒン ㊧lady-in-waiting
- 字解 ①궁녀(빈) ②빈(빈) ※조선 시대에, 정1품 내명부의 통칭.

【嬪宮 빈궁】 왕세자(王世子)의 부인.
【妃嬪 비빈】 임금의 정실과 후궁을 아울러 이르는 말.

女部 14획

女14⑰ 【嬰】 어릴 영
庚
명 ⊕yīng ⊕エイ ⊛baby
字解 어릴, 갓난애(영)

女14⑰ 【嬴】 嬴(173)과 同字

女16⑲ 【嬿】 아름다울 연 통嬽
명 ⊕yàn ⊕エン ⊛beautiful
字解 아름다울(연)

女17⑳ 【孀】 과부 상 屬
명 ⊕shuāng ⊕ソウ ⊛widow
字解 과부, 홀어미(상)
【孀婦 상부】 과부. 홀어미.
【青孀 청상】 나이 젊은 과부.

女17⑳ 【孃】 계집애 양 ⊛냥 屬
명 ⊕niáng ⊕ジョウ ⊛girl
字解 계집애, 아가씨(양)
【貴孃 귀양】 미혼 처녀에 대한 존칭.
【令孃 영양】 '남의 딸'의 존칭.

女19㉒ 【孌】 아름다울 련 銑
명 ⊕luàn ⊕レン ⊛beautiful
字解 아름다울(련)

3 子 部

子0③ 【子】 아들 자
紙
一 了 子
명 ⊕zǐ ⊕シ(こ) ⊛son
字解 상형자. 어린아이의 머리와 두 팔을 그린 것임.
字解 ①아들(자) ¶子息(자식) ②쥐, 첫째 지지(자) ③작위(자) ¶子爵(자작) ④열매, 씨, 알(자) ¶種子(종자) ⑤높임(자) ※ 학덕이 높은 남자의 경칭. ¶君子(군자)
【子宮 자궁】 여성 생식기의 일부로, 태아가 자라는 곳. 아기집.
【子婦 자부】 아들의 아내. 며느리.
【子孫 자손】 ①아들과 손자. ②후손(後孫). 후예(後裔).
【子息 자식】 아들과 딸.
【子爵 자작】 오등작(五等爵)의 넷째로, 백작(伯爵)의 아래.
【子正 자정】 밤 12시.
【子弟 자제】 ①'남의 아들'의 높임말. ②'남의 집안 젊은이들'의 높임말.
【君子 군자】 학문과 덕망이 높은 사람.
【種子 종자】 씨. 씨앗.

子0③ 【孑】 ❶짧을 궐 月
❷장구벌 레 궐 ⊛
공 屋
⊕jué ⊕ケツ ⊛short
字解 ❶짧을(궐) ❷장구벌레(궐) ※ 모기의 애벌레.
【孑孑 혈혈】 ①장구벌레. ②짧음.

子0③ 【孒】 외로울 혈 ⊛결 屑
명 ⊕jié ⊕ケツ ⊛alone
字解 ①외로울(혈) ②장구벌레(혈)
【孑遺 혈유】 외톨로 남은 것.
【孑孑單身 혈혈단신】 의지할 곳이 없는 홀몸.

子1④ 【孔】 구멍 공 董
一 了 子 孔
고 ⊕kǒng ⊕コウ(あな) ⊛hole
字解 지사자. 금문을 보면 'ᄀ'로 썼다. 어린아이의 머리 윗부분을 가리키는데, 아직 완전히 닫혀 있지 않으므로, '구멍'이라는 뜻이 파생되었다.
字解 ①구멍(공) ¶孔穴(공혈) ②매우, 심히(공) ¶孔劇(공극) ③사람 이름(공) ※ '공자(孔子)'의 약칭. ¶孔孟(공맹)
【孔劇 공극】 몹시 심함. 지독함.

【孔孟 공맹】공자(孔子)와 맹자(孟子).
【孔穴 공혈】구멍. 틈.
【氣孔 기공】곤충류의 숨구멍.
【瞳孔 동공】눈동자.

【孕】아이 밸 잉
子2(⑤)

명 ㊥yùn ㊐キョウ(はらむ) ㊈pregnant
字解 아이 밸, 임신할(잉)
【孕婦 잉부】아이를 밴 여자.
【孕胎 잉태】아이를 뱀. 임신함.

【字】글자 자
子3(⑥)

丶 丶 宀 宁 字 字

음 ㊥zì ㊐ジ(あざ, あざな) ㊈letter
字源 회의 겸 형성자. 어린아이〔子(자)〕가 집〔宀(면)〕안에 있는 모습이다. 즉 어린아이를 낳아 기른다는 뜻이다. 子는 발음도 담당한다.
字解 ①글자(자) ¶字源(자원) ②사랑할, 기를(자) 늑慈 ¶字牧(자목) ③자(자) ※장가든 뒤 본이름 대신에 부르던 이름.
【字幕 자막】영화 등에서, 제목·배역 등을 글자로 나타낸 화면.
【字牧 자목】고을 원(員)이 백성을 사랑으로 다스림.
【字源 자원】글자의 기원.
【字典 자전】한자를 모아 일정한 순서로 배열하고, 음(音)·훈(訓)·운(韻) 등을 해설한 책. 玉篇(옥편).
【字解 자해】글자의 풀이. 특히, 한자의 풀이.
【點字 점자】점으로 이루어진 맹인용의 글자.
【活字 활자】활판 인쇄에 쓰이는 일정 규격의 글자.

【存】있을 존
子3(⑥)

一 ナ 扌 存 存 存

음 ㊥cún ㊐ソン, ゾン(ある) ㊈exist
字源 형성자. 子(자)는 의미 부분이고, 扌(재)는 발음 부분이다.
字解 ①있을(존) ¶存在(존재) ②물을(존) ¶存問(존문)

【存立 존립】망하거나 없어지지 않고 존재함.
【存亡之秋 존망지추】존속과 멸망이 결정될 아주 위급한 때.
【存問 존문】지난날, 고을의 원(員)이 형편을 살피기 위하여 백성을 찾아보던 일.
【存續 존속】존재하여 영속(永續)함.
【存在 존재】현실적으로 있음.
【存廢 존폐】남겨 두는 일과 없애는 일. 보존과 폐지.
【保存 보존】상하거나 없어지지 않게 잘 지님.
【依存 의존】남에게 의지하여 있음.
【現存 현존】현재에 있음.

【孚】 ❶미쁠 부 ❷기를 부
子4(⑦)

명 ㊥fú ㊐フ(まこと) ㊈sincere
字解 ❶미쁠, 참될(부) ¶孚佑(부우) ❷기를(부) ¶孚育(부육)
【孚佑 부우】성실히 도움.
【孚育 부육】양육(養育)함.

> '孚'가 붙은 한자
> 俘 사로잡을(부)   孵 알 깔(부)
> 浮 뜰(부)   桴 대마루(부)
> 莩 풀이름(부)   蜉 하루살이(부)
> 乳 젖(유)

【孜】부지런할 자
子4(⑦)

명 ㊥zī ㊐シ ㊈diligent
字解 부지런할, 힘쓸(자)
【孜孜 자자】부지런히 힘쓰는 모양.

【㦳】學(177)의 俗字
子4(⑦)

【孝】효도 효
子4(⑦)

一 十 土 耂 耂 孝 孝

음 ㊥xiào ㊐コウ ㊈filial piety
字源 회의자. 아이〔子(자)〕가 노인〔老(로)〕을 업고 있는 모습으로,

부모를 잘 섬긴다는 뜻이다.
[字解] ①효도(효) ¶孝子(효자) ②부모상 입을(효) ¶孝廬(효려)
【孝道 효도】 부모를 잘 섬기는 도리.
【孝廬 효려】 상제가 거처하는 곳.
【孝婦 효부】 효성스러운 며느리.
【孝誠 효성】 마음을 다하여 어버이를 섬기는 정성.
【孝悌忠信 효제충신】 '효도·우애·충성·신의'의 총칭.

3획

【季】 계절 계

ー 二 千 チ 禾 乑 季 季

音 ㊥jì ㊐キ(すえ) ㊥season
[字源] 회의자. 禾(화)와 子(자)는 모두 의미 부분이다. '어린 벼'를 뜻하는데, '막내'라는 뜻은 여기에서 나왔다.
[字解] ①계절(계) ¶四季(사계) ②끝, 막내(계) ¶季氏(계씨)
【季刊 계간】 일년에 네 번, 철따라 발행하는 출판물.
【季嫂 계수】 아우의 아내. 弟嫂(제수).
【季氏 계씨】 '남의 아우'의 존칭.
【季節 계절】 한 해를 날씨에 따라 나눈 그 한 철. 철.
【四季 사계】 봄·여름·가을·겨울의 네 계절. 사철. 四時(사시).
【夏季 하계】 여름철. 夏期(하기).

【孤】 외로울 고

了 孑 孑 孑 孤 孤 孤

音 ㊥gū ㊐コ(みなしご) ㊥lonely
[字源] 형성자. 子(자)는 의미 부분이고, 瓜(과)는 발음 부분이다.
[字解] ①외로울(고) ¶孤獨(고독) ②고아(고) ¶孤子(고자)
【孤軍奮鬪 고군분투】 수가 적고 후원이 없는 외로운 군대가, 힘겨운 적과 용감하게 싸움.
【孤島 고도】 외딴 섬.
【孤獨 고독】 ①외로움. ②부모 없는 어린이와 자식 없는 늙은이.
【孤立 고립】 외따로 떨어져 있음.
【孤城落日 고성낙일】 적군 속에 고립된 성과 지는 해. '세력이 다하여

의지할 데 없는 처지'의 비유.
【孤兒 고아】 부모가 없는 아이.
【孤子 고자】 ①아버지를 여의고 상중(喪中)에 있는 상제(喪制)가 자기를 이르는 말. ②고아(孤兒).
【孤掌難鳴 고장난명】 외손뼉은 울리기 어려움. '혼자서는 일을 이루지 못함'의 비유.

【孥】 처자 노

音 ㊥nú ㊐ド ㊥wife and children
[字解] 처자(노)
【孥戮 노륙】 죄가 무거운 죄인의 처와 자식까지도 모조리 죽이던 일.

【孟】 ❶맏 맹 ❷맹랑할 맹 ㊗망

一 了 子 孑 퓨 罕 盂 孟

音 ㊥mèng ㊐モウ ㊥first
[字源] 형성자. 子(자)는 의미 부분이고, 皿(명)은 발음 부분이다.
[字解] ❶①맏(맹) ¶孟仲叔季(맹중숙계) ②첫(맹) ¶孟月(맹월) ③사람 이름(맹) ※'맹자(孟子)'의 약칭. ¶孟母三遷(맹모삼천) ❷맹랑할(맹)
【孟浪 맹랑】 ①생각한 바와는 달리 허망함. ②함부로 만만히 볼 수 없게 깜찍함.
【孟母三遷 맹모삼천】 맹자의 어머니가 세 번 이사함. '아이의 교육에는 환경이 매우 중요함'의 이름.

> 故事 맹자의 어머니가 처음에 공동 묘지 가까이 살았는데 맹자가 장사 지내는 흉내를 내므로 시장 가까이 옮겼더니 물건 파는 흉내를 내어, 결국 글방 있는 곳으로 옮겨서 글을 가르친 데서 온 말.

【孟月 맹월】 사계(四季)가 시작되는 달. 음력 정월·사월·칠월·시월.
【孟仲叔季 맹중숙계】 맏이와 둘째와 셋째와 막내. 형제자매의 차례.

【学】 略 學(177)의 俗字

子部 13획

【孩】 아이 해
⑥⑨ ㊈hái ㊐ガイ ㊀child
字解 ①아이, 어릴(해) ②웃을(해)
【孩提 해제】웃을 줄 알고 손으로 무엇을 끌 수 있는 어린아이. 곧, 두세 살 된 아이.
【兒孩 아해】아이.

【孫】 손자 손
子⑦⑩
了 子 子 孑 孑 孫 孫
㊈ ㊈sūn ㊐ソン(まご) ㊀grandson
字源 회의자. 아이〔子〕가 이어진다〔系〕는 뜻이다. 갑골문·금문에서는 '孫'으로 썼고, 소전에서 糸(사)가 系(계)로 바뀌었다. 糸과 系는 모두 '실'을 그린 것으로, '이어진다'는 뜻이다.
字解 ①손자(손) ②후손(손)
【孫婦 손부】손자며느리.
【孫壻 손서】손녀의 남편.
【孫子 손자】아들의 아들.
【外孫 외손】①딸이 낳은 자식. ②딸의 자손.
【子孫 자손】①아들과 손자. ②후손(後孫).
【宗孫 종손】종가의 맏손자.
【後孫 후손】여러 대가 지난 뒤의 자손. 後裔(후예).

【孰】 누구 숙
子⑧⑪
亠 古 古 享 享 孰 孰
㊈ ㊈shú ㊐ジュク(いずれ) ㊀who
字解 회의 겸 형성자. 갑골문·금문을 보면 享(향)과 丮(극)으로 이루어져 있다. 享은 종묘(宗廟)를 그린 상형자로 '제사 음식을 만들다〔烹(팽)〕'라는 뜻을 나타내고, 丮은 '(손으로) 쥐다·잡다'라는 뜻을 나타낸다. 孰은 본래 '음식을 데우다'라는 뜻을 나타내는 회의자였는데, 뒤에 '누구'라는 뜻으로 가차되어 쓰이게 되자, 본래의 자리는 火(불 화)를 더한 熟(익을 숙) 자를 새로 만들어 보충하였다.
字解 누구, 어느, 무엇(숙)

【孰能禦之 숙능어지】누가 능히 막으랴. '막아 내기 어려움'의 뜻.
【孰若 숙약】어느 쪽인가. 양쪽을 비교해서 물어볼 때 쓰는 말.

【孱】 잔약할 잔
子⑨⑫
㊈ ㊈càn ㊐セン ㊀feeble
字解 잔약할, 나약할(잔)
【孱弱 잔약】튼튼하지 못하고 나약함.
【孱劣 잔열】잔약하고 용렬함.

【孳】 ❶부지런할 자 ❷새끼칠 자
子⑩⑬
㊈zī ㊐ジ, シ ㊀diligent
字解 ❶부지런할(자)=孜 ❷새끼칠, 흘레할(자)
【孳育 자육】새끼를 낳아 기름.
【孳孳 자자】부지런히 힘쓰는 모양.

3획

【孵】 알 깔 부
子⑪⑭
㊈ ㊈fū ㊐フ ㊀hatch
字解 알 깔, 부화할(부)
【孵卵 부란】알을 깜.
【孵化 부화】동물의 알이 깸, 또는 알을 깜.

【學】 배울 학
子⑬⑯
ᅡ ᅣ ᅤ ᅥ ᅭ ᅭ 學 學
㊈ ㊈xué ㊐ガク(まなぶ) ㊀learn
字源 형성자. 學은 본래 斅(가르칠 효)로 썼는데, 教(가르칠 교)와 같은 글자였다. 어린아이들에게 《주역(周易)》의 爻(효) 즉 문자를 가르친다는 뜻이다. 臼(구)는 발음 부분이다.
字解 ①배울, 공부할(학) ¶學生(학생) ②학문(학) ¶學識(학식) ③학자(학) ¶學界(학계) ④학교(학) ¶學窓(학창)
【學界 학계】학자들의 사회.
【學校 학교】교육하는 기관.
【學歷 학력】수학(修學)한 이력.
【學問 학문】체계가 선 지식.

【學閥 학벌】①출신 학교의 지체. ②학문의 파벌.
【學生 학생】①학교에서 공부하는 사람. ②벼슬 못한 고인의 명정(銘旌)이나 신주(神主)에 쓰는 존칭.
【學說 학설】학문상으로 주장하는 이론(理論).
【學術 학술】학문과 기술.
【學識 학식】학문상의 식견.
【學緣 학연】같은 학교를 나온 관계로 생기는 인간관계.
【學友 학우】①학교에서 같이 공부하는 벗. ②학문상의 벗.
【學者 학자】학문에 통달하거나 학문을 연구하는 사람.
【學窓 학창】'학교'의 이칭(異稱).
【碩學 석학】학식이 많은 큰 학자.
【修學 수학】학문을 닦음.
【就學 취학】학교에 입학하여 공부함.

【孺 유】젖먹이 유
명 ㊥rú ㊐ジュ ㊧baby
字解 ①젖먹이(유) ¶孺嬰(유영) ②딸릴, 종속될(유) ¶孺人(유인) ③사모할(유) ¶孺慕(유모)
【孺慕 유모】돌아가신 부모를 깊이 사모함.
【孺嬰 유영】젖먹이. 어린아이.
【孺人 유인】①조선 시대, 외명부(外命婦)의 한 품계로, 9품 문무관의 부인의 칭호. ②벼슬 못한 사람의 아내의 명정(銘旌)이나 신주(神主)에 쓰는 존칭.
【孺子 유자】①젖먹이. 어린아이. ②나이 어린 남자.

【孼 얼】서자 얼
명 ㊥niè ㊐ゲツ ㊧bastard
字解 ①서자(얼) ¶孼子(얼자) ②재앙(얼) ¶自作之孼(자작지얼)
【孼子 얼자】첩의 자식. 庶子(서자).
【庶孼 서얼】서자(庶子)와 그 자손.
【自作之孼 자작지얼】자기 스스로 만든 재앙.

【孽 얼】孼(178)의 俗字

3 宀部

【宀 면】집 면
㊐メン ㊧house
字源 상형자. 집을 그린 것이다. 宀부에 속하는 글자들은 대부분 '집'과 관계있는 뜻이 많다.
字解 ①집(면) ②부수의 하나(갓머리)

【宂 용】쓸데없을 용
㊥rǒng ㊐ジョウ(むだ) ㊧useless
字解 ①쓸데없을(용) ¶宂官(용관) ②번거로울(용) ¶宂雜(용잡)
【宂官 용관】직책이 없는 벼슬아치, 또는 한가한 벼슬. 散官(산관).
【宂兵 용병】필요하지 않은 군사.
【宂雜 용잡】쓸데없이 번거로움.

【守 수】지킬 수
명 ㊥shǒu ㊐シュ(まもる) ㊧keep
字源 회의자. 집 안(宀(면))에서 무슨 일을 한다(寸(촌))는 뜻이다. 寸은 '손'을 뜻한다.
字解 ①지킬, 막을(수) ¶守節(수절) ②벼슬 이름(수) ¶守令(수령)
【守舊 수구】묵은 관습·제도를 그대로 지키고 따름.
【守令 수령】조선 시대에, '부윤·목사·군수·현감·현령' 따위를 두루 일컫던 말. 員(원).
【守備 수비】지키어 방비함.
【守成 수성】선왕(先王)이나 부조(父祖)가 이룬 업을 이어서 지킴.
【守勢 수세】적을 맞아 지키는 태세, 또는 밀리는 형세.
【守衛 수위】경비를 맡아보는 일, 또는 그 사람.
【守節 수절】절개(節介)를 지킴.
【守株待兎 수주대토】그루터기를 지키고 앉아 토끼를 기다림. '구습

(舊習)에만 젖어 시대(時代)의 변천을 모름'의 비유. 守株(수주).

故事 한 농부가 밭일을 하다가, 우연히 나무그루에 부딪쳐 죽은 토끼를 잡았는데, 이후에도 그와 같이 토끼를 잡을 수 있을까 하여 일도 하지 않고 그루터기만 지켜보고 있었다는 고사에서 온 말.

【守則 수칙】지키도록 정해진 규칙.
【守護 수호】지키어 보호함.
【看守 간수】물건을 잘 보관하거나 잘 거두어 보호함.
【保守 보수】오랜 습관·제도·방법 등을 소중히 여겨 그대로 지킴.

【安】 편안할 안

', '' 宀 安 安

음 ㉠ān ㉡アン(やすらか) ㉢comfortable
字源 회의자. 여자〔女(녀)〕가 집〔宀(면)〕 안에 있는 모습으로, 평안하다는 뜻이다.
字解 ❶편안할(안) ¶安樂(안락) ❷어찌(안) ※ 반어(反語)의 뜻을 나타냄. ¶安得不然(안득불연)

【安寧 안녕】몸이 건강하고 마음이 편안함.
【安堵 안도】①사는 곳에서 편안히 지냄. ②마음을 놓음. 安心(안심).
【安得不然 안득불연】어찌 그러하지 않겠는가. '반드시 그러함'의 뜻.
【安樂 안락】편안하고 즐거움.
【安否 안부】①편안함과 편하지 않음. ②편안 여부를 묻는 인사.
【安貧樂道 안빈낙도】가난한 생활을 하면서도 편안한 마음으로 도(道)를 즐김.
【安息 안식】편안히 쉼. 休息(휴식).
【安全 안전】아무런 위험이 없음.
【安住 안주】①자리를 잡고 편안히 삶. ②현재의 상태에 만족함.
【問安 문안】안부를 물음.
【慰安 위안】위로하여 안심시킴.

【宇】 집 우

', '' 宀 宀 宇 宇

음 ㉠yǔ ㉡ウ ㉢house

字源 형성자. 宀(면)은 의미 부분이고, 于(우)는 발음 부분이다.
字解 ①집, 지붕(우) ¶宇宙(우주) ②하늘, 세계(우) ¶宇宙(우주) ③기량, 도량(우) ¶氣宇(기우)

【宇內 우내】온 세상. 天下(천하).
【宇宙 우주】온 세계를 둘러싸고 있는 공간.
【氣宇 기우】기백(氣魄), 또는 기개(氣槪)와 도량(度量).
【屋宇 옥우】집. 家屋(가옥).

【宅】 ❶집 택 ❷댁 댁

', '' 宀 宀 宀 宅

음 ㉠zhái ㉡タク(おる) ㉢house
字源 형성자. 宀(면)은 의미 부분이고, 乇(탁)은 발음 부분이다.
字解 ❶①집(택) ¶宅地(택지) ②광, 무덤(택) ¶宅兆(택조) ❷댁(댁) ※남의 집이나 부인을 이르는 말. ¶宅內(댁내)

【宅兆 택조】무덤. 墓地(묘지).
🕮 '宅'은 시체를 묻는 구덩이를, '兆'는 그 주위를 뜻함.
【宅地 택지】주택을 짓기 위한 땅. 집터. 垈地(대지).
【宅內 댁내】'남의 집안'의 높임말.
【家宅 가택】사람이 살고 있는 집.
【社宅 사택】사원용 주택.
【邸宅 저택】규모가 아주 큰 집.
【住宅 주택】살림살이를 할 수 있도록 지은 집.
참고 '댁'음도 인명용으로 지정됨.

【宏】 클 굉

명 ㉠hóng ㉡コウ(ひろい) ㉢great
字解 클, 넓을(굉)
【宏壯 굉장】매우 크고 훌륭함.
【宏闊 굉활】툭직하고 넓음.

【宋】 송나라 송

명 ㉠sòng ㉡ソウ
字解 송나라(송) ※㉠주대(周代)

의 제후국. ⓒ조광윤(趙匡胤)이 후주(後周)를 멸하고 세운 나라 (960~1279).

【宋襄之仁 송양지인】송(宋)나라 양공(襄公)의 인(仁). '너무 착하기만 하고 임기응변을 모름'의 비유.

故事 춘추 시대 송나라 양공이 초(楚)나라와 싸울 때, "군자는 남이 곤궁에 빠져 있을 때 괴롭혀서는 안 된다."하고 공격하지 않았다가, 도리어 초나라에게 패망한 일에서 온 말.

【宋學 송학】송대(宋代)의 유학(儒學), 곧 '성리학(性理學)'을 이름.

⌒ 4 ⑦ 【完】 완전할 완
囷

丶丶宀宀宀宁完

음 ㊥wán ㊐カン(まったし)
㊧complete
字源 형성자. 宀(면)은 의미 부분이고, 元(원)은 발음 부분이다.
字解 완전할, 완전히 할(완)
【完結 완결】완전하게 끝맺음. 完決(완결).
【完納 완납】모두 납부함.
【完了 완료】완전히 끝마침.
【完璧 완벽】①결함이 없이 완전함. ②빌린 물건을 온전히 돌려보냄.

故事 전국 시대 조(趙)나라의 재상 인상여(藺相如)가 진(秦)나라 소양왕이 열다섯 성(城)과 화씨(和氏)의 벽(璧)을 바꾸자고 하여 진나라에 갔으나, 소양왕이 거짓말을 하고 있다는 것을 알고 목숨을 걸고 그 벽을 온전히 도로 가지고 돌아온 데서 온 말.

【完備 완비】완전히 갖춤.
【完成 완성】완전히 다 이룸.
【完遂 완수】목적이나 책임을 모두 이루거나 다함.
【完熟 완숙】①열매 따위가 무르익음. ②재주·기술 등이 아주 능숙해짐. ③음식 따위를 완전히 삶음.
【完譯 완역】전문(全文)을 모두 번역함, 또는 그 번역.
【完全 완전】부족함이나 흠이 없음. 필요한 것이 모두 갖추어져 있음.
【完治 완치】병을 완전히 고침.
【完破 완파】완전히 격파함.

【補完 보완】모자라는 것을 보충하여 완전하게 함.

⌒ 5 ⑧ 【官】 벼슬 관
囷

丶丶宀宀宀宁官官

음 ㊥guān ㊐カン(つかき)
㊧official
字源 회의자. 宀(면)과 '𠂤(퇴)'가 모두 의미 부분이다. 宀은 집을, '𠂤'는 堆(언덕 퇴)의 본자로 작은 언덕을 뜻한다. 옛날에 일반 사람들은 구덩이를 파고 살았고, 관청은 흙더미 위에 지었다. 따라서 官은 '관사(官舍)·객사(客舍)'를 뜻하는 '館(관)'자의 원시 형태로, 뒤에 '관직'의 뜻으로 발전하였다.
字解 ①벼슬, 관직(관) ¶官吏(관리) ②관가(관) ¶官廳(관청) ③기관(관) ¶官能(관능)
【官家 관가】나랏일을 보던 집.
【官能 관능】생물이 생활을 영위하는 여러 기관의 기능.
【官僚 관료】①같은 관직의 동료. ②정치적 영향력이 있는 고급 관리.
【官吏 관리】관직에 있는 사람.
【官舍 관사】관리가 살도록 관에서 지은 집.
【官營 관영】사업 따위를 정부에서 경영하는 일. 國營(국영).
【官認 관인】관청에서 인가함.
【官爵 관작】관직과 작위.
【官邸 관저】고관들의 거처로서 정부가 빌려주는 저택. 公館(공관).
【官職 관직】관리의 직무나 직위.
【官廳 관청】국가 기관의 사무를 맡아보는 곳.
【器官 기관】감각·운동·생식 등의 일정한 기능을 가진 생물체의 각 부분.

'官'이 붙은 한자
棺 관 (관)   琯 옥피리 (관)
菅 왕골 (관)   管 대롱 (관)
笴 비녀장 (관) 館 집 (관)
婠 품성 좋을 (완)

⌒ 5 ⑧ 【宝】 囵 寶(190)의 俗字

【宓】 ❶성 복 ❷편안할 밀

명 ❶ ⓗfú, mì ⓙブク, ミチ
字解 ❶성(복)=宓 ❷편안할(밀)

【実】 图實(188)의 俗字

【宛】 굽을 완

명 ⓗwǎn ⓙエン ⓔcurved
字解 ①굽을(완) ②완연할(완)
【宛延 완연】 구불구불 뻗은 모양.
【宛然 완연】 ①분명함. ②모양이 흡사함.

【宜】 마땅할 의

고 ⓗyí ⓙギ(よろしい) ⓔsuitable
字源 회의자. 갑골문·금문을 보면 '宜'으로, 제사 그릇인 且(차) 위에 고기(肉(육))가 올려져 있는 모양이다. '안정되다'·'마땅하다'라는 뜻은 여기에서 나왔다.
字解 ①마땅할, 옳을(의) ¶宜當(의당) ②적합할(의) ¶便宜(편의)
【宜當 의당】 마땅히 그러함. 으레.
【時宜 시의】 그때의 시점에 알맞음.
【便宜 편의】 사용하거나 이용하는 데 편리함.

【定】 정할 정

명 ⓗdìng ⓙテイ(さだめる) ⓔset
字源 형성자. 宀(면)은 의미 부분이고, 正(정)은 발음 부분이다.
字解 정할, 정해질(정)
【定期 정기】 일정한 기간이나 시기.
【定都 정도】 수도(首都)를 정함.
【定石 정석】 어떤 일을 처리할 때의, 정해진 일정한 방식.
【定說 정설】 일반적으로 옳다고 인정되고 있는 학설.
【定式 정식】 일정한 격식이나 의식.
【定員 정원】 정해진 인원수.
【定義 정의】 개념(槪念)의 내용을 확정해 보이는 논리적인 규정.
【定着 정착】 일정한 곳에 자리잡아 삶.
【定婚 정혼】 혼인하기로 약정함.
【判定 판정】 판별(判別)하여 결정함.
【限定 한정】 제한하여 정함.
【確定 확정】 확고하게 정함.

【宗】 마루 종

명 ⓗzōng ⓙシュウ, ソウ(むね) ⓔancestral
字源 회의자. 宀(면)과 示(시)는 모두 의미 부분이다. 집(宀) 안에 신주(示)가 있는 모습으로, 조상(祖上) 또는 신주를 모시는 곳이라는 뜻이다.
字解 ①마루, 으뜸, 근본(종) ¶宗旨(종지) ②사당(종) ¶宗廟(종묘) ③일족, 동성(종) ¶宗親(종친) ④갈래, 유파(종) ¶宗派(종파)
【宗家 종가】 한 문중(門中)에서 족보상으로 만이로만 이어 내려온 큰집.
【宗敎 종교】 신의 힘이나 초자연적인 존재를 숭배하는 신앙.
【宗廟 종묘】 역대 임금과 왕비의 위패를 모신 왕실의 사당.
【宗孫 종손】 종가(宗家)의 맏손자.
【宗氏 종씨】 촌수가 먼 일가 사이에 서로를 부르거나 일컫는 말.
【宗旨 종지】 ①근본이 되는 중요한 뜻. ②한 종교나 종파의 중심이 되는 가르침.
【宗親 종친】 ①임금의 친족. 종실(宗室). ②일가붙이. 親屬(친속).
【宗派 종파】 ①학예(學藝) 등의 유파(流派). ②종교의 유파. ③지파(支派)에 대한 종가(宗家)의 계통.
【改宗 개종】 믿던 종교를 바꾸어 다른 종교를 믿음.

'宗'이 붙은 한자

崇 높일 (숭)　倧 신인 (종)
悰 즐길 (종)　淙 물소리 (종)
椶 종려나무 (종)　琮 서옥 이름 (종)
綜 모을 (종)　踪 자취 (종)

宀部 5획

宙 집 주

宀宀宁宁宙宙宙

- 중 ⊕zhòu ⊕チュウ ⊛heaven
- **字源** 형성자. 宀(면)은 의미 부분이고, 由(유)는 발음 부분이다.
- **字解** ①집(주) ②하늘(주)

【宙表 주표】 하늘 밖.
【宇宙 우주】 온 세계를 둘러싸고 있는 공간.

宕 방탕할 탕

- 명 ⊕dàng ⊕トウ ⊛indulge
- **字解** ①방탕할(탕) ≒蕩 ②넓을, 클(탕) ③國탕건(탕)

【宕巾 탕건】 國갓 아래 받쳐 쓰던 관(冠)의 한 가지.
【跌宕 질탕】 놀宕놀이가 지나쳐서 방탕에 가까움. 佚宕(질탕).
【豪宕 호탕】 호기롭고 걸걸함.

宖 집 울릴 횡

- 명 ⊕hóng ⊕クウ
- **字解** ①집 울릴(횡) ②편안할(횡)

客 손 객

宀宀宀宁安客客

- 중 ⊕kè ⊕キャク ⊛guest
- **字源** 형성자 겸 회의자. 宀(면)은 의미 부분이고, 各(각)은 발음 부분이다. 집(宀)에 찾아온 손님을 뜻하는데, 各에는 본래 '오다'라는 뜻이 있으므로 의미 부분도 된다.
- **字解** ①손, 나그네(객) ¶客席(객석) ②부칠, 의탁할(객) ¶食客(식객) ③과거(객) ¶客年(객년) ④사람(객) ¶政客(정객) ⑤쓸데없을, 객쩍을(객) ¶客氣(객기)

【客氣 객기】 國객쩍게 부리는 혈기.
【客年 객년】 지난해. 昨年(작년).
【客死 객사】 타향에서 죽음.
【客席 객석】 손님이 앉는 자리.
【客室 객실】 손님을 접대하거나 거처하게 하려고 마련한 방.
【客地 객지】 자기 집을 떠나 임시로 가 있는 곳. 他鄕(타향).
【顧客 고객】 영업의 대상자로 오는 손님. 단골 손님.
【觀客 관객】 구경하는 사람.
【食客 식객】 남의 집에 얹혀 얻어먹으면서 문객 노릇을 하는 사람.
【政客 정객】 정치를 하는 사람.
【賀客 하객】 축하하는 손님.

宣 베풀 선

宀宀宀宁宵宣宣

- 고 ⊕xuān ⊕セン(のべる) ⊛proclaim
- **字源** 형성자. 宀(면)은 의미 부분이고, 亘(선·환)은 발음 부분이다.
- **字解** ①베풀, 펼(선) ¶宣揚(선양) ②임금의 말(선) ¶宣旨(선지)

【宣告 선고】 재판의 판결을 알림.
【宣誓 선서】 공개적으로 맹세함.
【宣揚 선양】 널리 펼침.
【宣言 선언】 자기의 의견을 일반 사람에게 밝혀 말함.
【宣傳 선전】 일정한 사상·이론·지식 등을 대중에게 널리 인식시키는 일.
【宣旨 선지】 ①천자(天子)의 명령. ②國왕의 명령을 널리 폄.
【宣布 선포】 세상에 널리 알림.

> '宣'이 붙은 한자
> 愃 상쾌할(선)   渲 바림(선)
> 瑄 도리옥(선)   喧 시끄러울(훤)
> 晅 따뜻할(훤)   萱 원추리(훤)
> 讂 시끄러울(훤)

室 집 실

宀宀宀宁宝室室

- 중 ⊕shì ⊕シツ(むろ) ⊛room
- **字源** 회의 겸 형성자. 宀(면)과 至(지)는 모두 의미 부분인데, 至는 발음도 담당한다. 至는 화살이 날아가 땅에 꽂힌 모습으로, '다다르다'·'이르다'라는 뜻을 나타낸다.
- **字解** ①집, 방(실) ¶寢室(침실) ②아내(실) ¶正室(정실) ③별 이

름(실) ※이십팔수(二十八宿)의 하나.
【室內 실내】방 안.
【室人 실인】'자기의 아내'를 이르는 말. 內子(내자).
【內室 내실】여자가 거처하는 안방.
【正室 정실】본마누라. 本妻(본처). 嫡室(적실).
【側室 측실】첩(妾). 小室(소실).
【寢室 침실】잠을 자도록 마련된 방.

【宥】 용서할 유

명 ㊥yòu ㊐ユウ(ゆるす) ㊊pardon
字源 용서할(유)
【宥罪 유죄】죄를 용서함.
【宥和 유화】용서하고 달래어 상대편의 마음을 부드럽게 함.

【宦】 벼슬 환

명 ㊥huàn ㊐カン ㊊official post
字源 ①벼슬, 벼슬살이할(환) ¶宦族(환족) ②벼슬아치(환) ¶宦路(환로) ③내시(환) ¶宦官(환관)
【宦官 환관】궁중에서 자질구레한 일을 맡아 하던 구실아치. 內侍(내시).
【宦路 환로】벼슬아치가 되는 길.
【宦族 환족】대대로 벼슬하는 집안.

【家】 집 가

宀宀宀宇宇家家家

명 ㊥jiā ㊐カ(いえ) ㊊house
字源 회의자. 집(宀(면)) 안에 돼지(豕(시))가 있는 모습이다. 옛날에는 가축의 사육이 매우 중요하여, 가축들의 우리를 별개의 글자로 표현하였다. 그런데 후대에는 사람과 관련이 있는 뜻으로 발전하여 '돼지우리'를 뜻하던 家는 '사람이 사는 집'으로, '외양간'을 뜻하던 牢(뢰)는 '감옥'으로 뜻이 바뀌었다.
字源 ①집(가) ¶家屋(가옥) ②가족, 가문(가) ¶家訓(가훈) ③전문가(가) ※학문·기예에 뛰어난 사람. ¶大家(대가)
【家系 가계】대대로 이어 온 집안의 계통(系統).
【家計 가계】집안 살림에 관한 수입과 지출의 상태.
【家口 가구】세대(世帶).
【家禮 가례】한 집안의 예법.
【家産 가산】집안의 재산.
【家勢 가세】집안 살림의 형편.
【家臣 가신】①경(卿)·대부(大夫) 밑에서 벼슬하던 신하. ②'고관에게 속하여 그를 섬기는 사람'의 비유.
【家屋 가옥】사람이 사는 집.
【家運 가운】집안의 운수.
【家庭 가정】한 가족을 단위로 하여 이루어진 생활 공동체.
【家畜 가축】집에서 기르는 짐승.
【家親 가친】남 앞에서 '자기 아버지'를 이르는 말. 嚴親(엄친).
【家風 가풍】한 집안의 규율과 풍습.
【家訓 가훈】한 집안에서 도덕적 실천 기준으로 삼은 가르침.
【大家 대가】①학문·예술·기술 등의 전문 분야에 조예가 깊은 사람. 巨匠(거장). ②대대로 번영한 집안.
【一家 일가】①성(姓)과 본(本)이 같은 겨레붙이. ②한집안. ③학문이나 예술·기술 등의 분야에서 하나의 독립적인 체계를 이룬 상태.

【宮】 집 궁

宀宀宀宁宁宫宫宮

고 ㊥gōng ㊐キュウ(みや) ㊊palace
字源 상형자. 宀(면)은 지붕이고, '呂'은 집과 집이 연결되어 있는 모습이다.
字源 ①집, 궁궐(궁) ¶宮女(궁녀) ②음계(궁) ※동양 오음계의 첫째. ③널, 관(궁) ¶梓宮(재궁) ④궁형(궁)
【宮闕 궁궐】대궐(大闕). 宮殿(궁전).
【宮女 궁녀】궁중에서 대전(大殿)·내전(內殿)을 가까이 모시던 여자.
【宮合 궁합】㊎혼인이 있는 남녀의 사주(四柱)를 오행(五行)에 맞추어 보아 배우자로서의 길흉을 헤아리는 점.
【宮刑 궁형】고대 중국에서, 거세(去勢)하여 생식을 못하게 하던 형벌.
【東宮 동궁】①황태자. 왕세자. ②태

자·세자가 거처하던 궁전.
【子宮 자궁】 여자 생식기의 일부로, 태아가 자라는 곳. 아기집.
【梓宮 재궁】 임금의 관(棺).
【後宮 후궁】 ① 제왕(帝王)의 첩. ② 주되는 궁전 뒤쪽의 궁전.

【宬】 서고 성

명 ⊕chéng ⊕ジョウ ⊛library
字解 서고(宬) ※ 책을 넣어 두는 곳집.

【宵】 밤 소

명 ⊕xiāo ⊕ショウ ⊛night
字解 ① 밤, 야간(소) ¶晝宵(주소) ② 작을(소) ¶宵人(소인)
【宵半 소반】 밤중. 한밤중.
【宵人 소인】 못난 사람. 小人(소인).
【元宵 원소】 음력 정월 보름날 밤.
【晝宵 주소】 낮과 밤. 晝夜(주야).

【宸】 집 신

명 ⊕chén ⊕シン ⊛palace
字解 집, 대궐(신) ※ 임금에 관한 일에 씀.
【宸襟 신금】 임금의 속마음.
【宸筆 신필】 임금의 친필(親筆).

【宴】 잔치 연

宀 宀 宁 宇 宴 宴 宴
고 ⊕yàn ⊕エン(うたげ) ⊛banquet
字源 형성자. 宀(면)은 의미 부분이고, 晏(안)은 발음 부분이다.
字解 ① 잔치(연) ¶宴會(연회) ② 편안할(연) ¶宴居(연거)
【宴居 연거】 집에 편안하게 있음.
【宴息 연식】 편안히 쉼.
【宴會 연회】 여러 사람이 모여 즐기는 잔치.
【壽宴 수연】 장수를 축하하는 잔치. 환갑 잔치.
【酒宴 주연】 술잔치.
【饗宴 향연】 특별히 융숭하게 대접하는 잔치.

【容】 얼굴 용

宀 宀 宂 宂 容 容 容
고 ⊕róng ⊕コウ(いれる) ⊛face
字源 형성자. 갑골문·금문에서는 '宂'으로 썼는데, 宀(면)이 의미 부분이고 公(공)이 발음 부분이다. 소전에서 公이 谷(곡)으로 되었다.
字解 ① 얼굴, 모양(용) ¶容貌(용모) ② 넣을, 담을(용) ¶容量(용량) ③ 받아들일(용) ¶容認(용인)
【容器 용기】 물건을 담는 그릇.
【容納 용납】 너그럽게 받아들임.
【容量 용량】 그릇에 담거나 넣을 수 있는 분량. 容積(용적).
【容貌 용모】 얼굴 모양.
【容恕 용서】 죄나 과오에 대하여 벌을 주지 않고 관대히 처리함.
【容易 용이】 쉬움. 수월함.
【容認 용인】 받아들여 인정(認定)함.
【容態 용태】 ① 얼굴 모양과 몸맵시. 용모와 태도. ② 병의 상태.
【寬容 관용】 너그럽게 포용함.
【美容 미용】 용모를 아름답게 꾸밈.
【包容 포용】 너그럽게 감싸 받아들임.
【許容 허용】 허락하여 용납함.

【宰】 재상 재

宀 宀 宁 宇 宰 宰 宰
고 ⊕zǎi ⊕サイ(つかさ) ⊛premier
字源 회의자. 宀(면)과 辛(신)은 모두 의미 부분이다. 辛은 본래 죄인의 얼굴에 문신을 새기던 날카로운 칼을 그린 것이다. '宰' 자는 집 안(宀)에 칼(辛)을 가지고 있다는 뜻에서 '죽이다'·'고기를 자르다'라는 뜻이 나왔고, '요리사'·'재상' 등으로 뜻이 확대·발전되었다.
字解 ① 재상(재) ② 주장할, 맡을(재) ③ 도살할(재)
【宰殺 재살】 짐승을 잡아 죽임.
【宰相 재상】 임금을 도와 모든 관원을 지휘하던 최고 관직.
【主宰 주재】 책임지고 맡아 처리함, 또는 그 사람.

害 ❶해칠 해 ❷어찌 갈

〔畵〕
音 ㊥hài, hé ㊐ガイ(そこなう) ㊀harm
字源 형성자. 口(구)는 의미 부분이고, 나머지 부분은 余(여)로 발음 부분이다.
字解 ❶①해칠(해) ¶害惡(해악) ②손해(해) ¶加害(가해) ③요충(해) ¶要害(요해) ❷(갈) ※ 반어(反語)의 뜻을 나타냄.
【害惡 해악】 해가 되는 나쁜 영향.
【害蟲 해충】 사람이나 농작물에 해가 되는 벌레.
【加害 가해】 남에게 손해를 입힘.
【公害 공해】 산업 활동이나 교통량의 증가로 인하여 공중의 건강·생활 환경에 미치는 해.
【妨害 방해】 남의 일에 훼살을 놓아서 해를 끼침.
【百害無益 백해무익】 해롭기만 하고 조금도 이로울 것이 없음.
【殺害 살해】 남의 생명을 해침.
【損害 손해】 금전·물질 면에서, 본디보다 밑지거나 해가 됨.
【弑害 시해】 부모나 임금을 죽임.
【要害 요해】 적을 막기에는 편리하고 적이 쳐들어오기에는 불리한 곳. 要衝地(요충지).
【災害 재해】 재앙으로 말미암은 피해.

寇 도둑 구

名 ㊥kòu ㊐コウ(あだ) ㊀bandit
字解 ①도둑, 외적(구) ②약탈할, 침범할(구)
【寇掠 구략】 남의 나라에 쳐들어가서 노략질함.
【寇賊 구적】 떼 지어 다니며 백성을 해치거나 물건을 강탈하는 도둑.
【倭寇 왜구】 지난날 일본의 해적.

寄 부칠 기

고 ㊥jì ㊐キ(よる) ㊀send
字源 형성자. 宀(면)은 의미 부분이고, 奇(기)는 발음 부분이다.
字解 ①부칠, 보낼(기) ¶寄贈(기증) ②맡길(기) ¶寄託(기탁) ③붙일, 의지할(기) ¶寄生(기생)
【寄居 기거】 남의 집에 덧붙어서 삶.
【寄稿 기고】 글을 싣기 위해 원고(原稿)를 신문사나 잡지사에 냄.
【寄附 기부】 공공 단체나 절·교회 등에 무상으로 금전·물품을 내놓음.
【寄生 기생】 남에게 의지하여 삶.
【寄宿 기숙】 남의 집에 몸을 붙여 숙식(宿食)함.
【寄與 기여】 ①부치어 줌. 보내 줌. 贈與(증여). ②이바지함.
【寄贈 기증】 물품을 보내 줌.
【寄託 기탁】 남에게 돈이나 물건 따위를 맡겨 둠.
【寄港 기항】 항해 중인 배가 도중에 있는 항구에 들름.

密 빽빽할 밀

音 ㊥mì ㊐ミツ(ひそか) ㊀dense
字源 형성자. 山(산)은 의미 부분이고, 宓(밀)은 발음 부분이다. 본래 산(山)을 뜻하였으나, 뒤에 '정밀하다'라는 뜻으로 가차되었다. 옛날에 密과 宓은 발음이 비슷하였다.
字解 ①빽빽할, 촘촘할(밀) ¶密林(밀림) ②비밀히, 몰래(밀) ¶密告(밀고) ③가까울(밀) ¶親密(친밀)
【密告 밀고】 비밀히 일러바침.
【密度 밀도】 빽빽한 정도.
【密林 밀림】 나무가 빽빽한 수풀.
【密封 밀봉】 단단히 봉함. 꼭 봉함.
【密使 밀사】 비밀히 보내는 사자.
【密輸 밀수】 법을 어겨 가며 몰래 물품을 수입하거나 수출함.
【密約 밀약】 비밀히 약속함, 또는 그 약속.
【密偵 밀정】 몰래 살피는 첩자.
【密着 밀착】 빈틈없이 달라붙음.
【密會 밀회】 몰래 만나거나 모임.
【緊密 긴밀】 관계가 서로 밀접함.
【綿密 면밀】 자세하고 빈틈이 없음.

【祕密 비밀】①남에게 알려서는 안 되는 일의 내용. ②아직 밝혀지지 않거나 알려지지 않은 내용.
【稠密 조밀】촘촘하고 빽빽함.
【親密 친밀】사이가 친하고 가까움.
[참고] 蜜(밀 : 688)은 딴 자.

宀 8 ⑪ 【宿】 ❶잘 숙 [屋] ❷별자리 수 [宥]

宀 宀 宀 宀 宀 宿 宿 宿

[중] ㊥sù, xiù ㊐シュク(やどる) ㊎lodge
[字源] 회의자. 집〔宀(면)〕 안에서 사람〔人(인)〕이 돗자리〔百〕를 깔고 그 위에 눕거나 앉아서 쉰다는 뜻이다.
[字解] ❶①잘, 묵을(숙) ¶ 宿所(숙소) ②번들(숙) ¶ 宿直(숙직) ③오랠(숙) ¶ 宿患(숙환) ④미리, 앞서(숙) ¶ 宿題(숙제) ❷별자리(수) ¶ 星宿(성수)
【宿命 숙명】날 때부터 정해진 운명.
【宿泊 숙박】남의 집이나 여관에서 머무름.
【宿所 숙소】머물러 묵는 곳.
【宿願 숙원】오래 전부터의 소원.
【宿敵 숙적】오래 전부터의 적.
【宿題 숙제】①미리 내주는 과제. ②두고 생각할 문제.
【宿直 숙직】관청·직장 등에서 숙박하면서 건물·시설 등을 지키는 일.
【宿患 숙환】오래 묵은 병(病).
【露宿 노숙】한데서 밤을 지냄.
【投宿 투숙】여관 따위에 묵음.
【合宿 합숙】한곳에서 묵음.
【星宿 성수】①별자리. ②모든 별자리의 별들.
【二十八宿 이십팔수】황도를 중심으로 나눈 천구(天球)의 스물여덟 자리. 동쪽의 각(角)·항(亢)·저(氐)·방(房)·심(心)·미(尾)·기(箕), 서쪽의 규(奎)·누(婁)·위(胃)·묘(昴)·필(畢)·자(觜)·삼(參), 남쪽의 정(井)·귀(鬼)·유(柳)·성(星)·장(張)·익(翼)·진(軫), 북쪽의 두(斗)·우(牛)·여(女)·허(虛)·위(危)·실(室)·벽(壁).

3 획

宀 8 ⑪ 【寃】 [명] 冤(64)의 俗字

宀 8 ⑪ 【寅】 동방 인 [眞]

丶 宀 宀 宀 宀 宀 寅 寅

[중] ㊥yín ㊐イン(とら)
[字源] 상형자. 갑골문은 '寅'으로 화살을 그린 것인데, 지금은 본래의 형태와 많이 달라졌는데, 지지(地支)의 세 번째 글자로 가차되었다.
[字解] ①동방, 셋째 지지(인) ②삼갈, 공경할(인)
【寅念 인념】삼가 생각함.
【寅時 인시】①십이시의 셋째 시. 곧, 상오 3시~5시. ②이십사시의 다섯째 시. 곧, 상오 3시 30분~4시 30분.

宀 8 ⑪ 【寂】 고요할 적 [錫]

宀 宀 宀 宀 宀 宀 寂 寂

[고] ㊥jì ㊐セキ(さびしい) ㊎desolate
[字源] 형성자. 宀(면)은 의미 부분이고, 叔(숙)은 발음 부분이다.
[字解] ①고요할, 쓸쓸할(적) ¶ 寂寞(적막) ②죽을(적) ¶ 寂滅(적멸)
【寂寞 적막】고요하고 쓸쓸함.
【寂滅 적멸】'고승(高僧)의 입적(入寂)'을 이름. 涅槃(열반).
【寂寂 적적】외롭고 쓸쓸한 모양.
【鬱寂 울적】마음이 답답하고 쓸쓸함.
【入寂 입적】'중의 죽음'을 이름.
【靜寂 정적】고요하여 괴괴함.
【閑寂 한적】한가하고 고요함.

宀 8 ⑪ 【寀】 녹봉 채 [賄]

[명] ㊥cài ㊐サイ ㊎stipend
[字解] 녹봉, 봉록(채) ※ 녹봉(祿俸)으로 지급되는 토지.

宀 9 ⑫ 【寐】 잠잘 매 [寘]

[명] ㊥mèi ㊐ビ(ねる) ㊎sleep
[字解] 잠잘(매)
【夢寐 몽매】잠을 자며 꿈을 꿈.

【夙興夜寐 숙흥야매】 아침에 일찍 일어나고 밤에 늦게 잠. '밤낮으로 부지런함'을 이름.
【寤寐不忘 오매불망】 자나 깨나 잊지 못함.

【富】 가멸 부

음 ⊕fù ⊖フ(とむ) 英rich
字源 형성자. 宀(면)은 의미 부분이고, 畐(복)은 발음 부분이다.
字解 ①가멸, 부유할(부) ¶富裕(부유) ②젊을(부) ¶年富力强(연부역강)

【富强 부강】 나라의 재정(財政)이 넉넉하고 군사력이 강함.
【富國强兵 부국강병】 나라를 부유하게 하고 군사력을 강하게 함.
【富貴 부귀】 재산이 많고 지위(地位)가 높음.
【富裕 부유】 재물이 많아 생활이 넉넉함. 富饒(부요).
【富益富 부익부】 부자(富者)가 더욱 부자가 됨.
【富者 부자】 재물이 넉넉한 사람.
【富豪 부호】 재물이 많고 세력이 있는 사람.
【甲富 갑부】 첫째가는 큰 부자.
【貧富 빈부】 가난함과 부유함.
【年富力强 연부역강】 나이가 젊고 활동력이 강함.
【致富 치부】 재물을 모아 부자가 됨.
【豊富 풍부】 넉넉하고 많음.

【寔】 이 식

명 ⊕shí ⊖ショク 英this
字解 ①이(식) ②참으로(식)

【寓】 붙여 살 우

명 ⊕yù ⊖グウ 英dwell
字解 ①붙여 살(우) ¶寓居(우거) ②부칠, 빗댈(우) ¶寓話(우화)

【寓居 우거】 ①임시로 몸을 붙여 삶. ②'자기 주거(住居)'의 겸칭.
【寓意 우의】 다른 사물에 빗대어 은연중에 어떤 의미를 내비침.
【寓話 우화】 다른 사물에 빗대어 교훈이나 풍자의 뜻을 은연중에 나타내는 이야기.
【寄寓 기우】 한때 남에게 몸을 의지하여 지냄.

【寒】 찰 한

음 ⊕hán ⊖カン(さむい) 英cold
字源 회의자. 집(宀(면)) 안에 사람(人(인))이 풀(艸(초))을 덮고 있는데, 발 밑에는 얼음(冫(빙))이 얼어 있는 모습으로, '춥다'라는 뜻을 나타낸다.
字解 ①찰, 추울(한) ¶寒氣(한기) ②어려울, 가난할(한) ¶寒村(한촌)

【寒氣 한기】 추운 기운. 추위.
【寒暖 한난→한란】 추움과 따뜻함.
【寒冷 한랭】 매우 추움.
【寒暑 한서】 추위와 더위.
【寒心 한심】 ①몹시 두려워 몸이 오싹해짐. ②정도에 너무 지나치거나 모자라서 가엾고 딱하거나 기막힘.
【寒村 한촌】 가난한 마을.
【寒波 한파】 겨울철에 기온이 급격히 떨어지는 현상.
【寒害 한해】 추위로 입는 피해.
【大寒 대한】 이십사절기의 하나. 소한(小寒)과 입춘(立春) 사이로, 1월 21일경.
【貧寒 빈한】 살림이 가난하여 집안이 쓸쓸함.
【小寒 소한】 이십사절기의 하나. 동지(冬至)와 대한(大寒) 사이로, 1월 6일경.
【惡寒 오한】 몸에 열이 나면서 오슬오슬 춥고 떨리는 증세.
【酷寒 혹한】 몹시 심한 추위.

【寬】 寬(189)의 俗字

【寍】 명 寧(188)과 同字

【寧】 寧(188)의 俗字

宀 10 ⑬ 【寘】 둘 치 [寘]

中zhì 日シ(おく) 英lay

[字解] ①둘(치) ≒置 ②찰, 채울(치)

宀 10 ⑬ 【寝】 寢(189)의 俗字

宀 11 ⑭ 【寡】 적을 과 [馬]

宀 宀 宀 宀 宜 寘 寡 寡

[고] 中guǎ 日カ(すくない) 英few

[字源] 회의자. 금문에서는 宀과 頁로 이루어졌다. 썼다. 집〔宀〕 안에 사람〔頁〕이 혼자 있는 형태이므로, '(사람이) 적다'는 뜻을 나타낸다.

[字解] ①적을(과) ¶寡默(과묵) ②홀어미(과) ¶寡婦(과부)

【寡默 과묵】 말수가 적음.

【寡婦 과부】 남편을 잃고 혼자 사는 여자. 홀어미. 寡守(과수).

【寡人 과인】 덕이 적은 사람. 임금이 자신을 낮추어 이르던 말.

【多寡 다과】 많음과 적음.

【鰥寡 환과】 홀아비와 홀어미.

宀 11 ⑭ 【寧】 편안할 녕 [甯] [동] 寕 [속] 寜 [간] 宁

宀 宀 宀 宀 宀 寍 寍 寧

[고] 中nìng 日ネイ(やすい) 英peaceful

[字源] 형성 겸 회의자. 丂(고)는 의미 부분이고, 寍(녕)은 발음 부분이다. 寍은 그릇〔皿(명)〕이 집〔宀(면)〕 안에 있으니 마음〔心(심)〕이 편안하다는 뜻이므로, 의미 부분도 된다.

[字解] ①편안할(녕) ¶安寧(안녕) ②차라리(녕) ¶寧爲鷄口勿爲牛後(영위계구물위우후) ③어찌(녕) ※의문·반어(反語)의 뜻을 나타냄. ④문안할, 친정 갈(녕) ¶寧親(영친)

【寧爲鷄口勿爲牛後 영위계구물위우후】 차라리 닭의 부리가 될지언정 소의 꼬리는 되지 말라. '큰 것의 뒤를 따르는 것보다 작은 것의 우두머리가 되는 것이 나음'을 이름.

【寧日 영일】 편안한 날.

【寧親 영친】 부모를 뵈려고 고향으로 돌아감. 歸省(귀성).

【康寧 강녕】 건강하고 편안함.

【安寧 안녕】 몸이 건강하고 마음이 편안함.

宀 11 ⑭ 【寥】 쓸쓸할 료 [廫]

中liáo 日リョウ 英solitary

[字解] ①쓸쓸할, 잠잠할(료) ¶寂寥(적료) ②휑할, 공허할(료) ¶寥廓(요확) ③하늘(료) ¶碧寥(벽료)

【寥寥 요료】 ①적막한 모양. ②텅 빈 모양. ③수가 적은 모양.

【寥廓 요확】 ①텅 비고 끝없이 넓음. 휑함. ②하늘. 虛空(허공).

【寥闊 요활】 휑뎅그렁하고 넓은 모양.

【碧寥 벽료】 푸른 하늘.

【寂寥 적료】 적막하고 쓸쓸함.

宀 11 ⑭ 【寞】 고요할 막 [藥]

[명] 中mò 日バク 英lonely

[字解] 고요할, 쓸쓸할(막)

【寞寞 막막】 고요하고 쓸쓸함.

【索寞 삭막】 황폐하여 쓸쓸한 모양. [통]索莫(삭막).

【寂寞 적막】 고요하고 쓸쓸함.

宀 11 ⑭ 【實】 열매 실 [實] [속] 実 [간] 实

宀 宀 宀 宀 宀 實 實 實

[중] 中shí 日ジツ(み, みのる) 英fruit

[字源] 회의자. 宀(면)과 貫(관)은 모두 의미 부분이다. 집〔宀〕 안에 재물이 가득하다는 뜻이다.

[字解] ①열매(실) ¶實果(실과) ②실제, 사실(실) ¶實存(실존) ③참될(실) ¶眞實(진실) ④옹골찰(실) ¶充實(충실)

【實感 실감】 ①실제의 느낌. ②실물(實物)을 대하는 듯한 느낌.

【實果 실과】 과일. 果實(과실).

【實費 실비】 실제로 드는 비용.

【實事求是 실사구시】 실제의 사실에 근거하여 진리를 탐구하는 일.

【實習 실습】 배운 것을 실지로 해 보고 익힘.

【實存 실존】실제로 존재함.
【實際 실제】있는 그대로의 상태(狀態)나 형편.
【實證 실증】실물이나 사실에 근거하여 증명함, 또는 그에 따른 증거.
【實質 실질】실상의 본바탕.
【實踐躬行 실천궁행】실제로 몸소 이행함.
【實態 실태】실제의 태도나 형편. 實情(실정).
【實話 실화】실지로 있던 이야기.
【篤實 독실】열성 있고 진실함.
【不實 불실→부실】①내용이 충실하지 못함. ②몸이 튼튼하지 못함.
【眞實 진실】거짓 없이 바르고 참됨.
【充實 충실】속이 꽉 차서 알참.

寤 깰 오

명 ⊕wù ⊕ゴ(さめる) 英awake
字解 ①깰(오) ②깨달을(오)≒悟
【寤寐 오매】①잠을 깨어 있을 때나 잘 때. ②자나깨나.
【寤寐不忘 오매불망】자나깨나 항상 잊지 못함.

察 살필 찰

宀 宀 宀 宀 宀 宀 宀 察

명 ⊕chá ⊕サツ 英watch
字解 회의 겸 형성자. 宀(면)과 祭(제)는 모두 의미 부분인데, 祭는 발음도 담당한다. 집 안에 놓고 자세히 살핀다는 뜻에서 宀이 의미 부분이 되고, 제사(祭祀) 역시 자세히 살펴야 해야 하기 때문에 祭도 의미 부분이 된다.
字解 살필, 관찰할(찰)
【察色 찰색】혈색을 보고 병을 진찰함.
【察知 찰지】살펴서 앎. 諒知(양지).
【監察 감찰】①감시하여 살핌. ②감독과 단속을 맡은 직무.
【觀察 관찰】사물을 자세히 살펴봄.
【考察 고찰】깊이 생각하여 살핌.
【省察 성찰】반성하여 살핌.
【視察 시찰】돌아다니며 실지의 사정을 자세히 살펴봄.
【診察 진찰】의사가 병의 유무나 증세 따위를 살피는 일.

寨 목책 채

명 ⊕zhài ⊕サイ(とりで) 英palisade
字解 목책, 울짱(채)
【木寨 목채】나무 울타리. 울짱.

寢 잠잘 침

宀 宀 宀 宀 宀 宀 宀 寢

고 ⊕qīn ⊕シン(ねる) 英sleep
字解 형성자. 宀(면)은 의미 부분이고, 㑴(침)은 발음 부분이다.
字解 ①잠잘(침) ②방(침)
【寢具 침구】잘 때에 쓰는 제구. 이부자리·베개 따위.
【寢床 침상】사람이 누워 자는 평상. 寢臺(침대).
【寢所 침소】사람이 자는 곳.
【寢睡 침수】①잠을 잠. ②'수면(睡眠)'의 높임말.
【寢食 침식】자는 일과 먹는 일.
【起寢 기침】잠을 깨어 잠자리에서 일어남. 起床(기상).
【同寢 동침】부부 또는 남녀가 잠자리를 같이함.
【就寢 취침】잠자리에 듦.

寬 너그러울 관

宀 宀 宀 宀 宀 宀 宀 寬

고 ⊕kuān ⊕カン(ひろい) 英generous
字解 형성자. 宀(면)은 의미 부분이고, 莧(현)은 발음 부분이다.
字解 너그러울, 넓을(관)
【寬大 관대】마음이 너그럽고 큼.
【寬容 관용】너그럽게 용서함.
【寬厚 관후】너그럽고 후함.

寮 동료 료

명 ⊕liáo ⊕リョウ(つかさ) 英co-worker
字解 ①동료(료)≒僚 ②벼슬아치(료) ③집(료)
【寮舍 요사】절에서 중들이 거처(居處)하는 집.

【寮友 요우】같은 일자리에 있는 벗.
【同寮 동료】같은 일자리에 있는 사람.

【寫】베낄 사

写 寫 寫

㉠ ⓒxiě ⓙシャ(うつす) ⓔcopy

字源 형성자. 宀(면)은 의미 부분이고, 舄(석)은 발음 부분이다.

字解 ①베낄, 본뜰(사) ¶寫本(사본) ②그릴(사) ¶寫生(사생)

【寫本 사본】원본(原本)을 옮겨 베낌, 또는 그 베껴 놓은 문서나 책.
【寫生 사생】실제의 사물이나 경치를 그대로 보고 그림.
【寫實 사실】실제 모습을 있는 그대로 그려 냄.
【寫眞 사진】사진기로 찍은 형상.
【謄寫 등사】원본을 베껴 옮김.
【模寫 모사】①흉내 내어 그대로 나타냄. ②본떠서 그대로 그림.
【描寫 묘사】본 것이나 느낀 것 등을 객관적으로 표현함.
【複寫 복사】사진·문서 따위를 본디 것과 똑같이 박는 일.
【筆寫 필사】붓으로 베껴 씀.

【審】살필 심

审 宷

㉠ ⓒshěn ⓙシン(つまびらか) ⓔinvestigate

字源 회의자. 宀(면)과 番(번)은 모두 의미 부분이다. 宀은 집 안에서 자세히 살핀다는 뜻이고, 釆(변)과 田(전)은 짐승의 발자국이 갈라진 모양을 그린 것이다. 집 안에서 짐승의 발자국을 보고 분별해 낸다는 뜻이다.

字解 ①살필, 조사할(심) ¶審査(심사) ②자세히 밝힐(심) ¶審美(심미)

【審問 심문】자세히 밝혀 물음.
【審美 심미】사물의 아름다운 점을 살펴 미의 본질을 규명함.
【審査 심사】자세히 조사함.
【審議 심의】심사하고 의논함.
【審判 심판】사건의 옳고 그름이나 경기의 승부 등을 밝히어 판정함, 또는 그 일을 하는 사람.
【誤審 오심】잘못 심판함.

【憓】밝을 혜

명 ⓒhuì ⓙケイ ⓔbright
字解 ①밝을(혜) ②살필(혜)

【寯】모을 준

명 ⓒjùn ⓙシュン ⓔgather
字解 ①모을(준) ②뛰어날(준) 늑俊

【寰】천하 환

寰

ⓒhuán ⓙカン ⓔworld
字解 천하, 세계(환)

【寰宇 환우】온 세상. 世界(세계).
【寰海 환해】육지와 바다. '천하' 또는 '세계'를 이름.

【寳】寶(190)의 俗字

【寵】사랑할 총

宠 寵

명 ⓒchǒng ⓙチョウ(めぐむ) ⓔfavor
字解 사랑할, 괼, 귀여워할(총)

【寵臣 총신】특별히 사랑받는 신하.
【寵兒 총아】많은 사람들에게 특별히 사랑받는 사람.
【寵愛 총애】남달리 귀여워하고 사랑함.
【恩寵 은총】①높은 사람에게서 받는 특별한 사랑. ②신이 인간에게 내리는 은혜.

【寶】보배 보

寶 宝 寶

㉠ ⓒbǎo ⓙホウ(たから) ⓔtreasure

字源 형성자. 집[宀(면)] 안에 보물[玉(옥)]과 돈[貝(패)]이 가득하다는 뜻이다. 缶(부)는 발음 부분이다.

字解 ①보배, 보배로울(보) ¶寶石(보석) ②임금(보) ※임금에 관련된 사물에 붙여 씀. ¶寶座(보좌)

【寶劍 보검】보배로운 칼. 귀중한 칼.
【寶庫 보고】①보물을 쌓아 두는 곳집. ②물자가 많이 산출되는 땅.
【寶物 보물】보배로운 물건.
【寶石 보석】색채와 광택이 아름다워 귀중히 여겨지는 광물.
【寶座 보좌】①임금이 앉는 자리. 玉座(옥좌). ②부처가 앉는 자리. 蓮花座(연화좌).
【國寶 국보】①나라의 보배로 지정한 물건. ②'국새(國璽)'의 이칭.
【財寶 재보】①보배로운 재물. ②재화와 보물.

寸 部

寸 마디 촌

一 寸 寸

중 ⊕cùn ⊕スン ⊕inch
字源 지사자. 사람의 손(又(우))에서 1寸 되는 곳에 동맥이 있는데, 이것을 촌구(寸口)라고 한다. '、'으로 그곳을 표시하였다.
字解 ①마디(촌) ※손가락의 마디. ②적을(촌) ¶寸志(촌지) ③촌, 치(촌) ※길이의 단위. 척(尺)의 10분의 1. ¶方寸(방촌) ④國촌수(촌)

【寸刻 촌각】매우 짧은 시간.
【寸劇 촌극】①아주 짧은 연극(演劇). ②'잠시 동안의 우스꽝스러운 일이나 사건'을 이름.
【寸步 촌보】몇 발자국의 걸음.
【寸數 촌수】國친족 사이의 멀고 가까운 관계를 나타내는 수.
【寸陰 촌음】썩 짧은 시간.
【寸志 촌지】'적은 선물'이라는 뜻으로, '자기의 선물'의 겸칭(謙稱).
【寸鐵殺人 촌철살인】조그만 무기로 사람을 죽일 수 있음. '짤막한 말로 상대자를 감동시킴'의 비유.

【寸評 촌평】아주 짧은 비평.
【方寸 방촌】사방 한 치. '좁은 땅' 또는 '마음'을 이름.

寺 ❶절 사 ❷내시 시

一 十 土 キ 寺 寺

중 ⊕sì ⊕ジ(てら) ⊕temple
字源 형성자. 寸(촌)은 의미 부분이고, 之(지)는 발음 부분이다. 土(토)는 止 즉 之(갈 지) 자의 변형이다. 옛날에 寺와 之는 발음이 비슷하였다.
字解 ❶절(사) ¶寺院(사원) ❷①내시(시) 능侍 ¶寺人(시인) ②관청(시)

【寺院 사원】절. 寺刹(사찰).
【寺田 사전】절에 딸린 논밭.
【寺人 시인】왕을 모시며 후궁의 일을 맡아보던 사람. 內侍(내시).
【山寺 산사】산속에 있는 절.

> '寺'가 붙은 한자
> 侍 모실(시)   特 믿을(시)
> 時 때(시)   詩 시(시)
> 持 가질(지)   峙 산 우뚝 설(치)
> 痔 치질(치)

对 對(194)의 俗字

寿 壽(152)의 俗字

㝵 碍(578)와 同字

时 爵(473)과 同字

封 봉할 봉

一 十 土 キ 丰 圭 封 封

고 ⊕fēng ⊕ホウ, フウ ⊕seal
字源 회의자. 흙더미(土(토)) 위에

손[寸(촌)]으로 나무[木(목)]를 심는다는 뜻이다. 옛날에는 이렇게 함으로써 자기 구역을 표시하였는데, 제후에게 주는 땅을 봉토(封土)라고 하는 것은 여기에서 비롯된 것이다.

字解 ❶봉할(봉) ※붙이거나 싸서 막음. ¶封鎖(봉쇄) ❷흙 쌓아 올릴(봉) ¶封墳(봉분) ❸봉작할(봉) ¶封建(봉건)

【封建 봉건】 군주가 직접 관할하는 토지 이외의 땅을 제후(諸侯)에게 나누어 주어 다스리게 하던 일.
【封墳 봉분】 흙을 둥글게 쌓아 올려 무덤을 만듦, 또는 그 흙 무더기.
【封鎖 봉쇄】 사람이나 물건이 드나들지 못하도록 막음.
【封印 봉인】 봉한 자리에 도장을 찍음, 또는 그 도장.
【封爵 봉작】 제후에게 영지(領地)를 주고 관작(官爵)을 내리던 일.
【封土 봉토】 ①무덤이나 제단(祭壇)을 만들기 위해 흙을 쌓아 올림. ②제후를 봉하여 땅을 내줌, 또는 그 땅.
【封套 봉투】 편지·서류 따위를 넣는 봉지.
【封緘 봉함】 편지·서류 따위를 봉투에 넣고 봉하는 일.
【封合 봉합】 봉하여 붙임.
【開封 개봉】 ①봉한 것을 떼어 엶. ②영화를 처음으로 상영(上映)함.
【密封 밀봉】 단단히 봉함.

寸7 【專】 ❶펼 부 ❷펼 포
⑩ ⑪fū ⑪フ ⑭diffuse

字解 ❶펼, 깔(부)=敷 ❷펼(포)=佈
참고 專(전: 193)은 딴 자.

'專'가 붙은 한자

博 넓을(박)	搏 칠(박)
簿 박공(박)	縛 묶을(박)
膊 포(박)	鎛 종(박)
傅 스승(부)	薄 엷을(박)
賻 부의(부)	

寸7 【射】 ❶쏠 사 ❷벼슬 이름 야 ❸맞힐 석 ❹싫어할 역
⑩ ⑭shoot

亻 亻 亻 身 身 身 身 射 射

중 ⑪shè, yè, yì ⑪シャ(いる)
字源 회의자. 갑골문은 활에 화살이 올려져 있는 모습이다. 소전은 身(신)과 寸(촌)으로 이루어졌는데, 身은 弓(활 궁)을 잘못 쓴 것이다. 즉 손[寸]으로 활[弓]을 쏜다는 뜻이다.

字解 ❶쏠(사) ¶射擊(사격) ❷벼슬 이름(야) ¶僕射(복야) ❸맞힐(석) ※활쏘기 따위에서 과녁을 맞힘. ¶射中(석중) ❹싫어할(역)

【射擊 사격】 활·총(銃) 등으로 화살·탄환(彈丸) 등을 쏨.
【射殺 사살】 쏘아 죽임.
【射手 사수】 활·총 등을 쏘는 사람.
【射倖 사행】 요행(僥倖)을 노림.
【射中 석중→사중】 쏘아 맞힘.
【亂射 난사】 총 따위를 표적을 정하지 않고 함부로 쏘아 댐.
【僕射 복야】 진(秦)나라 때, 활 쏘는 일을 주관하던 관리.

寸7 【将】 명 將(192)의 俗字
⑩

寸8 【尉】 벼슬 이름 위 困
⑪
명 ⑪wèi ⑪イ
字解 ①벼슬 이름(위) ②위로할(위)=慰
【尉官 위관】 군의 장교 계급에서, '대위·중위·소위'의 총칭.

寸8 【將】 ❶장수 장 ❷장차 장 [속][간] 將 將
⑪
丨 ㅂ ㅂ ㅂ ㅂ 將 將
중 ⑪jiàng, jiāng

ⓙショウ(ひきいる) ⓔgeneral
字源 형성자. 寸(촌)은 의미 부분이고, 𤕦은 醬(장)의 생략형으로 발음 부분이다.
字解 ❶장수(장) ¶ 將相(장상) ❷①장차(장) ¶ 將來(장래) ②써, …으로써(장) ¶ 將計就計(장계취계) ③나아갈(장) ¶ 日就月將(일취월장)

【將計就計 장계취계】 계략으로써 계략을 취함. '상대편의 계략을 알아 그것을 역이용하는 것'을 이름.
【將校 장교】 군대의 소위 이상의 무관.
【將軍 장군】 일군을 통솔하는 무관.
【將來 장래】 장차 올 날. 앞날.
【將相 장상】 장수(將帥)와 재상(宰相).
【將帥 장수】 군사를 거느리고 지휘하는 장군.
【將次 장차】 앞날에. 앞으로.
【老將 노장】 ①노련한 장군. ②늙은 장군. ③노련한 사람.
【勇將 용장】 용감한 장수.
【日就月將 일취월장】 날로 달로 자라거나 발전해 나아감.

'將'이 붙은 한자

獎 권면할(장)   槳 상앗대(장)
漿 미음(장)   蔣 줄(장)
醬 간장(장)   鏘 옥 소리(장)

寸8
⑪ 【專】 오로지 전   ⓚ 专 ⓒ 叀

一 厂 戸 亩 車 重 專 專

国 ⓒzhuān ⓙセン(もっぱら) ⓔonly
字源 형성자. 寸(촌)은 의미 부분이고, 叀(전)은 발음 부분이다.
字解 ❶오로지(전) ¶ 專擔(전담) ❷마음대로 할(전) ¶ 專橫(전횡)

【專攻 전공】 한 가지 부문을 전문적으로 연구함.
【專念 전념】 오로지 한 가지 일에만 마음을 씀.
【專擔 전담】 혼자서 담당함. 오로지 그 일만을 맡음. 專當(전당).
【專賣 전매】 물품을 독점하여 팖.

【專貰 전세】 약정 기간 동안 소유물을 그 사람에게만 빌려 주는 일.
【專屬 전속】 오직 한 곳에만 딸림.
【專心專力 전심전력】 마음과 힘을 오로지 한 일에만 모아 씀.
【專制 전제】 혼자 마음대로 결정하고 처리함.
【專橫 전횡】 권세(權勢)를 제 마음대로 휘두름.

참고 專(부: 192)는 딴 자.

'專'이 붙은 한자

團 둥글(단)   尊 순채(순)
傳 전할(전)   塼 벽돌(전)
甎 벽돌(전)   轉 구를(전)

寸9
⑫ 【尋】 찾을 심   ⓚ 寻 ⓒ 㝷

フ ョ ヨ 尹 尹 君 君 尋 尋

国 ⓒxún ⓙジン(たずねる) ⓔvisit
字源 회의자. 工(공)·口(구)·又(우)·寸(촌)은 모두 의미 부분이다. 工·口는 다스린다는 뜻이다. 又·寸은 나누어 다듬는다는 뜻이다. 소전에서는 彡(삼)을 더하여 발음 부분으로 삼기도 하였다.
字解 ①찾을, 찾아볼(심) ¶ 尋訪(심방) ②발(심) ※두 팔을 벌린 길이. ¶ 枉尺直尋(왕척직심) ③보통(심) ¶ 尋常(심상)

【尋訪 심방】 방문함. 찾아봄.
【尋常 심상】 대수롭지 않음.
【枉尺直尋 왕척직심】 한 자를 굽혀 한 발을 폄. '작은 희생을 무릅쓰고 큰 일을 이룸'의 비유.

寸9
⑫ 【尊】 ❶높을 존 ❷술통 준   ⓚ 尊 ⓒ 尊

丷 ハ 产 产 酋 酋 尊 尊

圄 ⓒzūn ⓙソン(とうとい) ⓔhonorable
字源 회의자. 술항아리〔酋(추)〕를 손〔寸(촌)〕으로 받들고 있는 모습이다. '받들다·존경하다' 등의 뜻은 여기에서 나왔다.

寸部 11획

字解 ❶①높을(존) ¶尊嚴(존엄) ②높일, 받들(존) ¶尊重(존중) ❷술통(준) ≒樽 ¶尊酒(준주)
【尊敬 존경】받들어 공경함.
【尊貴 존귀】지위·신분 따위가 높고 귀함.
【尊待 존대】받들어 대접함.
【尊嚴 존엄】고귀(高貴)하고 엄숙(嚴肅)함.
【尊重 존중】받들어 중하게 여김.
【尊稱 존칭】존경하여 높이어 부름, 또는 그 일컬음.
【尊翰 존한】남의 '편지'의 높임말. 尊札(존찰).
【尊銜 존함】남의 '이름'의 높임말. 尊啣(존함).
【尊酒 준주】술통에 담은 술.
【推尊 추존】높이어 우러르며 공경함.

【對】대답할 대

ㅣㅛㅛㅛㅛㅛㅛ對對

중 ⊕duì ⊕タイ(こたえる) 英reply
字源 갑골문·금문을 보면 손(又(우))으로 '丵'을 잡고 있는 형태이다. '丵'에 대해서는 목판(木版)을 그린 것, 등잔을 그린 것, 무기를 그린 것 등 여러 학설이 있다.
字解 ①대답할(대) ¶應對(응대) ②대할, 마주 볼(대) ¶對立(대립) ③짝, 상대(대) ¶對偶(대우) ④대(대) ※사물과 사물의 대립·대비·비율 따위를 나타냄.
【對決 대결】양자(兩者)가 맞서서 우열을 겨룸.
【對答 대답】부름·물음·시킴 등에 응하는 말.
【對等 대등】서로 견주어 낫고 못함이 없이 비슷함.
【對立 대립】서로 맞서거나 버팀, 또는 그런 상태. 對峙(대치).
【對備 대비】무엇에 대응할 준비.
【對偶 대우】짝, 또는 짝을 이룸.
【對應 대응】①맞서서 서로 응함. ②어떤 사태에 알맞은 조치를 취함.
【對酌 대작】마주 앉아 술을 마심.
【對策 대책】어떤 일에 대응하는 방책.
【相對 상대】서로 마주 대하거나 겨룸, 또는 그 대상.
【應對 응대】이야기를 나누거나 물음에 답함.

【導】인도할 도

ㅛㅛㅛ首首道道導導

고 ⊕dǎo ⊕ドウ(みちびく) 英guide
字源 형성자. 寸(촌)은 의미 부분이고, 道(도)는 발음 부분이다.
字解 인도할(도), 이끌(도)
【導入 도입】이끌어 들임.
【導出 도출】이끌어 냄.
【導火線 도화선】①폭발물을 터뜨릴 때 불을 당기는 심지. ②사건을 일으키게 하는 원인이나 계기.
【善導 선도】바른 길로 인도함.
【誘導 유도】꾀어서 이끎.
【引導 인도】①가르쳐서 일깨움. ②길을 안내함.
【指導 지도】가르쳐 주어 일정한 방향으로 나아가게 이끎.

3 小 部

【小】작을 소

ㅣㅣ小

중 ⊕xiǎo ⊕ショウ(ちいさい) 英small
字源 지사자. 작은 점 3개를 흩트린 것이다. 이것으로 '작다'라는 뜻을 나타냈다.
字解 ①작을, 적을(소) ¶小心(소심) ②낮출(소) ※자기나 자기에 관한 것을 낮추는 말. ¶小生(소생) ③첩(소) ¶小室(소실)
【小康 소강】소란스런 상태가 잠시 가라앉는 일.
【小賣 소매】낱개로 파는 일.
【小詳 소상】죽은 지 1년이 되는 날에 지내는 제사.
【小生 소생】흔히 웃어른 앞에서 '자기'를 낮추어 이르는 말.
【小室 소실】본처(本妻) 외에, 혼인하

지 않고 데리고 사는 여자. 妾(첩).
【小心 소심】①도량이 좁음. ②대담하지 못하고 겁이 많음.
【小兒 소아】어린아이.
【小人 소인】①'자기'의 겸칭. ②나이가 어린 아이.
【小作 소작】남의 논밭을 빌려서 경작함.
【縮小 축소】규모를 줄여 작게 함.
【狹小 협소】좁고 작음.

【少】 ❶젊을 소 ❷적을 소

丿 亅 小 少

㊀ ㊥shào, shǎo ㊐ショウ(すくない) ㊤young

字源 지사자. 작은 점 4개를 흩트린 것이다. 이것으로 '작다'라는 뜻을 나타냈다. 본래 小(소)자와 같은 글자였으나 지금은 '적다'라는 뜻으로 쓰인다.

字解 ❶젊을, 어릴(소) ¶少時(소시) ❷적을(소) ¶少量(소량)

【少年易老學難成 소년이로학난성】소년은 쉽게 늙고 학문은 이루기가 어려움. '짧은 시간도 가볍게 여기지 말고 학문에 힘써야 함'을 이름.
【少量 소량】적은 분량.
【少數 소수】적은 수효(數爻).
【少時 소시】어릴 때.
【少額 소액】적은 금액.
【僅少 근소】아주 적음.
【年少 연소】나이가 어림, 또는 젊음.

'少'가 붙은 한자

妙 묘할(묘)   眇 애꾸눈(묘)
沙 모래(사)   砂 모래(사)
紗 깁(사)   抄 베낄(초)
炒 볶을(초)   秒 초(초)
鈔 노략질할(초)

【尖】 뾰족할 첨

丿 亅 小 小 尖 尖

㊀ ㊥jiān ㊐セン(とがる) ㊤pointed

字源 회의자. 아래는 크고〔大(대)〕위는 작으므로〔小(소)〕끝이 '날카롭다'는 뜻을 나타낸다.

字解 뾰족할, 날카로울(첨)

【尖端 첨단】①물건의 뾰족한 끝. ②사조(思潮)·유행 등의 맨 앞장.
【尖銳 첨예】①뾰족하고 날카로움. ②급진적이고 과격함.
【尖塔 첨탑】끝이 뾰족한 탑.

【尙】 오히려 상

丿 亅 小 小 尙 尙 尙 尙

㊀ ㊥shàng ㊐ショウ(なお) ㊤still

字源 회의자. 본래 물건을 나누어 준다는 뜻으로 曾〔=贈(보낼 증)〕자와 같다. 물건〔口〕을 나누어〔八〕사람이 사는 집〔宀(면)〕에 준다는 뜻이다.

字解 ①오히려, 아직(상) ¶尙存(상존) ②숭상할(상) ¶尙武(상무) ③높을, 높일(상) ¶高尙(고상)

【尙武 상무】무예(武藝)를 숭상함.
【尙存 상존】아직 존재함.
【高尙 고상】품은 뜻과 몸가짐이 조촐하고 높음.
【崇尙 숭상】높이어 소중히 여김.
【時機尙早 시기상조】때가 아직 이름.

【尟】 적을 선

㊥xiǎn ㊐セン ㊤few

字解 ①적을(선) 늑鮮 ②드물(선)
【尟少 선소】①적음. ②드묾.

【尠】 尟(195)의 本字

尢 部

【尢】 절름발이 왕

㊥wāng ㊐オウ ㊤lame

字源 상형자. 사람의 다리 한 쪽이 굽어져 있는 모습을 그린 것이다.

大(대) 자에서 한 획을 굽혀 절름발이를 나타냈다.
字源 절름발이(왕)
참고 부수로 쓰일 때는 글자 모양이 '尣·兀'로 변형되어 쓰이기도 한다.

尤 더욱 우

一ナ尤尤

읔 ⊕yóu ⊕ユウ(もっとも) ㊀moreover
字源 지사자. 손(扌)에 '一'을 그은 모습이다. 손을 위로 뻗치려고 하는데 무엇에 걸린 모습이라고도 하고, 손에 난 사마귀를 가리키는 것이라고도 한다.
字解 ①더욱, 특히(우) ②허물, 탓할(우)
【尤妙 우묘】더욱 신묘함.
【愆尤 건우】허물. 잘못.
【不怨天不尤人 불원천불우인】하늘을 원망하지 않으며 남을 탓하지 않음. '남을 탓하지 않고 분수를 지켜 자기 수양에 노력함'을 이름.

尨 삽살개 방

읔 ⊕máng ⊕ボウ(むく) ㊀shaggy dog
字解 ①삽살개(방) ②클(방) 늑厖
【尨犬 방견】삽살개. 삽사리.
【尨大 방대】규모나 양이 매우 크거나 많음.

就 나아갈 취

亠十亠方亨京京就就

읔 ⊕jiù ⊕シュウ(つく) ㊀enter
字源 회의자. 본래는 '높다'라는 뜻이었다. 京(경)과 尤(우)는 모두 의미 부분이다. 京은 높다는 뜻이고, 尤는 평범하지 않다는 뜻이다.
字解 ①나아갈(취) ¶ 就職(취직) ②이룰(취) ¶ 成就(성취)
【就任 취임】맡은 임무에 처음으로 나아감.
【就職 취직】일정한 직업을 잡아 직장에 나아감. 就業(취업).

【就寢 취침】잠자리에 듦.
【就學 취학】학교에 들어가 공부함.
【就航 취항】배나 비행기가 항로(航路)에 오름.
【去就 거취】물러감과 나아감.
【成就 성취】목적대로 일을 이룸.

3 尸部

尸 주검 시

フコ尸

명 ⊕shī ⊕シ(しかばね) ㊀corpse
字源 상형자. 사람이 어디엔가 걸터앉은 모습을 그린 것이다. 尸부에 속하는 글자는 '사람'이나 '집'과 관련 있는 뜻이 많다.
字解 ①주검(시) 늑屍 ②시동, 신주(시) ③부수의 하나(주검시엄)
【尸童 시동】지난날, 제사 지낼 때 신위 대신 그 자리에 앉히던 아이.
【尸位素餐 시위소찬】시동의 자리에서 공밥만 먹음. '재주가 모자라 직책은 다하지 못하면서 녹만 받는 것'의 비유. 尸祿(시록).
【尸蟲 시충】시체에 생기는 벌레.

尹 다스릴 윤

フユ尹

명 ⊕yǐn ⊕イン ㊀govern
字解 ①다스릴, 바로잡을(윤) ②벼슬 이름(윤)
【府尹 부윤】조선 시대에, 지방 관아인 부(府)의 우두머리.
【判尹 판윤】조선 시대에, 한성부(漢城府)의 으뜸 벼슬.

尺 자 척

フコ尸尺

음 ⊕chǐ ⊕シャク ㊀ruler
字源 지사자. 尸(시)는 사람을 그린 것이고, '乀'은 길이의 표지이다. 옛날 길이를 재는 단위들은 모두 사람의 신체를 기준으로 삼았다.
字解 ①자(척) ※㉠길이의 단위.

10촌(寸). ㉡길이를 재는 도구. ¶曲尺(곡척) ②짧을, 작을(척). ¶咫尺(지척) ③편지(척) ¶尺牘(척독) ④법도, 기준(척) ¶尺度(척도)
【尺度 척도】 ①자로 재는 길이의 표준. ②무엇을 평가·판단하는 기준.
【尺牘 척독】 편지. 尺簡(척간).
   ▷ 종이가 없거나 부족하던 시대에 길이가 한 자가량인 널빤지에 글을 적었던 데서 온 말.
【尺寸 척촌】 한 자나 한 치. '얼마 안 되는 것'을 이름.
【曲尺 곡척】 나무나 쇠로 'ㄱ'자 모양으로 만든 자.
【越尺 월척】 낚시로 잡은 물고기의 길이가 한 자 넘칭함, 또는 그 물고기.
【咫尺 지척】 아주 가까운 거리.
【縮尺 축척】 길이·넓이 따위를 축소하여 그릴 때의 비.

【尻】 꽁무니 고
명 ㊥kāo ㊐コウ(しり) ㊤rump
字解 꽁무니, 뒤(고)
【尻坐 고좌】 궁둥이를 땅에 대고 웅크리어 앉음.

【尼】 여승 니
명 ㊥ní ㊐ニ(あま) ㊤nun
字解 여승, 비구니(니)
【尼寺 이사】 여승(女僧)들이 있는 절. 尼院(이원).
【尼僧 이승】 여자 중. 女僧(여승).
【比丘尼 비구니】 여자 중. 여승.

【尽】 盡(564)의 俗字

【局】 판 국
ㄱㄱ尸弓局局局
고 ㊥jú ㊐キョク(つぼね) ㊤board
字源 회의자. 입(口(구))이 한 자(尺(척)) 아래에 있으므로, 사람에게 자꾸 독촉한다는 뜻을 나타낸다. 일설에는 장기판이나 바둑판을 그린 상형자라고도 한다.
字解 ①판(국) ※장기·바둑 등의 판, 또는 그 장면. ¶對局(대국) ②사태, 형편(국) ¶局面(국면) ③부분, 구역(국) ¶局限(국한) ④도량(국) ¶局量(국량) ⑤국(국) ※관청의 부서. ¶開局(개국)
【局量 국량】 일을 잘 알아서 처리할 수 있는 역량.
【局面 국면】 ①일이 되어 가는 형편. ②바둑이나 장기에서, 승부의 형세(形勢).
【局部 국부】 ①전체 가운데의 한 부분. ②여자의 음부(陰部).
【局限 국한】 범위를 일정 부분에 한정함.
【開局 개국】 방송국·우체국 등이 신설되어 처음 업무를 봄.
【難局 난국】 처리하기 어려운 국면이나 고비.
【對局 대국】 마주 대하여 바둑이나 장기를 둠.
【時局 시국】 나라나 사회 안팎의 사정. 그때의 정세.

【尿】 오줌 뇨
명 ㊥niào ㊐ニョウ(いばり) ㊤urine
字解 오줌, 소변(뇨) ≒溺
【尿道 요도】 방광(膀胱)에 있는 오줌을 몸 밖으로 내보내는 관(管).
【尿素 요소】 오줌 속에 들어 있는 질소 화합물.
【排尿 배뇨】 오줌을 눔.
【糞尿 분뇨】 똥과 오줌.

【尾】 꼬리 미
ㄱㄱ尸尸尸尾尾
중 ㊥wěi ㊐ビ(お) ㊤tail
字源 회의자. 사람(尸(시))의 뒤에 깃털(毛(모))을 달아 늘어뜨린 모습이다. '꼬리'라는 뜻은 여기에서 나왔다.
字解 ①꼬리, 끝, 뒤(미) ¶末尾(말미) ②흘레할(미) ¶交尾(교미) ③별 이름(미) ※이십팔수(二十八宿)의 하나.
【尾骨 미골】 척추의 맨 아랫부분에 있는 뼈.

【尾行 미행】 몰래 남의 뒤를 밟음.
【交尾 교미】 동물의 암수가 교접하는 일. 흘레.
【末尾 말미】 끝 부분. 맨 끄트머리.

【屁】 방귀 비

⊕pì ⊕ヒ(へ) ⊛fart
字解 방귀(비)
【放屁 방비】 방귀를 뀜.

【居】 ❶살 거 ❷어조사 거

ᄀ ᄀ ᄏ 尸 厇 居 居 居
ᢒ ⊕jū ⊕キョ(いる) ⊛dwell
字源 형성자. 尸(시)는 의미 부분이고, 古(고)는 발음 부분이다.
字解 ❶❶살(거) ¶居處(거처) ❷있을(거) ¶居喪(거상) ❷어조사(거) ※의문(疑問)의 뜻을 나타냄.
【居留 거류】 임시로 머물러 삶.
【居士 거사】 ①재덕(才德)을 겸비하였으나 벼슬을 하지 아니하는 선비. ②속인(俗人)으로서 불교의 법명(法名)을 가진 남자.
【居喪 거상】 상중(喪中)에 있음.
【居室 거실】 ①거처하는 방. 거처방. ②서양식 집에서 가족이 모여 생활하는 공간.
【居住 거주】 일정한 곳에 자리를 잡고 삶, 또는 그곳.
【居處 거처】 사는 곳.
【寄居 기거】 잠시 남의 집에 덧붙어서 삶.
【隱居 은거】 세상을 피하여 숨어 삶. 通居(둔거).

【届】 이를 계

명 ⊕jiè ⊕カイ(とどける) ⊛reach
字解 ①이를(계) ②新신고할, 신고서(계)
【届期 계기】 정한 기한에 이름.
【届出 계출】 해당 기관에 서류(書類)로 신고함.

【缺席届 결석계】 예전에, 결석 사유를 적어서 제출하던 문서.

【届】 届(198)의 俗字

【屈】 굽을 굴

ᄀ ᄀ ᄏ 尸 屄 屄 屈 屈
ᄀ ⊕qū ⊕クツ(かがむ) ⊛bend
字源 형성자. 尸(시)는 의미 부분이고, 出(출)은 발음 부분이다.
字解 ①굽을, 굽힐(굴) ¶屈折(굴절) ②강할, 굳셀(굴) ¶屈强(굴강)
【屈强 굴강】 남에게 굽힘이 없이 의지가 굳셈.
【屈曲 굴곡】 이리저리 구부러짐.
【屈服 굴복】 굽히어 복종함.
【屈伸 굴신】 굽힘과 폄.
【屈辱 굴욕】 남에게 억눌리어 업신여김을 받는 모욕.
【屈折 굴절】 휘어 꺾임.
【屈指 굴지】 ①손가락을 꼽음. ②여럿 중에서 손꼽을 만함.
【卑屈 비굴】 용기가 없고 비겁함.

'屈'이 붙은 한자

倔 굳셀(굴)   堀 굴(굴)
崛 산 높을(굴)   掘 팔(굴)
淈 흐릴(굴)   窟 굴(굴)

【屛】 ❶병풍 병 ❷숨죽일 병 ❸물리칠 병

ᄀ ᄀ ᄏ 尸 屏 屏 屛 屛
ᄀ ⊕píng, bǐng ⊕ヘイ(おおう) ⊛screen
字源 형성자. 尸(시)는 의미 부분이고, 幷(병)은 발음 부분이다.
字解 ❶병풍(병) ¶畫屛(화병) ❷숨죽일, 두려워할(병) ¶屛氣(병기) ❸물리칠(병) ¶屛去(병거) ②물리날(병) ¶屛居(병거)
【屛去 병거】 물리쳐 버림.

【屛居 병거】 사회에 나가지 않고 집에만 들어앉아 있음.
【屛氣 병기】 숨을 죽이고 두려워함.
【屛風 병풍】 바람을 막거나 장식을 위하여 방 안에 둘러치는 물건.
【畫屛 화병】 그림을 그려 놓은 병풍.

屎 [尸6/9] 똥 시

- 명 ⓗshǐ ⓙシ(くそ) ⓔexcrement
- 字解 똥(시)

【屎尿 시뇨】 똥과 오줌.

屍 [尸6/9] 주검 시

- 명 ⓗshī ⓙシ(しかばね) ⓔcorpse
- 字解 주검(시) 늑尸

【屍山血海 시산혈해】 주검이 산같이 쌓이고 피가 바다처럼 흐름. '수많은 사람이 무참히 살상됨'의 비유.
【屍體 시체】 죽은 사람의 몸뚱이. 주검. 屍身(시신).
【檢屍 검시】 변사자의 시체를 검사함.

屋 [尸6/9] 집 옥

一 ニ ヲ 尸 尸 屈 屋 屋 屋

- 명 ⓗwū ⓙオク(や) ⓔhouse
- 字源 회의자. 尸(시)와 至(지)는 모두 의미 부분이다. 尸는 안에 사는 사람 즉 주인을 뜻한다고도 하고, 지붕을 그린 것이라고도 한다. 至는 도착해서 멈춘다는 뜻이다.
- 字解 ①집(옥) ¶屋外(옥외) ②지붕, 덮개(옥) ¶屋上(옥상)

【屋上 옥상】 지붕 위.
【屋上架屋 옥상가옥】 지붕 위에 또 지붕을 얹음. '부질없이 덧붙여서 하는 일'의 비유. 屋上屋(옥상옥).
【屋外 옥외】 집 바깥. 건물의 밖.
【家屋 가옥】 사람이 사는 집.
【社屋 사옥】 회사의 건물.
【韓屋 한옥】 한국식 전통 가옥.

屐 [尸7/10] 나막신 극

- 명 ⓗjī ⓙゲキ ⓔsabot
- 字解 나막신(극)

【屐聲 극성】 나막신 소리. 사람의 발소리.

屑 [尸7/10] 가루 설

- 명 ⓗxiè ⓙセツ(くず) ⓔfragment
- 字解 ①가루, 부스러기(설) ②마음 쓸(설)

【屑塵 설진】 티끌. 먼지.
【不屑 불설】 마음에 두지 않음. 대수롭게 여기지 않음.
【瑣屑 쇄설】 자질구레한 부스러기.

展 [尸7/10] 펼 전

一 尸 尸 尸 屈 屉 展 展

- 명 ⓗzhǎn ⓙテン(のべる) ⓔspread
- 字源 형성자. 尸(시)는 의미 부분이고, 𢆉은 㠭(전)의 생략형으로 발음 부분이다.
- 字解 ①펼, 열(전) ¶展開(전개) ②벌일, 늘어놓을(전) ¶展示(전시) ③살필(전) ¶展墓(전묘) ④나아갈, 잘될(전) ¶發展(발전)

【展開 전개】 펴서 벌임.
【展望 전망】 ①멀리 바라봄. 또는 멀리 바라보이는 경치. ②앞날을 내다봄, 또는 내다보이는 장래.
【展墓 전묘】 조상의 무덤을 둘러봄. 省墓(성묘). 展省(전성).
【展示 전시】 물품 따위를 벌여 놓고 보임. 展覽(전람).
【發展 발전】 어떤 상태가 더 좋은 상태로 되어 감.
【進展 진전】 진행되어 나아감.

屛 [尸8/11]

屏(198)의 本字

屠 [尸9/12] 죽일 도

- 명 ⓗtú ⓙト(ほふる) ⓔbutcher
- 字解 ①죽일(도) ¶屠殺(도살) ②백장(도) ¶屠漢(도한)

【屠戮 도륙】 무참하게 마구 죽임.
【屠肆 도사】 푸줏간.
【屠殺 도살】 짐승을 죽임.
【屠漢 도한】 지난날, 소·돼지를 잡는

일을 업으로 하던 사람. 백장. 庖丁(포정). 庖漢(포한).
【浮屠 부도】①부처. ②부처나 승려의 유골을 안장한 탑. 佛塔(불탑).

【屍】(200)의 俗字

【屢】 자주 루
⼞ ㊥lǚ ㋺ル(しばしば) ㊀frequently
字源 형성자. 婁(시)는 의미 부분이고, 婁(루)는 발음 부분이다.
字解 자주, 여러(루)
【屢代 누대】여러 대. 累世(누세). ⑧ 累代(누대).
【屢屢 누루→누누】여러 번.
【屢次 누차】여러 차례. 여러 번.

【履】 신 리
⼞ ㊥lǚ ㋺リ(くつ) ㊀shoes
字源 회의 겸 형성자. 사람(尸(시))이 간다(復(복))는 뜻으로, '신발'이라는 뜻은 여기에서 나왔다. 尸는 발음도 담당한다.
字解 ①신(리) ¶木履(목리) ②밟을, 겪을(리) ¶履歷(이력) ③행할(리) ¶履行(이행)
【履歷 이력】지금까지의 학업·직업 따위의 경력.
【履修 이수】차례를 따라 학문을 닦음.
【履行 이행】실제로 행함.
【木履 목리】나막신. 木屐(목극).
【敝履 폐리】헌 신.

【層】 층 층
⼞ ㊥céng ㋺ソウ ㊀story
字源 형성자. 尸(시)는 의미 부분이고, 曾(증)은 발음 부분이다.
字解 ①층, 겹(층) ¶層階(층계) ②포갤, 겹칠(층) ¶層狀(층상)

【層階 층계】계단(階段). 층층대(層層臺).
【層狀 층상】층지거나 겹쳐진 모양.
【層巖絶壁 층암절벽】몹시 험한 바위가 겹겹으로 쌓인 낭떠러지.
【層層侍下 층층시하】①부모와 조부모를 다 모시고 있는 처지. ②'받들어야 할 윗사람이 층층으로 있는 형편'의 비유.
【階層 계층】사회를 형성하는 여러 층.
【高層 고층】①높은 층. ②여러 층으로 높이 겹쳐 있는 것.
【單層 단층】홑층. 단일 층.
【地層 지층】자갈·모래 따위가 물 밑이나 지표에 퇴적하여 이룬 층.

【屨】 삼신 구
⼞ ㊥jù ㋺ク ㊀hemp sandals
字解 삼신, 미투리(구)
【屨賤踊貴 구천용귀】신 값은 싸고 용(踊) 값은 비쌈. '죄를 범한 사람이 많음'의 비유.
△ '踊'은 죄를 짓고 발이 잘린 사람이 신는 신발.

【屬】 ❶무리 속 ❷부탁할 촉
⼞ ㊥zhǔ ㋺ゾク(つく) ㊀belong to
字源 형성자. 본래는 의미 부분인 尾(미)와 발음 부분인 蜀(촉)으로 이루어진 글자이다. 현재는 尾부가 없기 때문에 단순히 윗부분을 따서 尸(시)부에 넣었다.
字解 ❶①무리(속) ¶吏屬(이속) ②살붙이, 혈족(속) ¶尊屬(존속) ③좇을, 따를(속) ¶屬領(속령) ❷①부탁할(촉) ≒囑 ¶屬託(촉탁) ②붙일, 기울일(촉) ¶屬望(촉망)
【屬國 속국】정치적으로 다른 나라에 매여 있는 나라.
【屬領 속령】어떤 나라에 딸린 영토.
【屬性 속성】사물의 본질을 이루는 고유한 특징이나 성질.
【屬望 촉망】잘되기를 바람.
【屬託 촉탁】어떤 일을 남에게 부탁하

여 맡김, 또는 맡은 사람.
【附屬 부속】주된 것에 딸려 있음.
【所屬 소속】일정한 단체나 기관에 딸림, 또는 그 딸린 곳.
【隷屬 예속】남의 지배 아래 매임.
【族屬 족속】①같은 종족에 속하는 사람들. ②같은 동아리.
【尊屬 존속】부모와 같은 항렬(行列) 이상의 친족.
【從屬 종속】딸리어 붙음.

> **'屯'이 붙은 한자**
> 沌 혼탁할(돈)   独 새끼돼지(돈)
> 盹 밝을(돈)   頓 조아릴(돈)
> 窀 뫼 구덩이(둔) 鈍 둔할(둔)

3 屮 部

屮 왼손 (좌)
⑪zuǒ ⑪サ ⑳left hand
字源 상형자. 왼손을 그린 것이다.
字解 왼손(좌)

屯 ❶모일 둔 元
     ❷어려울 준 眞
⑪tún, zhūn ⑪トン(たむろ) ⑳assemble
字源 자루가 긴 창을 그린 것, '豕(돼지 시)'자의 변형, '夕(저녁 석)'자의 다른 형태, 초목의 새싹이 뿌리는 나왔으나 아직 딱딱한 껍질을 벗지 못한 형태 등 여러 가지의 설이 있다.
字解 ❶❶모일(둔) ¶屯聚(둔취) ❷진칠(둔) ¶屯營(둔영) ❷어려울(준) ¶屯險(준험).
【屯兵 둔병】어떤 곳에 머물러 있는 군사.
【屯營 둔영】군사가 주둔하는 곳.
【屯田 둔전】지난날, 군인이 머물러 지키면서 농사를 짓던 밭.
【屯聚 둔취】여러 사람이 한곳에 모여 있음.
【屯險 준험】지세가 험악하여 나아가기가 어려움.
【駐屯 주둔】군대가 일정한 지역에 머물러 있음.

3 山 部

山 메 산 刪
ㅣ 山 山
⑪shān ⑪サン(やま) ⑳mountain
字源 상형자. 봉우리가 셋인 산을 그린 것이다.
字解 ❶메(산) ¶山脈(산맥) ❷무덤(산) ¶山所(산소) ❸절(산) ¶山門(산문).
【山高水長 산고수장】산은 높고 물은 긺. '어진 이의 높은 인격'의 비유.
【山麓 산록】산기슭.
【山林 산림】①산과 숲. 산에 있는 숲. ②초야(草野)에 묻혀 사는 학식이 높은 선비. 山長(산장).
【山脈 산맥】많은 산들이 길게 이어져 줄기 모양을 하고 있는 산지.
【山門 산문】①산의 어귀. ②절, 또는 절의 누문(樓門).
【山所 산소】①무덤. ②조상의 무덤이 있는 곳.
【山岳 산악】높고 큰 산.
【山野 산야】①산과 들. ②시골.
【山紫水明 산자수명】산은 보랏빛이고, 물은 맑음. '자연의 경치가 아름다움'을 이름.
【山積 산적】산더미처럼 쌓임, 또는 산더미처럼 쌓음.
【山川草木 산천초목】산과 내와 풀과 나무. '자연'을 이름.
【先山 선산】조상의 무덤, 또는 무덤이 있는 곳. 先塋(선영).

屹 산 우뚝 솟을 흘
    ㉠物
⑪yì ⑪キツ ⑳towering

[字解] 산 우뚝 솟을(흘)
【屹立 흘립】 산이 험하게 우뚝 솟음.
【屹然 흘연】 ①높이 솟은 모양. ②홀로 서서 굴하지 않는 모양. 毅然(의연).

山 4 ⑦ 【岌】 산 높을 급 [緝]
[中]jí [日]キュウ [英]lofty
[字解] 산 높을(급)
【岌嶪 급업】 산이 높고 험함.

3획

山 4 ⑦ 【岐】 가닥 나뉠 기 [支]
[명] [中]qí [日]キ(わかれる) [英]fork
[字解] 가닥 나뉠(기)
【岐路 기로】 갈림길.
【分岐 분기】 나뉘어서 갈라짐.

山 4 ⑦ 【岏】 가파를 완 [寒]
[명] [中]wán [日]ガン [英]steep
[字解] 가파를(완)

山 4 ⑦ 【岑】 산봉우리 잠 [侵]
[명] [中]cén [日]シン(みね) [英]peak
[字解] 산봉우리(잠)
【岑嶺 잠령】 봉우리. 산봉우리.
【岑樓 잠루】 높이 솟은 산, 또는 높은 다락집.

山 5 ⑧ 【岬】 곶 갑 [洽]
[명] [中]jiǎ [日]コウ(みさき) [英]cape
[字解] ①곶(갑) ②산허리(갑)
【岬角 갑각】 바다나 호수로 가늘게 뻗어 있는 육지의 끝 부분. 곶. 地嘴(지취).

山 5 ⑧ 【岡】 언덕 강 [陽] [속]崗 [간]冈
[명] [中]gāng [日]コウ(おか) [英]hill
[字解] ①언덕(강) ②산등성이(강)
【岡陵 강릉】 언덕이나 작은 산.
📖 '岡'은 낮은 언덕, '陵'은 높은 언덕.
[참고] 罔(망 : 648)은 딴 자.

山 5 ⑧ 【岱】 산 이름 대 [隊]
[명] [中]dài [日]ダイ
[字解] ①산 이름(대) ※타이산 산(泰山山)을 이름. ②클(대)
【岱駕 대가】 크고 훌륭한 수레.
【岱山 대산】 타이산 산(泰山山).
【岱宗 대종】 '타이산 산'의 이칭. 오악 중 제일 높으므로 종(宗)이라 함.

山 5 ⑧ 【岺】 산 이름 령 [靑]
[中]líng [日]レイ
[字解] ①산 이름(령) ②산 깊을(령)

山 5 ⑧ 【岷】 산 이름 민 [眞]
[명] [中]mín [日]ミン
[字解] ①산 이름(민) ②강 이름(민)

山 5 ⑧ 【岫】 산굴 수 [宥] [동]峀
[명] [中]xiù [日]シュウ(くき) [英]cave
[字解] ①산굴(수) ②산봉우리(수)

山 5 ⑧ 【峀】 [명] 岫(202)와 同字

山 5 ⑧ 【岳】 큰 산 악 [覺] [동]嶽
ノ 𠂆 𠂉 斤 丘 乒 岳 岳
[고] [中]yuè [日]ガク(たけ) [英]mountain
[字源] 회의자. 嶽 자의 고자이다. 봉우리가 2개인 산을 그린 丘가 山 위에 있으므로 큰 산을 뜻한다.
[字解] 큰 산(악)
【岳母 악모】 아내의 친정 어머니. 丈母(장모).
【岳父 악부】 아내의 친정 아버지. 岳丈(악장). 丈人(장인).
📖 '岳'은 타이산 산(泰山山)으로, 그 꼭대기에 장인봉(丈人峯)이 있는 데서 온 말.
【山岳 산악】 높고 큰 산.
【五岳 오악】 중국에서 천자가 제사를 지내던 다섯 명산. 타이산 산·화산 산(華山山)·헝산 산(衡山山)·헝산 산(恒山山)·쑹산 산(嵩山山).

山[5]{岸}[8] 언덕 안

고 ⓒàn ⓙガン(きし) ⓔshore
字源 형성자. 厂(암)은 의미 부분이고, 干(간)은 발음 부분이다. 현재는 厂부가 없어 山부에 넣는다.
字解 ①언덕(안) ②기슭(안)
【岸邊 안변】언덕 가. 언덕 부근.
【沿岸 연안】바닷가·강가·호숫가에 잇닿은 육지나 수역(水域).
【彼岸 피안】인간 세상의 저쪽에 있는 극락(極樂).
【海岸 해안】바다의 기슭. 바닷가.

山[5]{岩}[8]

图 巖(207)의 俗字

山[5]{岾}[8]
❶재 재
❷땅이름 점 國

字解 ❶재, 고개(재) ❷땅 이름(점)

山[5]{岧}[8] 산 높을 초

명 ⓒtiáo ⓙチョウ
字解 산 높을(초)

山[5]{岵}[8] 산 호

명 ⓒhù ⓙコ ⓔmountain
字解 산(호) ※초목이 우거진 산.

山[6]{峠}[9]
명 언덕길 꼭대기 상
字解 언덕길 꼭대기(상)

山[6]{峙}[9] 산 우뚝 설 치

명 ⓒzhì ⓙジ(そばだつ) ⓔtowering
字解 산 우뚝 설(치)
【對峙 대치】서로 마주 대하여 버팀.

山[7]{島}[10] 섬 도 嶋 嶌 㠀

ʃ 亻 户 阜 阜 阜 島 島

종 ⓒdǎo ⓙトウ(しま) ⓔisland
字源 형성자. 山(산)은 의미 부분이고, 鳥(=鳥(조))는 발음 부분이다.
字解 섬(도)
【島嶼 도서】크고 작은 여러 섬들.
【孤島 고도】외딴 섬.
【群島 군도】무리를 이룬 많은 섬.
【半島 반도】한 쪽만 대륙에 연결되고 삼면이 바다에 둘러싸인 육지.
【列島 열도】길게 늘어서 있는 여러 개의 섬.

山[7]{峯}[10] 봉우리 봉 峰

丨 ㄗ 山 山 山 岁 岁 岁 峯 峯

고 ⓒfēng ⓙホウ(みね) ⓔpeak
字源 형성자. 山(산)은 의미 부분이고, 夆(봉)은 발음 부분이다.
字解 봉우리, 산봉우리(봉)
【峯頭 봉두】산꼭대기. 峯頂(봉정).
【高峯峻嶺 고봉준령】높이 솟은 산봉우리와 험한 산마루.
【主峯 주봉】어떤 산줄기에서 가장 높은 봉우리. 最高峯(최고봉).
【最高峯 최고봉】①주봉(主峯). ②어떤 방면에 가장 뛰어남.

山[7]{峰}[10]
명 峯(203)과 同字

山[7]{峨}[10] 산 높을 아 峩

명 ⓒé ⓙガ ⓔlofty
字解 산 높을(아)
【峨帽 아미】쓰촨 성(四川省)에 있는 산.

山[7]{峩}[10]
명 峨(203)와 同字

山[7]{峻}[10] 높을 준

명 ⓒjùn ⓙシュン(けわしい) ⓔlofty
字解 ①높을, 가파를(준) ¶峻嶺(준령) ②엄할(준) ¶峻嚴(준엄) ③훌륭할, 뛰어날(준) ¶峻德(준덕)
【峻德 준덕】뛰어난 덕(德).
【峻嶺 준령】높고 가파른 고개.

【峻論 준론】 엄정하고 예리한 언론.
【峻嚴 준엄】 매우 엄격함.
【峻烈 준열】 매우 엄하고 격렬함.
【峻險 준험】 산이나 고개 따위가 높고 험함.

山 7 ⑩ 【峭】 가파를 초 [嘯]
[中]qiào [日]ショウ [英]steep
[字解] ①가파를(초) ¶ 峻峭(준초) ②엄할, 성급할(초) ¶ 峭急(초급)
【峭急 초급】 성질이 날카롭고 급함.
【峻峭 준초】 산이 높고 험함.

3 획

山 7 ⑩ 【峴】 재 현 [銑]　[간] 岘
[명] [中]xiàn [日]ケン [英]ridge
[字解] 재, 고개(현)

山 7 ⑩ 【峽】 골짜기 협 [洽]　[간] 峡
[명] [中]xiá [日]キョウ [英]valley
[字解] 골짜기(협)
【峽谷 협곡】 산과 산 사이의 좁은 골짜기.
【峽路 협로】 산속으로 난 좁은 길.
【山峽 산협】 산속의 골짜기.
【海峽 해협】 육지와 육지 사이에 있는, 좁고 기다란 바다.

山 8 ⑪ 【崗】 [명] 岡(202)의 俗字

山 8 ⑪ 【崑】 산 이름 곤 [元]　[동] 崐
[명] [中]kūn [日]コン
[字解] 산 이름(곤)
【崑崙 곤륜】 중국 서쪽에 있었다는 전설상의 산.
【崑山片玉 곤산편옥】 곤륜산에서 나는 이름난 옥(玉)의 하나. '여러 재사(才士) 또는 문사(文士)의 제일인자'를 이름.

山 8 ⑪ 【崛】 산 높을 굴 [物]
[中]jué [日]クツ [英]towering
[字解] 산 높을(굴)
【崛起 굴기】 산이 우뚝우뚝 솟은 모양. 屹立(흘립).

山 8 ⑪ 【崎】 산길 험할 기 [支]
[명] [中]qí [日]キ(さき) [英]steep
[字解] ①산길 험할(기) ②가탈 많을(기)
【崎嶇 기구】 ①산길이 험함. ②세상살이가 순탄치 못하고 가탈이 많음.

山 8 ⑪ 【崍】 산 이름 래 [灰]
[명] [中]lái [日]ライ
[字解] 산 이름(래) ※쓰촨 성(四川省)에 있는 산.

山 8 ⑪ 【崙】 산 이름 륜 [元]　[동] 崘　[간] 仑
[명] [中]lún [日]ロン
[字解] 산 이름(륜)
【崑崙 곤륜】 중국 서쪽에 있었다는 전설상의 산.

山 8 ⑪ 【崘】 [명] 崙(204)과 同字

山 8 ⑪ 【崩】 산 무너질 붕 [蒸]
丨 山 山 屵 屵 岸 崩 崩
[고] [中]bēng [日]ホウ(くずれる) [英]collapse
[字源] 형성자. 山(산)은 의미 부분이고, 朋(붕)은 발음 부분이다.
[字解] ①산 무너질(붕) ¶ 崩壞(붕괴) ②천자 죽을(붕) ¶ 崩御(붕어)
【崩壞 붕괴】 무너짐. 崩潰(붕궤).
【崩御 붕어】 천자나 왕의 죽음. 昇遐(승하).
📖 천자의 죽음은 마치 산이 무너지는 것과 같다는 데서 이르는 말.
【土崩瓦解 토붕와해】 흙이 무너지고 기와가 깨짐. '모임이나 조직이 무너져 버림'의 비유.

山 8 ⑪ 【崧】 산 웅장할 숭 [東]
[명] [中]sōng [日]スウ [英]magnificent

字解 산 웅장할(숭)
【崧高 숭고】산이 높고 웅장한 모양.

山8 [崇] 높일 숭
⑪ ⑫ 東

ㅛ ㅛ 屮 屮 屮 岑 岑 崇

- 중 ⊕chóng ⊕スウ(たっとぶ) ⊛venerate

字源 형성자. 山(산)은 의미 부분이고, 宗(종)은 발음 부분이다.
字解 ①높일, 존중할(숭) ¶崇拜(숭배) ②높을(숭) ¶崇高(숭고)
[崇高 숭고] 존숭하고 고상함.
[崇拜 숭배] 높이 우러러 존대함.
[崇尙 숭상] 높여 소중하게 여김.
[崇仰 숭앙] 높여 우러름.
[崇嚴 숭엄] 숭고하고 존엄함.
【隆崇 융숭】매우 두텁게 대하거나 정성스레 대접함.
【尊崇 존숭】존경하고 숭배함.

山8 [崖] 낭떠러지 애 厓
⑪

- 명 ⊕yá ⊕ガイ(がけ) ⊛cliff

字解 낭떠러지, 언덕(애)
【斷崖 단애】깎아지른 듯한 낭떠러지.

山8 [崢] 산 높을 쟁
⑪

⊕zhēng ⊕ソウ ⊛lofty
字解 ①산 높을(쟁) ②쌓일(쟁)
【崢嶸 쟁영】①산이 높고 험한 모양. ②세월이 쌓임. 해가 거듭됨.

山8 [崔] 높을 최
⑪ 灰

- 명 ⊕cuī ⊕サイ ⊛lofty

字解 높을, 높고 클(최)
【崔嵬 최외】산이 높고 험한 모양.

山9 [嵌] ❶산 깊을 감 咸 ❷아로새길 감 陷
⑫

- 명 ⊕qiàn ⊕カン(はめる) ⊛inlay

字解 ❶①산 깊을(감) ②골짜기(감) ❷아로새길, 끼워 넣을(감)
[嵌谷 감곡] 깊은 산골짜기.

【象嵌 상감】쇠붙이·나무·상아(象牙)·도자기 등의 표면에 무늬를 파고 그 속에 금·은 등을 채워 넣는 기술, 또는 그 작품.

山9 [嵐] 산 기운 람 覃
⑫

- 명 ⊕lán ⊕ラン(あらし) ⊛mist

字解 산 기운, 아지랑이(람)
[嵐氣 남기] 울창한 산속에 생기는 아지랑이 같은 기운. 산 기운.
【晴嵐 청람】國①화창한 날에 아른거리는 아지랑이. ②화창한 날씨.

山9 [崷] 가파를 률 質
⑫

- 명 ⊕lǜ ⊕リツ ⊛steep

字解 가파를(률)

山9 [嵄] 산 미 紙
⑫

- 명 ⊕měi ⊕ビ ⊛mountain

字解 산, 메(미)

山9 [嵋] 산 이름 미 支
⑫

- 명 ⊕méi ⊕ビ

字解 산 이름(미)
【峨嵋 아미】쓰촨 성(四川省)에 있는 산.

山9 [嵎] 산굽이 우 虞
⑫

⊕yú ⊕グウ
⊛mountain recesses
字解 산굽이(우)

山9 [嵇] 산 이름 혜 齊
⑫

⊕jī ⊕ケイ
字解 산 이름(혜) ※허난 성(河南省)에 있는 산.

山10 [嵩] 산 이름 숭 東
⑬

- 명 ⊕sōng ⊕スウ(かさ) ⊛lofty

字解 ①산 이름(숭) ②높을(숭)
【嵩山 숭산】오악의 하나로, 허난 성 (河南省)에 있는 산. 崇山(숭산).

山部 9획

【嵬】 산 높을 외
명 ⊕wéi ⊕カイ 英lofty
字解 산 높을, 산 높고 험할(외)
【嵬岌 외급】산이 높이 솟은 모양.

【嵯】 산 높을 차
명 ⊕cuó ⊕サ 英lofty
字解 산 높을(차)
【嵯峨 차아】산이 높고 험함.

【嶇】 산 험할 구
명 ⊕qū 英steep
字解 ①산 험할(구) ②가탈 많을(구)
【崎嶇 기구】①산길이 험함. ②세상살이가 순탄치 못하고 가탈이 많음.

【嶋】 島(203)와 同字

【嶂】 산봉우리 장
⊕zhàng ⊕ショウ 英peak
字解 산봉우리(장)

【嶄】 험준할 참
⊕zhǎn ⊕サン 英lofty
字解 험준할(참)=嶃
【嶄壁 참벽】깎아지른 듯한 낭떠러지.

【嶠】 산 뾰족할 교
명 ⊕qiáo ⊕キョウ
字解 ①산 뾰족할(교) ②산길(교)
【嶠路 교로】산길.

【嶝】 고개 등
명 ⊕dèng ⊕トウ(さか) 英hill
字解 고개(등) ※ 나지막한 고개.

【嶢】 산 높을 요
명 ⊕yáo ⊕キョウ 英lofty

字解 산 높을(요)

【嶪】 산 높을 업
명 ⊕yè ⊕キョウ 英high
字解 산 높을(업)

【嶺】 재 령
고 ⊕lǐng ⊕レイ(みね) 英ridge
字源 형성자. 山(산)은 의미 부분이고, 領(령)은 발음 부분이다.
字解 ①재, 고개(령) ¶ 峻嶺(준령)
②산봉우리(령) ¶ 嶺雲(영운)
【嶺雲 영운】산봉우리에 걸린 구름.
【分水嶺 분수령】①물이 두 갈래로 갈라지는 경계가 되는 산등성이.
②'어떤 사물이나 사태가 발전하는 전환점'의 비유.
【峻嶺 준령】높고 험한 재.

【嶼】 섬 서
명 ⊕yǔ ⊕ショ 英islet
字解 섬, 작은 섬(서)
【島嶼 도서】크고 작은 여러 섬들.
📖 '島'는 큰 섬, '嶼'는 작은 섬.

【㠘】 嶼(206)와 同字

【嶾】 산 형상 안
명 ⊕àn ⊕アン
字解 산 형상, 산이 높은 모양(안)
참고 '한' 음이 인명용으로 허용되는데, 이는 속음화된 것이다.

【嶽】 岳(202)과 同字

【嶸】 산 높을 영
명 ⊕róng ⊕コウ 英lofty
字解 산 높을, 가파를(영)
【崢嶸 쟁영】산이 높고 험한 모양.

山 14 ⑰ **【嶷】** ❶산 이름 의 ❷알 억

㉠yí ㉡ギ

字解 ❶산 이름(의) ❷①알, 철들(억) ❷높을(억)

【嶷嶷 억억】 어린아이가 영리한 모양.
【九嶷 구의】 후난 성(湖南省)에 있는 산 이름.

山 17 ⑳ **【巉】** 가파를 참

㉠chán ㉡ザン ㉥precipitous

字解 가파를(참)=嶄

【巉巉 참참】 산이 높고 험한 모양.

山 18 ㉑ **【巍】** 높고 클 외

명 ㉠wēi ㉡ギ ㉥lofty

字解 높고 클(외)

【巍然 외연】 산이나 건축물 따위가 매우 높게 솟아 있는 모양.

山 19 ㉒ **【巒】** 멧부리 만 란

명 ㉠luán ㉡ラン ㉥peak

字解 멧부리, 산봉우리(만)

【巒岡 만강】 산봉우리.
【峯巒 봉만】 길게 이어진 산봉우리.

山 19 ㉒ **【巔】** 산마루 전

㉠diān ㉡テン ㉥summit

字解 산마루, 산꼭대기(전)

山 19 ㉒ **【巑】** 높이 솟을 찬

명 ㉠cuán ㉡サン

字解 높이 솟을(찬)

山 20 ㉓ **【巖】** 바위 암

종 ㉠yán ㉡ガン(いわお) ㉥rock

字解 형성자. 山(산)은 의미 부분이고, 嚴(엄)은 발음 부분이다.

字解 ❶바위(암) ❷가파를(암)

【巖窟 암굴】 바위에 뚫린 굴.
【巖盤 암반】 암석으로 된 지반(地盤).
【巖壁 암벽】 깎아지른 듯이 험하게 솟아 있는 바위.
【巖石 암석】 바위. 바윗돌.
【奇巖 기암】 기묘하게 생긴 바위.
【鎔巖 용암】 화산에서 분출한 마그마가 굳어서 된 암석.

3 巛 部 3획

巛 0 ③ **【巛】** 개미허리

참고 '川'의 본자이나, 부수로만 쓰이고 독립적으로 쓰이지 않는다.

巛 0 ③ **【川】** 내 천 본 巛

ノ 丿 川

종 ㉠chuān ㉡セン(かわ) ㉥stream

字源 상형자. 물이 흘러 내려가는 모습을 그린 것이다.

字解 내(천)

【川獵 천렵】 내에서 고기를 잡는 일.
【大川 대천】 큰 내. 이름난 내.
【山川 산천】 ①산과 내. ②자연.
【河川 하천】 시내. 강.

巛 3 ⑥ **【州】** 고을 주

丶 丿 丿 州 州 州

고 ㉠zhōu ㉡シュウ(す) ㉥region

字源 상형자. 강 하류에 만들어진 '삼각주'를 그린 것이다.

字解 ①고을(주) ②마을(주)

【州縣 주현】 지난날 지방 행정 구역인 주(州)와 현(縣). '지방'을 이름.

巛 4 ⑦ **【巡】** 순행할 순

〈 《 巛 巡 巡 巡 巡

고 ㉠xún ㉡ジュン(めぐる) ㉥patrol

《《部 8획

字源 형성자. 辵(착)은 의미 부분이고, 巛(천)은 발음 부분이다.
字解 ①순행할(순) ¶巡狩(순수) ②두루 돌, 돌아다닐(순) ¶巡禮(순례)
【巡禮 순례】영지(靈地)·성지(聖地) 등을 차례로 예배하며 돌아다님.
【巡訪 순방】차례로 방문함.
【巡狩 순수】지난날, 천자가 수렵(狩獵)을 통하여 병사를 단련시키고 한편으로는 제후국(諸侯國)의 민정(民情)을 살피던 일. 巡幸(순행).
【巡視 순시】두루 다니며 살핌.
【巡察 순찰】순회하며 사정을 살핌.
【巡廻 순회】여러 곳을 차례로 돌아다님.
【一巡 일순】한 바퀴 돎.

巢 새집 소
⑧⑪ 鳥
뜻 中cháo 日ソウ(す) 美nest
字源 ①새집, 보금자리(소) ¶歸巢(귀소) ②큰 피리(소) ¶巢笙(소생)
【巢窟 소굴】①나무 위에 집을 짓고 삶과 땅 속에 굴을 파고 삶. ②좋지 못한 짓을 하는 무리의 근거지.
【巢笙 소생】큰 피리.
【歸巢 귀소】둥지로 돌아옴.
【卵巢 난소】동물의 암컷 생식 기관의 한 부분.

3 工部

工 장인 공
⓪③ 東
一 T 工
뜻 中gōng 日コウ,ク(たくみ) 美artisan
字源 상형자. 옛날 사람들이 사각형을 그릴 때 쓰던 도구를 그린 것이다. 현재 이 뜻으로는 矩(곱자 구)자를 쓴다. '공작'·'공구'·'공사' 등의 뜻은 여기에서 나왔다.
字解 ①장인(공) ¶工匠(공장) ②일(공) ¶工具(공구) ③공교할(공)

【工巧 공교】교묘함. 솜씨가 좋음.
【工具 공구】일에 쓰이는 도구.
【工夫 공부】학문이나 기술을 배우고 익힘.
【工事 공사】토목(土木)이나 건축(建築) 등에 관한 일.
【工業 공업】원료를 가공하여 쓸 만한 물건을 만들어 내는 산업.
【工藝 공예】조형미를 갖춘 물건을 만드는 재주와 기술.
【工匠 공장】연장을 써서 물건을 만드는 사람.
【人工 인공】사람의 힘으로 자연물과 똑같거나 전혀 새로운 것을 만들어 내는 일. 人造(인조).
【竣工 준공】공사를 마침. 完工(완공).

'工'이 붙은 한자
江 강 (강)   杠 깃대 (강)
矼 징검다리 (강) 功 공 (공)
攻 칠 (공)   空 빌 (공)
貢 바칠 (공)   缸 항아리 (공)
肛 똥구멍 (항) 項 목 (항)
汞 수은 (홍)   灯 화톳불 (홍)
紅 붉을 (홍)   虹 무지개 (홍)
訌 어지러울 (홍)

巨 클 거
工2⑤
一 T F E 巨
뜻 中jù 日キョ(おおきい) 美great
字源 회의자. 금문을 보면 사람이 工(공)을 쥐고 있는 모습으로, 직선을 긋는 곱자를 뜻하였다. 뒤에 '크다'라는 뜻으로 가차되자 곱자의 뜻으로는 榘(구)·矩(구)를 새로 만들어 보충하였다.
字解 ①클(거) ②많을(거)
【巨軀 거구】큰 몸뚱이.
【巨金 거금】큰돈. 많은 돈.
【巨物 거물】큰 인물이나 물건.
【巨富 거부】큰 부자. 豪富(호부).
【巨星 거성】①큰 별. ②'위대한 사람'의 비유.
【巨儒 거유】이름난 유학자(儒學者).
【巨匠 거장】예술·과학·기술 등의 분야에서 특히 뛰어난 사람.

【巨漢 거한】 몸집이 매우 큰 사나이.

【巧】 공교로울 교

㉠ⓗqiǎo ⓙコウ(たくみ) ⓔskilful
字源 형성자. 工(공)은 의미 부분이고, 丂(고)는 발음 부분이다.
字解 ①공교로울, 교묘할(교) ¶巧拙(교졸) ②예쁠, 사랑스러울(교) ¶巧態(교태) ③재주, 꾀(교) ¶計巧(계교)

【巧妙 교묘】 썩 잘되고 묘함.
【巧言令色 교언영색】 번지르르하게 발라맞추는 말과 알랑거리는 낯빛. '남에게 아첨함'의 뜻.
【巧拙 교졸】 ①교묘함과 졸렬함. ②익숙함과 서투름.
【巧態 교태】 여자의 요염한 자태.
【計巧 계교】 이리저리 생각해서 짜낸 꾀.
【技巧 기교】 재간 있게 부리는 기술이나 솜씨.
【精巧 정교】 세세한 부분까지 정밀하고 자세함.

【左】 왼 좌

一ナ + 左 左

㉠ⓗzuǒ ⓙサ(ひだり) ⓔleft
字源 상형자 → 회의자. 왼손을 그린 것이다. 갑골문에서는 왼손(𠂇)과 오른손(又)이 구별 없이 쓰였으나, 금문에서 왼손을 그린 屮(좌)에 '도구'·'일하다'라는 뜻의 工(공)을 더하여 左 자를 만들었다. 左는 본래 '(손을 써서) 일을 하다'·'돕다'라는 뜻인데, 뒤에 '왼쪽'이라는 뜻으로 굳어지자, '돕다'라는 뜻으로는 人(인) 자를 더한 佐 자를 새로 만들어서 보충하였다.
字解 ①왼, 왼쪽(좌) ¶左右(좌우) ②증거(좌) ¶證左(증좌) ③내릴, 물리칠(좌) ④그를(좌) ¶左言(좌언) ⑤도울(좌) ≒佐

【左顧右眄 좌고우면】 왼쪽으로 돌아보고 오른쪽으로 곁눈질함. '앞뒤를 재고 망설임'의 뜻. 左右顧眄(좌우고면).

【左言 좌언】 사리에 어긋나는 말.
【左腕 좌완】 왼팔.
【左右 좌우】 ①왼쪽과 오른쪽. ②곁.
【左遷 좌천】 왼쪽으로 옮김. '직위가 아래로 떨어짐'의 뜻.
☞ 지난날, 직위가 낮은 사람이 왼쪽에 선 데서 온 말.
【證左 증좌】 증거.

【巫】 무당 무

㉠ⓗwū ⓙフ, ブ(みこ) ⓔwitch
字解 무당(무)

【巫覡 무격】 무당과 박수.
【巫堂 무당】 굿을 하고 점을 치는 일에 종사하는 여자. 巫女(무녀).
【巫卜 무복】 무당과 점쟁이.
【巫俗 무속】 무당의 풍속.

【差】

❶어긋날 차 ⿸
❷병 나을 차 ⿸
❸보낼 차 ⿸
❹층질 치 ⿸

丷 丛 丷 羊 羊 羊 差 差

㉠ⓗchà, cī ⓙサ(さす, さし) ⓔdiffer
字源 差 자에서 손을 뜻하는 左(좌) 자가 쓰여진 것은 분명하나, 그 나머지 부분에 대해서는 垂(드리울 수) 자로서 垂는 의미 부분이고 左는 발음 부분으로 佐(도울 좌) 자의 고자(古字)라는 설, 보리(來(래))를 그린 것으로서 손으로 보리를 가공한다는 데서 搓(비빌 차) 자의 본자라는 설이 있다.
字解 ❶①어긋날, 다를(차) ¶差別(차별) ②나머지(차) ¶差額(차액) ❷병 나을(차) ¶快差(쾌차) ❸①보낼(차) ¶差使(차사) ②부릴(차) ¶差出(차출) ❹층질, 들쭉날쭉할(치) ¶參差(참치)

【差減 차감】 비교하여 덜어 냄.
【差度 차도】 병이 나아가는 정도.
【差別 차별】 차이가 나게 나눠 가름.
【差使 차사】 중요한 임무를 맡겨 파견

하던 임시 벼슬.
【差押 차압】국가 기관이 채무자의 재산의 사용·처분을 금함, 또는 그 행위. 押留(압류).
【差額 차액】어떤 액수(額數)에서 다른 액수를 뺀 나머지 액수.
【差異 차이】서로 다름. 틀림.
【差出 차출】사람을 뽑아냄.
【參差 참치】들쑥날쑥하여 가지런하지 않음.
【隔差 격차】수준 따위의 차이.
【快差 쾌차】병이 다 나음.

'差'가 붙은 한자
嗟 탄식할(차)　嵯 산 높을(차)
搓 엇찍을(차)　瑳 옥빛(차)
磋 갈(차)　蹉 거꾸러질(차)

3 己 部

【己】몸 기
음 ⓒjǐ ⓙき, コ(おのれ) ⓔself
字源 새를 쏘는 활을 그린 것이라는 설, 어떤 물건을 묶어 놓은 모습으로 '약속'의 뜻을 나타낸다는 설 등이 있다. '천간(天干)의 여섯 번째'·'자기(自己)' 등의 뜻은 모두 가차된 것이다.
字解 ①몸, 자기(기) ②여섯째 천간(기)
【自己 자기】그 사람 자신.
【知己 지기】자기를 잘 알아주는 친구. 知己之友(지기지우). 知音(지음).

'己'가 붙은 한자
忌 꺼릴(기)　杞 구기자(기)
玘 패옥(기)　紀 벼리(기)
記 기록할(기)　起 일어날(기)
配 짝(배)　妃 왕비(비)

【巳】뱀 사
음 ⓒsì ⓙシ(み) ⓔsnake
字源 상형자. 어린아이를 그린 것이다. 본래 子(아들 자) 자와 같은 글자였다.
字解 뱀, 여섯째 지지(사)
【巳時 사시】①십이시의 여섯째 시. 곧, 상오 9시~11시. ②이십사시의 열째 시. 곧, 상오 9시 30분~10시 30분.
참고 '己(이 : 210)'는 딴 자.

【已】이미 이
음 ⓒyǐ ⓙイ(すでに) ⓔalready
字源 갑골문·금문에 보이지 않을 뿐만 아니라 《설문해자》에도 실려 있지 않아 유래를 알 수 없다.
字解 ①이미, 벌써(이) ¶已往(이왕) ②그칠, 말(이) ¶不得已(부득이) ③너무, 매우(이) ¶已甚(이심) ④뿐, 따름(이) ※ 단정·한정의 뜻을 나타냄. ¶而已(이이)
【已甚 이심】매우 심함.
【已往 이왕】지나간 때. 旣往(기왕). 以前(이전).
【不得已 부득이】마지못해. 하는 수 없이.
【而已 이이】그것뿐. 그뿐임.

【巴】땅 이름 파
명 ⓒbā ⓙハ(ともえ)
字解 ①땅 이름(파) ②뱀(파)
【巴蛇 파사】큰 뱀의 일종.
【巴蜀 파촉】'쓰촨 성(四川省)'의 이칭(異稱).

'巴'가 붙은 한자
肥 살찔(비)　把 잡을(파)
杷 비파나무(파)　爬 긁을(파)
芭 파초(파)　笆 대 바자(파)
耙 쇠스랑(파)

【巵】 술잔 치
⊕zhī ⊕シ ⊛cup
字解 ①술잔(치) ②연지(치)
【巵酒 치주】잔술. 적은 양의 술.

【卺】 卺(96)과 同字

【巷】 거리 항
一 廾 卄 尹 共 共 巷 巷
㉠ ⊕hàng ⊕コウ(ちまた) ⊛street
字源 회의자. 共(공)과 邑(읍)은 모두 의미 부분이다. 마을(邑) 안에 받드는(共) 바가 있다는 뜻이다. 巳(사)는 邑의 생략형이다.
字解 ①거리(항) ②마을(항)
【巷間 항간】일반 민중들 사이.
【巷說 항설】거리의 풍문(風聞). 세상의 풍설.
【陋巷 누항】좁고 더러운 거리.
【閭巷 여항】①거리. ②마을. 시골.

【巽】 괘 이름 손
명 ⊕xùn ⊕ソン(たつみ)
字解 ①괘 이름(손) ②유순할(손) ③사양할(손) ≒遜
【巽卦 손괘】팔괘의 하나. 사물을 받아들여 감싸는 덕을 나타내는 상. 괘형은 ☴.
【巽時 손시】이십사시의 열째 시. 곧, 상오 8시 30분~9시 30분.
【巽言 손언】유순하고 온화하여 남의 마음을 거스르지 않는 말씨.

3 巾 部

【巾】 수건 건
명 ⊕jīn ⊕キン ⊛towel
字源 상형자. 수건이 걸려 있는 모습을 그린 것이다. 巾부에 속하는 글자는 '면직물'과 관계있는 뜻이 많다.
字解 ①수건(건) ¶巾帨(건세) ②두건(건) ¶巾帶(건대)
【巾帶 건대】①옷과 띠. 의관(衣冠). ②國상복(喪服)에 쓰는 삼베 두건과 삼 띠.
【巾帨 건세】수건.
【巾櫛 건즐】①수건과 빗. ②낯을 씻고 머리를 빗는 일.
【頭巾 두건】상제나 복인(服人)이 머리에 쓰는, 삼베로 만든 쓰개.
【手巾 수건】손·얼굴 등을 닦거나 머리에 쓰기도 하는 천 조각.

【市】 저자 시
丶 亠 亠 宁 市
㊀ ⊕shì ⊕シ(いち) ⊛market
字源 형성자. 현재는 자형이 많이 변했지만, 금문을 보면 '㞢(=之)', '八', '丂'으로 이루어져 있는데, 㞢는 발음 부분이다. '八'은 分(나눌 분) 자와 같고, '丂'은 引(당길 인) 자와 같은 뜻이므로 물건을 사고판다는 뜻을 나타낸다.
字解 ①저자, 장(시) ¶市場(시장) ②시가(시) ¶市井(시정) ③시(시) ※우리나라 지방 행정 구역의 하나. ¶市廳
【市價 시가】상품이 시장에서 매매되는 값. 市勢(시세).
【市街 시가】도시의 큰 길거리.
【市內 시내】시의 구역 안.
【市民 시민】도시의 주민.
【市場 시장】여러 가지 상품을 매매(賣買)하는 곳.
【市井 시정】인가(人家)가 모여 있는 곳.
📖 고대 중국에서, 우물이 있는 곳에 사람이 모여 산 데서 온 말.
【市廳 시청】시의 행정 사무를 맡아보는 곳.
【市販 시판】시장이나 시중에서 일반에 판매함.
【撤市 철시】시장을 파하고 장사를 하지 않음.
【波市 파시】고기가 많이 잡히는 철에, 바다 위에서 열리는 생선 시장.

巾部 2획

巾⑤ 【布】 베 포 國
ノ ナ 亣 右 布
图 ⊕bù ⊕フ(ぬの) ⊛calico
字源 형성자. 巾(건)은 의미 부분이고, 父(부)는 발음 부분이다. ナ는 父의 변형이다.
字解 ①베, 피륙(포) ¶布木(포목) ②베풀, 널리 알릴(포) ¶布告(포고)
【布告 포고】 국가의 결정 의사를 공식으로 일반에게 알림.
【布教 포교】 종교를 널리 폄.
【布袋 포대】 무명이나 삼베 따위로 만든 자루.
【布木 포목】 베와 무명.
【布施 포시→보시】 절이나 가난한 사람들에게 돈이나 물품을 베풂.
【布陣 포진】 진을 침.
【公布 공포】 일반에게 널리 알림.
【毛布 모포】 담요.
【頒布 반포】 세상에 모두 퍼뜨려 널리 알게 함.
【撒布 살포】 ①액체·가루 따위를 흩어 뿌림. ②금품·전단 따위를 여러 사람에게 나누어 줌.
【宣布 선포】 세상에 널리 알림.

巾③⑥ 【帆】 돛 범 國
图 ⊕fān ⊕ハン(ほ) ⊛sail
字解 돛, 돛단배, 돛 달(범)
【帆船 범선】 돛단배. 돛배.
【出帆 출범】 배가 항구를 떠나감.

巾④⑦ 【希】 바랄 희
ノ メ ナ 圣 爷 希 希
图 ⊕xī ⊕キ(まれ, こいねがう) ⊛hope
字源 회의자. 巾(건)과 爻(효)는 모두 의미 부분이다. 爻는 얼기설기 성긴 모습을 그린 것이다. 현재 이 뜻으로는 稀(드물 희) 자를 쓴다.
字解 ①바랄(희) ②드물(희) ≒稀
【希求 희구】 원하며 바람.
【希望 희망】 앞일에 대하여 기대를 가지고 바람.

巾⑤⑧ 【帑】 ❶처자 노 裏 ❷나라 금고 탕 國
图 ❷ ⊕nú ⊛wife and children
字解 ❶처자(노) ❷나라 금고(탕)
【妻帑 처노】 아내와 자식. 妻子(처자).
【內帑金 내탕금】 임금의 사사로운 일에 쓰던 돈. 帑錢(탕전).

巾⑤⑧ 【帘】 술집 기 렴 國
⊕lián ⊕レン
字解 술집 기(렴) ※지난날, 중국에서 주막의 표지로 세운 푸른 기.

巾⑤⑧ 【帛】 비단 백 國
图 ⊕bó ⊕ハク(きぬ) ⊛silk
字解 ①비단, 명주(백) ¶帛書(백서) ②예물(백) ¶幣帛(폐백)
【帛書 백서】 비단에 쓴 글자.
【幣帛 폐백】 예물을 갖추어 보내거나 가지고 가는 예물.
【布帛 포백】 베와 비단.

巾⑤⑧ 【帙】 질 질 國
图 ⊕zhì ⊕チツ ⊛series
字解 ①질(질) ※여러 권으로 된 책 한 벌. ②책갑(질)
【帙冊 질책】 여러 권으로 이루어진 한 벌의 책.
【書帙 서질】 ①책. 서적(書籍) ②책을 한 권씩 또는 여러 권을 한목에 싸서 넣어 두는 싸개.

巾⑤⑧ 【帖】 ❶문서 첩 裏 ❷체지 체 國
图 ❶ ⊕tiè ⊕チョウ ⊛note
字解 ❶①문서, 장부(첩) ②휘장(첩) ③주련(첩) ※기둥에 세로로 써 붙이는 글귀. ❷체지(체)
【帖紙 체지】 ①관아에서 하급 관원을 고용할 때 쓰던 사령장(辭令狀). ②돈을 받은 표. 영수증(領收證).

【手帖 수첩】 간단한 기록을 위하여 지니고 다니는 작은 공책.
【畫帖 화첩】 그림을 모아서 엮은 책.

巾⁵【帚】 비 추 宥
⊕zhǒu ⊕ソウ ⊕broom
字解 비, 비질할(추)
【帚掃 추소】 비로 쓺.

巾⁶【帥】 ❶장수 수 寘 ❷거느릴 솔 寘
⊕shuài ⊕スイ(ひきいる) ⊕general
字源 형성자. 巾(건)은 의미 부분이고, 𠂤(퇴)는 발음 부분이다. 帥와 帨(세)는 본래 '수건'을 뜻하는 한 글자였는데, 帥는 '장수(將帥)'라는 뜻으로 가차되었고, 帨은 지금도 본래의 뜻으로 계속 쓰인다.
字解 ❶장수(수) ❷거느릴(솔) 率േ
【元帥 원수】 군인의 가장 높은 계급.
【將帥 장수】 군사를 지휘하는 장군.
【統帥 통수】 군대를 통솔(統率)함.
[참고] '솔'음도 인명용으로 지정됨.
師(사 : 213)는 딴 자.

巾⁶【帝】 임금 제 霽
⊕dì ⊕テイ(みかど) ⊕emperor
字源 상형자. 꽃받침을 그린 것이다. 꽃받침은 꽃의 근본이므로, '제왕'의 뜻은 여기에서 나왔다고도 한다.
字解 ❶임금(제) ¶帝王(제왕) ❷하느님, 조물주(제) ¶上帝(상제)
【帝王 제왕】 황제와 국왕의 총칭.
【帝位 제위】 제왕의 자리.
【帝政 제정】 황제가 다스리는 정치.
【上帝 상제】 하느님. 天帝(천제).
【皇帝 황제】 제국(帝國)의 군주.

巾⁷【帰】 歸(447)의 俗字

巾⁷【帯】 帶(214)의 俗字

巾⁷【師】 스승 사 支
丿 𠂉 ㆝ 𠂤 𠂤 師 師
⊕shī ⊕シ(いくさ) ⊕teacher
字源 회의자. 군대를 뜻한다. 币(잡)과 𠂤(퇴)는 모두 의미 부분이다. 币은 사방·주위를 뜻하고, 𠂤는 작은 언덕·흙더미를 그린 것으로 많다는 뜻을 나타낸다.
字解 ①스승(사) ¶師弟(사제) ②군사, 군대(사) ¶出師(출사) ③전문가(사) ¶技師(기사)
【師範 사범】 ①스승이 될 만한 모범. ②학술·무술 등을 가르치는 사람.
【師傅 사부】 스승.
【師事 사사】 스승으로 섬김. 또는 스승으로 섬겨 가르침을 받음.
【師弟 사제】 스승과 제자.
【師表 사표】 학식과 인격이 높아 남의 모범이 됨. 또는 그런 사람.
【技師 기사】 전문 지식을 요하는 특별한 기술을 맡아보는 사람.
【出師 출사】 군대를 어떤 곳으로 내어보냄. 出兵(출병).
[참고] 帥(수 : 213)는 딴 자.

巾⁷【席】 자리 석 陌
丶 亠 广 产 产 席 席
⊕xí ⊕セキ(むしろ) ⊕seat
字源 회의자. 巾(건)과 庶는 모두 의미 부분이다. 庶는 庶(서)의 생략형이다.
字解 ①자리, 돗자리(석) ¶席捲(석권) ②깔(석) ¶席藁待罪(석고대죄) ③직위, 지위(석) ¶首席(수석)
【席藁待罪 석고대죄】 거적을 깔고 엎드려 처벌을 기다림.
【席捲 석권】 자리를 둘둘 말듯이 너른 땅을 손쉽게 차지함. ⑤席卷(석권).
【席次 석차】 ①자리의 차례. ②성적의 순서.
【首席 수석】 석차의 제1위.
【座席 좌석】 앉는 자리. 자리.

【着席 착석】 자리에 앉음.
【出席 출석】 어떤 자리에 참석함.

【帨】 수건 세
⊕shuì ⊕セイ ⊛towel
字解 ①수건(세) ②닦을(세)
【佩帨 패세】 여자가 허리에 차고 다니는 수건.

【帶】 띠 대
⊕dài ⊕タイ(おび) ⊛belt
字源 상형자. 띠에 패옥(佩玉)이 달려 있는 모습을 그린 것이다. 패옥을 달려면 반드시 수건이 있어야 하므로, 아랫부분에 巾(수건 건)자를 쓴 것이다.
字解 ①띠(대) ¶ 革帶(혁대) ②띨, 찰(대) ¶ 帶劍(대검) ③데릴(대) ¶ 帶同(대동)
【帶劍 대검】 칼을 참, 또는 몸에 차는 칼. 帶刀(대도).
【帶同 대동】 데리고 함께 감.
【帶妻僧 대처승】 아내를 두고 살림을 하는 중.
【玉帶 옥대】 옥으로 만든 띠.
【地帶 지대】 한정된 땅의 구역.
【革帶 혁대】 가죽띠.
【携帶 휴대】 어떤 물건을 몸에 지님.

【常】 항상 상
⊕cháng ⊕ジョウ ⊛ordinary
字源 형성자. 본래 치마를 뜻하였다. 巾(건)은 의미 부분이고, 尙(상)은 발음 부분이다. 현재 '치마'의 뜻으로는 裳(상) 자가 쓰이고, 常은 '항상'의 뜻으로 가차되었다.
字解 ①항상, 늘(상) ¶ 常備(상비) ②도, 법도(상) ※ 사람이 행할 도리. ¶ 五常(오상) ③보통(상) ¶ 常識(상식)
【常勤 상근】 날마다 출근하여 일정 시간 동안 근무함.
【常例 상례】 보통 흔히 있는 일.

【常綠樹 상록수】 일 년 내내 잎이 푸른 나무. 늘푸른나무.
【常備 상비】 늘 준비하여 둠.
【常設 상설】 항상 마련해 둠.
【常習 상습】 몇 차례고 같은 짓을 되풀이함.
【常時 상시】 늘.
【常識 상식】 보통 사람이 으레 지닌 일반적 지식이나 판단력.
【常任 상임】 일정한 직무를 늘 계속하여 맡음.
【常存 상존】 언제나 존재함.
【常駐 상주】 늘 주둔하여 있음.
【常套 상투】 보통으로 하는 투. 예사의 버릇.
【凡常 범상】 중요하게 여길 만하지 않고 예사로움.
【非常 비상】 ①예사롭지 아니함. ②평범하지 아니하고 뛰어남.
【五常 오상】 ①부·모·형·제·자식이 저마다 지켜야 할 도리. 부의(父義)·모자(母慈)·형우(兄友)·제공(弟恭)·자효(子孝). ②사람으로서 지켜야 할 다섯 가지 도리. 인(仁)·의(義)·예(禮)·지(智)·신(信).
【日常 일상】 매일 반복되는 생활.
【通常 통상】 특별하지 않고 보통임.
【恒常 항상】 늘. 언제나.

【帷】 휘장 유
⊕wéi ⊕イ(とばり) ⊛curtain
字解 휘장, 장막(유)
【帷幄 유악】 ①진영(陣營)에 치는 장막. ②작전 계획을 세우는 곳.

【帳】 휘장 장
⊕zhàng ⊕チョウ ⊛curtain
字源 형성자. 巾(건)은 의미 부분이고, 長(장)은 발음 부분이다.
字解 ①휘장, 장막(장) ②장부(장)
【帳幕 장막】 둘러치는 휘장(揮帳).
【帳簿 장부】 금품의 수입·지출 등에 관한 것을 적은 수첩(手帖).
【記帳 기장】 장부에 적음.
【揮帳 휘장】 여러 폭의 피륙을 이어서 만든, 둘러치는 막.

【帽】 모자 모

명 ㊥mào ㊐ボウ(ぼうし) ㊂hat
字解 모자, 사모(모)
【帽子 모자】 머리에 쓰는 쓰개.
【紗帽 사모】 지난날 관복을 입을 때 쓰던, 검은 사(紗)로 만든 모자.
【脫帽 탈모】 모자를 벗음.

【幇】

명 幫(216)의 俗字

【幄】 장막 악

명 ㊥wò ㊐アク ㊂tent
字解 장막, 군막(악)
【幄次 악차】 임금이 거둥할 때 쉴 수 있도록 막을 친 곳.

【幃】 휘장 위

㊥wéi ㊐イ ㊂curtain
字解 ①휘장 ②향주머니(위)
【幃帳 위장】 둘러치는 휘장(揮帳).

【幀】 그림 족자 정 쟁

명 ㊥zhēn ㊐テイ ㊂framing
字解 ①그림 족자(정) ¶影幀(영정) ②책의 싸개(정) ¶裝幀(장정)
【幀畵 정화→탱화】 그림으로 그려서 벽에 거는 불상(佛像).
【影幀 영정】 사람의 얼굴을 그린 족자(簇子).
【裝幀 장정】 ①책을 매어 표지를 붙임. ②책의 전반에 걸친 의장(意匠).

【幅】 폭 폭 복

고 ㊥fú ㊐フク(はば) ㊂width
字源 형성자. 巾은 의미 부분이고, 畐(복)은 발음 부분이다.
字解 ①폭(폭) ㉠너비. ㉡천·종이·널 따위의 조각, 또는 그것을 세는 단위. ㉢그림을 세는 단위.
【幅廣 폭광】 한 폭이 될 만한 너비.
【大幅 대폭】 ①큰 폭. ②차이가 현저함. ③너비가 너른 피륙.
【步幅 보폭】 한 걸음의 너비.
【畵幅 화폭】 그림을 그리는 천이나 종이.

【帿】 과녁 후 본 侯

명 ㊥hóu ㊐コウ ㊂target
字解 과녁(후) ※활터에 세운 과녁판.

【幎】 덮을 멱

㊥mì ㊐ベキ ㊂cover
字解 덮을, 보자기(멱) =幦
【幎目 멱목】 소렴(小殮) 때 주검의 얼굴을 싸는 헝겊. 幎冒(멱모).

【幌】 휘장 황

명 ㊥nuǎng ㊐コウ ㊂curtain
字解 ①휘장(황) ②덮개(황) ※수레 위에 덮어 놓은 포장.

【幕】 휘장 막

고 ㊥mù ㊐バク, マク ㊂curtain
字源 형성자. 巾(건)은 의미 부분이고, 莫(막)은 발음 부분이다.
字解 ①휘장, 장막(막) ¶幕舍(막사) ②군막(막) ¶幕下(막하) ③막(막) ※연극의 한 단락. ¶幕間(막간)
【幕間 막간】 연극에서, 한 막이 끝나고 다음 막이 시작되기까지의 동안.
【幕舍 막사】 판자나 천막 따위로 임시로 간단하게 지은 집.
【幕下 막하】 ①지난날, 장군이 거느리던 장교(將校) 및 종사관(從事官). ②대장(隊長)의 휘하(麾下).
【幕後 막후】 ①막의 뒤. ②표면으로 드러나지 않은 뒤편. 背後(배후).
【開幕 개막】 ①막을 열거나 올림. ②행사를 시작함.
【天幕 천막】 비·바람 따위를 막기 위한 서양식(西洋式)의 장막.

【黑幕 흑막】①검은 장막. ②겉으로 드러나지 않은 음흉한 내막.

幢 기 당

명 ⓗchuáng ⓙトウ ⓔpennon
字解 ①기(당) ②수레 휘장(당)

【幢竿 당간】당(幢)을 달아 두는 기둥.
'당(幢)'은 절에 세우는 기(旗).
【幢容 당용】수레 안에 드리우는 휘장. 수레 휘장.

幡 기 번

명 ⓗfān ⓙハン(はた) ⓔbanner
字解 ①기, 표기(번) ≒旛 ②나부낄, 펄럭일(번) ≒翻

【幡旗 번기】표지(標識)가 있는 기(旗). 기(標旗).
【幡信 번신】기(旗)로써 명령을 전함.

幞 복두 복

ⓗfú ⓙボク ⓔhood
字解 복두, 두건(복)

【幞巾 복건】①도복(道服)에 갖추어서 머리에 쓰는 건. ②사내아이가 명절이나 돌 때 머리에 쓰는 건.
【幞頭 복두】과거에 급제한 사람이 증서를 받을 때 쓰던 갓.

幟 기 치

명 ⓗzhì ⓙシ ⓔflag
字解 기, 표기(치)

【旗幟 기치】①군중(軍中)에서 쓰는 기. ②표지로 세운 기. ③어떤 일에 대한 분명한 태도·주의·주장.

幣 폐백 폐

고 ⓗbì ⓙヘイ ⓔsilk
字源 형성자. 巾(건)은 의미 부분이고, 敝(폐)는 발음 부분이다.
字解 ①폐백, 비단, 예물(폐) ¶幣物(폐물) ②돈(폐) ¶貨幣(화폐)

【幣物 폐물】선사하는 물품. 선물.

【幣帛 폐백】①예를 갖추어서 보내거나 가지고 가는 예물. ②혼인 때 신랑이 신부에게 보내는 채단(采緞). ③신부가 처음으로 시부모를 뵐 때 올리는 대추나 포 따위.
【錢幣 전폐】돈. 금전.
【造幣 조폐】화폐를 만듦.
【貨幣 화폐】돈.

幫 도울 방

ⓗbāng ⓙホウ ⓔhelp
字解 ①도울(방) ②新패거리(방)

【幫助 방조】거들어서 도와줌.
【四人幫 사인방】네 사람의 패거리.

干 部

干 방패 간

증 ⓗgān ⓙカン(ほす) ⓔshield
字源 상형자. '끝이 두 갈래로 갈라진 사냥 도구' 또는 '방패'를 그린 것이다.
字解 ①방패(간) ¶干城(간성) ②범할(간) ¶干犯(간범) ③구할(간) ¶干求(간구) ④마를(간) ¶干潮(간조) ⑤간여할(간) ¶干涉(간섭) ⑥천간(간) ¶干支(간지) ⑦얼마(간) ¶若干(약간)

【干戈 간과】①방패와 창. ②무기. 병기. ③전쟁.
【干求 간구】구함. 바람.
【干滿 간만】간조(干潮)와 만조(滿潮). 썰물과 밀물.
【干犯 간범】남의 권리를 침범함.
【干潟地 간석지】바닷물이 드나드는 개펄.
【干涉 간섭】남의 일에 참견함.
【干城 간성】①방패와 성. ②나라를 지키는 군인.
【干與 간여】관계함. 참견함.
【干潮 간조】썰물로 해면의 높이가 가장 낮아진 상태.

【干支 간지】천간(天干)과 지지(地支).
【若干 약간】얼마 안 됨. 얼마쯤.
참고 于(우:14)는 딴 자.

'干'이 붙은 한자

刊 책 펴낼 (간)　奸 범할 (간)
旰 늦을 (간)　杆 지레 (간)
玕 옥돌 (간)　竿 장대 (간)
肝 간 (간)　扞 막을 (한)
汗 땀 (한)　旱 가물 (한)
罕 드물 (한)　齁 코골 (한)
軒 추녀 (헌)

'平'이 붙은 한자

坪 땅 평평할 (평)　泙 물소리 (평)
枰 바둑판 (평)　苹 개구리밥 (평)
砰 큰 소리 (평)　評 평론할 (평)

【平】평평할 평

음 ㊥píng ㊐ヘイ ㊍even

字源 '一'은 '평평하다'라는 뜻의 의미 부분이고 釆(변)은 발음 부분인 형성자라는 설, 평기에서 쓰는 어떤 농기구를 그린 것이라는 설 등이 있으나 아직 정설이 없다.

字解 ①평평할, 평탄할 (평) ¶ 平坦(평탄). ②다스릴 (평) ¶ 平和(평화). ③고를 (평) ¶ 平均(평균). ④쉬울 (평) ¶ 平易(평이). ⑤보통 (평) ¶ 平凡(평범).

【平均 평균】많고 적음이 없이 고름.
【平面 평면】평평한 표면.
【平凡 평범】뛰어난 데 없이 보통임.
【平聲 평성】사성(四聲)의 하나. 낮고 순평(順平)한 소리.
【平時 평시】①평화스러운 때. 무사한 때. ②보통 때. 平素(평소).
【平穩 평온】고요하고 안온함.
【平原 평원】평탄한 들. 平野(평야).
【平易 평이】까다롭지 않고 쉬움.
【平日 평일】특별한 일이 없는 보통때. 평상시(平常時).
【平坦 평탄】①바닥이 평평함. ②일이 순조로움.
【平平 평평】높낮이가 없이 판판함.
【平和 평화】①평온하고 화목함. ②전쟁이 없어 세상이 잘 다스려짐.
【公平 공평】치우치지 않고 공정함.
【順平 순평】성질이 유순(柔順)하고 평온(平穩)함.

【年】해 년

음 ㊥nián ㊐ネン(とし) ㊍year

字源 회의자→형성자. 갑골문을 보면 사람(인)이 벼(禾(화))를 짊어지고 있는 모습이다. 즉 벼가 익어 베어 내었으므로, 한 해의 수확을 뜻하는 회의자임을 알 수 있다. 소전은 秊으로 썼는데, 禾가 의미 부분이고 千(천)이 발음 부분인 형성자가 된다. 年은 秊의 변형이요 생략형이다.

字解 ①해(년) ¶ 年俸(연봉) ②나이(년) ¶ 年輩(연배).

【年鑑 연감】한 해 동안에 일어난 여러 가지 일이나 기록을 모아 한 해에 한 번씩 내는 간행물.
【年金 연금】국가·단체에서 개인에게 일정 기간 동안 해마다 지급하는 일정액의 돈.
【年代 연대】지나간 시간을 일정한 햇수로 나눈 것.
【年齡 연령】나이.
【年例 연례】해마다 하는 관례(慣例).
【年輪 연륜】①나이테. ②해마다 성장·변화하여 이룩된 역사.
【年輩 연배】서로 나이가 비슷한 사람, 또는 서로 비슷한 나이.
【年譜 연보】어떤 사람의 한평생의 행적을 연대순으로 적은 기록.
【年俸 연봉】일 년 단위로 정한 봉급.
【年歲 연세】'나이'의 높임말.
【年號 연호】임금의 재위 연대에 붙이는 칭호. '광무(光武)'·'융희(隆熙)' 따위.
【靑年 청년】젊은이.
【豊年 풍년】곡식의 소출이 평년보다 많은 해.

【并】 国 幷(218)의 俗字

幷 아우를 병

干⁸⁵ 【幷】 아우를 병 〔속〕 并 幷

명 ⓒbìng ⓙヘイ(あわせる) ⓔmerge

字解 아우를, 합할, 겸할(병) ≒倂

【幷呑 병탄】 아울러 삼킴. 아울러서 모두 자기 것으로 함.
【幷合 병합】 합하여 하나로 함.

'幷[并]'이 붙은 한자

倂 아우를 (병)　屛 병풍 (병)
餠 떡 (병)　駢 나란할 (병)
迸 달아날 (병)　甁 병 (병)
鉼 물장군 (병)　軿 수레 (병)
鉼 판금 (병)

干⁵⁸ 【幸】 다행 행 〔본〕 㚔

一 十 土 キ キ キ 幸 幸

명 ⓒxìng ⓙコウ(さいわい) ⓔfortunate

字解 상형자. 본래 수갑을 그린 것으로, 소전에서는 '㚔(녑)'으로 썼다. 오늘날 '운이 좋다'는 뜻의 幸자는 '㚔'로 썼는데 幸과 㚔은 자형이 비슷하여 예서에서는 똑같이 幸으로 썼다. 이런 이유로 幸 자가 구성 요소로 쓰인 글자들 가운데 좋지 않은 뜻을 나타내는 글자가 있는데 執(집：손을 묶인 채 꿇어 앉아 있는 모습), 報(보：사람을 잡아다가 형틀 앞에 꿇어앉힌 모습→죄를 다스리다) 등이 그 예이다.

字解 ①다행, 다행할(행) ¶幸運(행운) ②요행(행) ≒倖 ③바랄(행) ¶幸冀(행기) ④거둥할(행) ¶行幸(행행) ⑤사랑할, 총애할(행) ¶幸姬(행희)

【幸冀 행기】 바람. 원함.
【幸福 행복】 만족하여 부족함이나 불만이 없는 상태.
【幸運 행운】 좋은 운수.
【幸姬 행희】 총애를 받는 여자.
【多幸 다행】 뜻밖에 잘되어 좋음.
【不幸 불행】 행복하지 못함.
【行幸 행행】 임금이 궁궐(宮闕) 밖으로 거둥함.

干¹⁰¹³ 【幹】 줄기 간 〔본〕 榦 干 斡

一 十 ナ 占 卓 草 草 幹 幹

고 ⓒgàn ⓙカン(みき) ⓔtrunk

字解 형성자. 榦의 속자이다. 榦에서 木(목)은 의미 부분이고, 倝(간)은 발음 부분이다.

字解 ①줄기(간) ¶幹線(간선) ②몸둥이(간) ¶軀幹(구간) ③맡을(간) ¶幹事(간사) ④능할, 재능(간) ¶才幹(재간)

【幹部 간부】 단체의 우두머리가 되는 사람들. 首腦部(수뇌부).
【幹事 간사】 조직이나 단체의 중심이 되어 일을 맡아 처리하는 사람, 또는 그 직무.
【幹線 간선】 철도·도로 등의 중요한 선로.
【骨幹 골간】 사물의 핵심. 뼈대.
【軀幹 구간】 팔·다리·머리 부분을 뺀 몸둥이. 胴部(동부).
【根幹 근간】 ①뿌리와 줄기. ②사물에서 가장 중심이 되는 부분.
【基幹 기간】 일정한 부문에서 기본이나 기초가 되는 중요한 부분.
【才幹 재간】 재주와 능력. 재능.

---

3 幺 部

幺⁰³ 【幺】 작을 요 〔속〕 么

ⓒyāo ⓙヨウ ⓔyoung

字解 상형자. 실(絲(사))이 한 가닥 한 가닥 묶인 모습을 그린 것으로, 糸(가는 실 멱·실 사)의 원시 형태이다. '작다'·'어리다'라는 뜻은 여기서 나왔다. 幺부에 속하는 글자는 대부분 '작다'·'어리다'라는 뜻과 관계가 있다.

字解 ①작을(요) ②어릴(요)

幺¹⁴ 【幻】 허깨비 환 〔속〕 幻

명 ⓒhuàn ⓙゲン(まぼろし) ⓔillusion

字解 ①허깨비(환) ¶幻影(환영) ②바뀔, 변할(환) ¶幻生(환생) ③미혹할(환) ¶幻惑(환혹) ④요술(환) ¶幻術(환술)

【幻滅 환멸】기대나 희망의 환상이 사라졌을 때 느끼는 허무한 심정.
【幻想 환상】현실에는 없는 것을 있는 것처럼 느끼는 망상(妄想).
【幻生 환생】형상(形象)을 바꿔서 다시 태어남.
【幻術 환술】남의 눈을 속이는 술법. 魔術(마술). 妖術(요술).
【幻影 환영】있지 않은 것이 존재하는 것처럼 보이거나, 사실이 아닌 것이 사실처럼 느껴지는 것.
【幻惑 환혹】사람의 눈을 홀리게 하고 정신을 어지럽게 함.

【幼】어릴 유
幺部 ⑤

`` 幺 幺 幻 幼

音 ㊥yòu ㊐ヨウ(おさない) ㊀infantile

字源 회의자. 幺(사)와 力(력)은 모두 의미 부분이다. 幺는 '작다'라는 뜻이므로, 幼는 '힘이 약하다'라는 뜻을 나타낸다. '나이가 어리다'라는 뜻은 여기에서 나왔다.

字解 어릴, 어린이(유)
【幼年 유년】어린 나이. 어린아이.
【幼兒 유아】어린아이.
【幼沖 유충】나이가 어림.
【幼蟲 유충】새끼벌레. 애벌레.
【幼稚 유치】①나이가 어림. ②수준·정도가 낮음. 미숙함.

【幽】그윽할 유
幺部 ⑨

| 丨 卜 幺 幺 幽 幽 幽

音 ㊥yōu ㊐ユウ(かすか) ㊀gloomy

字源 회의 겸 형성자. 幺(유)와 火(화)는 모두 의미 부분이다. 山은 火의 변형이다. 실(幺)은 가늘어서 잘 보이지 않지만 불이 있으면 볼 수 있기 때문에 '그윽하다'·'드러나지 않다'라는 뜻은 여기에서 나왔다. 幺는 발음도 담당한다.

字解 ①그윽할, 깊을(유) ¶幽興(유흥) ②숨을(유) ¶幽人(유인)
③어두울(유) ¶幽明(유명) ④가둘(유) ¶幽閉(유폐) ⑤귀신(유) ¶幽靈(유령) ⑥저승(유) ¶幽界(유계)

【幽界 유계】저승.
【幽谷 유곡】깊은 산골.
【幽靈 유령】죽은 사람의 혼령. 亡魂(망혼).
【幽明 유명】①어두움과 밝음. ②저승과 이승. ③음(陰)과 양(陽).
【幽人 유인】세상을 피하여 숨어 사는 사람. 隱者(은자).
【幽宅 유택】죽은 이의 집. '무덤'을 이름.
【幽閉 유폐】깊숙이 가두어 둠.
【幽玄 유현】깊고 미묘함. 이치가 매우 깊어 알기 어려움.
【幽興 유흥】그윽한 흥취. 幽趣(유취).

【幾】 ❶몇 기 / ❷기미 기
幺部 ⑫

` 幺 幺 丝 丝 丝 幾 幾 幾

音 ㊥jǐ ㊐キ(いく) ㊀some

字源 회의자. 미세하다 또는 위험하다는 뜻이다. 丝(유)와 戍(수)는 모두 의미 부분이다. 戍는 무기를 가지고 지킨다는 뜻으로, 은밀한 곳(丝)에서 무기(戍)를 가지고 지킨다는 데서 위험하다는 뜻을 나타낸다.

字解 ❶몇, 얼마(기) ¶幾日(기일) ❷①기미, 낌새(기) ②거의, 가까울(기) ¶幾望(기망) ③위태할(기) ¶幾殆(기태) ④바랄, 바라건대(기) ¶庶幾(서기)

【幾望 기망】매월 음력 14일, 또는 그 날 밤의 달.
※ '望'은 望月(망월), 곧 '보름달'을 이름.
【幾微 기미】낌새. 機微(기미).
【幾死之境 기사지경】거의 죽게 된 지경(地境).
【幾日 기일】며칠.
【幾殆 기태】위태로움.
【幾何 기하】얼마. 몇.
【庶幾 서기】①가까움. ②거의. ③바라건대.

3 广 部

广⓪③ 【广】집 엄 医
- 倂yǎn 日ゴン 薬house
- **字源** 상형자. 높은 바위 위에 있는 집을 정면으로 바라본 모습이다. 广부에 속하는 글자는 대부분 '집'과 관계있는 뜻이 많다.
- **字解** ①집(엄) ②부수의 하나(엄호)

广② ⑤ 【広】 图 廣(224)의 俗字

广② ⑤ 【庁】 廳(225)의 俗字

广③ ⑥ 【庄】 图 莊(503)의 俗字

广④ ⑦ 【庇】덮을 비 图
- 国 倂pì 日ヒ(かばう) 薬shelter
- **字解** 덮을, 감쌀(비)
- 【庇佑 비우】 감싸 줌. 보호함.
- 【庇護 비호】 감싸서 보호함.

广④ ⑦ 【床】❶평상 상 陽 ❷잠자리 상 國 ❶본 牀
- 一 广 广 庁 庐 床
- 国 倂chuáng 日ショウ(とこ) 薬couch
- **字源** 회의자. 床은 牀의 속자이다. 广(엄)과 木(목)은 모두 의미 부분이다. 참고로 牀은, 木은 의미 부분이고 爿(장)은 발음 부분인 형성자이다.
- **字解** ❶평상(상) ❷①잠자리(상) ¶起床(기상) ②방, 자리(상) ¶溫床(상)
- 【床石 상석】 무덤 앞에 제물을 차려 놓기 위하여 만들어 놓은 돌상.

【起床 기상】 잠자리에서 일어남.
【病床 병상】 앓아 누워 있는 자리.
【溫床 온상】 ①인공으로 열을 가하여 식물을 기르는 시설. ②어떤 현상이 싹터 자라나는 토대.
【平床 평상】 나무로 만든 침상(寢床).

广④ ⑦ 【序】차례 서 語
- 一 广 广 庐 序 序
- 国 倂xù 日ジョ(ついで) 薬order
- **字源** 형성자. 广(엄)은 의미 부분이고, 予(여)는 발음 부분이다.
- **字解** ①차례, 차례 매길(서) ¶序列(서열) ②학교(서) ¶庠序(상서) ③담(서) ④실마리(서) ¶序曲(곡) ⑤서(서) ※산문 문체의 하나.
- 【序曲 서곡】 오페라·모음곡 등의 첫머리에 연주되는 음악.
- 【序論 서론】 머리말. 序說(서설).
- 【序幕 서막】 ①연극에서 처음 여는 막. ②'일의 시작'의 비유.
- 【序列 서열】 ①차례로 늘어놓음. ②차례. 順序(순서).
- 【序戰 서전】 첫 경기. 첫 싸움.
- 【庠序 상서】 고대 중국의 지방 학교. 은(殷)나라는 '序', 주(周)나라는 '庠'이라 하였음.
- 【秩序 질서】 사물의 일정한 차례나 규칙(規則).

广⑤ ⑧ 【庚】 일곱째 천간 경 庚
- 一 广 广 庐 庐 庚 庚
- 国 倂gēng 日コウ(かのえ)
- **字源** 손잡이가 달린 악기를 그린 것이라는 학설과 탈곡을 할 때 쓰던 농기구라는 학설이 있다. 현재의 자형은 변화가 많아져서 이미 그 뜻을 알아내기가 어려워졌다. 뒤에 천간(天干)의 일곱 번째 글자로 가차되었다.
- **字解** ①일곱째 천간(경) ②길(경) ③나이(경)
- 【庚時 경시】 이십사시의 열여덟째 시. 곧, 하오 4시 30분~5시 30분.
- 【同庚 동경】 같은 나이.

【府】 마을 부

广广广广府府府

고 ⓒfǔ ⓙフ(くら) ⓔvillage
字源 형성자. 广(엄)은 의미 부분이고, 付(부)는 발음 부분이다.
字解 ①마을, 관청(부) ¶官府(관부) ②곳집, 창고(부) ¶府庫(부고) ③부(부) ※당(唐)나라 때 처음 두었던 행정 구역의 하나. ④죽은 아비(부) ¶府君(부군)
【府庫 부고】 문서나 재물을 넣어 두는 창고(倉庫).
【府君 부군】 '죽은 아버지' 또는 '대대의 할아버지'의 존칭.
【官府 관부】 조정, 또는 정부.
【政府 정부】 국가의 정책(政策)을 집행하는 기관.

【底】 ❶밑 저 ❷이룰 지

广广广庐底底

고 ⓒdǐ ⓙテイ(そこ) ⓔbottom
字源 형성자. 广(엄)은 의미 부분이고, 氐(저)는 발음 부분이다.
字解 ❶①밑(저) ¶海底(해저) ②속, 안(저) ¶徹底(철저) ❷이룰(지) ¶底定(지정)
【底力 저력】 듬직하게 버티어 내는 끈기 있는 힘.
【底邊 저변】 사회적·경제적으로 기저(基底)를 이루는 계층.
【底意 저의】 속에 품고 있는 뜻.
【底定 지정】 안정된 상태를 이룸, 또는 안정시킴.
【基底 기저】 기초가 되는 것. 밑바닥.
【徹底 철저】 속속들이 꿰뚫어 미치어서 부족함이나 빈틈이 없음.
【海底 해저】 바다의 밑바닥.

【店】 가게 점

广广广店店店

중 ⓒdiàn ⓙテン(みせ) ⓔshop
字源 형성자. 广(엄)은 의미 부분이고, 占(점)은 발음 부분이다.
字解 가게, 상점(점)
【店頭 점두】 가게 앞.
【店員 점원】 남의 가게에서 일을 보아 주고 보수를 받는 사람.
【店鋪 점포】 가게. 商店(상점).
【露店 노점】 한데에 벌여 놓은 가게.
【書店 서점】 책을 파는 상점.
【支店 지점】 본점(本店)에서 갈라져 나온 가게.

【庖】 부엌 포

ⓒpáo ⓙホウ(くりや) ⓔkitchen
字解 ①부엌(포) ②요리, 요리할 (포) ③新푸주(포)
【庖人 포인】 요리하는 사람.
【庖丁 포정】 소나 돼지 따위를 잡는 일을 업으로 하던 사람. 백장.
【庖廚 포주】 ①부엌. 廚房(주방). ②푸줏간. 고깃간.

【度】 ❶법도 도 ❷헤아릴 탁

广广广广庐庐度

중 ⓒdù, duó ⓙド(のり) ⓔlaw
字源 형성자. 又(우)는 의미 부분이고, 庶는 발음 부분으로 庶(서)의 생략형이다.
字解 ❶①법도(도) ¶制度(제도) ②자(도) ¶度量衡(도량형) ③국량(도) ④정도(도) ¶限度(한도) ⑤모양(도) ¶態度(태도) ⑥도(도) ※각도·온도·경위도의 단위. ❷헤아릴(탁) ¶忖度(촌탁)
【度量 ❶도량 ❷탁량】 ❶①자[尺]와 말[斗]. ②사물을 너그럽게 용납하여 처리할 수 있는 포용성. ❷헤아림. 사물의 양을 따짐.
【度量衡 도량형】 자와 되와 저울.
【度數 도수】 ①온도·습도·각도 등의 단위를 나타내는 수. ②횟수.
【度外視 도외시】 관계되는 범위 밖의 것으로 여겨 문제로 삼지 아니함.
【大度 대도】 커다란 도량, 또는 마음이 넓음.
【法度 법도】 법률과 제도.

【程度 정도】 ①알맞은 한도. ②얼마 가량의 분량.
【制度 제도】 정해진 법도.
【態度 태도】 몸가짐의 모양이나 맵시.
【限度 한도】 일정하게 정한 정도.
【忖度 촌탁】 다른 사람의 마음을 미루어 헤아림.
참고 '탁'음도 인명용으로 지정됨.

庠 학교 상
广6획 / 9획
陽
명 ⊕xiáng ⊕ショウ 英school
字源 학교(상)
【庠序 상서】 고대 중국의 지방 학교.

庫 곳집 고
广7획 / 10획
遇
고 ⊕kù ⊕コ(くら) 英warehouse
字源 회의자. 집[广(엄)] 안에 수레[車(거)]가 있는 모습으로, 무기·전차를 보관하는 곳을 뜻한다.
字解 곳집, 창고
【庫直 고직】 창고지기. 고지기.
【金庫 금고】 돈이나 귀중품을 넣어 두는, 쇠로 만든 궤.
【武庫 무고】 무기를 보관하는 창고. 武器庫(무기고).
【書庫 서고】 서적을 넣어 두는 곳집.
【在庫 재고】 창고에 있음.
【倉庫 창고】 물자를 보관하는 건물.

庭 뜰 정
广7획 / 10획
青
정 ⊕tíng ⊕テイ(にわ) 英garden
字源 형성자. 广(엄)은 의미 부분이고, 廷(정)은 발음 부분이다.
字解 ①뜰, 마당(정) ¶庭園(정원) ②집안(정) ¶家庭(가정) ③조정(정) ≒廷
【庭園 정원】 집 안의 뜰과 꽃밭.
【家庭 가정】 가족이 함께 생활하는 공동체. 집안.
【校庭 교정】 학교의 운동장.
【宮庭 궁정】 대궐 안의 마당.
【親庭 친정】 시집간 여자의 본집.

座 자리 좌
广7획 / 10획
箇
좌 ⊕zuò ⊕ザ 英seat
字源 회의 겸 형성자. 广(엄)과 坐(좌)는 모두 의미 부분인데, 坐는 발음도 담당한다. 坐는 두 사람[从]이 흙더미[土(토)] 위에서 마주 보고 앉아 있는 모습이다.
字解 자리, 위치, 지위(좌)
【座談 좌담】 마주 자리잡고 앉아서 하는 이야기.
【座席 좌석】 앉는 자리.
【座右銘 좌우명】 늘 자리 옆에 갖추어 두고 경계로 삼는 격언.
【座中 좌중】 여러 사람이 모인 자리.
【座標 좌표】 점과 자리를 정하는 표준이 되는 표.
【權座 권좌】 권력을 가진 자리.
【星座 성좌】 별자리.

康 편안할 강
广8획 / 11획
陽
강 ⊕kāng ⊕コウ(やすい) 英peaceful
字源 형성자. 穅(겨 강) 자의 이체자이다. 禾(화)와 米(미)는 의미 부분이고, 庚(경)은 발음 부분이다.
字解 ①편안할(강) ¶健康(건강) ②오거리(강) ¶康衢(강구)
【康衢 강구】 사방팔방으로 통하는 번화한 거리.
참고 '康'은 오거리, '衢'는 사거리.
【康衢煙月 강구연월】 번화한 거리 위로 연기 사이에 은은히 비치는 달빛. '태평한 시대의 평화로운 거리 풍경'을 이름.
【康寧 강녕】 몸이 건강하고 마음이 편안함.
【健康 건강】 몸이 탈 없이 튼튼함.
【小康 소강】 소란스런 상태가 얼마 동안 가라앉는 일.

庶 여러 서
广8획 / 11획
御
서 ⊕shù ⊕ショ(もろもろ) 英many

字源 형성자. 火(화)는 의미 부분이고, 石(석)은 발음 부분이다. 소전에서는 石이 '庐'으로 바뀌었다. 火에는 성(盛)하다는 뜻이 있다.
字解 ①여러, 무리(서) ¶庶務(서무) ②거의, 가까울(서) ¶庶幾(서기) ③바랄(서) ④첩의 아들(서) ¶庶子(서자)
【庶幾 서기】 ①가까움. ②바라건대.
【庶母 서모】 아버지의 첩.
【庶務 서무】 여러 가지 잡다한 사무, 또는 그런 사무를 맡은 사람.
【庶民 서민】 일반 사람들. 백성.
【庶孼 서얼】 서자(庶子)와 그 자손.
【庶子 서자】 첩에게서 태어난 아들.
【庶政 서정】 모든 정사(政事).
【嫡庶 적서】 적자와 서자.

【庵】 초막 암

명 中ān 日アン(いおり) 英hut
字解 초막, 암자(암) ＝菴
【庵子 암자】 ①큰 절에 딸린 작은 절. ②중이 임시로 머물며 수도하는 집.

【庸】 떳떳할 용

丶 亠 广 庐 庐 肩 庸
고 中yōng 日ヨウ(つね) 英fair
字源 회의 겸 형성자. 用(용)과 庚(경)은 모두 의미 부분이다. 庚은 일을 다시 한다는 뜻이다. 用은 발음도 담당한다.
字解 ①떳떳할(용) ¶中庸(중용) ②쓸(용) ¶登庸(등용) ③어리석을(용) ¶庸劣(용렬) ④범상할(용) ¶庸才(용재)
【庸劣 용렬】 어리석고 변변치 못함.
【庸才 용재】 용렬한 재주.
【登庸 등용】 인재를 뽑아 씀.
【中庸 중용】 ①어느 쪽으로도 치우치지 않음. ②사서(四書)의 하나로, 중용의 덕과 하늘로부터 받은 인간의 본성에 대해 풀이한 책.

【廂】 행랑 상

명 中xiāng 日ショウ(ひさし)

字解 행랑, 곁채(상) ※대문간에 붙어 있는 방.

【庾】 노적가리 유

명 中yǔ 日ユ
字解 ①노적가리(유) ②곳집, 창고(유)
【庾積 유적】 곡식더미. 노적가리.
【倉庾 창유】 쌀 창고. 곳집.

【廁】 뒷간 측

동 간 本厠
中cè 日シ(かわや) 英toilet
字解 뒷간(측)
【廁間 측간】 뒷간. 변소.

【廃】 廢(225)의 俗字

【廊】 행랑 랑

丶 亠 广 庐 庐 庐 廊 廊
고 中láng 日ロウ 英corridor
字源 형성자. 广(엄)은 의미 부분이고, 郎(랑)은 발음 부분이다.
字解 ①행랑(랑) ②복도(랑)
【廊下 낭하】 ①행랑(行廊). ②방과 방, 또는 건물과 건물을 잇는, 지붕이 있는 좁고 긴 통로. 複道(복도).
【舍廊 사랑】 바깥주인이 거처하며 손님을 접대하는 곳.
【行廊 행랑】 대문의 양쪽으로 있는 방. 廊下(낭하).
【畫廊 화랑】 그림 등 미술품을 전시해 놓은 시설이나 가게.

【廉】 청렴할 렴

丶 亠 广 庐 庐 庐 庚 廉 廉
고 中lián 日レン(かど) 英upright
字源 형성자. 广(엄)은 의미 부분이고, 兼(겸)은 발음 부분이다.
字解 ①청렴할(렴) ¶廉恥(염치) ②값쌀(렴) ¶廉價(염가) ③살필(렴) ¶廉探(염탐)
【廉價 염가】 싼 값.

【廉恥 염치】조촐하고 깨끗하여 부끄러움을 아는 마음.
【廉探 염탐】남몰래 사정을 조사함.
【低廉 저렴】물건 따위의 값이 쌈.
【淸廉 청렴】고결하고 물욕이 없음.

【廈】큰 집 하
명 ⊕shà ⊕カ ⊛mansion
字解 큰 집, 집(하)
【大廈 대하】너르고 큰 집.

【廐】마구간 구
명 ⊕jiù ⊕キュウ(うまや) ⊛stable
字解 마구간, 마구(구)
【馬廐 마구】말을 기르는 집. 馬廐間(마구간). 廐舍(구사).

【廏】廐(224)의 本字

【廖】공허할 료
명 ⊕liáo ⊕リョウ ⊛empty
字解 공허할(료)

【廕】덮을 음
⊕yìn ⊕イン ⊛cover
字解 ①덮음, 감쌀(음) ②그늘, 조상 덕(음) ≒蔭
【廕官 음관】부모나 조상의 덕으로 얻은 벼슬, 또는 그 벼슬아치.

【廓】❶클 확 ❷둘레 곽
명 ⊕kuò ⊕カク(くるわ) ⊛large
字解 ❶①클(확) ¶廓大(확대) ②바로잡을(확) ¶廓正(확정) ❷①둘레(곽) ≒郭 ¶輪廓(윤곽) ②외성(곽) ≒郭
【廓大 확대】넓히어 크게 함.
【廓正 확정】바로잡음. 올바로 고침.
【城廓 성곽】①성(城), 또는 성의 둘레. ②외성(外城)과 내성(內城)의 총칭.
【外廓 외곽】바깥 테두리.
【輪廓 윤곽】①테두리, 둘레의 선. ②사물의 겉모양 또는 대강.

【廣】넓을 광
广 广 广 严 庐 庐 庐 廣 廣
명 ⊕guǎng ⊕コウ(ひろい) ⊛broad
字源 형성자. 广(엄)은 의미 부분이고, 黃(황)은 발음 부분이다.
字解 넓을(광)
【廣告 광고】세상에 널리 알림.
【廣大 광대】넓고 큼.
【廣域 광역】넓은 지역.
【廣義 광의】어떤 말의 뜻을 넓은 범위로 해석했을 때의 뜻.
【廣場 광장】건물이 없이 넓게 비어 있는 곳.
【廣闊 광활】넓고 전망이 틔어 있음.

【廟】사당 묘
广 广 庐 庐 庐 庐 廟 廟
명 ⊕miào ⊕ビョウ ⊛shrine
字源 형성자. 广(엄)은 의미 부분이고, 朝(조)는 발음 부분이다.
字解 ①사당(묘) ¶宗廟(종묘) ②묘당, 조정(묘) ¶廟議(묘의)
【廟堂 묘당】종묘(宗廟)와 명당(明堂). '조정(朝廷)'을 이름.
【廟議 묘의】조정의 의논.
【文廟 문묘】공자(孔子)를 모신 사당.
【宗廟 종묘】역대 제왕과 왕비의 위패를 모신 사당.

【廡】곁채 무
字解 ①곁채, 행랑채, 거느림채(무) ②집, 처마(무)

【廝】하인 시
⊕sī ⊕シ ⊛servant
字解 ①하인, 종(시) ②천할(시)
【廝徒 시도】잡일을 맡아보던 하인.

广部 22획

【廛】가게 전
廛
명 ⊕chán ⊕テン(みせ) ⊗shop
字解 ①가게, 상점(전) ¶廛房(전방) ②터, 집터(전) ¶廛宅(전택)
【廛房 전방】가게. 商店(상점). 廛鋪(전포). 店鋪(점포).
【廛宅 전택】일반 주민들의 집.
【六注比廛 육주비전】조선 시대에, 서울 종로에 있던 여러 전 가운데 대표적인 여섯 전. 六矣廛(육의전).

【廚】부엌 주
廚 厨
명 ⊕chú ⊕チュウ(くりや) ⊗kitchen
字解 ①부엌(주) ②요리할(주) ③푸줏간(주)
【廚房 주방】음식을 만들거나 차리는 방. 주방.
【廚人 주인】요리하는 사람. 요리사.
【庖廚 포주】쇠고기·돼지고기 따위를 파는 가게. 푸줏간.

【廠】헛간 창
廠 厂 廠
명 ⊕chǎng ⊕ショウ ⊗barn
字解 ①헛간(창) ②공장(창)
【廠舍 창사】문짝이 없는 광. 헛간.
【造兵廠 조병창】병기를 만드는 곳.

【廢】폐할 폐
廢 廃 廃
广 广 庁 庆 庹 庹 廢
고 ⊕fèi ⊕ハイ(すたれる) ⊗abolish
字源 형성자. 집이 쓰러졌다는 뜻이다. 广(엄)은 의미 부분이고, 發(발)은 발음 부분이다. 집이 쓰러지면 쓸모가 없으므로 广이 의미 부분이 되는 것이다. 옛날에 廢와 發은 발음이 비슷하였다.
字解 ①폐할, 버릴(폐) ¶廢止(폐지) ②못 쓰게 될, 부서질(폐) ¶廢物(폐물) ③고질(폐) 늑癈 ¶廢疾(폐질)
【廢刊 폐간】신문이나 잡지 따위의 간행을 폐지함.
【廢校 폐교】학교를 폐지함.
【廢棄 폐기】못 쓰는 것을 내버림.
【廢物 폐물】아무 소용 없게 된 물건.
【廢業 폐업】영업을 그만둠.
【廢位 폐위】왕위(王位)를 폐함.
【廢人 폐인】병으로 몸을 망친 사람.
【廢止 폐지】실시하던 일이나 풍습·제도 따위를 그만두거나 없앰.
【廢疾 폐질】고칠 수 없는 병. 痼疾(고질).
【廢墟 폐허】건물이나 성곽(城郭) 따위가 파괴되어 황폐하게 된 터.
【荒廢 황폐】거칠어져서 못 쓰게 됨.

【廩】곳집 름
廩
명 ⊕lǐn ⊕リン(くら) ⊗granary
字解 ①곳집, 미곡 창고(름) ¶倉廩(창름) ②녹미(름) ※봉급으로 주는 쌀. ¶廩料(늠료)
【廩料 늠료】관원의 급료(給料).
【廩粟 늠속】창고에 있는 식량.
【倉廩 창름】곳집. 곡물 창고.

【廬】오두막집 려
廬 庐 廬
명 ⊕lú ⊕ロ(いおり) ⊗hut
字解 ①오두막집(려) ¶草廬(초려) ②주막, 여인숙(려) ¶廬舍(여사)
【廬幕 여막】상제(喪制)가 거처하는, 무덤 근처에 있는 오두막집. 廬墓(여묘).
【廬舍 여사】①지난날, 나그네의 편의를 꾀하여 길가에 세운 건물. ②여막(廬幕). ③밭 가운데 세운 초막.
【草廬 초려】①초가집. ②'자기 집'의 낮춤말.

【廳】관청 청
廳 庁 厅 廳
广 广 庁 庁 庐 庐 庙 廳
고 ⊕tīng ⊕チョウ ⊗government office
字源 형성자. 广(엄)은 의미 부분이고, 聽(청)은 발음 부분이다.
字解 ①관청(청) ¶廳舍(청사) ②마루(청) ¶大廳(대청)
【廳舍 청사】관청의 건물.
【官廳 관청】국가의 사무(事務)를 맡

아보는 기관.
【大廳 대청】 집채의 방과 방 사이에 있는 큰 마루.

3 廴 部

3 획

廴 0 ③ 【廴】 길게 걸을 인 [彰]
[中]yǐn [日]イン
[字源] 상형자. 사거리를 그린 상형자인 行(다닐 행) 자의 왼쪽 부분인 彳(조금 걸을 척) 자의 변형이다.
[字解] ①길게 걸을(인) ②부수의 하나(민책받침)

廴 4 ⑦ 【延】 끝 연 [因]
[고] [中]yán [日]エン(ひく) [英]delay
[字源] 형성자. 延(천)은 의미 부분이고, 丿(예)는 발음 부분이다. 현재는 延부가 없으므로 廴부에 넣는다.
[字解] ①끌, 늘일, 미룰(연) ¶ 延期(연기) ②맞을(연) ¶ 延見(연견)
【延見 연견】 손을 맞아들여 만나 봄.
【延期 연기】 정한 기한을 물려 미룸.
【延命 연명】 목숨을 겨우 이어 감.
【延長 연장】 일정 기준보다 길이 또는 시간을 늘임.
【延着 연착】 예정보다 늦게 도착함.
【延滯 연체】 금전의 지급이나 납입을 기한이 지나도록 지체함.
【遲延 지연】 기한을 끌어서 늦춤.

廴 4 ⑦ 【廷】 조정 정 [青]
[고] [中]tíng [日]テイ(にわ) [英]court
[字源] 형성자. 廴(인)은 의미 부분이고, 壬(임)은 발음 부분이다.
[字解] ①조정, 정부(정) ¶ 廷論(정론) ②관청, 관아(정) ¶ 法廷(법정)
【廷論 정론】 조정의 공론(公論).
【廷吏 정리】 법정에서의 잡무나 소송 서류의 송달 등을 맡아보는 직원.
【法廷 법정】 법관이 재판을 행하는 장소. 재판정.
【朝廷 조정】 지난날, 나라의 정치를 의논·집행하던 곳.

'廷'이 붙은 한자

庭 뜰(정)	挺 빼낼(정)
涏 곧을(정)	梃 줄기(정)
珽 큰 홀(정)	綎 띳술(정)
艇 거루(정)	鋌 쇳덩이(정)
霆 우레(정)	

廴 5 ⑧ 【廻】 廻(226)와 同字

廴 6 ⑨ 【建】 세울 건 [願]
[중] [中]jiàn [日]ケン(たてる) [英]build
[字源] 회의자. 본래 조정〔廴(인)=廷(정)〕의 법률〔聿(율)=律(율)〕을 세운다는 뜻이다. 聿과 廴은 모두 의미 부분이다. 뒤에 일반적인 '세우다'라는 의미로 발전하였다.
[字解] 세울, 만들, 베풀(건)
【建國 건국】 나라를 세움.
【建立 건립】 건물 등을 만들어 세움.
【建物 건물】 집·창고 등의 건축물.
【建設 건설】 ①건물을 짓거나 시설들을 이룩함. ②어떤 사업을 이룩함.
【建議 건의】 어떤 문제에 대하여 자기의 의견을 냄.
【建築 건축】 건물을 만듦.
【建坪 건평】 건물의 터의 평수(坪數).
【再建 재건】 다시 일으켜 세움.
【創建 창건】 처음으로 건설함.

廴 6 ⑨ 【廻】 돌 회 [灰] [동] 廻 [간] 回
[명] [中]huí [日]カイ(めぐる) [英]turn
[字解] ①돌, 돌릴(회)≒回 ¶ 廻轉(회전) ②피할(회) ¶ 廻避(회피)
【廻轉 회전】 빙빙 돎.
【廻避 회피】 누구를 만나거나 책임지는 것을 피함.
【迂廻 우회】 멀리 돌아서 감.

廾 部

廾 들 공
㊥gǒng ㊐ク ㊧hold
字源 회의자. 두 손[屮(좌)와 又(우)]으로 무엇을 받들고 있는 모습이다. 屮는 왼손이고 又는 오른손으로 모두 의미 부분이다. 廾부에 속하는 글자는 대부분 손으로 무엇을 한다는 뜻과 관련이 있다.
字解 ①들(공) ②부수의 하나(스물입발)

廿 스물 입
㊥niàn ㊐ジュウ ㊧twenty
字解 스물(입) ※10의 2배.

弁 고깔 변
명 ㊥biàn ㊐ベン ㊧conical cap
字解 고깔, 관(변)
【弁裳 변상】관(冠)과 바지, 또는 의관(衣冠).
【弁言 변언】책 머리에 쓰는 말. 머리말. 序文(서문).
【武弁 무변】①무관이 쓰던 고깔. ②무관(武官). 무신(武臣).

弄 희롱할 롱
一 T F 王 王 手 弄
고 ㊥lòng ㊐ロウ(もてあそぶ) ㊧banter
字源 회의자. 두 손[廾(공)]으로 옥(玉)을 받들고 있는 모습으로, '받들다'·'감상하다'·'가지고 놀다' 등의 뜻은 여기서 나왔다.
字解 ①희롱할(롱) ¶ 弄談(농담) ②놀, 즐길(롱) ¶ 弄月(농월) ③업신여길(롱) ¶ 愚弄(우롱) ④노리개, 장난감(롱) ¶ 弄具(농구)
【弄奸 농간】남을 농락하여 속이거나 남의 일을 그르침.
【弄具 농구】노리개. 장난감.
【弄談 농담】장난으로 하는 말. 실없는 말.
【弄月 농월】달을 바라보고 즐김.
【弄調 농조】희롱하는 어조.
【愚弄 우롱】남을 바보로 여겨 놀림.
【嘲弄 조롱】비웃거나 놀림.
【戲弄 희롱】장난삼아 놀림.

弈 바둑 혁
㊎역
㊥yì ㊐エキ
字解 ①바둑(혁) ②노름(혁)
【弈棋 혁기】바둑, 또는 바둑을 둠.
【博弈 박혁】①장기와 바둑. ②노름. 賭博(도박).

弊 폐단 폐
丨 小 朩 㡀 㢱 敝 敝 弊
고 ㊥bì ㊐ヘイ(やぶれる) ㊧vice
字源 형성자. 廾(공)은 의미 부분이고, 敝(폐)는 발음 부분이다. 弊는 獘(넘어질 폐)의 속자이다. 獘는 본래 '개가 넘어지다'라는 뜻이었는데 일반적인 '넘어지다'라는 뜻으로 의미가 넓어졌다. 뒤에 弊로 쓰면서 '병들다'·'나쁘다'라는 뜻으로 쓰이고 있다.
字解 ①폐단, 폐해(폐) ¶ 語弊(어폐) ②나쁠(폐) ¶ 弊風(폐풍) ③해질(폐) ¶ 弊衣(폐의) ④곤할(폐) ¶ 疲弊(피폐) ⑤낮출(폐) ※자기와 관계되는 것에 붙이는 말. ¶ 弊社(폐사)
【弊家 폐가】'자기 집'의 겸칭.
【弊端 폐단】옳지 못한 경향이나 해로운 현상.
【弊社 폐사】'자기 회사'의 겸칭.
【弊衣 폐의】떨어진 옷. 해진 옷.
【弊風 폐풍】나쁜 버릇, 또는 좋지 못한 풍속. 弊習(폐습).
【弊害 폐해】폐단과 손해.
【民弊 민폐】일반 국민에게 끼치는 폐해.
【語弊 어폐】말의 폐단(弊端)이나 결점(缺點).
【疲弊 피폐】지치고 쇠약해짐.

弋 部

【弋】 주살 익
- ㈐yì ㈑ヨク ㈒stringed arrow
- **字源** 상형자. 아래쪽 끝 부분이 뾰족한 '말뚝'을 그린 것이다.
- **字解** 주살(익) ※새를 잡는 데 쓰는, 실을 단 화살.
- 【弋獵 익렵】 사냥을 함.
  📖 '弋'은 새의 사냥, '獵'은 짐승의 사냥.
- 【弋射 익사】 주살로 새를 쏨.

【弌】 二(13)의 古字

【式】 법 식
- 一 二 三 弍 式 式
- ㈐shì ㈑シキ(のり) ㈒rule
- **字源** 형성자. 工(공)은 의미 부분이고, 弋(익)은 발음 부분이다.
- **字解** ①법, 제도(식) ¶法式(법식) ②예식, 의식(식) ¶式場(식장) ③본, 형식(식) ¶樣式(양식)
- 【式年試 식년시】 그해의 지지(地支)가 자(子)·묘(卯)·오(午)·유(酉)인 해에, 3년마다 실시하던 과거.
- 【式辭 식사】 식장에서 인사로 하는 말이나 글.
- 【式順 식순】 의식의 진행 순서.
- 【式場 식장】 의식을 행하는 장소.
- 【方式 방식】 어떤 방법이나 형식.
- 【法式 법식】 법도와 양식.
- 【樣式 양식】 문서 따위의 일정한 모양과 형식.
- 【禮式 예식】 예법에 따른 의식.
- 【儀式 의식】 의례를 갖춰 베푸는 행사.
- 【形式 형식】 ①격식. 절차. ②겉모양.

【弑】 죽일 시
- ㈐shì ㈑シ, シイ
- **字解** 죽일, 윗사람 죽임(시)
- 【弑害 시해】 부모나 임금을 죽임. 弑殺(시살). 弑逆(시역).

弓 部

【弓】 활 궁
- 𠃌 ユ 弓
- ㈐gōng ㈑キュウ(ゆみ) ㈒bow
- **字源** 상형자. 활을 그린 것이다.
- **字解** ①활(궁) ¶弓術(궁술) ②활꼴, 궁형(궁) ¶弓腰(궁요)
- 【弓馬 궁마】 ①활과 말. ②궁술(弓術)과 마술(馬術).
- 【弓術 궁술】 활 쏘는 기술.
- 【弓矢 궁시】 활과 화살.
- 【弓腰 궁요】 활처럼 구부정한 허리.
- 【弓形 궁형】 활처럼 생긴 모양. 활꼴.
- 【洋弓 양궁】 ①서양식 활. ②서양식 활을 쏘아 득점을 겨루는 경기.

【引】 끌 인
- 𠃌 ユ 弓 引
- ㈐yǐn ㈑イン(ひく) ㈒pull
- **字源** 회의자. 弓(궁)은 활, ㅣ(곤)은 화살을 그린 것으로, 활을 당긴다는 뜻이다.
- **字解** ①끌, 당길(인) ¶引力(인력) ②이끌, 인도할(인) ¶引率(인솔) ③늘일, 오래 끌(인) ¶人伸(인신) ④맡을, 책임질(인) ¶引責(인책) ⑤인(인) ※운문 문체의 하나.
- 【引繼 인계】 물건·일 따위를 남에게 넘겨주거나 남으로부터 이어받음.
- 【引導 인도】 남에게 넘겨줌.
- 【引導 인도】 ①가르쳐 일깨움. ②길을 안내함.
- 【引力 인력】 떨어져 있는 두 물체가 서로 당기는 힘.
- 【引上 인상】 ①끌어올림. ②올림.
- 【引率 인솔】 손아랫사람이나 무리를 이끌고 감.

【引受 인수】넘겨받음.
【引伸 인신】늘임. 길게 함.
【引用 인용】글귀·사례 따위를 끌어다가 근거로 삼음.
【引責 인책】스스로 책임을 짐.
【引出 인출】예금을 찾아냄.
【引下 인하】요금·물가 따위를 내림.
【引火 인화】불이 옮아 붙음.
【牽引 견인】끌어서 당김.
【拘引 구인】사람을 강제로 끌고 감.
【誘引 유인】남을 꾀어냄.
【割引 할인】일정한 값에서 얼마를 싸게 함.

弓 1 (4) 【弔】 ❶조상할 조 ❷이를 적 吊 弐

ᄀ ᄀ 弓 弔

고 ⓗdiào ⓙチョウ(とむらう) ⓔcondole

字源 회의자. 사람이 주살을 가지고 있는 모습으로 주살의 줄을 뜻한다. ㅣ은 人(인)의 변형이고, 弓(궁)은 주살의 줄을 그린 것이다. 뒤에 '문상(問喪)하다'라는 뜻으로 가차되었다.

字解 ①조상할(조) ¶弔意(조의). ②불쌍히 여길(조) ¶弔恤(조휼). ③매어달(조) ¶弔橋(조교). ❷이를(적) ※어느 곳에 도달함.

【弔橋 조교】강이나 좁은 해협의 양쪽에 줄이나 쇠사슬 따위로 건너질러 매단 다리.
【弔旗 조기】조의(弔意)를 나타내기 위하여 세우는 기.
【弔問 조문】죽음을 슬퍼하는 뜻을 드러내며 상주(喪主)를 위문함.
【弔喪 조상】남의 죽음에 대하여 슬퍼하는 뜻을 표함.
【弔意 조의】남의 죽음을 슬퍼하여 조상하는 마음.
【弔恤 조휼】불쌍히 여겨 구휼함.
【慶弔 경조】경사스러운 일과 궂은 일.
【謹弔 근조】삼가 조상(弔喪)함.

弓 2 (5) 【弗】 아닐 불 物 弗

명 ⓗfú ⓙフツ(ず) ⓔnot

字解 ①아닐(불) ≒不. ¶弗豫(불예). ②달러(불). ¶弗貨(불화). ③新 불소(불).

【弗素 불소】치약 등에 넣는 할로겐 원소의 한 가지.
【弗豫 불예】즐거워하지 않음. '임금이 편하지 않음'을 이름.
【弗貨 불화】달러를 단위로 하는 화폐.

'弗'이 붙은 한자

佛 부처(불)   彿 비슷할(불)
怫 답답할(불) 拂 떨칠(불)
艴 성 발끈 낼(불) 髴 비슷할(불)
沸 끓을(비)   費 쓸(비)

弓 2 (5) 【弘】 넓을 홍 蒸

ᄀ ᄀ 弓 弘 弘

고 ⓗhóng ⓙコウ(ひろい) ⓔextensive

字源 지사자. 갑골문·금문을 보면 '활(弓궁)'에 'ノ'이 더해진 모습이다. 소전에서는 'ノ'이 'ム'로 변하였다. 'ノ'은 활에 힘이 가해지는 부분을 표시한 것으로, 높고 크다는 뜻을 나타낸다.

字解 ①넓을, 넓힐(홍) ¶弘報(홍보). ②클(홍) ¶弘益(홍익).

【弘報 홍보】널리 알림. 또는 그 보도(報道).
【弘益 홍익】①큰 이익. ②널리 이롭게 함.
【弘濟 홍제】널리 구제함.

弓 3 (6) 【弛】 늦출 이 ⓐ시 紙

명 ⓗchí ⓙシ(ゆるむ) ⓔloosen

字解 ①늦출, 느슨할, 느즈러질(이) ②활시위 풀, 부릴(이) ③쉴, 쉬게 할(이).

【弛緩 이완】①느슨함. 늦추어짐. ②맥이 풀리고 힘이 없어짐.
【一張一弛 일장일이】활시위를 죄었다 늦추었다 하듯 사람이나 물건을 적당히 부리고 알맞게 쉬게 함.
【解弛 해이】마음이나 규율이 풀리어서 느즈러짐.

弓部 4획

弟 아우 제

`丶丶当肖弟弟`

- 중 ⓗdì ⓙテイ(おとうと) ⓔyounger brother
- **字源** 회의자. 새를 잡는 화살인 주살(弋(익))을 끈(弓)으로 묶은 모양이다. 주살을 끈으로 묶는 것도 순서가 있어야 하므로 '차례', '순서'라는 의미로 쓰이게 되었고, 다시 '형제'라는 뜻이 파생되었다.
- **字解** ①아우(제) ¶弟嫂(제수) ②제자(제) ¶師弟(사제) ③공손할(제) ≒悌 ¶豈弟(개제)

【弟嫂 제수】 아우의 아내.
【弟子 제자】 스승의 가르침을 받았거나 받는 사람.
【豈弟 개제】 화락(和樂)하고 공손(恭遜)함. ⑧愷悌(개제).
【師弟 사제】 스승과 제자.
【兄弟 형제】 형과 아우.

弩 쇠뇌 노

- 명 ⓗnǔ ⓙド ⓔcrossbow
- **字解** 쇠뇌(노)

【弩手 노수】 쇠뇌를 잘 쏘는 사람.

弥

명 彌(232)와 同字

弦 활시위 현

- 명 ⓗxián ⓙゲン(つる) ⓔstring
- **字解** ①활시위(현) ②악기 줄(현) ≒絃 ③반달(현)

【弦矢 현시】 활시위와 화살.
【上弦 상현】 음력 7, 8일 무렵의 달의 상태. 반달 모양임.
  ☞ 활시위 모양이 위를 향하고 있는 데서 온 말.

弧 나무활호

- 명 ⓗhú ⓙコ(ゆみ) ⓔarc
- **字解** ①나무활(호) ②활꼴(호)

【弧矢 호시】 나무로 만든 활과 화살.
【弧形 호형】 활등처럼 굽은 형상.

【括弧 괄호】 묶음표. '( ), { }, [ ]' 따위.

弯

명 彎(232)의 俗字

弱 약할 약

`フユ弓弓弱弱弱`

- 중 ⓗruò ⓙジャク(よわい) ⓔweak
- **字源** 회의자. 구부러졌다는 뜻이다. '弓'은 휘어진 모양을 '彡'은 구부러지고 약한 털을 그린 것이다. 약한 물건은 함께 묶어 놓으므로 두 개의 '弓'을 쓴 것이다.
- **字解** ①약할(약) ¶弱勢(약세) ②젊을, 어릴(약) ¶弱冠(약관)

【弱骨 약골】 몸이 약한 사람. 약한 몸. 孱骨(잔골).
【弱冠 약관】 남자의 나이 20세, 또는 20세 전후의 나이.
【弱勢 약세】 약한 세력.
【弱肉強食 약육강식】 약한 것이 강한 것에 먹힘. '생존 경쟁의 격렬함'을 이름.
【弱點 약점】 부족하거나 불완전한 점. 缺點(결점).
【弱體 약체】 ①허약한 몸. ②실력이나 능력이 약한 조직체.
【懦弱 나약】 의지가 굳세지 못함.
【軟弱 연약】 몸이 약하고 의지(意志)가 굳지 못함.
【脆弱 취약】 무르고 약함.

強

명 强(231)의 本字

張 ❶베풀 장 ❷뽐낼 장

`フユ弓弘張張張張`

- 고 ⓗzhāng ⓙチョウ(はる) ⓔextend
- **字源** 형성자. 弓(궁)은 의미 부분이고, 長(장)은 발음 부분이다. 활시위를 당긴다는 뜻이다.
- **字解** ❶①베풀, 벌일(장) ¶擴張

(확장) ❷팽팽히 당길(장) ¶緊張 (긴장) ❸자랑할, 떠벌릴(장) ¶誇張(과장) ❹장(장) ※종이·유리 따위를 세는 단위. ❺별 이름(장) ※이십팔수(二十八宿)의 하나. ❷①뽐낼, 으스댈(장) ②휘장, 장막(장) ≒帳

【張本人 장본인】 물의를 일으킨 바로 그 사람.
【張皇 장황】 번거롭고 긺.
【誇張 과장】 사실보다 지나치게 떠벌려 나타냄.
【緊張 긴장】 마음을 단단히 죄어 정신을 바짝 차림.
【伸張 신장】 늘이고 펼침.
【主張 주장】 자기의 의견을 내세움.
【出張 출장】 사업상 임무를 띠고 임시로 어떤 곳에 나감.
【擴張 확장】 늘이어 넓힘.

弓9 ⑫ 【强】 ❶굳셀 강 ❷힘쓸 강

ㄱ ㄱ ㄱ' ㄱ'' 强 强 强

종 ㊥qiáng ㊐キョウ(つよい) ㊤strong

字源 형성자. 본래 쌀 바구미를 뜻하였다. 虫(충)은 의미 부분이고, 弘(홍)은 발음 부분이다. 뒤에 '강하다'의 뜻으로 가차되자 본래 '강하다'의 뜻으로 쓰이던 '彊(굳셀 강)'자는 잘 쓰이지 않게 되었다.

字解 ❶①굳셀, 강할(강) ≒彊 ¶强力(강력) ②굳센 자(강) ¶列强(열강) ❷①힘쓸(강) ≒彊 ¶自强不息(자강불식) ②억지 쓸, 강제할(강) ¶强要(강요)

【强姦 강간】 강제로 부녀자(婦女子)를 욕보이는 일.
【强硬 강경】 굳세게 버티어 굽히지 아니함.
【强力 강력】 힘이나 성능이 셈.
【强辯 강변】 억지로 자기 주장을 합리화(合理化)하거나 우김.
【强要 강요】 강제로 시키거나 무리하게 요구함.
【强靭 강인】 굳세고 질김.
【强制 강제】 본인의 의사를 무시하고 우격으로 따르게 함.
【强奪 강탈】 폭력을 써서 빼앗음.
【富强 부강】 부유하고 강력함.
【列强 열강】 국제적으로 큰 역할을 맡은 강대한 몇몇 나라.
【自强不息 자강불식】 스스로 힘쓰며 쉬지 않음.

弓9 ⑫ 【弹】 彈(231)의 俗字

弓9 ⑫ 【弼】 도울 필

명 ㊥bì ㊐ヒツ(たすける) ㊤aid
字解 ①도울(필) ②도지개(필) ※뒤틀린 활을 바로잡는 기구.

【輔弼 보필】 임금의 정사(政事)를 도움. 또는 그 사람.

弓12 ⑮ 【彈】 ❶탄알 탄 ❷퉁길 탄 彈彈彈

ㄱ ㄱ' ㄱ'' 彈 彈 彈

고 ㊥dàn, tán ㊐ダン(たま) ㊤bullet

字源 회의자 → 형성자. 갑골문을 보면 활시위에 '。' 같은 것이 걸려 있는 모습이다. 즉 탄환을 쏘기 위한 것임을 알 수 있다. 소전에서는 弓(궁)이 의미 부분이고 單(단)이 발음 부분인 형성자로 되었다.

字解 ❶탄알(탄) ¶彈丸(탄환) ❷①퉁길, 튀길(탄) ¶彈力(탄력) ②탈, 뜯을(탄) ¶彈琴(탄금) ③따질 ¶彈劾(탄핵)

【彈琴 탄금】 거문고를 탐.
【彈道 탄도】 발사된 탄알이 공중을 지나가는 길.
【彈力 탄력】 용수철처럼 튀거나 팽팽하게 버티는 힘.
【彈壓 탄압】 권력을 써서 억누름.
【彈劾 탄핵】 죄상을 따져 문책함.
【彈丸 탄환】 탄알. 총탄·포탄 따위.
【糾彈 규탄】 책임이나 죄상을 엄하게 따지고 나무람.
【肉彈 육탄】 육체를 탄환 삼아 적진에 돌입하는 일.
【指彈 지탄】 ①손가락으로 튀김. ②

弓部 13획

꼬집어 비난함. 지목하여 비방함.
【砲彈 포탄】대포의 탄환.

弓13 ⑯【彊】❶굳셀 강 ❷힘쓸 강 [國] [罠] 彊

명 ㉠qiáng ㉡キョウ(つよい) ㉭strong
字解 ❶굳셀, 강할(강) ❷힘쓸(강)
【彊弩 강노】센 쇠뇌.
【自彊 자강】스스로 힘씀.

弓14 ⑰【彌】두루 미 [國] [간] 弥 弥 彌

명 ㉠mí ㉡ビ、ミ(いよいよ) ㉭widely
字解 ①두루, 널리(미) ¶彌漫(미만) ②더욱, 점점(미) ¶彌盛(미성) ③꿰맬(미) ¶彌縫(미봉) ④오랠(미) ¶彌久(미구)
【彌久 미구】매우 오래됨. 오래 끎.
【彌漫 미만】널리 가득 참. 그득먹함. 통彌滿(미만).
【彌縫 미봉】①떨어진 곳을 꿰맴. ②임시변통으로 이리저리 꾸며 댐.
【彌盛 미성】더욱더 성함.

弓19 ㉒【彎】굽을 만 [俗] 완 弯 弯 彎

명 ㉠wān ㉡ワン ㉭bend
字解 ①굽을(만) ¶彎曲(만곡) ②화살 메길, 당길(만) ¶彎弓(만궁)
【彎曲 만곡】활처럼 굽음.
【彎弓 만궁】활시위를 당김.
【彎月 만월】활 모양의 달. 초승달이나 그믐달.

3 크 部

크0 ③【彑】돼지 머리 계 [통] [동] 互 彐

㉠jì ㉡カイ
字源 상형자. 끝이 뾰족하게 머리를 위로 치켜든 돼지의 모습을 그린 것이다. 크부에 속하는 글자들은 해서체로 정형화되면서 이 부에 들어갔을 뿐, '돼지'의 뜻과는 관계가 없다.
字解 ①돼지 머리(계) ②부수의 하나(튼가로왈)
참고 부수로 쓰일 때는 글자 모양이 '彑·크'로 변형되어 쓰이기도 한다.

크3 ⑥【夛】多(153)의 俗字

크3 ⑥【当】當(548)의 俗字

크4 ⑦【灵】靈(793)의 俗字

크5 ⑧【彔】새길 록 [風] 彔

명 ㉠lù ㉡ロク ㉭carve
字解 ①새길(록) ②근본, 근원(록)

크6 ⑨【彖】단 단 [罠] 彖

명 ㉠tuàn ㉡タン
字解 ①단, 단사(단) ②판단할(단)
【彖辭 단사】주(周)나라 문왕(文王)이 지었다고 하는, 역경(易經)의 각 괘(卦)를 풀이한 총론(總論).

크8 ⑪【彗】비 혜 [罠] 彗

명 ㉠huì ㉡スイ(ほうき) ㉭broom
字解 ①비, 비로 쓸(혜) ②꼬리별, 살별(혜)
【彗星 혜성】①꼬리별. 살별. ②'갑자기 두각을 나타냄'의 비유.
【彗掃 혜소】비로 깨끗이 쓸어 냄.

크9 ⑫【彘】돼지 체 [罠] 彘

㉠zhì ㉡テイ(いのこ) ㉭pig
字解 돼지(체)
【狗彘 구체】개와 돼지.

크10 ⑬【彙】무리 휘 [간] [본] 汇 彙

명 ㉠huì ㉡イ ㉭group

字解 ①무리(휘) ②모을, 모일(휘) ③고슴도치(휘)

【彙報 휘보】 ①여러 가지를 종류에 따라 모아서 알리는 기록. ②잡지.

【語彙 어휘】 한 언어에서 쓰이는 단어의 전체.

크 ¹³₁₆ 【彞】 명 彝(233)의 俗字

크 ¹⁵₁₈ 【彝】 떳떳할 이 区 [속] 彜 彛

명 ⓗyí ⓙイ(つね) ⓔjust
字源 ①떳떳할, 변치 않는 도(이) ¶彛倫(이륜) ②종묘 제기(이) ¶彛器(이기)

【彛器 이기】 종묘에 갖추어 두고 의식(儀式) 때 쓰는 제기(祭器).
【彛倫 이륜】 사람으로서 지켜야 할 떳떳한 도리.
【彛訓 이훈】 사람으로서 항상 지켜야 할 교훈.
【秉彛 병이】 사람으로서의 바른 도리를 굳게 지켜 나감.

---

3 彡 部

⁰₃ 【彡】 터럭 삼 咸

ⓗshān ⓙサン
字源 상형자. 어떤 무늬를 그린 것이다. 彡은 글자의 구성 요소에서 '수염·털', '색깔·무늬', '빛·그림자' 등을 표시한다.
字解 터럭(삼)

⁴₇ 【彤】 붉은 칠 동 区

명 ⓗtóng ⓙトウ(あか)
ⓔred paint
字解 ①붉은 칠(동) ②붉을(동)

【彤矢 동시】 붉게 칠한 화살.
【彤雲 동운】 붉은 빛의 구름.
【彤庭 동정】 궁전의 뜰.
📖 지난날, 궁전의 뜰을 붉게 칠한

데서 온 말.

⁴₇ 【形】 형상 형 唐 [본] 形𢒈

一 二 ヂ 开 开ㇲ 形 形

중 ⓗxíng ⓙケイ(かたち) ⓔform
字源 형성자. 彡(삼)은 의미 부분이고, 幵(견)은 발음 부분이다.
字解 ①형상, 모양(형) ¶形體(형체) ②용모(형) ¶形色(형색) ③나타날, 나타낼(형) ¶形容(형용)

【形象 형상】 생긴 모양.
【形色 형색】 ①형상과 빛깔. ②얼굴 모양과 표정.
【形成 형성】 어떤 형상을 이룸.
【形聲 형성】 육서(六書)의 하나로, 뜻을 나타내는 글자와 음을 나타내는 글자를 합하여 새로운 한자를 만드는 방법. '물'을 뜻하는 '氵(삼수변)'과 음을 나타내는 '靑(청)'을 합한 '淸(청)' 따위.
【形勢 형세】 일의 형편이나 상태.
【形式 형식】 ①겉모습. ②격식. 절차.
【形容 형용】 ①생긴 모양. ②사물의 어떠함을 말·글·몸짓 등을 통하여 나타냄.
【形體 형체】 물건의 모양과 바탕.
【形態 형태】 사물의 생김새나 모양.
【形便 형편】 일이 되어 가는 모양.
【外形 외형】 겉으로 보이는 형상.
【整形 정형】 형체를 바로잡음.
【地形 지형】 땅의 생김새.

⁶₉ 【彦】 선비 언 区 彥彦

명 ⓗyàn ⓙゲン(ひこ)
字解 선비(언)

【彦士 언사】 재덕이 뛰어난 선비.
【諸彦 제언】 ①많은 훌륭한 사람. ②여러분. 諸賢(제현).

⁶₉ 【𢒈】 形(233)의 本字

⁷₁₀ 【彧】 문채 욱 区

명 ⓗyù ⓙイク
ⓔbeautiful splendor

彡部 8획

字解 ①문채(욱) ②무성할(욱)
【彧彧 욱욱】①초목이 무성한 모양.
②문채(文彩)가 있는 모양.

【彬】 빛날 빈

名 ⓒbīn ⓙヒン ⓔbrilliant
字解 ①빛날(빈)=斌 ②밝을(빈)
【彬彬 빈빈】외양과 내용이 어우러져 조화된 모양.

【彫】 새길 조

名 ⓒdiāo ⓙチョウ(ほる) ⓔcarve
字解 ①새길(조) ②꾸밀, 다듬을 (조) ③시들, 이울(조)≒凋
【彫刻 조각】글씨·그림·물건의 형상 등을 돌이나 나무·금속 따위에 새김, 또는 새긴 그 작품.
【彫塑 조소】재료를 깎고 새기거나 빚어서 입체 형상을 만듦.
【彫蟲小技 조충소기】벌레를 새기는 보잘없는 솜씨. '남의 글귀만 따다가 맞추는 서투른 재간'을 이름.
【彫琢 조탁】①새기고 쫌. ②'시문을 아름답게 다듬음'의 비유.
【彫弊 조폐】시들어 쇠약해짐.

【彩】 채색 채

固 ⓒcǎi ⓙサイ(いろどる) ⓔcoloring
字源 형성자. 彡(삼)은 의미 부분이고, 采(채)는 발음 부분이다.
字解 ①채색, 고운 빛깔(채) ¶彩畫(채화) ②빛(채) ¶光彩(광채) ③무늬(채) ¶文彩(문채)
【彩色 채색】①색을 칠함. ②여러 가지의 고운 빛깔.
【彩畫 채화】채색으로 그린 그림.
【光彩 광채】눈부신 빛.
【文彩 문채】①무늬. ②찬란하고 아름다운 광채.
【色彩 색채】빛깔, 또는 빛깔과 문채.

【彪】 범 표

名 ⓒbiāo ⓙヒョウ(あや) ⓔtiger
字解 ①범, 작은 범(표) ②무늬, 얼룩무늬(표) ※범 가죽의 무늬.
【彪炳 표병】범 가죽의 문채가 빛나고 아름다움.

【彭】 ❶땅 이름 팽 庚 ❷많을 팽 本방 陽

ⓒpéng ⓙホウ
字解 ❶땅 이름(팽) ※춘추 시대 송(宋)나라의 읍(邑). ❷①많을, 세찰, 부풀(팽) ②옆, 곁(팽)
【彭湃 팽배】①큰 물결이 맞부딪쳐 솟구침. ②맹렬한 기세로 일어남. ≒澎湃(팽배).

【彰】 밝힐 창 本장 陽

名 ⓒzhāng ⓙショウ(あきらか) ⓔreveal
字解 밝힐, 나타낼, 드러낼(창)
【彰德 창덕】선행(善行)이나 미덕 따위를 세상에 드러내어 밝힘.
【彰善懲惡 창선징악】착한 일을 드러내고 악한 일은 징벌함.
【表彰 표창】공적이나 훌륭한 사실을 세상에 드러내어 밝힘.

【影】 그림자 영

固 ⓒyǐng ⓙエイ(かげ) ⓔshadow
字源 회의 겸 형성자. 景(볕 경) 자에서 파생되어 생겨난 글자이다. 햇빛(景)을 받아서 무늬(彡)가 생긴 것이므로, '그림자'를 뜻한다. 彡(삼)과 景(경)은 모두 의미 부분이고, 景은 발음도 담당한다.
字解 ①그림자(영) ¶殘影(잔영) ②초상(영) ¶影幀(영정) ③新쯽을(영) ¶撮影(촬영)
【影印本 영인본】사진 따위로 찍어 원본(原本)과 똑같게 만든 책.
【影幀 영정】화상을 그린 족자.
【影響 영향】그림자와 메아리. 다른 사물에 작용이 미쳐 변화를 주는 일.
【殘影 잔영】남은 그림자나 흔적.

【攝影 촬영】 사진을 찍음.
【投影 투영】 어떤 물체(物體)의 그림자를 비춤.
【幻影 환영】 있지 않은 것이 있는 것처럼 보이는 형상. 幻像(환상).

3 彳部

【彳】 조금 걸을 척 囷
⊕chì ⊕チャク
字源 상형자. 사거리를 그린 상형자인 行(다닐 행) 자의 왼쪽 부분이다. 彳부에 속하는 글자는 대부분 '가다'·'이동하다'와 관계있는 뜻을 갖는다.
字解 ①조금 걸을(척) ②부수의 하나(두인변)

【彷】 ❶거닐 방 圜 ❷비슷할 방 圜
동 彷 彷
명 ⊕páng, fǎng ⊕ホウ 영wander
字解 ❶거닐, 헤맬(방) ❷비슷할(방) ≒髣
【彷彿 방불】 거의 비슷함. 근사(近似)함. 髣髴(방불).
【彷徨 방황】 ①정처 없이 헤매며 돌아다님. ②할 바를 모르고 갈팡질팡함.

【役】 부릴 역 圂
丿 彡 彳 彳 犭 役 役
고 ⊕yì ⊕エキ, ヤク 영work
字源 회의자. 갑골문을 보면 '役'으로 손에 막대기를 들고〔殳(수)〕 사람〔人(인)〕을 때리는 모습으로, '노예를 부리다'·'일을 시키다' 등의 뜻을 나타낸다. 소전에서는 '人'이 '彳(척)'으로 바뀌어 '무기〔殳〕를 들고 가다〔彳〕'라는 뜻이 되었다.
字解 ①부릴(역) ¶ 使役(사역) ②일, 부역(역) ¶ 徭役(요역) ③일, 소임(역) ¶ 役割(역할) ④싸움, 전쟁(역) ¶ 戰役(전역)
【役事 역사】 토목·건축 따위의 공사.
【役割 역할】 특별히 맡은 소임.
【苦役 고역】 고된 일. 힘드는 노동.
【配役 배역】 영화·연극 등에서 배우(俳優)에게 맡겨진 역할.
【兵役 병역】 군인으로 복무하는 일.
【賦役 부역】 국가가 국민에게 의무적으로 시키는 노역(勞役).
【使役 사역】 남을 부려 일을 시킴.
【徭役 요역】 지난날, 백성에게 일정한 구실 대신에 시키던 강제 노동.
【戰役 전역】 전쟁.
【懲役 징역】 형이 확정된 죄수를 교도소에 구치하여 일정 기간 노역을 치르게 하는 일.

【径】 徑(237)의 俗字

【彿】 비슷할 불 囫
명 ⊕fú ⊕フツ 영similar
字解 비슷할(불) ≒髴
【彷彿 방불】 거의 비슷함. 근사(近似)함. 髣髴(방불).

【往】 갈 왕 圜
동 往 往
丿 ノ 彳 彳 彳 往 往 往
동 ⊕wǎng ⊕オウ(ゆく) 영go
字源 형성자. 彳(척)은 의미 부분이고, 呈(황)은 음 부분이다. 主는 '呈'의 예서체(隷書體)이다.
字解 ①갈(왕) ¶ 往復(왕복) ②옛(왕) ¶ 往年(왕년) ③이따금(왕) ¶ 往往(왕왕)
【往年 왕년】 ①지나간 해. ②옛날.
【往來 왕래】 가고 오고 함.
【往復 왕복】 갔다가 돌아옴.
【往往 왕왕】 이따금. 때때로.
【往診 왕진】 의사가 환자가 있는 곳으로 가서 진찰하는 일.
【既往 기왕】 ①지나간 때. 과거. ②이미. 벌써. 已往(이왕).

【徃】 往(235)의 俗字

【征】 칠 정

ノ ノ ノ ㅓ 彳 彳 征 征 征

음 ⓑzhēng ⓙセイ(ゆく) ⓔattack
字源 형성자. 彳(척)은 의미 부분이고, 正(정)은 발음 부분이다. 그런데 正은 어떤 목적지[一]를 향해 간다[止(지)]는 뜻이므로, 의미 부분도 된다.
字解 ①칠, 정벌할(정) ¶征服(복) ②갈, 여행할(정) ¶征途(도) ③구실, 세금(정)
【征途 정도】 ①여행하는 길. 征路(정로). ②정벌하러 가는 길.
【征伐 정벌】 군대로써 적군이나 반역도를 치는 일.
【征服 정복】 정벌하여 복종시킴.
【遠征 원정】 ①멀리 적을 치러 감. ②먼 곳에 경기나 조사·탐험 따위를 하러 감.
【長征 장정】 멀리 감, 또는 멀리 정벌을 떠남.
【出征 출정】 싸움터로 나감.

【徂】 갈 조

ⓑcú ⓙソ(ゆく) ⓔgo
字解 ①갈(조) ②비로소(조)
【徂徠 조래】 갔다가 왔다가 함. 往來(왕래).

【彼】 저 피

ノ ノ ノ ㅓ 彳 彳 扩 彼 彼

음 ⓑbǐ ⓙヒ(かれ) ⓔthat
字源 형성자. 본래 어느 곳을 향해 조금 더 나아간다는 뜻이다. 彳(척)은 의미 부분이고, 皮(피)는 발음 부분이다. 뒤에 '저것'이라는 뜻으로 가차되면서, 본래의 뜻으로는 쓰이지 않게 되었다.
字解 ①저, 저이, 저편(피) ②그, 그이, 그편(피)
【彼我 피아】 남과 나. 저편과 이편.
【彼岸 피안】 저편의 언덕. 불교에서, 인간 세계의 저쪽에 있다는 '정토(淨土)'를 이르는 말.
【彼此 피차】 ①저것과 이것. ②서로.

【待】 기다릴 대

ノ ノ ㅓ 彳 彳 걷 徍 待 待

음 ⓑdài ⓙタイ(まつ) ⓔwait
字源 형성자. 彳(척)은 의미 부분이고, 寺(사)는 발음 부분이다. 옛날에 待와 寺는 발음이 비슷하였다.
字解 ①기다릴(대) ¶苦待(고대) ②대할(대) ¶待遇(대우)
【待機 대기】 준비를 갖추고 행동할 때를 기다림.
【待令 대령】 ①명령을 기다림. ②미리 갖춰 두고 기다림.
【待望 대망】 기다리고 바람.
【待遇 대우】 예의를 갖추어 대함.
【待接 대접】 음식을 차리어 손님의 시중을 듦. 接待(접대).
【待避 대피】 위험 따위를 잠시 피함.
【苦待 고대】 애타게 기다림.
【期待 기대】 희망을 가지고 기다림.
【冷待 냉대】 푸대접함.
【薄待 박대】 성의 없이 대접함.
【優待 우대】 특별히 잘 대접함.
【虐待 학대】 혹독하게 대우함.

【律】 법 률

ノ ノ ㅓ 彳 彳 伊 伊 律 律

음 ⓑlǜ ⓙリツ(のり) ⓔlaw
字源 형성자. '고르게 펼친다'는 뜻이다. 彳(척)은 의미 부분이고, 聿(율)은 발음 부분이다.
字解 ①법(률) ¶律令(율령) ②절제할(률) ¶自律(자율) ③음률(률) ¶韻律(운율) ④율(률) ※ 한시(漢詩) 형식의 하나. ¶律詩(율시)
【律動 율동】 가락에 맞춰 추는 춤.
【律令 율령】 법률과 명령.
【律師 율사】 ①변호사. ②계율(戒律)을 잘 아는 중.
【律詩 율시】 한시(漢詩)의 한 체(體). 8구로 되어 있으며 1구가 5자로 된 것을 오언율시(五言律詩), 7자로 된 것을 칠언율시(七言律詩)라 함.
【規律 규율】 질서나 제도를 유지하기 위하여 정해 놓은 규범.
【法律 법률】 사회를 유지하기 위한 강제적 규범.

【十二律 십이율】전통 국악의 열두 가지 음의 악률(樂律). 곧, 육려(六呂)와 육률(六律).

【韻律 운율】시의 음악적인 형식.

【六律 육률】십이율(十二律) 가운데 양성(陽聲)인, '태주(太簇)·고선(姑洗)·황종(黃鐘)·유빈(蕤賓)·이칙(夷則)·무역(無射)'을 통틀어 이르는 말. ⓐ육려(六呂: 110)

【音律 음률】소리나 음악의 가락.

【自律 자율】자기의 행동을 스스로 절제함.

【徇】두루 순
㊀xùn ㊁ジュン(となえる) ㊂widely
字解 ①두루(순) ②좇을, 따라 죽을(순) ≒殉
【徇通 순통】널리 통함.

【徉】배회할 양
㊀yáng ㊁ヨウ ㊂roam
字解 배회할, 거닐, 노닐(양)
【徜徉 상양】이리저리 거닒.

【徊】어정거릴 회
㊀huái ㊁カイ ㊂stroll
字解 어정거릴, 노닐(회)
【徘徊 배회】이리저리 어정거림.

【後】❶뒤 후 ❷뒤로 할 후
㊀hòu ㊁ゴ, コウ(のち, あと) ㊂later
字源 회의자. 갑골문을 보면 '夌'로 썼다. '幺〔=糸(사)〕'는 실을 묶은 것이고, '夂(치)'는 발을 그린 것인데 발의 방향이 아래쪽을 가리키므로 '오다'·'내려오다'라는 뜻을 나타낸다. 고대에는 결승(結繩)으로 가계(家系)의 기록을 표시하였다. 금문(金文)에서 '彳(척)'이 더해져 오늘날의 後 자가 되었다.

字解 ❶①뒤, 나중(후) ¶後患(후환) ②자손(후) ¶無後(무후) ❷뒤로 할, 뒤설(후)

【後斂 후렴】시·가사에서 반복되어 나타나는 각 절(節)의 마지막 부분.

【後輩 후배】나이·지위·경력 따위가 아래인 사람. 후진(後進).

【後嗣 후사】대를 잇는 자식.

【後生可畏 후생가외】뒤에 태어난 사람이 두려움. '후배의 역량이 뛰어남'의 비유.

【後裔 후예】여러 대가 지난 뒤의 자손. 후손(후손).

【後援 후원】뒤에서 도와줌.

【後進 후진】①후배(後輩). ②문물의 발달이 뒤떨어짐. ③후퇴(後退).

【後退 후퇴】뒤로 물러남. 후진(後進).

【後患 후환】뒤에 생기는 근심.

【後悔 후회】이전의 잘못을 뒤늦게 깨닫고 뉘우침.

【落後 낙후】뒤떨어짐.

【無後 무후】대를 이을 자식이 없음.

【最後 최후】가장 뒤. 맨 끝.

【很】패려궂을 흔
㊀hěn ㊁コン(もとる) ㊂cruel
字解 ①패려궂을, 거스를(흔) ②말다툼할(흔) ③매우, 몹시(흔)
【很愎 흔퍅】심술이 굳고 행실이 패려(悖戾)함.

【徑】지름길 경
㊀jìng ㊁ケイ(こみち) ㊂shortcut
字源 형성자. 彳(척)은 의미 부분이고, 巠(경)은 발음 부분이다.
字解 ①지름길(경) ¶捷徑(첩경) ②곧을(경) ③지름(경) ¶半徑(반경)

【半徑 반경】①반지름. ②어떤 일이 미치는 범위.

【直徑 직경】원이나 구(球)의 중심을 지나 그 둘레 위의 두 점을 직선으로 이은 선분. 지름.

【捷徑 첩경】지름길.

【徒】 무리 도

ノ 彳 彳 社 祥 徒 徒 徒

중 ⊕tú ⊕ト(いたずら) 英crowd

字源 형성자. 辵(착)과 土(토)로 이루어졌다. 辵(착)은 의미 부분이고, 土는 발음 부분이다.

字解 ①무리, 동아리(도) ¶徒黨(도당) ②걸어다닐(도) ¶徒步(도보) ③맨손, 맨발(도) ¶徒手(도수) ④헛될(도) ¶徒勞(도로) ⑤형벌(도) ¶徒刑(도형) ⑥다만(도)

【徒黨 도당】 떼 지은 무리. 떼거리.
【徒勞 도로】 헛된 수고. 헛수고.
【徒步 도보】 걸어서 감.
【徒手 도수】 맨손. 赤手(적수).
【徒食 도식】 놀고 먹음.
【徒刑 도형】 일정 기간 노역(勞役)을 시키던 형벌.
【暴徒 폭도】 난폭한 행동을 하여 치안을 어지럽게 하는 무리.
【學徒 학도】 ①학생. ②학자나 연구자가 자신을 겸손하게 일컫는 말.

【徐】 천천할 서

ノ 彳 彳 彳 谷 裕 徐 徐

고 ⊕xú ⊕ジョ(おもむろ) 英slow

字源 형성자. 彳(척)은 의미 부분이고, 余(여)는 발음 부분이다.

字解 천천할, 차분할, 느릴(서)

【徐徐 서서】 천천히.
【徐行 서행】 천천히 감.
【緩徐 완서】 느릿느릿하고 천천함.

【従】 從(239)의 俗字

【得】 얻을 득

ノ 彳 彳 犭 犭 得 得 得

중 ⊕dé ⊕トク(える) 英get

字源 회의자. 길을 가다가[彳(척)] 재물[貝(패)]를 주웠다[寸(촌)]는 뜻으로, '얻다'·'이득'의 뜻은 여기에서 나왔다. 旦은 貝의 변형이다.

字解 ①얻을(득) ¶得失(득실) ②깨달을(득) ¶攄得(터득) ③만족할(득) ¶自得(자득) ④이익(득) ¶利得(이득)

【得道 득도】 도를 깨달음.
【得勢 득세】 세력을 얻음.
【得失 득실】 이익과 손해.
【得意 득의】 ①뜻을 이룸. ②뜻대로 되어 만족하게 여김.
【得點 득점】 점수를 얻음.
【納得 납득】 남의 말이나 행동을 잘 알아차려 이해함.
【拾得 습득】 주움.
【習得 습득】 배워 터득함.
【利得 이득】 이익을 얻음, 또는 그 이익.
【自得 자득】 스스로 터득함.
【攄得 터득】 경험을 쌓거나 연구를 하여 깨달음.
【獲得 획득】 얻어 내거나 얻어 가짐.

【徠】 올 래

명 ⊕lài ⊕ライ(くる) 英come

字解 ①올(래)＝來 ②위로할(래)

【徘】 어정거릴 배

명 ⊕pái ⊕ハイ 英wander

字解 어정거릴, 거닐(배)

【徘徊 배회】 이리저리 어정거림.

【徙】 옮길 사

명 ⊕xǐ ⊕シ(うつる) 英remove

字解 ①옮길(사) ②귀양 보낼(사)

【徙邊 사변】 변방으로 귀양 보냄.
【移徙 이사】 집을 옮김.

【徜】 노닐 상

⊕cháng ⊕ショウ 英ramble

字解 노닐, 거닐(상)

【徜徉 상양】 이리저리 거닒.

【御】 어거할 어

ノ 彳 彳 彳 往 往 徎 御

고 ⊕yù ⊕ギョ, ゴ(おん) 英control

字源 회의자. 말을 부린다는 뜻이다. 彳(척)과 卸(사)는 모두 의미 부분이다. 馭(말 부릴 어) 자와 같다.

字解 ①어거할, 거느릴, 다스릴(어) ¶制御(제어) ②말 부릴(어) ≒馭 ¶御者(어자) ③높일(어) ※임금에 관한 사물·행위에 붙이는 말. ¶御命(어명) ④막을(어) ≒禦

【御命 어명】 임금의 명령.
【御寶 어보】 임금의 도장. 國璽(국새). 大寶(대보). 玉璽(옥새).
【御用 어용】 ①임금이 쓰는 물건. ②권력에 아첨하고 자주성이 없는 사람이나 단체를 경멸하여 이르는 말.
【御者 어자】 말을 부리는 사람. 馬夫(마부).
【御前 어전】 임금의 앞.
【崩御 붕어】 임금이 세상을 떠남.
【制御 제어】 억눌러 알맞게 조절함.

【從】❶좋을 종 ❷시중들 종 從从
8획/11획
困 [본간]

丿彳彳彳彳从從從

중 ⊕cóng ⑰ジュウ(したがう) 영obey

字源 회의 겸 형성자. 두 사람(从(종))이 옆으로 나란히 서 있고, 이동을 뜻하는 辵(착)이 더해져 있는 모습으로, '따라가다'라는 뜻을 나타낸다. 辵과 从은 모두 의미 부분인데, 从은 발음도 담당한다.

字解 ❶①좋을, 따를(종) ¶從屬(종속) ②일할(종) ¶從事(종사) ③…에서, …부터(종) ¶從前(종전) ④조용할(종) ¶從容(종용) ⑤세로(종) ≒縱 ¶合從(합종) ❷①시중들, 심부름꾼(종) ¶侍從(시종) ②사촌(종) ¶從兄(종형)

【從軍 종군】 군대를 따라 싸움터로 감.
【從事 종사】 ①어떤 일을 일삼아 함. ②어떤 사람을 좇아 섬김.
【從孫 종손】 형이나 아우의 손자.
【從心 종심】 나이 '70세'를 뜻함.
  📖 공자가 70세가 되니 마음 내키는 대로 행동하여도 법도에 어긋남이 없었다в 데서 온 말.
【從容 종용】 침착하고 서두르지 않음.

【從前 종전】 이전. 그전. 이전부터.
【從兄 종형】 사촌 형.
【服從 복종】 남의 명령·요구를 그대로 따름.
【三從之道 삼종지도】 지난날, 여자가 좇아야 했던 세 가지 도리. 즉, 어려서는 부모를, 출가해서는 남편을, 남편이 죽은 뒤에는 아들을 따라야 하는 도리.
【順從 순종】 고분고분 따름.
【侍從 시종】 임금을 가까이서 모심, 또는 그 사람.
【主從 주종】 ①주인과 종. ②주되는 것과 그에 따르는 것.
【合從 합종】 중국 전국 시대에 소진(蘇秦)이 주장한, 진(秦)나라 동쪽의 여섯 나라가 동맹하여 진에 대항하여야 한다는 외교 정책. 참連衡(연형 : 695)

> **'從'이 붙은 한자**
> 聳 솟을(용) 慫 권할(종)
> 樅 전나무(종) 瑽 패옥 소리(종)
> 縱 세로(종) 蹤 자취(종)

【復】❶회복할 복 ❷다시 부
9획/12획
風 甬

丿彳彳彳彳伯彳复復復

중 ⊕fù ⑰フク(かえる) 영recover

字源 형성 겸 회의자. 彳(척)은 의미 부분이고, 复(복)은 발음 부분이다. 复은 옛날 사람들이 생활하던 혈거(穴居)에 낸 두 쪽의 출입구 계단 위에 발(夂(치))이 놓여져 있는 모습으로, '출입'·'내왕' 등의 뜻을 나타낸다. 그러므로 复은 의미 부분도 된다.

字解 ❶①회복할, 돌이킬(복) ¶復舊(복구) ②고할, 대답할(복) ¶復唱(복창) ③갚을(복) ¶復讐(복수) ④되풀이할(복) ¶復習(복습) ❷다시, 거듭(부) ¶復興(부흥)

【復刊 복간】 간행을 중지하였거나 폐간하였던 출판물을 다시 간행함.
【復舊 복구】 본래의 상태로 회복함.
【復權 복권】 잃었던 권리나 자격을 되

찾음.
【復歸 복귀】본래의 상태로 돌아감.
【復讐 복수】앙갚음. 원수를 갚음.
【復習 복습】배운 것을 되풀이하여 익힘.
【復元 복원】원래의 상태나 위치로 돌아감.
【復職 복직】그만두었던 일자리로 다시 돌아옴.
【復唱 복창】명령이나 남의 말을 그대로 받아서 다시 욈.
【復活 부활】①죽었다가 다시 살아남. ②없어졌던 것이 다시 생김.
【復興 부흥】어떤 일을 다시 일으킴.
【往復 왕복】갔다가 돌아옴.
【回復 회복】이전 상태로 돌이킴.
참고 '부'음도 인명용으로 지정됨.

【循】 돌 순

彳 彳 彳' 彳' 彳' 彳盾 循 循

고 ⊕xún ⊕ジュン(めぐる) ⊛revolve

字源 형성자. 彳(척)은 의미 부분이고, 盾(순)은 발음 부분이다.

字解 ①돌(순) 늑巡 ¶循環(순환) ②좇을, 따를(순) ¶因循(인순)

【循吏 순리】법을 잘 지키며 열심히 근무하는 관리.
【循行 순행】여러 곳을 돌아다님.
【循環 순환】끊임없이 주기적으로 반복하여 돎, 또는 그 과정.
【因循 인순】옛 풍습을 버리지 못하고 고집스레 지킴.

【徧】 遍(533)과 同字

【徨】 거닐 황

명 ⊕huáng ⊕コウ ⊛wander
字解 거닐, 어정거릴(황)
【彷徨 방황】①정처 없이 헤매며 돌아다님. ②할 바를 모르고 갈팡질팡함.

【微】 작을 미

彳 彳' 彳' 彳' 彳' 彳' 微 微

고 ⊕wēi ⊕ビ(かすか) ⊛tiny

字源 형성자. 은밀하게 다닌다는 뜻이다. 彳(척)은 의미 부분이고, 散(미)는 발음 부분이다.

字解 ①작을, 적을(미) ¶微力(미력) ②정묘할(미묘) ③몰래(미) ¶微行(미행) ④천할(미) ¶微賤(미천) ⑤어렴풋할(미) ¶稀微(희미)

【微官末職 미관말직】변변찮은 벼슬과 말단 직책. 곧, 지위가 낮은 벼슬.
【微動 미동】조금 움직임.
【微力 미력】①적은 힘. ②'자기의 노력이나 성의'의 겸칭.
【微妙 미묘】섬세하고 야릇함.
【微服 미복】높은 지위에 있는 사람이 남이 알아차리지 못하도록 차려입은 수수한 옷차림.
【微細 미세】매우 가늘고 작음.
【微笑 미소】소리를 내지 아니하고 가볍게 웃는 웃음.
【微賤 미천】신분·지위가 보잘것없고 천함.
【微行 미행】남이 알아보지 못하게 미복으로 다님. 微服潛行(미복잠행).
【稀微 희미】어렴풋함.

【徭】 구실 요

⊕yáo ⊕ヨウ(えだち) ⊛compulsory labor
字解 구실, 부역, 역사(요)
【徭役 요역】지난날, 백성에게 일정한 구실 대신에 시키던 강제 노동.

【徳】 德(240)의 俗字

【微】 微(240)의 俗字

【徴】 徵(241)의 俗字

【德】 덕 덕

彳 彳' 彳'' 彳' 德 德 德

중 ⊕dé ⊕トク ⊛virtue

字源 형성자. 본래 올라간다는 뜻이었다. 彳(척)은 의미 부분이고, 悳(덕)은 발음 부분이다. '도덕'·'크다'라는 뜻으로는 본래 悳(덕) 자를 썼으나, 德 자가 널리 쓰이면서 悳 자는 더 이상 '도덕'의 뜻으로는 쓰이지 않게 되었다.

字解 ①덕(덕) ¶德望(덕망) ②어진이, 현자(덕) ③복, 행복(덕) ¶人德(인덕)

【德談 덕담】 상대편이 잘되기를 바라는 말이나 인사.
【德望 덕망】 ①덕행으로 얻은 명망. ②인품과 명망.
【德性 덕성】 어질고 너그러운 품성.
【德澤 덕택】 남에게 끼친 혜택.
【道德 도덕】 사람이 마땅히 지켜야 하는 도리(道理) 및 그에 준한 행동.
【美德 미덕】 아름다운 덕성.
【人德 인덕】 사람을 잘 사귀고 여러 사람들에게 도움을 받는 복.

徵 ❶부를 징 ❷음계 치

彳 彳' 彳〃 彳ᅮ 彳ᄃ 徫 徫 徵 徵

㉥ⓗzhēng, zhǐ ⓙチョウ(しるし) ⓔsummon

字源 회의자. 소집한다는 뜻이다. 微(미) 자의 생략형과 壬(임)은 모두 의미 부분이다. 눈에 잘 뜨이지 않는 곳(微)에 있다가 임무(任務)가 주어지면 소집한다는 의미이다.

字解 ❶①부를(징) ¶徵兵(징병) ②거둘(징) ¶徵收(징수) ③조짐(징) ¶徵兆(징조) ❷음계, 가락(치) ※동양 오음계의 넷째 음.

【徵兵 징병】 법에 의거하여 해당자를 군대에 복무시키기 위하여 모음.
【徵收 징수】 세금·수수료 따위를 거두어들임.
【徵兆 징조】 어떤 일이 생길 조짐.
【徵集 징집】 병역법에 의거하여 장정을 뽑아서 병역에 보충함.
【象徵 상징】 어떤 개념이나 사상을 구체적인 말이나 사물로 바꾸어 나타내는 일.
【追徵 추징】 나중에 추가로 거둠.
【特徵 특징】 특별히 두드러진 점.

徹 통할 철

彳 彳' 彳ᅮ 徍 徍 徹 徹 徹

㉥ⓗchè ⓙテツ(とおる) ⓔpenetrate

字源 회의자. 본래 𢼪로 썼다. 鬲(력)은 식기(食器)를 뜻하고, 攴(복)은 '때리다'·'일하다'라는 뜻을 나타낸다. 즉 밥을 다 먹고 식기를 치운다는 뜻이다. 현재는 자형이 많이 바뀌어 이 자형으로는 본뜻을 알기 어려워졌다.

字解 ①통할, 뚫을(철) ②거둘, 치울(철) =撤

【徹頭徹尾 철두철미】 처음부터 끝까지 철저함.
【徹底 철저】 속속들이 밑바닥까지 관철하는 모양이나 태도.
【徹天之恨 철천지한】 하늘까지 사무치는 커다란 원한.
【貫徹 관철】 자신의 주장이나 방침을 일관하여 밀고 나감.
【透徹 투철】 사리에 어긋남이 없이 철저함.

徼 ❶돌 요 ❷구할 요

ⓗjiào, jiǎo ⓙキョウ(めぐる) ⓔpatrol

字解 ❶①돌, 순찰할(요) ②길, 좁은 길(요) ❷구할, 바랄(요)

【徼巡 요순】 순찰함.
【徼幸 요행】 분수 외의 복을 바람.

徽 아름다울 휘

명ⓗhuī ⓙキ(よい, しるし) ⓔbeautiful

字解 ①아름다울, 훌륭할(휘) ¶徽言(휘언) ②기러기발(휘) ¶琴徽(금휘) ③노끈(휘) ¶徽索(휘삭) ④표기, 표지(휘) ¶徽章(휘장)

【徽索 휘삭】 오랏줄. 捕繩(포승).
【徽言 휘언】 좋은 말. 아름다운 말.
【徽章 휘장】 소속·신분·명예 등을 나타내기 위하여 붙이는 표.
【琴徽 금휘】 거문고의 기러기발.

忄 部

忄 심방변
참고 '心'이 변에 쓰일 때의 글자 모양으로, 여기서는 별도의 부수로 다루었다. ⇨心部(348)

3획

忙 바쁠 망
丶丨忄忄忙
중 ⊕máng ⊕ボウ(いそがしい) ⊛busy
字源 형성자. 心(심)은 의미 부분이고, 亡(망)은 발음 부분이다.
字解 바쁠, 분주할(망)
【忙中閑 망중한】 바쁜 중에도 어쩌다가 있는 한가한 짬. 忙中有閑(망중유한).
【多忙 다망】 매우 바쁨.
【奔忙 분망】 몹시 바쁨.
【慌忙 황망】 바빠서 어리둥절함.

忖 헤아릴 촌
명 ⊕cǔn ⊕ソン ⊛consider
字解 헤아릴(촌)
【忖度 촌탁】 남의 마음을 미루어 헤아림. 料度(요탁).

忲 ❶사치할 태 ❷익힐 세
명❷ ⊕tài, shì ⊕タイ ⊛extravagant
字解 ❶사치할(태) ❷익힐(세)

忼 강개할 강
⊕kāng ⊕コウ ⊛deplore
字解 강개할(강)=慷
【忼慨 강개】 마음에 북받치어 분개하고 한탄함.

忸 부끄러워할 뉵 동 恧
⊕niǔ ⊕ジク ⊛blush
字解 부끄러워할, 수줍어할(뉵)
【忸怩 육니】 부끄러워하는 모양.

忤 거스를 오
⊕wǔ ⊕ゴ ⊛oppose
字解 거스를, 거역할(오)
【忤視 오시】 거슬러 봄. 상대의 위엄에 굽히지 않고 똑바로 봄.

忱 정성 침 ⊛심
⊕chén ⊕シン ⊛sincerity
字解 정성, 진심(침)
【微忱 미침】 변변찮은 정성. '자기의 정성'의 겸칭.

快 쾌할 쾌
丶丨忄忄忙快快
중 ⊕kuài ⊕カイ(こころよい) ⊛refreshed
字源 형성자. 心(심)은 의미 부분이고, 夬(쾌)는 발음 부분이다.
字解 ❶쾌할, 시원할, 후련할(쾌) ¶快擧(쾌거) ❷빠를, 날랠(쾌) ¶快速(쾌속) ❸잘 들(쾌) ¶快刀亂麻(쾌도난마)
【快感 쾌감】 상쾌하고 좋은 느낌.
【快擧 쾌거】 가슴이 후련할 만큼 장하고 통쾌한 일.
【快刀亂麻 쾌도난마】 잘 드는 칼로 헝클어진 삼 가닥을 자름. '어려운 사건을 명쾌하게 처리함'의 비유.
【快樂 쾌락】 기분이 좋고 즐거움.
【快速 쾌속】 매우 빠름.
【快癒 쾌유】 병이 거뜬히 다 나음.
【快哉 쾌재】 '통쾌하다'고 하는 말.
【快調 쾌조】 상태가 매우 좋음.
【快差 쾌차】 병이 거뜬히 나음.
【快晴 쾌청】 구름 한 점 없이 날씨가 맑음.
【快活 쾌활】 씩씩하고 활발함.
【明快 명쾌】 분명하고 시원함.
【爽快 상쾌】 기분이 시원하고 거뜬함.

[痛快 통쾌] 마음이 매우 시원함.

【忻】 기뻐할 흔

명 ⊕xīn ⊕キン ㊧joyful
字解 기뻐할(흔)

【怯】 겁낼 겁

명 ⊕qiè ⊕キョウ(おそれる) ㊧fear
字解 겁낼, 무서워할(겁)

[怯夫 겁부] 겁이 많은 남자.
[卑怯 비겁] ①겁이 많음. ②매사에 정정당당하지 못하고 야비함.

【怪】 괴이할 괴

丶丶忄忄怀怀怪怪

고 ⊕guài ⊕カイ(あやしい) ㊧strange
字解 형성자. 心(심)은 의미 부분이고, 조(골)은 발음 부분이다. 옛날에 怪와 조은 발음이 비슷하였다.
字解 ①괴이할, 기이할(괴) ¶怪常(괴상) ②도깨비(괴) ¶妖怪(요괴)

[怪奇 괴기] 괴상하고 기이함.
[怪力 괴력] 괴이할 만큼 큰 힘.
[怪物 괴물] 괴이하게 생긴 물건.
[怪變 괴변] 괴이한 변고.
[怪常 괴상] 괴이하고 수상함.
[怪異 괴이] 이상야릇함.
[怪漢 괴한] 거동이 괴이한 사나이.
[奇怪 기괴] 외관이나 분위기가 괴상하고 기이함.
[妖怪 요괴] 요사스런 귀신. 도깨비.
[駭怪 해괴] 매우 이상함.

【怾】 산 이름 기

字解 산 이름(기)
[怾怛山 기달산] 閟 '금강산(金剛山)'의 이칭(異稱).

【怩】 겸연쩍을 니

⊕ní ⊕ジ ㊧blush
字解 겸연쩍을, 부끄러워할(니)

[忸怩 육니] 부끄러워하는 모양.

【怛】 슬플 달

⊕dá ⊕ダツ ㊧sad
字解 ①슬플, 슬퍼할(달) ②놀랄(달) ③두려워할(달) ④근심할(달)

[怛怛 달달] 근심하고 애씀.
[怛然 달연] ①깜짝 놀라는 모양. ②무서워하는 모양.
[惻怛 측달] 불쌍히 여겨 슬퍼함.

【怜】 영리할 령

명 ⊕lián ⊕レイ(さとい) ㊧clever
字解 영리할, 지혜로울(령)

[怜悧 영리] 눈치가 빠르고 슬기로움. ᠂伶俐(영리).

【怫】 ❶답답할 불 ❷발끈할 불 ㊧비

⊕fú ⊕フツ ㊧heavy
字解 ❶답답할(불) ❷발끈할, 성낼(불)

[怫然 불연] 불끈 성내는 모양.
[怫鬱 불울] 불만이나 불평이 있어 마음이 답답함.

【性】 성품 성

丶丶忄忄忄忄性性

명 ⊕xìng ⊕セイ ㊧nature
字源 형성자. 心(심)은 의미 부분이고, 生(생)은 발음 부분이다.
字解 ①성품, 성질, 바탕(성) ¶性味(성미) ②성(성) ¶性別(성별)

[性格 성격] 각 개인의 특유한 성질.
[性急 성급] 성격이 급함.
[性能 성능] 기계 따위가 지닌 성질과 일을 해내는 능력.
[性味 성미] 성질과 취미.
[性別 성별] 남녀 또는 암수의 구별.
[性質 성질] ①타고난 기질. ②그것만이 가지고 있는 특징이나 특성.

【性稟 성품】 사람의 타고난 성질. 性情(성정).
【性向 성향】 성질의 경향.
【異性 이성】 성질 또는 암수가 서로 다름.
【理性 이성】 사물의 이치를 논리적으로 생각하고 판단하는 마음의 작용.
【適性 적성】 알맞은 성질. 작업에 대한 각 개인의 적응 능력.

【怏】 원망할 앙 圍

명 中yàng 日オウ 英grudge
字解 ①원망할(앙) ②불만스러울(앙)
【怏宿 앙숙】 원한을 품고 미워하는 일, 또는 그런 사이.
【怏心 앙심】 원한을 품은 마음.

【怡】 기쁠 이 皮

명 中yí 日イ(よろこぶ) 英pleased
字解 기쁠, 기뻐할(이)
【怡色 이색】 화기(和氣)를 띤 얼굴.
【怡顔 이안】 기쁜 안색을 함.
【怡悅 이열】 기뻐서 좋아함.

【怍】 부끄러워할 작 藥

中zuò 日サク(はじる) 英blush
字解 부끄러워할(작)
【怍色 작색】 부끄러워하는 얼굴빛.

【怊】 슬퍼할 초 蕭

中chāo 日チョウ 英grieve
字解 ①슬퍼할(초) ②실의할(초)
【怊悵 초창】 ①원망하는 모양. ②뜻을 잃고 섭섭해하는 모양.

【怵】 두려워할 출 質

中chù 日ジュツ(おそれる) 英fear
字解 두려워할(출)
【怵惕 출척】 두려워함.

【怕】 두려워할 파 禡

中pà 日フ(おそれる) 英fear
字解 두려워할(파)
【怕懼 파구】 두려워함.

【怖】 두려워할 포 遇

명 中bù 日フ(おそれる) 英fear
字解 두려워할, 두려움(포)
【怖駭 포해】 두려워하고 놀람.
【恐怖 공포】 무서움과 두려움.
【畏怖 외포】 몹시 두려워함.

【怰】 팔 현 霰

명 中xuàn 日ケン 英sell
字解 팔(현)

【怙】 믿을 호 麌

中hù 日コ(たのむ) 英rely on
字解 ①믿을, 믿고 의지할(호) ②아버지(호)
【怙勢 호세】 권세를 믿음.
【怙恃 호시】 믿고 의지함. '부모(父母)'를 이름. '恃'는 '어머니'의 뜻.

【怳】 황홀할 황 養

中huǎng 日コウ 英raptured
字解 ①황홀할(황) = 恍 ②멍할(황)
【怳然 황연】 ①황홀해하는 모양. 실심(失心)한 모양. 멍한 모양. ②
【怳惚 황홀】 눈이 부시게 찬란하거나 화려함.

【恪】 삼갈 각 藥

명 中kè 日カク(つつしむ) 英guard
字解 삼갈, 조심할(각)
【恪虔 각건】 삼가고 조심함.
【恪謹 각근】 조심함. 삼감.

【恇】 겁낼 광 陽

中kuāng 日キョウ 英fear
字解 겁낼, 두려워할(광)
【恇駭 광해】 겁내고 놀람.

【恠】怪(243)의 俗字

【恬】편안할 념 ⑧첨 㧾
명 ⓒtián ⓙテン ⓔpeaceful
字解 ①편안할, 평온할(념) ②고요할, 차분할(념)
【恬淡 염담】마음이 편안하여 욕심이 없음. 恬泊(염박).
【恬雅 염아】욕심이 없으며, 늘 마음이 화평하고 조촐함.
【恬虛 염허】마음이 고요하고 욕심이 없음.

【恂】진실할 순 㥲
명 ⓒxún ⓙシュン(まこと) ⓔsincere
字解 ①진실할, 미쁠(순) ②두려워할, 무서워할(순)
【恂恂 순순】①진실한 모양. ②두려워하는 모양.
【恂慄 순율】두려워 부들부들 떪.

【恃】믿을 시 㧾
명 ⓒshì ⓙジ(たのむ) ⓔrely on
字解 ①믿을, 믿고 의지할(시) ②어머니(시)
【恃賴 시뢰】믿고 의지(依支)함.
【恃險 시험】험한 지형에 의지함.
【怙恃 호시】믿고 의지함. '부모'를 이름. '怙'는 '아버지'의 뜻.

【悅】悅(246)의 俗字

【恨】한할 한 㧾
ᆞ ᆢ ᆢ ᆢ ᆢ 恨 恨 恨
명 ⓒhèn ⓙコン(うらむ) ⓔdeplore
字源 형성자. 心(심)은 의미 부분이고, 艮(간)은 발음 부분이다.
字解 ①한할, 원통할(한) ¶恨歎(한탄). ②한, 원한(한) ¶餘恨(여한). ③뉘우칠(한)

【恨憤 한분】한탄하고 분개함.
【恨歎 한탄】원통하거나 뉘우침이 있을 때 한숨 쉬며 탄식함.
【餘恨 여한】풀지 못하고 남은 원한.
【怨恨 원한】원통하고 한스러운 생각.
【痛恨 통한】가슴 아프게 한탄함.
【悔恨 회한】뉘우치고 한탄함.

【恒】항상 항 ⑧ 恆恒
ᆞ ᆢ ᆢ ᆢ ᆢ ᆢ 恒 恒 恒
명 ⓒhéng ⓙコウ(つね) ⓔconstant
字源 회의자→회의 겸 형성자. 갑골문에서는 '二'으로 썼는데, 二 사이에 달(月)이 들어가 있는 모습으로, 천체(天體)의 운행을 뜻하는 회의자이다. 하늘의 움직임은 일정하므로, '항상'·'늘'의 뜻은 여기서 나왔다. 금문에서 心(심)이 더해졌다.
字解 ①항상, 늘(항) ¶恒時(항시) ②떳떳할, 변함없을(항) ¶恒心(항심)
【恒久 항구】바뀌지 않고 오래감.
【恒茶飯 항다반】늘 있는 차와 밥. '이상할 것이 없는 예삿일'을 이름.
【恒常 항상】늘. 언제나.
【恒時 항시】평상시. 보통 때.
【恒心 항심】언제나 지니고 있는 올바른 마음.

【恆】명 恒(245)의 本字

【恍】황홀할 황 㣰
명 ⓒhuǎng ⓙコウ ⓔraptured
字解 황출할(황)＝怳
【恍惚 황출】눈이 부시게 찬란하거나 화려함.

【恢】클 회 ⑧ 㷇㥯
괴 ㉬
명 ⓒhuī ⓙカイ ⓔlarge
字解 ①클, 넓을(회) ¶恢宏(회굉) ②돌, 돌이킬(회) 늑回 ¶恢復(회복)
【恢宏 회굉】넓음. 포용력이 큼.

【恢復 회복】 쇠퇴한 경제나 병세 따위를 이전 상태대로 돌이킴.
【恢遠 회원】 넓고 멂.

【恤】 구휼할 휼
本音 휼
명 ⊕xù ⊕ジュツ(あわれむ) 英pity
字解 ①구휼할(휼) ¶恤貧(휼빈) ②가엾게 여길(휼) ¶矜恤(긍휼)
【恤兵 휼병】 전쟁에 나간 병사에게 금품을 보내어 위로함.
【恤貧 휼빈】 빈민(貧民)을 구휼함.
【救恤 구휼】 빈민·이재민 등을 돕고 보살핌.
【矜恤 긍휼】 가엾게 여겨 도움.

【恟】 두려워할 흉
⊕xiōng ⊕キョウ 英fear
字解 두려워할(흉)
【恟恟 흉흉】 두려워 어수선한 모양.

【恰】 흡사할 흡
명 ⊕qià ⊕コウ(あたかも) 英similar
字解 흡사할, 비슷할(흡)
【恰似 흡사】 거의 같음. 비슷함.

【悃】 정성 곤
⊕kǔn ⊕コン(まこと) 英sincerity
字解 정성, 정성스러울(곤)
【悃誠 곤성】 정성. 至誠(지성).

【𢟪】 惱(249)의 俗字

【悩】 惱(249)의 俗字

【悧】 명 俐(35)와 同字

【悚】 두려워할 송
명 ⊕sǒng ⊕ショウ(おそれる) 英fear
字解 두려워할, 무서워할(송)
【悚懼 송구】 마음에 두렵고 미안함.
【罪悚 죄송】 죄스럽고 황송함.
【惶悚 황송】 두려워함. 몸둘 바가 없음. 惶恐(황공).

【悅】 기쁠 열
중 ⊕yuè ⊕エツ(よろこぶ) 英pleased
字源 형성자. 心(심)은 의미 부분이고, 兌(태)는 발음 부분이다. 옛날에 悅과 兌는 발음이 비슷하였다.
字解 기쁠, 기뻐할, 기쁨(열)
【悅樂 열락】 기뻐하고 즐거워함.
【悅服 열복】 기쁜 마음으로 복종함.
【法悅 법열】 진리나 이치를 깨달았을 때에 느끼는 사무치는 기쁨.
【喜悅 희열】 기쁨과 즐거움.

【悟】 깨달을 오
중 ⊕wù ⊕ゴ(さとる) 英realize
字源 형성자. 心(심)은 의미 부분이고, 吾(오)는 발음 부분이다.
字解 ①깨달을, 깨우침(오) ¶頓悟(돈오) ②총명할, 영리할(오) ¶悟性(오성)
【悟道 오도】 불도의 진리를 깨달음.
【悟性 오성】 ①영리한 천성. ②합리적으로 생각하는 능력.
【悟悅 오열】 깨달음으로 인해 희열(喜悅)을 느낌.
【覺悟 각오】 ①깨달음. ②앞으로 닥쳐 올 일에 대한 마음의 준비.
【頓悟 돈오】 ①문득 깨달음. ②불교의 참뜻을 갑자기 깨달음.

【悒】 근심할 읍
⊕yì ⊕ユウ(うれえる) 英worry
字解 ①근심할(읍) ②답답할(읍)
【悒鬱 읍울】 근심스러워 마음이 답답하여짐. 憂鬱(우울).
【悒悒 읍읍】 ①근심하는 모양. ②마

음이 답답한 모양.

【悛】 고칠 전

명 ⊕quān ⊕セン(あらためる) 美correct
字解 고칠(전)
【悛容 전용】 위엄(威嚴)을 차려 낯빛을 고침.
【改悛 개전】 과거의 잘못을 뉘우쳐 마음을 바르게 고침.

【悌】 공손할 제

명 ⊕tì ⊕テイ 美polite
字解 공손할, 공경할(제)
【悌友 제우】 형제 간 또는 장유(長幼) 사이의 정의가 두터움.
【孝悌 효제】 효도와 우애.

【悄】 근심할 초

⊕qiǎo ⊕ショウ(うれえる) 美worry
字解 ①근심할, 걱정할(초) ¶ 悄然(초연) ②고요할(초) ¶ 悄愴(초창)
【悄然 초연】 의기(意氣)를 잃어서 기운이 없는 모양, 또는 근심하고 슬퍼하는 모양.
【悄愴 초창】 ①근심하고 슬퍼하는 모양. ②고요한 모양.

【悖】 거스를 패

명 ⊕bèi ⊕ハイ, ボツ(もとる) 美perverse
字解 거스를, 어그러질(패)
【悖德 패덕】 도리에 어그러진 행실.
【悖戾 패려】 말이나 행동이 도리에 어긋나고 사나움.
【悖倫 패륜】 사람으로서 마땅히 지켜야 할 도리에 어긋남.
【悖逆 패역】 ①인륜에 어긋나 불순함. ②모반(謀反)함. 悖亂(패란).

【悍】 사나울 한

명 ⊕hàn ⊕カン 美fierce
字解 ①사나울, 억세고 모질(한)

②세찰, 빠를(한)
【悍戾 한려】 포악하고 도리에 어긋남.
【悍馬 한마】 사나운 말. 드센 말.
【悍勇 한용】 사납고 용맹스러움.
【慓悍 표한】 날래고 사나움.

【悔】 뉘우칠 회

丶 忄 忄 忙 忏 恟 悔 悔
고 ⊕huǐ ⊕カイ(くいる) 美repent
字源 형성자. 心(심)은 의미 부분이고, 每(매)는 발음 부분이다.
字解 ①뉘우칠(회) ②한할(회)
【悔改 회개】 잘못을 뉘우쳐 고침.
【悔悟 회오】 잘못을 뉘우쳐 깨달음.
【懺悔 참회】 뉘우쳐 마음을 고쳐먹음.
【後悔 후회】 이전의 잘못을 깨닫고 뉘우침.

【悸】 두근거릴 계

명 ⊕jì ⊕キ 美throb
字解 ①두근거릴(계) ¶ 動悸(동계) ②두려워할(계) ¶ 悸慄(계률)
【悸慄 계률】 벌벌 떨며 두려워함.
【動悸 동계】 심장의 고동이 심하여 가슴이 두근거림.
【心悸 심계】 심장의 고동.

【悾】 정성스러울 공

⊕kōng ⊕コウ 美sincere
字解 정성스러울, 정성(공)
【悾款 공관】 정성. 참된 마음.

【悼】 슬퍼할 도

명 ⊕dào ⊕トウ(いたむ) 美grieve
字解 슬퍼할, 가엾게 여길(도)
【悼歌 도가】 죽은 사람을 애도하는 노래. 挽歌(만가).
【悼詞 도사】 남의 죽음을 애도하는 말.
【哀悼 애도】 남의 죽음을 슬퍼함.
【追悼 추도】 죽은 사람을 그리워하며 슬퍼함.

【惇】 도타울 돈

忄部 8획

명 ⊕dūn ⊕トン(あつい) ⊛cordial
字解 ①도타울(돈) ≒敦 ¶惇篤(돈독) ②정성(돈) ¶惇信(돈신)
【惇德 돈덕】 인정이 많은 덕행(德行).
【惇篤 돈독】 인정이 도타움.
【惇信 돈신】 정성으로 믿음.
【惇厚 돈후】 인정이 많고 후함.

【惘】 실심할 망
⊕wǎng ⊕ボウ(あきれる) ⊛stupefied
字解 실심할, 멍할(망)
【惘然 망연】 멍한 모양.

【悱】 말 머뭇거릴 비
⊕fěi ⊕ヒ ⊛hesitate
字解 말 머뭇거릴(비)
【悱悱 비비】 마음속으로는 알면서도 말로는 표현하지 못하는 모양.

【惜】 아낄 석
종 ⊕xī ⊕セキ(おしむ) ⊛grudge
字解 형성자. 心(심)은 의미 부분이고, 昔(석)은 발음 부분이다.
字解 아낄, 아깝게 여길(석)
【惜別 석별】 작별을 섭섭하게 여김.
【惜陰 석음】 광음(光陰)을 아낌. 곧, 시간을 귀중히 여김.
【惜敗 석패】 아깝게 짐.
【哀惜 애석】 슬프고 아까움.

【惋】 한탄할 완
⊕wǎn ⊕ワン ⊛deplore
字解 한탄할, 놀라 탄식할(완)
【惋恨 완한】 슬퍼하며 한탄함.
【惆惋 추완】 슬프게 한탄함.

【惟】 생각할 유
ハイ仁忙忙怔怔惟
고 ⊕wéi ⊕イ(おもう) ⊛think
字解 형성자. 心(심)은 의미 부분이고, 隹(추)는 발음 부분이다.
字解 ①생각할(유) ¶思惟(사유) ②오직, 홀로(유) ≒唯 ¶惟一(유일)
【惟獨 유독】 오직 홀로.
【惟一 유일】 오직 하나.
【思惟 사유】 논리적으로 생각함.

【情】 뜻 정
ハイ仁忙忙悸情情
종 ⊕qíng ⊕ジョウ(なさけ) ⊛sentiment
字解 형성자. 心(심)은 의미 부분이고, 靑(청)은 발음 부분이다.
字解 ①뜻, 마음(정) ¶情熱(정열) ②정, 인정, 애정(정) ¶情事(정사) ③사정, 형편(정) ¶情勢(정세)
【情談 정담】 ①남녀 간의 애정 이야기. ②다정한 이야기.
【情報 정보】 사물의 내용이나 형편에 관한 소식과 자료.
【情分 정분】 사귀어서 정이 든 정도.
【情事 정사】 남녀 사이의 사랑에 관한 일.
【情狀 정상】 어떤 결과에 이르기까지의 사정.
【情緖 정서】 어떤 일을 생각함에 따라 일어나는 감정의 실마리.
【情勢 정세】 사정과 형세. 일이 되어 가는 형편. 狀況(상황).
【情熱 정열】 불같이 세차게 일어나는 감정.
【情況 정황】 사물의 정세와 형편.
【多情 다정】 ①매우 정다움. ②정이 많음.
【煽情 선정】 감정이나 욕정을 북돋워 일으킴.
【痴情 치정】 이성(理性)을 잃은 남녀 간의 애정.
【表情 표정】 감정이나 심리 따위가 얼굴에 나타난 상태.

【情】 情(248)과 同字

【悰】 즐길 종
명 ⊕cóng ⊕ソウ ⊛enjoy

字解 ①즐길, 즐거워할(종) ②생각, 마음(종)

[慘] 慘(253)의 俗字

[悵] 슬퍼할 창
ⓒchàng 日チョウ(いたむ) 英grieve
字解 ①슬퍼할(창) ②원망할, 한탄할(창)
【悵惘 창망】몹시 슬프고 근심스러워 아무 경황이 없음.

[悽] 슬퍼할 처
名 ⓒqī 日セイ(いたむ) 英grieve
字解 슬퍼할, 애처로울(처)
【悽絶 처절】더없이 애처로움.
【悽慘 처참】끔찍스럽게 참혹함.
【悽愴 처창】마음이 몹시 구슬픔.

[惕] 두려워할 척
ⓒtì 日テキ(おそれる) 英fear
字解 ①두려워할(척) ②놀랄(척)
【惕悚 척송】두려워하여 삼감.
【怵惕 출척】두려워서 조심함.

[惆] 실망할 추
ⓒchóu 日チュウ 英disappointed
字解 실망할, 슬퍼할(추)
【惆然 추연】실망하여 슬퍼하는 모양.
【惆悵 추창】①실심한 모양. 낙망한 모양. ②근심하고 슬퍼하는 모양.

[悴] 파리할 췌
名 ⓒcuì 日スイ(やつれる) 英haggard
字解 파리할, 야윌(췌)
【悴顏 췌안】파리한 얼굴.
【憔悴 초췌】병이나 고생·근심 등으로 파리하고 해쓱함.

[悻] 성낼 행
ⓒxìng 日コウ 英angry
字解 성낼, 발끈할(행)

[惛] 흐리멍덩할 혼
ⓒhūn 日コン(くらい) 英dull
字解 흐리멍덩할, 흐릿할(혼)
【惛耄 혼모】늙어서 정신이 흐리고 쇠약함. 昏耗(혼모).

[惚] 황홀할 홀
名 ⓒhū 日コツ(ほれる) 英raptured
字解 황홀할, 멍할(홀)
【恍惚 황홀】멍한 모양.

[愒] ❶쉴 게 ❷탐할 개 ❸으를 할
ⓒkài 日ケイ 英rest
字解 ❶쉴(게) 능憩 ❷탐할(개) ❸으를(할)

[愞] 儒(255)와 同字

[惱] 괴로워할 뇌
ⓒnǎo 日ノウ(なやむ) 英troubled
字源 형성자. 心(심)은 의미 부분이고, 甾(뇌)는 발음 부분이다.
字解 괴로워할(뇌)
【惱殺 뇌쇄】애가 타도록 몹시 괴롭힘. 특히, 여자가 아름다움으로 남자를 매혹하는 일.
【苦惱 고뇌】괴로워하고 번뇌함.
【煩惱 번뇌】마음으로 몹시 괴로워함, 또는 그 괴로움.

[愂] 지혜 서
名 ⓒxū 日ショ 英wisdom
字解 지혜, 슬기, 재치(서)

【愃】 ❶상쾌할 선 ❷너그러울 훤

명 ㊥xuān, xuǎn ㊐セン, ケン ㊤refreshed
字解 ❶①상쾌할(선) ②잊을(선) ❷너그러울, 도량이 넓을(훤)

【惺】 깨달을 성

명 ㊥xīng ㊐セイ(さとる) ㊤comprehend
字解 ①깨달을(성) ②영리할(성)
【惺悟 성오】 깨달음.

【愕】 놀랄 악

명 ㊥è ㊐ガク(おどろく) ㊤surprised
字解 놀랄, 깜짝 놀랄(악) =䚂
【驚愕 경악】 깜짝 놀람.

【愠】 慍(251)의 俗字

【愉】 기쁠 우

명 ㊥yú ㊐グ ㊤pleasant
字解 기쁠(우)

【愉】 즐거울 유

명 ㊥yú ㊐ユ(たのしい) ㊤glad
字解 즐거울, 기뻐할(유)
【愉樂 유락】 기뻐하며 즐김.
【愉快 유쾌】 상쾌하고 즐거움.

【愔】 화평할 음

명 ㊥yīn ㊐イン ㊤peaceful
字解 화평할(음)

【愀】 ❶근심할 초 ❷쓸쓸할 추

㊥qiǎo ㊐シュウ ㊤worry
字解 ❶①근심할(초) ②정색할, 얼굴빛 바꿀(초) ❷쓸쓸할(추)

【愀然 초연】 ①근심으로 얼굴빛이 변하는 모양. ②처량하고 슬픈 모양.

【惴】 두려워할 췌

명 ㊥zhuì ㊐ズイ(おそれる) ㊤fear
字解 두려워할, 무서워할(췌)
【惴慄 췌율】 두려워 벌벌 떪.

【惻】 슬퍼할 측

명 ㊥cè ㊐ソク(いたむ) ㊤grieve
字解 슬퍼할, 가엾게 여길(측)
【惻怛 측달】 불쌍히 여겨 슬퍼함.
【惻惻 측측】 가엾고 애처로움.
【惻隱之心 측은지심】 사단(四端)의 하나로, 불쌍히 여기는 마음.

【惰】 게으를 타

명 ㊥duò ㊐ダ(おこたる) ㊤lazy
字解 ①게으를, 나태할(타) ②버릇, 습관(타)
【惰性 타성】 ①굳어진 버릇. ②물체가 현재의 상태를 그대로 유지하려고 하는 성질. 慣性(관성).
【怠惰 태타】 게으름. 惰怠(타태).

【愎】 괴팍할 퍅

명 ㊥bì ㊐フク(もとる) ㊤perverse
字解 괴팍할, 고집 셀(퍅)
【愎戾 퍅려】 성질이 너그럽지 못하여 비꼬이고 고집이 셈.
【乖愎 괴퍅→괴팍】 붙임성이 없이 까다롭고 걸핏하면 성을 냄.

【惶】 두려워할 황

명 ㊥huáng ㊐コウ(おそれる) ㊤fear
字解 ①두려워할(황) ¶ 惶恐(황공) ②당황할(황) ¶ 惶忙(황망)
【惶怯 황겁】 두려워서 겁이 남.
【惶恐 황공】 위엄이나 지위에 눌리어 두려움. 惶悚(황송).
【惶急 황급】 당혹스럽고 급박함.
【惶忙 황망】 당혹스럽고 바쁨.
【驚惶 경황】 놀라고 두려워함.

忄部 10획

【愾】 ❶성낼 개 ❷한숨 쉴 희

명 ❶ 中kài 日ガイ 英angry
字解 ❶성낼(개) ❷한숨 쉴(희)
【愾然 개연】 감정이 북받치는 모양.
【敵愾心 적개심】 적에 대하여 분개하는 마음.

【愷】 편안할 개

명 中kǎi 日ガイ(やわらぐ) 英peaceful
字解 ①편안할, 즐거울(개) ②싸움 이긴 노래(개) ≒凱
【愷歌 개가】 싸움에 이기고 부르는 노래. 勝戰歌(승전가). 통凱歌(개가).
【愷樂 개악】 싸움에 이기고 돌아오면서 연주하는 음악.
【愷悌 개제】 용모와 기상이 화락하고 단아함.

【慊】 ❶찐덥지 않을 겸 ❷의심한 혐

명 ❶ 中qiàn, qiè 日ケン(あきたりる) 英displeased
字解 ❶찐덥지 않을, 마음에 덜 찰(겸) ≒嫌 ❷의심할(혐)
【慊如 겸여】 불만스러운 모양.
【慊然 겸연】 ①마음에 차지 않는 모양. ②미안해서 면목 없는 모양.

【愧】 부끄러워할 괴

고 中kuì 日キ(はじる) 英blush
字源 형성자. 心(심)은 의미 부분이고, 鬼(귀)는 발음 부분이다.
字解 부끄러워할, 부끄러울(괴)
【愧羞 괴수】 부끄러워함, 또는 부끄러움.
【愧汗 괴한】 부끄러워 흘리는 땀.
【愧恨 괴한】 부끄럽고 한스러움.
【自愧 자괴】 스스로 부끄러워함.
【慙愧 참괴】 부끄럽게 여김.

【慄】 두려워할 률

명 中lì 日リツ(おそれる) 英tremble
字解 두려워할, 벌벌 떨(률)
【戰慄 전율】 몹시 두려워 몸이 떨림.

【慏】 근심할 명

명 中mǐng 日ベイ 英be afraid of
字解 근심할(명)

【愫】 정성 소

명 中sù 日ソ 英sincerity
字解 정성(소)

【愼】 삼갈 신

忄 忄' 忄" 忄甲 恒 愼 愼 愼

고 中shèn 日シン(つつしむ) 英guard
字源 형성자. 心(심)은 의미 부분이고, 眞(진)은 발음 부분이다.
字解 삼갈, 조심할(신)
【愼獨 신독】 홀로 있을 때에도 도리에 어긋나지 않도록 삼감.
【愼終 신종】 ①일의 끝을 신중히 함. ②부모의 장사(葬事)나 제사(祭祀) 따위를 정중히 함.
【愼重 신중】 매우 조심스러움.
【愼候 신후】 國병석에 있는 웃어른의 안부(安否).
【謹愼 근신】 삼가고 조심함.

【慎】 愼(251)과 同字

【慍】 성낼 온

中yùn 日ウン, オン(うらむ) 英angry
字解 성낼, 성, 노여움(온)
【慍色 온색】 성내고 원망하는 낯빛.

【愴】 슬퍼할 창

명 中chuàng 日ソウ(いたむ) 英grieve

[字解] 슬퍼할, 상심할(창)
【悲愴 비창】 몹시 슬프고 가슴 아픔.

忄 10 ⑬ 【慌】 ❶다급할 황 [陽] ❷흐리멍덩할 황 [養]

[명] [中]huāng [日]コウ(あわただしい) [英]urgent
[字解] ❶다급할(황)=遑 ❷흐리멍덩할, 황홀할(황)≒怳
【慌忙 황망】 급하고 당황하여 어찌할 줄을 모름.
【唐慌 당황】 바빠서 어리둥절함.

3획

忄 10 ⑬ 【愰】 밝을 황 [漾]

[명] [中]huàng [日]コウ [英]clever
[字解] ①밝을(황) ②영리할(황)

忄 11 ⑭ 【慳】 인색할 간 [刪] [간] 悭

[中]qiān [日]ケン(おしむ) [英]stingy
[字解] 인색할, 아낄(간)
【慳吝 간린】 욕심이 많고 인색함.

忄 11 ⑭ 【慷】 강개할 강 [陽]

[명] [中]kāng [日]コウ(なげく) [英]indignant
[字解] 강개할, 개탄할(강)
【慷慨 강개】 의기(義氣)가 북받쳐 원통하고 슬픔, 또는 그 마음.

忄 11 ⑭ 【慨】 슬퍼할 개 [隊] [속] 慨

[고] [中]kǎi [日]ガイ [英]grieve
[字源] 형성자. 心(심)은 의미 부분이고, 旣(기)는 발음 부분이다.
[字解] 슬퍼할, 분개할(개)
【慨歎 개탄】 분개하여 탄식함.
【憤慨 분개】 매우 분하게 여김.

忄 11 ⑭ 【慣】 익숙할 관 [諫] [간] 惯

[고] [中]guàn [日]カン(なれる) [英]accustomed
[字源] 형성자. 心(심)은 의미 부분이고, 貫(관)은 발음 부분이다.
[字解] 익숙할, 버릇(관)
【慣例 관례】 관습이 된 전례.
【慣性 관성】 물체가 현재의 상태를 유지하려고 하는 성질. 惰性(타성).
【慣習 관습】 일반적으로 인정되고 습관화되어 온 질서나 규칙.
【慣用 관용】 관습적으로 자주 쓰임.
【慣行 관행】 습관이 되어 늘 행하여지는 일.
【習慣 습관】 버릇.

忄 11 ⑭ 【慢】 거만할 만 [諫]

[고] [中]màn [日]マン(あなどる) [英]haughty
[字源] 형성자. 心(심)은 의미 부분이고, 曼(만)은 발음 부분이다.
[字解] ①거만할(만) ¶ 傲慢(오만) ②게으를(만) ¶ 怠慢(태만) ③느릴(만) ¶ 慢性(만성) ④업신여길, 모멸할(만) ¶ 慢罵(만매)
【慢罵 만매】 업신여겨 마구 꾸짖음.
【慢性 만성】 오래 계속되는 성질.
【倨慢 거만】 잘난 체하고 남을 업신여김. 驕慢(교만).
【傲慢 오만】 태도나 행동이 건방지고 거만함.
【緩慢 완만】 가파르지 않음.
【自慢 자만】 남 앞에서 자기를 뽐내고 자랑함.
【怠慢 태만】 게으름.

忄 11 ⑭ 【慴】 겁낼 습 [本]접 [葉]

[中]shè [日]ショウ [英]fear
[字解] 겁낼, 두려워할(습)
【慴伏 습복】 두려워서 엎드림, 또는 굴복함. [통]慴服(습복).

忄 11 ⑭ 【慠】 傲(48)와 同字

↑部 12획

【慵】 게으를 용
⊕yōng ⊕ヨウ(ものうい) ⊛lazy
字解 게으를(용)
【慵懶 용나】 게으름. 慵惰(용타).

【愢】 삼갈 우
⊕ōu ⊕オウ ⊛discreet
字解 삼갈(우)

【慘】 참혹할 참
丶 忄 忄 忄 忄 快 悾 慘
⊕cǎn ⊕サン, ザン(みじめ) ⊛miserable
字源 형성자. 心(심)은 의미 부분이고, 參(삼·참)은 발음 부분이다.
字解 ①참혹할, 혹독할(참) ¶慘狀(참상) ②염려할, 근심할(참) ¶慘憺(참담) ③아플(참)
【慘憺 참담】 ①참혹하고 암담함. ②우울하고 쓸쓸함. ③속을 썩이도록 괴로움. ④가슴이 아플 정도로 비참함. 慘憺(참담).
【慘事 참사】 참혹하거나 비참한 일.
【慘狀 참상】 참혹한 모양이나 상태.
【慘敗 참패】 참혹한 실패나 패배.
【慘酷 참혹】 몸서리칠 정도로 보기에 끔찍함.
【無慘 무참】 더없이 참혹함.
【悲慘 비참】 슬프고 참혹함.

【慚】 부끄러워할 참
忄 忄 忄 恒 惭 惭 慚
⊕cán ⊕ザン(はじる) ⊛blush
字源 형성자. 心(심)은 의미 부분이고, 斬(참)은 발음 부분이다.
字解 부끄러워할, 수치(참)
【慚愧 참괴】 부끄러워함. 부끄러움.
【慚悔 참회】 부끄럽게 여겨 뉘우침.

【慽】 근심할 척
⊕qī ⊕セキ(うれえる) ⊛worry
字解 근심할, 슬퍼할(척)

【憁】 바쁠 총
⊕còng ⊕ソウ ⊛busy
字解 바쁠(총)

【慟】 애통할 통
⊕tòng ⊕ドウ ⊛wail
字解 애통할, 서러워할(통)
【慟哭 통곡】 슬퍼서 큰 소리로 욺.

【慓】 빠를 표
⊕piāo ⊕ヒョウ ⊛swift
字解 빠를, 날랠(표) ≒慓
【慓毒 표독】 성질이 사납고 독살스러움.
【慓悍 표한】 날래고 사나움.

【憬】 깨달을 경
⊕jǐng ⊕ケイ ⊛realize
字解 ①깨달을(경) ②그리워할(경)
【憬悟 경오】 깨달음. 각성(覺醒)함.
【憧憬 동경】 마음에 두고 애틋하게 생각하며 그리워함.

【憒】 심란할 궤
⊕kuì ⊕カイ ⊛troubled
字解 심란할(궤)
【憒亂 궤란】 마음이 어지러움.

【憧】 그리워할 동
⊕chōng ⊕ドウ ⊛miss
字解 그리워할, 그리울(동)
【憧憬 동경】 마음에 두고 애틋하게 생각하며 그리워함.

【憐】 불쌍히 여길 련
忄 忄 忄 忄 悴 悴 憐
⊕lián ⊕レン(あわれむ) ⊛pity
字源 형성자. 心(심)은 의미 부분이고, 粦(린)은 발음 부분이다.
字解 ①불쌍히 여길(련) ¶憐憫(연

心部 12획

민) ②사랑할(련) ¶愛憐(애련)
【憐憫 연민】 불쌍하고 딱하게 여김.
【可憐 가련】 신세가 딱하고 가엾음.
【愛憐 애련】 어리거나 약한 약한 자를 도탑게 사랑함.

【憮】 어루만질 무
명 ㊀wǔ ㊐ブ ㊀caress
字解 ①어루만질(무) ≒撫 ②멍할(무)
【憮然 무연】 멍한 모양.
【懷憮 회무】 어루만져서 안심시킴.

【憫】 불쌍히 여길 민
忄 忄' 忄'' 忄门 忄门 憫 憫
㊀ ㊀mǐn ㊐ビン(あわれむ) ㊀pity
字解 형성자. 心(심)은 의미 부분이고, 閔(민)은 발음 부분이다.
字解 ①불쌍히 여길(민) ②근심할(민)
【憫憫 민민】 보기에 답답하고 딱하여 걱정스럽거나 안쓰러움.
【憫恤 민휼】 가엾게 여겨 물건을 베풂. 구휼(救恤)함.
【憐憫 연민】 불쌍하고 딱하게 여김.

【憤】 분할 분
忄 忄' 忄'' 忄''' 憤 憤 憤
㊀ ㊀fèn ㊐フン(いきどおる) ㊀indignant
字解 형성자. 心(심)은 의미 부분이고, 賁(분)은 발음 부분이다.
字解 ①분할, 성낼(분) ¶憤痛(분통) ②떨쳐 일어날(분) ¶憤激(분격)
【憤慨 분개】 매우 분하게 여김.
【憤激 분격】 분한 감정이 북받쳐 오름.
【憤怒 분노】 분하여 몹시 성냄.
【憤痛 분통】 몹시 분하여 마음이 아픔.
【憤敗 분패】 분하게 짐.
【悲憤 비분】 슬프고 분함.
【鬱憤 울분】 분한 마음이 가슴에 가득함, 또는 그 마음.
【義憤 의분】 정의(正義)를 위해 일어나는 분노.

【憎】 미워할 증
忄 忄' 忄'' 忄''' 忄''' 憎 憎 憎
㊀ ㊀zēng ㊐ゾウ(にくむ) ㊀hate
字解 형성자. 心(심)은 의미 부분이고, 曾(증)은 발음 부분이다.
字解 미워할(증)
【憎惡 증오】 몹시 미워함.
【可憎 가증】 괘씸하고 얄미움.
【愛憎 애증】 사랑함과 미워함.

【憔】 파리할 초
명 ㊀qiáo ㊐ショウ ㊀haggard
字解 파리할, 야월(초)
【憔悴 초췌】 병이나 고생·근심 등으로 파리하고 해쓱함.

【憚】 꺼릴 탄
명 ㊀dàn ㊐タン(はばかる) ㊀avoid
字解 ①꺼릴(탄) ②두려워할(탄)
【忌憚 기탄】 꺼림. 어려워함.

【憓】 사랑할 혜
명 ㊀huì ㊐ケイ ㊀love
字解 ①사랑할(혜) ②순종할(혜)

【憙】 명 喜(124)의 古字

【憾】 한할 감
명 ㊀hàn ㊐カン(うらむ) ㊀regret
字解 한할, 섭섭해할(감)
【憾情 감정】 불평·불만을 품거나 언짢게 여기는 마음.
【私憾 사감】 사사로운 일로 품은 유감.
【遺憾 유감】 ①마음에 남아 있는 섭섭한 느낌. ②언짢은 마음.

【憺】 ❶편안할 담 ❷떨 담
명 ㊀dàn ㊐タン ㊀tranquil
字解 ❶편안할(담) ❷떨, 두려워

↑部 17획

할(담)
【憺畏 담외】 벌벌 떨면서 두려워함.
【憯憯 참담】 ① 참혹하고 암흑함. ② 우울하고 쓸쓸함. ⑧慘澹(참담).

【懍】 두려워할 름
⊕lǐn ⊕リン ⊛fear
字解 ①두려워할(름) ②공경할, 삼갈(름) ③벌벌 떨(름).
【懍懍 름름】 두려움으로 벌벌 떪.
【懍懔 름름】 ① 두려워하는 모양. ② 공경하고 삼가는 모양.

【憤】 憤(254)의 本字

【憶】 생각할 억
⊕yì ⊕オク(おもう) ⊛recall
字源 형성자. 心(심)은 의미 부분이고, 意(의)는 발음 부분이다. 옛날에 憶과 意는 발음이 비슷하였다.
字解 생각할, 기억할(억).
【憶昔 억석】 옛날을 생각함.
【記憶 기억】 지난 일을 잊지 않고 외어 둠.
【追憶 추억】 지나간 일을 돌이켜 생각함. 또는 그 생각.

【懊】 한할 오
⊕ào ⊕オウ ⊛regret
字解 한할, 괴로워할(오).
【懊惱 오뇌】 근심하고 괴로워함.
【懊恨 오한】 뉘우치고 한탄함.

【懈】 게으를 해
⊕xiè ⊕カイ(おこたる) ⊛lazy
字解 게으를, 느슨할(해)
【懈慢 해만】 게으름. 게으르고 느림.
【懈怠 해태】 게으름. 태만함.

【懐】 懷(255)의 俗字

【懦】 나약할 나·유
⊕nuò ⊕ダ(よわい) ⊛feeble
字解 나약할, 겁 많을(나·유)
【懦怯 나겁】 겁이 많음. 비겁함.
【懦夫 나부】 겁이 많은 남자.
【懦弱 나약】 의지가 굳세지 못함.

【懶】 게으를 라
本란
⊕lǎn ⊕ラン(おこたる) ⊛lazy
字解 게으를, 느슨할(라)
【懶農 나농】 농사일을 게을리 함.
【懶怠 나태】 게으르고 느림.

【嬾】 懶(255)의 俗字

【懷】 품을 회
⊕huái ⊕カイ(いだく) ⊛cherish
字源 형성자. 心(심)은 의미 부분이고, 褱(회)는 발음 부분이다.
字解 ①품을, 지닐(회) ¶懷疑(회의) ②품, 품속(회) ¶懷中(회중) ③마음, 정(회) ¶述懷(술회) ④위로할, 달랠(회) ¶懷柔(회유)
【懷古 회고】 옛일을 돌이켜 생각함.
【懷柔 회유】 어루만져 잘 달램. 잘 구슬러 따르게 함.
【懷疑 회의】 의심을 품음.
【懷妊 회임】 아이를 뱀.
【懷中 회중】 품속. 마음속.
【懷抱 회포】 마음속에 품은 생각.
【感懷 감회】 마음에 느끼어 일어나는 생각.
【所懷 소회】 마음에 품은 생각.
【述懷 술회】 마음먹은 여러 가지 생각을 말함.
【虛心坦懷 허심탄회】 솔직한 태도로 품은 생각을 털어놓음.

【營】 지킬 영
⊕yíng ⊕エイ ⊛guard
字解 지킬(영)

忄 17 ⑳ 【懺】 뉘우칠 참 陷 [간] 忏

[명] ㊥chàn ㊐ザン ㊎repent

[字解] 뉘우칠, 회개할(참)

【懺悔 참회】 뉘우쳐 마음을 고쳐먹음.

忄 18 ㉑ 【懼】 두려워할 구 遇 [간] 惧

忄 忄 忄 忄 忄 忄 忄 懼

[고] ㊥jù ㊐ク(おそれる) ㊎fear

[字源] 형성자. 心(심)은 의미 부분이고, 瞿(구)는 발음 부분이다.

[字解] 두려워할, 겁낼(구)

【懼然 구연】 두려워하는 모양.

【悚懼 송구】 마음에 두렵고 미안함.

【疑懼 의구】 의심하고 두려워함.

忄 18 ㉑ 【懾】 두려워할 섭 [本]접 葉 [간] 慑

㊥shè ㊐ショウ(おそれる) ㊎fear

[字解] 두려워할, 무서워할, 겁낼(섭)

【懾服 섭복】 두려워서 복종함.

【懾怖 섭포】 두려워함.

忄 18 ㉑ 【懽】 기뻐할 환 寒

㊥huān ㊐カン ㊎pleased

[字解] 기뻐할, 좋아할(환)=歡

【懽心 환심】 기뻐하는 마음.

3 扌部

扌 0 ③ 【扌】 재방변

[참고] '手'가 변에 쓰일 때의 글자 모양으로, 여기서는 별도의 부수로 다루었다. ☞手部(368)

扌 0 ③ 【才】 재주 재 灰

一 十 才

[중] ㊥cái ㊐サイ(ざえ) ㊎talent

[字源] 상형자. 갑골문을 보면 '𐊅'로, 초목의 새싹〔丨〕이 땅〔▽〕을 뚫고 나온 모습을 그린 것이다.

[字解] 재주, 지혜(재)

【才幹 재간】 일을 잘 처리하는 능력.

【才能 재능】 재주와 능력.

【才德 재덕】 재주와 덕행.

【才弄 재롱】 어린아이의 재미있는 말과 귀여운 행동.

【才士 재사】 재주가 많은 남자.

【才色 재색】 여자의 뛰어난 재주와 아름다운 용모.

【才媛 재원】 재주 있는 젊은 여자.

【才致 재치】 눈치 빠르고 재빠르게 응하는 재주.

【鬼才 귀재】 귀신 같은 재능, 또는 그러한 재능을 가진 사람.

【秀才 수재】 빼어난 재주, 또는 재주가 빼어난 사람.

【天才 천재】 아주 뛰어난 재주, 또는 그런 재주를 가진 사람.

扌 2 ⑤ 【扒】 拂(261)의 俗字

扌 2 ⑤ 【打】 칠 타 馬

一 十 扌 扌 打

[중] ㊥dǎ ㊐ダ(うつ) ㊎strike

[字源] 형성자. 手(수)는 의미 부분이고, 丁(정)은 발음 부분이다. 옛날에 打와 丁은 발음이 비슷하였다.

[字解] ①칠, 때릴, 두드릴(타) ¶ 打破(타파) ②[新]할(타) ※어떤 동작을 함을 뜻함. ¶ 打算(타산)

【打開 타개】 헤쳐 엶. 얽히거나 막혀 있는 것을 헤치거나 뚫어 냄.

【打擊 타격】 때려 침.

【打算 타산】 이득과 손실을 헤아려 봄.

【打作 타작】 곡식의 이삭을 두드려 그 낟알을 거둠. 마당질.

【打電 타전】 무전이나 전보를 침.

【打鐘 타종】 종을 침.

【打診 타진】 ①환부(患部)를 두드려 진찰함. ②의사(意思)를 알기 위해 미리 떠봄.

【打破 타파】 부정적인 규율이나 관례를 깨뜨려 버림.

3 획

【强打 강타】 강하게 때림.
【毆打 구타】 때림. 두들김.
【亂打 난타】 마구 치거나 때림.

【扣】 두드릴 구
⊕kòu ⊕コウ(たたく) ⊕knock
字解 두드릴(구)
【扣問 구문】 의견을 물음.

【抁】 흔들릴 올
⊕wù ⊕ゴツ ⊕shake
字解 ①흔들릴(올) ②불안할(올)

【扜】 당길 우
⊕yū ⊕ウ ⊕pull
字解 당길(우)

【托】 받칠 탁
一 ナ 扌 扌 扩 托
⊕tuō ⊕タク ⊕hold
字源 형성자. 手(수)는 의미 부분이고, 乇(탁)은 발음 부분이다.
字解 ①받칠, 받침(탁) ¶茶托(다탁) ②의지할, 맡길(탁)＝託＝依托(의탁) ③밀(탁)
【托鉢 탁발】 ①중이 집집이 돌며 경문을 외고 구걸하는 일. ②절에서 끼니 때 바리를 가지고 승당(僧堂)으로 나아가는 일.
【茶托 다탁】 찻잔을 받치는 받침.
【受托 수탁】 부탁이나 청탁을 받음.
【依托 의탁】 남에게 의뢰하여 부탁함.

【扞】 막을 한
⊕hàn ⊕カン(ふせぐ) ⊕guard
字解 막을, 방어할(한)
【扞拒 한거】 막음. 막아 물리침.

【抉】 도려낼 결
⊕jué ⊕ケツ(えぐる) ⊕gouge
字解 ①도려낼, 긁어낼(결) ②들추어낼, 폭로할(결)

【抉摘 결적】 숨겨진 것을 들추어냄.
【剔抉 척결】 살을 도려내고 뼈를 발라냄. '부정·모순 등의 근원을 파헤쳐 깨끗이 함'을 이름.

【扱】 미칠 급
⊕xī ⊕キュウ(あつかう) ⊕reach
字解 ①미칠, 이를(급) ②다룰, 처리할(급)
【取扱 취급】 ①사물을 다룸. ②사람을 어떤 품으로 대함.

【技】 재주 기
一 ナ 扌 扌 扩 抟 技
⊕jì ⊕ギ(わざ) ⊕skill
字源 형성자. 手(수)는 의미 부분이고, 支(지)는 발음 부분이다.
字解 재주, 재능(기)
【技巧 기교】 재간 있게 부리는 기술이나 솜씨.
【技能 기능】 기술적인 능력이나 재능. 技倆(기량).
【技術 기술】 어떤 일을 해내는 솜씨.
【技藝 기예】 미술·공예 등에 관한 기술(技術).
【國技 국기】 한 나라에서 전통적으로 전해 내려오는 기예나 무술.
【妙技 묘기】 절묘한 재주나 기술.
【演技 연기】 배우가 무대에서 보이는 말이나 동작.
【長技 장기】 가장 능한 재주.

【抃】 손뼉 칠 변
⊕biàn ⊕ベン ⊕clap
字解 손뼉 칠, 기뻐할(변)
【抃手 변수】 손뼉을 침.

【扶】 도울 부
一 ナ 扌 扌 扶 扶 扶
⊕fú ⊕フ(たすける) ⊕assist
字源 형성자. 手(수)는 의미 부분이고, 夫(부)는 발음 부분이다.
字解 ①도울(부) ¶扶助(부조) ②부축할(부) ¶扶腋(부액)

扌部 4획

【扶腋 부액】 곁부축.
【扶養 부양】 생활 능력이 없는 사람을 돌봄.
【扶助 부조】 ①도와줌. ②잔칫집이나 상가(喪家)에 물건이나 돈을 보냄.
【相扶相助 상부상조】 서로서로 도움.

【抔】 움큼 부
⑦ 匛
⊕póu ⊕ホウ ⊛handful
字解 움큼, 줌, 움킬(부)
【抔飮 부음】 손으로 움켜서 마심.
【抔土 부토】 ①한 움큼의 흙. ②무덤.

【扮】 꾸밀 분
⑦ 本반 諢
명 ⊕bàn ⊕フン ⊛dress up
字解 꾸밀, 매만져 꾸밀(분)
【扮裝 분장】 ①몸을 치장함. ②출연 배우가 등장인물로 꾸밈.

【批】 비평할 비
⑦ 紙
一 十 扌 扌 払 批 批
匛 ⊕pī ⊕ヒ(うつ) ⊛criticize
字源 형성자. 手(수)는 의미 부분이고, 比(비)는 발음 부분이다.
字解 ①비평할(비) ¶批判(비판) ②후려칠(비) ¶批頰(비협) ③점찍을(비) ¶批點(비점)
【批答 비답】 신하의 상소(上疏)에 대한 임금의 하답(下答).
【批點 비점】 한문으로 지은 시나 글을 평가할 때, 잘된 곳에 주묵(朱墨)으로 찍는 둥근 점.
【批准 비준】 조약의 체결을 국가가 최종적으로 승인하는 일.
【批判 비판】 비평하여 판정함.
【批評 비평】 사물의 좋고 나쁨, 옳고 그름 따위를 평가함.
【批頰 비협】 남의 뺨을 후려침.

【抒】 펼 서
⑦ 語
명 ⊕shū ⊕ジョ(のべる) ⊛state
字解 펼, 토로할(서)
【抒情 서정】 자기의 감정(感情)을 펴서 나타냄.

【扼】 움켜쥘 액
⑦ 陌
扤 扼
ⓗè ⊕ヤク ⊛clutch
字解 ①움켜쥘, 잡을(액) ¶扼 ②누를(액)
【扼腕 액완】 성이 나거나 분해서 주먹을 불끈 쥠, 또는 팔을 걷어붙임.
【扼喉 액후】 목을 누름. 급소를 누름.

【抑】 누를 억
⑦ 職
一 十 扌 扌 扣 抑 抑
匛 ⊕yì ⊕ヨク(おさえる) ⊛suppress
字源 회의자. 印(앙)은 손(爪(조))으로 사람을 눌러 무릎을 꿇도록 [卩(절)] 하는 모습으로, 印(인)자와 같다. 뒤에 印이 도장으로 가차되자, '누르다'라는 뜻으로는 手(손 수)를 더한 抑자를 새로 만들어 보충하였다.
字解 ①누를, 억누를(억) ¶抑制(억제) ②그런데, 혹은, 또한(억) ※ 화제 전환·의문·반어·탄식 등의 뜻을 나타냄.
【抑留 억류】 강제로 붙잡아 둠.
【抑壓 억압】 억제하여 압박함.
【抑揚 억양】 ①누르기도 하고 치키기도 하는 일. ②말·글의 뜻에 따라 높고 낮게 소리 내는 일.
【抑鬱 억울】 ①억눌려 마음이 답답함. ②불공평한 일을 당하여 속상하고 분함.
【抑制 억제】 억눌러 제지함.
【抑止 억지】 억눌러서 멈추게 함.

【折】 꺾을 절
⑦ 屑
一 十 扌 扩 扩 折
匛 ⊕shé ⊕セツ(おる) ⊛break
字源 회의자. 갑골문·금문을 보면 '斨'로 썼다. 도끼[斤(근)]로 초목[屮]을 잘라 내는 모습이다. '屮'는 예서에서 'ㅓ'로 바뀌었다.
字解 ①꺾을, 굽힐(절) ¶屈折(굴절) ②일찍 죽을(절) ¶夭折(요절) ③자를, 쪼갤(절) ¶折半(절반)
【折半 절반】 하나를 반으로 나눔. 또는 그 반.

【折腰 절요】 허리를 꺾음. 곧, 허리를 굽혀 남에게 복종하는 일.
【折衷 절충】 서로 맞지 않는 견해나 관점을 타협시킴. 折中(절중).
【骨折 골절】 뼈가 부러짐.
【屈折 굴절】 휘어져 꺾임.
【夭折 요절】 나이가 젊어서 죽음.
【挫折 좌절】 뜻과 기운이 꺾임.

【抄】 베낄 초

一 十 扌 扌' 扌' 扌'' 抄 抄

코 ⊕chāo ⊕ショウ ⊛copy
字源 형성자. 手(수)는 의미 부분이고, 少(소)는 발음 부분이다.
字解 ①베낄, 가려 베낄(초) ¶抄錄(초록) ②노략질할(초) ¶抄掠(초략)

【抄啓 초계】 인재(人材)를 뽑아서 임금에게 아룀.
【抄掠 초략】 폭력으로 빼앗음.
【抄錄 초록】 필요한 대목만을 가려 뽑아 적음, 또는 그 기록.
【抄本 초본】 내용의 필요한 부분만을 뽑아서 베낀 문서.
【抄譯 초역】 원문의 어느 부분만을 뽑아서 번역함, 또는 그 번역.

【択】 擇(281)의 俗字

【投】 던질 투

一 十 扌 扌' 扌'' 投 投

영 ⊕tóu ⊕トウ(なげる) ⊛throw
字源 형성자. 手(수)는 의미 부분이고, 殳(수)는 발음 부분이다.
字解 ①던질(투) ¶投網(투망) ②줄, 보낼(투) ¶投書(투서) ③버릴(투) ¶投賣(투매) ④머무를, 묵을(투) ¶投宿(투숙) ⑤맞을, 합치할(투) ¶投合(투합)

【投稿 투고】 원고를 보냄.
【投機 투기】 시가 변동에 따른 차익을 노려서 하는 매매 거래.
【投網 투망】 그물을 던짐.
【投賣 투매】 손해를 무릅쓰고 내던져 버리듯이 싸게 팖.
【投書 투서】 어떤 사실의 내막이나 남의 비행을 몰래 알리려고 글을 써 보냄, 또는 그 글.
【投宿 투숙】 여관에 들어 묵음.
【投身 투신】 ①목숨을 끊기 위하여 몸을 던짐. ②어떤 일에 몸을 던짐.
【投與 투여】 남에게 줌. 특히, 의사가 환자에게 약을 줌.
【投獄 투옥】 감옥에 가둠.
【投入 투입】 자본이나 인력을 들여 넣음.
【投資 투자】 자금이나 자본을 댐.
【投擲 투척】 물건을 내던짐.
【投票 투표】 선거나 의결을 할 때, 유자격자가 자기 의사를 표시하는 일.
【投合 투합】 뜻이나 성격(性格) 등이 서로 잘 맞음.
【投降 투항】 항복(降伏)함.

【把】 잡을 파

一 十 扌 扌' 扌' 把 把

코 ⊕bǎ ⊕ハ(とる) ⊛hold
字源 형성자. 手(수)는 의미 부분이고, 巴(파)는 발음 부분이다.
字解 ①잡을, 쥘(파) ¶把握(파악) ②자루, 손잡이(파) ¶把手(파수) ③줌(파) ※한 손으로 감싸 쥘 정도의 크기. ④묶음, 다발(파)

【把手 파수】 ①손을 잡음. ②그릇의 손잡이.
【把守 파수】 경계하여 지킴, 또는 지키는 그 사람.
【把握 파악】 ①꽉 잡아 쥠. ②어떤 일을 잘 이해하여 확실하게 앎.
【把持 파지】 꼭 움켜쥠.
【把筆 파필】 붓을 잡음. 글씨를 씀.

【抛】 抛(264)의 俗字

【抗】 겨룰 항

一 十 扌 扌' 扌'' 抗 抗

코 ⊕kàng ⊕コウ(あたる) ⊛compete
字源 형성자. 手(수)는 의미 부분이고, 亢(항)은 발음 부분이다.

字解 ①겨룰, 대항할(항) ¶抗拒(항거) ②막을(항) ¶抗禦(항어) ③들, 올릴(항) ¶抗手(항수)
- [抗拒 항거] 대항함. 맞서 버팀.
- [抗命 항명] 명령을 어김.
- [抗辯 항변] 상대편의 주장에 항거하여 변론함.
- [抗手 항수] 손을 올림. 손을 듦.
- [抗禦 항어] 맞서서 막아 냄.
- [抗議 항의] 어떤 일을 부당하다고 여겨 따지거나 반대 의견을 주장함.
- [抗爭 항쟁] 항거하여 투쟁함.
- [抗戰 항전] 적에 대항하여 싸움.
- [對抗 대항] 서로 맞서서 승부를 겨룸.
- [反抗 반항] 반대하여 버팀.
- [抵抗 저항] 맞서서 버팀.

【拒】 막을 거

一 亅 扌 扌 扩 扩 护 拒

囗 ⊕jù ⊕キョ(こばむ) 英oppose
字源 형성자. 手(수)는 의미 부분이고, 巨(거)는 발음 부분이다.
字解 ①막을, 맞설(거) ¶拒逆(거역) ②물리칠(거) ¶拒否(거부)
- [拒否 거부] 승낙하지 않고 물리침.
- [拒逆 거역] 윗사람의 뜻이나 명령을 항거하여 거스름.
- [拒絕 거절] 응낙하지 않고 물리침.
- [抗拒 항거] 대항함. 맞서 버팀.

【拠】 據(279)의 俗字

【拑】 재갈 먹일 겸

⊕qián ⊕カン 英gag
字解 ①재갈 먹일(겸) ¶箝 ②입 다물(겸) ¶鉗
- [拑口 겸구] ①입을 다묾. 말을 하지 않음. ②언론의 자유를 속박함.
- [拑馬 겸마] 말 입에 재갈을 먹임.
- [拑制 겸제] 자유를 억누름.

【拐】 속일 괴

囗 ⊕guǎi ⊕カイ 英deceive
字解 ①속일, 꾀어낼(괴) ¶誘拐(유괴) ②지팡이(괴) ¶拐杖(괴장)
- [拐杖 괴장] 지팡이.
- [拐騙 괴편] 사람을 꾀어내어 데려감.
- [誘拐 유괴] 사람을 속여 꾀어냄.

【拘】 거리낄 구

一 亅 扌 扌' 扚 扚 拘 拘

囗 ⊕jū ⊕コウ(かかわる) 英hesitate
字源 형성자. 手(수)는 의미 부분이고, 句(구)는 발음 부분이다.
字解 ①거리낄, 걸릴(구) ¶拘碍(구애) ②잡을, 잡힐(구) ¶拘留(구류)
- [拘禁 구금] 신체에 구속을 가하여 일정한 곳에 가두어 둠.
- [拘留 구류] 잡아서 가두어 둠.
- [拘束 구속] 행동이나 의사의 자유를 제한함.
- [拘碍 구애] 거리낌.
- [拘引 구인] 체포하여 끌고 감.
- [拘置 구치] 피의자(被疑者)·범죄자(犯罪者) 등을 일정한 곳에 가둠.

【拈】 집을 념·점

명 념 ⊕niān ⊕ネン 英pinch
字解 집을, 딸(념·점)
- [拈華微笑 염화미소] 꽃을 따니 빙그레 웃음. '말로 하지 않고 마음에서 마음으로 전하는 일'을 이름. 拈華示衆(염화시중).

  故事 석가여래(釋迦如來)가 연꽃을 따서 제자들에게 보였을 때, 그 뜻을 오직 가섭(迦葉)만이 알고 미소지었으므로, 불교의 진리를 가섭에게 전하였다는 고사에서 온 말.
- [拈香 점향] 향을 피움. 焚香(분향).

【担】 擔(280)의 俗字

【拉】 끌고 갈 랍

囗 ⊕lā ⊕ラツ, ラ(ひしぐ) 英drag
字解 ①끌고 갈, 잡아갈(랍) ¶拉致(납치) ②꺾을(랍) ¶拉枯(납고)

{拉枯 납고} 마른 나무를 꺾음. '일이 쉬움'의 비유.
{拉致 납치} 억지로 끌고 감.
{被拉 피랍} 납치를 당함.

【抹】 바를 말

명 ⊕mǒ 日マツ 美smear
字源 형성자. 手(수)는 의미 부분이고, 末(말)은 발음 부분이다.
字解 ①바를, 칠할(말) ¶塗抹(도말) ②지울, 없앨(말) ¶抹消(말소)

{抹殺 말살} ①있는 것을 아주 없애 버림. ②존재를 무시하거나 부정함.
{抹消 말소} 지워서 없앰.
{塗抹 도말} ①칠하여 지워 없애거나 발라서 가림. ②임시변통으로 발라 맞추어 꾸밈.
{一抹 일말} 붓으로 한 번 칠할 정도. '약간·조금'의 뜻.

【拇】 엄지손가락 무

명 ⊕mǔ 日ボ 美thumb
字解 엄지손가락(무)

{拇印 무인} 손도장.
{拇指 무지} 엄지손가락.

【拍】 손뼉 박

⊕pāi 日ハク(うつ) 美clap
字源 형성자. 手(수)는 의미 부분이고, 白(백)은 발음 부분이다.
字解 ①손뼉 칠(박) ¶拍手(박수) ②장단, 가락(박) ¶拍子(박자)

{拍手 박수} 손뼉을 침.
{拍子 박자} 음악·춤의 가락을 돕는 장단.
{拍掌大笑 박장대소} 손뼉을 치면서 크게 웃음.
{拍車 박차} ①말을 빨리 달리게 하기 위해 승마용 구두의 뒤축에 댄, 쇠로 만든 톱니 모양의 물건. ②일의 진행을 촉진하기 위하여 더하는 힘.

【拌】 버릴 반

명 ⊕pān 日ハン 美abandon
字解 ①버릴(반) ②쪼갤(반)

【拔】 뺄 발

⊕bá 日バツ(ぬく) 美pull out
字源 형성자. 手(수)는 의미 부분이고, 犮(발)은 발음 부분이다.
字解 ①뺄(발) ¶拔擢(발탁) ②빼어날, 뛰어날(발) ¶拔群(발군)

{拔群 발군} 여럿 가운데서 특히 빼어남.
{拔本塞源 발본색원} 뿌리를 뽑고, 근원을 막음. '폐단의 근본 원인을 아주 없앰'을 이름.
{拔萃 발췌} 글 속에서 요점을 빼냄.
{拔擢 발탁} 많은 사람 중에서 특별히 뽑아서 씀.
{奇拔 기발} 유달리 재치(才致) 있고 뛰어남. 逸拔(일발)
{選拔 선발} 여럿 중에서 가려 뽑음.
{海拔 해발} 바다의 평균 수면을 기준으로 잰 어느 지점의 높이.

【拜】 拜(368)의 俗字

【拊】 어루만질 부

⊕fǔ 日フ(なでる) 美stroke
字解 ①어루만질(부) ②두드릴(부)

{拊手 부수} 손뼉을 침.
{拊育 부육} 어루만져 기름.

【拂】 떨칠 불

⊕bì, fú 日フツ(はらう) 美brush away
字源 형성자. 手(수)는 의미 부분이고, 弗(불)은 발음 부분이다.
字解 ①떨칠, 떨어 버릴(불) ¶拂拭(불식) ②거스를(불) ¶拂逆(불역) ③國치를(불) ¶支拂(지불)

{拂拭 불식} 털고 훔치어 깨끗이 함.
{拂逆 불역} 거스름. 어김.
{拂入 불입} 공과금 따위를 냄.
{拂子 불자} 먼지떨이. 拂塵(불진).
{拂下 불하} 물건을 팔아넘김.

【先拂 선불】먼저 치러 줌.
【支拂 지불】값을 치름. 돈을 내어 줌.

【押】 누를 압
扌5획 (8)
匣
一 † 扌 扌 扣 扣 押 押
国 中yā 日オウ(おす) 英press
字源 형성자. 手(수)는 의미 부분이고, 甲(갑)은 발음 부분이다.
字解 ❶누를(압) ¶押釘(압정) ❷도장 찍을, 수결 둘(압) ¶押印(압인) ❸잡을(압) ¶押留(압류)
【押留 압류】국가 기관이 채무자의 재산의 사용·처분을 금함, 또는 그 행위.
【押送 압송】죄인을 어떤 장소에서 다른 장소로 호송(護送)함.
【押收 압수】법원이나 수사 기관 등이 직권으로 증거물이나 몰수할 물건을 점유 확보함, 또는 그 행위.
【押韻 압운】한시(漢詩)를 지을 때 일정한 자리에 운(韻)을 다는 일.
【押印 압인】도장 따위를 찍음.
【押釘 압정】손가락으로 눌러 박는, 머리가 납작한 쇠못.

【拗】 ❶비뚤 요 ❷꺾을 요
扌5획 (8)
匣
名 中niù, ǎo 日ヨウ(すねる) 英crooked
字解 ❶비뚤, 마음 비뚤어질(요) ❷꺾을(요)
【拗矢 요시】화살을 꺾음, 또는 꺾인 화살. 折矢(절시).
【執拗 집요】①고집이 셈. ②끈질기게 추근댐.

【抵】 막을 저
扌5획 (8)
匣
一 † 扌 扌 扌 抵 抵 抵
国 中dǐ 日テイ(あたる) 英resist
字源 형성자. 手(수)는 의미 부분이고, 氐(저)는 발음 부분이다.
字解 ❶막을(저) ¶抵抗(저항) ❷거스를(저) ¶抵觸(저촉) ❸당할(저) ¶抵罪(저죄) ❹대저(저)

【抵當 저당】채무의 담보로서 부동산이나 동산을 전당 잡힘.
【抵罪 저죄】죄의 경중(輕重)에 따라서 그에 해당하는 형벌을 줌.
【抵觸 저촉】①서로 부딪침. 서로 모순됨. ②규칙·법률에 위배되거나 거슬림.
【抵抗 저항】적과 마주 대하여 버팀.
【大抵 대저】대체로 보아서. 무릇.

【拙】 졸할 졸
扌5획 (8)
本절 匣
一 † 扌 扌 扣 抖 拙 拙
国 中zhuō 日セツ(つたない) 英clumsy
字源 형성자. 手(수)는 의미 부분이고, 出(출)은 발음 부분이다.
字解 ❶졸할, 서투를, 재주 없을(졸) ¶拙劣(졸렬) ❷낮출(졸) ※자기에 관한 것을 낮추어 이르는 말. ¶拙筆(졸필)
【拙稿 졸고】①서투르게 쓴 원고. ②'자기가 쓴 원고'의 겸칭.
【拙巧 졸교】졸렬함과 교묘함.
【拙劣 졸렬】옹졸하고 비열함.
【拙速 졸속】일을 엉성하게 서둘러 처리함.
【拙作 졸작】①졸렬한 작품. ②'자기 작품'의 겸칭.
【拙筆 졸필】①졸렬한 글씨. ②'자기 글씨'의 겸칭.
【壅拙 옹졸】성질이 너그럽지 못하고 소견이 좁음.
【稚拙 치졸】유치하고 졸렬함.

【拄】 버틸 주
扌5획 (8)
匣
名 中zhǔ 日チュウ 英support
字解 버틸, 받칠(주)
【拄杖 주장】①지팡이를 짚어 몸의 균형을 잡음. ②지팡이.
【拄頰 주협】두 손으로 턱을 받침. 턱을 굄.

【抮】 되돌릴 진
扌5획 (8)
匣
名 中zhěn 日シン 英return
字解 되돌릴, 되돌아올(진)

【拓】 ❶열 척(木) ❷박을 탁(木)

一 十 扌 扩 扩 拓 拓

㊕ ⊕tà, tuó ⊕タク(ひらく) ㊧open
字源 형성자. 手(수)는 의미 부분이고, 石(석)은 발음 부분이다.
字解 ❶열(척) ¶開拓(개척) ❷박을(탁) ¶拓本(탁본)

【拓地 척지】 ①토지를 개척함. 拓土(척토). ②국토(國土)를 넓힘.
【干拓 간척】 바다나 호수를 둘러막고 안의 물을 빼어 육지로 만듦.
【開拓 개척】 ①거친 땅을 일구어 논밭을 만듦. ②아무도 한 적이 없는 일을 처음으로 시작하여 그 부문의 길을 닦음.
【拓本 탁본】 금석(金石)에 새긴 글씨나 그림을 그대로 종이에 박아 냄. 또는 그 박은 종이. 搨本(탑본).
[참고] '탁'음도 인명용으로 지정됨.

【招】 부를 초

一 十 扌 扌 打 扣 招 招

㊕ ⊕zhāo ⊕ショウ(まねく) ㊧call
字源 형성자. 手(수)는 의미 부분이고, 召(소)는 발음 부분이다.
字解 부를(초)

【招待 초대】 손님을 불러서 대접함.
【招來 초래】 어떤 결과(結果)를 가져오게 함.
【招聘 초빙】 예(禮)로써 남을 부름.
【招請 초청】 청하여 부름.
【招魂 초혼】 죽은 사람의 혼을 부름.
【問招 문초】 죄인을 신문함.

【抽】 뽑을 추

一 十 扌 扌 扣 抽 抽 抽

㊕ ⊕chōu ⊕チュウ(ぬく) ㊧draw
字源 형성자. 手(수)는 의미 부분이고, 由(유)는 발음 부분이다.
字解 뽑을, 뺄(추)

【抽象 추상】 구체적인 사물이나 관념에서 공통된 속성을 추려 내어 종합하는 일.
【抽籤 추첨】 제비를 뽑음. 제비뽑기.
【抽出 추출】 고체 또는 액체에서 어떤 물질을 뽑아냄.

【拖】 拕(263)와 同字

【拕】 끌 타

⊕tuō ⊕タ ㊧drag
字解 끌, 당길(타)

【拆】 터질 탁

⊕chāi ⊕タク ㊧split
字解 터질, 갈라질, 쪼갤(탁)

【拆開 탁개】 엶. 개봉(開封)함.
【拆封 탁봉】 편지 따위의 봉한 것을 엶. 開封(개봉).
【拆字 탁자】 글자를 편(偏)·방(傍)·관(冠)·각(脚) 등으로 나누고, 그 뜻으로 길흉(吉凶)을 점치는 일. '松'을 '十八公'이라 하는 따위.

【抬】 ❶擡(611)와 同字 ❷擡(281)의 俗字

【抱】 안을 포

一 十 扌 扌 扚 抔 抱

㊕ ⊕bào ⊕ホウ(いだく) ㊧embrace
字源 형성 겸 회의자. 手(수)는 의미 부분이고, 包(포)는 발음 부분이다. 包는 본래 사람이 몸을 굽혀 (勹(포)) 어린아이 (巳(사))를 감싸 안은 모양으로, 임신한 상태를 나타낸다. 包는 의미 역할도 겸한다.
字解 ①안을, 품을(포) ¶抱擁(포옹) ②품, 마음(포) ¶懷抱(회포)

【抱腹絕倒 포복절도】 배를 그러안고 넘어짐. '몹시 웃음'을 이름.
【抱負 포부】 ①안고 지고 함. ②미래에 대한 계획이나 희망.
【抱孫 포손】 손자를 안음. '손자를 얻음'을 이름.
【抱薪救火 포신구화】 섶을 안고 불을 끄려 함. '재난을 구하려다가 도리

어 화를 키우거나 자멸함'을 이름.
【抱擁 포옹】 껴안음. 얼싸안음.
【抱炭希凉 포탄희량】 숯불을 안고 시원하기를 바람. '행하는 바와 바라는 바가 상반됨'을 이름.
【抱恨 포한】 한을 품음.
【懷抱 회포】 마음속에 품은 생각.

抛 던질 포

抛抛
名 ⊕pāo ⊕ホウ(なげうつ) 英throw
字解 ①던질(포) ¶抛擲(포척) ②버릴(포) ¶抛棄(포기)
【抛棄 포기】 하던 일을 중도(中途)에 그만 둠.
【抛物線 포물선】 평면 위의 한 정점(定點)과 한 정직선(定直線)에서 같은 거리에 있는 모든 점을 연결하는 곡선(曲線).
【抛擲 포척】 내던짐.

披 헤칠 피

找
名 ⊕pī ⊕ヒ(ひらく) 英open
字解 ①헤칠, 펼, 열(피) ¶披髮(피발) ②알릴(피) ③披露(피로)
【披瀝 피력】 속마음을 조금도 숨기지 않고 털어놓음.
【披露 피로】 ①문서 따위를 펴 보임. ②일반에 널리 알림.
【披髮 피발】 머리를 풀어헤침.
【披針 피침】 곪은 데를 째는 데 쓰는 침. 바소.

拡 擴(282)의 俗字

挌 칠 격

拊
⊕gé ⊕カク 英strike
字解 ①칠, 때릴(격) ②싸울(격)
【挌殺 격살】 때려 죽임.
【挌鬪 격투】 서로 맞붙어 싸움.

拷 두드릴 고

拷
名 ⊕kǎo ⊕ゴウ(うつ) 英beat
字解 두드릴, 때릴(고)

【拷問 고문】 죄상을 자백시키기 위하여 육체적인 고통을 줌.

拱 두손맞잡을 공

拱
名 ⊕gǒng ⊕キョウ(こまねく)
字解 ①두 손 맞잡을, 팔짱 낄(공) ¶拱手(공수) ②아름(공) ※양팔을 벌려 껴안은 둘레. ¶拱木(공목)
【拱木 공목】 한 아름 되는 큰 나무.
【拱手 공수】 ①공경의 뜻을 나타내기 위해 오른손 위에 왼손을 포개어 잡음. ②팔짱을 끼고 아무 일도 하지 않음.
【拱揖 공읍】 두 손을 모아 마주 잡고 인사함.
【拱把 공파】 한 아름과 한 줌.

括 쌀 괄

括
名 ⊕kuò ⊕カツ(くくる) 英wrap
字解 쌀, 묶을(괄)
【括約筋 괄약근】 입이나 항문(肛門) 주위의 근육과 같이 수축과 이완을 하는 근육.
【括弧 괄호】 다른 것과 구별하기 위하여 문장의 앞뒤에 쓰는 부호. 묶음표. ( )·{ }·[ ] 따위.
【概括 개괄】 대강 추려 뭉뚱그림.
【一括 일괄】 한데 뭉뚱그림.
【總括 총괄】 개별적인 것을 하나로 묶음.
【包括 포괄】 휩싸서 하나로 묶음.

挂 걸 괘

挂
⊕guà ⊕ケイ(かける) 英hang
字解 걸, 달(괘) ≒掛
【挂冠 괘관】 갓을 벗어 걺. '관직을 그만둠'을 이름.
【挂帆 괘범】 돛을 닮.
【挂綬 괘수】 관인(官印)의 끈을 풀어서 걺. '벼슬을 그만둠'을 이름.

拮 바쁘게 일할 길

拮
名 ⊕jié ⊕キツ
字解 ①바쁘게 일할(길) ②맞설(길)

【拮据 길거】 바쁘게 일함.
【拮抗 길항】 맞서 대항함.

【挑】 돋울 도 ㊀조

丿 亻 扌 扌 払 拟 挑 挑

음 ㊥tiāo ㊐チョウ(いどむ) ㊧provoke
字源 형성자. 手(수)는 의미 부분이고, 兆(조)는 발음 부분이다.
字解 돋울, 부추길(도)

【挑燈 도등】 등불의 심지를 돋우어서 불을 더 밝게 함.
【挑發 도발】 상대를 집적거려 일을 일으킴. 싸움을 걺.
【挑戰 도전】 경기(競技)를 하여 승패를 겨룰 것을 신청함.

【拾】 ❶주울 습 ❷열 십

丿 亻 扌 扒 扲 拾 拾

음 ㊥shí ㊐シュウ(ひろう) ㊧pick up
字源 형성자. 手(수)는 의미 부분이고, 合(합)은 발음 부분이다.
字解 ❶주울(습) ¶ 拾得(습득) ❷열(십) ※ '十'의 갖은자.

【拾得 습득】 주움.
【拾遺 습유】 빠진 글을 모아 보충함.
【收拾 수습】 ①어수선한 물건들을 정돈함. ②흐트러진 정신이나 사태를 바로잡음.
참고 '십'음도 인명용으로 지정됨.

【拭】 닦을 식

음 ㊥shì ㊐ショク(ぬぐう) ㊧wipe
字解 닦을, 지울, 씻을(식).

【拭目 식목】 눈을 닦고 봄. 주의해서 자세히 봄.
【拂拭 불식】 털고 훔치어 깨끗이 함.

【按】 살필 안

음 ㊥àn ㊐アン(おさえる) ㊧inquire
字解 ①살필, 조사할(안) ¶ 按察

(안찰) ②주무를, 어루만질(안) ¶按摩(안마) ③생각할, 헤아릴(안)

【按摩 안마】 몸을 두들기거나 주물러서 피의 순환을 도와주는 일.
【按舞 안무】 음악에 맞는 무용 동작을 창안함, 또는 그것을 가르침.
【按排 안배】 제 차례나 적당한 자리에 알맞게 벌여 놓음. 配置(안배).
【按酒 안주】 술을 마실 때 곁들여 먹는 음식.
【按察 안찰】 자세히 살펴 바로잡음.

【拯】 건질 증

음 ㊥zhěng ㊐ジョウ ㊧rescue
字解 건질, 구원할, 도울(증)

【拯濟 증제】 구제함.
【拯恤 증휼】 구하여 도와줌.

【持】 가질 지

丿 亻 扌 扌 扞 拝 持 持

음 ㊥chí ㊐ジ(もつ) ㊧carry
字源 형성자. 手(수)는 의미 부분이고, 寺(사)는 발음 부분이다. 옛날에 持와 侍는 발음이 비슷하였다.
字解 ①가질, 지닐(지) ¶ 持病(지병) ②버틸, 견디어 낼(지) ¶ 持久(지구)

【持久力 지구력】 버티어 오래 견디는 힘.
【持論 지론】 늘 가지고 있는 의견.
【持病 지병】 오랫동안 낫지 않아 늘 지니고 있는 병.
【持分 지분】 공동 소유의 재산·권리에서 각자가 가지는 몫이나 행사하는 비율.
【持續 지속】 같은 상태가 오래 계속됨.
【持參 지참】 돈이나 물건을 가지고 참석함.
【堅持 견지】 주장·태도 등을 굳게 지니거나 지킴.
【所持 소지】 무엇을 가지고 있음.
【維持 유지】 어떤 상태를 그대로 지니어 감.
【住持 주지】 절을 주관하는 승려. 方丈(방장).
【支持 지지】 ①버티거나 굄. ②찬동하여 원조함.

【指】 손가락 지

丁 扌 扌 扩 挌 指 指 指

명 ⊕zhǐ ⊕シ(ゆび) 英finger
字源 형성자. 手(수)는 의미 부분이고, 旨(지)는 발음 부분이다.
字解 ①손가락(지) ¶指紋(지문) ②가리킬(지) ¶指摘(지적)

【指鹿爲馬 지록위마】 사슴을 가리켜 말이라 함. '윗사람을 농락하여 권세를 제 마음대로 휘두르는 짓' 또는 '위세(威勢)를 보이어 사람을 우롱함'의 비유.

故事 진(秦)나라 조고(趙高)가 다른 신하들의 마음을 떠보려고 사슴을 가리켜 말이라 하자, 혹은 침묵하고, 혹은 틀렸다 하고, 혹은 맞다고 하며 아첨함에, 틀렸다고 하는 자들을 엄하게 처단하였는데, 그런 뒤로는 모두 조고를 두려워하여 따랐다는 고사에서 온 말.

【指目 지목】 여럿 가운데서 어떤 대상을 가리키어 정함.
【指紋 지문】 손가락 끝 마디 안쪽에 있는 피부의 주름, 또는 흔적.
【指示 지시】 가리켜 보임.
【指摘 지적】 ①손가락질하여 가리킴. ②잘못을 가리켜 드러냄.
【指定 지정】 가리켜 정함.
【指彈 지탄】 꼬집어 나무람.
【指標 지표】 방향을 가리키는 표지나 사물의 가늠이 되는 표지.
【指向 지향】 생각이 어떤 목적을 향함.
【指呼之間 지호지간】 손짓으로 가리켜 부를 만한 가까운 거리.
【指環 지환】 가락지.
【屈指 굴지】 ①손가락을 꼽아 헤아림. ②손꼽아 헤아릴 만큼 뛰어남.

【拶】 맞닥뜨릴 찰

⊕zā ⊕サツ 英approach
字解 맞닥뜨릴, 핍박할(찰)
【拶逼 찰핍】 바싹 가까이 다가붙음.

【捆】 두드릴 곤

⊕kǔn ⊕コン(うつ) 英knock
字解 두드릴(곤)

【捆屨 곤구】 짚신을 죄고 두드려 단단하게 만듦.

【捃】 주울 군

⊕jùn ⊕クン 英pick up
字解 주울(군)
【捃拾 군습】 주워 모음.
【捃採 군채】 ①주워 가짐. ②책 가운데서 요긴한 곳을 뽑아 모음.

【挪】 문지를 나

⊕nuó ⊕ダ 英rub
字解 ①문지를(나) ②옮길(나)
【挪貸 나대】 꾸어 온 것을 다시 남에게 빌려 줌.
【挪用 나용】 돈이나 물건을 일시 돌려씀. 유용(流用)함.

【捏】 반죽할 날

명 ⊕niē ⊕ネツ(こねる) 英knead
字解 ①반죽할, 이길(날) ②꿰어 맞출, 꾸며 낼(날)
【捏造 날조】 근거가 없는 것을 사실인 듯이 조작함.

【挽】 당길 만

명 ⊕wǎn ⊕バン(ひく) 英draw
字解 ①당길, 끌(만) ≒輓 ¶挽歌(만가) ②말릴(만) ¶挽留(만류)
【挽歌 만가】 ①상여 소리. ②죽은 이를 애도하는 시가(詩歌).
【挽留 만류】 붙잡고 말림.
【挽回 만회】 바로잡아 회복함.

【揶】 희롱할 야

⊕yé ⊕ヤ 英ridicule
字解 희롱할, 놀릴(야)
【揶揄 야유】 남을 빈정거려 놀림.

【捐】 버릴 연

명 ⊕juān ⊕エン(すてる) 英abandon

字解 ①버릴(연) ¶捐棄(연기) ② 줄, 기부할(연) ¶捐金(연금)
【捐金 연금】기부하는 돈. 義捐金(의연금).
【捐棄 연기】버림.
【義捐 의연】자선·공익 등을 위하여 돈이나 물품을 냄.
【出捐 출연】금품을 내어 원조함.

【挻】늘일 연
扌7 ⑩ ㊀선 既
명 ㊥shān ㊐セン ㊤lengthen
字解 ①늘일(연) ②반죽할(연)

【挹】퍼낼 읍
扌7 ⑩ 既
㊥yì ㊐ユウ(くむ) ㊤scoop
字解 ①퍼낼, 뜰(읍) ②누를, 겸양할(읍) ③잡아당길(읍)
【挹損 읍손】자기 감정을 누르고 겸손히 물러섬.
【挹酌 읍작】퍼냄. 떠냄.

【挺】빼낼 정
扌7 ⑩ 既
명 ㊥tǐng ㊐テイ(ぬく) ㊤extract
字解 ①빼낼, 뽑을(정) ②빼어날(정) ③나아갈, 앞장설(정)
【挺立 정립】뛰어나게 높이 솟아 있음. 특별히 뛰어남.
【挺身 정신】어떤 일에 남들보다 앞서서 나아감. 솔선함.

【挫】꺾을 좌
扌7 ⑩ 既
명 ㊥cuò ㊐ザ(くじく) ㊤break
字解 꺾을, 꺾일(좌)
【挫折 좌절】뜻이나 기운이 꺾임.

【振】떨칠 진
扌7 ⑩ 既
十 扌 扌 扩 护 振 振 振
㊀ ㊥zhèn ㊐シン(ふる) ㊤shake
字源 형성자. 手(수)는 의미 부분이고, 辰(신·진)은 발음 부분이다.
字解 ①떨칠(진) ¶振興(진흥) ②떨, 진동할(진) ¶振幅(진폭) ③건질, 구휼할(진) 늑賑

【振動 진동】같은 모양으로 반복하여 흔들리어 움직임.
【振作 진작】떨쳐 일으키거나 일어남.
【振幅 진폭】진동하는 물체가 좌우 극점(極點)에 이르는 범위의 최대치.
【振興 진흥】학술·산업 등이 침체된 상태에서 떨쳐 일어남.
【不振 부진】①세력이 떨치지 못함. ②일이 잘 되어 나가지 않음.

【捉】잡을 착
扌7 ⑩ 既
十 扌 打 护 捉 捉 捉 捉
㊀ ㊥zhuō ㊐サク(とらえる) ㊤seize
字源 형성자. 手(수)는 의미 부분이고, 足(족)은 발음 부분이다.
字解 잡을, 붙잡을, 사로잡을(착)
【捉囚 착수】죄인을 잡아 가둠.
【捕捉 포착】꼭 붙잡음.

【捌】❶깨뜨릴 팔 ❷처리할 별
扌7 ⑩ 既
명 ❶ ㊥bā ㊐ハツ ㊤break
字解 ❶①깨뜨릴, 쳐부술(팔) ②고무래, 곡식을 끌어 모으는 농구. ③여덟(팔) ※'八'의 갖은자. ❷처리할(별)

【捕】잡을 포
扌7 ⑩ 既
十 扌 扌 扩 折 捅 捕 捕
㊀ ㊥bǔ ㊐ホ(とらえる) ㊤catch
字源 형성자. 手(수)는 의미 부분이고, 甫(보)는 발음 부분이다.
字解 잡을, 붙잡을(포)
【捕盜 포도】도둑을 잡음.
【捕虜 포로】전투에서 사로잡힌 적의 군사. 浮虜(부로).
【捕縛 포박】잡아 묶음.
【捕繩 포승】죄인을 묶는 노끈.
【捕獲 포획】사로잡음.
【拿捕 나포】①죄인을 붙잡음. ②영해(領海)를 침범한 선박을 잡음.
【生捕 생포】사로잡음. 生擒(생금).
【逮捕 체포】죄인이나 혐의자(嫌疑者)를 붙잡음.

扌 7 ⑩ 【捍】 막을 한 [翰]

[中]hàn [日]カン(ふせぐ) [英]guard

[字解] 막을(한) ≒扞

【捍衛 한위】 막아서 지킴.

扌 7 ⑩ 【挾】 낄 협 [葉] [간]挟

[명] [中]xié [日]キョウ(はさむ)

[字解] ①낄(협) ②가질, 지닐(협) ③믿고 뽐낼(협)

【挾攻 협공】 적을 사이에 두고 양쪽에서 들이침. 挾擊(협격).

【挾雜 협잡】 옳지 못한 간교한 방법으로 남을 속임, 또는 그 짓.

3 획

扌 8 ⑪ 【据】 힘써 일할 거 [魚]

[명] [中]jū [日]キョ(すえる)

[字解] 힘써 일할(거)

【拮据 길거】 바쁘게 일함.

扌 8 ⑪ 【控】 당길 공 [送]

[명] [中]kòng [日]コウ(ひかえる) [英]draw

[字解] ①당길(공) ¶ 控弦(공현) ②고할(공) ¶ 控訴(공소)

【控訴 공소】 하소연함. 고소함.

【控弦 공현】 활시위를 잡아당김. 곧, 활을 쏨.

【控除 공제】 받을 금액이나 수량에서 덜어야 할 것을 빼냄.

扌 8 ⑪ 【掛】 걸 괘 [卦]

十 扌 扌 扌 扌 挂 挂 掛

[고] [中]guà [日]カイ(かける) [英]hang

[字源] 형성자. 手(수)는 의미 부분이고, 卦(괘)는 발음 부분이다.

[字解] 걸, 걸릴(괘) ≒挂

【掛冠 괘관】 갓을 벗어 겖. '관직(官職)을 그만둠'을 이름.

【掛念 괘념】 어떤 일을 마음에 두고 잊지 아니함. 掛意(괘의).

【掛圖 괘도】 걸어 놓고 보는 학습용의 그림이나 도표.

【掛鐘 괘종】 벽이나 기둥 등에 걸어 놓는 시계.

扌 8 ⑪ 【掬】 움켜 뜰 국 [屋]

[中]jū [日]キク(すくう)

[字解] 움켜 뜰, 움큼(국)

【掬壤 국양】 한 움큼의 흙.

【掬飮 국음】 물을 움켜 떠 마심.

扌 8 ⑪ 【掘】 팔 굴 [物]

[명] [中]jué [日]クツ(ほる) [英]dig

[字解] 팔, 파낼(굴)

【掘鑿 굴착】 파서 구멍을 뚫음.

【盜掘 도굴】 고분 등을 몰래 파서 부장품(副葬品)을 훔치는 일.

【發掘 발굴】 땅속의 물건을 파냄.

【試掘 시굴】 시험적으로 파 봄.

【採掘 채굴】 땅속에 묻혀 있는 광물 따위를 캐냄.

扌 8 ⑪ 【捲】 ❶걷을 권 [銑] ❷힘쓸 권 [先] [간]卷

[명] [中]juǎn [日]ケン(まく) [英]roll up

[字解] ❶걷을, 말(권) ¶ 捲簾(권렴) ❷힘쓸(권) ¶ 捲捲(권권)

【捲捲 권권】 힘쓰는 모양.

【捲簾 권렴】 발을 말아 올림.

【捲土重來 권토중래】 흙을 말아 일으킬 형세로 다시 쳐들어옴. '한 번 패하였다가 힘을 돌이켜 다시 쳐들어옴' 또는 '한번 실패(失敗)한 뒤 힘을 가다듬어 다시 시작함'의 비유.
📖 당(唐)나라 두목(杜牧)이 '오강정시(烏江亭詩)'에서, 항우가 유방과의 대결에서 패하여 오강 근처에서 자결한 것을 탄식한 데서 온 말.

【席捲 석권】 자리를 둘둘 말듯이 너른 땅을 손쉽게 차지함. [통]席卷(석권).

扌 8 ⑪ 【掎】 당길 기 [紙]

[中]jǐ [日]キ(ひく) [英]pull

[字解] 당길, 다리 잡을(기)

【掎角 기각】 앞뒤가 서로 응해서 적을 맞음.
📖 사슴을 붙잡을 때, 다리를 잡는 것을 '掎', 뿔을 잡는 것을 '角'이라고 한 데서 온 말.

扌部 8획

扌⁸₁₁ 【捺】 누를 날 囻

捺

명 ⓗnà ⓙナツ(おす) ⓔpress
字解 누를, 찍을(날)

【捺染 날염】 피륙에 무늬 따위를 찍어 물들임.
【捺印 날인】 도장을 찍음.

扌⁸₁₁ 【捻】 비틀 념 ④념 囻

捻

명 ⓗniǎn ⓙネン(ひねる) ⓔtwist
字解 ①비틀, 꼴(념) ②집을, 쥘(념)

【捻鼻 염비】 코를 쥠. '달갑지 않게 여기는 모양'을 이름.

扌⁸₁₁ 【掉】 흔들 도 囻

掉

명 ⓗdiào ⓙトウ(ふるう) ⓔwag
字解 흔들, 떨칠(도)

【掉頭 도두】 머리를 흔듦. '어떤 일을 부정(否定)하는 모양'을 이름.
【掉尾 도미】 ①꼬리를 흔듦. ②끝판에 더욱 세차게 활동함.
【掉舌 도설】 혀를 휘두름. '변론하거나 유세함'의 뜻.

扌⁸₁₁ 【掏】 들치기할 도 囻

掏

ⓗtāo ⓙトウ(する) ⓔlift
字解 들치기할, 소매치기할(도)

【掏摸 도모】 소매치기.

扌⁸₁₁ 【掠】 빼앗을 략 囻

掠

丨 扌 扌 扩 扩 护 拧 掠

고 ⓗlüè ⓙリャク(かすめる) ⓔplunder
字源 형성자. 手(수)는 의미 부분이고, 京(경)은 발음 부분이다.
字解 빼앗을, 후릴(략)

【掠奪 약탈】 폭력을 써서 무리하게 빼앗음. 劫掠(겁략).
【擄掠 노략】 떼를 지어 다니면서 재물 따위를 빼앗음.
【侵掠 침략】 남의 나라를 침범하여 영토를 빼앗음.

扌⁸₁₁ 【捩】 비틀 렬 囻

捩

ⓗliè ⓙレツ(ねじる) ⓔtwist
字解 비틀(렬)

【捩柁 열타】 키를 틀어서 배의 방향을 바꿈. 轉柁(전타).

扌⁸₁₁ 【排】 물리칠 배 囻

排

一 † 扌 扫 扫 扌 扫 排 排

고 ⓗpái ⓙハイ(おす) ⓔreject
字源 형성자. 手(수)는 의미 부분이고, 非(비)는 발음 부분이다.
字解 ①물리칠(배) ¶排斥(배척) ②밀, 밀어낼(배) ¶排水(배수) ③벌일, 늘어설(배) ¶排定(배정)

【排擊 배격】 배척하여 물리침.
【排氣 배기】 안에 든 공기나 증기·가스 따위를 내보냄.
【排泄 배설】 안에서 밖으로 새어 나가게 함.
【排水 배수】 물을 밖으로 뽑아냄.
【排列 배열】 차례로 늘어놓음.
【排定 배정】 여러 군데로 나누어 벌여 놓음.
【排除 배제】 물리쳐 제거함.
【排斥 배척】 반대하여 물리침.
【排出 배출】 밖으로 내보냄.
【按排 안배】 제 차례나 제 자리에 알맞게 벌여 놓음.

扌⁸₁₁ 【捧】 받들 봉 囻

捧

명 ⓗpěng ⓙホウ(ささげる) ⓔhold up
字解 받들, 바칠(봉)

【捧納 봉납】 물건을 바쳐 올림.
【捧讀 봉독】 두 손으로 받들어 읽음.

扌⁸₁₁ 【掊】 ❶거두어 들일 부 囻 ❷가를 부 囿

掊

ⓗpóu, pǒu ⓙホウ(うつ) ⓔexact
字解 ❶거두어들일(부) ❷가를(부) ≒剖

【掊克 부극】세금을 함부로 거두어들여 백성을 못살게 굶.

【捨】 버릴 사

⼿ 8획 ⑪ 馬

속 舍捨

ㅓ ㅓ ㅓ ㅓ ㅓ ㅓ 捨

- 卫 中shě 日シャ(すてる)
  美throw away
- **字源** 형성자. 手(수)는 의미 부분이고, 舍(사)는 발음 부분이다.
- **字解** ①버릴, 내버릴(사) ¶取捨(취사) ②베풀(사) ¶喜捨(희사) ③그만둘(사)

【四捨五入 사사오입】끝수가 4 이하일 때는 버리고 5 이상일 때는 10으로 올려 계산하는 방법. 반올림.
【捨生取義 사생취의】목숨을 버리더라도 의를 취함.
【取捨 취사】쓸 것은 취하고 버릴 것은 버림.
【喜捨 희사】남을 위해 재물을 기꺼이 내놓음.

【捿】

⼿ 8획 ⑪ 同 棲(427)와 同字

【掃】 쓸 소

⼿ 8획 ⑪ 囿

속 扫掃

ㅓ ㅓ ㅓ ㅓ ㅓ ㅓ 掃 掃

- 卫 中sǎo 日ソウ(はく) 美sweep
- **字源** 회의 겸 형성자. 手(수)와 帚(추)는 모두 의미 부분인데, 帚는 발음도 담당한다. 帚는 빗자루를 그린 상형자이다.
- **字解** ①쓸(소) ②칠, 제거할(소)

【掃滅 소멸】싹 쓸어 없앰.
【掃射 소사】쓸듯이 마구 쏨.
【掃除 소제】쓸어서 깨끗하게 함.
【掃地 소지】땅을 쓺.
【掃蕩 소탕】쓸듯이 모조리 없앰.
【一掃 일소】남김없이 다 쓸어버림.
【淸掃 청소】깨끗이 쓸고 닦음.

【授】 줄 수

⼿ 8획 ⑪ 囿

속 授

ㅓ ㅓ ㅓ ㅓ ㅓ ㅓ 授 授

- 종 中shòu 日ジュ(さずける) 美give
- **字源** 회의 겸 형성자. 手(수)와 受(수)는 모두 의미 부분인데, 受는 발음도 담당한다. 본래 受 자로 고받는 것을 모두 표현하였는데 후에 구별할 필요가 생기자, 받는 것은 受를 쓰고, 주는 것은 手를 더한 授 자를 새로 만들어 나타냈다.
- **字解** ①줄(수) ¶授受(수수) ②가르칠(수) ¶授業(수업)

【授受 수수】주는 일과 받는 일, 또는 주고받음.
【授業 수업】학업이나 기술 따위를 가르쳐 줌.
【授與 수여】증서·상장·훈장·상품 등을 줌.
【授乳 수유】젖먹이에게 젖을 줌.
【敎授 교수】①학술이나 기예를 가르침. ②대학에서 가르치는 교사.
【傳授 전수】기술 등을 전하여 줌.

【掖】 낄 액

⼿ 8획 ⑪ 囿

속 掖

- 卫 中yè, yē 日エキ(わきばさむ)
- **字解** ①낄, 겨드랑이에 낄(액) ②부축할, 도울(액) ③곁채(액) ④겨드랑이(액)＝腋

【掖門 액문】궁궐의 정문 좌우에 있는 작은 문. 夾門(협문).
【掖庭 액정】궁중의 정전(正殿) 옆에 있는 궁전.
【扶掖 부액】겨드랑이를 붙들어 걸음을 도움. 곁부축.

【掩】 가릴 엄

⼿ 8획 ⑪ 囿

속 掩

- 종 中yǎn 日エン(おおう) 美cover
- **字解** ①가릴, 숨길(엄) ②덮칠(엄)

【掩襲 엄습】뜻하지 못한 사이에 갑자기 습격함.
【掩蔽 엄폐】덮어서 숨김.
【掩護 엄호】적군의 습격에 대비하여 자기편의 행동이나 시설을 보호함.

【捏】 ❶비길 예 ❷땅길 예

⼿ 8획 ⑪ 囿

- 中niè 日ゲツ(こねる) 美tie
- **字解** ❶비길, 견둘(예) ❷땅길(예) ※손의 힘줄이 켕김.

{接} 댈 접

扌 扌 扩 扩 护 按 接 接

中 jiē 日 セツ(つぐ) 美 join

字源 형성자. 手(수)는 의미 부분이고, 妾(첩)은 발음 부분이다.

字解 ①댈, 이을(접) ¶接觸(접촉) ②맞을, 대접할(접) ¶接客(접객) ③사귈(접)

[接客 접객] 손님을 대접함.
[接見 접견] 공식적으로 손님을 맞아들여 만나 봄.
[接境 접경] 두 지역이 맞닿은 경계.
[接近 접근] 가까이 다가감.
[接待 접대] 손을 맞아서 음식을 차려 올림. 待接(대접).
[接續 접속] 맞닿게 하여 이음.
[接受 접수] 관청·회사 따위에서 서류를 받아들이는 일.
[接戰 접전] ①서로 맞붙어 싸움. ②서로 힘이 비슷하여 승부가 쉽게 나지 않는 싸움.
[接種 접종] 병의 예방·치료 등을 위하여 병원균을 몸 안에 넣음.
[接着 접착] 달라붙음. 붙임.
[接觸 접촉] ①맞붙어서 닿음. ②더불어 교섭함.
[接合 접합] 한데 이어 붙이거나 서로 닿아서 맞붙임.
[面接 면접] 서로 대면하여 만나 봄.
[迎接 영접] 손님을 맞아 대접함.
[隣接 인접] 이웃하여 닿아 있음.
[直接 직접] 중간에 매개를 통하지 않고 바로 접촉되는 관계.

{措} 둘 조

명 中 cuò 日 ソ(おく) 美 put

字解 둘, 베풀(조)

[措辭 조사] 글을 지음에 있어 말을 다루어 쓰는 일.
[措手不及 조수불급] 손을 써도 미치지 못함. '손을 쓸 수 없을 정도로 일이 급함'을 이름.
[措處 조처] 어떤 문제나 사태를 해결하기 위하여 필요한 대책을 강구함, 또는 그 대책. 措置(조치).
[擧措 거조] 말이나 행동을 하는 태도. 행동거지.

{採} 캘 채

扌 扌 扌 扩 扩 抒 抒 採

중 中 cǎi 日 サイ(とる) 美 pick

字源 회의 겸 형성자. 본래 采 자와 같다. 采는 손(爪(조))으로 나무(木(목))의 열매를 딴다는 뜻의 회의자였다. 뒤에 손으로 열매를 딴다는 의미를 분명하게 하고자 手(손 수)를 더한 採 자를 만든 것이다. 採 자에서 手와 采는 모두 의미 부분인데, 采는 발음도 담당한다.

字解 ①캘(채) ¶採掘(채굴) ②가려낼(채) ¶採擇(채택)

[採鑛 채광] 광석을 캐냄.
[採掘 채굴] 땅을 파서 광물(鑛物) 따위를 캐냄.
[採根 채근] ①뿌리를 캠. ②일의 근원을 밝힘. ③따지어 독촉함.
[採錄 채록] 채집하여 기록함.
[採用 채용] 채택하여 씀. 인재를 등용(登用)함.
[採集 채집] 어떤 사물을 캐거나 찾아서 모음.
[採取 채취] 풀·나무·광석 등을 찾아 베거나 캐거나 하여 얻어 냄.
[採擇 채택] 가려서 취함.
[公採 공채] 일반에게 개방하여 사람을 뽑아 씀. 公開採用(공개 채용).
[伐採 벌채] 나무를 베어 내고 섶을 깎아 냄.

{掇} 주울 철

中 duō 日 テツ 美 pick up

字解 주울, 주워 모을(철)

[掇拾 철습] 주워 모음. 채집함.
[掇遺 철유] 선인(先人)이 남긴 사업(事業)을 주워 모음.

{捷} 빠를 첩

명 中 jié 日 ショウ(はやい) 美 fast

字解 ①빠를(첩) ¶敏捷(민첩) ②이길(첩) ¶捷報(첩보)

[捷徑 첩경] 지름길.

扌部 8획

【捷報 첩보】 싸움에 승리하였다는 보고나 소식.
【大捷 대첩】 큰 승리. 크게 이김.
【敏捷 민첩】 능란하고 재빠름.

扌8 ⑪ 【捶】 매질할 추 紙

㊥chuí ㊐スイ ㊟thrash
字解 매질할, 채찍(추)
【捶撻 추달】 매로 때림.

扌8 ⑪ 【推】 ❶천거할 추 灰 ❷밀 퇴 灰

亻 亻 扌 扩 扩 扩 扩 推 推
㊥tuī ㊐スイ(おす) ㊟recommend
字源 형성자. 手(수)는 의미 부분이고, 隹(추)는 발음 부분이다.
字解 ❶①천거할(추) ¶推薦(추천) ②옮을(추) ¶推移(추이) ③헤아릴(추) ¶推算(추산) ④받들(추) ¶推戴(추대) ❷밀(퇴) ¶推敲(퇴고)
【推計 추계】 추정하여 계산함.
【推戴 추대】 모셔 올려 받듦.
【推論 추론】 이치를 좇아 어떤 일을 미루어 생각하고 논급함.
【推理 추리】 사리를 미루어 생각함.
【推算 추산】 어림잡아 셈함.
【推仰 추앙】 높이 받들어 우러름.
【推移 추이】 시간이 지남에 따라 사물의 상태가 변해 가는 일.
【推定 추정】 미루어 헤아려서 판정함.
【推進 추진】 앞으로 밀고 나아감.
【推薦 추천】 알맞은 사람이나 물건을 남에게 권함.
【推測 추측】 미루어 헤아림.
【推敲 퇴고】 글을 지을 때, 자구(字句)를 다듬고 고치는 일.

故事 당(唐)나라 시인 가도(賈島)가 '僧敲月下門(승고월하문 : 중이 달 아래에서 문을 두드림)'이라는 시구를 얻어, 두드린다는 뜻의 '敲(고)'를 그대로 둘까, 민다는 뜻의 '推(퇴)'로 고칠까 숙고하다가, 한유(韓愈)의 권고로 '敲'로 정했다는 고사에서 온 말.

【類推 유추】 서로 비슷한 점을 미루어 다른 것을 헤아림.

扌8 ⑪ 【探】 찾을 탐 覃

亻 亻 扌 扩 扩 扌 护 探
㊥tàn ㊐タン(さぐる) ㊟search
字源 형성자. 手(수)는 의미 부분이고, 罙(삼)은 발음 부분이다.
字解 ①찾을, 더듬을(탐) ¶探究(탐구) ②살필, 엿볼(탐) ¶探偵(탐정)
【探究 탐구】 더듬어 깊이 연구함.
【探問 탐문】 알려지지 않은 사실이나 소식을 더듬어 찾아가 물음.
【探訪 탐방】 탐문하기 위하여 사람이나 장소를 찾아봄.
【探査 탐사】 더듬어 살펴 조사함.
【探索 탐색】 더듬어 샅샅이 찾음.
【探偵 탐정】 몰래 남의 비밀을 캐거나 사적인 행동을 알아내는 일, 또는 그 일을 하는 사람.
【探知 탐지】 더듬어 찾아 알아냄.
【探險 탐험】 위험을 무릅쓰고 미지의 세계를 찾아다니며 살핌.
【廉探 염탐】 남몰래 사정이나 내막(內幕)을 살핌.

扌8 ⑪ 【掀】 들 흔 元

㊥xiān ㊐キン ㊟lift
字解 ①들, 치켜들(흔) ②나부낄(흔)
【掀天動地 흔천동지】 하늘을 들어올리고 땅을 움직임. '천지가 뒤흔들리도록 기세를 크게 떨침'의 비유.

扌9 ⑫ 【揀】 가릴 간 潸

㊥jiǎn ㊐カン ㊟distinguish
字解 가릴(간) 늑揀
【揀選 간선】 가려 뽑음.
【揀擇 간택】 ①분간해 가림. ②왕·왕자·왕녀의 배우자를 고르던 일.
【分揀 분간】 서로 같지 아니함을 가려서 앎.

扌9 ⑫ 【揭】 들 게 屑

㊥jiē ㊐ケイ(かかげる) ㊟hoist
字解 들, 높이 들(게)
【揭示 게시】 여러 사람에게 알리기 위

해 내붙이거나 내걸어 두루 보게 함.
【揭揚 게양】높이 들어올려 걺.
【揭載 게재】신문·잡지 등에 기사·광고 따위를 실음.

【揆】 헤아릴 규
명 ⊕kuí ⊕キ(はかる) ⊛calculate
字解 ①헤아릴(규) ②법도(규)
【揆度 규탁】미루어 헤아림.
【一揆 일규】①같은 경우나 경로. ②한결같은 법칙.

【揑】 捏(266)의 俗字

【描】 그릴 묘
명 ⊕miáo ⊕ビョウ(えがく) ⊛draw
字解 그릴, 모뜰(묘)
【描寫 묘사】어떤 대상이나 현상을 예술적으로 서술하거나 그림.
【素描 소묘】목탄·연필·철필 등을 써서 한 가지 색으로 그리는 그림.

【插】 꽂을 삽
명 ⊕chā ⊕ソウ(さす) ⊛insert
字解 꽂을, 끼울(삽)
【插入 삽입】사이에 끼워 넣음.
【插畫 삽화】서적·잡지·신문 등에서 내용이나 기사의 이해를 돕도록 끼워 넣는 그림.
【插話 삽화】이야기 줄거리 사이에 끼워 넣는 다른 이야기.

【挿】 插(273)의 俗字

【揟】 거를 서
명 ⊕xū ⊕ショ ⊛filter
字解 ①거를(서) ②두레박(서)

【握】 잡을 악
명 ⊕wò ⊕アク(にぎる) ⊛grasp
字解 ①잡을, 쥘(악) ¶握手(악수)

②손아귀, 수중(악) ¶掌握(장악)
【握力 악력】손으로 꽉 쥐는 힘.
【握手 악수】인사·감사 등의 표시로 서로 손을 내어 잡는 일.
【掌握 장악】①손 안에 잡아서 쥠. ②권세 따위를 손아귀에 넣음.
【把握 파악】①잡아 쥠. ②어떤 일을 잘 이해하여 확실하게 앎.

【揠】 뽑을 알
명 ⊕yà ⊕アツ ⊛pull out
字解 뽑을(알)
【揠苗助長 알묘조장】이삭을 뽑아 올려 자라게 도움. '급하게 이루려다가 도리어 손해를 봄'의 뜻.

【揶】 揶(266)와 同字

【揚】 날릴 양
𦒳揚揚
扌 扌 扌' 扌" 押 揚 揚 揚
명 ⊕yáng ⊕コウ(あげる)
字源 형성 겸 회의자. 手(수)는 의미 부분이고, 昜(양)은 발음 부분이다. 昜은 해가 막 떠오르는 모습을 나타내므로, 의미 부분도 겸한다.
字解 ①날릴, 드날릴(양) ¶揚名(양명) ②오를(양) ¶浮揚(부양) ③드러낼, 나타낼(양) ¶宣揚(선양) ④칭찬할(양) ¶讚揚(찬양)
【揚名 양명】이름을 드날림.
【揚水 양수】물을 자아올림.
【揚揚 양양】목적한 일을 이루거나 이름을 드날려 자랑스러운 모양.
【高揚 고양】정신·기분 등을 드높임.
【浮揚 부양】가라앉은 것이 떠오름, 또는 떠오르게 함.
【宣揚 선양】널리 떨침.
【止揚 지양】어떤 것을 그 자체로는 부정하면서 도리어 더 높은 단계에서 이를 긍정(肯定)하는 일.
【讚揚 찬양】칭찬하여 드러냄.

【揜】 덮을 엄
명 ⊕yǎn ⊕エン ⊛cover

字解 덮을, 가릴(엄·암)

【掾】아전 연
⊕yuán ⊕エン
字解 아전, 구실아치(연)
【掾吏 연리】아전.

【摇】搖(276)의 俗字

【援】 ❶도울 원 ❷끌 원
亻 扌 扩 扩 担 担 捋 援
⊕yuán ⊕エン(たすける) ⊛aid
字源 형성자. 手(수)는 의미 부분이고, 爰(원)은 발음 부분이다.
字解 ❶도울(원) ¶ 應援(응원) ❷끌, 잡아당길(원) ¶ 援筆(원필)
【援軍 원군】구원하는 군대.
【援用 원용】자기에게 이익이 되게 어떤 사실을 끌어다가 이용함.
【援助 원조】도와줌.
【援筆 원필】붓을 끌어 잡음. 글이나 글씨를 씀.
【援護 원호】도와주고 보호함.
【救援 구원】위험·곤란에 처한 사람을 구하여 줌.
【應援 응원】편들어 격려하거나 도움.
【支援 지원】지지하여 도움.
【後援 후원】뒤에서 도와줌.

【揄】희롱할 유
⊕yú ⊕ユ ⊛ridicule
字解 ❶희롱할(유) ❷칭찬할(유)
【揄揚 유양】칭찬하여 치켜세움.
【揶揄 야유】남을 빈정거려 놀림.

【揉】휠 유
⊕róu ⊕ジュウ(もむ) ⊛bend
字解 휠(유)
【揉輪 유륜】나무를 휘어서 수레바퀴를 만듦.
【揉木 유목】나무를 휘어 바로잡음.

【揖】읍할 읍
⊕yī ⊕ユウ ⊛bow
字解 읍할(읍) ※두 손을 맞잡아 얼굴 앞으로 들고 허리를 앞으로 굽혔다가 다시 몸을 펴면서 손을 내리는 인사.
【揖禮 읍례】읍을 하는 예법.
【揖讓 읍양】예를 다하여 사양함.

【提】끌 제
亻 扌 扩 扞 担 捏 捍 提
⊕tí ⊕テイ(さげる) ⊛drag
字源 형성자. 手(수)는 의미 부분이고, 是(시)는 발음 부분이다.
字解 ❶끌(제) ¶ 提携(제휴) ❷들(제) ¶ 提高(제고) ❸거느릴(제) ¶ 提督(제독)
【提高 제고】쳐들어 높임.
【提供 제공】갖다 줌. 보내어 이바지함.
【提起 제기】①의견 따위를 내어 놓음. ②드러내어 문제를 일으킴.
【提督 제독】①조선 시대에, 교육을 감독·장려하는 일을 맡아보던 벼슬아치. ②해군 함대의 사령관.
【提報 제보】정보를 제공함.
【提訴 제소】소송을 일으킴.
【提示 제시】드러내어 보임.
【提案 제안】의안을 냄.
【提議 제의】의논·의안을 냄, 또는 그 의논이나 의안.
【提唱 제창】내세워 주장함.
【提出 제출】의견·안건(案件) 따위를 내어 놓음.
【提携 제휴】①서로 붙잡아 끌어 줌. ②서로 도움, 또는 공동으로 일을 함.
【前提 전제】무슨 일이 이루어지기 위한 선행 조건.

【揣】헤아릴 췌
⊕chuāi ⊕シ(はかる) ⊛estimate
字解 헤아릴, 잴(췌)
【揣摩 췌마】자기 마음을 미루어 남의

마음을 헤아림.

【換】 바꿀 환

- 一 扌 扩 护 押 换 换 换

⊙ huàn ⊕ カン(かえる) ⊛ exchange

字源 형성자. 手(수)는 의미 부분이고, 奐(환)은 발음 부분이다.

字解 바꿀(환)

【換骨奪胎 환골탈태】 뼈를 바꾸고 태(胎)를 빼앗음. '옛사람의 시와 문장에 자기 나름의 새로움을 더하여 자기 작품으로 함'을 이름.
【換氣 환기】 탁한 공기를 빼고, 맑은 새 공기로 바꿈.
【換算 환산】 어떤 단위를 다른 단위로 고쳐 계산함.
【換言 환언】 바꾸어 말함.
【換率 환율】 두 나라 사이의 화폐 교환 비율. 換時勢(환시세).
【換錢 환전】 서로 종류가 다른 화폐와 화폐를 교환하는 일.
【換節期 환절기】 계절이 바뀌는 시기.
【交換 교환】 서로 바꿈.

【揮】 휘두를 휘

- 扌 扌 扩 抒 押 挿 挿 揮

⊙ huī ⊕ キ(ふるう) ⊛ wield

字源 형성자. 手(수)는 의미 부분이고, 軍(군)은 발음 부분이다. 옛날에 揮와 軍은 발음이 비슷하였다.

字解 ①휘두를(휘) ¶ 揮毫(휘호). ②지휘할, 지시할(휘) ③날, 날아 오를(휘) ¶ 揮發(휘발)

【揮發 휘발】 보통 온도에서 액체가 기체로 변하여 날아 흩어지는 현상.
【揮毫 휘호】 붓을 휘두름. '글씨를 쓰거나 그림을 그림'의 뜻.
【發揮 발휘】 재능이나 역량 등을 떨쳐 드러냄.
【指揮 지휘】 명령(命令)하여 사람들을 움직임.

【推】 두드릴 각

⊙ què ⊕ カク ⊛ knock

字解 ①두드릴(각) ②오로지할, 독차지할(각) ≒榷
【推利 각리】 나라에서 상품을 전매(專賣)하여 이익을 독점함.

【搆】 끌 구

⊙ gòu ⊕ コウ ⊛ draw

字解 ①끌, 이끌(구) ②차릴, 꾸밀, 얽어 만들(구) ≒構
【搆兵 구병】 군대를 출동시킴.
【搆成 구성】 얽어서 만듦.

【搗】 찧을 도

⊙ dǎo ⊕ トウ(つく) ⊛ grind

字解 ①찧을(도)＝擣 ②두드릴, 다듬이질할(도)＝擣
【搗精 도정】 곡식을 찧고 대낌.
【搗砧 도침】 피륙·종이 등을 다듬잇돌에 다듬어 반드럽게 하는 일.

【搏】 칠 박

⊙ bó ⊕ ハク(うつ) ⊛ strike

字解 칠, 두드릴(박)
【搏擊 박격】 몹시 후려침.
【搏動 박동】 맥박이 뜀.
【搏殺 박살】 손으로 쳐서 죽임.
【搏虎 박호】 범을 맨손으로 때려잡으려 함. '무모한 용기'를 이름.
【脈搏 맥박】 심장 박동에 따라 일어나는 동맥 벽의 주기적 파동.

【搬】 옮길 반

⊙ bān ⊕ ハン(はこぶ) ⊛ carry

字解 옮길, 나를(반)
【搬出 반출】 운반하여 냄.
【運搬 운반】 옮겨서 나름.

【搢】 搢(283)의 俗字

【搔】 긁을 소

⊙ sāo ⊕ ソウ(かく) ⊛ scratch

字解 ①긁을(소) ¶ 搔癢(소양) ②

떠들(소) ≒騷 ¶ 搔擾(소요)
【搔癢 소양】 가려운 데를 긁음.
【搔擾 소요】 요란하게 떠듦.
【搔爬 소파】 기구를 사용하여 몸의 조직을 긁어내는 일.

【損】 덜 손

† ‡ 扌 扩 护 捐 捐 損

国 ⊕sǔn ⊕ソン(そこなう) ⊗diminish
字源 형성자. 手(수)는 의미 부분이고, 員(원)은 발음 부분이다.
字解 ①덜, 줄어들(손) ②상할(손) ¶ 損傷(손상) ③잃을(손) ¶ 損失(손실)
【損傷 손상】 상하거나 깨어져서 손해가 됨, 또는 그 손해.
【損失 손실】 ①축나서 없어짐. ②밑짐, 또는 그 일.
【損益 손익】 손해와 이익.
【損害 손해】 본디보다 밑지거나 해(害)가 됨.
【缺損 결손】 모자람. 한 부분이 없어서 불완전함.
【破損 파손】 깨어져서 못 쓰게 됨.
【毀損 훼손】 헐어서 못 쓰게 함.

【搜】 찾을 수

扌 扩 扩 护 护 抻 搜

国 ⊕sōu ⊕ソウ(さがす) ⊗search
字源 형성자. 手(수)는 의미 부분이고, 叟(수)는 발음 부분이다.
字解 찾을(수)
【搜査 수사】 범인의 행방을 찾거나 범죄의 증거를 모음.
【搜索 수색】 뒤져서 찾음.
【搜所聞 수소문】 세상에 떠도는 소문을 더듬어 찾음.

【搤】 쥘 액

国 ⊕è ⊕ヤク ⊗grasp
字解 쥘, 잡을, 누를(액) ≒扼
【搤腕 액완】 ①팔을 잡음. ②분함을 못 이겨 팔을 어루만지며 벼름.
【搤咽拊背 액인부배】 목을 누르고 등

을 침. 급소를 눌러 꼼짝못하게 함.

【搖】 흔들 요

† ‡ 扌 护 护 护 挥 搖

国 ⊕yáo ⊕ヨウ(ゆれる) ⊗shake
字源 형성자. 手(수)는 의미 부분이고, 䍃(요)는 발음 부분이다.
字解 흔들, 흔들릴(요)
【搖動 요동】 흔들리어 움직임.
【搖亂 요란】 시끄럽고 어지러움. 통擾亂(요란).
【搖籃 요람】 ①젖먹이를 놀게 하거나 재우기 위하여 올려놓고 흔들도록 만든 물건. ②'어떤 사물의 발생지나 출발지'의 비유.
【動搖 동요】 움직이고 흔들림.

【搢】 꽂을 진

图 ⊕jìn ⊕シン ⊗insert
字解 꽂을(진)
【搢紳 진신】 홀(笏)을 큰 띠에 꽂음. '높은 벼슬아치나 행동이 점잖고 지위가 높은 사람'의 비유.
【搢笏 진홀】 ①홀을 띠에 꽂음. ②벼슬아치가 출사함.

【搾】 짤 착 본榨

图 ⊕zhà ⊕サク(しぼる) ⊗wring
字解 짤, 짜낼(착)
【搾取 착취】 ①꼭 누르거나 비틀어서 짜냄. ②자본가가 노동자를 부려서 생긴 이익을 독점함.
【壓搾 압착】 눌러서 짜냄.

【搶】 ❶빼앗을 창 ❷어지러울 창

⊕qiǎng, qiāng ⊕ショウ, ソウ ⊗deprive
字解 ❶①빼앗을(창) ¶ 搶奪(창탈) ②부딪칠(창) ¶ 搶風(창풍) ❷어지러울, 문란할(창) ¶ 搶攘(창양)
【搶攘 창양】 몹시 어지러운 모양.
【搶奪 창탈】 폭력을 써서 빼앗음.
【搶風 창풍】 돛이 바람을 받음.

扌部 11획

【搨】모뜰 탑
⑩⑬ ⓗtà ⓙトウ ⓔcopy
字解 모뜰, 베낄, 박을(탑)≒搭
【搨本 탑본】 금석(金石)에 새긴 글씨나 그림을 종이에 그대로 박아 냄, 또는 그 종이. 拓本(탁본).

【搭】탈 탑
⑩⑬ ⓗdā ⓙトウ ⓔride
명 ⓗdā ⓙトウ ⓔride
字解 ①탈(탑) ②실을(탑)
【搭乘 탑승】 탈것에 올라탐.
【搭載 탑재】 짐을 실음.

【携】가질 휴 본攜
⑩⑬
扌 扩 扩 捈 拃 拃 携
고 ⓗxié ⓙケイ(たずさえる) ⓔcarry
字源 형성자. 携는 攜(휴)의 속자이다. 手(수)는 의미 부분이고, 巂(휴)는 발음 부분이다.
字解 ①가질, 들(휴) ②끌, 이끌, 당길(휴)
【携帶 휴대】 어떤 물건을 손에 들거나 몸에 지님.
【提携 제휴】 ①서로 붙잡아 끌어 줌. ②서로 도움, 또는 공동으로 일함.

【摳】걷어들 구
⑪⑭
ⓗkōu ⓙコウ ⓔtake up
字解 걷어들, 추어올릴(구)
【摳衣 구의】 옷자락을 추어올림.

【摞】정돈할 라
⑪⑭
명 ⓗluò ⓙラ ⓔarrange
字解 정돈할(라)

【摸】❶더듬어찾을 모
❷본뜰 모
⑪⑭
명❶ ⓗmō, mó ⓙモ ⓔgrope
字解 ❶더듬어 찾을(모) ¶摸索(모색) ❷본뜰(모)≒模 ¶摸倣(모방)

【摸倣 모방】본뜸. 흉내 냄.
【摸寫 모사】 본떠서 그림.
【摸索 모색】 더듬어 찾음.

【舂】찌를 용
⑪⑭
ⓗchōng ⓙショウ ⓔstab
字解 ①찌를(용) ②찧을(용)≒舂

【摘】딸 적 국
⑪⑭
扌 扩 扩 护 捕 捕 摘 摘
고 ⓗzhāi ⓙテキ(つむ) ⓔpick
字源 형성자. 手(수)는 의미 부분이고, 啇(적)은 발음 부분이다.
字解 ①딸(적) ¶摘芽(적아) ②들추어낼(적) ¶摘發(적발) ③가려서 쓸(적) ¶摘要(적요) ④가리킬(적) ¶指摘(지적)

【摘發 적발】 숨어 드러나지 않는 것을 들추어냄.
【摘示 적시】 지적하여 제시함.
【摘芽 적아】 싹을 땀. 농작물의 성장을 빠르게 하기 위하여 새싹이나 연한 싹을 따내는 일.
【摘要 적요】 요점을 따서 적음, 또는 그 요점.
【指摘 지적】 꼭 집어서 가리킴.

【摺】❶접을 접
❷꺾을 랍
⑪⑭
명❶ ⓗzhé ⓙショウ(ひだ) ⓔfold
字解 ❶접을, 개킬(접) ❷꺾을(랍)
【摺扇 접선】 접었다 폈다 할 수 있게 된 부채. 쥘부채.
【摺紙 접지】 책을 꾸밀 때, 인쇄된 종이를 차례대로 접는 일.
【摺齒 납치】 이를 부러뜨림.

【摠】명 總(643)과 同字
⑪⑭

【摧】❶꺾을 최
❷여물 좌
⑪⑭
ⓗcuī ⓙサイ(くじく) ⓔbreak

【撕】

字解 ❶①꺾을, 쪼갤(최) ②억누를(최) ❷①어물, 끝(좌)

【摧抑 최억】 억누름.
【摧折 최절】 꺾고 부러뜨림.
【摧朽 최후】 썩은 나무를 꺾음. '매우 부수기 쉬움'의 뜻.

【撚】 꼴 년

명 ⓒniǎn ⓙネン(ひねる) ⓔtwist
字解 꼴, 비비어 꼴(년)
【撚絲 연사】 두 가닥 또는 여러 가닥의 실을 합하여 꼬아 놓은 실.
【撚紙 연지】 ①종이를 꼼. ②손끝으로 비벼 꼰 종이끈.

【撓】 휘어질 뇨

명 ⓒnáo ⓙドウ ⓔbend
字解 ①휘어질, 휠, 굽힐(뇨) ②어지러울, 흔들릴(뇨)
【撓屈 요굴】 휘어서 굽힘.
【撓亂 요란】 시끄럽고 어지러움.
【不撓不屈 불요불굴】 휘지 않고 굽히지 않음. '어떤 어려움도 꿋꿋이 견디어 나감'의 뜻.

【撞】 칠 당

명 ⓒzhuàng ⓙトウ(つく) ⓔstrike
字解 칠, 두드릴, 부딪칠(당)
【撞球 당구】 대(臺) 위에 붉은 공과 흰 공을 놓고 막대로 쳐서 굴려 맞춰 승부를 겨루는 경기.
【撞着 당착】 말이나 행동의 앞뒤가 서로 맞지 않음.

【撈】 건져 낼 로

명 ⓒlāo ⓙロウ(とる) ⓔfish up
字解 ①건져 낼, 잡을(로) ②꿩게(로) ※씨를 뿌리고 흙을 덮는 데 쓰는 농구(農具).
【撈救 노구】 물에 빠진 것을 구해 냄.
【漁撈 어로】 고기잡이.

【撛】 도울 린

명 ⓒlǐn ⓙリン ⓔhelp
字解 ①도울(린) ②뺄을(린)

【撫】 어루만질 무

명 ⓒfǔ ⓙブ(なでる) ⓔstroke
字解 어루만질, 위로할(무)
【撫摩 무마】 ①손으로 어루만짐. ②마음을 달래어 위로함.
【宣撫 선무】 국민이나 점령지 주민에게 정부 또는 본국의 시책을 이해시키어 민심을 안정시키는 일.
【愛撫 애무】 사랑하여 어루만짐.

【撲】 두드릴 박

명 ⓒpū ⓙハク, ホク(うつ) ⓔbeat
字解 두드릴, 때릴, 칠(박)
【撲滅 박멸】 모조리 잡아 없애 버림.
【撲殺 박살】 때려죽임. 쳐죽임.
【相撲 상박】 서로 마주 때림.
【打撲 타박】 때리고 침.

【撥】 다스릴 발

명 ⓒbō ⓙハツ(おさめる) ⓔrule
字解 ①다스릴(발) ¶ 撥亂(발란) ②없앨(발) ¶ 撥憫(발민) ③통길(발) ¶ 反撥(반발) ④채(발) ※북·장구 따위를 쳐서 소리를 내게 하는 도구.
【撥亂 발란】 어지러운 세상을 바로잡아 다스림.
【撥木 발목】 비파(琵琶) 연주에 쓰는, 나무로 만든 물건. 술대.
【撥憫 발민】 고민을 없애 버림.
【反撥 반발】 ①되받아 퉁김. ②언짢게 여겨 반항함.
【擺撥 파발】 조선 시대에, 공문 등을 급히 보내기 위해 만든 역참(驛站).

【撒】 뿌릴 살

명 ⓒsǎ ⓙサン(まく) ⓔscatter
字解 뿌릴, 흩뿌릴(살)
【撒水 살수】 물을 뿌림.
【撒布 살포】 흩어 뿌림.
【彌撒 미살→미사】 라틴어 'missa'의 음역(音譯). 가톨릭 교회에서 거행

하는 최대의 예배 의식.
참고 撤(철 : 279)은 딴 자.

【撙】 억제할 준
⑫⑮ 本존 阮 restrain
字解 ①억제할(준) ②겸손할(준)
【撙詘 준굴】 절제하여 겸양함.
【撙節 준절】 ①억제함. ②법도를 좇음. ③씀씀이를 절약함.

【撰】 ①글 지을 찬 ②가릴 선
⑫⑮ 霰/銑
명 ❶ ㉠zhuàn ㉯セン(えらぶ) ㉱compose
字解 ❶글 지을(찬) ¶ 撰述(찬술)
❷가릴(선) 눈選
【撰述 찬술】 ①글을 지음. ②책을 저작(著作)함.
【撰進 찬진】 임금에게 글이나 책을 지어서 바침.
【撰集 찬집】 시나 문장 따위를 골라 모음, 또는 골라 모은 책.
【改撰 개찬】 책 따위를 고쳐서 다시 지음.
【修撰 수찬】 서책을 편찬함.

【撤】 걷을 철
⑫⑮ 屑
명 ㉠chè ㉯テツ ㉱clear up
字解 걷을, 치울(철)
【撤去 철거】 걷어치워 버림.
【撤軍 철군】 주둔지(駐屯地)에서 군대를 철수함.
【撤收 철수】 거두어 감. 물러감.
【撤市 철시】 시장·점포 등의 문을 닫고 영업을 그만둠.
【撤廢 철폐】 걷어치워서 폐지함.
【撤回 철회】 이미 내었거나 보낸 것을 도로 거두어들임.
참고 撒(살 : 278)은 딴 자.

【撮】 취할 촬
⑫⑮ 曷
명 ㉠cuō ㉯サツ(とる) ㉱take
字解 ①취할(촬) ¶ 撮要(촬요)
②찍을(촬) ¶ 撮影(촬영) ③자밤

(촬) ※두 손가락 끝으로 집을 만한 분량. ¶ 撮土(촬토)
【撮影 촬영】 어떤 형상을 사진이나 영화로 찍음.
【撮要 촬요】 요점을 골라 취함.
【撮土 촬토】 한 자밤의 흙. 얼마 되지 않는 적은 땅. 撮壤(촬양).

【撑】 버틸 탱
⑫⑮ 本쟁 庚 撑
㉠chēng ㉯トウ ㉱sustain
字解 버틸, 괼(탱)
【撑柱 탱주】 넘어지지 않게 버티는 기둥. 버팀목.
【支撑 지탱】 오래 버티거나 배겨 냄.

【撑】 图 撑(279)의 俗字
⑫⑮

【播】 씨뿌릴 파
⑫⑮ 圖
丨扌扩护押採播播
고 ㉠bō ㉯ハ(まく) ㉱sow
字源 형성자. 手(수)는 의미 부분이고, 番(번)은 발음 부분이다.
字解 ①씨뿌릴(파) ¶ 播種(파종)
②옮길, 달아날(파) ¶ 播遷(파천)
③퍼뜨릴, 펼(파) ¶ 傳播(전파)
【播種 파종】 씨앗을 뿌림.
【播遷 파천】 임금이 난리를 피해 궁궐을 떠나 다른 곳으로 몸을 옮김.
【傳播 전파】 널리 전하여 퍼짐.
【直播 직파】 모내기를 아니하고 논밭에 직접 씨를 뿌리는 일.

【撼】 흔들 감
⑬⑯ 本함 感
㉠hàn ㉯カン(うごかす) ㉱shake
字解 흔들, 움직일(감)
【撼天動地 감천동지】 하늘을 흔들고 땅을 움직임. '활동이 매우 눈부심'의 비유.

【據】 의지할 거
⑬⑯ 속 간 拠据
丨扌扌扩扩护搞據
고 ㉠jù ㉯キョ, コ(よる) ㉱depend

【據】 의지할, 기댈 거

字源 형성자. 手(수)는 의미 부분이고, 豦(거)는 발음 부분이다.
字解 ①의지할, 기댈(거) ¶據點(거점) ②증거, 근원(거) ¶根據(근거)

- 【據點 거점】 의거하여 지키는 곳. 활동의 근거지.
- 【根據 근거】 ①근본(根本)이 되는 거점. ②어떤 의견이나 의론(議論) 따위의 이유 또는 바탕이 되는 것.
- 【論據 논거】 의론이나 논설이 성립하는 근거가 되는 것.
- 【雄據 웅거】 일정한 땅에 자리잡고 굳게 막아 지킴.
- 【依據 의거】 ①어떠한 사실을 근거로 함. ②어떤 곳에 자리잡고 머무름.
- 【典據 전거】 근거로 삼는 문헌상(文獻上)의 출처.
- 【占據 점거】 어떤 곳을 차지하여 자리를 잡음.
- 【證據 증거】 어떤 사실을 증명할 수 있는 근거.
- 【割據 할거】 땅을 분할하여 웅거함.

【撿】 단속할 검

中 jiǎn 日 ケン 英 regulate
字解 ①단속할(검) ②살필, 조사할(검) ≒檢

- 【撿校 검교】 살펴 바르게 함. 또는 그 일을 하는 사람.
- 【撿束 검속】 단속함. 구속함.

【擒】 사로잡을 금

中 qín 日 キン(とらえる) 英 capture
字解 사로잡을(금)

- 【擒縱 금종】 사로잡음과 놓아줌.
- 【生擒 생금】 산 채로 잡음.

【撻】 종아리 칠 달

中 tà 日 タツ 英 cane
字解 종아리 칠, 매질할(달)

- 【撻楚 달초】 회초리로 볼기나 종아리를 때림.
- 【鞭撻 편달】 ①채찍으로 때림. ②일깨워 주고 격려함.

【擔】 멜 담

字源 형성자. 手(수)는 의미 부분이고, 詹(첨)은 발음 부분이다.
字解 ①멜, 짊어질(담) ¶負擔(부담) ②맡을, 책임질(담) ¶擔當(담당)

- 【擔架 담가】 들것.
- 【擔當 담당】 어떤 일을 맡음.
- 【擔保 담보】 채무자가 채무를 갚지 않을 경우에 대비하여 채권자에게 제공하는 물건.
- 【擔任 담임】 책임을 지고 맡아봄.
- 【加擔 가담】 참가하여 맡음. 같은 편이 되어 힘을 보탬.
- 【負擔 부담】 ①지고 메고 함. ②어떤 의무나 책임을 짐.
- 【分擔 분담】 나누어서 맡음.
- 【專擔 전담】 전문적으로 맡거나 혼자서 담당함.

【擄】 노략질할 로

中 lǔ 日 ロ 英 rob
字解 ①노략질할, 약탈할(로) ②사로잡을(로) =虜

- 【擄掠 노략】 떼를 지어 돌아다니면서 사람과 재물을 빼앗음.

【擗】 가슴 두드릴 벽

中 pī 日 ヘキ
字解 가슴 두드릴(벽)

- 【擗踊 벽용】 ①몹시 슬퍼서 가슴을 두드리고 땅을 구르며 통곡함. ②부모의 상사(喪事)를 당하여 매우 슬프게 울며 가슴을 두드림.

【擁】 ❶안을 옹 ❷가릴 옹

中 yōng 日 ヨウ(いだく) 英 embrace

字源 형성자. 手(수)는 의미 부분이고, 雍(옹)은 발음 부분이다.
字解 ❶①안을(옹) ¶抱擁(포옹) ②지킬(옹) ¶擁衛(옹위) ❷가릴, 막을(옹) 늑壅
【擁立 옹립】임금의 자리 따위에 모시어 세움.
【擁衛 옹위】부축하여 호위함.
【擁護 옹호】편들어 지킴.
【抱擁 포옹】품속에 꺼안음.

【操】❶잡을 조 ❷지조 조

ㅓ ㅓ ㅓ' ㅓ' ㅓ' 押 捍 捍 操

卫 ⊕cāo ⊕ソウ(みさお) ㊧grasp
字源 형성자. 手(수)는 의미 부분이고, 喿(소)는 발음 부분이다.
字解 ❶①잡을, 쥘(조) ¶操心(조심) ②부릴, 다룰(조) ¶操縱(조종) ③新運動(조) ¶體操(체조) ❷지조(조) ¶貞操(정조)
【操心 조심】잘못이나 실수가 없게 마음을 씀. 삼가 주의함.
【操業 조업】작업을 함. 일을 함.
【操作 조작】기계 따위를 다루어 움직이게 함.
【操縱 조종】기계 따위를 마음대로 다루어 부림.
【操舵 조타】배의 키를 조종함.
【節操 절조】절개와 지조.
【貞操 정조】곧고 깨끗한 절개.
【志操 지조】곧은 뜻과 절개.
【體操 체조】신체의 발달을 꾀하고 결함을 보충하기 위해 하는 운동.

【擅】천단할 천 ㊧선

명 ⊕shàn ⊕セン(ほしいまま)
字解 천단할, 오로지할(천)
【擅斷 천단】제멋대로 결단함.
【擅橫 천횡】거리낌 없이 제 마음대로 함. 專橫(전횡).

【擇】가릴 택

ㅓ ㅓ ㅓ' ㅓ' 押 押 擇 擇

卫 ⊕zé ⊕タク(えらぶ) ㊧select
字源 형성자. 手(수)는 의미 부분이고, 睪(역)은 발음 부분이다.
字解 가릴, 고를, 뽑을(택)
【擇一 택일】여럿 중 하나를 택함.
【擇日 택일】좋은 날을 가림.
【揀擇 간택】①분간(分揀)하여 선택함. ②조선 시대에, 임금・왕자・왕녀의 배우자를 고르던 행사.
【選擇 선택】골라서 뽑음.
【採擇 채택】골라서 씀.

【擱】놓을 각

⊕gē ⊕カク ㊧put
字解 놓을(각)
【擱筆 각필】붓을 놓음. 쓰기를 끝내거나 중도에 그만둠.

【擡】들 대 ㊧抬

명 ⊕tái ⊕タイ(もたげる) ㊧raise
字解 들, 쳐들(대)
【擡擧 대거】①들어올림. ②발탁함.
【擡頭 대두】①어떤 현상이 일어남. 고개를 듦. ②글을 쓸 때, 경의를 표하여야 할 경우에 줄을 바꾸어 다른 줄보다 몇 자 올려 쓰거나 비우고 쓰는 일.

【擣】찧을 도

⊕dǎo ⊕トウ(つく) ㊧grind
字解 ①찧을(도)=搗 ¶擣藥(도약) ②두드릴, 다듬이질할(도)=搗 ¶擣衣(도의) ③공격할(도) ¶擣虛(도허)
【擣藥 도약】약재를 찧는 일.
【擣肉 도육】살코기를 다짐.
【擣衣 도의】옷을 다듬이질함.
【擣虛 도허】적의 허점을 노려 공격함.

【擯】물리칠 빈

⊕bìn ⊕ヒン ㊧reject
字解 ①물리칠, 버릴(빈) ②손님 맞을, 인도할(빈)
【擯相 빈상】손님을 응접(應接)하는 일을 맡은 관리.

【擯斥 빈척】아주 물리쳐 버림.

【擬】 비길 의
명 ⓒnǐ ⓙギ(なぞらえる) ⓔliken
字解 ①비길, 비교할(의) ¶擬人(의인) ②본뜰, 흉내 낼(의) ¶擬態(의태) ③헤아릴(의)
【擬古 의고】옛것을 모방함.
【擬聲 의성】어느 소리를 흉내 내어 인공적으로 만들어 내는 소리.
【擬人 의인】사람이 아닌 것을 사람에 비김.
【擬態 의태】어떤 모양을 흉내 내어 그와 비슷하게 꾸미거나 만듦.
【模擬 모의】실제와 비슷한 형식과 내용으로 연습 삼아 해 봄.

【擠】 물리칠 제
ⓒjǐ ⓙセイ(おす) ⓔrepel
字解 물리칠, 떠밀(제)
【擠陷 제함】악의를 가지고 남을 죄에 빠지게 함.
【排擠 배제】떠밀어 물리침.

【擦】 문지를 찰
명 ⓒcā ⓙサツ(する) ⓔrub
字解 문지를, 비빌(찰)
【擦傷 찰상】스치거나 문질러서 벗어진 상처. 擦過傷(찰과상)
【摩擦 마찰】①서로 맞대어 비빔. ②뜻이 맞지 않아서 옥신각신함.

【擢】 뽑을 탁
명 ⓒzhuó ⓙテキ(ぬく) ⓔselect
字解 뽑을, 뺄, 빼낼(탁)
【擢用 탁용】많은 사람 가운데서 우수한 사람을 뽑아 씀.
【拔擢 발탁】많은 사람 가운데서 추려서 씀.

【擾】 요란할 요
명 ⓒrǎo ⓙジョウ(みだれる) ⓔdisturbed
字解 ①요란할, 어지러울(요) ¶騷擾(소요) ②길들일, 따르게 할(요) ¶擾民(요민)
【擾亂 요란】시끄럽고 어지러움. 搖亂(요란).
【擾民 요민】백성을 잘 다스려서 따르게 함.
【騷擾 소요】여럿이 떠들썩하게 들고 일어남, 또는 그런 소란.

【攅】 攢(283)의 俗字

【擲】 던질 척
명 ⓒzhì ⓙテキ(なげうつ) ⓔthrow
字解 던질, 내버릴(척)
【擲去 척거】던져서 버림.
【擲柶 척사】國윷놀이.
【擲殺 척살】메어쳐서 죽임.
【投擲 투척】내던짐.

【攄】 펼 터
명 ⓒshū ⓙチョ ⓔspread
字解 펼, 늘어놓을(터)
【攄得 터득】경험을 쌓거나 연구하여 깨달아 앎.
【攄破 터파】자기가 품은 속마음을 털어놓아 남의 의혹을 풀어 줌.

【擺】 헤칠 파
명 ⓒbǎi ⓙハイ(ひらく) ⓔopen
字解 ①헤칠, 열(파) ¶擺脫(파탈) ②털, 털어 버릴(파) ¶擺撥(파발)
【擺撥 파발】①털어 버림. ②조선 시대에, 공문 등을 급히 보내기 위해 만든 역참(驛站).
【擺脫 파탈】①헤쳐서 없애 버림. ②예절이나 구속에서 벗어남.

【擴】 늘릴 확
ⓒkuò ⓙカク(ひろげる) ⓔexpand
字解 형성자. 手(수)는 의미 부분이고, 廣(광)은 발음 부분이다.

字解 늘릴, 늘일, 넓힐(확)
【擴大 확대】 늘여서 크게 함.
【擴散 확산】 퍼져 흩어짐.
【擴聲器 확성기】 음성(音聲)을 확대하는 장치.
【擴張 확장】 늘려서 넓힘.
【擴充 확충】 넓혀서 충분하게 함.

【攘】 물리칠 양

명 ㊥rǎng ㊐ジョウ(はらう) ㊍repel
字源 형성자.
字解 ①물리칠(양) ¶攘夷(양이) ②훔칠, 빼앗을(양) ¶攘奪(양탈)
【攘夷 양이】 오랑캐를 물리침.
【攘斥 양척】 물리침.
【攘奪 양탈】 힘으로 빼앗아 가짐.

【攝】 끌어 잡을 섭

扌 扩 扩 捱 捱 捱 攝 攝

명 ㊥shè ㊐セツ(とる)
字源 형성자. 手(수)는 의미 부분이고, 聶(섭)은 발음 부분이다.
字解 ①끌어 잡을(섭) ¶攝取(섭취) ②대신할(섭) ¶攝政(섭정) ③다스릴(섭) ¶攝生(섭생)
【攝理 섭리】 ①병을 조리함. ②자연계를 지배하고 있는 이법(理法).
【攝生 섭생】 건강을 유지하도록 꾀함. 養生(양생).
【攝政 섭정】 임금을 대신하여 정치(政治)를 함.
【攝取 섭취】 영양분을 빨아들임.
【包攝 포섭】 상대를 자기편으로 끌어넣음.

【攜】 携(277)의 本字

【攢】 모일 찬

명 ㊥cuán ㊐サン ㊍gather
字解 모일, 모을(찬)
【攢宮 찬궁】 임금의 시신(屍身)을 일시 안치(安置)하는 곳.
【攢立 찬립】 떼 지어 섬. 모여 섬.
【攢眉 찬미】 눈살을 찌푸림. 얼굴을 찡그림.

【攤】 펄 탄

명 ㊥tān ㊐タン ㊍spread
字解 펄, 벌릴(탄)
【攤書 탄서】 책을 펼침.

【攪】 어지러울 교

명 ㊥jiǎo ㊐カク, コウ(みだす) ㊍disturb
字解 ①어지러울, 어지럽힐(교) ②휘저을, 흔들(교)
【攪亂 교란】 뒤흔들어 어지럽힘.
【攪拌 교반】 휘저어 섞음.

【攫】 움킬 확

명 ㊥jué ㊐カク(つかむ) ㊍seize
字解 움킬, 붙잡을(확)
【攫鳥 확조】 다른 동물을 잡아 죽이는 맹금(猛禽).
【一攫千金 일확천금】 단번에 많은 재물을 움켜쥠.

【攬】 가질 람

명 ㊥lǎn ㊐ラン(とる) ㊍take
字解 가질, 잡아당길(람)
【攬要 남요】 요점을 가려 뽑음.
【收攬 수람】 사람들의 마음을 거두어 잡음.

3 氵部

【氵】 삼수변

참고 '水'가 변에 쓰일 때의 글자 모양으로, 여기서는 별도의 부수로 다루었다. ☞水部(457)

【氾】 넘칠 범

명 ㊥fán ㊐ハン(ひろがる) ㊍overflow
字解 ①넘칠(범) ②뜰(범) ③넓을

(범)=汎
【氾濫 범람】물이 넘쳐 흐름.
【氾然 범연】대범한 모양.

【汀】물가 정

명 ⊕tīng ⊕テイ(みぎわ) ⊛waterside
字解 물가(정) ※물가의 평지.
【汀線 정선】바다와 해안(海岸)이 맞닿는 선.
【汀渚 정저】물가의 편평한 땅.

【汁】진액 즙

명 ⊕zhī ⊕ジュウ(しる) ⊛extract
字解 ①진액(즙) ②국물(즙)
【汁液 즙액】과일 등에서 짜낸 액체.
【果汁 과즙】과실에서 짠 즙.
【肉汁 육즙】쇠고기를 다져 삶아서 짠 국물.

【江】강 강

丶 丶 氵 汀 江 江
명 ⊕jiāng ⊕コウ(え) ⊛river
字源 형성자. 水(수)는 의미 부분이고, 工(공)은 발음 부분이다.
字解 강, 큰 내(강)
【江邊 강변】강가. 河畔(하반).
【江山 강산】①강과 산. ②국토.
【江心 강심】강의 한복판.
【江村 강촌】강가에 있는 마을.
【江河 강하】①양쯔 강(揚子江)과 황허 강(黃河江). ②강과 큰 내.
📖 중국에서는 남쪽 지방의 것은 '江', 북쪽 지방의 것은 '河'라 함.
【江湖 강호】①강과 호수. ②조정(朝廷)에 대하여 '시골'을 이름.
【渡江 도강】강을 건넘.
참고 이전에는 양쯔 강(揚子江)을 그냥 '江' 또는 '江水(강수)'라 하였고, 후대에 와서는 '長江(장강)' 또는 '大江(대강)'이라 하였다.

【汏】씻을 대

⊕dà ⊕タイ ⊛wash
字解 씻을, 쌀 일(대)

【汎】뜰 범

명 ⊕fàn ⊕ハン(うかぶ) ⊛float
字解 ①뜰, 띄울(범) ¶汎舟(범주)
②넓을(범)=氾·泛 ¶汎愛(범애)
【汎論 범론】넓은 범위에 걸쳐 개괄하여 설명한 이론.
【汎愛 범애】널리 사랑함.
【汎舟 범주】배를 띄움.
【汎稱 범칭】넓은 범위로 일컬음.

【汕】오구 산

명 ⊕shàn ⊕サン
字解 오구(산) ※어구의 한 가지.

【汐】저녁 조수 석

명 ⊕xī ⊕セキ ⊛night tide
字解 저녁 조수, 석수(석)
【汐水 석수】저녁때 밀려왔다가 밀려나가는 바닷물.
【潮汐 조석】밀물과 썰물.

【汝】너 여

丶 丶 氵 汝 汝 汝
명 ⊕rǔ ⊕ジョ ⊛you
字源 형성자. 水(수)는 의미 부분이고, 女(녀)는 발음 부분이다.
字解 너, 당신(여)
【汝等 여등】너희들. 汝輩(여배).

【汚】더러울 오

丶 丶 氵 氵 汚 汚
형 ⊕wū ⊕オ(けがす) ⊛dirty
字源 형성자. 水(수)는 의미 부분이고, 于(우)는 발음 부분이다.
字解 더러울, 더럽힐(오)
【汚吏 오리】부정한 짓을 하는 관리.
【汚名 오명】더럽혀진 이름이나 나쁜 명예. 나쁜 평판.
【汚物 오물】①지저분하고 더러운 물건. ②대소변 따위의 배설물.
【汚染 오염】더러움에 물듦.
【汚辱 오욕】더럽혀 욕되게 함.

氵部 4획

{汚點 오점} ①더러운 점. ②명예를 더럽히는 흠.

【汙】 汚(284)와 同字

【汒】 젖을 인
⑩ⓒrèn ⓙニン ⓔget wet
字解 젖을(인)

【池】 못 지
丶丶冫氵汁池池
고 ⓒchí ⓙチ(いけ) ⓔpond
字源 형성자. 水(수)는 의미 부분이고, 也(야)는 발음 부분이다. 옛날에 池와 也는 발음이 비슷하였다.
字解 못(지) ※물을 모아 둔 곳.
{池塘 지당} 못의 둑.
{池魚之殃 지어지앙} 못 속 물고기의 재앙. '뜻하지 않은 재앙'의 뜻.

【汗】 땀 한
丶丶冫氵汁汗
고 ⓒhán ⓙカン(あせ) ⓔsweat
字源 형성자. 水(수)는 의미 부분이고, 干(간)은 발음 부분이다.
字解 땀(한)
{汗衫 한삼} 속적삼.
{汗腺 한선} 땀샘.
{汗牛充棟 한우충동} 수레에 실어서 끌게 하면 소가 땀을 흘리고, 쌓아 올리면 대들보까지 참. '장서(藏書)가 많음'의 비유.
{汗蒸 한증} 높은 온도로 몸을 덥혀, 땀을 내어 병을 다스리는 일.
{盜汗 도한} 몸이 쇠약하여 잠자는 사이에 저절로 나는 식은땀.
{發汗 발한} 병을 다스리려고 땀을 냄.

【汍】 눈물 흐를 환
ⓒwán ⓙカン
字解 눈물 흐를(환)
{汍瀾 환란} 눈물을 줄줄 흘리며 우는 모양.

【決】 정할 결
丶丶冫氵冫汁決決
정 ⓒjué ⓙケツ(きめる) ⓔdecide
字源 형성자. 水(수)는 의미 부분이고, 夬(쾌)는 발음 부분이다. 옛날에 決과 夬는 발음이 비슷하였다.
字解 ①정할, 결단할(결) ¶決定(결정) ②터질(결) ¶決裂(결렬)
{決斷 결단} 딱 잘라 결정함.
{決裂 결렬} 의견이 맞지 않아 관계를 끊고 갈라짐.
{決算 결산} 계산을 마감함.
{決勝 결승} 최후의 승부를 정함.
{決心 결심} 마음을 정함.
{決然 결연} 딱 잘라 정하는 모양.
{決議 결의} 회의에서, 의안·제의의 가부(可否)를 결정함.
{決裁 결재} 결정권자가 부하가 제출한 안건을 검토하여 허가하거나 승인함.
{決定 결정} 결단하여 정함.
{決行 결행} 결단하여 실행함.
{可決 가결} 회의에서, 제출된 의안을 합당하다고 결정함.
{終決 종결} 결정이 내려짐.
{判決 판결} 옳고 그름 따위를 판단하여 결정함.
{票決 표결} 투표를 하여 결정함.
{解決 해결} 제기된 문제를 해명하거나 얽힌 일을 잘 처리함.

【汨】 ❶빠질 골
❷흐를 율
명❷ ⓒgǔ ⓙイツ, コツ ⓔsink
字解 ❶①빠질, 잠길(골) ②다스릴(골) ③빠를(골) ❷흐를(율)
{汨沒 골몰} ①물 속에 잠김. ②다른 생각을 할 여유가 없이 어떤 한 가지 일에 온 정신이 파묻힘.
참고 '汨(멱:286)'은 딴 자이나 옛날부터 혼용되어 왔으므로, ❶의 뜻일 때는 통하여 씀.

【沔】 내 이름 면
ⓒmiǎn ⓙメン

【汚水 오수】 산시 성(陝西省)에서 발원하여 양쯔 강(揚子江)으로 흘러드는 강.

【汲】 물 길을 급 緝
명 ⊕jí ⊕キュウ(くむ) 美draw water
字解 ①물 길을(급) ②바쁠(급)
【汲汲 급급】 어떤 일에 마음을 쏟아서 틈이 없는 모양.
【汲水 급수】 물을 길음.

【汽】 김 기 未
명 ⊕qì ⊕キ 美steam
字解 김, 증기(기)
【汽罐 기관】 물을 증기로 바꾸는 장치. 보일러.
【汽船 기선】 증기의 힘으로 물 위를 달리는 배.
【汽笛 기적】 증기의 힘으로 울리게 하는 고동.
【汽車 기차】 증기의 힘으로 궤도 위를 달리는 차.

【沂】 물 이름 기 微
명 ⊕yí ⊕キ, ギン
字解 물 이름(기)
【沂水 기수】 산둥 성(山東省)에서 발원하여 쓰수이 강(泗水江)으로 흘러드는 내.
참고 沂(소:291)는 딴 자.

【沌】 어두울 돈 阮
명 ⊕dùn ⊕トン 美dark
字解 ①어두울(돈) ②어리석을, 우매할(돈)
【混沌 혼돈】 ①천지가 아직 나누어지지 않은 상태. ②사물의 구별이 도무지 되어 있지 않은 상태.

【汨】 ❶물 이름 멱 錫 ❷빠질 골 月
字解 내 이름(면)

명 ❷ ⊕mì ⊕ベキ
字解 ❶물 이름(멱) ❷빠질(골)
【汨羅水 멱라수】 후난 성(湖南省) 샹인 현(湘陰縣)의 북쪽에 있는 강. 초(楚)나라 굴원(屈原)이 참소를 당해 빠져 죽었다고 전함.
참고 '汩(골:285)'은 딴 자이나 옛날부터 혼용되어 왔으므로, ❷의 뜻일 때는 통하여 씀.

【沐】 머리 감을 목 屋
명 ⊕mù ⊕モク, ボク(あらう)
字解 ①머리 감을(목) ②씻을(목)
【沐浴 목욕】 머리를 감고 몸을 씻음.
【沐雨 목우】 빗물로 머리를 감음. '비를 흠뻑 맞음'의 뜻.
【沐雨櫛風 목우즐풍】 비로 목욕하고, 바람으로 머리를 빗음. '비바람을 무릅쓰고 동분서주함'의 뜻.
【沐猴 목후】 ①원숭이. ②'성질이 거칠고 촌스러운 사람'의 비유.

【沒】 빠질 몰 月
고 ⊕mò ⊕ボツ(しずむ) 美sink
字解 형성자. 水(수)는 의미 부분이고, 殳(몰)은 발음 부분이다.
字解 ①빠질, 잠길(몰) ¶ 沒頭(몰두) ②다할(몰) ¶ 沒落(몰락) ③죽을(몰) ¶ 沒年(몰년) ④빼앗을(몰) ¶ 沒收(몰수) ⑤없을(몰) ¶ 沒人情(몰인정)
【沒却 몰각】 ①없애 버림. ②무시함.
【沒年 몰년】 죽은 해, 또는 죽은 해의 나이.
【沒頭 몰두】 한 가지 일에만 온 정신을 기울임.
【沒落 몰락】 멸망함.
【沒殺 몰살】 모조리 다 죽임.
【沒收 몰수】 부당하게 얻은 것을 강제로 거두어들임.
【沒廉恥 몰염치】 염치가 아주 없음.
【沒人情 몰인정】 인정이 아주 없음.
【沒入 몰입】 깊이 파고들거나 빠짐.
【生沒 생몰】 태어남과 죽음. 生死(생사). 生卒(생졸).
【出沒 출몰】 나타났다 숨었다 함.

【沈沒 침몰】 물에 빠져 가라앉음.

【汶】 ❶더럽힐 문 ❷물 이름 문

명 ⊕wèn ⊕モン, ボン 英defile
字解 ❶①더럽힐, 치욕(문) ②사리에 어두울(문) ❷물 이름(문) ※ 산동 성(山東省)에 있는 내.
【汶汶 문문】 사리에 어두운 모양.

【汨】 ❶아득할 물 ❷숨을 밀

명 ❶ ⊕wù, mì ⊕モチ, ミチ 英dim
字解 ❶아득할, 어렴풋할(물) ❷숨을, 숨길(밀)
【汨漠 물막】 변경의 멀고 아득한 지방.
【汨穆 물목】 깊고 아득한 모양.

【汴】 물 이름 변

⊕biàn ⊕ベン
字解 ①물 이름(변) ※허난 성(河南省)에 있는 강. ②땅 이름(변) ※북송(北宋)의 도읍터. 허난 성(河南省) 카이펑 현(開封縣).

【汾】 클 분

명 ⊕fén ⊕フン 英big
字解 ①클(분) ②많고 성할(분)
【汾沄 분운】 많고 성한 모양.

【沙】 모래 사

丶 氵 氵 沙 沙 沙
고 ⊕shā, shà ⊕サ(すな) 英sand
字源 형성자. 水(수)는 의미 부분이고, 少(소)는 발음 부분이다.
字解 ①모래(사) =砂 ¶沙漠(사막) ②일(사) ※물 속에 담가 흔들어서 가려내는 일. ¶沙汰(사태)
【沙丘 사구】 모래로 이루어진 언덕.
【沙金 사금】 모래나 자갈에 섞여 있는 황금.
【沙器 사기】 백토(白土)로 구워 만든 그릇.
【沙漠 사막】 기후가 매우 건조하여 생물이 거의 자라지 못하는, 모래와 자갈로 된 땅.
【沙上樓閣 사상누각】 모래 위에 지은 집. '기초가 튼튼하지 못하거나 실현 불가능한 헛된 것'의 비유.
【沙汰 사태】 ①쌀을 씻어서 돌을 일. ②비로 말미암아 산·언덕의 토사가 무너져 내리는 일.
【土沙 토사】 흙과 모래.

【沁】 스며들 심

명 ⊕qìn ⊕シン 英soak
字解 ①스며들, 배어들(심) ②더듬어 찾을(심)
【沁入心脾 심입심비】 깊이 마음속에 스며들어 잊을 수가 없음.

【沇】 ❶강 이름 연 ❷물 흐를 유

명 ❶ ⊕yǎn, wěi ⊕エン
字解 ❶①강 이름(연) ※허난 성(河南省)에 있는 강. ②유행할(연) ❷①물 흐를(유) ②성할(유)
【沇沇 연연】 널리 유행하고 있는 모양.
【沇溶 유용】 ①물이 산골짜기를 흐르는 모양. ②성하고 많은 모양.

【汭】 물굽이 예

명 ⊕ruì ⊕ゼイ 英bend
字解 물굽이(예)

【沃】 기름질 옥

명 ⊕wò ⊕ヨク(そそぐ) 英fertile
字解 ①기름질, 윤택할(옥) ¶沃土(옥토) ②물 댈, 관개할(옥) ③손 씻을(옥) ¶沃盥(옥관)
【沃盥 옥관】 물을 대야에 부어 손을 씻음.
【沃畓 옥답】 땅이 기름진 논.
【沃土 옥토】 기름진 땅. 沃地(옥지).
【肥沃 비옥】 땅이 걸고 기름짐.

氵 4 ⑦ 【汪】 넓을 왕 [陽]

[명] [中]wāng [日]オウ [英]vast

[字解] 넓을, 깊고 넓을(왕)

【汪茫 왕망】물이 넓고 큰 모양.

氵 4 ⑦ 【沄】 소용돌이칠 운 [文]

[명] [中]yún [日]ウン [英]whirlpool

[字解] ①소용돌이칠(운) ②넓을, 넓고 깊을(운)

【沄沄 운운】①물이 소용돌이치는 모양. ②넓고 깊은 모양.

3 획

氵 4 ⑦ 【沅】 강 이름 원 [元]

[명] [中]yuán [日]ゲン

[字解] 강 이름(원) ※후난 성(湖南省)에 있는 큰 강.

氵 4 ⑦ 【沚】 물가 지 [紙]

[명] [中]zhǐ [日]シ [英]waterside

[字解] ①물가(지) ※물결이 밀려드는 물가. ②작은 섬, 모래섬(지)

氵 4 ⑦ 【泜】 붙을 지 [支]

[명] [中]zhǐ [日]チ [英]join

[字解] 붙을, 머물(지)

氵 4 ⑦ 【沖】 온화할 충 [東] [속] 冲

[명] [中]chōng [日]チュウ(おき) [英]gentle

[字解] ①온화할, 부드러울(충) ¶ 沖氣(충기) ②빌(충) ¶ 沖虛(충허) ③어릴(충) ¶ 幼沖(유충) ④날아오를(충) ¶ 沖天(충천)

【沖氣 충기】천지의 잘 조화된 기운.

【沖天 충천】하늘에 날아오름.

【沖虛 충허】잡념을 버리고 마음을 텅 비게 함.

【幼沖 유충】나이가 어림.

氵 4 ⑦ 【沈】 ❶잠길 침 [侵] ❷성 심 [寢] [동] 沉

丶 冫 氵 氵 氵 汁 沈

[고] [中]shěn [日]チン(しずむ) [英]sink

[字源] 형성자. 水(수)는 의미 부분이고, 冘(유·임)은 발음 부분이다.

[字解] ❶①잠길, 가라앉을(침) ¶ 沈水(침수) ②빠질(침) ¶ 沈溺(침닉) ③막힐, 그칠(침) ¶ 沈滯(침체) ❷성(심)

【沈降 침강】가라앉음.

【沈溺 침닉】①물에 빠져 가라앉음. ②주색(酒色)이나 노름에 빠짐.

【沈默 침묵】아무런 말을 하지 않음.

【沈水 침수】물 속에 잠김.

【沈鬱 침울】분위기가 어둡고 답답함.

【沈澱 침전】액체 속에 섞인 고체가 가라앉음, 또는 그 앙금.

【沈着 침착】행동이 찬찬함.

【沈滯 침체】나아가지 못하고 그 자리에 머묾.

【沈沈 침침】①어두컴컴함. ②눈이 어두워서 보이는 것이 흐릿함.

【沈痛 침통】근심이나 슬픔으로 마음이 몹시 괴로움.

【擊沈 격침】적의 함선(艦船)을 공격하여 가라앉힘.

[참고] '심'음도 인명용으로 지정됨.

氵 4 ⑦ 【沉】 沈(288)과 同字

氵 4 ⑦ 【汰】 씻을 태 [泰]

[명] [中]tài [日]タ, タイ(よなげる) [英]wash

[字解] ①씻을, 일(태) ②사치할(태)

【沙汰 사태】쌀을 씻어서 돌을 윎.

【淘汰 도태】①쌀 따위를 씻어서 윎. ②생존 경쟁에서 환경이나 조건에 적응하지 못한 생물이 멸망함.

氵 4 ⑦ 【沢】 澤(324)의 俗字

氵 4 ⑦ 【沛】 늪 패 [泰]

[명] [中]pèi [日]ハイ [英]swamp

[字解] ①늪(패) ②성할(패) ③비올(패)

[沛然 패연] ①성대한 모양. ②비가 몹시 내리는 모양.
[沛澤 패택] ①초목이 무성한 곳과 물이 있는 곳. ②비의 은택. 우택(雨澤).

【沆】 ❶넓을 항 ❷흰 기운 강
명 ❶ ⓒhàng ⓙコウ ⓔwide
字解 ❶①넓을, 물 넓을(항) ②괴어 있는 물(항) ❷흰 기운(강)

【沍】 沍(65)와 同字

【沽】 팔 고
명 ⓒgū ⓙコ(うる) ⓔsell
字解 ①팔(고) 늑賈 ②살(고)
[沽券 고권] 토지 따위를 매매한 증서.
[沽酒 고주] 술을 팖.

【泥】 진흙 니
ⓒní ⓙデイ(どろ) ⓔmud
字源 형성자. 水(수)는 의미 부분이고, 尼(니)는 발음 부분이다.
字解 ①진흙(니) ②진창(니)
[泥工 이공] 미장이. 泥匠(이장).
[泥田鬪狗 이전투구] 진창에서 싸우는 개. '강인한 성격' 또는 '뒤섞여 어지러이 싸움'의 비유.
[泥中 이중] 진창 속. '고되고 험난함'의 비유.
[雲泥之差 운니지차] 구름과 진흙의 차. '차이가 썩 심함'의 뜻.

【泠】 맑을 령
명 ⓒlíng ⓙレイ ⓔclear
字解 ①맑을, 상쾌할(령) ②깨우칠(령) ③음악가(령) 늑伶
[泠冽 영렬] 맑고 차가움.
[清泠 청령] 맑고 투명함. 시원함.
참고 冷(랭 : 65)은 딴 자.

【沫】 거품 말
명 ⓒmò ⓙマツ(あわ) ⓔfoam
字解 ①거품, 물거품(말) ②침(말) ③땀(말)
[噴沫 분말] 거품을 내뿜음.
[泡沫 포말] 물거품.

【沬】 ❶어스레할 매 ❷낯 씻을 회
ⓒmèi, huì ⓙマイ ⓔdusky
字解 ❶어스레할, 어둑어둑할(매) ❷낯 씻을(회)
[沬血 회혈] 피가 얼굴에 흘러내려 마치 피로 얼굴을 씻은 것과 같이 됨.

【泯】 빠질 민
명 ⓒmǐn ⓙビン ⓔsink
字解 ①빠질, 잠길(민) ②다할, 없어질(민)
[泯亂 민란] 질서나 도덕 따위가 쇠퇴하여 어지러움.
[泯滅 민멸] 형적(形迹)이 아주 없어짐. 泯沒(민몰).

【泊】 배 댈 박
ⓒbó ⓙハク(とまる) ⓔanchor
字源 형성자. 水(수)는 의미 부분이고, 白(백)은 발음 부분이다.
字解 ①배 댈(박) ¶碇泊(정박) ②묵을(박) ¶宿泊(숙박) ③떠돌아다닐(박) ¶漂泊(표박) ④조촐할, 엷을, 산뜻할(박) ¶淡泊(담박)
[泊乎 박호] 마음이 고요하고 욕심이 없는 모양.
[淡泊 담박] ①욕심이 없이 조촐함. ②맛이나 빛이 산뜻함.
[宿泊 숙박] 남의 집이나 여관에서 머무름.
[碇泊 정박] 배가 닻을 내리고 머묾.
[漂泊 표박] ①흘러 떠돎. 漂流(표류). ②일정한 거처나 생업(生業)이 없이 떠돌아다니며 지냄.

【泮】 반궁 반

명 ㊥pàn ㊐ハン
字解 ❶반궁, 학교(반) ❷녹음(반)
[泮宮 반궁] ①주(周)나라 때 세운 제후의 학교. ②國'성균관(成均館)'의 이칭(異稱).
[泮儒 반유] 성균관에 유숙하며 학업을 닦은 유생.

【泛】 뜰 범

명 ㊥fàn ㊐ハン(うかぶ) ㊤float
字解 ❶뜰, 띄울(범) ¶泛舟(범주) ❷넓을(범)=汎 ¶泛稱(범칭)
[泛愛衆 범애중] 널리 일반 대중에게 사랑을 베풂.
[泛舟 범주] 배를 띄움.
[泛稱 범칭] 넓은 범위로 일컬음.

【法】 법 법

명 ㊥fǎ ㊐ホウ(のり) ㊤law
字源 회의자. 본래 '灋'으로 썼다. 공평함이 물과 같아야 하므로 氵(수)는 의미 부분이 된다. 옛날에 鷹(치)라는 동물은 소송을 할 때 올바르지 못한 사람을 머리로 받아 쫓아냈다고 [去(거)] 한다. 그래서 鷹와 去도 의미 부분이 된다.
字解 ❶법(법) ¶法律(법률) ❷방법(법) ¶便法(편법) ❸불법(법) ※부처의 가르침. ¶法會(법회) ❹본받을(법) ¶法古(법고)
[法古 법고] 옛것을 본받음.
[法度 법도] 법률과 제도.
[法令 법령] 법률과 명령.
[法律 법률] 국민이 지켜야 할 나라의 규율.
[法悅 법열] 진리나 이치를 깨달았을 때에 사무치는 기쁨.
[法典 법전] 법률을 체계적으로 정리하여 엮은 책.
[法廷 법정] 법원이 송사를 심리하고 판결하는 곳. 재판정.
[法會 법회] 불법을 강설하는 모임.
[方法 방법] 일을 처리해 가는 방식이나 수단.
[佛法 불법] 부처의 가르침. 佛教(불교). 佛道(불도).
[說法 설법] 불교의 교의를 들려줌.
[便法 편법] 편리한 방법.

【泌】 ❶분비할 비 ❷개천물 필

명 ㊥mì, pì ㊐ヒ, ヒツ ㊤secrete
字解 ❶분비할(비) ❷개천물(필)
[泌尿器 비뇨기] 오줌의 분비와 배설을 맡고 있는 기관(器官).
[分泌 분비] 세포·조직·기관 등에서 일정한 성분을 가진 물질을 내보내는 현상.

【沸】 ❶끓을 비 ❷용솟음칠 불

명 ❶ ㊥fèi, fú ㊐フツ(わく) ㊤boil
字解 ❶끓을(비) ❷용솟음칠(불)
[沸騰 비등] ①물 따위가 끓어오름. ②물 끓듯 세차게 일어남.
[沸沸 불불] 물이 용솟음치는 모양.

【泗】 물 이름 사

명 ㊥sì ㊐シ
字解 물 이름(사) ※산동 성(山東省)에서 발원하여 화이수이 강(淮水江)으로 흘러드는 강.
[泗洙 사수] ①사수(泗水)와 수수(洙水)의 병칭(並稱). ②공자의 학문. 공자가 여기에서 제자들을 가르쳤다는 데서 온 말.

【泄】 ❶샐 설 ❷흩어질 예

명 ❶ ㊥xiè ㊐セツ(もれる) ㊤leak
字解 ❶①샐(설) =洩 ¶漏泄(누설) ②쌀, 눌(설) ¶泄瀉(설사) ❷흩어질, 떠날(예)
[泄瀉 설사] 물찌똥을 눔, 또는 그 똥. 瀉痢(사리).

氵部 5획

【漏泄 누설】①액체가 샘, 또는 새게 함. ②비밀이 새어 밖에 알려짐.
【排泄 배설】몸 안에 생긴 노폐물을 몸 밖으로 내보냄.

【沼】 늪 소

명 ⓒzhǎo ⓙショウ(ぬま) ⓔswamp
字解 늪(소)
【沼澤 소택】늪과 못.
【湖沼 호소】호수와 늪.

【泝】 거슬러 올라갈 소

명 ⓒsù ⓙソ ⓔgo upstream
字解 거슬러 올라갈(소)=遡·溯
【泝流 소류】물을 거슬러 올라감.
【泝沿 소연】물을 거슬러 올라감과 흐름을 따라 내려감.

【沿】 따를 연

丶丶氵氵汁汁沿沿

고 ⓒyán ⓙエン(そう) ⓔgo along
字解 형성자. 水(수)는 의미 부분이고, 㕣(연)은 발음 부분이다.
字解 ①따를(연) ②가장자리, 언저리(연)
【沿道 연도】큰 길가의 연변.
【沿邊 연변】길게 이어져 있는 것의 양쪽 지역.
【沿岸 연안】바닷가·강가에 잇닿은 땅 또는 그 주변 수역(水域).
【沿海 연해】바다에 잇닿은 육지, 또는 육지에 잇닿은 바다.
【沿革 연혁】사물이 변천하여 온 내력.

【泳】 헤엄칠 영

丶丶氵氵汁沁沁泳泳

고 ⓒyǒng ⓙエイ(およぐ) ⓔswim
字解 형성 겸 회의자. 水(수)는 의미 부분이고, 永(영)은 발음 부분이다. 永이 본래 '헤엄치다'라는 뜻이었으나, 뒤에 '장구(長久) 하다'라는 뜻으로 가차되자 水(물 수)를 더한 泳 자를 새로 만들어 보충한 것이다.
字解 헤엄칠, 헤엄(영)
【背泳 배영】누운 자세로 치는 헤엄.
【水泳 수영】헤엄.
【游泳 유영】헤엄침, 또는 헤엄.

【油】 기름 유

丶丶氵氵汁汁油油

종 ⓒyóu ⓙユ, コウ(あぶら) ⓔoil
字解 형성자. 水(수)는 의미 부분이고, 由(유)는 발음 부분이다.
字解 기름(유)
【油價 유가】석유의 가격.
【油類 유류】기름 종류의 총칭.
【油田 유전】석유가 나는 곳.
【油脂 유지】동식물에서 짜낸 기름의 총칭.
【油畫 유화】기름으로 갠 물감으로 그린 그림.
【石油 석유】지하에서 나는 천연 기름.
【原油 원유】정제하지 않은 석유.
【注油 주유】기름을 치거나 넣음.

【泣】 울 읍

丶丶氵氵汁汁沽泣

종 ⓒqì ⓙキュウ(なく) ⓔweep
字解 형성자. 水(수)는 의미 부분이고, 立(립)은 발음 부분이다.
字解 ①울(읍) ②눈물(읍)
【泣訴 읍소】눈물을 흘리면서 간절히 하소연함.
【泣斬馬謖 읍참마속】울면서 마속(馬謖)의 목을 벰. '큰 목적을 위해서는 사랑하는 사람도 버림'의 뜻.
故事 촉한(蜀漢)의 제갈량(諸葛亮)이 부하인 마속을 끔찍이 사랑했으나, 마속이 명령을 어기어 패전하자 군의 기강을 세우기 위해 울면서 그의 목을 벤 데서 온 말.
【泣血 읍혈】피눈물 나게 슬피 욺.
【感泣 감읍】감격하여 욺.

【泆】 방자할 일

ⓒyì ⓙイツ ⓔself-indulgent
字解 ①방자할(일) ②넘칠, 끓어

氵部 5획

넘칠(일) ③물결 출렁거릴(일)
【洸然 일연】멋대로 가는 모양.
【洸湯 일탕】물이 끓어 넘침.

【沮】막을 저
氵5   阻
⑧8

명 ⊕jǔ ⊕ソ(はばむ) 英stop
字源 형성자. 水(수)는 의미 부분이고, 且(저)는 발음 부분이다.
字解 ①막을(저) ②꺾일, 잃을(저)
【沮止 저지】막아서 못하게 함.
【沮害 저해】막아서 못하게 하여 해침.

【注】물 댈 주
氵5   注
⑧8

丶丶氵氵汁汁注

명 ⊕zhù ⊕チュウ(そそぐ)
英irrigate
字源 형성자. 水(수)는 의미 부분이고, 主(주)는 발음 부분이다.
字解 ①물 댈, 부을(주) ¶注入(주입) ②마음 쓸, 뜻 둘(주) ¶注視(주시) ③주낼, 풀이할(주) ≒註 ¶注解(주해)
【注目 주목】시선을 모아 봄.
【注文 주문】①주석(註釋)의 글. ②살 물건을 보내 달라고 부탁함.
【注射 주사】약물을 몸 안으로 들여보내는 일.
【注視 주시】눈여겨 봄.
【注意 주의】마음에 새겨 조심함.
【注入 주입】①액체를 물체 안에 흘려 넣음. ②어떤 사상 따위를 남의 의식에 새겨지도록 가르쳐 줌.
【注解 주해】본문의 뜻을 주를 달아 풀이함, 또는 그 글. 注釋(주석).

【沾】젖을 첨
氵5   沾
⑧8

명 ⊕zhān ⊕テン(うるおう)
英get wet
字解 젖을, 적실(첨)
【沾濕 첨습】물기에 젖음.
【沾背 첨배】땀으로 등을 적심. '몹시 부끄러워함'을 이름.

【治】다스릴 치
氵5   治
⑧8

丶丶氵氵冫治治治

명 ⊕zhì ⊕ジ, チ(おさめる)
英govern
字源 형성자. 水(수)는 의미 부분이고, 台(태·이)는 발음 부분이다.
字解 ①다스릴(치) ¶治安(치안) ②병 고칠(치) ¶治療(치료)
【治國 치국】나라를 다스림.
【治療 치료】병·상처를 다스려 낫게 함.
【治山治水 치산치수】산천을 손질하여 잘 다스림으로써 홍수와 가뭄 등의 재해(災害)를 방지하는 일.
【治世 치세】①잘 다스려진 세상. ②어떤 임금이 다스리던 때나 세상. ③세상을 다스림.
【治安 치안】잘 다스려 편안하게 함.
【治癒 치유】치료로 병이 나음.
【治下 치하】지배하거나 통치하는 아래.
【難治 난치】병을 완전히 고치기 어려움.
【政治 정치】국가의 주권자가 그 영토와 국민을 다스리는 일.
【退治 퇴치】물리쳐서 없애 버림.

【沱】눈물 흐를 타
氵5   동 池沱
⑧8

⊕tuó ⊕タ, ダ
字解 ①눈물 흐를(타) ②비 퍼부을(타)
【滂沱 방타】①비가 좍좍 쏟아짐. ②눈물이 뚝뚝 떨어짐.

【池】
氵5   沱(292)와 同字
⑧8

【波】물결 파
氵5   波
⑧8

丶丶氵氵汁沪波波

명 ⊕bō ⊕ハ(なみ) 英wave
字源 형성자. 水(수)는 의미 부분이고, 皮(피)는 발음 부분이다.
字解 ①물결(파) ¶波濤(파도) ②눈짓, 눈빛(파) ¶秋波(추파)
【波高 파고】물결의 높이.
【波及 파급】점차 전하여 널리 퍼짐.
【波濤 파도】큰 물결.
【波動 파동】①물결의 움직임. ②전파되는 진동. ③사회적으로 큰 영

동을 가져올 만한 거센 움직임.
【波瀾萬丈 파란만장】물결이 만길 높이로 읾. '인생살이에 기복과 변화가 심함'을 이름.
【波浪 파랑】물결. 파도.
【波紋 파문】①수면에 이는 물결의 무늬. ②주위를 동요할 만한 영향.
【餘波 여파】①큰 물결 뒤에 이는 작은 물결. ②어떤 일이 끝난 뒤에 주위에 미치는 영향.
【人波 인파】사람의 물결. '사람이 많이 모여 움직이는 모양'의 비유.
【秋波 추파】은근한 정(情)을 나타내는 눈빛.
【風波 풍파】①세찬 바람과 험한 물결. ②'어지럽고 험한 분란(紛亂)'의 비유.

【泙】물소리 평
명 ㊥pēng ㊋ヘイ
字解 물소리(평)

【泡】물거품 포
명 ㊥pào ㊋ホウ(あわ) ㊍foam
字解 물거품(포)
【泡沫 포말】물거품.
【氣泡 기포】액체나 고체 속에 공기가 들어가 거품처럼 되어 있는 것.
【水泡 수포】①물거품. ②'공들인 일이 헛되이 된 것'의 비유.

【河】물 하
、㇀㇀㇀㇀㇀㇀河
명 ㊥hé ㊋カ(かわ) ㊍river
字源 형성자. 水(수)는 의미 부분이고, 可(가)는 발음 부분이다.
字解 물, 강, 내(하)
【河口 하구】바다로 들어가는 강물의 어귀.
【河圖 하도】복희씨(伏羲氏) 때, 황하에서 나온 용마(龍馬)의 등에 나타나 있었다는 55개의 점. 팔괘(八卦)의 근본이 되었다 함.
【河岸 하안】강 양쪽의 강물과 잇닿아 있는 땅.
【河川 하천】강과 내.

【河海 하해】①강과 바다. ②'넓고 큰 것'의 비유.
【運河 운하】육지를 파서 만든 수로(水路).
【氷河 빙하】만년설(萬年雪)이 얼음덩이가 되어 서서히 비탈면을 흘러내려와 강을 이루는 것.
참고 중국에서는 양쯔 강(揚子江)을 '江(강)'이라 하고 황허 강(黃河江)을 '河(하)'라 함.

【泫】❶깊고 넓을 현 ❷빛날 현
명 ㊥xuàn ㊋ゲン
字解 ❶깊고 넓을(현) ❷①빛날(현) ②눈물 흘릴(현)
【泫然 현연】눈물이 줄줄 흘러내리는 모양.

【泂】멀 형
명 ㊥jiǒng ㊋ケイ ㊍far
字解 ①멀(형) ②깊고 넓을(형) ③찰, 차가울(형)
【泂泂 형형】물이 맑고 깊은 모양.

【泓】물 깊을 홍
명 ㊥hóng ㊋オウ ㊍deep
字解 ①물 깊을(홍) ②웅덩이(홍)
【泓量 홍량】물이 깊고 수량(水量)이 많음.
【深泓 심홍】깊은 웅덩이.

【況】하물며 황
、㇀㇀㇀㇀㇀㇀㇀況
고 ㊥kuàng ㊋キョウ(いわんや)
字源 형성자. 水(수)는 의미 부분이고, 兄(형)은 발음 부분이다.
字解 ①하물며(황) ¶況且(황차) ②형편, 모양(황) ¶狀況(상황)
【況且 황차】하물며. 더구나.
【景況 경황】①흥미를 느낄 만한 계를이나 상황. ②경치나 정경.
【近況 근황】요사이의 형편.
【不況 불황】경기가 좋지 못한 상태.

【狀況 상황】어떤 일의 모습이나 형편.
【盛況 성황】성대한 상황.
【作況 작황】농작물의 잘되고 못된 상황.

【洎】 물부을계

명 ⊕jì ⊕オウ
字解 ①물 부을(계) ②이를(계)

【洸】 ❶물용솟음칠광 ❷황홀할황

명 ❶ ⊕guāng ⊕コウ
字解 ❶①물 용솟음칠(광) ②성낼(광) ❷①황홀할, 어렴풋할(황)≒恍. ②물 깊고 넓을(황)=滉
【洸洋 황양】①물이 깊고 넓은 모양. ②이론이나 학설이 심원하여 헤아려 알기 어려움.

【洞】 ❶골동 ❷통할통

氵氵汇洞洞洞洞

중 ⊕dòng ⊕ドウ(ほら) ⊕cave
字解 형성자. 水(수)는 의미 부분이고, 同(동)은 발음 부분이다.
字解 ❶①골, 굴(동) ¶洞窟(동굴) ②깊을, 깊숙할(동) ¶洞房(동방) ③마을(동) ¶洞里(동리) ④동(동) ※우리나라 지방 행정 구역의 하나. ❷통할, 꿰뚫을(통) ¶洞察(통찰)
【洞口 동구】①동굴의 어귀. ②國동네 어귀.
【洞窟 동굴】굴. 洞穴(동혈).
【洞里 동리】國마을. 동네. 부락.
【洞房 동방】①깊숙한 방. ②신혼(新婚)의 방. ③잠자는 방. 침실.
【洞察 통찰】사물·현상 등을 환히 내다봄. 또는 속속들이 살핌.
【洞燭 통촉】아랫사람의 사정이나 형편 따위를 깊이 헤아려 보는 것.
참고 '통'음도 인명용으로 지정됨.

【洛】 물이름락

명 ⊕luò ⊕ラク
字解 ①물 이름(락) ②땅 이름(락)
【洛書 낙서】우(禹)임금 때에 낙수(洛水)에 나타난 거북의 등에 있었다고 하는 아홉 개의 무늬. 홍범구주(洪範九疇)의 모태임.
【洛水 낙수】산시 성(陝西省)에서 발원하여 허난 성(河南省)을 거쳐 황허 강(黃河江)으로 흘러드는 강.
【洛陽紙價貴 낙양지가귀】낙양의 종잇값이 비싸짐. '책이 세상에 널리 퍼져 많이 읽힘'을 이름.
故事 진(晉)나라의 문인 좌사(左思)가 지은 '삼도부(三都賦)'를 낙양의 부호(富豪)들이 앞다투어 베꼈으므로 종잇값이 올라갔다는 데서 온 말.
【京洛 경락】서울. 首都(수도).

【冽】 맑을렬

명 ⊕liè ⊕レツ ⊕clear
字解 ①맑을(렬) ②찰(렬)

【流】 흐를류

氵氵汇汇浐浐流流

중 ⊕liú ⊕リュウ(ながれる) ⊕flow
字源 회의자. 水(수)와 㐬(돌)은 모두 의미 부분이다. 㐬는 子(자)자를 거꾸로 한 형태로서, ㄊ(돌)은 머리이고 巛은 머리카락이 늘어진 모습을 그린 것이다. 즉 어린아이가 물에 떠내려간다는 뜻이다.
字解 ①흐를, 흐르게 할(류) ¶流出(유출) ②떠돌아다닐(류) ¶流浪(유랑) ③귀양 보낼(류) ¶流刑(유형) ④퍼질(류) ¶流布(유포) ⑤갈래(류) ¶流派(유파) ⑥품격, 계층(류) ¶一流(일류)
【流動 유동】①흘러 움직임. ②이리저리 옮기어 다님.
【流浪 유랑】정처 없이 떠돌아다님.
【流民 유민】일정한 거처 없이 유랑(流浪)하는 백성. 流浪民(유랑민).
【流配 유배】죄인을 귀양 보냄.
【流域 유역】하천(河川)이 흐르는 언

저리의 땅.
【流入 유입】흘러 들어옴.
【流暢 유창】말·문장 따위가 물 흐르듯이 거침이 없는 모양.
【流出 유출】밖으로 흘러 나오거나 흘러 나감.
【流通 유통】세상에 널리 통용됨.
【流派 유파】원줄기에서 갈려 나온 갈래나 무리.
【流布 유포】소문·사상·물건 등이 널리 세상에 퍼짐.
【流行 유행】세상에 널리 행하여짐.
【流刑 유형】먼 지방이나 섬에 보내어 그곳에 머물러 있게 하던 형벌.
【激流 격류】거세게 흐르는 물.
【放流 방류】가두었던 물을 터서 흘려 보냄.
【上流 상류】강 따위의 위쪽.
【一流 일류】어떤 분야에서 첫째가는 지위나 부류.
【風流 풍류】①속된 일을 떠나서 풍치가 있고 멋스럽게 노는 일. ②'음악'을 예스럽게 이르는 말.
【合流 합류】①한데 합하여 흐름. ②합하여서 행동을 같이함.

【洺】 ⁷₍₆₎₍₉₎ 강 이름 명 庚
명 ⊕míng ⊕メイ
字解 강 이름(명)

【洑】 ⁷₍₆₎₍₉₎ ❶스며 흐를 복 屋 ❷보 보 國
명❷ ⊕fú ⊕フク ⊛meander
字解 ❶①스며 흐를, 돌아 흐를(복) ②나루(복) ❷보(보) ※논에 대기 위해 물을 가두어 둔 곳.
【洑流 복류】물이 빙빙 돌며 흐름.
【洑稅 보세】國봇물의 사용료.

【洩】 ⁷₍₆₎₍₉₎ ❶샐 설 屑 ❷날아오를 예 霽
명❶ ⊕xiè ⊕セツ, エイ(もれる) ⊛leak
字解 ❶샐(설)=泄 ❷날아오를(예)
【漏洩 누설】액체가 샘, 또는 새게 함.

【洗】 ⁷₍₆₎₍₉₎ 씻을 세 薺
氵氵氵汁洪洪洗
중 ⊕xǐ ⊕セン ⊛wash
字源 형성자. 水(수)는 의미 부분이고, 先(선)은 발음 부분이다.
字解 씻을(세)=洒
【洗腦 세뇌】어떤 사상이나 주의를 주입시켜 거기에 물들게 하는 일.
【洗鍊 세련】글·교양·인품이 어색하지 않고 잘 다듬어져 있음.
【洗禮 세례】①기독교에서, 신자가 될 때 베푸는 의식. 물로써 죄를 씻음의 뜻. ②'한꺼번에 몰아치는 비난이나 공격'의 비유.
【洗面 세면】얼굴을 씻음.
【洗劑 세제】몸·의류 따위에 묻은 물질을 씻어 내는 데 쓰이는 약제.
【洗滌 세척】깨끗이 빨거나 씻음.
【洗濯 세탁】빨래.

【洒】 ⁷₍₆₎₍₉₎ ❶씻을 세 薺 ❷삼갈 선 銑 ❸물 뿌릴 쇄 卦
명❶❷ ⊕sǎ ⊕シャ ⊛wash
字解 ❶씻을(세)=洗 ❷삼갈(선) ❸물 뿌릴(쇄)=灑

【洙】 ⁷₍₆₎₍₉₎ 물 이름 수 虞
명 ⊕zhū ⊕シュ
字解 물 이름(수) ※산동 성(山東省) 취푸 현(曲阜縣)에서 발원하는, 쓰수이 강(泗水江)의 지류.
【洙泗學 수사학】공자(孔子)의 가르침과 그 학통(學統). 儒學(유학).
📖 공자가 주수이 강(洙水江)과 쓰수이 강에서 제자를 가르친 데서 온 말.

【洵】 ⁷₍₆₎₍₉₎ ❶진실로 순 眞 ❷멀 현 霰
명❶ ⊕xún ⊕シュン(まことに) ⊛truly

字解 ❶①진실로, 참으로(순) ②눈물 흘릴(순) ❷멀(현)
【洵美 순미】 진실로 아름다움.

【洋】 큰 바다 양 陽

ミ シ ショ 沙 泞 泞 洋 洋

음 ⊕yáng ⊕ヨウ 英ocean
字源 형성자. 水(수)의 의미 부분이고, 羊(양)은 발음 부분이다.
字解 ❶큰 바다(양) ¶遠洋(원양) ❷서양(양) ¶洋裝(양장) ❸넓을(양) ¶洋洋(양양)

【洋服 양복】 서양식으로 만든 옷.
【洋食 양식】 서양 요리.
【洋洋 양양】 바다가 끝없이 넓은 모양.
【洋屋 양옥】 서양식으로 만든 집.
【洋擾 양요】 서양 사람에 의해 일어난 난리.
【洋裝 양장】 ①여자의 서양식 옷차림이나 머리의 꾸밈. ②표지에 가죽 따위를 입혀 책을 만듦, 또는 그 책.
【洋行 양행】 주로 서양의 수입품을 다루던 신식 상점을 중국에서 이르던 말로, '상사(商社)'의 이칭.
【大洋 대양】 아주 넓고 큰 바다.
【西洋 서양】 동양에서 유럽과 미주(美洲)를 이르는 말.
【遠洋 원양】 뭍에서 멀리 떨어진 바다.

【洎】 洎(300)의 俗字

【洿】 ❶웅덩이 오 虞 ❷더러울 오 遇

⊕wū ⊕オ 英puddle
字解 ❶웅덩이(오) ❷더러울(오) ≒汚

【洿辱 오욕】 남의 명예를 더럽히고 욕되게 함.

【洹】 ❶강 이름 원 元 ❷세차게 흐를 환 寒

명❶ ⊕yuán, huán ⊕エン, カン

字解 ❶①강 이름(원) ②①세차게 흐를(환) ②성할(환)
【洹水 원수】 허베이 성(河北省)에서 발원하는 강. 일명 호량(胡良).
【洹洹 환환】 ①물이 세차게 흐르는 모양. ②성(盛)한 모양.

【洧】 강 이름 유 紙

명 ⊕wěi ⊕イ
字解 강 이름(유) ※허난 성(河南省) 덩펑 현(登封縣)에서 발원하는 강.

【洟】 ❶콧물 이 支 ❷눈물 체 霽

⊕tì, yí ⊕イ 英snivel
字解 ❶콧물(이) ❷눈물(체)=涕
【洟洟 체이】 눈물과 콧물.

【浄】 淨(304)의 俗字

【洲】 물가 주 尤

ミ シ ショ 沙 洲 洲 洲

고 ⊕zhōu ⊕シュウ(す) 英waterside
字源 형성 겸 회의자. 水(수)는 의미 부분이고, 州(주)는 발음 부분이다. 州는 본래 '삼각주'를 그린 상형자였으나, 뒤에 행정 구역의 이름으로 가차되자 '삼각주'의 뜻으로는 水(물 수)를 더한 洲(주) 자를 새로 만들어 보충하였다. 그러므로 州는 의미 부분도 겸한다.
字解 ❶물가(주) ¶洲渚(주저) ❷섬(주) ¶三角洲(삼각주) ❸대륙(주) ¶六大洲(육대주)

【洲渚 주저】 파도가 밀려와 닿는 곳.
【砂洲 사주】 해안·하구(河口)에 모래나 자갈 따위가 쌓여서 만들어진 모래톱. 동沙洲(사주).
【三角洲 삼각주】 하천에서 흘러내린 흙이 강 어귀에 삼각형으로 쌓인 땅.
【六大洲 육대주】 '아시아·아프리카·유럽·북아메리카·남아메리카·오세아니아 주'의 총칭.

【侍】 섬 지 紙

- 명 ㊥zhǐ ㊐シ ㊧island
- 字解 섬(지)

【津】 나루 진 眞

- 명 ㊥jīn ㊐シン(つ) ㊧ferry
- 字解 ①나루(진) ¶津渡(진도) ②진액(진) ¶松津(송진) ③넘칠, 넉넉해질(진) ¶津津(진진)
- 【津渡 진도】 나루.
- 【津船 진선】 나룻배.
- 【津液 진액】 생물의 몸 안에서 생겨나는 체액. '수액·체액' 따위.
- 【松津 송진】 소나무에서 나오는 진액.
- 【津津 진진】 ①넘치게 가득 차 있는 모양. ②흥미나 맛 등이 썩 좋은 모양.

【浅】 淺(305)의 俗字

【派】 물 갈래 파 ㊗패

- ㊣ ㊥pài ㊐ハ ㊧branch
- 字解 회의 겸 형성자. 水(수)와 𠂢(파)는 모두 의미 부분인데, 𠂢는 발음도 담당한다. 𠂢는 永(영) 자를 거꾸로 한 글자로서, 물이 흘러 가는 것을 그린 것이다.
- 字解 ①물 갈래, 갈래(파) ¶黨派(당파) ②나눌, 가를(파) ¶派生(파생) ③파견할(파) ¶派兵(파병)
- 【派遣 파견】 일정한 임무를 주어 사람을 어느 곳에 보냄.
- 【派閥 파벌】 이해관계에 따라 따로따로 갈라진 사람들의 집단.
- 【派兵 파병】 군대를 파견함.
- 【派生 파생】 하나의 본체에서 다른 사물이 갈려 나와 생김.
- 【黨派 당파】 당의 파벌.
- 【分派 분파】 여러 갈래로 나뉘어 갈라짐, 또는 갈라져 나온 것.
- 【流派 유파】 줄거리 되는 계통에서 갈라져 나온 한 파.
- 【特派 특파】 특별히 파견함.

【海】 海(301)의 俗字

【洫】 도랑 혁 職

- ㊥xù ㊐キョク ㊧ditch
- 字解 ①도랑(혁) ※논 사이의 도랑. ②물꼬, 수문(혁)
- 【溝洫 구혁】 길가나 논밭 사이에 있는 도랑.

【洪】 넓을 홍 東

ㆍㆍㆍㆍㆍ汁汁汫洪洪

- ㊣ ㊥hóng ㊐コウ ㊧broad
- 字源 형성자. 水(수)는 의미 부분이고, 共(공)은 발음 부분이다.
- 字解 ①넓을, 클(홍) ¶洪福(홍복) ②큰물(홍) ¶洪水(홍수)
- 【洪量 홍량】 넓은 도량(度量).
- 【洪霖 홍림】 계속되는 큰 장마.
- 【洪福 홍복】 큰 복. 큰 행복.
- 【洪水 홍수】 큰물.

【洚】 ❶큰물 홍 東 ❷내릴 강

- ㊥hóng, jiàng ㊐コウ ㊧flood
- 字解 ❶큰물(홍)=洪 ❷내릴(강)=降

【活】 ❶살 활 曷 ❷물소리 괄 曷

ㆍㆍㆍㆍ汁汁活活活

- 종 ㊥huó ㊐カツ(いきる) ㊧live
- 字源 형성자. 水(수)는 의미 부분이고, 舌(설)은 발음 부분이다.
- 字解 ❶①살, 생존할(활) ¶活魚(활어) ②생기 있을(활) ¶活潑(활발) ❷물소리(괄) ¶活活(괄괄)
- 【活氣 활기】 활발한 기운이나 원기.
- 【活動 활동】 활발하게 움직임.
- 【活力 활력】 살아 움직이는 힘.
- 【活潑 활발】 생기 있게 움직임.
- 【活躍 활약】 눈부시게 활동함.

【活魚 활어】살아 있는 물고기.
【活用 활용】지닌 기능을 잘 살려 씀.
【活字 활자】인쇄에 쓰는 자형(字型).
【活況 활황】활기를 띤 상황.
【活活 괄괄】물이 세차게 흐르는 소리.
【復活 부활】되살아남.
【死活 사활】죽음과 삶.
【快活 쾌활】성격이 명랑하고 활발함.

【洶】용솟음칠 흉
氵(9)

명 ⊕xiōng ⊕キョウ ⊗gush
字解 ①용솟음칠(흉) ②술렁일(흉)
【洶湧 흉용】물결이 소용돌이침.
【洶洶 흉흉】①파도가 어지럽게 용솟음치는 모양. ②인심이 몹시 어지럽고 어수선한 모양.

【洽】젖을 흡
氵(9)

명 ⊕qià ⊕コウ(あまねし) ⊗wet
字解 ①젖을(흡) ¶ 洽汗(흡한) ②넉넉할, 윤택할(흡) ¶ 未洽(미흡) ③두루, 널리(흡) ¶ 洽覽(흡람)
【洽覽 흡람】두루 봄.
【洽足 흡족】아쉽거나 모자람이 없이 아주 넉넉함.
【洽汗 흡한】흠뻑 땀에 젖음.
【未洽 미흡】흡족하지 못함.

【涇】통할 경
氵(10)

명 ⊕jīng ⊕ケイ ⊗get through
字解 ①통할(경) ②물 이름(경)
【涇流 경류】강이 흘러 가다.
【涇渭 경위】①징수이 강(涇水江)과 웨이수이 강(渭水江). ②'사리의 옳고 그름과 시비의 분간'을 이름.
📖 징수이 강은 항상 흐리고 웨이수이 강은 항상 맑은 데서 온 말.

【涅】개흙 녈
氵(10)

⊕niè ⊕ネ, デツ
字解 ①개흙, 진흙(녈) ②물들일, 검은 물 들일(녈)
【涅槃 열반】①도를 이루어 모든 번뇌와 고통에서 해탈한 경지. ②부처·승려의 죽음. 入寂(입적).

【浪】물결 랑
氵(10)

氵 氵 氵 浐 浐 浪 浪 浪
명 ⊕làng ⊕ロウ(なみ) ⊗wave
字源 형성자. 水(수)는 의미 부분이고, 良(랑)은 발음 부분이다.
字解 ①물결(랑) ¶ 風浪(풍랑) ②떠돌아다닐(랑) ¶ 流浪(유랑) ③함부로, 마구(랑) ¶ 浪費(낭비) ④터무니없을(랑) ¶ 浪說(낭설)
【浪漫 낭만】고상하고 서정적이면서 더 아름다운 미래를 지향하는 낙천적인 상태. 로맨스.
【浪費 낭비】쓸데없는 일에 돈이나 물건을 헛되이 씀.
【浪說 낭설】터무니없는 말이나 소문.
【浪人 낭인】일정한 직업 없이 방랑생활을 하는 사람.
【激浪 격랑】거센 파도. 세찬 물결.
【孟浪 맹랑】①생각하던 바와는 달리 허망함. ②함부로 만만히 볼 수 없게 깜찍함.
【放浪 방랑】이곳저곳 떠돌아다님.
【流浪 유랑】정처 없이 떠돌아다님.
【風浪 풍랑】바람에 따라서 일어나는 물결. '매우 어려운 고난'의 비유.

【流】流(294)의 俗字
氵(10)

【浬】해리 리
氵(10)

명 ⊕lǐ ⊕リ(かいり) ⊗nautical mile
字解 해리(리) ※해상의 거리를 나타내는 단위. 1浬는 1852미터.

【涖】다다를 리
氵(10)

명 ⊕lì ⊕リ ⊗arrive
字解 다다를(리)

【浡】우쩍 일어날 발
氵(10)

⊕bó ⊕ボツ ⊗rise
字解 우쩍 일어날(발) =勃
【浡然 발연】우쩍 일어나는 모양.

【逢】 图 逢(316)과 同字

【浮】 뜰 부
氵 氵 氵 氵 浮 浮 浮
音 ⊕fú ⊕フ(うかぶ) ⊗float
字源 형성자. 水(수)는 의미 부분이고, 孚(부)는 발음 부분이다.
字解 ①뜰(부) ¶浮揚(부양) ②떠다닐, 근거 없을(부) ¶浮說(부설) ③덧없을(부) ¶浮生(부생)
【浮刻 부각】①사물의 특징을 두드러지게 나타냄. ②돌을 새김.
【浮動 부동】 떠서 움직임.
【浮浪 부랑】 일정한 주소와 직업이 없이 떠돌아다님.
【浮力 부력】 공기나 액체 속에 있는 물체를 떠오르게 하는 힘.
【浮上 부상】①물의 표면으로 떠오름. ②능력·실력 등이 드러남.
【浮生 부생】 덧없는 인생.
【浮說 부설】 근거 없는 뜬소문.
【浮揚 부양】 가라앉은 것을 떠오르게 함.
【浮沈 부침】①물 위에 떠오름과 물 속에 잠김. ②'인생의 기복(起伏)이나 세상의 변천'의 비유.
【浮標 부표】①물 위에 띄워 표적으로 삼는 물건. ②낚시찌.

【浜】 图 濱(325)의 俗字

【涘】 물가 사
⊕sì ⊕シ ⊗waterside
字解 물가(사)
【涯涘 애사】 물가.

【涉】 건널 섭
氵 氵 氵 氵 涉 涉 涉
固 ⊕shè ⊕ショウ(わたる) ⊗wade
字源 회의자. 물[水(수)]을 건너 간다[步(보)]는 뜻이다.
字解 ①건널(섭) ¶涉獵(섭렵) ②관계할(섭) ¶交涉(교섭)
【涉歷 섭력】 물을 건너고 산을 넘음. '온갖 일을 경험함'을 이름.
【涉獵 섭렵】①물을 건너고 짐승을 잡음. ②'여러 가지 책을 두루 많이 읽음'의 비유.
【涉外 섭외】 외부와 연락하며 교섭함.
【干涉 간섭】 직접 관계가 없는 일에 대하여 부당하게 참견함.
【交涉 교섭】①상대편과 일을 의논함. ②관계를 가짐.

【消】 끌 소
氵 氵 氵 氵 氵 消 消 消
音 ⊕xiāo ⊕ショウ(きえる) ⊗extinguish
字源 형성자. 水(수)는 의미 부분이고, 肖(초)는 발음 부분이다.
字解 ①끌, 꺼질(소) ¶消燈(소등) ②사라질, 다할(소) ¶消滅(소멸) ③거닐(소) 늑逍 ¶消風(소풍)
【消極 소극】 어떤 일에 대해 수동적 (受動的)인 자세를 가지는 일.
【消毒 소독】 병균을 죽여 없애는 일.
【消燈 소등】 등불을 끔.
【消滅 소멸】 사라져 없어짐.
【消耗 소모】 써서 없어짐.
【消防 소방】 불을 막아 끔.
【消費 소비】 돈·물건 따위를 써 없앰.
【消盡 소진】 모조리 써서 없어짐.
【消風 소풍】國①운동·자연 학습 등을 겸하여 먼 길을 걷는 일. ②답답한 마음을 풀기 위해 바람을 쐬는 일.
【消化 소화】 먹은 음식을 삭여 내림.
【消火 소화】 불을 끔.
【抹消 말소】 지워서 없앰.
【解消 해소】 어떤 일이나 관계를 풀어서 없앰.

【涑】 ❶헹굴 속 ❷강이름 속 固
图 ⊕sù ⊕ソウ, ソク ⊗rinse
字解 ❶헹굴(속) ❷강 이름(속) ※ 산시 성(山西省)에서 발원하여 황허 강(黃河江)으로 흘러드는 강.

3 획

氵7⑩ 【涓】 가릴 연 [本]견 [先] [속]涓

[명] [中]juān [日]ケン [英]select

[字解] ①가릴(연) ②작은 흐름(연)

【涓吉 연길】 좋은 날을 가림.

【涓流 연류】 ①작은 흐름. ②'사물의 미세함'의 비유.

氵7⑩ 【涎】 침 연 [本]선 [先]

[명] [中]xián [日]セン, エン(よだれ) [英]saliva

[字解] ①침, 점액(연) ②잇닿을(연)

【涎流 연류】 침이 흘러내림. '매우 먹고 싶어함'을 이름.

氵7⑩ 【浯】 물 이름 오 [虞]

[명] [中]wú [日]ゴ

[字解] ①물 이름(오) ②산 이름(오)

氵7⑩ 【浣】 씻을 완 [旱] [翰]

[명] [中]huàn [日]カン(あらう) [英]wash

[字解] ①씻을, 빨(완) ②열흘(완)
※당(唐)나라에서 관리에게 열흘마다 하루의 휴가를 주어 몸을 씻고 쉬도록 한 데서 유래함.

【浣衣 완의】 옷을 빪.

【上浣 상완】 초하루부터 열흘까지의 동안. 上旬(상순). 上澣(상한)

氵7⑩ 【浴】 목욕 욕 [沃]

丶 氵 氵 氵 汃 浴 浴 浴

[중] [中]yù [日]ヨク(あびる) [英]bath

[字源] 형성자. 水(수)는 의미 부분이고, 谷(곡)은 발음 부분이다.

[字解] 목욕, 목욕할(욕)

【浴室 욕실】 목욕하는 방.

【浴槽 욕조】 목욕통.

【沐浴 목욕】 온몸을 씻는 일.

【海水浴 해수욕】 바다에서 헤엄치거나 노는 일.

氵7⑩ 【涌】 [명] 湧(309)의 本字

氵7⑩ 【浥】 젖을 읍 [緝]

[中]yì [日]ユウ [英]moist

[字解] 젖을, 적실(읍)

【浥塵 읍진】 겨우 먼지를 적실 정도로 적게 오는 비.

氵7⑩ 【浙】 강 이름 절 [屑]

[명] [中]zhè [日]セツ

[字解] 강 이름(절)

【浙江 절강】 저장 성(浙江省)을 꿰뚫고 흐르는 강 이름.

[참고] 淅(석 : 303)은 딴 자.

氵7⑩ 【涏】 ❶곧을 정 [迥] ❷반질반질할 전 [霰]

[명]❶ [中]tǐng [日]エン [英]straight

[字解] ❶곧을(정) ❷반질반질할(전)

氵7⑩ 【浚】 칠 준 [本]순 [震]

[명] [中]jùn [日]シュン [英]dredge

[字解] ①칠(준) ¶ 浚渫(준설) ②깊을(준) ¶ 浚谷(준곡)

【浚谷 준곡】 깊은 골짜기.

【浚渫 준설】 못·개울·강 따위의 바닥에 쌓인 흙이나 암석을 쳐냄.

【浚井 준정】 우물을 깨끗이 쳐냄.

【浚澤 준택】 깊은 늪.

氵7⑩ 【涕】 눈물 체 [霽]

[명] [中]tì [日]テイ(なみだ) [英]tears

[字解] ①눈물(체)＝洟 ¶ 涕泣(체읍) ②울(체) ¶ 涕淚(체루)

【涕淚 체루】 울어서 흐르는 눈물.

【涕泣 체읍】 소리를 내지 아니하고 눈물을 흘리며 욺.

【流涕 유체】 눈물을 흘림.

氵7⑩ 【浸】 적실 침 [沁]

丶 氵 氵 氵 氵 浐 浸 浸

[고] [中]jìn [日]シン(ひたす) [英]soak

氵部 7획

字源 형성자. 水(수)는 의미 부분이고, 侵(침)은 발음 부분이다.
字解 ①적실, 젖을, 잠길(침) ¶浸水(침수) ②스며들(침) ¶浸透(침투)

[浸水 침수] 홍수로 말미암아 물이 들거나 물에 잠김.
[浸蝕 침식] 빗물·냇물·빙하 따위가 땅이나 암석 등을 개먹어 듦.
[浸染 침염] ①담가 두어 차차 물이 들게 함. ②점점 감화(感化)됨.
[浸潤 침윤] ①차차 젖어듦. ②차차 번져 나감.
[浸透 침투] ①액체가 속으로 스며듦. ②어떤 현상·사상·정책 따위가 속속들이 스며듦.

【浿】 물 이름 패

명 ⊕pèi ⊕ハイ
字解 물 이름(패)

[浿水 패수] ①한(漢)·위(魏) 때의 압록강(鴨綠江)의 이름. ②수(隋)·당(唐) 때의 대동강(大同江)의 이름. ③예성강(禮成江)·임진강(臨津江)의 딴 이름.

【浦】 물가 포

丶丶氵氵汀沪浦浦

교 ⊕pǔ ⊕ホ ⊛waterside
字源 형성자. 水(수)는 의미 부분이고, 甫(보)는 발음 부분이다.
字解 물가, 개(포)

[浦口 포구] 선박(船舶)이 드나드는 개의 어귀.
[浦村 포촌] 갯마을. 魚村(어촌).
[浦港 포항] 포구와 항구.

【海】 바다 해

丶丶氵氵汇海海海

중 ⊕hǎi ⊕カイ(うみ) ⊛sea
字源 형성자. 水(수)는 의미 부분이고, 每(매)는 발음 부분이다.
字解 ①바다(해) ¶海洋(해양) ②클, 넓을(해) ¶海諒(해량)
[海難 해난] 항해 중 만나는 재난.

[海諒 해량] 상대자에게 양해를 구할 때, '넓은 도량으로 잘 헤아려 주십시오'란 뜻으로 쓰는 말.
[海東 해동] '우리나라'의 이칭(異稱). 중국에서, 발해(渤海) 동쪽에 있는 나라라는 뜻으로 이른 말.
[海流 해류] 바닷물의 흐름.
[海拔 해발] 바다의 평균 수면을 기준으로 잰 어느 지점의 높이.
[海岸 해안] 육지와 바다가 닿는 곳.
[海洋 해양] 넓은 바다.
[海運 해운] 해상에서 배로 하는 운송.
[海溢 해일] 지진·화산 폭발·폭풍우 등으로 인하여 바닷물이 갑자기 일어 육지로 넘쳐 들어오는 일.
[海峽 해협] 육지와 육지, 섬과 섬 사이에 끼어 있는 좁고 긴 바다.
[沿海 연해] 육지에 연한 바다 부분.
[臨海 임해] 바다에 가까이 있음.
[航海 항해] 배를 타고 바다를 다님.

【浹】 두루미칠 협

명 ⊕jiā ⊕ショウ(あまねし)
字解 ①두루 미칠(협) ②돌, 일주할(협) ③젖을(협)

[浹旬 협순] 10일간. 浹日(협일). 통挾旬(협순).
십간의 갑(甲)부터 계(癸)까지 한 바퀴를 돈 날짜라는 데서 온 말.
[浹辰 협신] 12일간. 통挾辰(협신).
십이지(十二支)의 자(子)부터 해(亥)까지 한 바퀴를 돈 날짜라는 데서 온 말.
[浹洽 협흡] ①두루 교화를 미침. ②서로 마음이 맞아 화목해짐.

【浩】 넓을 호

丶丶氵氵汁汁浩浩

교 ⊕hào ⊕コウ(ひろい) ⊛vast
字源 형성자. 水(수)는 의미 부분이고, 告(고)는 발음 부분이다.
字解 ①넓을(호) ②클(호)

[浩然 호연] ①물이 그침 없이 흐르는 모양. ②넓고 큰 모양.
[浩然之氣 호연지기] 천지간(天地間)에 가득한 넓고 큰 정기. 공명정대하여 조금도 부끄러울 것이 없는

도덕적 용기.
【浩蕩 호탕】아주 넓어서 끝이 없음.

【涍】강 이름 효
명 ⊕xiāo ⊕コウ
字解 강 이름(효).

【渓】溪(311)의 俗字

3획

【淈】흐릴 굴
명 ⊕gǔ ⊕コツ ⊛muddy
字解 ①흐릴(굴) ②다할(굴)
【淈泥 굴니】물을 휘저어 흙탕물이 되게 함. 흙탕침.
【淈盡 굴진】다함. 다 없어짐.

【涒】물 이름 권
명 ⊕juàn ⊕ケン
字解 물 이름(권).

【淇】물 이름 기
명 ⊕qí ⊕キ
字解 물 이름(기).
【淇水 기수】허난 성(河南省)에서 발원하는 강.

【淖】❶진흙 뇨 ❷얕을 작
⊕nào, chuò ⊕ドウ ⊛mud
字解 ❶진흙, 수렁(뇨) ❷얕을(작)≒綽.
【淖濘 요녕】진창. 수렁.

【淡】묽을 담
고 ⊕dàn ⊕タン(あわい) ⊛watery
字解 형성자. 水(수)는 의미 부분이고, 炎(염)은 발음 부분이다.
字解 ①묽을, 연할(담) ¶ 淡水(담수) ②담백할(담) ¶ 雅淡(아담) ③싱거울(담).
【淡淡 담담】①욕심이 없이 조촐함. ②빛깔이 엷고 맑음. ③음식이 느끼하지 않고 담백함.
【淡泊 담박】①욕심이 없고 조촐함. ②맛이나 빛이 산뜻함. 淡白(담백).
【淡水 담수】민물.
【淡彩 담채】엷고 산뜻한 채색.
【冷淡 냉담】동정심이 없고 쌀쌀함.
【濃淡 농담】①짙음과 엷음. ②되직함과 묽음.
【雅淡 아담】①고상하고 깔끔함. ②조촐하고 산뜻함.

【淘】일 도
명 ⊕táo ⊕トウ(よなげる)
字解 일(도) ※물에 흔들어서, 쓸 것과 못 쓸 것을 가려냄.
【淘金 도금】모래를 일어 사금(砂金)을 가려냄.
【淘汰 도태】①쌀 따위를 씻어서 읾. ③생존 경쟁에서 환경이나 조건에 적응하지 못한 생물이 멸망함.

【凉】명 涼(66)의 本字

【淚】눈물 루 ⊛뤼
⊕lèi ⊕ルイ(なみだ) ⊛tears
字解 형성자. 水(수)는 의미 부분이고, 戾(려)는 발음 부분이다.
字解 눈물, 눈물 흘릴(루).
【感淚 감루】감격하여 흘리는 눈물.
【落淚 낙루】눈물을 흘림.
【催淚 최루】눈물이 나오게 함.
【血淚 혈루】피눈물.

【淪】빠질 륜
명 ⊕lún ⊕リン(しずむ) ⊛sink
字解 ①빠질(륜) ②잔물결(륜).
【淪落 윤락】①몰락하여 다른 고장으로 떠돌아다님. ②여자가 도덕적으로 타락하여 몸을 망침.
【淪沒 윤몰】①물에 빠져 들어감.

氵部 8획

죄에 빠짐.
【沈淪 침륜】①물에 빠져 가라앉음. 沈沒(침몰). ②재산이나 권세 등이 줄어들어 떨치지 못함.

【淋】 물방울 떨어질 림 圓
名 ⓒlín ⓙリン(さびしい) ⓔdrip
字解 ①물방울 떨어질(림) ②임질(림) ≒痳 ③장마(림) ≒霖
【淋漓 임리】물이나 피가 뚝뚝 떨어지거나 흥건함.
【淋疾 임질】임균의 감염에 의하여 일어나는 성병. 陰疾(음질).

【渋】澁(320)의 俗字

【淅】 일 석 錫
名 ⓒxī ⓙセキ
字解 ①일(석) ※물에 흔들어서, 쓸 것과 못 쓸 것을 가려냄. ②쓸쓸할(석).
【淅米 석미】일어서 깨끗이 씻은 쌀.
【淅然 석연】쓸쓸하고 처량한 모양.
참고 浙(절: 300)은 딴 자.

【涉】涉(299)의 俗字

【淞】 물 이름 송 图
名 ⓒsōng ⓙショウ
字解 물 이름(송) ※장쑤 성(江蘇省)에서 발원하는 강.

【淑】 맑을 숙 屋
氵 氵 氵 汢 汢 沭 沭 淑
名 ⓒshū ⓙシュク(よい) ⓔpure
字解 형성자. 水(수)는 의미 부분이고, 叔(숙)은 발음 부분이다.
字解 ①맑을(숙) ¶ 淑淸(숙청) ②착할, 얌전할(숙) ¶ 賢淑(현숙) ③ 사모할(숙) ¶ 私淑(사숙)
【淑女 숙녀】①정숙하고 품위 있는 여자. ②'다 자란 여자'의 미칭(美稱).
【淑淸 숙청】성품·행실이 정숙하고 깨끗함.
【私淑 사숙】존경하는 사람에게서 직접 가르침을 받지는 아니하였으나 마음속으로 그 사람을 본받아서 배우거나 따름.
【貞淑 정숙】여자의 지조가 곧고 마음씨가 고움.
【賢淑 현숙】여자의 마음이나 몸가짐이 어질고 정숙함.

【淳】 순박할 순 眞
名 ⓒchún ⓙジュン(あつい) ⓔsimple
字解 순박할(순) ≒醇
【淳良 순량】성질이 순박하고 어짊.
【淳朴 순박】꾸밈이나 거짓이 없이 순진함.
【淳厚 순후】순박하고 인정이 두터움.

【淬】 담금질할 쉬 隊
ⓒcuì ⓙサイ ⓔtemper
字解 ①담금질할(쉬) ≒焠 ②힘쓸(쉬)
【淬勵 쉬려】부지런히 일에 힘씀.
【淬礪 쉬려】①쇠붙이를 담금질하여 갊. ②애써 학문을 닦음.

【深】 깊을 심 侵
氵 氵 氵 沂 沪 泙 浑 深 深
名 ⓒshēn ⓙシン(ふかい) ⓔdeep
字解 형성자. 水(수)는 의미 부분이고, 罙(심)은 발음 부분이다.
字解 ①깊을, 깊게 할(심) ¶ 深遠(심원) ②깊이(심) ¶ 水深(수심)
【深刻 심각】아주 절실하고 절실함.
【深度 심도】깊은 정도.
【深謀遠慮 심모원려】깊은 꾀와 먼 장래를 내다보는 생각.
【深思熟考 심사숙고】깊이 생각하고 곰곰이 따져 봄.
【深山幽谷 심산유곡】깊은 산과 그윽한 골짜기.
【深夜 심야】깊은 밤.

【深淵 심연】 깊은 못.
【深奧 심오】 사물의 뜻이 매우 깊고 오묘함.
【深遠 심원】 ①깊고 멂. ②내용이 쉽게 헤아릴 수 없게 매우 깊음.
【深海 심해】 깊은 바다.
【深化 심화】 사물의 정도가 깊어짐.
【水深 수심】 물의 깊이.
【夜深 야심】 밤이 깊음.

【涯】 물가 애

㊀ⓗyá ㊁ⓙガイ(はて) ㊂ⓔwaterside
字源 형성 겸 회의자. 水(수)는 의미 부분이고, 厓(애)는 발음 부분이다. 厓에는 본래 '언덕'·'물가'라는 뜻이 있으므로, 의미도 겸한다.
字解 ①물가(애) ¶涯岸(애안) ②가, 끝(애) ¶天涯(천애)
【涯岸 애안】 ①물가. ②끝. 경계.
【生涯 생애】 살아 있는 동안.
【水涯 수애】 물가.
【天涯 천애】 ①하늘의 끝. ②'아득히 멀리 떨어져 있는 곳'의 비유.

【液】 진 액

㊀ⓗyè ㊁ⓙエキ ㊂ⓔextract
字解 진, 즙(액)
【液狀 액상】 액체 상태. 液態(액태).
【液晶 액정】 액체와 고체의 중간 상태에 있는 물질.
【液汁 액즙】 물체에서 배어 나오거나 짜낸 액체. 汁液(즙액).
【液體 액체】 일정한 부피는 있으나, 일정한 모양이 없이 유동하는 물질.
【液化 액화】 기체 또는 고체가 냉각이나 압력에 의하여 액체로 변하는 일.
【溶液 용액】 두 가지 이상의 물질이 섞여 액체 모양으로 된 혼합물.
【唾液 타액】 침.
【血液 혈액】 피.

【淤】 진흙 어

ⓗyū ㊁ⓙオ ㊂ⓔmud
字解 진흙, 앙금(어)

【淤泥 어니】 진흙. 진흙탕.

【淹】 담글 엄

㊀ⓗyān ㊁ⓙエン ㊂ⓔsoak
字解 ①담글(엄) ②오래될(엄)
【淹留 엄류】 ①오래 머무름. 淹泊(엄박). ②막혀서 나아가지 못함.
【淹沒 엄몰】 ①묻힘. ②가라앉음. 沈沒(침몰).

【渊】 淵(308)의 俗字

【淵】 淵(308)의 俗字

【淫】 음란할 음

㊀ⓗyín ㊁ⓙイン(みだら) ㊂ⓔlewd
字源 형성자. 水(수)는 의미 부분이고, 㸒(음)은 발음 부분이다.
字解 ①음란할(음) ②어지러울(음)
【淫談悖說 음담패설】 음탕한 이야기와 상스러운 말.
【淫亂 음란】 음탕하고 난잡함.
【淫心 음심】 음탕한 마음.
【淫蕩 음탕】 주색(酒色) 따위의 향락에 빠져 몸가짐이 좋지 못함.
【姦淫 간음】 부부 아닌 남녀가 성적 관계를 맺음.

【淀】 얕은 물 정 ㊤전

㊀ⓗdiàn ㊁ⓙテン ㊂ⓔshoal
字解 ①얕은 물(정) ②물 괼(정)

【淨】 깨끗할 정

㊀ⓗjìng ㊁ⓙジョウ(きよい) ㊂ⓔclean
字源 형성자. 水(수)는 의미 부분이고, 爭(쟁)은 발음 부분이다.
字解 깨끗할, 깨끗하게 할(정)
【淨潔 정결】 맑고 깨끗함.

{淨書 정서} 글씨를 깨끗이 옮겨 씀.
{淨水 정수} 물을 깨끗하고 맑게 함, 또는 그 물.
{淨土 정토} 부처가 사는 청정한 곳.
{淨化 정화} 깨끗하게 함.
{洗淨 세정} 씻어서 깨끗이 함.
{自淨 자정} 저절로 깨끗이 됨.
{淸淨 청정} 맑고 깨끗함.

{濟} 濟(325)의 俗字

{淙} 물소리 종
- 명 ㉢cóng ㉰ソウ
- 字解 물소리(종)
{淙淙 종종} 물이 흘러가는 소리.

{凄} 쓸쓸할 처
- ㉢qī ㉰セイ(すごい) ㉴solitary
- 字解 ①쓸쓸할(처) ≒凄 ②찰(처)
{凄風 처풍} 차갑게 부는 쓸쓸하고 구슬픈 바람.

{淺} 얕을 천
- 정 ㉢qiǎn ㉰セン(あさい) ㉴shallow
- 字解 형성 겸 회의자. 水(수)는 의미 부분이고, 戔(전)은 발음 부분이다. 戔은 '적다'·'작다'라는 뜻을 갖는다. 따라서 水는 '물'에 대한 것만을 나타내고, '깊지 않다'라는 뜻을 戔이 담당하고 있으므로, 戔은 의미 부분의 역할도 겸한다.
- 字解 얕을(천)

{淺見 천견} ①얕은 생각. ②'자기 생각'의 겸칭.
{淺近 천근} 천박함. 얕고 속됨.
{淺薄 천박} 지식·생각 따위가 얕음.
{淺學 천학} ①얕은 학문, 또는 학식이 얕음. ②'자기 학식'의 겸칭.
{淺海 천해} 얕은 바다.
{深淺 심천} 깊고 얕음.
{日淺 일천} 시작한 지 얼마 되지 않음. 날짜가 많지 않음.

{添} 더할 첨
- ㉢tiān ㉰テン(そえる) ㉴add
- 字解 형성자. 水(수)는 의미 부분이고, 忝(첨)은 발음 부분이다.
- 字解 더할, 덧붙일(첨)

{添加 첨가} 더함. 더하여 붙임.
{添付 첨부} 더하여 붙임.
{添削 첨삭} 글·글자를 더하거나 지우거나 해서 시문(詩文)을 고침.
{添言 첨언} 덧붙여 말함.
{別添 별첨} 따로 덧붙임.

{淸} 맑을 청
- 정 ㉢qīng ㉰セイ(きよい) ㉴clear
- 字解 형성자. 水(수)는 의미 부분이고, 靑(청)은 발음 부분이다.
- 字解 ①맑을(청) ¶淸明(청명) ②깨끗할(청) ¶淸掃(청소) ③청나라(청) ※누르하치(奴兒哈赤)가 명(明)나라를 멸하고 세운 나라(1616~1912).

{淸潔 청결} 맑고 깨끗함.
{淸凉 청량} 맑고 서늘함.
{淸廉 청렴} 마음이 깨끗하고 바르며 욕심이 없음.
{淸明 청명} ①맑고 깨끗함. ②이십사 절기의 하나. 춘분(春分)과 곡우(穀雨) 사이로, 4월 5, 6일경.
{淸白吏 청백리} 청렴결백한 관리.
{淸貧 청빈} 청렴하고 가난함.
{淸算 청산} ①말끔하게 셈을 끝냄. ②결말을 지어서 깨끗이 처리함.
{淸掃 청소} 깨끗이 쓸고 닦음.
{淸純 청순} 깨끗하고 순수함.
{淸雅 청아} 맑고 아담함.
{淸淨 청정} 맑고 깨끗함.
{淸楚 청초} 조촐하고 말쑥함.
{淸風明月 청풍명월} 맑은 바람과 밝은 달. '결백하고 온건한 성격'을 이름.
{肅淸 숙청} ①엄히 다스려 잘못된 것을 없앰. ②반대파를 모두 제거(除去)하는 일.

【清】 图 淸(305)과 同字

【淄】 검은빛 치
- ⊕zī ⊕シ ⑨black
- **字解** 검은빛(치)

【涸】 마를 학
- ⊕hé ⊕カク, コ (かれる) ⑨dry
- **字解** 마를, 좁아들(학)

【涸渴 학갈】 ①강 또는 못의 물이 말라서 없어짐. ②물건이 바닥남.
【涸轍鮒魚 학철부어】 수레바퀴 자국에 괸 물에 있는 붕어. '몹시 어려운 처지에 있는 사람'의 비유.
【乾涸 건학】 못이나 냇물이 좁아 마름.

【涵】 젖을 함
- ⊕hán ⊕カン (ひたす) ⑨wet
- **字解** ①젖을, 적실(함) ②잠길(함)

【涵養 함양】 ①물이 스미듯이 차차 길러 냄. ②학식을 넓혀서 심성(心性)을 닦음. 涵育(함육).
【涵泳 함영】 물 속에 들어가서 팔다리를 놀리며 떴다 잠겼다 하는 짓.

【涬】 기운 행
- ⊕xìng ⊕ケイ ⑨vigor
- **字解** 기운, 자연의 기운(행)

【淏】 맑을 호
- ⊕hào ⊕コ (きよい) ⑨clear
- **字解** 맑을(호)

【混】 섞을 혼
氵 氵 泹 泹 泹 泹 混 混
- ⊕hùn ⊕コン (まぜる) ⑨mix
- **字源** 형성자. 水(수)는 의미 부분이고, 昆(곤)은 발음 부분이다.
- **字解** 섞을, 섞일(혼)

【混沌 혼돈】 ①태초(太初)에 하늘과 땅이 아직 갈라지지 않은 상태. ②사물의 구별이 확실하지 않은 상태. 圐渾沌(혼돈).
【混同 혼동】 ①뒤섞음. ②뒤섞어 보거나 잘못 판단함.
【混亂 혼란】 뒤섞이어 어지러움.
【混線 혼선】 ①신호나 통화가 뒤섞여 엉클어짐. ②'말이 뒤섞여 실마리를 잡지 못하게 됨'의 비유.
【混成 혼성】 섞여서 이루어짐.
【混用 혼용】 섞어서 씀.
【混雜 혼잡】 뒤섞어서 분잡함.
【混戰 혼전】 두 편이 뒤섞여서 싸움.
【混濁 혼탁】 잡것이 섞이어 흐림.
【混合 혼합】 뒤섞어서 한데 합함.
【混血 혼혈】 서로 다른 종족이 결혼하여 두 계통의 특징이 섞인 혈통.

【淮】 물 이름 회
- ⊕huái ⊕カイ, エ
- **字解** 물 이름(회) ※허난 성(河南省)에서 발원하여 황허 강(黃河江)으로 흘러드는 강.
- **참고** 准(준: 66)은 딴 자.

【淆】 뒤섞일 효
- ⊕xiáo ⊕コウ ⑨mix
- **字解** ①뒤섞일(효) ②흐릴(효)

【淆亂 효란】 뒤섞이어 혼란함.
【混淆 혼효】 여러 가지 것을 뒤섞음.

【渴】 목마를 갈
氵 氵 沪 沪 渇 渇 渴 渴
- ⊕kě ⊕カツ (かわく) ⑨thirsty
- **字源** 형성자. 水(수)는 의미 부분이고, 曷(갈)은 발음 부분이다.
- **字解** 목마를, 마를(갈)

【渴求 갈구】 목마른 사람이 물을 찾듯이 애타게 구함.
【渴望 갈망】 목마른 사람이 물을 찾듯이 간절히 바람. 熱望(열망).
【渴症 갈증】 목이 말라 물이 먹고 싶은 느낌.
【枯渴 고갈】 ①물이 말라서 없어짐. ②물품·자원 등이 다하여 없어짐.
【飢渴 기갈】 배고프고 목마름.

【解渴 해갈】①목마름을 풂. ②가물을 면함.

氵 9 ⑫ 【減】 덜 감 [賺] [속] 减

氵 汇 汇 泝 泝 減 減 減

[중] ㊥jiǎn ㊐ゲン(へる) ㊲decrease

[字源] 형성자. 水(수)는 의미 부분이고, 咸(함)은 발음 부분이다.

[字解] ①덜, 줄일(감) ¶ 減縮(감축) ②줄(감) ¶ 減少(감소)

【減量 감량】분량이나 체중을 줄임.
【減免 감면】형벌·조세 따위를 감하거나 면제해 줌.
【減俸 감봉】봉급(俸給)을 줄임.
【減產 감산】생산량을 줄임.
【減少 감소】줄어서 적어짐.
【減速 감속】속도를 줄임.
【減員 감원】조직의 인원을 줄임.
【減縮 감축】덜어서 줄임.
【減退 감퇴】줄어서 약해짐.
【減刑 감형】형량을 줄임.
【輕減 경감】덜어서 가볍게 함.
【削減 삭감】깎아서 줄임.
【增減 증감】많아짐과 적어짐.

氵 9 ⑫ 【渠】 개천 거 [魚]

[명] ㊥qú ㊐キョ(みぞ) ㊲ditch

[字解] ①개천, 도랑(거) ¶ 渠水(거수) ②그, 그 사람(거) ¶ 渠輩(거배)

【渠輩 거배】그 사람들.
【渠水 거수】땅을 파서 물이 통하게 한 수로(水路).

氵 9 ⑫ 【湳】 물 이름 남 [感]

[명] ㊥nǎn ㊐ナン

[字解] 물 이름(남) ※산시 성(山西省) 펀양 현(汾陽縣)에서 발원하는 강.

氵 9 ⑫ 【湍】 여울 단 [寒]

[명] ㊥tuān ㊐タン(はやせ) ㊲torrent

[字解] ①여울(단) ②소용돌이칠(단)

【湍水 단수】소용돌이치며 흐르는 물.
【急湍 급단】물살이 아주 빠른 여울.

氵 9 ⑫ 【渡】 건널 도 [遇]

氵 氵 氵 氵 浐 浐 渡 渡

[고] ㊥dù ㊐ト(わたる) ㊲wade

[字源] 형성자. 水(수)는 의미 부분이고, 度(도)는 발음 부분이다.

[字解] ①건널(도) ¶ 渡河(도하) ②건넬(도) ¶ 讓渡(양도)

【渡船 도선】나룻배.
【渡河 도하】강을 건넘. 渡江(도강).
【過渡 과도】옮아가거나 바뀌어 가는 도중.
【賣渡 매도】팔아넘김.
【讓渡 양도】권리·재산 등을 남에게 넘겨줌.
【引渡 인도】물건·권리 따위를 남에게 넘겨줌.

氵 9 ⑫ 【満】 滿(316)의 俗字

氵 9 ⑫ 【湾】 灣(328)의 俗字

氵 9 ⑫ 【渺】 아득할 묘 [篠]

[명] ㊥miǎo ㊐ビョウ(はるか) ㊲dim

[字解] ①아득할(묘) ②작을(묘)

【渺茫 묘망】넓고 멀어 까마득함.
【渺然 묘연】아득히 넓은 모양.

氵 9 ⑫ 【渼】 물결 미 [紙]

[명] ㊥měi ㊐ビ ㊲ripple

[字解] 물결, 물놀이(미)

氵 9 ⑫ 【湄】 물가 미 [支]

㊥méi ㊐ミ(ほとり) ㊲waterside

[字解] 물가(미)

氵 9 ⑫ 【渤】 바다 이름 발 [月]

[명] ㊥bó ㊐ボツ

[字解] 바다 이름(발)

【渤海 발해】①중국 산둥 반도(山東

3획

【湃】 물결칠 배

명 ⊕pài ⊕ハイ ⓔwave
字解 물결칠, 물결 소리(배)
【澎湃 팽배】 ①물결이 서로 부딪쳐 솟아오름. ②어떤 사조(思潮)나 세력 등이 기운차게 넘쳐 일어남.

【深】 명 사람 이름 보 國
字解 사람 이름(보)

【渣】 찌끼 사 本字 麗
명 ⊕zhā ⊕サ ⓔdregs
字解 찌끼, 앙금(사)
【渣滓 사재】 찌끼. 침전물(沈澱物).

【湘】 물 이름 상 陽
명 ⊕xiāng ⊕ショウ
字解 물 이름(상)
【湘妃 상비】 순(舜)임금의 비(妃)인 아황(娥皇)과 여영(女英)을 이름.
📖 아황(娥皇)과 여영(女英)이 순임금이 죽자 그를 사모하여 상수(湘水)에 빠져 죽은 데서 온 말.
【湘水 상수】 광시 성(廣西省) 싱안 현(興安縣)에서 발원하여 둥팅 호(洞庭湖)로 흘러드는 강.

【渲】 바림 선 霰
명 ⊕xuàn ⊕セン ⓔshading
字解 바림(선)
【渲染 선염】 색칠할 때 다른 쪽으로 갈수록 점차 엷게 칠하는 일. 바림.

【渫】 칠 설 屑
명 ⊕xiè ⊕セツ ⓔdredge
字解 칠, 준설할(설)
【浚渫 준설】 못·개울·강 따위의 바닥에 쌓인 흙이나 암석을 쳐냄.

【湿】 濕(325)의 俗字

【湜】 물 맑을 식 職
명 ⊕shí ⊕ショク ⓔclear
字解 ①물 맑을(식) ②마음 바를(식)

【渥】 두터울 악 屋
명 ⊕wò ⊕アク(あつい) ⓔkind
字解 ①두터울(악) ②젖을(악)
【渥恩 악은】 두터운 은혜.

【淵】 못 연 先 ㉗ ㉑간 㴾渕渊
명 ⊕yuān ⊕エン(ふち) ⓔpond
字解 ①못(연) ¶深淵(심연) ②깊을(연) ¶淵遠(연원)
【淵藪 연수】 못과 수풀. '사물이 모이는 곳'의 비유. 淵叢(연총).
📖 못에는 물고기가 모이고, 수풀에는 짐승이 모이는 데서 온 말.
【淵源 연원】 사물의 근본.
【淵遠 연원】 깊고 멂.
【深淵 심연】 깊은 소. 깊은 연못. 潭淵(담연).

【渶】 강 이름 영 庚
명 ⊕yīng ⊕エイ
字解 강 이름(영)

【温】 溫(312)의 俗字

【渦】 소용돌이 와 歌
명 ⊕wō ⊕カ(うず) ⓔwhirlpool
字解 소용돌이, 소용돌이칠(와)
【渦紋 와문】 소용돌이 모양의 무늬.
【渦旋 와선】 소용돌이침.
【渦中 와중】 ①물이 소용돌이치는 가운데. ②복잡한 일이 벌어진 가운데.
【渦形 와형】 소용돌이 모양으로 빙빙 도는 형상. 渦狀(와상).

氵部 9획

【湧】 물 솟을 용 涌湧
명 ⓗyǒng 日ヨウ(わく) 英spring
字解 물 솟을, 솟아오를(용)
【湧貴 용귀】 물건 값이 뛰어오름. 騰貴(등귀).
【湧泉 용천】 ①물이 힘차게 솟는 샘. ②'연이어 좋은 생각이 떠오름'의 비유.
【湧出 용출】 물이 솟구쳐 나옴.

【湲】 물 흐를 원
명 ⓗyuán 日エン
字解 물 흐를(원)

【渭】 강 이름 위 渭
명 ⓗwèi 日イ
字解 강 이름(위) ※ 간쑤 성(甘肅省) 웨이위안 현(渭源縣)에서 발원하여 황허 강(黃河江)으로 흘러드는 강.
【渭陽丈 위양장】 '남의 외숙(外叔)'의 높임말.
故事 진(秦)나라의 강공(康公)이 망명 생활을 하고 있던 외숙 진(晉) 문공(文公)을 위양에서 전송(餞送)한 데서 온 말.

【游】 헤엄칠 유 游
명 ⓗyóu 日ユウ(およぐ) 英swim
字解 ①헤엄칠(유) ②놀(유) =遊
【游泳 유영】 헤엄침, 또는 헤엄.
☞ '游'는 물 위에서 헤엄침을, '泳'은 물속에서 헤엄침을 뜻함.

【湮】 명 濡(325)와 同字

【湮】 묻힐 인 湮
명 ⓗyān 日イン(しずむ) 英disappear
字解 ①묻힐, 없어질(인) ②빠질, 잠길(인)
【湮滅 인멸】 오래되어 자취가 묻히어 없어짐. 湮淪(인륜). 湮沒(인몰).

【滋】 滋(313)의 俗字

【湛】 ❶가득히 괼 잠 湛 ❷즐길 담 ❸잠길 침
명 ❷ ⓗzhàn, dān, chén 日テン, トン, ジン
字解 ❶①가득히 괼(잠) ¶ 湛湛(잠잠) ②깊을(잠) ¶ 湛恩(잠은) ❷즐길(담) ❸잠길(침)=沈 ¶ 湛溺(침닉)
【湛恩 잠은】 깊은 은혜.
【湛湛 잠잠】 물이 가득히 괸 모양.
【湛寂 잠적】 깊고 고요함.
【湛溺 침닉】 물에 잠기어 빠짐.

【溨】 강 이름 재 溨
명 ⓗzāi 日サイ
字解 강 이름(재)

【渚】 물가 저 渚
명 ⓗzhǔ 日ショ(なぎさ) 英waterside
字解 ①물가(저) ②모래섬(저)
【渚畔 저반】 물가. 渚邊(저변).
【渚岸 저안】 물가. 渚崖(저애).

【湔】 씻을 전 湔
명 ⓗjiān 日セン 英wash
字解 씻을, 빨(전)
【湔雪 전설】 씻어서 깨끗이 함. 오명(汚名) 등을 깨끗이 씻어 버림.
【湔洗 전세】 말끔히 씻음.

【渟】 물 괼 정 渟
명 ⓗtíng 日テイ 英stagnate
字解 ①물 괼(정) ②머무를, 멈출(정) =停
【渟泊 정박】 배가 닻을 내리고 머묾.
【渟水 정수】 괸 물.

氵9 ⑫ 【湞】 강 이름 정 [庚]

[명] [中]zhēn

[字解] 강 이름(정) ※광둥 성(廣東省) 난슝 현(南雄縣)에서 발원하는 강.

氵9 ⑫ 【湊】 모일 주 [宥]

[명] [中]còu [日]ソウ(あつまる) [英]gather

[字解] 모일(주) ≒輳

3획

【湊會 주회】 모임. 모여듦.

【輻湊 폭주】 수레의 바퀴통에 바퀴살이 모임. '사물이 한 곳으로 많이 몰려듦'을 이름.

氵9 ⑫ 【湌】 餐(810)과 同字

氵9 ⑫ 【湫】 ❶늪 추 [尤] ❷낮을 초 [篠]

[명]❶ [中]qiū, jiǎo [日]シュウ, ショウ [英]swamp

[字解] ❶①늪, 웅덩이(추) ②근심할(추) ❷①낮을(초) ②쌓일(초)

【湫湫 추추】 슬픔에 젖어 쓸쓸해하는 모양.

氵9 ⑫ 【測】 헤아릴 측 [職] [간] 测

氵 氵冂 氵冂 氵月 氵目 氵貝 浿 測

[고] [中]cè [日]ソク(はかる) [英]measure

[字源] 형성자. 水(수)는 의미 부분이고, 則(칙)은 발음 부분이다.

[字解] 헤아릴, 잴(측)

【測量 측량】 물건의 넓이·깊이·높이·부피·방향 따위를 재어 계산함.

【測雨 측우】 강우량(降雨量)을 잼.

【測定 측정】 어떤 양의 크기를 잼.

【計測 계측】 길이·넓이·무게·속도 등을 재어 계산함.

【觀測 관측】 사정이나 형편을 관찰하여 앞일을 추측함.

【臆測 억측】 근거 없이 제멋대로 짐작함.

【豫測 예측】 미래의 일을 미리 헤아림.

【推測 추측】 미루어 생각하여 헤아리거나 어림을 잡음.

氵9 ⑫ 【湯】 끓일 탕 [陽] [간] 汤

氵 氵口 氵日 氵旦 氵昜 湯 湯 湯

[고] [中]tāng [日]トウ(ゆ) [英]boil

[字源] 형성자. 水(수)는 의미 부분이고, 昜(양)은 발음 부분이다.

[字解] ①끓일, 끓는 물(탕) ¶湯泉(탕천) ②목욕간(탕) ¶溫湯(온탕) ③국(탕) ¶湯器(탕기)

【湯器 탕기】 국이나 찌개 따위를 담는 자그마한 그릇.

【湯飯 탕반】 장국밥.

【湯藥 탕약】 달여서 먹는 한약. 湯劑(탕제).

【湯泉 탕천】 더운물이 솟는 우물. 溫泉(온천). 湯井(탕정).

【溫湯 온탕】 더운물의 목욕탕.

【雜湯 잡탕】 ①쇠고기·해삼·채소 등을 삶아 썰어 넣고 양념과 고명을 하여 끓인 국이나 볶은 음식. ②'난잡한 모양이나 사물'의 비유.

【再湯 재탕】 ①한 번 달여 낸 것을 다시 달임. ②한 번 써먹은 것을 다시 되풀이함.

氵9 ⑫ 【渝】 바뀔 투 [本]유 [虞]

[中]yú [日]ユ [英]change

[字解] ①바뀔, 변할(투) ②넘칠(투)

【渝盟 투맹】 맹세를 바꾸어 어김.

【渝溢 투일】 가득 차 넘침.

氵9 ⑫ 【港】 항구 항 [本]강 [講]

氵 氵一 氵十 氵艹 氵共 洪 港 港

[고] [中]gǎng [日]コウ(みなと) [英]harbor

[字源] 형성자. 水(수)는 의미 부분이고, 巷(항)은 발음 부분이다.

[字解] 항구(항)

【港口 항구】 바닷가에 배가 드나들 수 있도록 시설해 놓은 곳.

【港灣 항만】 바다가 굽어 들어가서 항구 설치에 적당한 곳.

【開港 개항】 외국과의 통상을 위하여 항구를 외국에 개방함.

【空港 공항】 항공기가 뜨고 내릴 수 있도록 여러 시설을 갖춘 곳.
【歸港 귀항】 배가 출발하였던 항구로 다시 돌아가거나 돌아옴.
【入港 입항】 배가 항구로 들어옴.

氵 9 ⑫ 【湖】 호수 호 [虞]

氵 氵 汁 沽 沽 湖 湖 湖

[중] [中]hú [日]コ(みずうみ) [英]lake
[字源] 형성자. 水(수)는 의미 부분이고, 胡(호)는 발음 부분이다.
[字解] 호수(호)
【湖畔 호반】 호숫가.
【湖水 호수】 ①큰 못. ②호수의 물.
【江湖 강호】 ①강과 호수. ②시골.

氵 9 ⑫ 【渾】 ❶흐릴 혼 [阮] ❷온 혼 [阮] [간] 浑

[명] [中]hún [日]コン(にごる) [英]turbid
[字解] ❶흐릴(혼) ¶ 渾濁(혼탁) ❷①온, 모두(혼) ¶ 渾身(혼신) ②섞일(혼) ¶ 渾沌(혼돈) ③세찰, 크고 힘셀(혼) ¶ 雄渾(웅혼)
【渾沌 혼돈】 ①태초(太初)에 하늘과 땅이 아직 갈라지지 않은 상태. ②사물의 구별이 확실치 않은 상태. [통]混沌(혼돈).
【渾身 혼신】 온몸. 몸 전체.
【渾然 혼연】 ①조금도 딴 것이 섞이지 않고 고른 모양. ②구별이나 차별이 없는 모양.
【渾然一體 혼연일체】 조금의 어긋남도 없이 한덩어리가 됨.
【渾濁 혼탁】 흐림.
【雄渾 웅혼】 ①웅장하고 큼. ②시문 따위가 웅장하고 세련됨.

氵 9 ⑫ 【渙】 흩어질 환 [翰]

[명] [中]huàn [日]カン [英]scattered
[字解] 흩어질, 풀릴(환)
【渙發 환발】 임금의 명령을 세상에 널리 알림.
【渙然 환연】 ①흔적도 없이 흩어지는 모양. ②의심(疑心)이 깨끗이 풀리는 모양.

氵 9 ⑫ 【湟】 해자 황 [陽]

[명] [中]huáng [日]コウ [英]moat
[字解] ①해자(황) ②우묵한 땅(황)

氵 10 ⑬ 【溪】 시내 계 [齊] [동] 谿 [동] 磎

氵 氵 氵 氵 浮 浮 溪 溪

[중] [中]xī [日]ケイ(たに) [英]brook
[字源] 형성자. 水(수)는 의미 부분이고, 奚(해)는 발음 부분이다.
[字解] 시내(계)
【溪谷 계곡】 물이 흐르는 골짜기.
【溪流 계류】 산골에 흐르는 시냇물.
【碧溪 벽계】 물빛이 매우 푸르게 보이는 맑은 시내.

氵 10 ⑬ 【滾】 물 흐를 곤 [阮] [속] 滚

[中]gǔn [日]コン [英]flow
[字解] ①물 흐를(곤) ②물 끓을(곤)
【滾滾 곤곤】 많은 물이 치런치런 흐르는 모양.
【滾湯 곤탕】 물이 끓음.

氵 10 ⑬ 【溝】 도랑 구 [尤] [간] 沟

[명] [中]gōu [日]コウ(みぞ) [英]ditch
[字解] ①도랑(구) ¶ 溝渠(구거) ②해자(구) ¶ 溝池(구지)
【溝渠 구거】 수챗물이 흐르는 작은 도랑. 개골창.
【溝池 구지】 ①도랑과 못. ②성 밑에 파 놓은 못. 垓字(해자).
【溝壑 구학】 도랑과 골짜기.
【溝洫 구혁】 논밭 사이에 있는 도랑.
【排水溝 배수구】 물을 빼는 도랑.

氵 10 ⑬ 【溺】 ❶빠질 닉 [錫] ❷오줌 뇨 [嘯]

[명]❶ [中]nì, niào [日]デキ, ニョウ(おぼれる) [英]drown
[字解] ❶빠질(닉) ❷오줌(뇨)＝尿
【溺死 익사】 물에 빠져 죽음.
【耽溺 탐닉】 어떤 일을 지나치게 즐겨 거기에 빠짐.

3획

氵部 10획

【滔】 물 넘칠 도
⊕tāo ⊖トウ ⊛overflow
字解 ①물 넘칠(도) ②세찰(도)
【滔滔 도도】 ①흐르는 물이 막힘이 없고 세찬 모양. ②시대의 유행·사조·세력 등이 성하여 걷잡을 수 없는 모양.
【滔天 도천】 큰물이 하늘에까지 참.

【滝】 瀧(327)의 古字

【溜】 물방울 류
⊕liū ⊖リュウ(したたる) ⊛drip
字解 물방울, 방울질(류)
【溜槽 유조】 빗물을 받는 큰 통.
【蒸溜 증류】 액체를 가열하여 증기로 변화시킨 뒤, 그것을 응결시켜 액체로 정제(精製)하는 일.

【滅】 멸할 멸
氵 氵 氵 氵 沪 沪 滅 滅 滅
⊕miè ⊖メツ(ほろびる) ⊛ruin
字源 형성자. 水(수)는 의미 부분이고, 威(멸)은 발음 부분이다.
字解 ①멸할, 멸망할(멸) ¶滅門(멸문) ②불 꺼질(멸) ¶明滅(명멸) ③다할, 없어질(멸) ¶湮滅(인멸)
【滅菌 멸균】 세균을 죽여 없앰.
【滅亡 멸망】 망하여 없어짐.
【滅門 멸문】 한집안이 망하여 없어짐, 또는 멸망시켜 없앰.
【滅私奉公 멸사봉공】 사심(私心)을 버리고 공공(公共)을 위하여 힘써 일함.
【滅種 멸종】 씨가 없어짐, 또는 씨를 없애 버림.
【壞滅 괴멸】 파괴되어 멸망함.
【明滅 명멸】 불빛이 켜졌다 꺼졌다 함.
【撲滅 박멸】 모조리 잡아 없앰.
【消滅 소멸】 사라져 없어짐.
【湮滅 인멸】 흔적도 없이 모조리 없어짐. 湮沒(인몰).
【破滅 파멸】 깨어져 망함.

【溟】 바다 명
⊕míng ⊖メイ ⊛sea
字解 ①바다(명) ②비 올(명)
【溟濛 명몽】 보슬비가 내려 날씨가 침침함.
【溟洲 명주】 바다 가운데 있는 섬.
【溟海 명해】 망망(茫茫)한 바다. ⊛冥海(명해).

【滂】 물 흐를 방
⊕pāng ⊖ホウ, ボウ ⊛flow
字解 ①물 흐를(방) ②비 퍼부을(방)

【溥】 ❶넓을 보 ❷펼 부
명❷ ⊕pǔ, fū ⊖フ(あまねし) ⊛extensive
字解 ❶①넓을(보) ②두루 미칠(보) ❷펼(부)(=敷)
【溥原 보원】 넓은 들판.

【溯】 명 遡(534)와 同字

【溲】 오줌 수
⊕sōu ⊖シュウ(ゆばり) ⊛urine
字解 오줌(수)
【溲溺 수뇨】 오줌. 오줌을 눔.
【牛溲馬勃 우수마발】 소 오줌과 말 똥, 또는 질경이와 말불버섯. '보잘것없는 말이나 글'의 비유.

【溫】 따뜻할 온
氵 氵 沪 沪 沪 沪 溫 溫 溫
⊕wēn ⊖オン(あたたかい) ⊛warm
字源 형성자. 水(수)는 의미 부분이고, 昷(온)은 발음 부분이다.
字解 ①따뜻할(온) ¶溫暖(온난) ②부드러울(온) ¶溫順(온순) ③익힐(온) ¶溫故知新(온고지신)

【溫故知新 온고지신】옛것을 익히고 그것을 미루어서 새것을 앎.
【溫氣 온기】따뜻한 기운.
【溫暖 온난】날씨가 따뜻함.
【溫帶 온대】열대(熱帶)와 한대(寒帶) 사이의 지역.
【溫度 온도】덥고 찬 정도.
【溫突 온돌】방구들. ⑧溫堗(온돌).
【溫床 온상】①인공으로 열을 가하여 식물을 가꾸는 시설. ②어떤 현상이 싹터 자라나는 토대나 환경.
【溫水 온수】따뜻한 물.
【溫順 온순】성격이 부드럽고 순함.
【溫室 온실】난방 장치를 한 방.
【溫柔 온유】온화하고 유순함.
【溫情 온정】따뜻한 인정.
【溫泉 온천】더운물이 솟아나는 샘.
【溫和 온화】①날씨가 따뜻하고 화사함. ②마음이 온순하고 부드러움.
【保溫 보온】①온도를 일정하게 유지함. ②따뜻한 기운을 잘 유지함.
【體溫 체온】몸의 온도.

【溶】녹을 용

명 ⓒróng ⓙヨウ(とける) ⓔmelt
字解 ①녹을(용) ¶溶解(용해) ②물 질펀히 흐를(용) ¶溶溶(용용)

【溶媒 용매】용액을 만들 때에 용질을 녹이는 액체. 溶劑(용제).
【溶液 용액】한 물질이 다른 물질에 녹아 고르게 퍼져 이루어진 액체.
【溶溶 용용】물이 질펀히 흐르는 모양.
【溶質 용질】용액 속에 녹아 있는 물질.
【溶解 용해】①녹거나 녹임. ②기체나 고체가 녹아 액체로 되는 현상.

【源】근원 원

ⓒyuán ⓙゲン(みなもと) ⓔsource
字源 형성 겸 회의자. 水(수)는 의미 부분이고, 原(원)은 발음 부분이다. 原은 본래 바위(厂(엄)) 틈에서 샘물(泉(천))이 흘러 내려가는 모습을 그린 회의자이나, 뒤에 '평원(平原)'·'언덕'이라는 뜻으로 쓰이자, '원천'·'근원'의 뜻으로는 다시 水(물 수)를 더한 源 자를 새로 만들어 보충하였다.
字解 근원(원)

【源流 원류】①물이 흐르는 근원. ②사물이 일어나는 근원.
【源泉 원천】①물이 솟아 나오는 근원. ②어떤 사물이 생기는 근원.
【根源 근원】①물의 줄기가 나오기 시작하는 곳. ②사물의 근본.
【起源 기원】사물이 처음으로 생김, 또는 그런 근원.
【發源 발원】강물의 흐름이 시작되는, 또는 시작되는 곳.
【本源 본원】사물의 근본.
【水源 수원】물이 흘러나오는 근원.
【語源 어원】어떤 말이 생겨난 근원.
【字源 자원】글자의 근원. 특히, 한자의 구성 원리.
【電源 전원】전류가 오는 원천.

【溵】물 이름 은

명 ⓒyīn ⓙイン
字解 물 이름(은) ※허난 성(河南省) 쉬창 현(許昌縣)에서 발원하여 잉수이 강(潁水江)으로 흘러드는 강.

【溢】넘칠 일

명 ⓒyì ⓙイツ(あふれる) ⓔoverflow
字解 ①넘칠(일) ¶充溢(충일) ②지나칠(일) ¶溢美(일미)

【溢美 일미】①아주 아름다움. ②지나치게 꾸밈.
【溢血 일혈】신체 조직의 내부에서 일어나는 출혈(出血).
【充溢 충일】가득 차서 넘침.
【海溢 해일】지진·화산 폭발·폭풍우 따위로 인하여 갑자기 바닷물이 육지로 넘쳐 들어오는 일.

【滋】불을 자

명 ⓒzī ⓙジ(しげる) ⓔincrease
字解 ①불을, 번식할(자) ¶滋蔓(자만) ②맛, 자양분(자) ¶滋味

(자미) ❸적실(자) ¶滋雨(자우) ❹더욱(자) ¶滋甚(자심)
【滋蔓 자만】①풀이 무성하여 점점 뻗어 나감. ②권세가 점점 커짐.
【滋味 자미】①자양분(滋養分)이 많고 맛이 좋은 음식. ②재미.
【滋甚 자심】더욱 심함. 매우 심함.
【滋養 자양】몸에 영양이 됨, 또는 그 음식물.
【滋雨 자우】①초목을 적셔 주는 비. ②생물에게 혜택을 주는 비.

【滓】 찌끼 재
㊀자 紙
명 ㊥zǐ ㊐サイ(かす) ㊧dregs
字解 찌끼, 앙금(재)
【滓穢 재예】①찌꺼기. ②더럽힘.
【殘滓 잔재】①남은 찌꺼기. ②낡은 사고방식이나 생활양식의 찌꺼기.

【準】 ❶법도 준
㊀준 軫
❷콧마루 준
㊀절 屑
명 ㊥zhǔn ㊐ジュン(なぞらえる) ㊧rule
字源 형성자. 水(수)는 의미 부분이고, 隼(준)은 발음 부분이다.
字解 ❶①법도, 표준(준) ¶基準(기준) ②평평할, 고를(준) ¶平準(평준) ❷콧마루(준) ¶隆準(융준)
【準據 준거】일정한 기준에 의거함, 또는 그 기준.
【準備 준비】필요한 것을 미리 마련하여 갖춤.
【準則 준칙】표준을 삼아서 따라야 할 규칙.
【基準 기준】기본이 되는 표준.
【水準 수준】①사물의 가치·등급·품질 따위의 일정한 표준이나 정도. ②평면의 수평을 조사하는 기구. 水準器(수준기).
【隆準 융준】크고 우뚝한 코.
【平準 평준】사물을 균일(均一)하도록 조정함.
【標準 표준】사물이 준거할 만한 기, 또는 그에 해당하는 사물.

【溱】 많을 진
㊀진 眞
명 ㊥zhēn ㊐ソウ ㊧many
字解 ①많을(진) ②성할(진)
【溱溱 진진】①많은 모양. ②성(盛)한 모양.

【滄】 푸를 창
㊀창 陽
명 ㊥cāng ㊐ソウ ㊧blue
字解 ①푸를(창) ¶滄茫(창망) ②찰, 싸늘할(창) ¶滄熱(창열) ③큰 바다(창) ¶滄桑之變(창상지변)
【滄茫 창망】물이 푸르고 아득하게 넓은 모양.
【滄溟 창명】①넓고 푸른 바다. 滄海(창해). ②사방의 바다.
【滄桑之變 창상지변】푸른 바다가 뽕나무 밭으로 변함. '세상이 아주 크게 바뀜'의 비유.
【滄熱 창열】추움과 더움.
【滄波 창파】푸른 물결. 滄浪(창랑).
【滄海一粟 창해일속】큰 바다에 던져진 한 알의 좁쌀. '아주 작거나 보잘것없음'의 비유.

【溘】 문득 합
㊀갑 合
㊥kè ㊐コウ ㊧suddenly
字解 문득, 갑자기(합)
【溘死 합사】사람이 갑자기 죽음.
【溘然 합연】갑작스러운 모양.

【溷】 흐릴 혼
㊀혼 願
명 ㊥hùn ㊐コン(にごる) ㊧turbid
字解 ①흐릴, 어지러울(혼) ②뒷간(혼) ③우리, 돼지 우리(혼)
【溷廁 혼측】뒷간. 廁間(측간).
【溷濁 혼탁】어지럽고 흐림.
【溷淆 혼효】뒤섞여서 어지러움.

【滑】 ❶미끄러울 활
❷어지러울 골
명 ㊥huá ㊐カツ(すべる) ㊧slippery
字解 ❶미끄러울(활) ¶滑降(활강)

氵部 11획

❷어지러울(골) ¶ 滑稽(골계)
【滑降 활강】비탈진 곳을 미끄러져 내려오거나 내려감.
【滑空 활공】항공기가 동력(動力)을 쓰지 않고 비행(飛行)하는 일.
【滑氷 활빙】얼음지치기. 스케이팅.
【滑走 활주】비행기가 뜰 때나 내릴 때에 땅 위를 미끄러져 내달음.
【滑稽 골계】남을 웃기려고 일부러 우습게 하는 말이나 짓. 익살.
【圓滑 원활】①모난 데가 없고 원만함. ②일이 아무 거침이 없음.

【滉】물 깊고 넓을 황
명 ⊕huáng ⊕コウ
字解 물 깊고 넓음(황)

【漑】물 댈 개
명 ⊕gài ⊕ガイ(そそぐ) ⊕irrigate
字解 물 댈(개)
【灌漑 관개】농사에 필요한 물을 논밭에 댐.

【漧】명 乾(12)의 古字

【滾】명 滾(311)의 俗字

【漚】❶담글 구
❷①거품 구
❷갈매기 구≒鷗
⊕ōu ⊕オウ ⊕steep
字解 ❶담글(구) ※물에 오래 담가 부드럽게 하는 일. ❷①거품(구) ②갈매기(구)≒鷗
【浮漚 부구】물거품.

【漌】맑을 근
명 ⊕jǐn ⊕キン ⊕clear
字解 ①맑을(근) ②담글(근)

【漣】물놀이칠 련
명 ⊕lián ⊕レン(さざなみ) ⊕ripple

字解 ①물놀이칠(련) ②눈물 흘릴(련)
【漣漪 연의】잔물결, 또는 잔물결이 이는 모양.

【漉】거를 록
⊕lù ⊕ロク(こす) ⊕strain
字解 ①거를(록) ②방울져 떨어질(록)
【漉酒 녹주】술을 거름.

【漏】샐 루
氵 沪 沪 沪 沪 涓 漏 漏
고 ⊕lòu ⊕ロウ(もる) ⊕leak
字源 회의 겸 형성자. 水(수)와 屚(루)는 모두 의미 부분인데, 屚는 발음도 담당한다. 屚는 빗물(雨우)이 집(尸시) 아래로 떨어진다는 뜻이다.
字解 ①샐, 빠뜨릴(루) ¶ 漏落(누락) ②물시계(루) ¶ 漏刻(누각)
【漏刻 누각】물시계.
【漏落 누락】응당 적히어 있어야 할 것이 적히지 않고 빠짐.
【漏泄 누설】비밀 따위가 새어 나감. ⓑ漏洩(누설).
【漏水 누수】물이 샘.
【漏電 누전】전류가 전선 밖으로 새어 나가는 일.
【漏出 누출】기체·액체 따위가 새어 나옴.
【脫漏 탈루】있어야 할 것이 빠짐.

【漓】물 스밀 리
⊕lí ⊕リ ⊕soak
字解 ①물 스밀(리) ②흐를(리)
【淋漓 임리】물이나 피가 뚝뚝 떨어지거나 흥건함.

【漠】사막 막
氵 氵 沪 沪 洰 漠 漠
고 ⊕mò ⊕バク ⊕desert
字源 형성자. 水(수)는 의미 부분이고, 莫(막)은 발음 부분이다.

氵部 11획

【字解】①사막(막) ②넓을(막) ③쓸쓸할(막) ≒寞
【漠漠 막막】 넓고 아득함.
【漠然 막연】 ①아득함. ②똑똑하지 않고 어렴풋함.
【砂漠 사막】 모래와 자갈로 뒤덮이고 강우량이 적어 식물이 거의 자라지 않는 넓은 지대. 통沙漠(사막).
【索漠 삭막】 황폐하여 쓸쓸함.

【滿】 찰 만 滿滿滆
氵氵汁汁汁浒满满满
음 ⊕mǎn ⊕マン(みちる) 英full
字源 형성자. 水(수)는 의미 부분이고, 㒼(만)은 발음 부분이다.
字解 ①찰, 가득할(만) ¶ 滿員(만원) ②풍족할, 넉넉할(만) ¶ 滿足(만족)
【滿期 만기】 정해진 기한이 참.
【滿喫 만끽】 ①마음껏 먹고 마심. ②충분히 만족할 만큼 즐김.
【滿了 만료】 정해진 기한이 끝남.
【滿面 만면】 얼굴에 가득함.
【滿發 만발】 많은 꽃이 한꺼번에 활짝 핌. 滿開(만개).
【滿朔 만삭】 ①아이를 낳을 달이 참. ②보름달과 초하룻날의 달.
【滿船 만선】 배에 가득히 실음.
【滿員 만원】 정원이 다 참.
【滿潮 만조】 밀물로 해면(海面)이 가장 높아진 상태.
【滿足 만족】 부족함이 없이 충분한 마음의 상태.
【未滿 미만】 정한 수나 정도에 차지 못함.
【充滿 충만】 가득 참.
【豐滿 풍만】 몸이 투실투실하게 살찜.

【漫】 부질없을 만 湯
氵氵汀沪沪漫漫漫
음 ⊕màn ⊕マン(みだりに) 英trivial
字源 형성자. 水(수)는 의미 부분이고, 曼(만)은 발음 부분이다.
字解 ①부질없을, 멋대로(만) ¶ 漫談(만담) ②물 질펀할(만) ③흩어질, 어지러울(만) ¶ 散漫(산만)

【漫談 만담】 익살스러운 말로 세상과 인정을 풍자하는 이야기.
【漫評 만평】 일정한 체계 없이 생각나는 대로 하는 평.
【漫筆 만필】 붓 가는 대로 생각한 바를 쓴 글.
【漫畫 만화】 풍자나 우스갯소리 등을 경쾌하고 익살스레 그린 그림.
【放漫 방만】 하는 일이나 생각이 야무지지 못하고 엉성함.
【散漫 산만】 흩어져 통일성이 없음.

【澧】 내 이름 봉 浲
명 ⊕féng ⊕ホウ
字解 내 이름(봉)

【滲】 물 스밀 삼 渗滲
명 ⊕shèn ⊕シン(しみる) 英soak
字解 물 스밀(삼)
【滲水 삼수】 스며드는 물.
【滲出 삼출】 액체가 스며서 배어 나옴.
【滲透 삼투】 두 종류의 액체가 사이벽을 통하여 서로 섞이는 현상.

【漩】 소용돌이 선 漩
⊕xuán ⊕セン 英whirlpool
字解 소용돌이, 소용돌이칠(선)
【漩紋 선문】 소용돌이 무늬.
【漩渦 선와】 소용돌이.

【漱】 ❶양치질할 수 ❷빨래할 수 漱潄
명 ⊕shù ⊕ソウ(すすぐ) 英gargle
字解 ❶양치질할(수) ❷빨래할(수)
【漱石枕流 수석침류】 돌로 양치질하고 흐르는 물을 베개 삼음. '실수를 얼버무림', 또는 '오기가 셈'의 비유.

故事 진(晉)나라 손초(孫楚)가 침석수류(枕石漱流)라고 할 것을 수석침류(漱石枕流)라고 잘못 말한 뒤 '漱石'은 이를 닦기 위함이고, '枕流'는 귀를 씻기 위함이라고 얼버무린 고사에서 온 말.

氵 11 ⑭ 【漾】 물결 출렁거릴 양 [漾] [고] 瀁

[명] ㊥yàng ㊐ヨウ ㊇wave

[字解] 물결 출렁거릴(양)

【漾漾 양양】 물결이 출렁거리는 모양.

氵 11 ⑭ 【漁】 고기잡을 어 [魚] [간] 渔

氵 氵 氵 氵 氵 渔 渔 漁

[중] ㊥yú ㊐ギョ(すなどる) ㊇fish

[字源] 회의 겸 형성자. 水(수)와 魚(어)는 모두 의미 부분인데, 魚는 발음도 담당한다.

[字解] 고기잡을(어)

【漁撈 어로】 고기잡이.

【漁網 어망】 고기잡이 그물.

【漁民 어민】 고기잡이를 업으로 하는 사람.

【漁父之利 어부지리】 어부가 얻은 이익. '둘이 다투고 있는 사이 엉뚱한 사람이 이익을 봄'을 이름. 漁人得利(어인득리).

【漁船 어선】 고기잡이 배.

【漁場 어장】 고기잡이를 하는 수역.

【漁村 어촌】 어민들이 모여 사는 마을.

【漁獲 어획】 물고기·조개·바닷말 등을 잡거나 땀, 또는 그 수산물.

【出漁 출어】 바다로 고기잡이 나감.

【豐漁 풍어】 물고기가 많이 잡힘.

氵 11 ⑭ 【演】 펼 연 [銑]

氵 氵 氵 氵 氵 淙 演 演

[고] ㊥yǎn ㊐エン(のべる) ㊇spread

[字源] 형성자. 水(수)는 의미 부분이고, 寅(인)은 발음 부분이다.

[字解] ①펼(연) ¶ 演繹(연역) ②부연할, 설명할(연) ¶ 演說(연설) ③행할(연) ¶ 演技(연기) ④익힐(연) ¶ 演習(연습) ⑤흐를(연)

【演劇 연극】 배우가 무대에서 각본에 따라 동작·대사로 표현하는 예술.

【演技 연기】 배우가 무대 위에서 연출하여 보이는 말이나 동작.

【演說 연설】 여러 사람 앞에서 자기의 의견을 말함.

【演習 연습】 배운 것을 되풀이하여 익힘. 練習(연습).

【演繹 연역】 뜻을 풀어서 밝힘.

【演藝 연예】 대중적인 연극·노래·춤 따위의 예능.

【演奏 연주】 악기를 다루어 음악을 들려주는 일.

【講演 강연】 대중 앞에서 연설함.

【競演 경연】 연기·기능 따위를 겨룸.

【出演 출연】 무대나 영화·방송 따위에 나와 연기함.

氵 11 ⑭ 【漪】 물놀이 의 [支]

㊥yī ㊐イ ㊇ripple

[字解] 물놀이, 잔물결(의)

【漪瀾 의란】 잔물결과 큰 물결.

【漪漣 의련】 잔잔한 물결.

氵 11 ⑭ 【漳】 강 이름 장 [陽]

[명] ㊥zhāng ㊐ショウ

[字解] ①강 이름(장) ※산시 성(山西省)에서 발원하는 강. ②막을, 둑(장) ≒障

氵 11 ⑭ 【滴】 물방울 적 [錫]

氵 氵 氵 氵 氵 滴 滴 滴

[고] ㊥dī ㊐テキ(したたる) ㊇drop

[字源] 형성자. 水(수)는 의미 부분이고, 啇(적)은 발음 부분이다.

[字解] ①물방울(적) ②방울질(적)

【滴水 적수】 물을 방울지게 떨어뜨림, 또는 그 물방울.

【餘滴 여적】 ①글을 다 쓰거나 그림을 다 그리고 붓끝에 남은 먹물. 餘墨(여묵). ②다 기록하고 난 다음의 나머지 사실에 대한 기록. 餘錄(여록).

【硯滴 연적】 벼룻물을 담는 그릇.

氵 11 ⑭ 【漸】 ❶점점 점 [琰] ❷번질 점 [鹽] [간] 渐

氵 氵 氵 氵 漸 漸 漸 漸

[고] ㊥jiàn, jiān ㊐ゼン(ようやく) ㊇gradually

3획

氵部 11획

字源 형성자. 水(수)는 의미 부분이고, 斬(참)은 발음 부분이다.
字解 ❶점점, 차츰(점) ¶漸增(점증) ❷①번질, 적실(점) ¶漸染(점염) ②흘러들, 스밀(점) ¶漸漬(점지)
【漸染 점염】 차차 번져 물듦.
【漸入佳境 점입가경】 점점 아름다운 경지로 들어감. '갈수록 더욱 좋거나 재미있게 되어 감'을 이름.
【漸漸 점점】 조금씩. 漸次(점차).
【漸增 점증】 점점 많아짐.
【漸漬 점지】 물이 스며듦.
【漸進 점진】 순서대로 차차 나아감.

【漕】 배 저을 조
명 ⊕cáo ⊕ソウ(こぐ) 英row
字解 배 저을, 배로 나를(조)
【漕船 조선】 물건을 운반하는 배.
【漕運 조운】 배로 물건을 실어 나르는 일. 轉漕(전조).
【漕艇 조정】 보트를 저음.
【漕倉 조창】 지난날, 조운(漕運)할 곡식을 쌓아 두던 곳집.

【漬】 담글 지
명 ⊕zì ⊕シ(ひたす) 英soak
字解 ①담글, 적실(지) ②물들일(지)
【漬墨 지묵】 점점 더러워져 까매짐.
【漬浸 지침】 물에 적심.

【漲】 물 많을 창
명 ⊕zhǎng ⊕チョウ(みなぎる)
字解 물 많을, 물 불을(창)
【漲水 창수】 불어서 넘치는 물.
【漲溢 창일】 물이 넘침.

【滌】 씻을 척
명 ⊕dí ⊕テキ(あらう) 英wash
字解 ①씻을, 헹굴(척) ¶洗滌(세척) ②없앨(척) ¶滌蕩(척탕)
【滌暑 척서】 더위를 씻음.
【滌蕩 척탕】 ①더러움을 씻어 없앰.

②망하여 없어짐.
【洗滌 세척】 깨끗이 씻음.

【滯】 막힐 체
⊕zhì ⊕タイ(とどこおる) 英stop
字源 형성자. 水(수)는 의미 부분이고, 帶(대)는 발음 부분이다.
字解 ①막힐, 엉길(체) ¶停滯(정체) ②머무를(체) ¶滯留(체류)
【滯納 체납】 세금·회비 따위를 기한 내에 납부하지 않음.
【滯留 체류】 일정한 곳에 머물러 있음. 滯在(체재).
【滯拂 체불】 응당 지급할 것을 지급하지 않고 미룸.
【滯賃 체임】 노임을 지급하지 않고 뒤로 미룸.
【滯症 체증】 체하여 소화가 잘 되지 않는 병.
【停滯 정체】 사물의 발전이나 진화하는 상태가 정지되어 침체됨.
【沈滯 침체】 나아가지 못하고 머묾.

【漆】 옻칠할 칠
⊕qī ⊕シツ(うるし) 英lacquer
字源 형성자. 水(수)는 의미 부분이고, 桼(칠)은 발음 부분이다.
字解 ①옻칠할, 옻나무(칠) ¶漆器(칠기) ②검을(칠) ¶漆板(칠판) ③일곱(칠) ※ '七'의 갖은자.
【漆工 칠공】 칠일을 업으로 하는 사람.
【漆器 칠기】 옻칠을 한 나무 그릇.
【漆板 칠판】 분필로 글씨를 쓰는, 흑색이나 녹색의 판.
【漆黑 칠흑】 옻칠과 같이 검음. 또는 깜깜함.

【漂】 ❶뜰 표 ❷빨래할 표
⊕piāo, piǎo ⊕ヒョウ(ただよう) 英float

字源 형성자. 水(수)는 의미 부분이고, 票(표)는 발음 부분이다.
字解 ❶뜰, 떠돌(표) ¶漂流(표류) ❷빨래할(표) ¶漂白(표백)

【漂流 표류】 물에 둥둥 떠서 흘러감.
【漂泊 표박】 ①흘러 떠돎. ②정처 없이 떠돌아다님. 漂寓(표우).
【漂白 표백】 바래지게 하거나 희게 하는 일. 마전.
【漂着 표착】 물에 떠서 흘러다니다가 어떤 곳에 닿음.
【漂風 표풍】 바람결에 따라 흘러감.

【漢】 한수 한

氵 氵 氵 汁 浩 浩 漢 漢

명 ㉠hàn ㉡カン
字源 형성자. 水(수)는 의미 부분이고, 莫은 難(난)의 생략형으로 발음 부분이다.
字解 ①한수(한) ②한나라(한) ※유방(劉邦)이 항적(項籍)을 멸하고 세운 왕조(B.C. 202~A.D. 219). ③종족 이름(한) ¶漢族(한족) ④은하수(한) ¶銀漢(은한) ⑤사나이, 놈(한) ¶惡漢(악한)

【漢漢江投石 한강투석】 國한강에 돌 던지기. '몹시 미미하여 별 효과가 없음'을 이름.
【漢文 한문】 한자(漢字)로 쓴 문장.
【漢水 한수】 산시 성(陝西省)에서 발원하는 강.
【漢詩 한시】 한자로 된 시.
【漢語 한어】 중국말.
【漢字 한자】 중국 고유의 문자.
【漢族 한족】 중국 본토 재래의 종족.
【惡漢 악한】 몹시 악독한 사나이.
【銀漢 은한】 은하수. 銀河(은하).

【滸】 물가 호

명 ㉠hǔ ㉡コ ㉢waterside
字解 물가(호)

【滬】 강 이름 호

명 ㉠hù
字解 ①강 이름(호) ※장쑤 성(江蘇省) 상하이 현(上海縣)의 동북을 흐르는 강. ②대어살(호) ※고기를 잡기 위해 친 울.

【澗】 산골 물 간

명 ㉠jiàn ㉡カン(たに)
字源 ①산골 물(간) ¶늑硎(간) ②이름(간) ※허난 성(河南省)에서 발원하여 뤄수이 강(洛水江)으로 흘르드는 강.

【澗溪 간계】 산골 물. 溪流(계류).
【澗壑 간학】 물이 흐르는 골짜기.

【澗】 澗(319)의 本字

【潔】 깨끗할 결

氵 氵 汀 汀 浐 渢 潔 潔

명 ㉠jié ㉡ケツ(いさぎよい) ㉢clean
字源 형성자. 水(수)는 의미 부분이고, 絜(혈)은 발음 부분이다.
字解 깨끗할, 청렴할(결)

【潔白 결백】 ①깨끗하고 흼. ②허물이 없음.
【潔癖 결벽】 불결한 것을 대단히 싫어하는 성벽(性癖).
【簡潔 간결】 간단하고 깔끔함.
【純潔 순결】 잡것이 섞이지 아니하고 깨끗함.
【淨潔 정결】 매우 깨끗하고 깔끔함.

【潰】 무너질 궤

명 ㉠kuì ㉡カイ(ついえる) ㉢collapse
字源 ①무너질(궤) ②흩어질(궤) ③문드러질, 헐(궤)

【潰決 궤결】 제방 등이 무너져 터짐.
【潰滅 궤멸】 허물어져 없어짐, 또는 패하여 멸망함.
【潰瘍 궤양】 피부나 점막(粘膜) 따위가 헐어서 짓무르는 일.

【潭】 못 담

명 ㉠tán ㉡タン(ふち) ㉢pond

字解 ①못(담) ②깊을(담)
【潭水 담수】①못물. ②깊은 물.
【潭淵 담연】깊은 못.

【潼】 물 이름 동 東
명 ⊕tóng ⊕ドウ, トウ
字解 물 이름(동) ※쓰촨 성(四川省)에서 발원하는 강.

【潦】 ❶큰비 료 ❷물이름 료
⊕lǎo ⊕ロウ 英downpour
字解 ❶①큰비, 장맛비(료) ②괸물(료) ❷물 이름(료)
【潦水 요수】①땅에 괸 빗물. ②비로 인하여 불어난 물. 큰물.
【潦炎 요염】장마철의 더위.
【潦河 요하】허난 성(河南省) 난양 현(南陽縣)에서 발원하는 강.

【潾】 ❶맑을 린 ❷돌샘 린
명 ⊕lín, lìn ⊕リン 英clear
字解 ❶맑을, 물 맑을(린) ❷돌샘, 석간수(린)
【潾潾 인린】물이 맑은 모양.

【潣】 물 졸졸 흐를 민
명 ⊕mǐn ⊕ビン 英murmur
字解 물 졸졸 흐를(민)

【潘】 쌀뜨물 반
명 ⊕pān ⊕ハン
字解 ①쌀뜨물(반) ②물 이름(반) ※허난 성(河南省)에 있는 강.

【潑】 물 뿌릴 발
명 ⊕pō ⊕ハツ 英sprinkle
字解 ①뿌릴(발) ¶潑水(발수) ②무뢰배, 불량배(발) ¶潑皮(발피) ③기세 성할(발) ¶潑剌(발랄)

【潑剌 발랄】밝고 활기가 있음.
【潑墨 발묵】수묵화를 그리거나 붓씨를 쓸 때 먹물이 번져서 퍼짐.
【潑水 발수】물을 뿌림.
【潑皮 발피】건달. 無賴漢(무뢰한).
【活潑 활발】생기 있고 힘차며 시원스러움.

【潽】 물 이름 보
명 ⊕pū ⊕フ, ホ
字解 물 이름(보)

【潰】 潰(323)의 俗字

【濳】 潛(320)과 同字

【潸】 눈물 줄줄 흐를 산
⊕shān ⊕サン 英weep
字解 눈물 줄줄 흐를(산)
【潸然 산연】눈물을 줄줄 흘리는 모양.

【澁】 떫을 삽
명 ⊕sè ⊕ジュウ(しぶい) 英rough
字解 ①떫을(삽) ¶澁味(삽미) ②막힐, 껄끄러울(삽) ¶難澁(난삽) ③말 더듬을(삽) ¶澁語(삽어)
【澁味 삽미】떫은 맛.
【澁語 삽어】더듬거리는 말.
【難澁 난삽】어렵고 빡빡하여 순조롭지 않음.

【潟】 개펄 석
명 ⊕xì ⊕セキ(かた) 英tideland
字解 개펄, 염밭(석)
【干潟地 간석지】바닷물이 드나드는 개펄.

【澌】 ❶물 잦을 시 ❷목쉴 시
⊕sī ⊕シ 英dry

字解 ❶물 잦을(시) ❷목쉴(시)
【澌盡 시진】물이 마르듯이 흔적 없이 멸망함.

[潯] 물가 심
🔟 ㊊xún ㊌ジン ㊍waterside
字解 ①물가(심) ②물 이름(심)
※ 광시 성(廣西省)을 흐르는 강.

[澲] 물 흐를 열
명 ㊊yè ㊌エツ ㊍stream
字解 물 흐를(열)

[澆] 물 댈 요
㊊ào, jiāo ㊌ギョウ(そそぐ) ㊍irrigate
字解 ①물 댈(요) ②경박할(요)
【澆漑 요개】물을 댐.
【澆僞 요위】경박하고 거짓이 많음.

[澐] 큰 물결 운
명 ㊊yún ㊌ウン
字解 큰 물결(운)

[潤] 윤택할 윤
氵 氵 沪 沪 洢 潤 潤 潤
교 ㊊rùn ㊌ジュン(うるおう) ㊍abundant
字源 형성자. 水(수)는 의미 부분이고, 閏(윤)은 발음 부분이다.
字解 ①윤택할, 윤(윤) ¶潤氣(윤기) ②이익, 이득(윤) ¶利潤(이윤) ③젖을, 적실(윤) ¶浸潤(침윤)
【潤氣 윤기】윤택한 기운.
【潤文 윤문】글을 윤색(潤色)함.
【潤色 윤색】①광택을 내고 색칠을 함. ②글이나 말을 꾸밈.
【潤澤 윤택】①태깔이 부드럽고 번지르르함. ②생활이 넉넉함.
【潤滑 윤활】뻑뻑하지 않고 반드러움.
【利潤 이윤】영업을 하여 남은 순소득.
【浸潤 침윤】①물기가 차차 젖어 듦. ②무엇이 차차 번져 나감.

[潺] 물 흐를 잔
명 ㊊chán ㊌セン ㊍flow
字解 물 흐를(잔)

[潛] 잠길 잠
氵 氵 汁 洪 浠 浠 潛 潛
교 ㊊qián ㊌セン(ひそむ) ㊍dive
字源 형성자. 水(수)는 의미 부분이고, 朁(참)은 발음 부분이다.
字解 ①잠길(잠) ¶潛水(잠수) ②숨을, 숨길(잠) ¶潛伏(잠복)
【潛伏 잠복】몰래 숨어 있음.
【潛水 잠수】물속에 잠겨 들어감.
【潛入 잠입】몰래 숨어 들어감.
【潛在 잠재】겉으로 드러나지 않고 속에 숨어 있거나 잠기어 있음.
【潛跡 잠적】종적(蹤跡)을 아주 감추어 버림.
【潛行 잠행】남몰래 숨어서 다님.
【沈潛 침잠】깊이 가라앉아 잠김.

[潜] 명 潛(321)의 本字

[濳] 명 潛(321)의 俗字

[潮] 조수 조
氵 氵 泸 沽 泸 淖 潮 潮
교 ㊊cháo ㊌チョウ(しお) ㊍tide
字源 형성자. 水(수)는 의미 부분이고, 朝(조)는 발음 부분이다.
字解 조수, 흐름(조)
【潮流 조류】①조수(潮水)로 인한 바닷물의 흐름. ②시세의 경향.
【潮水 조수】주기적으로 들어왔다 나갔다 하는 바닷물.
【滿潮 만조】밀물로 해면(海面)이 가장 높아진 상태.
【思潮 사조】어떤 시대나 계층의 사람들 사이에 나타나는 일반적인 사상의 경향.
【風潮 풍조】①바람 따라 흐르는 조수. ②세상이 되어 가는 추세.

【澍】 적실 주

- 名 ⊕shù ⊖ジュ 英moisten
- **字解** ①적실(주) ②단비(주)

【澍雨 주우】 때에 맞게 오는 단비.

【潗】 샘솟을 집

- 名 ⊕jí ⊖シュウ 英spring up
- **字解** 샘솟을, 물 솟아 나올(집)

【潗】 潗(322)과 同字

【澄】 맑을 징

- 名 ⊕chéng ⊖チョウ(すむ) 英clear
- **字解** 맑을(징)

【澄明 징명】 맑고 밝음.
【澄水 징수】 맑고 깨끗한 물.
【清澄 청징】 맑고 깨끗함.

【澈】 물 맑을 철

- 名 ⊕chè ⊖テツ 英clear
- **字解** 물 맑을(철)

【澎】 물결 부딪칠 팽

- 名 ⊕péng ⊖ホウ
- **字解** 물결 부딪칠(팽)

【澎湃 팽배】 ①물결이 서로 부딪쳐 솟아오름. ②어떤 사조(思潮)나 세력 등이 기운차게 넘쳐 일어남.

【澗】 넓을 한

- 名 ⊕xián ⊖カン 英broad
- **字解** 넓을(한)

【澔】 名 浩(301)와 同字

【濊】 깊을 화

- ⊕hé ⊖カ 英deep
- **字解** 깊을, 물 깊을(화)

【潢】 웅덩이 황

- 名 ⊕huáng ⊖コウ 英pond
- **字解** 웅덩이(황)

【潢池 황지】 ①물이 괴어 있는 못. ②'좁은 토지'의 비유.

【激】 과격할 격

- 固 ⊕jī ⊖ゲキ(はげしい) 英violent
- **字源** 형성자. 水(수)는 의미 부분이고, 敫(교·격)은 발음 부분이다.
- **字解** ①과격할, 심할(격) ¶ 激動(격동) ②빠를(격) ¶ 激流(격류) ③물결 부딪쳐 흐를(격)

【激怒 격노】 몹시 성냄.
【激突 격돌】 격렬하게 부딪침.
【激動 격동】 ①급격하게 움직임. ②몹시 흥분하고 감동함.
【激浪 격랑】 거센 파도.
【激勵 격려】 용기를 북돋우어 힘쓰도록 함.
【激烈 격렬】 몹시 맹렬함.
【激流 격류】 빠르고 세차게 흐르는 물.
【激變 격변】 급격하게 변함.
【激昂 격앙】 감정이 격해짐.
【激增 격증】 갑자기 많이 불음.
【感激 감격】 마음속에 느껴 격동됨.
【過激 과격】 지나치게 격렬함.
【急激 급격】 급하고 격렬함.

【濃】 짙을 농

- 名 ⊕nóng ⊖ノウ(こい) 英thick
- **字解** 짙을, 진할(농)

【濃淡 농담】 짙음과 옅음.
【濃度 농도】 액체·빛깔의 진한 정도.
【濃霧 농무】 짙은 안개.
【濃縮 농축】 용액 등의 농도를 높임.
【濃厚 농후】 ①맛·빛깔이 매우 짙음. ②어떤 경향·기색 따위가 뚜렷함.

【澾】 미끄러울 달

- ⊕tà ⊖タツ(なめらか) 英slippery
- **字解** 미끄러울, 반드러울(달)

氵13 ⑯ 【澹】 담박할 담 [勘] [感]

[명] [中]dàn [日]タン(あわい) [英]light

[字解] ①담박할(담) ≒淡 ②물 출렁일(담) ③고요할, 조용할(담)

【澹泊 담박】①욕심이 없고 조촐함. ②맛이나 빛이 산뜻함.

氵13 ⑯ 【濂】 엷을 렴 [鹽]

[명] [中]lián [日]レン [英]thin

[字解] ①엷을(렴) ②물 이름(렴) ※후난 성(湖南省)에 있는 시내.

氵13 ⑯ 【澪】 강 이름 령 [青]

[명] [中]líng [日]レイ

[字解] 강 이름(령)

氵13 ⑯ 【澧】 강 이름 례 [薺]

[中]lǐ [日]ライ, レイ

[字解] ①강 이름(례) ※허난 성(河南省) 퉁바이 현(桐柏縣)에서 발원하는 강. ②단술(례) ≒醴

氵13 ⑯ 【潞】 강 이름 로 [遇]

[명] [中]lù [日]ロ

[字解] 강 이름(로)

氵13 ⑯ 【濆】 ❶물 솟을 분 [吻] ❷물가 분 [文] [속]濆 [간]渍

[中]fén [日]フン [英]spout

[字解] ❶물 솟을(분) ❷물가(분)

【濆泉 분천】물이 솟아오르는 샘.

山13 ⑯ 【濉】 강 이름 수 [支]

[명] [中]suī [日]スイ

[字解] 강 이름(수)

氵13 ⑯ 【潚】 ❶물 맑을 숙·축 [屋] ❷물 이름 소 [蕭]

[명]숙 [中]sù [日]シュク

[字解] ❶물 맑을(숙·축) ❷물 이름(소)

氵13 ⑯ 【濊】 더러울 예 [隊]

[명] [中]huì [日]ワイ [英]dirty

[字解] ①더러울, 흐릴(예) ≒穢 ②종족 이름(예)

【濊貊 예맥】①한족(韓族)의 조상이 되는 민족. ②고조선(古朝鮮) 때 있었던 나라 이름. [통]獩貊(예맥).

氵13 ⑯ 【澳】 ❶깊을 오 [號] ❷후미 욱 [屋]

[명]❶ [中]ào [日]オウ(くま) [英]deep

[字解] ❶깊을(오) ❷후미(욱) ※산길·물길 따위가 굽어 들어간 곳.

氵13 ⑯ 【澱】 찌끼 전 [霰] [간]淀

[명] [中]diàn [日]デン(おり) [英]drags

[字解] 찌끼, 앙금(전)

【澱粉 전분】녹말.

【沈澱 침전】액체 속에 섞인 물체가 밑바닥에 가라앉음, 또는 그 물질.

氵13 ⑯ 【澡】 씻을 조 [皓]

[中]zǎo [日]ソウ [英]wash

[字解] 씻을, 깨끗하게 할(조)

氵13 ⑯ 【濈】 화목할 즙 [緝]

[中]jí [日]シュウ [英]harmonious

[字解] ①화목할(즙) ②빠를(즙)

氵13 ⑯ 【澯】 맑을 찬 [翰]

[명] [中]càn [日]サン [英]clear

[字解] 맑을, 물 맑을(찬)

氵13 ⑯ 【濁】 흐릴 탁 [覺] [간]浊

氵 氵' 氵罒 浬 浬 渴 濁 濁

[고] [中]zhuó [日]ダク(にごる) [英]muddy

[字源] 형성자. 水(수)는 의미 부분이

고, 蜀(촉)은 발음 부분이다.
字解 ①흐릴(탁) ¶濁流(탁류) ②어지러울(탁) ¶濁世(탁세)
【濁流 탁류】흘러가는 흐린 물.
【濁世 탁세】도덕과 풍교(風敎)가 어지러워진 세상.
【濁酒 탁주】막걸리.
【鈍濁 둔탁】소리가 굵고 거칠어 뚜렷하지 않음.
【混濁 혼탁】불순물이 섞여 흐림.

【澤】못 택

氵沪泗淠泽泽澤澤
고 ㊥zé ㊐ダク(さわ) ㊀pond
字解 형성자. 水(수)는 의미 부분이고, 睪(역)은 발음 부분이다.
字解 ①못(택) ¶沼澤(소택) ②윤택(택) ¶潤澤(윤택) ③은혜, 덕택(택) ¶惠澤(혜택)
【澤畔 택반】못가.
【光澤 광택】물체의 표면에 번쩍거리는 빛.
【德澤 덕택】남에게 끼친 혜택.
【沼澤 소택】못. 늪. 沼池(소지).
【潤澤 윤택】①때깔이 부드럽고 번지르르함. ②생활이 넉넉함.
【恩澤 은택】은혜로운 덕택.
【惠澤 혜택】은혜와 덕택.

【澣】빨래할 한

㊆ ㊥huàn ㊐カン ㊀wash
字解 ①빨래할, 빨(한) ②열흘(한)
【澣滌 한척】옷과 그릇을 빨고 씻음.
【上澣 상한】초하루부터 열흘까지의 동안. 上旬(상순). 上浣(상완).

【澮】봇도랑 회

本괴
㊆ ㊥kuài ㊐カイ ㊀ditch
字解 ①봇도랑(회) ②강 이름(회)
※산시 성(山西省)에서 발원하는 강. ③시내(회)

【濘】진창 녕

㊥nìng ㊐ネイ ㊀mud

字解 진창, 수렁(녕)
【泥濘 이녕】진창.

【濤】큰 물결 도

명 ㊥tāo ㊐トウ ㊀billow
字解 큰 물결(도)
【怒濤 노도】무섭게 밀려오는 파도.
【波濤 파도】큰 물결.

【濫】넘칠 람

氵氵沪沪淊濫濫濫
고 ㊥làn ㊐ラン(みだりに) ㊀overflow
字解 형성자. 水(수)는 의미 부분이고, 監(감)은 발음 부분이다.
字解 ①넘칠(람) ¶氾濫(범람) ②지나칠, 함부로 할(람) ¶濫發(남발)
【濫發 남발】①지폐 등을 함부로 발행함. ②말이나 행동을 함부로 함.
【濫伐 남벌】산림의 나무를 함부로 벰.
【濫觴 남상】잔에 넘침. '사물의 시초'를 이름.
   큰 강물도 그 근원은 작은 잔을 띄울 만한 시냇물이라는 데서 온 말.
【濫用 남용】함부로 씀.
【濫獲 남획】짐승 따위를 마구 잡음.
【氾濫 범람】물이 넘쳐 흐름.
【猥濫 외람】하는 짓이 분수에 넘침.

【濛】가랑비 올 몽

㊥méng ㊐モウ ㊀drizzle
字解 ①가랑비 올(몽) ②어두울, 분명하지 않을(몽) 녹蒙
【濛雨 몽우】보슬비.

【瀰】①평평할 미 ②넘칠 니

명 ㊥mǐ ㊐ミ, ナイ ㊀flat
字解 ❶평평할(미) ❷넘칠(니)

【濮】강 이름 복

㊥pú ㊐ボク

字解 강 이름(복) ※허난 성(河南 省)에서 발원하는 강.

【濱】 물가 빈

명 ⓒbīn ⓙヒン(はま) ⓔbeach
字解 ①물가(빈)=瀕 ②다가올(빈)≒近
【濱涯 빈애】 물가. 바닷가.
【砂濱 사빈】 모래가 깔린 바닷가.

【澀】 澁(320)과 同字

【濕】 젖을 습

氵氵氵汨汨濕濕濕
고 ⓒshī ⓙシツ(しめる) ⓔwet
字解 형성자. 水(수)는 의미 부분이고, 㬎(현·압)은 발음 부분이다.
字解 젖을, 축축할(습)
【濕氣 습기】 축축한 기운.
【濕度 습도】 공기 중에 들어 있는 수증기의 정도.
【濕地 습지】 습기가 많은 땅.
【濕疹 습진】 습기로 인하여 생기는 부스럼.
【防濕 방습】 습기를 막음.

【濚】 소용돌이칠 영

명 ⓒyíng ⓙエイ ⓔwhirlpool
字解 소용돌이칠(영)

【濡】 적실 유

명 ⓒrú ⓙジュ(うるおう) ⓔmoisten
字解 ①적실, 젖을(유) ¶濡筆(유필) ②윤(유) ¶濡滑(유활) ③머무를, 막힐(유) ¶濡滯(유체)
【濡滯 유체】 머물러 지체함.
【濡筆 유필】 붓을 적심. 글을 씀.
【濡滑 유활】 매끄럽고 윤기가 남.

【濦】 물 이름 은

명 ⓒyīn ⓙイン
字解 물 이름(은)

【濟】 ❶건널 제 ❷많고 성할 제

氵氵汁济浐浐濟濟
고 ⓒjǐ, jì ⓙサイ(わたる) ⓔcross
字源 형성자. 水(수)는 의미 부분이고, 齊(제)는 발음 부분이다.
字解 ❶①건널(제) ¶濟度(제도) ②건질, 구제할(제) ¶濟世(제세)
❷많고 성할(제) ¶濟濟(제제)
【濟度 제도】 ①물을 건넘. ②일체 중생을 고해(苦海)에서 건져 극락(極樂)으로 인도하여 줌.
【濟世 제세】 세상을 구제함. 세상의 폐를 없애고 사람을 고난에서 건져 줌.
【濟濟 제제】 많고 성한 모양.
【濟濟多士 제제다사】 수많은 훌륭한 인재.
【決濟 결제】 금전상의 거래 관계를 청산함.
【共濟 공제】 서로 힘을 합하여 도움.
【救濟 구제】 구원하여 건져 줌.

【濬】 깊을 준

명 ⓒjùn ⓙシュン(さらう) ⓔdeep
字解 ①깊을(준) ②칠(준)
【濬川 준천】 내를 파서 쳐냄.

【濯】 씻을 탁

氵氵氵汋濯濯濯濯
고 ⓒzhuó ⓙタク(あらう) ⓔwash
字源 형성자. 水(수)는 의미 부분이고, 翟(적)은 발음 부분이다.
字解 씻을(탁)
【濯纓 탁영】 갓끈을 씻음. '세속(世俗)을 초월함'을 이름.
【濯足 탁족】 발을 씻음. '세속(世俗)을 초탈함'을 이름.
【洗濯 세탁】 빨래. 빨래를 함.

【濠】 해자 호

명 ⓒháo ⓙゴウ ⓔmoat
字解 ①해자(호)≒壕 ※성 밖으

로 둘러 판 못. ❷물 이름(호) ※ 안후이 성(安徽省)에 있는 강.
【外濠 외호】성 둘레에 파 놓은 못.

【濩】 ❶삶을 확 ❷퍼질 호
명❷ ㊥huò, huò ㊋カク ㊍boil
字解 ❶①삶을(확) ②깊숙할(확) ❷①퍼질(호) ②풍류 이름(호)늑 護 ※당(湯) 임금의 음악.

【潤】 명 闊(784)의 俗字

【瀆】 더럽힐 독
명 ㊥dú ㊋トク(けがす) ㊍defile
字解 ①더럽힐(독) ¶ 瀆職(독직) ②도랑(독) ¶ 瀆溝(독구)
【瀆溝 독구】도랑. 개천.
【瀆職 독직】공무원이 직권(職權)을 이용해 비행을 저지름.
【冒瀆 모독】침범하여 욕되게 함.

【濾】 거를 려
명 ㊥lǜ ㊋リョ ㊍filter
字解 거를, 걸러 낼(려)
【濾過 여과】액체 따위를 걸러 냄.

【瀏】 맑을 류
명 ㊥liú ㊋リュウ ㊍clear
字解 ①맑을(류) ②바람 빠를(류)
【瀏喨 유량】관악기(管樂器) 따위의 소리가 맑고 똑똑함.

【瀉】 토할 사
명 ㊥xiè ㊋シャ(はく) ㊍vomit
字解 ①토할(사) ②설사할(사)
【瀉劑 사제】설사를 하게 하는 약.
【泄瀉 설사】배탈이 났을 때에 묽은 똥을 눔. 또는 그 똥.
【一瀉千里 일사천리】강물이 거침없이 흘러 천 리에 다다름. '어떤 일이 거침없이 진행됨'을 이름.

【吐瀉 토사】게우고 설사함.

【瀋】 즙 심
명 ㊥shěn ㊋シン ㊍juice
字解 ①즙(심) ②물 이름(심) ※랴오닝 성(遼寧省) 선양 현(瀋陽縣)에서 발원하는 강.

【瀁】 명 漾(317)의 古字

【濺】 물 뿌릴 천
명 ㊥jiàn ㊋セン ㊍sprinkle
字解 물 뿌릴(천)
【濺瀑 천포】마구 쏟아지는 소나기.

【瀑】 ❶폭포 폭 ❷소나기 포
명 ❶ ㊥pù ㊋バク ㊍waterfall
字解 ❶폭포(폭) ¶ 瀑潭(폭담) ❷①소나기(포) ¶ 瀑雨(포우) ②거품(포) ¶ 瀑沫(포말)
【瀑潭 폭담】폭포수가 떨어지는 깊은 웅덩이.
【瀑布 폭포】낭떠러지에서 곧장 쏟아져 내리는 물.
【瀑沫 포말】물보라. 飛沫(비말).
【瀑雨 포우】소나기.

【瀅】 맑을 형
명 ㊥yíng ㊋エイ ㊍clear
字解 ①맑을(형) ②개천(형)
【汀瀅 정형】①물이 맑고 깨끗함. ②작은 시내.

【潚】 물 넓을 효
㊥xiāo ㊋キョウ ㊍vast
字解 물 넓을(효)

【瀝】 거를 력
명 ㊥lì ㊋レキ(したたる) ㊍filter

【瀘】 강 이름 로

명 ⊕lú ⊕ロ
字解 강 이름(로)
【瀘水 노수】 윈난 성(雲南省)에서 발원하는 강.

【瀧】 ❶비 올 롱 ❷여울 랑

명 ❶ ⊕lóng ⊕ロウ(たき) ⊗rain
字解 ❶비 올(롱) ❷여울(랑)
【瀧船 낭선】 여울을 거슬러 오르는 배.

【瀨】 여울 뢰

명 ⊕lài ⊕ライ(せ) ⊗rapids
字解 ①여울(뢰) ②급류(뢰)

【瀕】 물가 빈

명 ⊕bīn ⊕ヒン ⊗beach
字解 ①물가(빈)=濱 ②다가올, 임박할(빈)
【瀕死 빈사】 거의 죽을 지경에 이름.
【瀕海 빈해】 바닷가. 海邊(해변).

【瀛】 큰 바다 영

명 ⊕yíng ⊕エイ ⊗ocean
字解 ①큰 바다(영) ②산 이름(영)
【瀛洲 영주】 ①삼신산(三神山)의 하나. ②'명예로운 지위'의 비유.
📖 삼신산(三神山)은 중국 전설에 신선(神仙)이 산다는 '봉래산(蓬萊山)·방장산(方丈山)·영주산(瀛洲山)'을 말함.
【瀛海 영해】 큰 바다.

【瀜】 물 깊을 융

명 ⊕róng ⊕ユウ
字解 물 깊을(융) ※물이 깊고 넓은 모양.

【瀦】 못 저

명 ⊕zhū ⊕チョ ⊗pool
字解 못, 물 괼(저)
【瀦水 저수】 물이 괴어 있는 못.
【破家瀦宅 파가저택】 지난날, 대역죄인(大逆罪人)의 집을 헐고 그 터에 못을 만들던 형벌.

【瀞】 맑을 정

명 ⊕jìng ⊕セイ ⊗clean
字解 맑을, 깨끗할(정) =淨

【瀚】 넓고 클 한

명 ⊕hàn ⊕カン ⊗expansive
字解 넓고 클(한)
【浩瀚 호한】 ①넓고 커서 질펀함. ②책 따위가 아주 많음.

【瀣】 이슬 기운 해

명 ⊕xiè ⊕カイ
字解 이슬 기운(해) ※찬 이슬이 내리는 밤 기운.

【瀾】 큰 물결 란

명 ⊕lán ⊕ラン(なみ) ⊗billow
字解 큰 물결(란)
【狂瀾 광란】 미친 듯이 이는 파도.
【波瀾 파란】 ①작은 물결과 큰 물결. ②'어수선한 사건이나 사고', 또는 '심한 기복이나 변화'의 비유.

【瀲】 물 넘칠 렴

명 ⊕liàn ⊕レン ⊗overflow
字解 물 넘칠(렴)

【瀰】 물 넓을 미

명 ⊕mí ⊕ビ, ミ ⊗vast
字解 물 넓을(미)

【瀰漫 미만】①널리 가득 참. ②사방에 확 퍼져서 그들먹함.

【瀟】 물 이름 소 瀟瀟潚
명 ⊕xiāo ⊕ショウ
字解 ①물 이름(소) ※후난 성(湖南省)에서 발원하는 강. ②물 깊고 맑을(소)

【瀟灑 소쇄】①산뜻하고 깨끗함. ②맑고 시원스러워 속된 세상에서 떠난 느낌이 있음. ⑧瀟洒(소쇄).

【濚】 흐를 영 濚濚
명 ⊕yíng ⊕エイ ⊕stream
字解 ①흐를(영) ②물소리(영)

【瀷】 물 이름 익
명 ⊕yì ⊕ヨク
字解 물 이름(익)
【瀷水 익수】허난 성(河南省) 미 현(密縣)에서 발원하는 강.

【灌】 물 댈 관 潅
명 ⊕guàn ⊕カン(そそぐ) ⊕irrigate
字解 ①물 댈(관) ¶灌漑(관개) ②씻을(관) ¶灌腸(관장) ③더부룩이 날(관) ¶灌木(관목)
【灌漑 관개】농사에 필요한 물을 논밭에 댐.
【灌木 관목】떨기나무.
【灌腸 관장】변을 통하게 하거나 영양분을 보충하기 위해 항문으로부터 직장(直腸)이나 대장(大腸)에 약물을 집어넣음.

【瀠】 명 사람이름 형
字解 사람 이름(형)

【灑】 물 뿌릴 쇄 洒溰
명 ⊕să ⊕サイ(そそぐ) ⊕sprinkle
字解 ①물 뿌릴(쇄) ≒洒 ¶灑掃(쇄소) ②깨끗할(쇄) ¶灑落(쇄락)

【灑落 쇄락】기분이 상쾌하고 시원함.
【灑掃 쇄소】물을 뿌리고 비로 쏨.

【灘】 여울 탄 灘灘
명 ⊕tān ⊕タン ⊕rapids
字解 여울(탄)
【灘聲 탄성】여울물이 흐르는 소리.

【灝】 넓을 호 灝灝
명 ⊕hào ⊕コウ ⊕vast
字解 넓을, 클(호)

【灣】 물굽이 만 湾湾灣
명 ⊕wān ⊕ワン
字解 물굽이(만) ※육지로 쑥 들어온 바다.
【灣入 만입】해안선이 완만하게 육지 쪽으로 휘어듦. ⑧彎入(만입).
【港灣 항만】바다가 굽어 들어가서 항구 설치에 알맞은 곳.

【灩】 물결 출렁거릴 염 灧灩灩
⊕yàn ⊕エン ⊕wave
字解 물결 출렁거릴(염)

犭 部

【犭】 개사슴록변
참고 '犬'이 변에 쓰일 때의 글자 모양으로, 여기서는 별도의 부수로 다루었다. ☞犬部(479)

【犯】 범할 범
丿 犭 犯 犯
명 ⊕fàn ⊕ハン(おかす) ⊕offend
字源 형성자. 犬(견)은 의미 부분이고, 㔾(범)은 발음 부분이다.

字解 ①범할, 어길(범) ¶犯法(범법) ②죄, 죄인(범) ¶共犯(공범)

【犯法 범법】법을 어김.
【犯人 범인】죄를 범한 사람.
【犯罪 범죄】죄(罪)를 범함, 또는 범한 그 죄.
【犯行 범행】범죄 행위.
【輕犯 경범】가벼운 죄.
【共犯 공범】두 사람 이상이 공모하여 범한 죄, 또는 그러한 사람.
【防犯 방범】범죄를 막음.
【侵犯 침범】남의 권리나 영토 따위를 침노하여 범함.

【狂】 미칠 광
犭/(7)

丶 亻 犭 犭 犴 犴 狂

固 中kuáng 日キョウ(くるう) 美mad

字解 ①미칠, 미치광이(광) ¶狂奔(광분) ②거셀, 사나울(광) ¶狂風(광풍)

【狂氣 광기】①미친 증세. ②함부로 날뛰는 성질.
【狂亂 광란】미친 듯이 날뜀.
【狂奔 광분】미쳐 날뜀.
【狂信 광신】종교나 사상 등을 미치다시피 덮어놓고 믿음.
【狂人 광인】미친 사람. 미치광이.
【狂暴 광포】미치광이처럼 행동이 사납고 난폭함.
【狂風 광풍】사납게 부는 바람.
【發狂 발광】①병으로 미친 증세가 일어남. ②미친 듯이 날뜀.
【熱狂 열광】흥분해 미친 듯이 날뜀.

【狃】 친압할 뉴
犭/(7)

中niǔ 日ジュウ(なれる) 美familiar

字解 ①친압할(뉴) ②익숙할(뉴)

【狃習 뉴습】익숙함.
【狃恩 뉴은】늘 은혜를 입어서 그 혜를 은혜로 생각지 아니함.

【独】 돼지 새끼 돈
犭/(7)

中tún 日トン 美pig

字解 돼지 새끼(돈)

【狄】 오랑캐 적
犭/(7)

固 中dí 日テキ

字解 오랑캐, 북쪽 오랑캐(적)

【北狄 북적】북쪽 오랑캐. 중국에서 그들의 북쪽에 사는 이민족을 이르던 말.

【狗】 개 구
犭/(8)

丶 亻 犭 犭 犳 狗 狗 狗

固 中gǒu 日コウ(いぬ) 美dog

字源 형성자. 犬(견)은 의미 부분이고, 句(구)는 발음 부분이다.

字解 개, 강아지(구)

【狗尾續貂 구미속초】개 꼬리로 담비 꼬리를 이음. '관작(官爵)을 함부로 줌', 또는 '훌륭한 것에 보잘것 없는 것이 뒤따름'의 비유. 貂不足狗尾續(초부족구미속).

故事 진(晉)나라 조왕륜(趙王倫)의 당(黨)이 모두 경상(卿相)이 되어 노졸(奴卒)까지도 작위를 탔으므로, 벼슬 받은 사람들의 관(冠)을 장식하는 담비의 꼬리가 부족하여 개의 꼬리를 사용한 고사에서 온 말.

【走狗 주구】①사냥할 때 부리는 잘 달리는 개. ②'남의 앞잡이 노릇을 하는 사람'의 비유.
【黃狗 황구】털빛이 누른 개.

【狎】 친압할 압
犭/(8)

固 中xiá 日コウ(なれる) 美familiar

字解 ①친압할(압) ¶狎徒(압도) ②익숙할(압) ¶狎習(압습) ③업신여길(압) ¶狎侮(압모)

【狎徒 압도】무람없이 구는 사람.
【狎侮 압모】업신여김. 경멸함.
【狎習 압습】익숙함. 무람없이 굶.
【親狎 친압】흉허물이 없이 지나칠 정도로 친함.

【狙】 원숭이 저
犭/(8)

固 中jū 日ソ(ねらう) 美monkey

字解 ①원숭이(저) ②노릴(저)

3部 5획

【狙擊 저격】일정한 대상을 노리고 겨냥하여 쏘거나 침.
【狙公 저공】원숭이를 부리는 사람.

【狐】 여우 호

명 ⊕hú ⊕コ(きつね) 英fox
字解 여우(호)
【狐假虎威 호가호위】여우가 호랑이의 위세를 빌림. '다른 사람의 권세를 빌려 위세를 부림'의 비유.
【狐狸 호리】①여우와 살쾡이. ②'숨어 나쁜 짓을 하는 사람'의 비유.

【狡】 교활할 교

명 ⊕jiǎo ⊕コウ(ずるい) 英sly
字解 교활할(교)
【狡猾 교활】간사한 꾀가 많음.

【独】 獨(333)의 俗字

【狩】 사냥할 수

명 ⊕shòu ⊕シュ(かり) 英hunt
字解 ①사냥할, 사냥(수) ②임지(수)
【狩獵 수렵】사냥함, 또는 사냥.
【巡狩 순수】지난날, 천자가 수렵을 통하여 병사를 단련시키고 한편으로는 제후국(諸侯國)의 민정(民情)을 살피던 일. 巡幸(순행).

【狠】 ❶개 싸우는 소리 한 ❷패려할 흔

⊕yán, hěn ⊕コン, ガン
字解 ❶개 싸우는 소리(한) ❷패려할, 사나울(흔)
【狠戾 흔려】성질이 비뚤고 사나움.
참고 狼(랑 : 330)은 딴 자.

【狷】 성급할 견

⊕juàn ⊕ケン
英quick-tempered

字解 ①성급할(견) ②뜻이 굳을(견)
【狷介 견개】스스로 지키는 바가 굳어 남과 화합하지 않음, 또는 고집이 강해 남과 어울리지 않음.
【狷急 견급】성미가 급함.

【狼】 이리 랑

명 ⊕láng ⊕ロウ 英wolf
字解 ①이리(랑) ¶豺狼(시랑) ②어지러울(랑) ¶狼藉(낭자)
【狼藉 낭자】여기저기 흩어져 어지러운 모양.
【狼子野心 낭자야심】이리 새끼는 길들이려 해도 야성(野性)이 있어서 길들여지지 않음. '흉포하여 교화(敎化)할 수 없는 사람'의 비유.
【狼狽 낭패】①둘이 서로 어울려서 떨어질 수 없는 일. ②일이 뜻대로 되지 않아 난감한 처지가 됨.
📖 '狼'은 앞다리가 길고 뒷다리가 짧으며 '狽'는 그 반대이기 때문에, 서로 의지해야만 다닐 수 있다는 데서 온 말.
【豺狼 시랑】승냥이와 이리.
참고 狠(한 : 330)은 딴 자.

【狸】 명 貍(730)와 同字

【狻】 사자 산

⊕suān ⊕サン 英lion
字解 사자(산)
【狻猊 산예】①사자(獅子). ②사자탈을 쓰고 춤을 추는 가면극.

【狽】 이리 패

명 ⊕bèi ⊕バイ 英wolf
字解 이리(패)
【狼狽 낭패】①둘이 서로 어울려서 떨어질 수 없는 일. ②일이 뜻대로 되지 않아 난감한 처지가 됨.

【狹】 좁을 협

명 ⊕xiá ⊕キョウ(せまい) 英narrow

犬部 9획

【字解】 좁을(협)=陜
【狹軌 협궤】 레일 사이의 너비가 표준보다 좁은 철도의 선로.
【狹小 협소】 좁고 작음. 아주 좁음.
【狹義 협의】 좁은 범위의 뜻.
【狹窄 협착】 몹시 좁음.
【偏狹 편협】 ①장소가 비좁음. ②편벽되고 도량이 좁음.

【猎】 獵(334)의 俗字

【猛】 사나울 맹

丿 犭 犭 犭 狩 猛 猛 猛

고 ⊕měng ⊖モウ(たけし) 英fierce
【字解】 형성자. 犬(견)은 의미 부분이고, 孟(맹)은 발음 부분이다.
【字解】 ①사나울(맹) ¶ 猛烈(맹렬) ②날랠, 용감할(맹) ¶ 猛將(맹장) ③엄할(맹) ¶ 寬猛(관맹)
【猛攻 맹공】 맹렬히 공격함.
【猛禽 맹금】 육식을 하는, 성질이 사나운 날짐승.
【猛毒 맹독】 독성이 강한 독.
【猛烈 맹렬】 기세가 사납고 세참.
【猛獸 맹수】 사나운 짐승.
【猛威 맹위】 맹렬한 위세.
【猛將 맹장】 용맹스러운 장수.
【猛爆 맹폭】 몹시 세차게 폭격함.
【猛虎 맹호】 몹시 사나운 범.
【猛虎伏草 맹호복초】 사나운 범이 풀숲에 엎드려 있음. '영웅이 때를 기다려 한때 숨어 지냄'을 이름.
【寬猛 관맹】 너그러움과 엄함.
【勇猛 용맹】 용감하고 사나움.

【猜】 시기할 시

명 ⊕cāi ⊖サイ(そねむ) 英jealous
【字解】 ①시기할, 미워할(시) ¶ 猜忌(시투) ②의심할(시) ¶ 猜懼(시구)
【猜懼 시구】 의심하고 두려워함.
【猜忌 시기】 샘하여 미워함.
【猜疑 시의】 시기하고 의심함.
【猜妬 시투】 시기하여 질투함.
【猜嫌 시혐】 시기하여 싫어함.

【猊】 사자 예

명 ⊕ní ⊖ゲイ 英lion
【字解】 ①사자(예) ②부처 앉는 자리, 고승의 자리(예)
【猊下 예하】 '고승(高僧)'의 존칭.
【狻猊 산예】 ①사자. ②사자탈을 쓰고 춤을 추는 가면극.

【猗】 아름다울 의

⊕yī ⊖イ(ああ) 英beautiful
【字解】 ①아름다울(의) ②감탄할(의)
【猗靡 의미】 ①가냘프고 아름다운 모양. ②서로 그리워하여 잊지 못하는 모양.
【猗嗟 의차】 탄식하는 소리. 아아.

【猙】 사나울 쟁

⊕zhēng ⊖ソウ, トウ 英fierce
【字解】 사나울, 난폭할(쟁)
【猙獰 쟁녕】 사나움. 포악함.

【猝】 갑자기 졸

명 ⊕cù ⊖ソツ(にわか) 英suddenly
【字解】 갑자기, 별안간(졸)
【猝富 졸부】 갑작스레 된 부자.
【猝然 졸연】 갑작스러운 모양.
【猝地 졸지】 갑작스러운 판국.
【倉猝 창졸】 갑자기. 느닷없이.

【猖】 미쳐 날뛸 창

명 ⊕chāng ⊖ショウ 英rage
【字解】 ①미쳐 날뛸(창) ②창피할(창)
【猖獗 창궐】 병이나 세력이 자꾸 일어나서 걷잡을 수 없이 퍼짐.
【猖披 창피】 체면이 깎이는 일을 하여 부끄러움.

【猫】 고양이 묘

명 ⊕māo ⊖ビョウ 英cat
【字解】 고양이(묘)
【猫頭懸鈴 묘두현령】 國고양이 목에

방울 달기.' '실행하기 어려운 공론(空論)'의 비유.
【猫睛 묘정】 고양이의 눈자위. '수시로 변함'을 이름.

【猩】 성성이 성
명 ㊥xīng ㊐ショウ ㊧orangutan
字解 ①성성이(성) ②붉은빛(성)
【猩猩 성성】 오랑우탄.
【猩紅熱 성홍열】 열이 나고 온몸에 빨간 반점이 생기는 급성 전염병.

【猥】 외람할 외
명 ㊥wěi ㊐ワイ ㊧presumptuous
字解 ①외람할, 분에 넘칠(외) ②추잡할, 난잡할(외)
【猥濫 외람】 하는 짓이 분수에 넘침.
【猥褻 외설】 성욕(性慾)을 자극할 목적으로 하는 난잡한 행위.

【猨】 猿(332)의 本字

【猶】 오히려 유
丬 犭 犭 猶 猶 猶 猶
명 ㊥yóu ㊐ユウ(なお) ㊧still
字源 형성자. 犬(견)은 의미 부분이고, 酋(추)는 발음 부분이다.
字解 ①오히려(유) ②같을, 비슷할(유) ¶ 猶父猶子(유부유자) ③머뭇거릴, 망설일(유) ¶ 猶豫(유예)
【猶父猶子 유부유자】 아버지 같고 자식 같음. '삼촌과 조카 사이'를 이름.
【猶豫 유예】 ①일이나 날짜를 미룸. ②우물쭈물하며 망설임.
【過猶不及 과유불급】 지나침은 미치지 못함과 같음. '중용(中庸)이 중함'을 이름.

【猪】 산돼지 저
명 ㊥zhū ㊐チョ(いのしし) ㊧boar
字解 산돼지, 돼지(저)
【猪突 저돌】 앞뒤를 돌보지 않고 산돼지처럼 마구 덤벼듦.

【猴】 원숭이 후
명 ㊥hóu ㊐コウ ㊧monkey
字解 원숭이(후)
【沐猴而冠 목후이관】 원숭이가 관을 씀. '겉은 그럴듯하나 속과 행동은 사람답지 못함'의 비유.
【獼猴 미후】 원숭이의 일종.

【獅】 사자 사
명 ㊥shī ㊐シ ㊧lion
字解 사자(사)
【獅子 사자】 초원 지대에 사는 고양이과의 포유동물.
【獅子吼 사자후】 ①사자의 울부짖음. ②크게 열변을 토함.

【猺】 종족 이름 요
㊥yáo ㊐コウ
字解 ①종족 이름(요) ②짐승 이름(요) ※개의 일종.
【猺猺】 ❶모요 ❷맥요】 ❶광동(廣東)·윈난(雲南) 등의 지방에 사는 종족. ❷개의 일종.

【猿】 원숭이 원
명 ㊥yuán ㊐エン(さる) ㊧monkey
字解 원숭이(원)
【猿猴 원후】 원숭이.
【類人猿 유인원】 성성이과 동물의 총칭. 영장류 중 사람과 가장 비슷함.

【猾】 교활할 활
명 ㊥huá ㊐カツ ㊧sly
字解 교활할, 간교할(활)
【猾吏 활리】 교활한 관리.
【狡猾 교활】 간사하고 음흉함.

【獏】 ❶종족 이름 모 ❷짐승 이름 맥
㊥mò ㊐バク
字解 ❶종족 이름(모) ❷짐승 이름(맥)

【獶猱】 ❶요 ❷맥요] ❶광동(廣東)·운남(雲南) 등의 지방에 사는 종족. ❷개의 일종.

【獐】 노루 장

명 ⊕zhāng ⊕ショウ(のろ) 英roe
字解 노루(장)

【獐角 장각】 노루의 굳은 뿔. 임질(淋疾)에 약으로 쓰임.
【獐茸 장용】 노루의 어린 뿔. 보약으로 쓰임.

【獗】 미쳐 날뛸 궐

명 ⊕jué ⊕ケツ 英rage
字解 미쳐 날뛸(궐)

【猖獗 창궐】 병이나 세력이 자꾸 일어나서 걷잡을 수 없이 퍼짐.

【獠】 ❶밤 사냥 료 ❷사냥 료

⊕liáo ⊕リョウ
字解 ❶밤 사냥(료) ❷사냥(료)

【獠獵 요렵】 사냥.

【獨】 홀로 독

犭 犭 犭 犭 犭 獨 獨 獨

음 ⊕dú ⊕ドク(ひとり) 英alone
字源 형성자. 犬(견)은 의미 부분이고, 蜀(촉)은 발음 부분이다.
字解 ❶홀로(독) ¶獨創(독창) ❷외로울(독) ¶孤獨(고독)

【獨立 독립】 혼자의 힘으로 섬.
【獨不將軍 독불장군】 혼자서만 아니라고 하는 장군. '따돌림을 받는 사람', 또는 '남의 의견은 무시하고 모든 일을 혼자 처리하는 사람'을 이름.
【獨善 독선】 ①자기 혼자만이 옳다고 생각하여 행동함. ②자기 한 몸의 처신만을 온전히 하는 일. 獨善其身(독선기신).
【獨守空房 독수공방】 홀로 빈 방을 지킴. '여자가 남편 없이 혼자 밤을 지냄'을 이름.
【獨食 독식】 ①혼자 먹음. ②이익을 독차지함.
【獨裁 독재】 특정한 개인·단체·계급이 모든 권력을 쥐고 지배하는 일.
【獨占 독점】 어떤 기업이 생산과 시장을 지배하고 이익을 독차지함.
【獨創 독창】 자기 혼자만의 독특한 것을 고안하거나 만들어 냄.
【孤獨 고독】 ①외로움. ②어려서 부모를 여읜 아이와 자식 없는 늙은이.
【單獨 단독】 ①단 하나. ②혼자.

【獩】 종족 이름 예

⊕huì ⊕ワイ
字解 종족 이름(예)

【獩貊 예맥】 한족(韓族)의 조상이 되는 민족. 圖濊貊(예맥).

【獪】 간교할 회

명 ⊕kuài ⊕カイ 英cunning
字解 간교할, 교활할(회)

【獪猾 회활】 간교하고 교활함.
【老獪 노회】 노련하고 교활함.

【獰】 모질 녕

명 ⊕níng ⊕ドウ 英ruthless
字解 모질, 사나울(녕)

【獰猛 영맹】 모질고 사나움.
【獰惡 영악】 사납고 악독함.

【獲】 얻을 획

犭 犭 犭 犭 犭 獲 獲 獲

고 ⊕huò ⊕カク(える) 英get
字源 형성자. 犬(견)은 의미 부분이고, 蒦(약)은 발음 부분이다.
字解 ❶얻을(획) ¶獲得(획득) ❷계집종(획) ¶臧獲(장획)

【獲得 획득】 얻어 가짐.
【鹵獲 노획】 싸움터에서, 적의 병기나 군용품 따위를 빼앗음.
【虜獲 노획】 적을 사로잡음.
【漁獲 어획】 물고기·조개·바닷말 등을 잡거나 땀.
【捕獲 포획】 ①짐승이나 물고기를 잡

음. ②적병(敵兵)을 사로잡음.
【臧獲 장획】 사내종과 계집종.

犭14⑰ 【獯】 종족 이름 훈 [文]
⊕xūn ⊟クン
[字解] 종족 이름(훈)
【獯鬻 훈육】 하(夏)나라 때 '흉노(匈奴)'를 일컫던 말.

犭15⑱ 【獷】 모질 광 [梗] [간] 犷
⊕guǎng ⊟コウ ⊛fierce
[字解] 모질, 사나울(광)
【獷俗 광속】 거친 풍속.
【獷悍 광한】 모질고 독살스러움.

犭15⑱ 【獵】 사냥할 렵 [葉] [속] 猟 [간] 猎
犭 犭 犭巛 犭巤 ...獵
[고] ⊕liè ⊟リョウ(かり) ⊛hunt
[字源] 형성자. 犬(견)은 의미 부분이고, 巤(렵)은 발음 부분이다.
[字解] ①사냥할, 사냥(렵) ¶ 狩獵(수렵) ②찾을(렵) ¶ 獵奇(엽기)
【獵奇 엽기】 기이한 일이나 물건을 즐겨서 찾고 구함.
【獵銃 엽총】 사냥에 쓰는 총.
【密獵 밀렵】 허가를 받지 않고 몰래 사냥함, 또는 그런 사냥.
【涉獵 섭렵】 ①물을 건너고 짐승을 사냥함. ②여러 책을 두루 읽음.
【狩獵 수렵】 사냥. 사냥함.

犭16⑲ 【獺】 수달 달 [曷] [동] 獭 [간] 獭
[명] ⊕tǎ ⊟ダツ ⊛otter
[字解] 수달(달)
【獺祭魚 달제어】 수달이 물고기를 잡아 마치 사람이 제물(祭物)을 차려 놓듯이 늘어놓음. '여러 가지 책을 참고하여 시문(詩文)을 짓는 일'의 비유.
[故事] 당(唐)나라 이상은(李商隱)이 글을 지을 때면 많은 서적을 펼쳐 놓고 참고하였는데, 이것이 마치 수달이 고기를 늘어놓는 것과 같다 하여 당시 사람들이 달제어(獺祭魚)란 호를 지어 준 데서 온 말.
【水獺 수달】 족제빗과의 짐승.

犭17⑳ 【獼】 원숭이 미 [支] [간] 猕
⊕mí ⊟ビ ⊛monkey
[字解] 원숭이(미)
【獼猿 미원】 원숭이.
【獼猴 미후】 원숭이의 일종.

3 阝 部(右)

阝0③ 【阝】 우부방
[참고] '邑'이 방에 쓰일 때의 글자 모양으로, 여기서는 별도의 부수로 다루었다. ☞邑部(758)

阝3⑥ 【邙】 산 이름 망 [陽]
[명] ⊕máng ⊟ボウ
[字解] 산 이름(망)
【北邙山 북망산】 '무덤이 많은 곳', 또는 '사람이 죽어서 묻히는 곳'을 이름. 北邙山川(북망산천).
📖 본디 '北邙山'은 뤄양(洛陽) 북쪽에 있는 산으로, 제왕(帝王)·귀인(貴人)·명사(名士)들의 무덤이 많았던 데서 온 말.

阝4⑦ 【那】 ❶어찌 나 [歌] ❷저 나 [箇]
ㄱ ㅋ ㅋ 丹 丹' 丹⁷ 那
[고] ⊕nà, nèi ⊟ナ(なんぞ) ⊛how
[字源] 형성자. 邑(읍)은 의미 부분이고, 冄(염)은 발음 부분이다.
[字解] ❶어찌, 어떻게(나) ¶ 那何(나하) ❷①저, 저것(나) ②무엇, 어느(나) ¶ 那邊(나변)
【那落 나락】 범어 'Naraka'의 음역(音譯). ①지옥. ②구원할 수 없는 마음의 구렁텅이. [통]奈落(나락).

{那邊 나변} ①어느 곳. 어디. ②저기. 저곳. 저쪽.
{那何 나하} 어찌. 어떻게.
{刹那 찰나} 범어 'Ksana'의 음역(音譯). 아주 짧은 동안. 瞬間(순간).

阝4⁷ 【邦】 나라 방

一 ⺮ ⺮ 丰 邦 邦 邦

㉠ ⓒbāng ⓙホウ(くに) ⓔnation
字源 형성자. 邑(읍)은 의미 부분이고, 丰(봉)은 발음 부분이다.
字解 나라, 국가(방)
{邦國 방국} 나라. 국가.
{邦畫 방화} 자기 나라에서 제작된 영화(映畫).
{萬邦 만방} 모든 나라.
{盟邦 맹방} 동맹을 맺은 당사국.
{聯邦 연방} 몇 나라가 연합하여 하나의 주권 국가를 이룬 나라.
{友邦 우방} 가까이 사귀는 나라.
{合邦 합방} 둘 이상의 나라를 한 나라로 합침.

阝4⁷ 【邠】 나라 이름 빈

명 ⓒbin ⓙヒン
字解 나라 이름(빈) ※주(周)나라의 선조(先祖)인 공유(公劉)가 세운 나라.

阝4⁷ 【邪】 ❶간사할 사 ❷어조사 야

一 ⺮ 千 牙 牙 邪 邪

㉠ⓒxié, yé ⓙジャ(よこしま) ⓔcunning
字源 형성자. 邑(읍)은 의미 부분이고, 牙(아)는 발음 부분이다.
字解 ❶간사할, 옳지 않을(사) ❷어조사(야) ≒耶 ※의문이나 부정의 뜻을 나타냄.
{邪敎 사교} ①올바르지 못한 가르침. ②올바르지 못한 종교.
{邪氣 사기} ①요망스럽고 간악한 기운. ②몸을 해치고 병을 가져오는 나쁜 기운.
{邪念 사념} 사특(邪慝)한 생각.
{邪道 사도} 올바르지 않은 길.
{邪惡 사악} 간사하고 악독함.
{邪慝 사특} 못되고 악함.
{奸邪 간사} 성질이 능갈치고 행실이 바르지 못함.
{辟邪 벽사} 요사스런 귀신을 물리침.
{妖邪 요사} 요망하고 간사함.
{斥邪 척사} 사악한 것을 물리침.

阝4⁷ 【邨】 村(409)의 本字

阝4⁷ 【邢】 나라 이름 형

명 ⓒxíng ⓙケイ
字解 나라 이름(형) ※지금의 허베이 성(河北省) 싱타이 현(邢臺縣)에 있던 주대(周代)의 제후국.

阝5⁸ 【邱】 언덕 구

명 ⓒqiū ⓙキュウ ⓔhill
字解 ①언덕(구)≒丘 ②땅 이름(구)

阝5⁸ 【邳】 고을 이름 비

ⓒpī ⓙヒ
字解 고을 이름(비) ※지금의 산둥 성(山東省)에 있던 은대(殷代)의 고을 이름.

阝5⁸ 【邵】 땅 이름 소

명 ⓒshào ⓙショウ
字解 땅 이름(소) ※지금의 허난 성(河南省) 지위안 현(濟源縣)의 서쪽.

阝5⁸ 【邸】 집 저

명 ⓒdǐ ⓙテイ(やしき) ⓔresidence
字解 ①집(저) ②왕족, 종친(저)
{邸宅 저택} 규모가 큰 집.
{邸下 저하} 조선 시대에, '왕세자(王世子)'를 높여 일컫던 말.
{官邸 관저} 높은 관리가 살도록 정부

가 관리하는 집.
【私邸 사저】개인의 저택.
【潛邸 잠저】왕이 등극(登極)하기 전까지 살던 집.

阝⁵ 【邰】 나라 이름 태 灰
⑧
명 ⊕taí ⊕タイ
字解 나라 이름(태) ※ 주대(周代)의 제후국.

阝⁵ 【邯】 땅 이름 한 寒
⑧
⊕hán ⊕カン
字解 땅 이름(한)
【邯鄲 한단】전국 시대 조(趙)나라의 도읍지.
【邯鄲之夢 한단지몽】한단에서의 꿈. '인간 세상의 부귀와 덧없음'의 비유. 邯鄲枕(한단침).

故事 노생(盧生)이 한단(邯鄲)에서 도사 여옹(呂翁)의 베개를 빌려 베고 잠간 낮잠을 자는 동안 부귀영화를 한껏 누리는 꿈을 꾸었다는 고사에서 온 말.

【邯鄲之步 한단지보】한단의 걸음걸이. '무턱대고 남을 흉내 내다가 자기의 본모습을 잃음'의 비유. 邯鄲學步(한단학보).

故事 전국 시대 연(燕)나라의 한 소년이 한단에 가서 그곳의 걸음걸이를 배웠으나 그것이 미처 몸에 배기도 전에 귀국하게 되어 고향의 걸음걸이도 잊어버려 기어 돌아왔다는 고사에서 온 말.

참고 '감'음이 인명용으로 허용되는데, 이는 속음화된 것으로, 고려의 명장 강감찬(姜邯贊)의 '邯'이 그 예이다.

阝⁶ 【郊】 들 교 肴
⑨
ノ 亠 ナ 六 ナ 交 交⻏ 郊
고 ⊕jiāo ⊕コウ ⊛suburb
字源 형성자. 邑(읍)은 의미 부분이고, 交(교)는 발음 부분이다.
字解 들, 교외(교).
【郊外 교외】도시 주위의 들.
【近郊 근교】도시에 가까운 지역.

【遠郊 원교】도시에서 멀리 떨어져 있는 들이나 마을.

◯ 주(周)나라 제도에서는 도성(都城) 밖 50리의 땅을 '近郊', 100리의 땅을 '遠郊'라 하였다.

阝⁶ 【邽】 고을 이름 규 支
⑨
명 ⊕quī ⊕ケイ
字解 고을 이름(규) ※ 산시 성(陝西省) 웨이난 현(渭南縣)의 북쪽.

阝⁶ 【郎】 郞(336)의 俗字
⑨

阝⁶ 【郁】 문채 날 욱 屋
⑨
명 ⊕yù ⊕イク(さかん)
⊛flourishing
字解 ①문채 날, 성할(욱) ②향기로울(욱)
【郁郁 욱욱】①문물이 성하고 빛나는 모양. ②향기가 그윽한 모양.
【馥郁 복욱】향기가 그윽한 모양.

阝⁶ 【邢】 邢(335)의 本字
⑨

阝⁷ 【郡】 고을 군 問
⑩
フ ヨ ヨ ヨ 尹 尹 君 君 君⻏ 郡
음 ⊕jùn ⊕グン(こおり) ⊛county
字源 형성자. 邑(읍)은 의미 부분이고, 君(군)은 발음 부분이다.
字解 ①고을(군) ②군(군) ※ 우리나라 지방 행정 구역의 하나.
【郡民 군민】군 안에 사는 사람들.
【郡守 군수】군청(郡廳)의 책임자.
【郡廳 군청】군의 행정을 맡은 관청.

阝⁷ 【郞】 사내 랑 陽
⑩
ㄱ ㄱ ㅋ ㅋ 白 良 良 良⻏ 郞
음 ⊕láng ⊕ロウ(おとこ) ⊛man
字源 형성자. 邑(읍)은 의미 부분이고, 良(량)은 발음 부분이다.
字解 ①사내(랑) ¶ 郞子(낭자) ②남편(랑) ¶ 郞君(낭군) ③벼슬 이

름(랑) ¶ 郎官(낭관)

【郎官 낭관】 조선 시대에, 각 관아의 당하관(堂下官)을 이르던 말.

【郎君 낭군】 젊은 아내가 자기의 남편을 사랑스럽게 일컫는 말.

【郎子 낭자】 남의 아들의 경칭.

【新郎 신랑】 곧 결혼할 남자나 갓 결혼한 남자.

阝 7 ⑩ 【郢】 땅 이름 영 [敬]

[中]yǐng [日]エイ

[字解] 땅 이름(영) ※ 후베이 성(湖北省) 장링 현(江陵縣)의 북쪽.

阝 8 ⑪ 【郭】 외성 곽 [藥]

丶 亠 亡 古 亨 享 郭 郭

[고] [中]guō [日]カク(くるわ) [英]outer wall

[字源] 형성자. 邑(읍)은 의미 부분이고, 𩫏(곽)은 발음 부분이다. 享은 𩫏의 생략형이다. 본래 성곽을 뜻하는 글자는 高(높을 고) 자를 위아래로 겹쳐 쓴 '𩫏'이었고, 郭은 지명(地名)이었다가 성곽의 뜻으로 가차되었다.

[字解] ①외성, 성곽(곽) ≒廓 ②둘레(곽) ≒廓

【城郭 성곽】 ①내성(內城)과 외성(外城)의 총칭. ②성의 둘레.

【外郭 외곽】 ①성 밖으로 다시 둘러 쌓은 성. ②바깥 테두리.

【輪郭 윤곽】 ①둘레의 선. 테두리. ②사물의 대강.

阝 8 ⑪ 【郯】 나라 이름 담 [覃]

[中]tán [日]タン

[字解] 나라 이름(담) ※ 주대(周代)의 제후국.

阝 8 ⑪ 【都】 都(338)의 俗字

阝 8 ⑪ 【部】 떼 부 [麌]

丶 亠 亡 立 咅 咅 部 部

[중] [中]bù [日]ブ(わける) [英]group

[字源] 형성자. 邑(읍)은 의미 부분이고, 咅(부)는 발음 부분이다.

[字解] ①떼, 무리(부) ¶ 部隊(부대) ②분류, 구분(부) ¶ 部署(부서) ③거느릴, 통솔할(부) ¶ 部下(부하)

【部隊 부대】 한 단위의 군인 집단.

【部落 부락】 시골 마을. 村落(촌락).

【部門 부문】 몇 개로 갈라놓은 그 하나 하나.

【部分 부분】 전체를 몇으로 나눈 것 중의 하나.

【部署 부서】 일정한 조직에서 일의 성격에 따라 갈라진 부문.

【部首 부수】 자전(字典)에서 글자 찾기의 편의를 위해 나눈 자획의 공통 부분.

【部下 부하】 남의 밑에 딸리어 그의 명령에 따라 움직이는 사람.

【幹部 간부】 조직의 중심이 되는 지도적인 자리에 있는 사람.

【細部 세부】 자세한 부분.

【外部 외부】 일정한 범위의 밖.

阝 8 ⑪ 【郵】 우편 우 [尤] [간]邮

一 二 千 壬 垂 垂 郵 郵

[고] [中]yóu [日]ユウ [英]mail

[字源] 형성자. 邑(읍)은 의미 부분이고, 垂(수)는 발음 부분이다.

[字解] ①우편(우) ¶ 郵送(우송) ②역, 역참(우) ¶ 郵館(우관)

【郵館 우관】 역마을의 객사(客舍).

【郵送 우송】 물건이나 편지를 우편으로 보냄.

【郵遞局 우체국】 우편·전신·전보 등의 업무를 맡아보는 기관.

【郵便 우편】 편지나 소포 따위를 운송하는 국영 사업.

【郵票 우표】 우편물에 붙여 수수료를 낸 증표로 삼는 종이 딱지.

阝 8 ⑪ 【郰】 고을 이름 추 [尤]

[中]zōu [日]シュウ

[字解] 고을 이름(추) =陬 ※ 공자(孔子)가 태어난 노(魯)나라의 읍으로, 지금의 산둥 성(山東省) 취푸 현(曲阜縣) 서쪽.

3획

阝部 8획

【鄕】 鄉(338)의 俗字

【都】 도읍 도

十 土 耂 者 者 者 都 都

중 ⊕dōu ⊕ト(みやこ) ⓐcapital
字源 형성자. 邑(읍)은 의미 부분이고, 者(자)는 발음 부분이다.
字解 ①도읍, 서울(도) ¶遷都(천도) ②도회지(도) ¶都心(도심) ③모두(도) ¶都賣(도매)
【都賣 도매】 물건을 도거리로 팖.
【都城 도성】 ①서울. ②도읍 둘레에 쌓은 성곽.
【都心 도심】 도시의 중심.
【都邑 도읍】 서울.
【都會地 도회지】 사람이 많이 모여 살고 있는 번잡한 곳. 都市(도시)
【首都 수도】 한 나라의 정부가 있는 도시. 서울.
【遷都 천도】 도읍을 옮김.
【港都 항도】 항구 도시.

【鄂】 나라이름 악

명 ⊕è ⊕ガク
字解 ①나라 이름(악) ※은대(殷代)의 제후국. ②고을 이름(악) ※㉠춘추 시대 초(楚)나라 악왕(鄂王)의 옛 서울. ㉡춘추 시대 진(晉)나라의 읍(邑).

【鄒】 나라이름 추

명 ⊕zōu ⊕スウ
字解 나라 이름(추) ※지금의 산동 성(山東省)에 있던 주대(周代)의 제후국.
【鄒魯之鄕 추로지향】 예절을 알고 학문이 왕성한 곳.
📖 '鄒'에서는 맹자가, '魯'에서는 공자가 태어났으므로 이르는 말.

【鄕】 시골 향

⺍ ⺍ ⺋ 纟 纩 卿 卿 鄕

중 ⊕xiāng ⊕キョウ(さと) ⓐcountry
字源 회의자. 두 사람(乡와 阝)이 밥상(皀)을 가운데 놓고 마주 앉아 있는 모습으로, '같이 밥을 먹다'라는 뜻을 나타낸다. 뒤에 행정 구역의 이름으로 가차되자, 원래의 뜻으로는 食(식)을 더한 饗(잔치향) 자를 새로 만들어 보충하였다.
字解 ①시골(향) ¶京鄕(경향) ②고향(향) ¶鄕里(향리) ③고장, 곳(향) ¶理想鄕(이상향)
【鄕里 향리】 고향. 고향 마을.
【鄕愁 향수】 고향을 그리워하는 마음이나 시름.
【鄕村 향촌】 시골.
【鄕土 향토】 ①시골. ②고향.
【京鄕 경향】 서울과 시골. 都鄙(도비)
【故鄕 고향】 ①태어나서 자란 고장. ②조상 때부터 대대로 살아온 곳.
【理想鄕 이상향】 사람이 상상해 낸 이상적이며 완전한 곳.

【鄙】 더러울 비

명 ⊕bǐ ⊕ヒ(ひな、いやしい) ⓐdirty
字解 ①더러울, 속될(비) ¶鄙劣(비열) ②시골(비) ¶都鄙(도비) ③낮출(비) ※자기와 관련된 것에 대한 겸칭. ¶鄙見(비견)
【鄙見 비견】 '자기 의견'의 겸칭.
【鄙近 비근】 고상하지 못하고 천박함.
【鄙陋 비루】 품위가 없고 천함.
【鄙劣 비열】 성품과 행실이 더럽고 못남. ⑨卑劣(비열)
【都鄙 도비】 서울과 시골. 京鄕(경향)
【野鄙 야비】 성질·언행이 상스럽고 더러움.

【鄲】 땅 이름 단

명 ⊕dān ⊕タン
字解 땅 이름(단)
【邯鄲 한단】 전국 시대 조(趙)나라의 서울.
【邯鄲之夢 한단지몽】 한단에서의 꿈. '인간 세상의 부귀가 헛되고 덧없음'의 비유. 참邯(336)

339　阝部 4획

【鄧】 나라 이름 등 邓 鄧
12/15 획
명 ⓒdèng ⓙトウ
字解 ①나라 이름(등) ※지금의 허난 성(河南省)에 있던 주대(周代)의 제후국. ②땅 이름(등) ※㉠춘추 시대 노(魯)나라 땅. ㉡전국 시대 위(魏)나라의 읍(邑).

【鄰】
12/15 획
명 隣(347)과 同字

【鄭】 나라 이름 정 郑 鄭
12/15 획
명 ⓒzhèng ⓙテイ, ジョウ
字解 ①나라 이름(정) ※지금의 산시 성(陜西省) 화 현(華縣)의 서북쪽에 있던 주대(周代)의 제후국. ②정중할(정)
【鄭聲 정성】 '음란한 음악'을 이름.
☞ 춘추 시대 정(鄭)나라의 음악에 음란함이 많았던 데서 온 말.
【鄭重 정중】 ①점잖고 무게가 있음. ②친절하고 은근함.

【鄴】 땅 이름 업 邺 鄴
13/16 획
ⓒyè ⓙギョウ
字解 땅 이름(업) ※지금의 허난 성(河南省) 린장 현(臨漳縣)의 서쪽에 있던, 춘추 시대 제(齊)나라의 읍.

3획 阝 部(左)

【阝】 좌부변
0/3 획
참고 '阜'가 변에 쓰일 때의 글자 모양으로, 여기서는 별도의 부수로 다루었다. ☞阜部(785)

【阡】 밭둑길 천 阡
3/6 획
명 ⓒqiān ⓙセン ⓔpath
字解 ①밭둑길, 논두렁(천)=仟

②일천(천) ※'千'의 갖은자.
【阡陌 천맥】 밭둑길이나 논두렁.
☞ 동서로 난 길을 '陌', 남북으로 난 길을 '阡'이라 함.

【阬】 구덩이 갱 阬
4/7 획
ⓒkēng ⓙコウ ⓔcavity
字解 ①구덩이 ②묻을(갱)=坑
【阬穽 갱정】 함정.

【阧】 치솟을 두 阧
4/7 획
명 ⓒdǒu ⓙトウ ⓔshoot up
字解 치솟을(두)

【防】 막을 방 防
4/7 획
명 陽

ㄱ ㄋ 阝 阝' 阝宀 防 防

종 ⓒfáng ⓙボウ(ふせぐ) ⓔprotect
字源 형성자. 阜(부)는 의미 부분이고, 方(방)은 발음 부분이다.
字解 ①막을(방) ¶防衛(방위) ②둑, 방죽(방) ¶堤防(제방)
【防犯 방범】 범죄를 막음.
【防備 방비】 적의 침략이나 재해 따위를 막기 위한 준비.
【防禦 방어】 적이 공격하여 오는 것을 막음.
【防疫 방역】 전염병의 발생·침입·전염 따위를 막음.
【防衛 방위】 적이 쳐들어오는 것을 막아서 지킴.
【防除 방제】 막아서 없앰.
【防止 방지】 막아서 멎게 함.
【防築 방축】 물을 막기 위해 쌓은 둑.
【防牌 방패】 칼·창·화살 등을 막는 무기.
【豫防 예방】 탈이 나기 전에 막음.
【堤防 제방】 둑. 방죽.

【阨】 ❶막힐 액 阨
4/7 획 困
　　 ❷좁을 애
ⓒè ⓙヤク ⓔblock
字解 ❶막힐, 곤란할(액) ❷좁을(애)=隘

【阮窮 액궁】 운이 나빠 궁함.
【阮塞】 ❶액색 ❷애새 ❶운수가 막히거나 곤궁하게 지냄. ❷험하고 견고한 요새(要塞).

【阮】 나라 이름 완 ⓑ원

명 ⓗruǎn ⓙゲン
字解 ①나라 이름(완) ※지금의 간쑤 성(甘肅省)에 있던, 주대(周代)의 제후국. ②성(완)
📖 진(晉)나라의 완적(阮籍)과 완함(阮咸)은 삼촌과 조카 사이로 함께 문명(文名)을 떨친 데서 남의 삼촌을 완장(阮丈), 남의 조카를 함씨(咸氏)라 일컬음.
참고 '원'음도 인명용으로 지정됨.

【阭】 높을 윤

명 ⓗyǔn ⓙイン 영high
字解 높을, 봉긋할(윤)

【阰】 牵(599)의 本字

【阪】 산비탈 판

명 ⓗbǎn ⓙハン(さか) 영slope
字解 산비탈, 고개(판) =坂
【阪上走丸 판상주환】 비탈 위에서 공을 굴림. '형세에 편승하면 일이 손쉬움'의 비유.

【附】 붙을 부

ㄱ ㄅ ㅂ 阝 阝 阝 阝 附 附
고 ⓗfù ⓙフ(つく) 영attach
字源 형성자. 阜(부)는 의미 부분이고, 付(부)는 발음 부분이다.
字解 ①붙을, 붙일(부)=付 ¶附記(부기) ②줄(부)=付 ¶寄附(기부)
【附加 부가】 이미 있는 것에 덧붙임.
【附近 부근】 가까운 언저리.
【附記 부기】 본문에 덧붙여 적음.
【附錄 부록】 책의 끝에 참고 자료로 덧붙이는 인쇄물.
【附屬 부속】 주되는 일이나 물건에 딸려서 붙음.
【附庸 부용】 작은 나라가 독립하지 못하고 큰 나라에 딸리어 있는 일.
【附着 부착】 들러붙어 떨어지지 않음.
【寄附 기부】 어떤 일을 도울 목적으로 자기 재산을 내어 줌.
【添附 첨부】 더 보태거나 덧붙임.

【阿】 ❶언덕 아 ❷호칭 아 ⓑ옥 囯

명 ⓗē, ā ⓙア(おもねる) 영hill
字解 ❶①언덕(아) ¶丘阿(구아) ②아첨할(아) ¶阿附(아부) ❷호칭(아) ※남을 부를 때, 친근감을 나타내기 위해 붙이는 말. ¶阿兄(아형)
【阿丘 아구】 한쪽만이 높은 언덕.
【阿附 아부】 남의 비위를 맞추려고 알랑거림.
【阿鼻叫喚 아비규환】 불교에서 말하는 아비지옥과 규환지옥. '참혹한 고통 속에서 살려고 울부짖는 상태'를 이름.
【阿諛苟容 아유구용】 남의 환심을 사려고 알랑거리며 구차스럽게 굶.
【阿諂 아첨】 남의 환심을 사거나 잘 보이기 위하여 알랑거림.
【阿兄 아형】 형뻘되는 사람을 친밀하게 부르는 말.

【阬】 阬(339)과 同字

【阻】 험할 조

명 ⓗzǔ ⓙソ(はばむ) 영steep
字解 ①험할(조) ②막힐(조)
【阻阨 조애】 험하고 좁음.
【隔阻 격조】 ①소식이 오래 막힘. ②서로 멀리 떨어져 있음.
【積阻 적조】 오랫동안 소식이 막힘.

【陀】 험할 타

명 ⓗtuó ⓙダ 영steep
字解 ①험할(타) ②불타(타)

【陀羅尼 타라니→다라니】 범어 'dharani'의 음역. 악법을 막고 선법을 지킨다는 뜻으로, 범문(梵文)을 그대로 독송(讀誦)하는 일.
【佛陀 불타】 범어 'Buddha'의 음역(音譯). '부처'를 이름.

【陂】 방죽 피 支

명 ㊥bēi ㊐ヒ、ハ(つつみ) ㊍bank
字解 ①방죽, 둑(피) ②기울(피)
【陂曲 피곡】 한쪽으로 치우쳐 바르지 못함.
【陂塘 피당】 둑. 방죽.

【降】 ❶내릴 강 ❷항복할 항 江

㇐ ㇑ ㇒ ㇒ ㇒ 陉 陉 降 降

동 ㊥xiáng, jiàng ㊐コウ(おりる) ㊍surrender
字源 회의 겸 형성자. 阜(부)는 의미 부분이고, 夅(항)은 발음도 담당한다. 夅은 본래 '夅'로 두 발을 그린 것인데, 발의 모양이 아래를 향하고 있으므로 '내려가다·내려오다' 라는 뜻을 나타낸다. 또 전쟁에서 지면 산에서 내려오게 되므로, '항복하다'라는 뜻도 여기에서 나왔다.
字解 ❶내릴(강) ¶ 降雨(강우) ❷항복할(항) ¶ 投降(투항)
【降等 강등】 등급이나 계급을 낮춤.
【降臨 강림】 신불(神佛)이 인간 세상에 내려옴.
【降雨 강우】 비가 내림. 내린 비.
【降服 항복】 전쟁·싸움 등에 패배(敗北)하여 굴복함. ⑧降伏(항복).
【昇降 승강】 오르고 내림.
【下降 하강】 위에서 아래로 내려옴.
【投降 투항】 적에게 항복함.
참고 '항' 음도 인명용으로 지정됨.

【陋】 더러울 루 虞

명 ㊥lòu ㊐ロウ(いやしい) ㊍obscene
字解 ①더러울(루) ¶ 陋醜(누추)

②좁을(루) ¶ 固陋(고루) ③천할(루) ¶ 鄙陋(비루)
【陋見 누견】 ①천한 생각. 좁은 의견. ②'자기 의견'의 겸칭.
【陋名 누명】 억울하게 뒤집어쓴 불명예. 汚名(오명).
【陋屋 누옥】 ①좁고 너저분한 집. ②'자기 집'의 겸칭.
【陋醜 누추】 더럽고 추함.
【陋巷 누항】 누추한 거리나 마을.
【固陋 고루】 소견이 좁고 완고함.
【鄙陋 비루】 품위가 없고 천함.

【陌】 밭둑길 맥 陌

명 ㊥mò ㊐ハク ㊍path
字解 ①밭둑길(맥) ②거리(맥)
【陌上人 맥상인】 길 가는 사람. 자기와 아무 관계도 없는 사람.
【阡陌 천맥】 밭둑길이나 논두렁.

【限】 한정 한 潸

㇐ ㇑ ㇒ ㇒ 阝 阝 阠 阠 限 限

동 ㊥xiàn ㊐ゲン(かぎる) ㊍limit
字源 형성자. 阜(부)는 의미 부분이고, 艮(간)은 발음 부분이다.
字解 한정, 한정할(한)
【限界 한계】 사물의 정해진 범위.
【限度 한도】 일정하게 정한 정도.
【限定 한정】 제한하여 정함.
【局限 국한】 범위를 일부분에 한정함.
【期限 기한】 정해 놓은 일정한 시기.
【制限 제한】 한계나 범위를 정함.

【陝】 땅 이름 섬 琰

명 ㊥shǎn ㊐セン
字解 땅 이름(섬) ※지금의 허난성(河南省)에 있던 괵(虢)나라의 옛 땅.
참고 陜(협 : 343)은 딴 자.

【陞】 오를 승 蒸

명 ㊥shēng ㊐ショウ(のぼる) ㊍ascend
字解 오를, 올릴(승) ≒升·昇

【陞級 승급】 등급이 오름.
【陞進 승진】 지위가 올라감.

【院】 집 원

⊞yuàn ⊕イン ⊛house
字源 형성자. 阜(부)는 의미 부분이고, 完(완)은 발음 부분이다.
字解 ①집(원) ※ 관청·학교·절 따위의 저택. ②담(원)
【院內 원내】 '院' 자가 붙은 각종 기관의 안.
【院長 원장】 '院' 자가 붙은 기관의 우두머리.
【開院 개원】 ①병원·학원 등이 처음 문을 엶. ②국회의 회의를 엶.
【病院 병원】 병의 치료 및 예방 사업을 하는 보건 기관.
【寺院 사원】 절. 寺刹(사찰).
【通院 통원】 병원 등에 치료를 받으러 다님.

【除】 덜 제

⊞chú ⊕ジョ(のぞく) ⊛lessen
字源 형성자. 본래 궁전의 계단을 뜻하였다. 阜(부)는 의미 부분이고, 余(여)는 발음 부분이다.
字解 ①덜, 버릴(제) ¶ 除隊(제대) ②나눌, 나눗셈(제) ¶ 除法(제법) ③벼슬 줄(제) ¶ 除授(제수) ④섣달 그믐날(제) ¶ 除夜(제야)
【除去 제거】 없앰. 치움.
【除隊 제대】 현역 군인이 복무(服務)가 해제됨.
【除法 제법】 나눗셈.
【除授 제수】 추천의 절차를 밟지 않고, 임금이 직접 벼슬 자리를 줌.
【除籍 제적】 호적·학적 등에서 이름을 빼어 버림.
【除夜 제야】 섣달 그믐날 밤.
【除外 제외】 따로 빼어 냄.
【控除 공제】 받을 돈이나 물품 가운데 갚거나 물어야 할 것을 뺌.
【免除 면제】 의무(義務)나 책임을 지우지 아니함.

【排除 배제】 장애가 되는 것을 없앰.
【削除 삭제】 깎아 없애 버림.
【解除 해제】 풀어 없앰. 없애거나 취소함.

【陣】 진칠 진

⊞zhèn ⊕ジン ⊛encamp
字源 회의자. 陣은 陳(펼칠 진) 자에서 온 것이다. 진(晉)나라 때 왕희지가 陣으로 쓴 뒤로 사람들이 따라 쓰게 되었다.
字解 진칠, 진(진)
【陣頭 진두】 ①군대의 선두. ②일의 맨 앞장.
【陣營 진영】 ①군대가 집결하고 있는 곳. ②서로 대립하는 각각의 세력.
【陣容 진용】 ①진을 친 형편이나 상태. ②어떤 단체의 구성원들의 짜임새.
【陣地 진지】 공격이나 방어를 위한 준비로 구축해 놓은 지역.
【陣痛 진통】 해산(解產)할 때 주기적으로 되풀이되는 복통(腹痛).
【背水陣 배수진】 강물을 등지고 치는 진법(陣法).
【敵陣 적진】 적의 진영(陣營).
【布陣 포진】 진(陣)을 침.

【陟】 오를 척

⊞zhì ⊕チョク(のぼる) ⊛ascend
字解 ①오를, 올릴(척) ¶ 陟降(척강) ②나아갈(척) ¶ 進陟(진척)
【陟降 척강】 오름과 내림.
【進陟 진척】 일이 진행되어 감.
【黜陟 출척】 무능한 사람을 내쫓고, 유능한 사람을 올리어 씀.

【陛】 섬돌 폐

⊞bì ⊕ヘイ(きざはし) ⊛steps
字解 섬돌, 대궐 계단(폐)
【陛下 폐하】 섬돌 밑이라는 뜻으로, '천자(天子)'의 존칭.
   천자에게 상주(上奏)할 때 직접 하지 않고 섬돌 아래에 있는 근신(近臣)을 통한 데서 온 말.

【陷】 陷(344)의 俗字

【陝】 ❶좁을 협 ❷땅 이름 합

명❷ ⓗxiá ⓙキョウ ⓔnarrow
字源 ❶①좁을(협)=狹 ②산골짜기(협)=峽 ❷땅 이름(합)

[陝川 합천] 경상남도 서북부에 위치한 군(郡).
참고 陜(섬 : 341)은 딴 자.

【陶】 ❶질그릇 도 ❷사람이름 요

3 阝 阝勹 阝匀 陶 陶 陶 陶
ⓗtáo, yáo ⓙトウ(すえ) ⓔpottery
字源 형성자. 阜(부)는 의미 부분이고, 匋(도)는 발음 부분이다.
字解 ❶①질그릇, 오지그릇(도) ¶陶器(도기) ②즐길(도) ¶陶醉(도취) ③가르칠(도) ¶陶冶(도야) ❷사람 이름(요)=繇

[陶器 도기] 질그릇. 오지그릇.
[陶冶 도야] 질그릇을 굽고 풀무질을 함. '몸과 마음을 닦음'을 이름.
[陶藝 도예] 도자기에 관한 미술·공예 따위.
[陶瓷器 도자기] '도기'와 '자기'의 병칭. ®陶磁器(도자기).
[陶醉 도취] 즐기거나 좋아하는 것에 마음이 쏠려 취하다시피 열중함.

【陸】 뭍 륙

3 阝 阝+ 阝坴 阝坴 陸 陸 陸
ⓗlù ⓙリク(おか) ⓔland
字源 형성자. 阜(부)는 의미 부분이고, 坴(륙)은 발음 부분이다.
字解 뭍, 육지(륙)

[陸橋 육교] 도로나 철도 위에 가로질러 놓은 다리.
[陸軍 육군] 육지의 전투 및 방어를 맡은 군대.
[陸上 육상] 뭍 위. 육지의 위.
[陸送 육송] 육지에서의 운송.
[陸地 육지] 물에 잠기지 않는 지구의 표면. 뭍. 땅.
[內陸 내륙] 바다에서 멀리 떨어진 육지.
[上陸 상륙] 뭍 위로 오름.
[離陸 이륙] 비행기가 날려고 땅에서 떠오름.

【陵】 언덕 릉

3 阝 阝+ 阝土 陟 陵 陵 陵
ⓗlíng ⓙリョウ(みささぎ) ⓔhill
字源 회의 겸 형성자. 갑골문을 보면 '圥'으로 썼다. 사람이 계단(阜(부))에 한 쪽 발을 올려놓은 〔夌(릉)〕모습으로, '올라가다'·'타고 넘다'라는 뜻을 나타낸다. 夌은 발음도 담당한다.
字解 ①언덕(릉) ¶丘陵(구릉) ②무덤(릉) ※임금의 무덤. ¶陵寢(능침) ③오를, 넘을(릉) ¶陵越(능월) ④범할, 업신여길(릉) ⓘ凌

[陵雲之志 능운지지] 구름을 능가하려는 뜻. '높은 지위에 오르려는 희망', 또는 '속세에서 초연히 벗어남'의 비유.
[陵越 능월] 침범하여 넘음.
[陵遲處斬 능지처참] 지난날, 대역죄인에게 내리던 극형. 머리·몸·손·팔다리를 도막 쳐서 죽임.
[陵寢 능침] 왕이나 왕비의 무덤. 陵墓(능묘).
[陵幸 능행] 임금이 친히 능에 행차(行次)함.
[丘陵 구릉] 언덕, 또는 나직한 산.
[王陵 왕릉] 임금의 무덤.

【陪】 모실 배

명 ⓗpéi ⓙバイ ⓔassist
字解 ①모실, 따를(배) ¶陪席(배석) ②더할(배) ¶陪敦(배돈)

[陪敦 배돈] 더하여 도탑게 함.
[陪席 배석] 웃어른을 모시고 자리를 함께함.
[陪侍 배시] 임금의 곁에서 시중듦, 또는 그 사람.

【陪臣 배신】제후의 신하가 천자에 대하여 자기를 이르던 말.
【陪審 배심】재판의 심리에 배석함.

【陴】 성가퀴 비
阝8 ⑪ 陴
㊥pí ㊐ヒ ㊍parapet
字解 성가퀴(비) ※성 위에 덧쌓은 낮은 담.
【陴堞 비첩】성가퀴.

【陲】 변방 수
阝8 ⑪ 陲
㊥chuí ㊐スイ ㊍frontier
字解 ①변방(수) ②위태할(수)

【陰】 그늘 음
阝8 ⑪ 陰
㇀ 阝 阝′ 阝^ 险 陰 陰 陰
㊂ ㊥yīn ㊐イン(かげ) ㊍shade
字源 형성자. 阜(부)는 의미 부분이고, 侌(음)은 발음 부분이다.
字解 ①그늘, 응달(음) ¶陰地(음지) ②음, 음기(음) ¶陰陽(음양) ③흐릴(음) ¶陰散(음산) ④몰래(음) ¶陰德(음덕)
【陰氣 음기】음의 기운. 소극적인 기운. '습기·추위·어둠·흐림' 따위.
【陰德 음덕】남몰래 베푼 덕행.
【陰謀 음모】몰래 꾸미는 악한 계략.
【陰散 음산】날씨가 흐리고 스산함.
【陰陽 음양】음과 양. 곧, 만물을 생성(生成)하는 두 가지 기운.
【陰影 음영】①그림자. ②그늘.
【陰鬱 음울】음침하고 쓸쓸함.
【陰地 음지】그늘진 곳. 응달.
【陰沈 음침】날씨가 흐리고 침침함.
【光陰 광음】해와 달. 시간이나 세월.
【綠陰 녹음】푸른 잎이 우거진 나무의 그늘. 翠陰(취음).
【夜陰 야음】밤의 어둠.

【陳】 베풀 진
阝8 ⑪ 陳
㇀ 阝 阝′ 阝″ 阝″ 阿 陣 陳
㊆ ㊥chén ㊐チン(つらねる) ㊍arrange

字源 형성자. 阜(부)·木(목)은 의미 부분이고, 申(신)은 발음 부분이다.
字解 ①베풀, 벌일(진) ¶陳列(진열) ②묵을, 오랠(진) ¶陳腐(진부) ③말할, 설명할(진) ¶陳述(진술) ④나라 이름(진) ※주대(周代)의 제후국.
【陳腐 진부】케케묵고 낡음.
【陳設 진설】①의식·연회 등에서, 필요한 여러 가지 제구를 차려 놓음. 排設(배설). ②잔치·제사 때, 법식에 따라 상에 음식을 벌여 차림.
【陳述 진술】자세히 벌여 말함.
【陳列 진열】물건 따위를 보이기 위하여 죽 벌여 놓음.
【陳情 진정】사정을 진술함. 사정을 아뢰어 부탁함.
【開陳 개진】자기의 의견·생각 등을 말함.

【陬】 구석 추
阝8 ⑪ 陬
㊥zōu ㊐スウ ㊍nook
字解 ①구석(추) ¶邊陬(변추) ②정월(추) ¶陬月(추월) ③마을(추) ¶陬落(추락) ④땅 이름(추) = 郰
【陬落 추락】마을. 부락.
【陬月 추월】정월(正月)의 딴 이름.
【邊陬 변추】궁벽한 시골.

【陷】 빠질 함
阝8 ⑪ 陷
㇀ 阝 阝′ 阝″ 阿 陷 陷 陷
㊁ ㊥xiàn ㊐カン(おちいる) ㊍sink
字源 회의 겸 형성자. 阜(부)와 臽(함)은 모두 의미 부분인데, 臽은 발음도 담당한다. 臽은 사람(인)이 구덩이(臼)에 빠진 모습을 뜻하는 회의자이다.
字解 ①빠질, 빠뜨릴(함) ¶陷沒(함몰) ②허방다리(함) ¶陷穽(함정) ③무너질, 무너뜨릴(함) ¶陷落(함락)
【陷落 함락】성이나 요새 등을 공격하여 무너뜨림.
【陷沒 함몰】움푹 꺼짐.
【陷穽 함정】짐승을 잡으려고 판 구덩이. 허방다리.
【缺陷 결함】결점이나 흠.

【謀陷 모함】 꾀를 써서 남을 궁지에 빠뜨림.

阝 8 ⑪ 【険】 險(347)의 俗字

阝 9 ⑫ 【階】 섬돌 계 [本]개 [佳] [동] 堦 [간] 阶

[고] [中]jiē [日]カイ(きざはし) [英]stairs

[字源] 형성자. 阜(부)는 의미 부분이고, 皆(개)는 발음 부분이다.

[字解] ①섬돌, 층계(계) ¶ 階段(계단) ②차례, 벼슬 차례(계) ¶ 階級(계급)

【階級 계급】 지위·관직의 등급.
【階段 계단】 층층대. 層階(층계).
【階梯 계제】 ①층계와 사닥다리. ②일이 되어가는 순서(順序). ③일의 좋은 기회.
【階次 계차】 계급의 차례.
【位階 위계】 벼슬의 품계.
【品階 품계】 벼슬의 등급(等級).

阝 9 ⑫ 【隊】 떼 대 [隊] [간] 队

[고] [中]duì [日]タイ [英]band

[字源] 형성자. 阜(부)는 의미 부분이고, 㒸(수)는 발음 부분이다.

[字解] 떼, 무리(대)

【隊商 대상】 사막 지방에서 주로 낙타를 이용하여 떼 지어 다니는 상인.
【隊伍 대오】 군대 행렬의 줄. 隊列(대열).
【隊形 대형】 대(隊)의 형태.
【軍隊 군대】 국가 무장력의 총칭, 또는 그 성원.
【樂隊 악대】 여러 가지 악기로 합주하는 단체.
【編隊 편대】 대오나 대형을 갖춤.

阝 9 ⑫ 【隆】 높을 륭 [東]

[고] [中]lóng [日]リュウ(たかい) [英]eminent

[字源] 형성자. 生(생)은 의미 부분이고, 夅〔=降(강)〕은 발음 부분이다.

[字解] ①높을, 불룩할(륭) ¶ 隆起(융기) ②성할(륭) ¶ 隆盛(융성) ③클(륭) ¶ 隆恩(융은) ④두터울(륭) ¶ 隆崇(융숭)

【隆起 융기】 어느 한 부분이 높이 솟아오름.
【隆盛 융성】 매우 기운차게 일어나거나 대단히 번성함. 隆昌(융창).
【隆崇 융숭】 극히 정성스러움.
【隆恩 융은】 큰 은혜.
【隆興 융흥】 사물이 세차게 일어남.

阝 9 ⑫ 【陽】 볕 양 [陽] [동] 昜 [간] 阳

[중] [中]yáng [日]ヨウ(ひ) [英]sun

[字源] 회의 겸 형성자. '해가 높이 떠 비추다'라는 뜻을 나타낸다. 昜(양)은 해가 막 떠오르는 모습을 그린 것으로, 발음도 담당한다.

[字解] ①볕, 해(양) ¶ 陽地(양지) ②양, 양기(양) ③드러낼(양) ¶ 陽刻(양각)

【陽刻 양각】 돋을새김.
【陽氣 양기】 양의 기운. 만물(萬物)이 움직이거나 생기려는 기운.
【陽傘 양산】 햇볕을 가리기 위해 쓰는 물건.
【陽地 양지】 볕이 바로 드는 곳.
【陽春 양춘】 ①따뜻한 봄. ②'음력 정월'을 달리 이르는 말.
【陽春佳節 양춘가절】 따뜻한 봄철.
【夕陽 석양】 저녁 해. 落照(낙조).
【太陽 태양】 해.

阝 9 ⑫ 【隁】 堰(143)과 同字

阝 9 ⑫ 【隈】 모퉁이 외 [灰]

[中]wēi [日]ワイ(くま) [英]corner

[字解] ①모퉁이, 구석(외) ②물굽이(외)

【隈曲 외곡】 물 또는 산의 형세가 굽어 들어간 곳. 구석.

阝部 9획

【隅】 모퉁이 우
- 音 ㊥yú ㊐グウ(すみ) ㊍corner
- 字解 ①모퉁이, 구석(우) ②기슭(우)

【隅曲 우곡】 구석, 또는 모퉁이.
【隅坐 우좌】 구석에 앉음. 겸손의 뜻을 표함.

【隄】 堤(143)와 同字

【隋】 ❶떨어질 타 / ❷수나라 수
- 名❷ ㊥suí ㊐ズイ ㊍fall
- 字解 ❶①떨어질(타) ≒墮 ②게으를(타) ≒惰 ❷수나라(수) ※양견(楊堅)이 북주(北周)의 선위(禪位)를 받아 세운 왕조(581~618).

【隍】 해자 황
- 音 ㊥huáng ㊐コウ ㊍moat
- 字解 해자, 마른 도랑(황)

【隍塹 황참】 성(城) 둘레에 판, 물이 없는 도랑.

【隔】 막힐 격
- 3 阝 阝 阝 阝 阝 阝 隔 隔 隔
- 固 ㊥gé ㊐カク(へだたる) ㊍block
- 字解 형성자. 阜(부)는 의미 부분이고, 鬲(격·력)은 발음 부분이다.
- 字解 ①막힐, 막을(격) ¶隔離(격리) ②사이 뜰, 멀(격) ¶間隔(간격) ③격할, 거를(격) ¶隔世(격세)

【隔年 격년】 한 해 또는 한 해씩 거름.
【隔離 격리】 사이를 막거나 떼어 놓음.
【隔世 격세】 ①세대를 거름. ②'심한 변천을 겪어서 딴 시대처럼 달라진'의 비유.
【隔阻 격조】 ①소식이 오래 끊김. ②서로 멀리 떨어져 있어 통하지 못함.
【隔差 격차】 수준이나 품질·수량 따위의 차이.
【隔靴搔癢 격화소양】 구두를 격해 가려운 데를 긁음. 신 신고 발바닥 긁기. '일을 하느라고 애는 쓰되 정통을 찌르지 못해 안타까움'의 비유.
【間隔 간격】 떨어진 거리.
【遠隔 원격】 기한이나 거리가 멀리 떨어져 있음.
【懸隔 현격】 동떨어지게 거리가 멀거나 차이가 큼.

【鬲】 隔(346)의 本字

【隙】 틈 극
- 音 ㊥xì ㊐ゲキ(すき) ㊍crack
- 字解 ①틈, 사이(극) ②겨를(극)

【隙孔 극공】 틈. 틈새. 구멍.
【隙駒 극구】 틈 앞을 지나가는 망아지. '세월이 매우 빠름'의 비유.
【隙地 극지】 빈터. 空地(공지).
【間隙 간극】 틈. 사이.

【隘】 ❶좁을 애 / ❷막을 액
- 名❶ ㊥ài ㊐アイ ㊍narrow
- 字解 ❶좁을, 험할(애) =阨 ❷막을(액)

【隘路 애로】 ①산과 산 사이의 좁은 길. ②일의 진행을 막는 장애.
【狹隘 협애】 ①매우 비좁음. ②마음이 좁음.

【隗】 높을 외
- ㊥wěi, kuí ㊐カイ ㊍high
- 字解 ①높을(외) ②험할(외)

【隕】 떨어질 운
- 名 ㊥yǔn ㊐イン(おちる) ㊍fall
- 字解 ①떨어질(운) =殞 ②잃을(운)

【隕石 운석】 큰 별이 떨어지면서 타다가 땅에 떨어진 물체. 별똥돌.

【隙】 隙(346)의 俗字

阝 11 ⑭ 【障】 막힐 장 [漾]

阝 阝 阝亠 阝产 阝音 陪 隌 障

[고] [中]zhàng [日]ショウ(さわる) [英]obstruct

[字源] 형성자. 阜(부)는 의미 부분이고, 章(장)은 발음 부분이다.

[字解] ①막힐, 막을(장) ¶ 障壁(장벽) ②거리낄(장) ¶ 障碍(장애)

【障壁 장벽】①가리어 막은 벽. ②'방해가 되는 사물'의 비유.

【障碍 장애】①거치적거려 방해가 되는 일. ②신체상의 고장.

【障害 장해】막아서 방해함. 또는 그런 물건.

【故障 고장】①기계·설비 등에 생기는 이상. ②몸에 탈이 생기는 일.

【保障 보장】거리낌 없도록 보증함.

【支障 지장】일을 하는 데 거치적거리는 장애.

阝 11 ⑭ 【際】 사이 제 [霽] [간] 际

阝 阝 阝ク 阝夕 阝夕 阝夕 際 際

[고] [中]jì [日]サイ(きわ) [英]brink

[字源] 형성자. 阜(부)는 의미 부분이고, 祭(제)는 발음 부분이다.

[字解] ①사이(제) ②때, 기회(제) ③가, 변두리(제) ④사귈(제)

【際涯 제애】끝. 한계(限界).

【交際 교제】서로 사귐.

【實際 실제】실지의 경우나 형편.

【此際 차제】이즈음. 이때.

阝 12 ⑮ 【隣】 이웃 린 [眞] [동] 鄰 [간] 邻

阝 阝 阝丷 阝米 阝米 阝粦 隣 隣

[고] [中]lín [日]リン(となり) [英]neighbor

[字源] 형성자. 阜(부)는 의미 부분이고, 粦(린)은 발음 부분이다.

[字解] 이웃, 이웃할(린)

【隣近 인근】거리상 가까운 이웃.

【隣接 인접】이웃함.

【隣村 인촌】이웃하여 있는 마을.

【近隣 근린】가까운 이웃. 가까운 곳.

【善隣 선린】이웃과 친근하게 지냄.

阝 12 ⑮ 【隤】 무너질 퇴 [灰] [간] 陨

[中]tuí [日]ダイ [英]fall

[字解] ①무너질, 기울어질(퇴) ②미끄러질, 떨어질(퇴)

【隤舍 퇴사】무너진 집.

【隤牆 퇴장】무너진 담장. 또는 담장을 무너뜨림.

【隤陷 퇴함】미끄러져 빠짐.

阝 13 ⑯ 【隨】 따를 수 [支] [간] 随

阝 阝 阝ナ 阝左 阝有 陏 隋 隨

[고] [中]suí [日]ズイ(したがう) [英]follow

[字源] 형성자. 辵(착)은 의미 부분이고, 隋(수)는 발음 부분이다.

[字解] 따를, 뒤따를(수)

【隨伴 수반】①붙좇아서 따름. ②어떤 일과 함께 일어남.

【隨想 수상】사물을 대할 때의 느낌이나 그때그때 떠오르는 생각.

【隨時 수시】때때로. 때에 따라.

【隨意 수의】자기 뜻대로 좇아 함.

【隨筆 수필】견문·체험·감상 등을 붓 가는 대로 쓴 글.

【隨行 수행】윗사람을 따라감.

【附隨 부수】주되는 것에 따라감.

阝 13 ⑯ 【隧】 무덤 길 수 [寘]

[명] [中]suì [日]スイ

[字解] ①무덤 길, 길(수) ②굴(수)

【隧道 수도】①땅속을 파서 낸 한길. 터널. ②무덤의 길. 관(棺)을 묻기 위하여 묘혈(墓穴)로 낸 길.

阝 13 ⑯ 【險】 험할 험 [琰] [속] 嶮 [간] 险

阝 阝 阝𠆢 阝𠓛 险 険 險 險

[고] [中]xiǎn [日]ケン(けわしい) [英]steep

[字源] 형성자. 阜(부)는 의미 부분이고, 僉(첨)은 발음 부분이다.

[字解] ①험할, 위태로울(험) ¶ 險難(험난) ②간악할, 음흉할(험) ¶ 險談(험담)

【險難 험난】위험하고 어려움.

【險談 험담】헐뜯어서 하는 말.

3획

【險路 험로】험한 길. 고생스러운 길.
【險惡 험악】①지세(地勢)가 험하고 사나움. ②무슨 변이 일어날 것같이 무시무시함. ③생김새나 태도가 흉악함.
【險峻 험준】지세가 험하고 가파름.
【冒險 모험】위험을 무릅씀.
【危險 위험】위태로움.

【隰】 진펄 습
⊕xí ⊕シュウ ㊆slough
字解 ①진펄(습) ②개간지(습)
【隰草 습초】습지에 나는 풀.

【隱】 숨을 은
⊕yǐn ⊕イン(かくれる) ㊆hide
字源 형성자. 阜(부)는 의미 부분이고, 㥯(은)은 발음 부분이다.
字解 ①숨을, 숨김(은) ¶隱蔽(폐) ②불쌍히 여길(은) ¶惻隱(측은)
【隱居 은거】세상을 피하여 숨어 삶.
【隱匿 은닉】숨김. 감춤.
【隱遁 은둔】세상을 피하여 숨음.
【隱密 은밀】숨겨 비밀로 함.
【隱士 은사】세상을 피하여 조용히 살고 있는 선비. 隱者(은자).
【隱身 은신】피하여 몸을 숨김.
【隱語 은어】특수한 집단·계층에서 자기네끼리만 쓰는 말.
【隱然 은연】①그윽하고 은근함. ②겉으로 드러나지 아니함.
【隱忍自重 은인자중】마음속으로 참으며 몸가짐을 신중히 함.
【隱退 은퇴】직책이나 맡은 일에서 물러남.
【隱蔽 은폐】덮어 감추거나 가려 숨김.
【惻隱 측은】딱하고 가엾음.

【隳】 무너질 휴
⊕huī ⊕キ ㊆crumble
字解 무너질, 무너뜨릴(휴)
【隳突 휴돌】맞닥뜨려 무너뜨림.
【隳廢 휴폐】무너져 헒. 낡아빠짐.

【隴】 언덕 롱
⊕lǒng ⊕ロウ ㊆dike
字解 ①언덕, 둔덕(롱) ≒壟 ¶隴上(농상) ②밭두둑(롱) ≒壟 ¶隴畝(농무) ③땅 이름(롱) ※지금의 간쑤 성(甘肅省) 칭수이 현(淸水縣)의 북쪽.
【隴畝 농무】①밭. ②시골. ③백성, 또는 민간.
【隴上 농상】①언덕 위. ②밭두둑.
【得隴望蜀 득롱망촉】농(隴)을 얻고도 촉(蜀)을 바람. '사람의 욕심은 한이 없음'을 이름.
故事 후한(後漢)의 광무제(光武帝)가 농 땅을 평정한 뒤, 이에 만족하지 않고 다시 촉 땅을 차지하려 했다는 고사에서 온 말.

4 心 部

【心】 마음 심
⊕xīn ⊕シン(こころ) ㊆mind
字源 상형자. 사람의 심장 모양을 그린 것이다.
字解 ①마음, 생각(심) ¶心身(심신) ②염통, 가슴(심) ¶心筋(심근) ③가운데, 중앙(심) ¶都心(도심) ④별 이름(심) ※이십팔수(二十八宿)의 하나.
【心境 심경】마음의 상태. 마음가짐.
【心筋 심근】심장의 벽을 싸고 있는 근육.
【心琴 심금】자극에 따라 미묘하게 움직이는 마음을 거문고에 비유한 말.
【心機一轉 심기일전】지금까지 품었던 마음 자세를 완전히 바꿈.
【心腹 심복】①가슴과 배. ②마음놓고 믿을 수 있는 부하.
【心性 심성】본래 타고난 마음씨.
【心術 심술】①온당하지 않게 고집부리는 마음. ②남을 괴롭히거나 시기하는 마음.

【心身 심신】 마음과 몸.
【心臟 심장】 염통.
【心情 심정】 마음속에 품은 생각과 감정(感情).
【心證 심증】 마음속에 갖는 확신.
【心醉 심취】 어떤 사물에 깊이 마음을 빼앗김.
【都心 도심】 도시의 중심부.
【銘心 명심】 마음에 새겨 둠.
참고 변에 쓰일 때는 글자 모양이 '忄'으로 되고, 발에 쓰일 때는 '㣺'로 변형되어 쓰이기도 한다. ☞忄部(242)

【必】 반드시 필
心⑤⑤
`ノ ソ 义 义 必`

종 ⓒbì ⓙヒツ(かならず) ⓔsurely
字源 柲(자루 비) 자의 본자라고 하나, 아직 정설이 없다.
字解 반드시, 꼭(필)
【必讀 필독】 꼭 읽어야 함.
【必死 필사】 ①틀림없이 죽음. ②죽을 힘을 다 씀.
【必須 필수】 꼭 있어야 함.
【必勝 필승】 반드시 이김.
【必是 필시】 반드시. 틀림없이.
【必然 필연】 반드시 그렇게 되는 일.
【必要 필요】 꼭 요구되는 바, 또는 꼭 있어야 하는 것.
【事必歸正 사필귀정】 모든 잘잘못은 반드시 바른길로 돌아옴.

'必'이 붙은 한자
泌 분비할(비)   毖 삼갈(비)
祕 숨길(비)   怭 점잖을(필)
珌 칼 장식 옥(필)   苾 향기로울(필)
鉍 창자루(필)   馝 향기로울(필)

【忌】 꺼릴 기
心③⑦
`フ コ 己 ㄣ 忌 忌 忌`

고 ⓒjì ⓙキ(いむ) ⓔavoid
字源 형성자. 心(심)은 의미 부분이고, 己(기)는 발음 부분이다.
字解 ①꺼릴, 싫어할(기) ¶禁忌(금기) ②미워할, 질투할(기) ¶猜忌(시기) ③기일(기) ¶忌祭(기제)
【忌日 기일】 사람의 죽은 날. 제삿날.
【忌祭 기제】 죽은 날에 해마다 지내는 제사. 忌祭祀(기제사).
【忌憚 기탄】 꺼림. 어려워함.
【忌避 기피】 꺼리어 피함.
【忌諱 기휘】 ①꺼리어 싫어함. ②두려워 피함.
【禁忌 금기】 금하고 꺼림.
【猜忌 시기】 샘하여 미워함.

【忘】 잊을 망
心③⑦ 陽韻
`丶 亠 亡 产 忘 忘 忘`

종 ⓒwàng ⓙボウ(わすれる) ⓔforget
字源 회의 겸 형성자. 心(심)과 亡(망)은 모두 의미 부분인데, 亡은 발음도 담당한다.
字解 잊을(망)
【忘却 망각】 잊어버림.
【忘年之交 망년지교】 나이를 잊은 사귐. '나이 많은 사람이 나이를 따지지 않고 사귀는 젊은 벗'을 이름. 忘年之友(망년지우).
【忘年會 망년회】 가는 해의 모든 괴로움을 잊자는 뜻으로 연말에 베푸는 모임.
【健忘症 건망증】 기억력의 부족으로 잘 잊어버리는 병증.
【備忘錄 비망록】 잊었을 때를 대비하여 기록해 두는 책자.

【応】 應(361)의 俗字
心③⑦

【忍】 참을 인
心③⑦
`フ 刀 刃 刃 忍 忍 忍`

종 ⓒrěn ⓙニン(しのぶ) ⓔbear
字源 형성자. 心(심)은 의미 부분이고, 刃(인)은 발음 부분이다.
字解 ①참을(인) ¶忍耐(인내) ②모질, 잔악할(인) ¶殘忍(잔인)
【忍苦 인고】 괴로움을 참음.
【忍耐 인내】 참고 견딤.
【不忍 불인】 마음이 모질지 못해 차마 하지 못함.

【殘忍 잔인】인정이 없고 몹시 모짊.

【志】 뜻 지

一 十 士 士 志 志 志

음 ㊥zhì ㊐シ(こころざし) ㊐intent
字源 형성자. 心(심)은 의미 부분이고, 㞢(=之(지))는 발음 부분이다. 士는 㞢의 변형이다.
字解 ①뜻, 뜻할(지) ②적을, 기록(지) ≒誌
【志望 지망】뜻하여 바람.
【志願 지원】뜻하여 원함.
【志在千里 지재천리】뜻이 천리 밖에 있음. '뜻이 원대함'을 이름.
【志操 지조】의지와 절조.
【志學 지학】나이 '15세'를 뜻함.
  📖 공자가 15세에 학문에 뜻을 두었다는 데서 온 말.
【志向 지향】생각이나 마음이 어떤 목적을 향함.
【同志 동지】뜻을 서로 같이하는 사람.
【雄志 웅지】웅대한 뜻. 큰 뜻.
【意志 의지】생각. 의향.

【忒】 변할 특

음 ㊥tè ㊐トク(たがう) ㊐change
字解 ①변할(특) ②틀릴, 어긋날(특)

【念】 생각 념

丿 人 ᅀ ᅀ 今 今 念 念

음 ㊥niàn ㊐ネン(おもう) ㊐thought
字源 형성자. 心(심)은 의미 부분이고, 今(금)은 발음 부분이다.
字解 ①생각, 생각할(념) ¶念願(염원) ②욀, 읊을(념) ¶念佛(염불)
【念念不忘 염념불망】늘 생각하여 잊지 않음. 또는 자꾸 생각나서 잊지 못함.
【念頭 염두】마음. 생각. 心中(심중).
【念慮 염려】걱정하는 마음. 또는 근심이나 걱정.
【念佛 염불】부처의 공덕을 생각하면서 나무아미타불을 외는 일.

【念願 염원】마음속으로 생각하고 바람. 또는 그러한 소원.
【信念 신념】굳게 믿는 마음.
【執念 집념】한 가지 일에만 달라붙어 정신을 쏟는 일.

【忞】 힘쓸 민

명 ㊥mín ㊐ビン ㊐strive
字解 힘쓸(민)

【忿】 성낼 분

명 ㊥fèn ㊐フン(いかる) ㊐angry
字解 성낼(분)
【忿激 분격】몹시 성냄.
【忿怒 분노】분하여 몹시 성냄.

【忝】 욕될 첨

㊥tiǎn ㊐テン(かたじけない) ㊐ashamed
字解 욕될, 더럽힐(첨)
【忝汚 첨오】욕되게 하여 더럽힘.

【忠】 충성 충

丿 口 口 中 中 忠 忠 忠

음 ㊥zhōng ㊐チュウ ㊐loyalty
字源 형성자. 心(심)은 의미 부분이고, 中(중)은 발음 부분이다.
字解 충성, 진심, 정성(충)
【忠告 충고】진심으로 남의 잘못에 대하여 주의를 줌. 또는 그 말.
【忠烈 충렬】충성스럽고 절의(節義)가 있음.
【忠僕 충복】진심으로 주인을 섬기는 종. 忠奴(충노).
【忠誠 충성】①참마음에서 우러나는 정성. ②나라나 왕에게 바치는 곧고 지극한 정성.
【忠臣 충신】충성스러운 신하.
【忠實 충실】충직하고 성실함.
【忠言逆耳 충언역이】충고의 말은 귀에 거슬림. '바르게 타이르는 말일수록 듣기 싫어함'을 이름.
【忠節 충절】충성스러운 절개.
【忠孝 충효】충성과 효도.

心부 5획

心4 [忽] 문득 홀
⑧ 勿

ノクク勿勿忽忽忽

㊀ ㊥hū ㊐コツ(たちまち) ㊍suddenly

字源 형성자. 心(심)은 의미 부분이고, 勿(물)은 발음 부분이다.

字解 ①문득, 갑자기(홀) ¶忽然(홀연) ②소홀할(홀) ¶忽待(홀대)

【忽待 홀대】 소홀히 대접함.
【忽然 홀연】 문득. 갑자기.
【忽顯忽沒 홀현홀몰】 홀연히 나타났다가 홀연히 사라짐.
【疎忽 소홀】 허술히 여기거나 대수롭지 않게 봄.

참고 忽(총:352)은 딴 자.

心5 [急] 급할 급
⑨ 㣺

ノクヶ今今急急急

㊀ ㊥jí ㊐キュウ(いそぐ) ㊍urgent

字源 형성자. 心(심)은 의미 부분이고, 及(급)은 발음 부분이다.

字解 ①급할(급) ¶急迫(급박) ②빠를(급) ¶急行(급행) ③중요할(급) ¶急所(급소)

【急遽 급거】 갑자기. 서둘러.
【急騰 급등】 물가 등이 갑자기 오름.
【急迫 급박】 형세가 급하고 매우 밭음.
【急先務 급선무】 가장 먼저 해야 할 일.
【急性 급성】 갑자기 일어나거나 급히 악화되는 성질.
【急所 급소】 ①몸 가운데서 조금만 다쳐도 목숨이 위험한 부분. ②사물의 가장 중요한 곳.
【急錢 급전】 급히 쓸 돈.
【急轉直下 급전직하】 갑자기 바뀌어 곧바로 내려감. '사태나 정세 따위가 걷잡을 수 없이 갑자기 변함'을 이름.
【急行 급행】 빨리 감. 급히 감.
【緊急 긴급】 아주 중대하고도 급함.
【至急 지급】 매우 급함.

心5 [怒] 성낼 노
⑨ 奴 心

ㄑㄨ女如奴奴怒怒

㊀ ㊥nù ㊐ド(いかる) ㊍angry

字源 형성자. 心(심)은 의미 부분이고, 奴(노)는 발음 부분이다.

字解 ①성낼(노) ¶憤怒(분노) ②세찰(노) ¶怒濤(노도)

【怒氣衝天 노기충천】 노여운 기세가 하늘을 찌름. '잔뜩 성이 나 있음'을 이름.
【怒濤 노도】 무서운 기세로 밀려오는 큰 파도.
【怒發大發 노발대발】 몹시 성을 냄.
【怒號 노호】 ①성내어 크게 부르짖음. ②바람·물결 등의 세찬 소리.
【激怒 격노】 몹시 성냄.
【憤怒 분노】 분하여 몹시 성냄.
【天人共怒 천인공노】 하늘과 사람이 함께 노함. '누구나 분노를 참을 수 없을 만큼 증오스러움'을 이름.

참고 恕(서:353)은 딴 자.

心5 [思] ❶생각할 사 囟
⑨ ❷생각 사 寘

ノ口曰田田思思思

㊀ ㊥sī ㊐シ(おもう) ㊍think

字源 회의 겸 형성자. 心(심)과 囟(정수리 신)은 모두 의미 부분인데, 囟은 발음도 담당한다. 田은 囟의 변형이다.

字解 ❶①생각할(사) ¶思考(사고) ②그리워할(사) ¶思慕(사모) ③슬퍼할, 근심할(사) ¶思婦(사부) ❷생각, 의사(사) ¶思想(사상)

【思考 사고】 생각하고 궁리함.
【思慮 사려】 신중하게 생각함.
【思料 사료】 생각하여 헤아림.
【思慕 사모】 그리워함.
【思婦 사부】 슬픔·근심이 있는 여자.
【思想 사상】 ①생각. ②사회나 정치에 대한 일정한 견해.
【思索 사색】 사물의 이치를 따지어 깊이 생각함.
【思潮 사조】 그 시대 사상의 일반적 경향. 사상의 흐름.
【思春期 사춘기】 이성(異性)에 대하여 눈을 뜨고 그리워하는 시기.
【意思 의사】 무엇을 하려는 생각이나 마음.

【怨】 ❶원망할 원 ❷원수 원

ノ ク タ タ 夗 夗 怨 怨

囹 ⑪yuàn ⑪エン(うらむ) ⑱grudge
字源 형성자. 心(심)은 의미 부분이고, 夗(원)은 발음 부분이다.
字解 ❶①원망할(원) ②원한(원) ❷원수(원)
【怨望 원망】①남을 못마땅하게 여기고 탓함. ②마음에 불평을 품고 미워함.
【怨聲 원성】원망의 소리.
【怨讐 원수】원한이 맺힌 사람.
【怨恨 원한】원통하고 한스러운 생각.
【宿怨 숙원】오래 묵은 원한.

【怎】 어찌 즘

囿 ⑪zěn ⑪シン ⑱why
字解 어찌(즘)

【恖】 恩(354)의 俗字

【怠】 게으를 태

´ ´ ㄅ 台 台 台 怠 怠

囝 ⑪dài ⑪タイ(おこたる) ⑱lazy
字源 형성자. 心(심)은 의미 부분이고, 台(태)는 발음 부분이다.
字解 게으를(태)
【怠慢 태만】게으름. 느림.
【怠業 태업】①일을 게을리함. ②노동 쟁의의 하나. 노조의 통제하에 일을 하면서 집단으로 노동 능률을 떨어뜨려 사용자에게 손해를 주는 행위.
【倦怠 권태】게으름이나 싫증.
【勤怠 근태】부지런함과 게으름.
【懶怠 나태】게으르고 느림.

【恐】 ❶두려울 공 ❷아마 공

一 T I 巩 巩 巩 恐 恐 恐

囿 ⑪kǒng ⑪キョウ(おそれる) ⑱fear
字源 형성자. 心(심)은 의미 부분이고, 巩(공)은 발음 부분이다.
字解 ❶①두려울, 두려워할(공) ¶ 恐怖(공포) ②으를, 협박할(공) ¶ 恐喝(공갈) ❷아마(공)
【恐喝 공갈】무섭게 으르고 위협함.
【恐怖 공포】두려움과 무서움.
【恐慌 공황】①놀랍고 두려워 어찌할 바를 모름. ②모든 경제 활동이 혼란에 빠지는 상태.
【可恐 가공】두려워할 만함.
【惶恐 황공】지위나 위엄 등에 눌려 몹시 두려움. 惶悚(황송).

【恭】 공손할 공

一 艹 艹 共 共 恭 恭 恭

囿 ⑪gōng ⑪キョウ(うやうやしい) ⑱polite
字源 형성자. 心(심)은 의미 부분이고, 共(공)은 발음 부분이다.
字解 공손할, 공경할, 삼갈(공)
【恭敬 공경】윗사람을 공손하게 받듦.
【恭遜 공손】공경하고 겸손함.
【恭順 공순】공경하고 순종함.
【不恭 불공】공손하지 못함.

【恝】 ❶여유 없을 괄 ❷걱정 없을 개

囿 ❶ ⑪jiá ⑪カイ
字解 ❶①여유 없을(괄) ②新소홀히 할, 푸대접할(괄) ¶ 恝視(괄시) ❷걱정 없을(개치) ¶ 恝置(개치)
【恝待 괄대】푸대접함.
【恝視 괄시】업신여겨 하찮게 대함.
【恝置 개치】개의(介意)하지 않고 내버려 둠. 대수롭지 않게 여김.

【恧】 부끄러울 뉵

⑪nǜ ⑪ジク ⑱ashamed
字解 부끄러울(뉵)
【恧焉 뉵언】부끄러워하는 모양.

【恋】 戀(362)의 俗字
心6/10

【恕】 용서할 서
心6/10

ㄥ ㄠ 女 如 如 如 恕 恕

고 ⊕shù ⊕ジョ ⊛pardon
字源 형성자. 心(심)은 의미 부분이고, 如(여)는 발음 부분이다.
字解 용서할(서)

[恕免 서면] 용서하여 죄(罪)를 묻지 않음.
[恕宥 서유] 관대하게 용서함.
[容恕 용서] 잘못이나 죄를 꾸짖거나 벌하지 않고 끝냄.
[忠恕 충서] 자기의 정성을 다하고, 남을 헤아려 동정함.
참고 怒(노 : 351)는 딴 자.

【息】 숨 쉴 식
心6/10

ˊ ˊ ㄏ 自 自 自 息 息

고 ⊕xī ⊕ソク(いき) ⊛breathe
字源 회의 겸 형성자. 心(심)과 自(자)는 모두 의미 부분이면서, 自는 발음도 담당한다. 마음속[心]에 있는 기운이 코[自]를 통하여 밖으로 나간다는 뜻이다. 自는 본래 '코'를 그린 상형자인데, 옛날에 息과 自는 발음이 비슷하였다.
字解 ①숨 쉴, 호흡할(식) ¶歎息(탄식) ②쉴, 그칠(식) ¶休息(휴식) ③살, 생활할(식) ¶棲息(서식) ④자식(식) ¶令息(영식) ⑤이자(이식)

[棲息 서식] 동물이 깃들여 삶.
[消息 소식] ①변화하는 일. '消'는 없어짐, '息'은 생김을 뜻함. ②안부나 어떤 사실에 대한 기별.
[安息 안식] 편안하게 쉼.
[令息 영식] '남의 아들'의 높임말.
[利息 이식] 남에게 금전을 꾸어 쓴 대가로 치르는 일정 비율의 금전.
[子息 자식] '아들과 딸'의 총칭.
[窒息 질식] 숨이 막힘.
[歎息 탄식] 한탄하며 한숨 쉼, 또는 그 한숨. 통嘆息(탄식).
[休息 휴식] 하던 일을 멈추고 쉼.

【恙】 근심 양
心6/10

명 ⊕yàng ⊕ヨウ(つつが) ⊛anxiety
字解 ①근심, 근심할(양) ¶恙憂(양우) ②병(양) ¶微恙(미양)

[恙憂 양우] 염려되는 일. 근심.
[無恙 무양] 몸에 탈이 없음.
[微恙 미양] ①대수롭지 않은 병. ②'자기 병'의 겸칭.

【恚】 성낼 에
心6/10 本해

⊕huì ⊕イ ⊛angry
字解 성낼, 화낼(에)

[恚憤 에분] 노하여 분개함.
[瞋恚 진에] 눈을 부라리며 성냄.

【恩】 은혜 은
心6/10

丨 冂 冃 月 囙 因 图 恩

정 ⊕ēn ⊕オン ⊛favor
字源 형성자. 心(심)은 의미 부분이고, 因(인)은 발음 부분이다.
字解 ①은혜(은) ¶恩典(은전) ②사랑할(은) ¶恩寵(은총)

[恩功 은공] 은혜와 공로.
[恩師 은사] 은혜(恩惠)를 베풀어 준 스승. '스승'을 감사한 마음으로 이르는 말.
[恩典 은전] ①온정 있는 조처(措處). ②은혜를 베푸는 일.
[恩情 은정] 은혜롭게 사랑하는 마음.
[恩寵 은총] ①높은 사람에게서 받는 특별한 은혜와 사랑. ②인간에 대한 신(神)의 사랑.
[恩惠 은혜] 자연이나 남에게서 받는 고마운 혜택.
[報恩 보은] 은혜를 갚음.
[謝恩 사은] 은혜에 감사함.

【恁】 ❶생각할 임 ❷당신 님
心6/10

명❶ ⊕nín, nèn ⊕ニン ⊛think
字解 ❶생각할(임) ❷당신(님)

心部 6획

【恣】 방자할 자
心6획 / 10획

丶 丷 次 次 次 恣 恣

㉠ ⓒzì ⓙシ(ほしいまま) ⓔimpudent
字源 형성자. 心(심)은 의미 부분이고, 次(차)는 발음 부분이다.
字解 방자할(자)

【恣行 자행】 제멋대로 행동함.
【放恣 방자】 제멋대로 굶.

【恥】 부끄러워할 치
心6획 / 10획

一 F F F 耳 耳 耻 恥

㉠ ⓒchī ⓙチ(はじる) ⓔashamed
字源 형성자. 心(심)은 의미 부분이고, 耳(이)는 발음 부분이다.
字解 부끄러워할, 부끄럼(치)

【恥辱 치욕】 부끄럽고 욕됨.
【恥部 치부】 남에게 보여서는 안 될 부끄러운 곳.
【羞恥 수치】 부끄러움.
【廉恥 염치】 조촐하고 깨끗하여 부끄러움을 아는 마음.

【惠】
心6획 / 10획
명 惠(355)의 俗字

【悉】 다 실
心7획 / 11획

명 ⓒxī ⓙシツ(ことごとく) ⓔall
字解 ①다(실) ②다할(실)

【悉心 실심】 마음을 다함.
【知悉 지실】 모두 앎. 자세히 앎.

【悪】
心7획 / 11획
명 惡(355)의 俗字

【悆】 기쁠 여·서
心7획 / 11획

명 ⓒyù, shū ⓙヨ, ショ ⓔjoyful
字解 기쁠(여·서)

【悠】 멀 유
心7획 / 11획

亻 亻 亻 攸 攸 悠 悠

㉠ ⓒyōu ⓙユウ(はるか) ⓔdistant
字源 형성자. 心(심)은 의미 부분이고, 攸(유)는 발음 부분이다.
字解 ①멀, 아득할(유) ¶悠久(유구) ②한가할(유) ¶悠悠(유유)

【悠久 유구】 연대가 아득히 길고 오램.
【悠悠 유유】 ①썩 먼 모양. ②여유 있고 한가한 모양.
【悠悠自適 유유자적】 속된 일에 마음을 괴롭히지 않고, 자기가 하고 싶은 대로 마음 편히 삶.
【悠長 유장】 ①길고 오램. ②서두르지 않고 마음에 여유가 있음.

【悊】 공경할 철
心7획 / 11획

명 ⓒchè ⓙテツ ⓔadmire
字解 공경할(철)

【悤】 바쁠 총
心7획 / 11획

명 ⓒcōng ⓙス(いそぐ) ⓔbusy
字解 ①바쁠, 급할(총) ②밝을, 슬기로울(총) 늑聰

【患】 근심 환
心7획 / 11획

丨 口 口 吕 吕 串 患 患 患

중 ⓒhuàn ⓙカン(うれえる) ⓔanxiety
字源 형성자. 心(심)은 의미 부분이고, 串(관)은 발음 부분이다.
字解 ①근심, 근심할(환) ¶患難(환난) ②병(환) ¶患部(환부)

【患難 환난】 근심과 재난.
【患部 환부】 병이나 상처가 난 곳.
【患者 환자】 병을 앓는 사람.
【患候 환후】 '웃어른의 병'을 높여 이르는 말.
【宿患 숙환】 오랜 병환(病患).
【憂患 우환】 집안에 병자가 있어서 겪는 근심.
【疾患 질환】 병. 疾病(질병).
【後患 후환】 어떤 일로 말미암아 후에 오는 근심이나 걱정.

【悳】
心8획 / 12획
명 德(240)의 古字

【悶】 번민할 민

㊀문

- 명 ㊥mèn ㊐モン(もだえる) ㊤agonize
- **字解** 번민할, 애탈(민)

【悶鬱 민울】 안타깝고 답답함.
【苦悶 고민】 괴로워하고 속을 태움.
【煩悶 번민】 마음이 번거롭고 답답하여 괴로워함.

【悲】 슬플 비

ノ ナ ヲ キ 非 非 悲 悲

- 명 ㊥bēi ㊐ヒ(かなしい) ㊤sad
- **字源** 형성자. 心(심)은 의미 부분이고, 非(비)는 발음 부분이다.
- **字解** 슬플, 슬프갑(비)

【悲觀 비관】 사물을 슬프게만 봄.
【悲劇 비극】 ①비참한 사건. ②슬픈 결말로 끝맺는 극.
【悲戀 비련】 이루어지지 못하고 비극으로 끝난 사랑.
【悲鳴 비명】 놀라거나 다급할 때 지르는 외마디 소리.
【悲哀 비애】 슬픔과 설움.
【悲運 비운】 슬픈 운명.
【悲慘 비참】 슬프고 참혹함.
【悲歎 비탄】 슬퍼하고 탄식함.
【悲痛 비통】 몹시 슬프고 가슴 아픔.
【慈悲 자비】 사랑하고 불쌍히 여기는 마음.
【喜悲 희비】 기쁨과 슬픔.

【惡】 ❶악할 악 / ❷미워할 오

一 ㅠ ㅠ ㅠ 亞 亞 惡 惡

- 명 ㊥è, wù ㊐アク, オ(わるい) ㊤bad
- **字源** 형성자. 心(심)은 의미 부분이고, 亞(아)는 발음 부분이다.
- **字解** ❶악할, 나쁠(악) ¶ 惡毒(악독) ②더러울(악) ¶ 醜惡(추악) ❷미워할, 싫어할(오) ¶ 憎惡(증오)

【惡談 악담】 남을 헐뜯거나 저주(詛呪)하는 말.
【惡黨 악당】 흉악한 무리.
【惡毒 악독】 마음이 악하고 독살(毒殺)스러움.
【惡辣 악랄】 매섭고 표독함.
【惡夢 악몽】 불길한 꿈.
【惡習 악습】 좋지 않은 습관.
【惡戰苦鬪 악전고투】 나쁜 여건에서 힘겹게 싸움. '자기보다 훨씬 나은 적과 죽음힘을 다하여 싸움', 또는 '온갖 어려움 속에서도 모질게 노력함'을 이름.
【惡漢 악한】 몹시 악독한 사람.
【惡寒 오한】 갑자기 몸에 열이 나면서 오슬오슬 춥고 괴로운 증세.
【醜惡 추악】 보기 흉하고 추함.
【凶惡 흉악】 ①성질이 몹시 악함. ②겉모양이 험상궂고 무섭게 생김.
【憎惡 증오】 몹시 미워함.
참고 '오'음도 인명용으로 지정됨.

【惠】 은혜 혜

一 ㄱ 亘 亘 車 車 惠 惠

- 명 ㊥huì ㊐ケイ(めぐむ) ㊤favor
- **字源** 회의자. 心(심)과 叀(전)은 모두 의미 부분이다.
- **字解** ①은혜(혜) ¶ 惠澤(혜택) ②높일(혜) ※ 남의 것을 높여 이르는 말. ¶ 惠書(혜서)

【惠顧 혜고】 ①'남이 자기를 찾아 줌'을 높여 이르는 말. 惠來(혜래). 惠臨(혜림). ②잘 보살펴 줌.
【惠書 혜서】 '남이 보낸 편지'를 높여 이르는 말. 惠翰(혜한). 惠函(혜함).
【惠澤 혜택】 은혜와 덕택.
【受惠 수혜】 혜택을 받음.
【恩惠 은혜】 고마운 혜택.

【惑】 미혹할 혹

一 冂 冃 武 或 或 惑 惑

- 고 ㊥huò ㊐ワク(まどう) ㊤bewitched
- **字源** 형성자. 心(심)은 의미 부분이고, 或(혹)은 발음 부분이다.
- **字解** ①미혹할(혹) ¶ 惑信(혹신) ②의심할(혹) ¶ 疑惑(의혹)

【惑星 혹성】 태양 주위를 도는 천체들. 行星(행성). 遊星(유성).

心部 9획

{惑世誣民 혹세무민} 세상을 어지럽게 하고 사람들을 속임.
{惑信 혹신} 미혹되어 믿음.
{迷惑 미혹} 마음이 흐려 무엇에 홀림.
{疑惑 의혹} 의심하여 수상히 여김.
{誘惑 유혹} ①남을 꾀어 정신을 어지럽게 함. ②그릇된 길로 꾐.
{眩惑 현혹} 제정신을 차리지 못하고 홀림, 또는 홀리게 함.

【感】 느낄 감

丿厂厂后咸咸咸感感

음 ㉠gǎn ㉡カン ㉢feel
字源 형성자. 心(심)은 의미 부분이고, 咸은 발음 부분이다.
字解 ①느낄(감) ¶ 感覺(감각) ②고마워할(감) ¶ 感謝(감사)

{感覺 감각} 눈·귀·코·혀·살갗 등을 통하여 받아들이는 느낌.
{感慨無量 감개무량} 마음에 사무치는 느낌이 한이 없음.
{感激 감격} ①느껴서 마음이 몹시 움직임. ②매우 고맙게 여김.
{感動 감동} 깊이 느껴 마음이 움직임.
{感銘 감명} 깊이 느껴 마음에 새김.
{感謝 감사} 고마움. 고맙게 여김.
{感想 감상} 느끼어 일어나는 생각.
{感性 감성} 느낌을 받아들이는 성질.
{感情 감정} 느끼어 일어나는 심정.
{感知 감지} 느끼어 앎.
{感之德之 감지덕지} 고맙게 여기고 은혜롭게 여김.
{感觸 감촉} 외부의 자극에 의해 일어나는 느낌.
{感歎 감탄} 마음에 느껴 탄복함.
{共感 공감} 남의 의견에 대해 그렇다고 느낌.
{敏感 민감} 감각이 예민함.
{豫感 예감} 무슨 일이 일어날 것을 미리 느낌.

【愆】 허물 건

명 ㉠qiān ㉡ケン(あやまる) ㉢fault
字解 ①허물(건) ②그르칠(건)
{愆期 건기} 기일을 어김.
{愆尤 건우} 허물. 잘못.

【愍】 근심할 민

명 ㉠mǐn ㉡ビン(あわれむ) ㉢worry
字解 근심할, 불쌍히 여길(민) ≒憫
{憐愍 연민} 불쌍하게 여김.

【想】 생각할 상

十才木机相相相想想

음 ㉠xiǎng ㉡ソウ(おもう) ㉢imagine
字源 형성자. 心(심)은 의미 부분이고, 相(상)은 발음 부분이다.
字解 생각할, 생각(상)

{想起 상기} 지난 일을 생각해 냄.
{想念 상념} 마음에 떠오르는 생각.
{想像 상상} 머릿속으로 그려서 생각함, 또는 그 생각.
{假想 가상} 가정하여 생각함.
{空想 공상} 헛된 생각.
{豫想 예상} 미리 생각함.
{回想 회상} 지난 일을 돌이켜 생각함.

【愁】 근심 수

二千禾禾𥝌秒秋愁愁

음 ㉠chóu ㉡シュウ(うれい) ㉢anxiety
字源 형성자. 心(심)은 의미 부분이고, 秋(추)는 발음 부분이다.
字解 근심, 근심할(수)

{愁心 수심} 근심스러운 마음.
{哀愁 애수} 슬픈 시름.
{旅愁 여수} 나그네의 시름. 여행지에서 느끼는 시름. 客愁(객수).
{憂愁 우수} 근심과 걱정.
{鄕愁 향수} 고향을 그리워하는 마음이나 시름.

【愛】 사랑 애

丿爫爫𤔔爫爫𢛳愛愛

음 ㉠ài ㉡アイ(めでる) ㉢love
字源 형성자. 본래 가는 모습을 뜻하였다. 夊(치)는 의미 부분이고, 㤅(애)는 발음 부분이다. 㤅는 㤅의 변형이다. 본래 '사랑하다'라는

뜻으로는 悉 자를 썼으나, 뒤에 愛 자로 쓰이게 되자 悉 자는 사라졌고, 愛 자 역시 '가는 모습'의 뜻으로는 쓰이지 않게 되었다.

字解 ①사랑, 사랑할(애) ¶愛情(애정) ②즐길(애) ¶愛讀(애독)

【愛嬌 애교】 남에게 호감을 주는 상냥한 말이나 행동.

【愛讀 애독】 즐겨 읽음.

【愛誦 애송】 즐겨 읊거나 부름.

【愛玩 애완】 사랑하여 가까이 두고 즐김.

【愛情 애정】 사랑하는 마음.

【愛憎 애증】 사랑함과 미워함.

【愛之重之 애지중지】 사랑하고 소중하게 여김.

【愛着 애착】 아끼는 대상에 정이 붙어 그것에 집착함.

【愛稱 애칭】 본이름 외에 정답게 부르는 이름.

【愛好 애호】 사랑하고 좋아함.

【博愛 박애】 모든 사람을 평등하게 사랑함.

【熱愛 열애】 열렬히 사랑함.

【惹】 이끌 야

명 中rě 日ジャク(ひく) 美provoke

字解 ①이끌, 끌어당길(야) ¶惹起(야기) ②어지러울(야) ¶惹鬧(야뇨)

【惹起 야기】 일이나 사건 등을 끌어 일으킴.

【惹鬧 야뇨→야료】 까닭 없이 트집을 부리고 마구 떠들어 대는 짓.

【惹端 야단】 ①떠들썩하게 일을 벌임. ②큰 소리로 마구 꾸짖음.

【愚】 어리석을 우

口册日吊禺禺愚愚

고 中yú 日グ(おろか) 美stupid

字解 형성자. 心(심)은 의미 부분이고, 禺(우)는 발음 부분이다.

字解 ①어리석을(우) ¶愚鈍(우둔) ②낮출(우) ※자기와 관계된 것에 대한 겸칭. ¶愚見(우견)

【愚見 우견】 ①어리석은 생각. ②'자기의 생각'의 겸칭.

【愚公移山 우공이산】 우공이 산을 옮김. '어떤 일이든지 끊임없이 노력하면 마침내 성공함'을 이름.

故事 우공이 자기 집 앞의 산을 불편하게 여겨, 오랜 세월을 두고 자손 대대로 다른 곳에 옮기려고 노력하여 마침내 이루었다는 고사에서 온 말.

【愚鈍 우둔】 어리석고 무딤.

【愚弄 우롱】 사람을 어리석게 보고 함부로 대하거나 웃음거리로 만듦.

【愚昧 우매】 어리석고 몽매함.

【愚問賢答 우문현답】 어리석은 물음에 현명한 대답.

【愚民 우민】 ①어리석은 백성. ②백성을 어리석게 만드는 일.

【愚直 우직】 어리석고 고지식함.

【愈】 더욱 유

八今今余愈愈愈

고 中yù 日ユ(いよいよ) 美more

字解 형성자. 心(심)은 의미 부분이고, 兪(유)는 발음 부분이다.

字解 ①더욱(유) ②나을(유) ③병 나을(유) ≒癒

【愈愈 유유】 자꾸 더해지는 모양.

【愈出愈怪 유출유괴】 갈수록 더욱 괴상하여짐.

【意】 ❶뜻 의 ❷한숨 쉴 희

亠亠产音音音意意

정 中yì 日イ(こころ) 美meaning

字解 회의자. 心(심)과 音(음)은 모두 의미 부분이다.

字解 ❶①뜻, 의미(의) ¶意義(의의) ②생각, 마음(의) ¶意見(의견) ❷한숨 쉴(희) ≒噫

【意見 의견】 어떤 일에 대한 생각.

【意氣投合 의기투합】 서로 마음이 맞음. 意氣相投(의기상투).

【意圖 의도】 무엇을 이루려고 속으로 꾀함, 또는 그 계획.

【意味 의미】 ①뜻. ②보람. 가치.

【意思 의사】 생각이나 마음.

【意欲 의욕】 적극적으로 하고자 하는 마음.
【意義 의의】 ①뜻. 意味(의미). ②가치. 중요한 정도.
【意中 의중】 마음속. 心中(심중)
【意志 의지】 ①생각. 뜻. ②실행하려는 적극적인 마음가짐.
【意表 의표】 예상 밖. 意外(의외).
【意向 의향】 어떻게 할 것인가에 대한 생각.
【故意 고의】 일부러 하는 생각이나 태도.
【熱意 열의】 무엇을 이루려고 열성(熱誠)을 다하는 마음.
【自意 자의】 자기의 생각이나 의견.

'意'가 붙은 한자
億 억 (억)   憶 생각할 (억)
檍 참죽나무 (억)   臆 가슴 (억)
薏 연밥 (억)   噫 탄식할 (희)

心9 ⑬ 【慈】 사랑 자 囡 慈

音 ⊕cí ⊕シ ⊕mercy
字源 형성자. 心(심)은 의미 부분이고, 玆(자)는 발음 부분이다.
字解 ①사랑(자) ¶慈愛(자애) ②어머니(자) ¶慈堂(자당)
【慈堂 자당】 '남의 어머니'의 높임말. 萱堂(훤당).
【慈母 자모】 ①자애로운 어머니. ②어머니. 母親(모친). 慈親(자친).
【慈悲 자비】 ①사랑하고 불쌍히 여기는 마음. ②부처가 중생을 안락하게 해 주려는 마음.
【慈善 자선】 인자하고 착함. '불쌍한 사람을 동정하여 도와줌'을 이름.
【慈愛 자애】 아랫사람에 대한 인자하고 따뜻한 사랑.
【仁慈 인자】 어질고 인정이 많음.

心10 ⑭ 【慤】 삼갈 각 囹 慤

⊕què ⊕カク ⊕reserved
字解 ①삼갈(각) ②성실할, 정성(각)

心10 ⑭ 【愬】 하소연할 소 囮

⊕sù ⊕ソ(うったえる) ⊕appeal
字解 하소연할(소) ≒訴

心10 ⑭ 【慂】 권할 용 囮

⊕yǒng ⊕ヨウ ⊕persuade
字解 권할, 권유할(용)
【慫慂 종용】 ①잘 설명하고 달래어 하게 함. ②꾀어서 권함.

心10 ⑭ 【愿】 삼갈 원 囮

⊕yuàn ⊕ゲン(つつしむ) ⊕reserved
字解 ①삼갈(원) ②솔직할(원)
【愿朴 원박】 솔직하여 꾸밈없음.

心10 ⑭ 【慇】 은근할 은 囡

⊕yin ⊕イン ⊕polite
字解 은근할, 친근할(은)
【慇懃 은근】 ①겸손하고 정중함. ②속으로 생각하는 정이 깊음.

心10 ⑭ 【慈】 慈(358)의 本字

心10 ⑭ 【態】 모양 태 囮 态 態

⺈ ㇏ 肯 能 能 態 態
⊕tài ⊕タイ(さま) ⊕attitude
字源 회의자. 心(심)과 能(능)은 모두 의미 부분이다.
字解 ①모양(태) ¶態勢(태세) ②형편(태) ¶事態(사태)
【態度 태도】 몸가짐의 모양이나 맵시.
【態勢 태세】 갖추어진 태도와 자세.
【事態 사태】 일이 되어가는 상태.
【狀態 상태】 사물·현상이 처하여 있는 모양이나 형편.
【世態 세태】 세상의 상태나 형편.
【姿態 자태】 몸가짐과 맵시.

心11 ⑮ 【慤】 图 慤(358)의 俗字

心 【憇】 憩(360)의 俗字
心 11 ⑮

心 【慶】 경사 경
心 11 ⑮ 庆

广广广产产庐廖慶

- 종 ⊕qìng ⊕ケイ(よろこぶ) ⊛happy event
- 字源 상형자 → 회의자. 본래 사슴〔鹿(록)〕을 그린 상형자로, 麐(암기린 린) 자의 변형이다. 옛날 사람들에게 기린은 상서로운 동물이었으므로, 慶이 '축하'·'경하(慶賀)' 등의 뜻으로 쓰이게 된 것이다. 현재의 자형은 사슴의 생략형〔广〕으로 '축하'라는 뜻을 나타내고, 가서〔夂〕마음〔心〕으로 축하한다는 의미에서 心(심)과 夂(치)가 구성요소로 쓰이고 있는 것이다.
- 字解 경사, 축하할(경)
- 【慶事 경사】 축하할 만한 기쁜 일.
- 【慶弔 경조】 경사와 흉사(凶事).
- 【慶祝 경축】 경사스러운 일을 축하함.
- 【慶賀 경하】 경사스러운 일에 대하여 기쁜 뜻을 표함.

心 【慮】 생각할 려
心 11 ⑮ 虑

一广户卢卢虑虑慮

- 고 ⊕lǜ ⊕リョ(おもんぱかる) ⊛consider
- 字源 형성자. 思(사)는 의미 부분이고, 虍(호)는 발음 부분이다. 현재는 思부가 없기 때문에 아랫부분을 따서 心(심)부에 넣었다.
- 字解 ①생각할(려) ¶慮(고려) ②근심할(려) ¶念慮(염려)
- 【考慮 고려】 생각하여 헤아림.
- 【無慮 무려】 ①염려할 것 없음. ②자그마치. 엄청나게도. 생각보다 많음을 나타낼 때 쓰는 말.
- 【配慮 배려】 여러 가지로 자상하게 염려해 줌.
- 【思慮 사려】 여러 가지로 신중하게 생각함.
- 【心慮 심려】 마음속의 근심.
- 【念慮 염려】 걱정하는 마음.
- 【千慮一得 천려일득】 천 번을 생각하여 하나를 얻음. '아무리 어리석은 사람이라도 많은 생각 중 하나쯤은 좋은 생각이 있게 마련임'을 이름.

心 【慕】 사모할 모
心 11 ⑮

艹艹芇莒莫莫莫慕

- 고 ⊕mù ⊕ボ(したう) ⊛long for
- 字源 형성자. 心(심)은 의미 부분이고, 莫(막)은 발음 부분이다. 옛날에 慕와 莫은 발음이 비슷하였다.
- 字解 사모할, 그리워할(모)
- 【慕情 모정】 사모하는 마음.
- 【慕華 모화】 중국의 문물이나 사상을 우러러 사모함.
- 【思慕 사모】 생각하고 그리워함.
- 【愛慕 애모】 사랑하고 사모함.
- 【戀慕 연모】 사랑하여 그리워함.
- 【追慕 추모】 죽은 사람을 마음속으로 그리워함.

心 【慜】 총명할 민
心 11 ⑮

- 명 ⊕mǐn ⊕ビン ⊛wise
- 字解 ①총명할(민) ②민첩할(민)

心 【慾】 욕심 욕
心 11 ⑮ 欲

八父谷谷谷欲欲慾

- 고 ⊕yù ⊕ヨク ⊛desire
- 字源 회의 겸 형성자. 心(심)과 欲(욕)은 모두 의미 부분인데, 欲은 발음도 담당한다.
- 字解 욕심, 탐낼(욕)
- 【慾心 욕심】 무엇을 지나치게 탐내거나 누리고 싶어 하는 마음.
- 【過慾 과욕】 욕심이 지나침, 또는 지나친 욕심.
- 【物慾 물욕】 물건을 탐내는 마음.
- 【貪慾 탐욕】 탐내는 마음.

心 【憂】 근심 우
心 11 ⑮ 忧

一币币盲盲恿憂憂

- 종 ⊕yōu ⊕ユウ(うれえる) ⊛anxiety
- 字源 형성자. 본래 평화롭게 간다는

心部 11획

뜻이었다. 夂(치)는 의미 부분이고, 憂(우)는 발음 부분이다. '걱정하다'라는 뜻으로는 憂 자를 썼는데, 뒤에 憂 자가 '걱정하다'라는 뜻으로 쓰이게 되자 憂 자는 사라졌고, 憂 역시 '가다'의 뜻으로는 쓰이지 않게 되었다.

字解 ①근심, 걱정할(우) ¶憂慮(우려) ②상제 될(우) ¶丁憂(정우)

【憂慮 우려】 근심하고 걱정함.
【憂愁 우수】 근심과 걱정.
【憂鬱 우울】 걱정되어 마음이 답답함.
【憂患 우환】 집안에 병자가 있어 겪는 근심.
【丁憂 정우】 부모(父母)의 상사(喪事)를 당함.

【慰】 위로할 위 困

尸 尸 尸 尉 尉 尉 慰

고 ⊕wèi ⊕イ(なぐさめる) ⊛comfort

字源 형성자. 心(심)은 의미 부분이고, 尉(위)는 발음 부분이다.

字解 위로할, 달랠(위)

【慰樂 위락】 위안과 즐거움.
【慰靈 위령】 죽은 사람의 혼령(魂靈)을 위로함.
【慰勞 위로】 괴로움을 풀도록 따뜻하게 대하여 줌.
【慰撫 위무】 위로하고 어루만짐.
【慰問 위문】 불행하거나 수고하는 사람들을 위로차 방문함.
【慰安 위안】 위로하여 안심시킴.
【自慰 자위】 스스로 마음을 달램.

【慫】 권할 종 腫

명 ⊕sǒng ⊕ショウ ⊛persuade

字解 권할, 부추길(종)

【慫慂 종용】 ①잘 설명하고 달래어 하게 함. ②꾀어서 권함.

【憨】 慚(253)과 同字

【憾】 憾(253)과 同字

【慝】 사특할 특

명 ⊕tè ⊕トク ⊛wicked

字解 ①사특할(특) ②악할(특)

【奸慝 간특】 간사하고 악함.
【邪慝 사특】 요사하고 악함.

【慧】 지혜 혜

彗 彗 彗 彗 彗 慧 慧

고 ⊕huì ⊕ケイ, エ(さとい) ⊛wisdom

字源 형성자. 心(심)은 의미 부분이고, 彗(혜)는 발음 부분이다.

字解 지혜, 슬기로울(혜)

【慧敏 혜민】 슬기롭고 민첩함. 慧悟(혜오).
【慧眼 혜안】 ①날카로운 눈. ②진리를 통찰하는 총명한 눈.
【智慧 지혜】 사물의 이치를 빨리 깨닫고 일을 정확하게 처리하는 정신적 능력.

心部 12획

【憨】 어리석을 감 覃

⊕hān ⊕カン ⊛stupid

字解 어리석을, 우둔할(감)

【憩】 쉴 게 霽

명 ⊕qì ⊕ケイ(いこう) ⊛rest

字解 쉴, 휴식할(게)

【憩息 게식】 쉼.
【休憩 휴게】 잠깐 쉼. 休息(휴식).

【憊】 고달플 비 隊

명 ⊕bèi ⊕ハイ(つかれる) ⊛tired out

字解 고달플, 피곤할(비)

【憊色 비색】 고달픈 얼굴빛.
【困憊 곤비】 곤궁하고 고달픔.

【憑】 의지할 빙 蒸

명 ⊕píng ⊕ヒョウ(よる) ⊛rely

字解 ①의지할, 기댈(빙) ②증거(빙)

【憑據 빙거】 근거로 함.
【憑藉 빙자】 ① 말 말음으로 평계를 댐. ② 남의 세력에 의거함.
【信憑 신빙】 믿고 의거(依據)함.
【證憑 증빙】 증거가 되거나 증거로 삼음, 또는 그러한 근거.

【憲】 법 헌

宀宁宇害寓寓憲憲

- 고 ⓒxiàn ⓙケン(のり) ⓔconstitution
- **字源** 형성자. 心(심)과 目(목)은 의미 부분이고, 宀(해)의 생략형으로 발음 부분이다.
- **字解** ①법, 모범(헌) ¶憲法(헌법) ②관청, 관리(헌) ¶官憲(관헌)

【憲法 헌법】 국가의 통치 체제에 대한 근본 원칙을 정한 기본법.
【憲章 헌장】 ① 헌법의 전장(典章). ② 이상(理想)으로서 규정한 원칙적인 규범.
【改憲 개헌】 헌법을 개정함.
【官憲 관헌】 ① 관청. ② 관리. ③ 정부나 관청의 법규.
【立憲 입헌】 헌법을 제정함.
【違憲 위헌】 헌법을 어김.

【憙】 기뻐할 희

- 명 ⓒxǐ ⓙキ ⓔpleasant
- **字解** ①기뻐할(희) =喜 ②좋아할(희)

【懇】 간절할 간

犭犭犭豸豸豸豸懇懇

- 고 ⓒkěn ⓙコン(ねんごろ) ⓔsincere
- **字源** 형성자. 心(심)은 의미 부분이고, 豸(간)은 발음 부분이다.
- **字解** ①간절할, 간곡할(간) ②정성(간)

【懇曲 간곡】 간절하고 곡진함.
【懇談會 간담회】 일정한 주제 아래 서로 터놓고 이야기를 나누는 모임.
【懇切 간절】 간곡하고 정성스러움.
【懇請 간청】 간곡히 부탁함.

【衷懇 충간】 진정으로 간청함.

【憼】 공경할 경

- ⓒjǐng ⓙケイ ⓔrespect
- **字解** 공경할(경) =敬

【懃】 은근할 근

- 명 ⓒqín ⓙキン ⓔpolite
- **字解** ①은근할(근) ②부지런할(근)

【懃勞 근로】 부지런히 일함.
【慇懃 은근】 ① 겸손하고 정중함. ② 속으로 생각하는 정이 깊음.

【懋】 힘쓸 무

- 명 ⓒmào ⓙボウ ⓔstrive
- **字解** ①힘쓸(무) ②성할(무)

【懋戒 무계】 힘써 경계함.
【懋勳 무훈】 빛나는 공훈.

【應】 ❶응할 응 ❷응당 응

亠广产庆府府雁應應

- 종 ⓒyìng, yīng ⓙオウ(こたえる) ⓔrespond
- **字源** 형성자. 心(심)은 의미 부분이고, 雁(응)은 발음 부분이다.
- **字解** ❶응할, 대답할(응) ❷응당(응)

【應急 응급】 급한 대로 우선 처리함.
【應諾 응낙】 부탁의 말을 들어줌.
【應答 응답】 부름이나 물음에 응하는 대답.
【應當 응당】 마땅히. 당연히.
【應酬 응수】 상대편이 한 말을 되받아 반박함.
【應試 응시】 시험에 응함.
【應用 응용】 어떤 원리를 실지에 적용하거나 활용함.
【應援 응원】 호응하여 도움.
【反應 반응】 자극·작용을 받아 일으키는 변화나 움직임.
【適應 적응】 상황이나 조건에 잘 어울림.

心 14 ⑱ 【懟】 원망할 대 [간] 対 [隊]

㊥duì ㊐タイ ㊖resent

[字解] 원망할, 한할(대)

【怨懟 원대】 원망함, 또는 원망.

心 14 ⑱ 【懣】 번민할 만 [간] 懑 [旱]

㊥mèn ㊐モン ㊖agonized

[字解] ①번민할(만) ②답답할(만)

【憤懣 분만】 분하여 가슴이 답답함.

心 15 ⑲ 【懲】 징계할 징 [간] 征 [蒸]

[고] ㊥chéng ㊐チョウ(こらす) ㊖punish

[字源] 형성자. 心(심)은 의미 부분이고, 徵(징)은 발음 부분이다.

[字解] 징계할, 나무랄(징)

【懲戒 징계】 허물이나 잘못을 뉘우치도록 나무라고 제재를 가함.

【懲罰 징벌】 앞날을 경계하는 뜻으로 벌을 줌, 또는 그 벌.

【懲惡 징악】 옳지 못한 일을 징계함.

【懲役 징역】 일정 기간 교도소에 구치하여 노역을 치르게 하는 형벌.

【膺懲 응징】 ①잘못을 뉘우치도록 징계함. ②적국(敵國)을 정복함.

心 16 ⑳ 【懸】 매달 현 [간] 悬 [先]

[고] ㊥xuán ㊐ケン(かける) ㊖hang

[字源] 회의 겸 형성자. 縣이 본래 '매달다'라는 뜻이었으나, 뒤에 행정 구역의 이름으로 가차되자 '매달다'라는 뜻으로는 心을 더한 懸자를 새로 만들어 보충하였다. 心(심)과 縣(현)은 모두 의미 부분이고, 縣은 발음도 담당한다.

[字解] ①매달, 걸(현) ¶ 懸賞(현상) ②멀, 동떨어질(현) ¶ 懸隔(현격)

【懸隔 현격】 동떨어지게 차이가 큼.

【懸賞 현상】 어떤 목적(目的)을 위하여 상을 겲.

【懸垂 현수】 매달려 드리워짐.

【懸案 현안】 이전부터 의논하여 오면서도 아직 결정하지 못한 안건.

【懸板 현판】 글이나 그림을 새겨 문 위에 다는 널조각.

【耳懸鈴鼻懸鈴 이현령비현령】 귀에 걸면 귀걸이, 코에 걸면 코걸이.

心 18 ㉒ 【懿】 아름다울 의 [寘]

[명] ㊥yì ㊐イ ㊖beautiful

[字解] 아름다울, 훌륭할(의)

【懿德 의덕】 아름답고 뛰어난 덕.

心 19 ㉓ 【戀】 사모할 련 [속] 恋 [간] 恋 [霰]

[고] ㊥liàn ㊐レン(こい) ㊖love

[字源] 형성자. 心(심)은 의미 부분이고, 䜌(란)은 발음 부분이다.

[字解] ①사모할, 그리워할(련) ②연애, 그리움(련)

【戀歌 연가】 이성(異性)에 대한 사랑을 나타낸 노래.

【戀慕 연모】 사랑하여 그리워함.

【戀愛 연애】 남녀가 서로 그리워하는 사랑.

【戀人 연인】 연애의 상대자.

【戀情 연정】 이성을 그리워하고 사모하는 마음.

【悲戀 비련】 비극으로 끝나는 사랑.

【失戀 실연】 사랑이 이루어지지 않음.

心 24 ㉘ 【戇】 고지식할 당 ㊍장 [속] 戅 [간] 戆 [絳]

[명] ㊥zhuàng ㊐トウ ㊖simple-minded

[字解] ①고지식할(당) ②어리석을(당)

【戇直 당직】 고지식함. 우직(愚直)함.

4 戈部

戈 0 ④ 【戈】 창 과 [歌]

[명] ㊥gē ㊐カ(ほこ) ㊖spear

戈部 3획

字源 상형자. 창을 그린 것이다.
字解 ①창(과) ※날이 하나인 것. ②전쟁(과)
【戈劍 과검】창과 칼. 곧, 무기.
【戈盾 과순】창과 방패.
【干戈 간과】①방패와 창. 곧, 무기. ②전쟁. 兵亂(병란).
【兵戈 병과】①싸움에 쓰는 창. ②무기. ③전쟁.

【戊】다섯째 천간 무

ノ 厂 仄 戊 戊

音 ㊥wù ㊐ボウ(つちのえ)
字源 상형자. 도끼류의 무기를 그린 것이다. 뒤에 천간(天干)의 다섯 번째 글자로 가차되었다.
字解 다섯째 천간(무)
【戊夜 무야】오전 3시~5시. 五更(오경).

【戌】成(363)의 俗字

【戍】수자리 수

名 ㊥shù ㊐ジュ(まもる)
字解 ①수자리(수) ②지킬(수)
【戍樓 수루】적군의 동정을 살피기 위하여 성 위에 세운 망루(望樓).
【戍兵 수병】국경을 지키는 병사.
【衛戍 위수】군대가 일정한 지역 안에서 규율과 질서를 유지하기 위해 수행하는 경비.
참고 戌(술: 363)은 딴 자.

【戌】개 술

ノ 厂 F 斤 戌 戌

音 ㊥xū ㊐ジュツ(いぬ) ㊤dog
字源 상형자. 도끼류의 무기를 그린 것이다. 뒤에 지지(地支)의 열한 번째 글자로 가차되었다.
字解 개, 열한째 지지(술)
【戌時 술시】①십이시의 열한째 시. 곧, 하오 7시~9시. ②이십사시의 스물한째 시. 곧, 하오 7시 30분~8시 30분.
참고 戍(수: 363)는 딴 자.

【戎】오랑캐 융

名 ㊥róng ㊐ジュウ(えびす)
字解 ①오랑캐, 서쪽 오랑캐(융) ②병기(융) ③싸움, 전쟁(융)
【戎馬 융마】①전쟁에 쓰는 말. 軍馬(군마). ②무기와 군마. ③전쟁.
【戎服 융복】싸울 때 입는 옷.
【戎狄 융적】지난날, 중국에서 이민족(異民族)을 얕잡아 이르던 말.
☞ '戎'은 중국 서쪽 지방에 살던 이민족을, '狄'은 중국 북쪽에 살던 이민족을 뜻함.

【戒】경계할 계

一 二 F 开 戒 戒 戒

고 ㊥jiè ㊐カイ(いましめる) ㊤warn
字源 회의자. 두 손(廾(공))으로 창(戈(과))을 잡고 있는 모습으로, 무엇을 지킨다는 뜻이다.
字解 ①경계할(계) ¶ 戒嚴(계엄) ②재계할(계) ③계율(계) ¶ 破戒(파계) ④계(계) ※산문 문체의 하나로, 경계하는 뜻을 적은 글.
【戒名 계명】①중이 계율을 받을 때 스승에게서 받는 이름. ②불가에서, 죽은 사람에게 지어 주는 이름.
【戒嚴 계엄】전쟁·비상 사태 등이 발생하였을 때, 군대로써 어떤 지역을 경계하는 일.
【戒律 계율】중이 지켜야 할 규율.
【警戒 경계】①사고·범죄에 대비하여 미리 조심하여 지킴. ②타일러 조심하게 함.
【齋戒 재계】부정을 타지 않도록 몸가짐을 깨끗이 함.
【破戒 파계】계율을 지키지 않음.

【成】이룰 성

ノ 厂 F 斤 成 成 成

音 ㊥chéng ㊐セイ(なる) ㊤accomplish
字源 형성자. 戊(무)는 의미 부분이고, 丁(정)은 발음 부분이다.
字解 이룰, 이루어질(성)
【成功 성공】뜻을 이루거나, 부나 사

戈部 3획

【成果 성과】일이 이루어진 결과.
【成事 성사】일을 이룸.
【成熟 성숙】몸과 마음이 완전히 자람.
【成語 성어】①이전부터 흔히 인용되어 온 말. ②관용적으로 특별한 뜻을 나타내는 성구. 熟語(숙어).
【成人 성인】자라서 어른이 된 사람.
【成長 성장】생물이 자라거나, 규모가 커짐.
【成績 성적】①나타난 일의 결과. ②학생들의 학업·시험의 결과.
【成就 성취】일을 목적대로 이룸.
【成敗 성패】성공과 실패.
【落成 낙성】건축물을 완성함.
【完成 완성】완전히 다 이룸.

'成'이 붙은 한자

城 재 (성) 娍 아름다울 (성)
宬 서고 (성) 晟 밝을 (성)
珹 옥 이름 (성) 盛 성할 (성)
誠 정성 (성)

戈³【我】나 아 ❶<7>

一 一 千 千 手 我 我

음 ⊕wǒ ⊕ガ(われ) ⊛I
字源 상형자. 갑골문을 보면 무기 또는 농기구를 든 것이었으나 뒤에 '나'라는 뜻으로 가차되었다.
字解 ①나, 자기(아) ¶我執(아집) ②우리(아) ¶我軍(아군)
【我軍 아군】우리 편의 군사.
【我田引水 아전인수】제 논에 물 대기. '자기에게 이로울 대로만 함'의 뜻.
【我執 아집】자기의 의견에만 사로잡힌 고집.
【沒我 몰아】자기를 잊고 있는 상태.
【自我 자아】자기 자신.
【彼我 피아】저와 나. 저편과 이편.

'我'가 붙은 한자

俄 갑자기 (아) 娥 예쁠 (아)
峨 산 높을 (아) 蛾 누에나방 (아)
餓 주릴 (아) 鵝 거위 (아)

戈⁴【戔】❶해칠 잔 ❷적을 전 <8>

음 ⊕cán, jiān ⊕サン, セン ⊛harm
字解 ❶해칠(잔) ≒殘 ❷적을(전)

戈⁴【戕】죽일 장 <8>

음 ⊕qiāng ⊕ショウ ⊛kill
字解 죽일, 상하게 할(장)
【戕戮 장륙】죽임. 殺戮(살륙).

戈⁴【或】혹 혹 <8>

一 厂 厂 戸 戸 或 或 或

음 ⊕huò ⊕ワク(あるいは) ⊛maybe
字源 회의자. 창(戈과)을 들고 일정한 구역(口)을 지킨다는 뜻으로 國(나라 국) 자의 다른 형태였으나, 뒤에 '혹시'·'또는'의 뜻으로 가차되었다.
字解 ①혹(혹) ¶或是(혹시) ②누구, 어떤(혹) ¶或者(혹자)
【或是 혹시】①만일에. 행여나. 或如(혹여). ②어떠할 경우에. 어쩌다가. 或時(혹시).
【或是或非 혹시혹비】혹은 옳기도 하고 혹은 그르기도 함. '시비를 가릴 수 없음'을 이름.
【或者 혹자】어떤 사람.
【間或 간혹】이따금. 어쩌다가.
【設或 설혹】그렇다 하더라도. 設令(설령). 設使(설사).

'或'이 붙은 한자

國 나라 (국) 馘 귀 벨 (괵)
域 지경 (역) 閾 문지방 (역)
惑 문채 (욱) 惑 미혹할 (혹)
稶 서직 무성할 (욱)

戈⁷【戛】창 알 <11>

음 ⊕jiá ⊕カツ ⊛spear
字解 ①창(알) ②칠, 부딪칠(알)

【戛戛 알알】①물건이 서로 부딪치는 소리. ②서로 어긋난 모양.

戈⑦ 【戚】 겨레 척 厲

丿 厂 厂 厂 厂 戌 戚 戚 戚

고 ㊥qī ㊐セキ(いたむ) ㊣relative
字源 형성자. 본래 도끼류의 무기를 뜻하였다. 戊(월)은 의미 부분이고, 尗(숙)은 발음 부분이다.
字解 ①겨레, 친족(척) ¶戚屬(척속) ②슬퍼할(척) 능慽 ¶休戚(휴척) ③도끼(척)

【戚屬 척속】성이 다른 겨레붙이.
【外戚 외척】①외가(外家) 쪽의 친척. ②성이 다른 친척.
【姻戚 인척】혈연관계가 없으나 혼인으로 맺어진 친족. 婚戚(혼척).
【親戚 친척】①친족과 외척. ②가까운 척분(戚分). '고종·이종' 따위.
【休戚 휴척】편안함과 근심스러움.

戈⑧ 【戟】 창 극 厲

명 ㊥jǐ ㊐ゲキ(ほこ) ㊣spear
字解 ①창(극) ※날이 두 가닥인 것. ②찌를 (극)

【刺戟 자극】①어떤 반응이나 작용이 일어나게 함. ②흥분시키는 일.

戈⑧ 【戛】 戛(364)의 俗字

戈⑨ 【戡】 칠 감 覃

명 ㊥kān ㊐カン ㊣subdue
字解 ①칠(감) ②죽일(감)

【戡定 감정】전쟁에 이겨 난리를 평정(平定)함.
【戡殄 감진】모조리 죽여 멸망시킴.

戈⑨ 【戦】 戰(365)의 俗字

戈⑨ 【戢】 거둘 즙 緝

㊥jí ㊐シュウ(おさめる) ㊣gather
字解 ①거둘, 병기 모을(즙) ②그칠, 그만둘(즙)

【戢翼 즙익】새가 날개를 접음. '벼슬을 그만두고 은거함'의 비유.

戈⑩ 【截】 끊을 절 屑

명 ㊥jié ㊐セツ(たつ) ㊣sever
字解 끊을, 동강 낼(절)
【截斷 절단】자름. 끊어 버림.
【截長補短 절장보단】긴 것을 끊어 짧은 것에 보탬. '장점으로 결점을 보충함'의 뜻.
【截取 절취】도려냄. 잘라 냄.

戈⑪ 【戮】 죽일 륙 屋

명 ㊥lù ㊐リク(ころす) ㊣kill
字解 ①죽일(륙) ¶殺戮(살륙) 욕보일(륙) ¶戮辱(육욕) ③합할, 모을(륙) ¶戮力(육력)

【戮力 육력】서로 힘을 합함.
【戮屍 육시】이미 죽은 사람의 목을 벰, 또는 그 형벌.
【戮辱 육욕】치욕, 또는 욕보임.
【屠戮 도륙】무참하게 마구 죽임.
【殺戮 살륙→살육】사람을 마구 죽임.

戈⑫ 【戰】 싸울 전 ᄢ 戰战

丷 ㅂ ㅂ ㅂ 單 單 戰 戰 戰

명 ㊥zhàn ㊐セン(たたかう) ㊣fight
字源 형성 겸 회의자. 戈(과)는 의미 부분이고, 單(단)은 발음 부분이다. 單은 사냥 도구의 일종이므로, 의미 부분도 겸한다.
字解 ①싸울, 싸움(전) ¶戰爭(전쟁) ②두려워할, 떨(전) ¶戰慄(전율)

【戰亂 전란】전쟁으로 인한 난리.
【戰死 전사】싸움터에서 싸우다 죽음. 戰歿(전몰).
【戰線 전선】전쟁터의 최일선.
【戰術 전술】전쟁·경쟁 등에서 이기기 위한 수단이나 방법.
【戰列 전열】전투하는 부대의 대열.
【戰雲 전운】전쟁이 일어나려는 험악한 형세(形勢).
【戰慄 전율】두려워서 벌벌 떪.

【戰爭 전쟁】 나라 간의 싸움.
【戰戰兢兢 전전긍긍】 몹시 두려워하여 벌벌 떨면서 조심함.
【戰鬪 전투】 무력(武力)으로 직접 맞붙어 싸움.
【戰況 전황】 전쟁의 상황.
【奮戰 분전】 힘을 다하여 싸움.
【接戰 접전】 ①서로 맞붙어 싸움. ②승부가 쉽게 나지 않는 싸움.
【血戰 혈전】 매우 격렬한 싸움.

戈 12 ⑯ 【戲】 ❶희롱할 희 [寘] ❷탄식할 호 [虞] [본] 戲 [간] 戏 戱

虍 虍 虍 虍 虍 虛 戲 戲

[고] ㊥xì ㊐ギ(たわむれる) ㊇play
[字源] 형성자. 戈(과)는 의미 부분이고, 虛(허)는 발음 부분이다.
[字解] ❶①희롱할, 놀(희) ¶ 戲謔(희학) ②연극, 놀이(희) ¶ 戲曲(희곡) ❷탄식할(호) ¶ 於戲(오호)
【戲曲 희곡】 ①인물의 대사와 행동으로 표현되는 문학 작품. ②상연을 목적으로 쓰여진 연극의 대본.
【戲弄 희롱】 말이나 행동으로 실없이 놀리는 일.
【戲作 희작】 장난삼아 지음, 또는 그 작품.
【戲謔 희학】 실없는 농지거리.
【戲畫 희화】 장난삼아 그린 그림, 또는 익살스러운 그림.
【遊戲 유희】 일정한 방법에 의하여 재미있게 노는 놀이.
【於戲 오호】 감탄하거나 탄미(歎美)할 때 내는 소리. 於呼(오호).

戈 13 ⑰ 【戴】 일 대 [隊] 戴

[명] ㊥dài ㊐タイ(いただく) ㊇wear
[字解] ①일(대) ¶ 戴冠(대관) ②받들(대) ¶ 推戴(추대)
【戴冠 대관】 관을 씀.
【男負女戴 남부여대】 남자는 지고 여자는 임. '피난민이 이리저리 떠돌아다님'을 이름.
【不俱戴天 불구대천】 함께 한 하늘을 이고 살 수 없음. '원한이 깊이 사무친 원수'를 이름.
【推戴 추대】 윗사람으로 떠받듦.

戈 13 ⑰ 【戲】 戲(366)의 本字

4 戶 部

戶 0 ④ 【戶】 지게 호 [麌] 7

一 厂 戶 戶

[중] ㊥hù ㊐コ(と) ㊇door
[字源] 상형자. 문(門)의 한 쪽을 그린 것이다.
[字解] ①지게(호) ※외짝문. ¶ 門戶(문호) ②집(호) ¶ 戶籍(호적)
【戶口 호구】 호수(戶數)와 식구.
【戶別 호별】 집마다. 每戶(매호).
【戶數 호수】 집의 수효.
【戶籍 호적】 호수(戶數) 및 인구(人口)를 기록한 장부.
【戶主 호주】 한 집안의 주인이 되는 사람.
【門戶 문호】 ①집으로 출입하는 문. ②대대로 이어 오는 집안의 지체.

戶 4 ⑧ 【戾】 어그러질 려 [霽] 戾

[명] ㊥lì ㊐レイ(もとる) ㊇be against
[字解] ①어그러질(려) ②돌려줄(려)
【返戾 반려】 받거나 빌린 것을 도로 돌려줌. 返還(반환).
【悖戾 패려】 말이나 행동이 어긋나고 사나움.

戶 4 ⑧ 【房】 방 방 [陽] 房

一 厂 戶 戶 戶 戶 房 房

[중] ㊥fáng ㊐ボウ(ふさ) ㊇room
[字源] 형성자. 戶(호)는 의미 부분이고, 方(방)은 발음 부분이다.
[字解] ①방(방) ②별 이름(방) ※이십팔수(二十八宿)의 하나.
【房事 방사】 남녀가 잠자리하는 일.

4 획

【房貰 방세】 남의 집 방에 세를 들고 내는 돈.
【暖房 난방】 방을 덥게 함. 또는 덥게 한 방. ↔煖房(난방).
【獨房 독방】 ①혼자서 쓰는 방. ②한 사람만 수용하는 방.
【僧房 승방】 여승(女僧)들만 거처하며 수도하는 절.
【廚房 주방】 음식을 만들거나 차리는 방. 부엌.

戶 4 (8) 【所】 바 소

명 中suǒ 日ショ(ところ) 英thing
字源 회의자. 戶(호)는 門(문)의 한 쪽이므로 '집'을 상징하고, 斤(근)은 도끼를 그린 상형자로 '일을 한다'는 뜻이다. '所'는 '사람(벌목공)이 사는 곳'을 의미한다.
字解 ①바, 것(소) ¶所感(소감) ②곳, 처소(소) ¶所在(소재)

【所感 소감】 느낀 바, 또는 느낀 생각. 感想(감상).
【所見 소견】 사물을 보고 가지는 생각이나 의견.
【所得 소득】 일의 결과로 얻는 것.
【所聞 소문】 사람의 입에 오르내리며 전해 오는 말.
【所屬 소속】 어떤 기관·단체에 딸림. 또는 그 사람.
【所信 소신】 자기가 믿는 바.
【所願 소원】 원하는 바. 바람.
【所謂 소위】 이른바.
【所有 소유】 자기 것으로 가짐. 또는 그 물건.
【所在 소재】 있는 곳. 있는 지점.
【所出 소출】 논밭에서 생산되는 곡식. 또는 그 곡식의 양.
【住所 주소】 ①살고 있는 곳. ②생활의 근거를 둔 곳.
【處所 처소】 거처하는 곳.

戶 5 (9) 【肩】 빗장 경

명 中jiōng 日ケイ 英crossbar
字解 빗장, 문빗장(경)
【肩扉 경비】 ①문. ②문을 잠금.
【肩鐍 경쇄】 자물쇠.

戶 5 (9) 【扁】 ❶치우칠 편 ❷현판 편 ❸변 변

명 中biǎn 日ヘン 英lean to
字解 ❶①치우칠(편) ②거룻배(편) ¶扁舟(편주) ②①현판(편) ¶扁額(편액) ②넓적할(편) ¶扁平(편평)

【扁桃腺 편도선】 사람 목구멍 안쪽에 있는, 복숭아 모양의 림프 조직.
【扁旁 편방】 한자(漢字)의 편과 방. 偏傍(편방).
📖 한자를 좌우로 나누어 볼 때, '扁'은 왼쪽 부분을, '旁'은 오른쪽 부분을 가리킴.
【扁額 편액】 방 안·대청·문 위 따위에 거는 현판(懸板). 扁題(편제).
【扁舟 편주】 작은 배. 片舟(편주).
【扁平 편평】 넓고 평평함.

'扁'이 붙은 한자
偏 치우칠(편)   遍 두루(편)
褊 좁을(편)   篇 책(편)
編 엮을(편)   翩 펄럭일(편)
騙 속일(편)

戶 6 (10) 【扇】 부채 선

명 中shàn, shān 日セン(おうぎ) 英fan
字解 부채, 부채질할(선)
【扇錘 선추】 부채 고리에 매다는 장식품. 扇貂(선초).
【扇風機 선풍기】 전기의 힘으로 바람을 일으키는 기계 장치.
【扇形 선형】 부채같이 생긴 모양.
【秋扇 추선】 가을철의 부채. '쓸모없이 된 물건이나 버림받은 여인'의 비유. 秋風扇(추풍선).

戶 7 (11) 【扈】 뒤따를 호

명 中hù 日コ 英follow
字解 ①뒤따를(호) ¶扈從(호종) ②설칠, 날뛸(호) ¶跋扈(발호)
【扈駕 호가】 임금이 타는 수레를 뒤따라감.
【扈從 호종】 임금의 행차를 모시어 따

라감, 또는 그 사람.
【跋扈 발호】제멋대로 날뜀.

戶 8 ⑫ 【扉】 문짝 비

᠆ ᠆ ᠆ ᠆ ᠆ ᠆

음 ㊥fēi ㊐ヒ(とびら) ㊍door
字解 문짝, 사립문(비)
【柴扉 시비】 나뭇가지를 엮어서 만든 문짝을 단 문. 사립문.

4 手 部

手 ⓪ ④ 【手】 손 수 ㊂

᠆ ᠆ ᠆ ᠆ 手

음 ㊥shǒu ㊐シュ(て) ㊍hand
字源 상형자. 사람의 손을 그린 것이다.
字解 ①손(수) ¶ 手足(수족) ②스스로, 몸소(수) ¶ 手記(수기) ③재주, 수단(수) ¶ 手法(수법) ④사람(수) ¶ 名手(명수)
【手巾 수건】 얼굴·몸을 닦는 천.
【手工 수공】 손으로 하는 공예.
【手記 수기】 자기의 체험을 손수 적음, 또는 그 기록.
【手段 수단】 ①목적을 달성하기 위한 방법. ②일을 처리하는 꾀나 솜씨.
【手當 수당】 정한 급료 이외에 주는 보수.
【手配 수배】 범인을 잡으려고 수사망을 펴는 일.
【手法 수법】 일을 꾸며 내는 방법이나 수단.
【手續 수속】 일을 행하는 절차.
【手數料 수수료】 어떤 일을 맡아 처리해 준 데 대한 보수.
【手腕 수완】 일을 처리해 나가는 재간.
【手製 수제】 손으로 만듦, 또는 손으로 만든 물건.
【手足 수족】 ①손과 발. ②손발과 같이 요긴하게 부리는 사람.
【手話 수화】 손짓으로 하는 말.
【旗手 기수】 ①행렬 등의 앞에서 기를 드는 사람. ②'단체 활동의 대표로서 앞장서는 사람'의 비유.
【名手 명수】 어떤 일에 훌륭한 소질과 솜씨가 있는 사람.
【着手 착수】 일을 시작함.
참고 변에 쓰일 때는 글자 모양이 '扌'으로 된다. ▷扌部(256)

手 ④ ⑧ 【承】 이을 승

᠆ 了 子 手 手 承 承 承

음 ㊥chéng ㊐ショウ(うける) ㊍inherit
字源 회의자. 갑골문·금문을 보면 '卪'으로, 두 손(収(수))으로 한 사람(卪(절))을 떠받치고 있는 모습으로, '받들다'의 뜻을 나타낸다.
字解 ①이을(승) ¶ 繼承(계승) ②받을(승) ¶ 承恩(승은) ③받들(승) ¶ 承命(승명)
【承諾 승낙】 승인하여 허락함.
【承命 승명】 임금이나 웃어른의 명령을 받듦.
【承服 승복】 납득하여 좇음.
【承恩 승은】 신하가 임금에게서 특별한 은혜를 받음.
【承認 승인】 옳다고 인정하여 허락함.
【承重 승중】 제사를 받드는 중한 책임을 이음, 또는 그 사람.
 소종(小宗)의 사람이 대종가(大宗家)를 잇는 경우나 아버지를 일찍 여의고 조부(祖父)의 상속자가 된 경우에 해당함.
【承平 승평】 대대로 평화로운 치세(治世)가 계속되는 일. 통昇平(승평).
【繼承 계승】 조상이나 전임자의 뒤를 이어받음. 承繼(승계).
【奉承 봉승】 뜻을 이어받음.
【傳承 전승】 계통을 대대로 전하여 이어 감.

手 ⑤ ⑨ 【拏】 图 拿(369)의 本字

手 ⑤ ⑨ 【拜】 절 배 ㊅

᠆ ᠆ ᠆ 手 手 手 扩 拝 拜

음 ㊥bài ㊐ハイ(おがむ) ㊍bow
字源 회의자. 두 손(手(수))을 땅

〔一〕에 대고 절을 한다는 뜻이다.
字解 ①절, 절할(배) ¶拜禮(배례) ②삼갈(배) ※경의를 표하는 말. ¶拜見(배견) ③받을(배) ¶拜命(배명)

【拜見 배견】 ①삼가 만나 뵘. ②남의 글이나 작품 등을 공손하게 봄.
【拜金 배금】 돈을 매우 소중히 여김.
【拜禮 배례】 신불에게 절을 함.
【拜命 배명】 ①삼가 명령을 받음. ②관직을 받음. 拜官(배관).
【拜上 배상】 삼가 올림. 삼가 올림. 흔히, 편지 글 끝에 씀.
【拜謁 배알】 삼가 만나 뵘.
【歲拜 세배】 섣달그믐이나 정초에 웃어른께 하는 인사.
【崇拜 숭배】 우러러 받듦.
【參拜 참배】 ①신·부처에게 예배함. ②무덤·기념탑 앞에서 절하고 기림.

【挙】 擧(370)의 俗字

【拳】 주먹 권
⊞quán ⊕ケン(こぶし) ㊌fist
字源 형성자. 手(수)는 의미 부분이고, 龹(권)은 발음 부분이다.
字解 주먹, 주먹 쥘(권)

【拳銃 권총】 한 손으로 다룰 수 있는 작은 총.
【拳鬪 권투】 주먹으로 서로 때려서 승부(勝負)를 결정하는 운동 경기.
【鐵拳 철권】 강철과 같이 굳센 주먹.

【拿】 잡을 나 본 拏
ná ⊕ダ, ナ(とらえる) ㊌arrest
字解 잡을, 붙잡을(나)

【拿入 나입】 죄인을 강제로 잡아 옴.
【拿捕 나포】 죄인이나 적선(敵船) 따위를 붙잡음.

【挐】 붙잡을 나
ná ⊕ダ ㊌arrest

字解 붙잡을(나)

【挈】 이끌 설
⊞qiè ⊕ケツ(ひっさげる) ㊌lead
字解 ①이끌(설) ②손에 들(설)

【挈家 설가】 온 가족을 이끌고 감.

【掌】 손바닥 장
⊞zhǎng ⊕ショウ ㊌palm
字源 형성자. 手(수)는 의미 부분이고, 尙(상)은 발음 부분이다.
字解 ①손바닥(장) ¶掌握(장악) ②맡을, 주관할(장) ¶管掌(관장)

【掌握 장악】 손에 쥠. 손에 넣음.
【掌中寶玉 장중보옥】 손 안에 든 보배로운 옥. '가장 사랑스럽고 소중한 것'을 이름.
【孤掌難鳴 고장난명】 외손뼉은 울리기 어려움. '혼자서는 일을 이루지 못함'의 비유.
【管掌 관장】 일을 맡아서 주관함.
【分掌 분장】 일을 나누어 맡음.
【合掌 합장】 부처에게 절할 때 공경하는 마음으로 두 손바닥을 합침.

【掣】 ❶끌 체 / ❷당길 철
⊞chè ⊕セイ ㊌draw
字解 ❶끌(체) ❷당길(철)

【掣曳 체예】 끌어당겨 방해함.
【掣肘 철주】 남의 팔꿈치를 당김. '간섭하여 마음대로 못하게 함'의 뜻.

【搴】 뽑을 건
⊞qiān ⊕ケン(とる) ㊌pluck out
字解 ①뽑을, 빼낼(건) ②걷어 올릴(건)

【搴旗 건기】 싸움에 이겨 적의 기를 빼앗음.
【搴帷 건유】 드리워 놓은 휘장을 걷어 올림.

手部 11획

【摩】 문지를 마

명 ⊕mó ⊕マ(する) ⊕rub
字解 ①문지를, 갈(마) ¶摩擦(마찰) ②닿을(마) ¶摩天樓(마천루) ③어루만질(마) ¶撫摩(무마)

【摩擦 마찰】 ①무엇에 대고 문지름. ②뜻이 맞지 않아서 옥신각신함.
【摩天樓 마천루】 하늘에 닿을 듯이 높은 건물.
【撫摩 무마】 어루만져 위로함.
【按摩 안마】 손으로 몸을 두드리거나 주물러서 피로가 풀리게 하는 일.

【摹】 본뜰 모

명 ⊕mó ⊕ボ ⊕imitate
字解 본뜰, 베낄(모) =摸
【摹本 모본】 ①원본(原本)을 베낀 책. ②글씨의 본보기로 삼은 책.
【摹印 모인】 소전(小篆)이 조금 변화된 자형(字形)으로, 옥새(玉璽)나 도장에 쓰던 글씨체.

【摯】 지극할 지

명 ⊕zhì ⊕シ ⊕sincere
字解 ①지극할, 도타울(지) ②잡을(지)
【摯拘 지구】 잡음. 잡아 구속함.
【眞摯 진지】 참되고 착실함.

【擊】 칠 격

고 ⊕jī ⊕ゲキ(うつ) ⊕attack
字解 형성자. 手(수)는 의미 부분이고, 毄(격)은 발음 부분이다.
字解 ①칠(격) ¶擊退(격퇴) ②마주칠(격) ¶目擊(목격) ③다스릴, 계도할(격) ¶擊蒙(격몽)
【擊滅 격멸】 쳐서 멸망시킴.
【擊蒙 격몽】 무지(無知)한 어린이를 가르쳐 깨우침.
【擊墜 격추】 날아가는 물체를 쏘아 떨어뜨림.
【擊沈 격침】 배를 공격하여 가라앉힘.
【擊退 격퇴】 적을 쳐서 물리침.
【擊破 격파】 쳐서 부숨.
【攻擊 공격】 ①적을 침. ②상대편을 수세에 몰아넣고 강하게 밀어붙임.
【目擊 목격】 직접 제 눈으로 봄.
【襲擊 습격】 갑자기 적을 들이침.

【擎】 들 경

명 ⊕qíng ⊕ケイ ⊕lift up
字解 ①들(경) ②떠받칠(경)
【擎劍 경검】 검을 높이 치켜듦.
【擎天 경천】 하늘을 떠받듦. '나무가 높이 솟음'을 이름.

【擘】 엄지손가락 벽

명 ⊕bò ⊕ハク(さく) ⊕thumb
字解 엄지손가락, 으뜸(벽)
【巨擘 거벽】 학식이 뛰어난 사람.

【擧】 들 거

중 ⊕jǔ ⊕キョ(あげる) ⊕lift
字解 형성 겸 회의자. 手(수)는 의미 부분이고, 與(여)는 발음 부분이다. 與는 본래 두 손으로 서로 받들어서 주는 모습이므로 의미 부분의 역할도 담당한다.
字解 ①들(거) ¶擧手(거수) ②일으킬(거) ¶擧事(거사) ③온통, 다(거) ¶擧國(거국) ④가려 뽑을(거) ¶選擧(선거) ⑤행동(거) ¶擧動(거동) ⑥시험(거) ¶科擧(과거)
【擧皆 거개】 거의 모두. 대부분.
【擧國 거국】 온 나라. 국민 전부.
【擧動 거동】 ①몸을 움직이는 행동이나 태도. ②임금의 행차. 거둥.
【擧論 거론】 어떤 일을 들어 논제(論題)로 삼음.
【擧名 거명】 어떤 사람의 이름을 들어 말함.
【擧兵 거병】 군사를 일으킴.
【擧事 거사】 일을 일으킴.
【擧手 거수】 손을 위로 듦.
【擧行 거행】 ①행사나 의식을 정한 대로 행함. ②명령에 따라 시행함.

【檢擧 검거】 법령이나 질서를 위반한 사람을 수사 기관에서 잡아들임.
【科擧 과거】 이전에, 벼슬아치를 뽑기 위해 보이던 시험.
【選擧 선거】 많은 사람 가운데서 적당한 사람을 대표로 뽑아냄.
【列擧 열거】 하나씩 들어 말함.
【快擧 쾌거】 가슴이 후련할 정도로 장한 일.

手 14 【攬】 圖 攬(283)과 同字
18

手 15 【攀】 더위잡을 반 圊
19

음 ⓗpān ⓙハン(よじる) ⓔclimb up
字解 ①더위잡을(반) ②매달릴(반)
【攀桂 반계】 계수나무를 더위잡음. '과거에 급제함'을 이름.
【登攀 등반】 높은 곳에 오름.

手 19 【攣】 ❶걸릴 련 圂
23 ❷오그라질 련 圂

음 ⓗluán ⓙレン(ひく) ⓔcontinue
字解 ❶①걸릴, 이어질(련) ②쥘날(련) ❷오그라질(련)
【痙攣 경련】 근육이 발작적으로 수축(收縮)하는 현상.

4 支 部

支 0 【支】 지탱할 지 囡
4

一 十 ナ 支

음 ⓗzhī ⓙシ(ささえる) ⓔsupport
字源 회의자. 본래 대나무의 가지를 친다는 뜻으로, 손[又(우)]으로 대나무의 반쪽(个(개))을 잡고 있는 모습이다. 대나무의 가지를 쳐서 장대를 만들고 그것으로 물건을 지탱하므로, '지탱하다'·'지지하다'라는 뜻이 나왔다.

字解 ①지탱할(지) ¶支持(지지) ②가를, 갈릴(지) ¶支流(지류) ③줄, 치를(지) ¶支拂(지불) ④지지(지) ¶十二支(십이지)
【支流 지류】 원줄기에서 갈려 흐르는 물줄기.
【支離滅裂 지리멸렬】 갈가리 흩어지고 찢기어 갈피를 잡을 수 없게 됨.
【支配 지배】 거느려 부림. 다스림.
【支拂 지불】 돈을 치러 줌.
【支援 지원】 지지하여 응원함.
【支障 지장】 일을 하는 데 거치적거리는 장애.
【支柱 지주】 버팀대. 받침대.
【支持 지지】 ①버티거나 굄. ②찬동하여 응원함, 또는 그 원조.
【支出 지출】 금품을 치러 줌.
【支撐 지탱】 버티어 배겨 냄.
【收支 수지】 수입과 지출.
【十二支 십이지】 60갑자의 아랫부분을 이루는 요소. 자(子)·축(丑)·인(寅)·묘(卯)·진(辰)·사(巳)·오(午)·미(未)·신(申)·유(酉)·술(戌)·해(亥). 地支(지지).
【依支 의지】 다른 것에 몸을 기댐.

'支'가 붙은 한자
伎 재주 (기)   妓 기생 (기)
岐 가닥 나뉠(기) 技 재주 (기)
歧 두 갈래 (기) 跂 발돋움할(기)
枝 가지 (지)   肢 사지 (지)

支 12 【馶】 바를 리 囩
16

음 ⓗlì ⓙリ ⓔstraight
字解 바를, 반듯할(리)

4 支 部

支 0 【攴】 칠 복 圉
4

ⓗpū ⓙボク(うつ) ⓔtap
字解 형성자. 又(우)는 의미 부분이고, 卜(복)은 발음 부분이다. 攴부

에 속하는 글자는 대부분 '손으로 무엇을 하다'라는 뜻과 관계있다.
字解 칠, 때릴(복)
참고 방(傍)에 쓰일 때는 글자 모양이 '攵'으로 되기도 한다. ☞攵部(372)

攴 7획 ⑪ 【敍】 명 叙(101)의 本字

攴 10획 ⑭ 【敲】 두드릴 고 叩

拷

명 ㊥qiāo ㊐コウ(たたく) ㊤knock
字解 두드릴, 가볍게 칠(고)
【敲門 고문】문을 톡톡 두드림.
【推敲 퇴고】글을 지을 때 자구(字句)를 다듬어 고치는 일. 참推(272)

攴 16획 ⑳ 【斅】 가르칠 효 效

斆

명 ㊥xiào ㊐コウ ㊤teach
字解 가르칠, 깨우칠(효)
【斅學相長 효학상장】가르치는 일과 배우는 일은 서로 도움이 됨. 教學相長(교학상장).

4 攵 部

攵 0획 ④ 【攵】 등글월문

참고 '攴'이 방에 쓰일 때의 글자 모양으로, 여기서는 별도의 부수로 다루었다. ☞攴部(371)

攵 2획 ⑥ 【攷】 명 考(481)의 古字

攵 2획 ⑥ 【收】 거둘 수 収

収収

丨 ㄐ ㄐ ㄣ 收 收

명 ㊥shōu ㊐シュウ(おさめる) ㊤gather
字源 형성자. 攵(복)은 의미 부분이고, 丩(구)는 발음 부분이다.
字解 ①거둘(수) ¶收集(수집) ②

잡을(수) ¶收監(수감)
【收監 수감】잡아서 가둠.
【收斂 수렴】①생각·주장 등을 한군데로 모음. ②돈·물건·세금 따위를 거두어들임.
【收錄 수록】모아서 기록함.
【收買 수매】거두어 사들임.
【收復 수복】잃었던 땅을 되찾음.
【收拾 수습】①어수선하고 흩어진 물건을 거두어 정돈함. ②어지러운 정신이나 사태를 바로잡음.
【收容 수용】사람이나 물품 따위를 일정한 곳에 거두어 넣어 둠.
【收益 수익】얻어들인 이익.
【收入 수입】돈·물건을 거두어들이는 일. 또는 그 돈이나 물건.
【收集 수집】거두어 모음.
【收縮 수축】줄거나 오그라듦.
【收奪 수탈】재물 따위를 빼앗음.
【收穫 수확】곡식 따위를 거두어들임.
【沒收 몰수】부당하게 얻은 것을 법에 의하여 강제로 거두어들임.
【徵收 징수】세금·수수료 따위를 법에 의하여 강제로 거두어들임.
【秋收 추수】가을걷이.

攵 3획 ⑦ 【改】 고칠 개 攺

改

フ コ 己 己 改 改 改

명 ㊥gǎi ㊐カイ(あらためる) ㊤improve
字源 회의 겸 형성자. 攵(복)과 己(기)는 모두 의미 부분인데, 己는 발음도 담당한다.
字解 고칠, 바꿀(개)
【改過遷善 개과천선】잘못을 고치어 착하게 됨. 改過自新(개과자신).
【改良 개량】좋도록 고침.
【改善 개선】잘못을 고쳐 좋게 함.
【改惡 개악】고쳐서 더 나빠짐.
【改悛 개전】잘못을 뉘우치고 마음을 바르게 고쳐먹음.
【改定 개정】고치어 다시 정함.
【改訂 개정】고치어 정정함.
【改編 개편】①책 따위를 고쳐 엮음. ②조직 따위를 고쳐 편성함.
【改憲 개헌】헌법을 고침.
【改革 개혁】새롭게 뜯어 고침.

攻 칠 공 囲

攵3(7)

一 T I I' 功 功 攻

- 고 ⊕gōng ⊕コウ(せめる) ⊛attack
- **字源** 형성자. 攴(복)은 의미 부분이고, 工(공)은 발음 부분이다.
- **字解** ①칠(공) ¶攻擊(공격) ②닦을, 다듬을(공) ¶專攻(전공)

【攻擊 공격】①적을 침. ②상대편을 수세에 몰아넣고 강하게 밀어붙임.
【攻略 공략】공격하여 빼앗음.
【攻駁 공박】남의 잘못에 대하여 따지고 논박함.
【攻防 공방】공격과 방어.
【攻勢 공세】공격하는 태세나 세력.
【速攻 속공】재빨리 공격함.
【專攻 전공】전문적으로 연구함.
【侵攻 침공】남의 나라에 쳐들어감.

攸 바 유 囝

攵3(7)

- 명 ⊕yōu ⊕ユウ(ところ) ⊛thing
- **字解** ①바(유) ※ '所(소)'와 같은 뜻으로 쓰임. ②자득할, 태연할(유)

【攸然 유연】침착하고 여유 있는 모양.
【攸好德 유호덕】좋아하는 바는 덕. 덕을 좋아하며 즐겨 덕을 행하려고 하는 일.

放 놓을 방

攵4(8)

' 亠 亍 方 方' 方' 放 放

- 종 ⊕fàng ⊕ホウ(はなす) ⊛release
- **字源** 형성자. 攴(복)은 의미 부분이고, 方(방)은 발음 부분이다.
- **字解** ①놓을, 풀어 줄(방) ¶放免(방면) ②내쫓을(방) ¶追放(추방) ③멋대로 할, 방자할(방) ¶放蕩(방탕) ④내버려둘(방) ¶放置(방치)

【放談 방담】생각나는 대로 거리낌 없이 마구 말함.
【放免 방면】피의자(被疑者)나 재소자(在所者)를 풀어 줌.
【放牧 방목】가축을 놓아 기름.
【放心 방심】마음을 놓아 버림.
【放任 방임】간섭하지 않고 내버려 둠.
【放恣 방자】꺼리거나 삼가는 태도가 없이 교만스러움. 放肆(방사).
【放縱 방종】멋대로 행동함.
【放置 방치】내버려 둠.
【放蕩 방탕】방자함. 제멋대로임.
【釋放 석방】잡혀 있는 사람을 용서하여 놓아줌.
【追放 추방】쫓아냄.
【解放 해방】풀어놓아 자유롭게 함.

政 政(373)의 本字

攵4(8)

故 연고 고 囲

攵5(9)

一 十 古 古 古' 古' 故 故

- 종 ⊕gù ⊕コ(ゆえ) ⊛reason
- **字源** 형성자. 攴(복)은 의미 부분이고, 古(고)는 발음 부분이다.
- **字解** ①연고, 까닭(고) ¶無故(무고) ②옛, 오래될(고) ¶故事(고사) ③죽을(고) ¶故人(고인) ④짐짓(고) ¶故意(고의) ⑤일, 사고(고) ¶變故(변고)

【故事 고사】옛날부터 전해 오는 내력 있는 일, 또는 그것을 나타낸 어구.
【故意 고의】일부러 하려는 뜻.
【故人 고인】죽은 사람.
【故障 고장】기계 따위에 생긴 이상.
【故鄕 고향】①태어나 자란 고장. ②조상 때부터 대대로 살아온 곳.
【無故 무고】①아무런 까닭이 없음. ②아무 사고 없이 편안함.
【變故 변고】괴이쩍은 사고.
【事故 사고】뜻밖에 일어난 사건.
【緣故 연고】①까닭. 이유. ②혈연·정분 등에 의한 특별한 관계.

敃 강할 민

攵5(9)

- 명 ⊕mǐn ⊕ビン ⊛strong
- **字解** ①강할(민) ②힘쓸(민)

政 정사 정 본

攵5(9)

一 T T 下 正 正' 正' 政 政

- 종 ⊕zhèng ⊕セイ(まつりごと) ⊛politics

字源 회의 겸 형성자. 攴(복)과 正(정)은 모두 의미 부분인데, 正은 발음도 담당한다. 두들겨서〔攴〕 바르게〔正〕 한다는 뜻이다.
字解 ①정사(정) ②다스릴(정)
【政見 정견】정치상의 의견.
【政局 정국】정치계의 형편.
【政黨 정당】정견(政見)이 같은 사람들끼리 모인, 정치 권력에의 참여를 목적으로 하는 단체.
【政略 정략】①정치상의 책략. ②목적을 이루기 위한 방략(方略).
【政變 정변】불법적인 수단으로 정권(政權)이 바뀌는 일.
【政府 정부】국가 통치권을 행사하는 기관의 총칭.
【政事 정사】정치에 관한 일.
【政策 정책】정치에 관한 방침이나 그것을 이루기 위한 수단.
【政治 정치】나라를 다스리는 일.
【國政 국정】나라의 정사.
【內政 내정】국내의 정치.
【攝政 섭정】임금을 대신하여 정치함, 또는 그 사람.

攴6획 【效】⑩ 본받을 효 俗 効 効

음 ㊥xiào ㊐コウ(きく) ㊤imitate
字源 형성자. 攴(복)은 의미 부분이고, 交(교)는 발음 부분이다.
字解 ①본받을(효) ¶效顰(효빈) ②힘쓸, 다할(효) ¶效死(효사) ③효험, 보람(효) ¶效果(효과)
【效果 효과】①보람. ②좋은 결과.
【效能 효능】효험을 나타내는 것.
【效顰 효빈】찡그림을 본받음. '분수를 모르고 함부로 남의 흉내를 냄'을 이름.

故事 월(越)나라의 미녀(美女) 서시(西施)가 가슴앓이로 눈살을 찌푸리는 것을 보고 이웃의 추녀(醜女)가 그것을 본뜨니, 보는 사람들이 모두 달아났다는 고사에서 온 말.

【效死 효사】①죽을 힘을 다함. ②목숨을 바침.
【效用 효용】①쓸모. 용도. ②효험(效驗).
【效率 효율】들인 힘에 대하여 실지로 유효하게 쓰인 분량의 비율.
【效驗 효험】일의 좋은 보람.
【藥效 약효】약의 효력. 藥力(약력).
【特效 특효】특별한 효험이나 효과.

攴7획 【教】⑪ 가르칠 교 俗 教 教

음 ㊥jiào ㊐キョウ(おしえる) ㊤teach
字源 회의 겸 형성자. 손에 회초리를 잡고〔攴(복)〕 아이〔子(자)〕에게 爻(효)를 가르친다는 뜻이다. 爻는 발음도 담당한다.
字解 ①가르칠, 깨우칠(교) ¶教訓(교훈) ②종교(교) ¶教理(교리)
【教理 교리】종교상의 이치나 원리.
【教範 교범】모범으로 삼아 가르치는 법식(法式).
【教唆 교사】못된 일을 하도록 남을 부추김.
【教授 교수】①학문 또는 기예(技藝)를 가르침. ②대학에서 학문(學問)을 가르치는 사람.
【教育 교육】①가르쳐 기름. ②지식을 넓혀 주며 품성을 길러 줌.
【教鞭 교편】학생을 가르칠 때 교사가 쓰는 회초리.
【教會 교회】①같은 종교인의 집단. ②기독교 신자가 모이거나 예배하는 회당(會堂).
【教訓 교훈】가르치고 깨우침.
【殉教 순교】종교(宗教)를 위해 목숨을 바침.
【宗教 종교】초인간적 대상을 믿어 평안·행복 등을 얻으려는 신앙.
【胎教 태교】임부(妊婦)가 품행을 바르게 하여 태아에게 좋은 감화를 미치도록 하는 일.

攴7획 【教】⑪ 图 教(374)의 俗字

攴11획 【救】⑪ 구원할 구 首

음 ㊥jiù ㊐キュウ(すくう) ㊤save

攵部 8획

字源 형성자. 攴(복)은 의미 부분이고, 求(구)는 발음 부분이다.
字解 ①구원할, 건질(구) ②도울(구)

【救國 구국】 나라를 위기에서 구함.
【救急 구급】 위급한 처지에 빠진 사람을 구함.
【救命 구명】 사람의 목숨을 구함.
【救援 구원】 위험이나 어려운 고비에서 구하여 줌.
【救濟 구제】 어려운 사람을 도와 건짐. 救助(구조).
【救出 구출】 구출하는 처지에서 구해 냄.
【救護 구호】 도와서 보호함.
【自救 자구】 스스로 자신을 구제함.

攵7
⑪ 【敏】 민첩할 민

ㅡ ㄷ 亇 亇 每 每 毎 敏 敏

고 ⊕mǐn ⊕ビン(さとい) 英quick
字源 형성자. 攴(복)은 의미 부분이고, 每(매)는 발음 부분이다.
字解 ①민첩할(민) ¶ 敏腕(민완) ②예민할(민) ¶ 敏感(민감) ③총명할(민) ¶ 英敏(영민)

【敏感 민감】 예민한 감각, 또는 감각이 예민함.
【敏腕 민완】 민첩한 수완(手腕).
【敏捷 민첩】 재빠르고 날램.
【過敏 과민】 지나치게 예민함.
【英敏 영민】 매우 현명함.
【銳敏 예민】 감각이 날카롭고 빠름.

攵7
⑪ 【敖】 ❶거만할 오 ❷놀 오

명 ⊕áo ⊕ゴウ(あそぶ) 英arrogant
字解 ①①거만할(오) ≒傲 ❷놀릴(오) ❷놀, 노닐(오)

【敖蔑 오멸】 거만하게 남을 멸시함.
【敖遊 오유】 실컷 놂.

'敖' 가 붙은 한자
傲 거만할(오)   熬 볶을(오)
葵 개(오)   遨 놀(오)
謷 듣지 않을(오)   鼇 자라(오)

攵7
⑪ 【敕】 勅(82)과 同字

攵7
⑪ 【敗】 패할 패

丨 冂 冃 目 貝 貝 貝 貝 敗 敗

중 ⊕bài ⊕ハイ(やぶれる) 英be defeated
字源 회의 겸 형성자. 손에 막대기를 쥐고[攴(복)] 조개[貝(패)]를 두들기는 모습으로, '부수다'·'망가뜨리다' 등의 뜻을 나타낸다. 攴과 貝는 모두 의미 부분인데, 貝는 발음도 담당한다.
字解 ①패할, 질(패) ¶ 敗北(패배) ②깨뜨릴, 무너뜨릴(패) ¶ 敗德(패덕) ③썩을(패) ¶ 腐敗(부패)

【敗家亡身 패가망신】 가산(家産)을 다 써 없애고 몸을 망침.
【敗德 패덕】 덕의(德義)를 그르침.
【敗亡 패망】 ①전쟁에서 져서 망함. ②싸움에 져서 죽음.
【敗北 패배】 싸움에서 짐.
【敗色 패색】 싸움에 질 조짐.
【敗訴 패소】 재판에 짐.
【敗走 패주】 싸움에서 져서 달아남.
【腐敗 부패】 썩어서 못 쓰게 됨.
【憤敗 분패】 이길 수 있는 싸움을 분하게 짐.
【惜敗 석패】 아깝게 짐.

攵8
⑫ 【敢】 감히 감

ㅜ ㅗ 千 斉 耳 耳 斬 敢 敢

중 ⊕gǎn ⊕カン(あえて) 英daringly
字源 회의 겸 형성자. 두 손으로 무엇을 다투어 입[廿(감)]에 넣는 모습이다. 廿은 입[口(구)]에 무엇을 물고 있는 모습의 지사자로, 여기서는 발음도 담당한다.
字解 ①감히, 함부로(감) ¶ 焉敢(언감) ②용감할(감) ¶ 敢行(감행)

【敢鬪 감투】 용감하게 싸움.
【敢行 감행】 어려움을 무릅쓰고 용감하게 행함.
【果敢 과감】 과단성이 있고 용감함.
【勇敢 용감】 씩씩하고 두려움이 없으

敦 도타울 돈

훈 ㉠dūn ㉰トン ㉱cordial
字源 형성자. 敦은 소전 '敦'의 예서체이다. 攴(복)은 의미 부분이고, 䭅(순)은 발음 부분이다.
字解 ①도타울(돈) ②정성(돈)
【敦篤 돈독】 인정이 도타움.
【敦睦 돈목】 정이 도탑고 화목함.

散 흩을 산

훈 ㉠sǎn, sàn ㉰サン ㉱disperse
字源 형성자. 금문(金文)에서는 '散'으로 썼는데, 竹(죽)과 攴(복)이 의미 부분이고 月(월)이 발음 부분인 회의 겸 형성자이다. 소전에서는 '散'으로 썼는데, 肉은 의미 부분이고 나머지는 발음 부분이다. 散은 이 글자의 예서체이다.
字解 ①흩을, 흩어질(산) ¶散漫(산만) ②한가로울(산) ¶散策(산책) ③가루, 분말(산) ¶散藥(산약)
【散漫 산만】 흩어져 어수선함.
【散文 산문】 글자의 수나 운율에 구애됨이 없이 자유롭게 쓰는 보통의 문장. 줄글.
【散髮 산발】 머리를 풀어헤침.
【散藥 산약】 가루약.
【散佚 산일】 흩어져 없어짐. (통)散軼(산일)·散逸(산일).
【散在 산재】 여기저기 흩어져 있음.
【散策 산책】 가벼운 기분으로 한가로이 이리저리 거닒. 散步(산보).
【散華 산화】 ①꽃이 짐. ②전쟁에서 죽음.
【散會 산회】 모임을 마치고 흩어짐.
【分散 분산】 갈라져 흩어짐.
【閑散 한산】 한가(閑暇)하고 쓸쓸함.

敞 드러날 창

명 ㉠chǎng ㉰ショウ ㉱appear
字解 ①드러날(창) ②높을(창)
【高敞 고창】 지세가 높고 평평하여 앞이 탁 트임.

敝 해질 폐

훈 ㉠bì ㉰ハイ(やぶれる) ㉱worn-out
字解 ①해질(폐) ②낮출(폐)≒弊
※자기에 관한 것을 낮추는 말.
【敝履 폐리】 헌 신.
【敝衣破冠 폐의파관】 해진 옷과 부서진 갓. '구차한 차림새'를 이름.

敬 공경할 경

훈 ㉠jìng ㉰ケイ(うやまう) ㉱respect
字源 회의자. 攴(복)과 苟(구)는 모두 의미 부분이다. 일설에는 警(경계할 경) 자의 원시 형태로 보고 있다. 즉 苟 자는 본래 개가 귀를 쫑긋 세우고 앉아 있는 모습을 그린 상형자로, 개를 이용해 경비를 선다는 뜻을 나타낸다고 한다.
字解 공경할, 삼갈(경)
【敬虔 경건】 공경하는 마음으로 삼가며 조심성이 있음.
【敬禮 경례】 공경의 뜻을 나타내는 일.
【敬老 경로】 노인을 공경함.
【敬畏 경외】 공경하고 어려워함.
【敬遠 경원】 겉으로는 존경하는 체하면서 내심 멀리함.
【敬意 경의】 공경하는 마음이나 뜻.
【敬天愛人 경천애인】 하늘을 공경하고 사람을 사랑함.
【敬稱 경칭】 상대에 대한 경의를 나타내는 말.
【恭敬 공경】 남을 대할 때 몸가짐을 공손히 하고 존경함.
【尊敬 존경】 높여 공경함.

数 數(377)의 俗字

敭 揚(273)의 古字

攵部 13획

攵11/⑮ 【敷】 펼 부 逵

명 ⊕fū ⊕フ(しく) 英lay
字解 펼, 베풀(부)
【敷設 부설】 철도·교량·지뢰(地雷) 따위를 설치함.
【敷衍 부연】 덧붙여 설명(說明)함.
【敷地 부지】 집·길 등을 짓거나 만드는 데 쓰이는 땅.

攵11/⑮ 【數】
❶ 셀 수 麌
❷ 수 수 遇
❸ 자주 삭 쪽간
❹ 촘촘할 촉 沃

핔 吕 冒 婁 婁 婁 數 數 數

쥥 ⊕shǔ, shuò
⊕スウ(かぞえる) 英count
字源 형성자. 攴(복)은 의미 부분이고, 婁(루)는 발음 부분이다.
字解 ❶①셀, 계산할(수) ②헤아릴(수) ❷①수(수) ※양을 헤아릴 때의 칭호. ¶數式(수식) ②약간, 두서너(수) ¶數次(수차) ③운명, 운수(수) ¶命數(명수) ④꾀(수) ¶術數(술수) ❸자주(삭) ¶數數(삭삭) ❹촘촘할(촉) ¶數罟(촉고)
【數式 수식】 수나 양을 나타내는 숫자나 문자를 계산 기호로 쓴 식.
【數次 수차】 두서너 차례. 몇 차례.
【數爻 수효】 사물의 낱낱의 수.
【數數 삭삭】 자주. 여러 번.
【數罟 촉고】 눈을 촘촘하게 떠서 만든 그물.
【命數 명수】 ①타고난 목숨. ②운명(運命)과 재수(財數).
【頻數 빈삭】 매우 잦음. 頻繁(빈번).
【術數 술수】 꾀. 術策(술책).
【運數 운수】 인간의 힘을 초월한 천운(天運)과 기수(氣數). 運氣(운기).
참고 '삭'음도 인명용으로 지정됨.

攵11/⑮ 【敵】 대적할 적 쯍간錫

ー 宀 古 咅 商 敵 敵 敵

쥥 ⊕dí ⊕テキ(かたき) 英oppose
字源 형성자. 攴(복)은 의미 부분이고, 啇(적)은 발음 부분이다.
字解 ①대적할, 맞설(적) ¶敵手(적수) ②원수, 적(적) ¶敵陣(적진)
【敵國 적국】 적대 관계에 있는 나라.
【敵手 적수】 서로 대적할 만한 상대.
【敵情 적정】 적의 형편.
【敵陣 적진】 적의 진영(陣營).
【對敵 대적】 서로 맞서 겨룸.
【宿敵 숙적】 오래 전부터의 원수 또는 적수(敵手).
【匹敵 필적】 재주·힘 등이 엇비슷하여 서로 견줄 만함.

攵12/⑯ 【敾】 사람 이름 선 國

字解 사람 이름(선)

攵12/⑯ 【整】 가지런할 정 梗

ー 市 束 敕 敕 整 整 整

고 ⊕zhěng ⊕セイ(ととのえる) 英even
字源 회의 겸 형성자. 束(속)·攴(복)·正(정)은 모두 의미 부분인데, 正은 발음 부분이기도 하다.
字解 ①가지런할, 정돈할(정) ②新 꼭(정) ※우수리가 없다는 뜻으로, 돈의 액수 아래에 씀.
【整頓 정돈】 가지런히 바로잡음.
【整列 정렬】 가지런히 벌여 섬.
【整理 정리】 어수선하거나 어지러운 것을 바로잡음.
【整備 정비】 가다듬어 바로 갖춤.
【整形 정형】 모양을 바로잡음.
【端整 단정】 깔끔하고 가지런함.
【調整 조정】 알맞게 조절(調節)하여 정돈함.

攵13/⑰ 【斂】 거둘 렴 琰간

명 ⊕liǎn ⊕レン(おさめる) 英gather
字解 ①거둘, 모을(렴) ¶斂襟(염금) ②감출(렴) ¶斂跡(염적) ③염할(렴) ≒殮

【斂襟 염금】삼가 옷깃을 여밈.
【斂跡 염적】①종적을 감춤. ②어떤 일에서 발을 뺌. 통斂迹(염적).
【收斂 수렴】생각·주장 등을 한군데로 모음.
【出斂 출렴→추렴】여러 사람이 돈이나 물품을 나누어 냄.

攵14
⑱ 【斃】죽을 폐 ㉖

명 ㊥bì ㊐ヘイ(たおれる) ㊤die
字解 죽을, 쓰러질(폐)
【斃死 폐사】쓰러져 죽음.

4 文 部

文0 ④ 【文】❶글월 문 ❷자자할 문

㉖ ㊥wén ㊐ブン, モン(ふみ) ㊤sentence
字源 상형자. 어떤 무늬를 그린 것이다. 여러 선을 겹쳐 놓은 모습을 하거나 그 안에 무슨 무늬를 넣은 형태를 그린 것이다.
字解 ❶①글월, 문장(문) ¶文脈(문맥) ②글자(문) ¶文盲(문맹) ③문서, 기록(문) ¶文獻(문헌) ④무늬, 채색(문) ¶文彩(문채) ⑤圆문(문) ※신발의 치수를 나타내는 단위. 1文은 약 2.4cm. ❷자자할(문) ¶文身(문신)

【文壇 문단】문인(文人)들의 사회.
【文脈 문맥】문장의 맥락(脈絡).
【文盲 문맹】글자를 읽지 못함, 또는 그런 사람. 까막눈이.
【文武 문무】①문관(文官)과 무관(武官) ②문화적인 면과 군사적인 면.
【文物 문물】학문·예술·종교 따위의 문화의 산물.
【文書 문서】글로써 어떤 내용을 적어 표시한 것의 총칭.
【文身 문신】살갗을 바늘로 찔러 먹물을 넣음, 또는 그렇게 만든 몸. 刺文(자문).
【文案 문안】문서나 문장의 초안.
【文樣 문양】무늬.
【文藝 문예】①문학과 예술. ②학문과 기예.
【文字 문자】①글자. ②글귀.
【文章 문장】글자로 어떤 뜻을 조리있게 적어 나타낸 것.
【文彩 문채】①무늬. ②문장의 아름다운 광채. 통文采(문채).
【文體 문체】문장의 양식이나 특색.
【文筆 문필】①글과 글씨. ②글을 짓거나 쓰는 일.
【文學 문학】인간의 사상·감정 등을 언어와 문자로써 표현한 예술 작품의 총칭. '시·소설·희곡'따위.
【文獻 문헌】전거(典據)나 참고 자료가 될 만한 기록이나 책.
【文豪 문호】뛰어나고 이름 높은 문학가. 文雄(문웅).
【碑文 비문】비석(碑石)에 새긴 글.
【作文 작문】글을 지음.

'文'이 붙은 한자
吝 인색할(린)	汶 더럽힐(문)
炆 따뜻할(문)	紋 무늬(문)
紊 어지러울(문)	蚊 모기(문)
旻 하늘(민)	旼 온화할(민)
玟 옥돌(민)	砇 옥돌(민)
忞 마음 다잡을(민)	

文4 ⑧ 【斉】齊(838)의 俗字

文7 ⑪ 【斎】齋(838)의 俗字

文8 ⑫ 【斑】얼룩질 반 ㉖

명 ㊥bān ㊐ハン ㊤stain
字解 얼룩질, 얼룩(반)
【斑白 반백】희끗희끗하게 센 머리털, 또는 그런 사람. 통頒白(반백).
【斑點 반점】얼룩얼룩한 점. 얼룩.
【斑指 반지】한 짝으로 된 가락지.
참고 班(반: 485)은 딴 자.

斐

文8 【斐】 문채 날
⑫   비 尾
명 ㊗fěi ㊐ヒ ㊤florid
字解 문채 날, 아름다울(비)
【斐然 비연】 문채가 아름다운 모양.

文8 【斌】 빛날 빈
⑫   眞
명 ㊗bīn ㊐ヒン ㊤refined
字解 빛날, 문채 날(빈)＝彬
【斌斌 빈빈】 외양과 내용이 어우러져 조화된 모양. 彬彬(빈빈).

4 斗 部

斗0 【斗】 말 두 ㊃
④   有
丶 二 三 斗
음 ㊗dǒu ㊐ト ㊤measure
字源 상형자. 물건의 양을 잴 때 쓰던, 자루가 달린 용기를 그린 것이다.
字解 ①말(두) ※용량을 되는 기구 또는 단위. 10되(升). ¶斗斛(두곡) ②별 이름(두) ※이십팔수(二十八宿)의 하나. ¶斗牛(두우)
【斗斛 두곡】 ①곡식을 되는 말과 휘. ②되질하는 일.
【斗穀 두곡】 한 말 가량 되는 곡식.
【斗量 두량】 ①말로 됨, 또는 그 분량. ②일을 두루 헤아려 처리함.
【斗屋 두옥】 아주 작은 방이나 집.
【斗牛 두우】 북두성과 견우성.
【斗酒不辭 두주불사】 말술도 사양하지 않음. '주량이 매우 큼'의 뜻.
【泰斗 태두】 ①태산(泰山)과 북두성(北斗星). ②'어떤 방면에서 썩 권위가 있는 사람'의 비유.

斗6 【料】 헤아릴 료
⑩   蕭 嘯
丶 ㆍ ㆍ 二 半 米 米 料
음 ㊗liào ㊐リョウ（はかる）
㊤estimate

字源 회의자. 자루가 달린 용기인 斗(두)를 가지고 쌀(米(미))의 양을 되다라는 뜻이다. '헤아리다'·'세다'라는 뜻은 여기에서 나왔다.
字解 ①헤아릴, 셀(료) ¶思料(사료) ②다스릴(료) ¶料理(요리) ③거리, 감(료) ¶材料(재료) ④삯, 값(료) ¶料金(요금)
【料金 요금】 사물을 사용·관람하거나 남의 힘을 빌린 대가로 치르는 돈.
【料量 요량】 잘 헤아려 생각함.
【料理 요리】 ①일을 처리함. ②음식을 만듦, 또는 그 음식.
【給料 급료】 일을 한 보수로서 주어지는 돈. '일급·월급' 따위.
【無料 무료】 값을 받지 않음.
【思料 사료】 생각하여 헤아림.
【原料 원료】 물건을 만드는 데 바탕이 되는 재료.
【材料 재료】 ①물건을 만드는 감. ②일을 하거나 이루는 거리.

斗7 【斛】 휘 곡
⑪   木 屋
명 ㊗hú ㊐コク ㊤measure
字解 휘(곡) ※용량의 단위. 10말(斗).
【斛斗 곡두】 양을 되는 그릇의 총칭.
【斛量 곡량】 곡식을 휘로 되는 일.

斗7 【斜】 비낄 사
⑪   麻
丶 ㅅ ㅅ 午 余 余 斜 斜
관 ㊗xié ㊐シャ（ななめ）㊤inclined
字源 형성자. 斗(두)는 의미 부분이고, 余(여)는 발음 부분이다.
字解 비낄, 비스듬할(사)
【斜面 사면】 비탈. 경사진 면.
【斜線 사선】 비스듬하게 그은 줄.
【斜陽 사양】 ①서쪽으로 기울어진 해. ②'시세의 변천으로 사라지거나 몰락해 가는 일'의 비유.
【傾斜 경사】 ①비스듬히 기울어짐. ②비탈.

斗9 【斟】 술 따를 짐
⑬   侵
명 ㊗zhēn ㊐シン（くむ）㊤pour

字解 ①술 따름(짐) ②헤아릴(짐)
【斟酌 짐작】 ①술을 잔에 따름. ②사정이나 형편을 어림쳐 헤아림.
【斟酒 짐주】 술을 잔에 따름.

斗10(14) 【斡】 ❶돌 알 圜 ❷주관할 알 本간 圛

명 ⊕wò ⊕アツ(めぐる) ⊛go around
字解 ❶돌(알) ❷주관할(알)
【斡旋 알선】 ①돎, 돌림. ②남의 일을 잘 되도록 주선하여 줌.

4획 斤部

斤 0(4) 【斤】 날 근 囟

ノ 厂 F 斤

고 ⊕jīn ⊕キン(おの) ⊛edge
字源 상형자. 도끼를 그린 것이다.
字解 ①날(근) ※베거나 자르는 데 쓰는 기구의 얇고 날카로운 부분. ②도끼(근) ③근(근) ※무게의 단위. 1斤은 16냥(兩).

'斤'이 붙은 한자
劤 강할(근)   芹 미나리(근)
近 가까울(근) 圻 경기(기)
沂 물 이름(기) 祈 빌(기)
昕 아침(흔)   欣 기뻐할(흔)
炘 구울(흔)

斤 1(5) 【斥】 내칠 척 囿

ノ 厂 F 斤 斥

고 ⊕chì ⊕セキ(しりぞける) ⊛expel
字源 지사자. 도끼〔斤(근)〕의 날에 물체가 부서진 것〔丶〕을 표시한 것이다.

字解 ①내칠, 물리칠(척) ¶ 斥邪(척사) ②망볼, 엿볼(척) ¶ 斥候(척후)
【斥邪 척사】 ①요사스러운 것을 물리침. ②사교(邪敎)를 물리침.
【斥和 척화】 화의(和議)를 물리침.
【斥候 척후】 몰래 적의 형편을 정찰·탐색하는 일, 또는 그 군인.
【排斥 배척】 반대하여 물리침.

斤 4(8) 【斧】 도끼 부 圜

명 ⊕fǔ ⊕フ(おの) ⊛axe
字解 도끼, 도끼질할(부)
【斧柯 부가】 도끼 자루. '정권(政權)'의 비유.
【斧鉞 부월】 작은 도끼와 큰 도끼. 임금이 전장에 나가는 대장에게 주살(誅殺)을 허락하는 의미로 주던 것으로, '군기(軍器)·형구(刑戮)'을 의미함.
【鬼斧 귀부】 귀신(鬼神)의 도끼. '신기한 연장', 또는 '뛰어난 세공(細工)'의 비유.

斤 5(9) 【斫】 쪼갤 작 囊

명 ⊕zhuó ⊕シャク(きる) ⊛split
字解 쪼갤, 벨(작)
【斫刀 작도】 한약재나 풀·콩깍지·짚 따위를 써는 연장. 작두.
【斫木 작목】 베어 놓은 나무.
【長斫 장작】 통나무를 길쭉길쭉하게 잘라서 쪼갠 땔나무.

斤 7(11) 【斷】 斷(381)의 俗字

斤 7(11) 【斬】 벨 참 圅

명 ⊕zhǎn ⊕ザン(きる) ⊛behead
字解 ①벨(참) ②매우(참) ③상복(참) ※도련을 꿰매지 않은 상복.
【斬殺 참살】 베어 죽임.
【斬首 참수】 목을 베어 죽임.
【斬新 참신】 매우 새로움.
【斬衰 참최】 오복(五服)의 하나. 오복 가운데 가장 무거운 것으로, 아랫단을 꿰매지 않은 상복.

斤部 14획

斤 8 (12) 【斯】 이 사 因

一 # # 其 其 斯 斯 斯

㋣ ㊌sī ㊐シ(この) ㊄this
字源 회의자. 본래 도끼(斤(근))로 키(其(기)) 즉 箕(기)를 쪼갠다는 뜻이었으나 뒤에 '이것'이라는 뜻으로 가차되었다.
字解 이, 이것(사)

[斯界 사계] ①이 분야. ②이 사회.
[斯文 사문] ①이 학문. 이 도(道). '유교(儒敎)의 학문과 도의'를 이름. ②'유학자'의 존칭.
[斯文亂賊 사문난적] 유교에서 그 교리에 어긋난 언동(言動)을 하는 사람을 이르는 말.

斤 9 (13) 【新】 새 신 眞

亠 立 产 亲 亲 新 新 新

㋣ ㊌xīn ㊐シン(あたらしい) ㊄new
字源 회의 겸 형성자. 본래 도끼(斤(근))를 가지고 나무(木(목))를 한다는 뜻인데, 현재 이 뜻으로는 薪(신) 자를 쓴다. 立은 辛(신)의 생략형으로, 발음 부분이다.
字解 새, 새로울(신)

[新刊 신간] 책을 새로 간행함, 또는 그 책.
[新規 신규] ①새로 제정한 규정(規定). ②새롭게 어떤 일을 함.
[新年 신년] 새해.
[新綠 신록] 새로 나온 잎의 푸른 빛.
[新鮮 신선] ①새롭고 산뜻함. ②채소나 생선 따위가 싱싱함.
[新設 신설] 새로 설치함.
[新案 신안] 새로운 고안이나 제안.
[新銳 신예] 새로 나타나 만만찮은 실력을 보이는 존재.
[新陳代謝 신진대사] ①묵은 것이 없어지고 새것이 대신 생김. ②생물이 몸에 필요한 영양물을 섭취하고 노폐물을 배설하는 생리 작용.
[新春 신춘] ①새봄. ②새해.
[新築 신축] 새로 건축함.
[新婚 신혼] 갓 결혼함.
[最新 최신] 가장 새로움.
[革新 혁신] 고쳐 새롭게 함.

斤 10 (14) 【断】 斷(381)의 俗字

斤 10 (14) 【斲】 깎을 착 ㊊㊂ 屋

㊌zhuó ㊐タク(きる) ㊄chop
字解 깎을, 벨(착)

[斲木 착목] ①나무를 벰. ②딱따구리. 啄木鳥(탁목조).

斤 13 (17) 【㫁】 斷(381)의 俗字

斤 14 (18) 【斷】 ❶끊을 단 旱 ❷결단할 단 翰

㇒ 坴 坴 坴 斷 斷 斷

㋣ ㊌duàn ㊐ダン(たつ) ㊄cut off
字源 회의자. 斤(근)과 㡭(절)은 모두 의미 부분이다. 㡭는 絕(끊을 절) 자의 고자(古字)이다. 도끼(斤)로 실을 자른다(㡭)는 뜻이다.
字解 ❶끊을(단) ¶斷切(단절) ❷결단할(단) ¶斷定(단정)

[斷交 단교] ①교제를 끊음. 絕交(절교). ②국가 간의 외교 관계를 끊음.
[斷機之戒 단기지계] 학문을 중도에서 그만둠은 짜던 베를 끊어 버림과 같다는 훈계(訓戒). 孟母斷機(맹모단기).

故事 맹자(孟子)가 학문을 중단하고 집에 돌아오자, 그 어머니가 짜던 베를 끊음으로써 따끔히 훈계한 고사에서 온 말.

[斷念 단념] 생각을 끊음.
[斷續 단속] 끊겼다 이어졌다 함.
[斷食 단식] 일정 기간 동안 의도적으로 음식을 먹지 아니함.
[斷案 단안] 옳고 그름을 딱 잘라서 판단함, 또는 그 판단.
[斷言 단언] 딱 잘라서 말함.
[斷切 단절] 자름. 끊음. 斷截(단절).
[斷定 단정] 결단하여 정함.
[斷罪 단죄] 죄상(罪狀)에 대하여 판결을 내림.
[斷行 단행] 결단하여 실행함. 決行(결행).
[決斷 결단] 딱 잘라 단안을 내림.

【獨斷 독단】 자기 혼자 멋대로 결정함.

4 方 部

方 0 ④ 【方】 모 방 [陽]

丶 亠 亢 方

[중] [中]fāng [日]ホウ(かた) [英]square

[字源] **상형자.** 본래 쟁기〔耒(뢰)〕를 그린 것이었으나, 뒤에 '네모'·'방법' 등의 뜻으로 가차되었다.

[字解] ①모, 각(방) ¶ 方形(방형) ②방위, 방향(방) ¶ 四方(사방) ③곳, 장소(방) ¶ 近方(근방) ④방법(방) ¶ 方案(방안) ⑤바를(방) ¶ 方正(방정) ⑥바야흐로(방) ¶ 方今(방금)

【方今 방금】 바로 이제. 이제 막.
【方法 방법】 일정한 목적을 달성하려고 취하는 수단.
【方式 방식】 일정한 형식이나 방법.
【方案 방안】 일을 처리할 방법이나 방도에 관한 안(案). 計劃(계획).
【方言 방언】 각 지방의 언어, 또는 한 지방 특유의 말. 사투리.
【方位 방위】 동서남북을 기준으로 하여 정한 방향.
【方正 방정】 말이나 행동이 의젓하고 바름.
【方寸 방촌】 ①사방 한 치의 넓이. 얼마 안 되는 크기. ②마음.
【方針 방침】 사업이나 행동 방향의 지침(指針).
【方便 방편】 형편에 따라 일을 쉽게 처리할 수 있는 수단.

'方'이 붙은 한자

坊 동네(방) 妨 방해할(방)
彷 거닐(방) 防 막을(방)
房 방(방) 放 놓을(방)
昉 밝을(방) 枋 박달나무(방)
芳 꽃다울(방) 紡 자을(방)
肪 기름(방) 舫 쌍배(방)
訪 찾을(방) 髣 비슷할(방)

【方向 방향】 향하거나 나아가는 쪽.
【近方 근방】 가까운 곳.
【四方 사방】 동·서·남·북의 네 방향.
【處方 처방】 병의 증세에 따라 약재를 배합하는 방법.

方 4 ⑧ 【於】 ❶어조사 어 [魚] ❷탄식할 오 [虞]

丶 亠 亢 方 方 於 於 於

[중] [中]wū [日]オ(おいて) [英]in

[字源] 본래 烏(까마귀 오) 자의 이체자이다.

[字解] ❶어조사(어) ※ '…에, …에서, …보다' 등의 뜻을 나타냄. ❷탄식할(오) ※ 감탄하는 소리.

【於是乎 어시호】 이에 있어서. 이제야.
【於乎 오호】 감탄하는 소리.

方 5 ⑨ 【施】 베풀 시 [支]

亠 亢 方 方 扩 於 旃 施

[중] [中]shī [日]シ(ほどこす) [英]perform

[字源] **형성자.** 㫃(언)은 의미 부분이고, 也(야)는 발음 부분이다. 㫃은 깃발을 그린 상형자이다. 현재는 㫃부가 없어서 方부에 넣고 있다.

[字解] ①베풀(시) ¶ 施惠(시혜) ②행할(시) ¶ 施行(시행)

【施工 시공】 공사를 시행함.
【施賞 시상】 상을 줌.
【施設 시설】 도구·장치 따위를 베풀어 차리거나 설치한 구조물.
【施術 시술】 수술을 함.
【施政 시정】 국가의 정무를 시행함.
【施主 시주】 중이나 절에 물건을 베풀어 주는 일, 또는 그런 사람.
【施策 시책】 어떤 정책을 베풂, 또는 그 정책.
【施行 시행】 실제로 행함.
【施惠 시혜】 은혜를 베풂.
【實施 실시】 실제로 시행함.

方 6 ⑩ 【旂】 쌍룡 그린 기 기 [微]

[中]qí [日]キ

[字解] 쌍룡 그린 기(기)

【旅】 나그네 려

훈 ⊕lǚ ⊕リョ(たび) ⊛traveler
字源 회의자. 본래 군대 편제의 단위로서 군인 500명을 뜻하였다. 㫃(언)과 从(=從(종))은 모두 의미 부분이다. 㫃은 깃발을 그린 것이고, 从은 사람이 많다는 뜻이다.
字解 ①나그네(려) ¶旅愁(여수) ②여행할(려) ¶旅程(여정) ③군대(려) ¶旅團(여단) ④함께(려) ¶旅進旅退(여진여퇴)

【旅客 여객】 여행하는 사람. 나그네.
【旅館 여관】 여객을 묵게 하는 집.
【旅券 여권】 외국에 여행하는 사람의 신분·국적을 증명하는 문서.
【旅團 여단】 육군 부대 편성의 한 단위. 연대의 위, 사단의 아래.
【旅毒 여독】 여행으로 쌓인 피로.
【旅路 여로】 여행길.
【旅愁 여수】 나그네가 느끼는 시름.
【旅裝 여장】 여행하는 몸차림.
【旅程 여정】 ①나그네길. 路程(노정). ②여행의 일정(日程).
【旅進旅退 여진여퇴】 함께 나아가고 함께 물러섬. '일정한 주견이 없이 남이 하는 대로 행동함'을 이름.
【旅行 여행】 다른 고장이나 나라에 나다니는 일.

【旄】 ❶깃대 장식 모 ❷늙은이 모

⊕máo
字解 ❶깃대 장식(모) ※깃대 끝에 쇠꼬리나 새 깃을 늘어뜨린 장식. ❷늙은이(모)≒耄.
【旄倪 모예】 늙은이와 어린이.

【旁】 곁 방

명 ⊕páng ⊕ボウ(かたわら) ⊛side
字解 ①곁(방)≒傍 ②두루, 널리(방)
【旁求 방구】 두루 찾아서 구함.
【扁旁 편방】 한자의 편(扁)과 방(旁).

'旁'이 붙은 한자
傍 곁(방)   滂 물 흐를(방)
榜 방(방)   膀 방(방)
磅 돌 떨어질(방) 膀 오줌통(방)
謗 헐뜯을(방)

【旃】 자루 굽은 기 전

⊕zhān ⊕セン(はた)
字解 자루 굽은 기(전).
【旃旌 전정】 기(旗).
📖 '旃'은 무늬가 없는 붉은 비단기, '旌'은 오색 깃털을 기드림으로 단 기.

【旆】 기 패

⊕pèi ⊕ハイ(はた) ⊛flag
字解 기(패) ※검은 바탕에, 잡색(雜色)의 비단으로 그 가장자리를 꾸미고, 끝은 갈라져서 제비 꼬리처럼 된 기.
【酒旆 주패】 술집 표시로 세운 기.

【旋】 돌 선

□ ⊕xuán ⊕セン(めぐる) ⊛revolve
字源 회의자. 사람이 깃발(㫃(언)) 아래에서 빙글빙글 돌고 있다(疋(필))는 뜻이다. 㫃은 깃발이 휘날리는 것을 그린 상형자이고, 疋은 足(발 족)자와 같다.
字解 ①돌, 빙빙 돌(선) ¶旋回(선회) ②돌아올(선) ¶凱旋(개선)
【旋盤 선반】 금속 소재를 회전시켜 깎거나 파내거나 도려내는 공작 기계.
【旋風 선풍】 ①회오리바람. ②'돌발적으로 발생하여 사회에 큰 영향을 미칠 만한 사건'의 비유.
【旋回 선회】 둘레를 빙빙 돎.
【凱旋 개선】 싸움에 이기고 돌아옴.
【周旋 주선】 여러모로 두루 힘씀.

【旌】 기 정

명 ⊕jīng ⊕セイ(はた) ⊛banner

【字解】①기(정) ※깃대 끝을 깃털로 꾸민 기. ¶旌旗(정기) ②나타낼. 표창할(정) ¶旌門(정문)
【旌旗 정기】기(旗)의 총칭(總稱).
【旌閭 정려】충신·효자·열녀 등을, 그들이 살던 고장에 정문(旌門)을 세워서 표창하던 일.
【旌門 정문】①임금이 머무는 곳에 기를 세워서 표한 문. ②충신·열녀·효자 등을 표창하기 위하여 마을 어귀나 집 앞에 세운 붉은 문.
【銘旌 명정】붉은 천에 흰 글씨로, 죽은 사람의 관직이나 성명 따위를 쓴 조기(弔旗). 銘旗(명기).

方7 ⑪ 【族】 겨레 족   族

 ᅳ亠方方扩扩扩族族
 명 ⊕zú ⊕ゾク(やから) ⊛tribe
 字源 회의자. 깃발(㫃(언)) 아래에 화살(矢(시))이 있는 모습이다. 깃발은 사람이 많다는 것을 나타내고 화살은 무기 곧 전투를 의미하므로, '族'은 군대의 조직을 뜻한다. 옛날에는 한 씨족(氏族)이 하나의 전투 단위를 이루었다.
 字解 ①겨레(족) ¶民族(민족) ②일가. 친족(족) ¶族閥(족벌) ③동류. 무리(족) ¶魚族(어족)
【族閥 족벌】큰 세력을 가진 문벌의 일족(一族).
【族譜 족보】한 집안의 계통과 혈통 관계를 적어 놓은 책.
【族屬 족속】①겨레붙이. ②같은 동아리. 族黨(족당).
【滅族 멸족】한 가족이나 종족을 멸하여 없앰.
【民族 민족】인종적·지역적 기원이 같고, 문화의 전통과 역사적 운명을 같이하는 사람의 집단.
【魚族 어족】물고기의 종족.
【種族 종족】조상·언어·풍습이 같은 사회 집단.
【親族 친족】촌수가 가까운 겨레붙이.

方8 ⑫ 【㫋】 깃발 날릴 나   㫋

 명 ⊕nuò ⊕ダ
 字解 깃발 날릴. 깃발 바람에 날릴(나)

方9 ⑬ 【旒】 깃술 류   旒

 명 ⊕liú ⊕リュウ(はたあし) ⊛pennant
 字解 ①깃술(류) ②면류관 술(류)
【冕旒 면류】귀인이 쓰는 관 앞뒤에 드리워진 구슬 장식. 천자(天子)는 12줄, 제후(諸侯)는 9줄을 드리움.

方10 ⑭ 【旗】 기 기   旗

 ᅳ亠方方扩於旆旆旗
 고 ⊕qí ⊕キ(はた) ⊛flag
 字源 형성자. 㫃(깃발 언)은 의미 부분이고, 其(기)는 발음 부분이다. 현재는 㫃부가 없기 때문에 方부에 넣고 있다.
 字解 ①기(기) ②표식(기)
【旗手 기수】①행렬 등의 앞에서 기를 드는 사람. ②'단체 활동의 대표로서 앞장서는 사람'의 비유.
【旗幟 기치】①지난날, 군중(軍中)에서 쓰던 기(旗), 또는 기(旗)에 나타낸 표지. ②어떤 목적을 위하여 표명하는 주의나 주장.
【旗幅 기폭】깃발, 또는 깃발의 너비.
【國旗 국기】국가를 상징하는 기.
【反旗 반기】체제에 반항하는 뜻으로 내세운 기. ⊛叛旗(반기).
【白旗 백기】①흰 기. ②항복의 뜻으로 세우는 흰 기.

4 无 部

无0 ④ 【无】 없을 무   无

 명 ⊕wú ⊕ム(ない) ⊛nothing
 字源 상형자. 갑골문을 보면 '旡'으로, 사람이 꿇어앉아서 입을 벌린 채 고개를 뒤로 돌린 모습을 그린 것이다. 즉 트림을 하는 모습으로, 旣(이미 기) 자는 여기에서 나온 것이다.

字解 없을(무) ※無(469)의 古字.
참고 방에 쓰일 때는 글자 모양이 '旡'으로 된다.

无⁰₍₄₎ 【旡】 목멜 기 困
㊥jì ㊐キ ㊛choke
字解 목멜(기)

无⁵₍₉₎ 【旣】 旣(385)의 俗字

无⁷₍₁₁₎ 【既】 이미 기 困   旣 兓
冫白自自皀皀旣旣
图 ㊥jì ㊐キ(すでに) ㊛already
字源 회의자. 사람이 먹을 것이 가득 담긴 그릇(皀(흡))을 놓고, 고개를 돌리거나 돌아앉아 있는 모습(旡(기))을 나타낸다. 즉 음식을 다 먹었다는 뜻을 나타내는데, '이미'·'마치다' 등의 뜻은 여기에서 비롯된 것이다.
字解 이미(기)
【旣決 기결】 이미 결정됨.
【旣得 기득】 이미 얻어서 차지함.
【旣望 기망】 이미 보름(望)이 지남. '음력 열엿샛날'을 이름.
【旣成 기성】 사물이 이미 되어 있거나 만들어져 있음.
【旣往 기왕】 이미 지나간 때.
【旣存 기존】 이전부터 있음.
【旣婚 기혼】 이미 결혼함.

4 日 部

日⁰₍₄₎ 【日】 날 일 質   ㊐
丨冂冂日
图 ㊥rì ㊐ニチ, ジツ(ひ, か) ㊛day
字源 상형자. 해를 그린 것이다.
字解 ①날(일) ¶日課(일과) ②해, 태양(일) ¶日沒(일몰) ③낮(일) ¶日夜(일야)

【日課 일과】 날마다 일정하게 하는 일의 과정.
【日光 일광】 햇빛.
【日氣 일기】 날씨.
【日沒 일몰】 해가 짐. 해넘이.
【日暮道遠 일모도원】 날은 저물고 갈 길은 멂. '늙고 쇠약하여 앞일이 오래지 않음'을 이름.
【日常 일상】 날마다. 늘.
【日蝕 일식】 달이 태양과 지구 사이에 끼어서 일광을 가로막는 현상.
【日夜 일야】 낮과 밤. 晝夜(주야).
【日傭 일용】 날품팔이.
【日程 일정】 ①그날에 할 일, 또는 그 차례. ②그날 하루의 도정(道程).
【日誌 일지】 그날그날의 일의 기록을 적은 책.
【日就月將 일취월장】 날로 달로 자라고 발전함.
【忌日 기일】 사람의 죽은 날. 제삿날.
【翌日 익일】 이튿날. 다음날.
참고 曰(왈 : 399)은 딴 자.

日₁₍₅₎ 【旧】 ❶舊(677)의 俗字
❷臼(676)의 俗字

日₁₍₅₎ 【旦】 아침 단 翰   㫺
丨冂冃日旦
冱 ㊥dàn ㊐タン(あした) ㊛morning
字源 회의자. 해(日(일))가 땅(一)에서 막 솟아올랐다는 뜻으로, '새벽'·'이른 아침'을 뜻한다.
字解 아침, 날 샐(단)
【旦暮 단모】 ①아침과 저녁. 旦夕(단석). 朝夕(조석). ②늘. 언제나.
【元旦 원단】 ①설날. ②설날 아침.
【一旦 일단】 ①한번. 우선. ②잠깐.

> **'旦'이 붙은 한자**
> 但 다만(단)   袒 옷 벗어 멜(단)
> 靼 종족 이름(단) 妲 여자 이름(달)
> 怛 슬플(달)   疸 황달(달)
> 坦 평탄할(탄)

【旬】 열흘 순

丿勹勹勺旬旬

- 고 中xún 日ジュン 英ten days
- **字源** 회의자. 勹(포)와 日(일)은 모두 의미 부분이다. 勹는 包(쌀 포)자의 원시 형태이다.
- **字解** ①열흘(순) ¶旬刊(순간) ②십 년(순) ¶七旬(칠순) ③두루, 고루(순) ¶旬宣(순선)

[旬刊 순간] 열흘마다 간행함, 또는 그 간행물.
[旬宣 순선] 왕명(王命)을 두루 폄.
[上澣 상한] 초하루부터 초열흘까지의 동안. 上澣(상한). 初旬(초순).
[七旬 칠순] 나이 70세.

'旬'이 붙은 한자

徇 두루(순)	恂 진실할(순)
洵 미더울(순)	殉 따라 죽을(순)
珣 옥그릇(순)	荀 풀 이름(순)
筍 죽순(순)	詢 물을(순)

【旭】 아침 해 욱

- 명 中xù 日キョク(あさひ) 英rising sun
- **字解** ①아침 해(욱) ②해 돋을(욱)

[旭日昇天 욱일승천] 아침 해가 떠오름. '왕성한 기세나 세력'의 비유.

【早】 일찍 조

丨口曰旦早

- 중 中zǎo 日ソウ(はやい) 英early
- **字源** 회의자. 十과 日은 모두 의미 부분으로, 十은 甲의 생략형이다. 甲은 사람의 머리를 본뜬 글자인데, 해(日)가 그 위에 있으므로 '새벽'이라는 뜻이 된다.
- **字解** ①일찍, 이를(조) ¶早熟(조숙) ②새벽(조) ¶早晨(조신)

[早期 조기] 이른 시기.
[早老 조로] 빨리 늙음. 겉늙음.
[早晚間 조만간] ①머지않아. ②이르든지 늦든지 간에.
[早産 조산] 달이 차기 전에 아기를 낳음.
[早速 조속] 이르고도 빠름.
[早熟 조숙] ①곡식·과일 등이 일찍 익음. ②나이에 비해 어른스러움.
[早晨 조신] 새벽. 이른 새벽.
[早失父母 조실부모] 일찍이 어려서 부모를 여읨. 早喪父母(조상부모).
[早朝 조조] 이른 아침.
[早退 조퇴] 정해진 시각보다 일찍 돌아감.
[早婚 조혼] 결혼 적령기(適齡期)보다 일찍 결혼함.

【旨】 뜻 지

- 명 中zhǐ 日シ(むね) 英purpose
- **字解** ①뜻, 생각(지) ②맛있을(지)

[甘旨 감지] 맛 좋은 음식.
[論旨 논지] 의론의 요지.
[要旨 요지] 말·글 등의 중요한 뜻.
[趣旨 취지] 근본이 되는 뜻.

【旰】 늦을 간

- 中gàn 日カン 英late
- **字解** 늦을, 해 저물(간)

[旰食 간식] 늦게 식사함. 임금이 정무에 바빠서 끼니를 늦게 먹는 일.

【吳】 ❶햇빛 대 ❷클 영

- 명 中tái, yīng 日タイ 英sunshine
- **字解** ❶햇빛(대) ❷클(영)

【旴】 클 우

- 명 中xū 日ク 英large
- **字解** ①클(우) ②해 돋을(우)

【旱】 가물 한

丨口曰旦旦早旱

- 고 中hàn 日カン(ひでり) 英drought
- **字源** 형성자. 日(일)은 의미 부분이고, 干(간)은 발음 부분이다.

日 4획

字解 가물, 가뭄(한)
【旱魃 한발】①가뭄. ②가뭄을 맡고 있다는 귀신.
【旱災 한재】가뭄으로 인하여 생기는 재앙. 旱害(한해).

【昆】 맏 곤 元
명 中kūn 日コン(あに) 英eldest
字解 ①맏, 형(곤) ②뭇, 많을(곤) ③뒤, 후손(곤)
【昆季 곤계】형제. 昆弟(곤제).
【昆孫 곤손】육대손(六代孫).
【昆蟲 곤충】①많은 벌레. ②곤충류에 딸린 동물의 총칭.

【昑】 밝을 금 寢
명 中qǐn 日キン 英bright
字解 밝을, 환할(금)

【旽】 ❶밝을 돈 元
     ❷친밀할 준 問
명 ❶ 中tūn, zhùn 日トン, シュン 英bright
字解 ❶밝을, 동틀(돈)＝暾 ❷친밀할(준)

【明】 밝을 명 庚
丨 冂 日 日 旳 明 明 明
명 中míng 日メイ, ミョウ(あかるい) 英bright
字源 회의자, 회의 겸 형성자. 明 자는 두 가지 자형이 있다. 하나는 日(일)과 月(월)이 함께 있는 형태로서, 이는 달이 지기 전에 해가 이미 떠오른 상태를 나타낸 것으로 회의자이다. 다른 하나는 소전(小篆)의 冏(경)과 月이 합쳐진 형태로, '창문(冏)에 달빛이 비치니 밝다'라는 뜻을 나타내고 冏은 발음도 담당하는 회의 겸 형성자이다.
字解 ①밝을(명) ¶明暗(명암) ②밝힐(명) ¶證明(증명) ③분명할(명) ¶明析(명석) ④다음(명) ¶明日(명일) ⑤시력(명) ¶失明(실

명 ⑥명나라(명) ※ 주원장(朱元璋)이 원(元)나라를 멸하고 세운 왕조(1368～1622).
【明鏡止水 명경지수】맑은 거울과 고요한 물. '맑고 고요한 심경(心境)'의 비유.
【明年 명년】다음 해. 來年(내년).
【明堂 명당】좋은 묏자리나 집터.
【明瞭 명료】분명하고 똑똑함.
【明滅 명멸】켜졌다 꺼졌다 함.
【明晳 명석】생각이나 판단이 분명하고 똑똑함.
【明暗 명암】밝음과 어두움.
【明若觀火 명약관화】불빛을 보는 것과 같이 뚜렷함. '더 말할 나위 없이 명백함'을 이름.
【明日 명일】이튿날. 來日(내일).
【明確 명확】분명하고 확실함.
【分明 분명】흐리지 않고 또렷함.
【說明 설명】내용·이유 등을 알기 쉽게 말하여 밝힘.
【失明 실명】시력(視力)을 잃음.
【幽明 유명】저승과 이승.
【證明 증명】증거로써 밝힘.
【聰明 총명】영리하고 재주가 있음.

【旻】 하늘 민 眞
명 中mín 日ミン 英sky
字解 하늘, 가을 하늘(민)＝旼
【旻天 민천】①가을 하늘. ②뭇사람을 사랑으로 돌보아 주는 어진 하늘.

【旼】 온화할 민 眞
명 中mín 日ビン 英mild
字解 ①온화할(민) ②하늘(민)＝旻

【昉】 밝을 방 養
명 中fáng 日ホウ 英bright
字解 ①밝을(방) ②비로소(방)

【昐】 햇빛 분 囡
명 中fēn 日フン 英sunshine
字解 햇빛(분)

【昔】 예 석

一十廾廾昔昔昔昔

중 ㊥xī ㊐セキ(むかし) ㊀ancient
字源 회의자. 본래 '≋'와 日(일)로 이루어졌는데, '廾'는 '≋'의 변형이다. '≋'는 홍수를 뜻하는 것으로, 지난날의 홍수를 잊지 않고 있음을 나타낸다. '옛날'이라는 뜻은 여기에서 나왔다.
字解 ①예, 옛날(석) ②어제(석)
【昔年 석년】 ①옛날. 여러 해 전. ②지난해.
【昔人 석인】 옛사람. 古人(고인).
【今昔之感 금석지감】 지금과 예전의 차이가 심함을 보고 느끼는 감정.

【昇】 오를 승

丿ㄣ日日日早昇昇

고 ㊥shēng ㊐ショウ(のぼる) ㊀ascend
字源 형성자. 日(일)은 의미 부분이고, 升(승)은 발음 부분이다.
字解 오를, 올릴(승) ≒陞
【昇降 승강】 오르고 내림.
【昇格 승격】 격을 올림. 격이 높아짐.
【昇進 승진】 직위가 오름.
【昇天 승천】 ①하늘에 오름. ②죽음.
【昇平 승평】 세상이 조용하고 잘 다스려짐. ≒承平(승평).
【昇遐 승하】 먼 곳으로 오름. '임금의 죽음'을 이름. 崩御(붕어).
【上昇 상승】 위로 올라감.

【昂】 높을 앙

명 ㊥áng ㊐コウ(たかぶる) ㊀ligh
字解 ①높을(앙) ¶昂揚(앙양) ②오를, 값 오를(앙) ¶昂騰(앙등)
【昂貴 앙귀】 물가가 올라 비싸짐.
【昂騰 앙등】 물품이 달리고 값이 뛰어오름. 騰貴(등귀).
【昂揚 앙양】 정신이나 의욕 따위를 드높임.
【激昂 격앙】 감정이 격해짐. 몹시 흥분함.

【易】 ❶바꿀 역 ❷쉬울 이

丨丨冂曰日月号易易

중 ㊥yì ㊐エキ, イ(かわる, やさしい) ㊀exchange
字源 회의자. 갑골문에는 '⚇'으로 썼는데, 잔을 기울여 서로 술이나 물을 따라 주는 모습이다. 따라서 본래 '주다'라는 뜻이었는데, 뒤에 '바꾸다'라는 뜻으로 쓰이게 되었다. 현재의 자형은 잔의 한 쪽 부분만을 그린 '勿'에서 비롯된 것이다.
字解 ❶①바꿀, 바뀔(역) ¶貿易(무역) ②역학(역) ¶易數(역수)
❷쉬울, 편할(이) ¶容易(용이)
【易經 역경】 음양(陰陽)의 원리로 만물의 변화를 해석한 책. 周易(주역).
【易數 역수】 주역의 원리에 따라 길흉을 점치는 법.
【易地思之 역지사지】 처지를 바꾸어서 생각함.
【交易 교역】 서로 물건을 사고팔고 하여 바꿈.
【貿易 무역】 외국과 물건을 팔고 사거나 교환하는 상행위.
【簡易 간이】 간단하고 쉬움.
【安易 안이】 ①손쉬움. 어렵지 않음. ②적당히 처리하는 태도가 있음.
【容易 용이】 아주 쉬움. 수월함.
참고 '이'음도 인명용으로 지정됨.

【旿】 대낮 오

명 ㊥wǔ ㊐ゴ(まひる) ㊀noon
字解 ①대낮, 한낮(오) ②밝을(오)

【旺】 왕성할 왕

명 ㊥wàng ㊐オウ(さかん) ㊀prosperous
字解 왕성할(왕)
【旺盛 왕성】 잘되어 한창 성함.

【昀】 햇빛 윤

명 ㊥yún ㊐イン ㊀sunshine
字解 햇빛(윤)

【昌】 창성할 창

ㅣ 丨 冂 冃 日 昌 昌 昌

- 명 ㊥chāng ㊐ショウ(さかん) ㊤prosperous
- 字源 회의자. 두 개의 日(일) 자로 '밝다'라는 뜻을 나타낸다.
- 字解 창성할, 훌륭할(창)

【昌盛 창성】 한창 융성함.
【繁昌 번창】 한창 잘되어 성함. 번영(繁榮)함. 번성(번성).

【昃】 기울 측

- ㊥zè ㊐ソク(かたむく) ㊤decline
- 字解 기울, 해 기울어질(측)

【昃食 측식】 저녁밥. 晩食(만식).

【昊】 하늘 호

- 명 ㊥hào ㊐コウ ㊤sky
- 字解 ①하늘(호) ②여름 하늘(호)

【昊天 호천】 하늘. 여름 하늘.
【昊天罔極 호천망극】 하늘은 끝이 없음. '부모의 은혜가 크고 한이 없음'을 이름.

【昏】 어두울 혼

ㅣ 𠄌 𠂉 氏 氏 昏 昏 昏

- 고 ㊥hūn ㊐コン(くらい) ㊤dark
- 字源 회의자. 日(일)과 氏(씨)는 모두 의미 부분으로, 氏는 氐(저)의 생략형이다. 氐는 '아래'를 뜻한다.
- 字解 ①어두울(혼) ¶ 黃昏(황혼) ②어지러울(혼) ¶ 昏迷(혼미)

【昏迷 혼미】 ①사리에 어둡고 흐리멍덩함. ②마음이 어지러워 희미함.
【昏睡 혼수】 ①정신없이 잠이 듦. ②의식을 잃음.
【昏絶 혼절】 정신(精神)이 아찔하여 까무러침.
【昏定晨省 혼정신성】 저녁에 이부자리를 보고 아침에 자리를 살핌. '자식이 아침저녁으로 부모의 안부를 물어서 살핌'을 이름.
【黃昏 황혼】 해가 지고 어둑어둑할 무렵. 昏暮(혼모).

【昕】 아침 흔

- 명 ㊥xīn ㊐キン ㊤dawn
- 字解 아침, 해 돋을 무렵(흔)

【昵】 친근할 닐

- ㊥nì ㊐ジツ ㊤intimate
- 字解 친근할, 친숙할(닐)

【昵近 일근】 친하고 가까이함.

【昤】 햇빛 령

- 명 ㊥líng ㊐レイ ㊤sunshine
- 字解 햇빛, 햇살(령)

【昧】 어두울 매

- 명 ㊥mèi ㊐マイ(くらい) ㊤obscure
- 字解 ①어두울(매) ②어리석을(매)

【昧事 매사】 사리에 어두움.
【昧爽 매상】 먼동이 틀 무렵.
【蒙昧 몽매】 사리에 어둡고 어리석음.
【三昧 삼매】 하나의 대상에만 정신을 집중시켜 마음이 흔들리지 않는 경지. 삼매경(三昧境).
【曖昧 애매】 확실하지 못함.
【愚昧 우매】 어리석고 몽매함.

【昴】 별 이름 묘

- 명 ㊥mǎo ㊐ボウ ㊤Pleiades
- 字解 별 이름(묘) ※ 이십팔수(二十八宿)의 하나.

【昞】 밝을 병

- 명 ㊥bǐng ㊐ヘイ ㊤bright
- 字解 밝을, 환할(병)

【昺】 명 昞(389)과 同字

【星】 별 성

ㅣ 冂 冃 日 旦 早 星 星

- 명 ㊥xīng ㊐セイ, ショ(ほし) ㊤star

日部 5획

字源 형성자. 日(일)은 의미 부분이고, 生(생)은 발음 부분이다. 日은 여러 개의 별을 그린 글자[晶]의 생략형이다.

字解 ①별(성) ※뭇별, 또는 이십팔수(二十八宿)의 하나. ¶ 星辰(성신) ②세월(성) ¶ 星霜(성상)

【星霜 성상】'세월', 또는 '일 년 동안의 세월'을 이름.
📖 별은 1년에 하늘을 한 번 돌고, 서리는 1년에 한 철 내린다는 데서 온 말.
【星宿 성수】 모든 성좌(星座)의 별들.
【星辰 성신】 뭇별.
【星座 성좌】 별자리.
【彗星 혜성】 ①살별. 꼬리별. ②'갑자기 나타난 뛰어난 인물'의 비유.
【曉星 효성】 샛별.

【昭】 밝을 소
⑨ 木조
ㄇ ㄖ 日 日 日刀 日刀 昭 昭

고 ⊕zhāo ⊕ショウ(あきらか) ⊕bright
字源 형성자. 日(일)은 의미 부분이고, 召(소)는 발음 부분이다.
字解 밝을, 밝힐(소)
【昭明 소명】 사물(事物)에 밝음.
【昭詳 소상】 분명하고 자세함.
【昭應 소응】 감응이 뚜렷이 드러남.

【是】 이 시
⑨ 본 昰
ㄇ ㄖ 旦 早 早 是 是

중 ⊕shì ⊕セ(これ, この) ⊕this
字源 손[又(우)]으로 햇빛[日(일)]을 가리고 가는[止(지)] 모습이라는 회의자라는 설, 숟가락을 그린 것으로 匙(숟가락 시) 자의 원시 형태라는 설, 日(일)과 正(정)으로 이루어진 회의자라는 설 등이 있으나 아직 정설이 없다.
字解 ①이(시) ¶ 是日(시일) ②옳을(시) ¶ 是認(시인)
【是非 시비】 옳음과 그름.
【是非之心 시비지심】 사단(四端)의 하나로, 시비를 가릴 줄 아는 마음.
【是是非非 시시비비】 옳은 것은 옳고 그른 것은 그르다고 함. 사리를 공정하게 판단하는 일.
【是認 시인】 옳다고 인정함.
【是日 시일】 이날.
【是正 시정】 잘못된 것을 바로잡음.
【國是 국시】 국민 전체의 의사로 옳다고 결정된 국정의 기본 방침.
【或是 혹시】 ①만일에. ②어떠한 때에. 或時(혹시).

> '是'가 붙은 한자
> 禔 복(시)   匙 숟가락(시)
> 寔 이(식)   湜 물 맑을(식)
> 堤 방죽(제)   提 끌(제)
> 瑅 옥 이름(제)   醍 맑은 술(제)
> 鞮 가죽신(제)   題 제목(제)

【昂】
⑨ 昂(388)의 俗字

【昜】
⑨ 陽(345)과 同字

【映】 비칠 영
⑨ 暎
ㄇ ㄖ 日 日 旷 肿 映 映

고 ⊕yìng ⊕エイ(うつる) ⊕reflect
字源 형성자. 日(일)은 의미 부분이고, 央(앙)은 발음 부분이다.
字解 비칠, 비출(영)
【映寫 영사】 영화 필름·슬라이드 따위를 영사막에 비춤.
【映像 영상】 광선의 굴절이나 반사에 따라 비추어지는 물체의 모습.
【映畫 영화】 촬영한 필름을 영사막에 비추어, 모습이나 움직임을 실제와 같이 재현해 보이는 것.
【反映 반영】 ①반사하여 비침. ②어떤 영향이 다른 것에 미쳐 나타남.
【放映 방영】 텔레비전으로 방송함.
【上映 상영】 영화를 관객에게 보임.

【昱】 밝을 욱
⑨
명 ⊕yù ⊕イク ⊕bright
字解 밝을, 빛날(욱)
【昱昱 욱욱】 태양이 밝게 빛나는 모양.

日 5 ⑨ 【昨】 어제 작 [藥]

ㄇ 月 日 日' 日' 昨 昨 昨

[중] [中]zuó [日]サク(きのう) [英]yesterday

[字源] 형성자. 日(일)은 의미 부분이고, 乍(사)는 발음 부분이다.

[字解] ①어제(작) ②옛날(작)

【昨今 작금】 어제와 오늘. 요즈음.
【昨年 작년】 지난해.
【昨日 작일】 어제.
【再昨年 재작년】 지지난해.

日 5 ⑨ 【昼】 晝(393)의 俗字

日 5 ⑨ 【昣】 밝을 진 [眕]

[명] [中]zhěn [日]シン [英]bright

[字解] 밝을(진)

日 5 ⑨ 【昶】 밝을 창 [養]

[명] [中]chǎng [日]チョウ [英]bright

[字解] ①밝을(창) ②해 길(창)

日 5 ⑨ 【春】 봄 춘 [眞]

一 二 三 夫 夫 春 春 春

[중] [中]chūn [日]シュン(はる) [英]spring

[字源] 회의 겸 형성자. 소전을 보면 日(일)과 艸(초), 屯(둔)으로 이루어졌다. 초목〔艸〕이 햇볕〔日〕을 받아 자라난다는 뜻이다. 屯은 발음 부분이다.

[字解] ①봄(춘) ¶ 春季(춘계) ②젊은 때(춘) ¶ 回春(회춘) ③남녀의 정(춘) ¶ 春心(춘심)

【春季 춘계】 봄철. 春期(춘기).
【春窮期 춘궁기】 봄철의, 농민이 몹시 살기 어려운 때. 보릿고개.
【春府丈 춘부장】 '남의 아버지'의 존칭. 春堂(춘당). [통]椿府丈(춘부장).
【春心 춘심】 ①봄철에 느끼는 정서. ②남녀 간의 정욕. 春情(춘정).
【春秋 춘추】 ①봄과 가을. ②'나이'의 높임말. ③세월. ④오경(五經)의 하나로, 공자(孔子)가 지은 노(魯)나라의 역사서.
【春秋筆法 춘추필법】 공자가 춘추(春秋)를 서술한 방법. 곧, 대의명분(大義名分)을 밝혀 세우는 사필(史筆)의 논법.
【思春期 사춘기】 다 자라서 이성(異性)에 관심을 가지게 되는 시절.
【立春 입춘】 이십사절기의 하나. 대한(大寒)과 우수(雨水) 사이로, 2월 4일경.
【青春 청춘】 ①봄. ②'20세 안팎의 젊은 나이'의 비유.
【回春 회춘】 ①봄이 다시 돌아옴. ②노인이 도로 젊어짐.

日 5 ⑨ 【昰】 ❶[명] 夏(152)의 古字 ❷是(390)의 本字

日 5 ⑨ 【昡】 햇빛 현 [霰]

[명] [中]xuàn [日]ケン [英]sunshine

[字解] ①햇빛(현) ②당혹할(현)

日 6 ⑩ 【晈】 皎(560)와 同字

日 6 ⑩ 【晒】 曬(399)와 同字

日 6 ⑩ 【時】 때 시 [支] [간] 时

ㄇ 日 日一 日十 日土 日土 時 時

[중] [中]shí [日]シ(とき) [英]time

[字源] 형성자. 日(일)은 의미 부분이고, 寺(사)는 발음 부분이다.

[字解] ①때, 철(시) ¶ 時節(시절) ②그때, 당시(시) ¶ 時事(시사) ③기회(시) ¶ 失時(실시) ④시(시) ※하루의 24분의 1을 한 시간으로 하는 단위. ¶ 時速(시속)

【時局 시국】 나라나 사회 안팎의 사정. 그때의 정세.
【時急 시급】 시간적으로 몹시 급함.
【時機尙早 시기상조】 때가 아직 이름.
【時代 시대】 역사적 특징으로 구분한 일정한 기간, 또는 어떤 길이를 지닌 연월(年月).

4획

【時流 시류】 그 시대의 풍조(風潮).
【時事 시사】 그때그때의 세상의 정세나 일어난 일.
【時勢 시세】 ①세상이 되어가는 형편. ②거래할 때의 가격. 時價(시가).
【時時刻刻 시시각각】 ①지나가는 시각. ②시각마다.
【時速 시속】 한 시간에 달리는 속도.
【時節 시절】 ①철. ②일생을 여럿으로 나누었을 때의 어느 한 동안.
【時點 시점】 시간의 흐름 위의 어떤 한 점.
【時限 시한】 어떤 일을 하는 데의 시간의 한계.
【失時 실시】 기회를 잃음.
【暫時 잠시】 잠깐 동안. 須臾(수유).

【晏】 늦을 안
명 ⊕yàn ⊕アン ⊕late
字解 ①늦을(안) ②편안할(안)

【晁】 명 朝(405)의 古字

【晉】 나라 이름 진
명 ⊕jìn ⊕シン(すすむ)
字解 나라 이름(진) ※㉠지금의 산시 성(山西省) 부근에 있던 주대(周代)의 제후국. ㉡사마염(司馬炎)이 위(魏)나라의 선양(禪讓)을 받아 세운 왕조(265~410).

【晋】 명 晉(392)의 俗字

【晃】 밝을 황
명 ⊕huǎng ⊕コウ(あきらか) ⊕dazzle
字解 밝을, 빛날(황)

【晄】 명 晃(392)과 同字

【昆】 후손 곤
⊕kūn ⊕コン ⊕descendant
字解 ①후손(곤) ②형(곤) 늑昆

【晩】 늦을 만
명 ⊕wǎn ⊕バン(おそい) ⊕late
字源 형성자. 日(일)은 의미 부분이고, 免(면)은 발음 부분이다.
字解 ①늦을(만) ¶晩秋(만추) ②저물(만) ¶晩鐘(만종)
【晩年 만년】 일생의 끝 시기.
【晩時之歎 만시지탄】 기회를 놓치고 때가 늦었음을 원통해하는 탄식.
【晩鐘 만종】 저녁 무렵에 절이나 교회에서 치는 종.
【晩餐 만찬】 잘 차려 낸 저녁 식사.
【晩秋 만추】 늦가을. 季秋(계추).
【晩學 만학】 나이가 들어서 공부를 시작함, 또는 그 사람.
【早晩間 조만간】 머지않아.

【晟】 밝을 성
명 ⊕shèng ⊕セイ ⊕bright
字解 ①밝을(성) ②성할(성)

【晠】 명 晟(392)과 同字

【晨】 새벽 신
고 ⊕chén ⊕シン(あした) ⊕daybreak
字源 형성자. 日(일)은 의미 부분이고, 辰(신·진)은 발음 부분이다.
字解 새벽, 이른 아침(신)
【晨鷄 신계】 새벽을 알리는 닭.
【晨星 신성】 새벽 하늘에 보이는 별.
【晨省 신성】 아침 일찍 부모의 침소에 가 밤 사이의 안부를 살핌.

【晤】 만날 오
명 ⊕wù ⊕ゴ ⊕meet
字解 ①만날(오) ②밝을(오)
【晤談 오담】 서로 만나 이야기함.

【晳】 밝을 절

명 ⊕zhé ⊕セツ, セイ ⊛bright
字解 밝을, 환할(절)

【晝】 낮 주

一 ㄱ ㅋ 聿 聿 書 畫 畫 畫

명 ⊕zhòu ⊕チュウ(ひる) ⊛daytime
字源 회의자. 畫(그을 획)의 생략형인 聿와 日(일)은 모두 의미 부분이다. 낮은 밤과 경계를 이룬다는 뜻으로 畫를 쓴 것이다.
字解 낮(주)

【晝間 주간】 낮 동안.
【晝耕夜讀 주경야독】 낮에는 밭을 갈고 밤에는 글을 읽음. '바쁜 틈을 타서 어렵게 공부함'을 이름.
【晝夜 주야】 낮과 밤. 밤낮.
【白晝 백주】 대낮.

【晙】 밝을 준

명 ⊕jùn ⊕シュン ⊛bright
字解 ①밝을(준) ②일찍(준)

【晡】 저녁때 포

⊕bū ⊕ホ ⊛evening
字解 저녁때, 해질 무렵(포)

【晡夕 포석】 해가 질 무렵.
【晡時 포시】 ①오후 3시에서 5시까지의 동안. 申時(신시). ②저녁때.

【晛】 햇살 현

명 ⊕xiàn ⊕ケン ⊛sunbeam
字解 ①햇살(현) ②햇빛 날(현)

【晧】 밝을 호

명 ⊕hào ⊕コウ ⊛bright
字解 ①밝을(호) ②해 돋을(호)

【晥】 환할 환

⊕hàn ⊕カン ⊛bright

字解 환할, 밝을(환)

【晦】 그믐 회

명 ⊕huì ⊕カイ(みそか)
字解 ①그믐(회) ¶晦朔(회삭) ②어두울(회) ¶晦冥(회명)

【晦冥 회명】 어두움. 어두컴컴함.
【晦朔 회삭】 그믐과 초하루.
【晦日 회일】 그믐날.

【晞】 마를 희

명 ⊕xī ⊕キ ⊛dry
字解 ①마를, 말릴(희) ②동틀(희)

【晞幹 희간】 나무의 줄기를 볕에 쬠.

【景】 볕 경

一 ㄱ ㄲ 日 므 昙 畧 景 景

명 ⊕jǐng ⊕ケイ(かげ) ⊛sunshine
字源 형성자. 日(일)은 의미 부분이고, 京(경)은 발음 부분이다.
字解 ①볕, 빛(경) ②경치(경) ¶景勝(경승) ③클(경) ¶景福(경복) ④우러를(경) ¶景慕(경모)

【景慕 경모】 우러러 사모함.
【景福 경복】 커다란 행복.
【景勝 경승】 경치가 좋은 곳.
【景致 경치】 자연의 아름다운 모습. 景槪(경개). 景觀(경관).
【光景 광경】 ①경치. ②벌어진 일의 형편이나 모양.
【絶景 절경】 더할 나위 없이 아름다운 경치.

【晷】 그림자 구

字解 ⊕guǐ ⊕キ(ひかげ) ⊛shadow
字解 ①그림자(구) ¶日晷(일구) ②해시계(구) ¶晷漏(구루)

【晷刻 구각】 때. 짧은 시간.
【晷漏 구루】 해시계와 물시계.
【日晷 일구】 ①해의 그림자. ②해시계. 日影(일영).

參考 인명용으로 허용된 음은 '귀'인데, 이는 속음화된 것이다.

日 8획
⑫ 【普】 넓을 보 匣

고 ⓒpǔ ⓙフ(あまねく) ⓔuniversal
字源 형성자. 日(일)은 의미 부분이고, 並(병)은 발음 부분이다.
字解 넓을, 두루(보)
【普告 보고】 널리 알림.
【普及 보급】 널리 미침.
【普恩 보은】 골고루 미치는 은혜.
【普通 보통】 널리 일반에게 통함.
【普遍 보편】 모든 것에 두루 미치거나 통함.

日 8획
⑫ 【晳】 밝을 석 匣

명 ⓒxī ⓙセキ ⓔbright
字解 밝을(석)
【明晳 명석】 생각이나 판단력이 분명하고 똑똑함.

日 8획
⑫ 【晰】 晳(394)과 同字

日 8획
⑫ 【晬】 돌 수 匣

ⓒzuì ⓙサイ ⓔbirthday
字解 돌, 생일(수)
【晬盤 수반】 어린애의 돌 때에 실·붓·음식 등을 차려 놓고 마음대로 가지도록 하여 아이의 장래를 점치는 일. 돌잡이. 試兒(시아).
【晬宴 수연】 생일잔치.

日 8획
⑫ 【晻】 어두울 암 匣

ⓒyǎn ⓙアン ⓔdark
字解 어두울(암)≒暗
【晻昧 암매】 ①어두움. 暗黑(암흑). ②어리석음. 愚昧(우매). ③사실을 분별하기 어려움.

日 8획
⑫ 【暘】 해언뜻보일 역 匣

명 ⓒyí ⓙエキ, セキ
字解 ①해 언뜻 보일(역) ②날씨 흐릴(역)
참고 暘(양 : 396)은 딴 자.

日 8획
⑫ 【晶】 수정 정 匣

명 ⓒjīng ⓙショウ(あきらか) ⓔcrystal
字解 ①수정(정) ②밝을, 맑을(정)
【晶光 정광】 밝은 빛. 투명한 빛.
【結晶 결정】 ①원자나 분자들이 규칙적으로 배열되어 이루어진 고체(固體). ②애써 이루어 놓은 보람 있는 결과.
【水晶 수정】 석영(石英)이 육각 기둥꼴로 결정(結晶)된 것.

日 8획
⑫ 【晸】 해 뜰 정 匣

명 ⓒzhěng ⓙテイ ⓔsunrise
字解 해 뜰(정)

日 8획
⑫ 【智】 슬기 지 匣

ⓒzhì ⓙチ ⓔwisdom
字源 회의 겸 형성자. 日(일)과 知(지)는 모두 의미 부분인데, 知는 발음도 담당한다.
字解 ①슬기, 지혜(지) ②알(지)≒知
【智巧 지교】 슬기롭고 교묘함.
【智囊 지낭】 슬기 주머니. '지혜가 많은 사람'을 이름.
【智略 지략】 슬기로운 계략이나 꾀.
【智者樂水 지자요수】 슬기로운 사람은 흐르는 물처럼 사리에 막힘이 없어서 물을 좋아함.
【智將 지장】 지략이 뛰어난 장수.
【智慧 지혜】 사리를 분별(分別)하는 마음의 작용. 슬기.
【機智 기지】 상황에 따라 재빨리 행동하는 재치.
【才智 재지】 재주와 지혜.

日 8획
⑫ 【晴】 갤 청 匣

명 ⓒqíng ⓙセイ ⓔclear up
字源 형성자. 日(일)은 의미 부분이고, 靑(청)은 발음 부분이다.
字解 갤, 날 맑을(청)

【晴曇 청담】 날씨의 갬과 흐림.
【晴朗 청랑】 날씨가 맑고 화창함.
【晴雨 청우】 갬과 비 내림.
【晴天 청천】 갠 하늘. 좋은 날씨.
【快晴 쾌청】 하늘이 구름 한 점 없이 맑게 갬.

日8 【晴】 명 晴(394)과 同字
12

日8 【晫】
12
명 中zhuó 日タク 英bright
字解 밝을, 환할(탁)

日9 【暇】 겨를 가
13
ㅣ ㅣ ㅣ ㅣ ㅣ ㅣ ㅣ
고 中xiá 日カ(ひま) 英leisure
字解 형성자. 日(일)은 의미 부분이고, 叚(가)는 발음 부분이다.
字解 ①겨를, 틈(가) ②한가할(가)
【暇日 가일】 틈 있는 날. 한가한 날.
【餘暇 여가】 겨를. 틈. 暇隙(가극).
【閑暇 한가】 바쁘지 않아 겨를이 많음.
【休暇 휴가】 학교·직장 등에서 일정한 기간 쉬는 일. 또는 그 겨를.

日9 【暖】 따뜻할 난
13
ㅣ ㅣ ㅣ ㅣ ㅣ ㅣ ㅣ
중 中nuǎn 日ダン(あたたかい) 英warm
字解 형성자. 日(일)은 의미 부분이고, 爰(원)은 발음 부분이다.
字解 따뜻할, 따뜻하게 할(난) 煖
【暖帶 난대】 열대와 온대의 중간 지대. 亞熱帶(아열대).
【暖冬 난동】 따뜻한 겨울.
【暖流 난류】 적도 부근에서 고위도(高緯度)의 방향으로 흐르는 해류.
【溫暖 온난】 날씨가 따뜻함.
【寒暖 한난→한란】 추움과 따뜻함.

日9 【暋】 굳셀 민
13
명 中mǐn 日ビン 英strong

字解 굳셀, 강할(민)

日9 【暑】 더울 서 暑 暑
13
ㅣ ㅣ ㅣ ㅣ ㅣ ㅣ ㅣ ㅣ
중 中shǔ 日ショ(あつい) 英hot
字解 형성자. 日(일)은 의미 부분이고, 者(자)는 발음 부분이다.
字解 더울, 더위(서)
【暑氣 서기】 더운 기운. 더위.
【大暑 대서】 이십사절기의 하나. 소서(小暑)와 입추(立秋) 사이로, 7월 23일경.
【小暑 소서】 이십사절기의 하나. 하지(夏至)와 대서(大暑) 사이로, 7월 7일경.
【處暑 처서】 이십사절기의 하나. 입추(立秋)와 백로(白露) 사이로, 8월 23일경.
【暴暑 폭서】 갑작스런 심한 더위.
【避暑 피서】 시원한 곳으로 옮겨 더위를 피하는 일.
【寒暑 한서】 추위와 더위.
【酷暑 혹서】 지독한 더위.
참고 署(서: 649)는 딴 자.

日9 【暗】 어두울 암
13
ㅣ ㅣ ㅣ ㅣ ㅣ ㅣ ㅣ
중 中àn 日アン(くらい) 英dark
字解 형성자. 日(일)은 의미 부분이고, 音(음)은 발음 부분이다.
字解 ①어두울(암) ¶ 暗黑(암흑) ②가만히, 남몰래(암) ¶ 暗殺(암살) ③욀(암) 諳 ¶ 暗記(암기).
【暗記 암기】 보지 않고 욈.
【暗澹 암담】 어두컴컴하여 선명하지 않음. '희망이 없고 막연함'의 뜻.
【暗算 암산】 머릿속으로 계산함.
【暗殺 암살】 사람을 남모르게 죽임.
【暗示 암시】 넌지시 깨우쳐 줌.
【暗躍 암약】 남몰래 활약함.
【暗雲 암운】 곧 비나 눈이 내릴 것 같은 검은 구름. '금방 좋지 않은 일이 일어날 것 같은 낌새'의 비유.
【暗鬱 암울】 어둡고 침울함.
【暗中摸索 암중모색】 어둠 속에서 손으로 더듬어 물건을 찾음. '확실한

방법을 모른 채 어림으로 이리저리 시도해 봄'을 이름.
【暗礁 암초】 해면(海面) 가까이 숨어 있는 바위.
【暗鬪 암투】 서로 적의를 품고 남이 모르게 다툼.
【暗行 암행】 남모르게 다님.
【暗號 암호】 당사자끼리만 알 수 있게 꾸민 신호나 부호.
【暗黑 암흑】 캄캄함. 어두움.
【明暗 명암】 밝음과 어두움.

日9 13 【暘】 해 돋을 양 陽 간 昒昒
명 ⊕yáng ⊕ヨウ 美sunrise
字解 해 돋을, 해돋이(양)
【暘谷 양곡】 해가 처음 돋는 곳.
참고 暘(역:394)은 딴 자.

日9 13 【暎】 圖映(390)과 同字

日9 13 【暐】 햇빛 위 간 昿昿
명 ⊕wěi ⊕イ 美sunlight
字解 ①햇빛(위) ②빛날(위)
【暐曄 위엽】 빛남. 반짝임.

日9 13 【暁】 曉(398)의 俗字

日9 13 【暈】 무리 훈 ㊀운 圖 간 暈暈
명 ⊕yùn ⊕ウン(かさ) 美halo
字解 무리(훈) ※해나 달의 둘레에 생긴 둥근 테 모양의 빛.
【暈色 훈색】 무지개처럼 선이 분명하지 않고 희미하게 보이는 빛깔.
【暈圍 훈위】 달무리나 햇무리 따위의 둥근 테두리. 暈輪(훈륜).
참고 '운'음도 인명용으로 지정됨.

日9 13 【暄】 따뜻할 훤 冗 暄
명 ⊕xuān ⊕ケン 美warm
字解 따뜻할, 온난할(훤)
【暄暖 훤난】 따뜻함. 溫暖(온난).
【暄和 훤화】 따뜻하고 화창함.

日9 13 【暉】 빛 휘 圈 暉暉
명 ⊕huī ⊕キ(ひかり) 美light
字解 빛, 빛날(휘)
【暉映 휘영】 반짝이며 비침.

日10 14 【氣】 날씨 기 困
명 ⊕qì ⊕キ 美weather
字解 날씨, 일기(기)

日10 14 【暝】 어두울 명
명 ⊕míng ⊕メイ 美dark
字解 어두울(명)＝冥
【暝途 명도】 어두운 길.

日10 14 【暚】 밝을 요 圖
명 ⊕yáo ⊕ヨウ 美bright
字解 ①밝을(요) ②햇빛(요)

日10 14 【暢】 화창할 창 圈 간 暢暢
日 申 申 卽 眼 眼 暢 暢
고 ⊕chàng ⊕チョウ(のびる) 美splendid
字源 형성자. 申(신)은 의미 부분이고, 昜(양)은 발음 부분이다.
字解 ①화창할(창) ②펼(창) ¶ 暢懷(창회) ③통할(창) ¶ 暢達(창달)
【暢達 창달】 의견·주장을 막힘 없이 표현하고 전달함.
【暢懷 창회】 시원하게 회포를 풀어냄.
【流暢 유창】 글을 읽거나 하는 말이 거침없음.
【和暢 화창】 날씨가 온화하고 맑음.

日10 14 【暠】 흴 호 ㊀고 圖 봉
명 고 ⊕hào ⊕コウ 美white
字解 흴(호) ≒皓·皜

日11 15 【暮】 저물 모 圈 간 暮暮
艹 艹 艾 莫 莫 莫 莫 暮
중 ⊕mù ⊕ボ(くれる) 美sunset

字源 회의 겸 형성자. 본래 해[日(일)]가 풀섶[艸(망)]에 가려져 '어둡다'·'해질 무렵'이라는 의미를 나타냈던 莫(막) 자가 부정(否定)의 뜻으로 가차되어 쓰이자, 그 빈 자리를 보충하기 위하여 莫 자에 다시 日 자를 덧붙여 만든 글자이다. 莫과 日은 모두 의미 부분인데, 莫은 발음도 담당한다.
字解 ①저물(모) ¶ 歲暮(세모) ②늙을(모) ¶ 暮年(모년)
【暮年 모년】 늙은 나이. 老年(노년).
【暮春 모춘】 늦봄. 晩春(만춘).
【歲暮 세모】 한 해가 저물어 가는 때.
【日暮 일모】 날이 저묾.

日 11 【暫】 잠깐 잠 갠 暫暫
(15) 勘
一 巨 車 車 斬 斬 斬 暫
고 中zàn 日ザン(しばらく)
英moment
字源 형성자. 日(일)은 의미 부분이고, 斬(참)은 발음 부분이다.
字解 잠깐, 잠시(잠)
【暫時 잠시】 짧은 시간. 잠깐.
【暫定 잠정】 임시로 정함.

日 11 【暲】 밝을 장 陽
(15)
명 中zhāng 日ショウ 英bright
字解 ①밝을(장) ②해 돋을(장)

日 11 【暴】 ❶사나울 폭·포 效
(15) ❷드러낼 폭 屋
一 日 甲 早 昇 异 昇 暴 暴
명 中bào 日ボウ, バク 英violent
字源 회의자. 소전을 보면 日(일)·出(출)·廾(공)·米(미)로 이루어졌다. 즉 해[日]가 나오자[出] 벼[米]를 두 손[廾]으로 받들어 말린다는 뜻이다. 뒤에 暴 자가 '포악하다'라는 뜻으로 쓰이게 되자, 햇볕에 말린다는 뜻으로는 日 자를 더한 曝(폭) 자를 새로 만들어 보충하였다.
字解 ❶①사나울(포) ¶ 暴惡(포악) ②세찰, 심할(폭) ¶ 暴飮(폭음) ③갑자기(폭) ¶ 暴騰(폭등)
❷①드러낼(폭) ¶ 暴露(폭로) ②쬘(폭) ≒ 曝
【暴惡 포악】 성질이 사납고 모짊.
【暴虐 포학】 사납고 잔학함.
【暴君 폭군】 포악한 임금.
【暴徒 폭도】 폭동을 일으키는 무리.
【暴動 폭동】 함부로 소란을 피워 사회 질서를 어지럽히는 일.
【暴騰 폭등】 물가나 주가(株價) 등이 갑자기 오름.
【暴落 폭락】 물가나 주가 등이 갑자기 내림. 崩落(붕락).
【暴力 폭력】 난폭한 힘.
【暴露 폭로】 비밀 따위를 들추어냄.
【暴利 폭리】 지나친 이익.
【暴言 폭언】 난폭하게 하는 말.
【暴炎 폭염】 매우 심한 더위.
【暴雨 폭우】 갑자기 많이 쏟아지는 비.
【暴飮 폭음】 술을 지나치게 마심.
【暴行 폭행】 ①난폭한 행동. ②남에게 폭력을 가하는 일.
【橫暴 횡포】 제멋대로 몹시 난폭(亂暴)하게 굶.
【亂暴 난폭】 행동이 몹시 거칠고 사나움.
참고 '포' 음도 인명용으로 지정됨.

日 11 【嘒】 별 반짝일 혜 霽
(15)
명 中huì 日ケイ
字解 별 반짝일(혜)

日 12 【暻】 밝을 경 硬
(16)
명 中jǐng 日ケイ 英bright
字解 밝을, 환할(경)

日 12 【曁】 및 기 寘
(16)
中jì 日キ(および) 英and
字解 ①및, 함께(기) ②미칠(기)

日 12 【曇】 흐릴 담 覃 曇曇
(16)
명 中tán 日ドン(くもる) 英cloudy
字解 흐릴, 구름 낄(담)
【曇天 담천】 흐린 날씨.
【晴曇 청담】 날씨의 맑음과 흐림.

日部 12획

【暾】 아침 해 돈
日12/16
명 ⓒtūn ⓙトン ⓔrising sun
字解 ①아침 해(돈) ②해 돋을(돈)

【曈】 동틀 동
日12/16
명 ⓒtóng ⓙトウ ⓔdawn
字解 동틀(동)

【曆】 책력 력
日12/16
厂厂厂厂厤厤曆曆
고 ⓒlì ⓙレキ(こよみ) ⓔcalendar
字源 형성자. 日(일)은 의미 부분이고, 厤(력)은 발음 부분이다.
字解 ①책력(력) ¶曆法(역법) ②운수(력) ¶曆數(역수) ③햇수(력)
【曆法 역법】 책력을 만드는 법.
【曆數 역수】 ①해와 달의 운행 횟수. ②자연적으로 돌아오는 운수.
【西曆 서력】 서양의 책력.
【陽曆 양력】 지구가 태양의 둘레를 한 번 회전하는 시간을 1년으로 삼는 달력. 太陽曆(태양력).
【陰曆 음력】 달의 만월(滿月)에서 반월까지의 시간을 기준으로 만든 달력. 太陰曆(태음력). 舊曆(구력).
【册曆 책력】 천체를 측정하여 해와 달의 움직임과 절기를 적어 놓은 책.

【暹】 해 돋을 섬
日12/16
명 ⓒxiān ⓙセン ⓔsunrise
字解 ①해 돋을, 햇살 퍼질(섬) ②나라 이름(섬)
【暹羅 섬라】 지금의 '타이'의 옛 이름.

【曄】 빛날 엽
日12/16
명 ⓒyè ⓙヨウ ⓔshine
字解 ①빛날(엽) ②성할(엽)

【曉】 새벽 효
日12/16
日 日 日 日 日 時 睦 曉
고 ⓒxiǎo ⓙギョウ ⓔdawn

字源 형성자. 日(일)은 의미 부분이고, 堯(요)는 발음 부분이다.
字解 ①새벽(효) ¶曉星(효성) ②깨달을(효) ¶曉得(효득) ③타이를(효) ¶曉諭(효유)
【曉得 효득】 깨달아 앎. 曉解(효해).
【曉星 효성】 ①새벽 하늘에 드문드문 보이는 별. ②샛별. 金星(금성).
【曉諭 효유】 타일러 가르침.

【嘻】
日12/16
명 憙(361)와 同字

【曖】 흐릴 애
日13/17
명 ⓒài ⓙアイ ⓔobscure
字解 흐릴, 희미할(애)
【曖昧 애매】 확실하지 못함. 희미함.

【曙】 새벽 서
日14/18
명 ⓒshǔ ⓙショ(あけぼの) ⓔdawn
字解 새벽, 날 밝을(서)
【曙光 서광】 동이 틀 때 비치는 빛. '앞길의 희망적인 징조'의 비유.

【曜】 비칠 요
日14/18
명 ⓒyào ⓙヨウ(かがやく) ⓔdazzling
字解 ①비칠, 빛날(요) ②요일(요)
【曜日 요일】 한 주일의 각 날을 이름.
【七曜 칠요】 '일(日)·월(月)·화(火)·수(水)·목(木)·금(金)·토(土)'의 일곱 요일.

【曘】 해 빛깔 유
日14/18
명 ⓒrú ⓙジュ
字解 ①해 빛깔(유) ②어두울(유)

【曛】 어둑어둑할 훈
日14/18
ⓒxūn ⓔtwilight
字解 ①어둑어둑할, 땅거미질(훈) ②석양(훈)
【曛日 훈일】 땅거미. 저녁때.
【曛黑 훈흑】 해가 져서 어둑어둑함.

日 部

【曠】 넓을 광
㉠kuàng ㉡コウ(むなしい) ㉢extensive
字解 ①넓을, 훤할(광) ¶ 曠野(광야) ②빌(광) ¶ 曠古(광고) ③멀, 오랠(광) ¶ 曠年(광년) ④홀아비(광) ¶ 曠夫(광부) ⑤밝을(광)
【曠古 광고】 전례(前例)가 없음.
【曠年 광년】 오랜 세월. 긴 세월.
【曠夫 광부】 젊은 홀아비나 노총각.
【曠野 광야】 광대한 들. 허허벌판.
【曠闊 광활】 넓고 탁 트임.

【曝】 쬘 폭·포
명폭 ㉠pù ㉡バク ㉢expose
字解 쬘, 볕에 말림(폭·포)
【曝白 포백】 베나 무명 따위를 삶아 빨아서 볕에 말림. 마전.
【曝曬 포쇄】 바람을 쐬고 볕에 말림.
【曝書 폭서】 책을 햇볕에 쬐고 바람을 쐼. 曬書(쇄서).

【曣】 청명할 연
명 ㉠yàn ㉡エン ㉢fine
字解 ①청명할(연) ②따뜻할(연)

【曦】 햇빛 희
명 ㉠xī ㉡ギ ㉢sunlight
字解 햇빛, 햇살(희)
【曦月 희월】 해와 달.

【曩】 접때 낭
㉠nǎng ㉡ノウ(さきに) ㉢previously
字解 접때, 지난번(낭)
【曩日 낭일】 접때. 지난번.

【曬】 볕 쬘 쇄
㉠shài ㉡サイ(さらす) ㉢expose
字解 볕 쬘, 볕 쬐어 말림(쇄)
【曬書 쇄서】 책을 볕에 쬠.
【曬曝 포쇄】 바람을 쐬고 볕에 쬠.

4 日 部

【日】 가로 왈
㉠월 月
㉠yuē ㉡エツ(いわく) ㉢speak
字源 지사자. 말이 입(口(구))에서 나오는(一) 것을 표시한 것이다.
字解 가로(왈) ※ '가로되, 말하기를' 등의 뜻을 나타냄.
【日可日否 왈가왈부】 어떤 일에 대하여 옳으니 그르니 함.
【日牌 왈패】 언행이 단정하지 못하고 수선스러운 사람. 왈짜.

【曲】 굽을 곡
㉠qū, qǔ ㉡キョク(まげる) ㉢bent
字源 상형자. 그릇을 본뜬 것이다.
字解 ①굽을, 굽힐(곡) ¶ 曲線(곡선) ②자세할(곡) ¶ 曲盡(곡진) ③가락, 악곡(곡) ¶ 曲調(곡조) ④新 재주(곡) ¶ 曲藝(곡예)
【曲馬 곡마】 말을 타고 부리는 여러 가지 재주.
【曲線 곡선】 구부러진 선.
【曲藝 곡예】 곡마·요술 따위 신기한 재주를 부리는 연예.
【曲折 곡절】 ①구부러지고 꺾어짐. ②까닭. ③복잡한 사연이나 내용.
【曲調 곡조】 가사나 음악의 가락.
【曲直 곡직】 ①굽음과 곧음. ②사리의 옳고 그름.
【曲盡 곡진】 자세하고 간곡함.
【曲尺 곡척】 나무나 쇠로 'ㄱ'자 모양으로 만든 자.
【曲學阿世 곡학아세】 그릇된 학문으로 세상에 아부함.

故事 한(漢)나라 원고생(轅固生)이 공손홍(公孫弘)에게 학문의 정도(正道)는 학설을 굽혀 세상 속물에 아첨하는 것이 아니라고 한

말에서 유래함.
【曲解 곡해】 사실과 어긋나게 잘못 이해함.
【懇曲 간곡】 간절하고 곡진(曲盡)함.
【屈曲 굴곡】 이리저리 굽어 꺾임.
【舞曲 무곡】 춤을 위해 작곡된 악곡.
【歪曲 왜곡】 사실과 다르게 곱새김.

【曳】 끌 예

명 中yè 日エイ(ひく) 英drag
字解 끌, 당길(예)
【曳光彈 예광탄】 탄도(彈道)를 알 수 있게 빛을 내며 나가는 탄환.
【曳履聲 예리성】 걸을 때 땅에 신이 끌리는 소리.
【曳引船 예인선】 다른 배를 끄는 배.

【更】 ❶다시 갱 ❷고칠 경

一 ㄏ 币 Ē 更 更 更

명 中gēng, gèng
日コウ(あらためる) 英change
字源 형성자. 본래 日으로 이루어진 글자로, 攴(복)은 의미 부분이고, 丙(병)은 발음 부분이다.
字解 ❶다시(갱) ¶ 更生(갱생) ❷①고칠(경) ¶ 更張(경장) ②바꿀, 교체할(경) ¶ 更迭(경질) ③경(경) ※하룻밤 오후 7시~오전 5시)을 다섯으로 나눈 시간의 단위. ¶ 更點(경점)
【更生 갱생】 ①죽을 지경에서 다시 살아남. 소생함. ②죄악에서 벗어나 바른 삶을 찾음.
【更新 ❶갱신 ❷경신】 ❶다시 새로워짐. 다시 새롭게 함. ❷고쳐 새롭게 함. 새롭게 고침.
【更紙 갱지】 조금 거친 양지(洋紙)의 한 가지. 신문지 등에 쓰임.
【更張 경장】 ①지금까지 늦춘 것을 바꿔 긴장하게 함. ②사회적·정치적으로 부패한 제도를 바르게 고침.
【更點 경점】 시각을 알리던, 경(更)과 점(點).
참고 조선 시대에, 하룻밤을 오경(五更)으로 나누고, 경을 다시 오점

(五點)으로 나누어 경에는 북을, 점에는 징을 쳐서 시각을 알렸음.
【更正 경정】 잘못을 바르게 고침.
【更迭 경질】 현직의 사람을 갈아 내고 다른 사람으로 바꿔 임용함.
【變更 변경】 바꾸어 고침.
【初更 초경】 오후 7시부터 9시까지의 동안. 一更(일경).
참고 '경'음도 인명용으로 지정됨.

【曷】 어찌 갈

명 中hé 日カツ(なんぞ) 英why
字解 ①어찌(갈) ※'어찌'의 뜻이나, 종종 '어찌 …하지 아니하냐(何不)'의 뜻으로도 쓰임. ②언제(갈)
【是日曷喪 시일갈상】 ①이 해가 어찌 없어지지 아니하요. ②이 해가 언제 없어질 것인가.
참고 '盍(합 : 562)'은 '何不'의 뜻으로만 쓰임.

> **'曷'이 붙은 한자**
> 喝 꾸짖을(갈)   渴 목마를(갈)
> 葛 칡(갈)   碣 비석(갈)
> 竭 다할(갈)   褐 굵은 베옷(갈)
> 鞨 종족 이름(갈) 鞨 종족 이름(갈)
> 偈 중의 글귀(게) 揭 들(게)
> 愒 쉴(게)   遏 막을(알)
> 謁 아뢸(알)   歇 쉴(헐)

【書】 글 서

一 フ ⋺ ⋺ 聿 聿 書 書 書

명 中shū 日ショ(かく) 英writing
字源 형성자. 聿(율)은 의미 부분이고, 者(자)는 발음 부분이다. 聿은 손으로 붓을 잡고 무엇인가를 쓰는 모습이다.
字解 ①글(서) ②책, 문서(서) ¶ 書庫(서고) ③쓸(서) ¶ 書法(서법) ④글씨(서) ¶ 書畫(서화) ⑤편지(서) ¶ 書簡(서간) ⑥서(서) ※산문 문체의 하나로, 의견을 상신(上申)할 때 쓰는 글.
【書架 서가】 문서·서적 등을 얹어 두는 시렁. 書閣(서각).

【書簡 서간】 편지. 書信(서신). 書札(서찰). 書翰(서한).
【書類 서류】 기록·사무에 관한 문서.
【書法 서법】 글씨를 쓰는 방법.
【書藝 서예】 붓글씨를 조형 예술의 관점에서 이르는 말.
【書齋 서재】 책을 쌓아 두고 글을 읽거나 쓰는 방. 書閣(서각).
【書籍 서적】 책. 書冊(서책).
【書誌 서지】 ①책. ②책이나 문헌에 대한 내용 목록.
【書體 서체】 글씨체.
【書畫 서화】 글씨와 그림.
【六書 육서】 한자 구성의 여섯 가지 유형. 곧, '상형(象形)·지사(指事)·회의(會意)·형성(形聲)·전주(轉注)·가차(假借)'를 이름.
【良書 양서】 내용이 좋은 책.
【證書 증서】 사실을 증명하는 문서.

【曹】 성 조 國
字解 성(조) ※중국에서는 '曹'로 쓰고 우리나라에서는 이 자를 씀.

【曼】 길 만 圖
명 中màn 日マン(ひく) 英long
字解 ①길(만) ②아름다움(만)
【曼陀羅 만다라 → 만타라】 범어 'Mandala'의 음역(音譯). 불교의 본질인 깨달음의 경지, 또는 부처가 실제로 증험한 것을 그림으로 나타낸 것. 俗曼荼羅(만다라).

【曹】 무리 조 圈
명 中cáo 日ソウ(ともがら) 英fellows
字解 ①무리(조) ②관청(조) ③벼슬아치, 관리(조) ④나라 이름(조) ※지금의 산동 성(山東省)에 있던, 주대(周代)의 제후국.
【法曹 법조】 법관·변호사 등 법률관계 일을 하는 사람.
【汝曹 여조】 너희들.
【六曹 육조】 고려·조선 시대의 최고 행정 기관인 '이조(吏曹)·호조(戶曹)·예조(禮曹)·병조(兵曹)·형

(刑曹)·공조(工曹)'의 총칭.

【曾】 일찍 증 圈
중 中céng 日ソウ(かつて) 英once
字解 회의자. 갑골문에는 '曾'으로 썼다. '田'는 가마솥이고, '丷'는 증기가 올라가는 모습으로 甑(시루 증) 자의 원시 형태이다. 금문에서는 口(구) 또는 日(왈) 등이 더해지기도 하였는데, 고문자(古文字)에서는 이렇게 별다른 뜻 없이 글자가 첨가되는 현상이 많다.
字解 ①일찍, 이전에(증) ¶未曾有(미증유) ②거듭(증) ¶曾祖(증조)
【曾孫 증손】 아들의 손자.
【曾祖 증조】 아버지의 할아버지.
【未曾有 미증유】 일찍이 없었음. '전례(前例)가 없음'을 이름.

'曾'이 붙은 한자
僧 중(승)   增 더할(증)
憎 미워할(증)   甑 시루(증)
矰 주살(증)   繒 비단(증)
贈 줄(증)

【替】 바꿀 체 圈
고 中tì 日タイ(かえる) 英change
字解 형성자. 소전을 보면 並과 白으로 이루어졌는데, 본래 버리다라는 뜻이다. 並(병)은 의미 부분이고, 白(백)은 발음 부분이다. 替는 예서체(隷書體)이다.
字解 ①바꿀, 대신할(체) ¶代替(대체) ②쇠퇴할(체) ¶隆替(융체)
【交替 교체】 바꿈. 俗交遞.
【代替 대체】 다른 것으로 바꿈.
【隆替 융체】 성(盛)함과 쇠(衰)함.

【最】 가장 최 圈
중 中zuì 日サイ(もっとも) 英most

字源 회의자. 본래 함부로 취한다는 뜻이었다. 曰(왈)과 取(취)는 모두 의미 부분이다. 曰은 冒(무릅쓸 모)로서, 아무것도 꺼리지 않고 앞으로 나아간다는 뜻이 있다.
字解 가장, 제일, 으뜸(최)
【最强 최강】 가장 강함.
【最高 최고】 가장 높음.
【最近 최근】 얼마 안 되는 지나간 날.
【最善 최선】 ①가장 좋음. ②온 힘.
【最新 최신】 가장 새로움.
【最適 최적】 가장 알맞음.
【最終 최종】 맨 나중.
【最初 최초】 맨 처음.

日 9획 13획 【會】 모을 회 [속간] 会

人 스 슾 슮 侖 侖 會 會

중 ㊥huì ㊐カイ(あう) ㊤meet
字源 회의자. 그릇(曰)에 물건(囧)을 담고 뚜껑(亼)을 씌운 모습이다. '합하다'라는 뜻은 여기에서 나왔다.
字解 ①모을, 모일(회) ¶ 會談(회담) ②맞을(회) ¶ 會心(회심) ③깨달을(회) ¶ 會得(회득) ④때(회) ¶ 機會(기회) ⑤셈(회) ¶ 會計(회계)
【會見 회견】 서로 만나 봄.
【會計 회계】 ①한데 몰아서 셈함. ②금품 출납에 관한 사무.
【會稽之恥 회계지치】 회계에서 당한 치욕. '전쟁에서 패한 치욕', 또는 '뼈에 사무치는 치욕'을 이름. 참 臥薪嘗膽(와신상담) ¶
故事 춘추 시대에, 월(越)나라 왕 구천(句踐)이 오(吳)나라 왕 부차(夫差)에게 회계산(會稽山)에서 패하여 갖은 치욕을 받은 데서 온 말.
【會談 회담】 모여서 의논함.
【會同 회동】 여럿이 모임.
【會得 회득】 마음속으로 깨달아 앎.
【會心 회심】 마음에 맞음. 會意(회의).
【會意 회의】 ①會心(회심). ②육서(六書)의 하나로, 둘 이상의 한자를 뜻으로 결합시켜 새 글자를 만든 것. '人'과 '言'이 합하여 '信'이 되는 따위.
【會者定離 회자정리】 만날 적에 헤어지기로 정해져 있음. '인생의 무상함'을 이름.
【會合 회합】 여러 사람이 만남.
【會話 회화】 ①서로 만나서 이야기함. ②외국어로 이야기함.
【機會 기회】 어떤 일을 하기에 알맞은 시기.
【再會 재회】 ①두 번째 갖는 모임. ②다시 만남. 再逢(재봉).

日 10획 14획 【㯟】 작은북 인 區

명 ㊥yīn ㊐イン
字解 작은북(인)

4 月 部

月 0획 4획 【月】 달 월 [同] 月

丿 刀 月 月

중 ㊥yuè ㊐ゲツ, ガツ(つき) ㊤moon
字源 상형자. 이지러진 달의 모양을 그린 것이다. 보름달로 나타내지 않고 이지러진 달로 표현한 것은 보름달일 때보다 그렇지 않은 때가 많기 때문이며, 그럼으로써 해(日)와 쉽게 구별하기 위해서이다.
字解 달(월) ※㉠지구의 위성(衛星). ㉡1년을 12로 나눈 단위.
【月刊 월간】 매달 한 차례씩 인쇄물을 발행함, 또는 그 간행물.
【月桂冠 월계관】 경기의 우승자에게 월계수 가지와 잎으로 만들어 씌워 주던 관. '승리나 명예'의 비유.
【月給 월급】 일한 대가로 다달이 받는 일정한 돈. 月俸(월봉).
【月令 월령】 지난날, 한 해 동안의 정례적인 정사(政事)·의식(儀式) 또는 농가(農家)의 행사 등을 다달이 구별하여 정해 두던 것.
【月賦 월부】 갚거나 치러야 할 돈을 다달이 얼마씩 나누어 내는 일.
【月蝕 월식】 지구의 그림자가 달을 가림으로 인하여 달의 전부 또는 일

【月下老人 월하노인】 달빛 아래 있는 노인. '부부의 인연을 맺어 주는 신이나 사람'을 이름. 月下氷人(월하빙인).
【隔月 격월】 한 달씩 거르거나 한 달을 거름. 間朔(간삭).
【滿月 만월】 보름달. 盈月(영월).
【歲月 세월】 지나가는 시간.

【有】 ❶있을 유 ❷또 유

ノ ナ オ 有 有 有

음 ⊕yǒu, yòu ⊕ユウ(ある) 영exist
字源 갑골문을 보면 '出'로 썼는데, 손을 그린 又(우) 즉 右(우) 자라는 학설, 牛(소 우) 자의 이체자라는 학설 등이 있다. 금문에서는 손[ナ]으로 고기[肉(육)]를 잡고 있는 형태로 변하였고, 소전에서는 肉이 月(월)과 비슷하게 바뀌었다.
字解 ❶①있을(유) ¶有識(유식) ②가질(유) ¶保有(보유) ③혹, 어떤(유) ¶有人(유인) ❷또(유) ¶十有五年(십유오년)

【有故 유고】 탈나나 사고가 있음.
【有口無言 유구무언】 입은 있어도 할 말이 없음. '변명할 말이 없음'을 이름.
【有權者 유권자】 선거권이 있는 사람.
【有能 유능】 재능이 있음.
【有望 유망】 잘될 희망이 있음.
【有名無實 유명무실】 이름만 있을 뿐 실상이 없음.
【有備無患 유비무환】 미리 준비함이 있으면 걱정할 것이 없음.
【有償 유상】 보상(補償)이 있음.
【有始有終 유시유종】 처음이 있고 끝도 있음. '시작한 일을 끝까지 마무리함'을 이름.
【有識 유식】 학식(學識)이 있음. 아는 것이 많음.
【有耶無耶 유야무야】 ①있는 듯 없는 듯 함. ②흐지부지한 모양.
【有益 유익】 이익이 있음.
【有人 유인】 어떤 사람이.
【有效 유효】 효과(效果)나 효력(效力)이 있음.
【保有 보유】 가지고 있음.
【十有五年 십유오년】 10년 하고 또 5년. 곧, 15년.

【服】 옷 복

ノ 几 月 月 月┐ 朊 服 服

음 ⊕fú ⊕フク 영clothes
字源 회의자. 갑골문·금문에서는 '㕞'으로 썼다. 어떤 판[月=凡(범) 즉 盤(반)] 앞에 손[又(우)]으로 사람을 꿇어앉힌[卩(절)] 모습으로, '사람에게 일을 시키다'라는 뜻을 나타낸다. 소전에서는 凡이 舟(주)로 바뀌었고, 예서에서 舟가 다시 月(월)로 바뀌어 오늘날의 服 자가 되었다.
字解 ①옷, 옷 입을(복) ¶服裝(복장) ②일할(복) ¶服務(복무) ③좇을, 따를(복) ¶服屬(복속) ④복 입을(복) ¶服制(복제) ⑤약 먹을(복) ¶服用(복용) ⑥新가질(복) ¶着服(착복).

【服務 복무】 맡은 일을 봄.
【服屬 복속】 복종하여 따름.
【服飾 복식】 옷의 꾸밈새.
【服役 복역】 ①병역(兵役)에 복무함. ②징역(懲役)을 치름.
【服用 복용】 약을 먹음. 服藥(복약).
【服裝 복장】 옷차림.
【服制 복제】 ①상복(喪服)의 제도. ②의복의 규정.
【服從 복종】 다른 사람의 의사나 명령을 좇아 따름.
【感服 감복】 감동하여 참으로 따름.
【喪服 상복】 상제(喪制)로 있는 동안 입는 예복. 素服(소복).
【着服 착복】 ①남의 것을 부당하게 제 것으로 함. ②옷을 입음.
【歎服 탄복】 감탄하여 참으로 따름.

【朋】 벗 붕

ノ 几 月 月 月 朋 朋 朋

음 ⊕péng ⊕ホウ(とも) 영friend
字源 회의자. 조개[貝(패)]를 두 줄

로 엮어 놓은 모습으로, 䭇(목걸이 영) 자의 변형이다. 은(殷)나라 때는 옥(玉)과 조개를 모두 화폐로 사용하였는데, 옥 5개를 한 조(組)로 해서 두 줄을 엮은 것을 珏(각)이라 하고, 조개 5개를 한 조로 해서 두 줄을 엮은 것을 朋(=䭇)이라 하였다. 뒤에 '붕당(朋黨)'·'친구' 등의 뜻으로 가차되었다.

字解 ①벗(붕) ¶ 朋友(붕우) ②무리(붕) ¶ 朋黨(붕당).

【朋黨 붕당】 주의나 이해를 같이하는 사람들이 모인 단체.
【朋友 붕우】 벗. 친구. 友人(우인). ⚘동문(同門)을 '朋', 동지(同志)를 '友'라 함.
【朋友有信 붕우유신】 오륜(五倫)의 하나로, '친구 사이에는 신의(信義)가 있어야 함'을 이름.

【朔】 초하루 삭

고 ㊥shuò ㊐サク(ついたち)
字源 형성자. 月(월)은 의미 부분이고, 屰(역)은 발음 부분이다.
字解 ①초하루(삭) ¶ 朔望(삭망) ②북쪽(삭) ¶ 朔風(삭풍).

【朔望 삭망】 초하루와 보름. 음력 1일과 15일.
【朔風 삭풍】 북쪽에서 불어오는 바람. 北風(북풍).
【滿朔 만삭】 아이를 낳을 달이 참.

【朕】 나 짐

图 ㊥zhèn ㊐チン(われ) ㊤I
字解 ①나(짐) ※임금이 자기를 이르는 말. ②조짐(짐).

【兆朕 조짐】 어떤 일이 일어날 징조.

【朗】 밝을 랑

图 ㊥lǎng ㊐ロウ(ほがらか) ㊤bright
字解 ①밝음, 유쾌할(랑) ¶ 朗報(낭보) ②소리 높이(랑) ¶ 朗誦(낭송).

【朗讀 낭독】 소리를 높여 읽음.
【朗朗 낭랑】 ①소리가 매우 맑고 또

랑또랑함. ②빛이 매우 밝음.
【朗報 낭보】 유쾌한 소식. 기쁜 소식.
【朗誦 낭송】 시·문장 등을 소리 높여 읽음.
【明朗 명랑】 우울한 빛이 없이 유쾌하고 활발함.

【望】 바랄 망

图 ㊥wàng ㊐ボウ(のぞむ) ㊤hope
字源 회의자. 갑골문을 보면 '𦣞'로, 사람이 흙더미(𡈼=土(토)) 위에서 눈(𦣻=臣(신))을 들어 멀리 보는 모습이다. 금문(金文)에서는 月(월)을 더하여 朢(망)으로 썼는데, 臣이 다시 亡(망)으로 변하여 오늘날의 望 자가 되었다.

字解 ①바랄, 기대할(망) ¶ 所望(소망) ②바라볼, 우러러볼(망) ¶ 望樓(망루) ③나무랄(망) ¶ 責望(책망) ④명성(망) ¶ 德望(덕망) ⑤보름(망) ¶ 望月(망월)

【望臺 망대】 먼 곳을 바라보기 위하여 만든 높은 대(臺).
【望樓 망루】 망을 보기 위하여 세운 높은 다락집. 觀閣(관각).
【望月 망월】 보름달.
【望鄕 망향】 고향을 그리워함.
【德望 덕망】 덕행으로 얻은 명망.
【名望 명망】 명성이 높고 사람들이 우러러 믿고 따르는.
【所望 소망】 바라는 바. 所願(소원).
【怨望 원망】 남을 못마땅하게 여기고 탓함.
【責望 책망】 잘못을 들어 나무람.
【希望 희망】 앞일에 대하여 기대를 가지고 바람. 또는 그러한 기대.

【期】 기약할 기

图 ㊥qī, jī ㊐キ, ゴ ㊤expect
字源 형성자. 月(월)은 의미 부분이고, 其(기)는 발음 부분이다.
字解 ①기약할(기) ②바랄(기) ¶ 期待(기대) ③기간(기) ¶ 期限(기한) ④백 살(기) ¶ 期頤(기이) ⑤

일 년(기) 늑朞 ¶ 期年(기년)
【期間 기간】 일정한 시기에서 다른 일정한 시기까지의 사이.
【期年 기년】 ①만 1년이 되는 해. ②기한이 되는 해.
【期待 기대】 바라고 기다림.
【期約 기약】 때를 정하여 약속함.
【期頤 기이】 나이 백 살이 된 사람.
【期限 기한】 미리 정해 놓은 일정한 시기.
【滿期 만기】 정해진 기한이 참.
【適期 적기】 알맞은 시기.

月 8 【朞】 돌 기 囡
㊂ ㊥jī ㊐キ ㊎anniversary
字解 돌(기) ※만 하루가 되는 때나 만 일 년이 되는 날.
【朞年服 기년복】 1년 동안 입는 복(服). 지팡이를 짚는 '장기(杖朞)'와 짚지 않는 '부장기(不杖朞)'가 있음.

月 8 ⑫ 【朝】 아침 조 蕭
一 十 十 古 古 直 卓 朝 朝
㊂ ㊥zhāo, cháo ㊐チョウ(あさ) ㊎morning
字解 회의자. 해(日(일))와 달(月(월))이 풀숲(艸(초)) 사이에 동시에 있는 모습으로, 해가 뜨고 달이 아직 지지 않은 상태인 '아침'을 뜻한다.
字解 ①아침(조) ¶ 朝飯(조반) ②조정(조) ¶ 朝野(조야) ③임금 뵐(조) ¶ 朝會(조회) ④왕조(조) ¶ 前朝(전조)
【朝刊 조간】 아침에 발행되는 신문. 朝刊新聞(조간신문).
【朝令暮改 조령모개】 아침에 명령한 것을 저녁에 고침. '법령을 자주 고쳐서 믿을 수 없음'을 이름.
【朝飯 조반】 아침밥.
【朝變夕改 조변석개】 아침에 변경하고 저녁에 고침. '계획·결정 따위를 자주 바꿈'을 이름.
【朝服 조복】 조정에 나아갈 때 입는 의복. 朝衣(조의).
【朝三暮四 조삼모사】 아침엔 세 개, 저녁에 네 개. '눈앞의 이익만 알고 그 결과가 같음을 모르는 어리석음', 또는 '간사한 꾀로 남을 농락함'을 이름.

故事 원숭이를 기르는 이가 원숭이들에게 열매를 아침에 세 개, 저녁에 네 개씩 주겠다 하니 원숭이들이 불평하여 그러면 아침에 넷, 저녁에 셋씩 주겠다 하자 좋아하였다는 우화(寓話)에서 온 말.

【朝野 조야】 ①조정과 백성. 관리와 민간. ②천하. 세상.
【朝廷 조정】 나라의 정사를 의논하여 집행하던 곳.
【朝餐 조찬】 아침 식사.
【朝會 조회】 ①백관이 임금을 뵙기 위해 모이던 일. ②학교·관청 등에서 행하는 아침 모임.
【王朝 왕조】 왕이 직접 다스리는 나라.
【早朝 조조】 이른 아침.

月 12 ⑯ 【曈】 달 뜰 동 囡
㊂ ㊥tóng ㊐トウ
字解 달 뜰(동)

月 14 ⑱ 【朦】 흐릴 몽 囡
㊂ ㊥méng ㊐モウ ㊎dim
字解 흐릴, 달빛 희미할(몽)
【朦朧 몽롱】 ①달빛이 흐릿한 모양. ②의식이 분명하지 않은 모양.

月 16 ⑳ 【朧】 흐릿할 롱 囡
㊂ ㊥lóng ㊐ロウ ㊎dim
字解 흐릿할, 달빛 흐릿할(롱)
【朦朧 몽롱】 달빛이 흐릿한 모양.

4 木 部

木 0 ④ 【木】 나무 목 囷
一 十 才 木
㊂ ㊥mù ㊐ボク(き) ㊎tree
字源 상형자. 줄기, 뿌리, 가지를

갖추고 서 있는 나무의 모양을 그린 것이다.

字解 ①나무 (목) ¶木造(목조) ②저릴, 뻣뻣할 (목) ¶痲木(마목) ③國무명 (목) ¶廣木(광목)

【木刻 목각】나무에 새김.
【木器 목기】나무로 만든 그릇.
【木理 목리】①나뭇결. ②나이테.
【木石 목석】나무와 돌. '무뚝뚝한 사람'의 비유.
【木材 목재】나무로 된 재료.
【木造 목조】나무로 지음.
【木柵 목책】나무 울타리. 울짱.
【廣木 광목】무명실로 당목(唐木)보다 좀 거칠게 짠, 폭이 넓은 베.
【痲木 마목】근육이 굳어져 감각이 없어지며 굴신(屈伸)을 못하는 병.
【苗木 묘목】모종할 어린나무.

木 【末】 끝 말

一 二 丰 才 末

중 ⊕mò ⊕マツ(すえ) 영end
字源 지사자. 木(목) 자의 위쪽 끝에 '一'을 그어 '끝'을 표시하였다.
字解 ①끝 (말) ¶末年(말년) ②낮을, 보잘것없을 (말) ¶末職(말직) ③가루 (말) ¶粉末(분말)

【末期 말기】어떤 시대나 기간의 끝장이 되는 시기. 末葉(말엽)
【末年 말년】인생의 마지막 무렵.
【末端 말단】맨 끄트머리.
【末路 말로】번영했던 것이 쇠퇴할 대로 쇠퇴한 마지막 상태.
【末尾 말미】문장 따위의 맨 끝.
【末席 말석】맨 끝자리.
【末世 말세】정치나 도의(道義)가 어지러워지고 쇠퇴하여 가는 세상.
【末職 말직】보잘것없는 벼슬.
【末梢 말초】①나뭇가지의 끝. ②사물의 끝 부분. ③사소한 일.
【粉末 분말】가루.
【始末 시말】①시작과 끝. 本末(본말). ②일의 전말.
【終末 종말】끝판. 맨 끝.

木 【未】 아닐 미

一 二 丰 才 未

중 ⊕wèi ⊕ミ(いまだ) 영not yet
字源 상형자. 木(목) 자에 가지가 하나 더 있는 모습이다. 나무에 가지와 잎이 무성하다는 뜻을 나타내는데, 뒤에 지지(地支)의 여덟 번째·부정사(否定詞)로 가차되었다.
字解 ①아닐 (미) ※'아직 …하지 아니함'의 뜻을 나타냄. ②양, 여덟째 지지(미)

【未開 미개】①꽃이 아직 피지 아니함. ②문명이 발달하지 못한 상태.
【未納 미납】아직 내지 못함.
【未達 미달】아직 이르지 못함.
【未來 미래】아직 오지 않은 때.
【未滿 미만】정한 수·정도에 차지 못함.
【未備 미비】아직 갖추어져 있지 않음.
【未熟 미숙】①음식·과실 등이 덜 익음. ②익숙하지 않아 서투름.
【未時 미시】①십이시의 여덟째 시. 곧, 하오 1시~3시. ②이십사시의 열다섯째 시. 곧, 하오 1시 30분~2시 30분.
【未婚 미혼】아직 결혼하지 않음.
【未洽 미흡】아직 흡족하지 못함.

木 【本】 근본 본

一 十 才 木 本

중 ⊕běn ⊕ホン(もと) 영origin
字源 지사자. 木(목) 자의 아래쪽에 '一'을 그어 '뿌리'를 표시하였다.
字解 ①근본, 기초, 바탕 (본) ¶本能(본능) ②이 (본) ¶本人(본인) ③책 (본) ¶古本(본업)

【本貫 본관】시조(始祖)가 난 땅. 貫鄕(관향).
【本能 본능】타고난 성능 또는 능력.
【本末 본말】①일의 처음과 끝. ②일의 주되는 것과 그에 딸린 것.
【本分 본분】①자기에게 알맞은 분수. ②마땅히 행해야 할 직분.
【本業 본업】주가 되는 직업.
【本意 본의】①본뜻. ②진정한 마음.
【本人 본인】자기. 자신.
【本店 본점】①영업의 본거지가 되는 점포. ②이 상점. 本鋪(본포).

【本第入納 본제입납】 본집으로 들어가는 편지. 자기 집에 편지를 부칠 때, 편지 겉봉의 자기 이름 아래에 쓰는 말.
【本質 본질】 근본적인 성질이나 요소.
【古本 고본】 오래된 책. 옛 책.
【根本 근본】 ①초목의 뿌리. ②사물이 발생하는 근원.
【寫本 사본】 원본을 옮기어 베낌, 또는 그런 문서나 책.
【製本 제본】 책을 매어서 꾸밈.

木⑤ 【札】 편지 찰 匣

一 十 オ 木 札 札

명 ⓒzhá ⓙサツ(ふだ) ⓔletter
字源 형성자. 木(목)은 의미 부분이고, 乙(찰)은 발음 부분이다.
字解 ①편지(찰) ¶書札(서찰) ②패(찰) ※ 나무·종이·쇠 따위의 얇은 조각. ¶名札(명찰) ③돈, 화폐(찰) ¶現札(현찰)
【落札 낙찰】 입찰한 목적물이나 권리 따위가 자기 손에 들어옴.
【名札 명찰】 이름·소속 등을 적어 달고 다니게 된 헝겊·종이·나무 따위의 쪽. 名牌(명패).
【書札 서찰】 편지. 簡札(간찰).
【入札 입찰】 경쟁 매매 계약에서, 희망자가 예정 가격을 써내는 일.
【牌札 패찰】 소속 부서·성명 등을 써서 목에 거는 조그만 딱지.
【標札 표찰】 종이나 얇은 나뭇조각 따위로 만든 표.
【現札 현찰】 ①현금. ②맞돈.

木⑤ 【朮】 삽주 출 匣

명 ⓒzhú ⓙジュツ(おけら)
字解 삽주(출) ※ 국화과의 다년초.
【白朮 백출】 삽주의 덩어리진 뿌리. 비위(脾胃)를 돕는 약으로 쓰임.
【蒼朮 창출】 삽주의 덩이지지 않은 뿌리. 건위제와 이뇨제로 쓰임.

木⑥ 【机】 책상 궤

명 ⓒjī ⓙキ(つくえ) ⓔdesk
字解 책상(궤) ≒几.
【机案 궤안】 책상.
【机下 궤하】 편지 겉봉의 받는 사람의 이름 밑에 붙여 쓰는 존칭.

木⑥ 【朴】 순박할 박 匣

一 十 オ 木 朴 朴

명 ⓒpǔ ⓙボク(ほお) ⓔsimple
字源 형성자. 木(목)은 의미 부분이고, 卜(복)은 발음 부분이다.
字解 ①순박할(박) ≒樸 ②후박나무(박)
【素朴 소박】 꾸밈이나 거짓이 없이 있는 그대로임.
【淳朴 순박】 꾸밈이 없고 소박함.
【質朴 질박】 꾸밈없이 수수함.
【厚朴 후박】 후박나무의 껍질.

木⑥ 【朱】 붉을 주 匣

丿 ノ 一 二 牛 牛 朱

명 ⓒzhū ⓙシュ(あか) ⓔvermilion
字源 지사자. 木(목) 자의 중간에 '一'을 그어 '나무의 줄기'를 표시하였다.
字解 붉을(주)
【朱門 주문】 붉은 칠을 한 대문. '부귀한 사람의 집'을 이름.
【朱紅 주홍】 붉은빛과 누른빛의 중간 빛깔.
【朱黃 주황】 주홍빛과 누른빛의 중간으로 붉은 쪽에 가까운 빛깔.
【印朱 인주】 도장을 찍을 때 묻혀 쓰는 붉은 빛깔의 재료.

'朱'가 붙은 한자

洙 물 이름(수)	殊 다를(수)
茱 수유(수)	銖 수(수)
侏 난쟁이(주)	姝 예쁠(주)
株 그루(주)	珠 구슬(주)
硃 주사(주)	蛛 거미(주)
誅 벨(주)	

木⑥ 【朵】 꽃 떨기 타 匣 朶

ⓒduǒ ⓙダ ⓔspray
字解 꽃 떨기(타)
【一朵 일타】 한 떨기. 한 가지.

木部 2획

木2⑥ **[朶]** 명 朶(407)와 同字

木2⑥ **[朽]** 썩을 후 宥
명 ⑪xiǔ ⑪キュウ(くちる) ⓔrot
字解 ①썩을(후) ②쇠할(후)
【朽木 후목】 썩은 나무.
【朽敗 후패】 썩어서 문드러짐.
【老朽 노후】 낡아서 못 쓰게 됨.
【不朽 불후】 썩지 아니함.

4획

木3⑦ **[杆]** 지레 간 寒
명 ⑪gān ⑪カン(てこ) ⓔlever
字解 지레, 몽둥이(간)
【橫杆 공간】 ①지레. ②지렛대.

木3⑦ **[杠]** 깃대 강 江
명 ⑪gāng ⑪コウ ⓔflagpole
字解 ①깃대(강) ②다리(강)
【杠梁 강량】 다리. 橋梁(교량).
☞ '杠'은 보행하는 다리, '梁'은 수레가 다닐 수 있는 다리.
【杠首 강수】 깃대의 꼭대기.

木3⑦ **[杞]** 구기자 기 紙
명 ⑪qǐ ⑪キ ⓔboxthorn
字解 ①구기자(기) ②버들(기) ¶杞柳(기류) ③나라 이름(기) ※ 허난 성(河南省)에 있던, 주대(周代)의 제후국. ¶杞憂(기우)
【杞柳 기류】 고리버들.
【杞憂 기우】 기(杞)나라 사람의 걱정. '쓸데없는 걱정'을 이름.

故事 기(杞)나라의 어떤 사람이, '만약 하늘이 무너져 내려앉으면 어쩌하나' 하고 걱정하며 잠도 자지 못하고 밥도 먹지 못했다는 데서 온 말.

【枸杞子 구기자】 ①구기자나무. ②구기자나무의 열매.

木3⑦ **[杜]** 막을 두 麌
명 ⑪dù ⑪ト(ふさぐ) ⓔshut
字解 ①막을(두) ②아가위나무(두)
【杜鵑 두견】 ①두견새. ②'진달래'의 이칭(異稱). 杜鵑花(두견화).
【杜門不出 두문불출】 문을 닫고 밖에 나가지 아니함.
【杜詩 두시】 두보(杜甫)의 시(詩).
【杜絶 두절】 막히고 끊어짐.
【杜撰 두찬】 전거·출처가 없는 말을 억지로 쓰는 일, 또는 그러한 저작.

故事 송(宋)나라 두묵(杜默)이 지은 시(詩)가 율격(律格)에 맞지 않게 억지로 지은 것이 많았던 데서 온 말.

木3⑦ **[李]** 오얏 리
一 十 才 木 本 李 李
명 ⑪lǐ ⑪リ(すもも) ⓔplum
字源 형성자. 木(목)은 의미 부분이고, 子(자)는 발음 부분이다. 옛날에 李와 子는 발음이 비슷하였다.
字解 ①오얏, 자두(리) ¶桃李(도리) ②심부름꾼, 사자(리) ¶行李(행리)
【李下不正冠 이하부정관】 자두나무 아래에서 갓을 고쳐 쓰지 마라. '남에게 의심받을 일은 하지 마라'는 뜻.
【桃李 도리】 복숭아나무와 자두나무.
【行李 행리】 ①관청의 사자(使者) 또는 빈객(賓客)을 맞던 벼슬. 行李(행리) ②여행할 때 쓰이는 물건. 行裝(행장).
【張三李四 장삼이사】 장씨의 셋째 아들과 이씨의 넷째 아들. '평범한 보통 사람'을 이름.

木3⑦ **[枎]** 나무 이름 범 國
명 ⑪fān ⑪ヘン
字解 나무 이름(범) ※ 흔히 수부목(水枎木)이라 하고, 이 나무의 껍질을 목부(木枎)라고 함.

木3⑦ **[杉]** 삼나무 삼 國
명 ⑪shān ⑪サン(すぎ) ⓔcedar
字解 삼나무(삼)
【杉籬 삼리】 삼나무 울타리.

【束】 묶을 속

一 厂 戸 百 吏 束 束

고 ⓒshù ⓙソク(たば) ⓔbind
字源 상형자. '朿'→'朿'→'朿'→束. 주머니나 전대를 그린 것으로, 가운데에 무슨 물건을 넣고 위아래를 잡아맨 모습이다. 본래 東(동)자와 같은 글자였는데, 東은 명사로, 束은 동사로 쓰였다.
字解 ①묶을(속) ②묶음, 다발(속) ③약속할(속)

【束縛 속박】 얽어매어 구속함.
【束髮 속발】 머리털을 모아서 묶음. 또는 그렇게 묶은 머리.
【束手無策 속수무책】 손이 묶인 듯이 어찌할 방책이 없음. '어찌할 도리 없이 꼼짝 못하게 됨'의 뜻.
【結束 결속】 맺어 뭉침. 동여맴.
【拘束 구속】 마음대로 못하게 얽어맴.
【團束 단속】 경계하며 단단히 다잡음.
【約束 약속】 장래에 할 일에 관하여 상대편과 서로 미리 정함.

【杌】 그루터기 올

ⓒwù ⓙゴツ ⓔstump
字解 ①그루터기(올) ②걸상(올)
【杌子 올자】 간편한 작은 걸상.

【杅】 바리 우

ⓒyú ⓙウ ⓔbasin
字解 ①바리, 물그릇(우) ②만족할(우)
【杅水 우수】 물그릇의 물.
【杅杅 우우】 만족하는 모양
참고 杆(간: 408)은 딴 자.

【杝】 나무이름 이

명 ⓒyí ⓙㇾ
字解 나무 이름(이)

【杖】 지팡이 장

명 ⓒzhàng ⓙジョウ(つえ) ⓔstick
字解 ①지팡이(장) ¶ 杖屨(장구)

②짚을, 기댈(장) ③몽둥이(장) ¶ 棍杖(곤장)
【杖屨 장구】 ①지팡이와 신. ②이름난 사람이 머물러 있던 자취.
【杖朞 장기】 지팡이를 짚고 1년 동안 입던 거상(居喪).
【杖刑 장형】 오형(五刑)의 하나로, 곤장으로 볼기를 치던 형벌(刑罰).
【棍杖 곤장】 죄인의 볼기를 치는 데 쓰던 형구(刑具).
【短杖 단장】 짧은 지팡이.
【竹杖 죽장】 대지팡이.

【材】 재목 재

一 十 才 木 木 村 材

명 ⓒcái ⓙザイ ⓔtimber
字源 형성자. 木(목)은 의미 부분이고, 才(재)는 발음 부분이다.
字解 ①재목(재) ¶ 材質(재질) ②감, 거리(재) ¶ 材料(재료) ③재능(재) ≒才 ¶ 人材(인재) ④바탕(재)
【材料 재료】 물건을 만드는 감.
【材木 재목】 건축이나 기구를 만드는 데 재료가 되는 나무.
【材質 재질】 ①목재의 성질. ②재료의 성질.
【素材 소재】 어떤 것을 만드는 데 바탕이 되는 재료.
【人材 인재】 재능이 있는 사람.
【資材 자재】 어떤 물건을 만드는 재료.
【製材 제재】 베어 낸 나무를 켜서 각목·널빤지 따위를 만듦.
【題材 제재】 주제가 되는 재료.

【条】 條(424)의 俗字

【杈】 작살 차

ⓒchā ⓙサ ⓔgig
字解 ①작살(차) ※물고기를 찔러 잡는 기구. ②나무 가장귀질(차)

【村】 마을 촌

一 十 才 木 木 村 村

명 ⓒcūn ⓙソン(むら) ⓔvillage

木部 3획

字源 형성자. 木(목)은 의미 부분이고, 寸(촌)은 발음 부분이다.
字解 마을, 시골(촌)
【村落 촌락】 시골 마을. 部落(부락).
【村長 촌장】 지난날, 마을 일을 두루 맡아보던 마을의 어른.
【農村 농촌】 농업을 생업으로 삼는 지역이나 마을.
【僻村 벽촌】 외진 곳에 있는 마을.

木 3 (7) 【杓】 ❶자루 표 ❷구기 작

名 ❶ ⊕biāo, sháo ❷ ⊕ヒョウ(ひしゃく) ⊕handle
字解 ❶자루(표) ❷구기(작) ※술·죽·기름 등을 푸는 기구.
【杓子 작자】 구기.

木 3 (7) 【杏】 살구 행

名 ⊕xìng ⊕キョウ(あんず) ⊕apricot
字解 ①살구(행) ②은행(행)
【杏壇 행단】 은행나무 단. 학문(學問)을 닦거나 가르치는 곳.
故事 공자(孔子)가 행단에서 학문을 가르쳤다는 고사에서 온 말.
【杏林 행림】 ①살구나무 숲. ②'의원(醫員)'의 미칭(美稱).
故事 동봉(董奉)이라는 명의(名醫)가 치료비 대신 중환자에게는 5그루, 가벼운 환자에게는 1그루씩의 살구나무를 심게 하였는데, 몇 년 뒤 살구나무가 숲을 이루자 사람들이 '동선(董仙)의 행림(杏林)'이라 한 데서 온 말.
【杏仁 행인】 살구 씨의 속. 한약재로 쓰임.
【銀杏 은행】 ①은행나무. ②은행나무의 열매.

木 4 (8) 【杰】 傑(46)의 俗字

木 4 (8) 【杲】 밝을 고

名 ⊕gǎo ⊕コウ ⊕bright

字解 ①밝을(고) ②높을(고)

木 4 (8) 【果】 과실 과

一 口 日 日 旦 甲 果 果

名 ⊕guǒ ⊕カ(はて) ⊕fruit
字源 상형자. 나무(木)에 열매(田)가 열린 모습을 본뜬 것이다.
字解 ①과실(과) ¶果樹(과수) ②결과(과) ¶效果(효과) ③결단할(과) ¶果敢(과감) ④과연(과)
【果敢 과감】 과단성 있고 용감함.
【果斷 과단】 잘라 결정함.
【果樹 과수】 과실나무. 果木(과목).
【果實 과실】 나무의 열매.
【果然 과연】 알고 보니 정말로. 果是(과시).
【結果 결과】 ①열매를 맺음. ②어떤 원인으로 생긴 결말의 상태.
【靑果 청과】 '신선한 과실과 채소'의 총칭.
【效果 효과】 보람 있는 결과.

'果'가 붙은 한자

夥 많을 (과) 菓 과실 (과)
裹 쌀 (과)   課 과할 (과)
顆 낱알 (과) 裸 벌거숭이 (라)

木 4 (8) 【枏】 名 楠(429)과 同字

木 4 (8) 【杻】 ❶감탕나무 뉴 ❷쇠고랑 추

⊕niǔ, chǒu
⊕ニュウ(てかせ), チュウ(もち)
字解 ①감탕나무(뉴) ②쇠고랑(추)

木 4 (8) 【東】 동녘 동

一 一 一 一 一 東 東 東

名 ⊕dōng ⊕トウ(ひがし) ⊕east
字源 상형자. '束'→'束'→'束'→東. 주머니나 전대를 그린 것으로, 가운데에 무슨 물건을 넣고 위아래를 잡아맨 모습이다. 본래 東 자의

같았는데, 東은 동사로, 東은 명사로 쓰였다. 東이 뒤에 '동쪽'이라는 뜻으로 가차되자, '주머니'라는 뜻으로는 橐(전대 탁) 자를 새로 만들어 보충하였다.
字解 동녘, 동쪽(동)

【東家食西家宿 동가식서가숙】①동쪽의 부유한 집에서 먹고, 서쪽의 미남의 집에서 잠을 잠. '탐욕스러운 사람'의 비유. ②떠돌아다니며 얻어먹고 지내는 일.
【東國 동국】'우리나라'의 이칭(異稱). 海東(해동).
📖 중국의 동쪽에 있는 나라라는 데서 온 말.
【東問西答 동문서답】동쪽을 묻는데 서쪽을 대답함. '물음에 대한 엉뚱한 대답'을 이름.
【東奔西走 동분서주】동쪽으로 달리고 서쪽으로 뜀. '여기저기 바쁘게 돌아다님'을 이름.
【東西古今 동서고금】동양과 서양, 옛날과 지금. 모든 시대 모든 곳.
【東夷 동이】동쪽 오랑캐. 지난날 중국에서 그들의 동쪽에 살던 이민족을 얕잡아 이르던 말.
【極東 극동】①동쪽의 맨 끝. ②아시아 대륙의 동쪽에 위치한 지역. 우리나라·중국·일본 등을 이름.
참고 東(간: 414)은 딴 자.

木 4
(8) 【枓】 ❶주두 두 㑒
❷물 구기 주 㑇

명 ❶ ⊕dǒu ⊕トウ ⊕cap
字解 ❶주두(두) ❷물 구기(주)
【枓栱 두공】규모가 큰 목조 건물의 기둥 위에 지붕을 받치도록 쌓아올린 구조.
【柱枓 주두】기둥머리의 모양을 내기 위하여 끼우는 넓적한 나무. 대접받침. 图柱頭(주두).

木 4
(8) 【林】 수풀 림 㑉

一 十 才 木 村 材 林

음 ⊕lín ⊕リン(はやし) ⊕forest
字解 회의자. 木(나무 목) 자 둘을 써서 '숲'이라는 뜻을 나타냈다.
字解 ①수풀, 숲(림) ¶ 林野(임야) ②빽빽할, 많을(림) ¶ 林立(임립) ③동아리(림) ¶ 儒林(유림)
【林立 임립】숲의 나무와 같이 많이 늘어섬.
【林野 임야】나무가 늘어서 있는 넓은 땅. 산림 지대.
【林業 임업】삼림을 경영하는 사업.
【密林 밀림】큰 나무들이 빽빽하게 늘어선 수풀.
【山林 산림】①산에 있는 숲. ②도회지에서 멀리 떨어진 산야(山野).
【森林 삼림】나무가 많이 우거진 곳.
【儒林 유림】유학을 공부하는 학자들의 사회. 士林(사림).

> '林'이 붙은 한자
> 禁 금할(금)　　婪 탐할(람)
> 琳 옥 이름(림)　　痲 임질(림)
> 淋 물 떨어질(림)　霖 장마(림)
> 焚 불사를(분)

木 4
(8) 【枚】 낱 매 㘹

명 ⊕méi ⊕マイ ⊕piece
字解 ①낱(매) ※셀 수 있는 물건의 하나하나. ¶ 枚擧(매거) ②하무(매) ※군졸(軍卒)이 떠들지 못하도록 입에 물리던 나무 막대기. ¶ 銜枚(함매)
【枚擧 매거】낱낱이 들어서 말함.
【枚數 매수】장으로 세는 물건의 수효. 張數(장수).
【銜枚 함매】하무를 입에 물림.

木 4
(8) 【杳】 아득할 묘 㒳

명 ⊕yǎo ⊕ヨウ(くらい) ⊕obscure
字解 ①아득할(묘) ②어두울(묘)
【杳冥 묘명】①그윽하고 어두움. ②아득히 멂.
【杳然 묘연】①아득하고 멂. 아물아물함. ②알 길이 없이 감감함.

木 4
(8) 【枋】 박달나무 방 㒳

명 ⊕fāng ⊕ホウ ⊕birch

字解 박달나무(방)
【引枋 인방】 출입구나 창 따위의 아래 위에 가로놓여 벽을 받쳐 주는 나무 또는 돌.
【中枋 중방】 벽의 중간에 가로지르는 인방. 中引枋(중인방).

杯 잔 배 医 ⑧

一 十 † 才 木 札 杯 杯
중 ⊕bēi ⊕ハイ(さかずき) ㊍cup
字源 형성자. 木(목)은 의미 부분이고, 不(불)은 발음 부분이다.
字解 잔(배)
【杯盤 배반】 술잔과 그릇. 술상에 차려 놓은 그릇들.
【杯酒 배주】 잔에 부은 술.
【乾杯 건배】 잔을 말림. 축하하거나 건강을 기원하면서 잔을 들어 술을 마시는 일.
【苦杯 고배】 쓴 액체가 든 잔. '쓰라린 경험'의 비유.
【祝杯 축배】 축하의 뜻을 나타내기 위하여 마시는 술, 또는 그 술잔.

枇 비파나무 비 因 ⑧

명 ⊕pí ⊕ヒ ㊍loquat
字解 비파나무(비)
【枇杷 비파】 비파나무, 또는 비파나무의 열매.

析 쪼갤 석 鏐 ⑧

一 十 † 才 木 札 析 析
고 ⊕xī ⊕セキ(きく) ㊍split
字源 회의자. 도끼[斤(근)]로 나무[木(목)]를 쪼갠다는 뜻이다.
字解 쪼갤, 가를(석)
【析出 석출】 화합물을 분석하여 어떤 물질을 골라냄.
【分析 분석】 복합된 사물을 그 요소나 성질에 따라서 가르는 일.
【解析 해석】 사물을 상세히 풀어서 이론적으로 연구함.

松 솔 송 图 ⑧

一 十 † 才 木 松 松 松
중 ⊕sōng ⊕ショウ(まつ) ㊍pine tree
字源 형성자. 木(목)은 의미 부분이고, 公(공)은 발음 부분이다.
字解 솔, 소나무(송)
【松菊主人 송국주인】 소나무와 국화의 주인. '은둔자'를 이름.
【松栮 송이】 주로 소나무 숲에서 나는 향기로운 식용(食用) 버섯.
【松津 송진】 소나무에서 나는 끈끈한 수지(樹脂). 송지(松脂).
【老松 노송】 늙은 소나무.

枘 장부 예 ⑧

⊕ruì ⊕ゼイ(ほぞ) ㊍tenon
字源 장부(예) ※건축에서, 한쪽 끝을 다른 한쪽 구멍에 맞추기 위하여 그 몸피보다 얼마쯤 가늘게 만든 부분.
【枘鑿 예조】 모난 장부에 둥근 구멍. '사물이 서로 맞지 아니함'의 비유. 方枘圓鑿(방예원조).

枉 굽을 왕 匯 ⑧

명 ⊕wǎng ⊕オウ(まがる) ㊍bend
字解 ①굽을, 굽힐(왕) ¶枉法(왕법) ②억울할(왕) ¶枉死(왕사)
【枉臨 왕림】 귀한 몸을 굽히어 오심. '남이 자기가 있는 곳으로 찾아옴'의 경칭(敬稱). 枉駕(왕가).
【枉法 왕법】 법을 굽혀 악용함.
【枉死 왕사】 억울하게 죽음.

杬 나무 이름 원 囩 ⑧

명 ⊕yuán ⊕ゲン
字解 나무 이름(원)

杵 공이 저 語 ⑧

명 ⊕chǔ ⊕ショ(きね) ㊍pestle
字解 ①공이, 절굿공이(저) ②다듬잇방망이(저)
【杵臼之交 저구지교】 절굿공이와 절구통의 사귐. '머슴들 사이의 교

제', 또는 '귀천(貴賤)을 가리지 않고 사귀는 일'을 이름.

故事 후한(後漢)의 공손목(公孫穆)이 서울에 유학갔다가 학비를 벌고자 오우(吳祐)의 집에서 머슴살이를 하였는데, 오우가 그의 인물됨에 놀라 서로 사귀게 되었다는 데서 온 말.

木4⑧ 【杼】 ❶북 저 圖 ❷개수통 서 圖

㊥zhù ㊐チョ(ひ) ㊀shuttle
字解 ❶북(저) ※베틀의 북. ❷개수통, 설거지통(서).

【杼梭 저사】①베틀의 북과 바디. ②베를 짜는 일.

木4⑧ 【枝】 ❶가지 지 支 ❷육손이 기 支

一十才木木术杉枝

㊥zhī, qí ㊐シ(えた) ㊀branch
字源 형성자. 木(목)은 의미 부분이고, 支(지)는 발음 부분이다.
字解 ❶①가지(지) ¶枝葉(지엽) ②버팀(지) ¶枝梧(지오) ❷육손이(기) ¶枝指(기지)

【枝葉 지엽】①가지와 잎. ②사물의 중요하지 않은 부분.
【枝梧 지오】①버팀. ②저항함.
【枝指 기지】손가락이 여섯인 사람. 육손이.
【剪枝 전지】나무의 곁가지를 자르고 다듬는 일.

木4⑧ 【枃】 사침대 진 圖眞

명 ㊥jīn ㊐シン
字解 사침대(진) ※베틀에서 날의 사이를 띄어 주는 두 개의 나무.

木4⑧ 【枢】 樞(436)의 俗字

木4⑧ 【枕】 베개 침 圖

一十才木木杧杧枕

고 ㊥zhěn ㊐チン(まくら) ㊀pillow
字源 형성자. 木(목)은 의미 부분이고, 尤(유·임)은 발음 부분이다.
字解 ①베개, 벨(침) ¶木枕(목침) ②침목, 횡목(침) ③잠잘, 잠(침) ¶起枕(기침)

【枕木 침목】①길고 큰 물건 밑을 괴어 놓은 큰 나무토막. ②철로 밑에 괴는 나무토막.
【枕上 침상】①베개의 위. ②잠을 자거나 누워 있을 때.
【起枕 기침】잠자리에서 일어남.
【木枕 목침】나무토막으로 만든 베개.

木4⑧ 【杷】 비파나무 파 圖

명 ㊥pá ㊐ハ ㊀loquat
字解 ①비파나무(파) ②써래(파) ※논밭의 바닥을 고르는 농구.

【枇杷 비파】비파나무, 또는 비파나무의 열매.

木4⑧ 【板】 널 판 潸

一十才木木杧板板

고 ㊥bǎn ㊐バン, ハン ㊀board
字源 형성자. 木(목)은 의미 부분이고, 反(반)은 발음 부분이다.
字解 ①널, 널빤지(판) ¶板刻(판각) ②판목(판) ≒版 ¶板本(판본)

【板刻 판각】글씨·그림 등을 판에 새김, 또는 그 새긴 것. 登梓(등재).
【板木 판목】인쇄하려고 글자나 그림을 새긴 나무판.
【板本 판본】목판으로 인쇄한 책. 板刻本(판각본).
【板書 판서】분필로 칠판에 글을 씀.
【板子 판자】널빤지.
【看板 간판】상점 따위에서, 상호·업종·상품명 따위를 내건 표지.
【木板 목판】나무에 글이나 그림을 새긴 인쇄용 판.
【坐板 좌판】땅에 깔아 놓고 앉는 널빤지.
【懸板 현판】글씨나 그림을 새기거나 써서 문 위의 벽 같은 곳에 다는 널조각.

木 4획

杭 건널 항 陽 4획(8)
- ⊕háng ⊕コウ(わたる) ⊕sail
- **字解** ①건널(항)=航 ②나룻배(항)

柯 가지 가 歐 5획(9)
- 명 ⊕kē ⊕カ ⊕branch
- **字解** 가지(가)
- 【柯葉 가엽】 가지와 잎.
- 【南柯一夢 남가일몽】 '덧없는 꿈이나 부귀영화'를 이름. 참南(92).

枷 항쇄 가 麻 5획(9)
- 명 ⊕jiā ⊕カ(かせ) ⊕cangue
- **字解** ①항쇄, 칼(가) ※죄인의 목에 씌우던 형틀. ②도리깨(가)
- 【枷鎖 가쇄】 죄인(罪人)의 목에 씌우는 칼과 발에 채우는 쇠사슬. 항쇄(項鎖)와 족쇄(足鎖).
- 【連枷 연가】 곡식을 두들겨 낟알을 떠는 농기구. 도리깨.

架 시렁 가 禡 5획(9)
- フカカ加加架架
- 고 ⊕jià ⊕カ(たな) ⊕shelf
- **字源** 형성자. 木(목)은 의미 부분이고, 加(가)는 발음 부분이다.
- **字解** ①시렁(가) ¶書架(서가) ②건너지를(가) ¶架設(가설)
- 【架空 가공】 ①공중에 건너지름. 索道(삭도). ②근거 없는 일.
- 【架橋 가교】 ①다리를 놓음. ②건너 질러 놓은 다리.
- 【架設 가설】 건너질러 설치함.
- 【架子 가자】 ①나뭇가지를 받치는, 시렁같이 만든 물건. ②편종(編鐘)·편경(編磬) 등을 달아 놓는 틀.
- 【高架 고가】 높다랗게 건너지름.
- 【書架 서가】 책을 얹어 놓는 선반.

柬 분별할 간 潸 5획(9)
- 명 ⊕jiǎn ⊕カン ⊕distinguish
- **字解** ①분별할, 분간할(간)≒揀 ②편지(간)≒簡

【柬理 간리】 사리를 가려서 앎.
참고 東(동: 410)은 딴 자.

'柬'이 붙은 한자

揀 가릴 (간)	諫 간할 (간)
闌 막을 (란)	煉 쇠 불릴 (련)
練 익힐 (련)	鍊 단련할 (련)

柑 감자 감 覃 5획(9)
- 명 ⊕gān ⊕カン ⊕orange
- **字解** 감자(감) ※귤의 한 가지.
- 【柑子 감자】 감자나무의 열매.
- 【蜜柑 밀감】 귤의 한 가지.

枯 마를 고 虞 5획(9)
- 一 十 木 木 朴 朴 枯 枯
- 고 ⊕kū ⊕コ(かれる) ⊕wither
- **字源** 형성자. 木(목)은 의미 부분이고, 古(고)는 발음 부분이다.
- **字解** 마를(고)
- 【枯渴 고갈】 물이 말라서 없어짐.
- 【枯木生花 고목생화】 마른 나무에 꽃이 핌. '곤궁한 사람이 행운을 만나게 됨'의 비유.
- 【枯死 고사】 나무나 풀이 말라 죽음.
- 【枯葉 고엽】 마른 잎.
- 【榮枯 영고】 사물의 번영함과 쇠멸함. 성함과 쇠함. 盛衰(성쇠).

枸 구기자 구 有 5획(9)
- 명 ⊕gǒu ⊕コウ, ク ⊕boxthorn
- **字解** 구기자(구)
- 【枸杞子 구기자】 ①구기자나무. ②구기자나무의 열매.

柩 관 구 宥 5획(9)
- 명 ⊕jiù ⊕キュウ ⊕coffin
- **字解** 관, 널(구)=柜
- 【柩衣 구의】 출관(出棺)할 때에 관 위를 덮는 홑이불 같은 보자기.
- 【靈柩 영구】 시체를 넣은 관(棺).
- 【運柩 운구】 영구(靈柩)를 운반함.

木部 5획

木⁵₍₉₎ 【柩】 ❶관 구 囷
❷사람이름 정 圙

명 ❷ 中jiù 日キュウ 英coffin
字解 ❶관, 널(구)=柩 ❷사람 이름(정) ※우리나라에서 항렬자로 쓰임.

木⁵₍₉₎ 【柰】 ❶능금나무 내 圂
❷어찌 나 圂

명 中nài 日ナイ 英apple tree
字解 ❶❶능금나무(내) ❷어찌(내) ❷어찌(나)≒那
【柰何 내하】 어떻게. 어찌하여.

木⁵₍₉₎ 【柅】 무성할 니 圙

명 中nǐ 日ジ 英thick
字解 ①무성할(니) ②살필(니)

木⁵₍₉₎ 【柳】 버들 류 囷

一 十 木 木 机 析 柳 柳

명 中liǔ 日リュウ(やなぎ) 英willow
字源 형성자. 木(목)은 의미 부분이고, 卯(묘)는 발음 부분이다.
字解 ①버들, 버드나무(류) ¶楊柳(양류) ②수레 이름(류) ¶柳車(유거) ③별 이름(류) ※이십팔수(二十八宿)의 하나.
【柳車 유거】 장사 지낼 때 재궁(梓宮)이나 시체를 싣고 끌던 큰 수레.
【柳器 유기】 고리버들 가지로 결어서 만든 그릇. 고리.
【細柳 세류】 가지가 가는 버드나무.
【楊柳 양류】 버들. 버드나무.
【花柳 화류】 ① 꽃과 버들. ② '유곽(遊廓)', 또는 '노는 계집'의 비유.

木⁵₍₉₎ 【杢】 기둥 말 圂

中mò 日バツ 英post
字解 기둥(말)
【標杢 표말→푯말】 표로 박아 세운 말뚝. 標木(표목).

木⁵₍₉₎ 【某】 아무 모 囿

一 十 廿 甘 苷 草 某 某

中mǒu 日ボウ(それがし) 英anyone
字源 회의자. 본래 신맛이 나는 열매를 뜻하였으나, '어떤 사람'이라는 뜻으로 가차되었다. 木(목)과 甘(감)은 모두 의미 부분이다.
字解 아무(모)
【某氏 모씨】 '아무개'의 높임말.
【某種 모종】 어떤 종류. 아무 종류.
【某處 모처】 아무 곳. 어떤 곳.

木⁵₍₉₎ 【柈】 盤(564)과 同字

木⁵₍₉₎ 【柏】 명 栢(420)의 本字

4획

木⁵₍₉₎ 【柄】 자루 병 囿

명 中bǐng 日ヘイ(え) 英handle
字解 ①자루(병) ¶斗柄(두병) ②권세(병) ¶權柄(권병)
【柄用 병용】 요직(要職)에 등용(登用)됨으로써 권력을 잡음.
【權柄 권병】 권력을 잡은 신분.
【斗柄 두병】 북두칠성(北斗七星) 중 자루 형상의 세 별.

木⁵₍₉₎ 【柶】 숟가락 사 圙

명 中sì 日シ 英spoon
字解 ①숟가락(사) ②圙윷(사)
【擲柶 척사】 윷놀이.

木⁵₍₉₎ 【查】 사실할 사 圙

一 十 木 木 查 杳 查 查

中chá 日サ(しらべる) 英investigate
字源 형성자. 본래 나무를 벤다는 뜻으로, 槎(나무 벨 차) 자와 같다. 뒤에 '고찰하다'·'조사하다'라는 뜻으로 쓰였다.
字解 ①사실할, 조사할(사) ¶查察

(사찰) ②[國]사돈(사) ¶ 査丈(사장)
【査頓 사돈】 혼인한 두 집의 어버이 대와 그 윗대의 같은 항렬끼리 서로 부르는 말.
【査實 사실】 사실(事實)을 조사함.
【査閱 사열】 군대에서, 장병을 정렬시키거나 행진시키어 그 사기(士氣)나 장비를 살펴봄.
【査丈 사장】 '사돈 어른'의 존칭.
【査定 사정】 조사하여 결정함.
【査察 사찰】 조사하여 살핌.
【檢査 검사】 옳고 그름과 좋고 나쁨 등의 사실을 조사하여 판단함.
【考査 고사】 ①자세히 생각하고 조사함. ②성적·실력 따위를 검사함.
【審査 심사】 자세히 조사하여 정함.

4 획

木 5 ⑨ 【柱】 찌 생 [國]
[英]strip
[字解] ①찌, 찌지(생) ※무엇을 표하거나 적어서 붙이는 작은 종이쪽지. ②제비(생) ③장승(생)
【長柱 장생】 ①기다란 통나무나 돌 따위에 사람 얼굴 모양을 익살스럽게 새겨 세운 것. 長丞(장승). ② '키가 멋없이 큰 사람'의 비유.
【抽柱 추생】 제비를 뽑음. 추첨.

木 5 ⑨ 【柖】 나무 흔들릴 소 [蕭]
[명] [中]sháo
[字解] ①나무 흔들릴(소) ②과녁(소)

木 5 ⑨ 【柹】 감 시 [紙] [속] 柿
[中]shì [日]シ(かき) [英]persimmon
[字解] 감(시)
【沈柹 침시】 소금물에 우리어서 떫은 맛을 없앤 감. 침감.
【紅柹 홍시】 붉고 말랑말랑하게 무르익은 감. 연감. 軟柹(연시).

木 5 ⑨ 【柿】 [명] 柹(416)의 俗字

木 5 ⑨ 【枲】 수삼 시 [紙]
[中]xǐ [日]シ [英]hemp
[字解] ①수삼(시) ※삼〔麻〕의 수포기. ②모시풀(시)
【枲麻 시마】 ①삼. ②삼의 섬유.
【枲著 시착】 모시로 만든 솜옷.

木 5 ⑨ 【柴】 섶 시 [本] 재 [佳]
[명] [中]chái [日]サイ [英]brushwood
[字解] ①섶, 땔나무(시) ②울타리(시)
【柴糧 시량】 땔나무와 양식.
【柴扉 시비】 사립문.
【柴炭 시탄】 땔나무와 숯.

木 5 ⑨ 【染】 물들일 염 [琰]
丶 氵 氿 氿 氿 氿 卆 染 染
[고] [中]rǎn [日]セン(そめる) [英]dye
[字源] 형성자. 水(수)는 의미 부분이고, 朶(타)는 발음 부분이다. 물감의 재료가 되는 나무〔木(목)〕를 여러 번〔九(구)〕 물〔水(수)〕에 적신다는 뜻의 회의자로 보기도 한다.
[字解] ①물들일, 물들(염) ¶ 染料(염료) ②더럽혀질(염) ¶ 汚染(오염) ③옮을, 병 걸릴(염) ¶ 感染(감염)
【染料 염료】 물감.
【染色 염색】 염료로 물을 들임.
【染織 염직】 ①피륙에 물을 들임, 또는 물들인 피륙. ②염색(染色)과 직물(織物).
【感染 감염】 병원체가 몸에 옮음.
【捺染 날염】 피륙에 무늬를 찍는 염색 방법의 한 가지.
【汚染 오염】 공기·물 등이 세균·가스 따위의 독성에 물듦.
【傳染 전염】 나쁜 버릇이나 질병 등이 옮음.

木 5 ⑨ 【栄】 [명] 榮(433)의 俗字

木 5 ⑨ 【枻】 노 예 [霽]
[中]yì [日]エイ [英]oar
[字解] ①노(예) ②키(예)
【枻女 예녀】 노로 배를 젓는 여자.

木部 5획

【柔】 부드러울 유

一 フ マ ヌ 予 矛 柔 柔 柔

몡 ㊥róu ㊐ジュウ(やわらかい) ㊍soft

字源 형성자. 木(목)은 의미 부분이고, 矛(모)는 발음 부분이다.

字解 ①부드러울(유) ¶ 柔軟(유연) ②순할(유) ¶ 柔順(유순) ③약할(유) ¶ 柔弱(유약)

【柔順 유순】온순하고 공손함.
【柔弱 유약】몸이나 마음이 약함.
【柔軟 유연】부드럽고 연함.
【柔和 유화】성질이 부드럽고 온화함.
【溫柔 온유】마음씨가 따뜻하고 부드러움.
【懷柔 회유】어루만져 잘 달램.

【柚】 ❶유자 유 ❷도투마리 축

몡 ❶ ㊥yòu ㊐ユウ(ゆず) ㊍citron

字解 ❶유자(유) ¶ 柚皮(유피) ❷도투마리(축) ※ 베를 짤 때에 날을 감는 기구. ¶ 杼柚(저축)

【柚子 유자】유자나무의 열매.
【柚皮 유피】유자의 껍질.
【杼柚 저축】북과 도투마리.

【柞】 ❶떡갈나무 작 ❷나무 벨 책

㊥zuò ㊐サク(ははそ) ㊍oak

字解 ❶떡갈나무(작) ❷나무 벨(책)

【柞蠶 작잠】멧누에. 떡갈나무 잎을 먹고 갈색 누에고치를 지음.
【柞木 책목】나무를 벰.

【柊】 나무 이름 종

몡 ㊥zhōng ㊐シュウ

字解 나무 이름(종)

【柱】 기둥 주

一 十 才 才 木 村 村 村 柱

㊥zhù ㊐チュウ(はしら) ㊍pillar

字源 형성자. 木(목)은 의미 부분이고, 主(주)는 발음 부분이다.

字解 ①기둥(주) ¶ 電柱(전주) ②기러기발(주) ※ 거문고·가야금 등의 줄을 고르는 기구. ¶ 膠柱鼓瑟(교주고슬)

【柱聯 주련】기둥·바람벽 등에 써서 붙이는 한시(漢詩)의 연구(聯句).
【柱石 주석】①기둥과 주춧돌. ②'중요한 역할을 하는 사람'의 비유.
【膠柱鼓瑟 교주고슬】기러기발을 갖풀로 붙이고 거문고를 탐. '변통성이 없이 꽉 막힌 사람'의 비유.
【圓柱 원주】둥근 기둥. 두리기둥.
【電柱 전주】전봇대.
【支柱 지주】버티어 괴는 기둥.

【枳】 탱자 지·기

몡 지 ㊥zhǐ ㊐キ, シ(からたち) ㊍trifoliate range

字解 탱자, 탱자나무(지·기)

【枳殼 지각·기각】탱자를 썰어 말린 약재. 위장을 맑게 하고 대변을 순하게 하는 데에 씀.
【枳棘 지극·기극】탱자나무와 가시나무. '일에 방해가 되는 것'의 비유.

【柵】 목책 책

몡 ㊥zhà ㊐サク ㊍stockade

字解 목책, 울타리(책)

【柵門 책문】목책(木柵)의 문.
【木柵 목책】나무 말뚝을 박아 만든 울타리.
【鐵柵 철책】쇠로 된 살대로 만든 우리나 울타리.

【柒】 몡 漆(318)의 俗字

【柁】 키 타

㊥tuó ㊐ダ ㊍rudder

字解 키(타) ※ 배의 방향을 잡는 기구.

【柁手 타수】배의 키를 조종하는 사람. 키잡이. 操柁手(조타수).

【柝】쪼갤 탁
명 ⊕tuò ⊕タク ⊛split
字解 ①쪼갤, 터질(탁) ②딱따기(탁) ※지난날, 밤에 순찰을 할 때 치던 나무토막.
【柝聲 탁성】딱따기 치는 소리.
【擊柝 격탁】딱따기를 쳐서 경계함.
참고 析(석 : 412)은 딴 자.

【枰】바둑판 평
명 ⊕píng ⊕ヘイ
字解 ①바둑판, 장기판(평) ②평상, 침상(평)
【楸枰 추평】바둑판.
참고 秤(칭 : 592)은 딴 자.

【栞】표목 간
명 ⊕kān ⊕カン ⊛marker
字解 표목(간) ※산속을 갈 때 나뭇가지를 꺾어 방향을 표한 것.

【桀】걸임금 걸
명 ⊕jié ⊕ケツ
字解 ①걸임금(걸) ②홰(걸) ※닭이 올라앉게 닭장에 가로질러 놓는 막대기. ③사나울(걸)
【桀惡 걸악】매우 포악함.
【桀紂 걸주】하(夏)나라의 걸왕(桀王)과 은(殷)나라의 주왕(紂王). '천하의 폭군(暴君)'의 비유.

【格】❶격식 격 ❷그칠 각
† 木 木 朾 朾 枚 格 格
고 ⊕gé ⊕カク ⊛form
字源 형성자. 木(목)은 의미 부분이고, 各(각)은 발음 부분이다.
字解 ❶①격식, 법칙(격) ¶規格(규격) ②인품, 자품(격) ¶品格(품격) ③자리, 지위(격) ¶格下(격하) ④이를(격) ¶格物致知(격물치지) ⑤대적할(격) ¶格鬪(격투) ⑥격(격) ※문법 용어. ¶主格(주격) ❷그칠(각) ¶沮格(저각)
【格物致知 격물치지】사물에 이르러 앎을 이름. 실제로 사물을 통하여 이치를 궁구(窮究)하여 온전한 지식에 이름.
【格式 격식】격에 어울리는 법식.
【格言 격언】사리에 맞아 교훈이나 경계가 될 만한 짧은 말.
【格調 격조】예술품에서, 내용과 구성의 조화로 이루어지는 예술적 품위.
【格鬪 격투】서로 맞붙어 싸움.
【格下 격하】자격·지위 따위를 낮춤.
【規格 규격】일정한 규정에 맞는 격식.
【主格 주격】문장에서 체언(體言)이 주어 구실을 하게 하는 격의 형태.
【品格 품격】사람된 바탕과 성품.
【合格 합격】①격식이나 조건에 맞음. ②시험에 붙음.
【沮格 저각】중지함.

【桂】계수나무 계
† 木 木 朾 朾 桂 桂 桂
고 ⊕guì ⊕ケイ(かつら) ⊛cinnamon
字源 형성자. 木(목)은 의미 부분이고, 圭(규)는 발음 부분이다.
字解 ①계수나무(계) ②달(계)
【桂樹 계수】계수나무, 또는 월계수.
【桂皮 계피】계수나무의 껍질.
【月桂冠 월계관】경기의 우승자에게 월계수의 가지와 잎으로 만들어 씌워 주던 관. '승리나 명예'의 비유.

【栱】주두 공
명 ⊕gǒng ⊕キョウ ⊛cap
字解 주두(공) ※기둥머리를 장식하는, 넓적하게 네모진 나무.
【栱栱 두공】규모가 큰 목조 건물의 기둥 위에 지붕을 받치도록 쌓아 올린 구조.

【栝】❶도지개 괄 ❷떨나무 첨
⊕kuò, guā ⊕カツ

字解 ❶①도지개(괄) ※뒤틀린 활을 바로잡는 기구. ②하눌타리(괄) ❷땔나무(첨)

【栝樓 괄루】박과에 딸린 다년생 덩굴풀. 하눌타리.
【栝樹 괄수】①전나무. ②노송나무.
【檃栝 은괄】도지개.

木6 [桄] 광랑나무 광 陽 溪

명 ⊕guāng ⊕コウ
字解 ①광랑나무(광) ②가득찰(광)

【桄榔 광랑】야자과에 속하는 상록 교목. 鐵木(철목).

木6 [框] 문골 광 陽

⊕kuàng ⊕キョウ(かまち) ⊛doorcase
字解 ①문골, 문얼굴(광) ②관문(광) ③관(棺)의 문(광)

【門框 문광】문짝의 양 옆과 위아래의 테를 이룬 나무. 문골.

木6 [校] 학교 교 效

十 木 木' 木' 木 木 木 校

图 ⊕xiào, jiào ⊕コウ ⊛school
字源 형성자. 木(목)은 의미 부분이고, 交(교)는 발음 부분이다.
字解 ①학교(교) ¶校則(교칙) ②교정할(교) ¶校閱(교열) ③장교(교)

【校歌 교가】그 학교의 기풍을 발양하기 위해 제정하여 부르는 노래.
【校舍 교사】학교 건물.
【校閱 교열】문서·책의 잘못된 곳을 살펴서 교정하고 검열함.
【校誌 교지】학생들이 교내에서 편집·발행하는 잡지.
【校正 교정】글자의 잘못된 것을 바로잡음.
【校則 교칙】학교의 규칙.
【分校 분교】본교(本校)와 떨어진 곳에 세운, 같은 계통의 학교.
【將校 장교】군대에서, 소위 이상의 무관(武官)의 통칭.
【學校 학교】설비를 갖추고 학생을 모아 교육을 하는 기관.
【休校 휴교】학교에서 수업과 업무를 한동안 쉼.

木6 [根] 뿌리 근 元

十 木 木 木 木 枦 根 根 根

图 ⊕gēn ⊕コン(ね) ⊛root
字源 형성자. 木(목)은 의미 부분이고, 艮(간)은 발음 부분이다.
字解 ①뿌리(근) ¶根幹(근간) ②근본, 밑 ¶根源(근원)

【根幹 근간】①뿌리와 줄기. ②사물의 뼈대나 바탕.
【根據 근거】①행동의 터전. ②의견·의론 등의 이유나 바탕이 되는 것.
【根本 근본】①초목의 뿌리. ②사물의 본바탕.
【根性 근성】①타고난 성질. ②어떤 일을 끝까지 해내려는 끈질긴 성질.
【根源 근원】일의 밑바탕.
【根柢 근저】사물의 밑바탕. ⊛根底(근저).
【根絶 근절】뿌리째 없애 버림.
【球根 구근】둥근 덩어리처럼 된 뿌리나 땅속줄기. 알뿌리.
【禍根 화근】화를 일으키는 근원.

木6 [桔] 도라지 길 ⓐ결 屑

명 ⊕jié ⊕キツ ⊛balloonflower
字解 도라지(길)

【桔梗 길경】도라지.

木6 [桃] 복숭아 도 豪

十 木 木 木 材 机 桃 桃

고 ⊕táo ⊕トウ(もも) ⊛peach
字源 형성자. 木(목)은 의미 부분이고, 兆(조)는 발음 부분이다.
字解 복숭아, 복숭아나무(도)

【桃李 도리】①복숭아나무와 자두나무, 또는 그 꽃이나 열매. ②'남이 천거한 좋은 인재(人材)'의 비유.
【桃色 도색】①복숭앗빛. 연분홍빛. ②남녀 사이에 얽힌 색정적(色情的)인 일.
【桃園結義 도원결의】'의형제를 맺음'을 이름.

木部 6획

故事 촉(蜀)의 유비(劉備)·관우(關羽)·장비(張飛)가 복숭아밭에서 형제의 의를 맺었다는 데서 온 말.
【桃花 도화】 복숭아꽃.
【白桃 백도】 꽃 빛깔이 흰 복숭아.

木⁶⁄₁₀ 【桐】 오동나무 동 東

명 ⓗtóng ⓙドウ(きり) ⓔpaulownia
字源 오동나무(동)
【桐梓 동재】 오동나무와 가래나무. '좋은 재목'을 이름.
【梧桐 오동】 오동나무.

木⁶⁄₁₀ 【栗】 밤 률 質

一 丆 西 西 亞 乑 乑 乑

㎘ ⓗlì ⓙリツ(くり) ⓔchestnut
字源 나무에 가시가 있는 열매가 매달려 있는 모습을 그린 것이다. 즉 밤나무에 밤송이가 매달려 있는 모습을 본뜬 것이다.
字解 ①밤, 밤나무(률) ②떨, 두려워할(률)늑慄
【生栗 생률】 날밤.
【棗栗 조률】 대추와 밤.
【黃栗 황률】 말려서 껍질과 보늬를 벗긴 밤. 황밤.
참고 粟(속 : 622)은 딴 자.

木⁶⁄₁₀ 【柏】 측백나무 백 陌

명 ⓗbǎi ⓙハク(かしわ) ⓔarborvitae
字解 ①측백나무(백) ②잣나무(백)
【柏葉 백엽】 잣나무 잎.
【柏子 백자】 잣나무의 열매.
【松柏 송백】 소나무와 잣나무.
【側柏 측백】 측백나무.

木⁶⁄₁₀ 【桑】 뽕나무 상 陽

ㄱ ㄱ ㄱ ㄱ ㄱ 桑 桑

명 ⓗsāng ⓙソウ(くわ) ⓔmulberry

字源 회의자. 木(목)과 𠭥(약)은 모두 의미 부분이다. '𠭥'은 뽕나무의 잎을 그린 것이다.
字解 뽕나무(상)
【桑椹 상심】 뽕나무의 열매. 오디.
【桑梓 상재】 뽕나무와 가래나무. '고향의 집' 또는 '고향'을 이름.
故事 지난날, 집 담 밑에 누에를 치는 데 쓸 뽕나무와 목공(木工)에 쓸 가래나무를 심어 자손들에게 조상을 생각하게 했던 데서 온 말.
【桑田碧海 상전벽해】 뽕나무 밭이 변하여 푸른 바다로 됨. '세상 일의 변천이 심함'을 이름.

木⁶⁄₁₀ 【栖】 명 棲(427)와 同字

木⁶⁄₁₀ 【栒】 가름대나무 순 軫

명 ⓗsǔn ⓙシュン
字解 가름대나무(순) ※종과 경쇠를 매다는 나무.

木⁶⁄₁₀ 【栻】 점치는 판 식 職

명 ⓗshì ⓙショク
字解 ①점치는 판(식) ②나무 이름(식)

木⁶⁄₁₀ 【案】 책상 안 翰

丶 宀 宀 安 安 安 案 案

명 ⓗàn ⓙアン(つくえ) ⓔdesk
字源 형성자. 木(목)은 의미 부분이고, 安(안)은 발음 부분이다.
字解 ①책상(안) ¶案机(안궤) ②소반, 밥상(안) ¶擧案齊眉(거안제미) ③안석(안) ④생각, 계획(안) ¶腹案(복안) ⑤생각할(안) ¶案出(안출) ⑥新 인도할(안) ¶案内(안내)
【案件 안건】 토의하거나 연구할 거리.
【案机 안궤】 책상.
【案內 안내】 ①인도하여 내용을 알려줌. ②목적하는 곳으로 인도함.
【案席 안석】 앉아서 몸을 뒤로 기대는 데 쓰는 방석.

【勘案 감안】 헤아려 생각함.
【擧案齊眉 거안제미】 밥상을 눈썹 높이까지 들어올려 바침. '남편을 지극히 공경함'을 이름.
【考案 고안】 생각하고 연구하여 새로운 안을 찾아냄.
【提案 제안】 안을 냄. 계획을 제출함.
【懸案 현안】 이전부터 논의되어 왔으나 해결되지 않고 있는 의안.

【桜】 櫻(441)의 俗字

【梅】 산앵두 욱·유 俗有
명 욱 ㉠yǒu ㉡イク
字解 산앵두(욱·유)

【栈】 棧(427)의 俗字

【栽】 심을 재 灰
+ 十 土 耂 耒 栽 栽 栽
종 ㉠zāi ㉡サイ(うえる) ㉢plant
字源 형성자. 木(목)은 의미 부분이고, 㦢(재)는 발음 부분이다.
字解 심을(재)
【栽培 재배】 심어서 가꿈.
【盆栽 분재】 관상(觀賞)을 위해 화분에 심어 가꾼 나무, 또는 그런 일.
참고 哉(재 : 697)는 딴 자.

【栓】 나무못 전
명 ㉠shuān ㉡セン ㉢peg
字解 ①나무못(전) ②마개(전)
【給水栓 급수전】 급수관 끝의 물을 여닫는 마개.
【消火栓 소화전】 화재 때 불을 끄기 위해 저수통 등에 특별히 마련해 놓은 급수전(給水栓). 防火栓(방화전).

【栴】 단향목 전 先
㉠zhān ㉡セン ㉢chinaberry
字解 단향목, 전단(전)
【栴檀 전단】 자단(紫檀)·백단(白檀) 따위 향나무의 총칭.

【株】 그루 주 虞
† 十 才 木 朴 朴 株 株
고 ㉠zhū ㉡シュ(かぶ) ㉢stock
字源 형성자. 木(목)은 의미 부분이고, 朱(주)는 발음 부분이다.
字解 ①그루, 그루터기(주) ¶守株(수주) ②그루, 포기(주) ※나무를 세는 단위. ③新주식(주) ¶株價(주가)
【株價 주가】 주식(株式)의 값.
【株式 주식】 주식회사의 자본을 이루는 단위.
【守株 수주】 그루터기를 지킴. '변통할 줄 모르고 어리석게 한 가지만을 고집함'의 비유. 守株待兎(수주대토).

【桎】 차꼬 질 質
명 ㉠zhì ㉡シツ ㉢fetter
字解 차꼬, 족쇄(질) ※죄인의 발에 쓰우던 형틀.
【桎梏 질곡】 ①차꼬와 수갑(手匣). ②자유를 몹시 속박하는 일.

【桌】 卓(92)과 同字

【核】 씨 핵 陌
† 十 才 木 朴 杉 核 核
고 ㉠hé ㉡カク(さね) ㉢core
字源 형성자. 木(목)은 의미 부분이고, 亥(해)는 발음 부분이다.
字解 ①씨(핵) ※과실(果實)의 씨. ¶核果(핵과) ②알맹이(핵) ¶核心(핵심) ③新핵(핵) ※생물 세포의 중심부에 있는 것, 또는 원자의 중심부에 있는 작은 입자. ¶核武器(핵무기)
【核果 핵과】 씨가 있는 과일.
【核武器 핵무기】 핵에너지를 이용한 여러 가지 무기.
【核心 핵심】 ①사물의 중심이 되는 요긴한 부분. ②과실의 씨.

【核質 핵질】 세포의 핵을 구성하는 원형질.
【細胞核 세포핵】 세포의 원형질 속에 있는 둥근 소체(小體).
【結核 결핵】 결핵균에 의하여 생기는 망울.

木 6 ⑩ 【桁】 ❶도리 형 [庚] ❷차꼬 항 [陽] ❸횃대 항 [漾]

[명] 항 [中]héng [日]コウ(けた) [英]beam
[字解] ❶도리(형) ※서까래를 받치려고 기둥과 기둥을 건너서 위에 걸쳐 놓는 나무. ❷차꼬, 족쇄(항) ※죄인의 발에 씌우던 형틀. ❸횃대(항) ※옷을 걸도록 매달아 둔 막대.

木 6 ⑩ 【桓】 굳셀 환 [寒]

[명] [中]huán [日]カン [英]vigorous
[字解] ①굳셀(환) ②머뭇거릴(환) ③모감주나무(환)
【盤桓 반환】 ①머뭇거리며 그 자리를 떠나지 않음. ②집 따위가 넓고 큼.

木 6 ⑩ 【栩】 기뻐할 후 [麌]

[中]xǔ [日]ク [英]rejoice
[字解] ①기뻐할(후) ②상수리나무(후)

木 7 ⑪ 【桿】 [명] 杆(408)의 俗字

木 7 ⑪ 【梗】 대개 경 [梗]

[명] [中]gěng [日]コウ [英]generally
[字解] ①대개(경) ¶ 梗概(경개) ②곧을(경) ¶ 梗直(경직) ③굳셀(경) ¶ 剛梗(강경) ④막힐(경) ¶ 梗塞(경색)
【梗概 경개】 소설·희곡 따위의 줄거리.
【梗塞 경색】 꽉 막힘.
【梗直 경직】 성질이 참되고 곧음.
【剛梗 강경】 성품이 단단하고 굳셈.

木 7 ⑪ 【械】 기계 계 [卦]

丨 木 朩 杧 柄 械 械 械

[고] [中]xiè [日]カイ(かせ) [英]machine
[字源] 형성자. 木(목)은 의미 부분이고, 戒(계)는 발음 부분이다.
[字解] ①기계(계) ②형구(계)
【械繫 계계】 형구(刑具)로 얽어매어 꼼짝 못하게 함.
【器械 기계】 도구와 기물.
【機械 기계】 동력으로 움직여서 일정한 일을 하게 만든 장치.

木 7 ⑪ 【梏】 수갑 곡 [沃]

[명] [中]gù [日]コク(てかせ) [英]handcuff
[字解] 수갑(곡)
【桎梏 질곡】 ①차꼬와 수갑(手匣). ②자유를 몹시 속박하는 일.

木 7 ⑪ 【梱】 문지방 곤 [阮]

[명] [中]kǔn [日]コン(しきみ) [英]doorsill
[字解] 문지방(곤)
【梱外之任 곤외지임】 문지방 밖의 임무. '병마(兵馬)를 통솔하는 장군(將軍)의 직무'를 이름.

木 7 ⑪ 【梡】 도마 관 [旱]

[명] 완 [中]kuǎn [日]カン [英]chopping board
[字解] ①도마(관) ②땔나무(관)
[참고] 인명용으로 허용되는 음은 '완'인데, 이는 속음화된 것이다.

木 7 ⑪ 【梁】 들보 량 [陽]

氵 汈 汈 沏 沕 沕 梁 梁

[고] [中]liáng [日]リョウ [英]beam
[字源] 회의 겸 형성자. 水(수)와 木(목)은 의미 부분이고, 刅(창)은 발음 부분이다.
[字解] ①들보, 대들보(량)＝樑 ¶ 棟梁(동량) ②다리(량) ¶ 橋梁(교량) ③어량(량) ④나라 이름(량) ※㉠주대(周代)의 제후국. ㉡육조(六朝)의 하나로, 소연(蕭衍)이

세운 나라. ⓒ오대(五代)의 하나로, 주전충(朱全忠)이 세운 나라.
【梁上君子 양상군자】 들보 위의 군자. ①'도둑'을 이름. ②'쥐'의 비유.
故事 한(漢)나라 진식(陳寔)이 들보 위에 도둑이 숨어 있는 줄 알고 자제에게 '사람의 본성은 다 선량하나 나쁜 버릇이 들면 악인이 되는 것이니, 저 양상의 군자가 바로 그러하다'고 훈계하자, 도둑이 감복하여 사죄한 일에서 온 말.
【橋梁 교량】 다리.
【棟梁 동량】 ①마룻대와 들보. ②집 안이나 국가의 기둥이 될 만한 인물. 棟梁之才(동량지재).
【鼻梁 비량】 콧마루.
【魚梁 어량】 물이 한 군데로만 흐르도록 물살을 막고, 그곳에 통발을 놓아 고기를 잡는 장치.
참고 梁(량: 622)은 딴 자.

木7/11 【桸】 평고대 려
⊕lú ⊕リョ ㊁laths
字解 평고대(려) ※처마끝의 서까래를 받치기 위해 가로놓는 나무.

木7/11 【梨】 배 리 皮
丶 千 禾 利 利 利 梨 梨
ㄱ ⊕lí ⊕リ(なし) ㊁pear
字源 형성자. 木(목)은 의미 부분이고, 利(리)는 발음 부분이다.
字解 배, 배나무(리)
【梨雪 이설】 '배꽃'의 비유.
【梨園 이원】 ①배나무를 심은 정원. ②'연극' 또는 '배우'를 이름.
故事 당(唐)나라 현종(玄宗)이 자제와 궁녀 수백 명을 뽑아 대궐 안에 있던 이원에서 속악(俗樂)을 배우게 했던 데서 온 말.
【梨花 이화】 배꽃.

木7/11 【梅】 매화 매
† 木 † 杧 栴 栴 梅 梅
⊕méi ⊕バイ(うめ)
字源 형성자. 木(목)은 의미 부분이고, 每(매)는 발음 부분이다.

字解 ①매화, 매화나무(매) ¶梅實(매실) ②장마(매) ¶梅雨(매우)
【梅實 매실】 매화나무의 열매.
【梅雨 매우】 음력 4, 5월경 매실이 익을 무렵 드는 장마.
【梅香 매향】 매화 향기.
【梅花 매화】 매화나무, 또는 매화꽃.
【白梅 백매】 ①흰 매화. ②매실(梅實)을 소금에 절인 것. 鹽梅(염매).

木7/11 【梶】 우듬지 미
⊕wěi ⊕ミ(こずえ) ㊁treetop
字解 우듬지(미) ※나무의 꼭대기 줄기.

木7/11 【桮】 잔 배 灰
⊕bēi ⊕ハイ(さかずき) ㊁cup
字解 ①잔(배) ≒杯 ②배권(배)
【桮棬 배권】 나무를 휘어 만든 그릇.

木7/11 【梵】 범어 범
名 ⊕fàn ⊕ボン ㊁Sanskrit
字解 ①범어(범) ②깨끗할(범)
【梵閣 범각】 절이나 불당(佛堂).
【梵僧 범승】 계행(戒行)을 지키는 깨끗한 중.
【梵語 범어】 고대 인도의 말. 산스크리트.
【梵鐘 범종】 절에서 치는 종.
【梵唄 범패】 부처의 공덕을 찬양하는 노래.

木7/11 【桴】 대마루 부
⊕fú ⊕フ(いかだ) ㊁ridgepole
字解 ①대마루(부) ※지붕 위의 가장 높게 마루진 부분. ②마룻대(부) ※용마루 밑에 서까래가 얹히게 된 도리. ③뗏목, 떼(부) ¶桴筏(부벌) ④북채(부) ¶桴鼓(부고)
【桴鼓 부고】 ①북채와 북. 곧, '상응함'을 이름. ②북채로 북을 침.
【桴筏 부벌】 뗏목.
참고 '桴'는 작은 뗏목, '筏'은 큰 뗏목.

木部 7획　　　　　　424

【梭】 북 사 歐
木7⑪
명 ⊕suō ⓙサ ⊛shuttle
字解 북(사) ※피륙을 짤 때 씨올의 실꾸리를 넣는 베틀의 부속품.
【梭杼 사저】베틀의 북. 杼梭(저사).
【梭田 사전】베틀의 북 모양으로 길쭉하고 양끝이 뾰족한 밭.

【梳】 빗 소 魚
木7⑪
명 ⊕shū ⓙソ(くしけずる) ⊛comb
字解 ①빗, 얼레빗(소) ②빗을(소)
【梳洗 소세】머리를 빗고 낯을 씻음.
【梳櫛 소즐】머리를 빗음. 빗질함.
【月梳 월소】빗살이 굵고 성긴 큰 빗. 얼레빗.

【梧】 오동나무 오 虞
木7⑪
명 ⊕wú ⓙゴ(あおぎり) ⊛paulownia
字解 ①오동나무(오) ②버틸, 겨룰(오)
【梧桐 오동】오동나무.
【梧葉 오엽】오동나무 잎.
【枝梧 지오】버팀, 또는 저항함.

【梓】 가래나무 자·재 紙
木7⑪
명 ⊕zǐ ⓙシ(あずき) ⊛wild-walnut tree
字解 ①가래나무(자·재) ¶梓宮(재궁) ②목수(자·재) ¶梓人(재인) ③판목(자·재) ¶上梓(상재)
【梓宮 재궁】임금의 관(棺). 임금의 관은 가래나무로 만든 데서 이르는 말.
【梓人 재인】목수. 목수의 우두머리.
【梓桑 재상】가래나무와 뽕나무. '고향' 또는 '고향의 집'을 이름. 梓里(재리). 참桑梓(상재: 420)
【上梓 상재】글자를 판목(版木)에 새김. '책을 출판(出版)하는 일'을 이름.

【梲】 동자기둥 절 屑
木7⑪
⊕zhuō ⓙセツ ⊛post

字解 동자기둥, 대공(절) ※들보 위에 세우는 짧은 기둥.

【梃】 줄기 정 迥
木7⑪
명 ⊕tǐng ⓙテイ(てこ) ⊛trunk
字解 ①줄기(정) ②몽둥이(정)

【桯】 서안 정 庚
木7⑪
명 ⊕tīng ⓙテイ ⊛table
字解 ①서안, 탁자(정) ②기둥(정)

【梯】 사닥다리 제 齊
木7⑪
명 ⊕tī ⓙテイ(はしご) ⊛ladder
字解 사닥다리, 층계(제)
【梯田 제전】산허리에 계단 모양으로 일군 논밭.
【階梯 계제】①층계와 사닥다리. ②일이 되어가는 순서. ③일의 좋은 기회.

【條】 가지 조 蕭 〔속간〕条 條
木7⑪
亻 亻 亻 攸 攸 條 條
그 ⊕tiáo ⓙジョウ(えだ) ⊛branch
字源 상형자→형성자. 갑골문을 보면 'Ⅴ'로, 나뭇가지를 그린 것이었다. 금문에 이르러 의미 부분인 木(목)과 발음 부분인 攸(유)로 이루어진 형성자가 되었다.
字解 ①가지(조) ¶枝條(지조) ②조목(조) ¶條件(조건) ③조리(조)
【條件 조건】어떤 사물이 성립되는 데 갖추어야 하는 요소.
【條例 조례】①조항을 좇아 이루어진 법령. ②지방 자치 단체가 자주적으로 만든 법규.
【條理 조리】일·행동·말의 앞뒤가 맞고 체계가 서는 갈피.
【條目 조목】법률이나 규정 따위의 낱낱의 조항이나 항목. 條項(조항).
【條文 조문】조목을 벌여 적은 글.
【條約 조약】문서(文書)에 의한 국가 간의 합의.
【信條 신조】굳게 믿어 지키는 조목(條目).
【枝條 지조】나무의 가지.

【桭】 처마 진

- 명 ㊥zhēn ㊐シン ㊧eaves
- **字解** ①처마(진) ②대청(진)

【梢】 나무 끝 초

- 명 ㊥shāo ㊐ショウ(こずえ) ㊧treetop
- **字解** 나무 끝(초)

【梢頭 초두】 나뭇가지의 끝 부분.
【末梢 말초】 ①나뭇가지의 끝. ②사물의 끝 부분. ③사소한 일.
참고 稍(초 : 593)는 딴 자.

【梔】 치자 치

- 명 ㊥zhī ㊐シ ㊧gardenia
- **字解** 치자, 치자나무(치)

【梔子 치자】 치자나무의 열매.

【桶】 통 통

- 명 ㊥tǒng ㊐トウ(おけ) ㊧tub
- **字解** 통(통) ※물건을 담는 그릇.

【鐵桶 철통】 ①쇠로 만든 통. ②'준비나 대책이 빈틈없음'의 비유.
【筆桶 필통】 ①붓·연필 따위 필기구를 넣어 다니는 기구. 筆匣(필갑). ②붓을 꽂아 두는 통.

【梟】 올빼미 효

- 명 ㊥xiāo ㊐キョウ(ふくろう) ㊧owl
- **字解** ①올빼미(효) ¶ 梟鴟(효치) ②목 베어 매달(효) ¶ 梟首(효수) ③날랠(효) ¶ 梟猛(효맹)

【梟猛 효맹】 건장하고 날램.
【梟首 효수】 죄인의 목을 베어 높은 곳에 매달던 일.
【梟示 효시】 효수(梟首)하여 경계하는 뜻으로 뭇사람에게 보임.
【梟雄 효웅】 용맹스러운 영웅(英雄).
【梟鴟 효치】 올빼미.

【検】 檢(439)의 俗字

【棨】 창 계

- 명 ㊥qǐ ㊐カイ(わりふ) ㊧spear
- **字解** ①창(계) ②부절(계)

【棨戟 계극】 옛날 의장용으로 쓰인, 비단으로 싼 나무창.
【棨信 계신】 궁중을 출입할 때 쓰던 부신(符信).

【棍】 ❶몽둥이 곤 ❷묶을 혼

- 명 ❶ ㊥gùn ㊐コン ㊧club
- **字解** ❶몽둥이(곤) ❷묶을(혼)

【棍棒 곤봉】 나무를 둥글고 짤막하게 깎아서 만든 방망이.
【棍杖 곤장】 죄인의 볼기를 치던 형구(刑具). 刑杖(형장).
🔎 버드나무로 길고 넓적하게 만드는데, 대곤(大棍)·중곤(中棍)·소곤(小棍)·중곤(重棍)·치도곤(治盜棍)의 다섯 가지가 있음.

【椑】 椰(434)과 同字

【棺】 관 관

- 명 ㊥guān ㊐カン(ひつぎ) ㊧coffin
- **字解** 관, 널(관) ※시체를 넣는 궤.

【棺槨 관곽】 시체를 넣는 속널과 덧널. 내관(內棺)과 외관(外棺).
【棺柩 관구】 널. 관(棺).
【入棺 입관】 시체를 관 속에 넣음.
【下棺 하관】 관을 무덤의 구덩이 안에 내려놓음.

【棬】 나무 그릇 권

- ㊥quān ㊐ケン ㊧woodenware
- **字解** 나무 그릇(권)

【棬樞 권추】 나무를 휘어서 집의 지도리를 만듦. '가난한 집'의 뜻.
【桮棬 배권】 나무를 휘어 만든 그릇.

【棘】 가시나무 극

- 명 ㊥jí ㊐キョク(いばら) ㊧thorn

[字解] ①가시나무, 가시(극) ②멧대추나무(극)
【棘人 극인】 거상(居喪) 중에 있는 사람. 喪制(상제).
【棘皮 극피】 석회질의 가시가 돋아 있는 동물의 껍데기.
【荊棘 형극】 ①나무의 온갖 가시. ②'고초나 난관'의 비유.

木 8 ⑫ 【棋】 바둑 기 [支] | [동] 棊 [동] 碁
[명] ㊥qí ㊐キ
[字解] 바둑(기)
【棋局 기국】 바둑의 승부의 형세.
【棋譜 기보】 바둑이나 장기의 대국(對局) 내용을 기호로 기록한 것.
【棋士 기사】 바둑을 직업으로 삼아 두는 사람.
【棋院 기원】 바둑을 즐길 만한 시설과 장소를 제공하는 업소.
【奕棋 혁기】 바둑.

木 8 ⑫ 【棊】 棋(426)와 同字

木 8 ⑫ 【棄】 버릴 기 [寘] | [고] 弃
[고] ㊥qì ㊐キ ㊎abandon
[字源] 회의자. 어린아이〔𠫓(돌)〕를 두 손〔廾(공)〕으로 삼태기〔箕(기)〕에 담아 버리는 모습이다. 𠫓은 子(자)를 거꾸로 한 형태로, '버리다'라는 뜻은 여기에서 나왔다.
[字解] ①버릴(기) ②그만둘(기)
【棄却 기각】 소송을 수리한 법원이 소송의 무효를 선고하는 일.
【棄權 기권】 권리를 버림.
【棄兒 기아】 ①버림받은 아이. ②어린애를 내버림.
【遺棄 유기】 내버리고 돌보지 않음.
【廢棄 폐기】 못 쓰게 된 것을 내버림.
【抛棄 포기】 ①하던 일을 그만둠. ②권리나 자격을 내버려 쓰지 않음.

木 8 ⑫ 【棠】 아가위 당 [陽]
[명] ㊥táng ㊐トウ ㊎hawthorn
[字解] ①아가위(당) ②팥배(당)
【棠毬子 당구자】 산사(山査)나무의 열매. 아가위. 山査子(산사자).
【棠梨 당리】 팥배나무의 열매. 팥배.

木 8 ⑫ 【棹】 노 도 [本] 조 [效]
[명] ㊥zhào ㊐トウ(さお) ㊎oar
[字解] 노(도) ≒櫂
【棹歌 도가】 뱃노래.

木 8 ⑫ 【棟】 마룻대 동 [送] | [간] 栋
[명] ㊥dòng ㊐トウ(むね) ㊎ridgepole
[字解] ①마룻대(동) ※용마루 밑에 서까래가 얹히게 된 도리. ¶ 棟梁(동량) ②집, 건물(동) ¶ 病棟(병동)
【棟幹 동간】 마룻대가 될 만한 재목. '뛰어난 인물'을 이름.
【棟梁 동량】 ①마룻대와 들보. ②한 집안이나 국가의 기틀이 될 만한 인물. 棟梁之材(동량지재). [통]棟樑(동량).
【病棟 병동】 병원 안에 있는, 여러 병실로 된 한 채의 건물.

木 8 ⑫ 【棱】 楞(429)과 同字

木 8 ⑫ 【棽】 ❶무성할 림 [侵] ❷뒤덮일 침 [侵]
[명] ㊥chēn ㊐リン, チン ㊎thick
[字解] ❶무성할(림) ❷뒤덮일(침)

木 8 ⑫ 【棉】 목화 면 [先]
[명] ㊥mián ㊐メン(わた) ㊎cotton
[字解] 목화, 목화나무(면)
【棉作 면작】 목화(木花) 농사.
【棉花 면화】 아욱과의 일년초. 섬유는 피륙의 원료가 되고 씨로는 기름을 짬. 木棉(목면). 木花(목화). [통]綿花.

木 8 ⑫ 【椧】 홈통 명 [國]
㊎spout

字解 홈통(명) ※물을 이끄는 데 쓰는, 길게 골이 진 물건.

木⁸⁄₁₂ 【棅】 명 柄(415)과 同字

木⁸⁄₁₂ 【棒】 몽둥이 봉 (本)방 (謙)

명 ⊕bàng ⊕ホウ ㊀club
字解 ❶몽둥이(봉) ❷칠(봉)

【棒鋼 봉강】 압연하여 막대 모양으로 만든 강철.
【棍棒 곤봉】 짤막한 나무 방망이.
【鐵棒 철봉】 ①쇠몽둥이. ②체조 용구의 한 가지.

木⁸⁄₁₂ 【棚】 선반 붕 (本)팽 (庚)

명 ⊕péng ⊕ホウ(たな) ㊀shelf
字解 ①선반, 시렁(붕) ②비계(붕)

【大陸棚 대륙붕】 대륙이나 큰 섬을 둘러싸고 있는, 깊이 약 200m까지의 경사가 완만한 해저(海底).

木⁸⁄₁₂ 【椑】 ❶감나무 비 ❷널 벽 (風)

⊕bēi ⊕ヘイ
㊀persimmon tree
字解 ❶감나무(비) ❷널, 관(벽)
※시체를 넣는 궤.

木⁸⁄₁₂ 【棐】 도지개 비 (尾)

명 ⊕fēi ⊕ヒ
字解 ①도지개(비) ②도울(비)

木⁸⁄₁₂ 【森】 수풀 삼 (侵)

명 ⊕sēn ⊕シン(もり) ㊀forest
字解 ①수풀(삼) ¶ 森林(삼림) ②많고 성할(삼) ¶ 森羅萬象(삼라만상) ③으슥할(삼) ¶ 森嚴(삼엄)

【森羅萬象 삼라만상】 우주 사이에 존재하는 온갖 물건과 모든 현상.
【森林 삼림】 나무가 많이 우거진 곳.
【森森 삼삼】 나무가 많이 우거져 빼곡하고 으슥함.
【森嚴 삼엄】 무서우리만큼 엄숙함.

木⁸⁄₁₂ 【棲】 깃들일 서 (齊) 同 捿 栖

명 ⊕qī ⊕セイ(すむ) ㊀roost
字解 깃들일, 살(서)

【棲息 서식】 동물이 어떤 곳에 깃들여 삶. 棲宿(서숙).
【同棲 동서】 한 곳에서 함께 삶.
【水棲 수서】 물 속에서 삶.
【兩棲 양서】 육지에서도 살고 물에서도 삶.

木⁸⁄₁₂ 【植】 심을 식 (職)

十 才 朴 朽 枯 栢 植 植

음 ⊕zhí ⊕ショク(うえる) ㊀plant
字源 형성자. 木(목)은 의미 부분이고, 直(직)은 발음 부분이다.
字解 ①심을(식) ②식물(식)

【植物 식물】 생물계(生物界)를 둘로 분류한 것의 하나. '초목(草木)·균류(菌類)·조류(藻類)' 따위.
【植民 식민】 강대국이 종속 관계에 있는 나라에 자국민(自國民)을 이주시키는 일. 通殖民(식민).
【植樹 식수】 나무를 심음. 植木(식목). 種樹(종수).
【扶植 부식】 ①뿌리를 박아 심음. ②어떤 곳에 영향력이나 힘의 기틀을 마련함. ③도와서 서게 함.
【移植 이식】 옮겨 심음.

木⁸⁄₁₂ 【椀】 명 盌(562)과 同字

木⁸⁄₁₂ 【椅】 의자 의 (紙)

명 ⊕yī ⊕イ ㊀chair
字解 의자, 걸상(의)

【椅子 의자】 등받이가 있는 걸상.
【交椅 교의】 ①의자. ②신주(神主)를 모시는, 의자같이 생긴 것.

木⁸⁄₁₂ 【棧】 비계 잔 (諫)

명 ⊕zhàn ⊕サン(たな, かけはし) ㊀scaffold

[字解] 비계, 잔도(잔)

【棧橋 잔교】 ①계곡을 가로질러 높이 걸쳐 놓은 다리. ②물가에 다리처럼 만들어 배를 댈 수 있게 마련한 곳. 船艙(선창).

【棧道 잔도】 벼랑 같은 곳에 선반을 매듯이 낸 길. 飛階(비계).

【棧雲 잔운】 ①구름을 헤쳐 들어가는 듯한 높은 산길. ②잔도 가까이에 서린 구름.

木 8 ⑫ 【椄】 접붙일 접 [葉]

㊥jiē ㊐セツ ㊕graft

[字解] 접붙일(접)

【椄木 접목】 나무를 접붙임.

【椄本 접본】 접붙일 때 바탕이 되는 나무. 臺木(대목).

【椄枝 접지】 나무를 접붙일 때 접본(椄本)에 꽂는 나뭇가지.

4획

木 8 ⑫ 【棖】 문설주 정 [庚] [간] 枨

㊥chéng ㊐トウ(ほうだて) ㊕gatepost

[字解] 문설주(정) ※문 양쪽에 세워 문짝을 끼워 닫게 한 기둥.

木 8 ⑫ 【棗】 대추 조 [皓] [간] 枣

[명] ㊥zǎo ㊐ソウ ㊕jujube

[字解] 대추, 대추나무(조)

【棗東栗西 조동율서】 제상(祭床)을 차릴 때 대추는 동쪽, 밤은 서쪽에 놓음을 이름.

【棗脩 조수】 대추와 포(脯).

【棗栗梨枾 조율이시】 제사에 쓰는 '대추·밤·배·감'을 이르는 말.

木 8 ⑫ 【棕】 종려나무 종 [東] [동] 椶

[명] ㊥zōng ㊐シュ, ソウ ㊕palm tree

[字解] 종려나무(종)

【棕櫚 종려】 종려나무.

木 8 ⑫ 【棌】 참나무 채 [賄]

[명] ㊥cǎi ㊐サイ ㊕oak

木 8 ⑫ 【棣】 ❶산앵두나무 체 [霽] ❷침착할 태 [隊]

㊥dì ㊐テイ ㊕hawthorn

[字解] ❶①산앵두나무(체) ②통할(체) ❷침착할(태)

【棣棣 태태】 위의가 있는 모양.

木 8 ⑫ 【椒】 산초나무 초 [蕭]

[명] ㊥jiāo ㊐ショウ ㊕prickly ash

[字解] ①산초나무(초) ②후추나무(초)

【椒蘭 초란】 ①산초나무와 난초(蘭草). ②귀한 친척, 또는 외척(外戚)을 이름.

【山椒 산초】 산초나무.

木 8 ⑫ 【椎】 몽치 추 [支]

[명] ㊥zhuī ㊐ツイ(つち) ㊕mallet

[字解] ①몽치(추) ≒槌 ¶ 鐵椎(철추) ②어리석을, 둔할(추) ¶ 椎魯(추로) ③칠(추) ¶ 椎擊(추격) ④등뼈(추) ¶ 脊椎(척추)

【椎擊 추격】 침. 때림. 椎打(추타).

【椎魯 추로】 어리석고 둔함.

【椎鑿 추착】 몽치와 끌.

【脊椎 척추】 등뼈.

【鐵椎 철추】 쇠몽치. 鐵槌(철퇴).

木 9 ⑬ 【椝】 槪(434)의 俗字

木 9 ⑬ 【楗】 문빗장 건 [願]

[명] ㊥jiàn ㊐ケン ㊕crossbar

[字解] ①문빗장(건) ≒鍵 ②방죽(건)

木 9 ⑬ 【極】 다할 극 [職] [간] 极

一 十 木 朽 柯 柯 柾 極 極

[중] ㊥jí ㊐キョク(きわめる) ㊕utmost

[字源] 형성자. 木(목)은 의미 부분이고, 亟(극)은 발음 부분이다.

字解 ①다할(극) ¶極力(극력) ②끝(극) ¶極端(극단) ③제위(극) ¶登極(등극) ④매우(극) ¶極貧(극빈)

【極端 극단】 맨 끄트머리.
【極度 극도】 극심한 정도(程度).
【極力 극력】 있는 힘을 다함.
【極貧 극빈】 몹시 가난함.
【極甚 극심】 매우 심함.
【極惡無道 극악무도】 더없이 악하고 도의심이 없음.
【極盡 극진】 힘이나 마음을 다함.
【極致 극치】 최고의 경지나 상태.
【窮極 궁극】 어떤 일의 마지막 끝.
【登極 등극】 임금의 자리에 오름.
【罔極 망극】 임금이나 어버이의 은혜가 갚을 길 없이 매우 큼.
【北極 북극】 지구의 북쪽 끝.

木⁹ 【楠】 녹나무 남 🔳 枏 㮿
⑬
名 ⊕nán ⊕ナン(くすのき) ⊕camphor tree
字解 녹나무(남)

木⁹ 【楽】 樂(434)의 俗字
⑬

木⁹ 【楼】 樓(435)의 俗字
⑬

木⁹ 【楞】 모 릉 🔳 棱 楞
⑬
名 ⊕léng ⊕リョウ ⊕edge
字解 모, 모서리(릉)
참고 불교에서는 '棱'자는 쓰지 않고 이 자로 씀.

木⁹ 【琳】 名 茂(498)의 古字
⑬

木⁹ 【楣】 문미 미 🔳 楣
⑬
名 ⊕měi ⊕ビ ⊕lintel
字解 ①문미(미) ②처마(미)
【楣間 미간】 ①지붕 도리 밖으로 내민 부분. 처마. ②볕을 가리거나 비를 막기 위하여 처마끝에 덧대는 지붕. 遮陽(차양).
【門楣 문미】 힘을 받을 수 있게 창문이나 문 위에 가로 댄 인방(引枋).

木⁹ 【楂】 떼 사 🔳 楂
⑬
⊕zhā ⊕サ ⊕raft
字解 ①떼, 뗏목(사) ≒槎 ②풀명자나무(사) ③나뭇등걸(사)
【古楂 고사】 오래된 나뭇등걸.

木⁹ 【楔】 쐐기 설 🔳 楔
⑬
名 ⊕xiē ⊕セツ(くさび) ⊕wedge
字解 ①쐐기(설) ※물건의 틈에 끼워 넣어 그 틈을 없애는 물건. ②문설주(설) ※문 양쪽에 세워 문짝을 끼워 닫게 한 기둥.
【楔子 설자】 ①쐐기. ②문설주.
【楔齒 설치】 염습(殮襲) 하기 전, 입에 낟알을 넣기 위해 이[齒]를 버텨 다물어지지 않게 하는 일.
【楔形 설형】 쐐기같이 생긴 모양.

木⁹ 【楯】 방패 순 🔳 楯
⑬
名 ⊕dùn ⊕ジュン ⊕shield
字解 ①방패(순) ≒盾 ②난간(순)

木⁹ 【椰】 야자나무 야 🔳 椰
⑬
名 ⊕yē ⊕ヤ ⊕palm tree
字解 야자나무, 야자 열매(야)
【椰子 야자】 ①야자나무. ②야자나무의 열매.

木⁹ 【楊】 버들 양 🔳 杨 楊
⑬
十 木 朾 杆 桿 枵 楊 楊
⊕yáng ⊕ヨウ(やなぎ) ⊕willow
字源 형성자. 木(목)은 의미 부분이고, 昜(양)은 발음 부분이다.
字解 버들, 버드나무(양)
【楊柳 양류】 버들. 버드나무.
📖 '楊'은 갯버들, '柳'는 수양버들.
【楊枝 양지】 ①버들가지. ②나무로

만든 이쑤시개.
【白楊 백양】 버들과의 낙엽 교목. 성냥개비·종이의 원료로 쓰임.

木 9 ⑬ 【業】 업 업 [藥] [간] 业

[중] [中]yè [日]ギョウ(わざ) [英]business
[字源] 상형자. 종이나 북 등 악기를 매다는 널빤지를 그린 것이다.
[字解] ①업(업) ※ 범어(梵語) 'Karma'의 한역(漢譯)으로, '전세(前世)의 소행으로 인해 현세(現世)에서 받는 선악(善惡)의 응보(應報)'를 이름. ②일(업)

【業務 업무】 맡아서 하는 일.
【業報 업보】 전생에 지은 악업(惡業)의 갚음. 業果(업과).
【業績 업적】 사업이나 연구 따위에서 이룩해 놓은 성과.
【業種 업종】 영업이나 사업의 종류.
【業態 업태】 영업이나 기업의 형태.
【企業 기업】 영리를 목적으로 사업을 경영하는 조직체.
【事業 사업】 생산·영리를 목적으로 하는 경제 활동.
【修業 수업】 학업이나 기예를 닦음.
【惡業 악업】 고통스런 결과를 가져오는 나쁜 짓, 또는 전생(前生)의 나쁜 짓.
【營業 영업】 이익을 목적으로 사업을 경영함.
【職業 직업】 생계를 위하여 일상적으로 하는 일.
【學業 학업】 학문을 닦는 일.

4 획

木 9 ⑬ 【椽】 서까래 연 [先]

[명] [中]chuán [日]テン(たるき) [英]rafter
[字解] 서까래(연)

【椽蓋板 연개판】 서까래 위를 덮는 널빤지.
【椽木 연목】 서까래.

木 9 ⑬ 【楹】 기둥 영 [庚]

[명] [中]yíng [日]エイ [英]pillar
[字解] 기둥(영)

【楹鼓 영고】 몸통 중앙에 기둥을 꿰어 세운 북.
【楹棟 영동】 기둥과 마룻대. '가장 중요한 인물'의 비유.

木 9 ⑬ 【楡】 느릅나무 유 [虞]

[명] [中]yú [日]ユ(にれ) [英]elm
[字解] 느릅나무(유)

【楡莢錢 유협전】 느릅나무 씨 꼬투리처럼 생긴, 한대(漢代)의 돈.

木 9 ⑬ 【楢】 졸참나무 유 [尤]

[명] [中]yóu [日]ユウ, シュウ(なら) [英]bristletooth oak
[字解] 졸참나무(유)

木 9 ⑬ 【椸】 횃대 이 [支]

[中]yí [日]イ [英]clothes rack
[字解] 횃대, 옷걸이(이)

【椸架 이가】 옷걸이. 횃대.

木 9 ⑬ 【楮】 닥나무 저 [語] [속] 楮

[명] [中]chǔ [日]チョ(こうぞ) [英]paper mulberry
[字解] ①닥나무(저) ¶ 楮實(저실) ②종이(저) ¶ 楮墨(저묵) ③돈, 지폐(저) ¶ 楮幣(저폐)

【楮墨 저묵】 ①종이와 먹. ②시(詩)와 문장(文章). 詩文(시문).
【楮實 저실】 닥나무의 열매.
【楮幣 저폐】 종이돈. 紙幣(지폐).

木 9 ⑬ 【楨】 쥐똥나무 정 [庚] [간] 桢

[명] [中]zhēn [日]テイ [英]waxtree
[字解] ①쥐똥나무(정) ②담 기둥(정)

【楨幹 정간】 담을 쌓을 때 담의 양쪽 끝에 세우는 나무 기둥. '중추적 역할을 하는 것', 또는 '근본이나 기초'의 비유.

木 9 ⑬ 【椶】 [명] 棕(428)과 同字

楫 노 집·즙

木9 (13)
- 명 中jí 日シュウ(かい) 美oar
- 字解 노(집·즙)

【楫師 즙사】노 젓는 사람. 뱃사공.
【舟楫 주즙】배와 노. 배의 총칭.

楚 초나라 초

木9 (13)
- 명 中chǔ 日ソ(いばら)
- 字解 ①초나라(초) ※지금의 양쯔강(揚子江) 중류 일대를 차지하였던, 전국칠웅(戰國七雄)의 하나. ②고울(초) ③아플, 고통스러울(초) ④회초리, 매질할(초)

【楚撻 초달】회초리로 때림.
【苦楚 고초】견디기 어려운 괴로움.
【淸楚 청초】깨끗하고 고움.

楸 가래나무 추

木9 (13)
- 명 中qiū 日シュウ
- 字解 ①가래나무(추) ②바둑판(추)

【楸木 추목】가래나무.
【楸枰 추평】바둑판.

椿 참죽나무 춘

木9 (13)
- 명 中chūn 日チン(つばき)
- 字解 ①참죽나무(춘) ②나무 이름(춘) ※'장수(長壽)'의 비유. ③아버지(춘)

【椿堂 춘당】'남의 아버지'의 존칭. 椿府丈(춘부장).
【椿壽 춘수】오래 삶. 長壽(장수).
【椿萱 춘훤】춘당(椿堂)과 훤당(萱堂). '남의 부모'의 존칭.

椿

木9 (13)
- 명 椿(438)과 同字

楓 단풍나무 풍

木9 (13)
- 명 中fēng 日フウ(かえで) 美maple tree
- 字解 단풍나무(풍)

【楓嶽山 풍악산】가을철의 '금강산(金剛山)'의 이칭(異稱).
【楓葉 풍엽】단풍나무의 잎.
【丹楓 단풍】①단풍나무. ②가을철에 붉거나 누렇게 변한 나뭇잎.

楷 본보기 해

木9 (13)
- 명 本개 中kǎi 日カイ 美printed style
- 字解 ①본보기, 모범(해) ②서체 이름(해)

【楷書 해서】한자 서체의 하나. 예서(隸書)에서 발전한, 자형(字形)이 가장 방정(方正)한 서체.
【楷式 해식】본보기. 법도.

榷 전매할 각

木10 (14)
- 中què 日カク 美monopoly
- 字解 ①전매할, 도거리할(각) ②세금, 징세할(각)

【榷酤 각고】정부에서 술을 전매하여 이익을 독점하는 일.
【榷場 각장】교역을 허가하여 전매세를 징수하는 일.

榦

木10 (14)
幹(218)의 本字

槁 마를 고

木10 (14)
- 同槀
- 中gǎo 日コウ(かれる) 美wither
- 字解 마를, 야윌(고)

【槁木 고목】마른 나무. 枯木(고목).
【枯槁 고고】①물기가 없어지고 마름. ②야위어서 파리해짐.

槀

木10 (14)
- 명 槁(431)와 同字

槓 지렛대 공

木10 (14)
- 中gàng 日コウ 美lever
- 字解 지렛대(공)

【槓杆 공간】지레. 지렛대.

槐 회화나무 괴

木10 (14)
- 명 本회 中huái 日カイ(えんじゅ)

木部 10획

槐

英pagoda tree
字解 ①회화나무, 홰나무(괴) ②삼공의 자리(괴)
【槐木 괴목】 회화나무.
【槐位 괴위】 삼공(三公)의 지위. 槐鼎(괴정).
🔍 주대(周代)에 삼공(三公)의 자리를 회화나무를 심어 놓은 곳에다 정한 데서 온 말.

構

얽을 구
构 檇
朩 朾 栉 样 栟 構 構 構
고 中gòu 日コウ(かまえる) 英frame
字源 형성자. 木(목)은 의미 부분이고, 冓(구)는 발음 부분이다.
字解 ①얽을, 얽어 맞출(구) ¶ 構成(구성) ②맺을(구) ¶ 構怨(구원) ③꾀할(구) ¶ 構圖(구도) ④집, 건물(구) ¶ 構內(구내)
【構內 구내】 큰 건물의 울 안.
【構圖 구도】 ①꾀하여 도모함. ②조화롭게 배치한 도면의 짜임새.
【構想 구상】 생각을 얽어 놓음, 또는 그 생각.
【構成 구성】 얽어 만듦. 짜서 맞춤.
【構怨 구원】 원한을 맺음.
【構造 구조】 전체를 이루고 있는 부분들의 서로 짜인 관계나 그 체계.
【機構 기구】 하나의 조직을 이루고 있는 구조적인 체계.
【虛構 허구】 사실이 아닌 것을 사실처럼 얽어 만듦.

榔

빈랑나무 랑 陽
中láng 日ロウ 英betel palm
字解 빈랑나무(랑).
【檳榔 빈랑】 빈랑나무.

榴

석류나무 류 尤 榴
명 中liú 日リュウ(ざくろ) 英pomegranate tree
字解 석류나무(류).
【榴花 유화】 석류나무 꽃.
【石榴 석류】 ①석류나무. ②석류나무의 열매.

槃

소반 반 寒
명 中pán 日ハン(たらい) 英tray
字解 ①소반, 쟁반(반) ¶ 槃盂(반우) ②즐길(반) ¶ 槃游(반유)
【槃盂 반우】 소반과 바리때.
【槃游 반유】 즐기며 놂.
【涅槃 열반】 ①도를 완전히 이루어 모든 번뇌와 고통에서 해탈한 상태. ②부처·승려의 죽음. 入寂(입적).

榜

❶방 방 養
❷노 방
명 中bǎng 日ホウ(ふだ) 英placard
字解 ❶방, 방 붙일(방) ¶ 榜文(방문) ❷①노(방) ※ 배를 젓는 기구. ②배, 배 저을(방) ¶ 榜人(방인) ③매, 매질할(방) ¶ 榜笞(방태)
【榜賣 방매】 방을 붙여 값을 공시(公示)하여 팖.
【榜文 방문】 여러 사람에게 알리기 위하여, 길거리나 사람이 많이 모이는 곳에 써 붙이는 글.
【榜人 방인】 뱃사공.
【榜笞 방태】 매질함.
【落榜 낙방】 과거(科擧)에 떨어짐.

榧

비자나무 비 尾
명 中fěi 日ヒ 英nutmeg tree
字解 비자나무(비).
【榧子 비자】 비자나무의 열매.

榭

정자 사
中xiè 日シャ(うてな) 英arbor
字解 ①정자(사) ②사당(사)
【亭榭 정사】 놀거나 쉬기 위하여 산수가 좋은 곳에 지은 아담한 집. 榭亭(사정). 亭子(정자).

槊

창 삭 覺
中shuò 日サク 英lance
字解 창(삭) ※ 무기의 하나.

【槊毛 삭모】기나 창 따위의 머리에 술이나 이삭 모양으로 만들어 다는 붉은 빛깔의 가는 털.

木10⁽¹⁴⁾【塍】 바디 승
명 ⊕shēng ⊕ショウ
字解 바디(승) ※베틀에서, 날실을 꿰어 씨실에 치는 기구.

木10⁽¹⁴⁾【様】 樣(435)의 俗字

木10⁽¹⁴⁾【榮】 영화 영
명 ⊕róng ⊕エイ(さかえる) ⊕glorious
字源 형성자. 木(목)은 의미 부분이고, 𥁕은 熒(형)의 생략형으로 발음 부분이다.
字解 ①영화(영) ¶ 榮辱(영욕) ②성할, 번영할(영) ¶ 榮落(영락) ③빛(영) ④꽃(영)
【榮枯盛衰 영고성쇠】성함과 쇠함.
【榮光 영광】빛나는 명예(名譽). 榮譽(영예).
【榮達 영달】지위가 높고 귀하게 됨.
【榮落 영락】성함과 쇠함.
【榮辱 영욕】영예와 치욕.
【榮轉 영전】지금보다 더 좋은 자리로 전임함.
【榮華 영화】몸이 귀하게 되어서 이름이 남.
【共榮 공영】함께 번영함.
【繁榮 번영】번성하고 영화로움.
【虛榮 허영】실속이 없는 헛된 영화.

木10⁽¹⁴⁾【榕】 벵골보리수 용
명 ⊕róng ⊕ヨウ
字解 벵골보리수(용) ※뽕나뭇과의 열대산 상록 교목.

木10⁽¹⁴⁾【榛】 개암나무 진
명 ⊕zhēn ⊕シン(はしばみ) ⊕hazel
字解 ①개암나무(진) ②무성할(진) ③덤불(진)
【榛子 진자】개암나무의 열매. 개암.
【榛榛 진진】초목이 무성한 모양.
【榛叢 진총】덤불. 풀숲.

木10⁽¹⁴⁾【槎】 ①엇찍을 차 ②떼 사
명 ⊕chá ⊕サ(いかだ) ⊕cut slantly
字解 ①엇찍을(차) ②떼, 뗏목(사)
【槎杯 차배】나무를 비스듬히 잘라서 속을 도려낸 술잔.
【仙槎 선사】신선이 타는 뗏목.

木10⁽¹⁴⁾【榨】 搾(276)의 本字

木10⁽¹⁴⁾【槍】 창 창
명 ⊕qiāng ⊕ソウ(やり) ⊕spear
字解 창(창) ※무기의 하나.
【槍劍 창검】창과 칼.
【槍術 창술】창을 쓰는 기술.
【竹槍 죽창】대나무로 만든 창.

木10⁽¹⁴⁾【榱】 서까래 최
명 ⊕cuī ⊕スイ ⊕rafter
字解 서까래(최)
【榱椽 최연】마룻대에서 보 또는 도리에 걸친 통나무. 서까래.

木10⁽¹⁴⁾【槌】 ①몽치 추 ②던질 퇴
명② ⊕chuí ⊕ツイ(つち) ⊕mallet
字解 ①몽치(추) ※짤막한 몽둥이. 녹椎 ②망치(추) ②던질(퇴)
【槌碎 추쇄】망치로 두드려 부숨.
【鐵槌 철추→철퇴】①쇠몽둥이. ②지난날 병장기의 하나로, 둥글고 울퉁불퉁한 쇠몽둥이. 鐵椎(철추).

木10⁽¹⁴⁾【榻】 긴 걸상 탑
명 ⊕tà ⊕トウ ⊕bench

字解 ①긴 걸상(탑) ②임금 자리(탑) ③거친 무명(탑)
【榻牀 탑상】 긴 의자.
【榻前 탑전】 임금의 자리 앞.
【榻布 탑포】 거칠고 두꺼운 베.

木10 【榥】 책상 황
⑭
명 ⊕huáng ⊕コウ 美desk
字解 ①책상(황) ②창문, 창(황)

木11 【概】 대개 개
⑮
고 ⊕gài ⊕ガイ(おおむね) 美generally
字源 형성자. 木(목)은 의미 부분이고, 旣(기)는 발음 부분이다.
字解 ①대개, 대강(개) ¶概念(개념) ②절기, 절조(개) ¶氣概(기개) ③경치, 풍경(개) ¶景概(경개) ④평미레(개) ※곡식을 될 때 위를 밀어 고르게 하는 방망이.
【概觀 개관】 ①전체를 대강 살펴봄. ②대체적인 모양.
【概括 개괄】 사물의 중요한 점만을 추려서 뭉뚱그림.
【概念 개념】 여러 관념 속에서 공통되는 요소를 추상하여 종합한 하나의 관념.
【概略 개략】 대체적인 줄거리.
【概論 개론】 내용을 대강 추려서 서술함, 또는 그런 것.
【概說 개설】 내용을 개략적으로 설명함, 또는 그런 내용의 글이나 책.
【概要 개요】 대강의 요점.
【概況 개황】 대략의 상황.
【景槪 경개】 경치. 풍경.
【氣槪 기개】 굳건한 기상과 절개.
【大槪 대개】 ①대부분. ②줄거리.
【節槪 절개】 신의나 신념 따위를 굽히지 않는 충실한 태도.

木11 【槨】 외관 곽
⑮
동
명 ⊕guǒ ⊕カク 美outer coffin
字解 외관, 덧널(곽) ※관(棺)을 넣는 궤짝.

木11 【權】 權(441)의 俗字
⑮

木11 【槻】 물푸레나무 규
⑮
명 ⊕quī ⊕キ(つき) 美ash tree
字解 물푸레나무(규)

木11 【樛】 굽을 규
⑮
⊕jiū ⊕キュウ 美droop
字解 ①굽을(규) ②구불구불할(규)
【樛流 규류】 구불구불 굽은 모양.
【樛木 규목】 가지가 아래로 휘어져 굽은 나무.

木11 【槿】 무궁화나무 근
⑮
명 ⊕jǐn ⊕キン(むくげ) 美althaea
字解 무궁화나무(근)
【槿域 근역】 무궁화가 많은 지역. '우리나라'의 이칭(異稱).

木11 【樂】 ❶즐길 락
⑮   ❷풍류 악
      ❸좋아할 요

명 ⊕yuè, lè, yào
⊕ガク, ラク(たのしい) 美music
字源 상형자. 악기를 그린 것이다. 나무(木(목)) 위에 실(絲=絲(사))이 매어져 있고 가운데 白이 있는 모습인데, 나무 위에 실이 매어져 있는 것은 거문고와 비파를 그린 것이고, 白은 현을 조율하는 기구이다.
字解 ❶즐길(락) ¶娛樂(오락) ❷풍류, 음악(악) ¶樂譜(악보) ❸좋아할(요) ¶樂山樂水(요산요수)
【樂觀 낙관】 ①일이 잘될 것으로 생각함. ②인생이나 세상 형편을 즐겁고 희망적인 것으로 봄.
【樂勝 낙승】 운동 경기 따위에서 쉽게 이김.
【樂園 낙원】 자유와 행복을 누릴 수 있는, 즐겁고 살기 좋은 곳.

【樂天 낙천】 세상이나 인생을 즐겁고 좋게 생각함.
【樂曲 악곡】 음악의 곡조.
【樂器 악기】 음악을 연주하는 기구의 총칭.
【樂譜 악보】 음악의 곡조를 기호로 나타낸 것.
【樂山樂水 요산요수】 산을 좋아하고 물을 좋아함. 산수(山水)를 좋아함.
【娛樂 오락】 재미있게 놀아서 기분을 즐겁게 하는 일.
【享樂 향락】 즐거움을 누림.
참고 '악·요' 음도 인명용으로 지정됨.

木11⑮ 【樑】 들보 량 樑
명 ㊀liáng ㊁リョウ(はり) ㊂beam
字解 들보, 대들보(량) =梁
【棟樑 동량】 ① 마룻대와 들보. ② 한 집안이나 한 나라의 기둥이 될 만한 큰 인재.

木11⑮ 【樓】 다락 루 [속간] 楼樓
† 木 木' 木᠄ 樦 樎 樓 樓
교 ㊀lóu ㊁ロウ(たかどの) ㊂garret
字源 형성자. 木(목)은 의미 부분이고, 婁(루)는 발음 부분이다.
字解 다락, 다락집(루)
【樓閣 누각】 사방을 바라볼 수 있게 높이 지은 다락집.
【望樓 망루】 망을 보기 위하여 세운 높은 다락집. 望臺(망대).

木11⑮ 【模】 법 모 [庚] 橅 樣
† 木 木' 木ᅲ 木⁴ 木⁴ 枸 模 模
교 ㊀mó, mú ㊁モ, ボ ㊂pattern
字源 형성자. 木(목)은 의미 부분이고, 莫(막)은 발음 부분이다.
字解 ① 법, 본(모) ¶ 模範(모범) ② 본뜰(모) ¶ 模倣(모방) ③ 거푸집(모) ¶ 模型(모형) ④ 모양(모) =貌
【模倣 모방】 흉내 냄. 본뜸.
【模範 모범】 본받을 만한 규범.
【模寫 모사】 무엇을 흉내 내거나 본떠서 그대로 나타내거나 그림.

【模樣 모양】 모습. 맵시. 생김새.
【模擬 모의】 실제와 비슷한 형식과 내용으로 연습 삼아 해 봄.
【模造 모조】 본떠서 그대로 만듦.
【模型 모형】 똑같은 물건을 만들어 내기 위한 틀. 거푸집.
【規模 규모】 사물의 구조나 구상(構想)의 크기.

木11⑮ 【樊】 새장 번 樊
명 ㊀fán ㊁ハン ㊂cage
字解 ① 새장(번) ¶ 樊籠(번롱) ② 울타리(번) =藩 ¶ 樊籬(번리)
【樊籠 번롱】 새장. '자유를 속박당함'의 비유.
【樊籬 번리】 울타리. '학술·문장 등의 길로 들어가는 입구'의 비유.

木11⑮ 【樣】 ❶모양 양 [속] 樣 [간] 样 樣
❷상수리 상 [養]
† 木 木' 木² 木⁴ 栏 栏 樣 樣
교 ㊀yàng ㊁ヨウ(さま) ㊂style
字源 형성자. 木(목)은 의미 부분이고, 羕(양)은 발음 부분이다.
字解 ❶ ① 모양, 형태(양) ② 모범, 본(양) ❷ 상수리, 상수리나무(상)
【樣相 양상】 모습. 모양. 상태.
【樣態 양태】 모양. 형편.
【多樣 다양】 종류가 많음.
【貌樣 모양】 모양. 맵시. 생김새. ⓣ 模樣(모양).
참고 '상' 음도 인명용으로 지정됨.

木11⑮ 【槦】 살대나무 용 [冬]
명 ㊀yōng ㊁ヨウ
字解 살대나무(용)

木11⑮ 【樟】 녹나무 장 [陽] 樟
명 ㊀zhāng ㊁ショウ ㊂camphor tree
字解 녹나무(장)
【樟腦 장뇌】 녹나무를 증류하여 얻는, 희고 향기로운 결정(結晶).

木 11획

【槳】 상앗대 장 䉢 桨槳
- ㉠jiāng ㉰ショウ ㉱oar
- **字解** 상앗대(장) ※물가에서 배를 밀어 나갈 때 쓰는 장대.
- 【槳艪 장로】 상앗대와 노.

【樗】 가죽나무 저 䉢 樗
- 몡 ㉠chū ㉰チョ ㉱ailanthus
- **字解** 가죽나무(저)
- 【樗櫟 저력】 가죽나무와 상수리나무. '쓸모없는 물건이나 변변찮은 사람'의 비유. 樗櫟(저력).
- 【樗蒲 저포】 노름의 한 가지. 주사위 같은 것을 던져서 승부를 겨룸.

【槽】 구유 조 䉢 槽
- 몡 ㉠cáo ㉰ソウ(おけ) ㉱trough
- **字解** ①구유(조) ②통(조)
- 【槽櫪 조력】 ①말구유와 마판. ②말을 기르는 집. 마구간.
- 【浴槽 욕조】 목욕물을 담는 통.
- 【油槽 유조】 기름을 담는 큰 통.

【樅】 전나무 종 圀 枞樅
- ㉠cōng ㉰ショウ(もみ) ㉱fir
- **字解** 전나무(종)

【樞】 지도리 추 䉢 枢樞
- 몡 ㉠shū ㉰スウ(とぼそ, かなめ) ㉱pivot
- **字解** ①지도리, 돌쩌귀(추) ②고동(추) ※사물의 제일 중요한 곳.
- 【樞機 추기】 ①사물의 긴하고 중요한 곳. ②매우 요긴한 정무(政務).
- 【樞戶 추호】 지도리가 달린 문.
- 【中樞 중추】 사물의 중심이 되는 중요한 부분이나 자리. 사북.

【標】 표 표 䉢 标標
- 十 木 木 杧 杮 枥 標 標 標
- 몡 ㉠biāo ㉰ヒョウ(しるし) ㉱mark
- **字源** 형성자. 木(목)은 의미 부분이고, 票(표)는 발음 부분이다.
- **字解** ①표, 표시, 표적(표) ¶ 商標(상표) ②표할, 나타낼(표) ¶ 標榜(표방) ③우듬지, 나무 끝(표)
- 【標榜 표방】 어떤 명목을 붙여서 자기 주장을 내세움.
- 【標木 표목】 본보기나 표준으로 삼는 물건.
- 【標語 표어】 주의·강령 등의 선전 내용을 간명하게 표시한 어구.
- 【標的 표적】 목표로 삼는 물건.
- 【標準 표준】 규범이 되는 준칙.
- 【標識 표지】 다른 것과 구별하는 데 필요한 표시나 특징.
- 【目標 목표】 이루거나 도달하려는 대상이 되는 것.
- 【商標 상표】 상품의 표지.
- 【指標 지표】 사물을 가늠하거나 방향을 가리키는 표지.

木 12획

【橄】 감람나무 감 圀 橄
- 몡 ㉠gǎn ㉰カン ㉱olive
- **字解** 감람나무(감)
- 【橄欖 감람】 감람나무.

【橋】 다리 교 䉢 桥橋
- 十 木 朽 朽 朽 桥 桥 橋 橋
- 몡 ㉠qiáo ㉰キョウ(はし) ㉱bridge
- **字源** 형성자. 木(목)은 의미 부분이고, 喬(교)는 발음 부분이다.
- **字解** 다리(교)
- 【橋脚 교각】 다리를 받치는 기둥.
- 【橋頭堡 교두보】 ①다리를 엄호하기 위하여 쌓은 보루. ②작전의 기반이 되게 하는 거점.
- 【橋梁 교량】 다리.
- 【架橋 가교】 ①다리를 놓음. ②건너질러 놓은 다리.
- 【浮橋 부교】 교각을 세우지 않고 널조각을 걸쳐 놓은 다리. 배다리.

【橘】 귤 귤 䉢 橘
- 몡 ㉠jú ㉰キツ(たちばな) ㉱orange
- **字解** 귤, 귤나무(귤)
- 【柑橘 감귤】 '귤'과 '밀감'의 병칭.

木部 12획

木 12 (16) 【機】 베틀 기 机 機

オ オ′ オ″ オ″″ 機 機 機

고 ⊕jī ⊕キ(はた) ⊕loom
字源 형성자. 木(목)은 의미 부분이고, 幾(기)는 발음 부분이다.
字解 ①베틀(기) ¶機業(기업) ②틀, 기계(기) ¶機關(기관) ③기능, 사북(기) ¶機務(기무) ④재치, 기교(기) ¶機智(기지) ⑤때, 기회(기) ¶失機(실기) ⑥조짐, 전조(기) ¶機微(기미)
【機械 기계】 동력(動力)으로 움직여 일정한 일을 하게 만든 장치.
【機關 기관】 ①화력·수력 등의 에너지를 기계적 에너지로 바꾸는 기계장치. ②어떤 목적을 이루기 위해 설치한 조직.
【機巧 기교】 재간 있게 부리는 잔꾀와 솜씨.
【機務 기무】 ①근본이 되는 중요한 사무. ②기밀한 정무(政務).
【機微 기미】 어떤 일이 일어날 기운.
【機敏 기민】 눈치가 빠르고 행동이 날쌤.
【機密 기밀】 중요하고 비밀스런 일.
【機業 기업】 베를 짜는 사업.
【機智 기지】 상황에 대처하여 재빨리 행동하는 꾀나 재치.
【機會 기회】 일을 하기에 가장 적당한 시기.
【失機 실기】 좋은 기회를 놓침.

木 12 (16) 【橈】 ❶굽을 뇨 橈 橈
❷노 요

명❷ ⊕ráo ⊕ドウ, ジョウ(たわむ) ⊕bend
字解 ❶①굽을, 굽힐(뇨) ②꺾일, 꺾을(뇨) ❷노(요)
【橈折 요절】 굽히어 꺾음.

木 12 (16) 【橙】 등자 등 橙
❸증

명 ⊕chéng ⊕トウ ⊕orange tree
字解 등자, 등자나무(등)
【橙色 등색】 등자 껍질의 빛깔. 오렌지색.

【橙子 등자】 등자나무의 열매.

木 12 (16) 【榴】 榴(432)의 本字

木 12 (16) 【橅】 ❶법 모 ❷어루만질 무

명 ⊕mó, fú ⊕モ, ブ ⊕pattern
字解 ❶법(모) ❷어루만질(무)

木 12 (16) 【樸】 순박할 박 朴 樸

명 ⊕pǔ ⊕ボク(あらき) ⊕simple
字解 ①순박할(박) ≒朴 ②통나무(박)
【樸桷 박각】 통나무 서까래.
【質樸 질박】 꾸밈없이 수수함.

木 12 (16) 【橵】 산자 산 橵

字解 산자, 산자발(산)
【橵子 산자】 지붕 서까래 위나 고물 위에 흙을 받치기 위하여 까는 나뭇개비나 수수깡.

木 12 (16) 【橡】 상수리 상 橡

명 ⊕xiàng ⊕ショウ ⊕oak tree
字解 상수리, 상수리나무(상)
【橡實 상실】 상수리. 橡子(상자).

木 12 (16) 【樹】 ❶나무 수 树 樹
❷심을 수

† オ オ′ オ″ 柯 桔 桔 樹 樹
종 ⊕shù ⊕ジュ(き, うえる) ⊕tree
字源 형성자. 木(목)은 의미 부분이고, 尌(주)는 발음 부분이다.
字解 ❶나무(수) ¶樹林(수림) ❷①심을(수) ¶樹木(수목) ②세울(수) ¶樹立(수립)
【樹林 수림】 나무가 우거진 숲.
【樹立 수립】 이룩하여 세움.
【樹木 수목】 ①나무를 심음. ②나무.
【果樹 과수】 과실나무.

4획

木部 12획

木12/16 【橓】 무궁화 순
- 명 ⓒshùn ⓙシュン 영rose of Sharon
- 字解 무궁화(순) =舜・蕣

木12/16 【橤】 꽃술 예
- 명 ⓒruǐ ⓙズイ 영stamen
- 字解 꽃술(예)

木12/16 【橒】 나무이름 운
- 명 ⓒyún ⓙウン
- 字解 나무 이름(운)

木12/16 【樽】 술단지 준
- 명 ⓒzūn ⓙソン(たる) 영wine cask
- 字解 술단지, 술통(준)
- 【樽酒 준주】 병술. 동이술.

木12/16 【樵】 나무할 초
- 명 ⓒqiáo ⓙショウ(きこり)
- 字解 ①나무할(초) ②땔나무(초) ③나무꾼(초)
- 【樵童汲婦 초동급부】 나무하는 아이와 물 긷는 여인. 평범하게 살아가는 '일반 백성'을 이름.
- 【樵夫 초부】 나무꾼.

木12/16 【橇】 썰매 취・교
- ⓒqiāo ⓙセイ, キョウ(そり) 영sledge
- 字解 ①썰매(취・교) ②덧신(취・교) ※진창길을 다닐 때 신 위에 덧신는 신발.

木12/16 【橢】 길쭉할 타
- 동 ⓒtuǒ ⓙダ 영oval
- 字解 길쭉할(타)
- 【橢圓 타원】 길쭉하게 둥근 원.

木12/16 【槖】 자루 탁
- ⓒtuó ⓙタク 영sack

字解 자루, 전대, 주머니(탁)
【槖槖 낭탁】 자루. 纏帶(전대).

木12/16 【樺】 자작나무 화
- 명 ⓒhuà ⓙカ(かば) 영birch
- 字解 자작나무(화)
- 【樺榴欌 화류장】 자단(紫檀)의 목재로 만든 장롱.

木12/16 【橫】 ❶가로 횡 ❷사나울 횡

木 木 朾 柠 栱 栟 橫 橫
- 口 ⓒhéng, hèng ⓙオウ(よこ) 영crosswise
- 字源 형성자. 木(목)은 의미 부분이고, 黃(황)은 발음 부분이다.
- 字解 ❶①가로, 가로지를(횡) ¶橫書(횡서) ②뜻밖에(횡) ¶橫財(횡재) ❷①사나울(횡) ¶橫暴(횡포) ②제멋대로 할(횡) ¶專橫(전횡)
- 【橫斷 횡단】 가로 지나감.
- 【橫領 횡령】 남의 물건을 제멋대로 가로채거나 불법으로 가짐.
- 【橫死 횡사】 비명(非命)으로 죽음.
- 【橫書 횡서】 가로쓰기.
- 【橫說豎說 횡설수설】 조리가 없는 말을 되는대로 지껄임.
- 【橫財 횡재】 뜻밖에 재물을 얻음.
- 【橫暴 횡포】 난폭함.
- 【橫行 횡행】 거림 없이 멋대로 행동함.
- 【專橫 전횡】 권세(權勢)를 오로지하여 제 마음대로 함.

木12/16 【檥】 명 나무 이름 희
- 字解 나무 이름(희)

木13/17 【檟】 개오동 가
- ⓒjiǎ ⓙカ 영catalpa
- 字解 개오동, 개오동나무(가)

木13/17 【橿】 굳셀 강
- 명 ⓒjiāng ⓙキョウ 영vigorous

字解 ①굳셀, 성할(강) ②감탕나무(강) ③떡갈나무(강)

木 13 ⑰ 【檢】 검사할 검 琰 | 속 検 간 检

† 木 木^ 朴 枪 椧 檢 檢

교 ㊥jiǎn ㊐ケン(しらべる) ㊖examine

字源 형성자. 木(목)은 의미 부분이고, 僉(첨)은 발음 부분이다.

字解 검사할, 단속할(검)

【檢問 검문】 조사하고 물음.
【檢査 검사】 실상을 검토하여 옳고 그름이나 좋고 나쁨을 조사함.
【檢索 검색】 검사하여 찾음.
【檢閱 검열】 검사하고 열람함.
【檢印 검인】 검사한 표시로 찍은 도장.
【檢定 검정】 검사하여 그 자격을 정함.
【檢證 검증】 검사하여 증명함.
【檢診 검진】 병의 유무(有無)를 검사하기 위한 진찰.
【檢討 검토】 검사하며 따져 봄.
【點檢 점검】 낱낱이 조사함.

木 13 ⑰ 【檄】 격문 격 錫

명 ㊥xí ㊐ゲキ ㊖written appeal

字解 격문, 격서(격)

【檄文 격문】 ①대중을 선전·선동하기 위하여 쓴 글. ②급히 여러 사람에게 알리려고 각처에 보내는 글. ③적군을 설복하거나 힐책하는 글.

木 13 ⑰ 【檠】 도지개 경 庚 梗 | 동 橄

명 ㊥qíng ㊐ケイ

字解 ①도지개(경) ※뒤틀린 활을 바로잡는 틀. ②바로잡을(경) ③등잔걸이(경)

【燈檠 등경】 등잔걸이.

木 13 ⑰ 【橄】 명 檠(439)과 同字

木 13 ⑰ 【檎】 능금나무 금 侵

명 ㊥qín ㊐ゴ, キン ㊖apple

字解 능금나무, 능금(금)

木 13 ⑰ 【檀】 박달나무 단 寒

† 木 朩 杧 梅 椫 檀 檀

교 ㊥tán ㊐ダン(まゆみ)

字源 형성자. 木(목)은 의미 부분이고, 亶(단)은 발음 부분이다.

字解 박달나무(단)

【檀君 단군】 우리 겨레의 국조(國祖)로 받드는 태초의 임금.

木 13 ⑰ 【檗】 황벽나무 벽 陌

명 ㊥bò ㊐ハク

字解 황벽나무(벽) = 蘗

木 13 ⑰ 【橚】 나무 길 숙 屋

명 ㊥sù

字解 나무 길(숙)

木 13 ⑰ 【檍】 참죽나무 억 職

명 ㊥yì ㊐オク

字解 참죽나무, 감탕나무(억)

木 13 ⑰ 【檃】 명 櫽(441)과 同字

木 13 ⑰ 【檣】 돛대 장 陽 | 간 樯

명 ㊥qiáng ㊐ショウ(ほばしら) ㊖mast

字解 돛대(장)

【檣竿 장간】 돛대.

木 13 ⑰ 【檉】 위성류 정 庚 | 간 柽

명 ㊥chēng ㊐テイ

字解 위성류(정) ※위성류과(渭城柳科)의 낙엽 교목.

木 13 ⑰ 【檝】 楫(431)과 同字

木 13 ⑰ 【檐】 처마 첨 鹽

㊥yán ㊐エン(のき) ㊖eaves

4획

字解 처마, 추녀(첨) =簷
【檐階 첨계】 댓돌.

木13 【檜】 전나무 회 (속)桧 栓
⑰
명 ⊕guì ⊕カイ(ひのき) ⊛fir
字解 전나무, 노송나무(회)

木14 【櫃】 궤 궤 (囲)柜 樞
⑱
명 ⊕guì ⊕キ ⊛box
字解 궤, 함, 상자(궤) =匱
【櫃封 궤봉】 물건 따위를 궤에 넣고 봉하여 둠.

木14 【樗】 그루터기 도 (囲)梼 梼
⑱
⊕táo ⊕トウ ⊛stump
字解 ①그루터기(도) ②어리석을(도)
【樗杌 도올】 ①재목으로 쓰기에 부적당한 질이 나쁜 나무의 이름. ②춘추 시대 초(楚)나라의 사서(史書). 악한 것을 기록하여 후세에 경계로 삼고자 한 것임.

木14 【櫂】 상앗대 도 (囲)櫂 櫂
⑱
명 ⊕zhào ⊕トウ(かい) ⊛pole
字解 ①상앗대, 노(도) ≒棹 ②배(도) ③노 저을(도)
【櫂歌 도가】 뱃노래.

木14 【檳】 빈랑나무 빈 (속)梹 槟 檳
⑱
명 ⊕bīng ⊕ビン ⊛betel palm
字解 빈랑나무(빈)
【檳榔 빈랑】 종려과의 상록 교목.

木14 【檼】 대마루 은 (画)
⑱
명 ⊕yìn ⊕イン ⊛ridge
字解 ①대마루(은) ※마룻대로 쓰는 목재. ②도지개(은)

木14 【檻】 함거 함 (国)槛 槛
⑱
명 ⊕jiàn ⊕カン(おり)
字解 ①함거(함) ②우리, 감옥, 덫(함) ③난간(함)
【檻車 함거】 죄인 호송에 쓰던, 사방을 통나무나 판자로 두른 수레. 轞車(함거).
【欄檻 난함】 난간. 軒檻(헌함).

木15 【櫚】 종려나무 려 (国)榈 櫚
⑲
명 ⊕lú ⊕リョ, ロ ⊛hemp palm
字解 종려나무(려)
【棕櫚 종려】 야자과의 상록 교목.

木15 【櫟】 상수리나무 력 (国)栎 櫟
⑲
⊕lì ⊕レキ ⊛oak
字解 상수리나무(력)
【櫟樗 역저】 상수리나무와 가죽나무. '쓸모없는 물건이나 사람'의 비유.

木15 【櫓】 노 로 (国)橹 櫓
⑲
명 ⊕lǔ ⊕ロ(やぐら) ⊛oar
字解 ①노(로) ②방패(로)
【櫓歌 노가】 뱃노래. 棹歌(도가).
【櫓棹 노도】 노와 상앗대.

木15 【櫛】 빗 즐 (国)栉 櫛
⑲
명 ⊕zhì ⊕シツ(くし) ⊛comb
字解 ①빗, 빗질할(즐) ②촘촘히 늘어설(즐)
【櫛比 즐비】 빗살 모양으로 촘촘하게 늘어섬.
【櫛風沐雨 즐풍목우】 바람으로 빗질하고 빗물로 목욕함. '오랫동안 객지를 떠돌며 갖은 고생을 함'의 비유.

木15 【櫍】 모탕 질 (国) 櫍
⑲
⊕zhì ⊕シツ ⊛block
字解 모탕(질) ※나무를 패거나 자를 때, 밑에 받치는 나무토막.

木16 【櫪】 마판 력 (간)枥 櫪
⑳
⊕lì ⊕レキ
⊛stable's floorboard

木部 19획

櫪 ①마판(력) ※마구간에 까는 널빤지. ②말구유(력) ③상수리나무(력) 늑櫟
【櫪馬 역마】외양간에 매여 있는 말. '자유롭지 못한 신세'의 비유.
【槽櫪 조력】①말구유와 마판. ②말을 기르는 집. 馬廄間(마구간).

櫨 거먕옻나무 로
㊌lú ㊐ロ ㊍sumac
字源 ①거먕옻나무(로) ②두공, 주두(로) ③欂櫨(로)
【木櫨 목로】술집에서 쓰는, 좁고 긴 널빤지로 만든 상.

櫶 나무 이름 헌
㊌xiǎn
字解 나무 이름(헌)

欄 난간 란
㊌lán ㊐ラン(てすり) ㊍rail
字源 형성자. 木(목)은 의미 부분이고, 闌(란)은 발음 부분이다.
字解 ①난간(란) ②난(란) ※무엇을 쓰기 위하여 따로 설정한 지면의 부분. ③울, 칸막이(란)
【欄干 난간】층계·마루·다리 따위의 가장자리를 일정한 높이로 막은 물건. =欄杆(난간).
【空欄 공란】일정한 지면(紙面)에서 글자를 쓰지 않은 빈 칸.

欞 격자창 령
㊌líng ㊐レイ ㊍lattice window
字解 ①격자창(령) ②처마, 추녀(령) ③난간(령)
【欞牀 영상】난간이 붙어 있는 침대.

櫻 앵두나무 앵
㊌yīng ㊐オウ(さくら) ㊍cherry
字解 앵두나무(앵)
【櫻桃 앵도】앵두나무의 열매.

隰 도지개 은
㊌yìn ㊐イン
字解 ①도지개(은) ※뒤틀린 활을 바로잡는 틀. ②바로잡을(은)
【隰栝 은괄】①도지개. ②잘못을 바로잡음.
△ '隰'은 나무의 굽은 것을 바로잡는 틀, '栝'은 방형(方形)을 바르게 잡는 틀.

權 권세 권
㊌quán ㊐ケン(はかり) ㊍power
木 ギ ギ 權 榷 榷 權 權
字源 형성자. 木(목)은 의미 부분이고, 雚(관)은 발음 부분이다.
字解 ①권세(권) ¶執權(집권) ②권도, 방편(권) ¶權謀(권모) ③저울, 저울질할(권) ¶權度(권도)
【權度 권도】①저울과 자. ②좇아야 할 규칙. 법칙.
【權利 권리】①합법적으로 보장된 자격. ②권세와 이익.
【權謀 권모】그때그때의 형편에 따른 변통성이 있는 계략.
【權勢 권세】권력과 세력.
【權威 권위】절대적인 것으로서 남을 복종시키는 힘.
【權益 권익】권리와 그에 따르는 이익.
【權座 권좌】통치권을 가진 자리.
【權限 권한】권리를 행사할 수 있는 범위.
【大權 대권】국가를 통치하는 권한.
【執權 집권】정권을 잡음.

欌 장 장
㊌wardrobe
字解 장, 장롱(장)
【欌籠 장롱】옷을 넣어 두는 장.
【冊欌 책장】책을 넣어 두는 장.

欒 나무이름 란
㊌luán ㊐ラン(もくげんじ)
字解 ①나무 이름(란) ②둥글, 원만할(란)

【團欒 단란】 ①썩 원만함. ②친밀한 사람들끼리 화목하고 즐거움.

木19㉓ 【欑】 모을 찬 圜   欑
 ㊥cuán ㊐サン ㊍gather
字解 ①모을, 모일(찬) ②임시로 묻을, 가장할(찬)
【欑宮 찬궁】 빈전(殯殿) 안의, 임금의 관을 임시로 두던 곳.
【欑集 찬집】 모임. 모여듦.

木21㉕ 【欖】 감람나무 람 圚   欖樹
 ㊳ ㊥lǎn ㊐ラン ㊍olive
字解 감람나무(람)
【橄欖樹 감람수】 감람과의 상록교목.

木22㉖ 【欝】 鬱(821)의 俗字

木24㉘ 【欞】 櫺(441)과 同字

4 欠 部

欠0④ 【欠】 하품 흠 木검圝   欠
 ㊳ ㊥qiàn ㊐ケン(あくび) ㊍yawn
字解 상형자. 갑골문을 보면 '𠈌'으로, 입을 벌려 입김을 내보내는 사람을 그린 것이다. 欠부에 속하는 글자는 '호흡(呼吸)'·'욕심(慾心)'과 관계있는 뜻이 많다.
字解 ①하품, 하품할(흠) ¶欠伸(흠신) ②모자랄(흠) ¶欠缺(흠결) ③빚, 부채(흠) ¶欠錢(흠전) ④國흠, 결점(흠) ¶欠節(흠절)
【欠缺 흠결】 일정한 수효에서 부족이 생김. 缺乏(결핍).
【欠伸 흠신】 하품과 기지개, 또는 하품을 하거나 기지개를 켬.
【欠錢 흠전】 빚. 負債(부채).
【欠節 흠절】 흠이 되는 점. 흠이 생긴 곳. 欠點(흠점).

【欠乏 흠핍】 이지러져서 모자람.

欠2⑥ 【次】 버금 차 圚   次
丶 亠 亇 亇 次 次
㊳ ㊥cì ㊐シ, ジ(つぎ) ㊍next
字解 지사자. 사람이 꿇어앉아서[欠(흠)] 입으로 공기를 내뿜는[冫] 듯한 모습이다. 欠(흠)은 의미 부분이고, 二(이)는 발음 부분인 형성자로 보기도 한다.
字解 ①버금, 다음(차) ¶次席(차석) ②차례(차) ¶目次(목차) ③번(차) ¶數次(수차)
【次期 차기】 다음 시기.
【次例 차례】 나아가는 순서.
【次席 차석】 수석(首席)의 다음가는 자리.
【次善 차선】 최선(最善)에 버금가는 좋은 방도.
【目次 목차】 항목·제목 따위를 차례로 배열한 것.
【席次 석차】 ①자리의 차례. ②성적의 차례.
【數次 수차】 여러 번. 몇 차례.
【順次 순차】 돌아오는 차례.
【行次 행차】 '웃어른이 길을 감'을 높여 이르는 말.

'次'가 붙은 한자
咨 물을(자)   姿 맵시(자)
恣 방자할(자) 茨 남가새(자)
瓷 사기그릇(자) 資 재물(자)

欠4⑧ 【欧】 歐(444)의 俗字

欠4⑧ 【欣】 기뻐할 흔 囚   欣
 ㊳ ㊥xīn ㊐ゴン(よろこぶ) ㊍joy
字解 기뻐할, 기쁨(흔)
【欣然 흔연】 기뻐하는 모양.
【欣快 흔쾌】 기쁘고 상쾌함.

欠7⑪ 【欵】 款(443)의 俗字

欠部 9획

欲 하고자 할 욕 ⑪
ノ ク グ 谷 谷 谷 欲 欲

图 ⊕yù ⊕ヨク(ほっする) 奧desire
字源 형성자. 欠(흠)은 의미 부분이고, 谷(곡)은 발음 부분이다.
字解 하고자 할, 바랄(욕)
【欲求 욕구】무엇을 얻거나 무슨 일을 하고자 바라고 원함.
【欲望 욕망】무엇을 하거나 가지고자 바람, 또는 그 마음.
【欲速不達 욕속부달】너무 빨리 하려고 서두르면 도리어 일을 이루지 못함.
【欲情 욕정】이성에 대한 육체적 욕망. 色情(색정).

欷 흐느낄 희 ⑪
⊕xī ⊕キ 奧sob
字解 흐느낄(희)
【欷歔 희허】흐느낌. 훌쩍거림.

款 정성 관 ⑫
图 ⊕kuǎn ⊕カン(よろこぶ) 奧sincere
字解 ①정성, 정성스러울(관) ¶ 款待(관대) ②조문, 항목(관) ¶ 定款(정관) ③도장(관) ※ 서화가들의 인장. ¶ 落款(낙관) ④新돈, 경비(관) ¶ 借款(차관)
【款談 관담】마음을 터놓고 하는 말.
【款待 관대】정성스럽게 대접함.
【落款 낙관】글씨나 그림 따위에, 쓰거나 그린 사람의 이름을 쓰고 도장을 찍음, 또는 그렇게 찍힌 도장.
【約款 약관】계약·조약 등에서 정해진 조항.
【定款 정관】어떤 조직체의 목적·조직·업무 집행 등에 관한 규정, 또는 그것을 적은 문서.
【借款 차관】국제간에, 일정한 협정에 따라 자금을 빌려 주고 빌려 쓰는 일.

欺 속일 기 ⑫
一 ├ ┼ ╁ ╂ 其 欺 欺 欺
图 ⊕qī ⊕ギ, キ(あざむく) 奧cheat

字源 형성자. 欠(흠)은 의미 부분이고, 其(기)는 발음 부분이다.
字解 속일, 거짓(기)
【欺詐 기사】속임. 欺罔(기망).
【欺弄 기롱】속여 농락함.
【欺瞞 기만】남을 그럴듯하게 속임.
【詐欺 사기】남을 꾀어 속임.

欻 문득 훌 ⑫
⊕xū ⊕クツ 奧suddenly
字解 문득, 갑자기(훌)
【欻然 훌연】문득. 갑자기.

欽 공경할 흠 ⑫ 金 ⑫
图 ⊕qīn ⊕キン(つつしむ) 奧respectful
字解 ①공경할(흠) ¶ 欽慕(흠모) ②칙명(흠) ※ 천자(天子)의 명령. ¶ 欽命(흠명)
【欽命 흠명】①천자의 명령. 勅令(칙령). ②천자의 칙사(勅使).
【欽慕 흠모】공경하고 사모함.
【欽仰 흠앙】공경하고 우러러봄.
【欽定 흠정】천자의 명령에 의하여 제정함, 또는 그 제정된 것.
【欽差 흠차】천자의 명을 받아 사신으로 감, 또는 그 사람.

欠部 9획 (10획)

歃 마실 삽 ⑬
⊕shà ⊕ショウ, ソウ 奧sip
字解 마실(삽)
【歃血 삽혈】서로 맹세할 때에, 희생으로 잡은 짐승의 피를 나누어 마시거나 입 언저리에 바르는 일.

歇 쉴 헐 ⑬
图 ⊕xiē ⊕ケツ(やめる) 奧pause
字解 ①쉴(헐) ②國값쌀(헐)
【歇價 헐가】싼 값. 헐값.
【間歇 간헐】그쳤다 이어졌다 함.

歆 누릴 흠 ⑬
图 ⊕xīn ⊕キン(うける) 奧enjoy

欠部 10획

字解 ①누릴, 흠향할(흠) ¶ 歆饗(흠향) ②부러워할(흠) ¶ 歆羨(흠선)
【歆饗 흠향】 신에게 제물을 바치고 제사 지냄.
【歆羨 흠선】 부러워함.
【歆饗 흠향】 신명(神明)이 제물(祭物)을 받음.

欠 10 (14) 【歌】 노래 가
一 ㄱ ㄱ ㄱ 哥 哥 歌 歌 歌
音 ⊕gē ⊕か(うた) 英song
字解 형성자. 欠(흠)은 의미 부분이고, 哥(가)는 발음 부분이다.
字解 노래, 노래할(가)
【歌曲 가곡】 ①가사(歌詞)와 곡조(曲調). ②시가(詩歌)를 가사로 한 성악곡.
【歌舞 가무】 노래와 춤.
【歌詞 가사】 노랫말.
【歌手 가수】 노래 부르는 일을 직업으로 하는 사람.
【歌謠 가요】 민요(民謠)·동요(童謠)·속요(俗謠)·유행가(流行歌) 등의 총칭.
【歌唱 가창】 노래를 부름.
【校歌 교가】 그 학교의 기풍을 발양(發揚)하기 위해 제정한 노래.
【詩歌 시가】 시와 노래의 총칭.
【戀歌 연가】 이성(異性)에 대한 사랑을 나타낸 노래.

欠 10 (14) 【歉】 흉년 들 겸
⊕qiàn ⊕ケン 英deficient
字解 ①흉년 들(겸) ¶ 歉年(겸년) ②뜻에 차지 않음, 모자랄(겸) ¶ 歉然(겸연)
【歉年 겸년】 농작물이 잘되지 않은 해. 荒年(황년). 凶年(흉년).
【歉然 겸연】 ①비어 모자라는 모양. ②만족하지 않는 모양. ③國몹시 미안하여 면목이 없음.
【歉荒 겸황】 흉년이 들어서 곡식이 모자람.

欠 10 (14) 【歊】 김 오를 효
⊕xiāo ⊕キョウ
字解 ①김 오를(효) ②숨결(효)

欠 11 (15) 【歐】 ❶토할 구 本우 ❷노래할 구 本우 俗간 欧
名 ⊕ōu ⊕オウ 英womit
字解 ❶①토할, 뱉을(구)=嘔 ②칠, 때릴(구)=毆 ❷노래할(구)=謳

欠 11 (15) 【歎】 탄식할 탄 圖 嘆
一 艹 廿 莒 莫 莫 歎 歎
고 ⊕tàn ⊕タン(なげく) 英lament
字解 형성자. 欠(흠)은 의미 부분이고, 莫은 발음 부분인 難(난)의 생략형이다.
字解 ①탄식할(탄)=嘆 ¶ 痛歎(통탄) ②칭찬할, 감탄할(탄) ¶ 歎服(탄복)
【歎服 탄복】 참으로 훌륭하다고 감탄하여 마음으로 따름.
【歎聲 탄성】 ①감탄하는 소리. ②탄식하는 소리.
【歎息 탄식】 한탄하며 한숨을 쉼, 또는 그 한숨.
【歎願 탄원】 사정을 말하고 도와주기를 간절히 바람.
【感歎 감탄】 마음에 느끼어 탄복(歎服)함.
【慨歎 개탄】 분하게 여기어 탄식함.
【詠歎 영탄】 ①깊이 감동함. ②감동을 소리로 내어 나타냄.
【痛歎 통탄】 몹시 탄식함.
【恨歎 한탄】 한숨을 쉬며 탄식함.

欠 11 (15) 【歓】 歡(445)의 俗字

欠 12 (16) 【歔】 흐느낄 허
⊕xū ⊕キョ 英sob
字解 ①흐느낄(허) ②두려워할(허)
【歔泣 허읍】 흐느껴 욺.
【歔欷 허희】 ①흐느껴 욺. ②슬퍼하며 두려워하는 모양.

止部 1획

欠13⑰ 【**斂**】 바랄 감
㉠liǎn ㈰カン ㊀want
字解 바랄, 원할(감)
참고 斂(렴: 377)은 딴 자.

欠14⑱ 【**歟**】 어조사 여
명 ㉠yú ㈰ヨ
字解 어조사(여) 늑與 ※의문이나 감탄의 뜻을 나타냄.

欠15⑲ 【**歠**】 마실 철
㉠chuò ㈰セツ ㊀sip
字解 마실, 들이마실(철)

欠18㉒ 【**歡**】 기뻐할 환
歡欢歓
艹苩苩苩藿藿歡
명 ㉠huān ㈰カン(よろこぶ)
㊀rejoice
字解 형성자. 欠(흠)은 의미 부분이고, 雚(관)은 발음 부분이다.
字解 기뻐할, 즐거워할, 기쁨(환)

【歡談 환담】 정답고 즐겁게 서로 이야기함, 또는 그 이야기.
【歡待 환대】 기쁜 마음으로 정성껏 대접함.
【歡樂 환락】 기뻐하고 즐거워함.
【歡送 환송】 떠나는 사람을 기쁜 마음으로 보냄.
【歡迎 환영】 기쁘게 맞이함.
【歡呼 환호】 기뻐하여 고함을 지름.
【歡喜 환희】 즐겁고 기쁨.
【哀歡 애환】 슬픔과 기쁨.

4 止 部

止0④ 【**止**】 그칠 지
丨卜止止
명 ㉠zhǐ ㈰シ(とまる) ㊀stop
字源 상형자. 갑골문을 보면 '⩝'으로 사람의 발목 아랫부분을 그린 것이다. 止부에 속한 글자들은 '이동'과 관계있는 뜻이 많다.
字解 ①그칠, 멈출(지) ¶止血(지혈) ②막을, 금할(지) ¶禁止(금지) ③머무를(지) ¶止水(지수) ④거동(지) ¶擧止(거지) ⑤발(지) 늑趾

【止水 지수】 흐르지 아니하고 괴어 있는 물. '마음이 흔들리지 않고 깨끗함'의 비유. 明鏡止水(명경지수).
【止血 지혈】 나오는 피를 그치게 함.
【擧止 거지】 몸의 온갖 동작.
【禁止 금지】 금하여 못하게 함.
【防止 방지】 어떤 일이 일어나지 못하도록 막음.
【沮止 저지】 막아서 못하게 함.
【停止 정지】 중도에서 멈추거나 그침.
【中止 중지】 일을 중도에 멈춤.

'止'가 붙은 한자	
企 꾀할(기)	址 터(지)
沚 물가(지)	芷 구릿대(지)
祉 복(지)	趾 발가락(지)

止1⑤ 【**正**】 ❶바를 정 ❷정월 정
一丆丅正正
명 ㉠zhèng, zhēng ㈰セイ, ショウ(ただしい) ㊀right
字源 회의자. 어떤 목적지[囗]를 향해서 간다[止(지)]는 뜻을 나타내는데, 一은 囗의 변형이다. 이 뜻으로는 현재 征(정) 자를 쓴다.
字解 ❶①바를, 옳을(정) ¶正直(정직) ②바로잡을(정) ¶査正(사정) ③본(정) ¶'副(부)'·'從(종)'에 대하여, 주장이 되거나 한 자리 높은 것임을 나타냄. ¶正室(정실) ❷①정월(정) ¶正初(정초) ②과녁(정) ¶正鵠(정곡)

【正刻 정각】 틀림없는 그 시각.
【正鵠 정곡】 ①과녁. 과녁의 중심점. ②'사물의 요점·급소'의 비유.
【正當 정당】 바르고 옳음.
【正面 정면】 바로 마주 보이는 쪽.

【正副 정부】으뜸과 버금.
【正室 정실】정식으로 혼인하여 맞은 아내. 本妻(본처).
【正月 정월】일년 중 첫째 달. 1월.
【正義 정의】사람으로서 지켜야 할 바른 도리.
【正裝 정장】정식으로 차려입은 복장.
【正直 정직】마음이 바르고 곧음.
【正初 정초】정월의 초승.
【正統 정통】바른 계통.
【正確 정확】바르고 확실함.
【査正 사정】그릇된 것을 조사하여 바로잡음.
【訂正 정정】잘못을 고쳐 바로잡음.
【賀正 하정】새해를 축하함.

4획

此 이 차

ㅣㅏㅏ 止 止 此

음 ㊥cǐ ㊐シ(これ) ㊀this
字源 회의자. 止(지)와 匕(비)는 모두 의미 부분이다. 발[止]이 사람[匕]의 뒤에 있으므로 '가까운 곳'이라는 뜻을 나타낸다.
字解 이, 이에(차)
【此岸 차안】이 언덕. '이 세상, 또는 생사(生死)의 세계'를 이름.
【此日彼日 차일피일】이날저날 하고 약속ㆍ기한을 미적미적 미루는 모양.
【此後 차후】이 다음. 이 뒤.
【彼此 피차】①저편과 이편. ②저것과 이것. ③新서로.

步 걸음 보

ㅣㅏㅏ 止 꾸 步 步

음 ㊥bù ㊐ホ, ブ(あるく) ㊀walk
字源 회의자. 갑골문을 보면 '𣥂'으로 썼는데, 발[止(지)]이 앞뒤로 놓여 있으므로 '걸어가다'라는 뜻을 나타낸다.
字解 ①걸음, 걸을(보) ¶步兵(보병) ②보(보) ※걸음의 수효를 세는 말. ③운수(보) ¶國步(국보)
【步道 보도】사람이 다니는 길. 人道(인도).
【步武 보무】씩씩하게 걷는 걸음걸이.
【步調 보조】①걸음걸이의 속도. ②여러 사람이 함께 행동할 때, 그 행동의 통일 상태.
【步行 보행】걸어가는 일. 걷기.
【驅步 구보】뛰어감. 달음박질.
【國步 국보】나라의 운명. 주로 기울어 가는 경우를 이름.
【踏步 답보】제자리걸음. '일의 진전이 없음'의 비유.
【闊步 활보】①큰 걸음으로 당당하게 걸음. ②거리낌 없이 멋대로 행동함.

歧 두 갈래 기

음 ㊥qí ㊐キ ㊀bifurcate
字解 ①두 갈래, 갈래질(기) ≒岐 ②육발이(기) ≒跂

武 호반 무

一 二 于 于 于 正 武 武

음 ㊥wǔ ㊐ム, ブ(たけし) ㊀military
字源 회의자. 창[戈(과)]을 들고 이동한다[止(지)]는 뜻이다. 오늘날의 '정벌', '무력시위' 등과 같은 뜻을 나타낸다. 일반적으로 '무력[戈]을 멈추게[止] 하다'라는 뜻으로 알려져 있으나, 止가 발을 뜻하는 상형자로 '이동'의 의미인 것을 모르는 데서 비롯된 해설이다.
字解 ①호반, 군사(무) ¶武士(무사) ②병기, 무기(무) ¶武裝(무장) ③굳셀(무) ¶武勇(무용)
【武功 무공】전쟁에서 세운 공적.
【武器 무기】적을 치거나 막는 데 쓰는 모든 기구.
【武道 무도】①무인이 마땅히 지켜야 할 도리. ②무예와 무술의 총칭.
【武陵桃源 무릉도원】'별천지(別天地)'의 비유.

故事: 진(晉)나라 무릉(武陵) 땅의 한 어부가 복숭아꽃이 떠내려 오는 강물을 거슬러 배를 저어 갔더니, 거기에 경치 좋고 평화로운 한 마을이 있었는데, 그곳에는 옛날에 진(秦)의 난리를 피해 온 사람들이 바깥 세상 소식을 전연 모른 채 살고 있었다는 내용으로, 도연명(陶淵明)이 지은 '도화원기(桃花源記)'에서 나온 말.

【武士 무사】 지난날, 무도(武道)를 닦아서 무사(武事)에 종사하던 사람.
【武事 무사】 군대나 전쟁에 관한 일.
【武術 무술】 무인으로서 갖추어야 할 여러 가지 기술.
【武勇 무용】 굳세고 용감함. 싸움에 썩씩하고 용맹함.
【武藝 무예】 무술에 관한 재주.
【武裝 무장】 전쟁이나 전투를 위한 장비를 갖춤.
【文武 문무】 문관(文官)과 무관(武官).
【尙武 상무】 무(武)를 숭상함.

【歪】 비뚤 왜·외 歪

명 왜 ⊕wāi ⑪ワイ(ゆがむ) ⑨distort
字解 비뚤, 어긋날(왜·외)
【歪曲 외곡→왜곡】 사실과 맞지 않게 해석함.

【齒】 齒(838)의 俗字

【歲】 해 세 岁 歳

음 ⊕suì ⑪サイ(とし) ⑨year
字源 상형자. 본래 도끼(戌(월))를 그린 것이었으나, 거기에 여러 가지 형태가 더해졌다. 뒤에 歲는 목성(木星)을 가리키는 별 이름으로 가차되었고, 여기서 '1년'·'세월'을 뜻하는 글자로 발전하게 되었다. 步(보)가 의미 부분이고 戌(술)이 발음 부분인 형성자라고도 하는데, 이는 후대의 자형을 근거로 나온 잘못된 분석이다.
字解 ①해, 새해(세) ¶歲拜(세배) ②나이, 연령(세) ¶年歲(연세) ③세월, 시일(세)
【歲暮 세모】 한 해의 저물녘. 세밑. 연말(年末).
【歲拜 세배】 섣달그믐이나 정초(正初)에 친족이나 웃어른께 하는 인사.
【歲時 세시】 ①해와 시. ②일 년 중의 그때그때.
【歲月 세월】 흘러가는 시간.
【歲入 세입】 한 회계 연도 동안의 총 수입.
【過歲 과세】 설을 쇰.
【年歲 연세】 '나이'의 높임말.
【太歲 태세】 그해의 간지(干支).

【歷】 지낼 력 历 歷

一 厂 厂 厈 厤 厯 歷 歷

음 ⊕lì ⑪レキ(へる) ⑨pass through
字源 회의자 → 형성자. 갑골문에서는 '帀'으로 썼다. 발자국(止)이 벼(禾(화))나 수풀(林(림)) 아래에 있다는 것은 누군가 지나갔음을 뜻하므로 '지나가다'·'겪다'의 뜻은 여기에서 나왔다. 현재의 歷 자는 止는 의미 부분이고, 厤(력)은 발음 부분인 형성자의 구조를 가진다.
字解 ①지낼, 겪을(력) ¶歷史(역사) ②두루, 널리(력) ¶歷訪(역방) ③분명할(력) ¶歷歷(역력)
【歷代 역대】 이어 내려온 모든 대(代). 累代(누대).
【歷歷 역력】 분명하고 또렷한 모양.
【歷訪 역방】 사람을 차례차례 방문하거나 명승지를 여기저기 돌아봄.
【歷史 역사】 인류 사회의 변천과 흥망의 과정, 또는 그 기록.
【歷任 역임】 여러 관직을 차례로 지냄.
【歷戰 역전】 여러 차례 전투를 겪음.
【歷程 역정】 거쳐 온 길. 지나온 경로.
【經歷 경력】 겪어 지내 온 일들.
【來歷 내력】 어떤 사물의 지나온 자취.
【遍歷 편력】 두루 겪음. '여러 가지 경험을 함'의 비유.

【齡】 齡(839)의 俗字

【歸】 돌아올 귀 歸 帰 帰

丨 ᅣ ᅣ ᅣ ᅣ 㱕 㱕 歸

음 ⊕guī ⑪キ(かえる) ⑨return
字源 회의 겸 형성자. 본래 '여자가 시집가다'라는 뜻이었다. 止(지)와 帚(추)는 의미 부분이고, 自(퇴)는 발음 부분이다. 止는 발을 그린 것으로 '가다'라는 뜻을 나타낸다. 帚는 빗자루를 그린 것으로 시집간

여자 곧 婦(부) 자를 뜻한다.
字解 ❶돌아올, 돌아갈(귀) ¶ 歸鄕(귀향) ❷붙좇을, 따를(귀) ¶ 歸順(귀순) ❸시집갈(귀) ¶ 于歸(우귀)
[歸省 귀성] 객지에 있다가 부모를 뵈러 고향에 돌아감.
[歸屬 귀속] 재산·권리 따위가 특정한 사람이나 단체에 속하여 그의 소유가 됨.
[歸順 귀순] 반역하지 않고 스스로 따라오거나 복종함.
[歸着 귀착] 돌아와 닿음.
[歸趣 귀추] 어떤 일의 결과로서 귀착하는 바.
[歸鄕 귀향] 객지에서 고향으로 돌아감, 또는 돌아옴.
[歸還 귀환] 전쟁터·외지 등에서 본래 있던 곳으로 돌아옴.
[復歸 복귀] 본디의 상태나 자리로 되돌아감.
[不歸 불귀] 돌아오지 못함. '죽음'을 이름.
[于歸 우귀] 신부가 처음으로 시집에 들어가는 일. 新行(신행).

4 歹 部

歹 ❶앙상한 뼈 알 ❷나쁠 대
㊥é, dǎi ㊐ガチ, タイ ㊦skeleton
字源 상형자. 살을 발라낸 뼈의 잔해를 그린 것이다. 歹부에 속한 글자들은 '죽음'과 관련된 뜻이 많다.
字解 ❶①앙상한 뼈(알) ②부수의 하나(죽을사변) ❷나쁠(대)

死 죽을 사
㊥sǐ ㊐シ(しぬ) ㊦die
字源 회의자. 사람(ヒ(비))이 해골(歹(알)) 옆에 꿇어앉아 절을 하는 모습이다. 즉 사람이 죽었음을 뜻

한다.
字解 ①죽을, 죽음(사) ¶ 死亡(사망) ②목숨 걸(사) ¶ 死守(사수)
[死境 사경] 죽게 된 지경.
[死力 사력] 죽을힘.
[死亡 사망] 죽음.
[死文 사문] 실제로는 효력이 없는 법령이나 규칙.
[死別 사별] 한쪽은 죽고 한쪽은 살아남아 영원히 이별이 됨.
[死生決斷 사생결단] 죽고 삶을 돌보지 않고 덤벼들어 끝장을 냄.
[死線 사선] 죽음 고비.
[死守 사수] 목숨을 걸고 지킴.
[死藏 사장] 활용하지는 않고 간직하여 두기만 함.
[死地 사지] 살아날 길이 없는 매우 위험한 곳.
[死鬪 사투] 죽을힘을 다하여 싸움.
[死刑 사형] 죄인을 죽이는 형벌.
[決死 결사] 죽기를 각오함.
[凍死 동사] 얼어 죽음.
[戰死 전사] 싸움터에서 싸우다 죽음.
[致死 치사] 죽음에 이르게 함.

歿 죽을 몰
㊥mò ㊐ボツ ㊦die
字解 죽을, 마칠(몰) ≒沒

殀 일찍 죽을 요
㊥yāo ㊐ヨウ ㊦die young
字解 일찍 죽을, 단명할(요) ≒夭
[殀壽 요수] 일찍 죽음과 오래 삶.

殃 재앙 앙
㊥yāng ㊐オウ(わざわい) ㊦disaster
字源 형성자. 歹(알)은 의미 부분이고, 央(앙)은 발음 부분이다.
字解 ①재앙(앙) ②해칠(앙)
[殃咎 앙구] 재난.
[殃及池魚 앙급지어] 재앙이 뜻밖의 곳에 미침. '엉뚱한 사람이 재앙을 입음'의 비유. 池魚之殃(지어지앙).

故事 송(宋)나라의 성문에 불이 나서 못의 물을 퍼다가 불을 끄는 통에 못의 물고기가 다 죽게 되었다는 고사에서 온 말.
【災殃 재앙】천재지변(天災地變) 따위로 말미암은 온갖 불행한 일.

殂 죽을 조

명 中cú 日ソ 英die
字解 죽음, 시들(조)
【殂落 조락】①임금의 죽음. ②초목이 시들어 떨어짐.
【殂沒 조몰】죽음. 통殂歿(조몰).

殄 다할 진

명 中tiǎn 日テン(つきる) 英exterminate
字解 다할, 끊어질(진)
【殄戮 진륙】죄다 죽임.
【殄滅 진멸】남김없이 멸망시킴.

殆 위태로울 태

ー ア ヶ 歹 歹 歼 殆 殆
명 中dài 日タイ(あやうい) 英dangerous
字源 형성자. 歹(알)은 의미 부분이고, 台(태)는 발음 부분이다.
字解 ①위태로울(태) ¶百戰不殆(백전불태) ②거의(태) ¶殆半(태반)
【殆半 태반】거의 절반.
【百戰不殆 백전불태】여러 번 싸워도 위태롭지 않음.
【危殆 위태】①형세가 매우 어려움. ②안전하지 못하고 위험함.

殊 다를 수

ー ア ヶ 歹 歹 殊 殊 殊
명 中shū 日シュ(こと) 英different
字源 형성자. 歹(알)은 의미 부분이고, 朱(주)는 발음 부분이다.
字解 ①다를(수) ¶殊常(수상) ②뛰어날, 탁월할(수) ¶殊勳(수훈)

③벨, 죽일(수)
【殊常 수상】보통과 달리 이상함.
【殊異 수이】유별나게 다름.
【殊勳 수훈】큰 공훈. 뛰어난 공.
【特殊 특수】특별히 다름.

殉 따라 죽을 순

ー ア ヶ 歹 歹 殉 殉 殉
명 中xùn 日ジュン(したがう)
字源 형성자. 歹(알)은 의미 부분이고, 旬(순)은 발음 부분이다.
字解 ①따라 죽을(순) ¶殉葬(순장) ②목숨 바칠(순) ¶殉國(순국)
【殉敎 순교】자기가 믿는 종교를 위하여 목숨을 버림.
【殉國 순국】나라를 위하여 생명(生命)을 바침.
【殉死 순사】①나라를 위하여 죽음. ②죽은 사람을 따라 죽음.
【殉葬 순장】지난날, 임금이나 남편의 장사에 신하나 아내를 산 채로 함께 매장하던 일.
【殉職 순직】직무를 수행하다 죽음.

殘 殘(450)의 俗字

殍 주려 죽을 표

中piǎo 日ヒョウ 英starve to death
字解 주려 죽을, 굶어 죽을(표)
【餓殍 아표】굶어 죽음.

殖 번식할 식

명 中zhí 日ショク(ふえる) 英breed
字解 ①번식할(식) ②불을, 불릴(식)
【殖産 식산】①생산물을 불림. ②재산을 불림.
【繁殖 번식】붇고 늘어 많이 퍼짐.
【生殖 생식】①낳아서 불림. ②생물이 자기와 같은 종류의 생물을 새로이 만들어 내는 일.
【利殖 이식】이자가 이자를 낳아서 재물이 점점 늘어남.

歹部 8획

殘 남을 잔

歹 8 / 12

⊕cán ⊕ザン(のこる) ⊛remain

字源 형성 겸 회의자. 歹(알)은 의미 부분이고, 戔(잔)은 발음 부분이다. 戔은 '적다'·'작다'라는 뜻이다. 따라서 의미 부분인 歹은 '뼈'에 대한 것만을 나타내고, '적다'라는 뜻은 戔이 담당하고 있으므로 戔은 의미 부분도 겸하고 있다.

字解 ①남을, 나머지(잔) ¶ 殘餘 (잔여) ②모질, 잔인할(잔) ¶ 殘虐 (잔학) ③해칠, 죽일(잔) ¶ 相殘 (상잔)

【殘留 잔류】 남아서 처져 있음.
【殘惡 잔악】 잔인하고 악독함.
【殘額 잔액】 나머지 돈의 액수.
【殘餘 잔여】 남아 있는 것.
【殘忍 잔인】 인정이 없고 몹시 모짊.
【殘滓 잔재】 남은 찌꺼기.
【殘虐 잔학】 잔인하고 포악함.
【殘骸 잔해】 부서지거나 못 쓰게 되어 남아 있는 물체.
【殘酷 잔혹】 잔인하고 혹독함.
【相殘 상잔】 서로 해치고 싸움.
【衰殘 쇠잔】 쇠퇴하여 약해짐.

殞 죽을 운

歹 10 / 14

⊕yǔn ⊕イン(おちる) ⊛die

字解 ①죽을(운) ②떨어질(운) ≒隕

【殞命 운명】 사람의 명이 끊어져 죽음. 殞身(운신).
【殞石 운석】 지구 밖에서 지구 위에 떨어진 물체. 별똥돌.

殤 어려 죽을 상

歹 11 / 15

⊕shāng ⊕ショウ ⊛die young

字解 어려 죽을(상)

【殤服 상복】 성년이 되기 전에 죽은 자녀의 상사에 입는 복제(服制).
【殤死 상사】 스무 살 전에 죽음.

殪 죽을 에

歹 12 / 16

⊕yì ⊕エイ(たおす) ⊛die

字解 ①죽을(에) ②쓰러질(에)

殫 다할 탄

歹 12 / 16

⊕dān ⊕タン(つきる) ⊛exhausted

字解 다할, 없어질(탄)

【殫竭 탄갈】 남김없이 다함.
【殫亡 탄망】 다하여 없어짐.
【殫誠 탄성】 정성을 다함.

殭 죽어 빳빳해질 강

歹 13 / 17

⊕jiāng ⊕キョウ ⊛stiffen

字解 ①죽어 빳빳해질(강) ≒僵 ②말라 죽을 누에(강)

【殭屍 강시】 얼어 죽은 송장.
【殭蠶 강잠】 허옇게 말라 죽은 누에.

殮 염할 렴

歹 13 / 17

⊕liàn ⊕レン ⊛shroud

字解 염할, 염습할(렴)

【殮襲 염습】 죽은 이의 몸을 씻긴 후에 옷을 입히고 염포로 묶는 일.
【殮布 염포】 염습할 때에 시체를 묶는 베. 絞布(효포).

殯 초빈할 빈

歹 14 / 18

⊕bìn ⊕ヒン(かりもがり) ⊛mortuary

字解 ①초빈할(빈) ②염할(빈)

【殯所 빈소】 발인(發靷) 때까지 관(棺)을 두는 곳.
【殯殿 빈전】 발인(發靷) 때까지 왕이나 왕비의 관을 모시던 전각.
【草殯 초빈】 장사 지내기 전에 시신(屍身)을 관에 넣어 일정한 곳에 안치하는 일.

殲 몰살할 섬

歹 17 / 21

⊕jiān ⊕セン(つくす) ⊛annihilate

字解 몰살할, 다 죽일(섬)

【殲滅 섬멸】 남김없이 모두 무찔러 멸망시킴.

殳 部

殳 ⁰/④ 몽둥이 수 虞
㊊shū ㊐シュ ㊋club
字源 회의자. 손[又(우)]으로 창 [几]을 쥐고 있는 모양인데, 几는 창 모양이 변형된 것이다. 손에 물건을 쥐고 다룬다는 뜻이므로 殳는 又·攴(복)과 같은 의미를 갖는다.
字解 ①몽둥이, 창(수) ②부수의 하나(갖은등글월문)

殴 ⁴/⑧ 毆(452)의 俗字

段 ⁵/⑨ 조각 단 翰
丨 ᅵ 丨 ᅡ ᅣ ᅣ 段 段
㊀ ㊊duàn ㊐タン ㊋stair
字源 회의자. 손에 막대기[殳(수)]를 쥐고 암석[厂]을 때리는 모양이다. 그 아래의 '二'는 때릴 때 떨어지는 부스러기를 나타낸 것이다.
字解 ①조각, 구분(단) ¶段落(단락) ②층계, 차례(단) ¶段階(단계) ③방법(단) ¶手段(수단) ④포(단) ¶段脩(단수) ⑤단(단) ※등급을 세는 단위. ¶段數(단수)
【段階 단계】일의 차례를 따라 나아가는 과정.
【段丘 단구】강·호수·바다의 기슭에 생긴 계단 모양의 지형.
【段落 단락】긴 글에서 내용상으로 일단 끊어지는 구획.
【段脩 단수】얇게 저미어서 말린 고기. 포(脯).
【段數 단수】기량의 정도를 헤아리는 단의 수.
【階段 계단】층층대.
【手段 수단】어떤 목적을 이루기 위한 방법.

殺 ⁷/⑩ 殺(451)의 俗字

殷 ⁶/⑩ ❶은나라 은 囫 ❷우레 소리 은 囫
㊂㊊yīn, yǐn ㊐イン
字解 ❶①은나라(은) ※성탕(成湯)이 하(夏)나라를 멸하고 세운 나라(B.C.1550~B.C.1066). ¶殷墟(은허) ②성할(은) ¶殷盛(은성) ❷우레 소리(은) ¶殷雷(은뢰)
【殷鑑不遠 은감불원】은나라의 거울은 멀리 있지 않음. '남의 실패를 보고 자기의 경계로 삼음'의 비유.
故事 은나라 사람이 경계의 거울로 삼을 것은 먼 데 있는 것이 아니라 바로 앞 대의 하(夏)나라 걸왕(桀王)이 포악한 정치를 하다가 망한 것을 생각하면 된다는 시경(詩經)의 구절에서 온 말.
【殷雷 은뢰】요란한 우레 소리.
【殷盛 은성】번화하고 성함.
【殷殷 은은】멀리서 들려오는 소리가 크고 웅장함.
【殷墟 은허】은(殷)나라의 도읍터. 지금의 허난 성(河南省) 안양 현(安陽縣) 일대.

殺 ⁷/⑪ ❶죽일 살 點 ❷감할 쇄 卦 殺杀
丶 ㇀ 乂 乂 乂 杀 杀 殺 殺
㊂㊊shā, shài ㊐サツ(ころす) ㊋kill
字源 형성자. 殳(수)는 의미 부분이고, 朮(찰)은 발음 부분이다.
字解 ❶①죽일(살) ¶殺人(살인) ②없앨(살) ¶抹殺(말살) ❷①감할(쇄) ¶相殺(상쇄) ②심할(쇄) ¶殺到(쇄도)
【殺氣 살기】살벌한 기운.
【殺伐 살벌】거칠고 무시무시함.
【殺傷 살상】죽이거나 상처를 입힘.
【殺生有擇 살생유택】세속오계(世俗五戒)의 하나로, '살생을 함에 가림이 있어야 함'을 이름.
【殺身成仁 살신성인】자기의 몸을 희생하여 인(仁)을 이룸.
【殺戮 살륙→살육】많은 사람을 마구 죽임.

【殺人 살인】 사람을 죽임.
【殺風景 살풍경】①아주 보잘것없는 광경. ②살기를 띤 풍경.
【殺害 살해】 사람을 죽임.
【殺到 쇄도】 일시에 세차게 몰려듦.
【抹殺 말살】 지워 없애 버림.
【自殺 자살】 스스로 목숨을 끊음.
【惱殺 뇌쇄】 애가 타도록 몹시 괴롭힘. 특히, 여자가 아름다움으로 남자를 매혹시키는 일.
【相殺 상쇄】 양편의 셈을 서로 비김. 맞비김. 엇셈.
[참고] '쇄'음도 인명용으로 지정됨.

殳⁸ ⑫ 【殼】 껍질 각 覺
명 中ké, qiào 日カク(から) 英shell
字解 껍질(각)
【舊殼 구각】①묵은 껍질. ②'낡은 제도나 관습'의 비유.
【地殼 지각】 지구의 표층을 이루고 있는 단단한 부분.

殳⁸ ⑫ 【殽】 섞일 효 肴
中xiáo 日コウ(まじる) 英mixed
字解 ①섞일, 어지러울(효)≒淆 ②안주(효)≒肴
【殽亂 효란】 뒤섞여 어지러움.
【殽膳 효선】 술안주.

殳⁹ ⑬ 【殿】 대궐 전 霰
ㄱ ㄕ ㄕ 屏 屏 殿 殿
卫 中diàn 日デン(との) 英palace
字源 형성자. 殳(수)는 의미 부분이고, 展(전)은 발음 부분이다. 殿은 본래 '때리는 소리'라는 뜻이었다. 그래서 창·막대기를 뜻하는 殳가 의미 부분이 되는 것이다. 후에 '궁전'의 뜻으로 가차되었다.
字解 ①대궐(전) ¶殿閣(전각) ②큰 집(전) ¶殿堂(전당)
【殿閣 전각】①임금이 거처하는 궁전. ②궁전과 누각.
【殿堂 전당】①신불(神佛)을 모시는 집. ②크고 화려한 집. ③어떤 분야의 가장 권위 있는 기관.
【殿下 전하】'왕'이나 '왕비'에 대한 존칭(尊稱).
【佛殿 불전】 부처를 모신 집. 梵殿(범전). 佛堂(불당).

殳⁹ ⑬ 【毁】 헐 훼 紙 毁
ㄱ 中huǐ 日キ(こわす) 英destroy
字源 형성자. 土(토)는 의미 부분이고, 毇는 毇(훼)의 생략형으로 발음 부분이다.
字解 ①헐, 헐어질(훼) ¶毁損(훼손) ②비방할(훼) ¶毁謗(훼방)
【毁壞 훼괴】 무너짐. 헐어 깨뜨림.
【毁棄 훼기】 헐거나 깨뜨려 버림.
【毁謗 훼방】①남을 헐뜯어 비방함. ②남의 일을 방해함.
【毁損 훼손】①체면이나 명예를 손상함. ②헐거나 깨뜨려 못 쓰게 함.

殳⁹ ⑬ 【毀】 명 毁(452)의 俗字

殳¹¹ ⑮ 【毆】 때릴 구 宥
本우 肴
명 中ōu 日オウ(なぐる) 英beat
字解 때릴, 칠(구)
【毆殺 구살】 때려 죽임.
【毆打 구타】 사람을 함부로 때림.

殳¹¹ ⑮ 【毅】 굳셀 의 寘
명 中yì 日キ(つよい) 英strong
字解 굳셀, 꿋꿋할(의)
【毅然 의연】 지조가 굳고 태도가 엄한 모양.

殳¹⁵ ⑲ 【毉】 아름다울 예
명 中yì 日エイ 英beautiful
字解 아름다울(예)

4 毋 部

【毋】 말 무

명 ㊥wǔ ㊐ブ, ム(なかれ) ㊧not
字源 毋와 母는 본래 한 글자였는데, 후에 母 자의 두 점을 한 획으로 그어 '…을 하지 마라'는 뜻의 '毋' 자를 만든 것이다. 毋部에 속하는 글자는 원래 모양과는 상관없이 해서체로 정형화(定型化)되면서 이 부에 들어갔다.

字解 ①말(무) ※금지의 뜻. ②없을(무) ≒無 ③아닐(무)

【毋慮 무려】 자그마치. 엄청나게도. 예상보다 많음을 강조하는 말.
참고 모(母: 453)는 딴 자.

【母】 어미 모
ㄴ ㄱ 口 ㄅ 母

명 ㊥mǔ ㊐ホ(はは) ㊧mother
字源 상형자. 갑골문을 보면 '𠔿'로 썼다. 무릎을 꿇고 두 손을 무릎 위에 가지런히 모으고 앉은 여자를 그린 女(녀) 자에 두 점을 찍었다. 두 점은 젖가슴을 표시한 것으로 아이를 기른다는 뜻을 나타냈다.

字解 ①어미, 어머니(모) ¶母親(모친) ②근원, 근본(모) ¶母體(모체) ③암컷(모)

【母系 모계】 혈연관계에서 어머니 쪽의 계통(系統).
【母國 모국】 자기가 출생한 나라. 祖國(조국).
【母體 모체】 ①어머니의 몸. ②근본이 되는 사물.
【母親 모친】 어머니.
【母胎 모태】 ①어머니의 태 안. ②사물이 발생·발전하는 토대.
【繼母 계모】 의붓어머니.
【姑母 고모】 아버지의 누이.
【叔母 숙모】 작은어머니.
【乳母 유모】 어머니 대신 젖을 먹여 길러 주는 여자. 젖어미.
【祖母 조모】 할머니.

【每】 매양 매
ノ 一 亡 듭 듭 每 每

명 ㊥měi ㊐マイ(ごと, つねに) ㊧every
字源 상형자. 女(녀) 또는 母(모) 위에 비녀(一)가 더해진 모습이다. 즉 '비녀를 꽂은 여자'를 그린 것인데, 뒤에 '매번'이라는 뜻으로 가차되었다.

字解 매양, 늘, 항상(매)
【每番 매번】 번번이. 每回(매회).
【每事 매사】 모든 일. 일마다.
【每樣 매양】 항상 그 모양으로.
【每月 매월】 다달이.
【每週 매주】 주마다.

'每'가 붙은 한자
梅 매화(매)　莓 딸기(매)
侮 업신여길(모)　敏 민첩할(민)
海 바다(해)　悔 뉘우칠(회)
晦 그믐(회)　誨 가르칠(회)

【毒】 독 독
一 十 土 主 圭 丰 丰 青 毒

명 ㊥dú ㊐ドク ㊧poison
字源 회의자. 본래 사람을 해치는 풀을 뜻하였다. 屮(철)과 毋(애)는 모두 의미 부분이다. 屮은 艸(풀 초) 자의 반쪽이므로 '풀'을 뜻하고, 毒는 사람의 행실이 단정하지 못하다는 뜻이다.

字解 ①독(독) ¶消毒(소독) ②독할(독) ¶毒婦(독부) ③해칠(독) ¶毒筆(독필)
【毒氣 독기】 ①사납고 모진 기운. ②독의 성분이나 기운.
【毒婦 독부】 성행이 악독한 계집.
【毒殺 독살】 독약을 먹여 죽임.
【毒舌 독설】 남을 해치는 독살스러운 말이나 욕설.
【毒素 독소】 ①해독이 되는 성분이나 물질. ②해롭거나 나쁜 요소.
【毒筆 독필】 남을 해치려고 비방·중상하는 글.
【路毒 노독】 여행길에 시달리어 생긴 병. 旅毒(여독).
【消毒 소독】 독을 없앰.
【害毒 해독】 해와 독. 나쁜 영향을 끼치는 요소.

毓 기를 육
⑩⑭
명 ⓗyù ⓙイク ⓔbring up
字解 기를(육)＝育

4 比 部

比 【比】 ❶견줄 비 紙
⓪④   ❷나란할 비 寘

一 ヒ 上 比

종 ⓗbǐ ⓙヒ(くらべる) ⓔcompare
字源 회의자. 두 사람이 나란히 있는 모습이다. '가깝다'·'비교하다' 등의 뜻은 여기에서 나왔다.
字解 ❶①견줄(비) ¶比較(비교) ②비율(비) ¶比例(비례) ❷①나란할(비) ¶比肩(비견) ②도울(비)
【比肩 비견】 ①어깨를 나란히 함. ②우열(優劣)이 없이 엇비슷함.
【比較 비교】 서로 견주어 봄.
【比例 비례】 두 수(數)나 양(量)의 비가 다른 두 수나 양의 비와 같은 일.
【比率 비율】 일정한 양(量)이나 수에 대한 다른 양이나 수의 비(比).
【比重 비중】 다른 사물과 비교할 때의 중요한 정도.
【對比 대비】 서로 맞대어 비교함.
【櫛比 즐비】 빗살처럼 빽빽하고 가지런히 늘어섬.

'比'가 붙은 한자
妣 죽은 어미 (비)   屁 방귀 (비)
庇 덮을 (비)   批 비평할 (비)
枇 비파나무 (비)   毗 도울 (비)
毖 삼갈 (비)   琵 비파 (비)
砒 비상 (비)   秕 쭉정이 (비)
粃 쭉정이 (비)

比 【毗】 도울 비 支
⑤⑨
명 ⓗpí ⓙヒ ⓔassist
字解 도울, 거들(비)

【毗輔 비보】 도와서 모자람을 채움.
【荼毗 다비】 범어 'Jhapita'의 음역. 불교에서, '화장(火葬)'을 이름.

比 【毖】 삼갈 비 寘
⑤⑨
ⓗbì ⓙヒ ⓔprudent
字解 ①삼갈(비) ②피로할(비)
【懲毖 징비】 혼이 나서 조심함. 지난날의 실패를 교훈 삼아 후일에 다시 실패하지 않도록 삼감.

比 【毘】 명 毗(454)와 同字
⑤⑨

4 毛 部

毛 【毛】 털 모 豪
⓪④

一 二 三 毛

종 ⓗmáo ⓙモウ(け) ⓔhair
字源 상형자. 머리카락이나 수염 또는 짐승의 털을 그린 것이다.
字解 ①털, 터럭(모) ¶毛髮(모발) ②풀, 식물(모) ¶不毛(불모)
【毛髮 모발】 ①사람의 머리털. ②사람 몸에 있는 '터럭'의 총칭.
【毛細管 모세관】 동맥과 정맥을 이으며 조직 속에 퍼져 있는 가는 혈관.
【毛織 모직】 짐승의 털로 짠 피륙.
【毛布 모포】 담요.
【毛皮 모피】 털가죽.
【不毛 불모】 땅이 메말라서 식물이 자라지 아니함.
【脫毛 탈모】 털이 빠짐.

毛 【毬】 공 구 尤
⑦⑪
명 ⓗqiú ⓙキュウ(まり) ⓔball
字解 공, 둥글(구)
【毬果 구과】 소나뭇과 식물의 열매. 솔방울·잣송이 따위.
【擊毬 격구】 지난날, 말을 타고 작대기로 공을 치던 무예.

毛
7
⑪ 【毫】 가는 털
　　　　 호 豪

一 亠 宀 亡 亭 亭 臺 毫

음 ㈜háo ㈐ゴウ ㈜fine hair
字源 형성자. 毛(모)는 의미 부분이고, 高는 高(고)의 생략형으로 발음 부분이다.
字解 ①가는 털(호) ¶毫末(호말) ②조금, 약간(호) ¶毫髮(호발) ③붓, 붓끝(호) ¶揮毫(휘호) ④호(호) ※무게·길이의 단위.
【毫端 호단】붓끝. 筆端(필단).
【毫釐之差 호리지차】근소한 차이. ⇨ '毫'는 '釐'의 10분의 1, '釐'는 '分'의 10분의 1로 아주 작은 단위를 뜻함.
【毫末 호말】①털끝. ②'극히 작은 것'의 비유.
【毫髮 호발】①가느다란 털. ②털끝만큼 아주 작은 것.
【秋毫 추호】가을바람에 가늘어진 짐승의 털. '몹시 작음'의 비유.
【揮毫 휘호】붓을 휘둘러 글씨를 쓰거나 그림을 그림.

毛
8
⑫ 【毯】 담요 담

㈜tǎn ㈐タン ㈜blanket
字解 담요(담)
【毯子 담자】담요.

毛
8
⑫ 【毳】 솜털 취

㈜cuì ㈐ゼイ ㈜down
字解 솜털(취)
【毳毛 취모】짐승의 부드러운 털.

毛
9
⑬ 【毸】 날개 칠

명 ㈜sāi ㈐サイ
字解 날개 칠(시)

毛
12
⑯ 【氅】 새털 창

㈜chǎng ㈐ショウ ㈜down
字解 새털(창)
【氅衣 창의】㈜소매가 넓고 뒷솔기가 갈라진 웃옷.

毛
13
⑰ 【毡】 모전 전 氈

명 ㈜zhān ㈐セン ㈜felt
字解 모전, 모직물(전)
【毛毡 모전】짐승의 털로 짠 모직물.

4 氏 部

氏
0
④ 【氏】 각시 씨
本시 紙

丿 ㄥ 千 氏

음 ㈜shì ㈐シ(うじ) ㈜family name
字源 갑골문에서는 'ㄒ'으로 썼는데, 匙(시) 자의 원시 형태로 氏는 발음이 같아서 가차된 것이라는 설과 나무의 뿌리(柢(저)]를 그린 것으로 氏는 나무의 뿌리라는 뜻에서 파생되었다는 설이 있다.
字解 ①각시(씨) ②성(씨) ※같은 혈통의 갈래. ¶氏族(씨족) ③씨(씨) ※㉠사람의 호칭으로 쓰임. ¶伯氏(백씨) ㉡지위·관작에 붙여 씀. ㉢왕조 또는 제후의 봉지(封地)에 붙여 씀. ¶伏羲氏(복희씨)
【氏族 씨족】같은 조상에서 나온 겨레붙이.
【伯氏 백씨】'남의 맏형'을 높여 이르는 말.
【伏羲氏 복희씨】팔괘(八卦)와 문자를 만들었다는, 중국 상고 시대의 제왕.
【姓氏 성씨】'성(姓)'의 높임말.

氏
1
⑤ 【民】 백성 민 眞

フ コ ㄗ 民 民

음 ㈜mín ㈐ミン(たみ) ㈜people
字源 왼쪽 눈을 날카로운 물건으로 찌르고 있는 모양으로, 주(周)나라 때는 포로의 왼쪽 눈을 멀게 하여 노예로 삼았다는 설과, 풀(艸(초)]이 싹트는 모습을 그린 것으로 싹은 여럿이 함께 트므로 백성(百姓)이라는 뜻은 여기에서 나왔다는 설이 있다. 전자를 따르면 盲

氏部 1획

(소경 맹) 자의 본자가 되고, 후자를 따르면 萌(싹 맹) 자의 고자(古字)가 된다.
字解 백성(민)
【民家 민가】 일반 백성이 사는 살림집. 여염집.
【民間 민간】 일반 서민의 사회. '관(官)이나 군대에 속하지 않음'을 나타냄.
【民譚 민담】 민간에서 전해 오는 설화(說話).
【民泊 민박】 민가에 숙박함.
【民生苦 민생고】 일반 국민의 생활고(生活苦).
【民心 민심】 백성들의 마음.
【民營 민영】 민간인이 경영함.
【民願 민원】 국민의 소원이나 청원.
【民衆 민중】 다수의 일반 국민.
【僑民 교민】 외국에 살고 있는 겨레.
【庶民 서민】 ①일반 국민. ②귀족·상류층이 아닌 보통 사람.
【遺民 유민】 멸망하여 없어진 나라의 백성.

'民'이 붙은 한자

氓 백성(맹)	眠 잠잘(면)
岷 산 이름(민)	泯 빠질(민)
敃 강할(민)	珉 옥돌(민)
罠 그물(민)	頣 강할(민)

氏 1 (5) 【氏】 ❶근본 저 䶒 ❷오랑캐 이름 저 䶒
㊥dǐ, di ㊐テイ ㊀origin
字解 ❶근본(저) ❷①오랑캐 이름(저) ②별 이름(저) ※이십팔수(二十八宿)의 하나.
【氐羌 저강】 고대 서역(西域) 지방에 있었던 오랑캐 이름.

'氏'가 붙은 한자

低 낮을(저)	底 밑(저)
抵 막을(저)	邸 집(저)
牴 당할(저)	羝 숫양(저)
砥 숫돌(지)	祇 공경할(지)

氏 4 (8) 【氓】 백성 맹 䶒
㊥méng ㊐ボウ ㊀people
字解 백성(맹)
【氓隸 맹예】 천한 백성.
【蒼氓 창맹】 모든 백성.

4 气 部

气 0 (4) 【气】 ❶기운 기 ❷빌 걸 䶒
㊥qì, qǐ ㊐キ ㊀vigor
字源 상형자. 구름이 피어나는 모습을 그린 것이다. 气부에 속하는 글자는 대부분 '기운'과 관계있는 뜻을 가진다.
字解 ❶①기운(기) ②부수의 하나 (기운기엄) ❷빌(걸)

气 2 (6) 【気】 氣(456)의 俗字

气 4 (8) 【氛】 기운 분 䶒
㊥fēn ㊐フン ㊀symptom
字解 ①기운, 흉한 기운(분) ¶气祥(분상) ②재앙(분) ¶气妖(분요).
【氛祥 분상】 불길한 징조(徵兆)와 상서로운 징조.
【氛妖 분요】 천변지이(天變地異) 따위로 인하여 당한 불행한 일. 災殃(재앙). 災禍(재화).

气 6 (10) 【氣】 기운 기 ㊅气気 䶒
丨 ⺂ 气 气 気 氧 氧 氣
㊥qì ㊐キ ㊀vigor
字源 형성자. 본래 '음식을 제공하다'라는 뜻이었다. 米(미)는 의미 부분이고, 气(기)는 발음 부분이다. 예서에서 氣 자가 气(기운 기) 자를 대신하면서부터 气 자는 쓰이지 않게 되었고, '음식을 제공

다'의 뜻은 氤(희) 자가 담당하게 되었다.
字解 ①기운, 힘(기) ¶氣力(기력) ②공기(기) ¶氣壓(기압) ③숨(기) ¶氣絶(기절) ④기상, 기후(기) ¶日氣(일기) ⑤마음(기) ¶氣色(기색) ⑥성질(기) ¶氣質(기질)
【氣力 기력】정신과 육체의 힘.
【氣魄 기백】씩씩한 기상과 진취성이 있는 정신.
【氣分 기분】마음에 저절로 느껴지는 감정.
【氣象 기상】비·눈·바람 등 대기 속에서 일어나는 현상.
【氣色 기색】얼굴에 나타나는 마음속의 감정.
【氣勢 기세】기운차게 내뻗는 형세.
【氣壓 기압】대기(大氣)의 압력.
【氣焰 기염】불꽃같이 대단한 기세.
【氣運 기운】형세가 어떤 방향으로 향하려는 움직임.
【氣絶 기절】①숨이 끊어짐. ②한때 정신을 잃음. 卒倒(졸도).
【氣質 기질】①감정의 경향으로 본 개인의 성질. ②개인이나 집단 특유의 성질.
【氣體 기체】공기 따위처럼 일정한 형상이나 부피가 없는 물체.
【氣候 기후】어느 지역의 평균적인 기상 상태.
【大氣 대기】지구 둘레를 싸고 있는 기체.
【同氣 동기】같은 기질(氣質)을 가짐. '형제·자매'를 이름.
【心氣 심기】마음으로 느끼는 기분.
【傲氣 오기】지기 싫어하는 마음.
【日氣 일기】날씨. 天氣(천기).

氣⁶/⁰ 【氤】 기운 성할 인 眞
⑪yin ⑪イン
字解 기운 성할(인)
【氤氳 인온】기운이 왕성한 모양.

氣¹⁰/¹⁴ 【氳】 기운 성할 온 文
⑪yūn ⑪ウン
字解 기운 성할(온)
【氳氤 온인】기운이 왕성한 모양.

4 水 部

水⁰/⁴ 【水】 물 수 紙
丨 亅 氵 水
⑧ ⑪shuǐ ⑪スイ ⑱water
字源 상형자. 물이 흘러가는 모양을 그린 것이다.
字解 ①물(수) ¶水路(수로) ②고를, 평평할(수) ¶水平(수평) ③新수소(수)
【水路 수로】물이 흐르는 길. 물길.
【水陸 수륙】물과 뭍.
【水魔 수마】'수해(水害)'를 악마에 비유하여 이르는 말.
【水沒 수몰】물 속에 잠김.
【水素 수소】무색·무미·무취의 모든 물질 중 가장 가벼운 원소.
【水深 수심】물의 깊이.
【水魚之交 수어지교】물과 물고기의 관계. '서로 떨어질 수 없는 친밀한 사이'의 비유.
【水葬 수장】죽은 사람을 물 속에 넣어 장사 지내는 일.
【水災 수재】큰물로 입는 재해.
【水準 수준】사물의 가치·등급 따위의 일정한 표준이나 정도.
【水平 수평】평평함.
【水泡 수포】①물거품. ②'공들인 일이 헛되이 되는 것'의 비유.
【水害 수해】홍수로 말미암은 재해.
【淡水 담수】민물. 단물.
【治水 치수】수리 시설을 하여 홍수나 가뭄의 피해를 막는 일.
참고 변에 쓰일 때는 글자 모양이 '氵'으로 되고, 발에 쓰일 때는 '氺'로 변형되기도 한다. ☞氵部(283)

水¹/⁵ 【氷】 얼음 빙 蒸
丨 亅 冫 氷 氷
⑧ ⑪bīng ⑪ヒョウ(こおり) ⑱ice
字源 冰(빙)의 속자이다. 冰에서 氵(빙)과 水(수)는 모두 의미 부분

인데, 氵은 발음 부분도 담당한다.
字解 얼음, 얼(빙)

【氷肌玉骨 빙기옥골】 얼음 같은 살결과 옥 같은 뼈대. '매화(梅花)', 또는 '미인(美人)'의 형용.

【氷壁 빙벽】 눈·얼음으로 덮인 암벽.

【氷山 빙산】 북극이나 남극의 바다에 산처럼 떠 있는 얼음 덩어리.

【氷點 빙점】 물이 얼거나 얼음이 녹기 시작하는 온도. 0℃.

【氷板 빙판】 얼음판.

【結氷 결빙】 물이 얼어붙음.

【薄氷 박빙】 살얼음.

水 1 ⑤ 【丞】 들 승 迥

명 ㊥zhěng ㊐ショウ ㊈hold
字解 ①들(승) ②구할(승)

4 획

水 1 ⑤ 【永】 길 영 梗

丶 亅 㐅 㲋 永

중 ㊥yǒng ㊐エイ(ながい) ㊈eternal
字源 회의자. 본래 行(다닐 행) 자의 일부분인 彳(척) 또는 亍(촉), 人(사람 인), 水(물 수)로 이루어졌다. 사람이 물 속으로 간다는 데서 '헤엄치다'라는 뜻을 나타낸다. 뒤에 '길다'라는 뜻으로 가차되자 헤엄치다라는 뜻으로는 '氵'을 더한 泳 자를 새로 만들어 보충하였다.
字解 길, 오랠(영)

【永劫 영겁】 영원한 세월.

【永訣 영결】 영원히 헤어짐. 보통, 죽은 이와의 헤어짐을 뜻함.

【永久 영구】 길고 오램. 長久(장구).

【永眠 영면】 영구히 잠을 잠. '죽음'을 이름.

【永世 영세】 끝없는 세월. 영원한 세월. 永代(영대).

【永遠 영원】 언제까지고 계속하여 끝이 없음.

【永住 영주】 일정한 곳에 오랫동안 삶, 또는 죽을 때까지 삶.

水 2 ⑦ 【求】 구할 구 尤

一 十 寸 才 求 求 求

중 ㊥qiú ㊐キュウ(もとめる) ㊈seek after
字源 상형자. 본래 가죽옷〔裘(구)〕을 그린 것이었는데, 뒤에 '구하다'라는 뜻으로 가차되었다.
字解 구할, 청할, 바랄(구)

【求乞 구걸】 남에게 돈·물건 따위를 빌어서 얻음.

【求愛 구애】 ①사랑을 구함. ②이성(異性)의 사랑을 구함.

【求人 구인】 필요한 사람을 구함.

【求職 구직】 직업을 구함.

【求刑 구형】 검사가 피고인의 형량을 판사에게 요구함.

【求婚 구혼】 결혼할 것을 요구함, 또는 결혼할 상대를 구함.

【渴求 갈구】 목마르게 구함.

【要求 요구】 달라고 청함.

【追求 추구】 목적한 바를 이루고자 끈기 있게 좇아 구함.

> **'求'가 붙은 한자**
>
> 救 구원할(구) 毬 공(구)
> 球 구슬(구) 逑 짝(구)
> 絿 서둘(구) 裘 갖옷(구)
> 銶 끌(구)

水 3 ⑦ 【汞】 수은 홍 董

명 ㊥gǒng ㊐コウ ㊈mercury
字解 수은(홍)

【汞粉 홍분】 염화제일수은(鹽化第一水銀). 甘汞(감홍). 輕粉(경분).

【昇汞 승홍】 염화제이수은.

水 4 ⑧ 【沓】 합할 답 合

명 ㊥tà ㊐トウ ㊈put together
字解 ①합할(답) ②겹칠(답) ③유창할(답)

【沓至 답지】 겹쳐서 한꺼번에 몰려옴. 자꾸 계속하여 옴.

【雜沓 잡답】 북적거리고 붐빔.

水 5 ⑨ 【泉】 샘 천 先

丿 白 白 白 白 身 泉 泉

水 10 ⑮ 【滕】 물 솟을 등 蒸
图 ㊥téng ㊐トウ ㊧spout
字解 ①물 솟을(등) ②나라 이름(등) ※주대(周代)의 제후국.

水 10 ⑭ 【滎】 실개천 형 週
명 ㊥xíng, yíng ㊐ケイ ㊧streamlet
字解 실개천(형)

水 11 ⑮ 【潁】 물 이름 영 梗
명 ㊥yǐng ㊐エイ
字解 물 이름(영) ※허난 성(河南省) 덩펑 현(登封縣)에서 발원하는 강.

水 11 ⑮ 【漿】 미음 장 陽
명 ㊥jiāng ㊐ショウ(こんず) ㊧water gruel
字解 ①미음(장) ②즙, 액체(장)
【漿果 장과】 다육과(多肉果)의 한 가지. 감·포도 등 물이 많은 열매.
【漿水 장수】 ①오래 끓인 좁쌀 미음. ②풀(糊).
참고 糚(장 : 436)은 딴 자.

459　　　　　　　　　　　火部 0획

图 ㊥quán ㊐セン(いずみ) ㊧spring
字解 상형자. 갑골문을 보면 '冄'으로, 동굴 또는 바위틈에서 물이 흘러나오는 모습을 그린 것이다.
字解 ①샘(천) ¶ 溫泉(온천) ②돈(천) ¶ 泉布(천포)
【泉石膏肓 천석고황】 산수(山水)를 즐기는 것이 정도에 지나쳐 마치 불치의 깊은 병과 같이 됨.
【泉布 천포】 돈. 화폐.
📖 돈이 널리 통용되는 이치가 샘물이 솟아나 흘러내리는 것과 같다는 것에 비유해서 이르는 말.
【溫泉 온천】 더운물이 솟아 나오는 샘.
【源泉 원천】 ①물이 흘러나오는 근원. ②사물의 근원.
【黃泉 황천】 사람이 죽어서 간다는 곳. 저승. 九泉(구천).

水 5 ⑩ 【泰】 클 태 泰
= 三 弄 夫 夫 泰 泰 泰
图 ㊥tài ㊐タイ(やすい) ㊧great
字源 회의 겸 형성자. 본래 물이 두 손 사이로 빠르게 새어 나간다는 뜻으로, 卄(공)과 氺의 의미 부분이고 大(대)는 발음 부분이다.
字解 ①클(태) ≒太 ②편안할(태) ¶ 泰平(태평) ③산 이름(태) ¶ 泰山(태산)
【泰斗 태두】 ①태산과 북두성(北斗星). ②어떤 방면에서 썩 권위가 있는 사람. 泰山北斗(태산북두).
【泰山 태산】 ①높고 큰 산. ②'크고 많음'의 비유. ③오악(五岳)의 하나로, 중국 산둥 성(山東省) 타이안(泰安) 북쪽에 있는 산. 岱山(대산).
【泰西 태서】 ①서쪽 끝. ②서양.
【泰然 태연】 태도나 기색이 아무렇지 않고 예사로움.
【泰平 태평】 ①세상이 평화로움. ②몸이나 마음 또는 집안이 평안함.

水 8 ⑫ 【淼】 물 넓을 묘
㊥miǎo ㊐ビョウ
字解 물 넓을(묘)
【淼淼 묘묘】 물 따위가 끝없이 넓은 모양. 淼茫(묘망).

4 火 部

火 0 ④ 【火】 불 화 哿
丶 丷 少 火
图 ㊥huǒ ㊐カ(ひ) ㊧fire
字源 상형자. 불길이 위로 솟으며 타오르는 모습을 그린 것이다.
字解 ①불(화) ¶ 放火(방화) ②탈, 태울(화) ¶ 火刑(화형) ③급할(화) ¶ 火急(화급)
【火急 화급】 대단히 급함.
【火傷 화상】 높은 열에 뎀. 또는 그렇게 입은 상처.
【火藥 화약】 충격·점화 따위에 의하여

터지는 폭발물.
【火焰 화염】불꽃.
【火葬 화장】시체를 불사르고 남은 뼈를 모아 장사 지내는 일.
【火田 화전】산·들에 불을 지른 다음 파거나 일구어서 농사를 짓는 밭.
【火刑 화형】불로 태워 죽이는 형벌.
【放火 방화】불을 놓음. 불을 지름.
【鬱火 울화】속이 답답하여 나는 홧병. 心火(심화).
【鎭火 진화】불을 끔.
[참고] 발에 쓰일 때는 글자 모양이 '灬'로 된다. ☞部(468)

火2획/6획【灯】燈(465)의 俗字

火2획/6획【灰】재 회 灰

명 ⒸhuÄ« Ⓙカイ(はい) Ⓔash
字解 ①재(회) ②석회(회)
【灰色 회색】잿빛.
【灰燼 회신】재와 불탄 끄트러기.
【石灰 석회】산화칼슘과 수산화칼슘의 총칭.

火3획/7획【灸】뜸 구

명 Ⓒjiǔ Ⓙキュウ Ⓔmoxibustion
字解 뜸, 뜸질할(구)
【鍼灸 침구】침질과 뜸질.

火3획/7획【灼】구울 작

명 Ⓒzhuó Ⓙシャク(やく) Ⓔburn
字解 ①구울, 사를(작) ②밝을(작)
【灼爛 작란】타서 문드러짐.
【灼熱 작열】①불에 새빨갛게 달구거나 달굼. ②태울 듯이 몹시 더움.

火3획/7획【災】재앙 재 灾 菑 烖

고 Ⓒzāi Ⓙサイ(わざわい) Ⓔcalamity
字解 회의자. 巛(천)은 수재(水災)를 뜻하고, 火(화)는 화재(火災)를 뜻한다.

字解 재앙(재)
【災難 재난】뜻밖의 불행한 일.
【災殃 재앙】천변지이(天變地異)로 말미암은 불행한 일.
【災害 재해】재앙으로 말미암은 피해.
【人災 인재】사람의 실수나 과오로 발생하는 재난.
【天災 천재】자연의 변화로 일어나는 재앙. 태풍·홍수·지진 따위.
【火災 화재】불로 인한 재난.

火3획/7획【灴】화톳불 홍

Ⓒhóng Ⓙコウ(かがりび) Ⓔbonfire
字解 화톳불(홍) ≒烘.

火4획/8획【炅】빛날 경

명 Ⓒjiǒng Ⓙケイ Ⓔbright
字解 ①빛날(경) ②뜨거울(경)

火4획/8획【炊】명 光(55)과 同字

火4획/8획【炛】명 光(55)과 同字

火4획/8획【炉】爐(468)의 俗字

火4획/8획【炆】따뜻할 문

명 Ⓒwén Ⓙブン(あたたかし) Ⓔwarm
字解 따뜻할, 따스할(문)

火4획/8획【炎】❶불꽃 염 ❷불탈 염

명 Ⓒyán Ⓙエン(ほのお) Ⓔflame
字解 회의자. 火(불 화) 자 두 개를 겹쳐 씀으로써, 불이 활활 타오르는 것을 나타냈다.
字解 ❶불꽃(염) ≒焰. ¶光炎(광염) ❷①불탈(염) ¶炎上(염상) ②더울

(염) ¶ 炎天(염천) ③염증(염) ¶
肝炎(간염)
【炎上 염상】 불꽃을 뿜으며 타오름.
【炎症 염증】 세균·독소 등의 작용으로 붓고 아픈 병.
【炎天 염천】 몹시 더운 여름철.
【肝炎 간염】 간에 생기는 염증.
【光炎 광염】 빛과 불꽃.
【暴炎 폭염】 매우 심한 더위.

'炎'이 붙은 한자

啖 먹을 (담)   淡 묽을 (담)
郯 나라 이름 (담)   毯 담요 (담)
痰 담 (담)   談 말씀 (담)
剡 날카로울 (염)   琰 옥 갈 (염)

火 【炙】 고기 구울 자·적
4 (8)

명 ㊥zhì ㊐シャ(あぶる) ㊧roast
字解 ①고기 구울(자·적) ②固(적) ※갖은 양념을 하여 대꼬챙이에 꿰어 구운 고기.
【炙鐵 적철】 석쇠.
【膾炙 회자】 ①날고기와 구운 고기. ②'널리 사람의 입에 오르내림'의 비유.
【散炙 산적】 쇠고기 따위를 길쭉하게 썰어 양념을 하여 꼬챙이에 꿰어 구운 적.

火 【炒】 볶을 초
4 (8)

명 ㊥chǎo ㊐ソウ(いる) ㊧parch
字解 볶을(초)
【炒麪 초면】 기름에 볶은 밀국수.

火 【炊】 불 땔 취
4 (8)

명 ㊥chuī ㊐スイ(たく) ㊧boil
字解 불 땔, 밥 지을(취)
【炊事 취사】 부엌일. 밥 짓는 일.
【自炊 자취】 손수 밥을 지어 먹음.

火 【炘】 구울 흔
4 (8)

명 ㊥xīn ㊐キン ㊧roast

字解 ①구울(흔) ②화끈거릴(흔)

火 【炬】 횃불 거
5 (9)

명 ㊥jù ㊐キョ ㊧torch
字解 횃불(거)
【炬火 거화】 횃불. 松明(송명).

火 【炳】 밝을 병
5 (9)

명 ㊥bǐng ㊐ヘイ(あきらか) ㊧bright
字解 밝을, 빛날(병)
【炳然 병연】 빛이 비쳐 밝은 모양.

火 【炤】 ❶밝을 소 本朝 ❷비칠 조 隔
5 (9)

명 ❶ ㊥zhào ㊐ショウ ㊧bright
字解 ❶밝을(소)=昭 ❷비칠(조)
【炤炤 소소】 밝은 모양. 환한 모양.
【炤燿 조요】 빛이 빛남. 밝게 비침.

火 【炸】 터질 작
5 (9)

명 ㊥zhà ㊐サク ㊧burst
字解 터질, 폭발할(작)
【炸裂 작렬】 폭발하여 터짐.
【炸發 작발】 화약이 폭발함.

火 【炡】 빛날 정
5 (9)

명 ㊥zhēng ㊐セイ ㊧flash
字解 빛날, 번쩍거릴(정)

火 【炷】 심지 주
5 (9)

명 ㊥zhù ㊐シュ ㊧candlewick
字解 ①심지(주) ②사를(주)
【炷香 주향】 향(香)을 피움.

火 【炭】 숯 탄
5 (9)

一 屮 屮 屵 屵 岸 岸 炭

고 ㊥tàn ㊐タン(すみ) ㊧charcoal
字源 형성자. 火(화)는 의미 부분이고, 屵(알)은 발음 부분이다.

火部 5획

炭

字解 ①숯, 숯불(탄) ¶氷炭(빙탄) ②석탄(탄) ¶炭田(탄전) ③新탄소(탄) ¶炭酸(탄산)

【炭鑛 탄광】 석탄이 나는 광산.
【炭酸 탄산】 이산화탄소가 물에 녹아서 생긴 산(酸).
【炭素 탄소】 비금속 원소의 하나. 석탄·목탄 등에 들어 있음.
【炭田 탄전】 석탄이 많이 매장되어 있는 지역.
【氷炭 빙탄】 얼음과 숯불. '성질이 상반되어 어울리지 않음'의 비유.
【石炭 석탄】 연료 등으로 쓰이는 가연성 퇴적암.

火5 [炮] 통째로 구울 포 圍

명 ⊕páo ⊕ホウ(あぶる) 英bake
字解 통째로 구울(포)

【炮烙之刑 포락지형】 은(殷)의 주왕(紂王)이 행한 참혹한 형벌.
📖 구리 기둥에 기름을 발라 숯불 위에 걸쳐 달군 후 그 위로 죄인이 건너가게 했는데, 건너다가 미끄러져 불 속에 떨어져 죽게 한 형벌.

火5 [炫] 빛날 현 圍

명 ⊕xuàn ⊕ケン(かがやく) 英bright
字解 ①빛날, 밝을(현) ②눈부실(현) ≒眩

【炫耀 현요】 밝게 빛남. 환히 비침.

火5 [炯] 빛날 형 圍

명 ⊕jiǒng ⊕ケイ(あきらか) 英bright
字解 빛날, 밝을(형)

【炯眼 형안】 ①날카로운 눈매. ②사물에 대한 관찰력이 뛰어난 눈.

火6 [炷] ❶화덕 계 ❷밝을 계

명 ⊕wēi, guì ⊕エイ, ケイ 英stove
字解 ❶화덕(계) ※가지고 다닐 수 있는 작은 화로. ❷밝을, 환할(계)

火6 [烔] 뜨거울 동 圍

명 ⊕tóng ⊕トウ 英burning
字解 ①뜨거울(동) ②태울(동)

火6 [烙] 지질 락 圍

명 ⊕lào ⊕ラク(やく) 英brand
字解 지질(락)

【烙印 낙인】 ①불에 달구어 찍는 쇠도장, 또는 그 표시. 火印(화인). ②불명예스러운 평가나 판정.

火6 [烟] 명 煙(464)과 同字

火6 [烘] 화톳불 홍 圍

명 ⊕hōng ⊕コウ 英bonfire
字解 ①화톳불(홍) ②횃불 컬(홍)

【烘柿 홍시】 볕에 쬐어 익힌 감.

火6 [烠] 恢(245)와 同字

火7 [烱] ❶무더울 경 ❷빛날 형

명 ❶ ⊕jiǒng ⊕ケイ 英bright
字解 ❶무더울(경) ❷빛날(형) ※ 炯(462)의 俗字.

火7 [烺] 빛 밝을 랑

명 ⊕lǎng ⊕ラウ 英bright
字解 빛 밝을(랑)

火7 [烽] 봉화 봉 圍

명 ⊕fēng ⊕ホウ(のろし) 英beacon
字解 봉화(봉)

【烽燧 봉수】 변란(變亂)의 발생을 알리기 위하여 올리던 횃불과 연기.
📖 '烽'은 밤에 올리는 횃불, '燧'는 낮에 올리는 연기.
【烽火 봉화】 변란을 알리기 위하여 봉홧둑에 올리던 횃불.

火部 9획

【焌】 태울 준
명 ⊕jùn ⊕シュン 英burn
字解 ①태울(준) ②귀갑 지질(준)

【煉】 煉(467)과 同字

【烯】 불빛 희
⊕xī ⊕キ 英dry
字解 ①불빛(희) ②마를(희)

【焙】 불에 쬘 배
명 ⊕bèi ⊕ボウ, ハイ(あぶる) 英
字解 불에 쬘(배)

【焚】 불사를 분
명 ⊕fén ⊕フン(やく) 英burn
字解 불사를, 불탈(분)
【焚書坑儒 분서갱유】 진시황(秦始皇)이 정치 비평을 막기 위하여 책들을 불태우고 유학자들을 생매장한 일. '학문·사상의 탄압'의 비유.
【焚身 분신】 몸을 불살라 죽음.
【焚香 분향】 향을 불에 태움.

【烧】 燒(465)의 俗字

【焠】 담금질 쉬
⊕cuì ⊕サイ 英tempering
字解 ①담금질(쉬) ②태울(쉬)

【焱】 ❶불꽃 염 ❷화염 모양 혁
명 ❷ ⊕yàn ⊕エン 英flame
字解 ❶불꽃(염) ❷화염 모양(혁)

【焰】 불꽃 염
명 ⊕yàn ⊕エン(ほのお) 英flame
字解 불꽃(염)

【氣焰 기염】 호기로운 기세.
【火焰 화염】 불꽃.

【焞】 ❶성할 퇴 ❷밝을 돈·순
명 ❷ ⊕tūn ⊕シュン 英dense
字解 ❶성할(퇴) ❷밝을(돈·순)

【煢】 외로울 경
⊕qióng ⊕ケイ 英lonesome
字解 ①외로울(경) ②근심할(경)
【煢獨 경독】 의지할 곳이 없는 사람. '煢'은 형제·자매가 없는 사람, '獨'은 자식이 없는 사람.

【煖】 따뜻할 난
명 ⊕nuǎn ⊕ダン(あたたか) 英warm
字解 따뜻할, 따뜻하게 할(난) ≒暖
【煖爐 난로】 불을 피워 방 안을 따뜻하게 하는 장치.
【煖房 난방】 방을 따뜻하게 함.

【煓】 빛날 단
명 ⊕tuān ⊕タン 英glitter
字解 ①빛날(단) ②불 활활 탈(단)

【煉】 쇠 불릴 련
명 ⊕liàn ⊕レン(ねる) 英refine
字解 ①쇠 불릴(련) ≒鍊 ②구울(련)
【煉乳 연유】 달여 진하게 졸인 우유.
【煉炭 연탄】 가루 석탄에 흙을 넣고 반죽하여 굳히어 만든 연료.

【煤】 그을음 매
명 ⊕méi ⊕バイ(すす) 英soot
字解 ①그을음(매) ②석탄(매)
【煤煙 매연】 그을음이 섞인 연기.

【煩】 번거로울 번
명 ⊕fán
丶 ソ 火 灯 灯 炯 煩 煩

火部 9획

ㄹ ⊕fán ⊖ハン(わずらわしい) ㊧troublesome
字源 회의자. 열[火(화)]이 나서 머리[頁(혈)]가 아프다는 뜻이］다.
字解 ①번거로울, 성가실(번) ②괴로워할(번) ③고민, 근심(번)
【煩惱 번뇌】①마음이 시달려서 괴로움. ②심신을 괴롭히는 모든 망념.
【煩悶 번민】번거롭고 답답하여 괴로워함.
【煩雜 번잡】번거롭고 복잡함.

火9 ⑬ 【煬】 찔 양
名 ⊕yáng ⊖ヨウ(あぶる) ㊧roast
字解 ①찔(양) ②불 땔(양)

4획

火9 ⑬ 【煙】 연기 연
各 ⊕yān ⊖エン(けむり) ㊧smoke
字源 형성자. 火(화)는 의미 부분이고, 垔(인)은 발음 부분이다.
字解 ①연기(연) ¶煙幕(연막) ②안개(연) ¶煙霞(연하) ③담배(연) ¶煙草(연초)
【煙氣 연기】물건이 탈 때 생기는 기체(氣體).
【煙幕 연막】적(敵)이 보지 못하게 하기 위하여 피우는 짙은 연기.
【煙霧 연무】연기와 안개.
【煙草 연초】담배.
【煙霞 연하】①안개와 이내. ②고요한 자연의 경치.
【禁煙 금연】담배를 끊음.

火9 ⑬ 【煐】 사람 이름 영
名 ⊕yīng ⊖エイ
字解 사람 이름(영)

火9 ⑬ 【煜】 빛날 욱
名 ⊕yù ⊖イク ㊧shine
字解 ①빛날(욱) ②불꽃(욱)

火9 ⑬ 【煒】 밝을 위

⊕wěi ⊖イ ㊧light
字解 ①밝을(위) ②붉을(위)

火9 ⑬ 【煮】 煮(470)와 同字

火9 ⑬ 【煥】 불꽃 환
名 ⊕huàn ⊖カン(あきらか) ㊧flame
字解 ①불꽃(환) ②밝을, 빛날(환)

火9 ⑬ 【煌】 빛날 황
名 ⊕huáng ⊖コウ ㊧glitter
字解 빛날, 번쩍거릴(황)

火9 ⑬ 【煊】 따뜻할 훤
名 ⊕xuān ⊖ケン ㊧warm
字解 따뜻할(훤)

火9 ⑬ 【煇】 ❶빛날 휘 ❷구울 훈
名 ❶ ⊕huī, xūn ⊖キ, ケン ㊧shine, roast
字解 ①빛날, 빛(휘) ≒輝 ❷①구울, 지질(훈) ②붉을(훈)
【煇煌 휘황】빛이 찬란한 모양.

火10 ⑭ 【煽】 부추길 선
名 ⊕shān ⊖セン(あおる) ㊧agitate
字解 ①부추길(선) ②부채질할(선)
【煽動 선동】대중의 감정을 부추겨 움직이게 함.

火10 ⑭ 【熄】 불 꺼질 식
名 ⊕xī ⊖ソク(やむ) ㊧extinguish
字解 ①불 꺼질, 그칠(식) ②없어질, 망할(식)
【熄滅 식멸】꺼져 없어짐. 消滅(소멸)
【終熄 종식】끝남.

火10 ⑭ 【熔】 鎔(775)과 同字

火部 12획

【煴】 노란 모양 운
- 명 ⊕yún ⊕ウン
- 字解 노란 모양(운)

【熒】 빛날 형
- 명 ⊕yíng ⊕ケイ ⊛glimmer
- 字解 ❶빛날(형) ¶ 熒燭(형촉) ❷등불(형) ❸현혹할(형) ¶ 熒惑(형혹) ❹반디(형) 늑螢 ¶ 熒光(형광)
- 【熒光 형광】 반딧불.
- 【熒燭 형촉】 반짝이는 작은 촛불.
- 【熒惑 형혹】 ①사람의 마음을 현혹함. ②재화(災禍)·병란(兵亂)의 징조를 보여 준다는 별.

【煌】 환할 황, 엽
- 명 ⊕huàng ⊕コウ ⊛bright
- 字解 환할(황·엽)

【熲】 빛날 경
- 명 ⊕jiǒng ⊕ケイ ⊛shine
- 字解 ①빛날(경) ②불빛(경)

【熢】 명 烽(462)과 同字

【熨】
- ❶다리미 울
- ❷누를 위
- ⊕yù ⊕ウツ(のす) ⊛iron
- 字解 ❶다리미, 다릴(울) ❷누를(위) ※눌러서 따뜻하게 함.
- 【熨斗 울두】 다리미. 火斗(화두).

【熤】 사람 이름 익
- 명 ⊕yì ⊕ヨク
- 字解 사람 이름(익)

【燉】 불빛 돈
- 명 ⊕dùn ⊕トン ⊛light
- 字解 ①불빛(돈) ②이글거릴(돈)

【燈】 등잔 등
- ⊕dēng ⊕トウ(ともしび) ⊛lamp
- 字源 형성자. 火(화)는 의미 부분이고, 登(등)은 발음 부분이다.
- 字解 등잔, 등불(등)
- 【燈架 등가】 등잔걸이.
- 【燈臺 등대】 해안·섬에서 밤에 불을 켜 놓고 뱃길을 알려주는 건물.
- 【燈盞 등잔】 등불을 켜는 그릇.
- 【燈下不明 등하불명】 등잔 밑이 어두움. '가까이 있는 것을 도리어 잘 모름'을 이름.
- 【燈火可親 등화가친】 등불을 가까이 할 만함. 등불을 가까이하여 글 읽기에 좋은 계절인 '가을'을 수식하는 말.
- 【電燈 전등】 전기로 켜는 등불.

【燎】 불 놓을 료
- 명 ⊕liáo ⊕リョウ(やく) ⊛set fire
- 字解 ①불 놓을(료) ②화톳불(료)
- 【燎原 요원】 불타고 있는 벌판.
- 【燎火 요화】 화톳불.

【燐】 도깨비불 린
- 명 ⊕lín ⊕リン ⊛elf fire
- 字解 ①도깨비불(린) ②新인(린) ※비금속 원소의 하나.
- 【燐火 인화】 도깨비불.

【燔】 구울 번
- 명 ⊕fán ⊕ハン(やく) ⊛roast
- 字解 ①구울, 지질(번) ②제사에 쓰는 고기(번)
- 【燔肉 번육】 ①구운 고기. ②제사에 쓰는 고기.
- 【燔鐵 번철】 지짐질할 때에 쓰는, 둥글넓적한 무쇠 그릇.

【燒】 불사를 소
- ⊕shāo ⊕ショウ(やく) ⊛burn

【燒】 불사를 소

㊀ⓒshāo ⓙショウ(やく) ⓔburn
字源 형성자. 火(화)는 의미 부분이고, 堯(요)는 발음 부분이다.
字解 불사를, 태울, 탈(소)
【燒却 소각】 불에 태워 없애 버림.
【燒眉之急 소미지급】 불이 눈썹을 태울 정도로 매우 위급함. 燃眉之急(연미지급). 焦眉之急(초미지급).
【燒失 소실】 불에 타 없어짐.
【燒盡 소진】 타서 죄다 없어짐.
【全燒 전소】 모조리 불탐.

【燃】 불탈 연

㊀ⓒrán ⓙネン(もえる) ⓔburn
字源 형성 겸 회의자. 火(화)는 의미 부분이고, 然(연)은 발음 부분이다. 본래 然이 태우다라는 뜻을 나타내었으나, 뒤에 '그러하다'·'그러나' 등의 뜻으로 가차되자, '태우다'라는 뜻으로는 火 자를 더한 燃 자를 새로 만들어 보충하였다.
字解 불탈, 불태울, 사를(연)
【燃料 연료】 열을 이용하기 위하여 때는 재료의 총칭. 땔감.
【燃眉之急 연미지급】 불이 눈썹을 태울 정도로 매우 위급함. 燒眉之急(소미지급). 焦眉之急(초미지급).
【燃燒 연소】 불탐. 물질이 산화(酸化)할 때 열과 빛을 내는 현상.

【燄】

焰(463)과 同字

【燁】 빛날 엽

ⓒyè ⓙキョウ ⓔshine
字解 빛날, 번쩍일(엽)
【燁燁 엽엽】 빛나는 모양. 曄曄(엽엽).

【燏】 빛날 율

ⓒyù ⓙイツ ⓔshine
字解 빛날(율)

【熾】 성할 치

㊀ⓒchì ⓙシ ⓔblaze
字解 ①성할(치) ②불 활활 탈(치)
【熾烈 치열】 불길같이 맹렬함.
【熾熱 치열】 매우 뜨거움.

【熺】

熹(472)와 同字

【燮】 화할 섭

ⓒxiè ⓙショウ ⓔharmonious
字解 ①화할, 조화할(섭) ②國불꽃(섭)
【燮和 섭화】 조화시켜 알맞게 함.

【燧】 봉화 수

ⓒsuì ⓙスイ(ひうち) ⓔsignal fire
字解 ①봉화(수) ②부싯돌(수)
【燧石 수석】 부싯돌.
【燧火 수화】 ①위급을 알리는 불. 烽火(봉화). ②부싯돌로 일으킨 불.
【烽燧 봉수】 변란이 일어났음을 알리기 위해 올리는 횃불과 연기.

【營】 경영할 영

ⓒyíng ⓙエイ(いとなむ) ⓔmanage
字源 형성자. 宮(궁)은 의미 부분이고, 炏은 발음 부분으로 熒(형)의 생략형이다.
字解 ①경영할, 다스릴(영) ¶ 營業(영업) ②진영(영) ¶ 營內(영내)
【營內 영내】 병영(兵營)의 안.
【營農 영농】 농업을 경영함.
【營利 영리】 재산상의 이익을 얻으려고 활동함.
【營業 영업】 영리를 목적으로 하여 사업을 경영함. 또는 그 사업.
【營爲 영위】 무슨 일을 해 나감.
【經營 경영】 이익이 생기도록 사업이나 기업을 운영함.
【運營 운영】 일·조직 따위를 운용하여 경영함.
【自營 자영】 사업을 자신이 경영함.

【陣營 진영】 군사가 주둔하고 있는 일정한 지역.

火[燠] ❶따뜻할 욱 / ❷불 오 / 본 우
火13 ⑰
명 ㊀yù ㊁イク ㊂warm
字解 ❶따뜻할(욱) ❷불(오)

火[燥] 마를 조 / 본 소
火13 ⑰
㇒ 火 炉 炉 炉 焊 焊 燥
고 ㊀zào ㊁ソウ(かわく) ㊂dry
字源 형성자. 火(화)는 의미 부분이고, 喿(소)는 발음 부분이다.
字解 마를, 말릴(조)
【燥渴 조갈】 목이 마름.
【乾燥 건조】 말라서 습기가 없음.
【焦燥 초조】 애가 타서 마음이 조마조마함.

火[燦] 빛날 찬
火13 ⑰
명 ㊀càn ㊁サン ㊂brilliant
字解 빛날, 번쩍일(찬)
【燦爛 찬란】 눈부시게 아름다움.
【燦然 찬연】 눈부시게 빛남.

火[燭] 촛불 촉
火13 ⑰
㇒ 火 炉 炉 炉 焟 燭 燭
고 ㊀zhú ㊁ショク ㊂candle light
字源 형성자. 火(화)는 의미 부분이고, 蜀(촉)은 발음 부분이다.
字解 ①촛불, 등불(촉) ¶ 燭淚(촉루) ②밝을(촉) ¶ 洞燭(통촉)
【燭光 촉광】 등불이나 촛불의 빛.
【燭淚 촉루】 초가 탈 때 녹아내리는 기름. 燭膿(촉농).
【洞燭 통촉】 사정 따위를 밝게 살핌.
【華燭 화촉】 ①물을 들인 밀초. ②혼례 때 촛불을 밝히는 데서 '혼례'를 이름.

火[燼] 깜부기불 신
火14 ⑱

명 ㊀jìn ㊁ジン ㊂embers
字解 ①깜부기불(신) ②나머지(신)
【燼滅 신멸】 불타서 없어짐.
【餘燼 여신】 ①타다 남은 불. ②'무슨 일이 끝난 뒤에도 남아 있는 흔적'의 비유.
【灰燼 회신】 재와 불탄 끄트러기.

火[燿] 비칠 요
火14 ⑱
명 ㊀yào ㊁ヨウ(かがやく) ㊂shining
字解 비칠, 빛날(요)
【光燿 광요】 환하게 빛남. 광휘(光輝).

火[燽] 드러날 주
火14 ⑱
명 ㊀chóu ㊁チウ ㊂expose
字解 드러날, 현저할(주)

火[爀] 붉을 혁
火14 ⑱
명 ㊀hè ㊁カク ㊂light
字解 붉을(혁)

火[燻] 불길 치밀 훈
火14 ⑱
명 ㊀xūn ㊁クン(ふすべる)
字解 불길 치밀, 연기 낄(훈)＝熏
【燻製 훈제】 소금에 절인 어육(魚肉)을 연기에 그슬려 말린 것.
【燻蒸 훈증】 연기를 피워 찜.

火[爆] 터질 폭 / 본 포
火15 ⑲
㇒ 火 炉 焊 焊 煤 爆 爆
고 ㊀bào ㊁バク(はぜる) ㊂explode
字源 형성자. 火(화)는 의미 부분이고, 暴(폭)은 발음 부분이다.
字解 터질, 폭발할(폭)
【爆擊 폭격】 비행기에서 폭탄을 떨어뜨려 적진을 파괴하는 일.
【爆發 폭발】 갑자기 터짐.
【爆笑 폭소】 갑자기 터져 나오는 웃음.
【爆藥 폭약】 폭발을 일으키는 화약류의 총칭.
【爆音 폭음】 폭발물이 터지는 소리.
【爆彈 폭탄】 폭약을 터뜨려 인명이나 구조물을 살상하고 파괴하는 병기.

【爆破 폭파】폭발시켜 파괴함.
【猛爆 맹폭】맹렬한 폭격.

【爐】 화로 로

火16획 ⑳
고 ⊕lú ⊕ロ ⊛fireplace
字源 형성자. 火(화)는 의미 부분이고, 盧(로)는 발음 부분이다.
字解 화로, 난로(로)
【爐邊 노변】화롯가. 난롯가.
【煖爐 난로】연료를 때어서 방 안을 따뜻하게 하는 기구.
【火爐 화로】열(熱)을 이용하기 위하여 불을 담아 두는 그릇.

【爔】 불 희

火16획 ⑳
명 ⊕xī ⊕キ ⊛fire
字解 ①불, 불빛(희) ②햇빛(희) =曦

【爛】 빛날 란

火17획 ㉑
명 ⊕làn ⊕ラン(ただれる) ⊛bright
字解 ①빛날, 밝을(란) ¶ 爛漫(난만) ②문드러질(란) ¶ 腐爛(부란) ③무르녹을(란) ¶ 爛熟(난숙)
【爛漫 난만】①꽃이 만발하여 화려함. ②화려한 광채가 넘쳐흐름.
【爛熟 난숙】①무르녹게 익음. ②더할 수 없이 발달함.
【腐爛 부란】썩어서 문드러짐.
【絢爛 현란】눈이 부시도록 찬란함.

【爨】 불 땔 찬

火25획 ㉙
명 ⊕cuàn ⊕サン(かしぐ)
字解 ①불 땔, 밥 지을(찬) ②부엌, 부뚜막(찬)
【爨婦 찬부】밥을 짓는 여자.
【爨室 찬실】부엌.

4획 灬 部

【灬】 연화발

참고 '火'가 발에 쓰일 때의 글자 모양으로, 여기서는 별도의 부수로 다루었다. ☞火部(459)

【为】

灬5획 ⑨
爲(473)의 俗字

【点】

灬5획 ⑨
图 點(835)의 俗字

【炰】

灬5획 ⑨
炮(462)와 同字

【烈】 매울 렬

灬6획 ⑩
图 ⊕liè ⊕レツ(はげしい) ⊛fierce
字源 형성자. 火(화)는 의미 부분이고, 列(렬)은 발음 부분이다.
字解 ①매울, 세찰, 사나울(렬) ¶ 烈火(열화) ②절개 굳을(렬) ¶ 烈士(열사) ③공(렬) ¶ 遺烈(유열) ④아름다울(렬) ¶ 烈祖(열조)
【烈女 열녀】기상이 강하고 절개가 굳은 여자. 烈婦(열부).
【烈士 열사】나라를 위하여 절의를 굳게 지켜 죽은 사람.
【烈祖 열조】①공훈이 큰 조상. ②미덕이 있는 조상.
【烈火 열화】맹렬하게 타는 불.
【激烈 격렬】몹시 맹렬함.
【猛烈 맹렬】기세가 몹시 세참.
【先烈 선열】의를 위해 목숨을 바친 열사.
【熱烈 열렬】태도·행동이 걷잡을 수 없이 세참.
【遺烈 유열】후세에 길이 남은 공적.
【忠烈 충렬】충성스럽고 절의가 있음.

【烏】 까마귀 오

灬6획 ⑩
图 ⊕wū ⊕ウ(からす) ⊛crow
字源 상형자. 본래 새(鳥(조))를 그린 것인데, 눈동자 부분의 획이 하

나 줄으 烏 자가 된 것이다. 까마 귀는 몸 전체가 검어서 눈동자가 잘 보이지 않기 때문이다.
字解 ①까마귀(오) ¶烏鵲(오작) ②검을(오) ¶烏竹(오죽) ③어찌(오) ¶烏有(오유) ④탄식할(오) ≒ 嗚 ¶烏呼(오호)

[烏骨鷄 오골계] 털·살·뼈가 모두 검은빛인 닭.
[烏飛梨落 오비이락] 까마귀 날자 배 떨어짐. '일이 공교롭게 같이 일어나 남의 의심을 받게 됨'을 이름.
[烏有 오유] 어찌 이런 일이 있으랴. '사물이 불타 버리고 아무것도 없음'을 이름.
[烏鵲 오작] 까마귀와 까치.
[烏竹 오죽] 껍질이 검은 대나무.
[烏合之衆 오합지중] 까마귀 떼처럼 모인 무리. 규율도 통일도 없이 모여든 무리. 또는 그러한 군대. 烏合之卒(오합지졸).
[嗚呼 오호] 슬퍼 탄식하는 소리.

【烝】 무리 증

명 ⓒzhēng ⓙショウ(むす) ⓔmany
字解 ①무리, 많을(증) ②찔, 무울(증) ≒蒸

【烋】 아름다울 휴

명 ⓒxiāo ⓙコウ ⓔbeautiful
字解 ①아름다울(휴) ②복, 경사(휴) ③화할, 온화할(휴)

【焉】 어찌 언

ㅏ T F F 正 匹 馬 馬 馬

고 ⓒyān ⓙエン(いずくんぞ) ⓔhow
字解 상형자. 본래 새를 그린 것이다. 뒤에 어조사로 가차되었다.
字解 ①어찌(언) ※의문이나 반어의 뜻을 나타냄. ¶焉敢生心(언감생심) ②어조사(언) ※단정의 뜻을 나타냄. ¶終焉(종언)

[焉敢生心 언감생심] 어찌 감히 그런 생각을 할 수 있겠는가.
[終焉 종언] ①일생이 끝남. 죽음. ②하던 일이 끝장남.

【烹】 삶을 팽

명 ⓒpēng ⓙホウ(にる) ⓔboil
字解 삶을, 삶아 죽일(팽)

[烹茶 팽다] 차를 달임. 煎茶(전다).
[烹頭耳熟 팽두이숙] 머리를 삶으면 귀까지 익음. '중요한 것만 해결하면 나머지 것은 따라서 해결됨'을 이름.

【焄】 김 오를 훈

명 ⓒxūn ⓙクン ⓔfumigate
字解 ①김 오를, 김 쐴(훈) ②향기(훈)

【無】 없을 무

ㅏ ㅑ ㅑ 缶 缶 無 無 無 無

총 ⓒwó, wú ⓙム, ブ(ない) ⓔnothing
字源 상형자. 사람이 어떤 물건을 잡고 춤을 추는 모양을 그린 것이다. 뒤에 '없다'라는 뜻으로 가차되자, '춤추다'라는 뜻으로는 발 둘 모양의 舛(천) 자를 더한 舞(무) 자를 새로 만들어 보충하였다.
字解 ①없을(무) ②아닐(무)

[無垢 무구] 때묻지 않고 깨끗함.
[無窮 무궁] 끝이 없음.
[無斷 무단] 신고나 허가 없이 제멋대로 행동함.
[無賴漢 무뢰한] 일정한 직업이 없이 싸다니며 나쁜 짓을 하는 사내.
[無聊 무료] 지루하고 심심함.
[無名 무명] ①이름이 없음. ②세상에 알려지지 않음.
[無不通知 무불통지] 환히 통하여 모르는 것이 없음.
[無所不爲 무소불위] 하지 못할 것이 없음.
[無顏 무안] 볼 낯이 없음.
[無用之物 무용지물] 아무짝에도 쓸데없는 물건이나 사람.
[無爲徒食 무위도식] 하는 일 없이 먹고 놀기만 함.
[無知 무지] 아는 것이 없음. 어리석음.
[無盡藏 무진장] 다함이 없이 많음.
[有無 유무] 있음과 없음.

【然】 그럴 연

ノクタ タ゛ 外 タヘ 伏 然 然

음 ⓒrán ⓙゼン(しかり)
ⓔso, such

字源 형성자. 火(화)는 의미 부분이고, 肰(연)은 발음 부분. 본래 '태우다'라는 뜻이었는데, 뒤에 '그러하다'·'그러나' 등의 뜻으로 가차되자 '태우다'라는 뜻으로는 火 자를 더한 燃(연) 자를 새로 만들어 보충하였다.

字解 ①그럴, 그러할, 옳을(연) ¶必然(필연) ②그러면, 그러하면(연) ③어조사(연) ※뒤에 붙어 사물의 모양이나 상태를 나타냄. ¶泰然(태연) ④그러나(연)

【然而 연이】그러나.
【然後 연후】그러한 뒤.
【自然 자연】①저절로 그렇게 되어 있는 모양. ②사람의 힘을 더하지 않은 본디대로의 상태.
【泰然 태연】기색이 변하지 않고 아무렇지도 않은 모양.
【必然 필연】반드시 그렇게 됨. 반드시 그렇게 되는 수밖에 다른 도리가 없음.

【焦】 그을릴 초

음 ⓒjiāo ⓙショウ(こげる)
ⓔscorch

字解 ①그을릴, 불탈(초) ¶焦土(초토) ②애탈, 애태울(초) ¶焦燥(초조)

【焦眉之急 초미지급】불이 눈썹을 태울 정도로 매우 위급한 경우를 이름. 燒眉之急(소미지급). 燃眉之急(연미지급).
【焦思 초사】속을 태움. 애가 탐.
【焦點 초점】①사물의 가장 중요로운 부분. ②광선이 렌즈 따위에 반사·굴절하여 다시 모이는 점.

'焦'가 붙은 한자

僬 밝게 살필(초)   憔 파리할(초)
樵 나무할(초)   蕉 파초(초)
礁 암초(초)   醮 초례(초)

【焦燥 초조】애태우며 마음을 졸임.
【焦土 초토】불에 타서 그을린 땅.

【煞】 ❶죽일 살 ❷내릴 쇄

음 ❶ⓒshā ⓙサツ ⓔkill

字解 ❶①죽일(살) ≒殺 ②國살(살) ※사람이나 물건 등을 해치는 악귀의 짓. ❷내릴, 감할(쇄) ≒殺

【凶煞 흉살】①불길한 운수. ②흉한 귀신의 독기.

【煮】 삶을 자 동 煑

음 ⓒzhǔ ⓙシャ(にる) ⓔboil

字解 삶을, 익힐, 달일(자)

【煮粥焚鬚 자죽분수】죽을 쑤다가 수염을 불태움. '형제간의 우애가 두터움'을 이름.

故事 당(唐)나라 이적(李勣)이 누이의 병구완을 위해 손수 미음을 쑤다가 수염을 태운 고사에서 온 말.

【煎】 ❶달일 전 ❷전 전

음 ⓒjiān ⓙセン(いる, にる) ⓔdecoct

字解 ❶①달일, 지질(전) ¶煎茶(전다) ②애태울(전) ¶煎悶(전민) ❷전(전) ¶花煎(화전)

【煎茶 전다】차를 달임. 烹茶(팽다).
【煎悶 전민】근심이나 걱정으로 가슴을 태움. 또는 그 근심이나 걱정.
【煎餠 전병】번철에 지진, 넓적하고 둥근 떡. 부꾸미.
【花煎 화전】①꽃을 붙이어 부친 전. 꽃전. ②찹쌀가루로 만든 떡의 하나. 차전병.

【照】 비출 조

丨 冂 日 日' 日刀 昭 昭 照

음 ⓒzhào ⓙショウ(てる)

㊈illumine
字源 형성자. 火(화)는 의미 부분이고, 召(소)는 발음 부분이다.
字解 ①비출, 비칠(조) ¶ 照明(조명) ②대조할(조) ¶ 參照(참조) ③햇빛(조) ¶ 落照(낙조)
【照明 조명】비추어 밝힘.
【照會 조회】문서(文書)로 물어서 확인함.
【落照 낙조】저녁 해. 夕陽(석양).
【對照 대조】마주 대어 비교하여 봄.
【參照 참조】참고로 대조하여 봄.

【煦】 따뜻하게 할 후

명 ㊥xù ㊐ク(あたためる) ㊈warm
字解 ①따뜻하게 할(후) ②은혜 베풀(후) ③쬘(후)
【煦育 후육】온정을 베풀어 기름.
【煦煦 후후】①따뜻한 모양. ②온정을 베푸는 모양.

【熙】 빛날 희

명 ㊥xī ㊐キ(ひかる) ㊈bright
字解 ①빛날(희) ¶ 熙朝(희조) ②화락할(희) ¶ 熙熙(희희) ③넓을(희) ④기뻐할, 즐길(희) ¶ 熙笑(희소)
【熙笑 희소】기뻐하여 웃음.
【熙朝 희조】밝은 정치가 행하여지는 시대.
【熙熙 희희】①화목한 모양. ②넓은 모양.

【熊】 곰 웅

명 ㊥xióng ㊐ユウ(くま) ㊈bear
字解 ①곰(웅) ②빛날(웅)
【熊膽 웅담】곰의 쓸개.
【熊魚 웅어】곰의 발바닥과 물고기. '맛있는 음식'을 이름.
【熊掌 웅장】곰의 발바닥.

【熏】 연기 낄 훈

명 ㊥xūn ㊐クン(ふすべる) ㊈fumigate

字解 ①연기 낄(훈) ②탈, 태울(훈) ¶ 熏煮(훈자) ③그을릴(훈) ④움직일(훈) ¶ 熏天(훈천) ⑤황혼(훈) ¶ 熏夕(훈석)
【熏夕 훈석】저녁때.
【熏煮 훈자】지지고 삶음. '날씨가 몹시 더움'의 비유.
【熏灼 훈작】①그을려 태움. ②세력이 왕성함.
【熏天 훈천】하늘을 감동시킴.

【熟】 익을 숙

一 亠 享 享 享 剌 孰 孰 熟

고 ㊥shú ㊐ジュク(うれる) ㊈ripe
字源 형성 겸 회의자. 火(화)는 의미 부분이고, 孰(숙)은 발음 부분이다. 孰이 본래 '음식을 데우다'라는 뜻을 나타내었으나, 뒤에 '누구'의 뜻으로 가차되자 火 자를 더하여 熟(숙) 자를 새로 만들어 보충하였다. 따라서 孰은 의미 부분도 겸한다.
字解 ①익을(숙) ¶ 成熟(성숙) ②익숙할(숙) ¶ 熟達(숙달) ③자세할(숙) ¶ 熟讀(숙독)
【熟考 숙고】곰곰이 생각함.
【熟達 숙달】익숙하고 통달함.
【熟讀 숙독】뜻을 음미하면서 읽음.
【熟練 숙련】익숙하도록 익힘.
【熟眠 숙면】깊이 잠듦, 또는 그 잠.
【熟議 숙의】충분히 의논함.
【能熟 능숙】능란하고 익숙함.
【未熟 미숙】①덜 익음. ②서투름.
【半熟 반숙】반쯤만 익힘.
【成熟 성숙】①열매가 익음. ②다 자람. ③익숙해짐.
【圓熟 원숙】①무르익음. ②아주 숙달(熟達)함.

【熱】 더울 열

十 土 켜 孰 孰 孰 熱

중 ㊥rè ㊐ネツ(あつい) ㊈hot
字源 형성자. 火(화)는 의미 부분이고, 埶(예)는 발음 부분이다.
字解 ①더울, 태울(열) ¶ 熱砂(열사) ②열(열) ¶ 解熱(해열) ③몸

달, 흥분할(열) ¶熱狂(열광)
【熱狂 열광】 흥분하여 미친 듯이 날뜀.
【熱氣 열기】 ①뜨거운 기운. ②고조된 흥분, 또는 그런 분위기.
【熱烈 열렬】 관심이나 느끼는 정도가 더할 나위 없이 강함.
【熱望 열망】 열렬하게 바람.
【熱辯 열변】 불을 뿜는 듯한 웅변.
【熱沙 열사】 뜨거운 사막.
【熱心 열심】 어떤 일에 깊이 마음을 쏟음.
【熱愛 열애】 열렬히 사랑함.
【熱意 열의】 무엇을 이루려는 열렬한 마음.
【熱情 열정】 어떤 일에 열중하는 마음.
【熱中 열중】 한 가지 일에 정신을 쏟아 골몰함.
【熱唱 열창】 열의를 다하여 노래함.
【耐熱 내열】 높은 열을 견디어 냄.
【以熱治熱 이열치열】 열로써 열을 다스림. '힘에는 힘으로, 강한 것에는 강한 것으로 상대함'을 이름.
【解熱 해열】 몸의 열이 내림.

〰部 11획
【熬】 볶을 오
명 ㊥ào ㊐ゴウ ㊁parch
字解 ①볶을(오) ②근심할(오)
【熬熬 오오】 여러 사람이 근심하고 원망하는 소리.

【燕】 ❶제비 연 ❷나라 이름 연
一 艹 艹 苜 苗 燕 燕 燕
고 ㊥yàn ㊐エン(つばめ) ㊁swallow
字源 상형자. 제비를 그린 것이다. 모양은 많이 변했지만, '廿'은 부리, '口'는 몸통, '北'는 날개, '〰'은 꼬리를 본뜬 것이다.
字解 ❶①제비(연) ¶燕雀(연작) ②편안할, 쉴(연) ≒宴 ¶燕息(연식) ③잔치(연) ≒宴 ❷나라 이름(연) ※지금의 하북성(河北省) 일대를 차지하였던, 전국 칠웅(戰國七雄)의 하나.
【燕尾服 연미복】 검은색 뒤가 두 갈래로 갈라져 제비 꼬리같이 되어 있는 남자용 예복.
【燕息 연식】 편안히 쉼.
【燕雀 연작】 제비와 참새. '도량이 좁고 옹졸한 사람'의 비유.

【熹】 성할 희
명 ㊥xī ㊐キ ㊁brilliant
字解 ①성할(희) ②아름다울(희)

【燾】 비출 도
명 ㊥tāo ㊐トウ ㊁shine on
字解 ①비출(도) ②덮을(도)
【燾育 도육】 덮어 보호하여 기름.

4 爪 部

【爪】 손톱 조
명 ㊥zhǎo ㊐ソウ(つめ) ㊁nail
字源 상형자. 손과 손가락을 그린 것이다. 爪부에 속하는 글자는 대부분 '손'이나 '손톱'과 관계있는 뜻을 가진다.
字解 ①손톱(조) ¶爪甲(조갑) ②할퀼(조) ¶爪痕(조흔)
【爪甲 조갑】 손톱과 발톱.
【爪牙 조아】 ①손톱과 어금니. ②도와서 지키는 사람, 호위군. ③남의 손발 노릇을 하는 사람.
【爪痕 조흔】 손톱으로 할퀸 흔적.

【爭】 다툴 쟁
丨 ㇒ ㇀ ㇇ 爫 刍 爭 爭
명 ㊥zhēng ㊐ソウ(あらそう) ㊁quarrel
字源 회의자. 爫(표)와 厂(예)에는 모두 의미 부분이다. 끌어당겨서 자기 것으로 삼는다는 뜻이다.
字解 ①다툴(쟁) ¶爭點(쟁점) ②간할(쟁)＝諍 ¶爭臣(쟁신)
【爭臣 쟁신】 임금의 잘못에 대하여 바

른말로 간하는 신하.
【爭議 쟁의】서로 자기 의견을 주장하여 다툼, 또는 그 의견.
【爭點 쟁점】서로 다투는 중심점.
【爭取 쟁취】투쟁하여 얻음.
【爭奪 쟁탈】서로 다투어 빼앗음.
【爭覇 쟁패】패권(霸權)을 다툼.
【競爭 경쟁】서로 이기려고 다툼.
【論爭 논쟁】말이나 글로써 다툼, 또는 그 논의. 論戰(논전).
【紛爭 분쟁】서로 시끄럽게 다툼.
【戰爭 전쟁】무력에 의한 국가 사이의 싸움.
【抗爭 항쟁】맞서 다투는 일, 또는 그 다툼.

'爭'이 붙은 한자
崢 산 높을(쟁)　琤 옥 소리(쟁)
箏 쟁 (쟁)　諍 간할(쟁)
錚 쇳소리(쟁)　淨 깨끗할(정)
猙 사나울(정)　睜 볼(정)
靜 고요할(정)　頲 아름다울(정)

爪 4 【爬】긁을 파
⑧

명 ⓗpá ⓙハ(かく) ⓔscratch
字解 ①긁을(파) ②길, 기어다닐(파) ③잡을(파) =把
【爬痒 파양】가려운 데를 긁음.
【爬蟲類 파충류】척추동물의 하나로, 주로 육지에서 살며 피부는 각질의 비늘로 덮여 있는 냉혈 동물. 뱀·도마뱀·거북 따위.

爪 5 【爰】이에 원
⑨ 元

명 ⓗyuán ⓙエン(ここに) ⓔhere upon
字解 ①이에(원) ②바꿀(원) ③느즈러질(원)
【爰爰 원원】느즈러진 모양.

'爰'이 붙은 한자
暖 따뜻할(난)　煖 따뜻할(난)
緩 느릴(완)　媛 예쁠(원)
援 도울(원)　瑗 도리옥(원)

爪 8 【爲】❶할 위 ❷위할 위 爲为为
⑫ 支 寘

丿 ㄏ ㄏ 爫 爫 爲 爲 爲

통 ⓗwéi, wèi ⓙイ(なす, ため) ⓔdo
字源 회의자. 손[爪(조)]으로 코끼리[象]를 부린다는 뜻으로, '일하다'라는 뜻은 여기에서 나온 것이다. 은(殷)나라가 도읍했던 하남(河南) 지방은 당시 기후가 현재보다는 매우 따뜻한 아열대 기후였으므로 코끼리를 부려 일을 시켰던 것으로 짐작된다.
字解 ❶①할, 될(위) ¶爲政(위정) ②행위(위) ¶作爲(작위) ③만들, 지을(위) ④생각할(위) ❷①위할(위) ¶爲國忠節(위국충절) ②당할(위) ※피동의 뜻을 나타냄. ③하게 할(위) ※사역의 뜻을 나타냄.
【爲國忠節 위국충절】나라를 위한 충성스러운 절개.
【爲人 위인】사람됨.
【爲政 위정】정치를 함.
【爲主 위주】주장(主掌)을 삼음.
【無爲徒食 무위도식】아무 하는 일 없이 먹고 놀기만 함.
【營爲 영위】무슨 일을 해 나감.
【作爲 작위】마음먹고 벌인 짓이나 행동(行動).
【行爲 행위】행하는 일.

爪 14 【爵】벼슬 작 통 寿
⑱ 藥

爫 爫 爫 爫 罗 爵 爵 爵

고 ⓗjué ⓙシャク(さかずき) ⓔpeerage
字源 상형자. 술잔을 그린 것이다.
字解 ①벼슬, 벼슬 줄(작) ¶五等(오등작) ②잔(작) ※참새 부리 모양의 술잔. ¶獻爵(헌작)
【爵位 작위】오등작(五等爵)에 속하는 벼슬, 또는 그 직위.
【爵號 작호】관직의 칭호.
【五等爵 오등작】다섯 등급의 작위(爵位). '공작(公爵)·후작(侯爵)·백작(伯爵)·자작(子爵)·남작(男爵)'

을 이름.
📖 본디는 주대(周代)에 천자(天子)가 제후(諸侯)에게 토지와 함께 내리던 '공(公)·후(侯)·백(白)·자(子)·남(男)의 다섯 가지 작호(爵號)를 일컬으나, 오늘날에는 외국 귀족의 계급을 나타내는 말의 역어(譯語)로 쓴다.
【獻爵 헌작】①제사 때 술잔을 올림. ②부모나 윗사람에게 술잔을 올림.

父 部

【父】 ❶아비 부 ❷남자 미칭 보

丶 ハ 父 父

음 ⓒfú ⓙフ(ちち) ⓔfather
字源 회의자. 손에 돌도끼를 들고 있는 모습으로, 남자가 돌도끼를 들고 일을 한다는 뜻이다. '아버지'라는 뜻은 여기에서 파생되었다.
字解 ❶①아비, 아버지(부) ¶ 父親(부친) ②웃어른(부) ¶ 父老(부로) ❷남자 미칭(보) ≒甫 ¶ 尙父(상보)
【父系 부계】아버지 쪽 혈통의 계통.
【父老 부로】한 동네의 나이 많은 어른에 대한 존칭.
【父母 부모】아버지와 어머니.
【父爲子綱 부위자강】삼강(三綱)의 하나로, '아버지는 아들의 벼리가 되어야 함'을 이름.
【父子有親 부자유친】오륜(五倫)의 하나로, '아버지와 아들 사이에는 친애(親愛)가 있어야 함'을 이름.
【父傳子傳 부전자전】아버지가 전해 받은 것을 아들에게 전해 줌. '대대로 아버지가 아들에게 전함'의 뜻.
【父親 부친】아버지.
【尙父 상보】임금이 특별한 대우로 신하에게 내린 칭호의 한 가지.

【爹】 아비 다
음 ⓒdiē ⓙタ ⓔfather
字解 아비, 아버지(다)

【爺】 아비 야
음 ⓒyé ⓙヤ(じじ) ⓔfather
字解 ①아비, 아버지(야) ②웃어른(야) ※노인의 존칭.
【老爺 노야】①존귀한 사람. ②남자 늙은이.
【好好爺 호호야】기품(氣品)이 훌륭한 늙은이.

爻 部

【爻】 효 효
음 ⓒyáo ⓙコウ
字源 상형자. 《주역(周易)》의 두 괘(卦)가 서로 엇갈려 있는 모습을 그린 것이다.
字解 ①효(爻) ※주역(周易)의 괘(卦)를 나타낸 하나하나의 가로 그은 획. 양(陽)은 '—'로, 음(陰)은 '--'로 함. ②엇걸릴(효)
【六爻 육효】주역(周易)의 괘를 이루는 여섯 가지 획수.

【爼】 爼(22)의 俗字

【爽】 시원할 상
음 ⓒshuǎng ⓙソウ(さわやか) ⓔrefreshing
字解 ①시원할(상) ¶ 爽快(상쾌) ②밝을, 날 샐(상) ¶ 昧爽(매상) ③굳셀(상) ¶ 豪爽(호상)
【爽達 상달】생각이 시원하고 사리에 통달함.
【爽快 상쾌】마음이 시원하고 개운함.
【昧爽 매상】먼동이 틀 무렵.
【豪爽 호상】호탕하고 의지가 굳셈.

【爾】 너 이

[명] [中]ěr [日]ジ, ニ(なんじ) [英]you

[字解] ①너(이) ¶ 爾汝(이여) ②그(이) ¶ 爾時(이시) ③어조사(이) ※ 한정·의문·종결·모양의 뜻을 나타냄.

【爾時 이시】 그때.

【爾汝 이여】 너. 너희들.

【爾餘 이여】 그 나머지. 그 밖.

4 爿 部

爿 0 ④ 【爿】 조각 장 [陽]

[명] [中]qiāng [日]ソウ

[字源] 상형자. 침대를 그린 것으로, 牀(평상 상) 자의 원시 형태이다. 木(목) 자의 오른쪽 부분인 片(편) 자를 거꾸로 한 글자라는 설도 있다. 爿부에 속하는 글자는 '나무판'과 관계있는 뜻이 많다.

[字解] ①조각(장) ※나무를 세로로 둘로 쪼갠 것의 왼쪽 부분. ②평상(장) ③부수의 하나(장수장변)

爿 4 ⑧ 【牀】 평상 상 [陽] [속] 床

[명] [中]chuáng [日]ショウ [英]flat couch

[字解] ①평상(상) ②우물 난간(상)

【牀榻 상탑】 깔고 앉기도 하고 눕기도 하는 제구(諸具). 평상 따위.

【平牀 평상】 나무로 만든 침상의 한 가지.

爿 13 ⑰ 【牆】 [명] 墻(149)과 同字

4 片 部

片 0 ④ 【片】 조각 편 [霰]

丿 丿' 片 片

[중] [中]piàn [日]ヘン(かた) [英]splinter

[字源] 지사자. 나무 木(목) 자의 오른 쪽 부분을 나타낸 것이다.

[字解] ①조각, 토막(편) ※나무를 세로로 둘로 쪼갠 것의 오른쪽 부분. ¶ 斷片(단편) ②절반, 한쪽(편) ¶ 片道(편도)

【片道 편도】 오거나 가는 길 가운데 어느 한 쪽.

【片肉 편육】 얇게 저민 수육.

【片舟 편주】 작은 배. [통]扁舟(편주).

【片紙 편지】 ①한 조각의 종이. ②서신(書信). [통]便紙(편지).

【斷片 단편】 ①여럿으로 떨어지거나 쪼개진 조각. ②전체의 한 부분.

【一片丹心 일편단심】 한 조각의 붉은 마음. '변치 않는 참된 마음'을 이름.

【破片 파편】 깨어져 부서진 조각.

片 4 ⑧ 【版】 판목 판 [濟]

丿 丿' 片 片 片' 片𠂆 版 版

[고] [中]bǎn [日]ハン [英]block

[字源] 형성자. 片(편)은 의미 부분이고, 反(반)은 발음 부분이다.

[字解] ①판목, 인쇄(판) ¶ 版權(판권) ②호적(판) ¶ 版圖(판도) ③널, 널빤지(판) ≒板

【版權 판권】 일정한 출판물에 대하여 그 출판에 관계되는 권리.

【版圖 판도】 ①호적과 지도. ②한 국가의 영토. ③세력이 미치는 범위.

【版木 판목】 인쇄하기 위하여 글자나 그림을 새긴 널조각.

【版型 판형】 인쇄물의 크기.

【初版 초판】 서적의 간본 중에 최초로 인쇄하여 발행한 판.

【出版 출판】 책·그림 따위를 인쇄하여 세상에 내놓음. 出刊(출간).

片 8 ⑫ 【牋】 장계 전 [先]

[中]jiān [日]セン

[字解] ①장계(전) ≒箋 ※군주에게 올리던 문서. ②편지(전)

【牋疏 전소】 임금에게 자기 의견을 아뢰는 글. 上疏(상소).

4 획

片部 8획

片8 ⑫【牌】 패 패 牌 牌
명 中pái 日ハイ 英plate
字解 ①패(패) ¶門牌(문패) ②신주(패) ¶位牌(위패)
【門牌 문패】주소·성명 등을 써서 대문 옆에 다는 작은 패.
【位牌 위패】신위(神位)의 이름을 적은 나무 패.
【號牌 호패】조선 시대에, 열여섯 살 이상의 남자가 차던 길쭉한 패. 성명과 난 해의 간지를 쓰고 뒷면에 관아의 낙인(烙印)을 찍었음.

片9 ⑬【牒】 편지 첩 牒 牒
명 中dié 日チョウ 英letter
字解 ①편지(첩) ¶請牒(청첩) ②공문서(첩) ¶通牒(통첩) ③족보(첩) ¶家牒(가첩) ④장부, 명부(첩) ¶簿牒(부첩)
【牒報 첩보】조선 시대에, 서면(書面)으로 상관에게 하던 보고.
【牒案 첩안】공문서(公文書).
【家牒 가첩】한 집안의 족보.
【簿牒 부첩】관청의 장부와 문서.
【請牒 청첩】경사가 있을 때에 남을 초청하는 글. 請牒狀(청첩장).
【通牒 통첩】공식적으로 통지하는 글월, 또는 그 문서.

片10 ⑭【牔】 박공 박 牔 牔
中bó 日ハク 英gable
字解 박공(박)
【牔栱 박공】합각머리나 맞배지붕의 양쪽 끝머리에 'ㅅ' 모양으로 붙인 두꺼운 널빤지. 牔風(박풍).

片10 ⑭【牓】 방 방 牓 牓
中bǎng 日ボウ 英signboard
字解 방, 방 붙이다(방) ≒榜
【牓示 방시】여러 사람에게 알리기 위하여 내걸거나 붙임. 揭示(게시).

片11 ⑮【牖】 창 유 牖 牖
명 中yǒu 日ユウ(まど) 英window

字解 ①창(유) ②인도할(유) ≒誘
【牖迷 유미】어리석은 사람을 가르쳐서 일깨워 줌.
【窓牖 창유】벽을 뚫어 낸 창문.

片15 ⑲【牘】 편지 독 牘 牘
명 中dú 日トク 英letter
字解 ①편지, 문서(독) ②목간(독) ※글자를 쓰는 나뭇조각.
【簡牘 간독】①편지의 격식·본보기 따위를 적어 놓은 책. 편지틀. ②여러 가지 편지를 본보기로 모아 엮은 책.

④ 牙部

牙0 ④【牙】 어금니 아 牙
一 ㄎ ㅋ 牙
고 中yá 日ガ(きば) 英molar
字源 상형자. 입을 다물었을 때 아래위의 어금니가 맞닿은 모양을 그린 것이다.
字解 ①어금니, 송곳니(아) ¶象牙(상아) ②대장기(아) ¶牙城(아성) ③거간할, 거간꾼(아) ¶牙錢(아전)
【牙城 아성】①대장의 기를 세운, 성곽의 중심부. ②'조직이나 단체 등의 중심이 되는 곳'의 비유.
【牙錢 아전】수수료. 口錢(구전).
【象牙 상아】코끼리의 엄니.
【象牙塔 상아탑】①상아로 정교하게 쌓은 탑. ②'대학이나 대학의 연구실'의 이칭(異稱).
【齒牙 치아】이와 어금니. '사람의 이'를 점잖게 이르는 말.

④ 牛部

牛0 ④【牛】 소 우 牛

丿 ㅡ 二 牛

鲁 ⓗniú ⓙギュウ(うし) ⓔox
字源 상형자. 소의 뿔을 강조하여 그린 것이다.
字解 ①소(우) ¶牛步(우보) ②별 이름(우) ※이십팔수(二十八宿)의 하나. ¶斗牛(두우)

【牛刀割鷄 우도할계】 소 잡는 칼로 닭을 잡음. '큰 일을 하는 데 쓸 재능을 작은 일에 씀'의 비유.
【牛步 우보】 소의 걸음. '느린 걸음, 또는 일의 진도가 느림'의 뜻.
【牛溲馬勃 우수마발】 소오줌과 말똥. '쓸모없는 물건'의 비유.
【牛乳 우유】 암소의 젖.
【牛耳讀經 우이독경】 쇠귀에 경 읽기. '아무리 가르치고 일러 주어도 알아듣지 못함'의 뜻.
【牛黃 우황】 소의 쓸개에 병적으로 생겨 뭉친 덩어리. 약재로 쓰임.
【牽牛 견우】 독수리좌에서 가장 밝은 별.
【九牛一毛 구우일모】 아홉 마리 소 가운데 박힌 하나의 털. '썩 많은 가운데 섞인 아주 적은 것'의 비유.
【斗牛 두우】 북두성(北斗星)과 견우성(牽牛星).
【鬪牛 투우】 ①소싸움. ②사람이 사나운 소와 겨루는 경기.

牛₂⑹ 【牟】 소 우는 소리 모 ㊍무 ㊂

몡 ⓗmóu ⓙボウ
字解 ①소 우는 소리(모) ②보리(모) ③탐낼(모)

【牟利 모리】 도덕과 의리는 생각하지 않고 이익만을 꾀함.
【牟麥 모맥】 밀보리.

牛₂⑹ 【牝】 암컷 빈 ㊎

몡 ⓗpìn ⓙヒン(めす) ⓔfemale
字解 암컷, 암(빈)

【牝鷄司晨 빈계사신】 암탉이 새벽에 우는 일을 맡음. '아내가 남편 대신 집안일을 맡아봄'을 이름.
【牝牡 빈모】 암컷과 수컷. 암수.
【牝牛 빈우】 암소.

牛₃⑺ 【牢】 우리 뢰 ㊍로 ㊂

몡 ⓗláo ⓙロウ(ひとや) ⓔprison
字解 ①우리(뢰) ②감옥(뢰) ¶牢獄(뇌옥) ③굳을(뢰) ¶牢拒(뇌거)

【牢却 뇌각】 요구·선물 같은 것을 굳이 물리침.
【牢拒 뇌거】 굳이 거절함.
【牢獄 뇌옥】 죄인을 가둬 두는 곳.

牛₃⑺ 【牡】 수컷 모 ㊍무 ㊂

몡 ⓗmǔ ⓙボ ⓔmale
字解 수컷, 수(모)

【牡瓦 모와】 수키와. 엎어 이는 기와.
【牡牛 모우】 수소.

牛₃⑺ 【牣】 찰 인 ㊅

몡 ⓗrèn ⓙジン ⓔfull
字解 ①찰, 가득할(인) ②질길(인) =韌

牛₄⑻ 【牧】 칠 목 ㊊

丿 ㅡ 十 牛 牜 牜 牧 牧

곡 ⓗmù ⓙボク(まき) ⓔshepherd
字解 회의자. 牛(우)와 攴(복)은 모두 의미 부분이다. 攴은 손에 막대기를 쥔다는 의미이므로 '소(牛)'를 치다(攴)'라는 뜻이다.
字解 ①칠, 기를(목) ¶牧童(목동) ②다스릴, 이끌(목) ¶牧民(목민)

【牧童 목동】 마소나 양을 치는 아이.
【牧民 목민】 백성을 다스림.
【牧師 목사】 교회나 교구를 관리하고 신자를 지도하는 교역자(敎役者).
【牧草 목초】 가축에게 먹이는 풀.
【牧畜 목축】 가축을 치는 일.
【放牧 방목】 가축을 놓아 기름.
【遊牧 유목】 거처를 정하지 않고 물과 풀을 따라 옮기며 소·말·양 등의 가축을 기르는 일.

牛₄⑻ 【物】 만물 물 ㊋

丿 ㅡ 十 牛 牜 牞 物 物

牛部 5획

㋑wù ㋺モツ(もの) ㋾matter
字源 형성자. 牛(우)는 의미 부분이고, 勿(물)은 발음 부분이다.
字解 ①만물, 물건(물) ¶ 物價(물가) ②사물, 일(물) ¶ 物情(물정) ③볼, 살필(물) ¶ 物色(물색)

【物價 물가】 물건 값.
【物件 물건】 ①형체를 갖추고 있는 모든 물질. ②사고파는 물품.
【物望 물망】 여러 사람이 인정하거나 우러러보는 명망(名望).
【物色 물색】 ①물건의 빛깔. ②어떤 기준에 맞는 사람이나 물건을 고름.
【物我一體 물아일체】 자연물과 자아(自我)가 하나된 상태. 대상물에 완전히 몰입(沒入)한 경지.
【物議 물의】 여러 사람의 논의나 세상의 평판.
【物情 물정】 세상의 사물이나 인심.
【物證 물증】 증거가 되는 물질적 존재나 상태.
【物質 물질】 ①물건의 본바탕. ②공간을 차지하고 질량이 있는 물건.
【物品 물품】 쓸모 있는 물건이나 제품.
【萬物 만물】 세상의 온갖 물건.
【事物 사물】 일이나 물건.

牛5 【牲】 희생 생
⑨

명 ㋑shēng ㋺セイ(いけにえ) ㋾sacrifice
字解 희생(생)

【牲犢 생독】 희생으로 쓰는 송아지.
【犧牲 희생】 제물로 쓰는 소·양·돼지 따위의 짐승.

牛5 【牴】 부딪칠 저
⑨

㋑dǐ ㋺テイ ㋾gore
字解 ①부딪칠(저) 늑抵 ②숫양(저) 늑羝

牛6 【牸】 암컷 자
⑩

㋑zì ㋺ジ ㋾female
字解 암컷(자) ※가축의 암컷의 총칭.

【牸馬 자마】 암말. 말의 암컷.
【牸牛 자우】 암소. 牝牛(빈우).

牛6 【特】 특별할 특
⑩

명 ㋑tè ㋺トク ㋾special
字源 형성자. 牛(우)는 의미 부분이고, 寺(사)는 발음 부분이다. 옛날에 特과 寺는 발음이 비슷하였다.
字解 ①특별할(특) ¶ 特技(특기) ②홀로(특) ¶ 特有(특유) ③수소, 수말(특)

【特權 특권】 특정인에게 주어지는 우월한 지위나 권리.
【特技 특기】 특별한 기능이나 기술.
【特別 특별】 ①보통과 다름. ②보통보다 훨씬 뛰어남.
【特色 특색】 다른 것과 견주어 특별히 눈에 띄는 점.
【特殊 특수】 보통과 아주 다름.
【特約 특약】 특별 조건을 붙인 약속.
【特有 특유】 특별히 있거나 특별히 가지고 있음.
【特異 특이】 특별히 다름.
【特定 특정】 특별히 지정함.
【特徵 특징】 특별히 눈에 띄는 점.
【特惠 특혜】 특별한 혜택.
【獨特 독특】 특별하게 다름.
【英特 영특】 특별히 뛰어남.

牛7 【牽】 끌 견
⑪

㋾qiān ㋺ケン(ひく) ㋾draw
字源 형성자. 牛(우)는 의미 부분이고, 玄(현)은 발음 부분이다. 一은 소를 끄는 고삐를 그린 것이다.
字解 ①끌, 끌어당길(견) ¶ 牽引(견인) ②강제할, 강요할(견) ③별이름(견) ¶ 牽牛(견우)

【牽强附會 견강부회】 가당찮은 말을 억지로 끌어 붙여 꿰어 맞춤.
【牽牛 견우】 독수리자리의 으뜸 별.
【牽引 견인】 끌어당김.
【牽制 견제】 지나치게 세력을 펴거나 자유행동을 하는 것을 막고 억누름.

牛7 【犁】 명 犂(479)와 同字
⑪

牛8 ⑫ 【犂】 ❶얼룩소 리 ❷쟁기 려 图 利犁

⊕lí ⊕リ, レイ(すき) ㊤brindle
字解 ❶얼룩소(리) ❷①쟁기(려) ②밭 갈(려)
【犂牛 이우】얼룩소.

牛8 ⑫ 【犇】 달아날 분 元
⊕bēn ⊕ホン(はしる) ㊤run away
字解 ①달아날(분) ②소 놀랄(분)
【犇潰 분궤】달아나 흩어짐.

牛8 ⑫ 【犀】 무소 서 齊
名 ⊕xī ⊕サイ ㊤rhinoceros
字解 무소, 코뿔소(서)
【犀角 서각】무소의 뿔. 약재로 씀.
【犀甲 서갑】무소의 가죽으로 만든 튼튼한 갑옷.
【犀牛 서우】무소. 코뿔소.

牛10 ⑭ 【犖】 얼룩소 락 覺
⊕luò ⊕ラク ㊤brindle
字解 ①얼룩소(락) ②뛰어날(락)
【卓犖 탁락】남보다 훨씬 뛰어남.

牛10 ⑭ 【犒】 호궤할 호
⊕kào ⊕コウ(ねぎらう) ㊤entertain
字解 호궤할(호)
【犒饋 호궤】군사를 위로하여 음식을 베풂. 犒軍(호군).
【犒師 호사】군사에게 음식을 주어 위로함.
【犒賞 호상】군사를 위로하고 상을 줌, 또는 그 상.

牛11 ⑮ 【犛】 모우 리·모 支
⊕lí ⊕ボウ, リ ㊤yak
字解 모우, 검정소(리·모)

牛13 ⑰ 【犠】 犧(479)의 俗字

牛15 ⑲ 【犢】 송아지 독 屋
名 ⊕dú ⊕トク ㊤calf
字解 송아지(독)
【犢牛 독우】송아지.
【舐犢之情 지독지정】어미소가 송아지를 핥는 정. '어버이가 자식을 사랑하는 정'의 비유.

牛16 ⑳ 【犧】 희생 희 支
名 ⊕xī ⊕キ(いけにえ) ㊤sacrifice
字解 희생(희)
【犧牲 희생】①제물로 쓰는 소·양·돼지 따위의 짐승. ②자기의 목숨·재산 따위를 남을 위하여 바치거나 버림.
故事 은(殷)나라 탕왕(湯王)이 자기 몸을 바쳐 하늘에 기우제(祈雨祭)를 지낸 일에서 온 말.

4 犬 部

犬0 ④ 【犬】 개 견 銑
一 ナ 大 犬
名 ⊕quǎn ⊕ケン(いぬ) ㊤dog
字源 상형자. 배가 들어가고 꼬리가 올라간 개의 특징을 그린 것이다.
字解 개(견)
【犬馬之勞 견마지로】개나 말 정도의 하찮은 힘. '임금이나 나라를 위하여 애쓰는 자기의 노력'의 겸칭.
【犬猿之間 견원지간】개와 원숭이의 사이. '매우 나쁜 관계'의 비유.
【犬兎之爭 견토지쟁】개와 토끼의 싸움. '두 사람의 싸움에서 제삼자가 이익을 봄'의 비유. 鷸蚌之爭(휼방지쟁).
故事 달아나는 토끼와 그것을 쫓는 개가 지쳐 둘 다 죽은 것을 농부가 얻었다는 데서 온 말.

【忠犬 충견】 주인에게 충실한 개.
【鬪犬 투견】 개를 싸움 붙임.
[참고] 변에 쓰일 때는 글자 모양이 '犭'으로 된다. ☞犭部(328)

犬3 ⑦【狀】 狀(480)의 俗字

犬4 ⑧【狀】 ❶형상 상 本 ❷문서 장 [속자] 状

丨 丬 뉘 爿 爿 爿 狀 狀

㉠ ⓒzhuàng ⓙショウ(かたち) ⓔletter

[字源] 형성자. 본래 개의 모습을 뜻하였다. 犬(견)은 의미 부분이고, 爿(장)은 발음 부분이다. '개의 모습'이라는 뜻에서 일반적인 '모습'·'형태' 등의 의미로 발전하였다.

[字解] ❶①형상, 모양(상) ¶狀況(상황) ②형용할, 나타낼(상) ❷문서, 편지(장) ¶狀啓(장계)
【狀態 상태】 사물이나 현상이 처하여 있는 형편이나 모양.
【狀況 상황】 어떤 일의 모습이나 형편.
【狀啓 장계】 지방에 파견된 관원이 글로 써서 올리던 보고.
【賞狀 상장】 상을 주는 뜻을 적어 주는 증서.
【令狀 영장】 명령을 적은 문서.
【行狀 행장】 사람이 죽은 뒤에, 그의 평생의 이력과 업적을 적은 글.
[참고] '장'음도 인명용으로 지정됨.

犬9 ⑬【猶】 꾀 유 医

[명] ⓒyóu ⓙケン(はかりごと) ⓔscheme
[字解] 꾀, 계책(유)

犬9 ⑬【献】 獻(480)의 俗字

犬10 ⑭【獄】 옥 옥 医 [간] 狱 獄

犭 犭 犭 犴 狺 狺 獄 獄

㉠ ⓒyú ⓙゴク(ひとや) ⓔprison

[字源] 회의자. 㹜(은)과 言(언)은 모두 의미 부분이다. 소송[言]을 할 때 두 마리 개가 지킨다는 뜻이다.
[字解] ①옥, 감옥(옥) ¶投獄(투옥) ②소송(옥) ¶獄事(옥사)
【獄苦 옥고】 옥살이하는 고생.
【獄死 옥사】 옥살이를 하다가 감옥에서 죽음. 牢死(뇌사).
【獄事 옥사】 반역·살인 등의 중대한 범죄를 다스림, 또는 그 사건.
【監獄 감옥】 '교도소(矯導所)'의 구칭.
【地獄 지옥】 이승에서 죄를 지은 사람이 죽은 후 무서운 벌을 받는다는 곳.
【投獄 투옥】 감옥에 가둠.

犬11 ⑮【獒】 개 오 医

[명] ⓒáo ⓙゴ(いぬ) ⓔdog
[字解] 개, 큰 개(오)

犬12 ⑯【獣】 獸(480)의 俗字

犬15 ⑲【獸】 짐승 수 [속자] 獣 兽 獸

口 吅 吅 嘼 嘼 嘼 獸 獸

㉠ ⓒshòu ⓙジュウ(けもの) ⓔbeast

[字源] 회의자. 본래 單(단)과 犬(견)으로 이루어졌다. 單은 사냥 도구를 그린 것이고 개(犬)는 사냥할 때 짐승을 모는 역할을 하므로 '사냥하다'라는 뜻을 나타낸다. 뒤에 짐승의 뜻으로 쓰이자 狩(사냥할 수) 자를 새로 만들어 보충하였다.

[字解] 짐승, 길짐승(수)
【獸心 수심】 짐승과 같이 사납고 모진 마음.
【獸醫 수의】 가축의 질병 치료를 전공으로 하는 의사.
【禽獸 금수】 날짐승과 길짐승. 모든 짐승.
【鳥獸 조수】 새와 짐승.

犬16 ⑳【獻】 드릴 헌 [속자] 献 献

广 声 唐 虐 膚 犳 獻 獻

㉠ ⓒxiàn ⓙケン(たてまつる) ⓔdedicate

字源 형성자. 大(견)은 의미 부분이고, 鬳(권)은 발음 부분이다.
字解 ①드릴, 바칠(헌) ¶獻金(헌금) ②어진 사람(헌) ¶文獻(문헌)
【獻金 헌금】 돈을 바침, 또는 그 돈.
【獻納 헌납】 금품을 바침.
【獻身 헌신】 몸과 마음을 바쳐 있는 힘을 다함.
【獻血 헌혈】 자기의 피를 바침.
【貢獻 공헌】 ①지난날, 공물(貢物)을 나라에 바치던 일. ②이바지함. 기여함.
【文獻 문헌】 ①책과 어진 사람. 옛날의 문물 제도를 알 수 있는 전거(典據)가 되는 것. ②학술 연구에 자료가 되는 문서.

4 ⽼ 部

⽼ ⓪ ④ 【⽼】 늙을로엄

참고 '老'가 엄에 쓰일 때의 자형.

⽼ ② ⑥ 【考】 상고할 고

一 + 土 耂 夬 考

음 ㉠kǎo ㉯コウ(かんがえる) ㉰think
字源 상형자. 머리가 길고 허리가 굽은 사람(노인)이 지팡이를 짚고 있는 모습을 그린 것으로, 老(로)자와 같다. 소전에서는 지팡이 부분이 丂(고)로 바뀌어 발음 부분의 역할을 하고 있다.
字解 ①상고할, 헤아릴(고) ¶考察(고찰) ②죽은 아비(고) ¶先考(선고) ③오래 살, 장수할(고) ¶考終命(고종명)
【考古 고고】 유물·유적 등으로 옛일을 연구함.
【考課 고과】 근무 성적을 평가하여 우열을 정함.
【考慮 고려】 생각하여 헤아림.
【考妣 고비】 돌아가신 부모.
📖 '考'는 돌아가신 아버지, '妣'는 돌아가신 어머니.
【考查 고사】 ①자세히 생각하고 조사함. ②성적·실력 따위를 시험함.
【考案 고안】 방법·물건 등을 연구하여 생각해 냄.
【考終命 고종명】 늙도록 제명대로 살다가 편안하게 죽음.
【考證 고증】 옛 문헌이나 유물 등을 상고하여 증거를 대어 설명함.
【考察 고찰】 상고하여 살펴봄.
【詳考 상고】 자세히 검토함.
【先考 선고】 돌아가신 아버지.
【參考 참고】 ①살펴서 생각함. ②참조하여 고증함.

⽼ ② ⑥ 【老】 늙을 로

一 + 土 耂 夬 老

음 ㉠lǎo ㉯ロウ(おいる) ㉰old
字源 상형자. 머리가 길고 허리가 굽은 사람(노인)이 지팡이를 짚고 있는 모습을 그린 것으로, 考(고)자와 같다. 소전에서는 지팡이 부분이 匕 즉 化(화)로 바뀌어 의미 부분의 역할을 하고 있다.
字解 ①늙을, 늙은이(로) ¶老人(노인) ②익숙할(로) ¶老鍊(노련)
【老軀 노구】 늙은 몸.
【老鍊 노련】 오랜 경험을 쌓아 익숙하고 능란함. ⑧老練(노련).
【老衰 노쇠】 늙어서 심신이 쇠약함.
【老熟 노숙】 오랫동안 경험을 쌓아 익숙함.
【老人 노인】 늙은이.
【老婆 노파】 늙은 여자.
【老患 노환】 노쇠해서 오는 병.
【老朽 노후】 오래되고 낡음.
【養老 양로】 노인을 돌보아 편히 지내도록 함.
【元老 원로】 ①나라에 큰 공을 세운 신하. ②한 일에 오래 종사하여 경험과 공로가 많은 사람.
참고 본디 6획 부수 글자이나, 여기서는 엄에 쓰일 때의 글자 모양인 '耂'을 따라 4획에 배속하였다.

⽼ ⑤ ⑨ 【耉】 늙을 구

음 ㉠gǒu ㉯コウ(おいる) ㉰old

字解 늙을, 늙은이(구)
【耈老 구로】 늙은이. 노인.

老⁵ 【者】 놈 자 馬 者 耂
⁹
丿 土 耂 耂 耂 者 者 者

점 中zhě 日シャ(もの) 美person
字源 가지가 뻗어 난 모양을 그린 旅와 별다른 뜻이 없는 日로 이루어져 橘(종가시나무 저) 자의 원시 형태라는 설, 旅는 禾(벼 화)·黍(기장 서) 등의 변형이고 日은 口로서 諸(제) 자와 같은 글자라는 설 등이 있으나 정설은 없다.

字解 놈, 사람, 것(자)
【近者 근자】 요즈음. 近來(근래).
【亡者 망자】 죽은 사람. 亡人(망인).
【識者 식자】 식견이 있는 사람.
【王者 왕자】 ①임금. ②왕도(王道)로써 천하를 다스리는 사람.
【筆者 필자】 글이나 글씨를 쓴 사람.
【後者 후자】 둘을 들어 말한 가운데서 뒤의 것이나 사람.

'者'가 붙은 한자

堵 담(도)	屠 죽일(도)
都 도읍(도)	睹 볼(도)
賭 노름(도)	奢 사치(사)
暑 더울(서)	署 관청(서)
緖 실마리(서)	煮 삶을(자)
楮 붉을(자)	渚 물가(저)
猪 산돼지(저)	楮 닥나무(저)
著 지을(저)	箸 젓가락(저)
諸 모든(제)	

老⁶ 【耆】 늙은이 기 図
¹⁰
명 中qí 日キ 美old person
字解 늙은이, 늙을(기)
【耆年 기년】 60세가 넘은 나이.
【耆老 기로】 ①60세 이상의 늙은이. ②나이가 많고 덕이 높은 사람.

老⁶ 【耄】 늙은이 모 図
¹⁰
中mào 日モウ 美old person
字解 늙은이(모)

【耄齡 모령】 칠팔십 세나 팔구십 세.

老⁷ 【耇】 図 耈(482)와 同字
¹¹

老⁸ 【耋】 늙은이 질 本節
¹²
中dié 日テツ 美old person
字解 늙은이(질)
【耋老 질로】 칠팔십 세의 노인.

---

4 玉 部

玉⁰ 【王】 ❶임금 왕 陽
❷임금 노릇 할 왕
⁴

一 丁 干 王

점 中wáng, wàng 日オウ(きみ) 美king
字源 땅속에서 불길이 치솟아 오르는 모양, 숫소의 생식기의 모양, 날이 아래쪽으로 향한 도끼의 모양 등 여러 설이 있다.
字解 ❶①임금(왕). ¶ 君王(군왕) ②으뜸(왕). ¶ 王座(왕좌) ③윗대(왕). ※한 항렬 높은 조상. ¶ 王大人(왕대인) ❷임금 노릇 할(왕)
【王家 왕가】 임금의 집안. 王室(왕실). 王族(왕족).
【王大人 왕대인】 '남의 할아버지'의 존칭.
【王道 왕도】 ①임금으로서 지켜야 할 도리. ②도덕으로써 천하를 다스리는 정치 방법.
【王陵 왕릉】 임금의 무덤.
【王妃 왕비】 임금의 아내.
【王座 왕좌】 ①임금이 앉는 자리. 王位(왕위). ②으뜸가는 자리.
【王統 왕통】 ①임금의 혈통. ②왕위를 이을 정통(正統).
【王后 왕후】 임금의 아내. 王妃(왕비).
【君王 군왕】 임금. 君主(군주).
참고 '玉'이 변에 쓰일 때의 자형.

'王'이 붙은 한자

匡 바룰(광)
弄 희롱할(롱)
旺 왕성할(왕)
皇 임금(황)
狂 미칠(광)
汪 넓을(왕)
枉 굽을(왕)

玉 [5획/0] 구슬 옥 玉

一 T 干 王 玉

음 中yù 日ギョク(たま) 英gem
字源 상형자. 구슬 세 개(三)를 나란히 엮어 놓은(丨) 모양을 그린 것이다.
字解 ①구슬, 옥(옥) ¶玉石(옥석) ②아름다울, 훌륭할(옥) ¶玉稿(옥고) ③임금(옥) ¶玉璽(옥새)
【玉稿 옥고】훌륭한 원고. '남의 원고'의 높임말.
【玉童子 옥동자】옥같이 예쁜 어린 아들. 몹시 소중한 아들.
【玉璽 옥새】임금의 도장.
【玉石 옥석】①옥과 돌. ②좋은 것과 나쁜 것.
【玉石俱焚 옥석구분】옥과 돌이 함께 불탐. '좋고 나쁨의 구별 없이 해를 입음'의 비유.
【玉碎 옥쇄】옥처럼 아름답게 부서짐. '명예나 충절을 지키어 기꺼이 목숨을 바침'의 뜻. 참瓦全(와전 : 540).
【玉體 옥체】'남의 몸'의 높임말.
참고 본디 5획 부수 글자이나, 여기서는 변에 쓰일 때의 글자 모양인 '王'을 따라 4획에 배속하였다.

玎 [6획/2] 옥 소리 정

명 中dīng 日テイ 英ding
字解 옥 소리(정)

玕 [7획/3] 옥돌 간

명 中gān 日カン 英gemstone
字解 옥돌(우) ※옥에 버금가는 돌.

玖 [7획/3] 옥돌 구

명 中jiǔ 日コウ, ク 英gemstone

字解 옥돌(구) ※옥 비슷한 검은 돌.

玘 [7획/3] 패옥 기

명 中qǐ 日キ
字解 ①패옥(기) ②노리개(기)

玗 [7획/3] 옥돌 우

명 中yú 日ウ 英gemstone
字解 옥돌(우) ※옥에 버금가는 돌.

玔 [7획/3] 옥고리 천

명 中chuān 日セン
字解 ①옥고리(천) ②옥팔찌(천)

玠 [8획/4] 큰 홀 개

명 中jiè 日カイ 英mace
字解 큰 홀(개)

玦 [8획/4] 패옥 결

中jué 日ケツ
字解 ①패옥(결) ②깍지(결) ※활의 시위를 당기는 엄지손가락의 아랫마디에 끼는 도구.

玫 [8획/4] 매괴 매

中méi 日バイ
字解 매괴(매)
【玫瑰 매괴】중국에서 나는 붉고 아름다운 옥돌.

玟 [8획/4] ❶옥돌 민 ❷옥무늬 문

명 ❶ 中mín, wén 日ビン, ミン 英gemstone
字解 ❶옥돌(민) 늑珉 ❷옥 무늬(문)
【玟瑰 민괴】중국 남방에서 나는 붉은 빛의 구슬. 불구슬.

王部 4획

[玭] 구슬이름 빈 眞
- 명 ⓒpín ⓙヒン
- 字解 구슬 이름(빈)

[玩] 놀 완 翰
- 명 ⓒwán ⓙガン(もてあそぶ) ⓔplay with
- 字解 ①놀, 장난할(완) ¶玩具(완구) ②사랑할(완) ¶玩賞(완상)
- [玩具 완구] 장난감.
- [玩賞 완상] 즐기며 감상함.
- [愛玩 애완] 사랑하여 가까이 두고 구경하며 즐김.

[玧] ❶귀막이 옥 윤 軫 ❷붉은 옥 문
- 명 ❶ⓒyǔn, mén
- 字解 ❶귀막이 옥(윤) ❷붉은 옥(문)

王部 5획

[珂] 옥 이름 가 歌
- 명 ⓒkē ⓙカ
- 字解 옥 이름(가)

[珏] 쌍옥 각 覺
- 명 ⓒjué ⓙカク ⓔa pair of gem
- 字解 쌍옥(각) ※ 한 쌍의 옥.

[珣] 옥돌 구 宥
- 명 ⓒgǒu ⓙコウ ⓔgemstone
- 字解 옥돌(구)

[玳] 대모 대 隊
- 명 ⓒdài ⓙタイ ⓔhawksbill
- 字解 대모(대)
- [玳瑁 대모] ①열대 지방에 사는 바다거북. ②대모갑(玳瑁甲).
- [玳瑁甲 대모갑] 대모의 등과 배를 싸고 있는 껍데기. 안경테·담뱃갑 따위의 장식품을 만드는 데 씀.

[玲] 옥 소리 령 靑
- 명 ⓒlíng ⓙレイ
- 字解 ①옥 소리(령) ②이롱아롱할(령)
- [玲瓏 영롱] ①눈부시게 찬란함. ②소리가 맑고 아름다움.

[珉] 옥돌 민 眞
- 명 ⓒmín ⓙビン, ミン ⓔgemstone
- 字解 옥돌(민) ≒玟

[珀] 호박 박 陌
- 명 ⓒpò ⓙハク ⓔamber
- 字解 호박(박)
- [琥珀 호박] 땅속에 묻힌 소나무·잣나무 따위의 진이 변하여 생긴 화석.

[珐] 琺(488)의 俗字

[珊] 산호 산 寒
- 명 ⓒshān ⓙサン ⓔcoral
- 字解 산호(산)
- [珊瑚 산호] 산호충의 석회질이 가라앉아서 된 고운 돌.

[玿] 아름다운 옥 소 蕭
- 명 ⓒsháo
- 字解 아름다운 옥(소)

[珛] 옥돌 예 霽
- 명 ⓒyì ⓙエイ ⓔgemstone
- 字解 옥돌(예)

[珍] 보배 진 眞
- 필순: 一 T 王 玒 玪 珍 珍
- 명 ⓒzhēn ⓙチン(めずらしい) ⓔprecious
- 字源 형성자. 玉(옥)은 의미 부분이고, 㐱(진)은 발음 부분이다.
- 字解 보배, 보배로울(진)

【珍貴 진귀】 보배롭고 귀중함.
【珍技 진기】 매우 보기 드문 기술.
【珍味 진미】 아주 좋은 맛.
【珍羞盛饌 진수성찬】 썩 맛이 좋고 잘 차린 음식.

【玻】 파리 파
㊅ ㊥bō ㊐ハ ㊤crystal
字解 파리, 유리(파)
【玻璃 파리】 ①유리. ②수정.

【玭】 칼 장식 옥 필
명 ㊥bǐ ㊐ヒツ
字解 칼 장식 옥(필)

【玹】 옥돌 현
명 ㊥xuán ㊐ケン
字解 ①옥돌(현) ②옥빛(현)

【珙】 큰 옥 공
명 ㊥gǒng ㊐キョウ
字解 ①큰 옥(공) ※한 움큼 크기의 옥. ②옥 이름(공)

【珖】 옥 피리 광
명 ㊥guāng ㊐コウ
字解 ①옥 피리(광) ②옥 이름(광)

【珪】 명 圭(135)의 古字

【珞】 구슬 목걸이 락
명 ㊥luò ㊐ラク ㊤necklace
字解 구슬 목걸이(락)
【瓔珞 영락】 구슬을 꿰어 목에 걸거나 팔에 두르는 장식품.

【班】 나눌 반
丁 王 玉 玌 矿 班 班 班
곤 ㊥bān ㊐ハン(わかつ) ㊤share
字源 회의자. 옥(玉)으로 만든 증표를 나눈다는 뜻이다. 珏(각)과 刀(도)는 모두 의미 부분이다.
字解 ①나눌(반) ②반(반) ※㉠몇 구역 또는 몇 분단으로 나눈 하나하나. ㉡우리나라 지방 행정 구역의 하나. ¶班長(반장) ③國양반(반). ¶班常(반상)
【班常 반상】 國양반과 상사람.
【班列 반열】 품계·등급 등의 차례.
【班長 반장】 반(班)의 우두머리.
【兩班 양반】 ①조선 시대의 동반(東班)과 서반(西班). '동반'은 문관(文官)의 반열, '서반'은 무관(武官)의 반열. ②조선 중기 이후에, 지체나 신분이 높은 사대부 계층을 이르던 말.
참고 斑(반 : 378)은 딴 자.

【珤】 명 寶(190)의 古字

【珗】 옥돌 선
명 ㊥xiān ㊐セン ㊤gemstone
字解 옥돌(선)

【珣】 옥 그릇 순
명 ㊥xún ㊐シュン
字解 옥 그릇(순)

【珢】 옥돌 은
명 ㊥kèn ㊐ギン ㊤gemstone
字解 옥돌(은)

【珥】 귀고리 이
명 ㊥ěr ㊐ジ ㊤earring
字解 귀고리(이)
【珥璫 이당】 귀고리.

【珠】 구슬 주
丁 王 王 玗 珔 玪 珠 珠
곤 ㊥zhū ㊐シュ(たま) ㊤pearl
字解 형성자. 玉(옥)은 의미 부분이고, 朱(주)는 발음 부분이다.

字解 구슬(주)
[珠簾 주렴] 구슬을 꿰어 만든 발.
[珠算 주산] 수판(數板)을 써서 하는 셈. 수판셈.
[珠玉 주옥] ①구슬과 옥. ②'여럿 가운데서 가장 아름답고 훌륭한 것'의 비유.
[念珠 염주] 구슬을 꿰어서 둥글게 만든 것. 부처에게 절하거나 염불할 때, 그 횟수를 세거나 함.
[眞珠 진주] 진주조개·대합·전복 따위의 체내에서 형성되는 구슬 모양의 분비물 덩어리.

王6 ⑩ **[珫]** 귀고리 옥 충 匣
명 ⊕chōng ⊕シュウ
字解 귀고리 옥(충)

王6 ⑩ **[珮]** 佩(35)의 俗字

王6 ⑩ **[珦]** 향옥 향
명 ⊕xiàng ⊕キョウ
字解 향옥(향) ※옥(玉) 이름.

王6 ⑩ **[珩]** 패옥 형 庚
명 ⊕héng ⊕コウ
字解 ①패옥(형) ※벼슬아치들이 띠에 차던 옥(玉). ②갓끈(형).

王6 ⑩ **[珝]** 옥 이름 후 麌
명 ⊕xǔ ⊕ク
字解 옥 이름(후)

王7 ⑪ **[球]** 구슬 구 尤
一 T 王 王 玎 玏 球 球 球
고 ⊕qiú ⊕キュウ(たま) ⊕round gem
字源 형성자. 玉(옥)은 의미 부분이고, 求(구)는 발음 부분이다.
字解 ①구슬(구) ②공(구)
[球根 구근] 둥근 덩어리처럼 되어 있는 뿌리. 수선(水仙) 뿌리 따위.
[球技 구기] 공을 가지고 하는 운동 경기. 야구·농구·배구 따위.
[球形 구형] 공같이 둥근 모양.
[眼球 안구] 눈알. 눈망울.
[地球 지구] 인류(人類)가 살고 있는 천체(天體).

王7 ⑪ **[琅]** 옥 이름 랑 陽
명 ⊕láng ⊕ロウ
字解 ①옥 이름(랑) ②금석 소리(랑)

王7 ⑪ **[琉]** 유리 류 尤
명 ⊕liú ⊕リュウ ⊕glass
字解 유리(류)
[琉璃 유리] 규사(硅砂)나 소다회·석회 따위를 섞어서 녹였다가 급히 냉각시켜 만든 투명한 물질.

王7 ⑪ **[理]** 다스릴 리 紙
一 T 王 玎 玑 理 理 理 理
음 ⊕lǐ ⊕リ(おさめる) ⊕regulate
字源 형성자. 玉(옥)은 의미 부분이고, 里(리)는 발음 부분이다.
字解 ①다스릴(리) ¶理事(이사) ②도리, 이치(리) ¶理法(이법) ③깨달을(리) ¶理解(이해) ④결(리) ¶木理(목리)
[理論 이론] 사물·현상을 설명할 수 있는 보편적 지식 체계.
[理髮 이발] 머리털을 다듬어 깎음.
[理法 이법] 이치와 법칙.
[理事 이사] 어떤 기구나 단체를 대표하여 그 사무를 집행하는 직위, 또는 그 직위에 있는 사람.
[理想 이상] 사물의 가장 완전한 상태나 모습.
[理性 이성] 사물의 이치를 논리적으로 생각하고 판단하는 마음의 작용.
[理致 이치] 사물에 대한 정당한 조리, 도리에 맞는 취지.
[理解 이해] 사리를 분별하여 잘 앎.
[論理 논리] 의론·사고 따위를 끌고 나가는 조리.
[道理 도리] 사람이 지켜야 할 바른길.

【木理 목리】①나뭇결. ②나이테. 年輪(연륜).
【調理 조리】①몸을 보살피고 병을 다스림. ②음식을 만듦.

珷 옥돌 무
명 ⓒwǔ ⓙブ ⓔgemstone
字解 옥돌(무) ※옥에 버금가는 돌.

琔
명 璇(491)과 同字

珹 옥 이름 성
명 ⓒchéng ⓙセイ
字解 ①옥 이름(성) ②구슬(성)

琇 옥돌 수
명 ⓒxiù ⓙシュウ ⓔgemstone
字解 ①옥돌(수) ②아름다울(수)
【琇瑩 수영】아름다운 보석.

珸 옥돌 오
명 ⓒwú ⓙゴ ⓔgemstone
字解 옥돌(오) ※옥에 버금가는 돌.

琓 옥돌 완
명 옥돌
字解 옥돌(완)

珽 큰 홀 정
명 ⓒtǐng ⓙテイ
字解 큰 홀(정) ※길이가 3척(尺)되는 옥으로 만든 큰 홀(笏).

珵 패옥 정
명 ⓒchéng ⓙテイ
字解 ①패옥(정) ②옥 이름(정)

現 나타날 현
ㅜ 王 돈 玗 玥 珇 珇 現
명 ⓒxiàn ⓙゲン(あらわれる) ⓔappear
字源 형성자. 玉(옥)은 의미 부분이고, 見(견)은 발음 부분이다.
字解 ①나타날(현) ¶ 出現(출현) ②이제, 지금(현) ¶ 現在(현재)
【現金 현금】①현재 가지고 있는 돈. ②실제로 통용되는 화폐.
【現代 현대】오늘날의 시대.
【現狀 현상】현재의 상태나 형편.
【現象 현상】관찰할 수 있는 사물의 모양이나 상태.
【現實 현실】실제의 사실이나 상태.
【現役 현역】①현재 군에 복무하고 있는 사람. ②실지로 어떤 직위에 있거나 직무를 수행하고 있음.
【現場 현장】사물이 현재 있는 곳.
【現在 현재】이제. 지금.
【現行 현행】현재 행하고 있음.
【具現 구현】어떤 사실을 구체적인 모양으로 나타냄.
【出現 출현】나타남.
【表現 표현】①표면에 나타내는 일. ②정신적·주체적인 대상을 예술로써 형상화함.

琨 아름다운 돌 곤
명 ⓒkūn ⓙコン
字解 아름다운 돌, 패옥(곤)
【琨玉秋霜 곤옥추상】아름다운 옥과 가을의 서리. '고상하고 엄숙한 인품(人品)'의 비유.

琯 옥 피리 관
명 ⓒguǎn ⓙカン ⓔstone tube
字解 옥 피리(관)

琴 거문고 금
ㅜ ㅋ 王 玗 珡 珡 琴 琴
명 ⓒqín ⓙキン(こと)
字源 상형자 → 형성자. 본래 거문고를 그린 상형자였는데, 예서에서 발음 부분인 今(금) 자가 더해졌다.
字解 거문고(금)
【琴書 금서】거문고를 타고, 책을 읽는 일. '풍류스러운 일'을 이름.

【琴瑟 금슬】 ❶금슬 ❷금슬→금실 ❶거문고와 비파. ❷부부 사이의 정.
【心琴 심금】 어떤 자극에 움직이는 마음을 거문고에 비유한 말.

【琪】 옥 이름 기
명 ㊥qí ㊐ゴ, キ
字解 ①옥 이름(기) ②아름다울(기)
【琪花瑤草 기화요초】 선경(仙境)에 있다는 아름다운 꽃과 풀.

【琦】 옥 이름 기
명 ㊥qí ㊐キ
字解 ①옥 이름(기) ②기이할(기)

【琳】 옥 이름 림
명 ㊥lín ㊐リン
字解 ①옥 이름(림) ②옥 부딪쳐 나는 소리(림)
【琳琅 임랑】 ①아름다운 옥의 한 가지. ②옥이 부딪쳐서 나는 소리.

【琺】 법랑 법
명 ㊥fà ㊐ホウ ㊟enamel
字解 법랑(법)
【琺瑯 법랑】 쇠그릇이나 사기그릇의 겉에 올리는 유리질의 유약.
【琺瑯質 법랑질】 사람이나 동물의 이를 싸고 있는 단단한 물질.

【琫】 칼 장식 옥 봉
명 ㊥běng ㊐ホウ
字解 칼 장식 옥(봉)

【琵】 비파 비
명 ㊥pí ㊐ビ ㊟lute
字解 비파(비)
【琵琶 비파】 줄이 넷인 현악기의 하나.

【琡】 옥 이름 숙
명 ㊥chù ㊐シュク
字解 ①옥 이름(숙) ②반 홀(숙)
※반쪽의 길이가 8촌(寸)인 홀.

【琰】 옥 갈 염
명 ㊥yǎn ㊐エン
字解 ①옥 갈(염) ②홀(염) ③아름다운 옥(염)
【琰圭 염규】 반 이상을 깎아 날카롭게 한, 길이 9촌(寸)의 홀(笏). 불의(不義)한 제후를 칠 때 천자의 사신이 부절(符節)로서 가지고 감.

【琬】 홀 완
명 ㊥wǎn ㊐エン ㊟baton
字解 ①홀(완) ②아름다운 옥(완)
【琬圭 완규】 천자가 덕이 있는 제후에게 상을 내릴 때 사자(使者)가 부절로(符節)서 가지고 가는 홀(笏). 유덕(有德)을 상징함.

【琟】 옥돌 유
명 ㊥wéi, yù ㊐イ ㊟gemstone
字解 옥돌(유)

【琤】 옥 소리 쟁
㊥chēng ㊐ソウ
字解 ①옥 소리(쟁) ②물건이 부딪는 소리(쟁)
【琤琤 쟁쟁】 ①옥 같은 것이 부딪는 소리. ②거문고를 타는 소리.

【琠】 귀막이 옥 전
명 ㊥diǎn ㊐テン
字解 귀막이 옥(전)

【琮】 서옥 이름 종
명 ㊥cóng ㊐ソウ
字解 서옥 이름(종) ※상서로운 옥.

【琗】 옥빛 채
명 ㊥cuì ㊐サイ ㊟lustrous
字解 옥빛(채)

王部 9획

王⁸[琛]⑫ 보배 침
명 ⊕chēn ⊕チン ⊛treasure
字解 ①보배(침) ②옥(침)

王⁸[琢]⑫ 쫄 탁
명 ⊕zhuó ⊕タク ⊛cut
字解 쫄, 옥 다듬을(탁)
【琢磨 탁마】옥이나 돌을 쪼고 갊.

王⁸[琸]⑫ 사람 이름 탁
명 ⊕zhuó ⊕タク
字解 사람 이름(탁)

王⁸[琶]⑫ 비파 파
명 ⊕pá ⊕ハ ⊛lute
字解 비파(파)
【琵琶 비파】줄이 넷인 현악기의 하나.

王⁸[琥]⑫ 호박 호
명 ⊕hǔ ⊕コ ⊛amber
字解 호박(호)
【琥珀 호박】땅속에 묻힌 소나무·잣나무 따위의 진이 변하여 생긴 화석.

王⁹[瑙]⑬ 마노 노
명 ⊕nǎo ⊕ノウ ⊛agate
字解 마노(노)
【瑪瑙 마노】석영(石英)의 하나.

王⁹[瑁]⑬ 대모 모
명 ⊕mào ⊕マイ ⊛hawksbill
字解 대모, 바다거북(모)
【玳瑁 대모】바다거북.

王⁹[瑉]⑬ 图 珉(484)과 同字

王⁹[瑞]⑬ 상서로울 서
명 ⊕ruì ⊕ズイ ⊛auspicious

字解 ①상서로울, 상서(서) ②홀(서) ※천자가 제후를 봉할 때 주던 홀(笏). ③부절(서)
【瑞光 서광】①상서로운 빛. ②길한 일의 조짐. 祥光(상광).
【瑞雪 서설】상서로운 눈.
【祥瑞 상서】기쁜 일이 있을 기미.

王⁹[瑄]⑬ 도리옥 선
명 ⊕xuān ⊕セン
字解 도리옥(선) ※길이 6촌(寸)의 옥.

王⁹[瑆]⑬ 옥빛 성
명 ⊕xīng ⊕セイ
字解 옥빛(성)

王⁹[瑟]⑬ 큰거문고 슬
명 ⊕sè ⊕シツ
字解 ①큰 거문고(슬) ¶琴瑟(금슬) ②쓸쓸할(슬) ¶蕭瑟(소슬)
【琴瑟 ❶금슬 ❷금슬→금실】❶거문고와 비파. ❷부부 사이의 정.
【蕭瑟 소슬】으스스하고 쓸쓸함.

王⁹[瑌]⑬ 옥돌 연
명 ⊕ruǎn ⊕ゼン ⊛gemstone
字解 옥돌(연)

王⁹[瑛]⑬ 옥빛 영
명 ⊕yīng ⊕エイ
字解 ①옥빛(영) ②수정(영)

王⁹[瑀]⑬ 패옥 우
명 ⊕yǔ ⊕ウ
字解 패옥(우) ※허리띠에서 내려뜨린 수실 중간에 다는 옥.

王⁹[瑗]⑬ 도리옥 원
명 ⊕yuàn ⊕エン
字解 도리옥(원) ※고리 모양의 옥.

王 9 ⑬ 【瑋】 진귀할 위 [尾] [간] 玮

[명] [中]wěi [日]イ [英]precious

[字解] ①진귀할(위) ②옥 이름(위)

【瑋寶 위보】 기이하고 진귀한 보물.

王 9 ⑬ 【瑜】 아름다운 옥 유 [虞]

[명] [中]yú [日]ユ

[字解] 아름다운 옥(유)

王 9 ⑬ 【瑅】 옥 이름 제 [齊]

[명] [中]tí [日]テ

[字解] 옥 이름(제)

4획

王 9 ⑬ 【瑃】 옥 이름 춘 [眞]

[명] [中]chūn [日]テイ

[字解] 옥 이름(춘)

王 9 ⑬ 【瑕】 티 하 [麻]

[명] [中]xiá [日]カ [英]blemish

[字解] ①티, 옥의 티(하) ②허물(하)

【瑕疵 하자】 ①옥의 티. ②흠. 결점.

王 9 ⑬ 【瑚】 산호 호 [虞]

[명] [中]hú [日]コ [英]coral

[字解] ①산호(호) ②호련(호)

【瑚璉 호련】 종묘에 서직(黍稷)을 담아 바치던 제기(祭器) 이름.

【珊瑚 산호】 산호충의 석회질이 가라앉아서 된 고운 돌.

王 9 ⑬ 【琿】 아름다운 옥 혼 [元] [간] 珲

[명] [中]hún [日]コン

[字解] 아름다운 옥(혼)

王 9 ⑬ 【瑝】 옥 소리 황 [陽]

[中]huáng [日]コウ

[字解] ①옥 소리(황) ②종소리(황)

王 10 ⑭ 【瑰】 진귀할 괴 [灰] [동] 瓌

[中]guī [日]カイ [英]rare

[字解] ①진귀할(괴) ②옥 이름(괴)

【瑰奇 괴기】 진기함.

王 10 ⑭ 【瑭】 옥 이름 당 [陽]

[中]táng [日]トウ

[字解] 옥 이름(당)

王 10 ⑭ 【瑯】 [명] 琅(486)의 俗字

王 10 ⑭ 【瑠】 [명] 琉(486)와 同字

王 10 ⑭ 【瑪】 마노 마 [馬] [간] 玛

[명] [中]mǎ [日]メ [英]agate

[字解] 마노(마)=碼

【瑪瑙 마노】 석영(石英)의 하나.

王 10 ⑭ 【瑣】 자질구레할 쇄 [哿] [간] 琐

[中]suǒ [日]サ [英]petty

[字解] 자질구레할(쇄)

【瑣事 쇄사】 자질구레하고 하찮은 일.

王 10 ⑮ 【瑩】 ❶옥 영 [庚] ❷의혹할 형 [迥] [간] 莹

[명] [中]yíng [日]エイ(あきらか) [英]gem

[字解] ❶①옥, 아름다운 옥(영) ②맑을, 밝을(영) ❷의혹할(형)

王 10 ⑭ 【瑥】 사람 이름 온 [元]

[명] [中]wēn [日]ヨン

[字解] 사람 이름(온)

王 10 ⑭ 【瑤】 옥 요 [蕭]

[명] [中]yáo [日]ヨウ [英]gem

[字解] ①옥, 아름다운 옥(요) ②아름다울(요)

【瑤臺 요대】 ①옥으로 장식한 아름다운 누대(樓臺). ②'달'의 딴 이름.

【瑤池鏡 요지경】 상자 앞면에 확대경

을 달고, 그 안에 여러 가지 그림을 넣고 들여다보게 만든 장치.
【瑤札 요찰】훌륭한 편지. '남의 편지(便紙)'의 미칭(美稱).

【瑢】 패옥 소리 용
명 ⊕róng ⊕ョウ
字解 패옥 소리(용)

【瑥】 명 사람 이름은 国
字解 사람 이름(온)

【瑱】 귀막이 옥 진 囷
명 ⊕zhèn ⊕チン
字解 ①귀막이 옥(진) ②서옥(진)

【瑨】 아름다운 돌 진 囷
명 ⊕jìn ⊕シン
字解 아름다운 돌(진) =璡

【瑨】 명 瑨(491)의 俗字

【瑳】 옥빛 깨끗할 차 歌
명 ⊕cuō ⊕サ
字解 ①옥빛 깨끗할(차) ②웃을(차) ③갈(차) ≒磋

【瑾】 붉은 옥 근 囷
명 ⊕jìn ⊕キン
字解 붉은 옥, 아름다운 옥(근)

【瑱】 옥 꾸미개 기 囷
명 ⊕qí ⊕キ
字解 옥 꾸미개(기)

【璉】 호련 련 銑
명 ⊕liǎn ⊕レン
字解 호련(련)

【瑚璉 호련】종묘에 서직(黍稷)을 담아 바치던 제기(祭器) 이름.

【璃】 유리 리 支
명 ⊕lí ⊕リ ⊕glass
字解 유리, 파리(리)

【琉璃 유리】규사(硅砂)나 소다회·석회 따위를 섞어서 녹였다가 급히 냉각시켜 만든 투명한 물질.

【璇】 아름다운 옥 선 先
명 ⊕xuán ⊕セン
字解 아름다운 옥(선)

【璌】 마당 인 眞
명 ⊕yín ⊕イン ⊕yard
字解 마당(인)

【璋】 홀 장 陽
명 ⊕zhāng ⊕ショウ
字解 홀(장) ※반쪽 홀.

【弄璋之慶 농장지경】아들을 낳은 경사. 참弄瓦之慶(농와지경 : 540)
△ 지난날, 아들을 낳으면 장난감으로 장(璋)이라고 하는 옥을 준 데서 온 말.

【璁】 패옥 소리 종 총 東
명 ⊕cōng ⊕ショウ
字解 패옥 소리(종)

【璟】 옥빛 경 梗
명 ⊕jǐng ⊕ケイ
字解 옥빛, 옥 광채(경)

【璣】 구슬 기 微
명 ⊕jī ⊕キ ⊕pearl
字解 ①구슬(기) ※둥글지 않은 구슬. ②천체의 모형(기)

【璇璣玉衡 선기옥형】천체의 운행과 그 위치를 관측하던 기계. 혼천의(渾天儀). 璣衡(기형).

王部 12획

【璘】 옥 무늬 린
명 ㊥lín ㊐リン
字解 ①옥 무늬(린) ②옥빛(린)

【珷】 삼채옥 무
명 ㊥wú ㊐ム
字解 삼채옥(무) ※세 가지 빛깔이 나는 옥.

【璞】 옥돌 박
명 ㊥pú ㊐ハク(あらたま) ㊟gemstone
字解 옥돌(박) ※아직 갈지 아니한 옥.

【璞玉渾金 박옥혼금】갈지 않은 옥과 제련하지 않은 쇳덩어리. '순박하여 꾸밈이 없는 사람'의 비유.

【璡】 옥돌 진
명 ㊥jīn ㊐シン ㊟gemstone
字解 옥돌, 아름다운 돌(진) =瑨

【璜】 서옥 황
명 ㊥huáng ㊐コウ
字解 ①서옥(황) ※벽옥(璧玉)의 반쪽. ②패옥(황) ※띠 장식 수술의 아랫부분에 다는 옥.

【璥】 경옥 경
명 ㊥jīng ㊐ケイ
字解 경옥(경) ※옥의 이름.

【璧】 둥근 옥 벽
명 ㊥bì ㊐ヘキ(たま) ㊟ring jade
字解 둥근 옥(벽) ※둥글넓적하며 중앙에 둥근 구멍이 있는 옥.

【璧玉 벽옥】벽과 옥의 병칭.
📖 '璧'은 넓적한 것, '玉'은 둥근 것.

【雙璧 쌍벽】두 개의 구슬. '여럿 가운데서 우열을 가릴 수 없게 특히 뛰어난 둘'을 이름.

【完璧 완벽】①결점이 없이 완전함. ②빌린 물건을 온전히 돌려보냄.
참고 璧(벽:148)은 딴 자.

【璲】 패옥 수
명 ㊥suì ㊐スイ
字解 패옥(수) ※허리띠에 차는 옥.

【璱】 옥 깨끗할 슬
명 ㊥sè ㊐シツ
字解 ①옥 깨끗할(슬) ②푸른 구슬(슬)

【璪】 옥 조
명 ㊥zǎo ㊐ソウ
字解 옥(조) ※면류관에 드리우는 옥.

【璨】 빛날 찬
명 ㊥càn ㊐サン ㊟lustrous
字解 ①빛날, 옥의 빛(찬) ②아름다운 옥(찬)

【環】 고리 환
一丁玎珊珊珊珊環
㊎ ㊥huán ㊐カン(たまき)
字源 형성자. 玉(옥)은 의미 부분이고, 瞏(경)은 발음 부분이다.
字解 ①고리(환) ¶花環(화환) ②돌, 두를(환) ¶循環(순환) ③둥근 구슬(환) ¶環玉(환옥)

【環境 환경】생활체를 둘러싸고 있는 자연, 또는 사회의 형편.

【環玉 환옥】조선 시대에, 정·종일품(正從一品)의 벼슬아치가 붙이던 옥관자(玉貫子). 도리옥.

【環礁 환초】고리처럼 둥근 모양으로 형성된 산호초(珊瑚礁).

【循環 순환】부단히 주기적으로 반복하여 돎, 또는 그 과정.

【指環 지환】가락지.

【花環 화환】조화나 생화를 모아 고리 모양으로 만든 것.

王14/18 【璸】 구슬 이름 빈
명 ⓗpián ⓙヘン
字解 구슬 이름(빈)=玭

王14/19 【璽】 도장 새 본사 ⟨간⟩ 玺 壐
명 ⓗxǐ ⓙジ ⓔimperial seal
字解 도장(새) ※천자(天子)·제후(諸侯)·대부(大夫)의 도장.
【國璽 국새】 ①한 나라의 표장으로서의 인장(印章).
【玉璽 옥새】 임금의 도장.

王14/18 【璿】 아름다운 옥 선
명 ⓗxuán ⓙセン
字解 아름다운 옥(선)
【璿璣玉衡 선기옥형】 천체의 운행과 그 위치를 관측하던 기계.

王14/18 【璹】 ❶옥 그릇 숙 ❷옥 이름 도
명 ❶ ⓗshú, dào ⓙシュウ, トウ
字解 ❶옥 그릇(숙) ❷옥 이름(도)

王14/18 【璶】 옥돌 신
명 ⓗjìn ⓙシン ⓔgemstone
字解 옥돌(신)

王14/18 【璵】 아름다운 옥 여
명 ⓗyú ⓙヨ
字解 아름다운 옥(여)

王14/18 【瓀】 옥돌 연
명 ⓗruǎn ⓙゼン ⓔgemstone
字解 옥돌(연)

王15/19 【瓊】 아름다운 옥 경
명 ⓗqióng ⓙケイ
字解 아름다운 옥(경)
【瓊筵 경연】 아름다운 옥으로 꾸민 자리. '좋은 연회석'을 이름.

王15/19 【瓆】 사람 이름 질
명 ⓗzhí ⓙシツ
字解 사람 이름(질)

王16/20 【瓏】 환할 롱 ⟨간⟩ 珑
명 ⓗlóng ⓙロウ ⓔclear
字解 ①환할(롱) ②옥 소리(롱)
【玲瓏 영롱】 ①눈부시게 찬란함. ②소리가 맑고 아름다움.

王17/21 【瓓】 옥 무늬 란 ⟨간⟩ 瓓
명 ⓗlàn ⓙラン
字解 옥 무늬, 옥의 광채(란)

王17/21 【瓔】 옥돌 영 ⟨간⟩ 璎
명 ⓗyīng ⓙエイ
字解 ①옥돌(영) ②구슬 목걸이(영)
【瓔珞 영락】 구슬을 꿰어 만든 목걸이. '불상(佛像)의 신변에 드리워진 주옥의 장식'을 이름.

王18/22 【瓘】 옥 이름 관
명 ⓗguàn ⓙカン
字解 ①옥 이름(관) ②서옥(관)

王19/23 【瓚】 술 그릇 찬 ⟨간⟩ 瓒
명 ⓗzàn ⓙサン
字解 술 그릇(찬) ※자루를 옥으로 만든 것으로, 종묘의 제사에 씀.

4 ++ 部

++0/4 【++】 초두머리
참고 '艸'가 머리에 쓰일 때의 글자 모양으로, 여기서는 별도의 부수로 다루었다. ☞艸部(682)

艹部 2획

【艽】 ❶변방 구 ❷진교 교
中qiú, jiāo 日キュウ 英wilderness
字解 ❶변방(구) ❷진교(교)
【艽野 구야】서울에서 아주 멀리 떨어진 곳. 邊方(변방).
【秦艽 진교】미나리아재빗과의 다년초. 오독도기.

【艾】 ❶쑥 애 ❷다스릴 예
中ài, yì 日ガイ(よもぎ) 英mugwort
字解 ❶①쑥(애) ¶艾葉(애엽) ②늙을, 늙은이(애) ¶艾年(애년) ③예쁠(애) ¶少艾(소애) ❷다스릴(예) ¶艾安(예안)
【艾年 애년】나이 50세를 이름.
머리털이 약쑥같이 희어지는 나이라는 데서 온 말.
【艾餠 애병】쑥떡.
【艾葉 애엽】약쑥의 잎사귀.
【艾安 예안】세상이 잘 다스려짐.
【少艾 소애】젊고 예쁜 계집.

【芎】 궁궁이 궁
中xiōng 日キュウ 英angelica
字解 궁궁이, 천궁(궁)
【芎藭 궁궁】산형과의 다년초. 궁궁이.
【川芎 천궁】①산형과의 다년초. ②한방에서, '천궁과 궁궁이의 뿌리'를 약재로 이르는 말.

【芒】 까끄라기 망
中máng 日ボウ(のぎ) 英awn
字解 ❶까끄라기(망) ※벼·보리 따위의 수염. ¶芒種(망종) ❷빛살 끝(망) ¶光芒(광망) ❸창날, 칼날(망) ¶芒刃(망인)
【芒刃 망인】칼끝. 창끝.
【芒種 망종】①벼·보리 같은 까끄라기가 있는 곡식. ②이십사절기의 하나. 소만(小滿)과 하지(夏至) 사이로, 6월 5일경.
【芒鞋 망혜】삼 따위로 짚신처럼 삼은 신. 미투리.
【光芒 광망】빛. 비치는 빛발.

【芋】 ❶토란 우 ❷클 후
中yù 日ウ(いも) 英taro
字解 ❶토란(우) ❷클(후)
【芋魁 우괴】종자로 쓰는 토란.

【芍】 작약 작
中sháo 日シャク 英peony
字解 작약, 함박꽃(작)
【芍藥 작약】미나리아재빗과의 다년초. 함박꽃.

【芡】 가시연 감
中qiàn 日ケン
字解 가시연(감) ※수련과의 일년초.
【芡實 감실】한방에서, '가시연밥'을 약재로 이르는 말.

【芥】 겨자 개
中gài 日カイ(からし) 英mustard
字解 ①겨자(개) ②티끌, 먼지(개)
【芥子 개자】①겨자. ②겨자씨. '매우 작은 것'의 비유.
【草芥 초개】풀과 티끌. '아무 소용이 없거나 하찮은 것'의 비유.

【芹】 미나리 근
中qín 日キン(せり) 英parsley
字解 미나리(근)
【芹誠 근성】정성스러운 마음.
故事 지난날, 어느 순박한 농부가 봄에 미나리를 캐어 임금에게 바친 데서 온 말.
【芹菜 근채】미나리.
【芹獻 근헌】미나리를 바침. 남에게 선물을 보낼 때의 겸칭.

⺿部 4획

[芩] ❶풀 이름 ❷수초 이름
명 ❶ⓗqín, yín ⓙゴン, キン
字解 ❶풀 이름(금) ❷수초 이름(음)

[芚] 채소이름 둔
명 ⓗtún ⓙトン
字解 채소 이름(둔)

[芼] 풀 우거질 모
ⓗmào ⓙモウ(えらぶ)
字解 풀 우거질(모)

[芳] 꽃다울 방
一 艹 艹 艹 艹 芳 芳
㈜ ⓗfāng ⓙホウ(かんばしい) ⓔflowery
字源 형성자. 艸(초)는 의미 부분이고, 方(방)은 발음 부분이다.
字解 ❶꽃다울, 아름다울(방) ¶芳年(방년) ❷향기, 향내 날(방) ¶芳草(방초) ❸명성(방) ¶流芳百世(유방백세)
【芳年 방년】20세 전후의 꽃다운 나이. 妙齡(묘령).
【芳草 방초】향기로운 풀.
【芳香 방향】좋은 향기.
【流芳百世 유방백세】꽃다운 이름을 후세에 길이 전함.

[芙] 연꽃 부
명 ⓗfú ⓙフ ⓔlotus flower
字解 연꽃(부)
【芙蓉 부용】①'연꽃'의 딴 이름. ②'미인'의 비유.

[芬] 향기 분
명 ⓗfēn ⓙフン(かおる) ⓔperfume
字解 ①향기, 향기로울(분) ②어지러울(분) ≒紛

【芬芳 분방】좋은 향기.

[芟] 풀 벨 삼
명 ⓗshān ⓙサン(かる) ⓔmow
字解 풀 벨(삼)
【芟除 삼제】①풀을 베어 없애 버림. ②난적(亂賊)을 무찔러 없앰.

[芯] 등심초 심
명 ⓗxīn ⓙシン ⓔrush
字解 등심초(심) ※골풀의 줄기 속.

[芽] 싹 아
一 艹 艹 艹 艹 芹 芽 芽
㈜ ⓗyá ⓙガ(め) ⓔsprout
字源 형성자. 艸(초)는 의미 부분이고, 牙(아)는 발음 부분이다.
字解 싹, 싹틀(아)
【萌芽 맹아】새싹.
【麥芽 맥아】보리에 물을 부어 싹을 내어 말린 것. 엿기름.
【發芽 발아】싹이 틈. 芽生(아생).

[芮] 풀 뾰족뾰족 날 예
명 ⓗruì ⓙゼイ
字解 ①풀 뾰족뾰족 날(예) ②솜, 솜옷(예) ③나라 이름(예) ※주대(周代)의 제후국.

[芸] 향초 이름 운
명 ⓗyún ⓙウン(くさぎる)
字解 ①향초 이름(운) ②김맬(운)
【芸香 운향】산형과의 여러해살이풀. 잎은 책 속에 넣어서 좀을 막는 데 씀. 궁궁이.
참고 藝(예 : 521)의 속자로도 쓰임.

[芢] 풀 이름 인
명 ⓗrén ⓙジン
字解 풀 이름(인)

⺾部 4획

⺾[芿] 새 풀싹 잉
- 명 ⊕rèng ⊕ジョウ ㊀sprout
- **字解** 새 풀싹(잉) ※묵은 풀을 벤 뒤에 난 싹.

⺾[苧] ❶모시 저 ❷상수리 서·여
- ⊕zhù, xù ⊕チョ, ショ ㊀ramie
- **字解** ❶①모시, 모시풀(저) ②방동사니(저) ※사초과의 일년초. ❷상수리, 도토리(서·여)
- 【苧栗 서율】①도토리. ②작은 밤. 팥밤. 산밤.

⺾[芝] 지초 지
- 명 ⊕zhī ⊕シ(しば)
- **字解** 지초(지)
- 【芝蘭 지란】①지초(芝草)와 난초(蘭草). ②'선인(善人) 또는 군자(君子)'의 비유.
- 【芝草 지초】①지칫과의 다년초. 지치. ②모균류(帽菌類)에 딸린 버섯. 靈芝(영지).

⺾[茋] 구릿대 지
- 명 ⊕zhǐ ⊕シ
- **字解** ①구릿대(지) ※산형과의 다년초. ②지초(지) 늑芝
- 【白茋 백지】구릿대의 뿌리.

⺾[芭] 파초 파
- 명 ⊕bā ⊕バ ㊀plantain tree
- **字解** 파초(파)
- 【芭蕉 파초】파초과의 다년초.

⺾[芐] 지황 호·하
- 명호 ⊕hù, xià ⊕コ, カ
- **字解** 지황(호·하) ※지황(地黃)은 약초의 한 가지.

⺾[花] 꽃 화
- 명 ⊕huā ⊕カ(はな) ㊀flower
- **字源** 형성자. 艸(초)는 의미 부분이고, 化(화)는 발음 부분이다.
- **字解** ①꽃(화) ¶花園(화원) ②꽃다울, 아름다울(화) ¶花燭(화촉)
- 【花壇 화단】꽃밭.
- 【花代 화대】①놀음차. ②해웃값.
- 【花柳 화류】꽃과 버들. '기생이나 유곽'의 비유.
- 【花無十日紅 화무십일홍】열흘 붉은 꽃은 없음. '한 번 성하면 반드시 쇠하게 됨'의 비유.
- 【花盆 화분】꽃을 심어 가꾸는 분.
- 【花信 화신】꽃이 피었다는 소식.
- 【花園 화원】꽃동산.
- 【花煎 화전】꽃잎을 붙여 지진 전.
- 【花燭 화촉】①아름다운 초. ②'혼인'을 이름. 華燭(화촉).
  📖 결혼식 때 촛불을 밝히는 데서 온 말.
- 【花卉 화훼】꽃이 피는 풀, 또는 관상용으로 재배하는 식물. 花草(화초).
- 【開花 개화】꽃이 핌.
- 【生花 생화】살아 있는 초목에서 꺾은 꽃.

⺾[苛] 가혹할 가
- 명 ⊕kē ⊕カ(からい) ㊀harsh
- **字解** ①가혹할(가) ②까다로울(가)
- 【苛斂誅求 가렴주구】가혹하게 세금이나 금품을 긁어모아 백성을 못살게 굶.
- 【苛細 가세】성질이 까다롭고 잚.
- 【苛酷 가혹】매우 모질고 독함.

⺾[茄] 가지 가
- 명 ⊕qié ⊕カ ㊀eggplant
- **字解** 가지(가)
- 【茄子 가자】가지.

⺾[苣] 상추 거
- ⊕jù ⊕キョ ㊀lettuce

++部 5획

字解 ①상추(거) ②햇불(거)=炬
【萵苣 와거】상추.
【萵苣包 와거포】상추쌈.

++ ⁵₍₉₎ 【苽】 줄 고 虞

명 ⊕qū ⊕ク, コ(まこも)
字解 ①줄(고) ※볏과의 다년초. ②산수국(고)

++ ⁵₍₉₎ 【苦】 괴로울 고 麌

一十卄艹꺅꺄꺇苦苦

명 ⊕kǔ ⊕ク(くるしい) 英bitter
字源 형성자. 艸(초)는 의미 부분이고, 古(고)는 발음 부분이다.
字解 ①괴로울(고) ¶ 苦悶(고민) ②쓸(고) ¶ 苦杯(고배)
【苦難 고난】괴로움과 어려움. 苦楚(고초).
【苦惱 고뇌】괴로움과 번민.
【苦悶 고민】마음속으로 괴로워함.
【苦杯 고배】쓴 술잔. '패배나 실패'의 비유.
【苦生 고생】괴롭고 힘든 생활.
【苦心 고심】애를 씀.
【苦戰 고전】몹시 고생스럽고 힘든 싸움. 苦鬪(고투).
【苦盡甘來 고진감래】쓴 것이 다하면 단 것이 옴. '고생이 끝나면 즐거움이 옴'의 뜻.
【苦衷 고충】괴로운 심정.
【苦痛 고통】괴로움과 아픔.
【苦學 고학】제 손으로 고생하며 학비를 벌어서 배우는 일.
【勞苦 노고】심신을 괴롭히며 애쓰는 일. 수고하는 일.
【獄苦 옥고】옥살이의 고통.

++ ⁵₍₉₎ 【苟】 진실로 구 有

一十卄艹꺅芍苟苟

고 ⊕gǒu ⊕コウ(いやしくも) 英truly
字源 형성자. 艸(초)는 의미 부분이고, 句(구)는 발음 부분이다.
字解 ①진실로(구) ②구차할(구) ③다만(구) ④한때, 잠시(구)

【苟安 구안】한때 겨우 편안함.
【苟且 구차】①살림이 매우 가난함. ②언행이 떳떳하지 못함.

++ ⁵₍₉₎ 【苓】 복령 령 靑

⊕líng ⊕レイ, リョウ 英fungus
字解 ①복령(령) ②도꼬마리(령) ※국화과의 일년초.
【茯苓 복령】벤 소나무의 땅속뿌리에 기생하는 버섯의 하나.

++ ⁵₍₉₎ 【茉】 말리 말 曷

명 ⊕mò ⊕マツ
字解 말리(말)
【茉莉 말리】물푸레나뭇과의 상록 관목(灌木).

++ ⁵₍₉₎ 【苺】 딸기 매 賄

명 ⊕méi ⊕バイ, マイ(いちご) 英strawberry
字解 딸기(매)=莓

++ ⁵₍₉₎ 【茅】 띠 모 肴

명 ⊕máo ⊕ボウ(かや) 英cogon
字解 띠(모)
【茅沙 모사】제사의 강신(降神) 때에 땅을 상징하는 그릇에 담은 띠 묶음과 모래.
【茅舍 모사】띠로 지붕을 인 보잘것없는 집. 茅屋(모옥).

++ ⁵₍₉₎ 【苜】 거여목 목 屋

⊕mù ⊕モク 英medic
字解 거여목(목)
【苜蓿 목숙】콩과의 이년초. 거여목.

++ ⁵₍₉₎ 【苗】 싹 묘 蕭

一十卄艹꺅꺄苗苗

명 ⊕miáo ⊕ビョウ(なえ) 英sprout
字源 회의자. 艸(초)와 田(전)은 모두 의미 부분이다.
字解 ①싹, 모종(묘) ¶ 苗木(묘목)

②자손(묘) ¶苗裔(묘예) ③종족 이름(묘) ¶苗族(묘족)
【苗木 묘목】 모종할 어린 나무.
【苗床 묘상】 ①모종을 키우는 자리. ②못자리. 苗板(묘판).
【苗裔 묘예】 먼 후대의 자손.
【苗族 묘족】 중국의 윈난(雲南)·구이저우(貴州) 지방에 사는 종족.
【種苗 종묘】 식물의 씨나 싹을 심어 가꿈, 또는 그 가꾼 씨나 싹.

⁺⁺5 【茆】 띠 묘 ⁅芧⁆
⑨
㊥máo ㊐ボウ ㊂cogon
字解 ①띠(묘) ②순채(묘)
【茆屋 묘옥】 지붕을 따로 인 집.

⁺⁺5 【茂】 무성할 무 ⁅㊎茆⁆
⑨
㊥mào ㊐モ(しげる) ㊂flourish
字源 형성자. 艸(초)는 의미 부분이고, 戊(무)는 발음 부분이다.
字解 ①무성할, 우거질(무) ②힘쓸(무) ③뛰어날(무)
【茂盛 무성】 풀이나 나무가 우거짐.
【茂才 무재】 재능이 뛰어난 사람.
【茂學 무학】 학문에 힘씀.

⁺⁺5 【范】 거푸집 범
⑨
㊥fàn ㊐ハン
字解 ①거푸집(범) ②풀 이름(범)

⁺⁺5 【柎】 깍지 부
⑨
㊥fú ㊐フ
字解 깍지(부) ※알맹이를 까 낸 꼬투리.

⁺⁺5 【若】 ❶같을 약 ❷땅 이름 야
⑨
㊥ruò ㊐ジャク(もしくは) ㊂like
字源 회의자. 갑골문은 '♀'으로, 사람이 꿇어앉은 채 두 손을 위로 쳐들고 머리를 매만지는 모양이다. 본래 '받들다'·'공손하다' 등의 뜻을 나타내었는데, 소전에서 艸(초)와 右(우)의 결합으로 변하였다.
字解 ❶①같을(약) ¶若此(약차) ②너(약) ¶若曹(약조) ③만약(약) ¶若或(약혹) ④어조사(약) ¶若何(약하) ❷①땅 이름(야) ※촉(蜀)나라의 땅 이름. ②반야(야)
【若曹 약조】 너희들. 若輩(약배).
【若此 약차】 이와 같이.
【若何 약하】 사정이 어떠함. 어떻게.
【若或 약혹】 혹시. 만일.
【萬若 만약】 어쩌다가. 萬一(만일).
【般若 반야】 범어 'Prajna'의 음역. 모든 사물의 본질을 이해하고 불법(佛法)의 참다운 이치를 깨닫는 지혜.
참고 '야'음도 인명용으로 지정됨.

⁺⁺5 【冉】 풀 우거질 염
⑨
㊥rǎn ㊐ネン ㊂flourish
字解 풀 우거질(염)

⁺⁺5 【英】 꽃부리 영
⑨
㊥yīng ㊐エイ(ひいでる) ㊂corolla
字源 형성자. 艸(초)는 의미 부분이고, 央(앙)은 발음 부분이다.
字解 ①꽃부리(영) ※한 송이 꽃의 꽃잎 전체. ¶群英(군영) ②뛰어날, 뛰어난 사람(영) ¶英才(영재) ③명예(영)
【英靈 영령】 ①훌륭한 사람의 영혼. ②전사자(戰死者)의 영혼.
【英雄 영웅】 재능과 지혜가 비범하여 세상을 경륜(經綸)할 만한 사람.
【英才 영재】 뛰어난 재주, 또는 그런 재주를 가진 사람. 秀才(수재).
【英特 영특】 특별히 뛰어남.
【群英 군영】 여러 가지 꽃.
【育英 육영】 인재를 가르쳐 기름.

⁺⁺5 【苑】 동산 원
⑨
㊥yuàn ㊐エン(その) ㊂garden
字解 ①동산(원) 녹園 ¶苑囿(원

유) ❷연총(원) ※'연총(淵叢)'은 사물이 모이는 곳. ¶文苑(문원)
【苑囿 원유】새와 짐승을 놓아 기르는 동산.
【鹿苑 녹원】①사슴을 기르는 뜰. ②석가가 깨달음을 얻은 후, 처음으로 다섯 사람의 비구(比丘)를 위하여 설법한 곳. 鹿野苑(녹야원).
【文苑 문원】문학인들의 사회. 문학계. 文壇(문단).
【祕苑 비원】대궐 안에 있는 동산. 禁苑(금원).

【苡】 율무 이
⑤⑨ 紙

명 ⊕yǐ ⊕イ 美adlay
字解 율무(이)
【薏苡 의이】율무.

【苧】 모시 저
⑤⑨ 語

명 ⊕zhù ⊕チョ 美ramie
字解 모시(저)
【苧布 저포】모시.

【苴】 삼 저
⑤⑨ 魚

⊕jū ⊕ショ 美hemp
字解 ①삼(저) ②꾸러미(저)
【苴絰 저질】상중(喪中)에 쓰는 수질(首絰)과 요질(腰絰).
【苴布 저포】거친 삼베.

【苫】 거적자리 점
⑤⑨ 鹽

⊕shān ⊕セン(とま) 美straw mat
字解 ①거적자리(점) ②덮음(점)
【苫塊 점괴】거적자리와 흙덩이가 베개. '상제(喪制)가 거처하는 곳'을 이름.
【苫覆 점복】덮음. 지붕을 임.
【苫席 점석】상제(喪制)가 깔고 앉는 거적자리.

【茁】 풀 처음 날 줄
⑤⑨ 屑

명 ⊕zhuó ⊕サツ 美sprout
字解 풀 처음 날, 자람(줄)

【苕】 ❶능소화 초
⑤⑨ ❷풀 이름 소

명 ❶⊕tiáo ⊕チョウ
字解 ❶능소화(초) ※능소화과(凌霄花科)의 낙엽 만목(蔓木).
❷풀 이름(소)

【苔】 이끼 태
⑤⑨ 灰

명 ⊕tái ⊕タイ(こけ) 美moss
字解 이끼(태)
【苔蘚 태선】이끼. 蘚苔(선태).
【靑苔 청태】①푸른 이끼. ②갈파래. ③김. 海衣(해의). 海苔(해태).

【苹】 ❶개구리밥 평
⑤⑨ ❷수레 이름 편

⊕píng ⊕ヘイ 美duckweed
字解 ❶①개구리밥(평)=萍 ②쑥(평) ③돌(평) ❷수레 이름(편)
【苹縈 평영】선회(旋回)하는 모양.
【苹車 편거】적의 공격에 대하여 몸을 숨기도록 마련된, 주대(周代)의 병거(兵車).

【苞】 쌀 포
⑤⑨ 肴

명 ⊕bāo ⊕ホウ(つと) 美bundle
字解 ①쌀, 꾸러미(포) ②뿌리(포) ③그령(포) ※볏과의 다년초.
【苞裹 포과】물건을 쌈. 꾸림.
【苞桑 포상】뽕나무 뿌리. '근본이 확고함'의 뜻.
【苞苴 포저】선물. 선사품.
  선물을 보낼 때 짚으로 싸는 것을 '苞', 짚을 밑에 까는 것을 '苴'라 함.
【花苞 화포】꽃떡잎.

【苾】 ❶향기로울 필
⑤⑨ ❷채소 이름 별

명 ❶⊕bì, bié ⊕ヒツ, ヘツ 美fragrant

字解 ❶①향기로울(필) ②풀 이름(필) ❷채소 이름(별)
【芯芬 필분】 향기로운 모양.
【芯蒭 필추】 풀 이름. 부드러워서 바람이 부는 대로 쓰러지기 때문에, 속사(俗事)에 얽매이지 않는 '중(僧)'에 비유함.

【茶】 차 다·차

고 ⊕chá ⊖チャ ⊛tea plant
字源 형성자. 茶는 소전에서는 荼(도)로 썼다. 艸(초)는 의미 부분이고, 余(여)는 발음 부분이다.
字解 차(다·차)
【茶菓 다과】 차와 과자 또는 과일.
【茶道 다도】 차를 손님에게 대접하거나 마실 때의 방식 및 예의범절.
【茶房 다방】 찻집.
【茶毗 다비】 범어 'Jhapita'의 음역(音譯). '화장(火葬)'의 뜻.
【茶禮 차례】 명절·조상의 생일 등에 지내는 간단한 아침 제사.
【綠茶 녹차】 푸른빛이 그대로 나도록 말린 찻잎, 또는 그것을 끓인 차.
【恒茶飯事 항다반사】 늘 있는 일.
참고 '차'음도 인명용으로 지정됨.

【茫】 아득할 망

고 ⊕máng ⊖ボウ ⊛vast
字源 형성자. 물이 푸르고 아득히 넓다는 뜻이다. 水(수)는 의미 부분이고, 芒(망)은 발음 부분이다.
字解 아득할, 넓을(망)
【茫漠 망막】 그지없이 아득한 모양.
【茫茫 망망】 먼 모양. 끝없는 모양.
【茫洋 망양】 한없이 넓고 묾.
【茫然自失 망연자실】 넋이 나간 듯이 멍함.
【滄茫 창망】 끝없이 넓고 아득함.

【茗】 차 싹 명

명 ⊕míng ⊖メイ ⊛tea leaflet
字解 차 싹, 차(명)
【茗果 명과】 차와 과일.
【茗宴 명연】 차를 마시는 모임.

【茯】 복령 복

명 ⊕fú ⊖ブク ⊛fungus
字解 복령(복)
【茯苓 복령】 벤 소나무의 땅속뿌리에 기생하는 버섯의 한 가지.

【茱】 수유 수

명 ⊕zhū ⊖シュ ⊛dogwood
字解 수유(수)
【茱萸 수유】 수유나무의 열매.

【荀】 풀 이름 순

명 ⊕xún ⊖ジュン
字解 풀 이름(순)

【茹】 먹을 여

명 ⊕rú ⊖ジョ(ゆでる) ⊛eat
字解 ①먹을(여) ¶茹藿(여곽) ②썩을(여) ¶茹魚(여어)
【茹藿 여곽】 콩잎을 먹음. '거친 음식을 먹음'의 뜻.
【茹素 여소】 채식(菜食)함.
【茹魚 여어】 썩은 물고기.

【茸】 ❶무성할 용 ❷우매할 용

명 ⊕rǒng, róng ⊖ジョウ(しげる) ⊛luxuriant
字解 ❶①무성할(용) ②녹용(용) ❷우매할, 어리석을(용)
【茸茸 용용】 풀이 무성한 모양.
【茸闒 용탑】 어리석고 둔함.
【鹿茸 녹용】 사슴의 새로 돋은 연한 뿔. 약재로 쓰임.

【茵】 깔개 인

명 ⊕yīn ⊖イン(しとね) ⊛cushion
字解 ①깔개(인) ※수레 안에 까는 자리. ②사철쑥(인)

【茵席 인석】 자리. 깔개.
【茵蔯 인진】 사철쑥.

【荏】 들깨 임
명 ㊥rěn ㊎ジン(え) ㊍perilla
字解 ①들깨(임) ②부드러울(임) ③구를, 세월 흐를(임)
【荏弱 임약】 부드럽고 약함.
【荏苒 임염】 ①시간을 자꾸 끎. ②사물이 점차 나아가는 모양.
【荏子 임자】 들깨.

【茲】 이 자
㊥zī ㊎ジ(ここ) ㊍this
字解 ①이, 이에(자) 늑玆 ②무성할(자) ③불을(자) 늑滋
참고 玆(자: 538)는 딴 자.

【茨】 남가새 자
명 ㊥cí ㊎シ(いばら) ㊍caltrop
字解 ①남가새(자) ※남가샛과의 일년초. ②덮을, 지붕 일(자) ③가시나무(자)
【茨棘 자극】 남가새와 가시나무. '풀이 우거진 깊은 산골'을 이름.
【茨草 자초】 ①남가새와 풀. ②지붕에 이엉을 이는 일.

【莊】
莊(503)의 俗字

【荃】 향초 이름 전
명 ㊥quán ㊎セン(かおりぐさ)
字解 ①향초 이름(전) ②통발(전) 늑筌

【荑】 ❶삘기 제 ❷흰비름 이
명❷ ㊥tí ㊎テイ
字解 ❶①삘기(제) ※띠의 어린 싹. ②싹, 새싹(제) ❷흰비름(이)
【荑指 제지】 부드러운 손가락.

【荐】 거듭할 천
㊥jiàn ㊎セン(しきりに) ㊍repeat
字解 ①거듭할, 자주(천) ②모일(천)
【荐間 천문】 자주 방문함.
【荐饑 천기】 자주 굶음. '흉년이 계속됨'의 뜻.

【茜】 꼭두서니 천
명 ㊥qiàn ㊎セン ㊍madder
字解 꼭두서니(천) ※꼭두서닛과의 다년생 만초.
【茜色 천색】 꼭두서니의 뿌리에서 빼낸 진홍색 물감.

【草】 풀 초
艹 芇 芇 芇 芇 草 草

명 ㊥cǎo ㊎ソウ(くき) ㊍grass
字源 형성자. 艹(초)는 의미 부분이고, 早(조)는 발음 부분이다.
字解 ①풀(초) ¶伐草(벌초) ②거칠(초) ¶草略(초략) ③초 잡을(초) ¶草稿(초고) ④서체 이름(초) ¶草書(초서) ⑤시작할(초) ¶草創(초창)
【草家 초가】 볏짚·밀짚 등으로 지붕을 인 집. 草廬(초려), 草屋(초옥).
【草芥 초개】 풀과 먼지. '아무 소용이 없거나 하찮은 것'의 비유.
【草稿 초고】 문장이나 시 따위의 맨 처음 쓴 원고.
【草略 초략】 몹시 거칠고 간략함.
【草露 초로】 풀잎에 맺힌 이슬. '사물의 덧없음'의 비유.
【草書 초서】 한자 서체의 하나. 행서(行書)보다 더 흘려 쓰는 글씨.
【草食 초식】 푸성귀로만 만든 음식, 또는 그런 음식만을 먹음.
【草案 초안】 ①안건(案件)을 기초함. ②문장이나 시 따위를 초 잡음.
【草野 초야】 궁벽한 시골.
【草創 초창】 비롯하여 시작함.
【起草 기초】 글의 초안(草案)을 씀.
【伐草 벌초】 무덤의 잡풀을 베어 냄.
【除草 제초】 잡초를 뽑아 없앰.

艹 6 ⑩ 【荇】 마름 행 [梗]

[명] [中]xìng [日]コウ

[字解] 마름(행)

【荇菜 행채】 마름과의 일년생 수초(水草). 마름.

艹 6 ⑩ 【荊】 가시 형 [本]경 [庚]

[명] [中]jīng [日]ケイ(いばら) [英]thorn

[字解] ①가시, 가시나무(형) ¶ 荊棘(형극) ②모형나무(형) ③나라 이름(형) ※초(楚)나라의 딴 이름.

【荊棘 형극】 가시가 있는 나무의 총칭. '고난'의 비유.

【荊妻 형처】 가시나무 비녀를 한 아내. '자기 아내'의 겸칭. 荊室(형실).

[故事] 후한(後漢) 때 양홍(梁鴻)의 아내 맹광(孟光)이 가시나무 비녀와 무명옷을 입어 남편을 감동시킨 고사에서 온 말.

【牡荊 모형】 마편초과의 낙엽 관목.

艹 6 ⑩ 【荒】 거칠 황 [陽]

丶 艹 艹 芒 芒 芹 荒

[고] [中]huāng [日]コウ(あれる) [英]wild

[字源] 형성자. 艸(초)는 의미 부분이고, 巟(황)은 발음 부분이다.

[字解] ①거칠(황) ¶ 荒廢(황폐) ②흉년, 흉년 들(황) ¶ 荒年(황년) ③허황할, 거짓(황) ¶ 荒唐無稽(황당무계)

【荒年 황년】 농작물이 잘되지 않은 해. 凶年(흉년).

【荒唐無稽 황당무계】 언행이 터무니없고 허황하며 헤아림이 없음.

【荒凉 황량】 황폐하여 쓸쓸함.

【荒蕪地 황무지】 손을 대지 않고 버려 두어 거칠어진 땅.

【荒野 황야】 거친 들판.

【荒廢 황폐】 버려 두어 못 쓰게 됨.

【虛荒 허황】 거짓되고 근거가 없음.

艹 6 ⑩ 【茴】 회향 회 [灰]

[명] [中]huí [日]カイ

[字解] 회향(회)

【茴香 회향】 산형과의 다년초.

艹 7 ⑪ 【莒】 감자 거 [語]

[中]jǔ [日]キョ [英]potato

[字解] 감자(거)

艹 7 ⑪ 【莖】 줄기 경 [本]형 [庚] [간] 茎

[명] [中]jīng [日]ケイ(くき) [英]stalk

[字解] 줄기(경)

【莖葉 경엽】 줄기와 잎.

【陰莖 음경】 남자의 생식기.

艹 7 ⑪ 【荳】 콩 두 [宥]

[명] [中]dòu [日]トウ [英]bean

[字解] 콩(두)=豆

【荳餠 두병】 콩기름을 짜고 난 찌끼.

艹 7 ⑪ 【莉】 말리 리 [支]

[명] [中]lì [日]リ [英]jasmine

[字解] 말리(리)

【茉莉 말리】 물푸레나뭇과의 상록 관목(灌木).

艹 7 ⑪ 【莫】 ❶아닐 막 [藥] ❷저물 모 [遇]

丶 艹 艹 节 苩 苴 莫 莫

[중] [中]mò [日]バク, マク [英]not

[字源] 회의자. 해〔日(일)〕가 풀숲〔茻(망)〕 사이에 있는 모양으로, '해가 지다'·'어둡다'라는 뜻을 나타낸다. 大는 艸(초)의 변형이다. 뒤에 '아무도 … 않다'라는 뜻으로 가차되자, 日 자를 더한 暮(저녁 모) 자를 새로 만들어 보충하였다.

[字解] ❶①아닐, 말, 없을(막) ¶ 莫論(막론) ②더할 수 없을(막) ¶ 莫大(막대) ❷저물(모)=暮

【莫强 막강】 더할 나위 없이 강함.

【莫大 막대】 더할 수 없이 큼.

【莫論 막론】 말할 나위도 없음.

【莫上莫下 막상막하】 낫지도 않고 못하지도 않음. '서로 우열(優劣)을

++部 7획

가리기 어려움'의 뜻. 難兄難弟(난형난제).
【莫甚 막심】더없이 심함. 매우 심함.
【莫逆 막역】뜻이 맞아 허물이 없음.
【莫重 막중】아주 귀중함. 중요함.

> '莫'이 붙은 한자
>
> 寞 고요할(막)　幕 휘장(막)
> 漠 사막(막)　　瘼 병(막)
> 膜 꺼풀(막)　　募 모을(모)
> 摸 더듬어 찾을(모)　模 법(모)
> 獏 짐승 이름(모)　慕 사모할(모)
> 摹 본뜰(모)　　暮 저물(모)
> 謨 꾀(모)　　　墓 무덤(묘)

++ 7 【莓】 딸기 매
⑪ 灰
　méi 　マイ, バイ(いちご)
　strawberry
字解 ❶딸기(매)＝苺 ❷이끼(매)
【莓苔 매태】이끼. 蘚苔(선태).

++ 7 【莂】 모종 낼 별
⑪ 屑
명 　bié 　ヘツ 　bed out
字解 ❶모종 낼(별) ❷중의 글(별)
※ 중이 지은 시(詩)를 '偈(게)'
라 하고, 글[文]을 '莂'이라 함.

++ 7 【莩】 ❶풀 이름 부 虞
⑪ ❷굶어 죽을 표
명 ❶　fú, piǎo 　フ, ヒョウ
字解 ❶풀 이름(부) ❷굶어 죽을
(표)
【餓莩 아표】굶어서 죽은 시체.

++ 7 【莎】 향부자 사
⑪ 歌
명 　suō 　サ 　nutgrass
字解 향부자(사)
【莎草 사초】사초과의 다년초. 향부자(香附子).

++ 7 【莘】 족두리풀 신 眞
⑪
명 　xīn 　シン

字解 ❶족두리풀(신) ※쥐방울덩굴과의 다년초. ❷많을(신)
【細莘 세신】족두리풀의 뿌리줄기.

++ 7 【莪】 지칭개 아
⑪ 歌
명 　é 　ガ
字解 지칭개(아) ※엉거싯과의 이년초.

++ 7 【莚】 풀 이름 연
⑪ 先
명 　yán 　エン
字解 풀 이름(연)

++ 7 【莞】 ❶왕골 완
⑪ 本 관 寒
　　　 ❷빙그레 웃을 완
　　　 本 환 霰
명 　guān, wǎn 　カン 　sedge
字解 ❶왕골(완) ※사초과의 일년초. ❷빙그레 웃을(완)

++ 7 【莠】 ❶강아지풀 유 有
⑪ ❷고들빼기 수
　yǒu 　ユウ 　foxtail
字解 ❶강아지풀(유) ❷고들빼기(수) ※국화과의 이년초.

++ 7 【䕩】 연뿌리 윤
⑪ 眞
명 　yún 　キン 　lotus root
字解 연뿌리(윤)

++ 7 【莊】 장중할 장
⑪ 陽　 속 庄 속간 荘
荘 莊

艹 艹 艹 艹 莊 莊

　zhuāng 　ソウ 　solemn
字解 형성 겸 회의자. 본래 풀이 크다는 뜻이다. 艸(초)는 의미 부분이고, 壯(장)은 발음 부분이다. 壯자에는 본래 '크다'라는 뜻이 있으므로 의미 부분도 겸한다.
字解 ❶장중할, 엄숙할(장) ¶ 莊嚴(장엄) ❷바를, 단정할(장) ¶ 莊言(장언) ❸별장(장) ¶ 山莊(산장)

艹部 7획

【莊言 장언】 바른말. 正言(정언).
【莊嚴 장엄】 씩씩하고 엄숙함.
【莊周之夢 장주지몽】 장자(莊子)의 꿈. '물아일체(物我一體)의 경지'를 이름. '蝶夢(접몽).
故事 장자(莊子)가 꿈에 나비가 되었다가 깨어난 후, 자기가 나비가 된 것인지 나비가 자기로 된 것인지 분간이 가지 않았다는 고사에서 남.
【莊重 장중】 장엄하고 정중함.
【別莊 별장】 경치 좋은 곳에 따로 마련한 집. 別邸(별저).
【山莊 산장】 산에 있는 별장.

艹 7 ⑪ 【荻】 갈대 적 镝
명 ⊕dí ⊕テキ ⊛reed
字解 갈대(적)
【荻花 적화】 갈대의 꽃.

艹 7 ⑪ 【荷】 ❶연 하 歌 ❷짐 하 箇
艹 艹 犮 犮 菏 荷 荷
고 ⊕hé, hè ⊕カ(はす) ⊛lotus
字源 형성자. 艸(초)는 의미 부분이고, 何(하)는 발음 부분이다.
字解 ❶연(하) ¶荷花(하화) ❷짐(하) ¶荷役(하역)
【荷物 하물】 운송하는 물품.
【荷船 하선】 짐을 싣는 배.
【荷役 하역】 짐을 싣고 내리는 일.
【荷重 하중】 ①짐의 무게. ②구조물 등이 받고 견딜 수 있는 무게.
【荷花 하화】 연꽃. 蓮花(연화).
【負荷 부하】 ①짐을 짐, 또는 그 짐. ②책임을 떠맡음.
【集荷 집하】 하물을 한군데로 모음.
【出荷 출하】 ①하물(荷物)을 실어 냄. ②상품을 시장으로 실어 냄.

艹 7 ⑪ 【莢】 깍지 협 葉
명 ⊕jiá ⊕キョウ(さや) ⊛pod
字解 깍지, 꼬투리(협)
【莢果 협과】 꼬투리로 맺히는 열매. 콩·팥·녹두 따위.

艹 8 ⑫ 【菰】 줄 고 虞
명 ⊕gū ⊕コ(まこも) ⊛water-oat
字解 줄(고) ※볏과의 다년초.
【菰根 고근】 줄의 뿌리.
【菰菜 고채】 줄로 만든 나물.

艹 8 ⑫ 【菓】 과실 과 箇
명 ⊕guǒ ⊕カ ⊛fruit
字解 ①과실, 과일(과)=果 ¶菓品(과품) ②新과자(과) ¶茶菓(다과)
【菓子 과자】 밀가루·쌀가루·설탕 따위로 만든 식품.
【菓品 과품】 '과일'의 총칭.
【茶菓 다과】 차와 과자. 또는 과일.
【銘菓 명과】 특별한 방법으로 만들어 상표를 붙인 좋은 과자.
【製菓 제과】 과자를 만듦.

艹 8 ⑫ 【菅】 왕골 관 刪
명 ⊕jiān ⊕カン(すげ) ⊛sedge
字解 ①왕골(관) ※사초과의 일년초. ②골풀(관) ※골풀과의 다년초.
【菅屨 관구】 왕골로 삼은 신.

艹 8 ⑫ 【菊】 국화 국 屋
艹 艹 艾 艻 药 菊 菊 菊
고 ⊕jú ⊕キク ⊛chrysanthemum
字源 형성자. 艸(초)는 의미 부분이고, 匊(국)은 발음 부분이다.
字解 국화(국)
【菊月 국월】 '음력 9월'의 딴 이름.
【菊版 국판】 ①종이 규격판의 한 가지. 가로 636㎜, 세로 939㎜. ②국판 전지(全紙)를 16겹으로 접은 크기의 책 판형. 가로 150㎜, 세로 220㎜.
【菊花 국화】 국화과의 다년초.

艹 8 ⑫ 【菌】 버섯 균 軫
艹 艹 芍 芮 荫 菌 菌
고 ⊕jùn, jūn ⊕キン(きのこ) ⊛mushroom

字源 형성자. 艸(초)는 의미 부분이고, 囷(균)은 발음 부분이다.
字解 ①버섯(균) ¶菌絲(균사) ②곰팡이, 세균(균) ¶病菌(병균)

【菌類 균류】 다른 유기체에 기생하여 포자로 번식하는 식물의 총칭. 곰팡이·버섯 따위.

【菌絲 균사】 균류(菌類)의 본체를 이루는 실올 모양의 부분.

【菌傘 균산】 우산 모양으로 생긴 버섯의 갓. 菌蓋(균개).

【病菌 병균】 병의 원인이 되는 세균.

【殺菌 살균】 병원체 및 그 외의 미생물을 죽임. 滅菌(멸균).

【細菌 세균】 가장 미세한 하등 단세포 생물.

【堇】 오랑캐꽃 근

명 ㉠jǐn ㉰キン(すみれ) ㉯violet
字解 ①오랑캐꽃, 제비꽃(근) ②오두(근) ※ 미나리아재빗과의 다년초. ③무궁화나무(근)＝槿

【萁】 콩대 기

㉠qí ㉰キ ㉯beanstalk
字解 콩대, 콩깍지(기)

【萁稈 기간】 콩대. 콩줄기.

【萄】 포도 도

명 ㉠táo ㉰トウ ㉯grape
字解 포도, 머루(도)

【葡萄 포도】 포도나무의 열매.

【萊】 명아주 래

명 ㉠lái ㉰ライ ㉯goosefoot
字解 ①명아주(래) ※ 명아줏과의 일년초. ②묵정밭(래)

【萊蕪 내무】 잡초가 우거진 황무지.
【萊妻 내처】 노래자의 부인. '현명한 부인'을 이름. 萊婦(내부).

故事 춘추 시대에, 노래자(老萊子)가 몽산(蒙山)에 은거하고 있을 때 초(楚)나라 왕이 벼슬을 내리며 부르자, 그의 아내가 남편에게 충고하여 벼슬을 물리치고 청빈한 생활을 하게 한 고사에서 온 말.

【菉】 조개풀 록

명 ㉠lù ㉰リョク ㉯green bean
字解 ①조개풀(록) ※ 볏과의 일년초. ②푸를(록)＝綠

【菱】 마름 릉

명 ㉠líng ㉰リョウ(ひし) ㉯water chestnut
字解 마름(릉) ※ 마름과의 일년초.

【菱歌 능가】 마름을 따면서 부르는 노래.
【菱荷 능하】 마름과 연.

【莽】 우거질 망

명 ㉠mǎng ㉰モウ ㉯dense
字解 ①우거질(망) ②풀, 덤불(망)

【莽莽 망망】 풀이 우거진 모양.
【莽蒼 망창】 풀이 무성하여 퍼렇게 보이는 근교.
【草莽 초망】 풀의 떨기. 풀숲.

【萌】 싹 맹

명 ㉠méng ㉰ボウ(きざす) ㉯bud
字解 ①싹, 싹틀(맹) ¶萌芽(맹아) ②백성(맹)＝氓 ¶萌黎(맹려)

【萌動 맹동】 ①초목이 싹틈. ②사물이 일어나기 시작함.
【萌黎 맹려】 백성. 庶民(서민).
【萌芽 맹아】 ①식물의 새싹. ②사물의 시초.

【菩】 보살 보

명 ㉠pú ㉰ホ ㉯Bodhisattva
字解 보살, 보리(보)

【菩提 보제→보리】 범어 'bodhi'의 음역(音譯). 세속적인 번뇌를 끊고 얻는 깨달음의 경지.
【菩薩 보살】 ①부처 다음가는 성인. ②불교를 믿는 나이 든 여신도.

⁺⁺部 8획

⁸₁₂【菔】 무 복 風
㊥fú ㊐フク, ホク ㉝radish
字解 무(복) 늑荀

⁸₁₂【菲】 ❶엷을 비 ❷향기로울 비 微
명 ㊥fěi, fēi ㊐ヒ(うすい) ㉝thin
字解 ❶①엷을(비) ②순무(비)
❷①향기로울(비) ❷무성할(비)
【菲德 비덕】부족한 덕. '자기 덕'의 겸칭(謙稱).
【菲儀 비의】변변치 못한 사례.
【菲才 비재】변변치 못한 재주. '자기 재능'의 겸칭.

⁸₁₂【菽】 콩 숙 風
명 ㊥shū ㊐シュク(まめ) ㉝pulse
字解 콩(숙)
【菽麥 숙맥】①콩과 보리. ②콩인지 보리인지를 분별하지 못함. '어리석은 사람'의 비유.
【菽水 숙수】콩과 물. '변변치 못한 음식물'을 이름.

⁸₁₂【菴】 암자 암 覃
명 ㊥ān ㊐アン(いおり) ㉝hermitage
字解 암자(암)≒庵
【菴子 암자】①큰 절에 딸린 작은 절. ②중이 임시로 거처하며 수도하는 집.

⁸₁₂【萎】 시들 위 支
명 ㊥wěi ㊐イ(なえる) ㉝wither
字解 시들, 마를, 병들(위)
【萎靡 위미】시들고 느른해짐.
【萎縮 위축】①시들고 쭈그러듦. ②졸아들고 펴지지 못함.

⁸₁₂【萇】 양도 장 陽
㊥cháng ㊐チョウ
字解 양도(장)

【萇楚 장초】쨍이밥과의 다년생 만초. 羊桃(양도).

⁸₁₂【菹】 김치 저 魚
명 ㊥zū ㊐ショ ㉝gimchi
字解 ①김치(저) ②절일(저)
【菹醢 저해】①소금에 절인 채소와 고기. ②죄인을 죽여 뼈나 살을 소금에 절이던 형벌.

⁸₁₂【菁】 ❶순무 정 ❷무성할 청 靑
명 ❷ ㊥jīng ㊐セイ ㉝turnip
字解 ❶①순무(정) ②부추꽃(정) ③화려할(정) ❷무성할(청)
【菁華 정화】①찬란한 빛. 光彩(광채). ②깨끗하고 아주 순수한 부분.
【菁菁 청청】초목이 무성한 모양.
【蔓菁 만정→만청】순무.

⁸₁₂【菖】 창포 창 陽
명 ㊥chāng ㊐ショウ ㉝calamus
字解 창포(창)
【菖蒲 창포】천남성과의 다년초.

⁸₁₂【菜】 나물 채 隊
명 ㊥cài ㊐サイ ㉝vegetables
字源 형성자. 艸(초)는 의미 부분이고, 采(채)는 발음 부분이다.
字解 나물, 채소(채)
【菜根 채근】①채소의 뿌리. 당근·무 따위. ②변변치 못한 음식.
【菜食 채식】채소로 된 반찬만 먹음.
【菜蔬 채소】남새. 푸성귀.
【山菜 산채】산나물.
【生菜 생채】익히지 않은 나물.
【野菜 야채】밭에 가꾸어 먹는 푸성귀. 蔬菜(소채).

⁸₁₂【萋】 풀 무성할 처 齊
㊥qī ㊐セイ ㉝weedy

++部 9획

⁺⁺⁸₁₂ 【萋】 풀 무성할(처)
【萋萋 처처】 풀이 무성한 모양.

⁺⁺⁸₁₂ 【萃】 모을 췌 / ㊐취
명 ⓗcuì ㊐スイ ⓔcollect
字解 모을, 모일(췌)
【拔萃 발췌】 여럿 중에서 중요한 것을 뽑아 모음.

⁺⁺⁸₁₂ 【菟】 ❶새삼 토 / ❷고을 이름 도
ⓗtù ㊐ト ⓔdodder
字解 ❶새삼(토) ❷고을 이름(도)
【菟絲 토사】 메꽃과의 일년초. 새삼.
【玄菟 현도】 한(漢)나라가 고조선(古朝鮮)을 멸하고 그 땅에 설치한 사군(漢四郡)의 하나.

⁺⁺⁸₁₂ 【菠】 시금치 파
ⓗbō ㊐ハ ⓔspinach
字解 시금치(파)
【菠薐菜 파릉채】 시금치.

⁺⁺⁸₁₂ 【萍】 개구리밥 평
명 ⓗpíng ㊐ヘイ(うきくさ) ⓔduckweed
字解 개구리밥(평) =苹
【萍泊 평박】 정처 없이 여기저기 떠돌아다님. 飄泊(표박).
【萍水相逢 평수상봉】 개구리밥과 물이 서로 만남. '객지에서 우연히 아는 사람을 만나는 일'의 비유.
【浮萍草 부평초】 개구리밥과의 다년생 수초. 개구리밥.

⁺⁺⁸₁₂ 【菎】 菎(513)의 俗字

⁺⁺⁸₁₂ 【菡】 연 봉오리 함
ⓗhàn ㊐カン ⓔlotus bud
字解 연 봉오리, 연꽃(함)
【菡萏 함답】 연꽃 봉오리. '미인의 용모'의 비유.

⁺⁺⁸₁₂ 【華】 꽃 화 / ㊎화
华 華
음 ⓗhuá ㊐カ(はな) ⓔflower
字解 상형자 → 회의 겸 형성자. 꽃이 활짝 핀 모습을 그린 것이다. 소전은 艸(초)와 芌(화)로 이루어졌는데, 華는 이 글자의 예서체이다.
字解 ❶꽃(화) ❷빛(화) ❸고울, 아름다울(화) ¶ 華麗(화려) ❹나라 이름(화) ※중국인이 자기 나라를 일컫는 말. ¶ 中華(중화) ❺번성할(화) ¶ 榮華(영화) ❻산 이름(화) ¶ 華山(화산)
【華甲 화갑】 '61세'를 이름. 還甲(환갑).
📖 '華'는 '十' 여섯과 '一' 하나로 이루어진 글자인 데서 온 말.
【華僑 화교】 외국에 나가 사는 중국 사람.
【華麗 화려】 빛나고 아름다움.
【華山 화산】 중국 오악(五岳)의 하나로, 산시 성(陝西省) 화인 현(華陰縣)에 있는 산.
【華燭 화촉】 ①화려한 촛불. ②'혼례(婚禮)'를 이름.
【華婚 화혼】 '혼인'의 미칭(美稱).
【繁華 번화】 번성하고 화려함.
【榮華 영화】 귀하게 되어서 몸이 세상에 드러나고 이름이 빛남.
【中華 중화】 중국인들이 주변 민족에 대하여 자기 민족을 자랑삼아 이르던 말.
📖 '中'은 중앙을, '華'는 예문(禮文)이 왕성한 곳을 뜻함.
【豪華 호화】 사치스럽고 화려함.

'華'가 붙은 한자
曄 빛날(엽)	燁 빛날(엽)
嬅 여자 이름(화)	澕 깊을(화)
樺 자작나무(화)	譁 지껄일(화)

⁺⁺⁹₁₃ 【葭】 갈대 가
ⓗjiā ㊐カ(あし) ⓔreed
字解 갈대(가)
【葭莩 가부】 ①갈대 줄기 속에 있는

얇고 흰 막(膜). 갈대청. ②'가볍고 엷은 것'의 비유.
【葭葦 가위】갈대.

【葛】 칡 갈

명 中gé 日カツ(くず) 英arrowroot
字解 칡(갈)
【葛巾 갈건】갈포(葛布)로 만든 두건.
【葛根 갈근】칡뿌리.
【葛藤 갈등】칡덩굴과 등나무 덩굴. '사물이 복잡하게 뒤얽힘', 또는 '정신 내부의 두 가지 욕구가 충돌하는 상태'를 이름.
【葛布 갈포】칡의 섬유로 짠 베.

【葵】 해바라기 규

명 中kuí 日キ(あおい) 英sunflower
字解 ①해바라기(규) ②아욱(규) ③접시꽃(규)
【葵傾 규경】해바라기가 해를 향하여 기욺. '백성이 임금의 덕을 흠앙함'의 비유. 葵心(규심).
【錦葵 금규】당아욱.
【蜀葵花 촉규화】접시꽃.

【董】 동독할 동

명 中dǒng 日トウ(ただす) 英control
字解 ①동독할, 바로잡을(동) ②연뿌리(동)
【董督 동독】바로잡아 독촉함.
【董正 동정】바로잡음.
【董狐之筆 동호지필】동호의 직필(直筆). '권세를 두려워하지 않고 사실을 사실대로 역사에 남김'의 뜻.

故事 춘추 시대(春秋時代) 진(晉)나라의 사관(史官) 동호(董狐)가, 조천(趙穿)의 영공(靈公) 시살(弑殺)을 묵과하고 토벌하지 않은 정경(正卿) 조돈(趙盾)을 시해자로 기록한 고사에서 온 말.

【落】 떨어질 락

艹艹艹荜落落落
음 中luò 日ラク(おちる) 英fall

字源 형성자. 艸(초)는 의미 부분이고, 洛(락)은 발음 부분이다.
字解 ①떨어질(락) ¶落第(낙제) ②마을(락) ¶村落(촌락) ③낙성할(락) ④쓸쓸할(락) ¶落莫(낙막)
【落膽 낙담】뜻대로 되지 않거나 실망하여 기운이 풀림.
【落島 낙도】육지에서 멀리 떨어져 있는 섬.
【落雷 낙뢰】벼락이 떨어짐.
【落莫 낙막】마음이 쓸쓸한 모양.
【落選 낙선】선거에서 떨어짐.
【落成 낙성】건축물의 공사를 다 이룸. 竣工(준공).
【落穗 낙수】①땅에 떨어진 이삭. ②'어떤 일의 뒷이야기'의 비유.
【落伍 낙오】①대오(隊伍)에서 떨어짐. ②경쟁에서 뒤로 처짐.
【落第 낙제】성적이 나빠서 진학·진급을 못함.
【落照 낙조】저녁 햇빛.
【落後 낙후】경제·문화 등이 어떤 기준에 뒤떨어짐.
【段落 단락】①일이 다 된 끝. ②긴 문장에서 내용상 일단 끊어지는 곳.
【村落 촌락】시골의 동네. 마을.

【萬】 일만 만

艹艹艹芷苩苒莴萬萬
음 中wàn 日マン(よろず) 英ten thousand
字源 상형자. 전갈의 모양을 그린 것이다. 뒤에 숫자 '일만'의 뜻으로 가차되자, 전갈의 뜻으로는 虫(벌레 충)을 더한 蠆 자를 새로 만들어 보충하였다.
字解 ①일만(만) ¶萬歲(만세) ②수많을(만) ¶萬事(만사)
【萬感 만감】여러 가지 복잡한 감정.
【萬古 만고】①아주 오랜 옛적. ②한없이 오랜 세월.
【萬能 만능】온갖 일에 두루 능통함.
【萬邦 만방】세계의 모든 나라.
【萬事 만사】모든 일.
【萬歲 만세】①매우 오랜 세월. ②축복의 뜻으로 또는 승리를 기뻐하는 뜻으로 외치는 소리.
【萬壽無疆 만수무강】수명이 끝이 없

【萬一 만일】 ①만에 하나. ②혹시. 어쩌다가. 萬若(만약).
【萬壑千峯 만학천봉】 여러 골짜기와 많은 봉우리.
【萬化方暢 만화방창】 만물이 한창 자라남.

【甚】 오디 심
㊥shèn ㊐シン ㊍mulberry
字解 오디(심) ※뽕나무의 열매.

【萼】 꽃받침 악
㊥è ㊐ガク(うてな) ㊍calyx
字解 꽃받침(악)
【萼片 악편】 꽃받침의 조각.

【葯】 꽃밥 약
명 ㊥yào ㊐ヤク ㊍anther
字解 ①꽃밥(약) ②구릿대(약) ※산형과의 다년초.
【葯胞 약포】 수꽃술 끝에 붙어서 꽃가루를 가지고 있는 주머니. 꽃밥.

【葉】 ❶잎 엽 ❷성 섭
艹 ゼ 丗 丗 萨 苹 葉 葉
동 ㊥yè ㊐ヨウ(は) ㊍leaf
字源 형성자. 艹(초)는 의미 부분이고, 葉(엽)은 발음 부분이다.
字解 ❶①잎(엽) ¶枝葉(지엽) ②대, 세대(엽) ¶初葉(초엽) ③장(엽) ※종이 등의 얇은 것을 세는 단위. ❷①성(섭) ②땅 이름(섭) ※춘추 시대 초(楚)나라의 땅.
【葉書 엽서】 우편 용지 규격의 하나.
【葉錢 엽전】 놋쇠로 만든 옛날 돈.
【葉草 엽초】 잎담배.
【金枝玉葉 금지옥엽】 금 같은 가지와 옥 같은 잎. '임금의 자손', 또는 '귀여운 자손'의 비유.
【落葉 낙엽】 나뭇잎이 떨어짐, 또는 떨어진 나뭇잎.

【枝葉 지엽】 ①가지와 잎사귀. ②본체에서 갈라져 나온 중요하지 않은 부분.
【初葉 초엽】 어떠한 시대의 초기.
【胎葉 태엽】 시계 등에, 탄력을 이용하여 동력으로 쓰는 부속품.
참고 '섭'음도 인명용으로 지정됨.

【萵】 상추 와
㊥wō ㊐ワ ㊍lettuce
字解 상추(와)
【萵苣 와거】 상추.

【葦】 갈대 위
명 ㊥wěi ㊐イ(あし) ㊍reed
字解 갈대(위)
【葦席 위석】 갈대로 짠 자리.
【葦籥 위약】 갈대로 만든 피리.

【葳】 둥굴레 위
㊥wēi ㊐イ ㊍Solomon's seal
字解 ①둥굴레(위) ※백합과의 다년초. ②초목 무성할(위)
【葳蕤 위유】 ①둥굴레. ②초목의 꽃이 아름다운 모양.

【萸】 수유 유
명 ㊥yú ㊐ユ ㊍dogwood
字解 수유, 수유나무(유)
【茱萸 수유】 수유나무의 열매.

【葬】 장사 장
艹 艹 艹 艻 苑 莚 葬 葬
고 ㊥zàng ㊐ソウ(ほうむる) ㊍funeral
字源 회의자. 갑골문을 보면 '艸'으로, 평상〔爿(장)〕 위에 뼈〔歹(알)〕가 올려져 있는 모습이다. 옛날에는 사람이 죽으면 평상 위에 올려 놓고 장사(葬事)를 지냈다. 소전에서 爿 대신 艸(망)을 썼고, 歹에 匕(비)를 더하여 葬 자가 되었다.
字解 장사, 장사 지낼(장)

【葬禮 장례】 장사 지내는 의식.
【葬事 장사】 예를 갖추어 시신을 묻거나 화장하는 일.
【葬地 장지】 장사할 땅.
【國葬 국장】 국비(國費)로 지내는 장례(葬禮).
【埋葬 매장】 시체를 땅에 묻음.
【合葬 합장】 부부(夫婦)의 시체를 한 무덤 안에 장사 지내는 일.
【火葬 화장】 시체를 불에 살라 장사 지냄.

【著】 ❶나타날 저 ❷붙을 착

음 ㊥zhù, zhuó ㊐チョ(あらわす) ㊀manifest
字源 형성자. 艹(초)는 의미 부분이고, 者(자)는 발음 부분이다.
字解 ❶나타날, 뚜렷할(저) ¶著名(저명) ❷지을(저) ¶著書(저서) ❷붙을(착)
【著名 저명】 이름이 세상에 높이 드러남. 유명함.
【著書 저서】 책을 지음, 또는 그 책.
【著述 저술】 책을 씀. 著作(저작).
【著者 저자】 책을 지은 사람.
【共著 공저】 한 가지 저술을 두 사람 이상이 함께 지음.
【顯著 현저】 드러난 것이 두드러져 분명함.
참고 지금은 ❶의 뜻으로만 쓰이고, ❷의 뜻으로는 본디 '著❷'의 속자인 '着'이 쓰인다.

【葰】 꽃술 준

명 ㊥jùn ㊐シュン ㊀stamen
字解 ❶꽃술(준) ❷클(준)

【葺】 기울 집 ❀즙

명즙 ㊥qì ㊐シュウ(ふく) ㊀repair
字解 ❶기울(집) ❷지붕 일(집)
【葺茅 집모】 따로 지붕을 임.
【葺繕 집선】 낡거나 헌 것을 고침. 修繕(수선).

【葱】 파 총

㊥cōng ㊐ソウ(ねぎ) ㊀onion
字解 ❶파(총) ❷푸를(총)
【葱竹之交 총죽지교】 파피리를 불고 죽마를 타면서 함께 놀던, 어렸을 때부터의 교분(交分).

【萩】 ❶사철쑥 추 ❷사람 이름 초

명 ❶ ㊥qiū ㊐シュウ ㊀perennial artemisia
字解 ❶사철쑥(추) ※ 엉거싯과의 다년초. ❷사람 이름(초)

【葡】 포도 포

명 ㊥pú ㊐ブ ㊀grape
字解 포도, 포도나무(포)
【葡萄 포도】 포도나무의 열매.
【葡萄糖 포도당】 단맛이 나는 즙 속에 포함되어 있는 당분의 한 가지.

【葫】 마늘 호

명 ㊥hú ㊐コ ㊀garlic
字解 ❶마늘(호) ❷호리병박, 조롱박(호) ※박과의 다년생 만초.
【葫蘆 호로】 호리병박. 壺蘆(호로).

【葷】 훈채 훈

㊥hūn ㊐クン
字解 훈채(훈).
【葷肉 훈육】 훈채와 날고기.
【葷菜 훈채】 파·마늘 따위와 같이 특이한 냄새가 나는 채소.

【萱】 원추리 훤

명 ㊥xuān ㊐ケン(かや) ㊀day lily
字解 원추리(훤) ※ 백합과의 다년초.
【萱堂 훤당】 '남의 어머니'의 존칭. ☐ 지난날 중국에서, 어머니는 북당(北堂)에 거처하였는데, 그 뜰에 원추리를 심은 데서 온 말.

⾋部 10획

⾋10⑭ 【蓋】 ❶덮을 개 ❷어찌 아니할 합
盖 葢

ᅟ ᅟ ᅡ ᅣ ᅷ ᅸ ᅹ 蓋 蓋

고 ⊕gài ⊕ガイ(おおう) ⊕cover
字源 형성 겸 회의자. ⾋(초)는 의미 부분이고, 盍(합)은 발음 부분이다. 盍 자는 본래 그릇의 뚜껑, 그릇, 받침대를 차례로 그린 글자로 '덮다'라는 뜻을 나타낸다. 그러므로 盍는 의미 부분도 겸한다.
字解 ❶①덮을, 덮개(개) ¶蓋棺事定(개관사정) ②일산(개) ③대개(개) ¶蓋然(개연) ❷어찌 아니할(합)≒盍 ※'어찌 …하지 않느냐(何不)'의 뜻으로 쓰임.
【蓋棺事定 개관사정】 관(棺)에 뚜껑을 덮고 난 뒤에야 일이 정해짐. '사람의 진정한 가치는 그 사람이 죽은 뒤에야 비로소 알 수 있음'을 이름.
【蓋石 개석】 석실(石室)을 덮는, 돌로 만든 뚜껑.
【蓋然 개연】 확실하지 못하나, 그럴 것으로 추측됨.
【蓋草 개초】 ①이엉. ②이엉으로 지붕을 임.
【覆蓋 복개】 ①뚜껑. 덮개. ②뚜껑을 덮음.

⾋10⑭ 【蒹】 갈대 겸
蒹

⊕jiān ⊕ケン ⊕reed
字解 갈대(겸)
【蒹葭 겸가】 갈대, 또는 물억새.

⾋10⑭ 【蒟】 구약나물 구
蒟

⊕jǔ ⊕コン ⊕devil's tongue
字解 구약나물(구)
【蒟蒻 구약】 천남성과의 다년초.

⾋10⑭ 【蓏】 열매 라
蓏

⊕luǒ ⊕ラ ⊕fruit
字解 열매, 풀 열매(라)
【蓏蔬 나소】 풀의 열매와 푸성귀.

⾋10⑭ 【蓂】 풀 이름 명
蓂

명 ⊕míng ⊕メイ
字解 풀 이름, 명협(명)
【蓂曆 명력】 음력. 태음력(太陰曆).
【蓂莢 명협】 요(堯)임금 때 났다는 상서로운 풀. 달력풀. 책력풀.
🗨 초하루부터 보름까지 하루에 한 잎씩 났다가, 열엿새부터 그믐까지 한 잎씩 떨어져 버리고, 작은달에는 마지막 한 잎이 시들기만 하고 떨어지지 않은 일에서 온 말.

⾋10⑭ 【蒙】 어릴 몽
冡 蒙

ᅟ ᅟ ᅡ ᅣ ᅷ 莒 荽 蒙 蒙

고 ⊕méng ⊕モウ(こうむる) ⊕young
字源 형성자. ⾋(초)는 의미 부분이고, 冡(몽)은 발음 부분이다.
字解 ①어릴, 어린아이(몽) ¶童蒙(동몽) ②어리석을(몽) ¶蒙昧(몽매) ③입을, 받을(몽) ¶蒙恩(몽은) ④무릅쓸(몽) ¶蒙死(몽사)
【蒙求 몽구】 몽매한 사람이 나에게 의문을 풀어 줄 것을 바람.
【蒙昧 몽매】 사리에 어둡고 어리석음.
【蒙死 몽사】 죽음을 무릅씀.
【蒙恩 몽은】 은혜를 입음.
【蒙塵 몽진】 먼지를 덮어 씀. '임금이 난리를 만나 궁궐 이외의 다른 곳으로 피신함'을 이름.
【啓蒙 계몽】 어린아이나 무지한 사람을 깨우쳐 줌.
【童蒙 동몽】 어린아이.

⾋10⑭ 【蒡】 인동 덩굴 방
蒡

⊕páng ⊕ビョウ, ホウ
字解 ①인동 덩굴(방) ②흰 쑥(방)

⾋10⑭ 【蓑】 도롱이 사
簑 蓑

명 ⊕suō ⊕サ ⊕straw raincoat
字解 도롱이(사) '짚이나 띠를 엮어 만든 우장(雨裝)'.
【蓑笠 사립】 도롱이와 삿갓.
【蓑衣 사의】 도롱이.

⺿部 10획

⺿10⁄14 【蒴】 깍지 삭
⊕shuò ⊖サク ㊤capsule
字解 깍지(삭)
【蒴果 삭과】 속이 여러 칸으로 나누어 져 있고, 각 칸에 많은 씨가 든 열매. 나팔꽃·나리 따위.

⺿10⁄14 【蒜】 마늘 산
명 ⊕suàn ⊖サン ㊤garlic
字解 마늘(산)

⺿10⁄14 【席】 자리 석
명 ⊕xí ⊖セキ ㊤straw mat
字解 ①자리(석)≒席 ②클(석)
【席藁 석고】 거적자리.

⺿10⁄14 【蓀】 창포 손
명 ⊕sūn ⊖ソン ㊤iris
字解 ①창포(손) ②향풀 이름(손)
【蓀美 손미】 창포의 아름다움. '미덕(美德)'의 비유.

⺿10⁄14 【蒐】 모을 수
명 ⊕sǒu ⊖シュウ(あつめる) ㊤collect
字解 ①모을(수) ②꼭두서니(수)
※ 꼭두서닛과의 다년생 만초.
【蒐集 수집】 여러 가지 재료를 찾아서 모음. 收集(수집).

⺿10⁄14 【蓨】 수산 수
명 ⊕sǒu ⊖シュウ ㊤oxalic acid
字解 수산(수)
【蓨酸 수산】 가장 간단한 화학 구조의 이염기성 유기산의 한 가지.

⺿10⁄14 【蒔】 모종 낼 시
명 ⊕shì ⊖ジ(うえる) ㊤transplant
字解 모종 낼(시)
【蒔植 시식】 채소 따위의 모종을 옮겨 심음.

⺿10⁄14 【蓍】 시초 시
명 ⊕shī ⊖シ
字解 ①시초, 톱풀(시) ②점대(시)
【蓍草 시초】 콩과의 다년초. 비수리.

⺿10⁄14 【蒻】 구약나물 약
⊕ruò ⊖ジャク ㊤devil's tongue
字解 ①구약나물(약) ②부들(약)
【蒻席 약석】 부들로 만든 자리.
【蒟蒻 구약】 천남성과의 다년초.

⺿10⁄14 【蓐】 자리 욕
⊕rù ⊖ジョク(しとね) ㊤mattress
字解 자리, 요, 깔개(욕)
【蓐母 욕모】 아이를 받고 산모를 도와 주는 여자. 産婆(산파).
【蓐瘡 욕창】 병으로 오랫동안 누워서 지내어, 자리에 닿은 부위가 배겨서 생기는 종기.
【産蓐 산욕】 해산(解産) 때 까는 요.

⺿10⁄14 【蓉】 부용 용
명 ⊕róng ⊖ヨウ(はす) ㊤lotus
字解 부용(용)
【芙蓉 부용】 ① '연꽃'의 딴 이름. ② '미인'의 비유.

⺿10⁄14 【蒸】 찔 증
艹 艹 茊 莁 荥 蒸 蒸

⊒ ⊕zhēng ⊖ジョウ(むす) ㊤steam
字源 형성자. 艸(초)는 의미 부분이고, 烝(증)은 발음 부분이다.
字解 ①찔(증) ②무리, 많을(증)≒烝
【蒸氣 증기】 액체나 고체가 증발 또는 승화하여 생긴 기체.
【蒸溜 증류】 액체를 끓여 생긴 증기를 식힌 후 다시 액화(液化)하여 분리 또는 정제(精製)하는 일.
【蒸民 증민】 모든 백성. 庶民(서민).

【蒸發 증발】액체나 고체가 그 표면에서 기화(氣化)함.

艹10 (14) 【蓁】 무성할 진 園
명 中zhēn 日シン 英dense
字解 무성할(진)

艹10 (14) 【蒼】 푸를 창 園
고 中cāng 日ソウ(あお) 英blue
字源 형성자. 艸(초)는 의미 부분이고, 倉(창)은 발음 부분이다.
字解 ①푸를(창) ¶ 蒼空(창공) ②무성할(창) ¶ 蒼生(창생) ③허둥지둥할, 당황할(창) ¶ 蒼卒(창졸)
【蒼空 창공】푸른 하늘. 蒼天(창천).
【蒼白 창백】①푸른 기를 띤 흰빛. ②얼굴빛이 해쓱함.
【蒼生 창생】①초목이 무성하게 우거짐. ②모든 백성. 蒼氓(창맹).
【蒼卒 창졸】당황해하는 모양. 어수선한 모양. 蒼惶(창황).
【鬱鬱蒼蒼 울울창창】큰 나무가 빽빽이 들어서서 무성한 모양.

艹10 (14) 【蓄】 쌓을 축 園
고 中xù 日チク(たくねえる) 英store
字源 형성자. 艸(초)는 의미 부분이고, 畜(축)은 발음 부분이다.
字解 쌓을, 모을(축)
【蓄怨 축원】①쌓인 원한. ②마음속에 원한을 품음.
【蓄財 축재】재물을 모아 쌓음.
【蓄積 축적】많이 모아서 쌓아 둠.
【備蓄 비축】미리 모아 둠.
【貯蓄 저축】아껴서 모아 둠.
【含蓄 함축】①깊이 간직하여 드러나지 아니함. ②풍부한 내용이나 깊은 뜻이 들어 있음.

艹10 (14) 【蒲】 부들 포 園
명 中pú 日ホ(がま) 英cattail
字解 ①부들(포) ②창포(포)

【蒲團 포단】부들로 만든 둥근 방석.
【蒲蓆 포석】부들자리.
【菖蒲 창포】천남성과의 다년초.

艹10 (14) 【蓖】 아주까리 피 齊
字解 中bì 日ヒ 英castor bean
字解 아주까리, 피마자(피)
【蓖麻子 피마자】①대극과의 일년초. 아주까리. ②아주까리씨.

艹10 (14) 【蒿】 쑥 호 豪
명 中hāo 日コウ(よもぎ) 英mugwort
字解 쑥(호)
【蒿廬 호려】쑥대로 지붕을 인 집. '자기 집'의 겸칭. 草廬(초려).
【蒿矢 호시】쑥대로 만든 화살.

艹11 (15) 【蓮】 연 련 园
고 中lián 日レン(はす) 英lotus
字源 형성자. 艸(초)는 의미 부분이고, 連(련)은 발음 부분이다.
字解 연, 연밥(련)
【蓮根 연근】연의 땅속뿌리.
【蓮花 연화】연꽃. 蓮華(연화).
【木蓮 목련】목련과의 낙엽 활엽 교목. 木蘭(목란).

艹11 (15) 【蓼】 ❶여뀌 료 篠 ❷클 륙 屋
명❶ 中liǎo 日リョウ(たで) 英smartweed
字解 ❶여뀌(료) ※여뀟과의 일년초. ❷클(륙) ※풀이 긴 모양.
【蓼花 요화】여뀌의 꽃.

艹11 (15) 【蔞】 ❶쑥 루 尤 ❷상여 장식 류 有
中lóu, liǔ 日ロウ
字解 ①쑥(루) ②상여 장식(류)
※상여에 다는 새깃 장식.

⺿部 11획

⺿⁺¹¹₁₅【菱】 菱(505)과 同字

⺿⁺¹¹₁₅【蔴】 麻(833)의 俗字

⺿⁺¹¹₁₅【蔓】 덩굴 만 麗
- 명 ⊕wàn, màn ⊕マン(つる) ⊛vine
- 字解 ①덩굴, 덩굴질(만) ②뻗을(만)
- 【蔓生 만생】덩굴이 뻗으며 자람.
- 【蔓延 만연】널리 번지어 퍼짐.
- 【蔓草 만초】덩굴져 뻗는 풀.

⺿⁺¹¹₁₅【蔑】 업신여길 멸 屑
- 명 ⊕miè ⊕ベツ(さげすむ) ⊛despise
- 字解 ①업신여길, 깔볼(멸) ¶蔑視(멸시) ②없을(멸) ¶蔑如(멸여) ③작을, 정미할(멸) ¶蔑德(멸덕)
- 【蔑德 멸덕】①자상하고 아름다운 덕. ②덕이 없음.
- 【蔑視 멸시】업신여김. 깔봄.
- 【蔑如 멸여】①없어짐. 멸망함. ②멸시하는 모양. 업신여기는 모양.
- 【輕蔑 경멸】남을 깔보고 업신여김.
- 【凌蔑 능멸】업신여겨 깔봄. ⊕陵蔑(능멸).

⺿⁺¹¹₁₅【葍】 무 복 職
- 명 ⊕bo ⊕フク ⊛radish
- 字解 무(복) ≒菔
- 【葍葧 복포】무와 박.

⺿⁺¹¹₁₅【蓬】 쑥 봉 東
- 명 ⊕péng ⊕ホウ(よもぎ) ⊛mugwort
- 字解 ①쑥(봉) ¶蓬蒿(봉호) ②흐트러질(봉) ¶蓬頭亂髮(봉두난발)
- 【蓬頭亂髮 봉두난발】쑥처럼 흐트러진 머리털.
- 【蓬廬 봉려】쑥으로 지붕을 인 집. '가난한 집'을 이름.
- 【蓬蒿 봉호】①쑥, 또는 쑥이 우거진 곳. ②궁벽한 두메에 사는 사람.

⺿⁺¹¹₁₅【蓰】 다섯 곱 사 紙
- ⊕xǐ ⊕シ ⊛fivefold
- 【倍蓰 배사】댓 곱절 가량.

⺿⁺¹¹₁₅【蔘】 삼 삼 覃
- 명 ⊕shēn ⊕サン(にんじん) ⊛ginseng
- 字解 삼, 인삼(삼)
- 【蔘圃 삼포】인삼을 재배하는 밭.
- 【山蔘 산삼】깊은 산속에 저절로 나서 자란 인삼.
- 【人蔘 인삼】두릅나뭇과의 다년초.
- 【海蔘 해삼】해삼강 극피동물의 총칭.

⺿⁺¹¹₁₅【設】 향풀 설·살 屑屑
- 명 설 ⊕shè ⊕セツ
- 字解 향풀(설·살)

⺿⁺¹¹₁₅【蔬】 나물 소 魚
- 艹 𦭜 𦬼 𦬼 𦭄 𦭒 蔬 蔬
- 고 ⊕shū ⊕ソ ⊛vegetable
- 字源 형성자. 艸(초)는 의미 부분이고, 疏(소)는 발음 부분이다.
- 字解 나물, 채소(소)
- 【蔬飯 소반】고기나 생선 따위의 반찬이 없는 밥. '변변치 못한 밥'의 뜻. 素食(소식).
- 【蔬菜 소채】남새. 푸성귀.

⺿⁺¹¹₁₅【蓿】 거여목숙 屋
- ⊕xù ⊕シュク ⊛medic
- 字解 거여목, 개자리(숙)
- 【苜蓿 목숙】콩과의 이년초. 거여목.

⺿⁺¹¹₁₅【蒓】 순채 순 眞
- 명 ⊕chún ⊕ジュン ⊛watershield
- 字解 순채(순)

【蓴羹鱸膾 순갱노회】 순채국과 농어회. '고향을 그리워하는 마음'의 비유.

故事 진(晉)나라 장한(張翰)이 고향의 순채국과 농어회가 먹고 싶어 벼슬을 그만두고 낙향한 고사에서 온 말.

【蓴菜 순채】 수련과의 다년초.

++11/15 【蓺】 심을 예
명 ㊥yì ㊐ゲイ ㊁plant
字解 ①심을(예)=埶 ②재주(예)=藝 ③다할(예) ④과녁(예)

++11/15 【蔚】 ❶풀이름 울 ❷제비쑥 위
명 ❶ ㊥wèi ㊐ウツ
字解 ❶①풀 이름(울) ②빽빽할(울) 늑鬱 ③제비쑥(울) ※국화과의 다년초. ❷①성할(위)
【蔚藍 울람】 짙은 쪽빛.

++11/15 【蔭】 그늘 음
명 ㊥yīn ㊐イン(かげ) ㊁shade
字解 ①그늘(음) ②덕택(음) ③덮을(음)
【蔭官 음관】 과거(科擧)에 의하지 않고, 부조(父祖)의 공으로 얻어 하는 벼슬. 蔭仕(음사).
【蔭德 음덕】 ①조상의 덕. ②남몰래 하는 착한 행실.

++11/15 【蔗】 사탕수수 자
명 ㊥zhè ㊐ショ ㊁sugar cane
字解 사탕수수(자)
【蔗糖 자당】 사탕수수로 만든 설탕.
【甘蔗 감자】 사탕수수.

++11/15 【蔣】 줄 장
명 ㊥jiǎng ㊐ショウ ㊁water-oat
字解 ①줄(장) ※볏과의 다년초. ②나라 이름(장) ※주대(周代)의 제후국.

++11/15 【蔯】 더위지기 진
명 ㊥chén ㊐チン
字解 더위지기, 사철쑥(진)

++11/15 【蔡】 나라 이름 채
명 ㊥cài ㊐サイ
字解 나라 이름(채) ※주대(周代)의 제후국.

++11/15 【蔕】 ❶꼭지 체 ❷가시 체
명 ㊥dì ㊐テイ(へた) ㊁stem
字解 ❶꼭지(체) ❷가시, 작은 가시(체)

++11/15 【蔥】 명 葱(510)의 古字

++11/15 【蓽】 사립문 필
명 ㊥bì ㊐ヒツ ㊁twig gate
字解 ①사립문(필)=篳 ②콩(필) ③가시(필)
【蓬蓽 봉필】 ①쑥대로 엮은 문과 사립문. '가난한 집'을 이름. ②'자기 집'의 겸칭(謙稱).

++12/16 【蕎】 메밀 교
명 ㊥qiáo ㊐キョウ ㊁buckwheat
字解 메밀(교)
【蕎麥 교맥】 메밀.

++12/16 【蕨】 고사리 궐
명 ㊥jué ㊐ケツ ㊁bracken
字解 고사리(궐)
【蕨薇 궐미】 고사리와 고비.

++12/16 【蕁】 ❶지모 담 ❷쇄기풀 심
명 ❶ ㊥tán, qián ㊐ドン
字解 ❶지모(담) ※지모과의 다

【蕁痲疹 심마진】 두드러기.

⁺⁺12 [蕪] 거칠 무 〔간〕芜

명 ⊕wú ⊕ブ(あれる) ⊛harsh
字解 ①거칠(무) ¶荒蕪地(황무지) ②순무(무) ¶蕪菁(무정)
【蕪穢 무예】 땅이 거칠고 잡초(雜草)가 무성함.
【蕪菁 무정】 순무.
【荒蕪地 황무지】 손을 대지 않고 버려 두어 몹시 거칠어진 땅.

⁺⁺12 [蕃] 무성할 번 〔원〕𧂍

명 ⊕fán ⊕バン(しげる) ⊛thick
字解 ①무성할, 번성할(번) ¶蕃茂(번무) ②오랑캐(번) ¶蕃國(번국) ③울타리(번) ≒藩 ¶蕃屛(번병)
【蕃境 번경】 미개한 땅. 오랑캐가 살고 있는 땅.
【蕃國 번국】 오랑캐 나라.
【蕃茂 번무】 초목이 무성함.
【蕃屛 번병】 ①울타리와, 대문의 앞가림. ②왕실을 수호하는 감영(監營)이나 병영(兵營).
【蕃盛 번성】 ①초목이 무성함. ②자손이 늘어서 퍼짐.
【蕃族 번족】 번성하는 집안.

⁺⁺12 [蕡] 열매 많이 맺을 분 〔본〕蕡 蕡

⊕fén ⊕フン ⊛fruitful
字解 열매 많이 맺을(분)
【蕡實 분실】 잘 여문 초목(草木)의 열매, 또는 초목의 많은 열매.

⁺⁺12 [蕣] 무궁화 순 〔동〕橓

명 ⊕shùn ⊕シュン
字解 무궁화, 무궁화나무(순)
【蕣英 순영】 무궁화. 蕣花(순화).

⁺⁺12 [蕊] 꽃술 예 〔속〕蕋

명 ⊕ruǐ ⊕ズイ(しべ) ⊛stamen

字解 ①꽃술(예) ②꽃(예)
【雄蕊 웅예】 수꽃술.
【花蕊 화예】 꽃술.

⁺⁺12 [蕓] 평지 운 〔간〕芸

명 ⊕yún ⊕ウン ⊛rape
字解 평지, 유채(운) ※겨잣과의 이년초.

⁺⁺12 [蔿] 애기풀 위 〔지〕芛

명 ⊕wěi ⊕セキ ⊛milkwort
字解 ①애기풀(위) ②고을 이름(위) ※초(楚)나라의 읍 이름.

⁺⁺12 [蕤] 늘어질 유 〔지〕

⊕ruí ⊕ズイ ⊛pendent
字解 ①늘어질, 드리워질(유) ②둥굴레(유)
【葳蕤 위유】 둥굴레.

⁺⁺12 [蕉] 파초 초 〔소〕

명 ⊕jiāo ⊕ショウ ⊛plantain
字解 ①파초(초) ②야월(초)
【蕉葉 초엽】 ①파초의 잎. ②춤이 얕고 조그마한 술잔의 이름.
【蕉萃 초췌】 야위어 파리한 모양.
【芭蕉 파초】 파초과의 다년초.

⁺⁺12 [蕩] 방탕할 탕 〔간〕荡

명 ⊕dàng ⊕トウ ⊛prodigal
字解 ①방탕할(탕) ¶蕩兒(탕아) ②쓸, 쓸어버릴(탕) ¶掃蕩(소탕) ③넓을, 클(탕) ¶浩蕩(호탕)
【蕩減 탕감】 빚이나 세금 따위를 모조리 감해 줌.
【蕩兒 탕아】 방탕한 사내. 난봉꾼.
【蕩盡 탕진】 재물을 다 써 없앰.
【蕩平 탕평】 ①소탕하여 평정함. ②어느 쪽에도 치우침이 없음.
【放蕩 방탕】 주색(酒色)에 빠져 행실이 아주 나쁨.
【掃蕩 소탕】 휩쓸어 없애 버림.
【淫蕩 음탕】 음란(淫亂)하고 방탕(放

蕩)함.
【浩蕩 호탕】넓고 큰 모양.

【蔽】가릴 폐
⊕bì ⊕ヘイ(おおう) ㊀cover
字源 형성자. 艸(초)는 의미 부분이고, 敝(폐)는 발음 부분이다.
字解 가릴, 덮을(폐)
【蔽塞 폐색】가리어 막음.
【蔽一言 폐일언】한마디 말로 휩싸서 말함. 한마디로 말하면.
【掩蔽 엄폐】보이지 않도록 가려 숨김.

【蕙】난초 혜
명 ⊕huì ⊕ケイ ㊀orchid
字解 ①난초(혜) ②아름다울(혜)
【蕙蘭 혜란】난초의 한 가지.
【蕙質 혜질】아름다운 성질.

【薑】생앙 강
명 ⊕jiāng ⊕キョウ(はじかみ) ㊀ginger
字解 새앙(강)
【薑桂之性 강계지성】늙을수록 강직(剛直)하여지는 성품.
📖 생강과 계수나무 껍질은 오래될수록 매워지는 데서 온 말.
【生薑 생강】생강과의 다년초. 새앙.

【蕾】꽃봉오리 뢰
⊕lěi ⊕ライ(つぼみ) ㊀bud
字解 꽃봉오리(뢰)

【薐】시금치 릉
⊕léng ⊕ロウ,レン ㊀spinach
字解 시금치(릉)
【菠薐菜 파릉채】시금치.

【薇】고비 미
⊕wēi ⊕ビ ㊀osmund
字解 ①고비(미) ※고빗과의 다년

생 양치식물. ②장미(미)
【薔薇 장미】장미과의 낙엽 관목.
【採薇 채미】고비를 뜯음.

【薄】엷을 박
⊕báo, bó ⊕ハク ㊀thin
字源 형성자. 艸(초)는 의미 부분이고, 溥(부)는 발음 부분이다. 옛날에 薄과 溥는 발음이 비슷하였다.
字解 ①엷을, 얇을(박) ¶薄氷(박빙) ②작을, 적을(박) ¶薄福(박복) ③야박할(박) ¶薄待(박대) ④메마를(박) ¶薄土(박토) ⑤다가올, 닥칠(박) 늑迫 ¶肉薄(육박) ⑥싱거울, 맛없을(박) ¶薄酒(박주) ⑦박하(박) ⑧가벼울(박) ¶輕薄(경박)
【薄待 박대】성의 없이 대접함. 푸대접. 薄遇(박우).
【薄德 박덕】덕이 적음.
【薄命 박명】①운명이 기구함. 不運(불운). ②목숨이 짧음.
【薄暮 박모】땅거미. 薄夜(박야).
【薄福 박복】복이 적거나 없음.
【薄俸 박봉】적은 월급.
【薄氷 박빙】엷은 얼음. '근소한 차이'의 비유.
【薄色 박색】아주 못생긴 얼굴. 또는 그러한 사람.
【薄情 박정】인정이 적음.
【薄酒 박주】싱거운 술. 맛없는 술. '자기가 대접하는 술'의 겸칭.
【薄土 박토】메마른 땅.
【薄荷 박하】꿀풀과의 다년초.
【輕薄 경박】언행이 경솔하고 천박함.
【野薄 야박】야멸차고 인정이 없음.
【肉薄 육박】바싹 가까이 다가감.
【瘠薄 척박】땅이 메마름.

【薑】薑(516)의 本字

【薛】나라이름 설
명 ⊕xuē ⊕セツ
字解 ①나라 이름(설) ※주대(周

艹部 13획

代)의 제후국. ②사철쑥(설)

【蕭】 맑은대쑥 소

명 ⊕xiāo ⊕ショウ 英mugwort
字解 ①맑은대쑥(소) ※국화과의 다년초. ②쓸쓸할(소)
【蕭瑟 소슬】 으스스하고 쓸쓸함.

【薪】 섶나무 신

명 ⊕xīn ⊕シン(たきぎ) 英firewood
字解 섶나무, 땔나무(신)
【薪木 신목】 섶나무. 땔나무.
【薪米 신미】 땔나무와 쌀.
【薪水 신수】 ① 땔나무와 물. ② 나무를 하고 물을 길음.
【薪炭 신탄】 ① 땔나무와 숯. 柴炭(시탄). ② '연료'의 총칭.

【薏】 연밥 억·의

명의 ⊕yì ⊕ヨク,イ 英lotus pip
字解 ①연밥(억·의) ※연꽃의 열매. ②율무(억·의)
【薏苡 억이·의이】 ①연밥. ②율무.

【蕷】 마 여

⊕yù ⊕ヨ 英yam
字解 마, 산우(여).
【薯蕷 서여】 마. 山芋(산우).

【蘊】 ❶쌓을 온 ❷마름 온

⊕wēn ⊕オン(つむ) 英store
字解 ❶쌓을(온) 늑蘊 ❷마름(온)
【蘊蓄 온축】 ①물건을 저장해 둠. ② 오랜 연구로 학식을 많이 쌓음.

【薔】 장미 장

명 ⊕qiáng ⊕ソウ,ショウ 英rose
字解 장미(장)
【薔薇 장미】 장미과의 낙엽 관목.

【藏】 藏(519)의 俗字

【薦】 천거할 천

艹 芦 芦 芦 芦 芦 薦 薦

⊕jiàn ⊕セン(すすめる) 英recommend
字源 회의자. 본래 짐승이 먹는 풀을 뜻하였다. 艸(초)와 鹿(치)는 모두 의미 부분이다.
字解 ①천거할(천) ¶ 推薦(추천) ②바칠, 올릴(천) ¶ 薦新(천신) ③깔, 깔개(천)
【薦擧 천거】 사람을 어떤 자리에 쓰도록 추천함.
【薦達 천달】 남을 추천하여 영달(榮達)하게 함.
【薦新 천신】 새로 나온 곡식이나 과실을 먼저 신에게 올리는 일.
【推薦 추천】 인재를 천거함.

【薙】 ❶풀 벨 체 ❷목련 치

⊕tì, zhì ⊕テイ 英mow
字解 ❶①풀 벨(체) ②머리 깎을(체) ❷목련(치)
【薙刀 체도】 긴 자루가 달린, 물건을 베는 칼.
【薙髮 체발】 머리를 깎음.

【薤】 염교 해

⊕xiè ⊕カイ 英scallion
字解 염교(해) ※백합과의 다년초.
【薤露歌 해로가】 한대(漢代)의 상여소리로, 인생이 염교 잎에 맺힌 이슬처럼 덧없음을 노래한 것임.

【薨】 ❶죽을 훙 ❷많을 횡

⊕hōng ⊕ユウ 英decease
字解 ❶죽을(훙) ❷①많을(횡) ② 이를, 빠를(횡)
【薨落 훙락】 죽음. 死亡(사망).

++部 14획

【薨逝 훙서】왕족이나 귀족의 죽음을 높여 이르는 말.

【藁】 마를 고
명 ⓗgǎo ⓙコウ ⓔdry
字解 ❶마를, 나무 마를(고) ❷짚, 볏짚(고)
【藁魚 고어】말린 물고기. 건어물.

【藍】 쪽 람
명 ⓗlán ⓙラン(あい) ⓔindigo
字解 ❶쪽(람) ※여뀟과의 일년초. ¶藍實(남실) ❷쪽빛(람) ¶藍色(남색) ❸누더기(람) ≒襤 ¶藍縷(남루)
【藍縷 남루】①해진 옷. 누더기. ②옷이 해지고 때가 묻어 더러움. ⑧襤褸(남루).
【藍色 남색】파랑과 보라의 중간색.
【藍實 남실】쪽의 씨.
【伽藍 가람】절. 사찰.
【出藍 출람】푸른빛은 쪽에서 나왔으나 쪽보다 더 푸름. '제자가 스승보다 나음'을 이름. 青出於藍而青於藍(청출어람이청어람).

【藐】 ❶작을 묘 ❷멀 막
ⓗmiǎo ⓙビョウ, バク ⓔsmall
字解 ❶①작을(묘) ②업신여길(묘) ③멀, 아득할, 넓을(막) ≒邈
【藐視 묘시】업신여김. 깔봄.
【藐然 막연】아득한 모양.

【薩】 보살 살
명 ⓗsà ⓙサツ ⓔbuddhist saint
字解 보살(살)
【菩薩 보살】①부처의 다음가는 성인. ②불교를 믿는 나이 든 여신도.

【薯】 마 서
명 ⓗshǔ ⓙショ(いも) ⓔyam
字解 마(서) ≒藷

【薯蕷 서여】맛과의 다년생 만초. 마. 山芋(산우). ⑧藷蕷(서여).

【薁】 ❶아름다울 서 ❷마 여
명 ❶ ⓗxù, yù ⓙショ ⓔbeautiful
字解 ❶아름다울(서) ❷마(여)

【藎】 ❶조개풀 신 ❷풀 이름 진
명 ❶ ⓗjìn ⓙシン
字解 ❶조개풀(신) ※볏과의 일년초. ❷풀 이름(진)

【藉】 ❶빙자할 자 ❷밟을 적
명 ❶ ⓗjiè ⓙシャ, セキ ⓔpretext
字解 ❶①빙자할, 핑계할(자) ¶藉托(자탁) ②위로할(자) ¶慰藉(위자) ③어지러울(자) ¶狼藉(낭자) ④깔, 깔개(자) ¶藉草(자초) ❷밟을(적) ¶藉田(적전)
【藉藉 자자】여러 사람의 입에 오르내리어 떠들썩함.
【藉草 자초】풀을 깖.
【藉托 자탁】어떤 일의 잘못을 다른 일에다 미루어 핑계함. ⑧藉託(자탁).
【狼藉 낭자】마구 흩어져 어지러움.
【憑藉 빙자】①남의 힘을 빌어 의지함. ②말막음으로 내세워 핑계함.
【慰藉 위자】위로하고 도와줌.
【藉田 적전】임금이 제사에 쓸 곡식을 장만하려고 몸소 갈던 밭.

【藏】 ❶감출 장 ❷곳집 장
艹 艹 萨 萨 蔣 藏 藏 藏
ⓗcáng, zàng ⓙゾウ(くら) ⓔstore
字源 형성자. 艸(초)는 의미 부분이고, 臧(장)은 발음 부분이다.

⺿部 14획

藏
字解 ❶감출, 간직할(장) ¶祕藏(비장) ❷①곳집, 창고(장) ¶經藏(경장) ②내장(장) ≒臟
【藏書 장서】책을 간직하여 둠, 또는 그 책.
【經藏 경장】절에서 불경을 넣어 두는 곳집.
【祕藏 비장】숨겨서 소중히 간직함.
【死藏 사장】활용하지 않고 그대로 간직해 두기만 함.
【所藏 소장】값나가는 물건 따위를 자기의 것으로 간직함.
【貯藏 저장】물건을 모아서 간수함.

齊 냉이 제 薺 荠
명 ⊕jì ⊖ザイ ⑳shepherd's purse
字解 냉이(제) ※십자화과의 이년초.

薰 향기 훈 薫
명 ⊕xūn ⊖クン(かおる) ⑳fragrance
字解 ①향기(훈) ¶香薰(향훈) ②온화할(훈) ¶薰風(훈풍) ③감화시킬(훈) ¶薰育(훈육) ④태울, 피울(훈) ¶薰藥(훈약)
【薰氣 훈기】①훈훈한 기운. ②'권세 있는 사람의 세력'의 비유.
【薰陶 훈도】학문이나 어진 덕행으로 남을 감화시킴.
【薰藥 훈약】불을 피워서 그 기운을 쐬어 병을 치료하는 약.
【薰育 훈육】훈도하여 기름.
【薰菜 훈채】마늘이나 파처럼 특이한 냄새가 나는 풀.
【薰風 훈풍】남쪽에서 불어오는 온화한 바람.
【薰薰 훈훈】①화평하고 기쁜 모양. ②훈기가 나는 모양. 따뜻한 모양.
【香薰 향훈】꽃다운 향기.

藁 稿(595)와 同字

藤 등나무 등 藤
명 ⊕téng ⊖トウ(ふじ) ⑳rattan

字解 등나무(등)
【藤架 등가】등나무 덩굴을 올리게 된 시렁.
【藤牌 등패】등나무로 만든 방패.

藜 명아주 려 藜
⊕lí ⊖レイ(あかざ) ⑳goosefoot
字解 명아주(려)
【藜杖 여장】명아주 줄기로 만든 지팡이.

藩 울타리 번 藩
명 ⊕fān ⊖ハン ⑳fence
字解 ①울타리(번) ¶藩籬(번리) ②제후 나라(번) ¶藩邦(번방)
【藩籬 번리】울타리.
【藩邦 번방】왕실을 수호하는 나라. 곧, 제후(諸侯)의 나라.
【藩臣 번신】①왕실을 수호하는 신하. 諸侯(제후). ②중앙에서 먼 곳에 떨어져 있는 감영의 관찰사.

藪 늪 수 藪
명 ⊕sǒu ⊖ス(さわ) ⑳swamp
字解 ①늪, 못(수) ②덤불(수)
【藪幽 수유】큰 못의 그윽한 곳.

藥 약 약 薬 药
명 ⊕yào ⊖ヤク(くすり) ⑳drugs
字源 형성자. 艹(초)는 의미 부분이고, 樂(악)은 발음 부분이다.
字解 약(야)
【藥局 약국】약을 파는 곳.
【藥方文 약방문】약을 짓기 위해 약재의 이름과 분량을 적은 글.
【藥師 약사】의약품을 팔 수 있는 자격(資格)을 가진 사람.
【藥石之言 약석지언】약과 돌침 같은 말. 곧, 사람을 훈계하는 말.
【藥材 약재】약을 짓는 재료.
【藥效 약효】약의 효험(效驗).
【劇藥 극약】잘못 사용하면 생명이 위험한 약품.

【靈藥 영약】 신비스러운 약.
【投藥 투약】 약을 투여(投與)함.

藝 재주 예

㉠ⓗyì ⓙケイ(わざ) ⓔart
字源 회의자→회의 겸 형성자. 갑골문을 보면 '埶'으로, 사람이 무릎 앉아 두 손으로 나무를 심는 모습이다. 소전에서는 埶로 썼고, 예서에서는 丮(극)이 丸(환)으로 변하여 埶(예)가 되었다. 후에 艹(초)가 더해져 蓺(심을 예)가 되었고, 다시 발음 부분에 云(운)이 더해져 현재의 藝가 된 것이다.
字解 재주, 학문, 기술(예)

【藝能 예능】 ①재주와 기능. ②연극·영화·무용 등의 총칭.
【藝名 예명】 연예인이 본명 이외에 따로 부르는 이름.
【藝術 예술】 미(美)를 창조하고 표현하는 인간의 활동.
【曲藝 곡예】 줄타기·요술·곡마 따위의 신기한 재주를 부리는 연예.
【文藝 문예】 학문과 예술.
【演藝 연예】 관중 앞에서 연극·노래·춤 등을 공연함.

藕 연뿌리 우

ⓗǒu ⓙグウ ⓔlotus root
字解 연뿌리(우)
【藕根 우근】 연뿌리. 蓮根(연근).

蘍

ⓑ 薰(520)과 同字

藿 콩잎 곽

ⓗhuò ⓙカク ⓔbean leaves
字解 콩잎(곽)
【藿羹 곽갱】 콩잎을 넣고 끓인 국.

蘆 갈대 로

ⓗlú ⓙロ ⓔreed
字解 갈대(로)

【蘆笛 노적】 갈대 잎을 말아서 만든 피리. 蘆管(노관).

藺 골풀 린

ⓗlìn ⓙリン ⓔrush
字解 골풀(린) ※골풀과의 다년초.

蘋 개구리밥 빈

ⓗpíng ⓙビン ⓔduckweed
字解 개구리밥, 부평초(빈)
【蘋藻 빈조】 수초(水草).
  ▷ '蘋'은 물 위에 뜬 풀, '藻'는 물속에 잠겨 있는 풀.

蘇 깨어날 소

㉠ⓗsū ⓙソ(よみがえる) ⓔrevive
字源 형성자. 艹(초)는 의미 부분이고, 穌(소)는 발음 부분이다.
字解 ①깨어날(소) ②차조기(소)
【蘇生 소생】 다시 살아남.
【蘇子 소자】 한방에서, '차조기의 씨'를 약재로 이르는 말.

藹 화기로울 애

ⓗǎi ⓙアイ ⓔmild
字解 ①화기로울(애) ②무성할(애)

蘂

ⓑ 蕊(516)의 俗字

蘊 쌓을 온

ⓗyùn ⓙウン(つむ) ⓔcollect
字解 ①쌓을(온) ②심오할(온)
【蘊奧 온오】 학문·기예 등의 심오한 이치.
【蘊蓄 온축】 ①물건을 저장하여 둠. ②오랜 연구로 학식을 많이 쌓음.

藷 ❶사탕수수 저 ❷마 서

명 ❶ ⊕shǔ ⊕ショ(いも) ⊛sugarcane
字解 ❶사탕수수(저) **❷**마(서) 늑薯
【蔗蔗 저자】 사탕수수.
【諸薯 서여】 마. ⊜薯蕷(서여).

【藻】 마름 조
17획 / 20획
⊕zǎo ⊕ソウ(も) ⊛watercaltrop
字解 ❶마름(조) ¶ 藻類(조류) **❷**무늬, 꾸밈(조) ¶ 藻飾(조식) **❸**글(조) ¶ 藻思(조사)
【藻類 조류】 은화식물(隱花植物)에 딸린 물풀의 총칭.
【藻思 조사】 글을 잘 짓는 재주.
【藻飾 조식】 ①외모를 꾸밈. ②문장을 수식함.
【海藻 해조】 바다 속에서 나는 조류(藻類)의 총칭.

【蘧】 패랭이꽃 거
17획 / 21획
⊕qú ⊕キョ ⊛pink
字解 ❶패랭이꽃(거) **❷**놀랄(거)

【蘭】 난초 란
17획 / 21획 [간] 兰
艹艹艹荫萠蘭蘭
⊐ ⊕lán ⊕ラン ⊛orchid
字解 형성자. 艸(초)는 의미 부분이고, 蘭(란)은 발음 부분이다.
字解 난초(란)
【蘭交 난교】 뜻이 맞는 친밀한 사람들의 사귐. 金蘭之交(금란지교).
【蘭草 난초】 난초과의 다년초.
【芝蘭 지란】 ①지초(芝草)와 난초(蘭草). ②'선인(善人) 또는 군자(君子)'의 비유.

【蘗】 황벽나무 벽
17획 / 21획
명 ⊕bò ⊕ハ
字解 황벽나무(벽)
【黃蘗 황벽】 운향과의 낙엽 활엽 교목.

【蘚】 이끼 선
17획 / 21획 [간] 藓
⊕xiǎn ⊕セン ⊛moss
字解 이끼(선)

【蘚苔 선태】 이끼.

【蘖】 ❶그루터기 얼 ❷황경나무 벽
17획 / 21획
⊕niè, bò ⊕ゲチ, ゲツ ⊛stump
字解 ❶그루터기(얼) **❷**황경나무(벽)

【蘟】 인동덩굴 은
17획 / 21획
명 ⊕yǐn ⊕イン
字解 인동덩굴, 인동(은)

【蘿】 담쟁이덩굴 라
19획 / 23획 [간] 萝
명 ⊕luó ⊕ラ(つた) ⊛ivy
字解 ❶담쟁이덩굴(라) **❷**쑥(라) **❸**무(라)
【蘿葍 나복】 무.
【松蘿 송라】 소나무겨우살이.

【蘺】 궁궁이 리
19획 / 23획 [간] 蓠
⊕lí ⊕リ ⊛angelica
字解 궁궁이, 천궁(리) ※ 산형과의 다년초.

4 辶 部

【辶】 책받침
0획 / 4획
참고 '辵'이 부수로 쓰일 때의 글자 모양으로, 여기서는 별도의 부수로 다루었다. ⇨辵部(758)

【边】 邊(538)의 俗字
2획 / 6획

【迅】 빠를 신
3획 / 7획
명 ⊕xùn ⊕ジン(はやい) ⊛quick
字解 빠를, 신속할(신)

【迅雷 신뢰】몹시 빠른 우레.
【迅速 신속】대단히 빠름.
【迅捷 신첩】재빠름.

迂 멀 우

명 ⊕yū ⊕ウ 奧distant
字解 멀, 돌(우)
【迂路 우로→오로】멀리 돌아가는 길.
【迂餘曲折 우여곡절】여러 가지로 뒤얽힌 복잡한 사정이나 변화. 紆餘曲折(우여곡절).
【迂廻 우회】곧바로 가지 않고 멀리 돌아감. 迂回(우회).

迤 迻(524)와 同字

近 ❶가까울 근 ❷가까이 할 근

명 ⊕jìn ⊕キン(ちかい) 奧near
字解 형성자. 辶(착)은 의미 부분이고, 斤(근)은 발음 부분이다.
字解 ❶가까울(근) ¶近郊(근교) ❷요즘(근) ¶近況(근황) ❸가까이 할(근) ¶近墨者黑(근묵자흑)
【近刊 근간】최근에 출판된 간행물이나 곧 출판될 간행물.
【近郊 근교】도시에 가까운 지역.
【近來 근래】요즘음. 近者(근자).
【近墨者黑 근묵자흑】먹을 가까이하면 검어짐. '악한 사람을 가까이하면 악에 물들기 쉬움'을 이름.
【近視 근시】먼 데 있는 것을 잘 못 보는 시력.
【近處 근처】가까운 곳. 近方(근방).
【近親 근친】촌수가 가까운 일가. 흔히 8촌 이내를 일컬음.
【近況 근황】요사이의 형편.
【最近 최근】지난 지 얼마 안 되는 날.
【側近 측근】①곁의 가까운 곳. ②가까운 관계에 있는 사람.

返 돌이킬 반

一 厂 厂 反 反 返 返 返
고 ⊕fǎn ⊕ヘン(かえす) 奧return
字源 회의 겸 형성자. 辶(착)과 反(반)은 모두 의미 부분인데, 反은 발음도 담당한다.
字解 돌이킬, 돌아올(반)
【返納 반납】남에게 빌린 것을 도로 돌려줌.
【返送 반송】도로 돌려보냄.
【返信 반신】회답하는 편지나 전보.
【返品 반품】사들인 물품을 도로 돌려보냄, 또는 그러한 물품.
【返還 반환】받거나 빌린 것을 도로 돌려줄. 返戾(반려).

迎 맞을 영

´ ´ ´ ŕ ŕ ŕ 迎 迎
명 ⊕yíng ⊕ゲイ(むかえる) 奧welcome
字源 형성자. 辶(착)은 의미 부분이고, 卬(앙)은 발음 부분이다.
字解 맞을, 맞이할(영)
【迎賓 영빈】손님을 맞음.
【迎入 영입】사람을 맞아들임.
【迎接 영접】손을 맞아서 접대함.
【迎合 영합】남의 마음에 들도록 비위를 맞춤.
【送迎 송영】묵은해를 보내고 새해를 맞음. 送舊迎新(송구영신)
【歡迎 환영】기쁜 마음으로 맞음.

迦 석가 가

명 ⊕jiā ⊕カ 奧Buddha
字解 석가(가)
【迦藍 가람】절. 伽藍(가람).
【釋迦 석가】석가모니. 부처.

迲 자래 겁

字解 자래(겁) ※나뭇단을 세는 단위.

迫 핍박할 박

´ ´ ŕ ŕ 白 白 迫 迫

【迫】

㉠ⓗpò ⓙハク(せまる) ⓔurgent
字源 형성자. 辶(착)은 의미 부분이고, 白(백)은 발음 부분이다.
字解 ①핍박할(박) ¶迫害(박해)
②닥칠(박) ¶急迫(급박)
【迫頭 박두】기일이나 시간이 가까이 다가옴.
【迫力 박력】강하게 밀고 나가는 힘.
【迫切 박절】인정이 없고 야박함.
【迫害 박해】못 견디게 괴롭히거나 해를 입힘.
【驅迫 구박】못 견디게 괴롭힘.
【急迫 급박】사태가 매우 급하고 밭음.
【脅迫 협박】올러서 겁을 줌.

【述】 지을 술

一 十 才 朮 朮 沭 述 述
㉠ⓗshù ⓙジュツ(のべる) ⓔnarrate
字源 형성자. 辶(착)은 의미 부분이고, 朮(출)은 발음 부분이다.
字解 ①지을, 책 쓸(술) ¶著述(저술) ②펼, 말할(술) ¶述懷(술회)
【述語 술어】문장에서, 주어(主語)의 동작·상태 등을 풀이하는 말.
【述職 술직】제후가 천자를 뵙고 직무에 대하여 보고함.
【述懷 술회】속에 품은 생각을 말함.
【詳述 상술】상세히 진술함.
【著述 저술】논문이나 책 등을 씀.
【陳述 진술】자세히 벌여 말함.

【迤】 비스듬할 이

ⓗyí ⓙイ ⓔtilted
字解 ①비스듬할(이) ②잇닿을(이)
【迤迤 이이】①잇닿은 모양. ②비스듬히 뻗은 모양.

【迪】 나아갈 적

ⓗdí ⓙテキ(みち) ⓔadvance
字解 ①나아갈(적) ②길(적)

【迭】 갈마들 질

ⓗdié ⓙテツ(かわる) ⓔtake turns

字解 갈마들, 바꿀(질)
【更迭 경질】어떤 지위에 있는 사람을 갈아 내고, 딴 사람을 앉힘.

【迢】 멀 초

ⓗtiáo ⓙチョウ ⓔfar
字解 ①멀(초) ②높을(초)
【迢遙 초요】아득히 멀.
【迢迢 초초】①까마득하게 먼 모양. ②높은 모양.

【迨】 미칠 태

ⓗdài ⓙタイ ⓔreach
字解 미칠, 이를(태)

【逈】 멀 형

ⓗjiǒng ⓙケイ(はるか) ⓔremote
字解 멀, 아득할(형)
【逈遠 형원】아득히 멀.

【适】 빠를 괄

명 ⓗkuò ⓙカツ ⓔfast
字解 빠를, 신속할(괄)

【迺】 乃(8)와 同字

【逃】 달아날 도

丿 ㇉ 刂 兆 兆 兆 逃 逃
㉠ⓗtáo ⓙトウ(にげる) ⓔescape
형성자. 辶(착)은 의미 부분이고, 兆(조)는 발음 부분이다.
字解 달아날, 도망할(도).
【逃家 도가】남편을 버리고 딴 사람에게 시집감.
【逃亡 도망】①몰래 피하여 달아남. ②쫓겨 달아남. 逃走(도주).
【逃避 도피】도망하여 피함.

【迷】 미혹할 미

丷 丷 半 米 米 迷 迷

辶部 6획

고 ⓗmí ⓙメイ(まよう) ⓔbewitch
字源 형성자. 辵(착)은 의미 부분이고, 米(미)는 발음 부분이다.
字解 ①미혹할(미) ¶昏迷(혼미) ②헤맬(미) ¶迷路(미로)
【迷宮 미궁】①나올 길을 쉽게 찾을 수 있게 되어 있는 곳. ②'사건 같은 것이 얽혀서 실마리를 찾기 어려움'의 비유.
【迷路 미로】갈피를 잡을 수 없이 헷갈리는 길.
【迷信 미신】종교적·과학적 관점에서 볼 때 불합리하다고 판단되는 신앙.
【迷兒 미아】①길을 잃은 아이. ②'자기 아들'의 겸칭. 迷豚(미돈).
【迷惑 미혹】①무엇에 홀려 정신이 헷갈림. ②남의 마음을 헷갈리게 함.
【昏迷 혼미】정신이 헷갈리고 흐릿함.

【迚】 迚(529)의 俗字

【送】 보낼 송 送
丶 ハ ハ ゲ ゲ 兯 关 送 送
종 ⓗsòng ⓙソウ(おくる) ⓔsend
字源 형성자. 辵(착)은 의미 부분이고, 关은 倂(잉)의 생략형으로 발음 부분이다.
字解 보낼(송)
【送舊迎新 송구영신】묵은해를 보내고 새해를 맞음.
【送金 송금】돈을 보냄.
【送別 송별】떠나는 사람을 이별하여 보냄.
【送電 송전】전력(電力)을 보냄.
【送還 송환】도로 돌려보냄.
【放送 방송】라디오나 텔레비전을 통해 보도·음악·연극 등을 내보냄.
【輸送 수송】사람이나 물건 따위를 실어 보냄.
【葬送 장송】시신을 장지로 보냄.
【護送 호송】①보호하여 보냄. ②감시하며 데려감.

【逆】 거스를 역 逆
丶 ソ 屮 屰 屰 逆 逆

종 ⓗnì ⓙギャク ⓔoppose
字源 형성자. 辵(착)은 의미 부분이고, 屰(역)은 발음 부분이다.
字解 ①거스를, 거역할(역) ¶逆行(역행) ②맞이할(역) ¶逆旅(역려)
【逆境 역경】일이 뜻대로 안 되는 불행한 경우.
【逆旅 역려】나그네를 맞이함. '여관'을 이름.
【逆流 역류】물이 거꾸로 흐름, 또는 거꾸로 흐르는 물.
【逆謀 역모】반역을 꾀함, 또는 그 일.
【逆說 역설】언뜻 보면 진리에 어긋나는 것 같으나, 사실은 그 속에 일종의 진리를 품은 말.
【逆襲 역습】막는 처지에 있다가 도리어 반격으로 나섬.
【逆轉 역전】형세·순위 따위가 뒤바뀜.
【逆調 역조】일이 순조롭지 않거나 좋지 않은 방향으로 나아가는 상태.
【逆行 역행】반대 방향으로 나아감.
【拒逆 거역】윗사람의 뜻이나 명령을 어기어 거스름.
【悖逆 패역】도리에 어그러지고 불순함. 동詩逆(패역).

【建】 ❶분포할 울 建
❷세울 건

명 ⓗyù, jiàn ⓙイツ, ケン ⓔrange
字解 ❶분포할, 흩어져 퍼질(울) ❷세울(건) ※'建(건)'의 俗字.

【迹】 자취 적 迹

명 ⓗjī ⓙセキ(おと) ⓔtraces
字解 자취, 흔적(적) ≒跡
【足迹 족적】①발자국. ②걸어오거나 지내온 자취.
【踪迹 종적】발자취. 行迹(행적).
【痕迹 흔적】남은 자취.

【追】 따를 추 追
丿 ㅏ ㅏ 户 自 自 追 追

종 ⓗzhuī ⓙツイ(おう) ⓔpursue
字源 형성자. 辵(착)은 의미 부분이

고, 自(퇴)는 발음 부분이다. 自는 堆(퇴)의 고자(古字)이다.
字解 ①따를, 쫓을(추) ¶追從(추종) ②쫓을, 내쫓을(추) ¶追放(추방)
【追加 추가】뒤이어 더 보탬.
【追悼 추도】죽은 이를 생각하며 슬퍼함.
【追慕 추모】죽은 이를 사모함.
【追放 추방】쫓아내거나 몰아냄.
【追伸 추신】편지 등에서 사연을 덧붙여 쓸 때 그 첫머리에 쓰는 말.
【追憶 추억】지난 일을 돌이켜 생각함, 또는 그 생각. 追想(추상).
【追跡 추적】뒤를 밟아 쫓아감.
【追從 추종】남에게 빌붙어 따름.
【追徵 추징】추가하여 징수함.

【退】물러날 퇴

¬ㄱㄱㅌ艮艮艮退退
중 ㊀tuì ㊋タイ(しりぞく) ㊁retreat
字源 회의자. 辶(착), 日(일), 夂(치)는 모두 의미 부분이다. 艮은 日과 夂의 결합의 변형이다.
字解 ①물러날(퇴) ②물리칠(퇴)
【退却 퇴각】싸움에 져서 물러섬.
【退步 퇴보】본디 보다 못하게 됨.
【退職 퇴직】관직이나 직업을 그만두고 물러남.
【退陣 퇴진】①군사의 진지를 뒤로 물림. ②관여하던 직장·직무에서 물러남.
【退治 퇴치】물리쳐서 없애 버림.
【退化 퇴화】진보 이전의 상태로 되돌아감.
【辭退 사퇴】사양하여 물러남.
【勇退 용퇴】용기 있게 물러남.
【後退 후퇴】뒤로 물러감.

【逈】 ® 迥(524)의 俗字

【迴】 回(131)와 同字

【逅】만날 후

图 ㊀hòu ㊋コウ(であう) ㊁meet
字解 만날, 우연히 만날(후)
【邂逅 해후】우연히 서로 만남.

【逕】길 경

图 ㊀jìng ㊋ケイ(こみち) ㊁path
字解 ①길, 좁은 길(경) ②지름길(경)
【逕庭 경정】오솔길과 넓은 뜰. '아주 심한 차이'를 이름.
  오솔길과 뜰은 그 폭의 차이가 매우 크다는 데서 온 말.
【石逕 석경】돌이 많은 좁은 길.

【逑】짝 구

图 ㊀qiú ㊋キュウ ㊁pair
字解 ①짝(구) ②모을(구)
【好逑 호구】좋은 짝. 어울리는 배필.

【途】길 도

ノ 人 今 余 余 余 途 途
고 ㊀tú ㊋ト ㊁road
字源 형성자. 辶(착)은 의미 부분이고, 余(여)는 발음 부분이다.
字解 길, 도로(도)
【途中 도중】①길을 가고 있는 동안. ②일을 하고 있는 사이.
【前途 전도】①앞으로 나아갈 길. ②장래.

【逗】머무를 두

图 ㊀dòu ㊋トウ(とまる) ㊁stay
字解 머무를(두)
【逗遛 두류】객지에서 일정 기간 머물러 묵음. 滯留(체류). ⑧逗留(두류).

【連】연할 련

一 ㄕ ㅁ 声 車 車 連 連
중 ㊀lián ㊋レン(つらなる) ㊁connect
字源 회의자. 辶(착)과 車(거)는 모두 의미 부분이다.
字解 ①연할, 잇달(련) ¶連打(연

타) ②이을, 맺을(련) ¶ 連結(연결)
【連結 연결】서로 이어서 맺음.
【連帶 연대】어떤 일을 두 사람 이상이 공동으로 책임지고 맡음.
【連絡 연락】①서로 관계를 맺음. ②정보 따위를 전함.
【連累 연루】남이 일으킨 사건에 걸려들어 죄를 덮어쓰거나 피해를 입음.
【連續 연속】죽 이어지거나 지속함.
【連鎖 연쇄】서로 연이어 맺음.
【連勝 연승】전쟁이나 경기를 잇달아 이김.
【連任 연임】임기를 마친 사람이 다시 그 자리에 임용됨.
【連載 연재】신문·잡지 등에 소설·만화 따위를 연속해서 실음.
【連坐 연좌】남의 범죄에 관련되어 처벌됨.
【連打 연타】연달아 때리거나 침.

【逞】쾌할 령
명 ㊥chěng ㊐テイ(たくましい) ㊤willful
字解 ①쾌할(령) ②마음대로 할(령)
【逞志 영지】마음대로 함. 멋대로 함.
【不逞 불령】국가의 체제에 불만을 품고 제멋대로 행동함.

【逢】만날 봉
명 ㊥féng ㊐ホウ(あう) ㊤meet
字源 형성자. 辵(착)은 의미 부분이고, 夆(봉)은 발음 부분이다.
字解 만날(봉)
【逢變 봉변】뜻밖의 변을 당함.
【逢着 봉착】맞닥뜨림.
【相逢 상봉】서로 만남.

【逝】갈 서
一 扌 扩 折 折 浙 逝 逝
고 ㊥shì ㊐セイ(ゆく) ㊤pass away
字源 형성자. 辵(착)은 의미 부분이고, 折(절)은 발음 부분이다. 옛날에 逝와 折은 발음이 비슷하였다.

字解 ①갈(서) ②죽을(서)
【逝去 서거】'죽음'을 정중하게 이르는 말.
【逝川 서천】①흘러가는 냇물. ②'한번 가면 다시 돌아오지 아니함'의 비유.
【急逝 급서】갑자기 죽음.

【逍】노닐 소
명 ㊥xiāo ㊐ショウ ㊤ramble
字解 노닐, 거닐(소)
【逍遙 소요】이리저리 자유롭게 거닒.
【逍風 소풍】①갑갑한 마음을 풀기 위하여 바람을 쐼. ②운동 삼아 먼 길을 걸음.

【速】빠를 속
一 ㄇ 市 束 束 束 涑 速
명 ㊥sù ㊐ソク(はやい) ㊤quick
字源 형성자. 辵(착)은 의미 부분이고, 束(속)은 발음 부분이다.
字解 빠를, 빨리(속)
【速記 속기】빠르게 받아 적음.
【速斷 속단】성급하게 판단함.
【速讀 속독】빨리 읽음.
【速報 속보】신속한 보도.
【速成 속성】빨리 이루어짐.
【速戰速決 속전속결】싸움을 오래 끌지 않고 빨리 끝냄.
【急速 급속】몹시 빠르거나 급함.
【拙速 졸속】서투르지만 빠름. '지나치게 서둘러 결과가 바람직하지 못함'을 이름.
【快速 쾌속】속도가 매우 빠름.

【逌】만족할 유
명 ㊥yóu ㊐그 ㊤be pleased
字解 만족할(유)

【這】이 저
명 ㊥zhè ㊐シャ(これ, この) ㊤this
字解 이(저)
【這間 저간】요즈음. 이마적.
【這番 저번】지난번. 접때.

辶部 7획

逖 멀 적
⑪ ㉠tì ㉡テキ ㉺distant
字解 멀, 멀리할(적)

造 ❶지을 조 ❷이를 조
⑪
ノ 十 生 仁 告 告 浩 造
㉠zào ㉡ゾウ(つくる) ㉺make
字源 형성자. 辶(착)은 의미 부분이고, 告(고)는 발음 부분이다.
字解 ❶지을, 만들(조) ¶造成(조성) ❷①이를(조) ¶造詣(조예) ②이룩할(조) ③갑자기(조) ¶造次間(조차간)

【造景 조경】 경관(景觀)을 아름답게 꾸미는 일.
【造林 조림】 나무를 심어 숲을 만듦.
【造船 조선】 배를 만듦.
【造成 조성】 만들어서 이루어 냄.
【造詣 조예】 어떤 방면에 관한 지식이나 이해.
【造作 조작】 일을 지어내거나 꾸며 냄.
【造次間 조차간】 갑작스러운 사이.
【造化 조화】 인공으로는 어찌할 수 없는 천지 자연의 이치.
【造花 조화】 종이·천 등으로 만든 꽃.
【改造 개조】 좋아지게 고쳐 만들거나 변화시킴.
【構造 구조】 전체를 이루는 부분들의 배치 관계나 체계.

逎
⑪ 명 遒(533)의 俗字

逡 물러갈 준
⑪
명 ㉠qūn ㉡シュン ㉺retire
字解 물러갈, 뒷걸음칠(준)
【逡巡 준순】 ①뒤로 조금씩 물러섬. ②우물쭈물 망설이는 모양.

逐 쫓을 축
⑪
ー 丁 豕 豕 豕 豕 逐 逐
㉠zhú ㉡チク(おう) ㉺expel

字源 회의자. 辶(착)과 豕(시)는 모두 의미 부분이다. 달아나는 동물(豕)을 뒤쫓다(辶)는 뜻이다.
字解 ①쫓을, 물리칠(축) ¶逐出(축출) ②따를, 추종할(축) ¶逐條(축조) ③다툴, 경쟁할(축) ¶角逐(각축)

【逐鹿 축록】 사슴을 쫓음. '제위(帝位)나 정권(政權)을 다툼'의 비유.
【逐字譯 축자역】 외국어로 된 원문을 글자 그대로 충실히 번역함.
【逐條 축조】 한 조목씩 차례로 좇음.
【逐出 축출】 쫓아냄.
【角逐 각축】 서로 이기려고 맞서 다툼.
【驅逐 구축】 몰아 쫓아냄.

通 통할 통
⑪
ー マ ㄱ 甬 甬 涌 通
㉠tōng ㉡ツウ(とおる) ㉺pass through
字源 형성자. 辶(착)은 의미 부분이고, 甬(용)은 발음 부분이다.
字解 ①통할(통) ¶通風(통풍) ②오갈, 왕래할(통) ¶通勤(통근) ③전할(통) ¶通信(통신) ④알(통) ¶通達(통달) ⑤간음할(통) ¶姦通(간통) ⑥두루, 모두(통) ¶通讀(통독) ⑦통(통) ※ 편지 따위를 세는 단위.

【通告 통고】 서면이나 말로써 알림.
【通過 통과】 ①통하여 지나감. ②제출한 의안이 가결됨.
【通勤 통근】 직장으로 일하러 다님.
【通達 통달】 환히 앎.
【通讀 통독】 처음부터 끝까지 내리읽음. 讀破(독파).
【通商 통상】 외국과 통교(通交)를 하여 서로 상거래(商去來)를 함.
【通俗 통속】 세상에 널리 통하는 일반적인 풍속.
【通信 통신】 우편·전신 등으로 소식이나 보도를 전함.
【通譯 통역】 서로 통하지 않는 양쪽의 말을 번역하여 그 뜻을 전함.
【通牒 통첩】 공적인 문서로 통지함.
【通風 통풍】 바람을 통하게 함.
【通貨 통화】 한 나라에서 통용되는 화폐의 총칭.

【姦通 간통】부부 아닌 남녀가 몰래 성적 관계를 함.
【貫通 관통】이쪽에서 저쪽 끝까지 꿰뚫음.
【疏通 소통】막히지 않고 뚫림.

【透】 통할 투 囿
⑪
一 二 千 禾 秀 秀 秀 诱 透

㊀ ⓒtòu ⓙトウ(すく) ⓔtransparent
字源 형성자. 辵(착)은 의미 부분이고, 秀(수)는 발음 부분이다.
字解 통할, 트일(투)
【透過 투과】빛이나 방사선이 물체를 뚫고 지나감.
【透明 투명】속까지 환히 비쳐 보임.
【透視 투시】속에 있는 것을 환히 꿰뚫어 봄.
【透徹 투철】사리가 분명하고 뚜렷하거나 사리에 어긋남이 없이 철저함.
【浸透 침투】스미어 젖어 듦.

【逋】 도망갈 포 虞
⑪
명 ⓒbū ⓔflee
字解 ①도망갈(포) ¶ 逋逃(포도) ②탈세할(포) ¶ 逋脫(포탈)
【逋逃 포도】죄를 짓고 도망감.
【逋亡 포망】달아남. 도망침.
【逋脫 포탈】①도망하여 빠져나감. ②바쳐야 할 세금을 내지 않음.

【逵】 큰길 규 支
⑫
명 ⓒkuí ⓙキ ⓔthoroughfare
字解 큰길, 한길(규)
【逵路 규로】막힌 데 없이 사방팔방으로 통하는 큰길.

【逬】 달아날 병 敬
⑫ ⓒbèng ⓙホウ(ほとばしる) ⓔspurt
字解 ①달아날(병) ②내뿜을(병)
【逬水 병수】세차게 내뿜으며 흐르는 물.
【奔逬 분병】달아남. 도망함.

【逶】 비스듬히 갈 위 支
⑧
⑫
ⓒwēi ⓙイ ⓔtotter
字解 비스듬히 갈, 구불구불 갈(위)
【逶迤 위이】①비스듬히 가는 모양. ②구불구불 굽은 모양.

【逸】 달아날 일 質
⑧
⑫
ノ ク 五 召 免 免 逸 逸

㊀ ⓒyì ⓙイツ(それる) ⓔescape
字源 회의자. 辵(착)과 兔(토)는 모두 의미 부분이다. 토끼를 쫓다가 놓쳤다는 뜻이다.
字解 ①달아날, 달릴(일) ¶ 逸走(일주) ②잃을(일) ¶ 逸話(일화) ③숨을(일) ¶ 逸民(일민) ④뛰어날(일) ¶ 逸品(일품) ⑤편안할, 기뻐할(일) ¶ 安逸(안일) ⑥허물, 잘못(일) ¶ 逸德(일덕)
【逸德 일덕】잘못된 행동.
【逸民 일민】세상을 피하여 숨어 사는 사람.
【逸史 일사】정사(正史)에 빠진 사실을 기록한 역사.
【逸走 일주】달아나 딴 데로 달림.
【逸出 일출】①빠져나옴. ②보통보다 한결 뛰어남.
【逸脫 일탈】①조직·규범 등에서 벗어남. ②잘못하여 빠뜨림.
【逸品 일품】썩 뛰어나게 좋은 물건이나 작품.
【逸話 일화】아직, 세상에 널리 알려지지 아니한 이야기.
【安逸 안일】편안하고 쉬움.
【隱逸 은일】세상을 피하여 숨어 삶.

【週】 돌 주 尤
⑧
⑫
명 ⓒzhōu ⓙシュウ(めぐる) ⓔweek
字解 ①돌, 회전할(주) ¶ 週期(주기) ②주(주) ※7일을 하나로 묶은 단위. ¶ 週刊(주간)
【週刊 주간】한 주일에 한 번씩 발행함, 또는 그 간행물.
【週期 주기】한 바퀴 도는 시기.
【週年 주년】한 해를 단위로 하여 돌아오는 그날을 세는 단위.

【週番 주번】 한 주일마다 바꾸어서 하는 근무, 또는 그 근무를 하는 사람.
【週報 주보】 한 주일에 한 번씩 발행하는 신문이나 잡지.

【進】 나아갈 진

⼻ ⼻ ⼻ 什 隹 隹 淮 進 進

㊞ ㊥jìn ㊐シン(すすむ) ㊎advance
字源 회의자. 辵(착)과 隹(추)는 모두 의미 부분이다. 새가 앞으로 나아간다는 뜻이다.
字解 ❶①나아갈(진) ¶進出(진출) ②오를(진) ¶進級(진급) ③추천할(진) ¶進薦(진현) ④올릴, 바칠(진) ¶進上(진상)

【進擊 진격】 앞으로 나아가서 침.
【進級 진급】 등급·계급·학년 따위가 오름.
【進路 진로】 앞으로 나아갈 길.
【進步 진보】 차츰차츰 발전하여 나아짐.
【進上 진상】 임금이나 고관(高官)에게 물건을 바침. 供上(공상).
【進言 진언】 윗사람에게 자기의 의견을 들어 말함.
【進入 진입】 향하여 들어감.
【進展 진전】 진행되어 나아감.
【進駐 진주】 남의 나라 영토에 진군하여 머무름.
【進陟 진척】 ①일이 잘 진행되어 감. ②벼슬 따위를 올림.
【進出 진출】 ①앞으로 나아감. ②어떤 방면으로 나섬.
【進退兩難 진퇴양난】 나아가기도 어렵고 물러서기도 어려움. '이러기도 저러기도 어려운 매우 난처한 경우'를 이름. 進退維谷(진퇴유곡).
【進學 진학】 상급 학교에 감.
【進行 진행】 ①앞으로 나아감. ②일을 처러 감.
【進賢 진현】 어진 사람을 추천함.
【進化 진화】 진보하여 차차 더 나은 상태로 됨.
【昇進 승진】 직위가 오름.
【精進 정진】 정성을 다하여 노력함.
【促進 촉진】 재촉하여 빨리 진행하도록 함.

【逮】 ❶잡을 체 ㊥대 ❷미칠 태

フ ㄱ ㅋ ⺻ ⺻ 隶 逮 逮 逮

㊞ ㊥dǎi ㊐タイ(およぶ) ㊎arrest
字源 형성 겸 회의자. 辵(착)의 미 부분이고, 隶(이·대)는 발음 부분이다. 그런데 隶 자는 뒤따라서 붙잡는다는 뜻이 있으므로, 의미도 담당한다.
字解 ❶①잡을(체) ②미칠(체) ❷미칠(태)

【逮捕 체포】 죄를 범하였거나 혐의가 있는 사람을 잡음.
【逮夜 태야】 ①밤이 됨. ②기일(忌日)의 전날 밤. ➡逮夜(태야).

【逴】 멀 탁

㊞ ㊥chuō ㊐タク ㊎distant
字解 멀, 아득할(탁)

【逴遠 탁원】 아득히 멂.
【逴行 탁행】 먼 곳에 감.

【逭】 도망할 환

㊞ ㊥huàn ㊐カン ㊎run away
字解 도망할, 피할(환)

【逭免 환면】 이전의 허물을 숨김.

【過】 ❶지날 과 ❷건널 과

冂 冎 丹 咼 咼 咼 渦 過

㊞ ㊥guō, guò ㊐カ(すぎる) ㊎excess
字源 형성자. 辵(착)은 의미 부분이고, 咼(괘)는 발음 부분이다.
字解 ❶①지날, 지나칠(과) ¶過敏(과민) ②허물, 실수(과) ¶過誤(과오) ❷건널, 지낼(과) ¶過程(과정)

【過去 과거】 지나간 때. 옛날.
【過激 과격】 지나치게 격렬함.
【過渡 과도】 어떤 단계에서 다른 단계로 옮아가는 도중.

【過勞 과로】 지나치게 일하여 지침.
【過敏 과민】 지나치게 예민함.
【過歲 과세】 설을 쇰.
【過失 과실】 잘못. 허물.
【過誤 과오】 잘못. 그릇된 짓.
【過猶不及 과유불급】 지나침은 미치지 못함과 같음. '중용(中庸)이 중요함'을 이름.
【過剰 과잉】 필요 이상으로 많음.
【過程 과정】 일이 되어가는 경로.
【改過遷善 개과천선】 잘못을 고치어 착하게 됨.
【經過 경과】 ①거치거나 지나감. ②진행하거나 변화하는 상태.

【達】 통달할 달

一 十 土 牛 幸 幸 幸 達 達

畜 ㉠dá ㉡タツ, タチ ㉢reach to
字源 형성자. 辶(착)은 의미 부분이고, 幸(달)은 발음 부분이다.
字解 ❶통달할, 통달(달) ¶達人(달인) ❷이를(달) ¶到達(도달) ❸출세할(달) ¶榮達(영달)
【達觀 달관】 세속을 벗어난 높은 견식(見識). 눈앞의 일에 구애되지 않는 경지.
【達辯 달변】 말이 능숙함. 또는 능란한 말솜씨.
【達成 달성】 목적한 바를 이룸.
【達人 달인】 어떤 분야에 통달한 사람.
【達筆 달필】 ①썩 잘 쓴 글씨. ②글이나 글씨를 잘 쓰는 사람.
【到達 도달】 목적한 곳에 다다름.
【上達 상달】 윗사람에게 말이나 글로 여쭈어 알게 함.
【送達 송달】 보내어 줌.
【榮達 영달】 지위가 높고 귀하게 됨.
【通達 통달】 두루 통하여 환히 앎.

【道】 ❶길 도 ❷말할 도

丷 丷 쓰 芦 首 首 首 道

畜 ㉠dào ㉡ドウ(みち) ㉢way
字源 형성자. 辶(착)은 의미 부분이고, 首(수)는 발음 부분이다.
字解 ❶①길(도) ¶道路(도로) ②도리, 이치(도) ¶道義(도의) ③방법, 수단(도) ¶權道(권도) ④도(도) ※우리나라 지방 행정 구역의 하나. ¶道界(도계) ❷말할(도) ¶道破(도파)
【道家 도가】 중국의 선진 시대(先秦時代) 이래 노장(老莊)의 무위자연(無爲自然) 사상을 따르던 학자의 총칭.
【道界 도계】 도(道)의 경계.
【道敎 도교】 황제(黃帝)·노자(老子)·장자(莊子)를 교조(敎祖)로 하는 중국의 토착 종교.
【道德 도덕】 사람으로서 마땅히 지켜야 할 도리 및 그에 준한 행동.
【道路 도로】 사람이나 차량(車輛)이 다니는 길.
【道理 도리】 사람이 마땅히 지켜야 할 바른 길.
【道不拾遺 도불습유】 길에 떨어진 것도 줍지 않음. '백성의 풍속이 돈후(敦厚)함'의 비유.
【道義 도의】 ①사람이 마땅히 행하여야 할 도리. ②도덕과 의리.
【道場 도장】 ❶도장 ❷도징→도량 ❶무예를 가르치거나 연습하는 곳. ❷불도(佛道)를 닦는 곳.
【道程 도정】 ①길의 이수(里數). 路程(노정). ②여행의 경로.
【道聽塗說 도청도설】 길에서 얻어듣고 이내 길에서 말함. '좋은 말을 듣고도 간직하지 못하고 떠벌림'의 비유.
【道破 도파】 끝까지 다 말함. 또는 딱 잘라 말함. 說破(설파).
【權道 권도】 목적을 이루기 위한 편의상의 수단.
【步道 보도】 사람이 걸어다니는 길. 人道(인도).
【師道 사도】 스승으로서 마땅히 지켜야 할 도리.

【遁】 달아날 둔

畜 ㉠dùn ㉡トン(のがれる) ㉢escape
字解 ①달아날, 피할(둔) ¶遁世(둔세) ②숨을(둔) ¶隱遁(은둔)
【遁甲 둔갑】 술법을 써서 마음대로 자

기 몸을 숨기거나 다른 것으로 변하게 함.
【遁辭 둔사】 회피하려고 발뺌하는 말.
【遁世 둔세】 속세를 피하여 숨어 삶.
【隱遁 은둔】 세상을 피해 숨음.

【遂】 드디어 수

ハ ソ ゾ ゾ ゾ 冢 冢 遂

🔲 ⓗsuì ⓙスイ(ついに) ⓔat last
字源 형성자. 辶(착)은 의미 부분이고, 㒸(수)는 발음 부분이다.
字解 ①드디어, 마침내(수) ¶遂成(수성) ②이룰, 이룩할(수) ¶遂行(수행) ③마칠, 다할(수) ¶遂生(수생)

【遂生 수생】 목숨을 다함.
【遂成 수성】 드디어 이룸.
【遂行 수행】 일을 계획대로 해냄.
【未遂 미수】 아직 이루지 못함.
【完遂 완수】 모두 이루거나 다함.

【遏】 막을 알

🔲 ⓙアツ(とどめる) ⓔprevent
字解 막을, 그칠(알)
【遏情 알정】 맺은 정분을 끊음.
【防遏 방알】 들어막거나 가려 막음.

【遇】 만날 우

ロ ㅁ ㅁ 目 禺 禺 禺 遇

🔲 ⓗyù ⓙグウ(あう) ⓔmeet
字源 형성자. 辶(착)은 의미 부분이고, 禺(우)는 발음 부분이다.
字解 ①만날, 당할(우) ¶遇害(우해) ②대접할(우) ¶禮遇(예우)
【遇害 우해】 해를 만남. 살해당함.
【待遇 대우】 예의를 갖추어 대함.
【不遇 불우】 재능을 가지고도 좋은 때를 만나지 못함.
【禮遇 예우】 예의를 다하여 대접함.

【運】 옮길 운

冖 宀 冃 官 宣 軍 軍 運 運

🔲 ⓗyùn ⓙウン(はこぶ) ⓔmove
字源 형성자. 辶(착)은 의미 부분이고, 軍(군)은 발음 부분이다.
字解 ①옮길, 나를(운) ¶運搬(운반) ②돌, 돌릴(운) ¶運轉(운전) ③운수(운) ¶運命(운명)
【運動 운동】 몸을 단련하거나 건강을 위하여 몸을 움직이는 일.
【運命 운명】 인간을 둘러싼 선악·길흉·화복 등이 초인간적인 힘에 의해 지배된다고 믿는 섭리(攝理).
【運搬 운반】 물건을 옮겨 나르는 일.
【運送 운송】 물건을 운반하여 보냄.
【運輸 운수】 여객이나 화물을 실어 나르는 일.
【運數 운수】 천운(天運)과 기수(氣數).
【運身 운신】 몸을 움직임.
【運營 운영】 어떤 일이나 조직 따위를 운용하여 경영함.
【運用 운용】 돈이나 물건·제도 따위의 기능을 부리어 씀.
【運轉 운전】 ①돌림. 돎. ②기계 따위를 다루어 움직임.
【運河 운하】 배가 다닐 수 있도록 인공으로 판 수로(水路).
【運航 운항】 배나 항공기 따위가 정해진 항로를 운행함.
【運行 운행】 운전하여 다님.
【天運 천운】 하늘이 정한 운수.
【幸運 행운】 좋은 운수.

【違】 어길 위

彳 幺 音 音 音 韋 渾 違 違

🔲 ⓗwéi ⓙイ(ちがう) ⓔbreak
字源 형성자. 辶(착)은 의미 부분이고, 韋(위)는 발음 부분이다.
字解 ①어길(위) ¶違反(위반) ②잘못, 과실(위) ¶非違(비위) ③다를, 틀릴(위) ¶違舛(위천)
【違反 위반】 법령·계약·약속 등을 어김. 違背(위배)
【違法 위법】 법을 어김.
【違約 위약】 약속을 어김.
【違舛 위천】 틀리고 어그러짐.
【違憲 위헌】 헌법 규정에 어긋남.
【違和 위화】 ①몸이 편찮아 언짢음. ②조화되지 않음.
【非違 비위】 법에 어긋나는 일.

【遊】 놀 유

㐁 ⓒyóu ⓙユウ(あそぶ) ⓔplay
字解 형성자. 遊는 游(유) 자와 같다. 游 자는 氵(언)은 의미 부분이고, 汙(수)는 발음 부분이다.
字解 ①놀, 즐길(유) ¶遊興(유흥) ②여행할(유) ¶遊覽(유람) ③따돌, 흩어질(유) ¶遊離(유리)
【遊覽 유람】 돌아다니며 구경함.
【遊離 유리】 따로 떨어짐.
【遊牧 유목】 일정한 거처 없이 목초를 따라 옮겨 다니며 가축을 치는 일.
【遊說 유세】 각처로 다니며 자기나 소속 정당의 주장을 설명·선전함.
【遊學 유학】 고향을 떠나 다른 고장에서 공부함.
【遊興 유흥】 흥취 있게 놂.
【遊戲 유희】 즐겁게 놂, 또는 놀이.
【交遊 교유】 서로 사귀어 놀거나 왕래함.

【逾】 넘을 유

㐁 ⓒyú ⓙユ(こえる) ⓔexceed
字解 넘을, 지날(유)
【逾月 유월】 달을 넘김. 통踰月(유월).
【逾越 유월】 한도를 넘음.

【遒】 굳셀 주

㐁 ⓒqiú ⓙシュウ(つよい) ⓔstrong
字解 굳셀, 힘찰(주)
【遒豪 주호】 굳세고 뛰어남.

【遍】 두루 편

㐁 ⓒbiàn ⓙヘン(あまねし) ⓔeverywhere
字解 형성자. 辶(착)은 의미 부분이고, 扁(편)은 발음 부분이다.
字解 두루, 널리(편)
【遍歷 편력】 ①이곳저곳으로 두루 돌아다님. ②여러 가지 경험을 함.
【遍在 편재】 두루 퍼져 있음.

【普遍 보편】 ①모든 것에 두루 미침. ②모든 사물에 공통되는 성질.

【逼】 핍박할 핍

㐁 ⓒbī ⓙヒツ(せまる) ⓔurgent
字解 핍박할, 닥칠(핍)
【逼近 핍근】 매우 가까이 닥침.
【逼迫 핍박】 ①형세가 매우 절박함. ②바싹 죄어 괴롭힘.
【逼眞 핍진】 실물과 다름없을 정도로 아주 비슷함.

【遐】 멀 하

㐁 ⓒxiá ⓙカ(とおい) ⓔdistant
字解 ①멀, 멀리(하) ②오랠(하)
【遐觀 하관】 먼 곳을 내다봄.
【遐邇 하이】 먼 데와 가까운 데.
【遐鄕 하향】 서울에서 멀리 떨어진 곳. 먼 지방. 遐方(하방).
【昇遐 승하】 먼 곳으로 오름. '임금의 죽음'을 이름.

【遑】 급할 황

㐁 ⓒhuáng ⓙコウ(いとま) ⓔhaste
字解 ①급할, 허둥지둥할(황) ¶遑急(황급) ②겨를(황) ¶未遑(미황)
【遑急 황급】 허둥지둥하도록 급함.
【遑忙 황망】 마음이 몹시 급하고 당황하여 허둥지둥함.
【未遑 미황】 미처 겨를이 없음.

【遣】 보낼 견

㐁 ⓒqiǎn ⓙケン(つかわす) ⓔdispatch
字解 형성자. 辶(착)은 의미 부분이고, 𠳋(견)은 발음 부분이다.
字解 ①보낼(견) ¶派遣(파견) ②풀, 달랠(견) ¶遣悶(견민)
【遣奠祭 견전제】 발인(發靷)할 때 문 앞에서 지내는 제사.
【遣悶 견민】 답답한 마음을 풂.
【派遣 파견】 임무를 맡겨 어느 곳에 보냄.

辶部 10획

【遝】 몰릴 답
⊕tà ⊕トウ ⊛throng
字解 몰릴, 붐빌(답)
【遝至 답지】 한군데로 몰려듦.

【逗】 머무를 류
⊕liú ⊕リュウ ⊛stay
字解 머무를(류)≒留
【逗遛 두류】 객지에서 일정 기간 머물러 묵음. 滯留(체류).

【遡】 거스를 소
⊕sù ⊕ソ(さかのぼる)
字解 거스를, 거슬러 올라갈(소)
【遡及 소급】 과거까지 거슬러 올라가서 영향이나 효력을 미침.
【遡源 소원】 ①물의 근원을 찾아 거슬러 올라감. ②학문의 본원(本源)이나 사물의 근원을 찾아냄.

【遜】 겸손할 손
⊕xùn ⊕ソン(へりくだる) ⊛humble
字解 ①겸손할, 사양할(손) ¶恭遜(공손) ②도망할, 피할(손) ¶遜遁(손둔) ③뒤떨어질, 못할(손) ¶遜色(손색)
【遜遁 손둔】 벗어나 피함.
【遜色 손색】 서로 견주어 보아 못하거나 모자란 점.
【遜位 손위】 왕위(王位)나 관위(官位)를 남에게 물려줌. 讓位(양위).
【謙遜 겸손】 남을 높이고 자기를 낮추는 태도가 있음.
【恭遜 공손】 예의 바르고 겸손함.

【遙】 멀 요
⊕yáo ⊕ヨウ ⊛distant
字源 형성자. 辶(착)은 의미 부분이고, 䍃(요)는 발음 부분이다.
字解 ①멀, 아득할(요) ¶遙遠(요원) ②노닐, 거닐(요) ¶逍遙(소요)
【遙望 요망】 멀리 바라봄.
【遙遠 요원】 아득히 멂.
【逍遙 소요】 산책 삼아 이리저리 자유롭게 거닒.

【遠】 ❶멀 원 / ❷멀리할 원
⊕yuǎn ⊕イン(とおい) ⊛far
字源 형성자. 辶(착)은 의미 부분이고, 袁(원)은 발음 부분이다.
字解 ❶①멀(원) ¶遠近(원근) ②깊을, 심오할(원) ¶深遠(심원) ❷멀리할(원) ¶敬遠(경원)
【遠景 원경】 멀리 보이는 경치.
【遠近 원근】 멂과 가까움. 먼 곳과 가까운 곳.
【遠大 원대】 뜻이 깊고 큼.
【遠視 원시】 먼 것은 잘 보이고, 가까운 것은 잘 보이지 않는 시력.
【遠征 원정】 ①멀리 적을 치러 감. ②먼 곳으로 경기·조사 따위를 하러 감.
【敬遠 경원】 겉으로는 존경하는 체하면서 내심 멀리함.
【疏遠 소원】 ①친분이 가깝지 못하고 멂. ②소식이나 왕래가 오래 끊긴 상태에 있음.
【深遠 심원】 내용이 깊고 원대함.
【永遠 영원】 언제까지고 끝이 없음, 또는 끝없는 세월.

【遞】 갈마들 체
⊕dì ⊕テイ(かわる) ⊛take turns
字源 형성자. 辶(착)은 의미 부분이고, 虒(사)는 발음 부분이다.
字解 ①갈마들, 번갈아 들(체) ¶遞減(체감) ②전할, 보낼(체) ¶遞信(체신) ③역말(체)
【遞減 체감】 등수를 따라 차례로 감함.
【遞信 체신】 순차로 여러 곳을 거쳐서 소식이나 편지를 전하는 일.
【交遞 교체】 서로 번갈아 듦.

【郵遞 우체】편지나 물품을 전하여 보내 주는 제도. 郵便(우편).

【遯】 遁(531)과 同字

【遨】 놀 오
⊕áo ⊕ゴウ ⊛play
字解 놀(오)
【遨遊 오유】재미있게 놂.

【適】 갈 적
亠 产 商 商 滴 滴 適
⊕shì ⊕テキ(かなう) ⊛suit
字解 형성자. 辵(착)은 의미 부분이고, 商(적)은 발음 부분이다.
字解 ①갈(적) ¶適歸(적귀) ②맞을, 마땅할(적) ¶適任(적임) ③즐길(적) ¶自適(자적) ④마침(적)
【適格 적격】자격이나 격식에 맞음.
【適歸 적귀】가서 몸을 의탁함.
【適期 적기】알맞은 시기.
【適當 적당】알맞음. 마땅함.
【適法 적법】법규에 맞음.
【適否 적부】적당함과 부적당함.
【適性 적성】작업에 대한 각 개인의 적응 능력.
【適用 적용】맞추어 씀.
【適任 적임】그 임무를 맡기에 알맞음.
【適材適所 적재적소】적당한 인재를 적당한 자리에 씀.
【適切 적절】꼭 알맞음.
【自適 자적】무엇에 속박됨이 없이 마음 내키는 대로 유유히 지냄.

【遭】 만날 조
⊕záo ⊕ソウ(あう) ⊛meet
字解 만날, 당할(조)
【遭難 조난】재앙과 곤란을 당함.
【遭遇 조우】우연히 서로 만남.

【遲】 ❶더딜 지 ❷기다릴 지 본 遲 간 迟

尸 尸 尸 尸 屈 犀 犀 遲
⊕chí ⊕チ(おそい, おくれる) ⊛slow
字解 형성자. 辵(착)은 의미 부분이고, 犀(서)는 발음 부분이다.
字解 ❶더딜, 늦을(지) ¶遲刻(지각) ❷기다릴(지) ¶遲明(지명)
【遲刻 지각】정해진 시각에 늦음.
【遲明 지명】날이 밝기를 기다림.
【遲延 지연】늦어짐, 또는 오래 끎.
【遲遲不進 지지부진】몹시 더디어서 잘 나아가지 않음.
【遲滯 지체】때를 늦추거나 질질 끎.

【遮】 가릴 차
⊕zhē ⊕シャ(さえぎる) ⊛obstruct
字解 가릴, 막을(차)
【遮斷 차단】서로 통하지 못하게 막아 끊음. 遮絶(차절).
【遮陽 차양】①처마끝에 덧대어서 비나 볕을 피하게 만든 지붕. ②모자 따위의 앞에 비죽이 나온 손잡이 부분.
【遮日 차일】볕을 가리려고 치는 장막.
【遮蔽 차폐】막아서 가림.

【遼】 멀 료
⊕liáo ⊕リョウ ⊛distant
字解 ①멀(료) ¶遼遠(요원) ②강 이름(료) ¶遼河(요하) ③나라 이름(료) ※거란(契丹)의 야율아보기(耶律阿保機)가 몽고·만주·화북 일부에 세운 나라.
【遼遠 요원】아득히 멂.
【遼河 요하】대싱안링(大興安嶺) 산맥 남부에서 발원(發源)하여 랴오둥만(遼東灣)으로 흘러드는 강.

【遛】 遛(534)의 本字

【遴】 ❶어려워할 린 ❷가릴 린
⊕lìn, lín ⊕リン ⊛difficult

辶部 12획

字解 ❶①어려워할(린) ②탐낼(린) ❷가릴, 고를(린)
【遴選 인선】 인재(人材)를 고름.

【選】 가릴 선

중 ⊕xuǎn ⊖セン(えらぶ) ⊛elect
字源 형성자. 辵(착)은 의미 부분이고, 巽(손)은 발음 부분이다.
字解 가릴, 뽑을(선)

【選擧 선거】 일정한 조직이나 집단에서 그 대표자나 임원을 뽑음.
【選良 선량】 ①인재를 뽑음, 또는 그 인재. ②'국회의원'의 별칭.
【選拔 선발】 추려 뽑음.
【選別 선별】 가려서 골라냄.
【選手 선수】 여럿 가운데서 대표로 뽑힌 사람.
【選任 선임】 많은 사람 가운데서 선출하여 임명함.
【選定 선정】 골라서 정함.
【選出 선출】 여럿 중에서 뽑아냄.
【選擇 선택】 골라서 뽑음.
【選好 선호】 여럿 중에서 특별히 가려 좋아함.
【當選 당선】 ①선거에 뽑힘. ②출품한 물건 따위가 심사에 뽑힘.
【人選 인선】 사람을 가려서 뽑음.
【精選 정선】 세밀하게 골라 뽑음.

【遶】 두를 요

⊕rào ⊖ジョウ ⊛surround
字解 두를, 에워쌀(요)

【遺】 남길 유

중 ⊕yí ⊖イ, ユイ(のこす) ⊛leave behind
字源 형성자. 辵(착)은 의미 부분이고, 貴(귀)는 발음 부분이다.
字解 ①남길, 끼칠(유) ¶遺言(유언) ②잃을, 빠뜨릴(유) ¶遺失(유실) ③버릴(유) ¶遺棄(유기)
【遺憾 유감】 마음에 남아 있는 섭섭한 느낌.

【遺稿 유고】 죽은 사람이 남긴 시문(詩文)의 원고.
【遺骨 유골】 죽은 사람의 뼈. 遺骸(유해).
【遺棄 유기】 돌보지 않고 내버림.
【遺腹子 유복자】 배에 남긴 자식. '출생 전에 아버지를 여읜 자식'을 이름.
【遺事 유사】 ①생전에 남긴 일이나 사업. ②후세에 전하는 사적(史蹟).
【遺産 유산】 죽은 이가 남긴 재산. ②전대의 사람들이 남긴 업적.
【遺失 유실】 잃어버림.
【遺言 유언】 ①죽음에 이르러 남긴 말. ②옛 성현이 남긴 말이나 교훈.
【遺族 유족】 죽은 사람의, 뒤에 남아 있는 가족. 遺家族(유가족).
【遺志 유지】 죽은 사람이 생전에 이루지 못하고 남긴 뜻.
【遺臭萬年 유취만년】 더러운 이름을 오래도록 남김.
【遺訓 유훈】 옛사람이 남긴 훈계.
【補遺 보유】 빠진 것을 나중에 거두어 보충함, 또는 그 보충한 것.

【遵】 좇을 준

고 ⊕zūn ⊖ジュン(したがう) ⊛obey
字源 형성자. 辵(착)은 의미 부분이고, 尊(존)은 발음 부분이다.
字解 좇을, 순종할(준)

【遵據 준거】 어떤 일을 기준으로 하여 거기에 따름.
【遵法 준법】 법이나 규칙을 따름.
【遵守 준수】 그대로 좇아서 지킴.
【遵行 준행】 그대로 따라 행함.

【遲】 遲(535)의 本字

【遷】 옮길 천

고 ⊕qiān ⊖セン(うつる) ⊛remove
字源 형성자. 辵(착)은 의미 부분이고, 䙴(천)은 발음 부분이다.

辶部 14획

字解 옮길, 바꿀, 옮을(천)
[遷都 천도] 도읍을 옮김.
[遷移 천이] 옮겨 바꿈.
[遷謫 천적] 귀양을 보냄.
[變遷 변천] 변하여 바뀜.
[左遷 좌천] 높은 지위에서 낮은 지위로 떨어짐.
[播遷 파천] 임금이 도성(都城)을 떠나 다른 곳으로 피란함.

遽 급할 거

명 中jù 日キョ(にわか) 英hurried
字解 ①급할, 갑자기(거) ②두려워할, 당황할(거) ③역말(거)
[遽色 거색] 당황하는 얼굴빛.
[遽人 거인] ①역참(驛站)의 인부. ②명령을 전달하는 심부름꾼.
[急遽 급거] 갑자기. 썩 급하게.

邁 갈 매

명 中mài 日マイ(ゆく) 英proceed
字解 ①갈, 멀리 갈(매) ②뛰어날(매) ③힘쓸(매)
[邁進 매진] 힘써 나아감. 힘차게 나아감. 邁往(매왕).
[高邁 고매] 품위·인격·학식 등이 높고 뛰어남.

邀 맞을 요

명 中yāo 日ヨウ(むかえる) 英meet
字解 ①맞을(요) ②초대할(요)
[邀擊 요격] 적을 도중에서 기다리고 있다가 맞아 침.
[邀招 요초] 청하여 맞아들임.

避 피할 피

フ ア ア 辟 辟 辟 避 避
고 中bì 日ヒ(さける) 英avoid
字解 형성자. 辶(착)은 의미 부분이고, 辟(벽)은 발음 부분이다. 옛날에 避와 辟은 발음이 비슷하였다.
字解 피할, 면할(피)
[避難 피난] 재난을 피하여 딴 곳으로 옮겨 감.

[避亂 피란] 난리를 피하여 다른 곳으로 옮김.
[避暑 피서] 더위를 피함.
[避諱 피휘] ①꺼리어 피함. ②휘(諱)를 피함. 어른의 이름을 피하여 쓰지 않는 일.
[忌避 기피] 꺼리어 피함.
[待避 대피] 위험(危險)을 피하여 잠시 기다림.
[回避 회피] ①몸을 피하여 만나지 않음. ②책임을 지지 않고 꾀를 부림.

邂 우연히 만날 해

명 中xiè 日カイ 英meet by chance
字解 우연히 만날(해)
[邂逅 해후] 우연히 서로 만남.

還 돌아올 환

还 辶

丨 ⺁ 罒 罒 甼 罘 景 還 還
고 中huán 日カン(かえる) 英return
字解 형성자. 辶(착)은 의미 부분이고, 睘(경)은 발음 부분이다.
字解 ①돌아올, 돌아갈(환) ¶ 還甲(환갑) ②돌려보낼(환) ¶ 還給(환급)
[還甲 환갑] 나이 '61세'를 가리키는 말. 華甲(화갑). 回甲(회갑).
[還給 환급] 돈이나 물건 따위를 도로 돌려줌.
[還拂 환불] 요금 따위를 되돌려 줌.
[還俗 환속] 중으로 있다가 세속의 사람으로 돌아옴.
[還收 환수] 도로 거두어들임.
[還元 환원] 본래 모습으로 되돌아감.
[歸還 귀환] ①본디의 곳으로 돌아옴. ②전쟁에서 살아 돌아옴.
[返還 반환] ①도로 돌려줌. ②되돌아오거나 되돌아감.
[生還 생환] 살아서 돌아옴.

邈 멀 막

명 中miǎo 日バク(はるか) 英far-off
字解 ①멀, 아득할(막) ②업신여길(막) ③근심할(막)

【邈邈 막막】①먼 모양. ②근심하고 번민하는 모양.
【邈視 막시】 업신여겨 깔봄.
【邈然 막연】①아득히 먼 모양. ②똑똑하지 못하고 어렴풋한 모양.

【邃】 깊을 수
명 ⊕suì ⊕スイ ⊛pro-found
字解 깊을, 깊숙할, 멀(수)
【邃古 수고】 먼 옛날. 太古(태고).
【幽邃 유수】 그윽하고 깊숙함.

【邇】 가까울 이
명 ⊕ěr ⊕ジ(ちかい) ⊛near
字解 ①가까울(이) ②비근할(이)
【邇來 이래】①요사이. ②그때부터 지금까지. 爾來(이래).
【邇言 이언】 비근하고 통속적인 말.
【遐邇 하이】 멀고 가까움.

【邊】 가 변
⌐ ⌐ ⌐ ⌐ ⌐ ⌐ ⌐ 邊
ュ ⊕biān ⊕ヘン(ほとり) ⊛border
字源 형성자. 辶(착)은 의미 부분이고, 臱(면)은 발음 부분이다.
字解 ①가, 가장자리(변) ¶ 江邊(강변) ②국경, 변방(변) ¶ 邊境(변경) ③이자(변) ¶ 邊利(변리)
【邊境 변경】 나라와 나라의 경계가 되는 변두리 지역. 邊方(변방).
【邊利 변리】 변돈에서 느는 이자.
【邊塞 변새】 변방의 요새.
【邊錢 변전】 변리를 무는 돈. 변돈.
【邊鎭 변진】 변방의 군영(軍營).
【江邊 강변】 강가. 물가.
【身邊 신변】 몸, 또는 몸의 주위.
【底邊 저변】 사회적·경제적으로 기저(基底)를 이루는 계층.

【邏】 순행할 라
명 ⊕luó ⊕ラ(めぐる) ⊛patrol
字解 순행할, 돌(라)
【巡邏 순라】 조선 시대에, 도둑이나 화재 따위를 경계하기 위하여 밤에 사람의 통행을 금하고 순찰을 돌던 군졸. 巡邏軍(순라군).

5 玄 部

【玄】 검을 현
｀ ㅗ ナ 玄 玄
ュ ⊕xuán ⊕ゲン(くろい) ⊛black
字源 상형자. 금문에서는 '幺'로 썼는데, 실을 한 타래씩 묶은 모습으로 糸(실 사) 자의 원시 형태이다.
字解 ①검을(현) ¶ 玄黃(현황) ②오묘할, 깊을(현) ¶ 幽玄(유현) ③현손(현) ¶ 曾玄(증현)
【玄木 현목】 바래지 않아 빛깔이 누렇고 거무스름한 무명.
【玄米 현미】 벼의 겉껍질만 벗기고 쓿지 않은 쌀.
【玄孫 현손】 손자의 손자.
【玄黃 현황】①하늘의 검은 빛과 땅의 누런 빛. ②천지. 우주.
【幽玄 유현】 헤아리기 어려울 만큼 깊고 오묘함.
【曾玄 증현】 증손(曾孫)과 현손(玄孫).

'玄'이 붙은 한자
呟 소리(현)   弦 활시위(현)
泫 깊고 넓을(현) 昡 햇빛(현)
炫 밝을(현)   玹 옥빛(현)
眩 어지러울(현) 絃 악기 줄(현)
舷 뱃전(현)   衒 자랑할(현)
鉉 솥귀(현)

【玆】 검을 자
ㅗ ㅗ 幺 玄 玄 玆 玆 玆
ュ ⊕zī ⊕シ ⊛black
字源 상형자. 갑골문·금문을 보면 '玆'로 썼는데, 실을 한 타래씩 묶은 모습으로 絲(실 사) 자의 원시 형태이다. 갑골문에서부터 '이것'이라는 뜻으로 가차되었다.

字解 ①검을(자) ②이(자) ≒茲
참고 茲(자:501)는 딴 자.

【率】
玄 6획 (11)
❶비율 률 賈
❷거느릴 솔 賈

亠 亠 玄 玄 玆 玆 玆 率

고 中shuài 日ソツ(ひきいる) 英lead
字源 상형자. 실로 만든 그물을 그린 것이다.

字解 ❶비율, 비례(률) ¶能率(능률) ❷①거느릴(솔) ¶率眷(솔권) ②앞장설(솔) ¶率先(솔선) ③소탈할(솔) ¶率直(솔직) ④가벼울(솔) ¶輕率(경솔) ⑤대략, 대강(솔) ¶大率(대솔)

【率眷 솔권】 가족을 데려가거나 데려옴. 率家(솔가).
【率先 솔선】 남보다 먼저 나섬.
【率直 솔직】 거짓이나 꾸밈이 없이 바르고 곧음.
【能率 능률】 일정한 시간에 해낼 수 있는 일의 분량, 또는 비율.
【比率 비율】 둘 이상의 수(數)를 비교한 값.
【效率 효율】 쓰인 노력에 대하여 얻어진 결과의 정도.
【家率 가솔】 한 집안에 딸린 구성원. 食率(식솔).
【輕率 경솔】 언행(言行)이 조심성이 없고 가벼움. 輕遽(경거).
【眷率 권솔】 한집에 거느리고 사는 식구. 眷屬(권속).
【大率 대솔】 대략. 대강.
【引率 인솔】 이끌고 감.
【眞率 진솔】 진실하고 솔직함.
【統率 통솔】 어떤 조직체를 온통 몰아서 거느림.

참고 '솔'음도 인명용으로 지정됨.

5 瓜 部

【瓜】 오이 과
瓜 0획 (5) 匭

명 中guā 日カ(うり) 英cucumber
字源 상형자. 넝쿨에 박이 달려 있는 모습을 그린 것이다. 'ㅅ'는 넝쿨을 그린 것이고, 'ㅗ'는 열매가 달려 있는 모습을 그린 것이다.
字解 오이, 참외(과)

【瓜期 과기】 ①참외가 익을 무렵. 곧, 음력 7월. ②관직(官職)의 임기가 끝나는 시기를 이름. 瓜代(과대). 瓜時(과시).

故事 제(齊)나라 양공(襄公)이 연칭(連稱)과 관지보(菅至父)를 국경의 수비로 보내며, 다음해 참외가 익을 무렵에 돌아오게 하겠다고 말한 고사에서 온 말.

【瓜年 과년】 ①여자가 혼기에 이른 나이. 곧, 16세. ②벼슬의 임기가 다한 해.
【瓜田不納履 과전불납리】 참외밭에서는 신을 고쳐 신지 말라. '남에게 의심받을 일은 하지 말라'는 뜻.

'瓜'가 붙은 한자

呱 울(고)   孤 외로울(고)
觚 술잔(고) 弧 나무활(호)
狐 여우(호) 瓠 박(호)

【瓠】 박 호 虞
瓜 6획 (11) 遇

명 中hù 日コ(ひさご) 英gourd
字解 ①박, 표주박(호) ②병, 항아리(호) ≒壺
【瓠犀 호서】 ①박 속에 박힌 씨. ②'희고 고운 미인의 치아'의 비유.
【瓠樽 호준】 박 모양의 술통.

【瓢】 표주박 표
瓜 11획 (16) 蕭

명 中piáo 日ヒョウ(ひさご) 英gourd
字解 표주박(표)
【簞瓢 단표】 ①도시락과 표주박. ②도시락에 담은 밥과 표주박에 담은 물. '검박한 생활'을 이름. 簞食瓢飮(단사표음).

【瓣】 외씨 판
瓜 14획 (19) 諫 潸

명 中bàn 日ベン(はなびら)
字解 ①외씨(판) ②꽃잎(판)

【花瓣 화판】꽃잎.

5 瓦 部

瓦 [瓦] 기와 와
一丁瓦瓦瓦
명 ⊕wǎ ⊕ガ(かわら) ⊛tile
字源 상형자. 두 개의 기와가 하나는 누워 있고 하나는 엎어져 있는 모양을 그린 것이다.
字解 ①기와(와) ¶瓦全(와전) ②질그릇(와) ¶瓦器(와기) ③실패(와) ¶弄瓦之慶(농와지경)
【瓦器 와기】질그릇.
【瓦全 와전】기와로 온전히 남음. '보람없이 생명을 보존함'의 뜻. ㉠玉碎(옥쇄: 483)
【瓦解 와해】기와가 깨지듯이 사물이 깨져 산산이 흩어짐.
【弄瓦之慶 농와지경】딸을 낳은 경사(慶事). ㉠弄璋之慶(농장지경: 491)
📖 지난날, 딸을 낳으면 장난감으로 실패를 준 데서 온 말.

瓦 [瓮] 독 옹
명 ⊕wèng ⊕オウ(かめ) ⊛jar
字解 독, 항아리(옹) ≒甕
【瓮水 옹수】독의 물. '얼마 되지 않는 것'의 비유

瓦 [瓶] 瓶(540)의 俗字

瓦 [瓷] 사기그릇 자
명 ⊕cí ⊕ジ ⊛porcelain
字解 사기그릇, 오지그릇(자)
【瓷器 자기】사기그릇.
【青瓷 청자】푸른 빛깔의 자기.

瓦 [瓶] 병 병
명 ⊕píng ⊕ハイ, ビン ⊛bottle
字解 병, 단지, 항아리(병)
【瓶梅 병매】꽃병에 꽃꽂이를 한 매화.
【花瓶 화병】꽃을 꽂는 병.

瓦 [瓿] 단지 부
명 ⊕bù ⊕ホウ ⊛jar
字解 단지, 작은 항아리(부)
【醬瓿 장부】장을 담아 두는 항아리.

瓦 [甄] 질그릇 견
명 ⊕zhēn ⊕ケン ⊛earthen ware
字解 ①질그릇(견) ¶甄工(견공) ②살필(견) ¶甄拔(견발) ③교화할(견) ¶甄陶(견도)
【甄工 견공】질그릇 만드는 사람.
【甄陶 견도】①흙을 이겨서 그릇을 만듦. ②천지가 만물을 기름, 또는 임금이 민속(民俗)을 교화함.
【甄拔 견발】재능을 잘 살펴 인재를 발탁(拔擢)함. 甄擢(견탁).

瓦 [甌] 사발 구
⊕ōu ⊕オウ(かめ)
字解 사발, 중발(구)

瓦 [甍] 용마루 맹
명 ⊕méng ⊕ボウ(いらか) ⊛ridge
字解 용마루, 용마루 기와(맹)
【甍棟 맹동】용마루와 마룻대.

瓦 [甎] 벽돌 전
⊕zhuān ⊕セン ⊛brick
字解 벽돌(전) =塼
【甎壁 전벽】벽돌로 된 벽.
【甎瓦 전와】벽돌과 기와.

瓦 [甑] 시루 증
명 ⊕zèng ⊕ソウ ⊛steamer
字解 시루(증)
【甑餅 증병】㉠시루떡.

瓦 13 ⑱ 【甓】 벽돌 벽 [錫]

[中]pì [日]ヘキ [英]brick

[字解] 벽돌(벽)

【甓瓦 벽와】 벽돌과 기와.

瓦 13 ⑱ 【甕】 독 옹 [送]

[명] [中]wèng [日]オウ(かめ) [英]jar

[字解] 독, 단지(옹)

【甕器 옹기】 [國]질그릇. 옹기그릇.

【甕井 옹정】 독우물.

【甕天 옹천】 독 안에서 본 하늘. '견문(見聞)이 좁음'의 비유.

5 甘 部

甘 0 ⑤ 【甘】 달 감 [覃]

一 十 廾 廿 甘

[중] [中]gān [日]カン(あまい) [英]sweet

[字源] 지사자. 입〔口(구)〕 안에 무엇인가〔一〕를 머금고 있는 모습이다. 머금고 있다는 것은 대체로 맛있는 경우이므로 '맛있다'·'달다' 등의 뜻을 나타낸다.

[字解] ①달, 단 맛, 맛 좋을(감) ¶ 甘味(감미) ②즐길, 달가워할(감) ¶ 甘受(감수)

【甘味 감미】 단맛.

【甘受 감수】 달게 받음. 쾌히 받음.

【甘言利說 감언이설】 남의 비위에 맞도록 꾸민 말과 이로운 조건을 내세워 꾀는 말.

【甘雨 감우】 때맞추어 내리는 비. 단비. 時雨(시우).

【甘酒 감주】 단술.

【甘旨 감지】 맛있는 음식. '효자가 부모에게 드리는 음식'을 이름.

【甘草 감초】 ①한약재로 쓰이는 약용 식물의 하나. ②'어떤 일에 빠지지 않고 한몫 끼는 사람'의 비유.

【甘呑苦吐 감탄고토】 달면 삼키고 쓰면 뱉음. '제 비위에 맞으면 좋아하고 틀리면 싫어함'을 이름.

【苦盡甘來 고진감래】 괴로운 일이 지나면 즐거운 일이 다가옴.

甘 4 ⑨ 【甚】 심할 심 [寢]

一 卄 廿 甘 其 其 甚 甚

[중] [中]shèn [日]ジン(はなはだ) [英]extremely

[字源] 숟가락으로 음식을 떠서 입에 넣는 모습이라는 설과 甘(달 감)자와 匹(짝 필) 자로 이루어져 남녀가 짝을 이루어 즐겁다는 뜻을 나타내는 회의자라는 설이 있다.

[字解] 심할, 더욱, 매우(심)

【甚難 심난】 매우 어려움.

【甚深 심심】 매우 깊음.

【極甚 극심】 아주 심함. [통]劇甚(극심).

【幸甚 행심】 매우 다행함.

甘 6 ⑪ 【甜】 달 첨 [鹽] [동] 甛

[中]tián [日]テン [英]sweet

[字解] ①달(첨) ②곤히 잘(첨)

【甜瓜 첨과】 참외. 甘瓜(감과).

【黑甜 흑첨】 낮잠. 午睡(오수).

甘 6 ⑪ 【甛】 [명] 甜(541)과 同字

甘 8 ⑬ 【甞】 嘗(125)과 同字

5 生 部

生 0 ⑤ 【生】 날 생 [庚]

丿 𠂉 𠂇 牛 生

[중] [中]shēng [日]セイ(うまれる) [英]be born

[字源] 상형자. 풀〔屮(철)〕이 땅〔一〕 위로 솟아난 모습을 그린 것이다. 옛날 중국 사람들은 여기에서 '생명'을 느꼈던 것 같다.

5 획

字解 ①날, 낳을, 생길(생) ¶生殖(생식) ②살, 삶(생) ¶生存(생존) ③낯설, 서투를(생) ¶生疎(생소) ④사람(생) ¶儒生(유생) ⑤백성(생) ¶蒼生(창생) ⑥날것(생) ¶生食(생식)

【生計 생계】 살아갈 방도.
【生氣 생기】 활발하고 생생한 기운.
【生動 생동】 살아 움직임.
【生面不知 생면부지】 이전에 만난 적이 없어 전혀 모르는 사람.
【生命 생명】 목숨.
【生沒 생몰】 태어남과 죽음.
【生産 생산】 ①아이를 낳음. 出産(출산). ②자연물에 인력을 가하여 재화를 만들어 내는 일.
【生鮮 생선】 잡은 그대로의 신선한 물고기. 鮮魚(선어).
【生疎 생소】 ①낯이 섦. ②서투름.
【生殖 생식】 낳아서 불림.
【生食 생식】 음식을 날로 먹음.
【生辰 생신】 '생일(生日)'의 높임말.
【生業 생업】 생활비를 벌기 위한 직업.
【生育 생육】 ①생물이 태어나서 자람. ②낳아서 기름.
【生長 생장】 나서 자람.
【生存 생존】 살아서 생명을 유지함.
【生捕 생포】 산 채로 잡음.
【生活 생활】 ①살아서 활동함. ②살림을 꾸려 나감.
【寄生 기생】 스스로의 힘으로 살지 못하고 남에게 기대어 삶.
【儒生 유생】 유학을 배우는 선비.
【蒼生 창생】 세상의 모든 백성.
【出生 출생】 태어남.

'生'이 붙은 한자

桂 찌(생)	牲 희생(생)
甥 생질(생)	笙 생황(생)
姓 성(성)	性 성품(성)
星 별(성)	

生6 【産】 낳을 산 통 간 產 产 產
⑪

亠 立 产 产 产 産 産

名 ⓒchǎn ⓙサン(うむ)
ⓔbear, offspring

字源 형성자. 生(생)은 의미 부분이고, 产은 彦(언)의 생략형으로 발음 부분이다.

字解 ①낳을, 태어날(산) ¶産苦(산고) ②재산, 생업, 생활(산) ¶恒産(항산)

【産苦 산고】 아이를 낳는 고통.
【産卵 산란】 알을 낳음.
【産物 산물】 ①그 지방에서 생산(生産)되는 물건. ②어떤 일의 결과로서 생겨난 것.
【産室 산실】 ①아기를 낳는 방. ②어떤 일을 꾸미거나 이루어 내는 곳.
【産業 산업】 생산을 하는 일. 곧, '농업·수산업·공업·상업'따위.
【産婆 산파】 해산 때 아이를 받고 산모를 돌보는 일을 하는 여자.
【財産 재산】 개인이나 단체가 소유한 경제적 가치가 있는 것의 총체.
【土産 토산】 그 지방에서 특유하게 나는 물건. 土産物(토산물).
【破産 파산】 재산을 모두 날려 버림.

生7 【甥】 생질 생 庚
⑫

名 ⓒshēng ⓙセイ(おい) ⓔnephew
字解 ①생질(생) ②사위(생)

【甥姪 생질】 누이의 아들.
【外甥 외생】 사위가 장인·장모에 대하여 자기를 이르는 말.

生7 【甦】 魚 鯀(596)의 俗字
⑫

5 用 部

用0 【用】 쓸 용 宋
⑤

丿 几 月 月 用

名 ⓒyòng ⓙヨウ(もちいる) ⓔuse
字源 갑골문을 보면 'ㅏ'과 'ㅒ'으로 이루어져 있다. 'ㅒ'은 골판(骨版)이고, 'ㅏ'은 卜(점 복)이므로 점을 친다는 뜻에서 '시행하다'라는 뜻이 나왔다는 설, 'ㅏ'은 막대

기이고 '月'은 그것을 거는 선반으로 '필요할 때 꺼내서 쓴다'는 뜻을 나타낸다는 설, 거북이의 등판을 그린 상형자라는 설, 물건을 담는 그릇을 그린 글자로서 桶(통) 자의 원시 형태라는 설, 鏞(종 용) 자의 본자로서 종(鐘)을 그린 것이라는 설 등 여러 학설이 있다.

[字解] ①쓸, 쓰일(용) ¶ 用途(용도) ②씀씀이(용) ¶ 費用(비용) ③써(용) ※'以'와 같은 뜻으로 쓰임.

【用途 용도】 쓰이는 곳. 쓰는 법.
【用例 용례】 전부터 써 온 사례.
【用務 용무】 볼일. 用件(용건).
【用語 용어】 사용하는 말.
【用役 용역】 생산에 필요한 노무(勞務)를 제공하는 일.
【用意周到 용의주도】 마음의 준비가 두루 미쳐 빈틈이 없음.
【登用 등용】 인재를 뽑아서 씀.
【費用 비용】 무엇을 사거나 어떤 일을 하는 데 드는 돈.
【作用 작용】 어떤 현상이나 행동을 일으킴, 또는 그 현상이나 행동.
【重用 중용】 중요한 자리에 임명하여 부림.
【採用 채용】 ①사람을 뽑아 씀. ②무엇을 가려 쓰거나 받아들임. 採擇(채택).

用 2 ⑦ 【甫】 클 보 [麌]

[명] [中]fǔ [日]フ, ホ(はじめ)

[字解] ①클(보) ②겨우(보) ③자(보) ※본이름 외에 부르는 이름, 또는 남자의 미칭(美稱).

【甫田 보전】 큰 밭.
【章甫 장보】 ①관(冠)의 한 가지. 章甫冠(장보관). ②'유생(儒生)' 또는 '선비'의 비유.

'甫'가 붙은 한자

補 기울(보)	輔 도울(보)
黼 보불(보)	匍 길(포)
哺 먹일(포)	圃 채마밭(포)
捕 잡을(포)	浦 물가(포)
晡 저녁때(포)	逋 도망갈(포)
脯 포(포)	鋪 펼(포)

用 2 ⑦ 【甬】 ❶길 용 [腫] ❷대롱 동 [董]

[명] ❶ [中]yǒng [日]ヨウ

[字解] ❶길(용) ※양쪽에 담을 쌓은 길. ❷대롱(동)

'甬'이 붙은 한자

誦 욀(송)	俑 허수아비(용)
勇 날랠(용)	埇 길 돋울(용)
蛹 번데기(용)	踊 뛸(용)
桶 통(통)	通 통할(통)
痛 아플(통)	

用 7 ⑫ 【甯】 寧(188)과 同字

5 田 部

田 0 ⑤ 【田】 밭 전 [先]

丨 冂 冂 冂 田

[중] [中]tián [日]デン(た) [英]field

[字源] 상형자. 사냥하는 구역이나 경작지의 구역을 그린 것이다.

[字解] ①밭(전) ¶ 田畓(전답) ②사냥할(전) ≒畋 ¶ 田獵(전렵)

【田畓 전답】 [國]①논과 밭. ②농토(農土). 田地(전지).
【田獵 전렵】 사냥, 또는 사냥함.
【田園 전원】 ①논밭과 동산. ②시골.
【油田 유전】 석유(石油)가 나는 곳.

田 0 ⑤ 【甲】 갑옷 갑 [洽]

丨 冂 日 日 甲

[중] [中]jiǎ [日]コウ(かぶと) [英]armor

[字源] 물고기의 비늘을 그린 것이라는 설, 가죽이 벗겨져 갈라진 모양이라는 설, 초목의 싹이 껍질을 깨고 돋아나는 모양이라는 설 등이 있으나 아직 정설이 없다.

田部 0획 544

字解 ①갑옷(갑) ¶甲胄(갑주) ②첫째 천간(갑) ③딱지, 껍데기(갑) ¶甲殼(갑각) ④첫째(갑) ¶甲富(갑부) ⑤아무개(갑) ¶甲男乙女(갑남을녀)
【甲殼 갑각】게·새우 따위와 같은 동물의 단단한 껍데기.
【甲男乙女 갑남을녀】평범한 보통 사람. 張三李四(장삼이사).
【甲論乙駁 갑론을박】한 사람이 말하면 다른 사람이 반박함. '서로 논란하고 반박함'을 이름.
【甲兵 갑병】①무장한 병사. 갑옷을 갖춘 군사. ②갑주와 병기. 무기.
【甲富 갑부】첫째가는 부자.
【甲時 갑시】이십사시의 여섯째 시. 곧, 상오 4시 30분~5시 30분.
【甲族 갑족】지체가 높은 집안.
【甲冑 갑주】갑옷과 투구.
【鐵甲 철갑】쇠로 만든 갑옷.
【還甲 환갑】'만 60세'를 이르는 말.

'甲'이 붙은 한자

匣 갑 (갑)	岬 곶 (갑)
胛 어깨뼈 (갑)	鉀 갑옷 (갑)
閘 수문 (갑)	押 누를 (압)
狎 친압할 (압)	鴨 오리 (압)

田 0획 (5)
【申】 ❶납 신 ❷펼 신

丨 口 曰 申

중 ⓗshēn ⓙシン(もうす) ⓔreport
字源 상형자. 갑골문을 보면 '∮'으로, 번개가 칠 때 구부러지는 모습을 그린 것이었으나 뒤에 지지(地支)의 아홉 번째 글자로 뜻이 가차되었다.
字解 ❶납, 아홉째 지지(신) ※'납'은 원숭이의 옛말. ❷펼, 알릴(신) ¶上申(상신)
【申告 신고】국민이 행정 관청에 일정한 사실을 보고하는 일.
【申聞鼓 신문고】조선 시대에, 백성이 원통한 일을 하소연할 때 치게 했던 북.
【申請 신청】어떤 일을 해 주거나 물건을 내줄 것을 청구하는 일.
【內申 내신】남이 모르게 비밀히 상신(上申)함.
【上申 상신】상부 기관이나 윗사람에게 의견 따위를 여쭘.

田 0획 (5)
【由】 말미암을 유

丨 口 巾 由 由

중 ⓗyóu ⓙユウ, ユ(よる) ⓔcause
字源 갑골문·금문에 나타나지 않는 글자로 유래를 알 수 없다.
字解 ①말미암을(유) ¶由來(유래) ②까닭(유) ¶緣由(연유) ③어조사(유) ※'…부터, …에서'의 뜻을 나타냄. ④오히려(유) ≒猶
【由來 유래】사물의 내력(來歷).
【由奢入儉 유사입검】사치로부터 검소함으로 들어감. '사치를 버리고 검소하게 살고자 함'을 이름.
【由緖 유서】전하여 오는 내력.
【經由 경유】거쳐 지나감.
【緣由 연유】①일의 까닭. 事由(사유). ②일이 거기서 비롯됨.
【理由 이유】까닭.
【自由 자유】구속받지 않고 자기 마음대로 하는 일.

田 2획 (7)
【男】 사내 남

丨 口 曰 田 甲 男 男

중 ⓗnán ⓙダン(おとこ) ⓔman, male
字源 회의자. 田(전)과 力(력)은 모두 의미 부분이다. 力은 본래 쟁기[耒(뢰)]를 그린 상형자이므로, '밭[田]에서 일하다[力]'라는 뜻을 나타내고, 밭에서 일하는 것은 남자의 역할이므로, '남자'라는 뜻은 여기에서 파생된 것이다.
字解 ①사내(남) ¶男兒(남아) ②아들(남) ¶得男(득남) ③작위(남) ¶男爵(남작)
【男女 남녀】남자와 여자.
【男妹 남매】오누이.
【男負女戴 남부여대】남자는 지고 여자는 임. '초라한 세간살이를 가지고 이리저리 떠돌며 삶'을 이름.

【男兒 남아】①사내아이. 아들. ②장부(丈夫). 사나이.
【男爵 남작】오등작(五等爵)의 다섯째로, 자작(子爵)의 아래.
【男裝 남장】여자가 남자처럼 차림.
【男尊女卑 남존여비】남자를 존중하고 여자를 천시하는 일.
【男便 남편】지아비.
【得男 득남】아들을 낳음.

【甸】경기 전
명 ㊥diàn ㊐デン
㊛imperial domain
字解 경기(전) ※도성(都城)에서 사방 500리(里) 이내의 땅.
【畿甸 기전】서울을 중심으로 사방 500리 이내의 땅. 畿內(기내).

【町】밭두둑 정
명 ㊥tīng ㊐チョウ(まち)
字解 ①밭두둑(정) ②정(정) ※면적의 단위는 3,000평.
【町步 정보】넓이가 1정으로 끝이 나고 끝수가 없을 때의 일컬음.
【町畦 정휴】밭두둑.

【画】畫❶(548)의 俗字

【畎】밭고랑 견
명 ㊥quǎn ㊐ケン ㊛small drain
字解 밭고랑(견)
【畎畝 견무→견묘】①밭고랑과 밭두둑. 이랑. ②시골. 田園(전원).

【界】지경 계
명 ㊥jiè ㊐カイ(さかい)
㊛boundary
字源 형성자. 田(전)은 의미 부분이고, 介(개)는 발음 부분이다.
字解 ①지경, 한계(계) ¶眼界(안계) ②경계 안, 세계(계) ¶學界(학계)

【界標 계표】경계를 나타낸 표지.
【境界 경계】지역·분야가 갈라지는 한계.
【世界 세계】①우주. 온 누리. ②지구상의 모든 나라, 또는 모든 지역.
【眼界 안계】눈으로 볼 수 있는 범위. 視野(시야).
【業界 업계】같은 업종에 종사하는 사람들의 사회.
【學界 학계】학문의 세계. 학자들의 사회.
【限界 한계】사물의 정하여진 범위.

【昀】밭 일굴 균·윤
명 균 ㊥yún ㊐キン, イン
字解 밭 일굴, 개간할(균·윤)

【畓】논 답 國
㊛rice field
字源 회의자. 우리나라에서 만든 한 자이다. 논은 밭에 물을 대어 만든 것이라는 뜻에서 田(밭 전) 자 위에 水(물 수) 자를 더하였다.
字解 논(답)
【畓穀 답곡】國논에서 나는 곡식. '벼'.
【門前沃畓 문전옥답】國집 앞 가까이에 있는 기름진 논.
【田畓 전답】國밭과 논.

【畏】두려워할 외
본 위
명 ㊥wèi ㊐イ(おそれる) ㊛awe
字源 회의자. 본래 鬼(귀)와 丈(장)으로 이루어졌는데, 귀신[鬼]이 막대기[丈=杖(장)]를 잡고 있는 모습에서, '두려움'을 뜻한다.
字解 두려워할, 꺼릴(외)
【畏敬 외경】두려워하며 공경함.
【畏友 외우】경외(敬畏)하는 벗.
【畏怖 외포】두려워함. 두려워 떪.
【敬畏 경외】공경하고 어려워함.

田部 4획

【畋】 사냥할 전

㊀tián ㊐デン ㊇hunt

字解 ①사냥할(전) ¶ 畋獵(전렵) ②밭 갈, 농사지을(전) ¶ 畋食(전식)

[畋獵 전렵] 사냥, 또는 사냥함.
[畋食 전식] 농사를 지어서 생활을 영위함.

【畑】 밭 전

字解 밭(전)

【留】 머무를 류

㊀liú ㊐リュウ(とどまる) ㊇stay

字解 형성자. 田(전)은 의미 부분이고, 卯(류)는 발음 부분이다.

字解 ①머무를, 묵을(류) ¶ 留宿(유숙) ②지체할, 미룰(류) ¶ 保留(보류)

[留級 유급] 진급하지 못하고 그대로 남음.
[留念 유념] 마음에 기억하여 둠.
[留宿 유숙] 남의 집에 묵음.
[留任 유임] 그 자리에 그대로 머물러 일을 맡아봄.
[留學 유학] 외국에 머물며 공부함.
[挽留 만류] 붙잡고 말림.
[保留 보류] 미루어 둠.
[抑留 억류] 강제로 붙잡아 둠.
[殘留 잔류] 남아서 처져 있음.
[滯留 체류] 딴 곳에 가서 오래 머물러 있음. 滯在(체재).

【畝】 밭두둑 묘

㊀mǔ ㊐ホ(せ、うね)

字解 밭두둑(묘)

【畔】 물가 반

㊀pàn ㊐ハン(ほとり) ㊇shore

字解 ①물가(반) ¶ 湖畔(호반) ②두렁, 두렁길(반) ¶ 畔路(반로)

[畔路 반로] 논밭 사이의 좁은 길. 두둑길.

[畔疇 반주] 토지의 경계. 두둑.
[湖畔 호반] 호수의 가.

【畚】 삼태기 분

㊀běn ㊐ホン(ふご)

字解 삼태기(분) ※ 흙·거름 따위를 담아 나르는 기구.

【畛】 두렁길 진

㊀zhěn ㊐シン ㊇levee path

字解 ①두렁길(진) ※ 밭 사이의 길. ②두렁, 논두렁(진)

【畜】 ❶가축 축 ❷기를 휵

㊀chù, xù ㊐チク(たくわえる、やしなう) ㊇cattle

字源 회의자. 玄(현)과 田(전)은 모두 의미 부분이다. 玄은 실을 묶은 모양이고 田은 사냥하다라는 뜻이므로, 사냥해서 잡은 짐승을 묶어둔다는 데서 가축을 뜻한다는 설과 田은 밭이고 玄은 물건을 하나하나씩 묶어 둔 모습으로 보아 벼[粟(속)]이므로, '밭에 물건을 쌓아두다'의 뜻이라는 설이 있다.

字解 ❶①가축(축) ¶ 畜舍(축사) ②모을(축) 늑蓄 ❷기를(휵) ¶ 畜愛(휵애)

[畜舍 축사] 가축을 키우는 건물.
[畜産 축산] 가축을 길러 이익을 얻는 산업.
[畜愛 휵애] 기르고 사랑함.
[家畜 가축] 집에서 기르는 짐승. '소·말·돼지·닭·개' 따위.
[屠畜 도축] 가축을 도살함.
[牧畜 목축] 가축을 기르는 일.

【略】 간략할 략

㊀lüè ㊐リャク(ほぼ、はぶく) ㊇brief

田部 7획

字源 형성자. 田(전)은 의미 부분이고, 各(각)은 발음 부분이다.
字解 ①간략할(략) ¶略圖(약도) ②꾀(략) ¶計略(계략) ③노략질할(략) ¶侵略(침략) ④대강, 대략(략) ¶槪略(개략) ⑤다스릴(략) ¶經略(경략)

【略圖 약도】 간단하게 줄여 요점만 그린 그림.
【略歷 약력】 간략하게 적은 이력.
【略字 약자】 획을 간단히 줄인 한자.
【簡略 간략】 간단하고 단출함.
【槪略 개략】 대강 간추려 줄임.
【經略 경략】 나라를 경영하여 다스림.
【計略 계략】 수단과 꾀.
【攻略 공략】 공격하여 빼앗음.
【大略 대략】 ①큰 계략. 뛰어난 지략. ②대체의 개략(槪略). 槪要(개요).
【謀略 모략】 남을 해치려고 속임수를 써서 일을 꾸밈.
【省略 생략】 덜어서 빼거나 줄임.
【侵略 침략】 불법적으로 처들어가 빼앗음.

田6 【畧】 略(546)과 同字
⑪

田6 【異】 다를 이
⑪ 寅

異

ㄱ ㅁ 田 毘 昆 畢 畢 異

중 ⊕yì ⊕イ(ことなる) 英different
字源 회의자. 사람(大(대))이 머리위에 두 손(廾(공))으로 무슨 물건(田)을 이고 있는 모습으로, 본래 '머리에 이다'라는 뜻을 나타낸다.
字解 다를, 달리할(이)

【異見 이견】 남과 다른 의견이나 견해.
【異口同聲 이구동성】 입은 다르나 목소리는 같음. '여러 사람의 말이 한결같음'을 이름.
【異國 이국】 다른 나라. 他國(타국).
【異端 이단】 정통 학파나 종파에서 벗어나는 학설이나 파벌.
【異例 이례】 보통의 예(例)에서 벗어나는 일.
【異變 이변】 괴이한 변고.
【異性 이성】 ①성질이 다름, 또는 다른 성질. ②남성이 여성을, 여성이 남성을 이르는 말.
【異域 이역】 ①외국 땅. ②제 고장에서 멀리 떨어진 다른 지역.
【異議 이의】 다른 의견.
【異彩 이채】 ①이상한 광채. 색다른 빛깔. ②뛰어남. 남다름.
【奇異 기이】 기괴하고 이상함.
【特異 특이】 보통과 아주 다름.

田6 【畢】 마칠 필
⑪ 寅

毕 畢

ㄱ ㅁ 田 毘 昆 畢 畢 畢

ㄱ ⊕bì ⊕ヒツ(おわる) 英finish
字源 상형자. 사냥 도구의 일종인, 손잡이가 달린 그물을 그린 것으로 금문에서 田 자가 더해졌다.
字解 ①마칠, 끝낼(필) ¶未畢(미필) ②모두, 죄다(필) ¶畢覽(필람) ③별 이름(필) ※이십팔수(二十八宿)의 하나.

【畢竟 필경】 마침내. 결국에는.
【畢納 필납】 납세나 납품을 끝냄.
【畢覽 필람】 죄다 봄.
【畢生 필생】 목숨이 끊어질 때까지.
【未畢 미필】 아직 마치지 못함.

田6 【畦】 밭두둑 휴
⑪ 齊

畦

명 ⊕qí ⊕ケイ(あぜ)
字解 ①밭두둑(휴) ②경계(휴)

【畦畔 휴반】 밭두둑.

田7 【畱】 留(546)의 本字
⑫

田7 【番】 차례 번
⑫ 元

番

ㄱ ㅁ 平 乎 采 乑 番 番 番

중 ⊕fān ⊕バン 英number, turn
字源 상형자. 采(변)과 田은 모두 짐승의 발자국을 그린 것이다.
字解 ①차례(번) ¶番號(번호) ②번, 번들, 번갈(번) ¶輪番(윤번) ③횟수(번)

【番地 번지】 토지를 여러 조각으로 나누어 매겨 놓은 번호.
【番號 번호】 차례를 표시하는 숫자와

5획

부호.
【不寢番 불침번】밤에 자지 않고 번을 서는 일, 또는 그 사람.
【輪番 윤번】차례로 번듦, 또는 번드는 차례. 順番(순번).

'番'이 붙은 한자
潘 쌀뜨물(반)   磻 강 이름(반)
蟠 서릴(반)   墦 무덤(번)
幡 기(번)   燔 구울(번)
蕃 무성할(번)   繙 펄럭일(번)
翻 뒤집을(번)

田部 7획 ⑫【畬】 ❶새밭 여 ❷따비밭 사
㊥yú, shē ㊐ヨ, シャ ㊍reclaimed land
字解 ❶❶새밭(여) ※ 일군지 2~3년 된 밭. ❷밭 일굴, 개간할(여) ❷따비밭(사) ※잡초를 불살라 일군 작은 밭.
【畬田 ❶여전 ❷사전】❶새로 개간한 논밭, 또는 논밭을 개간함. ❷잡초를 불사르고 전답을 일굼.

田部 7획 ⑫【異】 異(547)의 本字

田部 7획 ⑫【畯】 농부 준
명 ㊥jùn ㊐シュン ㊍farmer
字解 ❶농부(준) ❷권농관(준)
【田畯 전준】농사를 장려하는 일을 맡은 벼슬아치. 勸農官(권농관).

田部 7획 ⑫【畳】 疊(549)의 俗字

田部 7획 ⑫【畫】 ❶그림 화 ❷그을 획 畵画畫

一 →→ 크 聿 書 書 書 畫

정 ㊥huà ㊐カク(えがく) ㊍draw
字源 회의자. 손에 붓(聿(율))을 잡고 무엇인가를 그리고(田) 있는 모습이다.
字解 ❶❶그림, 그릴(화) ❶畫家(화가) ❷①그을, 나눌, 가를(획) 늑劃 ❶畫圖(구획) ②꾀, 꾀할(획) ❶畫策(획책) ③획(획) ❶畫數(획수)
【畫家 화가】그림 그리는 일을 전문으로 하는 사람. 畫伯(화백).
【畫龍點睛 화룡점정】용을 그릴 때 마지막에 눈동자를 점 찍음. '가장 요긴한 부분을 마치어 일을 끝냄'을 이름.
【畫報 화보】그림이나 사진을 위주로 편집한 인쇄물.
【畫蛇添足 화사첨족】뱀에 다리를 덧붙여 그림. '안 해도 될 일을 덧붙여 하다 도리어 일을 그르침'을 이름. 蛇足(사족).
【畫數 획수】한자의 획의 수효.
【畫一 획일】한결같이 변함이 없음.
【畫策 획책】일을 꾸밈. 계책을 세움.
【揷畫 삽화】글의 내용을 보완하거나 이해를 돕도록 장면을 묘사하여 그린 그림.
【計畫 계획】어떤 일을 할 때 미리 생각하여 얽이를 세움.
【區畫 구획】경계를 갈라 정함, 또는 그 정한 구역.

田部 8획 ⑬【畺】 지경 강
명 ㊥jiāng ㊐キョウ ㊍border
字解 지경(강) =疆

田部 8획 ⑬【畸】 뙈기 밭 기
명 ㊥jī ㊐キ ㊍cripple
字解 ①뙈기 밭(기) ※구획하고 남은 귀퉁이 땅. ②불구, 병신(기) ③기이할(기)
【畸人 기인】①성질이나 행동이 보통 사람과 다른 사람. 奇人(기인). ②병신. 不具者(불구자).
【畸形 기형】정상이 아닌 형태.

田部 8획 ⑬【當】 ❶마땅할 당 ❷전당잡힐 당 当

丨 ⺌ ⺌ 当 当 常 常 當

[중] [中]dàng, dāng [日]トウ(あたる) [英]suitable

[字源] 형성자. 田(전)은 의미 부분이고, 尙(상)은 발음 부분이다.

[字解] ❶①마땅할(당) ¶ 當然(당연) ②당할, 맡을(당) ¶ 擔當(담당) ❷①전당 잡힐(당) ¶ 抵當(저당) ②이, 그(당) ¶ 該當(해당)

【當局 당국】 어떤 일을 담당하여 주재함, 또는 그 기관.
【當代 당대】 ①그 시대. ②지금 세상.
【當到 당도】 목적한 곳에 다다름.
【當付 당부】 어찌하라고 단단히 부탁함, 또는 그 부탁.
【當選 당선】 선거나 심사에서 뽑힘.
【當然 당연】 마땅히 그러함.
【當爲 당위】 마땅히 그렇게 해야 함.
【當直 당직】 당번으로 일직(日直)이나 숙직(宿直)을 함, 또는 그 사람.
【擔當 담당】 어떠한 일을 맡음.
【應當 응당】 마땅히. 당연히.
【抵當 저당】 일정한 재물을 채무의 담보로 삼음.
【典當 전당】 물품을 담보하고 돈을 꾸어 주거나 꾸어 쓰는 일.
【該當 해당】 ①무엇에 관계되는 바로 그것. ②어떤 사물에 바로 들어감.

田 8 ⑬ 【畵】 [명] 畫❶(548)의 俗字

田 10 ⑮ 【畿】 경기 기 [微]

[고] [中]jī [日]キ [英]royal domains

[字源] 형성자. 田(전)은 의미 부분이고, 幾는 幾(기)의 생략형으로 발음 부분이다.

[字解] 경기, 기내(기)

【畿內 기내】 도성(都城)에서 사방 5백 리 이내의 땅. 임금이 직할하던 땅.
【京畿 경기】 서울을 중심으로 한 가까운 둘레의 지방.

田 14 ⑲ 【疆】 지경 강 [陽] [동] 畺

[명] [中]jiāng [日]キョウ [英]border

[字解] 지경, 경계 정할(강)

【疆域 강역】 한 나라의 통치권이 미치는 지역.
【疆土 강토】 그 나라 국경 안에 있는 땅. 領土(영토).

[참고] 彊(강 : 232)은 딴 자.

田 14 ⑲ 【疇】 무리 주 [尤] [간] 畴

[명] [中]chóu [日]チュウ(たぐい) [英]companions

[字解] ①무리, 짝(주) ¶ 疇輩(주배) ②지난번, 접때(주) ¶ 疇日(주일) ③밭두둑, 밭(주) ¶ 田疇(전주)

【疇輩 주배】 같은 무리. 동아리.
【疇昔 주석】 ①저번. 前日(전일). ②옛날. 옛적. 昔時(석시).
【疇日 주일】 지난날. 前日(전일).
【範疇 범주】 같은 성질의 것이 딸려야 할 부류 또는 범위.
【田疇 전주】 밭두둑.

田 17 ㉒ 【疊】 거듭할 첩 [葉] [속] 畳

[명] [中]dié [日]ジョウ(たたみ) [英]repeatedly

[字解] 거듭할, 겹칠, 포갤(첩)

【疊語 첩어】 같은 소리나 비슷한 소리를 가진 단어가 겹쳐서 이루어진 합성어.
【疊疊 첩첩】 쌓여 겹치는 모양.
【疊疊山中 첩첩산중】 산이 첩첩이 둘러싸인 깊은 산속.
【重疊 중첩】 거듭 겹쳐지거나 포개어 겹침.

5 疋 部

疋 0 ⑤ 【疋】 필 필 [質]

[명] [中]pǐ [日]ヒツ(ひき) [英]a roll of cloth

[字源] 상형자. 갑골문을 보면 '𤴔'으로, 사람의 종아리에서 발까지를 그린 것이다.

[字解] ①필(필)≒匹 ※피륙을 세는 단위. ②짝(필)

【疋緞 필단】 필로 된 비단.
【疋木 필목】 필로 된 무명·광목·당목 따위.

【疏】 ❶성길 소 ❷거칠 소 ❸적을 소

묘 ⊕shū ⊕ソ ⊛sparse
字源 ❶①성길, 드물다(소) ¶疏密(소밀) ②멀, 멀리할(소) ¶親疏(친소) ③트일, 뚫릴(소) ¶疏通(소통) ❷거칠, 험할(소) ¶疏食(소사) ❸①적을, 진술할(소) ②소(소) ※산문 문체의 하나. ¶上疏(상소)
【疏密 소밀】 ①성김과 촘촘함. ②교분이 두터움과 엷음.
【疏食 소사】 변변치 못한 음식. 육미붙이가 없는 음식.
【疏遠 소원】 ①친분이 가깝지 못하고 멂. ②소식·왕래가 오래 끊긴 상태에 있음.
【疏脫 소탈】 수수하고 털털함.
【疏通 소통】 막히지 않고 트임.
【上疏 상소】 임금에게 올리는 글.
【親疏 친소】 친밀함과 버성김.

【疎】 성길 소

교 ⊕shū ⊕ソ ⊛sparse
字源 회의 겸 형성자. 疋(소)와 束(속)은 모두 의미 부분인데, 疋는 발음도 담당한다.
字解 ①성길, 드물(소) ②멀, 멀리할(소)
【疎隔 소격】 친분이 서로 멀어짐.
【疎外 소외】 꺼리며 멀리함.
참고 '疎'는 '疏❶①, ②'와 통해 쓰인다.

【疑】 의심할 의

교 ⊕yí ⊕キ(うたがう) ⊛doubt
字源 회의자. 갑골문을 보면 '㽲'으로, 사람이 지팡이를 짚고 길을 가다가 고개를 옆으로 돌린 모습이다. 즉 갈까 말까 생각한다는 의미로, '의심하다'라는 뜻은 여기에서 나온 것이다.
字解 의심할, 의심(의)
【疑問 의문】 의심스러운 일.
【疑心 의심】 믿지 못하는 마음.
【疑訝 의아】 의심스럽고 괴이쩍음.
【疑惑 의혹】 의심하여 수상히 여김, 또는 그 생각.
【質疑 질의】 의심스러운 점을 물음.
【嫌疑 혐의】 ①꺼리고 싫어함. ②범죄를 저질렀으리라는 의심.
【懷疑 회의】 의심(疑心)을 품음, 또는 그 의심.

5 疒 部

【疒】 병들어 누울 녁

⊕nè ⊕ニャク
字源 회의자. 갑골문을 보면 '㘽'으로 사람이 침대 위에 누워 있는 모습이다. 사람이 병이 나서 침대에 누워 있다는 뜻을 나타낸다. 疒에 속하는 글자는 대부분 병(病)과 관계있는 뜻을 가진다.
字解 ①병들어 누울(녁) ②부수의 하나(병질엄)

【疕】 두창 비

⊕bǐ ⊕ヒ
字解 ①두창(비) ※머리에 나는 온갖 부스럼. ②부스럼 딱지(비)

【疔】 정 정

⊕dīng ⊕チョウ ⊛boil
字解 정(정)
【疔疽 정저】 한방에서, 화농균이 침입하여 뼈마디에 생기는 부스럼을 이르는 말. 疔(정). 疔腫(정종).

【疚】 오랜 병 구

㉠jiù ㊐キュウ(やましい)

字解 ①오랜 병 (구) ②꺼릴 (구) ③거상 (구) ※상중(喪中)에 있음.

〖疚心 구심〗 마음을 괴롭힘. 걱정함.
〖疚懷 구회〗 ①걱정함. ②친척의 죽음을 슬퍼함.

【疝】 산증 산

㉠shàn ㊐セン ㊤lumbago

字解 산증(산)

〖疝症 산증〗 한방에서, 아랫배와 불알이 붓고 아픈 병을 이르는 말.

【疥】 옴 개

㉠jiè ㊐カイ ㊤itch

字解 옴(개)

〖疥癬 개선〗 개선충(疥癬蟲)의 기생으로 생기는 전염성 피부병. 옴.

【疫】 염병 역

亠广疒疒疒疫疫

㉠ yì ㊐エキ(えやみ)
㊤pestilence

字源 형성자. 疒(녁)은 의미 부분이고, 殳(수)는 役(역)의 생략형으로 발음 부분이다.

字解 염병, 전염병, 돌림병(역)

〖疫痢 역리〗 여름철에 어린아이들이 흔히 걸리는 전염성 설사병의 총칭.
〖疫疾 역질〗 '천연두(天然痘)'를 한방(漢方)에서 일컫는 말.
〖免疫 면역〗 체내에 들어온 항원(抗原)에 대하여 항체(抗體)가 만들어져, 같은 항원에 대해서는 저항력을 가지는 일.
〖防疫 방역〗 소독·예방 주사 등의 방법으로 전염병의 발생을 미리 막음.

【疣】 사마귀 우

㉠yóu ㊐ユウ(いぼ) ㊤wart

字解 사마귀(우)

〖疣目 우목〗 무사마귀.

〖疣贅 우췌〗 사마귀와 혹. '쓸데없는 물건'을 이름.
〖疣痔 우치〗 항문 주변이 혹처럼 불거져 피가 나는 치질. 血痔(혈치).

【痂】 부스럼 딱지 가

㉠jiā ㊐カ ㊤a scab

字解 부스럼 딱지(가)

〖痂疕 가비〗 부스럼이 아물었을 때 생기는 딱지.

【疳】 감질 감

㉠gān ㊐カン ㊤scab

字解 감질(감)

〖疳疾 감질〗 ①어린아이의 영양 장애·만성 소화 불량 등의 병. 疳病(감병). ②國먹고 싶거나 가지고 싶어 애가 타는 마음.

【痀】 곱사등이 구

㉠jū ㊐ク ㊤humpback

字解 곱사등이(구)

〖痀瘻 구루〗 곱사등이. 꼽추. ⓑ佝僂(구루).

【疸】 황달 달

㉠dǎn ㊐タン ㊤jaundice

字解 황달(달)

〖黃疸 황달〗 간장(肝臟)의 탈로 말미암아 담즙(膽汁)의 색소가 혈액에 들어가서 온몸이 누렇게 되는 병.

【疼】 아플 동

㉠téng ㊐トウ(うずく) ㊤ache

字解 아플(동)

〖疼痛 동통〗 몸이 쑤시고 아픔. 또는 그 통증.

【病】 병들 병

亠广疒疒疒病病病

㉠bìng ㊐ビョウ(やまい)
㊤disease

字源 형성자. 疒(녁)은 의미 부분이고, 丙(병)은 발음 부분이다.
字解 ①병들, 질병(병) ¶病患(병환) ②흠, 결점(병) ¶病弊(병폐)
【病暇 병가】 병으로 인한 휴가.
【病菌 병균】 병을 일으키는 세균.
【病床 병상】 병든 사람이 누워 있는 침상. 病牀(병상).
【病院 병원】 병자를 진찰·치료하기 위하여 설비해 놓은 건물.
【病弊 병폐】 결점과 폐단.
【病患 병환】 '병'의 높임말.
【看病 간병】 병자를 보살핌.
【持病 지병】 잘 낫지 않아 늘 앓으면서 고통당하는 병.
【疾病 질병】 신체의 온갖 장애로 일어나는 병.

【疵】 허물 자

명 ⊕cī ⊕シ(きず) 英blemish
字解 ①허물, 흠(자) ②병(자)
【疵癘 자려】 병. 재앙.
【瑕疵 하자】 옥의 티. 흠. 결점.

【疽】 등창 저

명 ⊕jū ⊕ソ ulcer
字源 등창, 종기(저)
【疽症 저증】 악성(惡性)의 종기.

【症】 증세 증

명 ⊕zhèng ⊕ショウ 英symptom
字源 형성자. 疒(녁)은 의미 부분이고, 正(정)은 발음 부분이다.
字解 증세(증)
【症勢 증세】 병으로 말미암아 나타나는 현상이나 상태. 症狀(증상).
【渴症 갈증】 목마름.
【炎症 염증】 세균이나 독소로 인하여 피부가 붉게 부어오르며 아픈 병.
【痛症 통증】 아픈 증세.

【疹】 홍역 진

명 ⊕zhěn ⊕シン 英rash

字解 ①홍역(진) ②두창(진)
【發疹 발진】 열병 따위로 말미암아 피부나 점막에 좁쌀만한 종기가 생김, 또는 그 종기.
【濕疹 습진】 살갗에 생기는 염증. 가렵고 수포(水疱)나 고름 따위가 생김.

【疾】 병 질

⊕jí ⊕シツ(やまい) 英disease
字源 회의자→형성자. 갑골문·금문을 보면 疾으로 썼는데, 화살이 사람의 겨드랑이에 끼어 있는 모습의 회의자이다. '사람이 화살에 맞아 병이 났다' 또는 '화살이 빠르게 날아오다'라는 뜻을 나타낸다. 소전에서는 疒(녁)이 의미 부분이고 矢(시)가 발음 부분인 형성자의 구조로 바뀌었다.
字解 ①병, 질병(질) ¶惡疾(악질) ②미워할, 꺼릴(질) ¶疾視(질시) ③빠를(질) ¶疾走(질주)
【疾病 질병】 몸의 온갖 기능 장애로 말미암은 병. 疾患(질환).
【疾視 질시】 밉게 봄. 밉게 여김.
【疾走 질주】 빨리 달림.
【疾風怒濤 질풍노도】 몹시 빠르게 부는 바람과 무섭게 소용돌이치는 물결.
【痼疾 고질】 오래되어 고치기 어려운 병. 宿疾(숙질). 持病(지병).
【惡疾 악질】 고치기 어려운 병.

【疱】 천연두 포

명 ⊕pào ⊕ホウ 英small pox
字解 천연두, 마마(포)

【疲】 지칠 피

⊕pí ⊕ヒ(つかれる) 英tired
字源 형성자. 疒(녁)은 의미 부분이고, 皮(피)는 발음 부분이다.
字解 지칠, 피곤할, 느른할(피)
【疲困 피곤】 몸이 지치어 고달픔.
【疲勞 피로】 몸이나 정신이 지치어 느

【疲弊 ㅍㅖ】지치고 쇠약해짐.

【痒】 ❶가려울 양 ❷음 양

명 ⊕yǎng ⊕ヨウ ⊛itch
字解 ❶가려울(양)=癢 ❷음(양)
【隔靴搔痒 격화소양】신을 신고 발바닥을 긁음. '정통을 찌르지 못하고 겉돌기만 하여 안타까움'을 이름.

【痍】 상처 이

명 ⊕yí ⊕イ ⊛wound
字解 상처, 상처 날(이)
【傷痍 상이】몸에 입은 상처.
【創痍 창이】무기에 다친 상처.

【痔】 치질 치

명 ⊕zhì ⊕ジ ⊛piles
字解 치질(치)
【痔疾 치질】항문(肛門)의 안팎에 나는 종기의 총칭.

【痕】 흔적 흔

명 ⊕hén ⊕コン(あと) ⊛vestige
字解 ❶흔적, 자취(흔) ¶殘痕(잔흔) ❷흉터(흔) ¶傷痕(상흔)
【痕迹 흔적】뒤에 남은 자취나 자국. 통痕跡(흔적).
【傷痕 상흔】다친 자리의 흉터.
【殘痕 잔흔】남은 흔적.
【血痕 혈흔】피를 흘린 흔적.

【痙】 경련할 경

명 ⊕jīng ⊕ケイ ⊛convulsion
字解 경련할, 힘줄 땅길(경)
【痙攣 경련】근육이 발작적으로 수축하는 현상.

【痘】 마마 두

⊕dòu ⊕トウ ⊛smallpox

字解 마마, 천연두(두)
【痘瘡 두창】천연두(天然痘). 마마.
【水痘 수두】작은 마마.
【牛痘 우두】천연두를 예방하기 위하여 소에서 뽑은 면역 물질.

【痢】 이질 리

명 ⊕lì ⊕リ ⊛dysentery
字解 이질(리)
【痢疾 이질】곱똥이 나오면서 뒤가 잦은 병. 痢漸(이점). 赤痢(적리).

【痞】 속 결릴 비

⊕pǐ ⊕ヒ ⊛indigestion
字解 ❶속 결릴(비) ❷가슴 답답할(비)
【痞滿 비만】가슴과 배가 부르고 속이 답답하여 숨이 가빠지는 병.

【痛】 아플 통

亠 广 疒 疒 疖 疳 痈 痛

고 ⊕tòng ⊕ツウ(いたむ) ⊛pain
字源 형성자. 疒(녁)은 의미 부분이고, 甬(용)은 발음 부분이다.
字解 ❶아플(통) ❷원통할, 속상할(통) ¶痛憤(통분) ❸심할, 몹시(통) ¶痛快(통쾌)
【痛感 통감】①아픈 감각. ②마음에 사무치도록 심하게 느낌.
【痛烈 통렬】몹시 매섭고 가차없음.
【痛憤 통분】원통하고 분함.
【痛症 통증】아픈 증세.
【痛快 통쾌】마음이 아주 시원함.
【痛歎 통탄】몹시 슬퍼 탄식함.
【痛恨 통한】가슴 아프게 몹시 한탄함.
【悲痛 비통】슬퍼서 마음이 아픔.
【寃痛 원통】분하고 억울함.
【陣痛 진통】①해산할 때 주기적으로 되풀이되는 복통. ②'사물이 이루어질 무렵에 겪는 어려움'의 비유.

【痼】 고질 고

명 ⊕gù ⊕コ ⊛chronic
字解 고질(고)

【痼疾 고질】오래되어 고치기 어려운 병. 宿疾(숙질). 持病(지병).

【痰】 담 담

명 ⊕tán ⊖タン ⊛phlegm
字解 담, 가래(담)
【痰唾 담타】가래가 목구멍에 엉키어 뱉을 수도 삼킬 수도 없는 병.
【血痰 혈담】피가 섞여 나오는 가래.

【痳】 임질 림

명 ⊕lín ⊖リン ⊛gonorrhea
字解 임질(림)≒淋
【痳疾 임질】요도·생식기 등에 화농성 염증을 일으키는 성병.
참고 痲(마 : 554)는 딴 자.

【痲】 홍역 마

명 ⊕má ⊖マ ⊛measles
字解 ①홍역(마) ¶痲疹(마진) ②뻣뻣할, 저릴(마) ¶痲痹(마비)
【痲痹 마비】몸의 전부 또는 일부가 감각이 없어지는 상태.
【痲藥 마약】마취나 환각 작용을 일으키는 약물의 총칭.
【痲醉 마취】약물 등으로 생물체의 감각을 일시적으로 마비시키는 일.
【痲瘋 마풍】문둥병의 한 가지.
참고 痳(림 : 554)은 딴 자.

【痺】 저릴 비

명 ⊕bì ⊖ヒ ⊛numb
字解 저릴, 마비될(비)

【痺】 암메추리 비

명 ⊕bì ⊖ヒ ⊛quail
字解 ①암메추리(비) ②저릴(비)≒痲

【瘀】 멍들 어

명 ⊕yū ⊖オ ⊛get a bruise
字解 멍들, 어혈질(어)

【瘀血 어혈】타박상 등으로 피가 한곳에 맺혀 있는 증세. 積血(적혈).

【瘁】 병들 췌

본취
⊕cuì ⊖スイ(やむ) ⊛fall ill
字解 ①병들(췌) ②여월, 고달플(췌) ③무너질, 힐릴(췌)
【瘁搖 췌요】병들고 피로함.

【痴】

명 癡(556)의 俗字

【瘍】 헐 양

명 ⊕yáng ⊖ヨウ ⊛boil
字解 ①헐(양) ②종기(양)
【潰瘍 궤양】피부나 점막(粘膜)이 헐어서 짓무르는 병.

【瘐】 앓을 유

⊕yǔ ⊖ユ ⊛be sick
字解 앓을, 병들(유)
【瘐死 유사】죄수가 고문·기한(飢寒)·질병 등에 시달려 옥중에서 죽음.
참고 瘦(수 : 555)는 딴 자.

【瘖】 벙어리 음

⊕yin ⊖イン ⊛dumb
字解 벙어리(음)≒喑
【瘖聾 음롱】벙어리와 귀머거리.
【瘖啞 음아】벙어리.

【瘋】 두풍 풍

⊕fēng ⊖フウ ⊛insanity
字解 ①두풍(풍) ※'두풍(頭風)'은 머리가 늘 아프고 부스럼이 나는 병. ②미치광이(풍)
【瘋癲 풍전】'후천적 병증으로 미친 사람'을 이름. 風顚(풍전).

【瘧】 학질 학

⊕nüè ⊖ギャク(おこり) ⊛malaria

扩部 12획

【瘧疾 학질】말라리아.
【腹瘧 복학】비장(脾臟)이 붓고 한열(寒熱)이 심한, 어린아이의 병. 자라해.

扩 10 [瘤] 혹 류 运 본 瘤
⑮
명 ㊥liú ㊐リュウ ㊎tumor
字解 혹(류)
【瘤腫 유종】혹. 瘤贅(유췌).

扩 10 [瘢] 흉터 반 寒
⑮
명 ㊥bān ㊐バン ㊎scar
字解 ①흉터(반) ②자국, 흔적(반) ③허물, 잘못(반)
【瘢痕 반흔】흉터. 瘢創(반창).

扩 10 [瘙] 종기 소 運
⑮
명 ㊥sào ㊐ソウ ㊎tumor
字解 종기, 부스럼(소)

扩 10 [瘦] 여윌 수 囿
⑮
명 ㊥shòu ㊐シュウ(やせる) ㊎lean
字解 여윌, 파리할(수)
【瘦面 수면】여윈 얼굴. 파리한 얼굴.
【瘦瘠 수척】여윔. 파리함.
참고 痩(유:554)는 딴 자.

扩 10 [瘞] 묻을 예 齊
⑮ 瘞
㊥yì ㊐エイ ㊎bury
字解 ①묻을(예) ②무덤(예) ③제터(예) ※제사를 지내는 곳.
【瘞埋 예매】지신(地神)에게 제사 지낸 제물을 땅에 묻는 의식.
【瘞位 예위】제사가 끝난 뒤 축(祝)과 백(帛)을 묻는 곳.
【瘞錢 예전】장사 때 함께 묻는 돈.

扩 10 [瘟] ❶염병 온 元
⑮ ❷괴로워할 올 月
명 ❶㊥wēn ㊐オン ㊎pestilence
字解 ❶염병(온) ❷괴로워할(올)

扩 10 [瘡] 부스럼 창 陽 간 瘡
⑮
명 ㊥chuāng ㊐ソウ(かさ) ㊎tumor
字解 ①부스럼, 종기(창) ②상처, 흉터(창)
【瘡病 창병】한방에서, '매독'을 이르는 말. 唐瘡(당창). 瘡疾(창질).
【蓐瘡 욕창】환자가 병상(病床)에 오래 누워 있음으로 해서 피부가 짓물러 생긴 상처.

扩 10 [瘠] 파리할 척 囿
⑮
명 ㊥jí ㊐セキ(やせる) ㊎lean
字解 ①파리할, 여윌(척) ¶瘠馬(척마) ②메마를(척) ¶瘠土(척토)
【瘠馬 척마】파리한 말.
【瘠薄 척박】토지가 메마름.
【瘠土 척토】메마른 땅.
【瘦瘠 수척】몸이 마르고 파리함.

扩 11 [瘻] ❶부스럼 루 ❷곱사등이 루 運 瘻
⑯
명 ㊥lòu ㊐ル ㊎tumor
字解 ❶부스럼(루) ❷곱사등이(루)
【痔瘻 치루】한방에서 이르는 치질의 한 가지. ⑧痔漏(치루).
【痀瘻 구루】곱사등이. ⑧佝僂(구루).

扩 11 [瘼] 병 막 藥
⑯
㊥mò ㊐バク ㊎sickness
字解 병, 병들(막)

扩 11 [瘴] 장기 장 運
⑯
㊥zhàng ㊐ショウ ㊎miasma
字解 장기, 풍토병(장)
【瘴氣 장기】열대 지방의 개펄에서 일어나는 독이 있는 기운.
【瘴疫 장역】장기(瘴氣)로 인하여 생기는 열병.

扩 12 [癇] 경기 간 속 간 癇癎 痫
⑰ 本한
㊥xián ㊐カン ㊎fit

疒部 12획

【癎】 ①경기(간) ②간질(간)
【癎病 간병】 어린아이가 경련을 일으키는 병. 驚氣(경기). 驚風(경풍).
【癎疾 간질】 갑자기 몸을 뒤틀거나 까무러치는 따위의 증상을 일으키는 병. 지랄병. 癲癎(전간).

【痫】 癎(555)의 俗字

【療】 병 고칠 료
㉠liáo ㉡リョウ ㉥cure
字解 병 고칠(료)
【療飢 요기】 시장기를 면할 만큼 조금 먹음.
【療養 요양】 병을 치료하며 조섭함.
【診療 진료】 진찰하고 치료함.
【治療 치료】 병을 다스려서 낫게 함.

【癃】 파리할 륭
㉠lóng ㉡リュウ ㉥emaciated
字解 ①파리할(륭) ②늙을(륭) ③곱사등이(륭)
【癃疾 융질】 곱사등이. 꼽추.

【癌】 암 암
㉠ái ㉡ガン ㉥cancer
字解 암(암)
【胃癌 위암】 위에 생기는 암종.
【抗癌劑 항암제】 암 치료에 쓰이는 약제.

【廢】 고질 폐
㉠fèi ㉡ハイ ㉥incurable
字解 고질, 폐질(폐)

【癘】 ❶염병 려 ❷문둥병 라
㉠lì, lài ㉡レイ ㉥pestilence
字解 ❶염병, 유행병(려) ❷문둥병(라) 늑癩
【癘疫 여역】 전염병. 돌림병.

疒部 13획

【癖】 버릇 벽
㉠pǐ ㉡ヘキ(くせ) ㉥habit
字解 ①버릇, 습관(벽) ¶盜癖(도벽) ②적병, 적취(벽) ¶癖積(벽적)
【癖積 벽적】 오랜 체증으로 인하여 뱃속에 덩어리가 생기는 병.
【潔癖 결벽】 남달리 깨끗함을 좋아하는 성벽(性癖).
【盜癖 도벽】 물건을 훔치는 버릇.
【酒癖 주벽】 ①술을 즐겨 마시는 버릇. ②취중에 드러나는 버릇.

【癕】 癰(557)과 同字

【癒】 병 나을 유
㉠yù ㉡ユ(いえる) ㉥heal
字解 병 나을(유)
【癒着 유착】 별개의 사물이 비정상적으로 서로 맞붙어 버리는 일.
【治癒 치유】 치료로 병이 나음.
【快癒 쾌유】 병이 완전히 나음.

疒部 14획

【癡】 어리석을 치
㉠chī ㉡チ(おろか) ㉥foolish
字解 어리석을(치)
【癡呆 치매】 정상적인 정신 기능을 잃어버린 상태.
【癡情 치정】 옳지 못한 관계로 맺어진 남녀 간의 애정.
【白癡 백치】 지능 정도가 극히 낮은 사람. 天痴(천치).
【音癡 음치】 음(音)에 대한 감각이 둔한 상태, 또는 그런 사람.

疒部 15획

【癢】 가려울 양
㉠yǎng ㉡ヨウ ㉥itchy
字解 가려울(양)=痒
【搔癢 소양】 가려운 곳을 긁음.

【癤】 부스럼 절
㉠jiē ㉡セツ ㉥tumor
字解 ①부스럼(절) ②멍울(절)

疒 16 ㉑ 【癨】 곽란 곽 [藥]

中huò 日カク

[字解] 곽란(곽) ≒霍

【癨亂 곽란】 구토와 설사를 하며 심한 복통을 일으키는 급성 위장병.

疒 16 ㉑ 【癩】 문둥병 라 [本]뢰 [泰] [간] 癞

[명] 中lài 日ライ 英leprosy

[字解] 문둥병(라) ≒癘

【癩病 나병】 문둥병.

疒 17 ㉒ 【癬】 버짐 선 [銑]

[명] 中xuǎn 日セン 英ringworm

[字解] ①버짐(선) ②옴(선)

【癬瘡 선창】 버짐.

【疥癬 개선】 옴.

【白癬 백선】 쇠버짐.

疒 18 ㉓ 【癰】 등창 옹 [冬] [동] 癕 [간] 痈

[명] 中yōng 日ヨウ 英carbuncle

[字解] 등창, 악창, 종기(옹)

【癰疽 옹저】 한방에서, '큰 종기'를 통틀어 이르는 말.

【吮癰舐痔 연옹지치】 종기(腫氣)를 빨고 치질을 핥음. '지나치게 아첨함'을 이름.

疒 19 ㉔ 【癲】 미칠 전 [先] [간] 癫

[명] 中diān 日テン 英mad

[字解] ①미칠(전) ②지랄병(전)

【癲癎 전간】 지랄병. 癎疾(간질).

【癲狂 전광】 실없이 웃는 미친 병.

5 癶 部

癶 0 ⑤ 【癶】 걸을 발 [曷]

中bō 日ハチ 英walk

[字源] 회의자. 발이 서로 등지고 있는 모습이다. 止(지)와 㐅(달)은 모두 의미 부분이다. 癶부에 속하는 글자는 대부분 발과 관계있는 뜻을 가진다.

[字解] ①걸을(발) ②부수의 하나(필발머리)

癶 4 ⑨ 【癸】 열째 천간 계 [本]규 [紙]

[중] 中guǐ 日キ(みずのと)

[字源] 화살을 겹쳐 놓은 모습, 葵(해바라기 규) 자의 원시 형태, 戣(창 규)의 본자, 물이 사방에서 흘러드는 모습을 그린 상형자 등 여러 주장이 있으나 아직 정설이 없다.

[字解] ①열째 천간(계) ②월경, 월수(계) ③헤아릴(계)

【癸時 계시】 이십사시의 둘째 시. 곧, 상오 0시 30분~1시 30분.

【天癸 천계】 한방에서 '월경(月經)'을 일컫는 말.

癶 4 ⑨ 【発】 發(558)의 俗字

癶 7 ⑫ 【登】 오를 등 [蒸]

[중] 中dēng 日ト, トウ(のぼる) 英climb

[字源] 회의자. 癶(발)과 豆(두)는 모두 의미 부분이다. 제기(祭器)인 豆를 두 손으로 받들고 계단을 오르는 모습으로, '오르다'라는 뜻은 여기에서 나왔다.

[字解] ①오를(등) ¶ 登頂(등정) ②실을, 기재할(등) ¶ 登錄(등록)

【登校 등교】 학교에 출석함.

【登極 등극】 임금의 자리에 오름. 即位(즉위).

【登壇 등단】 ①연단이나 교단에 오름. ②문단(文壇) 같은 특수 분야에 처음 나타남.

【登錄 등록】 문서에 적어 둠.

【登攀 등반】 높거나 험한 곳에 더위잡아 오름.

【登山 등산】 산에 오름.

【登用 등용】 인재를 뽑아 씀.
【登龍門 등용문】 용문에 오름. '어려운 관문을 통과하여 입신출세함'의 비유.
📖 용문(龍門)은 황허 강(黃河江)의 상류에 있는 급류로, 잉어가 이곳을 오르면 용이 된다는 데서 온 말.
【登場 등장】 배우 등이 무대 같은 데에 나옴.
【登載 등재】 신문·잡지·장부 등에 사실을 적거나 실음.
【登頂 등정】 산 따위의 정상에 오름.

'登'이 붙은 한자

凳 걸상(등)　鄧 나라 이름(등)
橙 등자나무(등)　燈 등잔(등)
證 증거(증)　澄 맑을(징)

【發】 필 발 🔳 発 发 あ
⑦⑫
ㄱ ㄲ ㄲ' 癶 癶' 癶" 癶'" 發 發
중 ⓜfā ⓙハツ(はなつ) ⓔbloom
字源 형성자. 본래 '활을 쏘다'라는 뜻이다. 弓(궁)은 의미 부분이고, 癶(발)은 발음 부분이다.
解字 ①필(발) ¶滿發(만발) ②쏠(발) ¶發射(발사) ③일어날(발) ¶發生(발생) ④떠날(발) ¶發車(발차) ⑤드러낼, 들출(발) ¶發揮(발휘)

【發覺 발각】 숨겨져 있던 일이 드러남, 또는 드러냄.
【發刊 발간】 책이나 신문 등을 박아 펴냄. 發行(발행).
【發見 ❶발견 ❷발현】 ❶처음으로 새로운 사물을 찾아냄. ❷나타남. 出現(출현).
【發端 발단】 일이 처음으로 일어남, 또는 일의 실마리.
【發達 발달】 학문·사회가 진보하여 더 높은 경지에 이름.
【發令 발령】 명령을 내림.
【發射 발사】 총포·로켓 등을 쏨.
【發祥地 발상지】 큰 사업이나 문화가 처음으로 일어난 땅.
【發生 발생】 생겨나거나 태어남.
【發育 발육】 생물이 차차 크게 자람.
【發議 발의】 회의에서 의안을 제출함.
【發作 발작】 어떠한 병이나 증세가 때때로 갑자기 일어남.
【發展 발전】 어떤 상태·세력 따위가 보다 좋거나 성하게 되어 감.
【發車 발차】 차가 떠남.
【發砲 발포】 포탄(砲彈)을 쏨.
【發表 발표】 대중 앞에서 의견이나 생각을 진술함.
【發揮 발휘】 지니고 있는 재능이나 힘 등을 외부에 드러냄.
【啓發 계발】 슬기와 재능을 열어 깨우쳐 줌. 啓蒙(계몽).
【滿發 만발】 꽃이 활짝 핌.
【摘發 적발】 숨어 드러나지 않는 것을 들추어냄.

5　白 部

【白】 흰 백 🔳
⑤
⑤
ノ ィ 冂 白 白
중 ⓜbái ⓙハク(しろい) ⓔwhite
字源 태양의 끝이 날카로운 모습으로, 태양이 막 솟아 나왔을 때 그 빛이 눈부시므로 '희다'라는 뜻이 비롯되었다는 설, 엄지손가락을 본뜬 상형자로 맏이·작위(爵位)의 뜻은 여기에서 파생되었고 '흰색'이라는 뜻은 가차된 것이라는 설, 코를 그린 상형자인 自(자)와 같은 글자라는 설, 촛불의 불꽃을 그린 것이라는 설 등이 있다.
解字 ①흰, 흴(백) ¶白衣(백의) ②깨끗할(백) ¶潔白(결백) ③밝을(백) ¶明白(명백) ④아뢸(백) ¶告白(고백) ⑤빌(백) ¶餘白(여백)

【白骨難忘 백골난망】 죽어 백골이 되어도 은혜를 잊을 수 없음.
【白眉 백미】 흰 눈썹. '여럿 중에서 가장 뛰어난 것'을 이름.
故事 촉한(蜀漢)의 마씨(馬氏) 집 다섯 형제가 모두 재주가 뛰어났으나, 그중에서도 눈썹에 흰 털이 섞인 마량(馬良)이 가장 뛰어났다는 고사에서 온 말.

【白髮 백발】하얗게 센 머리털.
【白眼視 백안시】시쁘게 여기거나 냉대(冷待)하는 눈으로 봄.
【白夜 백야】①달이 밝은 밤. ②고위도 지방에서, 박명(薄明)이 오랜 시간 계속되는 현상.
【白衣 백의】①흰옷. ②벼슬이 없는 선비.
【白衣從軍 백의종군】벼슬이 없이 군대를 따라 전장에 나감.
【白晝 백주】대낮.
【白癡 백치】천치. 바보.
【潔白 결백】깨끗하여 허물이 없음.
【告白 고백】마음속에 숨기고 있던 것을 털어놓음.
【獨白 독백】연극에서, 배우가 상대자 없이 혼자 하는 대사.
【明白 명백】뚜렷하고 환함.
【餘白 여백】지면(紙面)의 비어 있는 부분.
【蒼白 창백】얼굴이 해쓱함.

'白'이 붙은 한자

拍 손뼉 칠(박)　泊 배 댈(박)
珀 호박(박)　　　迫 핍박할(박)
粕 지게미(박)　　舶 큰 배(박)
鉑 금박(박)　　　伯 맏(백)
帛 비단(백)　　　柏 측백나무(백)
魄 넋(백)

白 【百】 일백 백
1
⑥

一 ㄣ 厂 百 百 百

중 ⓗbǎi ⓙヒャク(もも) ⓔhundred
字源 지사자. 白(흰 백) 자에 한 획을 그어 숫자 100을 표시하였다.
字解 ①일백(백) ¶百世(백세) ②모두, 여러(백) ¶百穀(백곡)
【百穀 백곡】온갖 곡식.
【百發百中 백발백중】백 번 쏘아 백 번 다 맞힘. '쏘기만 하면 어김없이 맞힘', 또는 '계획이나 예상이 다 들어맞음'을 이름.
【百姓 백성】일반 국민. 서민.
【百歲 백세】①백 년. ②백 살.
【百戰百勝 백전백승】백 번 싸워 백 번 이김. '싸울 때마다 이김'을 이름.
【百折不掘 백절불굴】백 번 꺾여도 굴하지 않음. '어떤 난관에도 굽히지 않음'을 이름.
【百尺竿頭 백척간두】아주 높은 장대의 꼭대기. '매우 위태롭고 어려운 지경'을 이름.
【凡百 범백】①모든 사물. ②상규(常規)에서 벗어나지 않는 언행.

白 【皁】 하인 조
2
⑦

ⓗzào ⓙソウ ⓔservant
字解 ①하인, 종(조) ②검을(조) ③마구간(조)
【皁櫪 조력】①마구간. ②마판.
【皁白 조백】검은색과 흰색.
【皁隸 조례】하인. 종.
참고 부(조: 386)는 딴 자.

白 【的】 적실할 적
3
⑧

' ㄧ 亻 白 白 白 的 的

중 ⓗdì, dí ⓙテキ(まと) ⓔcertain
字源 형성자. 白(백)은 의미 부분이고, 勺(작)은 발음 부분이다.
字解 ①적실할(적) ¶的確(적확) ②과녁(적) ¶的中(적중) ③적(적) ※ '…의'의 뜻으로 쓰임. ¶公的(공적)
【的實 적실】틀림이 없이 확실함.
【的中 적중】①화살이 과녁에 맞음. ②예측이 들어맞음.
【的確 적확】틀림없음. 확실함.
【公的 공적】공공(公共)에 관한 것.
【標的 표적】목표로 삼는 물건.

白 【皆】 다 개
4
⑨

一 ㄱ ㄅ ㄅㅌ ㄅㅌ ㄅㅌ ㄅㅌ 皆

중 ⓗjiē ⓙカイ(みな) ⓔall
字源 회의자. 比(비)와 白(백)은 모두 의미 부분인데, 금문이나 고문에는 白이나 口(구) 또는 曰(왈)로 되어 있다. 곧 두 사람(比)이 하나의 입을 가지고 있으므로, '모두 같은 말을 하다'라는 뜻이다.
字解 다, 모두, 함께(개)
【皆勤 개근】일정한 기간 동안 하루도 빠짐없이 출석하거나 출근함.

【皆兵 개병】 모든 국민이 병역의 의무를 지는 일.
【擧皆 거개】 거의 모두. 대체로 모두.

【皇】 임금 황

ʼ ㄏ 白 白 自 阜 阜 皇

음 ㊥huáng ㊐コウ(すめらぎ) ㊧emperor

字源 상형자 → 회의자. 금문을 보면 면류관을 그린 것이다. 소전에서는 自(자)와 王(왕)으로 이루어진 회의자로 바뀌었는데, 自는 본래 코를 그린 상형자로서 여기서는 '처음'이라는 뜻을 나타낸다.

字解 ①임금(황) ※'王'·'霸'에 비하여 공덕이 가장 높고 큰 임금을 이름. ¶ 皇帝(황제) ②클 (황) ¶ 皇天(황천)
【皇考 황고】 '돌아가신 아버지'의 높임말.
【皇帝 황제】 임금. 天子(천자). 📖 덕과 공이 삼황오제(三皇五帝)에 필적한다는 뜻으로, 진(秦)의 시황제(始皇帝)에서 비롯된 호칭.
【皇天 황천】 ①큰 하늘. ②하느님. 上帝(상제).
【皇后 황후】 황제의 정실(正室).
【敎皇 교황】 가톨릭 교회의 가장 높은 성직자.

'皇'이 붙은 한자

凰 봉황새 (황)	堭 당집 (황)
媓 어머니 (황)	徨 거닐 (황)
惶 두려워할 (황)	湟 해자 (황)
隍 해자 (황)	煌 빛날 (황)
瑝 옥 소리 (황)	遑 급할 (황)
篁 대밭 (황)	蝗 황충 (황)

【皐】 못 고

皐 皐

㊥gāo ㊐コウ ㊧hill

字解 ①못, 늪(고) ②높을(고) ③혼 부를(고) ④오월(고)
【皐復 고복】 죽은 사람의 혼을 부르는 의식(儀式). 招魂(초혼).
【皐月 고월】 '음력 5월'의 이칭(異稱).

【皋】 图 皐(560)의 俗字

【皎】 흴 교

皎 皎

음 ㊥jiǎo ㊐コウ(しろい) ㊧white
字解 ①흴(교) ②달빛(교) ③햇빛(교) ④밝을, 깨끗할(교)
【皎皎 교교】 ①매우 흰 모양. ②빛나고 밝은 모양.
【皎月 교월】 희고 밝은 달.

【皓】 흴 호

皓

음 ㊥hào ㊐コウ(しろい) ㊧white
字解 ①흴, 희게 빛날(호) ¶ 皓齒(호치) ②빛날, 밝을(호) ¶ 皓月(호월)
【皓魄 호백】 달, 또는 달빛.
【皓月 호월】 썩 맑고 밝은 달.
【皓齒 호치】 하얀 이. '미인의 아름다운 치아'를 이름.
【皓皓白髮 호호백발】 온통 하얗게 센 머리, 또는 그런 머리의 노인.

【晭】 밝을 주

음 ㊥chóu ㊐チウ ㊧bright
字解 밝을(주)

【皚】 흴 애

皚 皚

㊥ái ㊐ガイ ㊧white
字解 흴(애)
【皚皚 애애】 서리나 눈이 하얗게 내린 모양.

【皜】 흴 호

皜

㊥hào ㊐コウ ㊧white
字解 흴(호)
【皜皜 호호】 희고 깨끗한 모양.

【皞】 흴 호

皞

음 ㊥hào ㊐コウ ㊧white
字解 ①흴, 밝을(호) ②하늘(호) ③진득할(호)

{嗥天 호천} 하늘. 昊天(호천).

'皮'가 붙은 한자
坡 고개 (파)	波 물결 (파)
玻 파리 (파)	破 깨뜨릴 (파)
頗 자못 (파)	彼 저 (피)
披 헤칠 (피)	陂 방죽 (피)
疲 지칠 (피)	被 이불 (피)
詖 치우칠 (피)	跛 기대어 설 (피)

白 10 【皛】 나타날 효
15
㊀xiǎo ㊁キョウ ㊂appear
字解 ①나타낼(효) ②흴(효)

白 12 【皤】 흴 파
17
㊀pó ㊁ハ ㊂white
字解 ①흴, 머리 셀(파) ¶皤然(파연) ②볼록할(파) ¶皤腹(파복)
{皤腹 파복} 배가 불룩히 살진 모양.
{皤然 파연} 머리털이 센 모양.

白 13 【皦】 흴 교
18
㊀jiǎo ㊁キョウ ㊂white
字解 흴, 밝을(교)
{皦日 교일} 밝게 빛나는 해.

5 皮 部

皮 0 【皮】 가죽 피
5
丿 厂 广 广 皮
㊀pí ㊁ヒ(かわ) ㊂leather
字源 회의자. '广'는 革(가죽 혁)자의 반쪽이고, 여기에 손(又우)을 더하였으므로, '가죽을 벗기다'라는 뜻을 나타낸다.
字解 ①가죽, 털가죽(피) ②거죽, 겉, 껍질(피)
{皮骨相接 피골상접} 살갗과 뼈가 맞닿음. '몸이 몹시 여읨'을 이름.
{皮封 피봉} 편지를 봉투에 넣고 다시 싸서 봉한 종이. 겉봉.
{皮膚 피부} 동물의 몸의 겉을 싸고 있는 외피(外皮).
{皮相 피상} 겉으로 보이는 형상.
{皮革 피혁} 가죽의 총칭.
{脫皮 탈피} ①파충류나 곤충류가 성장해 허물을 벗는 일. ②일정한 상태나 처지에서 완전히 벗어남.

皮 7 【皴】 주름 준
12
㊀cūn ㊁シュン ㊂wrinkles
字解 ①주름(준) ②틀(준) ※피부가 갈라짐.
{皴法 준법} 산악·암석 등의 굴곡(屈曲)·중첩(重疊)이나 의복의 주름 등을 그리는 법.

皮 9 【皷】 鼓(837)의 俗字
14

皮 10 【皺】 주름살 추
15
㊀zhòu ㊁スウ(しわ) ㊂wrinkles
字解 주름살, 주름 잡힐(추)
{皺面 추면} 주름살이 잡힌 얼굴.
{皺紋 추문} 쭈글쭈글한 무늬.

5 皿 部

皿 0 【皿】 그릇 명
5
㊀mǐn ㊁ベイ(さら) ㊂vessel
字源 상형자. 옛날 식기(食器)를 그린 것이다. 皿부에 속하는 글자는 그릇과 관계있는 뜻이 많다.
字解 그릇(명)
{器皿 기명} 그릇.

皿 3 【盂】 바리 우
8
㊀yú ㊁ウ ㊂bowl
字解 바리, 밥그릇(우)
{盂方水方 우방수방} 사발이 모난 것

皿部 4획

이면 거기에 담긴 물도 모난 모양이 됨. '백성의 선악은 임금의 선악에 따라 결정됨'의 비유.

【盃】 명 杯(412)의 俗字

【盆】동이 분
명 ⊕pén ⊕ボン ⊛basin
字解 동이(분) ※ 질그릇의 일종.
【盆景 분경】관상하기 위해 화초나 나무를 분에 심은 것.
【盆栽 분재】관상(觀賞)을 위하여 화분에 심어서 가꾼 나무, 또는 그렇게 가꾸는 일.
【盆地 분지】산이나 대지(臺地)로 사방이 둘러싸인 평지.
【花盆 화분】화초를 심어 가꾸는 그릇. 꽃분.

【盈】찰 영
명 ⊕yíng ⊕エイ(みちる) ⊛full
字解 찰, 가득 찰, 충분할(영)
【盈月 영월】보름달. 滿月(만월).
【盈虧 영휴】①가득 참과 이지러짐. ②번영함과 쇠퇴함.

【盎】동이 앙
⊕àng ⊕オウ ⊛pot
字解 ①동이(앙) ②차서 넘칠(앙)

【盌】어질 온
명 ⊕wēn ⊕ヲン ⊛benevolent
字解 어질(온)

【盌】주발 완
명 椀碗
⊕wǎn ⊕ワン ⊛bowl
字解 주발, 바리(완)

【益】더할 익
八 公 ゲ 穴 犬 谷 谷 益
昃 ⊕yì ⊕エキ(ます) ⊛increase

字源 회의자. 皿(명)과 水(수)는 모두 의미 부분인데, '氺'는 水(물 수)의 변형이다. 본래 '물이 흘러 넘치다'라는 뜻인데, 뒤에 '넉넉하다'라는 뜻으로 쓰이자, 흘러넘치다는 뜻으로는 水를 더한 溢 자를 새로 만들어 보충하였다.
字解 ①더할, 보탤(익) ¶增益(증익) ②이익(익) ¶權益(권익)
【益者三友 익자삼우】사귀어 유익한 세 가지 유형의 벗. '정직한 벗, 신의가 있는 벗, 지식이 많은 벗'을 이름.
【益鳥 익조】농작물의 해충을 잡아먹는 등 직접·간접으로 인류에게 이익이 되는 새. 제비·황새 따위.
【權益 권익】권리와 그에 따른 이익.
【損益 손익】손해와 이익.
【收益 수익】일이나 사업 등을 하여 얻는 이익.
【有益 유익】이익이 있음. 이로움.
【利益 이익】①이롭고 도움이 되는 일. ②기업의 순소득.
【增益 증익】더하여 늘게 함.

【盍】어찌 아니할 합
⊕hé ⊛why not
字解 ①어찌 아니할(합) ≒盇 ※ '何不(어찌 …하지 않는가)'의 뜻으로, 의문(疑問)의 반어(反語)로 쓰임. ②합할, 모일(합) ③덮을(합)

【盖】 명 개 蓋(511)의 俗字

【盒】합 합
명 ⊕hé ⊕コウ(ふたもの)
字解 합(합) ※ 둥글넓적하고 뚜껑이 있는, 음식 그릇의 하나.
【饌盒 찬합】반찬·술안주 따위를 담는 여러 층으로 된 그릇.

【盔】바리 회
⊕kuī ⊕カイ ⊛bowl
字解 바리, 주발(회)

【盜】 도둑 도

ヽ ソ ギ ァ 次 次 浴 盗 盗

- 교 ㊥dào ㊐トウ(ぬすむ) ㊦thief
- 字源 회의자. 次(연)과 皿(명)은 모두 의미 부분이다. 그릇(皿)에 욕심이 나서 침(次)을 흘리고 있다는 뜻이다. 오늘날 '次'은 '涎(침 연)'자를 쓴다.
- 字解 ❶도둑(도) ❷훔칠(도)

【盜掘 도굴】 고분(古墳) 따위를 몰래 파헤쳐 부장품을 훔치는 일.
【盜難 도난】 물건을 도둑맞는 재난.
【盜伐 도벌】 산의 나무를 몰래 벰.
【盜癖 도벽】 물건을 훔치는 버릇.
【盜賊 도적】 남의 물건을 빼앗거나 훔치는 짓을 하는 사람.
【盜聽 도청】 몰래 엿들음.
【强盜 강도】 폭행·협박 등으로 남의 재물을 빼앗는 도둑.
【竊盜 절도】 물건을 몰래 훔침.

【盛】 ❶성할 성 ❷담을 성

厂 厄 成 成 成 成 盛 盛

- 중 ㊥shèng, chéng ㊐セイ(さかん) ㊦thriving
- 字源 형성자. 皿(명)은 의미 부분이고, 成(성)은 발음 부분이다.
- 字解 ❶성할, 많을(성) ¶盛況(성황) ❷담을(성) ¶盛水不漏(성수불루)

【盛大 성대】 아주 성하고 큼.
【盛衰 성쇠】 성함과 쇠함.
【盛需期 성수기】 어떤 물건이 한창 쓰이는 시기.
【盛水不漏 성수불루】 가득히 채운 물이 조금도 새지 않음. '사물이 빈틈없이 꽉 짜여져 있거나 지극히 정밀함'의 비유.
【盛業 성업】 사업이나 장사가 잘됨.
【盛行 성행】 성하게 행하여짐.
【盛況 성황】 성대하고 활기찬 모양.
【茂盛 무성】 초목이 우거짐.
【繁盛 번성】 한창 잘되어 성함.
【旺盛 왕성】 한창 성함.

【豐盛 풍성】 넉넉하고 많음.

【盟】 맹세할 맹

冂 冂 日 日 旳 明 明 盟 盟

- 교 ㊥méng ㊐メイ ㊦oath
- 字源 형성자. 皿(명)은 의미 부분이고, 明(명)은 발음 부분이다. 소전에서는 皿을 血(혈)로 썼다.
- 字解 맹세할, 맹세, 약속(맹)

【盟邦 맹방】 목적을 같이하여 서로 친선을 도모하는 나라.
【盟誓 맹서→맹세】 ①신불(神佛) 앞에서 약속함. ②굳게 다짐함, 또는 그 다짐.
【盟約 맹약】 맹세하여 약속함, 또는 그 약속.
【盟主 맹주】 동맹(同盟)의 중심이 되는 인물이나 단체.
【同盟 동맹】 둘 이상이 같은 목적이나 이익을 위하여 행동을 같이하기로 맹세하는 일.
【血盟 혈맹】 ①혈판(血判)을 찍어서 하는 맹세. ②굳은 맹세.

【盞】 잔 잔

- 명 ㊥zhǎn ㊐サン ㊦cup
- 字解 잔(잔) ※ 술잔·등잔 따위.

【盞臺 잔대】 술잔을 받쳐 놓는 그릇.
【燈盞 등잔】 기름을 담아 등불을 켜는 그릇.

【監】 ❶볼 감 ❷벼슬 이름 감

丨 イ 臣 臣 臣 탄 탄 監 監

- 교 ㊥jiān, jiàn ㊐カン(かんがみる) ㊦oversee
- 字源 회의자. 갑골문을 보면 '깼'으로, 물(一)이 담겨 있는 그릇(皿(명))을 사람(人(인))이 들여다보고(臣(目의 변형)) 있는 모습이다. 즉 '자신의 얼굴을 들여다보다'라는 뜻에서 '보다'·'감시하다'·'본보기' 등으로 의미가 발전되었다.
- 字解 ❶①볼, 살필, 단속할(감) ¶監督(감독) ②감옥(감) ¶監房(감

방) ❷벼슬 이름, 관청 이름(감) ¶監司(감사)
【監禁 감금】 가두어서 신체의 자유를 속박함.
【監督 감독】 감시하여 단속함, 또는 그런 일을 하는 사람.
【監房 감방】 감옥에서 죄인을 가두어 두는 방.
【監司 감사】 조선 시대의 각 도(道)의 장관. 觀察使(관찰사).
【監査 감사】 감독하고 검사함.
【監修 감수】 문서(文書)·서책(書册) 등의 저술이나 편집을 감독함.
【監視 감시】 경계하여 지켜봄.
【監獄 감옥】 '교도소(矯導所)'의 구칭(舊稱).
【舍監 사감】 기숙사에서 기숙생들의 생활을 감독하는 사람.
【收監 수감】 감방에 가둠.
【出監 출감】 감옥을 나옴. 出獄(출옥).

'監'이 붙은 한자

鑑 거울 (감)　濫 넘칠 (람)
藍 쪽 (람)　襤 누더기 (람)
籃 대바구니 (람)　檻 함거 (함)
艦 싸움배 (함)　轞 함거 (함)

盡 다할 진 [동][속간] 儘尽老

ㄱ ㄱ ㄹ ㄹ 圭 圭 妻 壽 盡

음 ⓒjìn ⓙジン(つきる) ⓔexhaust
字源 회의자. 갑골문을 보면 '皿'로, 그릇(皿(명)] 안의 벼(禾(화)]를 손(又(우))으로 잡고 있는 형태이다. 밥을 다 먹은 다음 그릇을 씻는 모습으로, '끝나다'·'다하다'라는 뜻은 여기서 나왔다.
字解 다할, 다됨(진)
【盡力 진력】 있는 힘을 다함.
【盡心 진심】 마음을 다함.
【盡人事待天命 진인사대천명】 인간으로서 할 수 있는 최선을 다하고 그 후는 천명에 맡김.
【盡忠報國 진충보국】 충성을 다하여 나라의 은혜에 보답함.
【極盡 극진】 더할 수 없이 지극함.
【賣盡 매진】 모조리 팔림.

【消盡 소진】 다 써서 없어짐.
【脫盡 탈진】 기운이 다 빠져 없어짐.
【蕩盡 탕진】 재물 등을 다 써서 없앰.

盤 쟁반 반 [동][간] 柈盘鎜

ㄱ ㄱ 月 舟 舟 般 般 盤 盤

ㄱ ⓒpán ⓙバン(さら) ⓔtray
字源 형성 겸 회의자. 皿(명)은 의미 부분이고, 般(반)은 발음 부분이다. 般 자는 본래 '쟁반을 만들다'라는 뜻이므로, 의미 부분도 겸한다.
字解 ❶쟁반(반) ¶小盤(소반) ❷받침, 대(반) ¶地盤(지반) ❸돌(반) ≒磐 ¶盤石(반석) ❹서릴(반) ≒蟠 ¶盤龍(반룡) ❺굽을(반) ¶盤旋(반선)
【盤據 반거】 땅을 굳게 차지하고 의거함. 근거를 단단히 잡음.
【盤溪曲徑 반계곡경】 꾸불꾸불한 시냇물과 길. '공정되고 억지스럽게 함'을 이름.
【盤龍 반룡】 땅에 서리고 있는 용.
【盤石 반석】 ① 너럭바위. ② '사물이 매우 안전하고 견고함'의 비유.
【盤旋 반선】 ① 빙빙 돎. ② 여기저기 돌아다님.
【盤松 반송】 키가 작고 가지가 옆으로 퍼진 소나무.
【基盤 기반】 기초가 되는 지반.
【小盤 소반】 작은 쟁반.
【錚盤 쟁반】 운두가 얕고 바닥이 넓적한 그릇.
【地盤 지반】 ① 땅의 표면. ② 일을 하는 데 기초나 근거가 될 만한 바탕.

盥 대야 관

ⓒguàn ⓙカン(たらい) ⓔbasin
字解 ①대야(관) ②손 씻을(관)
【盥手 관수】 손을 씻음.
【盥漱 관수】 손을 씻고 이를 닦음.

盧 검을 로 [간] 卢圥

음 ⓒlú ⓙロ ⓔblack
字解 ①검을, 검은빛(로) ②밥그릇(로)

【盧生之夢 노생지몽】노생의 꿈. '인생의 영고성쇠(榮枯盛衰)는 한바탕 꿈처럼 덧없음'을 이름. 참邯鄲之夢(한단지몽 : 336).

皿
12
(17)
【盪】❶씻을 탕
❷움직일 탕
荡 瀁
⊕dàng ⊕トウ(あらう, うごかす)
㉲wash
字解 ❶씻을(탕) ¶盪滌(탕척) ❷움직일, 흔들릴(탕) ¶盪舟(탕주)
【盪擊 탕격】물이 세차게 부딪침.
【盪滅 탕멸】물리쳐서 멸망시킴.
【盪舟 탕주】손으로 배를 밀어 옮김. '힘이 셈'을 이름.
【盪滌 탕척】더러운 것을 없애서 깨끗하게 함.

5 目 部

目
0
(5)
【目】눈 목
目
⊕mù ⊕モク(め) ㉲eye
字源 상형자. 사람의 눈을 그린 것이다.
字解 ❶눈(목) ¶目禮(목례) ❷볼(목) ¶目擊(목격) ❸조목(목) ¶目次(목차) ❹요점(목) ¶要目(요목) ❺우두머리(목) ¶頭目(두목)
【目擊 목격】직접 자기의 눈으로 봄.
【目禮 목례】눈으로 하는 인사.
【目錄 목록】어떤 물품의 이름을 일정한 순서대로 적은 것.
【目不識丁 목불식정】'丁'자를 보고도 알지 못함. '글자를 전혀 모름'의 비유.
【目不忍見 목불인견】눈으로 차마 볼 수 없음.
【目的 목적】지향하거나 실현하고자 하는 목표나 방향.
【目前 목전】눈앞.
【目次 목차】제목·항목 따위를 차례로 배열한 것.
【目標 목표】이루거나 도달하려는 대상이 되는 것.
【目下 목하】바로 지금.
【頭目 두목】우두머리.
【要目 요목】중요한 조목이나 항목.
【題目 제목】문학 작품 등에서, 그것의 내용을 보이거나 대표하는 이름.
【條目 조목】법률·규정 따위에서 정해 놓은 낱낱의 조항이나 항목.
【項目 항목】어떤 기준에 따라 나눈 일의 가닥.
참고 부수로 쓰일 때는 글자 모양이 '罒'로 되기도 한다.

目
3
(8)
【盲】소경 맹
盲
⼀ ⼇ ⼇ ⼇ 盲 盲 盲
⊕máng ⊕モウ(めくら) ㉲blind
字源 형성자. 目(목)은 의미 부분이고, 亡(망)은 발음 부분이다.
字解 ❶소경, 청맹과니(맹) ¶盲啞(맹아) ❷어두울(맹) ¶色盲(색맹)
【盲目 맹목】①먼눈. ②사리 분별에 어두움.
【盲信 맹신】옳고 그름의 분별 없이 무작정 믿음.
【盲啞 맹아】소경과 벙어리.
【盲人 맹인】소경. 瞽子(고자)
【盲點 맹점】①시신경이 망막 안으로 들어가는 곳에 있는 희고 둥근 부분. 망막이 없어 빛을 느끼지 못함. ②주의가 미치지 못하여 모르고 지나치기 쉬운 잘못된 점.
【盲從 맹종】옳고 그름을 가리지 않고 덮어놓고 남을 따름.
【文盲 문맹】글을 읽지도 쓰지도 못하는 무식한 사람.
【色盲 색맹】색각(色覺)에 이상이 생겨 색의 구별이 되지 않는 상태.

目
3
(8)
【直】❶곧을 직
❷값 치
直
⼀ ⼗ ⼗ ⼗ 冇 冇 直 直
⊕zhí ⊕チョク(なおす)
㉲straight
字源 회의자. 갑골문을 보면 눈〔目

(목)〕위에 ㅣ이 그어져 있는 모습이다. 똑바로 서 있는 물체를 바라본다는 뜻이다. 그런데 갑골문에서는 숫자 10을 'ㅣ'으로 썼으므로 많은〔ㅣ〕 물건을 본다〔目〕는 뜻이 된다. 금문에서는 'ㅣ'이 '十'으로 변하였고 소전에서 여기에 다시 'ㄴ'〔=隱(은)〕이 더해졌다.

字解 ❶①곧을, 바를(직) ¶剛直(강직) ②바로, 곧(직) ¶直販(직판) ③번, 번들(직) ¶當直(당직) ❷값(치)=値 ¶直千金(치천금)

【直感 직감】 사물을 접촉하였을 때 순간적으로 판단하는 느낌.
【直線 직선】 ①곧은 줄. ②두 점 사이의 가장 짧은 거리를 이은 선.
【直視 직시】 똑바로 내쏘아 봄.
【直言 직언】 ①정직한 말. ②자기가 믿는 대로 기탄없이 말함.
【直譯 직역】 자구(字句)나 어법(語法)에 따라 충실하게 번역함.
【直接 직접】 중간에 다른 것을 거치지 않고 바로.
【直通 직통】 막힘이 없이 곧장 통함.
【直販 직판】 유통 과정을 거치지 않고 생산자가 소비자에게 직접 팖.
【直筆 직필】 어떤 사실을 있는 그대로 적음.
【直千金 치천금】 천금의 가치.
【剛直 강직】 꿋꿋하고 곧음.
【當直 당직】 일직이나 숙직의 차례에 당함, 또는 그 사람.
【愚直 우직】 어리석고 고지식함.
【正直 정직】 마음이 바르고 곧음.

目 4획 ⑨ 【看】 볼 간

음 ㊥kàn, kān ㊐カン(みる) ㊀see
字源 회의자. 먼 곳을 바라본다는 뜻이다. 사람이 먼 곳을 바라볼 때는 손〔手(수)〕을 눈〔目(목)〕 위에 대고 바라보기 때문이다.
字解 ①볼(간) ¶看過(간과) ②지켜볼(간) ¶看病(간병)
【看過 간과】 따지지 않고 그대로 보아 넘김.
【看病 간병】 병자를 보살핌.
【看守 간수】 교도소에서 죄수의 감독과 그 밖의 사무에 종사하는 관리.
【看做 간주】 그러한 듯이 보아 둠. 그렇다고 침.
【看破 간파】 꿰뚫어 보아 속을 확실히 알아냄.
【看板 간판】 상호·업종 따위를 써서 내건 표지.
【看護 간호】 병자를 보살핌.

目 4획 ⑨ 【眄】 곁눈질할 면

명 ㊥miàn ㊐ベン ㊀squint
字解 ①곁눈질할, 한눈으로 볼(면) ②애꾸눈(면)
【左顧右眄 좌고우면】 왼쪽으로 돌아보고 오른쪽으로 곁눈질함. '앞뒤를 재고 망설임'을 이름. 左右顧眄(좌우고면).

目 4획 ⑨ 【明】 밝을 명

명 ㊥míng ㊐ヘイ ㊀bright
字解 밝을(명)=明

目 4획 ⑨ 【眊】 눈 흐릴 모

㊥mào ㊐ボウ, モウ ㊀dim-sighted
字解 눈 흐릴, 눈 어두울(모)
【昏眊 혼모】 눈이 어두움.

目 4획 ⑨ 【眇】 애꾸눈 묘

㊥miǎo ㊐ビョウ ㊀one-eyed
字解 ①애꾸눈(묘) ②적을(묘) ③아득할(묘)
【眇目 묘목】 ①사팔뜨기. 애꾸눈. ②눈을 가늘게 뜨고 봄.
【眇福 묘복】 복이 적음. 불행함.

目 4획 ⑨ 【眉】 눈썹 미

고 ㊥méi ㊐ビ, ミ(まゆ) ㊀eyebrow
字解 상형자. 눈〔目(목)〕 위의 눈썹〔尸〕을 그린 것이다.
字解 눈썹(미)

【眉間 미간】 두 눈썹 사이.
【眉目秀麗 미목수려】 얼굴이 빼어나게 아름다움.
【白眉 백미】 흰 눈썹. '여럿 중에서 가장 뛰어난 것'을 이름. 참白(558)
【蛾眉 아미】 누에나방의 촉각처럼 아름다운 미인의 눈썹.
【焦眉 초미】 눈썹에 불이 붙음. '매우 위급함'의 비유.

【盼】 ❶돌아볼 반
目4(9)
명 中pàn 日ハン 英look back
字解 ❶돌아볼(반) ❷바랄(반) ❸눈 아름다울(반)
【盼望 반망】 바람. 희망함.
【美盼 미반】 예쁜 눈, 또는 아름다운 눈짓.

【相】 ❶서로 상
目4(9) ❷볼 상

一 十 オ 木 木 朴 相 相 相

종 中xiāng, xiàng 日ショウ, ソウ(あい) 英mutual
字源 회의자. 본래 '나무(木(목))를 잘 살피다(目(목))'라는 뜻이다. 나무를 재목으로 쓰려면, 먼저 잘 살펴보아야 하기 때문이다. 뒤에 '서로'라는 뜻으로 가차되어, 이 뜻으로는 쓰이지 않게 되었다.
字解 ❶서로(상) ¶相對(상대) ❷①볼, 점칠(상) ¶相法(상법) ②도울(상) ¶輔相(보상) ③모양(상) ¶樣相(양상) ④재상(상) ¶首相(수상)
【相公 상공】 '재상(宰相)'의 존칭.
【相關 상관】 서로 관련을 가짐.
【相剋 상극】 서로 맞지 않거나 마주치면 충돌하는 상태를 이름.
【相談 상담】 서로 의논함.
【相當 상당】 ①서로 맞음. 적합함. ②일정한 액수나 수치 등에 해당함.
【相對 상대】 ①서로 마주 봄. ②서로 맞섬. 마주 겨룸. ③맞편.
【相反 상반】 서로 반대되거나 어긋남.
【相法 상법】 관상(觀相)하는 법.
【相逢 상봉】 서로 만남.
【相扶相助 상부상조】 서로서로 도움.
【相續 상속】 다음 차례에 이어 줌, 또는 이어받음.
【相殺 상쇄】 셈을 서로 비김.
【相應 상응】 서로 응하거나 어울림.
【相衝 상충】 맞지 않고 서로 어긋남.
【相互 상호】 피차간. 서로.
【觀相 관상】 사람의 얼굴을 보고 그의 성질이나 운명을 판단함.
【輔相 보상】 거들어 도움.
【首相 수상】 내각(內閣)의 우두머리.
【樣相 양상】 생김새. 모양. 모습.
【宰相 재상】 지난날, 왕을 보필하고 백관(百官)을 지휘·감독하던 벼슬.

【省】 ❶살필 성
目4(9) ❷덜 생

1 丨 丷 少 少 省 省 省 省

종 中xǐng, shěng 日セイ, ショウ(はぶく) 英watch
字源 형성자. 본래 의미 부분인 目(목)과 발음 부분인 屮 즉 生(생)으로 이루어졌는데, 에서에서 윗부분이 少(소) 자로 바뀌었다.
字解 ❶①살필, 볼(성) ¶省察(성찰) ②성(성) ※중국의 지방 행정 구역의 하나. ❷덜, 줄일(생) ¶省略(생략)
【省墓 성묘】 조상(祖上)의 산소를 찾아가서 배례하고 살핌.
【省察 성찰】 자신이 한 일을 돌이켜보고 깊이 생각함.
【省略 생략】 글·말 또는 일정한 절차에서 일부를 빼거나 줄임.
【歸省 귀성】 객지에서 부모를 뵈러 고향에 돌아감.
【反省 반성】 자기의 잘못을 깨닫기 위하여 스스로를 돌이켜 생각함.
【自省 자성】 스스로 반성함.
참고 '생'음도 인명용으로 지정됨.

【盾】 ❶방패 순
目4(9) ❷사람 이름 돈

명 ❶ 中dùn 日ジュン 英buckler
字解 ❶방패(순) ❷사람 이름(돈)

【矛盾 모순】말이나 행동의 앞뒤가 서로 맞지 아니함. ㉰矛(573)

【眈】노려볼 탐
㉠dān ㉡タン ㉭glare at
字解 노려볼(탐)
【虎視眈眈 호시탐탐】범이 눈을 부릅뜨고 먹이를 노려봄. '기회를 노리고 가만히 정세를 관망함'의 비유.
참고 耽(탐: 657)은 딴 자.

【県】縣(641)의 俗字

【盻】눈 흘길 혜
㉠xì ㉡ケイ(にらむ) ㉭glare at
字解 눈 흘길, 원망할(혜)
【盻恨 혜한】눈을 흘기며 원망함.

【眛】눈 어두울 매
㉠mèi, miè ㉡マイ ㉭dim
字解 눈 어두울, 눈 흘릴(매)

【眠】잠잘 면
ㅣㅣㅐ ㅐ ㅐ ㄸ ㄸ ㄸ 眠
㉠mián ㉡ミン(ねむる) ㉭sleep
字解 형성자. 目(목)은 의미 부분이고, 民(민)은 발음 부분이다.
字解 잠잘, 잠(면)
【眠食 면식】잠자는 일과 먹는 일.
【冬眠 동면】겨울잠.
【睡眠 수면】잠, 또는 잠을 잠.
【熟眠 숙면】깊이 잠듦, 또는 그 잠.
【永眠 영면】영원히 잠듦. 곧, 죽음.
【催眠 최면】잠이 오게 함.

【眥】❶흘겨볼 자 ❷눈초리 제
㉠zì ㉡セキ ㉭look askance
字解 ❶흘겨볼(자) ❷눈초리, 눈자위(제)
【眥睚 애자】곁눈질로 슬쩍 흘겨봄.

【裂眥 열제】성이 나서 눈을 부릅뜸.

【眞】참 진
ㅣ ㅏ ㅏ ㅏ 旨 旨 眞 眞 眞
㉠zhēn ㉡シン(まこと) ㉭true
字源 匕 즉 化(화)와 貝(패)로 이루어진 貨(재화 화) 자의 고자(古字)라는 설, 卜(복)과 貝로 이루어진 貞(점 칠 정) 자라는 설, 貝가 의미 부분이고 匕가 발음 부분인 형성자로 匕는 殄(다할 진) 자의 고자인 'ㄴ'를 거꾸로 쓴 것이라는 설 등이 있으나 아직 정설이 없다.
字解 ❶참, 진짜(진) ¶眞僞(진위) ❷천성, 꾸밈없을(진) ¶天眞無垢(천진무구) ❸초상(진) ¶寫眞(사진)
【眞價 진가】참된 값어치.
【眞談 진담】참말.
【眞理 진리】참된 도리. 바른 이치.
【眞味 진미】음식의 참맛.
【眞犯 진범】실제로 죄를 지은 사람.
【眞相 진상】①참된 모습. ②실제의 모습.
【眞率 진솔】진실하고 솔직함.
【眞髓 진수】중심 부분에서도 가장 중요한 부분.
【眞實 진실】거짓 없이 바르고 참됨.
【眞僞 진위】참과 거짓.
【眞意 진의】참뜻. 본마음.
【眞摯 진지】참되고 착실함.
【寫眞 사진】물체의 형상을 촬영하여 인화지에 찍어 낸 것.
【純眞 순진】마음이 꾸밈없고 참됨.
【天眞無垢 천진무구】자연 그대로여서 꾸밈이나 흠이 없음.

'眞'이 붙은 한자
愼 삼갈(신)   塡 메울(전)
顚 정수리(전) 嗔 성낼(진)
塡 누를(진)   瑱 귀막이 옥(진)
瞋 부릅뜰(진) 禛 복 받을(진)
縝 맺을(진)   鎭 누를(진)

【真】眞(568)의 俗字

目部 7획

【眩】 어지러울 현
- 명 ⊕xuàn ⊕ケン, ゲン(くらむ) ⊛dizzy
- 字解 어지러울, 아찔할(현)

【眩症 현기증】 아찔하고 어지러운 증세. 어질증.
【眩惑 현혹】 제정신을 못 차리고 홀림, 또는 홀리게 함.

【眷】 돌볼 권
- 명 ⊕juàn ⊕ケン(かえりみる) ⊛look back
- 字解 ①돌볼, 돌아볼(권) ¶眷愛(권애) ②친족(권) ¶眷率(권솔)

【眷顧 권고】 돌보아 줌.
【眷屬 권속】 ①친척. 친족. ②한집안의 식구. ③'아내'의 낮춤말.
【眷率 권솔】 한집안에서 생활을 같이하는 식구. 食率(식솔).
【眷愛 권애】 보살피고 사랑함.

【眸】 눈동자 모
- 명 ⊕móu ⊕ボウ(ひとみ) ⊛pupil
- 字解 눈동자(모)

【眸子 모자】 눈동자. 瞳子(동자).
【明眸皓齒 명모호치】 맑은 눈과 하얀 이. '미인'을 이름.

【眼】 눈 안
- 동 ⊕yǎn ⊕ガン(め) ⊛eye
- 字解 형성자. 目(목)은 의미 부분이고, 艮(간)은 발음 부분이다.
- 字解 ①눈(안) ¶眼疾(안질) ②요점(안) ¶主眼(주안) ③눈매, 식견(안) ¶眼目(안목)

【眼鏡 안경】 눈을 보호하거나 시력을 돕기 위하여 눈에 쓰는 기구.
【眼球 안구】 눈알. 눈망울.
【眼帶 안대】 눈을 보호하기 위하여 가리는 천 조각.
【眼目 안목】 ①사물을 분별하는 견식. ②눈초리. 눈매.
【眼疾 안질】 눈에 생긴 병.

【眼下無人 안하무인】 눈 아래 다른 사람이 없는 것처럼 굶. '교만해서 남을 업신여김'을 이름.
【肉眼 육안】 확대경을 쓰지 않은 본디의 시력.
【主眼 주안】 중요한 목표. 요점.
【着眼 착안】 어느 점에 눈을 돌림.
【血眼 혈안】 ①핏발이 선 눈. ②열중하여 바쁘게 몰아치는 일.

【眺】 바라볼 조
- 명 ⊕tiào ⊕チョウ(ながめる) ⊛look
- 字解 바라볼(조)

【眺望 조망】 ①먼 데를 바라봄. ②멀리 바라보이는 풍경.

【睇】 훔쳐볼 제
- ⊕dì ⊕テイ ⊛glance at
- 字解 훔쳐볼, 흘끗 볼(제)

【睇眄 제면】 곁눈질함. 슬쩍 봄.

【着】 붙을 착
- 동 ⊕zhāo ⊕チャク(つく) ⊛attach
- 字源 형성자. 著(저)의 속자이나, 현재는 구별하여 쓰인다.
- 字解 ①붙을(착) ¶附着(부착) ②입을, 신을(착) ¶着服(착복) ③이를(착) ¶延着(연착) ④시작할(착) ¶着手(착수)

【着工 착공】 공사를 시작함.
【着陸 착륙】 비행기·비행선 따위가 공중에서 땅으로 내려앉는 일.
【着服 착복】 ①옷을 입음. ②남의 금품을 부당하게 자기 것으로 함.
【着想 착상】 새로운 생각이나 구상 따위를 잡는 일.
【着手 착수】 일을 시작함.
【着實 착실】 들뜨지 아니하고 거짓이 없이 진실함.
【到着 도착】 목적한 곳에 다다름.
【附着 부착】 들러붙거나 붙임.
【延着 연착】 예정된 시각보다 늦게 도착함.
【沈着 침착】 행동이 들뜨지 않고 찬

찬함.

[참고] 본래는 '著❷'의 속자이나, 지금은 著❷의 뜻으로는 '着'이 쓰인다.

睍 불거진 눈 현
目7 ⑫
명 ㊥xiàn ㊐ケン
[字解] 불거진 눈(현)

督 감독할 독
目8 ⑬
卜卡朴叔叔督督督
㊥dū ㊐トク(ただす) ㊍supervise
[字源] 형성자. 目(목)은 의미 부분이고, 叔(숙)은 발음 부분이다.
[字解] ①감독할(독) ¶督勵(독려) ②재촉할, 권할(독) ¶督促(독촉)
【督勵 독려】 감독하여 격려함.
【督促 독촉】 서둘러 하도록 재촉함.
【監督 감독】 보살피어 잘못이 없도록 시킴, 또는 그렇게 하는 사람.

睦 화목할 목
目8 ⑬
冂月目目⁺睦睦睦睦
㊥mù ㊐ボク(むつまじい) ㊍friendly
[字源] 형성자. 目(목)은 의미 부분이고, 坴(륙)은 발음 부분이다.
[字解] 화목할, 친할(목) ≒穆
【親睦 친목】 서로 친하여 화목함.
【和睦 화목】 뜻이 맞고 정다움.

睥 흘겨볼 비
目8 ⑬
명 ㊥pì ㊐ヘイ ㊍glance at
[字解] ①흘겨볼(비) ②엿볼(비)
【睥睨 비예】 엿봄. 흘겨봄.

睡 졸 수
目8 ⑬
冂月目目⁻睡睡睡睡
㊥shuì ㊐スイ(ねむる) ㊍sleep
[字源] 회의 겸 형성자. 目(목)과 垂(수)는 모두 의미 부분인데, 垂는 발음도 담당한다. 垂는 초목이 늘어진 모양을 그린 상형자이므로 睡는 '눈[目]을 감고 꾸벅꾸벅 존다'는 뜻을 나타낸다.
[字解] 졸, 잠잘(수)
【睡眠 수면】 잠, 또는 잠을 잠.
【午睡 오수】 낮잠. 午寢(오침).
【昏睡 혼수】 ①정신없이 깊이 잠듦. ②의식이 없음.

睚 눈 흘길 애
目8 ⑬
㊥yá ㊐ガイ ㊍tail of the eye
[字解] ①눈 흘길(애) ②눈초리(애)
【睚眥 애자】 곁눈질로 슬쩍 흘겨봄.

睨 흘겨볼 예
目8 ⑬
㊥nì ㊐ゲイ(にらむ) ㊍glare at
[字解] ①흘겨볼(예) ②엿볼(예)

睛 눈동자 정
目8 ⑬
명 ㊥jīng ㊐セイ ㊍pupil
[字解] 눈동자(정)
【眼睛 안정】 눈동자.
【畵龍點睛 화룡점정】 용을 그리고, 끝으로 눈동자를 점 찍음. '가장 중요한 부분을 마쳐 일을 끝냄'을 이름.
[故事] 어떤 화가가 용을 다 그린 뒤 마지막으로 눈동자를 점 찍으니, 용이 생동하여 하늘로 날아가 버렸다는 고사에서 온 말.
[참고] 晴(청: 394)은 딴 자.

睜 볼 정
目8 ⑬
명 ㊥zhēng ㊐ソウ(みはす)
[字解] 볼, 칩떠볼(정)

睬 주목할 채
目8 ⑬
명 ㊥cǎi ㊐サイ ㊍watch
[字解] 주목할(채)

睫 속눈썹 첩
目8 ⑬
명 ㊥jié ㊐ショウ ㊍eyelash
[字解] 속눈썹(첩)
【睫毛 첩모】 속눈썹.

目部 12획

【目睫 목첩】①눈과 눈썹. ②'거리가 아주 가까운 곳', 또는 '시간적으로 바싹 닥침'을 이름.

睾

目9 / 14획 불알 고 簋
명 ⓗgāo ⓙコウ ⓔtesticles
字解 불알(고)

【睾女 고녀】남녀 생식기를 겸하여 가진 사람. 어지자지. 남녀추니.
【睾丸 고환】포유동물의 수컷 생식 기관의 일부. 불알.

睽

目9 / 14획 등질 규 睽
ⓗkuí ⓙケイ ⓔbetray
字解 ①등질, 배반할(규) ②부릅뜰(규)

【睽睽 규규】눈을 부릅뜨는 모양.
【睽合 규합】떨어짐과 합함. 만남과 헤어짐. 離合(이합).

睹

目9 / 14획 볼 도 簋
명 ⓗdǔ ⓙト ⓔlook
字解 볼, 살필(도)

【目睹 목도】눈으로 직접 봄.
【逆睹 역도】장래의 일을 미리 헤아려 앎. 豫測(예측).

睿

目9 / 14획 슬기로울 예 簋
명 ⓗruì ⓙエイ ⓔwise
字解 ①슬기로울, 지혜로울(예) ②⑤높일(예) ※임금·왕세자에 관한 일에 붙여 쓰는 말.

【睿德 예덕】①매우 뛰어난 덕망(德望). ②임금의 덕망. ③國왕세자(王世子)의 덕망.
【睿旨 예지】國왕세자가 왕의 대리로 통치할 때 내리는 명령.
【睿智 예지】마음이 밝고 생각이 지혜로움. 叡智(예지).

瞑

目10 / 15획 눈 감을 명 簋
명 ⓗmíng ⓙメイ
字解 ①눈 감을(명) ②어두울(명)

【瞑瞑 명명】①눈이 잘 보이지 않는

모양. ②분명하지 않은 모양.
【瞑想 명상】눈을 감고 고요히 깊은 생각에 잠김. 冥想(명상).

瞋

目10 / 15획 부릅뜰 진 瞋
명 ⓗchēn ⓙシン(いからす) ⓔglare
字解 부릅뜰, 성낼(진)

【瞋怒 진노】눈을 부릅뜨고 성냄.
【瞋恚 진에】성을 내어 남을 원망하고 미워함.

瞎

目10 / 15획 애꾸눈 할 瞎
ⓗxiā ⓙカツ ⓔone-eye
字解 ①애꾸눈(할) ②눈멀(할)

【瞎兒 할아】애꾸눈.

瞠

目11 / 16획 볼 당 ⓚ 쟁 庚
ⓗchēng ⓙドウ ⓔgaze
字解 ①볼(당) ②휘둥그레질(당)

【瞠目 당목】놀라거나 괴이쩍게 여겨 눈을 휘둥그레 뜨고 바라봄.

瞞

目11 / 16획 ❶속일 만 寒 ❷부끄러워할 문 瞞
명 ❶ ⓗmán ⓙマン,モン(あざむく) ⓔdeceive
字解 ❶속일(만) ❷부끄러워할(문)

【瞞然 문연】부끄러워하는 모양.
【欺瞞 기만】남을 그럴듯하게 속여 넘김. 欺罔(기망).

瞢

目11 / 16획 어두울 몽 東 簋
ⓗméng ⓙボウ ⓔobscure
字解 어두울, 눈 어두울(몽)

【瞢然 몽연】분명하지 않은 모양.

瞯

目12 / 17획 ❶엿볼 간 諫 ❷곁눈질할 한 删
ⓗjiàn ⓙカン(うかがう) ⓔpeep
字解 ❶엿볼(간) ❷곁눈질할(한)

目 12획 【瞰】 볼 감

目 12 ⑰ 명 ⊕kàn ⊕カン 英look down
字解 볼, 굽어볼(감)
【瞰射 감사】 총이나 활 따위를 높은 데서 내려다보고 쏨.
【俯瞰 부감】 높은 곳에서 아래를 내려다봄.
【鳥瞰圖 조감도】 높은 곳에서 비스듬히 내려다본 것처럼 그린 그림이나 지도. 俯瞰圖(부감도).

目 12획 【瞳】 눈동자 동

目 12 ⑰ 명 ⊕tóng ⊕ドウ(ひとみ) 英pupil
字解 눈동자(동)
【瞳孔 동공】 눈동자. 瞳子(동자).

目 12획 【瞭】 밝을 료

目 12 ⑰ 명 ⊕liǎo ⊕リョウ(あきらか) 英clear-sighted
字解 ①밝을, 뚜렷할(료) ②멀(료)
【瞭望 요망】 멀리 바라봄.
【瞭然 요연】 똑똑하고 분명함.
【明瞭 명료】 분명하고 똑똑함.

目 12획 【瞥】 슬쩍 볼 별

目 12 ⑰ 명 ⊕piē ⊕ベツ 英glance at
字解 슬쩍 볼, 잠깐 볼(별)
【瞥見 별견】 슬쩍 봄. 언뜻 봄.
【瞥眼間 별안간】 눈 깜짝하는 동안.
【一瞥 일별】 한 번 훑긋 봄.

目 12획 【瞬】 눈 깜짝할 순

目 12 ⑰
目 目 目' 目'' 瞬 瞬 瞬
고 ⊕shùn ⊕シュン(またたく) 英wink
字源 형성자. 目(목)은 의미 부분이고, 舜(순)은 발음 부분이다.
字解 눈 깜짝할(순)
【瞬間 순간】 눈 깜짝할 사이.
【瞬視 순시】 눈을 깜박이며 봄.
【瞬息間 순식간】 눈을 한 번 깜짝이거나 숨을 한 번 쉴 동안. 매우 짧은 시간.

目 13획 【瞼】 눈꺼풀 검

目 13 ⑱ 명 ⊕jiǎn ⊕ケン(まぶた) 英eyelid
字解 눈꺼풀(검)

目 13획 【瞽】 소경 고

目 13 ⑱ 명 ⊕gǔ ⊕コ(めしい) 英blind
字解 ①소경(고) ②어리석을(고)
【瞽馬聞鈴 고마문령】 눈 먼 망아지 워낭 소리만 듣고 자라감. '맹목적으로 남이 하는 대로 따름'을 이름.
【瞽言 고언】 소경의 말. 쓸모없는 말.
【瞽者 고자】 소경.

目 13획 【瞿】 놀랄 구

目 13 ⑱ 명 ⊕jù ⊕ク 英alarmed
字解 놀랄, 휘둥그레질(구)
【瞿然 구연】 놀라서 눈을 휘둥그레 뜨고 보는 모양.

目 13획 【瞻】 볼 첨

目 13 ⑱ 명 ⊕zhān ⊕セン 英look up
字解 볼, 쳐다볼(첨)
【瞻望 첨망】 바라봄. 우러러봄.
【瞻仰 첨앙】 ①우러러봄. ②존경하고 사모함.
참고 膽(담: 672)과 贍(섬: 739)은 딴 자.

目 14획 【矇】 청맹과니 몽

目 14 ⑲ 명 ⊕méng ⊕ボウ, モウ 英bat-blind
字解 ①청맹과니(몽) ※겉보기에는 멀쩡하나 앞을 못 보는 눈. ②어두울, 어리석을(몽)
【矇瞽 몽고】 소경. 盲人(맹인).
【矇昧 몽매】 ①어리석음. ②장님.

目 14획 【矉】 찡그릴 빈

目 14 ⑲ 명 ⊕pín ⊕ヒン 英frown
字解 찡그릴, 찌푸릴(빈)

目15⑳ 【矍】 건장할 확
⊕jué ⊕カク ㊤stout
字解 ①건장할(확) ②두루 살필(확)
【矍鑠 확삭】늙어서도 오히려 건장(健壯)한 모양.

目17㉒ 【矏】 물끄러미 볼 응
⊕yīng ⊕キョウ ㊤look vacantly
字解 물끄러미 볼(응)

目19㉔ 【矗】 곧을 촉
⊕chù ⊕チョク ㊤straight
字解 곧을, 우뚝 솟을(촉)
【矗立 촉립】똑바로 섬. 솟아 있음.
【矗矗 촉촉】높이 솟아 있는 모양.

5 矛 部

矛0⑤ 【矛】 창 모
⊕máo ⊕ム(ほこ) ㊤spear
字源 상형자. 옛날 전차에 세우던 창을 그린 것이다. 윗부분은 창의 끝, 'ㅣ'은 창의 자루, 그 옆은 창의 끈을 묶는 귀를 나타낸다.
字解 창(모) ※자루가 긴 창.
【矛戟 모극】외날 창과 쌍날 창.
【矛盾 모순】①창과 방패. ②'말이나 행동의 앞뒤가 서로 맞지 않음'의 비유.

故事 초(楚)나라의 한 무기 장수가 자기의 창은 어떤 방패로도 막을 수 없고, 자기의 방패는 어떤 창으로도 뚫을 수 없다고 자랑하자, 어떤 사람이 만약 당신의 창으로 당신의 방패를 뚫으면 어찌되겠느냐고 물으니 말문이 막히더라는 고사에서 온 말.

矛4⑨ 【矜】 자랑할 긍

⊕jīn ⊕キン, キョウ(ほこる) ㊤pride
字解 ①자랑할(긍) ¶自矜(자긍) ②가엾게 여길(긍) ¶矜恤(긍휼)
【矜持 긍지】자신(自信)하는 바가 있어 스스로 자랑하는 마음.
【矜恤 긍휼】가엾게 여겨 도움.
【可矜 가긍】불쌍하고 가엾음.
【自矜 자긍】스스로 자랑스럽게 생각함. 또는 긍지(矜持)를 가짐.

5 矢 部

矢0⑤ 【矢】 화살 시
⊕shǐ ⊕シ(や) ㊤arrow
字源 상형자. 갑골문을 보면 화살을 그린 것이다.
字解 ①화살(시) ¶弓矢(궁시) ②맹세할(시) ¶矢言(시언)
【矢石 시석】①화살과, 쇠뇌로 쏘는 돌. ②전쟁.
【矢言 시언】맹세하는 말.
【矢鏃 시촉】화살촉.
【弓矢 궁시】활과 화살.
【嚆矢 효시】소리를 내면서 나가는 화살. 우는살. '일의 시작'의 비유.

矢2⑦ 【矣】 어조사 의
⊕yǐ ⊕イ
字源 형성자. 矢(시)는 의미 부분이고, 厶(=以(이))는 발음 부분이다.
字解 어조사(의) ※단정·한정·의문·반어·영탄 등의 뜻을 나타냄.
【萬事休矣 만사휴의】온갖 일이 끝났도다. '희망이 끊어짐'을 이름.

矢3⑧ 【知】 알 지
⊕zhī ⊕チ(しる) ㊤know

[字源] 회의자. 口(구)와 矢(시)는 모두 의미 부분이다.
[字解] ①알(지) ¶ 知覺(지각) ②주관할(지) ¶ 知事(지사) ③아는 사이(지) ¶ 親知(친지)
【知覺 지각】 앎. 깨달음.
【知己 지기】 자기를 알아주는 친구.
【知能 지능】 지식과 재능.
【知命 지명】 '50세'를 뜻함. 知天命(지천명).
📖 공자(孔子)가 쉰 살에 천명을 알았다고 말한 데서 온 말.
【知事 지사】 일을 주관함. '지방 관직이나 지방 장관'을 이름.
【知性 지성】 사물을 알고 생각하고 판단하는 능력.
【知識 지식】 사물에 대한 명료한 의식과 판단.
【知音 지음】 음악의 곡조를 앎. '마음이 통하는 친한 벗'을 이름.
[故事] 백아(伯牙)가 거문고를 타면 친구인 종자기(鍾子期)만이 그 악상(樂想)을 알아맞혔다는 고사에서 온 말.
【知彼知己 지피지기】 상대의 형편과 나의 형편을 잘 앎.
【知慧 지혜】 사물의 도리·선악 따위를 잘 분별(分別)하는 마음의 작용. [통]智慧(지혜).
【熟知 숙지】 충분히 잘 앎.
【親知 친지】 친근하게 서로 잘 알고 지내는 사람.

矢 4 ⑨ 【矧】 하물며 신

[中]shěn [日]シン [英]still more
[字解] ①하물며(신) ②잇몸(신)

矢 5 ⑩ 【矩】 법 구

[명] [中]jǔ [日]ク(のり) [英]rule
[字解] ①법(구) ¶ 矩度(구도) ②곡척, 곱자(구) ¶ 矩尺(구척)
【矩度 구도】 법도. 법칙.
【矩尺 구척】 'ㄱ' 자 모양으로 만든 자. 곱자. 曲尺(곡척).
【矩形 구형】 직사각형.
【規矩 규구】 그림쇠와 곱자. 사물의 기준이나 표준이 되는 것.

矢 7 ⑫ 【短】 짧을 단

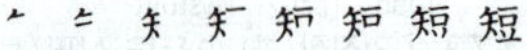
[중] [中]duǎn [日]タン(みじかい) [英]short
[字源] 형성자. 矢(시)는 의미 부분이고, 豆(두)는 발음 부분이다. 短과 豆는 첫소리 자음의 발음이 같다.
[字解] ①짧을, 작을(단) ¶ 短身(단신) ②허물, 결점(단) ¶ 短點(단점)
【短劍 단검】 짤막한 칼.
【短期 단기】 짧은 기간.
【短文 단문】 짧은 글.
【短命 단명】 목숨이 짧음.
【短身 단신】 키가 작은 몸.
【短信 단신】 짤막한 보도.
【短點 단점】 흠이 되거나 모자라는 점. 缺點(결점).
【短縮 단축】 짧게 줄임.
【短靴 단화】 목이 짧거나 없는 구두.
【長短 장단】 길과 짧음.

矢 8 ⑬ 【矮】 난쟁이 왜

[명] [中]aǐ [日]ワイ(ひくい) [英]dwarf
[字解] ①난쟁이(왜) ¶ 矮人(왜인) ②키 작을(왜) ¶ 矮小(왜소)
【矮軀 왜구】 키가 작은 체구(體軀).
【矮小 왜소】 키가 작고 몸피가 적음.
【矮松 왜송】 다복솔.
【矮人 왜인】 난쟁이.

矢 12 ⑰ 【矯】 바로잡을 교
[간] 矫

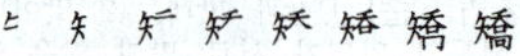
[교] [中]jiǎo [日]キョウ(ためる) [英]reform
[字源] 형성자. 矢(시)는 의미 부분이고, 喬(교)는 발음 부분이다.
[字解] ①바로잡을(교) ¶ 矯正(교정) ②속일(교) ¶ 矯僞(교위)
【矯角殺牛 교각살우】 굽은 쇠뿔을 바로잡으려다 소를 죽임. '흠을 고치려다 도리어 그르침'을 이름.
【矯僞 교위】 속임. 矯詐(교사).
【矯正 교정】 바로잡아 고침.
【矯情 교정】 감정을 억눌러 겉으로 나

5획

矢12⑰【矰】 주살 증 | 麌
zēng ソウ arrow
字解 주살(증) ※ 오늬에 줄을 매어 쏘는 화살.
【矰矢 증시】 주살, 또는 짧은 화살.

5 石 部

石0⑤【石】 돌 석 | 陌
一ナズ石石
명 shí セキ(いし) stone
字源 상형자. 산에 있는 돌의 모양을 그린 것이다. 'ㄏ'은 언덕 또는 절벽을 그린 것이고, '口'는 그 아래에 있는 돌을 나타낸다.
字解 ①돌(석) ¶石塔(석탑) ②섬(석) ※ 곡식 용량(容量)의 단위. 1石은 열 말. ¶萬石(만석)
【石工 석공】 돌을 다루어 물건을 만드는 사람. 石手(석수).
【石器 석기】 돌로 만든 여러 기구.
【石像 석상】 돌을 조각하여 만든 형상.
【石材 석재】 토목·건축·조각 따위의 재료로 쓰이는 돌.
【石炭 석탄】 땅속에 묻힌 식물이 오랜 세월에 걸쳐 탄화된 흑색의 돌.
【石塔 석탑】 돌로 쌓은 탑. 돌탑.
【萬石 만석】 ①일만 섬. ②썩 많은 곡식.
【壽石 수석】 모양이나 빛깔·무늬 등이 묘하고 아름다운 돌.
【採石 채석】 석재(石材)를 떠냄.

石3⑧【矼】 ❶징검다리 강 | 江
❷성실할 공 | 江
gāng コウ stepping stones
字解 ❶징검다리, 돌다리(강) ¶杠

❷성실할(공)

石3⑧【矻】 부지런할 골 本굴 | 月
kū コツ toil
字解 ①부지런할(골) ②조심할(골) ③피곤할(골)
【矻矻 골골】 ①부지런한 모양. ②조심하는 모양. ③피곤한 모양.

石4⑨【玟】 옥돌 민 | 文
명 mín ビン
字解 옥돌(민) =玫·珉

石4⑨【砒】 비상 비 | 支
명 pī ヒ arsenic
字解 ①비상(비) ②新비소(비)
【砒霜 비상】 비석(砒石)을 승화하여 얻은 결정. 무서운 독이 있음.
【砒石 비석】 비소·황·철로 이루어진 광물. 강한 독이 있음.
【砒素 비소】 비금속 원소의 하나. 살충제나 의약의 원료로 쓰임.

石4⑨【砂】 모래 사 | 麻
명 shā シャ(すな) sand
字解 ①모래(사) =沙 ¶沙漠(사막) ②단사(사) ¶朱砂(주사)
【砂金 사금】 모래나 자갈에 섞여 나오는 금(金).
【砂漠 사막】 모래나 자갈로 뒤덮여 식물이 거의 없는 넓은 지대.
【砂防 사방】 國산·강가 등에 흙·모래 따위가 밀려 내리는 것을 막기 위해 돌을 쌓고 나무를 심는 일.
【砂糖 사당→사탕】 ①설탕. ②설탕을 끓여서 만든 과자.
【朱砂 주사】 수은과 황의 화합물로, 진홍색의 광택이 나는 광물(鑛物). 물감이나 한방약의 원료로 쓰임. 丹砂(단사). 硃砂(주사).

石4⑨【砕】 碎(578)의 俗字

【研】 ❶갈 연 ❷벼루 연

一 ァ ア 石 石 石 石 研

중 ⊕yán ⊕ケン(とぐ, みがく) ⊛polish

字源 형성자. 石(석)은 의미 부분이고, 幵(견)은 발음 부분이다.

字解 ❶①갈(연) ¶研磨(연마) ②연구할(연) ¶研修(연수) ❷벼루(연) =硯

【研究 연구】 사물을 깊이 생각하고 자세히 조사하여 어떤 이치·사실을 밝혀냄.
【研磨 연마】 갈고 닦음.
【研修 연수】 그 분야의 지식·기능을 익히도록 특별한 공부를 함.
【研鑽 연찬】 사물의 도리(道理)를 깊이 연구함.

【砌】 섬돌 체

⊕qì ⊕セイ(みぎり) ⊛stone step

字解 섬돌, 돌계단(체).
【砌苔 체태】 계단에 낀 이끼.

【砬】 돌 소리 립

⊕lì ⊕リツ

字解 돌 소리(립) ※돌이 무너지는 소리.

【砥】 숫돌 지

명 ⊕dǐ ⊕シ(と) ⊛whet-stone
字解 ①숫돌(지) ②갈(지)
【砥礪 지려】 ①숫돌. ②갊, 또는 힘써 닦음.
【砥石 지석】 숫돌.
【砥平 지평】 숫돌과 같이 평평함.

【砦】 울 채

명 ⊕zhài ⊕サイ ⊛stockade
字解 ①울, 울타리, 목책(채) 늑寨 ②진터(채).

【城砦 성채】 성과 진터.

【砧】 다듬잇돌 침

명 ⊕zhēn ⊕チン(きぬた) ⊛a fulling block
字解 ①다듬잇돌(침) ②모탕(침)
【砧石 침석】 다듬잇돌.
【砧聲 침성】 다듬이질하는 소리.
【砧杵 침저】 다듬잇돌과 방망이.

【破】 깨뜨릴 파

一 石 石 石' 石广 石皮 破 破

중 ⊕pò ⊕ハ(やぶる) ⊛break
字源 형성자. 石(석)은 의미 부분이고, 皮(피)는 발음 부분이다.
字解 ①깨뜨릴, 가를(파) ¶破損(파손) ②다할(파) ¶讀破(독파)
【破鏡 파경】 ①깨어진 거울. ②'부부의 인연이 끊어짐'의 비유.
【破瓜 파과】 여자 나이 '16세', 또는 남자 나이 '64세'를 이름. 破瓜之年(파과지년).
📖 '瓜'자를 파자(破字)하면 '八八'로 나누어지므로 '2×8=16, 8×8=64'가 되는 데서 온 말.
【破壞 파괴】 깨뜨려서 헐뭄.
【破棄 파기】 ①없애 버림. ②취소하여 무효로 함.
【破廉恥 파렴치】 수치를 수치로 알지 아니함. 沒廉恥(몰염치).
【破滅 파멸】 깨어져 망함.
【破産 파산】 가산을 모두 날려버림.
【破損 파손】 깨어져 못 쓰게 되거나 깨뜨려 못 쓰게 함.
【破裂 파열】 짜개지거나 갈라져 터짐.
【破字 파자】 한자의 자획을 나누거나 합하여 다른 글자나 뜻을 나타내는 일. '姜'을 '八王女'라 하는 따위.
【破竹之勢 파죽지세】 대나무를 쪼개는 기세. '거침없이 나아가는 맹렬한 기세'의 비유.
【破婚 파혼】 혼약(婚約)을 깨뜨림.
【看破 간파】 꿰뚫어 보아 알아챔.
【讀破 독파】 책을 다 읽어 냄.
【凍破 동파】 얼어서 깨짐.
【走破 주파】 정해진 거리를 끝까지 달림.

石5⑩【硑】돌구르는 소리 팽
⊕pēng ⊕ホウ
字解 돌 구르는 소리(팽)

石5⑩【砭】돌침 폄
⊕biān ⊕ヘン
字解 돌침, 돌침 놓을(폄)
【砭灸 폄구】병을 치료하기 위하여 돌침을 놓는 일과 뜸질하는 일.

石5⑩【砲】대포 포
명 ⊕pào ⊕ホウ(つつ) 英cannon
字解 ①대포, 포(포) ②돌 쇠뇌(포)
【砲擊 포격】대포로 사격함.
【砲臺 포대】화포(火砲) 진지.
【砲門 포문】대포의 포탄이 나가는 구멍. 砲口(포구).
【砲手 포수】①총으로 짐승을 잡는 사냥꾼. ②대포를 쏘는 군인.
【砲彈 포탄】대포의 탄환.
【砲火 포화】대포나 총을 쏠 때 나오는 불.
【砲丸 포환】대포의 탄알.
【大砲 대포】화약의 힘으로 포탄을 멀리 내쏘는 큰 화기(火器).
【發砲 발포】총이나 대포를 쏨.
【艦砲 함포】군함에 장치한 포.

石6⑪【硅】❶규소 규 ❷깨뜨릴 괵
명❶ ⊕guī ⊕ケイ, カク 英silicon
字解 ❶규소(규) ❷깨뜨릴(괵)
【硅酸 규산】규소·산소·물 따위의 화합물. 유리와 자기의 원료로 쓰임.
【硅素 규소】비금속 원소의 하나. 암석(巖石)의 주성분임.

石6⑪【䂥】硏(576)의 本字

石6⑪【硃】주사 주
⊕zhū ⊕シュ 英cinnabar
字解 주사, 단사(주)
【硃砂 주사】수은과 황의 화합물로, 진홍색의 광택이 나는 광물. 물감이나 한방약의 원료로 쓰임. 丹砂(단사). 朱砂(주사).

石7⑫【硬】굳을 경
⊓ ⊕yìng ⊕コウ(かたい) 英hard
字解 형성자. 石(석)은 의미 부분이고, 更(경)은 발음 부분이다.
字解 굳을, 단단할, 강할(경)
【硬直 경직】굳어서 꼿꼿해짐.
【硬化 경화】단단하게 됨.
【强硬 강경】타협이나 굽힘이 없이 힘차고 굳셈.
【生硬 생경】①낯설고 딱딱하여 익숙하지 못함. ②세련되지 못함.

石7⑫【硫】유황 류
명 ⊕liú ⊕リュウ 英sulphur
字解 유황(류)
【硫酸 유산】무색 무취의 끈끈한 액체. 黃酸(황산).
【硫黃 유황】황색·무취의 비금속 원소. 화약·성냥 등의 원료로 쓰임.

石7⑫【硯】벼루 연
명 ⊕yàn ⊕ケン(すずり) 英ink-slab
字解 벼루(연)
【硯滴 연적】벼룻물을 담는 그릇.
【硯池 연지】벼루에서, 물이 담기는 우묵한 부분.

石7⑫【硨】옥돌이름 차
명 ⊕chē ⊕シャ 英jade
字解 ①옥돌 이름(차) ②조개(차)
【硨磲 차거】①보석처럼 아름다운 돌의 한 가지. ②큰 조개의 일종.

石7⑫【硝】초석 초
명 ⊕xiāo ⊕ショウ 英niter
字解 초석(초)

【硝石 초석】질산칼륨. 비료와 화약 따위의 원료로 쓰임.
【硝煙 초연】화약의 연기.

【碁】 图 棋(426)와 同字

【碓】 방아 대
명 ⊕duì ⊕タイ(うす) ⊕mortar
字解 방아, 디딜방아, 물방아(대)
【碓樂 대악】방아 타령. 신라 자비왕(慈悲王) 때 백결 선생(百結先生)이 지었다는 노래.

【碌】 돌 많을 록
명 ⊕lù ⊕ロク ⊕stony
字解 ①돌 많을(록) ②따를, 좇을(록)
【碌碌 녹록】①따르고 좇는 모양. ②평범하고 하잘것없는 모양. ③돌이 많은 모양.

【硼】 ❶봉사 붕 ❷돌 이름 평
명 ❶ ⊕péng ⊕ホウ ⊕borax
字解 ❶봉사(붕) ❷돌 이름(평)
【硼砂 붕사】붕산나트륨의 흰 결정(結晶). 유리·도자기 유약·방부제의 원료로 쓰임.
【硼素 붕소】비금속 원소의 하나. 흑갈색의 단단한 반도체의 고체.

【碑】 비석 비
고 ⊕bēi ⊕ヒ(いしぶみ) ⊕monument
字源 형성자. 石(석)은 의미 부분이고, 卑(비)는 발음 부분이다.
字解 비석(비)
【碑閣 비각】비석을 보호하기 위하여 지은 집.
【碑銘 비명】비석에 새긴 글.
【碑石 비석】인물이나 사적을 기념하려고 글을 새겨서 세운 돌. 빗돌.

【口碑 구비】대대로 전해 내려오는 말. 비석에 새긴 것처럼 오래도록 전하여 온 말이란 뜻.

【碎】 부술 쇄
명 ⊕suì ⊕サイ(くだく) ⊕crush
字解 부술, 부서질(쇄)
【碎氷 쇄빙】얼음을 깨뜨림.
【碎身 쇄신】몸이 부서질 정도로 죽을 힘을 다함.
【粉碎 분쇄】①가루처럼 잘게 부스러뜨림. ②적을 철저하게 처부숨.
【玉碎 옥쇄】명예·충절 등을 위하여 깨끗하게 죽음.

【碍】 막을 애 동 礙
명 ⊕ài ⊕ガイ(さまたげる) ⊕hinder
字解 ①막을, 가로막을(애) ¶障碍(장애) ②거리낄(애) ¶拘碍(구애)
【碍人耳目 애인이목】남의 이목을 꺼림. 남의 눈에 띄는 것을 피함.
【碍子 애자】전선을 매기 위하여 사기로 만든 전류 절연체. 뚱딴지.
【拘碍 구애】거리낌.
【障碍 장애】가로막아 지장을 줌.

【碗】 图 盌(562)의 俗字

【碇】 닻 정 동 矴
명 ⊕dǐng ⊕テイ(いかり) ⊕anchor
字解 닻, 닻 내릴(정)
【碇泊 정박】배가 닻을 내리고 댐.

【碣】 비석 갈
명 ⊕jié ⊕ケツ ⊕monument
字解 비석, 둥근 비석(갈)
【墓碣 묘갈】묘 앞에 세우는 동그스름한 작은 돌비.
【碑碣 비갈】비(碑)와 갈(碣). 곧, 네모진 비석과 둥근 비석.

【瑙】 瑙(489)와 同字

石 9 ⑭ 【碈】 옥돌 민 [眞]

[명] [中]mín [日]ビン [英]gemstone

[字解] 옥돌(민)

石 9 ⑭ 【碧】 푸를 벽 [陌]

丅 王 玨 珀 珀 珀 碧 碧

[고] [中]bì [日]ヘキ(みどり, あお) [英]blue

[字源] 형성자. 玉(옥)과 石(석)은 의미 부분이고, 白(백)은 발음 부분이다.

[字解] ①푸를(벽) ¶ 碧空(벽공) ②청강석(벽) ※푸른 옥돌. ¶ 青碧(청벽)

【碧溪 벽계】 푸른빛이 감도는 시내.
【碧空 벽공】 푸른 하늘.
【碧山 벽산】 풀과 나무가 푸르게 우거진 산. 青山(청산).
【碧眼 벽안】 눈동자가 푸른 눈. 서양 사람의 눈.
【碧玉 벽옥】 푸르고 아름다운 옥.
【碧昌牛 벽창우→벽창호】 '미련하고 고집이 센 사람'의 비유.
📖 평안북도 벽동(碧潼)·창성(昌城) 지방에서 나는 크고 억센 소를 이른 데서 온 말.
【碧海 벽해】 푸른 바다.
【青碧 청벽】 푸른 옥돌.

石 9 ⑭ 【碩】 클 석 [陌] [간] 硕

[명] [中]shuò [日]セキ [英]great

[字解] 클, 머리 클(석)

【碩儒 석유】 학문과 덕망이 높은 선비. 巨儒(거유).
【碩士 석사】 ①'인격이 훌륭한 선비'의 존칭. ②대학원에서 석사 학위 과정을 마치고 논문이 통과된 사람에게 주는 학위.
【碩學 석학】 학식이 많은 큰 학자.

石 9 ⑭ 【磁】 [명] 磁(580)의 俗字

石 9 ⑭ 【碬】 숫돌 하 [麻]

[명] [中]xiá [日]カ [英]whetstone

[字解] 숫돌(하)

石 10 ⑮ 【磎】 [명] 溪(311)와 同字

石 10 ⑮ 【碾】 맷돌 년 [銑] [霰]

[中]niǎn [日]テン(ひく, うす) [英]millstone

[字解] ①맷돌(년) ②연자매(년)

【碾車 연거】 목화의 씨를 빼는 기구. 씨아.

石 10 ⑮ 【磏】 숫돌 렴 [鹽]

[中]lián [日]レン [英]whetstone

[字解] ①숫돌(렴) ②애쓸(렴)

石 10 ⑮ 【磊】 돌무더기 뢰 [賄]

[명] [中]lěi [日]ライ [英]pile of stones

[字解] ①돌무더기(뢰) ②대범할(뢰)

【磊落 뇌락】 ①너그럽고 대범한 모양. ②많은 돌멩이가 구르는 모양.

石 10 ⑮ 【碼】 마노 마 [馬] [간] 码

[명] [中]mǎ [日]メ, マ [英]agate

[字解] ①마노(마)＝瑪 ②부호(마) ※장부를 적는 데 쓰는 기호.

【碼碯 마노】 옥의 일종. 윤이 나고 빛이 고와 장식품을 만드는 데 쓰임. [통]瑪瑙(마노).

石 10 ⑮ 【磐】 너럭바위 반 [寒]

[명] [中]pán [日]バン(いわ) [英]rock

[字解] ①너럭바위(반)≒盤 ②머뭇거릴(반)

【磐石 반석】 ①넓고 편평한 바위. 너럭바위. ②'아주 믿음직하고 든든함'의 비유.
【磐桓 반환】 머뭇머뭇 맴도는 모양. 앞으로 나아가지 않는 모양.

石 10 ⑮ 【磅】 돌 떨어지는 소리 방 [陽]

[명] [中]bàng, páng [日]ホウ

5획

字解 ①돌 떨어지는 소리(방) ②新 파운드(방) ※화폐·무게의 단위.

【磑】 맷돌 애
㉠wéi ㉡ガイ ㉢quern
字解 맷돌(애)
【磑磨 애마】 ①맷돌로 감. ②맷돌.

【磈】 돌 많을 외
㉠wěi ㉡カイ
字解 돌 많을(외)
【磈磊 외뢰】 돌이 많이 쌓인 모양.

【磁】 자석 자
㉠cí ㉡ジ ㉢magnet
字解 ①자석, 지남철(자) ②자기(자) ≒瓷
【磁極 자극】 자석의 양쪽 끝 부분.
【磁氣 자기】 자석이 철을 끌어당기는 작용.
【磁器 자기】 백토(白土)를 원료로 하여 빚어 구운 도자기의 한 가지.
【磁力 자력】 밀치고 당기는 자석의 힘. 磁氣力(자기력).
【磁石 자석】 쇠를 끌어당기는 성질을 가진 물체. 磁針(자침).

【磋】 갈 차
㉠cuò ㉡サ ㉢polish
字解 갈(차)
【磋䱑 차름】 갊.
【切磋 절차】 칼로 다듬고 줄로 쏢.

【磔】 찢을 책
㉠zhé ㉡タク(はりつけ) ㉢tear
字解 찢을, 육시할(책)
【磔刑 책형】 ①사지(四肢)를 수레에 매어 찢어 죽이던 형벌. ②기둥에 결박하여 세우고 창으로 찔러 죽이던 형벌.

【確】 굳을 확
㉠què ㉡カク ㉢hard
字解 ①굳을(확)=碻 ②채찍(확)

【確】 확실할 확
㉠què ㉡カク(たしか) ㉢certain
字源 형성자. 石(석)은 의미 부분이고, 隺(각·확)은 발음 부분이다.
字解 ①확실할(확) ¶ 確認(확인) ②굳을(확)=碻 ¶ 確立(확립)
【確固 확고】 확실하고 단단함.
【確答 확답】 확실한 대답.
【確立 확립】 굳게 세움.
【確保 확보】 ①확실히 보전하거나 보유함. ②확실히 보증함.
【確信 확신】 확실히 믿음.
【確實 확실】 틀림이 없음.
【確認 확인】 확실하게 인정함.
【確證 확증】 확실히 증명함.
【明確 명확】 분명하고 확실함.
【的確 적확】 벗어남이 없이 확실함.
【正確 정확】 바르고 확실함.

【磬】 경쇠 경
㉠qìng ㉡ケイ, キン
字解 경쇠(경) ※옥이나 돌로 만든 악기.
【風磬 풍경】 처마끝에 달아매어 바람에 흔들려서 소리가 나게 하는 경쇠.
【編磬 편경】 두 층으로 된 걸이에 각 여덟 개씩 걸려 있는 경쇠를 쳐서 소리를 내는 악기.

【磨】 ❶갈 마 ❷연자방아 마
㉠mó ㉡マ(みがく) ㉢polish
字源 형성자. 石(석)은 의미 부분이고, 麻(마)는 발음 부분이다.
字解 ❶①갈(마)≒摩 ¶ 硏磨(연마) ②닳을(마) ¶ 磨耗(마모) ❷연자방아(마) ¶ 磨石(마석)
【磨滅 마멸】 갈리어 닳아 없어짐.

【磨耗 마모】 마찰되는 부분이 닳아서 작아지거나 없어짐.
【磨石 마석】 ①맷돌. ②돌이나 돌로 된 물건을 갊.
【磨崖 마애】 석벽(石壁)에 글자나 그림을 새김.
【研磨 연마】 금속·보석·유리 따위를 갈고 닦아서 윤이 나게 함.
【練磨 연마】 심신·지식·기술 따위를 갈고 닦음. ⑧鍊磨(연마).

石 11 【磧】 자갈 적 磧 磧
16
㉠qì ㉡セキ(かわら) ㉢fravel
字解 ①자갈(적) ※물가에 있는 자갈. ②서덜(적) ※강가나 냇가의, 돌이 많은 곳.
【磧礫 적력】 물가에 있는 작은 돌.
【磧沙 적사】 물가에 있는 모래.

石 11 【磚】 甎(540)의 俗字
16

石 12 【磵】 산골 물 간
17
㉠jiàn ㉡カン(に) ㉢valley stream
字解 산골 물, 산골 시내(간)≒澗.

石 12 【磲】 옥돌 이름 거 磲
17
㉠qú ㉡キョ ㉢gem
字解 ①옥돌 이름(거) ②조개(거)
【硨磲 차거】 ①아름다운 돌의 한 가지. ②조개의 일종.

石 12 【磯】 물가 기 矶 磯
17
㉠jī ㉡キ(いそ) ㉢jetty
字解 ①물가(기) ②물결 부딪칠(기)

石 12 【磻】 강 이름 반
17
명번 ㉠pán ㉡ハン
字解 강 이름(반)
【磻溪 반계】 산시 성(陝西省)을 동남으로 흘러 웨이수이 강(渭水江)으로 들어가는 강.
(참고) '번' 음이 인명용으로 허용되는데, 이는 속음화된 것이다.

石 12 【礁】 암초 초 礁
17
명 ㉠jiāo ㉡ショウ ㉢reef
字解 암초(초)
【珊瑚礁 산호초】 죽은 산호충(珊瑚蟲)이 쌓여서 된 석회질의 암초.
【暗礁 암초】 ①물 속에 잠기어 보이지 않는 바위. ②'뜻하지 않은 장애'의 비유.
【坐礁 좌초】 ①배가 암초에 걸림. ②어려운 처지에 빠짐.

石 12 【磺】 ❶유황 황 礦 磺
17 ❷광석 광
㉠huáng ㉡オウ, コウ ㉢sulphor
字解 ❶유황(황) ❷광석(광)=鑛
【硫磺 유황】 비금속 원소의 하나. 硫黃(유황).

石 13 【礎】 주춧돌 초 础 礎
18
ノ ア 石 矿 建 磋 磋 礎 礎
㉠chǔ ㉡ソ(いしずえ) ㉢foundation stone
字源 형성자. 石(석)은 의미 부분이고, 楚(초)는 발음 부분이다.
字解 주춧돌, 초석(초)
【礎石 초석】 주추로 괸 돌. 주춧돌.
【基礎 기초】 ①건축물의 토대. ②사물의 밑바탕.
【定礎 정초】 주춧돌을 놓음.
【柱礎 주초】 기둥과 주춧돌.

石 14 【礙】 碍(578)의 本字
19

石 14 【礖】 명 사람이 름 여 國
19
字解 사람 이름(여)

石 15 【礦】 ❶磺❷(581)와 同字
20 ❷鑛(778)과 同字

石 15 ⑳ 【礪】 숫돌 려 [霽] | [간] 砺

[명] [中]lì [日]レイ(みがく) [英]whetstone

[字解] ①숫돌(려) ②갈(려)

【礪石 여석】 숫돌.

【礪行 여행】 행실을 갈고 닦음.

石 15 ⑳ 【礫】 조약돌 력 [錫] | [간] 砾

[명] [中]lì [日]レキ [英]pebble

[字解] 조약돌(력)

【礫巖 역암】 자갈이 진흙이나 모래에 섞여 이루어진 바윗돌.

【瓦礫 와력】 ①기와와 조약돌. ②'쓸모없는 물건이나 변변찮은 사람'의 비유.

石 15 ⑳ 【礬】 백반 반 [本]번 [元] | [간] 矾

[명] [中]fán [日]バン [英]alum

[字解] 백반(반)

【白礬 백반】 황산알루미늄 수용액에 황산칼륨 수용액을 넣었을 때 석출(析出)되는 무색의 결정.

石 16 ㉑ 【礱】 갈 롱 [東] | [동] 礲 [간] 砻

[中]lóng [日]ロウ [英]grind

[字解] ①갈(롱) ②숫돌(롱) ③맷돌(롱)

【礱厲 농려】 ①숫돌. ②갈고 닦음.

【礱磨 농마】 ①맷돌. ②갊.

5 示部

示 0 ⑤ 【示】 보일 시 [寘]

一 二 亍 亓 示

[중] [中]shì [日]シ, ジ(しめす) [英]exhibit

[字源] 示는 본래 '丅'로서 '一'은 하늘을 나타내고 '丨'은 하늘에서 신령스러운 기운이 땅으로 내려오는 것을 나타낸다는 설, 신주(神主)를 그린 것이라는 설, 돌로 만든 위패인 석주(石主)를 그린 것이라는 설 등이 있으나 정설은 없다.

[字解] ①보일(시) ¶ 示範(시범) ②알릴(시) ¶ 指示(지시)

【示達 시달】 상부에서 하부로 명령·통지 등을 전하여 알림.

【示範 시범】 모범을 보여 줌.

【示唆 시사】 미리 암시하여 알림.

【示威 시위】 위력(威力)이나 기세를 드러내어 보임.

【揭示 게시】 써서 내붙이거나 내걸어 보여 줌.

【啓示 계시】 ①열어서 보여 줌. ②신(神)이 진리를 영감으로 알려 줌.

【暗示 암시】 넌지시 깨우쳐 줌.

【指示 지시】 ①가리키어 보임. ②지적하여 명령함.

【表示 표시】 겉으로 드러내어 보임.

示 1 ⑤ 【礼】 [명] 禮(588)의 俗字

示 1 ⑥ 【礼】 禮(588)의 古字

示 3 ⑧ 【祁】 성할 기 [支]

[명] [中]qí [日]キ [英]prosperous

[字解] 성할, 클, 많을(기)

【祁寒 기한】 매서운 추위.

示 3 ⑧ 【祀】 제사 사 [紙]

一 二 亍 亓 示 … 祀

[고] [中]sì [日]シ(まつり) [英]sacrifice

[字源] 회의 겸 형성자. 신주〔示(시)〕 앞에 어린아이〔巳(사)〕를 놓고 제사를 지내는 모습이다. 巳는 발음도 담당한다.

[字解] 제사, 제사 지낼(사)

【祀天 사천】 하늘에 제사를 지냄.

【告祀 고사】 음식을 차려 놓고 신에게 비는 제사.

【奉祀 봉사】 ①신(神)을 받들어 제사 지냄. ②조상의 제사를 받듦.

【祭祀 제사】 신령에게 음식을 바치어 정성을 표하는 의식.

示部 5획

【社】 모일 사
示3(8) 馬
ニ † ラ ァ ボ ホ 社 社
㈅shè ㈎シャ(やしろ) ㈍society
字解 회의자. 땅의 신(神)을 뜻한다. 示(시)와 土(토)는 모두 의미 부분이다.
字解 ①모일, 단체(사) ¶社交(사교) ②토지신(사) ¶社稷(사직)
【社交 사교】 사회생활에 있어서의 교제(交際).
【社員 사원】 회사에 근무하는 사람.
【社說 사설】 신문 등에서 그 사(社)의 주장으로서 싣는 논설.
【社屋 사옥】 회사가 쓰고 있는 건물.
【社稷 사직】 ①토지신(土地神)과 곡신(穀神). ②국가.
【社會 사회】 ①공동생활을 하는 인류의 집단. ②세상.
【會社 회사】 상행위·영리를 목적으로 설립한 사단 법인.

【祈】 빌 기
示4(9) 賤
ニ † ラ ァ ボ ボ ボ 祈 祈
㈅qí ㈎キ(いのる) ㈍pray
字源 회의 겸 형성자. 본래 單(단)과 旂(깃발 기)로 이루어진 글자로, 전시(戰時)에는 군기(軍旗) 아래에서 기도를 한다는 뜻의 회의자인데, 旂는 발음도 담당한다. 소전에서는 單자 대신 示(시) 자를 써서 구복(求福)의 의미를 더 분명히 하였다. 현재의 祈는 示(시)는 의미 부분이고, 斤은 旂의 생략형으로 의미 부분과 발음 부분을 겸한다.
字解 ①빌, 구할(기) ②고할(기)
【祈禱 기도】 바라는 바가 이루어지기를 신불(神佛)에게 빔.
【祈福 기복】 복을 빎.
【祈雨祭 기우제】 비가 오지 않을 때 비가 오기를 비는 제사.
【祈願 기원】 소원이 이루어지길 빎.

【祇】 땅 귀신 기
示4(9) 戾
명 ㈅qí ㈎キ, ギ(ただ, まさに)
㈍earthly deities
字解 ①땅 귀신(기) ②클(기)
【祇悔 기회】 큰 후회(後悔).
【地祇 지기】 토지를 맡은 신.
참고 祗(지: 585)는 딴 자.

【祅】 재앙 요
示4(9) 蘆
㈅yāo ㈎ヨウ(わざわい) ㈍calamity
字解 재앙(요) ※땅의 재앙. 하늘의 재앙은 '災'.
【祅變 요변】 재앙. 땅의 재앙.
【祅孼 요얼】 귀신이 내리는 재앙.

【祉】 복 지
示4(9) 祇
명 ㈅zhǐ ㈎シ, チ ㈍blessing
字解 복(지) ※하늘이 내리는 복.
【祉祿 지록】 행운. 행복.
【福祉 복지】 ①행복. ②만족할 만한 생활환경.

【祛】 떨 거
示5(10) 魚
명 ㈅qū ㈎セキ ㈍disperse
字解 ①떨, 떨어 없앨(거) ②셀, 강할(거)
【祛祛 거거】 튼튼하고 건전함.
【祛痰 거담】 담이나 가래를 없앰.
【祛塵 거진】 먼지를 털어 버림.

【祔】 합장할 부
示5(10)
㈅fù ㈎フ ㈍buring together
字解 ①합장할(부) ②제사 이름(부)
【祔右 부우】 합장(合葬)할 때 아내를 남편의 오른편에 묻는 일.
【祔祭 부제】 삼년상을 마친 뒤에, 신주를 그 조상의 신주 곁에 모실 때 지내는 제사.

【祓】 푸닥거리 불
示5(10) 物
㈅fú ㈎フツ(はらう) ㈍exorcise
字解 ①푸닥거리, 푸닥거리할(불) ②떨어낼, 없앨(불)
【祓禊 불계】 3월 상사절(上巳節)에 물가에서 재앙을 없애기 위해 행하는

示部 5획

푸닥거리.
【祓禳 불양】 액을 막기 위하여 굿이나 푸닥거리를 함.
【祓除 불제】 재앙을 없애고 복을 구함, 또는 털어서 깨끗하게 함.

【祕】 숨길 비 眞 秘 祕
二 亍 示 示 礻 祁 祕 祕
㊀ ㊥mì ㊆ヒ(ひめる) ㊧conceal
字源 형성자. 示(시)는 의미 부분이고, 必(필)은 발음 부분이다.
字解 ① 숨길(비) ¶ 祕密(비밀) ② 신비로울(비) ¶ 祕境(비경)
【祕訣 비결】 숨겨 두고 혼자만 쓰는 썩 좋은 방법.
【祕境 비경】 신비스러운 곳.
【祕密 비밀】 숨기어 남에게 공개하지 아니하는 일.
【祕方 비방】 ①세상에 알려지지 않은 약방문. ②비법(祕法).
【祕法 비법】 비밀한 방법. 祕方(비방). 祕術(비술).
【祕史 비사】 세상에 알려지지 않은 역사(歷史).
【祕書 비서】 ①비밀히 간직한 장서. ②요인(要人)의 사무를 맡은 사람.
【祕話 비화】 세상에 알려지지 않은 이야기.
【極祕 극비】 아주 중요한 비밀.

【祠】 사당 사 茵 祠
㊂ ㊥cí ㊆シ(ほこら) ㊧shrine
字解 ①사당(사) ¶ 神祠(신사) ②제사, 제사 지낼(사) ¶ 祠壇(사단)
【祠壇 사단】 제사를 지내기 위하여 만들어 놓은 단. 祭壇(제단).
【祠堂 사당】 신주(神主)를 모셔 두는 집. 祠宇(사우).
【祠版 사판】 죽은 이의 위패(位牌). 神主(신주).
【祠祀 신사】 신령을 모신 사당.

【祟】 빌미 수 眞 祟
㊀ ㊥suì ㊆スイ ㊧curse
字解 빌미, 재앙 입을(수)

【爲祟 위수】 탈이 됨. 말썽이 됨.
참고 祟(숭 : 205)은 딴 자.

【神】 귀신 신 眞 神
二 亍 示 示 礻 祁 神 神
㊂ ㊥shén ㊆シン(かみ) ㊧god
字源 형성자. 示(시)는 의미 부분이고, 申(신)은 발음 부분이다.
字解 ①귀신, 신(신) ¶ 神靈(신령) ②마음(신) ¶ 精神(정신) ③신비로울(신) ¶ 神通(신통)
【神經 신경】 동물의 지각·운동·분비 등을 맡아보는 기관.
【神奇 신기】 신묘하고 기이(奇異)함.
【神靈 신령】 ①죽은 사람의 혼. ②모든 신. ③신통하고 영묘함.
【神妙 신묘】 신통하고 오묘함.
【神祕 신비】 불가사의하고 영묘(靈妙)한 비밀.
【神仙 신선】 속세를 떠나 깊은 선경(仙境)에 살며, 불로장생(不老長生)한다고 하는 상상의 사람.
【神聖 신성】 거룩하고 존엄하여 더럽힐 수 없음.
【神出鬼沒 신출귀몰】 귀신같이 홀연히 나타났다 사라졌다 함.
【神通 신통】 ①이상하고도 묘함. ②모든 일에 신기하게 통달함.
【鬼神 귀신】 사람이 죽은 뒤에 남는다고 하는 넋.
【入神 입신】 지혜나 기술이 신묘한 경지에 들어섬.
【精神 정신】 사고나 감정의 작용을 일으키는 인간의 마음.

【祐】 도울 우 囿 祐
㊂ ㊥yòu ㊆ユウ ㊧aid
字解 도울(우) 늑佑
【祐助 우조】 하늘의 도움과 신의 도움. 天祐神助(천우신조).
참고 祜(호 : 585)는 딴 자.

【祖】 할아비 조 麌 祖
二 亍 示 示 礻 祁 祖 祖
㊂ ㊥zǔ ㊆ソ ㊧grandfather

字源 형성 겸 회의자. 示(시)는 의미 부분이고, 且(차)는 발음 부분이다. 且는 본래 '제사'와 관계있는 글자이므로 의미 부분도 담당한다.
字解 ①할아비(조) ¶ 祖父(조부) ②조상(조) ¶ 始祖(시조) ③시초, 근본(조) ¶ 祖師(조사)
【祖國 조국】 조상 적부터 살던 나라. 자기가 태어난 나라. 母國(모국).
【祖父 조부】 할아버지.
【祖師 조사】 학파나 종파를 처음 세운 사람.
【祖上 조상】 같은 혈통으로 된, 할아버지 이상의 대대의 어른.
【祖宗 조종】 ①임금의 조상. ②가장 근원적이며 중요한 것.
【先祖 선조】 한집안의 조상.
【始祖 시조】 한 겨레의 처음이 되는 조상. 太祖(태조).
【元祖 원조】 ①맨 처음 조상. ②어떤 일을 처음 시작한 사람.

示5 [祚] 복 조 週

명 ⊕zuò ⊖ソ(さいわい) 英bless
字解 ①복, 복록(조) ¶ 福祚(복조) ②임금의 지위(조) ¶ 登祚(등조)
【登祚 등조】 임금의 자리에 오름.
【福祚 복조】 복(福). 행복.
【踐祚 천조】 왕위를 이음. 踐極(천극).

示5 [祇] 공경할 지

명 ⊕zhī ⊖シ(つつしむ) 英respect
字解 공경할, 삼갈(지)
【祇敬 지경】 공경하고 삼감.
【祇服 지복】 삼가 명령에 복종함.
참고 祇(기 : 583)는 딴 자.

示5 [祝] 빌 축 屋

二 亍 亓 齐 齐 初 祀 祝
명 ⊕zhù ⊖シュク(いわう) 英celebrate
字源 회의자. 신주(示(시)) 앞에 사람이 꿇어앉아 있는(兄(형)) 모습이다. 즉 신주 앞에 꿇어앉아 기도를 한다는 뜻이다.

字解 ①빌, 기원할(축) ¶ 祝願(축원) ②축하할(축) ¶ 祝辭(축사) ③축문(축) ¶ 祝官(축관) ④자를, 끊을(축) ¶ 祝髮(축발)
【祝官 축관】 제사 때 축문(祝文)을 읽는 사람.
【祝文 축문】 ①제사 때 신명에게 고하는 글. ②축하하는 글.
【祝髮 축발】 ①머리를 자름. ②머리를 깎고 중이 되는 일.
【祝杯 축배】 축하의 술잔.
【祝福 축복】 행복을 빎.
【祝辭 축사】 축하하는 말이나 글.
【祝願 축원】 신불(神佛)에게 자기의 뜻을 성취시켜 주기를 비는 일.
【祝儀金 축의금】 축하하는 뜻으로 내는 돈.
【祝祭 축제】 경축하여 벌이는 큰 잔치나 제사.
【祝賀 축하】 경축하고 치하함.
【慶祝 경축】 경사를 축하함.
【奉祝 봉축】 삼가 축하함.

示5 [祜] 복 호 麌

명 ⊕hù ⊖コ 英blessing
字解 복(호) ※신이 주는 행복.
【祜休 호휴】 신에게서 받는 행복.
참고 祐(우 : 584)는 딴 자.

示6 [祥] 상서로울 상 陽

二 亍 亓 齐 齐 初 祀 祥 祥
명 ⊕xiáng ⊖ショウ(さいわい) 英auspicious
字源 형성자. 示(시)는 의미 부분이고, 羊(양)은 발음 부분이다.
字解 ①상서로울, 복(상) ¶ 祥雲(상운) ②조짐(상) ¶ 吉祥(길상) ③제사 이름(상) ¶ 大祥(대상)
【祥夢 상몽】 길한 조짐이 있는 좋은 꿈. 吉夢(길몽).
【祥瑞 상서】 길한 일이 일어날 징조.
【祥雲 상운】 상서로운 구름.
【吉祥 길상】 운수가 좋을 조짐. 경사가 날 조짐.
【大祥 대상】 죽은 지 두 돌만에 지내는 제사. 大朞(대기).

【祭】 제사 제

ㄱ ㄅ ㄅ ㄅ ㄆ ㄆ ㄆ 怒 祭 祭

음 ⊕jì ⊕サイ ⊛sacrifice
字源 회의자. 손(又(우))으로 고기(肉(육))를 잡고 제사(示(시))를 지낸다는 뜻이다.
字解 ①제사, 제사 지낼(제) ¶祭物(제물) ②행사(제) ¶祝祭(축제)

【祭物 제물】 ①제사에 쓰이는 음식. 祭需(제수). ②'어떠한 것 때문에 희생됨'의 비유.
【祭祀 제사】 신령에게 음식을 바쳐 정성을 표하는 의식.
【祭典 제전】 ①제사의 의식. 祭禮(제례). ②성대히 열리는 예술·체육 등의 행사.
【祭政一致 제정일치】 제사와 정치가 일치하는 정치 형태.
【祭享 제향】 ①나라에서 올리는 제사. ②'제사(祭祀)'의 높임말.
【墓祭 묘제】 산소에서 지내는 제사.
【祝祭 축제】 경축하여 벌이는 큰 잔치나 행사.

【祧】 천묘 조

⊕tiāo ⊕チョウ
字解 천묘(조)

【祧廟 조묘】 원조(遠祖)를 합사(合祀)하는 사당. 遷廟(천묘).

【票】 표 표

一 戶 币 而 覀 票 票 票

고 ⊕piào ⊕ヒョウ ⊛bill, ticket
字源 회의자. 票는 소전 髟의 예서체이다. 髟는 본래 불길이 솟구치다는 뜻으로, 火(화)와 覀은 모두 의미 부분이다. 覀은 罶(천)과 같은데, '높이 올라서다'라는 뜻이다. 票가 언제부터 '차표' 등의 뜻으로 쓰이게 되었는지는 알 수 없다.
字解 표, 쪽지(표)

【票決 표결】 투표로 가부를 결정함.
【開票 개표】 투표의 결과를 조사함.
【賣票 매표】 표를 삼.
【證票 증표】 증거로 주는 표.
【車票 차표】 차를 타기 위하여 찻삯을 주고 산 표. 乘車券(승차권).
【投票 투표】 선거·의결을 할 때, 용지에 표를 하여 함 따위에 넣는 일.

> '票'가 붙은 한자
> 僄 가벼울(표)   剽 빼앗을(표)
> 嫖 재빠를(표)   慓 빠를(표)
> 漂 뜰(표)   標 표(표)
> 瓢 표주박(표)   縹 청백색(표)
> 飄 회오리바람(표) 驃 표절따(표)

【禁】 금할 금

† † † † 林 梦 梦 焚 禁

음 ⊕jìn ⊕キン ⊛forbid
字源 형성자. 示(시)는 의미 부분이고, 林(림)은 발음 부분이다.
字解 ①금할(금) ¶禁煙(금연) ②대궐(금) ¶禁中(금중) ③감옥(금)

【禁軍 금군】 궁중(宮中)을 지키고 임금을 호위하던 군사.
【禁錮 금고】 ①감옥에 넣어 두고 노동은 시키지 않는 형벌. ②조선 시대에 평생 벼슬길에 나서지 못하게 하던 형벌.
【禁忌 금기】 꺼리어 금하거나 피함.
【禁煙 금연】 ①담배 피우는 것을 금함. ②담배를 끊음.
【禁慾 금욕】 욕망을 억제함.
【禁中 금중】 궁궐 안. 宮中(궁중).
【禁止 금지】 금하여 못하게 함.
【監禁 감금】 가두어서 신체의 자유를 속박함.
【拘禁 구금】 신체의 자유를 구속하여 일정한 장소에 감금함.
【軟禁 연금】 신체의 자유는 속박하지 않으나 외출이나 외부와의 연락을 제한하는 일.

【祺】 복 기

명 ⊕qí ⊕キ ⊛auspicious
字解 ①복, 상서로울(기) ②마음 편안할(기)

【祺祥 기상】 행복. 상서로움.
【祺然 기연】 마음이 편안한 모양.

【祿】 녹 록 圉 祿

二 亍 示 示' 示' 示' 祚 祿 祿

㉹ ㊥lù ㊊ロク(さいわい) ㊛salary
字源 형성 겸 회의자. 示(시)는 의미 부분이고, 彔(록)은 발음 부분이다. 彔은 두레박으로 물을 길어 올리는 모습을 그린 상형자이다. 물을 길어 논밭에 뿌리면 풍성한 수확이 있으므로, 彔은 '복록(福祿)·은택(恩澤)'의 뜻으로 쓰인다. 따라서 彔은 의미 부분도 된다.
字解 ①녹, 급료(록) ②복(록)
【祿俸 녹봉】지난날, 벼슬아치에게 주던 곡식·돈 따위의 총칭.
【祿邑 녹읍】신라 때, 벼슬아치에게 직전(職田)으로 주던 논밭.
【祿爵 녹작】녹봉과 작위(爵位).
【國祿 국록】나라에서 주는 녹봉.

【稟】 명 稟(594)의 俗字

【禊】 푸닥거리 계 ㊗혜 祩

㊥xì ㊊ケイ(みそぎ) ㊛exorcism
字解 푸닥거리, 계제(계)
【禊祭 계제】요사(妖邪)를 제거하기 위해 물가에서 행하는 제사.

【福】 복 복 圉 福

二 亍 示 示' 示' 祠 祠 福 福

명 ㊥fú ㊊フク(さいわい) ㊛blessing
字源 형성 겸 회의자. 示(시)는 의미 부분이고, 畐(복)은 발음 부분이다. 畐은 술동이를 그린 상형자이다. 고대에 술은 풍부함을 상징하였고, 또 신에게 술을 따름으로써 복을 기원하였다. 따라서 畐은 의미 부분도 된다.
字解 ①복, 행복(복) ②제수(복) ※ 제사에 쓴 고기와 술.
【福祉 복지】①행복. ②만족할 만한 생활환경.
【薄福 박복】복이 적음.
【壽福 수복】오래 삶과 복됨.
【飮福 음복】제사를 마치고 제사에 썼던 술·음식 따위를 나눠 마시는 일.
【祝福 축복】행복을 축원함.
【幸福 행복】생활에서 충분히 만족하여 즐거운 상태.

【禔】 ❶복 시·지 圂 ❷복 제 ㊗齊 禔

㊥tí ㊊シ, テイ ㊛blessing
字解 ❶복(시·지) ❷복(제)

【禑】 복 오·우 圂

명우 ㊥yú ㊊グ ㊛blessing
字解 복(오·우)

【禎】 상서 정 ㊙庚 禎 禎

명 ㊥zhēn ㊊テイ ㊛auspicious
字解 상서, 복(정)
【禎祥 정상】좋은 징조. 祥瑞(상서).

【禍】 재앙 화 囿 禍 禍

二 亍 示 示' 示' 祁 禍 禍 禍

㉹ ㊥huò ㊊カ(わざわい) ㊛calamity
字源 형성 겸 회의자. 示(시)는 의미 부분이고, 咼(괘)는 발음 부분이다. 咼는 소의 어깨뼈를 그린 '冎'의 변형이다. 옛날에는 소의 어깨뼈를 이용해 길흉(吉凶)을 점쳤던 풍습이 있었다. 따라서 咼는 의미 부분도 된다.
字解 재앙, 재난(화)
【禍根 화근】재앙의 근원.
【禍福 화복】재앙과 복록(福祿).
【災禍 재화】재앙.
【轉禍爲福 전화위복】화가 바뀌어 오히려 복이 됨.
【慘禍 참화】끔찍한 재앙.

【禛】 복 받을 진 圂 禛

명 ㊥zhēn ㊊シン ㊛be blessed
字解 복 받을, 복 누릴(진)

示部 11획

禦 막을 어
示11 [禦] 막을 어 御禦
⑯
명 ⓒyù ⓙギョ(ふせぐ) ⓔdefend
字解 막을, 저지할(어)
【禦寒 어한】 추위를 막음.
【防禦 방어】 남이 쳐들어오는 것을 막아 냄.

禫 담제 담
示12 [禫] 담제 담 禫
⑰
ⓒdàn ⓙタン
字解 담제(담)
【禫祭 담제】 대상(大祥)을 지낸 그 다음다음 달에 지내는 제사.

禪 사양할 선, 참선 선
示12 [禪] ❶사양할 선 ❷참선 선 禅禅禪
⑰
丁 示 示 示 示 禪 禪 禪
ⓒshàn, chàn ⓙゼン ⓔabdicate
字解 형성자. 示(시)는 의미 부분이고, 單(단)은 발음 부분이다.
字解 ❶사양할(선) ※임금의 자리에서 물러나는 것. ❷봉선(선) ❸①참선(선) ②선종(선)
【禪師 선사】 ①선종(禪宗) 고승의 칭호. ②지덕(智德)이 높은 선승(禪僧)에게 조정에서 내리던 칭호.
【禪院 선원】 절. 寺院(사원).
【禪位 선위】 임금이 왕위를 물려줌. 禪讓(선양).
【禪定 선정】 참선하여 진리를 직관하는 경지에 다다르는 일.
【禪宗 선종】 참선에 의하여 본성(本性)을 터득하려는 불교의 한 종파.
【參禪 참선】 선도(禪道)에 들어가 수행(修行)함. 坐禪(좌선).
【封禪 봉선】 천자가 행하는 제사.
☞ '封'은 하늘에 제사 지내는 일, '禪'은 땅에 제사 지내는 일.

禧 복 희
示12 [禧] 복 희 禧
⑰
명 ⓒxǐ ⓙキ ⓔblessing
字解 복, 길할(희)
【禧賀 희하】 축하함. 慶賀(경하).

【新禧 신희】 새해의 복.

禮 예도 례
示13 [禮] 예도 례 礼礼禮
⑱
丁 示 示 示 禮 禮 禮
명 ⓒlǐ ⓙキ ⓔetiquette
字解 회의 겸 형성자. 示(시)와 豊(례)는 모두 의미 부분인데, 豊는 발음도 담당한다. 豊는 제사를 지낼 때 쓰는 그릇이다.
字解 ①예도, 예(례) ¶禮節(예절) ②절, 인사(례) ¶禮拜(예배) ③예물(례) ¶禮緞(예단)
【禮緞 예단】 예물로 주는 비단.
【禮度 예도】 예의와 법도.
【禮物 예물】 ①사례의 뜻으로 주는 물건. ②결혼식에서 신랑 신부가 주고받는 물건.
【禮拜 예배】 신이나 부처 앞에 경배(敬拜)하는 의식.
【禮遇 예우】 예로써 대우함.
【禮儀 예의】 예절과 몸가짐.
【禮節 예절】 예의와 법도에 맞는 절차.
【禮讚 예찬】 존경하며 찬양함.
【禮砲 예포】 군대나 군함에서 경의를 표하기 위해 쏘는 공포(空砲).
【缺禮 결례】 예의범절에 벗어남.
【敬禮 경례】 공경의 뜻을 예의에 맞게 나타내는 인사.
【謝禮 사례】 고마운 뜻을 나타내는 인사.

禰 아비 사당 녜·니
示14 [禰] 아비 사당 녜·니 祢禰
⑲
ⓒnǐ ⓙネ ⓔancestral shine
字解 아비 사당(녜·니)
【禰廟 예묘】 아버지를 모신 사당.
【禰祖 예조】 조상을 모신 사당(祠堂).

禱 빌 도
示14 [禱] 빌 도 祷禱
⑲
명 ⓒdǎo ⓙトウ(いのる) ⓔpray
字解 빌, 기원할(도)
【禱祀 도사】 빌며 제사 지냄.
【祈禱 기도】 신이나 부처에게 빎.
【默禱 묵도】 말없이 마음속으로 하는 기도.

禸 部

[禳] 빌 양 陽
示17/22
명 ⊕ráng ⊕ジョウ ⊛exorcise
字解 빌, 푸닥거리할(양)
【禳禱 양도】신에게 제사하여 재앙을 없애고 행복을 비는 일.

5 禸 部

[禸] 짐승발자국 유
禸0/5
⊕róu ⊕ニュウ
字源 상형자. 짐승의 몸통과 다리, 늘어진 꼬리를 그린 것이다.
字解 짐승 발자국(유)

[禹] 하우씨 우
禸4/9
명 ⊕yǔ ⊕ウ
字解 하우씨(우) ※하(夏)나라를 세운 임금 이름.
【禹域 우역】중국의 딴 이름.
🕮 우왕(禹王)이 홍수를 다스려 구주(九州)의 경계를 정했다는 데서 온 말.

[禺] 구역 우
禸4/9
⊕yú, yù ⊕グウ
字解 ①구역(우) ②긴꼬리원숭이(우)

[禼] 산신 리
禸6/11
명 ⊕lí ⊕リ ⊛bright
字解 ①산신(리) ※짐승 형상을 한 산신(山神). ②헤어질, 흩어질(리)

[离] 禸7/12 명 离(94)과 同字

[禽] 날짐승 금
禸8/13
⊕qín ⊕キン ⊛birds
字源 상형자 → 형성자. 갑골문을 보면 '줏'으로, 아래에 긴 손잡이가 있고 그 위에 그물이 달린 사냥 도구를 그린 상형자였다. 소전에서는 짐승의 발자국을 그린 줏(구)가 의미 부분이고, 수이 발음 부분인 형성자로 바뀌었다. 禽은 본래 '(새나 동물을) 잡다'라는 뜻이었으나 뒤에 '잡힌 동물'의 뜻으로 쓰이게 되자 잡다의 뜻으로는 手(손 수)를 더한 擒(금) 자를 새로 만들어 보충하였다.
字解 ①날짐승(금) ②사로잡을(금) ≒擒
【禽獸 금수】'날짐승과 길짐승'의 총칭. 鳥獸(조수).
【家禽 가금】집에서 기르는 짐승.
【猛禽 맹금】성질이 사나운 날짐승.
【鳴禽 명금】①고운 소리로 우는 새. ②연작(燕雀)의 무리에 속하는 새.

5 禾 部

[禾] 벼 화
禾0/5
一二千禾禾
⊕hé ⊕カ ⊛rice plant
字源 상형자. 벼가 익어 고개를 숙인 모양으로 벼의 줄기와 뿌리를 그린 것이다.
字解 ①벼(화) ②곡물(화)
【禾穀 화곡】①벼. ②곡식.
【禾稈 화간】볏짚. 禾稿(화고).
【禾苗 화묘】볏모. 모.
【嘉禾 가화】열매가 많이 붙은 큰 벼.

[禿] 대머리 독
禾2/7
명 ⊕tū ⊕トク(はげ) ⊛bald
字解 ①대머리, 대머리질, 민둥민둥할(독) ②모자라질(독)
【禿頭 독두】대머리.
【禿山 독산】민둥산. 벌거숭이산.
【禿翁 독옹】대머리진 노인.

【禿筆 독필】 ①끝이 모지라진 붓. 몽당붓. ②'자기가 지은 시문(詩文)'의 겸칭.

【私】 사사 사

ᅳ 二 千 禾 禾 私 私

음 ㊥sī ㊐シ(わたくし) ㊞private
字源 형성자. 본래 벼의 일종을 뜻하였다. 禾(화)는 의미 부분이고, ム(사)는 발음 부분이다.
字解 ①사사, 사사로이 할(사) ¶私心(사심) ②몰래, 은밀히(사) ¶私通(사통)
【私見 사견】 자기 혼자의 의견.
【私立 사립】 개인이 세움.
【私費 사비】 개인이 부담하는 비용.
【私淑 사숙】 직접 가르침을 받지는 아니하나, 스스로 그 사람의 덕을 사모하고 본받아서 학문을 닦음.
【私心 사심】 ①자기 혼자의 생각. ②자기만의 이익을 꾀하는 마음.
【私慾 사욕】 자기의 이익만을 채우려는 욕망.
【私債 사채】 개인 사이에 지는 빚.
【私通 사통】 부부 아닌 남녀가 남몰래 정을 통함.
【公私 공사】 공적인 일과 사적인 일.

【秀】 빼어날 수

ᅳ 二 千 禾 禾 秀 秀

음 ㊥xiù ㊐シュウ(ひいでる) ㊞surpass
字源 회의자. 본래 벼(禾(화))의 열매를 뜻한다. 乃는 벼의 열매가 맺혀 아래로 늘어진 모양이다.
字解 ①빼어날, 뛰어날(수) ¶秀麗(수려) ②이삭 팰(수) ¶秀穎(수영)
【秀麗 수려】 산수의 경치가 뛰어나고 아름다움.
【秀穎 수영】 ①벼·수수 따위의 이삭이 나옴. ②재능이 뛰어남.
【秀才 수재】 학문이나 재능이 뛰어난 사람.
【優秀 우수】 여럿 중에 특히 뛰어남.
【俊秀 준수】 재주·지혜·풍채가 남달리 뛰어남.

【秆】 稈(592)의 古字

【季】 年(217)의 古字

【秉】 잡을 병

음 ㊥bǐng ㊐ヘイ(とる) ㊞grasp
字解 잡을, 쥘(병)
【秉權 병권】 권력을 잡음.
【秉燭 병촉】 촛불을 손에 잡음.

【秄】 북돋울 자

음 ㊥zǐ ㊐ケツ ㊞earth up
字解 북돋울(자)

【秔】 메벼 갱 (동) 粳 粳

음 ㊥jīng ㊐コウ
字解 메벼(갱) ※찰기가 없는 벼.
【秔稻 갱도】 메벼.

【科】 과정 과

ᅳ 二 千 禾 禾 禾 科 科

음 ㊥kē ㊐カ(しな) ㊞course
字源 회의자. 禾(화)와 斗(두)는 모두 의미 부분으로, 벼(禾)의 등급을 매긴다(斗)는 뜻이다. 斗는 본래 곡식의 양을 잴 때 쓰였던 용기를 그린 상형자로, 무게를 단다는 뜻이다.
字解 ①과정, 조목(과) ¶敎科(교과) ②법률, 법령(과) ¶金科玉條(금과옥조) ③과거(과) ¶登科(등과) ④부과할(과) ¶罪科(죄과)
【科擧 과거】 지난날, 벼슬아치를 뽑기 위하여 보이던 시험.
【科目 과목】 학과나 교과를 구성하는 단위.
【敎科 교과】 가르치는 과목.
【金科玉條 금과옥조】 금옥같은 법률. '꼭 지켜야 할 규칙·교훈'을 이름.
【登科 등과】 과거에 급제함.
【罪科 죄과】 ①죄. ②지은 죄에 대하여 매겨지는 처벌.

禾部 5획

秕 쭉정이 비 紙
- 명 ⊕bǐ ⊕ヒ ⊕chaff
- 字解 ①쭉정이(비) 늑秕 ②더럽힐(비)

【秕糠 비강】①쭉정이와 겨. ②남은 찌꺼기.
【秕政 비정】국민을 괴롭히고 나라를 그르치는 정치. 惡政(악정).

秒 ❶초 초 / ❷까끄라기 묘 篠
- 一 二 千 禾 利 利 秒 秒
- 고 ⊕miǎo ⊕ビョウ ⊕second
- 字源 형성자. 禾(화)는 의미 부분이고, 少(소)는 발음 부분이다. 秒는 본래 벼의 까끄라기를 나타내었다가, 뒤에 시간의 단위를 나타내는 뜻으로도 쓰이게 되었다.
- 字解 ❶초(초) ※시간·각도의 단위. ❷①까끄라기(묘) ②작을(묘)

【秒速 초속】1초 동안 물체가 운동하는 속도.
【秒針 초침】초를 가리키는 시곗바늘.
【秒忽 묘홀】까끄라기와 거미줄. '썩 작은 것'을 이름.
【分秒 분초】분과 초. '아주 짧은 시간'을 이름.

秋 가을 추 尤
- 一 二 千 禾 禾 利 秒 秋
- 명 ⊕qiū ⊕シュウ(あき) ⊕autumn
- 字源 형성자. 본래 벼가 익었다는 뜻이다. 禾(화)는 의미 부분이고, 火(화)는 焦(초)의 생략형으로 발음 부분이다.
- 字解 ①가을(추) ¶秋收(추수) ②때, 해(추) ¶千秋(천추)

【秋穀 추곡】가을에 거두는 곡식.
【秋霜 추상】가을의 찬 서리. '서슬이 퍼런 위엄이나 엄한 형벌'의 비유.
【秋扇 추선】가을철의 부채. '철이 지나 쓸모없는 물건', 또는 '남자에게 버림받은 여인'의 비유.
【秋收 추수】가을걷이.

【秋波 추파】①가을철의 잔잔하고 아름다운 물결. ②여자가 은근한 정을 나타내는 눈짓, 또는 그 눈.
【秋風落葉 추풍낙엽】가을바람에 떨어지는 나뭇잎. '세력이나 형세가 갑자기 기울거나 시듦'을 이름.
【秋毫 추호】가을철에 털갈이한 짐승의 가는 털끝. '매우 작음'의 비유.
【晩秋 만추】늦가을.
【立秋 입추】이십사 절기의 하나. 대서(大暑)와 처서(處暑) 사이로, 8월 8일경.
【存亡之秋 존망지추】국가의 존립과 멸망이 달린 중요한 시기.
【千秋 천추】썩 오랜 세월. 먼 미래. 千年(천년). 千載(천재).

> '秋'가 붙은 한자
> 愁 근심 (수)   愀 슬플 (초)
> 鍬 삽 (초)   啾 두런거릴 (추)
> 湫 늪 (추)   楸 가래나무 (추)
> 鞦 그네 (추)   鰍 미꾸라지 (추)

秣 말먹이 말 曷
- 명 ⊕mò ⊕マツ(まぐさ) ⊕fodder
- 字解 ①말먹이, 꼴(말) ②말 먹일(말)

【秣稿 말고】말먹이로 쓰는 짚.
【秣馬利兵 말마이병】말을 먹이고 병기를 날카롭게 함. '출병할 준비를 함'을 이름.

秘 명 祕(584)의 俗字

秳 돌 석 陌
- 명 ⊕shí ⊕セキ ⊕stone
- 字解 ①돌(석) 늑石 ②섬(석) ※무게의 단위. 1秳은 120근(斤).

秧 모 앙 陽
- 명 ⊕yāng ⊕オウ ⊕young rice plants
- 字解 모(앙) ※벼의 싹.

【秧苗 앙묘】벼의 모. 볏모.

【秧板 앙판】 못자리.
【移秧 이앙】 모심기. 모내기.

禾 5 ⑩ **【䄂】** 무성할 **유** [尤]

[명] [中]yóu [日]イウ [英]thick
[字解] 무성할(유)

禾 5 ⑩ **【租】** 구실 **조** [虞]

ニ 千 千 禾 利 和 和 租

[고] [中]zū [日]ソ [英]tax
[字源] 형성자. 禾(화)는 의미 부분이고, 且(차)는 발음 부분이다.
[字解] ①구실, 세금(조) ¶ 租稅(조세) ②세들, 세낼(조) ¶ 租借(조차)
【租稅 조세】 국가 또는 지방 자치 단체가 필요한 경비를 국민에게서 받아들이는 세금.
【租借 조차】 ①가옥이나 토지 따위를 돈을 내고 빌림. ②한 나라가 다른 나라 영토의 일부분에 대한 통치권을 일정 기간 얻어 지배하는 일.
【賭租 도조】 남의 논밭을 지어 먹고 세로 무는 벼.
【地租 지조】 지난날, 토지에 대하여 매기던 조세.

禾 5 ⑩ **【秦】** 진나라 **진** [眞]

[명] [中]qín [日]シン
[字解] 진나라(진) ※ 전국칠웅(戰國七雄)의 하나였고, 시황제(始皇帝)에 이르러 전국을 평정하고 중국을 통일한 왕조.
【先秦 선진】 진(秦)나라 시황제 이전의 시대.

禾 5 ⑩ **【秩】** 차례 **질** [質]

ニ 千 千 禾 秆 秆 秩 秩

[고] [中]zhì [日]チツ(ついで) [英]order
[字源] 형성자. 禾(화)는 의미 부분이고, 失(실)은 발음 부분이다.
[字解] ①차례(질) ¶ 秩序(질서) ②녹, 녹봉(질) ¶ 秩米(질미) ③관직, 벼슬(질) ¶ 秩敍(질서)
【秩高 질고】 관직과 녹봉이 높음.
【秩滿 질만】 관직의 임기가 참.
【秩米 질미】 봉급으로 받는 쌀.
【秩序 질서】 사물이나 사회가 올바른 상태를 유지하기 위하여 지켜야 할 차례나 순서.
【秩敍 질서】 관직의 차례.

禾 5 ⑩ **【秤】** 저울 **칭** [徑]

[명] [中]chèng [日]ショウ(はかり) [英]balance
[字解] 저울(칭)
【秤量 칭량】 저울로 무게를 닮.
【秤錘 칭추】 저울추.
[참고] 稱(칭 : 595)의 속자로도 쓰임.

禾 5 ⑩ **【称】** 稱(595)의 俗字

禾 6 ⑪ **【移】** 옮길 **이** [支]

ニ 千 千 禾 秒 秒 秒 移

[중] [中]yí [日]イ(うつる) [英]remove
[字源] 형성자. 禾(화)는 의미 부분이고, 多(다)는 발음 부분이다. 옛날에 移와 多는 발음이 비슷하였다.
[字解] 옮길, 옮을(이)
【移管 이관】 관할(管轄)을 옮김.
【移動 이동】 옮기어 움직임.
【移民 이민】 자기 나라를 떠나 다른 나라에 이주하는 일, 또는 그 사람.
【移徙 이사】 집을 옮김.
【移植 이식】 옮겨 심음.
【移秧 이앙】 모내기.
【移讓 이양】 남에게 양보하여 넘겨줌.
【移籍 이적】 호적·소속 등을 옮김.
【移轉 이전】 장소나 주소를 옮김.
【推移 추이】 시간이 흐름에 따라 사물의 상태가 변하여 가는 일.

禾 7 ⑫ **【稈】** 볏짚 **간** [旱] [고] 秆

[명] [中]gǎn [日]カン [英]straw
[字解] 볏짚, 볏대(간)

禾 7 ⑫ **【稉】** 杭(590)과 同字

禾部 8획

【稂】 강아지풀 랑 陽
- ⊕láng ⑪ロウ ⑨foxtail
- **字源** 강아지풀, 가라지(랑)
- 【稂莠 낭유】 가라지.

【稅】 ❶세금 세 霽 ❷벗을 탈 曷
- ノ 一 千 禾 禾 禾 ′ 和 秆 稅
- ⊕shuì ⑪ゼイ(みつぎ) ⑨tax
- **字源** 형성자. 禾(화)는 의미 부분이고, 兌(태)는 발음 부분이다.
- **字解** ❶세금, 구실(세) ❷벗을, 풀(탈) 늑脫
- 【稅金 세금】 조세(租稅)로 내는 돈.
- 【稅務 세무】 세금을 부과하고 징수하는 것에 관한 사무.
- 【稅源 세원】 세금을 매길 근원이 되는 소득이나 재산.
- 【稅率 세율】 세액을 산정하는 비율.
- 【關稅 관세】 국경을 넘는 화물에 대하여 매기는 조세.
- 【納稅 납세】 세금을 냄.
- 【免稅 면세】 세금을 면제함.
- 【脫稅 탈세】 납세 의무자가 세금의 일부 또는 전부를 내지 않는 일.

【程】 법 정 庚
- ノ 一 千 禾 禾 禾 ′ 和 程 程
- ⊕chéng ⑪テイ(ほど) ⑨law
- **字源** 형성자. 禾(화)는 의미 부분이고, 呈(정)은 발음 부분이다.
- **字解** ①법(정) ¶規程(규정) ②한도(정) ¶程度(정도) ③길, 거리(정) ¶路程(노정)
- 【程度 정도】 알맞은 한도.
- 【工程 공정】 작업이 되어가는 정도.
- 【過程 과정】 일이 되어가는 경로.
- 【規程 규정】 조목을 나누어 정한 사무 집행상의 준칙.
- 【路程 노정】 여행의 경로나 일정. 道程(도정).
- 【射程 사정】 총구에서부터 탄환이 닿을 수 있는 지점까지의 거리.
- 【里程標 이정표】 거리를 적어 세운 푯말. 距離標(거리표).
- 【日程 일정】 ①그날에 할 일, 또는 그 차례. ②그날 하루에 가야 할 도정(道程).

【稍】 점점 초 肴
- ⊕shāo ⑪ショウ(やや) ⑨gradually
- **字源** ①점점(초) ¶稍稍(초초) ②적을, 작을(초) ¶稍解文字(초해문자) ③녹, 녹봉(초) ¶稍食(초식)
- 【稍食 초식】 벼슬아치가 녹봉(祿俸)으로 받는 쌀. 祿米(녹미).
- 【稍蠶食之 초잠식지】 누에가 조금씩 갉아먹음. '조금씩 조금씩 침략하여 먹어 들어감'을 이름.
- 【稍稍 초초】 조금씩. 漸漸(점점).
- 【稍解文字 초해문자】 겨우 문자를 해독함. '판무식을 면함'을 이름.

【稀】 드물 희 微
- ノ 一 千 禾 禾 禾 ′ 柊 稀 稀
- ⊕xī ⑪キ(まれ) ⑨rare
- **字源** 형성자. 禾(화)는 의미 부분이고, 希(희)는 발음 부분이다.
- **字解** ①드물, 성길(희) ②적을(희)
- 【稀貴 희귀】 드물어서 매우 진귀함.
- 【稀代 희대】 세상(世上)에 드문 일. 稀世(희세).
- 【稀微 희미】 분명하지 못하고 어렴풋함.
- 【稀薄 희박】 일의 가망이 적음.
- 【稀釋 희석】 용액에 물이나 용매를 가하여 묽게 하는 일.
- 【稀少 희소】 드물고 적음.
- 【稀罕 희한】 매우 드물어서 좀처럼 볼 수 없음. 매우 드물거나 신기함.
- 【古稀 고희】 '70세'를 이름.
  📖 '인생 칠십은 옛부터 드물다〔人生七十古來稀(인생칠십고래희)〕'고 한 두보(杜甫)의 시에서 온 말.

【稘】 일주년 기
- ⊕jī ⑪キ ⑨a full year
- **字解** ①일주년, 돌(기) ②볏짚(기)

禾部 8획

稜 모 릉
⊕léng ㊐リョウ(かど) ㊧corner
字解 ①모, 모서리(릉) ②위엄(릉)
- 【稜角 능각】 ①뾰족한 모서리. ②모서리각.
- 【稜線 능선】 산의 등성이를 따라 죽 이어진 봉우리의 선.
- 【稜威 능위】 존엄스러운 위세. 위엄 있는 모습. 威光(위광).

稶 서직 무성할 욱
⊕yù ㊐イク
字解 서직 무성할(욱)

稔 곡식 여물 임
⊕rěn ㊐ネン(みのる) ㊧ripen
字解 ①곡식 여물, 곡식 익을(임) ②해, 일년(임)
- 【稔熟 임숙】 곡식이 잘 여묾.
- **참고** 속음(俗音)으로 '념'을 쓰기도 함.

稠 빽빽할 조
⊕chóu ㊐チュウ ㊧dense
字解 ①빽빽할(조) ②많을(조)
- 【稠密 조밀】 촘촘하고 빽빽함.
- 【稠人廣座 조인광좌】 여러 사람이 빽빽이 모인 자리. 稠座(조좌).
- 【稠雜 조잡】 빽빽하고 복잡함.

稙 일찍 심은 벼 직
⊕zhī ㊐チョク
字解 일찍 심은 벼(직)
- 【稙禾 직화】 일찍 심은 벼.
- **참고** 植(식: 427)은 딴 자.

稚 어릴 치
⊕zhì ㊐チ(いとけない) ㊧infant
字解 어릴, 유치할(치)
- 【稚氣 치기】 어린애 같은, 유치하고 철없는 기분이나 감정.
- 【稚魚 치어】 어린 물고기.
- 【稚拙 치졸】 유치하고 졸렬함.

- 【幼稚 유치】 ①나이가 어림. ②지식이나 기술 따위의 수준이 낮음.

稗 피 패
⊕bài ㊐ハイ ㊧barnyard millet
字解 ①피(패) ※볏과의 일년초. ②잘, 잗달(패)
- 【稗官 패관】 민간에 떠도는 설화·전설 따위를 수집하던 벼슬 이름.
- 【稗飯 패반】 피로 지은 밥. 피밥.
- 【稗史 패사】 ①사관(史官)이 아닌 사람이 이야기 형식으로 꾸며 쓴 역사 기록. ②민간에서 일어난 대수롭지 않은 일들을 기록한 것.
- 【稗說 패설】 민간에 이리저리 전해지는 이야기.

稟 ❶여쭐 품 ❷곳집 름
❶⊕bǐng, lǐn ㊐ヒン, リン(うける) ㊧tell
字解 ❶①여쭐, 사뢸(품) ¶ 稟達(품달) ②줄, 받을(품) ¶ 稟命(품명) ③바탕, 천성(품) ¶ 稟性(품성) ❷①곳집(름)≒廩 ②녹, 녹미(름) ¶ 稟給(늠급)
- 【稟達 품달】 웃어른이나 상관에게 여쭘. 稟告(품고).
- 【稟命 품명】 ①명령을 받음. ②타고난 성질. ③운명.
- 【稟性 품성】 타고난 성품.
- 【稟議 품의】 웃어른 또는 상관에게 글이나 말로 여쭈어 의논함.
- 【稟給 늠급】 벼슬아치가 국가로부터 받던 봉급(俸給). 祿俸(녹봉).
- 【氣稟 기품】 타고난 기질과 성품.

稻 稻(596)의 俗字

種 ❶씨 종 ❷심을 종
一 千 禾 秆 秆 秆 種 種
⊕zhǒng, zhòng ㊐シュ(たね)

㊖seed

[字源] **형성자.** 禾(화)는 의미 부분이고, 重(중)은 발음 부분이다.

[字解] **❶①씨**(종) ¶ 種子(종자) **②핏줄, 혈통**(종) ¶ 種族(종족) **③종류**(종) ¶ 種別(종별) **❷심을**(종) ¶ 種瓜得瓜(종과득과)

【種瓜得瓜 종과득과】 오이를 심으면 오이를 얻게 됨. '원인이 있으면 그에 따른 결과가 생김'의 비유.
【種豚 종돈】 씨돼지.
【種類 종류】 일정한 질적 특징에 따라 나누어지는 부류.
【種別 종별】 종류에 따른 구별.
【種子 종자】 ①씨. ②사물의 근본.
【種族 종족】 같은 조상에서 나온 사회 집단.
【雜種 잡종】 ①이것저것 잡다한 종류. ②품종이 다른 암수의 교배에 의하여 생긴 생물체.
【播種 파종】 곡식의 씨앗을 뿌림.

禾 9 ⑭ **【稱】** ❶일컬을 **칭** [蒸] ❷저울 **칭** [徑] [속] 称 [간] 称

二 千 禾 禾 禾 稍 稍 稱

[고] ㊥chēng ㊐ショウ(となえる) ㊖call

[字源] **형성 겸 회의자.** 무게를 단다는 뜻이다. 禾(화)는 의미 부분이고, 爯(승)은 발음 부분이다. 爯은 손〔爪(조)〕으로 어떤 물건〔冓〕을 들어올리는 모습으로, '들다'·'들어 올리다'라는 뜻을 나타낸다. 따라서 爯은 의미 부분도 겸한다.

[字解] **❶①일컬을, 칭할**(칭) ¶ 稱號(칭호) **②저울, 저울질할**(칭) ¶ 稱量(칭량) **③칭찬할**(칭) ¶ 稱頌(칭송) **❷①저울, 저울질할**(칭) **②맞을, 알맞을**(칭) ¶ 稱職(칭직)

【稱量 칭량】 ①저울로 닮. ②사정이나 형편을 헤아림.
【稱頌 칭송】 공덕을 칭찬하여 기림.
【稱職 칭직】 재능에 알맞은 직무.
【稱讚 칭찬】 잘한다고 추어 줌.
【稱號 칭호】 사회적으로 일컫는 이름.
【愛稱 애칭】 본이름 외에 친근하게 부르는 이름.
【尊稱 존칭】 높이어 부르는 칭호.

[참고] 저울의 뜻으로 쓰일 경우에는 속자로 '秤(592)'을 쓰기도 함.

禾 10 ⑮ **【稼】** 농사 **가** [禡]

[명] ㊥jià ㊐カ(かせぐ) ㊖farming

[字解] **농사, 심을**(가)

【稼動 가동】 ①일을 함. ②기계를 움직임.
【稼穡 가색】 ①농작물을 심는 일과 거두어들이는 일. ②농사.

禾 10 ⑮ **【稽】** ❶생각할 **계** [齊] ❷조아릴 **계** [薺]

[명] ㊥jī, qǐ ㊐ケイ(かんがえる) ㊖consider

[字解] **❶①생각할, 헤아릴**(계) ¶ 稽古(계고) **②머무를**(계) ¶ 稽留(계류) **❷조아릴**(계) ¶ 稽首(계수)

【稽古 계고】 옛 도(道)를 상고함.
【稽留 계류】 머무름. 滯留(체류).
【稽査 계사】 고찰해 자세히 조사함.
【稽顙 계상】 이마가 땅에 닿도록 몸을 굽혀 절함. 頓首(돈수).
【稽首 계수】 공경의 뜻으로 머리를 조아림.
【滑稽 골계】 남을 웃기려고 하는 말이나 행동. 익살.

禾 10 ⑮ **【稿】** 볏짚 **고** [晧] [동] 稾 [동] 藁

二 千 禾 禾 秆 稿 稿 稿

[고] ㊥gǎo ㊐コウ(わら) ㊖straw

[字源] **형성자.** 禾(화)는 의미 부분이고, 高(고)는 발음 부분이다.

[字解] **①볏짚**(고) ¶ 稿草(고초) **②원고**(고) ¶ 稿料(고료)

【稿料 고료】 저서 또는 쓴 글에 대한 보수. 原稿料(원고료).
【稿草 고초】 볏짚.
【寄稿 기고】 신문·잡지 등에 싣기 위하여 원고를 써서 보냄.
【原稿 원고】 ①출판하려고 초벌로 쓴 글. ②연설 따위의 초안.
【拙稿 졸고】 '자기 원고'의 겸칭.
【脫稿 탈고】 원고의 집필을 마침.

禾10획

【槀】 稿(595)와 同字

【穀】 곡식 곡 穀谷穀
士 丰 吉 孛 彙 簐 鮗 穀
- ㈜ⓒgǔ ⓙコク ⓔgrain
- **字源** 형성자. 禾(화)는 의미 부분이고, 殼(곡)은 발음 부분이다.
- **字解** ①곡식(곡) ¶穀類(곡류) ②복, 행복(곡) ¶穀日(곡일)

【穀類 곡류】 곡식의 종류. '쌀·보리·밀' 따위.
【穀物 곡물】 양식이 되는 쌀·보리·조·콩 따위의 총칭. 곡식.
【穀雨 곡우】 이십사 절기의 하나. 청명(淸明)과 입하(立夏) 사이로, 4월 20일경.
【穀日 곡일】 즐거운 날. 吉日(길일).
【穀倉 곡창】 ①곡물 창고. ②곡식이 많이 나는 곳. 穀鄕(곡향).
【糧穀 양곡】 양식으로 쓰는 곡식.
【五穀百果 오곡백과】 온갖 곡식과 과실(果實).
【脫穀 탈곡】 벼·보리 따위의 이삭에서 낟알을 떨어내는 일.

【稻】 벼 도 稻稻
二 千 禾 禾 禾 稻 稻 稻
- ⓒdào ⓙトウ(いね) ⓔrice plants
- **字源** 형성자. 禾(화)는 의미 부분이고, 舀(요)는 발음 부분이다.
- **字解** 벼(도)

【稻熱病 도열병】 잘 자란 벼의 줄기와 잎에 흰 점이 생기면서 이삭이 돋아나지 않게 되는 병.
【立稻先賣 입도선매】 채 여물지 않은 벼를 논에 서 있는 채로 미리 팖.

【穗】 穗(597)의 俗字

【穩】 번성할 온
- ⓒyūn ⓙウン ⓔprosper
- **字解** ①번성할(온) ②향기로울(온)

【䅜】 稜(594)의 本字

【稷】 기장 직
- ⓒjì ⓙショク(きび) ⓔmillet
- **字解** ①기장, 메기장(직) ②곡식의 신, 곡신(직)

【稷神 직신】 곡식을 맡은 신.
【黍稷 서직】 찰기장과 메기장.
【社稷 사직】 토지신(土地神)과 곡신(穀神). '국가 또는 조정'을 이름.

【穆】 화목할 목
- ⓒmù ⓙボク ⓔharmony
- **字解** ①화목할(목) ≒睦 ②공경할(목) ③아름다울(목) ④평온할(목)

【穌】 깨어날 소
- ⓒsū ⓙソ(よみがえる) ⓔrevive
- **字解** 깨어날, 소생할(소) ≒蘇

【穎】 빼어날 영 潁穎穎
- ⓒyǐng ⓙエイ ⓔexcellent
- **字解** ①빼어날(영) ¶穎悟(영오) ②벼 이삭(영) ¶穎果(영과) ③송곳 끝(영) ¶穎脫(영탈)

【穎果 영과】 보리·벼·수수 따위 식물의 열매.
【穎悟 영오】 남보다 뛰어나게 총명함.
【穎脫 영탈】 주머니 속에 든 송곳 끝이 삐죽이 나옴. '재지(才智)가 겉으로 드러남'의 비유.

【穩】 穩(597)의 俗字

【積】 쌓을 적 積積
二 千 禾 禾 秆 秳 秳 積 積
- ⓒjī ⓙセキ(つむ) ⓔheap up
- **字源** 형성자. 禾(화)는 의미 부분이고, 責(책)은 발음 부분이다.
- **字解** ①쌓을(적) ¶積雪(적설) ②모을(적) ¶積金(적금) ③적, 곱

(적) ¶乘積(승적)
【積極 적극】어떤 일에 대한 능동적이고 자발적인 성향이나 태도.
【積金 적금】돈을 모아 둠.
【積立 적립】모아서 쌓아 둠.
【積善 적선】착한 일을 많이 함.
【積雪 적설】쌓인 눈.
【積載 적재】물건을 쌓아 실음.
【積阻 적조】오랫동안 서로 소식이 막힘. 隔阻(격조).
【積滯 적체】쌓여서 막힘.
【積土成山 적토성산】흙도 많이 쌓이면 산을 이룸. 積小成大(적소성대).
【累積 누적】포개져 쌓임.
【山積 산적】산더미같이 쌓임.
【乘積 승적】두 개 이상의 수나 식(式)을 곱하여 얻은 수.
【蓄積 축적】모아서 쌓음.

禾12【穗】이삭 수 穗䅟
⑰ 寘 숙
명 ⊕suì ⊕スイ(ほ) 美ear of grain
字解 이삭(수)
【穗狀 수상】이삭과 같은 모양.
【落穗 낙수】논밭에 떨어져 있는 이삭. '어떤 일의 뒷이야기'의 비유.
【發穗 발수】이삭이 팸.

禾12【稺】명 稚(594)와 同字
⑰

禾13【穡】거둘 색 穡
⑱ 職
명 ⊕sè ⊕ショク 美harvest
字解 ①거둘, 수확할(색) ②농사(색)
【稼穡 가색】①농작물을 심는 일과 거두어들이는 일. ②농사.

禾13【穢】더러울 예 간 穢
⑱ 霽
명 ⊕huì ⊕アイ(けがれる) 美dirty
字解 ①더러울(예) ¶汚穢(오예) ②거칠, 거친 땅(예) ¶荒穢(황예)
【穢政 예정】더럽고 잘못된 정치.
【穢慾 예욕】더러운 욕심.
【穢土 예토】더러운 땅. '이 세상'을 이름.
【汚穢 오예】지저분하고 더러움.
【荒穢 황예】몹시 거침.

禾14【穦】향기 빈
⑲ 眞
명 ⊕pīn ⊕ヒン 美fragrance
字解 향기(빈)

禾14【穩】편안할 온 숙 穩穩
⑲ 阮
명 ⊕wěn ⊕オン(おだやか) 美calm
字解 편안할, 평온할(온)
【穩健 온건】온당하고 건전함.
【穩當 온당】사리에 어그러지지 않고 알맞음.
【穩全 온전】본디대로 고스란함.
【平穩 평온】고요하고 안온함.

禾14【穫】거둘 확 穫
⑲ 藥
千禾禾禾禾秆秸稚穫
명 ⊕huò ⊕カク 美harvest
字源 형성자. 禾(화)는 의미 부분이고, 蒦(약)은 발음 부분이다.
字解 ①거둘(확) ②벼 벨(확)
【收穫 수확】곡식을 거두어들임.
【秋穫 추확】가을걷이. 秋收(추수).
참고 獲(획: 333)은 딴 자.

禾17【穰】풍족할 양 穰
㉒ 寘陽
명 ⊕ráng ⊕ジョウ 美plenty
字解 ①풍족할(양) ②풍년(양) ③빌(양) ④볏대(양) ⑤성할(양)
【穰歲 양세】곡식이 잘된 해.
【穰田 양전】음식을 차려 놓고 풍년이 들기를 비는 일.

5 穴 部

穴0【穴】구멍 혈 穴
⑤ 屑
丶丶宀宀穴
명 ⊕xué ⊕ケツ(あな) 美hole

穴部 2획

字源 상형자. 옛날 사람들의 주거인 동굴이나 움집의 움푹 파인 모양과 출입구를 그린 것이다.
字解 ①구멍(혈) ②굴(혈)
【穴居 혈거】 동굴 속에서 삶.
【洞穴 동혈】 깊고 넓은 구멍. 동굴.
【墓穴 묘혈】 무덤 구멍. 壙穴(광혈).
【虎穴 호혈】 범이 사는 굴. '무서운 곳'의 비유.
참고 宂(용 : 178)은 딴 자.

【究】 궁구할 구 困

究

㊀jiū ㊁キュウ(きわめる)
字源 형성자. 穴(혈)은 의미 부분이고, 九(구)는 발음 부분이다.
字解 ①궁구할, 연구할(구) ¶究明(구명) ②끝, 다할(구) ¶究極(구극)
【究竟 구경】 결국.
【究極 구극】 어떤 일의 마지막 끝이나 막다른 고비. 窮極(궁극).
【究明 구명】 궁구하여 밝힘.
【講究 강구】 좋은 방법을 연구함.
【窮究 궁구】 속속들이 깊이 연구함.
【研究 연구】 사물을 자세히 조사하여 어떤 이치·사실을 밝혀냄.
【探究 탐구】 더듬어 깊이 연구함.

【空】 빌 공 困

空

㊀kōng ㊁クウ(そら) ㊂empty
字源 형성자. 穴(혈)은 의미 부분이고, 工(공)은 발음 부분이다.
字解 ①빌(공) ¶空間(공간) ②하늘, 공중(공) ¶蒼空(창공) ③헛될, 부질없을(공) ¶空想(공상)
【空間 공간】 아무것도 없이 비어 있는 칸.
【空欄 공란】 지면의 빈 난. 빈칸.
【空想 공상】 이루어질 수 없는 헛된 생각.
【空席 공석】 비어 있는 직위.
【空輸 공수】 항공기로 수송함.
【空手來空手去 공수래공수거】 빈손으로 왔다 빈손으로 감. '인생의 허무함'을 이름.
【空襲 공습】 군용 비행기로 공중에서 공격하는 일.
【空日 공일】 쉬는 날, 곧 일요일.
【空前絶後 공전절후】 전에도 없었고 앞으로도 있을 수 없음. 前無後無(전무후무).
【空中 공중】 하늘과 땅 사이의 빈 곳.
【空砲 공포】 위협으로 공중을 향하여 쏘는 총.
【空虛 공허】 ①속이 텅 빔. ②헛됨.
【架空 가공】 상상으로 지어낸 일.
【蒼空 창공】 푸른 하늘.

【穹】 하늘 궁 困

穹

㊀qióng ㊁キュウ(そら) ㊂sky
字解 ①하늘(궁) ②활꼴, 궁형(궁)
【穹窞 궁굴】 구덩이를 파서 위를 활 모양으로 두루룩하게 덮은 움.
【穹隆 궁륭】 활 모양으로 가운데가 높고 주위는 차차 낮아진 형상.
【穹蒼 궁창】 높고 푸른 하늘.

【穸】 뫼 구덩이 석 困

穸

㊀xī ㊁セキ ㊂grave pit
字解 뫼 구덩이, 광중(석)
【窀穸 둔석】 ①시체를 묻는 구덩이. 壙中(광중). ②시체를 땅에 묻음.

【突】 부딪칠 돌 月

突

㊀tū ㊁トク(つく) ㊂collide
字源 회의자. 穴(혈)과 犬(견)은 모두 의미 부분이다. 개〔犬〕가 구멍〔穴〕 속에서 갑자기 뛰쳐나온다는 뜻이다.
字解 ①부딪칠(돌) ¶衝突(충돌) ②갑자기(돌) ¶突變(돌변) ③내밀, 우뚝할(돌) ¶突起(돌기) ④굴뚝(돌) ¶煙堗(연돌)
【突擊 돌격】 돌진하여 쳐들어감.
【突起 돌기】 오똑하게 도드라져 나옴.
【突發 돌발】 일이 뜻밖에 일어남.
【突變 돌변】 갑작스럽게 달라짐.
【突然 돌연】 별안간. 갑작스럽게.

【突進 돌진】 거침없이 나아감.
【突出 돌출】 쑥 내밀거나 불거짐.
【突破 돌파】 곤란·장애 따위를 헤치고 나아감.
【突風 돌풍】 갑자기 세차게 불다가 곧 그치는 바람.
【激突 격돌】 격렬하게 부딪침.
【唐突 당돌】 올차고 도랑도랑하여 조금도 꺼리는 마음이 없음.
【煙突 연돌】 굴뚝. 竈突(조돌).
【衝突 충돌】 서로 말부딪침.

穴 4
【窀】 뫼 구덩이 둔 眞
⑨

명 ⊕zhūn ⊕チュン ⊛grave
字解 ①뫼 구덩이, 광중(둔) ②묻을, 하관할(둔)
【窀穸 둔석】 ①시체를 묻는 구덩이. 壙中(광중). ②시체를 땅에 묻음.

穴 4
【窃】 竊(601)의 俗字
⑨

穴 4
【穽】 함정 정 本阱
⑨

명 ⊕jǐng ⊕セイ ⊛pitfall
字解 함정, 허방다리(정)
【陷穽 함정】 짐승을 잡기 위하여 파 놓은 구덩이. 허방다리.

穴 4
【穿】 ❶뚫을 천 先
⑨   ❷꿸 천 霰

명 ⊕chuān ⊕セン(うがつ) ⊛bore
字解 ❶뚫을(천) ¶穿鑿(천착) ❷꿸(천) ¶貫穿(관천)
【穿孔 천공】 ①구멍을 뚫음. ②구멍.
【穿窬 천유】 구멍을 뚫거나 담을 넘어 들어가는 좀도둑. 휭穿踰(천유).
【穿鑿 천착】 ①구멍을 뚫음. ②학문을 깊이 파고들어 연구함.
【貫穿 관천】 꿰. 꿰뚫음.

穴 4
【窈】 깊을 요 篠
⑩

명 ⊕yǎo ⊕ヨウ ⊛profound
字解 ①깊을, 그윽할(요) ②고울, 얌전할(요)

【窈窕 요조】 ①아름다운 여자의 그윽하고 정숙한 모양. ②깊숙한 모양.
【窈窕淑女 요조숙녀】 품위 있고 얌전한 여자.

穴 5
【窄】 좁을 착 本窄
⑩

명 ⊕zhǎi ⊕サク(せまい) ⊛narrow
字解 좁을, 비좁을(착)
【狹窄 협착】 공간이 비좁음.

穴 5
【窆】 하관할 폄 豔
⑩

명 ⊕biǎn ⊕ヘン ⊛bury
字解 하관할, 장사 지낼(폄)
【權窆 권폄】 좋은 묘지를 구할 때까지 임시로 장사를 지냄. 中窆(중폄).

穴 6
【窕】 정숙할 조 篠
⑪

명 ⊕tiǎo ⊕チョウ ⊛gentle
字解 ①정숙할, 얌전할, 고울(조) ②깊을, 그윽할(조)
【窈窕 요조】 아름다운 여자의 그윽하고 정숙한 모양.

穴 6
【窒】 막을 질 質
⑪

명 ⊕zhì ⊕チツ(ふさぐ) ⊛block
字解 ①막을, 막힐(질) ②질소(질)
【窒塞 질색】 몹시 놀라거나 싫어서 기막힐 지경에 이름.
【窒素 질소】 공기를 구성하는 비금속 원소의 하나.
【窒息 질식】 숨이 막힘.

穴 6
【窓】 창 창 江 本 동窗牕
⑪

丶宀宀宀穴穴窓窓

명 ⊕chuāng ⊕ソウ(まど) ⊛window
字源 형성자. 窓은 속자이다. 窗에서 穴(혈)은 의미 부분이고, 囱(창)은 발음 부분이다.
字解 창, 창문(창)
【窓口 창구】 ①조그맣게 낸 창. 물품·금전 따위의 출납을 담당하는 부서. ②외부와의 교섭을 담당하는 곳.
【窓門 창문】 빛이나 바람이 통하도록

벽에 낸 문.
【同窓 동창】한 학교에서 동기(同期)로 졸업한 사람.
【車窓 차창】차의 창문.
【學窓 학창】학교의 창문. '학교'를 이름.

穴7 【窖】움 교
⑫ ㊥jiào ㊐コウ(あなぐら) ㊁pit
字解 ①움, 움집(교) ②깊을(교)

穴7 【窘】군색할 군
⑫ ㊥jiǒng ㊐キン(たしなめる) ㊁distressed
字解 ①군색할, 막힐(군) ②괴로워할, 고생할(군)
【窘塞 군색】㊁①살기가 구차함. ②일이 뜻대로 되지 않아 곤란함.
【窘乏 군핍】몹시 가난함. 곤궁함.

穴7 【窊】깊을 다
⑫ ㊥chá ㊐ダ ㊁deep
字解 깊을(다)

穴7 【窓】窓(599)의 本字
⑫

穴7 【窙】높은 기운 효
⑫ ㊥xiāo ㊐カウ ㊁clean
字解 높은 기운(효)

穴8 【窟】굴 굴
⑬ ㊥kū ㊐クツ(いわや) ㊁cave
字解 굴, 움(굴)
【窟穴 굴혈】나쁜 짓을 하는 무리들이 자리잡고 사는 곳. 巢窟(소굴).
【洞窟 동굴】깊고 넓은 굴.
【土窟 토굴】①흙을 파낸 큰 구덩이. ②땅속으로 뚫린 큰 굴.

穴9 【窬】협문 유·두
⑭ ㊥yú ㊐トウ, ユ
字解 ①협문(유·두) ※정문 옆의 작은 문. ②뚫을(유·두)

穴9 【窪】웅덩이 와
⑭ ㊥wā ㊐ワ(くぼ) ㊁hollow
字解 ①웅덩이(와) ②우묵할(와)

穴9 【窩】굴 와
⑭ ㊥wō ㊐カ(あな) ㊁cave
字解 ①굴, 움집(와) ②감출(와)
【窩窟 와굴】나쁜 짓을 하는 무리들이 자리잡고 사는 곳. 巢窟(소굴).
【蜂窩 봉와】벌집. 蜂房(봉방).

穴10 【窮】궁할 궁
⑮ ㊥qióng ㊐キュウ(きわまる) ㊁exhausted
字源 형성자. 穴(혈)은 의미 부분이고, 躬(궁)은 발음 부분이다.
字解 ①궁할, 다할(궁) ¶窮地(궁지) ②궁리할(궁) ¶窮究(궁구)
【窮究 궁구】속속들이 깊이 연구함.
【窮極 궁극】어떤 일의 마지막 끝이나 막다른 고비.
【窮理 궁리】사물의 이치를 연구함.
【窮塞 궁색】아주 가난함.
【窮餘之策 궁여지책】막다른 상황에서 생각다 못하여 짜낸 계책.
【窮地 궁지】매우 어려운 처지.
【窮乏 궁핍】가난하고 구차함.
【困窮 곤궁】가난함. 살림이 구차함.
【無窮 무궁】끝이 없음. 한이 없음.
【追窮 추궁】끝까지 캐어 따짐.

穴10 【窯】가마 요
⑮ ㊥yáo ㊐ヨウ(かま) ㊁kiln
字解 ①가마(요) ※그릇·기와 등을 굽는 구덩이. ②질그릇(요)
【陶窯地 도요지】도자기나 그릇을 굽는 가마터.

穴10 【窰】窯(600)와 同字
⑮

穴 11 ⑯【窶】 ❶가난할 구 [麌] ❷좁은땅 루 [尤] [간] 窭

[中]jù [日]ク [英]poor

[字解] ❶가난할(구) ❷좁은 땅(루)

穴 11 ⑯【窺】 엿볼 규 [支] [간] 窥

[명] [中]kuī [日]キ(うかがう) [英]peep

[字解] 엿볼(규)

【窺管 규관】 대롱 속을 통하여 물건을 봄. '견식(見識)이 좁음'의 비유.

穴 11 ⑯【窻】 窓(599)과 同字

穴 12 ⑰【窿】 활꼴 륭 [東]

[中]lóng [日]リュウ

[字解] ①활꼴(륭) ※하늘이 활처럼 굽은 모양. ②하늘 기운(륭)

【穹窿 궁륭】 활 모양으로 가운데가 높고 주위는 차차 낮아진 형상.

穴 13 ⑱【竅】 구멍 규 [本]교 [嘯] [간] 窍

[명] [中]qiào [日]キョウ [英]hole

[字解] 구멍, 구멍 뚫을(규)

穴 13 ⑱【竄】 달아날 찬 [翰] [간] 窜

[명] [中]cuàn [日]ザン(のがれる) [英]escape

[字解] ①달아날(찬) ¶ 竄逃(찬도) ②숨을, 숨길(찬) ¶ 竄入(찬입) ③내칠, 귀양 보낼(찬) ¶ 竄配(찬배) ④고칠(찬) ¶ 竄定(찬정)

【竄逃 찬도】 도망침. 竄奔(찬분).

【竄配 찬배】 귀양 보냄.

【竄入 찬입】 ①숨어듦. 도망쳐 옴. ②잘못하여 섞여 듦.

【竄定 찬정】 고쳐 정함. 시문(詩文) 따위의 잘못된 곳을 바르게 고침.

穴 14 ⑲【竆】 窮(600)의 本字

穴 15 ⑳【竇】 구멍 두 [宥] [간] 窦

[명] [中]dòu [日]ギョウ [英]hole

[字解] ①구멍, 구멍 뚫을(두) ②협문(두) ≒窬 ※정문 옆의 작은 문.

穴 16 ㉑【竈】 부엌 조 [號] [간] 灶

[中]zào [日]ソク(かまど) [英]kitchen

[字解] ①부엌(조) ②부엌 귀신(조)

【竈突 조돌】 굴뚝. 煙突(연돌).

【竈神 조신】 부엌을 맡은 신(神). 竈王(조왕).

穴 17 ㉒【竊】 도둑 절 [屑] [속][간] 窃

宀 穴 穵 窣 竊 竊 竊 竊

[고] [中]qiè [日]セツ(ぬすむ) [英]thief

[字源] 형성자. 穴(혈)과 米(미)는 의미 부분이고, 卨(설)은 발음 부분이다. 丿은 疾(질) 자의 변형으로 역시 발음 부분이다. 쌀〔米〕이 구멍〔穴〕에서 나오니, 이는 틀림없이 훔친 것이라는 뜻이다.

[字解] ①도둑, 훔칠(절) ¶ 竊盜(절도) ②몰래(절) ¶ 竊念(절념)

【竊念 절념】 남모르게 자기 혼자서 여러 모로 생각함. 竊思(절사).

【竊盜 절도】 남의 물건을 몰래 훔침.

【竊取 절취】 몰래 훔쳐 가짐.

【剽竊 표절】 남의 문장·학설의 일부를 허락 없이 몰래 따다 씀.

5 立部

立 0 ⑤【立】 설 립 [緝]

丶 亠 亠 立 立

[중] [中]lì [日]リツ(たつ) [英]stand

[字源] 회의자. 사람〔大(대)〕이 땅〔一〕을 딛고 서 있는 모습으로, '서 있다'라는 뜻을 나타낸다.

[字解] ①설, 세울(립) ¶ 立席(입석) ②바로, 곧(립) ¶ 立即(입즉)

立部 5획

【立脚 입각】 ①발판을 정함. ②근거를 두어 그 처지에 섬.
【立席 입석】 서서 타는 자리.
【立身 입신】 사회적으로 자기 기반을 닦고 출세함.
【立案 입안】 방안을 세움.
【立卽 입즉】 곧. 즉시.
【立證 입증】 증거를 내세워 증명함.
【立錐之地 입추지지】 송곳을 꽂을 만한 땅. '매우 좁은 땅'을 이름.
【立憲 입헌】 헌법을 제정함.
【獨立 독립】 남의 힘을 입지 않고 홀로 섬.
【存立 존립】 없어지지 않고 존재함.
【確立 확립】 확고하게 서거나 세움.

【竗】 图 妙(163)와 同字

【竜】 图 龍(839)의 古字

【竝】 아우를 병

丶 亠 立 立 竝 竝 竝

㊂ ㊥bìng ㊐ヘイ(ならべる) ㊧parallel
字源 회의자. 두 사람이 나란히 정면으로 서 있는 모습으로, '나란하다'라는 뜻은 여기에서 나왔다.
字解 아우를, 나란할(병)
【竝列 병렬】 여럿이 나란히 벌여 섬.
【竝立 병립】 나란히 섬.
【竝設 병설】 함께 갖추거나 세움.
【竝稱 병칭】 나란히 일컬음.
【竝行 병행】 나란히 감. 아울러 행함.

【竚】 佇(30)와 同字

【站】 역마을 참

㊂ ㊥zhàn ㊐タン ㊧post town
字解 역마을, 역참(참)
【兵站 병참】 군대에서, 군수품의 보급과 관리 등을 맡아보는 병과.
【驛站 역참】 고려·조선 시대에, 역마를 갈아타던 곳.

【竟】 마침내 경

丶 亠 立 产 咅 咅 音 竟 竟

㊂ ㊥jìng ㊐キョウ(ついに) ㊧ultimately
字源 회의자. 갑골문에서는 '㫃'로 썼는데, 사람(兄)의 머리 위에 형구(刑具)를 뜻하는 'ㄚ' 즉 '辛'(건)이 있는 모습으로, '죄인'을 뜻한다. 立은 辛의 변형이다. 소전에서는 音(음)과 儿(인)의 결합으로 되었다.
字解 ①마침내(경) ②마칠(경)
【竟夜 경야】 밤새도록.
【畢竟 필경】 마침내. 究竟(구경).

【章】 글 장

丶 亠 立 产 咅 咅 音 音 章

㊂ ㊥zhāng ㊐ショウ(しるし) ㊧sentence
字源 의미 부분인 日(일)과 발음 부분인 辛(신)으로 이루어진 글자로서 '밝다'라는 뜻을 나타내는 형성자라는 설, 音(음)과 十(십)은 모두 의미 부분으로 음악의 한 단락 끝났다는 뜻을 나타내는 회의자라는 설 등이 있다.
字解 ①글(장) ¶文章(문장) ②장(장) ※시문·악곡 따위의 한 단락. ¶序章(서장) ③법, 법식(장) ¶章程(장정) ④기, 표지(장) ¶動章(훈장) ⑤도장(장) ¶印章(인장)
【章句 장구】 글의 장(章)과 구(句). 문장의 단락(段落).
【章程 장정】 규칙. 법률.
【文章 문장】 생각이나 느낌을 글자로 기록하여 나타낸 것. 글월.
【詞章 사장】 시가(詩歌)와 문장.
【序章 서장】 첫머리에 해당하는 장.
【印章 인장】 도장.
【典章 전장】 제도와 문물.
【憲章 헌장】 ①헌법의 전장(典章). ②이상으로서 규정한 원칙적인 규범.
【勳章 훈장】 나라에 대한 공로를 표창하기 위하여 주는 휘장.
【徽章 휘장】 신분이나 직무·명예 등을 나타내기 위하여 옷이나 모자에 붙이는 표.

'章'이 붙은 한자

嶂 산봉우리 (장)   漳 강 이름 (장)
獐 노루 (장)   障 막을 (장)
暲 밝을 (장)   樟 녹나무 (장)
璋 홀 (장)   瘴 장기 (장)
彰 밝힐 (창)

【童】 아이 동

音 音 音 童 童

중 ⊕tóng ⊕ドウ(わらべ) 英child
字源 형성자. 立은 辛(건)의 생략형으로 의미 부분이고, 里는 重(중)의 생략형으로 발음 부분이다. 辛은 옛날 죄인의 얼굴에 문신을 새기던 칼을 그린 辛(신) 자와 같다.
字解 ①아이(동) ¶童心(동심) ②민둥민둥할, 대머리질(동) ¶童然(동연) ③어리석을(동) ¶童昏(동혼)

【童心 동심】 어린아이의 마음.
【童顔 동안】 ①어린아이의 얼굴. ②나이보다 어려 보이는 얼굴.
【童然 동연】 대머리진 모양.
【童謠 동요】 아이들 사이에서 불리는 노래.
【童貞 동정】 이성(異性)과 전연 성적 접촉을 가진 일이 없는 상태.
【童昏 동혼】 ①어리석어 사리에 어두움. ②어려서 사리를 분간하지 못함.
【童話 동화】 아이들을 위하여 지은 이야기.
【三尺童子 삼척동자】 키가 석 자인 아이. '철부지 어린아이'를 이름.
【神童 신동】 재주와 지혜가 남달리 뛰어난 아이.
【兒童 아동】 어린아이.

'童'이 붙은 한자

幢 기 (당)   撞 칠 (당)
僮 하인 (동)   憧 그리워할 (동)
潼 물 이름 (동)   瞳 눈동자 (동)
鐘 쇠북 (종)

【竢】 俟(36)와 同字

【竦】 두려워할 송

명 ⊕sǒng ⊕ショウ(すくむ) 英dread
字解 ①두려워할(송) ②공경할, 삼갈(송)
【竦慕 송모】 공경하고 사모함.
【竦然 송연】 두려워하여 옹송그리는 모양.

【竣】 마칠 준

명 ⊕jùn ⊕シュン(おわる) 英finish
字解 마칠, 끝낼(준)
【竣工 준공】 공사를 끝냄. 落成(낙성).
【竣事 준사】 하던 일을 마침.

【竪】 豎(727)의 俗字

【竭】 다할 갈

명 ⊕jié ⊕ケツ(つきる) 英exhaust
字解 다할, 바닥날(갈)
【竭力 갈력】 있는 힘을 다함.
【竭忠報國 갈충보국】 충성을 다하여 나라의 은혜를 갚음.

【端】 끝 단

亠 立 立 立' 쁘 端 端

중 ⊕duān ⊕タン(はし) 英end
字源 형성자. 立(립)은 의미 부분이고, 耑(단)은 발음 부분이다.
字解 ①끝, 가(단) ¶極端(극단) ②바를(단) ¶端正(단정) ③실마리, 처음, 근본(단) ¶端緒(단서)
【端緒 단서】 일의 실마리.
【端雅 단아】 단정하고 아담함.
【端役 단역】 연극·영화의 대수롭지 않은 배역, 또 그 역을 맡은 사람.
【端正 단정】 얌전하고 바름.
【極端 극단】 ①맨 끄트머리. ②극도에 달한 막다른 지경.
【末端 말단】 맨 끝.
【發端 발단】 일이 벌어지는 실마리.
【四端 사단】 인간의 마음속에 태어날 때부터 갖추어져 있는 본성인 '측은지심(惻隱之心)·수오지심(羞惡之

心)·사양지심(辭讓之心)·시비지심(是非之心)'을 이르는 말.
【尖端 첨단】①물건의 뾰족한 끝. ②시대의 흐름이나 유행 등의 맨 앞장.

竴 기쁠 준
명 ⊕cūn ⊕シュン ⊛joyful
字解 기쁠(준)

競 다툴 경
중 ⊕jìng ⊕キョウ(きそう) ⊛compete
字源 회의자. 두 사람[兄과 兄]이 달리기 시합을 하고 있는 모습으로, '다투다'라는 뜻은 여기에서 나왔다. 立은 장식 또는 죄인을 뜻하는 辛(신) 자의 생략형이다.
字解 다툴, 겨룰(경)

【競技 경기】기술의 우열을 겨루는 일.
【競賣 경매】살 사람이 값을 다투어 부르게 하여, 최고액 신청자에게 파는 일.
【競選 경선】서로 우열을 겨루어 가림.
【競泳 경영】헤엄의 빠르기를 겨루는 경기.
【競爭 경쟁】서로 겨루어 봄.
【競合 경합】서로 차지하려고 겨룸.

5 衤 部

衤 옷의변
참고 '衣'가 변에 쓰일 때의 글자 모양으로, 여기서는 별도의 부수로 다루었다. ➡衣部(696)

衫 적삼 삼
명 ⊕shān ⊕サン
字解 적삼, 홑옷(삼)
【衫子 삼자】저고리와 치마의 구별이 없이 이어진 여자의 옷.

【單衫 단삼】윗도리에 입는 홑저고리. 적삼.
【汗衫 한삼】①두루마기나 여자 저고리 소맷부리에 흰 헝겊으로 길게 덧대는 소매. ②속적삼.

衿 옷깃 금
명 ⊕jīn ⊕キン(えり) ⊛lapel
字解 옷깃(금)=襟
【衿契 금계】마음을 서로 허락한 벗.
【衿帶 금대】①옷깃과 띠. ②산천(山川)에 둘러싸인 요해처(要害處).
【衿喉 금후】옷깃과 목구멍. '요해지(要害地)'의 비유.

衲 장삼 납
명 ⊕nà ⊕ノウ, ドウ
字解 ①장삼(납) ②중(납) ③기울(납)
【衲衣 납의】중이 입는 검정 옷. 長衫(장삼).
【衲子 납자】납의(衲衣)를 걸치고 다니는 중. 衲僧(납승).

袂 소매 몌
명 ⊕mèi ⊕ベイ(たもと) ⊛sleeve
字解 소매(몌)
【袂別 몌별】소매를 잡고 헤어짐. 작별함. 分袂(분몌).

衽 옷섶 임
⊕rèn ⊕ジン(おくみ) ⊛lapel
字解 ①옷섶(임) ②요(임)
【衽席 임석】①요와 자리. ②잠을 자도록 마련된 방. 寢室(침실).
【斂衽 염임】옷섶을 여밈. 복장을 단정히 함.

袒 웃통 벗을 단
명 ⊕tǎn ⊕タン(はだぬぐ)
字解 웃통 벗을(단) ※웃통을 벗어 어깨를 드러냄.
【袒肩 단견】한쪽 어깨를 드러냄. 한쪽 소매를 벗음.

【左袒 좌단】
①왼쪽 어깨를 벗음. ②남의 의견에 동의(同意)하거나 편을 드는 일.

故事 한대(漢代)에 외척인 여씨(呂氏)들이 전횡(專橫)을 하며 반란을 꾀할 때, 주발(周勃)이 군중(軍中)에서 "여씨를 돕고자 하는 자는 우단(右袒)하고 왕실인 유씨(劉氏)를 돕고자 하는 자는 좌단하라."고 명하자 모든 군사가 좌단한 고사에서 온 말.

【袢】 속옷 번
명 ㊥pàn ㊐ハン ㊙underwear
字解 속옷, 땀받이(번)
【袢延 번연】 품새가 헐렁하고 여유 있는 옷.

【袖】 소매 수
명 ㊥xiù ㊐シュウ(そで) ㊙sleeve
字解 소매(수)
【袖納 수납】 편지 따위를 지니고 가서 손수 드림. 袖傳(수전).
【袖手傍觀 수수방관】 손을 옷소매에 넣고 곁에서 보고만 있음. '응당 해야 할 일을 하지 않고 그대로 버려 둠'을 이름.
【領袖 영수】 ①옷깃과 소매. ②어떤 단체의 대표자. 우두머리.

【袗】 홑옷 진
명 ㊥zhěn ㊐シン ㊙unlined clothes
字解 ①홑옷(진) ②수놓은 옷(진)
【袗衣 진의】 수놓은 옷.

【袍】 솜옷 포
명 ㊥páo ㊐ホウ(わたいれ) ㊙padded clothes
字解 ①솜옷(포) ②웃옷(포) ※겉에 입는 옷. 도포 따위.
【袍笏 포홀】 도포와 홀.
【道袍 도포】 지난날, 평상시의 예복(禮服)으로 입던 겉옷.
【靑袍 청포】 빛깔이 푸른 도포.

【被】 ①이불 피 ②입을 피
㊥bèi, pī ㊐ヒ(こうむる) ㊙coverlet
字源 형성자. 衣(의)는 의미 부분이고, 皮(피)는 발음 부분이다.
字解 ①이불(피) ¶ 被衾(피금) ②①입을, 받을(피) ¶ 被告(피고) ②옷(피) ¶ 被服(피복) ③당할(피) ※ 피동의 뜻을 나타냄.
【被擊 피격】 습격이나 공격을 당함.
【被告 피고】 소송에서 고소(告訴)를 당한 사람.
【被衾 피금】 이부자리.
【被動 피동】 남에게 작용을 받음.
【被拉 피랍】 납치를 당함.
【被髮 피발】 ①머리털을 풀어 헤침. ②부모의 상을 당하였을 때 머리를 풀어 헤치는 일. 披髮(피발).
【被服 피복】 옷. 衣服(의복).
【被殺 피살】 살해를 당함.
【被襲 피습】 습격을 당함.
【被害 피해】 해를 입음. 또는 그 해.

【袷】 ①겹옷 겹 ②옷깃 겁
㊥qiā ㊐コウ(あわせ) ㊙lined clothes
字解 ①겹옷(겹) ②옷깃(겁)
【袷衣 겹의】 겹옷.

【袴】 바지 고
명 ㊥kù ㊐コ(はかま) ㊙trousers
字解 바지(고)
【袴衣 고의】 남자의 홑바지.

【袱】 보 복
㊥fú ㊐フク ㊙wrapper
字解 보, 보자기(복)
【袱紙 복지】 첩약(貼藥)을 싸는 종이. 藥袱紙(약복지).

【裀】 요 인

⊕yin ⊕イン ⊛mattress
字解 요, 깔개(인)
【裀褥 인욕】 요. 자리.

【袵】 衽(604)과 同字

【裙】 치마 군

명 ⊕qún ⊕クン(もすそ) ⊛skirt
字解 치마(군)
【裙帶 군대】 치마끈.
【紅裙 홍군】 붉은 치마. '미인이나 기생'을 이름.

【裡】 裏(698)의 同字

【補】 기울 보

ノ ィ ネ ネ 衤 衤 补 補 補 補

고 ⊕bǔ ⊕ホ(おぎなう) ⊛repair
字解 형성자. 衣(의)는 의미 부분이고, 甫(보)는 발음 부분이다.
字解 ①기울, 고칠, 더할(보) ¶補強(보강) ②도울(보) ¶補身(보신) ③임명할(보) ¶補任(보임)
【補強 보강】 보충하여 더 강하게 함.
【補闕 보궐】 빈자리를 채움.
【補給 보급】 물자를 대어 줌.
【補身 보신】 몸의 원기를 도움.
【補藥 보약】 몸의 원기를 돕는 약.
【補遺 보유】 빠진 것을 거두어 보충함.
【補任 보임】 벼슬 자리에 임명함.
【補助 보조】 일손을 돕는 일.
【補職 보직】 공무원에게 어떤 직무의 담당을 명함. 또는 그 직무.
【補充 보충】 모자람을 보태어 채움.
【轉補 전보】 동일한 직급 안에서 다른 자리에 임용함.

【裕】 넉넉할 유

ノ ィ ネ ネ 衤 衫 裕 裕

고 ⊕yù ⊕ユウ(ゆたか) ⊛wealthy

字源 형성자. 衣(의)는 의미 부분이고, 谷(곡)은 발음 부분이다. 옛날에 裕와 谷은 발음이 비슷하였다.
字解 ①넉넉할(유) ¶富裕(부유) ②너그러울, 관대할(유) ¶裕寬(유관)
【裕寬 유관】 너그러움. 관대함.
【裕福 유복】 살림이 넉넉함.
【富裕 부유】 재물이 넉넉함.
【餘裕 여유】 살림이 넉넉하고 남음이 있음.

【裾】 옷자락 거

⊕jū ⊕キョ(すそ) ⊛skirt
字解 옷자락, 옷깃(거)
【輕裾 경거】 가벼운 옷자락.

【褂】 마고자 괘

⊕guà ⊕カイ
字解 마고자(괘)
【馬褂子 마괘자】 한복(韓服) 저고리 위에 덧입는 웃옷. 마고자.

【裸】 벌거숭이 라

명 ⊕luǒ ⊕ラ(はだか) ⊛naked
字解 벌거숭이, 벌거벗을(라)
【裸眼 나안】 안경을 벗은 맨눈.
【裸體 나체】 알몸. 裸身(나신).
【赤裸裸 적나라】 ①아무것도 몸에 걸치지 않고 발가벗은 모양. ②숨김 없이 본디 그대로 드러남.
【全裸 전라】 벌거벗은 알몸뚱이.

【裨】 도울 비

명 ⊕bì ⊕ヒ ⊛aid
字解 도울, 더할(비)
【裨益 비익】 보태어 도움.
【裨將 비장】 조선 시대에, 감사(監司)·유수(留守)·병사(兵使)·수사(水使) 등에게 딸려 그를 돕던 무관(武官).

【裱】 장황 표

⊕biǎo ⊕ヒョウ ⊛mounting

【褐】 굵은 베옷 갈

衤9 (14)
㊥hè ㊚hemp clothes
字解 ①굵은 베옷, 거친 옷(갈) ¶ 褐夫(갈부) ②털옷(갈) ③갈색(갈) ¶ 褐炭(갈탄)

【褐巾 갈건】 엉성한 베로 만든 두건.
【褐寬博 갈관박】 ①굵은 털베로 헐렁하게 만든, 천한 사람이 입는 옷. ②천한 사람.
【褐夫 갈부】 허름한 옷을 입은 사람. 곧, 미천한 사람.
【褐色 갈색】 거무스름한 주황빛.
【褐炭 갈탄】 흑갈색을 띠는 석탄.

【褌】 잠방이 곤

衤9 (14)
㊥kùn ㊐コン(ふんどし) ㊚drawers
字解 잠방이(곤) ※ 가랑이가 짧은 남자 홑바지.
【褌衣 곤의】 잠방이.

【褙】 속옷 배

衤9 (14)
㊥bèi ㊐ハイ ㊚underwear
字解 ①속옷(배) ②배접할(배)
【褙子 배자】 ①여자가 입는 두루마기. ②소매가 없는 덧저고리.
【褙接 배접】 종이·헝겊 따위를 여러 겹 포개어 붙이는 일.

【褓】 포대기 보

衤9 (14)
㊥bǎo ㊐ホ ㊚swaddling clothes
字解 ①포대기(보) ②보자기(보)
【褓負商 보부상】 '봇짐장수와 등짐장수'의 병칭.
【褓子 보자】 보자기.
【襁褓 강보】 포대기.

【複】 겹칠 복

衤9 (14)
㊥fù ㊐フク(かさなる) ㊚double
字解 형성자. 衣(의)는 의미 부분이고, 复(복)은 발음 부분이다.
字解 ①겹칠, 겹(복) ②겹옷(복)
【複道 복도】 방과 방, 또는 건물과 건물을 잇는, 지붕이 있는 긴 통로.
【複寫 복사】 사진이나 문서 따위를 본 것과 똑같이 박는 일.
【複數 복수】 둘 이상의 수.
【複雜 복잡】 겹치고 뒤섞여 어수선함.
【複製 복제】 그대로 본떠 다시 만듦.
【複合 복합】 둘 이상을 하나로 합함.
【重複 중복】 거듭함. 겹침.

【瑗】 패옥 띠 원

衤9 (14)
㊥yuàn ㊐エン
字解 패옥 띠(원)

【褊】 좁을 편

衤9 (14)
㊥biǎn ㊐ヘン(せまい) ㊚narrow
字解 ①좁을(편) ②성급할(편)
【褊狹 편협】 ①땅이 궁벽하고 좁음. ②마음이 좁고 치우침.

【褘】 ❶폐슬 휘 ❷아름다울 위

衤9 (14)
㊥huī ㊐キ, イ(ひざかけ)
字解 ❶폐슬(휘) ※ 조복(朝服)이나 제복(祭服)을 입을 때 가슴에서 늘여 무릎을 가리는 천. ❷①아름다울(위) ②향낭(위)

【褥】 요 욕

衤10 (15)
㊥rù ㊐ジョク ㊚mattress
字解 요, 깔개(욕)
【褥席 욕석】 요, 또는 잠자리.
【産褥 산욕】 아이를 낳을 때 까는 요.

【褫】 옷 벗길 치

衤10 (15)
㊥chǐ ㊐チ ㊚strip off
字解 ①옷 벗길(치) ②빼앗을(치)
【褫職 치직】 벼슬을 빼앗음.

衣部 10획

【褪】 바랠 퇴
⑮ ㉠톤 圓
명 ⊕tuì ⊕タイ, トン ㊐fade
字解 ①바랠(퇴) ②옷 벗을(퇴)
【褪色 퇴색】 빛이 바램.

【襁】 포대기 강
⑯ 圓
명 ⊕qiǎng ⊕キョウ
㊐swaddling clothes
字解 포대기, 체네(강)
【襁褓 강보】 어린아이를 업거나 덮어 줄 때 쓰는 작은 이불. 포대기.

【褸】 남루할 루
⑯ 圓
명 ⊕lǚ ⊕ル, ロウ(ぼろ) ㊐ragged
字解 남루할, 누더기(루)
【襤褸 남루】 ①누더기. ②옷이 때문고 해어져 더러움.

【褶】 주름 습
⑯ 圓
명 ⊕zhě ⊕シュウ ㊐plait
字解 ①주름(습) ②사마치(습) ※ 말을 탈 때 입는 바지.
【褶曲 습곡】 ①주름져 굽음. ②지각 운동의 영향으로 생긴 지층(地層)의 주름.

【襌】 홑옷 단
⑰ 圓
⊕dān ⊕タン ㊐unlined clothes
字解 홑옷(단)
【襌衣 단의】 홑옷. 單衣(단의).

【襒】 털 별 屬
⑰
명 ⊕bié ⊕ヘツ ㊐shake off
字解 털, 옷 털(별)

【襟】 옷깃 금
⑱ 圓
명 ⊕jīn ⊕キン(えり) ㊐lapel
字解 ①옷깃(금) = 衿 ¶襟帶(금대) ②가슴, 마음, 생각(금) ¶胸襟(흉금)
【襟帶 금대】 ①옷깃과 띠. ②'산천에 둘러싸인 요해지(要害地)'의 비유.
【襟章 금장】 군인이나 학생 등의 제복의 옷깃에 다는 휘장.
【襟喉 금후】 옷깃과 목구멍. '요해지(要害地)'의 비유.
【胸襟 흉금】 가슴속의 생각.

【襚】 수의 수
⑱ 圓
⊕suì ⊕スイ ㊐grave clothes
字解 수의(수)
【襚衣 수의】 염할 때 시체에 입히는 옷. 壽衣(수의).

【襖】 웃옷 오
⑱ 皓
⊕ǎo ⊕オウ(あお) ㊐coat, robe
字解 ①웃옷(오) ②갖옷(오) ※가죽옷.
【襖衣 오의】 웃옷. 웃저고리.

【襤】 누더기 람
⑲ 軍
명 ⊕lán ⊕ラン ㊐ragged
字解 누더기, 남루할(람)
【襤褸 남루】 ①누더기. ②옷이 때문고 해어져 더러움.

【襦】 저고리 유
⑲ 虞
⊕rú ⊕ジュ ㊐upper garment
字解 ①저고리(유) ②속옷(유)
【襦袴 유고】 땀받이 속옷과 바지.
【襦衣 유의】 저고리.

【襪】 버선 말
⑳ 月
명 ⊕wà ⊕ベツ ㊐socks
字解 버선, 양말(말)
【洋襪 양말】 맨발에 신도록 실이나 섬유 따위로 겯거나 떠서 만든 물건.

【襯】 속옷 친
㉑ ㉠츤 圓
⊕chèn ⊕シン(はだぎ)
㊐under wear
字解 속옷, 땀받이(친)
【襯衣 친의】 속옷. 땀받이.

竹 部

竹 [竹] 대 죽
ㅣ ノ ト ゲ ゲ 竹

음 ㊥zhú ㊐チク(たけ) ㊍bamboo
字源 상형자. 대나무의 줄기와 잎을 그린 것이다.
字解 ①대, 대나무(죽) ¶竹杖(죽장) ②피리(죽) ③죽간(죽) ¶竹帛(죽백)

【竹簡 죽간】 지난날, 종이가 없을 때 글자를 적던 대쪽.
【竹林七賢 죽림칠현】 진(晉)나라 초기에 속세를 떠나 죽림에서 지낸 일곱 사람. 곧, 완적(阮籍)·완함(阮咸)·혜강(嵇康)·산도(山濤)·상수(向秀)·유령(劉伶)·왕융(王戎).
【竹馬故友 죽마고우】 대말을 타고 놀던 옛 친구. '어릴 때부터 같이 놀며 자란 친구'를 이름.
【竹帛 죽백】 '책', 특히 '사서(史書)'를 이름.
  ▢ 지난날, 종이가 없던 시절에 대쪽이나 포백(布帛)에 글을 기록한 데서 온 말.
【竹筍 죽순】 대나무 어리고 연한 싹.
【竹杖 죽장】 대로 만든 지팡이.
【松竹 송죽】 소나무와 대나무. '절개가 굳음'의 비유.
【烏竹 오죽】 자흑색의 대나무.

竹2 [竺] 나라 이름 축
⑧

명 ㊥zhú ㊐ジク ㊍India
字解 ①나라 이름(축) ※지금의 인도. ②대나무(축)
【竺經 축경】 불경(佛經).
【天竺 천축】 '인도'의 옛 이름.

竹3 [竿] 장대 간
⑨

음 ㊥gān ㊐カン(さお) ㊍pole
字解 장대, 낚싯대(간)
【百尺竿頭 백척간두】 백 자나 되는

높은 장대의 끝. '매우 위태롭고 어려운 지경'을 이름.
【釣竿 조간】 낚싯대.
참고 竽(우:609)는 딴 자.

竹3 [竽] 피리 우
⑨

㊥yú ㊐ウ ㊍flute
字解 피리(우) ※생황(笙篁)과 비슷한 관악기.
【竽瑟 우슬】 피리와 거문고, 또는 그것을 합주(合奏)함.
참고 竿(간:609)은 딴 자.

竹4 [笈] 책 상자 급
⑩

㊥jí ㊐キュウ(おい) ㊍book box
字解 ①책 상자(급) ②길마(급) ※짐을 싣기 위해 소의 등에 얹는 도구.
【負笈 부급】 책 상자를 짊어짐. '타향으로 공부하러 감'을 이름.

竹4 [笑] 웃을 소
⑩

ㅣ ㅅ ㅼ ㅼ ㅼ ㅼ 竺 笑 笑

음 ㊥xiào ㊐ショウ(わらう) ㊍laugh
字源 갑골문·금문에 나타나지 않는 글자로, 유래를 알 수 없다.
字解 웃을, 웃음(소)
【笑納 소납】 자기가 보내는 물건이 보잘것없지만 웃으며 받아 달라는 뜻의 겸사(謙辭).
【笑裏藏刀 소리장도】 웃음 속에 칼을 감춤. '겉으로는 호의적이나 속으로는 악의를 품음'을 이름.
【談笑 담소】 웃으면서 이야기함.
【微笑 미소】 소리를 내지 아니하고 살짝 웃는 웃음.
【嘲笑 조소】 조롱하여 비웃는 웃음.
【爆笑 폭소】 여러 사람이 갑자기 큰 소리로 웃는 웃음.

竹4 [笆] 대 바자 파
⑩

㊥bā ㊐ハ ㊍bamboo fence
字解 대 바자, 대 울타리(파)
【笆籬 파리】 대 울타리.

竹部 4획

笏 홀 홀
명 ⊕hù ⊕コツ(しゃく) ⊛mace
字解 홀(笏) ※ 신하가 임금을 뵐 때 조복(朝服)에 갖추어 손에 드는, 옥이나 대나무로 만든 패.
【投笏 투홀】홀을 내던짐. '벼슬을 그만둠'을 이름.

笳 호드기 가
⊕jiā ⊕カ(あしぶえ) ⊛reed whistle
字解 호드기, 갈잎피리(가)
【笳罐 가관】호인(胡人)이 부는 피리. 笳笛(가적).
【胡笳 호가】①날라리. ②갈잎피리.

笭 종다래끼 령
명 ⊕líng ⊕レイ ⊛basket
字解 종다래끼(령) ※ 작은 대바구니.

笠 삿갓 립
명 ⊕lì ⊕リュウ(かさ) ⊛a bamboo hat
字解 삿갓, 방갓(립)
【笠帽 입모】갓 위에 덮어 쓰는, 유지(油紙)로 만든 우비. 갈모.
【簑笠 사립】도롱이와 삿갓.

符 부신 부
⺮ 竹 竺 竺 竽 符 符
고 ⊕fú ⊕フ ⊛tally
字源 형성자. 竹(죽)은 의미 부분이고, 付(부)는 발음 부분이다.
字解 ①부신, 증거(부) ¶符節(부절) ②들어맞음(부) ¶符合(부합) ③미래기(부) ※미래의 일을 예언한 글. ¶符書(부서) ④부적(부)
【符書 부서】뒷날에 일어날 일을 미리 알아서 적어 놓은 글. 符讖(부참).
【符信 부신】둘로 쪼개어 서로 나누어 가졌다가 뒷날에 서로 맞추어 증거로 삼던 물건.
【符籍 부적】악귀나 잡신을 쫓고 재앙을 물리치기 위하여 벽에 붙이거나 몸에 지니는, 야릇한 붉은색의 글자나 그림을 그린 종이.
【符節 부절】돌이나 대나무로 만든 신표(信標).
📖 지난날, 사신이 지니던 것으로, 둘로 쪼개어 하나는 조정에 보관하고 다른 하나를 신표로 가졌음.
【符合 부합】부신을 맞추듯이 꼭 들어맞음.
【符號 부호】어떤 뜻을 나타내는 기호.

笨 거칠 분
⊕bèn ⊕ホン ⊛clumsy
字解 ①거칠(분) ②대나무 속껍질(분) ※ 대 속의 얇은 껍질.
【笨拙 분졸】거칠고 졸렬함.

笙 생황 생
명 ⊕shēng ⊕ショウ ⊛a reed instrument
字解 생황(생)
【笙簧 생황】아악(雅樂)에 쓰는 관악기(管樂器). 통笙篁(생황).

笹 가는 대 세
명 字解 가는 대(세) ※ 세죽(細竹)

笛 피리 적
명 ⊕dí ⊕テキ(ふえ) ⊛flute
字解 피리, 저(적)
【笛伶 적령】피리 부는 악사(樂士).
【警笛 경적】위험을 알리거나 주의를 환기시키기 위하여 울리는 고동.
【鼓笛隊 고적대】북과 피리로 이루어진 행진용(行進用)의 음악대.
【汽笛 기적】기차·기선(汽船) 등의 신호 장치, 또는 그것으로 내는 소리.

第 차례 제
⺮ 竹 竺 竺 竿 笃 第 第
종 ⊕dì ⊕ダイ ⊛order

竹部 6획

字源 형성 겸 회의자. 竹(죽)은 의미 부분이고, 弟(제)는 발음 부분이다. 弟는 본래 '순서'라는 뜻이 있으므로 의미 부분도 담당한다.

字解 ①차례(제) ¶第一(제일) ②집(제) ¶鄕第(향제) ③과거, 시험(제) ¶及第(급제)

【第三者 제삼자】 직접적으로 관계하지 않는 자. 당사자 이외의 사람.
【第一 제일】 첫째. 으뜸.
【第宅 제택】 집. 살림집.
【及第 급제】 ①과거(科擧)에 합격함. 登第(등제). ②시험에 합격함.
【本第入納 본제입납】 본제로 들어감. 자기 집에 편지를 부칠 때, 겉봉의 자기 이름 아래에 쓰는 말.
【鄕第 향제】 고향에 있는 집. 시골집.

竹5
⑪ 【笞】 볼기 칠 태 本치 支 동抬

명 中chī 日チ(むち) 英flog
字解 볼기 칠, 매질할(태)
【笞杖 태장】 ①매. ②매로 볼기를 치는 '태형(笞刑)'과 곤장으로 볼기를 치는 '장형(杖刑)'의 병칭.

竹6
⑫ 【笄】 비녀 계 齊

中jī 日ケイ(こうがい) 英bodkin
字解 비녀, 비녀 꽂을(계)
【笄年 계년】 여자가 처음 비녀를 꽂는 나이. '15세'를 이름.
【笄冠 계관】 비녀를 꽂고 갓을 씀. '성인례(成人禮)를 올림'을 이름.

竹6
⑫ 【筐】 광주리 광 陽

명 中kuāng 日キョウ(かたみ) 英basket
字解 광주리(광)
【筐筥 광사】 대오리로 만든 바구니.
【筐篋 광협】 직사각형 책 상자. 책궤.

竹6
⑫ 【筋】 힘줄 근 文

中jīn 日キン(すじ) 英muscle
字解 ①힘줄(근) ②기운(근)
【筋骨 근골】 ①힘줄과 뼈. ②체력.

힘. ③글씨를 쓰는 법. 筆法(필법).
【筋力 근력】 근육의 힘. 체력.
【筋肉 근육】 힘줄과 살. 힘살.
【鐵筋 철근】 콘크리트 속에 박아 뼈대로 삼는 쇠막대.

竹6
⑫ 【答】 대답할 답 合

중 中dá 日トウ(こたえる) 英answer
字源 형성자. 竹(죽)은 의미 부분이고, 合(합)은 발음 부분이다.
字解 ①대답할, 응할(답) ¶答辯(답변) ②갚을(답) ¶報答(보답)
【答禮 답례】 남에게 받은 예(禮)를 도로 갚는 일.
【答辯 답변】 물음에 대답하는 말.
【答辭 답사】 고사(告辭)·식사(式辭)·축사(祝辭) 등에 대한 답례의 말.
【答案 답안】 해답을 쓴 글.
【答狀 답장】 회답하여 보내는 편지.
【問答 문답】 물음과 대답.
【報答 보답】 입은 혜택(惠澤)이나 은혜(恩惠)를 갚음.
【回答 회답】 물음에 대하여 대답함. 또는 그 대답.

竹6
⑫ 【等】 무리 등 迥

중 中děng 日トウ(ひとしい) 英band
字源 회의 겸 형성자. 본래 죽간(竹簡)을 가지런하게 한다는 뜻이다. 竹(죽)과 寺(사)는 모두 의미 부분이다. 寺는 관직이 평등함을 뜻한다. 옛날에 等과 寺는 발음이 비슷하였으므로 寺는 발음도 담당한다.
字解 ①무리, 동아리(등) ¶吾等(오등) ②가지런할, 같을(등) ¶等身(등신) ③등급(등) ¶等差(등차)
【等級 등급】 높고 낮음이나 좋고 나쁨의 차를 나눈 급수. 位位(등위).
【等分 등분】 똑같이 나눔.
【等身 등신】 사람의 키와 같은 크기.
【降等 강등】 등급이나 계급이 내려감.
【均等 균등】 차별 없이 고름.
【吾等 오등】 우리들.
【越等 월등】 다른 것보다 훨씬 나음.

竹 6 ⑫ 【筏】 떼 벌 [月]

[명] [中]fá [日]バツ(いかだ) [英]raft

[字解] 떼, 뗏목(벌)

【筏舫 벌방】 뗏목.

竹 6 ⑫ 【筍】 죽순 순 [軫] [동] 笋

[명] [中]sǔn [日]ジュン(たけのこ) [英]bamboo shoot

[字解] 죽순, 대순(순)

【筍芽 순아】 죽순.

【石筍 석순】 물에 녹은 석회암이 천장에서 떨어지면서 죽순 모양으로 굳은 암석.

【竹筍 죽순】 대나무의 어리고 연한 싹.

竹 6 ⑫ 【筌】 통발 전 [先]

[명] [中]quán [日]セン [英]fishtrap

[字解] 통발(전) ※대오리로 만든, 물고기를 잡는 기구.

【筌蹄 전제】 고기를 잡는 통발과 토끼를 잡는 덫. '목적을 이루기 위한 방편'을 이름.

【忘筌 망전】 물고기를 잡으면 통발을 잊어버림. '목적을 달성하면 그간의 과정이나 수단·방법 등을 잊어버림'을 이름. 得魚忘筌(득어망전).

竹 6 ⑫ 【策】 꾀 책 [陌]

⺈ ⺮ ⺮ 竺 笇 笫 第 策

[고] [中]cè [日]サク(はかりごと) [英]plan

[字源] 형성자. 竹(죽)은 의미 부분이고, 朿(자)는 발음 부분이다. 옛날에 策과 朿는 발음이 비슷하였다.

[字解] ①꾀, 계책(책) ¶ 策略(책략) ②대쪽(책) ¶ 簡策(간책) ③채찍, 채찍질할(책) ¶ 策勵(책려) ④책(책) ※산문 문체의 하나. 임금이 정치상의 의견을 묻는 것을 '책문(策問)'이라 하고, 이에 답하는 것을 '대책(對策)'이라 함. ⑤지팡이(책) ¶ 散策(산책)

【策動 책동】 ①꾀를 부려서 남몰래 행동함. ②남을 움직이게 부추김.

【策略 책략】 꾀와 방법. 計略(계략).

【策勵 책려】 채찍질하여 격려함.

【簡策 간책】 지난날, 글자를 적는 데 쓰던 대의 조각.

【計策 계책】 계획과 꾀.

【妙策 묘책】 교묘하고 절묘한 계책.

【祕策 비책】 비밀스런 계책.

【散策 산책】 이리저리 거닒.

竹 6 ⑫ 【筑】 악기 이름 축 [屋]

[명] [中]zhú [日]チク

[字解] 악기 이름(축) ※대로 만든, 거문고 비슷한 악기.

竹 6 ⑫ 【筒】 통 통 [東]

[명] [中]tǒng [日]トウ(つつ) [英]pipe

[字解] 통, 죽통(통)

【筒箭 통전】 통 속에 넣어서 손으로 쏘는 화살. 袖箭(수전).

【煙筒 연통】 양철 따위로 둥글게 만든 굴뚝.

【筆筒 필통】 ①붓을 꽂아 두는 통. ②붓·연필 등을 넣어 다니는 기구.

竹 6 ⑫ 【筆】 붓 필 [質] [간] 笔

⺈ ⺮ ⺮ 竺 笁 笔 筀 筆

[중] [中]bǐ [日]ヒツ(ふで) [英]writing brush

[字源] 회의자. 聿(율)과 竹(죽)은 모두 의미 부분이다. 聿은 본래 손으로 붓을 잡고 있는 모습을 그린 상형자이므로, 竹(대나무 죽)을 더한 筆은 '붓'이라는 필기도구를 좀 더 분명하게 나타낸 글자이다.

[字解] ①붓(필) ¶ 筆寫(필사) ②글씨(필) ¶ 筆跡(필적) ③쓸(필)

【筆力 필력】 ①글씨의 획에 드러난 힘. ②문장의 힘.

【筆名 필명】 ①글씨를 씀으로써 떨치는 명예. ②글을 써서 발표할 때 쓰는 본명 아닌 딴이름.

【筆寫 필사】 붓으로 베껴 씀.

【筆順 필순】 글씨를 쓸 때 붓을 놀리는 차례.

【筆跡 필적】 손수 쓴 글씨나 그린 그림의 형적. 手蹟(수적).

【筆禍 필화】 시문(詩文)으로 말미암아

竹部 8획

받는 재난.
【達筆 달필】①잘 쓴 글씨. ②글씨를 잘 쓰는 사람.
【一筆揮之 일필휘지】글씨를 단숨에 힘차고 시원하게 죽 써 내림.
【絕筆 절필】붓을 놓고 글 또는 글씨 쓰기를 그만둠.
【執筆 집필】붓을 잡음. 곧, 글이나 글씨를 씀.

【筧】대 홈통 견
⑬ⓒjiǎn ⓙケン
字解 대 홈통(견)
【筧水 견수】대나무 홈통으로 끌어 오는 물.

【筠】대 균
⑬ⓒyún ⓙイン ⓔbamboo
명
字解 ①대, 대나무(균) ②대 껍질(균) ※대나무의 푸른 껍질.
【筠席 균석】대오리로 엮은 자리.

【筮】산가지 서
⑬ⓒshì ⓙゼイ(めどぎ) ⓔcalculate
명
字解 산가지, 점대, 점칠(서)
【筮卜 서복】산가지로 점치는 일과 귀갑(龜甲)을 불태워 점치는 일.

【筬】바디 성
⑬ⓒchéng ⓙセイ ⓔreed
명
字解 바디(성) ※베틀, 가마니 틀 등에 딸린 기구.

【筵】대자리 연
⑬ⓒyán ⓙエン(むしろ) ⓔbamboo mat
명
字解 대자리, 자리(연)
【經筵 경연】임금 앞에서 경서(經書)를 강의하던 자리.

【筽】명 버들고리 오
⑬
字解 버들고리(오)

【筷】젓가락 쾌
⑬ⓒkuài ⓙカイ ⓔchopsticks
字解 젓가락(쾌)

【箇】낱 개
⑭ⓒgè ⓙコ, カ ⓔpiece
명
字解 ①낱(개) ※물건의 하나하나. ②개(개) ≒個 ※낱으로 된 물건을 세는 단위.
【箇箇 개개】하나하나. 낱낱.
【箇數 개수】한 개 두 개로 세는 물건의 수효.

【箝】재갈 먹일 겸
⑭ⓒqián ⓙカン ⓔgag
명
字解 ①재갈 먹일(겸) ≒拑 ②항쇄(겸) ≒鉗 ※죄인의 목에 씌우던 형구.
【箝口 겸구】①입을 다물게 함, 또는 입을 다묾. ②언론 자유를 빼앗음.
【箝制 겸제】입에 재갈을 물려 제재함. '자유를 속박함'을 이름.

【箜】공후 공
⑭ⓒkōng ⓙコウ
字解 공후(공)
【箜篌 공후】현악기(絃樂器)의 한 가지. 23줄의 수(豎)공후, 4~6줄의 와(臥)공후, 10여 줄의 봉수(鳳首)공후의 세 가지가 있음.

【管】대롱 관
⑭
⺮ ⺮ ⺮ ⺮ ⺮ 竺 竺 管 管
고 ⓒguǎn ⓙカン(くだ) ⓔpipe
字源 형성자. 竹(죽)은 의미 부분이고, 官(관)은 발음 부분이다.
字解 ①대롱(관) ②피리(관) ③주관할, 관리할(관)
【管見 관견】대롱 구멍을 통하여 봄. '좁은 견식'의 비유.
【管理 관리】①일을 맡아 처리함. ②통솔하고 감독함.
【管掌 관장】맡아서 주관함.

【管制 관제】관리하고 통제함.
【管鮑之交 관포지교】관중(管仲)과 포숙아(鮑叔牙)의 사귐. '극진한 우정'을 이름.
故事 제(齊)나라의 관중과 포숙아가 가난한 유년 시절부터 재상이 된 뒤까지도 지극한 우정을 나누었다는 고사에서 온 말.
【管轄 관할】권한을 가지고 지배함, 또는 그 권한이 미치는 범위.
【主管 주관】책임지고 맡아봄.
【血管 혈관】혈액(血液)이 흐르는 관.

竹8 ⑭ 【箕】 키 기 庋
圐 ⊕jī ⊕キ(み) 粤winnower
字解 ①키(기) ※ 곡식을 까부르는 기구. ②쓰레받기(기) ③별 이름(기) ※ 이십팔수(二十八宿)의 하나.
【箕山之志 기산지지】기산(箕山)의 지조. '명리(名利)를 초탈한 굳은 절개'를 이름.
故事 요(堯)임금 때, 허유(許由)와 소보(巢父)가 임금 자리를 마다하고 기산에 숨어 산 일에서 온 말.
【箕帚 기추】①쓰레받기와 비. ②'자기 아내'를 낮추어 이르는 말.

竹8 ⑭ 【箔】 발 박 藨
圐 ⊕bó ⊕ハク 粤screen
字解 ①발(박) ②잠박(박) ③박(박) ※ 금속을 얇게 늘인 것.
【金箔 금박】금을 종이처럼 얇게 늘인 조각.
【蠶箔 잠박】누에를 치는 데 쓰는, 대오리 등으로 결은 채반.

竹8 ⑭ 【箙】 전동 복 圂
⊕fú ⊕フク 粤quiver
字解 전동(복) ※ 화살을 넣는 통.

竹8 ⑭ 【算】 ❶셈할 산 圂 ❷산가지 산 翿

圐 ⊕suàn ⊕サン(かぞえる) 粤count
字源 회의자. 竹(죽)과 具(구)는 모두 의미 부분이다. 대나무 가지로 숫자를 맞춘다는 뜻이다.
字解 ❶셈할(산) ¶算定(산정) ❷산가지(산) ¶算筒(산통)
【算數 산수】수량이나 도형의 기초적인 원리나 법칙을 가르치는 수학.
【算定 산정】셈하여 정함.
【算出 산출】셈하여 냄.
【算筒 산통】장님이 점칠 때 쓰는, 산가지를 넣어 두는 통.
【暗算 암산】머릿속으로 계산함.
【精算 정산】자세하게 계산함.

竹8 ⑭ 【箏】 쟁 쟁 庚
圐 ⊕zhēng ⊕ソウ(こと)
字解 쟁(쟁) ※ 13줄의 명주실로 된 현악기.
【箏曲 쟁곡】쟁의 가락.

竹8 ⑭ 【箋】 글 전 先
圐 ⊕jiān ⊕セン(ふだ) 粤letter
字解 ①글(전) ¶附箋(부전) ②주석, 주해(전) ¶箋注(전주) ③편지(전) ¶箋惠(전혜)
【箋注 전주】본문의 글을 풀이함, 또는 그 글. 註釋(주석).
【箋惠 전혜】'상대편이 보낸 편지'의 높임말.
【附箋 부전】서류에 덧붙이는 간단한 쪽지. 付箋(부전).

竹8 ⑭ 【箚】 찌를 차 ⊕잡 圉
圐 ⊕zhá ⊕サツ, トウ 粤stick
字解 ①찌를(차) ②차자(차)
【箚記 차기】책을 읽고 느낀 바나 요긴한 구절을 적어 놓음, 또는 그 기록이나 책.
【箚子 차자】①간단한 서식으로 된 상소문. ②상관이 하급 관리에게 내리는 공문서.
【箚刺 차자】먹물로 살 속에 글씨 또

는 그림을 써 넣음. 入墨(입묵).
【駐箚 주차】 관리가 직무상 외국의 어느 곳에 머묾. 駐札(주찰).

竹 8 ⑭ 【箠】 채찍 추 [紙]

[中]chuí [日]スイ [英]whip

[字解] ①채찍, 채찍질할(추) ¶ 箠楚(추초) ②태형(추) ¶ 箠令(추령)
【箠令 추령】 태형(笞刑)에 관하여 규정한 법령.
【箠策 추책】 채찍.
【箠楚 추초】 채찍. 채찍으로 때림.
【鞭箠 편추】 채찍질함, 또는 그 채찍.

竹 9 ⑮ 【範】 법 범 [豏] [간] 范

[고] [中]fàn [日]ハン(のり) [英]law

[字源] 형성자. 본래 옛날 길을 떠날 때 길의 신(神)에게 지내던 의식(儀式)을 뜻하였다. 車(거)는 의미 부분이고, 笵은 笵(범)의 생략형으로 발음 부분이다.

[字解] ①법, 틀, 본보기(범) ¶ 模範(모범) ②한계(범) ¶ 範圍(범위)
【範圍 범위】 ①한정된 구역의 언저리. ②일정한 한계.
【範疇 범주】 같은 성질의 것이 딸려야 할 부류(部類)나 범위.
【教範 교범】 모범으로 삼아 가르치는 법식.
【模範 모범】 본받아 배울 만함, 또는 그 본보기. 模表(모표).
【師範 사범】 ①모범. 본보기. ②학술·무술·기예를 가르치는 사람.
【示範 시범】 모범을 보임.

竹 9 ⑮ 【箱】 상자 상 [陽]

[명] [中]xiāng [日]ショウ(はこ) [英]box

[字解] 상자(상)
【箱子 상자】 물건을 넣어 두기 위하여 나무·종이 따위로 만든 그릇.

竹 9 ⑮ 【篒】 [명]사람 이름 식 [國]

[字解] 사람 이름(식)

竹 9 ⑮ 【箴】 바늘 잠 [本]침 [侵]

[명] [中]zhēn [日]シン(はり) [英]needle

[字解] ①바늘, 침(잠) ¶ 箴石(잠석) ②경계할, 훈계할(잠) ¶ 箴言(잠언) ③잠(잠) ※ 운문 문체의 하나로, 경계하는 뜻을 편 글.
【箴誡 잠계】 깨우쳐 훈계함.
【箴石 잠석】 돌침.
【箴言 잠언】 교훈이나 경계가 되는 짧은 말.
【規箴 규잠】 남을 훈계하여 바로잡음, 또는 그 글.

竹 9 ⑮ 【箸】 젓가락 저 [御]

[명] [中]zhù [日]チョ(はし) [英]chopstick

[字解] 젓가락(저)
【匙箸 시저】 숟가락과 젓가락.
【火箸 화저】 불덩이를 집는 데 쓰는 쇠젓가락.

竹 9 ⑮ 【篆】 전자 전 [銑]

[명] [中]zhuàn [日]テン [英]a seal character

[字解] 전자(전)
【篆刻 전각】 ①전자(篆字)를 새김. ②꾸밈이 많고 실질이 없는 문장. 彫蟲篆刻(조충전각).
【篆字 전자】 한자 서체의 하나. '주문(籒文)'을 '대전(大篆)'이라 하는 데 대하여 '소전(小篆)'이라 함. 篆書(전서). 篆文(전문).

竹 9 ⑮ 【箭】 화살 전 [霰]

[명] [中]jiàn [日]セン(や) [英]arrow

[字解] 화살, 화살대(전)
【箭書 전서】 화살대에 매달아 쏘아 전하는 글.
【箭鏃 전촉】 화살촉.
【火箭 화전】 불화살.

竹 9 ⑮ 【節】 마디 절 [屑] [간] 节

[중] [中]jié [日]セツ(ふし) [英]joint

6획

字源 형성자. 竹(죽)은 의미 부분이고, 卽(즉)은 발음 부분이다.
字解 ①마디, 단락(절) ¶節目(절목) ②절개(절) ¶節操(절조) ③부신, 병부(절) ¶符節(부절) ④때, 시기(절) ¶時節(시절) ⑤조절할, 알맞게 할(절) ¶節制(절제)
【節減 절감】아껴서 줄임.
【節槪 절개】지조를 지키는 굳건한 마음이나 태도.
【節度 절도】말이나 행동 따위의 적당한 정도.
【節目 절목】①초목의 마디와 눈. ②규칙이나 법률의 항목. 條目(조목).
【節約 절약】아끼어 씀. 아낌.
【節義 절의】절개와 의리.
【節電 절전】전기를 아껴 씀.
【節制 절제】알맞게 조절함.
【節操 절조】절개와 지조.
【節次 절차】일을 치르는 차례(次例)와 방법.
【季節 계절】1년을 봄·여름·가을·겨울로 구분한 그 한 철.
【句節 구절】구(句)와 절(節). 한 토막의 말이나 글.
【名節 명절】해마다 일정하게 지키어 즐기는 날.
【符節 부절】돌이나 대나무쪽으로 만든 부신(符信).
【時節 시절】①철. ②일생을 구분한 한 동안.
【禮節 예절】예의와 절도.

竹 9획 [篇] 책 편 庆   篇
⑮

ノ ^^ ^' ケ 竺 笞 笞 篇

음 ㊀piān ㊐ヘン ㊉book, section
字源 형성자. 竹(죽)은 의미 부분이고, 扁(편)은 발음 부분이다.
字解 ①책(편) ¶玉篇(옥편) ②글, 시문(편) ¶篇首(편수) ③편(편) ※서책 또는 시문을 세는 단위.
【篇首 편수】시나 문장의 첫머리.
【玉篇 옥편】①한자를 차례로 배열하고 음과 훈을 적어 엮은 책의 총칭. 字典(자전). ②양(梁)나라 고야왕(顧野王)이 엮은 자전.
【長篇 장편】시가나 소설 따위에서, 내용이 긴 작품.

【千篇一律 천편일률】여러 시문의 격조(格調)가 한결같음. '많은 사물이 특징 없이 모두 비슷함'의 비유.

竹 9획 [篋] 상자 협 간   篋
⑮

㊀qiè ㊐キョウ ㊉trunk
字解 상자, 행담(협)
【篋匱 협궤】상자.
【篋笥 협사】문서나 의복을 넣는 상자. 行擔(행담).

竹 9획 [篁] 대밭 황   篁
⑮ 屬

명 ㊀huáng ㊐コウ(たかむら) ㊉bamboo thicket
字解 대밭, 대숲, 대(황)
【篁竹 황죽】대숲. 竹林(죽림).

竹 9획 [篌] 공후 후   篌
⑮

㊀hóu ㊐コウ
字解 공후(후)
【箜篌 공후】현악기의 한 가지.

竹 10획 [篙] 삿대 고   篙
⑯ 屬

㊀gāo ㊐コウ ㊉pole
字解 삿대, 상앗대(고)
【篙工 고공】뱃사공. 篙師(고사). 篙手(고수). 篙人(고인).

竹 10획 [篝] 배롱 구   篝
⑯

㊀gōu ㊐コウ(かがり)
字解 ①배롱(구) ※화로에 씌워 놓고 젖은 옷 따위를 얹어 말리는 기구. ②모닥불(구)
【篝燈 구등】배롱(焙籠)으로 덮어 가린 등불.
【篝火 구화】모닥불.

竹 10획 [篤] 도타울 독   篤
⑯ 庆

ノ ^^ ^' ケ 竺 笞 笞 篤 篤

고 ㊀dǔ ㊐トク(あつい) ㊉warm-hearted
字源 형성자. 본래 말의 행보가 더

다는 뜻이다. 馬(마)는 의미 부분이고, 竹(죽)은 발음 부분이다.
字解 ①도타울, 독실할(독) ¶ 篤行(독행) ②병 심할(독) ¶ 危篤(위독)
【篤實 독실】열성적이고 진실함.
【篤志 독지】①뜻을 독실하게 함. ②인정이 두터운 마음씨.
【篤學 독학】독실하게 공부함.
【敦篤 돈독】인정이 도타움.
【危篤 위독】병세가 매우 위중하여 목숨이 위태로움.

竹10 [篚] 대광주리 비 尾
⊕fěi ⊕ヒ ⊛basket
字解 대광주리(비)
【筐篚 광비】모난 대광주리.

竹10 [篦] ❶통발 비 ❷참빗 비 寘
⊕bì ⊕ヘイ(へら) ⊛fishtrap
字解 ❶통발(비) ※ 물고기를 잡는 데 쓰는 기구. ❷참빗(비)
【篦子 비자】참빗.

竹10 [篩] 체 사 支
명 ⊕shāi ⊕シ ⊛sieve
字解 체, 체로 거를(사)
【篩管 사관】식물체에서 양분의 통로가 되는, 체 모양의 조직. 체관.
【篩土 사토】흙을 체로 쳐서 거름.

竹10 [篔] 簔(511)와 同字

竹10 [篛] 대 껍질 약 藥
⊕ruò ⊕ジャク ⊛bamboo shoot
字解 대 껍질(약)
【篛笠 약립】대 껍질로 만든 삿갓.

竹10 [篔] 왕대 운 文
명 ⊕yún ⊕ウン ⊛golden bamboo
字解 왕대(운)

竹10 [篪] 저 이름 지 支
⊕chí ⊕チ(ふえ)
字解 저 이름(지)
【壎篪 훈지】피리의 일종.

竹10 [築] 쌓을 축 屋
⊕zhù ⊕チク(きずく) ⊛build
字源 형성자. 木(목)은 의미 부분이고, 筑(축)은 발음 부분이다.
字解 ①쌓을(축) ②다질(축)
【築臺 축대】높게 쌓아 올린 대.
【築城 축성】성을 쌓음.
【築造 축조】쌓아서 만듦.
【建築 건축】건물이나 구조물을 세우거나 쌓아서 만드는 일.
【增築 증축】기존 건물을 더 늘려서 지음.

竹11 [簋] 제기 이름 궤 紙
⊕guǐ ⊕キ
字解 제기 이름(궤)
【簋簠 궤보】제사 때 서직(黍稷)을 담는 그릇인 궤(簋)와 보(簠).

竹11 [篷] 뜸 봉 東
⊕péng ⊕ホウ(とま)
字解 ①뜸(봉) ※ 대오리·부들 따위로 엮어 만든, 배·수레 등을 덮는 물건. ②거룻배(봉)

竹11 [篠] 가는 대 소 篠
명 ⊕xiǎo ⊕ショウ ⊛thin bamboo
字解 가는 대(소) ※ 세죽(細竹).

竹11 [簇] 모일 족 屋
명 ⊕cù ⊕ソウ(むらがる) ⊛crowd
字解 모일, 떼 지을(족)
【簇生 족생】초목이 더부룩하게 무더기로 남. 叢生(총생).
【簇子 족자】글씨나 그림을 표구하여 벽에 거는 축(軸).

竹 11획 / 12획

篡 빼앗을 찬
- 中cuàn 日サン(うばう) 英deprive
- 명 빼앗을(찬)
- 【篡逆 찬역】 신하가 반역하여 왕위를 빼앗음.
- 【篡奪 찬탈】 임금 자리를 빼앗음.

簣 살평상 책
- 中zé 日サク 英bamboomat
- 字解 ①살평상(책) ※나무 오리로 일정한 사이를 띄어 죽 박아 바닥을 만든 평상. ②대자리(책)
- 【簣床 책상】 살평상. 동簣牀(책상).
- 【簣子 책자】 ①살평상. ②대자리.

篳 울타리 필
- 中bì 日ヒツ 英bamboo fence
- 字解 ①울타리(필) ②사립문(필) ③악기 이름(필)
- 【篳篥 필률】 구멍이 9개인 관악기의 한 가지.
- 【篳門 필문】 사립문. '가난한 집'을 이름.

簡 편지 간
- 고jiǎn 日カン(ふだ) 英letter
- 字源 형성자. 竹(죽)은 의미 부분이고, 閒(간)은 발음 부분이다.
- 字解 ①편지(간) ¶書簡(서간) ②대쪽(간) ¶簡牘(간독) ③문서, 책(간) ¶簡策(간책) ④단출할(간) ¶簡潔(간결) ⑤가릴(간) ≒揀 ¶簡擇(간택)
- 【簡潔 간결】 간단하고 깔끔함.
- 【簡單 간단】 간략하고 단순함.
- 【簡牘 간독】 ①지난날, 글씨를 적던 대쪽과 나무쪽. ②편지 또는 책.
- 【簡略 간략】 간단하고 단출함.
- 【簡明 간명】 간결하고 알기 쉬움.
- 【簡素 간소】 간략하고 수수함.
- 【簡策 간책】 책. 서적. 簡冊(간책).
- 【簡擇 간택】 여럿 중에서 골라냄.
- 【簡便 간편】 간단하고 편리함.
- 【內簡 내간】 부녀자들의 편지.
- 【書簡 서간】 편지. 書翰(서한).

簣 삼태기 궤
- 中kuì 日キ(あじか)
- 字解 삼태기(궤) ※흙이나 거름 등을 담아 나르는 데 쓰는 농구.

簞 도시락 단
- 中dān 日タン(はこ)
- 명 lunch basket
- 字解 ①도시락(단) ②대광주리(단) ※밥을 담는, 대로 만든 그릇.
- 【簞食豆羹 단사두갱】 도시락에 담은 밥과 그릇에 담은 국. '변변치 못한 소량의 음식'을 이름.
- 【簞食瓢飮 단사표음】 도시락에 담은 밥과 표주박에 담은 물. '변변찮은 음식', 또는 '청빈한 생활'의 비유. 簞瓢(단표).

簠 제기 이름 보
- 中fú 日ホ
- 字解 제기 이름(보)
- 【簠簋 보궤】 제사 때 서직(黍稷)을 담는 그릇인 보(簠)와 궤(簋).

簔 명 簑(617)과 同字

簪 비녀 잠
- 中zān 日シン(かんざし) 英hairpin
- 字解 비녀(잠)
- 【簪纓 잠영】 ①관(冠)에 꽂던 비녀와 갓끈. ②'높은 벼슬아치'를 이름.
- 【簪笏 잠홀】 벼슬아치가 관(冠)에 꽂던 비녀와 손에 쥐던 홀(笏).

簟 대자리 점
- 中diàn 日テン 英bamboo mat
- 字解 대자리, 삿자리(점)
- 【簟褥 점욕】 대자리.

簧 악기 이름 황

竹12 ⑱

- 명 ⊕huáng ⊕コウ
- 字解 ①악기 이름(황) ②혀(황)

【簧葉 황엽】 생황·나팔 등의 관악기 부리에 장치하여, 그 진동으로 소리가 나게 하는 얇은 조각. 혀.
【笙簧 생황】 아악(雅樂)에 쓰는 관악기(管樂器)의 하나.

簾 발 렴

竹13 ⑲

- 명 ⊕lián ⊕レン(すだれ) ⊕screen
- 字解 발, 주렴(렴)

【簾政 염정】 임금이 어린 나이로 즉위하였을 때 황태후나 왕대비가 임금을 대신하여 정사(政事)를 보던 일. 垂簾聽政(수렴청정).
【珠簾 주렴】 ①구슬을 꿰어 꾸민 발. ②'발'의 미칭(美稱).

簿 장부 부

竹13 ⑲

썹 썹 썹 썹 薄 薄 簿

- 고 ⊕bù ⊕ボ ⊕book-keeping
- 字源 형성자. 竹(죽)은 의미 부분이고, 溥(부)는 발음 부분이다.
- 字解 장부, 문서(부)

【簿記 부기】 ①장부에 기입함. ②재산의 변동을 장부에 적는 방법.
【名簿 명부】 관계자의 이름·주소·직업 등을 적어 놓은 책.
【帳簿 장부】 금품의 수입·지출을 기록하는 책. 簿帳(부장).
참고 薄(박 : 517)은 딴 자.

簫 퉁소 소

竹13 ⑲

- ⊕xiāo ⊕ショウ(ふえ)
- ⊕bamboo flute
- 字解 퉁소(소)

【簫管 소관】 퉁소와 피리.
【洞簫 통소→퉁소】 대나무로 만든 취주 악기의 하나.

簷 처마 첨

竹13 ⑲

- ⊕yán ⊕エン ⊕eaves

字解 처마, 차양(첨) ≒檐.
【簷端 첨단】 처마끝.
【簷響 첨향】 처마끝에서 떨어지는 빗방울 소리. 낙숫물 소리.

簽 서명할 첨

竹13 ⑲

- 명 ⊕qiān ⊕セン ⊕sign
- 字解 ①서명할(첨) ②대바구니(첨) ③표제(첨) ④찌, 쪽지(첨)

【簽名 첨명】 ①문서에 서명(署名)함. ②약정서에 도장을 찍음.
【簽題 첨제】 제목을 씀.

簸 까부를 파

竹13 ⑲

- ⊕bǒ ⊕ハ(ひる) ⊕winnow
- 字解 까부를, 키질할(파)

【簸弄 파롱】 희롱하여 놀림.
【簸蕩 파탕】 키로 까부르듯이 심하게 뒤흔들림.

籃 대바구니 람

竹14 ⑳

- 명 ⊕lán ⊕ラン(かご) ⊕basket
- 字解 ①대바구니(람) ②큰 배롱(람)

【籃輿 남여】 주로 산길을 갈 때 쓰이는, 뚜껑이 없고 의자같이 생긴 가마.
【搖籃 요람】 ①젖먹이를 눕혀서 재우는 채롱. ②'사물이 처음으로 발생한 곳'의 비유.

籍 문서 적

竹14 ⑳

썹 썹 笹 笹 箝 箝 籍 籍

- 고 ⊕jí ⊕セキ(ふみ) ⊕register
- 字源 형성자. 竹(죽)은 의미 부분이고, 耤(적)은 발음 부분이다.
- 字解 ①문서, 장부(적) ¶籍記(적기) ②기록, 기록할(적) ¶地籍(지적) ③서적, 책(적) ¶史籍(사적)

【籍記 적기】 장부에 기입함.
【國籍 국적】 국가의 구성원으로서의 자격·신분.
【史籍 사적】 역사를 적은 책.
【書籍 서적】 책. 書冊(서책).
【地籍 지적】 땅에 대한 여러 가지 사항을 적은 기록.

【學籍 학적】학교에 갖추어 둔 학생 개개인에 관한 기록.
【戶籍 호적】호주를 중심으로 그 가족의 신분에 관한 것을 적은 공문서.

籌 산가지 주

⊕chóu ⊕チュウ(かずとり) ⊛calculate

字解 ①산가지(주) ¶籌算(주산) ②꾀, 꾀할(주) ¶籌策(주책) ③셀, 셈할(주) ¶籌板(주판) ④살(주) ※투호(投壺)에 쓰이는 살.

【籌備 주비】계획하여 준비함.
【籌算 주산】주판으로 하는 셈.
【籌策 주책】이리저리 타산한 끝에 생각해 낸 꾀.
【籌板 주판】셈을 하는 데 쓰는 기구.
【運籌 운주】여러 모로 계획하고 궁리하는 일.

籒 주문 주

⊕zhòu ⊕チュウ

字解 주문(주)

【籒文 주문】한자 서체의 하나. 소전(小篆)의 전신(前身)으로, '대전(大篆)'이라고도 하며, 주(周)나라 태사(太史) 주(籒)가 만들었다 함.

籙 서적 록

⊕lù ⊕ロク ⊛book

字解 ①서적(록) ②비기(록) ※미래를 예언한 기록. ③책 상자(록)

【籙圖 녹도】역사에 관한 서적.

籠 대그릇 롱

⊕lǒng ⊕ロウ(かご) ⊛basket

字解 ①대그릇, 종다래끼(롱) ¶籠球(농구) ②새장(롱) ¶籠鳥(농조) ③쌀, 포괄할(롱) ¶籠絡(농락)

【籠球 농구】다섯 사람씩 두 편으로 나뉘어 공을 상대편 바스켓에 던져 넣어 득점을 겨루는 경기.
【籠絡 농락】①포괄함. ②교묘한 수단으로 남을 속여 마음대로 이용함.
【籠城 농성】①성문을 굳게 닫고 지킴. ②어떠한 목적을 달성하기 위하여 한곳에 틀어박혀 버티는 일.
【籠鳥 농조】①새장에 갇힌 새. ②'속박된 신세'의 비유.

籟 통소 뢰

⊕lài ⊕ライ ⊛bamboo flute

字解 ①통소(뢰) ※구멍이 세 개인 통소. ②소리(뢰)

【天籟 천뢰】바람 소리·빗소리 따위와 같은 자연의 소리.

籥 피리 약

⊕yuè ⊕ヤク ⊛flute

字解 ①피리(약) ②열쇠(약)=鑰

【管籥 관약】피리. 우약(芋籥).

籤 제비 첨

⊕qiān ⊕セン(くじ) ⊛lot

字解 ①제비(첨) ※길흉을 점치거나 당첨을 결정하는 데 쓰이는 종이나 나뭇조. ②찌, 쪽지(첨) ③산가지(첨) ④미래기(첨)≒識.

【籤辭 첨사】점대에 적힌, 길흉에 관한 문구. 占辭(점사).
【籤紙 첨지】책 따위에 무엇을 표하기 위하여 붙이는 쪽지. 찌.
【當籤 당첨】제비뽑기에 뽑힘.
【抽籤 추첨】제비를 뽑음.

籬 울타리 리

⊕lí ⊕リ ⊛fence

字解 울타리(리)

【籬垣 이원】울타리. 籬藩(이번).
【籬墻 이장】①울타리. ②담장.

籩 제기 이름 변

⊕biān ⊕ヘン(たかつき)

字解 제기 이름, 변(변)

【籩豆 변두】제사나 향연 때 쓰는 식기 이름.

📖 '籩'은 과일·건육(乾肉) 등을 담는 대그릇, '豆'는 김치·젓 등을 담는 나무그릇.

6 米 部

米⁰⁽⁶⁾ 【米】 쌀 미

丶 丷 ᅩ 斗 米 米

음 ⊕mǐ ⊕ベイ, マイ(こめ) ⊕rice
字源 상형자. 쌀의 낱알을 그린 것이다.
字解 ①쌀(미) ¶米穀(미곡) ②新미터(미) ※길이의 단위인 '미터(m)'의 약호.
【米穀 미곡】 ①쌀. ②쌀과 그 외의 모든 곡식.
【米壽 미수】 '88세'의 이칭(異稱). ▷ '米'자를 풀면 '八十八'이 되는 데서 온 말.
【米飮 미음】 쌀이나 좁쌀을 푹 끓여 체에 밭인 음식.
【精米 정미】 깨끗하게 쓿은 흰쌀.
【玄米 현미】 벼의 껍질만 벗기고 쓿지 않은 쌀.
【五斗米 오두미】 5말의 쌀. '얼마 안되는 봉급'의 비유.
故事 진(晉)나라 도잠(陶潛)이 팽택 현령(縣令)으로 있던 중, 오두미(五斗米) 때문에 나이 어린 상관에게 굽실거리는 것이 싫다며 8일 만에 벼슬을 그만두고 고향으로 돌아간 고사에서 온 말.

米⁴⁽¹⁰⁾ 【粉】 가루 분

丶 丷 半 米 米 粉 粉 粉

음 ⊕fěn ⊕フン(こな) ⊕powder
字源 형성자. 米(미)는 의미 부분이고, 分(분)은 발음 부분이다.
字解 ①가루(분) ¶粉食(분식) ②분, 분 바를(분) ¶粉匣(분갑) ③빻을(분) ¶粉碎(분쇄)
【粉匣 분갑】 분을 담는 갑.
【粉骨碎身 분골쇄신】 뼈를 가루로 만들고 몸을 부숨. '전력(全力)을 다 하는 것'의 비유.
【粉末 분말】 가루.
【粉碎 분쇄】 ①아주 잘게 부스러뜨림. ②적을 철저히 쳐부숨.
【粉食 분식】 빵·국수 등과 같이 곡식의 가루로 만든 음식.
【粉塵 분진】 티끌.
【粉紅 분홍】 흰빛이 섞인 붉은빛.
【脂粉 지분】 연지와 백분.
【花粉 화분】 꽃가루.

米⁴⁽¹⁰⁾ 【粃】 쭉정이 비

음 ⊕bǐ ⊕ヒ ⊕chaff
字解 쭉정이(비) 늑秕
【粃滓 비재】 쭉정이와 찌기. '쓸모없는 사람'의 비유.
【粃政 비정】 잘못되어 어지러운 정치.

米⁴⁽¹⁰⁾ 【粋】 粹(623)의 俗字

米⁵⁽¹¹⁾ 【粒】 낟알 립

음 ⊕lì ⊕リュウ(つぶ) ⊕grain
字解 낟알, 쌀알(립)
【粒粒皆辛苦 입립개신고】 쌀알 하나하나가 다 농부의 애써 고생한 결과라는 뜻.
【粒子 입자】 아주 작은 알갱이.

米⁵⁽¹¹⁾ 【粕】 지게미 박

음 ⊕pò ⊕ハク(かす) ⊕grains
字解 ①지게미(박) ※술을 거르고 난 찌꺼기. ②깻묵(박)
【大豆粕 대두박】 콩깻묵.
【糟粕 조박】 지게미. '보잘것없는 물건'의 비유.

米⁵⁽¹¹⁾ 【粘】 끈끈할 점 本념

동 黏 粘
음 ⊕nián ⊕ネン(ねばる) ⊕sticky
字解 끈끈할, 차질(점)
【粘性 점성】 차지고 끈끈한 성질.
【粘液 점액】 끈끈한 액체.
【粘着 점착】 끈기 있게 달라붙음.
【粘土 점토】 기와·그릇·벽돌 등을 만드는 데 쓰는 흙. 찰흙.

米 5 ⑪ 【粗】 거칠 조 [本]추 [虞]

[명] [中]cū [日]ソ(あらい) [英]coarse

[字解] ①거칠, 소략할(조) ②대강, 대략(조) ③클(조)

【粗略 조략】 ①정성을 들이지 않아 거칠고 엉성함. ②대략. 대강.

【粗惡 조악】 품질이 거칠고 나쁨.

【粗雜 조잡】 거칠고 잡스러워 품위가 없음.

米 6 ⑫ 【粟】 조 속 [沃]

一 冖 覀 覀 覀 覀 粟 粟

[고] [中]sù [日]ゾク(あわ) [英]millet

[字源] 상형자→회의자. 갑골문을 보면 '※'으로, 벼와 그 낟알을 그린 상형자였으나 금문과 소전에서는 윗부분이 卣(열매 주렁주렁 달릴 조)로 변하고 아래는 米(미)로 변하여 회의자가 되었다. 예서에서 卣이 다시 襾(아)로 변하여 오늘날의 粟 자가 된 것이다.

[字解] ①조(속) ¶黍粟(서속) ②벼(속) ¶粟米(속미) ③오곡(속) ¶粟帛(속백)

【粟米 속미】 ①조와 쌀. ②겉껍질을 쓿지 않은 벼.

【粟帛 속백】 곡식과 비단.

【粟膚 속부】 추워서 좁쌀 모양으로 도톨도톨해진 살결. 닭살. 소름.

【黍粟 서속】 ①기장과 조. ②조.

【滄海一粟 창해일속】 넓은 바다에 던져진 한 알의 좁쌀. '매우 작음', 또는 '보잘것없는 존재'의 비유.

[참고] 栗(률 : 420)은 딴 자.

米 6 ⑫ 【粵】 땅 이름 월 [月]

[中]yuè [日]エツ(ここに)

[字解] ①땅 이름(월)=越 ※광둥성(廣東省)과 광시 성(廣西省) 등지. ②종족 이름(월) ※중국 남방에 살던 종족.

米 6 ⑫ 【粢】 기장 자 [支]

[中]zī [日]シ [英]millet

[字解] 기장(자)

米 6 ⑫ 【粧】 단장할 장 [陽] [동] 妝

丶 丷 半 米 米' 米广 粧 粧

[고] [中]zhuāng [日]ショウ(よそおう) [英]decorate

[字源] 형성자. 米(미)는 의미 부분이고, 庄(장)은 발음 부분이다.

[字解] 단장할, 꾸밀(장)

【粧飾 장식】 단장을 하여 꾸밈, 또는 그 꾸밈새.

【丹粧 단장】 ①얼굴을 곱게 꾸밈. 化粧(화장). ②사물을 곱게 꾸밈.

【美粧 미장】 머리나 얼굴을 곱게 다듬는 일. 美容(미용).

【治粧 치장】 매만져서 잘 꾸미거나 모양을 냄.

米 6 ⑫ 【粥】 ❶죽 죽 [屋] ❷팔 육 [屋]

[명]❶ [中]zhōu, yù [日]シュク(かゆ) [英]gruel, sell

[字解] ❶죽, 미음(죽) ❷팔(육)=鬻

【朝飯夕粥 조반석죽】 아침에는 밥을, 저녁에는 죽을 먹음. '군색한 생활'의 비유.

【粥米 육미】 쌀을 내다 팖.

米 7 ⑬ 【粳】 [명] 秔(590)의 俗字

米 7 ⑬ 【粱】 기장 량 [陽]

[명] [中]liáng [日]リョウ(あわ) [英]millet

[字解] 기장(량) ※중국에서 기장을 귀히 여긴 데서, '좋은 곡식이나 좋은 쌀'의 뜻으로도 쓰임.

【粱肉 양육】 ①쌀밥과 고기 반찬. ②사치스러운 음식.

【膏粱珍味 고량진미】 기름진 고기와 좋은 곡식으로 만든 맛있는 음식. 山海珍味(산해진미).

[참고] 梁(량 : 422)은 딴 자.

米 7 ⑬ 【粮】 [명] 糧(624)과 同字

6 획

米部 10획

粲 정미 찬
米 7획 / 13획
명 ⓒcàn ⓙサン ⓔpolished rice
字解 ①정미(찬) ※잘 쓿은 쌀.
②선명할, 밝을(찬) ¶ 粲燦

粹 순수할 수
米 8획 / 14획
명 ⓒcuì ⓙスイ ⓔpure
字解 순수할, 정할(수)
【粹美 수미】잡된 것이 섞이지 않고 아주 아름다움. 純美(순미).
【純粹 순수】①조금도 잡것이 섞이지 아니함. ②마음에 사념(邪念)이나 사욕이 없음.
【精粹 정수】가장 순수한 것.

精 자세할 정
米 8획 / 14획
⺍ 丷 米 糸 粐 粸 精 精 精
정 ⓒjīng ⓙセイ(くわしい)
ⓔdetailed
字源 형성자. 米(미)는 의미 부분이고, 靑(청)은 발음 부분이다.
字解 ①자세할(정) ¶ 精密(정밀) ②찧을(정) ¶ 精米(정미) ③깨끗할(정) ¶ 精潔(정결) ④날랠, 날카로울(정) ¶ 精銳(정예) ⑤근본(정) ¶ 精氣(정기) ⑥영혼(정) ¶ 精靈(정령) ⑦참될(정) ¶ 精誠(정성)
【精潔 정결】깨끗하고 조촐함.
【精巧 정교】정밀하고 교묘함.
【精氣 정기】만물에 갖추어져 있는 순수한 기운.
【精讀 정독】자세히 읽음.
【精靈 정령】죽은 사람의 넋.
【精米 정미】벼를 찧어 쓿은 흰쌀.
【精密 정밀】아주 정교하고 자세함.
【精兵 정병】가려 뽑은 날쌔고 용맹한 군사.
【精算 정산】정밀하게 계산함.
【精選 정선】정밀하게 골라 뽑음.
【精誠 정성】참되고 성실한 마음.
【精髓 정수】①뼛속에 있는 골. ②사물의 본질(本質)을 이루는 가장 중요한 부분.
【精神 정신】사고와 감정의 작용을 일으키는 인간의 마음.
【精銳 정예】날래고 용맹스러움, 또는 그런 군사나 선수.
【精子 정자】수컷의 생식 세포.
【精通 정통】깊고 자세히 앎.
【妖精 요정】①요사스러운 정령(精靈). ②서양의 전설이나 이야기에 나오는 정령.

糊 풀 호
米 9획 / 15획
명 ⓒhù, hú ⓙコ(のり) ⓔpaste
字解 ①풀, 풀칠할(호) ¶ 糊口(호구) ②흐릴(호) ¶ 糊塗(호도)
【糊口 호구】입에 풀칠을 함. '겨우 끼니만 이으며 사는 일'의 비유.
【糊口之策 호구지책】겨우 먹고 살아가는 방책.
【糊塗 호도】①성정(性情)이 분명하지 못하고 흐리터분함. ②일시적으로 우물우물 덮어 버림.
【模糊 모호】명확하지 못하고 흐리터분함.

穀
米 10획 / 16획
穀(596)의 俗字

糗 볶은 쌀 구
米 10획 / 16획
ⓒqiǔ ⓙキュウ ⓔparched rice
字解 ①볶은 쌀(구) ②미숫가루(구)
【糗糧 구량】말린 밥. 지난날, 군량(軍糧)으로 썼음.

糖 사탕 당
米 10획 / 16획
⺍ 丷 米 粐 粙 粙 糖 糖 糖
고 ⓒtáng ⓙトウ ⓔsugar
字源 형성자. 米(미)는 의미 부분이고, 唐(당)은 발음 부분이다.
字解 사탕, 엿(당)
【糖尿病 당뇨병】오줌에 당분이 많이 포함되어 나오는 병.
【糖分 당분】사탕질의 성분.
【砂糖 사당→사탕】사탕수수를 원료로 하는 감미료.
【雪糖 설당→설탕】흰 가루로 된 감미료.
【製糖 제당】설탕을 만듦.

[참고] '탕' 음도 인명용으로 허용됨.

米 11 ⑰ 【糠】 겨 강 [陽] [동] 穅 (초서)

[명] ㊥kāng ㊐コウ(ぬか) ㊮chaff

[字解] ①겨(강) ②자잘할(강)

【糠秕 강비】 겨와 쭉정이. '쓸모없는 물건'의 비유.

【糟糠 조강】 지게미와 쌀겨. '변변치 않은 음식'의 비유

米 11 ⑰ 【糜】 죽 미 [支] (초서)

㊥mí ㊐ビ(かゆ) ㊮gruel

[字解] ①죽(미) ②문드러질(미)

【糜爛 미란】 ①썩어 문드러짐. ②피폐함, 또는 피폐하게 함.

【糜粥 미죽】 죽. 미음.

米 11 ⑰ 【糞】 똥 분 [問] [간] 粪 (초서)

[명] ㊥fèn ㊐フン(くそ) ㊮excrements

[字解] ①똥(분) ②더러울(분) ③거름 줄(분)

【糞尿 분뇨】 똥과 오줌.

【糞壤 분양】 ①더러운 흙. ②땅에 거름을 줌.

【糞田 분전】 밭에 거름을 줌, 또는 거름을 준 밭.

【人糞 인분】 사람의 똥. 大便(대변).

米 11 ⑰ 【糟】 재강 조 [豪] (초서)

[명] ㊥zāo ㊐ソウ(かす) ㊮dregs

[字解] 재강, 지게미(조)

【糟糠之妻 조강지처】 가난하여 지게미나 쌀겨 같은 거친 음식을 먹으며 함께 고생해 온 아내.

【糟粕 조박】 지게미. '하잘것없는 물건'의 비유.

米 12 ⑱ 【糧】 양식 량 [陽] [동간] 粮 (초서)

丷 丬 米 粎 粐 粮 糧 糧

[고] ㊥liáng ㊐ロウ(かて) ㊮food

[字源] 형성자. 米(미)는 의미 부분이고, 量(량)은 발음 부분이다.

[字解] 양식, 먹이(량)

【糧穀 양곡】 양식으로 쓰는 곡식.

【糧道 양도】 ①군량(軍糧)을 운반하는 길. ②양식의 씀씀이.

【糧食 양식】 살아가는 데 필요한 먹을거리. 食糧(식량).

【軍糧 군량】 군대(軍隊)의 양식.

米 14 ⑳ 【糯】 찰벼 나 [箇] (초서)

㊥nuò ㊐ダ(もちごめ) ㊮glutinous rice plants

[字解] 찰벼, 찹쌀(나)

【糯米 나미】 찹쌀.

【糯黍 나서】 찰기장.

米 16 ㉒ 【糴】 쌀 사들일 적 [錫] [간] 籴 (초서)

㊥dí ㊐テキ ㊮buy grain

[字解] 쌀 사들일(적)

【糴價 적가】 사들이는 곡식의 값.

米 19 ㉕ 【糶】 쌀 내어팔 조 [嘯] [간] 粜 (초서)

㊥tiào ㊐チョウ ㊮sell grain

[字解] 쌀 내어 팔(조)

【糶糴 조적】 곡식을 매매하는 일.

6 糸 部

糸 0 ⑥ 【糸】 ❶가는 실 멱 [錫] ❷실 사 [支] (초서)

[명]❷ ㊥mì, sī ㊐シ(いと) ㊮thread

[字源] 상형자. 실을 한 타래 한 타래 묶은 모습을 그린 것이다.

[字解] ❶가는 실(멱) ❷실(사)

糸 1 ⑦ 【系】 이을 계 [霽] (초서)

一 丆 幺 幺 平 糸 系

[고] ㊥xì ㊐ケイ(かかる) ㊮connect

[字源] 회의자. 손〔爪(조)〕으로 실〔糸

6획

糸部 3획

(사)]을 잡고 있는 모습으로, '매달다'라는 뜻을 나타낸다. 실을 매달고 있으므로 '연결하다'·'잇다' 등의 뜻도 파생되어 나왔다. ノ은 爪의 생략형이다.
字解 ①이을, 맬(계) ≒繫 ¶系屬(계속) ②계통(계) ¶系譜(계보)
【系念 계념】마음에 두고 걱정하거나, 잊지 않음. 掛念(괘념).
【系譜 계보】①가문의 혈통이나 역사 등을 적은 책. ②혈연·학문·사상 등의 계통을 나타낸 기록.
【系列 계열】공통성·유사성을 지니어 연결되는 계통이나 조직.
【系統 계통】①차례를 따라 연이어 있는 것. ②일족(一族)의 혈통(血統). ③통일된 원리나 법칙 밑에 순서를 따라 벌임.
【家系 가계】한집안의 대를 이어 오는 계통.
【直系 직계】직접 이어지는 계통.

糸1⁄7 【糺】 图 糾(625)와 同字

糸2⁄8 【糾】 살필 규 音 紀紏糾
ノ ㄥ ㄠ ㄠ 幺 糸 紅 紅 糾
고 ⊕jiū ⊕キュウ(ただす) ⊛investigate
字源 형성자. 糸(멱·사)는 의미 부분이고, 니(구)는 발음 부분이다.
字解 ①살필, 들추어낼(규) ¶糾明(규명) ②얽힐(규) ¶紛糾(분규) ③모을(규) ¶糾合(규합) ④꼴(규) ※새끼나 노를 꼼. ¶糾繩(규승)
【糾明 규명】철저히 조사하여 사실을 밝힘. 糾察(규찰).
【糾繩 규승】①노를 꼼. 새끼를 꼼. ②잘못을 바로잡음.
【糾彈 규탄】죄를 적발하여 탄핵함.
【糾合 규합】사람을 한데 모음.
【紛糾 분규】일이 뒤얽혀 말썽이 많고 시끄러움.

糸3⁄9 【紀】 벼리 기 紙 紀紀
ノ ㄥ ㄠ ㄠ 幺 糸 糸 紀 紀

고 ⊕jì ⊕ㅁ(のり) ⊛principle
字源 형성자. 糸(사)는 의미 부분이고, 己(기)는 발음 부분이다.
字解 ①벼리, 규율(기) ¶紀綱(기강) ②적을, 기록할(기) ≒記 ¶本紀(본기) ≒記(기) ¶紀元(기원)
【紀綱 기강】①작은 벼릿줄과 큰 벼릿줄. ②나라를 다스리는 법도(法度). ③으뜸이 되는 규율과 질서.
【紀念 기념】오래도록 사적(事蹟)을 전해 잊지 않게 함.
【紀元 기원】①나라를 세운 첫해. ②햇수를 세는 기초가 되는 해.
【紀行 기행】여행에서 듣고 본 것을 기록한 글.
【本紀 본기】역사책에서 제왕의 사적을 기록한 부분.
【西紀 서기】예수가 태어난 해를 원년(元年)으로 삼는 기원. 西曆紀元(서력기원).
【世紀 세기】①시대. 연대. ②서력(西曆)에서, 100년을 단위로 하여 세는 시대 구분.

糸3⁄9 【紃】 좇을 순 眞 紃紃
고 ⊕xún ⊕シュン ⊛follow
字解 ①좇을(순) ≒循 ②끈(순)
【組紃 조순】①끈을 꼼. ②허리에 띠는 끈.

糸3⁄9 【約】 묶을 약 藥 約約
ノ ㄥ ㄠ ㄠ 幺 糸 糸 約 約
정 ⊕yuē ⊕ヤク ⊛about
字源 형성자. 糸(사)는 의미 부분이고, 勺(작)은 발음 부분이다.
字解 ①묶을, 맺을(약) ¶制約(제약) ②약속, 약속할(약) ¶約定(약정) ③검소할(약) ¶節約(절약) ④간략할, 대략(약) ¶要約(요약)
【約款 약관】계약·조약 등에서 정해진 하나하나의 조항.
【約束 약속】상대자와 서로 의견을 맞추어 정함. 또는 그 맞춘 내용.
【約定 약정】약속하여 정함.
【約婚 약혼】결혼하기로 약속함.
【契約 계약】쌍방이 서로 지켜야 할 권리와 의무에 대하여 하는 약속.

糸部 3획

【公約 공약】 ①공법상의 계약. ②공중(公衆)에 대한 약속.
【要約 요약】 말이나 글의 요점을 간단하게 추림.
【節約 절약】 아끼어 씀. 儉約(검약).
【制約 제약】 어떤 조건을 붙여 제한함.

【紆】 얽힐 우
명 ⓒyū ⓙウ 영twine
字解 ①얽힐(우) ②굽을, 굽힐(우)
【紆餘曲折 우여곡절】 ①이리저리 굽음. ②사정이 뒤얽혀 복잡함.
【紆繞 우요】 얽혀서 돎.

【紂】 주임금 주
명 ⓒzhòu ⓙチュウ
字解 주임금(주) ※은(殷)나라의 마지막 임금.

【紅】 붉을 홍
음 ⓒhóng ⓙコウ〈くれない〉 영red
字源 형성자. 糸(사)는 의미 부분이고, 工(공)은 발음 부분이다.
字解 붉을(홍)
【紅爐點雪 홍로점설】 불이 빨갛게 타고 있는 화로 위에 떨어지는 한 점의 눈. '큰 일에 있어 작은 일은 아무 보람도 되지 못함'을 이름.
【紅裳 홍상】 붉은 치마. 다홍치마.
【紅顔 홍안】 붉고 윤이 나는 얼굴. '소년의 얼굴', 또는 '미인의 아름다운 얼굴'을 이름.
【紅葉 홍엽】 ①붉은 잎. ②단풍이 든 나뭇잎.
【紅一點 홍일점】 푸른 풀숲에 핀 한 떨기의 붉은 꽃. '여러 남자들 중에 홀로 끼어 있는 여자'의 비유.
【紅潮 홍조】 ①아침 해가 바다에 비쳐 붉게 보이는 경치. ②뺨에 붉은 빛이 드러남, 또는 그 빛.
【紅塵 홍진】 ①붉게 일어나는 먼지. ②'번거로운 세상'의 비유.
【朱紅 주홍】 붉은빛과 누른빛의 중간으로 붉은 쪽에 가까운 빛깔.

【紈】 흰 비단 환
명 ⓒwán ⓙガン 영white silk
字解 흰 비단(환)
【紈素 환소】 흰 비단. 素紈(소환).

【紇】 실 흘
명 ⓒgē, hé ⓙコツ 영silk thread
字解 ①실(흘) ※질이 낮은 명주실. ②묶을(흘) ③종족 이름(흘)
【回紇 회흘】 외몽고에서 살던 투르크계 종족. 위구르족.

【紘】 갓끈 굉
명 ⓒhóng ⓙオウ, コウ〈つな〉 영hat string
字解 ①갓끈(굉) ②밧줄(굉)

【級】 등급 급
고 ⓒjí ⓙキュウ〈しな〉 영class
字源 형성자. 糸(사)는 의미 부분이고, 及(급)은 발음 부분이다.
字解 ①등급(급) ¶級數(급수) ②목(급) ¶首級(수급)
【級數 급수】 우열(優劣)에 따라 매기는 등급.
【級友 급우】 같은 학급의 벗.
【階級 계급】 지위·관직의 등급.
【等級 등급】 신분·품질 따위의 우열이나 높낮이를 나눈 급수.
【首級 수급】 전쟁 때 벤 적의 목.
【留級 유급】 진급하지 못하고 그대로 남음.
【進級 진급】 등급·계급·학급 따위가 오름, 또는 그것들을 올림.

【納】 들일 납
고 ⓒnà ⓙノウ〈おさめる〉 영receive, dedicate
字源 형성자. 糸(사)는 의미 부분이고, 內(내)는 발음 부분이다.

【字解】 ①들일, 받아들일(납) ¶ 納得(납득) ②바칠(납) ¶ 納期(납기)
【納期 납기】 세금·공과금 등을 바치는 기한(期限).
【納得 납득】 잘 받아들여 이해함.
【納凉 납량】 여름에 더위를 피하여 서늘함을 맛봄.
【納付 납부】 학교 등의 관계 기관에 세금·등록금 따위를 냄.
【納稅 납세】 세금을 바침.
【納品 납품】 주문받은 물품을, 주문한 곳이나 사람에게 가져다 줌.
【出納 출납】 금전·물품 등을 내어 주고 받아들임.
【獻納 헌납】 금품을 바침.

糸 4 【紐】 맬 뉴 有   紐
⑩
명 ⓒniǔ ⓙチュウ(ひも) ⓔtie
【字解】 ①맬(뉴) ②끈(뉴)
【紐帶 유대】 끈이나 띠로 묶듯이 서로를 결합하는 관계.
【結紐 결뉴】 서로 관계를 맺음.

糸 4 【紋】 무늬 문 文   紋
⑩
명 ⓒwén ⓙモン ⓔpattern
【字解】 무늬(문)
【紋章 문장】 주로 서구나 일본 귀족 사회에서 쓰는, 가문(家門)을 표시하는 도형(圖形).
【指紋 지문】 손가락 끝마디 안쪽의 살갗 무늬, 또는 그 흔적.
【波紋 파문】 ①수면에 이는 물결의 무늬. ②어떤 일로 말미암아 주위를 동요시킬 만한 영향.

糸 4 【紊】 어지러울 문 文   紊
⑩
명 ⓒwěn ⓙブン(みだれる) ⓔtangled
【字解】 어지러울, 어지럽힐(문)
【紊亂 문란】 도덕·질서 등이 뒤죽박죽이 되어 어지러움.

糸 4 【紡】 자을 방 養   紡
⑩
명 ⓒfǎng ⓙボウ(つむぐ) ⓔspin
【字解】 자을, 실 뽑을(방)

【紡絲 방사】 섬유를 자아서 실을 뽑음, 또는 그 실.
【紡績 방적】 동식물의 섬유를 가공하여 실을 뽑는 일.
【紡織 방직】 실을 뽑는 일과 피륙을 짜는 일.
【紡錘 방추】 ①물레의 가락. ②북.
【綿紡 면방】 목화 섬유를 가공하여 실을 뽑는 일.

糸 4 【紛】 어지러울 분 文   紛
⑩
ㄴ 幺 幺 糸 糸 紛 紛
ㄷ ⓒfēn ⓙフン(まぎれる) ⓔconfused
【字源】 형성자. 糸(사)는 의미 부분이고, 分(분)은 발음 부분이다.
【字解】 어지러울, 엉클어질(분)
【紛糾 분규】 일이 뒤얽혀 말썽이 많고 시끄러움. 紛亂(분란).
【紛紛 분분】 ①뒤숭숭하고 시끄러움. ②여러 사물이 한데 뒤섞여 어수선함. ③갈피를 잡을 수 없음.
【紛失 분실】 자기도 모르게 잃어버림.
【紛爭 분쟁】 엉클어져 다툼.
【內紛 내분】 내부에서 일어나는 분쟁.

糸 4 【紗】 깁 사 麻   紗
⑩
명 ⓒshā ⓙサ,シャ ⓔthin silk
【字解】 깁, 비단(사) ※ 명주실로 거칠게 짠, 무늬 없는 비단.
【紗帽 사모】 지난날, 관복을 입을 때 쓰던, 검은 비단으로 만든 모자.
【紗窓 사창】 깁으로 바른 창.

糸 4 【索】 ①찾을 색 ②동아줄 삭 藥   索
⑩
一 十 𠂇 古 表 壶 索 索
ㄷ ⓒsuǒ ⓙサク(なわ,もとめる) ⓔrope, seek
【字源】 회의자. 糸(사)와 宀[市(불)]의 뜻이다. 市은 초목이 무성하다는 뜻이다.
【字解】 ❶찾을(색) ¶ 摸索(모색)
❷①동아줄, 새끼, 새끼 꼴(삭) ¶

索道(삭도) ❷쓸쓸할, 공허할(삭) ¶索莫(삭막)

【索道 삭도】공중에 건너질러 놓은 강철 끈에 차량을 매달아서 사람이나 짐을 나르는 설비.

【索莫 삭막】황폐하여 쓸쓸함. 통索漠(삭막).

【索引 색인】책 속의 항목이나 낱말을 빨리 찾도록 만든 목록.

【鐵索 철삭】여러 가닥의 철사를 꼬아 만든 줄.

【摸索 모색】더듬어 찾음.

【思索 사색】사물의 이치를 따지어 깊이 생각함.

【探索 탐색】샅샅이 더듬어 찾아냄.

참고 '삭'음도 인명용으로 지정됨.

素 (糸4/10) 흴 소 週

一十土主主妻素素

음 ⊕sù ⊕ソ,ス(もと) 영white
字源 회의자. 糸(사)와 主(=垂(수))는 모두 의미 부분이다. 垂는 초목의 잎이 아래로 드리워진 모습을 그린 글자이다.
字解 ❶흴(소) ¶素服(소복) ❷생명주실(소) ¶素扇(소선) ❸질박할(소) ¶素朴(소박) ❹바탕(소) ¶素質(소질) ❺평소(소) ¶素養(소양) ❻채식(소) ¶素饌(소찬)

【素望 소망】평소부터 늘 바라던 일.
【素朴 소박】꾸밈이 없이 수수한 그 대로임. 통素樸(소박).
【素服 소복】①흰옷. ②흰 천으로 만든 상복(喪服).
【素扇 소선】흰 깁으로 만든 부채.
【素養 소양】①평소의 교양. ②평소에 수양하여 얻은 학식과 기예.
【素材 소재】어떤 것을 만드는 데 바탕이 되는 재료.
【素地 소지】중요한 원인이 될 바탕.
【素質 소질】날 때부터 지니는, 성격·능력의 바탕이 되는 것.
【素饌 소찬】고기·생선 따위가 섞이지 않은 반찬. 素膳(소선).
【簡素 간소】간략하고 소박함.
【要素 요소】일의 성립·효력 따위에 꼭 필요한, 바탕이 되는 조건.
【平素 평소】보통 때. 평상시.

純 (糸4/10) ❶순수할 순 圓 ❷가선 준 圓

幺 糸 糸 糸' 純 純 純

음 ⊕chún ⊕ジュン 영pure
字源 형성자. 糸(사)는 의미 부분이고, 屯(둔)은 발음 부분이다.
字解 ❶①순수할(순) ¶純眞(순진) ②생명주실(순) ③오로지(순) ¶純全(순전) ❷가선(준) ※옷 따위의 가장자리를 다른 헝겊으로 싸서 돌린 것.

【純潔 순결】순수하고 아주 깨끗함.
【純粹 순수】잡것이 조금도 섞이지 아니함.
【純益 순익】모든 경비를 빼고 남은 순전한 이익.
【純全 순전】순수하여 완전함.
【純情 순정】①순진한 마음. ②참되고 깨끗한 애정.
【純種 순종】딴 계통과 섞이지 않은 순수한 종(種).
【純眞 순진】꾸밈없이 순수하고 참됨.
【單純 단순】①구조·형식 등이 간단함. ②잡것이 섞이지 않음.
【淸純 청순】깨끗하고 순수함.

참고 '준'음도 인명용으로 지정됨.

紜 (糸4/10) 어지러울 운 囚

⊕yún ⊕ウン 영confused
字解 어지러울, 엉클어질(운)
【紛紜 분운】①일이 복잡하게 얽히어 어지러움. ②세상이 어지러워 떠들썩함.

紝 (糸4/10) 베짤 임 圓

⊕rèn ⊕ジン 영weave
字解 베짤, 길쌈할(임)
【紝織 임직】베를 짬.

紙 (糸4/10) 종이 지 圖

幺 幺 糸 糸丁 紅 紅 紙

음 ⊕zhǐ ⊕シ(かみ) 영paper
字解 형성자. 糸(사)는 의미 부분이

고, 氏(씨)는 발음 부분이다.
字解 종이(지)
【紙匣 지갑】 ①종이로 만든 갑. ②가죽·헝겊 따위로 만든, 주머니와 같은 물건.
【紙齡 지령】 신문을 낸 호수(號數).
【紙面 지면】 ①종이의 표면. ②글이 실린 종이의 겉면. 紙上(지상).
【紙物鋪 지물포】 종이붙이를 파는 가게.
【紙榜 지방】 종이로 만든, 죽은 이의 위패(位牌).
【紙幣 지폐】 종이에 인쇄하여 만든 화폐. 紙錢(지전). 紙貨(지화).
【破紙 파지】 못 쓰게 된 종이.

糸5 【紺】 반물 감 ⑪ 간 紺紺
명 ⊕gàn ⊕コン ⊕dark blue
字解 반물, 감색(감)
【紺瞳 감동】 검푸른 눈동자.
【紺色 감색】 검은빛을 띤 짙은 남빛. 반물.
【紺靑 감청】 짙고 산뜻한 남빛.

糸5 【絅】 ❶끌어 죌 경 ⑪ ❷홑옷 경 간 絅絅
명 ⊕jiōng, jiǒng ⊕ケイ
字解 ❶끌어 죌(경) ❷홑옷(경)

糸5 【経】 經(634)의 俗字
⑪

糸5 【累】 ❶여러 루 ⑪ ❷폐 끼칠 루 累
丶 冖 冂 田 甲 畀 畧 累
고 ⊕léi, lèi ⊕ルイ(かさねる) ⊕repeated
字源 회의 겸 형성자. 본래 쌓는다는 뜻이다. 소전에서는 㽅로 썼는데, 累는 㽅의 예서체이다. '厽(류)'는 흙을 퍼서 벽을 쌓은 모습을 그린 상형자로서, 壘(진 루)자의 본자이다. 厽와 糸(사)는 모두 의미 부분이다.

字解 ❶①여러(루) ¶ 累次(누차) ②거듭할, 포갤(루) ¶ 累計(누계) ❷①폐 끼칠(루) ¶ 累德(누덕) ②연좌(루) ¶ 連累(연루)
【累計 누계】 부분 부분의 합계를 차례로 더하여 낸 합계. 總計(총계).
【累德 누덕】 덕에 피해가 되는 악행(惡行). 선행의 방해가 되는 것.
【累卵之勢 누란지세】 알을 포개어 놓은 형세. '몹시 위태로운 상태'의 비유.
【累積 누적】 포개어 쌓음. 또는 포개져 쌓임.
【累增 누증】 수량 따위가 자꾸 늚.
【累進 누진】 수량·가격이 많아짐에 따라 그에 대한 비율도 높아지는 일.
【累次 누차】 여러 번. 여러 차례. 數次(수차). ⑧屢次(누차).
【連累 연루】 남의 범죄에 관계됨.

糸5 【絆】 얽을 반 ⑪ 간 絆絆
명 ⊕bàn ⊕ハン ⊕bind
字解 ①얽을, 옭아맬(반) ②줄, 끈(반) ※말의 다리를 옭아매는 줄.
【絆瘡膏 반창고】 상처를 보호하거나 붕대 따위를 고정시키는 데 쓰는, 접착성 헝겊.

糸5 【紲】 고삐 설 ⑪ 동 간 絏 紲 紲
⊕xiè ⊕セツ(きずな) ⊕rein
字解 ①고삐(설) ②맬(설)

糸5 【細】 가늘 세 ⑪ 간 細細
丶 幺 糸 糸 紅 細 細 細
종 ⊕xì ⊕サイ(ほそい) ⊕thin
字源 형성자. 소전에서는 絀로 썼는데, 細는 絀의 속자이다. 糸(사)는 의미 부분이고, 囟(신)은 발음 부분이다.
字解 ①가늘, 잘(세) ¶ 細菌(세균) ②자세할(세) ¶ 細密(세밀)
【細工 세공】 섬세한 잔손질이 많이 가는 수공.
【細菌 세균】 아주 작아 눈으로는 잘 볼 수 없는 균.
【細目 세목】 자세하게 규정한 조목.

【細密 세밀】 자세하고 치밀(緻密)함.
【細部 세부】 잘게 나눈 부분.
【細分 세분】 자세하게 분류함.
【細心 세심】 ①주의 깊게 마음을 씀. ②대담하지 못함. 小心(소심).
【細雨 세우】 가랑비. 이슬비.
【細胞 세포】 생물체를 구성하는 최소 단위로서의 원형질.
【明細 명세】 분명하고 자세함, 또는 그런 내용.
【微細 미세】 ①분간하기 어려울 정도로 아주 작음. ②몹시 자세하고 꼼꼼함.
【詳細 상세】 낱낱이 자세함.
【零細 영세】 규모가 작거나 빈약함.
【仔細 자세】 아주 작은 부분까지 구체적이고 분명함.

糸 5 ⑪ **【紹】** 이을 소 [篠] [간]绍

[명] [中]shào [日]ショウ(つぐ) [英]join

[字解] **①이을, 계승할**(소) ¶ 紹述(소술) **②주선할**(소) ¶ 紹介(소개)

【紹介 소개】 ①모르는 사이를 알도록 관계를 맺어 줌. ②양편 사이에 들어서 일이 이루어지게 주선함.
【紹述 소술】 선대(先代)의 일을 이어 받아 발전시킴.

糸 5 ⑪ **【紳】** 큰 띠 신 [眞] [간]绅

[명] [中]shēn [日]シン(おおおび) [英]girdle

[字解] **①큰 띠**(신) ※예복에 갖추어 매는 큰 띠. ¶ 紳笏(신홀) **②벼슬아치**(신) ¶ 縉紳(진신)

【紳士 신사】 ①시골에 있는 벼슬아치, 또는 벼슬에서 물러난 사람. ②교양이 있고 덕망이 높은 남자.
【紳笏 신홀】 띠와 홀. '문관(文官)의 복식(服飾)'을 이름.
【縉紳 진신】 ①벼슬아치의 총칭. ②지위가 높고 행동이 점잖은 사람. [통]搢紳(진신).

糸 5 ⑪ **【紫】** 자줏빛 자 [紙]

⺊ 止 止' 此 此 些 紫 紫

[고] [中]zǐ [日]シ(むらさき) [英]purple

[字源] **형성자.** 糸(사)는 의미 부분이고, 此(차)는 발음 부분이다.

[字解] **자줏빛**(자)

【紫微 자미】 ①북두성의 북쪽에 있는 별 이름. 천제(天帝)가 거처하는 곳이라 함. 紫微宮(자미궁). ②궁궐(宮闕).
【紫外線 자외선】 태양 광선의 스펙트럼에서 보랏빛의 바깥쪽에 나타나는 복사선(輻射線).
【紫朱 자주】 짙은 남빛에 붉은빛을 띤 빛. 紫色(자색).
【紫霞 자하】 ①자줏빛 안개 ②선궁(仙宮), 또는 선궁에 낀 안개.

糸 5 ⑪ **【紵】** 모시 저 [語] [간]纻

[명] [中]zhù [日]チョ [英]ramie

[字解] **모시**(저) ≒苧

【紵麻 저마】 모시. 紵布(저포).

糸 5 ⑪ **【組】** 짤 조 [麌] [간]组

ㄥ 幺 幺 糸 糹 糺 組 組

[고] [中]zǔ [日]ソ(くむ) [英]make up

[字源] **형성자.** 糸(사)는 의미 부분이고, 且(차)는 발음 부분이다.

[字解] **①짤, 구성할**(조) ¶ 組織(조직) **②끈**(조) ¶ 組綬(조수)

【組閣 조각】 내각(內閣)을 조직함.
【組立 조립】 짜 맞춤.
【組綬 조수】 패옥(佩玉)·도장 등에 매는 끈목. 인끈.
【組織 조직】 ①끈을 꼬고 베를 짜는 일. ②사람이나 물건이 모여서 이루어진 집합체.
【組版 조판】 인쇄에서 활판(活版)을 짜는 일. 製版(제판).
【組合 조합】 공동 사업을 목적으로 두 사람 이상이 출자한 단체.
【改組 개조】 조직·구성 등을 다시 짬.

糸 5 ⑪ **【終】** 마칠 종 [東] [간]终

ㄥ 幺 糸 糹 紁 終 終 終

[종] [中]zhōng [日]シュウ(おわる) [英]end

[字源] **형성자.** 糸(사)는 의미 부분이고, 冬(동)은 발음 부분이다.

糸部 6획

字解 ①마칠, 끝날(종) ¶終戰(종전) ②죽을(종) ¶臨終(임종) ③끝, 마지막(종) ¶終焉(종언) ④마침내(종) ¶終乃(종내)
【終結 종결】 끝을 냄. 일을 마침. 終了(종료).
【終乃 종내】 ①끝끝내. ②마침내.
【終末 종말】 맨 끝. 끝판.
【終熄 종식】 어떤 활동 따위가 끝남.
【終身 종신】 죽을 때까지. 한평생.
【終焉 종언】 ①일생이 끝남. 죽음. ②일이 끝남. ③마지막. 최후.
【終章 종장】 ①풍류·노래 따위의 마지막 장. ②시조의 맨 끝 장.
【終戰 종전】 전쟁을 끝냄.
【始終 시종】 ①처음과 끝. ②처음부터 끝까지.
【臨終 임종】 ①사람의 목숨이 끊어지려 할 때. ②부모가 운명할 때에 그 옆에 모시고 있음.
【最終 최종】 맨 나중. 마지막.

糸5 【紬】 명주 주
⑪
명 ㊥chōu ㊐チュウ(つむぎ) ㊤pongee
字解 ①명주(주) ②자을, 실 뽑을(주)
【紬緞 주단】 명주와 비단.
【明紬 명주】 누에고치에서 뽑아낸 실로 무늬 없이 짠 피륙.

糸5 【紮】 감을 찰
⑪
명 ㊥zhā ㊐サツ ㊤wind
字解 ①감을(찰) ②머무를(찰)
【紮營 찰영】 군대를 주둔시킴.

糸5 【紿】 속일 태
⑪
㊥dài ㊐タイ ㊤deceive
字解 ①속일(태) ②엉클어질(태)
【欺紿 기태】 속임.

糸5 【絃】 악기 줄 현
⑪
㊥xián ㊐ゲン(いと) ㊤string

字源 형성자. 糸(사)는 의미 부분이고, 玄(현)은 발음 부분이다.
字解 ①악기 줄(현) ¶絶絃(절현) ②현악기(현) ¶管絃(관현) ③탈(현) ※현악기를 연주함. ¶絃誦(현송)
【絃誦 현송】 ①현악기를 타며 시가를 읊음. ②'학습 또는 수업'의 비유.
【絃樂器 현악기】 줄을 타거나 켜서 소리를 내는 악기. '거문고·가야금·기타·바이올린' 따위.
【管絃 관현】 관악기와 현악기.
【絶絃 절현】 현악기의 줄을 끊음. '절친한 벗의 죽음'의 비유.

故事 거문고의 명수인 백아(伯牙)가 자기의 거문고 소리를 알아 주던 친구 종자기(鍾子期)가 죽자, 거문고 줄을 끊어 버리고 다시는 타지 않았다는 데서 온 말.

糸6 【絳】 진홍 강
⑫
명 ㊥jiàng ㊐コウ(あか) ㊤scarlet
字解 진홍, 진홍색(강)
【絳英 강영】 붉은 꽃부리.

糸6 【結】 맺을 결
⑫
糸糸糸紅紅結結
명 ㊥jié ㊐ケツ(むすぶ) ㊤join
字源 형성자. 糸(사)는 의미 부분이고, 吉(길)은 발음 부분이다.
字解 ①맺을, 묶을(결) ¶結緣(결연) ②끝낼, 마칠(결) ¶結論(결론) ③엉길(결) ¶結氷(결빙)
【結果 결과】 ①열매를 맺음. ②어떤 행위로 이루어진 결말.
【結局 결국】 일의 끝장. 일의 마무리 단계.
【結論 결론】 끝맺는 말이나 글.
【結氷 결빙】 물이 얼어붙음.
【結成 결성】 맺어 이룸. 짜서 만듦.
【結束 결속】 맺어 묶음.
【結緣 결연】 인연을 맺음.
【結者解之 결자해지】 맺은 자가 풀어야 함. '일을 저지른 자가 해결해야 함'을 이름.
【結集 결집】 한데 모여 뭉침.

【結草報恩 결초보은】 풀을 매듭지어 은혜에 보답함. '죽어서도 은혜를 갚음'의 비유.

故事 춘추 시대 진(晉)나라 위무자(魏武子)가 죽자 아들 과(顆)가 서모(庶母)를 개가(改嫁)시켜 순사(殉死)를 면하게 하였는데, 후에 그가 전쟁에 나가 위태롭게 되었을 때, 서모의 아버지 혼령이 나타나 풀을 묶어 두어 적이 걸려 넘어지게 함으로써 그 은혜를 보답하였다는 데서 온 말.

【結託 결탁】 못된 일을 꾸미려고 서로 배가 맞아 한통속이 됨.
【結婚 결혼】 남녀가 정식으로 부부 관계를 맺음.
【凝結 응결】 엉기어 맺힘.
【締結 체결】 계약이나 조약을 맺음.

【絞】 ❶목맬 교 ❷염포 효

명 ㉠jiǎo ㉡コウ(しめる) ㉢strangle
字源 형성자.
字解 ❶목맬(교) ❷염포(효) ※염습(殮襲)할 때 시체를 묶는 베.
【絞殺 교살】 목을 졸라 죽임.
【絞首 교수】 목을 매어 죽임.
【絞帶 효대】 상복(喪服)에 쓰는, 삼으로 만든 띠.
【絞布 효포】 염습한 뒤에 시체를 묶는 삼베. 殮布(염포).

【給】 줄 급

명 ㉠gěi ㉡キュウ(たまう) ㉢give
字源 형성자. 糸(사)는 의미 부분이고, 合(합)은 발음 부분이다.
字解 ❶줄(급) ¶給食(급식) ❷넉넉할(급) ¶給足(급족) ❸댈, 공급할(급) ¶給水(급수)
【給料 급료】 노력에 대한 보수로 지급하는 돈. 給與(급여). 俸給(봉급).
【給水 급수】 물을 공급함.
【給食 급식】 음식을 줌.
【給油 급유】 ①연료를 공급함. ②기름을 침.
【給足 급족】 생계가 넉넉함.
【供給 공급】 ①물품을 제공함. ②상품을 시장에 내놓음.
【配給 배급】 돌라줌. 별러서 줌.
【支給 지급】 돈·물품 등을 내어 줌.

【絡】 이을 락

명 ㉠luò ㉡ラク(からむ) ㉢connect
字源 형성자. 糸(사)는 의미 부분이고, 各(각)은 발음 부분이다.
字解 ❶이을(락) ¶連絡(연락) ❷두를, 감을, 쌀(락) ¶絡車(낙거) ❸매, 경락(락) ¶脈絡(맥락) ❹명주, 생명주(락)
【絡車 낙거】 실을 감는 얼레.
【絡繹 낙역】 왕래가 끊임없는 모양. 絡繹不絶(낙역부절).
【經絡 경락】 침을 놓거나 뜸을 뜨는 자리.
【籠絡 농락】 남을 교묘한 꾀로 속여 제 마음대로 이용함.
【脈絡 맥락】 ①혈관의 계통. ②사물이 잇닿아 있는 연계나 연관.
【連絡 연락】 ①서로 연고(緣故)를 맺음. ②정보를 알림. ③이어짐.

【絲】 실 사

명 ㉠sī ㉡シ(いと) ㉢thread
字源 회의자. 糸(실 사) 자 둘로 이루어졌다.
字解 ❶실(사) ¶絲笠(사립) ❷현악기(사) ¶絲管(사관)
【絲管 사관】 ①거문고와 퉁소. ②현악기와 관악기. 絲竹(사죽).
【絲笠 사립】 명주실로 싸개를 하여 만든 갓.
【絲竹 사죽】 ①현악기와 관악기. ②음악.
【繭絲 견사】 고치에서 뽑은 실.
【一絲不亂 일사불란】 한 올의 실도 엉클어진 것이 없음. '질서나 체계 따위가 조금도 흐트러진 데가 없음'을 이름.
【鐵絲 철사】 쇠로 만든 가는 줄.

絮 솜 서

糸6 ⑫ 【絮】 솜 서

명 ⓒxù ⓙジョ(わた) ⓔcotton
字解 ①솜, 헌솜(서) ②버들개지(서) ③장황할(서)

【絮縷 서루】 솜과 실.
【絮語 서어】 지루하게 이야기함, 또는 그 이야기.
【柳絮 유서】 버들개지.

糸6 ⑫ 【絟】 繐(629)과 同字

糸6 ⑫ 【絨】 융단 융

명 ⓒróng ⓙジュウ ⓔflannel
字解 융단(융)

【絨緞 융단】 무늬를 넣어 짠 두꺼운 모직물. 양탄자. 絨氈(융전).

糸6 ⑫ 【絪】 기운 인

명 ⓒyīn ⓙイン ⓔvigor
字解 ①기운, 천지의 기운(인) ②요, 깔개(인)

糸6 ⑫ 【絍】 紝(628)과 同字

糸6 ⑫ 【絕】 끊을 절

명 ⓒjué ⓙゼツ(たつ) ⓔcut off
字源 회의자. 糸(사)·刀(도)·巴(절)은 모두 의미 부분이다. 사람(巴)이 칼(刀)을 가지고 실(糸)을 자른다는 뜻이다.
字解 ①끊을, 끊어질(절) ¶ 絶交(절교) ②뛰어날, 다시 없을(절) ¶ 絶妙(절묘)

【絶景 절경】 더할 나위 없이 뛰어난 경치.
【絶交 절교】 교제를 끊음.
【絶句 절구】 한시(漢詩)의 한 체. 네 구(句)로 이루어지며, 한 구의 글자 수에 따라 오언절구(五言絶句)와 칠언절구(七言絶句)로 나뉨.
【絶對 절대】 대립되거나 비교될 것이 없는 상태.
【絶望 절망】 희망이 끊어짐.
【絶妙 절묘】 썩 교묘함.
【絶世 절세】 세상에 비길 것이 없을 만큼 뛰어남. 絶代(절대).
【絶崖 절애】 깎아지르듯이 매우 가파른 벼랑. 絶壁(절벽).
【絶頂 절정】 ①산의 맨 꼭대기. ②최고에 이른 상태나 단계.
【絶讚 절찬】 더할 나위 없이 칭찬함.
【絶好 절호】 더없이 좋음.
【拒絶 거절】 받아들이지 않고 물리침.
【斷絶 단절】 관계나 교류를 끊음.
【悽絶 처절】 더없이 애처로움.

糸6 ⑫ 【絰】 수질 질

ⓒdié ⓙテツ
字解 수질, 요질(질)

【絰杖 질장】 질(絰)과 지팡이. 상제(喪制)의 옷차림.
【首絰 수질】 상제가 상복(喪服)을 입을 때 머리에 두르는, 짚과 삼으로 만든 테.
【腰絰 요질】 상제가 상복을 입을 때 허리에 두르는 띠.

糸6 ⑫ 【統】 거느릴 통

명 ⓒtǒng ⓙトウ(すべる) ⓔgovern
字源 형성자. 糸(사)는 의미 부분이고, 充(충)은 발음 부분이다.
字解 ①거느릴, 다스릴(통) ¶ 統治(통치) ②계통, 줄기(통) ¶ 正統(정통) ③합칠(통) ¶ 統合(통합)

【統計 통계】 온통 모아서 계산함.
【統率 통솔】 어떤 조직체를 온통 몰아서 거느림.
【統帥 통수】 일체를 통합하여 거느림.
【統一 통일】 나누어진 것들을 몰아 하나의 완전한 것으로 만듦.
【統制 통제】 일정한 계획에 따라 통일하여 제어하는 일. 統御(통어).
【統治 통치】 도맡아 다스림.
【統合 통합】 합쳐서 하나로 만듦.
【系統 계통】 일정한 차례를 따라 이어져 있는 것.

【正統 정통】 바른 계통.
【血統 혈통】 같은 핏줄을 타고난 겨레붙이의 계통. 家系(가계).

絢 무늬 현

- ⓒ xuàn ⓙ ケン ⓔ pattern
- 字解 ①무늬(현) ②고울(현)

【絢爛 현란】 눈부시게 빛나고 아름다움.

絜 ❶잴 혈 / ❷조촐할 결

- ⓒ xié ⓙ ケツ ⓔ measure
- 字解 ❶잴, 헤아릴(혈) ❷조촐할, 깨끗할(결) 늑潔

【絜矩 혈구】 ①자로 잼. ②자기의 마음을 미루어 남의 마음을 헤아리는 도덕상의 법도.
【絜粢 결자】 제물(祭物)로 바치는 정결한 서직(黍稷).

絵

圖 繪(645)의 俗字

綌 칡베 격

- ⓒ xì ⓙ ゲキ
- 字解 칡베, 거친 갈포(격)

【綌衰 격최】 거친 갈포로 지은 상복.

絹 비단 견

- 교 ⓒ juàn ⓙ ケン(きぬ) ⓔ silk
- 字源 형성자. 糸(사)는 의미 부분이고, 肙(연)은 발음 부분이다.
- 字解 비단, 깁, 명주(견)

【絹帛 견백】 명주실로 짠 비단.
【絹本 견본】 서화(書畫)에 쓰는 깁, 또는 깁에 쓰거나 그린 서화.
【絹絲 견사】 누에고치에서 뽑은 실. 명주실.
【絹織物 견직물】 명주실로 짠 피륙의 총칭.
【本絹 본견】 명주실만으로 짠 비단.

經 경서 경

- ⓢ 経 ⓒ 经 ⓚ 経
- ⓒ jīng ⓙ ケイ, キョウ(へる, つね) ⓔ confucian classics
- 字源 형성자. 糸(사)는 의미 부분이고, 巠(경)은 발음 부분이다.
- 字解 ①경서(경) ¶ 經典(경전) ②날실, 세로(경) ¶ 經緯(경위) ③지날, 지낼(경) ¶ 經歷(경력) ④길, 법, 도리(경) ¶ 常經(상경) ⑤다스릴(경) ¶ 經綸(경륜) ⑥월경(경)

【經過 경과】 ①시간이 지나감. ②어떤 곳이나 단계를 거침.
【經國 경국】 나라를 다스림.
【經歷 경력】 학업·직업 등의 이력.
【經綸 경륜】 나라를 다스리는 일, 또는 그 방책.
【經理 경리】 회계·급여에 관한 사무.
【經費 경비】 ①어떤 일에 쓰이는 비용. ②일정하게 정해진 평소의 비용.
【經常 경상】 언제나 일정하여 변동이 없음.
【經書 경서】 사서(四書)·오경(五經) 등 유교의 가르침을 적은 서적.
【經世濟民 경세제민】 세상을 다스리고 백성을 구제함.
【經營 경영】 ①방침 따위를 세워 일을 해 나감. ②기업이나 사업을 운영함.
【經緯 경위】 ①피륙의 날과 씨. ②경선(經線)과 위선(緯線). ③경도(經度)와 위도(緯度). ④일이 되어 온 내력.
【經典 경전】 성인의 가르침이나 종교의 교리를 적은 책.
【經天緯地 경천위지】 하늘을 씨로 하고 땅을 날로 함. '온 천하를 다스림'의 뜻.
【經驗 경험】 ①실제로 보고 듣고 겪음. ②실제로 겪어 얻은 지식이나 기술.
【佛經 불경】 불교의 경전.
【月經 월경】 성숙한 여성에게 보통 28일 주기로 일어나는 자궁 점막의 출혈 현상.

継

繼(645)의 俗字

糸部 8획

[絿] 서둘 구
명 ⊕qiú ⊖キュウ ㊀hurry
字解 ①서둘(구) ②구할(구)

[続] 續(646)의 俗字

[綏] ❶편안할 수 ❷기드림 유
명❶ ⊕suí ⊖スイ ㊀peaceful
字解 ❶편안할(수) ❷기드림, 기장식(유)
【綏定 수정】 나라를 안정시킴.
【綏旌 유정】 드리워진 기, 또는 깃발을 드리움.

[綎] 띳술 정
명 ⊕tíng ⊖テイ
字解 띳술(정) ※공복(公服)의 띠에 달린, 호패 따위를 다는 술.

[條] 끈 도
⊕tāo ⊖トウ ㊀braid
字解 끈(조) ※실로 꼰 끈.
【絛蟲 조충】 척추동물의 창자에 기생하는 편형동물. 寸蟲(촌충).
【絛絲 조사】 여러 가닥으로 땋은 실.

[綃] 생사 초
⊕xiāo ⊖ショウ ㊀raw silk
字解 생사(초)
【生綃 생초】 생사(生絲)로 얇게 짠, 발이 곱고 성긴 깁.

[絺] 칡베 치
⊕chī ⊖チ
字解 칡베, 갈포(치)
【絺綌 치격】 칡껍질 섬유로 짠 천. ᄗ '絺'는 고운 갈포(葛布), '綌'은 거친 갈포.
【絺衣 치의】 발이 고운 칡베로 만든 옷. 葛衣(갈의).

[綱] 벼리 강
⊕gāng ⊖コウ(つな) ㊀basis
字源 형성자. 糸(사)는 의미 부분이고, 岡(강)은 발음 부분이다.
字解 ①벼리(강) ¶ 綱常(강상) ②대강(강) ¶ 綱目(강목)
【綱領 강령】 ①일의 으뜸되는 줄거리. ②정당이나 단체에서, 그 취지·목적·계획 따위를 정한 것.
【綱目 강목】 사물의 대강(大綱)과 세목(細目).
【綱常 강상】 삼강(三綱)과 오상(五常). '사람이 지켜야 할 근본적인 도리'를 이름.
【綱要 강요】 가장 중요한 점.
【大綱 대강】 대체의 줄거리.
【三綱 삼강】 유학에서, 인간 관계의 기본을 이루는 세 가지 도리를 이르는 말. 곧, '군위신강(君爲臣綱)·부위자강(父爲子綱)·부위부강(夫爲婦綱)'.
【要綱 요강】 중요한 골자.

[緊] ❶힘줄 경 ❷비단 계
⊕qìng ⊖ケイ ㊀tendon
字解 ❶힘줄(경) ※힘줄이 뼈에 붙는 곳. ❷①비단(계) ※발이 고운 비단. ②창집(계) ※창을 넣어 두는 갑.
【肯綮 긍경】 사물의 가장 중요한 곳.

[綣] 정다울 권
⊕quǎn ⊖ケン ㊀intimate
字解 정다울, 곡진할(권)
【繾綣 견권】 생각하는 정이 두터워 못내 잊히지 않음.

[綺] 비단 기
명 ⊕qǐ ⊖キ(あや) ㊀silk
字解 ①비단, 깁(기) ※무늬 있는

비단. ②아름다울(기)
【綺羅 기라】①무늬 있는 비단과 얇은 비단. ②아름다운 의복, 또는 그 옷을 입은 사람.
【綺麗 기려】아름다움. 고움.

緊 긴요할 긴

고 ⊕jǐn ⊕キン(きびしい) 美urgent
字源 회의 겸 형성자. 본래 실을 급하게 감는다는 뜻이다. 臤(견)과 糸(사)는 모두 의미 부분인데, 臤은 발음도 담당한다. 臤은 '단단하다'·'굳다'라는 뜻이다.
字解 ①긴요할, 급할(긴) ¶ 緊急(긴급) ②팽팽할(긴) ¶ 緊張(긴장)
【緊急 긴급】일이 아주 중요하고 급함.
【緊密 긴밀】매우 가까워 빈틈이 없음. 매우 밀접함.
【緊要 긴요】매우 필요함. 아주 중요함. 要緊(요긴).
【緊張 긴장】①정신을 바짝 차림. ②팽팽하게 켕김.
【緊縮 긴축】①바싹 줄임. ②재정을 든든히 하고자 지출을 크게 줄임.

綠 푸를 록

통 ⊕lù ⊕リョク(みどり) 美green
字源 형성자. 糸(사)는 의미 부분이고, 彔(록)은 발음 부분이다.
字解 초록빛(록)
【綠豆 녹두】팥의 변종. 열매가 잘고 빛이 푸름.
【綠色 녹색】청색과 황색의 중간색. 풀빛. 草綠(초록).
【綠水 녹수】푸른 물. 碧水(벽수).
【綠陰芳草 녹음방초】푸르게 우거진 나무 그늘과 향기로운 풀. '여름철의 경치'를 이름.
【綠衣紅裳 녹의홍상】연두 저고리와 다홍치마. '젊은 여자의 고운 옷차림'을 이름.
【綠地 녹지】초목이 푸르게 자란 땅.
【綠化 녹화】산이나 들에 수목을 심어 푸르게 함.
【常綠樹 상록수】사철 푸른 나무.
【新綠 신록】초여름에 새로 나온 잎들이 띤 연한 초록색.
【草綠 초록】풀의 빛깔과 같이 푸른빛을 약간 띤 녹색.
참고 綠(연: 639)은 딴 자.

綸 ❶인끈 륜 ❷두건 관

명 ❶ ⊕lún ⊕リン(いと) 美seal-chain
字解 ❶①인끈(륜) ※도장의 등의 손잡이에 맨 끈. ¶ 綸綬(윤수) ②낚싯줄(륜) ¶ 釣綸(조륜) ③임금의 말씀(륜) ¶ 綸言(윤언) ④다스릴(륜) ¶ 經綸(경륜) ❷두건(관) ¶ 綸巾(관건)
【綸綬 윤수】푸른 실로 꼰 인끈.
【綸言 윤언】임금이 아랫사람에게 내리는 말씀.
【綸巾 관건】①비단으로 만든 두건. 제갈량(諸葛亮)이 늘 쓴 것이라 하여 '제갈건(諸葛巾)'이라고도 함. ②풍류인(風流人)이 쓰는 두건.
【經綸 경륜】①일을 조직적으로 잘 계획함. ②천하를 다스림.
【釣綸 조륜】낚싯줄. 釣絲(조사).

綾 비단 릉

명 ⊕líng ⊕リョウ(あや) 美silk
字解 비단(릉) ※무늬 있는 비단.
【綾羅 능라】두꺼운 비단과 얇은 비단. 능비단과 나비단.
【綾扇 능선】무늬가 있는 비단을 발라 만든 부채.

網 그물 망

명 ⊕wǎng ⊕モウ(あみ) 美net
字解 그물, 그물질할(망)
【網羅 망라】①그물. ②널리 빠짐없이 모음.
📖 '網'은 물고기를 잡는 그물, '羅'는 새를 잡는 그물.
【網膜 망막】안구(眼球)의 가장 안쪽에 있는, 시신경(視神經)이 분포되어 있는 막.

糸部 8획

【網紗 망사】 그물처럼 성기게 짠 깁.
【漁網 어망】 물고기를 잡는 그물.
【投網 투망】 그물을 던짐.

糸8(14) 【綿】 솜 면

绵 綿

ㄕ ㄠ ㄠ 幺 紗 紗 綿 綿

音 ㉠mián ㉡メン(わた) ㉢cotton
字源 회의자. 糸(사)와 帛(백)은 모두 의미 부분이다.
字解 ①솜, 무명(면) ¶綿絲(면사) ②이을, 이어질(면) ¶連綿(연면) ③감길, 얽힐(면) ¶纏綿(전면)

【綿綿 면면】 끊어지지 않고 죽 이어지는 모양.
【綿密 면밀】 자세하여 빈틈이 없음.
【綿紡 면방】 목화 섬유를 가공하여 실을 뽑는 일. 綿紡績(면방적).
【綿絲 면사】 ①무명실. ②솜과 실.
【綿織物 면직물】 면사로 짠 피륙.
【純綿 순면】 무명실만으로 짠 직물.
【連綿 연면】 잇달아 이어짐.
【纏綿 전면】 ①얽히어 달라붙음. ②애정이 감기고 얽히어 뗄 수 없음.

糸8(14) 【緋】 비단 비

緋

名 ㉠fēi ㉡ヒ ㉢red silk
字解 ①비단(비) ※붉은 비단. ②붉을(비) ※짙붉은 색.

【緋緞 비단】 명주실로 두껍고 광택이 나게 짠 피륙의 통칭.
【緋玉 비옥】 붉은 관디[冠帶]와 옥관자(玉貫子). '당상관(堂上官)의 관복(官服)'을 이름.

糸8(14) 【綏】 인끈 수

绥 綏

名 ㉠shòu ㉡ジュ ㉢seal-chain
字解 인끈(수)

【綸綏 윤수】 푸른 실로 꼰 인끈.
【印綏 인수】 지난날, 관인(官印)의 꼭지에 단 끈. 인끈. 인꼭지.

糸8(14) 【維】 맬 유

維

ㄠ 幺 糸 約 紣 紣 維 維

ㄇ ㉠wéi ㉡イ(つなぐ) ㉢tie
字源 형성자. 糸(사)는 의미 부분이고, 隹(추)는 발음 부분이다.
字解 ①맬, 묶을(유) ¶維舟(유주) ②지탱할(유) ¶維持(유지) ③벼리, 끈, 줄(유) ¶纖維(섬유) ④벼리(유) ¶四維(사유) ⑤어조사(유) ¶維歲次(유세차)

【維歲次 유세차】 간지(干支)로 따져 볼 때의 해의 차례. 제문·축문의 첫머리에 쓰는 말.
【維新 유신】 묵은 제도를 아주 새롭게 고치는 일.
【維舟 유주】 배를 이어 맴.
【維持 유지】 어떤 상태대로 지탱하여 나감.
【四維 사유】 나라를 유지하는 데 꼭 필요한 네 가지 벼리. 곧, 예(禮)·의(義)·염(廉)·치(恥).
【纖維 섬유】 동식물의 세포 등에서 분화하여 된 가는 실 모양의 물질.

糸8(14) 【綽】 너그러울 작

綽

名 ㉠chuò ㉡シャク(ゆるやか) ㉢generous
字解 ①너그러울, 넉넉할(작) ②얌전할, 상냥할(작).

【綽約 작약】 ①몸이 가냘프고 맵시가 있는 모양. ②얌전하고 정숙한 모양. ③상냥하고 예쁜 모양.
【綽綽 작작】 언행이나 태도에 여유가 있는 모양. 綽然(작연).
【綽態 작태】 ①정숙하고 여유있는 모양. ②얌전한 모양.
【綽號 작호】 新본명 외에 별명(別名)으로 불러 주는 이름. 綽名(작명).

糸8(14) 【綜】 모을 종

綜

名 ㉠zōng ㉡ソウ(すべる) ㉢gather
字解 ①모을(종) ¶綜合(종합) ②잉아(종) ¶綜絲(종사)

【綜絲 종사】 베틀의 날실을 끌어올리기 위하여 맨 굵은 실. 잉아.
【綜合 종합】 여러 갈래로 나뉘어진 것을 한데 합함. 總合(총합).
【綜核 종핵】 사건의 본말을 종합하여 자세히 밝힘. 通綜覈(종핵).

糸部 8획

【綢】얽을 주

명 ㊥chóu ㊐チュウ ㊤bind
字解 ①얽음, 얽힐(주) ②빽빽할(주)

【綢繆 주무】①뒤얽힘. ②미리미리 꼼꼼하게 챙겨 갖춤.
【綢密 주밀】빽빽함.

【綵】비단 채

명 ㊥cǎi ㊐サイ(あや) ㊤silk
字解 ①비단(채) ②무늬(채) ≒彩

【綵緞 채단】비단의 총칭.
【綵籠 채롱】아름다운 색으로 꾸민 바구니.

【綴】철할 철

명 ㊥zhuì ㊐テイ(つづる) ㊤file
字解 철할, 묶을, 이을(철)

【綴字 철자】자음자와 모음자를 맞추어 한 음절자를 만듦.
【補綴 보철】①보충하여 한데 엮음. ②상한 이를 고치거나 의치(義齒)를 해 박는 일.
【點綴 점철】점을 찍은 듯이 여기저기 흩어진 것들이 서로 이어짐.
【編綴 편철】신문·문서 등을 정리하여 철함.

【総】

명 總(643)의 俗字

【緇】검을 치

명 ㊥zī ㊐シ(くろ) ㊤black
字解 ①검을, 검은 비단(치) ②승려, 승복(치)

【緇素 치소】①검은색과 흰색. ②승려(僧侶)와 속인(俗人).
【緇布冠 치포관】지난날, 유생이 평상시에 쓰던, 검은 베로 만든 관(冠).

【綻】옷 터질 탄

명 ㊥zhàn ㊐タン(ほころびる) ㊤rip
字解 ①옷 터질(탄) ②드러날(탄)

【綻露 탄로】비밀이 드러남.
【綻裂 탄열】옷 솔기가 터져 찢어짐.
【破綻 파탄】①찢어져 터짐. ②일이 돌이킬 수 없는 지경에 이름.

【緞】비단 단

명 ㊥duàn ㊐ドン, タン ㊤silk
字解 비단(단)

【緋緞 비단】명주실로 두껍고 광택이 나게 짠 피륙의 통칭.
【紬緞 주단】명주와 비단.

【練】익힐 련

명 ㊥liàn ㊐レン(ねる) ㊤drill
字源 형성자. 糸(사)는 의미 부분이고, 柬(간)은 발음 부분이다.
字解 ①익힐(련) ≒鍊 ¶練磨(연마) ②누일(련) ※모시·명주 등을 잿물에 삶아서 부드럽게 하거나 표백함. ¶練絲(연사) ③가릴, 고를(련) ¶練日(연일) ④상복(련) ※소상에 입는 상복. ¶練服(연복)

【練磨 연마】심신·지식·기능 따위를 갈고 닦음. 研磨(연마).
【練武 연무】무예(武藝)를 익힘.
【練兵 연병】군사를 훈련함.
【練服 연복】소상(小祥) 뒤부터 담제(禫祭) 전까지 입는 상복(喪服).
【練絲 연사】누인 명주실.
【練習 연습】학문·기예 따위를 되풀이하여 익힘. 演習(연습).
【練日 연일】날을 가림. 擇日(택일).
【熟練 숙련】무슨 일에 숙달하여 능숙해짐.
【訓練 훈련】무예나 기술 등을 배워서 익힘.

【緬】멀 면

명 ㊥miǎn ㊐メン ㊤distant
字解 ①멀, 아득할(면) ¶緬然(면연) ②가는 실(면) ¶緬羊(면양)

【緬禮 면례】무덤을 옮겨서 다시 장사 지냄. 緬奉(면봉).
【緬羊 면양】솟과의 초식 동물. 털은

모직의 원료로 쓰임. 圖綿羊(면양).
【緬然 면연】아득한 모양.

【緜】 綿(637)과 同字

【緡】 ❶낚싯줄 민 ❷새 울 면

명 ❶ 中mín, mián 日ビン(いと) 英fishing line
字解 ❶낚싯줄(민) ❷새 울(면)
【緡綸 민륜】낚싯줄.
【緡蠻 면만】새가 우는 소리.

【緒】 실마리 서

⑤ 中xù 日チョ(いとぐち) 英clue
字源 형성자. 糸(사)는 의미 부분이고, 者(자)는 발음 부분이다.
字解 ①실마리(서) ¶緖論(서론) ②나머지(서) ¶緖餘(서여)
【緖論 서론】본론으로 들어가는 실마리가 되는 논설. 序論(서론).
【緖餘 서여】①쓰고 난 나머지. 殘餘(잔여). ②본업 외에 하는 일.
【緖戰 서전】①전쟁의 첫 번째 싸움. ②운동 경기의 첫 번째 경기.
【端緖 단서】문제 해결의 실마리.
【頭緖 두서】일의 차례나 갈피.
【由緖 유서】전하여 오는 까닭과 내력.
【情緖 정서】마음속에서 일어나는 갖가지 감정.

【線】 줄 선

명 中xiàn 日セン(すじ) 英line
字源 형성자. 糸(사)는 의미 부분이고, 泉(천)은 발음 부분이다.
字解 ①줄, 금(선) ②실(선)
【線路 선로】①가늘고 긴 길. ②기차나 전차의 궤도(軌道).
【線分 선분】직선 위의 두 점 사이에 한정된 부분.
【線形 선형】선처럼 가늘고 길게 생긴 모양. 線狀(선상).
【幹線 간선】도로·수로·전선 따위에서 중심이 되는 선. 本線(본선).
【點線 점선】줄지어 찍은 점으로써 이루어진 선.

【緦】 시마복 시

⑭ 中sī 日シ
字解 시마복(시)
【緦麻服 시마복】오복(五服)의 하나. 오복 가운데 가장 가벼운 것으로, 올이 가늘고 올새가 성긴 상복.

【緣】 ❶인연 연 ❷가장자리 연

⑤ 中yuán 日エン(ふち, えにし) 英affinity
字源 형성자. 糸(사)는 의미 부분이고, 彖(단)은 발음 부분이다.
字解 ❶인연, 연줄(연) ¶緣分(연분) ❷가장자리(연) ¶緣邊(연변)
【緣故 연고】①까닭. 이유. ②혈연이나 정분으로 맺어진 관계.
【緣木求魚 연목구어】나무에 올라가서 물고기를 잡으려 함. '불가능한 일을 굳이 하려 함'의 비유.
【緣邊 연변】둘레. 테두리.
【緣分 연분】①서로 관계를 가지게 되는 인연. ②부부가 될 인연.
【緣由 연유】①일의 까닭. 事由(사유). ②일이 거기서 비롯됨.
【緣坐 연좌】친인척의 범죄로 인하여 처벌이나 불이익을 당함.
【事緣 사연】일의 앞뒤 사정과 까닭.
【因緣 인연】①사물들 사이에 서로 맺어지는 관계. ②연분(緣分).
【血緣 혈연】같은 핏줄로 맺어진 인연.
참고 綠(록 : 636)은 딴 자.

【緩】 느릴 완

⑭ 中huǎn 日カン(ゆるい) 英slow
字源 형성자. 糸(사)는 의미 부분이고, 爰(원)은 발음 부분이다.

字解 ①느릴, 더딜(완) ¶綏急(완급) ②늦출(완) ¶綏衝(완충) ③부드러울, 관대할(완) ¶綏刑(완형)

【綏急 완급】 느긋함과 바쁨.
【綏慢 완만】 ①모양이나 행동이 느릿느릿함. ②가파르지 않음.
【綏衝 완충】 충돌을 완화함.
【綏行 완행】 천천히 감. 더디 감.
【綏刑 완형】 형벌을 관대하게 함.
【綏和 완화】 급박한 것을 풀어서 느슨하게 하거나 편하게 함.
【弛綏 이완】 풀리어 늦추어짐.

【緯】 씨 위 困 纬 緯

幺 糸 糸' 紆 緯 緯 緯

코 ⊕wěi ⊕イ(よこいと) ⊛woof
字源 형성자. 糸(사)는 의미 부분이고, 韋(위)는 발음 부분이다.
字解 씨, 씨줄, 가로(위)

【緯度 위도】 적도(赤道)에서 남북으로 각각 평행하게 90도로 나누어 지구 표면을 측정하는 좌표.
【緯書 위서】 미래의 일이나 길흉화복을 예언한 서책.
【經緯 경위】 ①피륙의 날과 씨. ②경선(經線)과 위선(緯線). ③경도(經度)와 위도. ④일이 되어 온 내력.

【緝】 이을 집 缉 緝

명 ⊕jī, qī ⊕シュウ(あつめる) ⊛continue
字解 ①이을, 계승할(집) ②길쌈할(집) ③모을, 모일(집)

【緝績 집적】 길쌈을 함.
【緝綴 집철】 글을 모아서 엮음.

【締】 맺을 체 缔 締

명 ⊕dì ⊕テイ(しめる) ⊛tie
字解 맺을, 연결할(체)

【締結 체결】 계약이나 조약을 맺음.

【編】 ❶엮을 편 ❷땋을 변 编 編

幺 糸 糸 紵 紓 絹 編 編

코 ⊕biān ⊕ヘン(あむ) ⊛compile
字源 형성자. 糸(사)는 의미 부분이고, 扁(편)은 발음 부분이다.
字解 ❶①엮을, 모을(편) ¶編輯(편집) ②얽을, 짤(편) ¶編物(편물) ③책 끈(편) ¶韋編三絶(위편삼절) ④책(편) ≒篇 ¶編修(편수)
❷땋을(변)

【編年 편년】 역사 기술(記述)에서 연대순으로 사실(史實)을 엮는 일.
【編隊 편대】 ①대오(隊伍)를 갖춤. ②비행기 등이 대형을 갖춤.
【編物 편물】 털실 따위를 손으로 짜서 의류를 만듦, 또는 그 물건.
【編成 편성】 흩어져 있는 것을 모아서 하나의 체계를 갖춘 것으로 만듦.
【編修 편수】 책을 엮거나 수정함.
【編入 편입】 다른 부류(部類)나 단체에 끼어듦.
【編著 편저】 책 따위를 엮어 지음.
【編輯 편집】 여러 재료를 수집하여 책·신문 등을 엮음. 編纂(편찬).
【韋編三絶 위편삼절】 책을 맨 가죽 끈이 세 번 끊어짐. '열심히 독서함'의 비유.
【改編 개편】 ①책 따위를 다시 엮는 일. ②조직 따위를 고치어 편성함.

【緘】 봉할 함 缄 緘

명 ⊕jiān ⊕カン(とじる) ⊛close
字解 ①봉할, 묶을(함) ②끈, 줄(함)

【緘口 함구】 입을 다물고 말을 하지 아니함. 箝口(겸구). 緘默(함묵).
【封緘 봉함】 편지나 문서 따위를 봉투에 넣고 봉하는 일.

【縛】 묶을 박 缚 縛

명 ⊕fù ⊕バク(しばる) ⊛bind
字解 묶을, 속박할(박)

【縛擒 박금】 사로잡아 묶음.
【結縛 결박】 단단히 동이어 묶음.
【束縛 속박】 ①다발로 묶음. ②자유를 빼앗음.
【捕縛 포박】 잡아서 묶음.

糸部 11획

縊 목맬 액
- 명 ㊥yì ㊐イ、エイ〔くびる〕 ㊧hang
- 字解 목맬, 목 졸라 죽일(액)
- 【縊死 액사】 목을 매어 죽음.
- 【縊殺 액살】 목을 매어 죽임.

縕 헌솜 온
- 명 ㊥yūn ㊐ウン
- 字解 헌솜, 헌 풀솜(온)
- 【縕袍不恥 온포불치】 가난한 사람들이 입는 거친 옷을 입고도 부끄러워하지 않음. '뜻이 높아 자질구레한 일에는 구애되지 않음'을 이름.

縟 화문놓을 욕
- 명 ㊥rù ㊐ジョク ㊧adorned
- 字解 ①화문 놓을, 채색할(욕) ②번거로울, 번다할(욕)
- 【縟禮 욕례】 번거롭고 세세한 예절.

縡 일 재
- 명 ㊥zài ㊐サイ ㊧work
- 字解 일, 사정(재)

縉 꽂을 진
- 명 ㊥jìn ㊐シン ㊧stick
- 字解 ①꽂을, 홀 꽂을(진) 늑搢 ②분홍빛(진)
- 【縉紳 진신】 ①벼슬아치의 총칭. ②지위가 높고 행동이 점잖은 사람. 📖 지난날, 벼슬아치들이 예복을 입을 때 큰 띠〔紳〕에 홀(笏)을 꽂은 데서 온 말.

縝 맺을 진
- 명 ㊥zhěn ㊐シン ㊧tie
- 字解 ①맺을(진) ②촘촘할(진)
- 【縝緻 진치】 세밀함. 緻密(치밀).

緻 밸 치
- 명 ㊥zhì ㊐チ ㊧fine, delicate
- 字解 밸, 촘촘할(치)
- 【緻密 치밀】 ①자상하고 꼼꼼함. ②피륙 같은 것이 배고 톡톡함.
- 【精緻 정치】 정교하고 치밀함.

縣 고을 현
- 古 ㊥xiàn ㊐ケン〔かける〕 ㊧county
- 字源 회의자. 실(糸:사)로 머리를 거꾸로 매달다(県)는 뜻이다. 縣은 본래 '매달다'라는 뜻이었으나, 뒤에 행정 구역의 뜻으로 가차되어 쓰이자 매달다의 뜻으로는 心(마음 심)을 더한 懸(현)을 새로 만들어 보충하였다.
- 字解 ①고을(현) ②현(현) ※지난날의 지방 행정 구역의 하나.
- 【縣監 현감】 고려·조선 시대에 둔, 작은 현(縣)의 원(員).
- 【縣令 현령】 고려·조선 시대에 둔, 큰 현(縣)의 원(員).

縞 흰 비단 호
- 명 ㊥gǎo ㊐コウ〔しま〕 ㊧white silk
- 字解 흰 비단, 흰 명주(호)
- 【縞服 호복】 ①흰 명주옷. 縞衣(호의). ②흰 상복(喪服).
- 【縞衣玄裳 호의현상】 ①흰 저고리와 검은 치마. ②'학(鶴)'의 비유.

縷 실 루
- 명 ㊥lǚ ㊐ル〔いと〕 ㊧thread
- 字解 ①실(루) ②자세할(루)
- 【縷述 누술】 자세하게 말함.
- 【一縷 일루】 한 올의 실. '매우 미약하여 겨우 유지되는 정도의 상태'의 비유.

縲 포승 루
- 명 ㊥léi ㊐ルイ
- 字解 포승, 검은 포승(루)
- 【縲絏 누설】 ①검은 포승(捕繩)으로 죄인을 묶음. ②감옥에 갇힘, 또는 감옥. ⑤縲紲(누설).

糸部 11획

糸11 [繆] ❶얽을 무 ❷어그러질 류(本) 무

간 繆 繆

명 ❶ ⓒmiù, móu ⓙビュウ(まどう) ⓔbind
字解 ❶얽을(무) ❷어그러질, 그릇될(류) ≒謬
【綢繆 주무】① 뒤얽힘. ②미리미리 꼼꼼하게 챙겨 갖춤.

糸11 [縻] 얽어맬 미

縻

ⓒmí ⓙビ ⓔtie up
字解 ❶얽어맬(미) ❷고삐, 끈(미)
【繫縻 계미】 옭아맴. 자유를 구속함.
【羈縻 기미】 ①굴레. ②굴레를 씌우듯 자유를 속박함. 羈絆(기반).

糸11 [繁] 번성할 번

繁

兦 亇 仜 毎 敏 敏 紮 繁 繁

고 ⓒfán ⓙハン(しげし) ⓔprosper
字源 형성자. 糸(사)는 의미 부분이고, 敏(민)은 발음 부분이다.
字解 ①번성할(번) ¶ 繁華(번화) ②많을, 자주(번) ¶ 頻繁(빈번) ③번잡할, 번거로울(번) ¶ 繁多(번다)
【繁多 번다】 번거롭게 많음.
【繁文縟禮 번문욕례】 번거롭게 형식만 차려서 까다롭게 만든 예문.
【繁盛 번성】 한창 잘되어 성함.
【繁殖 번식】 붇고 늘어서 퍼짐.
【繁榮 번영】 번성하고 영화로움.
【繁昌 번창】 번영하고 창성(昌盛)함.
【繁華 번화】 번성하고 화려함.
【頻繁 빈번】 일이 매우 잦음. ⓢ頻煩(빈번).

糸11 [縫] 꿰맬 봉

간 縫

명 ⓒféng ⓙホウ(ぬう) ⓔsew
字解 꿰맬, 기울(봉)
【縫製 봉제】 재봉틀 따위로 박아서 만드는 일.
【縫合 봉합】 수술한 곳을 꿰매어 붙임.
【彌縫 미봉】 임시변통으로 이러저리

꾸며 대어 맞춤.
【裁縫 재봉】 옷감을 마름질하며 바느질함, 또는 그 일.
【天衣無縫 천의무봉】 천인(天人)의 옷에는 솔기가 없음. '시가나 문장 따위가 꾸밈이 없이 퍽 자연스러움'을 이름.

糸11 [繃] 묶을 붕

동 繃繃 繃

명 ⓒbēng ⓙホウ ⓔbind
字解 묶을, 감을(붕)
【繃帶 붕대】 상처에 감는, 소독(消毒)한 얇은 헝겊 띠.

糸11 [繰] ❶고치 켤 소 ❷옥받침 조

간 繰

ⓒsāo ⓙソウ ⓔreel silk
字解 ❶고치 켤, 고치실 뽑을(소) ≒繅 ❷옥받침(조)
【繰絲 소사】 고치를 켜 실을 뽑음.
【繰藉 조자】 옥 밑에 받쳐 까는 모피. 옥받침. 繰席(조석).

糸11 [縯] ❶길 연 ❷당길 인

縯

명 ❶ ⓒyǎn ⓙエン ⓔlong
字解 ❶길(연) ❷당길(인)

糸11 [繇] 요역 요

繇

명 ⓒyáo ⓙヨウ(よる) ⓔforced labour
字解 ①요역, 부역(요) ≒徭 ②노래(요) ≒謠
【繇俗 요속】 ①가요와 풍속. ②지급하고 비속함.
【繇役 요역】 부역(賦役), 또는 부역에 나감.

糸11 [績] 길쌈할 적

간 績

幺 糸 糹 紆 紝 績 繢 績

고 ⓒjī ⓙセキ(つむぐ) ⓔspin thread

字源 형성자. 糸(사)는 의미 부분이고, 責(책)은 발음 부분이다.
字解 ①길쌈할, 실 자을(적) ¶ 紡績(방적) ②공적(적) ¶ 成績(성적)
【績女 적녀】 실을 잣는 여자.
【功績 공적】 쌓은 공로. 애쓴 실적.
【紡績 방적】 동식물 따위의 섬유를 가공하여 실로 만드는 일. 길쌈.
【成績 성적】 ①이루어 놓은 공적. ②학습하여 얻은 지식·기능·태도 등이 평가된 결과.
【實績 실적】 실제의 공적이나 업적.
【業績 업적】 이룩해 놓은 성과.

糸 11 (17) 【縱】 ❶세로 종 ❷놓을 종 纵 縱

亻 幺 糸 糸 糸 新 終 縦 縱

㉠ ㊥zòng ㊐ジュウ(たて) ㊌vertical
字源 형성자. 糸(사)는 의미 부분이고, 從(종)은 발음 부분이다.
字解 ❶세로(종) ¶ 縱斷(종단) ❷①놓을, 놓아줄(종) ¶ 七縱七擒(칠종칠금) ②멋대로 할(종) ¶ 放縱(방종) ③가령(종)
【縱斷 종단】 ①세로로 끊음, 또는 길이로 자름. ②남북의 방향으로 건너가거나 건너옴.
【縱書 종서】 글을 내리씀. 세로로 씀.
【縱橫 종횡】 ①가로세로. ②자유자재.
【放縱 방종】 거리낌 없이 제멋대로 놀아남.
【操縱 조종】 마음대로 다루어 부림.
【七縱七擒 칠종칠금】 일곱 번 놓아주었다가 일곱 번 사로잡음. '상대를 마음대로 다룸'을 이름.

糸 11 (17) 【總】 거느릴 총 総总 總

亻 幺 糸 糸 給 總 總 總

㉠ ㊥zǒng ㊐ソウ(すべる) ㊌control
字源 형성자. 糸(사)는 의미 부분이고, 悤(총)은 발음 부분이다.
字解 ①거느릴, 다스릴(총) ¶ 總帥(총수) ②모을, 합할(총) ¶ 總計(총계) ③묶을, 동여맬(총) ¶ 總角(총각) ④모두, 다(총) ¶ 總員(총원)
【總角 총각】 ①아이들의 머리카락을 양쪽으로 갈라 뿔 모양으로 동여맨 머리. ②결혼하지 않은 남자.
【總計 총계】 전체의 합계.
【總括 총괄】 통틀어 하나로 뭉침.
【總理 총리】 총괄하여 다스림.
【總務 총무】 전체적이고 일반적인 사무, 또는 그 일을 맡은 사람.
【總帥 총수】 ①전군(全軍)을 지휘하는 사람. ②큰 조직이나 집단의 우두머리.
【總額 총액】 모두를 합한 액수.
【總員 총원】 모든 인원. 전체의 인원.
【總裁 총재】 당파·단체 등의 최고 직위에 있는 사람.

糸 11 (17) 【縮】 오그라들 축 ㊛숙 缩 縮

亻 幺 糸 糸 紵 紵 綍 縮 縮

㉠ ㊥suō ㊐シュク(ちぢむ) ㊌shrink
字源 형성자. 糸(사)는 의미 부분이고, 宿(숙)은 발음 부분이다.
字解 ①오그라들, 줄(축) ¶ 縮小(축소) ②모자랄(축) ¶ 盈縮(영축)
【縮圖 축도】 원형을 축소해 그린 그림.
【縮小 축소】 줄여서 작게 함.
【縮尺 축척】 축도를 그릴 때 그 축소한 비(比).
【減縮 감축】 덜어서 줄임.
【緊縮 긴축】 ①바짝 줄임. ②재정을 든든히 하고자 지출을 크게 줄임.
【濃縮 농축】 용액 등의 농도를 높임.
【伸縮 신축】 늘어나고 줄어듦.
【壓縮 압축】 ①압력으로 부피를 줄임. ②문장을 줄여 짧게 함.
【盈縮 영축】 남는 일과 모자라는 일. ☞ 贏縮(영축).

糸 11 (17) 【縹】 옥색 표 縹

㊥piāo, piǎo ㊐ヒョウ ㊌light blue
字解 ①옥색, 옥색 비단(표) ②아득할(표)
【縹緲 표묘】 ①어렴풋하여 뚜렷하지 않은 모양. ②넓고 끝없는 모양.
【縹青 표청】 옥색. 담청색.

糸部 12획

繙 펄럭일 번
- ㉠fān ㊐ハン(ひもとく) ㊤flutter
- **字解** ①펄럭일(번) ②번역할(번) ≒飜 ③찾을, 규명할(번)
- 【繙繹 번역】 책을 읽고 그 뜻을 캠.
- 【繽繙 빈번】 바람에 기폭이 펄럭임.

繖 일산 산
- ㉠sǎn ㊐サン(かさ) ㊤parasol
- **字解** 일산, 우산(산) ≒傘
- 【繖蓋 산개】 비단으로 만든 일산.

繕 기울 선
- 명 ㉠shàn ㊐ゼン(つくろう) ㊤mend, repair
- **字解** 기울, 고칠(선)
- 【繕寫 선사】 ①잘못을 바로잡아 고쳐서 베낌. ②깔끔하게 다시 씀.
- 【修繕 수선】 낡거나 허름한 것을 고침.

繞 두를 요
- 명 ㉠rào ㊐ジョウ(めぐる) ㊤surround
- **字解** ①두를, 둘러쌀(요) ②얽힐, 감길(요)
- 【圍繞 위요】 주위를 둘러쌈.
- 【纏繞 전요】 ①휘감김. ②'자유를 방해함'의 비유.

繒 비단 증
- 명 ㉠zēng ㊐ソウ(きぬ) ㊤silk
- **字解** 비단, 명주(증)
- 【繒絮 증서】 비단과 솜.
- 참고 繪(회 : 645)는 딴 자.

織 짤 직
- 纟 纟 纟 紅 缩 織 織
- 끠 ㉠zhī ㊐ショク(おる) ㊤weave
- **字源** 형성자. 糸(사)는 의미 부분이고, 戠(시)는 발음 부분이다.
- **字解** ①짤, 베 짤(직) ②직물(직)

織機 직기
피륙을 짜는 기계.
織女 직녀
①베를 짜는 여자. 織婦(직부). ②직녀성(織女星).
織物 직물
온갖 피륙의 총칭.
織造 직조
피륙을 짜는 일. 길쌈.
紡織 방직
실을 뽑는 일과 피륙을 짜는 일.
染織 염직
①피륙에 물을 들임, 또는 물들인 피륙. ②염색과 직물.

繭 고치 견
- 명 ㉠jiǎn ㊐ケン(まゆ) ㊤cocoon
- **字解** 고치, 누에고치(견)
- 【繭絲 견사】 고치에서 뽑아 만든 실. 명주실.
- 【繭蠶 견잠】 고치가 된 누에.

繫 맬 계
- ㉠jì, xì ㊐ケイ(つなぐ) ㊤bind
- **字源** 형성자. 糸(멱·사)는 의미 부분이고, 毄(격)은 발음 부분이다. 옛날에 繫와 毄는 발음이 비슷하였다.
- **字解** ①맬, 매달릴(계) ②구속할, 체포할(계)
- 【繫累 계루】 ①어떤 사물에 얽매이어 누(累)가 됨. ②딸린 식구로 말미암아 얽매이는 누. 통係累(계루).
- 【繫留 계류】 ①붙잡아 매어 놓음. ②사건이 해결되지 않고 매여 있음.
- 【繫辭 계사】 본문에 딸려 그것을 설명하는 말. 주역(周易)의 괘(卦) 아래에 써 넣은 설명의 말 따위.
- 【繫匏 계포】 걸려 있는 바가지. '하는 일 없이 세월을 보냄'의 비유.
- 【連繫 연계】 서로 밀접한 관계를 가짐, 또는 그러한 관계.

繰 ①고치 켤 소 ②비단 조
- 명❷ ㉠sāo ㊐ソウ(くる) ㊤spin
- **字解** ❶고치 켤(소) ≒繅 ❷비단(조)
- 【繰繭 소견】 고치에서 실을 켬.

糸部 14획

繡 수놓을 수

㊁ ⓒxiù ⓙシュウ(ぬいとり) ⓔembroider
字解 수놓을, 수(繡)

【繡工 수공】수놓는 일, 또는 자수 직공(織工).
【繡囊 수낭】수놓은 주머니. '지식이 많은 사람'을 이름.
【繡衣 수의】①오색의 수를 놓은 의복. ②國 '암행어사'의 미칭(美稱).
【錦繡 금수】비단에 놓은 수. 아름다운 옷.
【刺繡 자수】수를 놓음, 또는 그 수.

繩 노 승

㊁ ⓒshéng ⓙジョウ(なわ) ⓔrope
字解 ①노, 줄, 새끼(승) ¶繩捕(포승) ②먹줄(승) ¶繩矩(승구) ③법도, 규범(승) ¶繩墨(승묵)

【繩矩 승구】①먹줄과 곡척(曲尺). ②모범. 규범. 법도.
【繩墨 승묵】①먹줄. ②법. 법도.
【繩索 승삭】밧줄. 새끼.
【結繩 결승】글자가 없던 시대에, 노끈이나 새끼 따위로 매듭을 맺어서 그 모양이나 수로 의사를 소통하는 방편으로 삼던 것.
【捕繩 포승】죄인을 결박하는 줄.

繹 풀 역

㊁ ⓒyì ⓙエキ(たずねる) ⓔsolve
字解 ①풀, 풀릴(역) ②찾을, 궁구할(역) ③연달을(역) ④실마리(역)

【繹繹 역역】끊임없이 소란함.
【絡繹 낙역】연락이 끊이지 않음.
【演繹 연역】일반적인 원리로부터 낱낱의 사실이나 명제를 이끌어 냄.

繪 그림 회

㊁ ⓒhuì ⓙカイ, エ ⓔpicture
字解 그림, 그릴(회)

【繪像 회상】사람 얼굴을 그린 형상.
【繪畫 회화】물건의 형상을 평면에 그려 낸 것. 그림.
참고 繒(증:644)은 딴 자.

繾 정다울 견

㊁ ⓒqiǎn ⓙケン ⓔcordial
字解 정다울, 곡진할(견)

【繾綣 견권】생각하는 정이 두터워 못내 잊혀지지 않음.

繼 이을 계

㊁ ⓒjì ⓙケイ(つぐ) ⓔsucceed
字源 회의자. 糸(사)와 㡭(계)는 모두 의미 부분이다. 㡭는 繼의 본자이다.
字解 이을(계)

【繼母 계모】의붓어미. 後母(후모).
【繼父 계부】의붓아버지.
【繼續 계속】①끊임없이 이어짐. ②중단했던 일을 다시 시작해 나감.
【繼承 계승】뒤를 이어받음.
【繼走 계주】이어달리기.
【引繼 인계】일이나 물건을 넘겨주거나 이어받음.
【中繼 중계】중간에서 이어줌.

糸部 6획

辮 땋을 변

㊁ ⓒbiàn ⓙベン ⓔplait
字解 땋을, 엮을(변)

【辮髮 변발】①머리를 땋아 늘임, 또는 그 머리. ②남자의 머리를, 둘레는 밀어 깎고 가운데의 머리만을 땋아서 뒤로 길게 늘이던 머리. 지난날, 만주족의 풍습.
참고 辦(판:539)과 辯(변:757)은 딴 자.

繽 어지러울 빈

㊁ ⓒbīn ⓙヒン ⓔconfused
字解 ①어지러울(빈) ②성할(빈)

【繽紛 빈분】①혼잡하여 어지러운 모양. ②많고 성한 모양.

纂 모을 찬

㊁ ⓒzuǎn ⓙサン(あつめる) ⓔcollect

糸部 15획　　646

字解 모을, 편찬할(찬)
【纂修 찬수】 문서를 모아 정리하여 책으로 엮음. 纂集(찬집).
【纂述 찬술】 자료를 모아 저술함.
【編纂 편찬】 여러 종류의 자료를 모아 책의 내용을 꾸며 냄.
참고 篡(찬 : 618)은 딴 자.

糸15 ㉑ 【繹】 노 묵 厞　繹繹
㊥mò ㊐ボク ㊧string
字解 노, 노끈(묵) ※두서 가닥으로 꼰 줄.

糸15 ㉑ 【纎】 纖(646)의 俗字

糸15 ㉑ 【續】 이을 속 厌　続续绕
ㄠ 糹 紝 綷 綷 績 繢 續
동 ㊥xù ㊐ゾク(つぐ, つづく) ㊧continue
字源 형성자. 糸(사)는 의미 부분이고, 賣(매)는 발음 부분이다. 옛날에 續과 賣는 발음이 비슷하였다.
字解 이을(속)
【續刊 속간】 정간(停刊)되었던 신문이나 잡지를 다시 간행함.
【續開 속개】 일단 멈추었던 회의 등을 다시 계속하여 엶.
【續報 속보】 앞에 있었던 보도에 이어 보도함.
【續出 속출】 잇달아 나옴.
【續編 속편】 책이나 영화 등에서, 본편에 잇대어 만들어진 편.
【續行 속행】 계속하여 행함.
【繼續 계속】 끊겼던 행위나 상태를 다시 이어 나감.
【斷續 단속】 끊었다 이었다 함.
【連續 연속】 연이어 계속함, 또는 계속 이어짐.
【永續 영속】 오래 계속함.

糸15 ㉑ 【纏】 얽을 전 간　缠纒
명 ㊥chán ㊐テン(まとう) ㊧bind
字解 ①얽을, 묶을(전) ②감길(전)
【纏帶 전대】 ㊂돈이나 물건을 넣어 허리에 두르거나 어깨에 걸고 다니게 된, 양쪽 끝이 터진 자루.
【纏綿 전면】 얽히어 달라붙음.
【纏足 전족】 여자의 발을 피륙으로 꼭 감아서 자라지 못하게 하던 중국의 옛 풍속.

糸15 ㉑ 【續】 續(646)의 俗字

糸17 ㉓ 【纖】 가늘 섬 圛　纖纤纎
명 ㊥xiān ㊐セン(ちいさい) ㊧delicate
字解 가늘, 잘, 가냘플(섬)
【纖纖玉手 섬섬옥수】 가냘프고 고운 여자의 손.
【纖細 섬세】 아주 세밀함.
【纖弱 섬약】 가늘고 약함.
【纖維 섬유】 실이나 털과 같이 질기고 탄력이 있는, 가는 물체.

糸17 ㉓ 【纓】 갓끈 영 厌　纓纓
명 ㊥yīng ㊐エイ(ひも)
字解 갓끈, 관끈(영)
【纓珞 영락】 구슬이나 귀금속을 꿰어서 머리·목·가슴 등에 두르는 장신구.
【纓紳 영신】 ①갓끈과 큰 띠. ②'벼슬이 높은 사람'을 이름.

糸17 ㉓ 【纔】 겨우 재 간　纔
㊥cái ㊐サイ(わずか) ㊧barely
字解 ①겨우(재) ②新비로소(재)

糸19 ㉕ 【纛】 둑 도·독 厞厌　纛
명 둑 ㊥dào ㊐トウ(はたほこ) ㊧banner
字解 둑(도·독) ※임금이 타고 가던 가마나 군대의 대장 앞에 세우던 큰 기.
【纛神 독신→둑신】 둑을 맡은 신.

糸19 ㉕ 【纘】 이을 찬　纘纉纘
명 ㊥zuǎn ㊐サン(つぐ) ㊧take over

字解 ①이을(찬) ②모을(찬) ≒纂

【纘緒 찬서】 전대(前代)의 사업을 이어받음.

糸21/㉗ **【纜】** 닻줄 람 缆 覧

명 ⓗlǎn ⓙラン(ともづな) ⓔhawser

字解 닻줄(람)

【繫纜 계람】 닻줄을 맴. 배를 부둣가에 맴.
【解纜 해람】 닻줄을 품. 배가 출범함.

6 缶部

缶0/⑥ **【缶】** 장군 부 有 缻 瓾

명 ⓗfǒu ⓙフ(ほとぎ) ⓔjar

字源 상형자. 술이나 장을 담을 때 쓰는 질그릇을 그린 것이다. 缶부에 속하는 글자는 대부분 그릇과 관계있는 뜻을 가진다.

字解 장군, 양병(부) ※물·술·오줌 따위를 담아 나르는 데 쓰는 그릇.

【缶器 부기】 배가 부르고 아가리가 좁은, 나무나 오지로 만든 그릇.

缶3/⑨ **【缸】** 항아리 항 𤭛 항

명 ⓗgāng ⓙコウ ⓔjar

字解 항아리(항)

【缸胎 항태】 國오지그릇의 한 가지.

缶4/⑩ **【缺】** 이지러질 결 屈 缺

ᅩ ᅩ ᅮ ᅭ 缶 缶 缶' 缺 缺

口 ⓗquē ⓙケツ(かける) ⓔdeficient

字源 형성자. 缶(부)는 의미 부분이고, 夬(쾌)는 발음 부분이다.

字解 ①이지러질, 빠질(결) ¶缺格(결격) ②모자랄, 빌(결) ¶缺乏(결핍)

【缺格 결격】 자격이 모자라거나 빠져 있음.
【缺勤 결근】 근무해야 할 날에 빠짐.
【缺禮 결례】 예의범절에 벗어남, 또는 그러한 행동.
【缺席 결석】 출석(出席)하지 않음.
【缺損 결손】 ①축나거나 손해가 남. ②계산상의 손실.
【缺食 결식】 끼니를 거름.
【缺如 결여】 마땅히 있어야 할 것이 모자라거나 빠져서 없음.
【缺員 결원】 정한 인원에서 모자람, 또는 모자라는 인원. 闕員(궐원).
【缺點 결점】 잘못되거나 모자라는 점.
【缺乏 결핍】 있어야 할 것이 없거나 부족함.
【缺陷 결함】 흠이 있어 완전치 못함.
【缺航 결항】 비행기나 선박이 정기적인 운항을 거름.

缶4/⑩ **【㝢】** 항아리 유 ·요 尤

ⓗyóu ⓙユ ⓔjar

字解 항아리(유·요)

缶5/⑪ **【缻】** 缶(647)와 同字

缶8/⑭ **【缾】** 물장군 병 有 缾

ⓗpíng ⓙヘイ(かめ) ⓔjar

字解 ①물장군(병) ②두레박(병)

缶11/⑰ **【罅】** 틈 하 𤭛 罅

ⓗxià ⓙカ ⓔcrack

字解 ①틈(하) ②갈라질(하)

【罅隙 하극】 틈. 벌어진 틈.

缶12/⑱ **【罇】** 술단지 준 元

ⓗzūn ⓙソン ⓔwine pot

字解 술단지(준)=樽 ※술을 담는 오지그릇.

缶14/⑳ **【罌】** 양병 앵 庚 罂

명 ⓗyīng ⓙオウ ⓔjar

字解 양병, 병(앵)

【罌缶 앵부】 중배가 크고 주둥이가 작은, 나무나 오지로 만든 그릇.

罐 두레박 관

缶18(24)
명 ⓒguàn ⓙカン ⓔwell bucket
字解 ①두레박(관) ②가마(관)
【汽罐 기관】 증기 기관에서, 증기를 일으키는 쇠통 가마.

6 网 部

网 그물 망

网0(6)
ⓒwǎng ⓙモウ ⓔnet
字源 상형자. 그물을 그린 것이다. 网부에 속하는 글자는 대부분 그물과 관계있는 뜻을 가진다.
字解 그물(망) ※網(636)의 고자.
참고 부수로 쓰일 때는 글자 모양이 '罒·四'로 되기도 한다.

罔 없을 망

网3(8)
고 ⓒwǎng ⓙモウ(ない) ⓔnot
字源 형성자. 网(망)은 의미 부분이고, 亡(망)은 발음 부분이다.
字解 ①없을(망) ¶罔極(망극) ②속일(망) ¶欺罔(기망) ③그물(망) =網 ¶罔罟(망고)
　罔罟 망고】 그물.
　'罔'은 짐승을 잡는 그물, '罟'는 물고기를 잡는 그물.
【罔極 망극】 임금이나 어버이의 은혜가 그지없음.
【罔測 망측】 정상적인 상태에서 벗어나 어이가 없거나 차마 볼 수 없음.
【欺罔 기망】 남을 속임. 欺瞞(기만).
참고 岡(강:202)은 딴 자.

罕 드물 한

网3(7)
명 ⓒhǎn ⓙカン(まれ) ⓔrare
字解 드물(한)

【罕例 한례】 드문 전례(前例).
【罕言 한언】 입이 무거워 말이 적음.
【稀罕 희한】 매우 드묾. 썩 진귀함.

罟 그물 고

网5(10)
ⓒgǔ ⓙコ ⓔnet
字解 그물(고)
【罟師 고사】 고기 잡는 것을 업으로 삼는 사람. 漁夫(어부).
【數罟 촉고】 눈을 아주 잘게 떠서 만든 그물.

罠 그물 민

网5(10)
ⓒmín ⓙミン ⓔhare net
字解 그물(민) ※토끼·고라니 등을 잡는 그물.

罫 바둑판 괘

网8(13)
명 ⓒguà ⓙケイ ⓔcross line
字解 ①바둑판 정간, 줄(괘) ※가로세로로 교차하여 친 줄. ②패(괘) ※선을 나타내는 데 쓰는 식자용(植字用) 재료.
【罫線 괘선】 인쇄판에서, 윤곽이나 경계를 나타낸 선.
【罫紙 괘지】 괘선을 친 용지.
【方罫 방괘】 바둑판의 줄처럼 가로세로로 교차하여 네모나게 된 괘선.

罨 그물 엄

网8(13)
ⓒyǎn ⓙアン, エン ⓔnet
字解 ①그물(엄) ②덮을(엄)
【罨法 엄법】 냉수나 온수에 적신 수건을 환부(患部)에 덮어 염증을 없애는 치료법. 찜질.

罪 허물 죄

网8(13)
罒 罒 罒 𠕁 𠕁 𠕁 𠕁 罪
명 ⓒzuì ⓙザイ(つみ) ⓔsin
字源 회의자. 본래 물고기를 잡을 때 쓰는, 대나무로 만든 그물을 뜻하였다. 网(망)과 非(비)는 모두 의미 부분이다. 본디 범죄의 뜻으

로는 辠(죄) 자를 썼는데, 皇(임금 황) 자와 비슷하다고 하여 진시황(秦始皇)이 罪 자를 대신 쓰게 한 다음부터 罪 자로 썼고, 뜻도 '허물'·'범죄' 등으로 굳어졌다.
字解 ①허물, 죄(죄) ¶罪悚(죄송) ②형벌, 벌줄(죄) ¶斷罪(단죄)
【罪科 죄과】 ①죄악. ②지은 죄에 대하여 과해지는 형벌.
【罪目 죄목】 범죄의 종류.
【罪狀 죄상】 죄를 저지른 실제 사정.
【罪悚 죄송】 죄스럽고 황송함.
【罪囚 죄수】 교도소에 갇힌 죄인.
【罪惡 죄악】 죄가 될 만한 나쁜 행위.
【罪質 죄질】 범죄의 성질.
【斷罪 단죄】 ①죄를 심판함. ②벌로서 목을 벰, 또는 그 형벌 줌.
【犯罪 범죄】 죄를 범함, 또는 그 죄.

网 8 【置】 둘 치 ⑬
㉠ ㊥zhì ㊐チ(おく) ㊤place
字源 회의자. 网(망)과 直(직)은 모두 의미 부분이다.
字解 ①둘(치) ¶置重(치중) ②역말(치우)
【置郵 치우】 파발마를 달림.
【置重 치중】 어떤 일에 중점을 둠.
【置之度外 치지도외】 생각 밖에 버려 둠. '내버려두고 문제 삼지 않음'을 이름.
【置換 치환】 바꿔 놓음.
【放置 방치】 그대로 버려 둠.
【備置 비치】 갖추어 둠.
【留置 유치】 ①남의 물건을 맡아 둠. ②사람을 일정한 곳에 가두어 둠.
【裝置 장치】 설치함. 차려서 꾸밈.

网 9 【罰】 벌줄 벌 ⑭
㉠ ㊥fá ㊐バツ ㊤punish
字源 회의자. 본래 가벼운 죄를 뜻한다. 刀(도)와 詈(꾸짖을 리)는 모두 의미 부분이다. 칼(刀)을 가지고 욕을 하고 협박을 하면(詈) 벌을 받는다는 뜻이다.

字解 벌줄, 벌(벌)
【罰金 벌금】 벌로 물리는 돈.
【罰點 벌점】 잘못을 벌로 따지는 점수.
【罰則 벌칙】 법규를 어겼을 때의 처벌을 정해 놓은 규칙.
【賞罰 상벌】 상과 벌.
【一罰百戒 일벌백계】 한 번 벌주어 백 가지 경계를 베풂. '여러 사람에게 경각심을 불러 일으키기 위하여 무거운 벌을 줌'의 비유.
【處罰 처벌】 형벌에 처함.
【刑罰 형벌】 죄인에게 법률에 의하여 주는 제재.

网 9 【署】 관청 서 ⑭
㉠ ㊥shǔ ㊐ショ ㊤office
字源 형성자. 网(망)은 의미 부분이고, 者(자)는 발음 부분이다.
字解 ①관청, 마을(서) ¶官署(관서) ②나눌, 부서(서) ③대리할(서) ¶署理(서리) ④적을(서) ¶署名(서명)
【署理 서리】 결원이 있을 때 딴 사람이 직무를 대리함, 또는 그 사람.
【署名 서명】 서류 따위에 이름을 적음, 또는 그 이름.
【官署 관서】 관청과 그 보조 기관의 총칭. 官公署(관공서).
【部署 부서】 여럿으로 나누어져 있는 사무의 부분.
참고 뿔(서: 395)는 딴 자.

网 10 【罵】 꾸짖을 매 ⑮
㉠ ㊥mà ㊐バ(ののしる) ㊤abuse
字解 꾸짖을, 욕할(매)
【罵倒 매도】 몹시 욕하며 몰아세움.
【唾罵 타매】 침을 뱉고 욕을 함.

网 10 【罷】 ①파할 파 ⑮ ②고달플 피
㉠ ㊥bà ㊐ヒ(やめる) ㊤cease
字源 회의자. 본래 죄인을 놓아 준

다는 뜻이다. 网(망)과 能(능)은 모두 의미 부분이다. 마음이 착하거나 재능이 있는 사람은 법망(法網)에 들어오더라도 용서하고 놓아준다는 뜻이다.
字解 ❶⓵파할, 마칠(파) ¶罷市(파시) ⓶내칠(파) ¶罷職(파직) ❷고달플, 피곤할(피) 늑疲
【罷免 파면】공무원의 신분을 박탈함.
【罷市 파시】시장이 서지 않고 쉼.
【罷業 파업】하던 일을 중지함.
【罷場 파장】⓵시장이 파함. ⓶일이 거의 끝나가는 무렵.
【罷職 파직】관직에서 물러나게 함.
【革罷 혁파】낡아서 못 쓰게 된 것을 없앰.

【罹】걸릴 리
网 11 / 16
명 ㊥lí ㊐リ(かかる) ㊅incur
字解 ⓵걸릴(리) ⓶입을, 당할(리)
【罹病 이병】병에 걸림.
【罹災 이재】재해(災害)를 입음.

【罽】어망 계
网 12 / 17
㊥jì ㊐ケイ ㊅fishing net
字解 ⓵어망(계) ※물고기를 잡는 그물. ⓶담요(계)
【罽毯 계담】털로 짠 자리. 담요.
【罽衣 계의】털로 만든 옷. 털옷.

【羅】벌일 라
网 14 / 19
고 ㊥luó ㊐ラ(あみ) ㊅spread
字源 회의자. 본래 새를 잡을 때 쓰는, 실로 만든 그물을 뜻한다. 网(망)과 維(유)는 모두 의미 부분이다.
字解 ⓵벌일, 펼(라) ¶羅列(나열) ⓶비단, 깁(라) ¶綾羅(능라) ⓷새 그물(라) ¶網羅(망라)
【羅紗 나사】포르투갈어 'raxa'의 음역(音譯). 발이 나타나지 않은, 두꺼운 모직물.
【羅列 나열】죽 벌여 놓음.
【羅針盤 나침반】방위를 알 수 있도록 만든 기구.
【綾羅 능라】두꺼운 비단과 얇은 비단. 綾緞(능단)
【網羅 망라】⓵물고기 잡는 그물과 새 잡는 그물. ⓶빠짐없이 휘몰아 들임.
【森羅 삼라】숲의 나무처럼 많이 늘어서 있음.
【兀羅 휼라】명주나 모시로 만든 피륙.

【羈】나그네 기
网 17 / 22
㊥jī ㊐キ(たび) ㊅traveler
字解 ⓵나그네(기) ⓶굴레(기) 늑羈
【羈客 기객】나그네.
【羈愁 기수】객지에서 느끼는 수심.

【羇】굴레 기
网 19 / 24
명 ㊥jī ㊐キ ㊅halter
字解 ⓵굴레(기) ⓶맬, 단속할(기) ⓷나그네(기) 늑羈
【羇旅 기려】나그네.
【羇縻 기미】굴레와 고삐. '자유의 억압과 구속'의 비유. 羈絆(기반).
【羇束 기속】얽어맴.

6 羊部

【羊】양 양
羊 0 / 6
종 ㊥yáng ㊐ヨウ(ひつじ) ㊅sheep
字源 상형자. 정면에서 바라본 양의 뿔과 머리를 그린 것이다.
字解 양(양)
【羊頭狗肉 양두구육】양의 머리를 내걸어 놓고 개고기를 팖. '선전과 내용이 일치하지 않음'의 비유.
【羊腸 양장】양의 창자. '구불구불 구부러진 것'의 비유.
【羊質虎皮 양질호피】속은 양이고 가죽은 호랑이임. '실속 없이 겉만 꾸미는 일'을 이름.

【羊皮紙 양피지】 양의 가죽으로 만든 서사(書寫) 재료.
【牧羊 목양】 양을 치거나 놓아 기름.

羊2⑧ 【羌】 오랑캐 강 陽

㊀qiāng ㊁キョウ
字解 오랑캐(강) ※현재의 티베트족.
【羌夷 강이】 중국 서쪽의 이민족. 羌戎(강융). 羌胡(강호).

羊3⑨ 【美】 아름다울 미 紙

丷丷꾸꾸꾸羊美美
㊀měi ㊁ビ(うつくしい) ㊂beautiful
字源 회의자. 사람(大대)이 머리에 양(羊)의 머리와 비슷한 장식물을 쓰고 있는 모습이다. 옛날 사람들은 이것을 아름답다고 보았다. 羊(양)과 大는 모두 의미 부분이다.
字解 ①아름다울(미) ¶美醜(미추) ②맛날(미) ¶美食(미식) ③좋을(미) ¶美名(미명)
【美觀 미관】 아름다운 경치.
【美技 미기】 좋은 연기 또는 기술.
【美談 미담】 아름다운 이야기.
【美德 미덕】 아름다운 덕.
【美麗 미려】 아름답고 고움.
【美名 미명】 ①좋은 이름. 좋은 평판. ②그럴듯한 명목.
【美貌 미모】 아름다운 얼굴 모습.
【美辭麗句 미사여구】 아름답게 꾸민 말과 글.
【美食 미식】 맛난 음식.
【美容 미용】 얼굴이나 머리 따위를 아름답게 매만짐.
【美醜 미추】 아름다움과 추함.
【美稱 미칭】 ①아름답게 일컫는 이름. ②아름다운 칭찬.
【美風 미풍】 아름다운 풍속.
【美化 미화】 아름답게 꾸미는 일.
【耽美 탐미】 아름다운 것을 즐김.
【讚美 찬미】 아름다운 덕을 기림.

羊4⑩ 【羌】 羌(651)과 同字

羊4⑩ 【羔】 양 새끼 고

㊀gāo ㊁コウ ㊂lamb
字解 양 새끼(고)
【羔裘 고구】 새끼양의 가죽을 가공하여 만든 옷.
【羔羊 고양】 어린 양.

羊5⑪ 【羚】 영양 령 靑

㊀líng ㊁レイ ㊂antelope
字解 영양(령)
【羚羊 영양】 솟과의 짐승. 염소와 비슷하나 더 크고 살진 편임.

羊5⑪ 【羞】 부끄러워할 수 尤

㊀xiū ㊁シュウ(はじる) ㊂ashamed
字解 ①부끄러워할(수) ②음식(수) ③바칠, 드릴(수)
【羞惡之心 수오지심】 사단(四端)의 하나로, 자기의 불선(不善)을 부끄러워하고 남의 불선을 미워하는 마음.
【羞恥 수치】 부끄러움.
【羞花閉月 수화폐월】 꽃도 부끄러워하고 달도 숨음. '여인의 얼굴과 맵시가 아름다움'을 이름.
【珍羞盛饌 진수성찬】 맛이 좋고 푸짐하게 차린 음식.

羊5⑪ 【羝】 숫양 저 齊

㊀dī ㊁テイ ㊂ram
字解 숫양(저) ※양의 수컷.
【羝羊觸藩 저양촉번】 숫양이 혈기만 믿고 울타리를 받다가 뿔이 걸려 꼼짝달싹 못하게 됨. '나아가지도 물러서지도 못할 궁지에 빠짐'의 비유. 進退維谷(진퇴유곡).
【羝乳 저유】 숫양이 새끼를 낳음. '절대 있을 수 없는 일'의 비유.

羊6⑫ 【羡】 땅 이름 이 因

㊀yí ㊁イ
字解 땅 이름(이) ※지금의 후베이 성(湖北省) 우창 현(武昌縣)의 서남쪽.

羊部 7획

참고 羨(선 : 652)은 딴 자.

羊7 ⑬ 【群】 무리 군 图 본 羣

ㄱㅋㅋ尹君君君群群

고 中qún 日グン(むれ) 英flock

字源 형성자. 羊(양)은 의미 부분이고, 君(군)은 발음 부분이다.

字解 ①무리, 떼(군) ¶群島(군도) ②많을(군) ¶群鷄一鶴(군계일학)

【群鷄一鶴 군계일학】 많은 닭 가운데 한 마리 학. '여럿 가운데 홀로 빼어남'을 이름.
【群島 군도】 무리를 이룬 많은 섬.
【群落 군락】 ①많은 부락. ②같은 식물이 한 지역에 떼 지어 나 있는 것.
【群像 군상】 많은 사람이 모여 있는 모습.
【群小 군소】 그다지 크지 않은 여러 것들.
【群雄割據 군웅할거】 많은 영웅이 각지에 자리잡고 세력을 다툼.
【群衆 군중】 무리 지어 모여 있는 많은 사람.
【群集 군집】 사람이나 동물 따위가 한 곳에 떼를 지어 모임.
【拔群 발군】 여러 사람 가운데서 특히 빼어남.
【魚群 어군】 물고기의 떼.

羊7 ⑬ 【羨】 ❶부러워할 선 ❷묘도 연 戭 兗 羨

명 ❶ 中xiàn, yán 日セン(うらやむ) 英envy

字解 ❶①부러워할(선) ②나머지(선) ❷묘도(연)

【羨望 선망】 부러워함.
【羨餘 선여】 나머지. 剩餘(잉여).
【羨道 연도】 고분의 입구에서 현실(玄室)에 이르는 길. 墓道(묘도).

참고 美(미 : 651)는 딴 자.

羊7 ⑬ 【義】 옳을 의 갑 의 义 羲

丷 亠 丷 羊 差 差 義 義 義

중 中yì 日ギ(よい) 英righteous

字源 형성자. 羊(양)은 의미 부분이고, 我(아)는 발음 부분이다. 옛날에 義와 我는 발음이 비슷하였다.

字解 ①옳을, 바를(의) ¶義理(의리) ②해 넣을(의) ※실물(實物)의 대용(代用)을 뜻함. ¶義足(의족) ③뜻(의) ¶字義(자의) ④의로 맺을(의) ¶義兄弟(의형제)

【義理 의리】 사람으로서 지켜야 할 올바른 도리.
【義務 의무】 마땅히 해야 할 직분.
【義士 의사】 나라와 민족을 위해 의로운 행동으로 목숨을 바친 사람.
【義捐 의연】 자선(慈善)이나 공익(公益)을 위해 금품 또는 물품을 냄.
【義賊 의적】 의로운 도둑.
【義足 의족】 끊어진 발에 붙이기 위하여 고무나 나무로 만든 발.
【義塚 의총】 의사(義士)의 무덤.
【義齒 의치】 만들어 박은 이.
【義兄弟 의형제】 ①의붓형제. ②의로 맺은 형제.
【廣義 광의】 범위를 넓게 잡은 뜻.
【信義 신의】 믿음과 의리.
【字義 자의】 글자의 뜻.

羊9 ⑮ 【羯】 종족 이름 갈 周 羯

中jié 日カツ

字解 ①종족 이름(갈) ※흉노(匈奴)와 같은 종족. ②불 친 양(갈)
【羯羊 갈양】 거세(去勢)한 양.

羊10 ⑯ 【羲】 복희 희 图 羲 羲

명 中xī 日キ

字解 복희(희) ※중국 고대 신화에 나오는 삼황(三皇)의 하나.
【羲經 희경】 복희씨(伏羲氏)가 만든 경전. '역경(易經)'을 이름.
📖 복희씨가 처음 팔괘(八卦)를 만들었다는 데서 온 말.

羊13 ⑲ 【羹】 국 갱 庚 羹

명 中gēng 日コウ(あつもの) 英soup
字解 국(갱)
【羹粥 갱죽】 국과 죽.
【肉羹 육갱】 고깃국.

[臝] 여월 리

명 ㊥léi ㊐ルイ(つかれる) ㊀lean
字解 ①여윌(리) ②지칠(리)
【臝弱 이약】 지쳐서 약함. 연약함.

[羶] 노린내 날

㊥shān ㊐セン(なまぐさい) ㊀stench
字解 노린내 날, 비린내(전)
【羶香 전향】 ①노린내. ②노린내와 향기로운 냄새.

6 羽 部

[羽] 깃 우

丨 ㄱ ㄱ 弓 羽 羽

고 ㊥yǔ ㊐ウ(はね) ㊀feather
字源 상형자. 새의 깃털을 그린 것이다.
字解 ①깃, 날개(우) ②새, 날짐승(우) ③음계(우) ※동양 오음계의 다섯째 음.
【羽鱗 우린】 날개와 비늘. 곧, 조류와 어류.
【羽翼 우익】 ①새의 날개. ②좌우에서 보좌하는 일, 또는 그 사람.
【羽化登仙 우화등선】 몸에 날개가 돋아 하늘로 올라가 신선이 됨.

[翅] 날개 시

명 ㊥chì ㊐シ(つばさ) ㊀wing
字解 ①날개(시) ②뿐(시) ≒啻

[翁] 늙은이 옹

丿 八 公 公 公 翁 翁 翁

고 ㊥wēng ㊐オウ(おきな) ㊀old man
字源 형성자. 羽(우)는 의미 부분이고, 公(공)은 발음 부분이다.
字解 ①늙은이(옹) ¶老翁(노옹) ②아버지(옹) ¶婦翁(부옹)
【翁姑 옹고】 시아버지와 시어머니.
【翁壻 옹서】 장인과 사위.
【翁主 옹주】 조선 시대에, 임금의 후궁(後宮)이 낳은 딸을 이르던 말.
【老翁 노옹】 늙은이.
【婦翁 부옹】 아내의 아버지. 장인.
【塞翁之馬 새옹지마】 변방 늙은이의 말. '인생의 길흉화복은 변화가 많아 예측하기 어려움'의 비유.

[翎] 깃 령

명 ㊥líng ㊐レイ ㊀feather
字解 ①깃(령) ②화살 깃(령)
【翎毛 영모】 ①새의 깃과 짐승의 털. ②새와 짐승.

[習] 익힐 습

丨 ㄱ ㄱ 弓 羽 羽 羿 羿 習 習

종 ㊥xí ㊐シュウ(ならう) ㊀study
字源 형성자. 본래 햇볕에 말리다는 뜻이다. 갑골문을 보면 '羿'으로 썼는데, '羽'은 慧(혜)의 고자이고 '◇'은 日(날 일)자이다. 日은 의미 부분이고 羽는 발음 부분이다. 소전에서는 '羽'는 羽(우)로, 日은 白(백)으로 썼다.
字解 ①익힐(습) ¶習作(습작) ②버릇(습) ¶習慣(습관)
【習慣 습관】 버릇.
【習得 습득】 배워 터득함.
【習性 습성】 버릇.
【習字 습자】 글씨 쓰는 법을 익힘.
【習作 습작】 연습으로 작품을 만듦, 또는 그 작품.
【惡習 악습】 나쁜 버릇.
【豫習 예습】 미리 학습함.
【因習 인습】 이전부터 전해 내려와 몸에 익은 관습.

[翌] 다음날 익

명 ㊥yì ㊐ヨク ㊀next day
字解 다음날, 이튿날(익)

【翌年 익년】 다음 해. 이듬해.
【翌日 익일】 다음 날. 이튿날.

【翊】 도울 익

명 ⊕yì ⊕ヨク ⊛assist
字解 도울(익) ≒翼
【翊戴 익대】 군주(君主)로 받들어 도움. 임금으로 추대함.
【翊贊 익찬】 군주의 정치를 도움.

【翔】 날 상

명 ⊕xiáng ⊕ショウ(かける) ⊛soar
字解 날, 빙 돌아 날(상)
【翔空 상공】 하늘을 날아다님.
【飛翔 비상】 날아다님.

【翕】 모을 흡

명 ⊕xī ⊕キュウ(あつめる) ⊛gather
字解 ①모을(흡) ②합할(흡)
【翕然 흡연】 인심이 화합하여 일치하는 모양.
【翕合 흡합】 한데 모임.

【翡】 물새비 비

명 ⊕fěi ⊕ヒ ⊛kingfisher
字解 ①물총새(비) ※물총새 수컷. ②비취, 비취옥(비)
【翡玉 비옥】 붉은 점이 박힌 비취옥.
【翡翠 비취】 ①물총새. ②연한 녹색의 단단한 옥. 비취옥.

【翟】 꿩 적

명 ⊕dí ⊕テキ ⊛pheasant
字解 ①꿩(적) ②꿩의 깃(적)
【翟車 적거】 꿩의 깃으로 꾸민, 황후(皇后)가 타는 수레.
【翟羽 적우】 꿩의 깃.

【翠】 푸를 취

명 ⊕cuì ⊕スイ(みどり) ⊛green
字解 ①푸를, 비취빛(취) ②물총새

(취) ※물총새 암컷. ③비취(취)
【翠峯 취봉】 푸른 산봉우리.
【翠色 취색】 비취빛. 蒼色(창색)
【翡翠 비취】 ①물총새. ②비취옥.

【翫】 가지고 놀 완

명 ⊕wán ⊕ガン(もてあそぶ) ⊛play with
字解 ①가지고 놀(완) ②탐할(완) ③보고 즐길(완)
【翫愒 완개】 탐닉함. 욕심을 냄.
【翫味 완미】 시문(詩文)을 잘 감상하여 음미함.

【翦】 剪(71)의 本字

【翩】 펄럭일 편

명 ⊕piān ⊕ヘン ⊛flitter
字解 ①펄럭일(편) ②빨리 날(편)
【翩翩 편편】 ①훨훨 나는 모양. ②펄럭이는 모양.
【翩翩 편편】 새가 가볍게 나는 모양.

【翬】 날개 칠 휘

명 ⊕huī ⊕キ ⊛fly
字解 ①날개 칠(휘) ②꿩(휘)
【翬飛 휘비】 휘치(翬雉)가 낢. '궁전이 화려함'의 비유.
【翬雉 휘치】 흰 바탕에 오색 무늬가 있는 꿩.

【翯】 깃 윤날 학·혹

명 ⊕hè ⊕コク, カク
字解 깃 윤날(학·혹)
【翯翯 학학】 새가 살지고 깃에 윤이 나는 모양.

【翰】 붓 한

명 ⊕hàn ⊕カン(ふで, ふみ) ⊛writing brush
字解 ①붓(한) ¶翰墨(한묵) ②글, 편지(한) ¶書翰(서한) ③깃(한)

【翰林 한림】 ①학자와 문인(文人), 또는 그들의 사회나 단체. ②조선 시대 '예문관 검열(藝文館檢閱)'의 이칭(異稱).
【翰毛 한모】 ①긴 털. 길고 큰 털. ②붓의 털.
【翰墨 한묵】 붓과 먹. '문학(文學)'을 이름.
【公翰 공한】 공적인 편지.
【文翰 문한】 ①문필(文筆)에 관한 일. ②문장에 능한 사람.
【書翰 서한】 편지. 書簡(서간).
【筆翰 필한】 ①'붓'의 이칭. ②문자나 문장을 쓰는 일.

羽11 【翳】 가릴 예 霽
⑰
㊥yì ㊐エイ(かさす) ㊤shade
字解 가릴, 덮을(예)
【翳昧 예매】 가려져서 어두움.
【翳翳 예예】 그늘이 져서 어두둑한 모양.

羽11 【翼】 날개 익 職
⑰
翌 翌 翌 翼 翼
㉿ ㊥yì ㊐コク(つばさ) ㊤wing
字源 형성자. 羽(우)는 의미 부분이고, 異(이)는 발음 부분이다.
字解 ①날개(익) ¶羽翼(우익) ②도울, 호위할(익)≒翊 ¶輔翼(보익) ③이튿날(익)≒翌 ④별 이름(익) ※이십팔수(二十八宿)의 하나.
【翼贊 익찬】 임금의 정사를 잘 도와서 인도함.
【輔翼 보익】 도와 좋은 데로 인도함.
【右翼 우익】 ①오른쪽 날개. ②보수적인 당파, 또는 거기에 딸린 사람.
【羽翼 우익】 ①날개. ②곁에서 도와 받듦, 또는 그 사람.

羽12 【翹】 뛰어날 교 蕭
⑱
㊁ ㊥qiáo ㊐ギョウ ㊤prominent
字解 ①뛰어날, 우뚝할(교) ②들, 발돋움할(교) ③꼬리 깃털(교)
【翹企 교기】 발돋움하면서 기다림. 몹시 기다림. 翹足(교족).

【翹秀 교수】 재능이 뛰어남.

羽12 【翻】 圖 飜(807)과 同字
⑱

羽14 【耀】 빛날 요 嘯
⑳ 耀
㊁ ㊥yào ㊐ヨウ ㊤bright
字解 빛날, 빛낼(요)=曜
【耀德 요덕】 덕을 빛나게 함.
【耀耀 요요】 빛나는 모양.

6 而 部

而0 【而】 말 이을 이 支
⑥
一 丁 丌 丙 而 而
㉿ ㊥ér ㊐ジ(しこうして) ㊤and
字源 상형자. 수염을 그린 것이다. 본래 수염을 뜻하였으나, 뒤에 '너'·'…뿐'의 뜻으로 가차되었다.
字解 ①말 이을(이) ※'그리하여, 그러나, 그런데' 등의 뜻을 나타냄. ¶哀而不悲(애이불비) ②너(이) ③뿐(이) ¶而已(이이)
【而立 이립】 '30세'를 뜻함.
📖 공자가 30세에 뜻이 확고하게 섰다고 한 데서 온 말.
【而已 이이】 …뿐임. …일 따름임.
【哀而不悲 애이불비】 슬프기는 하지만 겉으로 슬픔을 나타내지 않음.
【然而 연이】 그러나.

而3 【耐】 견딜 내 隊
⑨
一 丁 丌 而 而 耐 耐 耐
㉿ ㊥nài ㊐タイ(たえる) ㊤endure
字源 회의 겸 형성자. 본래 수염을 깎는 형벌을 뜻하였다. 而(이)와 寸(촌)은 모두 의미 부분인데, 而는 발음도 담당한다. 而는 수염을 뜻하고, 손의 마디를 뜻하는 寸은 여기서 '법도(法度)'의 뜻으로 쓰였다.

字解 견딜, 참을(내)
【耐久 내구】 오래 견딤.
【耐性 내성】 ①어려움을 견딜 수 있는 성질. ②병원균이 약품에 대하여 나타내는 저항성.
【耐震 내진】 건조물 따위가 지진(地震)의 진동에 견딤.
【耐乏 내핍】 가난함을 참고 견딤.
【耐火 내화】 불에 견딤.
【堪耐 감내】 고통을 참고 견딤.
【忍耐 인내】 참고 견딤.

而(9) 【耑】
❶시초 단 (寒)
❷구멍 천 (先)
⊕duān, zhuān ⊕タン, セン
⊛first step
字解 ❶시초(단)≒端 ❷구멍(천)

6 耒 部

耒(0) 【耒】 쟁기 뢰 (隊)
⊕lěi ⊕ライ(すき) ⊛plough
字源 상형자. 밭을 갈 때 쓰는 쟁기를 그린 것이다. 耒부에 속하는 글자는 대부분 농기구나 농사와 관계있는 뜻이 많다.
字解 쟁기(뢰) ※ 마소에 끌려 논밭을 가는 농기구.
📖 '耒'는 쟁기 자루, '耜'는 쟁기 날.

耒(4) 【耕】 밭 갈 경 (庚)
二 三 丰 耒 耒 耒丨 耕丨 耕
⊕gēng ⊕コウ(たがやす) ⊛plough
字源 형성자. 耒(뢰)는 의미 부분이고, 井(정)은 발음 부분이다.
字解 ①밭 갈(경) ¶ 耕作(경작) ②생계 꾸릴(경) ¶ 筆耕(필경)
【耕耘 경운】 논밭을 갈고 김을 맴.
【耕作 경작】 논밭을 갈아 농사를 지음.

【耕田 경전】 논밭을 갊.
【農耕 농경】 논밭을 갈아 농사(農事)를 짓는 일.
【牛耕 우경】 소를 부려 밭을 갊.
【筆耕 필경】 ①직업으로 글씨를 쓰는 일. ②원지(原紙)에 철필(鐵筆)로 글씨를 쓰는 일.
【休耕 휴경】 농사짓던 땅을 얼마 동안 묵힘.

耒(4) 【耗】 줄일 모 (本호운)
⊕hào ⊕モウ, コウ ⊛diminish
字解 ①줄일(모) ②어지러울(모)
【耗亂 모란】 어지럽고 문란하여 분명하지 않은 모양.
【耗盡 모진】 줄어서 다 없어짐.
【磨耗 마모】 닳아서 없어짐.
【消耗 소모】 써서 없어짐, 또는 써서 없앰.

耒(4) 【耘】 김 맬 운 (文)
⊕yún ⊕ウン ⊛weed
字解 김맬(운)
【耘鋤 운서】 잡초를 베고 논밭을 갊. '국토(國土)를 평정함'의 비유.
【耕耘 경운】 논밭을 갈고 김을 맴.

耒(4) 【耙】 쇠스랑 파 (馬)
⊕bà, pá ⊕ハ ⊛rake
字解 ①쇠스랑(파) ※ 쇠로 서너 개의 발을 만들어 자루에 박은 농기구. ②써레(파) ※ 갈아 놓은 논밭을 고르는 데 쓰는 농기구.

耒(5) 【耜】 보습 사 (紙)
⊕sì ⊕シ ⊛plowshare
字解 보습(사) ※ 쟁기 날.
【耒耜 뢰사】 쟁기.

耒(9) 【耦】 짝 우 (有)
⊕ǒu ⊕グウ(たぐい) ⊛pair
字解 ①짝(우)=偶 ②합할(우)
【耦耕 우경】 둘이 나란히 논밭을 갊.

耒
12
⑱ 【機】 밭갈 기
명 ⓒji ⓙキ(たがやす) ⓔplough
字解 밭갈(기)

6 耳 部

耳
0
⑥ 【耳】 귀 이
一丅ㄷF斤耳
명 ⓒěr ⓙジ(みみ) ⓔear
字源 상형자. 귀를 그린 것이다.
字解 ①귀(이) ②따름, 뿐(이) ※한정 또는 단정의 뜻을 나타냄.
【耳明酒 이명주】 음력 정월 보름날 아침에 마시는 귀밝이술.
【耳目 이목】 ①귀와 눈. ②남들의 주목(注目).
【耳目口鼻 이목구비】 ①'귀·눈·입·코'의 총칭. ②얼굴의 생김새.
【耳順 이순】 '60세'를 뜻함.
📖 공자가 60세에 천지 만물의 이치에 통달하고, 듣는 대로 다 이해할 수 있게 되었다는 데서 온 말.
【耳懸鈴鼻懸鈴 이현령비현령】 귀에 걸면 귀걸이, 코에 걸면 코걸이. '이렇게도 저렇게도 둘러대기에 달렸음'의 비유.

耳
3
⑨ 【耶】 어조사 야
一丅ㄷF斤耳耶耶
고 ⓒyē, yé ⓙヤ
字源 형성자. 본래 邪(사)의 속자이다. 邪에서 邑(읍)은 의미 부분이고, 牙(아)는 발음 부분이다.
字解 ①어조사(야) ※의문·감탄 등의 뜻을 나타냄. ②아버지(야)≒爺
【有耶無耶 유야무야】 ①있는 듯 없는 듯 함. ②흐지부지한 모양.

耳
4
⑩ 【耿】 빛날 경
명 ⓒgěng ⓙコウ ⓔbright
字解 ①빛날(경) ②깨끗할, 절개 굳을(경)
【耿介 경개】 ①절조(節操)를 굳게 지키고 세속과 구차하게 화합하지 않음. ②덕이 널리 빛나고 큰 모양.
【耿潔 경결】 밝고 깨끗함.

耳
4
⑩ 【耽】 귀 바퀴 없을 담
명 ⓒdān ⓙタン
字解 귀 바퀴 없을(담)

耳
4
⑩ 【耻】 恥(354)의 俗字

耳
4
⑩ 【耽】 즐길 탐
명 ⓒdān ⓙタン(ふける) ⓔindulge
字解 즐길, 열중할, 빠질(탐)
【耽溺 탐닉】 어떤 일을 몹시 즐겨 거기에 빠짐.
【耽讀 탐독】 책을 즐겨 읽음. 어떤 책을 유달리 열중하여 읽음.
【耽美 탐미】 미(美)를 추구하여 거기에 빠짐.
참고 眈(탐 : 568)만 딴 자.

耳
5
⑪ 【聅】 명 珊(657)의 俗字

耳
5
⑪ 【聆】 들을 령
명 ⓒlíng ⓙレイ(きく) ⓔhear
字解 ①들을(령) ②깨달을(령)
【聆聆 영령】 마음에 깨닫는 모양.
【聆風 영풍】 바람 소리를 들음.

耳
5
⑪ 【聊】 애오라지 료
명 ⓒliáo ⓙリョウ(いささか) ⓔsomewhat
字解 ①애오라지(료) ※좀 부족하나 겨우. ¶ 聊爾(요이) ②힘입을(료) ¶ 聊賴(요뢰) ③즐거워할(료) ¶ 無聊(무료) ④귀 울(료) ¶ 聊啾(요추)
【聊賴 요뢰】 의뢰함. 힘입음.
【聊爾 요이】 잠시. 한때.

【聊啾 요추】 귀가 울림. 耳鳴(이명).
【無聊 무료】 ①즐거움이 없고 심심함. ②國부끄럽고 열없음.

耳6 【联】 聯(659)의 俗字
12

耳7 【聘】 부를 빙
13
「 F 耳 耳 即 即 聘 聘 聘

중 ⓗpìn 밀ヘイ(めす) 영invite
字源 형성자. 耳(이)는 의미 부분이고, 甹(빙)은 발음 부분이다.
字解 ①부를(빙) ¶招聘(초빙) ②장가들(빙) ¶聘父(빙부) ③찾을(빙) ¶聘間(빙문)
【聘禮 빙례】 혼인(婚姻)의 의례.
【聘母 빙모】 아내의 어머니. 장모.
【聘問 빙문】 예를 갖추어 찾아봄.
【聘父 빙부】 아내의 아버지. 장인.
【聘丈 빙장】 '빙부(聘父)'의 높임말.
【招聘 초빙】 예(禮)를 갖추어서 남을 모셔 들임.

耳7 【聖】 성인 성 圣 𦔻
13
「 F 耳 耳 即 聖 聖 聖

중 ⓗshèng 밀セイ(ひじり) 영saint
字源 회의자. 사람(王(임)은 人(인)의 변형)의 귀(耳(이)) 옆에 입(口(구))이 있는 모습으로, 다른 사람이 말하는 것을 귀담아 듣는다는 뜻이다.
字解 ①성인(성) ¶聖賢(성현) ②임금, 천자(성) ¶聖恩(성은) ③거룩할, 성스러울(성) ¶聖域(성역)
【聖經 성경】 어떤 종교의 가르침의 중심이 되는 책.
【聖君 성군】 어질고 훌륭한 임금.
【聖上 성상】 '임금'의 높임말.
【聖域 성역】 ①신성한 지역. 특히, 종교상의 신성한 지역. ②문제 삼지 않기로 한 사항.
【聖恩 성은】 임금이 베푸는 은혜.
【聖人 성인】 지덕(智德)이 뛰어나 세인의 모범으로 숭앙받는 사람.
【聖職 성직】 거룩한 직분.
【聖誕 성탄】 ①성인의 생일. ②그

스도의 탄일.
【聖賢 성현】 성인과 현인.
【聖火 성화】 ①신에게 바치는 성스러운 불. ②각종 체육 대회 때 경기장에 켜 놓는 불.
【神聖 신성】 ①신과 같이 성스러움. ②더럽힐 수 없도록 거룩함.

耳7 【聖】 圖 聖(658)과 同字
13

耳8 【聞】 ❶들을 문 圖
14 ❷들릴 문 聞
l ｒ ｒ 門 門 門 聞 聞

중 ⓗwén 밀ブン(きく) 영hear
字源 형성자. 耳(이)는 의미 부분이고, 門(문)은 발음 부분이다.
字解 ❶들을(문) ¶見聞(견문)
❷①들릴(문) ¶所聞(소문) ②알려질(문) ¶聞望(문망)
【聞望 문망】 이름이 널리 알려져 숭앙받음.
【聞一知十 문일지십】 하나를 들으면 열을 앎.
【見聞 견문】 보고 들음. 또는 보고 들어 얻은 지식.
【所聞 소문】 여러 사람의 입에 오르내리며 전해 오는 말.
【新聞 신문】 ①새로운 소식. ②새로운 보도나 비판을 전달하는 정기 간행물.
【醜聞 추문】 좋지 않은 소문.
【風聞 풍문】 세상에 떠도는 소문.

耳8 【聰】 圖 聰(660)과 同字
14

耳8 【聚】 모을 취 圖
14
중 ⓗjù 밀シュウ(あつまる) 영assemble
字解 ①모을, 모일(취) ¶聚合(취합) ②마을, 부락(취) ¶聚落(취락)
【聚落 취락】 마을. 部落(부락).
【聚斂 취렴】 세금을 심하게 거두어들임.
【聚散 취산】 모임과 흩어짐.
【聚合 취합】 모아서 합침.

【類聚 유취】 같은 종류의 것을 갈래대로 모음. 彙集(휘집).

【聯】 聯(659)의 俗字
耳 9획 (15)

【聯】 잇닿을 련 [속][간] 联
耳 11획 (17)

丆耳耶聊聊聊聯聯

- 中 lián レン(つらねる)
- 美 connect

字源 회의자. 耳(이)와 絲(사)는 모두 의미 부분이다. 솥·술잔·항아리 등에는 대부분 귀가 달려 있는데, 이것들을 하나로 묶을 때는 그 귓구멍에 끈을 넣어 연결하고, 실은 계속 이어져서 끊기지 않으므로 '잇닿다'라는 뜻은 여기서 나왔다.

字解 ①잇닿을, 이을(련) ¶聯合(연합) ②짝, 짝 맞출(련) ¶聯句(연구)

【聯句 연구】 한시(漢詩)의 율시(律詩)에서 서로 짝을 이루는 두 구.
【聯立 연립】 둘 이상의 사물이 어울리어 섬.
【聯盟 연맹】 둘 이상의 단체나 국가 등이 서로 돕고 행동을 함께 할 것을 약속하는 일. 또는 그 조직체.
【聯邦 연방】 몇 나라가 연합하여 하나의 주권 국가를 이루고 있는 나라.
【聯想 연상】 한 관념에 의해 관계되는 다른 관념을 생각하게 되는 현상.
【聯政 연정】 둘 이상의 정당에 의해 구성되는 정부(政府).
【聯合 연합】 두 가지 이상의 사물이 서로 합함.
【關聯 관련】 서로 어떤 관계에 있음.
【對聯 대련】 ①시(詩) 등에서 짝이 되는 연. ②문이나 기둥 따위에 써붙이는 대구(對句).

【聲】 소리 성 [속][간] 声
耳 11획 (17)

士吉吉声殸殸聲聲

- 中 shēng 日 セイ(こえ)
- 美 voice

字源 회의 겸 형성자. 殸(경)은 북채를 잡고[殳(수)] 악기의 일종인 声(경:声은 殸의 생략형)을 때리고 있는 모습이고, 聲은 그 소리를 귀[耳(이)]로 듣는다는 뜻이다. 耳와 殸은 모두 의미 부분인데, 殸은 발음도 담당한다.

字解 ①소리(성) ¶聲樂(성악) ②음악, 노래(성) ¶聲律(성률) ③평판(성) ¶聲價(성가) ④사성(성) ¶聲調(성조)

【聲價 성가】 좋은 소문이나 평판.
【聲量 성량】 목소리의 크기와 양.
【聲律 성률】 ①음악의 가락. 音律(음률). ②한자 사성(四聲)의 규율.
【聲明 성명】 공언(公言)하여 의사를 분명하게 밝힘.
【聲樂 성악】 사람의 목소리로 이루어진 음악.
【聲援 성원】 소리쳐서 사기(士氣)를 북돋우어 줌.
【聲調 성조】 사성(四聲)의 가락.
【名聲 명성】 좋은 평판. 聲名(성명).
【四聲 사성】 한자의 네 운(韻)인 평성(平聲)·상성(上聲)·거성(去聲)·입성(入聲).
【肉聲 육성】 기계를 통하지 않고 직접 들리는 사람의 목소리.

【聱】 듣지 않을 오
耳 11획 (17)

- 中 áo 日 ゴウ
- 美 fastidious

字解 ①듣지 않을(오) ②까다로울(오)

【聱牙 오아】 ①남의 말을 받아들이지 않음. ②어구(語句)·문구(文句) 따위를 이해하기 어려움.
🔍 '聱'는 말이 안 들리는 것, '牙'는 윗바디가 고르지 않아 아래 윗니가 잘 안 맞는 것.

【聳】 솟을 용
耳 11획 (17) 本 耸

- 中 sǒng 日 ショウ(そびえる)
- 美 rise up

字解 ①솟을(용) ②두려워할, 삼갈(용)

【聳然 용연】 ①삼가고 두려워하는 모양. ②높이 솟은 모양.
【聳出 용출】 우뚝하게 솟음.

【聴】 聽(660)의 俗字
耳 11획 (17)

耳部 11획

耳11⑰ 【聰】 귀 밝을 총 東 聰聡聰
총
ㄱㆍ㊥cōng ㊐ソウ(さとい) ㊋clever
字源 형성자. 耳(이)는 의미 부분이고, 悤(총)은 발음 부분이다.
字解 귀 밝음, 총명할(총)
【聰氣 총기】총명한 기질.
【聰明 총명】슬기롭고 도리에 밝음.
【聰敏 총민】슬기롭고 민첩함.
【聰慧 총혜】총명하고 슬기로움.

耳12⑱ 【職】 직분 직 职 職
「 ㅣ 耳 耳 耶 耶 聢 職 職
ㄱㆍ㊥zhí ㊐ショク ㊋official duty
字源 형성자. 耳(이)는 의미 부분이고, 哉(시)는 발음 부분이다.
字解 ①직분, 직책(직) ¶兼職(겸직) ②벼슬, 관직(직) ¶職銜(직함) ③맡을, 일(직) ¶求職(구직)
【職能 직능】①직무를 수행하는 능력. ②직업에 따라 다른 고유한 기능.
【職務 직무】맡아서 하는 임무.
【職分 직분】마땅히 해야 할 본분.
【職業 직업】생계를 꾸리기 위하여 일상 종사하는 업무.
【職責 직책】직무상의 책임.
【職銜 직함】벼슬의 이름.
【兼職 겸직】본직(本職) 외에 다른 직책을 겸함.
【官職 관직】관리의 벼슬 자리.
【求職 구직】일자리를 구함.

耳16㉒ 【聾】 귀먹을 롱 東 聋
ㅁㆍ㊥lóng ㊐ロウ(つんぼ) ㊋deaf
字解 귀먹을, 귀머거리(롱)
【聾啞 농아】귀머거리와 벙어리.
【耳聾 이롱】귀가 먹어 듣지 못함.

耳16㉒ 【聽】 들을 청 ㊧㊐ 聴 听 聽
「 ㅣ 耳 耳 耶 耶 聽 聽
ㅈㆍ㊥tīng ㊐チョウ(きく) ㋫listen
字源 회의자→회의 겸 형성자. 갑골문ㆍ금문을 보면 耳(귀 이)와 口(입 구) 또는 ㅁ(현)으로 이루어졌는데, 입〔口〕으로 말을 하면 귀〔耳〕로 듣는다는 뜻이다. 소전은 의미 부분인 耳ㆍ悳(덕)과 발음 부분인 壬(임)으로 이루어졌다.
字解 ①들을(청) ¶聽覺(청각) ②받아들일(청) ¶聽許(청허) ③판결할(청) ¶聽訟(청송)
【聽覺 청각】소리를 듣는 감각.
【聽訟 청송】송사(訟事)를 심리함.
【聽衆 청중】강연 등을 들으려고 모인 사람들.
【聽取 청취】방송 등을 들음.
【聽許 청허】들어줌. 허락함.
【傾聽 경청】귀를 기울여 들음.
【盜聽 도청】몰래 엿들음.
【傍聽 방청】곁에서 들음.

6 聿 部

聿0⑥ 【聿】 오직 율 眞
ㅁㆍ㊥yù ㊐イツ ㋫only
字源 상형자. 손으로 붓을 쥔 모습을 그린 것이다.
字解 ①오직(율) ②붓(율) ③마침내(율)

聿2⑧ 【肀】 肅(661)의 俗字

聿6⑪ 【粛】 肅(661)의 俗字

聿7⑬ 【肆】 방자할 사 眞
ㅁㆍ㊥sì ㊐シ(ほしいまま) ㋫reckless
字解 ①방자할(사) ¶肆氣(사기) ②벌여 놓을(사) ¶肆陳(사진) ③저자, 가게(사) ¶肆店(사점)
【肆氣 사기】함부로 성미를 부림.
【肆廛 사전】가겟집. 肆店(사점).
【肆陳 사진】늘어놓음. 벌여 놓음.
【書肆 서사】책가게. 冊肆(책사).

【肅】 엄숙할 숙

⺻7/13

聿(율)과 㶣(연)은 모두 의미 부분이다. 聿은 손으로 붓을 쥐고 있는 모습을 그린 것으로 '일을 하다'라는 뜻을 나타낸다. 㶣은 淵(연못 연) 자의 고자이다.

⺻ⓒsù ⓙシュク(つつしむ) ⓔrespectful

字源 회의자. 聿(율)과 㶣(연)은 모두 의미 부분이다. 聿은 손으로 붓을 쥐고 있는 모습을 그린 것으로 '일을 하다'라는 뜻을 나타낸다. 㶣은 淵(연못 연) 자의 고자이다.

字解 ①엄숙할, 엄할(숙) ¶肅正(숙정) ②공경할, 삼갈(숙) ¶自肅(자숙)

【肅然 숙연】 ①두려워하여 삼가는 모양. ②엄숙하고 조용한 모양.
【肅正 숙정】 엄히 다스려 바로잡음.
【肅淸 숙청】 엄히 다스려 잘못된 것을 없앰.
【嚴肅 엄숙】 장엄하고 정숙함.
【自肅 자숙】 스스로 삼감.
【靜肅 정숙】 조용하고 엄숙함.

'肅'이 붙은 한자

嘯 휘파람 불(소) 蕭 쑥(소)
簫 퉁소(소) 繡 수놓을(수)
鏽 녹(수) 櫹 나무 길(숙)

【肄】 익힐 이

⺻7/13

ⓒyì ⓙイ ⓔexercise

字解 ①익힐(이) ②수고, 노력(이)

【肄習 이습】 연습함.
【肄業 이업】 학업을 익힘.

【肇】 시작할 조

⺻8/14

ⓒzhào ⓙチョウ(はじめる) ⓔcommence

字解 ①시작할(조) ②칠(조)

【肇國 조국】 처음 나라를 세움.
【肇業 조업】 처음 사업을 시작함.

6 肉部

【肉】 고기 육

肉0/6

ⓒròu ⓙニク(しし) ⓔmeat

字源 상형자. 고깃덩어리를 그린 것이다.

字解 ①고기, 살(육) ¶肉味(육미) ②몸, 육체(육) ¶肉親(육친)

【肉味 육미】 ①고기의 맛. ②짐승의 고기로 만든 음식.
【肉聲 육성】 기계를 통하지 않고 직접 들리는 사람의 목소리.
【肉眼 육안】 안경을 쓰지 않은 본디의 눈이나 시력.
【肉體 육체】 사람의 몸. 肉身(육신).
【肉親 육친】 혈족 관계에 있는 사람. '부모·형제·자매' 따위.
【肉筆 육필】 본인이 직접 쓴 글씨.
【果肉 과육】 ①과실의 살. ②과실과 고기.
【血肉 혈육】 ①피와 살. ②자기 소생의 자녀. ③부모와 자식, 형제 자매 등의 가까운 혈족. 骨肉(골육).

참고 부수로 쓰일 때는 글자 모양이 대개 '月'로 바뀌는데 '육달월'이라고 하여 '月(달 월)'과는 구별된다.

【肌】 살 기

肉2/6

ⓒjī ⓙキ(はだ) ⓔskin

字解 ①살(기) ¶肌骨(기골) ②살갗, 피부(기) ¶雪肌(설기)

【肌骨 기골】 살과 뼈대.
【肌膚 기부】 살과 피부, 또는 살갗.
【雪肌 설기】 눈같이 아주 흰 살갗.

【肋】 갈빗대 륵

肉2/6

ⓒlèi ⓙロク ⓔribs

字解 갈빗대, 갈비(륵)

【肋骨 늑골】 가슴을 둘러싸고 폐와 심장을 보호하는 뼈. 갈빗뼈.
【肋膜 늑막】 늑골의 안쪽에 있는, 폐의 표면과 흉곽의 내면을 싸고 있는 막.
【鷄肋 계륵】 닭의 갈빗뼈. '가치(價値)는 적지만 버리기에는 아까운 것'의 비유.

肉 3획 662

肉3 【肝】 간 간 _圈
ノ 刀 月 月 厅 厈 肝
㊀ ⓒgān ⓙカン(きも) ⓔliver
字源 형성자. 肉(육)은 의미 부분이고, 干(간)은 발음 부분이다.
字解 ①간, 간장(간) ¶肝膈(간격) ②마음, 충정(간) ¶肝膽(간담) ③중요함(간) ¶肝要(간요)

【肝膈 간격】 ①간장과 명치. ②마음속. 心中(심중).
【肝膽 간담】 ①간과 쓸개. ②속마음.
【肝膽相照 간담상조】 속마음을 서로 비추어 봄. '숨김이 없을 정도로 친한 사이'의 비유.
【肝要 간요】 매우 중요함. 또는 그러한 곳.
【肝腸 간장】 ①간장과 창자. ②마음.
【肝臟 간장】 횡격막의 아래, 복강(腹腔)의 오른편 위쪽에 있는 장기.

肉3 【肚】 배 두 _圈
ⓒdù, dǔ ⓙト ⓔbelly
字解 ①배(두) ②밥통, 위(두)
【肚裏 두리】 뱃속. 마음속.

肉3 【肘】 팔꿈치 주 _圈
ⓒzhǒu ⓙチュウ(ひじ) ⓔelbow
字解 ①팔꿈치(주) ②팔(주)
【肘腋 주액】 ①팔뚝과 겨드랑이. ②'아주 가까운 곳'의 비유.
【掣肘 철주】 남의 팔꿈치를 당김. '간섭하여 마음대로 못하게 함'의 비유.

肉3 【肖】 닮을 초 _圈
丨 丬 丷 小 肖 肖 肖
㊀ ⓒxiào ⓙショウ(にる) ⓔbe like
字源 형성자. 肉(육)은 의미 부분이고, 小(소)는 발음 부분이다.
字解 ①닮을(초) ②작을(초)
【肖像 초상】 그림이나 사진에 나타난 어떤 사람의 얼굴이나 모습.
【不肖 불초】 ①부모를 닮지 않음. '자식이 못나고 재능이 없음'을 이름. ②'자기'의 낮춤말.

'肖'가 붙은 한자
宵 밤(소)   消 끌(소)
逍 노닐(소) 銷 녹일(소)
霄 하늘(소) 趙 조나라(조)
哨 보초 설(초) 峭 가파를(초)
悄 근심할(초) 梢 나무 끝(초)
硝 초석(초) 稍 점점(초)
綃 생사(초) 鞘 칼집(초)

肉3 【肛】 똥구멍 항 _圈
ⓒgāng ⓙコウ ⓔanus
字解 똥구멍, 항문(항)
【肛門 항문】 똥구멍. 糞門(분문).
【脫肛 탈항】 직장(直腸)이 항문 밖으로 빠지는 일.

肉3 【肓】 명치끝 황 _圈
ⓒhuāng ⓙコウ ⓔsolar plexus
字解 명치끝(황) ※심장의 아래, 횡격막의 윗부분.
【膏肓 고황】 ①심장과 횡격막 사이. ②'고치기 어려운 병', 또는 '이미 굳어진 버릇'을 이름.
참고 盲(맹: 565)은 딴 자.

肉4 【肩】 어깨 견 _圈
一 ㄏ ㄕ ㄕ 戶 肩 肩 肩
㊀ ⓒjiān ⓙケン(かた) ⓔshoulder
字源 상형자. 사람의 어깨를 그린 것이다. 戶는 사람의 어깨를 그린 것으로, 戶(사립문 호)와는 모양만 비슷할 뿐 아무 상관이 없다.
字解 ①어깨(견) ②견딜(견)
【肩胛 견갑】 어깨뼈가 있는 곳.
【肩章 견장】 제복의 어깨에 붙여 계급 따위를 나타내는 표지.
【比肩 비견】 어깨를 나란히 함. 우열이 없이 동등함.
【兩肩 양견】 양쪽 어깨. 雙肩(쌍견).

肉4 【股】 넓적다리 고 _圈
ⓒgǔ ⓙコ(また) ⓔthigh
字解 넓적다리(고)

【股肱 고굉】①다리와 팔. ②임금이 손발처럼 믿는 신하. 股肱之臣(고굉지신).

肉4⑧ 【肱】 팔뚝 굉 蒸

명 ⊕gōng ⊕コウ 英forearm
字解 팔뚝(굉)

【肱臂 굉려】①팔뚝과 등뼈. ②'의지하는 것', 또는 '중요한 것'을 이름.

肉4⑧ 【肯】 즐길 긍 迥

丨 ト ト ヒ ヒ 肯 肯 肯

고 ⊕kěn ⊕コウ(がえんずる) 英affirm
字源 회의자. 본래 뼈 사이에 있는 살을 뜻하였다. 肉(육)과 止은 모두 의미 부분으로, 止은 骨(골)의 변형이다.
字解 ①즐길, 긍정할(긍) ②뼈에 붙은 살(긍)

【肯綮 긍경】'사물의 가장 긴요한 곳'의 비유. 急所(급소).
📖 '肯'은 뼈에 붙은 살을, '綮'은 뼈와 살이 붙은 곳을 이르는데, 소를 각뜰 때 '肯綮'을 잘 가려 칼질을 해야 하는 데서 온 말.

【肯定 긍정】어떤 사물·현상에 대하여 그것이 옳다고 인정함.
【首肯 수긍】머리를 끄덕여 옳다고 긍정함.

肉4⑧ 【肪】 기름 방 陽

명 ⊕fáng ⊕ボウ(あぶら) 英animal fat
字解 기름, 비계(방)

【脂肪 지방】기름.

肉4⑧ 【肥】 살찔 비 微

丿 刀 月 月 刖 肝 肥 肥

고 ⊕féi ⊕ヒ(こえる) 英fatten
字源 회의자. 肉(육)과 巴(절)은 모두 의미 부분.
字解 ①살찔, 기름질(비) ¶肥大(비대) ②거름(비) ¶肥料(비료)

【肥大 비대】살이 쪄서 몸집이 크고 뚱뚱함.
【肥料 비료】식물의 성장을 촉진하려고 땅에 주는 영양 물질. 거름.
【肥滿 비만】살이 쪄서 몸이 뚱뚱함.
【肥沃 비옥】땅이 기름짐.
【金肥 금비】돈을 치르고 산 비료. 화학 비료.
【堆肥 퇴비】풀·나뭇가지 같은 것을 쌓아서 썩힌 비료.

肉4⑧ 【朊】 사람 음부 원 阮

명 ⊕ruǎn ⊕ゲン 英pubes
字解 사람 음부(원)

肉4⑧ 【育】 기를 육 屋

丶 ㅗ 士 产 产 育 育 育

명 ⊕yù ⊕イク(そだてる) 英bring up
字源 회의자 → 회의 겸 형성자. 갑골문·금문을 보면 '㐬'으로, 여자[女(녀)] 또는 어머니[母(모)]의 아래에 어린아이[子(자)]가 거꾸로 있는 모습이다. 즉 여자가 아이를 낳는다는 뜻의 회의자이다. 소전에서는 거꾸로 있는 어린아이의 모습은 厶(돌)로, 女 또는 母는 肉(육)으로 바뀌었다. 厶과 肉은 모두 의미 부분인데, 肉은 발음도 담당한다.
字解 ①기를, 키울(육) ¶育成(육성) ②자랄(육) ¶養育(양육)

【育林 육림】계획적으로 나무를 심어서 숲을 가꾸는 일.
【育成 육성】길러서 키움. 길러서 이루어지도록 함. 養成(양성).
【育兒 육아】어린아이를 기름.
【育英 육영】①영재를 기름. ②교육.
【發育 발육】자라남.
【飼育 사육】짐승 따위를 먹여 기름.
【養育 양육】길러 자라게 함.

肉4⑧ 【肢】 사지 지 支

명 ⊕zhī ⊕シ 英limbs
字解 사지, 팔다리(지)

【肢體 지체】팔다리와 몸.
【四肢 사지】두 팔과 두 다리.

肉[肺] 허파 폐

丿 刂 刂 月 月 疒 疒 肪 肺

- 中 fèi 日 ハイ 英 lungs
- **字源** 형성자. 肉(육)은 의미 부분이고, 市(불)은 발음 부분이다.
- **字解** ①허파, 부아(폐) ¶肺病(폐병) ②마음, 충심(폐) ¶肺腑(폐부)

【肺病 폐병】 결핵균의 전염으로 생기는 폐의 병. 肺結核(폐결핵).
【肺腑 폐부】 ①부아. 허파. ②깊은 마음속. ③핵심. 요점.
【肺炎 폐염→폐렴】 폐에 생기는 염증.
【肺活量 폐활량】 숨을 한 번 들이쉬고 내쉼에 따라 폐에 출입하는 최대의 공기량.
【心肺 심폐】 심장과 허파.

肉[肴] 안주 효

- 中 yáo 日 コウ(さかな) 英 side dish
- **字解** 안주, 고기 안주(효) ≒肴

【肴核 효핵】 술안주로 하는 고기와 과실. 또는 맛좋은 음식.
【酒肴 주효】 술과 안주.

肉[肸] 울려 퍼질 힐

- 中 xī 日 ギツ 英 resound
- **字解** ①울려 퍼질, 메아리칠(힐) ②떨칠(힐) ③웃을(힐)

肉[胛] 어깨뼈 갑

- 中 jiǎ 日 コウ 英 shoulder bone
- **字解** 어깨뼈(갑)

【肩胛骨 견갑골】 어깨뼈.

肉[胆] 膽(672)의 俗字

肉[脉] 脈(666)의 俗字

肉[胖] 살찔 반

- 中 pán 日 ハン 英 fat

字解 ①살찔, 클(반) ②넉넉할, 편안할(반)

【胖大 반대】 살이 많이 쪄서 몸집이 뚱뚱하고 큼.
【肥胖 비반】 살이 쪄서 몸이 뚱뚱함.
【心廣體胖 심광체반】 마음이 너그러우면 몸이 편안함.

肉[背] 등 배

一 ｜ ㅗ ㅓ 北 北 背 背

- 中 bèi, bēi 日 ハイ(せ) 英 back
- **字源** 형성자. 肉(육)은 의미 부분이고, 北(북)은 발음 부분이다.
- **字解** ①등, 뒤(배) ¶背囊(배낭) ②등질(배) ¶背水陣(배수진) ③어길, 배반할(배) ¶背任(배임)

【背景 배경】 ①뒤쪽의 경치. ②그림·사진 등에서 뒤편에 펼쳐진 부분.
【背囊 배낭】 등에 질 수 있도록 된 주머니.
【背叛 배반】 신의를 저버리고 돌아섬.
【背水陣 배수진】 물을 등지고 치는 진법.
【背信 배신】 신의를 저버림.
【背恩忘德 배은망덕】 입은 은덕을 저버리고 배반하는 일.
【背任 배임】 임무를 배반함. 임무에서 벗어난 짓을 함.
【背馳 배치】 서로 등지고 달림. 서로 반대가 되어 어긋남.
【背後 배후】 ①등뒤. 뒤쪽. ②겉으로 드러나지 않는 부분. 幕後(막후).
【違背 위배】 약속이나 명령 따위를 어기거나 지키지 아니함.
【向背 향배】 좇음과 등짐. 복종(服從)과 배반(背反).

肉[胚] 아이 밸 배

- 中 pēi 日 ハイ 英 pregnant
- **字解** ①아이 밸(배) ②배, 배아(배)

【胚芽 배아】 식물의 씨 속에서 자라 싹눈이 되는 부분.
【胚子 배자】 동물의 태(胎)나 알 속에서 자라나 새끼가 되는 부분.
【胚胎 배태】 ①아이나 새끼를 뱀. ②사물의 시초나 원인이 될 빌미.

肉5(9) **【胥】** 서로 서

명 ⊕xū ⊕ショ(みな) ⊛mutually
字解 ❶서로(서) ❷구실아치(서)
【胥吏 서리】 지난날, 지방 관아에 딸린 하급 관리. 衙前(아전).
【胥失 서실】 서로 잘못함.

肉5(9) **【胜】** ❶비릴 성
❷새 이름 정

명 ⊕xīng ⊕セイ ⊛fishy
字解 ❶비릴(성) ❷새 이름(정)

肉5(9) **【胃】** 밥통 위

丨 冂 㓁 田 閆 胃 胃 胃

고 ⊕wèi ⊕イ ⊛stomach
字源 회의자. 肉(육)과 田은 모두 의미 부분이다. 田은 囟의 변형으로, 위장(胃腸)을 그린 것이다.
字解 밥통, 위(위)
【胃酸 위산】 위에서 분비되는, 소화 작용을 하는 산(酸).
【胃癌 위암】 위에 생기는 악성 종양.
【胃瘍 위양】 위와 창자.
【胃痛 위통】 위가 아픈 증세.
【脾胃 비위】 지라와 밥통.
참고 青(주:63)·胄(주:665)는 딴 자.

肉5(9) **【胤】** 맏 윤

명 ⊕yìn ⊕イン(たね) ⊛eldest son
字解 ❶맏, 맏아들(윤) ❷혈통, 자손(윤) ❸대 이을(윤) ❹國아들(윤)
【胤裔 윤예】 자손. 後裔(후예).
【胤玉 윤옥】 '남의 아들'의 높임말.
【胤子 윤자】 ①맏아들. ②사자(嗣子), 또는 자손.

肉5(9) **【胄】** 자손 주

명 ⊕zhòu ⊕チュウ ⊛descendants
字解 ❶자손, 혈통(주) ❷맏(주)
【胄孫 주손】 맏손자.
【胄裔 주예】 ①핏줄. 혈통. ②자손.
참고 青(주:63)는 딴 자.

肉5(9) **【胎】** 아이 밸 태

명 ⊕tāi ⊕タイ ⊛pregnancy
字解 ❶아이 밸, 새끼 밸(태) ¶胎夢(태몽) ❷태, 삼(태) ※배 속의 아이를 싸고 있는 막과 태반. ¶胎兒(태아) ❸처음, 시초(태) ¶胎動(태동)
【胎敎 태교】 태아에게 좋은 감화를 주기 위해 임부(妊婦)가 마음을 바르게 하고 언행을 삼가는 일.
【胎動 태동】 ①태아가 움직임. ②어떤 일이 일어날 기운이 싹틈.
【胎夢 태몽】 아기를 밸 징조(徵兆)로 꾸는 꿈.
【胎生 태생】 ①태어남. ②모태(母胎) 안에서 일정한 기간 발육한 뒤에 출생하는 일.
【胎兒 태아】 모체의 태(胎) 안에서 자라고 있는 아이.
【母胎 모태】 ①어머니의 태 안. ②사물이 발생하거나 발전하는 토대.
【孕胎 잉태】 아이를 뱀. 妊娠(임신).

肉5(9) **【胞】** 태보 포

丿 丨 月 月' 肑 肑 肑 胞

고 ⊕bāo ⊕ホウ ⊛amnion
字源 회의 겸 형성자. 肉(육)과 包(포)는 모두 의미 부분인데, 包는 발음도 담당한다. 包는 본래 자궁 안의 아이를, 肉는 자궁을 둘러싼 막을 뜻한다.
字解 ❶태보, 삼(포) ※배 속의 아이를 싸고 있는 막과 태반. ¶胞宮(포궁) ❷세포(포) ¶胞子(포자)
【胞宮 포궁】 아기집. 자궁(子宮).
【胞子 포자】 포자식물의 생식 세포. 홀씨.
【同胞 동포】 ①같은 어머니에게서 태어난 형제자매. ②같은 겨레.
【細胞 세포】 생물체의 기본적 구성 단위. 세포막(細胞膜)·원형질(原形質)·세포핵으로 구성되어 있음.

肉5(9) **【胡】** 오랑캐 호

一 十 扌 古 古 胡 胡 胡

胡 ⓗhú 日コ(えびす) 美savage
字源 형성자. 肉(육)은 의미 부분이고, 古(고)는 발음 부분이다. 본래 소의 턱 밑에 늘어진 살을 뜻하였는데, 뒤에 '오랑캐'·'어찌' 등의 뜻으로 가차되었다.
字解 ①오랑캐(호) ¶ 胡人(호인) ②오래 살(호) ¶ 胡壽(호수) ③어찌(호) ④턱 밑 살(호)
【胡亂 호란】호인(胡人)이 쳐들어온 난리. 특히 '병자호란(丙子胡亂)'을 이름.
【胡壽 호수】목숨이 긺. 오래 삶.
【胡人 호인】①중국 북방의 '만주족'을 이름. ②야만스러운 사람.

【胱】방광 광
명 ⓗguāng 日コウ 美bladder
字解 방광, 오줌통(광)
【膀胱 방광】콩팥에서 흘러나온 오줌을 저장하는 기관. 오줌통.

【胗】성길 나
명 ⓗná 日ダ be sparsely
字解 성길(나)

【能】능할 능
ᄼ ᄂ 飠 肯 肯 能 能
명 ⓗnéng 日ノウ(よく) 美able
字源 상형자. 곰을 그린 것이다. 본래 곰을 뜻하였으나 뒤에 '재능'·'능력' 등의 뜻으로 가차되자 곰의 뜻으로는 火를 더한 熊(웅) 자를 새로 만들어 보충하였다.
字解 ①능할, 능히 할(능) ¶ 能通(능통) ②능력(능) ¶ 才能(재능)
【能動 능동】스스로 움직이거나 작용하는 것.
【能爛 능란】솜씨가 익숙함.
【能力 능력】어떤 일을 해낼 수 있는 힘.
【能率 능률】일정한 시간 내에 이룰 수 있는 일의 분량.
【能小能大 능소능대】크고 작은 모든 일에 두루 능함.
【能熟 능숙】능란하고 익숙함.
【能通 능통】어떤 일에 통달함.
【技能 기능】기술적인 능력이나 재능.
【才能 재능】재주와 능력.

【胴】큰창자 동
명 ⓗdòng 日ドウ 美last intestine
字解 ①큰창자(동) ②몸통(동)
【胴體 동체】몸통. 胴部(동부).

【脈】맥 맥
丿 ⺁ 月 刖 刖 胪 胪 脈
고 ⓗmài 日ミャク 美pulse
字源 회의자. 肉(육)과 𠂢(패)는 모두 의미 부분이다. 𠂢는 강물의 지류를 그린 것이다.
字解 ①맥, 혈관(맥) ¶ 脈絡(맥락) ②줄기(맥) ¶ 血脈(혈맥)
【脈絡 맥락】①혈관의 계통. ②사물의 줄거리.
【脈搏 맥박】심장의 움직임에 따라 동맥벽에 일어나는 주기적 움직임.
【動脈 동맥】심장에서 나온 혈액을 온 몸으로 보내는 혈관.
【山脈 산맥】길게 벋어 나간 산악의 줄기.
【一脈相通 일맥상통】생각·처지·상태 등이 한 줄기로 서로 통함.
【診脈 진맥】맥박을 짚어 보아 병을 진찰함.
【血脈 혈맥】몸 안의 피가 도는 줄기.

【胆】힘줄 강할 이
명 ⓗèr 日ニ
字解 힘줄 강할(이)

【脂】비계 지
명 ⓗzhī 日シ(あぶら) 美fat
字解 ①비계, 기름(지) ¶ 脂肪(지방) ②나무진(지) ¶ 樹脂(수지) ③연지(지) ¶ 脂粉(지분)
【脂肪 지방】기름.
【脂粉 지분】연지(臙脂)와 백분(白粉). 화장품.
【樹脂 수지】나무에서 나오는 진. '송

肉部 7획

【油脂 유지】 '동식물에서 얻은 기름'의 총칭.

肉 6 ⑩ 【脊】 등성마루 척

명 ⊕jí ⊕セキ 美spine
字解 ①등성마루, 산마루(척) ¶脊梁(척량) ②등뼈(척) ¶脊椎(척추)
【脊梁 척량】 ①산등성마루. 산마루. ②등뼈.
【脊髓 척수】 척추의 관 속에 들어 있는 신경 중추.
【脊椎 척추】 등마루를 이루는 뼈.

肉 6 ⑩ 【脆】 연할 취

명 ⊕cuì ⊕ゼイ(もろい) 美fragile
字解 ①연할, 무를(취) ②가벼울(취)
【脆薄 취박】 ①연하고 얇음. ②인정이나 풍속이 경박함.
【脆弱 취약】 무르고 약함. 가냘픔.

肉 6 ⑩ 【脅】 으를 협 [동] 갑 脇 胁

フ ガ ガ ガ ガ ガ 脅 脅 脅

고 ⊕xié ⊕キョウ(おびやかす) 美threaten
字解 형성자. 肉(육)은 의미 부분이고, 劦(협)은 발음 부분이다.
字解 ①으를, 위협할(협) ②옆구리, 갈비(협)
【脅迫 협박】 으르고 다잡음.
【脅痛 협통】 갈빗대 언저리가 결리고 아픈 증세.
【威脅 위협】 위력(威力)으로 협박함.

肉 6 ⑩ 【脇】 명 脅(667)과 同字

肉 6 ⑩ 【胸】 가슴 흉 [동] 胷

月 月 月' 肑 胸 胸 胸

명 ⊕xiōng ⊕キョウ(むね) 美breast
字解 회의 겸 형성자. 肉(육)과 匈(가슴 흉)은 모두 의미 부분인데, 匈은 발음도 담당한다.

字解 ①가슴(흉) ¶胸部(흉부) ②마음(흉) ¶胸襟(흉금)
【胸襟 흉금】 마음속에 품은 생각.
【胸背 흉배】 ①가슴과 등. ②지난날, 학이나 호랑이 문양을 수놓아 관복의 가슴과 등에 붙이던 헝겊 조각.
【胸部 흉부】 가슴 부분.
【胸像 흉상】 인체의 머리에서 가슴까지를 나타낸 조각상이나 초상화.
【胸中 흉중】 ①가슴 속. ②마음. 생각. 心中(심중).

肉 7 ⑪ 【脚】 다리 각 [본] 腳

月 月 月' 肑 胠 胠 脚 脚

명 ⊕jiǎo ⊕キャク(あし) 美leg
字源 형성자. 肉(육)은 의미 부분이고, 却(각)은 발음 부분이다.
字解 다리, 정강이(각)
【脚光 각광】 무대 전면의 아래쪽에서 배우를 비추어 주는 광선.
【脚本 각본】 영화·연극의 대본(臺本).
【脚線美 각선미】 다리의 곡선에서 느끼는 아름다움.
【脚色 각색】 소설·설화 따위를 각본으로 고쳐 쓰는 일.
【脚註 각주】 본문의 아래쪽에 따로 베푼 풀이. 통脚注(각주).
【健脚 건각】 튼튼한 다리.
【橋脚 교각】 다리를 받치는 기둥.
【失脚 실각】 ①발을 헛디딤. ②실패하여 지위를 잃음.

肉 7 ⑪ 【脛】 정강이 경 圍형 徑

명 ⊕jìng ⊕ケイ(すね) 美shinbone
字解 정강이(경)
【脛骨 경골】 정강이뼈.

肉 7 ⑪ 【脳】 腦(669)의 俗字

肉 7 ⑪ 【脩】 포 수

명 ⊕xiū ⊕シュウ(おさめる) 美dried meat
字解 ①포(수) ※고기를 얇게 저며 양념해 말린 것. ②길(수) ③

닦을(수) ≒修
【脩短 수단】긴 것과 짧은 것.
【束脩 속수】포(脯) 열 개를 묶은 것. 지난날, 처음 스승에게 가르침을 청할 때 예물로 썼음.

肉 7 ⑪ 【脣】입술 순 [眞]

一 厂 尸 尸 尸 辰 脣 脣

[고] [中]chún [日]シン [英]lips
[字源] 형성자. 肉(육)은 의미 부분이고, 辰(진·신)은 발음 부분이다.
[字解] 입술(순) ≒唇
【脣亡齒寒 순망치한】입술이 없어지면 이가 시림. '서로 의지하는 한쪽이 망하면 다른 한쪽도 따라 망하게 됨'의 비유.
【丹脣皓齒 단순호치】붉은 입술과 흰 이. '미인의 얼굴'을 이름.

肉 7 ⑪ 【脘】❶밥통 완 [本]관 [旱] ❷빼 기름 환 [元]
[명]❶ [中]wǎn [日]カン [英]stomach
[字解] ❶밥통(완) ❷빼 기름(환)

6획

肉 7 ⑪ 【脫】벗을 탈 [曷] [속]脱

月 月 月' 月'' 月'' 胪 胪 脫

[중] [中]tuō [日]ダツ(ぬぐ) [英]take off
[字源] 형성자. 肉(육)은 의미 부분이고, 兌(태)는 발음 부분이다.
[字解] ①벗을, 벗길(탈) ¶ 脫帽(탈모) ②빠뜨릴, 빠질(탈) ¶ 脫漏(탈루)
【脫稿 탈고】원고 쓰기를 끝냄.
【脫落 탈락】어떤 데에 끼지 못하고 떨어져 나가거나 빠짐.
【脫漏 탈루】있어야 할 것이 빠짐.
【脫帽 탈모】모자를 벗음.
【脫線 탈선】기차나 전차의 바퀴가 궤도에서 벗어남.
【脫營 탈영】군인이 병영(兵營)을 빠져나와 도망감.
【脫盡 탈진】기운이 다 빠져 없어짐.
【脫出 탈출】몸을 빼어 도망함.
【脫退 탈퇴】관계를 끊고 물러남.
【脫皮 탈피】①가죽이나 껍질을 벗음. ②낡은 방식에서 벗어남.
【離脫 이탈】떨어져 나감.
【虛脫 허탈】멍하여 힘이 빠지고 일이 손에 안 잡히는 상태.

肉 7 ⑪ 【脯】포 포 [麌]
[명] [中]fǔ [日]ホ(ほじし) [英]dried meet
[字解] 포(포)
【脯肉 포육】고기를 얇게 저며 양념해 말린 것. 포.
【魚脯 어포】생선으로 만든 포.

肉 8 ⑫ 【腔】속 빌 강 [江]
[명] [中]qiāng [日]コウ [英]hollow
[字解] ①속 빌, 빈 속(강) ※몸 안의 빈 곳. ¶ 口腔(구강) ②가락, 곡조(강) ¶ 腔調(강조)
【腔腸 강장】해파리 따위 동물의 체내에서 영양을 흡수하는 기관.
【腔調 강조】음의 성률(聲律).
【口腔 구강】입 안.
【腹腔 복강】배 속. 위장·간장·신장 등이 들어 있는 부분.

肉 8 ⑭ 【腐】썩을 부 [麌]

亠 广 广 府 府 府 腐 腐

[고] [中]fǔ [日]フ(くさる) [英]rotten
[字源] 형성자. 肉(육)은 의미 부분이고, 府(부)는 발음 부분이다.
[字解] ①썩을, 썩힐(부) ②부형(부)
【腐蝕 부식】썩고 좀먹음.
【腐心 부심】속을 썩임, 또는 몹시 애를 태움.
【腐敗 부패】썩어서 못 쓰게 됨.
【腐刑 부형】지난날, 남자의 생식기를 제거하던 무거운 형벌.
【防腐 방부】썩지 못하게 막음.
【陳腐 진부】케케묵고 낡음.

肉 8 ⑫ 【腑】육부 부 [麌]
[명] [中]fǔ [日]フ [英]bowels
[字解] 육부, 장부(부)
【六腑 육부】담(膽)·위(胃)·소장(小腸)·대장(大腸)·방광(膀胱)·삼초

(三焦)의 통칭.
【臟腑 장부】가슴과 배에 들어 있는 모든 기관. 五臟六腑(오장육부).
【肺腑 폐부】허파. 肺臟(폐장).

肉8⑫ 【脾】지라 비

명 ⊕pí ⊕ヒ ⊛spleen
字解 지라(비)
【脾胃 비위】①지라와 밥통. ②좋고 언짢음을 느끼는 기분. ③아니꼬운 것을 잘 참아 내는 힘.
【脾臟 비장】위의 뒤쪽에 있는, 노폐한 적혈구를 파괴하는 기관. 지라.

肉8⑫ 【腎】콩팥 신

명 ⊕shèn ⊕ジン ⊛kidney
字解 ①콩팥(신) ②자지(신)
【腎莖 신경】자지.
【腎囊 신낭】불알.
【腎臟 신장】몸 안의 노폐물을 오줌으로 내보내는 기관. 콩팥.

肉8⑫ 【腋】겨드랑이 액

명 ⊕yè ⊕エキ ⊛armpit
字解 겨드랑이(액)
【腋芽 액아】잎과 줄기 사이에서 나는 싹. 곁눈.
【腋臭 액취】겨드랑이에서 나는 냄새. 암내.
【扶腋 부액】겨드랑이를 붙들어 걸음을 돕는 일. 곁부축.

肉8⑫ 【腕】팔 완

명 ⊕wàn ⊕ワン(うで) ⊛arm
字解 ①팔, 팔뚝, 손목(완) ¶腕力(완력) ②재주(완) ¶敏腕(민완)
【腕力 완력】①주먹심. ②육체적으로 상대편을 억누르는 힘.
【腕章 완장】팔에 두르는 표장.
【敏腕 민완】일처리에 민첩한 수완.
【手腕 수완】①손목의 잘록하게 들어간 곳. 손묵목. ②일을 꾸미거나 처리해 나가는 재간.
【右腕 우완】오른팔.

肉8⑫ 【腆】두터울 전

⊕tiǎn ⊕テン ⊛cordial
字解 ①두터울(전) ②착할(전)
【腆贈 전증】정중한 선물.
【腆厚 전후】차림이 성대하고 요란함.

肉8⑫ 【脹】배부를 창

명 ⊕cháng ⊕チョウ(ふくれる) ⊛swell
字解 ①배부를(창) ②부풀(창)
【膨脹 팽창】물체의 부피가 늘어남.

肉9⑬ 【腳】脚(667)의 本字

肉9⑬ 【腱】①힘줄 밑둥 건 ②힘줄 근

명 ❶ ⊕jiàn ⊕コン
字解 ❶①힘줄 밑둥(건) ②큰 힘줄(건) ❷힘줄(근)=筋

肉9⑬ 【腦】뇌 뇌

脑 脑
刂月 月' 月'' 月''' 肜 腦 腦 腦

고 ⊕nǎo ⊕ノウ ⊛brain
字源 회의자. 肉(육)・巛(천)・囟(신)은 모두 의미 부분이다. 囟은 뇌의 모양을 그린 것이고, 巛은 머리카락을 그린 것이다.
字解 뇌, 머릿골(뇌)
【腦裏 뇌리】머릿속. 마음속.
【腦死 뇌사】뇌의 기능이 완전히 정지되어 있는 상태.
【腦髓 뇌수】머릿골. 뇌.
【腦炎 뇌염】'뇌수에 염증(炎症)이 생기어 나는 병'의 총칭.
【頭腦 두뇌】①머릿골. ②사물의 이치를 슬기롭게 판단하는 힘.

肉9⑬ 【腹】배 복

刂月 月' 月'' 肊 肑 腹 腹

고 ⊕fù ⊕フク(はら) ⊛belly
字源 형성자. 肉(육)은 의미 부분이

고, 复(복)은 발음 부분이다.
字解 ①배(복) ¶腹痛(복통) ②마음(복) ¶腹案(복안)
【腹膜 복막】복벽(腹壁)의 안쪽에서 내장 기관들을 싸고 있는 얇은 막.
【腹部 복부】배 부분.
【腹案 복안】마음속에 품고 있는 생각이나 계획.
【腹痛 복통】배가 아픈 병.
【同腹 동복】같은 어머니에게서 난 동기(同氣).
【心腹 심복】①가슴과 배. ②마음 놓고 믿을 수 있는 부하.

腺 선 선

명 ⊕xiàn ⊕セン ⊛gland
字解 선, 샘(선) ※ 분비 작용을 하는 체내의 기관.
【腺毛 선모】곤충이나 식물의 몸 겉쪽에 있는 털.
【淚腺 누선】눈물을 분비하는 기관. 눈물샘.

腥 비릴 성

명 ⊕xīng ⊕セイ(なまぐさい) ⊛fishy
字解 ①비릴(성) ②날고기(성)
【腥魚 성어】생선. 生魚(생어).
【腥臭 성취】비린 냄새. 비린내.

腰 허리 요

月 月 肝 胛 胛 胛 腰 腰
교 ⊕yāo ⊕ヨウ(こし) ⊛waist
字源 회의 겸 형성자. 肉(육)과 要(요)는 모두 의미 부분인데, 要는 발음도 담당한다. 사람이 허리를 두 손으로 받치고 있는 모습인 要가 본래 '허리'를 뜻하였으나 뒤에 '요구하다'의 뜻으로 가차되자, 허리라는 뜻으로는 肉 자를 더한 腰 자를 새로 만들어 보충한 것이다.
字解 허리(요)
【腰帶 요대】허리띠.
【腰絰 요질】상복을 입을 때 허리에 두르는 띠.
【腰痛 요통】허리가 아픈 병.
【細腰 세요】①가는 허리. ②허리가 가늘고 날씬한 여인.

腸 창자 장

刀 月 肝 胛 胛 胛 腸 腸
교 ⊕cháng ⊕チョウ(はらわた) ⊛intestines
字源 형성자. 肉(육)은 의미 부분이고, 昜(양)은 발음 부분이다.
字解 창자(장) ※ 위(胃)의 아래부터 항문에 이르는 소화 기관.
【腸壁 장벽】창자 내부의 벽.
【灌腸 관장】약물(藥物)을 항문으로부터 직장(直腸)에 주입하는 일.
【斷腸 단장】①창자를 끊음. ②창자가 끊어질 듯한 슬픔이나 괴로움.

故事 진(晉)나라 환온(桓溫)이 삼협(三峽)을 지날 때, 하인이 원숭이 새끼를 붙잡아 데리고 가자 어미 원숭이가 몹시 슬피 울며 100여 리를 따라 오다가 죽고 말았는데, 그 배를 갈라 보니 창자가 토막토막 끊어져 있었다는 데서 온 말.

【大腸 대장】큰창자.

腫 종기 종

명 ⊕zhǒng ⊕ショウ ⊛swelling
字解 ①종기, 부스럼(종) ¶腫瘍(종양) ②부을(종) ¶腫脹(종창)
【腫氣 종기】살갗이 곪아 고름이 생기는 병. 부스럼. 腫物(종물).
【腫瘍 종양】세포가 병적으로 불어나 쓸모없는 덩어리를 이루는 병증.
【腫脹 종창】염증이나 종기 따위로 살갗이 부어오름.
【根腫 근종】덩어리진 망울이 박힌 부스럼.
【浮腫 부종】몸 전체나 일부가 붓는 증세, 또는 그런 병. 浮症(부증).

腠 살결 주

명 ⊕còu ⊕ソウ ⊛skin
字解 살결, 살갗(주)
【腠理 주리】살갗에 생긴 자디잔 결. 살결.

肉 10 [鬲]⁽¹⁴⁾ 흉격 격 囮　縞

명 ⊕gé ⊕カク 奧diaphragm
字解 흉격, 명치(격)
【鬲膜 격막】흉강(胸腔)과 복강(腹腔)의 사이에 있어 양자(兩者)를 구별하는 막. 橫隔膜(횡격막).
【胸鬲 흉격】심장과 지라 사이의 가슴 부분.

肉 10 [膏]⁽¹⁴⁾ 기름 고 囿　膏

명 ⊕gāo ⊕コウ(あぶら) 奧fat
字解 ①기름, 기름질(고) ¶ 膏血(고혈) ②명치끝(고) ¶ 膏肓(고황) ③고약(고) ¶ 軟膏(연고)
【膏粱珍味 고량진미】기름진 고기와 좋은 곡식으로 만든 맛있는 음식.
【膏藥 고약】종기나 상처에 붙이는 끈끈한 약.
【膏血 고혈】①기름과 피. ②애써 얻은 이익, 또는 그렇게 모은 재산.
【膏肓 고황】①심장과 횡격막의 사이. ②'고치기 어려운 병', 또는 '굳어진 버릇'을 이름.
☞ 이곳에 병이 생기면 고치기 어려운 데서 온 말.
【軟膏 연고】약을 개어서 만든 반고체 상태의 외용약(外用藥).

肉 10 [膂]⁽¹⁴⁾ 등골 려 囡　膂

⊕lǚ ⊕リョ 奧backbone
字解 등골, 등뼈(려)
【膂力 여력】등뼈의 힘. 체력.

肉 10 [膊]⁽¹⁴⁾ 포 박 藥　縛

명 ⊕pò ⊕ハク(ほじし)
字解 ①포(박) ※ 고기를 말린 것. ②고깃덩이(박) ③어깨뼈(박)

肉 10 [膀]⁽¹⁴⁾ 오줌통 방 陽　膀

명 ⊕páng ⊕ボウ 奧bladder
字解 오줌통, 방광(방)
【膀胱 방광】콩팥에서 흘러나온 오줌을 저장하였다가 요도를 통하여 배출시키는 배설 기관. 오줌통.

肉 10 [腿]⁽¹⁴⁾ 넓적다리 퇴 囮　腿

명 ⊕tuǐ ⊕タイ(もも) 奧thigh
字解 넓적다리, 허벅지(퇴)
【腿骨 퇴골】넓적다리뼈.
【大腿 대퇴】넓적다리.

肉 11 [膠]⁽¹⁵⁾ 아교 교 囿　膠

명 ⊕jiāo ⊕コウ(にかわ) 奧glue
字解 ①아교, 갖풀(교) ②굳을(교)
【膠柱鼓瑟 교주고슬】거문고의 줄을 괴는 기러기발을 갖풀로 고착(固着)하고 거문고를 탐. '규칙에 구애되어 변통할 줄 모름'의 비유.
【膠着 교착】①아주 단단히 달라붙음. ②어떤 상태가 고정되어 조금도 변동이 없음.
【阿膠 아교】짐승의 가죽·뼈·창자 등을 고아 말린 황갈색의 딱딱한 물질. 물건을 붙이는 데 씀. 갖풀.

肉 11 [膜]⁽¹⁵⁾ 꺼풀 막 藥　膜

명 ⊕mó ⊕マク 奧membrane
字解 꺼풀, 막(막) ※ 살 속의 얇은 가죽.
【角膜 각막】눈알의 앞쪽 중앙에 있는 투명한 막.
【鼓膜 고막】척추동물의 중이(中耳)의 바깥쪽에 있는 갓 모양의 둥글고 얇은 막. 귀청.
【肋膜 늑막】흉곽의 내면과 폐의 표면을 싸고 있는 막.

肉 11 [膚]⁽¹⁵⁾ 살갗 부 虞　膚

명 ⊕fū ⊕フ(はだ) 奧skin
字解 ①살갗(부) ②얕을(부)
【膚淺 부천】생각이 얕음.
【雪膚花容 설부화용】눈처럼 흰 살결과 꽃같이 예쁜 얼굴. '아름다운 여인의 모습'의 비유.
【皮膚 피부】동물의 몸 전체를 싸고 있는 겉껍질. 살갗.

肉 11 [膝]⁽¹⁵⁾ 무릎 슬 ⁽속⁾ 質　膝

명 ⊕xī ⊕シツ(ひざ) 奧knee

【膝甲 슬갑】지난날, 추위를 막기 위하여 바지 위에 껴입던, 무릎 아래까지 내려오는 옷.
【膝下 슬하】부모의 무릎 아래. 곧, 어버이의 따뜻한 사랑 아래.
【膝行 슬행】무릎으로 걸음. '매우 두려워함'의 비유.

[腸] 腸(670)의 俗字

[膣] 질 질

명 ⓒzhì ⓙチツ 옝vagina
字解 ①질(질) ※여자 생식기의 일부. ②새살 돋을(질)

[膩] 기름 니

명 ⓒnì ⓙジ 옝fat
字解 ①기름(니) ②미끄러울(니)
【膩粉 이분】윤이 나는 분(粉).

[膳] 반찬 선

명 ⓒshàn ⓙゼン 옝savoury food
字解 ①반찬, 음식(선) ②바칠(선)
【膳物 선물】선사하는 물건.
【膳賜 선사】정의 표시로 물건을 줌.

[膵] 췌장 췌

명 ⓒcuì ⓙスイ 옝pancreas
字解 췌장(췌)
【膵臟 췌장】위(胃) 뒤쪽에 있는 가늘고 긴 모양의 장기. 이자.

[膨] 불룩해질 팽

명 ⓒpéng ⓙボウ(ふくれる) 옝swell
字解 불룩해질, 부풀(팽)
【膨脹 팽창】①부피가 늘어남. ②규모가 커지거나 수량이 늘어남.
【膨膨 팽팽】한껏 부푼 모양.

[膿] 고름 농

명 ⓒnóng ⓙノウ(うみ) 옝pus
字解 ①고름(농) ②짓무를(농)
【膿瘍 농양】세균의 침입으로 신체 조직 속에 고름이 생긴 종양(腫瘍).
【化膿 화농】종기가 곪아서 고름이 생김.

[膽] 쓸개 담

명 ⓒdǎn ⓙタン(きも) 옝gall
字解 ①쓸개(담) ¶肝膽(간담) ②담력(담) ¶大膽(대담)
【膽囊 담낭】담즙(膽汁)을 저장하고 농축(濃縮)하는 주머니.
【膽力 담력】겁이 없고 용감한 기운.
【膽石 담석】담낭(膽囊)이나 수담관(輸膽管)에 생기는 결석(結石). 황달(黃疸)의 원인이 됨.
【膽汁 담즙】간장(肝臟)에서 분비되는 소화액.
【肝膽 간담】①간과 쓸개. ②속마음.
【落膽 낙담】①몹시 놀라 간이 떨어질 듯함. ②일이 실패로 돌아가 갑자기 마음이 상함.
【大膽 대담】담력이 큼.

[臀] 볼기 둔

명 ⓒtún ⓙトン, デン 옝buttocks
字解 볼기, 엉덩이(둔)
【臀部 둔부】엉덩이. 볼기 언저리.

[臂] 팔 비

명 ⓒbì ⓙヒ 옝arm
字解 팔, 팔뚝(비)
【臂環 비환】팔가락지. 팔찌.
【攘臂 양비】소매를 걷어붙이며 용기를 내는 모양.

[臆] 가슴 억

명 ⓒyì ⓙオク(むね) 옝breast
字解 ①가슴(억) ②생각, 마음(억)
【臆斷 억단】억측하여 결단함.
【臆說 억설】억측하여 하는 말.
【臆測 억측】제멋대로 짐작함.
【胸臆 흉억】가슴속, 또는 속생각.

肉 13 ⑰ **【膺】** 가슴 응 [蒸]

[명] [中]yīng [日]ヨウ(むね) [英]breast

[字解] ①가슴(응) ②받을(응) ③칠(응)

【膺受 응수】①선물 등을 받음. ②의무·책임 등을 짐.

【膺懲 응징】①적국(敵國)을 정복함. ②잘못을 뉘우치도록 징계함.

肉 13 ⑰ **【膾】** 회칠 회 [泰] [간] 脍

[명] [中]kuài [日]カイ(なます) [英]mince meat

[字解] 회칠, 회(회)

【膾炙 회자】①회와 구운 고기. ②널리 사람들의 입에 오르내림.

【肉膾 육회】소의 살코기를 얇고 가늘게 썰어 갖은 양념을 한 회.

肉 14 ⑱ **【臏】** 종지뼈 빈 [軫] [간] 膑

[中]bìn [日]ヒン [英]kneecap

[字解] ①종지뼈(빈) ②발 벨(빈)

【臏脚 빈각】종지뼈를 자르는 형벌, 또는 그 형벌을 받아 불구가 됨.

[故事] 제(齊)나라 손빈(孫臏)이 함께 공부한 친구 방연(龐涓)을 위(魏)나라로 찾아갔다가 도리어 시기를 받고 다리를 잘린 고사에서 온 말.

肉 14 ⑱ **【臍】** 배꼽 제 [齊] [간] 脐

[명] [中]qí [日]セイ(へそ) [英]navel

[字解] 배꼽(제)

【臍腫 제종】어린아이의 배꼽에 생기는 부스럼. 臍瘡(제창).

【噬臍莫及 서제막급】배꼽을 물어뜯어도 이미 늦음. '기회를 잃고 후회해도 소용없음'의 비유. 後悔莫及(후회막급).

[故事] 사람에게 잡힌 사향(麝香)노루가 사향 때문에 잡힌 줄을 알고 배꼽을 물어뜯었으나 이미 소용없었다는 데서 온 말.

肉 15 ⑲ **【臘】** 납향 랍 [合]

[명] [中]là [日]ロウ

[字解] ①납향(랍) ¶ 臘日(납일) ②섣달(랍) ¶ 臘月(납월) ③햇수(랍) ※ 승려가 득도(得度)한 이후의 햇수. 法臘(법랍).

【臘月 납월】음력 섣달.

【臘日 납일】[國]납향하는 날. 동지 뒤의 셋째 미일(未日).

【臘享 납향】[國]납일에 그해 농사를 비롯한 여러 가지 일을 여러 신에게 고하는 제사.

【舊臘 구랍】지난해의 마지막 달.

【法臘 법랍】승려가 된 뒤로부터 치는 '나이'.

📖 승려들이 한 여름 90일 동안 안거(安居)하면 '臘'이라 하여 한 살로 친 데서 온 말.

肉 16 ⑳ **【臙】** 연지 연 [先]

[中]yān [日]エン [英]rouge

[字解] 연지(연)

【臙脂 연지】여자가 화장할 때 양쪽 뺨에 찍는 붉은 안료(顔料).

肉 18 ㉒ **【臟】** 오장 장 [漾] [간] 脏

[고] [中]zàng [日]ゾウ [英]viscera

[字源] 형성자. 肉(육)은 의미 부분이고, 藏(장)은 발음 부분이다.

[字解] 오장, 장기(장)

【臟器 장기】내장의 여러 기관(器官).

【臟腑 장부】①내장의 총칭. 오장(五臟)과 육부(六腑). ②마음속.

【內臟 내장】동물의 가슴과 배 속에 있는 기관의 총칭.

【五臟 오장】'간장·심장·비장·폐장·신장'의 다섯 가지 내장.

6 臣部

臣 0 ⑥ **【臣】** 신하 신 [眞]

一 丆 丆 丆 丣 臣

臣 中chén 日シン(おみ) 美subject
字源 상형자. 눈[目(목)]을 세로로 그린 것이다. 사람이 머리를 숙이면 눈이 세로로 서기 때문에 '굴복'이라는 의미를 나타낸다.
字解 ①신하(신) ¶忠臣(충신) ②낮출(신) ※신하가 임금에게 자기를 일컫는 말. ¶臣妾(신첩)
【臣僚 신료】 많은 벼슬아치.
【臣服 신복】 신하가 되어 복종함.
【臣妾 신첩】 여자가 임금에 대하여 자기를 낮추어 일컫는 말.
【臣下 신하】 임금을 섬기는 벼슬아치.
【奸臣 간신】 간악한 신하.
【使臣 사신】 나라의 명을 받아 외국에 파견되던 신하.
【忠臣 충신】 나라와 임금을 위하여 충절(忠節)을 다하는 신하.

臥 누울 와
一 丆 丆 丆 丣 臣 臥

臥 中wò 日ガ(ふす) 美lie down
字源 회의자. 人(인)과 臣(신)은 모두 의미 부분이다. 臣이 의미 부분이 되는 것은 엎드려 있다는 뜻이 있기 때문이다.
字解 ①누울, 쉴(와) ②엎드릴(와)
【臥龍 와룡】 누워 있는 용. '때를 만나지 못한 영웅'의 비유.
【臥病 와병】 병으로 누워 있음.
【臥像 와상】 누워 있는 모습으로 만든 상.
【臥薪嘗膽 와신상담】 섶에 누워 자고 쓸개를 맛봄. '원수를 갚고자 온갖 괴로움을 참고 견딤'을 이름.

故事 춘추 시대 오(吳)나라 왕 부차(夫差) 등이 따가운 섶나무 위에 누워 자며 월나라에 복수할 것을 잊지 않고자 애쓰고, 월(越)나라 왕 구천(句踐)은 쓰디쓴 쓸개를 맛보며 오나라에 복수할 일을 잊지 않으려 한 고사에서 온 말.

臤 밝을 진
名 中zhěn 日シン 美bright

字解 밝을(진)

臧 착할 장
名 中zāng 日ゾウ(よい) 美good
字解 ①착할, 좋을(장) ②종, 노비(장) ③숨을, 숨길(장) =藏
【臧否 장부】 ①좋은 것과 나쁜 것. 善惡(선악). ②선악·양부(良否)를 판단하여 그 가치와 타당성을 검토함.
【臧獲 장획】 종. 奴婢(노비).
📖 '臧'은 남자종, '獲'은 여자종.

臨 임할 림
一 丆 丆 丆 丣 臣 臣 臣/ 臨/ 臨/ 臨

臨 中lín 日リン(のぞむ) 美confront
字源 회의자. 사람[⺈=人(인)]이 여러 가지 물체[品(품)]를 내려다보고[臣(신)] 있는 모습으로, 자세히 살핀다는 뜻을 나타낸다.
字解 임할, 대할(림)
【臨機應變 임기응변】 그때그때의 형편에 따라 알맞게 일을 처리함.
【臨迫 임박】 시기·사건 등이 가까이 닥쳐옴.
【臨床 임상】 실지로 환자를 접하여 병의 치료를 연구하는 일.
【臨席 임석】 자리에 참석함.
【臨時 임시】 ①시기에 임함. ②정해진 때가 아닌 일시적인 기간.
【臨戰無退 임전무퇴】 세속오계(世俗五戒)의 하나로, '전쟁에 나아가서는 물러서지 말아야 함'을 이름.
【臨終 임종】 ①죽을 때에 다다름. ②부모가 돌아가실 때 곁에서 모시고 있음. 終身(종신).
【臨海 임해】 바다에 가까이 있음.
【君臨 군림】 ①임금으로서 그 나라를 거느리어 다스림. ②가장 높은 권위의 자리에 섬.
【枉臨 왕림】 남이 자기 있는 곳으로 찾아 옴을 높여 이르는 말.

6 自 部

【自】 스스로 자

' ｢ 冂 自 自 自

㉠ ⓗzì ⓙジ(みずから) ⓔself

字源 상형자. 사람의 코를 그린 것이다. 본래 코를 뜻하였으나 뒤에 '자기'의 뜻으로 가차되자, 코의 뜻으로는 畀를 더한 鼻(비) 자를 새로 만들어 보충하였다.

字解 ①스스로, 몸소(자) ¶自覺(자각) ②자기(자) ¶自他(자타) ③저절로(자) ¶自然(자연) ④부터(자) ¶自初至終(자초지종)

【自覺 자각】 스스로 깨달음.
【自激之心 자격지심】 제가 한 일에 대하여 스스로 미흡하게 여기는 마음.
【自己 자기】 ①저. ②그 사람 자신.
【自動 자동】 제힘으로 움직임.
【自問自答 자문자답】 스스로 묻고 스스로 대답함.
【自手成家 자수성가】 자기 손으로 집안을 이룸. '자기의 힘으로 어엿한 살림을 이룸'을 이름.
【自肅 자숙】 스스로 삼감.
【自繩自縛 자승자박】 자기의 줄로 자기를 묶음. '자기가 한 언행 때문에 자신이 괴로움을 당함'을 이름.
【自業自得 자업자득】 자기가 저지른 일의 과보(果報)를 자기 자신이 받음.
【自然 자연】 사람의 힘을 더하지 않고서 존재하는 것.
【自重 자중】 ①자기 몸을 소중하게 함. ②몸가짐을 진중하게 함.
【自初至終 자초지종】 처음부터 끝까지. 自始至終(자시지종).
【自處 자처】 스스로 그렇게 처신함.
【自炊 자취】 손수 밥을 지어 먹음.
【自治 자치】 자기 일을 자기 스스로 다스림.
【自他 자타】 자기와 남.
【自暴自棄 자포자기】 절망 상태에 빠져서 자신을 버리고 돌보지 않음.
【自畫自讚 자화자찬】 자기가 그린 그림을 자기가 칭찬함. '제가 한 일을 제 스스로 자랑함'을 이름.
【各自 각자】 ①각각의 자기. ②저마다 따로따로.
【獨自 독자】 저 혼자. 單獨(단독).

【臭】 냄새 취

冫 自 自 自 自 臭 臭 臭

㉠ ⓗchòu ⓙシュウ(くさい) ⓔstink

字源 회의자. 自(자)와 犬(견)은 모두 의미 부분이다. 개[犬]가 코[自]로 냄새를 맡는다는 뜻이다.

字解 냄새, 냄새 날(취).

【臭氣 취기】 비위를 상하게 하는 좋지 않은 냄새. 惡臭(악취).
【體臭 체취】 ①몸에서 나는 냄새. ②그 사람의 독특한 기분이나 버릇.
【香臭 향취】 향냄새.

【皐】 皋(560)의 俗字

6 至 部

【至】 이를 지

一 一 互 互 至 至

㉠ ⓗzhì ⓙシ(いたる) ⓔreach

字源 회의자. 갑골문을 보면 '至'로, 화살[矢]이 날아가 땅[一]에 꽂힌 모습이다. '도착하다'·'다다르다'라는 뜻은 여기에서 나왔다.

字解 ①이를, 다다를(지) ¶至今(지금) ②지극할(지) ¶至誠(지성) ③하지, 동지(지)

【至極 지극】 더할 수 없이 극진함.
【至今 지금】 지금(只今)에 이르기까지. 이제까지. 至于今(지우금).
【至急 지급】 매우 급함.
【至當 지당】 지극히 마땅함.
【至大 지대】 더할 수 없이 큼.
【至毒 지독】 매우 독함.
【至上 지상】 더할 수 없이 높음.
【至誠 지성】 지극한 정성.
【至賤 지천】 ①매우 천함. ②너무 많아서 귀할 것이 없음.
【遝至 답지】 한군데로 몰려듦.
【冬至 동지】 이십사 절기의 하나. 대설(大雪)과 소한(小寒) 사이로,

12월 22일경.
【夏至 하지】이십사 절기의 하나. 망종(芒種)과 소서(小暑) 사이로, 6월 22일경.

【致】 致(676)의 本字

【致】 이를 치 본 致

ㅡ ㅜ ㄠ 至 至 至 致 致

명 ⓒzhì ⓙチ(いたす) ⓔreach
字源 회의자. 소전에서는 致로 썼는데 致는 致의 속체이다. 夊(치)와 至(지)는 모두 의미 부분이다.
字解 ①이를, 다다를(치) ¶致死(치사) ②부를(치) ¶招致(초치) ③이룰(치) ¶致富(치부) ④보낼, 전할(치) ¶致賀(치하) ⑤운치, 풍치(치) ¶景致(경치)

【致命 치명】①목숨을 줌. ②생명을 바침. ③명령을 전함.
【致富 치부】재물을 모아 부자가 됨.
【致死 치사】죽음에 이르게 함.
【致辭 치사】치하(致賀)하는 말.
【致誠 치성】①정성을 다함. ②신불(神佛)에게 정성을 드림.
【致賀 치하】경사에 대하여 칭찬하거나 축하하는 뜻을 나타냄.
【景致 경치】자연의 아름다운 모습.
【送致 송치】보내어 그곳에 닿게 함.
【韻致 운치】고아한 품격을 갖춘 멋.
【誘致 유치】권하여 오게 함.
【招致 초치】불러서 오게 함.
【風致 풍치】①훌륭하고 멋스러운 경치. ②격에 어울리는 멋.

【臺】 돈대 대 동 坮 간 台 臺

ㅗ 吉 吉 吉 臺 臺 臺 臺

명 ⓒtái ⓙダイ ⓔheight
字源 회의자. 至(지), 士, 冖는 모두 의미 부분이다. 士는 出 곧 之(지)의 변형이고, 冖는 高의 생략형이다.
字解 ①돈대(대) ¶高臺廣室(고대광실) ②누각, 정자(대) ¶臺榭(대사) ③조정, 관청(대) ¶臺閣(대각) ④대(대) ※㉠기계・자동차 따위를 세는 단위. ㉡물건을 올려놓는 곳.

【臺閣 대각】①조정(朝廷), 內閣(내각). ②조선 시대의 '사헌부(司憲府)와 사간원(司諫院)'의 병칭. ③누각과 정자.
【臺詞 대사】각본(脚本)에 따라 배우가 무대에서 하는 말.
【臺榭 대사】높고 큰 누각이나 정자.
【臺紙 대지】그림・사진 등을 붙일 때, 밑바탕이 되는 두꺼운 종이.
【高臺廣室 고대광실】높이 쌓은 대와 넓은 집. '크게 잘 지은 집'을 이름.
【墩臺 돈대】조금 높직한 평지.
【舞臺 무대】공연을 하기 위하여 마련한 자리.

【臻】 이를 진

명 ⓒzhēn ⓙシン(いたる) ⓔreach
字解 ①이를, 미칠(진) ②모일(진)
【臻極 진극】궁극(窮極)에 이름.

6 臼 部

【臼】 절구 구 속 旧

명 ⓒjiù ⓙキュウ(うす) ⓔmortar
字源 상형자. 절구를 그린 것이다. 臼부에 속하는 글자는 원래 모양과는 상관없이 해서체로 정형화되면서 이 부에 들어갔다.
字解 절구, 방아확(구)

【臼狀 구상】절구처럼 가운데가 우묵하게 파인 형상.
【臼齒 구치】어금니.
참고 부수로 쓰일 때는 글자 모양이 '臼'로 되기도 한다.

【臾】 잠깐 유

명 ⓒyú ⓙユ ⓔa minute
字解 잠깐, 잠시(유)
【須臾 수유】잠시 동안.

白部 12획

【舂】 절구질할 용 ㊁송

㊥chōng ㊐ショウ(うすつく)
㊎pound

字解 절구질할, 방아 찧을(용)

【舂杵 용저】 절굿공이.
【舂精 용정】 곡식을 찧음.

【舃】 ❶까치 작 ❷신 석

명 ㊥què, xì ㊐シャク, セキ
㊎magpie

字解 ❶까치(작)＝鵲 ❷신(석)

【舅】 시아비 구

명 ㊥jiù ㊐キュウ(しゅうと)
㊎father-in-law

字解 ①시아비(구) ¶ 舅姑(구고) ②장인(구) ¶ 舅甥(구생) ③외삼촌(구) ¶ 內舅(내구)

【舅姑 구고】 시아버지와 시어머니.
【內舅 내구】 외삼촌. 外叔(외숙).
【外舅 외구】 아내의 아버지. 장인.

【與】 ❶줄 여 ❷참여할 여

명 ㊥yǔ, yù ㊐ヨ(あたえる)㊎give

字解 회의 겸 형성자. 舁(여)와 与(여)는 모두 의미 부분이면서 발음도 담당한다. 舁는 위에서 아래로 펼친 손 둘(臼(구))과 아래에서 위로 펼친 손 둘(廾(공))로 이루어진 글자로 '마주 든다'는 뜻이고, 与는 '준다'는 뜻이다.

字解 ❶①줄(여) ¶ 與奪(여탈) ②함께할(여) ¶ 與黨(여당) ③더불어(여) ¶ 與民同樂(여민동락) ❷참여할(여) ¶ 關與(관여)

【與件 여건】 주어진 조건.
【與黨 여당】 행정부의 편을 들어, 그 정책을 지지하는 정당(政黨).
【與民同樂 여민동락】 임금이 백성과 더불어 함께 즐김.
【與否 여부】 그러함과 그렇지 않음.
【與奪 여탈】 줌과 빼앗음.
【關與 관여】 관계하여 참여함.
【寄與 기여】 남에게 이바지함.
【授與 수여】 증서·상품 따위를 줌.
【贈與 증여】 남에게 금품을 줌.
【參與 참여】 참가하여 관계함.

【興】 ❶일어날 흥 ❷흥겨울 흥

명 ㊥xīng ㊐キョウ(おこる) ㊎rise

字解 회의자. 舁(여)와 同(동)은 모두 의미 부분이다. 힘을 합해[同] 들어 올린다[舁]는 뜻이다. 舁는 '마주 든다'는 뜻이다.

字解 ❶①일어날, 흥할(흥) ¶ 興起(흥기) ②일으킬, 시작할(흥) ¶ 興業(흥업) ❷흥겨울, 흥(흥) ¶ 興味(흥미)

【興起 흥기】 떨치고 일어남.
【興亡 흥망】 떨쳐 일어남과 망하여 없어짐. 흥기(興起)와 멸망(滅亡).
【興味 흥미】 ①흥을 느끼는 재미. ②대상에 이끌려 관심을 가지는 감정.
【興奮 흥분】 자극(刺戟)을 받아 감정이 북받쳐 일어남, 또는 그 감정.
【興業 흥업】 새로이 사업을 일으킴.
【興盡悲來 흥진비래】 즐거운 일이 다하면 슬픈 일이 옴. '세상일은 좋고 나쁜 것이 돌고 돎'을 이름.
【興趣 흥취】 흥겨운 맛과 취미.
【興行 흥행】 돈을 받고 연극·영화 따위를 구경시키는 일.
【感興 감흥】 느끼어 일어나는 흥취.
【復興 부흥】 쇠하였던 것이 다시 일어남, 또는 쇠하였던 것을 다시 일으킴.
【振興 진흥】 떨쳐 일어남.

【舊】 예 구

명 ㊥jiù ㊐キュウ(ふるい) ㊎old

字解 형성자. 萑(추)는 의미 부분이고, 臼(구)는 발음 부분이다. 본래

새의 이름을 뜻하였으나, 뒤에 '옛 것'이라는 뜻으로 가차되었다.

[字解] ①예, 옛(구) ②오랠(구)

【舊面 구면】 전부터 알고 있는 사람.
【舊習 구습】 옛 풍습이나 관습.
【舊式 구식】 옛 격식.
【舊惡 구악】 기왕에 저지른 죄악.
【舊正 구정】 음력 설이나 정월.
【舊態 구태】 예전 그대로의 모습.
【復舊 복구】 예전 상태대로 고침.
【親舊 친구】 오랜 세월을 두고 가깝게 사귄 벗. 親友(친우).

6 舌 部

舌 0 ⑥ 【舌】 혀 설 [屑]

丿 二 千 千 舌 舌

[중] [中]shé [日]ゼツ(した) [英]tongue

[字源] 상형자. 입에서 혀가 나온 모양을 그린 것이다.

[字解] ①혀(설) ¶舌端(설단) ②말(설) ¶舌戰(설전)

【舌端 설단】 혀끝.
【舌戰 설전】 말다툼. 말씨름.
【舌禍 설화】 ①말의 내용 때문에 입게 되는 화. ②남의 중상·험담 때문에 입게 되는 화.
【口舌 구설】 시비하거나 헐뜯는 말.
【毒舌 독설】 독살스럽게 하는 말.
【長廣舌 장광설】 ①길고 줄기차게 잘 늘어놓는 말솜씨. ②쓸데없이 너저분하게 지껄이는 말.

舌 2 ⑧ 【舍】 ❶집 사 [禡] ❷쉴 사 [馬]

丿 人 亼 亼 仐 仐 舍 舍

[중] [中]shè, shě [日]シャ(やどる) [英]house

[字源] 口(구)가 의미 부분이고 수(사)가 발음 부분인 형성자로 본래 '베풀다'·'공포(公布)하다'라는 뜻이었으나 뒤에 '집'이라는 뜻으로 가차되었다는 설과 집을 그린 상형자로 스은 지붕, 나은 기둥, 口은 터를 그린 것이라는 설이 있다.

[字解] ❶집(사) ¶校舍(교사) ❷①쉴, 놓을(사) ¶不舍晝夜(불사주야) ②버릴(사)＝捨

【舍監 사감】 기숙사에서 기숙생들의 생활을 감독하는 사람.
【舍利 사리】 범어 'Sarira'의 음역(音譯). 성자나 부처의 유골, 또는 화장하여 맨 나중에 나오는 구슬 같은 것. 佛骨(불골).
【舍宅 사택】 ①사람이 사는 집. ②기업체나 기관에서 직원을 위하여 제공하는 살림집.
【不舍晝夜 불사주야】 밤낮으로 쉬지 아니함. 종일 쉬지 아니함.
【校舍 교사】 학교의 건물.
【驛舍 역사】 역으로 쓰는 건물.

舌 4 ⑩ 【舐】 핥을 지 [本]시 [紙] [본] 舓

[中]shì [日]シ(なめる) [英]lick

[字解] 핥을(지)

【舐犢之愛 지독지애】 어미소가 송아지를 핥아 주는 사랑. '어버이가 자식에게 베푸는 사랑'의 비유. 舐犢之情(지독지정).
【舐痔 지치】 치질을 핥음. '아첨함'을 이름.

舌 6 ⑫ 【舒】 펼 서 [魚]

[명] [中]shū [日]ジョ [英]unfold

[字解] ①펼(서) ②느긋할(서)

【舒遲 서지】 여유가 있고 침착함.
【振舒 진서】 떨쳐서 폄.

舌 9 ⑮ 【舖】 鋪❷(771)의 俗字

舌 10 ⑯ 【舘】 [명] 館(810)의 俗字

6 舛 部

6 획

舛部

舛 [舛] 어그러질 천
- 명 ⊕chuǎn ⊕セン ⊛oppose
- 字源 회의자. 두 발〔夂(치)와 㐄(과)〕이 서로 어긋나 있는 모습이다. '어긋나다'・'위배하다' 등의 뜻은 여기에서 나왔다.
- 字解 어그러질, 어긋날(천)

【舛駁 천박】 뒤범벅이 되어 순수하지 아니함.
【舛訛 천와】 잘못. 誤謬(오류).

舜 [舜] 순임금 순
- 명 ⊕shùn ⊕シュン
- 字解 ①순임금(순) ¶ 堯舜(요순) ②무궁화(순) 능舜 ¶ 舜英(순영)

【舜英 순영】 무궁화꽃. '미인(美人)'의 비유. 舜華(순화).
【堯舜 요순】 중국 고대의 성군(聖君)인 요임금과 순임금.

舞 [舞] 춤출 무
- 명 ⊕wǔ ⊕ブ(まう) ⊛dance
- 字源 형성 겸 회의자. 舛(천)은 의미 부분이고, 無(무)는 발음 부분이다. 無가 본래 사람이 춤을 추는 모습을 그린 상형자였으나, 뒤에 '없다'라는 뜻으로 가차되자 춤추다라는 뜻으로는 발 둘 모양의 舛을 더한 舞 자를 새로 만들어 보충하였다. 따라서 無는 의미 부분도 겸한다.
- 字解 ①춤출, 춤(무) ¶ 舞曲(무곡) ②희롱할(무) ¶ 舞弄(무롱)

【舞曲 무곡】 '춤을 위하여 만들어진 악곡'의 총칭. 춤곡.
【舞臺 무대】 연극・춤・노래를 할 수 있게 마련한 곳.
【舞弄 무롱】 문부(文簿)를 마음대로 고치거나 법률의 적용을 농락함.
【舞踊 무용】 춤. 舞蹈(무도).
【舞姬 무희】 춤을 잘 추거나, 춤추는 것을 직업으로 하는 여자.
【歌舞 가무】 노래와 춤.
【群舞 군무】 여러 사람이 어우러져 추는 춤.

舟部

舟 [舟] 배 주
- 고 ⊕zhōu ⊕シュウ(ふね) ⊛ship
- 字源 상형자. 배를 그린 것이다.
- 字解 배(주)

【舟師 주사】 배를 타고 싸우는 군대.
【舟遊 주유】 뱃놀이.
【舟艇 주정】 몸체가 작은 배.
【方舟 방주】 네모난 배.
【扁舟 편주】 작은 배. 거룻배. 쪽배. ¶ 片舟(편주).
【虛舟 허주】 빈 배.

舡 [舡] ❶오나라 배 강 ❷배 선
- 명 ❶ ⊕xiāng ⊕コウ ⊛ship
- 字解 ❶오나라 배(강) ❷배(선)
- ※ '船(680)'의 속자.

般 [般] ❶옮길 반 ❷돌이킬 반
- 고 ⊕bān ⊕ハン ⊛remove
- 字源 회의자. 갑골문・금문을 보면 凡(범)과 攴(복)으로 이루어졌다. 凡은 본래 다리가 달린 쟁반〔槃(반)・盤(반)〕을 그린 상형자이고, 攴은 '손으로 무슨 일을 하다'라는 뜻이므로, 般은 '쟁반을 만들다', 또는 쟁반을 만들기 위해서는 틀에 놓고 돌려야 하므로 '회전하다'라는 뜻을 나타낸다. 舟 자가 들어간 것은 글자 모양이 비슷하여 후대에 혼동되어 쓰인 결과이다. 攴은 소전에서 殳(수)로 바뀌었다.
- 字解 ❶①옮길, 나를(반) ②돌, 돌릴(반) ¶ 般旋(반선) ③즐길(반) ¶ 般樂(반락) ❷①돌이킬, 돌아올

(반) ❶般師(반사) ❷일반(반) ❶全般(전반)
【般樂 반락】 마음껏 즐기며 놂.
【般師 반사】 군사를 돌이킴.
【般旋 반선】 산길 따위가 빙빙 굽이돌아서 오르게 됨.
【般若 반야】 범어 'Prajna'의 음역. 만물의 본질을 이해하고 불법(佛法)의 참다운 이치를 깨닫는 지혜.
【萬般 만반】 모든 일. 諸般(제반).
【一般 일반】 어떤 공통되는 요소가 전체에 두루 미치고 있는 것.
【全般 전반】 여러 가지 것의 전부.

舟4⑩【舫】 쌍배 방 漾
명 ㊥fǎng ㊐ホウ ㊧catamaran
字解 쌍배, 배(방)
【舫船 방선】 두 척을 매어 나란히 가게 한 배.

舟4⑩【航】 배 항 陽
' ノ 几 月 舟 舟' 舟 舟 航 航
고 ㊥háng ㊐コウ ㊧sail
字源 형성자. 舟(주)는 의미 부분이고, 亢(항)은 발음 부분이다.
字解 ❶배(항) ❷건널(항) ❶航路(항로) ❸날, 비행할(항) ❶航空(항공)
【航空 항공】 비행기나 비행선으로 공중을 비행함.
【航路 항로】 배·비행기가 다니는 길.
【航海 항해】 배를 타고 바다를 다니거나 건넘.
【難航 난항】 ①비행기나 배가 몹시 어렵게 항행(航行)함. ②'여러 가지 장애로 일이 순조롭게 진척되지 않음'의 비유.
【出航 출항】 비행기나 배가 출발함.
【就航 취항】 배나 비행기가 항로(航路)에 오름.

舟5⑪【舸】 큰 배 가
㊥gě ㊐カ ㊧big ship
字解 큰 배(가)
【舸船 가선】 큰 배. 巨船(거선).

舟5⑪【舶】 큰 배 박 藥
명 ㊥bó ㊐ハク ㊧big ship
字解 ❶큰 배(박) ❷장삿배(박)
【舶來 박래】 ①외국에서 배로 날라 옴. ②외국에서 들어온 물품. 舶來品(박래품).

舟5⑪【船】 배 선 先 船舩
ノ 几 月 舟 舟' 舟' 舟n 船 船
종 ㊥chuán ㊐セン(ふね) ㊧ship
字源 형성자. 舟(주)는 의미 부분이고, 㕣(연)은 발음 부분이다.
字解 배(선)
【船舶 선박】 '배'의 총칭.
【船員 선원】 '배에서 일을 보는 사람'의 총칭.
【船積 선적】 선박에 화물을 싣는 일.
【船艙 선창】 물가에 다리처럼 만들어 배를 댈 수 있게 마련한 곳.
【漁船 어선】 고기잡이배. 고깃배.
【造船 조선】 배를 건조함.

舟5⑪【舳】 고물 축 屋
㊥zhú ㊐ジク(とも) ㊧stern
字解 고물(축) ※배의 뒤쪽.
【舳艫相銜 축로상함】 고물과 이물이 서로 맞물려 있음. '많은 배가 잇닿아 있는 모양'을 이름.

舟5⑪【舵】 명 柁(417)와 同字

舟5⑪【舷】 뱃전 현 先
명 ㊥xián ㊐ゲン(ふなばた) ㊧gunwale
字解 뱃전(현)
【舷側 현측】 배의 양쪽 가장자리 부분.
【右舷 우현】 오른쪽 뱃전.

舟7⑪【艀】 작은 배 부 尤
명 ㊥fú ㊐フ ㊧small ship
字解 작은 배(부) ※세로 길이가 짧은 배.

舟7/13 **【艅】** 배 이름 여 俞
명 ⓒyú ⓙヨ
字解 배 이름(여)

舟7/13 **【艇】** 거룻배 정 廷
명 ⓒtǐng ⓙテイ(ふね) ⓔboat
字解 거룻배, 작은 배(정)
【小艇 소정】 작은 배.
【漕艇 조정】 ①보트를 저음. ②보트를 저어서 그 빠르기로 승부를 겨루는 경기.
【艦艇 함정】 '싸움배'의 총칭.

舟10/16 **【艘】** 배 소 叟
ⓒsōu ⓙソウ ⓔship
字解 배(소)

舟10/16 **【艙】** 선창 창 倉
명 ⓒcāng ⓙソウ ⓔcabin
字解 선창(창)
【船艙 선창】 물가에 다리처럼 만들어 배를 댈 수 있게 마련한 곳.

舟13/19 **【艤】** 배 댈 의 義
명 ⓒyǐ ⓙギ ⓔequip
字解 배 댈, 출항 준비할(의)
【艤舟 의주】 배 떠날 준비를 함.

舟14/20 **【艦】** 싸움배 함 監
명 ⓒjiàn ⓙカン ⓔwarship
字解 싸움배, 군함(함)
【艦隊 함대】 군함(軍艦) 두 척(隻) 이상으로 편성된 해군 부대.
【艦長 함장】 군함을 지휘 통솔하는 우두머리.
【艦艇 함정】 '군함'의 총칭.
【艦艇 함정】 '艦'은 큰 배, '艇'은 작은 배.
【艦砲 함포】 군함에 장치한 포.
【軍艦 군함】 해군의 함선 중에서 해상 전투를 담당하는 전선(戰船).
【戰艦 전함】 '전쟁에 쓰이는 배'의 통칭(通稱).

舟16/22 **【艫】** 이물 로 盧
ⓒlú ⓙロ(へさき) ⓔprow
字解 이물(로) ※배의 머리쪽.
【舳艫 축로】 배의 고물과 이물.

6 艮部

艮0/6 **【艮】** 괘 이름 간 願
명 ⓒgèn ⓙコン(うしとら)
字源 회의자. 匕(비)와 目(목)은 모두 의미 부분이다. 서로 눈을 뜨고 쳐다본다는 뜻이다.
字解 괘 이름(간)
【艮卦 간괘】 팔괘(八卦)의 하나. 산을 상징하고, 머물러 나아가지 아니하는 상(象). 괘형(卦形)은 ☶.
【艮時 간시】 이십사시의 넷째 시. 곧, 상오 2시 30분~3시 30분.

> **'艮'이 붙은 한자**
> 艱 어려울 (간) 根 뿌리 (근)
> 跟 발꿈치 (근) 垠 끝 (은)
> 垠 옥돌 (은) 銀 은 (은)
> 恨 한할 (한) 限 한정 (한)
> 很 패려궂을 (흔) 狠 패려궂을 (흔)
> 痕 흔적 (흔)

艮1/7 **【良】** 어질 량 陽
　　　　　ㄱ ㅋ ㅋ 户 良 良
명 ⓒliáng ⓙリョウ(よい) ⓔgood
字源 무엇을 본뜬 것인지에 대해서는 아직 정설이 없다.
字解 ①어질(량) ¶善良(선량) ②좋을(량) ¶良質(양질) ③진실로(량) ④남편(량) ¶良人(양인)
【良家 양가】 지체 있는 좋은 집안.
【良書 양서】 내용이 좋은 책.
【良識 양식】 건전한 판단력을 갖춘 식견(識見).
【良心 양심】 사물의 시비를 판단하고 언행을 올바르게 하려는 마음.

【良藥苦口 양약고구】 좋은 약은 입에 씀. '충고하는 말은 듣기 거북하지만 자기에게 이로움'의 비유. 忠言逆耳(충언역이).
【良人 양인】 ①어질고 착한 사람. ②아내가 남편을 이르는 말.
【良質 양질】 좋은 品質.
【良好 양호】 매우 좋음.
【良貨 양화】 ①좋은 보물. ②품질이 좋은 화폐.
【改良 개량】 고치어 좋게 함.
【善良 선량】 착하고 어짊.
【優良 우량】 우수하고 좋음.

'良'이 붙은 한자

娘 각시(낭) 浪 물결(랑)
狼 이리(랑) 郞 사내(랑)
朗 밝을(랑) 琅 옥 이름(랑)
粮 강아지풀(랑)

艮 11획 ⑰ 【艱】 어려울 간
명 ⓒjiān ⓙカン(なやむ) ⓔhard
字解 ①어려울(간) ②부모 상(간)
【艱難 간난】 괴롭고 고생스러움.
【艱辛 간신】 힘들고 고생스러움.
【內艱 내간】 어머니나 승중(承重) 조모의 상사(喪事).

6 色 部

色 0획 ⑥ 【色】 빛 색
ノ ク ク 夕 色 色
명 ⓒsè, shǎi ⓙショク(いろ) ⓔcolor
字源 회의자. 人(인)과 巴(절)은 모두 의미 부분이다.
字解 ①빛(색) ¶色調(색조) ②낯빛(색) ¶氣色(기색) ③여색(색) ¶色情(색정)
【色感 색감】 ①색에 대한 감각. ②빛깔에서 받는 느낌.
【色盲 색맹】 빛깔을 구별하지 못하는 상태, 또는 그런 사람.
【色情 색정】 남녀 간의 욕정(欲情), 또는 여색(女色)을 좋아하는 마음.
【色調 색조】 빛깔의 농담·강약·명암 따위의 정도나 상태.
【色彩 색채】 빛깔.
【氣色 기색】 얼굴에 나타난 마음속의 생각·감정 따위.
【物色 물색】 ①물건의 빛깔. ②적합한 사람이나 물건을 찾아 고름.
【女色 여색】 ①여자와의 육체적 관계. ②여자의 성적인 매력.
【好色 호색】 여색(女色)을 좋아함.

色 5획 ⑪ 【艴】 발끈할 불
ⓒfú ⓙフツ ⓔbe angry
字解 발끈할(불)
【艴然 불연】 성을 발끈 내는 모양.

色 13획 ⑲ 【艷】 명 艷(682)의 俗字

色 18획 ㉔ 【艷】 고울 염
명 ⓒyàn ⓙエン(つや) ⓔbeautiful
字解 고울, 예쁠(염)
【艷聞 염문】 연애나 정사(情事)에 관한 소문.
【妖艷 요염】 사람을 홀릴 만큼 매우 아리따움.

6 艸 部

艸 0획 ⑥ 【艸】 풀 초
명 ⓒcǎo ⓙソウ(くさ) ⓔgrass
字解 풀(초) ※草(501)의 고자.
참고 머리에 쓰일 때는 글자 모양이 '艹'로 변형된다. ☞艹部(493)

艸 4획 ⑩ 【芻】 꼴 추
명 ⓒchú ⓙスウ(まぐさ) ⓔfodder
字解 꼴(추) ※마소에 먹이는 풀.

【芻米 추미】꼴과 쌀. '가축의 먹이와 사람의 양식'을 이름.
【芻豢 추환】'집짐승'의 총칭.
📖 '芻'는 풀을 먹는 '소·말·양' 따위를, '豢'은 곡식을 먹는 '개·돼지' 따위를 뜻함.
【反芻 반추】①소·양 따위가 한번 삼킨 먹이를 다시 게워 내어 씹는 일. 되새김. ②'되풀이하여 음미하거나 생각함'의 비유.

6 虍 部

虍 [虍] 범의 문채 호
⓪⑥
㊥hū ㊐ク
字源 상형자. 호랑이를 그린 것이다.
字解 ①범의 문채(호) ②부수의 하나(범호엄)

虍 [虎] 범 호
②⑧
丨 ㄏ 广 卢 卢 虏 虎
음 ㊥hǔ ㊐コ(とら) ㊧tiger
字源 상형자. 입을 벌리고 있고 몸에는 줄무늬가 있는 호랑이를 그린 것이다.
字解 범(호)
【虎口 호구】범의 입. '매우 위험한 지경'의 비유.
【虎狼 호랑】①호랑이와 이리. '욕심이 많고 잔인한 사람'의 비유. ②호랑이.
【虎父犬子 호부견자】호랑이 아비에 개의 새끼. '훌륭한 아버지에 비하여 못난 자식'을 이름.
【虎視眈眈 호시탐탐】범이 날카로운 눈초리로 노려봄. '기회를 노리며 형세를 살핌'의 비유.
【虎穴 호혈】범이 사는 굴. '매우 위험한 곳'의 비유.
【猛虎 맹호】몹시 사나운 범.

虍 [虐] 사나울 학
③⑨

명 ㊥nüè ㊐ギャク(しいたげる) ㊧cruel
字解 사나울, 포학할(학)
【虐待 학대】가혹하게 대함.
【虐殺 학살】참혹하게 죽임.
【虐政 학정】포학한 정치. 苛政(가정).
【殘虐 잔학】잔인하고 포학함.
【暴虐 포학】사납고 잔인함.

虍 [虔] 정성스러울 건
④⑩

명 ㊥qián ㊐ケン(つつしむ) ㊧sincere
字解 정성스러울, 삼갈(건)
【敬虔 경건】공경하고 삼감.

虍 [處] ①곳 처
⑤⑪   ②살 처
〔속〕処 〔간〕処
丨 ㄏ 广 卢 卢 虏 虍 虛 處
음 ㊥chǔ, chù ㊐ショ(ところ) ㊧place
字源 형성자, 회의 겸 형성자. 사람이 의자(几(궤))에 걸터앉은 모습이다. 虍(호)가 발음 부분인지 아니면 의자에 호랑이가 가죽을 깔고 앉았다는 뜻인지 분명하지 않다.
字解 ①곳, 장소(처) ¶居處(거처) ②①살, 머무를(처) ¶處所(처소) ②처할, 처리할(처) ¶處罰(처벌)
【處女 처녀】미혼인 성숙한 여자.
【處斷 처단】결단하여 처리함.
【處理 처리】일을 다스려 마무리함.
【處罰 처벌】형벌에 처함.
【處士 처사】벼슬하지 아니하고 초야(草野)에 묻혀 있는 선비.
【處暑 처서】이십사절기의 하나. 입추(立秋)와 백로(白露) 사이로, 8월 23일경.
【處世 처세】남들과 사귀면서 살아가는 일.
【處所 처소】사람이 살거나 머물러 있는 곳.
【處地 처지】놓여 있는 경우나 환경.
【處刑 처형】①형벌에 처함. ②사형을 집행함.
【居處 거처】거주하는 곳.
【傷處 상처】다친 곳.

【虛】 虛(684)의 俗字

【虜】 사로잡을 로
⊕lǔ ⊕リョ(とりこ) ㊺capture
字解 ①사로잡을(로)=擄 ②적(로) ③종(로)
【虜獲 노획】 적을 사로잡음.
【捕虜 포로】 전투에서 사로잡은 적의 군사. 浮虜(부로).

【虛】 빌 허
⊕xū ⊕キョ(むなしい) ㊺empty
字源 형성자. 丘(구)는 의미 부분이고, 虍(호)는 발음 부분이다.
字解 ①빌, 헛될(허) ¶虛言(허언) ②약할(허) ¶虛點(허점) ③별 이름(허) ※이십팔수(二十八宿)의 하나.
【虛妄 허망】 어이없고 허무함.
【虛無 허무】 ①아무것도 없이 텅 빔. ②덧없음. 無常(무상).
【虛費 허비】 쓸데없는 비용을 씀.
【虛勢 허세】 실상이 없는 기세.
【虛實 허실】 ①거짓과 참. ②공허(空虛)와 충실(充實).
【虛心坦懷 허심탄회】 마음에 거리낌이 없이 솔직함.
【虛弱 허약】 기력이 약함.
【虛言 허언】 ①빈말. ②거짓말.
【虛榮 허영】 ①필요 이상의 겉치레. ②헛된 영화.
【虛僞 허위】 거짓.
【虛張聲勢 허장성세】 실력이 없으면서 허세(虛勢)로 떠벌림.
【虛點 허점】 약하여 허술한 점.
【虛脫 허탈】 힘하여 힘이 빠지고 일이 손에 안 잡히는 상태.
【虛荒 허황】 거짓되고 근거가 없음.
【空虛 공허】 ①속이 텅 빔. ②헛됨.

【虞】 염려할 우
⊕yú ⊕グ(おそれ) ㊺anxious
字解 ①염려할, 근심할(우) ②제사 이름(우) ③순임금(우) ※순(舜)임금 의 성(姓).
【虞犯 우범】 성격·환경 등에 비추어 죄를 범할 우려가 있음.
【虞舜 우순】 순(舜)임금.
【虞祭 우제】 장례를 치른 뒤에 처음으로 지내는 제사인 '초우(初虞)', 두 번째 지내는 제사인 '재우(再虞)', 세 번째 지내는 제사인 '삼우(三虞)'의 총칭.

【號】 ❶부르짖을 호 ❷이름 호
⊕háo, hào ⊕ゴウ(さけぶ) ㊺shout
字源 회의자. 号(호)와 虎(호)는 모두 의미 부분이다. 号는 '울부짖는 소리'라는 뜻이다.
字解 ❶부르짖을, 울부짖을(호) ¶號令(호령) ❷①이름, 일컬을(호) ¶稱號(칭호) ②기호(호) ¶符號(부호) ③번호(호) ¶號外(호외)
【號令 호령】 ①지휘하는 명령. ②큰 소리로 꾸짖음.
【號俸 호봉】 직제(職制)나 연공(年功)을 기초로 하여 정해진 급여 체계에서의 등급.
【號外 호외】 돌발 사건의 신속한 보도를 위해 정기 인쇄물 이외에 임시로 발간하는 인쇄물.
【記號 기호】 어떤 뜻을 나타내기 위한 문자나 부호.
【番號 번호】 차례를 나타내는 수.
【符號 부호】 일정한 뜻을 나타내기 위하여 정한 기호.
【雅號 아호】 예술가·학자들이 본명 외에 따로 가지는 이름.
【稱號 칭호】 명예나 지위 따위를 나타내는 이름.

【虧】 이지러질 휴
⊕kui ⊕キ(かける) ㊺wan
字解 이지러질, 줄어들(휴)
【虧損 휴손】 이지러짐.
【虧月 휴월】 이지러진 달.

虫 部

虫 [虫] ❶벌레 훼 ❷벌레 충

명❷ ㊥huǐ, chóng ㊐キ, キュウ(むし) ㊀insect
字源 상형자. 갑골문을 보면 '&'으로, 뱀을 그린 것이다. 虫부에 속하는 글자는 대부분 벌레·짐승과 관계있는 뜻이 많다.
字解 ❶①벌레(훼) ②살무사(훼) ❷벌레(충)
참고 '虫'과 '蟲'은 딴 자이나, 오늘날에는 '虫'이 '蟲'의 속자로 쓰임.

虫 [虱] 蝨(688)과 同字

虫 [虹] 무지개 홍

㊥hóng ㊐コウ(にじ) ㊀rainbow
字解 무지개(홍)
【虹橋 홍교】①무지개. ②무지개처럼 생긴 다리. 虹棧(홍잔).
【虹蜺 홍예】무지개.
　'虹'은 빛이 선명한 수무지개, '蜺'는 빛이 연한 암무지개.
【虹彩 홍채】눈알의 각막과 수정체 사이에서 동공(瞳孔)을 둘러싸고 있는 둥근 막.

虫 [蚣] ❶지네 공 ❷베짱이 송

명❶ ㊥gōng, zhōng ㊐ク, シュ ㊀centipede
字解 ❶지네(공) ❷베짱이(송) = 蜙
【蚣蝑 송서】여칫과 동물의 총칭.
【蜈蚣 오공】지네.

虫 [蚪] 올챙이 두

㊥dǒu ㊐ト ㊀tadpole
字解 올챙이(두)
【蝌蚪 과두】올챙이.

虫 [蚊] 모기 문

명 ㊥wén ㊐ブン(か) ㊀mosquito
字解 모기(문)
【蚊蝱 문맹】모기와 등에. '소인', 또는 '쓸모없는 것'의 비유.
【見蚊拔劍 견문발검】모기를 보고 칼을 뽑음. '사소한 일에 만용을 부림'을 이름. 怒蠅拔劍(노승발검).

虫 [蚌] 방합 방

명 ㊥bàng ㊐ボウ
字解 방합(방)
【蚌蛤 방합】흑색 바탕에 갈색 무늬가 있는 타원형의 민물조개.
【蚌鷸之勢 방휼지세】방합과 도요새가 싸우는 형세. '서로 적대(敵對)하여 버티고 양보하지 않음'을 이름. 鷸蚌之勢(휼방지세).
【蚌鷸之爭 방휼지쟁】방휼지세로 다투어 제삼자만 이득을 보게 하는 싸움. 鷸蚌之爭(휼방지쟁).

虫 [蚓] 지렁이 인

명 ㊥yǐn ㊐イン ㊀earthworm
字解 지렁이(인)
【蚯蚓 구인】지렁이.

虫 [蚕] 蠶(692)의 俗字

虫 [蚤] 벼룩 조

명 ㊥zǎo ㊐ソウ ㊀flea
字解 ①벼룩(조) ②일찍(조) 늑무 ③발톱(조) 늑爪
【蚤蝨 조슬】벼룩과 이.

虫 [蚩] 어리석을 치

㊥chī ㊐シ ㊀foolish
字解 ①어리석을(치) ②비웃을(치) 늑嗤

虫部 5획

蛄 땅강아지 고
- ⓗgū ⓙコ ⓔmole cricket
- **字解** ①땅강아지(고) ②씽씽매미(고)
- 【螻蛄 루고】 씽씽매미.

蚯 지렁이 구
- ⓗqiū ⓙキュウ ⓔearthworm
- **字解** 지렁이(구)
- 【蚯蚓 구인】 지렁이.

蛋 새알 단
- 명 ⓗdàn ⓙタン ⓔbird's egg
- **字解** 새알(단)
- 【蛋白 단백】 알의 흰자위.
- 【蛋白質 단백질】 생물체를 구성하는 고분자 유기물의 총칭. 흰자질.
- 【蛋黃 단황】 알의 노른자위.

蛉 잠자리 령
- ⓗlíng ⓙレイ ⓔdragonfly
- **字解** 잠자리(령)
- 【蜻蛉 청령】 잠자리.

蛇 뱀 사
口口中虫虫虫虻蛇蛇
- 고 ⓗshé ⓙジャ(へび) ⓔsnake
- **字源** 형성자. 虫(충)은 의미 부분이고, 它(타)는 발음 부분이다.
- **字解** 뱀(사)
- 【蛇蠍 사갈】 ①뱀과 전갈. ②'남을 해치거나 불쾌한 느낌을 주는 사람'의 비유.
- 【蛇足 사족】 뱀의 발. '쓸데없는 일을 덧붙여 하다가 도리어 일을 그르침'을 이름. 畫蛇添足(화사첨족).
- **故事** 뱀을 빨리 그리는 것으로써 술 내기 시합을 벌인 사람이 있지도 않은 뱀의 다리를 공연히 덧붙여 그렸다가 내기에서 졌다는 고사에서 온 말.
- 【毒蛇 독사】 독기가 있는 뱀.
- 【長蛇陣 장사진】 ①많은 사람이 줄을 지어 길게 늘어서 있는 모양. ②한 줄로 길게 벌여 서는 진법(陣法).

蛆 구더기 저
- ⓗqū ⓙショ ⓔmaggot
- **字解** ①구더기(저) ②지네(저)

蛍
螢(690)의 俗字

蛟 교룡 교
- 명 ⓗjiāo ⓙコウ(みずち) ⓔdragon
- **字解** 교룡(교)
- 【蛟龍 교룡】 모양이 뱀과 같고 길이가 한 발이 넘으며 네 개의 넓적한 발이 있다고 하는 상상의 동물.

蛮
蠻(692)의 俗字

蛙 개구리 와
- 명 ⓗwā ⓙア(かえる) ⓔfrog
- **字解** ①개구리(와) ②음란할(와)
- 【蛙聲 와성】 ①개구리가 우는 소리. ②음란한 음악 소리.
- 【井底蛙 정저와】 우물 안 개구리.

蛛 거미 주
- 명 ⓗzhū ⓙチュ ⓔspider
- **字解** 거미(주)
- 【蜘蛛 지주】 거미.

蛭 거머리 질
- 명 ⓗzhì ⓙシツ(ひる) ⓔleech
- **字解** ①거머리(질) ②개밋둑(질)
- 【蛭蚓 질인】 ①거머리와 지렁이. ②'쓸모없는 소인'의 비유.

蛤 조개 합
- ⓗhá, gé ⓙコウ(はまぐり) ⓔclam
- **字解** 조개, 무명조개(합)

【大蛤 대합】백합과의 바닷물조개. 무명조개.
【紅蛤 홍합】홍합과의 바닷물조개.

蛔 회 회 灰 | 蛕

㊎ ㊥huí ㊐カイ ㊡roundworm
字解 회, 거위(회) ※기생충의 하나.
【蛔蟲 회충】거위.

蜋 螂(689)과 同字

蜂 벌 봉 圖 | 蠭 蜂

ㄇ 中 虫 虾 蚁 蛟 蜂
㊎ ㊥fēng ㊐ホウ(はち) ㊡bee
字源 형성자. 虫(충)은 의미 부분이고, 夆(봉)은 발음 부분이다.
字解 벌(봉)
【蜂起 봉기】벌 떼처럼 일어남. '많은 사람들이 한꺼번에 들고일어남'을 이름.
【蜂蠟 봉랍】꿀을 짜내고 남은 찌꺼기를 끓여서 만든 유지 같은 것.
【蜂蜜 봉밀】벌꿀. 꿀.
【養蜂 양봉】꿀벌을 치는 일.

蜉 하루살이 부 | 蜉

㊥fú ㊐フ ㊡dayfly
字解 ①하루살이(부) ②왕개미(부)
【蜉蝣 부유】①하루살이. ②'인생의 덧없음'의 비유.

蜃 무명조개 신 圈 | 蜃

㊎ ㊥shèn ㊐シン ㊡big shellfish
字解 ①무명조개, 대합(신) ②이무기(신) ※교룡(蛟龍)의 일종으로 기운을 토하면 신기루(蜃氣樓)가 나타난다 함.
【蜃氣樓 신기루】①온도·습도의 영향으로 빛이 이상 굴절하며 엉뚱한 곳에 물상이 나타나는 현상. ②근거나 현실적 토대가 없는 헛된 공상 따위의 존재.
【蜃蛤 신합】무명조개. 대합.

蛾 누에나방 아 | 蛾

㊎ ㊥é ㊐ガ, ギ ㊡silkworm moth
字解 누에나방, 나방(아)
【蛾眉 아미】누에나방처럼 가늘고 아름다운 눈썹. '미인(美人)의 눈썹'을 이름.
【誘蛾燈 유아등】나방이나 벌레가 날아 들어와 빠져 죽게끔 만든 등.

蜈 지네 오 圈 | 蜈

㊎ ㊥wú ㊐ゴ ㊡centipede
字解 지네(오)
【蜈蚣 오공】지네.

蛹 번데기 용 | 蛹

㊎ ㊥yǒng ㊐ヨウ ㊡pupa
字解 번데기(용)
【蛹臥 용와】①고치 속에 번데기가 가만히 드러누워 있음. ②'은자가 칩거함'의 비유.

蜀 촉나라 촉 | 蜀

㊎ ㊥shǔ ㊐ショク
字解 촉나라(촉) ※한(漢)나라 말기에 유비(劉備)가 세운, 삼국의 하나(221~265). 촉한(蜀漢).
【蜀客 촉객】'해당화'의 딴 이름.
【蜀魂 촉혼】촉나라의 넋. '소쩍새'를 이름. 蜀魄(촉백).
  촉나라 망제(望帝)가 죽은 뒤 혼백이 변하여 소쩍새가 되었다는 전설에서 나온 말.

'蜀'이 붙은 한자
獨 홀로(독)　　屬 붙을(속)
燭 촛불(촉)　　觸 닿을(촉)
躅 머뭇거릴(촉)　髑 해골(촉)
濁 흐릴(탁)

蝀 무지개 동 | 蝀

㊎ ㊥dōng ㊐トウ ㊡rainbow
字解 무지개(동)

虫部 8획

蜜 꿀 밀

丶宀宀宀宓宓宓宓蜜蜜

고 ⊕mì ⊕ミツ ⊛honey
字源 형성자. 虫(충)은 의미 부분이고, 宓(복)은 발음 부분이다. 옛날에 蜜과 宓은 발음이 비슷하였다.
字解 꿀(밀)
【蜜柑 밀감】 귤. 귤나무.
【蜜蠟 밀랍】 꿀 찌끼를 끓여 만든 물질. 꿀벌이 집을 짓는 데 밑자리로 삼는 벌개로 쏨.
【蜜語 밀어】 달콤한 말. 특히, 남녀 간의 정담(情談).
【蜜月 밀월】 영어 '허니문'의 의역(意譯). 결혼 후 한두 달 동안의 즐겁고 달콤한 기간.
【蜂蜜 봉밀】 벌꿀. 꿀.
[참고] 密(밀: 185)은 딴 자.

蜚 바퀴 비

명 ⊕fēi ⊕ヒ ⊛cockroach
字解 ①바퀴, 향랑자(비) ②벼메뚜기, 방아깨비(비) ③날(비) ≒飛
【蜚騰 비등】 높이 날아오름.
【蜚蠊 비렴】 바퀴. 바퀴벌레.
【流言蜚語 유언비어】 아무 근거 없이 널리 퍼진 소문.

蜥 도마뱀 석

⊕xī ⊕セキ ⊛lizard
字解 도마뱀(석)
【蜥蜴 석척】 도마뱀. 泉龍(천룡).

蜙 베짱이 송

⊕sōng ⊕ショウ ⊛grasshopper
字解 베짱이(송)=蚣

蜺 霓(792)와 同字

蜘 거미 지

명 ⊕zhī ⊕チ ⊛spider
字解 거미(지)
【蜘蛛 지주】 거미.

蜴 도마뱀 척

⊕yì ⊕エキ ⊛lizard
字解 도마뱀(척)
【蜥蜴 석척】 도마뱀. 泉龍(천룡).

蜻 ❶잠자리 청 ❷귀뚜라미 청

⊕qīng, jīng ⊕セイ ⊛dragonfly
字解 ❶잠자리(청) ❷귀뚜라미(청)
【蜻蛉 청령】 잠자리.

虫部 9획

蝎 蠍(691)의 俗字

蝌 올챙이 과

⊕kē ⊕カ ⊛tadpole
字解 올챙이(과)
【蝌蚪 과두】 올챙이.
【蝌蚪文字 과두문자】 황제(黃帝) 때 창힐(蒼頡)이 만들었다는 중국 고대 문자. 글자 모양이 올챙이처럼 획 머리는 굵고 끝은 가늚.

蝨 이 슬

명 ⊕shī ⊕シツ(しらみ) ⊛louse
字解 이(슬)
【蝨官 슬관】 '나라를 좀먹고 민폐(民弊)를 일삼는 벼슬아치'의 비유.

蝕 좀먹을 식

명 ⊕shí ⊕ショク(むしばむ) ⊛be worm eaten
字解 ①좀먹을, 개먹을(식) ②일식, 월식(식)
【腐蝕 부식】 ①썩고 벌레가 먹음. ②썩어서 개먹어 들어감.
【日蝕 일식】 태양의 일부 또는 전부가 달에 가리는 현상.
【侵蝕 침식】 조금씩 개먹어 들어감.

蝸

虫9 / 총15획 本과 厂
명 ⊕wō ⊖カ ㊧snail
字解 달팽이(와)
【蝸角 와각】 ① 달팽이의 더듬이. ② '매우 작거나 좁은 지경'의 비유.
【蝸牛角上爭 와우각상쟁】 달팽이 더듬이 위에서 하는 싸움. '사소한 일로 벌이는 다툼, 또는 작은 나라끼리 싸우는 일'의 비유. 蝸角之爭(와각지쟁).

蝟

虫9 / 총15획
⊕wèi ⊖イ(はりねずみ) ㊧hedgehog
字解 고슴도치(위)
【蝟起 위기】 고슴도치의 털이 곤두섬. '말썽이 어지럽게 생김'의 비유.

蝣

虫9 / 총15획
⊕yóu ⊖ユウ ㊧dayfly
字解 하루살이(유)
【蜉蝣 부유】 하루살이.

蝶

虫9 / 총15획 葉
虫 虻 虮 虲 虯 蛶 蟬 蝶
回 ⊕dié ⊖チョウ ㊧butterfly
字源 형성자. 虫(충)은 의미 부분이고, 葉(엽)은 발음 부분이다.
字解 나비(접)
【蝶夢 접몽】 나비가 된 꿈. '물아일체(物我一體)의 경지'를 이름. 莊周之夢(장주지몽). 蝴蝶夢(호접몽).
故事 장자(莊子)가 꿈에 나비가 되었다가 깨어난 후, 자기가 나비가 된 것인지 나비가 자기가 된 것인지 분간이 가지 않았다는 고사에서 온 말.

蝦

虫9 / 총15획 厂
명 ⊕há ⊖カ ㊧tree frog
字解 ①두꺼비(하) ②새우(하)＝鰕
【蝦蟆 하마】 두꺼비.
【大蝦 대하】 왕새우. 紅蝦(홍하).

蝴

虫9 / 총15획 庚
명 ⊕hú ⊖コ ㊧butterfly
字解 나비(호)
【蝴蝶 호접】 나비.
【蝴蝶夢 호접몽】 나비가 된 꿈. '물아일체(物我一體)의 경지'를 이름. 莊周之夢(장주지몽). ⊗ 蝶夢(접몽 : 689).

蝗

虫9 / 총15획 陽
명 ⊕huáng ⊖コウ ㊧locust
字解 황충, 누리(황)
【蝗災 황재】 주로 벼농사를 해치는 황충(蝗蟲)으로 인한 재앙.
【蝗蟲 황충】 메뚜깃과의 곤충. 누리.

螂

虫10 / 총16획 陽
명 ⊕láng ⊖ロウ ㊧mantis
字解 버마재비, 사마귀(랑)
【螳螂 당랑】 버마재비. 사마귀.

螟

虫10 / 총16획
명 ⊕míng ⊖メイ ㊧pearl moth
字解 마디충, 명충(명)
【螟蟲 명충】 식물의 줄기 속을 파먹는 곤충의 총칭. 마디충.

融

虫10 / 총16획 東
명 ⊕róng ⊖ユウ(とける) ㊧melt
字解 ①녹을, 녹일(융) ¶ 融合(융합) ②화할, 화합할(융) ¶ 融和(융화) ③융통할(융) ¶ 融資(융자)
【融資 융자】 자금을 융통함. 또는 융자한 자금.
【融通 융통】 ① 거침없이 통함. ② 필요한 물건이나 돈을 돌려 씀.
【融合 융합】 여럿이 녹아서 하나로 합침.
【融解 융해】 ① 녹음. ② 고체에 열을 가했을 때 액체로 되는 현상.
【融和 융화】 서로 어울려서 화목(和睦)하게 됨.
【金融 금융】 돈의 융통.

虫 10 ⑯ 【螢】 개똥벌레 형 [靑] [속] 蛍 [간] 萤

⺍ 火 炏 炏 𤇾 𤇾 𤇾 螢

[고] [中]yíng [日]ケイ(ほたる) [英]firefly

[字源] 형성자. 虫(충)은 의미 부분이고, 𤇾은 熒(형)의 생략형으로 발음 부분이다.

[字解] 개똥벌레, 반디(형)

【螢光 형광】 ①반딧불. ②물체가 빛을 받았을 때, 받은 빛과 전혀 다른 그 물체의 고유한 빛을 내는 현상.

【螢雪 형설】 반딧불과 눈. '어렵게 공부함'의 비유.

[故事] 진(晉)나라의 차윤(車胤)과 손강(孫康)은 등잔 기름을 살 수 없을 정도로 몹시 가난하여, 차윤은 반딧불에 비추어 책을 읽고, 손강은 눈빛에 비추어 공부를 했다는 고사에서 온 말.

【螢雪之功 형설지공】 고생하면서도 꾸준히 학문을 닦은 보람.

虫 11 ⑰ 【螳】 버마재비 당 [陽] [동] 螗 蟷

[명] [中]táng [日]トウ [英]mantis

[字解] 버마재비, 사마귀(당)

【螳螂 당랑】 버마재비. 사마귀.

【螳螂拒轍 당랑거철】 사마귀가 수레바퀴를 막음. '제 분수도 모르고 강적(強敵)에게 대듦'을 이름. 螳螂之斧(당랑지부).

[故事] 제(齊)나라 장공(莊公)이 수렵하러 나가는데, 사마귀가 앞발을 들어 장공이 탄 수레를 가로막았다는 데서 온 말.

【螳螂窺蟬 당랑규선】 버마재비가 매미를 엿봄. '눈앞의 이익에만 정신이 팔려 뒤에 올 화(禍)를 생각할 줄 모름'의 비유. 螳螂在後(당랑재후).

[故事] 매미는 노래하느라 버마재비가 자기를 노리고 있음을 모르고, 그 버마재비는 참새가 자기를 노리고 있음을 모른다는 옛말에서 온 말.

虫 11 ⑰ 【螺】 소라 라 [歌]

[명] [中]luó [日]ラ(にし) [英]turbanshell

[字解] 소라(라)

【螺角 나각】 ①소라. ②소라고둥의 껍데기로 만든 악기.

【螺髮 나발】 ①소라 껍데기처럼 곱슬곱슬한 머리. 곱슬머리. ②석가여래의 머리털.

【螺絲 나사】 소라처럼 비틀리게 고랑진 못.

【螺旋 나선】 소라 껍데기처럼 빙빙 뒤틀린 형상.

【螺鈿 나전】 광채가 나는 조개껍데기를 여러 가지 형상으로 조각내어, 박아 붙여 꾸미는 일.

虫 11 ⑰ 【蟆】 두꺼비 마 [歌] [동] 蟇

[中]má [日]マ [英]toad

[字解] 두꺼비(마)

【蝦蟆 하마】 두꺼비.

虫 11 ⑰ 【蟀】 귀뚜라미 솔 [質]

[中]shuài [日]シュツ [英]cricket

[字解] 귀뚜라미(솔)

虫 11 ⑰ 【蟋】 귀뚜라미 실 [質]

[中]xī [日]シツ [英]cricket

[字解] 귀뚜라미(실)

【蟋蟀 실솔】 귀뚜라미. 促織(촉직).

虫 11 ⑰ 【螽】 메뚜기 종 [東]

[中]zhōng [日]シュウ [英]locust

[字解] 메뚜기(종)

【螽斯 종사】 ①'메뚜기·베짱이·여치'의 통칭. ②여치가 한 번에 99개의 알을 깐다는 데서, '부부가 화합하고 자손이 번창함'의 비유.

虫 11 ⑰ 【蟄】 겨울잠 잘 칩 [緝] [간] 蛰

[명] [中]zhé [日]チツ [英]hibernate

[字解] ①겨울잠 잘(칩) ②숨을(칩)

【蟄居 칩거】 ①벌레가 동면함. ②나가지 않고 틀어박혀 지냄. 蟄伏(칩복).

【驚蟄 경칩】 이십사절기의 하나. 우수와 춘분 사이로, 3월 5일경.

【廢蟄 폐칩】 외출하지 않고 집에만 틀어박혀 있음.

虫12⑱【蟠】서릴 반
몡 ⓟpán ⓙハン(わだかまる) ⓔcoil
字解 서릴(반) ※몸을 감고 엎드려 있음.
【蟠踞 반거】①서리어 있음. ②넓은 땅을 차지하고 세력을 떨침.
【蟠龍 반룡】아직 하늘에 오르지 못하고 땅에 서리고 있는 용.

虫12⑱【蟬】매미 선
몡 ⓟchán ⓙセン(せみ) ⓔcicada
字解 매미(선)
【蟬脫 선탈】①매미가 허물을 벗음. ②'낡은 인습·속박에서 벗어남'의 비유.

虫12⑱【蟯】요충 요
몡 ⓟnáo ⓙジョウ ⓔthreadworm
字解 요충(요)
【蟯蟲 요충】좀거위. 기생충의 하나.

虫12⑱【蟲】벌레 충
똥 ⓟchóng ⓙチュウ(むし) ⓔinsect
字源 회의자. 虫(충) 자 셋으로 이루어져, 본래 모든 동물을 일컫는 말로 쓰였으나 지금은 의미가 좁아져 '벌레'만을 가리킨다.
字解 벌레(충)
【蟲蟻 충의】①벌레와 개미. ②'미물(微物)'의 비유.
【蟲齒 충치】벌레 먹은 이.
【昆蟲 곤충】벌레.
【幼蟲 유충】새끼벌레. 애벌레.
【害蟲 해충】해가 되는 벌레.

虫12⑱【蟪】씽씽매미 혜
ⓟhuì ⓙケイ ⓔcicada
字解 ①씽씽매미(혜) ②쓰르라미
【蟪蛄 혜고】①씽씽매미. ②쓰르라미.
【蟪蛄不知春秋 혜고부지춘추】여름 동안에만 사는 쓰르라미는 봄과 가을을 알지 못함. '생명이 극히 짧음', 또는 '식견이 좁음'의 비유.

虫13⑲【蠍】전갈 갈
몡 ⓟxiē ⓙカツ(さそり) ⓔscorpion
字解 전갈(갈)
【全蠍 전갈】모양이 가재와 비슷하고, 꼬리 끝에 독침이 있는 절지동물.

虫13⑲【蟾】두꺼비 섬
몡 ⓟchán ⓙセン ⓔtoad
字解 ①두꺼비(섬) ②달(섬)
【蟾光 섬광】달빛. 月光(월광).
【蟾宮 섬궁】달 속에 있다는 궁전.
【蟾兎 섬토】'달'의 딴 이름.
☞ 달 속에 두꺼비와 옥토끼가 산다는 전설에서 온 말.

虫13⑲【蠅】파리 승
몡 ⓟyíng ⓙヨウ(はえ) ⓔfly
字解 파리(승)
【蠅利 승리】파리 대가리만큼의 이익. '아주 적은 이익'의 비유.
【蒼蠅 창승】쉬파리. 왕파리.

虫13⑲【蟻】개미 의
몡 ⓟyǐ ⓙギ(あり) ⓔant
字解 개미(의)
【蟻封 의봉】개밋둑.
【蟻穴 의혈】개미굴.

虫13⑲【蟹】게 해
몡 ⓟxiè ⓙカイ ⓔcrab
字解 게(해)
【蟹眼 해안】①게의 눈. ②끓는 물 위에 솟아오르는 작은 거품.

虫14⑳【蠕】꿈틀거릴 연
字解 꿈틀거릴. 벌레 움직일(연)
【蠕動 연동】벌레 따위가 꿈틀거리며

움직임.
【蠕形動物 연형동물】발이 없이 몸을 꿈틀거려 움직이는 벌레의 총칭. '지렁이·거머리·회충' 따위.

蠟 밀 랍

명 ⊕là ⊕ロウ ㊀wax
字解 ①밀, 밀랍(랍) ②초(랍)
【蠟書 납서】습기나 누설(漏泄)을 막기 위하여 밀랍으로 봉한 서류.
【蠟燭 납촉】밀랍으로 만든 초, 밀초.
【蜜蠟 밀랍】꿀 찌끼를 끓여 만든 물질. 꿀벌이 집을 짓는 데 밑자리로 삼는 벌레로 씀.

蠣 굴 려

명 ⊕lì ⊕レイ ㊀oyster
字解 굴, 굴조개(려)
【牡蠣 모려】굴조개.

蠡 ❶좀먹을 려 ❷소라 라

명 ⊕lí ⊕レイ, ラ ㊀be worm-eaten
字解 ❶①좀먹을(려) ②나무좀(려) ❷①소라(라) 늑螺

蠢 꿈틀거릴 준

명 ⊕chǔn ⊕シュン(うごめく) ㊀wriggle
字解 ①꿈틀거릴(준) ②무식할(준)
【蠢動 준동】①벌레가 꿈틀거림. ②보잘것없는 사람들이 소동을 일으키거나, 잔적(殘敵)들이 숨어 있으면서 몰래 행동함.
【蠢愚 준우】굼뜨고 어리석음.

蠱 蠱(692)의 俗字

蠲 덜 견

⊕juān ⊕ケン ㊀get rid of
字解 ①덜, 버릴(견) ②깨끗할(견)

【蠲苛 견가】까다로운 법령(法令)·정령(政令) 따위를 없애 버림.
【蠲潔 견결】깨끗함. 涓潔(연결)

蠱 독 고

명 ⊕gǔ ⊕コ ㊀poison
字解 ①독(고) ②벌레(고) ③미혹할(고)
【蠱毒 고독】①두꺼비나 지네 같은 벌레의 독, 또는 그 독으로 생긴 병. ②독약으로 남을 해침.
【蠱惑 고혹】남의 마음을 호림.

蠭 蜂(687)의 古字

蠹 좀 두

명 ⊕dù ⊕ト ㊀moth
字解 ①좀(두) ②별 쬘(두)
【蠹毒 두독】좀벌레의 해.
【蠹書 두서】①좀이 먹은 책. ②좀먹지 않도록 책을 볕에 쬠.

蠶 누에 잠

명 ⊕cán ⊕サン(かいこ) ㊀silkworm
字解 누에(잠)
【蠶箔 잠박】누에채반.
【蠶絲 잠사】누에고치에서 뽑은 실.
【蠶食 잠식】누에가 뽕잎을 갉아 먹듯이, 남의 것을 차츰차츰 먹어 들어가거나 침략하는 일.
【蠶室 잠실】누에고치.
【養蠶 양잠】누에를 기름.

蠻 오랑캐 만

명 ⊕mán ⊕バン ㊀savage
字解 ①오랑캐, 남쪽 오랑캐(만) ②업신여길(만)
【蠻勇 만용】함부로 날뛰는 용기.
【蠻夷戎狄 만이융적】사방의 야만국.
📖 지난날, 중국 사람들이 주변의 모든 민족을 오랑캐로 여겨, 동이(東夷)·서융(西戎)·남만(南蠻)·북적(北狄)이라 한 데서 온 말.

【蠻行 만행】 야만적인 행위.
【野蠻 야만】 문화가 미개한 상태.

血
⁰⁶ 【血】 피 혈 ⟪屬⟫

丿 亻 冖 巾 血 血

㉿ ㊥xiě, xuè ㊐ケツ(ち) ㊤blood
字源 회의자. 제사를 지낼 때, 그릇〔皿(명)〕에 희생(犧牲)의 피〔丿〕를 담은 것을 나타낸 것이다.
字解 피(혈)
【血管 혈관】 핏줄.
【血氣 혈기】 격동하기 쉬운 의기.
【血色 혈색】 살갗에 나타난 핏기.
【血書 혈서】 제 몸의 피로 글씨를 쓰는 일, 또는 그 글씨.
【血稅 혈세】 가혹한 세금.
【血眼 혈안】 ①핏발이 선 눈. ②열중하여 바쁘게 몰아치는 일.
【血壓 혈압】 혈관 안의 혈액이 혈관에 주는 압력.
【血液 혈액】 동물의 혈관 속을 순환하는 체액.
【血緣 혈연】 같은 핏줄로 맺어진 인연이나 관계.
【血族 혈족】 혈통이 이어져 있는 겨레붙이.
【血統 혈통】 같은 핏줄의 계통.
【血肉 혈육】 ①피와 살. ②부모와 자식, 형제자매 등의 가까운 혈족.
【血鬪 혈투】 죽기를 각오하고 덤벼드는 싸움. 血戰(혈전).
【血痕 혈흔】 피가 묻은 흔적. 핏자국.
【止血 지혈】 나오던 피를 멈추게 함.
【出血 출혈】 ①피가 나옴. ②'손해나 희생'의 비유.

血⁶⑫ 【衆】 무리 중 ⟪區⟫

丿 亻 冖 巾 血 血 衆 衆

㉿ ㊥zhòng ㊐シュウ(おおい) ㊤crowd

字解 회의자. 해〔日(일)〕 아래에 세 사람〔众〕이 있는 모습이다. 해가 뜨자 사람들이 모여 일을 한다는 뜻이다. 血은 日의 변형이다.
字解 ①무리(중) ¶群衆(군중) ②많을(중) ¶衆口難防(중구난방)
【衆寡不敵 중과부적】 무리가 적어서 대적할 수 없음. '적은 수효로 많은 수효를 맞설 수 없음'을 이름.
【衆口難防 중구난방】 많은 사람의 입은 막기 어려움. '막기 어려울 정도로 여럿이 마구 지껄임'을 이름.
【衆論 중론】 여러 사람의 의견(議論).
【衆生 중생】 ①많은 사람들. ②부처가 구제하려는 대상의, 이 세상의 모든 생물.
【衆智 중지】 뭇사람의 지혜.
【公衆 공중】 사회의 여러 사람.
【群衆 군중】 한곳에 모여 있는 많은 사람의 무리.
【聽衆 청중】 강연이나 설교 따위를 듣는 사람들.

6 行 部

行⁰⁶ 【行】 ❶다닐 행 ⟪庚⟫⟪敬⟫
❷항렬 항 ⟪陽⟫⟪陽⟫

丿 亻 彳 行 行 行

㉿ ㊥xíng ㊐コウ(いく) ㊤go
字源 상형자. 네거리〔㐄〕를 그린 것인데, '가다'·'길거리' 등의 뜻은 모두 여기에서 비롯되었다.
字解 ❶①다닐, 걸을(행) ¶行軍(행군) ②행할(행) ¶實行(실행) ③길 갈, 여행(행) ¶行裝(행장) ④서체 이름(행) ¶行書(행서)
❷①항렬(항) ②줄, 대열(항) ¶行伍(항오)
【行脚 행각】 ①중이 여기저기 돌아다니면서 불도(佛道)를 닦음. ②어떤 목적으로 여기저기 돌아다님.
【行軍 행군】 군대 또는 많은 인원이 줄을 지어 걸어감.
【行囊 행낭】 ①우편물을 담아서 보내

는 자루. ②여행하는 사람이 휴대하는 자루.
【行動擧止 행동거지】 몸을 움직여서 하는 온갖 동작. 擧措(거조).
【行路 행로】 ①다니는 길. ②살아 나가는 과정.
【行商 행상】 돌아다니며 물건을 팖.
【行書 행서】 한자 서체의 하나. 해서를 약간 흘려 쓴 글씨.
【行尸走肉 행시주육】 걸어다니는 시체요, 달리는 고깃덩이임. '배운 것이 없어 쓸모가 없는 사람'을 이름.
【行雲流水 행운유수】 떠가는 구름과 흐르는 물. '일의 처리에 막힘이 없거나 마음씨가 시원시원함'의 비유.
【行爲 행위】 행하는 짓. 行動(행동).
【行狀 행장】 사람이 죽은 뒤에 그의 일생의 행적(行蹟)을 적은 글.
【行裝 행장】 여행할 때 쓰이는 모든 물건. 行具(행구).
【行列 ❶항렬 ❷행렬】 ❶혈족 사이의 대수(代數) 관계를 나타내는 말. 형제 관계를 '같은 항렬'이라 함. ❷여럿이 줄지어 감, 또는 그 줄.
【行伍 항오】 군대를 편성한 행렬.
【步行 보행】 걸어가는 일. 걷기.
【實行 실행】 실지로 행함.
【旅行 여행】 다른 고장이나 다른 나라에 가는 일.
[참고] '항'음도 인명용으로 지정됨.

6 획

行 3 ⑨ 【衍】 퍼질 연 [銑] 

[명] ㊥yǎn ㊐エン ㊎spread
[字解] ①퍼질(연) ¶ 蔓衍(만연) ②넓힐(연) ¶ 衍義(연의) ③남을(연) ¶ 衍文(연문)
【衍文 연문】 글 가운데 낀 쓸데없는 글씨나 글귀.
【衍義 연의】 뜻을 넓혀서 설명함.
【蔓衍 만연】 널리 퍼짐. [통] 蔓延(만연).
【敷衍 부연】 알기 쉽게 자세히 설명을 덧붙여 늘어놓음. [통] 敷演(부연).

行 5 ⑪ 【術】 재주 술 [質] [간] 术 

彳 彳 行 行 徘 徘 術 術

[고] ㊥shù ㊐ジュツ(わざ) ㊎artifice
[字源] 형성자. 行(행)은 의미 부분이고, 朮(출)은 발음 부분이다.
[字解] ①재주, 기술(술) ¶ 話術(화술) ②꾀(술) ¶ 術策(술책)
【術法 술법】 복술(卜術)·둔갑술(遁甲術)·축지법(縮地法) 등의 방법이나 기술. 術數(술수).
【術策 술책】 꾀. 특히, 남을 속이기 위한 꾀. 術計(술계). 術數(술수).
【劍術 검술】 칼을 쓰는 무술.
【技術 기술】 어떤 일을 솜씨 있게 해내는 재간.
【武術 무술】 무도(武道)에 관한 기술.
【藝術 예술】 ①기예(技藝)와 학술. ②미(美)를 창조하고 표현해 내는 인간의 활동.
【醫術 의술】 병을 낫게 하는 기술.
【話術 화술】 말재주.

行 5 ⑪ 【衒】 자랑할 현 [霰] 

[명] ㊥xuàn ㊐ゲン(てらう) ㊎pedantic
[字解] ①자랑할(현) ②팔(현) ※다니면서 팖.
【衒學 현학】 스스로 자기 학문을 자랑함. 학자인 체함.

行 6 ⑫ 【街】 거리 가 [佳] 

彳 彳 行 行 往 往 徍 街

[중] ㊥jiē ㊐ガイ(まち) ㊎street
[字源] 형성자. 行(행)은 의미 부분이고, 圭(규)는 발음 부분이다.
[字解] 거리, 한길(가)
【街談巷說 가담항설】 거리의 뜬소문.
【街道 가도】 곧고 넓은, 큰 도로.
【街童走卒 가동주졸】 ①거리에서 노는 철없는 아이. ②주견 없이 떠돌아다니는 무리.
【街頭 가두】 길가. 길거리.
【街路 가로】 도시의 넓은 길.
【市街 시가】 도시의 큰 길거리.

行 7 ⑬ 【衙】 마을 아 [麻] 

[명] ㊥yá ㊐ガ ㊎government office
[字解] ①마을(아) ②관청(아)

【衙門 아문】①관아의 문. ②'관청(官廳)'의 총칭.
【衙前 아전】國조선 시대에, 지방 관아에 딸렸던 낮은 벼슬아치.
【官衙 관아】지난날, 관원이 모여서 공무를 보던 곳. 官司(관사).

行 9획 【衞】 ⑮ 명 衛(695)의 俗字

行 9획 【衝】 ⑮
❶찌를 충
❷사북 충
冲 衝

丿 彳 彳 衍 衍 衍 衝 衝 衝

고 ⊕chòng, chōng ⊕ショウ(つく) ⊛pierce
字源 형성자. 行(행)은 의미 부분이고, 重(중)은 발음 부분이다.
字解 ❶찌를, 부딪칠(충) ¶衝突(충돌) ❷사북, 목(충) ¶要衝(요충)

【衝擊 충격】①부딪쳤을 때의 심한 타격. ②심한 마음의 충동.
【衝突 충돌】①서로 부딪침. ②의견이나 이해관계의 대립으로 서로 맞서서 싸움.
【衝動 충동】흥분할 정도로 강한 자극을 일으킴, 또는 그러한 자극.
【衝天 충천】①하늘을 찌를 듯이 높이 솟음. ②기세가 드높은 모양.
【要衝 요충】군사상 또는 지리상 긴요한 곳. 要害處(요해처).

行 10획 【衛】 ⑯ 지킬 위
衛 卫 衛

丿 彳 彳 衍 衍 衛 衛 衛

고 ⊕wèi ⊕エイ(まもる) ⊛guard
字源 회의 겸 형성자. 行(행)과 韋(위)는 모두 의미 부분인데, 韋는 발음도 담당한다. 行은 네거리를 그린 상형자이고, 韋는 어떤 구역을 표시하는 '口'를 중심으로 그 주위를 사람의 발(舛)이 에워싸고 있으므로 '둘레'·'주위' 등을 뜻한다. 그러므로 衛는 '어떤 구역의 사방을 돌면서 지킨다'라는 뜻을 나타낸다.
字解 지킬, 막을(위)

【衛生 위생】건강의 유지·증진을 위해 질병을 예방하고 치료에 힘쓰는 일.
【衛星 위성】행성(行星)의 둘레를 운행하는 작은 천체.
【衛戍 위수】①군대가 일정 지역에 주둔하여 그 지역의 경비와 질서를 유지하는 일. ②지난날, 나라의 변방(邊方)을 지키던 일. 수자리.
【衛正斥邪 위정척사】①옳은 것을 지키고 사특(邪慝)한 것을 배척함. ②조선 후기에 주자학(朱子學)을 지키고 천주교를 배척하자던 주장.
【防衛 방위】막아서 지킴.
【前衛 전위】①맨 앞에 선 군대. ②사회에서 선진적이며 적극적인 역할을 하는 사람.
【護衛 호위】따라다니면서 신변(身邊)을 경호함.

行 10획 【衡】 ⑯
❶저울 형
❷가로 횡
衡

丿 彳 彳 衍 衍 衍 衡 衡

고 ⊕héng ⊕コウ(はかり) ⊛balance
字源 형성자. 角(각)과 大(대)는 의미 부분이고, 行(행)은 발음 부분이다. 본래 소가 사람을 받는 것을 방지하기 위하여 쇠 뿔[角] 사이에 끼우는 가로 막대[大]를 뜻한다. 衡이 橫(가로 횡) 자와 같은 뜻으로 쓰이거나 저울대 또는 무게를 잰다는 의미로 쓰이는 것은 여기에서 비롯된 것이다.
字解 ❶①저울, 저울대(형) ¶度量衡(도량형) ②저울평(형) ¶衡平(형평) ③달, 저울질할(형) ¶銓衡(전형) ❷가로(횡) ≒橫 ¶連衡(연횡)

【衡平 형평】균형이 잡혀 있음.
【均衡 균형】어느 한쪽으로 치우침이 없이 반듯하고 고름.
【度量衡 도량형】길이와 부피와 무게, 또는 이것을 재고 다는 자·되·저울 따위의 총칭.
【銓衡 전형】사람을 여러모로 시험하여 골라 뽑음. 選考(선고).
【連衡 연횡】전국 시대에 장의(張儀)가 주장한, 진(秦)나라와 동쪽의 여섯 나라를 동서(東西)로 연합하려던 외교 정책. 參合從(합종 : 239).

行部 18획

【衢】 네거리 구
衢
명 ⊕qú ⊕ク ㋐crossroad
字解 네거리, 거리(구)
【衢巷 구항】 길거리. 街巷(가항).
【康衢煙月 강구연월】 태평성대(太平聖代)의 평화로운 거리 풍경.

衣 部

【衣】 ❶옷 의
❷옷 입을 의
명 ⊕yī, yì ⊕イ(ころも) ㋐clothes
字源 상형자. 웃옷의 두 소매와 좌우 옷섶을 여민 모습을 그린 것이다.
字解 ❶옷(의) ¶ 衣服(의복) ❷웃옷, 상의(의) ¶ 衣裳(의상) ❷옷 입을(의) ¶ 衣食(의식)
【衣錦夜行 의금야행】 비단옷 입고 밤길 가기. '아무 보람이 없는 행동을 자랑스레 함'을 이름. 錦衣夜行(금의야행).
【衣類 의류】 '옷'의 총칭.
【衣服 의복】 옷.
【衣裳 의상】 ①저고리와 치마. 상의와 하의. ②옷. 衣服(의복).
【衣食 의식】 의복과 음식.
【白衣 백의】 ①흰옷. ②벼슬이 없는 선비. 布衣(포의).
참고 변에 쓰일 때는 글자 모양이 'ㅊ'으로 된다. ☞衤部(604)

【表】 거죽 표
종 ⊕biǎo ⊕ヒョウ(おもて) ㋐surface
字源 회의자. 衣(의)와 毛(모)는 모두 의미 부분이다. 옛날에 가죽옷을 입을 때는 털이 있는 쪽을 바깥으로 오게 입었기 때문에 여기에서 '바깥'이라는 뜻이 비롯되었다.

字解 ①거죽, 바깥(표) ¶ 表面(표면) ②밝힐, 나타낼(표) ¶ 表決(표결) ③본, 모범(표) ¶ 師表(사표) ④표(표) ※ 산문 문체의 하나로, 임금에게 올리던 서장(書狀). ¶ 表文(표문) ⑤표(표) ¶ 圖表(도표)
【表決 표결】 의안(議案)에 대한 가부(可否) 의사를 표시하여 결정함.
【表裏不同 표리부동】 겉과 속이 같지 않음. 속 다르고 겉 다름.
【表面 표면】 바깥 면. 겉모양.
【表明 표명】 드러내어 명백히 함.
【表文 표문】 임금 또는 조정(朝廷)에 올리던 글의 한 가지.
【表示 표시】 겉으로 드러내어 보임.
【表彰 표창】 공적(功績)·선행(善行)을 세상에 드러내어 밝힘.
【表現 표현】 의견·감정 따위를 드러내어 나타냄.
【圖表 도표】 그림으로 그리어 나타내는 표.
【發表 발표】 여러 사람 앞에서 의견이나 생각을 진술함.
【師表 사표】 학식과 인격이 높아 타인의 모범이 될 만한 사람.

【袞】 곤룡포 곤
⊕gǔn ⊕コン ㋐royal robe
字解 곤룡포(곤)
【袞龍袍 곤룡포】 지난날, 임금이 입던 정복(正服).

【衾】 이불 금
명 ⊕qīn ⊕キン ㋐coverlet
字解 이불(금)
【衾褥 금욕】 이불과 요. 이부자리.
【鴛鴦衾枕 원앙금침】 ①원앙을 수놓은 이불과 베개. ②부부가 함께 덮는 이불과 베개, 또는 잠자리.

【衰】 ❶쇠할 쇠
❷상복 최
고 ⊕shuāi, cuī ⊕スイ(おとろえる) ㋐decay

衣部 6획

字源 상형자. 사람이 비옷을 입고 있는 모습을 그린 것으로 본래 도롱이를 뜻하였다. 뒤에 쇠하다라는 뜻으로 가차되자 도롱이의 뜻으로는 ++를 더한 蓑(사) 자를 새로 만들어 보충하였다.
字解 ❶쇠잔할, 쇠할(쇠) ¶衰弱(쇠약) ❷상복(최) ¶衰服(최복)
【衰亡 쇠망】 쇠퇴(衰退)하여 멸망함.
【衰弱 쇠약】 몸이 쇠하여 약해짐.
【衰殘 쇠잔】 쇠하여 상함. 약해짐.
【衰盡 쇠진】 기운이 쇠하여 다함.
【衰退 쇠퇴】 쇠하여 전보다 못해짐.
【衰服 최복】 부모·조부모의 상에 입는 상복(喪服).
【老衰 노쇠】 늙어서 심신이 쇠약함.
【斬衰 참최】 오복(五服)의 하나. 오복 가운데 가장 무거운 것으로, 아랫단을 꿰매지 않은 상복. 외간상(外艱喪)에 삼 년 동안 입음.

衣 4 【袁】 옷 길 원
10 元
명 ㊥yuán ㊐エン
字解 옷 길, 옷 치렁거릴(원)

衣 4 【衷】 정성 충
10 東
명 ㊥zhōng ㊐チュウ(まごころ) ㊍sincerity
字解 ①정성(충) ¶衷心(충심) ②알맞을(충) ¶折衷(절충)
【衷心 충심】 속에서 진정으로 우러나오는 마음.
【衷情 충정】 마음속에서 우러나오는 참된 정.
【苦衷 고충】 괴로운 마음.
【折衷 절충】 양쪽의 좋은 점을 골라 알맞게 조화시키는 일.

衣 5 【袈】 가사 가
11 麻
명 ㊥jiā ㊐ヶ ㊍surplice
字解 가사(가)
【袈裟 가사】 범어 'Kasaya'의 음역(音譯). 중이 입는 법의(法衣).

衣 5 【裊】 명 袞(696)의 俗字
11

衣 5 【袋】 자루 대
11
명 ㊥dài ㊐タイ(ふくろ) ㊍sack
字解 자루, 부대(대)
【麻袋 마대】 거친 삼실로 짠 자루.
【布袋 포대】 포목으로 만든 자루.

衣 6 【裂】 찢을 렬
12 屑

ア 歹 列 列 刻 裂 裂

고 ㊥liè, liě ㊐レツ(さく) ㊍tear
字源 형성자. 衣(의)는 의미 부분이고, 列(렬)은 발음 부분이다.
字解 ①찢을, 찢어질(렬) ¶裂傷(열상) ②터질(렬) ¶龜裂(균열)
【裂傷 열상】 피부가 찢어진 상처.
【決裂 결렬】 의견이 맞지 않아 관계를 끊고 갈라짐.
【龜裂 균열】 거북 등의 껍데기처럼 갈라져서 터짐.
【分裂 분열】 나뉘어 찢어짐.
【破裂 파열】 내부의 압력으로 말미암아 짜개지거나 갈라져 터짐.

衣 6 【裁】 마를 재
12 灰

一 十 土 圭 寿 栽 栽 裁

고 ㊥cái ㊐サイ(たつ) ㊍cut out
字源 형성자. 衣(의)는 의미 부분이고, 𢦏(재)는 발음 부분이다.
字解 ①마를, 마름질할(재) ¶裁斷(재단) ②헤아릴(재) ¶裁量(재량) ③결단할(재) ¶裁判(재판) ④억제할(재) ¶制裁(제재)
【裁可 재가】 결재하여 허가함.
【裁決 재결】 옳고 그름을 판단하여 결정함.
【裁斷 재단】 옷감 따위를 본에 맞추어 마름. 마름질.
【裁量 재량】 짐작하여 헤아림.
【裁縫 재봉】 옷감을 말라 바느질함.
【裁判 재판】 ①옳고 그름을 심판함. ②쟁송(爭訟)을 해결하려고 법원이 내리는 판단.
【決裁 결재】 안건(案件)을 재량하여 승인함.
【制裁 제재】 법이나 규율을 위반하는

衣部 7획

행위에 대하여 가하는 처벌.
【仲裁 중재】다투는 사이에 들어 화해를 붙임.
【體裁 체재】생기거나 이루어진 틀.

【裘】갖옷 구
㉠qiú ㉢キュウ ㉤fur coat
字解 갖옷, 가죽옷(구)
【裘葛 구갈】①갖옷과 갈포 옷. ②겨울옷과 여름옷.

【褭】간드러질 뇨
㉠niǎo ㉢ジョウ ㉤delicate
字解 간드러질(뇨)=嬝
【褭娜 요나】날씬하고 가냘픈 모양.

【裏】속 리
㉠lǐ ㉢リ(うら) ㉤reverse
字源 형성자. 衣(의)는 의미 부분이고, 里(리)는 발음 부분이다.
字解 속, 안(리)
【裏面 이면】①속. 안. ②겉으로 드러나지 않은 속사정.
【裏書 이서】어음·수표 등의 소유자가 그것의 뒷면에 필요한 사항을 적고 서명하여 상대편에게 주는 일. 背書(배서).
【腦裏 뇌리】머릿속. 心中(심중).
【表裏 표리】겉과 속. 안과 밖.

【裒】모을 부
㉠póu ㉢ホウ(あつめる) ㉤gather
字解 ①모을(부) ②줄, 덜(부)
【裒斂 부렴】조세를 지나치게 많이 거두어들임.
【裒集 부집】모음. 蒐集(수집).

【裟】가사 사
㉠shā ㉢サ ㉤surplice
字解 가사(사)
【袈裟 가사】중이 입는 법의(法衣).

【裔】후손 예
㉠yì ㉢エイ(すそ) ㉤descendant
字解 ①후손(예) ②옷자락(예)
【裔孫 예손】먼 후손. 裔胄(예주)
【後裔 후예】여러 대가 지난 뒤의 자손. 後孫(후손).

【裝】꾸밀 장
㉠zhuāng ㉢ソウ(よそおう) ㉤decorate
字源 형성자. 衣(의)는 의미 부분이고, 壯(장)은 발음 부분이다.
字解 ①꾸밀, 치장할(장) ¶裝飾(장식) ②차릴, 갖출(장) ¶裝備(장비) ③차림, 차림새(장) ¶男裝(남장)
【裝備 장비】①필요한 용구를 갖추어 차림. ②장치와 설비.
【裝飾 장식】아름답게 꾸밈, 또는 그 꾸밈새나 장식물.
【裝身具 장신구】몸을 치장하는 데 쓰이는 공예품. '반지·귀고리' 따위.
【裝幀 장정】①책을 매어 표지를 붙임. ②책의 모양새 전반에 걸친 의장(意匠)을 함.
【裝置 장치】설비 따위를 설치함, 또는 그 설치한 물건.
【假裝 가장】거짓으로 꾸밈.
【男裝 남장】여자가 남자처럼 차림.
【武裝 무장】전투를 위한 장비를 갖춤.

【裹】쌀 과
㉠guǒ ㉢カ(つつむ) ㉤wrap
字解 ①쌀(과) ②꾸러미(과)
【裹糧 과량】①양식을 쌈. ②먼 길을 떠날 때에 가지고 가는 양식.
【裹屍 과시】시체를 둘둘 말아 쌈. '전장(戰場)에서 죽음'을 이름.

【裵】옷치렁거릴 배
㉠péi ㉢ハイ
字解 ①옷 치렁거릴(배) ②배회할(배)=徘

衣部 16획

衣 8 (14) 【裵】 명 裵(698)와 同字

衣 8 (14) 【裳】 치마 상 陽
- 艹 尚 尚 쑴 誉 裳 裳
㉠ ⓒcháng ⓙショウ(もすそ) ⓔskirt
字源 형성자. 衣(의)는 의미 부분이고, 尙(상)은 발음 부분이다.
字解 ①치마(상) ②옷(상)
【衣裳 의상】 저고리와 치마. 옷.
【紅裳 홍상】 ①다홍치마. ②조복(朝服)의 아래 옷. 붉은 바탕에 검은 선을 둘렀음.

衣 8 (14) 【製】 지을 제 霽
- 制 制 製 製 製
명 ⓒzhì ⓙセイ(たつ) ⓔmake
字源 형성자. 衣(의)는 의미 부분이고, 制(제)는 발음 부분이다.
字解 ①지을, 만들(제) ②마를(제)
【製菓 제과】 과자를 만듦.
【製圖 제도】 기계·건축물 등의 도면(圖面)·도안(圖案)을 그려 만듦.
【製鍊 제련】 광석(鑛石)에서 금속을 빼내어 정제함.
【製本 제본】 인쇄물 등을 매고 겉장을 붙여 책으로 만듦. 製冊(제책).
【製粉 제분】 가루를 만듦.
【製氷 제빙】 얼음을 만듦.
【製藥 제약】 약을 만듦.
【製作 제작】 ①물건을 만듦. 製造(제조). ②글을 지음.
【製造 제조】 ①만듦. 지음. ②원료를 가공하여 제품을 만듦.
【製鐵 제철】 철광석을 녹여 무쇠를 뽑음.
【製品 제품】 물건을 만듦. 또는 만들어 낸 물품.
【手製 수제】 손으로 만듦.
【精製 정제】 물질에 섞인 잡다한 것을 없애고 더 좋고 순도 높게 만듦.

衣 9 (15) 【褒】 기릴 포
명 ⓒbāo ⓙホウ(ほめる) ⓔpraise

字解 기릴, 칭찬할(포)
【褒賞 포상】 칭찬하여 상을 줌.
【褒章 포장】 국가·사회에 공이 있는 사람에게 주는 휘장(徽章).
【褒貶 포폄】 ①칭찬함과 나무람. ②시비·선악을 판단하여 결정함.

衣 10 (16) 【褰】 바지 건 先
명 ⓒqiān ⓙケン(はかま) ⓔtrousers
字解 ①바지(건) ②추어올릴(건)
【褰衣 건의】 옷자락을 걷어 올림.

衣 11 (17) 【褻】 더러울 설 屑
명 ⓒxiè ⓙセツ(けがれる) ⓔdirty
字解 ①더러울(설) ②무람없을(설) ③속옷(설)
【褻慢 설만】 무례하고 방자함.
【褻衣 설의】 ①속옷. ②관복이나 제복이 아닌 보통의 옷.
【猥褻 외설】 ①대하는 태도가 너무 무람없음. ②성욕을 자극하는 난잡한 행위.

衣 11 (17) 【襄】 오를 양 陽
명 ⓒxiāng ⓙジョウ(はらう) ⓔgo up
字解 ①오를(양) ②도울(양)
【襄禮 양례】 장사 지내는 예절.

'襄'이 붙은 한자
勷 급할(양) 壤 흙(양)
孃 계집애(양) 攘 물리칠(양)
禳 빌(양)   穰 풍족할(양)
讓 사양할(양) 釀 술 빚을(양)

衣 16 (22) 【襲】 엄습할 습 緝
- 肯 背 龍 龍 龍 龍 襲
㉠ ⓒxí ⓙシュウ(おそう) ⓔattack
字源 형성자. 衣(의)는 의미 부분이고, 龍(룡)은 龖(답·삽)의 생략형으로 발음 부분이다.
字解 ①엄습할, 덮칠(습) ¶ 襲擊

(습격) ②계승할, 이을(습) ¶踏襲
(답습) ③옷 껴입을(습) ¶殮襲(염
습) ④벌(습) ※옷을 세는 단위.
¶一襲(일습)
【襲擊 습격】갑자기 적을 덮쳐 침.
【襲衣 습의】①장례 때 시체에 입히는 옷. ②옷을 껴입음. 덧입음.
【奇襲 기습】은밀히 움직여 갑자기 들이침.
【踏襲 답습】전부터 해 내려온 것을 그대로 이어나감.
【世襲 세습】대를 이어 물려주거나 물려받음.
【殮襲 염습】죽은 이의 몸을 씻기고 옷을 갈아입히는 일.
【因襲 인습】옛 관습을 따름.
【一襲 일습】옷 한 벌. 한 벌의 옷.
【被襲 피습】습격을 당함.

6 襾 部

【襾】덮을 아
襾0⑥
음 ㉠yà ㉡ア ㉤cover
字源 지사자. 冂은 위에서 아래로 덮고 있는 모양이고, 凵은 아래에서 위로 벌어진 모양인데, 一로써 그것을 다시 덮고 있는 모양이다.
字解 덮을(아)

【西】서녘 서
襾0⑥
一 一 一 一 一 一 西 西
음 ㉠xī ㉡セイ(にし) ㉤west
字源 상형자. 본래 새의 둥지를 그린 것이었는데, 뒤에 '서쪽'이라는 뜻으로 가차되었다.
字解 ①서녘(서) ¶西風(서풍) ②서양(서) ¶西曆(서력)
【西歐 서구】서부 유럽의 여러 나라.
【西紀 서기】예수가 태어난 해를 원년(元年)으로 삼는 서력의 기원.
【西曆 서력】서양의 책력(册曆).
【西方淨土 서방정토】서쪽 방향에 있는 깨끗한 땅. 불교에서, '더없이

편안하고 즐거움만 있는 곳'을 이름. 極樂淨土(극락정토).
【西域 서역】지난날, 중국 서쪽에 있던 나라를 통틀어 일컫던 말.
【西風 서풍】①서쪽에서 불어오는 바람. ②가을바람.

【要】❶사북 요
❷구할 요
襾3⑨
一 一 一 一 一 两 两 两 要 要
음 ㉠yāo, yào ㉡ヨウ(いる) ㉤important
字源 상형자. 사람이 허리를 두 손으로 받치고 있는 모습을 그린 것이다. 본래 허리를 뜻하였는 뒤에 '요구하다'라는 뜻으로 가차되면서 허리의 뜻으로는 肉(육)자를 더한 腰(요)자를 새로 만들어 보충하였다.
字解 ❶①사북, 근본(요) ¶要職(요직) ②요컨대(요) ③반드시(요) ❷구할, 원할(요) ¶要求(요구)
【要綱 요강】요약된 중요한 사항.
【要求 요구】구함. 달라고 함.
【要緊 요긴】꼭 필요함.
【要覽 요람】중요한 것만 간추려서 만든 책.
【要路 요로】①가장 중요한 길목. ②권력을 쥔 중요한 지위.
【要望 요망】꼭 그렇게 되기를 바람.
【要塞 요새】국방상 중요한 곳에 마련해 놓은 군사적 방어 시설.
【要約 요약】말이나 문장의 요점을 잡아 추림.
【要點 요점】요약된 점. 요약한 점.
【要職 요직】중요한 직위나 직무.
【強要 강요】무리하게 요구함.
【重要 중요】귀중하고 종요로움.
【必要 필요】꼭 요구됨. 꼭 쓰임.

【覃】깊을 담
襾6⑫
명 ㉠tán ㉡タン ㉤deep and wide
字解 ①깊을(담) ②뻗을, 미칠(담)
【覃思 담사】깊이 생각함.
【覃恩 담은】①은혜(恩惠)를 널리 베풂. ②임금이 베푸는 은혜.

【覆】 ❶엎을 복 ❷덮을 부

襾 12 ⑱

覆

一 襾 襾 覀 覂 覆 覆 覆

고 ⓗfù ⓙフク(くつがえす) 영overturn
字源 형성자. 襾(아)는 의미 부분이고, 復(복)은 발음 부분이다.
字解 ❶①엎을, 뒤집을(복) ¶顚覆(전복) ②되풀이할(복) ¶反覆(반복) ❷덮을(부) ¶覆蓋(부개)
【覆蓋】 부개→복개) ①뚜껑이나 덮개를 덮음. ②뚜껑. 덮개.
【覆面】 복면) 얼굴을 보이지 않게 가림, 또는 가리는 물건.
【反覆】 반복) 생각이나 언행(言行)을 이랬다저랬다 하여 자꾸 고침.
【飜覆】 번복) 이리저리 뒤쳐 고침.
【顚覆】 전복) 뒤집혀 엎어짐.

【覇】 으뜸 패

襾 13 ⑲

본 覇

명 ⓗbà ⓙハ(はたがしら) 영chief
字解 으뜸, 우두머리(패)
【覇權】 패권) 어떤 분야에서 으뜸의 자리를 차지하는 권력.
【覇氣】 패기) ①패자가 되려는 야심. ②적극적으로 일을 해내려는 기백.
【覇道】 패도) 인의(仁義)를 무시하고 무력(武力)이나 권모술수(權謀術數)로써 나라를 다스리는 일.
【覇者】 패자) ①제후(諸侯)의 우두머리. 覇王(패왕). ②패도(覇道)로 천하를 다스리는 사람. ③어느 부문에서 제일인자가 된 사람.
【爭覇】 쟁패) 패권을 다툼.
【制覇】 제패) 패권을 잡음.

【覈】 핵실할 핵

襾 13 ⑲

ⓗhé ⓙカク 영examine into
字解 ①핵실할(핵) ②씨(핵) ≒核
【覈論】 핵론) 실상을 조사하여 논박함.
【覈實】 핵실) 실상을 조사함.

【覊】 羈(650)의 俗字

襾 17 ㉓

【覊】 羈(650)의 俗字

襾 19 ㉕

7 見 部

【見】 ❶볼 견 ❷뵐 현

見 0 ⑦

간 见

丨 冂 冂 冃 月 見

종 ⓗjiàn, xiàn ⓙケン(みる) 영see
字源 회의자. 目(목)과 儿(인)은 모두 의미 부분이다. 사람〔儿 즉 人(인)〕의 눈〔目〕을 특별히 강조하여 '보다'라는 뜻을 나타낸다.
字解 ❶①볼, 보일(견) ¶見聞(견문) ②의견, 생각(견) ¶卓見(탁견) ❷①뵐(현) ¶謁見(알현) ②나타낼, 드러낼, 나타낼(현)=現 ¶見齒(현치) ③지금(현)=現
【見利思義】 견리사의) 이곳이 보일 때 의리를 먼저 생각함.
【見聞】 견문) 보고 들음.
【見蚊拔劍】 견문발검) 모기를 보고 칼을 뽑음. '사소한 일에 어울리지 않게 큰 대책을 씀'을 이름.
【見物生心】 견물생심) 물건을 보면 갖고자 하는 욕심이 생김.
【見本】 견본) ①본보기로 보이는 상품의 일부. ②무엇을 만들 때 본보기가 되는 물건.
【見習】 견습) 보고 익힘. 修習(수습).
【見識】 견식) 견문과 학식.
【見危致命】 견위치명) 나라가 위태로울 때 자기의 목숨을 나라에 바침.
【見學】 견학) 구체적인 지식을 얻기 위해 실제로 보고 배움.
【見解】 견해) 자기 의견으로 본 해석.
【見齒】 현치) 이를 드러냄. '웃음'을 이름.
【意見】 의견) 마음속에 느낀 생각.
【卓見】 탁견) 뛰어난 의견이나 견해.
【謁見】 알현) 지체가 높은 사람을 만나뵙는 일. 見謁(현알).
참고 '현'음도 인명용으로 지정됨.

見部 4획

規 법 규

= ナ ‡ 夫 刦 刦 規 規 規

- ㉠ ⊕guī ㉻キ ㊀rule
- **字源** 회의자. 夫(부)와 見(견)은 모두 의미 부분이다.
- **字解** ①법, 법칙(규) ②그림쇠(규) ※원을 그리는 기구.
- 【規格 규격】①사물의 표준이 되는 격식. ②공업 제품의 품질·형식 따위를 규정한 표준.
- 【規矩準繩 규구준승】사물의 기준이나 표준이 되는 것.
  📖 '規'는 원을 그리는 컴퍼스, '矩'는 직각(直角)을 그리는 곱자, '準'은 평면(平面)이 수평인지를 조사하는 수준기(水準器), '繩'은 직선을 긋는 먹줄을 이름.
- 【規模 규모】①컴퍼스와 본. ②본보기. ③물건의 크기나 구조.
- 【規範 규범】꼭 지켜야 할 법칙이나 질서. 模範(모범).
- 【規定 규정】조목(條目)을 나누어 정해 놓은 표준.
- 【規制 규제】어떤 규칙을 정하여 제한함, 또는 그 규칙.
- 【規則 규칙】누구나 지키로 약정(約定)한 질서나 표준.
- 【法規 법규】'법률의 규정·규칙·규범'의 총칭.

覓 찾을 멱

- ㉤ ⊕mì ㉻ベキ(もとめる) ㊀search for
- **字解** 찾을, 구할(멱)
- 【覓來 멱래】찾아옴.

覔 覓(702)의 俗字

覚 覺(703)의 俗字

覗 엿볼 사

- ⊕sì ㉻シ ㊀peep
- **字解** 엿볼, 훔쳐볼(사)=伺

視 볼 시

= ニ T ネ ネ 和 和 視 視

- ㉤ ⊕shì ㉻シ(みる) ㊀look at
- **字源** 회의자. 見(견)과 示(시)는 모두 의미 부분이다.
- **字解** 볼, 보일(시)
- 【視角 시각】①무엇을 보는 각도(角度). ②보거나 생각하는 방향.
- 【視覺 시각】보는 감각 작용.
- 【視力 시력】물체의 형태를 분간하는 눈의 능력.
- 【視線 시선】눈길이 가는 방향.
- 【視野 시야】①시력이 미치는 범위. ②사물을 관찰하는 식견의 범위.
- 【視察 시찰】돌아다니며 실지 사정을 살펴봄.
- 【視聽 시청】눈으로 보고 귀로 들음.
- 【凝視 응시】한 곳을 눈여겨봄.
- 【注視 주시】눈여겨봄.

覘 엿볼 점

- 本첨
- ⊕chān ㉻テン ㊀spy
- **字解** 엿볼, 몰래 볼(점)
- 【覘視 점시】엿봄. 窺視(규시).
- 【覘候 점후】①남몰래 살핌. ②적의 형편을 살핌. 偵伺(정사).

覡 박수 격

- ㉤ ⊕xí ㉻ゲキ ㊀wizard
- **字解** 박수(격) ※남자 무당.
- 【巫覡 무격】여자 무당과 남자 무당.

7획

覩 睹(571)와 同字

親 친할 친

= ㄱ 효 후 亲 新 新 親 親

- ㉤ ⊕qīn ㉻シン(したしい) ㊀intimate
- **字源** 형성자. 見(견)은 의미 부분이고, 亲(친)은 발음 부분이다.
- **字解** ①친할, 가까울(친) ¶ 親密(친밀) ②어버이(친) ¶ 兩親(양친)

見部 18획

③몸소, 친히(친) ¶親筆(친필) ④겨레, 일가(친) ¶親戚(친척)
【親舊 친구】친하게 사귀는 벗.
【親近 친근】정분이 친하고 가까움.
【親睦 친목】서로 친하여 뜻이 맞고 정다움.
【親密 친밀】친하여 사이가 밀접함.
【親分 친분】친밀한 정분.
【親書 친서】몸소 써서 보내 준 서신.
【親熟 친숙】친하고 흉허물이 없음.
【親知 친지】친하게 잘 알고 지내는 사람.
【親戚 친척】①친족과 외척. ②성이 다른 가까운 척분(戚分). 고종(姑從)·이종(姨從) 따위.
【親筆 친필】손수 쓴 글씨.
【兩親 양친】아버지와 어머니.
【切親 절친】매우 친근함.

見10 ⑰ 【覬】 바랄 기 歐 凱 覬

㊀lǎn ㊁キ ㊂covet
字解 바랄(기) ≒冀
【覬望 기망】이루어지기를 바람.

見11 ⑱ 【観】 觀(703)의 俗字

見11 ⑱ 【覲】 뵐 근 歐 覲 覲

名 ㊀jìn ㊁キン(まみえる) ㊂see
字解 뵐, 만나 볼(근)
【覲參 근참】찾아가서 뵘.
【覲親 근친】國①시집간 딸이 친정에 와서 친정 부모를 뵘. ②중이 세속의 어버이를 뵘.

見12 ⑲ 【觀】 자세할 라·란 歐翰 觀 覚

名 ㊀luó, luǎn ㊁ラ, ラン ㊂detailed
字解 자세할(라·란)

見13 ⑳ 【覺】 깨달을 각 歐 覚 覚 覚

⺧ ⺧ ⺧ ⺧ ⺧ 譽 覺

㊀jué ㊁カク(さとる) ㊂awake
字解 형성자. 見(견)은 의미 부분이고, ⺧은 學(학)의 생략형으로 발음 부분이다.
字解 ①깨달을, 깨우칠(각) ¶覺醒(각성) ②드러날(각) ¶發覺(발각) ③느낄, 감각(각) ¶味覺(미각)
【覺書 각서】상대편에게 약속하는 내용을 적어 주는 문서.
【覺醒 각성】깨달아 정신을 차림.
【覺悟 각오】①도리를 깨달음. ②장래의 일에 대한 마음의 준비.
【味覺 미각】맛을 느끼는 감각.
【發覺 발각】숨겨져 있던 사실이 드러남, 또는 드러냄.
【先覺 선각】남보다 앞서서 도리나 사물을 깨달음, 또는 그러한 사람.

見14 ㉑ 【覽】 볼 람 歐 覽 覧 覚

⺧ ⺧ ⺧ ⺧ ⺧ 譽 覽

固 ㊀lǎn ㊁ラン(みる) ㊂inspect
字解 회의 겸 형성자. 見(견)과 監(감)은 모두 의미 부분인데, 監은 발음도 담당한다. 監은 사람〔人(인)〕이 그릇〔皿(명)〕 안에 있는 물〔一〕에 자신을 들여다보고〔臣(신)은 目(목)의 변형〕 있는 모습으로, '내려다보다'라는 뜻을 나타낸다.
字解 볼, 두루 볼(람)
【觀覽 관람】구경함.
【博覽 박람】①여러 가지 책을 많이 읽음. ②사물을 널리 봄.
【閱覽 열람】책 따위를 훑어보거나 조사하여 봄.
【一覽 일람】한 번 죽 훑어봄.
【展覽 전람】여럿을 벌여 놓고 봄.
【便覽 편람】보기에 편리하도록 간명하게 만든 책.
【回覽 회람】여러 사람이 차례로 돌아가면서 봄.

見18 ㉕ 【觀】 볼 관 歐 ⺧ 觀 观 覿

⺧ ⺧ ⺧ ⺧ 艹 觀 觀 觀

名 ㊀guān ㊁カン(みる) ㊂look
字解 형성자. 見(견)은 의미 부분이고, 雚(관)은 발음 부분이다.
字解 ①볼, 보일(관) ¶觀察(관찰) ②생각, 견해(관) ¶觀念(관념) ③경치, 모습(관) ¶壯觀(장관)

【觀光 관광】 다른 나라나 다른 지방의 문화·풍경 등을 구경함.
【觀念 관념】 사물·현상에 대한 생각이나 의견.
【觀望 관망】 되어 가는 형편을 제삼자의 처지에서 바라봄.
【觀相 관상】 얼굴 등을 보고 그 사람의 재수·운명 등을 판단하는 일.
【觀點 관점】 사물을 관찰할 때 그 사람이 보는 처지. 見地(견지).
【觀察 관찰】 주의 깊게 살펴봄.
【達觀 달관】 사물에 널리 통달한 식견이나 관찰.
【美觀 미관】 아름다운 경치.
【壯觀 장관】 굉장하고 볼 만한 경치.
【參觀 참관】 모임이나 행사에 참가하여 지켜봄.

7 角 部

【角】뿔 각

丶 丿 ケ 产 角 角 角

图 ㊥jiǎo ㊐カク(つの) ㊤horn
字源 상형자. 짐승의 뿔을 그린 것이다.
字解 ①뿔(각) ¶牛角(우각) ②다투, 견줄(각) ¶角逐(각축) ③모, 모날(각) ¶角木(각목) ④각(각) ¶角度(각도) ⑤뿔피리, 나팔(각) ¶角聲(각성) ⑥음계(각) ※동양 오음계의 셋째 음. ⑦별 이름(각) ※이십팔수(二十八宿)의 하나.
【角度 각도】 ①각의 크기. ②사물을 보는 방향. 觀點(관점).
【角木 각목】 네모지게 켠 나무.
【角聲 각성】 지난날, 군중(軍中)에서 불던 나팔 소리.
【角者無齒 각자무치】 뿔이 있는 자는 이가 없음. '한 사람이 모든 재주나 복을 다 가질 수 없음'을 이름.
【角抵 각저】 ①힘이나 기예 등을 겨루는 일. ②씨름. ③角觝(각저).
【角逐 각축】 서로 이기려고 다툼.
【頭角 두각】 ①머리의 끝. ②여럿 중 특히 뛰어난 학식이나 재능.
【牛角 우각】 쇠뿔.

【觚】술잔 고

㊥gū ㊐コ ㊤goblet
字解 ①술잔(고) ②모(고)
【觚不觚 고불고】 고(觚)가 모가 나지 않음. '이름만 있고 실속이 없음'의 비유.
📖 본디 모난 술잔을 '觚'라 하였으나 나중에 실물은 없어지고 이름만 그대로 쓰인 데서 온 말.

【觜】❶털뿔 자 ❷부리 취

㊥zī, zuī ㊐シ ㊤beak
字解 ❶①털뿔(자) ※부엉이 머리 위에 뿔처럼 난 털. ②별이름 북(자) ※이십팔수(二十八宿)의 하나. ❷부리(취)
※새·짐승의 주둥이.
【觜翅 취시】 부리와 날개.

【触】 觸(705)의 俗字

【解】 풀 해

丶 丿 ケ 产 角 角'角' 解 解

图 ㊥xiè ㊐カイ(とく) ㊤explain
字源 회의자. 角(각), 刀(도), 牛(우)는 모두 의미 부분이다. 칼(刀)을 가지고 소(牛)의 뿔(角)을 가른다는 의미이다.
字解 ①풀, 풀어질(해) ¶解釋(해석) ②깨달을(해) ¶解得(해득)
【解渴 해갈】 ①목마름을 풂. ②가물을 면함.
【解雇 해고】 고용했던 사람을 내보냄.
【解禁 해금】 금지되었던 것을 풂.
【解得 해득】 깨달아 앎.
【解明 해명】 잘 설명하여 분명히 함.
【解夢 해몽】 꿈의 길흉을 풀이함.
【解放 해방】 속박(束縛)에서 풀려나 자유로운 몸이 됨.
【解剖 해부】 생물의 몸을 쪼개어 내부

를 조사함.
【解散 해산】흩어짐, 또는 헤침.
【解產 해산】아이를 낳음. 몸을 풂.
【解釋 해석】알기 쉽게 풀어 설명함.
【解消 해소】지금까지의 어떤 관계를 풀어서 없애 버림.
【解弛 해이】풀리어 느즈러짐.
【解任 해임】임무를 내어 놓게 함.
【解體 해체】흩어지거나 없어짐. 또는, 헤치거나 없앰.
【難解 난해】풀기가 어려움.
【瓦解 와해】무너져 흩어짐.
【和解 화해】다툼을 그치고 서로 풂.

角 7 ⑭【悚】두려워할 속 屋
㊥sù ㊐ソク ㊅fear
字解 두려워할(속)
【觳悚 곡속】죽음을 두려워하는 모양.

角 10 ⑰【觳】두려워할 곡 屋
㊥hú ㊐コク ㊅fear
字解 두려워할, 곱송그릴(곡)
【觳悚 곡속】죽음을 두려워하는 모양.

角 11 ⑱【觴】술잔 상 陽
명 ㊥shāng ㊐ショウ ㊅goblet
字解 술잔, 잔 돌릴(상)
【觴詠 상영】술을 마시며 흥겹게 시가(詩歌)를 읊음.
【濫觴 남상】술잔을 띄움. '사물의 근원(根源)'을 이름.
참고 양쯔 강(揚子江)과 같은 큰 강도 그 근원은 잔을 띄울 만한 세류(細流)라는 데서 온 말.

角 13 ⑳【觸】닿을 촉 沃
𫝀 𫝀 𫝀 𫝀 觪 觸 觸
고 ㊥chù ㊐ショク(ふれる) ㊅touch
字源 형성자. 角(각)은 의미 부분이고, 蜀(촉)은 발음 부분이다.
字解 ①닿을(촉) ¶觸感(촉감) ②범할(촉) ¶抵觸(저촉)
【觸角 촉각】곤충 따위의 머리에 있는 감각기. 더듬이.

【觸覺 촉각】무엇이 닿았을 때 느끼는 감각.
【觸感 촉감】피부에 닿는 느낌.
【觸發 촉발】①사물에 맞닥뜨려 어떤 느낌이 일어남. ②무엇에 닿아 폭발함.
【一觸即發 일촉즉발】조금만 닿아도 곧 폭발함. '막 일이 일어날 듯한 몹시 위험한 상태'를 이름.
【抵觸 저촉】①다치거나 부딪침. ②법률·규칙 등에 어긋나고 거슬림.

7 言 部

言 0 ⑦【言】말씀 언 元
丶 亠 亠 言 言 言 言
명 ㊥yán ㊐ケン, ゴン(いう) ㊅words
字源 혀를 앞으로 빼낸 모습, 입으로 피리를 부는 모습, 목탁(木鐸)을 거꾸로 놓은 모습 등의 상형자라고도 하고, 죄인[辛 즉 辛(신)]이 자기 변론[口(구)]을 한다는 뜻의 회의자, 口는 의미 부분이고 辛(건)은 발음 부분인 형성자라고도 하나 아직 정설이 없다.
字解 말씀, 말, 말할(언)
【言及 언급】말이 어떤 문제에 미침. 어떤 문제에 대하여 말함.
【言論 언론】말이나 글로 자기의 생각을 발표하는 일, 또는 그 말과 글.
【言文一致 언문일치】말할 때의 표현과 글로 나타낼 때의 표현 사이에 용어상의 차이가 없게 하는 일.
【言辯 언변】말솜씨. 口辯(구변).
【言語道斷 언어도단】말의 길이 끊김. '말로 설명할 수 없는 심오한 진리', 는 '말도 못할 정도로 어이가 없음'을 이름.
【言爭 언쟁】말다툼.
【言中有骨 언중유골】말 속에 뼈가 있음. '예사로 하는 말에 단단한 속뜻이 들어 있음'을 이름.
【言行 언행】말하는 것과 행하는 것.
【甘言 감언】달콤한 말. 남의 마음에

들도록 듣기 좋게 하는 말.
【格言 격언】 인생의 교훈·경계가 되는 글. '속담·금언(金言)' 따위.
【食言 식언】 말을 먹음. '약속한 말을 지키지 아니함'을 이름.

【計】 셈할 계

`丶 一 亠 言 言 言 計`

정 ㊥jì ㊐ケイ(はかる) ㊤count
字源 회의자. 言(언)과 十(십)은 모두 의미 부분이다.
字解 ①셈할, 계산할(계) ¶計數(계수) ②수(계) ¶合計(합계) ③꾀, 꾀할(계) ¶計略(계략)

【計器 계기】 분량·정도 등을 재는 기계나 기구의 총칭.
【計略 계략】 계획과 책략. 計策(계책).
【計量 계량】 분량을 계산함.
【計算 계산】 수량을 헤아림. 셈함.
【計數 계수】 수효를 계산함.
【計測 계측】 길이·넓이·무게 등을 재어 계산함.
【計畫 계획】 꾀하여 미리 작정함. 통 計劃(계획).
【家計 가계】 ①집안 살림의 수입·지출의 상태. ②살림살이.
【生計 생계】 살아갈 방도.
【合計 합계】 모두 합한 전체의 수.

【訃】 부고 부

정 ㊥fù ㊐フ ㊤obituary
字解 부고, 죽음 알릴(부)

【訃告 부고】 사람이 죽은 것을 알리는 통지. 訃音(부음).

【訂】 바로잡을 정

`丶 一 亠 言 言 言 訂`

고 ㊥dìng ㊐テイ ㊤correct
字源 형성자. 言(언)은 의미 부분이고, 丁(정)은 발음 부분이다.
字解 ①바로잡을(정) ¶訂正(정정) ②의논할(정) ¶訂定(정정)

【訂正 정정】 글씨·말 등의 틀린 곳을 고쳐서 바로잡음.
【訂定 정정】 잘잘못을 의논해 정함.
【改訂 개정】 고쳐서 바로잡음.
【修訂 수정】 책 등의 잘못을 고쳐 바로잡음.

【訖】 ❶마칠 글 ❷이를 흘

명 ❷ ㊥qì ㊐キツ ㊤finish
字解 ❶①마칠, 그칠(글) ②모두(글) ❷이를, 다다를(흘)

【訖息 글식】 그침.
【訖今 흘금】 지금에 이르기까지.

【記】 기록할 기

`丶 一 亠 言 言 言 訂 記`

정 ㊥jì ㊐キ(しるす) ㊤record
字源 형성자. 言(언)은 의미 부분이고, 己(기)는 발음 부분이다.
字解 ①기록할, 적을(기) ¶記入(기입) ②문서, 글(기) ¶手記(수기) ③기억할(기) ¶記念(기념) ④기(기) ※ 산문 문체의 하나로, 사실을 있는 그대로 적은 글.

【記念 기념】 오래도록 기억하여 잊지 않음. 통紀念(기념).
【記錄 기록】 ①어떤 사실을 뒤에 남기려고 적음. 또는 그 글. ②운동 경기 따위의 성적.
【記事 기사】 ①사실을 그대로 적음. ②신문·잡지 등에 기록된 사실.
【記憶 기억】 잊지 않고 외어 둠.
【記入 기입】 적어 넣음. 記載(기재).
【記者 기자】 신문·잡지 등의 기사를 쓰거나 편집하는 사람.
【記帳 기장】 장부(帳簿)에 적음.
【記載 기재】 문서에 기록하여 실음.
【速記 속기】 빠르게 기록함.
【手記 수기】 자기의 체험을 자기가 적은 글.
【暗記 암기】 기억할 수 있도록 욈.

【訕】 헐뜯을 산

㊥shàn ㊐セン ㊤revile
字解 헐뜯을, 비방할(산)

【訕謗 산방】 비방함. 비난함.

【訊】 물을 신

명 ⊕xùn ⊕ジン(たずねる) 英inquire
字解 물을, 신문할(신)

【訊鞫 신국】 ①엄하게 캐물음. ②죄인을 취조함. 鞫問(국문).
【訊問 신문】 ①물어서 캠. ②죄를 따져 물음.

【託】 부탁할 탁

명 ⊕tuō ⊕タク(かこつける) 英entrust
字解 ①부탁할, 맡길(탁) 늑托 ¶託送(탁송) ②핑계할(탁) ¶託病(탁병)

【託病 탁병】 병을 핑계함.
【託送 탁송】 남에게 부탁하여 물건을 보냄.
【付託 부탁】 남에게 어떤 일을 해 달라고 당부함.
【信託 신탁】 신용하여 맡김.
【委託 위탁】 남에게 맡겨 부탁함.
【請託 청탁】 무엇을 해 달라고 청하며 부탁함.
【囑託 촉탁】 ①임시로 일을 맡아보는 사람. ②일을 부탁하거나 맡김.

【討】 칠 토

고 ⊕tǎo ⊕トウ(うつ) 英suppress
字源 회의자. 言(언)과 寸(촌)은 모두 의미 부분이다.
字解 ①칠, 정벌할(토) ¶討伐(토벌) ②찾을, 궁구할(토) ¶討論(토론) ③요구할(토) ¶討索(토색) ④다스릴, 죄줄(토) ¶討罪(토죄)

【討論 토론】 여러 사람이 어떤 논제(論題)에 대하여 따지고 논의함.
【討伐 토벌】 군대를 보내어 침.
【討索 토색】 금품을 억지로 요구함.
【討罪 토죄】 범한 죄를 하나하나 드러내어 다부지게 나무람.
【檢討 검토】 내용을 살펴서 따져 봄.
【聲討 성토】 여러 사람이 모여서 어떤 잘못을 따져 규탄함.

【訌】 어지러울 홍

명 ⊕hòng ⊕コウ 英discord
字解 ①어지러울(홍) ②분란(홍)
【內訌 내홍】 집단이나 조직 내부에서 자기들끼리 일으킨 분쟁.

【訓】 가르칠 훈

중 ⊕xùn ⊕クン(おしえる) 英instruct
字源 형성자. 言(언)은 의미 부분이고, 川(천)은 발음 부분이다.
字解 ①가르칠(훈) ¶訓育(훈육) ②뜻, 뜻 풀이할(훈) ¶訓讀(훈독)

【訓戒 훈계】 타일러 경계함.
【訓讀 훈독】 한문의 뜻을 새겨 읽음.
【訓練 훈련】 기술 등을 배워 익힘. 통訓鍊(훈련).
【訓放 훈방】 가벼운 죄를 범한 죄인을 훈계하여 방면(放免)함.
【訓示 훈시】 가르쳐 보임.
【訓育 훈육】 가르쳐 기름.
【訓話 훈화】 훈시하는 말.
【教訓 교훈】 가르치고 깨우쳐 줌, 또는 그 가르침.
【音訓 음훈】 한자의 음과 새김.

【訣】 이별할 결

명 ⊕jué ⊕ケツ 英part
字解 ①이별할(결) ¶訣別(결별) ②비방(결) ¶祕訣(비결)
【訣別 결별】 ①기약 없는 이별(離別). ②관계·교제를 영원히 끊음.
【口訣 구결】 한문을 읽을 때, 글의 뜻을 이해하도록 구절마다 다는 토. '니(하고)·니(하니)' 따위.
【祕訣 비결】 세상에 알려져 있지 않은 자기만의 방법.
【永訣 영결】 죽은 사람과 영원히 이별함. 死別(사별).

【訥】 말 더듬을 눌

명 ⊕nè ⊕トツ 英stammer
字解 말 더듬을(눌)

【訥辯 눌변】더듬거리는 말씨.
【訥言 눌언】더듬는 말.
【語訥 어눌】말을 더듬어 말씨가 부드럽지 못함.

【訪】찾을 방

亠言言言言訪訪

동 ⓒfǎng ⓙホウ(おとずれる) ⓔvisit
字源 형성자. 言(언)은 의미 부분이고, 方(방)은 발음 부분이다.
字解 ①찾을, 뵐(방) ¶訪問(방문) ②물을, 문의할(방) ¶訪議(방의)
【訪問 방문】남을 찾아봄.
【訪議 방의】①찾아가 의논함. ②계책(計策)을 물음.
【來訪 내방】손님이 찾아옴.
【巡訪 순방】차례로 방문함.
【探訪 탐방】어떤 사람이나 장소를 탐문(探問)하여 찾아봄.

【設】베풀 설

亠言言言言計設設

동 ⓒshè ⓙセツ(もうける) ⓔestablish
字源 회의자. 言(언)과 殳(수)는 모두 의미 부분이다. 殳는 사람을 부린다는 뜻이다.
字解 ①베풀, 세울(설) ¶設立(설립) ②가령(설) ¶設使(설사)
【設計 설계】계획을 세움.
【設立 설립】베풀어 세움.
【設問 설문】문제를 내어 물어봄.
【設備 설비】베풀어 갖춤.
【設使 설사】그렇다 치더라도. 假令(가령). 設令(설령). 設或(설혹)
【設定 설정】새로 만들어 정함.
【設置 설치】베풀어서 둠.
【建設 건설】만들어 세움.
【附設 부설】딸리어 설치함.
【增設 증설】늘려 설치함.

【訟】송사할 송

亠言言言言訟訟訟

고 ⓒsòng ⓙショウ ⓔlitigate
字源 형성자. 言(언)은 의미 부분이고, 公(공)은 발음 부분이다.
字解 송사할, 시비할, 따질(송)
【訟事 송사】소송하는 일.
【訴訟 소송】법률상의 판결을 법원에 청구하는 일, 또는 그 절차.
【爭訟 쟁송】송사로 서로 싸움.

【訝】맞을 아

명 ⓒyà ⓙガ,ゲ(いぶかる) ⓔreceive
字解 ①맞을(아) ≒迓 ②의심할(아)
【訝賓 아빈】왕명(王命)으로 손을 맞이하여 위로함, 또는 그 일.
【疑訝 의아】의심스럽고 괴이쩍음.

【訳】譯(724)의 俗字

【訛】그릇될 와

명 ⓒé ⓙガ(あやまる) ⓔgo wrong
字解 ①그릇될(와) ②거짓(와)
【訛言 와언】①거짓말. ②그릇 전해진 말. 訛說(와설).
【訛音 와음】그릇 전해진 글자의 음.
【訛傳 와전】말을 그릇 전함.

【訫】생각할 임

명 ⓒrèn ⓙニン ⓔthink
字解 생각할(임)

【許】허락할 허

亠言言言言許許許

동 ⓒxǔ ⓙキョ(ゆるす) ⓔallow
字源 형성자. 言(언)은 의미 부분이고, 午(오)는 발음 부분이다.
字解 ①허락할(허) ¶許容(허용) ②가량, 쯤(허) ¶幾許(기허) ③매우, 대단히(허) ¶許多(허다)
【許可 허가】들어줌. 許諾(허락).
【許多 허다】몹시 많음. 수두룩함.
【許諾 허낙→허락】청을 들어줌.
【許容 허용】허락하여 용납함.

【幾許 기허】 얼마. 어느 만큼.
【特許 특허】 특별히 허가함.

訢

言 4획 (11)
❶기뻐할 흔
❷온화할 은

명 ❷ ㊥xīn, yín ㊐キン, ギン
字解 ❶기뻐할(흔) ❷온화할, 온화하며 공손할(은)

訶

言 5획 (12)
꾸짖을 가
㊉하

㊥hē ㊐カ(しかる) ㊥scold
字解 꾸짖을, 나무랄(가)
【訶詰 가힐】 꾸짖어 힐문(詰問)함.
참고 詞(사 : 709)는 딴 자.

詁

言 5획 (12)
주 낼 고

㊥gǔ ㊐コ ㊥explain
字解 주 낼, 뜻 풀이할(고)
【訓詁 훈고】 고서(古書)의 어려운 뜻을 풀이하는 일. '경서의 주해(註解)·해석(解釋)' 따위.

詐

言 5획 (12)
속일 사

㊥zhà ㊐サ ㊥deceive
字源 형성자. 言(언)은 의미 부분이고, 乍(사)는 발음 부분이다.
字解 속일, 거짓(사)
【詐欺 사기】 남을 속임.
【詐取 사취】 남의 것을 거짓으로 속여서 빼앗음.
【詐稱 사칭】 성명·관직 등을 속여 일컬음.

詞

言 5획 (12)
말 사

㊥cí ㊐シ(ことば) ㊥word
字源 형성자. 言(언)은 의미 부분이고, 司(사)는 발음 부분이다.
字解 ❶말, 말씀(사) ¶品詞(품사) ❷글, 문장(사) ¶詞章(사장) ❸시(사) ※운문 문체의 하나. ¶詞賦(사부)
【詞林 사림】 ①시문(詩文)을 모은 책. ②시인·문객의 세계. 文壇(문단).
【詞賦 사부】 운자(韻字)를 달아 평측(平仄)을 구별하여 지은 한시(漢詩)의 총칭.
【詞章 사장】 시문(詩文). 또는, 시가(詩歌)와 문장.
【歌詞 가사】 노랫말.
【品詞 품사】 어휘를 그 의미·기능·형태에 의하여 분류한 것.
참고 訶(가 : 709)는 딴 자.

訴

言 5획 (12)
하소연할 소

丶 亠 言 言 訂 訢 訴 訴

고 ㊥sù ㊐ソ(うったえる) ㊥appeal
字源 형성자. 言(언)은 의미 부분이고, 斥(척)은 발음 부분이다. 옛날에 訴와 斥은 발음이 비슷하였다.
字解 ❶하소연할(소) ≒憩 ¶呼訴(호소) ❷송사할(소) ¶訴訟(소송)
【訴訟 소송】 법원에 재판을 청구함.
【訴願 소원】 위법(違法)이나 부당한 행정 처분의 취소·변경을 행정 기관에 청구하는 일.
【訴狀 소장】 하소연하는 글.
【訴請 소청】 하소연하여 바른 판결을 청함.
【公訴 공소】 검사가 형사 사건에 관하여 법원에 재판을 청구하는 일.
【上訴 상소】 상급 법원에 판결을 다시 요구하는 일.
【勝訴 승소】 소송에서 이김.
【呼訴 호소】 자기의 억울한 사정을 관청이나 남에게 하소연함.

詠

言 5획 (12)
읊을 영

丶 亠 言 言 訂 訂 詠 詠

고 ㊥yǒng ㊐エイ(よむ) ㊥recite
字源 형성자. 言(언)은 의미 부분이고, 永(영)은 발음 부분이다.
字解 ❶읊을, 노래할(영) ¶詠歌(영가) ❷시가(영) ¶吟詠(음영)
【詠歌 영가】 시가(詩歌)를 읊음. 또는 그 시가.
【詠歎 영탄】 ①소리를 길게 뽑아 읊

음. ②감동하여 찬탄(讚歎)함.
【吟詠 음영】 시가를 읊조림.

【訾】 헐뜯을 자
⊕zǐ, zī ⊕シ ⊛slander
字解 ①헐뜯을(자) ②헤아릴(자)
【訾毁 자훼】 비방함. 헐뜯음.

【詛】 저주할 저
명 ⊕zǔ ⊕ソ(のろう) ⊛curse
字解 저주할(저)
【詛呪 저주】 남이 잘못되기를 빎.

【証】 ❶간할 정 ❷증거 증
⊕zhèng ⊕ショウ ⊛advise
字解 ❶간할(정) ❷증거(증) ※ '證'의 속자로 씀.

【詔】 ❶고할 조 ❷소개할 소
명 ❶⊕zhào ⊕ショウ(みことのり) ⊛proclaim
字解 ❶①고할(조) ②조서(조) ❷소개할(소) ≒紹
【詔告 조고】 알림. 고함.
【詔書 조서】 임금의 명령을 쓴 문서.

【註】 주 낼 주
명 ⊕zhù ⊕チュウ ⊛explain
字解 주 낼, 뜻 풀이할(주) ≒注
【註釋 주석】 낱말이나 문장의 뜻을 알기 쉽게 풀이함. 註解(주해).
【註疏 주소】 경서를 자세히 풀이함. 🕮 '註'는 경서의 내용을 풀이한 것, '疏'는 주(註)를 다시 풀이한 것.
【脚註 각주】 본문의 보충 설명을 위하여 본문 아래에 따로 베푼 풀이.

【診】 진찰할 진
명 ⊕zhěn ⊕シン(みる) ⊛examine

字解 ①진찰할, 엿볼(진) ¶診斷(진단) ②점칠(진) ¶診夢(진몽)
【診斷 진단】 의사가 환자를 진찰하여 병의 증상을 판단함.
【診療 진료】 진찰하고 치료함.
【診脈 진맥】 손목의 맥을 짚어 보아 진찰함.
【診夢 진몽】 꾼 꿈을 점침.
【診察 진찰】 의사가 병의 원인과 증상을 살펴봄.
【檢診 검진】 병의 유무(有無)를 검사하기 위하여 하는 진찰.
【往診 왕진】 의사가 환자가 있는 곳에 가서 진찰함.

【評】 평론할 평
고 ⊕píng ⊕ヒョウ ⊛comment on
字源 형성자. 言(언)은 의미 부분이고, 平(평)은 발음 부분이다.
字解 평론할, 품평할(평)
【評價 평가】 사람·사물의 가치(價値)를 판단함.
【評決 평결】 평론하여 결정함.
【評論 평론】 사물의 가치·선악 따위를 비평하여 논함, 또는 그 글.
【評傳 평전】 비평을 곁들여 쓴 전기.
【評判 평판】 세상 사람들이 비평함, 또는 그 비평.
【批評 비평】 사물의 시비(是非)·선악(善惡)을 평가함.
【品評 품평】 품질을 평가하는 일.
【酷評 혹평】 가혹하게 비평함.

【詖】 치우칠 피
⊕bì ⊕ヒ ⊛one-sided
字解 ①치우칠(피) ②변론할(피)
【詖辭 피사】 한쪽으로 치우쳐 올바르지 못한 말.

【誇】 자랑할 과
고 ⊕kuā ⊕コ(ほこる) ⊛boast
字源 형성자. 言(언)은 의미 부분이고, 夸(과)는 발음 부분이다.

字解 자랑할, 뽐낼 (과)
【誇大妄想 과대망상】 작은 것을 사실 이상으로 크게 평가하는 헛된 생각.
【誇示 과시】 뽐내어 보임.
【誇張 과장】 실제보다 지나치게 떠벌려 나타냄.
【矜誇 긍과】 자랑하여 뽐냄.

【詭】 속일 궤
诡 诡
명 ⊕guǐ ⊖キ ⊗cheat
字解 ①속일(궤) ②꾸짖을(궤)
【詭辯 궤변】 이치에 닿지 않는 내용으로 속이는 말.
【詭遇 궤우】 ①사냥할 때 옳지 않은 방법으로 수레를 몰아 짐승을 잡는 일. ②바른길이 아닌 임기응변(臨機應變)으로 남의 뜻에 영합(迎合)하여 부귀를 얻는 일.

【誄】 제문 뢰
诔 诔
⊕lěi ⊖ルイ ⊗threnody
字解 제문, 뇌사(뢰)
【誄詞 뇌사】 죽은 사람의 생전에 쌓은 공덕을 찬양하고 슬픔의 뜻을 나타내는 말이나 글. 誄文(뇌문).

【詳】 자세할 상
详 详
ㄱ ⊕xiáng ⊖ショウ(くわしい) ⊗in detail
字源 형성자. 言(언)은 의미 부분이고, 羊(양)은 발음 부분이다.
字解 자세할, 상세할(상)
【詳報 상보】 자세한 소식.
【詳細 상세】 자상하고 세밀함.
【詳述 상술】 자세하게 진술함.
【未詳 미상】 ①상세하지 않음. ②알려지지 않음.
【昭詳 소상】 분명하고 자세함.
【仔詳 자상】 매우 자세함. 꼼꼼함.

【詵】 많을 선·신
诜
명 선 ⊕shēn ⊖シン ⊗many
字解 ①많을(선·신) ②모일(선·신)

【詢】 물을 순
询 询
명 ⊕xún ⊖シュン(とう) ⊗ask
字解 물을, 상의할(순)
【詢問 순문】 질문함. 상의함.
【諮詢 자순】 윗사람이 아랫사람에게 묻고 의논함. 咨問(자문).

【詩】 시 시
诗 诗
丶 亠 言 言 計 詩 詩 詩
명 ⊕shī ⊖シ ⊗verse
字源 형성자. 言(언)은 의미 부분이고, 寺(사)는 발음 부분이다.
字解 시(시) ※운문 문체의 하나.
【詩歌 시가】 ①시와 노래. ②가사(歌辭)를 포함한 시문학의 총칭.
【詩禮之訓 시례지훈】 자식이 아버지에게서 받은 교훈.

故事 공자의 아들인 백어(伯魚)가 아버지에게 시(詩)와 예(禮)를 배워야 하는 까닭을 듣고 당장 배웠다는 고사에서 온 말.

【詩碑 시비】 시를 새긴 비.
【詩想 시상】 시를 짓기 위한 시인의 생각이나 구상(構想).
【詩仙 시선】 시의 천재. 당(唐)나라 시인 '이백(李白)'을 이르는 말.
【詩聖 시성】 고금에 뛰어난 시인. 당(唐)나라 시인 '두보(杜甫)'를 이르는 말.
【詩語 시어】 시인의 감정을 나타낸 함축성(含蓄性) 있는 말.
【詩集 시집】 시를 모아 엮은 책.
【漢詩 한시】 한문으로 지은 시.

【試】 시험할 시
试 试
丶 亠 言 言 試 試 試
명 ⊕shì ⊖シ(こころみる) ⊗test
字源 형성자. 言(언)은 의미 부분이고, 式(식)은 발음 부분이다.
字解 시험할, 해볼(시)
【試金石 시금석】 ①금(金)의 품질을 시험하는 돌. ②가치·능력 등을 시험해 알아보는 기회나 사물.
【試鍊 시련】 ①시험하고 단련함. ②겪기 어려운 고난. ⑧試練(시련).

【試乘 시승】시험 삼아 타 봄.
【試食 시식】맛이나 요리 솜씨를 보기 위하여 먹어 봄.
【試案 시안】시험적으로 만든 안.
【試驗 시험】문제를 내거나 실제로 시켜서 지식을 알아봄.
【入試 입시】입학(入學)하기 위하여 치르는 시험.

> '詹'이 붙은 한자
>
> 儋 멜(담)　憺 편안할(담)
> 擔 멜(담)　澹 담박할(담)
> 膽 쓸개(담)　譫 중얼거릴(섬)
> 蟾 두꺼비(섬)　贍 넉넉할(섬)
> 檐 처마(첨)　瞻 볼(첨)
> 簷 처마(첨)

言6【詣】나아갈 예
⑬
명 ㊥yì ㊐ケイ ㊍go to
字解 ①나아갈(예) ②이를(예)
【詣闕 예궐】대궐에 들어감.
【造詣 조예】학문·기예(技藝) 등에 관하여 가지고 있는 지식이나 이해.

言6【誉】譽(724)의 俗字
⑬

言6【詮】설명할 전
⑬
명 ㊥quán ㊐セン ㊍comment
字解 ①설명할(전) ②진리(전)
【詮釋 전석】알기 쉽게 설명하여 밝힘, 또는 그 말. 詮解(전해).
【詮言 전언】진리에 근거한 말.

言6【誅】벨 주
⑬
명 ㊥zhū ㊐チュウ ㊍behead
字解 ①벨, 벌줄(주) ②꾸짖을(주)
【誅求 주구】관청에서 백성의 재물을 강제로 빼앗음.
【誅戮 주륙】죄인을 죽임, 또는 죄로 몰아 죽임. 誅殺(주살).
【誅責 주책】준엄하게 꾸짖음.

言6【詹】❶이를 첨
⑬　　❷족할 담
명❶ ㊥zhān ㊐セン ㊍reach
字解 ❶①이를, 다다를(첨) ②수다스러울(첨) ③볼(첨) 늑瞻 ④두꺼비(첨) ❷족할, 넉넉할(담)
【詹諸 첨저】①달 속에 산다는 두꺼비. ②'달'의 딴 이름.
【詹詹 첨첨】수다스러운 모양.

言6【該】그 해
⑬
고 ㊥gāi ㊐カイ ㊍that, the
字源 형성자. 言(언)은 의미 부분이고, 亥(해)는 발음 부분이다.
字解 ①그(해) ②갖출, 겸할(해)
【該當 해당】①관련되는 바로 그것. ②바로 들어맞음.
【該博 해박】사물에 관하여 널리 앎.
【該地 해지】그곳. 그 땅.

言6【話】말할 화
⑬
명 ㊥huà ㊐ワ(はなす) ㊍talk
字源 형성자. 소전에서는 言(언)과 昏(괄)로 이루어졌는데, 話는 예서체이다. 言은 의미 부분이고, 昏은 발음 부분이다. 소전의 昏에서 모두 舌(설)로 바뀌었는데, 括(묶을 괄)·刮(깎을 괄)·活(살 활) 등이 그 예이다.
字解 말할, 이야기할, 이야기(화)
【話頭 화두】①말머리. ②불교에서, 참선하는 이에게 도를 깨치게 하기 위하여 내는 문제. 公案(공안).
【話術 화술】말하는 기술. 말재주.
【話題 화제】이야깃거리. 이야기.
【對話 대화】마주 대하여 이야기함.
【祕話 비화】세상에 알려지지 않은, 비밀스러운 이야기.
【逸話 일화】아직 세상에 널리 알려지지 않은 이야기.

言6【詼】조롱할 회
⑬
㊥huī ㊐カイ ㊍ridicule

言部 7획

【詼】 조롱할, 희롱할(회)
【詼笑 회소】 실없이 조롱하여 웃음.

【詡】 자랑할 후 颾
㊥xǔ ㊐ク ㊥boast
字解 ①자랑할(후) ②화할(후)
【詡詡 후후】 ①장담하는 모양. ②화(和)하여 모이는 모양.
【誇詡 과후】 자랑함. 자만함.

【詬】 꾸짖을 후·구
㊥gòu ㊐コウ ㊥abuse
字解 꾸짖을, 모욕할(후·구)
【詬罵 후매】 꾸짖음. 꾸짖어 욕함.

【詰】 힐난할 힐 質
㊥jí, jié ㊐キツ(つめる) ㊥blame
字解 ①힐난할, 꾸짖을(힐) ②따질(힐)
【詰難 힐난】 잘못을 따져 비난함.
【詰問 힐문】 잘못을 따져 물음.
【詰誅 힐주】 죄를 추궁하여 다스림.
【詰責 힐책】 잘못을 따져 꾸짖음.

【誡】 경계할 계 卦
㊥jiè ㊐カイ ㊥warns
字解 ①경계할(계) ②교훈(계)
【誡勉 계면】 훈계하고 격려함.
【誡命 계명】 도덕상 또는 종교상 마땅히 지켜야 할 규율.
【訓誡 훈계】 타일러 경계함.

【誥】 깨우쳐 줄 고 號
㊥gào ㊐コウ ㊥teach
字解 깨우쳐 줄, 가르칠(고)
【誥誡 고계】 깨우쳐 주어 경계함.

【誆】 속일 광
㊥kuáng ㊐キョウ ㊥deceive
字解 속일(광)
【誆誘 광유】 남을 속여 꾐.
【誆惑 광혹】 거짓말로 혹하게 함.

【読】 讀(725)의 俗字

【誣】 무고할 무 虞
㊥wū ㊐ブ ㊥innocent
字解 무고할, 속일(무)
【誣告 무고】 없는 죄를 있는 것처럼 꾸며서 관청에 고발함.
【誣陷 무함】 무고하여 허물이 없는 사람을 모함함.

【誓】 맹세할 서 霽

十 扌 扩 折 折 哲 誓 誓

㊠ ㊥shì ㊐セイ(ちかう) ㊥oath
字源 형성자. 言(언)은 의미 부분이고, 折(절)은 발음 부분이다. 옛날에 誓와 折의 발음이 비슷하였다.
字解 맹세할, 다짐할(서)
【誓約 서약】 맹세하여 약속함.
【誓願 서원】 자기가 하고 싶은 일을 신이나 부처에게 맹세하고 그것이 이루어지기를 기원함.
【盟誓 맹서→맹세】 굳게 다짐하여 약속함.
【宣誓 선서】 여러 사람 앞에서 공개적으로 맹세하는 일.

【說】 ❶말씀 설 屑 ❷달랠 세 霽 ❸기쁠 열

丶 宀 宀 宀 言 訂 訒 說 說

㊠ ㊥shuì, shuō ㊐セツ(とく) ㊥speak
字源 형성자. 言(언)은 의미 부분이고, 兌(태)는 발음 부분이다. 옛날에 說과 兌는 발음이 비슷하였다.
字解 ❶①말씀, 말할(설) ¶ 說破(설파) ②설(설) ※ 산문 문체의 하나로, 사물에 대한 자기 의견을 쓴 글. ❷달랠(세) ¶ 遊說(유세) ❸기쁠(열) 늑悅 ¶ 說樂(열락)
【說敎 설교】 종교의 교리를 설명함.
【說得 설득】 알아듣도록 설명하여 납

득시킴. 說伏(설복).
【說明 설명】풀이하여 밝힘.
【說往說來 설왕설래】서로 말이 오고 가며 옥신각신하는 일.
【說破 설파】①사물의 내용을 밝혀 말함. ②상대편의 이론을 깨뜨림.
【說話 설화】한 민족 사이에 전승되어 온 이야기의 총칭.
【說客 세객】교묘한 말솜씨를 가지고 유세(遊說)를 일삼는 사람.
【說樂 열락】기쁘고 즐거움.
【浪說 낭설】터무니없는 헛소문.
【解說 해설】풀어서 설명함.
【遊說 유세】여러 곳을 돌아다니면서 자기 또는 자기 정당(政黨)의 주장을 설명하고 선전함.
참고 '세·열'음도 인명용으로 지정됨.

【誠】 정성 성 간 诚
言7/⑭ 庚
ㆍ 言 訁 訂 訏 訪 誠 誠
중 ⓗchéng ⓙセイ(まこと) ⓔsincerity
字源 형성자. 言(언)은 의미 부분이고, 成(성)은 발음 부분이다.
字解 ①정성, 정성스러울(성) ②진실로, 참으로(성)
【誠金 성금】정성으로 내는 돈.
【誠實 성실】정성스럽고 참되어 거짓이 없음.
【誠心 성심】정성스러운 마음.
【誠意 성의】정성스러운 뜻.
【熱誠 열성】열렬한 정성.
【精誠 정성】참되고 성실함.
【至誠 지성】지극한 정성.
【忠誠 충성】진심에서 우러나는 정성.

【誦】 욀 송 囶
言7/⑭
ㆍ 言 訁 訂 誦 誦 誦
굴 ⓗsòng ⓙショウ(となえる) ⓔrecite
字源 형성자. 言(언)은 의미 부분이고, 甬(용)은 발음 부분이다.
字解 욀, 암송할(송)
【誦經 송경】불경(佛經)을 욈.
【誦讀 송독】①외어 읽음. 暗誦(암송). ②소리를 내어 글을 읽음.
【朗誦 낭송】소리 내어 읽음.
【諳誦 암송】책을 보지 아니하고 글을 욈. 통暗誦(암송).
【愛誦 애송】즐겨 읊거나 욈.

【語】 말씀 어 간 语语
言7/⑭ 語
ㆍ 言 訁 訂 訐 訴 語 語
중 ⓗyǔ ⓙゴ(かたる) ⓔwords
字源 형성자. 言(언)은 의미 부분이고, 吾(오)는 발음 부분이다.
字解 말씀, 말, 이야기(어)
【語感 어감】말소리 또는 말투에 따라 말이 주는 느낌.
【語錄 어록】위인이나 유명인의 말들을 모은 기록.
【語不成說 어불성설】말이 사리에 맞지 않아 말이 되지 않음.
【語源 어원】말이 이루어진 근원.
【語調 어조】말투.
【語套 어투】말버릇. 말투.
【語弊 어폐】적절하지 않은 말을 씀으로써 일어나는 폐해(弊害).
【語彙 어휘】한 언어에서 사용되는 단어의 전체.
【文語 문어】문장에만 쓰이고 담화(談話)에는 쓰이지 않는 말.
【隱語 은어】특수한 집단이나 사회에서 자기네끼리만 쓰는 말.

【誤】 그르칠 오 간 误语
言7/⑭ 遇
ㆍ 言 訁 訂 訂 訣 誤 誤
중 ⓗwù ⓙゴ(あやまる) ⓔmistake
字源 형성자. 言(언)은 의미 부분이고, 吳(오)는 발음 부분이다.
字解 그르칠, 잘못될, 틀릴(오)
【誤答 오답】틀린 답.
【誤謬 오류】그릇된 일. 잘못.
【誤報 오보】잘못된 보고나 보도.
【誤算 오산】잘못 계산함.
【誤譯 오역】잘못 번역함.
【誤診 오진】잘못 진단함.
【誤判 오판】잘못 판정함. 誤審(오심).
【誤解 오해】뜻을 잘못 이해함.
【過誤 과오】허물. 잘못.
【錯誤 착오】착각으로 인한 잘못.

言7/⑭ 【誘】 꾈 유

- 中 yòu ジユウ(さそう) 英 induce
- 字源 형성자. 言(언)은 의미 부분이고, 秀(수)는 발음 부분이다.
- 字解 ①꾈, 꾀어낼(유) ¶ 誘導(유도) ②권할, 달랠(유) ¶ 勸誘(권유)

【誘拐 유괴】 사람을 속여 꾀어냄.
【誘導 유도】 꾀어서 이끎.
【誘發 유발】 어떤 일이 원인이 되어 다른 일이 일어남, 또는 일으킴.
【誘致 유치】 권하여 오게 함.
【誘惑 유혹】 꾀어서 마음을 현혹(眩惑)하게 함.
【勸誘 권유】 어떤 일을 하도록 권함.

言7/⑭ 【認】 알 인

- 中 rèn ニン(みとめる) 英 recognize
- 字源 형성자. 言(언)은 의미 부분이고, 忍(인)은 발음 부분이다.
- 字解 ①알(인) ¶ 認識(인식) ②허락할(인) ¶ 承認(승인)

【認可 인가】 인정하여 허가함.
【認識 인식】 사물을 분별하고 판단하여 아는 마음의 작용.
【認定 인정】 옳다고 믿고 정함.
【認知 인지】 앎.
【默認 묵인】 말없는 가운데 넌지시 허락함.
【否認 부인】 인정하지 아니함.
【承認 승인】 옳다고 인정(認定)하여 허락함.
【是認 시인】 옳다고 인정함.

言7/⑭ 【誌】 기록할 지

- 中 zhì シ 英 record
- 字源 형성자. 言(언)은 의미 부분이고, 志(지)는 발음 부분이다.
- 字解 기록할, 기록(지) 늑識

【誌面 지면】 신문 따위 인쇄물의 기사가 실린 종이의 면. 誌上(지상).
【誌文 지문】 죽은 사람의 이름·생몰연월일(生沒年月日)·행적(行蹟)과 무덤이 있는 곳을 적은 글.
【書誌 서지】 ①책. ②책이나 문헌에 대한 내용 목록.
【日誌 일지】 그날그날의 직무상의 기록을 적은 책.
【雜誌 잡지】 다양한 내용을 담은 정기간행물.

言7/⑭ 【誕】 태어날 탄

- 中 dàn タン 英 be born
- 字源 형성자. 言(언)은 의미 부분이고, 延(연)은 발음 부분이다.
- 字解 ①태어날(탄) ¶ 誕生(탄생) ②속일(탄) ¶ 誕妄(탄망) ③방자할(탄) ¶ 放誕(방탄)

【誕降 탄강】 하늘에서 내려옴. '임금이나 성인의 탄생'을 뜻함.
【誕妄 탄망】 거짓말. 허망한 짓.
【誕生 탄생】 사람이 태어남.
【誕辰 탄신】 임금·성인이 태어난 날.
【放誕 방탄】 지나치게 방자함.
【聖誕 성탄】 성인이나 임금의 탄생.

言7/⑭ 【誨】 가르칠 회

- 中 huì カイ(おしえる) 英 instruct
- 字解 가르칠, 일깨울(회)

【誨諭 회유】 타이름. 일깨움.
【教誨 교회】 잘 가르쳐서 지난날의 잘못을 깨우치게 함.

言8/⑮ 【課】 과할 과

- 中 kè カ 英 impose
- 字源 형성자. 言(언)은 의미 부분이고, 果(과)는 발음 부분이다.
- 字解 ①과할, 매길(과) ¶ 課稅(과세) ②일, 몫(과) ¶ 日課(일과) ③헤아릴(과) ¶ 考課(고과) ④부서(과) ※사무 분담의 단위.

【課稅 과세】 세금을 매김.
【課業 과업】 ①주어진 일. ②정하여

놓은 업무나 학업.
【課外 과외】규정된 교육 과정 밖.
【課題 과제】주어진 문제나 임무.
【考課 고과】근무 성적을 평가하여 우열을 정함.
【賦課 부과】세금이나 물릴 돈을 매겨서 부담하게 함.
【日課 일과】날마다 규칙적으로 하는 일정한 일.

言8 【談】말씀 담
⑮ 漢 간 談 简 谈

급수 ⓒtán ⓙダン ⓔtalk
字源 형성자. 言(언)은 의미 부분이고, 炎(염)은 발음 부분이다.
字解 말씀, 이야기할(담)
【談笑 담소】웃으면서 이야기함.
【談判 담판】시비를 가리거나 결말을 짓기 위해 당사자들이 서로 논의함.
【談話 담화】어떤 일에 대한 의견이나 태도를 밝히는 말.
【面談 면담】서로 만나서 이야기함.
【美談 미담】갸륵한 행동(行動)에 대한 이야기.
【情談 정담】①남녀가 애정을 주고받는 이야기. ②다정한 이야기.
【會談 회담】여럿이 모여 의논함.

言8 【諒】살필 량
⑮ 漢 간 諒 谅

고 ⓒliàng ⓙリョウ ⓔconsider
字源 형성자. 言(언)은 의미 부분이고, 京(경)은 발음 부분이다.
字解 ①살필, 헤아릴(량) ②믿을, 미쁠(량) ③참, 진실(량)
【諒知 양지】살펴서 앎.
【諒察 양찰】사정을 살펴 알아줌.
【諒解 양해】헤아려 이해함.

言8 【論】논의할 론
⑮ 漢 간 论 论

급수 ⓒlùn ⓙロン(あげつらう) ⓔdiscuss
字源 형성자. 言(언)은 의미 부분이고, 侖(륜)은 발음 부분이다.
字解 ①논의할, 말할(론) ②론(론)
※ 산문 문체의 하나로, 자기의 의견을 주장하며 서술하는 글.
【論功行賞 논공행상】공을 논하여 상을 줌.
【論難 논난→논란】남의 잘못이나 부정을 논하여 비난함.
【論文 논문】①자기의 의견·주장·견해 등을 논술한 글. ②연구 결과나 업적을 발표하는 글.
【論駁 논박】상대의 의견을 비난하고 공격함.
【論說 논설】사물을 평론하고 설명하는 일, 또는 그 글.
【論議 논의】서로 의견을 말하여 토의(討議)함. 議論(의논).
【論旨 논지】의론의 요지나 취지.
【論叢 논총】논문을 모은 책. 논문집.
【論評 논평】논하면서 비평함.
【輿論 여론】대중의 공통된 의견.
【持論 지론】늘 주장하는 이론.

言8 【誹】비방할 비
⑮ 漢 간 誹 诽

명 ⓒfěi ⓙヒ ⓔslander
字解 비방할, 헐뜯을(비)
【誹謗 비방】남을 헐뜯어 욕함.

言8 【誰】누구 수
⑮ 漢 간 誰 谁

급수 ⓒshéi ⓙスイ(だれ) ⓔwho
字源 형성자. 言(언)은 의미 부분이고, 隹(추)는 발음 부분이다.
字解 누구(수)
【誰怨誰咎 수원수구】누구를 원망하며 누구를 탓하랴. '남을 원망하거나 탓할 것이 없음'을 이름.
【誰知烏之雌雄 수지오지자웅】누가 까마귀의 암수를 알겠는가? '서로 비슷하여 구별이 잘 안 됨'의 비유.
【誰何 수하】①누구, 아무개. ②'누구냐?'고 묻는 말.

言8 【諄】타이를 순
⑮ 漢 간 諄 谆

명 ⓒzhūn ⓙジュン ⓔrepeat

[字解] ①타이를(순) ②정성스러울(순)
【諄諄 순순】①친절히 타이르는 모양. ②성실하고 삼가는 모양.

言 8 ⑮ 【誾】 온화할 은 [眞] [동] 䜝 [간] 訚
[명] ㊥yín ㊐ギン ㊇agreeable
[字解] ①온화할(은) ②향기날(은)
【誾誾 은은】①온화하게 남과 의논하는 모양. ②온화하고 삼가는 모양.

言 8 ⑮ 【誼】 옳을 의 [寘] [간] 谊
[명] ㊥yì ㊐キ ㊇right
[字解] ①옳을(의) ¶ 誼理(의리) ②정분, 교분(의) ¶ 友誼(우의)
【誼理 의리】옳은 도리. 義理(의리).
【友誼 우의】친구 간의 정의(情誼).
【情誼 정의】사귀어 친해진 정분.
【厚誼 후의】도타운 정. 고마운 정.

言 8 ⑮ 【諍】 ❶간할 쟁 [敬] ❷송사할 쟁 [庚] [간] 诤
[명] ㊥zhèng ㊐ソウ ㊇expostulate
[字解] ❶간할(쟁) ❷①송사할(쟁) ②다툴(쟁) ≒爭
【諍訟 쟁송】송사(訟事)를 일으켜 서로 다툼. 諍訴(쟁소).
【諍臣 쟁신】임금의 잘못을 간(諫)하는 신하.

言 8 ⑮ 【調】 ❶고를 조 [蕭] ❷뽑을 조 [嘯] [간] 调
亠 亖 言 言 訂 訂 調 調
[중] ㊥diào, tiáo ㊐チョウ(しらべる) ㊇adjust
[字源] 형성자. 言(언)은 의미 부분이고, 周(주)는 발음 부분이다.
[字解] ❶고를, 맞출(조) ¶ 調和(조화) ❷①뽑을, 뽑힐(조) ②살필, 헤아릴(조) ¶ 調査(조사) ③가락(조) ¶ 曲調(곡조)
【調達 조달】필요한 것을 대어 줌.
【調理 조리】①몸을 보살피고 병을 다스림. ②음식을 만듦.
【調味 조미】음식의 맛을 냄.
【調査 조사】살펴서 알아봄.
【調書 조서】조사한 사실을 기록한 문서(文書).
【調律 조율】음을 기준음에 맞춰 고름.
【調節 조절】사물을 알맞게 맞추어 잘 어울리도록 함.
【調停 조정】틀어진 사이를 중간에 들어서 화해(和解)시키는 일.
【調劑 조제】여러 약제를 조합하여 약을 만듦.
【調合 조합】두 가지 이상의 것을 한데 섞음.
【調和 조화】서로 고르게 잘 어울림.
【曲調 곡조】음악이나 가사의 가락.
【取調 취조】범행의 유무를 조사함.

言 8 ⑮ 【諂】 아첨할 첨 [琰] [간] 谄
[명] ㊥chǎn ㊐テン ㊇flatter
[字解] 아첨할, 아양 부릴(첨)
【阿諂 아첨】남의 환심(歡心)을 사거나 잘 보이기 위하여 알랑거림.

言 8 ⑮ 【請】 청할 청 [梗] [속] 請 [간] 请
亠 亖 言 言 訁 訁 請 請
[중] ㊥qǐng ㊐セイ(こう) ㊇request
[字源] 형성자. 言(언)은 의미 부분이고, 青(청)은 발음 부분이다.
[字解] ①청할, 원할(청) ¶ 請願(청원) ②청, 부탁(청) ¶ 懇請(간청) ③물을(청)
【請求 청구】무엇을 달라고 하거나, 무엇을 해 달라고 요구함.
【請負 청부】어떤 일을 도거리로 맡김. 都給(도급).
【請願 청원】바라는 바를 들어 달라고 청함.
【請牒 청첩】경사(慶事)에 손님을 초청하는 글발.
【請託 청탁】청하여 부탁함.
【懇請 간청】간곡히 청함.
【要請 요청】어떤 일을 해 달라고 청함.

言 8 ⑮ 【請】 [명] 請(717)의 俗字

7획

【諏】 상의할 추

- 묀zōu 日シュ 英consult
- **字解** ①상의할, 의논할(추) ②물을(추) ※정치에 관하여 묻는 일.
- 【諏謀 추모】 일을 물어 상의함.

【諫】 간할 간

- 명 묀jiàn 日カン(いさめる) 英remonstrate
- **字解** 간할, 충고할(간)
- 【諫爭 간쟁】 굳게 간하여 잘못을 고치게 함. 통諫諍(간쟁).
- 【忠諫 충간】 충성으로 간함.

【諾】 허락할 낙

言言言許許諾諾

- 고 묀nuò 日ダク 英respond
- **字源** 형성자. 言(언)은 의미 부분이고, 若(약)은 발음 부분이다.
- **字解** ①허락할(낙) ②대답할(낙)
- 【諾諾 낙낙】 남이 말하는 대로 무조건 순종하는 모양.
- 【受諾 수낙→수락】 요구를 받아들여 승낙함.
- 【承諾 승낙】 청하는 말을 들어줌.
- 【應諾 응낙】 부탁의 말을 들어줌.
- 【許諾 허낙→허락】 청하고 바라는 바를 들어줌.

【謀】 꾀할 모

言言言言詳謀謀

- 고 묀móu 日ボウ(はかる) 英plot
- **字源** 형성자. 言(언)은 의미 부분이고, 某(모)는 발음 부분이다.
- **字解** ①꾀할(모) ¶謀議(모의) ②꾀, 술책(모) ¶無謀(무모)
- 【謀略 모략】 남을 해치려고 속임수를 써서 일을 꾸밈.
- 【謀免 모면】 꾀를 써서 어려움에서 벗어남.
- 【謀反 모반】 나라나 임금을 배반하여 군사를 일으킴. 통謀叛(모반).
- 【謀士 모사】 계책(計策)을 꾸미는 사람, 또는 계책에 능한 사람.
- 【謀議 모의】 어떤 일을 하려고 꾀하고 의논함.
- 【謀陷 모함】 여러 가지 꾀를 써서 남을 어려움에 빠뜨림.
- 【圖謀 도모】 앞으로 할 일을 위하여 수단과 방법을 꾀함.
- 【無謀 무모】 꾀와 수단이 없음.
- 【陰謀 음모】 몰래 좋지 못한 일을 꾸밈.

【諝】 슬기 서

- 묀xū 日ショ 英wisdom
- **字解** ①슬기(서) ②헤아릴(서)

【諡】 시호 시

- 명 묀shì 日シ(おくりな) 英posthumous epithet
- **字解** 시호, 시호 줄(시)＝謚
- 【諡號 시호】 생전(生前)의 행적을 사정(査定)하여, 죽은 뒤에 임금이 내려 주는 칭호(稱號).

【諟】 ❶이 시 ❷자세히 알 체

- 명 묀shì, dì 日シ, テイ 英this
- **字解** ❶①이(시)＝是 ②바로잡을(시) ❷자세히 알(체)＝諦

【諶】 참 심

- 명 묀chén 日シン 英true
- **字解** ①참, 진실(심) ②진실로(심)

【謁】 아뢸 알

言言言訂訶謁謁

- 고 묀yè 日エツ 英visit a superior
- **字源** 형성자. 言(언)은 의미 부분이고, 曷(갈)은 발음 부분이다.
- **字解** ①아뢸, 여쭐(알) ②뵐(알)
- 【謁聖 알성】 임금이 성균관(成均館)의 문묘(文廟)에 참배하던 일.
- 【謁見 알현】 신분이 높은 사람을 만나 뵙는 일.
- 【拜謁 배알】 높은 어른을 만나 뵘.

【諳】 욀 암

言9(16) 閠 ⊕ān ⊕アン ⊛learn by heart
字解 ①욀(암) ②속달할(암)
【諳誦 암송】 책을 보지 않고 외어 읽음. ⊜暗誦(암송).

【諺】 속담 언

言9(16) 閏 ⊕yàn ⊕ゲン(ことわざ) ⊛proverb
명 ⊕yàn ⊕ゲン(ことわざ) ⊛proverb
字解 ⑴속담, 상말(언) ¶俚諺(이언) ⑵한글, 언문(언) ¶諺解(언해)
【諺文 언문】 속된 글. '한글'을 낮추어 부르던 이름.
【諺解 언해】 한문을 한글로 풀이함.
【俚諺 이언】 ①속된 이야기. ②속담(俗談).

【謂】 이를 위

言9(16) 閠 ⊕wèi ⊕イ ⊛speak of
字源 형성자. 言(언)은 의미 부분이고, 胃(위)는 발음 부분이다.
字解 이를, 고할, 일컬을(위)
【可謂 가위】 ①가히 말한다면. ②흔히 일러 오는 그대로.
【所謂 소위】 이른바.

【諭】 깨우칠 유

言9(16) 閠 ⊕yù ⊕ユ(さとす) ⊛instruct
字解 ①깨우칠, 타이를(유) ②견줄, 비유할(유) ≒喩
【諭示 유시】 타일러 훈계함. 또는 그 말이나 문서. 諭告(유고).
【教諭 교유】 가르치고 타이름.

【諛】 아첨할 유

言9(16) 閠閠 ⊕yú ⊕ユ(へつらう) ⊛flatter
명 ⊕yú ⊕ユ(へつらう) ⊛flatter
字解 아첨할, 알랑거릴(유)
【阿諛 아유】 남에게 잘 보이려고 알랑거림. 阿諂(아첨).

【諮】 물을 자

言9(16) 閏 ⊕zī ⊕シ(はかる) ⊛consult about
字解 물을, 의논할(자) =咨
【諮問 자문】 전문가에게 의견을 물음.

【諪】 고를 정

言9(16) 閠 ⊕tíng ⊕テイ ⊛adjust
字解 ①고를(정) ②조정할(정)

【諸】 ❶모두 제 ❷어조사 저

言9(16) 本閠 저閠
명 ⊕zhū, chú ⊕ショ ⊛all
字源 형성자. 言(언)은 의미 부분이고, 者(자)는 발음 부분이다.
字解 ❶모두, 여러(제) ❷어조사(저) ※㉠'之於(지어)'와 같으며, '~에 그것을'의 뜻임. ㉡ '之乎(지호)'와 같으며, '그것을 ~겠느냐'의 뜻임.
【諸君 제군】 자네들. 여러분.
【諸般 제반】 여러 가지.
【諸位 제위】 여러분.
【諸行無常 제행무상】 우주 만물은 늘 돌고 변해 잠시도 한 모양으로 머뭄이 없음.
【諸賢 제현】 여러 어진 사람들.
【諸侯 제후】 봉건 시대에 천자 밑에서 일정한 영토를 가지고 영내(領內)의 백성을 지배하던 사람.

【諜】 염탐할 첩

言9(16) 閠 ⊕dié ⊕チョウ ⊛spy
명 ⊕dié ⊕チョウ ⊛spy
字解 염탐할, 엿볼(첩)
【諜報 첩보】 적의 형편을 염탐하여 알려줌.
【諜者 첩자】 염탐꾼. 간첩.
【間諜 간첩】 적국의 내정을 몰래 살피는 사람. 細作(세작).
【防諜 방첩】 적의 첩보 활동을 막음.

【諦】 살필 체

言9(16) 本閠
명 ⊕dì ⊕テイ(あきらめる) ⊛examine

①살필(체) ¶諦觀(체관) ②진리, 깨달음(체) ¶要諦(요체)
【諦觀 체관】정신을 들여서 샅샅이 살펴봄.
【諦念 체념】①도리를 깨닫는 마음. ②國희망을 버림. 단념(斷念)함.
【要諦 요체】①사물의 가장 중요한 점. 要點(요점). ②중요한 깨달음.
【眞諦 진체→진제】불교에서 말하는, 평등하고 차별이 없는 진리.

【諷】 욀 풍

명 ⊕fēng ⊕フウ(そらんずる) ㊀recite
字解 ①욀, 읊조릴(풍) ¶諷詠(풍영) ②빗대어 말할(풍) ¶諷刺(풍자)
【諷諫 풍간】슬며시 돌려서 간함.
【諷詠 풍영】시가(詩歌)를 읊조림.
【諷諭 풍유】슬며시 돌려서 나무라거나 타이름. ⓒ諷喩(풍유).
【諷刺 풍자】슬며시 돌려서 남의 결점을 찔러 말함.

【謔】 희롱할 학

명 ⊕xuè ⊕キャク ㊀joke
字解 희롱할, 농담할(학)
【謔笑 학소】희롱하여 웃음.
【諧謔 해학】익살스럽고 풍자적인 말이나 짓. 유머.

【諧】 화할 해

명 ⊕xié ⊕カン(かなう) ㊀harmonize
字解 ①화할, 어울릴(해) ②희롱할, 농담(해)
【諧謔 해학】익살스럽고 풍자적인 말이나 짓. 유머.
【諧和 해화】①서로 화합함. ②음악의 곡조가 잘 어울림.

【諠】 시끄러울 훤

⊕xuān ⊕ケン(かまびすしい) ㊀noisy
字解 시끄러울, 떠들썩할(훤) ≒喧.
【諠譁 훤요】왁자하게 떠듦.

【諱】 꺼릴 휘

명 ⊕huì ⊕キ(いむ) ㊀shun
字解 ①꺼릴, 피할(휘) ¶諱隱(휘은) ②숨길(휘) ¶諱談(휘담) ③휘(휘) ※죽은 사람의 이름. ¶諱字(휘자)
【諱談 휘담】세상에 드러내 놓고 하기 어려운 말.
【諱隱 휘은】꺼리어 숨김.
【諱日 휘일】제삿날. 忌日(기일).
【諱字 휘자】돌아가신 어른의 생전의 이름 글자.
【忌諱 기휘】꺼리거나 두려워 피함.

【講】 익힐 강

言言言計詳諱講講講

명 ⊕jiǎng ⊕コウ ㊀exercise
字源 형성자. 言(언)은 의미 부분이고, 冓(구)는 음 부분이다.
字解 ①익힐, 학습할(강) ¶講習(강습) ②풀이할, 설명할(강) ¶講義(강의) ③화해할(강) ¶講和(강화) ④꾀할(강) ¶講究(강구)
【講究 강구】좋은 방법을 궁리함.
【講讀 강독】글을 읽으면서 그 뜻을 밝힘.
【講論 강론】어떤 문제를 해설하여 토론함.
【講習 강습】학문·예술·실무 등을 익히고 연습함.
【講演 강연】일정한 주제를 가지고 청중 앞에서 행하는 연설.
【講義 강의】글이나 학설의 뜻을 설명하여 가르침.
【講座 강좌】대학에서 교수가 맡아 강의하는 학과목.
【講和 강화】싸우던 나라끼리 전쟁을 끝내고 평화적 관계를 회복함.
【開講 개강】강의나 강좌를 시작함.
【受講 수강】강의를 받음.

【謙】 겸손할 겸

言言言詳詳詳謙謙

⊕qiān ⊕ケン(へりくだる) ㊀humble

言部 10획

字源 형성자. 言(언)은 의미 부분이고, 兼(겸)은 발음 부분이다.
字解 겸손할, 양보할(겸)
【謙遜 겸손】 남을 높이고 자기를 낮추는 태도가 있음.
【謙讓 겸양】 겸손한 태도로 사양함.
【謙稱 겸칭】 겸손하게 말컫는 말. 자기를 '소생'이라고 하는 따위.
【謙虛 겸허】 겸손하게 제 몸을 낮추어 교만한 기가 없음.

【謄】 베낄 등
명 ㊥téng ㊐トウ ㊍copy
字解 베낄, 등사할(등)
【謄本 등본】 원본대로 베껴 적은 서류.
【謄寫 등사】 원본(原本)을 베껴 씀.
【謄抄 등초】 원본에서 필요한 것만 골라 베낌.

【謎】 수수께끼 미
명 ㊥mèi, mí ㊐メイ ㊍riddle
字解 수수께끼(미)
【謎語 미어】 수수께끼, 또는 수수께끼 같은 이야기.
【謎題 미제】 풀기 어렵거나 풀 수 없는, 수수께끼 같은 문제.

【謐】 고요할 밀
명 ㊥mì ㊐ヒツ(しずか) ㊍quiet
字解 ①고요할(밀) ②편안할(밀)
【靜謐 정밀】 고요하고 편안함.

【謗】 헐뜯을 방
명 ㊥bàng ㊐ボウ(そしる) ㊍speak ill of
字解 헐뜯을, 욕할(방)
【誹謗 비방】 남을 헐뜯고 욕함.
【毁謗 훼방】 ①남을 헐어서 비방함. ②남의 일을 방해함.

【謝】 사례할 사
명 ㊥xiè ㊐シャ(あやまる) ㊍thank

字源 형성자. 言(언)은 의미 부분이고, 射(사)는 발음 부분이다.
字解 ①사례할(사) ¶ 謝恩(사은) ②거절할(사) ¶ 謝絶(사절) ③빌, 사죄할(사) ¶ 謝過(사과) ④바뀔(사) ¶ 新陳代謝(신진대사)
【謝過 사과】 잘못에 대해 용서를 빎.
【謝禮 사례】 고마운 뜻을 상대에게 나타냄, 또는 그 인사.
【謝恩 사은】 은혜에 대하여 사례함.
【謝意 사의】 ①감사하는 뜻. ②사과하는 마음.
【謝絶 사절】 요구를 받아들이지 않고 물리침. 거절함.
【謝罪 사죄】 지은 죄나 잘못에 대하여 용서를 빎.
【感謝 감사】 고마움을 나타내는 인사.
【新陳代謝 신진대사】 새것이 생기고 묵은 것이 없어짐.
【厚謝 후사】 후하게 사례함.

【謖】 일어날 속
명 ㊥sù ㊐ショク ㊍rise
字解 일어날, 일어설(속)

【謠】 노래 요
고 ㊥yáo ㊐ヨウ(うたい) ㊍ballad
字源 형성자. 言(언)은 의미 부분이고, 䍃(요)는 발음 부분이다.
字解 ①노래(요) ¶ 民謠(민요) ②소문(요) ¶ 謠言(요언)
【謠言 요언】 뜬소문. 流言(유언).
【歌謠 가요】 민요·동요·속요·유행가 등의 총칭.
【童謠 동요】 어린이들을 위하여 지은 노래.
【民謠 민요】 민중 사이에서 불리고 있는 전통적인 노래.

【謚】 ❶웃을 익 ❷시호 시
명 ❶ ㊥yì, shì ㊐エキ, シ ㊍laugh
字解 ❶웃을, 웃는 모양(익) ❷시호(시) =諡

言部 11획

【謳】 노래할 구
- 명 ⓗōu ⓙオウ(うたう) ⓔsing
- **字解** 노래할, 노래(구)
- 【謳歌 구가】①노래를 부름. 여러 사람이 모여 노래함. ②임금의 덕을 칭송함. 謳吟(구음).

【謹】 삼갈 근
- 고 ⓗjǐn ⓙキン(つつしむ) ⓔrespectful
- **字源** 형성자. 言(언)은 의미 부분이고, 堇(근)은 발음 부분이다.
- **字解** 삼갈, 조심할, 신중할(근)
- 【謹啓 근계】'삼가 아룁니다'의 뜻으로, 편지 첫머리에 쓰는 말.
- 【謹愼 근신】 언행을 삼가고 조심함.
- 【謹嚴 근엄】 매우 점잖고 엄함.
- 【謹呈 근정】 삼가 드림.
- 【謹弔 근조】 삼가 애도(哀悼)를 표함.
- 【謹賀 근하】 삼가 축하함.

【謬】 그릇될 류
- 명 ⓗmiù ⓙビュウ(あやまる) ⓔerror
- **字解** ①그릇될(류) ②속일(류)
- 【謬習 유습】 그릇된 습관.
- 【謬謬 유류】①그릇되어 이치에 어긋남. ②그릇된 견해나 인식.

【謨】 꾀 모
- 명 ⓗmó ⓙボ(はかりごと) ⓔplan
- **字解** ①꾀, 계책(모) ②꾀할(모)
- 【謨訓 모훈】①국가의 대계(大計). ②후왕(後王)의 모범이 될 가르침.

【謫】 꾸짖을 적
- 명 ⓗzhé ⓙタク ⓔblame
- **字解** ①꾸짖을(적) ②귀양 보낼(적)
- 【謫居 적거】 귀양살이를 함.
- 【謫仙 적선】①선계(仙界)에서 인간계로 쫓겨 내려온 선인(仙人). ②당(唐)나라 시인 '이백(李白)'의 미칭(美稱).
- 【謫所 적소】 죄인이 귀양살이를 하는 곳. 配所(배소).
- 【貶謫 폄적】 벼슬을 깎아 내리고 멀리 귀양 보냄.

【譏】 나무랄 기
- 명 ⓗjī ⓙキ(そしる) ⓔcensure
- **字解** ①나무랄, 헐뜯을(기) ¶譏謗(기방) ②살필(기) ¶譏察(기찰)
- 【譏弄 기롱】 실없는 말로 놀림.
- 【譏謗 기방】 헐뜯음. 誹謗(비방).
- 【譏察 기찰】 살핌. 따지어 조사함.

【譚】 이야기 담
- 명 ⓗtán ⓙタン ⓔtalk
- **字解** ①이야기, 말할(담)≒談 ¶民譚(민담) ②클, 깊을(담) ¶譚思(담사)
- 【譚思 담사】 깊이 생각함.
- 【譚詩 담시】 자유로운 형식의 짧은 서사시(敘事詩). 발라드.
- 【民譚 민담】 민간에 전해 내려오는 이야기. 民間說話(민간설화).

【識】 ❶알 식 ❷기록할 지
- 종 ⓗshí, zhì ⓙシキ(しる) ⓔrecognize
- **字源** 형성자. 言(언)은 의미 부분이고, 戠(시)는 발음 부분이다.
- **字解** ❶알, 깨달을(식) ¶識見(식견) ❷①기록할, 적을(지)≒誌 ②표, 기호(지) ¶標識(표지)
- 【識見 식견】 사물을 식별하고 관찰하는 능력. 見識(견식).
- 【識別 식별】 잘 알아서 분별함.
- 【識者 식자】 학식·견식이 있는 사람.
- 【識字憂患 식자우환】 글자를 좀 아는 것이 도리어 근심이 됨.
- 【鑑識 감식】 감정(鑑定)하여 식별함.
- 【面識 면식】 서로 얼굴을 앎.
- 【博識 박식】 아는 것이 많음.

【學識 학식】 학문과 식견.
【標識 표지】 다른 것과 구별하여 알게 하기 위한 표시나 특징.
참고 '지'음도 인명용으로 지정됨.

譌 (言12/19)
訛(708)와 同字

證 증거 증 (言12/19)
国 证 간 诬

훈 ㊉zhèng ㊐ショウ(あかし) ㊤evidence

字源 형성자. 言(언)은 의미 부분이고, 登(등)은 발음 부분이다.

字解 ①증거, 근거(증) ¶ 證憑(증빙) ②증명할(증) ¶ 證書(증서)

【證據 증거】 사실을 증명할 만한 근거나 표적.
【證明 증명】 어떤 사물의 진상을 증거를 들어 밝힘.
【證憑 증빙】 증거로 삼는 근거.
【證書 증서】 어떤 사실을 증명하는 문서(文書).
【證人 증인】 어떤 사실을 증명(證明)하는 사람.
【考證 고증】 옛 문헌이나 유물 등을 상고하여 증거를 대어 설명함.
【僞證 위증】 ①증인이 법원에서 허위 진술을 함. ②거짓 증거.

譖 참소할 참 (言12/19)
간 谮

㊉zèn ㊐サン ㊤slander
字解 참소할, 무고할(참) =譛
【譖訴 참소】 남을 헐뜯어 없는 죄를 있는 듯이 꾸며 고해 바치는 일.

譓 슬기로울 혜 (言12/19)
诲

명 ㊉huì ㊐ケイ ㊤wise
字解 슬기로울(혜) =憓

譁 지껄일 화 (言12/19)
간 哗 譁

명 ㊉huā ㊐カ ㊤clamor
字解 지껄일, 떠들썩할(화)
【喧譁 훤화】 시끄럽게 떠듦.

譎 속일 휼 (言12/19)
木결 厥 간 谲 谲

명 ㊉jué ㊐ケツ(いつわる) ㊤feign
字解 속일, 기만할, 거짓(휼)
【譎計 휼계】 남을 속이는 꾀. 속임수.

警 경계할 경 (言13/20)
속 憼

⺍ 艹 芍 苟 䉷 敬 憼 警 警

고 ㊉jǐng ㊐ケイ(いましめる) ㊤be cautious
字源 형성자. 言(언)은 의미 부분이고, 敬(경)은 발음 부분이다.
字解 ①경계할, 방비할(경) ②경계, 방비(경)

【警戒 경계】 잘못되는 일이 생기지 않도록 미리 마음을 가다듬어 조심함.
【警告 경고】 조심하라고 경계하여 알림.
【警報 경보】 위험에 대하여 경계하도록 사전에 알리는 일.
【警備 경비】 경계하고 방비함.
【警鐘 경종】 ①비상사태나 위급한 일을 알리는 종·사이렌 따위의 신호. ②'사람들이 경계하도록 해 주는 사물'의 비유.
【警察 경찰】 사회의 질서 유지를 담당하는 국가 조직.
【警護 경호】 경계하고 호위함.
【軍警 군경】 군대와 경찰.

譜 계보 보 (言13/20)
속 譜 간 谱 谱

⺊ 言 訁 訊 誹 誹 譜 譜

고 ㊉pǔ ㊐フ ㊤genealogy
字源 형성자. 言(언)은 의미 부분이고, 普(보)는 발음 부분이다.
字解 ①계보(보) ※ 계통을 따라 차례대로 적은 것. ¶族譜(족보) ②악보(보) ¶譜表(보표)

【譜牒 보첩】 족보로 만든 책.
【譜表 보표】 음악을 악보로 표시하기 위한 오선(五線)의 체계.
【譜學 보학】 족보를 연구하는 학문.
【系譜 계보】 ①조상 때부터의 혈통이나 집안의 역사를 적은 책. ②혈연 관계·사제(師弟) 관계 등의 계통을 적은 것.
【年譜 연보】 한 사람의 평생 이력(履

歷)을 연대순으로 적은 기록.
【樂譜 악보】음악의 곡조를 일정한 부호로서 나타낸 것.
【族譜 족보】집안의 계통과 혈통 관계 등을 적어 놓은 책.

【譬】 비유할 비

㊀pì ㊐たとえる ㊞compare
字解 ①비유할(비) ②깨달을(비)
【譬喩 비유】어떤 사물의 모양·상태 따위를 설명하기 위하여 그것과 비슷한 다른 것에 빗대어 표현함, 또는 그런 표현 방법. 통比喩(비유).

【譫】 중얼거릴 섬

㊀zhān ㊐セン ㊞murmur
字解 중얼거릴, 헛소리(섬)

【譯】 번역할 역

㊀yì ㊐ヤク(わけ) ㊞interpret
字源 형성자. 言(언)은 의미 부분이고, 睪(역)은 발음 부분이다.
字解 ①번역할(역) ②풀어 밝힐(역)
【譯官 역관】지난날, 통역·번역을 맡아보던 관리. 통通譯官(통역관).
【譯詩 역시】번역한 시.
【飜譯 번역】어떤 언어로 된 글을 다른 언어의 글로 옮겨 놓음.
【意譯 의역】원문을 그대로 번역하지 않고 전체의 뜻을 살리는 번역.
【通譯 통역】서로 통하지 않는 양쪽의 말을 번역하여 뜻을 전함.

【議】 의논할 의

㊀yì ㊐ギ(はかる) ㊞discuss
字源 형성자. 言(언)은 의미 부분이고, 義(의)는 발음 부분이다.
字解 ①의논할(의) ¶議題(의제) ②따질(의) ¶抗議(항의) ③의견(의) ¶異議(이의)
【議決 의결】합의에 의하여 의안에 대한 의사를 결정하는 일.
【議論 ❶이론 ❷의론→의논】❶각자 의견을 주장하거나 논의함. ❷서로 의견을 주고받음.
【議案 의안】의논해야 할 안건.
【議員 의원】의결권(議決權)을 가진, 합의 기관의 구성원.
【議題 의제】회의에서 협의할 문제.
【物議 물의】여러 사람이 이러쿵저러쿵하는 논의나 세상의 평판.
【異議 이의】다른 의견이나 논의.
【稟議 품의】웃어른이나 상사에게 여쭈어 의논함. 上申(상신).
【抗議 항의】부당하다고 여겨지는 일에 대하여 따지거나 반대하는 뜻을 주장함. 抗卞(항변).

【譟】 지껄일 조

㊀zào ㊐ソウ(さわぐ) ㊞clamor
字解 지껄일, 시끄러울(조) =噪

【譞】 영리할 현

㊀xuān ㊐ケン ㊞wise
字解 ①영리할(현) ②슬기(현)

【譴】 꾸짖을 견

㊀qiǎn ㊐ケン(せめる) ㊞reprimand
字解 꾸짖을, 나무랄(견)
【譴責 견책】잘못을 꾸짖고 나무람.
【譴罷 견파】잘못이 있는 벼슬아치를 꾸짖고 파면(罷免)함.

【譽】 기릴 예

㊀yù ㊐ヨ(ほまれ) ㊞praise
字源 형성자. 言(언)은 의미 부분이고, 與(여)는 발음 부분이다.
字解 ①기릴, 칭찬할(예) ¶毁譽(훼예) ②명예(예) ¶榮譽(영예)
【名譽 명예】세상 사람들로부터 받는 높은 평가와 이에 따르는 영광.
【榮譽 영예】빛나는 명예.
【毁譽 훼예】훼방함과 칭찬함.

言部 16획

【護】 지킬 호

言 14획 / ㉑

훈 ⓗhù ⓙゴ(まもる) ⓔguard

字源 형성자. 言(언)은 의미 부분이고, 蒦(약)은 발음 부분이다. 옛날에 護와 蒦은 발음이 비슷하였다.

字解 ①지킬(호) ②도울(호)

【護國 호국】 나라를 지킴.
【護喪 호상】 초상에 관한 모든 일을 맡아서 보살핌.
【護送 호송】 보호하여 보냄.
【護身 호신】 자기 몸을 보호함.
【護衛 호위】 보호하여 지킴.
【保護 보호】 돌보아 잘 지킴.
【庇護 비호】 감싸 보호함.
【守護 수호】 지키어 보호함.
【掩護 엄호】 적군의 습격에 대비하여 자기편의 행동이나 중요 시설물을 보호함.

【讀】

言 15획 / ㉒

❶읽을 독
❷구두 두
❸이두 두

훈 ⓗdú, dòu ⓙトク(よむ) ⓔread

字源 형성자. 言(언)은 의미 부분이고, 賣(매)는 발음 부분이다. 옛날에 讀와 賣는 발음이 비슷하였다.

字解 ❶읽을(독) ¶讀書(독서) ❷구두(두) ¶句讀點(구두점) ❸이두(두)

【讀經 독경】 소리 내어 경문(經文)을 읽음.
【讀書 독서】 책을 읽음.
【讀書三到 독서삼도】 글의 참뜻을 이해하려면 마음과 눈과 입을 오로지 글 읽기에 집중하여야 한다는 뜻. 💡 송(宋)나라 주희(朱熹)가 글을 숙독(熟讀)하는 법으로 든, 심도(心到)·안도(眼到)·구도(口到)의 세 가지를 이름.
【讀破 독파】 끝까지 다 읽어 냄.
【讀解 독해】 글을 읽어 이해함.
【購讀 구독】 신문 등을 사서 읽음.
【句讀點 구두점】 구절과 구절 사이에 찍어, 읽기 편하게 한 점. 마침표·쉼표 따위.
【吏讀 이두】 신라 때부터 한자의 음과 뜻을 빌려서 우리말을 적던 방식, 또는 그 문자. 吏吐(이토).
⚠ '두'음도 인명용으로 지정됨.

【讃】

言 15획 / ㉒

명 讚(726)의 俗字

【譓】 슬기로울 혜

言 15획 / ㉒

명 ⓗhuì ⓙケイ ⓔwise

字解 슬기로울, 총명할(혜)

【變】 변할 변

言 16획 / ㉓

훈 ⓗbiàn ⓙヘン(かわる) ⓔchange

字源 형성자. 攴(복)은 의미 부분이고, 䜌(란)은 발음 부분이다.

字解 ①변할(변) ¶變化(변화) ②고칠(변) ¶變更(변경) ③재앙(변) ¶變死(변사)

【變更 변경】 바꾸어 고침.
【變故 변고】 재앙이나 사고.
【變動 변동】 변하여 움직임.
【變貌 변모】 모습이 달라짐.
【變死 변사】 뜻밖의 변고로 죽음.
【變節 변절】 ①절개(節介)를 꺾음. ②종래의 주장을 바꿈.
【變態 변태】 모습이 변하는 일, 또는 그 변한 모습.
【變革 변혁】 사회·제도 등을 근본적으로 바꿈. 改變(개변).
【變化 변화】 사물의 형상이나 성질 같은 것이 달라짐.
【逢變 봉변】 뜻밖에 화를 당함.
【事變 사변】 ①천재(天災)나 그 밖의 큰 변고. ②나라의 중대한 사태나 난리.

【讎】 원수 수

言 16획 / ㉓

ⓗchóu ⓙシュウ(あだ) ⓔenemy

字解 원수, 적(수)

【讎仇 수구】 원수. 讎敵(수적).
【復讎 복수】 원수를 갚음.

【怨讎 원수】 자기에게 해를 끼치어 원한(怨恨)이 맺히게 한 대상.

【圖讖 도참】 미래의 길흉을 예언하는 술법, 또는 그런 내용의 책.

【讐】 讎(725)와 同字

【讌】 잔치 연
㉠yàn ㉡エン ㉢feast
字解 ①잔치(연) ¶宴 ②좌담할(연)
【讌會 연회】 여러 사람이 모여서 베푸는 잔치.

【讓】 사양할 양
㉠ràng ㉡ジョウ(ゆずる) ㉢concede
字源 형성자. 言(언)은 의미 부분이고, 襄(양)은 발음 부분이다.
字解 ①사양할(양) ¶謙讓(겸양) ②넘겨줄(양) ¶讓位(양위)
【讓渡 양도】 권리·이익 따위를 남에게 넘겨줌. 讓與(양여).
【讓步 양보】 남에게 길을 비켜 주거나 자리를 내줌.
【讓位 양위】 임금 자리를 물려줌.
【謙讓 겸양】 겸손하게 사양함.
【分讓 분양】 전체를 나누어서 여럿에게 넘겨줌.
【辭讓 사양】 자기에게 이로운 일을 겸손히 사절(謝絕)하거나 양보함.

【讒】 참소할 참
㉠chán ㉡ザン ㉢slander
字解 참소할, 모함할(참) =譖
【讒訴 참소】 남을 헐뜯어서 없는 죄를 있는 듯이 꾸며 고해 바치는 일.
【讒言 참언】 남을 참소하는 말.

【讖】 참서 참
㉠chèn ㉡シン ㉢prophecy
字解 ①참서(참) ②징조, 조짐(참)
【讖書 참서】 참언을 모아 적은 책.
【讖言 참언】 앞일에 대하여 길흉(吉凶)을 예언하는 말. 讖語(참어).

【讚】 기릴 찬
㉠zèn ㉡サン(ほめる) ㉢praise
字源 형성자. 言(언)은 의미 부분이고, 贊(찬)은 발음 부분이다.
字解 기릴, 칭찬할(찬)
【讚美 찬미】 기리어 칭송함.
【讚佛 찬불】 부처의 공덕을 기림.
【讚辭 찬사】 칭찬하는 말이나 글.
【讚頌 찬송】 덕을 칭송(稱頌)함.
【讚揚 찬양】 칭찬하여 드러냄.
【禮讚 예찬】 존경하여 찬양함.
【稱讚 칭찬】 좋은 점을 일컬어 기림.

【讜】 곧은 말 당
㉠dǎng ㉡トウ ㉢advice
字解 ①곧은 말(당) ②바를(당)
【讜論 당론】 사리에 바른 이론.
【讜直 당직】 곧고 바름. 정직함.

7 谷 部

【谷】 골 곡
㉠gǔ ㉡コク(たに) ㉢valley
字源 회의자. 물줄기[㕣]가 계곡의 입구[口]에서 흘러나오는 모습을 그린 것이다.
字解 ①골, 골짜기(곡) ¶溪谷(계곡) ②기를(곡) ¶谷風(곡풍)
【谷口 곡구】 골짜기의 어귀.
【溪谷 계곡】 물이 흐르는 골짜기.
【幽谷 유곡】 그윽하고 깊은 산골.
【峽谷 협곡】 좁고 험한 골짜기.

【容】 ❶叡(102)의 古字 ❷濬(325)과 同字

谷 10 ⑰ 【谿】 [명] 溪(311)와 同字

谷 10 ⑰ 【豁】 넓을 활 [曷]

[명] ㊥huò ㊐カツ ㊂wide

[字解] ①넓을(활) ②뚫린 골(활)

【豁達 활달】①사방이 탁 트여 넓은 모양. ②도량이 넓고 큼.

【空豁 공활】텅 비고 넓음.

7 豆 部

豆 0 ⑦ 【豆】 콩 두 [宥]

一 丆 丆 百 百 豆 豆

[중] ㊥dòu ㊐トウ(まめ) ㊂bean

[字源] 상형자. 뚜껑이 달린 굽이 높은 제사 그릇을 그린 것이다. '一'은 뚜껑, '口'는 물건을 담는 부분, 'ㅛ'는 긴 굽을 그린 것이다.

[字解] ①콩, 팥(두) ¶ 豆油(두유) ②제기(두) ¶ 籩豆(변두)

【豆腐 두부】콩을 갈아 익힌 후 간수를 쳐서 엉기게 한 음식.

【豆油 두유】콩기름.

【豆乳 두유】진한 콩국.

【豆太 두태】[國]①팥과 콩. ②콩팥.

【籩豆 변두】제사에 쓰는 그릇.

📖 '籩'은 대나무로 만든 제기(祭器), '豆'는 나무로 만든 제기.

豆 3 ⑩ 【豈】 ❶어찌 기 [尾] ❷즐길 개 [賄] [간] 岂

' 山 山 屮 豈 豈 豈 豈

[고] ㊥qǐ ㊐キ, ガイ(あに) ㊂how

[字源] 형성자. 豆(두)는 의미 부분이고, 山은 微(미)의 생략형으로 발음 부분이다.

[字解] ❶어찌(기) ❷①즐길(개) ≒愷 ②싸움 이긴 노래(개) ≒凱

【豈可 기가】어찌 할 수 있는가? 해서는 안 된다는 금지(禁止)의 뜻.

【豈樂 ❶개락 ❷개악】❶기뻐함. 즐거워함. ❷개선(凱旋)할 때의 음악.

【豈弟 개제】화락하게 즐김. [통]愷悌(개제).

[참고] '개'음도 인명용으로 지정됨.

'豈'가 붙은 한자

凱 개선할(개)　剴 맞을(개)
塏 높은 땅(개)　愷 편안할(개)
鎧 갑옷(개)　覬 바랄(기)

豆 6 ⑬ 【豊】 [명] 豐(727)의 俗字

豆 8 ⑮ 【豎】 더벅머리 수 [麌] [속] 竪 [간] 竖

㊥shù ㊐ジュ(たてる) ㊂lad

[字解] ①더벅머리, 애송이(수) ¶ 豎子(수자) ②세울(수) ¶ 豎立(수립)

【豎立 수립】똑바로 세움.

【豎儒 수유】①못난 학자. 유학자를 욕하는 말. ②'유학자'의 겸칭.

【豎子 수자】①더벅머리 아이. ②'애송이'라고 남을 얕잡아 일컫는 말.

豆 8 ⑮ 【豌】 완두 완 [寒]

[명] ㊥wān ㊐エン ㊂pea

[字解] 완두(완) ※콩과의 일년생 만초(蔓草).

豆 11 ⑱ 【豐】 풍년 풍 [東] [속] 豊 [간] 丰

丨 丰 ‡ 丰丰 ‡‡ 曲 豐 豐

[중] ㊥fēng ㊐ホウ(ゆたか) ㊂abundant

[字源] 회의자. 제사 그릇인 豆(두) 위에 어떤 물건을 가득 담아 놓은 모습으로, '많다'·'풍부하다'라는 뜻은 여기에서 나왔다.

[字解] ①풍년(풍) ¶ 豐作(풍작) ②넉넉할(풍) ¶ 豐盛(풍성)

【豐年 풍년】농사가 잘된 해.

【豐滿 풍만】몸이 투실투실하게 살짐.

【豐富 풍부】넉넉하고 많음.

【豐盛 풍성】넉넉하고 흥성흥성함.

【豐饒 풍요】매우 넉넉함.

[豐作 풍작] 풍년이 들어 잘된 농사.
[豐足 풍족] 넉넉하여 충분함.
[大豐 대풍] 곡식이 썩 잘된 풍작.

豆21(28) 【豔】 艶(682)과 同字

7 豕 部

豕0(7) 【豕】 돼지 시
명 ⊕shǐ ⊖シ(いのこ) ⊕pig
字源 상형자. 갑골문을 보면 '豕'로, 돼지의 머리와 살찐 몸통·다리·꼬리 등을 그린 것이다.
字解 돼지(시)
[豕突 시돌] 멧돼지처럼 앞뒤를 헤아리지 않고 달려듦. 猪突(저돌).

豕4(11) 【豚】 돼지 돈
丿 几 月 肝 肝 肟 豚 豚
고 ⊕tún ⊖トン(ぶた) ⊕pig
字源 회의자. 豕(시)와 肉(육)은 모두 의미 부분이다. 제사를 지낼 때 쓰는 희생(犧牲)을 뜻한다.
字解 ①돼지, 새끼 돼지(돈) ¶豚肉(돈육) ②복어, 복(돈) ¶河豚(하돈)
[豚兒 돈아] 돼지처럼 어리석은 아이라는 뜻으로, '자기 아들'의 겸칭.
[豚肉 돈육] 돼지고기.
[養豚 양돈] 돼지를 먹여 기름.
[河豚 하돈] 복어. 복.

豕5(12) 【象】 코끼리 상
丿 ク 力 臽 鱼 乌 身 象
고 ⊕xiàng ⊖ショウ, ゾウ ⊕elephant
字源 상형자. 갑골문을 보면 '象'으로, 코끼리의 귀, 어금니, 네 발, 꼬리 등의 모양을 그린 것이다.
字解 ①코끼리(상) ¶象牙(상아) ②모양, 형상(상) ¶現象(현상) ③본뜸, 본받음(상) ¶象形(상형)
[象嵌 상감] 금속·도자기 따위의 표면을 파내고 그 속에 금·은 등의 재료를 넣어 무늬를 내는 기술.
[象石 상석] 능(陵)·원(園) 등에 세우는 사람이나 짐승 모양의 석물(石物).
[象牙 상아] 코끼리의 어금니.
[象徵 상징] 추상적인 내용을 구체적인 사물로써 나타내는 일.
[象形 상형] ①형상을 본뜸. ②육서(六書)의 하나로, 사물의 모양을 본뜬 글자. '日·月·山·川' 따위.
[現象 현상] 관찰할 수 있는 사물의 형상(形象).

豕6(13) 【豢】 기를 환
⊕huàn ⊖ケン(やしなう) ⊕feed
字解 ①기르다, 치다(환) ※곡물을 먹여 동물을 기름. ②가축(환)
[豢養 환양] 가축을 기름.
[芻豢 추환] '집짐승'의 총칭.
☞ '芻'는 풀을 먹는 짐승, '豢'은 곡식을 먹는 짐승.

豕7(14) 【豪】 호걸 호
丶 亠 亡 亨 亨 豪 豪
고 ⊕háo ⊖ゴウ ⊕hero
字源 형성자. 豕(시)는 의미 부분이고, 高는 高(고)의 생략형으로 발음 부분이다.
字解 ①호걸, 호방할(호) ¶豪俠(호협) ②성할(호) ¶豪族(호족) ③사치스러울(호) ¶豪奢(호사)
[豪傑 호걸] 재주와 슬기가 뛰어나고 도량과 기개가 있는 사람.
[豪放 호방] 의기가 장하여 작은 일에 거리낌이 없음. 豪宕(호탕).
[豪奢 호사] 지나치게 사치함.
[豪雨 호우] 줄기차게 퍼붓는 비.
[豪族 호족] 한 지방에서 세력이 성한 일족.
[豪俠 호협] 호방하고 의협심이 강함.
[豪華 호화] 사치스럽고 화려함.
[文豪 문호] 매우 뛰어난 작가.
[富豪 부호] 재산이 많고 세력이 있는 사람.

豕部 6획

豫 미리 예
豕9/16 ㊍여 ㊥预
豫 豫 豫 豫 豫 豫
㊐ ㊥yù ㊐ヨ(あらかじめ)
㊂beforehand
字源 형성자. 象(상)은 의미 부분이고, 予(여)는 발음 부분이다.
字解 ①미리(예) ¶豫感(예감) ②머뭇거림(예) ¶猶豫(유예)
【豫感 예감】 어떤 일을 사전에 미리 감지함, 또는 그 느낌.
【豫告 예고】 미리 알림.
【豫買 예매】 미리 삼.
【豫防 예방】 미리 막음.
【豫備 예비】 미리 준비함.
【豫想 예상】 미리 어림잡아 생각함.
【豫習 예습】 배울 내용을 미리 익힘.
【豫約 예약】 미리 약속함.
【豫言 예언】 앞일을 미리 말함.
【豫定 예정】 미리 정함.
【豫測 예측】 미리 추측함.
【猶豫 유예】 ①우물쭈물 망설임. ②시일을 지연시킴.

豬 豕9/16 猪(332)와 同字

豳 豕10/17 ❶나라 이름 빈 ㊍豳 ❷얼룩질 반 ㊍豳
㊐ ㊥bīn, bān ㊐ヒン, ハン
字解 ❶나라 이름(빈) ※주대(周代)의 제후국. ❷얼룩질(반)

7 豸部

豸 豸0/7 ❶발 없는 벌레 치 ㊍豸 ❷해태 태 ㊍채 ㊥廌
㊐ ㊥zhì ㊐チ ㊂worm
字源 상형자. 어떤 짐승이 입을 벌리고 있는 모습을 그린 것이다. 豸부에 속하는 글자는 대부분 짐승과 관계있는 뜻이 많다.
字解 ❶발 없는 벌레(치) ❷해태(태)
【獬豸 해태】 시비·선악을 판단하여 안다는 상상의 동물. 석상(石像)으로 궁전 좌우에 세움. 海駝(해타).

豺 승냥이 시
豸3/10 ㊍豺
㊐ ㊥chái ㊐サイ(やまいぬ) ㊂wolf
字解 승냥이(시) ※갯과의 짐승.
【豺狼 시랑】 승냥이와 이리. '탐욕스럽고 무자비한 사람'의 비유.
【豺虎 시호】 승냥이와 범. '사납고 음흉한 사람'의 비유.

豹 표범 표
豸3/10 ㊍豹
㊐ ㊥bào ㊐ヒョウ ㊂leopard
字解 표범(표)
【豹變 표변】 ①표범의 무늬가 빛나는 것처럼 분명히 드러남. '개과천선(改過遷善)함', 또는 '빈천(貧賤)한 자가 고관(高官)에 오름'의 비유. ②태도가 갑자기 변함.
【豹皮 표피】 표범의 털가죽.

貂 담비 초
豸5/12 ㊍貂
㊐ ㊥diāo ㊐チョウ(てん) ㊂sable
字解 담비(초) ※족제빗과의 짐승.
【貂裘 초구】 담비의 모피로 만든 갖옷.
【貂蟬 초선】 ①담비의 꼬리와 매미의 날개. 고관(高官)이 쓰는 관(冠)의 장식. ②높은 벼슬아치.
【狗尾續貂 구미속초】 개 꼬리로 담비 꼬리를 이음. '관작을 함부로 줌'의 비유. ㊁狗(329)

貊 종족 이름 맥
豸6/13 ㊍貊
㊐ ㊥mò ㊐バク
字解 종족 이름, 오랑캐(맥)
【蠻貊 만맥】 고대에 중국 남쪽과 북쪽에 살던 종족 이름. 오랑캐.
【濊貊 예맥】 ①한족(韓族)의 조상이 되는 민족. ②고조선 때 있었던 부족 국가의 이름.

豸[貉] ❶오소리 학 ❷오랑캐 맥

中háo, mò 日カク, バク 英badger

字解 ❶오소리(학) ※족제빗과 짐승. ❷오랑캐(맥) ※고대에 중국 동북방에 살던 종족의 이름.

豸[貍] 삵 리

中lí 日リ(たぬき) 英racoon

字解 ①삵, 살쾡이(리) ※고양잇과의 산짐승. ②너구리(리) ※갯과의 동물.

【貍奴 이노】'고양이'의 딴 이름.

豸[貌] 모양 모

中mào 日ボウ(かたち) 英appearance

字解 회의 겸 형성자. 豸(치)와 皃(모)는 모두 의미 부분인데, 皃는 발음도 담당한다. 소전에는 단순히 皃로 썼다. 皃 자에서 儿(인)은 人(인)과 같고, 白은 사람의 얼굴을 그린 것이다.

字解 모양, 얼굴(모)

【貌樣 모양】됨됨이. 생김새.
【美貌 미모】아름다운 얼굴 모습.
【容貌 용모】사람의 얼굴 모양.
【風貌 풍모】풍채와 용모.

豸[貓] 猫(331)와 同字

7 貝 部

貝[貝] 조개 패

中bèi 日バイ(かい) 英shell

字源 상형자. 조개를 그린 것이다. 옛날에 조개는 화폐로 쓰였기 때문에, 貝를 의미 부분으로 쓴 글자들은 대체로 돈이나 재물과 관계가 많다.

字解 ①조개(패) ¶貝塚(패총) ②돈(패) ¶貝玉(패옥)

【貝殼 패각】조개비. 조개껍데기.
【貝物 패물】(國)산호(珊瑚)·호박(琥珀)·수정(水晶)·대모(玳瑁) 따위로 만든 장신구의 총칭.
【貝玉 패옥】돈과 보배.
【貝塚 패총】고대인이 조개를 까먹고 버린 조가비가 무덤처럼 쌓여 있는 것. 조개무지.

貝[負] 질 부

中fù 日フ(おう) 英bear

字源 회의자. 人(인)과 貝(패)는 모두 의미 부분이다. 사람[人]이 재물[貝]에 의지한다는 뜻이다.

字解 ①질(부) ¶負荷(부하) ②저버릴(부) ¶負約(부약) ③질, 패할(부) ¶勝負(승부)

【負笈 부급】책 상자를 짊어짐. '타향으로 공부하러 감'을 이름.
【負擔 부담】의무나 책임을 짐, 또는 맡은 의무나 책임.
【負約 부약】약속을 저버림.
【負債 부채】빚, 또는 빚을 짐.
【負荷 부하】짐을 지고 멤.
【勝負 승부】이김과 짐. 勝敗(승패).
【抱負 포부】앞날에 대한 생각이나 계획 또는 희망.

貝[負] 負(730)의 本字

貝[貞] 곧을 정

中zhēn 日テイ(ただしい) 英chaste

字源 형성자. 본래 점을 친다는 뜻이다. 卜(복)은 의미 부분이고, 貝는 鼎(정)의 변형으로 발음 부분이다.

字解 곧을, 바를(정)

【貞潔 정결】여자의 정조가 곧고 행실이 깨끗함.
【貞淑 정숙】여자의 행실이 얌전하고 마음씨가 고움.
【貞節 정절】여자의 곧은 절개.
【貞操 정조】여자의 굳은 절개.
【童貞 동정】이성과 아직 성관계를 가진 일이 없는 상태.

【貢】 바칠 공

音 gòng コウ(みつぐ) tribute
字源 형성자. 貝(패)는 의미 부분이고, 工(공)은 발음 부분이다.
字解 ①바칠(공) ¶貢獻(공헌) ②공물(공) ¶朝貢(조공)

【貢物 공물】지난날, 백성이 나라 관청에 바치던 특산물.
【貢獻 공헌】①공물을 바침. ②이바지함.
【朝貢 조공】지난날, 예속된 나라가 종주국(宗主國)에게 때마다 바치던 공물.

【財】 재물 재

音 cái ザイ(たから) wealth
字源 형성자. 貝(패)는 의미 부분이고, 才(재)는 발음 부분이다.
字解 재물, 재화(재)

【財界 재계】실업가나 금융업자의 사회(社會).
【財團 재단】어떤 목적을 달성하기 위하여 결합된 재산의 집단.
【財物 재물】돈과 값나가는 물건. 財貨(재화).
【財閥 재벌】재계에서 큰 세력을 가진 독점적 자본가나 기업가의 무리.
【財産 재산】개인이나 단체가 소유한, 경제적 가치가 있는 것의 총체.
【財數 재수】재물에 관한 운수.
【財源 재원】재화나 재정의 근원.
【蓄財 축재】재물을 모음.
【橫財 횡재】뜻밖에 재물을 얻음, 또는 그렇게 얻은 재물.

【貫】 꿸 관

音 guàn カン(つらぬく) pierce
字源 회의 겸 형성자. 본래 돈이나 재물을 꿴다는 뜻이다. 毌(관)과 貝(패)는 모두 의미 부분인데, 毌은 발음도 담당한다. 毌은 재물을 줄로 꿰어 보관한다는 뜻이다.
字解 ①꿸, 꿰뚫을(관) ¶貫徹(관철) ②호적(관) ¶貫鄕(관향) ③新관(관) ※ 무게의 단위. 1貫은 3.75kg.

【貫祿 관록】몸에 갖추어진 위엄이나 무게.
【貫徹 관철】주의·주장 따위를 일관하여 밀고 나가 목적을 이룸.
【貫通 관통】꿰뚫어 통함.
【貫鄕 관향】시조(始祖)가 난 땅. 貫籍(관적). 本(본). 本貫(본관).
【一貫 일관】처음부터 끝까지 한결같이 꿰뚫음.
【一以貫之 일이관지】하나의 이치로써 모든 일을 꿰뚫음.

【貧】 가난할 빈

音 pín ヒン(まずしい) poor
字源 회의 겸 형성자. 본래 재물이 나뉘어 적다는 뜻이다. 貝(패)와 分(분)은 모두 의미 부분인데, 分은 발음도 담당한다.
字解 ①가난할(빈) ¶貧富(빈부) ②모자랄(빈) ¶貧血(빈혈)

【貧困 빈곤】가난하고 군색함.
【貧富 빈부】가난함과 넉넉함.
【貧弱 빈약】①가난하고 약함. ②보잘것없음.
【貧者一燈 빈자일등】가난한 사람이 부처에게 바치는 한 개의 등불. '성의를 다한 물건은 약소할지라도 귀함'을 이름.
【貧賤之交 빈천지교】가난하고 천할 때의 사귐. '가난하고 어려운 시절에 사귄 친구'를 이름. 貧交(빈교).
【貧寒 빈한】몹시 가난하여 집안이 쓸

쓸함.
【貧血 빈혈】 피 속의 적혈구나 혈색소의 수가 줄어든 상태.
【極貧 극빈】 몹시 가난함.
【淸貧 청빈】 청렴하고 가난함.
[참고] 貪(탐 : 732)은 딴 자.

貝 4 ⑪ **【責】** ❶꾸짖을 책 [陌] ❷빚 채 [佳] [간] 责

一 十 丰 丰 青 青 青 責

[중] [中]zé [日]セキ(せめる) [英]reprove
[字源] 형성자. 貝(패)는 의미 부분이고, 朿(자)는 발음 부분이다. '主'는 朿의 생략형이다.
[字解] ❶①꾸짖을, 나무랄(책) ¶ 責望(책망) ②책임(책) ¶ 責務(책무) ❷빚(채)=債
【責望 책망】 허물을 꾸짖음.
【責務 책무】 직책과 임무.
【責任 책임】 맡아서 하여야 할 임무.
【譴責 견책】 허물이나 잘못을 꾸짖음.
【問責 문책】 일의 책임(責任)을 물어 꾸짖음.
【引責 인책】 책임을 스스로 짐.
【職責 직책】 맡은 일에 따른 책임.
【叱責 질책】 꾸짖어 나무람.
【詰責 힐책】 잘못을 따져서 꾸짖음.
[참고] '채' 음도 인명용으로 지정됨.

7획

'責'이 붙은 한자

勣 공(적) 磧 자갈(적)
積 쌓을(적) 績 길쌈할(적)
蹟 자취(적) 漬 담글(지)
債 빚(채) 嘖 떠들썩할(책)
簀 살평상(책)

貝 4 ⑪ **【貪】** 탐낼 탐 [覃] [간] 贪

ノ 人 𠆢 今 含 貪 貪 貪

[고] [中]tān [日]タン(むさぼる) [英]covet
[字源] 형성자. 貝(패)는 의미 부분이고, 今(금)은 발음 부분이다.
[字解] 탐낼, 욕심 낼(탐)
【貪官汚吏 탐관오리】 재물을 탐내는 관리와 청렴하지 못한 벼슬아치.
【貪生 탐생】 오로지 살려고 애씀.
【貪慾 탐욕】 탐내는 욕심.
【小貪大失 소탐대실】 작은 것을 탐내다가 큰 것을 잃음.
【食貪 식탐】 음식을 욕심 내어 탐냄.
[참고] 貧(빈 : 731)은 딴 자.

貝 4 ⑪ **【販】** 팔 판 [願] [간] 贩

冂 月 目 貝 貝 貝 販 販

[고] [中]fàn [日]ハン(ひさぐ) [英]sell
[字源] 형성자. 貝(패)는 의미 부분이고, 反(반)은 발음 부분이다.
[字解] ①팔(판) ②장사(판)
【販路 판로】 상품이 팔려 나가는 길이나 방면.
【販賣 판매】 상품을 팖.
【市販 시판】 시장이나 시중에서 일반에게 판매함.
【外販 외판】 판매 사원이 직접 고객을 방문하여 상품을 파는 일.
【總販 총판】 어떤 상품을 도거리로 도맡아 팖.

貝 4 ⑪ **【貨】** 재화 화 [箇] [간] 货

ノ イ 亻 化 化 貨 貨 貨

[중] [中]huò [日]カ [英]goods
[字源] 형성자. 貝(패)는 의미 부분이고, 化(화)는 발음 부분이다.
[字解] ①재화, 돈(화) ¶ 貨幣(화폐) ②물품(화) ¶ 貨物(화물)
【貨物 화물】 비행기·자동차·배 따위로 실어 나르는 짐.
【貨幣 화폐】 돈.
【外貨 외화】 외국의 화폐.
【財貨 재화】 돈과 값나가는 물건. 財物(재물).
【鑄貨 주화】 쇠붙이를 녹여 만든 돈.
【通貨 통화】 '한 나라 안에서 통용되고 있는 화폐'의 총칭.

貝 5 ⑫ **【貴】** 귀할 귀 [未] [간] 贵

口 口 中 虫 冉 冑 貴 貴

[중] [中]guì [日]キ(とうとい) [英]noble
[字源] 형성자. 貝(패)는 의미 부분이

고, 臾(유)는 발음 부분이다. '虫'는 臾의 생략형이다.
字解 ①귀할, 귀하게 여길(귀) ¶貴重(귀중) ②높일(귀) ¶貴體(귀체)
【貴人 귀인】 사회적 신분이나 지위가 높은 사람.
【貴重 귀중】 매우 소중함. 珍重(진중).
【貴賤 귀천】 귀함과 천함. 尊卑(존비).
【貴下 귀하】 편지에서, 상대편을 높여 그의 이름 뒤에 쓰는 말.
【貴函 귀함】 '상대편의 편지'의 높임말. 貴簡(귀간).
【高貴 고귀】 지위나 인품이 높고 귀함.
【騰貴 등귀】 물건 값이 뛰어오름.
【尊貴 존귀】 지위가 높고 귀함.
【品貴 품귀】 물건이 귀함.

【貸】 빌릴 대
⑪dài ⑪タイ(かす) ⑱lend
字源 형성자. 貝(패)는 의미 부분이고, 代(대)는 발음 부분이다.
字解 ①빌릴, 꿀(대) ¶貸與(대여) ②용서할(대) ¶寬貸(관대)
【貸付 대부】 이자와 기한을 정하고 돈이나 물건을 빌려 줌.
【貸與 대여】 빌려 주거나 뀌어 줌.
【貸借 대차】 꾸어 줌과 빌려 옴.
【貸出 대출】 돈·물건 따위를 꾸어 줌.
【寬貸 관대】 너그럽게 용서함.
【賃貸 임대】 삯을 받고 빌려 줌.

【買】 살 매
⑪mǎi ⑪バイ(かう) ⑱buy
字源 회의자. 罒 즉 网(망)과 貝(패)는 의미 부분이다. 그물로 조개를 잡는다는 뜻에서 '물건을 사고판다'는 뜻으로, 다시 '사다'라는 뜻으로 바뀌었다.
字解 ①살(매) ¶買上(매상) ②부를, 자초할(매) ¶買怨(매원)
【買氣 매기】 상품을 사고자 하는 마음.
【買收 매수】 ①사들임. ②금품으로 남을 꾀어 자기편으로 삼음.
【買怨 매원】 남의 원한을 삼.
【買占賣惜 매점매석】 값이 오르거나 물건이 달릴 것을 예상하여 어떤 상품을 많이 사 두고 되도록 팔지 않으려 하는 일.
【買辦 매판】 외국 자본의 앞잡이가 되어 사리(私利)를 취하고, 자국의 이익은 돌보지 않는 일.
【買票 매표】 표를 삼.
【購買 구매】 물건을 사들임.

【貿】 바꿀 무
⑪mào ⑪ボウ(かえる) ⑱trade
字源 형성자. 貝(패)는 의미 부분이고, 卯(묘)는 발음 부분이다.
字解 바꿀, 교역할(무)
【貿易 무역】 외국 상인과 물품을 수출입하는 상행위.

【費】 쓸 비
⑪fèi ⑪ヒ(ついやす) ⑱spend
字源 형성자. 貝(패)는 의미 부분이고, 弗(불)은 발음 부분이다.
字解 ①쓸(비) ¶消費(소비) ②비용(비) ¶旅費(여비)
【費用 비용】 드는 돈. 쓰이는 돈.
【經費 경비】 어떤 일을 하는 데 드는 비용.
【浪費 낭비】 돈·물건 등을 필요 이상으로 헛되이 씀.
【消費 소비】 돈·물건·시간 등을 써서 없앰.
【旅費 여비】 여행에 드는 비용.
【虛費 허비】 헛되이 씀, 또는 그 비용.

【胜】 넉넉할 성
⑪shèng ⑪セイ ⑱rich
字解 ①넉넉할(성) ②재물(성)

【貰】 세낼 세
⑪shì ⑪セイ(もらう) ⑱hire

字解 ①세낼, 빌릴(세) ¶傳貰(전세) ②용서할(세) ¶貰赦(세사)
【貰赦 세사】죄를 용서함.
【專貰 전세】일정한 기간 동안 그 사람에게만 전적으로 빌려 주는 일.
【傳貰 전세】일정한 돈을 부동산의 소유자에게 맡기고 어느 기간까지 그 부동산을 빌려 쓰는 일.

貳 두 이

음 ㉠èr 일ジ, ニ(ふたつ) 영two
字解 ①두, 둘(이) ※'二'의 갖은자. ¶貳心(이심) ②곁따를(이) ¶貳相(이상)
【貳車 이거】여벌로 따르는 수레.
【貳相 이상】조선 시대에, 삼정승 다음가는 벼슬. 곧, 의정부의 좌·우찬성(左右贊成)을 일컫던 말.
【貳臣 이신】절개를 지키지 않고 두 임금을 섬긴 신하.
【貳心 이심】두 마음. 불충(不忠)한 마음.

貽 끼칠 이

음 ㉠yí 일イ(のこす) 영leave to
字解 끼칠, 남길, 전할(이)
【貽訓 이훈】조상이 자손을 위해 남긴 교훈. 遺訓(유훈).

資 재물 자

음 ㉠zī 일シ(たから) 영property
字解 ①재물, 자본(자) ≒資 ②벌금할(자)
【資産 자산】토지·건물·금전 따위의 재산.

貯 쌓을 저

ㅣ 亻 亻 亻 貝 貝 貯 貯
음 ㉠zhù 일チョ(たくわえる) 영save
字源 회의 겸 형성자. 貝(패)와 宁(저)는 모두 의미 부분인데, 宁는 발음도 담당한다. 宁는 궤(櫃)를 그린 상형자이다.
字解 쌓을, 저축할(저)

【貯金 저금】돈을 모아 둠.
【貯水 저수】물을 모아 가두어 둠.
【貯藏 저장】쌓아서 간직하여 둠.
【貯蓄 저축】절약하여 모아 둠.

貼 붙일 첩

음 ㉠tiē 일チョウ(はる) 영paste
字解 ①붙일, 붙을(첩) ②첩(첩)
※ 봉지에 싼 약을 세는 단위.
【貼付 첩부】착 들러붙게 붙임.
【貼藥 첩약】여러 가지 약재(藥材)를 섞어 봉지에 싼 약.

貶 낮출 폄

음 ㉠biǎn 일ヘン(おとす) 영degrade
字解 낮출, 깎아내릴(폄)
【貶降 폄강】관직을 깎아 낮춤.
【貶逐 폄축】벼슬을 떼고 귀양 보냄.
【褒貶 포폄】칭찬함과 나무람. '시비(是非)·선악(善惡)을 판단하여 평가하는 일'을 이름.

賀 하례할 하

ノ フ カ カ 加 加 智 賀 賀
음 ㉠hè 일ガ 영congratulate
字源 형성자. 貝(패)는 의미 부분이고, 加(가)는 발음 부분이다.
字解 하례할, 경축할(하)
【賀客 하객】축하하러 온 손님.
【賀禮 하례】축하하는 예식.
【賀正 하정】새해를 축하함.
【慶賀 경하】경사스러운 일을 축하함.
【祝賀 축하】즐겁고 기쁘다는 뜻으로 인사함, 또는 그러한 인사.

賈 ❶장사 고 ❷값 가

음 ㉠gǔ, jiǎ 일コ, カ(うる, かう) 영trade
字解 ❶①장사(고) ¶賈人(고인) ②살, 초래할(고) ¶賈怨(고원) ❷값(가) =價
【賈怨 고원】원망을 삼.

【賈人 고인】장수. 商人(상인).
【商賈 상고】장사하는 사람. 장수.

[賂] 뇌물 뢰

명 中lù 日マイナウ 英bribe
字解 뇌물, 뇌물 줄(뢰).
【賂物 뇌물】직권(職權)을 이용하여 특별한 편의를 보아 달라는 뜻으로 주는 부정한 금품(金品).
【受賂 수뢰】뇌물을 받음. 收賄(수회).
【賄賂 회뢰】뇌물을 주거나 받음. 또는 그 뇌물.

[賁] ❶꾸밀 비 ❷클 분 ❸성낼 분

명 분 中bì, fén 日ヒ, フン 英decorate
字解 ❶꾸밀, 장식할(비) ❷클, 거대할(분) ❸성낼, 노할(분) 늑憤
【賁來 비래】'남이 방문해 옴'의 높임말. 賁臨(비림).
【賁飾 비식】아름답게 꾸밈.

[賃] 품팔이 임

丿 亻 仁 任 仹 侸 賃 賃

고 中lìn 日チン(やとう) 英be hired
字解 형성자. 貝(패)는 의미 부분이고, 任(임)은 발음 부분이다.
字解 ①품팔이, 품삯(임) ¶賃金(임금) ②빌릴, 세낼(임) ¶賃貸(임대)
【賃金 임금】노동에 대한 보수. 품삯.
【賃貸 임대】삯을 받고 빌려 줌.
【賃借 임차】삯을 내고 빌려 씀.
【無賃 무임】삯돈을 내지 않음.
【運賃 운임】운반·운송한 보수로 받거나 무는 삯.

[資] 재물 자

丶 冫 次 次 咨 咨 資

고 中zī 日シ(もと) 英property

字源 형성자. 貝(패)는 의미 부분이고, 次(차)는 발음 부분이다.
字解 ①재물, 자본(자) ¶資金(자금) ②천성, 바탕(자) ¶資質(자질)
【資格 자격】일정한 신분·지위를 가지거나 어떤 행동을 하는 데 필요한 조건.
【資金 자금】이익을 낳는 바탕이 되는 돈. 資本金(자본금).
【資本 자본】사업에 필요한 밑천.
【資源 자원】생산의 바탕이 되는 여러 가지 물자(物資).
【資質 자질】타고난 바탕과 성질. 資稟(자품). 天性(천성).
【物資 물자】경제나 생활의 바탕이 되는 갖가지 물건.
【投資 투자】사업 등에 자금을 댐.

[賊] 도둑 적

丨 貝 貝 貯 賊 賊 賊

고 中zéi 日ゾク(そこなう) 英thief
字源 회의자. 소전에서는 '賊'으로 썼는데, 창(戈(과))과 칼(刀(도))을 가지고 재물(貝(패))을 훼손시킨다는 뜻이다. 에서는 '戎'이 戎(융)으로 변하여 현재의 賊 자가 되었다. 戎도 무기의 일종이므로 뜻의 변화는 없다.
字解 ①도둑, 훔칠(적) ¶盜賊(도적) ②해칠(적) ¶賊心(적심) ③역적(적) ¶賊臣(적신)
【賊反荷杖 적반하장】도둑놈이 도리어 몽둥이를 듦. '잘못한 사람이 도리어 성을 내는 것'의 비유.
【賊臣 적신】모반하는 신하. 불충(不忠)한 신하. 逆賊(역적).
【賊心 적심】남을 해치려는 마음.
【盜賊 도적】도둑. 賊盜(적도).
【馬賊 마적】말을 타고 다니며 노략질하던 도적의 무리.

[賄] 뇌물 회

명 中huì 日ワイ(まかなう) 英bribe
字解 ①뇌물, 선물(회) ②재물(회)
【賄賂 회뢰】뇌물을 주거나 받음. 또는 그 뇌물.
【賄賂公行 회뢰공행】뇌물이 아무 거

리낌 없이 공공연히 오고 감.
【收賄 수회】뇌물(賂物)을 받음. 受賂(수뢰).
【贈賄 증회】뇌물을 줌.

【賓】손 빈 賓賓賓
ﾠ ﾠbīn ﾠヒン(まろうど) ﾠguest
字源 회의자. 宀(면)·丙(면)·貝(패)는 모두 의미 부분이다. 집 안(宀)에서 허리를 숙여(丙) 손님을 공경스럽게 맞이한다는 뜻이다. 貝는 손님이 가져오는 선물을 뜻한다.
字解 ①손, 손님(빈) ¶賓客(빈객) ②복종할(빈) ¶賓從(빈종)
【賓客 빈객】귀한 손. 손님.
【賓從 빈종】진심으로 복종함. 賓服(빈복).
【貴賓 귀빈】신분이 높은 손님.
【來賓 내빈】초대를 받아 온 손님.
【接賓 접빈】손님을 접대함.

'賓'이 붙은 한자

儐 인도할(빈)	嬪 궁녀(빈)
擯 물리칠(빈)	濱 물가(빈)
檳 빈랑나무(빈)	殯 초빈할(빈)
璸 구슬 이름(빈)	矉 찡그릴(빈)
馪 향기(빈)	繽 어지러울(빈)
臏 종지뼈(빈)	鬢 살쩍(빈)

【賑】구제할 진 賑賑
ﾠ ﾠzhèn ﾠシン(にぎわう) ﾠrelieve
字解 ①구제할, 기민 먹일(진) ②넉넉할(진)
【賑恤 진휼】흉년에 곤궁한 백성을 구호(救護)하여 줌. 救恤(구휼).
【殷賑 은진】①매우 흥성흥성(興盛興盛)함. ②매우 번창함.

【賚】줄 뢰 賚賚
ﾠ ﾠlài ﾠライ(たまう) ﾠbestow
字解 ①줄, 하사할(뢰) ②위로할(뢰)
【賚賜 뇌사】하사함. 또는 그 물건.

【賚賞 뇌상】상을 내림.

【賣】팔 매 売卖賣
ﾠ ﾠmài ﾠバイ(うる) ﾠsell
字源 회의자. 出(출)과 買(매)는 모두 의미 부분이다. 士는 出의 생략형이다. 買가 본래 사고파는 행위 모두를 뜻하였으나, 뒤에 구별할 필요가 생기자 出을 더하여 물건을 판다는 뜻을 분명히 나타낸 것이다.
字解 ①팔(매) ¶賣盡(매진) ②속일, 기만할(매) ¶賣我(매아)
【賣渡 매도】팔아넘김. 賣却(매각).
【賣買 매매】물건을 팔고 사고 함.
【賣物 매물】팔 물건.
【賣我 매아】①남이 나를 속임. ②자기 자신을 속임.
【賣店 매점】물건을 파는 작은 가게.
【賣盡 매진】모조리 팔림.
【賣出 매출】물건을 내어 팖.
【發賣 발매】상품을 팔기 시작함.
【專賣 전매】독점(獨占)하여 팖.

'賣'가 붙은 한자

瀆 더럽힐(독)	牘 편지(독)
犢 송아지(독)	讀 읽을(독)
黷 더러울(독)	續 이을(속)
贖 속 바칠(속)	

【賠】물어 줄 배 賠賠
ﾠ ﾠpéi ﾠバイ(つぐなう) ﾠcompensate
字解 물어 줄, 배상할(배)
【賠償 배상】남에게 끼친 손해를 물어 줌.

【賦】구실 부 賦賦
ﾠ ﾠfù ﾠフ ﾠtaxes
字源 형성자. 貝(패)는 의미 부분이고, 武(무)는 발음 부분이다.
字解 ①구실, 부역(부) ¶貢賦(공부) ②매길(부) ¶賦課(부과) ③줄

(부) ¶ 賦與(부여) ④부(부) ※운문 문체의 하나로, 감상을 진술한 글.
【賦課 부과】세금 따위를 구체적으로 결정하여 매기는 일.
【賦與 부여】나누어 줌.
【賦役 부역】국가나 공공 단체가 국민에게 의무적으로 지우는 노역.
【貢賦 공부】지난날, 백성이 나라에 바치던 공물과 세금.
【天賦 천부】하늘이 줌. 선천적으로 타고남.
【割賦 할부】여러 번으로 나누어 냄.

貝 8 ⑮ 【賜】 줄 사 [寘]　[간] 赐

冂 月 目 貝 貝 貝 賜 賜

[고] [中]cì [日]シ(たまわる) [英]bestow
[字源] 형성자. 貝(패)는 의미 부분이고, 易(이)는 발음 부분이다. 옛날에 賜와 易는 발음이 비슷하였다.
[字解] 줄, 하사할(사)
【賜姓 사성】임금이 공신에게 성(姓)을 내려 주던 일, 또는 그 성.
【賜額 사액】임금이 사당이나 서원 등에 이름을 지어 그것을 새긴 편액(扁額)을 내리던 일.
【賜藥 사약】임금이 독약을 내려 죽게 함, 또는 그 약.
【膳賜 선사】남에게 호의(好意)로 물품 따위를 줌.
【下賜 하사】왕이나 국가 원수 등이 아랫사람에게 금품을 줌.

貝 8 ⑮ 【賞】 상 줄 상 [養]　[간] 赏

丨 ⺌ 尚 尚 尚 賞 賞 賞

[중] [中]shǎng [日]ショウ(ほめる) [英]reward
[字源] 형성자. 貝(패)는 의미 부분이고, 尙(상)은 발음 부분이다.
[字解] ①상 줄, 상(상) ¶ 賞金(상금) ②즐길, 구경할(상) ¶ 賞春(상춘)
【賞金 상금】상으로 주는 돈.
【賞罰 상벌】상과 벌.
【賞春 상춘】봄철의 경치를 즐김.
【賞牌 상패】상으로 주는 패.
【鑑賞 감상】예술 작품을 음미함.
【玩賞 완상】즐기며 감상함.
【褒賞 포상】칭찬하여 상을 줌.
【懸賞 현상】어떤 목적으로 조건을 붙여 상품이나 상금을 내거는 일.

貝 8 ⑮ 【睟】 재물 수 [寘]

[명] [中]suì [日]スイ [英]property
[字解] 재물, 재화(수)

貝 8 ⑮ 【賹】 사람 이름 애 [卦]

[명] [中]ài [日]ガイ
[字解] 사람 이름(애)

貝 8 ⑮ 【質】 ❶바탕 질 [質] ❷볼모 질 [本]지 [寘]　[간] 质

丿 ⺈ 斤 斦 斦 斦 質 質

[중] [中]zhì [日]シツ, シチ(ただす) [英]substance
[字源] 회의자. 貝(패)와 斦(은)은 모두 의미 부분이다. 斦이 발음 부분이라는 주장도 있다.
[字解] ❶①바탕, 근본(질) ¶ 素質(소질) ②순박할, 진실할(질) ¶ 質朴(질박) ③물을(질) ¶ 質疑(질의) ④바로잡을(질) ¶ 質責(질책) ❷볼모(질) ¶ 人質(인질)
【質問 질문】모르거나 의심나는 것을 물음.
【質朴 질박】자연 그대로 꾸밈이 없이 순박함. [통]質樸(질박).
【質疑 질의】의심나는 것을 물음.
【質責 질책】①잘못을 따져 꾸짖음. ②잘잘못을 따져서 밝힘.
【素質 소질】날 때부터 지니고 있는, 성격·능력 따위의 바탕이 되는 것.
【人質 인질】볼모로 잡힌 사람.
【資質 자질】타고난 성품이나 소질.

貝 8 ⑮ 【賛】 [명] 贊(739)의 俗字

貝 8 ⑮ 【賤】 천할 천 [霰]　[간] 贱

冂 目 貝 貝 貝 貝 賤 賤

7획

ⓒ ⓑjiàn ⓙセン(いやしい) ⓔmean
字源 형성 겸 회의자. 貝(패)는 의미 부분이고, 戔(전)은 발음 부분이다. 貝는 '재물'에 대한 것만을 나타내므로, 戔은 의미 부분도 겸하므로 戔은 의미 부분도 겸한다.
字解 ①천할(천) ¶卑賤(비천) ②천하게 여길, 업신여길(천) ¶賤視(천시) ③값쌀(천) ¶賤價(천가)
【賤價 천가】 아주 싼 값. 廉價(염가).
【賤待 천대】 업신여겨 푸대접함.
【賤民 천민】 신분이 천한 백성.
【賤視 천시】 천히 여겨 낮게 봄.
【微賤 미천】 보잘것없고 천함.
【卑賤 비천】 신분이 낮고 천함.
【至賤 지천】 ①매우 천함. ②너무 많아서 귀할 것이 없음.

貝8 【賢】 어질 현
⑮
ⓢ ⓑxián ⓙケン(かしこい) ⓔvirtuous
字源 형성 겸 회의자. 貝(패)는 의미 부분이고, 臤(견)은 발음 부분이다. 臤은 '단단하다'·'야무지다'라는 뜻으로 의미 부분도 겸하고 있다.
字解 어질, 어진 사람(현)
【賢良 현량】 ①어질고 착함. ②조선시대에, 경학(經學)에 뛰어난 사람을 뽑기 위해 치르던 과거.
【賢明 현명】 어질고 영리하여 사리에 밝음.
【賢母良妻 현모양처】 어진 어머니이자 착한 아내.
【賢淑 현숙】 여자의 심성이 어질고 깨끗함.
【賢愚 현우】 현명함과 어리석음. 또는, 현인(賢人)과 우인(愚人).
【賢人 현인】 ①어진 사람, 현명한 사람. 賢者(현자). ②덕행의 뛰어남이 성인 다음가는 사람.
【聖賢 성현】 성인과 현인.

貝9 【賭】 노름 도
⑯
ⓜ ⓑdǔ ⓙト(かけ) ⓔgamble
字解 ①노름(도) ②내기할(도)
【賭博 도박】 돈이나 재물을 걸고 하는 노름.
【賭租 도조】 남의 논밭을 지어 먹고 세로 내는 벼.
【賭地 도지】 일정한 도조를 물고 빌려 쓰는 논밭이나 집터.

貝9 【賴】 의지할 뢰
⑯
ⓖ ⓑlài ⓙライ(たのむ) ⓔtrust to
字源 형성자. 貝(패)는 의미 부분이고, 剌(랄)은 발음 부분이다. 옛날에 賴와 剌는 발음이 비슷하였다.
字解 의지할, 힘입을(뢰)
【無賴漢 무뢰한】 일정한 직업 없이 돌아다니며 못된 짓을 하는 남자.
【信賴 신뢰】 믿고 의지함.
【依賴 의뢰】 ①남에게 의지함. ②남에게 부탁함.

貝9 【賱】 넉넉할 운
⑯
ⓜ ⓑyǔn ⓙウン ⓔenough
字解 넉넉할(운)

貝9 【賰】 부유할 춘
⑯
ⓜ ⓑchǔn ⓙシュン ⓔwealth
字解 부유할, 넉넉할(춘)

貝10 【購】 살 구
⑰
ⓜ ⓑgòu ⓙコウ(あがなう) ⓔbuy
字解 ①살, 사들일(구) ¶購買(구매) ②상금 걸(구) ¶購問(구문)
【購讀 구독】 서적·신문·잡지 따위를 사서 읽음.
【購買 구매】 물건을 삼. 購入(구입).
【購問 구문】 상금을 걸고 찾음.

貝10 【賻】 부의 부
⑰
ⓜ ⓑfù ⓙフ(おくる) ⓔcontribute
字解 부의, 부조할(부)
【賻儀 부의】 초상집에 부조(扶助)로 보내는 돈이나 물건.
【賻助 부조】 상가(喪家)에 물품을 보내어 도와줌.

賽

貝10(17) 【賽】 굿할 새 〔간〕 賽賽
명 中sài 日サイ 美exorcise
字解 ①굿할(새) ②내기할(새)
【賽錢 새전】 참배하는 사람이 신불(神佛)에게 돈을 바침, 또는 그 돈.

贄

貝11(18) 【贄】 폐백 지 〔간〕 贄贄
명 中zhì 日シ(にえ) 美gifts
字解 폐백(지) ※면회하거나 자리를 구하거나 가르침을 받고자 할 때 가지고 가는 예물.
【贄幣 지폐】 사례나 기념의 뜻으로 주는 물건. 禮物(예물).
【贄見 지현】 제자가 예물을 가지고 가서 스승을 뵘. 입문(入門)함.

贅

貝11(18) 【贅】 혹 췌 〔간〕 贅贅
명 中zhuì 日ゼイ(むだ) 美wen
字解 ①혹(췌) ¶ 贅疣(췌우) ②군더더기(췌) ¶ 贅論(췌론) ③데릴사위(췌) ¶ 贅壻(췌서)
【贅客 췌객】 國'사위'를 그의 처가에 대한 관계로 이르는 말.
【贅論 췌론】 쓸데없는 의론.
【贅壻 췌서】 데릴사위.
【贅言 췌언】 쓸데없는 너저분한 말. 贅辭(췌사). 贅語(췌어).
【贅疣 췌우】 혹과 사마귀. '쓸데없는 것'의 비유.

贇

貝12(19) 【贇】 예쁠 빈 〔본〕 贇 〔간〕 贇
명 中yūn 日イン 美pretty
字解 예쁠(빈)
참고 '윤'음도 인명용으로 지정됨.

贈

貝12(19) 【贈】 줄 증 〔속〕 贈贈贈
冂 冃 貝 貯 贈 贈 贈
고 中zèng 日ゾウ(おくる) 美present
字源 형성자. 貝(패)는 의미 부분이고, 曾(증)은 발음 부분이다.
字解 줄, 보낼(증)
【贈與 증여】 ①선물로 줌. ②재산을 무상으로 남에게 물려주는 행위.
【贈賂 증뢰】 뇌물을 줌. 贈賂(증뢰).
【寄贈 기증】 물건을 선물로 보냄.
【追贈 추증】 ①종2품 이상 벼슬아치의 죽은 아버지·조부·증조부에게 관위를 내리던 일. 追榮(추영). ②나라에 공이 있는 벼슬아치가 죽은 뒤 그 관위를 높여 주던 일.

贊

貝12(19) 【贊】 도울 찬 〔간〕 贊贊贊
⺌ ⺌ 夫 夫 扶 替 替 贊 贊
고 中zàn 日サン(ほめる) 美approve
字源 회의자. 貝(패)와 兟(신)은 모두 의미 부분이다. 兟은 나아가다〔進(진)〕라는 뜻이다. 따라서 재물〔貝〕을 가지고 예를 갖추어 나아가 뵙는다는 뜻이다.
字解 ①도울(찬) ¶ 協贊(협찬) ②찬성할(찬) ¶ 贊同(찬동)
【贊同 찬동】 찬성하여 뜻을 같이함.
【贊反 찬반】 찬성과 반대.
【贊成 찬성】 타인의 의견에 동의함.
【贊助 찬조】 뜻을 같이하여 도움.
【協贊 협찬】 힘을 합하여 도움.

> '贊'이 붙은 한자
> 攢 모일(찬)   欑 모을(찬)
> 瓚 옥(찬)   纘 이을(찬)
> 讚 기릴(찬)   鑽 뚫을(찬)

贍

貝13(20) 【贍】 넉넉할 섬 〔간〕 贍贍
명 中shàn 日セン(たりる) 美enough
字解 ①넉넉할, 족할(섬) ¶ 贍富(섬부) ②도울(섬) ¶ 贍賑(섬진)
【贍富 섬부】 넉넉하고 풍부함.
【贍賑 섬진】 물품을 주어서 도움.
【贍恤 섬휼】 어려운 사람을 구제함. 救恤(구휼). 賑恤(진휼).

贏

貝13(20) 【贏】 남을 영 〔간〕 贏贏
中yíng 日エイ(あまる) 美exceed
字解 ①남을, 나머지(영) ¶ 贏財(영재) ②이길(영) 늑贏 ¶ 贏輸(영수)
【贏輸 영수】 이김과 짐. 勝敗(승패).
【贏財 영재】 여분의 재산. 남은 돈.

【贏縮 영축】①늘어남과 줄어듦. ②나아감과 물러섬. 進退(진퇴).
참고 贏(리 : 653)는 딴 자.

貝14 ㉑ 【贓】 장물 장 陽　贓

음 ㊥zāng ㊐ゾウ ㊤plunder
字解 ①장물(장) ②뇌물 받을(장)
【贓物 장물】뇌물·도둑질 따위의 부정한 수단으로 얻은 재물.

貝15 ㉒ 【贖】 속 바칠 속 屋　贖

음 ㊥shú ㊐ショク(あがなう) ㊤redeem
字解 속 바칠, 속전 낼(속)
【贖良 속량】종의 신분을 면하여 양민이 되게 함.
【贖錢 속전】죄를 면하기 위하여 바치는 돈.
【贖罪 속죄】재물을 내고 죄를 면하는 일. 贖刑(속형).
【代贖 대속】남의 죄나 고통을 대신함.

貝15 ㉒ 【贋】 가짜 안 諫　贋贋贗

㊥yàn ㊐ガン(にせ) ㊤sham
字解 가짜, 위조품(안)
【贋本 안본】가짜 서화(書畫).
【贋造 안조】거짓으로 속여서 진짜처럼 만듦, 또는 그 물품.

7 赤 部

赤0 ⑦ 【赤】 붉을 적 陌　赤

一 十 土 尹 赤 赤

음 ㊥chì ㊐セキ(あかい) ㊤red
字源 회의자. 불〔火(화)〕위에 사람〔大(대)〕이 있는 모습이다. 土는 大의 변형이고, 小는 火의 변형이다. 밤에 불로 사람을 비추면 붉게 보이므로 '붉다'는 뜻을 나타낸다고도 하고, 큰〔大〕 불〔火〕이라는 뜻에서 붉은색을 뜻한다고도 한다.

字解 ①붉을, 붉은빛(적) ¶赤旗(적기) ②빌(적) ¶赤手空拳(적수공권) ③벌거벗을(적) ¶赤裸裸(적나라)
【赤旗 적기】①붉은 빛깔의 기. ②위험 신호용의 붉은 기.
【赤裸裸 적나라】①벌거벗은 몸. ②숨김없이 본디 모습대로 다 드러남.
【赤色 적색】짙은 붉은색.
【赤手空拳 적수공권】맨손과 맨주먹. '아무것도 가진 것이 없음'의 뜻.
【赤信號 적신호】①교통의 정지 신호. ②위험 신호.
【赤子 적자】①갓난아이. ②제왕 치하에 있는 백성.
【赤字 적자】①교정에서, 오식(誤植) 등을 바로잡기 위해 적은 붉은색 글자. ②수지 결산에서 지출이 수입보다 많은 일.
【赤潮 적조】플랑크톤의 이상 증식으로 바닷물이 붉게 보이는 현상.
【赤化 적화】①붉게 됨. ②공산화됨.

赤4 ⑪ 【赦】 용서할 사 禡　赦

음 ㊥shè ㊐シャ(ゆるす) ㊤forgive
字解 용서할(사)
【赦免 사면】지은 죄를 용서하여 벌을 면제함.
【大赦 대사】범죄의 종류를 지정하여 이에 해당하는 모든 죄인에게 베푸는 사면.
【容赦 용사】용서하여 놓아줌.

赤5 ⑫ 【赧】 무안할 난 潸　赧

㊥nǎn ㊐タン(あからめる) ㊤blush
字解 무안할, 얼굴 붉힐(난)
【赧愧 난괴】부끄러워 얼굴을 붉힘.
【赧顏 난안】부끄럼을 타서 얼굴빛이 붉어짐, 또는 그런 얼굴.

赤7 ⑭ 【赫】 붉을 혁 陌　赫

음 ㊥hè ㊐カク(あかい) ㊤red
字解 ①붉을, 빛날(혁) ≒爀 ②성낼(혁)
【赫怒 혁노】버럭 성을 냄.

【赫赫 혁혁】 ①빛나는 모양. ②위명(威名)을 떨치는 모양.

【赭】 붉을 자
ⓗzhě Ⓙシャ(あかつち) Ⓔocher
字解 ①붉은(자) ②붉은 흙(자)
【赭山 자산】 벌거숭이 산.
【赭衣 자의】 ①붉은색의 옷. ②죄수(罪囚)의 옷, 또는 죄인.
【赭土 자토】 산화철(酸化鐵)이 많이 섞인 붉은빛의 흙.

7 走 部

【走】 달릴 주
十 土 キ キ 走 走
ⓗzǒu Ⓙソウ(はしる) Ⓔrun
字源 회의자. 금문을 보면 '숍'로 썼는데, 사람[大(대)]의 발[止(지)]을 강조하였고 양 팔을 흔드는 모습도 보인다. 즉 '빨리 걷다'·'달리다'라는 뜻을 나타낸다. 土는 大의 변형이다.
字解 ①달릴(주) ¶走力(주력) ②달아날(주) ¶敗走(패주)
【走狗 주구】 ①사냥개. ②'남의 앞잡이 노릇을 하는 사람'의 비유.
【走力 주력】 달리는 힘.
【走馬加鞭 주마가편】 달리는 말에 채찍질함. '열심히 하는 사람을 더 부추기거나 몰아침'의 비유.
【走馬看山 주마간산】 말을 타고 달리며 산수를 봄. '바쁘게 대충대충 보고 지남'을 이름.
【走馬燈 주마등】 돌리는 대로 그림의 장면이 다르게 보이는 등. '사물이 빨리 변하여 돌아감'의 비유.
【走破 주파】 정해진 거리(距離)를 끝까지 달림.
【奔走 분주】 마구 달림. '몹시 바쁨'의 비유.
【疾走 질주】 빠르게 달림.
【敗走 패주】 패하여 달아남.

【暴走 폭주】 규칙을 무시하고 함부로 난폭하게 달림.

【赳】 헌걸찰 규
ⓗjiū Ⓙキュウ Ⓔelated
字解 헌걸찰, 용맹스러울(규)
【赳赳 규규】 용맹스럽고 씩씩한 모양.

【赴】 다다를 부
十 土 キ キ 走 走 赴
ⓗfù Ⓙフ(おもむく) Ⓔget to
字源 형성자. 走(주)는 의미 부분이고, 卜(복)은 발음 부분이다.
字解 ①다다를(부) ②나아갈(부) ③부고할(부) 늑訃
【赴告 부고】 사람이 죽은 것을 알리는 통지.
【赴任 부임】 임명을 받아 새로 맡겨진 자리에 감.

【起】 일어날 기
十 土 キ キ 走 走 起 起
ⓗqǐ Ⓙキ(おきる) Ⓔrise
字源 형성자. 走(주)는 의미 부분이고, 己(기)는 발음 부분이다.
字解 ①일어날, 일어설(기) ¶起牀(기상) ②일으킬, 시작할(기) ¶起兵(기병)
【起居 기거】 일정한 곳에서, 일상생활을 함, 또는 그 생활.
【起工 기공】 공사를 시작함.
【起立 기립】 자리에서 일어섬.
【起兵 기병】 군사를 일으킴.
【起伏 기복】 ①일어남과 엎드림. ②지세가 높아졌다 낮아졌다 함. ③세력이 강해졌다 약해졌다 함.
【起死回生 기사회생】 거의 죽을 뻔하다가 다시 살아남.
【起牀 기상】 잠자리에서 일어남. 起寢(기침).
【起因 기인】 일을 일으키는 원인.
【起草 기초】 글의 초안을 잡음.
【惹起 야기】 일이나 사건 등을 일으킴.
【隆起 융기】 어느 한 부분이 높이 솟아오름.

【喚起 환기】 관심이나 기억을 불러일으킴.

走 5 ⑫ 【越】 넘을 월 [月]

土 キ 丰 走 赴 越 越 越

[고] [中]yuè [日]エツ(こえる) [英]overpass

[字源] 형성자. 走(주)는 의미 부분이고, 戉(월)은 발음 부분이다.

[字解] ①넘을, 넘길(월) ¶越境(월경) ②뛰어날(월) ¶越等(월등) ③나라 이름(월) ※주대(周代)의 제후국.

【越境 월경】 국경·경계 등을 넘음.
【越權 월권】 자기 권한 밖의 일을 함.
【越冬 월동】 겨울을 넘김.
【越等 월등】 다른 것보다 훨씬 뛰어남.
【越墻 월장】 담을 넘음.
【越尺 월척】 낚시로 잡은 물고기의 길이가 한 자를 넘음, 또는 그 물고기.
【超越 초월】 어떤 한계나 표준을 뛰어넘음.
【卓越 탁월】 남보다 훨씬 뛰어남.

走 5 ⑫ 【趁】 좇을 진 [震] [동] 趂

[中]chèn [日]チン(おう) [英]pursue

[字解] ①좇을(진) ②향해 갈(진)

走 5 ⑫ 【超】 뛰어넘을 초 [蕭]

一 土 キ 丰 走 起 超 超

[고] [中]chāo [日]チョウ(こえる) [英]leap over

[字源] 형성자. 走(주)는 의미 부분이고, 召(소)는 발음 부분이다.

[字解] ①뛰어넘을, 넘을(초) ¶超過(초과) ②뛰어날(초) ¶超人(초인)

【超過 초과】 일정한 한도를 넘음.
【超然 초연】 현실 속에서 벗어나 얽매이지 않는 모양.
【超越 초월】 어떤 한계나 표준을 뛰어넘음.
【超人 초인】 능력 따위가 보통 사람보다 훨씬 뛰어난 사람.
【超脫 초탈】 세속적인 것을 뛰어넘어 벗어남.

走 7 ⑭ 【趙】 조나라 조 [篠] [간] 赵

[명] [中]zhào [日]チョウ

[字解] 조나라(조) ※지금의 허베이 성(河北省)·산시 성(山西城) 일대를 차지하였던 전국칠웅(戰國七雄)의 하나.

走 8 ⑮ 【趚】 [명] 來(21)와 同字

走 8 ⑮ 【趣】 ❶달릴 취 [本]추 [遇] ❷재촉할 촉 [沃]

土 キ 走 赶 赶 趄 趣 趣

[고] [中]qù, cù [日]シュ(おもむく) [英]run

[字源] 형성자. 走(주)는 의미 부분이고, 取(취)는 발음 부분이다.

[字解] ❶①달릴, 향할(취) ¶趣舍(취사) ②뜻(취) ¶趣味(취미) ❷재촉할(촉) ≒促

【趣味 취미】 마음에 끌려 일정한 방향으로 쏠리는 흥미.
【趣舍 취사】 나아감과 멈춤.
【趣旨 취지】 목적이 되는 속뜻.
【趣向 취향】 하고 싶은 마음이 쏠리는 방향.
【情趣 정취】 정감을 불러일으키는 흥취(興趣).
【興趣 흥취】 즐거운 멋과 취미.

走 10 ⑰ 【趨】 ❶달릴 추 [虞] ❷재촉할 촉 [沃] [속] 趍 [간] 趋

[명]❶ [中]qū, cù [日]スウ(はしる) [英]run

[字解] ❶①달릴(추) ②쫓을(추) ❷재촉할(촉) ≒促

【趨步 추보】 종종걸음.
【趨勢 추세】 ①세상이 되어 가는 형편. ②어떤 세력을 붙좇아 따름.
【歸趨 귀추】 귀착하는 바, 또는 그곳.

7 足部

足部 5획

【足】 ❶발 족 沃 ❷지나칠 주 遇

ㅣ ㅁ ㅁ ㅁ 몬 足 足

图 ⊕zú ⊕ソク(あし) ⊛foot
字源 상형자. 사람의 무릎에서 발까지를 그린 것이다.
字解 ❶①발(족) ¶足跡(족적) ②넉넉할(족) ¶洽足(흡족) ❷지나칠(주) ¶足恭(주공)

【足鎖 족쇄】지난날, 죄인의 발목에 채우던 쇠사슬.
【足音 족음】발소리. '뜻밖에 귀한 손이 찾아옴'의 비유.
【足跡 족적】①발자국. ②걸어온 자취. 옛 자취.
【足脫不及 족탈불급】맨발로 뛰어도 미치지 못함. '능력·재질 따위에 뚜렷한 차이가 있음'을 이름.
【足恭 주공】지나친 공경. '아첨함'을 이름.
【不足 부족】어떤 한도에 모자람.
【駿足 준족】발이 빠르고 잘 달림, 또는 그런 사람.
【充足 충족】①넉넉하게 채움. ②모자람이 없음.
【洽足 흡족】넉넉하여 모자람이 없음. 滿足(만족).
참고 변에 쓰일 때는 글자 모양이 '⻊'으로 된다.

【跂】 발돋움할 기 紙

图 ⊕qí, qǐ ⊕キ ⊛tiptoe
字解 ①발돋움할(기) 늑企 ②나아갈(기)
【跂望 기망】발돋움하여 먼 곳을 바라봄. 또는, 몹시 기다리는 모양.

【趺】 책상다리할 부 虞

图 ⊕fū ⊕フ ⊛cross-legged
字解 ①책상다리할(부) ②발등(부)
【半跏趺坐 반가부좌】불교에서, 책상다리를 하고 앉는 법의 한 가지. 오른발을 왼편 허벅다리에 얹고 왼발을 오른편 무릎 밑에 넣고 앉는 앉음새. 참結跏趺坐(결가부좌 : 743)

【趾】 발가락 지 紙

图 ⊕zhǐ ⊕シ(あし) ⊛toes
字解 ①발가락, 발(지) ②토대, 터(지) 늑址
【趾骨 지골】발가락의 뼈.

【跏】 책상다리할 가 麻

图 ⊕jiā ⊕カ ⊛cross-legged
字解 책상다리할(가)
【結跏趺坐 결가부좌】불교에서, 책상다리를 하고 앉는 법의 한 가지. 먼저 오른발의 발바닥을 위로 하여 왼편 넓적다리 위에 얹고, 왼발을 오른편 넓적다리 위에 얹는 앉음새. 跏趺坐(가부좌). 蓮花坐(연화좌).
【半跏像 반가상】반가부좌로 앉은 불상.

【距】 떨어질 거 語

ㅁ ㅁ ㅁ 足 趴 距 距 距

图 ⊕jù ⊕キョ(へだたる) ⊛distant
字源 형성자. 足(족)은 의미 부분이고, 巨(거)는 발음 부분이다.
字解 ①떨어질(거) ②며느리발톱(거) ※길짐승의 뒷발톱. ③겨룰(거) 늑拒
【距今 거금】지금으로부터 거슬러 올라가서.
【距離 거리】①두 곳 사이의 떨어진 길이. ②어떤 기준에서 본 차이.
【相距 상거】서로 떨어진 거리.

【跋】 밟을 발 曷

图 ⊕bá ⊕バツ(ふむ) ⊛tread
字解 ①밟을, 넘을(발) ¶跋涉(발섭) ②사나울, 날뛸(발) ¶跋扈(발호) ③발문(발)
【跋文 발문】책의 본문 끝에 그 내용의 대강이나 관련된 일을 간략하게 적은 글. 後記(후기).
【跋涉 발섭】산을 넘고 물을 건넘. 여러 곳을 두루 돌아다님.
【跋扈 발호】함부로 세력을 휘두르거나 제멋대로 날뜀.

【跌】 넘어질 질

- 명 ㊥diē ㊐テツ(つまずく) ㊧fall down
- 字解 ①넘어질, 헛디딜(질) ¶跌跌(치질) ②지나칠(질) ¶跌宕(질탕)

【跌蕩 질탕】 ①행위가 제멋대로임. ⑧跌宕(질탕) ②놀음놀이 같은 것이 지나쳐서 방탕에 가까움. ⑧佚蕩(질탕).
【跌跌 치질】 발을 헛디디어 넘어짐. '하던 일이 틀어짐'을 이름.

【跖】 발바닥 척

- ㊥zhí ㊐セキ ㊧sole
- 字解 발바닥(척)

【盜跖 도척】 중국 춘추 시대의 큰 도둑. '몹시 악한 사람'의 비유.

【跆】 밟을 태

- 명 ㊥tái ㊐タイ ㊧tread
- 字解 밟을, 유린할(태)

【跆拳 태권】 우리나라 고유의 무예.

【跑】 땅 허빌 포

- ㊥páo ㊐ホウ ㊧paw
- 字解 ①땅 허빌(포) ※ 발톱으로 땅을 긁어 팜. ②달릴(포)

【跛】 ❶기대어 설 피 ❷절름발이 파

- 명 ❷ ㊥bǒ ㊐ハ(ちんば) ㊧lean
- 字解 ❶기대어 설, 한 다리로 설(피) ❷절름발이(파)

【跛立 피립】 한 다리로만 섬.
【跛蹇 파건】 절름발이.
【跛行 파행】 절뚝거리며 걸음. '일이 정상적으로 진행되지 못함'의 비유.

【跫】 발소리 공

- ㊥qióng ㊐キョウ ㊧footstep
- 字解 발소리(공)

【跫跫 공공】 땅을 밟는 소리.

【跫音 공음】 사람의 발소리. 누가 찾아오는 소리. 足音(족음).

【跨】 ❶넘을 과 ❷걸터앉을 고

- 명 ❶ ㊥kuà ㊐コ(またぐ) ㊧go over
- 字解 ❶①넘을(과) ②사타구니(과) ❷걸터앉을(고)

【跨年 고년】 연말(年末)에서 연초(年初)에 걸침. 해를 넘김.

【跪】 꿇어앉을 궤

- ㊥guì ㊐キ(ひざまずく) ㊧kneel
- 字解 꿇어앉을, 무릎 꿇을(궤)

【跪拜 궤배】 무릎을 꿇고 절함.
【跪坐 궤좌】 무릎을 꿇고 앉음.

【跟】 발꿈치 근

- ㊥gēn ㊐コン ㊧heel
- 字解 ①발꿈치, 발뒤꿈치(근) ②수행할(근)

【跟骨 근골】 발뒤꿈치 뼈.
【跟伴 근반】 주인을 수행하는 사람.

【跳】 뛸 도

ㅁ ㅁ ㅁ ㅁ 모 趴 趴 跳 跳

- 고 ㊥tiào ㊐チョウ(はねる) ㊧jump
- 字源 형성자. 足(족)은 의미 부분이고, 兆(조)는 발음 부분이다.
- 字解 뛸, 뛰어오를(도)

【跳梁 도량】 ①거리낌 없이 함부로 날뜀. ②악당이 발호(跋扈)함.
【跳躍 도약】 뛰어오름. 훌쩍 뜀.

【路】 길 로

ㅁ ㅁ ㅁ ㅁ 足 趵 趵 路 路

- 중 ㊥lù ㊐ロ(じ, みち) ㊧road
- 字源 형성자. 足(족)은 의미 부분이고, 各(각)은 발음 부분이다.
- 字解 길(로)

【路毒 노독】 여행에서 오는 피로.

【路線 노선】①정해 놓고 통행하는 길. ②행동이나 견해의 방향.
【路資 노자】먼 길을 오가는 데 드는 비용. 路費(노비). 旅費(여비).
【路程 노정】어떤 지점에서 목적지까지의 거리, 또는 걸리는 시간.
【經路 경로】①지나는 길. ②거쳐 오거나 거쳐 간 길.
【岐路 기로】갈림길.
【進路 진로】앞으로 나아갈 길.
【行路 행로】①다니는 길. ②살아가는 과정.

足 6 ⑬ 【跣】 맨발 선 [銑]

[명] [中]xiǎn [日]セン [英]barefoot
[字解] 맨발(선)
【跣走 선주】맨발로 달림.

足 6 ⑬ 【跡】 발자취 적 [陌]

[고] [中]jì [日]セキ(あと) [英]traces
[字源] 형성자. 足(족)은 의미 부분이고, 赤(적)은 발음 부분이다.
[字解] 발자취, 자취, 흔적(적) ≒迹
【軌跡 궤적】①수레바퀴가 지나간 자국. ②선인(先人)의 행적(行蹟).
【人跡 인적】사람의 발자취.
【潛跡 잠적】종적을 감추어 버림.
【足跡 족적】발자취. 발자국.
【追跡 추적】뒤를 밟아 쫓음.
【痕跡 흔적】남은 자취.

足 6 ⑬ 【践】 踐(745)의 俗字

足 6 ⑬ 【跭】 세울 항·강 [江]

[명]강 [中]xiáng [日]カウ, ガウ [英]stand
[字解] 세울, 우뚝 설(항·강)

足 7 ⑭ 【踘】 구부릴 국 [沃]

[中]jú [日]キョク [英]stoop
[字解] 구부릴, 굽을(국)
【踘蹐 국척】두려워서 몸을 굽히고 가만가만 걸음.

足 7 ⑭ 【踊】 뛸 용 [腫]

[명] [中]yǒng [日]ヨウ(おどる) [英]jump
[字解] ①뛸(용) ②춤출(용)
【踊躍 용약】기쁘거나 좋아서 뜀.
【舞踊 무용】춤. 舞蹈(무도).

足 8 ⑮ 【踞】 걸어앉을 거 [御]

[명] [中]jù [日]キョ(うずくまる) [英]crouch
[字解] ①걸어앉을(거) ②기좌할(거)
【踞坐 거좌】걸어앉음.
【箕踞 기거】두 다리를 뻗어 앉음. 예의에 벗어난 앉음새. 箕坐(기좌).

足 8 ⑮ 【踏】 밟을 답 [合]

[고] [中]tà [日]トウ(ふむ) [英]tread
[字源] 형성자. 足(족)은 의미 부분이고, 沓(답)은 발음 부분이다.
[字解] 밟을, 디딜(답)
【踏步 답보】제자리걸음. '일의 진전이 없음'의 비유.
【踏査 답사】실지로 가서 보고 자세히 조사함.
【踏襲 답습】선인(先人)의 행적(行蹟)을 그대로 따라 행함.
【高踏 고답】높은 데를 밟아 오름. '속세에 초연함'을 이름.

7획

足 8 ⑮ 【踪】 자취 종 [冬]

[명] [中]zōng [日]ソ [英]trace
[字解] 자취, 발자취(종) =蹤
【失踪 실종】소재나 행방, 생사 여부를 알 수 없게 됨.

足 8 ⑮ 【踟】 머뭇거릴 지 [支]

[中]chí [日]チ [英]hesitate
[字解] 머뭇거릴, 주저할(지)
【踟躕 지주】머뭇거리며 망설임.

足 8 ⑮ 【踐】 밟을 천 [銑] [속]践 [간]践

践 jiàn 日セン(ふむ) 英tread
字源 형성자. 足(족)은 의미 부분이고, 戔(전)은 발음 부분이다.
字解 ①밟을(천) ¶践踏(천답) ②행할(천) ¶実践(실천)
【践踏 천답】 발로 짓밟음.
【践言 천언】 말한 바를 실천함.
【践祚 천조】 임금의 자리에 오름. 왕위를 이음. 践極(천극).
【実践 실천】 실제로 이행함.

足9 【踰】 넘을 유
16 명 中yú 日ユ(こえる) 英overpass
字解 넘을(유) 늑逾
【踰年 유년】 해를 넘김.
【踰越 유월】 ①본분을 넘음. 분에 지나침. ②한도나 법도를 넘음.

足9 【蹂】 밟을 유
16 명 中róu 日ジュウ(ふむ) 英tread
字解 밟을, 짓밟을(유)
【蹂躪 유린】 ①짓밟음. ②폭력으로 남의 권리나 인격을 누름.

足9 【蹄】 굽 제
16 명 中tí 日テイ(ひづめ) 英hoof
字解 ①굽, 발굽(제) ¶蹄齧(제설) ②올가미, 덫(제) ¶筌蹄(전제)
【蹄齧 제설】 짐승이 발굽으로 차고 이로 물어뜯음.
【蹄鐵 제철】 말굽에 대어 붙이는 쇳조각. 편자.
【筌蹄 전제】 통발과 덫. '목적을 이루기 위한 방편'을 이름.

足9 【踵】 발꿈치 종
16 명 中zhǒng 日ショウ(くびす) 英heel
字解 ①발꿈치, 발뒤축(종) ¶踵接(종접) ②이을, 계승할(종) ¶踵古(종고) ③이를, 다다를(종) ¶踵門(종문)
【踵古 종고】 옛일을 계승함.
【踵門 종문】 그 집에 이름.
【踵至 종지】 잇달아 이름.

【踵接 종접】 발꿈치가 잇닿음. '사람이 잇달아 감'의 비유.

足10 【蹇】 절 건
17 명 中jiǎn 日ケン 英lame
字解 ①절, 절뚝발이(건) ②고생할(건) ③충직할(건) ④둔할(건)
【蹇脚 건각】 절름발이. 절뚝발이.
【蹇連 건련】 길이 험난하여 고생하는 모양.
【蹇士 건사】 충직한 선비.

足10 【蹈】 밟을 도
17 명 中dǎo 日トウ(ふむ) 英tread
字解 ①밟을(도) ¶蹈破(도파) ②뛸, 춤출(도) ¶舞蹈(무도) ③행할(도) ¶蹈義(도의)
【蹈襲 도습】 선인(先人)의 행적(行蹟)을 따라 그대로 행함.
【蹈義 도의】 올바른 의리를 실천함.
【蹈破 도파】 험한 길이나 먼 길을 끝까지 걸어 나감. 踏破(답파).
【舞蹈 무도】 춤을 춤. 舞踊(무용).

足10 【蹉】 거꾸러질 차
17 명 中cuō 日サ(つまずく) 英fall down
字解 거꾸러질, 넘어질(차)
【蹉跌 차질】 발을 헛디디어 넘어짐. '하던 일이 틀어짐'을 이름.

足10 【蹐】 살금살금 걸을 척
17 명 中jí 日セキ 英tiptoe to
字解 살금살금 걸을(척) ※발소리가 나지 않게 가만가만 걸음.
【跼蹐 국척】 두려워서 몸을 굽히고 가만가만 걸음.

足10 【蹊】 지름길 혜
17 명 中xī 日ケイ 英shortcut
字解 ①지름길, 좁은 길(혜) ②건널, 질러갈(혜)
【蹊路 혜로】 지름길. 좁은 길.

【成蹊 성혜】작은 길이 생김. '덕이 있는 사람에게는 저절로 사람이 따름'의 비유.

足11 ⑱ 【蹟】 자취 적 囲
명 ⊕jī ⑪セキ ⑳trace
字解 자취, 자국(적)
【古蹟 고적】남아 있는 옛 건물이나 그런 것이 있던 자리.
【史蹟 사적】역사적인 고적.
【遺蹟 유적】남아 있는 사적(史蹟).
【行蹟 행적】평생에 한 일.

足11 ⑱ 【蹤】 자취 종 図
⊕zōng ⑪ショウ(あと) ⑳footprint
字解 ①자취(종)=踪 ②뒤쫓을(종)
【蹤跡 종적】①발자취, 또는 행방. ②뒤에 드러난 형적. 튭蹤迹(종적).

足11 ⑱ 【蹠】 밟을 척 囲
명 ⊕zhí ⑪ショ(ふむ) ⑳step
字解 ①밟을(척) ②발바닥, 발(척)

足11 ⑱ 【蹜】 종종걸음 칠 축 囲
⊕sù ⑪シュク ⑳step short
字解 종종걸음 칠(축)

足11 ⑱ 【蹙】 찌푸릴 축 囲
명 ⊕cù ⑪シュク ⑳frown
字解 찌푸릴, 찡그릴(축)
【嚬蹙 빈축】눈살을 찌푸림.

足12 ⑲ 【蹶】 넘어질 궐 围
명 ⊕juě ⑪ケツ ⑳fall down
字解 ①넘어질(궐) ②일어날(궐)
【蹶起 궐기】벌떡 일어남. 여러 사람이 굳은 뜻을 품고 힘차게 일어남.
【蹶失 궐실】헛디딤. 실족(失足)함.

足12 ⑲ 【蹴】 찰 축 囲

명 ⊕cù ⑪シュウ ⑳kick
字解 찰, 걷어찰(축)
【蹴球 축구】①공을 참. ②11명씩 두 편으로 나누어 상대편 문 안에 공을 넣음으로써 승부를 겨루는 경기.
【蹴鞠 축국】지난날, 발로 공을 차던 놀이.
【一蹴 일축】①한 번 걷어참. ②단번에 물리침.

足13 ⑳ 【躇】 머뭇거릴 저 囲
명 ⊕chú ⑪チョ ⑳hesitate
字解 머뭇거릴, 주저할(저)
【躊躇 주저】머뭇거림. 망설임.

足13 ⑳ 【躁】 조급할 조 囲
명 ⊕zào ⑪ソウ ⑳hasty
字解 조급할, 성급할(조) (조)
【躁急 조급】참을성이 없이 급함.
【躁鬱 조울】초조하고 답답함.

足13 ⑳ 【躅】 머뭇거릴 촉 囲
⊕zhú ⑪チョク ⑳hesitate
字解 ①머뭇거릴, 주저할(촉) ②철쭉, 진달래(촉)
【躑躅 척촉】①주저하며 머뭇거림. ②철쭉. 진달래.

足14 ㉑ 【躍】 뛸 약 囲 [간] 跃

⊕yuè ⑪ヤク(おどる) ⑳skip
字源 형성자. 足(족)은 의미 부분이고, 翟(적)은 발음 부분이다.
字解 ①뛸, 뛰어오를(약) ¶ 躍動(약동) ②활동할(약) ¶ 暗躍(암약)
【躍動 약동】펄펄 뛰듯 생기 있고 활발하게 움직임.
【躍進 약진】힘차게 앞으로 나아감.
【跳躍 도약】뛰어오름.
【飛躍 비약】①높이 뛰어오름. ②급격히 발전하거나 향상됨.
【暗躍 암약】몰래 활동함.
【一躍 일약】단번에 뛰어오름.
【活躍 활약】힘차게 활동함.

足部 14획

足14(21) 【躊】 머뭇거릴 주 囲   躊 躕
中chóu 日チュウ 英hesitate
字解 머뭇거릴, 주저할(주)
【躊躇 주저】 머뭇거림. 망설임.

足15(22) 【躔】 밟을 전 囲   躔
中chán 日テン 英tread
字解 ①밟을(전) ②궤도(전) ※해·달·별이 운행하는 길.
【躔度 전도】 천체가 운행(運行)하는 도수(度數).

足15(22) 【躕】 머뭇거릴 주 囲   躕 躕
中chú 日チュウ 英hesitate
字解 머뭇거릴, 주저할(주)
【踟躕 지주】 머뭇거리며 망설임.

足15(22) 【躑】 머뭇거릴 척 囲   躑 躑
中zhí 日テキ 英hesitate
字解 ①머뭇거릴, 망설일(척) ②철쭉, 진달래(척)
【躑躅 척촉】 ①주저하며 머뭇거림. ②철쭉. 진달래.

足20(27) 【躪】 짓밟을 린 囲   躪 躪
名 中lìn 日リン 英trample
字解 짓밟을, 유린할(린)
【蹂躪 유린】 남의 권리나 인격을 함부로 짓밟음.

7 身 部

身0(7) 【身】 몸 신 囲   身
丿 丨 刀 勹 身 身 身
名 中shēn 日シン(ミ) 英body
字解 상형자. 사람이 임신하여 배가 불룩한 모습을 그린 것으로, '몸'이라는 뜻은 여기에서 나왔다.

字解 몸(신)
【身命 신명】 몸과 목숨.
【身邊 신변】 몸, 또는 몸의 주변.
【身柄 신병】 인도(引渡)나 보호의 대상으로서의 당사자의 몸.
【身分 신분】 ①개인의 사회적 지위. ②법률상의 일정한 지위나 자격.
【身上 신상】 신변에 관련된 형편.
【身世 신세】 ①사람의 처지나 형편. ②남으로부터 도움을 받는 일.
【身言書判 신언서판】 '체격·언변·필적·판단력'을 이름.
☞ 당(唐)나라 때의 관리 선발 기준으로 '身'은 몸집이 큼, '言'은 말이 바름, '書'는 글씨가 힘차고 아름다움, '判'은 판단이 훌륭하고 빼어남을 뜻함.
【身元 신원】 사람의 출생·신분·성질·행실 따위의 일체.
【身長 신장】 몸의 길이. 사람의 키.
【身體 신체】 사람의 몸.
【單身 단신】 혼자의 몸. 홀몸.
【肉身 육신】 사람의 산 몸뚱이.

身3(10) 【躬】 몸 궁 囲   躬 躬
名 中gōng 日キュウ 英body
字解 ①몸(궁) ②몸소(궁)
【躬行 궁행】 몸소 행함. 실천함.
【鞠躬 국궁】 몸을 굽혀 존경하는 뜻을 나타냄.

身9(16) 【躾】 名 예절 가르치기 미
字解 예절 가르칠(미)
참고 일본에서 만든 글자이다.

身11(18) 【軀】 몸 구 囲   軀 軀
名 中qū 日ク 英body
字解 몸, 신체(구)
【軀幹 구간】 ①몸의 뼈대. ②몸통.
【巨軀 거구】 큰 몸뚱이. 巨體(거체)
【老軀 노구】 늙은 몸. 老身(노신)
【體軀 체구】 몸뚱이. 몸집.

身13(20) 【軆】 體(818)의 俗字

7 車部

車 수레 거·차 ⑨ 車 ㉓ 车車

一 ㄧ ㄏ ㅂ 亘 亘 車

图 ⊕chē, jū ⑪シャ(くるま) 英cart
字源 상형자. 수레를 그린 것이다. 본래 수레의 바퀴(⊕) 두 개를 나타냈으나 후대에 하나로 줄어 현재의 자 형으로 되었다.
字解 ①수레(거·차) ¶車馬(거마) ②수레바퀴, 바퀴(차) ¶齒車(치차)
【車馬 거마】①수레와 말. ②수레에 맨 말.
【車載斗量 거재두량】 수레에 싣고, 말로 됨. '물건이나 인재 따위가 아주 흔하여 귀하지 않음'을 이름.
【車輛 차량】①'수레'의 총칭. ②연결된 열차의 한 칸.
【車窓 차창】 차에 달린 창문.
【車體 차체】 차량의 몸체로, 승객이나 화물을 싣는 부분.
【停車 정거·정차】 차가 멎음.
【駐車 주차】 자동차를 세워 둠.
【齒車 치차】 톱니바퀴.
참고 '차'음도 인명용으로 지정됨.

軋 다툴 알 ⑨ 軋 ㉓ 軋軋

一 ㄧ ㄏ ㅂ 亘 亘 車 車 軋

图 ⊕yà ⑪アツ(きしる) 英creak
字解 ①다툴(알) ②수레 삐걱거릴(알)
【軋轢 알력】 수레가 삐걱거림. '서로 사이가 벌어져 다툼'을 이름.

軍 군사 군 ⑨ 軍 ㉓ 军軍

一 ㄇ ㄇ ㄇ 厃 冝 冝 軍

图 ⊕jūn ⑪グン(いくさ) 英military
字源 회의자. 車(거)와 冖(멱)은 모두 의미 부분이다. 冖은 包(쌀 포)의 생략형이다. 전차(戰車)로 둘러싼 군영(軍營)을 뜻한다.
字解 ①군사, 병사(군) ¶軍隊(군대) ②군무, 병무(군) ¶軍政(군정)
【軍隊 군대】 일정한 규율과 질서 아래 편제된 군인의 집단.
【軍糧 군량】 군대의 양식. 군용 식량.
【軍備 군비】 국방상의 군사 설비.
【軍士 군사】 군대에서 장교의 지휘를 받는 군인. 士兵(사병).
【軍事 군사】 군대·군비·전쟁 등에 관한 일. 군무(軍務)에 관한 일.
【軍需 군수】 군사상 필요한 것.
【軍樂 군악】 군대에서 쓰이는 음악.
【軍營 군영】 군대가 주둔한 곳. 陣營(진영).
【軍政 군정】 전시(戰時)나 사변 때에 군대의 힘에 의하여 행하는 정치.
【援軍 원군】 도와주는 군대.
【從軍 종군】 부대를 따라 싸움터로 감.

'軍'이 붙은 한자

運 옮길 (운)　　贇 넉넉할 (운)
渾 흐릴 (혼)　　韗 훈채 (훈)
暈 무리 (훈)　　暉 빛날 (휘)
輝 빛날 (휘)　　揮 휘두를 (휘)
翬 날개 칠 (휘)　　煇 빛날 (휘)

軌 바큇자국 궤 ⑨ 軌 ㉓ 軌軌

一 ㄧ ㄏ ㅂ 亘 亘 車 軌 軌

图 ⊕guǐ ⑪キ(わだち) 英axle
字源 형성자. 車(거)는 의미 부분이고, 九(구)는 발음 부분이다.
字解 ①바큇자국(궤) ②바퀴 사이(궤) ③굴대, 차축(궤) ④길(궤) ⑤법도, 법칙(궤)
【軌道 궤도】①물체가 일정한 법칙에 따라 운동할 때 그리는 경로. ②기차나 전차 따위가 달리는 길.
【軌範 궤범】 본보기가 될 만한 기준.
【軌跡 궤적】①수레바퀴가 지나간 자국. ②선인(先人)의 행적.
【同軌 동궤】 수레의 바퀴 사이의 간격을 같게 함. '천하통일'을 이름.
【狹軌 협궤】 레일 사이의 너비가 표준보다 좁은 철도의 선로.

軒 추녀 헌 ⑨ 軒 ㉓ 軒軒

軒

一 厂 亘 車 車- 軒

- 国 ⊕xuān ⊕ケン(のき) 英eaves
- 字源 형성자. 車(거)는 의미 부분이고, 干(간)은 발음 부분이다.
- 字解 ①추녀, 처마(헌) ②수레(헌) ③높이 오를(헌) ④난간(헌)

【軒頭 헌두】 추녀 끝.
【軒昂 헌앙】 ①높이 오름. ②의기가 당당함.
【軒檻 헌함】 ①난간. ②건넌방이나 누각 등의 대청 기둥 밖으로 돌아가며 놓은 좁은 마루.
【軺軒 초헌】 가벼운 수레.

軟

一 厂 亘 車 車- 軟- 軟

- 国 ⊕ruǎn ⊕ナン(やわらかい) 英soft
- 字源 형성자. 軟은 輭의 속자이다. 輭·軟에서 車(거)는 의미 부분이고, 耎(연)·欠(흠)은 발음 부분이다.
- 字解 연할, 무를, 연약할(연)

【軟骨 연골】 동물의 뼈 중에 비교적 연한 뼈. 물렁뼈.
【軟禁 연금】 신체적 자유는 속박하지 않으나 외출이나 외부와의 접촉을 제한하는 감금(監禁).
【軟弱 연약】 연하고 약함. 몸과 마음이 잔약함.
【柔軟 유연】 부드럽고 연함.

転

転 轉(754)의 俗字

軻

- 国 ⊕kē, kě ⊕カ 英unlucky
- 字解 ①불우할(가) ②굴대(가)

【轗軻 감가】 길이 험하여 수레가 잘 나아가지 못하는 모양. '때를 만나지 못하여 불행함', 또는 '일이 뜻대로 되지 아니함'을 이름.

軽

軽 輕(751)의 俗字

軼

軼 지나갈 일

- 字解 ①지나갈, 앞지를(일) ②흩어질, 없어질(일) ≒佚·逸

軫

- 名 ⊕zhěn ⊕シン
- 字解 ①수레 뒤턱 나무(진) ②걱정할, 마음 아파할(진) ③별 이름(진) ※이십팔수(二十八宿)의 하나.

【軫念 진념】 임금이 아랫사람의 처지나 형편을 걱정함.
【軫恤 진휼】 불쌍히 여겨 구휼함.

軺

- ⊕yáo ⊕ヨウ 英cart
- 字解 수레, 작은 수레(초)

【軺軒 초헌】 ①가벼운 수레. ②國왕조 때, 종2품 이상의 관리가 타던 외바퀴 수레.

軸

- 名 ⊕zhóu ⊕ジク 英axle
- 字解 ①굴대(축) ※바퀴의 가운데 구멍에 끼우는, 긴 쇠나 나무. ②북(축) ※베틀 기구의 하나. ③두루마리(축)

【卷軸 권축】 ①족자 끝에 가로지른 둥근 막대. ②두루마리.
【機軸 기축】 ①기관·바퀴 따위의 축. ②어떤 조직의 활동의 중심.
【主軸 주축】 주되는 축.
【地軸 지축】 지구가 자전(自轉)할 때의 회전축.
【車軸 차축】 수레바퀴의 굴대.
【樞軸 추축】 지도리와 굴대. '사물의 가장 중요한 부분'의 비유.

較

一 厂 亘 車 車- 軒- 軟- 較

- 国 ⊕jiào ⊕コウ(くらべる) 英compare
- 字源 형성자. 車(거)는 의미 부분이고, 交(교)는 발음 부분이다.

車部 7획

[輅] 수레 로 （車6/13）

명 ⊕lù ⓙロ ⓔcarriage

字解 ①수레(로) ※ 임금의 수레. ②클(로)

【輅馬 노마】 임금이 타는 말.

[軿] 軿(752)의 俗字 （車6/13）

[軾] 수레 앞턱 가로나무 식 （車6/13）

명 ⊕shì ⓙショク

字解 수레 앞턱 가로나무(식) ※ 몸을 굽혀 절을 할 때 잡는 곳.

[載] ❶실을 재 ❷해 재 （車6/13）

一 十 土 吉 車 車 載 載 載

명 ⊕zǎi, zài ⓙサイ(のせる) ⓔload

字源 형성자. 車(거)는 의미 부분이고, 𢦏(재)는 발음 부분이다.

字解 ❶실을(재) ¶積載(적재) ❷해(재) ¶千載一遇(천재일우)

【載錄 재록】 기록하여 실음.
【載送 재송】 물건을 실어서 보냄.
【揭載 게재】 신문 따위에 글이나 그림을 실음.
【記載 기재】 문서에 기록하여 실음.
【滿載 만재】 가득 차게 실음.
【連載 연재】 신문·잡지 등에 소설이나 만화 따위를 연속해서 실음.
【積載 적재】 배·수레 따위에 물건을 쌓아 실음.
【千載一遇 천재일우】 천 년에 한 번 만남. '좀처럼 만나기 어려운 기회'를 이름.

[輕] ❶가벼울 경 ❷경솔할 경 （車7/14）

一 「 戸 亘 車 車 軒 軒 輕 輕

명 ⊕qīng ⓙケイ(かるい) ⓔlight

字源 형성자. 車(거)는 의미 부분이고, 巠(경)은 발음 부분이다.

字解 ❶①가벼울(경) ¶輕重(경중) ②가벼이 여길(경) ¶輕蔑(경멸) ❷경솔할(경) ¶輕薄(경박)

【輕減 경감】 덜어서 가볍게 함.
【輕擧妄動 경거망동】 경솔하게 함부로 행동함.
【輕蔑 경멸】 가볍게 보고 업신여김.
【輕微 경미】 정도가 가볍고 작음.
【輕薄 경박】 침착하지 못함.
【輕犯 경범】 비교적 가벼운 범죄.
【輕傷 경상】 가볍게 다침.
【輕率 경솔】 언행이 진중하지 못하고 가벼움.
【輕視 경시】 가볍게 봄. 깔봄.
【輕佻浮薄 경조부박】 사람됨이 경솔하고 천박함.
【輕重 경중】 가벼움과 무거움.
【輕快 경쾌】 가든하고 유쾌함.

[輓] 끌 만 （車7/14）

명 ⊕wǎn ⓙバン(ひく) ⓔpull

字解 ❶끌, 수레 끌(만) ≒挽 ¶推輓(추만) ❷애도할(만) ¶輓詞(만사)

【輓歌 만가】 ①상여를 메고 갈 때 부르는 노래. 薤露歌(해로가). ②죽은 사람을 애도하는 노래.
【輓詞 만사】 죽은 이를 애도하여 지은 글. 輓章(만장).
【推輓 추만】 수레를 뒤에서 밀고 앞에서 끎. '남을 추천함'을 이름.

[輔] 도울 보 （車7/14）

字解 ①比較할, 견줄(교) ¶計較(계교) ②대략(교) ¶較略(교략)
【較略 교략】 대강의 줄거리.
【較差 교차】 최고와 최저의 차이.
【計較 계교】 비교하여 서로 견주어 봄. 較計(교계).
【比較 비교】 서로 견주어 봄.

명 ⊕fú ⓙホ(たすける) ⓔhelp

字解 ❶도울(보) ※ 수레의 양쪽에 덧붙이는 나무.

【輔車相依 보거상의】 덧방나무와 수레바퀴가 서로 의지함. '밀접하게 서로 돕고 의지함'을 이름.

【輔國安民 보국안민】 나라일을 돕고 백성을 편안하게 함.
【輔佐 보좌】 윗사람 곁에서 그의 사무를 도움. 통補佐(보좌).
【輔弼 보필】 임금의 정사를 도움.

車7획 【輒】 문득 첩 🔒 輙 輒

명 ⓗzhé ⓙチョウ(すなわち) ⓔinstantly
字解 ①문득, 갑자기(첩) ②번번이(첩)

【動輒見敗 동첩견패】 걸핏하면 실패를 당함.
【一覽輒記 일람첩기】 한 번 보면 잊지 아니함.

車8획 【輛】 수레 량 🔒 輛 輌

명 ⓗliàng ⓙリョウ ⓔcart
字解 수레(량)

【車輛 차량】 ①'수레'의 총칭. ②연결된 열차의 한 칸.

車8획 【輦】 손수레 련 🔒 輦

명 ⓗniǎn ⓙレン ⓔemperor's carriage
字解 손수레(련) ※ 임금이 타는 수레.

【輦輿 연여】 임금이 타는 수레.
【輦下 연하】 임금이 타는 수레의 밑. '도성(都城)·서울'을 이름.

車8획 【輪】 바퀴 륜 🔒 轮 輪

一 ㄅ 亘 車 軘 軡 輪 輪 輪

고 ⓗlún ⓙリン(わ) ⓔwheel
字解 형성자. 車(거)는 의미 부분이고, 侖(륜)은 발음 부분이다.
字解 ①바퀴(륜) ¶ 輪禍(윤화) ②둘레(륜) ¶ 輪廓(윤곽) ③차례로 돌(륜) ¶ 輪番(윤번)

【輪廓 윤곽】 ①둘레의 선. 테두리. ②사물의 대강. 통輪郭(윤곽).
【輪讀 윤독】 여러 사람이 책을 차례로 돌려 가며 읽음.
【輪番 윤번】 차례로 번듦, 또는 그 돌

아가는 차례. 輪次(윤차).
【輪作 윤작】 같은 경작지에 여러 농작물을 돌려 가며 재배하는 경작법.
【輪禍 윤화】 바퀴에 의하여 입는 모든 피해. '교통사고'를 이름.
【輪廻 윤회】 ①차례로 돌아감. ②불교에서, 중생의 영혼은 해탈할 때까지는 육체와 같이 멸하지 않고 끝없이 돎을 이르는 말.
【年輪 연륜】 ①나이테. ②한 해 한 해 쌓아 올린 역사.
【車輪 차륜】 수레바퀴.

車8획 【輞】 바퀴테 망 🔒 輞 輞

명 ⓗwǎng ⓙボウ ⓔfelly
字解 바퀴테(망) ※ 수레바퀴의 바깥 둘레에 끼우는 테.

車8획 【輩】 무리 배 🔒 輩 輩

丿 ㅓ 킈 非 挈 挈 輩 輩

고 ⓗbèi ⓙハイ(ともがら) ⓔfellow
字解 형성자. 車(거)는 의미 부분이고, 非(비)는 발음 부분이다.
字解 ①무리, 동아리(배) ②짝(배)

【輩出 배출】 잇달아 많이 나옴.
【輩行 배행】 같은 또래의 친구.
【同輩 동배】 나이나 신분이 서로 같거나 비슷한 사람.
【先輩 선배】 나이·학식 등이 자기보다 많거나 나은 사람.
【年輩 연배】 나이가 서로 비슷한 사람. 年甲(연갑).

車8획 【輧】 수레 병 🔒 輧 輧

명 ⓗpíng ⓙヘイ ⓔcart
字解 ①수레(병) ※ 가벼운 병거(兵車), 또는 부인이 타는 수레. ②거마 소리(병)

車8획 【輟】 그칠 철 🔒 輟 輟

명 ⓗchuò ⓙテツ(やめる) ⓔstop
字解 ①그칠(철) ②수선할(철)

【輟耕 철경】 밭 가는 일을 그만둠.
【輟業 철업】 일을 그만둠.

車部 10획

車8 [輜] 짐수레 치 簡 辎

⊕zī ⊕シ ㊀wagon
字解 짐수레(치)

車8 [輝] 빛날 휘 簡 辉

丶 小 小 水 炉 护 煋 煇 輝

고 ⊕huī ⊕キ(かがやく) ㊀shine
字源 형성자. 光(광)은 의미 부분이고, 軍(군)은 발음 부분이다. 옛날에 輝와 軍은 발음이 비슷하였다.
字解 빛날, 빛(휘)
【輝煌 휘황】광채가 눈부시게 빛남.
【光輝 광휘】아름답게 빛나는 빛.

車9 [輻] 바퀴살 복 簡 辐

명폭 ⊕fú ⊕フク ㊀spoke
字解 ①바퀴살(복) ②모여들(복)
【輻射 복사】열 따위를 중앙의 한 점으로부터 사방으로 내쏨.
【輻輳 복주→폭주】바퀴살이 바퀴통으로 쏠려 모이듯이 사물이 한곳으로 몰려듦. ¶輻湊(폭주).
참고 '폭' 음이 인명용으로 허용되는데, 이는 속음화된 것이다.

車9 [輹] 복토 복 簡 辐

⊕fù ⊕フク
字解 복토(복) ※ '복토(伏兎)'는 수레의 바닥 밑에 장치하여 수레와 굴대를 연결하는 나무.

車9 [輸] 실어 나를 수 簡 输

ㄱ ㄷ 亘 車 軺 軩 輸 輸 輸

고 ⊕shū ⊕ユ ㊀transport
字源 형성자. 車(거)는 의미 부분이고, 兪(유)는 발음 부분이다.
字解 ①실어 나를(수) ¶輸送(수송) ②질, 패할(수) ¶贏輸(영수)
【輸送 수송】기차·자동차·비행기 따위로 사람이나 물건을 실어 보냄.
【輸出 수출】①실어서 내보냄. ②외국으로 재화를 팔아 실어 냄.
【空輸 공수】공중으로 실어 나름.

【贏輸 영수】이김과 짐. ㊀贏輸(영수).
【運輸 운수】여객·화물 등을 실어 나르는 일.

車9 [輭] 軟(750)의 本字

車9 [輮] 바퀴테 유 簡 鞣

⊕róu ⊕ジュウ ㊀felly
字解 ①바퀴테(유) ②짓밟을(유) ≒蹂 ③휠, 굽힐(유) ≒揉

車9 [輳] 몰려들 주 簡 辏

명 ⊕còu ⊕ソウ ㊀gather
字解 몰려들, 모일(주) ≒湊
【輻輳 복주→폭주】바퀴살이 바퀴통으로 쏠려 모이듯이 사물이 한곳으로 몰려듦.

車9 [輯] 모을 집 簡 辑

명 ⊕jí ⊕シュウ(あつめる) ㊀collect
字解 ①모을, 모일(집) ¶編輯(편집) ②화목할(집) ¶輯睦(집목)
【輯睦 집목】화목함.
【特輯 특집】신문·방송 등에서, 특정 문제를 특별히 다루어 편집함.
【編輯 편집】여러 가지 자료를 모아서 신문이나 책을 엮음.

車9 [軒] 초헌 헌 簡 轩

명 ⊕xiān ⊕コン, ケン
字解 초헌(헌) ※종이품 이상의 벼슬아치가 타던 수레. =軒

車10 [輿] 수레 여 簡 舆

「 車 俥 俥 俥 輿 輿 輿

고 ⊕yú ⊕ヨ(こし) ㊀palankeen
字源 형성자. 車(거)는 의미 부분이고, 舁(여)는 발음 부분이다.
字解 ①수레(여) ¶輿駕(여가) ②많을, 여럿(여) ¶輿論(여론) ③땅(여) ¶堪輿(감여)
【輿駕 여가】지난날, 임금이 타던 수

7
획

레나 가마.
【輿論 여론】 사회 대중의 공통된 의견.
【輿望 여망】 여러 사람의 기대.
【輿地 여지】 만물을 싣는 수레 같은 땅. 지구 또는 땅덩이. 大地(대지).
【堪輿 감여】 하늘과 땅. 乾坤(건곤).
【籃輿 남여】 덮개 없이 의자처럼 생긴 작은 가마.
【喪輿 상여】 시체를 묘지까지 실어 나르는, 가마처럼 생긴 제구(祭具).

車10 ⑰ 【轅】 끌채 원 辕
명 ⓗyuán ⓙエン(ながえ) ⓔshaft
字解 끌채(원)
【轅門 원문】 군영(軍營)의 문. 수레의 끌채를 마주 세워 문처럼 만든 것.

車10 ⑰ 【輾】 돌아누울 전 㜽 輾
명 ⓗzhǎn ⓙテン(めぐる) ⓔroll
字解 돌아누울, 돌(전)
【輾轉反側 전전반측】 몸을 엎치락뒤치락하며 잠을 이루지 못하는 모양.

車10 ⑰ 【轄】 다스릴 할 辖
명 ⓗxiá ⓙカツ(くびき) ⓔcontrol
字解 ①다스릴(할) ②비녀장(할) ※ 바퀴가 벗어나지 못하게 수레의 굴대머리 구멍에 끼우는 못.
【管轄 관할】 권한을 가지고 다스림. 또는 그 지배가 미치는 범위.
【直轄 직할】 직접 맡아서 다스림.
【統轄 통할】 모두 거느려서 관할함.

車11 ⑱ 【轆】 도르래 록 辘
ⓗlù ⓙロク ⓔwindlass
字解 도르래, 고패(록)
【轆轤 녹로】 ①두레박 따위의 줄을 걸치는 도르래나 고리. 고패. ②둥근 도자기를 만들 때 쓰는, 나무로 된 회전 원반. ③우산대에 끼워 놓아, 우산살을 펴고 오므리게 하는 대롱 모양의 장치.

車11 ⑱ 【轉】 구를 전 転 轉
고 ⓗzhuǎn, zhuàn ⓙテン(ころぶ) ⓔroll
字源 형성자. 車(거)는 의미 부분이고, 專(전)은 발음 부분이다.
字解 ①구를, 돌(전) ¶ 轉落(전락) ②옮길, 바뀔(전) ¶ 轉補(전보)
【轉嫁 전가】 자기의 허물이나 책임을 남에게 덮어씌움.
【轉勤 전근】 근무처를 옮김.
【轉機 전기】 어떤 상태에서 다른 상태로 변하는 계기.
【轉落 전락】 ①굴러 떨어짐. ②나쁜 상태에 빠짐.
【轉補 전보】 동일한 직급 안에서, 다른 자리에 임용됨.
【轉役 전역】 현재까지 복무하던 역종(役種)에서 다른 역종으로 바뀜.
【轉轉 전전】 여기저기로 떠돌아다님.
【轉注 전주】 육서(六書)의 하나로, 글자의 원뜻이 발전하여 딴 뜻으로 쓰이는 것. '惡·樂' 따위.
【轉向 전향】 이제까지의 사상·신념 등을 다른 것으로 바꿈.
【轉禍爲福 전화위복】 화가 바뀌어 복이 됨.
【逆轉 역전】 형세·순위 등이 반대 상황으로 됨.
【回轉 회전】 빙빙 돎, 또는 돌림.

車12 ⑲ 【轎】 가마 교 轿
명 ⓗjiào ⓙキョウ(かご) ⓔsedan chair
字解 가마, 교자(교)
【轎軍 교군】 가마를 메어 주고 삯을 받는 사람. 轎夫(교부).
【轎子 교자】 조선 시대에, 종1품 이상의 관리가 타던 가마. 平轎子(평교자).

車12 ⑲ 【轍】 바큇자국 철 辙
명 ⓗzhé ⓙチツ(わだち) ⓔtrack
字解 바큇자국, 흔적(철)
【轍鮒之急 철부지급】 수레바퀴 자국에 괸 물속에 있는 붕어의 위급함. '매우 위급한 처지'의 비유.
【前轍 전철】 앞서 지나간 수레바퀴의

자국. '앞사람의 실패의 경험(經驗)'을 이름.

【轗】 불우할 감 轖轗轘
- ⓒ kǎn ⓙ カン ⓔ unlucky
字解 ①불우할(감) ②가기 힘듦(감)
【轗軻 감가】길이 험하여 수레가 잘 나아가지 못하는 모양. '때를 만나지 못하여 불행함', 또는 '일이 뜻대로 되지 아니함'을 이름.

【轟】 울릴 굉 轟轟
- 명 ⓒ hōng ⓙ ゴウ(とどろく) ⓔ rumble
字解 울릴(굉) ※수레들의 요란한 소리, 또는 총·우레의 쿵쾅거리는 소리.
【轟音 굉음】크게 울리는 소리.

【轝】 가마 여
- 명 ⓒ yù ⓙ ヨ ⓔ sedan chair
字解 ①가마(여) ②임금이 타는 수레(여)

【轞】 함거 함 轞轞
- ⓒ xiàn ⓙ カン ⓔ police wagon
字解 함거(함)
【轞車 함거】지난날, 죄인을 호송할 때 쓰던 수레.

【轢】 치일 력 轢轢
- 명 ⓒ lì ⓙ レキ ⓔ run over
字解 ①치일(력) ②삐걱거릴(력)
【轢死 역사】차에 치여 죽음.
【軋轢 알력】수레가 삐걱거림. '서로 사이가 벌어져 다툼'을 이름.

【轡】 고삐 비 轡轡
- ⓒ pèi ⓙ ヒ(くつわ) ⓔ rein
字解 고삐(비)
【轡銜 비함】고삐와 재갈.
【按轡 안비】고삐를 당겨서 말을 세움, 또는 천천히 걷게 함.

【轤】 고패 로 轤轤
- ⓒ lú ⓙ ロ ⓔ windlass
字解 ①고패, 도르래(로) ②물레(로)
【轆轤 녹로】두레박 따위의 줄을 걸치는 도르래나 고리. 고패.

7 辛 部

【辛】 매울 신
- 정 ⓒ xīn ⓙ シン(からい) ⓔ hot
字源 상형자. 옛날 죄인의 얼굴에 문신을 새겨 넣을 때 쓰던 칼을 그린 것이다. '죄(罪)'·'고통(苦痛)' 등의 뜻은 여기에서 비롯되었다.
字解 ①매울(신) ¶ 辛味(신미) ②고생할, 괴로울(신) ¶ 辛苦(신고) ③여덟째 천간(신)
【辛苦 신고】①매운 것과 쓴 것. ②고생스럽게 애를 씀, 또는 그 고통이나 고생. 辛勞(신로).
【辛辣 신랄】①맛이 몹시 매움. ②몹시 가혹하고 매서움.
【辛味 신미】매운맛.
【辛酸 신산】①매운맛과 신맛. ②세상살이의 고됨.
【辛勝 신승】고생스럽게 간신히 이김.
【辛時 신시】이십사시의 스무째 시. 곧, 하오 6시 30분~7시 30분.

【辜】 허물 고
- 명 ⓒ gū ⓙ コ(つみ) ⓔ crime
字解 ①허물, 죄(고) ②막을(고)
【無辜 무고】아무 죄가 없음.

【辟】 ❶물리칠 벽 ❷피할 피
- ⓒ bì, pì ⓙ ヘキ(つみ) ⓔ repulse
字解 ❶①물리칠(벽) ¶ 辟邪(벽사) ②임금, 제후(벽) ¶ 辟王(벽왕) ③

辛部 6획

부를(벽) ¶辟召(벽소) ❷피할(피) 늑避
【辟穀 벽곡】 곡식을 먹지 않고 솔잎·대추·밤 따위를 조금씩 먹고 삶.
【辟邪 벽사】 나쁜 귀신을 물리침.
【辟召 벽소】 벼슬을 주기 위하여 재야(在野)의 현인(賢人)을 부름.
【辟王 벽왕】 임금. 君王(군주).
【辟除 벽제】 지위 높은 사람이 행차할 때 일반 사람의 통행을 금하여 길을 치우던 일.
【復辟 복벽】 물러났던 임금이 다시 왕위에 오름. 重祚(중조).

'辟'이 붙은 한자

僻 궁벽할(벽)	劈 쪼갤(벽)
壁 벽(벽)	璧 둥근 옥(벽)
甓 벽돌(벽)	擗 가슴 두드릴(벽)
癖 버릇(벽)	擘 엄지손가락(벽)
闢 열(벽)	霹 벼락(벽)
譬 비유할(비)	臂 팔(비)
嬖 사랑할(폐)	避 피할(피)

辛6 【辞】 辭(756)의 俗字
13

辛7 【辣】 매울 랄
14
명 ⓒlà 日ラツ 영pungent
字解 매울, 매서울(랄)
【辛辣 신랄】 ①맛이 몹시 매움. ②몹시 가혹하고 매서움.
【惡辣 악랄】 하는 짓이 매우 표독함.

辛9 【辨】 분별할 변
16
고 ⓒbiàn 日ベン(わきまえる) 영distinguish
字源 형성자. 刀(도)는 의미 부분이고, 辡(변)은 발음 부분이다.
字解 분별할, 가릴(변)
【辨理 변리】 일을 분별하여 처리함.
【辨明 변명】 ①사리를 가려내어 밝힘. ②자기 언행에 대하여 다른 사람이 납득할 수 있게 설명함.
【辨別 변별】 ①서로 다른 점을 구별함. ②시비나 선악을 분별함.
【辨償 변상】 끼친 손해를 물어 줌.
【辨正 변정】 사리를 따져서 일을 바로 잡음. ⓢ卞正(변정).
【辨證 변증】 변별하여 증명함.
【思辨 사변】 깊이 생각하여 시비를 가림.

辛9 【辦】 힘쓸 판
16
명 ⓒbàn 日ハン, ベン 영effort
字解 ①힘쓸(판) ②갖출(판) ③처리할(판)
【辦公 판공】 공무를 처리함.
【辦務 판무】 맡은 사무를 처리함.
【辦備 판비】 갖추어 준비함.
【買辦 매판】 외국 자본에 붙어 사리(私利)를 챙기고, 제 나라의 이해(利害)를 잊어버리는 일.

辛12 【辭】 말 사 图
19
동 속간 辞 辞
고 ⓒcí 日ジ(ことば) 영speech
字源 회의자. 본래 송사(訟事)에서 하는 말을 뜻한다. 𤔔(란)과 辛(신)은 모두 의미 부분이다. 辛은 죄를 따진다는 뜻이고, 𤔔은 다스린다는 뜻이다.
字解 ①말, 말씀(사) ¶辭說(사설) ②사양할, 물러날(사) ¶辭表(사표) ③사(사) ※운문 문체의 하나로, 서정적인 글.
【辭書 사서】 낱말을 모아서 일정한 순서로 배열하고 설명·용례 등을 베풀어 놓은 책. 辭典(사전).
【辭說 사설】 ①말. 言辭(언사). ②잔소리로 늘어놓는 말.
【辭讓 사양】 받을 것을 안 받거나 하지 않음.
【辭讓之心 사양지심】 사단(四端)의 하나로, 겸손하여 남에게 사양할 줄 아는 마음.
【辭緣 사연】 國①하고자 하는 말. ②편지의 내용.
【辭職 사직】 직무를 그만두고 물러남.
【辭表 사표】 사직(辭職)의 뜻을 적어 제출하는 문서. 辭狀(사장).
【固辭 고사】 굳이 사양함.

【修辭 수사】말이나 글을 아름답고 정연하게 꾸미는 일.
【祝辭 축사】축하의 뜻을 나타내는 말이나 글.

辯 말 잘할 변
辛 14 (21)

㎝ ⓒbiàn ⓙベン ⓔeloquent
字源 회의자. 言(언)과 辡(변)은 모두 의미 부분이다. 송사(訟事)에서 말로 자기를 변호한다는 뜻이다.
字解 ①말 잘할(변) ¶達辯(달변) ②따질, 논란할(변) ¶辯論(변론) ③변(변) ※ 산문 문체의 하나로, 언행의 시비(是非)·진위(眞僞)를 논하여 설명한 글.

【辯論 변론】옳고 그름을 따져 말함.
【辯護 변호】남의 이익을 위하여 변명하고 도와줌.
【訥辯 눌변】서투른 말솜씨.
【達辯 달변】말을 잘함, 또는 능숙한 말솜씨.
【雄辯 웅변】조리 있고 힘차게 거침없이 말함, 또는 그런 말이나 연설.
【抗辯 항변】상대편의 주장에 항거하여 변론함.

7 辰 部

辰 ❶별 진 本신 眞 ❷별 신 眞
辰 0 (7)

一厂厂厂厂辰辰

㎝ ⓒchén ⓙシン(たつ) ⓔstar
字源 상형자. 조개의 껍질과 살을 그린 것이다. 후에 천간(天干)의 여덟 번째 글자로 가차되자 虫(충)을 더한 蜃(무명조개 신) 자를 새로 만들어 보충하였다.
字解 ❶①별(진) ※별의 총칭. ¶辰宿(진수) ②지지(진) ※십이지의 총칭. ¶日辰(일진) ③다섯째 지지(진) ❷①별(신) ¶星辰

(성신) ②날(신) ¶生辰(생신)
【辰宿 진수】온갖 성좌(星座)의 별들. 星宿(성수).
【辰時 진시】①십이시의 다섯째 시. 곧, 상오 7시~9시. ②이십사시의 아홉째 시. 곧, 상오 7시 30분~8시 30분.
【生辰 생신】'생일'의 높임말.
【星辰 성신】별.
【日辰 일진】날의 육십갑자.
참고 '신'음도 인명용으로 지정됨.

> **'辰'이 붙은 한자**
> 娠 아이 밸(신)   宸 집(신)
> 蜃 무명조개(신) 唇 놀랄(진)
> 振 떨칠(진)   賑 구제할(진)
> 震 떨(진)

辱 욕될 욕
辰 3 (10)

一厂厂厂厂辰辰辱辱

㎝ ⓒrǔ ⓙジョク(はずかしめる) ⓔdisgrace
字源 회의자. 辰(진)과 寸(촌)은 모두 의미 부분이다. 손(寸)으로 농기구인 辰을 잡고 풀을 벤다는 뜻으로 耨(김맬 누) 자의 본자인데, 뒤에 '치욕'의 뜻으로 가차되었다.
字解 ①욕될, 욕보일(욕) ¶辱說(욕설) ②욕되게 할(욕) ※ 남의 후의(厚意)에 대한 겸사. ¶辱臨(욕림)

【辱臨 욕림】'남이 찾아옴'을 높여 이르는 말. 賁臨(비림).
【辱說 욕설】남을 욕하는 말.
【凌辱 능욕】남을 업신여겨 욕보임.
【侮辱 모욕】깔보고 욕보임.
【雪辱 설욕】이전의 부끄러움을 씻어내고 명예를 되찾음.
【榮辱 영욕】영예(榮譽)와 치욕.
【恥辱 치욕】수치와 모욕.

農 농사 농
辰 6 (13)

1 口曰曲曲芦芦農農農

㎝ ⓒnóng ⓙノウ(つとめる) ⓔfarming

走部 0획　758

字源 회의자. 갑골문·금문을 보면 林(림)과 辰(진), 또는 田(전)과 辰으로 이루어졌는데, 여기에 手(수)가 더해지기도 하였다. 농기구(農器具)를 그린 상형자인 辰의 위에 경작지(耕作地)를 뜻하는 林이나 田이 더해져서 농사를 짓는다는 뜻을 나타낸다. 曲은 田과 手(수)가 에서에서 합쳐져서 변한 것이다.

字解 ①농사, 농사지을(농) ¶農耕(농경) ②농부, 백성(농) ¶富農(부농)

【農耕 농경】①논밭을 갊. ②농사를 지음, 또는 농사.
【農繁期 농번기】농사일이 한창 바쁜 시기.
【農夫 농부】농업에 종사하는 사람.
【農事 농사】논이나 밭에 곡식·채소 따위를 심어 가꾸는 일.
【農業 농업】땅을 이용하여 유용한 동식물을 재배하거나 기르는 산업.
【農場 농장】농사지을 땅과 여러 시설을 갖춘 곳. 農園(농원).
【酪農 낙농】소·양 따위의 젖을 가공하여 유제품을 만드는 농업.
【富農 부농】생활이 넉넉한 농가 또는 농민.

7 辵部

辵 0획 ⑦ 【辵】 쉬엄쉬엄 갈 착
字解 쉬엄쉬엄 갈(착)
참고 부수로 쓰일 때는 글자 모양이 '辶'으로 된다. ☞辶部(522)

7 邑部

邑 0획 ⑦ 【邑】 고을 읍
중 ⓗyì ⓙコウ(むら) ⓔtown

字源 회의자. 사람이 꿇어앉아 있는 모습(巴(절)) 위에 'ㅁ'가 있는 모습이다. 'ㅁ'는 일정한 구역(區域)을 뜻한다. 즉 그 구역에서 사람이 산다는 뜻을 나타낸다.

字解 ①고을, 마을(읍) ②서울(읍) ③읍(읍) ※우리나라 지방 행정 구역의 하나. ④영지(읍)

【邑內 읍내】①읍의 구역(區域) 안. ②고을.
【都邑 도읍】서울. 首都(수도).
【食邑 식읍】지난날, 공이 있는 신하에게 내리어 조세(租稅)를 개인이 받아 쓰게 하던 고을.
참고 방에 쓰일 때는 자형이 'ß'으로 변형되어 쓰인다. ☞ß部(334)

邑 3획 ⑩ 【邕】 화목할 옹
명 ⓗyōng ⓙヨウ ⓔharmonious
字解 화목할(옹) 늑雍
【邕穆 옹목】화목함.

7 酉部

酉 0획 ⑦ 【酉】 닭 유
一 ㄏ ㄏ 丙 丙 酉 酉
중 ⓗyǒu ⓙユウ(とり) ⓔcock
字源 상형자. 술항아리를 그린 것으로, 본래 술(酒(주))를 뜻한다. 뒤에 지지(地支)의 열 번째 글자로 가차되었다. 酒 자가 水부가 아닌 酉부인 까닭도 이 때문이다.
字解 ①닭, 열째 지지(유) ②술, 술 담는 그릇(유)
【酉時 유시】①십이시의 열째 시. 곧, 하오 5시~7시. ②이십사시의 열아홉째 시. 곧, 하오 5시 30분~6시 30분.

酉 2획 ⑨ 【酊】 술 취할 정
명 ⓗdǐng ⓙテイ ⓔdrunk
字解 술 취할, 몹시 취할(정)

【酩酊 명정】몸을 가눌 수 없을 정도로 술에 취함. 大醉(대취).
【酒酊 주정】술에 취하여 정신없이 함부로 하는 말이나 행동.

【酋】두목 추
酉2⑨

명 ⑪qiú ⑪シュウ(おさ) ⑲boss
字解 두목, 추장(추)
【酋長 추장】①미개인 부족의 우두머리. ②도둑들의 두목. 酋領(추령).

【配】짝 배
酉3⑩

一 匚 丙 丙 酉 酉 配 配

고 ⑪pèi ⑪ハイ(くばる) ⑲couple
字源 형성자. 酉(유)는 의미 부분이고, 己(기)는 발음 부분이다. 옛날에 配와 己는 발음이 비슷하였다.
字解 ①짝, 짝 지을(배) ¶ 配匹(배필) ②벼슬, 나눌(배) ¶ 配當(배당) ③귀양 보낼(배) ¶ 配所(배소)
【配給 배급】분배하여 공급함.
【配當 배당】사물을 알맞게 벼름, 또는 그 액수나 양.
【配慮 배려】이리저리 마음을 씀.
【配所 배소】죄인을 귀양 보낸 곳.
【配定 배정】나누어 몫을 정함.
【配置 배치】사람·사물을 알맞은 자리에 나누어 앉히거나 둠.
【配匹 배필】부부(夫婦)가 되는 짝. 配偶(배우).
【配合 배합】이것저것을 알맞은 비율로 섞어 합침.
【交配 교배】생물을 인공적으로 짝 지어 수정(受精)시키는 일.
【分配 분배】몫몫이 나누어 줌.
【流配 유배】죄인을 귀양 보냄.

【酌】잔질할 작
酉3⑩

一 匚 丙 丙 酉 酌 酌

고 ⑪zhuó ⑪シャク(くむ)
字源 형성자. 酉(유)는 의미 부분이고, 勺(작)은 발음 부분이다.
字解 ①잔질할, 술 따를(작) ¶ 酌婦(작부) ②술(작) ¶ 淸酌(청작) ③짐작할, 요량할(작) ¶ 參酌(참작)

【酌婦 작부】술집에서 손을 접대하여 술을 따라 주는 여자.
【對酌 대작】마주 대하여 술을 마심.
【酬酌 수작】①술잔을 주고받음. ②말을 서로 주고받음, 또는 그 말.
【斟酌 짐작】①술을 잔에 따름. ②사정·형편 등을 어림쳐 헤아림.
【參酌 참작】참고해 알맞게 헤아림.

【酒】술 주
酉3⑩

丶 氵 氵 汀 汀 洒 洒 酒

명 ⑪jiǔ ⑪シュ(さけ) ⑲wine
字解 회의 겸 형성자. 水(수)와 酉(유)는 모두 의미 부분인데, 酉는 발음도 담당한다. 酉는 본래 술항아리를 그린 상형자로 '술'을 뜻하였는데, 뒤에 지지(地支)의 열 번째로 가차되자 술의 뜻으로는 水를 더한 酒 자를 새로 만들어 보충하였다.
字解 술, 술자리(주)
【酒果脯醯 주과포혜】술과 과실과 마른 포와 식혜. '간소하게 차린 제물(祭物)'을 이름.
【酒黨 주당】술을 즐기고 잘 마시는 무리. 酒徒(주도).
【酒量 주량】술을 마시는 분량.
【酒癖 주벽】①술을 몹시 즐겨 마시는 버릇. ②술 취한 뒤에 드러나는 버릇.
【酒邪 주사】술에 취하여 부리는 못된 버릇.
【酒色 주색】술과 여색(女色).
【酒池肉林 주지육림】술은 못을 이루고 고기는 숲을 이룸. '호사스러운 술잔치'를 이름.
故事 은(殷)나라 주(紂)임금이 술로 연못을 채우고 고기를 나무에 걸어 숲을 이룰 정도로 흥청망청 놀았다는 고사에서 이름.
【酒興 주흥】술기운에서 나는 흥.
【飯酒 반주】끼니때 곁들여 마시는 술.
【飮酒 음주】술을 마심.

【酎】진한 술 주
酉3⑩

명 ⑪zhòu ⑪チュウ
字解 진한 술(주) ※세 번을 거듭 빚어 만든 술.

【醉】 醉(761)의 俗字

【酣】 술 즐길 감
㊀hān ㊁カン(たけなわ)
字解 ❶술 즐길(감) ¶ 酣飮(감음) ❷술 취할(감) ¶ 酣醉(감취) ❸한창, 한창때(감) ¶ 酣春(감춘)
【酣飮 감음】 흥겹게 술을 마심.
【酣春 감춘】 한창 무르익은 봄.
【酣醉 감취】 술에 몹시 취함.
【酣興 감흥】 한껏 즐거워진 흥취.

【酢】 ❶잔 돌릴 작 ❷초 초
명 ❷ ㊀zuò, cù ㊁サク, ソ(す)
字解 ❶잔 돌릴, 술 권할(작) ❷초, 식초(초) ≒醋
【酢爵 작작】 손이 주인에게 술잔을 되돌림, 또는 되돌리는 술잔.

【酪】 유즙 락
명 ㊀lào ㊁ラク(ちちざけ) ㊂milk
字解 ❶유즙(락) ※소·양 따위의 진한 젖. ❷술(락)
【酪農 낙농】 소·양 따위의 젖을 가공하여 유제품을 만드는 농업.
【酪母 낙모】 술찌끼. 지게미.

【酩】 술 취할 명
명 ㊀mǐng ㊁メイ ㊂get drunk
字解 술 취할, 몹시 취할(명)
【酩酊 명정】 몸을 가눌 수 없을 정도로 술에 몹시 취함.

【酬】 갚을 수
㊀chóu ㊁シュウ(むくいる) ㊂repay
字解 ❶갚을(수) ❷잔 돌릴(수)
【酬答 수답】 ①묻는 말에 대답함. 시문(詩文) 등을 지어 응답함. 【酬酌 수작】 ①술잔을 주고받음. ②서로 말을 주고받음, 또는 그 말.
【報酬 보수】 노력의 대가나 사례의 뜻으로 주는 금품(金品).
【應酬 응수】 상대편의 말이나 일에 대하여 마주 응함.

【酸】 실 산
명 ㊀suān ㊁サン(すい) ㊂acid
字解 ①실, 신맛(산) ¶ 酸味(산미) ②괴로울, 슬플(산) ¶ 酸鼻(산비) ③초, 식초(산) ¶ 新산소(산)
【酸味 산미】 신맛.
【酸鼻 산비】 콧마루가 찡함. 곧, 몹시 슬프고 애통함.
【酸素 산소】 공기의 주성분인 기체 원소(元素).
【酸敗 산패】 음식물이 부패하여 맛이 시어짐.
【酸化 산화】 물질이 산소와 화합함.
【辛酸 신산】 맛이 맵고 심. '세상살이의 괴로움'을 이름.

【酷】 혹독할 혹
㊥곡 ㊅
명 ㊀kù ㊁コク(むごい) ㊂cruel
字解 혹독할, 모질(혹)
【酷毒 혹독】 ①성질·행위 따위가 모질고 독함. ②정도가 몹시 심함.
【酷使 혹사】 혹독하게 부림.
【酷暑 혹서】 몹시 심한 더위.
【酷評 혹평】 가혹한 비평.
【酷寒 혹한】 몹시 심한 추위.
【苛酷 가혹】 몹시 혹독함. 무자비함.
【冷酷 냉혹】 쌀쌀하고 혹독함.
【慘酷 참혹】 끔찍하고 비참함.

【酵】 술 괼 효
㊥교 ㊅
명 ㊀jiào ㊁コウ ㊂ferment
字解 ①술 괼(효) ¶ 醱酵(발효) ②뜸팡이, 술밑(효) ¶ 酵母(효모)
【酵母 효모】 당분(糖分)을 알코올로 변화시키는 단세포(單細胞)의 균.
【酵素 효소】 술·된장 등의 제조에 쓰이는 고분자 화합물. 뜸팡이.
【醱酵 발효】 세균·효모 등의 작용으로 화학적 분해가 일어나는 현상.

酉[醇] 순수할 순
8/15

명 ⊕chún ⊕ジュン(もっぱら) ⊛pure
字解 ①순수할(순) ②전내기(순)
※진한 술.
【醇醴 순례】 전내기와 단술.
【醇朴 순박】 인정이 많고 꾸밈이 없음. ⑧淳朴(순박).
【醇化 순화】 잡스러운 것을 없애고 순수한 것으로 만듦. ⑧純化(순화).
【醇厚 순후】 순박하고 인정이 도타움.

酉[醋] ❶초 초 / ❷잔 돌릴 작
8/15

명 ❶ ⊕cù ⊕サク(むくいる) ⊛vinegar
字解 ❶①초, 식초(초) ≒酢 ❷잔 돌릴(작)
【醋酸 초산】 자극성의 냄새와 신맛을 가진 무색의 액체 유기산.
【食醋 식초】 먹는 초.

酉[醉] 술 취할 취
8/15

厂 丙 酉 酉 酚 酥 醉 醉

⊕zuì ⊕スイ(よう) ⊛drunk
字源 회의 겸 형성자. 酉(유)와 卒(졸)은 모두 의미 부분인데, 卒은 발음도 담당한다. 주량에 다다르면 그만 마신다(卒)는 뜻이다.
字解 ①술 취할(취) ¶醉中(취중) ②잠길, 빠질(취) ¶陶醉(도취)
【醉客 취객】 술에 취한 사람.
【醉氣 취기】 술에 취하여 얼근하여진 기운.
【醉生夢死 취생몽사】 술 취한 듯이 살다가 꿈꾸듯이 죽음. '한평생을 흐리멍덩하게 보냄'을 이름.
【醉中 취중】 술에 취한 동안.
【陶醉 도취】 즐기거나 좋아하는 것에 마음이 쏠리어 취하다시피 됨.
【滿醉 만취】 술에 잔뜩 취함.
【宿醉 숙취】 이튿날까지 깨지 않는 술기운.
【心醉 심취】 어떤 사물에 깊이 빠져 마음을 빼앗김.

酉[醒] 술 깰 성
9/16

⊕xǐng ⊕セイ(さめる) ⊛sober
字解 ①술 깰(성) ②잠 깰(성) ③깨달을(성)
【醒睡 성수】 잠에서 깸.
【醒酒 성주】 술에서 깸.
【覺醒 각성】 깨달아 정신을 차림.

酉[醍] 맑은 술 제
9/16

명 ⊕tí ⊕タイ
字解 ①맑은 술(제) ②붉은 술(제)

酉[醖] 醞(762)의 俗字
9/16

酉[醜] 더러울 추
10/17

厂 丙 酉 酓 酓 醜 醜

丑 ⊕chǒu ⊕ジュウ(みにくい) ⊛ugly
字源 형성자. 鬼(귀)는 의미 부분이고, 酉(유)는 발음 부분이다.
字解 ①더러울(추) ¶醜雜(추잡) ②추할, 흉할(추) ¶美醜(미추)
【醜男 추남】 얼굴이 못생긴 남자.
【醜女 추녀】 얼굴이 못생긴 여자.
【醜聞 추문】 추잡한 소문.
【醜惡 추악】 심성·용모·행실 따위가 보기 흉하고 추함.
【醜雜 추잡】 말과 행실이 지저분하고 잡스러움.
【醜態 추태】 추저분한 태도.
【醜行 추행】 추잡한 행동. 음란한 짓.
【美醜 미추】 아름다움과 추함.

酉[醢] 젓 해
10/17

⊕hǎi ⊕カイ(しおから) ⊛pickled meat
字解 젓, 젓갈(해)
【醢汁 해즙】 젓국.

酉[醨] 묽은 술 리
11/18

⊕lí ⊕リ ⊛washy liquor

酉部 11획

【醪】 묽은 술, 삼삼한 술 (리)
【醪酒 이주】 삼삼한 술. 묽은 술.

【醫】 의원 의
- 图 ⊕yī ⊖いやす 美doctor
- 字源 회의자. 酉(유)와 殹(예)는 모두 의미 부분이다. 옛날 의사들은 술을 써서 치료했기 때문에 酉가 의미 부분이 되고, 殹는 흉한 모습 또는 병(病)을 앓는 소리를 나타낸다.
- 字解 ①의원, 의사(의) ¶ 名醫(명의) ②병 고칠(의) ¶ 醫療(의료)

【醫療 의료】 병을 치료함.
【醫師 의사】 병을 치료하는 것을 업으로 삼는 사람.
【醫術 의술】 병을 낫게 하는 기술.
【醫藥 의약】 ①병을 고치는 데 쓰는 약. ②의술과 약품.
【醫學 의학】 질병과 그 치료·예방 등에 관하여 연구하는 학문.
【名醫 명의】 이름난 의사.
【獸醫 수의】 가축의 병을 치료하는 의사.

【醬】 간장 장
- 图 ⊕jiàng ⊖ショウ(ひしお) 美soybean
- 字解 간장, 장(장)

【醬油 장유】 ①간장. ②간장과 기름.
【醬肉 장육】 장조림.

【醱】 술 괼 발
- 图 ⊕pō ⊖ハツ 美brew
- 字解 술 괼, 술 익을(발)

【醱酵 발효】 세균·효모 등의 작용으로 화학적 분해가 일어나는 현상.

【醮】 초례 초
- 图 ⊕jiào ⊖ショウ 美wedding
- 字解 ①초례(초) ②제사 지낼(초)

【醮禮 초례】 전통 결혼 예식.
【醮祭 초제】 별에게 지내는 제사.

【醯】 초 혜
- 图 ⊕xī ⊖ケイ 美vinegar
- 字解 ①초, 식초(혜) ②식혜(혜)

【醯醬 혜장】 식초와 장.
【食醯 식혜】 엿기름 가루를 우린 물을 지에밥에 부어서 삭힌 음식.

【醢】
醯(762)와 同字

【醵】 추렴할 갹
- 图 갹 ⊕jù ⊖キョ 美collect money
- 字解 추렴할, 거둘(갹·거)

【醵金 갹금·거금】 돈을 추렴함.
【醵出 갹출·거출】 돈·물건을 추렴함.

【醴】 단술 례
- 图 ⊕lǐ ⊖レイ(あまざけ) 美sweet wine
- 字解 단술(례)

【醴酒 예주】 ①단술. 甘酒(감주). ②하룻밤 사이에 익는 술. 鷄鳴酒(계명주).

【醼】 잔치 연
- 图 ⊕yàn ⊖エン 美feast
- 字解 잔치(연) 늑宴

【釀】 술 빚을 양
- 图 ⊕niàng ⊖ジョウ(かもす) 美brew
- 字解 ①술 빚을(양) ②뒤섞을(양) ③술(양)

【釀成 양성】 ①어떤 분위기나 감정의 경향 등을 자아냄. ②술·간장을 담가 만듦. 釀造(양조).
【釀酒 양주】 술을 빚어 만듦.
【家釀 가양】 집에서 쓰기 위하여 빚어 만든 술.

【釁】 틈 흔
- ⊕xin ⊖キン 美rift
- 字解 ①틈, 틈 날(흔) ②피 바를

(흔) ③허물, 과실(흔)
【釁隙 흔극】①틈. ②사람들의 사이가 벌어져서 생기는 불화.
【釁累 흔루】스스로 만든 결점.
【釁鐘 흔종】갓 주조한 종에 희생의 피를 발라 신에게 제사하던 일.

酉19 [醨] ❶거를 시·소 ❷묽은 술 리
㉨
㉠shī, lí ㉰シ, リ ㉱strain
字解 ❶거를(시·소) ❷묽은 술(리) ※지게미나 재강에 물을 타서 짜낸 술.
【釃酒 시주】①술을 거름, 또는 거른 술. ②술을 잘함.

7 采 部

采0 [采] 분별할 변
⑦
名 ㉠biàn ㉰ベン ㉱distinguish
字源 상형자. 짐승의 발자국을 그린 것으로, 番(번) 자의 윗부분에 해당한다.
字解 분별할, 나눌(변)

采1 [采] ❶캘 채 ❷식읍 채
⑧
名 ㉠cǎi, cài ㉰サイ(とる) ㉱pick
字解 ❶①캘, 가릴(채)=採 ②빛깔, 채색(채)=彩 ③용모, 풍채(채) ¶采色(채색) ❷식읍(채)=埰 ¶采地(채지)
【采緞 채단】혼인 때 신랑 집에서 신부 집으로 보내는 청색·홍색의 비단.
【采色 채색】①풍채(風采)와 안색(顔色). ②오색이 찬란한 빛깔.
【采地 채지】경대부(卿大夫)에게 봉하여 주던 고을[邑]. 그 땅에서 조세(租稅)를 받아 봉록으로 삼음. 食邑(식읍). 采邑(채읍).
【喝采 갈채】크게 소리치며 칭찬함.

【風采 풍채】드러나 보이는 사람의 겉 모양. 風神(풍신).

'采'가 붙은 한자

埰 사패땅(채)   棌 녹봉(채)
彩 채색(채)   採 캘(채)
茱 채소(채)   綵 비단(채)

采4 [釈] 釋(763)의 俗字
⑪

采5 [釉] 잿물 유 釉
⑫
名 ㉠yòu ㉰ユウ(うわぐすり) ㉱glaze
字解 잿물, 유약(유)
【釉藥 유약】도자기를 구울 때에 그 표면에 바르는 약품.

采13 [釋] 풀 석 釈釋釋
⑳
고 ㉠shì ㉰シャク(とく) ㉱explain
字源 형성자. 采(변)은 의미 부분이고, 睪(역)은 발음 부분이다.
字解 ①풀, 설명할(석) ¶釋明(석명) ②놓아줄(석) ¶保釋(보석) ③부처, 중(석) ¶釋門(석문)
【釋明 석명】사실을 설명하여 밝힘.
【釋門 석문】불교를 믿는 사람, 또는 그 사회. 佛門(불문). 僧門(승문).
【釋放 석방】구금되었던 사람을 풀어 줌. 放免(방면).
【釋然 석연】미심쩍거나 꺼림칙한 일들이 화 풀림.
【釋奠 석전】공자(孔子)를 제사 지내는 의식. 釋奠祭(석전제).
【保釋 보석】보증금을 내게 하고 구류 중인 미결수를 석방하는 일.
【註釋 주석】본문(本文)을 알기 쉽게 풀이한 글.
【解釋 해석】뜻을 풀어 설명함.

7 里 部

【里】 마을 리

ㅣ 丨 冂 日 甲 甲 里

음 ㊥lǐ ㊐リ(さと) ㊤village
字源 회의자. 田(전)과 土(토)는 모두 의미 부분이다.
字解 ①마을(리) ¶鄕里(향리) ②리(리) ※거리의 단위. ¶里數(이수) ③리(리) ※우리나라 지방 행정 구역의 하나.
【里數 이수】 거리를 이(里)의 단위로 센 수.
【里程 이정】 길의 이수(里數).
【洞里 동리】 ①마을. ②지방 행정 구역인, 동과 리의 총칭.
【鄕里 향리】 고향 마을.

'里'가 붙은 한자

俚 속될 (리)   厘 리 (리)
哩 어조사 (리)   浬 해리 (리)
理 다스릴 (리)   裏 속 (리)
狸 삵 (리)   鯉 잉어 (리)
埋 묻을 (매)

【重】 ❶무거울 중 ❷거듭할 중

ノ 一 ニ 千 斤 斤 重 重 重

음 ㊥chóng, zhòng ㊐ジュウ, チョウ(おもい, かさねる) ㊤heavy, repeat
字源 형성자. 壬(임)은 의미 부분이고, 東(동)은 발음 부분이다. 壬은 사람이 땅에 우뚝 서 있는 모습이므로, 重은 '중후(重厚)하다'라는 뜻을 나타낸다.
字解 ❶①무거울, 두터울(중) ¶重壓(중압) ②중히 여길(중) ¶重農(중농) ③무게(중) ¶體重(체중)
❷거듭할, 겹칠(중) ¶重刊(중간)
【重刊 중간】 이미 펴낸 책을 거듭 박아 냄.
【重農 중농】 농업을 중히 여김.
【重量 중량】 무게.
【重複 중복】 거듭함. 겹침.
【重傷 중상】 심하게 다침.
【重壓 중압】 무거운 압력.
【重言復言 중언부언】 이미 한 말을 자꾸 되풀이함.
【重役 중역】 회사 등에서 중요한 소임을 맡은 임원.
【重要 중요】 매우 귀중하고 종요로움.
【重鎭 중진】 어떤 분야에서 중요한 자리에 있거나 지도적 영향력을 가진 사람.
【重態 중태】 병이 위급한 상태.
【重厚 중후】 태도가 진중하고 심덕이 두터움.
【危重 위중】 병세(病勢)가 무겁고 위태로움.
【尊重 존중】 귀중히 여기거나 귀중히 여기어 대함.
【體重 체중】 몸무게.
【荷重 하중】 ①짐의 무게. ②구조물 따위에 작용하는 외부의 힘.

'重'이 붙은 한자

動 움직일 (동)   董 동독할 (동)
種 씨 (종)   腫 종기 (종)
踵 발꿈치 (종)   鍾 술잔 (종)
衝 찌를 (충)

【野】 들 야

ㅣ 冂 日 甲 里 野 野

음 ㊥yě ㊐ヤ(の) ㊤field
字源 형성자. 里(리)는 의미 부분이고, 予(여)는 발음 부분이다.
字解 ①들(야) ¶野遊(야유) ②민간(야) ¶野談(야담) ③질박할, 스러울(야) ¶野卑(야비) ④거칠, 길들지 않을(야) ¶野蠻(야만) ⑤구역, 범위(야) ¶分野(분야)
【野談 야담】 야사(野史)를 꾸민, 흥미 있는 이야기.
【野黨 야당】 정권을 담당하고 있지 않은 정당.
【野蠻 야만】 문화의 정도가 낮고 미개함.
【野望 야망】 크게 무엇을 이루려는 희망.
【野卑 야비】 속되고 천함.
【野史 야사】 민간에서 사사로이 기록한 역사. 野乘(야승).

【野營 야영】①야외에 친 병영(兵營). ②휴양 또는 훈련을 목적으로 야외에 천막을 치고 하는 생활.
【野慾 야욕】야심을 채우려는 욕심.
【野遊 야유】들놀이.
【野人 야인】①순박한 사람. ②시골 사람. ③벼슬하지 않은 사람.
【分野 분야】어떤 사물을 기준에 따라 구분한 범위나 방면.
【視野 시야】시력(視力)이나 식견(識見)이 미치는 범위.
【平野 평야】넓게 펼쳐진 들.

里 5 ⑫ 【量】 ❶헤아릴 량 陽 ❷되 량

량

ㅁ ㅁ 므 므 믇 믇 븀 量 量 量

음 ㊥liáng, liàng ㊐リョウ(はかる) ㊧measure
字源 日(일)과 東(동)으로 이루어져 '밝다'·'분명하다'의 뜻을 나타내는 회의자라는 설, 旦은 도량형 도구인 斗(두)를 그린 것이고 里는 자루를 그린 상형자인 東으로 곡식의 양을 재는 도구를 뜻하는 회의자라는 설, 重(중) 자의 생략형인 里은 의미 부분이고 日은 발음 부분인 형성자로 鄕(향) 자의 생략형이라는 설 등이 있으나 아직 정설이 없다.
字解 ❶헤아릴, 잴(량) ¶量刑(양형) ❷①되(량) ※분량을 재는 기구 또는 단위. ¶度量衡(도량형) ②양, 분량(량) ¶計量(계량) ③도량(량) ¶器量(기량)
【量水器 양수기】수돗물의 사용량을 재는 계기. 水量計(수량계).
【量入計出 양입계출】수입을 헤아려 지출을 계획함.
【量刑 양형】형벌(刑罰)의 정도를 헤아려 정함.
【計量 계량】분량·무게 등을 잼.
【器量 기량】사람의 재능과 도량.
【度量 도량】①길이를 재는 것과 양을 재는 것. ②너그러운 마음과 깊은 생각. 雅量(아량).
【度量衡 도량형】자와 되와 저울.
【分量 분량】무게·부피·수효 등의 많고 적고 크고 작은 정도.
【容量 용량】용기에 담을 수 있는 물건의 분량.
【裁量 재량】스스로 헤아려 처리함.

里 11 ⑱ 【釐】 다스릴 리 支

음 ㊥lí ㊐リ(おさめる) ㊧govern
字解 ❶다스릴(리) ¶釐正(이정) ②과부(리) 늑嫠 ③리(리) 늑厘 ※소수(小數)의 단위. 푼[分]의 10분의 1. ¶毫釐(호리)
【釐正 이정】다스려 바르게 함.
【毫釐 호리】①저울눈과 자눈의 단위인 호와 리. ②극히 적은 분량.
【毫釐之差 호리지차】호와 리만큼의 차이. '극히 작은 차이'를 이름.

8 金 部

金 0 ⑧ 【金】 ❶쇠 금 侵 ❷성 김 國

ノ 人 人 人 仐 全 余 金

음 ㊥jīn ㊐キン, コン(かね) ㊧metal
字源 금을 만드는 용광로의 모습을 그린 상형자라는 설과, 윗부분의 今(금)은 발음 부분이고 아랫부분의 土(토)와 네 개의 점은 金이 흙 안에 있는 모습으로 의미 부분인 형성자라는 설이 있다.
字解 ❶①쇠(금) ¶金屬(금속) ②금(금) ¶金塊(금괴) ③돈, 화폐(금) ¶金品(금품) ❷성(김)
【金科玉條 금과옥조】금옥(金玉)과 같이 훌륭한 과조(科條). '귀중한 법률, 또는 절대적으로 여기는 교훈이나 규칙'을 이름.
【金塊 금괴】금덩이.
【金蘭之交 금란지교】금처럼 단단하고 난초처럼 향기로운 사귐. '절친한 사귐'을 이름.
【金利 금리】대출금·예금 등에 붙는 이자.
【金城湯池 금성탕지】쇠로 쌓은 성과 끓는 물이 차 있는 해자. '아주 견고

한 성'을 이름. 金城鐵壁(금성철벽).
【金屬 금속】쇠붙이.
【金融 금융】돈의 융통.
【金字塔 금자탑】'金'자 모양의 탑. '후세에까지 빛날 훌륭한 업적'의 비유.
📖 사각뿔 모양인 고대 이집트 유적 피라미드를 일컫는 데서 온 말.
【金枝玉葉 금지옥엽】금 같은 가지와 옥 같은 잎. '임금의 자손', 또는 '귀여운 자손'의 비유.
【金品 금품】돈과 물품.
【鍍金 도금】금속 표면에 금·은 등의 얇은 막을 입힘.
참고 '김'음도 인명용으로 지정됨.

金2 【釜】 가마 부
⑩ 部

명 ⊕fú ⊕フ(かま) ⊛cauldron
字解 가마(부) ※발 없는 큰 솥.
【釜鬲 부력】솥의 총칭.
📖 '釜'는 가마솥, '鬲'은 세발솥.
【釜中生魚 부중생어】솥 안에 물고기가 생김. '매우 가난함'을 이름.
고사 후한(後漢)의 범염(范冉)이 가난하여 자주 밥을 짓지 못하자, 가마 속에서 물고기가 생겼다는 고사에서 온 말.
【釜中魚 부중어】솥 안의 물고기. '곧 죽게 될 운명'의 비유.

金2 【釗】 ❶힘쓸 소
⑩ ❷쇠 쇠

명❷ ⊕zhāo ⊕ショウ
字解 ❶①힘쓸(소) ②쇠뇌 고동(소) ❷國쇠(쇠) ※지난날, 어린아이나 종들의 이름에 쓴 글자. '돌쇠(乭釗)' 따위.

金2 【釘】 못 정
⑩ 部

명 ⊕dīng ⊕テイ(くぎ) ⊛nail
字解 못(정)
【釘頭 정두】못대가리.

金2 【針】 바늘 침
⑩ 部

명 ⊕zhēn ⊕シン(はり) ⊛needle
字解 형성자. 針은 鍼(침)과 같은 자이다. 鍼·針에서 金(금)은 의미부분이고, 咸(함)·十(십)은 발음부분이다.
字解 ❶바늘, 침(침) ¶針線(침선) ❷바느질할(침) ¶針母(침모)
【針母 침모】남의 집에서 바느질을 해 주고 삯을 받는 여자.
【針線 침선】①바늘과 실. ②바느질.
【針小棒大 침소봉대】바늘만큼 작은 것을 몽둥이만큼 크다 함. '심하게 과장하여 말함'을 이름.
【毒針 독침】①독액을 내쏘는 바늘 같은 기관. ②독을 바른 침.
【方針 방침】방향을 가리키는 지남침(指南針). '무슨 일을 해 나가는 계획과 방향'을 이름.
참고 '針'은 '鍼'과 동자이지만, 현재는 꿰매는 바늘은 '針', 침놓는 바늘은 '鍼'으로 구별하여 씀.

金3 【釩】 그릇 범
⑪ 部

명 ⊕fán ⊕ハン ⊛vessel
字解 ①그릇(범) ②술잔(범)

金3 【釪】 요령 우
⑪ 部

명 ⊕yú ⊕ウ ⊛handbell
字解 ①요령(우) ※종 비슷한 악기. ②바리때(우) ※중의 밥그릇.
【鉢釪 발우】바리때. ⊜鉢盂(발우).

金3 【釣】 낚시 조
⑪ 部

명 ⊕diào ⊕チョウ(つる) ⊛fishhook
字解 낚시, 낚시질할(조)
【釣竿 조간】낚싯대.
【釣況 조황】낚시의 성과나 상황.

金3 【釵】 비녀 차·채
⑪ 部

명 채 ⊕chāi ⊕サイ(かんざし) ⊛hairpin
字解 비녀(차·채)
【釵梳 차소】비녀와 빗.

金部 5획

【釧】 팔찌 천
명 ⊕chuàn ⊕セン ⊛bracelet
字解 팔찌(천)

【鈔】 좋은 쇠 초
명 ⊕qiǎo ⊕ショウ
字解 좋은 쇠(초)

【鈐】 비녀장 검
⊕qián ⊕ゲン ⊛linchpin
字解 ①비녀장(검) ※수레의 굴대머리에 끼우는, 큰 못. ②자물쇠(검)
【鈐鍵 검건】 자물쇠. 열쇠.

【鈞】 녹로 균
명 ⊕jūn ⊕キン(ひとしい)
字解 ①녹로(균) ※도자기를 만드는 물레. ②균(균) ※무게의 단위. 30근(斤) ③고를(균) ≒均

【鈕】 인꼭지 뉴
명 ⊕niǔ ⊕チュウ ⊛knob
字解 ①인꼭지(뉴) ≒紐 ※도장의 손잡이 부분. ②단추(뉴)

【鈍】 둔할 둔
∧ ∠ 亠 钅 金 釒 鈤 鈍
⊕dùn ⊕ドン(にぶい) ⊛dull
字源 형성자. 金(금)은 의미 부분이고, 屯(둔)은 발음 부분이다.
字解 둔할, 무딜, 느릴(둔)
【鈍感 둔감】 감각이나 감정이 무딤.
【鈍器 둔기】 ①무딘 연장. ②날이 없는, 막대기 모양의 도구.
【鈍才 둔재】 재주가 둔한 사람.
【鈍濁 둔탁】 ①성질이 굼뜨고 흐리터분함. ②소리가 굵고 거침.
【愚鈍 우둔】 어리석고 무딤.

【鈇】 도끼 부
⊕fū ⊕フ ⊛axe
字解 ①도끼, 큰 도끼(부) ②작두(부) ※꼴을 써는 연장.
【鈇鉞 부월】 큰 도끼와 작은 도끼.

【鈒】 창 삽
명 ⊕sà ⊕ソウ ⊛spear
字解 ①창(삽) ②새길(삽)

【鈗】 창 윤
명 ⊕yǔn ⊕イン ⊛spear
字解 창, 병기(윤)

【鈔】 노략질할 초
⊕chāo ⊕ショウ(うつす) ⊛loot
字解 ①노략질할(초) ②베낄(초)
【鈔略 초략】 노략질함.

【鈦】 티타늄 태
명 ⊕tài ⊛titanium
字解 티타늄(태)

【鈑】 금박 판
명 ⊕bǎn ⊕ハン ⊛gold foil
字解 금박(판)

【鉀】 갑옷 갑
명 ⊕jiǎ ⊕コウ ⊛armor
字解 갑옷(갑) =甲

【鉅】 클 거
명 ⊕jù ⊕キョ(はがね) ⊛great
字解 ①클(거) ≒巨 ②강한 쇠(거)

【鉗】 칼 겸
명 ⊕qián ⊕キン(くびかせ) ⊛cangue
字解 ①칼, 항쇄(겸) ※죄인의 목에 씌우던 형구. ≒箝 ②입 다물, 말 아니할(겸)

【鉗梏 겸곡】①항쇄(項鎖)와 수갑(手匣), 또는 그것을 채움. ②구속함.
【鉗口 겸구】입을 다물고 말을 하지 아니함.
【鉗制 겸제】자유를 구속함.

【鉱】 鑛(778)의 俗字

【鉤】 갈고리 구
명 ⊕gōu ⊕コウ(かぎ) 美hook
字解 ①갈고리, 낚싯바늘(구) ②옭아 당길, 끌어당길(구)
【鉤狀 구상】갈고리처럼 굽은 모양.

【鈴】 방울 령
명 ⊕líng ⊕レイ(すず) 美bell
字解 ①방울(령) ②풍경(령)
【搖鈴 요령】손에 쥐고 흔들어 소리 내는 방울 모양의 작은 종.

【銀】 돈꿰미 민
명 ⊕mín ⊕ミン
字解 돈꿰미(민) ※엽전 꿰는 끈.

【鉑】 금박 박
명 ⊕bó ⊕ハク 美gold foil
字解 금박(박) ※얇은 금 조각.

【鉢】 바리때 발
명 ⊕bō ⊕ハツ, ハチ 美bowl
字解 바리때(발) ※중의 밥그릇.
【鉢釪 발우】바리때.
【衣鉢 의발】가사(袈裟)와 바리때. '스승인 중이 제자에게 전수하는 불교의 오의(奧義)', 또는 '학문·기예 등을 손아랫사람에게 전하는 일'을 이름.
故事 중국에서 선종(禪宗)을 일으킨 달마 조사(達磨祖師)가 혜가(慧可)에게 정법(正法)을 전할 때 그 증거로서 가사와 바리때를 준 데서 온 말.
【周鉢 주발】놋쇠로 만든 밥그릇.

【鉏】 ①호미 서 ②어긋날 서
⊕chú, jú ⊕ソ, ショ(すき) 美hoe
字解 ①①호미(서) 늑鋤 ②김맬(서) ②어긋날(서)
【鉏耘 서운】김을 맴.

【鉐】 놋쇠 석
명 ⊕shí ⊕セキ 美brass
字解 놋쇠(석) ※구리와 아연의 합금.

【銖】 돗바늘 술
명 ⊕shù ⊕シュツ 美needle
字解 돗바늘(술) ※썩 길고 굵은 바늘.

【鉛】 납 연
고 ⊕qiān ⊕エン(なまり) 美lead
字源 형성자. 金(금)은 의미 부분이고, 㕣(연)은 발음 부분이다.
字解 ①납(연) ②분(연)
【鉛粉 연분】가루로 된 화장품의 하나.
【鉛筆 연필】흑연으로 된 심을 나뭇대에 박아 만든 필기구.
【亞鉛 아연】합금 재료로 쓰는, 은백색의 금속.
【黑鉛 흑연】탄소로만 이루어진 광물의 하나.

【鈺】 보배 옥
명 ⊕yù ⊕ギョク 美treasure
字解 ①보배(옥) ②단단한 쇠(옥)

【鉞】 도끼 월
명 ⊕yuè ⊕エツ(まさかり) 美axe
字解 도끼, 큰 도끼(월)
【斧鉞 부월】임금이 싸움터에 나가는 대장에게 주살(誅殺)을 허락하는 의미로 주던, 작은 도끼와 큰 도끼.

金部 6획

鈿 비녀 전
- 명 ⊕diàn ⊕デン(かんざし) ⊛hairpin
- **字解** ①비녀(전) ②자개 박을(전)
- 【螺鈿 나전】 자개 조각을 칠기(漆器) 따위에 박아 붙인 장식.

鉦 징 정
- 명 ⊕zhēng ⊕ショウ(かね) ⊛gong
- **字解** 징, 꽹과리(정)
- 【鉦鼓 정고】 징과 북.

鉒 쇳돌 주
- 명 ⊕zhù ⊕チュ ⊛ore
- **字解** 쇳돌(주)

鉁 명 珍(484)과 同字

鉄 鐵(778)의 俗字

鉋 대패 포
- ⊕bào ⊕ホウ(かんな) ⊛plane
- **字解** 대패(포)
- 【鉋屑 포설】 대팻밥.

鉍 창자루 필
- 명 ⊕bì ⊕ヒツ
- **字解** 창자루(필)

鉉 솥귀 현
- **字解** ①솥귀(현) ②삼공의 지위(현)
- 【三鉉 삼현】 태사(太師)·태부(太傅)·태보(太保)의 세 지위. 三公(삼공).

金部 6획

鉸 가위 교
- ⊕jiǎo ⊕コウ(はさみ) ⊛scissors
- **字解** 가위, 가위질할(교)
- 【鉸刀 교도】 가위. 剪刀(전도).

鉌 쟁기 날(궤)
- 명 귀 ⊕guǐ ⊕キ
- **字解** 쟁기 날(궤)

銅 구리 동
- 国 ⊕tóng ⊕ドウ(あかがね) ⊛copper
- **字源** 형성자. 金(금)은 의미 부분이고, 同(동)은 발음 부분이다.
- **字解** 구리(동)
- 【銅鏡 동경】 구리로 만든 거울.
- 【銅像 동상】 구리로 만든 조각상.
- 【銅錢 동전】 구리로 만든 돈.
- 【銅版 동판】 구리로 만든 판에 그림이나 글씨를 새긴 인쇄용 원판.
- 【青銅 청동】 구리와 주석의 합금.

銘 새길 명
- 国 ⊕míng ⊕メイ(しるす) ⊛engrave
- **字源** 형성자. 金(금)은 의미 부분이고, 名(명)은 발음 부분이다.
- **字解** ①새길(명) ¶銘文(명문) ②명(명) ※ 산문 문체의 하나로, 금석에 새겨 스스로 경계하거나 묘비에 새겨 고인의 공덕을 찬양한 글. ③명정(명)
- 【銘文 명문】 ①금석(金石)에 새긴 글. ②마음에 새겨 두어야 할 문구.
- 【銘心 명심】 마음에 깊이 새김.
- 【銘旌 명정】 붉은 천에 흰 글씨로, 죽은 사람의 관직·성명 등을 적은 깃발.
- 【感銘 감명】 깊이 느껴 마음에 새김.
- 【碑銘 비명】 비석에 새긴 글.
- 【座右銘 좌우명】 늘 가까이 두고, 반성하는 재료로 삼는 좋은 말이나 글.

鉼 鉼(773)의 俗字

銑 끌 선
- 명 ⊕xiǎn ⊕セン(ずく) ⊛chisel

【銑】

①끌(선) ※작은 끌. ②쇠복 귀(선) ③國무쇠(선)
【銑鐵 선철】 무쇠. 鑄鐵(주철).

【銖】 수 수

영 ⊕zhū ⊕シュ
字解 수(銖) ※무게의 단위. 1냥(兩)의 24분의 1.
【銖積寸累 수적촌루】 수(銖)가 쌓이고 촌(寸)이 거듭됨. '적은 것도 쌓이면 큰 것이 됨'을 이름.

【銀】 은 은

명 ⊕yín ⊕キン(しろがね) 英silver
字源 형성자. 金(금)은 의미 부분이고, 艮(간)은 발음 부분이다.
字解 ①은(은) ¶銀貨(은화) ②돈(은) ¶勞銀(노은)
【銀塊 은괴】 은덩이.
【銀輪 은륜】 은빛이 나는 바퀴. '자전거'의 미칭(美稱).
【銀鱗 은린】 은빛이 나는 비늘. '물고기'를 이름.
【銀幕 은막】 ①영화의 영사막(映寫幕). ②'영화계'를 이름.
【銀盤 은반】 ①은으로 만든 쟁반. ②'둥근 달'의 미칭(美稱). ③'맑고 깨끗한 얼음판'의 미칭.
【銀髮 은발】 은백색 머리털.
【銀粧刀 은장도】 칼집과 칼자루를 은으로 꾸민, 장식용의 칼.
【銀漢 은한】 은하수. 銀河(은하).
【銀貨 은화】 은으로 만든 화폐.
【勞銀 노은】 노동에 대한 임금.

【銓】 전형할 전

명 ⊕quán ⊕セン(はかる) 英select
字解 ①전형할, 가릴(전) ②저울, 저울질할(전)
【銓考 전고】 사람의 됨됨이·재능 등을 살피고 헤아림.
【銓衡 전형】 ①저울. ②사람의 됨됨이나 재능을 헤아려 뽑음.
📖 '銓'은 저울추, '衡'은 저울대.

【錢】

錢(773)의 俗字

【銃】 총 총 國

⊥ ⊥ ⊥ 金 釒 釟 釷 銃
고 ⊕chòng ⊕ジュウ(つつ) 英gun
字源 형성자. 金(금)은 의미 부분이고, 充(충)은 발음 부분이다.
字解 총(총) ※비교적 작은 총포(銃砲)의 총칭.
【銃劍 총검】 ①총과 칼. ②총 끝에 꽂는 칼.
【銃擊 총격】 총으로 사격함.
【銃口 총구】 총의 주둥이 부분.
【銃彈 총탄】 총알.
【銃砲 총포】 총(銃)이나 포(砲) 종류의 총칭.
【拳銃 권총】 한 손으로 다룰 수 있게 만든, 작은 총. 短銃(단총).
【獵銃 엽총】 사냥총.

【銜】 재갈 함

명 ⊕xián ⊕カン(くつわ) 英bit
字解 ①재갈(함) ¶銜勒(함륵) ②머금을, 물릴(함) ¶銜枚(함매) ③직함(함) ¶名銜(명함)
【銜勒 함륵】 말의 입에 물리는, 쇠로 만든 물건. 재갈.
【銜枚 함매】 지난날, 군졸들이 떠들지 못하도록 입에 하무를 물리던 일.
【銜字 함자】 '상대편의 이름'의 높임말. 尊銜(존함).
【名銜 명함】 성명·주소·직업·신분 등을 적은 쪽지.
【職銜 직함】 벼슬이나 직무의 이름.

【銾】 쇠뇌 고동 홍

명 ⊕hóng ⊕コウ
字解 쇠뇌 고동(홍) ※쇠뇌에서 시위를 당겨 화살을 쏘는 부분.

【銶】 끌 구

명 ⊕qiú ⊕キュウ 英chisel
字解 끌(구) ※나무를 파는 연장.

金部 8획

【鋒】 칼날 봉 鋒鋒
- 명 ⓒfēng ⓙホウ(ほこさき) ⓔblade
- 字解 ①칼날(봉) ②앞장(봉) ③끝(봉) ※사물의 끝 부분.

【鋒刃 봉인】창·칼 등의 날.
【先鋒 선봉】맨 앞에 서는 군대.
【銳鋒 예봉】창·칼 등의 날카로운 끝.

【鋤】 호미 서 鋤鋤
- 명 ⓒchú ⓙジョ(すき) ⓔhoe
- 字解 ①호미(서) 늑鉏 ②김맬(서)

【鋤犂 서려】호미와 쟁기.
【鋤除 서제】①김을 맴. ②악한 사람을 없앰.

【銷】 녹일 소 銷銷
- 명 ⓒxiāo ⓙショウ(とかす) ⓔmelt
- 字解 ①녹일(소) ¶銷金(소금) ②다할, 없어질(소) ¶銷沈(소침)

【銷金 소금】①쇠를 녹임, 또는 녹인 쇠. ②인물을 그릴 때, 그 옷에 금으로 비단 무늬를 칠하는 일.
【銷暑 소서】더위를 없앰. 消暑(소서).
【銷沈 소침】①쇠퇴함. ②의욕이 없어짐. 消沈(소침).

【銹】 명 鏽(777)와 同字

【銳】 날카로울 예 銳銳銳
- ㅅ ㅆ ㅅ 숲 金 鈩 鈩 鉊 銳
- 고 ⓒruì ⓙエイ(するどい) ⓔsharp
- 字源 형성자. 金(금)은 의미 부분이고, 兌(태)는 발음 부분이다.
- 字解 ①날카로울(예) ¶銳利(예리) ②빠를, 날쌜(예) ¶精銳(정예)

【銳角 예각】①날카로운 각. ②직각보다 작은 각도.
【銳利 예리】날카로움.
【銳敏 예민】감각·행동 등이 날카롭고 빠름.
【銳鋒 예봉】①창·칼 등의 날카로운 끝. ②날카롭게 공격하는 이론(理論)이나 기세(氣勢).
【新銳 신예】새롭고 날카로움.
【精銳 정예】잘 단련되고 날쌤.
【尖銳 첨예】뾰족하고 날카로움.

【鋌】 쇳덩이 정 鋌鋌
- 명 ⓒdìng ⓙテイ ⓔore
- 字解 ①쇳덩이(정) ②살촉(정)

【鋥】 칼날 세울 정 鋥
- 명 ⓒzèng
- 字解 칼날 세울(정)

【鑄】 鑄(778)의 俗字

【誌】 새길 지
- 명 ⓒzhì ⓙシ ⓔengrave
- 字解 새길, 명심할(지)

【鋪】 ❶펼 포 ❷가게 포 鋪鋪鋪
- 명 ⓒpū ⓙホ(しく) ⓔpave
- 字解 ❶펼, 깔(포) ❷가게(포)

【鋪裝 포장】길에 돌·시멘트·아스팔트 등을 깔아 굳게 다져 꾸밈.
【店鋪 점포】가게. 상점. 廛鋪(전포).

【鋏】 칼 협 鋏鋏
- 명 ⓒjiá ⓙキョウ(つるぎ) ⓔsword
- 字解 ①칼, 장검(협) ②가위(협)

【鋏刀 협도】①작도와 비슷한, 약재를 써는 칼. ②가위. 剪刀(전도).

【鋼】 강철 강 鋼鋼
- ㅅ ㅆ ㅅ 숲 金 釦 鋼 鋼 鋼
- 고 ⓒgāng ⓙコウ(はがね) ⓔsteel
- 字源 형성자. 金(금)은 의미 부분이고, 岡(강)은 발음 부분이다.
- 字解 강철(강)

【鋼管 강관】강철로 만든 관.
【鋼鐵 강철】불려서 강도를 높인 쇠.

【製鋼 제강】시우쇠를 불려서 강철을 만듦.

【鋸】톱 거
- ㉠jù ㉡キョ(のこぎり) ㉢saw
- 字解 톱, 톱질할(거)
【鋸齒 거치】톱니.

【錮】땜질할 고
- ㉠gù ㉡コ(ふさぐ) ㉢tinker
- 字解 ①땜질할(고) ②가둘(고)
【禁錮 금고】①교도소에 가둘 뿐 노동을 시키지 않는 형벌. ②지난날, 벼슬에 오르지 못하게 하던 형벌.

【錕】적금 곤
- ㉠kūn, gǔn ㉡コン
- 字解 적금(곤) ※붉은빛의 금속.

【錧】비녀장 관
- ㉠guǎn ㉡カン ㉢linchpin
- 字解 비녀장(관) ※수레의 굴대 머리에 끼우는 큰 못.
【錧鎋 관할】수레의 비녀장. '사물의 중요한 부분'의 비유.

【錦】비단 금
ノ 스 午 송 金 鈩 鉾 錦 錦
- 고 ㉠jīn ㉡キン(にしき) ㉢silk
- 字源 형성자. 帛(백)은 의미 부분이고, 金(금)은 발음 부분이다.
- 字解 ①비단(금) ¶錦囊(금낭) ②아름다울(금) ¶錦地(금지)
【錦囊 금낭】①비단 주머니. ②잘 지은 시(詩). 詩囊(시낭).
【錦上添花 금상첨화】비단 위에 꽃을 더함. '좋은 일에 또 좋은 일이 더해짐'의 비유. ↔雪上加霜(설상가상：789).
【錦繡江山 금수강산】비단에 수를 놓은 듯한 강산. ①'아름다운 자연'을 이름. ②'우리나라'의 비유.
【錦衣夜行 금의야행】비단옷을 입고 밤에 돌아다님. '아무 보람 없는 일을 자랑스레 함'의 비유.
【錦衣還鄕 금의환향】비단옷을 입고 고향에 돌아옴. '출세하여 고향에 돌아옴'을 이름.
【錦地 금지】'남이 사는 곳'의 높임말.

【錤】호미 기
- ㉠jí ㉡キ ㉢weeding hoe
- 字解 호미(기) ※김매는 농기구.

【錡】❶세발솥 기 ❷끝 의
- 명 ❶ ㉠qí ㉢tripod
- 字解 ❶세발 솥(기) ❷끝(의) ※나무를 파는 연장.

【錟】❶창 담 ❷날카로울 섬
- ㉠tán, xiān
- ㉡タン, セン(するどい) ㉢spear
- 字解 ❶창(담) ※긴 창. ❷날카로울(섬)

【錄】기록할 록
ノ 스 午 송 金 鈩 鈩 錄
- 고 ㉠lù ㉡ロク ㉢record
- 字源 형성자. 金(금)은 의미 부분이고, 彔(록)은 발음 부분이다.
- 字解 ①기록할, 베낄(록) ¶錄音(녹음) ②문서(록) ¶目錄(목록)
【錄音 녹음】레코드나 테이프에 소리를 기록함.
【錄畵 녹화】비디오테이프에 영사 신호를 기록함.
【記錄 기록】①뒤에 남기려고 적음. ②운동 경기의 성적.
【登錄 등록】문서에 적어 둠.
【目錄 목록】조목을 차례차례로 배열한 것. 目次(목차).
【實錄 실록】①사실을 있는 그대로 적은 기록. ②한 임금의 재위 동안의 사실을 적은 기록.

【語錄 어록】 위인이나 유명인의 말들을 모은 기록, 또는 그 책.
【採錄 채록】 무엇을 찾아서 기록함.
【抄錄 초록】 필요한 대목만을 가려 뽑아 적음, 또는 그 기록.

【錀】 금 륜

명 ⊕lún ⊕リン 英gold
字解 금(륜)

【鉼】 판금 병

명 ⊕bǐng ⊕ヘイ 英metal plate
字解 ①판금(병) ※ 얇고 넓게 조각낸 쇠붙이. ②가마솥(병)

【錫】 주석 석

명 ⊕xī ⊕シャク 英tin
字解 ①주석(석) ②지팡이(석)
【錫杖 석장】 중이나 도사 등이 쓰는 지팡이. 禪杖(선장).
【朱錫 주석】 합금 재료로 쓰이는, 은백색 광택이 나는 금속.

【錞】 ❶순우 순 ❷창고달 대

명 ❶ ⊕zhūn, duì ⊕シュン, タイ
字解 ❶순우(순) ❷창고달(대) ※ 창 끝의 뾰족한 쇠.
【錞釪 순우】 동이 모양의 금속 악기.

【錝】 ❶저울 원 ❷주발 완

명 ⊕yuǎn ⊕エン 英balance
字解 ❶저울(원) ❷주발(완)

【錚】 쇳소리 쟁

명 ⊕zhēng ⊕ソウ
字解 ①쇳소리(쟁) ②징, 종(쟁)
【錚盤 쟁반】 운두가 얕고 바닥이 넓적한 그릇.
【錚錚 쟁쟁】 ①여럿 가운데서 아주 우뚝한 모양. ②쇠붙이가 맞부딪쳐 나는 맑은 소리.

【錢】 돈 전

정 ⊕qián ⊕セン(ぜに) 英money
字源 형성 겸 회의자. 金(금)은 의미 부분이고, 戔(잔·전)은 발음 부분이다. 戔은 '적다'·'작다'라는 뜻이므로, 의미 부분도 겸하고 있다.
字解 ①돈(전) ②전(전) ※ 무게의 단위. 1냥(兩)의 10분의 1.
【錢穀 전곡】 돈과 곡식.
【錢主 전주】 ①사업의 밑천을 대어 주는 사람. ②빚을 준 사람.
【口錢 구전】 흥정을 붙여 주고, 그 보수로 받는 돈. 口文(구문).
【金錢 금전】 돈.
【本錢 본전】 밑천으로 들인 돈.

【錠】 신선로 정

명 ⊕dìng ⊕ジョウ
字解 ①신선로(정) ※ 상 위에 놓고 탕을 끓이는 그릇. ②덩이(정)
【錠劑 정제】 알약. 丸藥(환약).

【錯】 ❶섞일 착 ❷둘 조

고 ⊕cuò ⊕サク(まじわる) 英mixed
字源 형성자. 金(금)은 의미 부분이고, 昔(석)은 발음 부분이다.
字解 ❶①섞일, 섞을(착) ¶錯亂(착란) ②어긋날, 그르칠(착) ¶錯覺(착각) ❷둘(조) 늑措
【錯覺 착각】 잘못 인식함.
【錯亂 착란】 뒤섞이어 어지러움.
【錯視 착시】 착각으로 잘못 봄.
【錯誤 착오】 착각으로 인한 잘못.
【錯雜 착잡】 뒤섞이어 복잡함.

【錘】 저울추 추

명 ⊕chuí ⊕スイ(おもり) 英weight

【錘】 저울추(추)
①저울추(추) ②추(추) ※무게의 단위. 8수(銖).
【紡錘 방추】 물레의 가락.
【秤錘 칭추】 저울추.

【錐】 송곳 추
⊕zhuī ⊕スイ(きり) ⊛awl
字解 송곳(추)
【錐處囊中 추처낭중】 주머니 속의 송곳. '뛰어난 사람은 저절로 재능이 드러남'의 비유. 囊中之錐(낭중지추).
【試錐 시추】 지질 조사나 광상(鑛床) 탐사를 위해 땅속에 구멍을 뚫음.
【立錐之地 입추지지】 송곳 끝을 세울 만한 땅. '몹시 좁은 땅'을 이름.

【錙】 저울눈 치
⊕zī ⊕シ
字解 ①저울눈(치) ②치(치) ※무게의 단위. 6수(銖).
【錙銖 치수】 ①치(錙)와 수(銖). 얼마 안 되는 무게. ②하찮은 물건.

【鍵】 자물쇠 건
⊕jiàn ⊕ケン(かぎ) ⊛lock
字解 ①자물쇠(건) ②비녀장(건) ③新건반(건)
【鍵盤 건반】 피아노·오르간 등의 앞부분에 있는 흑백의 작은 판(板).
【關鍵 관건】 ①빗장과 자물쇠. ②문제 해결에 꼭 있어야 하는 것.

【鍋】 노구솥 과
⊕guō ⊕カ(なべ) ⊛brass kettle
字解 노구솥(과) ※놋쇠나 구리로 만든 작은 솥.

【鍛】 쇠 불릴 단
⊕duàn ⊕タン ⊛temper
字解 쇠 불릴(단)
【鍛鍊 단련】 ①쇠붙이를 불림. ②몸과 마음을 닦아 기름.
【鍛造 단조】 달군 쇠붙이를 두드려 늘이어 물건을 만듦.

【鍍】 도금할 도
⊕dù ⊕ト(めっき) ⊛plate
字解 도금할(도)
【鍍金 도금】 금속 표면에 금·은 따위의 얇은 막을 입히는 일.

【鍊】 단련할 련
⊕liàn ⊕レン(ねる) ⊛temper
字源 형성자. 金(금)은 의미 부분이고, 柬(간)은 발음 부분이다.
字解 ①단련할, 쇠 불릴(련)≒煉 ②익힐, 다듬을(련)≒練
【鍊金 연금】 쇠붙이를 단련함.
【鍊磨 연마】 심신·지식·기능 따위를 갈고닦음.
【鍊習 연습】 학문·기예 따위를 되풀이하여 익힘.
【鍛鍊 단련】 쇠붙이를 불림.
【修鍊 수련】 정신·학문·기술 따위를 닦아서 단련함.

【錨】 닻 묘
⊕máo ⊕ビョウ ⊛anchor
字解 닻(묘)
【投錨 투묘】 닻을 내림. 배를 정박시킴.

【鍑】 솥 복
⊕fù ⊕フク(かま) ⊛caldron
字解 솥(복) ※아가리가 큰 솥.

【鍔】 칼날 악
⊕è ⊕ガク ⊛edge
字解 ①칼날(악) ②칼끝(악)

【鍈】 방울 소리 영
⊕yīng ⊕エイ
字解 방울 소리(영)

【鍮】 놋쇠 유
⊕tōu ⊕チュウ ⊛brass

[字解] 놋쇠(유)
【鍮器 유기】 놋그릇.
【鍮尺 유척】 조선 시대에, 지방 수령이나 암행어사가 검시(檢屍)에 쓰던, 놋쇠로 만든 자.

金 9 ⑰ 【鍾】 술잔 종 [冬] [간] 钟

[명] [中]zhōng [日]シュウ(あつめる) [英]goblet
[字解] ①술잔(종) ②모을(종) ③쇠북(종) ≒鐘
【鍾鉢 종발】 작은 보시기.
【鍾愛 종애】 사랑을 모음. '매우 귀여워함'을 이름.
【鍾乳石 종유석】 석회 동굴 천장에 고드름처럼 달려 있는 돌. 돌고드름.

金 9 ⑰ 【鍬】 삽 초 [蕭] [간] 锹

[中]qiāo [日]ショウ(すき) [英]spade
[字解] 삽, 가래(초)

金 9 ⑰ 【鍼】 침 침 [侵] [간] 针

[명] [中]zhēn [日]シン(はり) [英]needle
[字解] ①침, 바늘(침) ②침놓을(침)
【鍼灸 침구】 침질과 뜸질.
【鍼術 침술】 침을 놓아 병을 고치는 의술.
【鍼筒 침통】 침을 넣어 두는 통.
[참고] '鍼'은 '針'과 동자이지만, 현재는 침놓는 바늘은 '鍼', 꿰매는 바늘은 '針'으로 구별하여 씀.

金 10 ⑱ 【鋼】 [명] 剛(77)과 同字

金 10 ⑱ 【鎧】 갑옷 개 [賄] [간] 铠

[명] [中]kǎi [日]ガイ(よろい) [英]armor
[字解] 갑옷(개)
【鎧甲 개갑】 갑옷. 甲衣(갑의).

金 10 ⑱ 【鎌】 낫 겸 [本]렴 [鹽] [동] 鐮 [간] 镰

[명] [中]lián [日]レン(かな) [英]sickle
[字解] 낫(겸) ※풀 등을 베는 연장.
【鎌利 겸리】 낫처럼 날카로움.

金 10 ⑱ 【鎛】 종 박 [藥] [간] 镈

[中]bó [日]ハク [英]bell
[字解] ①종(박) ②괭이, 호미(박)
【鎛鐘 박종】 작은 종과 큰 종.

金 10 ⑱ 【鎖】 쇠사슬 쇄 [哿] [본] 鎻 [간] 锁

[고] [中]suǒ [日]サ(くさり) [英]chain
[字源] 형성자. 金(금)은 의미 부분이고, 貨(쇄)는 발음 부분이다.
[字解] ①쇠사슬(쇄) ¶ 連鎖(연쇄) ②자물쇠, 잠글(쇄) ¶ 封鎖(봉쇄)
【鎖骨 쇄골】 가슴 위쪽 좌우에 있는 어깨뼈.
【鎖國 쇄국】 나라의 문호를 닫고 외국과의 왕래를 끊음.
【封鎖 봉쇄】 ①봉하여 잠금. ②외부와의 연락을 끊음.
【連鎖 연쇄】 ①물건과 물건을 이어 매는 사슬. ②사슬처럼 서로 이음.
【閉鎖 폐쇄】 닫아 걺.

金 10 ⑱ 【鎻】 [명] 鎖(775)의 本字

金 10 ⑱ 【鎔】 녹일 용 [冬] [동] 熔 [간] 镕

[명] [中]róng [日]ヨウ(いがた) [英]melt
[字解] ①녹일, 쇠 녹일(용) ¶ 鎔接(용접) ②거푸집(용) ¶ 鎔範(용범)
【鎔鑛爐 용광로】 쇠붙이나 광석을 녹이는 가마.
【鎔範 용범】 쇠붙이를 녹여 거푸집에 넣음, 또는 그 거푸집.
【鎔巖 용암】 화산에서 분출한 마그마, 또는 그것이 굳어서 된 암석.
【鎔接 용접】 두 쇠붙이를 녹여 붙이거나 이음.

金 10 ⑱ 【鎰】 일 일 [質] [간] 镒

[명] [中]yì [日]イツ
[字解] 일(일) ※무게의 단위. 20냥(兩) 또는 24냥.

8획

金10획

【鎭】 누를 진
鎭鎮鎮

수 金 金 金 鈩 鉑 鎮 鎮

㉠ ⓒzhèn ⓙチン(しずめる)
ⓔsuppress

字源 형성자. 金(금)은 의미 부분이고, 眞(진)은 발음 부분이다.

字解 ①누를, 진압할(진) ②요해지(진) ③진영(진)

【鎭撫 진무】 난리를 진압하고 백성을 위로하여 달램.
【鎭山 진산】 서울이나 각 고을을 진호(鎭護)하는 주산(主山).
【鎭壓 진압】 억눌러서 가라앉힘.
【鎭營 진영】 조선 시대에, 지방군이 주둔하던 곳. 수영(水營)이나 병영(兵營) 밑에 두었음.
【鎭靜 진정】 흥분·혼란 등이 가라앉아 고요함, 또는 가라앉게 함.
【鎭痛 진통】 아픈 것을 가라앉힘.
【鎭火 진화】 불을 끔.
【重鎭 중진】 어떤 분야에서 중요한 자리에 있거나 지도적 영향력을 가진 사람.

【鎚】 ❶쇠망치 추 ❷갈 퇴
錘鎚

명 ⓒchuí, duī ⓙツイ(つち)
ⓔhammer

字解 ❶쇠망치(추) ❷갈(퇴) ※옥을 갈고 닦음.

【鎚殺 추살】 쇠망치로 쳐 죽임.
【鐵鎚 철추→철퇴】 쇠망치.

【鎣】 ❶줄 형 ❷그릇 영
鎣

명❶ ⓒyíng ⓙエイ ⓔfile

字解 ❶①줄(형) ※갈아 광택을 내는 연장. ②갈, 문지를(형) ❷그릇(영)

【鎬】 냄비 호
鎬鎬

명 ⓒgǎo ⓙコウ(なべ) ⓔpan

字解 ①냄비(호) ②땅 이름(호)

【鎬京 호경】 주(周)나라 무왕(武王)이 도읍했던 곳. 지금의 산시 성(陝西省) 시안(西安)의 서쪽.

金11획

【鏗】 금석 소리 갱
鏗鏗

ⓒkēng ⓙコウ

字解 ①금석 소리(갱) ②칠, 탈(갱)

【鏗鏘 갱장】 금석(金石)이나 방울 등이 울리는 소리.

【鏡】 거울 경
鏡

ㅗ 수 金 金 金 銙 鏡 鏡

㉠ ⓒjìng ⓙキョウ(かがみ)
ⓔmirror

字源 형성자. 金(금)은 의미 부분이고, 竟(경)은 발음 부분이다.

字解 ①거울(경) ¶ 鏡臺(경대) ②거울삼을, 본받을(경) ¶ 鏡鑑(경감)

【鏡鑑 경감】 ①거울. ②본보기. 龜鑑(귀감).
【鏡臺 경대】 거울을 달아 세운 화장대(化粧臺). 粧鏡(장경).
【水鏡 수경】 물속에서 쓰는 안경.
【眼鏡 안경】 눈을 보호하거나 시력을 돕기 위하여 쓰는 기구.
【破鏡 파경】 ①깨어진 거울. ②이혼하는 일.

故事 지난날, 어떤 부부가 조각낸 거울 한 쪽씩을 정표로 삼아 잠시 헤어져 있었는데, 여자가 변심을 하자 여자의 거울 조각이 까치가 되어 전남편에게로 날아갔다는 이야기에서 온 말.

【鏤】 새길 루
鏤鏤

명 ⓒlòu ⓙロウ(ちりばめる)
ⓔengrave

字解 새길(루)

【鏤刻 누각】 글자나 그림을 파서 새김. 刻鏤(각루).

【鏋】 금 만
鏋

명 ⓒmǎn ⓙバン ⓔgold

字解 금, 황금(만)

金部 13획

鏖 [무찌를 오]
金 11 / 19
- ⊕áo ⊖オウ(みなごろし) ⊛annihilate
- **字解** ①무찌를, 죄다 죽일(오) ②구리 동이(오)
- 【鏖殺 오살】죄다 죽여 버림.

鏞 [큰 쇠북 용]
金 11 / 19
- 명 ⊕yōng ⊖ヨウ ⊛large bell
- **字解** 큰 쇠북(용) ※악기의 하나.

鏘 [옥 소리 장]
金 11 / 19
- ⊕qiāng ⊖ソウ
- **字解** 옥 소리(장)

鏑 [살촉 적]
金 11 / 19
- 명 ⊕dī, dí ⊖チャク ⊛arrowhead
- **字解** 살촉, 화살촉, 우는살(적)

鏃 [살촉 촉]
金 11 / 19
- 명족 ⊕zú ⊖ゾク(やじり) ⊛arrowhead
- **字解** 살촉, 화살촉(촉)
- 【石鏃 석촉】돌로 만든 살촉.

鏻 [굳셀 린]
金 12 / 20
- 명 ⊕lín ⊖リン ⊛vigorous
- **字解** 굳셀(린)

鏇 [복자 선]
金 12 / 20
- 명 복자 선
- **字解** 복자(선) ※기름을 될 때 쓰는 쟁첩 모양의 그릇.

鐘 [쇠북 종]
金 12 / 20
- 종 ⊕zhōng ⊖ショウ(かね) ⊛bell
- **字源** 형성자. 金(금)은 의미 부분이고, 童(동)은 발음 부분이다.
- **字解** ①쇠북, 종(종) ¶警鐘(경종) ②시계(종) ¶挂鐘(괘종)
- 【鐘閣 종각】종을 달아 놓은 집.
- 【警鐘 경종】①경계하기 위하여 치는 종. ②경계하기 위한 주의·충고.
- 【掛鐘 괘종】벽·기둥에 걸어 놓은 시계. 괘종시계(掛鐘時計).
- 【梵鐘 범종】절에서 시간을 알리고 사람을 모이게 하기 위해 치는 종.
- 【自鳴鐘 자명종】일정한 시간이 되면 저절로 울려 시각을 알려 주는 시계.
- 참고 '鐘'과 '鍾'은 원래 딴 자이나 '쇠북'의 뜻으로는 통용하기도 함.

鏶 [쇳조각 집]
金 12 / 20
- 명 ⊕jí ⊖ショウ(いたがね)
- **字解** 쇳조각(집) ※얇은 금속 조각.

鐈 [날카로울 혜]
金 12 / 20
- 명 ⊕juì ⊖ケイ ⊛sharp
- **字解** ①날카로울(혜) ②세모창(혜)

鐄 [큰 쇠북 횡]
金 12 / 20
- 명 ⊕huáng ⊖コウ ⊛large bell
- **字解** 큰 쇠북(횡) ※악기의 하나.

鐺 [❶쇠사슬 당 ❷솥 쟁]
金 13 / 21
- 명 ❶ ⊕dāng, chēng ⊖トウ ⊛chains, kettle
- **字解** ❶①쇠사슬(당) ②종소리(당) ❷①솥, 노구솥(쟁)

鏽 [녹 수]
金 13 / 21
- 동 ⊕xiù ⊖シュウ(きび) ⊛rust
- **字解** 녹, 녹슬(수)

鐫 [새길 전]
金 13 / 21
- 명 ⊕juān ⊖セン ⊛carve
- **字解** ①새길(전) ②끌(전) ※나무를 파는 연장.
- 【鐫刻 전각】쇠붙이에 조각함.
- 【鐫切 전절】갈고 깎음. '깊이 책선(責善)함'을 이름.

【鐵】 쇠 철

鉄 铁 鐡

⺯ 釒 釤 釯 鈝 銩 鐵 鐵

囝 ⊕tiě ⊕テツ(くろがね) ㊧iron
字源 형성자. 金(금)은 의미 부분이고, 戴(질)은 발음 부분이다.
字解 ①쇠(철) ¶鐵石(철석) ②무기(철) ¶寸鐵殺人(촌철살인) ③단단할, 굳셀(철) ¶鐵壁(철벽)

【鐵甲】 철갑 쇠로 만든 갑옷.
【鐵拳】 철권 쇠같이 굳센 주먹.
【鐵面皮】 철면피 쇠처럼 두꺼운 낯가죽. '뻔뻔스러운 사람'의 비유.
【鐵壁】 철벽 쇠로 만든 벽. '아주 튼튼한 장벽이나 방비'의 비유.
【鐵石】 철석 ①쇠와 돌. ②'굳고 단단하여 변함이 없음'의 비유.
【鐵窓】 철창 ①쇠창살문. ②'감방·감옥'의 비유.
【鐵則】 철칙 변경할 수 없는 규칙.
【製鐵】 제철 철광석을 녹여 무쇠를 뽑음.
【寸鐵殺人】 촌철살인 조그만 무기가 사람을 죽임. '간단한 말로 사람의 마음을 찔러 감동시킴'의 비유.

【鐸】 방울 탁

铎 鐸

명 ⊕duó ⊕タク(すず) ㊧bell
字解 방울, 요령(탁)
【木鐸】 목탁 독경이나 염불(念佛)을 할 때 치는 물건.

【鐶】 고리 환

鐶 镮

명 ⊕huán ⊕カン ㊧ring
字解 ①고리(환)≒環 ②가락지(환)

【鑑】 거울 감

鑒 鉴 鑑

⺯ 釒 釤 銐 銐 銐 鍚 鑑

囝 ⊕jiàn ⊕カン(かがみ) ㊧mirror
字源 형성 겸 회의자. 金(금)은 의미 부분이고, 監(감)은 발음 부분이다. 본래 監은 물이 담겨 있는 그릇을 사람이 들여다보고 있는 모습으로 '자신의 얼굴을 들여다보다'라는 뜻에서 '보다'·'감시하다'·'본보기' 등으로 의미가 발전되었으므로 의미 부분도 겸하고 있다.
字解 ①거울(감) ¶鏡鑑(경감) ②모범, 본보기(감) ¶龜鑑(귀감) ③훈계, 교훈(감) ¶鑑戒(감계) ④비추어 볼, 살필(감) ¶鑑識(감식)

【鑑戒】 감계 잘못을 되풀이하지 않도록 하는 경계(警戒).
【鑑別】 감별 잘 살피어 분간해 냄.
【鑑賞】 감상 예술 작품을 음미하고 가치를 이해함.
【鑑識】 감식 감정하여 식별함.
【鑑定】 감정 사물의 진짜와 가짜, 좋고 나쁨 등을 가려내는 일.
【鏡鑑】 경감 ①거울. ②본보기.
【龜鑑】 귀감 모범. 본보기.
【寶鑑】 보감 본보기가 될 만한 것을 모아 엮은 책.

【鑒】 명 鑑(778)과 同字

【鑌】 강철 빈

镔

명 ⊕bīn ⊕ヒン ㊧steel
字解 강철(빈)

【鑄】 부어 만들 주

鋳 铸 鑄

⺯ 釒 釤 釤 鐯 鍒 鑄 鑄

囝 ⊕zhù ⊕チュウ(いる) ㊧cast
字源 형성자. 金(금)은 의미 부분이고, 壽(수)는 발음 부분이다.
字解 부어 만들(주)
【鑄物】 주물 쇠붙이를 녹여서 일정한 거푸집에 부어 만든 물건.
【鑄造】 주조 쇠를 녹여 물건을 만듦.
【鑄貨】 주화 쇠붙이를 녹여 만든 돈.

【鑂】 금빛 바랠 훈

명 ⊕xùn ⊕フン
字解 금빛 바랠(훈)

【鑛】 쇳돌 광

礦 矿 鑛

⺯ 釒 釒 釒 銰 鑛 鑛 鑛

囝 ⊕kuàng ⊕コウ(あらがね) ㊧ore

字源 형성자. 金(금)은 의미 부분이고, 廣(광)은 발음 부분이다.
字解 ①쇳돌, 광물(광) ¶鑛脈(광맥) ②광산(광) ¶炭鑛(탄광)
【鑛脈 광맥】 광물이 매장된 줄기.
【鑛物 광물】 지각(地殼) 속에 섞여 있는 천연 무기물. 철·석탄·금 따위.
【鑛夫 광부】 광산에서 일하는 노동자.
【鑛山 광산】 광물을 캐내는 곳.
【採鑛 채광】 광물을 캐냄.
【炭鑛 탄광】 석탄을 캐내는 광산.

金15 【鑢】 줄 려 䥨 鑢鑢
⊕lǜ ⊕リョ(やすり) ⊛file
字解 ①줄(려) ※쇠붙이를 쓰는 연장. ②갈, 줄로 쓸(려)
【鑢紙 여지】 유리 가루·규석 따위를 종이나 천에 바른 것. 砂布(사포).

金15 【鑠】 쇠 녹일 삭 䥨 鑠鑠
⊕shuò ⊕シャク(とかす) ⊛melt
字解 ①쇠 녹일(삭) ②빛날(삭) ③기운 솟을(삭)
【衆口鑠金 중구삭금】 뭇사람의 입에 오르면 쇠도 녹음. '여러 사람의 말은 큰 힘이 있음'의 비유.
【矍鑠 확삭】 늙어도 더욱 기력이 정정한 모양.

金17 【鑰】 자물쇠 약 䥨 鑰鑰
⊕yuè ⊕ヤク ⊛lock
字解 자물쇠(약)
【鑰匙 약시】 열쇠. 鑰鍵(약건).

金19 【鑾】 방울 란 䥨 鑾鑾
⊕luán ⊕ラン(すず) ⊛bell
字解 ①방울(란) ※천자의 수레에 달던 방울. ②임금 수레(란) ≒鸞
【鑾駕 난가】 임금이 타는 수레.
【鑾鈴 난령】 임금의 수레에 단 방울.

金19 【鑽】 뚫을 찬 䥨 鑽鉆鑚
명 ⊕zuān, zuàn ⊕サン(きる) ⊛bore
字解 ①뚫을(찬) ②송곳(찬) ③끌(찬) ※나무를 파는 연장.
【鑽燧 천수】 나무에 구멍을 뚫어 마찰하여 불을 일으키던 일.
【研鑽 연찬】 갈고 뚫음. 연구함.

金20 【鑿】 ❶뚫을 착 䥨 鑿鑿
  ❷구멍 조
명 ❶ ⊕záo ⊕サク(うがつ) ⊛bore
字解 ❶①뚫을, 팔(착) ②끌(착) ※나무를 파는 연장. ❷구멍(조)
【鑿井 착정】 우물을 팜.
【掘鑿 굴착】 땅을 파서 뚫음.
【穿鑿 천착】 ①구멍을 뚫음. ②조그마한 데까지 깊이 파고듦.
【枘鑿 예조】 네모난 장부와 둥근 구멍. '사물이 서로 맞지 않음'의 비유. 方枘圓鑿(방예원조).

⑧ 長 部

長0 【長】 ❶길 장 䥨 镸长长
  ❷어른 장
丨 ㄏ ㄏ F F 匡 長 長
명 ⊕cháng, zhǎng ⊕チョウ(ながい) ⊛long
字源 상형자. 사람의 머리카락이 긴 모양을 그린 것으로, 본래 노인을 뜻한다. '오래되다'·'우두머리' 등의 뜻은 여기에서 비롯되었다.
字解 ❶①길, 멀, 오랠, 클(장) ¶長短(장단) ②길이, 키(장) ¶身長(신장) ❷①어른(장) ¶長幼有序(장유유서) ②맏, 우두머리(장) ¶家長(가장) ③나을(장) ¶長點(장점) ④자랄(장) ¶生長(생장)
【長廣舌 장광설】 ①길고 줄기차게 잘 늘어놓는 말솜씨. ②쓸데없이 너저분하게 오래 지껄이는 말.
【長技 장기】 뛰어난 기술.
【長短 장단】 ①긴 것과 짧은 것. ②

장점과 단점.
【長蛇陣 장사진】긴 뱀 모양으로 친 진(陣). '많은 사람이 줄을 지어 길게 늘어서 있는 모양'을 이름.
【長成 장성】자라서 어른이 됨.
【長壽 장수】오래 삶.
【長幼有序 장유유서】오륜(五倫)의 하나로, '연장자와 연소자 사이에는 지켜야 할 차례가 있음'을 이름.
【長者 장자】①어른. 덕망이 높은 사람. ②'큰 부자'의 높임말.
【長點 장점】①좋은 점. ②특히 잘하는 점.
【長程 장정】매우 먼 길.
【家長 가장】한 집안을 맡아 다스리는 사람.
【生長 생장】나서 자라거나 큼.
【身長 신장】사람의 키.
참고 부수나 다른 한자의 구성 요소로 쓰일 때는 글자 모양이 '镸'으로 되기도 한다.

8 門 部

【門】문 문
ㅣ ㄱ ㄲ 尸 尸 尸 門 門 門
몸 ⊕mén ⊕モン(かど) ⊛gate
字源 상형자. 문의 두 짝이 닫힌 모양을 그린 것이다.
字解 ①문(문) ¶門戶(문호) ②집안, 지체(문) ¶門閥(문벌) ③배운 터(문) ¶同門(동문) ④구별, 분야(문) ¶專門(전문) ⑤문(문) ※대포를 세는 단위.
【門閥 문벌】대대로 이어 내려오는 그 집안의 지체. 家閥(가벌).
【門外漢 문외한】그 일에 관계가 없거나 전문적인 지식이 없는 사람.
【門前成市 문전성시】문 앞이 저자를 이룸. '방문하는 사람이 많음'의 비유.
【門中 문중】성(姓)과 본(本)이 같은 가까운 집안.
【門下 문하】스승의 집. 스승의 밑.

【門戶 문호】①문. ②출입구가 되는 긴요한 곳.
【同門 동문】한 스승에게서 같이 배운 제자, 또는 같은 학교의 출신자.
【名門 명문】①문벌이 좋은 집안. 名家(명가). ②이름난 학교.
【專門 전문】어떤 한 가지 일을 오로지함, 또는 그 일.
【破門 파문】①사제(師弟)의 의리를 끊고 내쫓음. ②신도 자격을 빼앗고 종문(宗門)에서 내쫓음.

【閃】번쩍거릴 섬
몸 ⊕shǎn ⊕セン(ひらめく) ⊛flash
字解 번쩍거릴, 번쩍 빛날(섬)
【閃光 섬광】번쩍 빛나는 빛.

【閉】닫을 폐
ㅣ ㄱ ㄲ 尸 尸 門 門 閉 閉
몸 ⊕bì ⊕ヘイ(とじる) ⊛shut
字源 회의자. 門(문)과 才(재)는 모두 의미 부분이다. 才는 문을 닫을 때 쓰는 빗장을 그린 것이다.
字解 ①닫을(폐) ¶閉門(폐문) ②막을, 막힐(폐) ¶閉塞(폐색) ③마칠(폐) ¶閉會(폐회)
【閉講 폐강】하던 강의나 강좌 따위를 없앰.
【閉門 폐문】문을 닫음.
【閉塞 폐색】막음, 또는 막힘.
【閉鎖 폐쇄】①문을 굳게 닫고 자물쇠를 채움. ②기능을 정지시킴.
【閉業 폐업】문을 닫고 영업을 쉼.
【閉會 폐회】회의(會議)를 마침.
【密閉 밀폐】빈틈없이 꼭 막음.
【幽閉 유폐】사람을 일정한 곳에 가두어 두고 밖으로 나오지 못하게 함.

【間】❶사이 간
❷이간할 간
ㅣ ㄱ ㄲ 尸 尸 門 門 閒 間
몸 ⊕jiān, jiàn ⊕カン(あいだ) ⊛gap
字源 회의자. 門(문)과 日(일)은 모

두 의미 부분이다. 본래 間(간)으로 썼는데, 문틈(門) 사이로 달(月(월))이 보인다는 뜻에서 '틈새'라는 의미로 쓰였다. 그런데 閒이 閑(한가할 한) 자와 혼용(混用)되자, 그 뜻을 명확히 하고자 뒤에 月 대신 日을 넣은 間 자를 새로 만든 것이다.

字解 ❶①사이, 틈(간) ¶間紙(간지) ②때, 동안(간) ¶近間(근간) ③칸(간) ※건물 칸살의 단위. ❷①이간할(간) ¶間言(간언) ②엿볼(간) ¶間諜(간첩) ③섞일(간) ¶間色(간색)

【間隔 간격】 물건과 물건이 떨어져 있는 사이.
【間色 간색】 두 가지 이상의 원색(原色)이 섞여서 된 색.
【間食 간식】 ①군음식. ②샛밥.
【間言 간언】 이간하는 말.
【間紙 간지】 책장과 책장 사이에 끼워 두는 종이.
【間諜 간첩】 적중에 들어가 적의 기밀을 탐지하는 사람.
【近間 근간】 요사이.
【瞬間 순간】 눈 깜짝할 사이.
【離間 이간】 서로의 사이를 멀어지게 함. 反間(반간).
【巷間 항간】 일반 민중들 사이.

【開】 열 개 灰 开

ㅣ ㄷ ㅌ 門 門 門 閂 開

图 ⊕kāi ⓙカイ(ひらく) ⓔopen
字源 회의자. 門(문), 廾(공), 一(일)은 모두 의미 부분이다. 开는 두 손(廾)으로 빗장(一)을 연다는 뜻이다.
字解 ①열(개) ¶開幕(개막) ②펼(개) ¶展開(전개) ③깨우칠(개) ¶開諭(개유) ④개간할(개) ¶開拓(개척) ⑤시작할(개) ¶開業(개업)

【開墾 개간】 산이나 황무지를 일굼.
【開幕 개막】 무대의 막을 엶.
【開發 개발】 새로운 것을 생각해 내어 실용화하는 일.
【開放 개방】 ①문을 열어 놓음. ②금하던 것을 풀고 열어 놓음.
【開闢 개벽】 천지가 처음으로 열림.
【開封 개봉】 봉한 것을 뜯어서 엶.
【開始 개시】 시작함.
【開業 개업】 영업을 처음 시작함.
【開諭 개유】 일러서 깨우쳐 줌.
【開陳 개진】 내용·의견을 진술함.
【開拓 개척】 ①거친 땅을 일굼. ②새롭게 나아갈 길을 엶.
【開催 개최】 모임·행사를 엶.
【開閉 개폐】 엶과 닫음. 여닫음.
【滿開 만개】 많은 꽃이 한꺼번에 활짝 핌. 滿發(만발).
【展開 전개】 펴서 벌임.
【打開 타개】 얽히거나 막혀 있는 것을 헤쳐 엶.

【閔】 근심할 민 軫 闵

图 ⊕mǐn ⓙビン(あわれむ) ⓔsorry
字解 ①근심할, 걱정할(민) ②가엾게 여길(민)
【閔然 민연】 ①근심하는 모양. ②불쌍히 여기는 모양.

【閏】 윤달 윤 震 闰

ㅣ ㄷ ㅌ 門 門 門 閆 閏 閏

고 ⊕rùn ⓙジュン(うるう) ⓔleap month
字源 회의자. 門(문)과 王(왕)은 모두 의미 부분이다. 옛날 황제가 연말에 제후들에게 이듬해의 달력을 나누어 주고 겸하여 정령(政令)도 함께 내리는 의식을 거행할 때, 임금은 일반적으로 종묘에 거처하였는데, 윤달이 있는 해에는 침문(寢門) 안에 머물렀다. 그래서 門 안에 王 자가 있는 것이다.
【閏年 윤년】 윤달이 드는 해.
【閏位 윤위】 정통이 아닌 왕위.
【閏集 윤집】 원본(原本)에 빠진 글을 따로 모은 문집(文集).

【閑】 한가할 한 ⓓ ⓖ 閒闲

ㅣ ㄷ ㅌ 門 門 門 閂 閑 閑

图 ⊕xián ⓙカン(しずか) ⓔleisure
字源 회의자. 門(문)과 木(목)은 모

두 의미 부분이다. 문(門) 가운데 나무(木)가 있다는 뜻에서 본래 빗장을 뜻하였다. 뒤에 '한가하다'라는 뜻으로 쓰이게 되었다.

字解 ①한가할(한) ②등한할(한) ③막을, 멱할(한)

【閑暇 한가】 바쁘지 않아 겨를이 있음.
【閑邪 한사】 사악한 마음을 막음.
【閑散 한산】 한가하고 쓸쓸함.
【閑寂 한적】 조용하고 쓸쓸함.
【閑話休題 한화휴제】 한가로운 이야기는 그만두다. 이야기를 본길로 돌릴 때 쓰는 말.
【農閑期 농한기】 농사일이 바쁘지 않은 시기.
【等閑 등한】 마음에 두지 않고 예사로 여김.
【忙中閑 망중한】 바쁜 가운데서도 한가한 때.

門 4획 [閒] 12획
❶間(780)의 本字
❷囹 閑(781)과 同字

門 5획 [閘] 13획 수문 갑 闸
명 ⊕zhá ⊕コウ ㊉water gate
字解 수문(갑)
【閘門 갑문】 선박을 통과시키기 위하여 수위(水位)를 조절하는 장치.

門 6획 [閣] 14획 누각 각 閣
ㅣ ㄱ ㄖ ㄖ' ㄖ"門門閂閇閣
고 ⊕gé ⊕カク(たかどの) ㊉tower
字源 형성자. 門(문)은 의미 부분이고, 各(각)은 발음 부분이다.
字解 ①누각(각) ¶殿閣(전각) ②잔도(각) ¶閣道(각도) ③내각(각) ¶閣僚(각료) ④시렁(각)
【閣道 각도】 ①복도(複道). ②험한 벼랑에 나무로 선반처럼 내매어 만든 길. 棧道(잔도).
【閣僚 각료】 내각(內閣)을 구성하는 각부의 장관들.
【閣下 각하】 ①전각(殿閣)의 아래. ②신분이 높은 사람에 대한 경칭.
【內閣 내각】 국가의 행정을 담당하는 중심 기관.
【樓閣 누각】 높은 다락집.
【殿閣 전각】 궁전과 누각.

門 6획 [関] 14획 關(784)의 俗字

門 6획 [閨] 14획 안방 규 闺
명 ⊕guī ⊕ケイ(ねや) ㊉boudoir
字解 안방, 도장방(규)
【閨房 규방】 부녀자가 거처하는 방. 도장방.
【閨秀 규수】 ①남의 집 처녀를 점잖게 이르는 말. ②학문과 재주가 뛰어난 여자. 才媛(재원).

門 6획 [閩] 14획 종족 이름 민 闽
⊕mín ⊕ビン
字解 ①종족 이름(민) ※지난날, 푸젠 성(福建省) 지역에 살던 미개 민족. ②땅 이름(민) ※푸젠 성의 옛 이름.

門 6획 [閥] 14획 문벌 벌 阀
명 ⊕fá ⊕バツ ㊉lineage
字解 ①문벌, 지체(벌) ¶閥族(벌족) ②공훈, 공적(벌) ¶閥閱(벌열)
【閥閱 벌열】 ①공적(功績)과 경력. ②공적이 있는 집안. ③귀족(貴族).
【閥族 벌족】 신분이나 사회적 지위가 높은 가문의 일족.
【門閥 문벌】 대대로 이어 내려온 그 집안의 지체.
【財閥 재벌】 큰 세력을 가진 기업가의 무리, 또는 대자본가의 집단.
【派閥 파벌】 이해관계에 따라 갈라진 사람들의 집단.
【學閥 학벌】 ①출신 학교의 지체. ②같은 학교의 출신자로 이루어진 파벌(派閥).

門 6획 [閤] 14획 샛문 합 閤
명 ⊕gé ⊕コウ(くぐりど) ㊉side-door
字解 ①샛문(합) ②침실(합)
【閤門 합문】 ①밖으로 보이지 않는

출입문. ②편전(便殿)의 앞문.
【閣夫人 합부인】國'남의 아내'의 높임말.
【閣下 합하】신분이 높은 사람에 대한 경칭. 閤下(각하).
 ꌼ지난날, 삼공·대신의 집에는 샛문(閤)이 세워졌던 데서 온 말.

【閫】 문지방 곤
⊕kǔn ⊖コン(しきい) ㉷threshold
字解 ①문지방(곤)≒梱 ②부인(곤)
【閫德 곤덕】부녀자의 덕.
【閫外 곤외】①문지방 바깥. 경계의 바깥. ②궁성(宮城) 또는 도성(都城)의 바깥.
【閫外之任 곤외지임】병마(兵馬)를 통솔하는 직임.

【閭】 마을 려
명 ⊕lú ⊖リョ(さと) ㉷village
字解 ①마을(려) ②마을 문(려)
【閭門 여문】마을 어귀의 문.
【閭閻 여염】서민이 모여 사는 마을.
【旌閭 정려】충신·효자·열녀 등을, 그들이 살던 마을에 정문(旌門)을 세워서 표창하던 일.

【閱】 살펴볼 열
丨 𠃍 門 門 閂 閃 閱 閱
고 ⊕yuè ⊖エツ(けみする) ㉷inspect
字源 형성자. 門(문)은 의미 부분이고, 兌(태)는 발음 부분이다. 옛날에 閱과 兌는 발음이 비슷하였다.
字解 ①살펴볼(열) ¶閱覽(열람) ②겪을, 지낼(열) ¶閱歷(열력) ③공적(열) ¶閱閱(벌열)
【閱覽 열람】책·신문 등을 훑어봄.
【閱歷 열력】겪어 온 이력(履歷).
【閱兵 열병】군대를 정렬시켜 놓고 사열함. 閱武(열무).
【檢閱 검열】검사하여 살펴봄.
【校閱 교열】문서나 책의 어구 또는 글자의 잘못을 교정하고 검열함.
【閱閱 벌열】①공적과 경력. ②공적

이 있는 집안. ③귀족(貴族).
【查閱 사열】실지로 하나하나 살펴봄.

【閏】 윤달 윤
명 ⊕rùn ⊖ジュン ㉷leap month
字解 윤달(윤)=閠

【閼】 막을 알
명 ⊕è ⊖アツ(ふさぐ) ㉷block
字解 막을, 막힐(알)
【閼塞 알색】막힘. 壅塞(옹색).

【閹】 고자 엄
명 ⊕yān ⊖エン ㉷eunuch
字解 ①고자, 내시(엄) ②숨길(엄)
【閹然 엄연】본심을 숨기는 모양.
【閹人 엄인】내시. 宦官(환관).

【閾】 문지방 역
명 ⊕yù ⊖ヨク ㉷threshold
字解 문지방(역)

【閻】 마을 염
명 ⊕yán ⊖エン ㉷village
字解 ①마을(염) ②마을 문(염)
【閻羅 염라】죽은 사람의 죄를 다스린다는 지옥의 임금. 閻魔(염마).
【閭閻 여염】서민이 모여 사는 마을.

【閽】 문지기 혼
명 ⊕hūn ⊖コン ㉷gate keeper
字解 ①문지기(혼) ②대궐 문(혼)
【閽禁 혼금】지난날, 관청에서 잡인의 출입을 금지하던 일.
【閽人 혼인】문지기.

【闋】 끝날 결
명 ⊕què ⊖ケツ ㉷close
字解 ①끝날, 마칠(결) ②쉴(결)
【闋制 결제】삼년상(三年喪)을 마침. 脫喪(탈상).

門部 9획

闌 막을 란
⑰ 획수
- ⊕lán ⊖ラン(さえぎる)
- ㊀cut off

字解 ①막을(란) ②난간(란) ≒欄 ③함부로(란) ④늦을(란)

【闌駕上書 난가상서】임금의 수레를 가로막고 소장(訴狀)을 올림.
【闌暑 난서】늦더위.
【闌入 난입】함부로 들어감.

闇 어두울 암
⑰
- 명 ⊕àn ⊖アン(くらい) ㊀dark

字解 ①어두울(암) ≒暗 ②어리석을(암) ≒暗
【闇鈍 암둔】어리석고 둔함.

闈 대궐 위
⑰
- ⊕wéi ⊖イ ㊀palace

字解 대궐, 대궐 작은 문(위)
【闈門 위문】궁중의 협문.

闊 넓을 활
⑰
- 명 ⊕kuò ⊖カツ(ひろい) ㊀broad

字解 ①넓을, 너그러울(활) ¶闊達(활달) ②우둔할(활) ¶迂闊(우활) ③성길(활) ¶疎闊(소활)

【闊達 활달】마음이 넓어 작은 일에 개의치 않음.
【闊步 활보】①큰 걸음으로 힘있게 걸음. ②기를 펴고 멋대로 행동함.
【闊葉樹 활엽수】잎이 넓은 나무.
【廣闊 광활】탁 트이어 아주 넓음.
【疎闊 소활】정분이 버성기고 서먹함.
【迂闊 우활】세상 사정에 어두움.

闕 대궐 궐
⑱
- 명 ⊕què ⊖ケツ(かける) ㊀palace

字解 ①대궐(궐) ¶入闕(입궐) ②빠질, 빠뜨릴(궐) ¶闕席(궐석)

【闕席 궐석】①자리가 빔. ②출석하지 않음. 缺席(결석).
【闕誤 궐오】빠지고 잘못이 있음.
【大闕 대궐】임금이 거처하며 정사를

보던 집. 宮闕(궁궐).
【補闕 보궐】①빈자리를 채움. 補缺(보결). ②결점을 보충함.
【入闕 입궐】대궐로 들어감.

闖 엿볼 틈
⑱
- ㊀침
- 명 ⊕chuǎng ⊖テン ㊀watch for

字解 ①엿볼(틈) ②불쑥 들어갈(틈)
【闖入 틈입】불쑥 난폭하게 들어감.

闔 닫을 합
⑱
- 명 ⊕hé ⊖コウ(とじる) ㊀shut

字解 ①닫을(합) ②문짝(합)
【闔門 합문】①문을 닫음. ②國제사에서 유식(侑食) 때 문을 닫거나 병풍으로 가리어 막는 일.

關 빗장 관
⑲
「 「 門 門 閂 閂 閂 關 關

- 명 ⊕guān ⊖カン(せき) ㊀bolt

字源 형성자. 門(문)은 의미 부분이고, 鈴은 발음 부분이다.

字解 ①빗장(관) ¶關鍵(관건) ②닫을, 잠글(관) ③관, 관문(관) ¶關稅(관세) ④관계할(관) ¶關與(관여)

【關鍵 관건】①빗장과 자물쇠. ②문제 해결을 위해 꼭 있어야 하는 것.
【關係 관계】둘 이상이 서로 걸림.
【關聯 관련】둘 이상의 사람·사물이 서로 관계를 맺어 매여 있음.
【關門 관문】①지난날, 국경이나 교통 요지에 설치하였던 문. ②중요한 길목이나 반드시 거쳐야 할 과정.
【關稅 관세】한 나라의 세관을 통과하는 물품에 대하여 부과하는 세금.
【關心 관심】어떤 것에 마음이 끌려 주의를 기울임.
【關與 관여】어떤 일에 관계함.
【關節 관절】뼈와 뼈가 연결된 부분.
【機關 기관】①화력·수력 등의 에너지를 기계적 에너지로 바꾸는 장치. ②어떤 목적을 이루기 위해 만들어진 조직체.
【難關 난관】①지나가기가 어려운 관문. ②뚫고 나가기 어려운 고비.

【聯關 연관】이어짐. 연결됨.

門[閺] 閒(717)과 同字

門[闡] 밝힐 천
ⓒchǎn ⓙセン ⓔexplain
字解 ①밝힐(천) ②열(천)
【闡明 천명】생각을 드러내어 밝힘.
【闡揚 천양】뚜렷이 밝혀 널리 퍼뜨림.

門[闢] 열 벽
ⓒpì ⓙヘキ(ひらく) ⓔopen
字解 ①열(벽) ②개간할(벽)
【闢墾 벽간】논밭을 일굼. 開墾(개간).
【開闢 개벽】천지가 처음으로 열림.

8 阜 部

阜[阜] 언덕 부
ⓒfù ⓙフ(おか) ⓔhill
字源 상형자. 갑골문을 보면 'ᒪ'로 썼는데, 凸(=山)을 세운 글자로 '산'·'언덕'을 뜻한다는 설, 'ᅵ'은 높은 산(山)을 가리키고 'ᆯ'은 산비탈의 계단을 뜻한다는 설, 옛날에 동굴이나 구덩이를 파서 살 때 벽면(壁面)을 계단 모양으로 파서 오르내리기 쉽도록 하였는데 'ᆯ'는 바로 그 모양을 그린 것이라는 설 등이 있다.
字解 ①언덕(부) ②클, 성할(부)
【阜陵 부릉】큰 언덕. 높은 언덕.
【阜蕃 부번】크게 번식함.
【丘阜 구부】언덕.
[참고] 변에 쓰일 때는 자형이 'ß'으로 된다. ☞ß部(339)

8 隶 部

隶[隶] 미칠 이·대
ⓒyì, dài ⓙイ, ダイ ⓔreach
字源 회의자. 又(우)와 朩는 모두 의미 부분이다. 朩는 尾(미)의 생략형이다. 손으로 꼬리를 잡고 있는 것은 '뒤를 따라가서 다다른다'라는 뜻을 나타낸다.
字解 미칠(이·대)

隶[隸] 종 례
ⓒlì ⓙレイ(しもべ) ⓔslave
字源 형성자. 隷는 隸 자와 같다. 隶(이·대)는 의미 부분이고, 柰(내)는 발음 부분이다.
字解 ①종(례) ¶ 奴隸(노예) ②붙을, 좇을(례) ¶ 隸屬(예속) ③서체 이름(례) ¶ 隸書(예서)
【隸書 예서】한자 서체의 하나. 전서(篆書)의 획을 간략하게 줄인 것.
【隸屬 예속】남의 지배 아래 매임.
【奴隸 노예】종. 隸僕(예복).

隶[隷] 隸(785)와 同字

8 隹 部

隹[隹] 새 추
ⓒzhuī ⓙスイ(とり) ⓔbird
字源 상형자. 새를 그린 것이다. 隹는 '꼬리가 짧은 새'이고 鳥(조)는 '꼬리가 긴 새'라고 하기도 하나 갑골문에는 분명하게 구분되어 있지 않다. 隹와 鳥 모두 새를 그린 상형자라고 보면 된다.
字解 새(추)

隹[隼] 새매 준
ⓒsǔn ⓙジュン(はやぶさ) ⓔhawk

佳部 2획

字解 새매(준) ※ 맷과의 새.
【隼鷹 준응】 새매.

【隻】외짝 척
阝 只
명 ⊕zhī 日セキ(ひとつ) 英single
字解 ①외짝, 한짝(척) ②척(척)
※ 배·수레를 세는 단위.
【隻手 척수】 한쪽 손. 한 손.
【形單影隻 형단영척】 모양이 하나여서 그림자도 하나임. '의지할 곳 없는 외로운 처지'를 이름.

【雀】참새 작
阝 崔
명 ⊕què 日ジャク(すずめ) 英sparrow
字解 참새(작)
【雀躍 작약】 참새가 날며 춤추듯이 깡충깡충 뛰면서 기뻐함.
【燕雀 연작】 ①제비와 참새. ②'도량이 좁은 사람'의 비유.

【雇】❶품살 고
阝 ❷새 이름 호 僱
명 ❶ ⊕gù 日コ(やとう) 英hire out
字解 ❶품살(고) ❷새 이름(호)
【雇用 고용】 품삯을 주고 남을 부림.
【雇傭 고용】 품삯을 받고 남의 일을 함, 또는 그 사람.
【解雇 해고】 고용자(雇用者)가 피고용자를 내보냄.

【雅】아담할 아
阝 雅
一 丁 开 耳 邪 邪 邪 雅
고 ⊕yǎ 日ガ(みやびやか) 英refined
字解 형성자. 隹(추)는 의미 부분이고, 牙(아)는 발음 부분이다.
字解 ①아담할(아) ¶ 端雅(단아) ②바를(아) ¶ 雅樂(아악)
【雅淡 아담】 고상하고 깔끔함.
【雅量 아량】 깊고 너그러운 마음씨.
【雅樂 아악】 ①바른 음악. 종묘(宗廟)·궁정(宮廷)에서 연주하는 음악. ②國민속악에 상대하여, 궁중 음악을 이르는 말.
【雅趣 아취】 아담한 정취(情趣). 고상한 취미.
【雅號 아호】 문인·학자·화가 등이 본명 외에 따로 지어 부르는 이름.
【古雅 고아】 예스럽고 우아함.
【端雅 단아】 단정하고 아담함.
【優雅 우아】 품위 있고 아름다움.

【雁】명 鴈(827)과 同字

【雄】수컷 웅
阝 雄
一 ナ 方 左 な 妒 姑 雄
종 ⊕xióng 日コウ(おす) 英male
字源 형성자. 隹(추)는 의미 부분이고, 厷(굉)은 발음 부분이다.
字解 ①수컷(웅) ¶ 雌雄(자웅) ②웅장할, 씩씩할(웅) ¶ 雄姿(웅자) ③뛰어날(웅) ¶ 英雄(영웅)
【雄大 웅대】 웅장하고 큼.
【雄辯 웅변】 조리 있고 힘차며 거침없는 말솜씨.
【雄飛 웅비】 힘차고 씩씩하게 낢.
【雄姿 웅자】 웅장한 모습.
【雄壯 웅장】 우람하고 으리으리함.
【雄渾 웅혼】 시문(詩文) 등이 힘차고 원숙(圓熟)함.
【英雄 영웅】 재능·지혜·무용(武勇) 등이 특별히 뛰어난 사람.
【雌雄 자웅】 ①암컷과 수컷. ②'우열·승패' 등의 비유.

【集】모을 집
阝 集
ノ 亻 亻 亻 佳 隹 隼 集
종 ⊕jí 日シュウ(あつまる) 英gather
字源 회의자. 본래 雧으로 썼는데, 나무(木)에 새(隹)가 여러 마리 앉아 있다는 뜻이다. 雧(잡)과 木(목)은 모두 의미 부분이다. 예서에서 隹를 하나로 줄여 쓰면서 현재의 集 자가 되었다.
字解 모을, 모일(집)
【集結 집결】 한곳으로 모으거나 모임.
【集計 집계】 한데 모아서 계산함.
【集權 집권】 권력을 한군데로 모음.
【集團 집단】 모여 무리를 이룬 상태.

【集大成 집대성】 여럿을 모아서 하나의 정리된 것으로 완성함.
【集散 집산】 모임과 흩어짐.
【集約 집약】 한데 모아 요약함.
【集積 집적】 모아 쌓음.
【集注 집주】 제가(諸家)의 주석(注釋)을 모아서 만든 주석. 또는 그 책. 集註(집주).
【集中 집중】 한곳에 모이거나 모음.
【集合 집합】 한군데로 모으거나 모임.
【集會 집회】 많은 사람들이 일정한 때에 한곳에 모임. 또는 그 모임.
【蒐集 수집】 취미나 연구를 위하여 여러 가지 물건·재료를 찾아 모음.
【雲集 운집】 구름같이 많이 모임.

【雍】 화할 옹

佳 5 (13)

图 ⓜyōng ⓙキョウ ⓔharmonious
字解 화할, 화락할(옹)
【雍睦 옹목】 서로 뜻이 맞고 정다움.

【雌】 암컷 자

佳 5 (13)

图 ⓜcí ⓙシ(めす) ⓔfemale
字解 ①암컷(자) ②약할(자)
【雌伏 자복】 남에게 굴복함.
【雌雄 자웅】 ①암컷과 수컷. ②'우열(優劣)·승패(勝敗)' 등의 비유.
【雌黃 자황】 시문을 첨삭(添削)하거나 시비(是非)를 가리는 일. ☞자황은 노란색의 채료(彩料)로, 글의 잘못된 곳을 이것으로 지운 데서 온 말.

【雎】 물수리 저

佳 5 (13)

图 ⓜjū ⓙショ ⓔosprey
字解 물수리, 징경이(저)
【雎鳩 저구】 수릿과의 새. 물수리. 징경이.

【雋】 ❶뛰어날 준 ❷새 살질 전

佳 5 (13)

图 ⓜjuàn ⓙシュン, セン(すぐれる) ⓔexcellent
字解 ❶뛰어날(준)=儁·俊 ❷새 살질(전)

【雋永 전영】 살지고 맛좋은 고기.
【雋哲 준철】 뛰어나게 현명함.

【雉】 꿩 치

佳 5 (13)

图 ⓜzhì ⓙチ(きじ) ⓔpheasant
字解 ①꿩(치) ②성가퀴(치)
【雉堞 치첩】 성 위에 나지막하게 쌓은 담. 성가퀴.
【春雉自鳴 춘치자명】 봄철의 꿩이 스스로 욺. '시키거나 요구하지 않아도 때가 되면 제 스스로 함'을 이름.

【雑】

佳 6 (14)

雜(788)의 俗字

【雕】 새길 조

佳 8 (16)

图 ⓜdiāo ⓙチョウ(わし) ⓔengrave
字解 ①새길(조) 늑彫 ②독수리(조)
【雕蟲篆刻 조충전각】 벌레 모양을 조각하고, 전서(篆書)를 새김. '글을 지을 때 글귀의 수식에만 치우치는 일'을 이름.
【雕朽 조후】 썩은 나무에 새김. '아무 보람도 없음'의 비유.

【雖】 비록 수

佳 9 (17)

口 吊 虽 虽 虽 虽 虽 雖 雖

图 ⓜsuī ⓙスイ(いえども) ⓔeven if
字源 형성자. 본래 도마뱀의 일종을 뜻하였다. 虫(충)은 의미 부분이고, 唯(유)는 발음 부분이다. 뒤에 '비록 …하지만'이라는 뜻으로 가차되었다.
字解 비록(수)
【雖然 수연】 비록 ~라 하더라도. 비록 ~라고는 하지만. 그러나.

【雞】

佳 10 (18)

鷄(829)와 同字

【雚】 황새 관

佳 10 (18)

ⓜquàn ⓙカン ⓔstork
字解 황새(관)=鸛

雙 쌍 쌍
〔속간〕 双

고 中shuāng 日ソウ(ふた) 美pair
字源 회의자. 雔(수)와 又(우)는 모두 의미 부분이다. 새(隹) 두 마리를 손(又)으로 잡고 있다는 뜻이다. '한 쌍'·'짝' 등의 뜻은 여기에서 비롯되었다.
字解 쌍, 둘(쌍)

【雙肩】쌍견 두 어깨. 양 어깨.
【雙務】쌍무 쌍방이 서로 의무(義務)를 지는 일.
【雙方】쌍방 상대되는 두 쪽.
【雙璧】쌍벽 ①한 쌍의 구슬. ②둘이 다 아울러 뛰어나게 훌륭함.
【雙手】쌍수 두 손.
【雙眼】쌍안 양쪽 눈. 兩眼(양안).
【無雙】무쌍 서로 견줄 만한 짝이 없음. 비견할 수 없이 썩 뛰어남.

雜 섞일 잡
〔속간〕 雜杂

고 中zá 日ザツ(まじる) 美mixed
字源 형성자. 본래 襍(잡)의 속자이다. 襍자에서 衣(의)는 의미 부분이고 集(집)은 발음 부분이다.
字解 ①섞일, 섞을(잡) ¶ 雜種(잡종) ②잗달, 번거로울(잡) ¶ 雜費(잡비)

【雜穀】잡곡 쌀 이외의 곡식.
【雜技】잡기 자질구레한 기예.
【雜念】잡념 여러 가지 쓸데없는 생각.
【雜務】잡무 자질구레한 일.
【雜費】잡비 자질구레하게 쓰이는 비용. 雜用(잡용).
【雜音】잡음 시끄러운 소리.
【雜種】잡종 ①여러 가지가 섞인 잡다한 종류. ②품종이 다른 암수의 교배에 의하여 생긴 생물체.
【煩雜】번잡 번거롭고 복잡함.
【錯雜】착잡 뒤섞이어 어수선함.

雛 병아리 추

명 中chú 日スウ(ひな) 美chicken
字解 ①병아리(추) ②새 새끼(추)

③어린아이(추)
【雛孫】추손 어린 손자.
【鳳雛】봉추 ①봉의 새끼. ②'재주 뛰어난 소년'의 비유. ③'아직 세상에 드러나지 않은 영웅'의 비유.

難 ①어려울 난 ②난리 난
〔속간〕 难难

중 中nán, nàn 日ナン(むずかしい) 美difficult
字源 형성자. 隹(추)는 의미 부분이고, 美(난)은 발음 부분이다. 본래 새의 이름을 뜻하였으나 '어렵다'는 뜻으로 가차되었다.
字解 ①어려울(난) ¶ 難解(난해) ②①난리, 재앙(난) ¶ 避難(피난) ②나무랄(난) ¶ 非難(비난)

【難攻不落】난공불락 공격하기가 어려워 좀처럼 함락되지 아니함.
【難關】난관 ①지나가기가 어려운 관문. ②뚫고 나가기 어려운 고비.
【難局】난국 어려운 판국.
【難民】난민 전쟁이나 재난을 피하여 떠돌아다니며 고생하는 사람.
【難色】난색 어려워하는 낯빛.
【難題】난제 ①시문에서 짓기 어려운 제목. ②처리하기 어려운 일.
【難航】난항 ①배나 항공기가 어려운 속에서 항행함. ②'일이 순조롭게 진척되지 않음'의 비유.
【難解】난해 이해하기 어려움.
【難兄難弟】난형난제 누구를 형이라 하고 누구를 아우라 해야 할지 분간하기 어려움. '우열을 정하기가 어려움'을 이름. 莫上莫下(막상막하).
【非難】비난 남의 잘못이나 흠을 들추어 나무람.
【避難】피난 재난을 피하여 옮김.
【詰難】힐난 캐고 따져서 비난함.

離 떠날 리
〔속간〕 离離

고 中lí 日リ(はなれる) 美leave
字源 회의 겸 형성자. 隹(추)와 离(리)는 모두 의미 부분인데, 离는

발음도 담당한다. 离는 새를 잡는 도구를 그린 것으로, 離는 본래 '새를 잡다'라는 뜻을 나타내는 회의자였으나 '만나다'라는 뜻은 여기에서 비롯되었다. 그런데 새를 잡을 때 놓칠 수도 있기 때문에 '떠나다'라는 정반대의 뜻이 동시에 존재하는 것이다.

字解 ❶떠날, 떨어질(리) ¶離散(이산) ❷만날, 당할(리) ¶離憂(이우) ❸괘 이름(리) ¶離卦(이괘)

【離卦 이괘】 팔괘의 하나. 불·남쪽 등을 상징함. 괘형은 ☲.
【離陸 이륙】 비행기가 날기 위해 땅에서 떠오름.
【離別 이별】 서로 헤어짐.
【離散 이산】 떨어져 흩어짐.
【離憂 이우】 걱정스러운 일을 당함.
【離脫 이탈】 떨어져 나가거나 떨어져 나옴.
【離合集散 이합집산】 헤어지고 합치고 모이고 흩어짐. '헤어졌다 모였다 함'을 이름.
【離婚 이혼】 혼인 관계를 끊는 일.
【距離 거리】 서로 떨어져 있는 두 곳 사이의 길이.
【分離 분리】 따로 나뉘어 떨어짐.

8 雨 部

雨⓪⑧ 【雨】 ❶비 우 ❷비 올 우

一ㄏ厂厅币雨雨雨

음 ⊕yǔ ⊕ウ(あめ) ⊗rain
字源 상형자. 하늘에서 비가 내리는 모습을 그린 것이다.
字解 ❶비(우) ❷비 올(우)
【雨期 우기】 비가 많이 내리는 시기.
【雨備 우비】 비를 가리는 여러 가지 기구. '우산·우의·도롱이'따위.
【雨傘 우산】 비를 가리는 물건.
【雨水 우수】 이십사절기의 하나. 입춘(立春)과 경칩(驚蟄) 사이로, 2월 19일경.

【雨衣 우의】 비옷.
【雨後竹筍 우후죽순】 비 온 뒤의 죽순. '어떤 일이 한때 많이 일어남'의 비유.
【暴雨 폭우】 갑자기 많이 내리는 비.
【豪雨 호우】 짧은 시간에 줄기차게 쏟아지는 비.

雨3⑪ 【雪】 눈 설 夙

一ㄣ币币币币雪雪雪

음 ⊕xuě ⊕セツ(ゆき) ⊗snow
字源 형성자. 소전에서는 霝로 썼다. 雨(우)는 의미 부분이고, 彗(혜)는 발음 부분이다. 'ㅋ'는 彗의 생략형이다. 옛날에 雪과 彗는 발음이 비슷하였다.
字解 ❶눈(설) ¶雪景(설경) ❷씻을(설) ¶雪辱(설욕)
【雪景 설경】 눈 경치.
【雪上加霜 설상가상】 눈 위에 서리를 더함. '어려운 일이 연거푸 일어남'을 이름. ⓐ錦上添花(금상첨화 : 772)
【雪辱 설욕】 부끄러움을 씻음.
【雪原 설원】 눈에 뒤덮여 있는 벌판.
【雪中松柏 설중송백】 눈 속에서도 푸른 송백. '굳은 절조(節操)'의 비유.
【瑞雪 서설】 상서로운 눈.
【積雪 적설】 쌓인 눈.

雨3⑪ 【雩】 기우제 우 夙

음 ⊕yú ⊕ウ ⊗pray for rain
字解 기우제(우)
【雩祭 우제】 가물 때 비 오기를 비는 제사. 祈雨祭(기우제).

雨4⑫ 【雯】 구름 무늬 문 囚

⊕wén ⊕モン
字解 구름 무늬(문)
【雯華 문화】 구름의 아름다운 무늬.

雨4⑫ 【雰】 안개 분 囚

음 ⊕fēn ⊕フン ⊗fog
字解 ❶안개(분) ❷눈 올(분)

雨部 4획

【霏霏 분분】눈이 오는 모양.
【雰圍氣 분위기】①지구를 싸고 있는 기체. ②어떤 환경·자리에서 저절로 만들어져 감도는 느낌.

雲 구름 운 ④⑫ 文

一厂币币币币雷雲雲

음 ㊥yún ㊐ウン(くも) ㊧cloud
字源 회의 겸 형성자. 雨(우)와 云(운)은 모두 의미 부분인데, 云은 발음도 담당한다. 云은 본래 뭉게뭉게 피어오르는 구름의 모습을 그린 것으로 구름을 뜻하였는데, 뒤에 '말하다'라는 뜻으로 가차되자 구름이라는 뜻으로는 雨를 더한 雲 자를 새로 만들어 보충하였다.
字解 구름(운)

【雲泥之差 운니지차】구름과 진흙의 차이. '매우 큰 차이'를 이름. 天壤之差(천양지차).
【雲霧 운무】구름과 안개
【雲雨之情 운우지정】남녀 간에 육체적으로 나누는 정(情).
【雲集 운집】구름같이 많이 모임.
【雲海 운해】구름 바다. '바다처럼 널리 펼쳐진 구름'의 비유.
【浮雲 부운】뜬구름. '덧없는 인생이나 세상'의 비유.
【暗雲 암운】①곧 비나 눈을 내릴 듯한 검은 구름. ②'불길한 일이 금방 일어날 것 같은 낌새'의 비유.

零 떨어질 령 ⑤⑬ 唐

一厂币币币币零零零

음 ㊥líng ㊐レイ(おちる) ㊧drop
字源 형성자. 雨(우)는 의미 부분이고, 令(령)은 발음 부분이다.
字解 ①떨어질, 시들(령) ¶零落(영락) ②영(령) ※수(數)가 없음. ¶零敗(영패)

【零落 영락】①초목이 시들어 떨어짐. ②세력이나 살림살이가 아주 보잘것없이 됨.
【零細 영세】①썩 자잘함. ②규모가 적거나 빈약함.
【零點 영점】득점이 없음.

【零敗 영패】경기 따위에서, 득점하지 못하고 영점으로 짐.

雷 우레 뢰 ⑤⑬ 灰

一厂币币币雷雷雷

음 ㊥léi ㊐ライ(かみなり) ㊧thunder
字源 회의 겸 형성자. 雨(우)와 畾(뢰)는 모두 의미 부분인데, 畾는 발음도 담당한다. 田은 畾의 생략형이다. 畾는 천둥이 칠 때 나는 소리를 표시한 것이다.
字解 ①우레, 천둥(뢰) ¶雷電(뇌전) ②덩달을(뢰) ¶雷同(뇌동)

【雷管 뇌관】화약 따위에 점화하기 위한 발화물(發火物).
【雷同 뇌동】옳고 그름의 분별도 없이 남의 말에 덩달아 붙좇음.
【雷聲霹靂 뇌성벽력】우렛소리와 내리치는 벼락.
【雷電 뇌전】천둥과 번개.
【落雷 낙뢰】벼락. 벼락이 떨어짐.

雹 우박 박 ⑤⑬ 屋

음 ㊥báo ㊐ハク ㊧hail
字解 우박(박)

【雨雹 우박】대기 중의 물방울들이 얼음으로 굳어 땅에 내리는 것.
【風飛雹散 풍비박산】바람처럼 날리고 우박처럼 흩어짐. 사방으로 날아 흩어짐.

電 번개 전 ⑤⑬ 霰

一厂币币币雷雷電

음 ㊥diàn ㊐デン(いなずま) ㊧lightning
字源 회의자. 雨(우)와 电 즉 申(신)은 모두 의미 부분이다. 申은 본래 电으로 번개가 칠 때 구부러지는 모양을 그린 것이다. 뒤에 지지(地支)의 아홉 번째 글자로 가차되자, 雨 자를 덧붙여 뜻을 분명하게 하고 申도 电으로 모양을 구부러뜨린 電 자를 새로 만들었다.
字解 ①번개(전) ¶電擊(전격) ②전기(전) ¶電信(전신)

【電光石火 전광석화】번개와 돌이 맞부딪쳐 튀는 불꽃. '아주 빠른 동작'의 비유.
【電氣 전기】전자의 이동으로 생기는 에너지의 한 형태.
【電報 전보】전신으로 보내는 통신.
【電送 전송】전신으로 보냄.
【電信 전신】전기를 이용한 통신.
【電子 전자】원자(原子)를 구성하는 기본 입자(粒子)의 한 가지.
【漏電 누전】전류가 전선 밖으로 새어 나감.
【停電 정전】전기 공급이 끊어짐.

雨6 【需】 구할 수 㓐
(14)

一一一一一一一一一一 需

国 ⊕xū ⊕ジュ(もとめる) ⊕demand
字源 회의자. 雨(우)와 而(이) 즉 大(대)는 모두 의미 부분이다. 사람(大)이 비(雨)를 만나 가지 못하고 멈춰 서서 기다린다는 뜻이다.
字解 ①구할, 바랄(수) ②요구(수)
【需給 수급】수요와 공급.
【需要 수요】①필요하여 얻고자 함. ②상품을 사들이려는 욕구.
【軍需 군수】군사상(軍事上)의 수요.
【祭需 제수】제사에 쓰이는 여러 가지 물건이나 음식.
【必需 필수】반드시 필요함.

'需'가 붙은 한자

儒 선비(유) 嚅 말 머뭇거릴(유)
孺 젖먹이(유) 懦 나약할(유)
濡 적실(유) 襦 저고리(유)

雨6 【霅】 물소리 우 㓐
(14)

명 ⊕yù ⊕ウ
字解 물소리(우)

雨7 【霄】 하늘 소 㒴霄
(15)

⊕xiāo ⊕ショウ(そら) ⊕sky
字解 ①하늘(소) ②진눈깨비(소)
【霄壤之判 소양지판】하늘과 땅의 차이. '엄청난 차이'를 이름. 天壤之判(천양지판).

雨7 【霆】 우레 정 㒴
(15)

명 ⊕tíng ⊕テイ(いなずま) ⊕thunderbolt
字解 ①우레, 천둥(정) ②번개(정)
【霆擊 정격】번개처럼 갑자기 침.

雨7 【震】 떨 진 㒴
(15)

一一一一一一一一一一 震

국 ⊕zhèn ⊕シン(ふるう) ⊕shake
字源 형성자. 雨(우)는 의미 부분이고, 辰(진·신)은 발음 부분이다.
字解 ①떨, 울릴(진) ¶地震(지진) ②우레, 천둥(진) ¶震電(진전) ③괘 이름(진) ¶震卦(진괘)
【震卦 진괘】팔괘의 하나. 우레·동쪽·장남 등을 상징함. 괘형은 ☳.
【震檀 진단】'우리나라'의 이칭. 㓐震壇(진단).
 □ '震'은 정동쪽을, '檀'은 단군(檀君)을 뜻함.
【震電 진전】천둥소리가 나고 번개가 번쩍임.
【耐震 내진】지진을 견딤.
【地震 지진】지각 내부의 변화로 인하여 땅이 진동(振動)하는 현상.

雨7 【霈】 비 쏟아질 패 㒴
(15)

⊕pèi ⊕ハイ
字解 비 쏟아질(패) ≒沛

雨8 【霍】 빠를 곽 本霍
(16)

⊕huò ⊕カク ⊕quick
字解 빠를, 갑작스러울(곽) ≒癨
【霍亂 곽란】구토와 설사를 일으키는 급성 위장병.

雨8 【霖】 장마 림 㒴
(16)

명 ⊕lín ⊕リン ⊕rainy spell
字解 장마(림) ≒淋
【霖雨 임우】장맛비. 霪雨(음우).

雨部 8획

雺

雨8 (16)
명 ㊥shà ㊐ショウ ㊍drizzle
字解 ①가랑비, 이슬비(삽) ②잠깐(삽)
【雺時間 삽시간】잠깐 동안.
【雺雨 삽우】가랑비. 이슬비.

霓

雨8 (16)
명 ㊥ní ㊐ゲイ(にじ) ㊍rainbow
字解 무지개, 암무지개(예)
【霓裳 예상】무지개를 의상(衣裳)에 비유하여, '신선의 옷'을 이름.
【虹霓 홍예】무지개.

霑

雨8 (16)
명 ㊥zhān ㊐テン(うるおう) ㊍wet
字解 젖을(점) ≒沾
【霑潤 점윤】젖어서 불음.
【均霑 균점】①고르게 비와 이슬에 젖음. ②은혜·이익을 고르게 입음.

霜

雨9 (17)
명 ㊥shuāng ㊐ソウ(しも) ㊍frost
字源 형성자. 雨(우)는 의미 부분이고, 相(상)은 발음 부분이다.
字解 ①서리(상) ②세월(상)
【霜降 상강】이십사절기의 하나. 한로(寒露)와 입동(立冬) 사이로, 10월 24일경.
【星霜 성상】세월.
【秋霜 추상】가을의 찬 서리. '서슬이 퍼런 위엄이나 엄한 형벌'의 비유.

霙

雨9 (17)
❶진눈깨비 영 ㊚
❷흰 구름 앙 ㊛
명 ❶ ㊥yīng ㊐エイ ㊍sleet
字解 ❶진눈깨비(영) ❷흰 구름(앙)

霞

雨9 (17)
명 ㊥xiá ㊐カ(かすみ) ㊍glow
字解 노을, 이내(하)
【煙霞 연하】①연기와 노을. ②한가로운 자연의 풍경.

霧

雨11 (19)
명 ㊥wù ㊐ム(きり) ㊍fog
字源 형성자. 雨(우)는 의미 부분이고, 務(무)는 발음 부분이다.
字解 안개(무)
【霧散 무산】안개가 걷히듯 흔적도 없이 흩어짐.
【五里霧中 오리무중】5리에 걸친 안개 속. '찾을 길이 막연하거나, 갈피를 잡을 수 없는 상태'를 이름.
【雲霧 운무】구름과 안개.

霦

雨11 (19)
명 ㊥bīn ㊐ヒン
字解 옥 광채(빈)

霄

雨11 (19)
명 霄(791)와 同字

霪

雨11 (19)
명 ㊥yín ㊐イン ㊍rainy spell
字解 장마(음)

露

雨12 (20)
명 ㊥lù ㊐ロ(つゆ) ㊍dew
字源 형성자. 雨(우)는 의미 부분이고, 路(로)는 발음 부분이다.
字解 ①이슬(로) ¶草露(초로) ②드러날, 드러낼(로) ¶露骨(노골)
【露骨 노골】뼈를 드러냄. '숨기지 않고 있는 그대로 드러냄'을 이름.
【露宿 노숙】한데서 잠.
【露店 노점】한데에 벌여 놓은 가게.
【露天 노천】지붕 같은 것으로 가리지 않은 한데.
【露出 노출】겉으로 드러냄.

【草露 초로】 풀에 맺힌 이슬.
【吐露 토로】 속마음을 다 말함.
【暴露 폭로】 알려지지 않았거나 감춰져 있던 사실을 드러냄.

【霰】 싸락눈 산 ⓑ선
명 ⓒxiàn ⓙサン(あられ) ⓔhail
字解 싸락눈(산)
【霰彈 산탄】 발사하면 탄알이 싸락눈처럼 흩어져 나가는 탄환.

【霹】 벼락 벽
명 ⓒpī ⓙヘキ ⓔthunderbolt
字解 벼락(벽)

【霸】 霸(701)의 本字

【霽】 비 갤 제
명 ⓒjì ⓙセイ(はれる) ⓔclear up
字解 비 갤(제)
【霽月 제월】 비가 갠 뒤의 달.

【霹】 벼락 력
명 ⓒlì ⓙレキ ⓔthunderbolt
字解 벼락(력)
【霹靂 벽력】 ①벼락. ②천둥.

【靈】 신령 령
고 ⓒlíng ⓙレイ(たま) ⓔsoul
형성자. 巫(무)는 의미 부분이고, 霝(령)은 발음 부분이다.
字解 ①신령, 신령스러울(령) ②영혼(령)
【靈感 영감】 머릿속에 번득이는 신묘한 생각.
【靈柩 영구】 시체를 넣은 관(棺).
【靈妙 영묘】 신령스럽고 기묘함.
【靈山 영산】 신령스러운 산.
【靈藥 영약】 영묘한 효능이 있는 약.
【靈長 영장】 가장 뛰어나 영묘한 능력을 지닌 것.
【靈驗 영험】 사람의 기원에 대한 신불(神佛)의 영묘한 감응. 영검.
【靈魂 영혼】 넋. 마음.
【亡靈 망령】 죽은 이의 넋.
【神靈 신령】 신앙의 대상이 되는 초자연적인 정령.

【靄】 이내 애
명 ⓒăi ⓙアイ(もや) ⓔhaze
字解 이내(애) ※해 질 무렵 멀리 보이는 푸르스름하고 흐릿한 기운.

⑧ 靑 部

【靑】 푸를 청
一十 圭 丰 青 青 青
종 ⓒqīng ⓙセイ(あおい) ⓔblue
字源 회의자. 금문에서는 '圥'으로 썼는데, 生(생)과 井(정)으로 이루어졌다. 生은 본래 풀이 돋아난 모습을 그린 글자이지만, 靑은 우물(井) 주변에 돋아난 풀을 뜻한다. '푸르다'라는 뜻은 여기에서 나온 것이다. 소전에서는 井이 丹(단)으로 바뀌었고, 예서에서 生이 '主'로 바뀌어 현재의 靑 자가 되었다.
字解 ①푸를(청) ¶靑瓷(청자) ②젊을(청) ¶靑年(청년)
【靑丘 청구】 지난날, 중국에서 '우리나라'를 달리 이르던 말.
【靑年 청년】 젊은 사람. 젊은이.
【靑史 청사】 역사(歷史).
 종이가 없던 옛날에 푸른빛과 기름을 없앤 대껍질에 사실을 기록한 데서 온 말.
【靑山流水 청산유수】 ①푸른 산과 흐르는 물. ②'말을 막힘 없이 잘함'을 이름.
【靑雲 청운】 ①푸른 구름. ②'높은 지위나 벼슬'의 비유.
【靑瓷 청자】 청록색 유약을 입힌 자기. 동靑磁(청자).

【靑天霹靂 청천벽력】 맑은 하늘에 치는 벼락. '예기치 못했던 뜻밖의 큰 변'의 비유.
【靑春 청춘】 스무 살 안팎의 젊은 나이.
【靑出於藍 청출어람】 푸른 물감은 쪽에서 났지만 쪽보다 더 푸름. '제자나 후배가 스승이나 선배보다 뛰어남'을 이름.

'靑'이 붙은 한자

淸 서늘할(정)　情 뜻(정)
菁 순무(정)　睛 눈동자(정)
靖 편안할(정)　靚 단장할(정)
靜 고요할(정)　倩 예쁠(천)
淸 맑을(청)　晴 갤(청)
蜻 잠자리(청)　請 청할(청)
鯖 고등어(청)

【靑】(青0획/8획) 图 靑(793)의 俗字

【彭】(青3획/11획) 图 깨끗할 정
일 ㊐jīng ㊐セイ 粵clean
字解 ①깨끗할(정) ②꾸밀(정)

【靖】(青5획/13획) 图 편안할 정
일 ㊐jīng ㊐セイ(やすい) 粵peaceful
字解 편안할, 고요할(정)
【靖難 정난】 나라의 위난을 평정함.
【靖亂 정란】 나라의 난리를 평정함.

【静】(青6획/14획) 图 靜(794)의 俗字

【靚】(青7획/15획) 图 단장할 정
일 ㊐jīng ㊐セイ 粵toilet
字解 ①단장할(정) ②고요할(정)
【靚飾 정식】 아름답게 꾸밈.

【靜】(青8획/16획) 图 고요할 정
일 ㊐jīng ㊐セイ(しずか) 粵quiet
字源 형성자. 靑(청)은 의미 부분이고, 爭(쟁)은 발음 부분이다.
字解 고요할, 조용할(정)
【靜觀 정관】 조용히 사물을 관찰함.
【靜脈 정맥】 피를 심장으로 보내는 혈관(血管).
【靜物 정물】 멈춰 움직이지 않는 물건.
【靜肅 정숙】 고요하고 엄숙함.
【靜寂 정적】 쓸쓸할 정도로 고요함.
【動靜 동정】 ①움직임과 조용함. ②사물의 변화, 또는 그 상황.
【鎭靜 진정】 흥분·아픔을 가라앉힘.

8 非 部

【非】(非0획/8획) ❶아닐 비 ❷비방할 비
일 ㊐fēi ㊐ヒ(あらず) 粵not
字源 새가 날개를 편 모양이라는 설과, 排(물리칠 배) 자의 본자로 '아니다'라는 뜻은 가차된 것이라는 설이 있다.
字解 ❶①아닐(비) ¶非凡(비범) ②그를, 어긋날(비) ¶非理(비리) ③나무랄, 꾸짖을(비) ¶非難(비난) ❷비방할(비) 늑誹
【非難 비난】 남의 잘못을 나무람.
【非理 비리】 도리에 어긋나는 일.
【非命橫死 비명횡사】 제명대로 살지 못하고 뜻밖의 변으로 죽음.
【非夢似夢 비몽사몽】 꿈속 같기도 하고 아닌 것 같기도 함.

'非'가 붙은 한자

俳 광대(배)　徘 어정거릴(배)
排 물리칠(배)　裵 옷 치렁거릴(배)
輩 무리(배)　剕 발꿈치 벨(비)
匪 도둑(비)　悱 말 머뭇거릴(비)
悲 슬플(비)　扉 문짝(비)
斐 문채 날(비)　菲 엷을(비)
緋 비단(비)　翡 물총새(비)
輩 바퀴(비)　誹 비방할(비)

【非凡 비범】 평범하지 않음.
【非一非再 비일비재】 한두 번이 아님. 번번이 그러함.
【非行 비행】 그릇된 행동. 나쁜 짓.
【是非 시비】 ①옳고 그름. ②옳고 그름을 따짐.

【靠】 기댈 고
非7/15
⊕kào ⊕コウ ⊛depend
字解 ①기댈할(고) ②어긋날(고)

【靡】 쓰러질 미
非11/19
⊕mǐ ⊕ヒ, ヒ(なびく) ⊛wave
字解 ①쓰러질, 쏠릴(미) ②없을(미) ③아름다울(미)
【靡寧 미녕→미령】 '병으로 편하지 못함'을 높여 이르는 말.
【靡麗 미려】 아름다움.
【風靡 풍미】 어떤 사조나 현상 등이 널리 사회를 휩쓺.

⑨ 面 部

【面】 낯 면
面0/9
一 ブ 丆 丏 丏 面 面

⊕miàn ⊕メン(おも) ⊛face
字源 상형자. 갑골문을 보면 '⊘'으로, 사람 얼굴[囗] 안에 눈[目(목)]이 있는 모습이다. 눈을 강조한 것은 사람의 인상을 나타내는 데는 얼굴에서 눈이 가장 중요한 부분이기 때문이다.
字解 ①낯, 얼굴(면) ¶ 面貌(면모) ②대할, 만날, 볼(면) ¶ 面會(면회) ③겉, 표면(면) ¶ 地面(지면) ④쪽, 방향(면) ¶ 方面(방면) ⑤면(면) ※우리나라 지방 행정 구역의 하나.
【面貌 면모】 ①얼굴의 모양. ②사물의 겉모습.
【面目 면목】 ①얼굴의 생김새. 容貌(용모). ②체면(體面).
【面駁 면박】 마주 대하여 공박함.
【面識 면식】 얼굴을 서로 앎.
【面積 면적】 넓이.
【面接 면접】 직접 대면함.
【面從腹背 면종복배】 겉으로는 복종하는 체하면서 속으로는 배반함.
【面會 면회】 만나 봄.
【對面 대면】 얼굴을 마주 보고 대함.
【方面 방면】 어떤 장소나 지역이 있는 방향.
【顔面 안면】 ①얼굴. 낯. ②서로 알 만한 친분.
【地面 지면】 땅의 표면. 땅바닥.
【體面 체면】 남을 대하는 낯.

【𠚑】 面(795)의 俗字
面0/8

【靨】 보조개 엽
面14/23
⊕yè ⊕ヨウ ⊛dimple
字解 보조개(엽)
【靨笑 엽소】 보조개를 지으며 웃음.

⑨ 革 部

【革】 가죽 혁
革0/9
一 艹 艾 芊 芇 苩 革 革

⊕gé ⊕カク(かわ) ⊛leather
字源 회의자. 금문에서는 '⊘'으로 썼다. 두 손[廾]으로 동물[又]의 가죽을 벗겨 낸다는 뜻이다.
字解 ①가죽(혁) ¶ 革帶(혁대) ②고칠, 바뀔(혁) ¶ 革新(혁신)
【革帶 혁대】 가죽으로 만든 띠.
【革命 혁명】 ①이전 왕조를 뒤엎고 새 왕조가 들어서는 일. ②국가·사회의 조직이 급격하게 바뀌는 일.
【革新 혁신】 고쳐 새롭게 함.
【改革 개혁】 낡은 제도나 묵은 폐습 등을 새롭게 뜯어고침.
【變革 변혁】 사회·제도 등이 근본적으

로 바뀜, 또는 바꿈.
【沿革 연혁】 사물이 변천해 온 내력.
【皮革 피혁】 가죽의 총칭.

革3 [靭] 명 靭(797)과 同字
⑫

革4 [靷] 가슴걸이 인 围
⑬
명 ㊀yǐn ㊁イン ㊂martingale
字解 가슴걸이(인) ※말이나 소의 가슴에 걸어, 안장이나 멍에에 매는 가죽 끈.
【發靷 발인】 상여가 집에서 떠남.

革4 [靴] 신 화 厥
⑬
명 ㊀xuē ㊁カ(くつ) ㊂shoes
字解 신, 가죽신, 구두(화)
【洋靴 양화】 구두.
【製靴 제화】 구두를 만듦.

革5 [靼] 종족 이름 단·달 围
⑭
㊀dá ㊁タン
字解 ①종족 이름(단·달) ②다룸가죽(단·달)
【韃靼 달단】 몽골 족의 한 갈래인 '타타르(Tatar)'의 음역(音譯).

革5 [靺] 종족 이름 말 围
⑭
명 ㊀mò ㊁マツ
字解 ①종족 이름(말) ②버선(말) ≒襪
【靺鞨 말갈】 중국 동북 지방에 살았던 퉁구스 족의 일족.

革6 [鞏] 굳을 공 涵
⑮
명 ㊀gǒng ㊁キョウ(かたい) ㊂firm
字解 굳을, 단단할(공)
【鞏固 공고】 굳고 튼튼함.

革6 [鞍] 안장 안 围
⑮
명 ㊀ān ㊁アン(くら) ㊂saddle

字解 안장(안) ※말 등에 얹어 사람이 깔고 앉는 가죽.
【鞍馬 안마】 안장을 갖춘 말.
【鞍轡 안비】 안장과 고삐.

革6 [鞋] 신 혜 木
⑮ 해 厥
명 ㊀xié ㊁アイ ㊂shoes
字解 신, 짚신(혜)
【唐鞋 당혜】 울이 깊고 코가 작은 가죽신.
【芒鞋 망혜】 삼이나 모시 따위로 삼은 신. 미투리.

革7 [鞘] 칼집 초 동
⑯ 木소 围
㊀qiào ㊁ショウ ㊂scabbard
字解 칼집(초)

革8 [鞠] 기를 국 围
⑰
명 ㊀jū ㊁キク(まり) ㊂nourish
字解 ①기를(국) ②굽힐, 삼갈(국) ③공(국) ④국문할(국) ≒鞫
【鞠躬 국궁】 ①존경하는 뜻으로 몸을 굽힘. ②애써 노력함.
【鞠育 국육】 어린아이를 기름.
【蹴鞠 축국】 지난날, 공을 발로 차던 놀이.

革9 [鞨] 종족 이름 갈 围
⑱
명 ㊀hé ㊁カツ
字解 종족 이름(갈)
【靺鞨 말갈】 중국 동북 지방에 살았던 퉁구스 족의 일족.

革9 [鞫] 국문할 국 围
⑱
명 ㊀jū ㊁キク ㊂interrogate
字解 국문할, 심문할(국) ≒鞠
【鞫問 국문】 죄인을 심문함.

革9 [鞮] 가죽신 제 围
⑱
명 ㊀dī ㊁テイ ㊂leather shoes
字解 ①가죽신, 꾸미지 않은 신(제) ②통역할, 통역관(제)

【韉韀 제구】 장식이 없는 가죽신.
【狄鞮 적제】 중국에서, 서방 이민족의 말을 통역하던 사람.

【鞦】 그네 추
㉠qiū ㉡シュウ ㉢swing
字解 그네(추)
【鞦韆 추천】 그네.

【鞭】 채찍 편
㉠biān ㉡ベン(むち) ㉢whip
字解 ❶채찍, 회초리(편) ❷매질할(편)
【鞭撻 편달】 채찍으로 때림. '일깨워 주고 격려하여 줌'을 이름.
【敎鞭 교편】 교사가 학생을 가르칠 때 쓰는 회초리.
【走馬加鞭 주마가편】 國달리는 말에 채찍질함. '열심히 하는 사람을 더 부추기거나 몰아침'을 이름.

【韃】 종족 이름 달
㉠dá ㉡ダツ
字解 종족 이름(달)
【韃靼 달단】 몽골 족의 한 갈래인 '타타르(Tatar)'의 음역(音譯).

【韆】 그네 천
㉠qiān ㉡セン ㉢swing
字解 그네(천)
【鞦韆 추천】 그네.

韋 部

【韋】 다룸가죽 위
㉠wéi ㉡イ(なめしがわ) ㉢leather
字源 회의자. 갑골문·금문에서는 '韋'으로 썼다. 어떤 구역(口)을 사람들이 돌며(舛) 지킨다는 뜻이다. '韋'·'舛' 등은 ヰ 즉 止(발 지) 자로 서로 방향을 달리하고 있을 뿐 '가다'라는 뜻은 같다. 韋부에 속하는 글자는 대부분 가죽과 관계있는 뜻을 가진다.
字解 다룸가죽, 가죽(위)
【韋編三絶 위편삼절】 책을 맨 가죽 끈이 세 번이나 끊어짐. '독서에 힘씀'을 이름.
故事 공자(孔子)가 주역(周易)을 몹시 즐겨 읽은 나머지, 죽간(竹簡)을 엮은 가죽 끈이 세 번이나 끊어졌다는 고사에서 온 말.
【韋革 위혁】 ①무두질한 가죽. ②다룸가죽과 날가죽.

▸ '韋'가 붙은 한자
偉 위대할(위)   圍 에워쌀(위)
幃 휘장(위)   暐 밝을(위)
煒 밝을(위)   瑋 진귀할(위)
葦 갈대(위)   違 어길(위)
褘 폐슬(위)   緯 씨(위)
闈 대궐(위)   諱 숨길(휘)

【韌】 질길 인 통 靭 간 韧
㉠rèn ㉡ジン ㉢be tough
字解 질길, 끈질길(인)
【韌帶 인대】 뼈마디를 잇는, 끈 모양의 결합 조직.
【強韌 강인】 힘차고 끈질김.

【韐】 ❶슬갑 겁 ❷띠 갑
㉠chiá, ké ㉡コウ ㉢kneepad
字解 ❶슬갑(겁) ※바지 위에 껴입는, 무릎까지 내려오는 옷. ❷띠, 가죽띠(갑)
【韐帶 갑대】 가죽으로 만든 띠.

【鞘】 鞘(796)와 同字

【韓】 한나라 한
㉠hán ㉡カン

字源 형성자. 韋(위)는 의미 부분이고, 卓은 倝(간)의 생략형으로 발음 부분이다.
字解 ①한나라(한) ※지금의 허난성(河南省)·산시 성(陝西省) 일대를 차지하였던, 전국칠웅(戰國七雄)의 하나. ②한국(한) ※대한민국(大韓民國)의 약칭.
【韓服 한복】한국 고유의 의복.
【韓屋 한옥】한국 고래(古來)의 건축양식으로 지은 집.
【韓牛 한우】한국 재래종의 소.
【韓紙 한지】한국 고래(古來)의 제조법으로 뜬 종이. 창호지 따위.

韋 10 【韜】 감출 도
⑲
명 中tāo 日トウ(つつむ) 英hide
字解 ①감출(도) ②병법(도)
【韜略 도략】'병서(兵書)'나 '병법(兵法)'을 이름.
 '韜'는 강태공(姜太公)이 지은 병서 '육도(六韜)'를, '略'은 황석공(黃石公)이 장량(張良)에게 주었다는 병서 '삼략(三略)'을 뜻함.
【韜晦 도회】①종적을 감춤. ②본심(本心)·학식(學識) 따위를 감추어 숨김. 韜藏(도장).

9 韭 部

韭 0 【韭】 부추 구
⑨   韮
中jiǔ 日キュウ(にら) 英leek
字源 상형자. 갑골문·금문에는 보이지 않는다. 《설문해자》에서는, 땅(一) 위에 채소가 나 있는 모양으로, 한 번 심으면 오래 가므로 '久(구)' '구'라 부른다고 하였다.
字解 부추(구) ※채소의 하나.

9 音 部

音 0 【音】 소리 음
⑨
명 中yīn 日オン(おと) 英sound
字源 지사자. 言(언) 자에 一이 더해진 것으로, 一은 소리가 입에서 나오는 것을 표시한 것이다.
字解 ①소리(음) ¶ 音聲(음성) ②음악, 가락(음) ¶ 音盤(음반) ③소식(음) ¶ 音信(음신)
【音階 음계】음을 그 높이의 차례대로 일정하게 배열한 것.
【音盤 음반】음성·음악 등을 녹음한 원반.
【音聲 음성】말소리. 목소리.
【音信 음신】소식. 편지.
【音樂 음악】음을 미적으로 조화·결합하여 어떤 감정·정서를 나타내는 예술.
【音譯 음역】한자의 음을 빌려 외국어의 음을 나타내는 일. 'Asia'를 '亞細亞'로, 'India'를 '印度'로 적는 따위.
【音韻 음운】①한자의 음(音)과 그 운(韻). ②말을 이루는 하나하나의 소리. 音素(음소).
【音癡 음치】음에 대한 감각이 둔하고 가락을 구별하지 못하는 상태, 또는 그런 사람.
【音響 음향】소리의 울림.
【音訓 음훈】한자의 음과 뜻.
【轟音 굉음】요란하게 울리는 소리.
【福音 복음】반가운 소식.
【騷音 소음】시끄러운 소리.
【五音 오음】동양 음악에서 쓰는 기본적인 다섯 음계. 곧, 궁(宮)·상(商)·각(角)·치(徵)·우(羽).
 음정(音程)은 '궁'을 서양 음악의 도로 잡았을 때 '상'은 레, '각'은 미, '치'는 솔, '우'는 라에 해당된다.

音 5 【韶】 아름다울 소
⑭
명 中sháo 日ショウ 英beautiful
字解 ①아름다울(소) ②풍류 이름(소) ※순(舜)임금의 음악.
【韶光 소광】봄날의 화창한 경치.

音 10 ⑲ 【韻】 운 운 [問] [통] 韵

[고] [中]yùn [日]イン [英]rhyme

[字源] 형성자. 音(음)은 의미 부분이고, 員(원)은 발음 부분이다.

[字解] ①운(운) ※한자를 사성(四聲)에 따라 나누고, 다시 중성·종성의 유사성에 따라 분류한 것. ¶ 韻字(운자) ②운치(운) ③울릴(운) ¶ 餘韻(여운)

【韻文 운문】①운자를 달아서 지은 글. ②운율이 나타나게 쓴 글.

【韻書 운서】한자를 운(韻)에 의하여 분류·배열한 자전(字典).

【韻律 운율】시문(詩文)을 이루는 단어의 배열과 글자의 발음에 의해 시적 정서를 자아내는 음조.

【韻字 운자】한시(漢詩)에서, 운으로 다는 글자.

【韻致 운치】고아한 품격을 갖춘 멋.

【韻統 운통】운자의 계통.

【押韻 압운】①한시(漢詩)나 부(賦)를 지을 때 일정한 자리에 운자를 다는 일. ②시가(詩歌)에서, 일정한 자리에 같거나 비슷한 음을 규칙적으로 배치하여 운율적 효과를 내는 일.

【餘韻 여운】①소리가 그친 다음에도 남아 있는 어렴풋한 울림. 餘音(여음). ②일이 끝난 뒤에 남아 있는 느낌이나 정취.

音 13 ㉒ 【響】 울릴 향 [養] [간] 响

[고] [中]xiǎng [日]キョウ(ひびく) [英]echo

[字源] 형성자. 音(음)은 의미 부분이고, 鄕(향)은 발음 부분이다.

[字解] ①울릴, 울림(향) ②소리(향)

【響應 향응】메아리가 울리듯이 곧장 응함. '남의 행동에 응하여 즉시 행동함'의 비유.

【反響 반향】①울림. ②어떤 일에 대한 반응으로 나타나는 현상.

【影響 영향】①그림자와 메아리. ②어떤 사물의 작용이 다른 사물에 미치는 현상.

【音響 음향】소리의 울림.

音 14 ㉓ 【護】 구할 호 [遇]

[명] [中]hù [日]ゴ [英]save

[字解] ①구할(호) ②풍류 이름(호) ※탕(湯) 임금의 음악.

9 頁 部

頁 0 ⑨ 【頁】 ❶머리 혈 [屑] ❷쪽 엽 [葉] [간] 页

[명]❶ [中]xié, yè [日]ケツ [英]head

[字源] 상형자. 사람의 머리를 강조하여 그린 것이다. 頁부에 속하는 글자는 대부분 머리나 얼굴과 관계있는 뜻을 가진다.

[字解] ❶머리(혈) ❷[新]쪽, 면(엽) ≒葉

頁 2 ⑪ 【頃】 ❶잠깐 경 [梗] ❷반걸음 규 [紙] [간] 顷

[고] [中]qǐng, kuī [日]ケイ [英]instant

[字源] 회의자. 본래 머리가 바르지 못하다는 뜻이다. 匕(비)와 頁(혈)은 모두 의미 부분이다. 頁은 사람의 머리를 강조하여 그린 상형자이고, 匕는 사람이 뒤집힌 모습으로 '올바르지 못하다'라는 뜻이다.

[字解] ❶①잠깐, 잠시(경) ¶ 頃刻(경각) ②요즈음, 근래(경) ¶ 頃者(경자) ③백 이랑(경) ¶ 頃田(경전) ❷반걸음(규) ≒跬 ¶ 頃步(규보)

【頃刻 경각】극히 짧은 동안.

【頃者 경자】요즈음. 요사이.

【頃田 경전】백 이랑의 밭.

【頃步 규보】반걸음.

【萬頃 만경】백만 이랑. '지면이나 수면이 한없이 넓음'을 이름.

【食頃 식경】한 끼의 밥을 먹을 만한 시간.

頁部 2획

【頂】 정수리 정 | 간 顶 | 頂
ㅡ ㅜ ㅜ ㅜ 酊 預 頂 頂

음 ⓗdǐng ⓙチョウ(いただき) ⓔsummit

字源 형성자. 頁(혈)은 의미 부분이고, 丁(정)은 발음 부분이다.

字解 정수리, 머리(정) ¶頂門一鍼(정문일침) ¶꼭대기, 정상(정) ¶絕頂(절정)

【頂門一鍼 정문일침】 정수리에 침을 놓음. '따끔한 비판이나 타이름'을 이름.
【頂上 정상】①산의 꼭대기. ②그 이상 더 없는 것. 最上(최상).
【頂點 정점】 사물의 맨 꼭대기. 絕頂(절정).
【登頂 등정】 산 따위의 정상에 오름.
【絕頂 절정】①정점(頂點). ②최고에 이른 상태나 단계.

【須】 모름지기 수 | 간 须 | 須
彡 彡 彡 彡' 彡万 須 須 須

음 ⓗxū ⓙシュ(まつ) ⓔshould

字源 회의자. 본래 사람의 얼굴[頁(혈)]에 수염[彡(삼)]이 났다는 뜻이다. 頁자 수가 모두 의미 부분이다. 뒤에 '반드시'라는 뜻으로 가차되자, 髟(표)를 더한 鬚(수염 수) 자를 새로 만들어 보충하였다.

字解 ①모름지기(수) ②필요할(수) ③잠깐(수) ④수염(수)=鬚

【須臾 수유】 잠깐. 아주 짧은 시간.
【須知 수지】 꼭 알아야 함.
【必須 필수】 꼭 필요함.

【順】 순할 순 | 간 顺 | 順
丿 川 川 川 川 順 順 順

음 ⓗshùn ⓙジュン(したがう) ⓔobey

字源 회의자. 頁(혈)과 川(천)은 모두 의미 부분이다. 사람은 머리끝에서 발끝으로 이르는 것이 순리의 제일이고, 내〔川〕가 흘러가는 것 역시 순리의 지극함이다. 그래서 頁과 川이 모두 의미 부분이 되는 것이다.

字解 ①순할, 온순할(순) ¶順風(순풍) ②좇을, 따를(순) ¶順理(순리) ③차례(순) ¶順番(순번)

【順理 순리】①도리를 따름. ②마땅한 도리나 이치.
【順番 순번】 차례로 돌아오는 순서.
【順序 순서】 차례. 次第(차제).
【順延 순연】 차례로 연기함.
【順應 순응】①순순히 응함. ②조건이나 경우에 맞게 적응함.
【順從 순종】 순순히 따름.
【順坦 순탄】 순조롭고 평탄함.
【順風 순풍】①순하게 부는 바람. ②배가 가는 쪽으로 부는 바람.
【歸順 귀순】 반항하는 태도나 마음을 버리고 스스로 돌아서서 복종함.
【逆順 역순】 거꾸로 된 순서.

【頉】 탈 탈 | 간 颐 | 國
字解 탈, 사고(탈)

【頉處 탈처】國탈이 난 곳.
【無頉 무탈】國탈이 없음. 무사함.
【執頉 집탈】國남의 잘못을 들추어 트집을 잡음.

【項】 목 항 | 간 项 | 項
ㅡ ㅜ 工 丆 珀 珀 項 項

고 ⓗxiàng ⓙコウ(うなじ) ⓔneck

字源 형성자. 頁(혈)은 의미 부분이고, 工(공)은 발음 부분이다.

字解 ①목(항) ¶項鎖(항쇄) ②조목(항) ¶項目(항목) ¶클(항) ¶項領(항령)

【項領 항령】①굵은 목줄기. ②목. ③'요해지(要害地)'의 비유.
【項目 항목】 어떤 기준에 따라 나눈 일의 가닥. 條目(조목). 條項(조항).
【項鎖 항쇄】 목에 씌우는 칼.
【問項 문항】 문제의 항목.
【事項 사항】 일의 조목.

【頓】 조아릴 돈 | 간 顿 | 頓
명 ⓗdùn ⓙトン(ぬかずく) ⓔkowtow

頁部 5획

字解 ①조아릴(돈) ¶頓首(돈수) ②갑자기(돈) ¶頓悟(돈오) ③가지런히 할(돈) ¶整頓(정돈) ④國사돈(돈)

【頓首 돈수】 머리가 땅에 닿도록 몸을 굽혀 절을 함.
【頓悟 돈오】 갑자기 깨달음.
【查頓 사돈】 國혼인으로 맺어진 인척 관계.
【整頓 정돈】 가지런히 바로잡음.

【頒】 나눌 반

명 中bān 日ハン(わかつ) 美promulgate

字解 ①나눌, 나누어 줄, 반포할(반) ②반쯤 셀(반) 늑斑

【頒賜 반사】 임금이 신하에게 물건을 내려 줌.
【頒布 반포】 어떤 일을 세상에 널리 펴서 알게 함.

【頌】 칭송할 송

ノ 公 公 公 公 頌 頌 頌

코 中sòng 日ショウ(ほめる) 美praise

字解 형성자. 頁(혈)은 의미 부분이고, 公(공)은 발음 부분이다.

字解 ①칭송할, 기릴(송) ②송(송) ※운문 문체의 하나로, 성덕을 칭송한 글.

【頌歌 송가】 ①찬양하는 노래. ②기리고 노래함.
【頌德 송덕】 공덕(功德)을 기림.
【頌祝 송축】 기리어 축하함.
【讚頌 찬송】 훌륭한 덕을 기림.
【稱頌 칭송】 칭찬하고 기림.

【預】 미리 예

명 中yù 日ヨ(あずける) 美beforehand

字解 ①미리(예) 늑豫 ②참여할(예) ¶參預(참예) ③國맡길(예) ¶預金(예금)

【預金 예금】 금융 기관에 돈을 맡김, 또는 그 돈.
【預置 예치】 맡겨 둠.
【預託 예탁】 부탁하여 맡겨 둠.
【參預 참예】 참가하여 관계함.

【頑】 완고할 완

명 中wán 日ガン(かたくな) 美obstinate

字解 완고할, 고집 셀(완)

【頑強 완강】 성질·태도 등이 검질기고 드셈.
【頑固 완고】 ①고집이 셈. ②사리에 어둡고 융통성이 없음.
【頑悖 완패】 성질이 모질고 도리에 어긋나게 행동함.

【頊】 삼갈 욱

명 中xū 日ギョク 美absentminded

字解 ①삼갈(욱) ②멍할(욱)

【頊頊 욱욱】 넋을 잃은 모양.

【領】 옷깃 령

ノ ヘ 亽 令 令 領 領 領

종 中lǐng 日リョウ(えり) 美collar

字解 형성자. 頁(혈)은 의미 부분이고, 令(령)은 발음 부분이다.

字解 ①옷깃(령) ¶領袖(영수) ②목(령) ¶引領(인령) ③요소(령) ¶要領(요령) ④거느릴, 다스릴(령) ¶領導(영도) ⑤받을(령) ¶領收(영수) ⑥벌(령) ※옷을 세는 단위. ⑦우두머리(령) ¶首領(수령)

【領空 영공】 한 나라의 주권(主權)이 미치는 공간.
【領導 영도】 거느려 이끎.
【領收 영수】 받아들임. 領受(영수).
【領袖 영수】 ①옷깃과 소매. ②어떤 단체의 우두머리.
【領域 영역】 ①국가의 주권이 미치는 범위. ②세력이 미치는 범위.
【領有 영유】 자기 것으로 소유함.
【領土 영토】 ①영유하고 있는 땅. ②한 나라의 통치권이 미치는 지역.
【首領 수령】 한 당파나 무리의 우두머리. 頭領(두령).
【要領 요령】 ①사물의 요긴하고 으뜸

되는 점, 또는 그 줄거리. ②적당히 꾀를 부려 하는 짓.
【引領 인령】 목을 길게 뺌.
【占領 점령】 어느 땅을 차지하여 제 것으로 함. 占據(점거).

【頋】 강할 민
명 ⊕mín ⊕ビン ⊛strong
字解 강할, 굳셀(민).

【頗】 ❶자못 파 ❷치우칠 파
고 ⊕pō ⊕ハ(すこぶる) ⊛very
字源 형성자. 頁(혈)은 의미 부분이고, 皮(피)는 발음 부분이다.
字解 ①자못, 꽤(파) ②치우칠(파).
【頗多 파다】 자못 많음. 매우 많음.
【偏頗 편파】 한편으로 치우침.

【頞】 콧마루 알
⊕è ⊕アツ ⊛nose ridge
字解 콧마루, 콧대(알).
【蹙頞 축알】 콧마루를 찡그림. '근심하는 모양'을 이름.

【頤】 턱 이
명 ⊕yí ⊕イ(おとがい) ⊛chin
字解 ①턱, 턱짓할(이) ②기를(이).
【頤使 이사】 턱짓으로 사람을 마음대로 부림. 頤令(이령). 頤指(이지).
【頤養 이양】 심신을 수양함.

【頡】 곧은 목 힐
⊕xié ⊕キツ ⊛upright neck
字解 ①곧은 목(힐) ②날아오를(힐).

【頸】 목 경
명 ⊕jǐng ⊕ケイ(くび) ⊛neck
字解 목, 목줄기(경).
【頸骨 경골】 목뼈.

【頸椎 경추】 목등뼈.
【刎頸之交 문경지교】 목을 베이는 데 대신 나설 벗. '생사를 같이할 만큼 친한 사이'를 이름.

【頭】 머리 두
一 亠 亣 豆 亞 頭 頭 頭 頭
종 ⊕tóu ⊕トウ(あたま) ⊛head
字源 형성자. 頁(혈)은 의미 부분이고, 豆(두)는 발음 부분이다.
字解 ①머리(두) ¶ 頭腦(두뇌) ②우두머리(두) ¶ 頭領(두령) ③꼭대기(두) ¶ 竿頭(간두) ④처음, 맨 앞(두) ¶ 先頭(선두) ⑤마리(두) ※마소를 세는 단위. ¶ 頭數(두수)
【頭角 두각】 머리끝. '여럿 중에서 특히 뛰어난 학식이나 재능'을 이름.
【頭腦 두뇌】 ①머릿골. ②슬기. 지혜.
【頭領 두령】 한 당파나 무리의 우두머리. 首領(수령).
【頭目 두목】 나쁜 짓을 일삼는 무리의 우두머리.
【頭髮 두발】 머리털.
【頭緖 두서】 일의 차례나 갈피. 앞뒤의 순서. 條理(조리).
【頭數 두수】 소·말 등의 마릿수.
【頭痛 두통】 머리가 아픈 증세.
【竿頭 간두】 장대의 꼭대기.
【先頭 선두】 첫머리. 맨 앞.

【頻】 자주 빈
丨 ト 止 牛 步 步 頻 頻 頻 頻
고 ⊕pín ⊕ヒン(しきりに) ⊛frequently
字源 회의자. 본래 瀕으로 썼는데 瀕은 물가를 뜻한다. 頁(혈)과 涉(섭)은 모두 의미 부분이다. 步(보)는 涉의 생략형이다. 현재 '물가'라는 뜻으로는 濱(물가 빈)자를 쓰고, '자주'라는 뜻으로는 頻을 쓴다.
字解 ①자주, 빈번할(빈) ¶ 頻發(빈발) ②찡그릴(빈) 顰과.
【頻度 빈도】 반복되는 정도.
【頻發 빈발】 자주 일어남.
【頻繁 빈번】 여러 번 되풀이하여 번거

로움. 圖頻煩(빈번).

【頹】무너질 퇴 灰
- 몡 ㊥tuí ㊐タイ(くずれる) ㊀collapse
- 字解 ①무너질, 떨어질, 쇠할(퇴) ②센바람(퇴)
- 【頹落 퇴락】무너져 떨어짐.
- 【頹廢 퇴폐】①쇠퇴하여 무너짐. ②도의나 건전한 기풍이 문란해짐.
- 【頹風 퇴풍】거센 바람.
- 【衰頹 쇠퇴】쇠하여 무너짐.

【頷】 ❶턱 함 感 ❷끄덕일 암 感
- ㊥hàn ㊐ガク(あご) ㊀chin
- 字解 ❶턱(함) ❷끄덕일(암)
- 【頷首 암수】긍정하는 뜻으로 머리를 끄덕임.
- 【頷下之珠 함하지주】용의 턱 밑에 있다는 구슬. '손에 넣기 어려운 귀중한 보물'의 비유.

【頰】뺨 협 木
- 몡 ㊥jiá ㊐キョウ(ほお) ㊀cheek
- 字解 뺨, 볼(협)
- 【頰骨 협골】볼의 뼈. 광대뼈.

【顆】낟알 과 哿
- 몡 ㊥kē ㊐カ(つぶ) ㊀kernel
- 字解 ①낟알(과) ②흙덩이(과)
- 【顆粒 과립】①둥글고 자잘한 알갱이. ②마마·홍역 등의 반점(斑點)이 피부에 돋은 것.

【頸】아름다울 정 敬
- 몡 ㊥jǐng ㊐セイ ㊀beautiful
- 字解 아름다울, 예쁠(정)

【頣】강할 민
- 몡 ㊥mín ㊐ビン ㊀strong
- 字解 강할(민)

【顎】턱 악 藥
- 몡 ㊥è ㊐ガク ㊀jaw
- 字解 ①턱(악) ②근엄할(악)
- 【顎骨 악골】턱뼈.

【顔】얼굴 안 刪
- 몡 ㊥yán ㊐ガン(かお) ㊀face
- 字源 형성자. 頁(혈)은 의미 부분이고, 彦(언)은 발음 부분이다.
- 字解 ①얼굴, 낯(안) ¶ 顔色(안색) ②빛, 색채(안) ¶ 顔料(안료)
- 【顔料 안료】①그림물감. ②염색의 재료. 染料(염료).
- 【顔面 안면】①얼굴. ②서로 알 만한 친분(안면).
- 【顔色 안색】얼굴빛.
- 【童顔 동안】①어린이의 얼굴. ②어린이와 같은 얼굴.
- 【無顔 무안】부끄러워 볼 낯이 없음.
- 【厚顔無恥 후안무치】낯가죽이 두꺼워 부끄러움이 없음.

【額】이마 액 陌
- 몡 ㊥é ㊐ガク(ひたい) ㊀forehead
- 字源 형성자. 頁(혈)은 의미 부분이고, 客(객)은 발음 부분이다.
- 字解 ①이마(액) ¶ 額面(액면) ②액수(액) ¶ 金額(금액) ③현판(액) ¶ 額字(액자)
- 【額面 액면】이마의 표면. '말이나 글의 표현된 그대로의 것'을 이름.
- 【額數 액수】돈의 머릿수.
- 【額子 액자】그림·글씨·사진 등을 넣어 벽에 걸기 위한 틀.
- 【額字 액자】현판에 쓴 글자.
- 【金額 금액】돈의 액수.
- 【總額 총액】전체의 액수.

【顓】오로지할 전 先
- ㊥zhuān ㊐セン ㊀only
- 字解 ①오로지할, 제멋대로 할(전)

늑專 ②심갈(전)
【顓兵 전병】병권(兵權)을 마음대로 휘두름.

頁9
⑱ 【題】 제목 제 題 간 题

日甲是是是題題題題
종 ⊕tí ⊕ダイ(ひたい) 英subject
字源 형성자. 頁(혈)은 의미 부분이고, 是(시)는 발음 부분이다.
字解 ①제목, 표제(제) ¶命題(명제) ②이마(제) ③표, 표지(제) ¶題字(제자) ④물음(제) ¶問題(문제)
【題目 제목】책이나 문학 작품 등에서 그것의 내용을 보이거나 대표하는 이름.
【題字 제자】책의 표지나 비석·족자 따위에 쓴 글자.
【題材 제재】예술 작품이나 학술 연구 따위에서, 주제의 재료가 되는 것.
【命題 명제】①제목을 정함, 또는 그 제목. ②논리적 판단을 언어나 기호로 표현한 것.
【問題 문제】해답을 요하는 물음.
【主題 주제】①주요한 제목, 또는 중심이 되는 문제. ②예술 작품에서, 작가가 그리려는 중심 제재나 사상.
【標題 표제】①책의 겉에 쓴 그 책의 이름. ②연설·강연 등의 제목.

頁9
⑱ 【顕】 同 顯(805)의 俗字

頁10
⑲ 【類】 무리 류 類 간 类

＊类类类類類類類
고 ⊕lèi ⊕ルイ(たぐい) 英class
字源 형성자. 犬(견)은 의미 부분이고, 頪(뢰)는 발음 부분이다. 개는 같은 종류끼리 특히 더 비슷하기 때문에 犬을 썼다.
字解 ①무리, 종류(류) ¶類別(유별) ②닮을, 비슷할(류) ¶類似(유사)
【類萬不同 유만부동】①많은 것이 서로 같지 않고 다름. ②분수에 맞지 않음. 정도에 넘침.
【類別 유별】같은 종류끼리 나눔.
【類似 유사】서로 비슷함.
【類類相從 유유상종】같은 무리끼리 서로 따름.
【類推 유추】서로 비슷한 점을 미루어 다른 것을 헤아림.
【類型 유형】같은 형. 비슷한 형.
【部類 부류】공통적인 성격 등에 따라 나눈 갈래.
【分類 분류】종류별로 가름.
【種類 종류】어떤 기준에 따라 나눈 갈래.

頁10
⑲ 【顙】 이마 상 顙 간 颡

⊕sǎng ⊕ソウ 英forehead
字解 ①이마(상) ②조아릴(상)
【拜顙 배상】이마가 땅에 닿도록 몸을 굽혀 절함.

頁10
⑲ 【願】 원할 원 願 간 愿

厂斤斤戶原原原願願
종 ⊕yuàn ⊕ガン(ねがう) 英wish
字源 형성자. 본래 머리가 크다는 뜻이었다. 頁(혈)은 의미 부분이고, 原(원)은 발음 부분이다.
字解 원할, 바랄(원)
【願望 원망】원하고 바람.
【願書 원서】지원하거나 청원하는 뜻을 적은 서류.
【祈願 기원】바라는 바가 이루어지기를 빎.
【悲願 비원】①부처나 보살의, 중생을 구제하려는 맹세와 소원. ②꼭 이루려는 비장(悲壯)한 소원.
【所願 소원】바람, 또는 바라는 바.
【念願 염원】늘 생각하고 간절히 바람, 또는 그러한 소원.
【志願 지원】뜻하여 바람.
【歎願 탄원】사정을 말하고 도와주기를 간절히 바람.

頁10
⑲ 【顚】 정수리 전 顛 간 颠

명 ⊕diān ⊕テン(いただき) 英top
字解 ①정수리, 꼭대기(전) ¶山顚(산전) ②근본(전) ¶顚末(전말) ③넘어질, 뒤집힐(전) ¶顚倒

도) ④머리, 이마(전)

【顚倒 전도】①넘어지고 엎어짐. ②거꾸로 뒤바뀜.

【顚末 전말】일의 처음부터 끝까지 진행되어 온 경위.

【顚覆 전복】뒤집어엎음.

【山顚 산전】산꼭대기.

【七顚八起 칠전팔기】일곱 번 넘어지고 여덟 번 일어남. '여러 번의 실패에도 굽히지 않고 분투(奮鬪)함'을 이름.

頁 12 ㉑ 【顧】 돌아볼 고 [遇] [간] 顾

[고] ㊥gù ㊐コ(かえりみる) ㊖look after

[字源] 형성자. 頁(혈)은 의미 부분이고, 雇(고)는 발음 부분이다.

[字解] ①돌아볼(고) ¶ 回顧(회고) ②돌볼, 보살필(고) ¶ 顧問(고문) ③마음 쓸, 생각할(고) ¶ 顧慮(고려)

【顧客 고객】상점·식당 등에 찾아오는 손님.

【顧慮 고려】마음을 씀.

【顧問 고문】자문(諮問)에 응하여 의견을 말하는 직책, 또는 그 직책에 있는 사람.

【一顧 일고】①잠깐 돌아봄. ②조금 생각하여 봄.

【回顧 회고】지나간 일을 돌이켜 생각함.

頁 12 ㉑ 【顥】 클 호 [晧] [간] 颢

[명] ㊥hào ㊐コウ ㊖white

[字解] ①클(호) ②흴, 머리털 셀(호)

【顥顥 호호】①흰 모양, 또는 하늘이 희게 빛나는 모양. ②원기(元氣)가 넓고 큰 모양.

頁 13 ㉒ 【顫】 떨 전 [霰] [간] 颤

[명] ㊥chàn, zhàn ㊐セン(ふるえる) ㊖shiver

[字解] 떨, 떨릴(전)

【顫動 전동】몸을 부들부들 떪.

【手顫症 수전증】물건을 잡거나 할 때 손이 지나치게 떨리는 증세.

頁 14 ㉓ 【顯】 나타날 현 [銑] [속] 顕 [간] 显

[고] ㊥xiǎn ㊐ケン(あらわれる) ㊖appear

[字源] 형성자. 頁(혈)은 의미 부분이고, 㬎(현)은 발음 부분이다.

[字解] ①나타날(현) ¶ 顯達(현달) ②나타낼(현) ¶ 顯示(현시) ③높일(현) ※돌아가신 부모나 조상에 대한 경칭. ¶ 顯考(현고)

【顯考 현고】신주(神主)나 축문(祝文)에서 '돌아가신 아버지'를 이르는 말.

【顯達 현달】벼슬과 덕망이 높아서 이름이 세상에 드러남. 입신출세함.

【顯微鏡 현미경】아주 작은 사물을 확대하여 보는 장치.

【顯示 현시】나타내어 보임.

【顯著 현저】뚜렷이 드러남.

【破邪顯正 파사현정】그릇된 생각을 깨뜨리고 바른 도리를 드러냄.

頁 15 ㉔ 【顰】 嚬(128)과 同字

頁 16 ㉕ 【顱】 해골 로 [虞] [간] 颅

㊥lú ㊐ロ ㊖skull

[字解] 해골, 두개골(로)

【顱頂骨 노정골】두개골(頭蓋骨)의 정수리 부분에 있는 뼈.

頁 18 ㉗ 【顴】 광대뼈 관 [本]권 [先] [간] 颧

㊥quán ㊐ケン ㊖cheek bone

[字解] 광대뼈(관)

【顴骨 관골】광대뼈.

9 風 部

9획

風 0 ⑨ 【風】 바람 풍 [東] [간] 风

[중] ㊥fēng ㊐フウ(かぜ) ㊖wind

형성자. 虫(충)은 의미 부분이고, 凡(범)은 발음 부분이다.
字解 ①바람(풍) ¶ 風浪(풍랑) ②풍속(풍) ¶ 風習(풍습) ③경치(풍) ¶ 風景(풍경) ④모습, 풍채(풍) ¶ 風貌(풍모) ⑤병 이름(풍) ¶ 中風(중풍)

【風景 풍경】 자연의 아름다운 모습. 景致(경치). 風光(풍광).
【風紀 풍기】 풍속이나 사회도덕에 대한 기강.
【風浪 풍랑】 ①바람과 물결. ②바람결에 따라 일어나는 물결.
【風流 풍류】 속되지 않고 운치가 있는 일.
【風貌 풍모】 풍채와 용모.
【風霜 풍상】 바람과 서리. '세상의 모진 고난이나 고통'의 비유.
【風俗 풍속】 전통적으로 지켜져 오는 생활상의 사회적 관습.
【風習 풍습】 풍속과 습관.
【風雲 풍운】 ①바람과 구름. ②영웅이 큰 뜻을 펼 수 있는 좋은 기운. ③큰 변이 일어날 듯한 험악한 형세.
【風前燈火 풍전등화】 바람 앞의 등불. '매우 위급한 처지'의 비유.
【風塵 풍진】 ①바람과 먼지. ②인간세상. 속세. ③난리. 兵亂(병란).
【風餐露宿 풍찬노숙】 바람을 맞으며 먹고 이슬을 맞으며 잠. '모진 고생'의 비유.
【風采 풍채】 드러나 보이는 의젓한 겉모양.
【風波 풍파】 ①바람과 물결. ②속세의 괴로운 일.
【古風 고풍】 ①옛 풍속. ②예스러운 모습.
【突風 돌풍】 갑자기 세차게 불다가 곧 그치는 바람.
【威風 위풍】 위엄 있는 풍채.
【中風 중풍】 전신이나 반신 또는 팔다리가 마비되는 병.

風5⁄14 【颯】 바람 소리 삽
명 中sà 日サツ 英sound of wind
字解 ①바람 소리(삽) ②빗소리(삽)
【颯爽 삽상】 바람이 시원하게 불어 상쾌한 모양.

風5⁄14 【颱】 거센 바람 태
명 中tái 日タイ 英typhoon
字解 거센 바람, 태풍(태)
【颱風 태풍】북태평양 남서부에서 발생하여 아시아 대륙 동부로 불어오는 폭풍우.

風9⁄18 【颺】 날릴 양
명 中yáng 日ヨウ(あがる) 英soar
字解 ①날릴(양) ②날, 날아갈(양) ③높일(양)
【颺颺 양양】 ①바람에 날아오르는 모양. ②펄럭이는 모양.
【颺言 양언】 소리를 높여 말함.

風11⁄20 【飄】 회오리바람 표
명 中piāo 日ヒョウ 英whirlwind
字解 ①회오리바람(표) ②나부낄(표) ③떠돌(표)
【飄泊 표박】 정처 없이 떠돌아다님.
【飄飄 표표】 ①가볍게 나부끼는 모양. ②떠돌아다니는 모양.
【飄風 표풍】 회오리바람.

風12⁄21 【飆】 폭풍 표
명 中biāo 日ヒョウ 英storm
字解 ①폭풍(표) ②회오리바람(표)

9 飛 部

飛0⁄9 【飛】 날 비
명 中fēi 日と(ぶ) 英fly
字解 상형자. 새가 양쪽 날개를 쭉 펴고 나는 모습을 본뜬 것이다.
字解 ①날(비) ¶ 飛翔(비상) ②빠를(비) ¶ 飛報(비보) ③높을(비) ¶ 飛閣(비각) ④떠돌(비) 늑蜚 ¶ 飛語(비어)

【飛閣 비각】 ①높은 누각. ②높이 건너지른 다리. 飛橋(비교).
【飛報 비보】 급한 통지. 急報(급보).
【飛翔 비상】 새 따위가 하늘을 낢.
【飛躍 비약】 ①높이 뛰어오름. ②급격히 발전하거나 향상됨.
【飛語 비어】 근거 없이 떠도는 말.
【飛行 비행】 공중으로 날아다님.
【飛虎 비호】 나는 범. '동작이 빠르고 용맹함'의 비유.
【飛火 비화】 튀는 불똥. '사건 따위가 관계없는 사람에게까지 미침'의 비유.
【雄飛 웅비】 힘 있게 낢. '힘차고 씩씩하게 뻗어 나감'을 이름.

【飜】 뒤집을 번 동 翻 굉

⺍ 釆 番 番 番 番 飜 飜

고 中fán 日ハン 英turn over
字源 형성자. 釆(비)는 의미 부분이고, 番(번)은 발음 부분이다.
字解 ①뒤집을(번) ②번역할(번) ③날(번)
【飜刻 번각】 한 번 새긴 책판을 본보기로 그 내용을 다시 새김.
【飜覆 번복】 뒤엎음.
【飜案 번안】 ①앞의 안건(案件)을 뒤집어 놓음. ②원작(原作)의 줄거리는 그대로 두고 다른 표현 양식을 써서 새롭게 고쳐 짓는 일.
【飜譯 번역】 한 나라의 말로 표현된 문장을 다른 나라 말로 옮김.
【飜意 번의】 전에 가지고 있던 마음을 뒤집음.

9 食部

【食】 ❶밥 식 ❷먹을 사 직 意

⺍ 人 𠆢 𠆢 合 食 食 食

중 中shí, sì 日ショク(くう) 英food, eat

字源 스(집)은 그릇의 뚜껑이고 皀(흡)은 簋(제사 그릇 궤) 자의 원시 형태로, 그릇을 그린 상형자라는 설, 스은 口(입 구) 자를 거꾸로 한 것이고 皀은 익힌 음식을 담는 그릇을 뜻하므로 음식을 먹는다는 뜻을 나타내는 회의자라는 설 등이 있다.
字解 ❶①밥, 음식(식) ¶食代(식대) ②먹을(식) ¶食言(식언) ③녹, 녹봉(식) ❷①먹일, 기를(사) 㽽飼 ②밥(사) ¶簞食(단사)
【食口 식구】 같은 집에서 끼니를 함께 하며 사는 사람. 食率(식솔).
【食器 식기】 음식을 담는 그릇.
【食代 식대】 음식을 청하여 먹은 값으로 치르는 돈.
【食糧 식량】 살아가는 데 필요한 먹을거리. 糧食(양식).
【食事 식사】 끼니로 음식을 먹는 일.
【食傷 식상】 ①음식으로 인한 배앓이. ②음식에 물림. 싫증남.
【食性 식성】 음식에 대하여 좋아하거나 싫어하는 성미.
【食言 식언】 말을 먹어 버림. '약속한 말을 지키지 않음'을 이름.
【食慾 식욕】 음식을 먹고 싶은 욕구.
【食用 식용】 먹을 것으로 씀.
【食餌 식이】 조리한 음식물.
【飲食 음식】 먹고 마시는 것.
【飽食 포식】 배불리 먹음.
【簞食 단사】 도시락에 담은 밥.
참고 변에 쓰일 때는 글자 모양이 '𩙿'으로 되기도 함.

【飢】 주릴 기 支 간 饥

⺍ 𠆢 𠆢 合 合 食 飢 飢

고 中jī 日キ(うえる) 英starve
字源 형성자. 食(식)은 의미 부분이고, 几(궤)는 발음 부분이다.
字解 ①주릴(기) 㽽饑 ¶飢寒(기한) ②흉년 들(기) ¶飢饉(기근)
【飢渴 기갈】 굶주림과 목마름.
【飢饉 기근】 흉년(凶年)이 듦.
【飢餓 기아】 굶주림.
【飢寒 기한】 배고픔과 추위.
【療飢 요기】 시장기만 덜 정도로 먹음.
【虛飢 허기】 배가 몹시 고픔.

食部 2획

飡 (食2, 11)
❶飱(310)의 俗字
❷國 飧(808)의 俗字

飧 (食3, 12)
저녁밥 손园 飡飱 飨
㊥sūn ㊐ソン ㊎supper
字解 저녁밥, 밥(손)
【飧泄 손설】음식이 조금도 삭지 않고 그대로 나오는 설사.
【飧饔 손옹】저녁밥과 아침밥.

飯 (食4, 13)
밥 반願 饭飯
㊥fàn ㊐ハン(めし) ㊎boiled rice
字解 형성자. 食(식)은 의미 부분이고, 反(반)은 발음 부분이다.
字解 ①밥(반) ②먹을(반)
【飯囊 반낭】밥주머니. '하는 일 없이 양식만 축내는 사람'을 이름.
【飯床 반상】끼니 음식으로 밥과 반찬을 차린 상차림.
【飯店 반점】밥을 파는 가게. '음식점'을 중국식으로 이르는 말.
【飯酒 반주】밥에 곁들여 마시는 술.
【飯饌 반찬】밥에 곁들여 먹는 여러 가지 음식.
【飯含 반함】염(殮)할 때, 죽은 사람의 입에 구슬·쌀 등을 물리는 일.
【白飯 백반】①흰밥. 쌀밥. ②흰밥에 국과 반찬을 곁들여 파는 한 상의 음식.
【殘飯 잔반】먹다 남은 밥.
【朝飯 조반】아침밥.

飱 (食4, 13)
飧(808)의 俗字

飫 (食4, 13)
물릴 어御 飫飫
㊥yù ㊐ヨ ㊎surfeited
字解 물릴, 실컷 먹을(어)
【飫聞 어문】물리도록 실컷 들음.
【飫賜 어사】실컷 먹도록 술과 음식을 충분하게 내림.
【饜飫 염어】실컷 먹음. 포식함.

飲 (食4, 13)
❶마실 음
❷먹일 음 飲飮飲
㊥yǐn, yìn ㊐イン(のむ) ㊎drink
字源 회의자. 食(식)과 欠(흠)은 모두 의미 부분이다. 입을 벌리고[欠] 음식을 먹는다[食]는 뜻이다.
字解 ❶마실(음) ¶飮料(음료) ❷먹일, 마시게 할(음) ¶飮馬(음마)
【飲毒 음독】독약을 먹음.
【飲料 음료】'마실 것'의 총칭.
【飲馬 음마】말에게 물을 먹임.
【飲福 음복】제사를 지내고 나서 제주(祭酒)를 나누어 마시는 일.
【飲食 음식】먹고 마시는 것.
【飲酒 음주】술을 마심.
【過飲 과음】술을 과하게 마심.
【試飲 시음】맛보기 위하여 시험 삼아 마셔 봄.

飭 (食4, 13)
삼갈 칙職 飭飭
㊥chì ㊐チョク(ただす) ㊎careful
字解 ①삼갈(칙) ②바로잡을(칙)
【飭躬 칙궁】스스로를 바로잡고 삼감.
【申飭 신칙】단단히 타일러 경계함.

飼 (食5, 14)
먹일 사寘 飼飼
㊥sì ㊐シ(かう) ㊎feed
字解 ①먹일(사) ②기를(사)
【飼料 사료】가축의 먹이.
【飼育 사육】짐승을 먹여 기름.
【放飼 방사】가축을 놓아기름.

9획

飾 (食5, 14)
꾸밀 식職 飾飾
㊥shì ㊐ショク(かさる) ㊎decorate
字源 형성자. 巾(건)과 人(인)은 의미 부분이고, 食(식)은 발음 부분이다. 飾은 본래 닦는다는 뜻이었다. 그래서 수건[巾]과 사람[人]이 의미 부분이 되는 것이다.

[字解] 꾸밀, 치장할(식)
【飾言 식언】 말을 꾸밈. 말을 번드르르하게 함.
【假飾 가식】 거짓으로 꾸밈.
【服飾 복식】 ①옷의 꾸밈새. ②옷과 그 장식품.
【修飾 수식】 겉모양을 꾸밈.
【裝飾 장식】 겉모양을 매만져 꾸밈.
【虛飾 허식】 실속 없이 겉만 꾸밈.

食 5 ⑭ 【飴】 ❶엿 이 [支] ❷먹일 사 [寘] [간] 饴

[명]❶ [中]yí [日]イ(あめ) [英]taffy
[字解] ❶①엿(이) ②달(이) ❷먹일(사)
【飴糖 이당】 엿.

食 5 ⑭ 【飽】 배부를 포 [巧] [간] 饱

[고] [中]bǎo [日]ホウ(あきる) [英]surfeited
[字源] 형성자. 食(식)은 의미 부분이고, 包(포)는 발음 부분이다.
[字解] ①배부를(포) ②물릴(포) ③가득할(포)
【飽滿 포만】 일정한 용량에 넘치도록 가득 참.
【飽食 포식】 배불리 먹음.
【飽和 포화】 채울 수 있는 최대한도에 달함.

食 6 ⑮ 【餃】 엿 교 [效] [간] 饺

[명] [中]chiǎo [日]キョウ [英]taffy
[字解] ①엿(교) ②경단(교)

食 6 ⑮ 【餅】 떡 병 [梗] [본] 餠 [간] 饼

[中]bǐng [日]ヘイ(もち) [英]rice cake
[字解] 떡(병)
【餅湯 병탕】 떡국.
【煎餅 전병】 찹쌀·밀 등의 가루를 반죽하여 번철에 지진 떡. 부꾸미.
【畫中之餅 화중지병】 그림의 떡. '아무리 마음에 들어도 가질 수 없는 것'의 비유.

食 6 ⑮ 【養】 ❶기를 양 [養] ❷받들 양 [漾] [간] 养

[중] [中]yǎng [日]ヨウ(やしなう) [英]nourish
[字源] 형성자. 食(식)은 의미 부분이고, 羊(양)은 발음 부분이다.
[字解] ❶①기를, 칠(양) ¶養成(양성) ②다스릴(양) ¶療養(요양) ❷받들(양) ¶養老(양로)
【養豚 양돈】 돼지를 침.
【養老 양로】 노인을 받들어 모심.
【養兵 양병】 군사를 양성함.
【養蜂 양봉】 꿀을 얻기 위하여 벌을 기름.
【養分 양분】 영양이 되는 성분.
【養成 양성】 교육·훈련 등으로 인재를 길러 냄.
【養殖 양식】 물고기·굴·김 등을 기르고 번식시키는 일.
【養育 양육】 길러서 자라게 함.
【養子 양자】 양아들.
【養蠶 양잠】 누에를 침.
【養虎遺患 양호유환】 범을 길러 후환(後患)을 남김. '화근(禍根)을 없애지 않아 뒷날 화를 입음'의 비유.
【扶養 부양】 생활 능력이 없는 이를 돌봄.
【療養 요양】 몸을 잘 보살펴 병을 다스림.

食 6 ⑮ 【餌】 먹이 이 [寘] [간] 饵

[中]ěr [日]ジ(えさ) [英]feed
[字解] ①먹이, 미끼(이) ②먹을(이)
【餌藥 이약】 몸을 건강하게 하기 위하여 먹는 약.
【食餌 식이】 ①먹이. ②조리한 음식.
【好餌 호이】 좋은 미끼.

食 6 ⑮ 【餉】 군량 향 [本]상 [漾] [동] 饟 [간] 饷

[명] [中]xiǎng [日]ショウ(かれいい) [英]rations

[字解] ①군량(향) ※군대의 양식. ②건량(향) ※말려 둔 양식. ③보낼(향)

【餉穀 향곡】 지난날, 군량(軍糧)으로 쓰던 곡식.

【餉饋 향궤】 군사가 먹을 식량. 軍糧(군량).

【餉遺 향유】 식량 따위를 보내 줌.

食 7 ⑯ 【餒】 주릴 뇌 [賄] [간] 馁

㊥něi ㊐ダイ(うえる) ㊍hunger

[字解] 주릴, 굶주릴(뇌)

【餒死 뇌사】 굶주려 죽음.

食 7 ⑯ 【餓】 주릴 아 [箇] [간] 饿

[고] ㊥è ㊐ガ(うえる) ㊍hunger

[字源] 형성자. 食(식)은 의미 부분이고, 我(아)는 발음 부분이다.

[字解] 주릴, 굶길(아)

【餓鬼 아귀】 굶주린 귀신. '염치없이 먹을 것만 탐내는 사람'의 비유.

【餓死 아사】 굶어 죽음. 飢死(기사).

【饑餓 기아】 굶주림. [통]飢餓(기아).

食 7 ⑯ 【餘】 남을 여 [魚] [속][간] 余

[중] ㊥yú ㊐ヨ(あまる) ㊍remain

[字源] 형성자. 食(식)은 의미 부분이고, 余(여)는 발음 부분이다.

[字解] ①남을, 나머지(여) ¶ 餘分(여분) ②다른, 딴(여) ¶ 餘他(여타)

【餘暇 여가】 남은 시간. 겨를.

【餘念 여념】 다른 생각.

【餘談 여담】 화제의 본줄기에서 벗어난, 딴 이야기.

【餘力 여력】 남은 힘.

【餘白 여백】 글씨·그림이 있는 지면에서 비어 있는 곳.

【餘分 여분】 남은 분량. 나머지.

【餘生 여생】 남은 생애. 餘年(여년).

【餘韻 여운】 ①소리가 그친 뒤에도 남은 울림. 餘音(여음). ②일이 끝난 다음에도 남아 있는 느낌이나 정취.

【餘裕 여유】 넉넉하고 남음이 있음.

【餘地 여지】 어떤 일을 하거나 어떤 일이 일어날 가능성이나 희망.

【餘他 여타】 그 밖의 다른 것.

【餘波 여파】 ①큰 물결에 뒤이어 이는 작은 물결. ②어떤 일이 끝난 뒤에 주위에 미치는 영향.

【餘恨 여한】 풀지 못하고 남은 원한.

【餘興 여흥】 놀이 끝에 남아 있는 흥.

【剩餘 잉여】 쓰고 난 나머지.

【殘餘 잔여】 남아 있는 것.

食 7 ⑯ 【餐】 먹을 찬 [寒] [동] 湌

[명] ㊥cān ㊐サン ㊍eat

[字解] 먹을, 밥(찬)

【晩餐 만찬】 특별히 잘 차려 낸 저녁 식사.

【尸位素餐 시위소찬】 자리만 지키며 헛되이 먹음. '직책을 다하지 않고 녹만 받아먹는 사람'을 이름.

【午餐 오찬】 여느 때보다 잘 차려 먹는 점심. 晝餐(주찬).

【朝餐 조찬】 목적을 가진 모임 따위에서의 아침 식사.

食 8 ⑰ 【館】 집 관 [旱] [속] 舘 [간] 馆

[고] ㊥guǎn ㊐カン(やかた) ㊍mansion

[字源] 형성자. 食(식)은 의미 부분이고, 官(관)은 발음 부분이다.

[字解] ①집(관) ※여관·관청 등의 건물. ②묵을, 묵게 할(관)

【館舍 관사】 지난날, 외국 사신을 묵게 하던 집.

【開館 개관】 '館' 자가 붙은 기관이나 시설을 신설하여 그 업무를 시작함.

【公館 공관】 ①공공의 건물. ②정부 고관의 관저(官邸).

【別館 별관】 본관(本館) 이외에 따로 지은 건물.

【旅館 여관】 여객을 숙박시키는 일을 업으로 하는 집. 旅舍(여사).

食 8 ⑰ 【餠】 [명] 餅(809)의 本字

食部 14획

[餞] 보낼 전
ⓒjiàn ⓙセン(はなむけ) ⓔsend-off
字解 보낼, 배웅할(전)
【餞別 전별】 떠나는 사람에게 잔치를 베풀어 작별함.
【餞送 전송】 전별하여 보냄.

[饉] 흉년 들 근
ⓒjǐn ⓙキン ⓔfamine
字解 흉년 들, 흉년(근)
【饑饉 기근】 흉년이 듦. 圖飢饉(기근).

[饅] 만두 만
ⓒmán ⓙマン ⓔdumpling
字解 만두(만)
【饅頭 만두】 밀가루를 반죽하여 소를 넣고 빚어 찌거나 구운 음식.

[饋] 먹일 궤
ⓒkuì ⓙキ(おくる) ⓔoffer food
字解 ①먹일(궤) ②드릴(궤)
【饋饌 궤찬】 어른께 올리는 음식.
【犒饋 호궤】 군사들을 위로하여 음식물을 베풂. 犒軍(호군).

[饑] 흉년 들 기
ⓒjī ⓙキ(うえる) ⓔhunger
字解 ①흉년 들(기) ≒飢 ¶饑饉(기근) ②주릴(기) ¶饑餓(기아)
【饑渴 기갈】 굶주림과 목마름.
【饑饉 기근】 흉년(凶年)이 듦.
【饑餓 기아】 굶주림.
【饑寒 기한】 배고픔과 추위.

[饍] 膳(672)과 同字

[饒] 넉넉할 요
ⓒráo ⓙジョウ(ゆたか) ⓔplenty
字解 ①넉넉할, 풍족할(요) ②너그러울(요)

【饒貸 요대】 너그러이 용서함.
【饒舌 요설】 수다스럽게 지껄임.
【豐饒 풍요】 매우 넉넉함.

[饌] 반찬 찬
ⓒzhuàn ⓙセン(そなえる) ⓔmeal
字解 ①반찬(찬) ¶饌盒(찬합) ②음식(찬) ¶盛饌(성찬)
【饌盒 찬합】 반찬·술안주 따위를 담는, 여러 층으로 된 그릇.
【飯饌 반찬】 밥에 곁들여 먹는 여러 가지 음식. 饌物(찬물).
【盛饌 성찬】 잘 차린 음식.
【素饌 소찬】 고기나 생선이 없이 나물만으로 된 반찬.

[饔] 아침밥 옹
ⓒyōng ⓙヨウ ⓔbreakfast
字解 ①아침밥(옹) ②조리할(옹)
【饔飧 옹손】 아침밥과 저녁밥.
【饔子 옹자】 요리사. 熟手(숙수).

[饗] ❶잔치할 향 ❷흠향할 향
ⓒxiǎng ⓙキョウ(もてなす) ⓔfeast
字解 ❶①잔치할(향) ②대접할(향) ③제사 지낼(향) ❷흠향할(향)
【饗宴 향연】 주식(酒食)을 베풀어 대접하는 잔치.
【饗應 향응】 특별히 융숭하게 대접함, 또는 그 대접.
【饗奠 향전】 제수를 차려 놓고 제사 지냄.
【歆饗 흠향】 신이 제물(祭物)을 받음.

食部 14획

[饜] 물릴 염
ⓒyàn ⓙエン ⓔsurfeited
字解 ①물릴, 싫증날(염) ②포식할(염)
【饜飫 염어】 포식함.
【饜足 염족】 실컷 먹고 마심. 주식(酒食)에 물림. 饜飽(염포).

9 首部

首⁰⁹₍₉₎ 【首】 머리 수
丷 亠 ナ 产 首 首 首 首
음 ⊕shǒu ⊕シュ〈くび〉 ⊛head
字源 상형자. 머리털〔巛〕이 나 있는 사람의 머리〔百〕를 그린 것이다.
字解 ①머리(수) ②우두머리(수) ③첫째(수) ④수(수) ※시문(詩文)을 세는 수사. ⑤자백할(수)

【首丘初心 수구초심】 고향 언덕 쪽으로 머리를 두는 마음. '고향을 그리워하는 마음'을 이름.
故事 여우가 죽을 때에는 자기가 살던 굴 쪽으로 머리를 두고 죽는다는 데서 온 말.
【首肯 수긍】 ①머리를 끄덕임. ②옳다고 인정함.
【首腦 수뇌】 어떤 조직·집단 등에서 가장 중요한 자리에 있는 인물.
【首都 수도】 한 나라의 중앙 정부가 있는 도시.
【首領 수령】 한 당파(黨派)나 무리의 우두머리.
【首席 수석】 맨 윗자리. 一等(일등).
【首位 수위】 첫째가는 자리.
【元首 원수】 한 나라의 최고 통치권을 가진 사람.

首⁸₍₁₇₎ 【馘】 벨 괵
음 ⊕guó ⊕カク〈みみきる〉
字解 벨(괵)

9 香部

香⁰⁹₍₉₎ 【香】 향기 향
一 二 千 千 禾 乔 香 香
음 ⊕xiāng ⊕コウ〈かおり〉 ⊛fragrance
字源 회의자. 소전에서는 黍(기장 서)와 甘(달 감)으로 이루어졌는데 모두 의미 부분이다.
字解 향기, 향기로울(향)

【香氣 향기】 꽃·향 등에서 나는 기분 좋은 냄새.
【香料 향료】 향을 만드는 재료.
【香水 향수】 향이 나는 액체 화장품.
【香臭 향취】 향냄새.
【芳香 방향】 좋은 향기.
【焚香 분향】 향을 피움. 燒香(소향).

香⁴₍₁₃₎ 【馝】 향기 별
명 ⊕bié ⊕ヘツ ⊛fragrance
字解 향기(별)

香⁵₍₁₄₎ 【馝】 향기로울 필
명 ⊕bì ⊕ヒツ ⊛fragrant
字解 향기로울, 향내 날(필)

香⁷₍₁₆₎ 【馟】 향기로울 도
명 ⊕tú ⊕ト ⊛fragrant
字解 향기로울(도)

香⁹₍₁₈₎ 【馥】 향기 복
명 ⊕fù ⊕フク ⊛fragrance
字解 향기, 향기로울(복)

【馥郁 복욱】 향기가 자욱한 모양.

香¹¹₍₂₀₎ 【馨】 향기로울 형
명 ⊕xīn ⊕ケイ〈かおる〉 ⊛fragrant
字解 향기로울, 향기(형)
【馨香 형향】 향내. 香氣(향기).

10 馬部

馬⁰⁰₍₁₀₎ 【馬】 말 마

ㅣ ㄏ ㄇ 厓 馬 馬 馬 馬
중 中mǎ 日バ(うま) 英horse
字源 상형자. 말의 머리, 갈기, 꼬리, 네 다리를 그린 것이다.
字解 말(마)
【馬脚 마각】①말의 다리. ②'숨기고 있던 일이나 본성'의 비유.
【馬廏間 마구간】말을 기르는 집.
【馬術 마술】말을 타고 부리는 재주.
【馬耳東風 마이동풍】말 귀에 봄바람. '남의 말을 귀아듣지 않고 흘려 버림'의 비유.
【馬牌 마패】조선 시대에, 지방에 출장 가는 관리에게 역마(驛馬)를 징발할 수 있는 표로 주던 패.
【騎馬 기마】말을 탐, 또는 타는 말.
【駿馬 준마】잘 달리는 좋은 말.

馬2 ⑫ 【馮】 ❶탈 빙 ❷성 풍 冯 泻

명❷ 中píng, féng 日ヒョウ(よる) 英mount
字解 ❶①탈, 오를(빙) ②걸어 건널(빙) ③믿을(빙) 늑憑 ❷성(풍)
【馮河 빙하】황하를 걸어서 건넘. '무모한 용기'를 이름.
【馮虛 빙허】하늘에 오름.

馬2 ⑫ 【馭】 말 부릴 어 馭 驭

명 中yù 日ギョ 英handle
字解 ①말 부릴(어) ②다스릴(어)
【馭馬 어마】말을 부림. 말을 몲.
【馭下 어하】아랫사람을 다스림.

馬3 ⑬ 【馴】 길들 순 馴 驯

명 中xùn 日ジュン(なれる) 英tame
字解 길들, 길들일(순)
【馴鹿 순록】사슴과 비슷하나 더 크고 억센 짐승. 북극권에 분포함.
【馴致 순치】점점 변하여 목표로 하는 상태에 이르게 함.

馬3 ⑬ 【馳】 달릴 치 馳 驰

명 中chí 日チ(はせる)
英run quickly
字解 달릴, 분주할(치)
【馳騁 치빙】①말을 타고 돌아다님. ②분주하게 돌아다님.
【驅馳 구치】①말을 몰아 빨리 달림. ②남의 일을 위해 분주하게 힘씀.
【背馳 배치】서로 등지고 반대 방향으로 달림. 서로 반대가 되어 어긋남.
【相馳 상치】서로 어긋남. 어그러짐.

馬3 ⑬ 【駄】 ❶짐 실을 타 ❷木간 駄 馱

명타 中duò 日ダ, タ
字解 짐 실을, 짐(태)
【駄價 태가】짐을 실어다 준 삯.
【駄馬 태마】짐 싣는 말.

馬4 ⑭ 【驱】 驅(816)의 俗字

馬4 ⑭ 【駁】 얼룩말 박 駮

명 中bó 日バク 英piebald
字解 ①얼룩말(박) ¶駁馬(박마) ②뒤섞일(박) ¶駁雜(박잡) ③논박할(박) ¶反駁(반박)
【駁馬 박마】얼룩말.
【駁雜 박잡】이것저것 뒤섞이어 통일성이 없음.
【論駁 논박】상대의 의견이나 주장의 잘못을 비난하고 공격함.
【反駁 반박】남의 의견이나 비난에 맞서 공격하여 말함.

馬4 ⑭ 【驿】 驛(817)의 俗字

馬4 ⑭ 【馹】 역말 일 馹

명 中rì 日ジツ 英post horse
字解 역말, 역마(일)

馬4 ⑭ 【馱】 駄(813)의 俗字

馬5 ⑮ 【駕】 부릴 가 驾 駕

명 中jià 日ガ(のる) 英handle

馬部 5획

字解 ①부릴(가) ②탈것(가) ※거마(車馬)나 천자의 수레.
【駕輕就熟 가경취숙】경쾌한 수레를 타고 낯익은 길을 달림. '일에 충분히 숙련되어 있음'을 이름.
【凌駕 능가】수레를 넘음. '다른 것을 앞지름'을 이름.
【御駕 어가】지난날, 임금이 타던 수레. 大駕(대가).

馬5【駈】驅(816)의 俗字
⑮

馬5【駒】망아지 구 駒 (간)
⑮ 匱
명 ⊕jū ⊖ク(こま) 英foal
字解 망아지(구)
【駒隙 구극】흰 망아지가 문틈 앞을 지나감. '세월이 덧없이 빨리 지나감'을 이름. 白駒過隙(백구과극).
【千里駒 천리구】①아주 뛰어난 말. 千里馬(천리마). ②'자손 중에서 가장 뛰어난 사람'을 이름.

馬5【駑】둔한 말 노 駑 (간)
⑮ 匱
명 ⊕nú ⊖ド 英dull horse
字解 ①둔한 말(노) ②미련할, 둔할(노).
【駑鈍 노둔】미련하고 둔함.
【駑馬 노마】둔한 말.

馬5【駙】곁마 부 駙 (간)
⑮ 匱
명 ⊕fù ⊖フ 英extra horse
字解 곁마, 부마(부)
【駙馬 부마】①예비로 함께 몰고 다니는 말. 副馬(부마). ②임금의 사위.

馬5【駟】사마 사 駟 (간)
⑮ 匱
명 ⊕sì ⊖シ 英four-in-hand
字解 사마(사)
【駟馬 사마】수레 한 채를 끄는 네 필의 말. 또는 그 말이 끄는 수레.

馬5【駐】머무를 주 駐 (간)
⑮ 匱
명 ⊕zhù ⊖チュウ 英stay
字解 머무를(주)
【駐屯 주둔】군대가 어떤 곳에 머무름.
【駐在 주재】①일정한 곳에 머물러 있음. ②파견되어 그곳에 머무름.
【駐車 주차】자동차 따위를 세워 둠.
【進駐 진주】남의 나라 영토에 진군(進軍)하여 머무름.

馬5【駝】낙타 타 駝 (간)
⑮ 匱
명 ⊕tuó ⊖ダ 英camel
字解 ①낙타, 약대(타) ②타조(타)=鴕 ③곱사등이(타)
【駝背 타배】곱사등이. 僂傴(구루).
【駱駝 낙타】낙타과의 포유동물. 약대.

馬6【駱】낙타 락 駱 (간)
⑯ 匱
명 ⊕luò ⊖ラク 英camel
字解 ①낙타, 약대(락) ②가리온(락) ※털은 희고 갈기는 검은 말.
【駱駝 낙타】가리온.
【駱駝 낙타】낙타과의 포유동물. 약대.

馬6【駢】나란히 할 변·병 駢 (본·간)
⑯ 匱
⊕pián ⊖ヘン(ならぶ)
字解 나란히 할(변·병)
【駢儷文 변려문·병려문】4자와 6자의 대구(對句)를 써서 지은, 중국 육조(六朝) 시대에 성행한 화려한 문체. 四六文(사륙문).

馬6【駭】놀랄 해 駭 (간)
⑯ 匱
명 ⊕hài ⊖ガイ(おどろく) 英startle
字解 놀랄, 놀랠(해)
【駭怪 해괴】매우 괴상함.
【駭怪罔測 해괴망측】헤아릴 수 없이 해괴함.
【震駭 진해】벌벌 떨며 놀람.

馬7【騁】달릴 빙 騁 (간)
⑰ 匱
명 ⊕chěng ⊖テイ(はせる) 英gallop
字解 ①달릴(빙) ②다할(빙)
【騁能 빙능】재능을 다 발휘함.

【騁志 빙지】 뜻을 다 폄.
【騁懷 빙회】 품은 생각을 다 말함.

【騂】 절따말 성 («간» 骍)

馬7 ⑰

㊀ xīng ㊐ シ, セイ ㊧ bay
字解 ❶절따말(성) ※검붉은 털에 약간 누른빛을 띤 말. ❷붉을(성)
【騂剛 성강】 ①붉고 딱딱한 토질. ② 털빛이 붉은 희생(犧牲).
【騂馬 성마】 절따말.

【騃】 ❶어리석을애 ❷말달릴사 («간» 骇)

馬7 ⑰

㊀ ái ㊐ (おろか) ㊧ foolish
字解 ❶어리석을(애) ❷말 달릴(사)
【騃態 애태】 어리석은 모양.

【駿】 준마 준 («간» 骏)

馬7 ⑰

㊂ ㊀ jùn ㊐ シュン ㊧ fine horse
字解 ①준마(준) ②뛰어날(준) 능俊
【駿馬 준마】 잘 달리는 좋은 말.
【駿足 준족】 ①준마(駿馬). ②걸음이 빠름, 또는 그런 사람.

【騎】 ❶말탈기 ❷기병기 («간» 骑)

馬8 ⑱

「 Γ 厂 馬 馬 馬ヶ 騎 騎 騎
㊂ ㊀ qí ㊐ キ(のる) ㊧ mount a horse
字源 형성자. 馬(마)는 의미 부분이고, 奇(기)는 발음 부분이다.
字解 ❶말 탈(기) ❷기병(기)
【騎馬 기마】 말을 탐. 乘馬(승마).
【騎兵 기병】 말을 타고 싸우는 병사.
【騎手 기수】 말을 타는 사람.
【騎虎之勢 기호지세】 호랑이를 탄 기세. '중도에서 그만둘 수 없는 형편'을 이름.
【單騎 단기】 홀로 말을 타고 감.

【騏】 털총이 기 («간» 骐)

馬8 ⑱

㊂ ㊀ qí ㊐ キ ㊧ piebald

字解 ①털총이(기) ※검푸른 무늬가 줄지어 있는 말. ②준마(기)
【騏驥 기기】 하루에 천 리를 달린다는 준마.

【駢】 圖 駢(814)의 本字

馬8 ⑱

【騅】 오추마 추 («간» 骓)

馬8 ⑱

㊀ zhuī ㊐ スイ ㊧ piebald horse
字解 오추마(추) 〔烏騅馬 오추마〕 검푸른 털에 흰 털이 섞인 말로, 초(楚)나라 항우(項羽)의 애마였다고 함. 騅騢(추비).

【騖】 달릴 무 («간» 骛)

馬9 ⑲

㊀ wù ㊐ ブ(はせる) ㊧ run
字解 ①달릴(무) ②힘쓸(무)
【騖馳 무치】 거마(車馬)를 빨리 몲.
【騖行 무행】 빨리 감. 빨리 달려감.

【騙】 속일 편 («간» 骗)

馬9 ⑲

㊀ piàn ㊐ ヘン(かたる) ㊧ cheat
字解 ①속일(편) ②말 탈(편)
【騙馬 편마】 말을 타고 부리는 곡예. 曲馬(곡마).
【騙取 편취】 속여서 빼앗음.

【騫】 이지러질 건 («간» 骞)

馬10 ⑳

㊂ ㊀ qiàn ㊐ ケン ㊧ be defective
字解 ①이지러질(건) ②둔한 말(건)
【騫汚 건오】 이지러지고 더러워짐.

【騰】 오를 등 («간» 腾)

馬10 ⑳

月 肝 胖 胖 膝 騰 騰 騰
㊂ ㊀ téng ㊐ トウ(あがる) ㊧ ascend
字源 형성자. 馬(마)는 의미 부분이고, 朕(짐)은 발음 부분이다. 옛날에 騰과 朕은 발음이 비슷하였다.
字解 오를, 뛰어오를(등)
【騰貴 등귀】 물품이 모자라 값이 뛰어 오름.
【騰落 등락】 물가 따위가 오르고 내림.

【沸騰 비등】 ①액체가 끓어오름. ②물 끓듯 세차게 일어남.
【昂騰 앙등】 물건 값이 높이 뛰어오름.
【暴騰 폭등】 물건 값이 갑자기 크게 오름.

騷 시끄러울 소

`「ㄏ 馬 馬⁺ 馬⁺⁺ 騷 騷 騷`

- 고 ⊕sāo ⊕ソウ(さわぐ) ⊛make a noise
- 字源 형성자. 馬(마)는 의미 부분이고, 蚤(조)는 발음 부분이다.
- 字解 ①시끄러울, 떠들 (소) ¶騷音(소음) ②시가, 풍류 (소) ¶騷人(소인) ③소 (소) ※운문 문체의 하나. ¶騷體(소체)

【騷動 소동】 여럿이 소란을 피움.
【騷亂 소란】 시끄럽고 어수선함.
【騷擾 소요】 ①왁자하며 떠들썩한 일. ②많은 사람이 들고일어나서 사회 질서를 어지럽히는 일.
【騷音 소음】 시끄러운 소리.
【騷人 소인】 시인(詩人). 풍류객.
【騷體 소체】 초(楚)나라 굴원(屈原)의 '이소(離騷)'를 본뜬 문체로, 각 구의 끝 자를 '兮(혜)'로 쓴 특징임.

騶 마부 추

- 명 ⊕zōu ⊕スウ ⊛groom
- 字解 ①마부(추) ②기병(추)

【騶騎 추기】 말 탄 군사. 騎兵(기병).
【騶御 추어】 마부. 御者(어자).

驅 몰 구

`「ㄏ 馬 馬 馬⁺ 馬⁺⁺ 騙 驅`

- 고 ⊕qū ⊕ク(かる) ⊛drive
- 字源 형성자. 馬(마)는 의미 부분이고, 區(구)는 발음 부분이다.
- 字解 ①몰(구) ¶驅使(구사) ②몰아낼, 내쫓을(구) ¶驅逐(구축) ③달릴(구) ¶驅步(구보)

【驅迫 구박】 마구 몰아대어 못 견디게 괴롭힘.
【驅步 구보】 달음박질, 또는 뛰어감.

【驅使 구사】 ①몰아서 부림. ②자유자재로 다루어서 씀.
【驅除 구제】 몰아내어 없앰.
【驅逐 구축】 몰아냄. 쫓아냄.
【驅蟲 구충】 해충이나 기생충을 없앰.
【先驅 선구】 ①말을 탄 행렬에서 앞장을 섬. ②다른 사람에 앞서서 어떤 일을 실행한 사람.

騾 노새 라

- 명 ⊕luó ⊕ラ ⊛mule
- 字解 노새(라) ※수나귀와 암말 사이에 난 잡종.

驀 뛰어넘을 맥

- 명 ⊕mò ⊕バク ⊛leap over
- 字解 ①뛰어넘을(맥) ②말 탈(맥)

【驀進 맥진】 똑바로 힘차게 나아감.

驃 표절따 표

- 명 ⊕biāo ⊕ヒョウ ⊛skewbald
- 字解 ①표절따(표) ※갈기와 꼬리는 희고, 몸은 누른 바탕에 흰 털이 섞인 말. ②날쌜, 날랠(표)

【驃馬 표마】 표절따.

驕 교만할 교

- 명 ⊕jiāo ⊕キョウ(おごる) ⊛proud
- 字解 교만할, 잘난 체할(교)

【驕慢 교만】 잘난 체하여 뽐내고 버릇이 없음.
【驕奢 교사】 교만하고 사치스러움.

驍 날랠 효

- 명 ⊕xiāo ⊕ギョウ ⊛swift
- 字解 ①날랠(효) ②굳셀(효)

【驍勇 효용】 날쌔고 용맹스러움.

驚 놀랄 경

`⺍ 芍 苟 敬 敬 驚 驚 驚`

- 명 ⊕jīng ⊕キョウ(おどろく) ⊛frighten

字源 형성자. 馬(마)는 의미 부분이고, 敬(경)은 발음 부분이다.
字解 ①놀랄(경) ¶驚異(경이) ②경기(경) ¶驚風(경풍)
【驚愕 경악】몹시 놀람.
【驚異 경이】놀랍고 이상함.
【驚天動地 경천동지】하늘을 놀라게 하고 땅을 움직임. '크게 세상을 놀라게 함'을 이름.
【驚歎 경탄】①매우 감탄함. ②놀라서 탄식함.
【驚風 경풍】한방에서, '어린아이가 경련(痙攣)을 일으키는 병'을 이르는 말. 驚氣(경기).
【大驚失色 대경실색】몹시 놀라 얼굴빛이 하얗게 변함.

馬13 [驛] 역말 역 ㊂㊍ 駅驿驛
㊂㊏ 一 冂 丆 馬 馬 馬 馬 馬 驛 驛 驛
㊁ ㊥yì ㊐エキ(うまや)
㊊post horse
字源 형성자. 馬(마)는 의미 부분이고, 睪(역)은 발음 부분이다.
字解 ①역말, 역마(역) ¶驛站(역참) ②역, 정거장(역) ¶驛舍(역사)
【驛馬 역마】지난날, 역참(驛站)에 대기시켜 두고 관용(官用)으로 쓰던 말.
【驛舍 역사】역으로 쓰는 건물.
【驛長 역장】철도역의 책임자.
【驛前 역전】정거장 앞. 驛頭(역두).
【驛站 역참】지난날, 역마(驛馬)를 바꿔 타던 곳.
△ 본디 '驛'은 공무(公務)로 지방을 다니는 관원에게 마필(馬匹)과 숙소를 제공하고 나라의 공문(公文)을 중계하는 일을 담당하던 곳을, '站'은 군사(軍事)와 관련된 연락 업무를 담당하던 곳을 뜻한다.

馬13 [驗] 시험할 험 ㊂㊍ 験䮄
㊂㊏ 厂 斤 馬 馬 馬 䮄 驗 驗 驗
㊁ ㊥yàn ㊐ケン(ためす)
㊊examine
字源 형성자. 馬(마)는 의미 부분이고, 僉(첨)은 발음 부분이다.
字解 ①시험할, 시험(험) ¶驗知(험지) ②증거(험) ¶證驗(증험) ③보람(험) ¶效驗(효험)
【驗知 험지】시험하여 앎.
【經驗 경험】실지로 겪음, 또는 그 과정에서 얻어지는 지식 및 기능.
【受驗 수험】시험을 치름.
【試驗 시험】①사물의 성질·능력 등에 관하여 실지로 알아봄. ②학업 성적의 우열을 알아봄.
【證驗 증험】증거, 또는 증거를 내세움.
【體驗 체험】몸소 경험함.
【效驗 효험】일의 좋은 보람.

馬14 [驟] 달릴 취 ㊂㊍ 骤驟
㊁ ㊥zhòu ㊐シュウ(はせる)
㊊gallop
字解 ①달릴(취) ②갑자기(취)
【驟暑 취서】갑자기 닥친 더위.
【驟雨 취우】소나기. 白雨(백우).

馬16 [驢] 나귀 려 ㊂㊍ 驴驴
㊁ ㊥lǘ ㊐ロ ㊊ass
字解 나귀, 당나귀(려)
【驢騾 여라】당나귀와 노새.

馬17 [驥] 천리마 기 ㊂㊍ 骥驥
㊁ ㊥jì ㊐キ ㊊swift horse
字解 천리마, 준마(기)
【驥足 기족】천리마의 발. '뛰어난 재능'의 비유.
【付驥尾 부기미】천리마의 꼬리에 붙음. '훌륭한 사람의 뒤를 따라 덕을 봄'의 비유.

馬18 [驩] 기뻐할 환 ㊂㊍ 欢驩
㊁ ㊥huān ㊐カン(よろこぶ)
㊊pleased
字解 기뻐할, 기쁨(환) ≒歡
【驩合 환합】기쁘게 화합함.

馬19 [驪] 가라말 려·리 ㊂㊍ 骊驪
㊁려 ㊥lí ㊐リ ㊊black horse
字解 가라말(려·리) ※온몸의 털

빛이 검은 말.
【驪駒 여구·이구】 가라말. 加羅馬(가라마).

10 骨部

【骨⓪⑩】 뼈 골 🀆
명 ⊕gǔ ⊕コツ(ほね) ⊛bone
字源 회의자. 冎(과)는 살을 발라낸 뼈를 그린 것이고, 月 즉 肉(육)은 뼈에 붙어 있는 살을 뜻한다.
字解 뼈, 뼈대(골)
【骨格 골격】①몸을 지탱하는 뼈의 조직. 뼈대. 骨幹(골간). ②사물의 주요 부분을 이루는 것. ⑧骨骼(골격).
【骨董品 골동품】①희소 가치(稀少價値)가 있고 오래된 여러 가지 물건. ②'오래되어 쓸모없이 된 물건이나 사람'의 비유.
【骨盤 골반】 허리 부분을 이루는 납작한 뼈.
【骨肉 골육】①뼈와 살. ②부모나 형제자매 등의 가까운 혈족. 骨肉之親(골육지친).
【骨肉相殘 골육상잔】 혈연관계에 있는 사람끼리 서로 해치며 싸우는 일.
【骨子 골자】①뼈. ②사물의 핵심.
【骨折 골절】 뼈가 부러짐.
【遺骨 유골】 죽은 사람의 뼈.
【鐵骨 철골】①철재(鐵材)로 된 큰 건축물의 뼈대. ②굳세게 생긴 골격.

【骼⑥⑯】 뼈 격 🀆
⊕gē ⊕カク ⊛skeleton
字解 뼈, 뼈대(격)
【骨骼 골격】 뼈대. 骨格(골격).

【骸⑥⑯】 뼈 해 🀆
명 ⊕hái ⊕ガイ(むくろ) ⊛dry bones
字解 ①뼈(해) ②해골(해)

【骸骨 해골】①몸을 이루고 있는 뼈. ②살이 썩고 남은 뼈, 또는 그 머리뼈.
【遺骸 유해】①죽은 사람의 몸. 송장. ②죽은 사람의 뼈. 遺骨(유골).
【殘骸 잔해】①남은 뼈. ②부서져 못쓰게 되어 남아 있는 물체.

【髀⑧⑱】 넓적다리 비·폐 🀆
⊕bì ⊕ヒ ⊛thigh
字解 넓적다리, 넓적다리뼈(비·폐)
【髀肉之歎 비육지탄】 넓적다리에 살이 쪘음을 한탄함. '부질없이 세월만 보내는 것을 한탄함'을 이름.
故事 촉한(蜀漢)의 유비(劉備)가, 오랫동안 말을 타지 않아 넓적다리에 살이 쪘음을 한탄하면서, 몸은 늙어 가고 뜻한 바는 이루지 못하였음을 슬퍼한 고사에서 온 말.

【髏⑪㉑】 해골 루 🀆
⊕lóu ⊕ロ, ロウ ⊛skull
字解 해골, 백골(루)
【髑髏 촉루】 해골.

【髓⑬㉓】 골수 수 🀆
명 ⊕suǐ ⊕ズイ ⊛marrow
字解 골수(수)
【髓腦 수뇌】①머릿골. 腦髓(뇌수). ②사물의 가장 중요한 부분.
【骨髓 골수】 뼈 속에 차 있는 누른 빛의 연한 조직.
【精髓 정수】①뼈 속에 있는 골수. ②사물의 본질을 이룬 가장 뛰어난 부분.
【眞髓 진수】 사물의 중심 부분에서도 가장 중요한 부분.

【體⑬㉓】 몸 체 🀆 體体
명 ⊕tǐ ⊕タイ(からだ) ⊛body
字源 형성자. 骨(골)은 의미 부분이고, 豊(례)는 발음 부분이다.

【字解】①몸(체) ¶體軀(체구) ②몸소(체) ¶體得(체득) ③형상, 모양(체) ¶形體(형체)
【體格】체격 몸의 생김새.
【體系】체계 낱낱의 것을 통괄하여 정연하게 짜 이룬 계통.
【體軀】체구 몸, 몸집.
【體得】체득 몸소 경험하여 알아냄.
【體裁】체재 ①겉으로 본 사물의 본새. ②시문(詩文)의 형식.
【體質】체질 ①몸의 생긴 바탕. ②단체·조직의 성질.
【體臭】체취 ①몸에서 나는 냄새. ②'그 사람의 독특한 기분이나 버릇'의 비유.
【體驗】체험 몸소 경험함.
【胴體】동체 몸통. 胴部(동부).
【肉體】육체 사람의 몸. 肉身(육신).
【形體】형체 사물의 모양과 바탕.

骨13㉓ 【髑】 해골 촉
㊍독 ㊎skull
【字源】해골, 백골(촉)
【髑髏】촉루 살이 썩고 남은 뼈, 또는 그 머리뼈. 骸骨(해골).

⑩ 高部

高0⑩ 【高】 ❶높을 고 ❷높이 고 高高
㊥gāo ㊐コウ(たか-い) ㊀high
【字源】상형자. 높은 누각(樓閣)을 그린 것.
【字解】❶①높을(고) ¶高低(고저) ②비쌀(고) ¶高價(고가) ③뛰어날(고) ¶高見(고견) ❷높이(고) ¶波高(파고)
【高價】고가 비싼 값, 또는 값이 비쌈.
【高見】고견 ①훌륭한 의견. ②'남의 의견'의 높임말.
【高潔】고결 고상하고 깨끗함.
【高談峻論】고담준론 고상하고 준엄한 언론.
【高邁】고매 뛰어나게 품위가 높음.
【高名】고명 ①명성이 높음. ②'상대자의 이름'의 높임말.
【高尙】고상 인품이나 학문의 정도가 높으며 품위가 있음.
【高手】고수 수가 높음, 또는 그런 사람. 上手(상수).
【高揚】고양 정신·기분 등을 드높임.
【高低】고저 높고 낮음. 높낮이.
【高調】고조 ①높은 가락. ②분위기·감정 등이 한창 높아짐.
【崇高】숭고 거룩하고 고상함.
【提高】제고 처들어 높임.
【波高】파고 물결의 높이.

'高'가 붙은 한자
敲 두드릴 (고)   槀 마를 (고)
稿 볏짚 (고)   篙 삿대 (고)
罟 휠 (고)   犒 호궤할 (호)
蒿 쑥 (호)   鰝 휠 (호)
縞 흰 비단 (호)   鎬 냄비 (호)

高0⑪ 【髙】 高(819)의 俗字

⑩ 髟部

髟0⑩ 【髟】 긴털 드리울 표
㊥biāo ㊐ヒョウ
【字源】회의자. 머리카락이 길게 늘어진 모습을 뜻한다. 長(장)과 彡(삼)은 모두 의미 부분이다. 長은 본래 머리카락이 긴 노인을 그린 상형자이고, 彡은 머리카락을 나타낸다. 髟부에 속하는 글자는 대부분 머리카락·수염 등과 관계있는 뜻을 가진다.
【字解】①긴 털 드리울(표) ②갈기(표)

髟2⑫ 【髡】 髡(820)의 俗字

髟3획

髟③ 【髡】 머리깎을 곤 冠   髡䯅
⊕kūn ⊕コン ⊛shave
字解 머리 깎을(곤)
【髡鉗 곤겸】 머리를 깎고 목에 칼을 씌움, 또는 그 형벌을 받은 죄인.

髟④ 【髣】 비슷할 방 養   仿髣
⊕fǎng ⊕ホウ ⊛like
字解 비슷할(방)≒仿
【髣髴 방불】 그럴듯하게 비슷함. ⊛彷彿(방불).

髟④ 【髯】 구레나룻 염 鹽   髯髥
명 ⊕rán ⊕ゼン(ひげ) ⊛whisker
字解 구레나룻(염) ※귀밑에서 턱까지 잇달아 난 수염.
【鬚髯 수염】 턱수염과 구레나룻.

髟⑤ 【髮】 터럭 발 月   髮发髮
一 二 亍 币 币 髟 髮 髮
고 ⊕fà ⊕ハツ(かみ) ⊛hair
字解 형성자. 髟(표)는 의미 부분이고, 犮(발)은 발음 부분이다.
字解 터럭, 머리털(발)
【髮膚 발부】 머리털과 살갗.
【斷髮 단발】 머리털을 짧게 깎거나 자름, 또는 그 머리털.
【頭髮 두발】 머리털.
【削髮 삭발】 머리를 박박 깎음.
【危機一髮 위기일발】 한 오리 머리털로 무거운 것을 당김. '아주 위험한 순간'을 이름. 危如一髮(위여일발).
【理髮 이발】 머리를 깎고 다듬음.

髟⑤ 【髴】 비슷할 불 物   髴
⊕fú ⊕フツ ⊛like
字解 비슷할(불)≒彿
【髣髴 방불】 그럴듯하게 비슷함. ⊛彷彿(방불).

髟⑤ 【髯】 髯(820)의 俗字

髟⑨ 【鬆】 머리헝클어질 종 東   鬆
⊕zōng ⊕ソウ ⊛be dishevelled
字解 ①머리 헝클어질(종) ②말갈기(종) ③갈기 억센 말(종)

髟⑫ 【鬚】 수염 수 虞   须鬚
⊕xū ⊕シュ(ひげ) ⊛beard
字解 수염, 턱수염(수)
【鬚髯 수염】 턱수염과 구레나룻.

髟⑬ 【鬟】 쪽찐머리 환 刪   鬟
⊕huán ⊕ゲン
字解 ①쪽 찐 머리(환) ②계집종(환)
【丫鬟 아환】 '소녀' 또는 '계집종'을 이름. 참丫(6)

髟⑭ 【鬢】 살쩍 빈 震   鬢鬢
⊕bìn ⊕ビン ⊛sideburns
字解 살쩍(빈) ※관자놀이와 귀 사이에 난 털.
【鬢毛 빈모】 살쩍.
【鬢雪 빈설】 살쩍이 흼. '늙음'을 이름. 白髮(백발).

髟⑮ 【鬣】 갈기 렵 葉   鬣
⊕liè ⊕リョウ(たてがみ) ⊛mane
字解 ①갈기, 말갈기(렵) ②수염(렵)
【鬣尾 엽미】 말갈기와 말총.

10 鬥 部

鬥⓪ 【鬥】 싸울 투 宥   斗
⊕dòu ⊕トウ(たたかう) ⊛fight
字解 상형자. 두 사람이 마주 서서 서로 손이 엉킨 채 싸우고 있는 모습을 그린 것이다.
字解 싸울(투)≒鬪

鬥部

【鬧】 시끄러울 뇨 / 闹
- 몡 ㉠nào ㉡ドウ(さわがしい) ㉤noisy
- 字解 ①시끄러울(뇨) ②성할(뇨)
- 【鬧市 요시】①시끄러운 저자. ②번잡한 거리.
- 【熱鬧 열뇨】①무덥고 답답함. ②많은 사람이 득실거려 떠들썩함.

【鬨】 싸울 홍·항
- ㉠hòng ㉡コウ(とき) ㉤fight
- 字解 ①싸울(홍·항) ②떠들(홍·항)

【鬪】 싸울 투 / 鬭斗鬦
- 丨 ㄏ ㄏ ㄐ 鬥 鬥 鬭 鬭
- 고 ㉠dòu ㉡トウ(たたかう) ㉤fight
- 字源 형성자. 鬥(투)는 의미 부분이고, 尌(주)는 발음 부분이다.
- 字解 싸울, 싸움(투) 늑鬥
- 【鬪鷄 투계】①싸움닭. ②닭싸움을 붙이는 일.
- 【鬪病 투병】병마(病魔)와 싸움.
- 【鬪士 투사】①싸움터에 나가 싸우는 사람. ②투지가 만만한 사람.
- 【鬪爭 투쟁】상대를 이기려고 싸움.
- 【鬪志 투지】싸우려고 하는 의지.
- 【鬪魂 투혼】끝까지 싸우려는 기백.
- 【奮鬪 분투】있는 힘을 다하여 싸움.
- 【死鬪 사투】죽을힘을 다하여 싸움.

【鬬】 鬪(821)의 本字

鬯部

【鬯】 울창주 창
- ㉠chàng ㉡チョウ
- 字源 상형자. 술항아리를 그린 것으로, '凵'은 항아리의 몸체이고, '匕'은 다리를 그린 것이다. 가운데 있는 점들은 항아리에 새겨진 무늬를 나타낸 것이다.
- 字解 ①울창주(창) ②자랄(창)
- 【鬯茂 창무】초목이 자라 무성함.
- 【鬯圈酒 울창주】울금향(鬱金香)을 넣고 빚어 좋은 향기가 나는 술. 제주(祭酒)로 씀.

【鬱】 답답할 울 / 欝郁鬱
- 몡 ㉠yù ㉡ウツ(しげる) ㉤depressed
- 字解 ①답답할, 막힐(울) ②무성할, 우거질(울) ③울금향(울)
- 【鬱金香 울금향】백합과의 다년초. 제주(祭酒)를 빚는 데 씀. 튤립.
- 【鬱憤 울분】분한 마음이 가슴에 가득함. 憤懣(분만).
- 【鬱寂 울적】마음이 답답하고 쓸쓸함.
- 【鬱蒼 울창】나무들이 빽빽이 들어서 매우 무성하고 푸름.
- 【鬱火 울화】속이 답답하여 생기는 심화(心火).
- 【憂鬱 우울】마음이나 분위기가 답답하고 밝지 못함.
- 【沈鬱 침울】분위기가 어두움.

鬲部

【鬲】 ❶솥 력 ❷막을 격
- ㉠lì, gé ㉡レキ(かなえ) ㉤iron pot
- 字源 상형자. 세 발 달린 솥을 그린 것이다.
- 字解 ❶솥(력) ❷막을(격) 늑隔

【鬻】 ❶팔 육 ❷죽 죽
- ㉠yù, zhōu ㉡イク(ひさぐ) ㉤sell
- 字解 ❶팔, 판매할(육) ❷죽, 미음

(죽)늑粥
【鬻賣 육매】팖. 판매함.
【鬻爵 육작】금품을 받고 관직을 팖. 賣官(매관).

鬼 部

【鬼】 귀신 귀

' 冂 由 由 由 甶 鬼 鬼

㉠ ⓒhuí ⓙキ(おに) ⓔdemon
字源 상형자. 본래 사람을 그린 것으로, 사람(儿(인))의 머리 부분(田)을 다르게 그려서 살아 있는 사람과 구별한 것이다. 소전에서부터 'ㄥ'가 들어갔는데, 'ㄥ'는 'ㅇ'으로 발음은 '圍(위)'라는 설이 있다. 이렇게 되면 鬼 자에서 'ㄥ'는 발음 부분이 된다.
字解 ①귀신, 넋, 도깨비(귀) ②별 이름(귀) ※이십팔수(二十八宿)의 하나.

【鬼哭 귀곡】귀신의 울음, 또는 그 소리.
【鬼神 귀신】①눈에 보이지 않는 영혼. ②죽은 사람의 혼령. ③사람을 해친다는 괴이한 존재.
【鬼才 귀재】매우 뛰어난 재능, 또는 그런 재능을 가진 사람.
【鬼畜 귀축】아귀(餓鬼)와 축생(畜生). '잔인한 사람'을 이름.
【鬼火 귀화】도깨비불.
【餓鬼 아귀】늘 굶주림과 목마름으로 고통을 겪는 귀신.
【寃鬼 원귀】원통하게 죽은 사람의 귀신.

【魁】 우두머리 괴

명 ⓒkuí ⓙカイ(かしら) ⓔchief
字解 ①우두머리, 으뜸(괴) ¶魁首(괴수) ②클(괴) ¶魁偉(괴위) ③뛰어날(괴) ¶魁岸(괴안)

【魁榜 괴방】조선 시대에, 과거의 갑과(甲科)에 첫째로 급제한 사람.

【魁首 괴수】악당의 우두머리. 首魁(수괴).
【魁岸 괴안】슬기와 용맹이 뛰어남.
【魁偉 괴위】체격이 크고 훌륭함.
【賊魁 적괴】도둑의 우두머리.

【魂】 넋 혼

二 三 云 尹 动 动 神 魂 魂

㉠ ⓒhún ⓙコン(たましい) ⓔsoul
字源 형성자. 鬼(귀)는 의미 부분이고, 云(운)은 발음 부분이다.
字解 넋, 혼(혼)

【魂靈 혼령】죽은 사람의 넋. 靈魂(영혼).
【魂魄 혼백】혼과 넋.
📖 '魂'은 양(陽)의 정기로 이루어져 정신을 주관하다가 죽으면 하늘로 돌아가고, '魄'은 음(陰)의 정기로 이루어져 육체를 주관하다가 죽으면 땅으로 돌아간다고 함.
【魂飛魄散 혼비백산】혼이 날고 넋이 흩어짐. '몹시 놀라 어쩔 줄을 모름'을 이름.
【商魂 상혼】장사에 최선을 다하려는 상인의 정신.
【鎭魂 진혼】죽은 사람의 넋을 진정(鎭靜)시킴.
【招魂 초혼】발상(發喪)하기 전에 죽은 이의 혼을 부르는 일.

【魅】 도깨비 매

명 ⓒmèi ⓙミ ⓔdemon
字解 ①도깨비(매) ②호릴(매)

【魅力 매력】남의 마음을 끌어 호리는 이상한 힘.
【魅了 매료】남의 마음을 호리어 사로잡음.
【魅惑 매혹】호리어 현혹하게 함.

【魃】 가물 귀신 발

명 ⓒbá ⓙバツ
字解 ①가물 귀신(발) ②가물(발)

【旱魃 한발】①오래도록 비가 내리지 않는 상태. 가물. 旱氣(한기). ②가물을 맡은 귀신. 旱鬼(한귀).

魄

鬼5/15 【魄】 ❶넋 백 ❷영락할 탁

명 ❶ 中bó, tuò 日ハク(たましい) 英soul
字解 ❶넋(백) ❷영락할(탁)
【氣魄 기백】 씩씩한 기상과 늠름이 있는 정신.
【落魄】 ❶낙백 ❷낙탁. ❶넋을 잃음. ❷세력이나 살림살이가 아주 보잘것없이 됨. 零落(영락).
【魂魄 혼백】 혼과 넋.

鬼8/18 【魎】 도깨비 량

中liǎng 日リョウ 英demon
字解 도깨비(량)
【魍魎 망량】 도깨비.

鬼8/18 【魍】 도깨비 망

中wǎng 日モウ 英demon
字解 도깨비(망)
【魍魎 망량】 산수(山水)·목석(木石)의 정기(精氣)가 어리어 된 도깨비.

鬼8/18 【魏】 ❶위나라 위 ❷높을 위

명 中wèi 日ギ(たかい) 英lofty
字解 ❶위나라(위) ※ ㉠지금의 허난 성(河南省)·산시 성(山西省) 일부를 차지하였던, 전국칠웅(戰國七雄)의 하나. ㉡한(漢)나라 말기에 조비(曹丕)가 세운, 삼국(三國)의 하나(220∼265). ❷㉠높을(위) 巍 ㉡빼어날(위)

鬼11/21 【魔】 마귀 마

명 中mó 日マ 英devil
字解 ①마귀(마) ¶ 魔窟(마굴) ②마술(마) ¶ 魔法(마법)
【魔窟 마굴】 ①마귀가 있는 곳. ②악한 무리들이 모여 있는 곳.
【魔鬼 마귀】 요사스럽고 못된 짓을 하는 귀신.
【魔力 마력】 ①마귀의 힘. ②상상을 초월한 이상한 힘.
【魔手 마수】 마귀의 손길. '흉악한 목적으로 꾀는 음험한 수단'의 비유.
【魔術 마술】 사람의 눈을 속여 이상한 일을 해 보이는 재주. 妖術(요술).
【病魔 병마】 병을 악마에 비유하여 이르는 말.
【惡魔 악마】 사람에게 재앙을 내리거나 나쁜 길로 유혹하는 마물.

⑪ 魚 部

魚0/11 【魚】 물고기 어

丿 ⺈ ⺈ ⺈ 刍 角 角 魚 魚

명 中yú 日ギョ(さかな) 英fish
字源 상형자. 물고기를 그린 것이다.
字解 물고기(어) ※ 어류의 총칭.
【魚頭肉尾 어두육미】 '생선은 대가리 쪽이, 짐승의 고기는 꼬리 쪽이 맛이 좋음'을 이름. 魚頭鳳尾(어두봉미).
【魚雷 어뢰】 자동 장치로 물속을 전진하여 적의 함대를 공격하는 폭탄.
【魚網 어망】 물고기를 잡는 그물.
【魚變成龍 어변성룡】 물고기가 변하여 용이 됨. '어렵게 지내던 사람이 영화롭게 됨'을 이름.
【魚肉 어육】 ①생선의 살. ②물고기와 짐승의 고기.
【水魚之交 수어지교】 물과 물고기의 사귐. '매우 친밀하여 떨어질 수 없는 사이'의 비유.
【養魚 양어】 물고기를 길러 번식(繁殖)시킴.
【稚魚 치어】 새끼 물고기.

魚4/15 【魯】 둔할 로

명 中lǔ 日ロ 英stupid
字解 ①둔할, 어리석을(로) ②나라 이름(로) ※지금의 산둥 성(山東省)에 있던, 주대(周代)의 제후국.
【魯鈍 노둔】 어리석고 둔함.
【魯魚之謬 노어지류】 '글자를 잘못

魚部 5획

쏨'을 이름.
 '魯'자와 '魚'자가 비슷하여, 잘못 쓰기 쉬운데서 온 말.

【鮒】 붕어 부
魚5(16)   鮒 鮒

⊕fù ⊕フ 美crucian carp
字解 붕어(부)
【鮒魚 부어】 붕어.

【鮎】 메기 점
魚5(16)   鮎

명 ⊕nián ⊕デン 美catfish
字解 메기(점)

【鮑】 절인 고기 포
魚5(16)   鮑 鮑

명 ⊕bào ⊕ホウ(あわび) 美salted fish
字解 ❶절인 고기(포) ❷전복(포)
【鮑魚 포어】 ①소금에 절인 생선. 자반. ②전복(全鰒)
【管鮑之交 관포지교】 관중과 포숙아의 사귐. '극진한 우정'을 이름.

【鮫】 상어 교
魚6(17)   鮫 鮫

명 ⊕jiāo ⊕コウ(さめ) 美shark
字解 상어(교)
【鮫魚 교어】 상어.

【鮮】 ❶고울 선 ❷적을 선
魚6(17)   鮮 鮮

〃 ⺈ 角 龟 魚 魚' 鱻 鮮
명 ⊕xiān, xiǎn ⊕セン(あざやか) 美fresh
字源 형성자. 魚(어)는 의미 부분이고, 羊(양)은 발음 부분으로 羴(전)의 생략형이다.
字解 ❶①고울, 깨끗할(선) ¶ 鮮明(선명) ②생선(선) ¶ 鮮魚(선어) ❷적을, 드물(선) 능鱻 ¶ 鮮少(선소)
【鮮明 선명】 깨끗하고 밝음.
【鮮少 선소】 아주 적음.
【鮮魚 선어】 갓 잡은 물고기. 生鮮(생선).
【鮮血 선혈】 갓 흘러나온 신선한 피.

【新鮮 신선】 새롭고 산뜻함.

【鮟】 아귀 안
魚6(17)   鮟

명 ⊕àn ⊕アン
字解 아귀(안) ※ 아귓과의 바닷물고기.
【鮟鱇 안강】 아귀.

【鯁】 생선 뼈 경
魚7(18)   鯁 鯁

명 ⊕gěng ⊕コウ 美fishbone
字解 ①생선 뼈(경) ②곧을(경)
【鯁骨 경골】 ①생선의 뼈. ②굳고 단단한 뼈.
【鯁言 경언】 거리낌 없이 올바르게 하는 말.

【鯉】 잉어 리
魚7(18)   鯉 鯉

명 ⊕lǐ ⊕リ(こい) 美carp
字解 ①잉어(리) ②편지(리)
【鯉素 이소】 편지.
 📖 잉어의 배 속에서 흰 비단에 쓴 편지가 나왔다는 데서 온 말.
【鯉魚 이어】 잉어.

【鯈】 피라미 조·주
魚7(18)   鯈

⊕tiáo ⊕チュウ 美minnow
字解 피라미(조·주)

【鯨】 고래 경
魚8(19)   鯨 鯨

명 ⊕jīng ⊕ゲイ(くじら) 美whale
字解 고래(경)
【鯨船 경선】 고래잡이배.
【鯨飮 경음】 고래처럼 마심. '술을 많이 마심'을 이름.
【捕鯨 포경】 고래를 잡음.

【鯤】 곤이 곤
魚8(19)   鯤 鯤

명 ⊕kūn ⊕コン 美milt
字解 ①곤이(곤) ※ 물고기 배 속의 알. ②큰 물고기(곤) ※ 변하여 대붕(大鵬)이 된다는 상상의 물고기.

11획

鯖

魚8획/19획

❶오후정 정 庚
❷고등어 청 庚

간 鯖 鲭

명 ❷ 中zhēng, qīng 日セイ(さば)
字解 ❶오후정(정) ❷고등어(청)
【鯖魚 청어】고등어.
【五侯鯖 오후정】어육(魚肉) 등을 섞어 조리한 요리.

鰒

魚8획/20획

전복 복 屋

간 鰒

명 中fù 日フク 英ear shell
字解 전복(복)
【全鰒 전복】전복과의 조개.

鰓

魚9획/20획

❶아가미 새 灰
❷두려워할 시 紙

간 鰓 鳃

中sāi 日サイ(えら) 英gill
字解 ❶아가미(새) ❷두려워할(시)
【鰓蓋 새개】아감딱지.

鰐

魚9획/20획

악어 악 藥

동·간 鱷 鰐 鳄

명 中è 日ガク 英crocodile
字解 악어(악)
【鰐魚 악어】악어과 파충류의 총칭.

鰍

魚9획/20획

미꾸라지 추 尤

동 鰌 鰍

명 中qiū 日シュウ 英loach
字解 미꾸라지(추)
【鰍魚 추어】미꾸라지. 泥鰍(니추).

鰌

魚9획/20획

鰍(825)와 同字

鰕

魚9획/20획

새우 하 麻

鰕

명 中xiā 日カ 英lobster
字解 새우(하)=蝦

鰭

魚10획/21획

지느러미 기 支

간 鰭 鳍

명 中qí 日キ 英fin
字解 지느러미(기)

鰥

魚10획/21획

홀아비 환 本款 刪

간 鰥 鳏

中guān 日カン(やもお)
英widower
字解 홀아비(환)
【鰥寡孤獨 환과고독】'홀아비, 홀어미, 어버이가 없는 아이, 늙어서 자식이 없는 사람'의 총칭.

鱇

魚11획/22획

아귀 강

간 鱇

명 中kāng 日カウ
字解 아귀(강) ※ 아귓과의 바닷물고기.

鰻

魚11획/22획

뱀장어 만 寒

간 鰻 鳗

中mán 日マン(うなぎ) 英eel
字解 뱀장어(만)

鰲

魚11획/22획

명 鼇(836)의 俗字

鱗

魚12획/23획

비늘 린 眞

간 鱗 鳞

명 中lín 日リン(うろこ) 英scale
字解 비늘, 비늘 있는 동물(린)
【鱗甲 인갑】①비늘과 껍데기. ②비늘 모양을 한 단단한 껍데기.
【片鱗 편린】한 조각의 비늘. '사물의 극히 작은 일부분'을 이름.

鼈

魚12획/23획

명 鼈(836)과 同字

鱷

魚16획/27획

鰐(825)과 同字

---

11 鳥 部

鳥

鳥0획/11획

새 조 篠

간 鸟 鸟

丿 丨 宀 户 户 皀 鳥 鳥

중 中niǎo 日チョウ(とり) 英bird

鳥部 2획

字源 상형자. 새를 그린 것이다.
字解 새 (조) ※ 날짐승의 총칭.

【鳥瞰圖 조감도】 높은 데서 내려다본 것처럼 그린 그림.
【鳥足之血 조족지혈】 새발의 피. '분량이 아주 적음'을 이름.
【鳥獸 조수】 날짐승과 길짐승.
【鳥跡 조적】 ① 새의 발자국. ② '글자'를 이르는 말.
📖 창힐(蒼頡)이 새의 발자국을 보고 그 모양을 본떠서 글자를 만들었다는 데서 온 말.
【吉鳥 길조】 좋은 일이 생김을 미리 알려 준다는 새.

【鳩】 비둘기 구
명 ⓒjiū ⓙキュウ(はと) ⓔpigeon
字解 ①비둘기(구) ②모을(구)
【鳩巢 구소】 ① 비둘기의 둥우리. ② 초라한 집.
【鳩首 구수】 머리를 서로 맞댐. 여러 사람이 모여 서로 의논함.
【鳩合 구합】 사람·세력 등을 한데 모음. 鳩集(구집). 糾合(규합).

【鳧】 오리 부
명 ⓒfú ⓙフ(のがも) ⓔduck
字解 오리 (부)
【鳧鴨 부압】 물오리와 집오리. 오리의 총칭.

【鳴】 울 명
음 ⓒmíng ⓙメイ(なく) ⓔchirp
字源 회의자. 口(구)와 鳥(조)는 모두 의미 부분이다.
字解 울, 새 울 (명)
【鳴禽 명금】 고운 소리로 우는 새.
【鳴鏑 명적】 쏘면 바람을 받아 울도록 만든 화살. 우는살. 鳴箭(명전).
【悲鳴 비명】 몹시 놀라거나 괴롭거나 다급할 때에 지르는 외마디 소리.
【春雉自鳴 춘치자명】 봄철에 꿩이 스스로 욺. '시키거나 요구하지 않아도 때가 되면 제 스스로 함'을 이름.

【鳳】 봉새 봉
ⓒfèng ⓙホウ(おおとり)
字源 형성자. 鳥(조)는 의미 부분이고, 凡(범)은 발음 부분이다.
字解 봉새, 수봉황새 (봉)
【鳳輦 봉련】 임금이 탔던 가마의 하나.
【鳳雛 봉추】 봉황의 새끼. '재주가 뛰어난 소년' 또는 '아직 세상에 드러나지 않은 영웅'의 비유.
【鳳凰 봉황】 성인(聖人)이 세상에 나면 이에 응하여 나타난다는, 상상의 상서로운 새.
📖 수컷은 '鳳', 암컷은 '凰'.

【鳶】 솔개 연
명 ⓒyuān ⓙエン(とび) ⓔkite
字解 ① 솔개(연) ¶ 鳶肩(연견) ② 연(연) ¶ 紙鳶(지연)
【鳶肩 연견】 솔개처럼 위로 치켜 올라간 어깨.
【鳶飛魚躍 연비어약】 솔개는 날고 물고기는 뜀. '천지 만물은 자연의 성품에 따라 움직여 그 즐거움을 얻음'을 이름.
【鳶絲 연사】 연줄로 쓰는 실. 연실.
【紙鳶 지연】 대오리로 뼈대를 만들어 종이를 바르고, 실을 매어서 하늘에 날리는 것. 연. 風鳶(풍연).

【鴃】 때까치 격
ⓒjué ⓙゲキ ⓔshrike
字解 때까치 (격)
【鴃舌 격설】 ① 때까치가 우는 소리. ② 알아들을 수 없이 지껄이는 말.

【鴉】 갈가마귀 아
명 ⓒyā ⓙア(からす) ⓔraven
字解 ① 갈가마귀(아) ※ 까마귀보다 작고 배가 흰 새. ② 검을(아)
【鴉鬢 아빈】 부인의 까만 머리털.
【鴉陣 아진】 날아가는 갈가마귀 떼.
【鴉靑 아청】 검은빛을 띤 푸른빛.

鳥部 6획

鴈 기러기 안 〔동〕 雁
一厂厂厂厂厂雁雁雁
[고] ㈜yàn ㈐ガン(かり) ㈜wild goose
字源 형성자. 鳥(조)와 人(인)은 의미 부분이고, 厂(엄)은 발음 부분이다. 본래 거위를 뜻하였다. 거위는 사람이 키우는 새이므로, 人이 의미 부분이 되는 것이다.
字解 기러기(안)
【鴈帛 안백】편지. 鴈書(안서). 鴈信(안신).
故事 한(漢)나라의 소무(蘇武)가 흉노(匈奴) 땅에 억류되어 있을 때, 비단에 쓴 편지를 기러기의 발에 묶어 무제(武帝)에게 보낸 데서 온 말.
【鴈陣 안진】①줄지어 날아가는 기러기의 행렬. ②기러기 행렬 모양의 진법(陣法).
【鴈行 ❶안항 ❷안행】❶남의 '형제'에 대한 존칭. ❷차례를 지어 날아가는 기러기처럼 조금씩 차례로 뒤처져 가는 일.

鴆 짐새 짐
㈜zhèn ㈐チン
字解 ①짐새(짐) ※ 중국 남방에 사는, 올빼미 비슷한 독조(毒鳥). ②독 먹일(짐).
【鴆毒 짐독】짐새의 털을 술에 담가서 만든 독.
【鴆殺 짐살】독이 든 술을 먹여 사람을 죽임. 毒殺(독살).

鴣 자고 고
㈜gū ㈐コ ㈜partridge
字解 자고(고)
【鷓鴣 자고】메추라기와 비슷하나 그보다 조금 큰 새.

鴒 할미새 령
㈜líng ㈐レイ ㈜wagtail
字解 할미새(령)
【鶺鴒 척령】할미새.

鴨 오리 압
㈜yā ㈐オウ(かも) ㈜duck
字解 오리, 집오리(압)
【鴨黃 압황】오리 새끼.

鴦 원앙새 앙
㈜yāng ㈐オウ ㈜mandarin duck
字解 원앙새, 암원앙새(앙)
【鴦錦 앙금】아름다운 비단.
【鴛鴦 원앙】원앙새.

鴛 원앙새 원
㈜yuān ㈐エン ㈜mandarin duck
字解 원앙새, 수원앙새(원)
【鴛鴦 원앙】①원앙새. ②'금실이 좋은 부부'의 비유.

鴟 올빼미 치
㈜chī ㈐シ ㈜owl
字解 ①올빼미(치) ②솔개(치) ※ 맷과의 맹금. ③수리부엉이(치)
【鴟目虎吻 치목호문】올빼미의 눈과 범의 입. '잔인하고 탐욕스러운 용모'를 이름.
【鴟尾 치미】전통 건물의 용마루 양쪽 끝머리에 얹는 장식. 망새.
【鴟梟 치효】①올빼미. ②'간악(奸惡)한 사람'의 비유.

鴕 타조 타
㈜tuó ㈐ダ ㈜ostrich
字解 타조(타)=駝
【鴕鳥 타조】현생(現生) 조류 가운데 가장 큰 새.

鴻 큰기러기 홍
氵江河汋汋沍鴻鴻
[고] ㈜hóng ㈐コウ(おおとり) ㈜big goose
字源 형성자. 鳥(조)는 의미 부분이

11획

鳥部 7획

고, 江(강)은 발음 부분이다.
字解 ①큰 기러기(홍) ¶鴻雁(홍안) ②클(홍) 늑洪 ¶鴻恩(홍은)
[鴻鵠之志 홍곡지지] 큰 기러기와 고니의 뜻. '원대한 포부'를 이름.
[鴻毛 홍모] 기러기의 털. '아주 가벼운 사물'의 비유.
[鴻雁 홍안] 큰 기러기와 작은 기러기. 기러기.
[鴻恩 홍은] 넓고 큰 은혜.

鳥7 【鵑】 두견 견
명 中juān 日ケン 英cuckoo
字解 ①두견(견) ②소쩍새(견) ③진달래(견)
[杜鵑 두견] ①뻐꾸기와 비슷한, 두견과의 새. 두견새. 子規(자규). ②'진달래'의 이칭(異稱). 杜鵑花(두견화). ③소쩍새.

鳥7 【鵠】 ❶고니 곡 ❷과녁 곡
명 中gǔ, hú 日コク(くぐい) 英swan
字解 ❶고니(곡) ❷과녁(곡)
[正鵠 정곡] ①과녁의 중심점. ②'목표 또는 핵심'의 비유.
[鴻鵠 홍곡] 큰 기러기와 고니.

鳥7 【鵡】 앵무새 무
명 中wǔ 日ム(おうむ) 英parrot
字解 앵무새(무)
[鸚鵡 앵무] 앵무샛과의 새. 앵무새.

鳥7 【鵝】 거위 아
명 中é 日ガ 英goose
字解 거위(아)
[鵝毛 아모] ①거위의 털. ②'눈[雪]'의 비유.
[鵝鴨 아압] 거위와 오리.

鳥8 【鶊】 꾀꼬리 경
명 中gēng 日コウ 英oriole
字解 꾀꼬리(경)

鳥8 【鷄】 鷄(829)의 俗字

鳥8 【鵬】 초명새 명
명 中míng 日ベイ
字解 초명새(명) ※봉황과 비슷하다는 신령스러운 새.

鳥8 【鵬】 봉새 붕
명 中péng 日ホウ(おおとり)
字解 봉새(붕) ※날개 길이가 삼천 리나 되고 단번에 구만 리를 난다는 상상의 새.
[鵬翼 붕익] ①봉새의 날개. ②'앞으로의 원대한 계획'의 비유.
[鵬程 붕정] 봉새가 날아가는 길. '먼 도정(道程)'을 이름.

鳥8 【鵝】 새매 수
명 中shuì 日スイ
字解 새매(수)

鳥8 【鶉】 메추라기 순
中chún 日ジュン(うずら) 英quail
字解 메추라기(순)
[鶉居 순거] 메추라기는 일정한 보금자리가 없는 데서, '사는 곳이 일정하지 않음'을 이름.

鳥8 【鵲】 까치 작
명 中què 日ジャク(かささぎ) 英magpie
字解 까치(작)
[鵲報 작보] 까치가 전하는 기쁜 소식. 鵲喜(작희).
[鵲巢鳩居 작소구거] 까치 둥지에 비둘기가 삶. '남의 지위를 빼앗음'의 비유.

鳥9 【鶩】 집오리 목
명 中wù 日ム(あひる) 英tame duck
字解 ①집오리(목) ②순일할, 한결

같을(목)
【鶩舮 목령】집오리를 그려서 장식한 거룻배. 鶩櫂(목도).

【鷄】 닭 계 齊 [동] 雞 [간] 鸡

鳥 10 (21)
一ナ섯쥿至至至新鷄鷄

음 ㉠jī ㉡ケイ(にわとり) ㉢cock
字源 형성자. 鳥(조)는 의미 부분이고, 奚(해)는 발음 부분이다.
字解 닭(계)

【鷄冠 계관】닭의 볏.
【鷄口 계구】①닭의 입. ②'작은 단체의 우두머리'의 비유.
【鷄卵有骨 계란유골】달걀에도 뼈가 있음. '좋은 기회를 만났으나 공교롭게 일이 꼬임'을 이름.
【鷄肋 계륵】닭의 갈빗뼈. '가치는 적지만 버리기에는 아까운 것'의 비유.
【鷄鳴狗盜 계명구도】닭 울음소리로 남을 속이고 개를 가장하여 물건을 훔침. '천한 기능을 가진 사람도 때로는 쓸모가 있음', 또는 '점잖은 사람이 배울 것이 못 되는 천한 기능'을 이름.
故事 춘추 시대 제(齊)나라의 맹상군(孟嘗君)이 진(秦)나라에 사신으로 갔다가 억류되었을 때, 그의 식객(食客)들이 닭 울음소리와 도둑질로 맹상군을 위기에서 구했다는 고사에서 온 말.
【養鷄 양계】닭을 기름.
【鬪鷄 투계】닭싸움을 붙이는 일.

【鶻】 ❶송골매 골 月 ❷나라 이름 홀 月 [간] 鹘

鳥 10 (21)

㉠gǔ, hú ㉡コツ ㉢falcon
字解 ❶송골매(골) ❷나라 이름(홀)
【鶻準 골준】수릿과의 새. 새매.
【回鶻 회홀】외몽골에 살던 투르크계 종족. 위구르 족. 回紇(회홀).

【鶯】 꾀꼬리 앵 庚 [간] 莺

鳥 10 (21)

명 ㉠yīng ㉡オウ(うぐいす) ㉢oriole
字解 꾀꼬리(앵)
【鶯谷 앵곡】꾀꼬리가 골짜기에 있음.

'아직 출세하지 못함'의 비유.
【鶯衫 앵삼】조선 시대에, 나이 어린 사람이 생원시(生員試)나 진사시(進士試)에 급제했을 때 입던 황색 예복.
【鶯聲 앵성】①꾀꼬리 소리. ②'고운 목소리'의 비유.
【鶯遷 앵천】꾀꼬리가 깊은 골짜기에서 나와 높은 나무로 옮겨 감. 과거 급제나 승진(昇進)·이사(移徙) 등을 축하하는 말.

【鶺】 할미새 척 [간] 鹡

鳥 10 (21)

㉠jí ㉡セキ ㉢wagtail
字解 할미새(척)
【鶺鴒 척령】할미새.

【鶴】 두루미 학 藥 [간] 鹤

鳥 10 (21)
一ナ产产隺霍新鶴鶴

고 ㉠hè ㉡カク(つる) ㉢crane
字源 형성자. 鳥(조)는 의미 부분이고, 隺(각·학)은 발음 부분이다.
字解 ①두루미(학) ②흴(학)
【鶴壽 학수】하이 오래 산다는 데서, '장수(長壽)'를 이름.
【鶴首苦待 학수고대】학처럼 목을 길게 빼고 몹시 기다림.
【仙鶴 선학】'두루미'의 미칭(美稱).

【鷗】 갈매기 구 尤 [간] 鸥

鳥 11 (22)

명 ㉠ōu ㉡オウ ㉢seagull
字解 갈매기(구)
【白鷗 백구】갈매기.

【鷓】 자고 자 碼 [간] 鹧

鳥 11 (22)

㉠zhè ㉡シャ ㉢partridge
字解 자고(자)
【鷓鴣 자고】메추라기와 비슷하나 그보다 조금 큰 새.

【鷙】 맹금 지 寘 [간] 鸷

鳥 11 (22)

㉠zhì ㉡シ ㉢bird of prey
字解 ①맹금(지) ※매·수리 등의

사나운 날짐승. ②용맹스러울(지)
【鷙禽 지금】매우 사나운 새.

鷺 해오라기 로

명 ⓗlù ⓙロ 옝egret
字解 해오라기, 백로(로)
【白鷺 백로】해오라기.
【烏鷺 오로】①까마귀와 해오라기. ②'바둑'의 미칭(美稱).
📖 까마귀는 검은 돌에, 해오라기는 흰 돌에 비겨 이르는 말.

鷲 독수리 취

명 ⓗjiù ⓙシュウ(わし) 옝eagle
字解 독수리(취)
【鷲瓦 취와】큰 기와집의 대마루 양쪽 머리에 얹는, 장식용 기왓장. 망새.

鷸 도요새 휼

명 ⓐ율 冟
명 ⓗyù ⓙイツ 옝snipe
字解 ①도요새(휼) ②물총새(휼)
【鷸蚌之爭 휼방지쟁】도요새와 조개의 다툼. '둘이 다투다가 제삼자에게 이익을 빼앗김'의 비유. 蚌鷸之勢(방휼지세).

鷹 매 응

명 ⓗyīng ⓙヨウ(たか) 옝hawk
字解 매(응)
【鷹犬 응견】①사냥하는 데 쓰려고 길들인 매와 개. ②'남의 앞잡이 노릇을 하는 사람'의 비유. 走狗(주구).
【應揚 응양】매가 하늘 높이 낢. '무용(武勇)을 떨침'의 비유.

鸚 앵무새 앵

명 ⓗyīng ⓙオウ 옝parrot
字解 앵무새(앵)
【鸚鵡 앵무】사람의 말을 잘 흉내 내는, 앵무새과의 새. 앵무.

鸛 황새 관

명 ⓗguàn ⓙカン 옝stork
字解 황새(관)

鸞 난새 란

명 ⓗluán ⓙラン
字解 ①난새(란) ¶鸞鳥(난조) ②방울(란)≒鑾 ※난새 모양으로 임금의 수레·깃발 등에 닮. ¶鸞駕(난가)
【鸞駕 난가】임금이 타는 가마. 鸞輿(난여). 輦(연).
【鸞刀 난도】자루에 방울을 단 칼. 종묘의 제사에 쓸 짐승을 잡는 데 씀.
【鸞鳳 난봉】①난새와 봉황. ②'뛰어난 인물'의 비유.
【鸞鳥 난조】밝은 오색에 닭을 닮은, 신령스러운 상상의 새. 난새.

鸝 꾀꼬리 리

명 ⓗlí ⓙリ 옝oriole
字解 꾀꼬리(리)
【鸝黃 이황】꾀꼬리. 黃鶯(황앵).

11 鹵 部

鹵 짠 땅 로

명 ⓗlǔ ⓙロ(しお) 옝salt land
字源 占는 卣(술통 유) 자와 같은 글자로 그릇을 나타내고 ※는 소금을 그린 상형자라는 설과, 본래 방패(櫓(로)]를 그린 상형자였는데 뒤에 소금이라는 뜻으로 가차되었다는 설이 있다. 鹵부에 속하는 글자는 대부분 소금과 관계있는 뜻을 가진다.
字解 ①짠 땅(로) ¶鹵田(노전) ②둔할(로)≒魯 ¶鹵鈍(노둔) ③빼앗을, 노략질할(로)≒擄 ¶鹵獲(노획)
【鹵鈍 노둔】미련하고 둔함.
【鹵掠 노략】재물을 약탈함.
【鹵田 노전】염분이 있는 메마른 땅.
【鹵獲 노획】전쟁에서 적의 군용품을 빼앗음.

【鹹】 짤 함

鹵9(20)
속 鹹 간 咸 略 鈨

명 ㊥xián ㊐カン(からい) ㊟salty
字解 짤(함)
【鹹水 함수】 짠물. 바닷물.
【鹹菜 함채】 소금에 절인 채소.

【鹽】 소금 염

鹵13(24)
속 塩 간 盐 略 㠯

ᅳ 彡 冖 臣 臥 監 鹽 鹽 鹽

고 ㊥yán ㊐エン(しお) ㊟salt
字解 형성자. 鹵(로)는 의미 부분이고, 監(감)은 발음 부분이다.
字解 소금(염)
【鹽分 염분】 소금기.
【鹽素 염소】 자극적인 냄새가 나는 황록색의 기체.
【鹽田 염전】 바닷물을 태양열로 증발시켜 소금을 만드는 밭.
【食鹽 식염】 소금.
【巖鹽 암염】 돌소금. 石鹽(석염).
【製鹽 제염】 소금을 만듦.

⑪ 鹿 部

【鹿】 사슴 록

鹿0(11)
略 荘

丶 广 户 冉 彦 庐 鹿 鹿

고 ㊥lù ㊐ロク(しか) ㊟deer
字源 상형자. 사슴의 머리, 뿔, 네 다리를 그린 것이다.
字解 사슴(록)
【鹿角 녹각】 사슴뿔.
【鹿皮 녹피 → 녹비】 사슴의 가죽.
【鹿茸 녹용】 사슴의 새로 돋은 연한 뿔로, 아직 가지가 돋지 아니한 것.
【馴鹿 순록】 사슴과 비슷하나 더 크고 억센 짐승. 북극권에 분포함.
【逐鹿 축록】 사슴을 쫓음. '제위(帝位)나 정권(政權)을 얻으려고 서로 다툼'을 이름.
📖 사슴은 여러 사냥꾼들이 다투어 잡는 짐승이라는 데서, '권좌(權座)'를 비유함.

【麁】

鹿2(13)
麤(832)의 俗字

【麟】 기린 린

鹿6(17)
略 㦰

명 ㊥lín ㊐リン ㊟giraffe
字解 기린(린)

【麋】 큰 사슴 미

鹿6(17)
略 麋

㊥mí ㊐ビ ㊟elk
字解 큰 사슴(미)
【麋鹿 미록】 ①큰 사슴과 사슴. ②'산림에서 한가롭게 지내는 몸'의 비유.

【麒】 기린 기

鹿8(19)
略 麒

명 ㊥qí ㊐キ ㊟giraffe
字解 기린, 수기린(기)
【麒麟 기린】 ①성인(聖人)이 날 징조로 나타난다는 상상의 동물. ②기린과의 포유동물.
【麒麟兒 기린아】 재능·기예가 남달리 뛰어난 젊은이.

【麗】

鹿8(19)
❶고울 려
❷진 이름 리
간 丽 略 霝

一 广 严 严 严 麗 麗 麗

고 ㊥lí, lì ㊐レイ(うるわしい) ㊟beautiful
字源 형성자. 鹿(록)은 의미 부분이고, 丽(려)는 발음 부분이다. 본래 먼 길을 간다는 뜻이므로 鹿이 의미 부분으로 쓰인 것이다.
字解 ❶고울, 아름다울(려) ¶ 華麗(화려) ❷진 이름(리) ¶ 魚麗(어리)
【麗末鮮初 여말선초】 고려 말기와 조선 초기. '麗'는 '고려', '鮮'은 '조선'의 약칭임.
【美麗 미려】 아름답고 고움.
【美辭麗句 미사여구】 아름답게 꾸민 말과 글.
【秀麗 수려】 빼어나게 아름다움.
【華麗 화려】 빛나고 아름다움.
【魚麗 어리】 물고기가 떼 지어 나아가는 것처럼 둥글고 길게 대형을 지은 진법(陣法).

鹿部 8획

鹿8 [麓] 산기슭 록
⑲
명 ⊕lù ⊕ロク(ふもと) 영foot
字解 산기슭(록)
【山麓 산록】 산기슭. 山脚(산각).

鹿9 [麝] 사향노루 향
⑳
명 ⊕xiāng ⊕コウ 영musk
字解 사향노루(향)

鹿10 [麝] 궁노루 사
㉑
명 ⊕shè ⊕ジャ 영musk deer
字解 궁노루, 사향노루(사)
【麝香 사향】 궁노루의 향주머니를 말려서 만든 향료.

鹿12 [麟] 기린 린
㉓
명 ⊕lín ⊕リン 영giraffe
字解 기린, 암기린(린)
【麟角 인각】 암기린의 뿔. '지극히 희귀함'을 이름.
【麒麟 기린】 기린과의 포유동물.

鹿22 [麤] 거칠 추
㉝
명 ⊕cū ⊕ソ(あらい) 영rough
字解 ①거칠(추) ②대강, 대략(추)
【麤米 추미】 쓿지 않은 궂은쌀.
【麤惡 추악】 품질이 거칠고 나쁨.

11 麥 部

麥0 [麥] 보리 맥
⑪
一 ㄷ ㄸ ㄸ ㄸ 夾 夾 麥 麥
중 ⊕mài ⊕バク(むぎ) 영barley
字源 來(래) 자 아래에 夂(치)가 있는 회의자로서, '∀'는 '∽'로 발의 모양이 아래를 향하고 있으므로 본뜻이 '오다'라는 설과 '∀'는 보리의 뿌리를 그린 것으로 來와 麥은 본래 보리를 그린 같은 상형자였는데, 來가 '오다'라는 뜻으로 가차되자 麥 자가 '보리'라는 뜻을 담당하게 되었다는 설이 있다.
字解 보리(맥)
【麥藁 맥고】 밀짚이나 보릿짚.
【麥飯 맥반】 보리밥.
【麥秀之歎 맥수지탄】 보리가 자람을 보고 하는 탄식. '이미 망해 버린 고국(故國)에 대한 한탄'을 이름.
참 黍離之歎(서리지탄 : 834).

故事 은(殷) 나라 충신 기자(箕子)가 폐허가 된 도읍지에 보리만 부질없이 자라난 것을 보고 탄식하는 노래를 지은 데서 온 말.

【麥芽 맥아】 ①보리 싹. ②엿기름.
【麥酒 맥주】 보리의 엿기름 즙에 홉(hop)을 섞어 발효시켜 만든 술.
【麥秋 맥추】 '음력 5월'의 딴 이름.
【大麥 대맥】 보리.
【小麥 소맥】 밀.

麥0 [麦]
⑦
麥(832)의 俗字

麥4 [麪] 국수 면
⑮
⊕miàn ⊕メン 영flour
字解 ①국수(면) ②밀가루(면)
【冷麪 냉면】 찬국 따위에 말아 먹는 메밀국수.

麥4 [麩] 밀기울 부
⑮
⊕fū ⊕フ(ふすま) 영bran
字解 밀기울(부)
【麩醬 부장】 밀기울로 만든 장.
【麩麥 맥부】 밀을 빻아서 체로 가루를 내고 남은 찌끼. 밀기울. 麥皮(맥피).

麥5 [麭] 경단 포
⑯
⊕pào ⊕ホウ 영dumpling
字解 ①경단(포) ※떡의 일종. ②떡, 가루떡(포)
【麭麭 면포→면보】 빵.

麥6 [麴]
⑰
麴(833)과 同字

麥部

麴 누룩 국 麯曲麯
- 图 ⊕qū ⊕キク(こうじ) ㊀yeast
- **字解** ①누룩(국) ②술(국)
- 【麴君 국군】'술'의 애칭.
- 【麴母 국모】홍국(紅麴)을 만드는 재료. 누룩밑.
- 【麴子 국자】누룩. 酒媒(주매).
- 【紅麴 홍국】약술을 담그는 데 쓰이는 누룩.

麵 图 麪(832)과 同字

11 麻部

麻 麻(833)의 本字

麻 삼 마
- 一 广 广 广 疒 府 麻 麻
- 区 ⊕má ⊕マ(あさ) ㊀hemp
- **字解** 회의자. 广(엄)과 林(패)는 모두 의미 부분이다. 삼은 사람이 가공을 하므로 삼[林]이 집[广] 아래에 있는 것이다.
- **字解** ①삼(마) ※삼과의 일년초. ②저릴, 마비될(마) ≒痲
- 【麻袋 마대】굵은 삼실로 짠 포대.
- 【麻衣 마의】삼베옷.
- 【麻布 마포】삼실로 짠 피륙. 삼베.
- 【大麻 대마】삼.
- 【亂麻 난마】뒤얽힌 삼 가닥. '복잡하게 뒤얽힌 일', 또는 '몹시 어지러운 세상 형편'의 비유.

麾 대장기 휘
- 图 ⊕huī ⊕キ(き) ㊀flag
- **字解** ①대장기(휘) ②지휘할(휘)
- 【麾軍 휘군】군대를 지휘함.
- 【麾下 휘하】대장기의 아래. 장군의 지휘 아래 딸린 병졸.

12 黃部

黃 누를 황
- 一 十 廿 甘 芇 芇 苗 黃
- 图 ⊕huáng ⊕コウ(き) ㊀yellow
- **字源** 가을에 벼를 수확하여 묶은 모습으로, '황색'이라는 뜻은 여기에서 비롯되었다는 설과 사람이 패옥(佩玉)을 달고 있는 모습이라는 설이 있다.
- **字解** ①누를(황) ¶黃土(황토) ②새끼, 어린아이(황) ¶黃口(황구)
- 【黃口 황구】①새 새끼. ②어린아이. ③경험이 적어 미숙한 사람.
- 【黃金 황금】①금. ②돈. 재물.
- 【黃疸 황달】담즙의 색소가 혈액에 이행하여 피부가 누렇게 되는 병.
- 【黃鳥 황조】꾀꼬리.
- 【黃泉 황천】저승. 冥府(명부).
- 【黃土 황토】누르고 거무스름한 흙.
- 【黃昏 황혼】①해가 져서 어둑어둑할 무렵. ②'종말에 이른 때'의 비유.
- 【黃花 황화】①누른 빛의 꽃. ②국화. 黃菊(황국).
- 【朱黃 주황】빨강과 노랑의 중간색.

'黃'이 붙은 한자
廣 넓을(광)	潢 웅덩이(황)
璜 서옥(황)	磺 유황(황)
簧 악기 이름(황)	橫 가로(횡)
鐄 큰 쇠북(횡)	

12 黍部

黍 기장 서
- 图 ⊕shǔ ⊕ショ(きび) ㊀millet
- **字源** 상형자. 본래 기장을 그린 것인데, 禾(벼 화) 자보다 낱알이 흩

어진 모습이다. 기장은 벼보다 낟알이 흩어져 패기 때문이다.
字解 기장(서) ※오곡의 하나.
【黍穀 서곡】 조·수수·옥수수 따위의 잡곡.
【黍離之歎 서리지탄】 기장이 무성함을 보고 하는 탄식. '세상의 영고성쇠(榮枯盛衰)가 무상함'을 이름. 참)麥秀之歎(맥수지탄 : 832).

故事 주(周)나라가 망한 뒤 허물어진 대궐 터에 기장이 무성하게 자라는 것을 보고 시를 읊어 탄식한 고사에서 온 말.

【黍粟 서속】 기장과 조.
【黍稷 서직】 지난날, 나라의 제사 때 날로 쓰던 메기장과 찰기장.

黍
3
⑮ 【黎】 검을 려
齊

명 中lí 日レイ(くろい) 美black
字解 ①검을(려) ②뭇, 많을(려) ③즈음, 무렵(려)
【黎明 여명】 날이 밝을 무렵.
【黎民 여민】 일반 백성. 黔首(검수). 庶民(서민). 黎庶(여서).
📖 지난날, 일반 백성은 관을 쓰지 않은 검은 머리로 있은 데서 온 말.

黍
5
⑰ 【黏】 粘(621)과 同字

12 黑 部

黑
0
⑫ 【黑】 검을 흑
職

丨 冂 冂 円 甲 里 黑 黑

명 中hēi 日コク(くろい) 美black
字源 '囲'은 창문이고 '灬'은 炎자의 변형으로 불길이 올라 창문으로 나간다는 뜻의 회의자라는 설과, 사람을 정면에서 본 모습에 그리고 얼굴 안에 점을 찍은 것으로 상형자라는 설이 있다. 회의자설을 따르면 불길이 창문으로 올라가면 그을리게 되므로 '검다'라는 뜻은 여기서 나온 것이 되고, 상형자

설을 따르면 얼굴에 문신을 그려 넣는 형벌인 '묵형(墨刑)'을 받은 사람을 그린 것이 된다.
字解 ①검을(흑) ¶黑白(흑백) ②어두울(흑) ¶暗黑(암흑)

【黑幕 흑막】 ①검은 장막. ②겉으로 드러나지 않은 음흉한 내막.
【黑髮 흑발】 검은 머리털.
【黑白 흑백】 ①검은색과 흰색. ②옳고 그름.
【黑心 흑심】 음흉하고 부정한 마음.
【黑字 흑자】 ①검은 글자. ②수지 결산상의 이익.
【黑板 흑판】 흑색이나 녹색의 판. 漆板(칠판).
【暗黑 암흑】 어둡고 캄캄함.
【漆黑 칠흑】 칠처럼 검고 광택(光澤)이 있음, 또는 그런 빛깔.

黑
4
⑯ 【黔】 검을 검
職

명 中qián 日ケン(くろい) 美black
字解 검을, 검어질(검)
【黔突 검돌】 거멓게 그을은 굴뚝.
【黔首 검수】 관을 쓰지 않은 검은 머리. '일반 백성'을 이름. 庶民(서민). 黎民(여민).

黑
4
⑯ 【默】 말 없을 묵
職

丨 冂 冂 甲 里 黑 黑 默 默

고 中mò 日モク(だまる) 美silent
字源 형성자. 본래 개가 짖지 않고 사람을 쫓아낸다는 뜻이다. 犬(견)은 의미 부분이고, 黑(흑)은 발음 부분이다.
字解 말 없을, 잠잠할(묵)
【默過 묵과】 말없이 지나쳐 버림. 알고도 모르는 체 넘겨 버림.
【默契 묵계】 말 없는 가운데 뜻이 서로 맞음, 또는 그렇게 이루어진 약속. 默約(묵약).
【默念 묵념】 ①말없이 생각에 잠김. ②마음속으로 빎.
【默默 묵묵】 아무 말 없이 잠잠함.
【默祕 묵비】 묵묵히 말하지 않음.
【默想 묵상】 조용히 생각함.
【默殺 묵살】 알고도 모르는 체하고 내버려 둠. 문제 삼지 아니함.

【默示 묵시】 말 없는 가운데 자기의 의사를 나타내 보임.
【默認 묵인】 말없이 모르는 체하고 승인(承認)함.
【寡默 과묵】 말수가 적고 침착함.
【沈默 침묵】 아무 말도 없이 잠잠하고 있음.

【黛】 눈썹먹 대

명 ㊥dài ㊐タイ(まゆずみ) ㊍eyebrow pencil
字解 눈썹먹(대)
【黛墨 대묵】 눈썹을 그리는 먹.
【粉黛 분대】 ①분과 눈썹먹. ②분을 바른 얼굴과 눈썹먹으로 그린 눈썹.

【點】 점 점

ㄱ ㊥diǎn ㊐テン ㊍dot
字源 형성자. 黑(흑)은 의미 부분이고, 占(점)은 발음 부분이다.
字解 ①점(점) ¶ 點線(점선) ②불켤(점) ¶ 點火(점화) ③점검할(점) ¶ 點呼(점호) ④점수(점) ¶ 採點(채점)
【點檢 점검】 낱낱이 검사함.
【點燈 점등】 등불을 켬.
【點滅 점멸】 등불이 켜졌다 꺼졌다 함.
【點線 점선】 줄지어 찍은 점으로써 이루어진 선.
【點數 점수】 성적을 나타내는 숫자.
【點綴 점철】 여기저기 흩어진 것들이 서로 이어짐, 또는 그것들을 이음.
【點呼 점호】 한 사람 한 사람 이름을 불러서 인원을 조사함.
【點火 점화】 불을 켜거나 붙임.
【缺點 결점】 잘못되거나 모자란 점.
【難點 난점】 처리하기 어려운 점.
【採點 채점】 점수를 매김.

【黜】 내칠 출

명 ㊥chù ㊐チュツ(しりぞける) ㊍expel
字解 내칠, 물리칠(출)
【黜去 출거】 내쫓음. 【黜放(출방)】

【黜陟 출척】 공이 없는 사람을 물리치고, 공이 있는 사람을 등용함.
【竄黜 찬출】 벼슬을 빼앗고 먼 곳으로 내쫓음.
【廢黜 폐출】 벼슬을 떼고 내침.

【點】 약을 힐

㊥xiá ㊐カツ ㊍crafty
字解 약을, 간교할(힐)
【點智 힐지】 교활한 꾀.
【點獪 힐회】 교활함. 간교함.

【黥】 자자할 경

㊥qíng ㊐ゲイ ㊍tattoo
字解 자자할, 묵형(경)
【黥面 경면】 얼굴을 자자함.
【黥罪 경죄】 죄인의 이마나 얼굴에 죄명을 새겨 넣던 형벌. 墨刑(묵형).

【黨】 무리 당

ㄱ ㊥dǎng ㊐トウ ㊍party
字源 형성자. 黑(흑)은 의미 부분이고, 尙(상)은 발음 부분이다. 본래 선명하지 못하다는 뜻이다. 뒤에 붕당(朋黨)이라는 뜻으로 쓰이게 되면서 본래의 뜻은 잃어버렸다.
字解 ①무리, 동아리(당) ¶ 朋黨(붕당) ②마을(당) ¶ 鄕黨(향당) ③일가, 친척(당)
【黨規 당규】 당의 규칙. 黨則(당칙).
【黨論 당론】 정당의 의견이나 의논.
【黨首 당수】 당의 우두머리.
【黨爭 당쟁】 당파를 이루어 서로 싸움.
【黨派 당파】 ①어떤 목적으로 뭉쳐진 무리. ②붕당·정당의 분파(分派).
【朋黨 붕당】 뜻이 같은 사람끼리 모인 단체.
【惡黨 악당】 흉악한 무리.
【政黨 정당】 일정한 정치 이상의 실현을 위하여 정견(政見)이 같은 사람끼리, 정치 권력에의 참여를 목적으로 모인 단체.
【鄕黨 향당】 자기가 태어났거나 사는 시골 마을, 또는 그곳 사람들.

黑部 9획

黑9㉑【黯】 어두울 암
⊕àn ⊕アン ⊛dark
字解 ①어두울(암) ②검을(암)
【黯黑 암흑】어두움, 또는 검음.

黑11㉓【黴】 곰팡이 미
⊕méi ⊕バイ(かび) ⊛mold
字解 곰팡이, 곰팡이 필(미)
【黴菌 미균】사람의 몸을 해치는 미생물. 細菌(세균).

黑15㉗【黷】 더럽힐 독
⊕dú ⊕トク(けがれる) ⊛dirty
字解 더럽힐, 더러울(독) 늑瀆
【黷職 독직】벼슬아치가 그 직위를 이용하여 부정을 행하는 일.

12 黹 部

黹0⑫【黹】 바느질할 치
⊕zhǐ ⊕チ ⊛sew
字源 상형자. 바늘로 무엇을 꿰매고 있는 모습을 그린 것이다.
字解 ①바느질할(치) ②수놓은 옷(치)

黹5⑰【黻】 폐슬 불
⊕fú ⊕フツ
字解 ①폐슬(불) ※조복(朝服)·제복(祭服)을 입을 때 껴입는, 가슴에서 늘여 무릎을 가리던 것. ②보불(불)
【黼黻 보불】임금이 입던 예복의 치마같이 만든 자락에 수놓은 무늬.

黹7⑲【黼】 보불 보
⊕fǔ ⊕ホ
字解 보불, 수(보)
【黼黻 보불】①임금이 입던 예복의 치마같이 만든 자락에 수놓은 무늬. ②'문장(文章)'의 비유.
📖 '黼'는 흑백의 실로 도끼 모양으로 놓은 수, '黻'은 흑청의 실로 '亞' 모양으로 놓은 수.

13 黽 部

黽0⑬【黽】 ❶맹꽁이 맹 ❷힘쓸 민
⊕miǎn, mǐn ⊕ベン, メン(つとめる) ⊛frog
字源 상형자. 맹꽁이를 그린 것이다.
字解 ❶맹꽁이(맹) ❷힘쓸(민)
【黽勉 민면】부지런히 힘씀.

黽11㉔【鰲】 자라 오
⊕áo ⊕ゴウ ⊛mud
字解 ①자라(오) ※바다에 사는 큰 자라. ②바다거북(오)
【鰲頭 오두】큰 바다자라의 머리. '과거에 장원으로 급제한 사람'을 이름.
【鰲山 오산】큰 바다자라가 등에 지고 있다는 바다 속의 산.

黽12㉕【鼈】 자라 별
⊕biē ⊕ベツ(すっぽん) ⊛turtle
字解 자라(별)
【鼈甲 별갑】자라의 등 껍데기.
【魚鼈 어별】①물고기와 자라. ②어류(魚類)의 총칭.

13 鼎 部

鼎0⑬【鼎】 솥 정
⊕dǐng ⊕テイ(かなえ) ⊛tripod
字源 상형자. 세 발 또는 네 발 달

린 솥을 그린 것이다.

[字解] 솥(정) ※발이 셋 달린 솥.

【鼎談 정담】세 사람이 마주 앉아 나누는 이야기.

【鼎立 정립】솥발 모양으로 셋이 벌여 섬.

【鼎席 정석】조선 시대에, 영의정·좌의정·우의정의 삼공(三公)의 자리를 이르던 말.

【九鼎 구정】하(夏)나라 우왕(禹王)이 구주(九州)의 쇠를 모아 주조한 아홉 개의 솥. 하(夏)·은(殷)·주(周) 3대에 전해 내려온 보물임.

13 鼓 部

鼓 0 ⑬ 【鼓】 북 고 [麌] [속] 皷

十 士 吉 吉 壴 壴 鼓 鼓

[고] ㊥gǔ ㊐コ(つづみ) ㊮drum

[字源] 회의자. 북채를 잡고〔支(지)〕 북〔壴(주)〕을 친다는 뜻이다.

[字解] ①북(고) ¶鼓手(고수) ②칠, 두드릴(고) ¶鼓舞(고무)

【鼓動 고동】심장(心臟)이 뛰는 소리.

【鼓膜 고막】귓구멍 안쪽에 있는 얇은 막. 귀청.

【鼓舞 고무】북을 쳐서 춤추게 함. '용기를 내도록 격려함'을 이름.

【鼓手 고수】북을 치는 사람.

【鼓吹 고취】①북을 치고 피리를 붊. ②북돋아 격려함.

【法鼓 법고】부처 앞에서 치는 작은 북.

13 鼠 部

鼠 0 ⑬ 【鼠】 쥐 서 [語]

[명] ㊥shǔ ㊐ソ(ねずみ) ㊮rat

[字源] 상형자. 쥐를 그린 것이다.

[字解] ①쥐(서) ②근심할(서)

【鼠肝蟲臂 서간충비】쥐의 간과 벌레의 발. '쓸모없고 하찮은 것'의 비유.

【鼠盜 서도】좀도둑. 鼠賊(서적).

【鼠竊狗偸 서절구투】쥐나 개처럼 슬쩍 물건을 훔침. '좀도둑'을 이름.

【鼠蹊 서혜】사타구니.

【首鼠兩端 수서양단】쥐가 구멍에서 머리만 내밀고 요리조리 엿봄. '진퇴나 거취를 결단하지 못하고 관망하는 상태'의 비유.

鼠 7 ⑳ 【鼯】 날다람쥐 오 [虞]

㊥wú ㊐ゴ ㊮flying squirrel

[字解] 날다람쥐(오)

【鼯鼠 오서】날다람쥐.

14 鼻 部

鼻 0 ⑭ 【鼻】 코 비 [寘]

丿 白 自 自 鼻 鼻 鼻 鼻

[중] ㊥bí ㊐ビ(はな) ㊮nose

[字源] 회의 겸 형성자. 본래 自(자)가 코를 그린 상형자였다. 뒤에 '스스로' 등의 뜻으로 가차되자 '코'의 뜻으로는 畀(비)를 더한 鼻 자를 새로 만들어 보충하였다. 코〔自〕로 공기를 끌어들여 몸에 공급한다〔畀〕는 뜻이므로 自와 畀는 모두 의미 부분인데, 畀는 발음도 담당한다.

[字解] ①코(비) ②처음, 시초(비)

【鼻腔 비강】코 안. 콧속.

【鼻梁 비량】콧대. 콧마루.

【鼻笑 비소】코웃음.

【鼻音 비음】콧소리.

【鼻祖 비조】①처음으로 사업을 일으킨 사람. ②한 겨레의 맨 처음 조상. 始祖(시조).

鼻 3 ⑰ 【鼾】 코골 한 [翰]

㊥hān ㊐カン ㊮snore

[字解] 코골(한)

【鼾睡 한수】코를 골면서 잠.

14 齊部

齊⁰₍₁₄₎ ❶가지런할 제 ❷상복 재 ⓐ자 자 ❸재계할 재

齊齊斉

一 亠 亣 齊 齊 齊 齊 齊

고 ⊕qí, zhāi, zī ⓙセイ(そろう) ⓔarrange

字源 상형자. 곡식의 이삭이 패어 끝이 가지런한 모습을 그린 것이다. '가지런하다'의 뜻은 여기서 나왔다.

字解 ❶❶가지런할(제) ¶ 整齊(정제) ❷다, 똑같이(제) ¶ 齊唱(제창) ❸제나라(제) ※ 지금의 산동성(山東省)에 있던, 전국칠웅(戰國七雄)의 하나. ❷상복(재) 늑齋 ❸재계할(재) 늑齋

【齊家 제가】 집안을 잘 다스려 바로잡음.
【齊唱 제창】 여러 사람이 일제히 소리를 내어 부름.
【齊衰 재최】 오복(五服)의 하나. 참최(斬衰) 다음으로 무거운 것으로, 삼베로 만들며 아랫단을 꿰맨 상복.
【一齊 일제】 한결같음. 같은 때.
【整齊 정제】 정돈하여 가지런히 함.

'齊'가 붙은 한자

齋 재계할(재) 齎 가져올(재)
儕 무리(제)   劑 약 지을(제)
擠 물리칠(제) 濟 건널(제)
薺 냉이(제)   臍 배꼽(제)
霽 비 갤(제)

齋³₍₁₇₎ ❶재계할 재 ❷상복 재 ⓐ자

斎斎斋

명 ⊕zhāi ⓙサイ(ものいみ) ⓔpurify oneself

字解 ❶❶재계할(재) ¶ 齋潔(재결) ❷집(재) ¶ 齋室(재실) ❸상복(재)

【齋潔 재결】 심신을 정결하게 함.
【齋戒 재계】 부정(不淨)한 일을 멀리하고 심신을 깨끗이 하는 일.
【齋室 재실】 ①무덤·사당의 옆에 제사를 지내려고 지은 집. 齋閣(재각). 齋宮(재궁). ②능이나 종묘 등에 제사를 지내려고 지은 집. 齋殿(재전). ③유생(儒生)들이 공부하는 집.
【書齋 서재】 ①책을 쌓아 두고 공부하는 방. ②글방.

齎⁷₍₂₁₎ ❶가져올 재 ❷휴대품 자

齎

명 ⊕jī ⓙセイ(もたらす) ⓔbring

字解 ❶가져올(재) ❷휴대품(자)

【齎金 재금】 돈을 지참함.
【齎送 재송·자송】 ❶물품을 보냄. ❷장례 때 사자(死者)와 함께 묻는 물품. 資送(자송).
【齎用 자용】 일상생활에 필요한 물건.

---

15 齒部

齒⁰₍₁₅₎ 이 치

齒齒歯

丨 ト 止 歩 歩 齒 齒 齒

명 ⊕chǐ ⓙシ(は) ⓔtooth

字源 형성자. '凵'는 입 안에 이가 난 모습을 그린 상형자로 의미 부분이고, 止(지)는 발음 부분이다.

字解 ❶이(치) ¶ 齒藥(치약) ❷나이(치) ¶ 年齒(연치) ❸늘어설(치)

【齒德 치덕】 연령과 덕행, 또는 나이가 많고 덕행이 높음.
【齒石 치석】 이에 누렇게 엉기어 붙은 단단한 물질.
【齒牙 치아】 이와 어금니, 또는 이.
【齒列 치열】 ①나란히 박힌 이의 줄. 잇바디. ②잇바디 모양으로 동등하게 나란히 섬. 同列(동렬).
【齒痛 치통】 이가 아픈 증세.
【年齒 연치】 '나이'의 높임말.

【義齒 의치】이를 뽑아낸 자리에 만들어 박은 가짜 이.
【蟲齒 충치】벌레 먹어 상한 이.

齡 [齡] 나이 령

- 명 ⊕líng ⊕レイ(よはい) ⊛age
- 字解 나이, 연령(령)

【高齡 고령】나이가 많음.
【老齡 노령】늙은 나이.
【妙齡 묘령】젊은 여자의 꽃다운 나이. 곧, 스물 안팎의 나이.
【樹齡 수령】나무의 나이.
【年齡 연령】나이.
【適齡 적령】알맞은 나이.

齟 [齟] 어긋날 저·서

- 명 저 ⊕jǔ ⊕ソ ⊛dovetail
- 字解 어긋날, 엇갈릴(저·서)

【齟齬 저어·서어】①아래윗니가 서로 어긋남. ②일이 서로 어긋나거나 차질이 생김. 서로 모순됨.

齧 [齧] 씹을 설

- 명 ⊕niè ⊕ゲツ(かむ) ⊛chew
- 字解 씹을, 깨물(설)

【齧噬 설서】깨묾. 씹음.
【齧鐵 설철】쇠를 씹어 먹음. '불가사리'의 이칭(異稱).
【齧齒類 설치류】쥐나 토끼처럼 물건을 잘 갉는 포유동물의 한 부류.

齬 [齬] 어긋날 어

- 명 ⊕yǔ ⊕ゴ ⊛dovetail
- 字解 어긋날, 엇갈릴(어)

【齟齬 저어·서어】아래윗니가 서로 어긋남.

齪 [齪] 악착할 착

- 명 ⊕chuò ⊕サク ⊛persist
- 字解 악착할, 억척스러울(착)

【齷齪 악착】도량이 좁고 억척스러움.

齷 [齷] 악착할 악

- 명 ⊕wò ⊕アク ⊛persist
- 字解 악착할, 억척스러울(악)

【齷齪 악착】①도량이 좁고 억척스러움. ②작은 일에 구애하여 아득바득 다투는 모양.

16 龍 部

龍 [龍] 용 룡

- 고 ⊕lóng ⊕リュウ(たつ) ⊛dragon
- 字源 상형자. 머리에 뿔이 있고 뱀과 같은 몸뚱이에 다리가 달린 용의 모습을 그린 것이다.
- 字解 ①용(룡) ¶臥龍(와룡) ②임금(룡) ※임금과 관련 있는 사물에 붙어 쓰임. ¶龍顏(용안)

【龍駕 용가】임금의 수레. 御駕(어가). 鳳駕(봉가).
【龍頭蛇尾 용두사미】용의 머리에 뱀의 꼬리. '크게 시작했다가 흐지부지 끝나는 것'의 비유.
【龍馬 용마】①용같이 생겼다는 상상의 말. ②아주 잘 달리는 말.
【龍床 용상】임금이 앉는 자리.
【龍顏 용안】임금의 얼굴. 聖面(성면). 玉顏(옥안).
【龍虎相搏 용호상박】용과 범이 서로 싸움. '강자끼리 승부를 다툼'을 이름.
【恐龍 공룡】중생대 쥐라기에서 백악기에 걸쳐 살았던, 거대한 파충류의 화석 동물.
【臥龍 와룡】①도사리고 누워 있는 용. ②'초야(草野)에 묻혀 있는 큰 인물'의 비유.

'龍'이 붙은 한자

壟 밭두둑 (롱)　瀧 비 올 (롱)
隴 언덕 (롱)　朧 호릿할 (롱)
瓏 환할 (롱)　聾 갈 (롱)
籠 대그릇 (롱)　聾 귀먹을 (롱)
龐 살질 (롱)　寵 사랑할 (총)

龍部 2획

[龐] 龐(840)의 俗字
龍2⑱

[龐] ❶클 방 ❷살질 롱
龍3⑲ 龐庞龙
명 ❶ ⓒpáng ⓙホウ ⓔbroad
字解 ❶①클(방) ②뒤섞일(방) ❷살질, 충실할(롱)
【龐眉皓髮 방미호발】 굵은 눈썹과 흰 머리털. '노인(老人)'을 이름.
【龐錯 방착】 뒤섞임. 雜(난잡).
【龐龐 농롱】 충실한 모양.

[龕] 감실 감
龍6㉒ 龛龛
명 ⓒkān ⓙガン ⓔshrine
字解 감실(감)
【龕室 감실】 ①사당 안에 신주(神主)를 모셔 두는 장(欌). ②불탑(佛塔) 속에 만든 작은 방.

[龔] 공손할 공
龍6㉒ 龚龚
ⓒgōng ⓙキョウ ⓔpolite
字解 공손할(공) ≒恭

16 龜部

[龜] ❶땅 이름 구 ❷거북 귀 ❸터질 균
龜0⑯ 龟龟龟
⺈ 乛 夃 夅 甴 龟 龟 龜
고 ⓒguī, qiū, jūn ⓙキ(かめ) ⓔtortoise
字源 상형자. 거북의 머리와 등판, 네 발을 그린 것이다.
字解 ❶거북(귀) ¶龜甲(귀갑) ❷땅 이름(구) ❸터질, 틀(균) ¶龜裂(균열)
【龜鑑 귀감】 거북과 거울. '본받아 모범이나 본보기'를 이름.
📖 지난날, 귀점(龜占)을 쳐서 길흉을 판단하고, 거울에 비추어 아름답고 추한 것을 구별한 데서 온 말.
【龜甲 귀갑】 거북의 등딱지.
【龜毛兔角 귀모토각】 거북의 털과 토끼의 뿔. '절대로 있을 수 없는 일'을 이름.
【龜趺 귀부】 거북 모양으로 깎아 만든 비석의 받침돌.
【龜船 귀선】 거북 모양을 본떠 만든 배. 거북선.
【龜占 귀점】 거북딱지를 불에 태워 그 갈라진 금을 보고 길흉(吉凶)을 판단하는 점.
【龜裂 균열】 ①사물이 갈라져 터짐. ②추위로 손발이 틈.
참고 '귀·균'음도 인명용으로 지정됨.

[龟] 龜(840)의 俗字
龜0⑪

17 龠部

[龠] 피리 약
龠0⑰ 龠
ⓒyuè ⓙヤク(ふえ) ⓔflute
字源 상형자. 피리를 그린 것인데, 가운데 있는 '口'들은 피리에 난 구멍을 그린 것이다.
字解 ①피리(약)≒籥 ②약(약) ※ 용량의 단위로, 1홉(合)의 반.
【龠合 약홉】 약(龠)과 홉(合). '곡식 따위의 양이 적음'을 이름.

附 錄

➡ 842 ~ 877
基礎漢字 및 人名用漢字索引

➡ 878 ~ 909
總　畫　索　引

➡ 910 ~ 952
字　音　索　引

基礎 漢字 및 人名用 漢字

① 기초 한자는 교육인적자원부가 2000년 12월 개정·공포한 중학교용 900자와 고등학교용 900자 등 총 1,800자의 한문 교육용 한자이다.

② 인명용 한자는 대법원에서 1991년 4월 1일 처음 지정한 이후 2007년 2월 15일까지 여섯 차례에 걸쳐 추가로 지정한 5151자이다. 인명용 한자는 기초 한자 1,800자를 포함한다.

※ ▶ 앞은 한문 교육용 기초 한자이며, 〈 〉안의 글자는 인명용 한자로 허용한 동자(同字)·속자(俗字)이다.

가	家 183	佳 32	街 694	可 102	歌 444	加 80	價 50	假 43	架 414	暇 395	▶	嘉 125
	嫁 171	稼 595	賈 734	駕 813	伽 28	迦 523	柯 414	呵 112	哥 117	枷 414	珂 484	痂 551
	苛 496	茄 496	袈 697	訶 709	跏 743	軻 750	駕 117					
각	各 106	角 704	脚 667	閣 782	却 95	覺 703	刻 74	▶	珏 484	恪 244	殼 452	慤 358
간	干 216	間 780	看 566	刊 72	肝 662	幹 218	簡 618	姦 166	懇 361	▶	艮 681	杆 408
	諫 718	玕 483	侃 32	竿 609	揀 272	墾 148	栞 418	奸 161	柬 414	桿 414	澗 422	癎 319	磵 556
	磵 581	稈 592	齦 682									
갈	渴 306	▶	葛 508	乫 11	喝 121	曷 400	碣 578	竭 603	褐 607	蝎 688	鞨 796	
감	甘 541	減 307	感 356	敢 375	監 563	鑑 778	〈鑒〉 778	▶	勘 82	堪 142	瞰 572	坎 136
	嵌 205	憾 254	戡 365	柑 414	橄 436	疳 551	紺 629	邯 336	龕 840			
갑	甲 543	▶	鉀 767	匣 88	岬 202	胛 664	閘 782					
강	江 284	降 341	講 720	强 231	〈強〉 230	康 222	剛 77	〈鋼〉 775	鋼 771	綱 635	▶	堈 140
	岡 202	崗 204	姜 166	橿 438	杠 408	彊 232	慷 252	畺 548	疆 549	糠 624	絳 631	羌 651
	腔 668	舡 679	薑 517	襁 608	鱇 825	跭 745	嬿 172					

개	改 372	皆 559	個 38	〈箇〉 613	開 781	介 19	慨 252	概 434	蓋 511	〈盖〉 562	▶	价 25
	凱 68	愷 251	漑 315	塏 144	愾 251	疥 551	芥 494	豈 727	鎧 775	玠 483		
객	客 182	▶	喀 121									
갱	更 400	▶	坑 136	粳 622	羹 652							
갹	▶	醵 762										
거	去 98	巨 208	居 198	車 749	擧 370	距 743	拒 260	據 279	▶	渠 307	遽 537	鉅 767
	炬 461	倨 39	据 268	祛 583	踞 745	鋸 772						
건	建 226	乾 12	件 26	健 43	▶	巾 211	虔 683	楗 428	鍵 774	愆 356	腱 669	蹇 746
	騫 815	漧 315	建 525									
걸	傑 46	乞 11	▶	杰 410	桀 418							
검	儉 51	劍 79	〈劒〉 72	檢 439	▶	瞼 572	鈐 767	黔 834				
겁	▶	劫 81	怯 243	法 523								
게	▶	揭 272	憩 359	偈 44								
격	格 418	擊 370	激 322	隔 346	▶	檄 439	膈 671	覡 702				
견	犬 479	見 701	堅 140	肩 662	絹 634	遣 533	牽 478	▶	鵑 828	甄 540	繭 644	譴 724
결	決 285	結 631	潔 319	缺 647	▶	訣 707	抉 257					
겸	兼 62	謙 720	▶	鎌 775	慊 251	箝 613	鉗 767					
경	京 18	景 393	輕 751	經 634	庚 220	耕 656	敬 376	驚 816	慶 359	競 604	竟 602	境 145
	鏡 776	頃 799	傾 47	硬 577	警 723	徑 237	卿 96	〈卿〉 96	▶	俓 35	倞 39	儆 51
	勁 82	坰 137	擎 370	憬 253	曔 397	更 400	涇 400	炅 298	璟 460	瓊 491	耿 493	莖 657	502

	鯨	梗	橄	逕	頯	問	勗	焔	璥	痙	磬	綗
	824	422	439	526	465	63	82	462	492	553	580	629
	脛	頸	囧	檾	鶊	涇	冂				
	667	802	131	439	828	66	62				
계	癸	季	界	計	溪	鷄	系	係	戒	械	繼	契
	557	176	545	706	311	829	624	35	363	422	645	158
	桂	啓	階	繫	▶	誡	桂	堺	屆	悸	棨	磎
	418	118	345	644		713	462	142	198	247	425	579
	稽	谿									
	595	727									
고	古	故	固	苦	考	〈攷〉	高	告	枯	姑	庫	孤
	103	373	131	497	481	372	819	109	414	164	222	176
	鼓	稿	顧	▶	敲	叩	皐	罟	呱	尻	拷	槁
	837	595	805		372	103	560	396	112	197	264	431
	沽	痼	睾	羔	股	膏	苽	菰	藁	蠱	袴	誥
	289	553	571	651	662	671	497	504	519	692	605	713
	賈	辜	錮	雇	杲						
	734	755	772	786	410						
곡	谷	曲	穀	哭	▶	斛	梏	鵠			
	726	399	596	117		379	422	828			
곤	困	坤	▶	昆	崑	琨	錕	梱	棍	滾	袞	鯤
	131	137		387	204	487	772	422	425	315	697	824
골	骨	▶	汨	滑							
	818		286	314							
공	工	功	空	共	公	孔	供	恭	攻	恐	貢	▶
	208	80	598	60	60	174	32	352	373	352	731	
	拱	控	栱	蚣	鞏						
	485	268	264	685	796						
곶	▶	串									
		7									
과	果	課	科	過	誇	寡	▶	菓	戈	瓜	跨	鍋
	410	715	590	530	710	188		504	362	539	744	774
	顆										
	803										
곽	郭	▶	廓	槨	藿						
	337		224	434	521						
관	官	觀	關	館	〈舘〉	管	貫	慣	冠	寬	▶	款
	180	703	784	810	678	613	731	252	63	189		443
	琯	灌	瓘	舘	梡	串	棺	罐	菅			
	487	328	493	772	422	7	425	648	504			

괄	▶	括 264	刮 74	恝 352	适 524						
광	光 55	廣 224	〈広〉 220	鑛 778	狂 329	▶	侊 32	匡 87	曠 399	洸 294	珖 485	桄 419
	眖 460	壙 149	筐 611	胱 666	侊 460						
괘	掛 268	▶	卦 93	罫 648							
괴	塊 144	愧 251	怪 243	壞 150	▶	乖 10	傀 46	拐 260	槐 431	魁 822	
굉	▶	宏 179	紘 626	肱 663	轟 755						
교	交 17	校 419	橋 436	敎 374	〈教〉 374	郊 336	較 750	巧 209	矯 574	▶	僑 49	喬 121
	嬌 173	膠 671	咬 115	嶠 206	攪 283	狡 330	皎 560	絞 632	翹 655	蕎 515	蛟 686	轎 754
	餃 809	驕 816	鮫 824	姣 166	佼 32						
구	九 11	口 102	求 458	救 374	究 598	久 9	句 103	舊 677	具 61	俱 39	區 89	驅 816
	苟 497	狗 329	丘 5	懼 256	龜 840	構 432	球 486	拘 260	▶	坵 137	玖 483	矩 574
	邱 335	銶 770	鳩 826	溝 311	購 738	驅 748	耉 482	枸 414	鷗 829	仇 23	勾 85	佝 112
	嘔 125	垢 139	寇 185	嶇 206	廏 224	柩 414	歐 444	毆 452	毬 454	灸 460	瞿 572	絿 635
	臼 676	舅 677	衢 696	謳 722	逑 526	鉤 768	駒 814	玽 484				
국	國 132	〈国〉 132	菊 504	局 197	▶	鞠 796	鞫 796	麴 833				
군	君 109	郡 336	軍 749	群 652	▶	窘 600	裙 606					
굴	屈 198	▶	窟 600	堀 140	掘 268							
궁	弓 228	宮 183	窮 600	▶	躬 748	穹 598	芎 494					
권	卷 95	權 441	勸 85	券 71	拳 369	▶	圈 133	眷 569	倦 39	捲 268	港 302	
궐	厥 97	▶	闕 784	獗 333	蕨 515	蹶 747						

궤	軌 749	▶	机 67	櫃 440	潰 319	詭 711	饋 811				
귀	貴 732	歸 447	鬼 822	▶	龜 840	句 103	晷 393	匭 769			
규	叫 103	規 702	糾 625	▶	圭 135	奎 159	揆 273	珪 485	逵 529	窺 601	葵 507	閨 782
	槻 434	硅 577	竅 601	赳 741	紏 625	頍 172	邦 336				
균	均 136	菌 504	▶	畇 545	鈞 767	勻 85	筠 613	龜 840			
귤	▶	橘 436									
극	極 428	克 56	劇 79	▶	剋 76	隙 346	戟 365	棘 425			
근	近 523	勤 84	根 419	斤 380	僅 47	謹 722	▶	槿 434	瑾 491	嫤 172	墐 146	漌 315
	筋 611	劤 81	懃 361	芹 494	菫 505	覲 703	饉 811				
글	▶	契 158									
금	金 765	今 20	禁 586	錦 772	禽 589	琴 487	▶	衾 696	襟 608	昑 387	妗 163	擒 280
	檎 439	芩 495	衿 604								
급	及 99	給 632	急 351	級 626	▶	汲 286	伋 26	扱 257			
긍	肯 663	▶	亙〈亘〉15	15	兢 58	矜 573					
기	己 210	記 706	起 741	其 61	期 404	基 140	氣 456	技 257	幾 219	旣 385	紀 625	忌 349
	旗 384	欺 443	奇 157	騎 815	寄 185	豈 727	棄 426	祈 426	企 583	畿 549	飢 807	器 127
	機 437	▶	淇 302	琪 488	璂 491	棋 426	祺 586	錤 772	騏 815	麒 831	玘 483	杞 408
	崎 204	琦 488	綺 635	錡 772	箕 614	岐 202	汽 286	沂 286	圻 136	耆 482	璣 491	磯 581
	冀 62	驥 817	嗜 124	曁 396	埼 140	譏 722	伎 26	夔 153	妓 163	朞 405	碕 548	棊 578
	祁 582	祇 583	羈 650	檣 657	肌 661	饑 811	稘 593				

긴	緊 636									
길	吉 106	▶	佶 32	桔 419	姞 166	拮 264				
김	▶	金 765								
끽	▶	喫 121								
나	那 334	▶	娜 168	奈 157	柰 415	拏 368	儺 53	懦 255	拿 369	挐 369	挪 384	胗 666
낙	諾 718									
난	暖 395	難 788	▶	煖 463						
날	▶	捏 269	捏 266							
남	南 92	男 544	▶	楠 429	湳 307	枏 410				
납	納 626	▶	衲 604							
낭	娘 168	▶	囊 129							
내	內 58	乃 8	奈 157	耐 655	▶	柰 415				
녀	女 161									
년	年〈秊〉 217 590	▶	撚 278							
념	念 350	▶	恬 245	拈 260	捻 269					
녕	寧 188	▶	寗 187	獰 333						
노	怒 351	奴 161	努 81	▶	弩 230	璐 489	駑 814			
농	農 757	▶	濃 322	膿 672						
뇌	腦 669	惱 249								
뇨	▶	尿 197	鬧 821	撓 278						

눈	▶	嫩 172									
눌	▶	訥 707									
뉴	▶	紐 627	鈕 767	杻 410							
능	能 666										
니	泥 289	▶	尼 197	柅 415	濔 324	膩 672					
닉	▶	匿 89	溺 311								
다	多 153	茶 500	爹 474	案 600							
단	丹 7	但 28	單 574	短 385	端 148	旦 451	段 148	壇 439	檀 381	斷 134	團 134	▶
	鍛 774	緞 638	亶 19	彖 232	湍 307	簞 618	蛋 686	袒 604	鄲 338	煓 463		
달	達 531	▶	撻 280	澾 322	獺 334	疸 551						
담	談 716	淡 302	擔 280	▶	譚 722	膽 672	澹 323	覃 700	潭 319	啖 119	坍 136	憺 254
	曇 397	湛 309	痰 554	聃 657	薝 515	錟 772	倓 39					
답	答 611	畓 545	踏 745	▶	畓 458	遝 534						
당	堂 140	當 548	唐 117	糖 623	黨 835	▶	塘 144	鐺 777	撞 278	幢 216	戇 362	棠 426
	螳 690											
대	大 154	代 23	待 236	對 194	帶 214	臺 676	貸 733	隊 345	▶	垈 137	玳 484	戴 366
	袋 697	擡 281	旲 386	坮 138	岱 202	黛 835						
댁	▶	宅 179										
덕	德 240	〈悳〉 354										
도	刀 69	到 174	度 221	道 531	島 203	徒 238	都 338	圖 134	倒 39	挑 265	桃 419	跳 744

인명용 한자 색인　　849　　독~랑

부록

	逃	渡	陶	途	稻	導	盜	塗	▶	堵	棹	濤
	524	307	343	526	596	194	563	144		142	426	324
	燾	禱	鍍	蹈	屠	嶋	悼	掉	搗	櫂	淘	滔
	472	588	774	746	199	206	247	269	275	440	302	312
	睹	萄	覩	賭	韜	舒						
	571	505	702	738	798	812						
독	讀	獨	毒	督	篤	▶	瀆	牘	犢	禿	纛	
	725	333	453	570	616		326	476	479	589	646	
돈	豚	敦	▶	墩	惇	暾	燉	頓	旽	沌	焞	
	728	376		147	247	398	465	800	387	286	463	
돌	突	▶	乭									
	598		11									
동	同	洞	童	冬	東	動	銅	凍	▶	棟	董	潼
	106	294	603	65	410	82	769	66		426	508	320
	垌	瞳	楝	桐	仝	憧	疼	胴	艟	瞳	彤	烔
	139	572	687	420	20	253	551	666	405	398	233	462
두	斗	豆	頭	▶	杜	料	兜	痘	竇	荳	讀	逗
	379	727	802		408	411	58	553	601	502	725	526
	阧											
	339											
둔	鈍	屯	▶	遁	臀	芚	遯					
	767	201		531	672	495	535					
득	得											
	238											
등	等	登	燈	騰	▶	藤	謄	鄧	嶝	橙		
	611	557	465	815		520	721	339	206	437		
라	羅	▶	螺	喇	懶	癩	蘿	裸	邏	剌	摞	覶
	650		690	122	255	557	522	606	538	76	277	703
락	落	樂	絡	▶	珞	酪	洛	烙	駱			
	508	434	632		485	760	294	462	814			
란	卵	亂	蘭	欄	▶	瀾	珊	爛	丹	欒	鸞	覶
	95	12	522	441		327	493	468	7	441	830	703
랄	▶	剌	辣									
		76	756									
람	覽	濫	▶	藍	嵐	擥	攬	欖	籃	纜	襤	燐
	703	324		519	205	371	283	442	619	647	608	169
랍	▶	拉	臘	蠟								
		260	673	692								
랑	浪	郎	廊	▶	琅	瑯	朗	狼	螂	烺		
	298	336	223		486	490	404	330	689	462		

래	來 21	〈来〉 21	〈逨〉 742	▶	峽 204	萊 505	倈 238			
랭	冷 65									
락	略 546	掠 269								
량	良 681	兩 59	量 765	凉 66	〈涼〉 302	梁 422	糧 624	諒 716	▶ 亮 18	倆 40	樑 435
	粮 622	樑 622	輛 752								
려	旅 383	麗 831	慮 359	勵 85	▶	呂 110	侶 35	黎 834	閭 783	儷 53	廬 225	戾 366
	欄 440	濾 326	礪 582	藜 520	蠣 692	櫚 817	驪 817				
력	力 80	歷 447	曆 398	▶	瀝 326	礫 582	轢 755	靂 793			
련	連 526	練 638	鍊 774	憐 253	聯 659	戀 362	蓮 513	▶	煉 463	璉 491	攣 371	漣 315
	輦 752	變 174									
렬	列 72	烈 468	裂 697	劣 81	▶	洌 294	冽 66				
렴	廉 223	▶	濂 323	簾 619	斂 377	殮 450					
렵	獵 334										
령	令 20	領 801	嶺 206	零 790	靈 793	▶	伶 28	玲 484	鈴 768	齡 839	姈 164	昤 389
	怜 243	囹 132	岺 202	笭 610	羚 651	翎 653	聆 657	逞 527	泠 289	澪 323		
례	例 32	禮 588	〈礼〉 582	隷 785	▶	澧 323	醴 762				
로	路 744	露 792	老 481	勞 83	爐 468	▶	魯 823	盧 564	鷺 830	撈 278	擄 280	櫓 440
	潞 323	瀘 327	蘆 521	虜 684	輅 751	鹵 830	嚧 128				
록	綠 636	祿 587	錄 772	鹿 831	▶	彔 232	碌 578	菉 505	麓 832		
론	論 716										

롱	弄 227	▶	瀧 327	瓏 493	籠 620	壟 150	朧 405	聾 660		
뢰	雷 790	賴 738	▶	瀨 327	儡 52	牢 477	磊 579	賂 735	賚 736	
료	料 379	了 12	僚 49	▶	遼 535	寮 189	廖 224	燎 465	療 556	瞭 572	聊 657	蓼 513
룡	龍〈竜〉 839 602									
루	屢 200	樓 435	累 629	淚 302	漏 315	▶	壘 149	婁 169	瘻 555	縷 641	蔞 513	褸 608
	鏤 776	陋 341								
류	柳 415	留 546	流 294	類 804	▶	琉 486	劉 79	瑠 490	硫 577	瘤 555	旒 384	榴 432
	溜 312	瀏 326	謬 722							
륙	六 60	陸 343	▶	戮 365						
륜	倫 40	輪 752	▶	侖 22	崙 204	〈崘〉 204	綸 636	淪 302	錀 773	
률	律 236	栗 420	率 539	▶	慄 251	嵂 205				
륭	隆 345									
륵	▶	勒 83	肋 661							
름	▶	凜〈凛〉 67 67	廩 225							
릉	陵 343	▶	綾 636	菱 505	稜 594	凌 66	楞 429			
리	里 764	理 486	利 73	梨 423	李 408	吏 107	離 788	裏〈裡〉 698 606	履 200	▶	璃 491
	莉 502	离 589	俚 35	悧 246	俐 35	厘 97	唎 117	浬 298	犁 478	狸 330	痢 553	籬 620
	罹 650	羸 652	釐 765	鯉 824	涖 298	攡 371				
린	隣 347	▶	潾 320	璘 492	麟 832	吝 110	燐 465	藺 521	躙 748	鱗 825	獜 339	撛 278
	鬣 831	鏻 777								

림	林 411	臨 674	▶	琳 488	霖 791	淋 303	棽 426			
립	立 601	▶	笠 610	粒 621	砬 576					
마	馬 812	麻 833	磨 580	▶	瑪 490	摩 370	痲 554	碼 579	魔 823	
막	莫 502	幕 215	漠 315	▶	寞 188	膜 671	邈 537			
만	萬 508	晚 392	滿 316	慢 252	漫 316	▶	曼 401	蔓 514	鏋 776	万 2	蠻 692	卍 91
	娩 168	巒 207	彎 232	挽 266	灣 328	瞞 571	輓 751	饅 811	鰻 825	
말	末 406	▶	茉 497	朩 117	抹 261	沫 289	襪 608	靺 796		
망	亡 16	忙 242	忘 349	望 404	茫 500	妄 162	罔 648	▶	網 636	芒 494	莽 505	輞 752
	邙 334									
매	每 453	買 733	賣 736	妹 164	梅 423	埋 139	媒 170	▶	枚 411	寐 186	昧 389	煤 463
	罵 649	邁 537	魅 822	苺 497						
맥	麥 832	脈 666	▶	貊 729	陌 341	驀 816				
맹	孟 176	猛 331	盟 563	盲 565	▶	萌 505	氓 456			
멱	冪 64	覓 702								
면	免 57	勉 82	面 795	眠 568	綿 637	▶	冕 63	棉 426	沔 285	眄 566	緬 638	麵 833
멸	滅 312	▶	蔑 514							
명	名 107	命 113	明 387	鳴 826	銘 769	冥 64	▶	溟 312	暝 396	椧 427	皿 561	瞑 571
	茗 500	蓂 511	螟 689	酩 760	悾 251	洺 295	眀 566	鴨 828		
예	▶	袂 604								
모	母 453	毛 454	暮 396	某 415	謀 718	模 435	貌 730	募 84	慕 359	侮 35	冒 63	▶

인명용 한자 색인 853 목~민

부록

	牟 477	謨 722	摸 277	矛 573	姆 164	帽 215	摹 370	牡 477	珺 489	眸 569	耗 656	芼 495
	茅 497	橅 437										
목	木 405	目 565	牧 477	睦 570	▶	穆 596	沐 286	鶩 828				
몰	沒 286	▶	歿 448									
몽	夢 154	蒙 511	▶	朦 405								
묘	卯 94	妙 163	苗 497	廟 224	墓 146	▶	描 273	錨 774	畝 546	昴 389	杳 411	渺 307
	猫 331	竗 602										
무	戊 363	茂 498	武 446	務 83	無〈无〉 469	舞 384	貿 679	霧 733	懋 792	▶	拇 261	畝 546
	撫 278	珷 487	懋 361	巫 209	憮 254	楙 429	毋 452	繆 642	蕪 516	誣 713	鵡 828	母 453
	橅 437											
묵	墨 147	默 834										
문	門 780	問 119	聞 658	文 378	▶	汶 287	紋 627	炆 460	們 40	刎 72	吻 110	紊 627
	蚊 685	雯 789										
물	勿 85	物 477	▶	沕 287								
미	米 621	未 406	味 113	美 651	尾 197	迷 524	微 240	眉 566	▶	渼 307	彌 232	〈弥〉 230
	薇 517	嵋 651	媄 171	媚 171	嵄 205	梶 423	楣 429	湄 307	謎 721	靡 795	徽 836	躾 748
	媺 172	瀰 324										
민	民 455	敏 375	憫 254	▶	玟 483	旻 387	旼 387	閔 781	珉 484	〈瑉〉 489	岷 202	忞 350
	慜 356	敃 373	泯 289	愍 359	潤 320	暋 395	砇 575	頣 802	悶 355	緡 639	磻 579	顝 803
	鈱 768											

밀	密 185	蜜 688	▶	謐 721						
박	泊 289	拍 261	迫 523	朴 407	博 93	薄 517	▶	珀 484	撲 278	璞 492	鉑 768	舶 680
	剝 77	樸 437	箔 614	粕 621	縛 640	膊 671	電 790	駁 813			
반	反 100	飯 808	半 90	般 679	盤 564	班 485	返 523	伴 101	▶	潘 320	畔 546
	磐 579	頒 801	拌 261	搬 275	攀 371	斑 378	槃 432	沜 290	瘢 555	盼 567	磻 581	礬 582
	絆 629	蟠 691	國 729								
발	發 558	拔 261	髮 820	▶	鉢 768	渤 307	潑 320	勃 82	撥 278	跋 743	醱 762	魃 822
방	方 382	房 366	防 339	放 373	訪 708	芳 495	傍 46	妨 163	倣 40	邦 335	▶	坊 136
	彷 235	昉 387	龐 840	榜 432	尨 196	幇 215	旁 383	枋 411	滂 312	磅 579	紡 627	肪 663
	膀 671	舫 680	蒡 511	蚌 685	謗 721						
배	拜 368	杯 412	〈盃〉 562	倍 40	培 141	配 759	排 269	輩 752	背 664	▶	湃 308	陪 343
	裵 698	〈裴〉 699	俳 40	徘 238	焙 463	胚 664	褙 607	賠 736	北 87			
백	白 558	百 559	伯 29	▶	佰 33	帛 212	栢 420	〈柏〉 415	魄 823			
번	番 547	煩 463	飜 807	〈翻〉 655	繁 642	▶	蕃 516	幡 216	樊 435	燔 465	磻 581	藩 520
벌	伐 26	罰 649	▶	閥 782	筏 612						
범	凡 67	犯 328	範 615	▶	帆 212	氾 283	范 498	机 408	梵 423	汎 284	泛 290	釩 766
법	法 290	▶	琺 488								
벽	壁 148	碧 579	▶	璧 492	闢 785	僻 51	劈 71	擘 370	檗 439	癖 556	蘗 522	霹 793
변	變 725	辯 757	辨 756	邊 538	▶	卞 93	弁 227	便 37	釆 763			
별	別 73	▶	瞥 572	繁 825	鼈 836	襒 608	鴘 812	莂 503			

인명용 한자 색인　　　855　　　병~비

부록

병	丙 5	病 551	兵 61	竝 602	〈並〉 6	屛 198	▶	幷 218	〈并〉 217	炳 461	柄 415	昞 389
	〈昺〉 389	秉 590	棅 427	倂 40	鞆 752	餠 773	甁 540	餅 810	騈 815			
보	保 35	步 446	報 143	普 394	譜 723	補 606	寶 190	〈宝〉 180	▶	堡 143	甫 543	輔 751
	菩 505	潽 320	洑 295	深 308	珤 485	褓 607	俌 36					
복	福 587	伏 26	服 403	復 239	腹 669	複 607	卜 93	覆 701	▶	馥 812	鍑 774	僕 49
	匐 86	宓 181	茯 500	葍 514	輹 753	輻 753	鰒 825					
본	本 406											
볼	▶	乶 11										
봉	奉 158	逢 527	峯 203	〈峰〉 203	蜂 687	封 191	鳳 826	▶	俸 40	捧 269	琫 488	棒 427
	烽 462	蓬 514	鋒 771	熢 465	縫 642	浲 299	漨 316					
부	夫 155	扶 257	父 474	富 187	部 337	婦 169	否 110	浮 299	付 24	符 610	附 340	府 221
	腐 668	負 730	副 77	簿 619	赴 741	賦 736	▶	孚 175	芙 495	溥 312	敷 377	傅 46
	復 239	膚 671	不 4	俯 41	剖 77	咐 113	埠 141	孵 177	斧 380	缶 647	腑 668	孛 680
	莩 503	訃 706	賻 738	趺 743	釜 766	阜 785	駙 814	鳧 826				
북	北 87											
분	分 70	紛 627	粉 621	奔 158	墳 147	憤 254	奮 161	▶	汾 287	芬 495	盆 562	賁 735
	吩 110	噴 126	忿 350	扮 258	盼 387	焚 463	糞 624	雰 789				
불	不 4	佛 29	拂 261	▶	弗 229	彿 235						
붕	朋 403	崩 204	▶	鵬 828	棚 427	硼 578	繃 642					
비	比 454	非 794	悲 355	飛 806	鼻 837	備 46	批 258	卑 91	婢 169	碑 578	妃 162	肥 663

	祕〈秘〉	費	▶	枇	琵	扉	庇	譬	丕	匕	匪
	584	591	733	412	488	368	220	724	5	86	88
	憊	斐	榧	悱	吡	毘	沸	泌	痺	砒	秕	粃
	360	379	432	454	454	454	290	290	554	575	591	621
	緋	翡	脾	臂	菲	蜚	裨	誹	鄙	棐		
	637	654	669	672	506	688	606	716	338	427		
빈	貧	賓	頻	▶	彬	斌	嬪	濱	穦	儐	璸	玭
	731	736	802		234	379	173	325	597	52	493	484
	嚬	檳	殯	浜	瀕	牝	邠	繽	豳	鑌	霦	份
	128	440	450	299	327	477	335	645	729	778	792	26
	贇											
	739											
빙	氷	聘	▶	憑	騁							
	457	658		360	814							
사	四	巳	士	仕	寺	史	使	舍	射	謝	師	死
	130	210	150	24	191	104	33	678	192	721	213	448
	私	絲	思	事	司	詞	蛇	捨	邪	賜	斜	詐
	590	632	351	13	104	709	686	270	335	737	379	709
	社	沙	似	查	寫	辭	斯	祀	▶	泗	娑	糸
	583	287	29	415	190	756	381	582		290	168	624
	砂	紗	徙	奢	嗣	赦	乍	些	伺	俟	僿	唆
	575	627	238	160	125	740	9	15	29	36	51	117
	柶	梭	渣	瀉	獅	祠	簑	肆	莎	蓑	裟	飼
	415	424	308	326	332	584	617	660	503	511	698	808
	駟	麝										
	814	832										
삭	削	朔	▶	數	索							
	76	404		377	627							
산	山	産	散	算	▶	珊	傘	酸	刪	汕	疝	蒜
	201	542	376	614		484	22	760	74	284	551	512
	霰											
	793											
살	殺	▶	薩	乷	撒	煞						
	451		519	11	278	470						
삼	三	▶	參	杉	蔘	衫	森	滲	芟			
	2		99	408	514	604	427	316	495			
삽	▶	插〈挿〉	澁	鈒	颯							
		273	273	320	767	806						
상	上	尙	常	賞	商	相	霜	想	傷	喪	嘗	裳
	2	195	214	737	119	567	792	356	47	122	125	699

	詳 711	祥 585	牀〈牀〉 220	象 475	像 728	桑 49	狀 420	償 480	▶ 52		庠 222	湘 308
	箱 615	翔 654	爽 474	塽 146	孀 174	峠 203	廂 223	橡 437	觴 705	樣 435		
새	塞 144	▶	璽 493	賽 739								
색	色 682	索 627	▶	嗇 125	穡 597	塞 144						
생	生 541	▶	牲 478	甥 542	省 567	笙 610						
서	西 700	序 220	書 400	暑 395	敍〈叙〉 372	徐 238	庶 222	恕 353	署 649	緒 639	誓 713
	逝 527	▶	抒 258	瑞 489	棲 427	栖〈棲〉 420	曙 398	壻〈婿〉 151 171	舒 678	惜 249	諝 718
	墅 146	嶼 206	〈與〉 206	捿 270	犀 479	筮 479	絮 613	胥 633	薯 664	鋤 519	黍 833	鼠 837
	鼫 519	揟 273	悆 354									
석	石 575	夕 153	昔 388	惜 248	席 213	析 412	釋 763	▶	碩 579	奭 160	汐 284	淅 303
	晳 394	錫 773	鈏 768	秳 591	潟 320	蓆 512	鳥 677					
선	先 55	仙 24	線 639	鮮 824	善 122	船 680	選 536	宣 182	旋 383	禪 588	▶	扇 367
	渲 308	琁 489	琔 487	璿 493	璇 491	羨 652	嬋 173	銑 769	愃 250	墡 147	膳 672	繕 644
	珗 485	嫙 173	僊 48	敾 377	煽 464	癬 557	腺 670	蘚 522	蟬 691	詵 711	跣 745	鐥 777
	饍 811	洒 295										
설	雪 789	說 713	設 708	舌 678	▶	卨 94	薛 517	楔 429	屑 199	泄 290	洩 295	渫 308
	褻 699	齧 839	鼓 514	契 158	离 589							
섬	▶	暹 398	蟾 691	纖 646	剡 77	殲 450	贍 739	閃 780	陝 341			
섭	涉 299	攝 283	▶	燮 466	葉 509							
성	姓 165	性 243	成 363	城 139	誠 714	盛 563	省 567	星 389	聖〈聖〉 658 658	聲 659	▶	

	惺 250	晟 392	〈晠〉 392	城 487	醒 761	娍 168	珹 489	宬 184	猩 332	筬 613	腥 670	胜 733
	胜 665											
세	世 5	洗 295	稅 593	細 629	勢 84	歲 447	▶	貰 733	笹 610	說 713	伕 242	洒 295
소	小 194	少 195	所 367	消 299	素 628	笑 609	召 104	昭 390	蘇 521	騷 816	燒 465	訴 709
	掃 270	疎 550	〈疏〉 550	蔬 514	▶	沼 291	紹 630	邵 335	韶 798	巢 208	炤 461	遡 534
	招 416	玿 484	嘯 127	塑 145	宵 184	搔 184	梳 275	溯 424	瀟 312	甦 328	瘙 542	篠 555	簫 617
	簫 619	蕭 518	逍 527	銷 771	愫 251	穌 596	卲 95	霄 792				
속	俗 36	速 527	續 646	束 409	粟 622	屬 200	▶	涑 299	謖 721	贖 740		
손	孫 177	損 276	▶	遜 534	巽 211	蓀 512	飡 808					
솔	▶	率 539	帥 213									
송	松 412	送 525	頌 801	訟 708	誦 714	▶	宋 179	淞 303	悚 246			
쇄	刷 75	鎖 775	〈鏁〉 775	▶	殺 451	灑 328	碎 578					
쇠	衰 696	▶	釗 766									
수	水 457	手 368	受 101	授 270	首 812	守 178	收 372	誰 716	須 800	雖 787	愁 356	樹 437
	壽 152	〈夀〉 191	數 377	修 41	〈脩〉 667	秀 590	囚 130	需 791	帥 213	殊 449	隨 347	輸 753
	獸 480	睡 570	遂 532	垂 138	搜 276	▶	洙 295	琇 487	銖 770	粹 623	繡 645	隋 340
	穗 597	〈穂〉 596	髓 818	袖 605	嗽 126	嫂 126	岫 172	峀 202	戍 202	漱 363	燧 316	狩 330
	璲 492	瘦 555	竪 603	綏 635	綬 637	羞 651	茱 500	蒐 512	蓚 512	藪 520	讐 726	逢 538
	酬 760	銹 771	隧 347	鬚 820	濉 323	賥 737	鶴 828					
숙	叔 101	淑 303	宿 186	孰 177	熟 471	肅 661	▶	塾 146	琡 488	璹 493	橚 439	夙 154

순	潚 323	荀 506									
	順 800	純 628	旬 386	殉 449	循 240	脣 668	瞬 572	巡 207	▶	洵 295	珣 485	荀 500
	筍 612	舜 679	淳 303	諄 716	錞 773	焞 761	盾 463	徇 567	恂 237	栒 245	栒 420	楯 429
	橓 438	蕣 514	蕣 516	詢 711	馴 813							
술	戌 363	述 524	術 694	▶	鉥 768							
숭	崇 205	▶	嵩 205	崧 204								
슬	▶	瑟 489	膝 671	瑟 492	蝨 688							
습	習 653	拾 265	濕 325	襲 699	▶	褶 608						
승	乘 10	承 368	勝 83	昇 388	僧 50	▶	丞 6	陞 341	繩 645	升 90	蠅 691	塍 145
	滕 433	丞 458										
시	市 211	示 582	是 390	時 391	詩 711	視 702	施 382	試 711	始 165	矢 573	侍 33	▶
	柴 416	恃 245	匙 87	嘶 126	媤 171	尸 196	屎 199	屍 199	弑 228	柿 416	猜 331	翅 653
	蒔 512	蓍 512	諡 718	豕 728	豺 729	偲 44	媞 171	禔 455	諟 718			
식	食 807	式 228	植 427	識 722	息 353	節 808	▶	埴 141	殖 449	湜 308	軾 751	寔 187
	栻 420	拭 265	熄 464	篒 615	蝕 688							
신	身 748	申 544	神 584	臣 673	信 36	辛 755	新 381	伸 29	晨 392	愼 251	▶	紳 630
	莘 503	薪 518	迅 522	訊 707	侁 34	呻 113	娠 168	宸 184	燼 467	腎 669	藎 519	蜃 687
	辰 757	璶 493										
실	失 156	室 182	實〈実〉 188	▶	悉 354							
심	心 348	甚 541	深 303	尋 193	審 190	▶	沁 287	沈 288	瀋 326	芯 495	諶 718	

십	十 89	▶	什 23	拾 265						
쌍	雙 788									
씨	氏 455									
아	兒〈児〉 57 56	我 364	牙 476	芽 495	雅 786	亞〈亜〉 15 15	餓 810	▶	娥 168	蛾 687
	衙 694	妸 165	阿 340	俄 36	啞 120	莪 503	峨 687	訝 708	鴉 826	鵝 828	妿 169 〈婴〉169
	哦 117	峩〈莪〉 203 203								
악	惡 355	岳 202	▶	樂 434	堊 141	嶽 206	喔 215	愕 250	握 273	渥 308	鄂 338	鍔 774
	顎 803	鰐 825	齷 839							
안	安 179	案 420	顔 803	眼 569	岸 203	雁〈鴈〉 786 827	▶	晏 392	按 265	鞍 796	鮟 824
알	謁 718	▶	斡 380	軋 749	閼 783						
암	暗 395	巖〈岩〉 207 203	▶	庵 223	菴 506	唵 120	癌 556	闇 784	諳 719		
압	壓 149	押 262	▶	鴨 827	狎 329						
앙	仰 27	央 156	殃 448	▶	昂 388	鴦 827	怏 244	秧 591			
애	愛 356	哀 115	涯 304	▶	厓 97	崖 205	艾 494	埃 140	曖 398	磑 578	隘 346	靄 793
	賹 737									
액	厄 96	額 803	▶	液 304	扼 258	掖 270	縊 641	腋 669			
앵	▶	鶯 829	櫻 441	罌 647	鸚 830					
야	也 11	夜 154	野 764	埜〈埜〉 141	耶 657	▶	冶 65	倻 44	惹 356	揶 273	椰 429	爺 657
	若 498									
약	弱 230	若 498	約 625	藥 520	躍 747	▶	葯 509	蒻 512			

양	羊 650	洋 296	養 809	揚 273	陽 345	讓 726	壤 150	樣 435	楊 429	▶	襄 699	孃 174
	漾 317	佯 34	恙 353	攘 283	敭 376	暘 396	瀁 326	煬 464	痒 553	瘍 554	禳 589	穰 597
	釀 762	易 390										
어	魚 823	漁 317	於 382	語 714	御 238	▶	圄 132	瘀 554	禦 588	馭 813	齬 839	唹 120
억	億 51	憶 255	抑 258	▶	檍 439	臆 672						
언	言 705	焉 469	▶	諺 719	彦 233	偃 44	堰 143	嫣 173				
얼	▶	孼 178	糱 522									
엄	嚴 129	▶	奄 158	俺 41	掩 270	儼 53	淹 304					
업	業 430	▶	嶪 206									
엔	▶	円 62										
여	余 21	餘 810	如 162	汝 284	與 677	予 13	興 753	▶	歟 445	璵 493	礖 581	艅 681
	茹 500	轝 755	妤 163	悆 354								
역	亦 17	易 388	逆 525	譯 724	驛 817	役 235	疫 551	域 141	▶	晹 394	繹 645	
연	然 470	煙〈烟〉 464	研 462	延 226	燃 466	燕 472	沿 291	鉛 768	宴 184	軟 750	演 317	
	緣 639	▶	衍 694	淵〈渊〉 308	妍 304	娟 167	涓 168	筵 613	沇 287	琄 489	娫 168
	硯 577	嚥 128	堧 143	捐 266	挻 267	椽 430	涎 300	縯 642	鳶 826	燃 173	瞱 399	醼 762
	兗〈兖〉 57	嬿 57	瑌 174	瓀 493	莚 503							
열	熱 471	悅 246	閱 783	▶	說 713	咽 115	浽 321					
염	炎 460	染 416	鹽 831	▶	琰 488	艶〈艷〉 682	厭 98	焰 463	苒 498	閻 783	髥 820	
엽	葉 509	▶	燁 466	曄 398	熀 465							

영	永 458	英 498	迎 523	榮 433	〈栄〉 416	泳 291	詠 709	營 466	影 234	映 390	▶	暎 396
	楹 430	渶 308	瀯 328	煐 464	瑛 489	瑩 490	盈 562	鍈 774	嬰 174	穎 596	瓔 493	咏 113
	瑢 145	嶸 206	潁 459	濚 325	瀛 327	纓 646	霙 792	贇 255	嬴 173			
예	藝 521	豫 729	譽 724	銳 771	▶	睿 571	〈叡〉 102	預 801	芮 495	乂 9	倪 41	刈 72
	曳 400	汭 287	澧 323	猊 331	穢 597	蕊 516	〈蘂〉 521	裔 698	詣 712	霓 792	堄 141	嫛 438
	枘 484	埶 141	嫕 173	蘙 452	藝 515	容 726						
오	五 14	吾 110	悟 246	午 90	誤 714	烏 468	汚 284	嗚 125	娛 168	傲 48	▶	伍 27
	吳 111	旿 388	晤 392	奧 160	俉 487	梧 424	珸 36	塢 145	墺 149	寤 189	惡 355	懊 255
	敖 375	澳 323	熬 472	獒 480	筽 613	蜈 687	鰲 825	鼇 836	浯 300	燠 467		
옥	玉 483	屋 199	獄 480	▶	鈺 768	沃 287						
온	溫 312	▶	瑥 490	穩 597	〈穩〉 596	媼 172	瘟 555	縕 641	蘊 518	昷 562	穩 596	
올	▶	兀 54										
옹	翁 653	擁 280	▶	雍 787	壅 149	瓮 540	甕 541	癰 557	邕 758	饔 811		
와	瓦 540	臥 674	▶	渦 308	窩 600	窪 600	蛙 686	蝸 689	訛 708			
완	完 180	緩 639	▶	浣 300	婉 170	玩 484	琓 487	琬 488	莞 503	垸 140	妴 170	宛 181
	梡 422	椀 427	碗 578	翫 654	脘 668	腕 669	豌 727	頑 340	妧 801	岏 163	岮 202	鋺 773
왈	曰 399											
왕	王 482	往 235	▶	旺 388	汪 288	枉 412						
왜	▶	倭 42	娃 167	歪 447	矮 574							
외	外 153	畏 545	▶	嵬 206	巍 207	猥 332						

요	要 700	腰 670	搖 276	遙 534	謠 721	▶	堯 143	曜 398	耀 655	瑤 490	夭 155	樂 434
	饒 811	姚 167	僥 50	凹 68	妖 163	嶢 206	拗 262	擾 282	橈 437	燿 467	窈 599	窯 600
	繇 642	繞 644	蟯 691	邀 537	瑶 396							
욕	欲 443	浴 300	慾 359	辱 757	▶	縟 641	褥 607					
용	用 542	勇 82	容 184	庸 223	▶	溶 313	鎔 775	瑢 491	榕 433	蓉 512	湧 309	涌 300
	踊 745	埇 140	墉 146	鏞 777	茸 500	甬 543	俑 37	傭 48	冗 63	慂 358	熔 464	聳 659
	俗 47	榕 435										
우	于 14	宇 179	右 105	牛 476	友 100	雨 789	憂 359	又 99	尤 196	遇 532	羽 653	郵 337
	愚 357	偶 44	優 53	▶	祐 584	佑 30	寓 187	禹 589	瑀 489	玗 483	迂 523	堣 143
	隅 346	釪 766	霧 791	旴 386	盂 561	禑 587	紆 626	芋 494	藕 521	虞 684	雩 789	扞 257
	圩 135	偊 250	嘔 253	燠 467								
욱	▶	旭 386	昱 390	煜 464	郁 336	項 801	或 233	勗 83	栯 421	稶 596	燠 467	
운	云 14	雲 790	運 532	韻 799	▶	沄 288	澐 321	耘 656	夽 157	賱 738	暈 396	橒 438
	殞 450	熉 465	芸 495	蕓 516	隕 346	貟 617	〈篔〉 618					
울	▶	蔚 515	鬱 821	乭 11								
웅	雄 786	▶	熊 471									
원	元 54	原 97	願 804	遠 534	園 133	圓 352	員 133	源 313	援 274	院 342	▶	
	袁 697	垣 139	瑗 489	媛 171	沅 288	洹 296	苑 498	轅 498	愿 754	嫄 358	婉 172	寃 169	冤 186
	湲 309	爰 473	猿 332	阮 340	鴛 827	褑 607	杬 412	肮 663	鋺 773			
월	月 402	越 742	▶	鉞 768								

위	位 30	危 94	爲 473	偉 44	威 167	胃 665	謂 719	圍 133	緯 640	衛 695	〈衛〉 695	違 532
	委 165	慰 360	僞 50	▶	尉 192	暐 396	渭 309	瑋 490	韋 793	魏 823	萎 506	葦 509
	蔿 516	蝟 689	禕 607									
유	由 544	油 291	酉 758	有 403	猶 332	唯 120	遊 533	柔 417	遺 536	幼 219	幽 219	惟 248
	維 637	乳 11	儒 52	裕 606	誘 715	愈 357	悠 354	▶	侑 34	宥 183	庾 223	兪 59
	〈俞〉 37	楡 430	洧 296	喩 123	猷 490	柚 480	濡 417	愉 291	攸 250	柳 373	釉 592	琟 488
	黝 763	孺 178	揄 274	楢 430	游 309	癒 556	臾 676	萸 509	諛 719	諭 719	踰 746	蹂 746
	逾 533	鍮 774	婑 169	曘 398	溛 309	逌 527	囿 132	牖 476				
육	肉 661	育 663	▶	堉 141	毓 454							
윤	閏 781	潤 321	▶	尹 196	允 54	玧 484	鈗 767	胤 665	阭 340	奫 160	贇 739	閠 783
	昀 388	荺 503										
율	▶	聿 660	燏 466	汩 285	建 525							
융	▶	融 689	戎 363	瀜 327	絨 633							
은	恩 353	銀 770	隱 348	▶	垠 139	殷 451	誾 717	〈誾〉 785	激 313	珢 485	憖 358	濦 325
	檼 440	璁 491	蘟 522	訢 709	億 52	听 111	圻 136	蘗 439				
을	乙 10	▶	圪 135									
음	音 798	吟 111	飮 808	陰 344	淫 304	▶	蔭 515	愔 250				
읍	邑 758	泣 291	▶	揖 274								
응	應 361	凝 67	▶	膺 673	鷹 830	譍 573						
의	衣 696	依 34	義 652	議 724	矣 573	醫 762	意 356	宜 181	儀 51	疑 550	▶	倚 42

이	誼 717	毅 452	擬 282	懿 362	椅 427	犧 681	薏 518	蟻 691			
	二 13	以 21	已 210	耳 657	而 655	異 547	移 592	夷 157	▶	伊 27	彝 233	〈彜〉 233
	怡 244	爾 474	珥 485	弛 229	頤 802	易 388	貳 734	姨 167	痍 553	肄 661	苡 499	荑 501
	貽 734	邇 538	飴 809	嬰 171	杝 409	胣 666						
익	益 562	翼 655	▶	翊 654	瀷 328	謚 721	翌 653	熤 465				
인	人 19	引 228	仁 23	因 130	忍 349	認 715	寅 186	印 94	姻 167	▶	刃 70	咽 115
	湮 309	絪 633	茵 500	蚓 685	靭 796	靷 796	栧 402	芢 495	洇 285	璌 491	牣 477	
일	一 1	日 385	逸 529	▶	溢 313	鎰 775	馹 813	佾 34	壹 151	佚 30		
임	壬 150	任 27	賃 735	▶	妊 164	姙 167	稔 594	恁 353	荏 501	訃 708		
입	入 58	▶	卄 89									
잉	▶	剩 78	仍 23	孕 175	芿 496							
자	子 174	字 175	自 675	者 482	姉 165	〈姊〉 165	慈 358	玆 538	紫 630	資 735	姿 167	恣 354
	刺 75	▶	仔 25	磁 580	滋 313	藉 519	瓷 540	雌 787	咨 115	孜 175	炙 461	煮 470
	疵 552	茨 501	蔗 515	諮 719	秄 590							
작	作 30	昨 391	酌 759	爵 473	▶	灼 460	芍 494	雀 786	鵲 828	勺 85	嚼 129	斫 380
	炸 461	綽 637	鳥 677									
잔	殘 450	▶	孱 177	棧 427	潺 321	盞 563						
잠	潛 321	〈潜〉 321	暫 397	▶	箴 615	蠶 692	岑 202	簪 618				
잡	雜 788											
장	長 779	章 602	場 143	將 192	〈将〉 192	壯 151	〈壮〉 151	丈 3	張 230	帳 214	莊 503	〈庄〉 220

	裝	獎	墻	〈牆〉	葬	粧	掌	臟	藏	障	腸	▶
	698	160	149	475	509	622	369	673	519	347	670	
	匠	暲	杖	薔	璋	奘	漳	樟	蔣	仗	檣	檥
	87	397	409	518	491	159	317	435	515	25	439	441
	漿	狀	獐	臧	贓	醬
	459	480	333	674	740	762
재	才	材	財	在	栽	再	哉	災	裁	載	宰	▶
	256	409	731	135	421	63	115	460	697	751	184	
	梓	縡	齋	溨	渽	齎
	424	641	838	309	314	838
쟁	爭	▶	錚	箏	諍
	472		773	614	717
저	著	貯	低	底	抵	▶	苧	邸	楮	沮	佇	儲
	510	734	31	221	262		499	335	430	292	30	53
	咀	姐	杵	樗	渚	狙	猪	疽	箸	紵	菹	藷
	113	165	412	436	309	329	332	552	615	630	506	521
	詛	躇	這	雎	齟
	710	747	527	787	839
적	的	赤	適	敵	滴	摘	寂	籍	賊	跡	積	績
	559	740	535	377	317	277	186	619	735	745	596	642
	▶	迪	笛	蹟	勣	吊	嫡	狄	炙	翟	荻	謫
		524	610	747	84	107	173	329	461	654	504	722
	迹	鏑
	525	777
전	田	全	典	前	展	戰	電	錢	傳	專	轉	殿
	543	58	61	76	199	365	790	773	48	193	754	452
	▶	佺	栓	詮	銓	琠	甸	塡	荃	奠	雋	顚
		34	421	712	770	488	545	145	501	160	787	804
	佃	剪	塼	塵	悛	氈	澱	煎	畑	癲	筌	箋
	31	71	146	225	247	455	323	470	546	557	612	614
	箭	篆	纏	輾	鈿	鐫	顫	餞
	615	615	646	754	769	777	803	811
절	節	絶	切	折	竊	▶	晢	截	浙	癤
	615	633	70	258	601		393	365	300	556
점	店	占	點	〈点〉	漸	▶	岾	粘	霑	鮎
	221	93	835	468	317		203	621	792	824
접	接	蝶	▶	摺
	271	689		277
정	丁	頂	停	井	正	政	定	貞	精	情	靜	〈静〉
	1	800	44	15	445	373	181	730	623	248	794	794

	淨	庭	亭	訂	廷	程	征	整	▶	汀	玎	町
	304	222	19	706	226	593	236	377		284	483	545
	呈	妊	偵	湞	幀	楨	禎	珽	挺	綎	鼎	晶
	111	165	45	310	215	430	587	487	267	635	836	394
	晸	柾	鉦	淀	錠	鋌	鄭	靖	桯	靚	鋥	侹
	394	415	769	304	773	771	339	794	424	794	771	461
	珵	渟	釘	涏	頱	婷	旌	檉	瀞	睛	碇	穽
	487	309	766	300	794	171	383	439	327	570	578	599
	艇	諄	酊	霆	埩	姃	彭	佂	胜	梃		
	681	719	758	791	142	164	794	31	665	424		
제	弟	第	祭	帝	題	除	諸	製	提	堤	制	際
	230	610	586	213	804	342	719	699	274	143	75	347
	齊	濟	〈済〉	▶	悌	梯	瑅	劑	啼	臍	薺	蹄
	838	325	305		247	424	490	80	123	673	520	746
	醍	霽	媞									
	761	793	171									
조	兆	早	造	鳥	調	朝	助	祖	弔	燥	操	照
	55	386	528	825	717	405	81	584	229	467	281	470
	條	潮	租	組	▶	彫	措	晁	窕	曹	祚	肇
	424	321	592	630		234	271	392	599	401	585	661
	詔	釣	趙	遭	眺	俎	凋	嘲	曺	棗	槽	漕
	710	766	742	535	569	22	66	126	401	428	436	318
	爪	璪	稠	粗	糟	繰	藻	蚤	躁	阻	雕	昭
	472	492	594	622	624	644	522	685	747	340	787	390
족	足	族	▶	簇	鏃							
	743	384		617	777							
존	存	尊										
	175	193										
졸	卒	拙	▶	猝								
	91	262		331								
종	宗	種	鐘	終	從	縱	▶	倧	琮	淙	鍾	悰
	181	594	777	630	239	643		42	488	305	775	248
	棕	綜	璡	慫	腫	踪	踵	柊	椶			
	428	637	491	360	670	745	746	417	430			
좌	左	坐	佐	座	▶	挫						
	209	137	31	222		267						
죄	罪											
	648											
주	主	注	住	朱	宙	走	酒	晝	舟	周	株	州
	8	292	31	407	182	741	759	393	679	113	421	207

죽	洲 296	柱 417	奏 159	珠 485	鑄 778	▶	胄 665	湊 310	炷 461	註 710	疇 549	週 529
	駐 814	遒 533	〈酒〉 528	姝 166	澍 322	姝 167	做 34	做 45	呪 113	嗾 126	廚 225	籌 620
	紂 626	紬 631	綢 638	蛛 686	誅 712	躊 748	輳 753	酎 759	燽 759	賙 560	銖 769	拄 262
죽	竹 609		▶	粥 622								
준	準 314	〈準〉 67	俊 37	遵 536	▶	峻 203	浚 300	晙 393	埈 140	焌 463	竣 603	駿 815
	准 66	濬 325	雋 787	儁 52	晙 548	埻 142	隼 785	寯 190	樽 438	蠢 692	逡 528	葰 510
	墫 604	純 628	傊 50	睿 726								
줄	▶	茁 499										
중	中 6	重 764	衆 693	仲 27								
즉	卽 96	▶	即 95									
즐	▶	櫛 440										
즙	▶	汁 284	楫 431	葺 510								
증	曾 401	增 147	證 723	憎 254	贈 739	症 552	蒸 512	▶	甑 540	烝 469	拯 265	繒 644
지	只 105	支 371	枝 413	止 445	之 9	知 573	地 136	指 266	志 350	至 675	紙 628	持 265
	池 285	誌 715	智 394	遲 535	▶	旨 386	沚 288	址 137	祉 583	趾 743	祇 585	芝 496
	摯 370	鋕 771	脂 666	咫 116	枳 417	漬 318	砥 576	肢 663	芷 496	蜘 688	識 722	贄 739
	底 96	洔 297	泜 288									
직	直 565	職 660	織 644	▶	稙 594	稷 596						
진	辰 757	眞 568	〈真〉 568	進 530	盡 564	振 267	鎭 776	陣 342	陳 344	珍 484	震 791	▶
	璡 492	秦 592	晉 392	〈晋〉 392	津 297	軫 750	塵 147	瑨 491	瑨 491	〈璡〉 491	稹 587	縝 641

	診 710	賑 736	塡 145	溱 314	抮 262	唇 118	㩌 125	搘 276	振 425	榐 433	殄 449	畛 546
	疹 552	瞋 571	縝 641	臻 676	蓁 515	袗 605	昣 391	眕 674	鉁 769	蔯 513	昀 413
질	質 737	秩 592	疾 552	姪 167	▶	瓆 493	侄 34	叱 105	嫉 172	帙 212	桎 421	室 599
	膣 671	蛭 686	跌 744	迭 524
짐	▶	斟 379	朕 404
집	集 786	執 142	▶	準〈準〉 322 322	楫 431	輯 753	什 23	鏶 777	緝 640
징	徵 241	懲 362	▶	澄 322
차	且 5	次 442	此 446	借 42	差 209	▶	車 749	叉 99	瑳 491	佗 34	嗟 125	嵯 206
	磋 580	箚 614	茶 500	蹉 580	遮 535	䩗 161	姹 168	硨 577
착	着 569	錯 773	捉 267	▶	搾 276	窄 599	鑿 779	齪 839
찬	贊〈賛〉 739 737	讚〈讃〉 726 725	▶	撰 279	燦 467	璨 492	粲 623	瓚 493	澯 323	纂 645
	纘 646	鑽 779	竄 601	篡 618	餐 810	饌 811	巑 207	攢 283	儧〈儹〉 53 53
찰	察 189	▶	札 407	刹 75	擦 282	紮 631
참	參 99	慘 253	慙〈慚〉 360 253	▶	僭 50	塹 147	懺 256	斬 380	站 602	讖 726	識 726
창	昌 389	唱 120	窓 599	倉 22	創 78	蒼 513	暢 396	▶	廠 225	敞 376	彰 234	昶 391
	菖 506	滄 314	倡 42	娼 170	愴 251	槍 433	漲 318	猖 331	瘡 555	脹 669	艙 681
채	菜 506	採 271	彩 234	債 48	▶	埰 142	蔡 515	采 763	寀 186	綵 638	寨 189	砦 576
	釵 766	婇 170	棌 428	琗 488	責 732	睬 570
책	責 732	冊〈册〉 62 63	策 612	▶	柵 417
처	妻 166	處 683	▶	悽 249	凄 67

척	尺 196	斥 380	拓 263	戚 365	▶	陟 342	坧 138	倜 42	刺 75	剔 77	慽 253	擲 282
	滌 318	瘠 555	脊 667	蹠 747	隻 786							
천	千 89	天 155	川 207	泉 458	淺 305	賤 737	踐 745	遷 536	薦 518	▶	仟 25	阡 339
	喘 123	擅 281	玔 483	穿 599	舛 679	釧 767	闡 785	韆 797	茜 501			
철	鐵 778	哲 118	徹 241	▶	喆 123	澈 322	撤 279	轍 754	綴 638	凸 68	輟 752	悊 354
첨	尖 195	添 305	▶	僉 22	瞻 572	沾 292	恬 541	簽 619	籤 620	詹 712	諂 717	
첩	妾 166	▶	帖 212	捷 271	堞 143	牒 476	疊 549	睫 570	諜 719	貼 734	輒 752	
청	靑〈青〉 793 794		淸〈清〉 305 306		晴〈晴〉 394 395		請〈請〉 717 717		聽 660	廳 225	▶	菁 506
	鯖 825											
체	體 818	替 401	遞 534	滯 318	逮 530	▶	締 640	諦 719	切 70	剃 77	涕 300	諟 718
초	初 71	草〈艸〉 501 682		招 263	肖 662	超 742	抄 259	礎 581	秒 591	▶	樵 438	焦 470
	蕉 516	楚 431	剿 79	哨 118	憔 254	梢 425	椒 428	炒 428	硝 461	礁 577	稍 593	苕 499
	貂 729	酢 760	醋 761	醮 762	鈔 767	岧 203						
촉	促 37	燭 467	觸 705	▶	囑 129	矗 573	蜀 687					
촌	寸 191	村 409	▶	忖 242	邨 335							
총	銃 770	總〈総〉 643 638		聰〈聡〉 660 658		▶	寵 190	叢 102	塚 145	悤 354	憁 253	摠 277
	蔥 515											
촬	▶	撮 279										
최	最 401	催 49	▶	崔 205								
추	秋 591	追 525	推 272	抽 263	醜 761	▶	楸 431	樞 436	鄒 338	錘 773	錐 774	墜 148

축	椎 428	湫 310	皺 561	芻 682	萩 510	諏 718	趨 742	酋 759	鎚 776	雛 788	騶 816	鰍 825
	丑 4	祝 585	畜 546	蓄 513	築 617	逐 528	縮 643	▶	軸 750	竺 609	筑 612	蹙 747
	蹴 747											
춘	春 391	▶	椿 431	瑃 490	賰 738							
출	出 69	▶	朮 407	黜 835								
충	充 56	忠 350	蟲〈虫〉691 685		衝 695	▶	冲〈冲〉288 65		衷 697	珫 486		
췌	▶	萃 507	悴 249	膵 672	贅 739							
취	取 101	吹 111	就 196	臭 675	醉 761	趣 742	▶	翠 654	聚 658	嘴 126	娶 170	炊 461
	脆 667	驟 817	鷲 830									
측	側 45	測 310	▶	仄 20	厠 97	惻 250						
층	層 200											
치	治 292	致 676	齒 838	値 43	置 649	恥 354	▶	熾 466	峙 203	雉 787	馳 813	稚 594
	侈 34	嗤 125	幟 216	梔 425	淄 306	痔 553	痴 554	癡 556	穉 597	緇 638	緻 641	蚩 685
	輜 753											
칙	則 76	▶	勅 82	飭 808								
친	親 702											
칠	七 2	漆 318	▶	柒 417								
침	針 766	侵 37	浸 300	寢 189	沈 288	枕 413	▶	琛 489	砧 576	鍼 775	棽 426	
칩	▶	蟄 690										
칭	稱 595	▶	秤 592									

쾌	快 242	▶	夬 155								
타	他 25	打 256	妥 164	墮 148	▶	咤 116	唾 120	惰 250	拖 263	朶 408	楕 431	舵 680
	陀 340	馱 813	駝 814								
탁	濁 323	托 257	濯 325	卓 92	▶	倬 43	琸 489	託 707	鐸 778	晫 395	度 221	擢 282
	拓 263	琢 489	啄 121	坼 138	柝 418						
탄	炭 461	歎 444	彈 231	誕 715	▶	呑 111	坦 138	灘 328	嘆 126	憚 254	綻 638	
탈	脫 668	奪 160										
탐	探 272	貪 732	▶	耽 657	眈 568							
탑	塔 145	▶	榻 433									
탕	湯 310	▶	宕 182	帑 212	糖 623	蕩 516						
태	太 156	泰 459	怠 352	殆 449	態 358	▶	兌 56	汰 288	台 105	胎 665	邰 336	笞 611
	苔 499	跆 744	颱 806	鈦 767								
택	宅 179	澤 324	擇 281	▶	垞 139							
탱	▶	撑 279										
터	▶	攄 282										
토	土 135	吐 107	討 707	▶	兎 57							
통	通 528	統 633	痛 553	▶	桶 425	慟 253	洞 294	筒 612				
퇴	退 526	▶	堆 412	槌 433	腿 671	褪 608	頹 803					
투	投 259	透 529	鬪 821	▶	偸 45	套 159	妬 166					
특	特 478	▶	慝 360									

틈	▶	闖 784								
파	破 576	波 292	派 297	播 279	罷 649	頗 802	把 259	▶	巴 210	琶 489	芭 496	坡 138
	杷 413	婆 170	擺 282	爬 473	跛 744						
판	判 74	板 413	販 732	版 475	▶	阪 340	坂 137	瓣 539	辦 756	鈑 767	
팔	八 59	▶	叭 105	捌 267							
패	貝 730	敗 375	▶	霸 701	浿 301	佩 35	牌 476	唄 118	悖 247	沛 288	狽 330	稗 594
팽	▶	彭 234	澎 322	烹 469	膨 672						
퍅	▶	愎 250									
편	片 475	便 37	篇 616	編 640	遍 533	偏 45	▶	扁 367	翩 654	鞭 797	騙 815
폄	▶	貶 734									
평	平 217	評 710	▶	坪 138	枰 418	泙 293	萍 507				
폐	閉 780	肺 664	廢 225	弊 227	蔽 517	幣 216	▶	陛 342	吠 111	斃 173	斃 378
포	布 212	抱 263	包 86	胞 665	飽 809	浦 301	捕 267	▶	葡 510	襃 699	砲 577	鋪 771
	佈 31	匍 86	匏 86	咆 114	圃 118	怖 132	抛 244	暴 259	泡 293	疱 552	脯 668
	苞 499	蒲 513	袍 605	逋 529	鮑 824						
폭	暴 397	爆 467	幅 215	▶	曝 399	瀑 326	輻 753				
표	表 696	票 586	標 436	漂 318	▶	杓 410	彪 234	豹 729	驃 816	俵 43	剽 79	慓 253
	瓢 539	飇 806	飄 806								
품	品 116	▶	稟〈禀〉 594 587								
풍	風 805	豊〈豐〉 727 727	▶	諷 720	馮 813	楓 431					

피	皮 561	彼 236	疲 552	被 605	避 537	▶	披 264	陂 341			
필	必 349	匹 88	筆 612	畢 547	▶	泌 290	弼 231	珌 485	苾 499	秘 812	佖 31	鉍 769
	疋 549										
핍	▶	乏 9	逼 533								
하	下 3	夏 152	賀 734	何 31	河 293	荷 504	▶	廈〈厦〉 224 98	昰 391	霞 792	瑕 490
	蝦 689	遐 533	鰕 825	碬 579	呀 111	赮 126					
학	學〈学〉 177 176	鶴 829	▶	壑 149	虐 683	謔 720	嗃 125				
한	閑 781	寒 187	恨 245	限 341	韓 797	漢 319	旱 386	汗 285	▶	澣 324	瀚 327	翰 654
	閒 782	悍 247	罕 648	澗 322	邯 206						
할	割 78	▶	轄 754								
함	咸 116	含 112	陷 344	▶	函 69	涵 306	艦 681	喊 121	喊 123	檻 440	緘 640	銜 770
	鹹 831										
합	合 108	▶	哈 116	盒 662	蛤 686	閤 782	闔 784	陜 343			
항	恒〈恆〉 245 245	巷 211	港 310	項 800	抗 259	航 680	▶	亢 16	沆 289	姮 168	伉 27
	嫦 173	杭 414	桁 422	缸 647	肛 662	行 693	降 341				
해	害 185	海〈海〉 301 297	亥 17	解 704	奚 159	該 712	▶	偕 45	楷 431	諧 720	咳 116
	垓 139	孩 177	懈 255	瀣 327	蟹 691	邂 537	駭 814	骸 818	咍 114		
핵	核 421	▶	劾 81								
행	行 693	幸 218	▶	杏 410	倖 43	荇 502	涬 306				
향	向 108	香 812	鄕 338	響 799	享 18	▶	珦 486	嚮 128	餉 809	饗 811	麘 832

허	虛 684	許 708	▶	墟 148	噓 126							
헌	軒 749	憲 361	獻 480	▶	櫶 441	幰 753						
헐	▶	歇 443										
험	險 347	驗 817										
혁	革 795	▶	赫 740	爀 467	奕 159	侐 35	焱 463	焃 463				
현	現 487	賢 738	玄 538	絃 631	縣 641	懸 362	顯 805	〈顕〉 804	▶	峴 204	晛 393	泫 293
	炫 462	玹 485	鉉 769	見 701	眩 569	呟 114	絢 634	昡 391	弦 230	俔 38	睍 570	舷 680
	衒 694	怰 244	譞 724	儇 52								
혈	血 693	穴 597	▶	孑 174	頁 799							
혐	嫌 172											
협	協 92	脅 667	▶	俠 38	峽 204	浹 301	挾 268	夾 157	狹 330	脇 667	莢 504	鋏 771
	頰 803	洽 66										
형	兄 54	刑 73	形 233	亨 17	螢 690	衡 695	▶	型 139	邢 335	珩 486	泂 293	炯 462
	瑩 490	瀅 326	馨 812	熒 464	滎 459	灐 328	荊 502	逈 526	鎣 776			
혜	惠 355	〈恵〉 354	慧 360	兮 60	▶	蕙 517	彗 232	譿 725	憓 254	寭 190	暳 397	蹊 746
	醯 762	鞋 796	譓 723	鏸 777								
호	戶 366	乎 9	呼 114	好 162	虎 683	號 684	湖 311	互 15	胡 665	浩 301	毫 455	豪 728
	護 725	▶	晧 393	皓 560	澔 322	昊 389	淏 306	濠 325	灝 328	扈 367	鎬 776	壺 151
	祜 585	琥 489	頀 799	顥 805	壕 149	濩 326	瑚 490	滸 319	岵 203	弧 230	狐 330	瓠 539
	糊 623	縞 641	芦 496	葫 510	蒿 513	蝴 689	皞 560	婋 170				

혹	或	惑	▶	酷						
	364	355		760						
혼	婚	混	昏	魂	▶	渾	琿			
	170	306	389	822		311	490			
홀	忽	▶	惚	笏						
	351		249	610						
홍	紅	洪	弘	鴻	▶	泓	烘	虹	鉄	哄	汞	訌
	626	297	229	827		293	462	685	770	117	458	707
화	火	化	花	貨	和	話	畫	〈畵〉	華	禾	禍	▶
	459	86	496	732	114	712	548	549	507	589	587	
	嬅	樺	譁	靴							
	173	438	723	796							
확	確	〈碻〉	穫	擴	▶	廓	攫				
	580	580	597	282		224	283				
환	歡	患	丸	換	環	還	▶	喚	奐	渙	煥	幻
	445	354	7	275	492	537		124	159	311	464	218
	睆	桓	鐶	驩	宦	紈	鰥				
	393	422	778	817	183	626	825				
활	活	▶	闊	〈濶〉	滑	猾	豁				
	297		784	326	314	332	727				
황	黃	皇	況	荒	▶	凰	晃	滉	榥	煌	璜	媓
	833	560	293	502		68	392	315	434	464	492	171
	堭	熿	幌	徨	恍	惶	愰	慌	晄	湟	潢	篁
	144	465	215	240	245	250	252	252	392	311	322	616
	簧	蝗	遑	隍							
	619	689	533	346							
회	回	會	悔	懷	▶	廻	恢	晦	檜	澮	繪	〈絵〉
	131	402	247	255		226	245	393	440	324	645	634
	誨	灰	匯	徊	淮	獪	膾	茴	蛔	賄	
	715	460	88	237	306	333	673	502	687	735	
획	獲	劃									
	333	79									
횡	橫	▶	鐄	宖							
	438		777	182							
효	孝	效	〈効〉	曉	▶	涍	爻	驍	斅	哮	嚆	梟
	175	373	82	398		302	474	816	372	118	128	425
	淆	肴	酵	歊	皛	寠					
	306	664	760	444	561	600					
후	後	厚	侯	候	▶	后	逅	屋	喉	吼	嗅	帿
	237	97	38	43		108	526	139	124	112	125	215

	朽 408	煦 471	珝 486								
훈	訓 707	▶	勳 84	〈勛〉84	〈勖〉84	焄 469	熏 471	薰 520	〈蕙〉521	燻 149	壎 145	燻 467
	鑂 778	暈 396									
훙	▶	薨 518									
훤	▶	喧 124	暄 396	萱 510	煊 464						
훼	毁 452	▶	卉 80	喙 124	毀 452						
휘	揮 275	輝 753	▶	彙 232	徽 241	暉 396	煇 464	諱 720	麾 833		
휴	休 28	携 277	▶	烋 469	畦 547	虧 684					
휼	▶	恤 246	譎 723	鷸 830							
흉	凶 68	胸 667	▶	兇 56	匈 86	洶 298					
흑	黑 834										
흔	▶	欣 442	炘 461	昕 389	痕 553	忻 243					
흘	▶	屹 201	吃 108	紇 626	訖 706						
흠	▶	欽 443	欠 442	歆 443							
흡	吸 112	▶	洽 298	恰 246	翕 654						
흥	興 677										
희	希 212	喜 124	稀 593	戲 366	▶	姬 168	僖 50	嬉 173	禧 588	憙 361	熹 472	熙 67
	義 652	曦 399	晞 393	爔 466	爔 468	俙 38	橲 438	噫 128	凞 471	囍 129	憘 254	犧 479
	熙 67	烯 463	暿 398								
힐	▶	詰 713									

總畫索引

① 이 총획색인은 모든 표제를 총획수별로 정리하고, 동 획수자는 부수순으로, 동획 동부수일 경우 음의 가나다순으로 배열하였다.
② 표제자의 오른편 숫자는 본문의 면수를 표시한다.

1획		刁	70	亡	16	屮	201	丐	4	分	60
一	1	刂	72	兀	54	山	201	不	4	内	62
丨	6	力	80	込	58	巛	207	丑	4	卅	62
丶	7	勹	85	凡	67	川	207	中	6	円	62
丿	8	匕	86	几	68	工	208	丹	7	冗	63
乙	10	匚	87	刃	70	己	210	之	9	凶	68
亅	12	匸	88	刄	70	巳	210	乏	11	分	70
		十	89	勺	85	已	210	予	13	切	70
2획		卜	93	廿	89	巾	211	五	14	刈	72
丁	1	卩	94	千	89	干	216	云	14	勾	85
七	2	厂	96	叉	99	幺	218	井	15	勻	85
乃	8	厶	98	口	102	广	220	互	15	勿	85
乂	9	又	99	囗	130	廴	226	亢	16	化	86
九	11			土	135	廾	227	介	19	区	88
了	12	3획		士	150	弋	228	今	20	匹	88
二	13	万	2	夊	152	弓	228	从	20	卅	90
亠	16	三	2	夂	152	彐	232	仄	20	升	90
人	19	上	2	夕	153	彡	233	仇	23	午	90
亻	23	与	3	大	154	彳	235	仆	23	卞	93
儿	54	丈	3	女	161	忄	242	仏	23	厄	96
入	58	下	3	子	174	扌	256	仁	23	及	99
八	59	个	6	孑	174	才	256	仍	23	反	100
冂	62	丫	6	孒	174	氵	283	什	23	収	100
冖	63	丸	7	宀	178	犭	328	元	54	双	100
冫	65	久	9	寸	191	阝	334	允	54	友	100
几	67	乞	11	小	194	阝	339	內	58	壬	150
凵	68	也	11	尢	195			公	60	夫	155
刀	69	于	14	尸	196	4획		六	60	天	155

天	155	比	454	仕	24	句	103	弍	228	由	544
夫	155	毛	454	仙	24	叫	103	弗	229	疋	549
太	156	氏	455	仞	25	另	104	弘	229	广	550
孔	174	气	456	仮	25	司	104	払	256	癶	557
少	195	水	457	仔	25	史	104	打	256	白	558
尤	196	火	459	仗	25	召	104	氾	283	皮	561
尹	196	灬	468	仟	25	右	105	汀	284	皿	561
尺	196	爪	472	他	25	叮	105	汁	284	目	565
屯	201	父	474	仡	25	只	105	犯	328	矛	573
巴	210	爻	474	充	54	叱	105	必	349	矢	573
幻	218	爿	475	兄	54	台	105	戉	363	石	575
廿	227	片	475	冉	62	叭	105	斥	380	示	582
引	228	牙	476	册	62	叶	105	旧	385	礼	582
弔	229	牛	476	册	63	号	106	旦	385	内	589
心	348	犬	479	写	63	四	130	末	406	禾	589
戈	362	歺	481	冝	63	囚	130	未	406	穴	597
戶	366	王	482	冬	65	圧	135	本	406	立	601
手	368	艹	493	処	68	外	153	札	407	衤	604
支	371	辶	522	凹	68	失	156	朮	407		
攴	371			凸	68	央	156	正	445	**6획**	
攵	372	**5획**		出	69	奶	161	母	453	両	6
文	378	丘	5	刊	72	奴	161	民	455	丞	6
斗	379	丙	5	加	80	孕	175	氐	456	乫	11
斤	380	丕	5	功	80	宄	178	氷	457	乭	11
方	382	世	5	包	86	尻	197	永	458	争	13
无	384	且	5	北	87	尼	197	永	458	亙	15
旡	385	丱	7	匝	87	巨	208	玉	483	亘	15
日	385	主	8	半	90	巧	209	玄	538	交	17
曰	399	乍	9	卉	91	左	209	瓜	539	亦	17
月	402	乏	9	占	93	市	211	瓦	540	亥	17
木	405	乎	9	卯	94	布	212	甘	541	企	21
欠	442	仝	20	卮	94	平	217	生	541	会	21
止	445	令	20	去	98	幼	219	用	542	仮	25
歹	448	以	21	可	102	広	220	田	543	价	25
殳	451	代	23	古	103	庁	220	甲	543	件	25
毋	453	付	24	叩	103	弁	227	申	544	伋	26

6~7획													
伎	26	吉	91	妃	162	污	284	老	481	西	700		
仿	26	卉	91	如	162	汗	285	玎	483	西	700		
伐	26	危	94	好	162	汈	285	芇	494				
伏	26	印	94	字	175	池	285	艾	494	**7획**			
份	26	各	106	存	175	汗	285	辺	522	串	7		
仰	27	吉	106	守	178	汍	285	百	559	乱	11		
伍	27	同	106	安	179	邙	334	礼	582	些	15		
伊	27	吋	107	宇	179	阡	339	竹	609	亜	15		
任	27	吏	107	宅	179	成	363	米	621	亨	17		
伝	27	名	107	寺	191	成	363	糸	624	来	21		
仲	27	吁	107	尖	195	戌	363	缶	647	余	21		
伉	27	吊	107	尽	197	戎	363	网	648	伽	28		
休	28	吐	107	屹	201	攷	372	羊	650	估	28		
光	55	合	108	州	207	収	372	羽	653	佝	28		
先	55	向	108	帆	212	旬	386	而	655	侒	28		
兆	55	后	108	年	217	旭	386	耒	656	你	28		
充	56	吃	108	并	217	早	386	耳	657	但	28		
兇	56	団	130	庄	220	旨	386	聿	660	伶	28		
全	58	因	130	式	228	曲	399	肉	661	伴	28		
共	60	回	131	弛	229	曳	400	肌	661	伯	29		
再	63	圭	135	夛	232	有	403	肋	661	佛	29		
冰	65	妃	135	当	232	机	407	臣	673	似	29		
冲	65	圬	135	忙	242	朴	407	自	675	伺	29		
冱	65	圩	135	忖	242	朱	407	至	675	伸	29		
列	72	圪	135	忾	242	朶	407	臼	676	佑	30		
刘	72	圯	135	扣	257	朵	408	舌	678	位	30		
刎	72	在	135	扤	257	朽	408	舛	679	佚	30		
刓	72	地	136	扞	257	次	442	舟	679	作	30		
刖	72	壮	151	托	257	此	446	艮	681	佇	30		
刑	73	夆	152	扦	257	死	448	色	682	低	31		
劦	81	多	153	江	284	気	456	艸	682	佃	31		
劣	81	夙	154	汎	284	灯	460	虍	683	佔	31		
匈	86	夸	157	汛	284	灰	460	虫	685	佂	31		
匡	87	夷	157	汕	284	车	477	血	693	佐	31		
匠	87	奸	161	汐	284	牝	477	行	693	住	31		
卍	91	妄	162	汝	284	考	481	衣	696	体	31		

佗	31	君	109	坏	137	尾	197	抒	258	沉	288
佈	31	吶	109	坐	137	屁	198	扼	258	汰	288
伾	31	呂	110	址	137	岌	202	抑	258	沢	288
何	31	吝	110	坂	137	岐	202	折	258	沛	288
克	56	呆	110	売	151	屹	202	抄	259	沆	289
免	56	吻	110	声	151	岑	202	択	259	冱	289
児	56	否	110	壱	151	巡	207	投	259	狂	329
兌	56	吩	110	壮	151	巫	209	把	259	狃	329
兎	57	吭	110	奈	157	巵	211	抛	259	独	329
兵	61	吾	110	夾	157	希	212	抗	259	狄	329
冏	63	吳	111	妎	163	庇	220	決	285	那	334
冷	65	听	111	妓	163	床	220	汨	285	邦	335
冶	65	吟	111	妙	163	序	220	洒	285	邡	335
況	66	呈	111	妨	163	延	226	汲	286	邪	335
刧	71	呎	111	妣	163	廷	226	汽	286	邨	335
初	71	吹	111	妤	163	弄	227	沂	286	邢	335
刦	73	吮	111	妍	163	弟	230	沌	286	阬	339
利	73	呋	111	妧	163	灵	232	汩	286	阧	339
別	73	品	111	妖	163	形	233	沐	286	防	339
别	73	呀	111	妊	164	形	233	没	286	陁	339
删	74	含	112	妝	164	彷	235	没	287	阮	340
判	74	吼	112	妍	164	役	235	沕	287	阞	340
劫	81	吸	112	妥	164	忼	242	沜	287	阱	340
劬	81	呁	131	妒	164	忸	242	汾	287	阪	340
努	81	困	131	孚	175	忤	242	沙	287	忌	349
励	81	国	131	孜	175	忱	242	沁	287	忘	349
労	81	図	131	孛	175	快	242	沈	287	応	349
助	81	囮	131	孝	175	忻	243	汭	287	忍	349
匣	88	囲	131	宏	179	抉	257	沃	287	志	350
医	89	田	131	宋	179	扱	257	汪	288	忒	350
却	95	坎	136	完	180	技	257	沄	288	戒	363
卵	95	坑	136	对	191	抃	257	沅	288	成	363
卲	95	均	136	寿	191	扶	257	沚	288	我	364
即	95	圻	136	尨	196	抔	258	汦	288	改	372
厎	96	坍	136	局	197	扮	258	冲	288	攻	373
告	109	坊	136	尿	197	批	258	沈	288	攸	373

7～8획

旰	386	玖	483	言	705	佹	32	函	69	咐	113
旲	386	玘	483	谷	726	佼	32	券	71	呻	113
旴	386	玕	483	豆	727	佶	32	刱	71	咏	113
旱	386	玔	483	豕	728	例	32	刻	74	咀	113
更	400	苆	494	豸	729	侔	33	刮	74	呪	113
杆	408	芒	494	貝	730	侮	33	到	74	周	113
杠	408	芋	494	赤	740	佰	33	刷	75	咆	114
杞	408	芍	494	走	741	併	33	刺	75	哈	114
杜	408	迅	522	足	743	使	33	制	75	呟	114
李	408	迁	523	身	748	侍	33	刹	75	呼	114
杋	408	迪	523	車	749	侁	34	刑	75	和	114
杉	408	甫	543	辛	755	伴	34	劻	81	固	131
束	409	甬	543	辰	757	侑	34	劼	81	国	132
杋	409	男	544	辵	758	依	34	効	82	囹	132
杅	409	甸	545	邑	758	佾	34	卑	91	坩	137
杙	409	町	545	酉	758	佺	34	卒	91	坰	137
杖	409	疟	550	釆	763	佻	34	卓	92	坤	137
材	409	疔	550	里	764	侏	34	協	92	坵	137
条	409	阜	559	麦	832	侄	34	卦	93	坙	137
权	409	矣	573			佗	34	卷	95	坮	138
村	409	禿	589	**8획**		侈	34	卺	96	垂	138
杓	410	私	590	並	6	佩	35	卸	96	坳	138
杏	410	秀	590	乖	10	侐	35	卹	96	堯	138
步	446	究	598	叓	11	侗	35	戹	96	坹	138
每	453	系	624	乿	11	免	57	厓	97	坼	138
求	458	糺	625	乳	11	兒	57	參	99	坦	138
汞	458	罕	648	事	13	兗	57	受	101	坡	138
灸	460	肝	662	亞	15	兔	57	叔	101	坪	138
灼	460	肚	662	京	18	兎	57	取	101	夜	154
災	460	肘	662	享	18	兩	59	呵	112	奇	157
灯	460	肖	662	來	21	具	61	咖	112	奈	157
牢	477	肛	662	侖	22	其	61	呱	112	奉	158
牡	477	肓	662	佳	32	典	61	咍	112	奔	158
物	477	良	681	価	32	冐	63	咬	112	奄	158
状	480	見	701	侃	32	泂	66	咄	112	姑	164
玒	483	角	704	供	32	冾	66	命	113	姐	164

姶	164	屈	198	彿	235	拔	261	泝	291	念	350
妹	164	屆	198	往	235	拜	261	沿	291	忿	350
姆	164	屇	198	徃	235	拊	261	泳	291	忩	350
似	165	岬	202	征	236	拂	261	油	291	忝	350
姓	165	岡	202	徂	236	押	261	泣	291	忠	350
始	165	岱	202	彼	236	拗	261	洗	291	忽	351
妸	165	岑	202	怯	243	抵	262	沮	292	戔	364
委	165	岷	202	怪	243	拙	262	注	292	戕	364
姉	165	岫	202	怋	243	拄	262	沾	292	或	364
姊	165	峀	202	悗	243	抮	262	治	292	戾	366
姐	165	岳	202	怛	243	拓	263	沱	292	房	366
妟	165	岸	203	怜	243	招	263	泡	292	所	367
妊	166	岩	203	怫	243	抽	263	波	292	承	368
妻	166	岾	203	性	243	拖	263	泙	293	放	373
妾	166	岽	203	快	244	扡	263	泡	293	政	373
妬	166	岵	203	怡	244	拆	263	河	293	斉	378
季	176	帑	212	怍	244	抬	263	泫	293	斧	380
孤	176	帘	212	怊	244	抱	263	洞	293	於	382
孥	176	帛	212	怳	244	抛	264	泓	293	昆	387
孟	176	帙	212	怕	244	披	264	況	293	旿	387
学	176	帖	212	怖	244	擴	264	狗	329	旽	387
官	180	帚	213	怢	244	沽	289	狎	329	明	387
宝	180	并	218	怙	244	泥	289	狙	329	旻	387
宓	181	幸	218	悦	244	泠	289	狐	330	旼	387
実	181	庚	220	拒	260	沫	289	邱	335	昉	387
宛	181	府	221	拠	260	沬	289	邵	335	盼	387
宜	181	底	221	拑	260	泯	289	邵	335	昔	388
定	181	店	221	拐	260	泊	289	邯	335	昇	388
宗	181	庖	221	拘	260	泮	290	邰	336	昂	388
宙	182	廻	226	拈	260	泛	290	邯	336	易	388
宕	182	弩	230	担	260	法	290	附	340	旴	388
宖	182	弥	230	拉	260	泌	290	阿	340	旺	388
尋	191	弦	230	抹	261	沸	290	阮	340	昀	388
旹	191	弧	230	拇	261	泗	290	阻	340	昌	389
尙	195	彔	232	拍	261	泄	290	陀	340	昃	389
居	198	徑	235	拌	261	沼	291	陂	341	昊	389

昏	389	殀	448	芳	495	空	598	靑	794	兪	59
昕	389	殴	451	芙	495	穹	598	非	794	冒	63
服	403	毒	453	芬	495	罙	598	囬	795	胄	63
朋	403	氓	456	芨	495	衫	604			冠	63
杰	410	氛	456	芯	495	竺	609	**9획**		巹	66
杲	410	沓	458	芽	495	糾	625	乘	10	函	69
果	410	炅	460	芮	495	罔	648	亟	16	剫	71
枏	410	呅	460	芸	495	羌	651	亮	18	到	75
杻	410	炝	460	芒	495	肅	660	亭	19	剋	76
東	410	炉	460	芴	495	肩	662	俎	22	剄	76
枓	411	炆	460	芧	496	股	662	俓	35	刺	76
林	411	炎	460	芝	496	肱	663	係	35	削	76
枚	411	炙	461	芷	496	肯	663	侶	35	前	76
杏	411	炒	461	芭	496	肪	663	俚	35	則	76
枋	411	炊	461	芦	496	肥	663	俐	35	剎	77
杯	412	炘	461	花	496	肮	663	俛	35	剃	77
枇	412	爭	472	近	523	育	663	侮	35	勁	82
析	412	爬	473	返	523	肢	663	保	35	勉	82
松	412	㶺	475	迎	523	肺	664	俌	36	勃	82
枘	412	版	475	画	545	肴	664	俘	36	勇	82
枉	412	牧	477	疢	551	朌	664	侯	36	勅	82
杬	412	物	477	疝	551	臥	674	俗	36	匍	86
杵	412	狀	480	的	559	臾	676	信	36	匽	88
杼	413	玠	483	盂	561	舍	678	俄	36	南	92
枝	413	玦	483	盲	565	虎	683	悟	36	單	92
枸	413	玫	483	直	565	虱	685	俑	37	卽	93
樞	413	玟	483	知	573	軋	749	俞	37	卻	96
枕	413	玭	484	矼	575	采	763	俊	37	卽	96
杷	413	玩	484	矸	575	金	765	促	37	卽	96
板	413	玧	484	祁	582	長	779	侵	37	厘	97
杭	414	芡	494	祀	582	門	780	便	37	厖	97
欧	442	芥	494	社	583	阜	785	俔	38	厚	97
欣	442	芹	494	秆	590	隶	785	俠	38	叛	101
歧	446	芩	495	季	590	隹	785	侯	38	叙	101
武	446	苊	495	秉	590	雨	789	俙	38	咯	115
殁	448	芼	495	秄	590	靑	793	竞	57	咬	115

哀	115	娃	167	象	232	持	265	独	330	昭	390
咿	115	姚	167	彦	233	指	266	狩	330	是	390
咽	115	威	167	形	233	挱	266	狠	330	昂	390
咨	115	姨	167	待	236	泊	294	郊	336	昜	390
哉	115	姻	167	律	236	洸	294	邽	336	映	390
咫	116	姙	167	徇	237	洞	294	郎	336	昱	390
咤	116	姿	167	徉	237	洛	294	郁	336	昨	391
品	116	姝	167	徊	237	洌	294	邢	336	昼	391
咸	116	姪	167	後	237	流	294	陋	341	昣	391
哈	116	姹	168	很	237	洺	295	陌	341	昶	391
咳	116	姮	168	恪	244	洙	295	限	341	春	391
哄	117	姬	168	恓	244	洩	295	降	341	昰	391
囿	132	孩	177	恀	245	洗	295	急	351	昡	391
垢	139	客	182	恬	245	洒	295	怒	351	曷	400
垌	139	宣	182	恟	245	洙	295	思	351	柯	414
城	139	室	182	恃	245	洵	295	怨	352	柳	414
垣	139	宥	183	恍	245	洋	296	怎	352	架	414
垠	139	宦	183	恨	245	洧	296	忽	352	柬	414
垞	139	封	191	恒	245	洿	296	怠	352	柑	414
垓	139	屏	198	恆	245	洹	296	肩	367	枯	414
型	139	屎	199	恍	245	洦	296	扁	367	枸	414
垕	139	屍	199	恢	245	洟	296	挈	368	柩	414
変	152	屋	199	恤	246	净	296	拜	368	柾	415
契	158	峠	203	恟	246	洲	296	故	373	奈	415
奎	159	峙	203	恰	246	峙	297	敁	373	柅	415
奔	159	峜	211	挌	264	津	297	政	373	柳	415
奏	159	巷	211	拷	264	浅	297	斫	380	林	415
奕	159	帥	213	拱	264	派	297	施	382	某	415
奐	159	帝	213	括	264	海	297	既	385	桙	415
姦	166	幽	219	挂	264	洫	297	昵	389	柏	415
姜	166	度	221	拮	264	洪	297	昑	389	柄	415
姣	166	庠	221	挑	265	浲	297	昧	389	柘	415
姞	166	建	226	拾	265	活	297	昂	389	査	415
姥	166	廻	226	拭	265	洶	298	晒	389	柱	416
姸	167	弈	227	按	265	洽	298	昺	389	柖	416
姢	167	弯	230	拯	265	狡	330	星	389	柿	416

柿	416	炯	462	苗	497	敗	546	祉	583	胖	664
枲	416	為	468	茆	498	畑	546	禹	589	背	664
柴	416	点	468	茂	498	疥	551	禺	589	胚	664
染	416	炰	468	范	498	疫	551	秔	590	胥	665
栄	416	爰	473	苻	498	疣	551	科	590	胜	665
栍	416	爼	474	若	498	癸	557	秕	591	胃	665
柔	417	牲	478	苒	498	発	557	秒	591	胤	665
柚	417	牴	478	英	498	皆	559	秋	591	胄	665
柞	417	牫	481	苑	498	皇	560	突	598	胎	665
柊	417	者	482	茋	499	盃	562	穽	599	胞	665
柱	417	珂	484	苧	499	盆	562	窃	599	胡	665
枳	417	珏	484	苴	499	盈	562	窄	599	致	676
柵	417	珊	484	苦	499	看	566	穿	599	舡	679
柒	417	玳	484	苗	499	眄	566	竗	602	虐	683
柁	417	玲	484	茗	499	明	566	衿	604	虹	685
栃	418	珉	484	苺	499	眊	566	衲	604	衍	694
枰	418	珀	484	萆	499	眇	566	袂	604	表	696
歪	447	珐	484	苞	499	眉	566	袙	604	要	700
殃	448	珊	484	芯	499	盼	567	竿	609	計	706
殂	449	珆	484	迦	523	相	567	笒	609	訃	706
殄	449	珊	484	迲	523	省	567	紀	625	訂	706
殆	449	珍	484	迫	523	盾	567	紃	625	負	730
段	451	玻	485	述	524	眈	568	約	625	負	730
毗	454	玭	485	迤	524	県	568	紆	626	貞	730
毖	454	玹	485	迪	524	昤	568	紂	626	赳	741
毘	454	苟	496	迭	524	矜	573	紅	626	赴	741
泉	458	茄	496	迢	524	矧	574	紈	626	軍	749
炬	461	苣	496	迨	524	砍	575	紇	626	軌	749
炳	461	苽	497	迥	524	砒	575	缸	647	酊	758
炤	461	苦	497	瓮	540	砂	575	美	651	酋	759
炸	461	苟	497	甚	541	砕	575	耐	655	重	764
炡	461	苓	497	畎	545	研	576	耑	656	面	795
炷	461	茉	497	界	545	砌	576	耶	657	革	795
炭	461	苺	497	昀	545	祈	583	胛	664	韋	797
炮	462	茅	497	畓	545	祇	583	胆	664	韭	798
炫	462	苢	497	畏	545	袄	583	脉	664	音	798

頁	799	俺	41	剔	77	套	159	峭	204	挽	266
風	805	倪	41	勍	82	奚	159	峴	204	挪	266
飛	806	倭	42	勉	82	娜	168	峽	204	捐	266
食	807	倚	42	匪	88	娘	168	差	209	挺	267
首	812	倧	42	原	97	娩	168	帰	213	挹	267
香	812	借	42	叟	102	娑	168	帯	213	挺	267
		倡	42	哥	117	城	168	師	213	挫	267

10획

乘	10	倩	42	哽	117	娠	168	席	213	振	267
亭	19	値	43	哭	117	娥	168	峻	214	捉	267
倉	22	倬	43	唝	117	娟	168	庫	222	捌	267
個	38	俵	43	唐	117	娫	168	庭	222	捕	267
倨	39	倖	43	哩	117	娛	168	座	222	捍	268
倞	39	候	43	唎	117	娣	169	弱	230	挾	268
倥	39	党	57	哼	117	姬	169	彧	233	涇	298
俱	39	兼	62	唆	117	孫	177	徑	237	涅	298
倔	39	冠	64	哦	117	家	183	徒	238	浪	298
倦	39	冥	64	員	118	宮	183	徐	238	流	298
倓	39	冢	64	唇	118	宬	184	從	238	浬	298
倘	39	冤	64	哲	118	宵	184	悃	246	涖	298
倒	39	冣	64	哨	118	宸	184	悩	246	浡	298
倷	40	凍	66	唄	118	宴	184	悩	246	逢	299
倆	40	凉	66	哺	118	容	184	悧	246	浮	299
倫	40	凌	66	哮	118	宰	184	悚	246	浜	299
們	40	淸	66	圄	132	害	185	悅	246	浹	299
倣	40	凋	66	圃	132	專	192	悟	246	涉	299
倍	40	准	66	圂	132	射	192	悒	246	消	299
俳	40	凄	67	埋	139	将	192	悛	247	凍	299
倂	40	剏	71	城	139	展	199	悌	247	涓	300
俸	40	剛	77	埃	140	屑	199	悄	247	涎	300
俯	41	剞	77	埦	140	展	199	悖	247	浯	300
俾	41	剝	77	埇	140	島	203	悍	247	浣	300
修	41	剖	77	埈	140	峯	203	悔	247	浴	300
倏	41	荊	77	貪	152	峰	203	捆	266	涌	300
條	41	剡	77	夏	152	峨	203	捃	266	浥	300
倅	41	剤	77	奘	159	峻	203	挪	266	浙	300
								捏	266	涏	300

浚	300	恩	353	栱	418	泰	459	茱	500	畚	546
涕	300	悥	353	梏	418	娃	462	荀	500	畛	546
浸	300	恋	354	桃	419	烔	462	茹	500	畜	546
浿	301	恥	354	框	419	烙	462	茸	500	痂	551
浦	301	恵	354	校	419	烟	462	茵	500	疳	551
海	301	扇	367	根	419	烘	462	荏	501	痃	551
浹	301	挙	369	桔	419	烥	462	玆	501	疽	551
浩	301	拳	369	桃	419	烈	468	茨	501	疼	551
涍	302	拿	369	桐	420	烏	468	莊	501	病	551
狷	330	挈	369	栗	420	烝	469	荃	501	疵	552
狼	330	挈	369	栢	420	烋	469	羕	501	疽	552
狸	330	效	374	桑	420	爹	474	荐	501	症	552
狻	330	料	379	栖	420	牸	478	茜	501	疹	552
狽	330	旆	382	栒	420	特	478	草	501	疾	552
狹	330	旅	383	栻	420	耆	482	荇	502	疱	552
郡	336	旄	383	案	420	耄	482	荊	502	疲	552
郞	336	旁	383	桜	421	珙	485	荒	502	皋	560
郢	337	旂	383	梅	421	珖	485	茴	502	盎	562
陜	341	旃	383	栈	421	珪	485	适	524	盅	562
陞	341	晈	391	栽	421	珞	485	酒	524	盌	562
院	342	晒	391	栓	421	班	485	逃	524	盆	562
除	342	時	391	梅	421	珤	485	迷	524	盍	562
陣	342	晏	392	株	421	珫	485	迸	525	眛	568
陟	342	晃	392	桯	421	珣	485	送	525	眠	568
陛	342	晉	392	桌	421	珢	485	逆	525	眥	568
陷	343	晋	392	核	421	珥	485	迺	525	眞	568
陝	343	晄	392	桁	422	珠	485	迹	525	真	568
恐	352	晄	392	桓	422	珫	486	追	525	眩	569
恭	352	書	400	栩	422	珮	486	退	526	矩	574
恝	352	曺	401	殊	449	珦	486	迥	526	砬	576
恧	352	朔	404	殉	449	珩	486	迴	526	砥	576
恋	353	朕	404	残	449	珊	486	逅	526	砦	576
恕	353	栞	418	殺	451	茶	500	玆	538	砧	576
息	353	桀	418	殷	451	茫	500	留	546	破	576
恙	353	格	418	氣	456	茗	500	畝	546	砰	577
恚	353	桂	418	氤	457	茯	500	畔	546	砭	577

砲	577	被	605	珊	657	訖	706	鬼	822	匏	86
祛	583	笈	609	耻	657	記	706			匙	87
祔	583	笑	609	耽	657	訕	706	**11획**		區	89
祓	583	笆	609	胱	666	訊	707	乾	12	匿	89
祕	584	笏	610	脖	666	託	707	假	43	啇	94
祠	584	粉	621	能	666	討	707	健	43	厠	97
祟	584	粃	621	胴	666	訌	707	偈	44	參	99
神	584	粋	621	脈	666	訓	707	偰	44	啓	118
祐	584	紘	626	朒	666	豈	727	偲	44	啗	119
祖	584	級	626	脂	666	豺	729	御	44	啖	119
祚	585	納	626	脣	667	豹	729	偃	44	唳	119
祇	585	紐	627	脆	667	貢	731	偶	44	問	119
祝	585	紋	627	臀	667	財	731	偉	44	啡	119
祜	585	紊	627	脅	667	起	741	偽	44	商	119
秣	591	紡	627	胸	667	躬	748	停	44	售	120
秘	591	紛	627	臭	675	軒	749	偵	45	啞	120
秠	591	紗	627	致	676	辱	757	做	45	唵	120
秧	591	索	627	舐	678	邕	758	側	45	啋	120
柚	592	素	628	般	679	配	759	偸	45	唯	120
租	592	純	628	舫	680	酌	759	偏	45	啁	120
秦	592	紜	628	航	680	酒	759	偪	45	唱	120
秩	592	紝	628	舥	682	酎	759	偕	45	啜	120
秤	592	紙	628	虔	683	釜	766	兜	58	唾	120
称	592	缺	647	蚣	685	釗	766	冕	63	啄	121
窈	599	畜	647	蚪	685	釘	766	富	64	啣	121
窄	599	罟	648	蚊	685	針	766	減	67	國	132
窆	599	罠	648	蚌	685	閃	780	凰	68	圈	133
竜	602	羌	651	蚓	685	隼	785	剪	71	圉	133
竝	602	羔	651	蚕	685	隻	786	副	77	堈	140
竚	602	翅	653	蚤	685	馬	812	剩	78	堅	140
站	602	翁	653	蚩	685	骨	818	勘	82	堀	140
袓	604	耕	656	袞	696	高	819	動	82	埼	140
袢	605	耗	656	衾	696	髟	819	勒	83	基	140
袖	605	耘	656	衰	696	鬥	820	務	83	堂	140
袗	605	耙	656	袁	697	鬯	821	勖	83	培	141
袍	605	耿	657	衷	697	鬲	821	匐	86	埠	141

埴	141	寅	186	得	238	捻	269	淅	303	猙	331
埕	141	寂	186	徠	238	掉	269	涉	303	猝	331
埜	141	寀	186	徘	238	掏	269	淞	303	猖	331
域	141	尉	192	徙	238	掠	269	淑	303	郭	337
埇	141	將	192	徜	238	振	269	淳	303	鄭	337
埶	141	專	193	御	238	排	269	淬	303	都	337
培	141	屛	199	從	239	捧	269	深	303	部	337
埩	142	崗	204	悸	247	培	269	涯	304	郵	337
埠	142	崑	204	悾	247	捨	270	液	304	耶	337
執	142	崛	204	悼	247	捿	270	淤	304	鄕	338
埰	142	崎	204	惇	247	掃	270	淹	304	陶	343
堆	142	崍	204	惘	248	授	270	淵	304	陸	343
婪	169	崙	204	悱	248	掖	270	淌	304	陵	343
婌	169	崘	204	惜	248	掩	270	淫	304	陪	343
婁	169	崩	204	惋	248	掜	270	淀	304	陣	344
婦	169	崧	204	惟	248	接	271	淨	304	陲	344
婢	169	崇	205	情	248	措	271	濟	305	陰	344
婀	169	崖	205	情	248	採	271	淙	305	陳	344
嬰	169	崢	205	悰	248	掇	271	淒	305	陬	344
娿	169	崔	205	慘	249	捷	271	淺	305	陷	344
婇	169	巢	208	悵	249	捶	272	添	305	險	345
婉	170	帶	214	悽	249	推	272	淸	305	悉	354
婚	170	常	214	惕	249	探	272	淸	306	惡	354
婥	170	帷	214	惆	249	掀	272	淄	306	念	354
娼	170	帳	214	悴	249	淏	302	涸	306	悠	354
媇	170	康	222	悻	249	渥	302	涵	306	悲	354
娶	170	庶	222	惛	249	港	302	淬	306	恩	354
婆	170	庵	223	惚	249	淇	302	淏	306	患	354
娸	170	庸	223	据	268	淖	302	混	306	戛	364
婚	170	強	230	控	268	淡	302	淮	306	戚	365
埶	177	張	230	掛	268	淘	302	淆	306	扈	367
寇	185	彗	232	掬	268	涼	302	猟	331	敍	372
寄	185	彬	234	掘	268	淚	302	猛	331	敎	374
密	185	彫	234	捲	268	淪	302	猜	331	教	374
宿	186	彩	234	掎	268	淋	303	猊	331	救	374
寃	186	彪	234	掁	269	渋	303	猗	331	敏	375

敖	375	桹	422	焉	469	荻	504	痍	553	笙	610
敕	375	梁	422	烹	469	荷	504	痔	553	笹	610
敗	375	梠	423	煮	469	荚	504	痕	553	笛	610
斎	378	梨	423	爽	474	逕	526	皐	560	第	610
斛	379	梅	423	牽	478	逑	526	皎	560	笞	611
斜	379	梶	423	犁	478	途	526	盖	562	粒	621
断	380	梏	423	犉	482	逗	526	盒	562	粕	621
斬	380	梵	423	球	486	連	526	盓	562	粘	621
旋	383	桴	423	琅	486	逞	527	眷	569	粗	622
旌	383	梭	424	琉	486	逢	527	晔	569	紺	629
族	384	梳	424	理	486	逝	527	眼	569	絅	629
既	385	梧	424	琁	487	逍	527	眺	569	経	629
晜	392	梓	424	琓	487	速	527	硅	577	累	629
晩	392	梲	424	珹	487	逎	527	研	577	絆	629
晟	392	梃	424	琇	487	這	527	硃	577	継	629
晠	392	桯	424	語	487	逖	528	祥	585	細	629
晨	392	梯	424	琓	487	造	528	祭	586	紹	630
晤	392	條	424	珽	487	酒	528	祧	586	紳	630
晢	393	桭	425	珵	487	逡	528	票	586	紫	630
晝	393	梢	425	現	487	逐	528	离	589	紵	630
晙	393	梔	425	苢	502	通	528	移	592	組	630
晡	393	桶	425	莖	502	透	529	窕	599	終	630
晛	393	梟	425	苣	502	逋	529	窒	599	紬	631
晧	393	欷	442	莉	502	率	539	窓	599	紮	631
晥	393	欲	443	莫	502	瓠	539	竟	602	給	631
晦	393	欸	443	莓	503	瓶	540	章	602	絃	631
晞	393	殍	449	荊	503	瓷	540	袷	605	瓴	647
曼	401	殺	451	莩	503	甜	541	袴	605	羚	651
曹	401	毬	454	莎	503	聒	541	袱	605	羞	651
朗	404	毫	455	莘	503	産	542	梱	606	瓶	651
望	404	烱	462	莪	503	略	546	袛	606	翎	653
桿	422	烺	462	莚	503	畧	547	笱	610	習	653
梗	422	烽	462	莞	503	異	547	答	610	翌	653
械	422	焌	463	莠	503	畢	547	笠	610	翊	654
梏	422	烯	463	筠	503	畦	547	符	610	粔	656
梱	422	烯	463	莊	503	痒	553	笨	610	聊	657

聆	657	覓	702	雪	789	勝	83	圓	133	孱	177
聊	657	訣	707	雱	789	勛	84	圍	133	寐	186
肅	660	訥	707	彭	794	博	93	堪	142	富	187
脚	667	訪	708	頃	799	卿	96	堦	142	寔	187
脛	667	設	708	頂	800	卿	96	堺	142	寓	187
腦	667	訟	708	飢	807	厥	97	堝	142	寒	187
脩	667	訝	708	飡	808	厨	98	堵	142	尋	193
脣	668	訳	708	高	819	厦	98	埃	142	尊	193
脘	668	訛	708	魚	823	叅	99	塁	142	就	196
脫	668	註	708	鳥	825	喝	121	堡	143	屠	199
脯	668	許	708	鹵	830	喀	121	報	143	属	200
跌	674	訢	709	鹿	831	喬	121	堰	143	嵌	205
舂	677	豚	728	麥	832	喫	121	堧	143	嵐	205
舸	680	貫	731	麻	833	喃	121	堯	143	嵂	205
舶	680	貧	731	麻	833	單	121	埍	143	嵋	205
船	680	責	732	亀	840	喇	122	場	143	嵋	205
舳	680	貪	732			喨	122	堤	143	嵎	205
舵	680	販	732	12획		喪	122	堞	143	嶅	205
舷	680	貨	732	傘	22	善	122	堭	144	巽	211
舴	682	赦	740	傑	46	啻	123	堨	144	帽	215
處	683	跂	743	傔	46	喔	123	堵	151	幇	215
虛	684	趺	743	傀	46	営	123	壹	151	幄	215
蛄	686	趾	743	傍	46	喟	123	壺	151	幃	215
蚯	686	軟	750	傅	46	喩	123	奢	160	幀	215
蛋	686	転	750	備	46	啼	123	奠	160	幅	215
蛉	686	醉	760	俗	47	喞	123	媒	170	帿	215
蛇	686	釈	763	傪	47	喘	123	媄	171	幾	219
蛆	686	野	764	菐	62	喆	123	媚	171	廂	223
蛍	686	釩	766	準	67	喋	123	婿	171	庚	223
術	694	釬	766	凱	68	啾	123	媟	171	廊	223
衒	694	釣	766	剴	78	喊	123	媤	171	廃	223
袈	697	釵	766	剰	78	喚	124	媛	171	強	231
袞	697	釧	767	剷	78	喉	124	嬰	171	弾	231
袋	697	鈚	767	創	78	喧	124	婷	171	弼	231
規	702	閉	780	割	78	嗅	124	媞	171	彘	232
覓	702	雀	786	勞	83	喜	124	煌	171	彭	234

復	239	援	274	游	309	隅	346	晴	394	棧	427
循	240	揄	274	湮	309	隉	346	晴	395	棱	428
徧	240	揉	274	湮	309	隋	346	晫	395	棖	428
徨	240	揩	274	滋	309	隍	346	曾	401	棗	428
惕	249	提	274	湛	309	惪	354	替	401	棕	428
愄	249	揣	274	減	309	悶	355	最	401	棌	428
惱	249	換	275	渚	309	悲	355	期	404	棣	428
惰	249	揮	275	湳	309	惡	355	朞	405	椒	428
愃	250	渴	306	湻	309	惠	355	朝	405	椎	428
惺	250	減	307	湞	310	惑	355	棆	425	款	443
愕	250	渠	307	湊	310	戟	365	棨	425	欺	443
愠	250	湳	307	滄	310	憂	365	棍	425	欽	443
愚	250	湍	307	湫	310	扉	368	樟	425	欽	443
愉	250	渡	307	測	310	掌	369	棺	425	齒	447
愔	250	滿	307	湯	310	掣	369	棬	425	殖	449
愀	250	灣	307	渝	310	敢	375	棘	425	殘	450
惴	250	渺	307	港	310	敦	376	棋	426	殼	452
惻	250	渼	307	湖	311	散	376	棊	426	殽	452
惰	250	湄	307	渾	311	敵	376	棄	426	毯	455
愎	250	渤	307	渙	311	敝	376	棠	426	毳	455
惶	250	湃	308	湟	311	斑	378	棹	426	森	459
揀	272	深	308	猫	331	斐	379	棟	426	焙	463
揭	272	渣	308	猩	332	斌	379	棱	426	焚	463
揆	273	湘	308	猥	332	斯	381	棽	426	燒	463
捏	273	渲	308	猨	332	旐	384	棉	426	焠	463
描	273	渫	308	猶	332	景	393	棆	426	焱	463
搖	273	湿	308	猪	332	晷	393	棟	427	焰	463
揷	273	混	308	猴	332	普	394	棒	427	焞	463
揣	273	渥	308	都	338	晳	394	棚	427	無	469
握	273	淵	308	鄂	338	晰	394	榊	427	然	470
摁	273	漢	308	階	345	晬	394	棐	427	焦	470
揶	273	溫	308	隊	345	晻	394	森	427	爲	473
揚	273	渦	308	隆	345	暘	394	棲	427	牋	475
搭	273	湧	309	陽	345	晶	394	植	427	牌	476
掾	274	湲	309	隕	345	最	394	椀	427	犁	479
搖	274	渭	309	隈	345	智	394	椅	427	犇	479

犀	479	萌	505	唆	548	窓	600	絪	633	裁	697
犇	482	菩	505	量	548	窜	600	紙	633	覃	700
琨	487	蕨	506	畫	548	童	603	絶	633	覚	702
琯	487	菲	506	疏	550	竢	603	絰	633	覘	702
琴	487	菽	506	疎	550	竦	603	統	633	視	702
琪	488	菴	506	痤	553	竣	603	絢	634	覞	702
琦	488	菱	506	痘	553	裙	606	絜	634	觚	704
琳	488	菶	506	痢	553	裡	606	絵	634	觜	704
琺	488	萡	506	痞	553	補	606	羡	651	訶	709
琫	488	菁	506	痛	553	裕	606	翔	654	詰	709
琶	488	菖	506	登	557	筓	611	翕	654	詐	709
琡	488	菜	506	發	558	筐	611	联	658	詞	709
琰	488	菱	506	皓	560	筋	611	腔	668	訴	709
琬	488	萃	507	皴	561	答	611	腑	668	詠	709
琟	488	菟	507	盜	563	等	611	脾	669	訾	710
琤	488	菠	507	盛	563	筏	612	腎	669	詛	710
琠	488	萍	507	睇	569	筍	612	腋	669	証	710
琮	488	萉	507	着	569	筌	612	腕	669	詔	710
琤	488	菡	507	睍	570	策	612	腆	669	註	710
琛	489	華	507	短	574	筑	612	脹	669	診	710
琢	489	逵	529	硬	577	筒	612	皐	675	評	710
琸	489	逝	529	硫	577	筆	612	鳥	677	詖	710
琶	489	透	529	硯	577	粟	622	舒	678	詒	710
琥	489	逸	529	碎	577	粤	622	舜	679	容	726
菰	504	週	529	硝	577	粢	622	虜	684	象	728
菓	504	進	530	离	589	粧	622	虛	684	貂	729
菅	504	逮	530	程	592	粥	622	蛟	686	貴	732
菊	504	逴	530	梗	592	絳	631	蛮	686	貸	733
菌	504	逍	530	粮	593	結	631	蛙	686	買	733
菫	505	甥	542	税	593	絞	632	蛛	686	貿	733
萁	505	甦	542	程	593	給	632	蛭	686	費	733
萄	505	甯	543	稍	593	絡	632	蛤	686	貹	733
萊	505	畱	547	稀	593	絲	632	蛔	687	貫	733
萋	505	番	547	窖	600	絮	633	衆	693	貳	734
菱	505	畬	548	窘	600	綎	633	街	694	貽	734
荓	505	異	548	察	600	絨	633	裂	697	貲	734
										貯	734

貼	734	間	780	傸	47	塞	144	嵬	206	撏	276
貶	734	開	781	僇	47	塑	145	嵯	206	搾	276
賀	734	閔	781	傷	47	塍	145	幁	215	搶	276
赧	740	閏	781	僄	48	塒	145	幌	215	搨	277
越	742	閑	781	傲	48	塩	145	幹	218	搭	277
趁	742	閒	782	傭	48	塋	145	廊	223	携	277
超	742	雇	786	傳	48	塢	145	廉	223	溪	311
跏	743	雅	786	債	48	塡	145	廈	224	滾	311
距	743	雁	786	催	49	塚	145	弑	228	溝	311
跋	743	雄	786	僄	49	塔	145	彙	232	溺	311
跌	744	集	786	剿	79	塡	145	微	240	滔	312
跖	744	雯	789	剽	79	壺	151	徭	240	滝	312
跆	744	雰	789	勸	84	奧	160	愻	251	溜	312
跑	744	雲	790	勤	84	奬	160	愷	251	滅	312
跛	744	靭	796	募	84	嫁	171	慊	251	溟	312
軻	750	韌	797	勢	84	媿	171	愧	251	滂	312
軽	750	須	800	勛	84	媾	171	慄	251	溥	312
軼	750	順	800	勩	84	媼	171	惺	251	溯	312
軫	750	項	800	匯	88	媽	172	愫	251	溲	312
軺	750	項	800	厫	98	媺	172	慎	251	溫	312
軸	750	飧	808	嗛	124	嫂	172	慎	251	溶	313
辜	755	馮	813	嗜	124	媳	172	慍	251	源	313
酣	760	馭	813	嗣	125	媼	172	愴	251	溦	313
酢	760	髡	819	嗇	125	嫄	172	慌	252	溢	313
釉	763	黃	833	嗚	125	媵	172	惻	252	滋	313
量	765	黍	833	嗔	125	嫉	172	推	275	滓	314
鈴	767	黑	834	嗟	125	嫌	172	搆	275	準	314
鈞	767	黹	836	嗤	125	媸	177	搗	275	湊	314
鈕	767			嗃	125	寬	187	搏	275	滄	314
鈍	767	**13획**		嗅	125	審	187	搬	275	滄	314
鈦	767	亂	12	圓	133	寧	187	攝	275	瀾	314
鈹	767	亶	19	園	133	寘	188	搖	275	滑	314
鈗	767	僉	22	塏	144	寢	188	損	276	滉	315
鈔	767	傾	47	塊	144	勘	195	搜	276	獅	332
鈦	767	傴	47	塘	144	尠	195	搢	276	猺	332
鈑	767	僅	47	塗	144	嵩	205	搖	276	猿	332

猾	332	暐	396	歆	443	瑎	489	萩	510	痴	554
鄒	338	曉	396	歇	443	瑞	489	葡	510	瘂	554
鄕	338	暈	396	歅	443	瑄	489	葫	510	稠	560
隔	346	暄	396	歲	447	琿	489	葷	510	盟	563
隔	346	暉	396	殿	452	瑟	489	萱	510	盞	563
隙	346	會	402	毀	452	瑛	489	過	530	督	570
隘	346	槪	428	毀	452	瑛	489	達	531	睦	570
隗	346	樞	428	毬	455	瑀	489	道	531	睥	570
隕	346	極	428	縈	463	瑗	489	遁	531	睡	570
感	356	楠	429	煖	463	瑋	490	遂	532	睚	570
愆	356	樓	429	煓	463	瑜	490	遏	532	睨	570
愍	356	楞	429	煉	463	瑅	490	遇	532	睛	570
想	356	琳	429	煤	463	琿	490	運	532	睜	570
愁	356	楣	429	煩	463	瑕	490	違	532	睬	570
愛	356	楂	429	煬	464	瑚	490	遊	533	睫	570
惹	357	楔	429	煙	464	琿	490	逾	533	矮	574
愚	357	楯	429	煐	464	瑝	490	適	533	碁	578
愈	357	楽	429	煜	464	葭	507	遍	533	碓	578
意	357	椰	429	煒	464	葛	508	逼	533	碌	578
慈	358	楊	429	煮	464	葵	508	遐	533	硼	578
載	365	業	430	煥	464	董	508	遑	533	碑	578
戰	365	椽	430	煌	464	落	508	甁	540	碎	578
戢	365	楹	430	煊	464	萬	508	甄	540	碍	578
敬	376	楡	430	煇	464	琶	509	甞	541	碗	578
數	376	楢	430	煞	470	萼	509	罨	548	碇	578
斁	376	樋	430	煮	470	葯	509	畸	548	禁	586
斟	379	楮	430	煎	470	葉	509	當	548	祺	586
新	381	楨	430	照	470	萵	509	畵	549	祿	587
旐	384	楔	430	煦	471	葦	509	痼	553	禀	587
暇	395	楫	431	熙	471	葳	509	痰	554	禽	589
暖	395	楚	431	爺	474	蒇	509	痲	554	稘	593
暋	395	楸	431	牒	476	葬	509	瘋	554	稜	594
暑	395	椿	431	獃	480	著	510	瘠	554	稑	594
暗	395	楕	431	獻	480	葰	510	痹	554	稔	594
暘	396	楓	431	瑎	489	葺	510	瘀	554	稠	594
暎	396	楷	431	瑁	489	葱	510	瘂	554	稙	594

稚	594	群	652	裏	698	賄	735	鉞	768
稗	594	羨	652	裒	698	䟆	744	鈿	769
稟	594	義	652	裟	698	跨	744	鉦	769
窟	600	聘	658	裔	698	跪	744	鉒	769
竪	603	聖	658	裝	698	跟	744	鉁	769
裾	606	聖	658	觸	704	跳	744	鉄	769
裼	606	肆	660	解	704	路	744	鉋	769
裸	606	肅	661	誇	710	跣	745	鉍	769
裨	606	肄	661	詭	711	跡	745	鉉	769
裱	606	腳	669	誅	711	踐	745	閘	782
筧	613	腱	669	詳	711	跭	745	雍	787
筠	613	腦	669	詵	711	較	750	雌	787
筮	613	腹	669	詢	711	輅	751	雎	787
筴	613	腺	670	詩	711	輇	751	雋	787
筵	613	腥	670	試	711	軾	751	雉	787
筭	613	腰	670	詣	712	載	751	零	790
筷	613	腸	670	譽	712	辟	755	雷	790
粳	622	腫	670	詮	712	辭	756	雹	790
梁	622	膡	670	誅	712	農	757	電	790
粮	622	舅	677	詹	712	酪	760	靖	794
粲	623	觷	680	該	712	酩	760	靷	796
絡	634	艅	681	話	712	酬	760	靴	796
絹	634	艇	681	詴	712	鈤	767	頓	800
經	634	虞	684	誂	713	鉅	767	頌	801
継	634	號	684	詬	713	鉗	767	頎	801
綠	635	蜋	687	詰	713	鑛	768	預	801
続	635	蜂	687	豊	727	鉤	768	頑	801
綏	635	蜉	687	豢	728	鈴	768	項	801
綎	635	蜃	687	貊	729	銀	768	飯	808
條	635	蛾	687	貉	730	鉑	768	飱	808
綃	635	蜈	687	賈	734	鉢	768	飫	808
綈	635	蛹	687	賂	735	鉏	768	飲	808
罫	648	蜀	687	賃	735	鉐	768	飭	808
罨	648	衙	694	賁	735	鉥	768	飴	812
罪	648	裘	698	賃	735	鉛	768	馴	813
置	649	裊	698	資	735	鉊	768	馳	813

馱	813		
髢	820		
鳩	826		
鳧	826		
麀	831		
黽	836		
鼎	836		
鼓	837		
鼠	837		

14획

僱	49
僑	49
僮	49
僚	49
僕	49
像	49
僧	50
僥	50
僞	50
僧	50
僭	50
僣	50
僬	50
僖	50
兢	58
寫	64
凳	68
剮	79
劃	79
置	88
厮	98
厭	98
厰	98
嘉	125
嘔	125

嘗	125	嫣	173	惜	252	演	317	暝	396	氳	457
嗽	126	嬉	173	愾	252	漪	317	暟	396	榮	459
嗾	126	嫡	173	慵	253	漳	317	暢	396	煽	464
嘥	126	嫖	173	慪	253	滴	317	嘼	396	熄	464
嘖	126	嫦	173	慘	253	漸	317	榑	402	熔	464
嘆	126	孵	177	慚	253	漕	318	榷	431	煩	465
嘏	126	寡	188	慽	253	漬	318	斡	431	熒	465
團	134	寧	188	慅	253	漲	318	槀	431	熀	465
圖	134	寥	188	慟	253	滌	318	槁	431	熊	471
境	145	寬	188	慓	253	滯	318	槐	431	熏	471
墐	146	實	188	摳	277	漆	318	槐	431	爾	474
墁	146	寤	189	摞	277	漂	318	構	432	牔	476
墓	146	察	189	摸	277	漢	319	榔	432	牓	476
墨	146	寨	189	搷	277	訡	319	榴	432	犖	479
墺	146	寢	189	摘	277	漚	319	槃	432	犒	479
墅	146	對	194	摺	277	獄	332	榜	432	獄	480
塾	146	屢	200	摠	277	獐	333	榧	432	瑰	490
墉	146	嶇	206	摧	277	鄁	338	榭	432	瑭	490
場	146	嗚	206	漑	315	隙	346	榘	432	瑯	490
塼	146	嶂	206	漉	315	障	347	榺	433	瑠	490
增	147	崻	206	滾	315	際	347	樣	433	瑪	490
塵	147	幕	215	漚	315	慤	358	榮	433	瑣	490
塹	147	廑	224	漌	315	慼	358	榕	433	瑥	490
壽	152	廎	224	漣	315	慂	358	榛	433	瑤	490
夥	154	廖	224	漊	315	愿	358	槎	433	瑢	491
夢	154	廕	224	漏	315	慇	358	榨	433	瑌	491
奩	154	廓	224	滴	315	慈	358	槍	433	瑱	491
奬	160	彰	234	漠	315	態	358	槟	433	瑨	491
奪	160	德	240	滿	316	截	365	槌	433	瑢	491
嫌	172	徹	240	漫	316	寨	369	榻	433	瑳	491
嫗	172	徵	240	漨	316	敲	372	榥	434	蓋	511
嫛	172	慳	252	滲	316	斡	380	歌	444	蒹	511
嫜	172	慷	252	漩	316	斷	381	歉	444	蒟	511
嫩	172	慨	252	漱	316	斳	381	歊	444	蒻	511
嫪	173	慣	252	漾	317	旗	384	殞	450	蒙	511
嫙	173	慢	252	漁	317	暊	396	毓	454	蒙	511

字	쪽	字	쪽	字	쪽	字	쪽	字	쪽	字	쪽
髣	511	監	563	箝	613	署	649	誥	713	鉼	769
蔂	511	盡	564	箜	613	翡	654	誑	713	銑	769
蒴	512	睾	571	管	613	翟	654	読	713	銖	770
蒜	512	瞁	571	箕	614	翠	654	誣	713	銀	770
蓆	512	睹	571	箔	614	聞	658	誓	713	銓	770
蒸	512	睿	571	簏	614	聡	658	說	713	錢	770
蒐	512	碣	578	算	614	聚	658	誠	714	銑	770
蓚	512	磁	578	箏	614	肇	661	誦	714	衛	770
蒔	512	碏	579	箋	614	腐	668	語	714	銕	770
蒼	512	碧	579	箚	614	膈	671	誤	714	閣	782
蓊	512	碩	579	箖	615	膏	671	誘	715	関	782
蓑	512	磁	579	粹	623	膂	671	認	715	閨	782
蓉	512	碪	579	精	623	膊	671	誌	715	閩	782
蒸	512	禊	587	綱	635	膀	671	誕	715	閥	782
蓁	513	福	587	緊	635	腿	671	誨	715	閤	782
蒼	513	禔	587	綣	635	臧	674	豪	728	雒	787
蓄	513	禍	587	綺	635	臺	676	貍	730	需	791
蒲	513	禎	587	緊	636	與	677	貌	730	霢	791
蓖	513	禞	587	綠	636	舞	679	賓	736	静	794
蒿	513	稲	594	綸	636	蜾	687	賑	736	靼	796
遣	533	種	594	綾	636	蜜	688	赫	740	鞁	796
遝	534	稱	594	網	636	蜚	688	趙	742	韶	798
遛	534	窨	600	綿	637	蜥	688	踢	745	領	801
遡	534	窪	600	緋	637	蜒	688	踊	745	頤	802
遂	534	窩	600	綏	637	蜺	688	輕	751	頗	802
遙	534	竭	603	維	637	蜘	688	輓	751	颯	806
遠	534	端	603	綽	637	蜴	688	輔	751	颱	806
遞	534	褐	607	綜	637	蜻	688	輒	752	飼	808
甄	540	禪	607	綢	638	裏	698	辣	756	飾	808
疑	550	褙	607	綵	638	裵	698	酸	760	飴	809
瘍	554	褓	607	綴	638	裴	699	酷	760	飽	809
痩	554	複	607	總	638	裳	699	酵	760	祕	812
瘖	554	襃	607	緇	638	製	699	鉸	769	駆	813
瘋	554	褔	607	綻	638	覡	702	鉋	769	駁	813
瘡	554	禕	607	絣	647	觫	705	銅	769	駅	813
皷	561	箇	613	罰	649	誠	713	銘	769	駉	813

駄	813	噴	126	幞	216	撥	278	潮	321	摯	370
髣	820	嘶	126	幟	216	撤	278	澍	322	敷	377
髥	820	噎	126	幣	216	撑	279	漿	322	數	377
魁	822	嘲	126	廣	224	撰	279	槳	322	敵	377
魂	822	嘱	126	廟	224	撒	279	澄	322	暮	396
鳴	826	嘴	126	廡	224	撮	279	澈	322	暫	397
鳳	826	噓	126	廝	224	撑	279	澎	322	暲	397
鳶	826	嘻	126	塵	225	撑	279	潤	322	暴	397
鼻	837	墩	147	廚	225	播	279	潞	322	嘩	397
齊	838	墨	147	廠	225	潤	319	澕	322	槩	434
		墦	147	廢	225	潤	319	潢	322	槨	434
15획		墳	147	弊	227	潔	319	獝	333	權	434
價	50	墡	147	彈	231	潰	319	獠	333	槻	434
僵	51	增	147	影	234	潭	319	鄂	338	樛	434
儉	51	墜	148	德	240	潼	320	鄧	339	槿	434
儆	51	墮	148	徵	241	潦	320	鄒	339	樂	434
儂	51	墟	148	徹	241	潾	320	鄭	339	樑	435
儋	51	奭	160	憬	253	潤	320	隣	347	樓	435
僻	51	齎	160	慣	253	潘	320	隤	347	模	435
僽	51	嬌	173	憧	253	潑	320	憝	358	樊	435
億	51	嫶	173	憐	253	潛	320	憇	359	樣	435
儀	51	嬈	173	憮	254	潰	320	慶	359	槱	435
儁	52	嫿	173	憫	254	潛	320	慮	359	樟	435
儈	52	嬉	173	憤	254	潟	320	慕	359	槳	436
償	52	寬	189	憎	254	澁	320	慇	359	樗	436
凜	67	寮	189	憔	254	潟	320	慾	359	槽	436
凛	67	寫	190	憚	254	澌	320	憂	359	樅	436
熙	67	審	190	憟	254	潯	321	慰	360	樞	436
劍	71	惠	190	憘	254	澄	321	憖	360	標	436
劈	71	履	200	撚	278	澆	321	憨	360	歐	444
劊	79	層	200	撓	278	澐	321	感	360	歎	444
劇	79	嶠	206	撞	278	潤	321	憩	360	歡	444
劉	79	嶝	206	撈	278	澇	321	慧	360	殤	450
勳	84	嶢	206	撫	278	潛	321	戮	365	毆	452
厲	98	幢	216	撫	278	潛	321	摩	370	毅	452
器	126	幡	216	撲	278	潛	321	摹	370	滕	459

穎	459	蓺	515	磏	579	節	615	舖	678	賜	737
漿	459	蔚	515	磊	579	篇	616	蝎	688	賞	737
頦	465	蔭	515	碼	579	箴	616	蝌	688	賟	737
熞	465	蔗	515	磐	579	篁	616	螆	688	賍	737
熨	465	蔣	515	磅	579	箷	616	蝕	688	質	737
熤	465	蔯	515	磑	580	糊	623	蝸	689	賛	737
熟	471	蔡	515	磈	580	緞	638	蝐	689	賤	737
熱	471	蓹	515	磁	580	練	638	蝣	689	賢	738
熬	472	蔥	515	磋	580	緬	638	蝶	689	趡	742
牖	476	蕐	515	磔	580	緜	639	蝦	689	趣	742
犛	479	遯	535	碻	580	緝	639	蝴	689	踞	745
獒	480	遨	535	確	580	緒	639	蝗	689	踏	745
瑩	490	適	535	磌	587	線	639	衛	695	踪	745
瑾	491	遭	535	稼	595	緫	639	衝	695	跏	745
瑎	491	遲	535	稽	595	緣	639	褒	699	踐	745
璉	491	遮	535	稿	595	緩	639	課	715	輌	752
璃	491	畿	549	稟	596	緯	640	談	716	輦	752
璇	491	瘤	555	穀	596	緝	640	諒	716	輪	752
璊	491	瘢	555	稻	596	締	640	論	716	輞	752
璋	491	瘙	555	穂	596	編	640	誹	716	輩	752
璁	491	瘦	555	稳	596	緘	640	誰	716	輧	752
蓮	513	瘵	555	稺	596	罵	649	諄	716	輥	752
蓼	513	瘟	555	稷	596	罷	649	誾	717	輻	753
蔞	513	瘡	555	窮	600	羯	652	誼	717	輝	753
蔆	514	瘠	555	窯	600	瓿	654	諍	717	醇	761
蔴	514	皚	555	窨	600	翦	654	調	717	醋	761
蔓	514	皜	560	褥	607	翩	654	諂	717	醉	761
蔑	514	皞	560	褫	607	翬	654	諉	717	錄	770
蔔	514	皛	561	褪	608	耦	656	請	717	鋒	771
蓬	514	皺	561	範	615	聯	659	諏	718	鋤	771
蔯	514	盤	564	箱	615	膠	671	豐	727	銷	771
蔘	514	瞑	571	箸	615	膜	671	豌	727	銹	771
豉	514	瞋	571	箴	615	膚	671	賚	736	銳	771
蔬	514	瞎	571	箸	615	膝	671	賣	736	鋌	771
蕎	514	磶	579	篆	615	腸	672	賠	736	鋞	771
蓴	514	碾	579	箭	615	腔	672	賦	736	鑄	771

鋕	771	誾	821	嘯	127	據	279	隨	347	樹	437
鋪	771	魅	822	噩	127	撿	280	隧	347	橸	438
銳	771	魃	822	噪	127	擒	280	險	347	榮	438
閭	783	魄	823	噲	127	撻	280	憖	360	橰	438
閶	783	魯	823	嚄	127	擔	280	憩	360	樽	438
閱	783	鴄	826	噸	128	擄	280	憗	360	樵	438
閬	783	鴉	826	噫	128	擗	280	憑	360	橇	438
霄	791	鴈	827	圜	134	擁	280	憲	361	橢	438
霆	791	鴆	827	墾	148	操	281	意	361	橐	438
震	791	麩	832	壞	148	擅	281	戰	365	樺	438
霈	791	麪	832	壇	148	擇	281	戲	366	橫	438
靚	794	麾	833	壁	148	激	322	戯	371	檜	438
靠	795	黎	834	墳	148	濃	322	敽	377	歔	444
鞏	796	齒	838	墺	149	達	322	整	377	歷	447
鞍	796			壅	149	澹	323	曌	397	燈	450
鞋	796	**16획**		墻	149	濂	323	曁	397	殫	450
鞘	797	儐	52	奮	161	澪	323	曇	397	氅	455
頌	802	儒	52	嬴	173	澧	323	暾	398	燉	465
頤	802	儗	52	嬖	173	潞	323	曈	398	燈	465
頡	802	儕	52	學	177	潰	323	曆	398	燎	465
餃	809	儔	52	篤	190	灘	323	遲	398	燐	465
餠	809	儘	52	寶	190	潚	323	曄	398	燔	465
養	809	冀	62	導	194	澉	323	曉	398	燒	465
餌	809	冪	64	巢	206	澳	323	嘻	398	燃	466
餉	809	凝	67	廩	225	澱	323	曈	405	燄	466
駕	813	熙	67	疆	232	澡	323	橄	436	燁	466
駞	814	劒	72	彝	233	潐	323	橋	436	熽	466
駒	814	劓	79	徹	241	澿	323	橘	436	熾	466
駑	814	劑	80	憾	254	潧	323	機	437	熺	466
駙	814	勳	84	憯	254	澤	324	橈	437	燕	472
駟	814	叡	102	懆	255	澣	324	橙	437	熹	472
駐	814	噱	127	憤	255	澮	324	橺	437	獸	480
駝	814	噤	127	憶	255	獨	333	橆	437	璟	491
髮	820	器	127	懊	255	獪	333	樸	437	璣	491
髴	820	噴	127	懈	255	獫	333	橄	437	璘	492
髻	820	噬	127	懷	255	鄆	339	橡	437	璊	492

璞	492	瞠	571	縟	641	謁	718	輰	753	霖	791	
璘	492	瞞	571	縡	641	諠	719	辨	756	雲	792	
璜	492	瞢	571	縉	641	諗	719	辦	756	霓	792	
蕎	515	磬	580	縝	641	謂	719	醒	761	霏	792	
蕨	515	磨	580	緻	641	諭	719	醍	761	靜	794	
蕁	515	磧	581	縣	641	諛	719	醐	761	鞘	796	
蕉	516	磚	581	縞	641	諮	719	鋼	771	鞝	797	
蕃	516	禦	588	罹	650	諤	719	鋸	772	頸	802	
蕡	516	穆	596	義	652	諸	719	錮	772	頭	802	
舜	516	穌	596	罱	654	諜	719	錕	772	頻	802	
蕊	516	穎	596	翰	654	諦	719	舘	772	頰	803	
蕓	516	穏	596	膩	672	諷	720	錦	772	領	803	
蔿	516	積	596	膳	672	諧	720	錤	772	頬	803	
蕤	516	窶	601	膵	672	諧	720	錡	772	餞	810	
蕉	516	窺	601	膨	672	諠	720	錽	772	餓	810	
蕩	516	窻	601	臻	676	諱	720	錄	772	餘	810	
蔽	517	襁	608	興	677	豫	729	錀	773	餐	810	
蕙	517	褸	608	舘	678	豬	729	餠	773	餬	812	
遼	535	褶	608	艘	681	貓	730	錫	773	駱	814	
邇	535	篙	616	艙	681	賭	738	錞	773	駢	814	
遴	535	篝	616	螂	689	賴	738	錠	773	駭	814	
選	536	篤	616	螟	689	賵	738	錚	773	骼	818	
遠	536	篩	617	融	689	賻	738	錢	773	骸	818	
遺	536	篦	617	螢	690	褚	741	錠	773	閼	821	
遵	536	篩	617	衛	695	踰	746	錯	773	鮒	824	
遲	536	篡	617	衡	695	踩	746	錘	773	鮎	824	
遷	536	篛	617	寰	699	蹄	746	錐	774	鮑	824	
瓢	539	篔	617	覦	702	踵	746	鍋	774	鴂	827	
甌	540	籓	617	親	702	躭	748	閱	783	鴒	827	
甍	540	築	617	諫	718	輻	753	閣	783	鴨	827	
甑	540	穀	623	諾	718	輹	753	閪	783	鴦	827	
瘻	555	糗	623	謀	718	輸	753	閤	783	鴛	827	
瘯	555	糖	623	諝	718	輮	753	閣	783	鴟	827	
瘴	555	縛	640	諡	718	輴	753	隷	785	鴕	827	
盥	564	縊	641	諟	718	輳	753	雕	787	麪	832	
盧	564	緼	641	諠	718	輯	753	霍	791	黔	834	

16 ~ 17획

默	834	擱	281	戲	366	燭	467	療	556	糠	624
龍	839	擡	281	戴	366	牆	475	癆	556	糜	624
龜	840	擣	281	擊	370	犠	479	癌	556	糞	624
		擯	281	擎	370	璥	492	癈	556	糟	624
17획		擬	282	擘	370	璲	492	燔	561	縷	641
儡	52	擠	282	斂	377	瑟	492	盪	565	縹	641
償	52	擦	282	斷	381	璪	492	瞷	571	繆	642
優	53	擢	282	曖	398	璨	492	瞰	572	糜	642
儥	53	澤	324	檻	438	環	492	瞳	572	繁	642
勵	85	濤	324	檀	438	薑	517	瞭	572	縫	642
嚴	98	濫	324	檢	439	蕾	517	瞥	572	繃	642
嚀	128	濛	324	檄	439	蓤	517	瞬	572	繅	642
嚅	128	瀾	324	檠	439	薇	517	矯	574	績	642
嚇	128	濮	324	檛	439	薄	517	繒	575	繇	642
嚌	128	濱	325	檎	439	蕡	517	礀	581	績	642
壔	149	澀	325	檀	439	薛	517	磔	581	縱	643
壓	149	濕	325	檗	439	蕭	518	磯	581	總	643
壑	149	濚	325	檣	439	薪	518	磻	581	縮	643
壕	149	濡	325	檍	439	薏	518	礁	581	縹	643
壎	149	澧	325	檥	439	蕷	518	磺	581	罅	647
嬪	173	濟	325	櫗	439	薀	518	禪	588	闊	650
嬰	174	濬	325	檉	439	薔	518	襌	588	翳	655
嬴	174	濯	325	檟	439	藏	518	禧	588	翼	655
孺	178	濠	325	檐	439	薦	518	穗	597	聯	659
屨	200	濩	326	檜	440	薙	518	穉	597	聲	659
嶺	206	潤	326	歛	445	薤	518	篷	601	聳	659
嶼	206	濘	333	齡	447	薨	518	罇	604	聳	659
輿	206	獲	333	殭	450	邃	537	禪	608	聽	659
擧	206	獯	334	殮	450	邁	537	襴	608	聰	660
嶽	206	隰	348	氈	455	邀	537	簋	617	膿	672
嶸	206	隱	348	燮	466	避	537	篷	617	膽	672
嶷	207	懇	361	燧	466	邂	537	篠	617	臀	672
幫	216	憨	361	營	466	還	537	簇	617	臂	672
彌	232	勤	361	燠	467	甑	540	篡	618	臆	672
徽	241	懋	361	燥	467	癎	555	簧	618	膺	673
懦	255	應	361	燦	467	癇	556	篳	618	膾	673

臨	674	興	753	鹹	812	瀏	326	燾	472	穡	597
艱	682	轀	754	騁	814	瀉	326	爵	473	穢	597
虧	684	輾	754	驊	815	瀋	326	璧	492	竅	601
螳	690	轄	754	駮	815	瀁	326	璸	493	竄	601
螺	690	醜	761	駿	815	濺	326	璿	493	襟	608
蟆	690	醞	761	鮫	824	瀑	326	璹	493	襠	608
蟀	690	鍵	774	鮮	824	濼	326	璲	493	襖	608
蟋	690	鍋	774	鮟	824	濕	326	璵	493	簡	618
蠡	690	鍛	774	鴻	827	獷	334	璩	493	簣	618
蟄	690	鍍	774	黻	831	獵	334	藁	519	簞	618
藝	699	鍊	774	黿	831	療	348	藍	519	簫	618
襄	699	錨	774	麯	832	懟	362	薿	519	筼	618
覬	703	鍑	774	黏	834	懣	362	薩	519	簪	618
觳	705	鍔	774	黛	835	擧	370	薯	519	簟	618
講	720	鍈	774	點	835	寧	371	薁	519	簧	619
謙	720	鍮	774	黜	835	斃	378	盡	519	糧	624
膽	721	鍾	775	黻	836	斷	381	藉	519	繙	644
謎	721	鍬	775	齔	837	曙	398	藏	519	繖	644
謐	721	鍼	775	齋	838	曜	398	薺	520	繕	644
謗	721	闌	783	龠	840	矄	398	薰	520	繞	644
謝	721	闌	784			曛	398	邈	537	繪	644
謖	721	闇	784	18획		朦	405	邃	538	織	644
謠	721	闈	784	儲	53	櫃	440	邇	538	繚	647
謚	721	闊	784	叢	102	檮	440	贄	541	翹	655
谿	727	隸	785	嚔	128	權	440	甕	541	翻	655
豁	727	雖	787	壙	149	檳	440	癘	556	檨	657
豳	729	霜	792	壘	149	檼	440	癖	556	職	660
購	738	霙	792	犛	233	檻	440	癰	556	臏	673
賻	738	霞	792	擾	282	欸	445	癒	556	臍	673
賽	739	鞠	796	攢	282	歸	447	皦	561	舊	677
趨	742	韓	797	擲	282	殯	450	瞼	572	蟠	691
塞	746	顆	803	據	282	燾	467	瞽	572	蟬	691
蹈	746	頷	803	擺	282	燼	467	瞿	572	蟯	691
蹉	746	館	810	擴	282	燿	467	瞻	572	蟲	691
蹐	746	餠	810	濆	326	燻	467	礎	581	蟪	691
蹊	746	餞	811	濾	326	燹	467	禮	588	覆	701

觀	703	闔	784	點	835	攀	371	禱	588	譚	722
覲	703	闐	784	麗	840	曠	399	穧	597	識	722
觴	705	雞	787			曝	399	穩	597	譌	723
謳	722	蕫	787	**19획**		櫚	440	穫	597	證	723
謹	722	雙	788	儵	53	櫟	440	窮	601	譜	723
謬	722	雜	788	勸	85	櫓	440	襤	608	譓	723
謨	722	雛	788	壚	128	櫛	440	襦	608	譁	723
謫	722	鞫	796	嚭	128	櫝	440	簾	619	譎	723
豐	727	鞭	796	嚬	128	歠	445	簿	619	贇	739
贄	739	鞮	796	嚥	128	櫱	452	簫	619	贈	739
贅	739	鞦	797	嚮	128	爆	467	簷	619	贊	739
蹟	747	鞭	797	壞	150	牘	476	簽	619	蹶	747
蹤	747	韙	803	壟	150	犢	479	簸	619	蹴	747
蹠	747	顎	803	壚	150	獸	480	繭	644	轎	754
蹯	747	顔	803	嬿	174	璽	493	繫	644	轍	754
蹩	747	額	803	孼	178	瓊	493	繰	644	辭	756
軀	748	顒	803	寶	190	璸	493	繡	645	醱	762
轆	754	題	804	寵	190	藁	520	繩	645	醮	762
轉	754	顚	804	廬	225	藤	520	繹	645	醯	762
醩	761	颺	806	懶	255	藜	520	繪	645	醢	762
醫	762	馥	812	懶	255	藩	520	羅	650	鏗	776
醬	762	騎	815	懷	255	藪	520	羹	652	鏡	776
釐	765	騏	815	瀝	326	藥	520	臝	653	鏤	776
鏗	775	騈	815	瀘	327	藝	521	璮	653	鏑	776
鎧	775	騅	815	瀧	327	藕	521	臘	673	鏖	777
鎌	775	騞	818	瀨	327	藹	521	犧	681	鏞	777
鎛	775	魍	823	瀕	327	邊	538	艶	682	鏘	777
鎖	775	魎	823	瀛	327	瓣	539	蠍	691	鏑	777
鎻	775	魏	823	瀣	327	疆	549	蟾	691	鏃	777
鎔	775	鯁	824	瀦	327	疇	549	蠅	691	關	784
鎰	775	鯉	824	瀞	327	癡	556	蟻	691	閽	785
鎭	776	鯈	824	瀚	327	矇	572	蟹	691	難	788
鎚	776	鵑	828	瀅	327	矉	572	霸	701	離	788
鎣	776	鵠	828	獺	334	礙	581	覈	701	霧	792
鎬	776	鵝	828	隴	348	礦	581	覷	703	霪	792
闕	784	鵞	828	懲	362	禰	588	譏	722	韻	792

총획색인 907 19〜21획

부록

霪	792	孼	178	癢	556	蹱	747	黥	835	蘚	522
靡	795	寶	190	癟	556	躁	747	黨	835	蘖	522
韜	798	巉	207	瞿	573	躅	747	鼯	837	蘟	522
韻	799	懺	255	礦	581	體	748	齡	839	癉	557
類	804	懺	256	礪	582	轗	755	齟	839	癩	557
額	804	攘	283	礫	582	釀	762			礱	582
願	804	瀾	327	礬	582	醴	762	21획		竈	601
顚	804	瀲	327	寶	601	釋	763	儺	53	襯	608
鶩	815	瀰	327	競	604	鐉	777	儷	53	籓	620
騙	815	瀟	328	襀	608	鐥	777	儹	53	纆	646
髮	820	瀯	328	籃	619	鐘	777	嚼	129	纎	646
鯨	824	瀵	328	籍	619	鐥	777	嚼	129	續	646
鯤	824	獮	334	籌	620	鐩	777	囀	129	纏	646
鯖	825	懸	362	糯	624	鎖	777	囂	129	纉	646
鵰	828	敦	372	繾	645	闡	785	夔	153	蠟	692
鷄	828	曝	399	繼	645	露	792	屬	200	蠣	692
鴨	828	曦	399	辮	645	霰	793	巍	207	蠡	692
鵬	828	朧	405	纈	645	飄	806	懼	256	蠢	692
鵷	828	櫪	440	纂	645	饉	811	愃	256	覽	703
鶉	828	櫨	441	纍	647	饅	811	懽	256	譴	724
鵲	828	櫳	441	耀	655	馨	812	攝	283	譽	724
麒	831	爐	468	朧	673	騫	815	攜	283	護	725
麗	831	爔	468	艦	681	騰	815	灌	328	贓	740
麓	832	犧	479	蠕	691	騷	816	瀅	328	躍	747
麴	833	獻	480	覺	703	驅	816	囊	399	躊	748
黼	836	瓏	493	觸	705	鬪	821	欄	441	轟	755
龐	840	藿	521	警	723	鰒	825	櫺	441	舉	755
		蘆	521	譜	723	鰓	825	櫻	441	轞	755
20획		藺	521	譽	724	鰐	825	櫺	441	辯	757
勸	85	蘋	521	譫	724	鰍	825	殲	450	鐺	777
嚳	128	蘇	521	譯	724	鮑	825	爛	468	鑣	777
嚶	128	藏	521	議	724	鰕	825	珊	493	鑠	777
嚴	129	蘂	521	譟	724	鷙	828	瓔	493	鐵	778
壤	150	蘊	521	讓	724	鹹	831	蓬	522	鐸	778
孀	174	藷	521	瞻	739	麈	832	蘭	522	鏗	778
孃	174	藻	521	臝	739	麵	833	蘗	522	闢	785

霹	793	變	174	躔	748	戀	362	禮	818	鷹	830
霸	793	巒	207	躓	748	孿	371	襴	819	鹽	831
顧	805	巓	207	躑	748	曬	399	鬢	820	鼇	836
顥	805	巘	207	轣	755	欒	441	鱗	825	齷	839
飇	806	彎	232	轤	755	欖	442	鱉	825		
饒	806	攣	232	鑑	778	瓚	493	鷺	830	25획	
饋	811	攢	283	鑒	778	蘿	522	鷲	830	廳	225
饑	811	攤	283	鑌	778	蘸	522	鵰	830	灣	328
饍	811	灑	328	鑄	778	邏	538	麟	832	欖	442
饒	811	灘	328	鑢	778	癰	557	黴	836	籬	620
饌	811	懿	362	鑠	778	籥	620			籩	620
驅	816	權	441	壽	793	籤	620	24획		糴	624
驟	816	欈	441	韃	797	纖	646	囑	129	蘘	646
驀	816	歡	445	響	799	纓	646	衢	161	纘	646
驃	816	瓘	493	顫	805	纔	646	攬	283	蠻	692
髏	818	疊	549	饗	811	纘	692	灝	328	覊	701
魔	823	癬	557	饔	811	蠱	692	癱	557	觀	703
鰭	825	聽	573	驕	816	蠲	692	蠹	573	覽	762
鰥	825	禳	589	驍	816	蠹	692	罐	648	論	779
鷄	829	穰	597	鬚	820	羈	701	羈	650	顱	805
鶻	829	竊	601	鷲	821	變	725	艷	682	鬚	820
鶯	829	籜	620	鰥	821	讎	725	蠹	692	鼉	836
鵲	829	籠	620	鰻	825	讐	726	蠶	692		
鶴	829	籟	620	鰲	825	讌	726	蠧	692	26획	
麝	832	羅	624	鷗	829	轤	755	衢	696	灤	328
黯	836	羇	650	鷓	829	醺	762	讓	726	讚	442
齋	838	聾	660	鷙	829	鑛	778	讒	726	讃	726
齧	839	聽	660	齬	839	鑢	779	讖	726	釃	763
		臟	673	齦	839	鑠	779	釀	762	驢	817
		艫	681	龕	840	醫	795	靈	793		
22획		囊	692	龔	840	護	799	靄	793		
亹	19	襲	699			顯	805	靎	793	27획	
儻	53	讀	725	23획		讌	811	韃	797	纜	647
儷	53	讃	725	變	153	驚	816	蘗	805	讟	726
囊	129	讅	725	巖	207	驛	817	驟	817	躪	748
囈	129	贖	740	攪	283	驗	817	鬢	820	鑾	779
囍	129	贗	740	攫	283	髓	818	鬪	821	鑽	779

顴 805	28획	鑿 779	29획	鸛 830	鸜 830
驥 817	戀 362	驪 817	爨 468		
鑪 825	欖 442	鸚 830	驪 817	30획	33획
讟 836	豔 728		鬱 821	鸞 830	麤 832

字音索引

① 이 자음색인은 모든 표제자의 본음 및 관용음을 가나다순으로 정리하고, 음이 같은 자는 부수별 획수 순으로 배열하였다.
② 표제자의 오른편 숫자는 본문의 면수를 표시한다.

가

个	6	茄	496	慤	358	懇	361	乫	11	減	307
仮	25	葭	507	格	418	幹	380	割	78	邯	336
伽	28	迦	523	権	431	旰	386	喝	121	感	356
佳	32	痂	551	殼	452	杆	408	害	185	憨	360
価	32	稼	595	珏	484	柬	414	渴	306	戡	365
假	43	笳	610	確	580	栞	418	恝	352	敢	375
價	50	舸	680	脚	667	桿	422	曷	400	柑	414
加	80	街	694	腳	669	榦	431	葛	508	橄	436
可	102	袈	697	覚	702	玕	483	碣	578	歛	445
呵	112	訶	709	覺	703	癇	555	竭	603	芡	494
咖	112	賈	734	角	704	癎	556	褐	607	甘	541
哥	117	跏	743	閣	782	看	566	羯	652	疳	551
哿	117	軻	750			瞯	571	蝎	688	監	563
嘉	125	駕	813	**간**		磵	581	蠍	691	瞰	572
嘏	126			乾	12	秆	590	鞨	796	紺	629
嫁	171	**각**		侃	32	稈	592			緘	640
家	183	刻	74	刊	72	竿	609	**감**		轗	755
暇	395	却	95	墾	148	簡	618	減	67	酣	760
柯	414	卻	96	奸	161	肝	662	凵	68	鑑	778
枷	414	各	106	姦	166	艮	681	勘	82	鑒	778
架	414	咯	115	干	216	艱	682	坎	136	龕	840
榎	438	兗	152	幹	218	諫	718	坩	137		
歌	444	恪	244	慳	252	間	780	堪	142	**갑**	
珂	484	推	275	揀	272	閒	782	嵌	205	匣	88
苛	496	擱	281	澗	319			憾	254	岬	202
		慤	358	潤	319	**갈**		撼	279	溘	314

甲	543	襁	608	概	428	**거**		滰	315	**겁**
胛	664	糠	624	楷	431	倨	39	愆	356	刦	71
鉀	767	絳	631	槩	434	去	98	搴	369	刧	73
閘	782	綱	635	玠	483	居	198	楗	428	劫	81
䩡	797	羌	651	芥	494	巨	208	建	525	怯	243
		羗	651	蓋	511	拒	260	腱	669	法	523
강		腔	668	疥	551	拠	260	虔	683	袷	605
僵	51	舡	679	皆	559	据	268	褰	699		
剛	77	講	720	盖	562	據	279	蹇	746	**게**	
堈	140	踒	745	箇	613	渠	307	鍵	774	偈	44
姜	166	鋼	771	該	712	挙	369	鶱	815	愒	249
嫌	172	鎠	775	豈	727	擧	370			揭	272
岡	202	鱇	825	鎧	775	炬	461	**걸**		憩	359
崗	204			開	781	苣	496	乞	11	憇	360
康	222	**개**				莒	502	傑	46		
強	230	丐	4	**객**		蘧	522	杰	410	**격**	
强	231	个	6	喀	121	遽	537	桀	418	挌	264
疆	232	介	19	客	182	磲	581	气	456	激	322
忼	242	价	25			祛	583			隔	346
慷	252	個	38	**갱**		裾	606	**검**		鬲	346
抗	259	偕	45	坑	136	距	743	儉	51	擊	370
江	284	凱	68	阬	339	踞	745	劍	71	格	418
沆	289	剴	78	更	400	車	749	劒	72	檄	439
洚	297	垓	139	秔	590	醵	762	劔	79	綌	645
港	310	塏	144	粳	592	鉅	767	撿	280	膈	671
降	341	愒	249	粳	622	鋸	772	檢	425	覡	702
杠	408	忾	251	羹	652			檢	439	革	795
橿	438	愷	251	鏗	776	**건**		欠	442	骼	818
殭	450	慨	252			乾	12	芡	494	鬲	821
薑	517	溉	315	**갸**		件	26	瞼	572	鴃	826
畺	548	階	345	噱	127	健	43	鈐	767		
疆	549	恝	352	醵	762	巾	211	黔	834	**견**	
矼	575	改	372			建	226			呟	114

堅	140	譎	723	剄	75	莖	502	季	176	**고**	
涀	296	関	783	勁	82	逕	526	屆	198	估	28
涓	300			勍	82	痙	553	届	198	僱	49
狷	330	**겸**		卿	96	硬	577	玨	232	古	103
牽	478	俙	46	卿	96	磬	580	悸	247	叩	103
犬	479	兼	62	哽	117	竟	602	洎	294	告	109
遣	533	蒹	62	囧	131	競	604	溪	302	呱	112
甄	540	嗛	124	坰	137	経	629	溪	311	固	131
畎	545	慊	251	境	145	絅	629	階	345	姑	164
筧	613	拑	260	庚	220	經	634	戒	363	孤	176
絹	634	歉	444	径	235	繄	635	桂	418	尻	197
繭	644	兼	511	徑	237	耕	656	械	422	庫	222
縳	645	箝	613	憬	253	耿	657	棨	425	拷	264
肩	662	謙	720	涇	298	脛	667	桂	462	沽	289
蠲	692	鉗	767	慶	359	警	723	界	545	敲	372
見	701	鎌	775	憨	361	軽	750	癸	557	攷	372
譴	724			肩	367	輕	751	磎	579	故	373
鵑	828	**겹**		擎	370	鏗	776	禊	587	杲	396
		夾	157	敬	376	鏡	776	稽	595	杲	410
결		裌	504	景	393	頃	799	笄	611	枯	414
夬	155	袷	605	暻	397	頸	802	系	624	槀	431
契	158	輄	797	更	400	驚	816	継	634	槁	431
孒	174	頬	803	梗	422	鯁	824	繋	635	考	481
抉	257			檠	439	鯨	824	繫	644	茓	497
決	285	**경**		橄	439	鷓	828	継	645	苦	497
潔	319	京	18	炅	460	黥	835	繼	650	菰	504
挈	369	俓	35	烱	462			計	706	藁	519
桔	419	倞	39	煢	463	**계**		誡	713	藳	520
玦	483	傾	47	熲	465	係	35	谿	727	痼	553
結	631	儆	51	璟	491	啓	118	雞	787	皐	560
絜	634	冏	62	璥	492	堺	142	鷄	828	皋	560
缺	647	冋	63	瓊	493	垍	142	鶏	829	皷	561
訣	707	涇	66	荊	502	契	158			睾	571

磬 572	曲 399	**골**	鞏 796	癯 557	顴 805
稿 595	梏 422	汨 285	龔 840	霍 791	館 810
稾 596	穀 596	汩 286			鱹 825
袴 605	穀 623	滑 314	**곶**	**관**	鸛 830
篙 616	觳 705	矻 575	串 7	卝 7	
縞 641	谷 726	骨 818		串 7	**괄**
罟 648	酷 760	鶻 829	**과**	冠 63	刮 74
羔 651	鵠 828		堝 142	官 180	括 264
股 662		**공**	夥 154	寛 187	活 297
膏 671	**곤**	供 32	夸 157	寬 189	恝 352
皐 675	ㅣ 6	倥 39	寡 188	慣 252	栝 418
蛄 686	困 131	公 60	戈 362	灌 328	适 524
蠱 692	坤 137	共 60	果 410	梡 422	閪 784
觚 704	壼 151	功 80	菓 504	棺 425	
詁 709	崐 204	孑 174	過 530	欵 442	**광**
誥 713	悃 246	孔 174	瓜 539	款 443	侊 32
賈 734	捆 266	工 208	科 590	琯 487	光 55
跨 744	滾 311	廾 227	蝌 688	瓘 493	劻 81
辜 755	滚 315	悾 247	蝸 689	莞 503	匡 87
錮 772	昆 387	拱 264	裹 698	菅 504	壙 149
雇 786	晜 392	控 268	誇 710	盥 564	広 220
靠 795	梱 422	恐 352	課 715	管 613	廣 224
顧 805	棍 425	恭 352	跨 744	綸 636	恇 244
高 819	琨 487	攻 373	鍋 774	罐 648	洸 294
髙 819	褌 607	栱 418	顆 803	睆 668	狂 329
鵠 827	袞 696	槓 431		舘 678	獷 334
鼓 837	衮 697	珙 485	**곽**	観 703	曠 399
	錕 772	矼 575	廓 224	觀 703	桄 419
곡	閫 783	空 598	攫 283	貫 731	框 419
告 109	髠 819	箜 613	郭 337	錧 772	眖 460
哭 117	髡 820	蚣 685	椁 425	関 782	炚 460
嚳 128	鯤 824	貢 731	槨 434	關 784	珖 485
斛 379		跫 744	藿 521	鑵 787	磺 581

괘~군										
鑛	581	**곡**		蕎	515	口	102	毆	452	鉤	768
筐	611	硅	577	皎	560	叩	103	毬	454	鈆	770
胱	666	嘓	812	皦	561	句	103	求	458	韭	798
誆	713			矯	574	咎	112	灸	460	駆	813
鉱	768	**굉**		窖	600	嘔	125	者	481	馬四	814
鑛	778	宏	179	竅	601	垢	137	耉	482	駒	814
		紘	626	絞	632	垢	139	玖	483	驅	816
괘		肱	663	翹	655	姤	171	珣	484	鳩	826
卦	93	轟	755	膠	671	嫗	172	球	486	鷗	829
挂	264			蛟	686	寇	185	艽	494	龜	840
掛	268	**교**		較	750	屨	200	苟	497	龜	840
袿	606	交	17	轎	754	嶇	206	蒟	511		
罫	648	佼	32	酵	760	廐	224	述	526	**국**	
		僑	49	鉸	769	廄	224	嘔	540	口	130
괴		叫	103	餃	809	懼	256	疚	551	国	131
乖	10	咬	115	驕	816	扣	257	疴	551	国	132
傀	46	喬	121	鮫	824	拘	260	瞿	572	國	132
儈	52	姣	166			搆	275	矩	574	局	197
塊	144	嬌	173	**구**		摳	277	究	598	掬	268
壞	148	嶠	206	丘	5	溝	311	窶	601	菊	504
壞	150	巧	209	久	9	漚	315	篝	616	跼	745
媿	171	攪	283	九	11	狗	329	糗	623	鞠	796
怪	243	澆	321	仇	23	邱	335	絿	635	鞫	796
恠	245	狡	330	佝	28	救	374	臼	676	麴	832
恢	245	郊	336	俱	39	旧	385	舅	677	麯	833
愧	251	教	374	區	47	晷	393	舊	677		
拐	260	敎	374	具	61	枸	414	蚯	686	**군**	
澮	324	咬	391	寇	64	樞	414	衢	696	君	109
槐	432	校	419	劬	81	柩	415	裘	698	捃	266
烠	462	梟	425	勾	85	構	432	訽	713	郡	336
瑰	490	橋	436	区	88	歐	442	謳	722	窘	600
魁	822	橇	438	區	89	毆	444	購	738	裙	606
		艽	494	厩	98	殳	451	軀	748	群	652

軍	749	權	434	喟	123	頃	799	嫤	172	禁	586
		權	441	帰	213			荌	211	禽	589
굴		眷	569	曷	393	**균**		漌	315	衿	604
倔	39	綣	635	歸	447	勻	85	懃	361	襟	608
厥	97	顴	805	貴	732	均	136	斤	380	裧	696
堀	140			鉝	769	菌	504	根	419	金	765
屈	198	**궐**		鬼	822	昀	545	槿	434	錦	772
崛	204	亅	12	龜	840	筠	613	瑾	491		
掘	268	劂	79	龟	840	鈞	767	芹	494	**급**	
淈	302	厥	97			龜	840	菫	505	伋	26
矻	575	孒	174	**규**		龟	840	近	523	及	99
窟	600	獗	333	叫	103			筋	611	岌	202
		蕨	515	圭	135	**귤**		腱	669	扱	257
궁		蹶	747	奎	159	橘	436	覲	703	汲	286
宮	183	闕	784	嫢	172			謹	722	急	351
弓	228			揆	273	**극**		跟	744	笈	609
芎	494	**궤**		邽	336	亟	16	饉	811	級	626
穹	598	几	67	槻	434	克	56			給	632
窮	600	匱	88	樛	434	剋	76	**글**			
竆	601	憒	253	珪	485	劇	79	吃	108	**긍**	
躬	748	潰	319	葵	508	屐	199	契	158	亙	15
		机	407	逵	529	隙	346	訖	706	亘	15
권		櫃	440	癸	557	隟	346			兢	58
倦	39	篑	617	暌	571	戟	365	**금**		矜	573
券	71	簣	618	硅	577	棘	425	今	20	肯	663
勸	84	詭	711	窺	601	極	428	噤	127		
勧	85	跪	744	竅	601			妗	163	**기**	
卷	95	軌	749	糺	625	**근**		擒	280	亟	16
圈	133	鉝	769	糾	625	僅	47	吟	387	企	21
捲	268	饋	811	虧	684	劤	81	檎	439	伎	26
港	302			規	702	勤	84	欽	443	其	61
拳	369	**귀**		赳	741	卺	96	琴	487	冀	62
棬	425	句	103	閨	782	堇	146	芩	495	剞	77

嗜	124	杞	408	機	657	**김**		**날**		**냥**
器	126	枝	413	肌	661	金	765	捏	266	両	6
器	127	杺	417	羇	701			捺	269	兩	59
圻	136	棋	426	羈	701	**끗**		捏	273	孃	174
埼	140	棊	426	覬	703	彑	117				
基	140	棄	426	記	706			**남**		**녀**
夒	153	機	437	譏	722	**끾**		南	92	女	161
夔	153	欺	443	豈	727	喫	121	喃	121		
奇	157	歧	446	起	741			湳	307	**녁**	
妓	163	气	456	跂	743	**나**		枏	410	疒	550
寄	185	気	456	錤	772	儺	53	楠	429		
居	198	氣	456	錡	772	奈	157	男	544	**년**	
岐	202	耆	482	飢	807	娜	168			年	217
崎	204	玘	483	饑	811	愞	249	**납**		撚	278
己	210	琪	488	騎	815	懦	255	吶	109	碾	579
幾	219	琦	488	騏	815	挪	266	衲	604	秊	590
忌	243	瑨	491	驥	817	那	334	納	626		
技	257	璣	491	鰭	825	拏	368			**녈**	
掎	268	其	505	麒	831	拿	369	**낭**		捏	266
汽	286	畸	548			挐	369	囊	129	捏	273
沂	286	畿	549	**긱**		挼	384	娘	168	涅	298
洎	294	碁	578	喫	121	奈	415	曩	399		
淇	302	磯	581			糯	624			**념**	
忌	349	祁	582	**긴**		胗	666	**내**		恬	245
旂	382	祈	583	緊	636			乃	8	拈	260
旗	384	祇	583			**낙**		內	58	捻	269
旡	385	祺	586	**길**		諾	718	內	62	念	350
既	385	秖	593	佶	32			奈	157	粘	621
旣	385	箕	614	吉	106	**난**		奶	161	鮎	824
暣	396	紀	625	姞	166	暖	395	柰	415	黏	834
曁	397	綺	635	拮	264	煖	463	迺	524		
期	404	羇	650	桔	419	赧	740	耐	655	**녑**	
朞	405	羈	650			難	788			捻	269

녕		能 666	但 28	獺 334	談 716
佞 28	惱 246		單 92	達 531	譚 722
嚀 128	悩 246	니	單 121	疸 551	錟 772
寗 187	惱 249	你 28	団 130	靼 796	
寧 187	腦 667	尼 197	團 134	韃 797	답
寍 188	脳 669	怩 243	壇 148		沓 458
濘 324	餒 810	泥 289	象 232	담	遝 534
獰 333		瀰 324	湍 307	倓 39	畓 545
甯 543	뇨	柅 415	鄲 338	儋 51	答 611
	嫋 171	禰 588	斷 380	啿 119	踏 745
녜	尿 197	膩 672	断 381	啖 119	
禰 588	撓 278		斷 381	坍 136	당
	淖 302	닉	旦 385	壜 150	倘 39
노	溺 311	匿 89	檀 439	憺 254	儻 53
努 81	橈 437	溺 311	段 451	担 260	党 57
呶 112	裊 698		煓 463	擔 280	唐 117
奴 161	鬧 821	닐	疸 551	淡 302	堂 140
孥 176		昵 389	短 574	湛 309	塘 144
帑 212	눈		端 603	潭 319	幢 216
弩 230	嫩 172	님	袒 604	澹 323	当 232
惱 249		恁 353	禪 608	郯 337	撞 278
怒 351	눌		簞 618	曇 397	戇 362
瑙 489	吶 109	다	緞 638	毯 455	棠 426
硇 578	訥 707	多 153	岌 656	薴 515	瑭 490
駑 814		夛 232	蛋 686	痰 554	當 548
	뉴	爹 474	鍛 774	禫 588	瞠 571
농	狃 329	茶 500	靼 796	册 657	糖 623
儂 51	杻 410	案 600		耽 657	螳 690
濃 322	紐 627		달	聃 657	讜 726
膿 672	鈕 767	단	妲 164	胆 664	鐺 777
農 757		丹 7	怛 243	膽 672	黨 835
	뉵	亶 19	撻 280	覃 700	
뇌	忸 242		達 322	詹 712	
	恧 352				

대		德	240	棹	426	禿	589	凍	66	窬	600
代	23	德	240	櫂	440	篤	616	動	82	竇	601
垈	137	悳	354	櫂	440	蠹	646	同	106	肚	662
垡	138			燾	472	読	713	垌	139	蚪	685
大	154	도		璹	493	讀	725	彤	233	蠹	692
对	191	倒	39	萄	505	髑	819	憧	253	盡	692
對	194	刀	69	菟	507	黷	836	洞	294	讀	725
岱	202	到	74	逃	524			潼	320	豆	727
帶	213	図	131	途	526	돈		瞳	398	頭	802
帶	214	圖	134	道	531	噋	128	瞳	405		
待	236	堵	142	盜	563	墩	147	東	410	둔	
抬	263	塗	144	睹	571	惇	247	桐	420	屯	201
擡	281	墻	149	禱	588	沌	286	棟	426	遁	531
汏	284	導	194	稻	594	狚	329	烔	462	遯	535
隊	345	屠	199	稻	596	敦	376	董	508	窀	599
懟	362	島	203	條	635	旽	387	甬	543	臀	672
戴	366	嶋	206	蠹	646	暾	398	疼	551	鈍	767
昊	386	度	221	覩	702	燉	463	瞳	572		
歹	448	徒	238	賭	738	燉	465	童	603	득	
玳	484	悼	247	跳	744	盾	567	胴	666	得	238
逮	530	挑	265	蹈	746	豚	728	蝀	687		
碓	578	掉	269	鍍	774	頓	800	銅	769	등	
臺	676	搯	269	韜	798					凳	68
袋	697	搗	275	鼗	812	돌		두		嶝	206
貸	733	檮	281			乭	11	兜	58	鄧	339
錞	773	淘	302	독		咄	112	吋	107	橙	437
隶	785	渡	307	瀆	326	堗	142	阧	339	滕	459
黛	835	滔	312	独	330	突	598	斗	379	灯	460
		濤	324	獨	333			杜	408	燈	465
댁		都	337	毒	453	동		枓	411	藤	520
宅	179	都	338	瀆	476	仝	20	荳	502	登	557
		陶	343	犢	479	僮	49	逗	526	等	611
덕		桃	419	督	570	冬	65	痘	553	謄	721

騰	815	**란**		襤	608	萊	505	儷	53	櫪	440
		丹	7	籃	619	趦	742	勵	81	歷	447
라		乱	11	纜	647			勵	85	礫	582
剌	76	亂	12	覽	703	**랭**		厲	98	轢	755
刺	76	卵	95			冷	65	呂	110	靂	793
喇	122	孿	207	**랍**				唳	119	鬲	821
憐	255	懶	255	拉	260	**략**		廬	225		
懶	255	懶	255	摺	277	掠	269	濾	326	**련**	
摞	277	瀾	327	臘	673	略	546	慮	359	變	174
蓏	511	欄	441	蠟	692	畧	547	戾	366	憐	253
蘿	522	欒	441					旅	383	漣	315
邏	538	爛	468	**랑**		**량**		梠	423	恋	353
癩	556	珊	493	廊	223	両	6	欄	440	戀	362
癲	557	蘭	522	浪	298	亮	18	犁	478	攣	371
裸	606	覸	703	瀧	327	倞	39	犂	479	煉	463
羅	650	鑾	779	狼	330	俩	40	藜	520	璉	491
螺	690	闌	784	郎	336	兩	59	癘	556	蓮	513
蠡	692	鸞	830	郞	336	凉	66	礪	582	連	526
覸	703			朗	404	喨	122	臂	671	練	638
騾	816	**랄**		榔	432	涼	302	蠣	692	联	658
		剌	76	烺	462	梁	422	蠡	692	聯	659
락		喇	122	琅	486	樑	435	鑢	779	聯	659
洛	294	辣	756	瑯	490	粱	622	閭	783	輦	752
楽	429			粮	593	粮	622	驢	817	鍊	774
樂	434	**람**		娘	687	糧	624	驪	817		
烙	462	婪	169	螂	689	良	681	麗	831	**렬**	
犖	479	嫏	169			諒	716	黎	834	冽	66
珞	485	嵐	205	**래**		輛	752			列	72
落	508	擥	283	来	21	量	765	**력**		劣	81
絡	632	濫	324	來	21	魎	823	力	80	振	269
酪	760	擥	371	俫	40			瀝	326	洌	294
駱	814	欖	442	崃	204	**려**		曆	398	烈	468
		藍	519	徠	238	侶	35	櫟	440	裂	697

렴

帘	212
廉	223
濂	323
瀲	327
斂	377
殮	450
磏	579
簾	619
鎌	775

렵

猟	331
獵	334
鬣	820

령

令	20
伶	28
另	104
囹	132
姈	164
岺	202
嶺	206
灵	232
怜	243
泠	289
澪	323
呤	389
欞	441
櫺	442
齢	447
玲	484

苓	497
逞	527
答	610
羚	651
翎	653
聆	657
蛉	686
鈴	768
零	790
靈	793
領	801
鴒	827
齡	839

례

例	32
澧	323
礼	582
礼	582
禮	588
醴	762
隷	785
隸	785

로

劳	81
勞	83
嚧	128
撈	278
擄	280
潞	323
瀘	327
櫓	440

爐	441
炉	460
鑪	468
牢	477
老	481
蘆	521
盧	564
艫	681
虜	684
路	744
輅	751
轤	755
露	792
顱	805
魯	823
鷺	830
鹵	830

록

录	232
漉	315
菉	505
碌	578
祿	587
籙	620
綠	636
轆	754
錄	772
鹿	831
麓	832

론

論	716

롱

壟	150
弄	227
滝	312
瀧	327
隴	348
朧	405
瓏	493
礱	582
籠	620
聾	660
麗	840
龐	840

뢰

儡	52
瀨	327
牢	477
蕾	517
癗	556
癩	557
磊	579
籟	620
耒	656
誄	711
賂	735
賚	736
賴	738
雷	790

료

了	12
僚	49

寥	188
寮	189
廖	224
潦	320
獠	333
料	379
燎	465
蓼	513
遼	535
療	556
瞭	572
聊	657

룡

竜	602
龍	839

루

僂	47
壘	142
塁	149
婁	169
屢	200
淚	302
漏	315
陋	341
楼	429
樓	435
蔞	513
瘻	555
窶	601
褸	608
累	629

縷	641
纍	641
鏤	776
髏	818

뤼

涙	302

류

刘	72
劉	79
流	294
流	298
溜	312
瀏	326
旒	384
柳	415
榴	432
橊	437
琉	486
瑠	490
蔂	513
遛	534
遛	535
留	546
罶	547
瘤	555
硫	577
繆	642
謬	722
類	804

륙		름		狸	330	鄰	339	碼	579	漫	316
六	60	凜	67	厰	371	隣	347	磨	580	灣	328
僇	47	凛	67	李	408	燐	465	罵	649	蘰	362
陸	343	廩	225	梨	423	璘	492	蟆	690	晚	392
戮	365	懍	255	犁	478	藺	521	馬	812	曼	401
蓼	513	禀	587	犛	479	遴	535	魔	823	萬	508
		稟	594	聲	479	躙	748	麻	833	蔓	514
				理	486	鏻	777	麻	833	瞞	571
륜				璃	491	鱗	825			蠻	686
侖	22	릉		莉	502	䴠	831	막		蠻	692
倫	40	凌	66	蘺	522	麟	832	寞	188	輓	751
崙	204	陵	343	痢	553			幕	215	鏋	776
崘	204	棱	426	离	589	림		摸	277	饅	811
淪	302	楞	429	裡	606	淋	303	漠	315	鰻	825
綸	636	菱	505	籬	620	林	411	莫	502		
輪	752	薐	514	罹	650	琳	426	藐	519	말	
錀	773	薐	517	蠃	653	琳	488	邈	537	抹	117
		稜	594	裏	698	痳	554	瘼	555	抹	261
률		綾	636	貍	730	臨	674	膜	671	沫	289
律	205			醨	761	霖	791			末	406
律	236	리		籬	763			만		秣	415
慄	251	俚	35	里	764	립		万	2	茉	497
栗	420	俐	35	鳘	765	砬	576	卍	91	秣	591
率	539	利	73	離	788	立	601	墁	146	襪	608
		厘	97	驪	817	笠	610	娩	168	韈	796
륭		吏	107	鯉	824	粒	621	巒	207		
隆	345	哩	117	鷯	830			彎	230	망	
癃	556	唎	117	麗	831	마		彎	232	亡	16
窿	601	嫠	173			媽	172	慢	252	亾	58
		履	200	린		摩	370	挽	266	尨	97
륵		悧	246	吝	110	瑪	490	滿	307	妄	162
勒	83	浬	298	撛	278	蘇	514	湾	307	孟	176
肋	661	涖	298	潾	320	痲	554	滿	316	忙	242
		漓	315								

悶	248	賣	736	**면**		暝	396	暮	396
邙	334	魅	822	俛	35	檰	426	某	415
忘	349			免	56	茗	500	模	435
望	404	**맥**		免	57	蓂	511	橅	437
芒	494	佰	33	冕	63	皿	561	母	453
茫	500	獏	332	勉	82	盟	563	毛	454
莽	505	陌	341	勔	82	明	566	车	477
網	636	脉	664	宀	178	瞑	571	牡	477
网	648	脈	666	沔	285	螟	689	氂	479
罔	648	貊	729	棉	426	酩	760	耄	482
輞	752	貉	730	眄	566	銘	769	瑁	489
魍	823	驀	816	眠	568	鳴	826	芼	495
		麥	832	綿	637	鴨	828	茅	497
매		麦	832	緬	638			莫	502
呆	110			絲	639	**몌**		眊	566
埋	139	**맹**		縉	639	袂	604	眸	569
売	151	孟	176	面	795			矛	573
妹	164	猛	331	靣	795	**모**		耗	656
媒	170	甿	456	麪	832	侔	33	謀	718
寐	186	萌	505	麵	833	侮	33	謨	722
沫	289	甍	540			侮	35	貌	730
昧	389	盟	563	**멸**		冒	63		
枚	411	盲	565	滅	312	冐	63	**목**	
梅	423	黽	836	蔑	514	募	84	沐	286
每	453					厶	98	木	405
煤	463	**멱**		**명**		姆	164	牧	477
玫	483	一	63	冥	64	姥	166	首	497
苺	497	冪	64	名	107	帽	215	目	565
莓	503	幎	215	命	113	摸	277	睦	570
邁	537	汨	286	恨	251	摹	332	穆	596
昧	568	糸	624	洺	295	慕	359	鶩	828
罵	649	覓	702	溟	312	摹	370		
買	733	覔	702	明	387	旄	383	**몰**	

		沒	286			
		歿	448			
		몽				
		冢	64			
		夢	154			
		濛	324			
		朦	405			
		蒙	511			
		瞢	571			
		曚	572			
		묘				
		卯	94			
		墓	146			
		妙	163			
		廟	224			
		描	273			
		渺	307			
		猫	331			
		昴	389			
		杳	411			
		森	459			
		苗	497			
		茆	498			
		藐	519			
		畝	546			
		眇	566			
		秒	591			
		竗	602			
		貓	730			
		錨	774			

무		묵		味	113	민		蜜	688	反	100
亡	16	墨	146	媄	171	岷	202	謐	721	叛	101
務	83	墨	147	媚	171	憫	254			扮	258
巫	209	繆	646	嫩	172	泯	289	바		拌	261
廡	224	默	834	尾	197	潤	320	婆	170	搬	275
憮	254			嵄	205	忞	350			泮	290
拇	261	문		嵋	205	悶	355	박		潘	320
撫	278	亹	19	弥	230	愍	356	剝	77	攀	371
懋	361	們	40	彌	232	慜	359	博	93	斑	378
戊	363	刎	72	微	240	敃	373	拍	261	柈	415
无	384	吻	110	徽	240	敏	375	搏	275	槃	432
枺	429	問	119	渼	307	旻	387	撲	278	班	485
橅	437	汶	287	湄	307	旼	387	泊	289	返	523
武	446	悶	355	瀰	324	暋	395	朴	407	畔	546
毋	453	文	378	瀰	327	民	455	樸	437	瘢	555
無	469	炆	460	獼	334	玟	483	牔	476	盤	564
牟	477	玟	483	未	406	珉	484	珀	484	盼	567
牡	477	坋	484	梶	423	瑉	489	璞	492	磐	579
珷	487	瞞	571	楣	429	砇	575	薄	517	磻	581
瑠	492	紋	627	薇	517	磻	579	迫	523	礬	582
茂	498	紊	627	迷	524	緡	639	箔	614	絆	629
蕪	516	聞	658	眉	566	罠	648	粕	621	胖	664
畝	546	蚊	685	米	621	銀	768	縛	640	般	679
矛	573	門	780	麋	624	閔	781	膊	671	蟠	691
繆	642	雯	789	麋	642	閩	782	舶	680	蠁	729
舞	679			美	651	頤	802	鉑	768	頒	801
誣	713	물		謎	721	顝	803	鎛	775	飯	808
謬	722	勿	85	躾	748	鼋	836	雹	790		
貿	733	沕	287	靡	795			駁	813	발	
霧	792	物	477	魅	822	밀				勃	82
鶩	815			蘪	831	宓	181	반		哱	117
鵡	828	미		黴	836	密	185	伴	28	拔	261
		亹	19			泌	287	牟	90	撥	278

淳	298	枋	411	焙	463	攀	582	偏	45	編	640
渤	307	棒	427	盃	562	袢	605	僻	51	辮	645
潑	320	榜	432	褙	607	繁	642	劈	71	變	725
癶	557	膀	476	背	664	繙	644	壁	148	辨	756
発	557	芳	495	胚	664	翻	655	愎	250	辯	757
發	558	蒡	511	裵	698	飜	807	擗	280	采	763
跋	743	磅	579	裴	699			擘	370	骿	814
醱	762	紡	627	賠	736	**벌**		檗	427	駢	815
鉢	768	肪	663	輩	752	伐	26	檗	439		
髮	820	膀	671	配	759	筏	612	壁	492	**별**	
魃	822	舫	680			罰	649	薜	522	丿	8
		蚌	685	**백**		閥	782	蘗	522	別	73
방		訪	708	伯	29			逼	533	別	73
仿	26	謗	721	佰	33	**범**		蘗	541	捌	267
倣	40	髣	820	帛	212	凡	67	癖	556	苾	499
傍	46	麗	840	拍	261	几	68	碧	579	莂	503
匚	87	龐	840	柏	415	帆	212	辟	755	瞥	572
厖	97			栢	420	氾	283	闢	785	徹	608
坊	136	**배**		白	558	汎	284	霹	793	斿	812
妨	163	倍	40	百	559	泛	290			鱉	825
尨	196	俳	40	魄	823	犯	328	**변**		鼈	836
幇	215	北	87			机	408	便	37		
幫	216	啡	119	**번**		梵	423	卞	93	**병**	
彭	234	坯	137	反	100	范	498	変	152	丙	5
彷	235	培	141	播	147	範	615	弁	227	並	6
滂	312	徘	238	幡	216	釩	766	徧	240	倂	33
邦	335	拜	261	樊	435			抃	257	併	40
防	339	排	269	煩	463	**법**		汴	287	兵	61
房	366	湃	308	燔	465	法	290	扁	367	屛	198
放	373	陪	343	蕃	516	珐	484	辺	522	屏	199
方	382	拝	368	藩	520	琺	488	遍	533	并	217
旁	383	杯	412	番	547			邊	538	幷	218
昉	387	桮	423	磻	581	**벽**		邉	620	昞	389

昺	389	潽	320	箙	614	蠭	692	附	340	鳧	826
柄	415	普	394	腹	669	鋒	771	敷	377	麩	832
棅	427	步	446	覆	701	鳳	826	斧	380		
炳	461	父	474	輻	753			枎	423	**북**	
迸	525	珤	485	輹	753	**부**		父	474	北	87
迸	529	菩	505	鍑	774	不	4	芙	495		
瓶	540	甫	543	馥	812	仆	23	苻	498	**분**	
甁	540	補	606	鰒	825	付	24	莩	503	体	31
病	551	褓	607			俛	35	瓿	540	分	70
秉	590	簠	618	**본**		仔	36	祔	583	匪	88
竝	602	譜	723	本	406	俯	41	符	610	吩	110
餠	647	輔	751			傅	46	簿	619	噴	126
軿	751	黼	836	**볼**		富	64	缶	647	噴	127
軿	752			乶	11	剖	77	瓿	647	墳	147
鉼	769					副	77	腐	668	墳	148
鉼	773	**복**		**봉**		否	110	腑	668	奔	158
餠	809	伏	26	俸	40	咐	113	膚	671	奔	159
餅	810	僕	49	奉	158	埠	141	孵	680	奮	161
騈	814	匐	86	封	191	夫	155	蜉	687	憤	254
騈	815	卜	93	峯	203	婦	169	裒	698	憤	255
		宓	181	峰	203	孚	175	覆	701	扮	258
보		幅	215	捧	269	孵	177	訃	706	汾	287
保	35	㒒	216	浲	299	富	187	負	730	濆	320
俌	36	復	239	溄	316	專	192	負	730	濆	323
呆	110	洑	295	棒	427	府	221	賦	736	忿	350
堡	143	濮	324	烽	462	復	239	賻	738	盼	387
報	143	支	371	熢	465	扶	257	赴	741	氛	456
宝	180	服	403	琫	488	抔	258	趺	743	焚	463
寶	190	茯	500	蓬	514	拊	261	釜	766	犇	479
寶	190	蔔	506	逢	527	掊	269	鈇	767	芬	495
洑	295	葍	514	蓬	617	浮	299	阜	785	蕡	516
深	308	福	587	縫	642	溥	312	駙	814	蕡	517
溥	312	袱	605	蜂	687	部	337	鮒	824	奋	546

盆	562	俾	41	毖	454	**빈**		冫	65	射	192
笨	610	備	46	毘	454	份	26	冰	65	巳	210
粉	621	僻	51	琵	488	儐	52	憑	360	師	213
糞	624	刜	77	菲	506	嚬	128	氷	457	徙	238
紛	627	匕	86	疕	550	嬪	173	聘	658	捨	270
賁	735	匪	88	痞	553	彬	234	馮	813	沙	287
雰	789	卑	91	痹	554	擯	281	騁	814	泗	290
		否	110	痺	554	浜	299			浚	299
불		啚	128	痺	570	濱	325	**사**		渣	308
不	4	圮	135	砒	575	瀕	327	乍	9	瀉	326
仏	23	妃	162	碑	578	邠	335	事	13	獅	332
佛	29	妣	163	祕	584	斌	379	些	15	邪	335
弗	229	婢	169	秕	591	檳	440	仕	24	思	351
祓	235	屁	198	秘	591	殯	450	似	29	斜	379
怫	243	庇	220	禆	606	牝	477	伺	29	斯	381
扐	256	悂	243	篦	617	玭	484	使	33	柶	415
拂	261	悱	248	箆	617	璸	493	侯	36	查	415
沸	290	批	258	粃	621	蘋	521	傞	51	梭	424
祓	583	泌	290	緋	637	矉	572	写	63	楂	429
艴	682	沸	290	翡	654	穦	597	寫	64	榭	432
髴	820	邳	335	肥	663	繽	645	卸	96	槎	433
黻	836	鄙	338	脾	669	臏	673	厶	98	死	448
		陴	344	臂	672	闧	729	司	104	璽	493
붕		悲	355	蚍	688	貧	731	史	104	莎	503
崩	204	憊	360	誹	716	賓	736	唆	117	蓑	511
朋	403	扉	368	譬	724	贇	739	嗣	125	蓰	514
棚	427	斐	379	費	733	鑌	778	四	130	舍	548
硼	578	柀	412	賁	735	霦	792	士	150	砂	575
繃	642	椑	427	轡	755	頻	802	奢	160	祀	582
鵬	828	棐	427	非	794	顰	805	姒	165	社	583
		榧	432	飛	806	鬢	820	娑	168	祠	584
비		比	454	髀	818			寫	190	私	590
丕	5	吡	454	鼻	837	**빙**		寺	191	竢	603

篩 617	鑠 779	參 99	壖 146	새	惰 249
簑 617		參 99	孀 174	僿 51	抒 258
糸 624	산	糝 99	尙 195	塞 144	捿 270
紗 627	傘 22	彡 233	峠 203	璽 493	揟 273
絲 632	删 74	滲 316	常 214	賽 739	恕 353
耜 656	山 201	杉 408	床 220	鰓 825	念 354
肆 660	汕 284	森 427	庠 222		敍 372
舍 678	潸 320	芟 495	廂 223	색	暑 395
蛇 686	澘 320	蔘 514	徜 238	嗇 125	曙 398
裟 698	狻 330	衫 604	湘 308	塞 144	書 400
覗 702	散 376		想 356	穡 597	杼 413
詐 709	橵 437	삽	桑 420	索 627	栖 420
詞 709	珊 484	卅 90	樣 435	色 682	棲 427
謝 721	蒜 512	唼 116	橡 437		犀 479
賜 737	産 542	插 273	殤 450	생	瑞 489
赦 740	疝 551	挿 273	爽 474	牲 416	芧 496
辞 756	算 614	渋 303	牀 475	甥 478	薯 519
辭 756	繖 644	溢 320	状 480	生 541	藇 519
食 807	訕 706	澁 325	狀 480	甥 542	諸 521
飼 808	酸 760	歃 443	甞 541	省 567	逝 527
飴 809	霰 793	鈒 767	相 567	笙 610	筮 613
駟 814		靈 792	祥 585		絮 633
駛 815	살	颯 806	箱 615	서	緖 639
麝 832	㐌 11		翔 654	叙 101	署 649
	撒 278	상	裳 699	噬 127	胥 664
삭	殺 451	上 2	觴 705	墅 146	舒 678
削 76	殺 451	倘 39	詳 711	墡 151	西 700
数 376	煞 470	傷 47	象 728	婿 171	誓 713
數 377	瞉 514	像 49	賞 737	嶼 206	諝 718
朔 404	薩 519	償 52	霜 792	輿 206	鉏 768
槊 432		商 119	顙 804	序 220	鋤 771
蒴 512	삼	喪 122	餉 809	庶 222	黍 833
索 627	三 2	嘗 125		徐 238	鼠 837

齟	839	善	122	膳	672	雪	789	性	243	笹	610
		墡	147	舡	679	䩞	839	惺	250	細	629
석		嬋	173	船	680			猩	332	說	713
夕	153	嬋	173	蟬	691	**섬**		成	363	貰	733
奭	160	宣	182	詵	711	剡	77	成	363		
射	192	尟	195	跣	745	陝	341	星	389	**소**	
席	213	尠	195	銑	769	暹	398	晟	392	卲	95
惜	248	愃	250	鐥	777	殲	450	娍	392	召	104
汐	284	挻	267	霰	793	纖	646	城	487	嘯	127
淅	303	撰	279	饍	811	纎	646	珹	489	塑	145
潟	320	擅	281	鮮	824	蟾	691	盛	563	宵	184
昔	388	洒	295			譫	724	省	567	小	194
晳	394	涎	300	**설**		贍	739	筬	613	少	195
晰	394	渲	308	偰	44	銛	772	聖	658	巢	208
析	412	漩	316	高	94	閃	780	聖	658	愫	251
蓆	512	扇	367	呐	109			聲	659	掃	270
石	575	敾	377	契	158	**섭**		胜	665	搔	275
碩	579	旋	383	媟	171	囁	129	腥	670	沼	291
祏	591	煽	464	屑	199	懾	256	誠	714	泝	291
穸	598	琔	485	泄	290	摄	275	眚	733	消	299
舃	677	琔	487	洩	295	攝	283	醒	761	溯	312
蜥	688	瑄	489	渫	308	涉	299	騂	815	瀟	323
释	763	璇	491	挈	369	涉	303			瀟	328
釋	763	璿	493	楔	429	燮	466	**세**		邵	335
鉐	768	薛	522	設	514	葉	509	世	5	愬	358
錫	773	選	536	薛	517			勢	84	所	367
		癬	557	卨	589	**성**		劯	91	昭	390
선		禪	588	細	629	城	139	帨	214	招	416
亘	15	線	639	綫	633	城	139	忕	242	梳	424
仙	24	繕	644	舌	678	声	151	洗	295	梢	425
僊	48	羨	652	媟	699	姓	165	洒	295	炤	461
先	55	羶	653	設	708	娍	168	歲	447	燒	463
單	121	腺	670	說	713	宬	184	稅	593	燒	465

燥	467	鞘	797	**송**		**쇠**		隧	347	粹	621
玿	484	韶	798	宋	179	乂	152	愁	356	粋	623
茗	499	騷	816	悚	246	衰	696	戍	363	綏	635
蔬	514			淞	303	釗	766	手	368	綬	637
蕭	518	**속**		松	412			收	372	繡	645
蘇	521	俗	36	送	525	**수**		数	376	羞	651
逍	527	属	200	竦	603	修	41	數	377	脩	667
遡	534	屬	200	聳	659	収	100	晬	394	誰	716
甦	542	涑	299	舂	677	受	101	樹	437	讎	725
疏	550	束	409	蚣	685	叟	102	殊	449	讐	726
疎	550	速	527	蝑	688	售	120	殳	451	豎	727
瘙	555	粟	622	訟	708	嗽	126	水	457	賥	737
硝	577	続	635	誦	714	嗾	126	燧	466	輸	753
稍	593	續	646	頌	801	囚	130	獣	480	酬	760
穌	596	觫	705			垂	138	獸	480	銖	770
笑	609	謖	721	**솰**		壽	152	琇	487	銹	771
篠	617	贖	740	刷	75	嫂	172	璲	492	鏽	777
簫	619					守	178	茱	500	雖	787
素	628	**손**		**쇄**		宿	186	蒐	503	需	791
紹	630	孫	177	刷	75	寿	191	蓚	512	須	800
綃	635	巽	211	洒	295	岫	202	蓨	512	首	812
繰	642	損	276	灑	328	峀	202	藪	520	髓	818
繅	644	蓀	512	晒	391	帥	213	遂	532	鬚	820
艘	681	遜	534	曬	399	授	270	邃	538	鷫	828
訴	709	飡	808	殺	451	搜	276	瘦	555		
詔	710	飧	808	殺	451	洙	295	睡	570	**숙**	
譟	724	飱	808	煞	470	溲	312	祟	584	儵	41
釃	763			瑣	490	漱	316	秀	590	倏	41
釗	766	**솔**		碎	575	濉	323	穗	596	儵	53
銷	771	帥	213	砕	578	狩	330	穂	597	叔	101
霄	791	率	539	鎖	775	陲	344	豎	603	塾	146
霱	792	蟀	690	鏁	775	隋	346	袖	605	夙	154
鞘	796					隨	347	襚	608	孰	177

宿	186	瞬	572	瑟	492	偲	44	示	582	飾	808
淑	303	筍	612	膝	671	匙	87	視	587		
潚	323	紃	625	蝨	685	嘶	98	緦	639	**신**	
橚	439	純	628	蝨	688	啻	123	翅	653	伸	29
熟	471	脣	668			嘶	126	舐	678	侁	34
琡	488	舜	679	**습**		塒	145	視	702	信	36
璹	493	詢	711	慴	252	始	165	詩	711	呻	113
菽	506	諄	716	拾	265	媤	171	試	711	娠	168
蓿	514	醇	761	湿	308	媞	171	諡	718	宸	184
縮	643	錞	773	濕	325	寺	191	諟	718	愼	251
肅	660	順	800	隰	348	尸	196	諡	721	慎	251
肅	660	馴	813	褶	608	屎	199	豕	728	新	381
肅	661	鶉	828	習	653	屍	199	豺	729	晨	392
				襲	699	市	211	釃	763	燼	467
순		**술**				廝	224	鰓	825	璶	493
巡	207	恤	246	**승**		弑	228			莘	503
徇	237	戌	363	丞	6	弛	229	**식**		薪	518
循	240	述	524	乘	10	恃	245	埴	141	蓋	519
恂	245	術	694	乘	10	漸	320	媳	172	迅	522
洵	295	銥	768	僧	50	猜	331	寔	187	申	544
浚	300			勝	83	施	382	式	228	矧	574
淳	303	**숭**		升	90	是	390	拭	265	神	584
旬	386	崧	204	塍	145	昰	391	湜	308	紳	630
栒	420	崇	205	陞	341	時	391	息	353	腎	669
楯	429	嵩	205	承	368	枾	416	栻	420	臣	673
橓	438			昇	388	柿	416	植	427	蜃	687
殉	449	**쉬**		滕	433	枲	416	殖	449	訊	707
焞	463	倅	41	氶	458	柴	416	熄	464	說	711
珣	485	淬	303	繩	645	毸	455	簽	615	身	748
荀	500	焠	463	蠅	691	氏	455	蝕	688	辛	755
蓴	514					蒔	512	識	722	辰	757
舜	516	**슬**		**시**		蓍	512	軾	751		
盾	567	瑟	489	侍	33	矢	573	食	807		

자음색인 — 실~야

부록

실		씨		악		鞍	796	圧	135	皚	560
失	156	氏	455	喔	123	顏	803	壓	149	睚	570
実	181			堊	127	鮟	824	押	262	碍	578
室	182	아		垩	141	鴈	827	狎	329	礙	580
實	188	丫	6	岳	202			鴨	827	礘	581
悉	354	亜	15	嶽	206	알				眭	737
蟋	690	亞	15	崿	215	挖	273	앙		藹	793
		俄	36	愕	250	戛	364	仰	27	騃	815
심		児	56	握	273	戞	365	央	156		
審	190	兒	57	渥	308	斡	380	怏	244	액	
尋	193	哦	117	鄂	338	歹	448	昂	388	厄	96
忱	242	啞	120	悪	354	遏	532	昻	390	扼	258
沁	287	妸	165	惡	355	謁	718	殃	448	掖	270
沈	288	娥	168	楽	429	軋	749	盎	562	搤	276
沉	288	婀	169	樂	434	閼	783	秧	591	液	304
深	303	娿	169	萼	509	頞	802	霙	792	阨	339
潯	321	婭	169	鍔	774			鴦	827	阸	340
潘	326	峨	203	顎	803	암				隘	346
心	348	峩	203	鰐	825	俺	120	애		縊	641
芯	495	阿	340	鱷	825	岩	203	厓	97	腋	669
葚	509	我	364	齶	839	巖	207	哀	115	額	803
蕁	515	牙	476			庵	223	噫	128		
甚	541	芽	495	안		揞	273	埃	140	앵	
諶	718	莪	503	厌	98	唵	394	尋	191	嚶	128
		蛾	687	安	179	暗	395	崖	205	桜	421
십		衙	694	岸	203	菴	506	涯	304	櫻	441
什	23	西	700	犴	206	癌	556	阨	339	罌	647
十	89	訝	708	按	265	諳	719	阸	340	鶯	829
拾	265	雅	786	晏	392	闇	784	隘	346	鸚	830
		餓	810	案	420	領	803	愛	356		
쌍		鴉	826	眼	569	黯	836	曖	398	야	
双	100	鵝	828	贋	740			艾	494	也	11
雙	788			雁	786	압		藹	521	倻	44

冶	65	揚	273	於	382	**엄**		歟	445	**연**	
埜	141	攘	283	瘀	554	俺	41	璵	493	兗	57
夜	154	洋	296	禦	588	儼	53	芋	496	兖	57
射	192	漾	317	語	714	嚴	98	茹	500	吮	110
捓	266	瀁	326	飫	808	嚴	129	蕷	518	咽	115
揶	273	陽	345	馭	813	奄	158	藇	519	嚥	128
邪	335	恙	353	魚	823	广	220	畲	548	堧	143
惹	357	敭	376	齬	839	掩	270	礜	581	姸	163
椰	429	易	390			撎	273	與	677	妍	167
爺	474	暘	396	**억**		淹	304	艅	681	姢	167
若	498	楊	429	億	51	罨	648	譽	724	娟	168
耶	657	樣	433	嶷	207	閹	783	豫	729	㜻	168
野	764	様	435	憶	255			興	753	嬿	173
		煬	464	抑	258	**업**		舉	755	嬿	174
약		痒	553	檍	439	業	206	餘	810	宴	184
弱	230	瘍	554	薏	518	鄴	339			延	226
若	498	癢	556	臆	672	業	430	**역**		捐	266
葯	509	禳	589					亦	17	挻	267
蒻	512	穰	597	**언**		**에**		域	141	掾	274
藥	520	羊	650	偃	44	恚	353	射	192	沇	287
篛	617	襄	699	堰	143	殪	450	弈	227	沿	291
籥	620	讓	726	嫣	173			役	235	涓	296
約	625	釀	762	彦	233	**엔**		易	388	涏	300
躍	747	颺	806	隁	345	円	62	暘	394	涎	300
鑰	779	養	809	焉	469			逆	525	淵	304
龠	840			言	705	**여**		疫	551	淃	304
		어		諺	719	与	3	繹	645	渊	308
양		唹	120			予	13	蜴	688	演	317
佯	34	圄	132	**얼**		余	21	訳	708	瞮	399
勷	85	圉	133	孼	178	如	162	譯	724	椽	430
壤	150	御	238	蘖	178	妤	163	閾	783	烟	462
孃	174	淤	304	蘖	522	汝	284	駅	813	煙	464
徉	237	漁	317			念	354	驛	817	燃	466

然	470	卄	62	営	123	詠	709	藥	521	忤 242
燕	472	冉	62	塋	145	贏	739	瘱	555	悟 246
瑌	489	刈	77	嬴	173	鍈	774	睨	570	慠 252
礝	493	厭	98	嫛	174	鑅	776	睿	571	懊 255
莚	503	塩	145	贏	174	靉	792	穢	597	汚 284
研	576	壏	328	嶸	206			翳	655	汙 285
研	577	染	416	影	234	예		蜺	688	洿 296
硯	577	炎	460	憕	255	乂	9	裔	698	浯 300
筵	613	焱	463	泳	291	倪	41	詣	712	澳 323
緣	639	焰	463	渶	308	刈	72	誉	712	惡 354
縯	642	燄	466	瀯	325	叡	102	譽	724	惡 355
羡	652	琰	488	瀅	326	嚣	129	睿	726	敖 375
臙	673	苒	498	瀛	327	埑	141	豫	729	於 382
蠕	691	艶	682	灐	328	埶	141	銳	771	旿 388
衍	694	艷	682	郢	337	媱	173	霓	792	晤 392
讌	726	豓	728	昊	386	抳	270	預	801	梧 424
軟	750	閻	783	映	390	汭	287			燠 467
輭	753	饜	811	暎	396	泄	290	오		烏 468
醼	762	髯	820	栄	416	洩	295	五	14	熬 472
鉛	768	髥	820	楹	430	濊	323	伍	27	獒 480
鳶	826	鹽	831	榮	433	猊	331	俉	36	珸 487
				永	458	獩	333	傲	48	遨 535
열		염		穎	459	曳	400	午	90	禑 587
咽	115	厭	98	煐	464	枘	412	吾	110	襖 608
噎	126	曅	398	營	466	枻	416	吳	111	箿 613
悅	245	燁	465	瑛	489	枘	438	嗚	125	聱 659
悦	246	燡	466	瑩	490	殹	452	圬	135	蜈 687
潱	321	葉	509	瓔	493	珚	484	塢	145	誤 714
熱	471	靨	795	英	498	艾	494	墺	149	麈 777
說	713	頁	799	迎	523	芮	495	奧	160	鰲 825
閱	783			盈	562	蓺	515	娛	168	鼇 836
		영		穎	596	蕊	516	媼	172	齬 837
염		咏	113	纓	646	藝	521	寤	189	

옥					
屋 199	擁 280	完 180	汪 288	徭 240	饒 811
沃 287	瓮 540	宛 181	旺 388	徼 241	**욕**
阿 340	甕 541	岏 202	枉 412	拗 262	浴 300
獄 480	癰 556	弯 230	王 482	摇 274	慾 359
玉 483	癱 557	彎 232	**왜**	搖 276	欲 443
鈺 768	翁 653	惋 248	倭 42	擾 282	蓐 512
온	邕 758	浣 300	娃 167	澆 321	褥 607
媼 172	雍 787	湾 307	歪 447	猺 332	縟 641
愠 250	饔 811	灣 328	矮 574	陶 343	辱 757
慍 251	**와**	阮 340	**외**	暚 396	**용**
温 308	倭 42	梡 422	外 153	曜 398	俑 37
溫 312	卧 93	椀 427	嵬 206	杳 411	俗 47
氳 457	囮 131	玩 484	巍 207	樂 429	傭 48
瑥 490	娃 167	琓 487	猥 332	樂 434	冗 63
薀 518	矮 169	琬 488	隈 345	橈 437	勇 82
蘊 521	渦 308	莞 503	隗 346	殀 448	埇 140
瘟 555	萵 509	盌 562	歪 447	燿 467	墉 146
盌 562	瓦 540	碗 578	畏 545	瑤 490	宂 178
穩 596	窪 600	綏 639	磈 580	遙 534	容 184
穏 596	窩 600	瓺 654		遠 536	庸 223
穩 597	臥 674	脘 668	**요**	邀 537	慵 253
縕 641	蛙 686	腕 669	僥 50	祆 583	摏 277
	蝸 689	豌 727	凹 68	窈 599	涌 300
올	訛 708	鋺 773	坳 138	窯 600	湧 309
兀 54	譌 723	頑 801	堯 138	蜜 600	溶 313
扤 257			堯 143	繇 642	慂 358
机 409	**완**	**왈**	夭 155	繞 644	榕 433
膃 555	刓 72	曰 399	妖 163	䍃 647	榕 433
	垸 140		姚 167	耀 655	槦 435
옹	妧 163	**왕**	嶢 206	腰 670	熔 464
雍 149	婉 170	尢 195	幺 218	蕘 691	瑢 491
	婠 170	往 235		要 700	茸 500
		徃 235		謠 721	

蓉	512	隅	346	**욱**		紜	628	沅	288	僞	44
用	542	愚	357	勖	83	耘	656	洹	296	偽	50
甬	543	憂	359	墺	149	暈	738	湲	309	危	94
聳	659	旴	386	奧	160	雲	790	源	313	喟	123
舂	677	杅	409	彧	233	韻	799	獂	332	囗	130
蛹	687	欧	442	澳	323			猿	332	圍	131
踊	745	歐	444	郁	336	**울**		阮	340	圓	133
鎔	775	殴	451	旭	386	乞	11	院	342	委	165
鏞	777	毆	452	昱	390	欝	442	怨	352	威	167
		燠	467	栯	421	熨	465	願	358	尉	192
우		牛	476	煜	464	蔚	515	杬	412	巍	207
于	14	玗	483	燠	467	鬱	821	爰	473	幃	215
佑	30	瑀	489	稢	594			媛	489	彙	232
偶	44	芋	494	稶	596	**웅**		苑	498	渭	309
俱	47	藕	521	頊	801	熊	471	遠	534	慰	360
優	53	迂	523			雄	786	湲	607	暐	396
又	99	遇	532	**운**				肒	663	煒	464
友	100	疣	551	云	14	**원**		袁	697	熨	465
右	105	盂	561	夽	157	元	54	轅	754	為	468
吁	107	祐	584	沄	288	円	62	鋺	773	爲	473
嘔	125	禑	587	澐	321	冤	64	願	804	瑋	490
圩	135	禹	589	隕	346	原	97	鴛	827	萎	506
堣	143	愚	589	暈	396	員	118			葦	509
嫗	172	竽	609	橒	438	圓	133	**월**		蔿	509
宇	179	紆	626	殞	450	圓	133	刖	72	蔚	515
寓	187	羽	653	熉	465	園	133	月	402	蕕	516
尤	196	耦	656	芸	495	圜	134	粤	622	逶	529
嵎	205	虞	684	蕓	516	垣	139	越	742	違	532
惆	250	釪	766	蕴	518	婉	170	鉞	768	畏	545
慪	253	雨	789	蘊	521	媛	171			褘	607
扜	257	零	789	運	532	嫄	172	**위**		緯	640
漚	315	雩	791	賱	617	冤	186	位	30	胃	665
郵	337			篔	618	援	274	偉	44	蝟	689

유~의　　　　936　　　　자음색인

衛 695	游 309	裕 606	玧 484	檼 440	泣 291
衞 695	湵 309	褕 608	荺 503	龘 441	浥 300
謂 719	逾 310	綏 635	昀 545	殷 451	邑 758
闈 784	濡 325	維 637	胤 665	垠 485	
韋 797	猶 332	宥 647	贇 739	璁 491	응
魏 823	悠 354	臾 676	鈗 767	蘟 522	凝 67
	愈 357	蝣 689	閏 781	訢 709	応 349
유	攸 373	誘 715	閠 783	誾 717	應 361
乳 11	曘 398	諭 719		銀 770	膺 573
侑 34	有 403	諛 719	율	圁 785	臆 673
俞 37	柔 417	踰 746	汨 285		蠅 691
儒 52	柚 417	蹂 746	燏 466	을	鷹 830
兪 59	栯 421	輮 753	建 525	乙 10	
唯 120	楡 430	酉 758	聿 660	圪 135	의
喩 123	楢 430	釉 763	鴥 830	屹 201	依 34
孺 128	桂 462	鍮 774			倚 42
囿 132	牖 476		융	음	儀 51
媮 169	猷 480	육	瀜 327	吟 111	亘 63
孺 178	瑜 488	堉 141	戎 363	廕 224	劓 79
宥 183	瑜 490	毓 454	絨 633	愔 250	医 89
帷 214	莠 503	粥 622	融 689	淫 304	宜 181
幼 219	萸 509	肉 661		陰 344	嶷 207
幽 219	蕤 516	育 663	은	吟 495	擬 282
庾 223	迪 527	鬻 821	億 52	蔭 515	漪 317
惟 248	遊 533		听 111	瘖 554	猗 331
悠 249	逾 533	윤	圻 136	霪 792	意 357
愉 250	遺 536	允 54	垠 139	音 798	懿 362
濡 255	由 544	勻 85	溵 313	飲 808	椅 427
揄 274	瘐 554	贇 160	濦 325		毅 452
揉 274	癒 556	尹 196	隱 348	읍	薏 518
沇 287	内 589	潤 321	恩 353	悒 246	疑 550
油 291	紐 592	阭 340	慇 358	挹 267	矣 573
洧 296	窬 600	昀 388	檃 439	揖 274	縊 641

義	652	迤	523	伲	25	份	34	剩	78	者	482
羲	681	迻	524	儿	54	壱	151	剰	78	兹	501
蟻	691	邐	538	刃	70	壹	151	媵	172	茨	501
衣	696	異	547	刄	70	泆	291	孕	175	蔗	515
誼	717	异	548	印	94	溢	313	芿	496	藉	519
議	724	痍	553	咽	115	日	385			兹	538
醫	762	移	592	因	130	逸	529	**자**		瓷	540
錡	772	羡	651	婬	154	軼	750	仔	25	疵	552
		而	655	姻	167	鎰	775	佐	31	眥	568
이		耳	657	寅	186	駲	813	刺	75	磁	579
二	13	肄	661	廴	226			咨	115	磁	580
以	21	胒	666	引	228	**임**		姉	165	秄	590
伊	27	貳	734	沏	285	任	27	姊	165	粢	622
台	105	貽	734	湮	309	壬	150	姿	167	紫	630
咿	115	隶	785	忍	349	妊	164	子	174	自	675
圯	135	頤	802	楝	402	姙	167	字	175	觜	704
夷	157	飴	809	氤	457	恁	353	孜	175	訾	710
姨	167	餌	809	牣	477	荏	501	孶	177	諮	719
嬰	171			璌	491	稔	594	搾	276	貲	734
已	210	**익**		芢	495	衽	604	滋	309	資	735
弌	228	弋	228	茵	500	袵	606	滋	313	赭	741
弛	229	瀷	328	裀	606	紝	628	滓	314	雌	787
彛	233	熤	465	絪	633	絍	633	恣	354	鷓	829
彝	233	益	562	繡	642	註	708	慈	358	齊	838
怡	244	翌	653	蚓	685	賃	735	慈	358	齋	838
洟	296	翊	654	認	715			齊	378	齎	838
易	388	翼	655	靭	796	**입**		斎	378		
杝	409	謚	721	靷	796	入	58	梓	424	**작**	
柂	430			韌	797	廿	89	榨	433	作	30
爾	474	**인**				廾	227	炙	461	勺	85
珥	485	人	19	**일**				鲞	464	嚼	126
苡	499	仁	23	一	1	**잉**		煮	470	嚼	129
羨	501	仞	25	佚	30	仍	23	牸	478	婥	170

旵	191	潛	321	庄	220	腸	672	**쟁**		羹	464
作	244	潜	321	張	230	臟	673	争	13	煮	470
淖	302	暫	397	彰	234	藏	674	崢	205	牴	478
斫	380	箴	615	漳	317	裝	698	幀	215	苧	496
昨	391	簪	618	獐	333	贓	740	撑	279	苧	499
斱	410	蚕	685	障	347	醬	762	撐	279	苴	499
柞	417	蠶	692	戇	362	鏘	777	爭	472	菹	506
灼	460			戕	364	長	779	琤	488	著	510
炸	461	**잡**		掌	369			瞠	571	藷	521
爵	473	匝	87	暲	397	**재**		箏	614	這	527
芍	494	插	273	杖	409	再	63	諍	717	疽	552
綽	637	挿	273	樟	435	哉	115	錚	773	竚	602
鳥	677	箚	614	槳	436	在	135	鎗	777	箸	615
酌	759	雑	787	檣	439	宰	184			紵	630
酢	760	雜	788	欌	441	岾	203	**저**		羝	651
醋	761			漿	459	才	256	伫	30	蛆	686
雀	786	**장**		爿	475	溨	309	低	31	詛	710
鵲	828	丈	3	牆	475	滓	314	儲	53	諸	719
		仗	25	狀	480	斉	378	咀	113	豬	729
잔		匠	87	狀	480	斎	378	姐	165	貯	734
孱	177	場	143	璋	491	材	409	底	221	躇	747
潺	321	塲	146	莊	501	柴	416	抵	262	雎	787
戔	364	墻	149	荘	503	栽	421	沮	292	齟	839
棧	421	壮	151	蔁	506	梓	424	渚	309		
栈	427	壯	151	葬	509	災	460	潴	327	**적**	
殘	449	奘	159	蔣	515	縡	641	狙	329	勣	84
残	450	奬	160	薔	518	纔	646	猪	332	吊	107
盞	563	獎	160	藏	518	裁	697	邸	335	嫡	173
		妝	164	藏	519	財	731	杵	412	寂	186
잠		将	192	瘴	555	載	751	杼	413	弔	229
岑	202	將	192	章	602	齊	838	楮	430	摘	277
湛	309	嶂	206	粧	622	齋	838	樗	436	滴	317
潛	321	帳	214	腸	670	齎	838	氐	456	狄	329

敵	377	囀	129	箋	614	梲	424	**정**		阩	340
炙	461	塡	145	篆	615	耋	482	丁	1	政	373
荻	504	塼	146	箭	615	癤	556	井	15	政	373
藉	519	奠	160	纏	646	窃	599	亭	19	整	377
迪	524	專	193	饘	653	竊	601	亭	19	旌	383
迹	525	展	199	翦	654	節	615	征	31	晶	394
逖	528	巓	207	腆	669	絶	633	停	44	晸	394
適	535	廛	225	詮	712			偵	45	柾	415
的	559	悛	247	躔	748	**점**		淸	66	梃	424
磧	581	涏	300	転	750	佔	31	叮	105	程	424
積	596	淀	304	輾	754	占	93	呈	111	棖	428
笛	610	湔	309	轉	754	岾	203	埩	142	楨	430
籍	619	澱	323	鈿	769	店	221	姃	164	檉	439
糴	624	戔	364	銓	770	拈	260	妌	165	正	445
績	642	戰	365	錢	770	漸	317	婷	171	炡	461
翟	654	戦	365	笺	773	点	468	定	181	玎	483
謫	722	旃	383	鐫	777	苫	499	幀	215	珽	487
賊	735	栓	421	雋	787	簟	618	庭	222	珵	487
赤	740	梅	421	電	790	粘	621	廷	226	菁	506
跡	745	殿	452	顚	803	覘	702	征	236	逞	527
蹟	747	氈	455	顛	804	霑	792	情	248	町	545
鏑	777	煎	470	顫	805	鮎	824	情	248	疔	550
		餞	475	餞	811	黏	834	挺	267	睛	570
전		典	488			點	835	汀	284	睜	570
伝	27	荃	501	**절**				净	296	碇	578
佃	31	甄	540	切	70	**접**		涏	300	禎	587
佺	34	田	543	卩	94	慴	252	淀	304	程	593
傳	48	甸	545	折	258	懾	256	淨	304	穽	599
全	58	敀	546	拙	262	接	271	渟	309	精	623
典	61	畑	546	浙	300	摺	277	湞	310	綎	635
剪	71	癲	557	準	314	椄	428	瀞	327	胜	665
前	76	磚	581	截	365	蝶	689	猙	331	艇	681
呪	110	筌	612	晢	393			鄭	339	訂	706

証 710	擠 282	助 81	岨 474	鑿 779	樅 436
諄 719	済 305	召 104	璪 492	雕 787	琮 488
貞 730	濟 325	吊 107	藻 522	儵 824	璁 491
酊 758	除 342	啁 120	造 528	鳥 825	種 594
釘 766	隄 346	嘲 126	遭 535		終 630
鉦 769	際 347	噪 127	皁 559	**족**	綜 637
鋌 771	斉 378	弔 229	眺 569	族 384	縱 643
鋥 771	梯 424	彫 234	祖 584	簇 617	腫 670
錠 773	瑅 490	徂 236	祚 585	足 743	螽 690
霆 791	薺 501	挑 265	祧 586	鏃 777	踪 745
彭 794	薺 520	措 271	租 592		踵 746
靖 794	皆 568	操 281	稠 594	**존**	蹤 747
静 794	睇 569	沼 291	窕 599	存 175	鍾 775
靚 794	祭 586	漕 318	竈 601	尊 193	鐘 777
靜 794	禔 587	潮 321	粗 622	拵 279	鬆 820
頂 800	第 610	澡 323	糟 624		
顁 803	臍 673	阻 340	糳 624	**졸**	**좌**
鯖 825	製 699	早 386	組 630	卒 91	佐 31
鼎 836	諸 719	昭 390	絛 635	拙 262	坐 137
	諦 719	晁 392	繰 642	猝 331	少 201
제	蹄 746	曺 401	繅 644		左 209
儕 52	醍 761	曹 401	肇 661	**종**	座 222
制 75	霽 793	朝 405	蚤 685	从 20	挫 267
剤 77	韲 796	条 409	詛 710	倧 42	摧 277
劑 80	題 804	條 424	詔 710	宗 181	
啼 123	齊 838	棹 426	調 717	從 238	**죄**
堤 143		棗 428	譟 724	従 239	罪 648
娣 169	**조**	槽 436	趙 742	悰 248	
媞 171	俎 22	殂 449	跳 744	淙 305	**주**
帝 213	佻 34	炤 461	躁 747	慫 360	丶 7
弟 230	兆 55	燥 467	釗 766	柊 417	主 8
悌 247	凋 66	照 470	釣 766	棕 428	住 31
提 274	刁 70	爪 472	錯 773	樬 430	侏 34

做	45	硃	577	俊	37	**줄**		**증**		漬	318
儔	52	稠	594	儁	50	卒	91	增	147	志	350
冑	63	籌	620	儶	52	苗	499	增	147	摯	370
廚	98	籒	620	准	66			徵	240	支	371
呪	113	紂	626	準	67	**중**		徵	241	旨	386
周	113	紬	631	埈	140	中	6	憎	254	智	394
咷	120	綢	638	埻	142	仲	27	拯	265	枝	413
嗾	126	肘	662	寯	190	衆	693	曾	401	枳	417
奏	159	胄	665	尊	193	重	764	橙	437	止	445
妵	166	腠	670	屯	201			烝	469	芝	496
姝	167	舟	679	峻	203	**즉**		蒸	512	芷	496
宙	182	蛛	686	撙	279	則	76	甑	540	遲	535
州	207	註	710	浚	300	即	95	症	552	遲	536
廚	225	誅	712	準	314	卽	96	繒	575	知	573
拄	262	走	741	濬	325	卽	96	繪	644	砥	576
注	292	足	743	吨	387	喞	123	証	710	祉	583
洲	296	躊	748	晙	393			證	723	祇	585
湊	310	躕	748	樽	438	**즐**		贈	739	視	587
澍	322	輈	753	焌	463	叱	105			篪	617
晝	391	酒	759	莈	510	櫛	440	**지**		紙	628
畫	393	酎	759	逡	528			之	9	肢	663
朱	407	鉒	769	遵	536	**즙**		底	96	脂	666
紂	411	鑄	771	畯	548	怎	352	只	105	至	675
柱	417	鑄	778	儁	561			咫	116	舐	678
株	421	駐	814	竣	603	**즙**		地	136	蜘	688
炷	461	儔	824	墫	604	汁	284	址	137	誌	715
燽	467			純	628	濈	323	底	221	識	722
珠	485	**죽**		纙	647	戢	365	持	265	質	737
酒	528	竹	609	蠢	692	楫	431	指	266	贄	739
週	529	粥	622	睿	726	檝	439	池	285	趾	743
遒	533	鬻	821	隼	785	葺	510	沚	288	踟	745
疇	549			雋	787	緝	640	泜	288	鋕	771
裯	560	**준**		駿	815	輯	753	洔	297	贄	829

직
直 565
稙 594
稷 596
織 644
職 660

진
儘 52
唇 118
嗔 125
塡 145
塵 147
尽 197
抮 262
振 267
搢 276
津 297
溱 314
陣 342
陳 344
昣 391
晉 392
晋 392
枃 413
桭 425
榛 433
殄 449
珍 484
瑱 491
瑨 491
瑨 491
璡 492
蓁 513
蔯 515
藎 519
進 530
畛 546
疹 552
盡 564
眞 568
真 568
瞋 571
禛 587
秦 592
袗 605
縉 641
縝 641
跡 674
臻 676
診 710
賑 736
趁 742
軫 750
辰 757
鉁 769
鎭 776
震 791

질
佚 30
侄 34
叱 105
姪 167
嫉 172
帙 212
桎 421
櫍 440
耋 482
瓆 493
迭 524
疾 552
秩 592
窒 599
絰 633
膣 671
蛭 686
質 737
跌 744

짐
斟 379
朕 404
鴆 827

집
什 23
執 142
汁 284
潗 322
潗 322
楫 431
檝 439
葺 510
緝 640
輯 753
鏶 777
集 786

징
徵 240
徵 241
澄 322
懲 362

차
且 5
侘 34
借 42
叉 99
嗟 125
奲 161
姹 168
嵯 206
差 209
渣 308
杈 409
槎 433
次 442
此 446
瑳 491
茶 500
遮 535
硨 577
磋 580
箚 614
蹉 746
車 749
釵 766

착
[illegible] 78
啄 121
捉 267
搾 276
斲 381
斵 381
榨 433
著 510
逴 530
着 569
窄 599
辵 758
錯 773
鑿 779
齪 839

찬
儧 53
儹 53
巑 207
撰 279
攢 282
攛 283
湌 310
澯 323
欑 442
燦 467
爨 468
璨 492
瓚 493
竄 601
篡 618
粲 623
纂 645
纉 646
纘 646
讃 725
讚 726
賛 737
贊 739
鑽 779
飡 808
餐 810
饌 811

찰
刹 75
剎 77
察 189
拶 266
擦 282
札 407
紮 631

참
僭 50
僣 50
参 99
參 99
叅 99
塹 147
嶄 206
巉 207
惨 249
慘 253
慚 253
懺 256

慙	360	蒼	513	柞	417	戚	365	舛	679	黍	350
斬	380	瘡	555	柵	417	斥	380	賎	737	栝	418
站	602	窓	599	磔	580	瘠	555	踐	745	檐	439
譖	723	窗	600	窄	599	春	667	賤	745	甜	541
譛	726	窻	601	策	612	蜴	688	釧	767	恬	541
讒	726	脹	669	簀	618	距	744	闡	785	瞻	572
		艙	681	責	732	蹐	746	韆	797	簷	619
창		鬯	821			躏	747			籤	619
倉	22			**처**		躑	748	**철**		籖	620
倡	42	**채**		凄	67	隻	786	凸	68	觇	702
傖	47	債	48	処	68	鶺	829	哲	118	詹	712
刱	71	採	142	妻	166			啜	120	諂	717
剏	71	婇	170	悽	249	**천**		喆	123	譫	724
剙	71	寀	186	擄	282	串	7	徹	241		
創	78	寨	189	淒	305	仟	25	掇	271	**첩**	
厰	98	彩	234	萋	506	倩	42	撤	279	喋	123
唱	120	採	271	處	683	千	89	澈	322	堞	143
娼	170	棌	428			喘	123	悊	354	妾	166
廠	225	琗	488	**척**		天	155	掣	369	帖	212
彰	234	菜	506	倜	42	川	207	歠	445	捷	271
悵	249	蔡	515	刺	75	擅	281	綴	638	牒	476
愴	251	睬	570	剔	77	浅	297	輟	752	疊	548
搶	276	砦	576	呎	111	淺	305	轍	754	疉	549
滄	314	綵	638	坧	138	濺	326	鉄	769	睫	570
漲	318	豸	729	尺	196	阡	339	鐵	778	諜	719
猖	331	責	732	彳	235	泉	458			貼	734
敞	376	采	763	惕	249	玔	483	**첨**		輒	752
昌	389	釵	766	憾	253	荐	501	僉	22		
昶	391			拓	263	茜	501	佔	31	**청**	
暢	396	**책**		擲	282	薦	518	尖	195	倩	42
槍	433	册	62	滌	318	遷	536	恬	245	淸	66
氅	455	冊	63	陟	342	穿	599	沾	292	庁	220
菖	506	嘖	126	慼	360	甾	656	添	305	廳	225

清	305	締	640	礁	581	趣	742	**최**	
清	306	諟	718	礎	581	躅	747	催	49
晴	394	諦	719	秒	591	鏃	777	崔	205
晴	395	體	748	稍	593	髑	819	摧	277
菁	506	體	818	綃	635			最	401
聽	659			肖	662	**촌**		槯	433
聽	660	**초**		艸	682	吋	107	衰	696
蜻	688	僬	50	貂	729	寸	191		
請	717	初	71	超	742	忖	242	**추**	
請	717	劋	79	軺	750	邨	335	丑	4
青	793	勦	84	酢	760	村	409	啾	123
青	794	哨	118	醋	761			墜	148
鯖	825	岩	203	醮	762	**총**		就	196
		峭	204	釧	767	冢	64	帚	213
체		怊	244	鈔	767	叢	102	惆	249
体	31	悄	247	鍬	775	塚	145	愀	250
切	70	愀	250	鞘	796	寵	190	抽	263
剃	77	憔	254	輶	797	憁	253	捶	272
嚔	128	抄	259			摠	277	推	272
帖	212	招	263	**촉**		忽	352	湫	310
彘	232	湫	310	促	37	恩	354	耶	337
涕	296	梢	425	嘱	126	璁	491	鄒	338
涕	300	椒	428	囑	129	葱	510	陬	344
滯	318	楚	431	属	200	蔥	515	杻	410
掣	369	樵	438	屬	200	総	638	樞	413
替	401	炒	461	数	376	總	643	椎	428
棣	428	焦	470	數	377	聡	658	楸	431
蒂	515	茗	499	燭	467	聰	660	槌	433
薙	518	草	501	蠋	573	銃	770	樞	436
逮	530	萩	510	蜀	687			萩	510
遞	534	蕉	516	觸	704	**촬**		追	525
砌	576	迢	524	觸	705	撮	279	畜	546
綴	638	硝	577	趣	742			皺	561

秋	591			
箠	615			
粗	622			
聚	658			
臭	675			
芻	682			
諏	718			
趣	742			
趨	742			
酋	759			
醜	761			
錘	773			
錐	774			
鎚	776			
隹	785			
雛	788			
鞦	797			
騅	815			
驟	816			
騶	817			
鰍	825			
鯫	825			
麤	831			
龘	832			
축				
丑	4			
潚	323			
柚	417			
蓄	513			
逐	528			
畜	546			
祝	585			

竺 609	췌	仄 20	淄 306	勅 82	蟄 690
筑 612	悴 249	側 45	恥 354	敕 375	
築 617	惴 250	則 76	梔 425	飭 808	칭
縮 643	揣 274	厠 97	齒 447		秤 592
舳 680	萃 507	廁 223	熾 466	친	称 592
蹜 747	瘁 554	惻 250	薙 518	襯 608	稱 595
蹙 747	膵 672	測 310	痔 553	親 702	
蹴 747	贅 739	昃 389	痴 554		쾌
軸 750			癡 556	칠	儈 52
	취	춘	直 565	七 2	噲 127
춘	取 101	襯 608	稚 594	漆 318	夬 155
春 391	吹 111		穉 597	柒 417	快 242
椿 431	嘴 126	층	襯 607		獪 333
瑃 490	娶 170	層 200	答 611	침	筷 613
賰 738	就 196		緇 635	侵 37	
	揣 274	치	緇 638	寑 188	타
출	橇 438	侈 34	緻 641	寢 189	他 25
出 69	毳 455	値 43	置 649	忱 242	佗 31
怵 244	炊 461	厄 94	恥 657	沈 288	咤 116
朮 407	萃 507	厠 97	致 676	沉 288	唾 120
黜 835	瘁 554	嗤 125	致 676	浸 300	墮 148
	翠 654	埴 141	蚩 685	湛 309	妥 164
충	聚 658	夂 152	豸 729	斟 379	惰 250
充 54	脆 667	眞 188	輜 753	枕 413	打 256
充 56	臭 675	峙 203	錙 774	棽 426	拖 263
冲 65	觜 704	差 209	雉 787	琛 489	拕 263
沖 288	趣 742	卮 211	馳 813	砧 576	沱 292
忠 350	醉 760	幟 216	鴟 827	箴 615	池 292
珫 486	醉 761	廁 223	薺 836	針 766	陀 340
虫 685	驟 817	徵 240	齒 838	鍼 775	隋 346
蟲 691	鷲 830	徵 241		闖 784	朶 407
衝 695		抬 263	칙		朵 408
衷 697	측	治 292	則 76	칩	柁 417

부록

탁 ~ 판				946				자음색인	
樗	431	嘆	126	宕	182	택		筒	612
橢	438	坦	138	帑	212	坨	139	統	633
舵	680	彈	231	湯	310	宅	179		
駄	813	憚	231	蕩	516	择	259	퇴	
馱	813	憚	254	盪	565	擇	281	堆	142
駝	814	攤	283	糖	623	沢	288	推	272
鴕	827	灘	328			澤	324	隤	347
		歎	444	태				槌	433
탁		殫	450	兌	56	탱		煺	463
倬	43	炭	461	台	105	撐	279	退	526
卓	92	綻	638	大	154	撑	279	褪	608
啄	121	誕	715	太	156			腿	671
坼	138			忲	242	터		鎚	776
度	221	탈		抬	263	攄	282	頹	803
托	257	奪	160	汰	288				
拓	263	挩	271	邰	336	토		투	
拆	263	稅	593	怠	352	兎	57	偸	45
擢	282	脫	668	態	358	兔	57	套	159
濁	323	頉	800	棣	428	兎	57	妒	164
濯	325			殆	449	吐	107	妬	166
晫	395	탐		泰	459	土	135	投	259
柝	418	探	272	苔	499	菟	507	渝	310
桌	421	耽	568	迨	524	討	707	透	529
橐	438	眈	657	逮	530			鍮	774
琢	489	貪	732	答	611	톤		鬪	820
琸	489			給	631	褪	608	鬪	821
逴	530	탑		胎	665			鬭	821
託	707	塔	145	豸	729	통			
鐸	778	搨	277	跆	744	慟	253	특	
魄	823	搭	277	鈦	767	洞	294	忒	350
		榻	433	颱	806	桶	425	慝	360
탄				駄	813	通	528	特	478
呑	111	탕		馱	813	痛	553		

틈	
闖	784

파	
坡	138
婆	170
巴	210
怕	244
把	259
播	279
擺	282
波	292
派	297
杷	413
爬	473
玻	485
琶	489
芭	496
菠	507
皤	561
破	576
笆	609
簸	619
罷	649
耙	656
覇	701
跛	744
霸	793
頗	802

판	
判	74
坂	137

阪 340	彭 234	泙 293	圃 132	鮑 824	**품**
板 413	澎 322	枰 418	專 192	麭 832	品 111
版 475	棚 427	苹 499	布 212		品 116
瓣 539	烹 469	萍 507	庖 221	**폭**	稟 587
販 732	砰 577	砰 577	怖 244	幅 215	稟 594
辦 756	膨 672	硼 578	抛 259	瀑 326	
鈑 767		評 710	抱 263	暴 397	**풍**
	팍		抛 264	曝 399	楓 431
팔	愎 250	**폐**	捕 267	爆 467	瘋 554
八 59		俾 41	泡 293	輻 753	諷 720
叭 105	**편**	吠 111	浦 301		豊 727
捌 267	便 37	嬖 173	瀑 326	**표**	豐 727
	偏 45	幣 216	晡 393	俵 43	風 805
패	徧 240	廢 223	暴 397	僄 49	馮 813
佩 35	扁 367	廢 225	曝 399	剽 79	
唄 118	片 475	弊 227	炮 462	嫖 173	**퓨**
悖 247	萹 499	陛 342	爆 467	彪 234	彪 234
擺 282	遍 533	敝 376	炰 468	慓 253	
沛 288	編 607	斃 378	苞 499	漂 318	**피**
派 297	篇 616	蔽 517	葡 510	杓 410	彼 236
浿 301	編 640	癈 556	蒲 513	標 436	披 264
狽 330	翩 654	肺 664	逋 529	殍 449	陂 341
敗 375	鞭 797	閉 780	疱 552	芋 503	蓖 507
旆 383	騙 815	胂 818	砲 577	瓢 539	菠 513
牌 476			袍 605	票 586	避 537
珮 486	**폄**	**포**	胞 665	裱 606	疲 552
稗 594	砭 577	佈 31	脯 668	縹 643	皮 561
覇 701	窆 599	勹 85	舖 678	表 696	被 605
貝 730	貶 734	包 86	襃 699	豹 729	罷 649
霈 791		匍 86	跑 744	飄 806	詖 710
霸 793	**평**	匏 86	鉋 769	颷 806	跛 744
	坪 138	咆 114	鋪 771	驃 816	辟 755
팽	平 217	哺 118	飽 809	髟 819	

필					
佖 31	瑕 490	扞 257	咸 116	伉 27	楷 431
匹 88	芦 496	捍 268	喊 121	姮 168	薤 518
弼 231	荷 504	汗 285	喊 123	嫦 173	邂 537
泌 290	遐 533	漢 319	嗛 124	巷 211	蟹 691
必 349	碬 579	澗 322	妎 163	恒 245	解 704
珌 485	罅 647	澣 324	撼 279	恆 245	該 712
苾 499	蝦 689	瀚 327	涵 306	抗 259	諧 720
畢 515	訶 709	狠 330	陷 343	沆 289	醢 761
畢 547	賀 734	邯 336	陷 344	港 310	鞋 796
疋 549	霞 792	限 341	檻 440	降 341	駭 814
筆 612	鰕 825	旱 386	菡 507	杭 414	骸 818
篳 618	학	癎 555	緘 640	桁 422	핵
鉍 769	嗃 125	癇 556	艦 681	缸 647	劾 81
秘 812	壑 149	瞯 571	轞 755	肛 662	核 421
핍	夆 152	罕 648	銜 770	航 680	覈 701
乏 9	㾞 175	翰 654	領 803	行 693	행
偪 45	学 176	閑 781	鹹 831	踤 745	倖 43
逼 533	學 177	閒 782	합	項 800	幸 218
하	涸 306	韓 797	合 108	閌 821	悻 249
下 3	瘧 554	鼾 837	哈 116	해	浡 306
何 31	癮 654	할	盍 314	亥 17	杏 410
厦 98	虐 683	割 78	陜 343	偕 45	荇 502
呀 111	謔 720	愒 249	蓋 511	咍 114	行 693
呵 112	貉 730	曷 400	盍 562	咳 116	향
煆 126	鶴 829	瞎 571	盖 562	垓 139	享 18
嚇 128	한	轄 754	盒 562	奚 159	向 108
夏 152	厂 96	黠 835	蛤 686	孩 177	嚮 128
廈 224	寒 187	함	閤 782	害 185	鄕 338
河 293	爟 206	函 69	闔 784	懈 255	鄉 338
昰 391	恨 245	凾 69	항	海 297	珦 486
	悍 247	含 112	亢 16	海 301	
				瀣 327	

허 ~ 호

響 799	**혁**	絢 634	洽 298	迴 524	**호**
餉 809	侐 35	縣 641	浹 301	逈 526	乎 9
饗 811	嚇 128	舷 680	狹 330	脛 667	互 15
香 812	奕 159	衒 694	陜 343	壷 686	冱 65
麚 832	奭 160	見 701	莢 504	螢 690	号 106
	弈 227	譞 724	篋 616	衡 695	呼 114
허	洫 297	賢 738	脅 667	鎣 776	壕 149
噓 126	烇 463	鉉 769	脇 667	馨 812	壺 151
墟 148	焱 463	顯 804	鋏 771		好 162
歔 444	爀 467	顯 805	頰 803	**혜**	姱 170
虛 684	赫 740			兮 60	岵 203
虛 684	革 795	**혈**	**형**	匸 88	弧 230
許 708		孑 174	亨 17	憲 190	怙 244
	현	穴 597	兄 54	嵇 205	冱 289
헌	倪 38	絜 634	刑 73	彗 232	浩 301
憲 361	儇 52	血 693	刑 75	憓 254	淏 306
櫶 441	呟 114	頁 799	型 139	恵 354	湖 311
獻 480	峴 204	頡 802	形 233	惠 355	滸 319
獻 480	弦 230		形 233	慧 360	滬 319
軒 749	悁 244	**혐**	泂 293	嘒 397	濠 322
輱 753	泫 293	嫌 172	瀅 326	蕙 517	濠 325
	洵 295	慊 251	瀅 328	盼 568	護 326
헐	懸 362		邢 335	褉 587	灝 328
歇 443	眩 391	**협**	邢 336	螇 691	狐 330
蠍 691	晛 393	俠 38	桁 422	譓 723	戱 366
	炫 462	冾 66	熒 459	譿 725	戲 366
험	玹 485	医 88	烱 462	蹊 746	戶 366
險 345	現 487	協 92	烟 462	醯 761	扈 367
險 347	玄 538	叶 105	熒 465	醯 762	昊 389
驗 817	県 568	嗛 124	珩 486	鹽 762	晧 393
	眩 569	夾 157	瑩 490	鏸 777	暭 396
헤	睍 570	峽 204	荊 502	鞋 796	毫 455
恚 353	絃 631	挾 268	莖 502		犒 479

琥	489	**혼**		訌	707	穫	597	鰥	825	瑝	490
瑚	490	圂	132	鉷	770	霍	791			璜	492
芦	496	婚	170	閧	821			**활**		荒	502
葫	510	惛	249	鴻	827	**환**		活	297	遑	533
蒿	513	混	306			丸	7	滑	314	皇	560
瓠	539	渾	311	**화**		喚	124	濶	326	磺	581
皓	560	溷	314	化	86	圜	134	猾	332	礦	581
皞	560	昏	389	和	114	垸	140	豁	727	篁	616
皥	560	棍	425	嬅	173	奐	159	闊	784	簧	619
祜	585	琿	490	澕	322	宦	183			肓	662
糊	623	閽	783	樺	438	寰	190	**황**		蝗	689
縞	641	魂	822	火	459	幻	218	况	66	黃	833
耗	656			花	496	懽	256	凰	68		
胡	665	**홀**		華	507	換	275	堭	144	**회**	
虍	683	惚	249	画	545	渙	285	媓	171	会	21
虎	683	忽	351	畫	548	洹	296	幌	215	佪	35
號	684	笏	610	畵	549	渙	311	徨	240	匯	88
蝴	689	鶻	829	禍	587	患	354	恍	244	回	131
護	725			禾	589	晥	393	怳	245	囬	131
豪	728	**홉**		話	712	桓	422	惶	250	廻	226
鎬	776	合	108	譁	723	歡	444	慌	252	廽	226
雇	786			貨	732	歓	445	愰	252	徊	237
護	799	**홍**		靴	796	煥	464	况	293	恢	245
顥	805	哄	117			環	492	洸	294	悔	247
		弘	229	**확**		荒	503	湟	311	懷	255
혹		泓	293	廓	224	逭	530	滉	315	懐	255
惑	355	洪	297	拡	264	還	537	潢	322	沬	289
或	364	浤	297	擴	282	紈	626	隍	346	淮	306
斛	379	汞	458	攫	283	睆	668	晃	392	澮	324
鵠	654	紅	460	濊	326	豢	728	晄	392	獪	333
酷	760	烘	462	矍	573	鐶	778	槐	434	晦	393
鵠	828	紅	626	碻	580	驩	817	煌	464	會	402
		虹	685	確	580	鬟	820	熀	465	槐	431

획				흉		휴		흔	
檜	440	嚚	129	猴	332			休	28	昕	389
灰	460	孝	175	朽	408	薨	518	携	277	欣	442
烌	462	涍	302	栩	422			擕	283	炘	461
茴	502	淆	306	煦	471	훤		鑴	348	痕	553
迴	526	滈	326	珝	486	喧	124	烋	469	訢	709
盔	562	敎	372	芋	494	愃	249	眭	547	釁	762
絵	634	效	374	逅	526	愃	250	髹	684		
繪	645	曉	396	篌	616	喧	396			흘	
膾	673	曉	398	謝	713	煊	464	흌		仡	25
蛔	687	梟	425	訽	713	萱	510	畜	546	吃	108
詼	712	歊	444			萲	720			屹	201
誨	715	殽	452	훈				휼		紇	626
賄	735	爻	474	勛	84	훼		卹	96	訖	706
		晶	561	勲	84	卉	91	恤	246		
획		寚	600	勳	84	卉	91	譎	723	흠	
劃	79	絞	632	塤	145	喙	124	鷸	830	欠	442
獲	333	肴	664	燻	149	毀	452			欽	443
畫	548	酵	760	獯	334	毁	452	흉		歆	443
		驍	816	暈	396	虫	685	兇	56		
횡				曛	398			凶	68	흡	
宏	179	후		煇	464	휘		匈	86	吸	112
弘	182	佝	28	燻	467	彙	232	恟	246	恰	246
橫	438	侯	38	君	469	徽	241	洶	298	洽	298
薨	518	候	43	熏	471	揮	275	胸	667	翕	654
紘	626	厚	97	葷	510	暉	396				
衡	695	后	108	薫	520	煇	464	흑		흥	
轟	755	吼	112	勳	521	禕	607	黑	834	興	677
鐄	777	喉	124	訓	707	翬	654				
		嗅	125	鑂	778	諱	720	흔		희	
효		垕	139			輝	753	很	237	俙	38
効	82	垕	144	훌		麾	833	忻	243	僖	50
哮	118	帿	215	欻	443			掀	272	凞	67
嚆	128	後	237			휴		狠	330	熙	67

喜	124	嫛	171	憙	361	橲	438	熹	472	힐	
嘻	126	嬉	173	戱	366	欷	443	犧	479	肸	664
噫	128	希	212	戲	366	烯	463	犠	479	詰	713
囍	129	愾	251	晞	393	熺	466	禧	588	頡	802
姫	168	憘	254	嘻	398	爔	468	稀	593	黠	835
姬	169	意	357	曦	399	熙	471	義	652		

동아 現代活用玉篇

1972년 10월 15일	초 판	발 행
2025년 2월 3일	제4판 24쇄	발 행

엮은이/펴낸데 **동 아 출 판 (주)**
펴낸이   **이   욱   상**

서울시 영등포구 은행로 30 (우 07242)
등록 : 제18-6호(1951.9.19.)

ⓒ Dong-A publishing Corporation 2001
ISBN 978-89-00-47535-7   11710

정가 24,000원

http://www.bookdonga.com

내용 문의 : 1644-0600   FAX : 2229-7419
구입 문의 : 1644-0600   FAX : 2229-7378
교환 문의 : 1644-0600

＊파본은 교환해 드립니다.

部首의 名稱 및 索引

*표는 자형(字形)에 따라 분리한 부수임

1 획

一	한일	1
丨	뚫을곤	6
丶	점주	7
丿	삐침별	8
乙	새을(乚)	10
亅	갈고리궐	12

2 획

二	두이	13
亠	돼지해머리	16
人	사람인	19
亻	사람인변*	23
儿	어진사람인발	54
入	들입	58
八	여덟팔	59
冂	멀경몸	62
冖	민갓머리	63
冫	이수변	65
几	안석궤	67
凵	위튼입구몸	68
刀	칼도	69
刂	선칼도방*	72
力	힘력	80
勹	쌀포몸	85
匕	비수비	86
匚	튼입구몸	87
匸	감출혜몸	88
十	열십	89
卜	점복	93
卩	병부절(㔾)	94
厂	민엄호	96
厶	마늘모	98
又	또우	99

3 획

口	입구	102
囗	큰입구몸	130
土	흙토	134
士	선비사	150
夂	뒤져올치	152
夊	천천히걸을쇠발	152
夕	저녁석	153
大	큰대	154
女	계집녀	161
子	아들자	174
宀	갓머리	178
寸	마디촌	191
小	작을소	194
尢	절름발이왕(允·兀)	195
尸	주검시엄	196
屮	왼손좌	201
山	메산	201
巛	개미허리(川)	207
工	장인공	208
己	몸기	210
巾	수건건	211
干	방패간	216
幺	작을요	218
广	엄호	220
廴	민책받침	226
廾	스물입발	227
弋	주살익	228
弓	활궁	228
彐	튼가로왈(彑·⺕)	232
彡	터럭삼	233
彳	두인변	235
忄	심방변*	242
扌	재방변*	256
氵	삼수변*	283
犭	개사슴록변*	328
阝	우부방(右)	334
阝	좌부변(左)*	339

4 획

心	마음심(忄)	348
戈	창과	362
戶	지게호	366
手	손수	368
支	지탱할지	371
攴	칠복	371
攵	등글월문*	372
文	글월문	378
斗	말두	379
斤	날근	380
方	모방	382
无	없을무(旡)	384
日	날일	385
曰	가로왈	399
月	달월(月)	402
月	☞肉	661
木	나무목	405
欠	하품흠	442
止	그칠지	445
歹	죽을사변	448
殳	갖은등글월문	451
毋	말무	452
比	견줄비	454
毛	털모	454
氏	각시씨	455
气	기운기엄	456
水	물수(氺)	457
火	불화	459
灬	연화발	468
爪	손톱조(爫)	472
父	아비부	474
爻	점괘효	474
爿	장수장변	475
片	조각편	475
牙	어금니아	476
牛	소우	476
犬	개견	479
耂	늙을로엄(老)	481
王	구슬옥변(玉)	482
艹	초두머리*	493
辶	책받침	522
四	☞网	648

5 획

玉	☞王	482
玄	검을현	538
瓜	오이과	539
瓦	기와와	540
甘	달감	541
生	날생	541
用	쓸용	542
田	밭전	543
疋	필필	549